西方世界的决定性会战及其对历史的影响

[英] J.F.C. 富勒 著

王子午、李晨曦、小小冰人 译

中国书籍出版社
China Book Press

图书在版编目（CIP）数据

西方世界的决定性会战及其对历史的影响 /（英）J.F.C. 富勒著；王子午，李晨曦，小小冰人译. —— 北京：中国书籍出版社, 2023.1

ISBN 978-7-5068-9051-9

Ⅰ.①西… Ⅱ.①J…②王…③李…④小… Ⅲ.①战争史 – 研究 – 西方国家 – 古代 Ⅳ.①E19

中国版本图书馆 CIP 数据核字 (2022) 第 108089 号

西方世界的决定性会战及其对历史的影响

［英］J. F. C. 富勒　著　　王子午　李晨曦　小小冰人　译

策划编辑	王　淼　纵观文化
责任编辑	王　淼
责任印制	孙马飞　马　芝
封面设计	王　星
出版发行	中国书籍出版社
地　　址	北京市丰台区三路居路 97 号（邮编：100073）
电　　话	（010）52257143（总编室）　（010）52257153（发行部）
电子邮箱	eo@chinabp.com.cn
经　　销	全国新华书店
印　　刷	重庆长虹印务有限公司
开　　本	787 毫米 ×1092 毫米　1/16
字　　数	2000 千字
印　　张	109
版　　次	2023 年 1 月第 1 版
印　　次	2023 年 1 月第 1 次印刷
书　　号	ISBN 978-7-5068-9051-9
定　　价	369.80 元（全三卷）

版权所有　翻印必究

译序

关于作者

如果要选出世界上最为重要，但又最容易受到误解的技艺，战争艺术肯定要位列其中。自人类诞生以来，战争便始终伴随在历史女神的身边，同命运女神一起，左右着人类迈出的每一步行动。但与此同时，无论在任何一个时代，无论对于任何一个民族，战争艺术的真正面目，都被掩盖在了书卷的浪漫辞藻和市井的胡言乱语之中。即使到了今天，在不少人看来，战争仍然不过是武器的对抗、勇气的角逐，或是奇技淫巧的比拼——事实当然远不止如此。

诚如《亚历山大战史》一书的作者西奥多·道奇所言："人类最早的历史，便是对战争的记录。"从"历史之父"希罗多德那些记录于莎草纸上的古希腊文本之中，人类最早的书面历史和人类最早的战史，便在同一时刻诞生了。自那之后，从古典时代的修昔底德、色诺芬、波利比阿斯、阿里安、李维、普洛科皮乌斯，到中世纪的安娜·科穆宁娜以及众多编年史家，再到18世纪的爱德华·吉本、19世纪的汉斯·德布吕克和西奥多·道奇，无论在哪一个时代，人类从不曾缺少过记录、研究战争的史家。而本书的作者J.F.C.富勒，便正是20世纪多如牛毛的战史学家之中，最为优秀的人物之一。

约翰·弗雷德里克·查尔斯·富勒（John Frederick Charles Fuller）于1878年9月1日生于英国奇切斯特（Chichester），1897年进入桑赫斯特的皇家军事学院（Royal

Military College Sandhurst）。在军校进修时期，富勒沉迷于拿破仑时代的战史，再加上其早早便表现出了超出同伴的才华和颇似拿破仑的蛮横气质，因此也被同学们戏称为"波尼"（Boney，即波拿巴的缩写）。1899年，富勒被正式编入牛津郡轻步兵团（Oxford Shire Light Infantry）第一营，前往南非参加了布尔战争，首次体验了战场的滋味。

第一次世界大战期间，富勒先后历任英国本土军团和驻法国的第八军参谋。1917年，富勒以参谋身份参与了史上第一次大规模坦克作战康布雷会战（Battle of Cambrai）的组织工作。从此，富勒成为整个世界范围内装甲作战理论的最主要推动者。

1918年，富勒惊人地提出了一个以大规模坦克集群、摩托化步兵和飞机协同作战对德军防线发动纵深攻击的战役计划。除利用装甲部队直接对敌军的交通、通信和指挥中枢发动快速打击以外，富勒还提出应使用同样机动灵活的步兵对其进行支援，同时空中力量也要为地面部队的快速前进提供紧密支援。换言之，在这套后来被称为《1919年计划》的方案之中，大纵深战略瘫痪作战、步坦结合、空地结合等"闪电战"要素，都被第一次提了出来。而更为重要的是，富勒的《1919年计划》并不仅是一个单纯的作战计划，还对坦克、作战飞机、火炮的设计、生产以及相关部队的编制提出了要求。换言之，富勒在制定《1919年计划》时，已经勾勒出了第二次世界大战中陆战的样貌。

战后，富勒出版了自己的第一部军事著作《世界大战中的坦克，1914—1918》（Tanks in the Great War, 1914-1918），自此之后便一发不可收拾。至1933年富勒自英国陆军退役之时，他便已经出版了包括《战争科学的基础》（The Foundations of the Science of War）、《论未来战争》（On Future Warfare）、《尤利西斯·格兰特的将道》（The Generalship of Ulysses S.Grant）在内的十余部军事著作。而其出版于1932年的第一部装甲部队教范，《战场勤务讲义（三）》（Lectures on Field Service Regulations Ⅲ，再版时更名为《装甲战》）一书，更是令德国装甲兵之父海因茨·古德里安（Heinz Guderian）如获至宝，不惜自掏腰包雇翻译将该书译成了德语。不仅如此，就连苏联陆军，也曾将这一部作品刊印超过三万册，分发给红军各级指战员阅读。不过讽刺的是，《战场勤务讲义（三）》一书在英国却只发行了五百本，甚至其再版增补版《装甲战》一书，还是受美国陆军和出版社邀请而出版的。

除装甲战以外，两次大战之间的富勒对于飞机和航空母舰等在当时颇受怀疑，但后来在第二次世界大战中大放异彩的武器也一样十分推崇。换句话说，战争艺术的发展方向，在20世纪30年代，就已经被富勒看得一清二楚了。

1933年以少将军衔退役后，未能在英国陆军施展才华的富勒将全部精力都投入到了写作上，而其写作的重点，也逐渐从理论和展望，转移到了战争历史。其《武器与历史》（Armament and History）、《第二次世界大战史：战略与战术》（The Second World War, 1939-1945: A Strategical and Tactical History）等作品，自20世纪40年代出版以来屡次再版，至今依然为研究者和爱好者研读。

进入20世纪五六十年代，富勒也迈入了创作的巅峰期，相继完成了《西方世界的决定性会战及其对历史的影响》（The Decisive Battles of the Western World and Their Influence upon History）、《战争指导》（The Conduct of War），以及《亚历山大的军事艺术》（The Generalship of Alexander the Great）三部传世之作，分别在战争通史、战争理论和名将分析三个方面，为战史学界做出了划时代的贡献。而这三部著作相加，也足以使富勒超越单纯的战史学者西奥多·道奇，单纯的理论学者马汉、杜黑，或任何一位第二次世界大战时期的将领，上升至约米尼和克劳塞维茨的层次，成为一位真正的军事理论名家。富勒不仅以笔为剑，直指两次大战时期战争各方在战争指导方面的弊端，而贯穿其晚期每部著作之中的"战争的目的并非胜利，而是和平"理念，也更让他在诸多学者眼中化身为"20世纪的克劳塞维茨"。

1966年2月10日，富勒在完成其第45部，也是最后一部著作《尤里乌斯·恺撒：男人、士兵和僭主》（Julius Caesar: Man, Soldier, Tyrant）之后，以87岁的高龄去世。在那之前三年，英国三军学会在1963年为富勒颁发勋章之时，陆军中将约翰·哈克特（John Hackett）曾在致辞中说道："并非所有人都能认同他的政治见解或他对历史的解释。像他这样一位挑战传统，见解独到的作者，也不可能让所有人都同意他的观点。但无人能够否认，他在著作中写下的结论是那么有力，那么一针见血。"对于才华横溢，但同时性格又颇有些执拗的富勒而言，哈克特的这句评价，可谓切中要害。

关于本书

对于《西方世界的决定性会战及其对历史的影响》，《泰晤士报》曾有过如此的评价:"对富勒这部书,专家们可能在自己精通的领域蹙眉不满,但几乎没有任何人能够与富勒在如此广泛的研究领域较量。"

事实也正是如此。作为一部耗费三十多年完成的著作,《西方世界的决定性会战及其对历史的影响》可谓富勒在战史学方面的结晶之作。本书以定居文明和游牧文明的冲突为起点,涵盖上古时代、古典时代、中世纪、近代直至第二次世界大战,从拉美西斯二世乘坐战车驰骋于卡迭石战场上,到亚历山大在高加梅拉战场上对大流士发动的精彩冲锋、君士坦丁十一世在君士坦丁堡破城前的壮烈一搏,再到无敌舰队沉没于英吉利海峡、腓特烈在鲁腾会战的斜形序列、拿破仑在滑铁卢遭遇最后惨败、格兰特在维克斯堡决定美国命运,直至施里芬计划分崩离析、闪电战横扫欧陆以及太平洋的海空血战。自有文字记录以来,3500年的西方战争历史被富勒用超过150万(以中文计算)的文字,描绘在了这部前后三卷的巨著之中。

通常而言,一部战争通史多半会被写成一部或如流水账一般不着重点,或顾此失彼的平庸之作。但在富勒的笔下,《西方世界的决定性会战及其对历史的影响》并没有流为平庸。几乎每一个读过本书的读者都大呼精彩。之所以如此,则要得益于富勒对于本书的编排方式。在本书前言中,富勒将这种编排方式称为"波浪"——对决定性会战、各时代战争艺术以及代表性名将的介绍和讨论是"波峰",是本书的重中之重,而各场决定性会战之间的历史发展则是补全历史轨迹的"波谷"。在"波峰"的部分,富勒以自己独到的眼光,深挖战争、战役和会战的运转原理及过程,各国军队的战争艺术以及各时期著名统帅们的将道,用哲学家式的分析逻辑、同时代学者中无与伦比的军事理论功底,赋予了本书足以让一切读者受益的知识深度。在"波谷"部分,富勒又以极为精练的文字,将3500年来整个西方的军事、政治和社会变化完整地呈现给了读者,使本书在广度上足以令其他一切同类著作汗颜,近年来无论是阿彻·琼斯(Archer Jones)还是约翰·基根(John Keegan)等人的同类作品,均无法望其项背。

值得一提的是,该书于1954年至1957年在美国再版时,可能是出版商认为原书名过于学术化,令人望而生畏,于是将书名改为《西方世界军事史》(*A Military History of the Western World*),将着眼点放在了其广度方面。自著名军事翻译家钮先钟先生在20世纪完成本书的第一个中文译本《西洋世界军事史》时起,中文世界便普遍沿用了这一书名。而本次的全新译本,将使用其最初的

《西方世界的决定性会战及其对历史的影响》这一书名，重新着眼于其深度。

本书共分为三卷，第一卷以战争历史的发端作为起点，以1571年勒班陀海战为终点，着重介绍了古典时代和中世纪的西方战争历史以及29场对人类历史走向产生了重大影响的决定性会战，涵盖范围达3000余年。第二卷以英国和西班牙争夺海上霸权作为起点，终于1815年滑铁卢会战，以19场决定性会战为线索，介绍了文艺复兴时代、近代以及美国独立战争时期约300年的西方战史。第三卷以美国南北战争拉开帷幕，以两次世界大战为其高潮，止于富勒以历史为镜，对于第二次世界大战的回顾和省思，而这一卷中的20场决定性会战，也堪称富勒对于西方现代战争历史的思考结晶。诚如钮先钟先生在《战略家》一书中所说的："《西洋世界军事史》是富勒的代表作，具有不朽的价值。凡是研究西方军事史和军事思想的人，都要将本书列入必读的范围。"

必须注意的是，虽然富勒本人无论在军事还是历史方面，均有着出类拔萃的深厚功力，但与所有诞生于电子时代来临之前的作品一样，由于在资料查阅、文字处理方面的困难，本书也存在一些史实错误或者笔误，而富勒本人的某些观点，在历史学经历了数十年飞速发展的今天，似乎也已经显得略有落伍。关于这些问题，本次全新译本的三位译者，也使用添加译注的方式进行了说明和修正。希望能凭借我们三人浅薄的见识，为读者理解这部巨著，理解西方战争历史提供一些帮助。

如前所述，本书曾由中国台湾军事翻译家钮先钟先生于20世纪中后期引入中文世界。但与富勒在撰写这部巨著时的情况相似，由于本书中包含大量来自不同语言的军事、历史类专业名词，再加上其庞大的篇幅以及内容涵盖范围，对于一位前电子时代，无法利用互联网等工具检索多语言专业词汇的译者而言，仅仅是将这一部书带入中文世界，便已经颇为不易了。因此，钮先钟先生的版本不仅省略掉了富勒原版之中的大部分页下注，而且也难以避免地存在不少的错译和漏译情况。举例而言，源于希腊语的"Cataphract"，即"铁甲骑兵""具装骑兵"一词，在钮先钟先生的版本中，就被误译成了"驿站骑兵"。另外，在本书第一卷的《奥尔良的解围（1429年）》一章中，由于富勒不加翻译地引用了大量法语史料，钮先钟先生在翻译时也只好省略了绝大部分引文。对于这样一部西方战史学界无法跨越的巨著而言，多少有些令人遗憾。

也正因为如此，我们才决心重新制作一个真正完整的、文字也尽可能流畅的全新译本。作为本书译者之一的我，一直将钮先钟先生的《西洋世界军事史》译本视为自己的"战争艺术启蒙书"。也正是在富勒和钮先钟两位大家的影响下，本人才走上了战史创作者、翻译者的道路，并在西方古典战史、中世纪战史研究和翻译方面积累了十余年的工作经验。如今能够得到出版方邀请，成为《西方世界的决定性会战及其对历史的影响》第一卷的译者，可谓荣幸之至。新译本第二卷的译者李晨曦和第三卷的译者小小冰人，两位分别是近代和现代战争历史、战争艺术史的专家级译者、学者，希望我们三人的本次合作，能够再次为中国读者们打开一扇了解富勒、了解西方战争史和西方战争艺术史的大门。

王子午

2020年5月8日于北京

前言

无论战争是不是人类进化必需的因素,从人类最早的纪录直至今日,战争都始终是最具支配性的活动,这一点是无可争议的。人类历史上从没有过完全没有战争的时代,也几乎不曾有一代以上的人未曾亲眼见证大规模战乱——战争的时起时落,就好像潮汐一般规律。

在一种文明开始逐渐腐化的时候,这一点就变得更为明显了,而我们如今的世界性工业文明便正在发生这种情况。在一两代人之前,战争尚不过是一种政治手段,而如今战争却成了政治本身。如今我们生活在被战争支配了一切人类活动的"战国"(Wardom)状态中,这种紧张局势要持续多久?这个问题是否有明确的答案?这种情况是否会盲目地自行走向结束?这些问题均无人能给出答案。但有一件事是确定无疑的,那就是我们对于战争的历史研究得越多,便能越了解战争。如今战争已经成了世界的支配性因素,那么在了解战争之前,我们又如何能去调解人类的行为呢?

第一次世界大战结束后不久,我便开始考虑这一问题了。1923年,我成为坎伯利参谋学院(Camberley Staff College)的一位教官。我在那时发现,那些本应对战争史最感兴趣的人,除研究过一两场战役的战史以外,对于战史研究已经忽视到了可悲的地步。其原因之一在于,英语书籍中并没有能够完整覆盖这一课题的著作,因此我决定来填补这一空白。为尽可能使如此庞杂的著作更为简明扼要,我采取了一种办法：首先着重介绍西方民族之间那些我所认为的决定性会战，之后再将这些民族所进行的战争和战役编织在会战周围，最后推导出这些会战对于历史的影响。另外，为尽可能使战争事件的叙述更为连贯，我还决定在每个会战章节的后面加上一个大事记，来介绍会战前的事件，即战争、战役、会战是如何发端，又是如何受政治原因影响的。总体而言，我所构想的这部著作将如同被海风吹起波浪的海面一样：会战章节是波峰，而大事记则是波峰之间的波谷，二者互相联结形成一部横跨3500年的战争史。

从1923年起，我便已经开始搜集资料，并在1939年至1940年期间出版了两卷版的《决定性会战》一书。我对这部书并不满意。第二卷面世后不久，该书的全部存货都被敌军炸毁。我并不因此感到懊恼，因为这给了我将其重写一遍的机会。从那时起，我在这项工作上投入了10年时间，将这部书从两卷扩展到了三卷，重写了原书29章中的28章，删除了一章，并增加了23个新的章节。另外，所有大事记以及序章也都是新写的。因此，这本书并不是原书的修订版，而是一部全新的著作。

在选择要叙述的会战时，我完全依靠自己的判断。当然，我也知道书中还可以再添加其他一些会战，但其中有不少会战都缺乏记载，无法做深入研究，另有一些会战则因为资料的语言问题，而不得不忽略。

如何选择资料来源的问题还要更为复杂。只要有可能，我就会使用事件的参与者、目击者或同时代历史学家的记载，并将其与现代作家的公认名著进行对照。但很多情况下我都发现，那些早已被现代作品取代的古代史学著作，对于约米尼（Jomini）口中那些"激烈的戏剧"——也就是战争的记载，往往要更加全面，更好理解。我想，其原因可能在于，古时的历史学家们会将战争看作是一件很正常的事情，而今天的我们却将战争视为残酷的祸事，只将它们置于次一等的地位。不过，最大的困难还是在于如何寻找最近的那次战争——也就是第二次世界大战的可靠资料。这场战争结束之后，出现了大批宣传意味浓重且未经处理过的资料，这些资料因为政治原因而并不可信（尤其是俄国资料），再加上缺少可靠的信息，导致我们至今仍无法重构战争中几次大会战的清晰图像。

另外还有两件小事需要提及。第一件有关于交战部队的数量和损失。关于这些数字，很少有可靠的记载，也很少有记载不曾因宣传需要而被刻意扭曲。这一点无论是在今天还是在3000年前都是一样的。因此我无法保证本书中这些数字的准确性。

另一件事则是，书中所有外国和古代货币，在换算成英镑时都以英镑在1913年时的价值为准。[1]

最后，我要感谢每一位用忠告和批评对本书给予帮助之人。在他们之中，我要特别感谢布里斯托大学（University of Bristol）的历史学教授大卫·道格拉斯（Professor David Douglas）、牛津埃克塞特学院（Exeter College）的巴尔斯顿先生（Mr.Balsdon）、索邦大学（Sorbonne）的中世纪史教授爱德华·帕罗伊（Edouard Perroy）、牛津文学学士史蒂芬森（Stephenson）、牛津现代史讲师特雷弗·戴维斯（Trevor Davies）以及我的友人——出版商道格拉斯·杰罗德（Douglas Jerrold）先生，他多年来给了我无私的帮助和大量宝贵的建议。另外，我还要感谢花费了大量时间准备初版打字稿件的安东尼·里彭（Anthony Rippon）先生。以上所有人对于本书的贡献，都大到无法形容。而本书的文字和错误，则全部由本人负责。

约翰·弗雷德里克·查尔斯·富勒
1953年9月于克罗伯勒

注解

1. 本书采用1913年英国英镑的币值作为基本的价值单位,此时英镑的币值相当于4.86美元。

目 录

译序 ………………………………………… I

前言 ………………………………………… VII

序章
帝国主义的崛起 ………………………………… 1

第一卷 …………………………………………… 27

第一章
萨拉米斯海战（公元前 480 年）与普拉蒂亚会战（公元前 479 年） ………………………………………… 29

大事记
希腊内部的争霸 ………………………………… 57

第二章
叙拉古的围攻（公元前 415 年至公元前 413 年）与伊哥斯波塔米海战（公元前 405 年）………………… 63

大事记
马其顿的崛起 …………………………………… 85

第三章
高加梅拉／阿贝拉会战（公元前 331 年）……… 93

大事记
罗马的崛起及其与迦太基的冲突 …………… 121

第四章
米陶拉斯河会战（公元前 207 年）与扎玛会战（公元前 202 年）…………………………………………… 129

大事记
罗马帝国主义的崛起 ································· 153

第五章
彼得那会战（公元前 168 年）····················· 161

大事记
罗马帝国内部的争雄 ································· 181

第六章
都拉基乌姆的围攻与法萨卢斯会战（公元前 48 年）
·· 187

大事记
罗马共和国的消亡 ···································· 213

第七章
腓力比会战（公元前 42 年）与亚克兴海战（公元前 31 年）·· 219

大事记
帝国疆界的确立 ······································· 245

第八章
条顿堡森林会战（公元 9 年）······················ 251

大事记
罗马和平 ·· 267

第九章
阿德里亚堡会战（378 年）························· 275

大事记
民族大迁徙 ······ 291

第十章
沙隆会战/莫里亚克平原会战（451年）······ 297

大事记
东哥特人征服意大利 ······ 317

第十一章
特里卡梅隆会战（533年）与塔吉纳会战（552年）
······ 323

大事记
伊斯兰教的崛起与扩张 ······ 347

第十二章
君士坦丁堡的围攻（717年至718年）与图尔会战（732年）······ 353

大事记
西欧帝国主义的复兴 ······ 371

第十三章
哈斯丁会战（1066年）······ 381

大事记
哈里发政权的衰落与拜占庭帝国的复兴 ······ 407

第十四章
曼奇克特会战（1071年）······ 413

大事记
基督教世界对伊斯兰势力的反攻 ················· 431

第十五章
哈丁会战（1187年）······················· 439

大事记
西部帝国的分裂与英、法的崛起 ················· 465

第十六章
斯鲁伊斯海战（1340年）与克雷西会战（1346年）
···································· 473

大事记
中世纪的瓦解 ·························· 499

第十七章
奥尔良的解围（1429年）···················· 509

大事记
奥斯曼帝国的崛起 ························ 531

第十八章
君士坦丁堡的围攻与陷落（1453年）·············· 539

大事记
西班牙的再征服与统一 ····················· 561

第十九章
马拉加的围攻（1487年）与格兰纳达的征服（1492年）
···································· 567

大事记
西班牙帝国与奥斯曼帝国的霸权 ················ 591

第二十章
勒班陀海战（1571年）···················· 599

第二卷 ···························· 619
第一章
西班牙无敌舰队的失败（1588年）············ 621

大事记
英国与西班牙的争霸 ····················· 655

第二章
布莱登菲尔德战役（1631年）与吕岑战役（1632年）
································· 663

大事记
基督教世界的瓦解 ······················ 689

第三章
纳斯比战役（1645年）··················· 699

大事记
英国的宪法战争 ······················· 731

第四章
布伦海姆战役（1704年）················· 741

大事记
法国的崛起 ·························· 767

第五章
波尔塔瓦战役（1709 年）……………………777

大事记
莫斯科帝国的兴起……………………803

第六章
罗斯巴赫战役与鲁腾战役（1757 年）……809

大事记
普鲁士的崛起与扩张……………………833

第七章
普拉西战役（1757 年）……………………839

大事记
大英帝国在印度的扩张……………………861

第八章
亚伯拉罕平原战役（1759 年）……………867

大事记
英国和法国在北美的冲突……………………891

第九章
萨拉托加受降（1777 年）……………………895

大事记
美洲殖民地的反叛……………………925

第十章
切萨皮克战役与约克敦围城战（1781 年）……933

大事记
美洲殖民地反叛的发展（1778—1781 年）……………… 959

第十一章
炮击瓦尔米（1792 年）………………………… 965

大事记
法国大革命的降临 ……………………………………… 989

第十二章
特拉法尔加海战（1805 年）…………………… 995

大事记
法国与英国的海上争霸 ………………………………… 1027

第十三章
耶拿—奥尔斯塔特战役（1806 年）……………… 1033

大事记
法国与英国的欧陆争霸（第一阶段）…………………… 1069

第十四章
莱比锡战役（1813 年）………………………… 1075

大事记
法国与英国的欧陆争霸（第二阶段）…………………… 1113

第十五章
滑铁卢战役（1815 年）………………………… 1119

大事记
1814 年的军事行动 ……………………………………… 1171

第三卷 ·· 1177

第一章
七日战役，1862 年 ······································ 1179

大事记
工业革命和美利坚帝国的崛起 ····················· 1211

第二章
围攻维克斯堡和查塔努加战役，1863 年 ········ 1223

大事记
美国内战的发展，1862—1863 年 ·················· 1257

第三章
色当战役，1870 年 ······································ 1261

大事记
普鲁士的扩张 ··· 1295

第四章
马恩河会战和坦能堡会战，1914 年 ··············· 1303

大事记
第一次世界大战的基础 ································ 1347

第五章
萨里巴伊尔和苏弗拉湾战役，1915 年 ··········· 1357

大事记
战术上的僵持和目标的改变 ························· 1389

第六章
亚眠战役，1918 年 …………………………………… 1395

大事记
战争的进展，1915—1918 年 ……………………… 1417

第七章
维托廖韦内托战役，1918 年 ……………………… 1427

大事记
意大利与奥地利之间的斗争 ………………………… 1451

第八章
华沙战役，1920 年 ………………………………… 1457

第九章
第二次色当战役和法国的沦陷，1940 年 ………… 1479

大事记
第三帝国的崛起和第二次世界大战的起源 ………… 1511

第十章
莫斯科战役 …………………………………………… 1521

大事记
"巴巴罗萨"行动和租借法案 ……………………… 1547

第十一章
中途岛战役，1942 年 ……………………………… 1555

大事记
苏联问题和战争向太平洋的发展 …………………… 1573

第十二章
阿拉曼战役（1942年）和突尼斯战役（1943年）…… 1581

大事记
北非战事 ………………………………………… 1611

第十三章
斯大林格勒战役，1942—1943年 ……………… 1617

大事记
斯大林格勒战役的基础 ………………………… 1635

第十四章
诺曼底战役，1944年 …………………………… 1643

大事记
政治战场和第二战线 …………………………… 1677

第十五章
莱特湾海战，1944年 …………………………… 1687

大事记
太平洋战争的进展，1942—1944年 …………… 1711

序章
帝国主义的崛起

本书中所讨论的战争，可以按照地理特征区分为三类：从最早的时代直到1571年勒班陀海战（The Battle of Lepanto）为止的战争，大多是在地中海沿岸和西南亚进行的；从那之后到滑铁卢会战（The Battle of Waterloo）为止的战争，大部分是在大西洋沿岸或附近地区进行的；从1815年起至今的战争，则因为工业、科技和机动能力的进步，逐步将自己的舞台扩展到了整个世界。

在第一部分的那些战争中，占据支配性地位的政治事件是罗马帝国的崛起，第二部分则是不列颠帝国的崛起，第三部分的情况目前还不明朗。目前看来，现有情况有可能也会直接走向与先前相同的道路，并从中诞生另一个帝国。而由于如今世界上只剩下美国和苏联两个军事强国，在今后的冲突中，无论二者是谁占据了主导地位，都将使下一个帝国成为世界性帝国。康德（Kant）在他的著作《永久和平》（Zum Ewigen Frieden）中曾说到，在他看来，从长远角度讲，战争会将人类各种族融合起来，而融合又会使冲突减少。实际上虽然大自然给予的动力并非如此，但最终的结果却与之相同。一个部落若想要保持独立，就只能挣扎作战，而部落间的战争最终又导致多个部落组成同一个社会或者民族。以此类推，一个民族，为了保持自我的封闭而战斗，却又通过民族间的战争而组成了国家。国家为维持独立，又因国家之间的战斗而演变为一个帝国。最终，无论在任何时代，虽然一个独立个体的目的总是会着眼于维持独立，但它还是会不可避免地因为受到外部吸引而逐渐扩张，直到整个世界都被囊括进其生物性和经济性的疆界为止。

奥里尼雅克人（Aurignacian）出现之后，莫斯特人（Mousterian）便随之消失，此时的战争十分原始，而有组织的战争，也要等到文明诞生之后才会出现。文明的诞生主要来自于两个根源：一是发现了某种可以种植的草种，二是发现某种食草动物可供驯化。从这两个根源中也萌生出了两种截然不同的社会组织，即农耕文明和游牧文明。前者首先在从尼罗河谷（Nile Valley）延伸至巴勒斯坦（Palestine）再到幼发拉底河（Euphrates）上游地区之间的"新月沃土"（Fertile Crescent）中出现，之后又沿着幼发拉底河出现在波斯湾（Persian Gulf）。根据部分学者的推测，游牧文明应该诞生于里海（Caspian）附近的欧亚大草原地区。

农耕文明出现的第一个现象，即为村庄的出现，人们开始用篱笆来保卫土地的耕种者和他们储存的食物。游牧文明出现的标志则是马匹的驯化以及轮子和车辆的发明。两种文明又衍生出了两种生活方式，一者定居在某处，另一者则四处游荡。在整个人类历史中，二者始终是互相对立的。

经过一段时间后，为保护自己不受游牧民族的攻击，村庄逐渐发展成了有围墙的城市，每个城市都形成了一个自给自足的世界。城墙压倒了车仗，防御也成了战争中较强的形式。不久之后，城市文明便将车仗民族（Wagon Folk）甩在了身后。城墙不仅保护了文明的发展，而且还迫使战争使用的武器从狩猎、耕种的工具中分离了出来。这样一来，武器又决定了人们所能采取的军事组织形式，其中最原始者便是由城市公民组成的方阵（Phalanx）。从公元前2900年的一块苏美尔（Sumerian）纪念碑残片上，我们便能看到一个六排纵深的方阵。方阵中每一位重步兵（Hoplite）都装备了弓箭和长枪，头戴着皮革头盔，使用一块方盾来掩护全身。

在两种文明中，导致战争的根本原因均来自生物和经济方面。游牧民的牲畜和家禽越多，就越要频繁地寻找新的草原去放牧。无论任何时候，一次干旱都可能成为游牧民族入侵的前兆。与此相差不多，城市的人口越多，就越需要更多的食物和更多用于耕种的土地。因此，在两种文明之中，战争大多都是为了牲畜或者人类的胃口而打的。因此，"生存空间"（Lebensraum）就成为维持生存至关重要的问题，至今仍然如此。[1]

柏拉图（Plato）在他的《理想国》（Republic）中，曾讨论过城邦面临的问题。

柏拉图通过苏格拉底（Socrate）和格劳孔（Glaucon）的对话告诉我们，战争其实是文明的特有产物。他指出，一个以城市为最初起点的文明在进步时，对于人力的要求也会随之提高，而原先足以支撑原始文明的土地，也不足以再支撑一个先进文明了。其观点的要领，从下面这一段引述之中即可看到：

苏格拉底："因为原来健康的国家已经无以为继，我们就必须扩张边境……而其中还要有种类繁多的动物，以供人们食用。"

格劳孔："确实如此。"

苏格拉底："先前能够支持原有居民的土地也会变得过小，不再够用。"

格劳孔："没错。"

苏格拉底："因此，我们就会希望能得到邻国的一部分土地来畜牧和耕种，而邻国也会像我们一样超出负担能力，也会希望得到我们的土地，以便无限制地积累财富？"

格劳孔："苏格拉底，这一点是无法避免的。"

苏格拉底："那么，格劳孔，我们就必须打仗了，不是吗？"

格劳孔："是这样的……"

苏格拉底："那么这样一来，虽然我们没有确定战争是好是坏，但却已经发现了战争产生的原因，而这个原因也就是国家之中一切罪恶的根源，于公于私都是如此。"

格劳孔："毫无疑问。"[2]

游牧文明和农耕文明之间第一次可考的大规模冲突发生于公元前3000年至公元前2000年之间。从里海地区北部的大草原中，涌出了大批被后世称为"印欧民族"（Indo-European）的武士，其入侵长达数百年之久。一个又一个部落向着东方、西方、东南方和西南方迁徙。究竟是什么因素导致了这次大移民已经无从得知。有可能是因为气候变化所引起的干旱，也可能像某些史学家们所言，是因为这些民族驯服了更加优秀的马匹，而且还并发明了刀剑。

在西方，大批游牧部落在公元前2000年前越过了多瑙河（Danube），并演化成了希腊人（Greek）、罗马人（Roman）以及其他欧洲民族的祖先。而另一些被称为雅利安人（Aryan）的部落，则在公元前1800年左右分裂成两股，一股向东进入印度，另一股则向西南方向进入了"新月沃土"的北部。其中后一部分后来成为伊朗人（Iranian），其中两个最强大的部落分别是米底人（Mede）和波斯人（Persian）。

在这些入侵发生的同时，另一个民族，即可能起源于闪米特人（Semite）的希克索斯人（Hyksos，意为"沙漠之王"）在西亚出现，并席卷了上埃及（Upper Egypt）地区。希克索斯人带着埃及还不曾出现过的战马到来，而他们的成功似乎也要归功于马拉战车和更优秀的武器，其中驯马的技术可能是他们从巴比伦人（Babylonian）那里学来的。早在公元前2100年左右，巴比伦就已经从北方引入了马匹。

尽管上埃及对希克索斯人进行了顽强的抵抗，但直到下埃及的底比斯（Thebes，分为卡纳克和卢克索两块地区）发生民族起义，希克索斯人才终于被埃及第十八王朝的建立者——法老雅赫摩斯一世（Ahmose Ⅰ，公元前1580年至公元前1557年在位）赶走。在这些战争中，原先埃及陈旧的民兵组织逐渐演变成了一支组织精良的军队。这支军队被分为两个兵团（Grand Division），其中一个负责防守尼罗河三角洲，另一个负责上埃及地区。士兵们装备有弓箭、长矛和盾牌，但没有盔甲。他们从东方引入了箭囊（Quiver），在射击时采取齐射（Volley）的方式。尽管此时埃及尚未组建骑兵部队，但他们却装备了战车。法老在国有马场中饲养着数千匹战马，制造战车也成了一种专门的手艺。

雅赫摩斯于公元前1541年去世，其后由阿蒙霍特普一世（Amenhotep Ⅰ）继位，再之后便是图特摩斯一世（Thutmose Ⅰ）。这两位法老都十分善战，都曾率领埃及军队入侵叙利亚，征战范围远及幼发拉底河，但二人却都不曾尝试整合自己的征服成果。在图特摩斯一世死后，他的长子图特摩斯二世只掌权几年，很快就被其同父异母的妹妹哈特谢普苏特（Hatsheput）继承，后者也是历史上第一位伟大的女性君王。她似乎在公元前1051年左右与弟弟图特摩斯三世结婚。在哈特谢普苏特于公元前1481年去世之前，图特摩斯三世在地位上只不过是她的配偶。哈特谢普苏特治下的埃及极为和平，殊少征战，因此当图特摩斯三世[3]继位之后，卡迭石（Kadesh）三世国王便领导着叙利亚和巴勒斯坦诸城邦的国王掀起了叛乱。作为回应，图特摩斯在塔鲁（Tharu，即坎塔拉）集中军队之后，于公元前1479年4月19日出发，取道加沙（Gaza）向位于卡梅尔山脉（Carmel Range）南坡的

埃斯德雷隆平原

美吉多

基纳小溪

美吉多山谷

美吉多平原

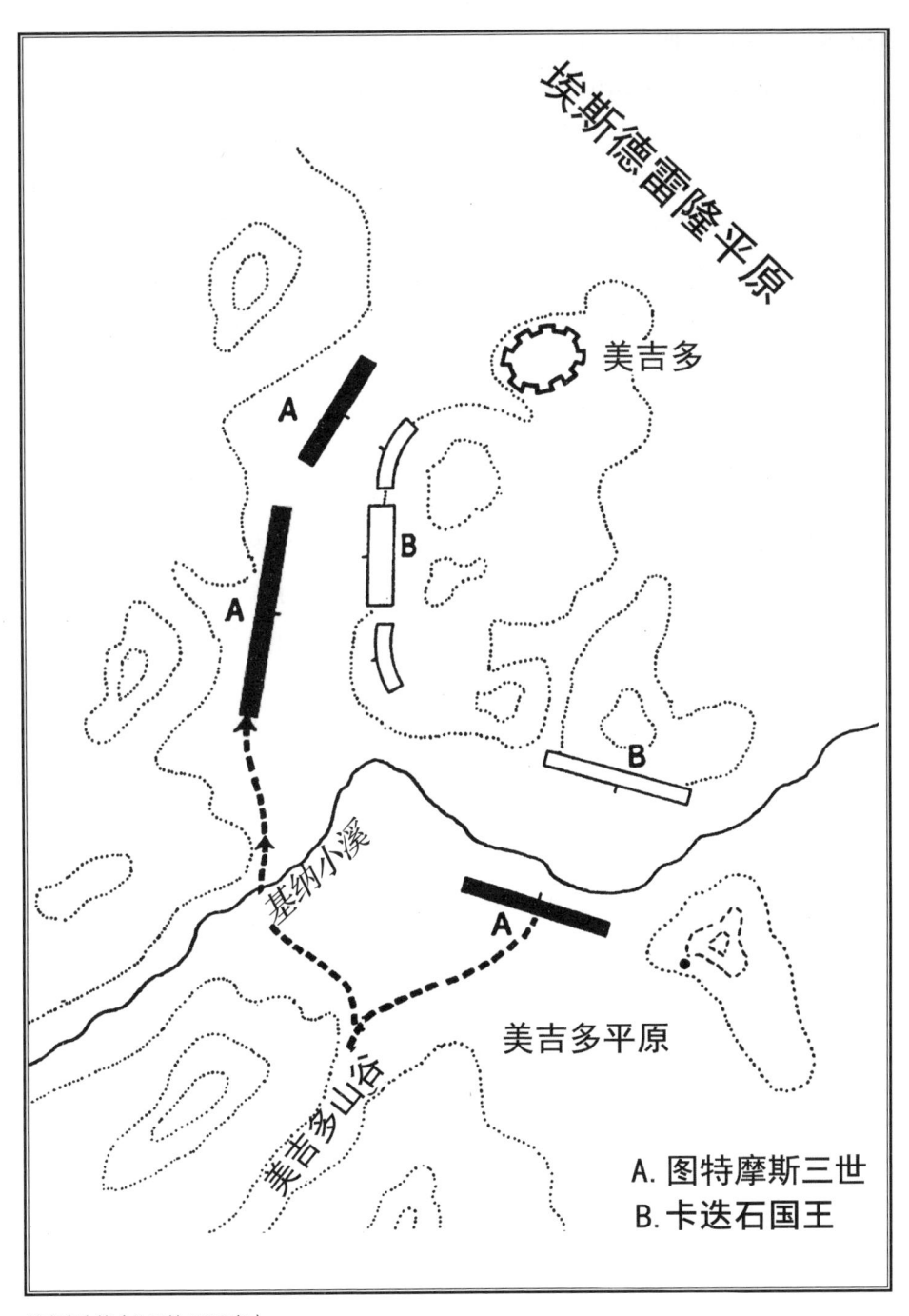

A. 图特摩斯三世
B. 卡迭石国王

美吉多会战（公元前1479年）

叶海姆（Yehem，即叶玛）进军，并于5月10日抵达那里。

与此同时，由卡迭石国王所率领的诸王叛军已经占据位于卡梅尔山脉北坡的美吉多要塞（Megiddo，即哈米吉多顿）①，切断了从埃及通往幼发拉底河的主要道路。图特摩斯三世沿着这条道路向美吉多进军，并于5月14日穿过3397年之后艾伦比爵士（Lord Allenby）②走过的同一个隘路，进入了要塞以南的美吉多平原。第二天，图特摩斯三世以战斗序列向在城外宿营的卡迭石国王进军。图特摩斯三世将军队的南翼部署在基纳（Kina）小溪南面的山丘上，北翼则指向美吉多。法老本人则"好像是张开利爪的荷鲁斯（Horus）③一样"，驾驭着华丽的战车亲自领导进攻。只凭着一次冲锋，图特摩斯三世便击溃了敌军，后者好像"被恐惧震慑了灵魂"一般，迅速向美吉多逃跑。抛弃了金银色战车的卡迭石人逃到城下之后，却发现城门已经关闭，只能由市民将他们吊上城墙。4

对图特摩斯三世而言不幸的是，他的士兵们没有趁着敌军陷入混乱之机去进攻城市，反而跑去洗劫了敌军营地，导致他不得不再多花时间去对美吉多进行围攻。虽然围攻花费的时间不久，可当城市投降之后，他们却发现卡迭石国王已经逃走了。埃及人缴获的战利品数量十分庞大，包括924辆战车、2238匹马、200套盔甲5、国王的御用家具以及大量的金银。

与先王们不同，图特摩斯三世在获得胜利后立刻便开始重组这些被他再次征服的土地。首先，他用各城邦中那些愿意忠于自己的贵族取代了原有王公，只要这些贵族们能够及时纳贡，图特摩斯三世便允许他们保有自主统治城邦的权力。其次，他还将贵族们的长子带到了埃及，教育他们忠于自己。这样一来，当他们接替了各自的父亲之后，就会成为可靠的地方统治者。在所有这一切工作都完成之后，图特摩斯三世于10月回到了底比斯。

两年后，图特摩斯三世发动了他的第二次战役。他一生中总共进行过15次战役。在第五次战役中，他可能曾派出过一支军队在叙利亚海岸登陆，并在那里建立了一个前进基地，以便对卡迭石和内陆地区展开行动，而他为此还建立了一支

---

① 译注：此处即为《圣经》中末日决战的战场所在地。
② 译注：即埃德蒙·艾伦比子爵，一战时期的英国埃及远征部队指挥官，曾率军在埃及和巴勒斯坦两地与奥斯曼帝国作战。
③ 译注：荷鲁斯是埃及法老的守护神，同时也是王权的标志，鹰头人身。

舰队。在第六次战役中,图特摩斯三世让军队在叙利亚海岸城市的黎波里(Tripoli)以北不远处的西米拉(Simyra)登陆,从那里向卡迭石前进。后者是一座位于奥龙特斯河(Orontes)左岸,距离霍姆斯(Homs)不远的强大要塞。在经过长时间的围攻后,图特摩斯三世才将其攻克。在第七次战役中,图特摩斯三世镇压了在其后方爆发的一系列暴乱,之后他又在第八次战役中入侵了雅利安人在幼发拉底河转弯处建立的米坦尼国(Mitanni)。此外,图特摩斯三世还占领了阿勒颇。

如今图特摩斯三世已经威名赫赫,大部分地方王公都向他纳贡,即便是遥远的巴比伦也给他送来了贺礼,此时才首次出现在历史记载上的赫梯帝国(Hittite Empire)也同样如此。更引人注目的是,图特摩斯三世的舰队也令人生畏,它们甚至能够在远至爱琴海诸岛(Aegean Islands)的东地中海建立制海权,并且还将克里特岛(Crete)和塞浦路斯岛(Cyprus)也纳入了法老的统治范围。

在最后一次战役中,图特摩斯三世摧毁了再一次组织反抗联盟的卡迭石王国,希克索斯人最后的力量也随之消失。16年后的公元前1447年春季,图特摩斯三世在其统治埃及的第54年去世,之后被埋葬在了帝王谷(Valley of the Kings)中,其遗体直到今天还保存在开罗的博物馆中。

对于图特摩斯三世,布里斯提德(Breasted)曾写道:

他是第一位在真正意义上建立了一个帝国的人物,也是第一个世界性的英雄。他不仅给全世界留下了关于他自己所在时代的印象,而且还创造了一种新的秩序观念。他的运筹帷幄,压倒了叙利亚诸王繁琐但却无益的诡计。就好像是驱散迷雾的强风一样,使东方的政治环境为之一新。而他的惩罚手段,也无疑使纳哈林人(Naharin,即米坦尼人)记忆犹新达三代人之久。即使在他的帝国分崩离析数百年之后,他的名字仍被当作具有法力的咒语写在护身符上。即使到了今天,这位国王留下的最伟大的两座纪念碑——海里欧波里斯方尖碑(Heliopolitan Obelisks)——仍分别竖立在西部大洋的两岸,纪念着世界第一位帝国建立者。[6]

到公元前1400年,埃及在阿蒙霍特普三世(Amenhotep Ⅲ)治下达到了帝国势力的顶峰,这位法老本人也一跃成为史上第一位国际性的统治者,而这又导致了一神概念的诞生。这位神祇被称为阿吞(Aton),其崇拜祭祀由公元前1375

年继承阿蒙霍特普三世之位成为新法老的阿蒙霍特普四世（Amenhotep Ⅳ）创立。

阿蒙霍特普四世非常厌恶底比斯的阿蒙神以及所有其他远古神祇。他甚至还将自己的名字改成了"阿肯那吞"（Ikhnaton，即"阿吞中意之人"），并关闭了旧神的庙宇，赶走了它们的祭祀。

这次宗教革命动摇了帝国的根基，在一片混乱之中，埃及对亚细亚领土的控制也变得有名无实。

阿肯那吞死于公元前1360年左右，其子图坦卡吞（Tutankhaton）继位。在旧祭祀势力的强迫下，他在登基后便重新树立起了对阿蒙神的崇拜，并将自己的名字改成了"图坦卡蒙"（Tutenkhamon，即"阿蒙的现世形象"）。① 在他于公元前1354年左右去世后，埃及陷入了无政府状态，直到公元前1350年左右，一位名叫"哈姆哈布"（Harmhab）的埃及人才自封为法老，并完全恢复了原有的秩序。在动荡之中，巴勒斯坦被包括希伯来人在内的、来自东方沙漠的游牧民族席卷，而叙利亚则被赫梯人占领。

公元前1315年，拉美西斯一世（Ramses Ⅰ）继承了哈姆哈布，并任命自己的儿子塞梯一世（Seti Ⅰ）为共治者，由此建立了埃及第19王朝。

虽然塞梯一世重建了军队并夺回了巴勒斯坦，但却无力动摇赫梯人在叙利亚的力量。奥龙特斯河上的卡迭石和巴勒斯坦以北的整个叙利亚仍被掌握在赫梯人手中。公元前1292年继承王位的塞梯一世之子拉美西斯二世（Ramses Ⅱ）决心收复卡迭石。若不是因为两个因素的阻挠，他本可能重现图特摩斯三世的功业。其中第一个因素在于，埃及本土的国民军此时已被佣兵取代，其兵源大多来自努比亚和地中海北部地区。第二个因素则是赫梯人中至少有一部分已经装备了铁制武器，而埃及人使用的却仍是青铜武器。[7]

公元前1288年春季，拉美西斯二世率军进攻卡迭石。虽然他落入了对方的圈套并遭到包围，但却成功突破了包围圈，趁着赫梯人洗劫其营地之时扭转了局势，赢得了一场"皮洛士式"（Pyrrhic）的惨胜，但卡迭石却依然被赫梯人所控制着。这场会战也是埃及帝国所赢得的最后一战。

---

① 译注：其原名图坦卡吞的意义即为"阿吞的现世形象"。

拉美西斯二世在年老后变得昏庸无能（他活了90多岁，在位时间长达67年），在他去世前，利比亚人（Libyans）及其盟友在公元前1225年入侵了埃及西部的沙漠，并一路将定居范围延伸到了孟菲斯（Memphis，位于开罗以南12英里①处）城下。埃及帝国随拉美西斯二世之死一同消逝，到三个世纪后亚述帝国（Assyrian Empire）建立时，埃及已经只剩下勉强支撑其北方、南方和西方边境的能力了。

尽管亚述人早在公元前3000年便已在历史中出现，并作为一个闪米特部落在底格里斯河上游的阿苏尔（Assur）定居，建立了一个小城邦，但直到公元前10世纪，他们才逐渐成了西亚苍穹中一颗冉冉上升的新星。一个世纪后，在阿舒尔-纳西尔帕二世（Ashur-Nasirpal Ⅱ）的统治下，亚述人走上了征服之路，并建立了一个庞大的帝国。到萨尔玛那萨尔五世（Shalmaneser V，公元前727年至722年在位）和萨贡二世（Sargon Ⅱ，公元前722年至公元前705年在位）时期，其疆域已经推进到了埃及边境。

从本质上讲，亚述人是一个武士民族，军队即是国家。他们纪律严明，组织有序，对于其所处的时代而言，他们的装备也极为精良。据我们所知，在公元前10世纪时，亚述人就已经使用过威力巨大的攻城锤。事实上，这种武器也是围攻战中必不可少之物。亚述人将攻城锤安装在装有顶棚的木制攻城塔之中，攻城塔前部由金属片加以保护，下部则装有六个轮子以便移动。在顶棚下方，还有一个可供弓箭手射杀城墙守军的攻击平台。在与赫梯人的接触中，亚述人还引进了铁制武器。

亚述军队主要由弓箭手组成，枪兵和盾兵负责保护弓箭手，而战车则是其机动力量。不过，亚述军队的主要武器却是恐惧。亚述人攻克并洗劫城市之后，会系统性地将城市彻底摧毁，俘虏要么是被穿在木桩上杀死，要么就会被活活剥皮。

在辛那赫里布（Sennacherib，公元前705年至公元前681年在位）统治期间，亚述人洗劫了塔尔苏斯（Tarsus），巴比伦更是被夷为平地，其继承人以撒哈顿（Esarhaddon，公元前681年至公元前669年在位）又在公元前671年征服了尼罗河三角洲至底比斯之间的埃及领土，将那里的城市洗劫一空后放火烧毁。凭借这

---

① 译注：1英里约合1.61千米。

次征服行动夺取的土地，亚述成为当时世界上前所未有的庞大帝国。但在建立帝国的过程中，亚述本身也变得过于膨胀。那些被亚述人占领的土地，无论曾经多么富庶，如今也逃不过被破坏性战争所摧毁的命运，并因此而频发暴乱。这也迫使亚述人不得不建立庞大的守备网络。最终，亚述帝国所担负的压力超过了其力量所能支撑的极限。

与此同时，游牧民族再次开始迁徙。大批阿拉姆人（Aramean）从沙漠进入亚述帝国境内，卡尔迪人（Kaldi，又称迦勒底人）从波斯湾的源头地区入侵。而在米底人（Mede）和波斯人（Persian）带领下，印欧山民部落也从北方涌入了亚述本土。

由于上述的种种原因，亚述人放弃了埃及。不过法老萨姆提克一世（Psammetichus Ⅰ）出于对北方蛮族入侵的担心，反而与亚述人达成协议，并派出了一支军队前去支援已经风雨飘摇的帝国。但到了此时，亚述帝国的崩溃已经迫在眉睫了。公元前614年，基亚克萨雷斯（Cyaxares）率领米底人占领了阿苏尔，迦勒底人也在尼布波拉撒（Nabopolasser，公元前625年至公元前604年在位）领导下征服了巴比伦人，将自己的疆界扩张到了米底人的边境。到公元前612年，二者合兵一处，攻陷了尼尼微（Niveneh），将其彻底摧毁。

亚述王啊，你的牧人睡觉，你的贵胄安歇。你的人民散在山间，无人招聚。
你的损伤无法医治，你的伤痕极其重大。凡听你信息的，必都因此向你拍掌。你所行的恶，谁没有时常遭遇呢？[8]

七年之后，在尼布波拉撒之子尼布甲尼撒二世（Nebuchadrezzar Ⅱ，公元前604年至公元前562年在位，此人重建了巴比伦城）统治下，迦勒底人在幼发拉底河上的迦基米施（Carchemish）与埃及国王尼科（Necho）的军队相遇，并将其击溃。

他们在那里喊叫说，埃及法老王不过是个声音，他已错过所定的时候了。[9]

此后，尼布甲尼撒这位最伟大的迦勒底国王又席卷了犹地亚（Judea）。公元前586年，他攻陷了耶路撒冷，俘虏了犹太人，之后便开始向埃及的国门进军。

尽管亚述帝国的灭亡非常迅速而且剧烈，但这个帝国却曾经让大批人口臣服于一个单一的王权之下。虽然亚述帝国摧毁了很多地区，但大一统帝国的观念却因他们的统治而深入人心。紧随着亚述帝国灭亡的脚步，立刻便有其他民族接过了建立大一统帝国的任务。这个民族既不属于非洲民族也不属于闪米特民族，而是属于印欧种族的波斯人。

现在我们必须暂时前往欧洲，介绍印欧民族来到这里之后的几个世纪里，在这片大陆东南角落中所发生的事件。正是他们的后人，注定将要在未来阻止并最终摧毁史上第三次建立大一统帝国的尝试。

第一批希腊部落在何时进入希腊已不可考。伯里教授（Professor Bury）认为此事应发生在公元前 2000 年左右，"印欧人的伟大天神宙斯（Zeus），可能在这个地区受到了普遍的崇拜"。[10] 被称为亚该亚人（Achaean）[11] 的先行者们，逐渐侵入到伯罗奔尼撒（Peloponnese）半岛，征服了拥有高度文明的爱琴人（Aegean），并与他们混血。在他们之后，多里亚人（Dorian）又从海上征服了克里特岛（Crete）和爱琴海诸岛。到公元前 1325 年，自称伊奥利亚人（Aeolian）的埃托克勒斯（Eteokles）也在小亚细亚的西海岸上站稳了脚跟。此人的地位十分稳固，甚至还与赫梯皇帝们建立了友善关系。要知道，后者的主要城市哈梯（Hatti，即波加兹科易）远在哈里斯河（Halys，即克孜勒河）以东。两代人之后，二者之间的联系因印欧民族的不断迁入而中断。这些印欧部落包括来自色萨利（Thessaly）的弗里吉亚人（Phrygian）和来自凡湖（Lake Van）地区的亚美尼亚人（Armenian）。他们摧垮了赫梯帝国，使后者在公元前 1200 年左右从历史上消失了。一部分弗里吉亚人还占领了达达尼尔海峡（Dardanelles）东岸的古老土丘希沙利克（Hissarlik），在那里建立了特洛伊城（Troy）。公元前 1184 年，在经过了九年的围攻之后，特洛伊城落入了阿尔戈斯（Argos）国王、亚该亚人阿伽门农（Agamemnon）之手。到公元前 1000 年，希腊人已经占据了整个希腊半岛以及小亚细亚的全部爱琴海沿岸地区——多里亚人占据着南部地区，爱奥尼亚人（Ionian）占据着中部，而伊奥利亚人则握有北部地区。

从公元前 1200 年到公元前 1000 年之间，整个西方世界都处于动乱之中。诸多种族和民族涌向各个方向，要么征服他人，要么就是躲避他人的征服。一波又一波逃亡的爱琴人冲进了叙利亚和埃及的尼罗河三角洲。其中一个被称为非利士人（Philistine）的民族占领了巴勒斯坦（Palestine），他们的名字也成了这片土地的名字。这段混乱时期恰巧与铁制武器的发明重合。马匹不再只被当作驮兽，进而成为冲锋坐骑的时间可能也正是此时。

在新征服土地上定居的民族以家族为单位建起了农庄，之后又以此为基础逐渐发展出了城市。希腊的地理环境十分特殊，其土地的面积十分狭窄，又被数不胜数的山脉分割开来，导致陆路沟通十分困难。这种情况导致了独立城邦的出现，每一个城邦都是当地希腊人所知的唯一一个国家。每个城邦都具有独立主权，拥有自己的国王、法律、神祇和农田。在城邦内部，与人为善是最主要的处世原则。而一旦到了城墙之外，恶意就会取代善意。在希腊本土、爱琴海沿岸以及诸多岛屿上，出现了数百个城邦。各城邦自私自利，互相嫉妒，而且经常处于不断的战争之中。很多时候，当城市人口过于拥挤之后，他们便会开始建立殖民地，其动机并非征服或者掠夺，只是因为缺少良田而已。

公元前750年，第一批希腊殖民地出现在地中海中部，那里也是腓尼基人早已落脚之处。这些殖民地主要可以分为三类——优波亚人（Euboean）在西西里（Sicily）和意大利（Italy）建立的殖民地、亚该亚人在意大利南部建立的"大希腊"殖民地以及多里亚人在西西里建立的殖民地，后者之中最重要的是叙拉古（Syracuse）。另外，希腊人还在塞浦路斯（Cyprus）、吕底亚（Lydia）、高卢（Gaul）南部、西班牙东部以及不久之后的黑海（Black Sea）沿岸建立起了殖民地。这些惊人的扩张行动一直持续到了公元前6世纪中叶。如果希腊是一个统一的国家，由一位单独的君主统治，那么它就会成为史上第一个伟大的海洋帝国。但事实上，那些总数超过一百个的殖民地，却只不过是其原有城邦的复制品而已，其生存完全仰赖于自身的军事力量。

在城邦早期的国王时代，会战不过是双方挑选出来的英雄们进行的决斗而已。正如荷马（Homer）所描绘的情况，英勇是最高尚的美德，甚至于在希腊语中英勇与美德根本就是同一个单词。欧洲历史也正是从这种英勇之中诞生出来的，其象征是长矛和刀剑，而不是弓箭。成为领袖的都是最英勇之人，而非最具手腕之人，他们通过以身作则，而非运筹帷幄来主导会战的结果。战争是人与人的决斗，而非头脑之间的较量。最典型的希腊英雄是擅使长矛的阿喀琉斯（Achilles），而非百步穿杨的帕里斯（Paris）。在心理方面，也是白刃压倒了弓箭。

之后，方阵开始出现了，斯巴达（Sparta）是第一个将方阵战术发展至一定高度的城邦。在方阵出现后，主要由于冶金水平的进步以及随之而来的盔甲价格下降，导致城邦的贵族武士逐渐被平民士兵所取代。在盔甲价格足够低廉的情况下，任何一个有温饱能力的公民都买得起一整套武器，其中包括金属头盔、胸甲、胫甲、股甲、圆盾、长矛和双刃重剑，而弓箭则很少会为人所用。这种变革具有平等和民主的意义，因为它使普通公民在战场上拥有了与贵族相同的地位。伯里写道："十分明显的是，在始终以骑兵作为军队基干而没有引入重步兵的色萨利，民主的概念从未得势……"[12] 而在那些以重步兵为主导的地方，平等与民主就成了贯穿历史的一个正常发展趋势。

不具备自治能力的人，很容易接受领导能力较强之人的领导。在很多情况下，某个贵族派系的领袖，都能跻身于城邦领导人的位置上，在那些对现状不满的公民帮助下将对手放逐，使自己成为城邦的唯一统治者。这些统治者被称为"僭主"（Tyrant），这个单词在此指代的只是一种政治系统，而非暴虐的统治。①

从公元前650年起，希腊开始出现僭主，其数量很快就变得十分庞大，之后一百五十年也因此被称为"僭主时代"（Age of Tyrant）。僭主政治在爱奥尼亚诸城邦和岛屿、科林斯（Corinth）、西西里、优波亚和雅典（Athens）等地十分普遍，但在斯巴达却从未出现过。为避免出现僭主，斯巴达人创立了一种双王统治体系，使两位国王可以互相限制对方。斯巴达人忌惮于僭主政治的扩张，在公元前6世纪下半叶建立了伯罗奔尼撒同盟（Peloponnesian League）。这是一个由斯巴达主导的松散同盟，成员为伯罗奔尼撒半岛上的诸城邦，各城邦仍保持着主权和领土完整。也就是说，这是一种"门罗主义"（Monroe Doctrine）。虽然同盟成员拥有互相攻伐的自由，但倘若同盟内任何一个城邦遭到非同盟成员的进攻，其余所有成员便有义务联合起来抵抗进攻。到公元前6世纪末期，伯罗奔尼撒同盟已经囊括了除阿尔戈斯和亚该亚以外的整个伯罗奔尼撒半岛。在希腊所有政治组织中，该同盟是存续时间最长久的。

在伯罗奔尼撒同盟建立的同时，东方也发生了一件大事，并最终使这个同盟变成了一个意义非常重大的组织。这一事件的序幕如下：

---

① 译注：Tyrant 一词在英语中除其"僭主"以外，还有"暴君"的意义。

在尼布甲尼撒征服犹地亚的时候，其刚刚结交的盟友——米底国王基亚克萨雷斯（公元前634年至公元前594年在位）征服了哈里斯河以东的土地。这就使米底与吕底亚变成了邻国，两国之间的战争也随之而来。双方并没有分出胜负，最终以吕底亚国王阿利亚特（Alyattes，公元前617年至公元前560年在位）之女嫁给基亚克萨雷斯之子阿斯提阿格斯（Astyages）而和平地画上了句号。

这样一来，阿利亚特便巩固了自己的东疆，之后他又决心向爱琴海方向推进其西疆。为了达成这一目的，他展开行动，尝试攻克爱奥尼亚同盟（Ionian Confederacy）中最重要的城邦米利都（Miletus，即今日的帕拉蒂亚）。双方进行了漫长但却并不具决定性意义的战争。直到阿利亚特之子克罗伊斯（Croesus，公元前560年至公元前546年在位）的时代，吕底亚才征服了所有爱奥尼亚、伊奥利亚城邦并迫使多里亚城邦臣服，为战争画上了胜利的句号。在那之后，克罗伊斯又决定建立一支舰队以征服爱琴海诸岛。接下来发生的，便是前文提到过的那件大事了——克罗伊斯的妻舅阿斯提阿格斯突然被一位名叫库鲁什（Kurush）的波斯王子推下了米底王位，而这位库鲁什正是希腊人口中的居鲁士（Cyrus）。

居鲁士原本是米底属国安申（Anshan）的王子，他在公元前552年左右发动叛乱反对米底的统治。其手下士兵都是能够吃苦的农民和专业的弓箭手，而且他似乎也是首位拥有高效骑兵部队的统帅。得益于阿斯提阿格斯手下军队的变节，居鲁士在叛乱之后短短三年之内就变成了整个米底的主人。

此事惊动了克罗伊斯。他担心居鲁士下一步就要跨过哈里斯河，因此放弃了征服爱琴海的计划，并与埃及、巴比伦（迦勒底）以及斯巴达人建立了同盟，试图阻止这位新兴的征服者。公元前547年，克罗伊斯跨过哈里斯河，在普特里亚（Pteria）附近与波斯人打了一场不具决定性意义的会战。之后由于冬季将至，他撤回了自己的首都萨迪斯（Sardis，即今天的萨尔特），派出信使邀请盟友们做好准备，计划在来年春季对波斯人发动联合进攻。

克罗伊斯撤退之后，居鲁士立刻发挥自己的内线优势。他渡过了哈里斯河，在萨迪斯城外的大会战中击败了吕底亚军队，之后又占领了萨迪斯并俘获了克罗伊斯本人。居鲁士留下部将哈巴古斯（Harpagus）去征服沿海希腊城邦（由于各城邦之间的不睦，哈巴古斯轻松完成了任务），他本人则在巩固了对吕底亚的统治后，于公元前540年东进，在俄庇斯（Opis，位于泰西封附近）击败了贝尔沙泽

（Belshazzar）的巴比伦军队。两年后，居鲁士攻克了巴比伦。先知但以理（Daniel）在他的《诗篇》第五章中，曾以诗歌体裁描述了巴比伦陷落的过程。

巴比伦投降之后，从叙利亚北部到埃及边境的所有地区相继臣服于居鲁士。他留下自己的儿子冈比西斯（Cambyses）为入侵埃及进行准备工作，自己则回到本土去整合征服成果，并给自己冠上了"巴比伦、苏美尔、阿卡德以及世界四方之王"（King of Babel, Sumer and Akkad, and the Four Quarters of the World）的称号。据此，他宣称自己对于赫卡尼亚（Hyrcania）东部、帕提亚（Parthia）、巴克特里亚（Bactria）以及索格迪亚纳（Sogdiana）等原米底帝国领土均拥有统治权。他之后在这些地区以及更远之处进行的战役已经无史可查，只有最后一战例外。在这一战中，居鲁士对咸海（Lake Aral）地区的西徐亚（Scythian）部落马萨革太人（Massagetae）发动了进攻，但却在战役过程中的公元前528年阵亡或去世。其遗体被送往帕萨加迪（Pasargadae，即今日的穆尔加布），并在那里下葬。

居鲁士去世三年后，冈比西斯（公元前528年至公元前522年在位）入侵埃及，在位于尼罗河东部入海口的佩卢西乌姆（Pelusium）赢得了一场决定性胜利，瓦解了埃及人的抵抗。紧接着他又溯尼罗河而上，试图征服埃塞俄比亚（Ethiopia），但却因为补给困难被迫放弃了计划。与此同时，昔兰尼（Cyrene）的希腊殖民地也向冈比西斯臣服。冈比西斯也被尊为埃及国王。

当冈比西斯于公元前522年去世时，波斯帝国的疆界已经东抵印度，西至爱琴海，北邻黑海，南方则延伸到了努比亚，其中亚疆界则是北至里海（Caspian Sea），南至印度洋。米底、巴比伦（迦勒底）、吕底亚和埃及等四个大国被攻灭。这便是三十年连续征战的成果。

帕提亚总督叙斯塔斯佩斯（Hystaspes）原本应继承这个庞大但尚未完成整合的帝国。但由于他并不曾努力巩固自己的继承权，王位遂落入了一个自称是冈比西斯已死兄弟的人手中。此人的统治十分短暂，他在篡位之后不久即被叙斯塔斯佩斯之子大流士（Darius，公元前521年至公元前483年在位）所杀，后者旋即登上了王位。

大流士即位之初的几年时间，全部花费在了镇压各地叛乱之上。恢复秩序之后，他开始重组自己的帝国。首先，他将全国分划成了20个省区（Satrapy），每省设置一名总督，其职能仅限于行政范围，实际上就是一个单纯的税吏。接下来，他组建了一支强大的腓尼基舰队，并利用这支舰队控制了东地中海。同时大流士还建起了从首都苏萨（Susa，即苏斯特，或圣经中的"舒山"）连接各省的公路网络。每隔4帕拉桑（Parasang，4帕拉桑相当于大约14英里）即设有一座驿站和旅馆。国王的使者在一周之内，就能利用换乘马匹走完从萨迪斯到苏萨之间约1600英里的路程。此外，大流士又重新疏通了自塞梯一世时期就已经存在的苏伊士运河（Suez Canal），而且还对印度洋进行了探索。

大流士将军队分划成了师级单位。每师拥有10000人，这些人被分为10个营，一个营分为10个连，一个连又分为10个班。以"不死军"（The Immortals）闻名的禁卫军同样是10000人，其兵源与大流士的骑兵一样全都是波斯人，波斯军队中几乎全部的高级军官和卫戍指挥官也都是波斯人和米底人。在这一点上，大流士的军队与英国的印度殖民军极为相似。从总体上来讲，布里斯提德评价大流士对帝国的改组是"古代东方历史，甚至整个世界古代史中最惊人的成就"[13]，而罗宾森则说这次改组"也是后来所有帝国的典范"[14]，尤其以罗马帝国为甚。

在消除了内乱的危险之后，大流士接下来要做的便是解除外部威胁，并建立可靠的疆界。在所有疆界中，位于帝国两端的东部疆界和西部疆界最为重要。为建立东疆防线，大流士在一系列战役中将国境推进到印度河流域，利用这条大河以及其西部的山脉共同构成了抵抗入侵的屏障。西疆的情况要更为复杂。除里海与兴都库什山脉（Hindu Kush）之间的缺口以外，波斯边境上最薄弱的环节便是爱琴海和普洛庞提斯海（Propontis，即马尔马拉海）的海岸地区。其原因在于，居住在这些狭窄海域两侧的人民属于同一种族，二者在遭遇危险时也总会互相支持。唯一可行的解决方案，就是波斯人将国境继续向西推进，直到将所有希腊人囊括在内，从而建立起一条以种族为基础的疆界为止。似乎也正是这一想法，在公元前512年左右将大流士带到了多瑙河流域。

大流士集结了一支拥有大约200艘至300艘船只的舰队以及七万人的陆军[15]，在查尔西顿（Chalcedon，即今日的卡德柯伊）附近架桥越过了博斯普鲁斯海峡（也叫"伊斯坦布尔海峡"）进抵多瑙河。与此同时，舰队也溯多瑙河而上，在加拉茨（Galatz）或布勒伊拉（Braila）附近架起了一座跨河浮桥。之后大流士便率军进入多瑙河以北地区，其目的可能在于侦察当地情况，同时用自己的军队震慑西徐亚人。大流士到底前进了多远已不可考，但最终西徐亚人通过坚壁清野的手段迫使其撤退，之后又攻击了他的后卫，俘获了波斯人的行李纵列。

大流士在后方留下了一支希腊人部队来保护浮桥。到了此时，色雷斯切尔松尼斯（Chersonese）的僭主米太亚德（Miltiades）便开始鼓动部队拆毁桥梁，以此来切断大流士同其基地的联系。但米利都的僭主希斯提亚埃乌斯（Histiaeus）却成功阻止了这一行动。他劝说部队，说如果大流士遭到惨败，那么所有爱奥尼亚城邦都会发动叛乱，驱逐僭主建立民主制度。大流士跨过浮桥撤回了萨迪斯，只留下副将迈伽巴祖斯（Megabazus）率领一支强大的军队去征服色雷斯。迈伽巴祖斯成功征服了从马尔马拉海到斯特里蒙河（Strymon）之间的土地，虽然他没能击败马其顿，但后者的国王亚历山大还是选择臣服于大流士。

希腊与波斯之间长达两百年的搏斗便就此拉开了帷幕。尽管双方都是雅利安人，但这却是西方与东方之间第一次有文字记载的大战。由于后来那些数不胜数的战争绝大部分都是欧洲民族或国家之间的斗争，因此这场大战也显得格外与众不同。

当上述事件正在发生的同时，希腊人也正在被同样重要的事情所困扰。在居鲁士死于索格迪亚纳边区的同一年里，雅典僭主庇西特拉图（Peisistratus）也过世了，他的两个儿子希庇亚斯（Hippias）和希巴克斯（Hipparchus）继承其位。希巴克斯在公元前514年遭到谋杀。四年后，雅典人民又在斯巴达国王克里昂米尼（Cleomenes）的军队帮助下，将不受欢迎的希庇亚斯驱逐出城，后者被迫前往大流士的宫廷去寻求支援。为感谢斯巴达的援助，雅典被迫加入伯罗奔尼撒联盟，斯巴达也在一定程度上获得了介入雅典内政的权力。

从僭主手中获得解放之后，雅典人在一位同情人民的贵族克利斯提尼（Cleisthenes）带领下建立了民主政治。但就在克利斯提尼得势之后不久，另一位贵族，即其政敌伊萨哥拉斯（Isagoras）便向克里昂米尼提出请求，希望能放逐克利斯提尼。斯巴达国王又一次率军进入雅典，但人民群起反抗，将这位国王和他的小规模军队连同伊萨哥拉斯一起封锁在了卫城（Acropolis）之中，并迫使他们投降——这也是斯巴达国王从未遭受过的羞辱。

克利斯提尼在重新掌权后开始重组雅典政制，他制定的第一批法律中包括"贝壳放逐"（Ostracism）制度。根据这条法律，任何显赫的公民，只要被认为对城邦造成了威胁，就可以由人民投票将其放逐十年。紧接着，他又对军队进行了重组，将雅典人为划分为十个"部落"。每个部落负责提供一个团（Taxis）的重步兵和一个中队的骑兵。每个团拥有一位将军（Strategos，后改称为团长Taxiarch），而整支军队则由一位有名无实的总司令（Polemarch）指挥。

出于对克里昂米尼再次入侵阿提卡（Attica）一雪前耻的担忧，克利斯提尼向大流士求援，但后来当克里昂米尼组建的反雅典联盟破产后，他又收回了请求。一年或两年之后，克里昂米尼又组建了第二个联盟，但同样因为盟友之间的争吵无疾而终。克里昂米尼终于认清，在成为伯罗奔尼撒半岛的主人之前，他不可能依靠盟友来将斯巴达的霸权扩张至科林斯地峡（Isthmus of Corinth）以北。因此他决心摧毁阿尔戈斯的势力，后者也是伯罗奔尼撒半岛那些尚未加入伯罗奔尼撒同盟的城邦中最为强大的一个。其结果便是在公元前494年，斯巴达对阿尔戈斯发动了入侵，克里昂米尼也在塞皮亚（Sepeia）击溃了阿尔戈斯的军队。虽然这次决定性胜利打开了通往阿尔戈斯城的道路，但克里昂米尼却没有占领城市。其原因可能在于，他担心一旦斯巴达毁灭了阿尔戈斯城，从道义的角度来看，斯巴达的支配地位就可能会被视为是有害于希腊的。这场胜利的后果立刻便显现了出来——在伯罗奔尼撒境内，所有反对斯巴达的势力全被平息，不久后雅典也承认了斯巴达在整个希腊世界的领导地位。

在这次决定性胜利的五年之前，还发生了另外一场国家之间的冲突。这场冲突比古典时代其他任何一场战争对欧洲历史的影响都要更为深远，这就是爱奥尼亚大起义（Ionic Revolt），其起源有如下述：

米利都在公元前499年时由大流士的女婿阿里斯塔戈拉斯（Aristagoras）统治，此人野心勃勃，希望将基克拉迪群岛（Cyclades）也纳入自己的麾下。由于缺乏足够强大的舰队，他只好向大流士的妻舅、萨迪斯总督阿塔菲尼斯（Artaphernes）求援。阿塔菲尼斯在国王的授权之下，派遣迈伽巴提斯（Megabates）带领200艘船只前去支援。但当舰队抵达之后不久，迈伽巴提斯就和阿里斯塔戈拉斯发生了争执，为阻挠后者的行动，迈伽巴提斯不惜通知纳克索斯人（Naxian）说危险即将来临，结果导致远征彻底失败。阿里斯塔戈拉斯担心受到羞辱，而且也知道爱奥尼亚人非常急于推翻僭主统治，因此决心发动大规模叛乱来挽回自己的命运。

阿里斯塔戈拉斯首先前往希腊寻求斯巴达的支援，遭到拒绝之后，他又去了雅典和埃雷特里亚（Eretria），并从前者那里得到了20艘战舰，从后者那里得到了5艘战舰。倘若雅典和埃雷特里亚的援助能够更加慷慨一些，这场起义本有可能获得成功,而整个历史的走向也会彻底改变。

虽然这些增援在数量上可以说是微不足道,但却还是带来了巨大的影响。阿里斯塔戈拉斯返回米利都之后,在公元前498年开始向萨迪斯进军,占领了除卫城以外的整个城市。只不过他的胜利并没有延续太久,不久后他就在以弗所(Ephesus)附近被一支波斯军队击溃,雅典和埃雷特里亚的援军也撤回了本土。

阿里斯塔戈拉斯占领萨迪斯后,大批城邦也都跟着起义了,叛乱很快便席卷了卡里亚(Caria)和塞浦路斯,一路向北蔓延到了普洛庞提斯海。一个又一个城邦推翻了波斯统治,紧接着又被波斯人重新攻克镇压。阿里斯塔戈拉斯丧失了信心,逃亡到色雷斯,最后客死在了那里。

这场战争中的主要事件是对叛乱核心米利都的围攻战。波斯人从陆地上对米利都发动进攻,同时用600艘战舰从海上封锁了这座城市。拥有353艘战舰的希腊舰队驶出港口试图冲破封锁线,但在莱德岛(Lade)海岸附近被决定性地击败。这场惨败决定了米利都及整个叛乱的命运。

希腊人在海战中遭受惨败之后,腓尼基舰队立刻进入了赫勒斯滂海峡(Hellespont),夺回了北至拜占庭(Byzantium)的所有色雷斯海岸地区。切尔松尼斯的僭主米太亚德只得从卡迪亚(Cardia)逃往雅典,而他在那里又引起了一轮政治危机。由于米太亚德出生在雅典,而且极端敌视波斯和佩西特拉图派(Peisistratids,该派系成员曾杀死了米太亚德的父亲西蒙),他自然也就成了反波斯贵族们的领导人,与主和的克利斯提尼所领导的民主派对抗。最后,米太亚德还被推选为其所在部落的将军。

在波斯人重新夺回赫勒斯滂海峡之后,之前遭到放逐,此时仍在波斯宫廷中的雅典僭主希庇亚斯就催促大流士向雅典进军,重新将他扶上王位。大流士同意了他的请求。其原因在于,随着爱奥尼亚大起义的崩溃,大流士愈发急于在西方建立其种族疆界,而在他看来,希庇亚斯无疑可以帮助他完成这一工作。也正因为如此,大流士决心重组亚细亚地区的希腊城邦,重新征服在叛乱中丢失的色雷斯和马其顿,并让希庇亚斯以波斯封臣的身份在雅典重建僭主政治。在那之后,斯巴达和希腊的其余部分也将被逐步吞并、蚕食。他的第一步目标是占领雅典,并借此来孤立斯巴达。

公元前492年,波斯君主的女婿马多尼乌斯(Mardonius)受命率军前往色雷斯。他镇压了色雷斯，强迫马其顿国王亚历山大臣服于波斯。可就在马多尼乌斯即将侵入希腊之时，他的舰队却在阿索斯山（Mount Athos）海岸被风暴摧毁，使他不得不返回亚细亚。这个挫折并没有动摇大流士的决心，他立刻发动了第二次远征。这次行动将不经陆路而直接跨越爱琴海前往雅典。由于马多尼乌斯负伤，所以大流士将远征军的指挥权交给了萨迪斯总督之子阿塔菲尼斯，并让一位米底将军大提士（Datis）来指挥舰队。这支军队的具体规模如今已不可考，可能有大约25000名步兵和1000名骑兵。[16] 由于整支军队都从海路运输，其规模不可能比此更大太多。

波斯人对于这次战役有何计划？由于希罗多德（Herodotus）并没有记载任何清晰的战略观念，所以我们只能依靠实际发生和原本可能会发生的事情来进行推测。按照孟罗（Munro）的猜测[17]（格伦迪在很大程度上采用了他的观点，而且这些看法与希罗多德的叙述也并不冲突[18]），波斯人的计划如下：

从希庇亚斯那里，大流士得知雅典的阿尔塞迈翁家族（Alcemaeonidae）[19]激烈地反对米太亚德，希望能够拥戴希庇亚斯回国夺权。而为了恳求大流士宽恕雅典在爱奥尼亚大起义中的行为，阿尔塞迈翁家族也做好了与波斯人合作的准备。换句话说就是，雅典城中存在一支今日被我们称为"第五纵队"的强大亲波斯势力。如果雅典军队能够被引诱出雅典城，而同时波斯军队也能在法勒鲁姆（Phalerum，即法勒隆）登陆支援阿尔塞迈翁家族，他们就能发动叛乱占领雅典，而不需进行战斗。这一计划需要解决的主要问题有二：一是如何在精神上支援雅典城内的密谋者，二是如何将雅典军队诱出城市并将其牵制住。

前一个问题的解决办法是先征服抵抗能力很弱的埃雷特里亚，一旦此处失陷，雅典人就可能会陷入恐慌并因此倒向密谋者一方。后一问题的解决方案则是派出一支军队在雅典城东北25英里处的马拉松湾（Bay of Marathon）登陆，从陆路威胁雅典，以便将雅典军队诱出城外。

公元前491年8月底或9月初[20]，波斯人做好了行动准备，其运输船也在舰队的护卫下从萨摩斯岛（Samos）驶向纳克索斯岛。在锡克莱德斯（Cyclides）短暂停留后，波斯人进抵优波亚南岸的卡利斯图斯（Carystus，即卡利斯托）。然后，波斯人从这里出发，穿过优波亚海峡抵达了埃雷特里亚。到了此时，希腊人也已

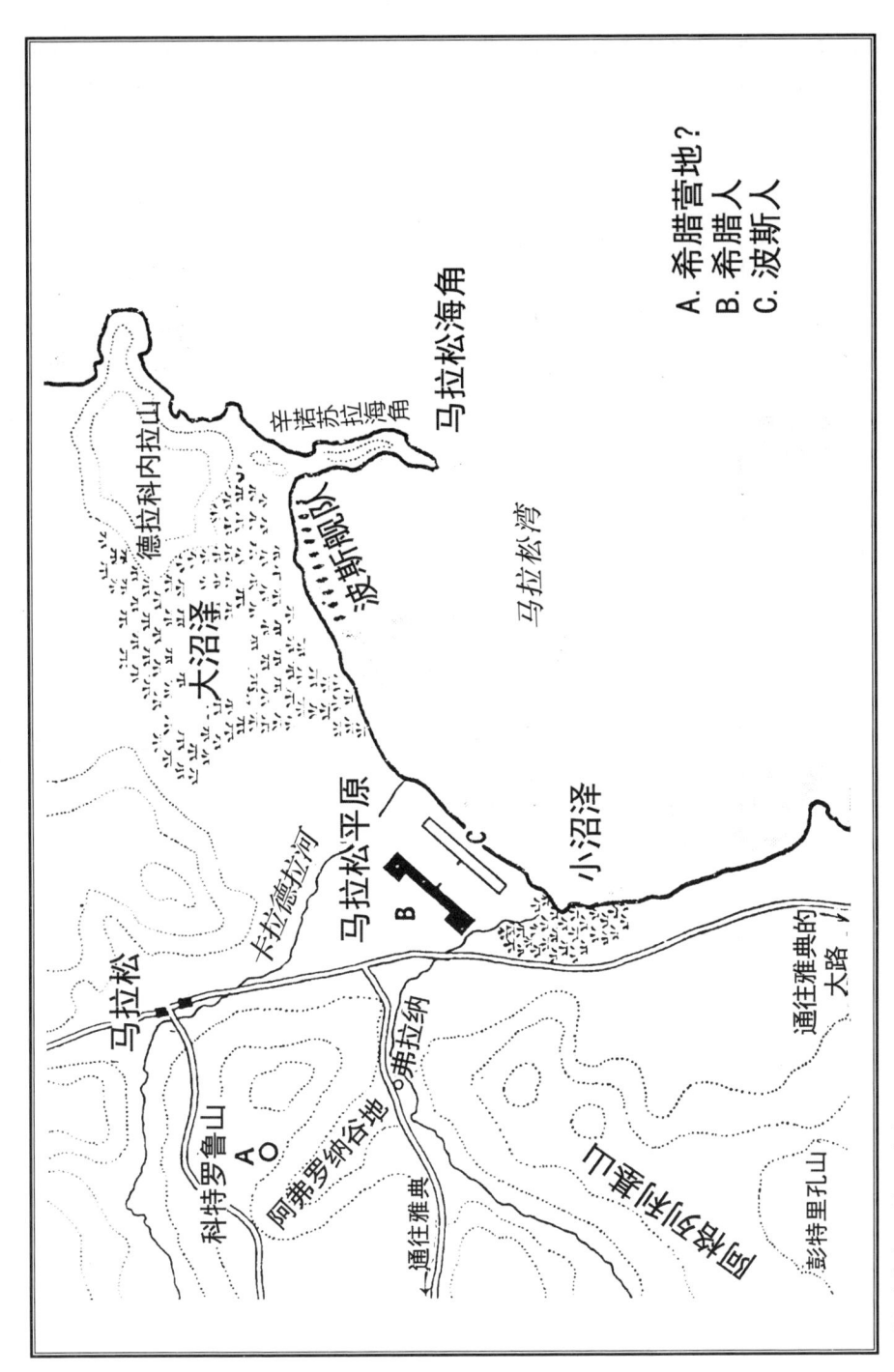

马拉松会战(公元前491年)

经认清了波斯远征军的目标。埃雷特里亚人决心抵抗，并派出使者紧急前往雅典求援。雅典人虽然同意支援埃雷特里亚人，但也自知实力不足，因此立刻派出了信使费里皮德斯（Pheilippides）前往斯巴达寻求支援。此外，雅典人可能还派了另一位使者去普拉蒂亚求援。费里皮德斯在两天之内跑了150英里，9月9日便抵达了斯巴达。由于雅典此时仍是伯罗奔尼撒同盟的一员，所以斯巴达人立刻许诺派出援军。但由于此时刚好处于禁止军事行动的卡里亚节（Carneian）期间，因此斯巴达人必须要等到9月19日至20日的满月过后，才能向雅典进军。

阿塔菲尼斯率领着一部分波斯军队开始围攻埃雷特里亚，而大提士则率领其余人马穿过优波亚海峡在马拉松湾登陆。与此同时，总数在9000人到10000人之间的雅典军队也在总司令卡利马科斯（Callimachus）率领下从雅典城出发，由包括米太亚德在内的10位将军伴随着向北进发。出发后不久，雅典人就听说波斯军队已经在马拉松湾登陆。卡利马科斯随即率军右转，占据了阿弗罗纳（Avlona）谷地，在谷地中的赫拉克勒斯神庙周围宿营。1000名普拉蒂亚援军也在此处与他会合。

雅典人抵达弗拉纳（Vrana）以北的赫拉克勒斯神庙时，波斯舰队可能正停泊在辛诺苏拉（Cynosura）海角西侧，波斯陆军[21]则已经上岸宿营，并利用覆盖着部分海岸的大沼泽（Great Marsh）来保护自己的侧翼。大沼泽以南即为马拉松平原（Plain of Marathon），流经其中的卡拉德拉河（Charadra）[22]将平原一分为二。在平原以南的海岸和阿格列利基山（Mount Agrieliki）之间，还另有一处被称为"小沼泽"（Little Marsh）的沼地。

雅典人占据着一块波斯人根本无法攻击的阵地。而且他们肯定也已经认清，由于波斯人没有占领从平原通往雅典城的道路（即从小沼泽到卡拉德拉河谷，再到阿弗罗纳谷地的道路），因此对方根本没有从陆路去进攻雅典的意图。如果雅典人不去进攻波斯人，那么他们所要面临的唯一危险也就只有叛乱分子可能会趁雅典城无人防守之时发动叛乱。除此以外，雅典人找不到任何理由在斯巴达人抵达之前发动进攻。这一情况持续了八天，其间双方平和地保持着对峙。可到了第九天，雅典军队收到了埃雷特里亚因内奸出卖而陷落的消息。这一情况之紧迫，迫使卡利马科斯和将军们必须立刻做出决定。其原因也很明显——在大提士的滩头阵地掩护下，已经获得行动自由的阿塔菲尼斯完全可以沿海路直抵雅典城下。雅典人召开了一次军事会议，米太亚德在会上主张立刻发动进攻。由于其余将军中有五人反对，四人支持，他便请示了卡利马科斯，后者投票赞成了他的决定，发动进攻的决议也获得了通过。但直到阿塔菲尼斯麾下部队已经登船的消息传来之前，雅典人仍然没有采取任何行动。巧合的是，在消息传来的这一天，正轮到米太亚德轮值担任军队战术指挥官。[23]

米太亚德担任轮值指挥官这一天可能是9月21日，他在当天将雅典军队排成了战斗序列。他可能将手中10000至11000人的军队排成了两个平行的纵队，每个纵队的长度均为半英里左右。进入马拉松平原之后，两个纵队调转方向，组成了一条横排的战线。看到雅典人的行动之后，波斯人也立刻在卡拉德拉河右岸和小沼泽之间展开，其战线与海岸平行。两军之间的距离据说不到8斯塔德[24]，也就是不到一英里。接下来，为避免被波斯人迂回自己的侧翼，卡利马科斯或米太亚德可能将希腊战线中央部分的纵深减少到了四排，而侧翼则仍保持着八排的深度。[25] 象征荣誉位置的右翼由卡利马科斯指挥，普拉蒂亚人位于左翼，而米太亚德则可能率领着自己部落的方阵步兵团。悲剧作家埃斯库罗斯（Aeschylus）当天也在希腊人的阵中。

从战术上讲，卡利马科斯和米太亚德面临着一个难题，即大部分波斯步兵都是弓箭手。在白刃交战中，两位将军可以依赖身穿重甲的重步兵去打破波斯战线。但在那之前，军队一旦接近到波斯人的弓箭射程之内，就必须加快前进的步伐。在进入"致命区域"（Beaten Zone），也就是波斯弓箭手前方200码①后，前进速度更是必须加倍。对于正面宽度长达一英里的方阵而言，想要在这种速度下维持阵形是根本不可能的，希腊人必须冒着战线发生混乱的危险前进。

在雅典人列好战斗序列，祭品也显示出吉兆之后，方阵便开始以缓步前进。接近"致命区域"后，方阵改以双倍速度前进。其后发生的事情虽然模糊不清，但从常识而言我们也能推断出大概情况。通常情况下，一条漫长的战线在顶着敌军火力前进时，侧翼的速度会比中央更快。马拉松会战中肯定也发生了这种情况，导致希腊战线中央形成了一个凹陷。再加上中央的兵力可能仅有四排，而两翼却是八排，两侧和中央之间开始出现空隙，而波斯人也就乘虚而入，击退了希腊人的中央。随着希腊战线中央的后退，波斯战线也自然形成了中央凸出的形状，同

---

① 译注：1 码约合 0.91 米。

时希腊军队的两翼也被中央拉向内侧，使战线的长度有所缩短。而战线长度的缩短，又导致希腊军队两翼自动向内旋转，压向波斯战线侧翼。整个运动的结果就是形成了一个希腊人从两翼包围波斯战线的情况，很类似于三百年后汉尼拔（Hannibal）在坎尼会战（Battle of Cannae）中有意为之的局面。波斯军队挤在一起，混乱不堪，惊恐地向战舰方向溃退，并遭到了希腊人追击。双方随即又在海滩上发生了战斗，大提士则在损失了7艘战舰、6400名士兵后逃之夭夭。[26]

雅典军队据说只有192人战死，其中包括英勇的总司令卡利马科斯以及另一位将军居尼吉鲁斯（Cynegirus），后者也是埃斯库罗斯的兄弟。普拉蒂亚人的损失则没有记录。所有死者都被埋葬在一个土丘之下。直到今天，这个土丘依然标示着战场的所在地。

在大提士的残部匆忙地上船逃走之时，阿塔菲尼斯肯定已经出海，其前卫可能也已经越过了辛诺苏拉海角。就在这个关头，彭特里孔山（Mount Pentelicon）上有人用一面盾牌的反光向波斯人发送了信号。[27]到底是何人发送的信号，其内容又是什么，如今已经无据可查，但当天晚些时候发生的事情却足以证明，这个信号的内容是要求波斯人立刻驶向雅典城去支援密谋者行动。[28]

对希腊人而言，局势刻不容缓。大提士出海之后，希腊军队立刻便开始向雅典进发，并最终及时赶到，阻止了阿塔菲尼斯在法勒鲁姆占据滩头阵地的企图。阿塔菲尼斯看到自己已经错过了机会，只好调转航向驶回了亚细亚。当天晚上，斯巴达前卫也进入了阿提卡，在获悉雅典人已经赢得会战之后，他们就直接开到了马拉松战场去检视波斯战死者的遗体。

马拉松一役是一场非常引人注目的会战，无论是波斯人的战略计划，还是希腊人的战术执行都足以令人赞叹。尽管希腊人挫败了大流士的惩罚性远征，但这却远不是一场决定性胜利。马拉松会战并没有让希腊和波斯之间的争雄告一段落，而只是为接下来真正的决定性战役做好了准备而已。就好像孟罗所说的那样，这是"一场宏大戏剧的精彩序幕"。[29]有史以来第一次，希腊人凭借着自己的力量，在自己的土地上击败了波斯人。马拉松会战给了希腊人对自己命运的信心，让他们在接下来的三个世纪中斗志昂扬，而西方文化也正是在这个时期中诞生的。马拉松会战，正是欧洲这个新生儿的初啼。

注解

1. 霍布斯（Hobbes）曾指出，"当世界人口过剩之时，最后的解决办法便是战争。在战争中，人们不是获胜便是死亡。"（*Leviathan*，第二部分，第30章。）
2. *The Republic of Plato*，B. 乔义特英文译本，1888年版，第44页至55页。
3. 图特摩斯三世统治的起始时间是以结婚之日算起的，而非其王后去世之日。
4. W.M.Flinders Petrie, *A History of Egypt*，第二卷，第107至109页。
5. 同上，第二卷，第110页还提到"一套非常出色的青铜铠甲"和一套"马克塔（即美吉多）首领的青铜铠甲"。二者皆为鳞甲。不久之后埃及国王和贵族们也采用了这种铠甲（第146页）。
6. *The Cambridge Ancient History*，第二卷，第87页。这两座方尖碑如今被分别立在伦敦和纽约。西奥多·H. 罗宾森在其《以色列史》（1945年版，第一卷，第4页）曾对图特摩斯三世的统治有如下评价："现代史可以说正是从公元前1479年开始的，而被我们这个物种称之为领土帝国主义者，也正是在这个时代出现的。三十四个世纪以来，所有的政治野心，无论是个人野心还是种族野心，目标都在于在地理上扩大领地，征服临近部落或民族。"
7. 布里斯提德写道："亚述军队是……第一支装备了铁制武器的大规模军队。人们曾在萨贡的宫殿中发现一座兵工厂储藏室，其中储存着多达两百吨的铁器。亚述帝国的崛起及其力量，很大程度上得益于铁器时代的到来。"（*The Conquest of Civilization*，1926年版第173页）
8. *Nahum*，第三章，第18至19节。
9. *Jeremiah*，第四十六章，第17节。
10. J.B.Bury, *A History of Greece*，1916年版，第6页。在罗素·梅格斯于1951年完成的修订版中又补充道："有迹象显示，大约在公元前2000年左右，一个新的民族进入了希腊……出现了一种新的陶器。"
11. "亚该亚人"是赫梯、埃及史料以及荷马著作中对希腊人的常用称呼。
12. J.B.Bury, *A History of Greece*，1951年版，第129页。
13. *The Conquest of Civilization*，第199页。
14. *A History of Israel*，第一卷，第5页。
15. 此处是《剑桥古代史》，第4卷，第212页中所给出的数字。希罗多德说波斯人拥有600艘战舰和70万至80万人。
16. *The Cambridge Ancient History*，第四卷，第234页。
17. J.Arthur R.Munro, *The Journal of Hellenic Studies*，第19章，"马拉松战役"，第185至197页。
18. G.B.Grundy, *The Great Persian War*，1901年版，第171至172页。
19. 阿尔塞迈翁家族是一个在公元前7世纪至公元前5世纪在阿提卡政治中具有主导作用的贵族之一。
20. 传统上认为这一时间应为公元前490年，公元前491年为孟罗的观点，虽然其使用的论据非常有力，但至今仍未被普遍接受。
21. 可能其兵力在15000人左右（*The Cambridge Ancient History*，第四卷，第243页）。
22. "卡拉德拉"一词在希腊语中本身就是"小河"或"小溪"的意思。
23. 此事本身就非常模糊。在名义上，总司令是全军的指挥官，10位将军则是他的幕僚。公元前5世纪，希腊陆军战术的内容仅限于如何排列战线。按照希腊德的说法，似乎每位将军都能够轮值负责这一光荣职责。由于排列战线是任何一个将军都能完成的机械操典，这种轮值对总司令权威也不会造成任何影响。这就好比今日某位上校手下拥有10位军士长，并让这10人轮流执勤一样。
24. *The History of Herodotus*，乔治·罗林森英文译本，1880年版，第六卷，第112节。
25. 同上，第六卷，第102节。
26. 同上，第六卷，第117节。
27. 同上，第六卷，第121节、第124节。
28. 考虑到这个信号，很可能雅典城内的政变已经箭在弦上，但由于某些原因而被推迟了。而当密谋者听说斯巴达军队正在接近之后,他们只好在绝望之中向波斯人发出了信号。因为倘若斯巴达人直接进抵雅典,政变也将胎死腹中。

29. *The Cambridge Ancient History*,第四卷,第252页。

第一卷

萨拉米斯海战（公元前480年）
与普拉蒂亚会战（公元前479年）

第一章

希罗多德曾写道:"如今在雅典有这样一个人物,他不久前才跻身第一等公民的行列,他的真名叫地米斯托克利(Themistocles),更为人所知的称呼则是尼奥克利斯(Neocles)之子。"[1] 此人比绝大多数同时代人更具远见卓识,他看清了马拉松会战绝非像许多人所想的那样是希波战争的终结,反而只是一个开端。同时他还看到,如果雅典不建立一支足够强大的舰队去夺取爱琴海控制权,便逃脱不了被毁灭的命运。

当伟人出现时,总会发生一些能帮助他们平步青云的大事。地米斯托克利能够位列最伟大的人物之一,也一样要得益于他所面临的情况。首先,雅典和埃伊纳岛(Aegina)之间的战争清楚地证明雅典必须要拥有一支更强的舰队。其次,尽管大流士比先前更坚定的想要与希腊开战,但他却不得不因埃及的叛乱而分心。再次,马罗尼亚(Maroneia)的劳里昂(Laurion)矿区发现了一个储量极大的银矿,尽管一开始曾有人主张应将银子平分给所有雅典公民,但最后地米斯托克利还是成功说服公民大会投票将这笔资金拿去建造了100艘三列桨战舰(Trireme)。最后,大流士在平定埃及叛乱之前便撒手人寰,其子薛西斯(Xerxes,公元前485年至公元前465年在位)继承了王位。而这又给了希腊人更多的喘息之机,因为薛西斯现在不仅要镇压叛乱,还要花费一段时间去巩固自己的王位。

公元前484年,在埃及重建秩序之后,薛西斯开始了拖延已久的入侵准备工作。尽管希罗多德关于这四年准备工作的描述毫无疑问是大大夸张了实情,但这次远征的兵力仍然非常强大,看似势不可挡。每一位行省总督都收到命令,要提供相应的兵员。希罗多德写道:"整个亚细亚又有哪一个民族,不曾被薛西斯带去进攻希腊?"[2] 弗雷德里克·莫里斯爵士(Sir Frederick Maurice)估计薛西斯征召了150500人[3],孟罗则估计波斯军队的总人数为18万人。[4] 但相比于希罗多德给出的2641610人这一数字,前二者所估计的数字都算很小了。无论真实数字到底是多少,远征军的规模都大到了不可能再从海路运输,而必须要走陆路的程度。这一次,薛西斯选择了赫勒斯滂海峡而非博斯普鲁斯海峡。为避免重蹈马多尼乌斯之前的灾难,薛西斯下令在阿索斯山与哈尔基季基(Chalcidice)之间的狭窄地峡上开凿了一条运河。此外,他还在斯特里蒙河上架桥,并下令在军队将要经过的海岸上沿路修建补给站。

薛西斯在阿比杜斯(Abydus)和塞斯托斯(Sestus)之间架设的浮桥,在那个时代是非常了不起的工程,即使在今天也仍要花费不少力量才能完成。波斯人的第一次架桥工作以失败告终，第二次则由希腊工程师哈帕鲁斯（Harpalus）指导，最终用三列桨战舰和五十桨战舰成功建起了两座浮桥。每座浮桥中的船只由六根绳索相连，包括两根麻绳和四根草绳，船面上铺了木板作为桥板。两座浮桥中靠西的一座由314艘战舰串联而成，靠东的那一座则用了360艘战舰。

到公元前481年冬季，准备工作终于完成。薛西斯将总部设在萨迪斯，并派出使者前往除雅典和斯巴达以外的所有希腊城邦索取"土和水"，也就是臣服的象征。第二年春季，波斯大军启程前往阿比杜斯，按照希罗多德的说法，那里已经集结了1207艘战舰和3000艘运输船。在阿比杜斯，薛西斯检阅了他的军队，之后便跨海到达塞斯托斯，一路前进到了色雷斯的切尔松尼斯，在绕过米拉斯湾（Bay of Melas）之后，波斯陆军进抵多里斯卡斯（Doriscus）与舰队会合，后者随后便取道阿索斯山运河继续航行。薛西斯检阅了舰队之后率领陆军前往塞尔马（Therma，即今日的萨洛尼卡），让军队在那里暂停休整。国王则乘船先行，去侦察位于奥林匹斯山（Mount Olympus）以南、奥萨山（Mount Ossa）以北的坦佩（Tempe）隘口。

在叙述接下来的事件之前，我们有必要先简短地介绍一下这个时期的希腊战争艺术。为了能将其发展过程叙述完整，我们对希腊战争艺术的发展，将一直介绍到公元前5世纪末时的情况为止。

在希波战争之时，方阵的组织在斯巴达已经达到了尽善尽美的程度，其法律要求公民士兵"要么获胜要么战死"。对一名斯巴达人而言，战争就是节日，而会战则是勇气的竞赛。由于其装备总重达72磅①，每一位斯巴达士兵都要由一名持盾者（Shield-Bearer）伴随才行。在公元前479年的普拉蒂亚会战中，每位重步兵都有七名希洛人（Helot，也就是农奴）跟随在后，使整个方阵的深度达到了八排。② 希洛人负责用棍棒击毙那些受伤的敌人，在主人受伤时，他们也负责进行照料。为保证战线的齐整，重步兵在前进时要跟随笛声齐步前进。

在这种仪式性的会战中，战术仅限于向前推进长矛，直到轻装部队加入之后，

---

① 译注：1磅约合0.454千克。
② 译注：富勒的这个说法很值得商榷。在普拉蒂亚会战中，斯巴达的八排方阵应完全由重步兵组成，倘若方阵后七排均是既没有盔甲盾牌、也没有经过战斗训练的希洛人，那么不仅整个方阵无法维持秩序和冲击力，这些轻装农奴也不可能长时间顶着波斯人的箭雨作战。

这种情况才有所改变。倘若不是因为希腊人对英勇有着如同宗教般的崇拜，那么这种改革早就应该进行了。甚至于到了公元前431年至公元前404年的伯罗奔尼撒战争（Peloponnesian War）期间，除北方的半希腊部落民以外，其余城邦仍然对轻装部队十分不屑。可是话虽如此，德摩斯梯尼（Demosthenes）的雅典军队却在公元前426年被埃托利亚（Aetolia）标枪手击败了。后者拒绝与对方的重步兵近距离交战，而是在远距离上摧毁了雅典人的方阵。在环境的压力之下，改革就显得迫在眉睫了。公元前4世纪早期，雅典将军伊菲克拉底（Iphicrates）组建了一支真正的轻步兵部队，他们被称为轻盾兵（Peltasts），接受了专门的快速行动训练。轻盾兵身穿附有衬垫或者皮制的坎肩，携带盾牌、标枪以及刀剑进行作战。公元前390年，伊菲克拉底使用轻盾兵消灭了一个斯巴达方阵步兵营（Mora），证明了他们的价值。

凭借城邦中那些财富属于第二等级、养不起马的公民，雅典人早已建立了一支非常高效的舰载弓箭手部队。当我们考虑到这一点时，像雅典人这样聪明的人民，居然拖延了如此之久才建立了轻盾兵这个极为必要的兵种，就显得非常奇怪了。根据修昔底德（Thucydides）的记载，在伯罗奔尼撒战争中，雅典舰载弓箭手在对斯巴达的海上突袭中表现极为出色，以至于斯巴达人只能采取非常办法，征召了400名骑兵和一支弓箭手部队来与他们对抗。

在波斯入侵时期，希腊境内仅有色萨利人能够组成真正的骑兵部队，但由于波斯骑兵的水准要远比他们更强，色萨利人也没能在保卫希腊的战事中贡献什么力量。尽管希腊地形多山，但希腊人在骑兵方面居然落后了如此之多也还是让人感到十分奇怪。毕竟早在希波战争二十年之前的公元前511年，斯巴达人就已经体会过骑兵的价值并为此付出了代价——当时他们在一个距离雅典城不远的地方被色萨利骑兵击败了。依照德布吕克（Delbrück）的说法，希腊人对于波斯骑兵的恐惧心理，决定了整个希波战争的进程。

从以上对希腊战争艺术的简述中我们可以看到，由于蛮勇阻碍了创新，导致所有改革都是被迫为之。只有在围攻战中，我们才能找到想象力的闪光时刻。在公元前429年的普拉蒂亚围攻战中，普拉蒂亚人似乎曾使用火箭去点燃围攻者建造的攻城机械；在德利乌姆（Delium）围攻战中，点燃硫黄制造烟幕的"毒气"也出现了；公元前413年，叙拉古人还曾使用过液体火焰来保卫自己的城墙。

在薛西斯抵达塞尔马之前很久，很多希腊城邦就已经派遣使者参加一个泛希腊会议（Panhellenic Congress）来讨论如何对付波斯人。在斯巴达的主导下，会议在科林斯地峡召开。有不少城邦缺席会议，其中最重要者包括色萨利和波俄提亚（Boeotia）地区的大部分城邦。

防御计划必须要考虑的第一个要素在于，由于伯罗奔尼撒半岛始终被认为是"保障希腊独立的卫城"，因此防守科林斯地峡必然是同盟最重要的任务。而第二个考虑因素则是，如果只防守地峡的话，那么整个希腊北部和中部都要被放弃掉，而敌军在占领这些地区之后就可以从海上迂回地峡的防御。想要避免这一风险的话，就必须把防线推到距地峡尽可能远的地方。由于希腊的陆海军在数量上都居于劣势，所以他们只能寄希望于将海陆两方面的战场都限制在地形狭窄之处。除科林斯地峡本身以外，只有坦佩峡谷和温泉关（Thermopylae）能为陆军提供狭窄的地形，而海上也只有萨拉米斯（Salamis）海峡、欧里普斯（Euripus）海峡和优波亚海峡可供舰队利用。在它们之中，优波亚海峡的狭窄水域掩护着希腊东海岸从坦佩峡谷到温泉关之间所有可用的登陆地点，若有一支舰队驻扎在此，也完全能够和扼守坦佩峡谷或温泉关的陆军共同进退。据守隘口的陆军规模并不需要太大，只要能够在足够长的时间内抵挡波斯人的陆上攻势，迫使他们不得不通过优波亚海峡从海上展开迂回行动，并与那里的希腊舰队交战即可。波斯舰队的数量优势在这里会大打折扣。而只要能够在这里决定性地击败波斯舰队，希腊人就能解除科林斯地峡被从海上迂回的危险。

在会议仍在讨论上述计划，而薛西斯也还停留在阿比杜斯之时，色萨利人请求泛希腊会议派兵去守住坦佩山谷。根据这一请求，希腊舰队载着一万名重步兵，穿过欧里普斯海峡前往亚该亚提奥提斯（Phthiotis）地区的哈拉斯（Halus）。这支军队被分为两部分，一部分以斯巴达人为主，指挥官为埃瓦尼塔斯（Evaenetus），另一部分以雅典人为主，指挥官为地米斯托克利。在哈拉斯下船后，身为全军总司令的埃瓦尼塔斯便开始向坦佩前进。但当埃瓦尼塔斯发现此地有好几条山谷，而他手中的兵力根本不足以守住全部隘口之后，便退回了科林斯地峡。这次临战后退的行动不仅使希腊北部的人民大为震动，而且还让那些在会议上坚持只应据守科林斯地峡的成员势力大涨。

德尔菲神谕也让情况变得更加复杂。受波斯人声势浩大的准备工作震撼（薛西斯也并没有打算隐藏实力），神谕给出了对希腊人不利的预言："可怜人啊，为什么

你要等在这里？快逃吧，逃到造物的尽头。离开你的家园，离开你们城邦所在的峭壁吧！"⁵

由于神谕的建议只是针对雅典人给出的，因此很显然，德尔菲神庙的祭司们认为雅典城是波斯人这次远征的唯一目标，只要雅典受到惩罚，其他那些没有帮助雅典的城邦也就能够幸免。

雅典人对于这些丧气的辞藻感到十分不满，因此他们又去求了一次神谕⁶，结果这一次他们得到了另一番话，其结尾几句非常著名：

木墙会保护你和子孙的安全。
不要等待战马的践踏，不要等待步卒无可阻挡的前进。
在土地上，转过身去背对敌人，撤退吧。
总有一天，你会在战斗中与他相遇。
神圣的萨拉米斯，女人的后代将在那里毁灭，
男人将在那里播种，男人将在那里收获。⁷

历史上是否真有这一则神谕？倘若真有其事，祭司们似乎是准确的估计到了，决战势必会在海上而不是陆上展开。其原因可能在于，自从埃瓦尼塔斯从坦佩山谷撤退之后，泛希腊会议就已经向当时希腊世界中最强大的力量，即叙拉古的僭主盖洛（Gelo）求援，而此人手中恰好拥有一支与雅典实力相当的舰队。

按照希罗多德的记载，虽然盖洛很愿意提供帮助，但因为迦太基人（Carthaginian）即将对西西里发动大规模入侵，导致他对希腊本土的战事无能为力。

这里就出现了一个有趣的问题——波斯和迦太基的同时入侵是不是一次联合行动？其目的是否不仅限于摧毁希腊本土，而且还在于摧毁整个希腊世界？

根据狄奥多拉斯（Diodorus）的说法，薛西斯"为了将所有希腊人都赶出家园，派出一个使团去到迦太基人那里，请求对方加入行动。双方达成协议，在波斯人对居住在希腊的希腊人开战同时，迦太基人也集结大军去征服那些居住在西西里和意大利的希腊人。"⁸ 格伦迪（Grundy）也认为这是很有可能的：首先，迦太基人与波斯的腓尼基属民存在血缘关系；其次，双方的入侵行动很明显都能够帮助对方。

坦佩山谷的耻辱，再加上寻求盖洛帮助的失败，迫使泛希腊会议必须要在以下

两个计划中选择一个：要么以陆军镇守温泉关，同时在优波亚海峡寻求与波斯人进行海战；要么就守住科林斯地峡，并在萨拉米斯海峡等待海战机会。斯巴达人力主选择后一计划，雅典人则希望选择前者。最终斯巴达人不得不做出让步，因为倘若他们放弃了阿提卡，雅典人很可能宁愿与波斯人讲和也不愿任由自己的土地遭人蹂躏。倘若真是如此，雅典舰队也将落入波斯人手中，从而使科林斯地峡失去防御价值。

会议派遣联军舰队前往优波亚岛西北海岸的阿提密西安（Artemisium），而陆军则在出身阿吉德家族（Agiad）的斯巴达国王列奥尼达斯（Leonidas）率领下前往

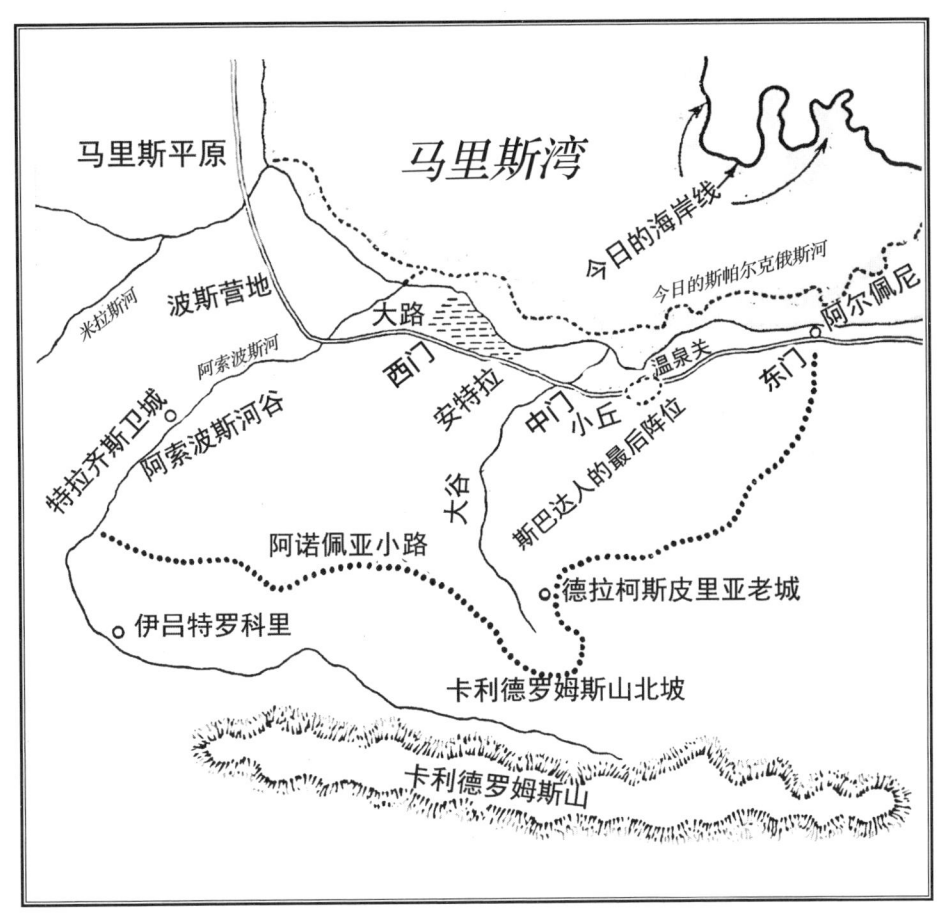

温泉关的防御（公元前480年）

温泉关。其中后者拥有包括 300 名斯巴达国王禁卫军在内的大约 7000 至 8000 名重步兵和轻装部队；而前者则拥有 324 艘三列桨战舰和 9 艘五十桨战舰，其中 180 艘为地米斯托克利麾下的雅典战舰，斯巴达指挥官欧利拜德斯（Eurybiades）虽然只有 10 艘战舰，但因为斯巴达是伯罗奔尼撒联盟的领导城邦，所以欧利拜德斯也被任命为总司令。

尽管海陆军在数量上的不成比例，足以显示希腊人的主要目标是在海上寻求战斗，但守住温泉关也具有同样的重要性。因为迫使波斯舰队挺身战斗的最好办法便是阻止波斯陆军继续前进。正如我们将在后续事件中看到的那样，列奥尼达斯面临着与埃瓦尼塔斯相同的困境，即缺乏足够的部队来完成任务。导致这一结果的原因，则是因为斯巴达人坚持决不能减少地峡的守军。

按照波斯人的计划，其陆军和主力舰队应在相同时间分别抵达温泉关和优波亚海峡北部入口，之后便推进其主力舰队与希腊舰队交战。与此同时，腓尼基支队的 200 艘战舰将绕过优波亚岛的东部和南部海岸，封锁海峡的南部入口，将希腊舰队封死在海峡之中。

在波斯陆军从塞尔马启程南进的第 12 天，波斯主力舰队和腓尼基支队也分别起航。欧利拜德斯在获悉腓尼基支队的行动后，派出了 53 艘雅典战舰前往哈尔基斯（Chalcis）据守海峡的腰部。与此同时，波斯舰队沿着马格尼西亚半岛（Magnesian Peninsula）东岸南下，在抵达阿费台（Aphetae）的锚地之前，突然遭到了来自东南方的"赫勒斯滂飓风"（Hellespontias）袭击，据希罗多德说，有多达 400 艘战舰在风暴中被毁，补给船的损失更是"不计其数"。[9]

欧利拜德斯召开了一次军事会议来讨论波斯人的灾难。狄奥多拉斯告诉我们，在会议上，除地米斯托克利以外的所有指挥官都认为应保持守势，但他却还是说服众人做出了相反的选择。其理由是，秩序整齐的一方若能抢先攻击秩序混乱的敌人，一定会占据优势。[10] 双方随即进行了激烈但不具决定性的战斗。当天，在阿提密西安的众人又收到了从哈尔基斯传来的消息，说腓尼基支队在一场风暴中损失了大部分战舰，原本驻守后方的 53 艘雅典战舰也已经在返程之中。可能在战斗爆发当日的夜间，这些战舰就已经回到了阿提密西安。

第二天，波斯舰队采取攻势。希腊人将战舰排成新月阵形，两端指向陆地以免遭到迂回，之后便在发出一声信号之后，开始冲向接近中的波斯人。海战立刻演变成了一场近距离混战,但仍没有取得决定性结果。战斗结束后,希腊海军将领们召开会议,考虑是否应该撤退。正当他们还在讨论之时,一艘三十桨船(Triaconter)从温泉关带来了隘口失陷,列奥尼达斯阵亡,波斯人已经开始向雅典前进的噩耗。[11] 这一局面使希腊舰队别无选择只能撤退。在夜幕的掩护之下,希腊舰队向南撤往萨拉米斯。

在介绍这场灾难的经过之前,我们有必要先对温泉关的地形进行一些简短介绍。在公元前480年,温泉关位于马里斯湾(Malian Gulf)南岸。① 当时的温泉关拥有三个隘口,分别为西门(West Gate)、中门(Middle Gate)和东门(East Gate)。其中西门位于阿索波斯河(Asopus)入海口以东不远之处,东门位于阿尔佩尼镇(Alpeni)西侧,而中门则位于二者之间的中间点。温泉关南侧是卡利德罗姆斯山(Mount Callidromus)。这座山的北坡上有一条名叫阿诺佩亚(Anopaea)的小路,从东门附近通向山中一个被称为德拉柯斯皮里亚(Dracospilia)的地方。从那里再往西走,就可以抵达特拉齐斯(Trachis)卫城附近的阿索波斯河谷。只要利用这条小路,从西面或者东面都可以迂回穿过三道隘口的海岸大路。[12]

抵达温泉关之后,列奥尼达斯便在中门占据了阵地。为确保其左翼安全,他又派了1000名弗西亚人(Phocian)去守卫阿诺佩亚小路,其部署位置距德拉柯斯皮里亚不远。[13] 列奥尼达斯做好了上述安排之后不久,薛西斯便进入了马里斯平原,并在西门和阿索波斯河以西宿营。按希罗多德的说法,他在此处停留了四天,希望凭借军队的庞大规模将希腊人吓退。但更可能的情况是,他在等待舰队赢得海战胜利,以便从海路迂回希腊人的阵地。

到了第五天,薛西斯对中门发动了首次进攻,但却发现自己手中那些没有盔甲的士兵根本不是希腊重步兵的对手。第二天他又继续进攻,但还是被击退了。波斯君主此时的局势已经变得十分不妙了,他的陆军和舰队都不能靠强攻打通道路,而我们也可以估计到,其陆军的补给也已经要见底了。在这样一个时间点上,倘若希腊陆军拥有16000人而不是只有8000人,薛西斯可能就被迫要选择撤退了。倘若真的如此,希腊舰队也可能会采取全面攻势。

---

① 译注:后来因海岸线发生了变化,温泉关不再与海岸相连,因此富勒才单独注明此处所说的是公元前480年时的情况。

就在薛西斯束手无策的时候,一个名叫埃菲亚提斯(Ephialtes)的马里斯人告诉他"有一条小路能够穿过温泉关的山地"。[14] 在看到利用这条小路迂回中门的可能性之后,薛西斯派出海达尔尼斯(Hydarnes)率领不死军,在"掌灯的时辰"[15] 出发执行这一任务。他们走了一整夜,在黎明时分奇袭了驻守德拉柯斯皮里亚的弗西亚人,将他们赶进了山区。在此之后,海达尔尼斯继续前进。不久后就有哨探(可能是弗西亚人)将这场灾难通知给了列奥尼达斯。关于之后事件的记载模糊不清。按照格伦迪对会战经过的重构,列奥尼达斯把军队分成了两个部分。他将斯巴达人、底比斯人以及泰斯皮亚人(Thespian)留在中门,其余军队则被派去"抢在数量不明的波斯人从山路中跃出之前占据森林隘路"[16],这样一来他就能继续保持交通线的通畅。之后发生的事情已经不可考,但后半部分军队要么是到得太晚没来得及阻止波斯人,要么就是在惊慌之中穿过东门退向了埃拉提亚(Elataea)。无论事实究竟如何,列奥尼达斯很快便遭到了前后夹击,并在拒绝投降之后战死沙场。波斯人终于扫清隘路,打通了前往雅典的道路。

薛西斯立刻南进,企图让雅典和斯巴达屈服于他,以便为战争划上胜利的句号。对他那建立强大王权的雄心而言,这也是必须达成的目标,而眼下似乎也已经没有任何力量能阻止他将整个希腊半岛纳入自己的帝国了。

雅典城内此时已被恐惧所主宰。公民希望他们的伯罗奔尼撒盟军能进军波俄提亚,在那里阻止野蛮人南下。可恰恰相反,他们听到的消息却是盟军正忙于在地峡建造防御工事。但他们依然没有选择投降,而是做出了雅典历史上最具英雄气概的决定——他们加固了卫城,在其中留下一支守备部队,之后便疏散了雅典城和阿提卡的人口,将家人送到了埃伊纳岛、萨拉米斯和特罗伊曾(Troezen)。

尽管这种大规模的移民必然会造成混乱,而且斯巴达也过于自私,但地米斯托克利手中依然握有一张王牌,即雅典的舰队。如果说防守温泉关要依靠舰队的力量,那现如今守卫科林斯地峡就更是如此了。但舰队该如何行动?在阿提密西安,尤其是第二天的战斗中,希腊人犯下了在开阔水域与占数量优势之敌交战的错误。为避免重蹈覆辙,地米斯托克利将目光锁定在了萨拉米斯海峡。可正如格伦迪所言:"……如果波斯人选择无视萨拉米斯的希腊舰队而直接驶向地峡,情况就会变得万分危急。"[17] 因此,如何引诱波斯人向他所选择的地点发动进攻,就成了地米斯托克利所要面对的核心问题。

萨拉米斯岛位于伊吕西斯湾（Bay of Eleusis）以南，其东西两端的通路皆为狭窄海域——西端是位于萨拉米斯和麦加拉（Megara）之间的海峡，东端是辛诺苏拉和比雷埃夫斯（Piraeus）之间的水道。其中后者又被普斯塔利亚岛（Psyttaleia）分成了两个更窄的海峡，西侧大约仅有半英里宽，东侧也只是稍稍超过了四分之三英里。

为引诱波斯人采用与阿提密西安海战时相同的计划，将希腊舰队封锁在海峡

萨拉米斯与普拉蒂亚战役（公元前480年至公元前479年）

内，采用俘获而不是摧毁的办法来打败希腊人，地米斯托克利做了一个非常巨大的冒险。他放弃了萨拉米斯与麦加拉之间的海峡，没有在那里派驻任何兵力驻防。而在东面的两个小海峡里，地米斯托克利却集中了366艘三列桨战舰和7艘五十桨战舰来防守。[18]

我们可以通过修昔底德的描述，来体会地米斯托克利此时的伟大：

……地米斯托克利毫无疑问地显示出过人的才华。此时，他更是赢得了我们最大限度的、几乎无人可及的敬佩。凭借别人无法学习和企及的能力，即使在没有任何思量余地的紧要关头，他也能立刻做出最准确的判断。他能对未来做出最准确的预测，甚至对那些可能性非常小的事情也是如此。作为一个对自己亲身经历之事的优秀实践者，对于那些自己不曾体验过的事情，他也能做出准确判断。此外，对于那些隐藏在不可知未来中的善恶，地米斯托克利也能分辨得一清二楚。总而言之，无论是在天生的能力方面，还是在执行计划时的果敢方面，又或是在危急时刻的直觉上，他都要远超所有其他人物。[19]

在地米斯托克利制定计划的同时，薛西斯也在指挥军队前进。他进抵雅典，围攻卫城，并在经过一场激烈战斗之后将其攻克。在此之后，他之后便屠杀了所有幸存守军。这个灾难的到来，似乎让正在开会的希腊舰队颇受震惊，有些船长"在会议尚未投票决定如何行动之前，便登上了他们的战舰，升起风帆，准备立刻逃走"。[20] 听说此事后，地米斯托克利说服欧利拜德斯，让他"从船上下来，重新把舰长们召集起来开会"。[21] 之后地米斯托克利便如此说道：

欧利拜德斯啊，拯救希腊所要依靠的人就是你啊！你要听我的建议，在这里和敌人打上一仗，而不要听从其他人的话，把舰队撤回到地峡。请听我说，我恳求你在下面的两个建议中选择一条。在地峡那里，我们只能在开阔水域作战，对我们极为不利……在波斯海陆两军的齐头并进之下，你们的撤退只能导致敌人冲进伯罗奔尼撒，使整个希腊都陷入危险。但在另一方面，如果你听从我的建议，你就会获得很多优势。首先，你可以在狭窄水域中，用少量战舰去和大批敌舰作战，只要战斗正常进行，我们就能赢得一场大胜，因为狭窄水域对我们有利，而开阔水域对敌人有利……你所要决定的，就是决定到底采用哪条道路。无论是在这作战，还是在地峡作战，我们都是在保卫伯罗奔尼撒……只要人们能够理智地看待问题，就总是能够获得合理的成功。但如果人类抛弃了理智，神祇也绝不会为人类的幻想提供帮助！

科林斯的阿德曼图斯（Adeimantus）反对地米斯托克利，试图说服欧利拜德斯否决他的计划。地米斯托克利转向欧利拜德斯，使出了他的王牌：

他说："如果你像一个勇士那样留在这里，一切都好……如若不然，我们就要让家人登船，一起开到意大利的西里斯（Siris）去。从古时起，那里就已经是我们的领地了……到时候，当你失去我们这样的盟友后，就会想起我的忠告了。"

听到这些话之后……欧利拜德斯改变了主意……因为他担心，如果他将舰队撤到地峡，雅典人就会离开联军。而且他也知道，倘若没有雅典舰队，他剩下的战舰根本不可能与敌军对抗。因此他最终决定留下来，在萨拉米斯进行战斗。[22]

第二天，也就是公元前480年9月22日，即萨拉米斯海战的前一天。据当时在场的埃斯库罗斯说，薛西斯收到了一封从希腊舰队发来的密信。刘易斯·坎贝尔（Lewis Campbell）将这封信翻译如下：

当灰暗的夜幕降临之时，
希腊人不会再继续等待，四散而走；
他们将匆忙地驾驶着战船，
悄悄地溜走逃命。[23]

收到这封信后（时间可能是下午早些时候），曾一度下令让舰队出海的薛西斯收回了成命，将行动推迟到了日落之后。是谁发出了这封信，其理由又是什么呢？按照希罗多德的说法，事情的原委如下。

由于舰队中有不少人对欧利拜德斯留在萨拉米斯的决定感到不满，所以联军不得不在9月22日上午召开了第三次军事会议，重新讨论这一问题。但"地米斯托克利意识到伯罗奔尼撒人都会投票反对他，因此他越过会议，偷偷地指派了一个人，告诉他应该做什么，让他乘坐一条商船去了米底人的舰队"。而这位信使又是这样对薛西斯说的：

雅典舰队的指挥官私下派我来见您，没有告知其他希腊人。他一向对波斯国王存有好感，宁愿您而非他的同胞获胜。因此他派我来告诉您，希腊人已经陷入了恐慌，在夜间就会逃跑。现在只要您能够阻止他们逃脱，便能够大功告成。希腊人之间已经充满分歧，根本不可能做任何抵抗。当您抵达那里之后可能就会看到，那些倾向于您的人，已经与反对您的人发生内讧了。[24]

薛西斯会落入这个圈套，也绝非不可思议之事。一直以来，他就从间谍们那里听说敌军阵营中矛盾重重。因此在收到这一消息后，他立刻如上所述地改变了计划，决定秘密地同时封锁萨拉米斯东西两侧的海峡，以求将希腊舰队封锁在里面。按照埃斯库罗斯的说法，波斯人在夜幕降临后开始了行动。[25]

埃及支队的200艘战舰受命绕过萨拉米斯，去封锁西部的水道，而其余舰队则组成了前后三条战线，其漫长的战线从辛诺苏拉海角南部一直延伸到了比雷埃夫斯。普斯塔利亚岛在此过程中被波斯部队占领。9月23日黎明之前不久，所有这些行动似乎都已经完成了。

波斯舰队进发之时，希腊将领们显然仍在争论不休，直到地米斯托克利的政敌阿里斯提德（Aristeides）突然从埃伊纳岛赶来。阿里斯提德打断会议，单独将地米斯托克利喊出营帐说："无论科林斯人和欧利拜德斯多么想逃跑，他们现在也没办法做到了，因为我们已经被敌军团团包围了！"[26] 地米斯托克利立刻邀请阿里斯提德在会议中发言。虽然阿里斯提德同意发言，但斯巴达人却拒绝相信他，直到一艘从波斯军中叛逃而来的特尼亚（Tenian）三列桨战舰确认了这一消息之后，他们才如梦方醒般地发现，自己的争吵已经自动得出了结论。

现在希腊人不得不挺身而战，将军们也只好匆忙地为战斗做好准备。按照推测，希腊舰队首先将科林斯战舰派去扼守西部水道，抵挡埃及人的进攻。接下来，他们将其他战舰组成了一条从萨拉米斯城延伸至埃盖洛斯山（Mount Aegaleos）南麓伊拉克利翁（Heracleion）地区的战线。其战斗序列如下：欧利拜德斯率

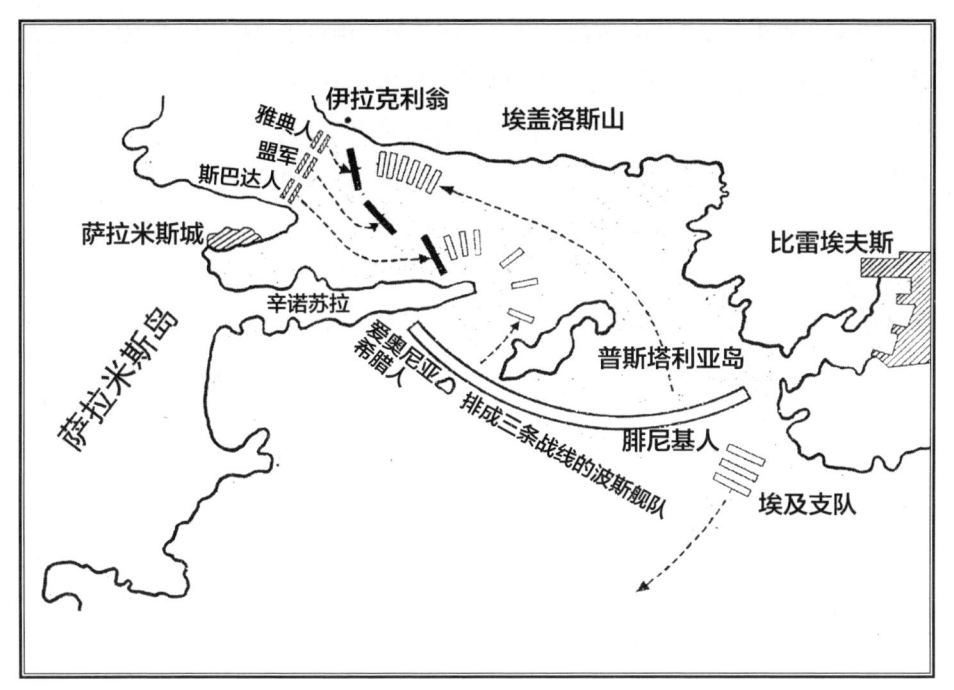

萨拉米斯海战（公元前480年）

领16艘战舰位于右翼，超过全军总数一半的雅典战舰位于左翼，中央则是其他城邦的战舰。

在希腊人的视线之外，波斯舰队组成了三条战线。但不久之后，为了便于跨过普斯塔利亚岛，波斯人打散战线分成了几个纵队，腓尼基人位于右翼，爱奥尼亚希腊人位于左翼。就在波斯人开始调整阵形之后不久，也许是因为船只数量过多，也许是因为水手不够熟练，又或者是因为海况较差（可能三个原因皆有），各纵队很快就陷入了混乱。在希腊战舰已经接近并展开肉搏战之时，波斯人依然处于混乱之中。而在这种战斗中，体型较大的战舰要比航速更快的战舰更占优势。很快，领先的波斯战舰就被迫开始向后退却，更进一步增加了混乱程度。坚固的雅典战舰先向对方船侧行驶，将敌舰一侧的划桨全部撞毁，使对方失去控制，之后再转过来冲撞对方船体中部。另外在每一艘雅典三列桨战舰上，都还有一个专门的18人接舷战分队，其中包括14名重步兵和4名弓箭手。

决定性战斗爆发于希腊舰队左翼。在这一侧，雅典战舰和埃伊纳战舰始终在距离海岸不远处前进。正在比雷埃夫斯北面一座山丘上的薛西斯，本打算观看希腊舰队投降的场面，但他此时却清楚地看到希腊左翼击退了腓尼基右翼，将后者压向了战局尚且僵持的波斯舰队中央。而希腊右翼由于前进速度过快，似乎也像腓尼基人一样遭到了侧翼攻击。不过，胜利的浪潮逐渐从希腊人的左翼蔓延到了右翼，雅典战舰和埃伊纳战舰也完成了迂回机动，开始从背后威胁波斯左翼。在此之后，爱奥尼亚希腊人开始撤退，而他们的撤退也给这场激战了长达七至八个小时的海战画上了句号。

希腊人似乎只进行了有限的追击，甚至可能根本没有进行追击，其原因可能是希腊人自己也已经筋疲力尽了。阿里斯提德清理了普斯塔利亚岛上的波斯守军，战败的波斯舰队回到了法勒鲁姆，得胜的希腊人回到了萨拉米斯。关于双方的伤亡数字，并没有一个准确的记载。按照狄奥多拉斯的说法[27]，希腊人损失了40艘战舰，而波斯人损失了200艘战舰，这还不包括那些被俘的战舰。

从战术上讲，萨拉米斯并不是一场压倒性的胜利，但在战略层面上它却击碎了波斯军队。这场海战打破了波斯人仰赖于海陆军紧密配合的计划。而对薛西斯来说，最致命的并不是船只方面的损失，而是威望的损失。船只的损失总是能够得到补充的，但对于完全依靠独裁君主权威拼凑起来的大帝国而言，威望一旦受到重创就再难树立起来了。波斯人在萨拉米斯的这场失败，对于薛西斯后方的各民族，尤其是爱奥尼亚希腊人而言，就是发动叛乱的信号。

在萨拉米斯海战之前，波斯海军凭借着动员大量船只的能力，始终掌握着爱琴海的制海权。而自爱奥尼亚大起义失败后，其在爱琴海东岸的基地也得到了稳固。如今情况发生了改变，希腊三列桨战舰不仅击败了波斯舰队，同时也削弱了爱奥尼亚人对波斯的忠诚。尽管交战双方在当时并没有意识到这一点，但萨拉米斯海战却在事实上终结了波斯在爱琴海的制海权。在没有制海权的情况下，波斯人无法在希腊的贫瘠土地上维持一支大军。诚如格伦迪所言，如今位于希腊境内的庞大波斯军队，数量不得不被削减到有可能被希腊人在会战中击败的程度。格伦迪还说："萨拉米斯海战是战争的转折点，普拉蒂亚会战则给萨拉米斯海战画上了圆满的句号。"[28]

海战结束后，最令薛西斯感到焦急的，是赫勒斯滂海峡浮桥的安危。他失去了理智，将自己所面临的危险看得过于严重，认为无论是得胜的希腊人还是后方的爱奥尼亚人摧毁浮桥，他都会全军覆没。因此他立刻派遣舰队返回亚细亚去防守爱琴海东岸地区，不久之后，他自己也率领着陆军向北撤走了。

在此期间，希腊人看到波斯陆军依然严阵以待，便认定波斯海军应该也仍在法勒鲁姆，直到波斯陆军开始撤退之后，他们才敢于出动去确认情况。他们发现波斯舰队已经离去，因而没能抓到任何波斯船只。前进到安德罗斯岛（Andros）之后，希腊人登上海岸召开军事会议。地米斯托克利建议联军应驶向赫勒斯滂海峡并摧毁浮桥。但这个提议却遭到了欧利拜德斯的反对，他担心摧毁浮桥会将波斯陆军全部切断在亚细亚以外，导致对方别无他法，只能将希腊夷为平地。由于多数将领都持相同意见，地米斯托克利只好放弃了这一计划。

在发现希腊海军的行动十分消极之后，薛西斯似乎也恢复了镇静。他意识到，如果将军队全部撤出希腊，其灾难性后果将不亚于全军覆没。全军撤退意味着他遭遇了压倒性的失败，整个波斯帝国的基石都将因此受到动摇。因此他改变主意，决心守住希腊。薛西斯留下马多尼乌斯和阿塔巴祖斯（Artabazus）率领一部分军队驻扎在希腊，前者负责统治色萨利，后者负责管理色雷斯和马其顿。波斯人已经在这些地区囤积了大量给养，而通向东方的交通线长度也相对较短。薛西斯本人则率领其余军队渡过赫勒斯滂海峡去镇压可能发生的叛乱。

按照希罗多德的说法，随马多尼乌斯留下的波斯精锐部队人数多达30万，尽管这个数字肯定有所夸大[29]，但实际上波斯留下的军队规模也一定很大，足以令马多尼乌斯在其自行选择的时刻重新采取攻势。但由于波斯舰队已经撤退，单凭陆军是无法解决地峡问题的。马多尼乌斯无疑也认清了这一情况，因此他没有继续向地峡前进，反而试图利用希腊城邦之间永不停歇的纷争来获利。

公元前479年，雅典人重新进行了将军选举，地米斯托克利没能取得连任。其原因已经不可考，但我们知道他的两位政敌阿里斯提德和桑提普斯（Xanthippus）都当选了。对马多尼乌斯而言幸运的是，这二人过去的政见表明，相比于和斯巴达保持盟友关系，他们更倾向于与波斯和解。只要他能够将二人争取到自己这边来，地峡的问题也就迎刃而解了。

公元前479年初夏，马多尼乌斯派马其顿人亚历山大去找到雅典人，提出双方应该尽弃前嫌，在平等的基础上订立同盟。消息走漏到了斯巴达人那里之后，立刻便受到了重视。最终雅典人拒绝了波斯人的提议,条件则是斯巴达必须与雅典人联合起来,对共同的敌人波斯采取攻势。

接下来,马多尼乌斯又企图在伯罗奔尼撒诸邦之间挑起争端。他听说阿尔戈斯人向来仇视斯巴达,便试图去挑动他们攻击斯巴达。他打算趁着二者鹬蚌相争之时突然南下,凭借一次奇袭来攻克地峡。只不过该计划并没有取得成功。

马多尼乌斯只好又回过头来采取了第一个计划的改版。这次他试图通过向雅典人施压,将斯巴达人引诱到开阔地区进行战斗。在从色萨利南进时,他改变行军路线来到了雅典,同时又派出使者前往萨拉米斯重开与雅典的谈判,希望引起斯巴达人的警觉。这一次他终于获得了成功。阿里斯提德立刻派遣代表去斯巴达,称如果斯巴达人还希望雅典保持忠诚,就应该立刻采取行动。在经过了相当长时间的拖延之后,威胁终于起效了。一支拥有 5000 名斯巴达重步兵和 3.5 万名武装农奴的军队,在年轻国王普雷斯塔克斯(Pleistarchus)的摄政官保萨尼阿斯(Pausania)率领之下被派往地峡。直至此时,始终保持克制没有毁坏雅典城的马多尼乌斯,终于放火烧毁了城市,之后便撤退到波俄提亚,以便将斯巴达人及其盟友引诱到一片适合自己手下骑兵行动的战场上。

保萨尼奥斯大约在 7 月抵达地峡,他首先集结起了伯罗奔尼撒同盟所有成员国的军队,之后又进至伊吕西斯,阿里斯提德也在这里率领着 8000 名重步兵和数量可观的弓箭手加入了进来。联军从伊吕西斯出发,推进到了西塞隆山(Cithaeron)北侧山脚下的厄里特赖(Erythrae)。从这里,保萨尼奥斯可以直接看到马多尼乌斯位于阿索波斯河岸上的设防营地。

尽管希腊人的阵地崎岖破碎,并不适合骑兵行动,但马多尼乌斯却还是因为担心敌军得到支援,而将自己全部的骑兵交给了马西斯提乌斯(Masistius)去攻击希腊人,结果招致了一场惨败。马西斯提乌斯被一名雅典弓箭手射下战马,随即便被杀死。双方围绕着他的尸体爆发了激烈战斗,波斯人在被击败后只得撤退。

尽管这场战斗最多只能算是大规模的散兵战斗,但却造成了重要的战术后果。从此之后,波斯人得到了一个教训——骑兵在多山地形上面对队形严整的重步兵时,根本不可能获得白刃战胜利。反之,希腊人却受这场战斗的鼓舞,错误地认为自己无论在任何地形上都可以击败骑兵。正如后文中我们所要看到的那样,这个结果导致波斯人在下一步行动中显得过于谨慎,而希腊人则是过于大胆。

对波斯骑兵取得的这场胜利，厄里特赖缺乏水源的情况，再加上希腊军队无法从现有位置对掩护着通向底比斯交通线的波斯右翼发动进攻，使保萨尼阿斯决定在山丘的掩护之下，从波斯人视线之外将军队转移到普拉蒂亚城和阿索波斯河之间的普拉蒂亚平原上。在到达那里之后，他展开了自己的军队，斯巴达人位于右翼，雅典人在左翼，其他19个盟国的军队则位于中央。[30] 据希罗多德说，其军队的总数为108200人。[31]

在这个新阵地上，只要保萨尼阿斯能抢在敌军辨明情况之前采取攻势，其位置是非常适于对波斯右翼发动进攻的。因此我们也惊讶于在他调整阵位之后，居然没有立刻发动进攻。无论保萨尼阿斯到底是出于什么原因而没有发动进攻，马多尼乌斯很快便发现对手改变了阵位，因而将军队拉出了设防营地，在阿索波斯河北岸列成了一条与希腊人平行的战线。其左翼的波斯本族士兵正对着斯巴达人，亚细亚士兵位于中央，波俄提亚人和其他归顺的希腊人位于右翼，面对着雅典人、普拉蒂亚人和麦加拉人。

希罗多德告诉我们说，两支军队相持了长达八天的时间，谁也不曾行动。人们对导致这种情况的原因，自然也多有疑问。[32] 可能的原因有二：一是由于波斯骑兵在厄里特赖的近距离交战中遭到惨败，马多尼乌斯希望等待对方先跨过阿索波斯河。虽然这条河已经是半干涸状态，但其河床依然能给希腊战线造成混乱，方便他发动反击。二是保萨尼阿斯此时已经无法再迁回波斯右翼，而且他又在上一场战斗中凭借静止的战线获得了胜利，因此他现在也愿意维持战斗序列的严整，等待敌军采取主动。

在第八天，终于有一位名叫提马格尼达斯（Timagenidas）的底比斯人向马多尼乌斯提出建议，让他在西塞隆山的隘路布置岗哨，因为每天都会有希腊人从这里运输给养。提马格尼达斯保证说，马多尼乌斯一定能在这里截获大量希腊运输人员。事实上，保萨尼阿斯的补给纵队确实要经过这些隘路，其中最重要的一条隘路名为戴奥塞法莱（Dryoscephalae，意为"橡木"）。马多尼乌斯听从了这一建议，对戴奥塞法莱发动了一次骑兵突袭并立刻获得了成功——一支拥有500头驮兽的希腊补给纵列在隘路中被截住消灭，没有一人一畜能够逃生。

这次突袭证明，保萨尼阿斯无法长期坚守其现有阵地。在缺乏骑兵的情况下，他只能将全军都撤退到隘路之中去保护交通线。不仅如此，这一仗也唤醒了波斯人的士气。在接下来的两天中,两军之间爆发了大量散兵战斗。这种战斗对于弓箭手数量远不及对方的希腊人而言,是非常不利的。

马多尼乌斯也已经失去了耐心,他急于利用敌军并不稳固的阵地,而且波斯人自己,尤其是骑兵的给养情况可能也已经变得愈发困难。马多尼乌斯没有听从阿塔巴祖斯让他先撤回到底比斯,之后再通过贿赂希腊指挥官来获利的建议,反而决定发动一次全面攻势。相比其同僚而言,马多尼乌斯对手下军队更有信心,他依然决心依靠骑兵来打赢这一仗。只不过这一次骑兵们要在远距离用弓矢来战斗,而不会接近敌军进行白刃战。

在此期间,希腊人仍驻扎在阿索波斯河南岸。左翼的雅典人和中央的联军部队都要从河中取水,只有右翼的斯巴达人能够取用伽尔加菲亚(Gargaphia)的泉水。由于阿索波斯河流淌于希腊人和波斯人之间,因此这一水源非常不可靠,而位于斯巴达战线后方的水泉则很安全。当波斯人开始前进之后,对雅典人和联军射出了极为猛烈的箭雨,立刻便遮断了二者从阿索波斯河中取水的道路,迫使他们也要到伽尔加菲亚去汲取泉水。接下来,虽然历史上没有记载,但斯巴达人也一定是被波斯人击退了。在斯巴达人重整旗鼓再次推进之前,波斯人"掐断并破坏"了泉水,因此当希腊人重新夺回水泉之后,却发现它已经无法再用了。[33]

自从交通线遭到袭击时起,希腊人的阵地就已经十分危险了,如今他们又丢掉了水源,此地就更不能再留了。在波斯人发动进攻的第二天早上,希腊人召开了一次军事会议,决定在夜间撤退到一个被称为"岛屿"(Island)的地方。此地位于伽尔加菲亚以南,在普拉蒂亚城以东大约一英里处,居于奥略河(Oëröe)的两个源头之间。希罗多德写道:"他们还一致同意,在抵达那里之后……就应该在当夜立刻派出一半军队……去救援那些负责征发给养的人员,因为他们已经被困住了。"[34]

从以上描述以及后来实际发生的情况来看,希腊人对于撤退行动似乎做了如下安排:全军将撤退至西塞隆山,掩护三条道路,分别是从普拉蒂亚通向麦加拉的隘路、从普拉蒂亚通往雅典的隘路以及从雅典通往底比斯的隘路(即戴奥塞法莱)。另外又有三个问题,使情况变得更加复杂。其一是征发队依然在受到波斯人的围困,必须尽快解救。其二是由于整个撤退行动必须在夜间展开,所以行动速度缓慢,在黎明前可能没有足够时间让左翼和中央的军队抵达西塞隆山并重新组织好战线。正因为如此,希腊人才决定派遣距离隘路最近的右翼(斯巴达人)去解救受困的征发队,同时左翼和中央则将在"岛屿"附近占据一个临时阵地。从战术上来说，这个位于普拉蒂亚卫城与麦加拉—底比斯大路之间的阵地宽度至少应有两英里，标记着"岛屿"中央所在位置的土丘左右两侧各有一英里宽。接下来就是第三个问题。显然，最简单的撤退办法是将中央那些小盟邦的军队布置到土丘以东，而雅典人则前往土丘西侧。但这违反了当时的希腊军事礼仪，因此小盟邦军队受命组成新的左翼，而雅典人则将占据右翼。这也就意味着，在小盟邦军队和斯巴达人完成运动之前，雅典人无法开始撤退，只能殿后。

当晚二更时分，希腊人开始撤退了。中央部分撤退到了普拉蒂亚和土丘之间的阵地上，尽管希罗多德对他们颇有微词，但他们似乎很圆满地完成了任务。[35] 得知中央已经完成运动之后，保萨尼阿斯便命令右翼也开始撤退。可他手下有一位典型

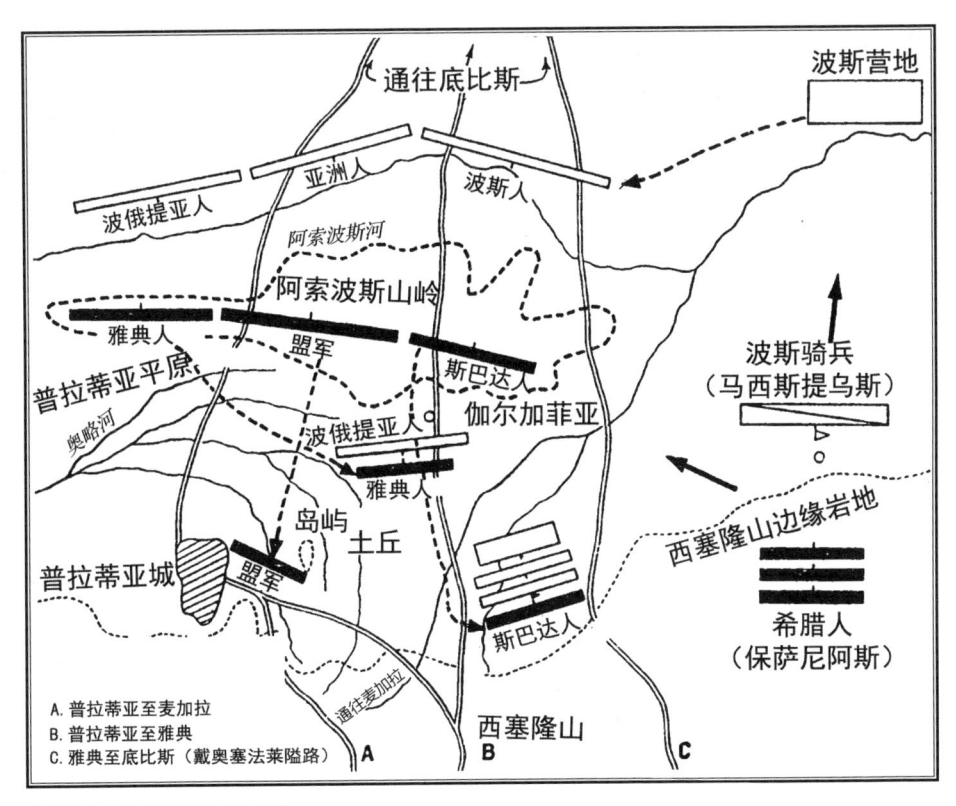

普拉蒂亚会战（公元前479年）

的斯巴达迂腐军人——一位名叫阿蒙法雷图斯（Amompharetus）的分队长拒绝后退，理由是在面对敌军的情况下撤退对斯巴达人而言是一种耻辱。结果当晚大部分时间都被浪费在希腊人惯常的争吵之中。直到破晓时分，保萨尼阿斯才将阿蒙法雷图斯丢在身后开始撤退。仍在等待其他部队完成撤退的雅典人则还要继续等待，直到保萨尼阿斯从其后方撤走之后才能开始行动。

保萨尼阿斯开始撤退后不久，阿蒙法雷图斯这位祸首就发现自己已经被丢下了，赶紧跟在右翼之后一起撤退，可此时波斯骑兵却发动进攻追上了他。对斯巴达人来说，不幸的是，时间的延误导致他们没能赶到山地中的崎岖阵地，反而在一片极适合骑兵行动的缓坡上被追上了。波斯骑兵的任务显然是要在斯巴达人撤退到西塞隆的岩地山坡之前将其钉在原地，等待波斯步兵赶到战场。

马多尼乌斯留下右翼对付落后的雅典人，之后便命令波斯步兵前进以支援骑兵，在他们后方还跟着由亚细亚人组成的整个中央部分。保萨尼阿斯看到敌军的绝大部分兵力都在向自己前进，急忙派遣一位信使去请求雅典人支援。但雅典人对此无能为力，因为波斯右翼也在向他们进军。这样一来，保萨尼阿斯也只能依靠手下部队来面对波斯军队的主力了。

使用弓矢作战的波斯骑兵很快就让斯巴达人感到难以为继。在战斗进行的过程中，波斯步兵也跟上来接替了骑兵，他们"用柳条盾牌组成了一道屏障，从其后方射出的箭雨极为猛烈，让斯巴达人感到痛苦不堪"。[36]但正是在此时，马多尼乌斯犯下了致命错误，他也因此输掉了这场会战甚至丢掉了自己的性命。他原本应在弓箭手后方留下足够空间供他们进退，保持正面的弹性。可他却将数量庞大的亚细亚部队全部填在了弓箭手后方，把这个由弓箭手组成的部队正面堵在了原地。

希腊军中的祭司们此时终于在祭品中找到了吉兆——换句话说，保萨尼阿斯在看到亚细亚部队抵近之后，意识到会战的决定性时刻已经到来，因此下令展开反击。希腊重步兵击碎了波斯盾墙，将波斯弓箭手赶向了亚细亚部队。接下来双方爆发了一场激烈的较量。希罗多德写道："野蛮人抓住希腊人的长矛，将它们折断。在勇气和好战方面，波斯人并不亚于希腊人，但他们没有配备盾牌，缺乏训练，相比对手而言也不重视使用武器的技巧。他们有时孤身一人，有时10人一组，人数时多时少地冲向斯巴达阵线，战死沙场。"

希罗多德接下来又说："马多尼乌斯骑着一匹白马，在一千名最勇敢的波斯精兵簇拥下英勇战斗。他所到之处，战况就对希腊人不利。只要马多尼乌斯一息尚存，这支部队就能够抵挡住一切攻击。而在他们为保住性命而战的过程中，也砍倒了不少斯巴达人。可是当马多尼乌斯阵亡之后，这支部队也跟着崩溃了。核心部队被消灭之后，其余野蛮人也被拉栖第梦人击败，开始逃亡。他们身上只有轻薄的服装，而且没有盾牌，这都是导致他们受害的最大因素——敌人身披重甲，而他们自己身上却根本没有什么防护。"[37]

就这样，"克里昂米尼之子保萨尼阿斯……赢得了一场足以超出我等认知的光荣胜利"。[38] 他获胜的这一天，可能是公元前479年8月27日。

在此过程中，雅典人又在做什么呢？他们在收到保萨尼阿斯的紧急求援之后，立刻改变了行动方向，开始向斯巴达人所在的一翼进发。但不久之后雅典人的左翼就遭到了波俄提亚人和其他归顺波斯的希腊部队进攻，被迫改变正面方向来与他们对抗。在一场恶战之后，波俄提亚人溃败，被雅典人驱赶着朝底比斯方向混乱奔逃。与此同时，布置在"岛屿"左侧阵地上的希腊中央部队，虽然之前一直未与敌军交手，在看到波斯人已经溃逃之后，也组成了两个纵队快速向前推进，但左侧纵队却在山丘下面的平原上遭到了底比斯骑兵攻击，600人战死沙场。在这场令人瞠目结舌的会战中，这是希腊人所遭受的唯一灾祸。

关于两军的伤亡，我们所知道的信息很少。希罗多德说"在（波斯）军队的30万人之中……只有不到3000人活到了会战结束"，斯巴达人损失了91人，忒格亚人（Tegean）损失了16人，而雅典人则损失了52人。[39] 普鲁塔克（Plutarch）撰写的阿里斯提德传记则说希腊人总计有1360人阵亡。[40]

胜利10天之后，希腊人开始围攻底比斯。到21天之后，马多尼乌斯的作战基地便选择了有条件投降。

按照狄奥多拉斯的记载[41]，在温泉关会战的那一天，叙拉古的盖洛也在希米拉（Himera，位于今日的特米尼附近）决定性地击败了哈米尔卡（Hamilcar）。这场胜利使迦太基人在接下来七年时间里都不敢再染指西西里。另外，上一次出现在史书之中时还停留在安德罗斯岛的希腊舰队也没有袖手旁观。在公元前479年夏天的某一时刻，萨摩斯送来了一封信称只要能得到支援，爱奥尼亚的希腊人就会再次发动叛乱，因此舰队也被派往那里，将战争带入了敌人的海域。

此时希腊舰队正位于提洛岛（Delos），由斯巴达国王列奥特希达斯（Leotychidas）

率领。当他驶向萨摩斯岛时，波斯舰队已经回到了米卡里（Mycale）。在那里，薛西斯还留下了一支规模可观的陆军，在提格拉尼斯（Tigranes）指挥下监视爱奥尼亚诸城邦。到达米卡里之后，波斯人将战舰拖上海岸，并建造了工事来保护它们。列奥特希达斯直接越过敌方舰队，将舰载步兵和重步兵送到了距离米卡里大约20英里的海岸上。这支部队沿陆路向波斯阵地发动进攻，爱奥尼亚希腊人也揭竿而起，帮助希腊军队攻击波斯人。列奥特希达斯在将波斯舰队付之一炬（或是在抵达时发现它们已经被烧毁了）之后返回了萨摩斯。

在此之后，舰队又驶向赫勒斯滂海峡去切断固定浮桥的绳索，同时他们还希望夺取波斯人在欧洲的桥头堡、色雷斯切尔松尼斯地区的重要屏障塞斯托斯。不过由于该城拥有非常坚固的防御工事，而斯巴达人又不喜欢围攻战，列奥特希达斯很快就返回了家乡，将围攻交给了桑提普斯麾下的雅典人去完成。围攻在秋季开始，在经过大半个冬天之后，雅典人才通过饥饿的方式攻克了塞斯托斯。阿塔巴祖斯非但没有前来解救塞斯托斯，反而撤退到了拜占庭，之后又跨过博斯普鲁斯海峡回到了东方。

东西方之间第一场有完整文字记录的大战就此画上了句号。在军事方面，首先令我们感到惊讶的是，早在公元前五世纪，战争艺术在一切要点上都已经发展到了和今日几乎同样发达的水准。其次，在这场战争中，双方所犯的错误也和如今战争中的错误一样常见。

从通过挑动迦太基人进攻西西里的希腊殖民地来在地中海中部进行牵制这一点上，就足见波斯人已经完全掌握了大战略（Grand Strategy）的意义，而希腊人向盖洛求援的行动，也恰好证明了波斯人完全明白自己的目的所在。即使我们暂且不讨论这个牵制行动，波斯舰队和陆军的联合行动，也无疑能够证明波斯人就像今天的将军们一样，非常清楚海权与陆权之间的关系。不仅是波斯人，希腊人也同样如此。更进一步说，双方对于作战部队的组织，也一定非常高效。即使薛西斯带到欧洲的部队只有10万人，但仅是让他们从亚细亚基地出发，穿越800英里没有道路的地区，也足以证明其后勤补给系统的组织一定非常卓越。对保萨尼阿斯而言也是一样，在希腊这样一个多山地区维持八万人的野战部队，足见其组织能力，哪怕其实际军队的人数远少于此也还是一样。

双方在战术方面所犯的错误，也和迄今以来不少战场上所发生的情况一样。其中最值得注意的是，波斯人希望凭借大量半训练人员的数量优势来弥补质量的劣势。同样重要的还包括双方对武器的威力缺乏认识，并将武器部署在了不适宜发挥其威力的地形上。但最重要的教训还是在于，士兵士气的此消彼长以及统帅层面威望的得失等精神因素，在这场战争中就和今天一样，始终处于决定性的地位。

正是威望的损失阻止了波斯人扩张的脚步，动摇了整个帝国的根基，并最终导致了波斯帝国的灭亡。这一点，对于此前和此后的大部分帝国都是一样。另外，也正是在萨拉米斯和普拉蒂亚所赢得的威望，使希腊人走上了令人炫目的崛起之路。正如伯里教授所写的那样："人们好像立刻便意识到了自己亲身经历之事在历史上的重要性。伟大的诗人们将它写入歌谣；伟大的雕刻家将它塑成了雕像……人们普遍将特洛伊战争看作这场戏剧的前一幕——在萨拉米斯和普拉蒂亚战场上作战的勇士，和那些在特洛伊平原上与赫克托尔（Hector）鏖战的英雄们，有着相同的目的。"[42]

伴随着这两场会战，我们站在了西方世界的起点之上。希腊人的智慧将在未来千百年中，成为这个世界赖以发展的基础。也正因为如此，历史上再也没有哪两场会战能比萨拉米斯和普拉蒂亚两战对历史更具影响。这两场会战，正是西方历史这座神庙之中的两根擎天之柱。

注解

1. *The History of Herodotus*，乔治·罗林森英文译本，1880 年版，第七卷，第 143 节。
2. 同上，第七卷，第 21 节。
3. *The Journal of Hellenic Studies*，1930 年版，"薛西斯的兵力"，第 210 至 235 页。
4. *The Cambridge Ancient History*，第四卷，第 273 页。
5. *The History of Herodotus*，第七卷，第 140 节。
6. 参见 H.W.Parke, *A History of the Delphic Oracle*，1939 年版，第九章。
7. *The History of Herodotus*，第七卷，第 141 节。
8. Diodorus Siculus，C.H. 奥尔德法瑟尔英文译本，1946 年版，第十一卷，第 2 节。
9. *The History of Herodotus*，第七卷，第 190 至 191 节。
10. *Diodorus Siculus*，第十一卷，第 13 节。
11. 同上，第八卷，第 21 节。
12. 每位研究过温泉关会战的历史学者几乎都讨论过这条小路位置所在，各自得出的结论也有所不同。
13. 在《剑桥古代史》(第四卷第 296 页) 中认为此处应为埃留瑟罗柯里 (Eleutherochori)。
14. *The History of Herodotus*，第七卷，第 213 节。
15. 同上，第七卷，第 213 节。
16. *The Great Persian War*，第 309 页。
17. *The History of Herodotus*，乔治·罗林森英文译本，第 352 页。
18. 同上，乔治·罗林森英文译本，第 354 页。
19. *Thucydides, The History of the Peloponnesian War*，理查·克劳利英文译本，1874 年版，第一章，第 138 节。
20. *The History of Herodotus*，第八卷，第 56 节。
21. 同上，第八卷，第 58 节。
22. 同上，第八卷，第 60 至 62 节。
23. *Aeschylus, The Persian*，第 63 页。
24. *The History of Herodotus*，第八卷，第 75 节。
25. *Aeschylus, The Persian*，第 364 行。
26. *The History of Herodotus*，第八卷，第 79 节。
27. *Diodorus Siculus*，第十一卷，第 19 节。
28. *The Great Persian War*，第 407 页。
29. 孟罗在《剑桥古代史》的第四卷第 317 卷中认为应为 12 万人。
30. 完整战斗序列可参见 *Herodotus*，第九卷，第 28 节。
31. *The History of Herodotus*，第九卷，第 30 节。孟罗在《剑桥古代史》(第四卷，第 324 页) 中认为这一数字应在八万人左右，其中五分之二是重步兵。
32. 参见 *The Cambridge Ancient History*，第四卷，第 331 页。此战与马拉松会战一样也在开战前相持了八天，是否真的只是巧合？
33. *The History of Herodotus*，第九卷，第 49 节。
34. 同上，第九卷，第 51 节。
35. 同上，第九卷，第 53 节。
36. 同上，第九卷，第 61 节。
37. 同上，第九卷，第 62 至 63 节。
38. 同上，第九卷，第 64 节。

39. 同上，第九卷，第 70 节。这个数字根本不可信。
40. *Plutarch's Lives*，贝纳多特·佩林英文译本，1919 年版，第 19 章。
41. *Diodorus Siculus*，第二十一卷，第 24 节。《希罗多德历史》(第七卷，第 166 节) 中给出了萨拉米斯海战的日期。
42. J.B.Bury，*A History of Greece*，1951 年版，第 284 至 285 页。

大事记
希腊内部的争霸

尽管萨拉米斯海战为雅典人赢得了爱琴海的制海权,但他们尚未在海上完全称雄。雅典舰队拯救了希腊,却没能保证城市本身不被入侵。只有加强城市的防御工事,并将舰队部署在一个拥有同样坚固工事的港口之中,才能确保雅典城的安全。在希波战争中,雅典二者皆无,因此他们也只能在战略方面跟随斯巴达的政策。地米斯托克利下定决心,绝不让这种情况延续下去。普拉蒂亚会战后,雅典人回到了已化为一片废墟的城市。在地米斯托克利的指导下,人民开始将城市重建为一座要塞,并将比雷埃夫斯也建设成了拥有坚固工事的海军基地。由于阿提卡人口的快速增长,粮食必须从海路供给,因此对比雷埃夫斯进行加固也是非常必要的。

由于雅典大部分的谷物都要从乌克兰草原进口,本都(Pontic)航道便成了雅典的命脉。为确保这条航路的通畅,公元前478年至公元前477年冬季,在地米斯托克利的倡议下,雅典牵头组建了一个海军同盟,其成员包含小亚细亚诸希腊城邦和爱琴海诸岛。由于同盟公用的金库被安置在提洛岛的阿波罗神庙之中,因此这个同盟也就被称为"提洛同盟"(Delian League)。鉴于掌管金库的官员均是雅典公民,可以说雅典从一开始就掌握住了将这个海军同盟逐渐转变为海上帝国的手段。

为了能够让这个同盟的地位更加稳固,足以与伯罗奔尼撒同盟对抗,雅典必

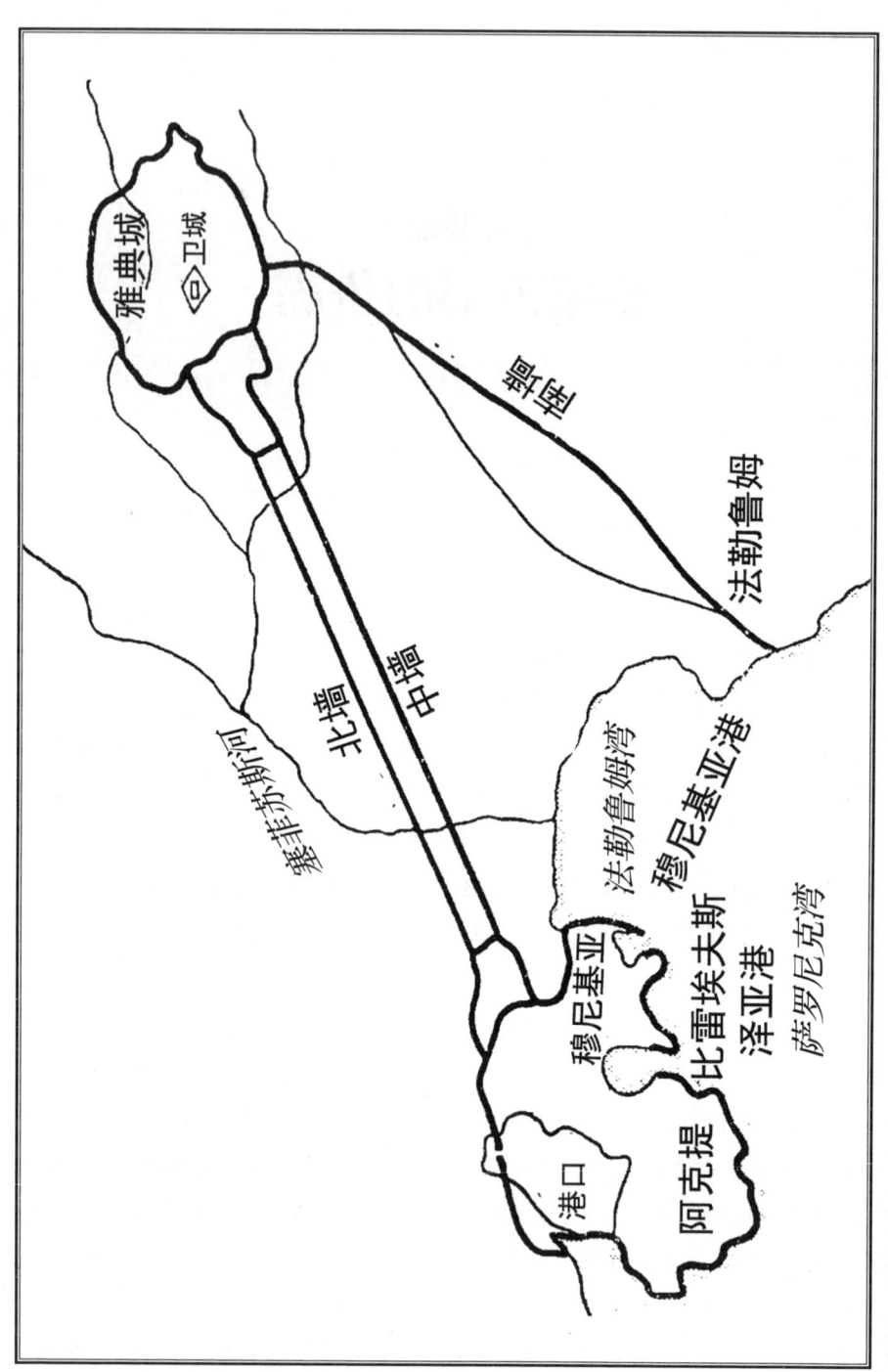

雅典城与比雷埃夫斯的工事

须解放小亚细亚和色雷斯沿海地区所有仍被波斯统治的希腊城邦。因此与波斯的战争仍在继续，只不过这一次是由提洛同盟采取攻势。

米太亚德之子西蒙（Cimon）反对这种扩张政策，而更愿意与斯巴达建立牢固的友善关系。他说服了公民大会，在公元前470年左右采用陶片流放的方式将地米斯托克利驱逐出城。不久之后，地米斯托克利又被指控叛国，只好逃到了科西拉岛（Corcyra，即科弗岛），之后又逃到了苏萨。

在此期间，提洛同盟与波斯的战争也被交由西蒙指挥。他首先清理了色雷斯海岸上的波斯据点，之后又于公元前468年在潘菲利亚（Pamphylia）的欧律墨冬河（Eurymedon）凭借一场精彩的海陆双重会战同时击败了波斯舰队和陆军，让对方损失了200艘战舰。这场决定性的胜利，使大批卡里亚和潘菲利亚城邦加入了提洛同盟。

西蒙的政策要求雅典继续维持与斯巴达的同盟关系，但人民此时却开始反对这一政策，并因此在公元前462年将西蒙罢免放逐。这样一来，雅典人在公元前481年加入的这个反波斯同盟便被画上了句号。此后雅典转而寻求与色萨利和阿尔戈斯结盟，其中后者正是斯巴达在伯罗奔尼撒半岛上最强大的劲敌。到了此时，雅典与斯巴达之间的战争已经无可避免，其爆发进程又因雅典与科林斯、埃伊纳的贸易竞争而进一步加快。

在西蒙被放逐之后，民主党人选择了米卡里会战的胜利者桑提普斯之子，伯利克里（Pericles）作为领导人。相比于强迫奴隶服从于自己的意志，伯利克里更愿意劝说自由人听从自己的建议，并以此作为自己的政治基础。他心中的至高愿望，便是建立地米斯托克利梦想中的雅典霸权，并通过将雅典城建成全世界最宏伟都市这一办法，将雅典这个城邦打造成纪念希腊击败波斯的丰碑。在他所有的计划中，对比雷埃夫斯的重新规划可能是最重要的。而他所使用的矩形网格式规划系统至今仍被大批现代城市所采用。同样重要的是，伯利克里还在雅典城和比雷埃夫斯之间建造了一道4.5英里长的通道，其两侧均拥有城墙保护。这个规模庞大的工程直到公元前457年才告完成，从那时起，这座与雅典城相连的坚固港口，就成了雅典海军和商船队的基地。

雅典与伯罗奔尼撒同盟之间的第一次战争发生在公元前458年。在这一年里，雅典从奥佐里亚的罗克里亚人（Ozolian Locrian）手中夺取了诺帕克特斯

（Naupactus，即今日的勒班陀），从而赢得了科林斯湾（Corinthian Gulf）的制海权，并在从科林斯通往意大利、西西里的商路上得到了一座堡垒。紧接着，麦加拉脱离了伯罗奔尼撒同盟，将自己置于雅典的保护之下，这又使雅典获得了一个能够阻止斯巴达人从陆路入侵阿提卡的前哨堡垒。此时伯利克里手中不仅有1.3万名重步兵可用于野战，同时还有1.6万人可用于保卫本土防御工事。另外雅典还拥有1200名骑兵、1600名弓箭手以及300艘三列桨战舰能够参加作战。

战争很快便爆发了，雅典人首先发动进攻。雅典人在阿尔戈利斯（Argolis）遭到挫败，但他们很快就在萨罗尼克湾（Saronic Gulf）获得了一场海战胜利并从海陆两方面同时封锁了埃伊纳岛。在雅典人对埃伊纳展开围攻之前不久，利比亚国王伊纳罗斯（Inaros）在埃及发动了叛乱。他遭到了激烈的镇压，不得不向雅典求助。虽然伯利克里此时已经有两场战争要打，但他还是立刻答应了利比亚人的请求，希望能以此来迫使波斯人与提洛同盟达成停战协议。200艘雅典战舰被派往埃及。有了雅典舰队的帮助，伊纳罗斯也成功占领了除卫城以外的整个孟菲斯。

于是斯巴达出面干涉的时机到了。为说服波俄提亚人加入伯罗奔尼撒同盟，以便从北方威胁雅典，1500名斯巴达重步兵和10000名伯罗奔尼撒盟军被派往波俄提亚。完成任务之后，这支军队在公元前457年年初返程，途中取道雅典，在塔纳格拉（Tanagra）击败了前来迎战的雅典陆军。虽然雅典陆军战败，但这一战还是拯救了雅典城，因为伯罗奔尼撒人在获胜之后立刻便撤回到了科林斯地峡。两个月后，波俄提亚人也在奥诺斐塔（Oenophyta）被雅典陆军击败，除底比斯以外的所有波俄提亚城邦都被雅典收入麾下。到年终之前，比雷埃夫斯的长墙终于竣工，埃伊纳的围攻也胜利告终。此时雅典的权力已经到达了顶峰——从科林斯地峡到马里亚湾之间的所有土地都已经被征服，马里亚湾以北的色萨利也在名义上成了雅典的盟友。

不过这一形势很快便遭到逆转。公元前456年，雅典舰队在埃及的远征遭遇惨败。叛军在被波斯人逐出孟菲斯之后，受困于普罗索皮提斯（Prosopitis）。这是一个由尼罗河两条支流与连通这两条支流的一条运河所包围的小岛。在经过18个月的围困之后，叛军被彻底歼灭，希腊损失了250艘战舰和五万人。这是雅典迄今以来最大的海战失败，为确保提洛岛金库不被波斯人的突袭掠走，可能也为了进一步强化对同盟国的控制，金库被转移到了雅典城。此外，色萨利又爆发了派系内战，被派去平息祸乱的雅典军队也被击退。

到了此时，交战各方都已经十分厌战了，因此在公元前452年，雅典公民大会赦免了被流放的西蒙。他回到雅典，与伯罗奔尼撒同盟签订了一个为期五年的和约。紧接着在公元前448年，雅典又与波斯媾和，史称《卡利亚斯和约》（*The Peace of Callias*），终于结束了希腊与波斯之间长达32年的鏖战。

在雅典与伯罗奔尼撒同盟的和约到期之前一年，波俄提亚境内爆发了一场叛乱，雅典人不得不从当地撤离。紧接着优波亚和麦加拉也相继发生叛乱。前者被雅典镇压，但在麦加拉，除尼萨亚（Nisaea）和帕吉（Pagae）这两个港口以外，其他地区均脱离了雅典的控制。这些挫败使雅典非常急于求和，他们不惜放弃尼萨亚、帕吉甚至亚该亚和特罗伊曾，以换取斯巴达承认雅典在爱琴海上的霸权。最终，双方在公元前445年签订了为期30年的新和约。

在这个和平时期的前16年里，伯利克里致力于整合提洛同盟，将雅典打造成整个希腊世界的明珠。他的终极目标是要将希腊统一为一个宗教性的联邦，并以雅典为其精神领袖。这样一来，大一统帝国的观念也获得了重生。但这却是一个不可能实现的梦想。不仅伯利克里为装饰雅典而征收的贡金已经导致各朝贡国怨声载道，而且就连建立大一统帝国的条件也根本不存在。斯巴达和雅典之间的敌意完全没有消除，而如今大部分希腊城邦又开始忌惮雅典帝国，害怕它将会威胁自己的独立。只要一根导火索，这种恐惧心理就会引发第二次伯罗奔尼撒战争。

公元前435年，灾祸终于到来了。在这一年，科西拉岛脱离了科林斯的控制，并为此向寻求雅典援助。由于科西拉岛是希腊本土与意大利、西西里之间通商航道的东大门，所以雅典人也非常清楚，只要他们能够控制强大的科西拉舰队，就能完全掌握爱奥尼亚海的控制权。一旦成功，雅典就获得了切断西西里航线，扼住伯罗奔尼撒诸邦粮食来源的手段，随时可以向伯罗奔尼撒诸城邦施加压力。因此，雅典派出30艘战舰前往科西拉，并在公元前433年的锡伯塔海战（Battle of Sybota）中拯救了科西拉舰队，使其免遭毁灭。

接下来，向雅典朝贡的盟邦波提狄亚（Potidaea）又发生了叛乱。这里原本是科林斯的殖民地，因此科林斯人就请求斯巴达对雅典开战。公元前432年，敌视雅典的各城邦派出使者在斯巴达集会，讨论科林斯的提议。最终，伯罗奔尼撒同盟派出了一个使团前往雅典。在双方的反复交涉之中，第二次伯罗奔尼撒战争也来到了爆发的边缘。当年3月,另一件意外事件终于打破了平衡——底比斯人利用叛徒突然袭取了普拉蒂亚。尽管普拉蒂亚曾一度驱逐过城内的雅典人,但雅典还是派出了一支军队进入波俄提亚进行干涉,全面战争随之爆发。

在战争的指导方面,伯利克里始终依赖于消耗战略——在陆上防守,在海上进攻。前者的基础在于敌军无法攻破的雅典—比雷埃夫斯要塞,而后者则依赖于雅典的舰队。在当时,只要指挥官们能够有技巧地使用这支舰队,无论从任何角度来看,它都是天下无敌的。无论何时,只要阿提卡的居民在陆上受到威胁,都可以逃到长墙以内避难。与此同时,雅典舰队则出海蹂躏对方海岸,破坏敌国的贸易。伯利克里希望能以这种方式确保帝国的完整,并将对手拖垮。

战争开始后不久,一件无法预料的变故就颠覆了伯利克里的整个计划。公元前430年至公元前429年以及公元前427年至公元前426年之间,从东方席卷而来的瘟疫两次在雅典爆发,伯利克里本人也因瘟疫而在公元前429年去世。伯利克里之死是一个无法弥补的损失,因为他在自己亲手打造的这套特殊政府系统中,具有不可替代的地位。此后,雅典的命运便落入了克里昂(Cleon)手中,此人虽然颇受民众欢迎,但却犯下了致命错误,将本质上属于防御性质的战争变成了一场攻势战争。

公元前428年,米提林(Mitilene)发生了叛乱。第二年,普拉蒂亚也在经受了长时间的围攻之后落入了波俄提亚人手中。在此之后,战争蔓延到了西西里,一支雅典舰队被派到那里去扰乱西西里与伯罗奔尼撒之间的粮食贸易。按照修昔底德的说法,其目的还包括"测试让西西里人屈服的可能性"。

战争就这样在起伏之中进行到了公元前425年。克里昂在斯帕克特里亚岛(Spacteria)上俘获了一支斯巴达部队,这一功劳使他的威望大涨。两年之后,他又受命率领一支军队与在布拉西达斯(Brasidas)率领下前往色雷斯的斯巴达人作战。在安菲波利斯城下,克里昂被彻底击败,他本人和布拉西达斯均殒于此役。

克里昂和布拉西达斯的阵亡铲除了双方媾和的障碍。雅典贵族派的领袖尼西亚斯(Nicias)受命与斯巴达国王普莱斯托纳克斯(Pleistoanax)进行会谈,讨论和平条约。而其成果便是所谓的《尼西亚斯和约》(*Peace of Nicias*)。依照这个条约,雅典将交出它在战争中征服的几乎所有土地,而斯巴达也要把安菲波利斯和其他一些城市交还给雅典。虽然这些城市将在名义上保持独立,但还是要向雅典缴纳贡金。由于科林斯、波俄提亚、麦加拉在战争中一无所获,因此他们对和约也极为不满。

叙拉古的围攻
（公元前415年至公元前413年）
与伊哥斯波塔米海战
（公元前405年）

第二章

《尼西亚斯和约》签订之后，阿尔戈斯立刻拒绝与斯巴达人续签停战协议。斯巴达人现在非常担心雅典会与阿尔戈斯合作，因而劝说雅典与自己建立了一个为期50年的同盟。波俄提亚人对此十分警觉，遂要求斯巴达与自己订立一个相似的盟约。在斯巴达人同意了波俄提亚人的要求之后，阿尔戈斯担心希腊境内这两股最强大军事力量会联合起来，便派出使者前往雅典，希望说服后者加入自己与埃利斯（Elis）、曼丁尼亚（Mantinea）的同盟，成立一个四方同盟。斯巴达人听到这一消息之后，也派出使者前往雅典。

双方使团到达雅典之后，曾说服雅典与斯巴达结盟的尼西亚斯，现在又开始劝说人民坚持这个决定。但他也遭到了一位年轻贵族的反对——此人名叫亚西比德（Alcibiades），尽管他年纪尚轻，但却已经被选做了将军。

出生于公元前450年的亚西比德自幼成长于伯利克里家中，相貌英俊过人。虽然他能力出众、财力雄厚，但却非常自私。此人放浪不羁，做事不计后果，对于他人身上的优秀品质也不屑一顾。他支持的所有计划，均是出于个人利益，公众利益对他而言简直一文不值。他成功欺骗了斯巴达使节，让后者出丑，并靠着这些狡猾的手段赢得了人民支持。公元前420年7月，雅典、阿尔戈斯、埃利斯和曼丁尼亚之间签订了一个为期100年的同盟条约。这个功劳使亚西比德取得了连任。确保自己在未来12个月依然能身居将军之位后，亚西比德所迈出的第一步，便是前往伯罗奔尼撒去游说阿尔戈斯人，挑拨他们与伯罗奔尼撒同盟中的埃皮达鲁斯（Epidaurus）发生冲突。

虽然因为尼西亚斯再一次掌权，让这种攻击行为在某种程度上得到了缓和。但无论如何，由于无法容忍雅典与阿尔戈斯结盟，斯巴达还是派出了一支军队去支援埃皮达鲁斯。雅典随即提出抗议，指控斯巴达破坏了停战协议。斯巴达对此没有理会，反而派出一支强大的军队在国王阿基斯（Agis）率领下进入了阿尔戈斯领土。但直到一支雅典军队抵达此处前来支持阿尔戈斯，阿基斯也未能决定应采取何种行动。公元前418年，双方在曼丁尼亚进行了一场会战，阿尔戈斯和雅典的联军被斯巴达人击溃。

这场决定性胜利重振了斯巴达的威望。雅典人被迫从埃皮达鲁斯撤走，四方同盟随之解体，阿尔戈斯也被迫与斯巴达签订了为期50年的盟约。这些接连的挫败，导致雅典城内掀起了一波放逐尼西亚斯的呼声，对这一情况十分警觉的亚西比德也不得不带领拥护者加入了支持尼西亚斯的一方。

公元前417年早春，斯巴达推翻了阿尔戈斯的民主政权，强迫其接受寡头政体。但不久之后，阿尔戈斯人就将寡头们驱逐出城，重建了民主制。在亚西比德劝说之下，雅典与阿尔戈斯重新建立了为期50年的同盟。

第二年6月，西西里的塞杰斯塔（Segesta，距今日的阿尔卡莫不远）又派遣使者来到雅典，希望雅典能够介入其与塞利努斯（Selinus）之间的战争。使者还向雅典提出了一个更宏大的计划，希望由雅典人来制止叙拉古在西西里的扩张。塞杰斯塔人保证说军事援助所需的一切费用都将由他们来承担，雅典也派出了使团去调查对方的财政状况。使团收到了60塔兰特（Talent）① 黄金的现金，在看到了塞杰斯塔人展示的其他财富之后，他们就回国报告说塞杰斯塔的财力足以支付雅典人的军费。亚西比德看到自己有机会出人头地，极力劝说公民大会，鼓动人民投票派遣60艘战舰前往西西里，并由尼西亚斯、拉马科斯（Lamachus）以及他本人来担任远征的指挥官。

尼西亚斯对远征持反对态度，他指出如今希腊境内很可能爆发战争，在此时劳师远征是非常不明智的。但亚西比德"有着惊人的野心，企图利用这次担任军队指挥官的机会来征服西西里和迦太基，并借此成功获得财富和声望"。[1]因此亚西比德坚决支持这个计划，为了煽动人民的热情，他说："人不应该仅仅满足于能够阻挡优势之敌的进攻，而应该经常先发制人，让对方根本无法进攻自己。我们不能为自己的帝国划定疆界，规定我们应在何处停止扩张。我们决不能满足于现状，而一定要继续扩张。倘若我们不去统治别人，我们就会始终处在被别人统治的危险之中。"[2]

尼西亚斯认为，只要他夸大行动的规模，就足以让人民对远征望而却步。他指出，远征军的规模必须达到一个惊人的规模才能获得胜利。但结果却适得其反，人民反而更急于将远征付诸实施，其狂热程度使"少数不看好远征的人，也害怕自己显得好像不爱国一样，不敢举手反对，只能保持沉默"。[3]

雅典人立刻便开始了远征的准备工作。但在舰队出港之前不久，树立在神庙里

---

① 译注：希腊人的1塔兰特，约相当于今日的26千克。

或私人宅邸大门口的赫尔墨斯（Hermes）神像却在一夜之间全被毁掉了。尽管无人知道肇事者到底是谁，但亚西比德却成了众人怀疑的对象。他立刻要求进行审判，但他的政敌们却担心如果立刻进行公审，军队很可能会站在亚西比德一方，因此他们成功将审判拖延到了亚西比德抵达西西里之后，"他们计划将亚西比德从西西里送回雅典，并对他进行更严厉的指控。在他缺席的情况下，这些指控成立的可能性也会更大许多"。[4]

公元前415年6月，准备工作一切就绪之后，雅典舰队从比雷埃夫斯起航前往科西拉岛，盟邦的军队也已经在该地集结完毕。远征军从科西拉起航前往意大利，此时整个舰队拥有134艘三列桨战舰（其中100艘是雅典战舰）、130艘运输船、5100名重步兵（其中1500名是雅典人）、1300名轻步兵（弓箭手、标枪手和投石手）以及30匹马。[5] 所有官兵相加，总数可能在2.7万人左右。[6] 军队的补给由30艘运粮船和100艘其他船只负责搭载，"此外还有大批其他大小船只搭载着货物，自愿跟随着舰队，为其提供市场"。[7] 远征军在雷吉乌姆（Rhegium，即今日的雷吉奥）登陆后，传来了一个坏消息说塞杰斯塔金库中最多只有30塔兰特黄金，雅典使团之前被彻底蒙骗了。

叙拉古人并不相信这支远征军意在征服西西里，只有一位名叫赫摩克拉底（Hermocrates）的将军与众人的想法不同，并呼吁众人立刻行动，他说：

> 我们应集结所有西西里人，或至少尽我们所能集结起最多的西西里人来支援我们，并让全部的海军携带两个月给养前往他林敦（Tarentum，即今日的塔兰托）和伊帕吉亚（Iapygia）海角去迎战雅典人，让敌人知道，如果想要入侵西西里，就要先从爱奥尼亚海杀出一条血路才行。这样一来，我们就能给敌军带去混乱……在我看来，单是这一个行动就足以阻止敌军从科西拉出海了……当他们遭遇到这样一个出乎意料的状况之后，也有可能会解散远征军。尤其是我听说他们中最有经验的将军本身就是被迫率军前来的，只要我们能够郑重地示威，他就一定会以此为借口撤军……除了先发制人或表现出抵抗决心以外，我们还能够通过展现出自己已经做好了迎击准备的方式，给敌人造成恐惧心理……而且不要忘了，你们所有人都明白，表现自己藐视进攻的最好办法，便是英勇地挺身而战。但就目前而言，最好的办法还是让我们像危险真的已经来临那样做好准备，这才是我们安全的最佳保障。[8]

支持这一观点的叙拉古人很少,而人民的领袖雅典那哥拉(Athenagoras)更是对其发言不屑一顾。叙拉古人直到惊恐地发现雅典人已经抵达雷吉乌姆之后,才全力投入到准备工作之中。

在塞杰斯塔的骗局被揭穿之后,雅典人召开了一次军事会议,尼西亚斯提议在进行一次武装示威展示雅典的实力之后,就将远征军撤回希腊。亚西比德认为倘若如此行动,将会让雅典军队蒙羞,倘若对叙拉古采取敌对行动,反而可能会鼓舞西西里诸城邦发动一场政治战争来反对叙拉古。而拉马科斯则认为应立刻进攻叙拉古城,趁着对方缺乏准备,人民也还在惊慌失措之时将其攻克。他的一段演说很值得人们铭记:"一切的武力,都是在刚刚行动起来的时候最令人恐惧,随着时间的流逝,如果军队始终都没有出现,对方就会重拾勇气,最后当他们真的看到敌军时,可能根本不会受到什么触动。如果我们趁叙拉古人仍在因大军到来而感到恐惧时发动突袭,就能获得最大的胜机,并因庞大的数量、让对方陷入灾难的前景以及逼迫对方立刻交战的态度,而让敌军感到惊慌失措。"[9]

尽管会议中有如此勇敢的发言,但最终还是亚西比德的意见占据了上风。雅典人做了大量努力去拉拢西西里诸城邦,但最后却仍然一无所获。所有较大的城邦都对雅典没有好感,就连雅典的准盟友卡塔纳(Catana,即今天的卡塔尼亚),也还是远征军用了诡计才占领下来的,而这座城市随即也成了远征军的立足点。

雅典人在卡塔纳站稳脚跟之后不久,"萨拉米尼亚"号联络船就从雅典城驶来,带来了让亚西比德立刻返回雅典接受审判的命令。亚西比德虽然乖乖听令,但却在"萨拉米尼亚"号停泊于意大利南部的图里(Thurii)时逃跑,坐着一艘小船叛逃到了斯巴达,"雅典人在他缺席的情况下,判决他和他的追随者死刑"。[10] 尼西亚斯和拉马科斯终于可以按照自己的想法来指挥这场战役了。

由于叙拉古人没有遭到进攻,所以其人民也已经从惊慌中恢复了过来并开始变得轻视对手,"因为多数人都信心满满,叙拉古人甚至要求将军们带领他们前往卡塔纳,去攻击根本不敢前来进犯的敌人"。[11] 尼西亚斯听到这一消息之后,决定将计就计。他计划让军队从卡塔纳启程上船,在夜幕掩护下驶入叙拉古的大港(Great Harbour),占据奥林匹乌姆(Olympieum)东侧的一块阵地。他还贿赂了一个在叙拉古人眼中地位极高的卡塔纳本地人,让他给叙拉古人送去假情报,说雅典人的戒备十分松懈。

叙拉古城位于卡塔纳以南大约 30 英里处，地处塔普苏斯湾（Bay of Thapsus）和大港之间的一个海角上。大港的入口位于奥提吉亚（Ortygia）和普利密里乌姆（Plemmyrium）之间，宽度大约有半英里。奥提吉亚原本是一座小岛，此时已经变成了一个半岛，叙拉古老城也正是位于此处，奥提吉亚正北侧则是小港（Little

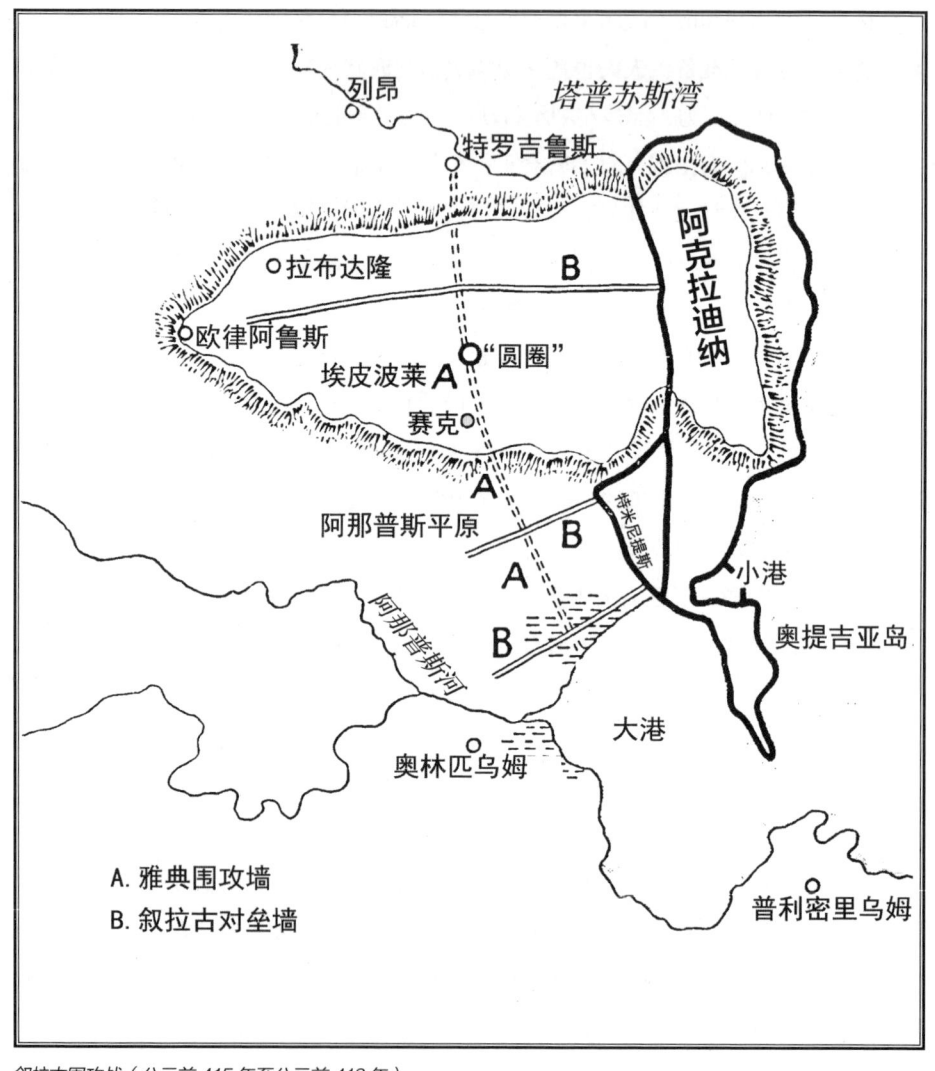

叙拉古围攻战（公元前 415 年至公元前 413 年）

Harbour）。随着叙拉古城的规模逐渐扩大，城区推进到内陆地区之后，叙拉古人就围着海角东部的阿克拉迪纳（Achradina）建造了城墙，城市也由此被分成了内城和外城两部分，二者之间由一片墓地分隔，墓地中还树立着阿波罗·特米尼提斯（Apollo Temenites）的塑像。在阿克拉迪纳以西，有一片名为埃皮波莱（Epipolae）的高地，阿克拉迪纳本身就位于这个高地的东部。由于高地南北两侧都十分陡峭，军队只能从三个隘口登上高地。这三个隘口分别是北部的特罗吉鲁斯（Trogilus）、南部的特米尼提斯以及最西侧的欧律阿鲁斯（Euryalus）。埃皮波莱以南、大港以西则是阿那普斯（Anapus）平原，该平原因流经此处的阿那普斯河而得名。

做好了奇袭卡塔纳的准备之后，叙拉古军队出了城。他们的行动立刻就被人用信号通知了尼西亚斯，后者随即命令军队登船，趁夜驶入大港并在阿那普斯河以南登陆。雅典人在此处设立了营地，赶在叙拉古人返回之前环绕战舰建起了木墙。等到叙拉古人返回之后，也只好在雅典人对面宿营了。

第二天，两支军队都做好了会战准备。叙拉古人将重步兵排成了16排纵深的方阵，并将1200名骑兵安排在了方阵右翼。由于手中没有骑兵，尼西亚斯非常忌惮对方的骑兵，只好将一半军队列成了一个八排的方阵。另一半军队则被他布置在方阵背后距离营地不远的地方，组成了一个四周都是八排纵深的空心四方阵，随营人员则被安置在了空心四方阵内部。这支预备队接到命令，要他们"注意战况，随时准备去支援遭到重压的友军"。[12] 很明显，这是一个对抗骑兵的阵形。

双方的弓箭手与投石手首先展开了散兵战斗，以此拉开了会战序幕。在散兵掩护之下，双方的方阵互相接近。阿尔戈斯人击败了叙拉古左翼，雅典人也凿穿了对方的中央，若不是叙拉古骑兵拖住了雅典人追击的脚步，叙拉古军队本有可能会被彻底歼灭。

会战之后不久，冬季降临。尼西亚斯不敢在面对敌军骑兵的情况下继续留在阿那普斯平原，所以上船回到卡塔纳去过冬。同时他还派出了一艘战舰回到雅典，要求城邦在春季派骑兵来支援他。叙拉古人也接受了教训，不再指望用急忙征召起来的乌合之众去面对训练有素的敌军士兵，转而开始对重步兵进行训练。不仅如此，他们还派出使者到科林斯和斯巴达去寻求帮助，同时还在特米尼提斯建造了一道城墙，以阻止对方在城市西侧建造围攻墙，试图借此来保卫埃皮波莱高地的南侧入口。

叙拉古使节到达伯罗奔尼撒之后，立刻就得到了亚西比德的帮助，他不仅将雅典人的计划告诉了敌人，而且还催促斯巴达人要赶紧行动起来。虽然斯巴达此时仍不愿打破与雅典之间的和约，但却还是在亚西比德的建议之下派出了吉利普斯（Gylippus）去指挥叙拉古陆军，而已经与雅典处于战争状态的科林斯人则直接许诺会派部队增援。

公元前414年5月，尼西亚斯和拉马科斯从雅典城得到了280名骑兵的增援，同时他们在纳克索斯（Naxos）和塞杰斯塔也招募到了400名骑兵，为夏季战役做好了准备。

赫摩克拉底认为雅典人下一次进攻的目标将会与上次完全相同，因此他也派出了部队去驻守奥林匹乌姆。另外，为防止敌军从特罗吉鲁斯和欧律阿鲁斯登上埃皮波莱高地，他又选出了600名精兵，将他们交给狄奥米鲁斯（Diomilus）指挥去驻守这两个隘口。就在这支部队即将出发的当天上午，赫摩克拉底正在对士兵们进行动员之时，尼西亚斯和拉马科斯突然发动了进攻。雅典人没有再次选择在大港建立立足点，而是在夜间起航，将部队送到了列昂（Leon），抢在那支600人的部队抵达之前占领了欧律阿鲁斯。狄奥米鲁斯和赫摩克拉底相继率军前来，双方展开了一场会战，结果叙拉古人再次大败，被赶回城市之中。摆脱敌军的干扰之后，尼西亚斯和拉马科斯立刻在拉布达隆（Labdalum）建造了一个设防基地，之后又开始在赛克（Syke）附近建造被修昔底德称为"圆圈"（The Circle）的工事，并此作为中央堡垒，开始建造一道北至特罗吉鲁斯、南至大港的围攻墙。一旦围攻墙完工，叙拉古城通向陆地的一侧就会被完全封锁。为阻止雅典人建造南半部分的城墙，叙拉古人在特米尼提斯以西建起了一道对垒墙。但某一天，雅典人趁着叙拉古人放松警戒之时突袭了这道尚未完工的工事，将其推倒，甚至还夺走了他们的建材。另外，雅典人还摧毁了为叙拉古城供应饮水的地下管道。

在此之后，为避免雅典人将围攻墙推进到海岸，叙拉古人又开始建造另一道由木墙和壕沟组成的对垒墙，从城市的城墙向西延伸到特米尼提斯西南沼地。雅典人再次发动了进攻。他们将舰队开出塔普苏斯，绕过海角进入大港。拉马科斯率领一支强大的兵力从埃皮波莱冲下来，"把门板和木板铺在沼泽中最干燥、最结实的地方。士兵从木板上穿过沼泽，在天亮时占领了壕沟和木墙"。[13] 紧接着又是一场会战，叙拉古人被击溃。只不过这一次雅典人也遭受了无法弥补的损失——拉马科斯本人在战斗中阵亡。在会战同时，叙拉古人也进攻了"圆圈"，试图在"圆圈"的守军出外作战时将其攻克。虽然他们没能占领"圆圈",但还是成功推倒了一段大约1000英尺①长的围攻墙。

这一战让叙拉古陷入了绝望。他们开始私下与尼西亚斯谈判,甚至还以叛国的罪名将赫摩克拉底解职。

不过在上述战斗爆发之前,吉利普斯和科林斯的增援部队也已经到达了爱奥尼亚海的留卡斯岛(Leucas,即今日的圣莫拉)。吉利普斯与舰队分开,先行前往卡拉布里亚(Calabria)的罗克里。他在那里听说叙拉古尚未被完全包围,遂急忙在西西里的希米拉登陆。他说服希米拉加入了战争,并在很短时间之内召集起一支拥有超过2000名轻重步兵和100名骑兵的军队。

与此同时,科林斯舰队也从留卡斯岛起航前往叙拉古。随第一艘战舰抵达的人员中有一位名叫冈吉鲁斯(Gongylus)的将军。此人到达时,叙拉古人刚好正在召开公民大会,讨论是否应该结束战争。他立刻制止了对此议题的进一步讨论,并通过演说重振了叙拉古人的勇气,让他们做好准备,一旦吉利普斯到达西西里,叙拉古就应与其合作。

准备就绪之后,吉利普斯立刻开始向叙拉古进发。他的运气很好,在他抵达之时,欧律阿鲁斯居然无人防守。吉利普斯立刻将其占领,之后他就开始向埃皮波莱推进,很快便在"圆圈"以北尚未完工的雅典城墙附近与叙拉古军队汇合。他发现叙拉古人秩序混乱,因此没有直接进攻雅典军队,而是用奇袭的方式占领了拉布达隆。紧接着他又开始建造一道对垒墙,从叙拉古向西延伸穿过埃皮波莱,插进了雅典围攻墙已完工部分和特罗吉鲁斯之间的缺口。这道工事完成之后,吉利普斯不仅切断了敌军的陆上交通线,而且还将叙拉古城与内陆连成了一片,使整个埃皮波莱北部都变成了城市的防御屏障。

史料没有记载尼西亚斯为何没有采取行动,立刻重新打通其陆上交通线。由于他丧失了陆上交通线,雅典人也更加依赖舰队来为陆军提供给养。为了能让船只更自由地出入大港,尼西亚斯占领了普利密里乌姆,在此处设防,并将海军基地也设立在了这里。

---

① 译注:1英尺约合0.3米。

与此同时,吉利普斯则利用雅典人先前收集起来的资材来继续建造对垒墙。在此过程中双方又进行了两次交战。在第一次交战中,叙拉古人被击溃。而在第二次交战中,雅典人受到了一次重大挫败,吉利普斯也趁机将对垒墙向前推进,直接穿过了雅典的围攻墙。这样一来,虽然雅典人"在野战中获得了胜利,但还是永远丧失了封锁城市的机会"。[14]

在这场重要战斗之后,由伊拉希尼德(Erasinides)率领的科林斯舰队也从留卡斯赶到了。他们成功地避开了普利密里乌姆外海的雅典警戒船只驶入大港,并将增援部队送上了岸。

此时夏季将尽,尼西亚斯给雅典送去了一份冗长而且悲观的报告。他在报告中说,在陆战方面如今是他自己而非敌人受到了包围。而在舰队方面,船只已经开始腐朽,水手们也已经筋疲力尽。每一次外出寻找柴火、给养、饮水的行动,都必须杀出血路。他征召不到水手,意大利的商人也不再给他供应补给,饥饿很快就会迫使他放弃这场战役。不仅如此,西西里岛上已经形成了一个反对雅典的联盟,伯罗奔尼撒方向肯定也会再派援军前来。他写道:"……你们必须决定,是要把我们撤回国内,还是再派出一支规模同样庞大的舰队和陆军,带上大量资金前来。而且你们还要再派出一人来接替我,因为我现在已经因肾病而没办法坚守岗位了……无论你们作何决定,都必须在春季到来时立即开始行动,决不能有所拖延……"[15]

雅典人不愿因放弃围攻而损伤国威,于是决定派出欧律墨冬和德摩斯梯尼率领第二支远征军前往西西里。在德摩斯梯尼集结远征军的同时,欧律墨冬在12月先行出发,带去了10艘战舰和2000名水手。为阻挠雅典人的行动,斯巴达在公元前413年3月重启了伯罗奔尼撒战争。在亚西比德的敦促之下,斯巴达国王阿基斯带领一支军队前往阿提卡,成功占领了德凯莱亚(Decelea)。在此之前的冬季之中,25艘科林斯战舰在诺帕克特斯拖住了20艘雅典战舰,"直到搭载着重步兵的商船从伯罗奔尼撒出发很久之后"才撤退。[16]

到了春季,吉利普斯率先发难。他之前已经夺得了陆战的主动权,如今更是决心夺取普利密里乌姆的敌军基地,将海上的主动权也握入手中。他计划用舰队进行佯攻,而将陆军用作主攻力量。在夜幕的掩护之下,吉利普斯将陆军部署在了一个既能获得骑兵掩护,又不容易被敌军发现的地方,等待进攻普利密里乌姆的信号。接下来,他又将舰队分成了两个支队,其中部署于小港的支队拥有45艘战舰,而另一个部署于大港的支队则拥有35艘战舰。两支舰队将同时出海,列成战线对雅典海军基地发动进攻,其目的在于将敌军的地面部队引诱到海岸上来。雅典人上当之后,吉利普斯就会向陆军发出进攻信号。

在一个没有钟表的年代,从不同基地出发进行联合作战总是要冒巨大风险的。而且仅就这一战而言,叙拉古水手的能力也不如雅典人。其结果就是,在两个支队汇合之前,雅典人就已经派出了60艘三列桨战舰出海迎战。双方在大港入口处进行了一场漫长的战斗。正如吉利普斯所料,在海战进行过程中,大批雅典人离开地面工事来到海边观战。当吉利普斯判断主要的雅典工事已经基本无人防守之后,便发出了进攻信号。叙拉古军队立刻从隐蔽处冲了出来,涌上普利密里乌姆的山坡,强行攻克了工事。在海上,则是雅典舰队击溃了叙拉古人,击沉了11艘敌舰。

对雅典人而言,失去海军基地是灾难性的,修昔底德也将其称为"导致他们毁灭的第一大原因"。[17] 另外,雅典人的粮秣、桅杆以及帆锁、缆绳也与海军基地一同丢掉了。由于海港入口的控制权落入敌手,如今雅典人每天都要不断战斗,才能确保海上交通线通畅。更糟糕的是,雅典人被迫退到了大港中的老基地。此处海面十分狭窄,雅典舰队所占的优势在这里也要大打折扣。

战斗结束之后,双方立刻开始加强自己在大港中的海军基地。他们将木桩打入海底,为舰队提供避难的屏障。双方随即展开了一场所谓的"木桩战争"(Pile Warfare)。从史料中我们可以读到:"雅典人将一艘载重达10000塔兰特(275吨)、装有攻城武器和掩体的大船拖到它们(叙拉古人的木桩)那里。他们用绳索把木桩捆住,将木桩拖了出来并加以摧毁……"由于很多木桩都是隐藏在水面以下的,所以还要派人潜水去把它们锯断,"为了对抗敌军,双方无所不用其极"。[18]

叙拉古人在听说德摩斯梯尼已经率领第二支远征军从埃伊纳出发之后,决心在其抵达之前再进行一次海战,而且这场海战必须在雅典人无法发挥其常用战术的大港进行。叙拉古人加固了战舰的船头,准备采取迎面撞击的办法来攻击雅典战舰。与上一次行动相同,吉利普斯还是计划在海陆两方面同时发动进攻,只不过这一次改由陆军担任佯攻角色。

吉利普斯首先命令陆军从叙拉古城和奥利匹乌姆两个方向同时对雅典设防营地和海军基地推进,将雅典人的注意力从海上吸引了过来,之后他便派出了自己的舰队。雅典水手在一片混乱中冲到岸边,匆忙驾驶着75艘战舰去迎战对方的80艘战舰。

一场持续三天的会战就此拉开了序幕。第一天只打了一些小战，吉利普斯的目的很明显是要消耗雅典水手们的体力。第二天双方没有进行战斗，尼西亚斯借此机会维修了受损的船只，并在他的海墙前方以 200 英尺为间隔停泊了一列商船，以此来组成一个"封闭的海港"，为受到对方猛攻的战舰提供避难所。

到了第三天，叙拉古人再次从海陆两方面发动进攻，但还是没有取得什么实质性进展。因此，一位科林斯领航员提出了下面这样一个诡计：首先让叙拉古城里的人员将食物送到海滩，之后再让舰队脱离战斗退回港口，迅速让划桨手们进餐休息。最后，等到敌军撤回港口之后，立刻前进，抢在对方水手吃完饭之前发动进攻。

叙拉古人采纳了这一计策。雅典人看到敌军退回到本方水域，便认定对方已经筋疲力尽，这一天的战斗也将就此告终，因此也上岸去寻找食物。从修昔底德的著作中我们可以读到，此后的情况有如下述：

突然之间，叙拉古人驾驶着战舰重新驶来，雅典人虽然陷入了巨大的混乱，但大部分人还是能够回到战舰上，顶着巨大的困难出海去迎战敌军。在一段时间之内，双方都在回避交战。但最终雅典人决定不再空耗自己的体力，在发出一阵呐喊之后发动了进攻。叙拉古人按照预定计划，以船头冲撞过去，利用加固过的舰首横梁撞毁了很多雅典战舰舰首。而那些乘着小船驶到雅典战舰侧面的叙拉古人，也用标枪攻击对方划桨手，给对方造成了更大的伤亡。[19]

这种奇袭战术取得了巨大的成功，雅典战舰只能掉头逃往商船屏障的背后去寻求掩护。叙拉古人紧追不舍，直到被对方商船甲板上安装的"海豚"[20]阻挡才停止了追击。尽管雅典人仅损失了不超过 7 艘战舰，但这场海战却具有决定性意义——这次失败彻底打垮了雅典舰队的士气，使叙拉古人赢得了海上的主动权。

公元前 413 年 7 月，发生了一件让雅典人士气大震，而叙拉古人则极为惊恐的大事。德摩斯梯尼和欧律墨冬率领着 73 艘三列桨战舰、5000 名重步兵以及 3000 名弓箭手、投石手、标枪手，总计 1.5 万人的大军驶入了大港。由于尼西亚斯重病在身，指导战争的任务就被移交给了德摩斯梯尼，后者一刻都没有耽误，最大限度地利用因自己抵达而带来的求战热情。他立刻认清，只要雅典人不攻克那堵吉利普斯建造的、横穿埃皮波莱高地的对垒墙，围攻就不可能继续进行下去。为了扫清高地入口，他首先将叙拉古人逐出阿纳普斯平原。随后他又建造了攻城锤，向对垒墙发动了全面攻势。但由于攻城武器被对方烧毁，这次进攻还是以失败而告终。最后，德摩斯梯尼又决心趁夜进行一次迂回行动，试图夺回欧律阿鲁斯，从而迂回对垒墙的右翼。这次进攻将在满月时进行。占领欧律阿鲁斯之后，雅典军队还将继续前进到阿克拉迪纳，向特罗吉鲁斯方向推进围攻墙的修建工作。

计划的第一部分获得了成功。雅典人奇袭并占领了欧律阿鲁斯，但在他们忙于拆毁对垒墙之时，叙拉古陆军赶来了。虽然叙拉古人一度被击退，但当他们再度发动进攻之后，双方的战线便纠缠在了一起，战场也陷入了一片混乱之中，而这也是夜战中难以避免的情况。一部分雅典军队因为发生恐慌而向后逃跑，但却迎面遇上了从后方赶来的预备队，后者也被恐惧所传染，开始溃逃。到了此时，德摩斯梯尼的攻势已经演变成了一场惨败。

事到如今，在德摩斯梯尼看来，唯一可行之事就是解除围攻返回希腊。虽然尼西亚斯也表示同意，但撤退一事还是耽搁了下来，因为他同时还建议德摩斯梯尼再等待一段时间，理由是他已经与"一些想要将城市出卖给雅典的叙拉古人取得了接触。这些人不断派使者前来，建议他不要解围"。[21]

撤退就这样被耽搁了将近一个月时间，直到对方援军到达，雅典人才终于下定了决心。他们秘密地制定计划，做好了撤退准备。可正当雅典人马上就要起航时，却发生了一次月圆之夜的月食（公元前413年8月27日）。士兵和水手都将此视为凶兆，拒绝上船，要求将军们选择一个吉日再出发。不幸的是，尼西亚斯"是一个过分虔诚之人"，他同意了士兵们的请求，决定"按照祭司们的建议，等待三个九天之后再出发"。[22]

吉利普斯获悉这个如同自杀一样的决定之后，马上就抓住了机会。尽管吉利普斯只有76艘战舰，而敌人却拥有86艘战舰，但他还是立刻对雅典海军基地再次发动了进攻。指挥雅典舰队右翼的欧律墨冬试图迂回叙拉古左翼，但却与中央脱节，遭到包围，欧律墨冬也与自己的支队一同沉入海底。在此之后，雅典舰队的中央也被突破，导致整个舰队陷入混乱，沿着大港的海岸四处逃跑。所幸，雅典陆军击退了登岸抓捕水手的敌军，救出了不少舰队人员。雅典在战斗中损失了18艘战舰，而那些逃回到基地的幸存战舰也遭到叙拉古人的火船攻击，只不过对方的攻击并没有取得成功。

吉利普斯非常清楚，如今对方唯一的出路就是从大港突破到外海。为预防这种情况，他将三列桨战舰和商船列成一排，锚泊在海港入口，并用铁链将它们固定在一起。

雅典人现在既缺乏给养，又处在一片敌对的土地上，敌军骑兵也在四处袭扰。正如吉利普斯所料，雅典人在一次军事会议上得出结论，从海上突围是他们唯一可行的道路。雅典人缩短了自己的陆上防线，让尽可能多的士兵登上三列桨战舰，决心"在海上一决雌雄，如果获得胜利就前往卡塔纳，如若不然就烧掉自己的船只……从陆路退却到距离最近的友军土地……"[23] 尼西亚斯负责带领已被大批抽调走的地面驻防部队殿后，这也是他作为资深将领的荣誉职责。德摩斯梯尼、米南德（Menander）以及欧西德姆斯（Euthydemus）将领导海上的撤退行动。所有适于和不适于作战的战舰相加，雅典人总共拥有 110 艘战舰。

9月10日，三位雅典将领开始了他们绝望的冒险。战舰升起风帆，径直向大港入口驶去，挡在他们面前的敌军舰队总计拥有 76 艘战舰。敌军组成了一个新月阵形，科林斯支队位于中央，叙拉古主力舰队则位于两翼。雅典人击退了科林斯支队，冲到了障碍船附近，但在他们拆毁障碍之前，叙拉古战舰就已经从各个方向冲了过来。紧接着又是一场混乱的近距离作战，修昔底德对其过程给出的信息很少，只有如下少数几句记载："由于大批战舰都挤在这个最狭窄的水域（这也是在如此狭窄水域发生过的最大规模战斗，双方相加总计有接近 200 艘战舰），战舰很难用冲角来冲撞敌舰，各舰也几乎没有后退或突破战线的机会。战舰之间的撞击，几乎都是因为逃跑或进攻时发生的意外而造成的。"[24]

海战最终以叙拉古人获得压倒性胜利而告终，雅典人损失了 50 艘战舰，而叙拉古人只损失了 26 艘战舰。

这场惨败并没有让雅典将军们气馁，他们看到自己手中仍有 60 艘战舰，多于敌人的 50 艘战舰，因而决定再次突围。但雅典士兵们却拒绝上船，要求从陆路撤退。而且他们也没有趁敌军正在庆祝胜利时立刻出发，反而耽误了 36 个小时才上路。之所以如此，则是因为赫摩克拉底散播了假消息，称雅典人的退却线已经被封锁了。而他散播这个消息的目的就是要拖延时间，等待叙拉古军队的欢庆结束。

最后，雅典人在将伤病人员留下之后，终于开始了撤退。士兵们排成了一个空心四方阵，"尼西亚斯率部领先，德摩斯梯尼殿后，重步兵位于外侧，行李纵列和大部分士兵居于中央"。[25] 由于对方骑兵的持续攻击，雅典军队虽然跨过了阿纳普斯河，但第一天总共只前进了四英里，第二天又只前进了两英里，随后他们便发现退却线已经被强大的敌军封锁了。在接下来的两天里，雅典人试图击退叙拉古人，但却没能成功，最后只能沿着卡锡帕里斯河（Cacyparis，即今日的卡西比利河）去寻找另一条退却线。雅典人让营火继续烧着，军队则趁夜出发，进抵通往赫罗鲁姆（Helorum）的海岸道路。尼西亚斯的部队依然领先行动，但德摩斯梯尼的部队却因为发生恐慌而耽搁了时间，被远远甩在了后面。到当天正午时分，二者之间的距离已经达到了五至六英里远。落后的德摩斯梯尼被敌军骑兵围困在一个有围墙的庄园，即所谓"波利泽鲁斯宅邸"（Homestead of Polyzelus）之中。叙拉古人提出，只要德摩斯梯尼带着手下士兵变节，他们就能获得自由。德摩斯梯尼拒绝这一提议之后继续战斗，直到局势已经彻底没有任何希望，对方也保证其手下6000名士兵不会有性命之忧之后，他才终于投降。

尼西亚斯所部的命运与此几乎完全相同。到达埃利纽斯河（Erineus）之后，他们发现道路已被敌军封锁，只好且战且行。尼西亚斯继续前进了大约三英里，进抵阿希纳鲁斯河（Assinarus）。雅典士兵们纷纷脱离行列去河边饮水解渴，这支军队也就在这里遭到了包围和屠杀。"尤其是那些站在水中的人，即使河水已经被双方踩得十分浑浊，甚至还被鲜血染红，他们也还是照喝不误，大部分人为喝到这种脏水，甚至不惜杀出血路冲到河边"。[26] 当尼西亚斯向吉利普斯投降时，其手下的幸存者已经只剩1000人了。

在雅典派往叙拉古的4.5万~5万名士兵和水手之中，只有这7000人幸存，他们被派到了采石场中，"在此处苟且偷生，尚不如战死沙场"。[27] 另外，叙拉古人也不顾吉利普斯的反对，"杀死了尼西亚斯和德摩斯梯尼"。

修昔底德写道："在我看来，这场会战是希腊人在这场战争中，甚至是在整个希腊历史中所取得过的最伟大成就。胜利者获得了无上的荣誉，被征服者则遭受了最惨痛的灾难。他们在所有的方面都一败涂地，承受了巨大的损失，最终全军覆没。舰队、陆军、一切都被毁灭了，只有少数人得以逃生回国。"[28]

对雅典人而言，此战虽然是一场毫无疑问的惨败，但导致其战败的原因却并非战略构想，而完全在于拙劣的战术执行。如果我们把战争的起因暂且放在一旁不论，那么这次远征在战略方面实际上已经非常出色了。雅典因为人力不足，无法在本土的陆地上击败敌人,远征西西里反而能够扬长避短,切断对方赖以维持人力优势的粮食、橄榄油来源和贸易通道。尽管斯巴达不像科林斯和雅典那样人口过多,但根据修昔底德的说法,"避免运往伯罗奔尼撒的粮食中断"[29]仍是他们参战的理由之一。我们可以认为,西西里这一粮食出口地对于斯巴达和科林斯而言,重要性绝不不亚于乌克兰之于雅典。墨西拿海峡对于前二者而言,也和赫勒斯滂海峡对于后者一样生死攸关。因此,当雅典人在公元前415年夏季决定占领叙拉古之后,成败的关键就转移到了战术方面,即能否尽快将其占领,并让参与行动的军队迅速回到阿提卡与斯巴达对抗。倘若雅典远征军采纳了拉马科斯的建议,叙拉古城无疑会在第一次攻击之下即被攻克,其他西西里城邦也会立刻臣服于获胜的一方。这一胜利将完全扼住伯罗奔尼撒的食物来源,等到雅典陆军凯旋之后,无论斯巴达还是科林斯,都将无法再维持足以在陆上击败雅典的野战军。这样一来,尽管雅典仍然在人力方面居于劣势,却可以不经一战便将自己的意志强加给这两个城邦。

一旦我们接受了这种观点,那么整个失败的源头,就都可以被追溯至亚西比德一人的身上了。他在战役刚刚开始时就反对拉马科斯,强迫尼西亚斯抛弃战术考量来支持他的政治战争。如今亚西比德又准备在雅典人即将遭受的另一次更惨重的灾难中扮演主要角色。此事发生的中心地带,则正是雅典帝国的脐带——赫勒斯滂海峡。其起因如下:

雅典海陆军在西西里的覆灭,无可避免地撼动了雅典帝国的核心,其影响之大足以导致雅典人丢失其在萨拉米斯和普拉蒂亚两战中所赢得的一切。优波亚岛、莱斯博斯岛(Lesbos)、开俄斯岛(Chios)先后发动叛乱,斯巴达也开始将目光转向海洋,建造了100艘战舰,甚至连波斯也行动了起来,试图夺回其对爱奥尼亚地区的控制权。

此时的波斯国王是大流士二世(Darius Ⅱ,公元前424年至公元前404年在位),他手下的萨迪斯总督提萨弗尼斯(Tissaphernes)和赫勒斯滂—弗里吉亚(Hellespontine Phtygia)总督法纳巴祖斯(Pharnabazus)出于个人利益考虑,分别向斯巴达派出了使者。提萨弗尼斯希望在开俄斯岛方向得到斯巴达舰队的支援,而法纳巴祖斯则希望在赫勒斯滂采取行动。亚西比德此时正在爱奥尼亚煽动针对雅典的叛乱。多半是由于他的阴谋,斯巴达人选择与提萨弗尼斯订立了同盟,承认大流士对爱奥尼亚地区所有希腊城市的宗主权。亚西比德之后又回到了斯巴达,但由于他先前曾与阿基斯的妻子有染，愤怒的国王也下达了处死他的命令。亚西比德听说这个消息之后立刻逃到了提萨弗尼斯那里，劝说他放弃斯巴达，转而与雅典达成谅解。他希望此事一旦成功，心怀感激的雅典人就会将他召回祖国。

亚西比德建议说，如果雅典人将政体改为寡头制，波斯国王就会向雅典提供金钱，而这也正是唯一能说服雅典人修改政体的东西。虽然正在萨摩斯岛作战的雅典舰队仍然忠于民主，但由于舰队本身也愿意与波斯结盟，于是便接纳了亚西比德，赦免了他的死罪并选举他为将军。大约在同一时间，法纳巴祖斯也邀请伯罗奔尼撒舰队来到了赫勒斯滂。公元前411年，双方在西诺塞马海角（Cape Cynossema）进行了一场海战，雅典舰队获得胜利。盟友被雅典人击败使提萨弗尼斯感到十分恼怒，当亚西比德再次来访时，提萨弗尼斯就把他抓了起来。可这一次亚西比德又逃跑了。公元前410年，在塞拉米尼斯（Theramenes）和色拉西布洛斯（Thrasybulus）的配合之下，亚西比德在塞齐库斯（Cyzicus）城外的马尔马拉海击沉、俘虏了60艘斯巴达战舰，解除了敌军对该城的围困。

在这次惨败之后，斯巴达人也开始寻求和平，但雅典人却拒绝考虑此事。此时雅典人已在克里奥丰（Cleophon）领导下重建了民主政体，而此人又恰好是主战派的领导人，所以雅典舰队也继续在普洛庞提斯海（Propontis）行动。在亚西比德的出色领导下，雅典逐步收复失地，夺回了博斯普鲁斯海峡的控制权，重新打通了帝国的脐带。

在遭遇这一挫折之后，大流士二世对两位总督的无能和互相嫉妒失去了耐心，他任命自己的幼子居鲁士三世（Cyrus Ⅲ）来主导爱奥尼亚地区的事务。同时斯巴达也任命吕山德（Lysander）为舰队司令，由于此人有着刚正不阿的品格，所以居鲁士三世这位东方人对他也非常敬重。

在吕山德和居鲁士三世进行谈判的同时，亚西比德于公元前407年回到了雅典。他在那里受到了人民的狂热欢迎，被重新选举为将军，而战争的指挥权也被交给了他。可就在雅典人将亚西比德当成救世主并向他欢呼之后不久，驻扎在诺提翁（Notion）监视以弗所的雅典舰队就被吕山德击败，雅典人民随即又推举科农（Conon）换掉了亚西比德。亚西比德感到自己命悬一线，只好躲进了赫勒斯滂海峡的一个城堡中。亚西比德确实具有先见之明，早就为自己准备好了这个避难所。

在接下来的冬季中，伯罗奔尼撒舰队得到了极大增强。到吕山德的12个月任期结束之后，接替他的卡利克拉提达斯（Callicratidas）手中已经拥有了多达140艘三列桨战舰。卡利克拉提达斯带领着所有战舰出海，在米蒂利尼（Mytilene）外海迫使科农接受会战。卡利克拉提达斯击败了对手，击沉了对方70艘战舰中的30艘，并将剩余的40艘战舰封锁在了米蒂利尼港内。

　　这场失败让雅典变得岌岌可危，卫城神庙中的所有金银都被熔化铸成了钱币以建造一支新的舰队，所有自愿应征成为水手的奴隶也都获得了将来能得到自由的许诺。通过这些办法，雅典人重新集结起了150艘战舰，并将它们派去米蒂利尼解围。听说这支舰队接近之后，此时手中已经拥有170艘战舰的卡利克拉提达斯留下30艘战舰继续封锁港口，之后便率领其余船只在莱斯博斯岛以南一座名为阿吉纽西（Arginusae）的小岛附近迎战雅典舰队。在随后的海战中（公元前406年），斯巴达舰队遭受了决定性的失败，卡利克拉提达斯本人阵亡，70艘战舰被摧毁。如果不是一场突如其来的风暴中断了雅典人的追击，伯罗奔尼撒舰队本可能在此全军覆没。可话虽如此，风暴也阻碍了雅典舰队的其他行动。海战中有25艘雅典战舰被毁，海战结束后，幸存水手们虽然还攀在舰只的残骸之上，但舰队却因为风暴而无法对他们加以救援。

　　这场胜利使雅典重新赢得了爱琴海东部的制海权，斯巴达再次试图与雅典进行和谈。但由于克里奥丰的影响，雅典人又一次拒绝和谈。紧接着，雅典又发生了一件令人震惊之事。由于舰队没能在阿吉纽西海战后救出落水的人员，雅典城内燃起了针对舰队指挥官们的巨大怒火。此事被提交到公民大会之后，居然有八名舰队指挥官被判处死刑，包括伯利克里之子在内的六人被杀，另外两人则明智地选择了逃亡。不久之后，就发生了民主政治中经常出现的情况——雅典人后悔了。他们通过了一道法令，要求把那些欺骗人民的人拘捕起来，之后再审判他们。五人因此被捕，但他们后来全都逃跑了。[30]

　　由于雅典拒绝了和平提议，居鲁士三世也开始敦促斯巴达人重新任命吕山德来担任伯罗奔尼撒舰队的指挥官。由于斯巴达的法律禁止同一个人多次担任舰队司令，因此他们只好任命了一位名义上的指挥官，而由吕山德出任其名义上的副手。吕山德随即启程前往以弗所。由于居鲁士三世被召回国内探望自己垂死的父亲，他就把自己的辖区交给吕山德来掌管，甚至还给了他征收税赋的全权。得到这些资源之后，吕山德很快便将自己的三列桨战舰数量增加了一倍。

公元前405年，吕山德从以弗所起航前往罗德岛，之后又往回行驶，沿着海岸向赫勒斯滂进发。他发现兰普萨卡斯（Lampsacus，即今日的拉普塞基）戒备松弛，于是便开始围攻此处，试图截断雅典通往本都的通商航线。

科农此时正在进攻开俄斯岛，听说兰普萨卡斯遭到围攻之后，他立刻率领180艘战舰前去解围。可是在科农抵达塞斯托斯之前，兰普萨卡斯就被吕山德攻陷了。科农决心强迫吕山德接受会战，因而率舰队航行到了伊哥斯波塔米。此处位于塞斯托斯以北数英里处，与兰普萨卡斯隔海相望。抵达此处之后，科农的水手们便开始准备晚饭。

第二天，拥有大约200艘战舰的吕山德为会战做好了一切准备，但同时却命令水手们不要出海。雅典人同样也做好了会战的准备并将船划到了兰普萨卡斯。由于吕山德拒绝进行战斗，雅典人只好返回伊哥斯波塔米。斯巴达侦察船紧跟在雅典舰队背后，船长们奉吕山德之命，负责侦察雅典人在岸上的所作所为。

在接下来的四天里，科农不断挑战，吕山德则拒绝迎战。一贯知道吕山德是何等足智多谋的亚西比德也从邻近的城堡来到了雅典军中。他听说雅典舰队不仅要停泊在开阔的海滩上，就连补给也要从塞斯托斯运来，而斯巴达人却能够从兰普萨卡斯本地获得给养。于是他便对科农及其手下的指挥官们提出建议，说他们"停泊的地点不好"，劝说他们将驻地转移到既有港口又有城市的塞斯托斯，并说雅典舰队"可以在那里进退自如"。可将军们却让亚西比德赶紧滚开，"因为现在是由他们来指挥军队，而不是他"。[31]

第五天，雅典人又从伊哥斯波塔米出海挑战。吕山德对侦察船下令，一旦发现雅典人返回塞斯托斯并上岸去寻找给养，就要立刻用盾牌反射太阳光来通知他。收到信号之后，吕山德立刻以最快速度出海。科农看到敌军接近，也立刻命令水手们上船，"但由于他的手下已经分散到了各处，有些战舰只能凑齐两列划桨手，有些战舰只有一列划桨手，还有些战舰上根本没有连一个人都没有。科农自己的旗舰和伴随着他的另外7艘战舰凑齐了全部人员，以密集队形驶出海去，另有一艘联络船'帕拉鲁斯'号（Paralus）也跟随在它们后面。其余船只则全在岸上被吕山德俘获了。岸上的水手大部分都被吕山德抓获，只有一部分人躲进了临近的城堡中避难。科农带着9艘船逃跑之后，很快便认清了雅典舰队已经战败的事实，于是便驶入位于兰普萨卡斯海角的阿巴尼斯（Abarnis），在那里夺取了吕山德舰队的风帆。[32] 之后他就带着 8 艘船逃到了塞浦路斯的欧阿戈拉斯（Euagoras）躲避，'帕拉鲁斯'号则前往雅典去通报战事经过。"[33]

在这场所谓的"伊哥斯波塔米海战"之中，双方根本没有进行战斗，雅典人损失的 170 艘战舰全都是在海岸上被俘获的。除战舰以外，吕山德还俘获了 3000 名到 4000 名俘虏，这些人都被屠杀了——因为雅典人不仅已经犯下了太多暴行，而且他们还早早就做好了打算，一旦获得胜利，他们就要砍掉所有斯巴达俘虏的右手。[34]

获得胜利之后，吕山德立刻起航前往拜占庭和查尔西顿，而这两座城市也都对他敞开了城门。吕山德将城内的守军和所有雅典移民、水手都安全地送回雅典城了，"因为他知道，雅典城和比雷埃夫斯的人口越多，给养就消耗得越快"。[35]

"帕拉鲁斯"号将噩耗带回雅典之后，城内立刻便陷入了一片惊恐之中，当晚无一人能够安然入睡。[36] 在第二天早上召开的公民大会上，人们决定封锁港口、修缮城墙，让城市进入围攻状态之中。尼西亚斯的兄弟欧克拉底（Eucrates）则被选为将军。

斯巴达的另一位国王保萨尼阿斯，动员起了除阿尔戈斯以外的所有伯罗奔尼撒部队，率领着他们与驻扎在德凯莱亚的阿基斯汇合。之后两位国王又从此处出发，从陆上包围了雅典城。不久后，吕山德也率领着 150 艘战舰赶来，从海上进行封锁。如今雅典已经被完全包围，其对手只需坐等饥荒来替他们攻克城市即可。

双方展开了谈判，雅典人提出只要能允许他们保留城墙和家园，他们就愿意加入斯巴达的同盟。斯巴达人拒绝了这个条件，提出必须要将长墙两侧各拆去 2000 码才行。克里奥丰此前已经两次拒绝了获得和平的机会，此时他又一次拒绝了对方的条件。在此之后，塞拉米尼斯拜访了吕山德，名义上是去寻求更有利的条件，但实际上他只是希望争取时间，让人民冷静下来。他出城长达三个月，而在这段时间里，饥饿发挥了作用。雅典人民被克里奥丰的顽固所激怒，发动叛乱杀死了他。

在此期间，伯罗奔尼撒人及其盟友已经决定了雅典的命运。科林斯和底比斯主张将城市夷为平地，将人民全部卖为奴隶。斯巴达人拒绝了这种野蛮的提议，提出了下述的条款：拆除长墙和所有防御工事；所有海外领土一律归还，雅典的权力仅限于阿提卡和萨拉米斯范围之内；舰队全部裁撤；所有流亡者都要获准自由回国；最后，雅典还要加入斯巴达的联盟，并承认其主导地位。

雅典人别无选择，只能接受这些条款。大约在公元前404年4月，吕山德驶入比雷埃夫斯，流亡者们也回到了雅典。接下来，"伯罗奔尼撒人就充满热情地开始拆毁雅典城墙，甚至还有吹着笛子的女孩为他们奏乐，他们都认为希腊从此获得了自由"。[37]

欧洲范围内第一次建立帝国的尝试就此告终。这个依靠武力建立起来的帝国，最终并非被武力，而是被内部的腐化以及大众心理所摧毁了。在西西里的惨败之后，雅典人所能做到的，最多也仅是避免遭遇失败而已。因此只要出现和平的机会，他们就应立刻抓住。但雅典人民却不愿如此，他们不能正确地判断局势，也因此证明了自己根本没有能力掌握住手中的帝国。雅典人不仅输掉了一个帝国，更具灾难性的是，随着雅典帝国的崩溃，希腊世界的文化中心和政治中心也被割裂了。

注解

1. Thucydides, The History of the Peloponnesian War, 理查·克劳利英文译本, 1874 年版, 第六卷, 第 15 节。
2. 同上, 第六卷, 第 18 节。
3. 同上, 第六卷, 第 25 节。
4. 同上, 第六卷, 第 29 节。
5. 同上, 第六卷, 第 43 节。
6. The Cambridge Ancient History, 第五卷, 第 287 页。
7. Thucydides, The History of the Peloponnesian War, 第六卷, 第 44 节。
8. 同上, 第六卷, 第 34 节。
9. 同上, 第六卷, 第 50 节。
10. 同上, 第六卷, 第 62 节。
11. 同上, 第六卷, 第 64 节。
12. 同上, 第六卷, 第 68 节。
13. 同上, 第六卷, 第 102 节。
14. 同上, 第七卷, 第 7 节。
15. 同上, 第七卷, 第 12 至 15 节。
16. 同上, 第七卷, 第 20 节。
17. 同上, 第七卷, 第 24 节。
18. 同上, 第七卷, 第 25 节。
19. 同上, 第七卷, 第 40 至 41 节。
20. 一种用杠杆原理吊起铁块或石块, 并用这些重物砸坏对方战舰的武器。在这场会战中, 叙拉古有两艘三列桨战舰被这种武器摧毁。
21. Thucydides, The History of the Peloponnesian War, 第七卷, 第 49 节。
22. 同上, 第七卷, 第 51 节。
23. 同上, 第七卷, 第 61 节。
24. 同上, 第七卷, 第 70 节。
25. 同上, 第七卷, 第 79 节。
26. 同上, 第七卷, 第 85 节。
27. 同上, 第七卷, 第 87 节。
28. 同上, 第七卷, 第 87 节。
29. 同上, 第三卷, 第 86 节。
30. Xenophon, Hellencia, 查尔顿·布朗森英文译本, 1918 年版, 第一卷, 第七章, 第 34 节。
31. 同上, 第二卷, 第一章, 第 25 至 26 节。
32. 通常而言, 希腊战舰在准备战斗时会将风帆卸下来存放在陆地上。
33. Xenophon, Hellencia, 第二卷, 第一章, 第 28 至 29 节。
34. 同上, 第二卷, 第一章, 第 31 节。
35. 同上, 第二卷, 第二章, 第 1 节。
36. 同上, 第二卷, 第二章, 第 3 节。
37. 同上, 第二卷, 第二章, 第 23 节。

大事记
马其顿的崛起

尽管在伯罗奔尼撒战争中，斯巴达人宣称自己的目标是将各城邦从雅典的统治下解放出来，但当雅典人的同盟崩溃之后，斯巴达人立刻就将这些被他们"解放"的城邦纳入到了自己治下。斯巴达传统的孤立政策，也被向伯罗奔尼撒以外扩张的政策所取代。

斯巴达采取的第一个步骤，就是压制雅典的民主政治，并用寡头政体取而代之。紧接着斯巴达人又放逐了自己的政治对手，没收了他们的财产。大批流亡者前往波斯避难，其中有不少人都是士兵。在漫长的战争中，由于士兵们必须在战场上长期服役，古老的城市民兵已经演化成了常备军。随着和平的到来，职业士兵们也失业了。

佣兵们服务于出价最高之人，其中有一个名叫色诺芬（Xenophon）的人，他本是苏格拉底的朋友，属于雅典的骑士阶级。色诺芬与斯巴达将军克利尔库斯（Clearchus）一同受雇于小亚细亚总督居鲁士三世，此时后者正在计划从其兄长阿尔塔薛西斯（Artaxerxes）手中夺取王位。居鲁士三世煽动爱奥尼亚诸城邦反叛其总督提萨弗尼斯，集结起了大约30000名东方士兵和13000名希腊佣兵——后者中有10600人是由克利尔库斯率领的重步兵。公元前401年，他们从萨迪斯出发，行军大约1500英里后进抵位于巴比伦北方60英里的库纳克萨（Cunaxa），并在这里与阿尔塔薛西斯的军队遭遇。在会战中，希腊佣兵发动冲锋后立刻便击溃了面前的一切敌人。居鲁士三世认为自己已经获胜（事实上也确实如此），非常急于亲手杀死兄长，于是便率领着一小队骑兵鲁莽地奔向前方，最终被杀。他的部队立刻陷入恐慌，逃离了战场。希腊佣兵虽然也遭到了包围，但却拒绝投降，阿尔塔薛西斯既不敢对他们发动攻击，又希望摆脱他们，只好同意提供向导和保护，由提萨弗尼斯引导他们返回希腊。在返乡途中，这位狡猾的总督利用诡计将希腊将军和士兵们分开，把希腊将军们抓了起来并送到阿尔塔薛西斯面前，波斯国王立刻将他们处死。提萨弗尼斯虽然认为希腊人已经群龙无首，不久就会投降，但却依然不敢攻击他们，因此便选择静观其变。多半是在色诺芬的努力和劝说之下，希腊佣兵们很快就从惊慌中恢复过来，选出了新的将军，开始了史称"万人大撤退"（Retreat of the Ten Thousand）的伟大长征，色诺芬在自己的《长征记》（Anabasis）一书中对此事的经过做出了详细记载。公元前400年年初，在经历了史上最著名的撤退行动之后，希腊佣兵们抵达了黑海海岸上的特拉佩祖斯（Trapezus，即今日的特拉布宗）。

这个非凡的伟业点燃了每一座希腊城市。在此之前，从没有哪支希腊军队能够深入波斯帝国的核心地带，在打了一场大会战之后，又能在敌军围追堵截之下安全地回到祖国。此事清楚地证明，没有任何东方部队能够抵挡一支训练有素的希腊军队。诚如伯里教授所言："这场战役既是薛西斯入侵的尾声，也是亚历山大征服的序章。"

其后果立刻便显现了出来。东方的希腊城邦害怕提萨弗尼斯返回来镇压，纷纷向斯巴达请求保护，后者也派出了一支军队，由国王阿格西劳斯（Agesilaus）率领着前去救援。他们将战争带入弗里吉亚和吕底亚，并获得了相当程度的成功。就在他们梦想着向巴比伦进军，推翻阿尔塔薛西斯之时，斯巴达人的美梦却突然在公元前394年被重新出山的科农打破了。这位从伊哥斯波塔米海战中逃得了一条生路的雅典海军司令，如今又摇身一变成了波斯海军的指挥官。在这一年的8月，科农在科尼都斯（Cnidus）决定性地击败了阿格西劳斯的舰队司令佩桑德（Peisander），摧毁了斯巴达人的海上力量。

与此同时，斯巴达又在希腊本土与自己的盟友爆发了战争。底比斯无法忍受斯巴达的压榨，在得到了波斯的支持后，与雅典、科林斯以及阿尔戈斯联合起来反叛斯巴达。公元前394年7月，双方在科林斯附近进行了一场会战，斯巴达人获得了胜利。此后双方鏖战八年，史称科林斯战争（Corinthian War）。在获得上述的胜利后不久，斯巴达人又在阿格西劳斯率领下于科罗尼亚（Coronea，位于科皮亚斯湖东南）击败了反斯巴达同盟军。但最终他们却还是被迫放弃波俄提亚，撤军回到伯罗奔尼撒并被封锁在了半岛范围内。

斯巴达人将敌人的成功归因于波斯的援助，因此在公元前392年，他们派出安塔西达斯（Antalcidas）前去拜见波斯人的指挥官提里巴祖斯（Tiribazus），提出只要波斯向斯巴达提供支援，他们就愿意承认波斯帝国对亚细亚所有希腊城市的宗主权。这个提议最初并没有得到肯定的答复，直到公元前386年，波斯人才因为害怕雅典再次崛起，而被迫接受了这个所谓的《国王和约》（King's Peace）。根据其条款，东方的希腊城邦和塞浦路斯全都被抛给了波斯，而波斯则承认了斯巴达在希腊本土的霸权。任何不接受这一和约的希腊城邦，都将受到波斯的惩罚。这样一来，波斯统治者便成了希腊世界的仲裁者，享有永久的干涉权。

在得到波斯支持并摆脱了琐事之后，斯巴达重新回到自己的专制政策上来。公元前378年，底比斯再次叛乱并与雅典结成同盟，此时后者也已经重新依照提洛同盟的路线，组建起了第二个海军同盟。二者随即与斯巴达开战，底比斯成功守住了领土，雅典则在海上占据了相当程度的优势。公元前371年，交战双方均同意进行和谈，但由于斯巴达不允许由底比斯来代表整个波俄提亚地区，底比斯遂决定单独将战争打下去。在当时所有的希腊人看来，底比斯都难逃厄运。

若不是底比斯拥有一位名叫伊巴密浓达（Epaminondas）的指挥官，其失败便将成为定局。伊巴密浓达意识到，斯巴达人永远不会改变其传统的冲击战术。这种战术能否获得成功，取决于军队推进时能否保持完美的秩序，方阵能否在同一时刻将所有长矛刺进敌军正面。伊巴密浓达制定了一种能够阻止斯巴达人达成目的并使其方阵发生混乱的战术。他不让手下部队排成与斯巴达军队平行的战线，而是将他们排成了斜形序列（Oblique Order）。军队的左翼领先，右翼拖后。除此以外，他还在左翼集中了一个拥有五十排纵深的攻击纵队，其目的在于利用超强的冲击力来摧垮对方的冲击力，同时还能保持足够的预备队去迂回敌军右翼。公元前371年7月，伊巴密浓达在波俄提亚南部的留克特拉（Leuctra，位于多姆夫雷纳附近）与斯巴达国王克里奥布罗塔斯（King Cleombrotus）进行了一场会战。他凭借斜形序列决定性地击败了对手，克里奥布罗塔斯也在会战中被杀。这场会战不仅打破了斯巴达战无不胜的神话，而且还终结了短命的斯巴达霸权。

凭借这场胜利，底比斯一跃成为希腊的支配者。在公元前369年至公元前362年之间，底比斯得到了一个机会，可以去完成雅典和斯巴达都不曾实现的目标——将希腊各城邦统一为一个民族国家。底比斯建造了一支舰队，削弱了雅典的海上优势，而且在伊巴密浓达和佩洛皮达斯（Pelopidas）带领下取得了全希腊的领导权。但问题在于，底比斯霸权完全维系于伊巴密浓达一人的性命之上。公元前362年夏季，在阿卡迪亚（Arcadia）境内的曼丁尼亚，伊巴密浓达再次施展了他在留克特拉使用过的战术，又一次击败了斯巴达人。只不过这次胜利却给了底比斯霸权致命的一击——伊巴密浓达在追击中阵亡了。自公元前379年以来一直在指引底比斯人前进的光芒熄灭之后，底比斯在陆上和海上的力量也随之衰落。到此时为止，雅典、斯巴达、底比斯这三个伟大城邦为统一希腊世界所做的努力都已经相继失败，希腊也已经做好了向外来征服者屈服的准备，而这位征服者就是马其顿的腓力（Philip of Macedon）。

腓力出生于公元前382年，是马其顿国王阿明塔斯三世（Amyntas Ⅲ）的第三个儿子。在兄长佩狄卡斯三世（Perdiccsa Ⅲ）于公元前359年去世之后，腓力夺取了马其顿的王位。从那时起直到公元前336年被刺为止，他凭借着自己的个人能力，左右了整个希腊世界的发展。腓力极为勤奋、精力过人，极具远见又非常狡猾。按照波利艾努斯（Polyaenus）的说法，他是"凭借诡计而非武力"征服了大量土地，他最出色的传记作者霍迦斯（Hogarth）也说他统治手中帝国的原则便在于"把欺骗摆在武力之前，但永远保留武力作为最后的手段"。

腓力曾在公元前376年以人质身份被送到了底比斯。居住在底比斯的三年时间里，他从佩洛皮达斯和伊巴密浓达那里学到了大量关于战争的知识。当他在马其顿纷乱的贵族之间建立起威信之后，便将这些知识派上了重要的用场。腓力完成一件前无古人的功业——他将手下的封建部队改组成了一支具有民族精神的职业军队。按照霍迦斯的说法，他创造出了"第一个具有现代意义的欧洲强国，即一个全民皆兵且具有统一民族意识的民族国家"。

腓力所打的战争大体上可分为四类：为建立行动基地而在马其顿西部、北部和东部进行的战争；为取得色萨利控制权而在马其顿南方进行的战争；为控制色雷斯和博斯普鲁斯海峡所进行的战争；为将权力延伸至温泉关以南的整个希腊所进行的战争。

公元前 358 年，腓力对伊利里亚部落发动了战争。之后他又在公元前 357 年占领了斯特里蒙河上的前雅典殖民城市安菲波利斯，并夺得了对他具有巨大价值的庞吉乌斯（Pangaeus）金矿。大约在同一时期，腓力迎娶了伊庇鲁斯（Epirus）国王的女儿奥林匹亚斯（Olympias）。公元前 356 年，奥林匹亚斯为他生了一个儿子，也就是亚历山大。四年之后，腓力入侵色雷斯和色萨利，费莱（Pherae）的僭主吕科弗隆（Lycophron）雇用了一批亵渎过德尔菲阿波罗神庙的腓尼基佣兵前来救援。腓力为这些佣兵所阻，只好撤退。不过到了第二年，他又卷土重来，声称自己要替阿波罗讨伐这些佣兵，最后他也终于在沃洛（Volo）附近的一场会战中击溃了敌人。腓力马不停蹄地继续作战。公元前 346 年，为获得通往希腊的陆上通道，腓力开始向温泉关进军。他贿赂了弗西亚人的指挥官，不费一兵一卒便拿下了这个著名的隘口。见风使舵的德尔菲近邻同盟（Delphic Amphictyony）[1] 接纳了腓力，让他进入了希腊世界最内层的圈子，并推举他担任公元前 346 年德尔菲的皮提亚运动会（Pythian Games）主席，以表示对腓力的感激。对腓力而言，这算是他最重要的政治胜利之一。

对于接下来的六年，我们只知道腓力曾进军伯罗奔尼撒和亚得里亚海岸地区，其后又率军跨过了多瑙河。在这些年里，他的终极野心也逐渐成形。按照狄奥多拉斯的说法，腓力"意在成为整个希腊的总司令，去和波斯人进行战争"。

事实上，这个宏大的设想早就已经深入人心。除腓力以外，其他一些人也早已看清了波斯对于分裂的希腊而言是多么危险。早在 40 年前，伊索克拉底（Isocrates）便曾首次呼吁希腊人应摒弃前嫌团结一致。在一次奥林匹克运动会上，伊索克拉底曾慷慨地发言道："任何从海外来到此处的人，只要看到如今希腊的情况，就一定会将我们看作最愚蠢的白痴。我们因为一些琐事而互相作战，蹂躏自己的土地。倘若没有这些内部的危险，我们本可能征服亚细亚。"

为最终成为全希腊的霸主，腓力决心控制住赫勒斯滂海峡的运粮航线。一旦实现这一目标，他便能得到一件足以胁迫全希腊向他屈服的强大经济武器。不仅如此，控制住赫勒斯滂海峡也意味着他掌握了通往亚细亚的门户。为此，腓力将战争引向了普洛庞提斯地区，但他却在那里遭到了一次重大的失败。公元前 340 年，腓力攻打佩林苏斯（Perinthus）和拜占庭的两次围攻均以失败告终。不过这些挫败并没有延续太长时间。公元前 338 年年初，近邻同盟会议（Synod of the Amphictyons）便派出一位使者前往佩拉（Pella）觐见腓力，邀请他去镇压德尔菲附近一个名叫安菲萨（Amphissa）的城镇，腓力立刻应允。有些人认为这个邀请原本就是腓力编造出来的谎言，以便让他扫清在佩林苏斯和拜占庭遭遇失败的印象。底比斯和雅典结为同盟阻止腓力南下，并派出军队迎战。腓力穿过波俄提亚，于公元前338年8月末或9月初在喀罗尼亚（Chaeronea，位于帕纳苏斯山以东）与联军进行了一场会战。他手中拥有30000名步兵和3000名骑兵，敌军的兵力则可能要比马其顿人更多。但联军是一支由佣兵和公民兵组成的混合部队，指挥权也分掌在两人手中。而腓力手下则是一支完全由他一人领导的精锐民族军队。

我们对于这场会战所知甚少，但就我们所知，战局最初似乎十分焦灼。腓力计划首先拖垮敌军的抵抗意志，之后再对其施以决定性打击，而负责领导这个决定性攻击之人正是其子亚历山大。后者带领马其顿骑兵摧垮了底比斯人所在的一翼，整个底比斯—雅典联军的战线也随之崩溃。腓力的死敌、雅典演说家德摩斯梯尼也在逃兵之中。

喀罗尼亚会战使腓力变成了希腊事实上的主人。为了在法理上也能有所依凭，腓力首先占领了科林斯，之后又让温泉关以南的所有希腊城邦都派遣代表来到科林斯地峡举行会议。除斯巴达拒绝参会以外，其他城邦都派来了代表。在会议上，腓力终于宣布了要对波斯开战并解放亚细亚希腊城市的决心。同盟推选腓力作为全希腊的统帅，赋予他至高无上的权力。在泛希腊远征军集结兵力的同时，帕尔梅尼奥（Parmenio）、阿明塔斯、阿塔拉斯（Attalus）率领一支强大的部队先行出发前去镇守赫勒斯滂海峡，并争取在特洛德（Troad）和比提尼亚（Bithynia）占据立足点。

公元前336年秋季，就在腓力即将出发与帕尔梅尼奥汇合时，他却在佩拉城内为女儿举办的婚礼上遭到刺杀。他的儿子继承其宏大计划，将马其顿扩张成了一个世界性帝国，而这也正是腓力天才的绝佳证明。

注解

1. 德尔菲同盟原本是由12个位于温泉关附近地区的希腊部落组成的,其职责主要在于保护德尔菲的阿波罗神庙,并举办皮西亚运动会。

高加梅拉／阿贝拉会战
（公元前331年）

第三章

从本质上讲，帝国主义是一个来自东方的概念，对于希腊世界而言属于舶来品。它既不属于贵族政治，也不属于民主政治，反而具有一种神学的意味。另外，帝国主义也不像希腊僭政那样属于纯粹的政治独裁，因为在东方人眼中，国王绝不仅仅是一位绝对君主（Absolute Monarch），而更是神祇的代理人或儿子，而他的大臣也就是神祇的祭祀。他之所以有资格统治自己的帝国，并不只是武力使然，更是天命所向。随着帝国征服越来越多的土地，一神思想作为统治的工具，很明显能让君主更方便地对不同民族建立相同的权力和威信。更进一步来说，当这种源于天命的扩张不断扩大，并最终囊括了整个已知世界之后，君王那种征服邻国其他神祇所属土地的权利，也会演变成一种建立全球性帝国并使其成为唯一神国的权利甚至义务。如前文所述，阿吞神可能就是这种发展的最早先例。

这种观念对腓力而言是完全陌生的，而他建立的科林斯同盟，事实上也与希腊先前所有的同盟组织一样，只是一个由他本人领导的城邦联盟而已。由此我们似乎可以得出一个结论：倘若腓力不曾遇刺，即使他可以代表希腊完成对波斯的复仇，但由于他从不曾将自己视为众神的代理人，而且也不会认可这种观念，因此他绝不会将这种世界统治者的概念融入自己的征服行动之中，更不会以此为基础建立起一个涵盖了当时整个已知世界的世界性帝国。

这种天命征服的至高概念被留给了腓力之子——亚历山大去创造。塔恩博士（Dr.Tarn）认为亚历山大从不曾试图成为世界统治者，[1]而他的观点可能也没有错。但下文将要叙述的事实却毫无疑问地证明了，神圣世界统治者的概念正是因亚历山大而诞生的，而从这种概念之中又进一步诞生了世界帝国的观念。亚历山大在神祇与人类之间建立了一种新的关系，其目的原本是要让不同民族和谐相处，铲除城邦与城邦、民族与民族之间的隔阂，将所有人民合并为一个单一的"城邦"，组成一个单一的民族。也正因为如此，德罗伊森（Droysen）才在其所作的亚历山大传记开篇写道："亚历山大这个名字不仅是一个时代结束的象征，而且更是另一个时代开始的象征。"亚历山大最近的一位传记作者威尔肯（Wilcken）也同样写道："不了解亚历山大的事业，就不可能理解此后的历史轨迹、政治、经济以及文化生活。"[2]

作为一位世界征服者，亚历山大还创造了一种对后世影响极大的世界观，因此历史上也再无一人能在荣誉方面望其项背。在罗马，早期的皇帝们对他推崇有加；

在犹太传说中,他被看作是救世主(Messiah)的先驱;巴达赫尚(Badakhshan)地区的统治者一度自称是他的后裔。由其功业改编而来的《亚历山大罗曼史》(*The Romance of Alexander*)[3]从冰岛(Iceland)一路传播到了黄海(Yellow Sea)。在这些传说之中,他既是末代法老涅克塔涅波(Nectanebo)的儿子,又是阿契美尼德王朝的后人,后来还成了穆斯林先知、基督教圣人甚至是全能的魔法师。尽管这些传说都只能用荒诞来形容,但它们却无一例外地包含着一个事实——亚历山大确实超乎常人。

亚历山大出生于公元前356年,时间可能是在10月。他的父亲腓力号称自己是赫拉克勒斯的后裔,并向他灌输了要对波斯复仇的观念。但最终让这一观念得以开花结果的热情,却是他从母亲奥林匹亚斯那里继承而来的。奥林匹亚斯是一位特殊的女性,狂野、迷信且控制欲极强。她是伊庇鲁斯国王涅普托勒密(Neoptolemus)的女儿,家系可追溯至阿喀琉斯。她曾在伊庇鲁斯的多多纳(Dodona)朝拜过最古老的宙斯神庙,[4]并在那里得知锡瓦(Siwa)绿洲之中有一座最神秘的阿蒙神庙。除赫拉克勒斯和阿喀琉斯以外,宙斯和底比斯国王卡德摩斯(Cadmus)之女塞墨勒(Semele)所生的儿子狄奥尼索斯(Dionysus),也是亚历山大的神话祖先之一,而马其顿每年也专门有一天是用来崇拜狄奥尼索斯的。[5]狄奥尼索斯是半人半神,据传说,他曾游历吕底亚、埃及和印度,沿路传播崇拜葡萄藤蔓的神秘宗教,并征服了自己所经过的所有土地。在奥林匹亚斯的时代,这些神话就是人们精神生活的全部内容,它们对于奥林匹亚斯和亚历山大均产生了深远影响。

除父母以外,对亚历山大影响最大之人是在他13岁时被腓力请来教育他的亚里士多德(Aristotle)。亚历山大在米埃札(Mieza)的一座小村子中接受了三年教育。在亚里士多德的影响之下,亚历山大变得热爱希腊文化,并对荷马敬重有加。据说在所有的战役中,亚历山大都会随身携带一套由亚里士多德批注的《荷马史诗》。另外毫无疑问的是,亚里士多德还向亚历山大灌输了对波斯的仇恨,因为波斯人曾经杀死了阿塔纽斯(Atarneus)的僭主赫梅亚斯(Hermeias),而此人也正是亚里士多德的朋友兼亲戚。

有这样的父母和导师,再加上自身的天才和无穷的精力,难怪亚历山大能以超人的精神投入到任何一件工作之中。亚历山大英勇过人,但同时又极为谨慎。他既是现实主义者又是理想主义者，既是行动家又是预言家，在行动和思想两方面都要远超自己的伙伴。他既神秘又实际，对所有与他有过接触之人都具有无限的吸引力。尽管他常会将想象力发挥到最大限度，但又很少让想象力脱离理智的控制。他那事无巨细的缜密，也能与其运筹帷幄的宏大胸怀相得益彰。阿里安（Arrian）在为亚历山大所作的颂文之中说，在他看来，像这样一位与其他人完全不同的英雄，在出生时绝不可能"没有神意的干涉"。[6]

就我们所知，亚历山大身材中等，体型匀称。据普鲁塔克说他有将头部"稍稍向左肩倾斜"的习惯。虽然他跑步的速度极快，但却非常讨厌职业运动员。在作战的间隙，"他会将时间花费在狩猎、审理案件、安排军务或读书等事情上……为了消遣，他经常会狩猎狐狸和飞鸟……"[7] 普鲁塔克进一步说道："他沉迷于学习和阅读……当他进入亚细亚内陆，除《伊利亚特》以外再找不到什么书可读的时候，就命令哈帕鲁斯从希腊给他送些书来。哈帕鲁斯送来了菲利斯托斯（Philistus）的著作以及大批由欧里庇得斯（Euripides）、索福克莱斯（Sophocles）、埃斯库罗斯等人写作的悲剧。"[8]

在亚历山大所有的品格之中，最能令他从同时代众人中脱颖而出的，还要数他的道德修养。在那个时代，具有同情心会被认为是缺乏男子气概的表现，但亚历山大却能对他人表现出同情，而且会怜悯那些不幸之人。他曾在以弗所制止当地居民屠杀寡头，因为他知道如果不阻止百姓的行为，暴民就会"趁着杀死有罪之人的机会，将那些自己憎恨的人也一起杀死，甚至可能会因为贪恋财物而滥杀无辜"。[9] 在米利都围攻战中，有些守军逃到了一座小岛上避难，"亚历山大看到这些人准备战斗到死，便心生怜悯。他敬佩这些高贵而且忠诚的士兵们，与他们达成了协议，让他们加入自己的军队"。[10] 在伊苏斯会战（Battle of Issus）之后，他对底比斯使者也表现出了同情之意，部分原因是他一直后悔自己摧毁了底比斯城。[11] 在从印度回师的过程中，当马其顿军队穿过格德罗西亚（Gedrosia，即马卡兰）沙漠时，有些负责守卫粮仓的士兵因为饥饿，不得已偷吃了粮仓的粮食。亚历山大在"知晓他们的所作所为实属无奈之后，便赦免了这些犯人"。[12]

几乎在所有的时代中，女人都被视为士兵的合法战利品，亚历山大在这方面表现出了远超同时代者的道德水准。他不仅以王室礼仪善待被俘的大流士三世的妻女，而且还对强暴行为深恶痛疾，而胜利者强暴失败者家属的行为在当时本被视为正常之事的。有一次,"当他听说帕尔梅尼奥手下有两名马其顿士兵侵犯了佣兵的妻子之后,他便写信给帕尔梅尼奥,要他审判二人,把他们当作泯灭人性的野兽处死"。[13]另外还有一次,米底总督阿特罗帕提斯(Atropates)给他送来了100名打扮成骑兵模样的少女,"亚历山大立刻将她们送出了军营,以免她们遭到任何马其顿或其他各族士兵的侵犯……"[14]在洗劫波斯波利斯(Persepolis)时,亚历山大又出人意料地下令不准碰城中女性一根汗毛。不过,对女性的极大尊重,还不能算是他品格中最大的闪光点。阿里安在《亚历山大远征记》(The Anabasis)中评论亚历山大所犯的错误时曾写道:"但是就我所知,在从前所有的帝王之中,只有亚历山大一人能够凭借自身高贵的品性和理智,勇于改正自己的错误。"[15]

有关亚历山大的将道的书籍已经汗牛充栋,但在这些著作当中,可能还要以阿里安的总结最为准确。因为《亚历山大远征记》的主要资料来自亚历山大手下部将托勒密(Ptolemy)的著作。托勒密在成为埃及国王之后曾写过一部亚历山大的传记,但该书如今已经失传。阿里安对亚历山大的将道作出了如下评价:

他极为精明勇敢,对荣誉和危险有着最大的狂热,而对待宗教则十分小心……即使在所有情况都模糊不清之时,他也能作出正确的行动决定。当一切谜团都解开之后,又总是他的判断最接近事实。他极为擅长组建、装备并训练一支军队,他善于鼓舞手下的士兵,为他们带来美好的希望,用他自己最高贵的大无畏精神扫清士兵心中对危险的一切恐惧。即使在一切情况都无法确定的情况下,他也能大胆地去将那些不得不做之事付诸实施。他最擅长迅速判断局势,在人们还来不及患得患失之时抓住敌人的弱点……[16]

亚历山大继位之后,发现自己在所有方面都受到了威胁,他立刻以最迅猛的速度做出应对。首先,他率军进入色萨利,迂回了驻扎在坦佩峡谷的色萨利守军,未流一滴鲜血便赢得了一场决定性胜利,并立刻被推选为色萨利同盟的首领。接着他又南下温泉关,被近邻同盟承认为腓力的继承人。雅典本已经做好了摆脱马其顿统治的准备,但亚历山大的前进速度实在太快,对方只好再次向他臣服,科林斯同盟会议也重新选举他接替其父,担任全希腊的统帅。这样一来,在腓力死后短短数周之内,亚历山大便已经在希腊境内站稳了脚跟。如今他可以腾出手脚,去征服那些正在向马其顿北部和西部边境涌来的野蛮部落。在多瑙河和伊利里亚,亚历山大仅用了两场令人炫目的战役便树立了权威。在那之后,他又以全速南下,去对付希腊境内正在酝酿的又一个危机。而这场危机的起因,则来源于波斯人的鼓动。

公元前338年,库纳克萨会战的胜利者阿尔塔薛西斯二世之子阿尔塔薛西斯三世遇刺身亡,其王位由他的一位远亲科多曼努斯(Codomannus)继承。后来新国王改名为大流士,即大流士三世(Darius Ⅲ)。他对马其顿的崛起感到十分害怕,因此当亚历山大正在北方作战的时候,他就抓住机会给雅典送去了300塔兰特的贿赂。虽然雅典人民拒绝接受这笔金钱,但德摩斯梯尼却以个人名义将其收了下来。与此同时,又有谣言说亚历山大和他手下的军队已经在伊利里亚荒野中全军覆没。底比斯人不等到消息得到证实,便开始围攻卡德米亚卫城(Cadmea)中的马其顿守军,而雅典人也派出了一支军队前去支援。可就在转瞬之间,底比斯人突然发现亚历山大不仅没有死掉,而且已经率军抵达距底比斯西北方向仅有15英里的昂齐斯塔斯(Onchestus)。亚历山大的前进速度之快,就好像是一道闪电劈在了底比斯人身上。第二天,亚历山大抵达底比斯城下。马其顿人的第一次突袭便占领了一座城门,6000名底比斯人被杀。在此之后,亚历山大将整座城市夷为平地,土地则被分给了科林斯同盟中的其他城邦。在这一浩劫的震慑之下,雅典人立刻表示屈服,亚历山大也以最宽大的态度予以回应。之所以如此,不仅是因为亚历山大早已认清雅典是希腊的文化中心,而且他也不希望强大的雅典舰队倒向波斯。截至此时,亚历山大仅花费了不到12个月时间便确保了自己在欧洲的作战基地,此后他就可以对波斯发动进攻了。

亚历山大留下安提帕特(Antipater)率领9000名步兵和少量骑兵镇守希腊、监视斯巴达,自己则在斯特里蒙河下游的塞辛尼提斯湖(Lake Cercinitis)集中了160艘三列桨战舰。公元前335年年末或第二年年初,亚历山大率军从佩拉出发前往塞斯托斯。在军队渡海到阿比杜斯的过程中,亚历山大自己乘船沿着赫勒斯滂海峡行驶,拜访了特洛伊的遗址。他为阿喀琉斯的坟墓献上了一个花环,以此来慰藉自己所有祖先中人性成分最多的这一位。他在阿比杜斯以东不远的阿里斯贝(Arisbe)与军队汇合,此时其军队拥有30000名步兵和5000名骑兵。[17] 为了在进军波斯内陆之前扫清自己的左翼,亚历山大率军向格拉尼卡斯河(Granicus)前进,迎战由20000名东方骑兵和20000名希腊佣兵(由罗德岛人门农指挥)组成的波斯军队。[18]公元前334年5月或6月,亚历山大在格拉尼卡斯河上赢得了他四场大会战中第一场会战的胜利。紧接着,整个赫勒斯滂—弗里吉亚地区都望风而降。此后他开始向南前进,萨迪斯首先投降,之后以弗所也选择臣服。米利都拒绝投降,因而遭到围攻,并于7月被亚历山大攻克。在这里,亚历山大做出了战役开始之后的第一个重大决定——从波斯手中夺取制海权。但由于他没有任何办法摧毁波斯舰队,所以他只能以占领东地中海沿岸所有港口和海军基地的方式来实现这一目标。这个庞大的工作花费了亚历山大两年时间才告完成。

这些海军基地之中的第一个是哈利卡纳苏斯(Halicarnassus)。亚历山大发现自己要花费很长时间才能将其攻克,于是便留下了3000名步兵和200名骑兵,由托勒密指挥继续围困该城,而他本人则将全军分成两个纵队向戈尔迪乌姆(Gordium)前进。其中一个纵队由帕尔梅尼奥带领,经由吕底亚内陆前进,另一个纵队则由亚历山大亲自率领,沿吕底亚海岸进发。从戈尔迪乌姆出发经过安卡拉(Ancyra)和塔尔苏斯之后,亚历山大在公元前333年10月抵达了如今亚历山大里塔(Alexandretta)的所在位置。

在此期间,大流士三世也在阿玛努斯山脉(Amanus Mountains)以东的索恰(Sochoi)集结了一支大军。在听说亚历山大正沿着海岸线向南前进之后,大流士三世放弃了平原上的阵地,穿过阿玛努斯山脉进抵位于亚历山大里塔湾最北部的伊苏斯(Issus),切断了马其顿人的交通线和补给线。亚历山大立刻便获悉了此事,率军加急返回,并在皮纳鲁斯河(Pinarus)的河岸上打了他的第二场大会战,即伊苏斯会战。他再次击溃了波斯军队,大流士三世弃军而逃。

亚历山大坚持要首先完成占领波斯海军基地的目标。因此他没有向内陆前进去追击逃敌,而是继续沿叙利亚海岸南下。阿拉达斯(Aradus)、比布拉斯(Byblus)和西顿(Sidon)都向他打开了城门,若不是亚历山大要求进城向泰尔(Tyre)的梅尔卡斯(Melkarth),也就是希腊人口中那位泰尔的赫拉克勒斯献祭,泰尔城本可能也会自动投降。但亚历山大的要求遭到了拒绝,这座岛屿城市也因此遭到了围攻。公元前332年1月至8月,在经过了历史上最著名也最卓越的一场围攻战之后,亚历山大终于攻克了泰尔。这样一来,不仅是波斯所有的海军基地,就连腓尼基诸邦以及塞浦路斯的舰队也落入了亚历山大手中。二者相加，使亚历山大获得了东地中海的绝对制海权，马其顿也一跃拥有了当时世界最强大的海军力量。

亚历山大穿过今天的巴勒斯坦地区，用一场持续了两个月的围攻战攻克了加沙，借此切断了从波斯内陆向埃及派遣援军的所有通道。此后他又将舰队派往佩卢西乌姆，自己则率领陆军向孟菲斯前进。根据《亚历山大罗曼史》的说法，亚历山大在进入历代法老的都城之后，被安排坐上了卜塔（Ptah）神庙中的王座，并被尊为埃及国王。从孟菲斯出发，他又沿着尼罗河顺流而下抵达了卡诺普斯（Canopus），在拉科提斯（Rhacotis）附近确定了亚历山大里亚（Alexandria）的城址，这里后来也成了所有以亚历山大之名命名的城市中最著名的一座。

公元前331年年初，亚历山大在沙漠中走了220英里路程，前去参拜锡瓦的阿蒙神庙。根据传说，他的祖先佩尔修斯（Perseus）[19]和赫拉克勒斯都曾征服过此处。虽然现代学者对此多有争议，但按照普鲁塔克的说法，当他到达这座位于绿洲之中的神庙时，有一位祭祀前来迎接他。这位祭祀为了给他一个友好的欢迎，准备用希腊语打招呼说"啊，我的孩子"。可由于祭祀是一个外国人，所以将这一句话说成了"宙斯的孩子"。[20]亚历山大对这个口误感到十分高兴，此事后来也导致人们认为是神本人将亚历山大称作"宙斯之子"。在受到欢迎之后，亚历山大和祭祀一起进入神庙。亚历山大在神庙中得到了什么启示无人知晓，他只在写给母亲的一封信中提到这个秘密过于重要，他不敢将其写在纸上。[21]

无论启示的内容到底是什么，在亚历山大被称为"宙斯之子"之后所发生的那些事情，似乎并不只是巧合。普鲁塔克曾提及，当亚历山大还在埃及的时候，他参加了哲学家沙门（Psammon）的一场演讲，当沙门指出神是所有人类共同的国王时，亚历山大非常高兴，"因为沙门说，只有天命才能让人获得主宰、统治他人的权利。但亚历山大自己的观点却更具哲学意味，虽然他也认为神是全体人类的父亲，但他还认为自己应是人类之中最高贵、最优秀的一个"。[22]

从这个事情中我们可以推测，无论祭祀或神对亚历山大说了什么，他从神殿之中肯定得到了一种观念——既然太阳神阿蒙照耀着无分善恶的每一个人，那么能让一个城邦内部获得和平的"和谐"（Homonoia）观念，就应该被普及开来，让整个世界中不同种族的人类组成一个神国。照塔恩博士看来，亚历山大对"和谐"的理解，远远超过了柏拉图、亚里士多德和伊索克拉底等人。[23]

莱特教授（Professor Wright）也持同样观点，他说："尽管亚历山大从亚里士多德那里学到了很多，但他却能青出于蓝。他摒弃了希腊人与野蛮人之间的区别，他勇敢地宣布四海之内皆兄弟。"[24] 关于这个可能是世界历史上最为重要的问题，塔恩也写道：

埃拉托色尼（Eratosthenes）所说的话与此相同。亚里士多德对亚历山大说，要将希腊人当作朋友，将野蛮人当作野兽；可亚历山大却更进一步，他更愿意把人分为善恶两种，而不在意他们的种族，并以此为基础来实现亚里士多德的真正目标。亚历山大深信自己受于神命，肩负着让人类团结一致的使命。作为全世界的调解人，他将让不同风俗的人们融合起来，将善良之人当作自己的亲属，将罪恶之人当作陌生人。因为在他眼中，只有善良之人才是真正的希腊人，而恶人才是真正的野蛮人。

他继续写道：

显然，无论这些观点到底是从何而来，我们都站在了人类思想史的一次重大革命面前。简言之，人类生而为兄弟，只有恶人不包括在内。和谐的概念，不再仅限于希腊人与希腊人之间，同样也可以被用于希腊人和野蛮人之间。亚历山大的目标是用和平来代替战争，在他能力所及范围内（也就是其帝国境内）消除人类之间的所有敌意，让他们团结一心。既然人类身上流淌着同样的血液，那么他们在心灵和精神上也应该得到统一。[25]

色诺芬在其《居鲁士的教育》（Cyropaedia）一书中，以居鲁士为代言人，为亚历山大勾勒出了一位世界统治者的理想形象。柏拉图也曾在亚历山大的时代之前，写作过关于"哲学王"（Philosopher King）的话题。但诚如亨利·贝尔（Henri Berr）所指出的那样："他（亚历山大）惯于跳出约定俗成的范围，沉浸在各种思想之中，因此他也得出了一个结论——人类应由单独一位君主来统治，就好像天上只有一个太阳一样。"[26] 因此，当他在锡瓦受到了神秘的启示之后，"哲学王"便上升成了"神王"。正是通过亚历山大，西方才学到了东方式的神权帝国和君主崇拜思想。在罗马帝国及其继承者——基督教帝国那里，这一思想又被发扬光大，并最终形成了君权神授的概念。

对于"和谐"概念的扩大解释，这种"改变了世界面貌的最大变革"[27]，在此后也成了亚历山大征服行动的最终目标，将他从锡瓦绿洲一路带到了当时的世界尽头。

亚历山大回到孟菲斯之后，发现从希腊来的援军已经在那里等待他了。他迅速组织起对埃及的控制体系，依照当地传统任命总督来统治各地，而总督们则需要从辖区内收集税金缴纳给亚历山大。[28]亚历山大在位期间从未改变过将民事与军事分离开来的统治方式。他将民事政府交由被征服民众推举的代表来管理，而驻防军则交给一位由他亲自任命的马其顿人指挥。

公元前331年，当亚历山大架桥跨过尼罗河返回泰尔之后，发现他的舰队也已经抵达了那里。他派出一支强大的支队前往伯罗奔尼撒去对付斯巴达的阴谋，自己则率领陆军从奥龙特斯（Orontes）河谷向安条克（Antioch）进发。① 此后亚历山大率军转向东方，进抵幼发拉底河上的塔普萨卡斯（Thapsacus），并在其附近建立了尼塞弗里乌姆城（Nicephorium），以此作为交通线上的一座要塞和兵站。亚历山大本打算在尼尼微（Nineveh）附近，也就是今日摩苏尔（Mosul）所在地渡过底格里斯河。但在听说大流士三世正率领着一支大军等在该地区之后，他就改变了主意，决定在原亚述帝国首都尼尼微的西北方向渡河，沿着底格里斯河左岸向阿贝拉（Arbela）前进。

在西方世界所有决定性会战中，这一仗是最具划时代意义的。而注定要在此战之中获胜的这支马其顿军队，则是由亚历山大的父亲腓力一手打造而成的。作为军队的组织者，腓力的伟大之处在于他认清了对于一支军队而言，机动性实属最重要的战术要素。在他的改革之前，会战始终被视作耐力的竞赛，谁最后控制了战场并在战场上建起纪念碑，谁就算是获得了胜利。由于组织死板僵硬，无论在任何情况下，方阵都不能解散行列去追击逃敌，否则重步兵就会成为轻装部队或骑兵的猎物。而在腓力看来，战场上的搏斗只是实现目的的一个手段，而真正

---

① 译注：事实上此时安条克尚未建城，因此富勒的意思也只是说亚历山大向后来安条克的所在方向进发。

的目的则是在追击之中歼灭敌军。他以这个理念为基础改组军队,将不同兵种纳入到同一个战术体系之中。当他的步兵钳住敌人之后,骑兵就会迂回过去施以决定性打击——步兵相当于弓,骑兵则是射出的箭。

在腓力的时代之前,马其顿骑兵完全由贵族组成,被称为"伙伴"(Hetairoi)。这是一个非常古老的称呼,其来源可追溯到《伊利亚特》中效力于阿喀琉斯手下的2500名弥洱米顿人(Myrmidon)。到腓力时代,步兵也从农民组成的乌合之众,逐渐演变成了被称为"伙伴步兵"(Pezhetairoi)的正规部队。腓力将骑兵划分为团(Ilae),每团拥有1500人至1800人,其中一个团被指定为近卫骑兵(Agema)。伙伴骑兵配有短剑、头盔和胸甲,主要武器则是骑枪。由于此时尚未发明马镫,因此骑枪只能由骑手主动地做出突刺动作,而不能像中世纪时那样借助战马的冲击力去刺杀敌人。为取代老式的重步兵,腓力建立了一种介于希腊重步兵和轻装的轻盾兵(Peltast)之间的方阵步兵,装备长矛和轻盾(Pelta)。这种步兵最初由雅典将军伊菲克拉底(Iphicrates)于公元前392年创立。新式方阵步兵采用了14英尺长的萨里沙(Sarissa)长矛[29],右臂上还挂有一块轻型盾牌①,另外,他们还配有胫甲和装有金属插板的皮制坎肩。② 腓力将方阵步兵也分划成团(Taxeis),每团拥有1536人,其下再划分为营、连。最小的单位是由16人组成的"列"(File),不过在亚历山大时代,方阵中一列的纵深通常都会被减少到八人。

除方阵步兵以外,腓力还组建了三个轻装步兵营,即持盾兵(Hypaspist)③,每营1000人,其作用是将快速的骑兵和缓慢的方阵连接起来。这三个兵种结合之后,方阵便在左侧形成了一堵缓慢移动的墙,骑兵在右侧形成了一扇快速移动的门,而中间的持盾兵则是连接二者的合页。由持盾兵组成的这种弹性连接,在军队以斜形序列前进时必不可少,否则骑兵与方阵就肯定会脱节。而在所有古代的会战中,保

---

① 译注:此处应为富勒笔误,马其顿方阵步兵的盾牌应挂在左臂上,而非右臂上。
② 译注:除富勒所说的这种装有金属插板的皮质坎肩以外,马其顿方阵步兵事实上装备最广泛的胸甲,应是由多层亚麻压制、黏合而成的一种亚麻胸甲。亚麻胸甲的防护原理与20世纪八九十年代开始广泛使用的凯夫拉防弹衣非常相似,而且亚麻胸甲也一样可以安装金属插板。
③ 译注:关于持盾兵到底属于轻步兵还是重步兵历来有所争议。西奥多·道奇等人认为持盾兵同样也是重步兵,只不过采用了与老式希腊重步兵相同的大盾和单手长矛。而富勒在《亚历山大的将道》一书中则认为持盾兵的装备要比伙伴步兵更轻,介于方阵步兵与轻盾兵之间。

持正面不发生脱节都是军队的重要战术目标。在持盾兵中，同样有一个营被指定为近卫步兵（Agema）。

除上述这些完全由马其顿人组成的部队以外，腓力还组建了相当多的同盟轻装骑兵部队，其兵源主要是色萨利人。除马其顿步兵以外，亚历山大手中还拥有大批希腊同盟步兵和一支佣兵。

在腓力之前，希腊本土的所谓围攻战只不过是靠饥饿来迫使守军投降而已。为了加速推进这个缓慢的过程，腓力从西西里引入了各种攻城武器，当地的希腊或迦太基工程师们在很久之前便已经使用过这些武器了。

我们对亚历山大手下的攻城武器和工程师几乎一无所知[30]，对行李纵列和补给纵列则更是如此。我们只知道在炮兵之中，既有相当于加农炮的弩炮（Ballistae），也有相当于榴弹炮的投石机（Catapult），二者均可投掷石块和标枪。工程师掌握着用于建造攻城锤、攻城塔、坡道、桥梁和营地的必要工具和材料，所有这些武器和人员均由亚历山大亲自指挥。此外，国王手下还拥有一支组织有序的幕僚队伍，其中包括一位幕僚长、几位日志记录员（Keeper of the Diary）、参谋（Keeper of the King's Plans）、测绘人员、史官，以及大批专业技术和科学研究人员。与先前所有军队都不一样的是，亚历山大的远征军并不只是一支用于征服的军队，它还是一支占领军，其中拥有大量用于科学探索的成员，而不完全只是作战人员。

在伊苏斯战败之后，大流士三世组建了另一支军队。据我们所知，他让一部分士兵装备了刀剑和更长的长矛，以便更好地对付萨里沙长矛。显然，他也从上一次失败中学到了教训。大流士三世从巴比伦向北出发，渡河前进到底格里斯河左岸，并最终抵达了阿贝拉这座所谓的"四神之城"（City of the Four Gods）。他把行李纵列和家眷都留在了此处，之后便率军前进到了位于大扎卜河（Greater Zab）支流布莫多斯河（Bumodos）上的高加梅拉。此地位于今日的摩苏尔东北18英里、阿贝拉以西35英里之处。他之所以将这里选做战场，是因为此处拥有一片宽阔的平原，有利于他手中的大批骑兵发挥威力。

在大流士三世进行上述机动时，亚历山大也渡过了底格里斯河。9月20日，当马其顿军队在河流东岸休整时，突然发生了一次月偏食，因此亚历山大也对塞勒涅（Selene）、赫利俄斯（Helios）和戈（Ge），即月神、日神和地神进行了献祭。[31]

没过几天，侦察兵回来报告说波斯军队正在接近，亚历山大立刻便开始为会战进行准备。亚历山大亲自率领一支精锐骑兵全速向敌军前进，其余军队则受命以正常速度在后跟随。[32] 从战俘口中，他听说波斯国王正率领着四万名骑兵、100万名步兵[33]、200辆卷镰战车[34]和少数战象[35]驻扎在高加梅拉。在此期间，大流士三世派人铲平了整个战场，将高加梅拉变成了一片宽广的阅兵场，之后便将军队列成了如下的战斗序列：

最左翼为巴克特里亚（Bactria）骑兵，达汉人（Dahan，一个西徐亚部落）和阿拉霍西亚人（Arachotian）也与他们在一起；接下来是波斯骑兵和步兵组成的混合部队，波斯人之后是苏萨人，苏萨人之后是卡都西亚人（Cadusian）。以上是波斯"方阵"从左翼直到中央的部署情况。位于最右翼的部队来自叙利亚低地和美索不达米亚，接下来是米底人、帕提亚人和沙塞西尼亚人（Sacesinian），这些部队紧邻中央方阵的右侧。大流士王本人位于全军中央，周围簇拥着国王的亲兵、长枪末端装有金苹果的波斯部队、印度人、被称为卡里亚"移民"的部队以及马底亚（Mardia）

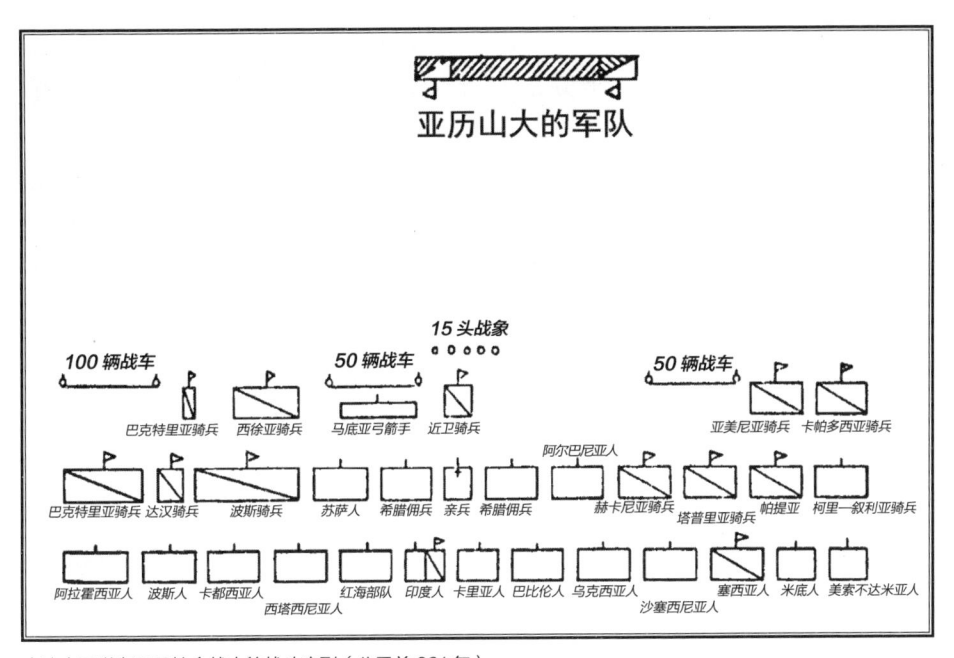

大流士三世在阿贝拉会战中的战斗序列（公元前331年）

弓箭手。乌克西亚人（Uxian）、巴比伦尼亚人（Babylonian）、红海部落以及西塔塞尼亚人（Sitacenian）则位于他们后方。在左翼的前方，面对着亚历山大右翼的是西徐亚骑兵、几千名巴克特里亚人和100辆卷镰战车。战象被部署在大流士御林军的前方，与它们部署在一起的还有50辆战车。位于右翼前方的则是亚美尼亚和卡帕多西亚骑兵以及另外50辆战车。希腊佣兵紧挨在大流士和他手下的波斯部队两侧，正好与马其顿军的方阵相对，因为只有他们能与亚历山大的方阵对抗。[36]

仅凭这段描述，读者根本无法解读出如此众多的部队具体是如何布置的。配图由道奇中校（Colonel Dodge）[37]依照他认为最接近实际的序列绘制而成。按照塔恩爵士的看法，波斯军队第一线完全由骑兵组成，"其后方则是由步兵组成的第二线"。[38]波斯右翼由马扎亚斯（Mazaeus）指挥，左翼指挥官则是贝苏斯（Bessus）。[39]

确认敌军的部署之后，亚历山大给了士兵们四天的休整时间，并在这段时间里用木墙和壕沟加固了营地。在跨过底格里斯河之后第四天夜间大约二更时分，亚历山大拔营向大流士三世的方阵前进，并在"黎明时与敌军相遇"。[40]在前进到距离波斯军队大约3.5英里的位置之后，亚历山大停止前进并召集将军们开会。他的副将帕尔梅尼奥建议应先在原地宿营，侦察敌军和战场的情况，亚历山大对此也表示同意。在建造防御工事的同时，亚历山大"率领着轻步兵和伙伴骑兵四处巡视，勘察战场的情况"。[41]

亚历山大回营之后又召开了一次会议，讨论他所看到的情况，并对将军们强调立即采取行动的重要性。

9月30日会战前夜，大流士三世命令部队全副武装待命，而亚历山大则选择让士兵们休息。帕尔梅尼奥来到国王的营帐之中，建议他进行一次夜间攻击，但亚历山大拒绝考虑夜战。[42]他已经做好了计划，要在接下来的会战中给对手决定性的一击。而且他也知道，夜间行动一定会遭遇各种困难和意外。亚历山大的战线布置如下：

右翼包括伙伴骑兵、持盾兵，可能还有三个团的方阵步兵。照此安排，整个右翼最外侧就是克雷塔斯（Clitus）的近卫骑兵中队，稍微偏左一些依次是格劳西阿斯（Glaucias）、阿里斯托（Aristo）、索坡利斯（Sopolis）、赫拉克利德斯（Heraclides）、德米特里乌斯（Demetrius）、梅利埃格（Meleager）和赫格罗卡斯（Hegelochus）的伙伴骑兵中队。伙伴骑兵的总指挥官则是帕尔梅尼奥之子费罗塔斯（Philotas）。接下来是近卫步兵和尼卡诺尔（Nicanor）的持盾兵。方阵的序列如下：寇纳斯（Coenus）的方阵步兵团位于最右侧，之后依次是佩狄卡斯、另一位梅利埃格、波利伯孔（Polysperchon）、西米阿斯（Simmias）和克拉特鲁斯（Craterus）麾下各团，其中克拉特鲁斯照例为左翼步兵的总指挥官。方阵左侧是埃里吉乌斯（Erigyius）指挥的希腊骑兵，最后是腓力的色萨利骑兵。整个左翼由帕尔梅尼奥统一指挥，他本人则与色萨利骑兵中的法萨里亚（Pharsalia）中队在一起。[43]

以上这些战斗序列并没有什么不寻常的地方。所有兵力的部署都比较普通，而且与格拉尼卡斯和伊苏斯两战中的序列十分相似。但这一次亚历山大所要面对的战术问题却与上述两战并不一样，反而与色诺芬笔下居鲁士在锡姆伯拉会战（Battle of Thymbra）中所面临的十分相似。[44] 亚历山大可能对色诺芬那部《居鲁士的教育》十分熟悉，因此他也将那场半神话会战中的战术用到了眼前这场会战之中。在第一线背后，亚历山大布置了"一条第二线，其长度与方阵相当"。[45] 按照阿里安的记载，这条预备线的指挥官们收到命令，"如果第一线的部队即将被波斯包围，他们就应该转向去迎击波斯人"。[46] 这条后卫线或预备线由两个独立纵队组成，二者分别位于左右翼后方。两个纵队按照一定的角度布置，以便在敌军从两翼迂回攻击之时反过来攻击对方的侧翼。如果敌人没有尝试迂回行动，他们也可以向内旋转以增援前方的部队。

右翼的独立纵队拥有以下部队：阿塔拉斯指挥的半数阿格里亚人（Agrianian）、布里索（Briso）指挥的半数马其顿弓箭手和克林德（Cleander）指挥的老练雇佣步兵。在前两支部队的前方，还布置有阿里提斯（Aretes）的轻骑兵和阿里奥斯托（Ariosto）的佩奥尼亚（Paeonia）骑兵，在此二者前方又有米尼达斯（Menidas）的希腊雇佣骑兵。其余阿格里亚标枪兵以及巴拉克鲁斯（Balacrus）的弓箭手、标枪手则被布置在了伙伴骑兵前方，以应对波斯卷镰战车的冲锋。米尼达斯收到命令，倘若敌军迂回己方的右翼，他就要转过来攻击对方的侧翼。[47] 左翼独立纵队的部署与右翼相似，也与正面成角度布置。首先是西塔西斯（Sitalces）的色雷斯部队，之后是柯拉纳斯（Coeranus）的希腊同盟骑兵、阿伽托（Agatho）的欧德利西亚（Odrysia）骑兵。这

```
                            波斯军队中央
                                      大流士三世
```

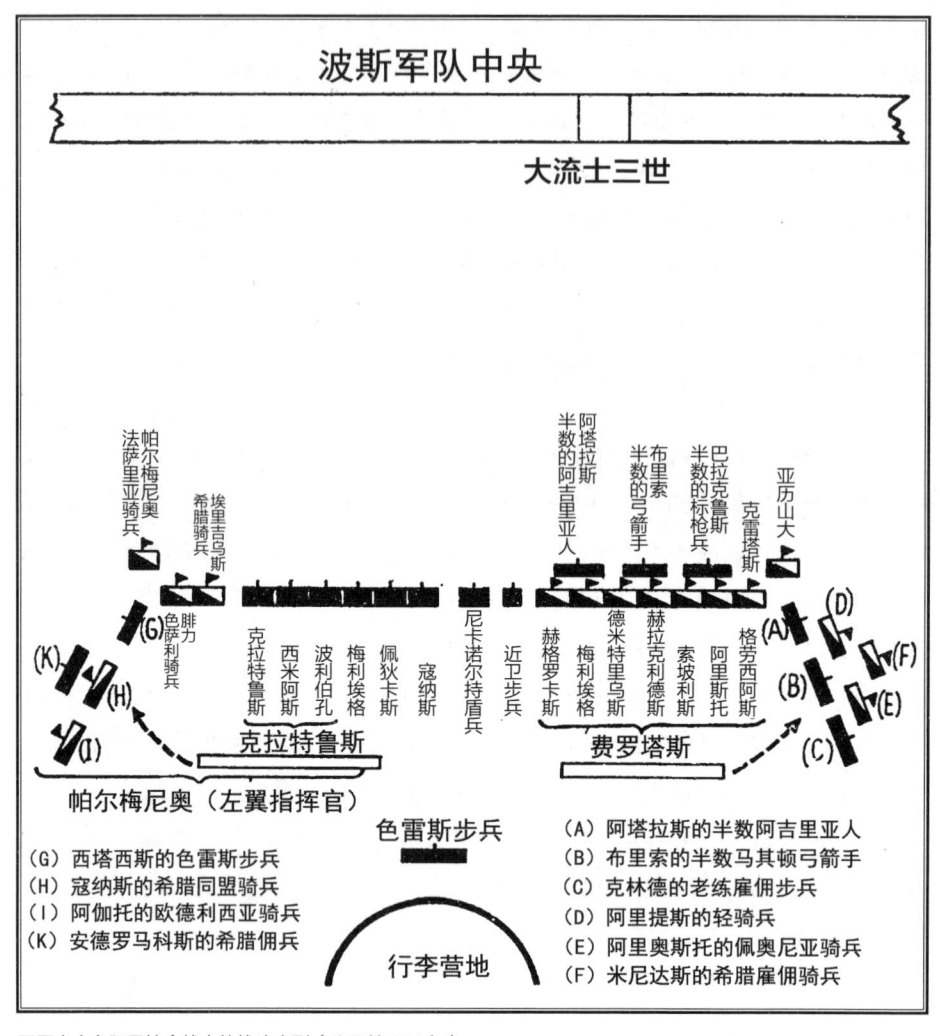

阵型图（示意）：

左翼（帕尔梅尼奥指挥）：
- 帕尔梅尼奥 法萨里亚骑兵
- 埃里吉乌斯 希腊骑兵
- 腓力 色萨利骑兵
- 克拉特鲁斯：西米阿孔、波利伯孔、佩狄卡斯、梅利埃格、寇纳斯、克拉特鲁斯
- 尼卡诺尔持盾兵、近卫步兵

右翼（亚历山大）：
- 费罗塔斯：赫格罗卡斯、梅利埃格、赫拉克利德、德米特里乌斯、索坡利斯、阿里斯托、格劳西阿斯
- 阿塔拉斯 半数的阿吉里亚人
- 巴拉克鲁斯 半数的标枪兵
- 布里索 半数的弓箭手
- 克雷塔斯
- 亚历山大

(G) 西塔西斯的色雷斯步兵
(H) 寇纳斯的希腊同盟骑兵
(I) 阿伽托的欧德利西亚骑兵
(K) 安德罗马科斯的希腊佣兵

(A) 阿塔拉斯的半数阿吉里亚人
(B) 布里索的半数马其顿弓箭手
(C) 克林德的老练雇佣步兵
(D) 阿里提斯的轻骑兵
(E) 阿里奥斯托的佩奥尼亚骑兵
(F) 米尼达斯的希腊雇佣骑兵

色雷斯步兵

行李营地

亚历山大在阿贝拉会战中的战斗序列（公元前331年）

支部队的前方则是安德罗马科斯（Andromachus）的希腊佣兵。行李纵列的守卫则被交给了色雷斯步兵。亚历山大的军队总计拥有7000名骑兵和40000名步兵。

关于亚历山大的这个大战术阵形，道奇中校写道：

> 亚历山大的阵形曾被称作是空心四方阵，但事实上却远不止如此，因为它具有

空心四方阵远不能及的机动性，两翼的侧卫纵队可以随时面对任何方向，应对来自前后左右的进攻。在实战中，左侧卫也确实曾击败了来自内侧的进攻。寇蒂斯对此评价道："总体而言，亚历山大将军队布置成了能够面对所有方向的阵形，如果对方尝试包围，他就可以从四面抵挡这些进攻，其正面并不比侧面稳固，侧面也同样不比背后稳固。"[48]

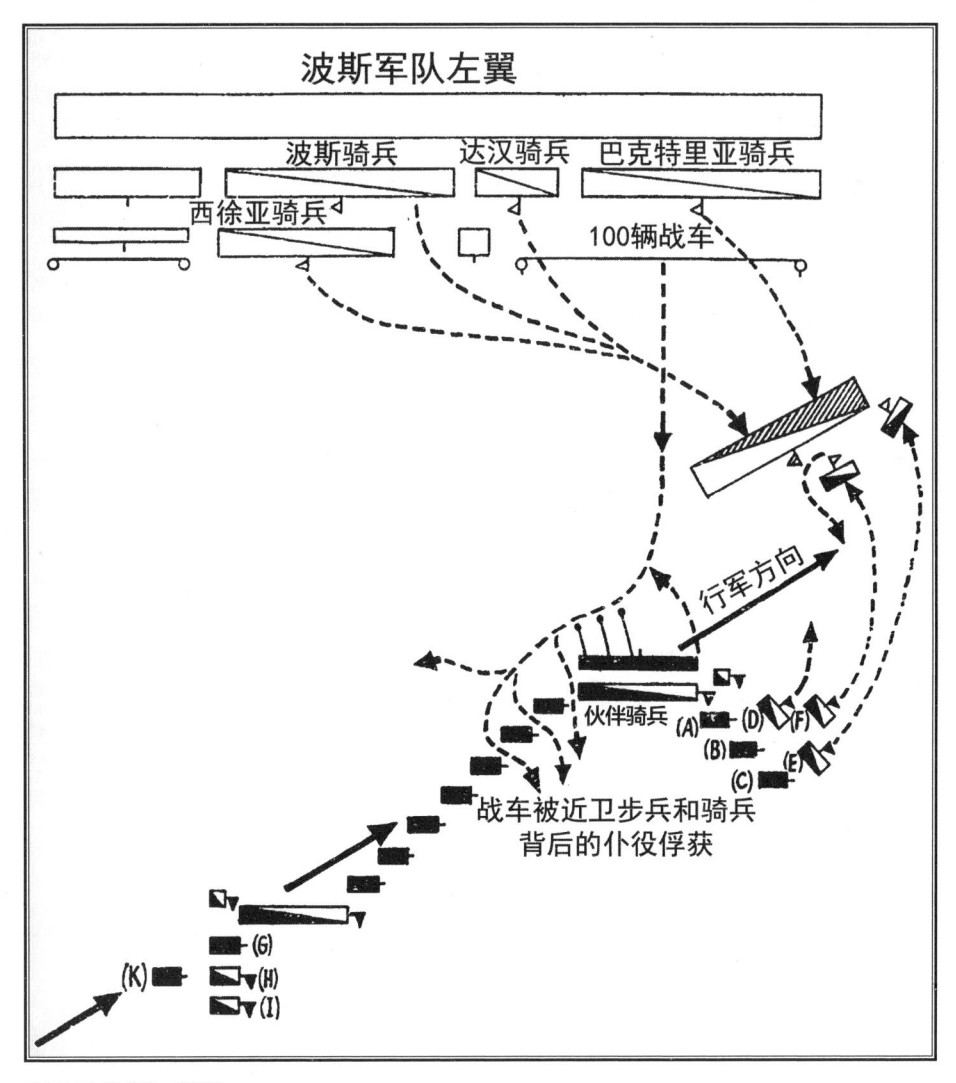

阿贝拉会战（第一阶段）

以上就是亚历山大所排出的战斗序列，而我们也有必要将其牢记在心。因为在后文中可以看到，正是因为亚历山大预料到了敌军的意图，并做好了应对准备，他才能依照自己的观念制定相应战术。正是这种先见之明，使他赢得了胜利。

当马其顿军队开始向波斯战线前进时，亚历山大没有向正前方推进，而是采取斜形序列向对方左翼前进。[49] 大流士三世看到马其顿人的行动之后，也开始平行移动战线，并催他的西徐亚骑兵趋前进攻。亚历山大仍然以斜形序列前进，即将走出之前被波斯人铲平的土地。[50] 大流士三世担心战车失去效力，于是便命令左翼各部队前进去迂回亚历山大的右翼，试图强迫对方停下脚步。为应对波斯人的攻击，亚历山大命令米尼达斯的希腊雇佣骑兵趋前抵挡，但却被敌军击溃。接下来，亚历山大又命令阿里斯托的佩奥尼亚骑兵和克林德的雇佣步兵前进。作为回应，贝苏斯也派出了巴克特里亚和西徐亚的骑兵参与战斗。由于西徐亚战马"拥有更加完备的甲胄"[51]，他们冲破了伙伴骑兵的战线，并给对方造成了沉重的损失。可尽管如此，马其顿人的纪律和勇敢也开始发挥作用，骑兵们一个中队接一个中队发动冲锋，击退了贝苏斯的攻击。大流士三世显然想要借着伙伴骑兵的混乱将其击溃，因而将战车也投入了战斗之中，试图冲散方阵。可是当战车刚刚接近马其顿人之后，立刻便立刻遭遇了伙伴骑兵前方的阿格里亚人和巴拉克鲁斯所部猛烈的标枪和弓箭攻击。以上就是马其顿右翼的第一阶段战斗。

亚历山大向阿里提斯下令，要他去攻击正在迂回马其顿右翼的敌军骑兵侧翼，第二阶段战斗随之拉开了序幕。紧接着，亚历山大身先士卒，亲自领导着伙伴骑兵回转过来，组成了一个楔形队形，在方阵右翼的四个团伴随下，对敌军战线上因骑兵趋前进攻而出现的空当展开冲锋。最后，他又亲自领兵向大流士三世本人，也就是会战的决定点冲去。在左侧方阵的密集长矛支持下，这次冲锋也让大流士三世惊恐至极，吓得他慌忙地逃出了战场。与此同时，位于亚历山大右翼的波斯骑兵发现自己的后方受到阿里提斯威胁，也选择了逃跑。马其顿人紧跟在后，大肆斩杀。当时的场面一定令人感到惊异不已，因为寇蒂斯（Curtius）和狄奥多拉斯都说："大批逃兵掀起的尘土极为厚重，使人们无法看清任何东西，马其顿人也因此丢失了大流士三世的踪迹。追击者只能循着逃兵们的喊叫声和马鞭声进行追击。"[52]

当亚历山大右翼的战斗还在进行之时，马其顿左翼也在进行另一场战斗。因为亚历山大的斜进，左翼被右翼落在了后方。而亚历山大本人的勇猛攻击更导致左翼

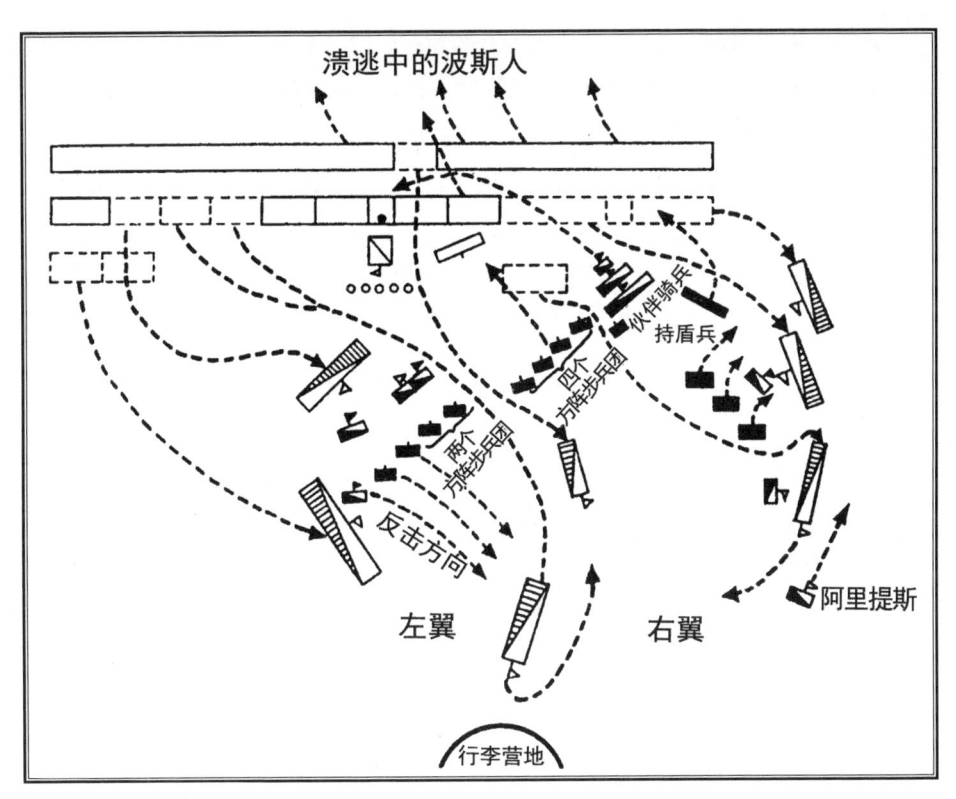

阿贝拉会战（第二阶段）

与右翼之间发生脱节，在二者之间形成了一个空当。印度和波斯骑兵也就从这个空当之中穿了过去，冲向马其顿行李营地去拯救大流士三世的家眷。根据阿里安的说法，此处的战斗十分危急。"不过，第一线方阵背后的预备队指挥官们在获悉战况之后，灵活地将正面调转了过来，按照先前的命令对敌军背后发动攻击，杀死了大批波斯人……"[53] 与此同时，大流士三世右翼的波斯骑兵已经迂回了马其顿人的左翼，对帕尔梅尼奥的侧翼展开了攻击。换句话说就是，帕尔梅尼奥已经被敌军包围了。

当此之时，帕尔梅尼奥派了一位传令兵前去将自己的危急情况告知亚历山大。后者在追击波斯左翼残兵的过程中收到这一消息之后，立刻便带领着伙伴骑兵掉头去攻击波斯右翼。此时已在撤退中的波斯骑兵发现退路受到了威胁，进行了顽强抵抗。双方爆发了一场混战，最后亚历山大还是击溃了对方。

为帕尔梅尼奥解围之后，亚历山大再次开始追击。追击一直持续到了午夜时分方才罢休，此时马其顿军队已经在强行军之下抵达了阿贝拉。亚历山大追击了将近35英里，但却不过是白费功夫，因为大流士三世已经逃走了。

双方在这场会战之中的伤亡根本无从猜测。阿里安说波斯一方有30万人被杀，被俘者的数量更是远超于此。[54] 而亚历山大一方则仅有100名士兵和100匹马阵亡。寇蒂斯说波斯有40000人被杀，而马其顿损失了300人。狄奥多拉斯则说双方分别损失了90000人和500人。[55]

亚历山大没有继续追击大流士三世，而是选择向巴比伦进军。由于其城墙早已被拆毁，所以波斯人也无法防守该城。亚历山大入城后下令重建马尔杜克神庙（Temple of Marduk）。之后他又进军苏萨，缴获了总计五万塔兰特的金条（相当于1200万英镑）。接下来，他在帕萨加达（Pasargadae）又得到了12万塔兰特（相当于2900万英镑）。从帕萨加达出发，亚历山大前进到了波斯波利斯。作为一种报仇雪恨的仪式，亚历山大烧毁了薛西斯的官殿。在波斯波利斯停留期间，安提帕特也派来了使者，告诉亚历山大说他已经在梅格洛玻利斯（Megalopolis）城下的大会战中击败了斯巴达人，斯巴达国王阿基斯在战斗中阵亡，伯罗奔尼撒同盟被解散，斯巴达也被迫加入了科林斯同盟。

亚历山大在公元前330年冬天离开波斯波利斯前往埃克巴塔纳（Ecbatana，即今天的哈马丹），并在那里缴获了18万塔兰特黄金（4378.5万英镑），而大流士三世则又一次逃走了。亚历山大在七天之内追击了390英里，但当他最后追上大流士三世时，却发现这位波斯国王已被贝苏斯谋杀。随着大流士三世的死亡，亚历山大也达成了自己的政治目标，通过武力成为万王之王。为了让帝国服从自己的意志，亚历山大接下来还必须在东部各省树立权威。如果可能的话，还要为这些省份建立稳固的疆界。

他首先征服了里海地区，之后便向东进入了赫拉特（Herat），在那里建立了阿里亚的亚历山大里亚（Alexandria in Aria）。接下来，亚历山大向南前进到了赫尔曼德河（Helmand River），而此处也正是格德罗西亚的北部边界。亚历山大从该地出发向东北前进，又在加兹尼（Ghazni）建立了阿拉霍西亚的亚历山大里亚（Alexandria in Arachosia）。在喀布尔（Kabul）附近，他还建立了高加索的亚历山大里亚（Alexandria of the Caucasus）。公元前329年早春，亚历山大率军从喀布尔出发，从哈瓦克隘路

（Khawak Pass）翻过了兴都库什（Hindu-Kush）山脉。进入巴克特里亚之后，亚历山大又渡过奥克苏斯河（Oxus）进入西徐亚，并在那里建立了一条要塞线用以防御北部边境，其中最重要者则是位于查可萨提（Jaxartes）河畔的极东亚历山大里亚（Alexandria Eschate）。

亚历山大与西徐亚人订立了一个盟约。为了让巴克特里亚归附，他在公元前327年春季娶了当地首领欧克西亚提斯（Oxyartes）的女儿罗克珊娜（Roxana）。之后他便率领着大约27000人至30000人，沿传说中狄奥尼索斯和赫拉克勒斯走过的道路向印度进发。在喀布尔，亚历山大将军队分成了两部分，赫菲斯提安（Hephaestion）和佩狄卡斯率领一半兵力沿开伯尔（Khyber）山口前进，他本人则带着另一半军队穿过奇特拉尔（Chitral），沿路征服了大批山地部落，同时经由斯瓦特（Swat）和阿托克（Attock）进抵印度河，并在此处与赫菲斯提安会合。跨过印度河之后，亚历山大又推进到了海达斯佩河（Hydaspes），并于公元前326年在那里打了他四场大会战中的最后一场。从战术上讲，这也是他最出色的一场会战。在这场会战中，他击败了印度王公波鲁斯（Porus）。亚历山大敬佩波鲁斯的勇敢，将其重新立为当地的统治者。接下来他又征服了桑加拉（Sangala），并率领军队渡过了阿塞西尼斯河（Acesines），最终进抵海德劳提斯河（Hydraotis）。从此处出发，亚历山大又率军继续向希发西斯河（Hyphasis）进发。他本希望能够向恒河（Ganges）方向前进，一路前进到大海的边缘。因为在他看来，只有大海才是最稳固的东疆。[56] 不过到了此时，他的军队已经行军了大约17000英里，夺取了波斯帝国的整个东部边境，并因此而拒绝继续前进。亚历山大极不情愿地停下了前进脚步，准备回国。在踏上西归之路前，"为感谢神祇并纪念自己的功业"[57]，他在希发西斯河河岸上建造了12座祭坛。修建祭坛期间，亚历山大身边有一位名叫桑德罗克图斯（Sandrocttus）的流亡印度王公。几年之后，此人效法亚历山大建立了伟大的孔雀帝国（Mauryan Empire），并定都于横河流域的巴利博塔（Palibotha）。

亚历山大很清楚，由于无法用大海作为自己的东疆，所以他只能退而求其次选择印度河作为东疆。更重要的是，亚历山大认为自己有可能绕开波斯的沙漠和印度西部的群山，利用海路将印度河与幼发拉底河连接起来。

亚历山大踏上归途，并在杰赫勒姆（Jhelum）建造了一支舰队。公元前326年11月，一切都已准备妥当，在向祖先赫拉克勒斯、阿蒙以及其他神祇献上祭酒之后[58]，亚历山大便率军出发了。在向南进发的过程中，他和马里人（Mallian）打了一仗，险些丢掉了自己的性命，但最终还是抵达了印度河三角洲。在探索了直到大海的整个河口地带之后，亚历山大在帕塔拉（Patala）建起了一个海军基地，并任命尼阿卡斯（Nearchus）为舰队司令，让他率领100至150艘船只向西行驶去寻找波斯湾。陆军则被分成了两部分，克拉特鲁斯率领较大的一支经由博兰隘路（Bolan Pass）和坎大哈（Kandahar）返回波斯波利斯，同时亚历山大本人率领较小的一支（8000至10000人），沿格德罗西亚沙漠的海岸地带返回，沿路在阿拉伯海（Arabian Sea）海岸建立食物补给站以供尼阿卡斯的舰队使用。亚历山大在沙漠中损失了大部分行李和大批非战斗人员，但战斗人员并没有太多损失。三支远征军最终都高兴地抵达目的地，通往印度的海上航路也就此打通了。

公元前324年春季，亚历山大回到了苏萨。为庆祝自己的伟大征服，他举办了一次规模巨大的盛宴。亚历山大与手下大批军官以及一万名士兵都迎娶了波斯女性。[59]在这个象征消除征服者与被征服者区别的仪式之后，亚历山大又开始着手消除一个自色诺芬时代以来便威胁着希腊的危险，即大批无家可归，完全靠打仗谋生的希腊佣兵。他命令科林斯同盟诸邦赦免被放逐的公民及其家人。由于这个命令超出了亚历山大作为同盟统帅的职权，塔恩认为亚历山大为改变这种局面，曾首先命令各城邦承认自己是一位神祇，这样他便能摆脱同盟的约束了。诸城邦接受了命令，流亡者也返回了家乡。

不久之后，亚历山大在俄庇斯（Opis）决定将所有超过服役期限的老兵送回希腊。可这个十分合乎逻辑的决定，却引来了马其顿人的激烈反对。他们认为亚历山大是出于对波斯人的宠爱，而且想要把政府从马其顿搬到东方，才决定赶走老兵。不久之后，这种不满就引发了全军的兵变，只有持盾兵中的近卫步兵没有参与其中。士兵们都要求回家，并且告诉亚历山大，让他和他的父亲阿蒙自己去继续打仗好了。[60]亚历山大逮捕了领头的士兵，让兵变者进退不得。之后他又解散了整支军队，并开始组建一支波斯陆军。这一大胆行动压垮了兵变的势头，士兵们也与亚历山大重归于好。亚历山大举办了一个盛大的宴会，邀请了多达9000名客人。这场宴会也象征着他意图在国内建立的和平。战争中的对手——马其顿人和波斯人并肩坐在国王的餐桌旁，帝国内的每一个民族都参加了宴会。阿里安告诉我们说,亚历山大"与他的战友们用同一个碗喝酒,在希腊祭司和波斯僧侣一同进行祭酒仪式的时候,亚历山大又和战友们一起洒出了祭酒"。[61] 塔恩也说,亚历山大在宴会上"为和平祈祷,希望马其顿人、波斯人以及帝国中的所有民族都能像伙伴一样(而不只是臣民),只有这样,已知世界中的人们才能友善、团结地生活在一起,而这也正是千百年来大家都不曾做到的'和谐'。他之前曾说所有人类都是同一位父亲的孩子,这一篇祷文也证明他深信自己肩负着团结世界的神圣使命。尽管当时无人能够预见到,但这篇祷文却正是他一生事业的顶点……"[62]

公元前323年春季,亚历山大回到了自己选择的都城巴比伦。"利比亚的使者赶来觐见,祝贺他的胜利并为他戴上了一顶王冠,称他为波斯帝国之王。意大利的布鲁提亚人(Bruttian)、第勒尼亚人(Tyrrhenian,即伊特鲁里亚人)也同样派来了祝贺的使者"。[63] 阿里安还记载了其他的使团,但塔恩认为阿里安对此多有夸张。[64]

在巴比伦,亚历山大忙于准备各种远征。其中有一个探索赫卡尼亚海(Hyrcanian Sea,即里海)的计划,目的在于弄清楚它到底是一个大湖还是海湾。此外亚历山大还计划去探索波斯湾,并为此在巴比伦建造了一个巨型港口,船只既可以从这里起航前往波斯湾东岸殖民,也可以去探索从巴比伦通往埃及的航线。再加上尼阿卡斯先前发现的航路,埃及和印度便能够通过海路连接起来了。另外,从这里出发的舰队还可以环绕阿拉伯半岛,亚历山大也准备亲自领导这一远征行动。在等待舰队建造的过程中,他又改革了方阵的编制,将波斯的轻装部队与马其顿的重步兵结合在了一起。

这些计划无一结出果实——准备工作尚在进行之时,亚历山大却突然在6月2日因疟疾而病倒。病情逐步恶化之后,他被抬进了尼布甲尼撒宫(Palace of Nebuchadrezzar)。6月12日,老兵们排成一列,默默地从这位已经无法说话的国王面前走过,"尽管亚历山大已经很难活动身体,但他还是抬头向每一个人打招呼,并用眼神向他们致意"。[65] 第二天(公元前323年6月13日)黄昏时分,亚历山大以33岁的年纪去世。他作为国王统治了12年零8个月,其遗体最终被安葬在了亚历山大里亚。

尽管亚历山大的继业者(Diadochi)[66] 将他建立的帝国撕成了碎片,并建立起了四个伟大的王朝——埃及的托勒密王朝(Ptolomies)、塞琉古王朝(Seleucids)、马其顿的安提柯王朝（Antigonids）以及印度的孔雀王朝[67]——但他那海内皆兄弟的梦想却始终不曾熄灭。从印度回到苏萨之后，他为马其顿人和波斯人举办的集体婚礼，正是其种族融合政策的象征。而在他所建造的国际性城市之中，种族融合也成了人们习以为常之事。各种不同的种族互相融合在了一起，而从这种融合之中又诞生了各族共同的文化，即希腊化文明。

亚历山大去世之后不久，这些城市中最伟大的亚历山大里亚就成了这种新文化的动力源泉，"世界各方汇集于此"。按照赖纳赫（Reinach）的说法，永无止境的好奇心"驱使着人们对所有领域都提出了成倍的疑问，进而发现了成倍的知识。人们希望了解一切，解释一切。他们质疑古老的文献……他们游历一切有人居住的土地……他们将真正意义上的科学推向了新的高度，使其从哲学中分离了出来……这难道不正是科学精神的最根本原则吗？"[68]在亚历山大里亚，人们发现了蒸汽动力，数学得到了长足进步，机械飞速发展，新的信仰和宗教也层出不穷，向东西两个方向奔涌而去。

亚历山大所引入的财政体系也大大加速了这些融合。在踏上自己的伟大征程之前，亚历山大肯定已经认清了，其父亲的主要力量源泉便是色雷斯金矿。另外，在埃及的时候，他也毫无疑问曾发现黄金在那里是被当成圣物来看待的。坟墓中的法老们佩戴黄金面具，试图以此来让自己获得不朽之身。亚历山大夺取了波斯人囤积的大量黄金之后，将其铸成钱币重新投放到市场上。雅典奈乌斯（Athenaeus）写道，当亚历山大获得财富之后，"品达（Pindar）笔下那'拥有无穷神力的财富'，便好像太阳一般变成了世间地位最高之物"。[69]亚历山大不仅发行了金币，而且还制定了规范的标准，建起了统一的金融系统。亚历山大死后，托勒密王朝垄断了埃及所有的银行，并通过"他们在亚历山大里亚设立的中央银行……利用货币与国外进行贸易"。[70]威尔肯进一步写道：

亚历山大的战争打破了先前横亘在东西方之间的障碍，在接下来的一代人中，成千上万的希腊商人、工匠进入了新世界，在如雨后春笋般出现的新希腊城市中寻找好运。通过这种方式，原先互不相干的两个圈子渐渐融合到了一起，组成了一个单独的经济圈。当西地中海也被纳入东方这一伟大革命的轨道之后，便终于形成了一个世界性的贸易体系，其范围从西班牙直抵印度，甚至穿越了中亚远及中国，将整个已知世界全部囊括在内。虽然这一发展进程直到罗马帝国时期才告完成，但其基础却是由亚历山大征服小亚细亚所打下的。[71]

在亚历山大死后诞生的诸国之中，不仅出现了一个以财富为基础的贵族阶层，而且神授王权也成了各国权力的基石。塔恩教授写道："亚历山大尸骨未寒之际，种种传奇神话便从他的盛名之中诞生了……以他为中心，东方的梦想世界发展成形。所有关于天命世界征服者的故事，也都以他为主角重新书写了一遍……他将文明世界带入了一条全新的轨道。他开创了一个新的纪元，从此之后，一切事物都不可能再重回过去的状态了。"[72] 从接下来的章节之中我们也能看到，亚历山大所带来的影响是何等广泛深远。在第一次布匿战争（Punic War）于公元前三世纪中叶刚刚结束之时，希腊文化便开始对罗马社会产生影响。而到了第二次布匿战争以及战后的时代，希腊文化更是在西庇阿家族（Scipios）的影响下逐渐流行开来。威尔肯说道："第一个将亚历山大称为'大帝'（Magnus）的也正是罗马人。希腊史学家们将汉尼拔（Hannibal）的征服者、罗马世界帝国的奠基人——伟大的西庇阿·阿非利加努斯（Scipio Africanus）① 与亚历山大相提并论，称他是朱庇特（Jupiter）的儿子，将亚历山大的神话套用在他身上，说他是一条圣蛇的后代……"[73]

在西庇阿·阿非利加努斯之后，奥古斯都（Augustus）也是亚历山大的狂热崇拜者。他创立了将罗马皇帝视作神授世界统治者加以崇拜的制度，而他也将亚历山大的头像刻在了自己的皇帝印章之上。而亚历山大的梦想，也通过奥古斯都得到了部分实现。在罗马和平（Pax Romana）时代，西方世界第一次体会到了长期和平的幸福。亚历山大的神王概念，以及普鲁塔克借亚历山大之口所说的"神是所有人类的父亲，但神只将其中最优秀者视如己出"这一句话，距离基督教的建立和把罗马皇帝的世俗统治转变为中世纪教皇的精神统治只有一步之遥。倘若我们再深入挖掘便可发现，虽然看似奇怪，但若是阿拉伯文明不曾与埃及、叙利亚以及小亚细亚的希腊文明接触，则伊斯兰教也可能根本不会出现。

---

① 译注："阿非利加努斯"即"阿非利加征服者"之意。

注解

1. W.W.Tarn, *Alexander the Great*, 第二卷, 附录第 24 节。
2. Ulrich Wileken, *Alexander the Great*, 1932 年版, 第 265 页。
3. 据称, 《亚历山大罗曼史》是由一位所谓的"伪卡利斯提尼斯"(Psuedo-Callisthenes)撰写的。事实上, 该作品只是一部传说的合集。该书有很多不同的版本, 其中最早的一个版本于公元 2 世纪在埃及出现。埃塞俄比亚的版本也已经由欧内斯特·布奇爵士(Sir Ernest W.Budge)于 1933 年翻译出版, 书名为《埃塞俄比亚的亚历山大之书》。
4. 英雄时代是这一神谕影响力最大的时代。到了后来, 其地位逐渐被德尔菲神谕取代。
5. *Arrian, Anabasis Alexandri*, 伊利夫·罗伯森英文译本, 1929 年版, 第四卷, 第 8 节。
6. 同上, 第七卷, 第 30 节。
7. *Plutarch's Lives*, "亚历山大传", 第 23 节。
8. *Arrian, Anabasis Alexandri*, 第八卷。
9. 同上, 第一卷, 第 18 节。
10. 同上, 第二卷, 第 15 节。
11. 同上, 第一卷, 第 19 节。
12. 同上, 第六卷, 第 23 节。
13. *Plutarch's Lives*, "亚历山大传", 第 22 节。
14. *Arrian, Anabasis Alexandri*, 第七卷, 第 13 节。
15. 同上, 第七卷, 第 29 节
16. 同上, 第七卷, 第 28 节。
17. 同上, 第一卷, 第 11 节。
18. 同上, 第一卷, 第 14 节。塔恩在《亚历山大大帝》(第一卷, 第 16 页)中认为骑兵的数量肯定要少很多。
19. 佩尔修斯是赫拉克勒斯之母阿利梅娜(Alemena)的祖父。
20. *Plutarch's Lives*, 贝纳多特·佩林英文译本, 1919 年版, "亚历山大传", 第 27 节。亚历山大从没有声称自己是宙斯之子, 只是默许他人如此称呼他。不过, 当亚历山大在埃及被拥立为法老之后, 埃及的阿蒙神也自动变成了他神圣的父亲, 地位与其生父腓力并列。
21. 其内容很可能就是阿蒙神宣布亚历山大是自己的儿子, 并授予他"拉的不朽、荷鲁斯的忠诚、对一切敌人的胜利以及世界的统治权"等。关于这一点, 最重要的是, 虽然亚历山大已经是埃及实际上的国王, 但这也是埃及祭司们将亚历山大立为合法国王的唯一办法(J.P.Mahaffy, *A History of Egypt under the Ptolemaic Dynasty*, 1899 年版, 第 16 页)。
22. *Plutarch's Lives*, 贝纳多特·佩林英文译本, 1919 年版, "亚历山大传", 第 27 节。塔恩爵士在《亚历山大与人类大团结》1933 年版的第 25 页中也写道:"……他此时所想的, 可能正是阿蒙神将自己认作儿子这件事。终其一生, 他始终坚信阿蒙让他上升成了'特殊的一个'。"
23. *Alexadner the Great and the Unity of Mankind*, 第 4 页至第 5 页。
24. F.A.Wright, *Alexander the Great*, 1934 年版, 第 2 页。
25. *Alexadner the Great and the Unity of Mankind*, 第 7 页。
26. Pierre Jouguet, *Macedonian Imperialism and the Hellenization of the East*, 1928 年版, 前言第 13 页至第 14 页。
27. *Alexadner the Great and the Unity of Mankind*, 第 28 页。
28. *Arrian, Anabasis Alexandri*, 第三卷, 第 5 节。
29. 参见 Tarn, *Alexadner the Great*, 第二卷, 第 170 页至 171 页。
30. 塔恩在《亚历山大大帝》(第二卷, 第 39 页至 40 页)中给出了亚历山大司令部中的工程师的姓名。其中包括:

围攻工程师色萨利的迪阿迭斯（Diades of Thessaly）、查里亚斯（Charias）、波塞多尼乌斯（Poseidonius）；水利和地道工程师戈尔戈斯（Gorgos）；城镇规划专家戴诺克拉特斯（Deinocrates）；负责规划道路、营地，纪录地理信息的拜顿（Baeton）、狄奥格内托斯（Diognetos）、菲洛尼德斯（Philonides）。除了他们以外，军中还有尼阿卡斯和欧内西克里塔斯（Onesicritus）两位海事专家，以及秘书总管欧迈尼斯（Eumenes）。

31. Arrian, Anabasis Alexandri, 第三卷, 第 7 节。亚历山大选择的这些神祇, 似乎说明他懂得月食的原理。
32. 同上, 第三卷, 第 8 节。
33. 这一数字来自于阿里安, 很明显有所夸大。波斯军队的实际规模已不可考。查士丁（Justin）给出的数字是 40 万名步兵加 10 万名骑兵, 寇蒂斯（Curtius）则说是 4.5 万名骑兵加 20 万名步兵, 狄奥多拉斯和普鲁塔克只说波斯人的总数有 100 万人。
34. 战车在这个时代可以发挥很大的作用, 其情形可参见色诺芬在《希腊史》(第四卷, 第一章, 第 18 节) 中的描述。卢克雷提乌斯在《万物本源》(第三章, 第 660 至 662 节) 中对战车的运用方式做出过生动的描述:"战车不加分辨地进行杀戮, 它们突然斩断四肢, 当士兵看到自己的肢体在地上抽搐之时, 甚至还没有感觉到疼痛。一个人的左臂连同盾牌一起被战马拉着的轮子和镰刀切断, 另一个人则发现自己的右臂已经从身上掉了下去。第三个人被切断了腿, 挣扎着想要爬起来, 被切断的那条腿就在身旁抽搐着。"
35. 这也是战象在印度以外作战的第一次纪录。
36. Arrian, Anabasis Alexandri, 第三卷, 第 11 节。
37. Theodore Ayrault Dodge, Alexander, 1890 年版, 第二卷, 第 371 页。
38. Alexander the Great, 第二卷, 第 183 页。
39. Quintus Curtius, 约翰·罗尔夫英文译本, 1946 年版, 第四、第九、第十五和第十六卷。
40. Arrian, Anabasis Alexandri, 第三卷, 第 9 节。
41. 同上, 第三卷, 第 9 节。
42. 同上, 第三卷, 第 10 节。
43. 同上, 第三卷, 第 11 节。
44. Cyropaedia, 第七卷。
45. Arrian, Anabasis Alexandri, 第三卷, 第 12 节。关于这种战术安排, 还可参考阿里安的《战术》一书。
46. 同上, 第三卷, 第 12 节。
47. 同上, 第三卷, 第 12 节。
48. Theodore Ayrault Dodge, Alexander, 第二卷, 第 372 页。
49. Arrian, Anabasis Alexandri, 第三卷, 第 13 节。
50. 同上, 第三卷, 第 13 节。
51. 同上, 第三卷, 第 13 节。
52. Diodorus, 第十七卷, 第 5 节；Curtius, 第四卷, 第 15 章, 第 33 节。
53. Arrian, Anabasis Alexandri, 第二卷, 第 14 节。
54. 同上, 第三卷, 第 15 节。
55. Curtius, 第四卷, 第 16 章, 第 26 节；Diodorus, 第十七卷, 第 61 节。
56. 塔恩曾指出, 直到公元前 4 世纪末, 希腊人才通过麦加斯梯尼（Megasthenes）得知恒河的存在。但我们很难相信亚历山大对这条大河一无所知。恒河距离苏特莱杰河（Sutlej）仅有 150 英里, 而且恒河在当时也和如今一样, 是印度最神圣的河流。亚历山大可能确实大大低估了自己与"东海"（即今日的孟加拉湾）之间的距离, 而且他可能也曾为鼓励部队继续前进而故意把这个距离说得更小。按照阿里安在《亚历山大远征记》(第五卷, 第 26 节) 和塔恩、西奥多·道奇等人在现代著作中的说法, 亚历山大的战略目标是要建立一个不可能被外界袭击的帝国。据说亚历山大曾对士兵们说过:"如果你们现在退缩了, 你们就将在希发西斯河对岸留下很多尚武的民族, 从赫卡尼亚海到北风吹来之处也会有很多民族, 而西徐亚也就位于离他们不远的地方。因此, 我们有理由感到害怕, 如果我们现在撤军, 我们手中这些尚未整合的领土, 可能就会在那些尚未屈服的民族煽动下发起叛乱。到了那时，我们过去所付出的辛苦就将被白白浪费了。但如果我们现在继续努力，未来便不必再面对任何危险或苦劳了。"（Arrian, Anabasis Alexandri, 第五卷，第 26 节）。按照当时的情况来看，这也正是亚历山大必须说的话。

57. Arrian, Anabasis Alexandri, 第五卷，第 29 节
58. 同上，第六卷，第 3 节。
59. 同上，第七卷，第 4 节。
60. 同上，第七卷，第 8 节。
61. 同上，第七卷，第 11 节。Plutarch, Moralia, 弗兰克·科尔·巴比特英文译本，1926 年版，第四卷，"亚历山大的幸运与美德"，第 327 页至 330 页。
62. Alexander the Great, 第一卷，第 116 页至 117 页。
63. Arrian, Anabasis Alexandri, 第七卷，第 15 节
64. Alexander the Great, 第二卷，附录 23。
65. Arrian, Anabasis Alexandri, 第七卷，第 26 节
66. 具体而言即为安提柯、托勒密、塞琉古以及利西马科斯等人。
67. "……旃陀罗笈多（Chandragupta）看到亚历山大的功业，估量着在印度建立统一君权的可能性，自吠陀（Vedic）时代以来，这一概念相传至今。也就是说，亚历山大间接地创造了阿育王的帝国并促进了佛教的传播。"（W.W.Tarn, Alexander the Great, 第一卷，第 143 页。）
68. A.J.Reinach, L'Hellenisation du Monde Antique, 1914 年版，第 270 页。
69. Athenaeus, 查尔斯·伯顿·久利克英文译本，1929 年版，第三卷，"智者之宴"，第六章，第 231 节。
70. Ulrich Wilcken, Alexander the Great, 第 292 页。
71. 同上，第 284 页。
72. The Cambridge Ancient History, 第四卷，第 435 页至 436 页。W.W.Tarn, Alexander the Great, 第一卷，第 145 页。
73. Ulrich Wilcken, Alexander the Great, 第 277 页。

大事记
罗马的崛起及其与迦太基的冲突

在公元前1200年至公元前1000年的大规模民族迁徙中,有两个东方民族出现在地中海中部。泰尔的腓尼基人于公元前1100年左右在乌提卡(Utica)建立了他们在北非的第一个殖民地,之后又在公元前9世纪后半建造了迦太基(Carthage或Kart-hadasht,即"新城")。伊特拉斯坎人(Etruscan)则在公元前1000年之前定居到了意大利台伯河(Tiber)北岸。台伯河南岸有一片拉提姆(Latium)地区,此地由一些拉丁人(Latin)居住的村庄聚集而成。拉丁人本是一个聚居在阿尔巴隆加(Alba Longa)周围的印欧民族。公元前753年,也就是传说中罗慕路斯(Romulus)建造罗马城的这一年,伊特拉斯坎人征服了拉丁人。在伊特拉斯坎人治下,帕拉蒂尼山(Palatine Hill)周围的村庄逐渐融合成了罗马城邦。

250年后,也就是公元前500年左右,趁着伊特拉斯坎人忙于在北方与高卢人作战之时,拉丁部落将伊特拉斯坎国王逐出了罗马,并入侵了伊特鲁里亚。但后来高卢人(Gaul)占领了伊特鲁里亚,之后便跨过台伯河的下游,于公元前390年左右占领并烧毁了尚未建起城墙的罗马。当时罗马仅剩卡比托利欧山(Capitoline Hill)顶部的卫城依然还在坚持抵抗,高卢人很快就厌倦了围攻,在得到一笔黄金作为赎金之后便返回北方去了。

在早期阶段,罗马的军事单位被称为"军团"(Legion),其词根具有征召兵或"氏族集结"的含义。军团士兵招募自罗马原有部落氏族中的有产阶级,而这也是罗马当时唯一有权佩带武器的阶级。他们组成了"受战神（Mars）保佑的持矛战士部队"。由于服兵役是通向民事官职的唯一道路，这就使罗马人形成了世代继承的标志性尚武精神。

最初的罗马军团也采用了古老的多里亚方阵（Dorian Phalanx）体系。早期军团人数在3000至4000左右，方阵纵深为八排，其中前六排为重步兵，而后两排则是轻步兵（Velites）。与希腊方阵一样，其战术也以冲击作战为原则。他们没有预备队，仅有少数骑兵支持，难以对逃敌进行追击。

按照传说，罗马城遭到焚毁之后，在高卢战争中赢得盛名的马库斯·弗里乌斯·卡米卢斯（Marcus Fruius Camillus）立刻就对这种原始的军事体系进行了彻底改革。年龄取代部落出身，成为编制分划的标准，以便使每一个人的能力和经验都能得到最大限度的发挥。作为真正的军团步兵，重步兵被分为三类，分别为青年兵（Hastati）、主力兵（Principes）和三线兵（Triarii），其中青年兵最为年轻，三线兵最老。轻步兵被保留了下来，依然以部落出身作为编制标准。

接下来，为使军团能够获得必要的弹性，以对付机动性极强的高卢人，原有的方阵被分成了前后三条战线——青年兵位于前排，主力兵在他们背后，最后方则是三线兵，而他们也是经验最丰富的老兵。三支部队各自又被分为10个中队（Manipuli），青年兵、主力兵中队拥有120人，三线兵中队则是60人。一个大队（Cohort）下辖三个中队，每个兵种一个中队，另外还要再加上120名轻步兵和一个骑兵中队（Turma）的30名骑兵，总计450人，10个大队即为一个军团。在排列成战斗序列时，各中队以棋盘格阵形交错排列，由第二线各中队掩护第一线各中队之间的空当，第三线同样也负责掩护第二线各中队之间的空当。10个骑兵中队则组成一个骑兵翼（Ala）。

新的军团组织可能是在一段时间内逐渐形成的，波利比阿斯（Polybius）在其著作的第六卷第19至42节对士兵们的装备做了详细描述。[1] 轻步兵携带短剑、投枪和一面直径为三英尺的小盾（Parma）。投枪的枪尖十分单薄，一旦命中目标就会弯折，使敌军无法重复利用。青年兵使用的半圆柱型大盾（Scutum）宽两英尺六英寸、高四英尺，由两层木板黏合而成，表面覆有兽皮，四周由铁圈加固。他们的武器则包括一柄刺击用的短剑（Gladius）和两支重标枪（Pila）。青年兵的头盔、胫甲均由黄铜制成，胸前还会悬挂一块由黄铜制造的甲片（Pectorale）。若财力允许，他们还会将这块甲片换为正规的胸甲（Lorica）。主力兵、三线兵的装备与青年兵相同，只不过三线兵使用的是长矛（Hastae）而非标枪。

骑兵似乎被完全忽视了。直到布匿战争开始时，罗马骑兵还是没有装备盔甲，盾牌由兽皮制成，而骑枪的情况也不会更好太多。而且通常而言，罗马骑兵更愿意下马步行作战。

罗马人不鼓励集团作战，反而更愿意进行个人性的搏斗。原本由方阵进行的单独一次冲击，被三条战线不间断的连续冲击所取代。罗马人会为营地设防，即使只在当地停留一夜也要建造工事。原有的严厉纪律被保持了下来，士兵的操练时间比原先还要更长。从战术角度来讲，罗马军团发生了非常激进的变化——近战和远战被结合了起来；增加了预备队；攻击和防御也同样融为一体。蒙森（Mommsen）对于此时以中队作为基本战术单位的军团曾做出过如下评价：

> 罗马人将重标枪与短剑结合起来所产生的效果……与现代战争中为滑膛枪装备刺刀的意义极为相似。通过投掷标枪来为短剑肉搏做准备，与打完一排枪之后发动刺刀冲锋的效果完全一样。最后，完整的营地设防体系也让罗马人能将防御和进攻的优势结合起来，视情况决定是否与敌军进行会战。如果拒绝会战，他们也能在营地的木墙背后进行防守，而这与在城墙背后进行防御的意义是完全一致的。

在高卢人的入侵过后，罗马城建起了城墙。从此时起，罗马人便拥有了一个稳固的作战基地，进而踏上了他们的征服之路。公元前325年，罗马因扩张行动而与南面的萨谟奈人（Samnite）发生冲突。接下来双方就发生了一系列战争，直到公元前295年才由决定性的森提努姆会战（Battle of Sentinum）画上句号。在这一战中，萨谟奈人、伊特拉斯坎人和高卢人的联军被罗马人彻底击败。这场胜利使罗马上升为从阿尔努斯河（Arnus）至萨勒诺湾（Gulf of Salerno）之间所有土地的支配性力量。诚如布里斯堤德所言，这一战"决定了意大利未来两千余年的命运"。此后在意大利境内，罗马的潜在敌人就只剩下了北方的高卢人、南方的卢卡尼亚人（Lucanian）以及海岸上偶尔会与其敌对的希腊城邦。

他林敦（Tarentum，即今日的塔兰托）是所有这些希腊城邦中最重要的一个。其人民对罗马的快速扩张十分忌惮，因此便向伊庇鲁斯国王皮洛士（Pyrrhus）请求援助。此人是亚历山大的远亲，也是当时最负盛名的军人。皮洛士于公元前280年登陆意大利，接下来便在两场会战中击败了罗马人。第一仗的战场位于今日塔兰托湾（Gulf of Taranto）的赫拉克利亚（Heraclea），第二仗则在今日维纳萨（Venosa）以东的阿斯库路姆（Asculum）附近。由于皮洛士的损失也很惨重，当叙拉古人请求他去帮助他们对抗迦太基时，皮洛士便将部队带到了西西里。皮洛士在那里打了几场精彩的战役，但由于希腊城邦之间一如既往的不和，他又在公元前276年回到了意大利。这一次，他在贝内文图姆（Beneventum，即贝内文托）被罗马人打得惨败，只好撤回伊庇鲁斯，并声称："我给迦太基和罗马留下了一片多好的战场啊。"结果皮洛士一语成谶。在他离开之后不久，意大利的希腊诸邦就一个接一个地向罗马投降了。在罗马人占领了雷吉乌姆（Rhegium）之后，两个巨强之间便只剩下一道墨西拿海峡（Strait of Messina）了。

公元前310年至公元前289年之间，西西里绝大部分地区都被叙拉古国王、僭主阿加索克利斯（Agathocles）征服。此人不仅是一位出色的军人，而且也是第一位入侵非洲的欧洲人。在他死后，西西里发生了长时间的动乱，结果使迦太基人大为获利。这也就是叙拉古寻求皮洛士援助的原因，而皮洛士本人也恰好是阿加索克利斯的女婿。皮洛士离开西西里之后，当时的叙拉古国王希耶罗二世（Hiero）与阿加索克利斯生前雇佣的一支佣兵发生了战争。这些佣兵占领了墨西拿，自称欧斯干（Oscan）战神马尔马（Marmar）的后裔，即所谓的马麦丁人（Mamertine）。在希耶罗的攻击之下，马麦丁佣兵同时向迦太基和罗马求援，双方都派出了军队，但两支军队很快就爆发了冲突。这也就是第一次布匿战争，其爆发的时间是公元前264年。

罗马人意识到，只要自己没有舰队，就永远无法阻止迦太基人从阿非利加运输援兵。因此他们在公元前261年起下定决心，要成为一个海上强国。这又算是一个异常大胆的决定，因为此时罗马人对海洋几乎一无所知，而迦太基又是地中海中首屈一指的海军强国。公元前260年，罗马人的战舰建造完毕之后，就由一些半训练的船员操纵着去尝试夺取墨西拿。在这支舰队被迦太基人击败之后，罗马人并没有气馁。他们意识到，如果局限于当时的常规战术，他们是无法在海上与迦太基人抗衡的。因此罗马人设计了一种全新的战术，试图将罗马士兵在肉搏战方面的优势发挥到极致。为了实现这种战术，他们在战舰上安装了一座被称作"乌鸦"（Corvi

的木制登船吊桥。吊桥最前端设置有一根尖锥，船员可以通过舰艏安装的一根木杆，将吊桥竖起或左右转动。一旦吊桥落到敌舰的甲板上，尖锥就会将其牢牢固定住，之后接舷战人员即可通过吊桥冲上敌舰。

罗马舰队再次出海，在迈莱（Mylae）外海与迦太基舰队遭遇。当迦太基人调转方向，笔直地冲向罗马舰队时，按照波利比阿斯的说法："那些装置被左右转动着，威胁所有方向上的敌人。船员们的操纵十分精准，没有一艘敌舰能接近罗马人而又不被勾住。最终迦太基人掉头逃跑，他们因罗马人的新奇发明而惊慌不已，损失了50艘战舰。"

迈莱海战的胜利使罗马一跃成为海上强国。此战之后，迦太基人退出了科西嘉岛（Corsica），而罗马人则入侵了撒丁尼亚（Sardinia）。

与阿加索克利斯一样，罗马人如今也决心将战争带入阿非利加。他们组建了一支拥有330艘舰艇的舰队。虽然迦太基人也集中了一支规模更为庞大的舰队，并将其布置在了阿格里真图姆（Agrigentum，即今日的阿格里真托）以西的小赫拉克利亚（Heraclea Minoa），希望能从侧翼攻击正在向阿非利加前进的罗马舰队。但当两支舰队真的开战之后，"乌鸦"再一次展现出了决定性的力量。迦太基在这一战中损失了94艘战舰，而罗马仅损失了24艘。这场赫拉克利亚海战使罗马人赢得了地中海中部的制海权。

罗马人在将战舰修缮完毕之后，直接驶到了赫梅乌姆（Hermaeum，即今日的邦角），在那里将阿提利乌斯·雷古卢斯（Atilius Regulus）指挥的陆军送上海岸。后者首先占领了突尼斯（Tunes）作为对抗迦太基的行动基地。但就在雷古卢斯忙于这个工作之时，一支由斯巴达人桑提普斯（Xanthippus）率领的希腊佣兵也赶来支援迦太基人。桑提普斯是一位非常能干的军人，波利比阿斯评价他说："只凭这一个人的一副头脑，迦太基便击败了那些曾被认为是攻无不克的大批军队，重新让信心全失、军队士气也跌入绝望深渊的迦太基城恢复了信心。"桑提普斯选择了一片能充分发挥迦太基骑兵优势的战场，在那里击败罗马人并俘获了雷古卢斯本人，使罗马陆军不得不放弃入侵撤回了西西里。公元前255年，罗马人再次遭遇了严重的海难，其舰队在一场风暴中损失了364艘战舰中的284艘。迦太基借此重新赢得了制海权，并立刻向利律拜乌姆（Lilybaeum，即今日的马萨拉）派出援兵。公元前249年，又有一场风暴几乎摧毁了整个罗马舰队。罗马人对此失望至极，遂放弃了进行海战的念头。两年之后，迦太基派遣哈米尔卡·巴卡（Hamilcar Barca）率军前往西西里，而此人正是汉尼拔的父亲。

恢复冷静之后，罗马于公元前242年再次着手组建起了一支舰队。到第二年，罗马人已经拥有了250艘五列桨战舰（Quinquereme）。他们奇袭了利律拜乌姆和德莱帕那（Drepana，即特拉帕尼）的迦太基港口。这一行动引起了迦太基人的高度警觉，因为这两地正是距离邦角最近的西西里港口。迦太基人立刻出海试图夺回这两座港口，但却在艾加特斯群岛（Aegates）与罗马舰队遭遇。罗马人赢得了海战，迦太基有70艘战舰被俘，另有50艘战舰被摧毁。到了此时，迦太基和罗马都已经精疲力竭了，因此双方也在公元前241年媾和。按照和约，迦太基人退出了西西里，而后者也由此变成了罗马帝国的第一个行省。

战争结束后，迦太基立刻爆发了普遍的动乱，佣兵之间也发生了大范围的兵变。在撒丁尼亚，佣兵们起兵反对迦太基。在被撒丁尼亚当地人赶走之后，他们又转而去请求罗马来重建秩序。罗马人同意了他们的请求并于公元前238年进行了军事干涉。迦太基只好放弃撒丁尼亚，将这座岛屿让给了罗马。

在镇压撒丁尼亚野蛮部落的数年时间里，罗马人还在意大利北部与高卢人进行了一场胶着的边境战争。公元前229年至219年之间，罗马人还对亚德里亚海的伊利里亚海盗发动了一系列惩罚性战争。到公元前225年，高卢人的进攻终于告一段落。据说他们在一场会战之中被罗马人杀死了多达四万人，另有10万人被俘。在这场胜利之后，罗马人在克雷莫纳（Cremona）和普拉森提亚（Placentia，即今日的皮亚琴察）建立了殖民地。为加强这两处殖民地的防御以及其他北方边防部队，罗马人修建了可供部队快速机动的弗拉米尼亚大道（Via Flaminia），其最远处可达阿里米尼（Arimini，即今日的里米尼）。伊利里亚方面的战事使罗马人首次与希腊建立了外交联系，而这又引起了马其顿国王腓力五世（Philip V of Macedonia）的恐惧，使马其顿也成了罗马的敌人。

与此同时，迦太基人为弥补在地中海中部的损失，派遣哈米尔卡·巴卡前往西班牙，在那里扩张迦太基的势力范围。公元前229年，哈米尔卡去世，他的女婿哈斯德鲁巴（Hasdrubal）接掌指挥权并于公元前228年建立了新迦太基城（Nova Carthago，即今日的卡塔赫纳）。在此期间，罗马人也选择与富庶的希腊城邦萨贡图姆（Saguntum，即萨贡托）结盟，其目的很明显是要与迦太基势力的扩张相对抗。

但由于罗马此时还在全力与高卢人作战,他们也不希望与迦太基再兴战事。于是罗马人与哈斯德鲁巴订立了一个条约,以伊贝拉斯河(Iberus,即今日的埃布罗河)为界划分了迦太基和罗马的势力范围。公元前221年,哈斯德鲁巴遇刺身亡,他的妻舅、哈米尔卡·巴卡的儿子继承其位。而此人,便正是汉尼拔。

注解

1. 关于罗马武器发展的完整记录,可参见 *Paul Couissen,Les Armes Romaines*。

米陶拉斯河会战（公元前 207 年）与扎玛会战（公元前 202 年）

第四章

罗马的成就，事实上不过是实现了亚历山大曾努力尝试去做的目标而已。在后文中我们将会看到，罗马人继承了亚历山大的宏愿。但他们也并非有意如此，其历史发展轨迹不过是受环境所迫而已。帝国主义思想如今已经深入罗马的骨髓，诚如李维所言："没有任何一个伟大的国家能维持长期和平。如果国外没有敌人的话，它就会在国内创造出敌人来。就好像一副强壮的躯体，虽然它能够保护自己不受外部的感染，但却同样也会被自己的力量拖垮。"[1] 任何一个具有活力的国家，其历史都被两类事件所控制，即内部和外部的冲突，换言之就是革命和战争。只有当一个国家衰老之后，它才会建立和平。而和平带来的这种所谓安全感，也将会引领这个国家走向加速衰退的道路。罗马的情况也是如此。在第二次布匿战争期间，它正处于青壮年的早期，其外部也面对两个强敌，即东方的马其顿和南方的迦太基。罗马若想要获得安定，就必须将这两股力量消灭。所有精力旺盛的国家都有着相同目标，即建立一条无法被外部敌人攻击的疆界——这也正是亚历山大的动力所在。

此时的西班牙并没有这样一条疆界。埃布罗河只能算是一个地理上的分界线，而并非险要屏障。因此当高卢战争结束之后，罗马人抱着对银矿和贸易市场的觊觎，在萨贡图姆扶植起了一个党派，鼓动他们去进攻迦太基的属国托博力泰（Torboletae）。汉尼拔对此进行了反击，但却被罗马人警告，要他不要攻击萨贡图姆。汉尼拔回绝了罗马人，并在公元前219年开始围攻萨贡图姆。在经过八个月的围攻之后，汉尼拔终于将其攻破。尽管罗马在此期间不曾给予萨贡图姆任何援助，但却在次年3月派使节前往迦太基，要对方交出汉尼拔及其部下。迦太基拒绝了对方的最后通牒，双方正式宣战。

汉尼拔很明显拥有代表迦太基向罗马复仇的一切理由，而且不容置疑的一点是，当他选择围攻萨贡图姆时，一定完全明白这一行动可能带来的后果。也许他确实是希望向罗马寻求复仇，但其动因却绝不是为了倾泄"巴卡家族的怒火"，而是为了重新夺回迦太基在第一次布匿战争中失去的利益，并重建其祖国的霸权。汉尼拔拥有非常出色的政治直觉，他知道罗马此时尚不过是一个拼凑起来的强权，其以武力为基础的霸权并不能让其他国家心悦诚服。高卢人永远都是罗马的敌人，而在当年皮洛士战争时期，也曾有不少罗马的盟友变节站到了希腊人一边。从战略上讲，这个时机对汉尼拔十分有利，而从战术上来讲，汉尼拔此时也居于优势地位，因为他已经深刻地理解了从亚历山大对骑兵的运用中诞生出来的战争艺术变革，而罗马人对此却几乎一无所知。

在罗马元老院（Senate）眼中，时机看起来似乎也一样有利。他们已经在北意大利击败了高卢人，并建起了拉丁殖民地来控制当地；在南方，罗马军队进驻了他林敦和其他港口城市；亚得里亚海对岸此时没有任何敌对威胁，制海权也被罗马人握在手中。罗马人不仅拥有通向西班牙的海上道路，而且还可以从西西里直接对迦太基本土发动进攻。但战争总是一种投机的游戏，其中充满了不可预料之事。即使元老院对一切因素都做出了正确的判断，但却仍有一个因素是他们所无法预料的。元老院能够对迦太基这个国家做出正确评价，但汉尼拔的天才却隐藏在其背后，根本无从估量。诚如道奇所言，元老们没有认清，汉尼拔从始至终都是一切事件的核心[2]，摆在他们面前的战争也将是一场长达16年的鏖战。在这场战争中，罗马只有汉尼拔这一位敌人，而他也将教会罗马人该如何去征服世界。那么，汉尼拔又是怎样一个人物呢？

除他所打的那些战役以外，我们对于汉尼拔所知甚少，而且这一切信息还都是来自其敌人的笔下。汉尼拔出生于公元前249年，九岁时随其父离开迦太基前往西班牙。从此时起直到他开始伟大的冒险行动前，汉尼拔始终都在西班牙，因此他肯定也随哈米尔卡参加了很多战争，并从中学到了大量关于战争艺术的知识。此外，他所受的教育也绝对不能忽视。据说，他能够流利地读写希腊语，而且非常精通希腊战史。汉尼拔体型瘦小却强壮，不仅在跑步和剑术方面很有造诣，而且还是一位无畏的骑手。他拥有钢铁般的体格，极能吃苦，头脑也十分灵敏，能够将所有条件综合起来进行分析。汉尼拔生活朴素，不迷恋于酒色。李维评价说："在遭遇危险时，他拥有惊人的勇气，即使在最混乱的情况中也能保持冷静判断。"但与此同时，李维还说汉尼拔残酷过人，而且比普通迦太基人更不守信用，"他不顾真理，不守信用，不畏神祇，完全不在意自己发过的誓言，也不顾及一切宗教信仰"。[3]波利比阿斯也说他"惊人的残忍"，而且"对于金钱非常贪婪"。[4]在我们看来，这些指责背后的事实可能都要大打折扣。正如后文所示，汉尼拔所谓的"不讲信用"，并不比其死敌西庇阿更加过分，而他的残酷在那个时代也没有什么反常之处。

公元前218年春季，当汉尼拔从新迦太基出发前往埃布罗河之时，其目标非常明确。他并不打算征服意大利，而是想要拆散意大利同盟，像阿加索克利斯曾经强迫迦太基那样，强迫罗马接受和平。汉尼拔在特拉西美诺湖（Lake Trasimene）取得了一场大胜之后曾经说道："我来此并非是要与意大利人作战，而是要代表意大利与罗马作战。"[5] 也就是说，他将自己摆在了解放者而非征服者的位置之上。带着这样一个观念作为其战略计划的核心，汉尼拔率领着90000名步兵、12000名骑兵以及37头战象[6]开始向今日的佩吉格南（Pergignan）进军。他之所以选择从陆路而非海路进军意大利，并不只是因为罗马人握有制海权，同时也因为他与西班牙之间的交通线必然会被敌军切断，他必须诱使高卢人加入其行动，以便在距离内高卢（Cisalpine Gaul）尽可能更近的位置建立补给和征兵基地。

由于罗马元老院没能猜透对方的意图，翻越比利牛斯山（Pyrenees）之后，汉尼拔在没有遭遇抵抗的情况下前进到了阿维尼翁（Avignon）以北不远的地方。期间，元老院在西西里组建了一支军队，由提比略·塞普洛尼乌斯（Tiberius Sempronius）率领准备进攻迦太基本土，同时元老院又派遣普布利乌斯·柯尼利乌斯·西庇阿（Publius Cornelius Scipio）率领另一支军队经由马西利亚（Massilia，即今天的马赛）前往埃布罗河。西庇阿抵达马西利亚之后才得知汉尼拔位于其北方50英里之处，他根本无法追上。西庇阿没有沿海岸道路将军队带回意大利，而是把他们交给了自己的兄弟格涅乌斯（Gnaeus），让他前往西班牙去攻击汉尼拔的基地，西庇阿本人则带着少数人员回到了比萨（Pisa）。

获悉汉尼拔的动向之后，罗马人将塞普洛尼乌斯的军队召回到了北方。与此同时，汉尼拔利用与亚历山大渡过海达斯佩河时相同的计策，跨过了罗纳河（Rhône），开始向海滨阿尔卑斯山（Maritime Alps）前进。虽然我们并不知道他到底是从哪里翻过了阿尔卑斯山，但无外乎是小圣伯纳德（Little St.Barnard）或热内夫尔山（Mt.Genevre）这两条路之一。汉尼拔所遭遇的最大困难并非来自于险恶的地形[7]，而来自于那些因为敌意而不断攻击其后卫的阿洛布罗吉人（Allobroge）。他这一路的损失非常巨大。当汉尼拔跨越罗纳河时，他手中尚有50000名步兵和9000名骑兵。[8] 而等到他抵达内高卢时，其军队已经减员到了20000名步兵和6000名骑兵。与历史学家李维[①]笔下跟随汉尼拔离开新迦太基的

[①] 译注：提图斯·李维（Titus Livius，公元前59年至公元17年），罗马历史学家，著有长达142卷的史学巨著《自建城以来》。

人数相比，这支军队的兵力已经减员到只剩大约四分之一了。

虽然我们无法断定损失如此惨重是否有指挥失误的原因，但毫无疑问的是，这个数字证明了汉尼拔的军队纪律不佳。也正因为如此，这样一支军队能在接下来数年之中获得一系列惊人胜利，才更让人感到惊讶。

公元前218年12月，汉尼拔在特雷比亚河（Trebia）岸边将塞普洛尼乌斯诱入了一场会战，让罗马人落入了陷阱。[9] 他首先在正面钉住了敌军，之后又分派半数骑兵去迂回敌军战线，打击在对方背后，彻底击溃了罗马人。第二年4月，在特拉西美诺湖北岸，汉尼拔又巧妙地及其机动到赛维利乌斯（Servilius）和弗拉米尼乌斯（Flaminius）两支军队中间，利用奇袭歼灭了后者。[10]

此战过后，汉尼拔继续向南进抵亚得里亚海岸地区，并在奥菲杜斯河（Aufidus）上的坎尼占领了一个罗马补给站。不过他之所以会来到此处，可能还是为了给手下骑兵寻找一片合适的战场。此时罗马的两位执政官（Consul），阿米利乌斯·保卢斯（Aemilius Paullus）和特伦提乌斯·瓦罗（Terentius Varro）正率领着四个双倍军团①在格鲁尼乌姆（Gerunium）等待着他。当他们知晓了汉尼拔的动向之后，便前进到了奥菲杜斯河地区，在河流的右岸、汉尼拔上游三英里处的位置宿营。

由于迦太基在骑兵方面占有优势，所以阿米利乌斯不愿进行会战，但瓦罗的想法却与他完全不同。由于两位执政官每日都会轮流指挥，因此在轮到瓦罗负责指挥时，他就让全军立刻前进。虽然两军之间仅爆发了一场不具决定性的散兵战斗，但等到第二天（公元前216年8月2日）轮到阿米利乌斯指挥之时，军队已经前进得太远，无法如其所愿向后撤退了。汉尼拔可能也意识到了这一点，因此便将军队排成了一个中央凸出的新月阵形。他将西班牙人和高卢人布置在战线中央，阿非利加步兵位于其两侧，极为强大的骑兵部队则位于步兵战线的两翼。面对着排成平行序列的罗马军队，汉尼拔首先击溃了罗马骑兵，之后便等待罗马步兵前进。军团步兵推挤着迦太基人的阵线，迫使对方向后退却，将原先凸出的阵形压成了内凹的形状。突然之间，汉尼拔挥动两翼的阿非利加步兵前进，将他们旋转过来包围了罗马人的侧面。最后，迦太基骑兵也从追击中返回战场，打击在罗马军队背后，将其彻底包围。

---

① 译注：双倍军团通常由一个罗马军团和一个拉丁同盟军团组成。在罗马史料中，这种由两个军团组成的部队经常会被简单地记作"一个军团"，后人为与普通的军团区分，将其称为双倍军团。

罗马军队就好像遭遇了地震一样，完全被对方所吞噬。[11]

当我们审视特雷比亚、特拉西美诺和坎尼这三场会战时，一定不会怀疑的一点是，迦太基人之所以能赢得这些会战，完全是得益于汉尼拔本人的战术天才。而他之所以能将自己的天才发挥得如此淋漓尽致，又要得益于罗马人对战争的刻板理解。在罗马人看来，战争是一种纯机械性的活动，胜负完全取决于勇气、纪律和操练。他们对将道几乎一无所知，将军被看作是队列教官，只要能让军队完成一系列阅兵式的队列机动即可，在排兵布阵时很少考虑地形或战术需求。由于罗马人在面对缺乏训练的野蛮人时，能够凭借纪律和操练水平战无不胜，而且他们也没能从亚历山大和继业者的战史中学到任何经验，所以罗马军队在战场上反复遭到奇袭。这一结果不只来自于汉尼拔的洞察力、预见性以及想象力，更来自于罗马人自己的无知和战术错误。而导致这些错误的原因也绝不是将领个人缺乏勇气，而是罗马整个军事体系的问题。由于元老院假定每一位公民都懂得如何进行队列操练，所以每一位公民都被视为合格的将军。正如孟森所说："在这样一场战争中，军队的领袖却要年复一年地从投票箱这样一个潘多拉之盒中产生，根本就没办法打胜仗。"[12] 究其原因，之所以会存在这种现象，则是从家族纷争中衍生而来的党争所致。历史学家李维曾不无夸张地说："虽然所有部族全都投票支持普布利乌斯·西庇阿，但两位执政官还是决定将阿非利加设置为一个行省，元老院也就据此发布了法令。"[13] 这个体系缔造出了一支呆板僵化的陆军，一个人能否当选将领的条件，并非其军事经验或者能力，而是他能否为党派尽忠。

与之相比，汉尼拔则是一位能够适应任何情况的将军（也许只有围攻战除外）。凭借自己的意志，他既能在意大利战役的前三年中施展出无比大胆的攻势，也能在后13年那受尽拘束的防御战中顽强坚持。简言之，他能够让自己的行动适应不断变化的环境。波利比阿斯评价说："发生在罗马人和迦太基人身上的一切事情，无论是好是坏，全都来自于汉尼拔一人的头脑之中……这仅仅一人的影响力是如此巨大，其头脑生来便具有执行人类力量所及范围内一切任务的能力。"[14] 波利比阿斯又进一步说："在整整16年里，汉尼拔始终在意大利与罗马鏖战，从不曾让其军队离开战场一步。这支军队的成员并非来自同一个部族，甚至也并非同一个人种，但他却始终能将数量如此庞大的人员掌握在手中，就好像一位优秀的舵手一样，不让任何人对自己或战友产生不满……这位统帅的能力是如此出众，哪怕是在这样一支兵源极为复杂的军队中，也没有一人曾违抗他所发布的任何一道命令，而是完全拜服在了他一人的意志之下。"[15]

在现代史学家之中，蒙森也曾说过："汉尼拔最杰出之处便在于他的创造力，这也是腓尼基人的天性之一。他非常喜欢选择艰难但却出人意料的行军道路，对敌人进行伏击和使用各种诡计也是他的拿手好戏，而他对于敌手性格的谨慎研究也史无前例。凭借一套无人可及的谍报系统（就连罗马城中也总是有他的间谍），他总是能知道敌军的计划。甚至于他自己也经常会穿上伪装身份的衣服，戴上假发去亲自刺探敌情。那个时代所有的史书，都是他作为天才将军和天才政治家的证明……汉尼拔是一位真正的伟大人物，无论他走到哪里，都会将众人的眼光吸引过来。"[16]

罗马的军事制度在面对这样一位人物之时，又能做到什么呢？当然是一事无成，而最终为罗马赢下战争的，也是罗马人的品格而非战争艺术。在坎尼会战之后，发生了什么事情呢？罗马共和国是否像汉尼拔所希望的那样，发生了全面叛乱？答案显然是否定的。没有一座拉丁城市背叛罗马，即使在罗马城已经陷入瘫痪之时，这些城邦也依然忠实于罗马。诚然，倘若将汉尼拔换做亚历山大，这个共和国可能还是会崩溃，因为亚历山大一定能够认清，这个"罗马邦联"的力量核心正是罗马城，而绝非任何其他事物。汉尼拔的骑兵将领马哈巴尔（Maharbal）曾催促他向这座都城前进，但汉尼拔却不愿意这么做。听到这个答案，马哈巴尔哀叹道："果然如此，众神绝不会将所有的天才全都赋予同一个人。汉尼拔，你知道如何获得一场胜利，但却不知道该如何利用它。"诚如历史学家李维的评价："众人公认，那一天的拖延拯救了罗马城和整个帝国。"[17]

为何汉尼拔不向罗马进军？霍尔沃德先生（Mr.Hallward）给出的答案是汉尼拔已经酝酿了一个新计划："迦太基的全部力量都将被用来扩大战争范围，以便创造出一个针对意大利的包围网。"在汉尼拔对一座又一座城市展开进攻的同时，迦太基本土的政府也在通过"将罗马人逐出西班牙，夺回撒丁尼亚，重新夺取西西里岛控制权"[18]等手段来试图让罗马媾和。为了达到这个目的，汉尼拔在公元前215年接受了马其顿国王腓力五世的结盟请求。[19]但这是否就是实现其目标的最快途径？倘若罗马城投降或是被攻克，西班牙、撒丁尼亚、西西里等一切领地都会自动落入汉尼拔手中。迫使汉尼拔采取这个路线的原因，绝不是这个"新战略"就是对付罗马的最佳办法，而是因为他手中没有攻城纵列。他知道自己无法攻陷罗马城，因此只能放弃进一步的攻势，转而像他的对手"拖延者"法比乌斯（Fabius Cunctator）一样采取守势，用消耗战来消磨对手。

为什么没有一座城市背叛呢？其原因不仅在于它们忠于罗马，同时还在于这些城市都拥有城墙，各城市之间也有道路相连。在面对汉尼拔的野战军时，这些城市不仅能够自保，还能很方便地获得补给。这些拥有围墙的城市如今便是罗马的战略支点，而汉尼拔却很奇怪地没能认清这一点。如若不然，当他于公元前215年在卡普亚（Capua）站稳脚跟，并将南意大利大部分地区收入囊中之后，就一定会建立一支攻城纵列，以此来摧毁敌军的战略支柱。在接下来的四年中，战争的主题变成了行军、反制、威胁和撤退。当弗维乌斯（Fulvius）于公元前211年包围并攻陷卡普亚之时，汉尼拔却只能跨过阿尼奥河（Anio）进军到罗马城下，在科利纳门（Colline Gate）外挥舞自己的宝剑。虽然这的确是一个英雄般的姿态，但却迟到了五年之久。

当战争双方均以守势在意大利境内互相对抗之时，多半是由于汉尼拔的外交努力，战争在其他地区打得十分火热。在西班牙，汉尼拔的兄弟哈斯德鲁巴、马戈（Mago）和吉斯哥（Gisgo）之子哈斯德鲁巴一直在与普布利乌斯、格涅乌斯这两位西庇阿作战。公元前215年，撒丁尼亚爆发了起义。第二年，由于叙拉古与迦太基结盟，罗马人又派遣执政官克劳狄乌斯·马塞卢斯（Claudius Marcellus）前往西西里，他对叙拉古城的围攻也成了这场战役中的标志性事件。作为一次军事行动，这场围攻战因阿基米德（Archimedes）的天才表演而显得十分有趣。波利比阿斯曾评价阿基米德说："在特定情况下，一人的天才足以压倒任何数量优势。"[20]叙拉古一直坚守到了公元前211年，最后还是因为城内出现叛徒才落入罗马人手中。随着该城的陷落，西西里岛上的抵抗也被扑灭了。

尽管马塞卢斯在西西里赢得了光荣的胜利，但两位西庇阿却在西班牙遭遇了惨败，他们手下的伊比利亚凯尔特人（Celtiberian）变节，二人也因此战败身亡。罗马又一次陷入了瘫痪，而新的指挥官也还是要靠民众选举出来。曾经担任过执政官或司法官（Praetor）的显要人物无一人敢于承担责任，最终一位年仅24岁、仅担任过军事保民官（Tribune）和营造官（Aedile）等低级职务的年轻人毛遂自荐，借着人民的支持使元老院不情愿地接受了他。此人与其父同名，他就是普布利乌斯·柯尼利乌斯·西庇阿，也就是后来史学家笔下的"阿非利加努斯"。此人正是汉尼拔的征服者。

这位西庇阿出生于公元前235年,他第一次为历史所记载是在特雷比亚会战之中。虽然他当时还只是一个孩子,但却救了自己的父亲一命。[21] 接下来,他又在坎尼会战中担任军事保民官,并从那场屠杀之中逃了出来。后来在听说梅特卢斯(Metellus)和一些年轻贵族想要逃离意大利时,他就赶去那位官员的住所,拔出短剑来强迫对方发誓自己和同伴永远不会抛弃罗马。虽然他英勇出众,但个性却不易揣测。以下是蒙森对他的判断:

他并不属于那些能够用自己的精力和钢铁般的意志强迫世界在此后数百年走上全新轨迹的少数几人之一。

……但这位优雅的英雄身上还是笼罩着一种特殊的魅力。西庇阿被一种平静但又自信的气质所包围着,就好像是炫目的光环一样。他虽然有轻信他人的缺点,却又十分机敏狡诈。他不仅有能够鼓舞人心的精力,还能凭借自身智慧对一切事物做出准确的估量,但同时他又显得十分粗俗。他既不像大多数人那样虔诚,又不敢彻底将众神抛在脑后。在私下里,西庇阿深信自己为众神所独爱。简言之,他就好像一位先知一样,虽然地位高于人民,但却并不完全凌驾于他们之上。他信守承诺,举止优雅。他认为如果自己采用了过去的国王头衔,那简直就好像是在贬低自己一样,但同时他又无法忍受共和国法律的制约。由于坚信自己的伟大,他对于嫉妒和憎恨一无所知,经常大方地承认他人的优点,原谅他人的过失。他既是一位出色的军官也是一位出色的外交家,但却从不咄咄逼人地将其表现出来。希腊文化和罗马民族的自豪感在他身上得到了完美的融合。他拥有出色的演说能力,举止彬彬有礼。也正是因为如此,普布利乌斯·西庇阿赢得了士兵、女人、同胞、西班牙人、元老院政敌以及那位伟大迦太基敌手的尊重和热爱。[22]

西庇阿从接掌西班牙驻军开始直至布匿战争结束取得的一连串不间断胜利,则要得益于他那希腊式的开放头脑。其他罗马将军几乎不曾从过去的失败中学到任何教训,但西庇阿却甚至能从自己的成功之中学到更多经验。汉尼拔虽然是他的敌人,但同时也是他的老师,这不仅体现在战争艺术方面,同时也体现在领导、管理人员的艺术上。西庇阿最杰出的天赋在于他对群众心理的洞察力。他曾在西班牙遭遇兵变,而他对这一事件作出了如下评价:"……群众从来都很容易被带入歧途,也很容易被诱导犯下错误。可以说，群众就像大海一样，尽管它自己是安宁而平静的，但在狂风大作之时，马上就会变得和狂风一样汹涌。因此一个群体的特点，总是会和它的领袖或顾问保持一致。"[23]

西庇阿沿着台伯河入海，在公元前210年年末登陆恩波里乌姆（Emporium）。他到达西班牙时所面临的情况不容乐观。他发现在埃布罗河以南，除卡斯图洛（Castulo）和萨贡图姆这两座设防城市以外，所有土地都已经失陷了。但这种情况却只是促使他把自己的将道提升到了一个新的高度而已。西庇阿的第一步行动，可以算是战争史中最大胆且最具戏剧性的行动之一，而且他之所以能够如此行动，也完全得益于他手中握有制海权。西庇阿计划趁哈斯德鲁巴和马戈的部队分散之时，用奇袭的方式来占领新迦太基城，以此在敌军东翼站稳脚跟。这样一来，他不仅能从背后对敌人发动进攻，而且还能威胁敌军的海上交通线。[24] 通过高超的战术技巧，西庇阿攻克了新迦太基。当他进城之后，立刻便洗劫了城镇，制造恐怖情绪，之后又非常友善地对待被迦太基人软禁在那里的西班牙人质，将他们释放并赠送了厚礼，"少女们得到了耳环和手镯，年轻男子则得到了匕首或者宝剑"。[25] 通过这种办法，他很快就赢得了当地人的好感。

在占领了新迦太基，陆军和舰队也休整完毕之后，西庇阿开始向安达卢西亚进军。公元前208年，他在巴埃库拉（Baecula）击败了哈斯德鲁巴的军队，但没能将对方歼灭。敌军在这位能干的哈斯德鲁巴带领下，退向圣塞巴斯蒂安（San Sebastian）进入了高卢，最后又穿过山地隘路进入意大利。尽管很多史学家都曾批评西庇阿，说他不应放任对手逃走，但这种批评却根本没有任何道理。如果西庇阿真的选择在一片未知且地形极为复杂的地区去追击哈斯德鲁巴，并让马戈和吉斯哥之子哈斯德鲁巴在自己背后任意行动，那才要算是真正的战术愚行了。

接下来，西庇阿在卡斯图洛集中了自己的军队，并向位于伊利帕（Ilipa）的吉斯哥之子哈斯德鲁巴和马戈进军。西庇阿施展出了与汉尼拔在坎尼会战中相似的高超战术，击败了这两位对手。[26] 哈斯德鲁巴逃到了毛里塔尼亚（Mauritania，即今摩洛哥），而马戈则撤到了巴利亚利群岛（Balearic Isles），在那里招募了一支新的军队去支援汉尼拔。这一战决定了迦太基人在西班牙的命运，到公元前206年秋季，整个半岛都已经被罗马收入囊中。

与此同时，哈斯德鲁巴于公元前207年春季沿着其兄长曾在11年前走过的道路翻越阿尔卑斯山，进入了波河（Po）谷地。他在那里招募了10000名高卢人[27]，之后就对普拉森提亚展开了围攻。哈斯德鲁巴没能攻陷此地，只好向法努姆—弗塔奈（Fanum Fortunae，即今日的法诺）前进。这是一座亚得里亚海岸上的小港口，同时也是弗拉米尼亚大道在海岸上的终点。在这里，哈斯德鲁巴遭遇了保民官波希乌斯（Porcius）和执政官李维乌斯（Livius）二人联合部队的前哨，而这支部队的主力则宿营在法努姆—弗塔奈以南不远处的塞纳—加利卡（Sena Gallica，即今日的塞尼加利亚）。此时汉尼拔仍在意大利南部的冬季营地之中，受到执政官克劳狄乌斯·尼禄（Claudius Nero）和弗维乌斯·弗拉卡斯（Fulvius Flaccus）率领的40000名步兵和2500名骑兵监视。汉尼拔希望在意大利中部与其兄弟汇合，但由于他必须保护自己在布鲁提乌姆（Bruttium，即意大利之趾）的作战基地，因此他也不愿在确认哈斯德鲁巴所在位置之前便向北进发。根据历史学家李维的说法，汉尼拔没有料想到哈斯德鲁巴能如此迅速地越过阿尔卑斯山。后来当他听说哈斯德鲁巴在围攻普拉森提亚时，又认为围攻会持续很久，所以他就只前进到卡努西乌姆（Canusium），等待他兄弟派来的使者。

当此之时，突然发生了一件意外事件，而这种意外也经常会决定一国一族的命运。哈斯德鲁巴从普拉森提亚解围离开时，派了四名高卢骑兵和两名努米底亚（Numidia）骑兵去给汉尼拔送信。他们穿过了整个意大利，却不知道汉尼拔已经去了卡努西乌姆，反而还认为他在他林敦附近。最后信使们迷了路，落到罗马征发队的手中。这样一来，克劳狄乌斯·尼禄就掌握了哈斯德鲁巴想要穿过亚平宁山脉与其兄长在翁布里亚（Umbria）会合的意图。历史学家李维记载说，克劳狄乌斯·尼禄"认为眼下的情况不允许将领们循规蹈矩，执政官不能仅仅只是率领军队在自己的省区里与元老院指定的敌人作战。他必须随机应变，采取一种前所未见，也令人始料不及的办法。虽然这个行动在刚开始时可能会让自己的国民和敌人一样感到害怕，但是只要行动获得成功，公民们的担心就会变成巨大喜悦"。[28] 他将哈斯德鲁巴的书信送到了罗马，告诉元老们他将趁汉尼拔犹豫不决之时，率领6000名精锐步兵和1000名骑兵向北进发，前去支援波希乌斯和李维乌斯，而其余部队则留给昆提乌斯·卡提乌斯（Quintius Catius）率领继续监视汉尼拔。另外，他还建议应将部署在卡普亚的军团转移到罗马，罗马城内的部队则应转移到纳尼亚（Narnia）。另外，他还提前派出信使去通知他计划途经的各地，命令当地人"从农场和城市中收集好给养带到路旁，方便士兵们食用。另外平民们还应将马匹和骡子也一同带来，替换掉军队中那些疲惫的驮兽"。[29] 他深知现在是一刻都不能耽搁，因此不等元老院回复便开始北上。

这种史无前例的行动让元老们感到十分担心。他们认为汉尼拔得到了解放，即使到了此时，"战争初期的惨败以及前些年里两位执政官阵亡的灾难，依然让元老们心有余悸。他们说，敌人在意大利只有一位将军、一支军队时，就已经给罗马带来了如此深重的灾难。而如今对手已经在意大利打响了两场布匿战争，有两支强大的军队以及两位汉尼拔"。[30]

尼禄带着他的 7000 名士兵以最快速度昼夜兼行，当他接近塞纳—加利卡之后，就给李维乌斯送信，通知自己已经到达，以方便他们在夜间秘密进入营地。这样一来，哈斯德鲁巴就不会因李维乌斯的营地规模变大而发现自己了。在营地中，尼禄手下的军官和士兵住进了李维乌斯手下的营帐之中。

尼禄到达后，罗马人立刻召开军事会议，尽管不少人都希望先让尼禄的疲兵得到休整，之后再与对方交战，但尼禄却建议说应该趁哈斯德鲁巴尚不知道他的到来，汉尼拔也不知道他已经离开之时立刻发动进攻。众人接受他的提议之后，罗马人就吹响了准备会战的号角，士兵们也开始排布战线。

尽管罗马人尽了一切努力来保守秘密，但他们还是犯下了一个愚蠢的错误，让哈斯德鲁巴得知李维乌斯已经得到了增援。一支罗马侦察队在吹号报告其回营时，在保民官的营地里只吹了一次号声，但在执政官的营地中却吹响了两次。哈斯德鲁巴据此判断李维乌斯的营地中一定有两位执政官，李维乌斯也肯定得到了增援。因此哈斯德鲁巴拒绝进行战斗。当天夜间，他沿着米陶拉斯河谷溜走，想从那里走上弗拉米尼亚大道。但在一片黑暗之中，他的向导却逃走了。此事严重耽搁了他的行程，导致罗马人发现了他的撤退，并立刻追赶上来，强迫他不得不接受会战。

哈斯德鲁巴将军队列成了战线，中央是由战象掩护的利古里亚人（Ligurian），右翼是西班牙部队，左翼则是高卢人。其中高卢人的阵地位于一座小上山，俯视着一条溪流（可能是今天的圣安杰洛河），他们可能与利古里亚人的左侧相距较远。在这些高卢人的对面，一座同样俯视着溪流的高地上，尼禄也率军列出了自己的战线。李维乌斯手下部队则面对着哈斯德鲁巴亲自指挥的西班牙部队，与尼禄的

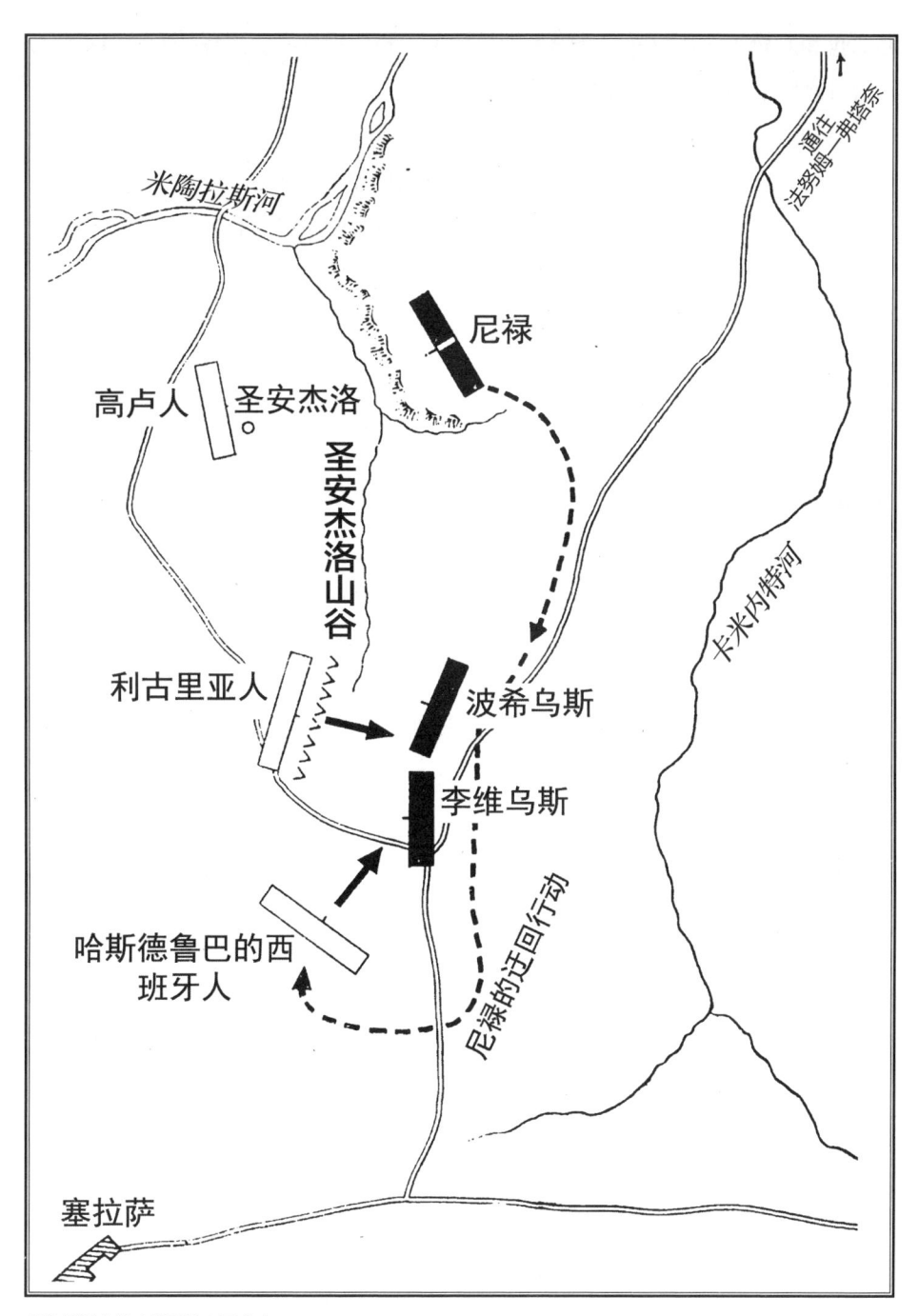

米陶拉斯会战（公元前 207 年）

距离也相对较远。历史学家李维告诉我们说,哈斯德鲁巴的战线"宽广但纵深较浅",而罗马人的右翼则超出了对方战线。

西班牙人首先打响了战斗。"两位(罗马)将军都投入到了战斗之中,大部分罗马步兵、骑兵、西班牙部队、熟悉罗马战术的迦太基老兵以及坚韧的利古里亚武士们互相混战。战象也在此处参战,它们只凭着一次冲锋,就把罗马第一线部队冲乱,压迫着掌旗官们向后撤退。不久之后,随着战斗变得越来越激烈,战场上的呐喊声也越来越大。战象失去了控制,就像没有舵手的战舰一样在两军战线之间来回冲撞,根本弄不清自己到底属于哪一方"。[31] 最终,大部分战象都被象夫杀死。他们专门准备了长刀和锤子,在需要杀死大象时,可以用锤子将长刀打入战象的脊椎。

与此同时,在哈斯德鲁巴的左翼,由于地形原因,双方根本无法接战。尼禄看到自己左侧爆发的激烈战斗,决心参与其中。他留下部分士兵牵制高卢人,之后便率领着"几个大队"从敌军视野之外和李维乌斯的后方绕过,其行动与千百年后马尔伯勒(Marlborough)在拉米利斯(Ramillies)的行动极为相似。尼禄奇袭了哈斯德鲁巴,他首先对西班牙部队的右翼发动冲锋,之后又打击在他们的背后,将他们推向了利古里亚人。

意识到大势已去之后,哈斯德鲁巴催动战马"冲向一个罗马大队,在那里战死沙场,证明自己不愧是哈米尔卡的儿子和汉尼拔的兄弟"。[32] 对于哈斯德鲁巴的阵亡,波利比阿斯特别指出,"只要还有一线希望,哈斯德鲁巴在战斗中就非常在意自己的生命安全,因为他知道,自己一旦阵亡就会造成非常严重的后果。可是当幸运女神剥夺了他对未来的一切希望之后,他就选择了孤注一掷。虽然他无论是在战前准备中,还是在战场上,都没有犯下任何导致自己无法获胜的错误,但他还是决心面对自己的命运,而没有做出那些有辱自己过去生涯的事情"。[33]

关于双方的伤亡数字,按照波利比阿斯的说法,"包括凯尔特人在内,迦太基一方至少有10000人阵亡,而罗马人则损失了2000人左右"。[34]

尼禄在会战当晚便踏上了回程,其行军速度甚至比他赶来时还要更快。他在出发后第六天就回到了面对着汉尼拔的营地。[35] 与此同时,他还给罗马送去了一份简略的捷报。一开始人们还不敢相信,但当消息得到确认之后,整个城市都陷入了疯狂的喜悦之中。这也是他们迄今为止,在面对迦太基这位死敌时所取得的最大的胜利。

获悉自己的兄弟战败身亡之后,汉尼拔撤回了布鲁提乌姆。即使到了此时,罗马人还是畏于他的大名,不敢发动进攻。但罗马人一定非常清楚,自己已经赢得了一场决定性的胜利。这一仗扑灭了汉尼拔打破罗马对意大利掌控的最后希望,使罗马士兵的士气为之一振,巩固了盟邦和属民的忠诚。由于此时起,战争的主动权转移到了罗马一方。

假如汉尼拔在坎尼会战后不向罗马进军的理由,确实是他认为组建意大利包围网更为有利的话,那么在他的兄弟败亡于米陶拉斯会战后,他也一定也认清自己已经犯下了大错,现在反倒是他自己受到了围困。到公元前205年,汉尼拔已经被孤立在了意大利之趾。西西里、西班牙都已经沦陷,罗马人和马其顿国王腓力五世之间也签订了和约。[36] 汉尼拔如今只能被动防御,主动权也就落到了罗马人手中。虽然大部分罗马人还是希望缓慢地扼杀汉尼拔,但西庇阿却另有打算,而这一计划似乎从他接手西班牙指挥权时便已开始酝酿了。西庇阿希望以西班牙为踏脚石,将战火引向阿非利加。波利比阿斯告诉我们说,在西庇阿将迦太基人赶出西班牙之后,有人曾建议他"休息一段时间,享一享清福"。西庇阿回答说,他如今"比以往更想要发动对迦太基城的战争"。[37] 阿加索克利斯的战史似乎自始至终都影响着西庇阿,而西庇阿本人也非常敬佩阿加索克利斯的勇气。[38] 西庇阿坚信这场战争非要打到阿非利加不可,早在伊利帕会战之后不久,他就曾冒着生命危险前往毛里塔尼亚拉拢马塞西里(Masaesylli)国王西法克斯(Syphax)。另外他还从努米底亚国王马西尼萨(Masinissa)手中获得了一支骑兵部队。[39]

这一趟旅程结束之后,西庇阿在公元前205年回到了意大利。虽然他得到了人民的支持,但年长的将军们却嫉妒他年纪轻轻便已经建功立业,因此将他选做执政官,并把西西里划给了他。这一安排的目的原本是要将他赶出罗马,而不是让他在那里发挥什么作用。西庇阿在西西里只有两个军团,都是由坎尼会战幸存者所组成的,他提出的一切增援请求也全部遭到了拒绝。但他并没有灰心,反而全力投入了这支复仇大军的征召、组织和训练工作之中。

公元前205年,西庇阿派遣自己的副将莱利乌斯(Laelius)先行前往阿非利加,他本人则于第二年春天率军在利律拜乌姆登船,前往乌提卡附近的法里纳角(Cape Farina)登陆。被西法克斯从自己领土上赶走的马西尼萨也在这里与他汇合。西庇阿这支远征军的兵力在25000人左右,包括两个军团和所有他能征募到的志愿兵,其舰队则包括 40 艘战舰和 400 艘运输船。在此期间，吉斯哥之子哈斯德鲁巴也回到了阿非利加。他组建了一支拥有 20000 名步兵、6000 名骑兵和 140 头战象的军队，一支伊比利亚凯尔特佣兵也在赶来的途中。另外，西法克斯也召集了大批骑兵前来支援迦太基。

西庇阿此时的首要任务就是建立一个安全的行动基地，因此他开始围攻乌提卡。但是当哈斯德鲁巴和西法克斯接近之后，西庇阿又被迫解围，撤退到了大约两英里外的一个岩地海角上，并在这块被他称作"卡斯特拉·科尼利亚（Castra Cornelia）"的地方过冬。西法克斯认为西庇阿已经走投无路（事实上也相差不多），便向他提出了和谈。西庇阿此时表现出了任何一位迦太基人都不曾有过的奸诈，他尽可能拖延谈判进程以方便手下侦察六英里以外的敌军营地，并暗中计划利用夜幕掩护对敌军进行奇袭。

不少史学家对这种诡计都颇有微词，将其称为单纯的背叛行为。但是我们也必须记得，西庇阿此时已经陷入了绝境，而敌军的骑兵也让他在征发给养时严重受限。无论从哪个角度来看，西庇阿的行为都非常具有决定性。倘若他不这样做的话，就根本不可能获得最后的胜利。西庇阿"装作非常渴望停战的样子"，匆匆与对方签订了停战协议。西法克斯和哈斯德鲁巴这两位对手受到蒙蔽，自认为已经可以高枕无忧了。为了进一步迷惑对手，西庇阿又做出了准备再次围攻乌提卡的姿态。紧接着他就整顿好自己的两个军团，在日落时分出发。他命令莱利乌斯和马西尼萨去进攻西法克斯，"用火攻去点燃敌军营地"，而他自己则采用同样的办法去进攻哈斯德鲁巴。

迦太基人的前哨要么是过于松懈，要么就干脆是睡着了。当罗马人突然向营内射出火箭时，对方立刻便乱作一团。李维和波利比阿斯的记载都极具戏剧性，其中后者写道："……那场面的可怕程度简直无以复加，前无古人。"李维说，迦太基军队有 40000 人被杀或被烧死，5000 人被俘，另外还有 2700 名努米底亚骑兵和六头战象也落入罗马人之手。简单来说，如果李维给出的数字没有过分夸张的话，那么虽然哈斯德鲁巴和西法克斯都得以逃出生天，但二人手下的联军却还是被彻底消灭了。[40]

由于乌提卡还在坚守城池，所以西庇阿没有冒险直取迦太基，而是选择回过头来加紧了对乌提卡的围攻。与此同时，哈斯德鲁巴和西法克斯也与 4000 名伊比利亚凯尔特人佣兵汇合，开始组建一支新军。西庇阿意识到汉尼拔有可能撤回阿非利加，因而他也必须在汉尼拔赶回之前再次击溃哈斯德鲁巴。于是他率领着一个军团和实力大为增强的骑兵出战。在巴格拉达斯（Bagradas）大平原上，西庇阿与哈斯德鲁巴、西法克斯进行了一场会战，这一次他又使出了与伊利帕会战相同的战术，而此战也是罗马人在历史上第一次单凭骑兵冲锋便击败了敌军的战例。哈斯德鲁巴彻底溃败，西法克斯也仅能率领着少数残余骑兵逃走。之后西法克斯又遭到了马西尼萨的追击，在西尔塔（Cirta）被俘。对西庇阿而言，俘获西法克斯具有极大的价值。现在他不仅可以让马西尼萨复位，而且还将迦太基最具价值的骑兵兵源抢到了自己手中。

巴格拉达斯会战的结果在迦太基引起了一片恐慌，迦太基人再次向罗马求和，正在波河河谷中作战的马戈以及坚守在布鲁提乌姆的汉尼拔都被召回国内。这样一来，西庇阿的第一个目标就宣告完成了——汉尼拔被迫撤出了意大利。紧接着，西庇阿向迦太基提出了一个非常慷慨的和平协议，希望以此来达成他的第二个目标，即胜利结束战争。

就在双方争论和平条款的时候，马戈从意大利溜走了。虽然他的部队成功返回了阿非利加，但他本人却因为在航行途中受伤而亡。

在接到撤退命令时，汉尼拔正停留在克罗顿（Croton，即今日的科特罗内）。他宰杀了所有的马匹，之后便在一个临时停战协议的保护之下，于公元前203年6月23日让士兵们登船回到了小勒普提斯（Leptis Minor，即今日的勒姆塔）。此时其麾下军队总数在15000人到20000人之间。接下来他又赶到哈德鲁门图姆（Hadrumentum，即今日的苏萨），去尽其可能地征召骑兵部队。汉尼拔的行动鼓舞了迦太基主战派，他们拒绝签署和平协议，而且还将罗马使者抓了起来。西庇阿被这种背信弃义的行为激怒，在公元前202年年初从突尼斯拔营，沿巴格拉达斯谷地前进。罗马人烧毁了沿路的所有村庄，这不仅是为了制造恐怖情绪，同时也是为了摧毁迦太基城所倚重的粮食来源。西庇阿的行动让迦太基人方寸大乱，要求汉尼拔立即采取行动，不要再拖延下去了。几天之后，汉尼拔拆毁了他在哈德鲁门图姆的营地，开始向内陆的扎玛（Zama，即今日的佐瓦林）前进。此处位于迦太基城南方，与城池相距五天的路程。在那里，汉尼拔收到了一个不祥的消息——马西尼萨已经带领着6000名步兵和4000名骑兵与西庇阿汇合。

汉尼拔肯定已经认清，面对着敌军如此巨大的骑兵优势，获胜的机会非常渺茫，因此他提出与对手会面。西庇阿同意了这个要求。第二天，"两位指挥官各自带着少数骑兵走出营地。接近之后，他们就把卫兵留在后面，单独在两军之间的空地上交谈，各自只有一位翻译陪同"。[41] 汉尼拔指出，在战争中命运是如何的反复无常，并提出将西西里、萨丁尼亚和西班牙割让给罗马，迦太基将永不在这些地方发动战争，以此来换取和平。西庇阿明知自己占据优势，自然选择了拒绝这些提议，并声称由于迦太基人撕毁了最近的停战协议，他不会再信任迦太基人的保证。会面就此结束，两位将军各自返回了营地。第二天黎明时分，二人将军队列成了战线。

在士兵素质和训练水平方面，汉尼拔远不及对方，迦太基军队摆出的战斗序列也证明他非常清楚这个事实。他手中拥有三支步兵部队，分别是他从意大利带回来的部队、马戈的部队以及迦太基元老院征召的一支迦太基和阿非利加部队。前两支部队都是可靠的，但第三支部队却并非如此。因此，由利古里亚人和高卢辅助部队组成的第二支部队被列在了第一线。由于汉尼拔在他们之间部署了巴利亚利投石手和摩尔（Moor）轻步兵，所以我们也几乎可以断定他们采取了疏开队列。由迦太基和阿非利加人组成的第三支部队被汉尼拔部署在了第二线，紧邻第一线后方。第一支部队的老兵则被他当作预备队保留在第二线后方200码的距离上。汉尼拔将手中的80头战象列在第一线前方，组成了一条漫长的横线。最后，他又将自己的2000名骑兵部署在了两翼，迦太基骑兵位于右翼，努米底亚骑兵位于左翼。由于在骑兵方面居于劣势，汉尼拔无法再像坎尼会战时那样去迂回对方侧翼，只能寄希望于从正面打破罗马人的战线，因此他也将赌注压在了战象的发挥上。如果战象表现出色，罗马军队的正面就一定会陷入混乱。这不仅有助于第一线的进攻，而且还能鼓舞第二线那些紧急征召起来的阿非利加人。在此之后，他就能利用第三线给对方致命一击。

西庇阿虽然沿用了军团的标准阵形，但也按依照他所面对的情况对其进行了修改。他没有按照棋盘格阵形将第二线各中队部署于第一线各中队之间的空当后方，而是将第二线各中队布置在了第一线各中队的正后方，预留出了让对方战象穿过的通道。此外，他还将三线兵与前两线之间的距离拉得更远，即使前两线被对方战象突破，三线兵也不会和他们一起陷入混乱。轻步兵被部署在空当之中，他们收到了

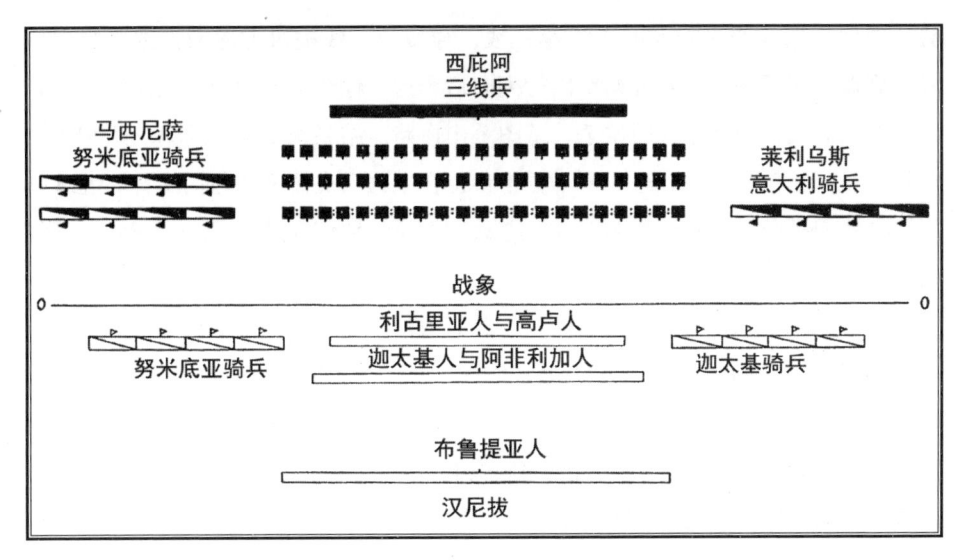

```
┌─────────────────────────────────────────────────────────────┐
│                        西庇阿                                │
│                       三线兵                                 │
│   马西尼萨          ▬▬▬▬▬▬▬▬▬▬                              │
│  努米底亚骑兵      ▮▮▮▮▮▮▮▮▮▮▮▮        莱利乌斯              │
│  ▬▬▬▬▬▬          ▮▮▮▮▮▮▮▮▮▮▮▮       意大利骑兵             │
│  ▬▬▬▬▬▬          ▮▮▮▮▮▮▮▮▮▮▮▮       ▬▬▬▬▬▬                │
│                                        ▬▬▬▬▬▬               │
│                      战象                                    │
│ o─────────────────────────────────────────────────────────o │
│              利古里亚人与高卢人                               │
│   ▭▭▭▭▭      迦太基人与阿非利加人         ▭▭▭▭               │
│  努米底亚骑兵                             迦太基骑兵          │
│                                                              │
│                     布鲁提亚人                                │
│                 ▭▭▭▭▭▭▭▭▭▭▭                                │
│                      汉尼拔                                   │
└─────────────────────────────────────────────────────────────┘

扎马会战（公元前 202 年）
```

专门的命令，要他们在"抵挡不住战象冲锋时"向后撤退。莱利乌斯率领的意大利骑兵被部署在战线左翼，马西尼萨的努米底亚骑兵则位于右翼。

会战过程可以被分成四个阶段：一、汉尼拔的战象冲锋与迦太基骑兵的溃败；二、汉尼拔前两条战线与西庇阿青年兵、主力兵的战斗；三、双方预备队之间的战斗；四、马西尼萨对汉尼拔老兵的背后攻击。

虽然李维的记载更具戏剧性，但波利比阿斯的记载却更加可信。[42] 按照后者的说法，双方的努米底亚骑兵首先以散兵战斗打响了会战，而汉尼拔也就在此时开始催动战象进行冲锋。当战象接近敌军时，罗马人突然鼓噪大作，迦太基左翼的战象在惊恐之下掉头逃跑，反而冲散了汉尼拔的努米底亚骑兵。马西尼萨抓住这个机会发动冲锋，将对方赶出了战场。在中央，战象驱赶着罗马轻步兵沿空当撤退，并给他们造成了巨大损失。接下来则是莱利乌斯的表演时刻了。他趁着对方战象冲向罗马队列后方的机会，对汉尼拔的迦太基骑兵发动冲锋，将其彻底击溃。与马西尼萨一样，他随后也展开了猛烈地追击。

直到双方骑兵都已经离开战场之后，步兵才终于开始行动，波利比阿斯说，这是"一场士兵之间比拼力量的近距离搏斗"。最初似乎是汉尼拔占据了优势,但他的第二线没能及时支援第一线,导致第一线被对方逐渐击退。等到后者感到孤立无援之时,便开始冲出行列向后奔逃。惊慌失措的士兵们无法穿过第二线继续后退,便开始大肆砍杀,试图杀出血路。结果迦太基人的第一线和第二线就挤在一起自相残杀起来。罗马青年兵也在主力兵支援下从他们的背后继续施压,将他们赶向了汉尼拔的第三线。老兵们拒绝让他们穿过,溃兵只好从第三线两翼逃之夭夭。

接下来就进入了会战的第三阶段。此时战场上的景象十分凄惨,地面上已经堆满了尸体,伤员也"拖着残肢断臂被堆在一起"。西庇阿下令将伤员转移到后方,以便为最后的攻击扫清障碍。他命令青年兵退到两翼,之后又以密集队形将主力兵和三线兵推进到两翼中间。"当他们将障碍物(尸体)扫清之后,就与青年兵一同列成了战线。两军战线互相冲杀在一起,爆发了最激烈的战斗。由于双方在人数、士气、勇气以及武器方面相差不多,因此在很长一段时间内不分胜负。士兵们勇气十足,哪怕战死沙场,也不曾向后退让一步"。[43]

倘若交战仅局限于步兵之间,汉尼拔仍有可能获得胜利。但对西庇阿最幸运的是,"就在最关键的时刻",马西尼萨和莱利乌斯回来了,他们"冲向汉尼拔的背后,将大部分敌军斩杀在行列之中,试图逃跑的士兵只有很少一部分能逃出生天……"迦太基军队就此开始全面崩溃。"罗马一方有1500人阵亡,而迦太基则有20000人被杀,被俘者更是不计其数"。[44]汉尼拔本人在少数骑兵陪同下逃到了哈德鲁门图姆。

西庇阿在获胜之后没有立刻向迦太基城进军。按照李维的说法,西庇阿认为若是他真的对迦太基城展开围攻,那么不等到城市陷落,他就会被元老院召回罗马,破城的荣誉也将落入其继任者手中。[45]波利比阿斯则说罗马人是因为他们的高贵品格才选择了宽宏大量。[46]这两个说法都非常值得怀疑,真实原因无疑应是西庇阿根本没有做好打一场长期围攻战的准备。与汉尼拔一样,虽然西庇阿是一位野战大师,但他在围攻战术方面却没有什么建树。另外,战争已经打了16年之久,罗马也已经精疲力竭。无论从哪方面来看,由于迦太基城的工事异常坚固,围攻该城一定会花费很长时间。[47]因此西庇阿也只能与迦太基进行和谈,而很难占领该城。于是西庇阿拿出了一个慷慨而且明智的和约,迦太基人也按照以下条款与他达成了协议:

一、交出所有战舰和战象。

二、未来不经罗马允许,不得发动战争。

三、让马西尼萨在他原有的王国复位。

四、50年内缴纳10000塔兰特(297万英镑)赔款。

罗马元老院与人民也接受了这些条款。斯卡拉德先生(Mr.Scullard)写道:"就这样,汉尼拔的征服者不仅证明了自己的军事战略行之有效,在政治方面也获得了全胜。他签订了一个非常明智的和约,倘若汉尼拔是在意大利被击败的,那么这个和约可能根本无法签署……他的成功在很大程度上要得益于罗马人民的热情和忠实支持。"[48] 蒙森也评价说:"……两位决定着政治问题走向的伟大将军,可能将签署这个和约当作是一种公正而且理智的限制手段,一方面压制了胜利者激烈的复仇情绪,另一方面也扫清了失败者的顽固和冲动。汉尼拔从容地屈服于不可避免的失败,而西庇阿也明智地克制了胜利后常见的过分张扬,没有羞辱对手。这两位对手的高贵人格和政治天赋在此表现得淋漓尽致。"[49]

虽然这两个伟大人物在当时都不曾认清这个事件到底有多么重要,但从李维和波利比阿斯在多年之后写下的文字中,我们却还是能发现西庇阿心中的宏愿。李维在描写扎玛会战时写道:"在夜幕降临之前,他们就将会知道,在罗马和迦太基之中,谁将成为各民族的主人……不只是阿非利加……也不只是意大利,整个世界都将成为胜利者的奖赏。"[50] 波利比阿斯也说:"对迦太基人而言,这只是一场关乎自己生死存亡以及利比亚统治权的战斗。但对罗马人而言,这却是一场争夺天下霸权的决斗。"[51]

这些观点都是正确的。扎玛会战决定了西地中海将由谁来主导,进而也决定了东地中海接下来一系列霸权斗争的结果。在布匿战争中,迦太基与马其顿的同盟曾一度迫使罗马分心东方局势。等到罗马人摆脱了迦太基之后,他们便有能力也有必要将注意力转向东方了。

"这场在意大利以外进行的战争,直接结果就是将西班牙变成了罗马的两个行省(只不过这两个行省还会不断发生叛乱),罗马原先的附庸国叙拉古也被并入西西里行省,同时罗马还取代迦太基,成为至关重要的努米底亚酋长们的保护人。最后,战争将迦太基从一个强大的商业国家,降级成了毫无自保能力的贸易城镇。

简而言之，这场战争将罗马推上了西地中海无可争议的霸主地位"。[52] 扎玛会战是历史上最重要的转折点之一。从此，罗马人越过了统一意大利的分水岭，走上了统治世界的大道。

注解

1. *Livy*，弗兰克·加德纳·摩尔英文译本，1949 年版，第三十卷，第 44 节。
2. *Theodore Ayrault Dodge, Hannibal*，1891 年版，第二卷，第 638 页。
3. *Livy*，B.O. 福斯特英文译本，1929 年版，第二十一卷，第 4 节。
4. *The Histories of Polybius*，伊夫琳·舒克伯勒英文译本，第九卷，第 22 节。本章前后多次引用了这个译本。
5. 同上，第三卷，第 85 节。
6. 同上，第三卷，第 35 节。这一数字明显有所夸张，波利比阿斯也曾说："这支军队的优势不在于数量，而在效率，他们接受了大量的体能训练……"
7. 拿破仑曾说过："这些大象让汉尼拔非常难堪。"（*Commentaires*，第六章，第 163 页）
8. 这一数字与出发时的人数相差如此之多，主要是因为汉尼拔在迦泰罗尼亚留下了 22000 人，另外 21000 人的损失应被认为是逃兵。
9. 波利比阿斯记载的双方兵力如下：迦太基人拥有 28000 名步兵和 10000 名骑兵，罗马人拥有 36000 名步兵和 4000 名骑兵。（*History*，第三卷，第 72 节）
10. 同上，第三卷，第 84 节。罗马人有 15000 人被杀，15000 人被俘。
11. 波利比阿斯在《历史》（第三卷，第 107 节）中给出的罗马兵力为 80000 名步兵和 9600 名骑兵。《剑桥古代史》对这一数字提出了质疑（参见第三卷，第 53 页），并估计罗马人的兵力应在 48000 人左右。按照波利比阿斯的说法（第三卷，第 117 节），罗马骑兵仅有 370 人幸存，而在步兵方面则有 10000 人被俘（据说这些人没有与敌军交战）、70000 人被杀。迦太基人的伤亡总数则是 5700 人。
12. *Theodor Mommsen*，*The History of Rome*，第二卷，第 126 页。
13. *Livy*，第三十卷，第 27 节。关于这个问题，还可以参考斯卡拉德的《罗马政治：公元前 200 年至公元前 150 年》（第 79 页至第 80 页）。在此事的背后，还有法比乌斯和西庇阿在战略目标上的分歧。法比乌斯希望将汉尼拔赶出意大利，结束战争。西庇阿则认为应进攻迦太基，迫使汉尼拔主动撤退，并在阿非利加订立和约。（*Roman Politics 220—150BC*，第 75 页至第 76 页）
14. *Polybius*，第九卷，第 22 节。
15. 同上，第十一卷，第 19 节。
16. *History of Rome*，第二卷，第 88 页。
17. *Livy*，第二十二卷，第 51 节。
18. *The Cambridge Ancient History*，第八卷，第 61 页。
19. 马其顿国王腓力五世听说汉尼拔在特拉西美诺湖获得胜利之后，便开始准备对意大利发动进攻。坎尼会战之后，他与汉尼拔正式结盟。这导致罗马元老院在帕加马国王阿塔拉斯的支持下，于公元前 214 年与腓力五世开战，史称第一次马其顿战争。公元前 211 年，罗马与埃托利亚同盟签订了盟约，到公元前 205 年，战争告终，双方签订了《腓尼基和约》，腓力五世同意不再骚扰罗马的盟友。
20. *Polybius*，第八卷，第 5 节。
21. 同上，第十卷，第 3 节。
22. *History of Rome*，第二卷，第 148 页至 149 页。
23. *Polybius*，第十一卷，第 29 节。
24. 参见 *Polybius*，第十卷，第 8 节。
25. 同上，第十卷，第 18 节。
26. 同上，第十一卷，第 20 至 22 节。
27. 其具体的兵力规模已不可考。哈尔沃德（Hallward）在《剑桥古代史》（第八卷，第 93 页）中给出了 30000 人的数字。

28. *Livy*,第二十七卷,第43节。
29. 同上,第二十七卷,第43节。
30. 同上,第二十七卷,第44节。
31. 同上,第二十七卷,第48节。
32. 同上,第二十七卷,第49节。
33. *Polybius*,第十一卷,第2节。
34. 同上,第十一卷,第3节。
35. *Livy*,第二十七卷,第50节。
36. 我们之所以没有对罗马人在伊利里亚的行动进行讨论,是因为这些行动只是布匿战争的副产品,而且双方在战争中表现得都不光彩。其重要性必须要到未来罗马对希腊的干涉,以及公元前200年爆发的第二次马其顿战争中去寻找。关于第一次马其顿战争,我们可以参考沃尔班克(Walbank)的《马其顿的腓力五世》(第三章)。
37. *Polybius*,第十一卷,第24节。
38. 同上,第十五卷,第35节。
39. 蒙森在《罗马史》(第二卷,第152页)中称此举为"无谋的冒险",李德·哈特上校(Captor Liddell Hart)在《比拿破仑更伟大》(1927年版,第64页至66页)中则说这是"一个非常重要的外交行动"。马西尼萨的都城位于西尔塔(即后来的君士坦丁城),西法克斯的都城位于锡加(位于今日的奥兰以西)。
40. 关于火烧迦太基营地的经过,可参见 *Livy*,第三十卷,第4至7节,以及 *Polybius*,第十四卷,第1至6节。虽然很少有人提及,但西庇阿的这一行动,无疑是参考了阿加索克利斯在阿非利加的战役,当时也发生了类似的事情。(参见 *Diodorus*,第二十卷,第64至66节;第二十卷,第18节)
41. *Polybius*,第十五卷,第6节。
42. *Polybius*,第十五卷,第12至14节。*Livy*,第三十卷,第33至35节。
43. *Polybius*,第十五卷,第14节。
44. 同上,第十五卷,第14节。
45. *Livy*,第三十卷,第36节。
46. *Polybius*,第十五卷,第17节。
47. 迦太基的拜尔萨卫城(Byrsa)建于半岛顶端,由一个大约3英里宽的地峡与大陆相连。这座卫城拥有三道城墙,其中最外层的城墙高达45英尺,每隔200英尺就有一座塔楼。被城墙包围的半岛的周长在30英里左右。从事实上来讲,迦太基可以算是一座坚固的设防营地,其中储存了大量应对围攻所需的给养。
48. *Roman Politics 220—150BC*,第81页。
49. *History of Rome*,第二卷,第175至176页。
50. *Livy*,第三十卷,第32节。
51. *Polybius*,第十五卷,第9节。阿庇安也写道,"这场会战将决定迦太基和整个阿非利加的命运",而西庇阿"如果失败,也将找不到任何可供他自己和士兵避难之处"。(*The Punic War*,第八卷,第42页)
52. *History of Rome*,第二卷,第176至177页。

大事记
罗马帝国主义的崛起

第二次布匿战争对罗马人的影响,与亚历山大远征对希腊人的影响一样深远,罗马正是在这场战争的余烬之中,蜕变成了一个帝国。此外,两次布匿战争还阻碍了罗马民主政治的发展,将巨大的权力交到了元老院手中。元老院的成员主要来自所谓的"贵族"(Nobiles),也就是那些古老家族的成员。到了公元前2世纪,这种情况导致各家族之间争权夺势,无论显贵还是平民都无法独善其身。除此以外,越来越多的财富也在罗马政治生活中创造出了一个新阶级,也就是后来的"骑士"(Equites)阶级。

与此同时,农田的毁坏导致大批自由劳工进入城市,再加上军团大批招募自由人口入伍,更导致社会对于廉价奴隶劳工的需求越来越大。在海外夺取了阿非利加、西西里以及萨丁尼亚的良田之后,更进一步加剧了奴隶的短缺。奴隶是可以通过战争获得的,因此战争也就成了罗马文明之中不可或缺的一个组成部分。在完成了向南方和西方的扩张之后,下一系列大战唯一合乎逻辑的扩张方向便是东方。亚历山大死后,东方一片混乱。到公元前306年,已经有五个主要交战国的统治者自立为王。他们分别是埃及的拉古斯之子托勒密(公元前323年至公元前283年在位)[①]、叙利亚的安提柯(Antigonus,公元前323年至公元前301年在位)、

[①] 译注:富勒给出的托勒密一世在位时间包括他自立为王之前,以亚历山大帝国总督名义统治的时期,下面几位继业者的在位时间也是如此。

上亚细亚的塞琉古（Seleucus，公元前312年至公元前280年在位）、色雷斯的利西马科斯（Lysimachus，公元前323年至公元前281年在位）以及马其顿的安提帕特之子卡桑德（Cassander，公元前319年至公元前297年在位）。

各王国之间不断爆发战争。到公元前301年，年过八旬的安提柯及其子"围攻者"德米特里乌斯因野心过大，引发了其他王国的联合抵抗。最终利西马科斯在卡桑德的一支军队以及塞琉古的480头战象和大批骑兵支援下，在弗里吉亚的伊普苏斯（Ipsus）决定性地击败了安提柯，终结了继业者中最后一次试图统一整个亚历山大帝国的努力。

伊普苏斯会战之后，胜利者瓜分了安提柯王国，强国的数量也因此减少到了四个。在这些国家之中，马其顿的力量最为薄弱。在长达十年的无政府时期中，一波又一波的高卢人从北方席卷而来。直到公元前276年，安提柯的孙子、"贡纳亚人"安提柯二世（Antigonus Ⅱ Gonatus）才重新夺取了马其顿的王位，并在长达38年的统治期间内重建了秩序和繁荣。安提柯二世死于公元前239年，他的孙子腓力五世在公元前221年登基。如前文所述，在公元前217年至公元前205年之间，腓力五世与罗马之间进行了第一次马其顿战争。

公元前281年，已经80岁的利西马科斯在柯鲁佩迪翁会战（Battle of Korupedion）中被塞琉古击败身死，叙利亚和色雷斯自此失去了独立王国的地位。第二年，塞琉古也被刺杀。公元前241年，阿塔拉斯继承了其叔父欧迈尼斯（Eumenes）在帕加马的领地，自立为王。

这一系列变化的结果就是，到公元前202年，也就是汉尼拔在扎玛会战中被击败的时候，东方已经被三大势力瓜分，"大帝"安条克三世（Antiochus Ⅲ the Great，公元前223年至公元前187年在位）统治着叙利亚（或称亚细亚），"神显者"托勒密五世（Ptolemy Ⅴ Epiphanes，公元前205年至公元前180年在位）统治着埃及，马其顿则以腓力五世（公元前221年至公元前179年在位）为王。在这些大国的缝隙之间，还存在帕加马、比提尼亚、卡帕多西亚、本都以及哈里斯地区的加拉提亚（Galatia，又称加拉太）等小国。其中加拉提亚正是那些曾在公元前278年入侵马其顿和色雷斯的高卢人最终定居之处。

以上这些国家，就是罗马争夺亚历山大帝国剩余部分之时要面临的对手。罗马人所迈出的第一步，就是发动了第二次马其顿战争。

公元前205年,在签订了《腓尼基和约》(Peace of Phoenice)之后,腓力五世将注意力转向了爱琴海。他认为罗马人对这里没有太多兴趣,因此便秘密地与安条克三世结盟,准备瓜分埃及,而埃及国王托勒密五世此时还只是一个孩童。阿塔拉斯和罗德岛眼见自己即将成为腓力五世扩张的第一批牺牲品,便转而向罗马求援。他们尽可能地夸大其词,声称腓力五世与托勒密的密约中还包括共同攻击罗马的条款。尽管罗马人此时已经非常厌战了,但在罗德岛使团的恐吓之下,他们还是对腓力五世宣战,以阻止他和安条克占领希腊,建立入侵意大利的跳板。事实上,腓力五世和安条克的计划与入侵意大利根本没有任何关系。[1]但结果罗马人却还是派出了昆提乌斯·弗拉米尼努斯(Quintius Flamininus)前往希腊,接掌当地军队的指挥权,而亚该亚联盟也加入了罗马一方。

公元前197年春季,腓力五世率领一支强大的军队进驻拉里萨(Larissa),以掩护坦佩山谷。弗拉米尼努斯则入侵了波俄提亚,并前进到了色萨利东南部的费莱。腓力五世获悉对方接近之后,就从拉里萨向南出发,进入斯科图萨(Scotussa)平原。在弗拉米尼努斯也从南方进入平原之后,双方军队便在一个名为库诺斯克法莱(Cynoscephalae,即"狗头山")的山脊上相遇了。由于此处的地形不适合方阵作战,腓力五世明智地选择了避战。但不幸的是,两支军队最后还是在一片浓雾之中遭遇了。尽管腓力五世的右翼击退了罗马人的左翼,但他自己的左翼也因为地形过于破碎而无法保持队形,与右翼脱节。在一批战象的引导下,弗拉米尼努斯亲自率领罗马右翼将马其顿左翼击溃。倘若会战就此结束,那么双方就算是打成了平手。但弗拉米尼乌斯手下的一位保民官却发挥了主动精神,率领大约20个中队对得胜的马其顿右翼发动了攻击。这个大胆的行动决定了会战胜负,腓力五世只得率领残兵败将撤回坦佩。

诚如波利比阿斯所言,罗马军队之所以能赢得这场会战,完全在于其机动性更加优秀。虽然方阵在适宜的地形上战无不胜,但只要其正面发生破裂,就很容易被军团击败。

这场会战终结了马其顿在希腊的霸权。尽管埃托利亚人激烈地要求将马其顿彻底灭国,但弗拉米尼努斯却不愿做此考虑。他不仅希望保留马其顿来维持希腊境内的权力平衡,还希望利用它来抵挡北方的野蛮人,而后者才是真正的威胁所在。另外,由于意大利北部还有一场直到公元前191年才以罗马获胜而告终的战事,罗马人也想要尽快结束战争。因此双方在坦佩举行了和谈，弗拉米尼努斯仅要求腓力五世撤出其在希腊各城邦和乡镇的驻军。

埃托利亚人对和约感到不满，遂开始与安条克大帝展开谈判，此时汉尼拔也正流亡于后者的宫廷之中。汉尼拔认为这是一个报仇雪恨的机会，便向安条克提议由他率领100艘战舰、10000名步兵和1000名骑兵前往迦太基，劝说迦太基人再次入侵意大利，同时安条克本人则率军进入希腊，伺机跨过亚得里亚海入侵意大利。

罗马元老院在听说此事之后，立刻派使团去觐见安条克，但谈判结果却并不能令罗马人感到满意。紧接着在公元前192年，埃托利亚人解除了与罗马的盟约。安条克将汉尼拔的英勇计划抛在一旁，反而派了一支军队在色萨利的德米特里亚斯（Demetrias，即今日的沃洛）登陆。元老院接受了挑战，在第二年派遣亚西利乌斯·格拉博略（Acilius Glabrio）率军前往希腊。安条克本想据守温泉关，但却被对方打得惨败，只好放弃希腊撤回了以弗所。可即使在这里，安条克也仍然不算安全，因为亚西利乌斯在爱奥尼亚诸城邦最靠北的福西亚（Phocaea，即今日的福卡）赢得了一场海战，由此横渡到了小亚细亚，这也是罗马军队历史上第一次在东方过冬。

公元前190年，卢西乌斯·柯尼利乌斯·西庇阿（Lucius Cornelius Scipio）接替了亚西利乌斯，卢西乌斯的兄长西庇阿·阿非利加努斯也一起前来，以副将（Legatus）的身份在旁辅佐。当年10月，两位西庇阿率军抵达赫勒斯滂，帕加马国王欧迈尼斯二世（Eumenes Ⅱ）已经为他们做好了渡海的一切准备。安条克试图进行和谈，但罗马人却回答说，除非他愿意赔偿战争的一切花费并交出托罗斯山脉以西的土地，否则他们就不会与他讲和。安条克拒绝了这些条件，将军队撤退到了以弗所南方的马格尼西亚（Magnesia）平原。

西庇阿兄弟沿海岸从赫勒斯滂南下，占领了埃莱亚（Elaea，位于坎达里附近），欧迈尼斯二世也率领着大批骑兵来到此处与他们会合。阿非利加努斯由于生病被留在此处，副将一职由多米提乌斯·阿赫诺巴尔布斯（Domitius Ahenobarbus）接任。罗马军队从埃莱亚南进，追上了安条克。后者在进行了一些机动之后，于公元前190年12月或公元前189年1月一个大雾弥漫的冬季清晨，与罗马人展开了决定性的马格尼西亚会战（Battle of Magnesia）。

安条克亲率右翼骑兵突破了罗马左翼，直扑战线后方的罗马营地。但与此同时，他的左翼和中央都遭遇了惨败。欧迈尼斯二世指挥着罗马右翼的骑兵[①]，击败了对方左翼的叙利亚骑兵，前进到了安条克中央方阵的背后。在阿赫诺巴尔布斯从正面对方阵展开进攻的同时，欧迈尼斯二世也从背后发动了猛烈攻击。得益于欧迈尼斯二世的大胆行动，罗马人获得了完胜。就好像先前的希腊战事一样，罗马人又是只用一场会战就决定了亚细亚的命运。

会战失败后，安条克询问罗马人，要用什么条件才能换得对方的友谊。阿非利加努斯此时已经痊愈，便由他提出了如下条件：一、放弃托罗斯山以西的一切土地；二、缴纳15000优波亚塔兰特黄金（360万英镑）的战争赔款；三、交出所有战象，舰队只能保留10艘战舰；四、交出汉尼拔。

安条克接受了这些条件。不过他早已料到罗马人会要求他交出汉尼拔，因此提前将汉尼拔放走了。这位伟大的迦太基人首先逃到了克里特，之后又逃到比提尼亚国王普鲁西亚斯（Prusias）的宫廷中，此后就一直留在那里。公元前183年，为避免落入罗马人手中，汉尼拔服毒自杀。

虽然元老院批准了军队与安条克签订的条约，但是真正的难题还在于，如何处理安条克交出的土地。罗马人的大体原则是，解放所有希腊城邦，并给予这些城邦自由，而把其余的土地分给了帕加马和罗德岛。其中，罗德岛得到了吕西亚和迈安德河（Maenander）以南的卡里亚地区，帕加马则分得了剩下的土地。

罗马的下一个问题在于，如何摆脱高卢人的劫掠。这一任务由执政官曼利乌斯·伏尔索（Manlius Vulso）负责执行。埃托利亚人早已无条件地向罗马臣服，如今也只能与罗马共同进退。

与马其顿和叙利亚进行的这两场战争，虽然给罗马带来了巨大的财富和权力，但其最初目的却在于保障自身安全。这两战并没有给罗马增加任何土地，因为此时罗马还有北意大利和西班牙的长期战事要打，根本没有多余的兵力来驻守新征服的土地。这两场战争给罗马带来的主要影响在于，它们进一步加速了贵族富人

[①] 译注：值得注意的是，欧迈尼斯率领的这些骑兵并非罗马骑兵，而是他自己从帕加马带来的希腊化骑兵。

阶级的崛起，使人民和军队变得更加腐化。其结果就是在彼得那会战（Battle of Pydna）之前进行的三场战役之中，几位执政官和他们麾下的军团都表现出了前所未见的无能。

注解

1. 参见 *A.H.Macdonald，F.W.Walbank，Journal of Roman Studies*，1937 年版，第二十七卷，第 180 至 207 页，"第二次马其顿战争的起源"。

彼得那会战(公元前168年)

第五章

罗马本希望公元前188年签订的和约能够维持希腊的分裂状态以及东方的战略平衡，但情况很快便急转直下。首先，欧迈尼斯与比提尼亚国王普鲁西亚斯、马其顿国王腓力五世相继爆发了争端。罗马人看到欧迈尼斯想要扩张自己实力，便试图通过支持其兄弟阿塔拉斯的方式来对其进行限制。其次，吕西亚在罗德岛的统治下痛苦不堪，而罗马人对于罗德岛海上力量的壮大也感到不安，认为后者已经在爱琴海上对罗马构成了威胁。最后，埃托利亚人之间不断发生内战，斯巴达对于加入亚该亚联盟的不情不愿也不断招致了各种摩擦。所有这些纠纷都经常会被双方状告到罗马，罗马人只好不断派出使节或调查团前去调查情况。但这些使节一事无成，反而让对自己原先霸权念念不忘的腓力五世产生了一种印象，认为罗马的实力已经大不如前。因此他也开始挑战罗马的权威。公元前187年至公元前186年，腓力五世占领了色雷斯海岸城市埃纽斯（Aenus，即今日的伊诺斯）和马罗尼亚。随着马其顿人距离赫勒斯滂，也就是前往东方最近的通道越来越近，欧迈尼斯也产生了警觉。公元前185年，罗马派遣了一个调查团前往当地，并向元老院汇报了情况。调查团做出决定，要求腓力五世从埃纽斯、马罗尼亚以及色萨利撤军。收到这个通牒之后，虽然腓力五世激动地声称"自己的时代还没有结束"[1]，但实际上他根本没有做好战争准备，因此也只好撤出了上述各地的驻军，以争取战备时间。不久之后，他还让自己的小儿子德米特里乌斯前往罗马，向元老院提出申诉。

德米特里乌斯对罗马并不陌生，他曾在那里做过很多年人质。罗马人非常喜欢德米特里乌斯，对他以礼相待并给了他特殊的荣誉，希望能借此在马其顿王室中制造分裂。弗拉米尼努斯甚至恭维德米特里乌斯说，"罗马人不久就会拥立他做国王"。[2] 当德米特里乌斯返回马其顿时，由于他带回了元老院最友好的答复，马其顿人民对他也非常欢迎，因为他们"本以为由于腓力五世的挑衅，自己很快就要在家门口与罗马人打仗了"。[3] 但德米特里乌斯的人望太高，引来了其兄长佩尔修斯（Perseus）的嫉妒。佩尔修斯担心会弟弟会夺走自己的继承权，于是伪造了一封弗拉米尼努斯的来信，让父王对德米特里乌斯产生怀疑，并最终说服腓力五世在公元前181年毒死了德米特里乌斯。[4] 腓力五世很快就意识到自己被骗了，他受到了良心的谴责，宫廷成员们也都抛弃他转投佩尔修斯。短短两年之后，腓力五世就死在了安菲波利斯，而且没有得到高规格的葬礼。

佩尔修斯在公元前179年继承王位之后，决心延续其父敌视罗马的政策。可话虽如此，他所采取的第一个步骤，却是重建罗马与腓力五世曾经的同盟关系。罗马同意之后，佩尔修斯就开始巩固其在色雷斯的地位[5]，并开始着手解决希腊长期以来的祸根，也就是土地问题。此时希腊已经十分贫困，其主因则是罗马禁止了希腊各政权之间原本利润丰厚的佣兵战争。贫民和罪犯无法再依靠为别人打仗来谋生，只好去抢劫富人，而后者为求自保，又被迫要经常去寻求罗马的保护。

佩尔修斯想要拉拢所有因贫穷或欠债而希望发动革命的人，他不仅发布了有利于马其顿破产者的敕令，还昭告所有因政治、债务或其他原因而被流放的希腊人，让他们都到马其顿来，他会恢复这些人的原有地位并将财产还给他们。[6]通过这种方式，佩尔修斯狡猾地在几乎所有希腊城邦中都建立了一支反罗马的"第五纵队"，无论是亲马其顿还是反马其顿的城邦都不例外。在希腊北部，社会革命早已经生根发芽，如今终于开花结果。照蒙森的说法，所有"民族性的社会政党"，都派人去请求佩尔修斯援助。

这些骚动让罗马元老院感到十分担心，因此立刻便派出使团前往马其顿，但使团却受到了对方的敷衍和轻视。最终在公元前172年，欧迈尼斯前往罗马，向元老院揭露了佩尔修斯对罗马怀有敌意的证据。当时在场的罗德岛大使则攻击说欧迈尼斯的政策和佩尔修斯在希腊的政策根本没什么两样。虽然元老院也非常在意罗德岛人对欧迈尼斯的指控，但却暂时选择了无视的态度，并对欧迈尼斯极尽礼遇。欧迈尼斯对自己所取得的这个政治胜利也十分满意。欧迈尼斯在回国途中短暂停歇于德尔菲向阿普罗神庙献祭之时，佩尔修斯派了一位杀手想要刺杀他[7]，而这也就成了第三次马其顿战争的导火索。公元前172年年初，元老院派遣司法官格涅乌斯·西西尼乌斯（Gneius Sicinius）前往伊利里亚的阿波罗尼亚（Apollonia，即今日的波丽纳），在亚得里亚海东岸建立一个桥头堡，以方便未来部队登陆。

佩尔修斯此时的地位，要比其父在第二次马其顿战争爆发时稳固得多。倘若他能采取更果敢的行动，罗马人就会陷入危机。蒙森写道，马其顿的力量，"无论从任何角度来说，都至少达到了原先的两倍。曾在汉尼拔麾下动摇了罗马根基的那支军队，在任何方面都远不如这支马其顿军队"。[8]佩尔修斯国库中的黄金足够支持其现有军队再加10000名佣兵达10年之久，而仓库中的粮食也能支持同样长的时间，另外他还拥有足够装备三倍于其现有兵力（39000名步兵、4000名骑兵）的各种武器装备。佩尔修斯明知罗马人准备不足，如果他勇敢地采取攻势，很可能会在整个希腊境内掀起一场反对罗马及其盟友的大规模起义。但佩尔修斯没有他父亲那样的勇气，反而采取了一种纯粹的防御战略，坐等对手发动进攻。

佩尔修斯手下的马其顿军队，与腓力创立、亚历山大及其继业者进一步改进的那支军队相比，已经有了非常大的变化。在佩尔修斯的军队中，骑兵只是次要兵种，而方阵则是决定性力量，会战重新退化成了重步兵之间的对决，其原因可能来自于马其顿的多山地形。而且到公元前2世纪，方阵又变得比原来更加笨重了。其纵深为16排，士兵使用的萨里沙长矛也加长到了21英尺。方阵的前五排和最后一排由训练有素的士兵组成，中间各排则由半训练人员填充，后者的任务仅限于推挤前方人员以让其保持前进。这种队列的密集程度，导致方阵只能向前方推进。由于前排的每一名士兵都可以得到右侧战友的盾牌保护，在战场上，方阵就好像是一个能够缓慢移动的堡垒，前五排长矛均突出于正面的前方。在平整地面上，敌军根本无法攻击方阵的正面。可一旦到了地形破碎的战场上，其行列就很容易出现裂缝。由于方阵步兵的双手都被萨里沙长矛所占用，一旦发生混乱，方阵就很容易被机动灵活的军团所击溃。[9]除普通的方阵步兵以外，马其顿军队中还有5000名持盾兵。但到了此时，持盾兵也已经演化成了重步兵。在彼得那会战中，持盾兵组成了留卡斯皮德（Leucaspides）的方阵。

直到公元前171年仲夏，罗马军队才终于在执政官李锡尼乌斯·克拉苏（Licinius Crassus）率领下从布隆迪西乌姆（Brundisium）渡海抵达阿波罗尼亚。这支军队由两个常规的执政官军团组成，每个军团拥有6000名步兵和300名骑兵。另外，李锡尼乌斯手下还有16000名同盟步兵和600名同盟骑兵。为与罗马人合作，欧迈尼斯也让手下的陆军和舰队做好了战备工作。

李锡尼乌斯在伊利里亚留下了一支强大的支队，让他们从西面骚扰马其顿，而自己则率军从阿波罗尼亚出发，跨山前往色萨利的拉里萨。接近拉里萨时，他在卡利西努斯山（Callicinus）附近遭到了佩尔修斯迎击，被打得惨败，损失了2000名步兵和200名骑兵，另外还有200名骑兵被俘。此战过后，李锡尼乌斯只好撤退到了坦佩山谷中的佩内乌斯河（Peneus）后方。

佩尔修斯不但没有利用这场胜利给他在希腊全境带来的威望，反而固执于自己的防御战略。他不仅从未考虑要在希腊掀起叛乱，用罗马人不曾在希腊面对过的游击战来对付敌人，反而还派出使节去找罗马人讨论和平条约。对方立刻回绝了他的建议，因为罗马人绝不可能在刚刚战败后就考虑与对方媾和。佩尔修斯得到答复说，罗马人只接受一个和平条件，也就是他的无条件投降。

尽管罗马人的口气不小，但其军队在这次战役中的表现却是前所未有的糟糕。士兵们因为战败而变成了一盘散沙，到处抢劫，士气低落。他们用最可耻的手段来对待友好的平民，对盟友也摆出了征服者一般的姿态。如果此时马其顿的统帅是腓力五世而不是佩尔修斯，那么李锡尼乌斯的军队毫无疑问会被彻底消灭，而整个希腊也将暂时脱离罗马的掌控。

公元前170年，奥卢斯·荷斯提里乌斯·曼西努斯（Aulus Hostilius Mancinus）接替了李锡尼乌斯。新指挥官再次试图进入色萨利，却也像前任一样被马其顿人击退。公元前169年，马西乌斯·菲利普斯（Marcius Philippus）就任，可此人也是一个无能之辈。他率军沿着坦佩山谷西侧的拉帕修斯隘路（Pass of Lapathus）前进，试图穿过奥林匹斯山。当他越过了大量极为难行的隘路抵达赫拉克利乌姆（Heracleum）之后，却发现军队根本无法找到给养。这一次又是佩尔修斯的胆怯拯救了罗马人，使他们免于全军覆没。在发现敌军进入马其顿境内之后，佩尔修斯就惊慌失措地逃到了彼得那，甚至还下令烧毁战舰，将财宝藏到海底。菲利普斯在继续前进了四天之后，发现就连舰队也无法为军队提供补给，只好选择撤退。佩尔修斯直到此时才恢复镇定，从彼得那挥师南下，在迪乌姆（Dium）以南的埃尔皮乌斯河（Elpeus）[10]上占据了阵地。此处极为易守难攻，菲利普斯也放弃了一切进攻的希望。

在下文中，我们马上就将看到，若不是佩尔修斯贪财吝啬，他肯定能够迫使菲利普斯走出营地，在开阔地形上进行会战并决定性地将其击败。若是如此，他就能夺回其父在库诺斯克法莱会战中失去的一切，而罗马的威望也会随之崩溃。这样一来，不仅希腊能够摆脱罗马的统治，埃及也可能会落入于公元前175年登上叙利亚王位的安条克四世之手。要知道，在公元前168年，这位叙利亚国王本已经做好了入侵埃及的准备。以上这些原因使第三次马其顿战争的重要性远超过了第二次马其顿战争。正是这场战争，决定了罗马在希腊、小亚细亚、埃及等地的威望能否长盛不衰。

在人民的压力之下，罗马元老院终于认清，不能再继续由那些只将打仗视为一种发财手段的无能执政官们来指导战争了。他们选举出卢西乌斯·阿米利乌斯·保卢斯（Lucius Aemilius Paullus）第二次担任执政官，并将公元前168年的战役交给他来指挥。保卢斯出身贵族世家,其父战死于坎尼会战,他本人与西庇阿·阿非利加努斯也有姻亲关系,曾在西班牙和利古里亚建功立业。受命指挥马其顿战事时,他已至花甲之年,而据和他生活在同一时期的波利比阿斯说,他也是少数能抵挡住金钱诱惑的罗马人之一。[11]

保卢斯的第一步行动,就是要求元老院派遣一个使团去对希腊方面的事务进行调查,元老们明智地将使团成员的选择权也一起交给了他。保卢斯选择了三个人,其中包括马格尼西亚会战的胜利者多米提乌斯·阿赫诺巴尔布斯。罗马人对希腊战局缺乏了解的程度,从使团受命调查的问题中便可见一斑:需要动用多少军队和舰队?马其顿军队的情况如何?罗马和敌人各占据着多少土地?罗马军队在何处宿营,是在山地还是平原?哪些盟友可以信任,哪些盟友不能信任?前线需要何种给养,需要多少给养,从陆路运输给养需要多长时间,从海路运输给养又需要多长时间?另外还有一个最惊人的问题:"先前的战役在海上和陆上都取得了什么成果?"[12]

收到命令的两天之内,三位使节就出发了。可元老们还不满意,使节刚刚出发之后,他们就开始不耐烦地向保卢斯施压,让他向元老院汇报作战计划。保卢斯立刻回复说,在使节们返回之前,他什么也不会说。

阿赫诺巴尔布斯和他的两位同事回国之后,报告说罗马和马其顿的营地隔着埃尔皮乌斯河相对,佩尔修斯无意采取攻势,菲利普斯所部也没有发起进攻的能力,只能无所事事地停留在原地,其粮食则仅余数日的份额。在阿皮乌斯·克劳狄乌斯(Appius Claudius)负责的伊利里亚,情况已是十万火急,但只要为其提供增援部队,他就能从西面夹攻佩尔修斯。舰队的情况已经糟糕透顶,大批水手死于疾病,另有不少人逃走,还留在战舰上的人员既没有拿到军饷,也没有衣服可穿。另外,欧迈尼斯的忠诚也很值得怀疑。[13]

这种怀疑似乎很有根据。佩尔修斯自从在埃尔皮乌斯河站稳脚跟之后,就开始挑拨罗马与其盟军之间的关系,其中包括伊利里亚的耿提乌斯(Genthius)、欧迈尼斯以及罗德岛人。另外,佩尔修斯还与一位名叫克隆迪库斯(Clondicus)的凯尔特酋长进行了谈判,后者能够为他提供10000名高卢骑兵和同样数量的步兵。但除罗德岛人以外,所有的这些谈判都因为佩尔修斯出价太低而破裂了。他原本答应为结盟付给耿提乌斯300塔兰特,后者也据此逮捕了两位罗马使节,结果佩尔修斯却根本没有付钱。在欧迈尼斯那里,佩尔修斯也是反复地讨价还价,最后欧迈尼斯发现"自己的奸诈比不过佩尔修斯的吝啬"[14],谈判也因此宣告破裂。不过佩尔修斯所犯的最大错误,还要算是欺骗克隆迪库斯。正如李维所指出的,假如他雇用了凯尔特军队,这支军队就能从位于康本尼亚(Cambunnian)和品都斯山脉(Pindus Mountains)以东、欧罗普斯河(Europus)以北的佩尔哈比亚(Perrhaebia)隘路进入色萨利。倘若色萨利遭到蹂躏,"罗马人就不得不为自己的安危多作考虑了,一旦失去为其提供给养的色萨利,他们就会变得进退不得,而马其顿军队就宿营在他们面前"。[15]

在使节们做完汇报之后,元老院就授予了阿米利乌斯·保卢斯自行为两个军团挑选保民官的权力。阿米利乌斯·保卢斯的军队拥有14000名由罗马公民和拉丁盟军组成的步兵以及1200名骑兵。另外,罗马人还组建了两个各拥有5000名步兵和200名骑兵的军团,由卢西乌斯·阿尼西乌斯·加卢斯(Lucius Anicius Gallus)率领,负责伊利里亚方面的战事。当所有这些准备工作都完成之后,保卢斯就从元老院中走到人民大会上审查发言。按照李维的说法,保卢斯所作的这次演讲十分有趣,因为其内容证明,此前的战争指导工作在很大程度上受到了纸上谈兵的业余战略家们影响,他们的建议、计划和批评导致战场上的指挥官无所适从,不知如何是好。

保卢斯说:"在每个圈子之中,或者更确切地说,在每张桌子旁边,都坐着率军进攻马其顿的将军,他们知道应该将军队带到哪里,知道该如何在占领的土地上设立岗哨,也知道该在何时、从哪条隘路进入马其顿,该在哪里设立仓库,该如何从海陆两方面运送补给,该在何时与敌军交战,更知道他们自己该在什么时候保持沉默。他们不仅知道军队该做何事,还懂得如何去质问执政官,那些他已经采取了的行动,为什么没有按照他们所说的方式去做,就好像执政官犯了什么罪过,理所应当接受审判一样……"

在指出自己不是"不愿接受意见的指挥官"之后,保卢斯又说他欢迎那些愿意提出意见的人,但前提是"这些人在战争艺术方面有所造诣,又或者是愿意亲自上阵作战"。最后,他以如下话语结束了自己的演说:

如果有任何一个人,认为他自己有资格对我所要进行的这场战争给出建议,而且认为他的话对公众有利,那就请他不要拒绝帮助自己的国家,与我一起前往马其顿。我可以为他提供一艘船、一匹马、一顶帐篷甚至全部的路费。但如果他认为这一切太过麻烦,不愿承担战争的操劳,而只愿意在城市中生活,那就请让他不要身在陆地上,却想要指导舵手的工作。城市本身已经有足够多的话题可供谈论了,让他继续高谈阔论就好。而关于战争的事务,我们只在营帐中谈论就足够了。"[16]

公元前168年年初,保卢斯出发前往希腊。他的行动非常迅速,从布隆迪乌姆渡海之后的第五天,保卢斯就已经抵达了德尔菲。在向阿波罗献祭之后的第四天,他就到达了埃尔皮乌斯并与军队会合。与此同时,司法官阿尼西乌斯也启程去了伊利里亚,在抵达之后的30天之内,"捷报就已经被送到了罗马,此时人们甚至都还不曾听说过战争已经爆发"。[17] 耿提乌斯和他的整个家族都被罗马人俘获。

到达军营之后,保卢斯发现由于埃尔皮乌斯河此时正处在干旱之中,所以军队缺乏水源。他立刻下令让士兵们掘井。李维说:"山峦的高度使保卢斯有理由认定,此处的地下一定蕴藏着泉水,其水流通向大海,与海水混合在一起。地面上没有任何溪流这一情况,反而更让他对此深信不疑。士兵们才刚刚掘开很少的土地,泉水便涌了出来……就好像保卢斯是有如神助一般。此事大大提升了这位将军在士兵中间的声誉和影响力。"[18]

接下来保卢斯又命令"一切事务都必须安静行事,不得发出噪音"。他禁止哨兵携带武器,因为他们的任务并非战斗,另外他还为前哨组织了定期换岗。保卢斯所做的一切都是为了让军队振作起来,不久之后"在整个军营之中,就再也看不到一个游手好闲之人了"。[19]

保卢斯将士兵们整顿妥善之后,又将军官们召集起来开会,他之所以如此并不是想要寻求建议,而是想要了解他们到底对这场战争有何看法。有些人认为应该对佩尔修斯的营地发动正面进攻,而另一些人则建议利用舰队从海上进行迂回。保卢斯当场就否定了第一个建议,因为马其顿人在埃尔皮乌斯河对岸的工事过于强大,而且还配备了包括抛石机和弩炮在内的大量重型武器。他比较看好第二种建议。当军官们全都发表了意见之后,保卢斯就让他们解散了,而他自己则开始秘密地准备行动计划。

保卢斯计划钉住佩尔修斯正面,同时派出一支舰队去威胁其北方交通线,以此来吸引他的注意力,最后再派出一个强大的支队向西前进,穿过奥林匹斯山的南坡,经佩西乌姆(Pythium)、佩特拉(Petra)前往迪乌姆,绕到马其顿营地的背后。由于保卢斯不了解当地的地形，在下定决心之前，他招来了两个熟知附近山路的佩尔哈比亚商人，在私下里询问他们通往佩尔哈比亚的隘路情况。[20]二人都说那些隘路并不难走，但据说马其顿国王已经派兵驻守在那里了。

保卢斯留下这两位商人担任向导,同时又让传令让司法官屋大维乌斯（Octavius）将舰队集结在赫拉克利乌姆，并准备好可供 1000 人 10 天所需的给养。接下来，他命令"普布利乌斯·西庇阿·纳西卡（西庇阿·阿非利加努斯的女婿）与他自己的儿子、年纪尚轻的昆图斯·法比乌斯·马克西穆斯（Quintus Fabius Maximus）[21]一起率领 8200 名步兵和 200 名骑兵前往赫拉克利乌姆"，借此来制造罗马军队即将登船，从海陆迁回马其顿阵地的声势。保卢斯只对纳西卡一人道出了自己真正的计划。他将两位向导交给纳西卡，并命令他利用一系列夜行军前进到赫拉克利乌姆以西。纳西卡在出发后第三天的四更时分占领了佩西乌姆，之后又向北进军至迪乌姆。保卢斯告诉纳西卡，为了吸引佩尔修斯的注意力，他本人会率领剩下的军队去进攻马其顿前哨。

纳西卡出发后的第二天清晨，保卢斯对埃尔皮乌斯河中央的马其顿岗哨发动了第一次佯攻，"马其顿国王和指挥军团的执政官分别位于河流两岸，躲在各自营地的栅栏背后观察战况。在远距离交战中，马其顿国王麾下士兵的投射武器更占优势，可一旦双方展开肉搏，更为坚韧、盔甲也更好的罗马人就占据了上风，因为他们每个人都装备了利古里亚式的手盾。大约在正午时分，执政官发出了撤退的命令，当日的战斗也随之落下帷幕……"[22]第二天，同样的情况又继续上演。到了第三天，保卢斯没有发动进攻，而是派出了一个支队前往海岸，佯装自己要从埃尔皮乌斯河的入海口横渡到对岸。显然，这一行动只是为了将马其顿人引到距离纳西卡尽可能更远的地方去。

从赫拉克利乌姆出发之后，纳西卡在夜幕掩护下"向与大海相反的方向"，也就是西方进发。但不幸的是，他手下的一名克里特士兵在行军时逃到了马其顿军营里，将罗马人的动向告知了佩尔修斯。

两位商人的情报似乎也不准确，因为此时隘路中并没有马其顿军队。不过当佩尔修斯听说纳西卡已经沿隘路接近后，立刻便派出了 10000 名佣兵和 2000 名马其顿士兵，在米洛（Milo）率领下前去阻挡罗马人。普鲁塔克在《阿米利乌斯·保卢斯传》中说，纳西卡与米洛在山地中遭遇，在经过一场激烈战斗之后，马其顿

彼得那会战（公元前168年）

人被对方击溃。佩尔修斯听到战败的消息之后，正确意识到自己可能会遭到两面夹击，因此从陷阱中溜走，撤退到了彼得那，在卡特里尼（Katerini，即今日的卡特里纳）以南不远处占据了阵地。这里的平原非常适合方阵行动，虽然其两侧的两条小河——埃森河（Aeson）和留卡斯河（Leucus）——已经接近干涸，但应该仍能给罗马人进行侧翼机动造成一定困难。保卢斯很快便收到了佩尔修斯已经撤退的消息，他立刻率军前进，在没有遭遇任何困难的情况下与迪乌姆以北的纳西卡会合。从此处出发，合兵一处的罗马人继续向卡特里尼推进，并发现马其顿军队已经在城镇西南侧列好了战斗队形。

纳西卡担心佩尔修斯会再次趁黑夜逃走，主张立刻发动进攻，但经验更加丰富的保卢斯没有采纳他的建议。罗马士兵们已经在行军中精疲力竭，而此时又正值盛夏。另外，他也尚未建好可以作为行动基础的设防营地，在这种情况下发动进攻是一种愚蠢的行为。当天晚些时候，很明显是为了平息对这一决定的指责，保卢斯向士兵们指出，"营地既是胜利者的住所，也是失败者的避难所。有多少支在战斗中遭遇不幸的军队，在被赶回木墙以内之后，在时机合适之时，甚至就是在刚刚撤回营地之后，又发起反击，打败了原先的胜利者？营地是每一位士兵的第二祖国，栅栏就是城市的围墙，帐篷就是士兵的住所和家"。[23]

佩尔修斯之所以没有在局势如此有利的情况下发动进攻，唯一原因就是保卢斯让罗马军队驻扎在了奥罗克鲁斯山（Mount Olocrus）上。这座山大约有400英尺高，位于流经马其顿营地西侧的留卡斯河以西，其地形并不适合方阵发动进攻。我们需要记住，方阵是一种只能在平整地面上发挥威力的作战工具，即使最小的障碍物都可能导致其队形破裂。正因为如此，除海达斯佩河会战以外，亚历山大从不将方阵用作突击力量。而自从亚历山大去世之后，这些教训就被人们遗忘了，如今的方阵反而还变得更加笨重了。

就在罗马人修建营地之时，一位名叫盖乌斯·苏尔庇西乌斯·加卢斯（Caius Sulpicius Gallus）的保民官告诉士兵们："今晚二更到四更之间会有月食。"为避免士兵发生恐慌，他向士兵们解释说月食只是一种纯粹的自然现象，而且对于其形成原因也做了正确地解释。可尽管如此，当月食真的发生之后，"……罗马士兵都认为加卢斯的智慧一定是来自于神祇的馈赠。而马其顿人却认为这是一个凶兆，预示着他们的王国即将灭亡，民族也将会毁灭……马其顿人在营地中大喊大叫，直到月亮重新复原才安静下来"。[24] 由于这次月食发生在公元前168年6月21日至22日夜间，而彼得那会战又是在接下来的白昼进行的，我们也由此得知了这一仗的具体日期。

按照李维和普鲁塔克的说法，双方的营地都要从留卡斯河中取水。在这个季节，河水流量较少，留卡斯河也变得与一条小溪无异。为保护取水的部队，罗马人在留卡斯河西岸部署了两个步兵大队和两支骑兵部队，另外还安排了三个步兵大队和两支骑兵部队去监视马其顿营地。不出意外的话，马其顿人也做了同样的安排。因此，当两军的大批士兵互相面对之时，双方达成了一种君子协定，互相都不去干扰对方的取水人员，而这也是这种局面下经常出现的情况。

发生月食的第二天下午，在大约九更时分（下午三时左右），罗马人的一匹马突然脱缰，跑到了马其顿人那一边的河岸上。三位罗马士兵蹚过齐膝深的河水前去追逐，马其顿也有两名色雷斯士兵跑去抓马，但其中一人却被罗马人杀死了。在盛怒之下，一支800人的色雷斯部队（可能就是马其顿的前哨部队）出手干涉，接着罗马人也有两个大队加入进来，引起了一场散兵战斗，其噪音让保卢斯走出了营帐。由于这场混战已经十分激烈，"若想要制止那些在情急之下加入战斗的人，可能既不容易也不安全"，因此"他认为此时最佳的选择就是利用士兵们的热情，将这个意外事件转化为一次战机"。[25] 与此同时，骑马前去观战的纳西卡也回到了营帐，向保卢斯报告说佩尔修斯正在引军走出营地排列战线。

不幸的是，波利比阿斯在著作中记载彼得那会战的章节已经失散，只有少数留存下来，而李维的记载也模糊不清。普鲁塔克在《阿米利乌斯传》中引用了纳西卡的报告，从中我们可以看到佩尔修斯出营时的行军序列：

色雷斯人首先出营，纳西卡说他们的外表非常可怕，士兵们身材魁梧，短袍之下显露出黝黑的皮肤。他们配有闪亮的盾牌和胫甲，右肩上背负的铁头战斧上下摇摆。紧接在色雷斯人之后的是佣兵部队，他们的装备非常复杂，佩奥尼亚人也混杂在他们中间。接下来的第三支部队（留卡斯皮德的方阵）由精锐士兵组成，他们是马其顿人中的精英，年轻、强壮而且十分勇敢。他们身上的金色铠甲闪闪发光，背后披着猩红色的斗篷。在他们排列战线之时，方阵步兵（查尔卡斯皮德的方阵）也在他们之后走出了营帐。方阵步兵散发着钢铁和青铜的光芒，发出惊天动地的呐喊和欢呼声。铜盾的明亮反光，将前方部队照得闪亮。[26]

虽然这段文字没有给出具体的战斗序列，但我们知道，方阵通常都会被布置在战线中央，因此也可以据此推测出马其顿人采取了如下的战斗序列：色雷斯人位于最右翼，接下来是留卡斯皮德的方阵，再接下来是查尔卡斯皮德的方阵，最左侧是雇佣部队，而骑兵不是被集中在一翼，就是被分别部署在了两翼。

史料对于罗马人的战斗序列没有任何确切记载。但我们同样也可以推断出，两个军团肯定位于中央，右翼是拉丁盟军，左翼是希腊盟军，骑兵则与马其顿骑兵一样或是集中在一翼，或是分为两翼部署。史料曾提及罗马军队中还拥有一些战象，

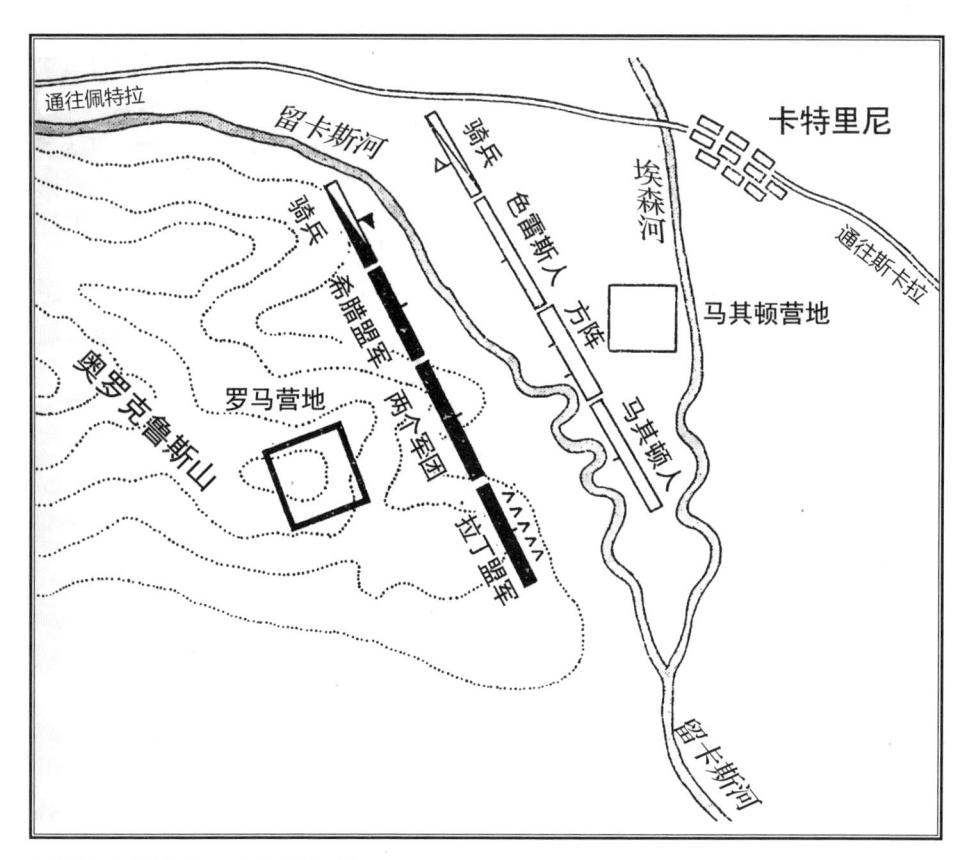

彼得那会战（公元前168年6月22日）

它们最初没有被投入战斗，但后来还是参与了罗马右翼的作战。

佩尔修斯的攻击快得出人意料，李维曾提及"那些最先被杀死的士兵，倒下的地方距离罗马营地尚不足250步"。[27] 倘若事实真是如此，那么克罗迈尔（Kromayer）和法伊特（Veith）在《古代战争图解》（*Schlachten Atlas Zur Antiken Kriegsgeschichte*）中所给出的会战示意图就应该是正确无误的——马其顿全军在战斗开始时已经越过了留卡斯河，并开始沿奥罗克鲁斯山的山坡向上推进。

保卢斯看到方阵前方"伸出的密集枪阵，立刻就感到一阵惊讶和恐惧"，此前他从未见过如此可怕的景象。[28] 但表面上他还是能故作镇定，"没来得及穿戴盔甲就开始排布战线"。[29] 如果此言不假，那么看起来就是保卢斯遭到了奇袭，被对方打了个措手不及。也就是说，是佩尔修斯，而不是他，掌握了会战的主动权。

罗马人的第一次反击是由原属于萨宾族（Sabine）的佩里格尼亚人（Pelignian）所发动的。根据我们的推测，这支部队应位于罗马战线右翼。看到手下部队根本无法动摇对方的枪阵，他们的指挥官萨尔维乌斯（Salvius）抓住一面军旗，把它扔进了对方的行列之中。这引起了一场激烈的战斗，佩里格尼亚人被打得惨败，混乱地向奥罗克鲁斯山退去。佩里格尼亚人的撤退似乎也导致整条战线都跟着他们一同退到了山坡上。这也说明，在适合方阵行动的平整地面上，罗马军团根本无法抵挡对方的钢铁长城。不过接下来，随着地形变得越来越不适合方阵行动，马其顿人的正面逐渐开始弯折破裂，最终产生了缺口，"无论是因为不平整的地面，还是因为战线的长度过长……那些位于地面更高处的士兵，虽然并不情愿，但还是和那些位于低处的士兵分离开来了"。[30]

对罗马人而言幸运的是，佩尔修斯不是亚历山大，而且他似乎对亚历山大的战术也没有太多了解。依照此时的战况，他本不应继续向奥罗克鲁斯山坡上推进自己的方阵，而应该推动骑兵和轻装部队前进去攻击已经动摇的敌人，并在其掩护之下重新整理方阵的正面。

我们还记得，亚历山大之所以能在阿贝拉会战中取胜，主要原因就是他利用了波斯战线正面上出现的缺口。彼得那会战也出现了同样的情况，不同之处在于，除一个较大的缺口以外，马其顿正面还出现了若干较小的缺口。

普鲁塔克明确记载了罗马人是如何利用这些小缺口的。他说，阿米利乌斯"将各大队拆散开来，让他们快速冲进敌军战线之中的裂缝和空洞，和对方展开近身肉搏。这样一来,一场大规模会战就被分解成了无数个独立而又连续的小规模战斗。阿米利乌斯将这些命令下达给手下军官,军官们又将命令传达给了士兵。士兵们冲进对方行列之后,就从盾牌无法保护的那一侧砍倒了很多敌人,有些士兵还从背后砍倒了大批敌军。方阵被如此拆散之后便不再是一支有效的部队了,其战斗力也就彻底丧失了"。[31]

李维的记载虽然混乱,但也清晰地指出除这些小缺口以外,马其顿战线还在中央的左侧或是左翼的右侧出现了一个更大的缺口。其原因是当马其顿左翼对溃败的佩里格尼亚人发动追击时,战线中央却还在与两个罗马军团作战,因此二者之间也被拉开了很大的距离。接下来,按照李维的说法,阿米利乌斯在命令各大队像楔子一样打入到这些缺口之后,自己亲自率领一个军团趋前进攻马其顿佣兵和方阵之间的缺口,"这样一来,敌军战线就被打断了。阿米利乌斯背对着敌人的佣兵,面前则是查尔卡斯皮德方阵的盾墙"。[32]与此同时,卢西乌斯·阿尔比努斯(Lucius Albinus)率领着另一个军团对留卡斯皮德的方阵发动进攻,之后罗马战象也和同盟骑兵各部一起向前推进,去攻击已被孤立的马其顿佣兵。虽然他们的攻击没有取得任何成果,但之后拉丁盟军的攻击还是终于"迫使敌军的左翼后退"。[33]

同时,"位于中央的第二个军团(似乎应是指阿米利乌斯亲率的那个)也发动了冲锋,驱散了(查尔卡斯皮德的)方阵。胜利的原因似乎并不清楚,我们只知道最初发生了大量独立的战斗,结果对方发生了混乱,当对方开始动摇之后,罗马人就将其击溃了"。[34]

意识到会战已经失败之后,佩尔修斯带着没有遭受多少伤亡的骑兵逃回了佩拉,之后又逃到了安菲波利斯。会战之后的屠杀非常骇人。按照李维的说法,马其顿军有20000人被杀、6000人被俘,另有5000人在被罗马人追击了14英里后投降。罗马人则仅有"一百余人阵亡,其中大部分都是佩里格尼亚人,另有更多的士兵受伤"。[35]

对于这场会战,蒙森评论说:"在亚历山大去世144年之后,这个曾经征服东方并将其希腊化的伟大帝国,就此彻底消失了。"[36]波利比阿斯也说:"在短短50年的时间里(公元前219年至公元前167年)……几乎整个有人居住的世界,都被罗马这一座城市所征服和统治。"[37]按照他的说法,在这段时间之内,世界从一系列"不连续的组成部分",演变成了"一个连续的整体"。[38]

会战结束之后,元老院立刻着手去解决所有对忠诚存疑的国家,让它们再也不可能崛起成为强国,无论是友邦还是敌国均一视同仁。马其顿遭到肢解,被重组成了四个联邦共和制的同盟,各同盟的居民既不能在其他同盟境内占有土地,也不能和其他同盟的居民通婚。整个马其顿都被解除了武装,包括所有政府官员在内的上层阶级全都被送到意大利软禁起来。在整个希腊境内,由于几乎每座城市中都能找到亲马其顿的党派,所以罗马人也以叛国罪为名审判了大批人员。那些曾在佩尔修斯军中效力之人,依照现在的话来形容,也遭到了"清算"。伊利里亚也受到了相同的处置,而在伊庇鲁斯,尽管阿米利乌斯·保卢斯并不情愿,但他还是受命洗劫了70座城镇,将15万伊庇鲁斯人卖为奴隶。

在铲除了所有敌人之后,罗马人又开始整肃自己的盟友。亚该亚同盟在战争中没有犯过任何过错,但却还是有包括历史学家波利比阿斯在内的1000名上层人物被送到了意大利,并且在长达17年的时间里都不曾受到审判。欧迈尼斯被剥夺了他在色雷斯的所有领地。若波利比阿斯所述可信,罗马使者"盖乌斯·苏尔庇西乌斯·加卢斯抵达亚细亚之后,在所有最重要的城市中发布公告称,任何人,无论想要在什么事情上指控欧迈尼斯,都可以到萨迪斯去见他。之后他就在体育场中设席,并在长达十天的时间里,放任各种人物以各种最恶劣的污言秽语攻击那位国王,其中大多数指控都是凭空捏造的……"。[39] 罗德岛也受到了同样的对待,它失去了罗马人在马格尼西亚会战后赏赐的所有土地,其商业体系也被系统性地破坏,从而使罗马垄断了东地中海的贸易。

到了此时,罗马已经成为一个帝国和世界性的巨强,所缺的只是一个"帝国"名义而已。斯卡拉德先生写道:"希腊世界被打成了碎片,跪倒在罗马的脚下。它所能保留下的少量独立性,完全来自于这个巨强的恩赐。仅仅50年之前,在腓力五世眼中,这个巨强还只是'西方的一片乌云'而已。如今这片乌云已经笼罩了整个地中海,对某些地区而言,它带来了甘霖,但对于其他地区而言,它却只带来了毁灭性的风暴。"[40]

可这个巨强的巨幅扩张却并非有意为之。其扩张不过是一个精力充沛的民族自然成长的结果而已。在那个时代,人们还不知道权力平衡为何物,任何一个民族只要实现了内部团结,为了自我保护,它就一定会走上征服或削弱邻国的道路。希腊诸邦选择了第一条路，罗马人选择了第二条道路，不过这第二条路也只是通往同一个结局的慢性手段而已，因为邻国的衰弱必然会导致罗马人的征服欲望大增。诚如蒙森所言："……古典时代所有经济富足、文明高度发达的国家，都成为这个民族的踏脚石，就好像它们的存在目的，原本就只是为了给意大利的伟大添砖加瓦，之后又让它腐化一样。"[41]

可尽管如此，当这一切暴行结束之后，虽然希腊本身被毁灭了，但希腊文化却获得了胜利。希腊人所需要的，是一个强大而稳定的世界性政府，铲除曾令他们对立分裂的极端独立主义。而罗马人也需要希腊世界的文化，来使自己在文明方面也成为一个世界巨强。[42]正是上述这两个结果，而并非任何掠夺或者进贡而来的黄金，才是彼得那会战和第三次马其顿战争的真正战利品。

注解

1. *Livy*，埃文·萨奇英文译本，1936 年版，第三十九卷，第 26 节。
2. *The Histories of Polybius*，伊夫琳·舒克伯勒英文译本，1889 年版，第二十三卷，第 3 节。
3. *Polybius*，第二十三卷，第 7 节。
4. *Livy*，第四十卷，第 24 节。
5. 沃尔班克（Walbank）在《马其顿的腓力五世》1940 年版第 236 页中说，色雷斯是 "巨大的后备人力来源"。
6. 参见 *Theodor Mommsen, The History of Rome*，迪克森英文译本，1921 年版，第二卷，第 274 页。
7. *Livy*，第四十二卷，第 15 节。
8. *The History of Rome*，第二卷，第 271 页。
9. 参见 *W.W.Tarn, Hellenistic Military and Naval Developments*，1930 年版，第 24 至 30 页。
10. 此处也被称为 "马其顿的埃尼皮乌斯河"（Macedonian Enipeus），请勿与其南方 50 英里处的 "色萨利的埃尼皮乌斯河"（Thessalian Enipeus）混淆。
11. *Polybius*，第十八卷，第 35 节。
12. *Livy*，威廉·梅德维特英文译本，1862 年版，第四十四卷，第 18 节。
13. 同上，第四十四卷，第 20 节。
14. *Polybius*，第二十九卷，第 8 节。
15. *Livy*，第四十四卷，第 27 节。
16. 同上，第四十四卷，第 22 节。
17. 同上，第四十四卷，第 32 节。
18. 同上，第四十四卷，第 33 节。世界上有很多地方至今还在用这种方式取水，俾路支（Baluchistan）地区的奎达（Quetta）是其中比较著名的一处。
19. *Livy*，第四十四卷，第 34 节。
20. 同上，第四十四卷，第 45 节。
21. 他之所以叫这个名字，是因为他被法比乌斯·马克西穆斯收养了。他的兄弟也被大 "非洲征服者" 之子，也就是他的母舅科尼利乌斯·西庇阿收养。
22. *Livy*，第四十四卷，第 35 节。
23. 同上，第四十四卷，第 39 节。
24. 同上，第四十四卷，第 37 节。对着月亮大喊实际也是一种古老的巫术习俗。
25. *Livy*，第四十四卷，第 40 节。
26. *Plutarch's Lives*，贝纳多特·佩林英文译本，1918 年版，"阿米利乌斯·保卢斯传"，第 18 节。
27. *Livy*，第四十四卷，第 40 节。
28. 同上，第四十四卷，第 40 节。*Polybius*，第二十九卷，第 17 节。
29. *Livy*，第四十四卷，第 40 节。
30. *Livy*，第四十四卷，第 40 节。
31. *Plutarch*，"阿米利乌斯·保卢斯传"，第 20 节。
32. *Livy*，第四十四卷，41 节。
33. 同上，第四十四卷，第 41 节。
34. 同上，第四十四卷，第 41 节。
35. 同上，第四十四卷，第 42 节。
36. *History of Rome*，第二卷，第 283 页。
37. *Polybius*，第一卷，第 1 节。

38. 同上，第一卷，第 3 节。
39. 同上，第三十一卷，第 10 节。
40. *Roman Politics 220—150BC*，第 218 页。
41. *History of Rome*，第二卷，第 294 页。
42. 其迅速发展的情况可参见 Scullard，*Roman Politics 220—150BC*，第 246 页，以及 *The Cambridge Ancient History*，第八卷，第 13 章。

大事记
罗马帝国内部的争雄

尽管罗马元老院已经积累了大量战争经验,但对于如何在帝国内部维持和平,它却并不怎么擅长。被征服地区的所有管理工作都被交给了地方长官(Magistrate)和前地方长官们去处理。他们通常只有一年的短暂任期,而这也更鼓励了他们去横征暴敛。除此以外,各行省和地区每年还要上缴大笔贡金。其原因在于,罗马公民此时已经不再直接纳税,但生活需求却在不断增长。除合理的开支以外,元老院还要用钱去满足那些好吃懒做的无产者。这就给各地带来了不满和骚乱,有时更会发生公开的叛乱。

第一次重大叛乱发生在公元前152年,当时有一位名叫安得利斯卡斯(Andriscus)的人,他声称自己是马其顿国王佩尔修斯的儿子。他在色雷斯集结了一支军队,并侵入了色萨利境内。直到公元前148年,这次叛乱才被盖希利乌斯·梅特卢斯(Caecilius Metelus)所镇压。但紧接着又有两个人冒充佩尔修斯的儿子发动叛乱。到公元前146年叛乱被镇压下去之后,马其顿的四个同盟终于被合并为一个行省。

在此期间,斯巴达也脱离了亚该亚同盟,而当亚该亚人打破了与罗马的和约之后,梅特卢斯又在公元前146年年初率军向亚该亚军队的集结地科林斯前进,并开始围攻科林斯城。梅特卢斯在科林斯击败了亚该亚人,后即被卢西乌斯·蒙米乌斯(Lucius Mummius)接替,后者在没有遭遇任何抵抗的情况下开进科林斯城,在大肆洗劫之后将该城夷为平地。在此之后，亚该亚同盟和希腊境内残存的其他同盟都被解散，希腊也被并入马其顿总督的辖区。

在希腊被征服的同时，迦太基也遭到了彻底毁灭。自公元前 202 年于扎玛战败之后，迦太基已经恢复了昔日的繁荣，并再次引起了罗马的嫉妒和贪婪。著名的监察官波尔奇乌斯·加图（Porcius Cato，即老加图）不停地宣传说只要迦太基一日不亡，罗马就一日不得安宁。到了晚年，只要他出席元老院投票，无论讨论的议题是什么，他都只说一句话——"迦太基必须毁灭"（Delenda est Carthago）。公元前 149 年，也就是加图以 85 岁高龄去世的那一年，罗马终于决定对迦太基开战。紧接着就是一连串的最后通牒，每一个都比前一个更加无理。第一份通牒要求迦太基交出 300 名贵族男孩作为人质，在要求得到满足之后，罗马又要求迦太基交出所有武器。迦太基人再次从命，交出了 20 万套武器和 2000 具弩炮。最后罗马人又送来了第三份通牒，从其内容之中，即可看出元老院真正的意图。该通牒要求迦太基人必须放弃城市，居民也要迁徙到距离大海 10 英里以外的内陆。在迦太基人看来，即使战争也不会带来比这更坏的结果了，因此决心一战。他们将城市变成了一座兵工厂，日夜不停地生产出了大量武器，妇女甚至剪下自己的头发，用来制造扭力弩炮所需的绞索。

公元前 147 年，彼得那会战的胜利者阿米利乌斯·保卢斯的幼子，普布利乌斯·西庇阿·阿米利阿努斯（Publius Scipio Aemilianus）受命指挥这场战争。他包围迦太基城，切断了城市的补给来源。到第二年春天，迦太基人终于因饥饿而投降。城市陷落后，阿米利阿努斯收到命令，要他把整座城市夷平到能在其遗址上耕地的程度。下令放火烧城之后，他转过头来，对自己的朋友兼老师波利比阿斯说道："天啊，波利比阿斯，虽然这确实是一件伟大的功业，但一想到将来可能会有人对罗马城下达同样的命令，我就感到不寒而栗。"加图的愿望终于得以实现，迦太基城原有的领土也成了罗马的一个行省，即阿非利加省。

诸多古城的毁灭，如今已经成了罗马强权的象征。正如波利比阿斯所说："毁灭原本应是战争夺取目标的城市，看起来好像是一种疯狂行为，而且是一种非常残酷的疯狂行为。"科林斯、迦太基以及后来西班牙的努曼提亚城（Numantia，即今日索里亚附近的瓜拉雷）之所以被毁灭，都是因为罗马想要展示自身强大，并在抢劫中满足自身贪欲所致。另外，将城市公民卖为奴隶也是一桩有利可图的买卖。

有很多次，罗马人前去镇压所谓的叛乱和战争，其目的都不过是猎取奴隶而已。

在西西里，这种残酷统治使当地的人们越来越无法忍受，终于引发了后来被称为"第一次奴隶战争"（The First Servile War）的叛乱。公元前135年，在两位杰出领袖——阿卡库斯（Achacus）和叙利亚人欧努斯（Eunus）的领导下，奴隶们终于发动叛乱反抗主人。二人召集起一支可能多达七万人的军队，赢得了好几场会战。但在公元前132年，他们最终还是被普布利乌斯·鲁皮利乌斯（Publius Rupilius）残酷地镇压了。

就在这场战争激战正酣之时，西庇阿·阿非利加努斯的孙子提比略·格拉古（Tiberius Gracchus）也开始了他的保民官任期。他同情人民，尤其是那些没有土地的农民阶级。他说："在意大利，就算是野兽也拥有自己的洞穴或者巢穴，可以在那里休息寝眠。而你们这些为意大利流血牺牲的人们，却只能享受空气和阳光的恩赐。这就是你们仅有的遗产。你们无家可归，居无定所，只能带着自己的妻儿四处游荡……你们殊死战斗，却只能为他人增加财富。你们被称作世界的主人，但这世界上却没有一寸土地是真正属于你们自己的。"作为保民官，他向人民大会提案，要求重新分配公共土地。公元前133年，格拉古在寻求连任，并试图推动这个提案使之成为法律之时遭到了刺杀。这个事件为此后近一百年间（公元前133年至公元前31年）的革命和内战拉开了序幕，其最终结果也导致了罗马共和国的毁灭。公元前123年，提比略·格拉古的弟弟——盖乌斯·格拉古（Caius Gracchus）也当选了保民官，他不仅想要继续兄长的事业，而且还要将完整的公民权授予意大利盟邦人民。但到了公元前121年，盖乌斯也在一场暴动中被刺杀了。

尽管格拉古兄弟没能实现自己的目标，但他们还是教会了人们该如何去寻找领袖。诚如布里斯提德所言："这种倾向，就是一人独裁的开端。"不过，下一位得到人民支持的领袖并非出身于民事政府，而是来自于军队。

盖乌斯·格拉古死后十年，元老院在与马西尼萨的孙子、努米底亚国王朱古达（Jugurtha）交战时所表现出的腐败和无能已经到了厚颜无耻的地步，迫使人民选举出了一位新人来担任执政官，并通过人民大会的投票将其任命为阿非利加地区的军事指挥官。此事也成了以公民投票来任命军事指挥官的先例，在此后的一个世纪中，这种情况屡次重现。此人就是盖乌斯·马略（Gaius Marius），他生于公元前157年，出身贫寒，曾在努曼提亚围攻战期间效力于小西庇阿·阿非利加努斯

（Scipio Africanus the Younger）麾下。当选之时，他正作为执政官盖希利乌斯·梅特卢斯的副将在阿非利加作战。公元前107年，马略接替了梅特卢斯，一年后就取得了战争的胜利，朱古达本人也被马略手下一个名叫科尼利乌斯·苏拉（Cernelius Sulla）的军官俘虏。

与此同时，一个远比朱古达更危险的对手正威胁着意大利。公元前113年，一股被称为辛布里人（Cimbri）的野蛮人大军占领了德拉瓦河谷（Valley of Drave），并在那里与条顿人（Teutones）会合在了一起。执政官帕皮利乌斯·卡波（Papirius Carbo）奉命前去迎战，但却被击败。在接下来的五年时间里，每一支被派去迎击野蛮人的执政官军队都遭遇了同样命运。公元前106年，野蛮人涌入高卢，占领了托洛萨（Tolosa，即今日的图卢兹）。第二年，他们又击败了执政官曼利乌斯（Manlius），夺取了他的营帐并屠杀了多达八万名罗马士兵。之后野蛮人越过比利牛斯山进入西班牙，但却被伊比利亚凯尔特人赶回了高卢。辛布里人与条顿人、安布罗内人（Ambrones）在普罗旺斯（Provence）分散开来，条顿人和安布罗内人从海滨阿尔卑斯进入意大利，辛布里人则转向北面穿过了瑞士，准备穿过布伦纳（Brenner）山口进入内高卢与条顿人和安布罗内人会合。

自卡米卢斯的时代以来，罗马从未面临过如此重大的威胁。人们陷入了一片惊恐之中。为拯救共和国，此时正处于其第四个执政官任期之中的马略受命负责指挥外高卢（Transapline Gaul，即法国东南部），而内高卢则被交给了卢塔提乌斯·卡塔卢斯（Lutatius Catalus）。

马略在罗纳河下游建造了一个设防营地，等待野蛮人前来。野蛮人在尝试将其攻克，但却被击退之后，便决定绕过马略继续前进。马略紧跟其后，于公元前102年在六水河（Aquae Sextiae，即今日普罗旺斯的阿克斯）与野蛮人进行了一场会战，将他们屠杀殆尽。在波里艾赫村（Pourriéres）中，至今还有这场大屠杀的遗迹。

确保外高卢的安全之后，马略回到罗马并再次当选为执政官。在此期间，他收到消息说卡塔卢斯在维罗纳附近吃了败仗，已经在向波河撤退。公元前101年，马略率军前去援救。他与卡塔卢斯一同越过波河，发现辛布里人正在维尔塞莱（Vercellae，今日的维尔切利）附近等待条顿人和安布罗内人。结果他们不仅没有等到友军，反而等到了马略，随即就被彻底消灭了。

马略是一个残暴但却能干的领袖，而贵族们却被憎恨心理所蒙蔽，认为他在政治方面不过是一个泛泛之辈。在维尔塞莱会战的次年，马略第六次当选执政官。但在接下来的暴乱之中，元老院重占上风，马略只好不光彩地选择退休。紧接着又出现了新的麻烦。意大利盟邦要求得到完整的公民权，他们选择了一位罗马贵族李维乌斯·德鲁苏斯（Livius Drusus）作为政治领袖，但此人却在公元前91年遇刺身亡。在那之后，意大利中部和南部的大族便发动了叛乱。他们自己组建了一个国家，定都科菲尼乌姆（Corfinium），并将国号改为"意大利加"（Italica）。这又引发了公元前90年至公元前88年的同盟战争（Social War），这次战争最终以盟邦的要求得到满足而告终。

小亚细亚同样也在酝酿祸乱，当地富豪阶层看到他们的经济利益受到威胁，就强迫元老院任命苏拉来应付。但人民却拒绝接受苏拉，反而选举了马略。为打击政治对手，苏拉占领罗马，强行通过了一条法律，规定人民大会无论为任何事情投票，都要先征得元老院的同意。然后，苏拉就动身前往小亚细亚。可就在他刚刚出发之后不久，人民就再次暴动，而马略也从阿非利加带来了一支部队。马略与执政官科尼利乌斯·辛纳（Cornelius Cinna）一起进入罗马，对元老派大开杀戒。在未经正式选举的情况下，马略和辛纳自立为公元前86年的执政官，但不久之后马略就去世了。

苏拉之所以要前往小亚细亚，主要是为了与本都国王米特拉达梯（Mithridates）作战。希腊诸邦早已对罗马的统治感到不满，战火也很快就越过爱琴海烧到了希腊本土。苏拉包围了雅典，将欧洲的希腊土地重新收入罗马囊中，同时还把米特拉达梯逐回了东方。之后他就回到意大利，在科利纳门外的一场决定性会战中击败了马略党，随后便进入了罗马城。公元前82年，苏拉凭借着自己的军队强迫元老院将其任命为独裁者（Dictator）。他的第一个行动就是对平民领袖展开系统性屠杀。恐怖笼罩了整个罗马，苏拉借此剥夺了人民大会的所有权力，重新树立了元老院的领导权。公元前79年，苏拉退休赋闲，于次年死于虱病。

公元前70年，人民又找到了另一位能干的军人领袖，此人名叫庞培乌斯（Pompeius），也就是通称的庞培（Pompey）。庞培出生于公元前106年，曾是苏拉手下的一名军官。庞培同意取消苏拉的法令，因此被选为执政官。公元前67年，人民大会通过了一道法令，任命庞培为整个地中海的最高指挥官，负责清除滋生在各个海域，袭击罗马海运系统的海盗。在庞培之前，从不曾有哪位罗马将军被授予过如此广泛的指挥权。

短短40天之内，庞培就扫清了整个西地中海，此后他向东航行，于七周内扫清了爱琴海中的海盗据点。第二年，庞培受命接替李锡尼乌斯·卢库卢斯（Licinius Lucullus）去指挥第三次米特拉达梯战争。这场战争早在公元前74年就已经开始了。庞培摧毁了塞琉古帝国的残余势力，之后又沿着幼发拉底河进军，一路进抵里海海岸。在返程时，他又进入耶路撒冷，将犹太人也纳入到了罗马的统治之下。公元前62年，庞培回到了意大利。元老院恐惧万分，担心他会进军罗马夺取最高权力。可庞培布隆迪西乌姆登陆之后，却解散了自己的军队，让士兵们返回了家乡。

都拉基乌姆的围攻
与法萨卢斯会战（公元前48年）

第六章

当庞培于公元前 62 年从东方凯旋之时，罗马共和国就好像是一堆吸满了水分的糖一样，虽然还保持着原有的形状，但其内部却已经要分解了。元老院原本是为管理一座城市而设立的，如今它根本没有能力去管理一个帝国。虽然罗马依然对独裁统治存有敌意，但元老院对于这个庞大帝国所面临的世界性问题，却又完全无能为力。元老院已经丧失了一切的创造能力，而它的精神意志也陷入了麻痹之中。

自汉尼拔战争以来，财富的增加和大批奴隶的进口，使罗马的经济结构发生了重大变化。"买卖"的含义，已经从贸易变成了借贷。无论是承包国家工程、为比赛提供资金，还是征税、收缴赔款和战利品，每一项产业都有着相当于 600 万英镑的价值。[1]

很快，摄取金钱的欲望就超过了为国奉献的精神。征税使人民变得愈发贫困，只好越来越多地依靠借债度日，而这些债务又让他们成了潜在甚至事实上的奴隶。在罗马共和国最后一个世纪的历史中，这种情况达到了古典时代的最高峰。到了西塞罗（Cicero）的时代，罗马已经成了世界上最大的奴隶市场，而其"货源"便是战争。奴隶又生奴隶，用奴隶去耕种农场变成了一件非常有利可图的生意。随着农民阶级的消亡，土地逐渐被越来越少的地主所垄断。自由劳工在被奴隶挤走之后，只好大批地迁入城市。按照韦德·福勒（Warde Fowler）的说法，城市中充满着"已经失去了一切精神和社会属性的人类。一旦人与人之间的纽带被切断，就再也难以恢复。而这又带来了一种不可避免的结果，并给罗马政府注入了大量浓烈的毒素"。[2]

与此同时，富人从征服中聚敛的财富，却并没有被花费在生产性的工作上，反而都被用来享乐和寻找刺激。而在社会的基层，高利贷已经成了共和国的顽疾。

虽然引发这些退化的原因是饮食过量，而不是衰老，罗马所患的痼疾也只是严重的消化不良而非致命的绝症，但历史上却罕有哪个民族曾堕落到如此的地步。民众失去了信仰、道德以及一切社会美德，那些靠救济生活的百姓们，也都沉浸在各种放纵之中。奢侈带来了兽欲，兽欲又带来淫乱，淫乱最终导致独身生活，使无子的情况变得越来越常见。对这些人而言，淫荡变成了自由的表现。而对富豪们来说，自由的表现则是权力、利润以及对财富的无限贪婪。金钱成为人与人之间的唯一纽带。在很多人看来，虽然这个文明还没有崩溃，但也已经彻底陷入了堕落之中，只有一位新的赫拉克勒斯才能力挽狂澜。当所有目光本能地向天边望去，去寻找这样一位人物之时，公元前61年9月29日，庞培身穿着一件据说是亚历山大留下来的披风[3]，凯旋罗马。人们欢呼，称他是一位英雄。在公元前66年接替卢库卢斯指挥东方战事之时，庞培便以那位伟大的马其顿国王为榜样，将战争打到了幼发拉底河对岸，征服了大量土地，在各处建立城市和村镇。在庞培的手中，除了一支战遍天下的军队以外，还有大量的财富。金钱可以赠予他人，而这种赠予又会带来谄媚。在这种对英雄的崇拜之中，产生了回归君主政治的倾向，而这种倾向到后来更是变成了现实。

当所有目光都聚焦在庞培一人身上之时，又有另一个人物出现了。此人生于公元前102年[4]，出身贵族，其祖先可以上溯至维纳斯（Venus）和安奇塞斯（Anchises）所生的儿子埃涅阿斯（Aeneas）。这个人的名字就是盖乌斯·尤利乌斯·恺撒（Gaius Julius Caesar）。

尽管尤利乌斯家族中的大部分成员都属于元老党（Optimates），但恺撒本人却属于人民党（Populares）。之所以如此，可能是因为他受到了嫁给马略的姑母尤利娅（Julia）的影响。公元前68年，恺撒在西班牙担任财政官（Quaestor），当他在加迪斯（Gades，即今日的加的斯）的"赫拉克勒斯神庙中看到一尊亚历山大大帝的塑像时，发出了一声叹息，好像是对自己的无能失去了耐心。因为在他这个年纪，亚历山大已经征服了整个世界，而他却还一事无成。于是他立刻辞职，返回罗马去争取做大事的机会"。[5]

公元前60年，当恺撒回到罗马竞选执政官时，他发现政局被控制在三个人手中——波希乌斯·加图（Porcius Cato，小加图，老加图的孙子）、庞培以及李锡尼乌斯·克拉苏（Licinius Crassus），其中后两人又与加图互相敌视。恺撒本希望为自己在西班牙的成功举办凯旋式，但加图却拒绝了他的要求，导致恺撒也变成了他的政敌。加图的这个失误促使恺撒与庞培、克拉苏结盟，组成了前三头同盟（First Triumvirate）。庞培和克拉苏负责推举恺撒担任执政官，而恺撒则要在执政官任期内为庞培的退伍老兵安排土地，并修改一条与克拉苏有关的税法——因为后者是一位拥有大批财富的银行家，对税务问题非常在意。

公元前59年，在恺撒当选执政官，而上述事务也都安排妥当之后，若不是赫尔维提人（Helvetii）发动了一场大规模叛乱，这个三头同盟原本就应该解散了。为应对北方边境上的威胁，恺撒获得了内高卢和伊吕利库姆（Illyricum）两个行省①，不久后又得到了外高卢的控制权。他在公元前 58 年接掌指挥权，随即便在比布拉克特（Bibracte，今日的奥坦）击败了赫尔维提人。不久之后，恺撒又发现高卢中部的凯尔特人正受到阿里奥维斯都（Ariovistus）手下的一支日耳曼大军威胁，便率军穿过贝尔福特山口（Belfort Gap），于 9 月 2 日在穆尔豪森（Mülhausen）附近将日耳曼人击溃。第二年，恺撒征服了比尔吉人（Begae）和内尔维人（Nervii），为征服高卢的第一阶段工作画上了句号。此事在后面的第八章中还将有所提及。

公元前 56 年，三巨头在卢卡（Lucca）会面。三人达成协议，恺撒在高卢的任期再延长五年，庞培在同一时期也会得到两个西班牙行省。而克拉苏则得到了叙利亚，以便对帕提亚发动战争。

即使恺撒先前不曾发现，如今也肯定已经意识到了，高卢不仅是他抵抗日耳曼好战部落的桥头堡、其手下军队的兵源地以及他的重要政治武器[6]，同时还是对庞培发动政治攻势的最佳基地。内高卢行省覆盖着意大利的整个北部边境，外高卢也同样控制着庞培从意大利通向西班牙的陆上交通线。因此，一旦庞培与恺撒开战，庞培就会处于极端不利的局势之中。

与此同时，已经 60 岁的克拉苏虽然坐拥巨额的财富，但耳朵却已经聋了，精神也陷入了盲目之中。他试图与亚历山大一较高下[7]，因此离开罗马前往叙利亚去准备对帕提亚人开战，后者的西疆此时位于幼发拉底河流域。

帕提亚帝国是由米特拉达梯一世（Mithridates Ⅰ）建立的。此人在公元前 160 年展开征服行动，首先占领了米底，接下来又进入叙利亚、巴克特里亚和格德罗西亚等地。他组建了一支强大的军队，其兵员几乎完全是由马弓手组成的。克拉苏所要面对的这支帕提亚军队，此时正由一位能干的年轻将军苏雷纳斯（Surenas）率领，此人虽然会像女孩一样在脸上化妆，但却异常勇敢，而且具有充沛的想象力。苏雷纳斯知道，弓箭手的箭矢在战斗中消耗很快，于是他为手下的 10000 名马弓手配上了 1000 头运送弹药的骆驼，每头骆驼都背负着大量的箭矢。

---

① 译注：伊吕利库姆行省即希腊西北部的伊利里亚地区。

凭借这种办法，军队的火力持续性有了百倍的提升。公元前53年，当克拉苏向东进发的时候，他要面对的就是这样一位强敌。

克拉苏首先占领了亚历山大当年渡过底格里斯河的地点，也就是尼塞弗里乌姆城。之后他转向北方，向埃德萨（Edessa）方向进发。到了6月，他在卡莱（Carrhae，即哈兰）被苏雷纳斯包围，几乎全军覆没。克拉苏本人被杀，他手下的40000名军团步兵中，有20000人被杀，近10000人被俘。

卡莱会战是罗马人在坎尼会战之后所遭遇的最惨重失利，虽然公民们对于这场惨败关注不多，但它却将恺撒推到了一个非常困难的处境之中。由于克拉苏倒台，如今已经无人可以牵制庞培了。公元前52年，在维钦托利（Vercingetorix）的有力领导下，高卢又发动了一场全面叛乱，更使恺撒进退不得。接下来便是著名的阿莱西亚围攻战（The Siege of Alesia）。直到第二年，叛乱才被镇压下去，征服高卢的工作也终于宣告完成。

这是一项令人惊叹的功业，按照普鲁塔克的记载，恺撒"攻克了800多座城市，征服了300个民族，与总计300万人打了很多场会战，在战斗中杀死了100万敌人，并俘获了数量相近的俘虏"。[8]他之所以能够完成这一工作，主要得益于他那无穷的精力。恺撒不仅将高卢变成了罗马的领土，而且在征服过程中，他还成了人民的英雄以及罗马最强大军队的主人。与此同时，庞培却走向了衰落。这也就意味着，双方之间肯定会爆发战争。诚如蒙森所言，"这并不是一场共和制与君主制的战争……而是庞培与恺撒争夺罗马皇冠的搏斗"。[9]

说到这里，我们有必要暂时偏离主题来讨论一个非常重要的问题，即扎玛会战以来罗马军事组织的变化，因为这些变化对罗马这一时期的政治、战略和战术都产生了重大影响。

第二次布匿战争时期的军团，是一支由有产阶级组成的军队，士兵被分为青年兵、主力兵和三线兵。但随着大量财富流入罗马，情况也发生了变化。随着财富逐渐增加，有产阶级逃避兵役的现象也变得越来越多。到公元前104年，马略在征兵时只好放弃原有的财产要求，向所有志愿参军者开放军队的大门。到了后来，征兵范围越来越大，甚至连奴隶、罪犯和外国人都可以参军入伍。另外，为消除正面各中队之间预留空当所带来的危险，马略将军团改组为三条由步兵大队组成的战线，每个大队拥有五个中队，青年兵、主力兵和三线兵之间的区别也被取消。这样一来，基础战术单位的人数就从 120 人增加到了 600 人。整个军团由 10 个大队组成，第一线通常是四个大队，第二线和第三线都是三个大队，整个军团的总人数也从 4500 人上升至 6000 人。军团骑兵被裁撤，由招募自国外的辅助骑兵（Auxilia）取而代之。由于各单位之间的空当缩小，无论从任何角度来看，我们都可以认为罗马军团是被重新改回了方阵体系。

如此一来，古老的民兵系统就被佣兵性质的职业军队所取代了。此前，士兵们都是向共和国宣誓效忠的，如今则改为向自己的将军效忠。这样一支军队，必须由受教育程度很高而且手腕灵活的将军来指挥。只要这一条件能够得到满足，新的军团就能够战无不胜。反之，其纪律很快就会走向崩溃。

恺撒时代的具体军团编制已不可考，但其情况可能与马略时代相差不多。士兵的武器和盔甲似乎并没有什么改变，只是轻步兵（投石手和弓箭手）的数量有所增加。

最值得注意的变革是骑兵、炮兵和工程师数量的增加。骑兵数量增加的原因主要源于罗马人与努米底亚人和其他马上民族的接触，而炮兵和工程师数量增加的原因则是受罗马与迦太基、希腊所打的战争以及亚历山大里亚的工程师团体影响的结果。[10] 通过下面的例子，我们便可以了解一些这种变化的进程。

公元前 53 年，在阿瓦里库姆（Avaricum）围攻战中，恺撒显然使用了某种连发攻城武器。[11] 当他于公元前 51 年与贝洛瓦西人（Bellovaci）作战时，又多次在野战中实施了真正意义上的"炮击"行动。我们可以从史料中读到："将军在队列好战斗序列之后，率军前进到了最远处的山丘上。在那里，他可以用大型武器向敌军最密集之处射出雨点般的标枪。"[12] 后来当恺撒在都拉基乌姆（Dyrrhachium）试图迁回庞培时，对方也采取了相似的行动。当时恺撒的第九军团占领了一个山丘，并开始在此处修建防御工事。庞培则占领了附近的一个高地，并从高地上集中火力射击恺撒的士兵，迫使他们放弃工事，选择撤退。[13]

从普鲁塔克的著作中我们可以知道，后来当安东尼（Antony）远征帕提亚时，他的军队中有一支由 300 辆车仗组成的攻城纵列。其中较小的野战武器可以直接在车上射击，因此也被称为"车载弩炮"（Carroballista），其外形可参见公元 105 年至 113 年在罗马城竖立起来的图拉真记功柱（Trajan's Column）。而在记功柱建成的一百多年之前，这种野战弩炮可能便已投入使用了。这些炮车由骡子牵引，弩炮可以越过骡子的头顶射出矢石。按照维格提乌斯（Vegetius）的说法，军团中的每个大队还额外拥有一具抛石机。这也就是说,在恺撒去世不久之后的时代里,每个军团都有一支由60具车载弩炮以及10具抛石机组成的"炮兵",相当于60门野战炮和10门榴弹炮。

工事与围攻的技术与远程火力的增加齐头并进,而恺撒在战争艺术的这个分支上可称难寻敌手。据估计,在公元前52年的阿莱西亚围攻战中,其手下士兵为挖掘壕沟,挖出了多达200万立方米的泥土。[14]四年后,都拉基乌姆围攻战的工程量也与此相差不多。在公元前49年的马西利亚围攻战中,所有种类的攻城武器都投入了使用。

虽然战争科技的进步可能拯救了不少人的生命,但也让防御成为更强的作战方式,扼杀了主动精神和勇气。更进一步说,大规模军队的职业化、军队战斗力的大幅提升、行省长官们不受本土政府约束的巨大权力,都使将军们的独立性越来越强,削弱了元老院和人民的权威。另外还有一个最大的问题,就是这种新的职业兵并没有固定军饷,在服役一定时间退役之后也没有固定的遣散费。把上述所有问题结合起来之后,我们就能看到,军队的改革已经变成了内战和独裁政治的温床。

征服高卢之后,罗马世界面临着要么改革,要么解体的抉择。元老院和人民大会极为无能,所有权力都已经被恺撒和庞培两人握在了手中。他们都属于民主党人,一个推崇所谓的"民主王政"(Democratie Royale),另一个则信奉放任主义(Laisser Faire);一个精力充沛,另一个则死气沉沉。虽然两人都不想打仗,但战争却不可避免。新观念与腐朽的旧思想针锋相对,而后者已经没有勇气和力量去进行改革了。

在这种情况下,元老院选择支持庞培,而各村镇和人民则普遍支持恺撒。恺撒希望能在公元前49年被选举为执政官。为了让政敌不能捏造罪名,趁他放弃军事指挥权与就职执政官之间的空隙来状告他,恺撒准备在高卢一直等到公元前49年年年底,之后再直接以执政官的身份于公元前48年进入罗马。在那之后,他希望能如自己所愿,得到帕提亚战事的指挥权。可是,庞培却在公元前51年或公元前50年倒向了元老院。虽然10位保民官投票立法,同意恺撒缺席当选公元前48年的执政官,但庞培却密谋让恺撒不能在缺席期间继续保留军职。在这个密谋还在酝酿的过程中,恺撒便已经认清了对方的计划,因而向庞培提议,双方同时放弃各自的军队和行省。庞培拒绝了这一提议，骰子也就被掷了出来。元老院随即宣布国家进入危险时期。公元前49年1月7日，有产阶级收到了动员令，各地行政长官也接到命令，要他们把动员起来的人员编组成军团。

尽管罗马公民已经不可能再组成训练有素的正规部队，但这个动员令却还是让恺撒陷入了危机之中。庞培和元老院不仅掌握着制海权，而且在西班牙还有八个军团，在意大利也有两个军团，另外在叙利亚、马其顿、阿非利加和西西里还另有其他部队。而恺撒身边可以立刻召集起来的部队只有驻扎在拉文纳（Ravenna）的第13军团，拥有大约5000名步兵和300名骑兵，其驻地距离罗马大约240英里的路程。与之抗衡的庞培部队拥有两个军团，数量不少于7000人，位于鲁塞里亚（Luceria，今之鲁塞拉）。恺撒其余的部队，一半位于索恩河（Saône）与卢瓦尔河（Loire）流域，另一半则远在高卢北部。

尽管在数量上居于劣势，但恺撒还是决定先下手为强，在庞培和元老院能够完成动员之前采取主动。公元前49年1月14日[15]，罗马城收到消息，说恺撒已经越过卢比孔河（Lubicon）进入了阿里米努姆（Ariminum）。庞培知道人民普遍支持恺撒，遂决定放弃罗马城和意大利。随后他就由驻扎在鲁塞里亚的14个大队保护着，开始在卡努西乌姆和布隆迪西乌姆集中兵力。庞培命令坎帕尼亚（Campania）的大约30个征召兵大队前往卡努西乌姆集中。另外据他估计，科菲尼乌姆也能征召起一支兵力相近的部队，而新任的外高卢总督多米提乌斯·阿赫诺巴尔布斯（Domitius Ahenobarbus）也正停留在那里。尽管阿赫诺巴尔布斯严格来讲并不是庞培的下属，但庞培还是在2月6日要求他，趁着还来得及，赶紧带着征召兵们南撤。不过，当阿赫诺巴尔布斯听说恺撒正在向卡斯特鲁姆—特鲁恩提努姆（Castrum Truentinum）进军后，就决定在原地坚守。

恺撒决心抓住这个机会发动进攻。2月13日，他跨过阿特努斯河（Aternus），准备对科菲尼乌姆进行围攻，该城在2月19日向他投降。恺撒没有浪费一天时间，立刻动身向布隆迪西乌姆进军。此时庞培已经将手中的全都军队都集中在了那里。第二天，庞培就将大半部队运到了亚得里亚海对岸的都拉基乌姆。

3月1日，恺撒抵达了布隆迪西乌姆城外，他的第一步行动是与庞培展开谈判。但后者却拒绝考虑一切条件，而且还在回程时巧妙地将其余部队也全部运到了伊庇鲁斯。在此之后，恺撒才定下了自己的作战计划。

此时恺撒所面临的情况如下：在放弃意大利之后，庞培将自己的部队分成了两个部分，其中一部分在伊庇鲁斯，另一部分则在西班牙，但由于握有制海权，庞培仍可以用夹击的办法来摧毁恺撒。恺撒意识到时间将成为决定性因素，因此决定以最快速度赶往西班牙，去对付庞培的主力部队。与此同时，为避免敌军从经济上扼杀意大利，他又分别在西西里和萨丁尼亚各部署了一个军团以保护粮食供给。接下来，恺撒便命令驻扎在高卢的九个精锐军团、6000名骑兵以及一支弓箭手部队在马西利亚附近集结。

在庞培从布隆迪西乌姆出海的两天之后，恺撒也出发前往罗马，并于3月29日抵达。他留下马库斯·安东尼乌斯（Marcus Antonius），也就是通称的马克·安东尼（Mark Antony）指挥意大利境内部队，同时还夺取了15000磅金条、30000根银条以及大约3000万枚塞斯特斯铜币（Sesterces）。[16] 在发布了一系列法令之后，恺撒在4月5日率领一小队卫兵出发前往马西利亚。他派遣五个军团和6000骑兵进入西班牙，其余部队则留下围攻马西利亚。进入6月后，他留下德西穆斯·布鲁图斯（Decimus Brutus）和特雷伯尼乌斯（Trebonius）继续围攻马西利亚，而自己则带着900名骑兵越过比利牛斯山与军队会合，之后便开始向伊勒尔达（Illerda）进发，此时由阿弗拉尼乌斯（Afranius）指挥的庞培军正在那里宿营。

阿弗拉尼乌斯并不打算接受会战，以免在这一年适于作战的季节里遭受失败。而恺撒则针锋相对，计划用最小的代价迫使对方屈服。他进行了一系列令人瞠目结舌的机动，切断了对方的食物供给和水源，迫使阿弗拉尼乌斯投降。这场胜利的影响十分巨大，整个西班牙都因此而落入了恺撒手中。他以最宽宏大量的态度欢迎对手投降，之后又在9月底左右回到了马西利亚去推动围攻战的进程，并最终迫使该城投降。恺撒又一次保持了高度节制，照他自己的说法，其原因在于他尊重马西利亚的盛名和古老传统，而绝非市民理应受到这种待遇。[17] 在留下两个军团的卫戍部队之后，恺撒收到消息说自己已经被任命为独裁官，于是便启程返回罗马，在那里修改了有关借债的法律，召回了大批流亡者，并将完整的公民权授予了内高卢的所有自由民。在任11天之后，恺撒辞去了独裁官的职务，不等其执政官任期正式开始就前往布隆迪西乌姆，并在12月底与军队会合。到此时为止，罗马历史上最卓越的政治兼军事战役落下了帷幕。

恺撒在西班牙对庞培的声望造成了致命打击，而且在消灭了对方的部队之后，他也不再需要保护自己的后方。与此同时，他也已经凭借自己的智慧，在意大利建立了一个稳健的政治和社会基地。但即使如此，当他抵达布隆迪西乌姆时，却还是发现自己的处境极为危险。

庞培此时依然握有帝国的东半部分，其舰队拥有超过300艘战舰，占据着绝对的海上优势，因此他可以从埃及和黎凡特（Levant）获得给养，陆军也可以不断获得增援。此时庞培手下的兵力已经增加到了九个军团，大约36000人。梅特卢斯·西庇阿（Metellus Scipio）也正率领着两个军团从叙利亚赶来支援。另外，庞培手中还有7000名骑兵、3000名弓箭手和1200名投石手，其基地都拉基乌姆距离意大利海岸也仅有一天的航程。

恺撒立刻意识到都拉基乌姆是一切问题的核心，占领此处也是他眼下最重要的任务。但问题是，如何才能将其占领？庞培的舰队控制着亚得里亚海，渡海作战对恺撒而言极为危险。尽管如此，恺撒还是决心冒险。通过陆路从伊吕利库姆行军要花费数周甚至数月时间，而庞培也很可能会利用恺撒在那片崎岖山区蹒跚前进的时机入侵意大利，占领他的基地。与跨过卢比孔河时的情况一样，骰子又一次被掷了出来。恺撒决心挑战不可为之事，不仅因为这一计划在战略上完全行得通，而且正因为看似不可为，该计划才能达到最大的奇袭效果。

恺撒将手中的12个军团全部集中在布隆迪西乌姆之后，虽然他的船只仅能搭载七个军团，但他还是不愿浪费时间，直接让七个军团的大约20000名步兵和600名骑兵在没有携带给养、奴隶和驮兽的情况下登船。马克·安东尼指挥着余下的军队，等待运输船返航后再出发。公元前48年1月4日，恺撒起航了，第二天他就在阿克罗塞劳尼亚（Acroceraunia）海岸上，位于都拉基乌姆以南100英里的帕拉斯提（Palaeste）登陆。恺撒本人登岸后，立刻向庞培派了一名使者试图进行和谈。接下来，当所有军队都下船之后，恺撒便立刻挥师向都拉基乌姆进发，同时命令运输船当晚就返回布隆迪西乌姆。虽然在恺撒前来之时，庞贝的舰队司令马库斯·比布卢斯（Marcus Bibulus）因疏漏而犯下了错误，可当运输舰返航时，他没有再轻易放过对方。就在恺撒向奥里库斯（Oricus）和阿波罗尼亚前进的同时，马库斯·比布卢斯在海上摧毁了30艘返航的运输船，并任由其船员落水而未予救援。

获悉恺撒登陆的消息之后，距离都拉基乌姆比恺撒更近的庞培立刻意识到了这座城市的重要性，于是以强行军抢在恺撒抵达之前不久赶到了那里。之后，庞培在阿普苏斯河（Apsus）北岸的库契（Kuči）占据了一个易守难攻的阵地，迎击位于南岸的对手。

虽然我们并不知道两军相持了多长时间，但很显然，随着时间的推进，双方都变得越来越不耐烦。到 2 月底，恺撒严令安东尼必须立刻起航前来增援。后者在一天晚上，秘密带着四个军团和 800 名骑兵躲过了庞培的舰队，乘着一阵西南风越过了在阿普苏斯河对峙的双方，直接在都拉基乌姆以北的尼姆法乌姆（Nymphaeum）附近登陆。在此之后，安东尼又让运输船返航去将其他部队运来。庞培立刻拔营赶来迎战，恺撒则向东北前进到了蒂拉纳（Tirana），并派人警告安东尼说庞培正在向他那里前进。安东尼避开了庞培的圈套，与恺撒在格努苏斯河（Genusus）上的斯坎皮（Scampi）会合。没能阻止敌军会合的庞培撤退到了阿斯帕拉吉乌姆（Asparagium），而得到安东尼增援的恺撒则决心扩大作战范围。他首先派出多米提乌斯·卡尔维努斯（Domitius Calvinus）带领两个军团和 500 名骑兵前往马其顿，去消灭正从塞萨洛尼卡（Thessalonica，即今日的萨洛尼卡）北上的庞培副将梅特卢斯·西庇阿。紧接着，恺撒又派遣一个军团、五个大队和 200 名骑兵前往色萨利和埃托利亚去寻找粮食。可就在这些支队出发后不久，恺撒就收到了一场惨败的消息。

恺撒曾经留下一位阿西利乌斯（Acilius）指挥其位于瓦罗纳湾（Gulf of Valona）最南端的奥里库斯海军基地。为封锁运输船停泊的港口，阿西利乌斯凿沉了一艘商船，并在这艘沉船上方锚泊了另一艘装有炮台的商船。尽管有这些防御措施，但庞培的大儿子格涅乌斯（Gnaeus）还是决心利用手下的埃及舰队去夺取恺撒的船只。格涅乌斯首先用弓箭齐射压制了那艘装有炮台的商船，接下来又将沉船移走，让自己的战舰驶入港内。最后在战舰火力的掩护之下，格涅乌斯的士兵们爬上奥里库斯城墙，夺取了恺撒的战舰。与此同时，庞培的舰队指挥官莱利乌斯也向安东尼设在尼姆法乌姆附近的海军基地进发。虽然他没能攻克尼姆法乌姆的卫城，但还是成功烧毁了安东尼的所有运输船。这样一来，恺撒在希腊海域的所有战舰都被摧毁了，连一艘能与意大利联络的船都没有剩下。

虽然这场灾难足以击垮任何一个常人，但对恺撒而言却只是更加坚定了他寻求与对手进行会战的决心。他沿着格努苏斯河前进，在位于阿斯帕拉吉乌姆的庞培军营地对岸宿营。他在此处将部队列成了战斗序列，庞培拒绝会战之后，恺撒就决定对敌人在都拉基乌姆的基地进行一次突袭，将庞培阻挡在基地以外。即使庞培抢先赶回都拉基乌姆，他也能将其包围在城内。

恺撒从阿斯帕拉吉乌姆拔营，沿格努苏斯河而上。庞培最初认为恺撒只是在寻找给养，但当恺撒率军抵达克罗迪亚纳（Clodiana）并越过格努苏斯河开始向北推进之后，他便认清了对方的目标在于都拉基乌姆。庞培随即以最快速度率军沿埃格那提亚大道（Egnatian Way）返回基地。恺撒进入阿尔曾（Arzen）河谷，沿谷地继续前进，并最终在都拉基乌姆以东数英里处宿营。从那里，他可以看到庞培军的前卫正在南方沿埃格那提亚大道快速前进。庞培意识到自己与基地之间的联系已被切断，便转而在一块被称为佩特拉（Petra）的岩石高地上宿营。此地位于恺撒营地南方不远之处，双方之间由一条溪流相隔。

由于庞培的军队就在附近，所以恺撒也无法对都拉基乌姆进行强攻。可尽管如此，他还是不愿意放松对敌军的牵制，而且出于对自身安全的考虑，他也不得不如此。如果他向内陆推进，庞培就将获得渡海进入意大利的自由。另外，庞培还可以直接向恺撒的军队施压，迫使他在开阔地上进行会战，并发挥出其优势骑兵的威力。虽然在分派出几个支队后，恺撒军已经减员到了22000人，但恺撒还是决心立刻对敌军展开围攻。只有这样，他才能在征发给养时不受对方骑兵的干扰，而这些骑兵也会被限制在海岸草地上，不久后就会把那里的草料吃光。为此，恺撒开始让手下军队围绕着已被庞培设防的区域建造一条围攻线，南抵佩特拉，北至勒斯尼基亚河（Lesnikia）。此处有一条山岭环绕着围攻线所覆盖的大部分地区，使恺撒受益颇多。恺撒所建的这条围攻线长达15英里，可能是古典时代最长的野战工事。庞培的防线紧挨在围攻线以西，长度在8英里左右，与海岸线的距离在1英里至1.5英里之间不等。

尽管庞培可以用舰队来运送给养，但由于恺撒将所有流向大海的河水、溪流全部改道或者用水坝填塞，庞培的草料和饮水供应还是很快就出现了困难。[18] 不久之后，庞培的情况就变得相当危急了，他必须决定是入侵意大利，还是对恺撒发动进攻。由于前往意大利必须要放弃都拉基乌姆，因此庞培选择进攻恺撒。为方便自己发动进攻，庞培似乎使用了一个诡计。他派人给恺撒送去假消息，称都拉基乌姆城内有叛徒想要帮助恺撒入城。

恺撒似乎没有多作询问就相信了这一情报。他留下普布利乌斯·苏拉（Publius

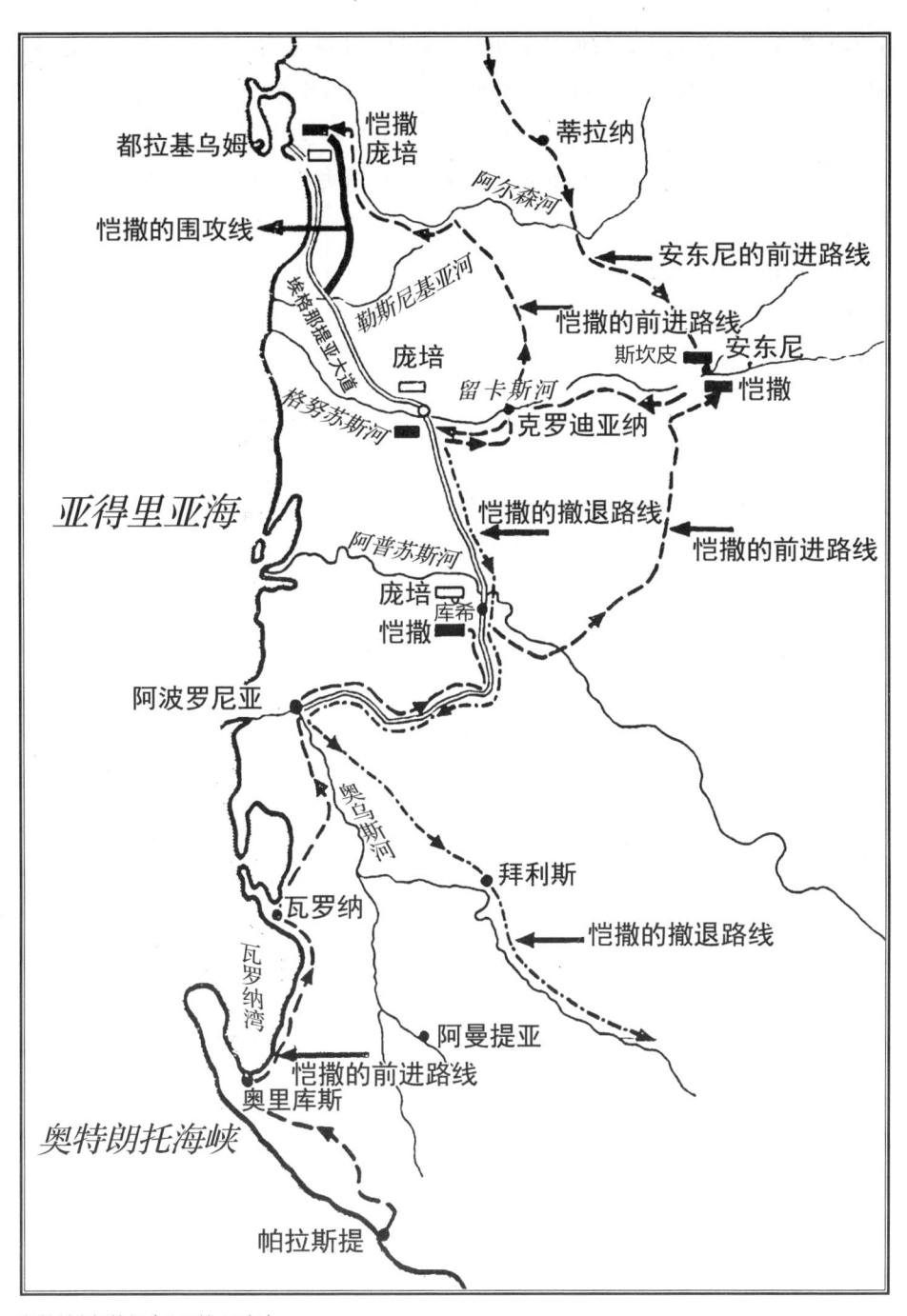

都拉基乌姆战役（公元前 48 年）

Sulla）指挥主力部队，之后便在夜间亲自率领一小队士兵前往都拉基乌姆近郊。他立刻就落入了圈套，险些丧命。与此同时，庞培派出四个军团对恺撒围攻线中央一座小山上的堡垒发动了进攻。虽然此处仅有一个大队驻守，而进攻方又发射了多达30000支箭矢，但守军还是坚守不退，直到两个军团的援军抵达，迫使庞培的军队撤退。

接下来，庞培又决定攻击恺撒的最左翼。就在他准备这个计划时，恺撒手下的高卢部队中有两名阿罗布罗吉亚族（Allobrogian）军官叛逃到了庞培那里。[19] 对庞培而言，这要算是一个意想不到的好运气，因为这两人供出了恺撒整个野战工事的布置细节。

恺撒此时正在延长自己的壕沟，使其穿过勒斯尼基亚河以南的平原地带，以便将庞培彻底包围起来。为保护军队的后方，恺撒还在建造另一条围攻线。两道工事之间相隔200码，内侧工事拥有一条15英尺宽的壕沟和一道10英尺高的木墙，而外侧工事的规模则相对较小。此时这些工事都还没有完工，"……面对大海，将两道工事连接起来的横向木墙尚未建好。庞贝也通过两位阿罗布罗吉亚人知晓了此事"。也就是说，此时两条工事在海岸线上的终点之间尚没有木墙连接，仍然是敞开的。

为应对恺撒在平原上的围攻线，庞培也将自己的工事右翼沿着勒斯尼基亚河右岸向西延展，同时他还占据了河流南侧一座恺撒建造之后又放弃掉的营地。为确保这座营地和勒斯尼基亚河之间的联系，庞培挖掘了一条从营地东北角联通至勒斯尼基亚河的壕沟。

在庞培从两位变节者那里了解到一切他所能得到的情报之后，便决定对恺撒的左翼发动一次海陆联合攻击。庞培军60个大队以恺撒放弃的那座营地为行动基地，向南跨过勒斯尼基亚河攻击围攻线，同时他还派出了两支轻步兵，从海路出发分别登陆。其中较大的一支在围攻线以南登陆，攻击围攻线的南侧；而较小的那支则在两道工事之间的海岸，也就是尚未建起木墙的空间里登陆。简言之，庞培将从正面、背后以及侧翼对恺撒的左翼同时发动进攻。无论从任何角度来看，这都是一个非常出色的作战计划。

7月9日午夜前后，庞培在夜幕的掩护下展开了行动，其中轻步兵在即将破晓时登陆。此时，恺撒驻守在左翼海岸上的两个大队正准备换防。距离最近的预备队，也就是伦图卢斯·马塞利努斯（Lentulus Marcellinus）麾下的八个大队又远在两英里以外的内陆。尽管驻防的两个大队立刻组织起了防御,但由于庞培在两道工事之间,也就是变节者专门指出的弱点登陆,使防御者在侧翼上遭到了打击,因此守军在惊慌之下,开始沿两道工事之间的空地向内陆奔逃,堵住了前来增援的马塞利努斯。

就在庞培军即将进攻马塞利努斯的营地之时,马克·安东尼率领着12个大队的援兵赶到,将敌军击退。在安东尼背后,恺撒也亲率13个大队赶来。与此同时,庞培则忙于在敌军围攻线以南的海岸上建造一座新营地。这是一个一石二鸟的行动,既可以确保船只今后能够安全接近海岸,也能让骑兵在南侧获得一块放牧的空间。借此行动,庞培突破了恺撒的封锁。

为尽可能确保左翼安全,恺撒将敌军逐退到距离海岸大约一英里的地方,夺回了大半部分围攻线,并挖掘了一道壕沟将内外两道工事连接起来。接下来,当恺撒听说庞培正将部队转移到勒斯尼基亚河以南的营地(也就是恺撒放弃的那座)之后,又决定在对方完全占领这座营地之前将其夺回。恺撒为此集中了35个大队,但却并没有意识到庞培已经用木墙将营地与勒斯尼基亚河连接了起来。

恺撒留下两个大队防守横向的木墙,之后便将其余33个大队组成两个纵队,在树林的保护下向营地前进。左翼纵队的目标是营地东墙,右翼纵队的目标则是营地北墙。前者成功攻入了营地,将守军赶向西门,但后者却在遭遇了营地与河流之间的木墙之后,误以为这就是营地本身的围墙,之后便开始沿着木墙去寻找营门。最终当他们终于在勒斯尼基亚河附近突破这道木墙之后,却来到了木墙、河水、大海以及营地之间的一片开阔平地上。

得知营地遭袭后,庞培立刻率军前来救援,骑兵也穿过营地东侧的平原向南进发。恺撒的右翼纵队发现背后遭到威胁,本想立刻撤退,但却被自己刚刚穿过的木墙所阻,进退不得。惊慌之下,士兵们纷纷开始攀爬木墙。与此同时,被恺撒左翼纵队击退的营地守军,在看到庞培本人也赶来对恺撒的左翼纵队发动了冲锋之后,也跟着发动了反击。恺撒的左翼纵队发现右翼已经溃退,被恐慌所感染,也发生了全面崩溃。对恺撒而言幸运的是,庞培没有进行追击。恺撒将残兵聚拢起来之后,发现自己损失了32位保民官和百夫长、960名普通士兵以及多达32面军旗。据说大部分死者都并非被敌军所杀,而是在惊恐之中被自己的战友踩踏致死。[20]

恺撒意识到,自己手下的部队已经军心动摇,不可能再继续坚守这条过分漫

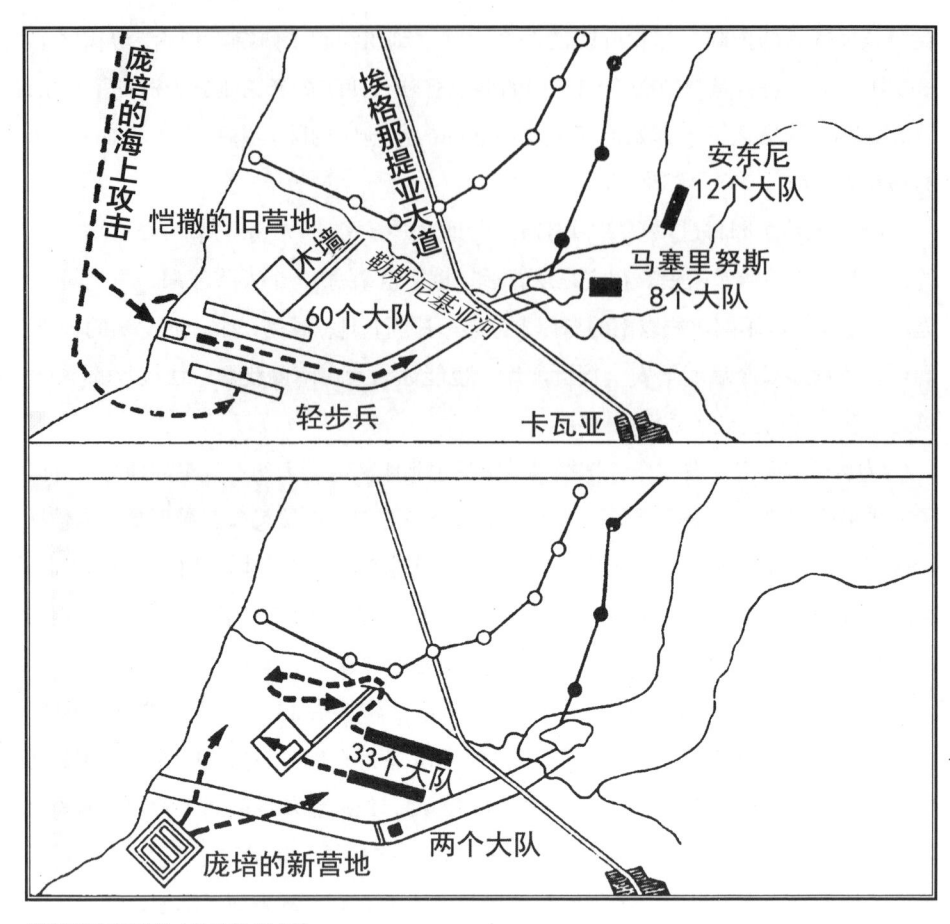

都拉基乌姆围攻战（公元前48年）

长的围攻线了。于是在会战当天日落之后不久，他就趁夜将军队撤走了。为躲避庞培骑兵的追击，恺撒在夜间快速行军，到第二天上午便抵达了他之前设立在阿斯帕拉吉乌姆的营地。当天中午，恺撒再次启程，甩开了庞培的骑兵，于7月14日抵达阿波罗尼亚。

在都拉基乌姆围攻战期间，多米提乌斯率军在马其顿挡住了西庇阿。但如今恺撒撤退之后，多米提乌斯的后方也失去了保护，于是恺撒也决定与他合兵一处。恺撒计划率军威胁西庇阿，强迫庞培离开海岸线及其在都拉基乌姆储存的给养，与自已进行一场面对面的会战。如果庞培渡海进入意大利,恺撒就会与多米提乌斯会合,并率领全军穿过伊吕利库姆从陆路前去救援。[21] 事到如今,庞培也已经意识到,只要他不击败恺撒,就绝无和平可言。因此他也抛弃了入侵意大利的计划,决定与西庇阿会合。双方都成功与友军会合,恺撒与多米提乌斯在爱吉尼乌姆(Aeginium)会合,而庞培则与西庇阿在拉里萨会师。两支军队从各自的城市出发,前往库诺斯克法莱山脚下的法萨卢斯(Pharsalus)平原。双方都选择前往此地的原因我们不得而知。与280年前高加梅拉平原上的情况相同,古老的传统与未来的精神终于做好了决一死战的准备。

人们历来对法萨卢斯战场的具体位置有所争议。阿庇安(Appian)、普鲁塔克、波利艾努斯和苏维托尼乌斯(Suetonius)认为此处位于法萨卢斯河与埃尼皮乌斯河(Enipeus)之间,但希尔提乌斯(Hirtius)、弗龙蒂努斯(Frontinus)、欧特罗庇厄斯(Eutropius)与奥罗修斯(Orosius)却认为战场应在帕莱法萨卢斯(Palaepharsalus)附近。近来的学者通常都倾向于支持后者而非前者。[22] 根据这种看法,恺撒从爱吉尼乌姆向东南进军,在法萨卢斯附近跨过了埃尼皮乌斯河,并在帕莱法萨卢斯北侧的河流北岸宿营。不久之后,庞培也赶到了此处,在恺撒军西北方向大约三英里处的多甘兹山(Mount Dogandzis)山坡上宿营。恺撒日复一日地在己方营地前方将军队排成战斗序列进行挑战,战线每一天都比前一天前进得更远、更接近庞培的营地,但庞培却不愿意离开自己占据的有利地势。当恺撒在法萨卢斯的粮仓见底之后,他就决定撤出营地,向东北方向的斯科图萨(Scotussa)进军。此处位于库诺斯克法莱山的正南方,可以威胁庞培通往拉里萨的交通线,恺撒希望以此来迫使对方离开阵地。

8月9日上午,当恺撒正在拆除营帐准备动身之时,却突然发现庞培正在排布战线,而且与以往不同的是,庞培选择在营地前方相当远的地方列阵。恺撒随即转过头来对士兵们说:"我们现在必须忘掉行军计划,考虑该怎么打这一仗,这才是我们一直以来所求之事。做好会战的准备吧,我们不会再轻易得到战机了。"[23]

恺撒此时拥有八个军团,即80个大队,总计22000人。他留下两个大队守卫营地,将另外78个大队组成了三条战线,其左翼依靠在埃尼皮乌斯河的河岸上。在恺撒的对面,庞培拥有11个军团,即110个大队,据恺撒所说,其总数达到了45000人。不过在战争中数量并不能代表一切,在纪律、训练以及士气等每一个方面,恺撒的士兵都要优于对手。诚如韦德·福勒所说："一方的内部纷乱不堪，充满了自私自利之人，他们是古老寡头政治最后的高傲幸存者，幻想着在胜利后如何摄取财富和官位。而另一方则处于单独一位指挥官的绝对掌握之中，此人所想的一切，都着眼于此时此地的情况和事实。"[24] 道奇中校也指出："庞培军的弱点在于缺乏一个统一的大脑，无法用统一的思想去控制、指导行动。而在另一方那里，恺撒本人即可代表他的军队。全军上下全部听他一人调度，全部工作不论大小都以他的方式来进行。他控制着每一个士兵的情绪和行动，他既是发条，也是摆轮。"[25]

庞培计划以埃尼皮乌斯河来掩护右翼，同时用优势巨大的骑兵去迂回恺撒右翼，绕过其侧面，对其后方发动进攻。庞培军的战斗序列如下：

600名来自本都的骑兵被安排在右翼，其左侧是列成三条战线的步兵，而步兵又分为三个部分，右侧由伦图卢斯指挥，中央由西庇阿指挥，而左侧则由多米提乌斯·阿赫诺巴尔布斯指挥。庞培将上述600名本都人以外的全部骑兵、弓箭手和投石手全部署在了战线左翼，由拉比埃努斯（Labienus）负责指挥。除此以外，他还留下了七个大队来守卫营地，并在各战线之间分配了一些辅助部队，担任轻步兵的职责。

在庞培排布战线的过程中，恺撒密切地观察着对方的部署，从中看透了对方的意图。他意识到庞培想要迂回自己的右翼，于是便将全部1000名骑兵部署在了右翼，面对着拉比埃努斯的6400名骑兵，同时还安排了轻步兵为他们提供支援。恺撒将右翼交给普布利乌斯·苏拉指挥，中央交给了多米提乌斯·卡尔维努斯，左翼则由马克·安东尼负责。紧接着，按照恺撒自己的说法，"由于担心右翼被敌军优势骑兵包围，他从第三线中紧急抽出了几个大队"[26]，将他们组成了一个第四线，与正面三线呈倾斜角度布置。由于第四线位于骑兵的正后方，敌方无法从前方观察到他们的存在。他向这些士兵们解释了自己的意图，并强调说会战胜负就取决于他们的勇气。与此同时，恺撒又命令第三线（预备队）甚至全军都不要在未得到命令的情况下主动与敌军交战。[27] 恺撒军呐喊的口号是"维纳斯必胜"（Venus Victrix），而庞培军则呼喊着"赫拉克勒斯无往不胜"（Hercules Invictus）。

尽管庞培在人数上占据着压倒性的优势，但他却并不愿意主动发动进攻，以免

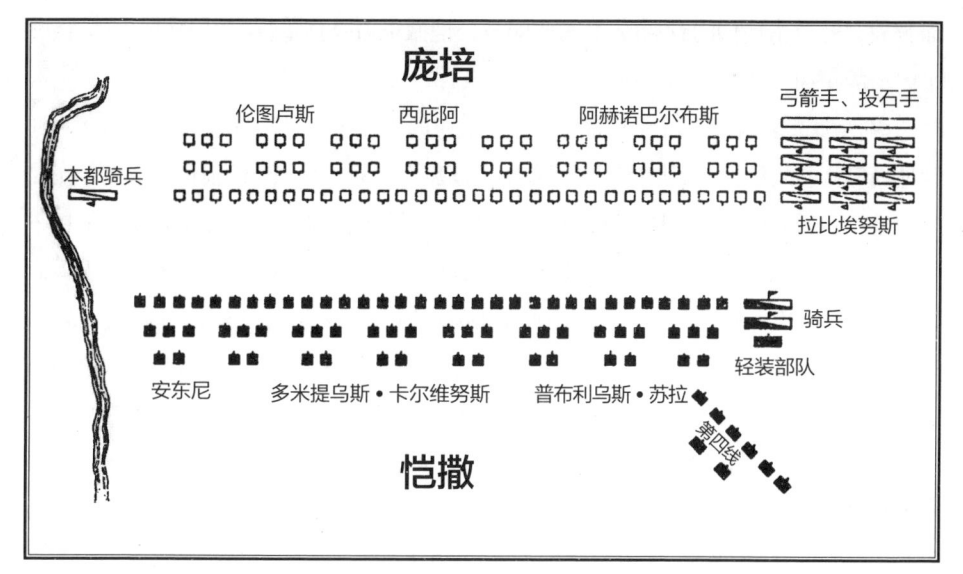

```
                    庞培
      伦图卢斯    西庇阿    阿赫诺巴尔布斯    弓箭手、投石手
本都骑兵  □□□   □□□    □□□□
         □□□   □□□    □□□□
         □□□   □□□    □□□□          拉比埃努斯

         ■■■■■■■■■■■■■■■■  骑兵
         ■ ■  ■ ■  ■ ■  ■ ■  轻装部队
        安东尼  多米提乌斯·卡尔维努斯  普布利乌斯·苏拉  第四线
                    恺撒
```

法萨卢斯会战（公元前48年）

部队在与恺撒军接触前便已经队形混乱、筋疲力尽。作为一位更加高明的统帅，恺撒对此另有看法。他写道："在我们看来，庞培的行动并不合理。战斗热情能够激发所有人心中与生俱来的锐气和冲劲，指挥官的责任是去激发，而不是去压抑这种情绪。在没有充足理由的情况下，指挥官应该按照传统，向各个方向发出信号，紧接着全军都要同时发出一声呐喊，以此来让敌军恐惧，让友军振奋。"[28]

恺撒率先发动进攻。由于庞培仍然没有前进，恺撒在军队前进了大约一半距离（不超过200码）之后就下令暂停前进，让士兵们能获得喘息之机。不久之后，恺撒再次下令前进，庞培也命令骑兵、弓箭手和投石手前进。在击退了恺撒的骑兵之后，庞培的骑兵就以最猛烈的势头继续推进，开始迂回恺撒暴露的侧翼。"恺撒看到这一情况之后，就向组成第四线的六个（或八个）大队发出了行动信号。这支部队高举着鲜艳的军旗，快速冲上前去，狂怒着对庞培的骑兵发动了进攻。其势头之迅猛，使任何敌军都不敢阻挡，只能纷纷掉头。他们不仅放弃了已经占领的土地，而且向后飞奔，逃向最高的山丘。骑兵逃走之后，弓箭手和投石手也失去了保护，被全部歼灭。接下来，这几个大队又以同样的勇猛绕过了庞培军左翼，趁对方仍在进行正面苦战之时攻击他们的背后"。[29] 与此同时，恺撒也命令预备队趋前进攻，一举突破了庞培的正面。

骑兵溃逃之后，庞培也像高加梅拉会战中的大流士三世一样逃离了战场，回到营地内等待会战结果。而恺撒则催促着本已筋疲力尽的士兵们继续前进，攻克了庞培的营地，发现其中尽是各种奢侈之物。恺撒的士兵打破营垒之后，庞培就脱掉了将军的战袍，快马加鞭逃到了拉里萨。即使到了此时，恺撒还是不愿停歇。他禁止士兵们洗劫敌营，率军一路攻入山区。恺撒首先将庞培的残兵败将从一座山丘上赶走，之后又率领四个军团将他们包围在了另一个山头上。在水源被切断之后，败兵们被迫在第二天上午投降。恺撒以最宽宏的态度接纳了他们，之后便立刻开始向拉里萨进发。

在公元前48年8月9日这值得铭记的一天里，双方有多少士兵伤亡呢？按照阿庇安的说法，恺撒损失了30名百夫长和200名士兵，"另外一些权威人士则认为阵亡数字应是1200人"，而庞培则损失了6000人。[30]

庞培从拉里萨逃到了海边，之后乘船前往埃及。恺撒紧随其后，但当他在10月抵达亚历山大里亚时，却听说庞培已经被暗杀了。对于刚刚被第二次任命为独裁官的恺撒而言，这无疑是一个最幸运的事件。

在埃及，恺撒与托勒密王朝的末代君主，即狡猾的克里奥帕特拉（Cleopatra）纠缠在了一起。她是"吹笛者"托勒密十二世（Ptolemy Auletes）的女儿，生于公元前69年。因为她的缘故，再加上一场小战的拖延，恺撒在埃及一直忙碌到了公元前47年夏季。之后他又在穿过叙利亚和本都返回罗马的路途中，在泽拉（Zela）征服了米特拉达梯的儿子法纳西斯（Pharnaces）。也正是在这次战役中，恺撒留下了那句著名的"我来，我见，我征服"（Veni, Vidi, Vici）。在此之后，恺撒回到了罗马。在处理了一些财政问题之后，他又开始准备对阿非利加进行远征——庞培的副将西庇阿和拉比埃努斯在法萨卢斯会战之后便已经逃到了那里。

在12月的最后一周，恺撒率领着六个军团和2000名骑兵从西西里起航，于12月28日登陆哈德鲁门图姆。虽然他在拉斯皮纳（Ruspina）遭到拉比埃努斯所部包围，但还是突破了封锁，并于公元前46年4月6日与西庇阿以及努米底亚国王朱巴（Juba）在塔普苏斯湾展开会战，将对方彻底歼灭。此后拉比埃努斯逃到了西班牙，而恺撒则得到了10年的独裁官任期。

恺撒于6月13日从乌提卡启程返回罗马，并在那里停留了数月时间。与此同时，拉比埃努斯又在西班牙煽动叛乱。恺撒决心立刻平息叛乱。他于 11 月离开罗马，在 27 天之内就抵达了西班牙前线，并在科尔多巴（Cordova）和瓜达尔奎弗（Guadalquiver）河谷中打了他的最后一场战役。在一系列机动之后，恺撒于公元前 45 年 3 月 17 日迫使拉比埃努斯在蒙达（Munda）接受会战。拉比埃努斯战败身亡，第二次罗马内战也就此告终。当恺撒在 9 月回到罗马时，他的生命就只剩下最后六个月的时间了。虽然这段时间是如此短暂，但其在历史上所占据的篇幅却并不少于其他任何时期。尤其值得注意的是，恺撒此时已经 57 岁，不再是一个年轻人了。

恺撒开始构想其宏大的重组计划。由于他征服了高卢，罗马的西疆已经延伸到了大西洋和北海，但此时帝国的北疆和东疆却依然暴露在外族攻击的威胁之下。在生命最后的六个月里，恺撒制定计划，希望将这两条边境打造得坚不可摧。他准备首先在多瑙河上对盖塔人（Getae）和达西亚人（Dacian）发动一场战役，之后再征服疆域从幼发拉底河一直延伸到巴克特里亚、印度—西徐亚地区（Indo-Scythia）的帕提亚帝国，以便为克拉苏的战败复仇。按照普鲁塔克的说法，恺撒想要"环绕着黑海前进，穿过赫卡尼亚、里海和高加索入侵西徐亚，在征服所有与日耳曼接壤的地区以及日耳曼本身之后，从高卢回到意大利。这样一来，他就可以建立一条完整的帝国疆界，其四周皆被大海环绕"。[31]

就在恺撒即将出发进行这一伟大冒险之时，却于公元前 44 年 3 月 15 日遇刺身亡。在他统治罗马的五年半的时间里，有 51 个月花费了在七次大规模战役上。

按照苏维托尼乌斯的说法，恺撒身材高大，体格匀称，拥有一双明亮的褐色眼睛。据说恺撒"十分擅长使用各种武器并精通马术，而且具有惊人的耐力"。[32] 毫无疑问，恺撒的精力和活力都超乎常人，足以与亚历山大相提并论。在心智方面，恺撒是一个拥有深厚学识的现实主义者。无论是作为学生、艺术家还是行动家，恺撒那从不脱离现实的想象力和理智的头脑，总能像闪电一样迅速做出决定。西塞罗曾说他在"行动速度、手段和洞察力等方面都拥有惊人的水准"。另外，恺撒的自制力也非常引人注目。他既不多愁善感，也不相信神秘主义，规章和传统对他而言也只是实现目的的手段，而绝非目的本身。恺撒非常慷慨大方，但他的慷慨也不过是收买他人的手段，具有明确的目的性。在法萨卢斯战场上，他之所以命令士兵们不要随意杀死同胞[33]，只是因为这种行动符合他的政策而已。他之所以向别人赠送了大量的粮食和黄金，也是出于同样的理由。所有东西都能被他当作达到目的的手段。他用施舍赢得了贫民的支持,用减免债务赢得了中产阶级的支持,并用投资艺术的方式笼络了文化阶级。

作为统帅,恺撒不仅是军队的大脑,同时也是士兵们的灵魂。在这一点上,他完全能够媲美亚历山大和汉尼拔。他始终关心士兵们的福利,但在作战时也能执行最严格的纪律。在和平时期,他会视情况稍微放松纪律的约束,因为他知道在人类的本性中既有善良,也有邪恶。苏维托尼乌斯告诉我们说"对于士兵的评价,他既不看重个人品德,也不在乎其财富多少,而仅以战斗力作为唯一的衡量标准"。[34] 诚如蒙森所言,恺撒认为士兵"有权要求将军将局势真相告知自己,而且他们也完全有能力承担了解真相所带来的压力"。[35] 正因为如此,恺撒才能赢得了士兵的敬爱,只要与他一起并肩作战,士兵就自然而然地拥有了一种战无不胜的感觉。

作为军队的指挥官,恺撒在三个方面可算是出类拔萃。首先,与亚历山大和汉尼拔一样,他能对手中的战争机器进行改造,以便将自己的天才彻底发挥出来。恺撒是一位非凡的组织者,对于自身天才具有从不动摇的信心。其次,恺撒掌握了他所处时代的战争本质,清楚地认识到了这是一种具有民族性质的战争,其核心并不只是两支军队的较量,而且还是一个民族对于政治新空气的渴望,其大战略也要求他运用一切手段去实现其最终目的。人力、财力、贸易、政治手段和宣传手段都要服务于同一个目标。最后,恺撒还具有惊人的勇气,甚至接近于莽撞。正是凭借这一特点,他发现了战争中的秘密——与和平时期一样,战争中有很多困难都是庸人自扰。战斗双方对敌军都会具有相同的恐惧心理,谁能暂时将恐惧抛到一旁,首先采取行动,谁就能在胜利道路上占据先机。与亚历山大一样,恺撒的勇猛精神也把他的将道提升到了最高水准——他能够预知敌人的意图,并将自己的恐惧置之度外。

这些天赋同样也让恺撒成了一位出色的政治家。他认清了罗马共和国的现状,也知道这些问题会将国家带向何方。他对这个时代内在意义的了解,就好像他对庞培的想法一样了解得一清二楚。恺撒看到,局势要求一种君主统治下的民主,用纪律对自由加以限制,而不能放任自由被贪婪所驱使。简言之,这也就是威灵顿公爵(Duke of Wellington)所说的"民主王政"。恺撒以此作为自己的目标,逐步成为韦德·福勒所说的"伟大人类导师"[36],这种评价真可以说是所一针见血。

尽管可能有些偏题,但我们还是有必要提及恺撒政治改革的细节以及它们所带来的变化。总体而言,这些改革可以被总结为三个方面——权威、秩序和纪律。第一，他改变了中央政府的性质，削弱了元老院中的寡头势力，将元老院改组成了一个以他本人为最高领袖的国务机构，并由此将罗马城改造成了一个不具民族属性的多民族国家首都。第二，恺撒还着手开始建立一种新的政治秩序，给罗马城和各行省带来了新的活力，并将它们融合为一个整体。他设法对毁掉了共和国的金钱加以制约，撤换掉原先那些只知攫取金钱的行省总督，并向各省派出了不少于80000名移民[37]，使民主政治的覆盖范围变得更大。第三，恺撒还试图建立一种新的社会秩序，其具体内容从公元前49年他在普拉森提亚所作的一次演讲中可见一斑。根据记载，当时他曾对一些发动兵变的士兵们发表了如下演说：

如果罪犯不受惩罚，则任何由人类组成的社会都无法保持团结，也无法长期存续。就好像是如果疾病得不到合适的医治，就会导致身体的其他部分也受到影响一样。在军队中，倘若犯错之人不受惩罚，他们就会变本加厉，腐蚀那些优秀的士兵，让他们垂头丧气，认为自己没有因表现出色而受到奖赏，军纪也就会因此而废弛。无论在什么方面，只要恶行占了上风，那方面的情况就会变得一发不可收拾。而只要恶行得不到惩罚，自制的善行也就得不到奖励……人们是敌是友，绝不因其出身而定，而是由这些人的习性和行为决定的。善良之人哪怕出身异族，也绝不会与他人格格不入，而险恶之人却会让身边的所有人都把自己当作外人来看待。[38]

由于统治时间十分短暂，恺撒只来得及播下专制帝国的种子，其果实还要等到他的继承者们去收获。可话虽如此，他还是让罗马从一个自治城邦变成了一个世界性的王国。他使这种观念深入人心，最终就连罗马城本身也被帝国的身躯所吞噬。恺撒为共和国带来了新的生命力，他不仅为第一位世界统治者——奥古斯都——的"民主王政"做好了铺垫，而且还将这种"和谐统一"的观念推上了更高层次。

注解

1. 参见 W. Warde Fowler, *Social Life at Rome in the Age of Cicero*, 1908 年版, 第 66 页。
2. 同上, 第 232 页。
3. "庞培乘坐着一辆装饰华丽的战车, 穿着一件据说是亚历山大大帝留下的披风, 是否真有人相信这一点则另当别论。这件披风似乎是他在米特拉达梯的藏品中找到的, 而在那之前, 这件披风又是由克里奥帕特送给科斯岛（Cos）居民的。"（*Appian's Roman History*, 贺拉斯·怀特英文译本, 1912 年版, "米特拉达梯战争", 第七卷, 第十七章, 第 117 节。）
4. 关于这一年份, 目前还存在争议, 部分学者认为应是公元前 100 年。
5. *Suetonius*, 罗尔夫英文译本, 1914 年版, "神圣的尤利乌斯", 第七卷。普鲁塔克记载的经过与此不同。
6. 参见 Jérôme Carcopino, *Points de Vue sur L'Imperialisme Romain*, 1934 年版, "罗马与高卢", 第 203 至 256 页。
7. 普鲁塔克在"克拉苏传"中写道: "但如今在过度的兴奋之下, 他已经失去了理智。他认为自己的成功不应局限于叙利亚甚至帕提亚的边界之内, 而希望一路进军至巴克特里亚、印度直至外海, 让卢库卢斯对提格拉尼斯的胜利和庞培对米特拉达梯的胜利显得好像儿戏一般。"（第 16 节）
8. *Plutarch's Lives*, 贝纳多特·佩林英文译本, 1919 年版, "恺撒传", 第 15 节。这些数字很明显被夸大了。
9. *History of Rome*, 第四卷, 第 322 页。
10. 更详尽的记录可参见 *Journal of the Royal Artillery*, 第六十三卷, 1931 年第一号; Sir Ralph Payne-Gallwey, *Projectile-Throwing Engines of the Ancients*, 1907 年版。
11. *Caesar's Commentaries on Gallic War*, 赖斯·福尔摩斯英文译本, 1908 年版, 第七卷, 第 25 节。
12. *Caesar's Commentaries*, 威廉·梅德维特英文译本, 1927 年版, "高卢战记", 第八卷、第十四卷（奥鲁斯·希尔提乌斯著）。
13. *Caesar, The Civil War*, 佩斯卡特英文译本, 1914 年版, 第三卷, 第 45 节。
14. *Revue des Deux Mondes*, 1858 年 5 月 1 日, 第 113 页。
15. 按照儒略历, 这一天应是公元前 50 年 11 月 26 日。
16. 一枚塞斯特斯铜币的价值相当于两便士。
17. *Caesar, The Civil War*, 第二卷, 第 22 节。
18. 同上, 第三卷, 第 49 节。到了此时, 庞培想要汲取活水, 就必须到佩特拉营地以南 5 英里处的勒斯尼基亚河。
19. *Caesar, The Civil War*, 第三卷, 第 63 节。
20. 同上, 第三卷, 第 71 节。
21. 同上, 第三卷, 第 78 节。
22. 参见 Rice Holmes, *The Roman Republic*, 1923 年版, 第三卷, 第 452 至 467 页; *The Cambridge Ancient History*, 1932 年版, 第九卷, 第 664 页; F.L.Lucas, *Annual of the British School at Athens*, 1919 年至 1921 年, 第二十四卷, "法萨卢斯战场"。
23. *Caesar, The Civil War*, 第三卷, 第 85 节。
24. W. Warde Fowler, *Julius Caesar*, 1935 年版, 第 299 页。
25. Theodore Ayrault Dodge, *Caesar*, 1892 年版, 第二卷, 第 552 页。
26. 由于八个军团均被列成了三条战线, 而按阿庇安在"内战"（第二卷, 第 76 节）中给出的数字, 第四线拥有 3000 人, 因此学者普遍认为恺撒从每个军团的第三线中抽调了一个大队。
27. *Caesar, The Civil War*, 第三卷, 第 89 节。按照《内战记》（第三卷, 第 84 节）所述, 恺撒似乎曾让手下的轻装步兵接受过与骑兵一同行动的训练。恺撒写道: "为了配合骑兵, 他沿用了先前的习惯……由于他的骑兵要比敌军少好几倍, 他命令前排的年轻轻装士兵带着轻便的武器与骑兵一同战斗。通过每日的训练, 他们也获得了以这种方式作战的经验。这种行动的结果就是, 凭借着这些经验, 即使是在开阔的地面上, 1000 名足够谨慎的恺撒军骑兵便抵挡住了庞培军的 7000 名骑兵,而且不曾被对方的庞大数量吓倒。"
28. *Caesar, The Civil War*,第三卷,第 92 节。
29. 同上,第三卷,第 93 节。
30. *Appian's Roman History*,第二卷,第十一章,第 82 节,"内战"。阿庇安引用了波利(Polli)的说法,后者在这场会战中效力于恺撒麾下。
31. *Plutarch'Lives*,"恺撒传",第 58 节。
32. *Suetonius*,"尤利乌斯·恺撒",第 45 节、第 57 节。
33. 同上,第 75 节。
34. *Suetonius*,第 65 节。
35. *History of Rome*,第四卷,第 243 页。
36. *W. Warde Fowler, Julius Caesar*,第 329 页。
37. *Suetonius*,"神圣的尤利乌斯",第 42 节。关于移民行动参见 Tenny Frank 编著,*An Economic Survey of Ancient Rome*,1933 年版,第一卷,第 316 页。
38. *Dio's Roman History*,E. 卡里英文译本,1916 年版,第四十一卷,第 29 至 30 节。

大事记
罗马共和国的消亡

那些所谓的"暴君杀手"(Tyrannicide)们,曾经希望恺撒之死能让共和国死而复生,但这种希望很快便破灭了。愤怒,而非喜悦席卷了整个罗马城。为避免被愤怒的人民杀死,盖乌斯·卡西乌斯(Caius Cassius)和马库斯·布鲁图斯(Marcus Brutus)以及大约60名密谋者,一同逃到了卡比托利欧山上避难。与此同时,在任执政官兼已故独裁者的亲信副将马克·安东尼,则得到了骑兵总管(Master of the Horse)阿米利乌斯·雷必达(Aemilius Lepidus)的支持,确立了自己的地位。恺撒的遗孀卡普尼娅(Calpurnia)也将丈夫的遗嘱以及4000塔兰特遗产(大约相当于100万英镑)托付给了他。在局势平定之后,安东尼在公元前44年4月离开罗马前往坎帕尼亚。当地有大批恺撒安置的退伍老兵,安东尼前往此处的目的就是要劝说他们继承独裁官的遗志,鼓励他们重新拿起武器。

虽然"暴君杀手"们可能根本不曾注意,但此时的兵力部署情况,显然更有利于安东尼而非共和国。高卢南部(普罗旺斯)和近西班牙(Near Spain)的总督雷必达已经旗帜鲜明地倒向了安东尼,远西班牙(Further Spain)总督阿西尼乌斯·波里奥(Asinius Pollio)也是恺撒的忠实拥护者。普罗旺斯以北整个高卢地区的总督穆纳提乌斯·普兰库斯(Munatius Plancus)无意与安东尼为敌,只有内高卢总督德西穆斯·布鲁图斯(Decimus Brutus)和阿非利加总督昆图斯·科尼菲修斯(Quintus Cornificius)坚定地支持元老院。

遗嘱公开之后，人们发现恺撒指定了自己的侄孙盖乌斯·屋大维乌斯（Caius Ovtavius）为养子和继承人，将四分之三的遗产留给了他。屋大维乌斯生于公元前63年9月23日，被恺撒收养后改名为屋大维努斯（Octavianus），通称屋大维（Octavian）。恺撒遇刺时，屋大维正在阿波罗尼亚。当他在3月底通过母亲的来信获悉事件经过之后，立刻便渡海回到了布隆迪西乌姆。他在这里受到了士兵们的欢迎，同时也收到了母亲和继父马西乌斯·菲利普斯（Marcius Philippus）送来的信件。二人劝说他解除与恺撒的养父子关系，不要继承遗产。屋大维拒绝了这个建议，回信给继父说他要为恺撒之死复仇，并继承他的地位。从布隆迪西乌姆出发，屋大维返回到了罗马城。安东尼在获悉他的到来之后，赶紧从坎帕尼亚赶回罗马与他会面。二人在4月底见面时，屋大维责问安东尼为何不惩处凶手。接下来在7月份，为摆脱刺杀者们的干扰，安东尼指使元老院将布鲁图斯派往克里特，将卡西乌斯派到了昔兰尼。二人拒绝在这两个二流行省任职，分别乘船去了马其顿和叙利亚。

虽然屋大维与安东尼的会面在总体上还算友好，但二人之间很快就出现了分歧。当时有一位保民官去世，屋大维希望由自己补任这个缺职。但身为执政官的安东尼却以屋大维过于年轻且出身平民为由拒绝了这项任命。其实际原因则是元老院担心屋大维在任职之后，会起诉那些"暴君杀手"。

10月初，安东尼前往布隆迪西乌姆去迎接受命前来的马其顿诸军团。他们的任务是将德西穆斯·布鲁图斯赶出内高卢。该省原本已经被恺撒许给了安东尼，但却被德西穆斯凭武力强占了。

屋大维以异常坚决的态度下定了决心。他派遣使者前往布隆迪西乌姆，在各军团之间分发收买人心的宣传材料，之后又亲自前往坎帕尼亚各殖民地去争取恺撒党老兵们的支持。他许诺给每人500德拉克马（Drachmas，500德拉克马相当于大约20英镑）赏金，以此为条件招募到了3000人。与此同时，安东尼却在布隆迪西乌姆遭到了排斥，军团士兵们纷纷责怪他为何不惩处凶手，直到他开出与屋大维一样的条件之后，才勉强说服一个高卢军团随他一同前往罗马。

屋大维知道虽然自己早晚要消灭德西穆斯·布鲁图斯，但眼下却还要从他那里争取支援。可即使得到了此人的支持，屋大维还是认为自己无法在战场上与安东尼对抗，因此他在11月10日离开罗马前往内高卢。几天之后，安东尼进入罗马，并得知他手下已经有两个军团倒向了屋大维。不过安东尼还是带着两个军团前往阿里米努姆，并从那里派人命令德西穆斯·布鲁图斯撤出内高卢。后者回绝了这一要求，将自己关在穆提纳城（Mutina，即今日的摩德纳）里，准备抵挡安东尼的围攻。

在安东尼围攻穆提纳的同时，屋大维则在为解围做着准备工作。后者此时已经获得了地方司法官（Propraetor）的头衔，两位执政官希尔提乌斯和维比乌斯·潘撒（Vibius Pansa）也站在他这一方，准备参战。希尔提乌斯在阿里米努姆与屋大维会合，之后二人便率领着四个军团前去解救德西穆斯·布鲁图斯。安东尼留下自己的兄弟卢西乌斯（Lucius）继续围攻穆提纳，自己则率军前去迎战。屋大维和希尔提乌斯没有接受会战，而是选择等待潘撒赶到。

公元前43年4月14日，安东尼获悉潘撒正带领着四个新征召起来的军团赶来与屋大维会合，便率领着两个老兵军团前去消灭对方。希尔提乌斯早已知道潘撒手下的新兵绝非安东尼手下老兵的对手，所以在前一天派出了马提亚军团（Martian Legion）和两个近卫大队（Cohortes Praetoriae）前去支援潘撒。可即使得到了这些增援，潘撒还是在加罗路姆广场会战（Battle of Forum Gallorum）中被安东尼击败，他本人也因重伤而身亡。不过在当天晚些时候，希尔提乌斯又带着两个军团赶到了当地。他们趁安东尼军正在庆祝胜利，全军毫无秩序之时将其击溃。4月21日，希尔提乌斯在穆提纳城下再次击败了安东尼，但他本人却在战斗中阵亡。在那之后，安东尼于5月3日翻过亚平宁山脉，与文狄迪乌斯·巴苏斯（Vendidius Bassus）会合，此时后者正指挥着驻扎在瓦达—萨巴蒂亚（Vada Sabatia）的安东尼军，位于热那亚（Genoa）以南大约30英里处。

尽管德西穆斯·布鲁图斯主张对安东尼进行追击，但屋大维却拒绝作此考虑。此时布鲁图斯和卡西乌斯尚在人世，他不愿意彻底摧毁安东尼。以此为出发点，屋大维制定了如下的政策：他首先要削弱安东尼的力量，之后再与他结盟，联手摧毁布鲁图斯和卡西乌斯，最后他才会毁灭安东尼。届时，屋大维就再无敌人或对手了。作为与安东尼结盟的第一步，屋大维非常周到地招待了安东尼军的战俘，同时开始疏远德西穆斯·布鲁图斯。

尽管没有屋大维的支持，但德西穆斯还是出发去追击安东尼，可后者此时已经安全地撤退到了雷必达控制下的普罗旺斯。雷必达虽然曾向元老院宣誓效忠，但事到如今却还是决定与安东尼共同进退。同时，北高卢地区的总督普兰库斯则撤退到了伊塞尔河（Isere）后方，等待德西穆斯·布鲁图斯抵达。

在上述这些行动还在进行之时，屋大维也在争取补任希尔提乌斯和潘撒死后留下的两个执政官空缺之一。此时距离其计划中与安东尼结盟的时间已经越来越近，他必须在结盟之前尽可能获得更多的威望，其中就包括执政官头衔。7月初，屋大维派出一队百夫长前往罗马，要求得到任命。根据苏维托尼乌斯的记载，看到元老们犹豫不决，一位百夫长拔出了佩剑，高声喊道："如果你们不愿选他做执政，那就让这柄短剑来选他吧！"等到百夫长们返回之后，屋大维就率领着八个军团向罗马进军，元老院立刻同意让屋大维参选。但不久之后，元老院收到消息说他们在阿非利加征召的军团即将抵达，又收回了成命。屋大维随即占领了奎里尔诺山（Quirinal Hill）以外的城郊，次日就率领着一队卫兵进入罗马城。三个元老院军团当即变节，倒向屋大维。8月19日，屋大维与他的亲戚昆图斯·培狄乌斯（Quintus Pedius）一同被推举为执政官。人民大会承认屋大维为恺撒的养子，而追剿恺撒凶手的法令也获得了通过。在那之后，屋大维就开始向内高卢进发，前去争取安东尼的支持。

在此期间，阿西尼乌斯·波里奥和普兰库斯已加入了安东尼军。德西穆斯·布鲁图斯由于被宣布为凶手之一，只得逃往马其顿与马库斯·布鲁图斯会合，最后在路途中被土匪所杀。

在得到波里奥和普兰库斯增援之后，安东尼和雷必达已经在实力上超过了屋大维，但由于士兵们仍然倾心于恺撒的事业，因此二人还是乐于与屋大维结盟。二人在波诺尼亚（Bononia，即今日的博洛尼亚）附近与屋大维会面，并与对方达成了同盟协议。根据会面的结论，三人组成了一个"后三头同盟"，每人都得到了五年的地方总督任期，屋大维分得了西西里、撒丁尼亚和阿非利加，安东尼得到了整个高卢，而雷必达则得到了西班牙。另外，三人还达成协议，雷必达必须暂时将自己的行省交给一个手下管理，其本人则要在安东尼和屋大维对布鲁图斯、卡西乌斯作战时，负责打理意大利的政府事务。

此时后三头仍然缺乏一项重要的资源，即战争所需的费用。为避免共和派领袖人物在安东尼和屋大维外出作战时煽动叛乱，后三头将他们全部宣判为人民公敌，并抄没了他们的全部家产。在后三头制定的名单中，有包括西塞罗在内的300名元老以及2000名骑士，其中很多人之所以被选出来，仅仅是因为有钱而已。在这些人中，还包括庞培的小儿子塞克斯图斯·庞培乌斯（Sextus Pompeius）。

在加罗路姆广场会战爆发时，他正在西班牙，受元老院之命指挥一支舰队。当公敌名单公布之后，他听说自己的名字也在名单上，便率领舰队起航前往西西里，招募海盗和其他逃亡的公敌来充实舰队人员。在西西里，他征服了叙拉古和很多其他城市，并在海战中击败了屋大维派来剿灭他的萨尔维迪努斯·鲁福斯（Salvidienus Rufus）。

抄没工作进行得极为残酷无情，被害者的财产全都被没收出售。就在这场大屠杀进行之时，后三头又在公元前42年1月1日举办了纪念恺撒的活动，三人宣誓坚持执行恺撒的法令，元老院和人民也承认恺撒为神。这样一来，屋大维也就可以公开宣布自己是"神之子"（Divi Filius）了，这个称号使他在普通百姓和士兵之间获得了无限威望。

腓力比会战（公元前42年）与亚克兴海战（公元前31年）

第七章

在屋大维与安东尼争夺意大利领导权的同时，布鲁图斯和卡西乌斯则分别在马其顿和叙利亚为不可避免的战争进行准备工作。二人本以为自己将会和屋大维、安东尼中的一人交战，但命运却让他们不得不和二人同时交手。与敌方一样，布鲁图斯和卡西乌斯也缺少资金，而且他们还必须在战争爆发之前，首先确保后方的安全。他们无法像对手一样通过抄没富人的财产来充实军费并扫除后顾之忧，只好转而使用另一种效果相似的办法。他们知道卡帕多西亚国王阿利奥巴赞斯（Ariobarzanes）、罗德岛人、吕西亚人都同情恺撒党，因此就决定推翻这些地区的政府，夺取当地财富。

作为第一步行动，卡西乌斯在副将斯塔提乌斯·穆尔库斯（Statius Murcus）率领舰队击败罗德岛海军之后，亲自攻占了罗德岛，夺取了对方的舰队，并没收了存放在国库、神庙之中的金银以及所有私人财产，总计多达8000塔兰特，塔尔苏斯也被迫缴纳了1500塔兰特罚款。接下来，他又以叛变为借口处死了阿利奥巴赞斯，夺走了他的金库和武器装备。与此同时，布鲁图斯将军队带入小亚细亚，占领了几乎所有吕西亚城市。作为当时著名的城市之一，桑索斯（Xanthus）虽然拒绝向他投降，但也在经过绝望的抵抗之后被强行攻克。在破城后的洗劫之中，所有公共和私人财产都被没收。另外，吕西亚舰队也被布鲁图斯夺取，随即便被派往阿比杜斯等待陆军到达。

在这些强盗行动结束之后，布鲁图斯和卡西乌斯在萨迪斯会合，二人的军队也集中到了此处。他们总计拥有19个军团，包括80000名步兵、13000名骑兵以及4000名弓箭手。大约在7月中旬，二人率军从萨迪斯出发，并于9月抵达了阿比杜斯。他们在此处跨过赫勒斯滂海峡，沿加里波利（Gallipoli）半岛向北进发，绕过萨罗斯湾（Gulf of Saros）海岸之后抵达了多里斯卡斯（Doriscus）。由于很多士兵都曾在恺撒手下服役，卡西乌斯对军队的忠诚十分担心，因此他对军队做了一次非常著名的演讲。当然，这次演说的具体内容，可能只是罗马史学家们附会在卡西乌斯身上的而已。而士兵们唯一关心的，还是卡西乌斯在最后承诺说，给每位士兵"1500意大利德拉克马的赏金，百夫长可得到五倍于此的金额，而保民官的赏金还要按比例增加"。[1]

在此期间，安东尼和屋大维也在忙于战争的准备工作。除骑兵和辅助部队以外，后三头手中总共拥有43个军团，在给各行省留下足够的卫戍部队以维持治安之后,仍有28个军团可以被派往马其顿参加作战。其中八个军团被组成了一支前卫部队,由德西迪乌斯·撒克萨(Decidius Saxa)和诺巴努斯·弗拉库斯(Norbanus Flaccus)率领着先行出发。安东尼也在布隆迪西乌姆建立了指挥部,监督前卫部队的渡海工作。在渡海过程中,运输船遭到了卡西乌斯副将穆尔库斯的60艘战舰攻击,损失了大量的人员。安东尼只好派人去雷吉乌姆向屋大维求援。当此之时,屋大维正在西西里海域与塞克斯图斯·庞培乌斯作战,虽然压制庞培乌斯也非常重要,但屋大维还是将舰队派给了安东尼。穆尔库斯随即撤走,前卫部队也终于安全渡过了亚得里亚海。

在阿波罗尼亚登陆之后,德西迪乌斯和诺巴努斯穿过马其顿与色雷斯,前进到了腓力比(Philippi),之后又向东穿过撒帕伊(Sapaei)山口进抵柯皮里(Corpili)隘路。当地的统治者是一位名叫拉斯库波利斯(Rhascuporis)的色雷斯酋长。德西迪乌斯和诺巴努斯的任务是守住柯皮里隘路,拖延卡西乌斯和布鲁图斯的前进,为安东尼和屋大维在马其顿站稳脚跟争取时间。

卡西乌斯和布鲁图斯抵达多里斯卡斯之后,听说柯皮里隘路已被占领,就派出舰队搭载着一个军团和一队弓箭手,沿海岸向西航行到尼阿波利斯(Neapolis)去迂回隘路。诺巴努斯担心对方会占领撒帕伊山口,切断自己的交通线,因此急忙撤退。当共和军队抵达之后,发现撒帕伊山口已经有重兵把守,士兵们立刻就爆发了不满情绪。好在拉斯库波利斯此时站在了卡西乌斯一方,才解决了这个问题。他向卡西乌斯解释说,山区北方还有一条道路可以迂回隘路。虽然这条道路非常崎岖难行,但卡西乌斯派出了大批工兵在前先行,在树林中开辟出了一条道路。四天之后,共和军队终于从山地中走出,进至腓力比北方。诺巴努斯只好从撒帕伊山口撤向安菲波利斯。

卡西乌斯和布鲁图斯走出庞吉乌斯山之后,进入了腓力比。该城位于庞吉乌斯山南侧一个支脉上,最初由亚历山大之父腓力二世兴建而成。城市南方有一片数英里宽的沼泽地带,包围着今日被称为贝雷凯特利湖(Bere-Ketli)的湖泊。湖泊以南是一座滨海的山脉,城市西北方和西南方的地形也崎岖不平,而埃格那提亚大道则从其中穿行而过。布鲁图斯在大道北方的山脉附近宿营,而卡西乌斯则将营地设立在大道以南、沼泽偏北的地方。两个营地都拥有坚固的防御工事,卡西乌斯营地西侧还有一条名为甘吉特斯(Gangites)的小溪,可被当成护城河来使用。共和党舰队进入了尼阿波利斯的港口，一部分船只被拖上海滩，另一部分则锚泊在海岸附近。全军的主要补给基地被建立在了萨索斯岛（Thasos）上。[2]

在此期间，安东尼和屋大维的联军也已经在都拉基乌姆登陆。由于屋大维患有一种周期性的疾病，如今又再次发作，因而被留在了后方。安东尼单独率军向安菲波利斯前进，准备将该城用作行动基地。当他发现诺巴努斯已经在那里设防之后，就把辎重留在城中，并安排了一个军团驻守城池，他本人则率军在沼泽以北宿营，与布鲁图斯、卡西乌斯营地的围墙相距不超过一英里。安东尼在营地四周挖掘了壕沟，建起了土墙和木栅栏，另外还建造了几座塔楼。紧接着，卡西乌斯也开始"延展其防御工事，将原本仅有的一处缺口也覆盖在内——因为营地和沼泽之间的空间过于狭窄，之前一直没有受到重视。在工事完成之后，除布鲁图斯侧翼的峭壁和卡西乌斯侧翼的沼泽以及紧邻沼泽的大海以外，所有土地都被防御工事所包围了。在两军之间的土地上，挤满了壕沟、栅栏、土墙和营门"。[3]

虽然两军兵力同为19个军团，但安东尼和屋大维的军团人员齐整，而布鲁图斯和卡西乌斯的军团却存在不少缺额。在骑兵方面，共和党拥有20000人，恺撒党则仅有13000人。[4]

双方很快就爆发了一些骑兵之间的小战。此时仍留在都拉基乌姆的屋大维，突然收到一条错误情报说安东尼已经被击溃，因此不顾病情，乘坐着一辆马车赶往军中，后来又让士兵们用担架抬着他来到了前线。屋大维与安东尼都希望与共和党人进行会战，不仅他们手下的士兵素质更好也更可靠，而且马其顿的补给资源也根本无法长时间支撑他们的军队。塞克斯图斯·庞培乌斯、穆尔库斯和多米提乌斯·阿赫诺巴尔布斯率领的共和党舰队十分活跃，使共和党人掌握了制海权，恺撒党跨海从意大利运输补给也因此而变得极为困难。布鲁图斯和卡西乌斯不仅同样认清了这一点，而且他们对自己手下的士兵也不信任。因此，无论敌方如何挑战，二人都坚守不出，坚信仅凭饥饿就足以迫使恺撒党人撤退。

随着时间的推移，恺撒党的给养变得愈发紧张。作为远征军的大脑，安东尼决定采取行动威胁共和军的交通线，迫使其接受会战。"他制定了一个计划，准备秘密通过沼泽，尽可能在不被发现的情况下迂回到敌军背后，切断其通往萨索斯岛的补给线。他将部队列成了正常的阵形，造成一种全军都已出营前来挑战的假象，但同时却又让一部分士兵日夜砍伐芦苇，并将其堆在沼泽中铺成一条通道，之后又用石块和泥土加固通道两侧，以免通道发生坍塌。在沼泽较深的地方，士兵们还用木桩架设了桥梁。所有这些工作都是在极为安静的情况下进行的，那些生长在通道两侧的芦苇，也使对方无法看到这些工作"。[5]

这项工程总共花费了10天时间。其间安东尼还在营地与沼泽之间建造了一条与营地成直角的碉堡线。其目的十分明显，就是要保护营地南侧，并将营地与沼泽连接起来。

当卡西乌斯发现了敌军在沼泽地中建造的通道之后，急忙行动起来，将营地南方的工事进一步向南延展至沼泽以内，以求从中央切断对方的通道。很显然，在卡西乌斯的工事建成之前，安东尼就已经让一部分原本面对着东方的军队，掉转正面面对北方，并将他们部署在了沼泽通道背后。这些士兵准备了梯子和其他工具，用来攀登或拆毁卡西乌斯的对垒工事。除这些人以外，其他部队也受命从西侧攻击卡西乌斯的营地正面。

就在安东尼的这个攻势正在全面展开之时，布鲁图斯的部队却突然在没有接到命令的情况下冲过平原，从侧翼席卷了安东尼的左翼部队。在那之后，他们又冲向屋大维的部队，将他们逼退，并攻克了敌军的营地，险些俘获卧病在床的屋大维。[6]在此期间，安东尼则"继续推进其工事，在箭雨之下强行杀出一条道路，并与卡西乌斯的一支军队接战。这支部队始终停留在自己的阵地上不曾参与战斗，此时便被对方的大胆进攻打了个措手不及。安东尼英勇地突破了这支前卫部队，冲进沼泽与敌营之间，推倒木墙、填满壕沟，破坏了对方的工事，并砍倒了驻守大门的敌军。他不顾从土墙上射出的箭矢，终于杀进了大门。另一些士兵也在工事上打开了缺口，其余人则攀着营墙的残骸冲锋。这次进攻的势头极为迅猛，当那些在沼泽中建造工事的卡西乌斯士兵赶回来支援战友时，立刻就被安东尼以一次猛烈的冲锋击溃了。安东尼将他们逐退到沼泽之后，又立刻旋转过来开始攻击卡西乌斯的营地。此时安东尼身边仅有那些与他一同攻克防御工事的部队，而其他士兵还在营墙的其他方向上与敌军交战"。[7]

由于营地的防御薄弱，安东尼很快就攻了进去，卡西乌斯的士兵在营外看到营地失陷，纷纷逃离了战场。

阿庇安写道："双方都获得了完全的胜利，布鲁图斯击败了敌军的左翼，占领了对方的营地。安东尼则凭借无可阻挡的勇气压倒了卡西乌斯，摧毁了他的营地，而

223

两军的损失也一样非常惨重。由于平原过于宽广，再加上飞扬的尘土，双方都不曾知晓敌军的命运。在获悉战况之后，他们就全都收兵回营了。"⁸ 不过，在战斗结束之前，卡西乌斯不知道布鲁图斯已在右翼获胜，在绝望之下选择了自杀，其遗体在战斗结束后被布鲁图斯埋葬在了萨索斯岛。

按照阿庇安估计，在这场第一次腓力比会战之中，卡西乌斯损失了8000人，安东尼则损失了16000人，不过这显然只是胡乱猜测而已。

尽管第一次腓力比会战以平局收场，但安东尼还是讨得了便宜。在卡西乌斯阵亡之后，共和军只剩下布鲁图斯一人指挥，而他又缺乏卡西乌斯所具有的强硬个性。按照阿庇安的记载，布鲁图斯"性格温柔友善"，而卡西乌斯则"在任何方面都显

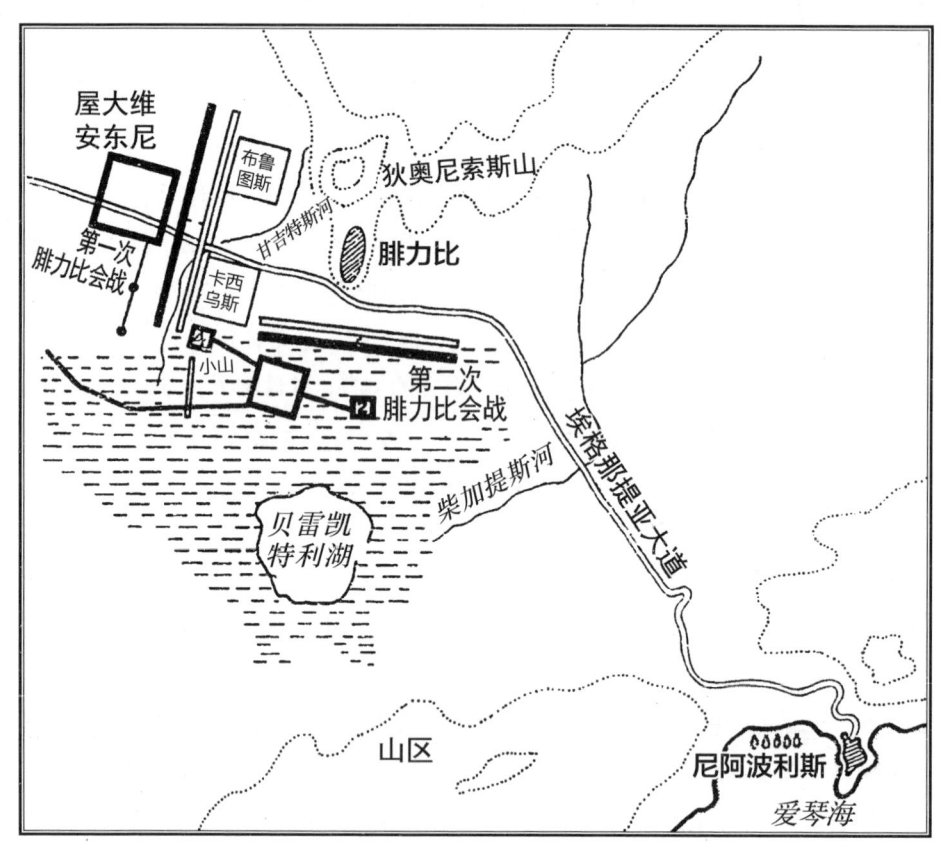

两次腓力比会战（公元前42年）

得简单而又严肃,也正因为如此,他才能让军队令行禁止,既不干涉其权威,也不会质疑他的命令,在收到命令之后也不会对其指指点点"。[9] 我们即将看到,布鲁图斯之所以战败,并不是因为他缺乏战略远见,而是因为他缺乏决心。先前的会战已经证明,由于共和军掌握着制海权,只要布鲁图斯能够阻止对方切断自己通向尼阿波利斯的交通线,时间就站在他这一边。

会战第二天,由于卡西乌斯的营地控制着共和党军的侧翼,布鲁图斯也转移到了此处。为确保正面的稳固,布鲁图斯沿着沼泽设置了一条哨戒线以保护自己的交通线。按照阿庇安的记载,布鲁图斯对军队做了一次演说,表示他将继续坚持原有计划,用饥饿来强迫敌军撤退。他向士兵们指出,敌军无法从西西里、萨丁尼亚、阿非利加或西班牙得到补给,而他们又已经吃光了马其顿的所有粮食,如今只能靠色萨利一地来供养。他说:"因此,每当你们看到敌人急于挑战之时,就应该想到,他们是被饥饿所折磨,宁愿在战场上死掉。我们在作战计划之中必须考虑到这一点,先让饥饿去攻击敌人。这样一来,当我们必须与敌军作战时,我们就会发现敌人已经虚弱不堪,筋疲力尽。任何人都不应因此认为我为将慵懒,不愿行动……"[10] 为了让士兵们听话,布鲁图斯又许诺给每人1000德拉克马赏金,奖励他们昨日的英勇战斗。

按照阿庇安记载,安东尼也对士兵发表了演说,而且他还做出了更多的承诺。他答应向每位士兵支付5000德拉克马的补偿金,以补偿敌军洗劫营地造成的损失。在此之后,安东尼每日都列阵向布鲁图斯挑战,但对方却始终闭营不出。正在此时,共和党军在亚得里亚海上赢得海战胜利的消息也传到了腓力比。[11]

在第一次腓力比会战当天,多米提乌斯·卡尔维努斯率领着两个军团以及一些其他部队从布隆迪西乌姆出发,在少数三列桨战舰的保护下前去增援后三头。但他在途中遭到了穆尔库斯和阿赫诺巴尔布斯的130艘战舰攻击,全军覆没,不少运输船被引火箭矢烧毁。普鲁塔克告诉我们说,在恺撒党军收到这个消息时,天空中已经下起了秋雨,腓力比的军营中遍地都是烂泥,只要雨水浇过之后,立刻就会冻结成冰。[12] 海上交通线的丧失、给养的缺乏以及这个新的困境,使恺撒党军必须想办法让布鲁图斯立刻接受会战。因此安东尼和屋大维决定再次迂回对方左翼,迫使对方为保护交通线而战。

他们的第一步行动,就是要占领卡西乌斯营地以南的一座小山,此处距离对方营地仅有一箭之遥。在此之前，布鲁图斯不明智地撤掉了山上的守军。屋大维派出四个军团趁夜占领了山丘，随即又用栅栏和兽皮建起了防御弓箭的掩体。在此之后，在这座山丘和其上的设防营地掩护下，恺撒党军又派出10个军团从山丘出发，继续向东南方前进了五个富尔浪（Furlong）① 的距离。除上述部队以外，另有两个军团又再前进了四个富尔浪的距离，并建起了另一座营地。这样一来，总计就有16个军团，也就是全军四分之三的兵力，都被排成了一线，面对着布鲁图斯的左翼及埃格那提亚大道。

这是一个非常危险的行动，若非安东尼和屋大维的地位已经十分危急，否则就根本不应如此行事。由于他们只留下了四个军团和骑兵来防守保护着通往安菲波利斯交通线的主力营地，对布鲁图斯而言，这也是将二人一网打尽的绝佳机会。只要布鲁图斯能抵挡住沼泽中的敌军并派兵攻破其主力营地，沼泽中的16个军团就会彻底失去补给来源。

但布鲁图斯却并没有如此行动，而是继续依赖被动的防御策略，沿着敌军的新正面建造了一条与之平行的碉堡线。在此期间，色萨利的补给也被耗尽，屋大维和安东尼不得不从军队里再抽出一个军团前往亚该亚去收集粮食，使其本已过分延长的战线变得更加危险。与此同时，他们也不再向敌军挑战，转而采取了心理攻势。

他们让士兵走到对方的工事前，"喊叫着辱骂、诽谤布鲁图斯，让他出来决斗"。[13] 不仅如此，他们"还向营地内投掷传单，许诺重赏变节之人"。[14] 为尽可能贬低布鲁图斯在其手下士兵眼中的形象，恺撒党无所不用其极。

这种心理攻击十分成功。布鲁图斯一开始还能坚持其计划，"宁愿忍受围攻或其他痛苦，也不让士兵们与那些被饿得发疯的敌人战斗"，可他的士兵却另有看法。"他们不愿再躲在工事背后，像女人一样无所事事。军官们虽然认同布鲁图斯的计划，但也对现状十分不满，认为凭军队现有的气势，完全可以更快地击败敌人"。[15] 最终布鲁图斯只好让步。他责怪士兵们说："我现在好像庞培一样，不是在指挥战争，而是在被战争指挥。"阿庇安记载道："……布鲁图斯只说了这短短几句，以免暴露自己真正的恐惧，即这些士兵之前都曾在恺撒麾下服役，有可能因不满而叛逃到对方

---

① 译注：一个富尔浪相当于 220 码，即大约 200 米。

军中。从一开始,他和卡西乌斯就已经认清了这一点,因此始终小心翼翼,不给士兵们任何不满的理由。"[16]

大约在公元前42年11月16日,布鲁图斯在工事以外将军队列成了战线,但同时又下令让他们不要前进得离工事太远。他对士兵们说:"是你们选择要打这一仗,我完全能用其他方式征服敌人,而你们却强迫我来打这一仗。"[17]

安东尼立刻将部队列成了战线。在此之后,他就开始向部队进行演说。为了鼓舞士兵们的斗志,安东尼明确指出了他们的危险局势:"没有人会喜欢挨饿,饥饿是无法控制也无法赶走的恶魔。但敌人的营墙和身躯,我们可以用勇气、刀剑和绝望来征服。我们如今的情况已经如此危急,任何事情都不能再拖延到明天了。此时此刻,我们要么获得完全的胜利,要么就不如光荣地战死。"[18]

当天九更时分(下午三时),会战开始了,很显然,安东尼首先发动了进攻。战斗立刻就演变成了近距离的白刃战,阿庇安也写道:"士兵们不需要箭矢、石块或者标枪这些在战争中常见的武器,因为他们没有采用平常的战术,而是拔出了短剑直冲过去,互相砍杀,争取突破对方的行列。"[19]最终,安东尼的士兵击退了敌军的第一线。共和军一开始还能稳步后退,但秩序很快就开始瓦解。最终,共和军终于彻底崩溃,第二线和第三线也开始溃散,"……所有人都混乱地挤在一起,逃兵们不仅互相推挤着,还遭到敌军的不断挤压,最终演变成了彻底的溃逃"。[20]安东尼紧跟在后,占领了对方的营门,那些没能逃回营地的共和军士兵开始逃出战场,"一部分人逃向了大海,另一部分人则越过柴加提斯河(Zygactes)逃进了山区"。

在屋大维率军封锁布鲁图斯营地的同时,安东尼则率领骑兵去追击逃敌,因为他非常担心布鲁图斯会在逃走之后再组建另一支军队。布鲁图斯带着四个军团逃进了山区,"打算在夜间重回营地或逃向海岸"。[21]但不久之后他就被敌方骑兵包围,无法按计划行动。到了第二天,他恳请军官们率领士兵攻击敌军,杀出血路,但却遭到拒绝。最后布鲁图斯也和卡西乌斯一样选择了自杀,享年44岁。找到布鲁图斯的遗体之后,安东尼用自己最名贵的紫色战袍将其包裹起来,火葬之后还将骨灰送还给了布鲁图斯的母亲。但是,按照苏维托尼乌斯的说法,屋大维却将布鲁图斯的头颅砍下,抛在了罗马城的恺撒雕像脚下。[22]

对于双方在会战中的损失,阿庇安只做了如下记载:"……两场会战相加,胜利一方的阵亡者数量似乎并不比战败一方要少。"[23]此外,共和军还有14000人被俘。

诚如阿庇安所言，这一天的战事，决定了罗马未来将会采用专制，而非民主的政府组织形式。[24] 普鲁塔克曾在一个说教性的段落中说，罗马已经无法再靠民主生存下去，必须改由一位君主来统治。正因为如此，"上天才会缩短布鲁图斯的寿命，除掉有能力统治罗马之人前进道路上的这唯一一个障碍"。[25] 从此之后，政府的组织形式走上了另一条轨道，所留下的唯一问题，仅是由安东尼还是屋大维来执其牛耳而已。若是由安东尼主导，未来就会走上他所希望的方向，而若是由屋大维主导，未来就会走上另一条道路。

虽然这个问题要等到十年之后才会得出最终答案。但就在腓力比会战刚刚结束之时，两人便已经为未来的大战埋下了种子：屋大维返回意大利，去整合自己在西部的领地，安东尼则前往埃及，成了克里奥帕特拉和整个东方的情人。虽然事出意外，但罗马帝国还是走向了文化分裂。

两位竞争对手分开之后，二者之间的关系也立刻变得紧张起来。首先，在公元前41年，卢西乌斯·安东尼乌斯（Lucius Antonius，也就是安东尼的弟弟）发动叛乱反对屋大维，并因此遭到了颇有节制的镇压。接下来在公元前40年，安东尼又与塞克斯图斯·庞培乌斯达成谅解，而后者在西西里的强大舰队依然还在绞杀着罗马的粮食供给线。安东尼在布隆迪西乌姆登陆，封锁了这座城镇，屋大维只好率军前来解围。屋大维是一个永远都能认清事务轻重缓急的现实主义者，他并不想与安东尼作战，而只是想要拆散他和塞克斯图斯的合作关系，因为此时罗马已经在面临饥荒的危险了。在布隆迪西乌姆，屋大维利用一个协议巧妙地化解了与安东尼的争端，其内容如下：安东尼将迎娶屋大维的姐姐屋大维娅（Octavia），三巨头的势力范围也将重新划分——屋大维统治达尔马提亚（Dalmatia）、意大利、撒丁尼亚、西班牙和高卢，安东尼掌握爱奥尼亚海以东的所有土地，剩下的阿非利加则被交给了雷必达。另外，双方还达成协议，应由安东尼继承恺撒的遗志，入侵帕提亚夺回克拉苏在卡莱会战中丧失的军旗，同时双方还要一同解决塞克斯图斯的问题。为实现最后一项协议，这对竞争对手在公元前39年再次于米塞努姆（Misenum）会面。二人决定让塞克斯图斯撤出其在意大利的军队，禁止他再发动突袭，并由他负责从西西里和塞丁尼亚为罗马运输粮食。作为回报，塞克斯图斯将被承认为西西里、撒丁尼亚以及伯罗奔尼撒的统治者。

协议刚刚缔结之后，屋大维和塞克斯图斯几乎立刻便再次发生了争端，后者的海盗行为也卷土重来。既然安东尼已经不再阻挠自己，屋大维也就决心一举铲除塞克斯图斯。他建立了一支强大的舰队，把它交给阿格里帕（Agrippa）指挥。后者在战舰上安装了一种被称为"钓钩"（Harpax 或 Harpago）的著名装置。该装置包括"一根大约七尺长的木杆①，外部包有铁皮。其一端装有铁钩，另一端则装着一个金属环，环中又有连接在绞盘上的绳索穿过。当这个装置由弩炮发射出去之后，就可以勾住敌舰，之后操作人员再用绞盘拉紧绳索"26，将敌舰拖拽过来以便进行接舷攻击。

公元前 36 年 7 月 1 日，在安东尼的 120 艘战舰支援下，屋大维发动了针对塞克斯图斯的战役。雷必达负责封锁利律拜乌姆，屋大维与阿格里帕则在西西里北岸集结舰队。虽然屋大维的支队一度战败，但到了 9 月 3 日，在迈莱附近的纳乌洛丘斯（Naulochus）海角以外，阿格里帕决定性地击败了塞克斯图斯，其"钓钩"在这场胜利中发挥了重要作用。27 塞克斯图斯逃往东方，试图与安东尼合作发动一场反对屋大维的战争。28 雷必达则采取行动试图将西西里据为己有，但他很快就被迫放弃行动，并因此被逐出了后三头同盟。

与此同时，安东尼则在为入侵帕提亚做准备。对于这次行动，他"不切实际地认为自己将和亚历山大大帝一样，建立一个庞大的东方王国"。29 他在泽乌格马（Zeugma）集中了 10 个军团和 10000 名骑兵。公元前 36 年初夏，安东尼开始沿幼发拉底河进军，经由卡拉纳（Karana）和亚拉腊山（Mount Ararat）进抵大不里士（Tabriz），之后又向南前进到了弗拉斯帕（Phraaspa）。在弗拉斯帕周边地区，安东尼丧失了自己的攻城纵列，而且在经历了巨大的困难之后，才凭借着强大的投石手部队逐退了帕提亚马弓手。此后，他被迫撤过了阿拉克斯河（Araxes），并最终回到了叙利亚。在整个战役中，安东尼总共损失了 30000 人。

既然安东尼已经经历了他的"莫斯科严冬"，屋大维也就不再担心被他攻击了。公元前 34 年，屋大维在伊吕利库姆、达尔马提亚和潘诺尼亚（Pannonia）打了一场战役，以确保意大利北疆的安全。这次远征大获全胜，屋大维的威望也再次得到了显著提升。而在同一年里，安东尼却只在亚美尼亚进行了一次并不光荣的报复性行动，其威望有减无增。

---

① 译注：此处的"尺"为希腊、罗马常用的腕尺，1 腕尺大约相当于 1.5 英寸，约合 45 厘米。

双方的紧张情绪已经达到了高潮。安东尼与屋大维娅断绝关系，娶了克里奥帕特拉，并将她称为"万王女王"，而她与尤利乌斯·恺撒在公元前47年所生的儿子恺撒里奥（Caesarion）也被尊为"万王之王"。安东尼还宣布三人将分享埃及、柯里—叙利亚（Coele-Syria）以及塞浦路斯的统治权。另外，他与克里奥帕特拉所生的三个孩子——托勒密、克里奥帕特拉以及亚历山大，也被封为叙利亚、小亚细亚、昔兰尼加、亚美尼亚以及帕提亚这些尚未征服之地的君主。这种狂妄行为使意大利人民大为震怒，也让两巨头之间的竞争，在人民眼中成为东方与西方之间的生死搏斗。到公元前33年的最后一天，这对竞争对手自腓力比会战以来所建立的共同统治体系，终于被画上了句号。

屋大维现在必须找到一个开战的借口，以免触怒安东尼在意大利的拥护者。恰在此时，穆纳提乌斯·普兰库斯和提提乌斯（Titius）因为厌恶克里奥帕特拉而来到了罗马。他们告诉屋大维，安东尼已将遗嘱交给了维斯塔贞女（Vestal Virgins）保管。尽管贞女们拒绝交出遗嘱，但屋大维还是将其抢夺了过来，并先后在元老院和人民大会公开宣读。罗马人得知，安东尼在遗嘱中重申恺撒里奥确实是恺撒的儿子，而他也"将不计其数的财产留给了埃及女王的孩子"，甚至还要把遗体埋葬在亚历山大里亚，与克里奥帕特拉一同下葬。人民义愤填膺，相信"一旦安东尼获得胜利，他就会把罗马城送给克里奥帕特拉，并将统治中心转移到埃及去"。[30]

接下来，正如查尔斯沃思（Charlesworth）所写："……历史上最激烈的仇恨，被倾泻到了克里奥帕特拉身上。在她被指控的事情中，有很多都是毫无根据的，而这些指控反而在世界上流传至今。其中有些内容过于幼稚，根本不可能是事实真相。有人宣传说，这个可鄙的埃及人是一个巫婆，用毒药迷惑了安东尼，又有人说她是一个荡妇，用自己的身体来换取权力。传说做过她情夫的人一个接着一个，恺撒的儿子也被说成是她和某个不知名男人所生的私生子。克里奥帕特还被看作野兽神祇的崇拜者、愚蠢宦官的女王、酒鬼以及娼妓。后来她又被称作投毒者、叛徒和懦夫。"[31]

这种政治宣传极为有效。为战争征收的税款原本曾使人民感到不满，但如今这种情绪却烟消云散了。"当年（公元前32年）深秋，整个意大利都结成了一个'联盟'（Coniuratio），各城镇一座接一座地向屋大维宣誓效忠，将他看作是对东方威胁发动圣战的统帅"。[32] 在公众热情的支持下，元老院剥夺了安东尼的统治权，并撤销了他的公元前31年执政官任命。"他们没有公开将安东尼称为敌人，因为他们担心他的党羽不但不会弃他而去,反而会成为自己的敌人。但他们却用比任何语言都更有力的行动表明了态度。他们投票通过决议,所有抛弃安东尼的人都会得到原谅和称赞。他们穿好自己的战袍,向克里奥帕特拉宣战,就好像抓获安东尼如同探囊取物一样简单。他们前往柏洛娜神庙(Temple of Bellona),好像祭神一样从恺撒雕像面前通过,并按照传统举行了所有的战前宗教仪式。[33] 所有这些仪式,在名义上都是为与克里奥帕特拉开战而举行的,但实际上其目标却是安东尼……他们很清楚,安东尼一定会成为敌人,因为他不可能抛弃克里奥帕特拉而去支持恺撒(指屋大维)。倘若他在家乡父老没有指责他本人的情况下选择与那位埃及女人站在一起,与祖国作战,人民就会更加仇恨他"。[34]

公元前 33 年至公元前 32 年冬季,安东尼和克里奥帕特拉在以弗所过冬,并开始动员陆军和舰队。克里奥帕特拉为舰队提供了一队战舰,而在运载全军所需物资的 300 艘运输船中,也有一半是由她提供的。另外,她还同意为海陆军提供军饷和给养,并为战争金库提供 20000 塔兰特的资金。即使安东尼不曾意识到,克里奥帕特拉也肯定已经看清了,这场战争的主角将是她,而非安东尼。安东尼手下一些以卡尼迪乌斯·克拉苏(Canidius Crassus)为首的军官,曾恳请安东尼把克里奥帕特拉送回埃及,但却被她本人严词拒绝了。接下来在公元前 42 年 4 月,安东尼将指挥所转移到了萨摩斯岛,陆军则被运到了希腊。进入 5 月,他和克里奥帕特拉也渡海进入了雅典。安东尼在此处收到了一封来自其意大利支持者的信件,劝他抛弃克里奥帕特拉。但到了此时,这显然已经不可行了。倘若没有克里奥帕特拉在精神和财政上的支持,安东尼已经不可能再将战争打下去了。当年 9 月,海陆军都集结在了爱奥尼亚海岸,而这也正是安东尼领地的边缘。

安东尼的军队总共有 19 个军团,军团步兵总数在 60000 人至 63000 人之间。除此以外,安东尼还拥有大约 10000 名轻步兵和 12000 名骑兵。舰队则分为八个支队,每个支队拥有 60 艘战舰,其中一个支队由克里奥帕特拉亲自指挥,旗舰为"安东尼亚"号(Antonia)。另外,各支队还配属有一个中队的侦查船。安东尼手下的不少战舰都拥有四列、六列、九列甚至十列桨座(即单舷划桨手排数),它们都要比屋大维手下的战舰更大,其中有些战舰甚至拥有高达 10 英尺的干舷。一些较大的战舰上还安装了重型武器,舷侧也拥有由钢铁固定的圆木装甲,以抵御对方的冲角撞击,"水手的总数,可能在 12.5 万人至 15 万人之间"。[35]

公元前 32 年至公元前 31 年冬季，安东尼的陆军在科西拉至米索尼（Methone）一线过冬，主力位于亚克兴（Actium）。此处位于安布拉西亚湾（Gulf of Ambracia）狭窄入口的南侧，正对着今日土耳其的普雷瓦萨镇（Prevesa），安东尼的指挥部则被设置在了帕特莱（Patrae）。由于希腊无法为其陆军和舰队提供足够给养，所以全部粮草都要从埃及经由泰纳鲁姆海角（Cape Taenarum，即今日的马塔潘角）和伯罗奔尼撒海岸运来。在米索尼至留卡斯之间，安东尼设置了一条设防前哨线，专门负责保护海上补给线。

如果安东尼的目标是与屋大维争夺罗马帝国的霸权，那么这种部署就显得十分奇怪了。其兵力布置明显更适于掩护埃及，而不是入侵意大利。若安东尼真想要入侵意大利，他就应该占据都拉基乌姆和阿波罗尼亚，以塞萨洛尼卡作为补给基地，并以埃格那提亚大道作为陆上交通线。我们决不能忽视，在古典时代以及此后相当长的一段时间里，跨海远征所面临的最大危险来自于天气和海况，因此海上远征往往会选择最短路线。那么，安东尼当时是否真的有意入侵意大利？查尔斯沃斯给出的答案是"没有"——很明显，这就是正确答案。查尔斯沃斯写道："事实上他也别无选择，他无法入侵意大利，既不是因为时节已晚，也不是因为港口已经到处设防，而是因为他既不能带着克里奥帕特拉去意大利，也不能不带她去……既然不能主动去攻击屋大维，他就必须要让屋大维来攻击他。正因为如此，他才主动放弃了埃格那提亚大道，任由对方自由前往都拉基乌姆，而自己则在冬季退守科西拉。"[36] 由于屋大维没有对他宣战，而只对克里奥帕特拉宣战，安东尼似乎因此而陷入了进退不得的境地。如果他与克里奥帕特拉一同入侵意大利，那么整个国家，包括他的朋友在内都会对他群起而攻。不带克里奥帕特拉入侵意大利也是不可行的，如果安东尼与其断绝关系，则陆军和舰队内部都会爆发争端。到了此时，安东尼只能指望发生奇迹，于是他在行动上也选择了听天由命。

出于形势所迫，安东尼只能见机行事，而屋大维却可以按照合理的战略来动员海陆两军。他在布隆迪西乌姆和他林敦集中部队，其陆军拥有 80000 名步兵和 12000 名骑兵，舰队则拥有 400 艘战舰。与安东尼的战舰一样，屋大维手中较大的战舰也安装了圆木装甲以及用来发射"钓钩"的弩炮。在指挥官方面，米西奈斯（Maecenas）留守意大利，屋大维亲率陆军，舰队则由阿格里帕指挥。

屋大维的远征军于公元前 31 年年初起航，这要早于安东尼的预料。阿格里帕率领一半的舰队越过爱奥尼亚海，奇袭了米索尼，缴获了大批粮食和补给船。在阿格里帕袭击安东尼的补给线同时，屋大维则率领着八个军团和五个近卫大队在伊庇鲁斯海岸登陆，试图奇袭停泊着大部分敌军船只的亚克兴。屋大维将部队分别卸载在帕诺姆斯（Panormus，即今日的帕勒莫）、托莱尼（Toryne）和莱西斯（Glycys）等地，随后快速南进。但屋大维的行动早已被安东尼的侦察船发现，因而未能达成其预期目标。屋大维只好转而在亚克兴以北 5 英里，距离尼科波利斯[37]北方不远之处占据了一块名为米卡利茨（Mikaliitzi）的高地。此处可以控制很大一片地区，北至科西拉，东南延伸至安布拉西亚湾。另外在屋大维营地以西一英里处，还有一个可作为开阔锚地使用的科马鲁斯湾（Bay of Comarus）。

尽管史料没有明确记载安东尼是否曾因屋大维提前出现而感到惊讶，但很明显他确实被打了个措手不及。此时他的军队仍分散在各处过冬，等到他将军队集中起来之后，屋大维不仅已经为营地建造了坚固的防御工事，而且还利用两道壕沟或长墙将营地与海军基地科马鲁斯湾连接了起来。尚未做好准备的安东尼无法攻击对方营地，只得在普雷瓦萨海峡以南，距离亚克兴海角南侧大约两英里处设立了营地。安东尼也用两道土墙将营地与停泊了一个海军支队的小港口连接了起来。

与此同时，阿格里帕"率领舰队进行了一次突袭，占领留卡斯并俘获了停泊在那里的船只……他攻克了帕特莱……后来又攻陷了科林斯"[38]，切断了安东尼与伯罗奔尼撒半岛的交通线。对安东尼而言，这是一个非常沉重的打击，因为阿格里帕已经严重威胁到了他与埃及之间的交通线。如果他还是无所作为，则必将因饥饿而被迫投降。出于这一原因，安东尼将一部分军团转移到了海峡以北，在屋大维军南方两英里处宿营，其目标是在正面牵制住敌军的同时，切断对方与其水源卢罗河（Luro）的联系。接下来，他又让一部分陆军（主要是骑兵）上船，沿着安布拉西亚湾北上，在卢罗河口登陆，并从那里向内陆推进。不过当屋大维派出骑兵去攻击这个支队之后，安东尼的部分骑兵当场叛变，整个行动也随之失败，安东尼只好将所有部队都撤回到了海峡以南。到了此时，他不但没能将屋大维围困起来，自己反而陷入了围困之中。其给养情况之紧张，迫使他不得不安排脚夫穿过山区来运输粮食。而在这些脚夫之中，就包括普鲁塔克的曾祖父尼卡尔库斯（Nicarchus）。[39]

安东尼军中的变节者越来越多，甚至连多米提乌斯·阿赫诺巴尔布斯也离他而去。[40] 卡尼迪乌斯建议安东尼抛弃舰队，将陆军撤退到马其顿，在那里打一场公开的会战。这个建议立刻就被克里奥帕特拉所拒绝，她主张在海上与对方决一雌雄，安东尼也对此表示同意。其原因可能是他已经认清，即使让陆军后撤，他也还是没有办法筹措到足够的给养。下定决心之后，安东尼立刻下令烧毁那些因为水手叛变或生病而无人驾驶的船只。变节者昆图斯·德利乌斯（Quintus Dellius）将此事告诉了屋大维，此人也是克里奥帕特拉传说中的情人之一。

安东尼到底制定了怎样的作战计划？狄奥（Dio）告诉我们："由于一系列预兆（古典时代的史学家非常喜欢描绘诸如从蜂巢流出奶水或者血液之类的预兆）的影响，再加上军队士气低落、疾病横行，克里奥帕特拉本人已经非常警觉，并向安东尼灌输了各种可怕的想法。但他们不愿秘密或者公开地出海逃走，担心盟军会因此陷入恐慌。于是他们就开始做海战的准备，即使遭遇敌军的阻拦，他们也可以夺路撤退。"[41] 普鲁塔克也说："克里奥帕特拉以海战决定胜负的观点占据了上风，但她此时已在考虑如何逃亡，她对于手下舰队的部署，目的不是为了打赢海战，而是为了在失败后逃跑。"[42]

如果我们抛去狄奥和普鲁塔克对克里奥帕特拉的偏见，安东尼的计划似乎很简单直接——要么战胜，要么战败。由于战胜的可能性很小，很自然，他也要为战败做好准备。尽管安东尼和克里奥帕特拉因为种种愚行而陷入了如今的境地，但他们在准备摆脱困境时也绝非懦夫。毕竟，他们手中仍然握有叙利亚、埃及和昔兰尼的11个军团。在胜利希望渺茫的情况下，安东尼不同寻常地命令战舰携带着船帆战斗，并且还将战争金库安置在了克里奥帕特拉的运输舰上。

另外，安东尼还要面临两个意外情况，塔恩博士就此写道："在这片海岸上，夏季的风向通常是早上从大海吹向陆地，到中午则变为西北风，风力不变。安东尼知道，当他出海之后，屋大维一定会前来阻拦。因此他计划将对手赶向南方的下风处，使他们远离营地。如果能突破或逐退对方，他就可以围困屋大维的营地，用饥饿迫使敌军投降……而在海战失利的情况下，他还有另一个计划，其内容可能只有克里奥帕特拉和卡尼迪乌斯知道，屋大维对此肯定一无所知——他们将带着剩余的船只突破重围返回埃及，而卡尼迪乌斯则带着陆军的残部从陆路撤退。"[43]

除非我们接受了上述这种假设，否则就根本不可能理解亚克兴海战的经过。另外，我们很快还将在下文中看到，安东尼在海战之中以及海战之后的行为也与这种假设相符。

屋大维从逃兵口中得知安东尼和克里奥帕特拉准备突围之后，认为应先放任对方逃跑，之后再从背后攻击对手，"……他认为凭借速度更快的船只，自己能很容易地俘获安东尼和克里奥帕特拉……借此来达到不战而屈人之兵的目的"。[44] 但远比

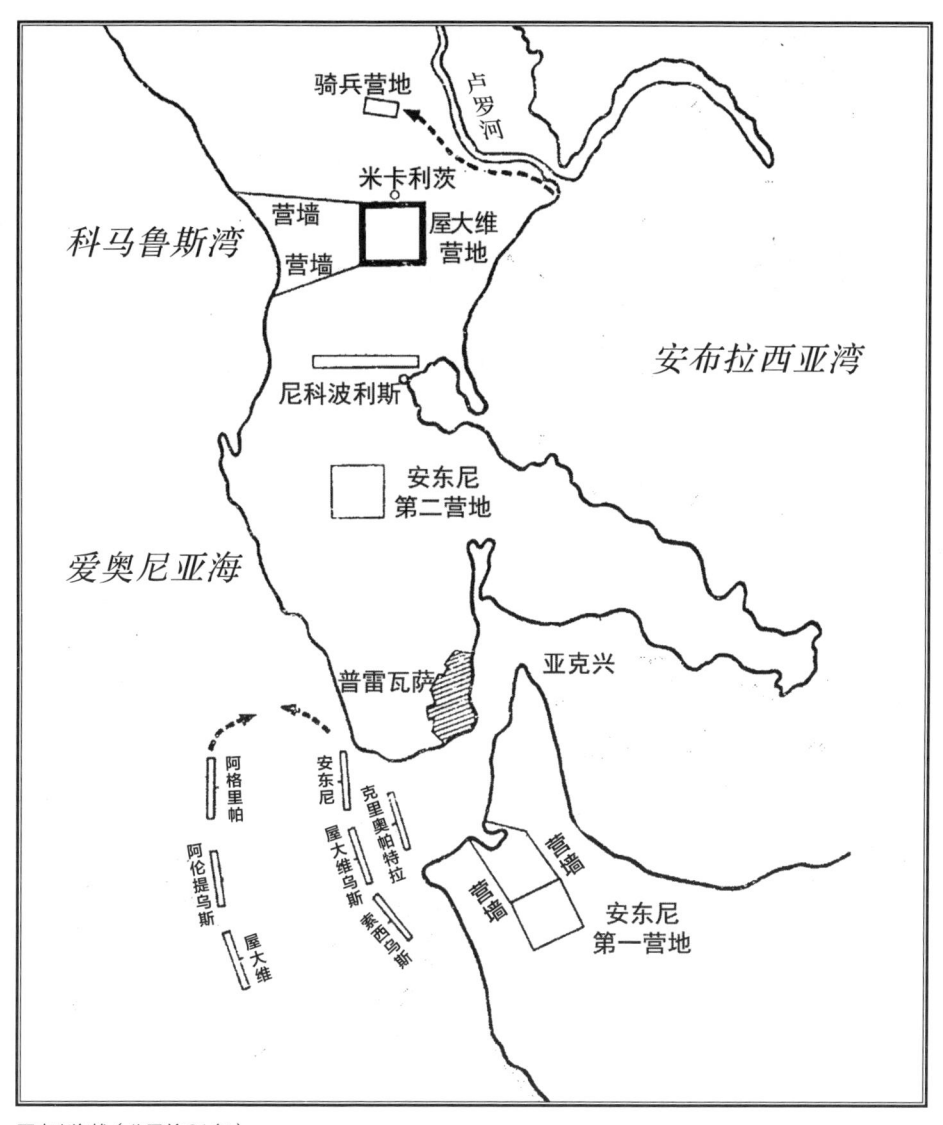

亚克兴海战（公元前 31 年）

屋大维更具将才的阿格里帕却不同意这一看法，认为应该让舰队做好战斗，而非追击的准备。他认为"由于敌人携带了风帆"[45]，追击根本不可能成功。他命令舰队面对着普雷瓦萨海峡列好战线，"等待敌人出海"。[46]

按照塔恩的说法，安东尼的舰队搭载了 35000 名至 40000 名军团步兵，屋大维舰队也搭载了数目相同的步兵。在战舰方面，双方的数量都在 400 艘以上。[47]

塔恩写道[48]："9 月 2 日，海面终于在暴风结束之后平静了下来，安东尼的舰队驶出港口，放平划桨，等待风向转变。"安东尼拥有六个支队，分为右翼、中央和左翼三个部分。右翼由他本人亲自领导，拥有 170 艘战舰，中央部分由马库斯·屋大维乌斯（Marcus Octavius）指挥，左翼则由索西乌斯（Sosius）负责。克里奥帕特拉也将手下支队的 60 艘战舰都交由受她信任的雇佣兵们驾驶，它们在右翼和中央的后方列成了一条战线，"以打消任何临阵脱逃的念头"。安东尼的目标在于迂回对方左翼。由于这一行动肯定会导致战线上出现缺口，因此他似乎也计划在他向外侧前进之后，由克里奥帕特拉的支队向前推进，填补左侧和中央之间的空当。阿格里帕的舰队也被分成了三个部分，左翼由他本人率领，中央部分的指挥官是阿伦提乌斯（Arruntius），右翼则由屋大维来指挥。与安东尼一样，他也在等待风向变化以求迂回对方的右翼。

大约在中午时分，风向变了，安东尼和阿格里帕也开始向对方的外侧，也就是战略侧翼方向做迂回竞赛。这样一来，两个支队距离各自战线的中央越来越远。安东尼和阿格里帕很快便发生了战斗，安东尼损失了大约 10 到 15 艘战舰，他的旗舰也被对方的"钓钩"钩住了。战斗的激烈程度完全可以证明安东尼并非一心想要逃跑，而是想要获得胜利。由于阿格里帕的船只重量较轻，机动性更好，他采用了一种西徐亚式的战术。按照狄奥的说法，阿格里帕的船只如果撞沉了对方的战舰，那么一切皆好，"如果没有击沉对方，他们就会在对方钩住自己之前快速后退，之后要么再次对同一个对手进行撞击，要么就转向其他目标"。阿格里帕的船只最害怕的，则是"敌军的远程箭矢以及近距离的短兵相接……在另一方面，敌军射出了密集的箭矢和石块，并试图用铁钩来钩住进攻者"。[49] 他还进一步写道：

在两军之中，一方是舵手和划桨手承受了最多的痛苦和疲惫，另一方则是舰载步兵们承受这些痛苦。一方像是骑兵一样，能够任意地反复冲锋、撤退，另一方则像重装步兵一样，抵挡着对方的攻击并尽可能击退敌人。双方各有优势，一方从侧面接近，摧毁对方的划桨，另一方则居高临下，试图用石块和大型机械去击沉对方。[50]

就在安东尼拼死奋战之时，其中央和左翼的三个支队突然撤退，返回了港口。他亲率的两个左翼支队在克里奥帕特拉支队的阻挡下无法撤退，干脆举起划桨表示投降。这种安东尼一直以来所担心的临阵变节行为使他别无选择，只能逃跑。安东尼在意识到败局已定之后，便向克里奥帕特拉发出信号，开始执行第二套方案。克里奥帕特拉下令升起"安东尼亚"号的紫帆，在整个支队的伴随下，穿过双方仍在争斗中的侧翼以及一方正在撤退、另一方正在推进的中央部分，开始向外海逃跑。

看到这种情况，那些尚未抛弃安东尼的战舰也纷纷开始逃跑。水兵们立刻开始升帆，并将重型武器抛到海中。"当他们忙于这些事情之时，对手也接近过来展开攻击。由于对方只做了海战的准备，没有携带船帆，所以没办法去追击逃跑的船只。因此，每一艘还没有逃走的战舰，都遭到了数艘敌舰的围攻，有些从远处攻击，有些则进行接舷攻击。对双方而言，此时的战斗才是最激烈的。恺撒的士兵摧毁对方船体下部，打断对方的划桨和船舵。他们还攀上对方的甲板，俘虏了一批敌人，又将另一些敌人或推或拉地扔进了大海。反过来，安东尼的士兵也将大批进攻者推到了海里，用战斧砍杀他们，并用石块和重型箭矢驱赶那些攀爬船舷的敌人，与那些冲上甲板的敌人展开白刃搏斗。对于目击者而言，这种战况就像是很多城镇或者岛屿正被人从海上围攻一样"。[51]

如果狄奥的记载足够可靠，那就表明，即使到了这个阶段，对方的抵抗依然非常坚决，恺撒党舰队不得不尝试用火攻的方式来击败对手。他写道："此时又出现了另一种战斗方式。攻击者们同时从四方八方接近目标，向他们发射火箭，投掷绑有火把的标枪。另外在大型机械的帮助下，攻击者还能从远方投出装满了煤炭和柏油的罐子。"[52]

尽管这些记载在真实性上很可能要被打一个折扣，但它还是能够证明，亚克兴海战是一场真正意义上的会战而绝非一方的逃亡，后一种说法只是后来罗马人将克里奥帕特拉这位绝不怯懦之人当成反派来进行的一种宣传而已。

与此同时，由于旗舰被对方牢牢钩住无法脱身，安东尼登上了另一艘战舰，率领着手下支队的40艘幸存战舰脱离了战斗，去追赶克里奥帕特拉。当他追上了"安东尼亚"号之后，就登上了这艘旗舰，绝望地坐在船头，"用双手托着下巴，沉默地坐在那里"。[53] 如果普鲁塔克这段描述所言不虚，那么这就代表着，尽管胜利的机会很小，但安东尼还是希望能够获胜。倘若按照狄奥和普鲁塔克的说法，他从一开始就只是希望逃跑，那么当他追上"安东尼亚"号的时候，就应该感到兴奋了。在整整三天的时间里，安东尼都拒绝与克里奥帕特拉见面，直到"安东尼亚"号在马塔潘角的泰纳鲁斯入港，女王的仆人才终于说服他与女王交谈并一起共进晚餐。在泰纳鲁斯，"不少运输船和一些朋友重新聚集到了他的身边"[54]，在从这些人口中听说陆军尚未投降之后，安东尼立刻派出信使命令卡尼迪乌斯尽快穿过马其顿退回亚细亚。

克里奥帕特拉逃跑时所造成的巨大混乱，导致屋大维和阿格里帕没能发现自己已经大获全胜的事实。他们在海面上停留了一整夜，而没有发动追击。当然，由于没有携带船帆，他们也很难真的进行追击。直到第二天上午，他们才开始接收那些叛逃而来的支队，其总数多达300艘战舰。屋大维将其中大部分战舰付之一炬，但留下了一部分战舰的青铜冲角，用来装饰罗马城的尤利乌斯神庙（Temple of Divus Julius）。与此同时，虽然卡尼迪乌斯试图率领陆军撤退，但士兵们却拒绝跟他一起走，于是他只好只身逃亡埃及。其军队则在投降之后被收编到了屋大维的麾下。

尽管亚克兴的惨败已经让安东尼六神无主，但当克里奥帕特拉驶入亚历山大里亚的港口时，她还是在战舰上挂满了"胜利的花环"。她刚一上岸就处死了所有可能反对她的政敌，并开始计划驶往西班牙去夺取银矿，或者在印度洋上开辟一个新的国家。但没有安东尼的合作，所有的这一切都无从着手。此时安东尼在精神上已经彻底崩溃了，他甚至不曾集中剩下的11个军团来防守极为易守难攻的尼罗河一线。

公元前30年夏季，屋大维在埃及登陆，并于7月31日抵达亚历山大里亚城郊。安东尼此时突然振作了起来，率军攻击并驱散了对方的前卫，可第二天他的士兵和水手就叛变投敌了。当他回到亚历山大里亚城内，听说了克里奥帕特拉已死的误报之后，就将宝剑刺入了自己的胸膛，之后就被抬进了克里奥帕特拉藏身的陵寝，死在了她的怀中。不久之后，克里奥帕特拉听说屋大维想要将她带回罗马，在凯旋式上游街，于是她命人带给她一个藏有几条小毒蛇的无花果蓝。在两名侍女伊拉斯

（Iras）和卡尔米昂（Charmion）的陪同下，克里奥帕特拉让毒蛇咬伤自己，三人一同赴死。她去世时是年仅 39 岁，但已经统治了埃及长达 22 年时间。

塔恩博士在评价克里奥帕特拉时写道：

古代世界对于失败者很少产生同情之心，但对克里奥帕特拉却有所不同。从史料之中，我们可以读出罗马人对她的憎恨，但在这些文字之中却也还隐藏着另一种情绪，被公开记载在诉讼日（Fasti）的记录之中。屋大维的宣传创造出了对她的仇恨，但人民对她的恐惧却并非来自于这些宣传。尽管她经常犯下一些罪行和错误，尽管她曾用男人们不曾使用的手段来作战，但正是那些胜利者，违背了自己的本意，留下了纪念其伟大的丰碑。罗马人从不曾对任何民族或者人物感到恐惧，只有两个例外，一位是汉尼拔，另一位就是克里奥帕特这个女人。[55]

讽刺的是，屋大维权力的奠基石——腓力比会战正是由安东尼为他打赢的。而他在亚克兴击败安东尼的胜利，则成了自继业者时代以来不断挣扎扩张的世界帝国的奠基石。腓力比会战决定了民主和专制二者谁执牛耳，而亚克兴则决定了东西两个专制政府是会永久分裂下去，还是由其中的一个来统治整个世界帝国。即使布鲁图斯和卡西乌斯在腓力比会战中获得了胜利，其胜利也永远不会结出果实，因为罗马共和国的政治基础早已凋零破败。但如果安东尼和克里奥帕特拉守住了埃及，屋大维就无法获得托勒密王朝的财产，进而无法支付许诺给支持者和士兵们的酬劳，那么这个帝国就可能就会像后世那样发生永久性的分裂。如果安东尼和克里奥帕特拉打赢了亚克兴海战，他们也完全可能将帝国的首都从罗马转移到亚历山大里亚，而这里无论是从战略还是从经济角度来看，都无疑是一个更好的选择。这样一来，罗马就将不再像在屋大维治下的那样，只是一个民族性帝国，而会成为亚历山大所梦想的多文化世界性帝国。亚克兴海战阻止了欧洲历史轨迹的改变，因此它才成为历史上最具影响力的会战之一。

胜利的第一个后果立刻便显现了出来。屋大维尊重克里奥帕特拉的遗愿，将她安葬在了安东尼身边，随后他就以罗马人民的名义兼并了埃及。他非常清楚埃及粮食是一个重要的政治工具，因此采取了特别措施，以便将埃及置于他个人的控制之下。为了在东方树立权威，他又继承了托勒密诸王的神圣荣誉和头衔。三年多之后的公元前27年1月17日,屋大维在名义上恢复了共和政治,自己则接受了元老院给予他的半神性称号"奥古斯都"(意为"神圣的")。

屋大维始终没有忘记,自己的养父以利剑征服他人,最后却还是死于剑下。因此他在整个统治期间,始终努力将其用刀剑赢得的权力伪装起来,用古老的头衔来掩盖全新的政治体系。他虽然掌握着实权,但在表面上却装作将权力交还给了元老院和人民。在屋大维的政府体系下,国家主权属于元老院和人民,但他本人却拥有超越二者的权威。由于不断担任执政官有违传统,所以他在公元前23年以后就不再参选。屋大维虽然身在罗马,却依然能够通过由他亲自任命的"代官"(Legati)来控制驻有军团的行省。在其他省份,只要有必要,他也能通过自己被授予的"统帅权"(Maius Imperium)来控制各行省总督。而在罗马城内,他则依靠自己在公元前23年放弃执政官职位时作为补偿得到的终身保民官权力来施政。尽管他采用了"最高统帅"(Imperator,即后来的"皇帝")一词作为自己名字的第一个组成部分,但还是更愿意让人们称他为"第一公民"(Princeps)。他以个人威望(Auctoritas)来统治帝国,并巧妙地利用宪法来行使权力。[56]

与几个世纪后的托马斯·霍布斯(Thomas Hobbes)一样,奥古斯都也清楚,"缺少了刀剑的支持,任何契约都只是一纸空文,根本无法保障一个人的权力"。[57]因此,奥古斯都以军事力量作为自己的权力基础。在和平时期,各军团驻扎在各个行省而不在意大利。当他于公元前27年在名义上恢复了元老院的权力时,却将除阿非利加以外的所有边境行省都留在了自己手中,由他本人管理。这样一来,几乎所有军团都被他握在了手中,仅有一个例外。

在共和国时期,至少从理论上来讲,军队只有在战时才会被征召起来,战争结束后就会立刻解散。但到了内战时期,这种这种临时征召的应急军队让位于职业军队,士兵们的效忠对象也变成了为他们支付军饷之人。奥古斯都所最先进行的改革之一,就是取消了这套体系,建立了一支属于皇帝的常备军,所有人员都只向他一人效忠。他将军团的数量缩减到28个,并将军队分为军团和辅助部队两部分。军团的士兵从罗马公民中征召,辅助部队的士兵则来自于非公民阶级的罗马臣民。军团采用志愿入伍的形式征召新兵,一旦入伍就需要在军团中服役20年,退役后可以得到一笔赏金或一块土地。辅助部队同样采用志愿兵制度,服役期限通常要比军团更长,退伍时士兵不仅可以得到赏金,而且他本人及其妻子、孩子都能得到罗马公民权。辅助部队为军队提供了不少步兵大队，所有弓箭手和几乎所有的骑兵也都来自于辅助部队。

由于奥古斯都的政策建立在国家稳定而非征服的基础之上，所以军团和辅助部队也被分成数个集团部署在了边境附近。每个集团都以一个设防的"城堡"（Castellum）作为军事中心，并以道路连接至边境前哨。这种与扩张政策完全相反的遏制政策，给军团带来了深远的精神影响。如今，他们的任务从发动战争变成了维持和平，原先受爱国主义和抢劫欲望驱使的勇气也开始逐渐衰退。首先，由于和平主义的滋长，人们失去了对战争的恐惧，公民越来越不愿入伍当兵，为保持军团的人数，军队只好招募越来越多的蛮族士兵。其次，一种最有害的军国主义思想也逐渐开始抬头，后来不少皇帝的政治威信，都完全取决于军队的意志。

奥古斯都所进行的另一项改革，更使罗马的军国主义倾向变得愈发严重。除军团和辅助部队以外，奥古斯都还组建了一支今日所谓的"私人军队"，也就是禁卫军（Praetorian Guard）。在共和国后期，很多指挥官都曾为保护自己的人身安全而组建了私人卫队，也就是所谓的近卫大队，其名称来自于当时将军在营地中的大帐。奥古斯都在恢复共和制之后，将禁卫军集中到了意大利，组成了九个步兵大队，每个大队1000人，由两位禁卫军指挥官（Praefecti）以他的名义进行指挥。这些禁卫军是奥古斯都权威的执行者，同时也是其政府实际力量的象征——即合法的军事僭政。未来我们将会看到，这个改革蕴藏了多么巨大的危险。禁卫军原本是皇帝执行其权威的工具，但最后皇帝却反而要仰赖于禁卫军的忠诚来保住自己的皇位。

这样一个政府虽然在实践方面与民主完全不相干，但却被全体罗马公民和其他臣民欣然接受了。因为在一百年的内战和杀戮之后，唯有奥古斯都的军队能够重建秩序并维持公众的安宁。在长达两个世纪的时间里，这支军队保护着帝国不受侵略之苦。在那之后的另外两个世纪里，尽管军队偶有战败，但它却还是能挡住条顿蛮族的入侵。正因这支军队维持着所谓的"罗马和平"（Pax Romana），才使西欧得以彻底拉丁化，基督教也得以生根发芽。而奥古斯都之所以能够建立这支军队，则正是因为他在腓力比和亚克兴两战中获得了胜利。

注解

1. *Appian's Roman History*，贺拉斯·怀特英文译本，1912年版，"内战"，第四卷，第十二章，第100节。1意大利德拉克马（第纳尔）相当于8便士，1500意大利德拉克马即相当于50英镑。
2. 同上，第四卷，第十三章，第106节。
3. 同上，第四卷，第十四章，第107节。
4. 同上，第四卷，第十四章，第108节。
5. 同上，第四卷，第十四章，第109节。
6. 同上，第四卷，第十四章，第110节。
7. 同上，第四卷，第十四章，第111节。
8. 同上，第四卷，第十四章，第112节。
9. 同上，第四卷，第十六章，第123节。
10. 同上，第四卷，第十六章，第118节。
11. 同上，第四卷，第十五章，第115至116节。按照普鲁塔克在《布鲁图斯传》（第47节）中的说法，布鲁图斯对这场胜利并不知情，他直到第二次腓力比会战前夜才从恺撒党的一名逃兵那里听说了此事，而且他也没有相信对方的说辞。普鲁塔克评论说："若非如此，布鲁图斯根本不会打第二次会战。"
12. *Plutarch' Lives*，《布鲁图斯传》，第47节。
13. *Appian*，第四卷，第十六章，第122节。
14. Rice Holmes, *The Architect of the Roman Empire*，第二卷，第87页。传单可能是被绑在箭矢上投入军营的。
15. *Appian*，第四卷，第十六章，第123节。
16. 同上，第四卷，第十六章，第124节。赖斯·福尔摩斯在《罗马帝国的缔造者》（第二卷，第87页）中对此评论道："现代历史学家可能会认为他还有更可信的理由，即担心安东尼针对其补给线进行的破坏行动，可能真的会获得成功。"但倘若真是如此的话，布鲁图斯就应该攻击安东尼的交通线，而不是他的正面。
17. 同上，第四卷，第十六章，第125节。
18. 同上，第四卷，第十六章，第126节。
19. 同上，第四卷，第十六章，第128节。
20. 同上，第四卷，第十六章，第128节。
21. 同上，第四卷，第十七章，第130节。
22. *Suetonius*，《神圣的奥古斯都》，第8节。
23. *Appian*，第四卷，第十七章，第137节。
24. 同上，第四卷，第十七章，第138节。
25. *Plutarch*，《布鲁图斯传》，第47节。
26. Rice Holmes, *The Architect of the Roman Empire*，第一卷，第112页。另参见*Appian*，第五卷，第十二章，第118节。
27. *Appian*，第五卷，第十二章，第119节。
28. 第二年他又起兵反对安东尼，并因此而被处死。
29. *The Architect of the Roman Empire*，第一卷，第124页。
30. *Dio's Roman History*, E. 卡里英文译本，1917年版，第五十卷，第4节。有些史学家认为，这个遗嘱是屋大维伪造的。
31. *The Cambridge Ancient History*，第十卷，第98页。
32. 同上，第十卷，第98页。
33. 罗马有一个由20名祭祀组成的祭祀团（Fetiales），专门负责授权条约或宣战事宜。

34. *Dio's Roman History*，第五十卷，第 4 节、第 6 节。
35. *The Cambridge Ancient History*，第十卷，第 100 页。
36. 同上，第十卷，第 101 页。
37. 尼科波利斯（"胜利之城"）当时并不存在，该城是屋大维为了纪念这场会战，在战后建立起来的。
38. *Dio's Roman History*，第五十卷，第 13 节。
39. *Plutarch's Lives*，《安东尼传》，第 68 节。
40. 普鲁塔克在《安东尼传》（第 63 节）中提到，尽管安东尼对此人的叛逃非常恼怒，但却还是派人将多米提乌斯的"所有行李、家眷和仆人"都送还给了对方。多米提乌斯此时重病在身，叛逃后很快就去世了。
41. *Dio's Roman History*，第五十卷，第 15 节。
42. *Plutarch's Lives*，《安东尼传》，第 63 节。
43. *The Cambridge Ancient History*，第十卷，第 104 节。
44. *Dio's Roman History*，第五十卷，第 31 节。
45. 有人认为，在知晓敌军意图的情况下，阿格里帕应命令至少一部分战舰同样携带风帆作战。
46. *Dio's Roman History*，第五十卷，第 31 节。
47. 按照普鲁塔克的《安东尼传》（第 64 节）记载，安东尼在战舰上搭载了 20000 名重装士兵以及 2000 名弓箭手，但塔恩指出"20000 名士兵以及 170 艘战舰这两个数字，按照传统，指的应是安东尼亲自指挥的右翼。"（*The Cambridge Ancient History*，第十卷，第 104 页）赖斯·福尔摩斯在《罗马帝国的缔造者》（第二卷，第 152 页）中认为安东尼舰队的战舰总数应是 230 艘，即他自己的 170 艘再加上克里奥帕特拉的 60 艘。但是普鲁塔克却在《安东尼传》（第 68 节）中记载，屋大维在战后俘获了 300 艘战舰，另有 100 艘战舰逃走，10 艘至 15 艘战舰沉没，因此安东尼肯定拥有超过 400 艘战舰。弗洛鲁斯（Florus）在其著作的第二卷第 21 节中记载屋大维一方拥有超过 400 艘战舰。
48. *The Cambridge Ancient History*，第十卷，第 104 至 105 页。
49. *Dio's Roman History*，第五十卷，第 32 节。
50. 同上，第五十卷，第 32 节。普鲁塔克在"安东尼传"（第 66 节）中写道："因此，这场战斗很像一场陆战，更确切地说，很像是在强攻城墙。"
51. 同上，第五十卷，第 33 节。
52. 同上，第五十卷，第 34 节。
53. *Plutarch's Lives*，《安东尼传》，第 67 节。
54. 同上，第 68 节。
55. *The Cambridge Ancient History*，第十卷，第 111 页。"克里奥帕特拉的这种死法在当时肯定是存在的，而人们对于她为何使用毒蛇也一清二楚。毒蛇是埃及太阳神的仆人，埃及王冠上也饰有一条毒蛇，守护着拉神的后代，被蛇毒死的人也将因为这种死法而成为神。"
56. 关于这种复杂的政治结构，参见 *The Cambridge Ancient History*，第十卷，第五章。
57. *Leviathan*，第二部，第十七章。

大事记
帝国疆界的确立

屋大维在亚克兴海战中所赢得的帝国，疆域西至大西洋，东至幼发拉底河，北至北海，南抵撒哈拉沙漠（Sahara Deserrt），地中海沿岸的所有国家都被囊括在内，而地中海本身也成了罗马的内湖。罗马疆域的拓展主要是出于机缘巧合而非人为计划，为将境内复杂的民族整合成一个单独的罗马民族，就必须达成两个前提条件：首先是在内部实现和平，其次是建立稳固的疆界。这二者也是奥古斯都在其长达41年的漫长统治中所主要关心的事务。尽管苏维托尼乌斯告诉我们，"自罗马建城以来直到奥古斯都的时代，战神庙的大门只关闭过两次"，而奥古斯都却"在海上和陆上都建立了统一的和平，所以才能在更短得多的时间里，三次关闭战神庙的大门"。但实际上，在奥古斯都漫长的元首统治（Principate）时期中，他还是进行了大量的军事行动，其中大部分都是由别人而非他本人亲自指挥的。到奥古斯都逝世时，他为帝国增加的土地，甚至要比其养父尤利乌斯·恺撒更多。

在两个主要问题中，更紧要的是内部和平，这也就意味着他要镇压西班牙和阿非利加的叛乱并对所有行省进行全面改组。奥古斯都首先从西部开始着手。他在公元前27年夏季前往西班牙，进行了一系列成功的战役后于公元前24年返回罗马。但战争很快又再次爆发，直到公元前19年，阿格里帕才以大规模屠杀的方式粉碎了坎塔布连人（Cantabrian）的抵抗精神，给战争画上了句号。在同一年里，柯尼利乌斯·巴尔布斯（Cornelius Balbus）也平定了阿非利加行省。

从西班牙返回之后，奥古斯都便开始着手解决东疆的问题。六年前占领亚历山大里亚时，整个东方都曾被置于他的脚下，罗马人民也普遍认为他应该征服远达印度的整个东方。倘若他是恺撒，他毫无疑问会去征服帕提亚。但奥古斯都是一位外交家而非战士，尽管他也知道，为挽回克拉苏和安东尼丧失的国威，他必须采取行动，但同时他也很清楚，由于帝国的力量基础在地中海，因此其疆域理应被限制在地中海周边地区，任何进一步的大规模征服都只能削弱而不能增强国力。当时，奥古斯都在将叙利亚打造成了东部前线的轴心之后，就返回了罗马。从那时起，他就认定外交手段可以比战争更好地保护罗马在东方的利益。如今他再次来到了东方，依然以此作为其主要的行动原则。此时罗马的东方疆界主要分为三个部分，分别是埃及所在的南方疆界、叙利亚所在的中央部分以及小亚细亚所在的北方疆界。

在埃及，奥古斯都沿着上埃及地区建立了一条要塞线。此外，他可能在埃及的西北，面对昔兰尼的方向上也建造了另一条要塞线，不过这一点目前已不可考了。这条防线极为有效，直到公元3世纪中叶之前，都不曾有任何敌人进犯至埃及境内。与此同时，他还派遣埃利乌斯·加卢斯（Aelius Gallus）沿着福地阿拉伯（Arabia Felix）的海岸进行了一次探索性远征，一路进抵今日也门（Yemen）境内的塞巴（Sabaeans）首都马里亚巴（Mariaba），并试图控制通往印度的贸易航线，只不过这次远征并没有取得任何成果。

在确保埃及安全的同时，奥古斯都又兼并了加拉提亚，将罗马的统治范围延伸到了本都和卡帕多西亚。公元前19年，他派遣阿格里帕前往东方，去监督各行省的政府组织工作。在阿格里帕的任务之中，有一项是整顿博斯波鲁斯王国（Bosporan Kingdom）的国务。该王国位于黑海北岸的德涅斯特河（Dniester）与第聂伯河（Dnieper）之间，居民为希腊—伊朗人种。该国是小亚细亚和爱琴海各城市的主要粮食来源，对罗马非常重要。当罗马军队在东疆北部行动时，给养也主要依赖于俄罗斯南部地区。后来，这个博斯波鲁斯王国也成为罗马的附庸国。

在选定幼发拉底河上游和叙利亚沙漠作为东疆中部地区的自然屏障之后，奥古斯都主动放弃了罗马对亚美尼亚的领土主张。若要维持这块突出部，不仅在驻军和增援方面都存在困难，而且此地还会成为罗马与帕提亚之间发生争端的一个永久性导火索。如果放任亚美尼亚独立，反而不会带来太多威胁。作为一个封建制的地区，亚美尼亚根本没有常备军，虽然临时征召的马弓手在战场上无往不利，但其补给系统却无法维持他们进行长时间作战。但由于涉及到罗马的国威，所以奥古斯都决定采取罗马传统的折中策略，既不兼并也不抛弃亚美尼亚，而将其纳为附庸。可是这种解决办法却让帕提亚国王弗拉提斯（Phraates）感到不满。因此在公元前23年，弗拉提斯拒绝了奥古斯都的提议，没有返还帕提亚人在卡莱会战中俘获的罗马军旗。第二年，奥古斯都亲自前往叙利亚，同时命令养子提比略（Tiberius）率领一支庞大的军团正规军前往亚美尼亚。这一行动起到了奥古斯都预期的作用——公元前20年5月12日，弗拉提斯返还了从克拉苏和安东尼手中缴获的军旗，以及所有尚在人世的战俘。这是一个重大的外交胜利，奥古斯都也将其看得比会战胜利更重要。提比略进入亚美尼亚之后，扶持罗马选择的国王提格拉尼斯（Tigranes）登基。这个解决办法只能算是差强人意，到奥古斯都统治的末期，亚美尼亚最终还是脱离了罗马的控制。

奥古斯都时代的罗马北部疆界由莱茵河口一路延伸至贝里（Bale），从那里再翻过侏罗山（Jura Mountains）西部，向南深入罗纳河和海滨阿尔卑斯山之间，构成了一个狭窄的突出部，其南端几乎触及地中海。从此处起，这条疆界又沿着海滨阿尔卑斯山向北延伸，之后向东穿过阿尔卑斯山的南麓抵达阿奎利亚（Aquileia）北部，并从那里一路向东南方延伸到赫勒斯滂海峡。

若从国防的角度来看，这是一条完全经不起考验的防线，因为它既不能保护意大利北部和马其顿不受阿尔卑斯地区与多瑙河流域的野蛮部落民袭击，也无法在意大利和高卢以及意大利和马其顿之间建立稳固的陆上交通线。由于罗马人尚未完全占领大小圣伯纳德山口，从意大利前往高卢，还只能沿着地中海海岸前进。意大利和马其顿之间则完全没有任何陆路，意大利与帝国东半部之间的一切沟通完全要依靠亚得里亚海的航线以及埃格那提亚大道来实现。奥古斯都在内战时就已经发现了这个巨大的缺陷。因为在那个时代，风暴对于从海路进行运输的部队和给养而言，要比今天可怕得多。意大利和马其顿之间缺乏陆上交通线，也是恺撒在公元前48年与庞培作战时所必须克服的主要困难。在奥古斯都自己的亚克兴战役期间，虽然他始终掌握着制海权，但只要一场风暴降临，就可能使他丧失一切。

公元前25年，奥古斯都开始着手改善这个战略性的缺陷。他从高卢入手，命令特伦提乌斯·瓦罗（Terentius Varro）和马库斯·维尼西乌斯（Marcus Vinicius）占领大小圣伯纳德山口，沿途征服所有尚未臣服的土地。在完成这个工作之后，两条新的交通线也就被建立起来了。一条是从小圣伯纳德山口通向高卢中部的道路，另一条则是从大圣伯纳德山口通向莱茵河上游地区的道路。接下来，在公元前17年至公元前16年之间，西利乌斯·涅尔瓦（Silius Nerva）又征服了加达湖（Lake Garda）以东的部落，而阿迪杰河（Adige）上游地区的部落可能也被他征服了。由于这次战役又打开了通向因河（Inn）谷地的道路，所以到了公元前15年，奥古斯都又决定进行一次范围更大的战役，准备将包括今日蒂罗尔（Tirol）、瑞士（Switzerlan）东部、奥地利（Austria）西部和巴伐利亚（Bavaria）南部在内的所有山地都纳入罗马领土之中，并将北疆中部向北推进到多瑙河上游地区。

奥古斯都将这场重要的战役交给了自己的两个养子——提比略和德鲁苏斯来指挥，这二人都是奥古斯都的第二任妻子利薇娅（Livia）和前夫提比略·克劳狄乌斯·尼禄（Tiberius Claudius Nero）的儿子。提比略从高卢向东进发，目标是康士坦茨湖（Lake Constance）；德鲁苏斯从意大利向北出发，经由瓦尔—维诺斯塔（Val Venosta）穿过雷西亚（Resia）谷地前往因河河谷，之后再从那里进入巴伐利亚与其兄长汇合。这场战役获得了巨大成功，诺里库姆（Noricum，包括今日的斯蒂里亚、卡林西亚以及巴伐利亚南部）被并入了帝国，使罗马的统治延多瑙河一路延伸到了维也纳（Vienna）。从战略上来讲，其成就是非常巨大的，意大利如今已不再需要伊吕利库姆的军队提供保护，后者现在可以去自由地去开辟一条通往马其顿的陆上交通线了。

由于仅有萨韦河（Save）谷地这一条道路①，因此奥古斯都决定从阿奎利亚出发前往埃摩纳（Emona），之后再沿着萨韦河谷穿过西斯西亚（Siscia）、西尔米乌姆（Sirmium）以及辛吉杜努姆（Singidunum，即今日的贝尔格莱德）等地，最后再向东经由奈苏斯（Naissus）和塞尔迪斯（Serdice，位于今日的索菲亚附近）进抵拜占庭。即使到了今日，想要快速、舒服地穿过南斯拉夫（Yugoslavia），也还是只有这一条路可走。除此以外还有一条道路，即沿着德拉瓦河谷经由穆尔萨（Mursa）前往西尔米乌姆。若想要打通这两条道路，就必须把伊吕利库姆的北疆推进到多瑙河流域的维也纳和贝尔格莱德之间。在这个工作完成之后，再加上先前提比略和德鲁苏斯

---

① 译注：此处应为富勒笔误，因为他很快便在下文提及，在意大利和马其顿之间还有另一条道路。

已经占领的诺里库姆，从贝里到拜占庭之间就可以建立起一条不间断的陆上交通线，使帝国在无须海路运输的情况下，快速在东西之间移动部队了。

公元前13年，阿格里帕和维尼西乌斯展开了被罗马人称为"潘诺尼库姆战争"（Bellum Pannonicum）的行动，对萨韦河和德拉瓦河流域的潘诺尼亚部落开战。阿格里帕在第二年去世后，提比略接替了他的位置。到公元前9年，提比略已经占领了西斯西亚和西尔米乌姆，并开始向多瑙河推进，其征服的广阔土地都被并入了伊吕利库姆行省。与此同时，他的兄弟德鲁苏斯也在与日耳曼部落的战斗中连战连捷。

条顿堡森林会战（公元9年）

第八章

日耳曼人属于印欧种族，他们于公元前2世纪末首次出现在罗马历史之中。如前所述，他们曾像先前的高卢人一样，给罗马人造成巨大的恐慌，直到公元前101年才终于在维尔塞莱会战中被马略和卡塔卢斯（Catulus）彻底击败。大约30年后，定居在侏罗山与孚日山（Vosges）之间的高卢部落塞夸尼人（Sequani），又向居住在莱茵河对岸的日耳曼大军首领阿利奥维斯都（Ariovistus）求援，请求他们帮助自己抵抗邻近的埃杜伊人（Aedui，他们居住在索恩河西岸）。阿利奥维斯都接受了请求并在麦格托布里加会战（Battle of Magetobriga）中击败了埃杜伊人。作为报酬，他和他的人民被允许在上埃尔萨斯（Upper Alsace）地区定居。按照希格内特先生（Mr.Hignett）的说法，这场会战可能"……引发了一连串连锁效应的决定性因素，并最终招致了恺撒对高卢中部地区的干涉"。¹

又过了大约10年，在公元前59年发生了两件事情，引起了人们对高卢东北边境的注意。第一件事情是，阿利奥维斯都正式被元老院承认为"国王"以及"罗马人的朋友"。双方所谓的友谊并没有持续太长时间，在被承认为国王之后，阿利奥维斯都立刻开始劝说其他日耳曼部落渡过莱茵河，而后来者也纷纷提出了土地要求。第二件事则是恺撒成为外高卢的总督。赫尔维提人当时为躲避入侵其领地（大体上就是今天的瑞士）的日耳曼大军，向西进入了高卢。恺撒在解决了他们的威胁之后便将注意力转向了阿利奥维斯都。恺撒在《高卢战记》中写道：

接下来，他（恺撒）看到日耳曼人渡过莱茵河的行动越来越频繁，倘若放任他们大批进入高卢，会给罗马人民带来危险。他认为这些凶狠的野蛮人不会在占领整个高卢之后便停下脚步，而是会像先前的辛布里人和条顿人一样冲进普罗旺斯，之后再向意大利推进……所有这些问题，都让他感到自己一刻都不能耽搁，必须立刻加以解决。²

公元前58年，恺撒命令阿利奥维斯都停止日耳曼人的迁徙。在对方无视了这一命令之后，恺撒就可强行军前进到了维松提奥（Vesontio）去强迫对方从命。之后，恺撒又从那里前进到了贝尔福特山口（Belfort Gap）。阿利奥维斯都此时正在此处宿营，等待一支集中在莱茵河东岸的斯瓦比亚（Swabia）部落渡河。9

月中旬，恺撒与阿利奥维斯都打了一场会战，并在经过艰苦的战斗之后将日耳曼人击溃。尽管阿利奥维斯都从会战中幸存了下来，但却还是在这场惨败之后不久就去世了。

恺撒意识到，如果他此时撤走，日耳曼人的迁徙将不可避免地再次开始。因此，他决定将莱茵河打造成高卢中部和北部的东疆。为建立一道有效的屏障，恺撒动身前去征服居住在今日比利时地区的比尔吉诸部，其中绝大部分都属于日耳曼人。[3] 公元前57年，他率领八个军团从维松提奥北上，击败了内尔维人，从此掌握了科隆以北的莱茵河左岸地区的控制权。两年之后，他又向克桑滕（Xanten）进军，先用不光彩的骗术俘虏了日耳曼酋长们，之后又对群龙无首的日耳曼人发动进攻，将其屠杀殆尽。[4] 恺撒借此夺取了克桑滕至贝尔福特之间的莱茵河流域，之后又决定渡过莱茵河。恺撒就此写道："……他发现日耳曼人很容易被各种理由诱惑进入高卢，于是便决定要让对方转而为自己的生存感到担心，并决心向他们展示罗马军队不仅有能力而且也敢于越过莱茵河。"而这条河流也正是他为罗马建立的"最终边境"。[5] 恺撒在科布伦茨（Coblenz）以南的莱茵河上架桥，率军在东岸进行了一次武力展示，在蹂躏了苏甘布里人（Sugambri）的土地之后撤回高卢。

以下是当时罗马人对日耳曼人的看法。恺撒写道：

> 他们的整个人生都是在狩猎和战争中度过的。从最早的少年时代起，他们就热衷于克服各种艰苦条件。那些保持童贞时间最长的人，也会在族人之间得到最高的赞誉……
>
> 他们对农业没有任何热情，大部分食物都是牛奶、奶酪和肉类。任何人都没有一块明确属于自己的土地或者私产，头领和酋长每年都会把土地重新分配给各部落和家族……他们把位置和面积看起来适合这些部族的土地按年度进行分配，每年都要强迫佃农们迁居。他们之所以这么做的理由很多，但主要还是担心定居务农会导致自己丧失武士精神……而对于金钱的热情，又可能导致各家族之间发生争执。他们希望让每一个普通人都感到满意，每一个人的财富都与最有权力之人相同。
>
> 他们会将边界外围尽可能更大片的土地彻底化为焦土，并给予这种行为最高度的赞美。他们认为只有把临近部落逐出家园，使任何人都不敢居住在自己周围，

才是勇敢的真正标志。与此同时，由于所有突然袭击的可能性都被消除，他们觉得这样一来自己也会更加安全。在他们进攻他人或抵抗他人进攻时，会选出军官来指挥作战，并赋予他们生杀大权。在和平时期，各邦都没有官员，各地区、部落内部的纷争都由首长们来裁决……他们都很好客，任何人无论因任何理由而投奔他们，都能够受到保护，而且他们还将此视作神圣义务。对他们而言，所有房屋都是开放的，所有的食物也都是可以分享的。"[6]

从这一段全面的介绍来看，日耳曼人似乎是一种半游牧民族，属于本书序章中所说的"车仗民族"。尽管恺撒从未在著作中提及他们是否拥有马拉或者牛拉的车仗，但若是没有车辆，日耳曼人肯定无法完成他们在历史上所进行的那种大规模移民。我们知道，恺撒曾提及赫尔维提人拥有车辆，另外恺撒还进一步说过，赫尔维提人曾"用车仗组成防御墙"，也就是车城，并躲在其内部作战。[7] 日耳曼人迁徙的主要原因并非人口过剩，而是他们永不停歇的生活方式。

塔西佗（Tacitus）[8]曾记载说日耳曼人身材高大，拥有蓝色的眼睛和浅色的头发，"只能断续地爆发出强大力量，在劳动和进行重体力工作时很不耐烦"。[9] 尽管日耳曼人都是非常英勇可怕的战士，但他们的军事组织却粗陋到了极点，各部队完全由家庭或宗族随机组成。"他们很少有人使用刀剑或者长枪，而是会使用一种在他们的语言里被叫作'Frameae'的短枪，其狭窄短小的枪尖由铁制成。由于这种武器极为锋利而且非常灵便，因此他们无论在近战还是远战时都会使用它。骑兵只配有一块盾牌和一支短枪，步兵则会携带一些额外的短枪用来投掷。因为他们都不穿外衣，至多也只穿一件轻型的斗篷，所以能把短枪投掷得很远。日耳曼人中很少有人拥有胸甲，一群人中至多只有一到两个人拥有金属或皮革制成的头盔。他们的马匹外表和速度都不出众，而且不像我们的马匹那样受过环形奔跑的训练。日耳曼人骑马时只懂得向前或者向右奔跑，但他们在转向时却能保持队形的紧密，一个人都不会被落在后面。从总体来看，他们的步兵实力较强，因此骑兵和步兵也会混在一起战斗。[10] 他们会从全军之中选出步伐最迅速的步兵，排列在战线的最前方……他们的战线呈楔形，在受到压迫时会选择撤退。他们将撤退视为单纯的战术问题，而与胆怯无关。"[11] 斯特拉波（Strabo）也补充道："在对付这些人时，不信任就是最好的防御，信任则是最大的错误。"[12]

日耳曼人的首领都是因为英勇而被推选出来的，他们在指挥他人时所依靠的也不是权力，而是以身作则。塔西佗又更进一步说："在战场上，首领的卫兵若是不能与首领齐头并进，就会被视为一种耻辱。支援、保护首领或凭自己的英勇而使首领获得更多荣誉，对他们而言是最神圣的行为。"与之相对，"首领不仅要为自己的伙伴提供战马和作战用的短枪，而且还要为他们提供舒适且富足的生活条件，而其来源则是战争和抢劫所得的战利品"。[13]

以上就是罗马人对日耳曼人的认知。日耳曼人居住在莱茵河以东、多瑙河以北广大的未知山区、丛林以及沼泽之中。这两条大河从公元前12年开始，就成了帝国的北部边境。

从战略上讲，这条边境远称不上完美，两条大河之间存在一个巨大的突出部，其顶端位于贝里。居住在突出部以内的日耳曼部落因为身处内线，行动方便，而在突出部以外的罗马军团却只能被迫沿外线机动。日耳曼人可以任意攻击莱茵河或多瑙河地区，而罗马人在两处都要设防，无论对任何一处进行增援都要从突出部的外线绕行。不仅如此，莱茵河对罗马人而言，就如同爱琴海对大流士一世一样，二者都不是一条种族疆界。莱茵河以西已经有大批日耳曼人定居，倘若这些人发生动乱，河东的日耳曼人很可能也会站在他们一边，就好像欧洲的希腊人曾帮助爱奥尼亚的希腊人作战一样。早在公元前17年，苏甘布里人以及其他一些部落，就曾对莱茵河以西进行过一次突袭，趁着马库斯·罗里乌斯（Marcus Lollius）放松警惕之时将其击败。[14]除这些缺陷以外，奥古斯都还将高卢视为西方的埃及，其对于罗马帝国，尤其是莱茵河军团的给养而言极为关键。虽然莱茵河对不懂得架桥技术的人而言是一道天险，但由于此时高卢尚未完全平定，放任一支敌对力量在中欧积聚实力也绝非明智之事。

虽然罗马人无法单凭一次行动便全部解决掉以上的种种问题，但由于伊吕利库姆的军团已经腾出手来，奥古斯都就决定首先将疆界从莱茵河推进到威悉河（Weser），之后再推进到艾伯河（Elbe）。奥古斯都并不打算把疆界推进到艾伯河以东，因为这已经完全能够解决北疆所面临的问题了。[15]首先，莱茵河与多瑙河之间的突出部将被消除，从维也纳延伸至汉堡的边境在大体上将被拉成一条直线。其次，罗马人还可以建立一条从汉堡经由莱比锡、布拉格通往维也纳的直接交通线，补充现有的从科隆到贝里再到维也纳的交通线。尽管这条疆界依然无法将所有日耳曼人囊括在内，但由于帝国边界将向东推进200至250英里，高卢遭受日耳曼人攻击的可能性也将大为减少。事实上，奥古斯都的计划与1806年拿破仑组建莱茵邦联（Confederation of Rhine），将其打造成一个缓冲国，帮助法国抵挡其假想敌普鲁士（Prussia）、奥地利的计划并没有什么两样。而法国至今也还在鼓吹要建立这样一个缓冲地带。

如前所述，公元前15年至公元前14年，德鲁苏斯与其兄长提比略攻入了巴伐利亚南部，之后德鲁苏斯被任命为高卢三个地区的总督。德鲁苏斯生于公元前38年，是一个非常具有英雄气概的人物，拥有无限的活力和野心，一生只想建立伟大功绩，征服广大的土地。[16] 当奥古斯都决定入侵日耳曼时，德鲁苏斯所希望的并不只是惩罚苏甘布里人对罗里乌斯的攻击。他计划切断莱茵河与多瑙河之间的突出部，缩短高卢与伊吕利库姆之间的交通线。为实现这一计划，第一步就要进抵艾伯河上游地区，并征服沿途的所有部落。

德鲁苏斯首先在莱茵河上建立了一系列冬季营地，其中两个最重要的营地位于面对着利珀河（Lippe）谷地的维特拉（Vetera，可能就是今日的韦塞尔）和面对着美因河（Main）谷地的摩根提亚库姆（Moguntiacum，即今日的美因茨）。接下来在公元前12年，德鲁苏斯在蹂躏了威斯特伐利亚（Westphalia）之后，在弗莱福湖（Lacus Flevo，即今日的须德海）集结了一支舰队驶向埃姆斯河（Ems）的河口，并赢得了一场重大的海战胜利。之后舰队继续驶到了威悉河口，在那里与弗里西亚人（Frisian）缔结盟约。征服海岸地区之后，德鲁苏斯又在公元前11年发动了对日耳曼地区的大规模入侵行动。他沿着利珀河谷穿过苏甘布里人的土地，夺取了威悉河中部地区，在那里停留一段时间之后又返回到了莱茵河。第二年，德鲁苏斯再次从美因茨（Mainz）出发，入侵了沙提人（Chatti）的土地（即拿骚地区），之后又穿过赫西尼亚（Hercynia）森林，从美因河进抵威悉河，对图林吉亚（Thuringia，即图林根）的马科曼尼人（Marcomanni）发动了进攻。在那之后，他穿过切鲁斯齐人（Cherusci）的土地（即布伦瑞克）进抵艾伯河流域，具体的地点可能是在马格德堡（Magdeburg）附近。但在公元前9年返程归国时，德鲁苏斯因摔下了战马而重伤身亡。比他大六岁的兄长提比略接替其职位，为战役划上了一个成功的句号。这次战役结束后，提比略也在公元前7年离开日耳曼，接受了前往东方的任命。

德鲁苏斯迅速征服的成果并没能维持太长时间。公元前1年,切鲁斯齐人发动了叛乱。到公元4年,日耳曼的情况已经变得十分危急了,奥古斯都不得不召回提比略来重新建立罗马的权威。

提比略在第一次战役中进军到了威悉河,降服了远至北海海岸的各部落。他在利珀河谷过冬,之后又于公元5年展开了他征战生涯中在北日耳曼前进距离最远,组织也最卓越的一次远征。提比略在莱茵河地区集结了两支军队,让其中一支登船驶入大海,沿着弗里西亚海岸驶入艾伯河口;而另一支军队则从莱茵河向东出发,在击败兰戈巴第人(Langobardi,即后来的伦巴第人)之后与沿海前进的军队会合。后者在此期间已经探索了远至斯卡格拉克(Skagerrak)的整个日德兰(Jutland)沿海地区。在征服了所有北方部落之后,提比略已经做好了南进征服马科曼尼国王马罗波杜乌斯(Maroboduus)的准备。自公元前9年以来,后者就已经带领手下部族从图林吉亚迁徙到了波西米亚(Bohemia)。

在公元6年的战役中,提比略计划用两支军队同时对马罗波杜乌斯进行夹攻。萨图尼努斯(Saturninus)率领一支军队自莱茵河东进,从美因河流域进军纽伦堡(Nuremberg)或埃格尔(Eger),同时提比略亲自率领伊吕利库姆军团从多瑙河流域的卡努图姆(Carnuntum,位于今日的海因堡附近)出发北上。提比略总共动用了12个军团,这场战役后来也被称为"足以在战争艺术史上占据一席之地的杰作"。[17]但当两支军队距离其位于波西米亚的最终目的地仅剩数英里之时,却突然传来了伊吕利库姆发生动乱的消息。提比略立刻与马罗波杜乌斯议和,率领伊吕利库姆军团南下平乱。

这次动乱的经过如下:达尔马提亚人被罗马不断在当地征发给养和人员的行为所激怒,因而发动了叛乱。由于此时所有驻军都已经被调走参加日耳曼战役,所以叛军根本没有遭遇任何抵抗。叛乱很快就蔓延到了整个伊吕利库姆,潘诺尼亚也被波及,叛军人数更是达到了20万名步兵和9000名骑兵之多。罗马人立刻陷入巨大的恐惧之中,他们既没有战略预备队,也无法找到组建新军团所需的兵源。可尽管这个叛乱的范围是如此巨大,但提比略却还是用最高明的手段将其镇压下去了。他不与对方进行正面会战,而是将军队分成了很多支队,占据了所有战略要地,用坚壁清野的手段使对方陷入饥荒,进而重新将其征服。公元8年,潘诺尼亚屈服了,达尔马提亚也在第二年被镇压了。提比略留下日尔曼尼库斯

（Germanicus）[18]来整合这些被再次征服的地区，而其本人则返回了意大利。可就在这个叛乱刚刚被平定五天之后，罗马就收到报告说日耳曼境内已经发生了一场巨大的灾难。

公元6年，当提比略离开日耳曼，对马罗波杜乌斯发动进攻时，萨图尼努斯的位置也被普布利乌斯·昆提利乌斯·瓦鲁斯（Publius Quintilius Varus）取代了。此人曾任叙利亚总督，在那里发了一大笔财（在那个年代这并不算什么大不了的事情）。[19]此人"性格温和，少言寡语，思维和行动都比较迟缓，更适于在营帐中悠闲地工作，而非真正领兵打仗"。[20]瓦鲁斯的妻子是奥古斯都的侄孙女，也正是因这种裙带关系，他才得到了这次任命。由于此时莱茵河前线已经处于和平状态之中，"野蛮人也逐渐开始习惯罗马人的生活方式，习惯于开办市集，与罗马人和平相处"[21]，因此这个任命也并没有太大问题。高卢已经平定，对罗马而言幸运的是，此时日耳曼人也根本没有任何领袖人物。因此就好像在所有平静的边境上一样，莱茵河驻军也逐渐变得软弱、松懈起来。

瓦鲁斯本应纠正这些问题，这是毫无争议的。可事实上，尽管他曾犯下了过很多错误，而在他被击败之后又有很多错误被强加到了他的名下，但实际上他的主要缺点并非人们所盛传的暴虐，而是愚笨。他的想象力过于匮乏，根本没有认清勇猛的日耳曼人与软弱的叙利亚人之间究竟存在多么巨大的差别。狄奥·卡西乌斯说他"不仅把他们当成罗马的奴隶任意发号施令，而且还像对待属国那样想要从中榨取金钱"。[22]对瓦鲁斯颇有敌意的批评者维莱乌斯·帕特库鲁斯（Velleius Paterculus）则说："在被任命为日耳曼地区的军队指挥官后，他就认定日耳曼人只是一个四肢发达、头脑简单的民族。虽然他们不能被武力所征服，但却可以用法律来教化。"[23]在瓦鲁斯身上，似乎官僚的成分要大于军人的成分，而其统治的主要问题也是软弱而非有计划地压迫。

真正的祸端来自于瓦鲁斯要求日耳曼人用金银来支付贡金。无论是在东方还是在西方，罗马人都会用税收的方法来榨取黄金。但在东方，这些黄金又会在罗马人购买奢侈品时流回当地。而在西方情况却并不一样，因为这里根本无货可买。这样一来，日耳曼人手中的贵金属不断因罗马的征税而流失。由于贵金属在日耳曼的主要用途是制造首饰，黄金的严重缺乏在各部落贵族之间也引发了极大不满。[24]

瓦鲁斯手中总共有五个军团，其中两个军团驻扎在摩根提亚库姆，另外三个军团冬季会驻扎在利珀河上游的维特拉或阿利索（Aliso，可能是今日的哈尔滕），而夏季则会转移到威悉河流域的明登（Minden）附近。[25] 由于当地基本已被平定，所以各军团也都被拆散开来去担负诸如伐木、修路、架桥等工作了。另外，按照惯例，驻军中还包含有不少妇孺。

公元9年的夏季在一片祥和之中度过了。到了9月，就在瓦鲁斯准备从夏季营地转移到冬季营地之时，他收到消息说有一支临近部落发动了叛乱。瓦鲁斯决定不直接返回阿利索，而是让军队穿过动乱地区，解决当地的祸乱之后再返回冬季营地。瓦鲁斯本应在出发之前先把妇孺送回阿利索，但他可能只将这次叛乱当成是一个小规模的争端，认为不值得浪费时间去安置妇孺。在出发之时，瓦鲁斯做梦也不会想到，在前面等待着他的，将是历史上最具决定性意义的会战之一。

瓦鲁斯所获悉的叛乱，事实上只是一个引诱他上钩的绝妙诱饵。制定这个计划的是一位切鲁斯齐年轻人，名叫阿米尼乌斯（Arminius）。他曾在提比略手下的一支切鲁斯齐部队中服役，参加了镇压潘诺尼亚、伊吕利库姆叛乱的行动。毫无疑问，他在这场战役中对罗马人的战争艺术做了近距离的观察。其父是一位切鲁斯齐人的酋长，曾被授予罗马公民权，并获得了骑士阶级的地位。当阿米尼乌斯受命到瓦鲁斯的指挥部去任职时，年纪尚不超过26岁。在性格方面，他冲动莽撞。塔西佗说他的"狂热精神……点燃了日耳曼"。另外，他还对罗马存有一种与生俱来的仇恨。很明显，他希望在南方失败的叛乱能在北方获得成功。另外他似乎还打算借此来向自己的叔父塞格斯特斯（Segestes）复仇。塞格斯特斯不仅是瓦鲁斯的忠实支持者，还阻止女儿屈斯内尔达（Thusnelda）与阿米尼乌斯结婚，迫使二人只得私奔。最后，阿米尼乌斯也非常看不起瓦鲁斯，认为他只是一个城市的法官而不是将军。而在这一点上，他的观点可能要算是一针见血。

阿米尼乌斯对于整个阴谋的筹划工作非常小心谨慎。他把瓦鲁斯的疏漏"当作叛变的机会，并且非常机警地意识到，那些一无所惧之人反而最容易被击败。而对于安全的自信，往往正是灾难的开端"。[26] 趁着瓦鲁斯即将返回阿利索时，阿米尼乌斯煽动了一场叛乱，引诱瓦鲁斯去穿过那些十分难行但又看似掌握在友军手中的地区。一旦对方放松警惕，他就会把罗马人诱入浓密的森林中彻底歼灭。

像这样一个复杂而庞大的计划，几乎是不可能做到完全保密的。塞格斯特斯听到了风声后，将此事告诉了瓦鲁斯，并建议他把密谋者全抓起来。但瓦鲁斯却拒绝听从这个建议，可能他认为塞格斯特斯之所以指控阿米尼乌斯叛变，只是想要借此来诬陷自己的仇家而已。于是在公元9年9月的某一天，瓦鲁斯率领着第17军团、第18军团和第19军团的大约20000人，拖着漫长的行李纵队和家眷出发了。

我们并不清楚瓦鲁斯在行军最初阶段的经历。虽然不少现代学者都曾对此做出了详细描述，但两位最可靠的古代史学家——维莱乌斯·帕特库鲁斯和狄奥·卡西乌斯却根本不曾留下什么详细的史料可供研究。我们能够确认的是，阿米利乌斯最初伴随着瓦鲁斯一起行动，其手下士兵也担负着保护行军纵队的任务，直到计划起事的前一天夜间才脱离罗马军队。虽然塞格斯特斯再次警告了瓦鲁斯，但却又一次遭到了忽视。接着，当三个军团正在沼泽和密林中艰难前进时，阿米尼乌斯和他的手下突然消失了。瓦鲁斯很快就收到报告说纵队外围支队的士兵们已经被杀，而这也是整个叛乱的第一个预兆。接下来，瓦鲁斯似乎改变了行进方向，开始向经由多伦隘路（Dören Pass）通往阿利索的大路前进。

虽然因为行李纵列和随营人员的缘故，瓦鲁斯此时的情况已经十分危急，但他如今所面临的困难，却也并不比尤利乌斯·恺撒或德鲁苏斯先前曾经面对过的情况更艰难。可话虽如此，恺撒和德鲁苏斯都是士兵的领袖，而瓦鲁斯却只不过是一个军法官而已。战斗在何处正式爆发如今已不可考，塔西佗认为应是在条顿堡森林（Forest of Teutoburgium）之中，他还说后来日尔曼尼库斯正是在那里找到了瓦鲁斯和军团士兵们的遗骸。[27]这片森林位于埃姆斯河与威悉河之间，在公元9年时肯定覆盖了很大一片地区。有些学者认为战场的具体位置在德特莫尔德（Detmold）附近，另外还有权威人士认为应在明斯特（Münster）附近。可能战斗是在德特莫尔德附近爆发，在明斯特附近结束的。在夏季营地位于明登的情况下，瓦鲁斯在撤退时肯定会向多伦隘路前进。发现阿利索被围后，他最佳的撤退路线，也很明显是沿埃姆斯河下游向明斯特前进。不过研究这场惨败发生地点的专家们，对此始终不曾达成一个共识。

按照狄奥的记载，罗马人在进入森林之后只能一边开路一边前进，而一场暴风雨也让地面变得十分湿滑，就连走路都变得"十分艰险……树顶上的树枝也不

条顿堡森林战役（公元9年）

停地折断掉落，这造成了巨大的混乱"。[28] 就在"罗马人已经丧失一切队形和秩序，变成了一群拉着车仗、手无寸铁的惊弓之鸟"之时[29]，阿米尼乌斯突然发动了进攻。日耳曼士兵也向毫无秩序的人群投出了密集的标枪。可即便如此，罗马人却还是能停下脚步，建立起一个设防营地。

第二天上午，罗马人烧掉了大部分车辆，"以稍好一些的秩序"且战且行，前进到了一片开阔地区，但很快他们就再次"钻入了森林……遭受了最惨重的伤亡"。当晚他们再次停止前进，等到第二天清晨重新出发之后不久，又降下了一场暴雨，"士兵们根本无法前进，甚至连站稳都很困难。最糟糕的是，他们的武器也无法再使用了。弓箭和标枪全都失去了作用，就连盾牌也已经湿透了"。[30] 现在，阿米尼乌斯的机会终于来了。他接近秩序大乱的对手，突破了他们的战线。负责指挥罗马骑兵的瓦拉·努摩尼乌斯（Vala Numonius）逃之夭夭[31]，瓦鲁斯和"所有高级军官都已经受了伤，他们担心自己被凶狠的敌人俘虏或杀害，只好做出了最勇敢、最可怕但又最不可避免的决定——集体自杀"。[32] 维莱乌斯说，最终罗马军队"挤在森林、沼泽和障碍物之间，被敌军全部杀死，而这些敌人在过去曾被他们像牲口一样任意屠杀"。[33]

被俘的罗马士兵要么被钉死或者活埋，要么就被用来向日耳曼诸神献祭。几年后，当日尔曼尼库斯凭吊这片战场时，他发现那里还有很多白骨、标枪的残片、战马的肢体以及被挂在树干上的头骨。这本就是一副悲惨的景象，而塔西佗的描述更让其显得凄惨万分。[34]

尽管瓦鲁斯遭遇了一场如此惨痛的失败，但卢西乌斯·恺迪西乌斯（Lucius Caedicius）却还是能牢牢守住阿利索，并利用弓箭手打退了敌军对营地的每一次攻击。后来当营地被包围之后，他又在夜间突围，带着军队的残部和大批妇孺撤到了维特拉，与卢西乌斯·诺尼乌斯·阿斯普雷纳斯（Lucius Nonius Asprenas）的两个军团会合，阿米尼乌斯也只能率军撤退。对罗马人而言，能在这场可怕的灾难中获得这样一个结局，已经可以算是非常幸运了。

这场灾难所带来的广泛影响，从整个帝国境内流传的各种预兆中即可见一斑。狄奥说战神庙遭到了雷击，阿尔卑斯山看起来也好像坍塌在了一起，另外还有"一座日耳曼境内的胜利女神像，原本是面对着敌人的方向，如今却转过来面对着意大利"。[35] 虽然从理智上来说，这些流言根本不可信，但它们却反映了罗马人的真实精神状况。罗马的威望遭受了沉重打击。在野蛮人眼中，罗马军团不再战无不胜。如果阿米尼乌斯能够击败罗马人，那么其他人也一样能够击败罗马人。而更糟糕的是，罗马人自己也意识到了这一点。也正因为如此，"奥古斯都在听说这场惨败之后……撕扯着自己的衣服……痛心疾首……他认为敌军可能会向意大利进军，威胁罗马城。而此时罗马境内已经没有适龄的公民可以征召入伍了"。[36] 可尽管如此，奥古斯都还是立刻投入到了工作之中，"由于所有适龄公民都不愿从军，他就开始用抽签的办法征兵，35岁以下的公民每五人中抽出一人，35岁以上的公民每十人抽出一人，拒绝服役者一律剥夺财产和公民权。可到了最后，还是有大批公民不理会奥古斯都的命令，他只好处死了一部分人"。[37]即使如此极端的办法也还是收效甚微，在奥古斯都有生之年，始终没有新军团来顶替那三个被歼灭的军团，而这才最恐怖的预兆。因为此事，奥古斯都"任由头发和胡须生长了好几个月"，甚至有时会将头撞在门柱上大喊："昆提利乌斯·瓦鲁斯，还我的军团来！"[38]

即使所有这些说法都是杜撰的，这三个军团始终不曾重建却还是一个不争的事实。其原因并不在于瓦鲁斯导致了这些军团覆没，而在于罗马已经丧失了它的勇气。虽然在这场惨败之后，提比略再次接掌了日耳曼地区的指挥权，后来接替他的日尔曼尼库斯也在公元13年发动了一系列战役，进军到艾伯河流域，并不止一次地击败日耳曼人。但无论如何，艾伯河还是成了罗马人的希发西斯河。所有这些战役，也都不过是罗马势力最终撤退到莱茵河之前的掩护行动。从此之后，莱茵河也就成了拉丁文明的东北边疆。

另外还有一个比罗马失去勇气更深层的原因，必须要从奥古斯都本人的性格之中去寻找。尽管奥古斯都在当时威名显赫，但他却并不是一个英雄式的人物，而只是一个光彩夺目的伟人。虽然奥古斯都并不缺少勇气或者坚韧的性格，但作为人类的领袖，他却无法和恺撒相提并论。他是一个投机主义者，在其"分而治之"（Divide Et Impera）的政策之下，他更像是这个帝国的总经理，而非帝王。他把罗马看成一个巨大的公司和垄断组织，政府和边境不过是公司的股票和保险。奥古斯都缺乏激励他人，让他们完成看似不可能之事的能力，而这正是天才与伟人之间的最大区别。简言之，奥古斯都是一位无人能出其右的"资产阶级皇帝"。虽然他征服了大片土地，但从精神上来讲，所有的这些征服都属于防御性质。在帝国的疆界被确定下来之后，所有智慧和精神上的进取心也都被随之抹杀殆尽了。而心理方面的冒险精神一旦消失，帝国在物质方面的进取也就被画上了句号。

人民进取心的丧失，又反过来迫使奥古斯都在东北边境墨守前人的成绩。这在历史上又带来了什么结果呢？若想要弄清这个过于缥缈的问题，我们就必须对那些"倘若如此"的假设多加注意。但可以肯定的是，某些假设也并非全无可能。尽管日耳曼并非高卢，日耳曼人也要比高卢人更为野蛮，但由于罗马帝国注定还要存在四百年的时间①，我们有理由相信，若其东北边境位于艾伯河而不是莱茵河，则本书的下一章可能就要全部重写了，而接下来的每一章也都会因此而有所不同。克里西（Creasy）非常正确地指出，如果罗马人守住了艾伯河，"我们生活的这个岛屿将永远不会被称作英格兰"。³⁹②更重要的是，我们也永远不会成为英国人了。我们全部的历史都将走上新的轨道。日耳曼若能经历四百年的罗马教化，再加上罗马大道的开通，今日的西方世界将只剩下一种文化，而非永远冲突的两种文化。法德冲突将永远不会出现，至少在形式上会与如今完全不同。查理曼（Charlemagne）、路易十四（Louis XIV）、拿破仑（Napoleon）、德皇威廉二世（Kaiser William II）和希特勒（Hitler）也都不会在历史中出现了。

据说奥古斯都在进入亚历山大里亚时，曾下令打开亚历山大大帝的石棺，亲自给这位国王的遗体戴上一顶金冠，并在石棺中布满了鲜花⁴⁰，而且他的戒指上也刻有这位马其顿国王的头像⁴¹。但相比之下，奥古斯都对于"伟大"的定义是有限的，而在亚历山大的头脑之中，除大海以外就再无其他疆界可言了。也正因为如此，虽然罗马帝国的版图在历任皇帝治下依然有所扩张，但帝国在精神方面却已经彻底陷入了停滞之中。

帝国变成了一个有限责任公司，而这样一个"伟大"的观念，就是奥古斯都于公元14年8月29日在诺拉（Nola）去世时，给帝国留下的最重要遗产。在他死后，提比略继位成为新的皇帝。

---

① 译注：此处富勒将476年西罗马皇帝罗慕路斯的退位视作了罗马帝国灭亡的标志。实际上这仅是罗马帝国丧失西部领土的时间，至多也只能作为西罗马帝国灭亡的时间。罗马帝国此后依旧在东地中海长时间存续，直到1453年才告灭亡。

② 译注：这个说法的理由在于，"英格兰"一词原意为"盎格鲁人之地"，而盎格鲁人又是从日耳曼地区迁徙到不列颠的。如果罗马人同化了日耳曼地区，这种迁徙就不会发生，不列颠自然也不可能得到"盎格鲁人之地"这个名字了。

注解

1. *The Cambridge Ancient History*，第十一卷，第 546 页。
2. *Caesar, The Gallic War*，H.J. 爱德华英文译本，1922 年版，第一卷，第 33 节。
3. 同上，第二卷，第 4 节。
4. 同上，第四卷，第 13 至 15 节。
5. 同上，第四卷，第 16 节。
6. 同上，第六卷，第 22 至 23 节。
7. 同上，第一卷，第 24 节、第 26 节。关于日耳曼人，斯特拉波写道："所有这些民族都很容易因为缺乏给养而更换住所。他们既不耕地，也不会积累财富，只懂得居住在可怜的茅屋里，日复一日地艰苦度日。他们就好像游牧民族一样，大部分的食物都来自于畜群。为模仿游牧民族，他们让家人乘坐车仗，带着自己的家畜四处游荡，前往那些看似对他们最为有利的地方。"（*The Geography of Strabo*，第七卷，第一章，第 4 节）
8. 塔西佗生于公元 55 年，死于公元 117 年之后。
9. *Tacitus, Germania*，莫里斯·哈顿英文译本，1925 年版，第 4 节。塔西佗在《日耳曼尼亚志》中给出的记录，其价值决不能与现代的实地考察记录相提并论。塔西佗之所以将日耳曼人称为"高贵的野蛮人"，只是为了表现他眼中罗马文明的衰败状况而已。
10. 参见 *Caesar, The Gallic War*，第一卷，第 48 节；第八卷，第 13 节。
11. *Tacitus, Germania*，第 6 节。
12. *The Geography of Strabo*，W. 法尔科纳英文译本，1912 年版，第七卷，第一章，第 4 节。
13. *Tacitus, Germania*，第 14 节。
14. 参见 *Velleius Paterculus*，弗雷德里克·希普利英文译本，1924 年版，第二卷，第 97 节；*Dio Cassius*，第 54 卷，第 20 节。苏维托尼乌斯在"恺撒·奥古斯都"（第 23 节）中写道："在所有的战争中，奥古斯都从未遭受过重大或耻辱的失败，只有他手下的两位将军，罗里乌斯和瓦卢斯曾在日耳曼战败过。而在这二者之中，又要以罗里乌斯的失败更丢人、更严重。"
15. *Strabo*，第七卷，第一章，第 4 节。
16. 参见 *Camille Jullian, Histoire de la Gaule*，第四卷，第 106 至 113 页。
17. *The Cambridge Ancient History*，第十卷，第 368 页。
18. 日尔曼尼库斯是尼禄·克劳狄乌斯·德鲁苏斯与安东尼娅（安东尼与屋大维娅的女儿）在公元前 15 年生下的儿子，被其表舅提比略收为养子。
19. *Velleius Paterculus*，第二卷，第 117 节。
20. 同上，第二卷，第 117 节。
21. *Dio's Roman History*，E. 卡里英文译本，1916 年版，第六十一卷，第 18 节。
22. 同上，第六十一卷，第 18 节。
23. *Velleius Paterculus*，第二卷，第 117 节。
24. 参见 *Guglielmo Ferrero, The Greatness and Decline of Rome*，1909 年版，第五卷，第 124 至 126 页。
25. 具体部署情况不详。
26. *Velleius Paterculus*，第二卷，第 118 节。
27. *Tacitus, Histories and Annals*，C.H. 摩尔、J. 杰克逊英文译本，第一卷，第 60 节。
28. *Dio's Roman History*，第五十六卷，第 20 节。
29. 同上，第五十六卷，第 20 节。
30. 同上，第五十六卷，第 21 节。
31. *Velleius Paterculus*，第二卷，第 119 节。
32. *Dio's Roman History*，第五十六卷，第 21 节。

33. *Velleius Paterculus*, 第二卷, 第119节。
34. *Tacitus, The Annals*, 第一卷, 第61节。
35. *Dio's Roman History*, 第五十六卷, 第24节。
36. 同上, 第五十六卷, 第23节。关于这一点, 我们必须记得, 狄奥并不是一位非常可靠的史家。
37. 同上, 第五十六卷, 第23节。
38. *Suetonius*,《恺撒·奥古斯都》, 第23节。
39. *Sir Edward S.Creasy, The Fifteen Decisive Battles of the World*, 1931年编辑版, 第119页。
40. *Suetonius*,《恺撒·奥古斯都》, 第23节。
41. 同上, 第50节。

大事记
罗马和平

从共和国转变为帝国之后，罗马出现了一个权力交替的问题。这个问题自始至终困扰着帝国，后来也成了导致其衰亡的最重要原因之一。由于元老院和人民授予奥古斯都的权力在其死后便将自动收回，为解决这一问题，奥古斯都只好想办法与别人共同掌握这些权力，首先是阿格里帕，后来又改为他的养子提比略。尽管奥古斯都在公元14年去世后，其威望能够确保提比略顺利继位，但此事却没能成为一个先例。最终结果就是，由于皇帝的权力归根结底来自于军队，推选皇帝的权力首先落入了禁卫军手中，之后又落入了军团的手中。

提比略在位时，选择了他的孙子提比略·格梅卢斯（Tiberius Gemellus）和侄孙盖乌斯·恺撒（Gaius Caesar，即卡里古拉）作继承人，由于他无权让二人继承自己在政府的职权，所以只好让他们共同继承自己的私产。公元37年提比略死后，由于盖乌斯得到了禁卫军指挥官马可（Marco）的支持，所以格梅卢斯被抛在了一旁。公元41年盖乌斯遇刺后（禁卫军也参与了这场阴谋），提比略的侄子克劳狄乌斯（Claudius）又开创了一个恶劣的先例——他赏了一大笔钱给禁卫军，让后者拥立他做了皇帝。盖乌斯的侄子尼禄（Nero）在公共生活中的地位要比盖乌斯之子布列塔尼库斯（Britannicus）更高。当克劳狄乌斯于公元54年去世之后，尼禄的母亲阿格里皮娜（Agrippina）又向禁卫军许诺，以赏赐一笔与克劳狄乌斯当年赏赐数目相同的金钱为条件，说服了禁卫军拥立她的儿子称帝。可是到了 68 年，尼禄却还是只能以自杀的方式来逃避禁卫军的追杀。

尼禄死后，若不是被埃及和多瑙河军团拥立为皇帝的苇斯巴芗（Vespasian，69 至 79 年在位）能力出众，罗马本可能会陷入一场长期的内战。苇斯巴芗击败了维特里乌斯（Vitellius），重建了罗马和平。这段被称为"四帝内乱"（Year of the Four Emperors）[1]的时期留下了非常可怕的记忆，就连士兵们都感到刻骨铭心。因此，虽然苇斯巴芗的幼子图密善（Domitian）在 96 年去世时并没有留下子嗣，但禁卫军却还是将选择继承人的权力留给了元老院。

在苇斯巴芗和他的两个儿子提图斯（Titus，79 年至 81 年在位）以及图密善（81 年至 96 年在位）统治下，帝国走向了最为繁荣的时期。图密善在 96 年去世后，涅尔瓦（Nerva）继位，后者在 98 年去世后又由西班牙人图拉真（Trajan）继位。图拉真是恺撒之后罗马最为优秀的军人，其统治的大部分时间也都花费在了边疆战争之中。101 年至 106 年，图拉真在多瑙河下游发动战争，征服了达西亚（Dacia，即后来的鲁梅里亚地区）并在那里殖民。之后他又将目光投向了黑海东岸，并于 115 年至 117 年击败了帕提亚人，将亚美尼亚、美索不达米亚和亚述纳入了帝国的版图。

图拉真的继位者是哈德良（117 年至 138 年在位），此人也是一位能干的军人和政治家。在他的统治之下，罗马城发展成了全世界最宏伟的城市。他巩固了达西亚地区，但明智地放弃了图拉真在东方征服的土地，同时为了让士兵们有事可做，他又在多瑙河、莱茵河以及不列颠修建大规模防御墙。此外，他还修建了大批桥梁、引水渠以及其他公共建筑。哈德良死于 138 年，其继位者是安东尼努斯·庇护（Antoninus Pius），后者统治的时代极为太平，在历史上没有留下太多记载。161 年，马库斯·奥勒留（Marcus Aurelius）继位，他迎娶了安东尼努斯·庇护的女儿，即臭名昭著的福斯蒂娜（Faustina）。

在这两位皇帝的统治下，罗马和平达到了巅峰。罗马已经演化成了一个地中海国家，意大利则像奥古斯都所预料的那样降级成了一个单纯的行省。之所以出现这种结果，很大程度上是因为罗马在斯多噶学派（Stoic）影响下实行了统一的法律。罗宾森（J.H.Robinson）写道，这使"人类从拥有各自土地的民族、部落，变成了被囊括在一个伟大帝国之中的共同族群，所有人都受基于公平和理智制定的同一套法律管辖"。另一个原因则是罗马人建立起了规模惊人的公路网，将帝国在文化、经济、战略等方面连接在了一起。货币和度量衡得到了统一，银行和支票制度也出现了。

海盗绝迹，罗马的贸易范围扩大到了印度和中国。西西里岛以西通行拉丁语，西西里岛以东则通行希腊语。此外，从苏格兰到幼发拉底再到阿非利加，军团环绕着整个帝国边境，它们"就像堤坝一样，阻挡着外部蛮族浪潮的侵袭"。

175年，一位名叫埃利乌斯·阿里斯提德（Aelius Aristides）的希腊诡辩家，在一篇写给马库斯·奥勒留皇帝的颂文中描绘了当时的社会情况，其内容如下：

如今整个世界都好像在休假一样，脱下了古老的铁甲，自由地换上欢快的盛装。城市之间抛弃了曾经的争执，只在谁最快乐、谁最美丽这一件事情上互相竞争。游乐场、喷泉、拱廊、庙宇、作坊、学校遍布各地……所有城市都被光鲜和美丽的景象所点亮，整个世界也都像国王的花园一样美丽。友谊的焰火从平原上升起，战争的阴霾随风而逝，飘向了远方的土地和海洋，取而代之的则是美丽的奇观和永不停歇的节日……如今，无论是希腊人还是外邦人，无论贫穷还是富有，都可以自由地旅行，就好像从一个家乡前往另一个家乡一样……只要身为一个罗马人，或者不如说只要是陛下您的臣民，他就是安全的。荷马曾经说过，大地应属于每一个人，而您却让这句话变成了现实。您丈量了所有的土地，在无数的河川上架桥，从山峦之中开凿出道路，用岗哨监视着沙漠。所有的一切事物，如今都已经在纪律和生活的教化之下变得文明了。

当埃利乌斯·阿里斯提德写下这篇多少有些夸张的颂文时，他似乎并没有意识到，罗马和平此时已经走到了深渊的边缘。在162年至165年期间，奥勒留已经与帕提亚人打了一场战争。而在这场战争结束之后，他又不得不去阻挡马科曼尼人、兰戈巴第人、夸地人（Quadi），以及其他冲刷着从多瑙河源头到伊利里亚边境的整个帝国北疆的野蛮民族。167年，野蛮人两个世纪以来第一次冲进了意大利北部，踩躏了南至维罗纳的土地。另外，阿里斯提德也未曾提及，当这些野蛮人被击退之后，奥勒留采取了一个非常危险的政策——允许他们定居在帝国疆界以内。

除外来的危险以外，帝国内部也因为农业的衰败而加速腐化，这一进程早在共和国时期就已经开始了。越来越多的小地主被大地主兼并。早在尼禄的时代，阿非利加一半的土地就已经被六个大地主所垄断。佩特罗尼乌斯·阿比德（Petronius Arbiter）在他的小说《萨蒂利孔》（*Satyricon*）中曾提及，像这样的大地主，"拥有的土地比风筝能飞行的距离还要更广阔……至于奴隶的数量,我对赫拉克勒斯发誓,他们是如此之多,在奴隶中间,知道自己主人是谁的可能连十分之一都不到!"

这种大规模田产被称为"庄园"(Villa),它们遍布于所有行省之中。起先在庄园中工作的都是奴隶,但后来由于征服行动的终止,奴隶的来源也随之枯竭,其空缺就由被迫成为佃户(Coloni)的自由农民来填补。从实质上来讲,这些人就是被绑在土地上的农奴。当自由农民的数量也不再够用之后,劳动市场就只好对野蛮人开放了,而日耳曼人则成为主要招募对象。同时野蛮人还被编入到军团之中,以填补因本土兵源不足而留下的空缺。

土地资源逐渐枯竭也是农业衰落的另一个原因。土壤在反复耕种之下变得越来越贫瘠,可耕种的土地也越来越少,使帝国最终失去了供养其数千万人口的能力。当经济的衰落愈发严重之后,人们就流浪到了城市之中,把那里变成了种族的坟墓——因为只有乡村才从事生产,城市则只能进行加工。城市的中无产阶级人口越来越多,又给财政带来了沉重负担。他们几乎不创造任何价值,但政府却必须喂饱他们。等到乡村已经贫穷到无力购买城市生产的加工产品之后,城市中的工人也失去了工作,靠救济粮维生的人口随之成倍暴增。也就是说,农业的衰败,也带来了工业的衰落。

在生产业衰败的同时,货币的成色也下降了。只有如此,帝国才能确保市场上有足够的现金来满足商业和贸易的需求。在奥古斯都时代,银币是由纯银铸造的。到了奥勒留时代,其中已经添加了25%的合金。又过了两代人的时间之后,合金的比例居然已经达到了95%。由于找不到足够的现金来支付军饷,奥勒留曾被迫用粮食来代替钱币。作为军饷的代替品,士兵们有时还会得到国家分配的土地。这些屯田的"边防军"(Limitanei)事实上只是一种农民兵,完全无法与图拉真、哈德良时代强大的军团步兵相提并论。随着越来越多的野蛮人进入边防军,原有的军团组织也消失了,罗马人对野蛮人的原有优势也不复存在,蛮族士兵反而成了政府中最具权势的力量。

另一个导致国家衰败的原因则是传统宗教的迅速腐化以及新宗教的诞生。从很久之前开始,有文化的罗马人便已将目光从宗教转向了哲学,缺乏教育的百姓则纷纷改信伊西丝(Isis)、阿提斯(Attis)和密特拉(Mithras)等东方神祇。这些崇拜仪式的核心内容,全都是神祇如何战胜死亡获得永生。作为这些信仰中的后来者,基督教采用了一神的观念，与古埃及的阿吞神相似。基督教在本质上有一种共产精神，因而最终也赢得了无产阶级的欢迎。因为基督教对于什么属于上帝，什么属于皇帝做出了明确的划分，所以其信徒在不久之后就成为罗马人和野蛮人以外的"第三族群"。在公元2世纪的和平岁月里，基督教迅速打倒或吸收了其他宗教，信徒们不断地破坏现有秩序，侮辱多神教徒，不参加祭奠，拒服兵役，拒绝向半神性质的皇帝献祭，而且公开预言帝国终将灭亡。苏维托尼乌斯曾说基督教是一种"渎神的新迷信"，塔西佗则认为基督教是"一种外来的死亡崇拜"，普林尼也在他那著名的《致图拉真皇帝书》中说基督教"腐化、恶毒而且过分地迷信"。

当奥勒留于180年去世后，正在走向破灭的罗马和平进入了第三个百年。在一段无政府时期之后，塞普蒂米乌斯·塞维鲁（Septimus Severus）站了出来。他是一位成功的军人，在193年被军团拥立为皇帝，之后在202年重建了秩序。其子卡拉卡拉（Caracalla，211年至217年在位）将公民权授予了所有居住在帝国境内的自由人，使野蛮人可以和罗马人平起平坐。塞维鲁王朝在235年绝嗣之后，风暴再次袭来，各省的蛮族部队不断拥立新帝，之后又反过来再将其推翻。局势已经混乱到了极点，自192年康茂德（Commodus）皇帝死后的80年之内，总共有26位皇帝登基又被推翻。除奥勒良（Aurelian，270年至275年在位）短暂的统治时期以外，无政府状态在帝国境内一直持续到了284年，之后才由戴克里先（Diocletian，284年至305年在位）重建了长期的和平。

戴克里先废除了元老院，将皇帝变成了一位绝对君主，帝国也彻底走向了军国化和东方化的道路。布莱斯堤德写道："从这些变化之中，我们能看到亚历山大在600年前开启的东西方融合进程，走到了一个更深入的阶段。"戴克里先让人民像对待东方的太阳神一样来崇拜他，他正式的称号也是"战无不胜的太阳"（Invincible Sun），他的生日则被确定为12月25日。[2] 重新崛起的波斯人取代了帕提亚人，迫使戴克里先在其统治时期不断与之作战。为确保帝国西部能在他缺席的情况下得到妥善管理，避免皇帝死后再爆发内战，戴克里先任命了一位共治皇帝。戴克里先和同僚都采用了奥古斯都这一头衔，二人的副手则被称为恺撒。尽管戴克里先的本意并不是要拆分帝国，但无论如何，这个四帝共治体系还是成为帝国走向分裂的第一步。此时帝国境内的行省数量已经超过了100个，它们被分成了四个行政区，由两位奥古斯都和两位恺撒分别统治。这四个行政区分别是高卢（包括摩洛哥、西班牙、高卢和不列颠）、意大利（包括阿非利加、西西里、萨丁尼亚、科西嘉、意大利和今日的南斯拉夫、奥地利）、伊吕利库姆（包括达西亚、马其顿和希腊）以及东方（包括色雷斯、小亚细亚、叙利亚和埃及）。每位奥古斯都和恺撒都拥有自己的宫廷，其行政开销之大，导致濒临破产的帝国不得不采用了掠夺性的经济制度来解决财政问题。

越来越多的经济资源被政府征收，税率高涨，政府对穷人的压榨也变本加厉。于是皇帝们只能对人民施以严刑峻法，而士兵也变成了执法官和秘密警察。富有的大地主和资产阶级都被消灭了。由于物资征发越来越多，物价高涨，人口数量也从7000万减少到了5000万。为弥补人力的损失，除拥有特权的统治阶级以外，所有人都变成了受国家雇佣的工人，与自己的职业绑定在了一起。这样一来，私人经济就被国有农场和国有工厂的强制劳动所取代了。

这一时代的附加产物之一，就是封建经济的抬头。在公元3世纪时，出现了一种"新兴富人"（Nouveaux Riches）阶级，其成员包括军人、官员、承包商和投机商人。他们利用新的经济制度来为自己谋利，其力量甚至一度强大到足以挑战政府的地步。这些人放弃了垂死的城市，搬迁到乡村，在已经成为生产中心的庄园中生活。而弱者为了摆脱政府的压榨，也开始向他们寻求保护。早期帝国的资产阶级城市文化，就这样演变成了晚期帝国的封建农村文化。

戴克里安排的继承制度没能阻止内战，在他死后，帝国境内再次上演了漫长的内战。直到324年，内战才以君士坦丁大帝（Constantine the Great，306年至337年在位）获得胜利而告终。他选择拜占庭作为自己的首都，并将其改名为君士坦丁堡（Constantinople）。帝国政府所在地的转移意味着，一旦君士坦丁的铁腕统治告终，帝国东西两部分就一定会发生分裂。与此同时，基督教会也获得了巨大的权力。早在311年，加莱里乌斯（Galerius）皇帝就在内外交困之下，意识到继续压制基督徒已经没有意义，于是将基督教提升到了与多神教同等的地位上。君士坦丁本人虽然直到垂死之际才接受洗礼，但他很早便认同并继续推进了这一政策。在君士坦丁的指导之下，帝国的第一次教会大会于325年在尼西亚（Nicaea，即今日的伊兹尼克）召开。诚如贝恩斯先生（Mr.N.H.Baynes）在《剑桥古代史》中所写的那样："端坐在众多基督教主教之间的君士坦丁，以一己之力拉开了欧洲中世纪的帷幕。"

注解

1. "四帝"分别为奥托(Otho)、伽尔巴(Galba)、维特里乌斯(Vitellius)以及苇斯巴芗。四人都由禁卫军或军团拥立为帝,奥托击败了伽尔巴,维特里乌斯击败了奥托,苇斯巴芗又击败了维特里乌斯。
2. 对太阳神的崇拜首先由奥勒良引入罗马。

阿德里亚堡会战（378年）

第九章

君士坦丁大帝在337年5月22日去世后，帝国好像一根即将燃尽的蜡烛，发出了蓝色的火焰。虽然君士坦丁再次统一了帝国，但当他去世之后，这个帝国立刻就再次分裂了。君士坦丁的三个儿子——君士坦丁二世（Constantine Ⅱ）、君士坦斯（Constans）及君士坦提乌斯（Constantius）在君士坦丁生前就已经被任命为恺撒，到君士坦丁去世之后，他们便瓜分了帝国。君士坦丁二世得到了西班牙、高卢和不列颠，君士坦斯得到了意大利、阿非利加、伊吕利库姆和色雷斯，君士坦提乌斯二世则得到了普洛庞提斯海以南的全部地区。这种瓜分不可避免地引发了内战，君士坦丁二世于340年在阿奎利亚被君士坦斯杀死，而君士坦斯又在350年被篡位者马格纳提乌斯（Magnentius）手下士兵杀死。

与此同时，君士坦提乌斯在338年与波斯国王沙普尔二世（Sapor Ⅱ）开战。在344年或348年，君士坦提乌斯赢得了一场大胜，在辛加拉尔（Singaral）击败了沙普尔及其手下的铁甲骑兵（Cataphracti）。接下来他又向马格纳提乌斯进军，于351年9月2日在潘诺尼亚的穆尔萨决定性地击败了对方。马格纳提乌斯逃到了吕格杜努姆（Lugdunum），最终在353年自杀。由于双方的伤亡都非常巨大，所以这场会战在历史上的地位也非常重要，甚至可以说帝国东部的防御都因这场会战而陷入了瘫痪。此外，从战术上来讲，这场会战的重要性也非常显著。在整个西方世界中，罗马新组建的重骑兵第一次发挥了决定性作用。他们是君士坦提乌斯以波斯骑兵为蓝本建立起来的，武器和盔甲都采用了波斯式样。正是他们的冲锋为君士坦提乌斯打赢了穆尔萨会战，而这也证明军团步兵已经走入了黄昏时代。

355年，君士坦提乌斯任命自己的堂弟，也就是后来被称为"叛教者"（Apostate）的尤利安（Julian）为恺撒，将他派往高卢去阻挡已经跨过莱茵河并占领了布拉邦（Brabant）、阿尔萨斯（Alsace），正在蹂躏高卢中部的日耳曼人大军。尤利安在356年阻止了日耳曼人前进的脚步，并在第二年的斯特拉斯堡会战（Battle of Strasbourg）中击败了阿勒曼尼人（Alemanni），不久后便重建了莱茵河防线。① 在尤利安收复高卢的同时，君士坦提乌斯也在多瑙河与夸地人（一支日

---

① 译注：值得一提的是，斯特拉斯堡会战也是古典时期最后一场以步兵作为决定性力量的会战。在这场会战中，虽然罗马军队拥有铁甲骑兵，但这支部队在会战开始后不久便被击溃，尤利安最后还是依靠步兵才打赢了这一仗。

耳曼部落）以及萨尔玛提亚人（Sarmatian，与阿兰人有血缘关系）作战。之后在359年，沙普尔二世又对亚美尼亚境内的阿米达（Amida，今日的迪亚巴克尔）展开围攻，君士坦提乌斯率军前去解围。但穆尔萨会战的损失却让君士坦提乌斯没有足够士兵去应对波斯人。君士坦提乌斯只好召唤尤利安，让他将大部分军队派给自己。他并没有让尤利安本人也一起前来，这一点被尤利安手下的蛮族士兵视为侮辱，尤利安则在并不特别情愿的情况下被士兵们拥立为"尤利安努斯·奥古斯都"（Julianus Augustus）。在经过了很长时间的拖延之后，这位新皇帝才出发前往希尔米乌姆和奈苏斯，去阻挡溯多瑙河西进的君士坦提乌斯。但君士坦提乌斯却于361年11月3日在前去与对手交战的路上发烧不退，最终在西里西亚的摩普苏克雷尼（Mopsucrene，即今日的梅尔辛）去世。

因为急于惩罚沙普尔，尤利安于363年在安条克建立了指挥部，之后便越过幼发拉底河在波斯首都泰西封（Ctesiphon）与沙普尔交战并将其击败。尤利安对其展开追击，但在经过一段毫无意义地行军之后又被迫后撤。在撤退过程中，尤利安在6月26日夜间受了致命伤，最终伤重不治。皇帝的一个卫兵指挥官约维安（Jovian）当场被拥立为帝。他与波斯人缔结了一个非常丢脸的和平协议，戴克里先在东方赢得的五个省份，有四个都被割让给了波斯。七个月之后，约维安也去世了。

接下来的皇帝是瓦伦提尼安一世（Valentinian Ⅰ，364年至375年在位），他是一个潘诺尼亚制绳匠的儿子，指挥过不列颠的军团，而且还曾在尤利安手下的高卢军队中任职。瓦伦提尼安是一位能干的军人，可是，虽然他在继位后立刻便开始加强多瑙河防线，但当他在364年3月28日任命其兄弟瓦伦斯（Valens）为共治皇帝之时，却还是于不经意间在多瑙河上为哥特人（Goth）的大规模入侵敞开了大门。375年，瓦伦提尼安去世，其子格拉提安（Gratian）继位。此时格拉提安仅有16岁，根本无法对远在君士坦丁堡的叔父产生任何影响。

由于瓦伦斯将在本章所述的悲剧之中扮演主角，因此我们也有必要对他是怎样一个人物进行一些介绍。最可信的史学家阿米阿努斯·马塞利努斯（Ammianus Marcellinus）曾说他"性格拖沓，优柔寡断。他皮肤黝黑，有一只眼睛的眼球存在问题，但从远处并不容易被注意到。他的体格结实，身高既不算高也不算矮，膝盖有内翻的毛病，肚子也略显肥胖"。[1]虽然阿米阿努斯认为瓦伦斯非常残酷、

277

粗鲁、凶暴而且缺乏教养，但同时又说他是一位忠实而且稳重的伙伴，在军政两方面都维持着相当严格的纪律，统治各行省时也非常公正，是贪官污吏的天敌。[2] 按照吉本的说法，瓦伦斯的主要缺点在于他"把拖延、寡断和模棱两可当作最值得钦佩的谨慎"。[3]

正是这样一个人物，如今担负着阻挡并击退哥特人的重任。

据推测，哥特人最早居住在斯堪的纳维亚半岛（Scandinavia，即约达尼斯所说的斯堪齐亚岛），之后迁徙到了维斯杜拉河（Vistula）上游地区。然后他们又从那里向南进发抵达多瑙河中游，并在东方占据了一片位于普鲁斯河（Pruth）与顿河（Dun）之间的土地。显然，正是从此时开始，他们分成了两支，一支占据了该地区的西半部分，因而被称为西哥特人（Visigoth），另一支则占据了该地区的东半部分，被称为东哥特人（Ostrogoth）。

238年，这个半游牧民族在下默西亚（Lower Moesia，即今日的保加利亚北部）与罗马人发生了接触，并于250年引发了第一次哥特战争（First Gothic War）。在国王克尼瓦（Cniva）率领下，哥特人对菲利普波利斯（Philippolis）展开围攻，赢得了一场大规模会战，并踩躏了整个地区，据说遭他们屠杀的百姓多达10万余人。紧接着在258年，哥特人又劫掠了切尔卡西亚（Circassia）和格鲁吉亚（Georgia）。四年之后，他们攻入以弗所，摧毁了世界七大奇观之一的戴安娜神庙（Temple of Diana）。又过了五年，哥特人与赫鲁利人（Heruli）一同乘着500艘船穿过博斯普鲁斯海峡占领了拜占庭，在科林斯、斯巴达、阿尔戈斯甚至雅典大肆劫掠。最终，希腊人摧毁了他们的船只，将他们向北赶出了马其顿。短短两年之后，哥特人又卷土重来，其人数据说多达32万人。在奈苏斯的一场大战之中损失了五万人之后，哥特人才终于停下了脚步。接下来，他们被封锁在了巴尔干的山地之中，因为饥饿而被迫同意为皇帝克劳狄乌斯二世（Claudius Ⅱ，268年至270年在位，绰号是"哥特征服者"）效力，自此之后就被为"蛮盟"（Foederati）。与此同时，罗马人也放弃了达西亚行省，而270年签订的盟约也在双方之间维持了将近一百年的和平。

瓦伦提尼安和瓦伦斯登基之后不久，和平就被打破了。阿斯特拉罕（Astrakhan）草原上的匈人（Huns）因为不明原因开始西迁。370年，他们攻击了居住在伏尔加河（Volga）与顿河之间的半鞑靼（Tartar）民族阿兰人（Alans），随后又开始攻击赫曼里克（Hermanric）统治的东哥特人。尽管很多哥特人被匈人征服，但还是有成千上万人在阿拉塞乌斯（Alatheus）和萨弗拉克斯（Saphrax）率领下向西迁徙避难。他们在迁徙途中经过了西哥特人的土地，将这支由阿塔纳里克（Athanaric）率领的民族赶过了德涅斯特河，并迫使他们逃往普鲁斯河流域。不久后，西哥特人连普鲁斯河也不得不放弃了。接下来又出现了一位信奉基督教的哥特酋长菲里迪根（Fridigern），其领地很明显位于阿塔纳里克南方。他向瓦伦斯求情，希望皇帝允许他越过多瑙河成为罗马的盟友。当时的一位史学家欧那皮乌斯（Eunapius）曾记载了多瑙河北岸的情况：

在从残暴野蛮的匈人手下逃出来的西徐亚人（即哥特人）中，年纪适合作战的人员数量不少于 20 万人。他们惊恐地聚集在河岸边上，伸出双手绝望地求助，急切地希望能得到渡河许可，以逃避即将降临在他们身上的灾难，并许诺只要能得到渡河许可，他们就会成为帝国的忠实盟友。[4]

瓦伦斯很久之前便已认识了阿塔纳里克。早在 365 年，后者就曾带着 10 万哥特士兵帮助普洛科皮乌斯伯爵（Count Procopius）发动叛乱，当时瓦伦斯曾与其交战。按照佐西穆斯（Zosimus）的说法，当时刚刚被任命为皇帝的瓦伦斯在平息叛乱时表现出了高超的指挥技巧。他写道：

由于哥特人不敢进行常规的会战，而只是隐藏在沼泽之中发动隐蔽的偷袭，瓦伦斯便命令手下士兵留在营地之中，反而把营地里的工人、随营人员以及负责看管行李纵列的人员召集起来，许诺他们只要能上交一颗野蛮人的头颅，就能得到一笔赏金。在奖励的刺激下，这些人冲进森林和泥沼之中，杀死了每一个能找到的哥特人，将头颅带回来领赏。在大批哥特人因此被杀之后，剩余的哥特人就开始向皇帝求和。最终的和平协议也没有给罗马的名誉抹黑，罗马人重新夺回了原有的领土，而野蛮人则发誓不再跨过多瑙河或攻击罗马边境。[5]

在这次智胜之后，瓦伦斯便开始对哥特人抱有一种鄙视心理。在加强了多瑙河的要塞之后，他回到了君士坦丁堡，不久后又前往叙利亚与波斯人作战。他误以为波斯人才是最危险的对手，因而铸成了大错。

欧那皮乌斯说，正是在瓦伦斯停留于安条克之际，哥特人集结在了多瑙河上。按照阿米阿努斯·马塞利努斯的记载，瓦伦斯在听说此事之后"……与其说感到恐惧，不如说是感到喜悦"，其原因在于，"一旦他自己的军队与这些外族力量结合起来，他就能得到一支无敌于天下的军队了"。[6] 尽管允许这样一个人数众多的民族进入罗马境内肯定会带来巨大的危险，但我们也不得不承认瓦伦斯这样做也确实有他的理由。罗马人民承平日久，皇帝已经无法从他们中间招募士兵。况且此时也没有任何先例可以证明，在能够得到皇帝公平对待的情况下，哥特人不会保持忠诚。

瓦伦斯提出条件，要哥特人在渡河之前将所有尚未达到服役年龄的男孩全部交出来作为人质，所有武器也都要交给卢皮西努斯（Lupicinus）和马克西穆斯（Maximus）这两位罗马官员。但这二人以及他们的手下极为腐败而且好色，只要哥特人肯将自己的妻女和幼子供他们淫乐，他们就会允许对方保留武器。除此以外，当大批哥特人过河之后，立刻就遭到了虐待和欺骗，而且还发生了饥荒。而这也引发了极端的不满情绪。在此期间，先前被罗马人拒绝渡河的东哥特人，也在阿拉塞乌斯和萨弗拉克斯带领下乘着木筏偷渡了过来。他们不受协议制约，并与菲里迪根建立了联盟，后者此时正率部前往马尔西安波利斯（Marcianoplis）。阿米阿努斯写道："在那里又出了一件事，点燃了足以烧毁整个国家的可怕火炬。"[7]

卢皮西努斯对哥特人愈演愈烈的不满情绪十分担心，遂邀请菲里迪根和另一位西哥特酋长阿拉维乌斯（Alavivus）参加宴会，想要趁二人醉酒时将他们刺杀。可正当宴会还在进行之时，位于宫殿另一处的哥特卫兵们却遭到了袭击。两位酋长听到卫兵们的呼喊声之后，立刻跳起来想要逃跑。阿拉维乌斯似乎当场就被罗马人砍杀，从此便在历史上消失了。但菲里迪根却拔出佩剑，冲出了房间，并引起其同胞们的一片欢呼。哥特人骑上战马离去，决心为战友们的牺牲复仇。

约达尼斯写道："这样一来，这些勇士终于得到了他们长久以来所渴望的机会，宁愿战死也不愿饿死。他们立刻拿起武器，准备杀死卢皮西努斯和马克西穆斯。"[8] 准备不周的卢皮西努斯在马尔西安波利斯迎战哥特人，但却被对方击败，其本人则逃出了战场。敌军用军团步兵们丢下的武器来武装自己，"哥特人的饥荒和罗马人的安全在这一天终结了，哥特人不再是外来的朝圣者，反而成了统治当地居民的公民和王公，在远至多瑙河的北部地区守卫着自己的权利"。[9]

接下来，菲里迪根就开始向阿德里亚堡进发，苏里达斯（Sueridus）和科利亚斯（Colias）率领的另一支哥特人也在途中与其会合。菲里迪根原本想要对这座城市进行围攻，但由于他没有攻城纵列，所以他根本不可能攻下这座城市。于是他继续向色雷斯进发，一路"不问男女老少全部杀掉，城镇也全被烧光。尚在哺乳中的婴儿被从母亲怀抱中拖出来杀死，妻子和寡妇们先是眼睁睁地看着丈夫被杀，然后自己也被带走。未成年或已经成年的男孩被迫踏过双亲的尸体，成为哥特人的奴隶"。[10]

多瑙河下游

瓦伦斯听到起义的消息之后没有立刻返回君士坦丁堡，而是首先与波斯人媾和，并召回了正在亚美尼亚行动的部队，将他们交给普洛夫塔卢斯（Profuturus）和图拉真这两位野心勃勃、位高权重，但却没有战争经验的将领[11]，让二人迅速返回色雷斯平乱。与此同时，他还派了一位信使向自己的侄子格拉提安皇帝求援。以上就是到376年年末为止的情况。在继续介绍接下来所发生的事情之前，我们有必要先介绍一下双方军队的组织情况。

在奥古斯都建立的罗马边防体系中，最主要的缺点就是没有中央预备队，戴克里先在公元3世纪最后的10年中，才在一定程度上对这一问题进行了修正。令人惊讶的是，罗马人经历了大约300年时间才终于进行了这种改组，这足以证明军人的思想是多么保守——事实上至今依然如此。戴克里先组建了一支被称为"野战军"（Comitatenses）的常备部队。野战军由皇帝本人亲自指挥，虽然其步兵仍被称作军团，但骑兵却被改称为"旗队"（Vexillationes）①。野战军的组织与边防军、营防军（Riparienses）②完全分离。除野战军以外，戴克里先还建立了一支御林军（Palatini）以取代原有的禁卫军。随着时间的推移，局势变得越来越动荡，这些部队的数量也越来越多。野战军和御林军成员大多是来自摩尔、波斯和日耳曼的骑兵，他们取代了旧有的军团骑兵。不过在战术观念方面，罗马人依旧顽固地坚持着以步兵作为决定性力量的传统。

戴克里先手下军队的规模如今已不可考。据粗略估计，边防军大约拥有25万名步兵和11万名骑兵，在其背后提供支持的野战军则拥有15万名步兵和4.6万名骑兵[12]，二者相加总数超过了50万人。这一数字可能有所夸张，真实数字也可能要少很多。不过，相较于人数的增加，戴克里先的军队之所以实力大增，更重要的原因还在于其机动性比先前有了大幅提升。另外，戴克里先将军团的规模从相当于今天一个旅（Brigade）的4000至6000人缩减到了相当于今天一个营（Battalion）的1000人③。而旗队，也就是骑兵团的人数则被固定在了500人。

---

① 译注："旗队"一词最早指代的是帝国早期那些临时脱离军团，执行机动作战任务的步兵大队。一个旗队通常会拥有两个大队，人数在1000人左右，而这事实上也正是早期野战军团编制仅有1000名步兵的原因。

② 译注：指专门用于驻守要塞，不担负机动作战任务的卫戍部队。

③ 译注：富勒此处的说法有误。事实上在戴克里先时代，边防军团依然维持着4000至6000人的编制，下辖1000人的应是野战军团，而非所有军团。

我们对于这支军队的战术和阵形所知甚少。在351年的穆尔萨会战中，骑兵展现出了作为决定性兵种的能力。但到了六年后的斯特拉斯堡会战中，又是步兵打赢了会战。但有一个情况非常值得一提——罗马军队开始越来越多地依仗防御力量，对弓箭火力的重视程度也超过了白刃格斗。

到公元4世纪的最后25年，劫掠大军的入侵又带来了一个新的战术问题。诚如上文中佐西穆斯在其著作中所提及的情况，瓦伦斯无法用正规部队来解决这个问题，只能尽可能地利用轻步兵分队、随营人员以及其他人员的分散行动来将其化解。阿米阿努斯记载了从亚美尼亚被派往色雷斯的普洛夫塔卢斯和图拉真所遭遇的情况。他写到，当两位将军抵达战场之后，便不断遭到伏击和奇袭，但他们没有将部队军队拆散为小股部队，以"利用偷袭和游击战术来抵消敌军的数量优势"，反而始终保持着军团的阵形，因而"不敌那些占据着高地和平原的无数哥特士兵"。[13]

哥特人的实力，不仅在于其庞大的数量和他们所带来的恐惧，而且还在于他们中有数以千计的人员曾作为佣兵为罗马人效力，装备着远比塔西佗笔下那些日耳曼先人更优秀的武器。"哥特士兵装备着由铁圈加固的圆盾、长矛、突刺用的短剑（Sacramasax）以及劈砍用的长剑（Spatha）。一些部落还拥有致命的飞斧，无论是投掷还是劈砍都能击破罗马人的盔甲和盾牌。"[14] 他们的战术与匈人、15世纪的齐斯卡人（Zisca）以及19世纪的布尔人（Boers）相同，都是以车城或车阵为基础。阿米尼乌斯曾说过他们会把车辆组成一个圆环，当作胸墙来使用，"就好像城墙一样将土地包围起来"。在预先制定好的信号命令之下，劫掠部队会从这个缓慢移动的要塞之中冲出去攻击敌人，之后又在各自首领的命令下"像箭矢一样飞速返回他们自己口中的'车城'"。[15] 同样重要的是，哥特人的劫掠行动通常都是由骑兵来完成的，这就意味着哥特人手中拥有一支强大的骑兵。而他们最大的弱点则是无法攻克拥有城墙的城镇。菲里迪根曾说"他与城墙保持着和平"[16]，其原因并不是他认为围攻城市有损他的尊严，而只是单纯因为他手中没有攻城纵列而已。另外，由于无法攻克城市，他也很难赢得决定性胜利。也正因为如此，很多入侵行动最后都以缔结同盟而告终——罗马人守住了城市，而野蛮人则统治着野外。

在扫清了罗多彼山（Rhodope）和巴尔干山一线之后，图拉真和普洛夫塔卢斯终于在多布鲁甲（Dobrudja）地区一处名为萨利塞斯（Salices，意为"柳树林"）的地方与庞大的哥特车城遭遇了，这也证明二人在战役的最初阶段并没有取得任何实质性成果。双方进行了一场不具决定性意义的会战，阿米阿努斯·马塞利努斯曾对此战做了生动记载。显然，哥特人在勇猛地战斗了一段时间之后，就退回了车城背后以寻求保护，罗马人的进攻也因此没能取得进展。在此后长达七天的时间里，哥特人都不敢迈出车城一步。[17] 罗马人原本准备包围车城，用饥饿的方式迫使对方出战，但此时却有两位将军却收到消息说，其他蛮族大军也已经越过了多瑙河。此时罗马军队已经改由萨图尼努斯（Saturninus）指挥，他被迫解除了对哥特车营的围困。色雷斯再一次陷入了劫难之中，这一次菲里迪根还得到了阿拉塞乌斯和萨弗拉克斯的东哥特人以及匈人和阿兰人大军的协助，其中后二者原本还是导致哥特人迁徙的主因。这一情况足以说明，当378年来临之时，所有游牧民族之间都已经达成了合作协议。他们暂弃前嫌，在菲里迪根指挥下结成一支大军，做好了与罗马帝国东部一决胜负的准备。

除各蛮族部落的联盟以外，格拉提安对阿勒曼尼人取得的胜利也激起了瓦伦斯的嫉妒，促使他将宫廷从安条克带回了君士坦丁堡。他在都城下令，让意大利将军塞巴斯蒂阿努斯（Sebastianus）接替图拉真，同时又为士兵发放了赏金和额外的口粮，允许他们在很大程度上"出言不逊"，以此来安抚士兵们的情绪。

新的指挥官非常能干，佐西穆斯告诉我们说，"他看到保民官和士兵们极为懒惰柔弱，只知道如何逃跑，而且发现他们心中想要实现的愿望，更像是女人而非男人所求之事"。塞巴斯蒂阿努斯亲自挑选了2000名最优秀的精兵，因为"他非常清楚，指挥一支缺乏纪律、精神涣散的大军是如何困难，而小规模部队却更容易重整旗鼓，摆脱软弱无力的状态"。[18] 在将这些人训练完毕之后，塞巴斯蒂阿努斯便出发前往阿德里亚堡，并进入这座城市。从阿德里亚堡出发，他在夜间秘密前进，攻击了马里萨河（Maritza）附近的一支哥特大军，将其彻底击溃。菲里迪根立刻警觉起来，召回了劫掠分队，并率军进向开阔地区，以免自己缺乏给养或被敌军的伏击骚扰。[19]

塞巴斯蒂阿努斯的成功和他提交的夸张报告，似乎激起了皇帝的进取之心。瓦伦斯率领着一支"既没有厌战情绪，规模也令人不敢小视"的庞大军队进抵阿德里亚堡，并在那里宿营。接下来，"塞巴斯蒂阿努斯向皇帝提出请求，希望他能留在原地不要再继续前进。他认为，如果皇帝想要和规模庞大的哥特人进行正面会战，一定会面临非常巨大的困难。更重要的是，他发现如果不断用伏击的方式来骚扰对方，并拖延战争的进程，那么对方就可能会因缺乏给养而陷入绝望，要么甘受饥荒带来的苦难和毁灭，要么就只能选择投降，离开罗马领土向匈人称臣。"[20] 但塞巴斯蒂阿努斯最近的胜利却让宫廷宦官和那些失去指挥权的官僚感到非常嫉妒，他们劝说皇帝不要听从建议，力主发动正面进攻。

要么是害怕进行正规会战，要么就是想拖延时间等待所有部队返回，菲里迪根派出了一位使者向皇帝提议，只要皇帝肯将色雷斯封赏给他，他就会和罗马人建立永久性的和平。瓦伦斯不愿考虑这个条件，反而将他的行李车辆安置在阿德里亚堡城下，他本人也在378年8月9日率军前进了大约8英里。到正午时分，罗马军队已经能够看到哥特的车城了。

当天十分炎热，从阿米阿努斯比较混乱的记载中（佐西姆斯则什么都没说）我们可以看到，罗马人似乎已经精疲力竭，且有大批人员掉队。右翼骑兵似乎位于全军最前方，步兵主力紧跟在后，而左翼骑兵则位于后卫位置。显然，为掩护军团步兵展开，瓦伦斯将右翼骑兵布置在了全军前方。倘若菲里迪根早已做好了战斗准备，此时就是他发动进攻的最佳时机。但显然他根本没有做好准备，哥特骑兵部队的主力，即由阿拉塞乌斯和萨弗拉克斯率领的东哥特骑兵可能仍在征发草料，尚未归来。为争取时间，菲里迪根采取了两个行动。首先，他派出一位使者向瓦伦斯"请求和平"——这也是他早已用过的伎俩。其次，他又"用柴火和其他燃料"点燃了当地的庄稼，试图进一步拖延罗马军队展开。无论真实情况到底是什么样子，史料还是告诉我们，罗马军队中的"人员和牲畜都在忍受着极端的饥饿"——其原意很明显应是口渴，而不是饥饿。不幸的是，瓦伦斯落入了圈套，虽然事实上他也只能如此。从战术上来讲，攻破车城绝非易事，不仅其内部的守军会向攻击者发射出无数箭矢，而且罗马步兵在攻击车城时也必须解散阵形，而这又会导致他们遭到哥特骑兵屠杀。更进一步讲，索佐曼（Sozomen）还曾告诉我们，车城被列在了"一个非常易守难攻的位置上"[21]，他所指的显然是山丘或者高地。因此当对方使者提出议和提议时，只要瓦伦斯不是一个彻头彻尾的蠢货，那么他没有立刻拒绝对方的原因，肯定就是希望为军队完成展开而争取时间。他假装自己被使者身份的卑微所激怒，回复菲里迪根说，如果对方真的想要缔结一个长期和约，就必须派一位有足够地位的贵族来谈判。[22]

对于菲里迪根而言，此时又出现了一个正中其下怀的意外事件。就在瓦伦斯的使者前来与菲里迪根谈判之时，其手下缺乏纪律的伊自利亚弓箭手却突然开始对哥特人放箭，之后便逃之夭夭。对瓦伦斯而言不幸的是，阿拉塞乌斯和萨弗拉克斯恰在此时带着一个营的阿兰骑兵回来了。二人被刚刚发生的意外事件所激怒，又看到下方平原上的掉队士兵们还在缓慢地排列战线，便带领着阿兰人"像闪电一样"从山上冲了下去。[23] "（东哥特骑兵和罗马右翼骑兵的）战线就好像是装有冲角的战舰一样撞在了一起，随着海浪来回反复地进退"。与此同时，罗马的左翼骑兵也已经推进到了车城附近，并希望在获得足够支援的情况下继续前进。但由于右翼骑兵最终还是被敌军击溃，导致左翼部队的左侧也被暴露了出来。在数量上占据优势的敌军对罗马左翼骑兵施加了巨大压力，将他们彻底击败，其情形就好像是"推倒一道巨大胸墙的残骸一样"。[24]

在所有罗马骑兵都被逐出战场之后，步兵也失去了支援。很显然，当哥特骑兵转而对步兵们发动进攻时，他们仍在排列战线。"不同的连队拥挤在一起，连拔出佩剑或者抽回手臂的空间都没有。在尘雾的掩盖之下，人们看不到天空，只好在那里疯狂地嚎叫。士兵们看不到从四面八方射来的致命箭矢，也无法对此做出防御的动作，因此哥特人几乎箭无虚发，中者无一生还"。[25]

与此同时，菲里迪根也从车城里放出了他的步兵大军。按照阿米阿努斯的说法，哥特步兵冲倒了战马和士兵，没有给罗马人留下任何可以撤退的空隙。而罗马士兵们又已经挤作一团，根本不可能杀出血路。到此时为止，会战已经演变成了一场单方面的疯狂屠杀。"你可能会看到，野蛮人嚎叫或者呐喊着四处冲杀，即使大腿被刺穿、右手被砍断，甚至连躯干都已经动弹不得了，也还是会用尽最后一口气力，英勇地四处环顾"。到了最后，整片战场都已经变成了尸山血河，甚至有人被鲜血滑倒并因此被自己的武器刺死。"整片战场都被黑色的血液覆盖，无论哪里都能看到大堆的尸体，野蛮人就这样毫无怜悯地踏过尸体"。[26]

罗马步兵主力彻底崩溃之后，瓦伦斯撤退到一些尚未与敌军交战的预备部队中间。后来这些部队也一直坚持战斗到了无法再抵挡住占据数量优势的敌军为止。

夜幕降临之后，瓦伦斯混在一群普通士兵之间，身受致命重伤。如今人们已经无法确定他到底是怎样死的了，但据最可信的说法称，他被抬进了战场附近一位农民的坚固农舍里，守卫农舍的士兵们虽然已经绝望，但依然拒绝投降。哥特人没有发现皇帝也在农舍里，因而放火将其烧毁，除一人从窗户中跳出逃走以外，其余所有人都被烧死了。[27]

除皇帝本人以外，很多罗马显贵也在这场惨败中阵亡，其中包括图拉真、塞巴斯蒂阿努斯、骑兵总管、宫廷宰相、一位前军队总指挥以及35位保民官、大批营级指挥官和三分之二的士兵，总计死亡人数约为四万人。

在整个历史上，罗马曾遭受过数次惨败，但却没有一次比这一败更具决定性意义。与高加梅拉会战一样，阿德里亚堡会战开启了一个全新的时代，其重要性是远非坎尼会战所能相比的。马丁·巴恩教授（Professor Martin Bang）写道："帝国的根基受到了动摇……纯粹的恐惧降临到了罗马每一个角落。帝国的权力和荣耀全被蛮族大军踩在脚下，罗马人与条顿人5个世纪以来的搏斗即将分出胜负，阿德里亚堡会战就是这场戏剧最后一幕的开端。其造成的巨大后果，在整个世界历史上都是史无前例的。"[28]

这场会战清晰地显示出了几个事实：第一，勇气仍是冲击作战中最重要的必要条件，若没有新的精神力量能鼓舞士兵，那么军队就不得不重新回到野蛮时代的蛮勇之中才行。第二，古老的方阵和军团战术都已经失去了活力，必须由新的技术和战术来取而代之。阿德里亚堡会战在战争艺术史中掀开了一个新的篇章。在此之前，决定性兵种通常都由步兵来担任的，只要他们装备了适合冲击战术的武器且能保持良好秩序，就无须担心骑兵的攻击。但由于弓矢等投射武器数量越来越多，步兵战线也无可避免地变得越来越松散混乱，原先的盾墙也逐渐被"火线"所取代。由于弓箭手和投石手无法方便地使用盾牌，武器的射程也很有限，而且在潮湿天气里，远程武器更是完全无法使用。所有这些缺点相加，就给了骑兵越来越多的冲锋机会。而步兵所要面对的问题，也变成了如何将远程火力与抵御骑兵的能力结合起来。直到17世纪发明了枪刺之后，这个问题才算得到了部分解决。而直到19世纪初撞击式雷帽发明之后，燧发枪终于可以不分天气地开火，才终于彻底解决了所有问题。

为说明这场会战所造成的全部影响，我们有必要简要介绍一下此后30年的历史。

屠杀结束后，哥特大军立刻前进到阿德里亚堡城下，封锁了城市。但其骑兵在围攻战中毫无用处，而且由于哥特人的数量过于庞大，城上的弓箭手即使胡乱放箭，也一定能命中敌人。[29] 哥特人只好放弃围攻，转而向佩林苏斯（即色雷斯的赫拉克利亚）前进，不久后他们又改变了主意，打算去围攻君士坦丁堡。但由于他们根本不可能攻破这座东部都城，所以哥特人又穿过了色雷斯、默西亚和伊吕利库姆，并在所过之地烧杀抢掠，直到尤利安山（Julian Alps）才停下脚步。由于双方之后没有再进行任何会战，所以接下来所发生的事情已不可考。菲里迪根死于380年，阿塔纳里克也在次年去世。在那之后，狄奥多西皇帝（Theodosius，378年至395年在位）就以让哥特人担任帝国士兵为条件，让他们定居在已经成为一片废墟的色雷斯。

此后一切风平浪静，直到390年，一位年仅20岁左右的西哥特王公阿拉里克（Alaric）打破了和约，再次率兵在色雷斯肆虐。阿拉里克的反叛十分短暂，直到395年狄奥多西驾崩之后，帝国东部才又一次爆发了新的大规模叛乱，而且这一次起事的也不再是哥特部落，而变成了从军官到士兵几乎完全由哥特人组成的罗马正规军。阿拉里克沿着马其顿和色萨利海岸行军，进入波俄提亚和阿提卡，占领了比雷埃夫斯，并迫使雅典投降。之后又"好像一股洪流一样"冲向科林斯、阿尔戈斯和斯巴达。在公元4世纪最后的几年里，帝国东部一片混乱，与帝国西部的关系也变得愈发疏远。

新世纪来临之后，帝国西部也开始遭受与东部相同的灾难。401年，阿拉里克离开伊庇鲁斯向阿奎利亚进发，西罗马皇帝洪诺留（Honorius，393年至423年在位）派出斯提里科（Stilicho）[30] 前去阻击。阿拉里克被迫放弃了对米兰的围攻，并于402年4月6日在波伦提亚（Pollentia）与斯提里科打了一场会战。这场战斗并没有取得决定性的结果，阿拉里克也在未受干扰的情况下从容撤退了。

405年，又有一位名叫拉达盖苏斯（Radagaisus）的入侵者出现了，此人比罗马先前遭遇过的所有敌人都更凶残。[31] 他带领着一支不计其数的东哥特、汪达尔、阿兰和夸地联军发动了进攻，但似乎很快就被斯提里科击退。斯提里科将他们包围在了费苏莱（Faesulae）附近的亚平宁山谷之中，活活饿死了一大批人。第二年，汪达尔人又在美因茨越过莱茵河横扫高卢，占领了特里夫斯（Trèves）、里姆斯（Rheims）、图尔奈（Tournai）、阿腊斯（Arras）、亚眠（Amiens）、巴黎（Paris）、奥尔良（Orleans）、图尔（Tours）、波尔多（Bordeaux）和图卢兹（Toulouse）等地，但没能攻破比利牛斯山的设防山口。与此同时，阿勒曼尼人征服了沃姆斯（Worms）、斯皮耶（Speyer）和斯特拉斯堡，而不列颠则被起义的浪潮所席卷。在无政府状态的混乱之中，唯一可能拯救西罗马帝国的斯提里科却在408年8月23日被洪诺留谋杀。佐西姆斯评价说："当时所有统治者中最温和的一位，就这样死去了。"32

阿拉里克的机会终于来了。他率军前往阿奎利亚，在克雷莫纳跨过了波河，之后又绕过了洪诺留的驻地拉文纳进抵罗马城下。阿拉里克封锁台伯河，切断了阿非利加粮食运往城内的道路，元老院最终花费了5000磅①黄金、30000磅白银、3000张染成红色的皮革以及3000磅胡椒才买得阿拉里克撤军。哥特人对罗马的首次围攻就此告终，"没有刀剑交锋，也没有尸山血河，饥饿是阿拉里克使用的唯一武器"。33

两年之后，阿拉里克再次围攻罗马。第二次解围之后，他又进行了第三次围攻。在第三次围攻中，饥荒吞噬了数以千计的生命。410年8月24日，距离戴克里先浴场（Baths of Diocletian）半英里的萨拉良门（Salarian Gate）被叛徒打开，罗马城遭到了洗劫。"阿拉里克来到颤抖的罗马城下展开围攻，在散播混乱之后攻入城内（Adest Alaricus, trpidam Roman Obsidet, turbat irrumpit）。"——在奥罗修斯朴实无华的文字之中，亚历山大的梦想堕入了黑暗时代的黄昏之中。34

这次洗劫在历史中留下的记录不多。我们只知道，阿拉里克在进城之前曾下令不得毁坏任何基督教建筑，在圣彼得教堂（Basilica of St.Peter）和圣保罗教堂（Basilica of St.Paul）中避难的人员也必须得到尊重。这些命令似乎都得到了哥特人的遵守。此时圣杰罗姆（St.Jerome）正在伯利恒（Bethlehem），"听到西方传来的可怕流言之后"，他惊呼道："用俗语来说，我惊得几乎忘记了自己的名字。"另外，此时正在努米底亚希波（Hippo）的圣奥古斯丁（St.Augustine）也被罗马城陷落的消息所震惊，并因此开始写作他最伟大的著作。② 后来他在《忏悔录》（Retractations）一书中回忆道："与此同时，罗马城遭到了哥特人的国王阿拉里克入侵，经历了可怕的屠杀……因此，我被自己对上帝的狂热所点燃，决心为这座'上帝之城'写作一篇著作。"

---

① 译注：1磅约合0.454千克。
② 译注：此处所指的是《上帝之城》，而非后文中马上提及的《忏悔录》。

注解

1. *Ammianus Marcellinus*,约翰·罗尔夫英文译本,1939 年版,第三十一卷,第十四章,第 7 节。
2. *Ammianu*,第三十一卷,第十四章,第 2 节。
3. Edward Gibbon, *The History of the Decline and Fall of the Roman Empire*,1929 年伯里编辑版,第三卷,第 98 页。
4. *Eunapius*,伯恩编辑版,第 48 页。引用自 T.Hodgkin, *Italy and Her Invaders*,1880 年版,第一卷,第 102 页。
5. *The History of Count Zosimus*,1814 年版,第 99 页。
6. *Ammianus Marcellinus*,第三十一卷,第十四章,第 4 节。
7. 同上,第三十一卷,第十四章,第 4 节。
8. *The Gothic History of Jordanes*,查尔斯·克里斯托弗·米罗英文译本,1915 年版,第二十六卷,第 89 页。
9. 同上,第二十六卷,第 89 至 90 页。
10. *Ammianus Marcellinus*,第三十一卷,第六章,第 7 节。
11. 同上,第三十一卷,第七章,第 1 节。
12. *The Cambridge Medieval History*,第一卷,第 45 页。
13. *Ammianus Marcellinus*,第三十一卷,第七章,第 2 节。
14. Charles Oman, *The Art of War in the Middle Ages*,1924 年版,第一卷,第 12 页。
15. *Ammianus Marcellinus*,第三十一卷,第七章,第 5 节、第 7 节。
16. 同上,第三十一卷,第六章,第 4 节。
17. 同上,第三十一卷,第八章,第 1 节。
18. *The History of Count Zosimus*,第 106 页。
19. *Ammianus Marcellinus*,第三十一卷,第六章,第 5 节。
20. *The History of Count Zosimus*,第 106 页。阿米阿努斯说塞巴斯蒂阿努斯曾建议发动进攻,但这似乎与这位将军的性格不符。格拉提安此时正率领着援军赶来,他的大使李希梅尔(Richomer)也恳求瓦伦斯再多等少许时日,不要在援军赶到前冒险单独作战。瓦伦斯拒绝了这个提议,"以免格拉提安也能分享胜利",而他手下的宦官以及其他宠臣也早已认定次战必胜了。
21. *Sozomen's Ecclesiastical History*, E. 沃尔福德英文译本,1855 年版,第六卷,第 40 节。
22. *Ammianus Marcellinus*,第三十一卷,第七章,第 13 节。
23. 同上,第三十一卷,第七章,第 17 节。
24. 同上,第三十一卷,第八章,第 2 节。
25. 同上,第三十一卷,第八章,第 2 节。
26. 同上,第三十一卷,第八章,第 3 至 6 节。
27. 同上,第三十一卷,第八章,第 14 至 15 节。佐西穆斯(第 117 页)对于瓦伦斯的结局也给出了相同的说法,索佐曼(Sozomen,第六卷,第 40 节)以及狄奥多雷特(*History of the Church*,1854 年伯恩编辑版,第四卷,第 36 节)的说法也与此相同。塞浦路斯岛的一位主教是最后一位提及此事的古代作家,他说瓦伦斯并没有亲自指挥作战,而是"留在一座村庄里等待战果",并"在那里被火烧死"。当然,这种说法只不过是反对阿里乌斯派的宣传手段而已,因为瓦伦斯本人便是阿里乌斯派。
28. *The Cambridge Medieval History*,第一卷,第 217 页。
29. *Ammianus Marcellinus*,第三十一卷,第十五章,第 10 节。
30. 斯提里科是一位汪达尔首领的儿子,在洪诺留时代,他才是西部的真正统治者。
31. Orosius, *Seven Books of History against the Pagans*, I.W. 雷蒙德英文译本,1936 年版,第七卷,第 37 节。
32. *The History of Count Zosimus*,第 160 页。
33. Thomas Hodgkin, *Italy and Her Invader*,1880 年版,第一卷,第 347 页。
34. *Orosius*,第七卷,第 39 节。

大事记
民族大迁徙

如上所述,"民族大迁徙"(德语为 Völkerwandrung)始于 376 年哥特人越过多瑙河,而这次入侵又是因为匈人从其位于伏尔加河的领地向西迁徙而导致的。虽然我们无法确定匈人是否同样也是 406 年第二波条顿民族越过莱茵河的背后元凶,但看起来这种可能性很大。即使匈人完全与此无关,条顿人越过莱茵河也还是一件不可避免之事,因为早在塔西佗的时代,日耳曼人的数量就已经变得十分庞大,曾经的小部落也被由一位共主所领导的大规模部落联盟所取代。与之相对,正如厄奈斯特·巴克(Sir Ernest Barker)所言:"罗马的人口一个世纪接一个世纪不断下跌,越来越多的土地无人耕种,就好像是大自然及时地创造出了一片真空,无可避免地吸引着日耳曼人……当堤岸终于崩溃之后,洪水并不是像一场灾难那样,而是好像本应如此一样涌了进来。"进一步说,入侵者在刚刚到来之时,也并非罗马真正的敌人。他们以蛮盟的身份负责保护帝国不受自己亲族的攻击,而当他们成为帝国的士兵之后,自然也就获得了在帝国内部居住的合法权利。在得到武器和盔甲之后,他们夺取了权力,拥立出自己的傀儡皇帝,并最终建立了属于自己的王国。

在 376 年至 476 年这长达一百年的民族迁徙之中,西罗马帝国被直接分成了大批独立王国。西罗马并非在一夜之间倒下,而是随着各王国的建立而逐步消逝的。那么,为何东罗马帝国不曾经历类似的转变呢?其原因在于,东部皇帝们找到了强壮好战的伊苏里亚人(Isaurian),用他们取代了蛮族辅助部队。得益于这个生活在托罗斯山以北，领地位于皮西迪亚（Pisidia）和西里西亚（Cilicia）之间的民族，西罗马帝国陷落之后，东罗马帝国依然存续了数百年之久。

407年，不列颠的一位普通士兵君士坦丁（Constantine）被拥立为皇帝，并渡海进入了高卢。两年后，君士坦丁派驻在西班牙的将军格隆提乌斯（Gerontius）发动了叛乱。为加强自己的实力以便与君士坦丁对抗，格隆提乌斯邀请汪达尔人及其盟友越过了比利牛斯山。可就在他们进入西班牙之后不久，另一波野蛮人，即法兰克人（Frank）、阿勒曼尼人和勃艮第人（Burgundian）就占据了莱茵河以西的地区。法兰克人分成了两个部分，撒利安人（Salian）占领了斯克尔特河（Scheldt）与默兹河（Meuse）之间的地区，里普利安人（Ripuarian）则定居在了莫塞勒河（Moselle）与莱茵河之间。

正当这第三波入侵还在进行之时，帝国新任的军事总管（Master of the Troops）君士坦提乌斯抵达高卢，前来保卫洪诺留的皇位。411年，他击败了君士坦丁和格隆提乌斯，之后又转过头去对付法兰克人、阿勒曼尼人和勃艮第人。此时这些蛮族为确保自己在高卢的合法地位，已经推举出了一位名叫约维努斯（Jovinus）的傀儡皇帝。可就在君士坦提乌斯刚刚行动起来之后，他就听说在410年继承了阿拉里克王位的阿陶夫（Ataulf，即阿道夫斯）已经离开意大利前往高卢，而且还绑架了洪诺留的妹妹普拉西狄亚（Placidia）。由于君士坦提乌斯早就打算迎娶普拉西狄亚，并希望借此在无子的洪诺留死后继承皇位，因此他非常愤怒，立刻便出发前去追逐已经占领了图卢兹和那邦尼（Narbonne）的阿陶夫。阿陶夫试图占领马赛（Marseilles，即先前的马萨利亚），但该城却在未来的阿非利加伯爵博尼法斯（Boniface）指挥下挡住了他的进攻。在此之后，阿陶夫选择了撤退，并在414年与普拉西狄亚结婚。作为报复，君士坦提乌斯派遣舰队封锁了高卢的港口，切断了来自阿非利加的运粮航道，希望以此迫使阿陶夫屈服。为避免陷入饥荒，阿陶夫进入了西班牙，普拉西狄亚也在巴塞罗那（Barcelona）生下了一个儿子，取名为狄奥多西（Theodosius）。这个孩子不久之后就夭折了，阿陶夫也在415年遭到刺杀，被一位名叫华里亚（Wallia）的酋长取代。

为了养活自己的人民，华里亚决定渡海前往阿非利加，但舰队却在出海后遭到暴风袭击，人民也因此而陷入了饥荒之中。416年，华里亚被迫与君士坦提乌斯议和。双方达成协议，君士坦提乌斯以60万单位的粮食赎回了普拉西狄亚，而华里亚则成为罗马的盟友，许诺为帝国从汪达尔人、阿兰人以及苏维汇人（Sueves）手中夺回西班牙。

417年，君士坦提乌斯终于得偿所愿。他强娶了普拉西狄亚，并被晋升到了奥古斯都的等级。普拉西狄亚生下了两个孩子，即洪诺莉亚（Honoria）以及瓦伦提尼安（Valentinian）。与此同时，华里亚也击败了汪达尔人及其盟友，把他们赶到了西班牙半岛的西北角落，即今日的加利西亚（Galicia）。作为奖赏，华里亚的人民得到了在阿基塔尼亚（Aquitania，即阿基坦）定居的许可，图卢兹也被赏赐给了他们。这也是帝国政府第一次自愿允许一个条顿民族在其国王领导下定居在帝国境内。

421年，君士坦提乌斯去世，军事总管的职务由卡斯提努斯（Castinus）接任。不久之后，洪诺留和普拉西狄亚之间就发生了争执，整个意大利也跟着分成了两派。博尼法斯领导的一派支持普拉西狄亚和野蛮人，卡斯提努斯领导的一派则站在洪诺留和罗马人一方。

在这一年或者第二年里，于418年继承了华里亚王位的狄奥多里克一世（Theodoric Ⅰ）遵守承诺，在卡斯提努斯与汪达尔人作战时派出一支部队加入罗马一方。但在会战之中，这支部队突然变节，从背后攻击了罗马人，将其击溃。与此同时，博尼法斯也在阿非利加发动了叛乱。洪诺留将普拉西狄亚和她的两个孩子驱逐到了狄奥多西二世（Theodosius Ⅱ，408年至450年在位）在君士坦丁堡的宫廷之中。423年，洪诺留去世。由于其子瓦伦提尼安此时仅有4岁，普拉西狄亚便成为西罗马帝国实质上的摄政。她在424年带着儿子回到了意大利，第二年其子就被拥立为瓦伦提尼安三世（Valentinian Ⅲ，425年至455年在位）。

洪诺留的去世使另一个人——埃提乌斯（Aetius）走上了历史舞台。在此后的三十年时间里，此人成了所有重大事件的主导人物。埃提乌斯是一位罗马人，在390年出生于西里斯特里亚（Silistria），早年曾在阿拉里克和匈人那里做过两次人质。423年，由于日耳曼人不愿意再为帝国服役，所以匈人就成为帝国军队的主要兵源。瓦伦提尼安继位之后，埃提乌斯被任命为伯爵（Comes）和高卢地区的指挥官。425年，他率军进攻狄奥多里克，此时后者正在围攻罗纳河谷中的战略要地阿尔勒（Arles）。埃提乌斯迫使对方放弃围攻，与自己议和，并将华里亚原有的省份授予了狄奥多里克。

三年之后，汪达尔人在盖塞里克（Gaiseric）的带领下，趁摩尔人发动叛乱的机会，从西班牙渡海前往阿非利加。盖塞里克生于 400 年左右，后来他也成了民族迁徙浪潮中最著名的人物之一。429 年 5 月，大约拥有 8 万人的汪达尔主力从茱莉亚—特拉杜塔（Julia Traducta，即今日的塔里法）出发，渡海前去寻找迁徙的最终目的地。

由于这场入侵威胁了意大利的粮食供给，所以罗马人选择与博尼法斯议和。尽管博尼法斯拼尽全力抵挡入侵，最终却还是被汪达尔人击败。437 年，希波城被入侵者占领。第二次被击败之后，博尼法斯也被普拉西狄亚召回意大利，成为钳制埃提乌斯的政治工具。此时埃提乌斯已经从法兰克人手中夺回了高卢，像恺撒一样一跃成为西方的第一号人物。

博尼法斯与埃提乌斯立刻便发生了内战，最终埃提乌斯在西罗马都城拉文纳附近被击败，被迫前往自己的老朋友——匈人国王鲁阿（Rua，又称鲁吉拉）那里避难。在获胜后不久，博尼法斯也去世了，其职位由他的女婿塞巴斯蒂安（Sebastian）接任。

既然博尼法斯已经离开了舞台，埃提乌斯也就在 433 年带着一支匈人军队返回意大利。他强迫普拉西狄亚将塞巴斯蒂安解职，自己则被授予了由君士坦丁大帝创立的"贵族"（Patricius）头衔。[1] 从此时起直到 454 年去世为止，埃提乌斯成了西方实质上的统治者。他采取的第一步行动，就是将毛里塔尼亚（Mauretania）和努米底亚的一部分割让给了盖塞里克，以此换得了与汪达尔人的和平。此后他又率军与正在进攻梅斯（Metz）和特里夫斯周边地区的勃艮第人作战，并镇压了各地的农民和奴隶起义，击退了进攻那邦尼的西哥特人。在这三次行动中，埃提乌斯都取得了成功。到 442 年的战役结束时，他已经与哥特人缔结了和约，并在奥尔良附近建立了一个阿兰人殖民地，以保卫卢瓦尔河谷不受哥特人的进攻。

尽管汪达尔人已经与罗马议和，但他们对此却并不在意，依旧在地中海中西部四处洗劫。439 年 10 月 19 日，他们出人意料地攻克了迦太基，随后便把那里当作了自己的主要海军基地。紧接着在 440 年，他们又蹂躏了西西里，狄奥多西被迫派出舰队与他们作战。盖塞里克不愿在劫掠西部的同时与东罗马为敌，于是这位当时最杰出的外交家，转而利用自己十分可观的财富去引诱多瑙河上的匈人去进攻东罗马。在北部受到威胁之后，狄奥多西便召回了舰队。当此之时，西罗马帝国的情况有如下述：

高卢虽然已被收复，但却遍布着野蛮人的定居点：北部有法兰克人；西南部是西哥特人；勃艮第人位于萨伏伊（Savoy）；阿勒曼尼人位于莱茵河上游；阿兰人居住在瓦朗斯（Valence）和奥尔良；布列塔尼人（Bretons）则在西北部。阿非利加已经彻底失守，自从406年和407年帝国在莱茵河方向遭受了两次大规模突袭之后，不列颠实质上已经被割裂在了帝国以外。迁徙到西班牙的苏维汇人在雷切亚尔（Rechiar）带领下，于439年占领了梅里达（Merida），两年后占领了塞维利亚（Seville），随后又征服了贝提卡（Baetica，即安达卢西亚）和卡塔尼亚（Cartagena）两省。罗马人在西班牙仅剩下东北一处角落，即今日的加泰罗尼亚（Catalonia）地区。除上述这些损失以外，伊吕利库姆也有一部分地区被划给了东罗马，另一部分则被匈人占领了。

注解

1. 最初，这一头衔的所有者在地位上仅次于皇帝和执政官，但后来"贵族"头衔又变成了"副摄政"之一。到了阿米阿努斯·马塞利努斯的时代，"贵族"头衔的意义等同于"皇帝的父亲"或"国家的共同保护人"。

沙隆会战／莫里亚克平原会战（451年）

第十章

匈人在440年左右与盖塞里克进行了谈判。这个游牧民族是图兰人（Turanian）的一支，他们与罗马人、日耳曼人的冲突，也使车仗民族与定居民族之间的搏斗再次上演。在战争方面，虽然匈人在一开始击败了所有敌人，但最后却还是被压倒了。他们并没有被西方民族的武力所击败，而完全是因自己缺乏文明才走向了失败。从某种角度上来说，匈人的故事不过是希克索斯人的旧事重演而已，支持这两支入侵者获得最初成功的力量也都来自马匹。在之后的几个世纪中，阿拉伯人、塞尔柱人以及蒙古人的入侵也都是如此。

匈人到底缘自何方，至今尚无定论。在18世纪中叶，一位专攻中国历史的法国学者德吉涅（Deguignes）[1]提出了一个说法，认为匈人可能起源于匈奴人[2]，后者在力量最强时曾占据了阿尔泰山、昆仑山和兴安岭之间的广大地区。为限制他们的劫掠行动，秦始皇从公元前258年起，建造了中国的长城。这种理论是否正确，事实上对本书的内容而言并没有什么影响，因为我们所要讨论的仅限于他们到达欧洲之后，对西方历史造成的影响。更进一步来说，是什么原因导致匈人西进，让他们将同属图兰人种的阿兰人赶出领地，进而又引发了哥特人在376年的入侵？

对以上这些问题，我们也不清楚。部分学者认为其原因是几个世纪以来，中亚地区持续干燥沙化（其进程直到公元500年左右才告结束）[3]；另一部分学者则相信是游牧劫掠者破坏了灌溉用的运河。诚如派斯克先生（Mr.T.Peisker）所指出的，为了让一块绿洲向自己纳贡，原本"游牧民只需要控制主要的运河即可，但他们却经常会盲目地洗劫、摧毁一切事物。只需一次劫掠行动，就可能会让数百片绿洲化为焦土和沙漠。游牧民不仅毁灭了中亚不计其数的城市和村庄，同时也让草原变得荒芜，他们毫无节制地将大树和灌木连根拔起，只为自己生火取暖"。[4]从后来那些游牧民洗劫带来的已知后果来看，后一种意见似乎更有道理。

吉本也持相同的看法，他在描述蒙古入侵所带来的暴力时写道："……从里海到印度河，他们毁灭了数百英里的土地，那里原本有着大批居民和丰硕的建设成果，即使五百年时间也还是不足以修复那短短四年践踏所造成的毁坏。"[5]后文中我们将会看到，匈人在接触到拉丁文明之后，由于他们无法给对方带来任何文化影响，所以只能反过来被对方影响。事实上，为了与拉丁文明共存，他们也只能如此。若是这种低级文明在足够长的时间里始终压制着高级文明，那么罗马化的欧洲就可能会彻底消失，成为第二个呼罗珊（Khorasan）。

与所有车仗民族一样，匈人居无定所，因此他们对于文明本身也一无所知。不知在多少代人的时间里，他们驱赶着畜群中的牛、马、羊和其他动物穿过西伯利亚（Siberia）中部和南部。他们的手工业极为原始，甚至无法织布，因此也无法用羊毛来制作衣服。生活在瓦伦斯时代的阿米阿努斯·马塞利努斯，曾在其著作中留下了一段关于那个时期匈人的介绍：

> 他们所有人的身材都很矮小，但四肢和脖子都很粗壮，面孔好像野兽一样丑陋扭曲。他们看起来就好像是用两条腿走路的野兽或是架桥时使用的木桩一样……他们常年在山地和树林中游荡，自摇篮时代便学会了如何忍受寒冷和饥渴……他们穿着用亚麻或田鼠皮缝制而成的衣服……他们就好像被黏在了马背上一样，完全不知道如何步行作战。他们的战马结实强壮，但也一样丑陋……他们居无定所，不用生火，没有法律，也不懂得定居生活，终其一生都好像逃犯一样四处流浪，跟随在队伍中的车仗就是他们的居所……他们既没有信仰也不信守承诺，只要有希望得到什么新的好处，就一定会屈从于此时此刻的冲动，并立刻采取行动。他们就好像没有理智的野兽一样，根本没有是非观念。[6]

与所有真正的游牧民一样，匈人对于农业一无所知，马塞利努斯所提到的亚麻衣服，也肯定和他们所拥有的很多其他东西一样，是用以物易物的方式和别人交换来的。匈人内部不存在任何贸易，因为他们的生活标准非常之低，各家族都可以自给自足。在与外界的易货交易中，匈人主要用马匹、肉类、皮毛和奴隶来换取日用品、武器以及定居农耕民族生产出的各种商品。

由于匈人的生活仰赖于畜群和家禽，而畜群又必须依靠大片的牧场来养活，因此为了求得生存，匈人很明显不可能聚成规模太大的群落。他们可能与其他游牧民族一样，会分成50至100人的家族，每个家族在牧场之间迁徙时都会占据非常广阔的正面。匈人的社会具有共产性质，按照马塞利努斯的说法，虽然每个家族都会由一位所谓的"要人"来领导，但整个民族却并没有共同的国王。[7]经常被古代教会作家引用的庞大数字，毫无疑问只是因为匈人行动的迅速，再加上他们给欧洲人所带来的恐惧而被夸大出来的。约达尼斯曾记载说，哥特人相信匈人是巫婆的后代，"她们在穿越荒野时得到了魔鬼的帮助，魔鬼拥抱她们，创造出了这个残暴的种族。他们最初生活在沼泽之中，邪恶但却弱小，因为没有语言，所以根本算不得是人类"。另外他还说道：

> 他们的长相极为可怕，即使那些在战争中更为强大的民族也感到害怕。仅凭自己黝黑可怕的外貌，匈人就能吓得敌军抱头鼠窜。他们的头颅不成形状，眼睛也好像针孔一样。哪怕仅从外貌上，也能看出他们是何等的坚韧。他们对自己的孩子非常残酷，幼儿刚一出生，他们就要用刀剑割破孩子的脸颊，以便让幼儿在学会哺乳之前就懂得如何忍受伤痛。正因为人人的脸上都有伤疤，无法蓄出自然、漂亮的胡须，因此他们在长大之后不留胡须，即使是年轻人的长相外貌也不俊美。他们身材矮小，行动灵敏，肩膀宽阔，非常善于骑马射箭，坚实的颈部也总是骄傲地抬着。虽然他们长着人类的外貌，但却像野兽一样残忍。[8]

直到匈人首次出现的两代人之后，他们所造成的恐惧依然让罗马处于瘫痪之中。但也正因为匈人能够从邻国之中非常容易地收取到贡金，才导致他们在多瑙河地区定居了下来，其社会结构也因此而发生了剧变。到430年左右，匈人已不再是由众多家族组成的乌合之众，而成了由单独一位领袖统治的邦联。这位领袖就是埃提乌斯的朋友兼保护者鲁阿，而后者也拥有足以迫使东罗马人与他媾和的实力。按照条约，狄奥多西二世（408年至450年在位）每年要向鲁阿进贡350磅黄金。

当鲁阿在433年去世之后，他的两个侄子阿提拉（Attila）和布雷达（Bleda）继承其位。关于后者，我们所知道的唯一信息就是他在445年被其弟弟阿提拉杀死。至于阿提拉，约达尼斯和普里斯库斯（Priscus）都留下了生动的记载。他们说阿提拉身材矮小，眼睛又圆又小，就好像是念珠一样，鼻子短平上翘，皮肤黝黑。他的头部很大，胡须很少，头发已经开始变白。阿提拉贪婪、迷信、狡猾、极为自负且残暴过人。但与此同时，他的生活方式却惊人的简朴。按照普里斯库斯的说法，"当客人们都在用金杯或银杯喝酒时，阿提拉本人却只用木杯。他的衣服……与其他野蛮人的区别，仅在于从上至下都是同一种颜色，而且他没有佩戴任何饰品。他的佩刀、鞋带、马缰也不像其他西徐亚人①那样饰有金饰或宝石"。[9]

阿提拉继承了对匈人邦联的绝对统治权。尽管无论他走到哪里都会受到人民的鼓掌、喝彩，但实际上人民对他的尊重完全来自于恐惧。汤姆森（Thompson）写道："他比所有先人都更清楚，只要有一位无可置疑的绝对领袖能够将所有部落统一起来，匈人就能不断压榨中欧的所有民族……他不依赖于难以统治的部落酋长，而是将权力基础放在了自己的家臣们身上……他们每个人都曾向他本人宣誓效忠，与其缔结了牢不可破的效忠关系，不受任何部落义务的影响。"[10]

499年，当狄奥多西派出由普里斯库斯所率领的著名使团去觐见阿提拉时，匈人已经不再是一个纯粹的游牧民族，而是变成了"由强盗组成的寄生群体……他们不再放牧牲畜，因为他们发现圈养人类是一桩更有利可图的生意。匈人之间出现了明显的贫富差异，但尚未产生阶级差别。整个社会存续的唯一先决条件，就是阿提拉能否不断给治下的人民提供足够的生活必需品和一定数量的奢侈品……"[11]从普里斯库斯的叙述中我们就能发现这些变化，因为他曾告诉我们，阿提拉早已不再居住于帐篷或者车仗之中，而是搬进了一座用圆木建成的广阔厅堂之中，四周还有木墙保护。正是在这个厅堂之中，阿提拉接见了罗马使者马克西明（Maximin）。阿提拉在迎接后者时称其为"无耻的野兽"，之后却又为他举办了一场宴会。普里斯库斯还记载到，阿提拉娶了自己的女儿艾斯卡（Esca），"西徐亚的法律也允许这种行为"。当使者们在一个村子里住下之后，"布雷达的妻子之一为我们送来了食物和美丽的女人。在西徐亚人眼中，这也是专门款待贵客的方式"。事实上，我们至今仍然可以在中亚某些地区看到匈人留下的这种传统。

若以军人的标准而论，阿提拉只能算是一位土匪而已。霍奇金（Hodgkin）在评价阿提拉时写道："他与文明和人类为敌，却不曾向宗教宣战，因为他根本不懂得宗教的意义，所以也就不懂得如何去憎恨宗教。"[12]②虽然普里斯库斯说阿提拉坚信自己注定要成为整个世界的主人，但他却没有任何建设性的才华。阿提拉帝国

---

① 译注："西徐亚人"一词在希腊和罗马并非单独指代某一个特定民族，而是对骑马游牧民族的总称。从最早的马萨革太人到后来的匈人、阿瓦尔人甚至蒙古人，都曾被罗马人称为"西徐亚人"。
② 译注：事实上这个评价并不公正，欧亚草原上的游牧民族向来信仰腾格里，即所谓的"长生天"，只是其宗教观要比定居民族更加务实。爱德华·路特维克在《拜占庭帝国大战略》一书中对此曾作出过一针见血的批评。

根本没有一条明确的疆界，其中央牧场似乎覆盖着今日的匈牙利和特兰西瓦尼亚（Transylvania），其余领地则从高卢向东延伸，深入未知世界。

尽管游牧民生活在原始而又极端的环境之中，但诚如埃利斯·明斯（Ellis H.Minns）所指出的那样，这反而在军事上给他们带来了优势。相比于居住在村庄或城市中的民族而言，他们对于战争环境要更加适应。明斯写道："游牧民的生活充满辛苦和危险，需要技巧、勇气和耐力才能应对。可即使如此，他们也不愿接受弯腰耕种带来的持续劳苦。他们习惯于周游四方的广阔天地，因此更加崇尚自由，而领袖们也更惯于去解决大规模人群迁徙时出现的问题。这样一来，整个民族就变成了一支军队，随时可以投入战斗，给养也可以自给自足，完全有能力发动奇袭和长距离的突袭行动。在大草原上，游牧民族总是处在战备状态之中，不是准备去抢夺别人的牧场，就是准备抵挡别人抢走自己的牧场……无论是在进攻还是防御之中，各部落都拥有出色的领袖，而领袖本人也总是拥有绝对的权威。"[13]

匈人征服行动的成功，并不是因为他们具有数量优势，而是得益于小股马弓手们极强的机动性。他们既能快速集中于某一点，又能在分散之后重新在另一个地点再次集中起来。虽然匈人在首次出现时骑乘的马匹比不上罗马战马，但不久之后他们就得到了罗马的战马，从而消除了这一劣势。

在作战时，小股的匈人骑兵会以宽阔的正面前进，其背后跟随着他们的家族和车仗，而后者也就构成了一个移动的要塞，随时可以迅速组成防御用的车城。虽然骑兵们具有极强的机动性，但车仗却肯定是很缓慢的，在欧洲的山地和密林之中还可能会经常陷入无法移动的困境。因而在匈人之中，肯定会经常出现作战部队与基地分离的情况，此时作战部队就只能依靠不断地运动来维持生存。另外，由于运动本身又依赖于草料的供给，所以作战部队也必须被分散成小股部队，而且他们通常也无法在冬季作战。正是基于这个原因，"智者"利奥皇帝（Leo the Wise）①才在其著作中建议应在2月和3月，趁西徐亚人或匈人的马匹因冬季苦劳而瘦弱不堪时对其发动攻击。② 与12至13世纪的蒙古人一样，匈人也依赖自己的马群来解决粮

---

① 译注：指东罗马皇帝利奥六世。
② 译注：事实上这个规定并非由9世纪至10世纪在位的利奥首创。早在6世纪，莫里斯皇帝便已经《战略》一书中做出了相同的规定，利奥在很大程度上只是沿袭了莫里斯的说法而已。

食问题。马可·波罗（Marco Polo）曾记载，在成吉思汗（Genghis Khan）的军队中，每一位蒙古士兵都有义务为自己准备18匹战马，以便靠马奶和马血为生。[14] 他们的战马不仅可以用来轮流骑乘，而且还是一种自动生产的"罐头食品"。[15] 这种情况完全可以与劳伦斯（T.E.Lawrence，即阿拉伯的劳伦斯）在阿拉伯的行动相提并论。劳伦斯回忆道："我们的王牌在于速度和时间，而不是打击的力量。对我们而言，牛肉罐头的发明要远比火药的发明更有益处，因为它给了我们战略性，而非战术性的力量……"[16]

以这种自动补充的补给为基础，匈人发展出了一种旋风般的战略，其一切行动全部围绕着前进与后退的循环来展开。匈人所过之处皆被夷为平地，所有人口都被屠杀殆尽，其目的不仅是要创造出一种恐惧心理，让敌人丧失抵抗意志，同时也是为了清除一切敌对人口以方便未来的撤退行动。在战术层面，匈人可以被定义为"权威约束下的勇士"。他们作战时仰赖于勇猛、奇袭、行动的飘忽不定和奸诈的计谋，而不是精密的计划、紧密的战术、平时的训练以及战场上的纪律。如果要选择一句最适合匈人的格言，那一定是土库曼人（Turkoman）的那句"尝试两次还不成功，就该逃跑了"。正如阿梅代·蒂埃里（Amédée Thierry）所言："与我们不同，游牧民并不认为逃跑有失荣誉。他们视战利品高过荣誉，只在有把握获胜时才会投入战斗。如果他们发现敌军过于强大，就会尽可能地逃避战斗，直到时机合适时才折返回来与对手交战。"匈人以弓箭为主要武器，由于草原上缺乏木料，他们的弓箭主要由筋角制成，其主要优势在于骨制箭头在飞行时不会发出太大噪音。匈人在肉搏战中也会使用刀剑，"他们不顾自己的性命，如果敌人极力避免被马刀刺伤，匈人就会扔出绳索将对方套住，捆住其手脚，让敌人丧失骑马或者步行的能力"。[17]

匈人主要的战术缺陷在于他们很难在同一个地点停留太长时间，否则当地的草料就会被耗尽。再加上他们无法攻破任何要塞或有城墙的城镇，这就导致匈人无法永久性地占领任何地区。443年，阿提拉在距离西斯托伐（Sistova）以南20英里的阿塞穆斯要塞（Asemus）墙外被轻松击退。当时他因为缺乏给养，不得不派出支队劫掠附近地区，要塞守军趁机出城进行了多次反击。简而言之，虽然匈人的战术非常适用于大草原，但在文明程度更高，地形也更复杂的欧洲却注定要遭遇失败。

匈人的首次入侵发生在395年。当时他们穿过了封冻的多瑙河，蹂躏了达尔马提亚和色雷斯。不过在这一时期,匈人的主要精力还是集中在遥远的东方。他们穿过高加索的隘路席卷亚美尼亚,蹂躏了卡帕多西亚、西里西亚和叙利亚的部分地区,甚至还围攻了安条克以及哈里斯河、奥龙特斯河、幼发拉底河流域的诸多城市。圣杰罗姆曾生动地记载了这次大规模袭击所造成的恐惧,他写道:"天啊,突然之间,信使们到处奔波,整个东方都在颤抖。匈人从遥远的梅奥蒂斯(Maeotis,即亚速海)而来,那里位于寒冷的塔奈斯河(Tanais,即顿河)和高加索山地之中的亚历山大门(Gates of Alexander)附近,地处马萨革泰人的领地中间。他们乘着迅捷的战马烧杀抢掠,让整片大地陷入惊慌……他们总是能在人们预计的时间之前到来,其速度甚至超过了流言的传播。不论被害者的宗教、地位、年龄,他们从不手下留情。"[18]

441 年,在盖塞里克与阿提拉进行谈判之后不久,匈人第二次大举入寇。他们再次越过多瑙河,摧毁了维米纳西乌姆(Viminacium,即今日的科斯托拉茨)、[19]位于摩拉瓦(Morava)河口的马尔古斯(Margus)、辛吉杜努姆、西尔米乌姆以及其他较小的城镇。这次闪电般的战役迫使狄奥多西从西西里召回帝国舰队,放弃了进攻盖塞里克的计划。

虽然匈人和罗马人在 442 年达成了和平协议,但由于狄奥多西拒绝交出阿提拉要求引渡的逃犯,匈人在第二年又再次发动了进攻。阿提拉首先占领了达西亚—利彭西斯行省(Dacia Ripensis)的首府,即罗马舰队在多瑙河上的基地拉提阿里亚(Ratiaria)。确保了后方的安全之后,匈人又溯尼斯恰瓦河(Nischava)而上,将萨尔迪卡(Sardica,即今日的索菲亚)和菲利普波利斯夷为了平地。由于阿德里亚堡和赫拉克利亚的城防过于强大,阿提拉绕过了两地。接下来,匈人在君士坦丁堡附近的一系列会战中击败了由阿兰人阿斯帕尔(Aspar)率领的东罗马军队,并在达达尼尔海峡的岸边将其彻底消灭。这些失败让狄奥多西除求和以外别无选择,阿提拉也同意了他的请求。媾和的主要条款要求狄奥多西将所有逃犯交还给阿提拉,另外他还要支付大约 6000 磅黄金(相当于 28 万英镑)的赔款。此外,罗马人每年要缴纳的贡金也增加到了 2100 磅黄金。443 年 8 月,双方订立了和约。

447 年,阿提拉再次入侵东罗马帝国,其理由如今已不可考。就在他即将出发之时,一连串严重的地震摧毁了很多希腊城市的城墙,就连君士坦丁堡的城防工事也严重受损——这座都城似乎已无法逃过厄运了。为保卫君士坦丁堡，狄奥多西率军前进到了乌图斯河（Utus），虽然他又一次战败，但似乎也给匈人造成了重创，迫使阿提拉在洗劫了南至温泉关的土地之后便选择了撤退。

凭着这些入侵行动，阿提拉扫清了自己的后方，接下来就要轮到意大利和高卢来受难了。由于盖塞里克视意大利为自己的私产，所以他在450年春季之前的某一个时间建议阿提拉去进攻西哥特人，并说他在那里一定会收获颇丰。阿提拉花费了很长的时间去思考这个建议，最终决定集中精力对高卢发动进攻。他落入了盖塞里克的圈套——他误以为西哥特人是罗马的死敌，因而决定伪装成瓦伦提尼安的盟友来打消罗马人的敌意。由于盖塞里克的儿子匈纳里克（Hunneric）与自己的妻子，也就是狄奥多里克的女儿断绝了关系，并割掉了她的鼻子和耳朵，将她送回娘家，所以盖塞里克与狄奥多里克也正在交恶之中。因此在阿提拉看来，只要罗马保持中立，在盖塞里克与西哥特人敌对的情况下，狄奥多里克将会陷入完全孤立的境地。

正当阿提拉还在考虑这个计划之时，狄奥多西在450年7月26日坠马受伤，两天后便伤重不治，其女儿普尔喀丽娅（Pulcheria）的丈夫马尔西安（Marcian，450年至457年在位）继承了皇位。马尔西安在登基之后立刻便下令停止向匈人缴纳年贡。阿提拉被马尔西安激怒，派出了两位使者，其中一人前往君士坦丁堡要求东罗马人继续进贡，但却遭到了强硬的拒绝。另一位使者则被派往拉文纳，依据一件发生在16年前的事情，向西罗马帝国提出了自己的要求。

434年，瓦伦提尼安17岁的姐姐洪诺莉亚被她的一位内侍诱惑并与其通奸，因而被母亲普拉西狄亚送到了君士坦丁堡。洪诺莉亚对这个惩罚怀恨在心，因而在一怒之下给阿提拉送去了一个戒指，要这位匈人王娶她为妻。到如今，她早已经回到了拉文纳。而这位被派往拉文纳的使者，除提出要将她带走与阿提拉成婚以外，还要求西罗马帝国应将一半的土地当作嫁妆割让给阿提拉。在这个要求遭到拒绝之后不久，又发生了一件事，导致瓦伦提尼安和阿提拉之间的裂痕进一步加深。里普利安法兰克人的国王去世后，他的两个儿子因王位继承问题而发生了争斗，长子向阿提拉求援，而幼子则向埃提乌斯求援。埃提乌斯以非常优厚的待遇招待幼子，将其视如己出。很明显，阿提拉已经不能再指望埃提乌斯会顾及先前与匈人的友谊，在阿提拉攻击高卢时让罗马保持中立了。因此，阿提拉在转而前去对付马尔西安之前，必须首先解决来自西罗马帝国的威胁。此时阿提拉在西罗马帝国的下层阶级之中拥有许多支持者（此时他们恰好正在发动叛乱），西哥特人也依然与罗马人、汪达尔人敌对，里普利安法兰克人则正为内战所困扰。因此在阿提拉看来，拉文纳唾手可得。但正如历史上所常见的那样，意外情况出现了。一个伟大人物站了出来，阻止了似乎注定将要发生的灾难。此人正是埃提乌斯，后世称其为"最后的罗马人"（The Last of the Romans）。

对于埃提乌斯，雷纳图斯·弗里格里都斯（Renatus Frigeridus）为我们留下了下面这段简短的描述：

> 埃提乌斯中等身高，长相阳刚，体格健壮，既不太瘦也不太胖，他思维敏捷，行动灵活，无论骑马还是射箭的技术都很高超，用起长矛来更是技巧过人。作为一位天生的武士，他却以擅长维持和平而声名鹊起。他非常清廉，极少受欲望的影响。另外，他的头脑中拥有很多与生俱来的才华，绝不会因任何邪恶的动机而影响其实现目标。对于别人的过失他极具耐心，而且愿意身先士卒，即使在最危险的环境之中也不会感到害怕，无论是饥饿、口渴还是疲劳都不能让他屈服。从年轻时起，他就表现出了注定会获得巨大权力的潜质。[20]

到451年年初，阿提拉与埃提乌斯之间的战争已经无可避免了。埃提乌斯此时所要考虑的主要问题在于，高卢境内的诸王国和部落到底是会选择袖手旁观，还是会和他联起手来与入侵者一战。最重要的是，最强大的高卢王公，同时也是埃提乌斯一直以来的劲敌——狄奥多里克是否会与他联手。阿提拉显然不愿意看到这种情况。作为一位"狡猾之人"，他总是"先用诡计后用战争"。[21] 阿提拉分别向瓦伦提尼安和狄奥多里克派出使者，对前者声称自己发动入侵的目的只是要将先前罗匈联军对西哥特人的战争延续下去。而对于后者，他则警告这位西哥特国王说，与罗马人结盟是非常危险之事。瓦伦提尼安看穿了阿提拉的计谋，派出使者前去给狄奥多里克预警。这位使者对西哥特国王说："既然你拥有强大的武力，就应该注意到自己眼下的危险并选择与我们联手。你自己也占有着帝国的部分领土，保护帝国也就是保护你自己。只要你看清了敌人的计划，就会明白自己应与我们结盟，而且也会知道你一定会受到我们的欢迎。"[22]

就在狄奥多里克仍然犹豫不决之际，阿提拉发动了进攻。451年年初，他从莱茵河以东出发西进，其麾下士兵的数量据说有50万人之多——这个数字无疑是因恐惧而被夸大了。阿提拉手下的军队由诸多民族组成，其核心人员除匈人以外，还有东哥特人和格皮德人（Gepid）。除他们以外，军中还有来自里加（Riga）的希里人（Sciri）、来自波美拉尼亚（Pomerania）的鲁吉人（Rugi）、来自奈卡河（Neckar）流域的法兰克人、来自巴伐利亚的图林根人以及来自莱茵河东岸的勃艮第人。阿提拉的第一个目标可能是征服里普利安法兰克人，之后他还将占领位于卢瓦尔河湾顶点的奥尔良。得到该城之后，他就可以席卷整个哥特西亚（Gothia），也就是阿基塔尼亚地区了。[23]

阿提拉的军队被分为三个作战纵队，以宽广的正面涌入了比尔吉高卢（Belgic Gaul），其右翼指向尼米塔库姆（Nemetacum，即阿腊斯），左翼沿莫塞勒河向米提斯（Mettis，即梅斯）前进，而中央纵队的目标则是鲁特蒂亚—巴黎西奥鲁姆（Lutetia Parisiorum，即巴黎）和奥勒利亚尼（Aureliani，即奥尔良）。匈人一路烧杀抢掠，里姆斯、梅斯、康布雷（Cambrai）、特里夫斯、阿腊斯、通格里斯（Tongres）、图尔奈、泰鲁昂（Thérouanne）、科隆、亚眠、博韦（Beauvais）、沃姆斯、美因茨以及斯特拉斯堡全都遭到劫掠，化为焦土。巴黎在当时还只是塞纳河一座岛屿上的小城，它之所以能够幸免于难，据说要得益于该城附近南泰尔村（Nanterre）的姑娘吉诺维法（Genovefa），她还有一个更著名的称呼——圣女吉纳维芙（Saint Geneviève）。当巴黎居民在一片惊慌中准备逃跑时，吉诺维法劝说他们要坚信上帝的庇护。凭着她虔诚的祈祷，人们才选择坚守城墙。

与此同时，瓦伦提尼安的使者却没能将狄奥多里克争取过来，所以致命的问题依然存在，即各部落能否团结一致抵抗匈人。如往常一样，意大利境内根本没有战略预备队，而且前一年还遭遇了一场严重的饥荒。25年以来，埃提乌斯一直依靠着匈人来补充军队的缺额，如今匈人成了敌人，他就再也找不到兵源了。埃提乌斯急忙赶往高卢去征集所有他能找到的蛮盟部队，并打消了阿兰人将瓦朗斯城献给阿提拉的意图。之后他又前往阿维尔尼（Arverni），同时还派出了一位名叫阿维图斯（Avitus，此人后来在454年至556年之间登基成为西罗马皇帝）的罗马元老前往哥特人位于托洛萨的宫廷，并终于争取到了狄奥多里克的支持。

在此期间，匈人已经像潮水一般涌向了奥尔良。该城附近有一位名叫桑吉巴恩（Sangiban）的阿兰王公，他本是在442年被埃提乌斯安顿在此处定居的，但如今却又向阿提拉许诺他会把奥尔良出卖给匈人。当埃提乌斯和狄奥多里克听到这个消息之后，二人立刻以最快速度动身出发，希望抢在阿提拉之前占领奥尔良，但匈人却抢先一步抵达当地并立刻展开了围攻。按照图尔的格里高利（Gregory of Tours）记载，该城之所以能够得救，主要应归功于主教阿尼阿努斯（Anianus，即圣艾尼昂）。[24] 阿梅代·蒂埃里在《圣艾尼昂传》(Vita Aniani) 中所引用的故事如下：阿尼阿努斯拜访了埃提乌斯，并告诉他奥尔良不可能坚守到6月14日之后。5月初，阿提拉出现在了城下，并在接下来的五个星期时间里不断用攻城锤撞击城墙，其间还不断向城内发射箭矢。当城墙被撞毁之后，这位主教高举着一些圣物环绕着防御工事游行，居然让城墙自动修复了。尽管如此，到6月中旬，局势看起来还是已经彻底陷入了绝望。某天清晨，当一位士兵登上位置最高的箭塔向远处眺望之时，发现远处升起了一小片烟尘，而在烟尘的后面，便是埃提乌斯和狄奥多里克的援军。当这片烟尘变得越来越大之后，人们终于看清了军团的鹰徽和哥特人的锦旗。他们在城下与匈人激战。"匈人被逐街击退，居民也从屋顶上对他们投掷石块。匈人感到自己已经支持不住，只好在阿提拉的命令下开始撤退。罗马贵族埃提乌斯没有食言——这一天正是6月14日。在整个西方世界之中，这是非常著名的一天，因为正是在这一天，文明得到了拯救，而没有被彻底毁灭"。[25]

无论具体情况如何，阿提拉似乎在当天遭遇了一场灾难性的失败。在此之后他没有继续进攻，而是率军趁夜溜走了。他穿过森斯（Sens）地区向塞纳河与奥贝河（Aube）的谷地后退，这里有一处被称为"坎帕尼亚"的开阔平原，这也就是如今的香槟（Champagne）地区。在塞纳河畔，阿提拉留下了一支格皮德人部队作为后卫，其主力则继续向东面不远处的加泰罗尼亚平原（Catalaunian Plains，又称莫里亚克平原）撤退。[26] 埃提乌斯对那支后卫部队进行了一次夜袭，将其彻底消灭。按照约达尼斯的说法，格皮德人的伤亡高达15000人。[27] 虽然这个数字肯定存在夸张成分，但也足以显示出当时战斗的激烈程度了。

大约在第二天，也就是6月20日[28]，会战爆发了。

从约达尼斯的记载来看，阿提拉根本没有获胜的信心，其目的仅是尽可能缩短战斗时间，之后再趁夜撤退。为此，他直到当天下午才走出车城，将部队列成战斗序列。阿提拉本人率领着最勇敢的部队居于中央，瓦拉米尔（Walamir）率领的东哥特人位于左翼，亚德里亚海沿岸地区的士兵、格皮德人以及其他民族则位于右翼。很明显，阿提拉希望用自己的精锐部队去冲垮对方的中央，之后便立刻退回营地等待夜幕降临。埃提乌斯可能也认清了对方的意图，因而决定将进攻重点放在两翼，以求切断匈人与其车城的联系。他把最不可靠的阿兰人部队部署在战线中央，由桑吉巴恩指挥；狄奥多里克麾下的西哥特人位于右翼，面对着东哥特人；埃提乌斯本人则率领自己的罗马部队居于全军左翼。

在两军排布战线的过程中，双方为争夺一块高地爆发了小规模的散兵战斗，狄奥多里克之子托里斯蒙德（Thorismund）击败了匈人的前卫。对方的这次进攻让阿提拉感到不安，按照约达尼斯的记载，他在对士兵们训话时，指着阿兰人说道："去那里寻求速战速决吧！只要切断跟腱，四肢就会变得无力，只要你打断对方的骨骼，他的身体就无法再站立起来……任何刀剑都伤害不了那些注定要活下去的人，而对于那些注定要死去的人，即使在和平时期，命运也会取走他的性命。"[29] 在阿提拉的鼓舞之下，"匈人全都冲入了战斗之中"。

接下来约达尼斯写道："双方白刃相接，战斗的激烈、混乱和残酷程度前无古人。一位勇士若是错过了这场会战，终其一生都不会再有机会看到相同的壮观场面了。"双方沿着一条小溪展开了惨烈的搏斗，"狄奥多里克国王在骑马鼓舞自己的军队时摔下战马，遭到了己方的士兵踩踏，最终在如此的高龄战死沙场……此时西哥特人已经与阿兰人脱节，他们奋勇地攻击着匈人，差点杀死了阿提拉本人。阿提拉谨慎地逃出了战场，带着亲兵直接躲进营地的屏障背后，靠着车仗来保护自己"。[30]

此时夜幕已经降临，战场上也已经陷入一片混乱。按照记载，托里斯蒙德在一片漆黑之中迷路，在寻找自己手下士兵的过程中来到了敌军车仗附近。同时，"埃提乌斯也在黑夜的混乱中与手下士兵分散，反而在敌军的人群之中四处游荡。他担心自己会被对方杀死，只好逃走去寻找哥特人。最后他终于找到了盟军的营地，在哥特人的盾牌保护之下度过了当夜剩余的时间。"[31]

"第二天黎明时分，当罗马人看到战场上堆积如山的尸体，而匈人又不敢走出车城的时候，才终于知道自己已经获得了胜利。但他们也知道，除非遭受惨败，否则阿提拉就不会主动从战场上撤退。阿提拉没有做出任何怯懦的举动，他没有像其他战败之人那样气馁，而是不断让士兵发出武器碰撞的声音并吹响号角，威胁要发动进攻。他就像一头被长枪刺伤的狮子，不停地在自己的巢穴门前来回走着，虽然不敢跳出来，但还是不停地用吼叫声恐吓着外面的敌人。这位善战的国王虽然已经受困，但还是能让胜利者感到害怕。哥特人和罗马人只好聚集起来，商讨该如何消灭阿提拉。他们最终决定用围攻的方式来将阿提拉拖垮，因为匈人此时已经无法再补充给养，而进出营地的道路也被罗马弓箭手从营地中发射的箭雨封锁住了"。[32]

尽管阿提拉还在故作姿态，但他所处的局势已经绝望了。更进一步说，他自己可能也意识到了这一点。从约达尼斯那带有传奇性质的记载中，我们可以看到，阿提拉认为局势已经危险至极，因而命人用马鞍堆起了一个火葬用的柴堆，只要敌军攻入车城之内，他就准备跳入柴堆中自尽。有趣的是，埃提乌斯此时也感到非常不安，因为在太阳升起之后不久，人们就发现狄奥多里克已经战死了，托里斯蒙德随即被哥特人拥立为王。[33]

显然，埃提乌斯直到此时才终于下定决心。在他看来，自己虽然已经困住了阿提拉，但还是应该放他离开。埃提乌斯似乎并不信任托里斯蒙德，他担心倘若阿提拉及其手下大军都被一网打尽，西哥特人立刻就会取其位而代之，成为罗马的头号大敌。约达尼斯也持同样的观点，他写道：

埃提乌斯担心，一旦哥特人消灭了匈人，罗马帝国就将会反过来被哥特人所席卷，因此急忙劝他（托里斯蒙德）回军去接收其父留给他的领地，否则他的兄弟们就可能抢先夺走狄奥多里克的遗产，赢得西哥特的王位。[34]

另外，拉文纳的政治局势也让埃提乌斯感觉，只有当自己仍是一位无可取代之人的时候，他才不会有性命之忧。从这个角度来看，他也有必要确保阿提拉不被彻底毁灭。[35]

其结果就是，托里斯蒙德刚一离开，阿提拉就注意到哥特军营已被撤空，随即他便拖着车仗蹒跚撤到了莱茵河背后。我们已经无法考证阿提拉究竟损失了多少人员，约达尼斯说双方总计有16.5万人阵亡，而且这一数字尚不包括在会战前伤亡的那15000人，伊达提乌斯（Idatius）更是将这个数字提高到了30万人——这两个数字肯定都是凭空想象出来的。

阿提拉回到自己的木制宫殿后不久，便再一次宣称要迎娶洪诺莉亚。452年春季，阿提拉出兵入侵意大利。他翻过已被撤空一切守军的尤利安山进抵阿奎利亚，在经过漫长而绝望的围攻之后，终于攻克了这座城市并将其夷为平地。直到一个世纪之后，当地还仍是一片废墟。接下来阿提拉又进入威尼提亚（Venetia，即后来的威尼斯），摧毁了尤利娅—孔科尔迪亚（Julia Concordia）、巴达维乌姆（Patavium，即今日的帕多瓦）以及繁华的阿尔提努姆（Altinum）。维琴察（Vicenza）、维罗纳、布雷西亚（Brescia）、贝尔加莫（Bergamo）、米兰（Milan）和帕维亚（Pavia）等地因为阿奎利亚所遭受的灾难而感到恐惧，纷纷开城投降。可即使如此，他们也仅仅只是保住了城市中的建筑而已，居民们不是被杀就是被俘。直到明乔河（Mincio）岸边，阿提拉才终于停下了脚步。

这次大胆的行动让埃提乌斯措手不及，在惊慌之下，他的第一个念头居然是想带着瓦伦提尼安逃出意大利。直到他冷静下来之后，才终于决定向阿提拉求和。在这个决定得到皇帝认可之后，他便派出了一支使节团前往明乔，其人员包括教皇利奥（Pope Leo）、特里吉提乌斯（Trygetius）、一位前行政长官，以及曾在450年担任执政官的格纳迪乌斯·阿维努斯（Gennadius Avienus）。在基督教的传说之中，阿提拉这位可怕的王中之王居然被"手无寸铁的圣彼得继承人所征服……他看到了罗马的伟大……这迫使他不断思考'如果我像阿拉里克一样征服了罗马，又会不会像他一样死去？'"[36] 但诚如伯里在其著作《晚期罗马帝国》（*Later Roman Empire*）中所言的那样："我们根本没有理由去假设，这位异教国王会在乎教廷的恐吓或者游说。"[37]

汤姆森所给出的理由可能最接近于事实真相。[38] 此时的意大利仍饱受着前一年的饥荒所带来的困扰，而饥荒又无疑会带来瘟疫。而且在阿提拉进入意大利之后，马尔西安便抓住了机会，派出一位名字也叫埃提乌斯的将军率军越过多瑙河，击败了阿提拉留下来保护作战基地的匈人部队。正是这个勇敢的反击行动，再加上给养的缺乏以及瘟疫，才迫使阿提拉接受了和平。他已经在沙隆会战中损失惨重，因而不敢再冒损失大批人员的风险了。

第二年，阿提拉娶了一个名叫伊尔迪珂（Ildico）或希尔达（Hilda）的女孩。他在婚礼上喝得大醉酩酊，回到婚房后就在当晚因鼻血流入喉咙窒息而死。

阿提拉死后，他的帝国也随之四分五裂。就在这位匈人王的尸体刚刚被秘密下葬后不久，他的儿子们就瓜分了这个国家，自此之后互相征战不休。在此期间，原先被阿提拉所蓄养在泰斯（Theiss）谷地中的东哥特人也发动了叛乱。紧接着，日耳曼诸部又相继发动了大规模叛乱。在格皮德人的国王阿尔达里克（Ardaric）带领下，日耳曼诸部于454年在潘诺尼亚境内一条名为内达奥（Nedao）的河流附近彻底击败了匈人。到两三代人之后，整个匈人种族便彻底消失了。

阿提拉之死，以及匈人帝国崩溃之后所发生的一系列事件，都可以说是奇怪至极。瓦伦提尼安与欧多西亚皇后（Empress Eudoxia）没有儿子，只有两个女儿。埃提乌斯为了让自己的亲戚继承皇位，曾在454年试图让自己的儿子迎娶一位皇女，但瓦伦提尼安却在盛怒之下刺死了埃提乌斯。一年之后，皇帝本人也被刺杀，皇位落到了佩特罗尼乌斯·马克西穆斯（Petronius Maximus）手中。他强娶了欧多西亚，导致后者向盖塞里克求援。455年6月，盖塞里克溯台伯河而上抵达罗马城，但前来迎接的欧多西亚却被他剥下了衣服和珠宝。在此之后的14天里，盖塞里克率军大劫罗马城，只是因为教皇利奥的斡旋才放过了城中居民。马克西穆斯在罗马城遭劫之前就已经遇刺身亡，当盖塞里克撤走之后，权力又落入了军事总管李希梅尔（Ricimer）的手中。此人出身蛮族，是西哥特国王华里亚的孙子。从此时起，皇帝一个接一个登基，之后又相继被推翻。475年，一位曾在阿提拉手下担任文书的罗马人奥里斯特斯（Orestes）在获得了蛮族佣兵的支持后，将其子罗慕路斯·奥古斯都路斯（Romulus Augustulus）扶上了拉文纳的皇位。可当他刚刚开始向罗马进军之时，其手下部队便要求得到意大利三分之一的土地作为奖赏。在这个无理要求遭到拒绝之后，野蛮人于476年8月23日用盾牌举起了他们的领袖奥多维克（Odovacar，此人可能是阿提拉副将、匈人埃德柯[39]的儿子），拥立他为意大利国王。从此时起，一直到教皇利奥三世（Pope Leo Ⅲ）于公元800年圣诞节在圣彼得大教堂为查理曼（Charlemagne）加冕，创立神圣罗马帝国（Holy Roman Empire）为止，西欧始终不曾再出现皇帝。根据传说，罗慕路斯在公元前753年建立了罗马城，在经过了1229年之后，这场戏剧在一位与他同名的软弱皇帝手中落下了帷幕。直到数百年之后，传说中的光芒才重新照进了西方世界。

从这些经过之中我们可以看到，埃提乌斯和狄奥多里克在沙隆赢得的胜利，没能拯救西罗马帝国灭亡的命运。另外，即使他们在沙隆战败，阿提拉的帝国也无疑会在他死后崩溃，因为这个帝国是完全建立在恐惧之上的，它既没有任何政治性的基础，也缺乏一切创造性的力量。可话虽如此，只要我们重新检视沙隆会战的经过，便能够发现其重要性之所在。

沙隆会战的胜利，既不属于罗马人，也不属于条顿人，这是一场双方联合起来对抗东方人的胜利，就好像先前雅典人与斯巴达人联手击败波斯人时的情况一样。西方与东方又一次交手，而欧洲各民族也又一次暂时放下了彼此的纷争来对抗共同的敌人。

更重要的是，在法兰克人的领土上，教会组织完整地幸存了下来。以此为基础，教廷逐渐发展为中世纪主要的国际性权威力量，而且它也是中世纪西欧唯一一个能够将起源上溯至罗马时代而不曾中断的权威力量。从这一点上来看，法兰克要比英格兰幸运得多，后者的教会组织因撒克逊人（Saxons）入侵而被完全摧毁，后来还是在爱尔兰（Ireland）和罗马教皇派来的传教士影响下才重新改信了基督教。若这种情况也发生在如今属于法国的这片土地上，则整个中世纪历史就都要被改写了。

除此以外，教皇的威望也在这一系列事件中得到了极大增强。利奥在明乔河岸觐见阿提拉时，可能还只是一个卑微的求情者，可当这位凶残的匈人王突然横死之后，这次会面在那个迷信的时代就开始被视作上帝的审判，是上帝的代理人征服了恶魔。这个正义战胜邪恶的神话，使教皇的地位变得愈发稳固。托马斯·霍奇金写道："……这位匈人王为罗马教皇成为中世纪意大利强权人物所做的间接贡献，可能要比历史上任何其他人都要更多。"[40] 在阿提拉之后，盖塞里克也步其后尘。迪恩·米尔曼（Deam Milman）在《拉丁基督教史》（*History of Latin Christianity*）一书中写道："从这时开始，罗马已不再是多神教的圣城。"[41] 随着旧罗马贵族势力的衰亡，教权走上了崛起之路。而这些入侵所带来的恐惧，又使阿提拉的形象逐渐变成了黑魔法师撒旦（Satan）的象征。即使到了今天，我们在羞辱敌人之时，还会把对方叫作"匈人"。

战争经常被看作神秘信仰的实体表现，在宗教的命运发生变化之时，战争自然也走上了新的道路。匈人留下了挥之不去的恐惧，再加上人们的无能为力，使宗教奇迹变成了百姓唯一可以仰赖的力量。将军们把人间变成了地狱，但至少还有牧师们在宣扬死后的极乐世界。难道不是一位乡村女孩的祈祷拯救了巴黎？难道那11000名科隆殉道贞女的尸骨不曾带来奇迹？奥尔良之所以得救，难道不是因为一位主教的努力？马其顿的赫拉克利亚，难道不是因一位圣徒才守住的吗？如果能够有更多的圣徒出现，即使士兵比如今更少，是否又会有无数城市能击退匈人的劫掠，免于被毁？从此之后，圣物成为精神上的弹药，其威力则正是来源于教皇的权威。

如果说亚历山大的伟大，要通过他的传说来判断。那么阿提拉所造成的恐怖，也要到传说中去寻找。阿提拉成了"上帝之鞭"（Flagellum Dei）、尼姆罗德（Nimrod）的后人、经卷中所说的"敌基督"（Anti-Christ）及《尼伯龙根之歌》（*Nibelungenlied*）中的埃策尔（Etzel）。在《尼伯龙根之歌》中，迎娶克琳希德（Kriemhild，其原型就是伊尔迪珂），在匈兰（Hunland）接见尼伯龙根雾童族人（Nibelungs），最后又因克琳希德无法忘怀其青年时代夫婿齐格弗里德（Segfried）而被她杀死的那位埃策尔，事实上正是以阿提拉为原型而创作出来的。这部史诗从被血水染红的欧洲大地上诞生，成为各民族共同传承的记忆。无论是在拜占庭、日耳曼、法兰西、意大利、斯堪的纳维亚，还是在冰岛，都留下了这部史诗的遗稿，而它也是西方世界最伟大的神话故事之一。而这些结果，也使沙隆会战成为西方历史上最具决定性意义的时刻之一。

注解

1. 参见 1756 年至 1758 年间出版的四卷本 *Histoire Générale des Huns, des Tures, des Mongols, et des autres Tartares Occitentaux avant et depuis Jésus Christ jusqu a present*；Edward Gibbon, *Decline and Fall*, 伯里编辑版, 附录 6。
2. "匈奴" 一词有 "奴隶" 之意。
3. 参见 E.Huntington, *The Pulse of Asia*, 1907 年版, 第 359 页。
4. *The Cambridge Medieval History*, 第一卷, 第 327 页。
5. *The Decline and Fall of the Roman Empire*, 第七卷, 第 10 页。
6. *Ammianus Marcellinus*, 第三十一卷, 第二章, 第 2 至 11 节。
7. 同上, 第三十一卷, 第二章, 第 7 节。
8. *The Gothic History of Jordanes*, 查尔斯·克里斯托弗·米罗英文译本, 1915 年版, 第二十四卷, 第 85 至 87 页。约达尼斯书中这一章的内容写于事件发生大约一百年后, 他的很多说辞只能算是史诗小说而已。
9. "普里斯库斯对 449 年东部皇帝小狄奥多西派使团会见阿提拉一事的记载", 引用自 F.Guizot, *The History of Civilization*, 1856 年版, 第二卷, 第 430 页；另可参见, J.B.Bury, *History of the Later Roman Empire*, 1923 年版, 第一卷, 第 279 至 288 页。
10. E.A.Thompson, *A History of Attila and the Huns*, 1948 年版, 第 208 至 209 页。
11. 同上, 第 177 页。
12. Thomas Hodgkin, *Italy and Her Invaders*, 1880 年版, 第二卷, 第 130 页。
13. Ellis H.Minns, *Proceedings of the British Academy*, 1942 年版, 第 51 至 52 页,《北方游牧民的技艺》。
14. 参见 *Book of Ser Marco Polo*, 陆军上校亨利·尤尔爵士英文译本, 1903 年第三版, 第一卷, 第 254 页。
15. "他们主要以奶制品作为食物, 但除孩子与病人以外, 其他人并不直接饮用鲜奶。突厥人、鞑靼人有一种特别的食品, 就是由发酵凝结的奶制成的酸奶。蒙古人还会吃满了尘土的奶酪, 这种食物闻起来越是酸臭, 吃起来就越香。蒙古人不经包裹便将奶酪放进油腻的皮囊中携带。他们把无法制成奶油的马奶发酵, 制成两种非常有营养的饮料, 仅靠饮用它们便能维生"。(*The Cambridge Medieval History*, 第一卷, 第 339 页)
16. T.E.Lawrence, *Seven Pillars of Wisdom*, 1935 年版, 第 196 页。
17. *Ammianus Marcellinus*, 第三十一卷, 第二章, 第 9 节。另见 *Sozomen's Ecclesiastical History*, E.沃尔福德英文译本, 1855 年版, 第七卷, 第 26 节, 第 8 节。
18. 引用自 *A History of Attila and the Huns*, 第 27 页。
19. 在该城遗址附近, 最近发掘出了 10 万枚在这次劫掠时被埋入地下的钱币。(*A History of Attila and the Huns*, 第 80 页)
20. Gregory of Tours, *The History of the Franks*, O.M. 达尔顿英文译本, 1927 年版, 第二卷, 第 48 至 49 页。
21. *Jordanes*, 第三十六卷, 第 103 页。
22. 同上, 第三十六卷, 第 104 页。
23. 参见第十一章的地图。
24. Gregory of Tours, 第二卷, 第 46 页。
25. Amédée Thierry, *Histoire d'Attila*, 1856 年版, 第一卷, 第 178 页。
26. *Jordanes*, 第三十六卷, 第 105 页。我采信了霍奇金（Hodgkin）在《意大利及其入侵者》（第二卷, 第 160 至 162 页）中给出的地点。伯里教授在《晚期罗马帝国史》（第一卷, 第 293 页）中提出战场地点应在特鲁瓦附近, 位于塞纳河畔的梅里（Méry-sui-Seine）以南 20 英里处。《剑桥中世纪史》（第一卷, 第 280 页、第 416 页）则说战场位于特鲁瓦"前方"（如西方）数英里处。沙隆会战的战场很可能确实位于特鲁瓦附近, 因为阿提拉要从森斯地区撤退, 其退却线从地理上讲, 肯定要沿瓦讷谷地延伸至奥布河畔的阿尔西（Arcis-sur-Aube）以北。但这场会战不太可能发生在特鲁瓦以西, 否则阿提拉在退往塞纳河的过程中便不会多做停留。

我们仅能确定这场会战肯定是在特鲁瓦—梅里—阿尔西这个三角范围之内进行的。按照约达尼斯的说法，莫里亚克平原"照高卢人的说法，长100鲁瓦（Leuva），宽70鲁瓦"，1鲁瓦相当于1500步（Pace），1步约合75厘米。由于莫里亚克平原是一个地区范围而不是一个具体地点，约达尼斯又总是将其称为"加泰罗尼亚平原"，这才导致这场会战经常被称为"沙隆会战"。

27. *Jordanes*，第四十一卷，第112页。
28. 该日期只是一个推测，并非确凿日期（参见 *Bury*，第一卷，第292至293页）。由于特鲁瓦、塞纳河畔的梅里距离奥尔良只有100英里左右，如果阿提拉的撤退速度很快，这场会战确实有可能是在这一天爆发的。霍奇金（第二卷，第139页）认为应是"7月初"，克林顿（*Fasti Romani*，第一卷，第642页）则认为应是9月27日。
29. *Jordanes*，第三十九卷，第108页。
30. 同上，第四十卷，第109页。
31. 同上，第四十卷，第110页。
32. 同上，第四十卷，第110页。
33. 1842年，人们在奥布河南岸距梅里大约10英里的普昂（Pouan）村附近发现了一个哥特武士的坟墓。根据坟墓中的装饰品，佩涅·德拉库尔（Peigne Delacourt）判断此处正是狄奥多里克的坟墓。参见 *Thomas Hodgkin, Italy and Her Invaders*，第二卷，第155至159页。
34. *Jordanes*，第四十一卷，第111页。
35. 阿提拉逃走的经过非常奇怪，埃提乌斯可能在6月20日至21日夜间根本没有迷路，而是秘密前去会见了阿提拉，与对方安排了后续的行动。不然的话，又如何解释在托里斯蒙德撤兵之后，阿提拉没有攻击埃提乌斯？埃提乌斯又为何没有对阿提拉的撤退进行追击，切断对方的征发队？
36. *Thomas Hodgkin, Italy and Her Invaders*，第二卷，第174页至179页。此事的经过实在是太过戏剧性了。关于这一点，参见 *Milman, History of Latin Christianity*，第一卷，第200至203页；*Bury, History of the Later Roman Empire*，第一卷，第295至296页；*Gibbon, The Decline and Fall of the Roman Empire*，第三卷，第500至501页。
37. *Later Roman Empire*，第一卷，第295页。
38. *A History of Attila and the Huns*，第147至148页。
39. 埃德柯可能是斯希尔人（Scirs）的国王。
40. *Thomas Hodgkin, Italy and Her Invaders*，第二卷，第189页。
41. *Henry Hart Milman, History of Latin Christianity*，1857年版，第一卷，第204页。

大事记
东哥特人征服意大利

匈人帝国崩溃之后，东哥特人摆脱了奴役，在阿玛尔（Amal）王族三位兄弟瓦拉米尔（Walamir）、狄奥德米尔（Theodemir）以及维德米尔（Widemir）带领下，以马尔西安皇帝的蛮盟部队身份占据了潘诺尼亚北部。作为兵役的回报，皇帝每年还会向他们支付100磅黄金。大约在同一时期，不少东哥特人在被称为"斜眼"的狄奥多里克·斯特拉波（Theodoric Strabo the Squinter）带领下，加入了东罗马军事总管阿斯帕尔的军队。几年之后，继承马尔西安皇位的利奥一世（Leo Ⅰ，457年至474年在位）拒绝再向东哥特人支付黄金，导致后者蹂躏了伊利里亚诸行省，直到皇帝重新开始支付军饷才告结束。按照他们与皇帝的协议，狄奥德米尔年仅八岁的儿子狄奥多里克（Theodoric，生于454年）被当作人质送往君士坦丁堡，在那里生活了10年之久。在此期间，狄奥德米尔已经成为东哥特人唯一的领袖，并牢牢地占据了多瑙河中游地区。利奥为与狄奥德米尔建立友善关系，将狄奥多里克送回到了他的身边。当狄奥德米尔于474年去世之后，狄奥多里克被选为国王，之后便在未经皇帝允许的情况下带领人民迁徙到了下默西亚（Lower Moesia，即保加利亚北部）。与此同时，与狄奥德米尔有姻亲关系的狄奥多里克·斯特拉波也在471年阿斯帕尔死后被拥立为王，并强迫利奥承认他为全哥特的国王。

471年利奥去世后，继承皇位的芝诺（Zeno，474年至491年在位）发现自己手上有两位难以驾驭且互相敌对的哥特国王，于是便决定让二者鹬蚌相争。这种均势一直持续到了481年，在这一年，狄奥多里克·斯特拉波死于意外，其子李基塔克（Rekitack）在继承王位之后立刻杀死了自己的两个叔叔。芝诺无法容忍这种行为，遂于484年唆使狄奥多里克在宴席上刺杀李基塔克，兼并了他的部众。这一事件使狄奥多里克的实力大增。两年之后，当他与皇帝发生争执时，便率军践踏了色雷斯并向君士坦丁堡进军。狄奥多里克的姐姐长期生活在芝诺的宫廷之中，此时便出面干涉，终于使哥特人放弃了进一步的行动，撤回默西亚。

接下来，芝诺决定采用一石二鸟的办法来解决所有这些棘手问题。这位皇帝与奥多维克早有纠纷，如今又希望能尽快摆脱狄奥多里克的纠缠，因此他就向后者提出建议，劝说他率部前往意大利去消灭奥多维克。为给这种征服行动提供合法性，芝诺还授予狄奥多里克与奥多维克相同的罗马贵族头衔。

488年深秋，狄奥多里克从多瑙河下游的诺瓦埃（Novae，即西斯托伐）率领着东哥特全族的男女老幼，驾着车仗，赶着畜群出发了。其人数已不可考，伯里认为应在10万左右，而达恩（Dahn）则认为是25万。这支大军平静地穿过了辛吉杜努姆，但在接近西尔米乌姆时被格皮德人拦住了去路。此时东哥特人已经无路可退，只好与对方拼死一战，结果获得了胜利。由于此后又发生了另外一些战斗，所以东哥特人也只能缓慢西进，直到489年8月才翻过尤利娅山进入意大利，进抵阿奎利亚以北数英里处的桑提乌斯（Sontius），而奥多维克则早已经在这里等他们了。8月28日，双方进行了一场会战，奥多维克被打得惨败。不久之后的9月30日，双方在维罗纳附近再次交战，奥多维克又被击败，只好逃到拉文纳避难。

由于拉文纳是全意大利最难攻克的城市之一，所以狄奥多里克没有继续攻击奥多维克，而是选择向西进发占领了米蒂奥拉努姆（Mediolanum，即米兰），奥多维克的军事总管图法（Tufa）也在此处向他投降。狄奥多里克非常信任图法，命他率领所部人马去围攻拉文纳，结果图法却重新投入了旧主的麾下。在得到图法的增援后，奥多维克走出拉文纳，封锁了狄奥多里克所在的提契诺（Ticino，即帕维亚）。这个意料之外的变化让狄奥多里克陷入了非常危急的局面，若不是西哥特人和勃艮第人抓住鹬蚌相争的机会跨过海滨阿尔卑斯山入侵了利古里亚，狄奥多里克本有可能全军覆没。在这个攻势的掩护之下，狄奥多里克再次向奥多维克进军，并于490年8月11日在阿达河（Adda）河岸将其击败。在此之后，他将对方赶回了拉文纳并对该城展开了围攻。

围攻一直持续到492年夏季，狄奥多里克才终于采取了一个他本该从围攻开始时就采取的行动。他占领了阿里米努姆，在那里建造或征集了一支舰队，并用这些战舰封锁了拉文纳的海港，迫使奥多维克在493年2月25日与其展开了和平谈判。两天之后，在拉文纳大主教约翰（John, Archbishop of Ravenna）的协调之下，双方订立了一个和平协议，由狄奥多里克和奥多维克共同统治意大利。这是一个不可能长久维持下去的协议，而事实也证明了这一点。3月5日，狄奥多里克进入拉文纳，10天之后便在酒宴上亲手杀死了奥多维克。在此之后，奥多维克的整个家族都被斩尽杀绝了。

　　在扫清了所有对手之后，狄奥多里克派了一个使团前往君士坦丁堡，希望皇帝能承认他对意大利的统治权。但由于芝诺无意放弃他在名义上的宗主权，狄奥多里克只好以"哥特人与罗马人的总督"（Governor of the Goths and Romans）的名义君临意大利。对哥特人而言，狄奥多里克是他们的国王，而哥特人也继续拥有其一贯的权利。但对意大利人而言，狄奥多里克则是一位"事实上的皇帝"（De Facto Imperator），其统治方式也一如过往的罗马皇帝。可话虽如此，政治上之所以没有发生剧变，原因也不过是狄奥多里克根本没有能取代现有政府的手段而已。如果狄奥多里克不维持现有的政府，则整个意大利就会陷入无法无天的混乱之中。如果他无法顺利征税，士兵和官僚们的薪水也就无从而来。狄奥多里克比先前任何一位蛮族征服者都更清楚罗马政府系统的价值，因此他希望重建意大利旧有的权力系统，而其官僚体系也是以罗马的行政管理体系（Civilitas）为模板建立起来的。他很尊重罗马城的元老院，在处理教会问题时，尽管他本人是一个阿里乌斯派（Arian）[①]基督徒，但他也能以公正仲裁者的身份来解决各种争端。

　　狄奥多里克在位期间曾强迫哥特人像罗马人一样缴纳税款，同时他还稳定了人民的食物供应来源，修缮了意大利的海港，整理了罗马城和拉文纳的艺术品。尽管狄奥多里克本人目不识丁，但他却还是鼓励教育和学习。在对外政策方面，狄奥多里克也采取了与在国内相同的手段。他让女儿、姐妹与外邦首领联姻，以此来建立同盟。狄奥多里克的大女儿阿雷瓦妮（Arevagni）嫁给了西哥特国王阿拉里克二

[①] 译注：阿里乌斯派是一个在日耳曼部族中非常流行的基督教教派。这一教派与罗马人普遍信奉的"三位一体"理论对立，既不承认耶稣是神的一个位格，也不承认教皇的权威。

世（Alaric Ⅱ），二女儿陶德格萨（Theudegotha）嫁给了勃艮第的王子，三女儿阿玛拉逊莎（Amalasuntha）则嫁给了赫尔曼纳里克（Hermannaric）的直系后裔、阿玛尔贵族尤塔里克（Eutharic）。狄奥多里克没有儿子，因此阿玛拉逊莎与尤塔里克联姻的目的，主要在于确保能够有人来继承王位。狄奥多里克的妹妹阿玛拉芙里达（Amalafrida）嫁给了汪达尔国王瑟雷萨蒙德（Thrasamund），另一个妹妹阿玛拉贝嘉（Amalaberga）则成了图林根国王的妻子。另外，狄奥多里克本人也迎娶了法兰克国王克洛维（Clovis）的妹妹奥德弗里达（Audefleda）。

狄奥多里克为强迫蛮族边境部落接受他的意志，与他们进行了很多次战争。他从格皮德人手中夺取了潘诺尼亚，占领了格雷晏阿尔卑斯山（Graian Alps）和普罗旺斯，将阿勒曼尼人安置在雷提亚（Rhaetia），就连高卢境内的西哥特人也被纳入了他的势力范围。在西班牙，狄奥多里克扶持了阿拉里克二世的儿子阿马拉里克（Amalaric）。作为西方的仲裁者，狄奥多里克声名显赫，就连斯堪的纳维亚的逊位王公也会到他的宫廷中寻求保护，爱沙尼亚人（Estonians）则从遥远的波罗的海（Baltci）来到意大利向他进贡琥珀。直到今天，狄奥多里克仍在《尼伯龙根之歌》中以"伯尔尼的迪特里希"（Dietrich of Bern）之名被人广为传颂。

在狄奥多里克去世之时，他统治着意大利、西西里、达尔马提亚、诺里库姆、潘诺尼亚、两个雷提亚（蒂罗尔和格劳宾登）、普罗旺斯，以及北至乌尔姆（Ulm）的下日耳曼地区。莫里斯·迪穆兰教授（Professor Maurice Dumoulin）写道："如果我们将他对西班牙哥特人建立的霸权也计算在内……除阿非利加、不列颠和三分之二的高卢以外，狄奥多里克几乎已经成功地重建了整个西罗马帝国。"

在狄奥多里克统治之下，西欧迎来了一个真正的复兴时期，日耳曼人的热情与罗马文明的遗产得到了完美结合。只要它能够持续下去，便肯定要改写西欧历史。但事实上，这种结合却注定无法在其缔造者去世之后存续太长时间。523年，东罗马皇帝查士丁一世（Justin Ⅰ，518年至527年在位）迈出了致命一步。他颁布敕令，将阿里乌斯派信徒贬为异端。这是对哥特人的一次直接攻击，狄奥多里克也认清了这一点。这道敕令无异于在狄奥多里克的国土上播下了宗教战争的种子，其毕生心血很可能会毁于一旦。

狄奥多里克在526年去世之后，王位由他的外孙阿塔拉里克（Athalaric）继承，由于后者此时还只是一个10岁的孩子，所以只能暂由其寡母阿玛拉逊莎摄政。这位摄政在骨子里更像罗马人而非哥特人,因此她与臣属们之间也是冲突不断。双方的争执迅速升温,由于担心发生宫廷政变,阿玛拉逊莎只好向在527年从叔父手中继承了皇位的查士丁尼(Justinian,527年至565年在位)求援。阿玛拉逊莎暗中与查士丁尼的使者约定,只要皇帝保障她的人身安全,她就愿意将自己的王国献给皇帝。就在双方仍在谈判之时,阿塔拉里克却在534年10月2日夭折了。为了维持统治,避免谈判泄密,阿玛拉逊莎决定与姐姐阿玛拉芙里达的儿子,可能也是哥特王位第一继承人的狄奥达哈德(Theodahad)分享权力。在阿玛拉逊莎看来,狄奥达哈德是一位软弱之人,因此她仍将握有东哥特人的统治权。阿玛拉逊莎邀请狄奥达哈德继承王位,但同时又让他发誓听从自己的指导。由于狄奥达哈德已经结婚,二人只好以姐弟的身份实行共治。可就在这个协议订立之后不久,狄奥达哈德便开始与阿玛拉逊莎的政敌结盟,将她抓起来关在了博尔塞纳湖(Lake of Bolsena)的一座小岛上。不出几个星期,阿玛拉逊莎就被勒死了。查士丁尼的大使、塞萨洛尼卡的彼得(Peter of Thessalonica)此时正在前往拉文纳的途中,听说这一消息之后,彼得立刻觐见狄奥达哈德,对后者及其追随者抗议说,"由于他们犯下了这桩罪行,皇帝一定会对他们开战"。接踵而来的战争足以与三十年战争相提并论——在这场战争过后,意大利与1100年后的德国一样,化为了一片废墟。

特里卡梅隆会战（533年）与塔吉纳会战（552年）

第十一章

查士丁尼大帝本是一位蛮族农民的儿子，后来却成为东罗马最杰出的皇帝之一。查士丁尼在483年生于伊吕利库姆的达尔达尼亚（Dardania）地区。523年，他娶了恶名昭著的狄奥多拉（Theodora），后者是君士坦丁堡一位驯兽师和舞女的女儿，曾在亚历山大里亚依靠做高级妓女和舞女为生。狄奥多拉是一位兼具决心和勇气的女人，对其丈夫产生了巨大的影响。二人刚一结婚，查士丁尼就将狄奥多拉提升到了贵族阶级，当他加冕之后，更是让妻子做了自己的共治者。

查士丁尼工作起来事无巨细，永不停息，甚至被称为"无眠皇帝"。他不仅将自己视为罗马神君们的继承人，还认为自己是教会的首脑。在整个统治期间，查士丁尼始终坚持着两个不变的目标：一是收复帝国西部，另一个则是打压阿里乌斯派异端。由于他认为自己肩负着将异端信徒纳入正统基督教世界的使命，因此他在西部进行的所有战役都带有宗教战争的性质。但在将计划付诸行动之前，查士丁尼必须要找到对西部进行干涉的合理借口。另外在他登基之时，帝国还在与波斯人作战。

查士丁尼知人善任，他从自己的卫兵中选择了一位年轻军官贝利撒留（Belisarius，505年左右生于马其顿）作为东线军队指挥官。530年，贝利撒留在达拉（Daras）对波斯人赢得了一场标志性的胜利。不久之后他就被召回了君士坦丁堡，查士丁尼也迅速与波斯人缔结了和约。之所以如此，是因为迦太基发生了一场革命，盖塞里克的曾孙盖利摩（Gelimer）推翻了汪达尔国王希尔德里克（Hilderic）。由于希尔德里克在名义上仍是皇帝的封臣，于是他便向君士坦丁堡求援。查士丁尼立刻抓住机会，将希尔德里克的求援当作借口，发动了他的第一次圣战。

可就在贝利撒留准备阿非利加的再征服行动之时，君士坦丁堡却突然爆发了一场"尼卡"（Nika，即希腊语中的"胜利"）暴动。这场暴动不仅打断了战备工作，甚至还险些为查士丁尼的统治画上句号。532年1月11日，皇帝在君士坦丁堡的大赛马场（Hippodrome）内遭到群众奚落，混乱很快蔓延到了整个城市各处。原本互相敌对的蓝党和绿党[1]取得了一致，他们攻击皇帝的宫殿，在城市中到处放火，甚至还拥立了阿纳塔西乌斯（Anastasius，查士丁一世的前任皇帝）的侄子希帕提乌斯（Hypatius）为帝。当时的情况十分危急，查士丁尼本已打算逃命，但狄奥多拉此时站了出来，她对皇帝和大臣们说道："皇帝啊，如果您只是想要逃命的话，这根本不是一件难事。我们有钱，城外有海，港口中也有船。但是请考虑下吧，当您真的逃走之后，是否很快就会感觉生不如死。至于我自己，我坚信那一句古来的格言——紫袍是最高贵的裹尸布。"[2]

这些话语鼓舞了几乎要向叛乱分子们让步的皇帝和大臣们。查士丁尼立刻召见贝利撒留和一位中年的亚美尼亚宦官——宫廷大总管（Grand Chamberlain）纳尔塞斯，命令他们镇压叛乱。贝利撒留率领一支武装部队以暴力手段平乱，同时纳尔塞斯也带着大量黄金去游说原先忠于皇帝的蓝党。贝利撒留听说暴徒大多集中在赛马场内，于是便率领部队攻入赛马场，在另一位将军蒙达斯（Mundus）帮助下攻击并屠杀了35000名叛乱者。尼卡暴动就此告终，而我们对这场起义的最大兴趣来自于，未来将要重新征服意大利的两个人——贝利塞留和纳尔塞斯，在平息起义的过程中均扮演了重要角色。

我们很难在历史上再找到两个如此不同的人物了，贝利撒留和纳尔塞斯之间的区别，就好像三十年战争中的古斯塔夫·阿道夫斯（Gustavus Adolphus）与华伦斯坦（Wallenstein）一样显著。在532年时，贝利撒留只有27岁，而纳尔塞斯却已经54岁了。前者自幼便生活在军队之中，后者直到中年后期才成为军人。贝利撒留身材高大、体格匀称、相貌英俊，纳尔塞斯却比较矮小瘦弱。相比之下，贝利撒留好胜心极强，勇敢到了莽撞的边缘，他头脑中的创造力几乎取之不尽，即使吝啬的皇帝总是派给他不够用的兵力，贝利塞留也总是能完成任务。纳尔塞斯则是一位险恶的阴谋家，善于溜须拍马、伪装自己。此人精明、冷静而且狡猾，在手中的工具不足时，绝不会采取冒险行动危及自己的名誉。总体而言，虽然二人采用的手段不同，但他们都是出色的战术家，而且同样重视纪律。在战略层面，纳尔塞斯似乎还要更胜一筹，另外他在管理内政方面也肯定要比贝利撒留出色得多。

贝利撒留是一位仁慈的征服者，他通常会尽量避免在战争中使用恐怖的手段，而这有时又会导致他陷入劣势之中。纳尔塞斯却单纯地将战争视作政治工具，任何其他考量因素都不应影响其最终目标。另外，由于贝利撒留取得了巨大成功，查士丁尼也总是会对其多加监视，而纳尔塞斯却深受皇帝的信任，几乎对他言听计从。毫无疑问，虽然纳尔塞斯本人才华出众，但他之所以对皇帝拥有如此巨大的影响力，主因还在于他是一位永远无法夺走皇位的宦官。相比之下，贝利撒留则有一个重大弱点——他的妻子安东尼娅（Antonia）。她的出身与狄奥多拉皇后相似，是一位战车手与剧院娼妓所生的女儿。按照普洛科皮乌斯的说法，皇后比查士丁尼年轻20岁，而安东尼娅却比贝利塞留年长23岁。可尽管如此，贝利撒留在婚后却始终被她玩弄于股掌之中。几乎在每一次战役中，安东尼娅都会陪着贝利撒留一起出征，她对丈夫的影响力也完全能与狄奥多拉对查士丁尼的影响力相提并论，而这又经常损害贝利塞留的名声。说起来奇怪的是，如此伟大的一位将军，居然屡屡为妻子的诡计所蒙骗，变成了石榴裙下的奴隶。安东尼娅在晚年更是放荡不堪。如吉本所言，贝利撒留对妻子"始终不变的耐心和忠诚，要么是'男人'二字配不上他，要么就是他配不上'男人'二字"。[3]

虽然有很多无辜百姓死于尼卡暴动的大屠杀之中，但从政治上讲，这次"放血"却非常成功。君士坦丁堡城内的动乱势力被彻底削弱，查士丁尼的权威终其一生也不曾再次遭遇挑战。从此之后，他终于得以将全部精力投入到他为帝国制定的计划之中。眼下的头号大事，就是从汪达尔人手中收复阿非利加，并消灭当地所有的阿里乌斯派异端。

从军事上来讲，查士丁尼手中的工具与戴克里先和君士坦丁的工具已经大为不同。在戴克里先和君士坦丁两位皇帝的时代结束后，罗马军队便陷入了衰落之中。伊利里亚的边防军已经消失，其他地区也只剩下一些极不起眼的部队。御林军和野战军仅有名称尚存，而军团甚至连番号都已经不存在了。在阿纳塔西乌斯、查士丁和查士丁尼治下，帝国军队主要由"战斗群"（Numeri）、"蛮盟"和"家臣"（Bucellarii）三部分组成。其中战斗群是帝国的正规士兵，既有步兵又有骑兵，他们的声誉很差，甚至连奴隶也能加入其中。蛮盟主要是从佣兵或各个民族中招募的纯雇佣部队，匈人是其中很重要的组成部分。家臣则是指拜占庭权贵们手下的武装家兵，虽然他们属于私人武装，但除自己的主人以外，他们还要向皇帝宣誓效忠。简而言之，被查士丁尼派去收复阿非利加的军队，已经不再是一支国民军，而已经变成了雇佣军。

考虑到征服目标地区的广阔以及盖利摩无法确定的实力水平，查士丁尼拨给贝利塞留的兵力可以说是少得可怜。这支军队总计只有10000名步兵和5000名骑兵，士兵几乎全都是从帝国各地区征召来的野蛮人。如所有的纯雇佣部队一样，这些士兵虽然训练有素，但在忠诚方面绝不可靠。在胜利时他们会变得十分残暴，在失败后又很容易叛变。

在准备入侵行动时，贝利撒留所面临的第一个问题就是应在何处建立前进基地。如果他将军队集中在埃及，之后再穿越利比亚和的黎波里（Tripolis）前往阿非利加，为军队提供给养将会变得十分困难。如果在伯罗奔尼撒建立基地，跨越地中海前往阿非利加，又要面对海上风暴的威胁，而且汪达尔人手中也握有一支强大的舰队。最终，贝利撒留决定经由西西里前往阿非利加。阿玛拉逊莎始终对帝国抱有好感，而希尔德里克又在527年处死了她的姑母阿玛拉芙里达，导致双方陷入争端，阿玛拉逊莎也因此同意在西西里友善接待远征军。但这一决定最终却导致阿玛拉逊莎的臣民走向毁灭。如果罗马人没有得到西西里带给他们带来的优势，远征能否成功也将成为一个疑问。而倘若对阿非利加的远征失败，则查士丁尼根本不可能入侵意大利。倘若东哥特帝国因此而存续下去，那么整个西欧都将因此而获益。

533年6月，远征军在君士坦丁堡登上了500艘运输船。[4] 这些运输船拥有20000名水手，由2000名拜占庭奴隶驾驶的96艘德罗蒙船（Dromon，即小型的快速战舰）掩护。由于风向不利，舰队在伯罗奔尼撒的米索尼耽搁了很长时间，其间有500名士兵因食用了腐败的食物感染寄生虫而死。当舰队终于抵达桑特岛（Zante）之后，又轮到不利的风向来阻碍罗马人了。贝利撒留花费了16天才终于抵达西西里岛的卡塔尼亚。得益于阿玛拉逊莎的友善，罗马军队受到了非常友好的接待。

从此时起，贝利撒留所面临的问题又转移到了情报方面。说起来奇怪的是，一直到了此时，贝利撒留居然还是完全不清楚汪达尔军队的实力和部署，而他对于阿非利加哪里最适合登陆也一无所知。他只知道汪达尔人拥有一支强大的舰队，倘若运输船在渡海时被对方抓住，很可能会被对方打得全军覆没。自从波斯战争开始，史学家普洛科皮乌斯便开始受命担任贝利撒留的法律顾问。如今在与普洛科皮乌斯商议过后，贝利撒留便将派他到了叙拉古，表面上是去采购物资，实际上则是收集情报。普洛科皮乌斯返回之后，报告说盖利摩尚不曾听说远征军已从君士坦丁堡启程，汪达尔最优秀的士兵也都被交给了他的弟弟特查宗（Tzazon），此时正在萨丁尼亚平定查士丁尼所煽动起来的叛乱。

贝利撒留一刻也没有耽搁，立刻让士兵登船，扬帆出海。在马耳他岛（Malta）和戈佐岛（Gozo）两度停歇之后，军队终于在从君士坦丁堡出发三个月后的9月初抵达了阿非利加海岸。贝利撒留在位于邦角（Cape Bon）以南130英里的卡普特瓦达（Caputvada，即今日的卡普迪亚海角）登陆，受到了当地居民的友善接待。贝利撒留建造了一座设防营地，开始四处宣传查士丁尼的宣言，声称远征军绝不是要和百姓作战，其敌人只有盖利摩一人。在此之后，他就开始向北进发前往迦太基。亚美尼亚人约翰（John the Armenian）率领着300名骑兵在主力部队前方担任前卫，600名匈人骑兵担任左侧卫，沿海岸航行的舰队自然也掩护着军队右翼。9月13日，前卫部队抵达了十里隘路（Ad Decimum），此处竖立着一个距离迦太基10罗马里的里程碑。

听说敌军已经登陆之后，盖利摩的第一反应是想要将战事拖延下去，等到特查宗返回阿非利加之后再与对方决战。另外，他还准备像汪达尔先人们一样，拆毁阿非利加各城市的所有防御工事，让迦太基城变成一座不设防的城市，以方便自己在未来进行反击。但后来他听说贝利塞留的军队人数很少，便转而命令驻守在迦太基的弟弟阿玛图斯（Ammatus）对入侵者发动进攻，同时他本人也将希尔德里克一家全部处死。

盖利摩制定了一个极为复杂的作战计划。他决定在对方进入十里隘路时，从三个方向对其发动进攻——阿玛图斯从迦太基出城攻击敌军前卫，他本人率领主力部队攻击敌军后方，同时他的侄子吉巴蒙德（Gibamund）则率军翻越西侧山地进攻敌军的左翼。虽然普洛科皮乌斯曾惊叹于贝利撒留能从如此险境之中摆脱全军覆灭的命运，但实际上，由于当时还没有钟表，在这样一个要求时间绝对精确的计划中，如果三支攻击部队真的能够按计划同时发动进攻，那才应该算是偶然事件。

阿玛图斯于9月13日离开迦太基，在另外两支纵队抵达之前便发动了进攻，结果他本人受了致命重伤，其麾下部队也落荒而逃。接下来，吉巴蒙德也发动了进攻，但被匈人侧卫击溃。直到这两次进攻全都失败之后，盖利摩才终于抵达战场。他不仅不知道前两次攻击已经失败，而且还在山地中迷了路，在无意间错过了敌军后方，反而抵达了阿玛图斯战死的地方。他遇到了贝利撒留主力的先头部队，趁着他们远远领先于其他部队、孤立无援之时将其击溃。逃兵们在惊慌之下拼尽全力向后方奔逃，800名未曾与盖利摩交战的近卫部队也跟着他们一起逃走了。倘若盖利摩懂得利用敌军的混乱，他本有可能获得胜利。普洛科皮乌斯写道："如果他立刻发动追击，我认为即使是贝利撒留也抵挡不住……从另一方面来说，即使他此时直接返回迦太基，也能在途中消灭约翰手下的部队，因为他们此时正在专心搜刮战死者的尸体，三三两两地分散在整片平原之上。此外，他还能保住城市中的所有宝藏并俘获距离城市不远的我军船只。倘若真是如此，则我军就将进退不得，既不能获得胜利，也没办法乘船逃走。"[5] 可盖利摩却没有如此行动——他在撤退途中发现了弟弟面目全非的尸体，立刻陷入了沉痛的悲伤之中。他放弃了进一步的进攻行动，反而花费大量时间为弟弟举办了一个体面的葬礼。贝利撒留趁机重整被打散的部队，在夜幕降临之前发动反击，驱散了汪达尔人。

当拜占庭军队在第二天前进到迦太基城下时，发现大部分汪达尔守军已经撤出了城市。9月15日，迦太基开城投降，贝利撒留在进城时也受到了居民们的热烈欢迎。由于担心敌军反攻，他的第一个行动就是修复已经被毁一个世纪的城防工事。在此期间，盖利摩已经撤退到了迦太基城以西100英里处一个被称为布拉—雷吉亚（Bulla Regia）的地方。他在那里重新收拾起自己依然强大的残军，并派出信使去命令特查宗尽快从萨丁尼亚赶回来支援自己。在与特查宗会合之后，盖利摩的军队变得极为强大，按照普洛科皮乌斯的说法，其人数达到了贝利撒留的十倍。[6] 进抵迦太基之后，盖利摩拆毁了为城市供水的引水渠。接下来，在听说贝利撒留的匈人部队正因雇佣条款问题而感到不满之后，盖利摩又唆使匈人，让他们承诺在未来的会战中对罗马人倒戈相向。随后盖利摩便撤退到了迦太基城外大约18英里处一个名叫特里卡梅隆（Tricameron）的地方，并在那里建造了一个设防营地。

贝利撒留在得知手下匈人即将变节之后，便用"礼物、宴会和其他种种逢迎的手段"来安抚他们。[7] 结果匈人们作出决定，在未来的战斗中，他们不会立刻对拜占庭人的背后发动进攻，而是要等到胜负已分之时，再加入得胜的一方。此事非常清楚地显示出了雇佣军是何等危险——战利品才是他们唯一的目标，胜利只是获得战利品的手段而已。

在匈人的问题得到暂时解决之后，贝利塞留决心进行一场豪赌，希望能凭借大胆的行动来阻止佣兵叛变。尽管贝利撒留在数量上居于劣势，但他还是决定对盖利摩发动进攻。在当时的情况下，这要算是一个非常大胆的决定。贝利撒留对于敌军的判断极为正确，这一点从他对部队发表的一次讲话中便能看出。据说，贝利撒留当时对部下说道："至于汪达尔大军，任何人都不要担心。决定战争胜负的，既不是士兵的数量，也不是身材的高矮，而是灵魂中的勇气。"[8]

贝利撒留命令亚美尼亚人约翰带领其属下全部骑兵（不足 500 人）先行出发。第二天（大约是在 533 年 12 月中旬），贝利撒留也率领着步兵和 500 名骑兵向特里卡梅隆进发，并于当晚在距离敌营尚有相当一段距离的地方宿营。盖利摩在听说敌军接近之后，也鼓励士兵们说，即使战死沙场也决不能让盖塞里克的荣誉蒙羞。大约在正午时分，盖利摩率军出营。此时约翰的骑兵正在准备午饭[9]，被对方打了个措手不及。可盖利摩没能利用自己出其不意的好运，他没有在敌军做好准备之前发动进攻，反而停下脚步坐等对方先动手。如此缺乏将道的行为，无疑只会带来失败。约翰很快就让手下骑兵全都上了马，并将他们分为三队，自己亲率中央的一队。贝利撒留可能也收到了盖利摩出动的消息，他"留下步兵在后缓步前进"[10]，自己则立刻率领着手中的 500 名骑兵前去与约翰会合。与此同时，盖利摩也将骑兵列成了三队，中央部分由特查宗率领。另外，汪达尔人还收到命令，要他们只用刀剑来做近战肉搏。

普洛科皮乌斯告诉我们，在拖延了相当长的时间之后，会战才终于打响。约翰率领一小队精锐骑兵，跨过两军之间的一条小河，对汪达尔人的中央展开冲锋，但很快就被特查宗逐退，甚至被一路追到了自己的营地。接下来，约翰又带领着营地中的守卫再次进攻特查宗手下的部队，但还是被逐退到了营地之中。在此之后，约翰带着所有卫兵和枪兵发动了第三次进攻，他们尽可能地高声呐喊，在激烈的战斗中杀死了特查宗本人。后者的死也成了拜占庭骑兵大举进攻的信号，他们"跨过河流向敌军进发，首先击溃了中央的敌人，之后又将其余敌军也全部击溃，罗马任何一支部队，都可以轻松地将面前的敌人打得溃不成军。马萨革太人（匈人）看到这种情况，就按照他们先前在内部达成的共识，加入了正在追击敌人的罗马军队"。[11]汪达尔骑兵全都被打退到了设防营地以内，拜占庭士兵们则立刻开始洗劫战死者的尸体。

骑兵之间的战斗持续时间不可能超过一个小时，而主力部队之间的交战还尚未开始。贝利撒留的骑兵无法攻击汪达尔营地，双方此时的伤亡也并不严重，罗马一方仅损失了不到 50 人，汪达尔人的损失也仅有 800 人左右。

下午晚些时候，拜占庭步兵终于抵达了战场，贝利撒留命令他们去攻击汪达尔营地。可悲的是，盖利摩早上还对士兵说不要让盖塞里克的荣誉蒙羞，如今他却"一言不发地跳上战马，沿着通往努米底亚的大路逃走了"。[12]盖利摩的逃跑让贝利撒留赢得了会战胜利。听说国王已经逃走之后，汪达尔营地内一片惊慌，"所有人都混乱地逃走，将一切都丢在了身后"。[13]

在这支六神无主的军队惊人地崩溃之后，又发生了一件同样惊人的事情。贝利撒留的军队进入已被抛弃的汪达尔营地之后，全军一哄而散，纷纷跑去抢劫，"……他们被眼前的好运所蒙蔽……士兵们解散行列，各自任意地游荡。在谷地和丘陵之中，到处都是可能让士兵陷入危险或者让敌人发动伏击的洞穴。可士兵们既不害怕敌人，也不顾贝利撒留的命令，除一心想要搜刮战利品以外便再也不顾任何其他事情"。[14] 盖利摩哪怕只要还有一丝勇气，就完全可以利用佣兵们那不知餍足的胃口发动反击。如果他没有抛弃自己的军队，而是率军从营地中撤退，把营地当成诱饵，等到敌军上钩之后再发动反击，他就完全能够夺回营地和自己的王国，而这也正是贝利撒留担心盖利摩会采取的行动。普洛科皮乌斯写道："他整夜都在担心敌军可能会因共同的敌意而联合起来，给他造成无法挽回的损失……我相信，无论此事在何时，以何种方式发生，都不会有一个罗马士兵能够逃出生天，去享受他的战利品。"[15]

第二天早上，贝利撒留在重建了一定程度的秩序之后，派出亚美尼亚人约翰及其属下骑兵去追击盖利摩。但直到534年3月，这位汪达尔国王才因为严重的饥荒而被迫投降。不久之后，他便在君士坦丁堡的凯旋式上被贝利撒留拖着游街示众了。

贝利撒留刚一离开阿非利加，皇帝的税吏们就好像秃鹫一样聚拢了过来。在他们的压榨之下，有很多已经和汪达尔女人结婚的拜占庭士兵发生了兵变。与此同时，信仰阿里乌斯教派的百姓，也因为被禁止为孩子进行洗礼或举行任何宗教活动而跟着发动了叛乱。摩尔人趁着这种乱局，劫掠、蹂躏这片刚刚被罗马收复的土地长达十余年时间。吉本写道："……阿非利加地区变得极为荒凉。在很多地方，一个陌生人哪怕走上一天，也见不到一个朋友或者敌人……在普洛科皮乌斯刚刚登上阿非利加海岸时，他曾经非常仰慕那里人口众多的城市、乡村以及繁荣的贸易和农业。可就在不足二十年的时间里，这一派繁荣的景象就已经变成了寂静的荒野，富有的公民也逃到了西西里和君士坦丁堡。神秘史学家信心十足地写到，战争和查士丁尼皇帝的政府，吞噬了足足500万阿非利加人口。"[16]

征服阿非利加，使查士丁尼得到了一个非常便利的补给基地，可供他在入侵意大利时使用。534年，就在汪达尔王国刚刚崩溃之后不久，狄奥达哈德谋杀了阿玛拉逊莎。查士丁尼皇帝立刻抓住这个机会，以此为理由向东哥特人宣战。查士丁尼迅速组织了两支军队，一支由蒙达斯率领入侵哥特人的达尔马提亚行省，另一支则由贝利撒留指挥去征服西西里。由于皇帝的吝啬，两支军队规模都小得可怜——蒙达斯的军队仅有3000至4000人，若按照普洛科皮乌斯的说法，贝利撒留的军队也仅有7500人。

人们在研究这场战争最初几年的时候，总是能发现，贝利撒留之所以能凭借规模如此之小的军队取得如此巨大的成就，原因在于他本人拥有过人的将道，士兵的装备更好，而且和阿非利加的情况一样，意大利的罗马人也同样拥护拜占庭一方。贝利撒留知道，他无法凭借这支规模如此之小的军队在野战中击败哥特人。但同时他也认清了，对方在建造攻城机械方面非常无能。因此他决定避免与对方进行会战，尽可能利用各城市的城墙来与敌军对抗。这样一来，他不仅能增强自己的实力，还能迫使敌军在围攻中消耗实力。不过，贝利撒留并没有采取被动防御的战术，而是经常从城市中发动突袭，以便让手下士兵们能充分发挥其弓箭的威力。对于这一点，他本人也做出了如下解释：

区别在于，几乎所有罗马人和他们的盟军——也就是匈人——都是优秀的马弓手，而哥特军中连一个精通骑射的人都没有。他们的骑兵只习惯用长矛和刀剑战斗，弓箭手则在重装部队保护下步行作战。这样一来，除非他们只在近距离进行战斗，否则哥特骑兵就没有任何办法来保护自己不被对方的弓箭攻击，因此他们也很容易被弓箭所摧毁。至于那些步兵，则根本没有实力与骑兵对抗。[17]

535年将近年底之际，贝利撒留在西西里登陆了。他受到了人民的欢迎，除巴勒莫以外的所有城市都向他开城投降。当巴勒莫也被攻陷之后，狄奥达哈德非常惊慌，希望向查士丁尼俯首称臣。他提出，只要查士丁尼支付一笔黄金，他就愿意将意大利归还给帝国。可就在谈判过程中，贝利撒留又被召回阿非利加去镇压叛乱，蒙达斯也在萨罗纳（位于今日的斯帕拉托附近）兵败身亡。这些意外事件导致懦弱但却善变的哥特国王收回了臣服请求，甚至还扣押了皇帝的使者。贝利撒留随即又被召回了西西里，并于536年5月率军渡过墨西拿海峡。他对那不勒斯展开围攻，并通过一条高架水渠进入城内，攻陷了该城。在此期间，就好像汪达尔战争前夕拜占庭与东哥特人的联盟一样，拜占庭又通过外交手段与法兰克人[18]缔结联盟，使狄奥达哈德陷入了两面作战之中。

那不勒斯陷落之后，狄奥达哈德被推下了王位，一位名叫维蒂吉斯（Vittigis）的武士被推举出来取而代之。为确保自己地位的稳固，维蒂吉斯与妻子离婚，并迎娶了阿塔拉里克的妹妹、狄奥多里克的孙女玛瑟逊莎（Matasuentha）。继位之后，维蒂吉斯的第一步行动就是以割让高卢境内的哥特领地（包括普罗旺斯和多菲内的一部分）为代价，收买法兰克人退兵。但与他在这一行动中所表现出的明智相反，维蒂吉斯的第二步行动却带来了无穷祸患。他退出了罗马城，只留下一小队守军，并将城市的管理工作全部交给了教皇西尔维里乌斯（Pope Silverius）来负责。536年12月10日，教皇不顾曾对维蒂吉斯许下的效忠誓言，开城向贝利撒留投降。维蒂吉斯发现自己已经铸成大错，遂于次年3月率领15万大军围攻这座永恒之城。[19]在罗马城所遭受的历次围攻之中，这也许并不是时间最长的一次，但却是最具灾难性的一次。

维蒂吉斯首先摧毁了罗马城的高架水渠。这些水渠曾为城内超过100万罗马人每日提供3.5亿加仑[20]①的日常用水，足够城内的浴场、喷泉、花园、私人用水以及数百座水磨坊和其他作坊使用。尽管后来部分水渠得到了修复，但整个供水系统从此再也不曾复原，罗马城的社会生活也因此发生了改变。

3月21日左右，维蒂吉斯在品西安门（Pincian Gate）和萨拉良门之间发动了一次全面攻势，但却被贝利撒留的弩炮、投石机和弓箭手击退。在此之后，维蒂吉斯便只好改用围困的办法来继续攻城。接下来在4月份，得到1600名骑兵增援的贝利撒留下令出城突围。这场战斗本可能一举结束战争，可就在战斗进行到关键时刻之际，士兵们却纷纷跑去洗劫哥特人的营地，而没有进一步向对方施压，因此他们也未能占领台伯河上控制着弗拉米尼亚大道的米尔维安大桥（Milvian Bridge）。

到12月，又有5600名援军抵达意大利，随援军一同前来的还有一位能干但却莽撞的将军"嗜血者"约翰（John Sanguinarius）。贝利撒留如今感到自己的兵力已经足够强大，可以对敌军后方展开攻击了。他命令约翰率领2000名骑兵前往皮西

---

① 译注：1英制加仑约合4.55升，3.5亿英制加仑的水大约重160万吨。

努姆（Picenum），去蹂躏弗拉米尼亚大道终点附近的亚德里亚海岸地区。但约翰却抗命不遵，在没有攻克乌尔比诺（Urbino）和奥西莫（Osimo）这两座要塞的情况下，直接前进到了里米尼（Rimini）城下。由于他的可怕名声，里米尼城在首次遭到进攻时即被攻陷。这次大胆的攻势将拜占庭军队带到了距离哥特都城拉文纳仅有33英里的地方，完全出乎维蒂吉斯的预料。538年3月12日左右，维蒂吉斯解除了对罗马城的围攻启程北归。维蒂吉斯从罗马城的这一次撤退，其意义与多年之后拿破仑从莫斯科的退却相似，它变成了"哥特人在意大利霸权的坟墓"，其掘墓人则是"坎帕尼亚的致命晨雾"。[21]

尽管约翰的抗命行为非常恶劣，但毫无疑问的是，当约翰占领里米尼之后，贝利撒留唯一正确的应对办法就是进一步扩张约翰获得的胜利。可恰恰相反，贝利撒留却命令约翰撤离里米尼，后者又一次抗命不遵。维蒂吉斯利用了二人的不合，率军推进到里米尼城下围困了约翰。与此同时，查士丁尼也担心贝利撒留在防守罗马城过程中获得的巨大声望，会让这位将军成为危险的皇位竞争者，因此派遣宦官纳尔塞斯率领着一支强大的援军前往意大利。由于在镇压尼卡暴动的过程中立下过大功，纳尔塞斯如今被人称为"神圣施舍伯爵"（Count of the Sacred Largesses）。尽管纳尔塞斯的任务是去帮助贝利撒留结束战争，但同时他也要时刻对贝利撒留保持监视。

如果纳尔塞斯率军在安科纳（Ancona）登陆，他便将直接进抵里米尼以南60英里的地方，但他最终却选择在皮西努姆登陆。上岸之后，他立刻在如何解救约翰的问题上与贝利撒留发生了争执。纳尔塞斯与贝利撒留意见不合，由于前者更受皇帝信任，后者也只能做出让步。但也正因为如此，解围行动反而变成了一场极为卓越的海陆联合行动。约翰在得救后对纳尔塞斯而非贝利撒留表示感谢，导致两位指挥官从争执上升到了公开的对立，此后一切行动都只能在妥协和权宜中进行。其结果便是，在539年年初，自从罗马城解围之后就被帝国军队占领的米兰城，再一次被维蒂吉斯的侄子乌雷斯（Urais）率领的哥特人占领。按照普洛科皮乌斯的记载，有多达30万人在随后的大屠杀中被杀。[22]除这场灾难以外，图斯察尼（Tuscany）、埃米利亚（Emilia）、利古里亚等地也被饥荒所席卷，据说仅在皮西努姆就有5万农民饿死，"爱奥尼亚海湾（亚得里亚海）以北还有更多的人因饥荒而死"。[23]这种双头的指挥体系堪称灾难[24]，不久之后，贝利撒留给查士丁尼写了一封措辞强硬的抗议书，说服皇帝召回了纳尔塞斯。摆脱纳尔塞斯的牵制后，贝利撒留开始围攻拉文纳以南仅存的两座哥特要塞菲耶索莱（Fiesole）和奥西莫。当此之时，又有 10 万名法兰克人在国王休德伯特（Theudibert）率领下入侵意大利。他们击败了哥特和罗马双方的军队[25]，踩躏了大片土地，最终只是因瘟疫横行才被迫撤退。

到了 539 年年底，贝利撒留在攻克菲耶索莱和奥西莫之后，进抵维蒂吉斯的最后堡垒拉文纳，并对其展了围攻。可就在此时，伊利里亚、马其顿和色雷斯又出现了匈人入侵的威胁。另外，罗马人发现维蒂吉斯正在与波斯国王科斯洛伊斯（Chosroes）①密谋，请求后者对帝国的东部发动进攻。查士丁尼出于担忧之情，于 540 年年初派遣使者前往拉文纳，向维蒂吉斯提出了一个意料之外的优厚和约。按照查士丁尼的提议，罗马将承认哥特人占领波河以北的意大利土地，而波河以南包括西西里在内的土地则由罗马收复。这是一个颇有政治头脑的提议，由于意大利以北有着凶猛的伦巴第人，西面又有同样勇猛的法兰克人，皇帝显然是希望在波河以北保留一个由哥特人组成的缓冲国。但贝利撒留却一心想要得到对方的无条件投降，像对待盖利默那样，将维蒂吉斯当成俘虏带到查士丁尼脚下。因此他拒绝为这个和约出力并禁止使者进入拉文纳，同时还加紧了围攻行动。

维蒂吉斯此时已经饱受饥荒的折磨，他可能获悉了贝利撒留拒绝妥协的态度，因而采取了一个极为出乎寻常，但同时又极为无私的计谋——他提出将整个西罗马帝国献给贝利撒留。换句话说就是，维蒂吉斯要将哥特王位拱手让给对方。尽管贝利撒留无意打破其不会在查士丁尼在世时"发动革命"的誓言[26]，但他还是用一种不光荣的方式利用了这个提议，其目的只是要骗哥特人打开城门而已。他派出使者告知维蒂吉斯，自己接受对方的一切条件，但他必须在进城之后才能接受王冠。540 年春季，拉文纳向贝利撒留投降。后者在控制住城市之后，立刻便撕掉了自己的面具。虽然贝利撒留没有洗劫城市，但他还是逮捕了维蒂吉斯和所有重要的哥特贵族，夺走了无数的哥特财宝，将俘虏和财宝全都送到了君士坦丁堡。

虽然贝利撒留的行为非常狡诈、不讲信义，但还是产生了决定性的效果。在拉

---

① 译注：库思老（Khosrau）的希腊语名字。

文纳被占领之后，意大利东北部几乎所有城市全部望风而降，仅有维罗纳和帕维亚除外。其中前者由西哥特国王之子伊狄巴德（Ildibad）镇守，后者则由乌雷斯镇守。最勇敢的哥特武士纷纷逃到了两地，他们本想推举乌雷斯担任国王，但乌雷斯却拒绝接受王冠，于是他们又选择了伊狄巴德来担任新国王。

贝利撒留不光荣的诡计，最终还是成了一把双刃剑。查士丁尼不敢把这位野心勃勃的将军留在拉文纳宫中，因而将其召回君士坦丁堡并拒绝为其举行凯旋式。541年春季，查士丁尼又派贝利撒留前往幼发拉底河前线，去对付再次与罗马帝国开战的科斯洛伊斯。

贝利撒留离开意大利之时，狄奥多里克建立的帝国已经只剩帕维亚这一座城市了，其守军也只有伊狄巴德率领的1000名哥特士兵。可是到了当年年底，伊狄巴德带领着一支多半人员都来自于拜占庭逃兵的军队，在特雷维索（Trevisp）附近的一场会战中击溃了帝国军队，夺回了波河以北的所有意大利土地。伊狄巴德之所以能取得如此成就，主要是因为在贝利撒留离开之后，战争指挥权被交给了多达11位将军共同负责。由于缺乏统一指挥，这些将军们争吵不休，一心只顾抢劫。此外，意大利刚刚被帝国夺回不久之后，便有大批审计官（Logothetes）来到此处——他们的主官名叫亚历山大，此人因偏好采用货币贬值的手段来解决经济问题而被戏称为"剪刀"（Psalidion）。在他们的压榨之下，本已在一片焦土之中困苦不堪的意大利也陷入了无政府状态之中。

541年春季，伊狄巴德遇刺，继位的艾拉里克（Eraric）在位仅八个月即被伊狄巴德的侄子托提拉（Totila，也叫巴杜伊拉）杀死。托提拉是一位出色的战士，为人慷慨大方，具有骑士精神且非常勇敢。按照霍奇金的说法，托提拉"称得上是东哥特人中最高贵的一位"。[27] 542年年初，托提拉刚刚被推举为王便在法恩扎（Faenza）击败了帝国军队。之后他又越过亚平宁山脉，在穆杰罗（Mugello）击败了塞萨洛尼卡的约翰（John of Thessalonica）。在这一战之后，除罗马城以及少数要塞以外，意大利中部和南部均被托提拉占领了。也就是说，贝利撒留先前赢得的一切都已经被输得一干二净了。543年5月，托提拉在攻克那不勒斯之后，终于下定决心围攻罗马城。这些情况终于唤醒了查士丁尼，促使他在544年春季做出决定，派遣贝利撒留返回意大利。

贝利撒留在色雷斯征召了一些部队，但直到他前去解救奥特朗托（Otranto）的时候，其手中的兵力还不到4000人。在此之后，他沿着海岸前进到了波拉（Pola），又从那里横渡亚得里亚海抵达拉文纳。他在此处写信给查士丁尼，请求皇帝给他送来更多的士兵、马匹、武器和金钱。可就在贝利撒留刚刚发出求援信之后不久，托提拉便于545年9月围困了罗马城。大敌当前之际，负责指挥守军的贝萨斯（Bessas）却因为私利垄断了小麦，再用高价转卖给城中的军民。为打破围困，贝利撒留前进到了波尔托（Porto）和罗马城的港口奥斯提亚（Ostia），在那里建立了自己的基地。可他几乎一无所成，546年12月17日，罗马城被叛徒出卖给了托提拉。按照普洛科皮乌斯的说法，城中的150万人口被杀得只剩下不到500名男性。[28]

此后哥特人再次求和，但由于查士丁尼将决断权交给了贝利撒留，战争便继续打了下去。此时约翰正在蹂躏卢卡尼亚，托提拉在撤走罗马城内剩余的公民之后[29]，只留下了一支小规模守军便出发前去对付约翰。贝利撒留立刻用计谋骗过守军，重新夺回了城市。得知这一消息之后，托提拉迅速返回，但在两次进攻遭到失败之后，他也只好撤退到了蒂沃利（Tivoli）。

接下来就是长达两年的鏖战和破坏。到549年年初，贝利撒留主动要求返回君士坦丁堡，"虽然其财富大大增加，但威名却不及从前"。[30]此后托提拉第三度围攻罗马城，该城也又一次被叛徒出卖给了他。托提拉再次求和，但查士丁尼拒绝接见哥特使臣。不久之后，帝国军队在意大利所占据的地区，就只剩下拉文纳、奥特朗托、安科纳和克罗多尼（Crotona）这四座城市了。

查士丁尼本想任命自己的侄子日耳曼努斯（Germanus）[31]来指挥意大利战事，但日耳曼努斯在出发之前就因病死在了抵挡斯拉夫人入侵的前线。大约与此同时，托提拉占领了雷吉奥（Reggio），之后又渡海夺回了西西里以及萨丁尼亚和科西嘉。

日耳曼努斯死后，意大利诸将便希望由他的女婿、即维塔利安（Vitalian）的侄子以及萨罗纳驻军指挥官约翰率兵前来进行救援。但可能是由于约翰的官阶并不比诸将更高，查士丁尼担心诸将不会服从于他，因此便将指挥权交给了自己的宫廷大总管纳尔塞斯。后者虽然已经有了75岁的高龄[32]，但却仍然满怀热情地接受了任命。这是一个很能服众的任命，纳尔塞斯不仅早已有着出手大方的名声，使拜占庭众多佣兵部队都很乐意为其效劳。而且更重要的是，由于他是帝国宫廷的心腹要员，其地位要远比贝利撒留更为稳固，因此也更容易得到其所需的资源。普洛科皮乌斯也说"他从皇帝那里得到了一支规模可观的军队和大笔金钱"。[33]

在纳尔塞斯集结军队的同时，托提拉也组建了一支拥有 300 艘船的舰队，准备夺取亚得里亚海的制海权。他首先洗劫了科孚岛，之后又沿着伊庇鲁斯和达尔马提亚海岸北上，摧毁了"从希腊出发为纳尔塞斯运输给养"的船只。[34] 与此同时，托提拉又加紧了对安科纳的围攻，留守拉文纳的瓦勒良（Valerian）只好向驻守萨罗纳的约翰求援。尽管约翰曾收到命令，禁止他在纳尔塞斯抵达前采取行动，但他却凭着自己的主动精神，乘着 38 艘船出海。在与瓦勒良的 12 艘战舰会合后，约翰取得了一场海战胜利，解除了哥特人对安科纳的围困。普洛科皮乌斯写道："这场战斗摧毁了托提拉和哥特人的斗志，同时也削弱了他们的力量。"[35]

托提拉再次求和，查士丁尼也再次拒绝接见其使者，"他好像非常痛恨哥特这两个字一样，一定要把它们彻底逐出罗马领土"。[36] 为巩固自己的地位，托提拉与法兰克国王休德伯特缔结了盟约，此时后者的军队已经占领了威尼提亚的大部分土地。双方约定在击败罗马人之前，绝不互相开战。

552 年春季，在萨罗纳完成动员工作的纳尔塞斯终于出发，走上了前往意大利的道路。其军队的具体人数如今已经无从考证，普洛科皮乌斯也只说这是"一支出奇庞大的军队"，其规模可能在 20000 人左右。与所有拜占庭军队一样，纳尔塞斯的军队也由诸多蛮族部队组成，其中包括匈人、伦巴第人、格皮德人、赫鲁利人以及一支波斯部队。但这支部队最重要的财产，还要算是纳尔塞斯本人及其手中"数目极为庞大的金钱"[37]，其中后者对于一位佣兵部队的指挥官而言至关重要。到达亚德里亚海岸顶端之后，纳尔塞斯发现其前进道路为法兰克人所阻，特亚斯（Teias）也带领着一支哥特部队驻扎在维罗纳为法兰克人提供支援。由于纳尔塞斯没有足够的船，无法将军队从伊松佐河（Isonzo）河口摆渡到拉文纳的港口克拉西斯（Classis），所以他只好命令士兵们紧贴着海岸行军，时刻与舰队保持接触，然后再用这些船只帮助士兵们渡过威尼提亚境内无数的河流和湖泊。

纳尔塞斯安全抵达拉文纳，与当地的罗马军队残部会合到了一起。在停留了 9 天之后，纳尔塞斯开始向哥特人乌斯德里拉斯（Usdrilas）镇守的里米尼进发，并在一场散兵战中将其击败斩杀，之后他又沿着弗拉米尼亚大道继续向法诺（Fano）前进。在那里，纳尔塞斯听说在所有的罗马要塞中，只剩下佩特拉—佩图萨（Petra Pertusa）还在坚守之中，于是他便转向南方，进抵西尼加利亚（Sinigallia），之后又从那里向西前进到了弗拉米尼亚大道上的卡格里（Cagli）。此后他又前进了14英里，来到了艾德恩森（Ad Ensem）驿站。此处位于穿越亚平宁山脉的山口最高处，其南方是一片山谷地区。纳尔塞斯得知托提拉正在向他前进之后，便在此处宿营准备接受会战。

在收到纳尔塞斯已经抵达拉文纳的消息之时，托提拉正位于罗马城附近，他立刻下令让特亚斯带领手下近2000名骑兵赶回来与主力会合。之后托提拉便率领主力穿过图斯察尼[38]，最终在纳尔塞斯以南大约13英里处一座名叫塔吉纳（Taginae，即今日古比奥附近的瓜尔多塔迪诺）[39]的村子宿营。托提拉要么是在营地中，要么就是在率军赶来的途中接见了纳尔塞斯派来的使者。这位使者要求托提拉拱手投降，理由是哥特人已经没有任何获胜的希望了。但同时纳尔塞斯也告诉托提拉，如果他愿意在战斗中一决胜负，大可以任选一天进行决战。托提拉回复纳尔塞斯说："让我们在八天之后来比试一番。"[40]纳尔塞斯怀疑对方有诈，于是决定在第二天便做好会战准备。他的判断完全正确，托提拉在第二天一早便率军前进到了距离罗马战线不到两箭距离之处。①

两支军队对阵的战场位于斯凯贾（Scheggia）和塔迪诺（Tadino）之间、亚平宁山脉高处的一片狭窄平原之上，其东侧是亚平宁山脉主峰的山脚，西侧则是古比奥山脉的群山。在帝国军左翼顶端的前方，有一座孤立的山丘，此处控制着通往罗马战线后方的道路。纳尔塞斯认清了此处的战术重要性，在会战前一天深夜便派出了50名弓箭手将其占领。这些弓箭手虽然在第二天清晨遭到哥特骑兵的反复攻击，但还是守住了山丘。

在争夺山丘的同时，双方都列好了战线。托提拉按照哥特人的传统，将骑兵部署在第一线，多半都是弓箭手的步兵则位于后方。他认为仅凭骑兵的一次冲锋，便足以击溃对方的战线中央。按照普洛科皮乌斯的说法，托提拉曾命令全军"除长枪以外……不要使用弓箭或任何其他武器"。[41]如果此言不虚，我们就不得不提出疑问，他对于自己的步兵是否确实毫无任何安排。

为应对这种正面攻击，纳尔塞斯使用了一种新颖的战术，正如查尔斯·欧曼

---

① 译注：在6世纪，"一箭"的距离相当于300步，即280米左右。此处所指的是为弓箭的最大射程，而非有效射程。

爵士（Sir Charles Oman）所指出的那样，其战线"让人想起爱德华三世（Edward Ⅲ）在克雷西会战（Battle of Crecy）中的部署……而且这种战术似乎也正是由纳尔塞斯首创的"。[42] 纳尔塞斯让 8000 名伦巴第人、赫鲁利人以及其他蛮盟部队下马，在战线中央组成了一个横跨在弗拉米尼亚大道之上的坚实方阵，其两侧各部署有 4000 名罗马步弓手。两翼步弓手被部署在了突前的位置上，"这样一来，向中央前进的敌人就会进入一块中空地带，处于弓箭手的半包围之中，并暴露在来自两侧的箭雨打击之下"。[43] 罗马左翼由纳尔塞斯和维塔利安的侄子约翰指挥，右翼由瓦勒良和"饕餮者"约翰（John the Glutton）指挥。为保护自己的弓箭手，纳尔塞斯还将罗马骑兵部署在了他们背后，每侧似乎各有 500 人。另外，在左翼顶端那座孤立山丘的外侧，他还部署了 1000 名骑兵，要他们"在敌军步兵投入战斗之时……立刻冲到他们的背后，将其夹在两支部队的中间"。[44]

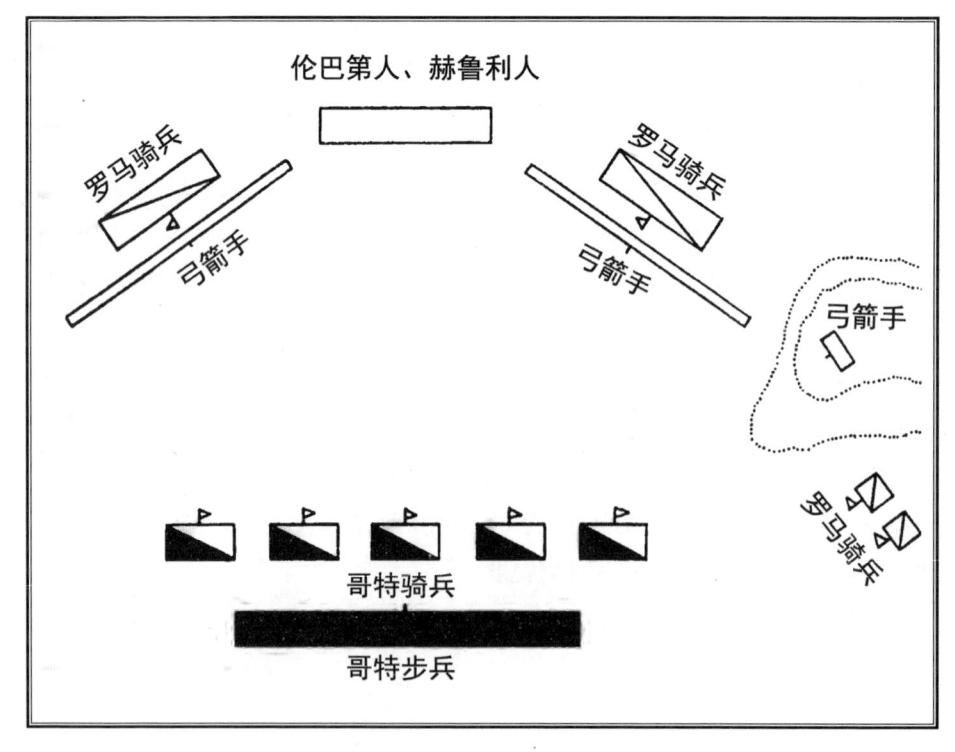

塔吉纳会战（552 年）

纳尔塞斯将主动权让给了托提拉,坐等对方发动进攻。由于这位哥特国王还在等待那2000名奉命前来与他会合的骑兵抵达,因此会战也被拖延了很久。为消磨时间,托提拉穿着闪亮的铠甲,亲自在两军之间表演马术。大约在正午时分,那2000名骑兵终于赶到了。托提拉立刻命令全军用餐,同时他也换掉了自己的盛装铠甲,改穿与普通士兵相同的盔甲。很显然,他想要引诱帝国军解散行列用餐,之后再出其不意地对他们发动进攻。可对于这一点,托提拉不免还是要失望了,因为纳尔塞斯已经"专门下令,一概人等既不能坐下用餐,也不能擅离职守去睡觉,甚至不能脱掉胸甲或是卸下马鞍。但与此同时,他也并非不准士兵们吃饭,只是命令他们必须在行列之中食用简餐,而且不得脱掉甲胄"。[45]

双方士兵都吃过午饭之后,哥特骑兵终于发动了进攻,其攻势一直持续到了夜幕降临才算告终。尽管普洛科皮乌斯只给出了非常简略的描述(因为他当时并不在场),但我们也不难想象出当时到底发生了什么情况。哥特人没有在意敌军战线两侧的弓箭手,直接冲向了对方中央由下马蛮盟部队组成的方阵。其结果可想而知,哥特中央的骑兵部队无法攻破对方如刺猬一般的枪阵,而两翼的部队也被罗马弓箭手所重创。数以百计的哥特骑兵在短时间内被杀,大批没有骑手的战马四处飞奔,在战场上横冲直撞,原本可能位于弓箭射程以外的中央骑兵部队也因此陷入了混乱。由于我们找不到哥特骑兵曾退到步兵背后进行重组的证据,可能哥特人只有第一次冲锋是有组织的,之后的各次冲锋则完全是由各部队指挥官自行指挥进行的。到黄昏时分,罗马人开始前进,已丧失了抵抗能力的哥特骑兵只好后退,并最终发生了崩溃,向步兵所在的方向撤退。但诚如普洛科皮乌斯所言:"他们并不是想要在步兵支援下争取喘息之机再次作战,而只是想要逃跑……因此步兵既没有放出空当来让他们撤退,也没有给骑兵提供任何支援,反而与骑兵一起飞快地逃跑了。在奔逃之中,敌军自相残杀,好像一场夜战一样。"[46] "到此时为止,长矛和弓箭这一组合的第一次亮相,终于以大获全胜告终"。[47]

6000名哥特人在会战中阵亡,被俘者也全部遭到屠杀,其中还包括"大批早先从帝国军中变节逃走的前罗马士兵"。[48] 托提拉本人也在战死者中间。他在会战的某一时刻受了致命重伤,从战场上被抬走之后死在了一座名为卡普莱(Caprae,可能是今日的卡普拉拉)的村庄之中。

赢得会战之后，纳尔塞斯首先为伦巴第蛮盟部队支付了薪水，并打发他们回乡。由于伦巴第人的野蛮行径已经严重到了影响作战的地步，纳尔塞斯也很愿意看到他们离开。在此之后，纳尔塞斯便开始清剿已经拥立特亚斯为王的哥特残部。占领罗马城之后，纳尔塞斯将特亚斯和他手下的少数兵力一起包围在了距离维苏威火山（Vesuvius）不远的萨尔诺（Sarno）。纳尔塞斯将对方封锁了两个月之久，但最后哥特人却还是撤退到了莱特里山（Monte Lettere）。纳尔塞斯追到那里打了一场会战之后，才终于杀死了特亚斯。在此之后，双方终于达成协议，一度极为强大的哥特人，必须将剩余各要塞中的金钱全部交给罗马人，之后他们还要离开意大利，以自由人的身份前往他们所选的任意一个蛮族王国生活。

罗马人接下来要对付的就只有法兰克人了。在纳尔塞斯封锁萨尔诺期间，洛塔尔（Lothar）和布塞林（Buccelin）两兄弟率领着一支大军进入了意大利半岛。554年，他们在卡西利努姆（Casilinum），也就是今日沃尔图诺河（Volturno）流域的卡普亚镇，被纳尔塞斯使用与塔吉那会战相同的战术全歼。

这样一来，到554年，查士丁尼终于完成了他在532年便已开始的事业。在消灭了阿非利加的汪达尔人和意大利的东哥特人之后，他将阿里乌斯派信徒逐出了原西罗马帝国的大部分领土，并将整个北非、达尔马提亚、意大利、西班牙南部、西西里、萨丁尼亚、科西嘉以及巴利亚利群岛全部纳入到了自己的统治之下。除西哥特人在西班牙和塞普提马尼亚（Septimania，即比利牛斯山东部与罗纳河之间的地区）以及法兰克人在普罗旺斯的领土以外，地中海沿岸全部回归了罗马统治，地中海也重新成为罗马的内海。这确实是一个非常杰出的成就。但他为此所付出的代价又有多么巨大，而这个成就又对历史造成了什么影响呢？在考量特里卡梅隆和塔吉纳两战的重要性时，我们必须对这些问题进行探讨。

与阿非利加一样，意大利在经过了20年的战乱之后，已经被漫长的围攻、饥荒、屠杀、蹂躏、洗劫以及瘟疫所摧毁。查尔斯·迪尔教授（Professor Charles Diehl）写道："那不勒斯、米兰，尤其是罗马城等最大的城镇，几乎已经无人居住，人口大减的乡村也没有任何人去耕种土地。作为支持拜占庭、反对托提拉的报酬，意大利的有产者们只得到了一片废墟。"[49]

吉本的评价还要更为严苛。他写道："查士丁尼的战争、征服和胜利实际上不过是老朽帝国的最后一搏，结果反而耗尽了气力，加速了帝国的衰老。他欣喜于收复阿非利加和意大利的荣誉，但灾难也接踵而来……征服者的无能为力，更使这些不幸的地方彻底化为了废墟。"⁵⁰ 他还写道："战争、瘟疫、饥荒这三重灾难降临在查士丁尼的子民身上，这位皇帝的统治也因为人口的显著减少而蒙羞。直至今日，一些全世界曾经最宜人的地区，也仍然没有恢复元气。"⁵¹①

查士丁尼的胜利又带来了什么呢？从幼发拉底河到赫拉克勒斯之柱，战争、经济压榨⁵²以及宗教迫害，让"……东部各省变得虚弱不堪，为穆斯林征服者的到来做好了准备"。在查士丁尼去世一个世纪之后，"他们便赢得了其中大部分地区，直至今日也依旧如此"。⁵³ 在曾被汪达尔人所阻挡的摩尔人治下，阿非利加退回到了野蛮时代，根本无力抵挡一个世纪后的撒拉逊入侵。在哥特人被消灭之后，纳尔塞斯手下的税吏，也在12年之内将意大利境内所有逃过战争劫难的财富压榨一空。阿尔博因（Alboin）在568年率领着凶猛的伦巴第人滔滔而来，成为最后一支在原西罗马帝国境内建立王国的日耳曼民族。他们很快便占领了波河以北的地区，而那里直到今天还被称为伦巴第。在那之后，伦巴第人继续向南拓展领土，一路烧杀抢掠，最终占领了除拉文纳和罗马城以外，意大利北部三分之二的土地。589年，在左托（Zotto）率领下，伦巴第人又突袭并摧毁了卡西诺山（Monte Cassino）上的圣本笃（St.Benedict）修道院。直到774年，伦巴第人才被查理大帝（Charles the Great）征服并纳入了他的帝国。

如果意大利从未遭到入侵，塔吉纳会战从未发生，东哥特人继续统治意大利，整个中世纪历史都会大为不同。罗马城既不会化为废墟，也不会成为一座毫无政治重要性的二流城市，而是会继续作为西方文化和文明的中心保持活跃。当哥特人的勇猛与拉丁文化融合起来之后，自阿德里亚堡会战之后便开始逐渐笼罩在西方天空中的阴霾也将被彻底驱散。塔吉纳会战虽然是查士丁尼最伟大的胜利，但对于当时以及之后很长一段时间的基督教世界而言，却是一场无可估量的灾难。

---

① 译注：富勒在此处引用吉本的这段文字，略有断章取义之嫌。查士丁尼时期罗马人口大幅下降的主要原因并非战争，而是自541年起反复爆发多次的鼠疫。这是历史上第一次黑死病爆发，罗马因此损失了20%至40%的人口。而吉本口中的"饥荒"，事实上也是因瘟疫导致的劳动人口大幅减少、经济秩序崩溃所带来的后果之一，吉本自己在《罗马帝国衰亡史》一书中对此也有说明。

注解

1. 蓝党（Veneti）和绿党（Prasini）是赛马场中的两个帮派，各自支持不同的战车队。蓝党信仰正教，并得到了查士丁尼的支持。绿党信仰一性论教派，受狄奥多拉的支持。因此在通常情况下，皇帝和皇后能够控制住都城内的这些暴民。
2. Procopius, H.B. 杜文英文译本，1916年版，第一卷，"波斯战争"，第二十四章，第36至37节。
3. The Decline and Fall of the Roman Empire, 伯里编辑版，1925年版，第四卷，第363页。
4. 其中最大的船只可载重750吨，最小的载重45吨。
5. Procopius, H.B. 杜文英文译本，1916年版，第三卷，"汪达尔战争"，第十九章，第26至29节。
6. Procopius, 第四卷，第二章，第18节。这个数字被大大夸张了，特查宗的军队在前往撒丁尼亚时仅有5000人。（Procopius, 第三卷，第十一章，第23节）
7. 同上，第四卷，第一章，第9节。
8. 同上，第四卷，第一章，第15至16节。
9. 同上，第四卷，第二章，第1节。
10. 同上，第四卷，第三章，第5节。
11. 同上，第四卷，第三章，第18节。
12. 同上，第四卷，第三章，第20节。
13. 同上，第四卷，第三章，第23节。
14. 同上，第四卷，第三章，第3至5节。
15. 同上，第四卷，第四章，第1至2节。
16. Edward Gibbon, The Decline and Fall of the Roman Empire, 第四卷，第421页；Procopius's Anecdota/Secret History, 第十八卷，第8至9节。这个数字非常夸张。
17. Procopius, 第五卷，《哥特战争》，第二十七章，第27至28节。
18. 普洛科皮乌斯说"在古代，这些法兰克人曾被称为'日耳曼人'（Germani）"。（同上，第五卷，第十一章，第29节）
19. 同上，第五卷，第十六章，第11节。这一数字非常夸张。
20. 参见 Thomas Hodgkin, Italy and Her Invaders, 1880年至1885年版，第一卷，第394至396页以及第四卷，第171至174页。
21. 同上，第四卷，第285页。
22. Procopius, 第六卷，《哥特战争》，第二十一章，第39节。
23. 同上，第六卷，《哥特战争》，第二十章，第20节。
24. 可以参考拿破仑所说的"一个将军……要比两个统帅更好"。（Corresp, 第二十九卷，第107节）
25. 法兰克人的装备包括刀剑、短柄双刃战斧和盾牌。在作战时，他们会前进到距离敌军不远的地方，投掷战斧击碎对方盾牌，之后再拔出刀剑进行冲锋。
26. Procopius, 第六卷，第二十九章，第20节。
27. Italy and Her Invaders, 第四卷，第439页。
28. Procopius, 第七卷，《哥特战争》，第二十章，第19节。
29. 同上，第七卷，《哥特战争》，第二十二章，第19节。
30. Italy and Her Invaders, 第四卷，第591页。贝利撒留曾在558年受命指挥了一场抵御匈人的战争，但之后在562年因被指控密谋反对查士丁尼而失去名誉。563年，贝利撒留重新得宠，两年之后，在查士丁尼驾崩八个月之前，贝利撒留去世了。
31. 之后他立刻便迎娶了维蒂吉斯的遗孀玛瑟逊莎，希望利用她的影响力来博取西罗马帝国的恺撒头衔。
32. 573年，他以95岁的高龄去世。

33. *Procopius*，第八卷，《哥特战争》，第二十三章，第 42 节。
34. 同上，第八卷，第二十二章，第 32 节。
35. 同上，第八卷，第二十三章，第 42 节。
36. 同上，第八卷，第二十四章，第 5 节。
37. 同上，第八卷，第二十六章，第 4 节。
38. 兵力不详，我们只知道其人数要明显少于罗马人。
39. "塔吉纳"正确的拼写应是 Tadinum。
40. *Procopius*，第八卷，《哥特战争》，第二十九章，第 8 节。
41. 同上，第八卷，第三十二章，第 6 节。
42. *Charles Oman，A History of the Art of War*，第一卷，第 33 至 34 页。
43. 同上，第一卷，第 34 页。
44. *Procopius*，第八卷，《哥特战争》，第三十一章，第 7 节。
45. 同上，第八卷，第三十二章，第 3 至 5 节。
46. 同上，第八卷，第三十二章，第 17 至 19 节。
47. *Charles Oman，A History of the Art of War*，第一卷，第 35 页。
48. *Procopius*，第八卷，《哥特战争》，第三十二章，第 20 节。
49. *The Cambridge Medieval History*，第二卷，第 23 页。
50. *The Decline and Fall of the Roman Empire*，第四卷，第 415 页。
51. 同上，第四卷，第 469 页。
52. "帝国的审计官们将沉重的罗马税收体系直接照搬到了已被战争摧毁的国家，没有为减少当地人民的压力而采取任何减税措施。他们无情地要求人民缴纳哥特统治时期没有向帝国缴纳的税款，并篡改登记数字以便压榨出更多的钱财。为中饱私囊，他们拼命压榨纳税人，按照当时一位作家的说法，'居民们丧失了一切生活必需品，除死以外别无他法'"。(*The Cambridge Medieval History*，第二卷，第 23 页。)
53. *Italy and Her Invaders*，第四卷，第 427 页。

大事记
伊斯兰教的崛起与扩张

查士丁尼是最后一位伟大的罗马皇帝,在其继任者查士丁二世(Justin II,565至578年在位)统治之下,即使单从理论上讲,东罗马帝国也已经变得彻底与罗马无关,而完全演变成了所谓的拜占庭帝国。从此时起,帝国放弃了收复西部领土的一切念头,其国策也变成了纯粹的防御性政策。帝国的边境在多瑙河下游受阿瓦尔人和斯拉夫人威胁,在幼发拉底河上游又受到波斯人威胁。面对这种要在两条十分漫长且相距很远的防线上作战的战略困境,查士丁手中的军队实力孱弱,甚至连其中的一条都无法牢牢守住。拜占庭军队必须在两条前线上不断调动,而敌人也很快便学会了该如何利用拜占庭人的这一弱点。

第一次大规模部队调动发生在572年,当时帝国又一次与波斯开战。直到591年,莫里斯皇帝(Maurice,582年至602年在位)与波斯国王科斯洛伊斯二世(Chosroes II)①订立了和平协议之后,一度被大量抽调到东方的欧洲驻防军才得以返回多瑙河,击退了阿瓦尔人和斯拉夫人。在这两个民族之中,阿瓦尔人是一个被突厥人¹向西驱赶至此的鞑靼民族,而斯拉夫人则是一支非日耳曼种的印欧民族。其中后者从577年开始,逐渐在巴尔干半岛为日后的斯拉夫诸王国播下

---

① 译注:库思老二世的希腊语名字。

了种子。阿瓦尔人从 581 年开始南下，对巴尔干展开了洗劫和蹂躏。直到 604 年，福卡斯皇帝（Phocas，602 年至 610 年在位）才用缴纳岁币的方式买得对方收手。而福卡斯之所以采取这种政策，主要原因便在于科斯洛伊斯二世打破了和约，再次与拜占庭开战。

610 年，福卡斯这个"笼罩在精疲力竭之国上的可笑噩梦"被希拉克略（Heraculius，610 年至 642 年在位）推翻，福卡斯本人也落得了一个惨遭分尸的下场。与此同时，战争依然还在继续。到 613 年，波斯人已经攻入叙利亚境内，占领了大马士革和耶路撒冷。由君士坦丁大帝之母海伦娜（Helena）所发现的"圣木"（The Wood），即真十字架（True Cross），也被波斯人从耶路撒冷夺走。真十字架的丧失，在当时被看作是帝国即将灭亡的预兆。接下来在 617 年，在斯拉夫人横行于帝国欧洲各省的同时，阿瓦尔人又兵临君士坦丁堡的金门（Golden Gate）之外，普洛庞提斯海岸上的查尔西顿也落入了敌军手中。又过了两年，埃及遭到入侵，来自当地的谷物供应也被切断。与此同时，亚美尼亚被波斯征服，帝国随之丧失了主要的兵源地。这些压倒性的灾难，导致希拉克略一度想要将都城迁往迦太基。直到君士坦丁堡牧首（Patriarch）强迫希拉克略发誓绝不放弃都城之后，希拉克略才终于打消了这一念头。此事让帝国上下大感欣慰，人民也突然爆发出了一种宗教热情，到处都有人宣扬应发动圣战夺回圣城和圣十字架。

从 623 年起，希拉克略亲自率军打了六次战役。626 年，当这位皇帝正在进行其第五次战役之时，阿瓦尔人、斯拉夫人、保加尔人（Bulgars）、格皮德人与驻扎在查尔西顿的波斯部队联手围困了君士坦丁堡。由于拜占庭掌握着制海权，城市最终得救。第二年，希拉克略经由阿塞拜疆（Azerbaijan）一路南进攻入波斯本土，并于 12 月 1 日进抵大扎卜河（Great Zab）。11 天之后，他又在尼尼微附近决定性地击败了波斯军队。希拉克略随即开始向泰西封进军，但却在抵达这座波斯都城之前被迫撤退。事实上，他也不需要再继续把战争打下去了。628 年春季，科斯洛伊斯遭到暗杀，之后两国便重新订立了和约。除要求波斯人归还真十字架并从帝国领土撤军以外，条约的其余条款均已无法考证。

到了此时，在来自南方的新入侵者整装待发之时，东方的两大帝国却均已筋疲力尽。它们的领地已经化为焦土，人力已经枯竭，国库也已被彻底掏空。而先知的追随者们，已经做好了填补这一空缺的准备。

真十字架于630年3月21日被重新交还给了圣城耶路撒冷。可就在仅仅数月之后,一场即将持续一千余年、几乎从无间断的冲突便爆发了。早在624年,穆罕默德(Mahomet)便已经凭借着重要的巴尔会战(Battle of Bahr),在阿拉伯人之中确立了主导地位。630年秋季,他派出一支突袭部队向北进发,在死海(Dead Sea)以东的穆塔(Muta)与一个拜占庭前哨交战并被击退。三年之后的633年6月7日,穆罕默德去世。由于穆罕默德没有留下儿子,少数追随者便拥立艾布·伯克尔(Abu Bakr,632年至634年在位)为"哈里发"(Caliph,即继业者之意)。虽自"希吉拉"(Hegira,也就是622年穆罕默德从麦加迁至麦地那)时起,麦地那(Medina)便已成为伊斯兰信仰的中心地带,但此时却依然还有很多阿拉伯人不愿向麦地那朝贡。他们掀起了一场名为"里达"(Ridda)的叛乱,直到哈立德·伊本·瓦利德(Khalid ibn al-Walid)在阿克拉巴(Akraba)击败麦加人后,叛乱才终于被镇压下去。会战结束后,为确保这支胜利之师有事可做,艾布·伯克尔命令哈立德带领500人前去突袭伊拉克(Irak),同时还命令其他三支小规模部队去帮助叙利亚边境地区的一些阿拉伯基督徒——由于拜占庭帝国取消了这些基督徒的年俸,他们便转向哈里发求援。

在这些突袭部队出发之时,希拉克略正停留在埃米萨(Emesa)。他确信沙漠地区的阿拉伯基督徒足以构成一道阻挡穆斯林进攻的屏障,因而没有进行任何预先准备。直到听说巴勒斯坦南部遭到突袭之后,希拉克略才终于在大马士革以南集中了一支规模可观的军队,并将其交给弟弟狄奥多鲁斯(Theodorus)指挥去击退入侵者。哈立德获悉此事之后,以闪电般的速度从幼发拉底河上的希拉城(Hirah)出发,穿过帕尔米拉(Palmyra)后突然出现在大马士革城下。从大马士革出发,在克服巨大困难之后,哈立德与其他三支纵队会合到了一起。634年7月30日,哈立德在耶路撒冷和加沙之间的阿那达因(Ajnadain)与狄奥多鲁斯进行了一场会战,并获得了精彩的胜利。

不久之后,艾布·伯克尔去世,哈里发之位由奥马尔(Omar,634至644年在位)继承。奥马尔下定决心,不再局限于对叙利亚进行突袭,而是要将其完全征服。哈立德随即率领大批穆斯林部落向北涌去,大马士革也被叛徒出卖给了他。到635年,哈立德又占领了埃米萨。

636年春季,希拉克略派出另一支拥有约50000人的新军,由狄奥多鲁斯·特里修里乌斯(Theodorus Trithurius)率领前去迎战哈立德。后者立刻选择后退,回到了大马士革,并将手中总数在25000人左右的部队集中在了雅穆克山谷(Yarmuk

Valley）的东南部。在经过了长时间周旋和数次交锋之后，哈立德终于在636年8月20日切断了特里修里乌斯的交通线，并将其彻底歼灭。这是一场决定性的会战，由于叙利亚上下都十分仇恨拜占庭的统治，所以穆斯林也被视作解放者而受到欢迎，有大片地区倒向了入侵者。在此后长达几个世纪的时间里，阿玛努斯山脉都将是哈里发领地的北部疆界。

与叙利亚相同，波斯的崩溃也非常迅速而且彻底。与叙利亚人一样，阿拉姆（Aramaic）农民同样将穆斯林视为解放者。635年秋季，一位名叫穆塔纳（Mutanna）的当地酋长在麦地那军队支援下，在布瓦伊布（Buwaib，位于今日库法以南）击败了波斯军队。637年6月，萨德·伊本·瓦卡斯（Sad ibn Wakkas）又在哈迪西亚（Khadisiya，位于布瓦伊布以西）击溃了由鲁斯塔姆（Rustam）指挥的优势波斯军队，鲁斯塔姆本人也在战斗中被杀。波斯国王带着自己的宫廷，在萨德逼近底格里斯河之前便逃进了伊朗山区。紧接着，泰西封开城投降，整个伊拉克也随之落入了阿拉伯人手中。从此时起，伊斯兰教不再局限于麦地那一地，而是将所有阿拉伯人联合起来组成了一个帝国。系统性的征服取代漫无目的的突袭，变成了帝国的战争目标。在很多情况下，一些部落会全体参与到征服行动之中。征服美索不达米亚之后，叙利亚和伊拉克被连成了一片。641年，埃克巴塔纳被攻陷，波斯湾也落入了阿拉伯人手中。到652年，呼罗珊也被征服了。

令人惊讶的是，征服埃及的行动也在同一时期获得了成功，其原因只能理解为当地人民对拜占庭的统治已经深恶痛绝——在此之前，拜占庭不仅曾对埃及人课以重税，还禁止了科普特派（Coptic）信仰。

埃及的征服者名为阿慕尔·伊本·阿斯（Amr ibn Al-As）。他在640年1月攻克佩卢西乌姆，之后又于7月在赫利俄波利斯（Heliopolis）击败了拜占庭军队。641年4月，位于今日开罗（Cairo）附近的埃及巴比伦城被攻陷，亚历山大里亚也在642年9月17日有条件投降。在此之后，为掩护埃及的西部侧翼，阿慕尔又征服了昔兰尼加（Cyrenaica）。

在这最后一次的征服攻势结束之后，穆斯林又进行了数十年的劫掠性突袭。虽然他们曾深入到今日突尼斯境内的凯鲁万（Kairouan）并且不止一次地占领过这座城市，但直到穆斯林将战争目标从劫掠转为占领并夺得地中海的制海权之后，他们才终于控制住了拜占庭的各个海岸城镇，并由此掌握了通往内陆的钥匙。到7世纪末期，穆斯林终于完成了这一任务。哈桑·伊本·努曼（Hassan ibn an Numan）以凯鲁万为基地，于695年夺取了迦太基。在相当短的一段时间之内，拉丁文明便彻底从北非消失了。

纵观穆斯林的整个扩张过程，征服君士坦丁堡始终是其终极目标之一。早在655年，哈里发奥斯曼（Othman）就已经进行了第一次尝试。当时奥斯曼从海上进行了一次远征，虽然他决定性地击败了拜占庭舰队，但这位哈里发却在第二年遇刺，继承战争也立刻便在穆阿维叶（Muawiya，660年至680年在位）和先知的女婿阿里（Ali）之间打响，迫使穆斯林放弃了进攻君士坦丁堡的计划。659年，忙于同阿里作战的穆阿维叶与拜占庭订立了和约。后来穆阿维叶建立了倭马亚（Omayad）王朝，并将都城定在了大马士革。

在巩固了自己的地位之后，穆阿维叶于668年再次对拜占庭发动进攻。在这一年，他派出一支远征军进入了被拜占庭人称为"罗马尼亚"（Romania）的小亚细亚①，并于669年以此为跳板渡海进入色雷斯，对君士坦丁堡发动了进攻。只不过这一次，穆斯林并没有对该城进行实质性围攻。672年，穆阿维叶为扩张远征的成果，又派出一支舰队前去夺取博斯普鲁斯海峡的控制权。从此时起直到677年，君士坦丁堡不断遭到攻击，但每次攻击都被君士坦丁四世（Constantine Ⅳ，668年至685年在位）的舰队所击退。人员和船只的损失最终迫使穆斯林撤兵。在撤退途中，大半支穆斯林舰队被风暴摧毁，幸存船只也被拜占庭人击毁。这场灾难迫使穆阿维叶第二次与拜占庭缔结和约。

680年穆阿维叶死后，穆斯林之间又爆发了另一场继承战争，哈里发阿卜杜勒·马利克（Abd-al-Malik，685年至705年）在位的绝大部分时间都被消耗在了这场战争之中。在其继位者瓦利德（Walid，705年至715年）治下，阿拉伯帝国的疆域扩张达到了顶峰。710年，帝国在西方进抵大西洋，第二年阿拉伯人又征服了西班牙。在东方，阿拉伯人攻入了旁遮普（Punjab）地区，在中亚也进抵中国边境。到了晚年，瓦利德重拾曾经的计划，希望能够占领君士坦丁堡。715年瓦利德去世后，这一计划也只能留给他的继承人苏莱曼（Suleiman）去完成了。

---

① 译注："罗马尼亚"一词的本意为"罗马人的土地"。在整个中世纪中，罗马人始终将自己的所有领土统称为罗马尼亚，而并不局限于小亚细亚一地。

注解

1. "突厥"最早在545年出现于中国史料之中。在546年至582年之间,他们在中国与波斯之间建立起了一个非常强大的政权。565年,他们还派出过一个使团觐见查士丁,希望重开丝绸之路,并希望查士丁与他们共同对抗波斯人。

君士坦丁堡的围攻（717年至718年）与图尔会战（732年）

第十二章

685年,查士丁尼二世继承了君士坦丁四世的皇位。到711年查士丁尼二世驾崩时,拜占庭帝国已经衰落到了有史以来的最低谷。帝国在各条战线之间辗转挣扎,人口数量也大幅下降。其欧洲领土遭到保加尔人和斯拉夫人的洗劫,小亚细亚也被撒拉逊人(Saracens)蹂躏。而且即使到了这种时候,拜占庭陆军和舰队居然还在不断爆发兵变。可就在拜占庭看似气数已尽之时,717年,在经历了长达20年的无政府状态之后,突然出现了一个人物,将拜占庭打造成了一个全新的帝国。这个帝国将在此后七百年时间里成为欧洲的桥头堡,抵挡来自东方的攻击。此人是一位职业军人,史称伊苏里亚人利奥(Leo the Isaurian)。

关于利奥的出身我们所知甚少。利奥生于687年,由于其出生地是在叙利亚东北科马根省(Commagene)的日耳曼尼卡(Germanicea,即今日的马拉什),因此他很可能应是一位叙利亚人,而非伊苏里亚人。[1] 利奥本名柯浓(Conon),他和他的家族首次出现在史料记载中的时间是705年,地点则是在色雷斯。当时利奥的父亲向查士丁尼二世进献了500头羊,皇帝投桃报李,将利奥任命为佩剑侍从(Spatharius)。可在那之后,查士丁尼二世又将他派往远在高加索山脉以北的阿兰尼亚(Alania),其目的很明显是想要将他从身边赶走。后来当利奥回国之后,他就被急于寻找优秀军官的阿纳斯塔西乌斯皇帝(Anastasius,713年至716年在位)所看重,被晋升为安纳托利亚军区(Anatolic Theme)的指挥官。当阿纳斯塔西乌斯在716年被迫退位之时,帝国上下都将目光盯在了利奥的身上,认为他是最有资格继承皇位之人。

与此同时,苏莱曼(715年至717年在位)为实现瓦利德的遗愿,对君士坦丁堡发动进攻,派出了两支军队越过托罗斯山进入罗马尼亚。这两支军队的指挥官分别是哈里发的弟弟马斯拉马(Maslama)和另一位名字也叫苏莱曼的将军。后者率军穿过安纳托利亚军区,前进到了阿克谢希尔湖(Lake Aksehir)以北的阿莫里乌姆(Amorium)附近。虽然这座城市根本没有守军,但苏莱曼却还是不得不对其进行围攻。苏莱曼认定利奥很可能会成为皇帝,因此决定用诡计将利奥抓起来,但他的阴谋没能得逞。解围之后,利奥将城中的妇孺全部撤走,并安排了800名士兵入城驻防。紧接着,进军穿越卡帕多西亚的马斯拉马也试图给利奥设下陷阱,可是与苏莱曼一样,他在智谋上也同样败给了这位狡猾的伊苏里亚人。

就在双方进行这些奇怪的智斗之时,拜占庭皇帝狄奥多西三世(Theodosius III,

716年至717年在位）为自己的儿子披上了紫袍，并让他率军镇守马尔马拉海海岸。在确保马斯拉马已经从罗马尼亚撤走之后，利奥率军前往尼科米底亚（Nicomedia，即今日的伊斯米德），击败了年轻的皇子（此人的名字已无从考证）。在那之后，利奥可能在尼西亚或尼科米底亚附近宿营过冬，直到717年年初才跨海前往君士坦丁堡。狄奥多西三世见此情况，只好退位进入修道院。3月25日，利奥在圣索菲亚（Hagia Sophia）大教堂由牧首加冕，成为拜占庭皇帝利奥三世（717年至740年在位）。

利奥三世没有浪费任何时间，立刻便开始补充君士坦丁堡的粮仓和军械库，将城墙整修一新，并在城墙上安装了无数大型武器。从战略上讲，只要保持海上交通线的畅通，君士坦丁堡那坚固无比的城防系统就几乎无法被攻克。君士坦丁堡位于一个海角之上，北面拥有金角湾（Golden Horn）掩护，南侧拥有马尔马拉海保护。在城市西侧，即内陆一侧，又有一里一外两道城墙，前者由君士坦丁大帝建造，后者则由狄奥多西二世建成，其中外墙长度大约在四英里左右。在这个时期，君士坦丁堡的正常人口数量大约有50万人，此外城中肯定还挤满了额外的难民。在火药发明之前，对拥有足够守军的君士坦丁堡发动强攻绝非明智之举，唯一可行的攻城办法就是对其进行围困，而这又要求围攻者封锁博斯普鲁斯和达达尼尔这两个海峡。由于君士坦丁堡本身扼守着博斯普鲁斯的南侧入口，想要封锁这个海峡也一样难上加难。而对于利奥来说，若想要阻止对方成功实施上述这些行动，一切都要仰赖于自己的舰队，可这支舰队的舰船数量却远少于敌军。

马斯拉马制定了一个双重计划，准备以海陆并进的方式包围城市。他亲自率领拥有大约80000名士兵的陆军，苏莱曼将军负责指挥舰队，据说舰队中的船只数量多达1800艘，船上还搭载着80000名步兵。除二人麾下部队以外，还有另一些部队也在准备参战。阿非利加和埃及的港口中有800艘船只（可能大部分是补给船）正在准备之中，哈里发本人也正在塔尔苏斯组建一支预备陆军。[2]

马斯拉马首先向帕加马进军，在将其攻克之后便开始向赫勒斯滂海峡前进。他可能是在7月从阿比杜斯渡过了海峡，并最终于8月15日进抵君士坦丁堡的外侧陆墙。到达此处之后，马斯拉马又派出了一个支队前去监视阿德里亚堡和保加尔国王特尔维尔（Tervel），后者早已与利奥有过联络。

马斯拉马很快就从陆上发动了一次进攻，但却被拜占庭人凭借远程武器和工程师们的出色技艺击退。在这次进攻失败之后，马斯拉马围着自己的营地挖掘了一道深壕，决定以封锁的方式来迫使君士坦丁堡投降。为了达成这个目的，马斯马拉命令苏莱曼将军把舰队分成两支。其中一支被部署在了欧特罗皮乌斯（Eutropius）和安特米乌斯（Anthemius），以切断城市通往爱琴海的补给线。另一支则准备穿过博斯普鲁斯海峡进抵加拉塔（Galata），以切断君士坦丁堡与黑海，尤其是与切尔松（Cherson，位于今日的塞瓦斯托波尔附近）以及特拉比宗（Trebizond）这两座城市的联系。

第二个舰队于9月1日抵达君士坦丁堡，9月3日便开始向利奥舰队所在的金角湾北部进发。金角湾的入口由一道巨大的铁链封锁，铁链两端被固定在海湾两侧的塔楼上，士兵可以在塔楼上操纵铁链升起至海面或降到水下。

在这个舰队接近金角湾的过程中，先头诸舰因塞拉格利奥海角（Seraglio Point）周围的强劲海流而陷入了混乱。利奥见此，立刻命人将铁链降下。他亲率战舰出港，在敌军列成战线之前就开始用希腊火（Greek Fire）[3]攻击敌军船只。利奥摧毁了20艘敌舰，并俘获了数艘敌舰。战斗结束之后，利奥看到苏莱曼舰队的主力正在接近，便立刻撤回了金角湾以内。

这次快速而精准的攻击极为成功而且可怕，虽然利奥为引诱敌军进攻，在当天余下的时间里始终没有再升起铁链，但对方却还是不敢越雷池一步。利奥在几乎没有任何损失的情况下大获全胜，而这场胜利也确保了君士坦丁堡能够继续获得给养，消除了城市陷入饥荒的危险。对马斯马拉而言雪上加霜的是，他的兄长、阿拉伯帝国的哈里发，在前来增援的途中突然因消化不良去世。[4]继任者奥马尔二世（Omar II，717年至730年在位）虽然在宗教方面极为狂热，但并不能算是一位军人。

马斯马拉如今已经无法将君士坦丁堡彻底包围起来了，而接下来的冬天又出人意料的寒冷。在长达一百天的时间里，地面上铺满了大雪，成千上万名穆斯林因无法适应欧洲的严冬而死去，就连苏莱曼将军也在死者之中。第二年春天，埃及支队的400艘船只在索菲亚姆（Sofiam）率领下从亚历山大里亚赶来。他在夜幕的掩护之下绕过君士坦丁堡，占据了卡洛斯·阿尔戈斯（Kalos Argos，即今日的布尤克—德尔），终于封锁了博斯普鲁斯海峡。不久之后，耶齐德（Yezid）也率领着阿非利加支队的360艘战舰在比提尼亚海岸下锚停泊。此时已改由默达桑（Merdasan）指挥的预备陆军也终于赶来，增援了驻守在城外壕沟中的军队。后者由于严重的饥荒，早已陷入了同类相食的惨状之中。

若是能够假以时日，对博斯普鲁斯海峡的封锁本可能迫使君士坦丁堡投降。但对利奥来说幸运的是，埃及水手中有很大一部分都是基督徒，其中不少人叛逃到了拜占庭一方，为他提供了穆斯林军队的详尽信息。利奥让战舰降下风帆再次出港，出其不意地攻击敌军，使对方措手不及。由于敌军的迅速崩溃，这场战斗根本称不上是一场会战。数以千计的基督徒临阵叛逃，留下无人驾驶的战舰任由拜占庭人撞毁或用希腊火烧毁。在获得了这场决定性的海上胜利之后，利奥又惊人地发动了陆路追击。在摧毁阿非利加支队后，利奥将数量可观的士兵运送到了海岸。他们伏击了默达桑，并杀死了其手下大批士兵，而其余敌军也被彻底击溃。

与此同时，利奥又通过外交手段说服了特尔维尔，让他率领着保加尔人前来攻击马斯拉马。特尔维尔在阿德里亚堡附近赢得了一场胜利，据说有 22000 名穆斯林士兵被杀。更让穆斯林感到恐惧的是，利奥"在敌军中巧妙地散播谣言，说拉丁世界中有一个名叫法兰克人的未知民族，为保护基督教，已经派出大军水陆并进赶来增援"。[5]

最后这一场惨败促使哈里发下令召回马斯拉马，后者在 719 年 8 月 15 日解除了已经整整持续了 12 个月的围攻。马斯拉马让军队残部上船渡海，在马尔马拉海的塞齐库斯上岸。其舰队在撤往赫勒斯滂海峡的途中被风暴所摧毁。据说参与围攻的 2560 艘船只之中仅有 5 艘战舰幸免于难，回到了叙利亚和亚历山大里亚。而在陆军方面，据阿拉伯史学家估算，在总数超过 20 万人的大军之中，只有不足 3 万人回到了塔尔苏斯。

利奥在赢得了决定性的胜利之后，又于 739 年在弗里吉亚的阿克伊农（Acoinon，即今日的阿菲永—卡拉希萨尔）再次击败阿拉伯人，迫使他们撤出了小亚细亚西部。利奥过人的将道为他赢得了这次胜利，而每一位曾记载其统治生涯的史学家也都不曾忽视这一点。瓦西列夫（Vasiliev）写道："公正地说，由于这次成功的抵抗，利奥不仅拯救了拜占庭帝国以及基督教世界的东部，也拯救了所有西欧文明。"[6] 伯里将 718 年称为"属于基督教的年份"。[7] 富德（Foord）更认为这是"罗马历史上最伟大的胜利"。[8] 芬利（Finly）认为"这是战乱年代之中最出色的杰作之一"[9]，吉本也将穆斯林的战败称为"难以置信的惨败"。[10] 以上这些评价如此之高的原因，并不在于穆斯林损失了大批船只和人员，因为这二者都是可以得到补充的。他们之所以作出如此评价，是因为倘若君士坦丁堡陷落，则整个东方历史都将被重新书写，其情形将与七百年后的情况一样。毫无疑问，利奥击退穆斯林进攻的这一战，是西方历史上最具决定性意义的事件之一。它使欧洲免于外敌入侵，保护着一个新生势力在其尚未确定的疆界之内挣扎崛起。这个新生势力就是法兰克王国，此时它正在迈出建立庞大帝国的第一步。

如大事记中所述，阿拉伯人在非洲的攻势早在 710 年或更早之时便已经进抵大西洋海岸。他们之所以能做到这一点，主要得益于柏柏尔人（Berbers）和摩尔人（也就是汉尼拔时代的努米底亚人）的庞大人力。这些人本是一群强盗，为将他们留在军中，北非地区的总督穆萨·伊本·努塞尔（Musa Ibn Nusair）在进抵西部海岸之后就将目光投向了西班牙。他似乎并不打算征服西班牙，而只想对其进行一番劫掠。穆萨手中没有船只，因此他只好与休达（Ceuta）的拜占庭总督尤利安[11]展开了谈判。由于托莱多（Toledo）的西哥特国王罗德里克（Roderic）曾让这位总督的女儿蒙羞，因此二人积怨已久，尤利安也很快便同意帮助穆萨。他许诺为穆萨提供四艘船只，穆萨随即向远在大马士革的哈里发请示，询问自己能否入侵西班牙。哈里发很不情愿地表示同意，但同时也要求他不要让一支大军陷入跨海远征的危险之中。可就在 710 年夏季，阿布·佐拉·塔里夫（Abu Zora Tarif）率领着 400 人跨过了海峡，在阿尔格萨拉斯（Algeciras）周边地区劫掠一番之后满载着战利品返回了非洲。

有了这次武装侦察行动的鼓舞，再加上有消息称罗德里克已经与法兰克人、瓦斯孔人（Vascons）在西班牙北部开战，穆萨在 711 年下定决心进行一次大规模的远征行动。由于他手中仍然只有尤利安那四艘船，因此他只好以 400 人为一批，让塔里克·伊本·齐亚德（Tarik ibn Ziyad）率领着 7000 人分批渡过海峡。塔里克在直布罗陀登陆之后，没有等待穆萨的主力抵达便沿着海岸向西前进，在詹达湖（Lake Janda）与梅迪纳—西多尼亚镇（Medina Sidonia）之间的瓦迪—贝卡河（Wadi Bekka，即今日的萨拉多河）谷地与罗德里克交战。由于罗德里克手下的军队叛变，塔里克于 7 月 19 日将敌军击溃。之后塔里克又在埃西哈（Ecija）赢下另一场会战，进而占领了西哥特都城托莱多。第二年，穆萨亲自接掌最高指挥权，他对主动臣服之人很表现得十分大度，对那些抵抗他的人则十分残暴。[12] 到当年年末穆萨被哈里发召回之时，他已经征服了几乎整个西班牙。

在席卷了西班牙之后，摩尔的穆斯林很快便涌过比利牛斯山进入了由欧多公爵（Duke Eudo）统治的阿基坦。按照梅尔西埃（Mercier）的说法，穆斯林对阿基坦的入侵始于 712 年。[13] 717 年至 718 年，穆萨的继承人胡尔（Hurr）发动了一次大规模的劫掠性远征。在对君士坦丁堡的围攻遭遇长时间拖延，最终又以失败而告终之后，这次远征的征服性质也变得越来越强。据说，胡尔计划穿过法兰西和日耳曼返回大马士革，并在途中顺路攻克君士坦丁堡，将整个地中海变成穆斯林的内海。[14] 719 年，那邦尼被穆斯林占领。两年之后，萨姆哈（Samh）在围攻图卢兹时被欧多击溃。即使遭遇了这样一场失利，穆斯林大军还是很快便重整旗鼓。725 年，卡尔卡索纳（Carcassonne）和尼姆（Nimes）均被穆斯林占领。第二年，安巴卡（Anbaca）又率军溯罗纳河谷而上，踩躏了勃艮第并一路北进至孚日山（Vosges）地区。[15]

在此期间，那位注定要在未来击败摩尔人的征服者却还在多瑙河地区作战——此人便是丕平二世（Pepin Ⅱ）之子查理（Charles），他也是阿基坦公爵欧多的死敌。

为了解这两位即将并肩作战之人的关系，我们有必要对二人的历史进行一些追述。按照传说所言，撒利安法兰克人的领袖墨洛维（Merovech，也叫墨洛维乌斯）在沙隆会战中曾以蛮盟身份效力于埃提乌斯麾下。沙隆会战之后，他建立了墨洛温王朝（Merovingian Dynasty）。该王朝在墨洛维的孙子克洛维（Clovis）统治下达到了顶峰。克洛维凭借 507 年在武耶（Vouille）赢得的胜利，将西哥特人逐出法兰西赶到了西班牙。但自从 639 年以来，墨洛温王朝就已经陷入了衰落，庸君（Tois Faineants）接连继位。[16] 由于国王的无能，大权遂落入了宫相（Mayor of the Palace，该官位的原有头衔是"军事总管"）[17] 手中，而其中最有能力的人物又来自于大致位于默兹河与美因河之间的奥斯特拉西亚（Austrasia）地区。在宫相的世系之中，丕平二世（Pepin Ⅱ）在 687 年成为宫相并自立为奥斯特拉西亚、纽斯特里亚（位于卢瓦尔河与默兹河之间）以及阿基坦（位于加龙河与卢瓦尔河之间）的君主。714 年丕平去世之时，由于他的私生子查理正因被控谋杀了丕平的嫡子格里莫尔德（Grimoald）而被关在监狱之中，因此宫相的位置便被丕平的另一个幼子所继承。在这种情况下，高卢不可避免地陷入了无政府状态之中。查理借着混乱逃出了监狱，欧多也趁机宣布独立。查理召集到了一批支持者，首先在奥斯特拉西亚站稳了脚跟，之后又在 719 年向欧多进军，并在苏瓦松（Soissons）附近将其击败，借此征服了纽斯特里亚。在迫使欧多媾和之后，为求在平定阿基坦之前先确保东北疆界的安全，查理又与日耳曼人、撒克逊人和斯瓦比亚人开战。725 年，当查理获悉安巴卡正在沿罗纳河进军的消息之时，他正在多瑙河地区作战。

与此同时，欧多虽然对查理想要统治整个高卢的意图一无所知，但却还是认清自己已经被夹在了纽斯特里亚的法兰克人和西班牙的穆斯林中间，形势极为险恶。为确保其南部国界的安全，欧多与领土位于比利牛斯山以北的一位柏柏尔人统治者奥斯曼·本·阿比内萨（Othman ben abi Neza）展开了谈判。他将自己美丽的女儿兰帕吉（Lampagie）嫁给了奥斯曼，借此与对方订立了联盟。西班牙总督阿卜杜勒·拉赫曼（Abd-ar-Rahman）知道欧多无法同时保护南北两条疆界，因此决心惩罚叛乱的奥斯曼，并于731年将其赶入山区。为避免遭到生擒，奥斯曼跳崖自杀，兰帕吉则因为美丽过人而被送到了大马士革，进入了哈里发的后宫。

在消灭了欧多的穆斯林盟友之后，阿卜杜勒·拉赫曼决定入侵阿基坦。毫无疑问，其意图应是劫掠而非征服法兰西。但与此同时，他可能也在头脑中幻想着"将意大利、日耳曼和希腊帝国①纳入到《古兰经》传人那业已十分庞大的领土之中"。[18] 阿卜杜勒·拉赫曼在埃布罗河（Ebro）上游沿岸集结部队，取道潘普洛纳（Pamplona），在伊伦（Irun）渡过比达索阿河（Bidassoa）后便开始向加斯科涅（Gascony）进军。按照史料记载，阿卜杜勒·拉赫曼的军队在行军时仅列成了一条纵队，因此这支军队的规模肯定不会太大。另外他在向北前进时还派出了一个独立支队前去攻击阿尔勒，以便在阿基坦散播恐怖情绪，并迫使敌军分兵。

在阿卜杜勒·拉赫曼向波尔多前进的途中，欧多赶来迎战，但被决定性地击败了。波尔多也被攻克，并在遭到洗劫后被付之一炬。穿过加龙河谷后，阿卜杜勒·拉赫曼继续北进。他跨过了多尔多涅河（Dordogne），一路烧杀抢掠。为更自由地抢劫，他还将军队分成了几个纵队。他听说图尔的教堂里储存着无法计数的宝藏，于是便开始向图尔前进。抵达图尔以南大约60英里的普瓦捷（Poitiers）后，阿卜杜勒·拉赫曼发现该城大门紧闭，于是便派兵将其包围起来，主力部队则继续向前进发。

与此同时，查理已经征服了撒克逊人和多瑙河流域，返回了纽斯特里亚。731年，查理从纽斯特里亚出发越过卢瓦尔河，蹂躏了贝里（Berri）。面对两线作战的困境，

---

① 译注：所谓的"希腊帝国"即东罗马帝国或拜占庭帝国。由于东罗马帝国的主体民族是希腊人，官方语言也从拉丁语改成了希腊语，因此自神圣罗马帝国建立之后，为贬低东罗马帝国，同时抬高西方的地位，西方史学家常常以在中世纪时带有歧视色彩的"希腊人""希腊帝国""希腊帝国王"等词语来称呼东罗马公民、国家和皇帝。这一风气在很大程度上延续到了今天，"拜占庭帝国"一词本身也是在17世纪由德国史学家创造出来的，其目的便在于混淆视听，贬低东罗马帝国的正统地位，抬高以日耳曼人为主体的神圣罗马帝国。

欧多别无选择，只好倒向查理一方。他赶到巴黎，以臣服于法兰克人为代价换得了查理的支援。此后，查理便率领着大批战斗人员渡过了卢瓦尔河（渡河地点可能在奥尔良）。阿卜杜勒·拉赫曼已经满载着战利品的军队则立刻撤回了普瓦捷附近。

匈人与穆斯林对法国的入侵（451年与732年）

我们对阿卜杜勒·拉赫曼的军队组织知之甚少，只知道他手下大部分士兵都是摩尔人，而摩尔人中的大部分又都是骑兵。他们似乎很少使用弓箭，而更习惯于使用骑枪或者刀剑作战，而且也很少穿着盔甲。我们知道，阿卜杜勒·拉赫曼的军中跟随着大批骡子，但似乎它们的主要作用是背负战利品而非补给。这支军队采用就地取食的方式来征发给养，军中也跟随着大批土匪强盗。此外，由于他们在战术上只懂得莽撞、疯狂地冲锋，因此对人力也颇为浪费。

关于法兰克军队，我们则拥有更加详尽的记载。与哥特人不同，法兰克人完全依赖于步兵的战斗力。法兰克军队分为两个阶级，其一是将领的私兵，他们都是常备兵，以战利品为自己唯一的收入来源；另一个阶级则是各地的征召兵，他们都是些装备低劣的民兵。私兵久经沙场，征召兵却几乎只能担负征发给养等杂役。法兰克人的军队组织极为原始，而且只能在拥有足够粮食供应的情况下维持秩序。一旦断粮，整支军队就会立刻瓦解。[19] 法兰克军中毫无纪律可言，其情况正如图尔的格里高利（Gregory of Tours）生前所记载的那样："我们能做什么？没有人敬畏国王，也没有人敬畏自己的公爵，更没有任何人尊敬自己的伯爵。无论是谁，只要他想要树立自己的权威，明确自己的地位，军中就会立刻爆发不满情绪，继而发生兵变。"[20]

除贵族以外，法兰克人似乎很少使用马匹，而马匹的作用也仅只是代步工具。盔甲则很快就流行了起来。574年，萨格塔里乌斯主教（Bishop Saggettarius）就曾因参战时"没有携带上帝的十字架，反而穿着世俗的盔甲"而受到批判。585年，贡德瓦尔德·巴罗米尔（Gundovald Ballomer）也因盔甲挡下了标枪而逃过一劫。[21] 盾牌在法兰克军中极为普遍，士兵们的武器则包括刀剑、匕首、标枪以及两种战斧——一种用来劈砍，另一种用来投掷，其中后者即著名的"法兰克飞斧"（Francisca）。

尽管法兰克人在战术方面十分原始，但查理却是一位能够认清敌军弱点的良将。按照吉本的说法，他曾给欧多写信说："如果你听从我的建议，就不要去阻止对方进军，也不要主动采取攻势。他们好像激流一样，与其争锋将十分危险。对财富的渴望和对胜利的信念，使他们勇气倍增，而勇气又要比任何武器或人数的多寡都更能确保一支军队赢得胜利。请耐心等到他们载满笨重的财宝。到了那时，他们就会因财宝而发生争执，确保你赢得胜利。"[22]

查理的突然出现在穆斯林中造成了一阵恐慌。此时他们已经在战利品的拖累之下失去了机动能力，其队伍的臃肿程度甚至使阿卜杜勒·拉赫曼一度认为应放弃战利品。但他最终并没有如此行事,其原因可能是士兵不愿服从命令,而查理也没有向他施加太多压力。按照史料记载,两军曾对峙达七天之久。双方在这段停顿期间所做的事情也很容易推测出来——阿卜杜勒·拉赫曼将战利品撤到了南方,查理则在等待征召兵赶到战场。

对于会战本身的细节,我们并没有掌握太多资料,甚至就连会战爆发的具体地点也模糊不清。我们只知道会战发生在732年10月。两军可能在图尔附近发生接触,并进行了长时间的散兵战斗。在那之后,阿卜杜勒·拉赫曼便开始向普瓦捷[23]方向撤退,但却发现战利品没能如他预想的那样,被送到南方足够远的地方。于是他决心接受会战,希望以此来掩护其撤退行动。

穆斯林军队是一支纯进攻性的部队,没有任何防守能力。这也就意味着,无论面对什么样的情况,阿卜杜勒·拉赫曼都只能主动进攻。查理很明显也认清了这一点,因而将手下军队列成了坚实的方阵,其核心部分由他的法兰克封臣组成。由于军中还有大量操不同语言的外族士兵,所以贝亚的伊西多尔(Isidore de Béja)也将这支军队称为"欧洲军"(Eurpenses)。

穆斯林以猛烈的骑兵冲锋为会战拉开了帷幕,而这也是他们的惯常战术。穆斯林反复发动冲锋,但法兰克人的方阵却始终不曾发生动摇。一部编年史写道:"北方的士兵们在挥剑砍杀阿拉伯人时如同城墙一样岿然不动,就好像是一条被紧紧冻在一起的冰封腰带。块头巨大、拳头好像钢铁一样的奥斯特拉西亚人英勇地战斗在最局势最胶着的方向上,也正是他们找到并杀死了撒拉逊国王。"[24] 黄昏时分,欧多似乎带领着手下的阿基坦人迂回了穆斯林军队的一个侧翼,对阿卜杜勒·拉赫曼那堆积着大批战利品的营地发动了进攻。穆斯林随即开始撤退,但士兵们却发现阿卜杜勒·拉赫曼已经战死,于是在夜幕降临之后,会战终于告一段落。

第二天清晨,查理再次将军队列成战线,准备迎接敌军的第二次攻击,但他的侦察兵却报告说穆斯林已经抛下营地逃走了。在失去领袖之后,穆斯林和摩尔人惊恐地向南逃跑,大部分战利品也被他们抛在了身后。

查理没有进行追击,其原因显而易见:第一,查理根本无法追击一支撤退的骑兵部队。第二,夺取战利品之后,情况不允许法兰克人进行追击。第三,查理并不打算将欧多完全从穆斯林的压力中解救出来,只有在阿基坦始终受到来自南方的威胁的情况下,法兰克人才能维持其对于阿基坦的统治。基于上述这些原因,查理在收集了战利品之后便跨过卢瓦尔河归国而去。凭此一役，他在后世赢得了"铁锤"查理（Charles Martel）的称号——"就好像铁锤能够敲碎一切其他原料那样，他也能在战场上打垮一切外族敌人。"[25]

史料给出的伤亡数字完全不可信。按照记载，穆斯林有36万人被杀，而查理的损失却只有1500人。事实上，由于双方都没有携带补给纵列，所以双方的军队规模都不会太大。而数十万人的大军，也根本不可能在不发生饥荒的情况下对峙长达七天之久。对于这场著名的会战，吉本写道：

从直布罗陀（Gibraltar）的礁石到卢瓦尔河岸，撒拉逊人在超过一千英里的进军中不断获得胜利，其声势之大，就好像总有一天他们会把疆界史无前例地推进到波兰和苏格兰的高地之中。莱茵河并不比尼罗河或幼发拉底河更加险峻，阿拉伯舰队本可能不经一战便驶入泰晤士河口。牛津大学今日所用的教材可能已经变成了《古兰经》，学生们则可能还在到处宣扬穆罕默德那神圣启示中的真理。[26]

这种末日景象成为现实的可能性，长久以来始终受到忽视，人们都认为这是无稽之谈。可正如常见的那样，人们的这种看法无疑过于乐观了。尽管查理的胜利在事实上根本无法与利奥的胜利相提并论，但图尔会战却还是欧洲历史上最具决定性的胜利之一，因为它正是利奥那场杰作的收官之战。如果君士坦丁堡在717年陷落，那么毫无疑问，穆斯林在东方给欧洲造成的压力，也一定会刺激西方的穆斯林扩大其征服行动。只要我们接受了这种可能性，则利奥就和"铁锤"查理一样，也是法兰西的拯救者。不过真正导致穆斯林停止在西方扩张的最直接原因，还要数柏柏尔人在摩洛哥发动的叛乱，其大致经过有如下述：

大约在图尔会战发生的同时，阿拉伯帝国内部也发生了分裂。虽然这个帝国已经被统一在了伊斯兰教的旗帜之下，但其内部依然保持着原有的部落制度和封建派系。其中最重要的两个派系是马迪斯派（Maadites）和也门派（Yemenites），二者分别代表阿拉伯半岛北方和南方的原有部落。马迪斯派占据上风之后，柏柏尔人拒绝俯首称臣，并因此发动了叛乱，把今日摩洛哥的全境都分裂了出去。在这一片混乱之中，西班牙的大部分地区组成了一个独立的摩尔人国家，而莱昂（Leon）、卡斯蒂利亚（Castile）和那瓦拉（Navarre）等地则成立了各自的基督教王国，巴塞罗那发展成了一个伯国（County），非洲也出现了一系列独立国家。值得注意的是，这场叛乱是紧接在阿卜杜勒·拉赫曼的战败之后爆发的。这场叛乱切断了西班牙的阿拉伯领袖与大马士革的哈里发之间的联系，而摩洛哥的革命也切断了西班牙穆斯林征召柏柏尔士兵的途径。除此以外，由于柏柏尔人的军饷主要来自于抢劫的战利品，所以查理的胜利也加重了阿拉伯帝国西部的混乱局面。

但图尔会战真正的重要性还在另一方面——查理的胜利不足以阻止阿拉伯人征服西欧，却也足以让他成为整个高卢的主宰，并建立自己的王朝。诚如皮雷纳（H. Pirenne）所写的那样："若没有伊斯兰教，可能法兰克帝国根本无法建立。也就是说，如果没有穆罕默德，查理曼也就无法出现了。"[27]

735 年，66 岁的欧多去世，查理随即率军席卷了阿基坦，强迫欧多的两个儿子成为他的封臣。在此后的四年时间里，查理对罗纳河谷中的穆斯林发动了数次战役，彻底摧毁了对方的势力。短短数年之后，这些穆斯林便永久性地撤回到了比利牛斯山以南。

在查理所打的众多战争之中，他所面临的最大问题，始终是如何为军队支付军饷。由于罗马的税收制度已在乱局之中彻底消失，导致现金非常匮乏，于是他只好采取两种替代办法：其一是将战利品分给军队，其二则是为封臣们分配土地和田产。由于很多土地都被掌握在教会手中，查理只好经常从教会那里收缴土地，赏赐给难以控制的封臣。而这又导致查理与教皇发生了冲突，其激烈程度从那些被附会在查理身上的故事中即可见一斑。吉本写道，在查理于 741 年去世之后，"人们忘记了他的美德，反而只记得他对教会的亵渎"。[28] 随着时间的流逝，很多他所取得的成绩，都被后世作者记在了他的孙子查理大帝，也就是查理曼的头上。

从普瓦捷会战①之前六年开始，一直到会战结束的很多年之后，教皇和拜占庭皇帝利奥三世之间爆发了一场更加激烈的争端，导致教皇格里高利三世（Pope Gregory Ⅲ）于 739 年向查理求援，并为此授予他显赫但却空洞的罗马执政官头衔。这场争端，也正是君士坦丁堡围攻战所带来的第一个后果。

君士坦丁堡守城战的胜利使利奥威望大增，他立刻便借此展开了一系列改革工

---

① 译注：图尔会战的别称。

作，一个全新的东罗马帝国也在改革中诞生。利奥不仅是那个时代最能干的将军，而且也是那个时代最伟大的政治家，他不仅知道如何打赢一场战争，而且还懂得如何维系持久的和平。利奥的改革主要分为军事、民事和宗教这三个方面，其具体内容几乎涵盖了帝国上下的一切事务。利奥重整了军队的组织，并另外创设了一支警察部队。帝国的司法体系得到了改组，重新树立了秩序和公正。经济体系也被彻底重组，工业、农业和商业都受到了鼓励。利奥知道自己不可能在意大利各省实行这些改革，因而只好让意大利自生自灭。而这又带来了三个结果：一是导致了伦巴第人攻入罗马城；二是扫清了他进行宗教改革的道路；前两个结果又带来了第三个结果，即教皇对他的憎恨，而这又导致东方教会（东正教）和西方教会（天主教）之间的裂痕越来越大。[29]

说起来奇怪的是，正是因为与伊斯兰教的接触，才使利奥加速了他的宗教改革。任何一个渴求知识的人，都不会耻于向敌人学习。利奥认识到，穆斯林之所以能够连战连捷，其主要原因除了高昂的士气和严格的纪律以外，最重要的原因还要算是对于唯一真神的狂热信仰。这个真神既无对手，也没有伙伴。而当利奥审视自己的臣民时，他又能看到什么呢？如伊奥尔加（Iorga）所言，"在这个早已习惯于专制统治的社会之中，居然缺少一位真正的专制皇帝"。[30] 为弥补这一缺陷，利奥决心削弱教会的巨大权力和威望，而他采取的手段则是禁止人们崇拜圣像、偶像和圣物。由于圣像崇拜正是神职人员、僧侣用来巩固群众忠诚、榨取金钱的最有力手段，这一举措无疑有着将百姓从教会奴役中解放出来的意味。

规模庞大的圣像破坏运动就此拉开了序幕，由于它有着与神学意味同样重要的政治意味，所以这场运动也成为一个极为复杂的问题。为理解这一问题，我们就必须记得，在那个时代里，修道院和教会的广大田产都是拥有免税特权的，教育体系被掌握在教会手中，而僧侣的人数据估计有10万人之众。[31] 如此众多的人员不事生产，给工业和农业造成了严重影响，而且也让军队凭空失去了数以千计的兵源。进一步说，由于帝国的东部各省顽固地崇拜圣像，最终也导致这些地区与欧洲各省产生了地区性的信仰冲突。

第一份禁止崇拜圣像的诏书发布于726年，虽然它没能达到皇帝的目的，但还是震慑了一些影响力日渐增强的巫术组织。教皇愤怒地表示不认可这道诏令，结果当利奥在740年6月18日去世之后，其形象在东正教历史中，几乎要与撒拉逊人相提并论了。无论如何,这场纷争对和平与战争都造成了深远的影响。拜占庭帝国获得了新生,使它在接下来超过三百年时间里始终维持着强大的力量。在此期间之内,帝国成为一座文明的蓄水池,西欧也将在未来从中汲取自己的文明。

利奥和查理二人共同孕育了这些关键的历史变革。如果君士坦丁堡沦陷或者查理在图尔会战中落败,这些变革便不会出现。虽然在他们二人之间相隔着1500英里的蛮荒土地,但他们给历史却带来了共同的影响。二人的生涯也同样十分相似——他们都从混乱中脱颖而出,对同一个敌人赢得了伟大的胜利,一个人拯救了东方,另一个人则在西方重新竖起了帝国主义的旗帜。

注解

1. 伊苏里亚位于小亚细亚的托罗斯山以北,即今日的科尼亚地区。
2. 所有这些数字可能都被大大夸张了。
3. 希腊火是一种易燃的混合物。按照《狄奥法尼斯编年史》(Chronography of Theophanes) 记载,在"长须者"君士坦丁四世(Constantine IV Pogonatus,684 年至 685 年在位)统治时期,有一位名叫卡利尼库斯(Callinicus)的建筑师从叙利亚的赫利俄波利斯逃到了君士坦丁堡,并在那里为军队制造了一种可以用虹吸原理喷射的"液体火"。希姆中校(Lieut-Colonel)认为希腊火是由硫黄、石脑油以及生石灰混合而成的,遇水后可以自燃,其中一部分"在射出虹吸管的同时即被点燃"(参见 Lieutenant Colonel Hime, Gunpowder and Ammunition, their Origin and Progress,1904 年版)。不过,在公元前 424 年的德利乌姆围攻战中,人们便已经使用过相似的可燃物了(Thucydides,第二卷,第 77 节;第四卷,第 100 节)。350 年左右的维格乌斯也曾给出过石脑油或轻油的配方。(另可参见 Edward Gibbon, The Decline and Fall of the Roman Empire,第六卷,第 9 至 12 页)
4. 按吉本在《罗马帝国衰亡史》(第六卷,第 7 页)中的说法,"这位哈里发交替着吃光了两篮子的鸡蛋和无花果,同时还吃了大量的西葫芦和糖当作拌菜"。另有一次,苏莱曼在前往麦加朝圣的途中,一顿饭吃下了 70 个石榴、一个小孩、六只鸡以及大量的塔耳夫葡萄……(Abulfeda, Annal.Moslen,第 126 页)
5. The Decline and Fall of the Roman Empire,第六卷,第 9 页。
6. History of the Byzantine Empire,1928 年版,第一卷,第 289 页。
7. History of the Later Roman Emprire,1889 年版,第二卷,第 405 页。
8. The Byzantine Empire,1911 年版,第 171 页。
9. History of Greece from its Conquest to Present Times,1877 年版,第二卷,第 18 页。
10. The Decline and Fall of the Roman Empire,第六卷,第 9 页。
11. 此人又名乌尔班或奥尔班,可能是一位信仰基督教的柏柏尔人。
12. 参见 Reinaud, Invasions des Sarrazins en France,1836 年版,第 8 页。
13. E.Mercier, Revue Historique,1878 年 5 月号,第 3 页,"普瓦捷会战"。西哥特王国有一部领土位于比利牛斯山以北。
14. 参见 Reinaud, Invasions des Sarrazins en France,1836 年版,第 9 页;The Cambridge Medieval History,第二卷,第 373 页。
15. E.Mercier, Revue Historique,1878 年 5 月号,第 4 页,"普瓦捷会战"。
16. "该王朝充斥着少年国王。由于过早的沉迷酒色,他们在 16 岁、15 岁甚至 14 岁就当了父亲,但在 23 岁、24 岁或 25 岁时便因精力衰竭而死,他们的孩子也一样虚弱不堪。"(The Cambridge Medieval History,第二卷,第 125 至 126 页)
17. 关于宫相的职能参见 Histoire de France,恩斯特·拉维斯编辑版,第二卷,第一部分,第 176 至 177 页。
18. Reinaud, Invasions des Sarrazins en France,第 35 页。
19. 更多的具体情况参见 Histoire de France,恩斯特·拉维斯编辑版,第二卷,第一部分,第 191 至 194 页。
20. Gregory of Tours,第九卷,第 31 节。
21. 同上,第四卷,第 18 节;第七卷,第 38 节。
22. Edward Gibbon, The Decline and Fall of the Roman Empire,第六卷,第 15 页;Fauriel, Histoire de la Gaule Méridionale, etc.,第三卷,第 127 页。
23. 普瓦捷及其周围总共发生过三场著名会战。第一场是 507 年克洛维率领法兰克人对抗西哥特人的会战,克洛维在此战中亲手杀死了阿拉里克二世,并将阿基坦纳入了法兰克领土。第二场会战便是本章所述的这一场,第三场会战则是由黑王子在 1356 年 9 月 19 日进行的。
24. 引用自 Charles Oman, The Art of War in the Middle Ages,第一卷,第 58 页;参见 Ferdinand Lot, L'art mili-

  taire et les Armées au moyen age，第一卷，第 113 页。
25. Chronicle of Saint-Denis，引用自 *Bouquet*, *Recueil des Historiens des Gauls*。
26. *The Decline and Fall of the Roman Empire*，第六卷，第 15 页。
27. *Revue belge de philology et d'Histoire*，1922 年版，第一卷，第 86 页，《穆罕默德与查理曼》。
28. *The Decline and Fall*，第六卷，第 18 页。
29. 东西教会最终要到 1054 年才彻底分裂，当时教皇利奥九世为惩罚君士坦丁堡牧首米海尔一世，将整个东正教会全部革除了教籍。可话虽如此，自 8 世纪中期以来，东西教会在名义上就已经分裂了，只是在事实上仍保持着一定的联系而已。而这也是君士坦丁大帝将首都迁到拜占庭之后无法避免的结果。
30. *Histoire de la vie Byzantine*，1934 年版，第二卷，第 17 页。
31. A.A.Vasiliev, *History of the Byzantine Empire*，第一卷，第 314 页。

大事记
西欧帝国主义的复兴

751年，于10年前继承了父亲"铁锤"查理官相之位的"矮子"丕平（Pepin the Short），在教皇撒迦利亚（Pope Zacharias）的支持下，取代了无能的希尔德里克三世（Childeric Ⅲ），由圣博尼法斯（St.Boniface）加冕为"受上帝恩典的法兰克人之王"（Gratia Dei Rex Francorum）。不久之后，教皇斯蒂芬二世（Pope Stephen Ⅱ）又再次为他加冕，同时还授予他"罗马贵族"（Patrician of the Romans）的头衔。加洛林王朝（Carolingian Dynasty）由此取代了墨洛温王朝。为感谢教皇授予自己的无上权力，丕平对伦巴第人开战，从他们手中夺走了拉文纳总督区并将其献给了教皇，一直延续到1870年的教皇国便由此诞生了。

丕平在768年9月24日去世后，王位由他的两个儿子——查理和卡洛曼（Carloman）继承。在卡洛曼死后，查理成了法兰克的唯一统治者，他将以查理曼，即查理大帝之名闻名后世。

查理曼的体格和头脑均十分出众，他希望能将西方所有民族全部纳入到一个庞大的基督教帝国之中。为实现这项计划，到自己统治的末期，查理曼已经将领土扩大到了北至波罗的海、南至台伯河、东起艾伯河和博姆瓦尔德（Böhmerwald）、西至大西洋与比利牛斯山的广大区域。

在这片庞大的区域里，为了在那些难以控制的民族中维持权威，查理建立了系统性的要塞网络。据说在每一个地区中，查理都会建起数座由木墙包围的所谓"城堡"（Burg），以此作为机动部队的行动中心。查理更看重军队的质量而非数量，再加上其军队主要由装备了盔甲的骑兵所组成，结果便使较为贫穷的阶级摆脱了战争负担。即使是查理所征召的步兵，也并不再是先前那些以棍棒作为武器的农民团伙，而是变成了一支装备优良，以刀剑、长枪和弓箭作为武器的精兵。除此以外，查理手下的每一位伯爵均有义务为军队提供装备有盾牌、骑枪、刀剑和弓箭的骑兵。而且查理还认清了，如果一支军队必须就地征发给养，而且无法攻克设防城市，那么它就算不得一支真正的机动力量。因此他又分别建立了两支后勤纵列，一支是专门的攻城纵列，另一支则是补给纵列。

从这些改变之中，一种新的军事制度，也就是封建制度，终于粗具雏形，成为基督教世界扎根、成长的安全保障。但封建国家至多仅能掌管短暂的尘世，永恒的天国仍要由教会来管理。若想要使宗教在战争中也能占据统治性地位，就必须使战争也像和平一样遵守教会的规定。教会对统治地位的争夺，也导致中世纪形成了一种将战争视为试炼的观念，而教会则是上帝的代理裁判员。战争被视为人类本性的一部分，是原罪所带来的结果之一，而原罪本身又是教会权力的源泉，所以教会没有禁止战争，也从不曾试图去禁止战争。教会只能通过使战士们基督化（贵族化）并限制战争持续时间的方式，来对战争进行制约。

由于战争能教导人们如何英勇就义，因此战争也变成了英雄主义的学园。但因为死亡又是通往永生的道路，所以战争也必须成为正义的学园，否则死亡就只能通向永恒的诅咒。而这也就是基督教的战争观念。古典时代的士兵由此演变成了理想化的基督教骑士。莱基（Lecky）就此写道："古代战士的全部力量、热情与基督教圣徒的怜悯、谦逊结合了起来……尽管这种观念也不过是一种理想化的产物，在现实中常常无法实现，但作为战争精神的标准和榜样，它还是激励了许多世代的人们。"

在将战士贵族化之后，教会的下一步行动，就是用圣裁和规定来约束他们的行为了。教会建立了于990年首次被记载在史料中的所谓"上帝的和平"（Pax Dei），其目的在于保护教会建筑、僧侣、朝圣者、女人以及农民不受战火蹂躏。而实现它的强制手段则来自于宗教性的惩罚措施，即"绝罚"（Excommunication，开除教籍）和"禁罚"（Interdict，剥夺宗教权利）。虽然这两种惩罚的效果并不尽如人意，但它们也绝非毫无意义。因为在整个基督教世界的眼中，这些受罚者都将被打上"恶人"的烙印。

战争的贵族化还造成了另外两个制约。首先，由于只有权贵才能买得起铠甲，所以导致贵族阶级成为战争的栋梁。贵族们作战时身着重甲，只能进行白刃搏斗，结果又使远程武器的使用也受到了限制，战斗中的伤亡人数也随之下降。在这个时代中，许多所谓的会战，不过是小规模重甲骑士之间的冲击性散兵战斗而已。骑士们在这种战斗中，也总是去寻找单独决斗的机会，以此来彰显自己的武士价值，而非自己毁灭他人的能力。这种决斗的目标并不在于杀死对手，而只需将对方从战马上打落。简而言之，会战往往只是一种使用锋利武器的马上比武，胜利的酬劳则是俘虏的赎金。

第二个制约，则是教会试图对手弩等可能让战争变得更加平民化的远程武器加以限制。我们并不清楚这些武器从何而来，只知道它们在11世纪初被投入了战场。① 在长弓出现之前，手弩是最致命的单兵远程武器。1139年的第二次拉特兰会议（Lateran Council）宣布手弩是一种"为神所憎恨，不适合基督徒使用"的恶毒武器，除对异教徒作战以外，基督徒不准使用。可即使有这样一个禁令存在，手弩在除英格兰以外的欧洲各地还是得到了广泛应用。

我们在研究这个时代的战争时，必须要始终牢记这些制约。正如查尔斯·欧曼爵士所言，查理大帝的继位标志着战争艺术迈入了一个新的时代，而这也是一个将战争浪漫化的时代。莱基指出："欧洲人心目中的英雄，已经从隐士变成了国王、战士和骑士……"苦修和殉道的时代迅速衰退，代之以骑士的繁荣时代。

查理的征服行动将这种浪漫主义带到了现实之中。这些征服让查理摆脱了民族性国王的限制，而他自命要将整个日耳曼统一为一个基督教帝国的使命，也要求他必须把自己的权威提升到一种具有神性和世界性的高度上。伯尔教授（Professor G.L.Burr）指出："如果基督教想要征服世界，其政治权力的扩张就必须与信仰的传播相匹配。"精神性的力量与世俗性的力量，在这一过程中同样重要。如今精神性的力量已经存在，世俗性的力量却尚待创造。和很多时候一样，当时代要求剧变之时，这种剧变也自然而然地随着意外事件自行走上了舞台。

799年4月，教皇利奥三世（Pope Leo Ⅲ）因被指控通奸和伪誓逃到了查理在

---

① 译注：关于这一点，近年来的研究显示，早在公元前5世纪或公元前4世纪，手弩便已经在希腊出现。亚历山大手下的马其顿军队可能也使用过非常少量的所谓"腹弩"，即把弩身顶在腹部上弦的手弩。

帕德博恩的宫廷，在得到查理的支持后才重新回到罗马复位。为解决恼人的反教皇派问题，查理在800年秋季进入意大利，平息了争端。当年圣诞节，查理身着罗马贵族的锦袍来到圣彼得大教堂，跪拜在祭坛之前。利奥从祭坛上取下一顶皇冠戴在了查理的头上。紧接着，众人齐声高呼："向查理·奥古斯都、受上帝加冕之人、和平的缔造者及罗马人的伟大皇帝致敬！"在喝彩声平息之后，利奥将这个本属于拜占庭皇帝的尊号献给了查理，拥立他为皇帝和奥古斯都。这样一来，在圣诞节这一天，一个新的西罗马帝国诞生了。[1]

这个突如其来的加冕仪式完全出乎了查理的意料。虽然法兰克编年史并没有给出具体原因，但我们可以猜测，利奥是为了奖赏查理的效劳才为其加冕的。无论如何，这次加冕还是使查理从单纯的法兰克国王上升到了基督教世界共主的地位。在此之前，只有教皇一人可以作为信仰的代表，而如今在信仰的国度之中，又有了能够代表现世权力的皇帝。查理的加冕带来了极为广泛的影响，诚如布赖斯（Bryce）所言，此事可称是"中世纪的中心事件"。

查理的帝国在其死后便分崩离析了，而帝国的消亡和复兴又受到了两个种族性事件的深刻影响，即9世纪维京人（Viking）[2]和10世纪马扎尔人（Magyar）的到来。其中后者是一个乌拉尔—阿尔泰（Ural-Altaic）民族，他们在895年占据了泰斯河上游地区，将斯拉夫人分成了南、北、东、西等四个类别，进而改变了欧洲历史。907年至955年，马扎尔人给中欧带来了巨大的祸乱和恐惧。

马扎尔人、维京人和斯拉夫人入侵所造成的无政府局面，使西法兰克（West Frankland）退回了其原有的部落分裂状态。萨克森（Saxony）、巴伐利亚、弗兰科尼亚（Franconia）、斯瓦比亚和图林根各自均由自己的公爵所统治。这些公国都希望成为独立的王国，但它们也无法承担完全没有中央政府所带来的后果。可话虽如此，无政府状态还是一直持续到了918年。在那一年，名义上的日耳曼国王康拉德一世（Conrad Ⅰ，911年至918年在位）将王冠让给了"显赫者"奥托（Otto the Illustrious）之子、撒克萨公爵"捕鸟者"亨利（Henry the Fowler，919年至936年在位），此人也是此时唯一有能力终结这种无序状态的人物。

亨利是一名天生的军人和能干的政治家，他征服了斯瓦比亚和巴伐利亚，兼并了洛林（Lorraine），击退了斯拉夫人和马扎尔人，并最终重新统一了整个日耳曼。当他在936年去世之后，其子奥托一世（Otto Ⅰ，936年至973年在位）继位。奥托是英格兰国王埃塞尔斯坦（Athelstan）的姻亲，被后世称为尊称为"大帝"。奥托于955年在奥格斯堡（Augsburg）附近的列希菲尔德（Lechfeld）打垮了马扎尔人，之后又强迫当时最强大的斯拉夫国家波西米亚向他纳贡。961年，奥托响应教皇约翰十二世（Pope John XII）的求援前往罗马。962年2月2日，奥托由约翰加冕成为皇帝。在经过了一些仪式，双方也交换了誓言之后，约翰自愿成为奥托的臣属。罗马城的市民们也许下诺言，未来不会在没有得到皇帝许可的情况下选举教皇。这样一来，由于日耳曼和意大利的主权都被授予了同一位日耳曼王公，后世所称的"神圣罗马帝国"（Holy Roman Empire）也随之诞生了。神圣罗马帝国是查理帝国的延续，正如布赖斯所言，"它不只是权力真空之后出现的一个继业帝国，而且还是西欧皇权的第二个基础"。

在这些变革发生之前，维京人这个海上的车骑民族，早已沿着每一条河道、溪流席卷了整个西欧。虽然他们在查理大帝生前就已经进行过第一次劫掠，但直到查理大帝死后，维京人的进攻才逐渐变得频繁且势不可挡。850年，斯堪的纳维亚的所有男性都出海参与了远征，此后的半个世纪也因此成为欧洲历史上最黑暗的时刻之一。

维京人的入侵范围远至诺夫哥罗德（Novgorod）、西西里、冰岛（Iceland）、格陵兰（Greenland）以及美洲。他们在很大程度上加速了查理所创立的封建军制的发展。由于装备低劣的征召民兵毫无用处，职业兵就成了国家的必需之物，再加上只有骑兵能够赶上劫掠者的步伐，更导致军事权力逐渐落入贵族手中。在这个纷乱的年代中，一个以城堡和骑士为基础，彻底封建化的社会浮出了水面。在整个西欧，只有英格兰国王阿尔弗雷德（Alfred，871年至900年在位）采用了另一种解决办法。尽管他也非常依赖要塞来阻止维京人的入侵，但他没有组建骑兵，而是建造了一支舰队，并在维京人所擅长的海战中将其击败。这也导致英格兰始终将军队的重心放在了步兵方面，而与此同时在欧洲大陆，骑兵已经演变成了决定性的兵种。

在维京人的所有入侵行动中，对未来影响最深的两次入侵，分别发生在英格兰和法兰西北部。在这两个地方，维京人最初都只是进行劫掠，直到后来才开始在当地定居，并最终演变成了征服。维京人对英格兰的入侵始于9世纪末，最终英格兰被丹麦国王克努特（Cnut，995年至1035年在位）兼并，成为斯堪的纳维亚帝国的一部分。维京人对法国北部的入侵始于895年，当时有一位名叫罗洛（Rollo）或罗尔夫（Rolf）的维京人来到法国，与"傻子"查理（Charles the Simple，893年至

929年在位）打了很长时间的仗。查理无法打败罗洛，只好与他签订了《埃普特河畔圣克莱尔条约》（Treaty of Saint Clair-sur-Epte）。查理以割让塞纳河下游地区为代价换取对方接受基督教洗礼，而罗洛本人也要向查理称臣。诺曼底公国（Duchy of Normandy）自此诞生，到933年，其属地已经扩张到了布列塔尼边界。这两场入侵也为此后诺曼底与英格兰的争斗搭好了舞台。

简要来说，将这场争斗引向高潮的事件经过如下：

按照一些史学家的推测，1002年，英格兰国王"仓促王"埃塞尔雷德二世（Aethelred Ⅱ the Unraed/Unready）为了让诺曼底停止其在港口中庇护丹麦入侵者的行为，迎娶了罗洛的曾孙、诺曼底公爵理查二世（Richard Ⅱ of Normandy）的妹妹艾玛（Emma）。1013年，英格兰遭到丹麦国王"八字胡"斯维恩（Swein Forkbeard）的入侵，埃塞尔雷德夫妇带着两个儿子阿尔弗雷德和爱德华（Edward）逃到了诺曼底，得到了理查的热情接待。不久之后，斯维恩去世，埃塞尔雷德也返回了英格兰。斯维恩两个儿子中的幼子克努特认为自己无法抵挡对方反攻，便带着丹麦舰队返回了本土，前去征召生力军。1015年，克努特回到了英格兰，只花了四个月时间便在威塞克斯（Wessex）站稳了脚跟。直到埃塞尔雷德死后第二年，这位国王与第一任妻子艾尔佛基弗（Aelfgifu）所生的儿子"刚勇王"埃德蒙（Edmund Ironside）依旧在抵抗着丹麦人的入侵。在经过了六场会战之后，埃德蒙才终于在1016年的艾兴顿会战（Battle of Ashingdon）中被决定性地击败，不得不与克努特媾和。按照条约，埃德蒙保住了威塞克斯，而泰晤士河以北的全部英格兰土地则全被克努特收入囊中。这个条约非常短命。当年11月30日埃德蒙去世后，西撒克逊人（West Saxons）①为避免再起战祸，承认克努特为全英格兰的国王。埃德蒙的两个幼子埃德蒙和爱德华均被克努特驱逐，为避免遭到刺杀而逃到了匈牙利。第二年，为避免诺曼底公爵理查站在埃塞尔雷德和艾玛的两个儿子，也就是他的外甥一方参战，克努特与理查签订了一个条约并迎娶了艾玛。

克努特的帝国囊括了英格兰、丹麦和挪威三个王国。在他于1035年去世后，与查理帝国一样，他的帝国也被三个儿子瓜分。斯维恩得到了挪威，哈德克努

---

① 译注："威塞克斯"一词本身就是"西撒克逊"之意，西撒克逊人也就是威塞克斯人。

特（Harthacnut）得到了丹麦，"飞毛腿"哈罗德（Harold Harefoot）则登基成为英格兰国王。其中斯维恩和哈罗德都是克努特与北安普顿的艾尔佛基弗（Aelfgifu of Northhampton）所生的私生子，哈德克努特则是艾玛所生的嫡子。因此从继承关系上来说，哈德克努特对英格兰王位的宣称权要比哈罗德更强。但除他们以外，还有其他宣称权与二人相当甚至更强一些的王位竞争者——也就是"刚勇王"埃德蒙的儿子，以及埃塞尔雷德和艾玛所生的儿子。只不过如今埃德蒙的儿子们远在匈牙利，而埃塞尔雷德与艾玛的两个儿子也已经无法再得到诺曼底的保护了。理查二世于1028年去世后，对二人友好的罗贝尔一世（Robert Ⅰ）继位。当罗贝尔也在1035年去世之后，诺曼底公国便由罗贝尔的儿子、后来被称为"征服者"的威廉（William）继承了。此时威廉尚不过是一个八岁的孩童，而诺曼底也还在其他方向上作战，无暇站在阿尔弗雷德和他的弟弟一方干涉英格兰王位争端。

为解决王位继承的问题，英格兰在牛津（Oxford）召开了一次全国性的贤人会议（Witanagemot）。在经过冗长的辩论之后，哈罗德当选英格兰国王，但却没有被立刻加冕。趁着这个乱局，阿尔弗雷德在弗兰德斯伯爵鲍德温五世（Baldwin Ⅴ, Count of Flanders）的支持下返回了英格兰。他在前往伦敦的途中遇到了克努特的麾下干将、威塞克斯伯爵古德温（Godwine, Earl of Wessex）。古德温以友善的态度迎接阿尔弗雷德，但却在夜间给阿尔弗雷德和他的随从设下了陷阱。古德温捕获阿尔弗雷德之后将其送到了伦敦，哈罗德用一种非常残酷的方式刺瞎了阿尔弗雷德，后者不久后便因伤而亡。在此之后，哈罗德又一次被选举为国王并得到了贤人会议的承认，艾玛则被驱逐出境，被迫前往弗兰德斯的鲍德温那里避难。

1040年，哈罗德去世，贤人会议在获得普遍支持后选举哈德克努特为王。由于丹麦一直以来都受挪威国王"好人"马格努斯（Magnus the Good，他于1036年继承了斯维恩）的威胁，所以哈德克努特此前也没有主张自己对英格兰王位的宣称权。但后来哈德克努特与马格努斯订立了一个和约，约定二者任何一方若是在没有继承人的情况下去世，另一人便将得到其留下的王位。在此之后，哈德克努特终于可以腾出手来，将注意力转向英格兰了。1040年6月17日，哈德克努特在桑威奇（Sandwich）登陆，在那里受到热烈欢迎并被欢呼为国王。

哈德克努特没有孩子，也没有结婚。1041年，他邀请了自己同母异父的弟弟爱德华从诺曼底来到英格兰。这一邀请意味着哈德克努特选择了爱德华作为自己的继承人,后者也将在他死后继承英格兰王位。第二年6月8日,哈德克努特去世,按照《盎格鲁—撒克逊编年史》(Anglo-Saxon Chronicle)记载,"在他被埋葬之前,所有人民就已经在伦敦选择了爱德华来继承王位",但直到1043年4月3日复活节那一天,爱德华才在温彻斯特(Winchester)由坎特伯雷大主教埃德西耶(Archbishop Eadsige)加冕为王。

这位后来被称为"忏悔者"(The Confessor)的爱德华,自1013年起便居住在诺曼底。他不仅拥有一半的诺曼血统,而且是完全以诺曼人的方式被抚养大的。他的随从都是诺曼人,身边也都是些诺曼僧侣。其结果导致英格兰分裂成了两个派别,一为拥英派,一为拥诺曼派,前者由威塞克斯的古德温所领导,后者则得到了麦西亚的利奥弗里克(Leofric of Mercia)以及诺森布里亚的西沃德(Siward of Northumbria)的支持。为巩固自己的地位,古德温让自己的三子托斯蒂格(Tostig)娶了弗兰德斯伯爵鲍德温五世的妹妹朱蒂斯(Judith)。可是在1051年,英格兰又爆发了一场危机,古德温和他的儿子斯维恩、哈罗德、托斯蒂格、利奥夫温(Leofwine)、吉尔斯(Gyrth)都被判为罪犯,被迫逃到了海外。

拥诺曼派获得优势之后不久,便发生了一件注定将要改变英国历史的大事——爱德华的侄子、如今已经20岁左右的诺曼底公爵威廉来到了英格兰。关于威廉前往英格兰的经过,我们只知道他带领着一大批法国部队登陆,并受到了爱德华的接待,后者在赠给了威廉大批礼物后才将他送走。考虑到英格兰此时的局势,以及爱德华不仅没有孩子,还发誓终生守贞的情况,威廉的到来绝不可能只是一次礼节性的访问。二人很可能讨论了王位的继承问题,威廉也得到了对英格兰王冠的某种宣称权,之后他才返回了诺曼底。

到了第二年,情况又发生了翻天覆地的变化。古德温回到了英格兰,而且得到了人民的支持,爱德华也被迫将古德温原有的伯爵领交还给他。不仅如此,史料还记载说,"所有曾带来不公正行为、做出不公正判罚或向国王提出过不良建议的法国人"都被问罪。对拥英派来说,这是一次完胜,关于王位继承的问题也又一次浮出水面。不过古德温本人却注定无法成为继承人选之一——他在1053年便撒手人寰,威塞克斯伯爵领由其子哈罗德继承。而在此之前两年,托斯蒂格便已经得到了诺森布里亚。

若按照拥英派的政策和期望,只有一人能够继承王位,此人就是"刚勇王"埃德蒙的儿子爱德华（他的哥哥在此之前已经去世了）。1054年，爱德华被召回英格兰，温彻斯特主教埃尔德雷德（Bishop Ealdred of Winchester）也被派去觐见神圣罗马帝国皇帝亨利三世，以确认爱德华的继承人身份。可是在种种拖延之下，爱德华直到1057年才带着妻子和尚在襁褓中的儿子埃德加（Edgar）来到英格兰。到此时为止，似乎王位继承人之事已经尘埃落定了，但命运却偏偏要在此时作怪。登陆英格兰短短几天之后，爱德华甚至还来不及觐见国王便一命呜呼。编年史中写道："此事给这个可怜的国家，又平添了一份不幸。"

注解

1. 在 800 年时，从法理上来讲，世界上仍然只有一个罗马帝国。因此直到 812 年拜占庭皇帝米海尔一世（Michael Ⅰ Rangabe）承认了查理曼的皇帝头衔之后，其当选皇帝的地位才终于被合法化了。从此之后，就好像洪诺留与阿卡狄乌斯（Arcadius）的时代那样，理论上罗马再次回到了两个皇帝统治一个帝国的时代，拜占庭帝国是罗马的东半部分，法兰克帝国则是罗马的西半部分。
2. "维京人"事实上是 9 世纪至 10 世纪人们对斯堪的纳维亚海盗的一个总称。依据活动地区的不同，他们还会被当地人称呼为"北方人"（Northmen）、"北民"（Norsemen）、丹麦人（Dane）以及瓦兰吉人。"维京"一词衍生自"峡湾"（Vik）。如今很多英语地名中的"维克"（Wick），也同样衍生自"峡湾"这个词。

哈斯丁会战（1066年）

第十三章

起先被称为"私生子",后来又被称为"征服者"的威廉,是诺曼底公爵罗贝尔一世与法莱斯地区(Falaise)一位皮匠之女阿莱特(Arlette)[1]的私生子。他可能出生于1027年,在他七岁那年,其父前往圣地朝圣,但却在1035年7月于返乡途中死于尼西亚。从那时起,威廉的青年时代便充满了各种危险。等到他长大成人之后,立刻显示出了自己的过人才华。到20岁时,威廉得到了法国国王亨利一世(Henry Ⅰ of France)的帮助,在今日卡昂(Caen)附近的瓦尔斯沙丘(Val-ès-Dunes)击败了叛乱的男爵们。在此之后,威廉拆除了这些男爵的城堡。直到1064年,威廉还经常与安茹公爵、布列塔尼公爵、自己的封臣,甚至法国国王交战。

威廉之所以能够树立权威,完全得益于自己令人信服的个性、不屈不挠的意志以及绝不改变目标的坚韧。他是一个钢铁般的人物,虽然他能够视情况需要表现出残忍或者宽容的态度,但无论如何,他都绝非心慈手软之人。威廉无法容忍任何人的反对,他的意志便是法律,无论是君主、封臣还是教皇,都不能阻挠他的脚步。威廉既是一位伟大的管理者也是一位能干的军人,其军事战略的核心在于打击敌军的城镇和城堡。而他夺取这些要地的手段,更多是依靠恐吓而非强攻,烧杀抢掠则是威廉手中的决定性武器。对于那些被他杀死的贫苦农民,他绝不会表现出任何同情。

《盎格鲁—撒克逊编年史》中记载道:

他对于敬爱上帝的善人非常友善,而对于胆敢违抗神意之人又超乎想象的严苛……另外,他还是一个非常苛刻、粗暴之人,任何人都不敢反抗他的意志。他将主教们逐出圣殿,将修道院院长赶出教堂。他让囚犯佩戴荆棘,甚至连自己的兄弟奥多(Odo)都不放过……但在这些暴行以外,我们也不能忘记他给自己的领地带来了和平与安宁,任何虔诚之人都可以带着大量黄金,不受伤害地在他的王国内四处游历。任何人都不敢随意攻击他人,无论二人之间曾有何仇恨也还是一样。[2]

同时代的另一部史料对威廉也有如下记载:

这位国王的智慧超过了同时代所有王公,其灵魂之伟大在众人之中也同样独一无二。他绝不会因为艰难险阻而改变自己的计划。他对任何事情，都能判断其真正的意义，因此他也有办法做出正确的应对，并在这个充满了不幸的纷乱时代中获得巨大优势。[3]

为加强自己的地位，威廉决定与弗兰德斯公爵鲍德温五世结盟，并在1048年提议与对方的女儿玛蒂尔达（Matilda）结婚。尽管教皇利奥九世（Leo IX）以血缘太近为由否定了这桩婚事（此事让人很难理解），但威廉还是在1053年迎娶了玛蒂尔达。六年之后，教皇尼古拉二世（Nicholas II）终于正式认可了二人的婚姻，条件则是要威廉与玛蒂尔达在卡昂建造两座修道院，二人同意这一条件后也践行了诺言。

在威廉的婚姻获得承认后的第二年，亨利一世去世了，后者尚在襁褓中的幼子腓力一世继承王位，弗兰德斯的鲍德温则成为他的监护人。由于亨利去世，威廉的战略地位也得到了极大加强。法国国王如今已被威廉的岳父握于股掌之中，这个最幸运的事件也使威廉变成了法国控制权的潜在竞争者之一。

1064年，威廉无情地蹂躏了缅因（Maine），兼并了这块伯爵领。不久之后，又发生了一件众人意料之外之事，使威廉获得了英格兰王位的最强宣称权。这件事便是"忏悔者"爱德华手下主力干将、威塞克斯伯爵哈罗德的到访。关于这件怪事又有两个主要的说法，分别由普瓦捷的威廉（William of Poitiers）和马姆斯伯里的威廉（William of Malmesbury）所记载。其中前者的说法如下：

爱德华"把威廉当成兄弟或者儿子一样喜爱"，当他感到"自己大限将至"之后，为了让威廉"能够保证成为自己的继承人……他派哈罗德去找威廉，让威廉宣誓，确保他会践行自己对爱德华做出过的承诺"。哈罗德在横渡海峡时遭遇了一场风暴，被迫在蓬蒂厄（Ponthieu）海岸登陆，因而被居伊伯爵（Count Guy）抓进了监狱。听说此事之后，威廉将他释放了出来。在博纳维尔（Bonneville），哈罗德"通过所有基督徒都承认的神圣仪式，发誓效忠于这位公爵"。他发誓说："第一，只要爱德华国王在世，他就将始终作为威廉在其宫廷中的代表。第二，他会利用自己所有的影响力和财富，确保在爱德华死后，英格兰王国能够归诺曼底公爵所有。第三，他会在多弗尔（Dover）的城堡中为诺曼底公爵设立一支卫戍部队，其成本和费用均由哈罗德本人来负担。第四，若公爵有意，他还会在英格兰其他地区的城堡中设立卫兵并承担其费用。"[4]

马姆斯伯里的威廉则记载了如下经过：

哈罗德从威塞克斯的重要海港博瑟姆（Bosham）出海钓鱼，但却被风暴吹到了蓬蒂厄海岸。他立刻就被抓了起来并被"捆住了手脚"。为了逃脱出来，他"用重赏说服了一个人"，让他将自己的困境告知威廉，"说他之所以来到诺曼底，是受到英王指派，来向他传达一个地位较低之人先前不曾好好传达的消息"。威廉立刻强令自己的封臣居伊放人，之后他又让哈罗德参与了对布列塔尼的远征。在此之后，我们可以读到："在布列塔尼，哈罗德证明了自己的能力和勇气，赢得了诺曼公爵的尊重。为了进一步讨好威廉，哈罗德又自愿许诺要将自己治下的多弗尔城堡交给他，甚至还发誓要在爱德华死后把英格兰王国也献给威廉。也正因为如此，哈罗德才赢得了与威廉之女（此时还只是一个女孩）订婚的殊荣。"[5]

这两种记载都有很多可疑之处。对于前一种说法，当时宛如英格兰无冕之王的哈罗德，是否真有可能会去执行这样一种任务？更进一步说，就如同詹姆斯·拉姆塞爵士（Sir James Ramsay）所指出的那样，即使哈罗德真的去执行了这种任务，作为一位如此重要的使者，他也一定会采用安全的途径出行，而这又会使居伊没有合法的理由来拘捕他。[6]而对于后一种说法，显然，当威廉听说了哈罗德的不幸之后，肯定会将其视作天赐的良机，但在哈罗德臣服，并发誓自己返回英格兰后会支持威廉对王位的宣称之前，威廉也绝不会将其释放。

可话虽如此，哈罗德毫无疑问还是曾经许下过某种誓言的。这一幕不仅被显眼地描绘在了《贝叶挂毯》（Bayeux Tapestry）之上，而且我们还将在后文中看到，当威廉将自己的宣称权告知教皇、皇帝，并将其昭告天下之时，哈罗德却没有做任何事情来进行反驳。而后者之所以不曾反驳，最可能的原因便是威廉手中握有大量证据，足以戳穿哈罗德的辩词。

在哈罗德返回英格兰后不久，英格兰国内便发生了一场全国性的危机，此事对他所产生的危害并不亚于他对威廉许下的誓言。国王任命哈罗德的弟弟托斯蒂格为诺森布里亚伯爵一事始终不得人心，到了1065年10月，约克郡（Yorkshire）的领主们趁托斯蒂格陪同国王前往布兰特福德（Brentford）之机揭竿而起将他推翻，之后又将其伯爵领献给了利奥弗里克的孙子、麦西亚伯爵爱德温（Edwin, Earl of Mercia）的兄弟莫卡（Morcar）。莫卡接受了邀请并进军到北安普顿与爱德温会合。哈罗德在牛津与这支叛军会面，但由于他没能让叛军与托斯蒂格达成妥协，爱德华国王只好不情愿地接受了莫卡，并将托斯蒂格问罪。后者也被迫带着妻子前往弗兰德斯的鲍德温，也就是自己的妻舅那里避难。

对哈罗德而言，这是一个沉重打击。此事不仅使古德温家族发生了分裂，提高了对手利奥弗里克的地位，而且还将托斯蒂格推入了威廉的岳父兼盟友的怀中。

爱德华为应对叛乱所消耗的精力，似乎也耗尽了他的寿命。当年12月，爱德华按照惯例主持了伦敦的圣诞仪式。但到了28日，他就已经病得很重，无法出席威斯敏斯特（Westminster）大教堂的落成典礼了。1066年1月5日，爱德华去世，他在临终之时握住哈罗德的手，请求他照顾自己的妻子、外族家臣以及整个王国。第二天，爱德华就被匆匆地葬在了他的大教堂之中。之后贤人们[7]来到伦敦召开会议，选举爱德华的继承人。我们对会议的讨论过程一无所知，而其最终的结果，则是推选[8]出了哈罗德来继位。英格兰此时危机四伏，诺曼底的威廉、继承斯维恩之位成为挪威国王的"无情者"哈拉尔（Harald Hardrada）①、在弗兰德斯避难的托斯蒂格，以及哈罗德的义兄弟"苏格兰之王"马尔科姆（Malcolm Canmore）都对英格兰王位虎视眈眈，时局要求必须由一位足够强势的国王来掌管英格兰。即使贤人会议曾考虑过由"刚勇王"的孙子埃德加来继承王位，这个想法也一定会因埃德加尚且年幼而被立刻打消了。哈罗德此时年富力强，近来也在与威尔士人（Welsh）作战时证明了自己的将才。再加上爱德华对他的器重，都使哈罗德比其他人更有资格当选。[9]贤人会议做出决定之后，哈罗德被带到了威斯敏斯特教堂，在那里由约克大主教伊尔德雷德（Ealdred, Archbishop of York）加冕为王。

爱德华过世以及哈罗德当选为王的消息很快便传到了鲁昂（Rouen）的威廉那里。按照普瓦捷的威廉所述，他立刻"下定决心，要用武力来惩罚对方对自己的冒犯，

---

① 译注：又译哈拉尔·哈德拉德。

并用战争来夺回自己应得的遗产"。[10] 但在采取实际行动之前，为了争取世人眼中的正义性，威廉派遣了一位大使前往哈罗德那里，正式要求对方兑现诺言。[11] 说到此处，我们也有必要先分析一下双方的战略地位。

威廉此时的地位十分稳固，而这也是理所当然的。自从赢得了瓦尔斯沙丘会战之后，威廉便始终贯彻着在内部增强公国实力，在外部争取安全的政策。如前所述，运气也始终站在威廉一方。到了此时，从斯克尔特河（Scheldt）到卢瓦尔河之间的土地，要么已经成为威廉的领土，要么便掌握在他的盟友手中。

在东面，威廉与弗兰德斯结成了同盟，而在西面他又已经征服了布列塔尼。在南面，他占领了缅因地区，巴黎也由一位对他态度友善的摄政控制。除此以外，威廉还交了另一个好运。1060年，也就是亨利一世去世那一年，威廉最强大的敌人、安茹公爵"铁锤"杰弗里（Geoffrey Martel）也过世了。从那之后，安茹便陷入了杰弗里两个侄子的内战之中。这也就意味着，威廉在将来征服英格兰的过程中，无须担心任何来自安茹方向的威胁。最后，哈罗德的加冕反而在国际层面上加强了威廉的地位。因为在欧洲大陆上，人们普遍视哈罗德为篡位者、威廉为受害者。

与威廉相比，哈罗德一方的情况则是坏到了极点。英格兰四分五裂，由于哈罗德没有王室血统，他甚至无法借用神秘主义的情怀来召唤人们援助自己。爱德温和莫卡这两位北方大伯爵不愿看到他继承王位，莫卡甚至拒绝承认哈罗德王位的合法性。当威廉已经开始动员军队之时，哈罗德却还要亲自北上去争取莫卡的支持。直到哈罗德在名义上迎娶了莫卡的姐姐伊尔德盖思（Ealdgyth）之后，他才终于得到了莫卡的支持。哈罗德在4月16日复活节那天回到伦敦，直到此时，他才终于被承认为全英格兰的国王。

在战术方面，如果我们将英格兰和诺曼军事体系进行对比，哈罗德所面临的情况也几乎一样糟糕。英格兰军队由两部分组成，即全国性的民兵（Fyrd）以及贵族的亲兵。从理论上来讲，民兵是以每5海德（Hide，一海德相当于120英亩）土地提供一名士兵为标准征召的，"每海德土地为这名士兵提供4先令（Shilling）作为军饷和两个月的口粮，5海德总计20先令"。[12] 亲兵则源自于国王、伯爵以及领主的侍卫，到哈罗德的时代，亲兵已经发展成了一支以军饷为生的小规模职业甲士，其在战争中的主要作用则是稳固民兵战线。从数量上来说，民兵和亲兵相加足以应付较为常见的紧急事件。但民兵平时散落在英格兰各地，很难在短时间内集中起来，而且一旦其以两个月为限的军饷和给养耗尽，除了极不受欢迎的临时征税（即所谓"丹麦税"）以外，国王也没有其他办法来继续维持民兵部队。尽管所有亲兵和大部分民兵都拥有马匹，但他们还是会徒步进行战斗。赫里福德伯爵拉尔夫（Ralph, Earl of Hereford）在1055年进行了唯一一次有史可查的诺曼式马上作战，结果却落得了一场惨败。[13] 此后似乎也再无人尝试骑马冲锋。英格兰人最重要的武器是长枪、标枪、双刃刀剑以及笨重的长柄丹麦战斧，后者显然起源于海战所使用的兵器。弓箭虽然被当作一种体育运动供人练习，但却很少投入实战。英格兰人的盾牌既有圆形也有风筝形，任何买得起头盔和身甲（Byrne）之人也都会穿戴盔甲。

哈罗德还要面临的一个更大困难在于，爱德华解散了自己所继承的舰队，结果导致在1066年时，哈罗德既没有现成的舰队，也没有组建舰队的办法，只能强征商船和渔船以及船上的水手。如斯腾顿教授（Professor Stenton）所指出的，用这种方式动员一支舰队所需的时间很久，"而舰队在海上所能停留的时间却非常有限，因为没有任何组织体系可以补充其出海时所携带的给养"。[14] 另一方面，在1066年年初，威廉似乎也没有适合装运马匹的船只，只好从头造起。不过，威廉面临的唯一一个重大困难，还要算是横渡海峡，而这也确实是一个非常可怕的挑战。

诺曼军事体系与英格兰完全不同。每位从公爵那里得到了土地的男爵或者主教，都要供养由公爵指定数量、随时可以参战的骑士，并为他们提供装备。这些重甲骑兵也正是诺曼底军事实力的基础。在经历了威廉所打的无数场战争之后，这些骑士也逐渐变得武艺精湛、纪律严明起来。他们的武器主要包括骑枪、刀剑和钉头锤。从《贝叶挂毯》上可以看出，诺曼骑士的盔甲与英格兰人十分相似。马姆斯伯里的威廉评价诺曼人说："他们是一个习惯于战争的民族，若没有战争，他们便无法生存。他们能够对敌军发动猛烈的冲锋，如果强攻失败，他们又能使用诡计或收买敌人……他们忠于自己的领主，但即使是轻微的冒犯，也会让他们叛变作乱。"[15]

诺曼人的步兵分为甲士和弓弩手两种，后者使用的武器又有诺曼短弓和手弩两种。威廉本人极具将才，熟悉大陆上的每一种作战方式。他不仅知道如何在军队中贯彻纪律，同时也懂得如何为战场上的军队提供给养。

英格兰人不懂得使用城堡[16]来维持内部安定，而威廉却知道用城堡来确保自己的公国以及附庸地区的安定，这就使他能用最少的部队来据守大片土地，并在战场上集中规模相对较大的兵力。不过无论如何，在他所处的时代中，2000人到3000人便已经足以被称为大军了。

在下定了挑战哈罗德的决心之后，威廉立刻便认清了自己要打的这场战争，并不是经常在领主和封臣之间所爆发的那种封建战争，而是一场国际性的大战，因此他也必须建立一种国际性的政治基础。当时，在国际范围内最具权威的两个角色分别是教皇和皇帝，威廉必须得到他们的默许甚至支持。他首先与二人展开谈判，同时又派遣使者前往欧洲所有主要的王室宫廷去主张他对英格兰王位的宣称权。在密友兼幕僚、学识渊博的贝克隐修院院长兰法兰克（Lanfranc, Prior of Bec）帮助下，威廉赢得了大执事希尔德布兰（Archdeacon Hildebrand，此人后来成为教皇格里高利七世）的支持，而后者又说服了教皇亚历山大二世（Alexander Ⅱ）。教皇也以赠送圣旗的方式祝福威廉马到成功。在皇帝亨利四世（Emperor Henry Ⅳ）那里，威廉得到了只要他有需要，日耳曼人就将出手增援的承诺。丹麦国王斯维恩·艾斯特里德森（Swein Estrithson）虽然也对威廉表示支持，但后来却出尔反尔。[17]哈罗德虽然对威廉的这些外交工作有所耳闻，但却没有进行阻挠，任由教皇的宫廷对此事作出了裁判。

威廉还认识到，由于封建法律的约束，他无权要求封臣前往海外作战。在这种情况下，倘若单凭诺曼底，他可能无法征召到足够的部队。为解决该问题，威廉在利勒博讷（Lillebonne）召集手下男爵，确认了他们对自己的支持，并"让他们依照封地的比例去准备船只"。[18]不久后，威廉指定玛蒂尔达在自己出征期间担任摄政，并委派比尔蒙的罗杰（Roger of Beaumount）领导一个委员会支持玛蒂尔达。

有了教皇的支持，威廉吸引到了很多外国追随者。而像英格兰这样一个广阔、富饶的国度，也必定能吸引到很多渴望得到战利品、田产的佣兵以及大批没有土地的贵族子弟。大批志愿者从法国各地以及更远的地方前来，布列塔尼、缅因、弗兰德斯、中法兰西、普瓦图（Poitou）、勃艮第（Burgundy）、阿基坦甚至南意大利都有人员前来参与行动。在威廉自己的封臣之中，最重要者是他的两位同父异母的兄弟——贝叶主教奥多（Odo, Bishop of Bayeux）和莫尔坦伯爵罗贝尔（Robert,

Count of Mortain）。其余人还包括：库坦塞斯主教杰弗里（Geoffrey，Bishop of Coutances）、蓬蒂厄的居伊之子伊沃（Ivo）、莫尔塔尼伯爵罗贝尔（Robert，Count of Mortagne）之子杰弗里、默朗的罗贝尔（Robert of Meulan，比尔蒙的罗杰之子）、普瓦图的罗杰（蒙哥马利的罗杰之子）、奥斯本之子威廉（William fitz Osbern）、沃尔特·吉法德（Walter Giffard）、托斯尼的拉尔夫（Ralph of Tosny）、格兰特梅斯尼尔的于格（Hugh of Grantmesnil）、瓦伦的威廉（William of Warenne）、蒙特福特的于格（Hugh of Montfort）、威廉·马莱特（William Malet）以及蒂耶尔的汉弗雷（Humphrey of Tilleul）。从威廉领地以外前来参加行动的人中，最著名者包括：布洛涅的尤斯塔斯（Eustace of Boulogne）、布列塔尼的阿朗（Alan of Brittany）、根特的吉尔伯特（Gilbert of Ghent）、弗兰德斯的沃尔特（Walter of Flanders）、玛蒂尔达与前夫的儿子热尔博（Gerbod）、图阿尔子爵阿毛里（Amaury，Viscount of Thouars），以及肖蒙的杰弗里（Geoffrey of Chaumont）。在此之前，从未有过如此大批名士聚集的情况，而这也成了后来十字军时代的一个预演。

　　大约在威廉召集诺曼诸男爵在利勒博讷议会晤的同时，从哈罗德当选国王之事中一无所获的托斯蒂格也离开弗兰德斯来到了诺曼底。按照奥尔德利库斯·维塔利斯（Ordericus Vitalis）的记载，威廉允许"他返回英格兰"。[19] 威廉这么做的实际意义并不明确，因为此时这位诺曼底公爵的准备尚在初期阶段，在这项工作取得重大进展之前，他根本无法指望托斯蒂格起到什么重要作用。实际情况很可能是，由于托斯蒂格付不起手下士兵的军饷，他只好前往自己在怀特岛（Isle of Wight）的田产，尽可能在当地收集一些金钱。托斯蒂格在5月带领着60艘船从大陆起航前往怀特岛，在那里得到了金钱和给养[20]，之后便出发前去袭扰苏塞克斯（Sussex）和肯特（Kent）海岸。在桑威奇，托斯蒂格吸引了大批追随者前来。但在听说哈罗德正率军从伦敦赶来迎战之后，他便让士兵们重新上船驶向了亨伯河（Humber）。托斯蒂格在此处登陆之后，似乎在进行劫掠时遭到了爱德温指挥的北方民兵奇袭，被打得惨败，仅能带着12艘小船落荒而逃。他成功逃到了苏格兰，在那里得到了"苏格兰之王"马尔科姆的庇护。[21]

　　虽然威廉和哈罗德都没有意识到，但托斯蒂格的失败却对哈斯丁战役产生了重要影响。这一战促使哈罗德误以为威廉的入侵已经迫在眉睫，过早地下达了海陆两方面的动员令。按照史料记载，当哈罗德听说托斯蒂格来到了桑威奇之后，

"便集结了规模空前的舰队和陆军"。²² 这也就是说,哈罗德下达了总动员令,而非部分性的动员命令。²³ 这是一个要花费相当长时间才能完成的工作,而当动员完成后,他便将军队布置在了苏塞克斯和肯特沿海地区,舰队也集结在了怀特岛外海。这样一来,等到9月8日民兵的法定服役期限过期,给养和军饷也耗尽之后,哈罗德就不得不解散民兵,舰队也必须返回伦敦解散。²⁴ 于是在后文中我们就会读到,当威廉让士兵们登船之时,海峡却根本无人防守。因此我们也有必要提出疑问,倘若托斯蒂格不曾前来劫掠,哈罗德是否还会在此时发布总动员令?倘若哈罗德将总动员推迟一个月,英格兰是否还会被征服?这无疑也是威廉的好运之一。①

哈罗德刚刚开始解散军队,他就收到了挪威国王"无情者"哈拉尔(1015年至1066年在位)²⁵ 已在托斯蒂格伴随下登陆英格兰北部的消息。显然,托斯蒂格在逃到苏格兰避难之后不久便前往挪威,说服"无情者"哈拉尔入侵英格兰,以哈德克努特与马格努斯的条约为由主张对英格兰王位的宣称权。²⁶ 而更可能的情况是,威廉准备入侵英格兰一事本身,便已经给了"无情者"哈拉尔足够的理由,促使他决定趁此机会对英格兰进行一次劫掠性的远征。

"无情者"哈拉尔率领着300艘船只²⁷ 从卑尔根(Bergen)附近的索涅峡湾(Sogne Fiord)起航,经过设得兰群岛(Shetlands)和奥克尼群岛(Orkneys)之后转向南方,在泰恩河(Tyne)外海与托斯蒂格及其追随者会合。他洗劫并烧毁了斯卡伯勒(Scarborough),之后又绕过斯珀恩角(Spurn Head)进入亨伯河,并从那里溯河而上,沿乌斯河(Ouse)驶到了约克以南10英里的里卡尔(Riccall)。"无情者"哈拉尔在此处让士兵下船,步行向约克进军。在进抵距离城市两英里的富尔福德门(Gate Fulford)之后,他们遭遇了由爱德温和莫卡率领的约克郡民兵。9月20日,双方进行了一场激烈的会战,结果两位英格兰北部伯爵被打得惨败。此战后来在北欧传奇史诗(Saga)中广泛流传²⁸,而编年史中也提到"英格兰军伤亡惨重,很多人被杀死或者淹死"²⁹,史诗中则说英格兰被杀者数量众多,"尸体好像在沼泽中为勇敢的北方人铺就了一条道路"。³⁰

---

① 译注:这一点很难说只是威廉的好运。派遣托斯蒂格前往英格兰本身便是威廉所为,其目的可能正是干扰哈罗德的动员工作。

在听说"无情者"哈拉尔发动入侵之后,哈罗德率领着自己的亲兵以及尚未解散的民兵,"日夜兼程向北方赶去"[31](几乎可以肯定,这支部队是全体骑马行军的)。[32] 他在24日抵达了塔德卡斯特(Tadcaster),第二天便在"无情者"与两位伯爵商讨人质事宜时出其不意地攻击了挪威人,强渡德温特河(Derwent)。双方在斯坦福桥(Stamfordbridge)展开了一场漫长且惨烈的会战,最终挪威军队遭到全歼。"无情者"哈拉尔和托斯蒂格在混乱中双双被杀,据说挪威军得以逃生者只坐满了20艘船。哈罗德允许"无情者"的儿子奥拉夫(Olaf)带着这些幸存者返回挪威。[33] 据《盎格鲁—撒克逊编年史》记载,哈罗德的损失也非常惨重,而奥尔德利库斯·维塔利斯写于1123年至1141年之间的著作也说,直到他的那个时代,战场上仍然有堆积成山的尸骨,"纪念着双方的大批阵亡将士"。[34]

这两场会战的重要性决不能被小视,它们的爆发时间距离哈斯丁会战不足一个月,严重削弱了哈罗德的军队实力。依照斯腾顿教授的看法,爱德温和莫卡的损失十分惨重,"导致他们根本无法在10月初的关键时刻中发挥任何有效作用"。另外,他还更进一步地评论这两位伯爵说:

由于他们在哈斯丁会战时袖手旁观,众人经常认为他们不爱国。可哪怕仅从他们刚刚为保卫国土而与当时最伟大的北方战士打了一场血战来看,这一看法也是站不住脚的。在哈斯丁会战爆发时,两位伯爵根本来不及补充他们在富尔福德所遭受的损失。[35]

这一观点虽有其自己的逻辑,但我们也可以反问,他们之所以挺身而战抵抗挪威的"无情者"哈拉尔,是否只是为了保卫自己的伯爵领而非英格兰王国?毕竟,托斯蒂格虽是"无情者"哈拉尔的盟友,但也更是他们二人的死敌,而这两位伯爵也根本不支持托斯蒂格的兄长哈罗德。

与二人是否忠诚相比更重要的是,哈罗德的亲兵肯定是骑马行军的,而爱德温和莫卡的大多数民兵却只能步行。当哈罗德听说威廉已经登陆之后,我们就会看到,他将以一种步行士兵很难赶上的速度沿着可能有600年都不曾得到修缮的爱尔敏大道(Ermine Street)向南急进。马姆斯伯里的威廉曾写下过一段稍显费解的文字:"(斯坦福桥会战之后)哈罗德命令爱德温和莫卡将战利品护送到伦敦,他本人则迅速向哈斯丁战场进发。由于错误的预兆，他认为胜利已经唾手可得。"[36] 因此，与爱德温和莫卡在富尔福德的损失相比，哈罗德的亲兵，也就是他的精锐部队在斯坦福桥的损失才更为重要。

当托斯蒂格正躲藏在苏格兰，"无情者"哈拉尔也在准备其入侵行动之时，威廉则在忙于建造自己的舰队并征召陆军士兵。在其活力的鼓舞下，到8月中旬，一切准备工作都已经完成，所有的武器也都已经被集中在了迪夫斯河（Dives）两岸。我们无法给出威廉军人数的精确数字。普瓦捷的威廉说其军队人数多达5万，而朱密日的威廉（William of Jumiéges）又说他总计拥有3000艘船只。这都是些不现实的数字，詹姆斯·拉姆塞爵士认为应该直接去掉一个零。[37]

我们手中唯一可靠的参考数据，就是这支在圣瓦莱里（St.Valéry）上船和在佩文西（Pevensey）下船都花费了一天时间，也就是大约12个小时。[38] 据此可以判断，威廉的军队人数应在5000人上下，再加上非战斗人员和水手，全军人数应在7000人到8000人之间。按照科比特先生（Mr. Corbett）的估计，威廉应有2000名骑士和3000名步兵，而骑士中有1200人来自诺曼底。[39] 可即使如此，骑士们如何能在如此短的时间之内从《贝叶挂毯》上所描绘的那种船只上卸载马匹，也还是让人感到不解，唯一的可能就是运输船上装有可收放的坡道。而《贝叶挂毯》上也根本没有描绘马匹下船的场面。[40]

我们可以根据这些估测数据来大致计算船只的数量。当时维京战船的平均载员数量是40人，而《贝叶挂毯》上则描绘了一艘船上搭载着10匹战马的场面。如果《贝叶挂毯》有可信价值的话，我们就可以估算，每艘船上有5名水手、35名士兵或10匹战马，用来搭载战斗人员所需的船只数量就应该是343艘。如果再加上100艘用来运输食物、酒水、武器、工具、可能的帐篷、备用马匹以及非战斗人员的船只，我们就可以得出一个450艘左右的总数。这个数字可能与实际情况相差并不太多，马姆斯伯里的威廉也告诉我们说，格洛斯特伯爵（Robert, Earl of Gloucester）曾在1142年"让多于300名、少于400名骑兵（按照350名骑士和战马估算）登上了52艘船只"。[41]

从8月12日起，在整整一个月的时间里，迪夫斯的舰队都因恶劣天气和北风而无法起航。直到9月12日，风向才转为西风。威廉抓住这个机会将舰队转移到了位于索姆河（Somme）入海口的圣瓦莱里，从此处横渡海峡的距离要更短一些。但随着风向再次转为北风，行动又被推迟了。这导致军中爆发了很多不满情绪，威廉花费了很多精力才维持住了纪律。42

9月27日，风向终于转为南风，威廉也命令军队登船。这项工作进展得十分迅速，到夜幕降临时便已万事俱备。威廉命令所有船只都要挂上一盏明灯，而他本人也在玛蒂尔达赠给他的旗舰"莫拉"号（Mora）的主桅上挂了一盏大灯，其余船只都要跟随这盏灯来航行。大约在午夜时分，远征舰队起航了。到第二天，也就是9月28日周四的9时左右，诺曼底公爵在佩文西，也就是罗马人口中的安德里达（Anderida）登上了英格兰海岸。军队登陆之后的第二天，威廉便开始向哈斯丁前进，那里也是伦敦大道在海岸上的终点。他在那里设立了营地，并建起一个木制城堡来保护自己的基地，之后便开始踩躏周围的乡村，收集给养。

威廉登陆时，哈罗德还停留在约克休整部队、庆祝胜利。10月1日，他在约克收到了威廉登陆的坏消息。虽然哈罗德立刻发布了民兵动员令，但他肯定也知道，如果他不愿放弃伦敦，那么在他南下过程中，就只有军队途径各郡的民兵能加入进来，与他一同抵达伦敦，参与苏塞克斯地区的战斗。

哈罗德可能是在10月2日出发的。他以最快速度行军200英里，于10月5日或6日抵达了自己的都城伦敦，并在那里停留到了11日以等待其他部队抵达。按照普瓦捷的威廉记载，哈罗德计划对敌军进行奇袭，为避免敌军逃走，他还"派出了一支拥有700艘战舰的舰队去封锁其返航道路"。43 奥尔德利库斯·维塔利斯则明智地将这个数字减少到了70艘。44

对哈罗德而言，最佳的战略应是停留在伦敦等待全军集结，同时对南方进行袭扰以断绝威廉的给养。如果是威廉处在哈罗德的位置上，他肯定会如此行事。但哈罗德的性格过于急切、冲动，不懂得暂缓行动。此外，他大部分的支持者都居住在南方，其财产遭到洗劫只可能让他们的忠诚发生动摇。更进一步说，他似乎也小看了自己的敌人。①

哈罗德在伦敦集结起了自己的军队，其核心由他本人手下那些已经减员的亲兵组成。另外，军中还有他两个兄弟吉尔斯和利奥夫温的亲兵。其余人员则都

---

① 译注：事实上，由于哈罗德没有骑兵，而威廉却拥有大批优秀的骑士，让他去袭扰威廉，从战术上就是不可能的。

是在他停留于伦敦的那五到六天时间里赶到的民兵，也就是各地的领主及其家臣，其中既有骑马的士兵，也有步行的士兵。这也就意味着，哈罗德手下军队的素质很高，那些认为哈斯丁战场上的民兵不过是些乌合之众的看法并不正确。哈罗德具体拥有多少士兵已不可考，斯帕茨（W.Spatz）认为其数量应在6000人至7000人之间。[45]但如果我们考虑到斯坦福桥会战中的损失、爱德温和莫卡的缺席以及民兵动员时间的短暂，即使这个数字也显得有些过高了，5000人甚至4000人似乎才是更合理的数字。伍斯特的弗洛伦斯（Florence of Worcester）说哈罗德在率军离开伦敦之时"很担心英格兰一些最勇敢的士兵已经在先前两战（即富尔福德和斯坦福桥会战）中阵亡，而他也还有半数的军队尚未集结起来"。此外他还说，当哈罗德在哈斯丁与威廉交战时，"全军只有不足三分之一的人员参战"。[46]这意味着，哈罗德的行军速度太快，很多步行人员都无法跟上。另外，马姆斯伯里的威廉也说哈罗德"只带着少量部队"[47]便赶往了哈斯丁——虽然在11世纪，4000人已经算是一支大军了。

10月11日，哈罗德从伦敦出发，行军60英里前往哈斯丁，并于10月13日至14日抵达了如今被称为"战城"（Battle）的位置。他在低地中的一个山丘之上或山丘附近宿营，此地据说有一颗"老苹果树"[48]可作识别标志。普瓦捷的威廉曾记载说："他们（英格兰人）……在一个高地上占据了阵地，此处毗邻他们刚刚穿过的（安德里德）森林。在抵达那里之后，他们就立刻下了马……"[49]朱密日的威廉则写道："（哈罗德）彻夜骑马行军，终于在清晨很早的时候抵达了战场。"[50]如果哈罗德当真想要奇袭敌军，那么他的宿营地点无论如何都应是在树林之内，直到第二天清晨才应前进到"老苹果树"所在的阵地。

按照马姆斯伯里的威廉和怀斯（Wace）的说法，哈罗德在10月13日至14日夜间饮酒高歌，而诺曼人却在为自己的罪过忏悔并举行圣礼。[51]虽然英格兰人在强行军过后肯定会感到口渴，而诺曼人在战前热衷于忏悔也是自然之事。但从常识来看，哈罗德的士兵，尤其是他的步兵，肯定会睡得像木头一样沉，而威廉在从侦察兵那里获悉敌军已经接近之后[52]，其手下士兵也应该将当夜的大部分时间都用来准备战斗。

哈罗德有何作战计划呢？是像前文所述的那样奇袭威廉，还是采取被动防御的姿态来阻断威廉通往伦敦的道路，坐等敌方进攻？哈罗德最终确实打了一场纯粹防御性的会战,但他可能只是因为到达战场的时间晚于预期才被迫如此的。如果他真的在黑夜中继续前进7英里进抵哈斯丁,之后又在没有进行昼间提前侦察的情况下发动夜袭,那才真是疯狂的举动。在这种情况下,奇袭威廉唯一可行的办法就是在黎明时发动进攻,但这又要求哈罗德在午夜过后立刻开始前进。即使哈罗德曾经有过这种想法,也一定会因为手下士兵的疲惫而放弃了这一计划。从他先前的将道来看,哈罗德很可能确实考虑过利用速度进行奇袭的计划。在1063年的威尔士战役[53]和刚刚结束的斯坦福桥战役中,哈罗德为达成奇袭的效果,都曾像闪电一样快速行军。罗德先生(Mr.Round)关于哈罗德在这次战役中也有相同打算的看法可能是正确的。[54] 单纯守住"老苹果树"这片阵地无法将入侵者赶出英格兰,因为这不能阻止威廉让士兵重新上船并航行到海岸其他地方去。因此,哈罗德占领此处既不能钉住威廉,也无法强迫他采取攻势。当然,最后威廉确实选择了进攻,而且他的行动速度之快,反而使哈罗德受到了奇袭。《盎格鲁—撒克逊编年史》也支持这一观点,其中曾提及"威廉出其不意地出现在他面前,列好了战斗队形"。[55] 也就是说,哈罗德和他手下的士兵可能睡过头了。

接下来我们有必要分析一下哈罗德所占据的阵地。

"战城"以北的高地(即今日的威尔登高地)与另一个高地或山脊相连,此处如今有一部分已被教堂建筑占用。山脊与威尔登高地之间由一条地峡连接,其上便是今日的战城大道。这道山脊的最高点上如今有一座修道院,地势从此处向东西两方面平缓地降低。而在南方,其山坡在400码内便降低了100英尺,到达了阿斯腾溪(Asten)的源头。阿斯腾溪如今已被一系列的水坝截住,开设了鱼塘。从阿斯腾溪开始,山脊继续向南延展到了位于修道院东南1.5英里的特尔汉姆山(Telham Hill)。在山脊北侧,地峡的两侧十分陡峭,足以阻碍军事行动。在1066年时,从高地流淌下去的水流将地面切开形成了溪谷,其上还覆盖着林地。另外,在山脊北侧、修道院两侧各300码的地方,山坡陡然下降,形成了骑兵无法通过的障碍。其中修道院以西300码处是一条小溪,以东300码处则是通向哈斯丁与通向塞德尔斯科姆(Sedlescombe)两条大路的交汇处。

毫无疑问,哈罗德正是在山脊的顶峰处竖起了自己的两面军旗,即威塞克斯的龙旗和他本人的战士旗。当会战接近尾声之时,后一面军旗也倒在了修道院以东70英尺的地方。如果哈罗德本人位于山脊顶部,亲兵就肯定位于他的两侧,两翼则主要由民兵组成,而中央也要比两翼更容易受到骑兵攻击。尽管我们对哈罗德的阵形所知甚少,但撒克逊人通常都会采用盾墙,也就是方阵阵形。阿塞尔(Asser)在描述871年的阿什当会战(Battle of Ashdown)时曾说士兵们"盾牌挨着盾牌、肩膀挨着肩膀"。这种阵形在对抗使用刀剑、长枪、战斧的步兵时十分有效,而且它也是步兵对抗冲击骑兵的唯一办法。

从战术上来说,哈罗德所要面对的问题在于,如何在保证正面完整的同时避免侧翼遭到迂回。按照巴林先生(Mr.Baring)的说法,他很可能占据了从修道院西侧小溪到哈斯丁与塞德尔斯科姆大道交汇处之间的600码空间,以便将侧翼倚靠在两侧的陡坡边缘。[56] 假定哈罗德将士兵们列成了纵深为10排的方阵,第一排组成盾墙的士兵每人占据2英尺宽的正面,后方九排每人占据3英尺宽的正面,那么为了填满这600码宽的正面,其兵力就应该是6300人。如果纵深增加到12排,则人数也

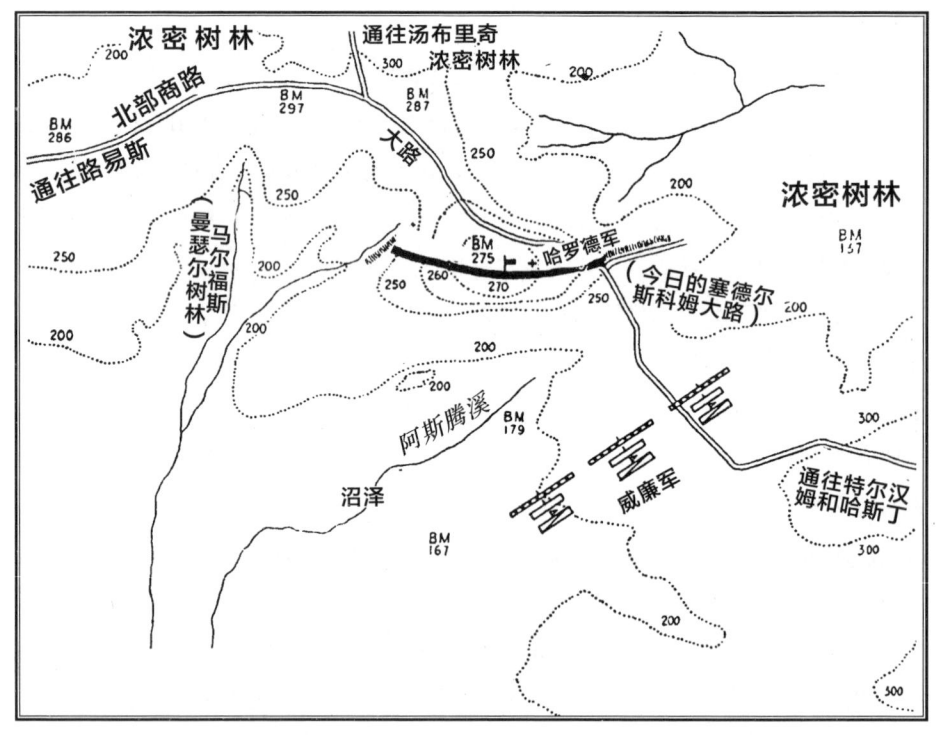

哈斯丁会战(*1066年*)

要增加到7500人。这一数字与斯帕茨所估计的6000至7000人相去不远。[57]

由于史料记载哈斯丁会战是在10月14日上午9时打响的，所以威廉肯定在清晨很早的时候便率军出发了。他需要行军6英里才能抵达特尔汉姆山，其战线也就列在了这座山的北侧。考虑到集中士兵、行军以及排列战线所需要的时间，威廉肯定在清晨4时30分至5时之间便已出发。他将部队分成了三个分队，即左翼、中央和右翼。其中左翼主要由布列塔尼人组成，指挥官为布列塔尼伯爵阿朗；右翼主要是威廉从法国和其他地区招募的佣兵，由布洛涅的尤斯塔斯指挥；中央则是威廉亲自指挥的诺曼人，其前方竖立着教皇的旗帜。每个分队又被分成了三个梯队（Echelon），也就是三条战线。第一线由弓弩手组成，第二线为重装步兵，最后则是骑士。[58]从战术上讲，其战斗序列与早期的罗马军团十分相似，只是最后的三线兵变成了骑兵。

上午9时，军号吹响，会战拉开了序幕，诺曼人缓慢地沿着山坡前进，向围绕在山顶上的英格兰盾墙推进。由于地形限制，威廉的中央支队肯定要沿着哈斯丁大道西侧推进，前进方向直指哈罗德的军旗，左右两翼则要向外侧斜进以拉长正面。另外，威廉军左翼在登上英格兰军右翼所占据的山坡之前，肯定还要越过阿斯腾溪，而这条小溪也在地峡西侧汇入另一条溪流。

威廉的中央分队接近哈罗德之后，诺曼弓箭手开始放箭，但由于他们必须向山坡上方仰射，因此大部分箭矢要么射到了盾牌上，要么便飞过了敌军的头顶。按照普瓦捷的威廉记载[59]，英格兰人英勇抵抗，用"投枪、标枪、各种武器甚至战斧或绑在木棍上的石块"猛烈地迎击对方。很快"诺曼人和野蛮人①的呐喊声便被武器碰撞的声响以及将死之人的嚎哭声所淹没，这种最激烈的战斗持续了很长时间"。

哈罗德军居高临下，这一优势使他们能够维持正面不被突破，普瓦捷的威廉也指出，"以密集阵形坚守阵地让他们颇为受益"。另外，普瓦捷的威廉还说由于防御方的武器能够"轻易穿透"盾牌和盔甲，使进攻者损失惨重。他还曾提及，英格兰

---

① 译注：此处的"野蛮人"指代英格兰人。由于普瓦捷的威廉是一位诺曼人，自认为本族的文明程度高于英格兰人，因而将英格兰人称作"野蛮人"。在古典时代和中世纪的欧洲，"野蛮人"一词往往被类推使用。如罗马人认为高卢人是野蛮人，罗马化的高卢人认为法兰克人是野蛮人，法兰克人认为维京人是野蛮人，法兰克化的诺曼维京人又认为英格兰人是野蛮人等。事实上，这种用法也确实能在大体上显示出各族文明进步时间的先后。

人"英勇抵抗，成功击退了与他们进行白刃战的对手，而且对从远处射箭的敌军（即诺曼弓弩手）也造成了不小损失"。如果这个记载正确的话，这就说明诺曼弓弩手和步兵都无法动摇英格兰军的盾墙。

接下来的记录也支持这一观点。在没有叙述其他事件的情况下，普瓦捷的威廉写道，"步兵和布列塔尼骑士，被凶狠的攻击吓倒，在英格兰人面前崩溃逃窜"，不久之后，"公爵全军都陷入了危险的撤退之中"。这说明诺曼军左翼在攀登山坡之时遭遇了困难，而英格兰右翼或右翼一部突然发动反击，沿坡而下，横扫了布列塔尼的弓弩手和步兵，后方的骑士们也跟着溃逃了。接下来，威廉的中央分队发现自己左侧已经暴露，也开始后退，之后右翼分队的情况也如出一辙。

此时正是哈罗德的良机，但他却没有抓住这个机会。哈罗德经常被批评说他没能在整场会战中紧守盾墙，但如果他真的只是紧守着盾墙不放，至多也只能保持不被击败，而无法获得胜利。如果哈罗德抓住这个机会发动一次全面攻势，从哈斯丁大道两侧冲下山坡，几乎毫无疑问，他就能消灭诺曼弓箭手和步兵。也许诺曼骑兵还是会逃走，但没有了步兵掩护，在回到哈斯丁的木墙背后之前，他们也绝不可能止住逃跑的脚步。哈罗德将会获得会战胜利，而这个胜利也可能产生足够的决定性意义，迫使威廉放弃战役，上船撤走。

事实上，当诺曼左翼的惊慌开始影响中央分队的士气时，还发生了一个偶然事件，足以让哈罗德在全面反击中获得胜利。

会战开始时，威廉位于队列后方，后来当中央分队前方的人员后撤时，威廉可能在混乱中被冲下了战马，军中随即便响起了威廉已经阵亡的呼喊声。对他而言，这无疑是整场会战中最危急的时刻。在古典时代和中世纪的战争中，主将阵亡会导致全军失去首脑，而这通常会立刻带来战败的结果。这就好像是在现代战争中，一支军队所有的指挥人员突然被全部消灭了一样。在哈斯丁会战中，这个危急时刻没有持续太长时间，威廉骑上另一匹战马，将头盔推到脑后以便让所有人都能认出他来。同时为了打消中央分队的恐慌，他高声喊道："看着我！我还活着，在上帝的恩典之下，我将成为胜利者！"与此同时，在诺曼人的左翼，可能是在阿斯滕小溪附近，英格兰人的反击也遭遇了困难。当诺曼中央重整旗鼓再次前进之后，部分追击者就被切断并杀死了。普瓦捷的威廉说死者有"好几千人"，但他很快又补充道，即使在遭受这些损失之后，英格兰人"看起来数量依然没有下降多少"。

诺曼人整理好战线之后，立刻再次发动进攻，而这一次进攻更是由威廉本人亲自指挥的。这说明骑士们此时已经来到了战线前方，而步兵则退到了后面。从此时起的数个小时之内，整条战线上展开了胶着的战斗。骑士们单人独马向前冲去，将长枪投向或刺向盾墙。可即使如此，他们还是无法打开缺口。

由于无法打破盾墙，威廉只好转而使用一种在拜占庭和东方战争中常见的诡计——利用佯退的办法将敌军从老苹果树山上引诱下来。

我们可以断定，诺曼人并没有演练过这种机动，因此威廉的计策也十分冒险。战场上最适合佯退的位置可能位于他的右翼，在那里，士兵们退入一个谷地之后，紧接着便能登上另一个高地，并在那里掉头对正在上山的追击者发动反攻。另外，在右翼进行佯退也能让中央分队对追击者的侧翼发动进攻。显然，这次行动是完全由骑兵来进行的，因此我们也可以推断，在先前的战斗过程中，诺曼步兵已经从战线上撤了出去。

当然，以上结论均属于推测的范畴。普瓦捷的威廉关于战况只记载了如下的文字：

在意识到只有经受巨大损失，才能攻破敌军如此坚固的密集阵线之后，诺曼人和他们的盟军又想到在不久之前，撤退曾给自己带来过优势。因而他们选择了诈败，佯装撤退。野蛮人认为自己即将获胜，高喊着胜利口号侮辱我军士兵，威胁要将他们全部消灭。像先前那次一样，数千名敌军迅速上前追击逃军，但诺曼人却突然拨转马头包围了他们，将这些追击者全部杀死，一个人都没有放过。诺曼人两次使用这个计策，都获得了巨大成功。

哈罗德曾被批评说不应落入这个陷阱。但可能实情是他的部队打破了纪律，在战术局势已经与第一次反击时完全不同的情况下，自行发动了错误的追击。在第一次追击时，他们面对的是步兵，而这次追击面对的却是骑兵，英格兰人根本不可能追上对方。[60]

可是话虽如此，即使在经过了第二次佯退并再次屠杀了追击者之后，普瓦捷的威廉却还是说哈罗德军"仍然十分强大，难以击败"。可以肯定的是，英格兰左翼受到了严重的削弱，为巩固这一侧的士气，哈罗德也将自己的军旗从山顶转移到了左翼附近。另外，威廉在准备发动最后的总攻时，可能曾专门向弓箭手下令，让他们采用高抛的方法来射箭。[61] 这也就是说，弓箭手们要将弓箭指向空中放箭，箭矢在越过骑士们的头顶之后垂直落向敌军，以迫使对方将盾牌举过头顶。

到会战最后阶段开始的时候，时间已经很晚了，夜幕也即将降临。我们可以推断，英格兰人此时已经用光了所有的矢石，士兵们也已经筋疲力尽。接下来发生的事情只能依靠推测，而最可能的经过有如下述：黄昏将尽之时，哈罗德被一支箭射中了眼睛[62]，不久之后便被砍倒。[63] 由于他的兄弟吉尔斯和利奥夫温已于先前战死，所以军中无人可以接替其总指挥的位置。接下来，英格兰左翼被布洛涅的尤斯塔斯击退，整个盾墙也跟着解体了。哈罗德的士兵或骑马或步行地向西方和西北方向逃出战场，躲避可能是由尤斯塔斯领导的追击者。在一片惊慌之中，仍有一部分哈罗德的士兵（可能是他的亲兵）未受影响，能够沿着地峡向后撤退，其正面所表现出的勇气也迫使尤斯塔斯命令士兵们后退。不久之后，威廉赶了上来，他撤销了尤斯塔斯的命令，重新命令士兵前进。诺曼人击溃了那些亲兵，后者之中有一部分人员在昏暗之中跟着逃兵一起从地峡西侧一个被称为马尔福斯（Malfosse，可能就是今日的曼瑟尔树林[64]）的地方跌入了溪谷之中。

威廉返回战场找到哈罗德那已经被砍得难以辨认的尸体时，天空肯定已经是一片漆黑了。威廉将尸体带回了自己的营帐，之后将其葬在了海岸边。

对于威廉，普瓦捷的威廉写道："他统治了整场会战，阻止了士兵们的撤退，鼓舞了他们的精神，并与他们一同面对危险。他要求士兵们跟着他冲锋的次数，远多于他要求士兵们冲在他面前的次数。由此我们便能明白，他是如何用自己的勇气来领导、鼓舞士兵的……三匹战马倒在了他的胯下。"可惜的是，没有一位学者站在威廉那位勇敢对手的角度，描述哈罗德在战场上的所作所为。

会战结束两天之后，威廉回到了哈斯丁，五天后他又占领了多弗尔。按照巴林先生的记载[65]，在那之后，威廉经由兰汉姆（Lenham）、希尔（Seal）以及维斯特汉姆（Westerham）进抵戈德斯通（Godstone），夺得了从哈斯丁通往伦敦的大道。在戈德斯通，他派出一队骑兵向北进发，烧毁了索思沃克（Southwark），同时主力则经由吉尔福德（Guildfor）、米歇尔德沃（Michelderver）和贝辛（Basing）向西进发。在奥尔斯福德（Alresford），威廉可能得到了来自奇切斯特（Chichester）或朴次茅斯（Portsmouth）的援兵，其舰队在哈斯丁会战后也已经转移到了那里。紧接着，他又转向北方穿过兰伯恩（Lambourn），在沃林福德（Wallingford）率军渡过泰晤士河，绕过奇尔特恩（Chilterns）后向南进抵小伯克翰斯提德（Little Berkhampstead）。威廉在此处接见了来自伦敦的权贵，后者向他表示臣服，并献上了英格兰的王冠。

依据《末日审判书》（*Domesday Book*）①的记载，巴林推断威廉的军队不可能超过8000至10000人。另外他还写道："他不可能在劫掠上耗费太多时间。如果他允许士兵们分散至广大的区域烧杀抢劫，他就不可能在七周的时间之内，走完从坎特伯雷到小伯克翰斯提德之间的350英里路程……除行军道路两侧的地区以外，征服行动在短期内对东南地区的田产价值似乎没有造成多少影响。"[66]

得到王位的邀请时，威廉最初还假作犹豫，之后才接受了王冠。他派出了一支精兵前去修建后来成为伦敦塔（Tower of London）的城堡，最后在1066年的圣诞节，威廉终于在威斯敏斯特大教堂由约克大主教伊尔德雷德加冕，实现了他对英格兰王位的宣称。

在接下来的三年里，威廉镇压了各地，尤其是诺森布里亚的叛乱。在每一个地区，他都会系统性地将当地化为焦土。以至于到了1069年，王国中已经有三分之一的土地成为荒野。与此同时，为了维持秩序、镇守各地，他又在每一个重要的地区都建造了城堡。到了1070年，威廉在感到自己的地位已经稳固之后，终于解散了手下的佣兵部队。两年后他又入侵了苏格兰，在艾伯内西（Abernethy）强迫马尔科姆向他臣服。到威廉于1087年9月9日因在芒特围攻战（Siege of Mantes）中所受的伤势发作而去世时，他已经是西欧最强大的君主了。

对英格兰来说，哈斯丁会战不仅是在这片土地上打过的最具决定性的会战，而且也是其整个历史上最具决定性的会战，没有任何其他会战能与哈斯丁会战相提并论。从此之后，原先那个结构松散、缺乏纪律的国家，成为一个统一、紧凑、拥有世袭中央权力的王国，其国王也懂得如何将封建体制与个人专制的政府结合起来。威廉保留了原有的地方行政体系，但他却掌握了所有的土地，也就是他在《末日审判书》中所列出的那些财产。

威廉本人曾是一位起兵反叛领主的封建封臣，因此他也深知法兰克封建体系

---

① 译注：《末日审判书》实质上是威廉在征服英格兰后制定的一本财产清查登记账，但因为有对贵族进行清算的意味，所以被他取了这样一个名字。

所固有的缺陷,并决心在英格兰铲除这些问题。他让英格兰变成了一个不可分割的整体,任何人都不能像他对待法国国王那样对待他。尽管威廉也将大片土地按照军功赏赐给了封臣,但除了切斯特(Chester)、什鲁斯伯里(Shrewsbury)、杜尔汉姆(Durham)、肯特以及康沃尔(Cornwall)的广大伯爵领以外,其余封地都是分散在王国各处的,所有封臣也都只能向他一人效忠。为实现这个目的,他于1086年在索尔兹伯里(Salisbury)召开了一个庞大的集会。从史料中我们可以读到:"在那里,大臣们来到他的面前,所有在英格兰拥有土地的人,无论他们是谁的封臣,所有人都发誓只效忠于他一人。"[67]

威廉的对外政策与其对内政策一样出色。虽然他尊重教会的组织,但却不承认教皇有约束俗世君主的权力。他不接受教皇格里高利七世(Gregory Ⅶ)关于权力的主张,下令不经他的允许,英格兰人不得承认任何人为教皇。1080年,格里高利七世要求威廉宣誓作为封臣忠于教皇,威廉直截了当地予以了回绝。

威廉在哈斯丁的胜利以及随之而来的加冕,是中世纪仅次于查理大帝加冕的第二个重要事件(二者恰巧都是在圣诞节进行的)。查理让西欧和中欧零散的人们聚集到了一个统一的世俗权力之下。正如斯腾顿教授所指出的那样,威廉则"切断了英格兰与斯堪的纳维亚的联系,将其与更加富饶的西欧结合了起来"。[68]哈斯丁会战不仅结束了维京人在西方的全盛时代,而且还给西欧带来了一位伙伴,在东方即将被伊斯兰势力击溃之时,将西方团结了起来。

注解

1. 罗贝尔死后,她嫁给了孔特维尔子爵埃尔卢安(Herlouin, Viscount of Conteville),并生下了威廉的两个同母异父弟弟,即贝叶主教奥多和莫尔坦伯爵罗贝尔。
2. *English Historical Documents*,大卫·道格拉斯编辑版,1953年版,第二卷,第163页至164页,《盎格鲁—撒克逊编年史(1042年至1154年)》。
3. *English Historical Documents*,大卫·道格拉斯编辑版,第二卷,第280页,《关于"征服者"威廉去世及其性格的记录》。
4. *English Historical Documents*,大卫·道格拉斯编辑版,第二卷,第217至218页,《普瓦捷的威廉:诺曼底公爵、英格兰国王威廉的功业》。普瓦捷的威廉也是征服者威廉的随军牧师。
5. *William of Malmesbury's Chronicle of the Kings of England*, J.A. 吉尔斯英文译本,1904年版,第254至255页。此时,威廉的女儿阿黛拉(Adela)或阿加莎(Agatha)仅有11岁左右。
6. *The Foundation of England*,1898年版,第一卷,第496至497页。
7. 贤人会议既有贵族大会(包括伯爵、主教、修道院长以及受封的领主)的性质,也有国王枢密院的性质。贤人会议对国内所有重要的公共事务都有发言权,而且还担负着最高法院的职责。
8. 关于盎格鲁—撒克逊君主的"选举"和"继承"原则,参见 F.M.Stenton, *Anglo-Saxon England*,1947年版,第544页;*William the Conqueror and the Rule of the Normans*,1908年版,第149至152页。
9. 即使贤人会议早已知晓哈罗德对威廉的承诺,他们的决定也还是不会受到影响。因为哈罗德在当选国王前并非王室成员,根本没有资格将英格兰王冠献给他人。
10. *William of Poitiers*,第218页。
11. *William of Malmesbury*,第271页。
12. Sir James H.Ramsay, *The Foundations of England*,第一卷,第520页。
13. 关于这场战斗,我们可以在《盎格鲁—撒克逊编年史》(C卷,第133页)中读到:"由于他们在马背上作战,因此他们连一支投枪都没有掷出就已经崩溃了。"另外我们还要补充的是,拉尔夫的骑兵在冲锋时受到了威尔士标枪兵和弓箭手的猛烈攻击,提前体会到了克雷西会战中法国骑士们的感受。在没有弓箭手进行支援的情况下,骑兵无法与弓箭手对抗,人们花费了300年的时间才认清了这个道理。
14. *Anglo-Saxon England*,第574页。
15. *William of Malmesbury*,第280页。
16. 11世纪时绝大部分英格兰城堡都只是用木墙在土丘上围出来的永久工事而已。直到诺曼征服之后,英格兰才出现了大批石制城堡。
17. *William of Poitiers*,第219至220页。
18. *William of Malmesbury*,第273页。
19. *The Ecclesiastical History of England and Normandy*,托马斯·福莱斯特英文译本,1853年版,第一卷,第463页。
20. *Anglo-Saxon Chronicle*,C卷,第142页。
21. *The Chronicle of Florence of Worcester*,托马斯·福莱斯特英文译本,1854年版,第168页。
22. *Anglo-Saxon Chronicle*,C卷,第142页。
23. 考虑到民兵只有40天的服役期,若想要在战场上长时间维持一支军队,唯一的办法就是让民兵们轮换服役。
24. *Florence of Worcester*,第169页;*Anglo-Saxon Chronicle*,C卷,第144页。
25. "无情者"哈德拉得是当时世界上最著名的军人之一,曾为东罗马帝国效力并拜访过耶路撒冷。
26. 参见 *The Heimskringla Saga*,塞缪尔·莱因英文译本,1889年版,第四卷,第31至32页。
27. *Anglo-Saxon Chronicle*,E卷,第142页。
28. 参见 *The Heimskringla Saga*,第四卷,第37至38页。

29. *Anglo-Saxon Chronicle*，C 卷，第 144 页。
30. *Heimskringla Saga*，第四卷，第 39 页。
31. *Anglo-Saxon Chronicle*，C 卷，第 144 页。
32. *Heimskringla Saga*，第四卷，第 40 至 41 页。
33. *Anglo-Saxon Chronicle*，C 卷，第 144 至 146 页；*Heimskringla Saga*，第四卷，第 40 至 50 页；*Florence of Worcester*，第 169 页。
34. 第一卷，第 480 页。
35. *Anglo-Saxon England*，第 582 页。
36. *William of Malmesbury*，第 285 页。
37. *The Foundation of England*，第二卷，第 17 页。其他史学家给出的兵力数字如下：J.H.Round, Feudal England，第 289 至 293 页，5000 人；*The Cambridge Medieval History*，第五卷，第 498 页，5000 人；Ferdinand Lot, L'Art Militaire et les Armées au Moyen Age, 1946 年版，第一卷，第 285 页，少于而不是多于 7000 人；Wilhelm Spatz, Die Schlacht von Hastings, 1896 年版，第 30 页，不多于 6000 至 7000 人。
38. 詹姆斯·拉姆塞爵士曾指出，"1415 年，亨利花费了三个 8 月的漫长白昼才让 8000 至 10000 人登上了停在哈弗勒尔的运输船"（*The Foundation of England*，第二卷，第 17 页）。
39. *The Cambridge Medieval History*，第五卷，第 498 页。其中 1200 名诺曼骑士的数字取自第 488 至 489 页。
40. 《贝叶挂毯》的配文"EXEVNT CABALLI DENAVIBUS"。
41. 第 533 页。
42. 参见 *William of Poitiers*，第 221 页。
43. 第 224 页。
44. 第 483 页。
45. *Die Schlacht von Hastings*，1896 年版，第 33 至 34 页。
46. 第 170 页。值得一提的是，哈罗德在从约克前往伦敦的过程中（10 月 2 日至 6 日），平均每天要走 40 英里，从伦敦前往战城（10 月 11 日至 13 日）时每天却只走了 19 英里。这主要是由于在后一段路程中，哈罗德被步行的人员所拖累，无法快速前进所致的。如果哈罗德将这些人留在后方，他本能在 12 日抵达哈斯丁，并可能成功奇袭威廉。至于其兵力是否足够击败威廉，那就是另一个问题了。
47. 第 274 页。
48. *Anglo-Saxon Chronicle*，D 卷，第 144 页。
49. 第 225 页。
50. *English Historical Documents*，大卫·道格拉斯编辑版，第二卷，第 216 页，《朱密日的威廉：征服者入侵英格兰记录》。
51. 第 276 页；*Roman de Rou*，普吕凯编辑版，1827 年版，第 184 页。
52. *William of Poitiers*，第 224 页。
53. 参见 *Florence of Worcester*，第 164 页。
54. *Revue Historique*，1897 年 9 月号，第六十五卷，第 61 页。
55. *Anglo-Saxon Chronicle*，D 卷，第 144 页。
56. 参见他的 *Domesday Tables for the Counties of Surrey, etc.*，1909 年版，附录 B，第 217 页至 232 页。该书中有一张非常精细的会战地图，每隔 10 英尺就标有一条等高线。
57. *Die Schlacht von Hastings*，第 33 页。
58. *William of Poitiers*，第 225 页。
59. 第 226 至 229 页。
60. 在批评这几次反击的时候，我们绝不能忘记，在这个以标枪和箭矢作为远程武器的年代里，补充弹药最常见的办法便是击退敌军，捡回地面上的标枪和箭矢。

61. 亨廷顿的亨利也提及过此事，参见 The Chronicle of Henry of Huntingdon，托马斯·福莱斯特英文译本，1853 年，第 212 页。
62. 伍斯特的弗洛伦斯认为哈罗德是在黄昏时战死的。
63. 参见 Bayeux Tapestry。
64. 参见 Domesday Tables, etc.，第 229 页。巴林先生写道："此处原本叫作马尔福斯，后来很快就相继变成了曼福斯（Manfussé/Manfsey）、曼塞（Mansey），最后又变成了曼瑟尔（Manser）。"
65. 巴林先生通过《末日审判书》对各地财产遭到抢劫后的抵扣记录来追踪威廉的行军路线。参见 Domesday Tables, etc.，附录 A，第 208 至 216 页。
66. 同上，第 14 至 16 页。《盎格鲁—撒克逊编年史》（D 卷，第 145 页）写道："……他蹂躏了前往伯克翰斯提德途中所经过的所有地区。"
67. Anglo-Saxon Chronicle，E 卷，第 161 至 162 卷。
68. William the Conqueror and the Rule of the Normans，第 4 页。

大事记
哈里发政权的衰落与拜占庭帝国的复兴

随着罗马帝国的观念在西欧得到复兴，西欧也迎来了政治上的新生，并借此获得了抵挡伊斯兰教势力进攻的能力。与此同时，东方哈里发政权的倭马亚王朝（Omayad）也被阿拔斯王朝（Abbasids）所终结了。阿拔斯王朝声称自己是穆罕默德叔父阿拔斯（Abbas）的后人，理应继承哈里发之位。在梅尔万二世（Merwan Ⅱ，744年至750年在位）担任倭马亚哈里发期间，阿拔斯家族的反抗活动终于在阿拔斯第四代后人伊曼·易卜拉欣（Iman Ibrahim）的领导下演变成了公开叛乱。伊曼·易卜拉欣在呼罗珊组建了一支军队，当他在747年去世后，他的兄弟阿布·阿拔斯·萨法赫（Abul-Abbas as-Saffah）接过了叛乱的领导权。750年，在经过了长达11天的大扎布会战（Battl of Greater Zab）之后，阿布·阿拔斯·萨法赫击溃了梅尔万的军队，被拥立为哈里发。在获得胜利之后，他开始大规模屠杀倭马亚家族的成员，显贵中只有阿卜杜勒·拉赫曼（Abd-ar-Rahman）一人逃到了西班牙避难，并于756年在那里创立了科尔多巴的倭马亚王朝。

倭马亚王朝崩溃后，伊斯兰世界的中心从叙利亚转移到了伊拉克，阿拉伯人主导的时代也随之终结。伊斯兰军队原先都是从阿拉伯部落中招募的，但从此之后，大部分士兵都被非阿拉伯民族的佣兵所取代了，阿拉伯人与被征服民族之间的壁垒也因此而开始崩塌。不过话虽如此，阿拉伯的宗教、语言以及文明在新的哈里发政权中依然占据着主导地位。

倭马亚王朝始终谨慎地维持着伊斯兰世界的统一，但随着阿拔斯王朝的建立，穆斯林之间也很快便发生了分裂。每一位行省总督都成了潜在甚至事实上的独立君主。阿拔斯王朝的第二位哈里发曼苏尔（Mansur）迁都至巴格达之后，波斯文化的影响逐渐占据上风。所有主要的官职都被波斯人占据，其中最重要的人物则来自于巴米西德家族（Barmecides）。803年，阿拔斯王朝第五任哈里发、伟大的哈伦·拉希德（Harun-al-Rashid，788年至809年在位）又清洗掉了巴米西德家族。尽管他丢掉了非洲西北部以及河中地区（Transoxiana），但在其治下，哈里发政权还是迎来了最辉煌的时期。在《一千零一夜》（Arabian Nights）中，哈伦·拉希德经常以英雄的形象出现，他有数不尽的轶事流传于民间，人们常常将他与查理曼相提并论。另外，他还同意将基督的圣陵（Holy Sepulchre）安放在耶路撒冷，由他来加以保护。

虽然哈伦·拉希德的统治光彩夺目，但似乎他已经意识到，阿拉伯帝国免不了要走向分裂。802年，他做出了将帝国分给两个儿子的安排。当他在809年去世之后，内战立刻便爆发了。呼罗珊已经成为事实上的独立国家，埃及也脱离了控制。在穆塔辛（Mutasin，833年至842年在位）治下，哈里发政权又做出了几乎完全从突厥人中招募军队的致命之举。这些突厥人就好像罗马禁卫军一样，任意任免哈里发。最终救星还是在波斯出现了。自称为萨珊诸王后裔的布韦希家族（Buwaihids）在945年进入巴格达。在从突厥禁卫军中夺走哈里发之后，他们在接下来近一个世纪的时间里不断增加自己的威望，哈里发也成了国内各埃米尔（Emir）的傀儡，直到伽色尼王朝（Ghaznevids）和塞尔柱人（Seljuks）到来之后，情况才发生了变化。

正当上述变化改变着伊斯兰世界的面貌之时，拜占庭帝国也遭遇了大量的困难。他们在内部缺乏公认的皇帝继承制度，在外部还要勉强坚守着东西方两条漫长的前线。802年伊琳妮女皇（Empress Irene）驾崩带来的无政府状态，直到867年才由巴西尔一世（Basil Ⅰ，867年至886年在位）终结。后者也是在乱世中经常出现的意外人物之一。

巴西尔一世生于812年，其父是一位马其顿农民。由于巴西尔外貌英俊、力大无穷，他在856年吸引到了米海尔三世（Emperor Michael Ⅲ，842年至867年在位）的注意，成为皇帝的侍从主官。此后在皇帝的青睐之下，巴西尔平步青云。866年，他刺杀了帝国的恺撒①，即米海尔三世的叔父巴达斯（Bardas），之后又说服米海尔三世与他分享权力。不久后皇帝又宠信起了一个船夫，失宠的巴西尔随即刺杀了皇帝，自立为皇帝。延续将近二百年的马其顿王朝（Macedonian Dynasty）由此诞生，并为帝国带来了一百年的繁荣。

在帝位的继承趋于稳定之后，帝国也终于能够采取循序渐进的对外政策了。内在稳定所带来了对外扩张，而这种扩张又演变成了一种针对伊斯兰教的圣战。此时穆斯林之间的无政府状态也使其大为受益。

从巴西尔一世于886年去世开始，直到罗曼努斯二世（Romanus Ⅱ）于959年继位这段时间里，保加利亚帝国（Bulgarian Empire）也在西门（Simeon，893年至927年在位）统治下进入了全盛时期。923年，当西门围攻君士坦丁堡之时，其领土已经扩张到了西起亚得里亚海、东至黑海、北至卡帕西亚（Carpathia）、南至色萨利的广大地区。另外，他还将自己的尊号从可汗改成了"保加利亚人与希腊人的沙皇（Tsar）"。②

为了应对这支强大势力的威胁，巴西尔一世的继承者利奥六世（886年至912年在位）和君士坦丁七世（912年至959年在位）不断与保加利亚人作战，从俄罗斯（Russia）南下的北方民族更使情况雪上加霜。941年，基辅（Kiev）的瓦兰吉人（Varangian）王公伊戈尔（Igor）率兵围攻君士坦丁堡，但其舰队被希腊火重创，只得解围而去。¹尽管帝国在欧洲方面麻烦不断，但东方疆界却一直在向幼发拉底河推进。凭借利奥和君士坦丁七世打下的基础，罗曼努斯二世（959年至963年在位）的手下大将尼西弗鲁斯·福卡斯（Nicephorus Phocas）取得了重大胜利，于961年夺回了早在826年便已经丧失的克里特岛。

罗曼努斯二世于963年去世，留下了两个年幼的孩子巴西尔和君士坦丁，由他们的母亲狄奥法诺（Theophano）摄政。但因为二人过于年幼，尼西弗鲁斯·福卡斯也被拥立为皇帝，他为了巩固地位，迎娶了狄奥法诺。在此之后，尼西弗鲁

---

① 译注：到了这个时代，"恺撒"已经变成了一个单纯的荣誉称号。虽然这个头衔仍然能给持有者带来巨大的声望和影响力，但已经不再具有副皇帝和皇位继承人的意义了。此时拜占庭皇帝的主头衔早已变成了希腊语中的"巴西琉斯"（Basileus）一词，而在选继承人时，皇帝也往往会直接任命一位头衔同为西琉斯的共治皇帝。

② 译注：沙皇实质上就是"恺撒"在斯拉夫语中的转译。这一头衔上的变化，代表着游牧的保加尔人彻底转变成了定居的保加利亚人，而且对罗马皇位发起了正式挑战。

斯·福卡斯继续征战，于965年占领塔尔苏斯并收复了塞布鲁斯。接下来，他又在968年入侵叙利亚，占领了霍姆斯、的黎波里、吉布拉（Jiblah，即拜布拉斯）以及其他几座城镇。之后他开始围攻安条克，并于969年10月28日将其攻克。可就在这个重要的胜利之后不久，狄奥法诺买通了尼西弗鲁斯·福卡斯的一位副官约翰·齐米斯希（John Tzimisces），后者在969年12月10日至11日夜间刺杀了福卡斯。随后约翰又立刻将狄奥法诺关进了修道院，自立为皇帝约翰一世（John I，969年至976年在位）。

在位的第一年里，约翰·齐米斯希忙于镇压本土叛乱并与保加利亚人和俄罗斯人作战。在经过了两场大会战之后，约翰击败了保加利亚人。947年，他与亚美尼亚订立了盟约，并率军出发，意图光复耶路撒冷。约翰从安条克率军南下，占领了大马士革、太巴列（Tiberias）、拿撒勒（Nazareth）和恺撒里亚（Caesarea）。975年9月，约翰在的黎波里吃了一场败仗，之后便撤回了安条克。976年1月10日，约翰在君士坦丁堡去世。

罗曼努斯二世的两个儿子巴西尔二世（Basil II，976年至1025年在位）和君士坦丁八世（Constantine VIII，976年至1028年在位）继承了皇位，二人分别于960年和961年加冕。君士坦丁八世没有参与政务，此时刚刚19岁的巴西尔二世也将帝国的政务交给了宦官巴西雷奥斯（Basileios）来管理，后者则似乎想将巴西尔当成傀儡来利用。国内很快就爆发了叛乱，其中最严重的一次发生在987年，巴达斯·福卡斯（Bardas Phocas）被手下部队拥立为皇帝。在自己的妹夫，也就是基辅大公弗拉基米尔（Vladdimir, Prince of Kiev）提供的一支瓦兰吉佣兵帮助下，巴西尔迎战篡位者，并在阿比杜斯将其击败。

摆脱内部危险后，巴西尔二世先除掉了巴西雷奥斯，之后便对封建地主发动了无情的战争。这些地主在小亚细亚境内威胁皇帝权威，导致人民分成富人（Dunatoi）和穷人（Penates）两个对立阶级，破坏了帝国的团结。巴西尔二世站在穷人一方，赢得了无产阶级和中产阶级的支持，借此稳固了自己的地位。995年，他又在与撒拉逊人作战时取得了一系列胜利。他在东方最重要的工作，还要算是兼并了亚美尼亚的大片土地，并将其打造成了坚固的前沿阵地。在巴西尔二世统治的剩余时间里，他主要致力于与保加利亚人的沙皇萨穆埃尔（Samuel，976年至1014年在位）作战。

996年，巴西尔二世率军展开了征服行动。到1000年时，他已经夺回了保加利亚东部。战争一直延续到了1014年，在这一年，保加利亚军队在贝拉西扎会战中（Battle of Belasitza）被全部消灭。这场胜利也使巴西尔二世得到了"保加利亚人屠夫"（Bulgaroktonos）的称号。①1018年，战争终于结束，在此后超过一个世纪的时间里（1018年至1186年），保加利亚始终被牢牢握在拜占庭皇帝手中。1025年12月，巴西尔二世在准备发动海上远征，从撒拉逊人手中夺回西西里的过程中去世。

---

① 译注：据称当时巴西尔二世将保加利亚俘虏全部刺瞎，每100人中只让一个人留下一只眼睛，并让此人引领其余99人回家。

注解

1. 在8世纪中叶，居住在伊尔门湖（Ilmen）附近的斯拉夫和芬兰部落要向北方的罗斯人（即瑞典人或瑞典人中的一部分）缴纳贡金。到859年，他们赶走了罗斯人。但不久之后，各部落就发生了内战，因此他们又将罗斯人请了回来。留里克（Rurik）、西纽斯（Sineus）、特鲁弗（Truvor）这三位王公接受了邀请，为后来的俄罗斯帝国打下了基础。留里克定都诺夫哥罗德，此处位于涅瓦河（Neva）、沃尔科夫河（Colkhov）、洛瓦特河（Lovat）和第聂伯河的交汇处（这几条河并不直接相连），连接着波罗的海和黑海。瓦兰吉人（即罗斯人）正是沿着这条道路从北方前往君士坦丁堡，并受雇成为拜占庭皇帝的卫队。后来留里克将首都迁到了基辅。

曼奇克特会战（1071年）

第十四章

巴西尔二世统治的时期是拜占庭复兴的顶峰。自查士丁尼一世之后，帝国始终不曾达到如此耀眼的高度。可是与查士丁尼死后的情况一样，短短50年之后，帝国便又一次化为了废墟。

巴西尔二世的征服属于纯粹的军事行动，而这也是其弱点所在。巴西尔二世四处蹂躏，虽然获得了胜利，但却在身后留下了大片荒无人烟的土地，这也使他的胜利显得空洞不堪。

可话虽如此，倘若巴西尔二世之后能够有一位像利奥三世那样有为的军人兼政治家来继承皇位，则拜占庭帝国还是可能会获得新生。但实际上，帝国却落入了一系列老朽、放荡之人甚至妓女的手中，女性也又一次占据了主导地位。帝国之所以会在一次战败后便陷入了全面崩溃，其种子正是在这个时期埋下的。而这次崩溃的激烈和彻底程度，完全能够与阿德里亚堡会战后的情况相提并论。

按照布塞尔（Bussell）的说法，这是一个"罗马体系悄然解体"[1]的时代。在这个基本处于和平状态的时期里，宦官和宠臣在宫廷中当政作乱，而他们的唯一目标就是预防革命和叛乱。官员趋炎附势，僧侣腐败不堪，宫廷内乱充斥着整个时代，甚至连奴隶都能上升到统治阶层。君士坦丁八世在巴西尔二世死后单独执政，他虽是一位和平主义者，但却也是一个专制君主，这两个特质可以说是一种最坏的组合了。在大批寄生虫的怂恿下，他刺瞎了所有潜在的皇位竞争者，任何曾表现出中人以上才能的人物都不放过。他将军队和政府交给宦官打理，原因却只是宦官至多只能密谋叛乱，而无法夺取皇位。巴西尔二世曾经尽力限制的贵族权力，又被君士坦丁八世还了回去。后来等到他感到大限将至之时，便将自己的女儿佐伊（Zoe）——一个中年荡妇，嫁给了一个贵族，此人在君士坦丁八世死后继承了皇位，即罗曼努斯三世（Romanus Ⅲ，1028年至1039年在位）。随罗曼努斯三世继位而来的，则是长达29年的女性统治。最初，皇帝为了赢得上帝和凡人的好感，大肆向教堂、官员以及百姓施舍钱财。丑闻和淫荡之事层出不穷。佐伊首先将自己的姐姐狄奥多拉关进了修道院，之后又收养了一位钱币兑换商米海尔为自己的义子，并让他做了自己的情夫。最后，佐伊又毒死了丈夫，并在同一天与米海尔结婚，使后者成为皇帝米海尔四世（Michael Ⅳ）。米海尔四世于1041年去世后，佐伊又收养了自己的侄子"补缝工"米海尔（Michael the Caulker），让他做了皇帝米海尔五世。在位四个月之后，米海尔五世也被推翻、刺瞎并投入了修道院。到了 62 岁时，佐伊与自己的一个老情人君士坦丁·莫诺马科斯结婚，后者也就加冕成为皇帝君士坦丁九世（Constantine IX Monomachus，1042 年至 1054 年在位）。由于君士坦丁九世不愿与自己的另一个情妇斯克里莱娜（Scleraina）分手，君士坦丁堡百姓只好亲眼见证了一位皇帝坐在两位皇后中间的惊人景象。

从下面这段简述之中，我们就可以了解这个时期拜占庭宫廷中的政治乱象。布塞尔称其"完全缺乏现实性……统治者好像演员一样。官员们也像是《哈姆雷特》（Hamlet）中的维齐尔，作为哑剧中的群众演员，适时地响应皇室召唤，拯救受伤的无辜杰出青年。"[2]

在这一段道德衰败的时期中，南意大利的诺曼人也将矛头对准了这个帝国。诺曼人于 1017 年首次在南意大利出现。当时，有一队从耶路撒冷朝圣归来的诺曼人定居在了卡拉布里亚。他们最初以佣兵的身份为拜占庭皇帝和教皇服务，后来却变成了征服者。1042 年，他们的领袖"铁臂"威廉（William of the Iron Arm）自立为阿普利亚伯爵（Count of Apulia）。大约与此同时，另一位诺曼领袖也占据了阿韦尔萨（Aversa）。在此期间，东方又有一个新的外来种族涌入了帝国境内，即塞尔柱突厥人。拜占庭的对外政策、内部腐化以及诺曼人在意大利和帕济纳克人（Patzinak）在多瑙河的牵制，共同导致塞尔柱人轻而易举地席卷了帝国东部。

数个世纪以来，拜占庭帝国始终在与哈里发作战。到 11 世纪，哈里发政权也已经与拜占庭帝国一样老朽不堪了。但塞尔柱人的入侵很快便扭转了伊斯兰政权的颓势，帝国的东部边境也因此受到了威胁。帝国的东疆从高加索山脉延伸到幼发拉底河上游，其安全主要依托于亚美尼亚。因此，帝国本应支持信奉基督教的亚美尼亚王国，将其打造为缓冲国。但恰恰相反，拜占庭人却摧毁了亚美尼亚。其原因也并非亚美尼亚有任何要与塞尔柱人结盟的迹象，而只是因为其国土富庶，可以抢到大批战利品。

巴西尔二世在 1022 年迈出了最初也是最致命的一步，他强迫亚美尼亚国王约翰（John，King of Armenia）同意在死后向拜占庭割让领土。1045 年，君士坦丁九世用最阴险的手段迫使新国王加吉克（King Gaghik）将这一承诺付诸实施，同时他还解散了尚有 50000 人之多的亚美尼亚民兵，并强迫亚美尼亚人交出了首都阿尼（Ani）。[3] 埃德萨的马太（Matthew of Edessa）虽然是一位亚美尼亚人，但在描述其祖国的困境时似乎并没有过于夸张。他写道："这个国家是被那些胆怯、卑劣、绝后的希腊人亲手送给突厥人的。他们拆散了我们的贵族，毁掉了我们的王室，剥夺了我们的一切自卫手段。而此后，他们又做了什么？作为我们的保护者，他们却把我们的国家交给了阉人将军来管理……"他接着写道："一旦发现了杰出的勇士，他们要么将他刺瞎，要么就将他溺死在大海之中……他们把我们的儿子变成宦官，非但不给他们提供盔甲，反而让他们穿得像女人一样……"[4] 更糟的是，当拜占庭人摧毁了亚美尼亚，大肆洗劫，并剥夺其自卫能力之后，君士坦丁九世为了节约已被自己的铺张浪费所耗尽的国库，又从亚美尼亚撤走了拜占庭驻防军，任由当地遭人攻击——入侵马上就来临了。1049年，塞尔柱人展开了入侵，几年之后，他便将突厥人的统治（或者说是乱治）范围从喀什噶尔（Kashgar）延伸到了君士坦丁堡附近。

1034年，这个极具破坏性的凶残民族在塞尔柱的两个孙子——图格里勒贝伊（Tughril Bey）和查格里贝伊（Chaghri Bey）带领下越过奥克苏斯河进入了呼罗珊。在那之后，格里勒向西进军，席卷了伊拉克、吉尔曼沙（Kirmanshah）、哈马丹（Hamadan）以及阿塞拜疆，最终在1049年进抵已经手无寸铁的亚美尼亚。他攻击了凡湖以西没有城墙的城市阿德曾（Ardzen）并将其夷为平地，据说被屠杀的男女老幼总计达到了15万人。[5]

在与拜占庭军队打了一场不具决定性意义的战斗之后，图格里勒在卡尔斯（Kars）击败了亚美尼亚人，之后又开始向曼齐克特（Manzikert）[6]进发并将其包围。他无法用突袭的办法将城市攻克，便运来了一个巴西尔二世曾使用过的巨型攻城武器，这个武器需要400人才能拉到阵地。城市的总督在看到这个机械之后非常恐惧，因而拿出了非常优厚的赏金，悬赏能将其摧毁之人。一位法兰克佣兵自告奋勇，他将一份信件系在骑枪的枪尖上，又在衣服里藏了三个玻璃瓶的石脑油，随后便骑马出城奔向那门弩炮。塞尔柱人误以为他是一位信使，只是出于好奇才被吸引到了弩炮那里，因而放任他接近过去。直到他向弩炮投出玻璃瓶并将其引燃之后，塞尔柱人大吃一惊，而那位法兰克佣兵则已经飞奔回到了曼齐克特。[7]由于城墙上有数不尽的武器可以投掷希腊火，图格里勒被迫放弃了围攻。在此期间，拜占庭人还曾用一架抛石机将猪的尸体投入塞尔柱军营，城中的居民也随之高喊："苏丹，如果你愿意娶这头母猪为妻，我们就把曼齐克特当成嫁妆送给你！"[8]

1050年，佐伊去世，四年后君士坦丁九世也撒手人寰，胆小的老女人狄奥多拉（Theodora）继承了皇位。1056年，米海尔六世（Michael Ⅵ）登上宝座，但在第二年即被科穆宁家族（Comnenus）的伊萨克一世（Isaac Ⅰ）推翻。伊萨克统治到了1059年，之后又被杜卡斯家族（Ducas）的君士坦丁十世（Constantine X）继承，后者死于1067年。

纵观这个堕落的时代，竟无一人意识到帝国已经走到了悬崖边缘。宫廷掌握了一切权力，导致数百年来维持帝国团结的民政体系彻底崩溃。盛大的仪式每一年都变得更加华丽，同时帝国境内的通信和边防体系却已经腐败不堪。乡村人口持续减少，以至于军队已经找不到人来当兵了。各部队要么缩减规模，要么只好征召大批佣兵入伍。在此之前，皇帝们总是能用自己的财富来"买"到欧洲最好的士兵。[9]但在君士坦丁十世治下，为了节约资金，军队的素质大幅下降，素质平庸的外族士兵被编入军队，兵器、攻城机械和一切军需物资的储存都被忽视，宫廷甚至任由城堡和要塞逐渐变成废墟。除这些军事上的"节约"以外，帝国的经济也已经糟糕透顶。君士坦丁九世铺张浪费，教会又将大笔资金纳为己有，这都使国库愈发空虚。另外，随着司法系统变得日渐不公，各省的居民也越来越多地转而寻求大地主贵族阶级的保护，导致地主们越发强大，不愿服从命令。

在东部行省遭到塞尔柱人洗劫同时，匈牙利人攻击了西部行省，占领了贝尔格莱德（Belgrade）。而同属图兰人种的古兹人（Guzes）和帕济纳克人也跨过多瑙河，将南至萨洛尼卡（Salonica）的土地化为废墟。君士坦丁十世对此居然冷眼旁观，直到最后才同意率军前往色雷斯，并最终击溃了古兹人。为填补军队的缺额，他将这些半野人大批编入军队，后来的事实也证明他们根本不可靠。

就在毁灭性的灾祸涌入西部各军区同时，东方又发生了更可怕的入侵。图格里勒贝伊早在1055年便已攻克巴格达，征服了摩苏尔和迪亚巴克尔（Diarbekir）。1065年，他的侄子，也就是查格里贝伊的儿子阿尔普·阿尔士朗（Alp Arslan，1065年至1072年在位）继位。阿尔士朗生于1029年，拥有过人的才干。在自己的维齐尔（Vizier），即伟大的尼扎姆·莫尔克（Nizam-al-Mulk）帮助下，阿尔士朗为一个全新且更具活力的哈里发政权奠定了基础，也为日后奥斯曼突厥人（Ottoman Turks）建立的帝国打下了根基。

阿尔士朗将伊比利亚王国（Kingdom of Iberia，即今日的格鲁吉亚）夷为平地，之后又向亚美尼亚首都阿尼前进，并"像蟒蛇缠住猎物一样"[10]对城市展开了围攻。据说阿尼城拥有足足1000座教堂，城中还有数以千计的难民。1064年6月6日，

417

可能是由于叛徒的出卖或塞尔柱人的诡计，阿尼城陷落，随之而来的便是惯常的大屠杀。"居民如同草芥一般大批被杀"。[11]芬莱（Finlay）在记载格鲁吉亚与亚美尼亚战役时写道：

他们（塞尔柱人）让自己成为被征服省份主人的方式，是消灭大片平原上的所有农业人口，好让乡间环境变得更适合于他们自己的游牧部落。为了将耕种限制在设防城镇近郊，农村、田舍、作物全被烧毁，水井也经常会被填塞。凭借这种政策，他们很快就让小亚细亚的农业人口发生了恐慌。各个行省在塞尔柱势力攻克城市之前便已经人去楼空，任由他们来占领了。他们的掠夺行动极为大胆，塞利特兹（Scylitzes）甚至记载早在君士坦丁十世在位期间，就已经有小股塞尔柱人深入到了加拉提亚、洪诺里亚和弗里吉亚。[12]

君士坦丁十世在将死之时，任命皇后欧多西亚（Empress Eudocia）担任三个儿子米海尔七世（1067年至1078年在位）、安德罗尼卡斯·杜卡斯（1067年至1085年在位）及君士坦提乌斯·杜卡斯（1067年至1071年在位）的监护人。同时，他还要求时年48岁的皇后发誓不再嫁第二个丈夫。可如同拜占庭人的大部分承诺一样，这个诺言也没有得到遵守。按照埃德萨的马太记载，君士坦丁十世死后，欧多西亚立刻就寻得了一位情夫[13]，之后又与他结婚。此人名为罗曼努斯·戴奥贞尼斯（Romannus Diogenes），早前曾因背叛欧多西亚的儿子而被定罪，如今他却成为皇帝罗曼努斯四世（1068年至1071年在位）。这是一个不幸的选择，罗曼努斯四世虽是一位勇敢的军人，但头脑冲动，而且不受纪律已经糟糕透顶的军队信任。由于他偏爱本族部队，瓦兰吉卫队（Varangian Guard）对他深恶痛疾。罗曼努斯四世出身于卡帕多西亚的一个寻常家庭，当该省被突厥人席卷之后，他立刻决定催促自己手下那支由瓦兰吉人、马其顿人、斯拉夫人、帕济纳克人、古兹人、亚美尼亚人、保加利亚人和法兰克人组成的多民族大联军前去迎战。雪上加霜的是，罗曼努斯四世刚刚出发，皇后和她那将大部分人生都用来写短长格和抑扬诗的儿子米海尔七世便发动了一场政变，起因似乎是罗曼努斯四世的专断已经引起了普遍不满，而皇后似乎也在背后密谋，试图让罗曼努斯四世战败。[14]

无论这个帝国的缺陷如何众多，但它始终拥有所有邻国都无法比拟的优越军事体系，因此才得以存续如此之长的时间。首先必须指出的是，从利奥三世的时代到1204年十字军洗劫君士坦丁堡为止，其结构组织几乎从未改变。而在欧洲或东方的其他国家里，军制却在不断地变化，因而缺乏稳定性。拜占庭帝国能够维持稳定军制的原因有以下几个：第一，帝国的财力雄厚；第二，君士坦丁堡是一座坚固到令人望而生畏的要塞；第三，也是最重要的原因，则是莫里斯和"智者"利奥六世两位皇帝分别在579年和900年撰写了《战略》(*Strategicon*)和《战术》(*Tactica*)两部手册。毫不夸张地说，直到19世纪之前，西欧都不曾拥有如此杰出的军事教范。[15]

由于帝国的政策极为保守，军事上自然也产生了相应的稳定性。自查士丁尼时代以来，拜占庭军队无论在战略还是战术方面始终以守势为主。国土被分为多个军区（Theme），每个军区都拥有一系列位于关键要地的要塞，各要塞之间由良好的道路连接，并拥有一支组织精良、具有高度机动性的野战军支持。正是这套体系，而非士兵的英勇或将军们的将道，才使帝国能够在入侵浪潮面前屹立数百年之久。由于入侵军队没有适当的补给系统，只能就地取食，而他们在征发给养时又很容易遭到攻击，因此很难攻克拜占庭要塞。总体而言，拜占庭的战略很像萨克斯元帅(Marshal Saxe)在18世纪所使用的战略。帝国的将军不会主动寻求会战，反而总是会尝试避免战斗，一旦遭到威胁便撤回到要塞之内，在敌军围攻时将自己放在完全安全的地位上。等到敌军因缺乏给养而解围撤退，寻找新的食物来源之时，拜占庭将军再趁着敌军征发给养的机会将其消灭。由于拜占庭军队采用了自给自足的组织方式，而且又以保护着补给站的要塞作为行动基础，因此，虽然其规模总是小于敌方军队，但他们却总是能在决定点上集中优势兵力。

拜占庭军队本身的组织和训练也同样以这套战略为原则。与现代军队一样，拜占庭军队也被分为两个部分，即行政人员和战斗人员。前者拥有高度完善的组织架构，下辖有行李纵列、补给纵列、野战工程师以及战场急救人员。[16]"每16名士兵拥有一辆搭载口粮和箭矢的车仗，另有一辆车仗负责运载手磨、斧子、手锯、砍刀、筛子、木槌、两把铲子、两把锄头、一个大柳条筐、一个做饭用的锅以及其他在宿营时需要使用的工具和物品。除两辆车仗以外……还有一匹驮马，这样一来，步兵在被迫将补给纵列甩在身后之时……驮马……也能为他们携带八至十天的口粮以供日常所需"。[17]

战斗人员分为骑兵、步兵和炮兵。骑兵头戴圆形的钢盔,身穿锁子甲,携带椭圆形的盾牌,并以弓箭、骑枪、刀剑、战斧和钉头锤作为武器。步兵以16人为一个班,称为"什"(Decury),10个"什"组成一个百人队(Century),三个百人队组成一个"战队"(Band),也就是营。战队又有重装和轻装之分,重装步兵装备有锁子甲、盾牌、长枪、刀剑和战斧;轻装步兵则几乎完全由弓箭手组成,每人配有一张弓、一个装有40支箭的箭囊以及一把战斧。

炮兵负责操作所谓的"投石器"(Mangonel),这个名称囊括了所有能够发射石块、箭矢和火球的大型机械。"投石器"有三种类型,即抛石机、弩炮以及配重式投石机。[18]

尽管拜占庭军的组织体系十分科学,但由于军队在招募本族士兵时总是十分困难,因此军中也拥有大批外族佣兵。到9世纪、10世纪和11世纪,突厥人也被编入了军队之中。[19]指挥官的将道通常十分保守,几乎完全依照教范来行动,但这却并没有任何冥顽不化的危险。因为利奥在《战术》一书中已经开列了各种不同的战术,不仅对不同地形的不同情况有所区分,对每一种敌人也给出了应对方法。①由于撒拉逊人和突厥人缺乏组织,只能采用固定的作战方式,因此拜占庭将军们也能凭借一套固定战术安全地加以应对。

通常而言,拜占庭骑兵会被分为三条战线,即战斗线、支援线和预备线,两翼也会部署有其他来保护自己的侧翼或威胁对方侧翼。在骑兵后方则是排成16排纵队的重步兵,第一排士兵将盾牌互相联结,后排则以罗马龟甲阵(Testudo)的方式将盾牌举过头顶。重步兵后方是弓箭手,他们会越过前方士兵头顶向对方射出箭矢。一旦敌军因骑兵冲锋而崩溃、混乱或分散注意力,重步兵便会以纵队发动进攻,先向对方投出标枪,之后再拔出刀剑或者战斧进行白刃战斗。与此同时,弓箭手也会越过他们的头顶向对方倾泻箭雨。这套战术将骑兵和步兵、冲击力和火力紧密结合了起来。骑兵很少尝试追击,在面对虽然稳定性不足,但机动性出众的突厥人时更是如此。

毫无疑问,这套体系在1071年还是与其在巴西尔二世时代一样完美。只不过,

---

① 译注:利奥在《战术》中列出的战术,事实上多半引自莫里斯的《战略》。

在经历了40年的混乱管理和经费削减之后,拜占庭军队虽然仍然具有相当的活力,但内部却已经腐化不堪。各部队虽然不缺乏勇气、组织和战术技能,但在纪律、士气和信心方面却已经大不如前。简而言之,军队已经变成了拥有完备组织体系的空架子,就好像是鸡蛋被煮熟后的硬壳一样。

如果这种内部的腐化能够有所改观,突厥人可能根本没有获得成功的机会。在塞尔柱人的军队之中,根本没有任何组织体系可言。他们主要由骑兵组成,每支部队都由一个总是在和临近部落甚至苏丹作战的酋长来指挥。而苏丹本人的地位,也总是处于危险之中。正如劳伦特(Laurent)所言:"崇尚自由的土库曼人(Turkoman)①只会为最强壮、勇敢、大胆、狂热、幸运的领袖效力。一次意外的失败或比往常更少的战利品,都可能导致他们转投其他领袖麾下。"20 芬莱也说:"他们(苏丹)的政策由两个目标驱动:首先是要让追随者富裕起来,增加自己的威望,并通过沿路抢劫战利品来扩充部队数量;其次就是尽快将开阔地区破坏殆尽,使其人口少到能够建立永久性游牧营地的程度……苏丹阿尔普·阿尔士朗非常清楚,这种毁灭性的入侵,要比与纪律严明的帝国佣兵进行会战更有前景和获得最终胜利的希望。" 21

这就是罗曼努斯·戴奥贞尼斯急忙将军队集中在弗里吉亚——也就是阿尔普·阿尔士朗冬营所在地时所面对的情况。在罗曼努斯四世出发前往吕坎达斯行省(Lycandus,位于今日马拉什北部)的同时,阿尔士朗也拔营出发。阿尔士朗派遣半数军队前往南方,另外一半则前往北方。22 在获悉敌军的北方部队已经侵入本都,正在劫掠新恺撒里亚(Neocaesarea,即今日的尼克萨尔)之后,罗曼努斯四世便将沉重的行李纵队留在了塞巴斯特(Sebaste,即今日的锡瓦斯),率军穿过山脉,打了突厥人一个措手不及,迫使他们抛下了战利品和俘虏。接下来他转向南方,穿过托罗斯山进抵阿勒颇地区,之后又经由亚历山大里塔前进到了波丹杜斯(Podandus)。罗曼努斯四世在那里接到消息说突厥生力军已经从要塞之间穿过,正在蹂躏阿摩里乌姆(Armorium,即今日的卡拉普纳)。他立刻率军前去迎战,但对方的撤退十分迅速,他没能截住对方,只好继续向西行军,并于1069年1月返回了君士坦丁堡。

---

① 译注:指突厥人。

罗曼努斯四世很快便展开了第二次战役,但其行动不久后即被亚美尼亚军区(位于阿马西亚周围)的法兰克佣兵叛乱所打乱。到叛乱平息后,罗曼努斯四世才得以向卡帕多西亚进发。突厥人此时正在恺撒里亚附近劫掠。罗曼努斯四世解救了这个行省,之后率军越过幼发拉底河向凡湖湖岸上的基拉特(Khilat)进发。在围攻该城的过程中,被他派往前方的野战军战败,突厥人乘胜涌向伊科尼乌姆(Iconium,即今日的科尼亚)。罗曼努斯四世先回到塞巴斯特,之后向南进发,在赫拉克利亚截住敌军,虽然他又一次迫使对方抛下了战利品,但敌军还是冲破阻截逃回了阿勒颇。

第二年,为了救援正在遭到诺曼人攻击的巴里乌姆(Barium,即阿普利亚的巴里),罗曼努斯四世将东部军队交给了伊萨克一世的侄子曼努埃尔·科穆宁(Manuel Comnenus)指挥。曼努埃尔将指挥部设立在塞巴斯特,之后便向前推进去迎战一支由苏丹姻亲阿里西亚吉(Arisiaghi)所率领的突厥军队,但最终却战败被俘。阿里西亚吉此时正在酝酿阴谋,准备反叛阿尔士朗,因而接纳曼努埃尔为自己的幕僚。而曼努埃尔也成功地说服了阿里西亚吉,促使后者前往君士坦丁堡与罗曼努斯四世洽谈结盟。阿里西亚吉来到君士坦丁堡后,阿尔士朗也向帝国提出了引渡要求。在这一要求遭罗曼努斯四世拒绝之后,阿尔士朗再次率军进犯,攻陷曼奇克特并包围了埃德萨。但阿尔士朗没能攻陷埃德萨,只好退回了波斯。

接下来便是罗曼努斯四世第四次,也是最致命的一次战役。到此时为止,虽然罗曼努斯四世的成功并不能算耀眼,但在互有胜负的战争中,尚且占据优势。更重要的是,这几次战役还表现出在士兵们保持忠诚的情况下,拜占庭的军事体系远比突厥人更为优越,只要罗曼努斯四世能够保持谨慎,便没有什么需要担心的危险。可罗曼努斯四世没有继续谨慎下去,虽然他是一名无畏的领袖,手下士兵也装备精良、训练有素,但最重要的问题在于士兵对他并不忠诚,而这也招致了后来的灾难。

曼奇克特的陷落激怒了罗曼努斯四世,他在1071年年初"像一阵夹杂着冰雹的咆哮乌云一样"[23]前进到了塞巴斯特。他在这里集结起了一支大军[24],若士兵们能保持严明的纪律,可能一切都会平安无事。但情况远非如此,士兵们在洗劫了当地居民之后,立刻便出了麻烦。罗曼努斯四世本想强制执行军法,但却引发了日耳曼佣兵的兵变。经过长时间的劝说之后,他们才同意继续跟着他行动。从塞巴斯特出发,罗曼努斯四世前进到了狄奥多西波利斯(Theodosiopolis,即今日的埃尔祖鲁姆)并在那里考虑其战役计划。他断定苏丹此时仍然远在波斯,而且还会因战备工作而进一步被拖延在那里,因此他决心去攻占凡湖西北湖岸上的基拉特以及位于该城以北大约30英里处的曼奇克特,以此来建立一个前往波斯作战的行动基地。为实现自己的意图,罗曼努斯四世将军队分成了两个纵队,其中一支纵队由巴约尔的鲁塞尔(Roussel de Bailleul)所率领的法兰克佣兵组成,任务是攻占基拉特;另一支纵队则由他本人亲自率领前去占领曼奇克特,这两座城市此时均由突厥驻防军据守。

查尔斯·欧曼爵士曾批评罗曼努斯四世违背了利奥六世在《战术》中指定的所有原则[25],但错误的战术并非招致其毁灭的主因。真正的致命原因应是部分将领和部队的不忠以及错误的情报信息。

罗曼努斯四世制定作战计划时,苏丹并不在波斯而是在叙利亚,当后者听说皇帝已经进抵亚美尼亚之后,尽管他手中部队不多,但还是决定经由摩苏尔和科伊(Khoi)向东北前进迎战。[26] 阿尔士郎在摩苏尔与曼奇克特守军以及其他散兵会合。在集结了大约14000名突厥和库尔德士兵后,阿尔士朗继续向科伊前进。与此同时,罗曼努斯四世为增援巴约尔的鲁塞尔,派出了一个由乔治·特拉卡尼奥特(George Trakhaniotes)率领的强大支队。此外他还派出了其他一些支队,其中包括一支前往格鲁吉亚搜集给养的部队,据说其人数多达12000人。[27] 这都使其主力部队的兵力受到了进一步削弱。此外,罗曼努斯四世还围攻了曼奇克特并将其攻克。

苏丹在位于凡湖以东125英里的科伊暂停前进,等待来自阿塞拜疆的援兵。增援抵达后,他就开始向西前进去援救基拉特,其行军路线可能位于凡湖南岸。苏丹的前卫似乎完全奇袭了鲁塞尔和特拉卡尼奥特。当突厥人于8月16日抵达基拉特城下之后,二人匆忙将部队撤向了马拉提亚(Malatya),而没有向主力部队的方向撤退。这二人之所以如此行动,是出于军事考虑还是心怀不轨则已经无法考证了。另外,无论是因为匆忙还是阴谋,他们都没将自己撤退的消息告知罗曼努斯四世。

救下基拉特之后,阿尔士朗开始向曼奇克特前进,同时罗曼努斯四世也离开了曼奇克特,开始向基拉特进发。但区别在于,阿尔士朗已经知道敌军正在接近,而罗曼努斯四世却还不知道对方已经进入了亚美尼亚。结果导致拜占庭前卫突然之间便遭到了拥有巨大人数优势的敌军阻截,在经过苦战之后,前卫被敌军击溃并退回了主力部队所在位置。罗曼努斯四世终于意识到突厥人全军[28]都已经来到了附近,急忙传令让鲁塞尔和特拉卡尼奥特赶回来与主力会合。由于二人此前已经向西撤退,远离了主力,他们根本无法或者可能也不愿前来。

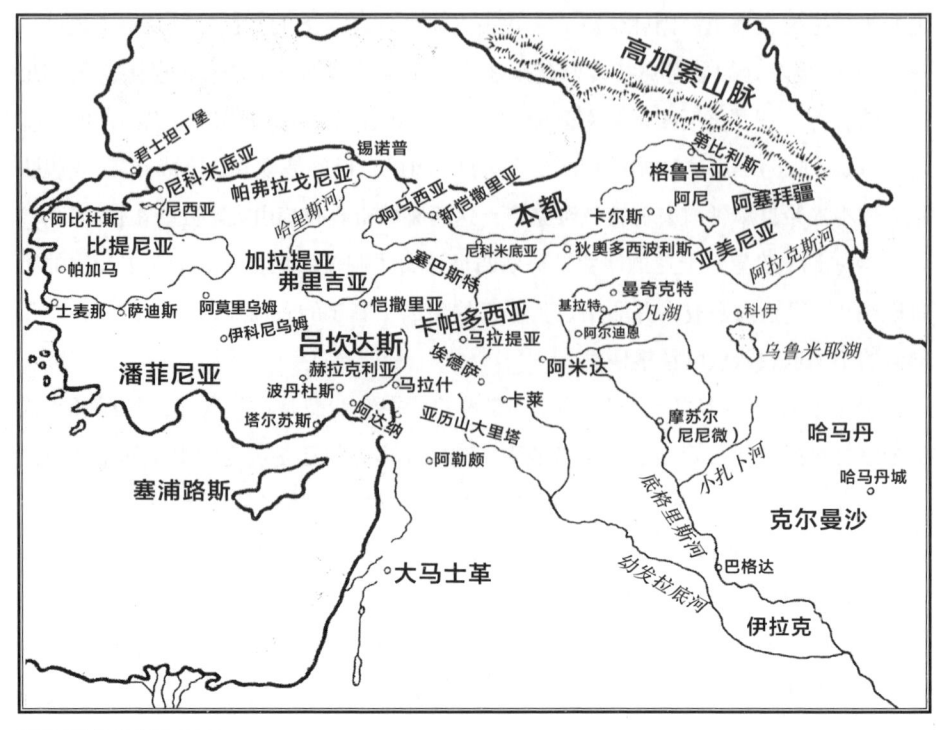

曼奇克特战役（1071年）

尽管手中的兵力已经减少，但罗曼努斯四世不仅没有丧失信心，反而认定自己必将获胜。塞尔柱人不愿与拜占庭军队进行正面会战，苏丹也因此提出了和平解决双方纷争的建议。罗曼努斯四世傲慢地拒绝了这个提议，告诉对方的使者说，除非苏丹撤出自己的营地并同意不再入侵帝国，否则他便不会考虑和平。阿尔士朗拒绝了这个条件，会战一触即发。

8月19日或25日（前者的可能性更大）[29]，皇帝率军出营列成了战斗序列。他亲自指挥由禁卫军和都城军队组成的中央；卡帕多西亚将军阿里阿特（Alyattes）负责指挥由古兹骑兵和基普切克（Kipchak）佣兵组成的右翼；尼西弗鲁斯·布里恩尼乌斯（Nicephorus Bryennius）则指挥由帕济纳克骑兵组成的左翼。在后方，罗曼努斯四世布置了一条由雇佣骑兵组成的强大预备线，其中包括一支日耳曼人部队、一批来自意大利的诺曼人以及从帝国东疆豪族中征召而来的部队。这支部队被交给了安德罗尼卡斯·杜卡斯（Andronicus Ducas）指挥，此人是帝国恺撒约翰·杜卡斯（John Ducas）的儿子，也是罗曼努斯四世的死敌之一。

苏丹将军队交给了手下一位宦官塔拉格（Taraug）指挥，阿尔士朗给后者下达的命令简单明了："要么打赢，要么砍头。"接下来阿尔士朗"把弓箭放在一旁，随身佩戴上了一柄宝剑和一支钉头锤，而且还把马尾编成了辫子……他套上白袍，为自己涂上香粉，说道：'如果战败，此地便是我的坟墓！'"³⁰ 拜占庭军队的战斗力主要集中在重步兵和重骑兵身上，而突厥人则主要依靠自己的轻骑兵作战。

会战按照以往的惯例拉开序幕——突厥马弓手袭步①趋前，向敌军发射箭矢，但并不接近对方。在此过程中，罗曼努斯四世手下一支规模可观的基普切克和帕济纳克部队临阵脱逃。³¹ 拜占庭骑兵在情况允许的情况下会进行冲锋，但由于很多马匹都被射杀或射伤，罗曼努斯四世只好下令全线推进。拜占庭军队的前进秩序良好而且取得了成功，将突厥人逐退到了营地附近甚至更远的地方。但无论如何，这都要算是一个不明智的行动，不仅当时的天色已晚，而且突厥人也有无限的空间可以继续撤退。除非罗曼努斯四世能够推进到一个能为人马提供水源的地方，否则他最终就还是要被迫撤退，并很可能在后退时遭到反击。

事实也正是如此。黄昏将近之时，罗曼努斯四世下令撤退，但由于遭到了敌军猛烈攻击，他又不得不转过头来先将敌军逐退。当第一线部队转向前方去攻击突厥人时，安德罗尼卡斯却因憎恨皇帝而拒绝从命。他非但没有前进去为第一线提供支援，反而直接退回了营地，将军队的后方完全暴露给了敌军。突厥轻骑兵立刻从皇帝的侧翼穿过，集中兵力对拜占庭右翼的背后发动进攻，将其逐出了战场。接下来，他们又开始攻击拜占庭中央暴露的后方和右侧，割裂了它与左翼的联系，或是在左翼因某些原因被迫撤退时钉住了中央。中央被孤立之后，虽然拜占庭人英勇地抵抗到了夜幕降临，罗曼努斯四世也表现出了最大的勇气，但当他的战马被杀，他本人也负伤之后，他还是被对方俘虏了。整个中央也随之崩溃，几乎被对方全歼。

罗曼努斯四世的惨败，几乎与公元前53年克拉苏在卡莱会战的失败一样惊天动地。但从战术上来讲，这两场会战却并不一样。罗曼努斯四世的追击虽然可算是

---

① 译注：马匹的步伐由慢至快分为慢步、快步、跑步和袭步，拜占庭骑兵常会以快步冲锋，很难追上以袭步行动的突厥轻骑兵。

有勇无谋,但毫无疑问的是,倘若没有安德罗尼卡斯的背叛,即使罗曼努斯四世可能还是会遭受惨重的损失,但他还是能返回营地的。正是安德罗尼卡斯,应为这场注定要改变历史轨迹的失败负责。可在当时,其重要性却并没有被人认清。吉本写道:"拜占庭史家们在谴责痛失一颗无价明珠之时,却不曾提到,正是在这致命的一天里,罗马的东方行省无法逆转地被全部牺牲了。"[32]

1071年8月20日,也就是会战惨败后的第二天,罗曼努斯四世被带到了阿尔士朗面前,苏丹以最高的礼节隆重地接待了这位皇帝①,并与他缔结了一个条约。根据条约的规定,皇帝要为自己支付150万拜占特(Byzant)金币[33]的赎金,未来50年中每年还要再支付36万拜占特的年贡。在此之后,阿尔士朗释放了罗曼努斯四世,但后者的不幸并未就此结束。在他短暂的被俘期间,身为恺撒的约翰·杜卡斯已经在君士坦丁堡夺权,他将欧多西亚皇后关进了修道院,自封为软弱皇帝米海尔七世的监护人。罗曼努斯四世纠集了少量部队之后便直接向约翰·杜卡斯进军,但却在多塞亚(Doceia)被击败,最终被叛徒安德罗尼卡斯追到了阿达纳(Adana)并在那里被俘。罗曼努斯四世被赶下皇位,而且被以残忍的方式刺瞎了双眼,不久后便因伤去世。在去世之前,罗曼努斯四世始终没有忘记苏丹的骑士作风,为证明自己守信,他还是尽可能地收集了一些黄金派人送到了苏丹那里。

阿尔士朗在听说和平协定已经失效之后,率军入侵了小亚细亚。但在1072年,他却遭到了刺杀,苏丹之位由他的儿子马利克沙(Malik Shah)继承,后者随即便展开了难以名状的大规模破坏行动。劳伦特曾以那个时代的史料作为证据写道:"突厥人带来的破坏让人根本无法想象。他们遇到的一切,无论是人还是作物,都被烧杀一空。短短一周时间,他们就能因饥荒而迫使自己抛弃最富庶的地区。当他们离开时,身后只会留下一片荒原,树木被砍倒,作物被焚毁,城镇也因恐惧或饥荒而陷入疯狂之中。"仅在阿摩里乌姆,据说就有10万人被杀,在托齐(Touch)更是有12万人遭到屠杀、15万人被卖为奴隶。到处都是一片毁灭的景象,一片接一片的地区变得渺无人烟。"突厥人经过之后,那些幸存者甚至不敢返回……他们既不敢相信城市的城墙,也不敢相信山峦的峭壁,纷纷逃进君士坦丁堡,却又在那里感

---

① 译注:值得一提的是,在一切礼节之前,罗曼努斯四世还是被匍匐着带到了阿尔士朗的面前,后者用脚踝住了皇帝的脖子,以示征服之意,之后才以礼相待。这也是当时在东方十分常见的姿态,并没有刻意侮辱的意味。

染瘟疫大批死去。短短几年之内，卡帕多西亚、弗里吉亚、比提尼亚、帕弗拉戈尼亚（Paphlagonia）的大部分希腊人口便消失了。"劳伦特进一步写道：

> 简而言之，小亚细亚的人口在突厥铁蹄下消失了。人们要么逃到了远方，要么把自己关在城市里，或是躲进环绕着半岛中央高原的山脉之中避难。从恺撒里亚、塞巴斯特到尼西亚、萨迪斯，大片谷地和平原变得荒无人烟。农业荒废之后，突厥人带着帐篷，赶着畜群满意地来到这片土地上，就好像回到了他们出身的沙漠一样。[34]

这次失败，导致帝国失去了最优秀的兵源地。从此之后，拜占庭军队只能完全依靠佣兵来补充缺额。法兰克人、突厥人、帕济纳克人、罗斯人、伦巴第人，只要是能用金钱买到的士兵，全都被编入了军队，结果这又招致了一系列的兵变和内战。1078年，米海尔七世被推翻，取而代之的是尼西弗鲁斯三世（Nicephorus Ⅲ，1078年至1081年在位）。接下来，阿莱克修斯·科穆宁（Alexius Comnenus）又起兵反抗尼西弗鲁斯，进军君士坦丁堡，并利用日耳曼佣兵的背叛进入城内。1081年4月1日，君士坦丁堡遭到洗劫，阿莱克修斯在第二天加冕称帝。

阿莱克修斯是一位能干而且精明的外交大师，若不是诺曼人的入侵，他本可能挽回颓势。早在1071年，阿普利亚公爵罗贝尔·吉斯卡尔（Robert Guiscard, Duke of Apulia）便已经攻占了巴里，终结了拜占庭对意大利南部的统治。如今到了10年之后，他又开始酝酿计划，试图夺取皇帝的冠冕。1081年春季，罗贝尔征服了科孚岛，到10月又占领了杜拉佐（Durazzo）。罗贝尔将军队交给儿子博希蒙德（Bohemond），后者击败了阿莱克修斯，攻入远至拉里萨的色萨利境内。不久之后，帕济纳克人又攻入巴尔干半岛，其席卷范围远至菲利普波利斯和阿德里亚堡城下。四面受敌之下，帝国失去了自保的能力。从1081年开始，拜占庭的政治重要性逐渐被西方诸王国所取代。

注解

1. Bussel，*The Roman Empire from A.D.81 to A.D.1081*，1910 年版，第一卷，340 页。
2. 同上，第一卷，第 344 页。
3. 参见 *Bobliotheque Historique Arménienne*，1858 年版，*Matthew of Edessa: Chronique de Matthieu d' Edesse（962—1136）*，迪洛里耶英文译本，第一部，第 65 至 66 节。另见 René Grousset，*Histoirede l'Arménie des Origines a 1071*，1947 年版，第 574 至 583 页。
4. 同上，第二部，第 84 节。
5. 尽管这些数字可能有所夸大，但阿德曾肯定是一座富庶的城市，按照艾德萨的马太记载，该城拥有 800 座教堂。（第一部分，第 83 节）
6. 曼奇克特是阿索纳斯河（Arsonas）流域最重要的城市。该城不仅是一座坚固的要塞，而且周围还有大片庄园环绕。曼奇克特还有"马拉兹克德"（Malazkird）、"米纳兹杰德"（Minazjird）、"曼奇卡特"（Manzikart）、"米拉斯基德"（Milasgird），以及"米纳兹克特"（Minazkird）等称呼。
7. *Matthew of Edessa*，第二部，第 78 节。
8. 同上，第二部，第 78 节。
9. 其中便包括"无情者"哈拉尔。
10. *Matthew of Edessa*，第二部，第 88 节。
11. 同上，第二部，第 88 节。
12. George Finlay，*A History of Greece from the Cunquest by the Romans to the Present Time*，第三卷，第 19 至 20 页。
13. *Matthew of Edessa*，第二部，第 98 节。
14. N.Iorga，*Histoire de la Vie Byzantine*，1934 年，第二卷，第 222 页。
15. 关于莫里斯时代（582 年至 602 年）拜占庭军队组织结构的完整记载，参见 Ferdinand Lot，*L'art Militaire et les Armées au Moyen Age*，第一卷，第 43 至 56 页；关于 963 年至 1025 年的历史，参见 *Histoire du Moyen Age*，古斯塔夫·格罗茨编辑版，1936 年版，第三卷，第 463 至 467 页。
16. 每个"战队"（Band，即拥有 480 人的骑兵营）都拥有一名野战医生以及 6 至 8 名担架员。（Charles Oman，*The Art of War in the Middle Ages*，1924 年版，第一卷，第 190 页）
17. 同上，第一卷，第 189 页。
18. 关于这些攻城武器和各种弓矢的详细记载，参见 Sir Ralph Payne-Gallway，*The projectile-Throwing Engines of the Ancient*。另见 Melchisedich Thévenot，*Mathematicail Veteres*，1693 年版。
19. 参见 L.Laurent，*Byzance et les Turcs Seldjoucides dans L'Asie Occidentale jusqu'en 1081*，1913 年版，第 15 页。
20. 同上，第 100 页。
21. *A History of Greece, etc.*，第三卷，第 27 页。
22. 关于阿尔士朗的战役行动，参见 Claude Cahen，*Byzantion*，1934 年版，第九卷，第二章，第 621 页，"穆斯林史料中的曼奇克特战役"。
23. *Matthew of Edessa*，第二部，第 103 节。
24. 卡亨引用的各种穆斯林称拜占庭军队拥有 20 万人、30 万人甚至 40 万人。显然，所有这些数字都太过夸张了。
25. *The Art of War in the Middle Ages*，第一卷，第 217 页。
26. Cahen，*Byzantion*，第 629 页。
27. René Grousset，*Histoire de l'Arménie*，第 627 页。
28. 欧曼说突厥人"拥有超过 10 万人"（第一卷，第 217 页），吉本给出的数字则是 4 万人（第六卷，第 239 页），但同时也引用了 30 万人、1.5 万人和 1.2 万人等说法。由于阿尔士朗的行军非常迅速，其军队规模也不可能太大，应在 4 万人以下。

29. 参见 Cahen，第 632 至 634 页；*Laurent，Byzance et les Turcs Selddjoucides, etc.*，第 43 页，注释 10。
30. *M.D.Deguignes，Histoire Général des Huns, etc.*，1756 至 1758 年版，第二卷，第 209 页。
31. Cahen，第 633 页。
32. *Edwar Gibbon，The Decline and Fall of the Roman Empire*，第六卷，第 240 页。
33. 一枚拜占特金币的价值在 10 至 20 先令之间。
34. *Laurent, Byzance et les Turcs Selddjoucides, etc.*，第 106 至 109 页。

大事记
基督教世界对伊斯兰势力的反攻

在曼奇克特惨败之后的危机之中，米海尔七世向教皇格里高利七世（Pope Gregory Ⅶ，1073年至1087年在位）求援，希望后者能作为基督教世界的最高首脑为自己提供支援。米海尔七世想要得到西方的佣兵来保卫君士坦丁堡，而并不打算夺回圣地。但格里高利七世却将此视为天赐良机，希望借此实现其三个宏大愿景：将东部教会收归罗马教廷的统辖；让基督教世界诸王承认王权从属于教权；组织一支对抗伊斯兰教的十字军。格里高利七世是克吕尼运动（Cluniac Movement）①的终极产物，拥有完全的专制权力。但此时他正与神圣罗马帝国皇帝亨利四世（Henry Ⅳ，1056年至1106年在位）发生着争执，除传播十字军思想以外别无其他能力。可无论如何，这个思想正中了人们的下怀，在它激起的狂热之中，原本米海尔七世对佣兵的适当需求，反而被一场群众运动淹没了。

1076年，格里高利七世对亨利四世处以绝罚，并宣布教皇有权在他认为合理的情况下推翻皇帝。教皇是耶稣的代言人，任何人都不能评判教皇的所作所为，同时教皇还享有解除他人对被绝罚者许下的效忠誓言的权力。30年前，亨利三世曾审判过格里高利六世，如今却轮到格里高利七世反过来审判亨利四世了。1077年，亨

---

① 译注：克吕尼运动为10世纪至11世纪为扫除教会腐化而开展的一场宗教改革运动，最终该运动强化了教会的独立性，使教皇的地位得到了巨大提升。

利四世以罪人的身份前往卡诺萨（Canossa）寻求赦免。但格里高利七世的胜利没能持续太久。1084年，亨利四世展开了复仇。到1085年5月25日，格里高利七世便死在了流放途中。1088年，也就是维克托三世（Victor III）接替格里高利七世的三年之后，乌尔班二世（Urban II，1088年至1099年在位）又接替了维克托三世。

与此同时在东方，拜占庭皇帝阿莱克修斯一世（1081年至1118年在位）面对诺曼人和帕济纳克人的夹击，只好与突厥人媾和。到1094年西线战争结束之后，阿莱克修斯一世认为自己有机会夺回失地，便转而向乌尔班请求援助。与米海尔七世一样，阿莱克修斯一世所请求的，也只是一支用来对付突厥人的佣兵，而非夺回圣地。这一次，援助请求没有再落入无能为力之人的手中。乌尔班身上没有任何枷锁，基督教世界也正急于接受伊斯兰世界的挑战。这样一来，正如伯里教授所言，有史以来第一次，"两大宗教展开了正面对决，二者都希望能赢得整个世界"。从精神方面来说，这一次时机已经成熟了。

自格里高利四世（Gregory IV，827年至844年在位）以来，每一位教皇都对与穆斯林作战产生过兴趣。而到了此时，从广义的角度来讲，所有世俗政权都已经成为教皇的臣属，而教皇也凭借着神授的权力，成为基督教世界公认的军事领袖。正因为如此，1095年11月27日，在克莱芒会议（Council of Clermont）上，乌尔班发起了第一次十字军运动。他宣布："所有基督教国家都应为穆斯林在东方的胜利和霸权感到耻辱。东部教会已经反复求援。对每一位基督徒都十分珍贵而且理应属于基督徒的圣地，正在被异教徒亵渎和奴役。因此，基督教国王们应停止自相残杀，一致将自己的矛头转向上帝的敌人。他们应拯救圣地和圣城，击退异教徒对基督教世界的进攻，永久摧毁穆斯林的进攻力量。这场战争将被称为'圣战'，战斗口号也应是'神之所愿'（Deus Volt）。所有在这项事业中牺牲的人，都将升上天堂，他们所犯的罪恶也将得到宽恕。"[1]

教皇的这一决定让阿莱克修斯一世感到十分震惊，因为他最不想看到的便是一支十字军。在西方基督教国家看来，东方的分立教会要比伊斯兰教更加可恶，而阿莱克修斯也认为十字军是一群野蛮人，并不比突厥人和帕济纳克人更好太多。希腊历史学家比克拉斯（D.Bikélas）写道："在西方人看来，十字军东征是一次基于纯粹宗教动机而发起的，代表着一切高尚品质的伟大行动……它代表着基督教和文明世界的自我牺牲精神……但东方人看到的，却是大批不识字的野蛮人蜂拥而来，在信奉基督教的罗马帝国各行省内烧杀抢掠，那些自称为信仰而战的人，却因教廷分立的缘故而四处谋杀基督教牧师。很自然地，他们忘记了这场运动原本是因宗教目标而被发动起来的……"因此，这场西方历史上最伟大的冒险，从一开始便被埋下了注定导致十字军走向分裂并最终失败的种子。阿莱克修斯希望解决的问题是战略性的，即维持拜占庭帝国阻挡突厥人西进的能力；而乌尔班想要实现的却是一个意识形态上的目标，其目的在于统一教会并为朝圣者占领圣地。而在乌尔班的宗教性目标背后，同样还有着更具说服力的战略性理由。

尽管西方基督教国家对伊斯兰教势力的反攻，早在"铁锤"查理时期便已经开始，但直到11世纪，反攻才终于取得了实际性进展。在这一时期，比萨人（Pisan）和热那亚人（Genoese）将穆斯林逐出了撒丁尼亚，夺取了第勒尼安海（Tyrrhenian Sea）的控制权。大约与此同时，诺曼人也在意大利南部获得了立足点。到1060年，他们已经在那里站稳了脚跟，并开始出发前去征服西西里，并最终于1091年完成了这一工作。此外在同一时期，基督徒们还获得了另外两次胜利。首先在1085年，卡斯蒂利亚国王阿方索六世（Alphonso Ⅵ of Castile）占领了托莱多，该地的陷落也在整个伊斯兰世界引起了轩然大波。1087年，热那亚人和比萨人又对穆斯林在突尼斯的首都马赫迪耶（Mahdiyah，即今日的马赫迪亚）发动了一次联合远征。他们占领了这座城镇，烧毁了穆斯林舰队，赢得了地中海西部的制海权。这是一次非常重要的胜利，因为意大利各共和国在海上占据的优势，也是西欧对东方发动反攻的必要条件之一。东征军队哪怕不需要由舰队来运载，也需要由舰队来为他们提供给养。对东方进行反攻也很符合比萨、热那亚和威尼斯的商业利益。这些共和国早已和叙利亚、埃及以及拜占庭帝国建立了贸易往来，他们非常清楚，基督徒若能在东方建国，意大利也能获得巨大利益。

还有一个更深层的动机，来自于在克吕尼宗教复兴运动鼓动下前往耶路撒冷朝圣的大批朝圣者。在塞尔柱人入侵，以及在那之后的一段时间里，朝圣者们回国后在西欧引发了反突厥的宣传浪潮，激起了狂热的主战情绪。因此当阿莱克修斯求援之时，无论是战略、经济还是心理上的时机都已经成熟了。另外，十字军运动还存在一层人口学上的意义。自公元1000年以来，法国和弗兰德斯的人口大幅增长，而11世纪频繁出现的饥荒、旱灾以及瘟疫,也让人们开始对"物质充足富庶的遥远土地"产生了幻想。

乌尔班的布道立刻收到了热烈的反响。在接下来的六个月之内,包括隐士彼得(Peter the Hermit)在内的大批传教士将教皇的呼吁传遍了法国每一个角落。乌尔班本人也四处宣传,对每一个人都许下了相应的承诺:他允许王公们从封臣那里低价收购土地,又对贵族们说东方有大片新的土地可以替代他们卖掉的那些;他对商人们说,为十字军提供装备和给养会让他们赚得钵满盆满;他又对百姓们说只要从军,就可以从农奴的身份中解放出来,僧侣也可以摆脱戒律的束缚。另外,乌尔班还对所有人许下承诺,只要投身最高统帅耶稣战无不胜的战旗之下,便可以算是与超自然的永生缔结了联盟。

这种极具说服性的宣传,为十字军战士们提供了现世与死后世界一切最美好的愿景。西方世界的每个角落都参与到了运动之中,其中又以法国最为热烈。在那里,十字军发展成了一种民族性的运动。由于没有最高指挥官,当十字军在君士坦丁堡集结起来的时候,他们并非一支统一的军队,而只是各支部队组成的联盟,领袖们之间的对立最终也将导致了整个事业的失败。在十字军之中,最重要的人物包括:法王腓力一世(Philip Ⅰ)的兄弟维尔曼多瓦伯爵于格(Hugh, Count of Vermandois)、手下兵力规模最大的图卢兹伯爵雷蒙德(Raymond, Count of Toulouse)、诺曼底的罗贝尔(Robert of Normandy,"征服者"威廉之子)、弗兰德斯的罗贝尔二世(Robert Ⅱ of Flanders)、布永的戈德弗雷(Godfrey of Bouillon,即洛林公爵)和他的两个兄弟鲍德温(Baldwin)与尤斯塔斯,以及最有能力的指挥官——塔兰托的博希蒙德(Bohemond of Taranto),陪同博希蒙德的还有他的侄子坦克雷德(Tancred)。

中世纪各种编年史中对于十字军所给出的庞大兵力数字令人难以置信,必须被视作吹赞这次行动的宣传手段,实际数字肯定要大打折扣。十字军应该仅有中等规模,否则他们便不可能单靠就地取食的方法来补充给养。史蒂文森教授(Professor Stevenson)曾对进入小亚细亚的十字军人数进行过粗略估计,他给出的数字在2.5万人至3万人之间。[2]

在君士坦丁堡,阿莱克修斯理由充分地要求十字军的所有指挥官向自己宣誓效忠,但只有布永的戈德弗雷勉强发了誓,其他十字军成员则对希腊人颇有鄙夷之意。① 当一切终于准备妥当之后，1097 年 5 月 14 日，十字军东征以尼西亚围攻战拉开了序幕。在该城于 6 月 19 日投降之后，十字军开始向奥龙特斯河上的安条克城进发。7 月 1 日，他们在多里莱乌姆（Dorylaeum，即今日的埃斯基谢希尔）旗开得胜。在那之后，由于穆斯林实力较弱，不敢再冒险发动会战。以鲍德温在幼发拉底西亚（Euphratesia，即马拉什地区）建立拉丁国家，自立为埃德萨伯爵为起点，十字军领袖们对土地的争夺也拉开了帷幕。1098 年 6 月 3 日，安条克被内奸出卖给了十字军。但在占领该城之后，十字军立刻又被卡布卡（Karbogha）围困。当时的局势十分危急，十字军领袖们只好暂时抛下了互相之间的对立，推举博希蒙德担任最高指挥官。如同天意一般，6 月 14 日，十字军发现了"圣矛"（Holy Lance）。② 此事带来的战斗热情促使博希蒙德下定决心，准备与敌军一决雌雄。卡布卡在会战中被击败，之后博希蒙德便自立为安条克亲王。

十字军在安条克停留了六个月之久，直到 1099 年 1 月 13 日，雷蒙德、坦克雷德和诺曼底的罗贝尔才开始向耶路撒冷进军。在的黎波里，他们与戈德弗雷以及弗兰德斯的罗贝尔会合，五人率领着人数可能在 1.2 万左右的部队一同向南进发，于 6 月 7 日抵达耶路撒冷城外宿营。7 月 15 日，十字军以强攻的方式攻陷圣城，城中居民遭到了无情屠杀。十字军在圣墓教堂中庆祝了胜利，其后布永的戈德弗雷被选为圣墓教堂的"保护者"（Advocatus Sancti Sepulcri）。

总结而言，虽然十字军达到了他们的目的，但其主要原因在于，自塞尔柱苏丹马利克沙于 1092 年去世之后，伊斯兰世界便陷入了混乱和内战之中。十字军的胜利未能征服敌方国土，而只是军事性地占领了部分地区。更进一步说，鲍德温一世（1100 年至 1118 年在位）虽然被承认为"公爵"（Dux）和"元首"（Princeps），但他也不过是安条克亲王、埃德萨伯爵以及的黎波里伯爵名义上的君主而已。大马士革、埃米萨、哈马（Hamah）、阿勒颇以及其他很多城镇都还在穆斯林的控制之下。但只要诸埃米尔还在因内斗而互相对立，穆斯林能做的便也只是突袭或劫掠十字军领土而已。在耶路撒冷陷落之后，又发生了两个重要事件。其一是十字军占领了雅

---

① 译注：富勒对这一点的叙述有误。事实上，包括博希蒙德在内，绝大部分十字军指挥官都选择向阿莱克修斯宣誓效忠。关于阿莱克修斯在第一次十字军东征中所发挥的重要作用，英国史学家彼得·弗兰科潘在《第一次十字军东征》一书中做出了非常精彩的评论。

② 译注：这根圣矛后来被判定为伪物，真正的圣矛一直被存放在君士坦丁堡。

法（Jaffa），使意大利商人获得了一个港口，若无此港口，则十字军便将无从获得补充；至于另一个事件，则是军事性骑士团的建立。

早在11世纪初，为帮助生病和贫穷的朝圣者，耶稣撒冷就已经建起了一座圣约翰医院（Hospital of St.John）。以此为范本，帕扬的于格（Hugh de Payen）提议应建立一个专门的骑士组织来保护前往圣城的朝圣者。鲍德温二世（Baldwin Ⅱ，1118年至1131年在位）统治期间，这些骑士在所罗门圣殿（Temple of Solomon）附近得到了一个居所，他们也因此而得名为圣殿骑士（Knights of the Temple/Templar）。不久之后，圣约翰骑士们也采用了相似的组织形式，发展为医院骑士团（Hospitaller）。这两个骑士团很快便发展成了耶路撒冷王国中最重要的军事力量。在二者之后，圣地的骑士们还建立了其他一些骑士团，其中最著名者是于1191年成立的条顿骑士团（Teutonic Knights）。

穆斯林诸埃米尔之间的纷争一直持续到了1127年，直到摩苏尔的阿塔贝格、伊马德丁·赞吉（Imad ed-Din Zangi, Atabeg of Mosul）统治叙利亚之后才告一段落。短短三年之内，赞吉便将哈马和阿勒颇收入囊中。之后在1144年圣诞节，他又征服了由约瑟林二世（Joscelin Ⅱ）统治的埃德萨。两年之后，赞吉遇刺身亡，其子努尔丁（Nur ed-Din）继承父位。

埃德萨陷落被西欧视为第一等的灾难，其直接后果便是克莱尔沃的圣伯纳德（St. Bernard of Clairvaux）发起的第二次十字军东征。在圣伯纳德的号召之下，日耳曼国王康拉德三世（Conrad Ⅲ of Germany）和法国国王路易七世（Louis Ⅶ of France）率军于1147年出发。二人均在穿越小亚细亚时遭遇惨败，但路易以绕路的方式、康拉德以海运的方式还是将军队残部送到了圣地。他们在那里加入了鲍德温三世（Baldwin Ⅲ，1143年至1162年在位）的麾下，并开始围攻大马士革。此时大马士革的守将是穆吉尔丁·阿巴克（Mujir ed-Din Abaq），他离间了西欧法兰克人和叙利亚法兰克人之间的关系，用贿赂的方法诱使后者放弃围攻。第二次十字军由此瓦解，康拉德和路易也分别在1148年和1149年回国。这次失败又引发了努尔丁的再次进攻。1149年，他击败了安条克亲王雷蒙德，第二年又征服了基督徒在埃德萨地区的残余土地。到1154年，努尔丁终于占领了叙利亚的锁匙大马士革。当此之时，努尔丁身边追随着一位大约16岁的男孩。此人名叫萨拉丁（Saladin，1138年至1193年在世），他也将成为下一场决定性会战中的英雄。

注解

1. 关于乌尔班二世演说的内容,如今有很多种不同说法,而乌尔班的演讲词原稿也早已遗失。关于这一点,参见 D.Munro, *The American Historical Review*, 1906 年版,第十一卷,第 231 至 242 页,《1095 年教皇乌尔班二世在克莱芒的演说》。
2. 参见 Steven Runciman, *A History of the Crusades*, 1951 年版,第一卷,附录二。

哈丁会战（1187年）

第十五章

十字军没能在1148年攻克大马士革，而且未曾考虑过进攻北方的埃米萨、哈马和阿勒颇的原因，不仅要归咎于他们缺乏战略眼光和攻城能力，更在于他们互相之间的嫉妒和内斗。尤利安皇帝曾说大马士革是"东方的眼睛"，阿拉伯人也说它是"世界的新娘"。为了解其重要性，我们就必须对叙利亚的战略形势加以分析。

叙利亚和巴勒斯坦可以被分为以下四个地理区域：一、狭窄的海岸平原；二、平原以东的山地高原；三、奥龙特斯河、利塔尼河（Litany）、约旦河的深邃河谷；四、上述河流以东的大沙漠边缘地区。阿勒颇以北皆为山地，死海（Dead Sea）以南地区都是沙漠，若能占领阿玛努斯山脉到阿卡巴湾（Gulf of Akaba）之间所有的这四个区域，防守叙利亚和巴勒斯坦也就会变得非常容易。更进一步来说，只要能守住叙利亚和巴勒斯坦，即相当于切断了亚历山大里塔至巴士拉（Basra），也就是幼发拉底河地区与埃及的联系。这四个地区可以看作是一个插在伊斯兰世界北部和南部之间的自然要塞，仅有一个侧翼对海洋开放。

这块地区拥有三条从南到北的交通线：一是沿海岸延伸的交通线，二是沿奥龙特斯河而上再经由利塔尼河与约旦河而下的交通线，三是从阿勒颇经由大马士革、安曼（Amman）通往阿卡巴的沙漠道路。法兰克十字军之所以最终失败，在很大程度上应归因于他们忽视了其中第三条交通线，即将叙利亚与埃及连接起来，使南北穆斯林得以联合的交通线。如果十字军夺取了这条道路，则哈丁会战（Battle of Hattin）将根本不会发生，而十字军的历史也将被彻底改写。

先前的大事记中已经提及，十字军从未真正征服这片土地，而只是军事性地占领了其中一部分地区。十字军可以利用领土的一侧从海上获得给养，另一侧则由一系列宏伟的城堡加以保护。在这些要塞之中，最著名的几个由南向北排列如下：阿卡巴湾的埃拉（Aila，即阿卡巴）、蒙特利尔（Montreal，即肖贝克）以及摩押的卡拉克（Kerak of Moab，即沙漠中的佩特拉）。在它们之后，还有一长串要塞，守卫着通往约旦的各处山地隘路，其中包括：博福特（Beaufort，即卡拉特—沙齐夫）、新堡（Chateau-Neuf，即胡宁）、比弗（Beauvoir，即卡瓦贝尔—哈瓦）、萨菲特（Saphet，即萨菲德）以及卡斯蒂莱（Castillet，即卡斯雷尔—阿特拉）。在经过一个缺口之后，又有阿卡尔（Akkar，即埃尔—卡阿）、克拉克骑士堡（Krak des Chevaliers，位于霍姆斯以西）以及蒙特弗兰（Montferrand，即巴林）监视着黎巴嫩的群山。

利用海路补给，利用城堡防卫领土——这便是十字军战略上的基石，只要能守住这些城堡，威尼斯人和热那亚人也统治着地中海，十字军所需要做的就只是不断补充后备人员而已。这些人员不仅要被用来防御城堡，而且还要组成机动部队部署在城堡之间。而他们最重要的任务还在于维持十字军的血统——因为缺乏欧洲女人，十字军早已开始与当地人混血，而这也影响了人员的士气。但这个任务却根本无法实现。生力军为拯救自己的灵魂来到圣地，由于所有可能占领的土地都已被分配给了先来者，后来者中最优秀的人物在打过圣战之后便返回了家乡，而最差的人却留了下来，并与那些早已变得更重视经济而非信仰，更愿意维持和平而不想再兴战事的定居者发生了冲突。必须注意的是，圣伯纳德在很大程度上将第二次十字军视为一种实现神迹的手段。他曾在一次对罪犯们的布道中宣称，上帝将他们看作纯洁之人，召唤他们参与这一事业，杀人犯、抢劫犯、通奸犯、伪证者，无论犯下过任何罪恶，即使是最邪恶的人也能得到宽宏的救赎机会。这就好像是威灵顿（Wellington）时代所发生的那些事情一样，其目标完全是一片空洞，而且此时也没有任何纪律能限制这些十字军。

十字军在人力、行政能力以及纪律等方面的欠缺，在一定程度上被优良的盔甲所弥补了。在这一点上，法兰克人要远比其对手更加优越，而同时他们还拥有狂热的勇气。这些优势让法兰克人得以反复击败占据着巨大数量优势的穆斯林军队。在1177年，370名骑士与26000名萨拉丁的马穆鲁克部队遭遇，凭借冲锋将对方击溃。即使敌军的真实数字只有2600人，这也要算是一个非常杰出的成就了。十字军在战术上的错误，在于他们没能认清步兵与骑兵协同作战的必要性。在那些十字军让步兵和骑兵成功协作的战例中，他们通常都能获得胜利。而在那些步骑没能协同的战例中，除非骑兵的第一次冲锋便获得了成功，否则十字军便会被对方击败。

以上便是努尔丁于1154年占领大马士革之后，双方所面临的总体战略形式。

大马士革位于沙漠交通线上，能够与埃及建立直接联系，唯一能干扰这条交通线的，只有奥尔特雷朱丹（Oultrejourdain）地区的卡拉克城堡。一旦叙利亚穆斯林占领埃及或是与埃及建立同盟，他们就能同时从南北两个方向对耶路撒冷王国施加压力。努尔丁非常清楚这一点，因此在接下来的15年里，拉拢埃及便成了他唯一的目标。他面临的主要困难来自宗教方面——埃及穆斯林为什叶派（Shias），承认法蒂玛王朝（Fatimid）的哈里发。他们对于叙利亚的逊尼派（Sunnis）和巴格达的哈里发十分憎恨，其程度不亚于对于基督徒的憎恨，十字军对此也是心知肚明。

努尔丁为解决这个问题，首先巩固了大马士革周围的穆斯林势力。这一工作完成后，他便开始与耶路撒冷国王阿马尔里克一世（Amalric I，1163年至1173年在位，也被称为阿毛里一世）正面交锋。两人都是优秀的将军，阿玛尔里克每年还能从开罗的法蒂玛哈里发那里得到一笔资助。1163年，埃及维齐尔沙瓦（Shawar）被一个名为迪尔嘉姆（Dirgham）的人推翻，逃到了努尔丁那里。迪尔嘉姆拒绝继续资助阿马尔里克，导致后者率军攻入埃及将其击败，只是由于迪尔嘉姆放水淹没了大片地区，阿马尔里克才被迫撤退。努尔丁将一支由萨拉丁叔父谢尔库赫（Shirkuh）率领的军队交给了沙瓦，让他返回埃及夺权，萨拉丁也在随军幕僚之中。可沙瓦觉得谢尔库赫对他的监管过于恼人，遂逃到了阿马尔里克麾下。1167年，阿马尔里克强迫谢尔库赫撤军。接下来双方展开了一系列战役，谢尔库赫也终于在埃及站稳了脚跟。1169年3月24日，谢尔库赫去世。三天之后，法蒂玛哈里发选择了他的侄子萨拉丁作为他的继承人。从此时起直到他的主人努尔丁去世，萨拉丁始终在耍手段为自己谋利。[1]

在中世纪历史中，萨拉丁是一位真正的伟大人物，甚至连但丁（Dante）也曾在其虚构的地狱中提及："我看到萨拉丁独在一边（Solo in parte vide I Saladino）。"[2] 萨拉丁是库尔德人，1137年至1138年之间出生于底格里斯河上的提格里特（Tekrit）。其父名为纳西尔丁·阿尤布（Nasir ed-Din Ayyub），是努尔丁手下将领阿萨德丁·谢尔库赫（Asad ed-Din Shirkuh）的兄弟。萨拉丁本人也有一个兄弟名叫赛义夫丁·阿迪尔（Saif ed-Din El-Adil），即十字军编年史家们笔下的"萨法丁"（Saphadin）。萨拉丁这个名字本身事实上也是西方给他的缩写，其全名应为"梅里克·纳西尔·萨拉哈丁·尤素福·伊本·阿尤布"（el-Melik en Nasir Salah ed-Din Yusuf ibn Ayyub），而萨拉丁这一缩写的意思则是"世界与信仰的繁荣"。萨拉丁天性好学，喜好象棋和诗歌，更像是一位学者而非军人。在年轻时代，由于爱好和平而非战争，他对于陪同叔父参与埃及战役也感到极不情愿。1154年至1164年，萨拉丁将大部分时间都用来在大马士革与文化界的友人交往。作为一位虔诚的穆斯林，萨拉丁也是狂热的反基督者。但当大任降在他肩上之时，他却能泰然处之。作为一位将军，萨拉丁非常小心谨慎，在他身上，战略家的成分要多于战术家的成分。他对士兵十分关心，为人慷慨友善。在治国方面，萨拉丁远远超出了自己的时代。但萨拉丁最杰出之处还要算是他的为人,他对敌人表现出的骑士精神也让他在东方浪漫文学中至今依然光彩夺目。必须注意的是,法兰克人通常不认为打破向异教徒许下的承诺是不光荣的事情,而这也更显得萨拉丁品格高尚。

尽管法蒂玛宫廷中阴谋丛生,努尔丁也越来越嫉妒萨拉丁,但后者却还是稳固了自己在埃及的地位。可话虽如此,萨拉丁直到1169年在杜姆亚特(Damietta)击退了阿马尔里克和拜占庭皇帝曼努埃尔一世(Manuel I Comnenus,1143年至1180年在位)的联合进攻之后,才算是真正站稳了脚跟。在那之后,他迈出了通向统一伊斯兰世界的决定性一步——1171年,他推翻了法蒂玛的哈里发,将埃及纳入到了巴格达哈里发的教权之下。诚如兰恩-普尔(Lane-Poole)所写,耶路撒冷王国"从此变成了夹在同一个国家的两支军队之间的突出部"。[3] 当时的一位作家贝哈丁[4](Beha ed-Din)在记载杜姆亚特远征时也确认说:"当法兰克人听说了穆斯林之间发生的事情,以及苏丹(萨拉丁)已经在埃及建立了稳固的权威之后,他们便相信苏丹一定会夺取他们的领地,摧毁他们的住所,将所有他统治过的痕迹都抹杀得一干二净……"[5] 此言正中要害。当1173年努尔丁指示萨拉丁围攻卡拉克的时候,贝哈丁就曾说"这座乌鸦们的城堡"与朔贝克(Shobek)一样:"……距离埃及太近,挡在了前往埃及的道路上,阻止人们前往埃及。除非苏丹亲自率军护卫,否则便没有任何商队能穿过这片地区。因此苏丹的目标,正是要让道路更加通畅,将两个国家(叙利亚和埃及)连接起来,让旅者可以不受阻碍地自由通行。"[6] 由于卡拉克的位置使十字军能够随时切断沙漠交通线,这座城堡多年来始终是萨拉丁的眼中钉。

1174年发生了两个事件,导致政治局势发生了巨大变化。首先是5月15日,努尔丁在大马士革去世,由于他的儿子兼继承人马利克·萨利赫·伊斯麦尔(Malik as-Salih Ismail)年仅11岁,所以必须由他人来摄政。最适合担任此职的人无疑应是萨拉丁,但一位名叫伊本·穆卡达姆(Ibn al-Muqqaddam)的埃米尔却夺取了摄政的位置。阿马尔里克将此视为削弱萨拉丁的大好机会,于是便前往巴尼亚斯(Banias)去争取摄政的支持。接下来便是第二个事件——阿马尔里克在途中患了痢疾,被迫回到耶路撒冷并于7月11日去世。对法兰克人而言,国王之死导致他们陷入了瘫痪。此时王室唯一一位健在的王子,由阿马尔里克和第一任妻子考特尼的艾格尼斯(Agnes of Courtenay)所生的鲍德温也仅有11岁,而且患有麻风病。鲍德温的姐姐希贝拉（Sibylla）比他要大一岁而且尚未结婚，而其继母玛利亚·科穆宁娜（Maria Comnena）也和阿马尔里克生了一个女儿伊莎贝拉（Isabella），此时年仅两岁。由于鲍德温是王位的唯一一位继承人，所以众男爵只得承认他的地位，并于7月15日由耶路撒冷牧首为其加冕，成为耶路撒冷国王鲍德温四世（Baldwin Ⅳ）。紧接着众人又不可避免地对摄政位置展开了争夺，直到几个月后，的黎波里的雷蒙德三世（Raymond Ⅲ）才被男爵们推举为王国的监护人。

在此期间，萨拉丁始终在忙于处理埃及方面的事务。这一工作完成之后，他便立刻出发向大马士革进军，并于11月26日抵挡当地。萨拉丁在那里发现，萨利赫和他的母亲早已经因为害怕萨拉丁而抛弃了穆卡达姆，逃到了阿勒颇。萨拉丁坚持要在对付法兰克人之前先将叙利亚牢牢握入手中，于是便开始向阿勒颇前进。

雷蒙德本是一位能力出众之人，在被任命为摄政之时，他也正值自己的巅峰时期。本地男爵和医院骑士都是支持他的，但从欧洲新来的骑士和圣殿骑士却反对他。后一党派在1175年找到了自己的领袖，即沙蒂永的雷纳德（Chatillon）。雷蒙德和他的支持者们不愿采取冒险行动，但他的这位政敌在军事方面却极具侵略性。两个派系之间因此爆发了争执，导致王国发生对立，进而加速了王国灭亡的进程。

丢掉埃及之后，雷蒙德的首要问题便是如何阻止萨拉丁占领阿勒颇，以防萨拉丁巩固其在叙利亚全境的统治。1175年年初，雷蒙德率军前往霍姆斯，希望以此来切断萨拉丁与大马士革之间的联系。这一行动达成了预期的目的，萨拉丁立刻感到自己的交通线已经受到威胁，被迫解除了对阿勒颇的围攻，改为向南进发去保卫自己的基地。萨拉丁的进军迫使雷蒙德撤退，在那之后，萨拉丁于9月回到了埃及，前去重组当地的防御工作。

1176年，尽管十字军与萨拉丁没有进行任何战斗，但这一年却还是发生了一件对基督徒来说具有毁灭性的事件，此后无论再发生什么情况，都已无法挽回十字军东征终将走向失败的命运。在此之前，尽管法兰克人与君士坦丁堡方面经常发生冲突，但正是得益于曼努埃尔皇帝在安纳托利亚的扩张行动以及拜占庭不时的援助，十字军才得以保全自己在巴勒斯坦的占领区。安纳托利亚的拜占庭人能够从北方威胁叙利亚，只要这个威胁仍在，叙利亚的穆斯林便无法集中力量来对付法兰克人。

但这个局面如今却因为塞尔柱人基利日·阿尔士朗二世（Kilij Arslan Ⅱ）统治的罗姆苏丹国（Sultanate of Rum）①而变得复杂化了。努尔丁在世时，这个苏丹国始终处在努尔丁与拜占庭皇帝的两面威胁之下。到努尔丁去世之后，基利日·阿尔士朗终于得以腾出手来，因而也逐渐变得不再安分。曼努埃尔决心摧毁罗姆苏丹国，以此来简化自己所处的战略局势。他率军直取基利日·阿尔士朗的首都科尼亚，但却在9月17日被包围在了密里奥塞法隆（Myriocephalum）要塞附近的一条山路之中，几乎全军覆没。7这场灾难对拜占庭和法兰克人来说都是毁灭性的。对前者而言，这无疑相当于第二个曼奇克特。而对后者而言，这也预示着他们必将走向失败。因为在没有拜占庭支援的情况下，法兰克人根本没有足够的人力来守卫巴勒斯坦。曼努埃尔的战败，是整个伊斯兰世界的大胜。

在曼努埃尔做出向基利日·阿尔士朗进军这一致命决定的同时，鲍德温的麻风病也变得愈发严重。由于鲍德温即将在1177年成年，雷蒙德的摄政统治也即将告终。为确保王位有人继承，鲍德温的姐姐希贝拉于10月嫁给了蒙特弗雷的威廉（William of Montferrat），而她的这个丈夫也就成了王位继承人。可不久之后，威廉就在1177年6月病逝了，希贝拉则在夏末生下了一个儿子。在当时看来，当鲍德温病死那天真正到来之时，他的继承人很可能又是一个孩童，这是男爵们都想要避免的事情。

11月，萨拉丁率军越过埃及边境，在席卷了阿斯卡隆（Ascalon）之后向耶路撒冷进军。可当他刚刚开始进军之后，便于11月25日在拉姆拉（Ramleh）附近的一个隘路之中，被十字军抓住了兵力分散的时机将其击溃。萨拉丁乘着一匹跑得很快的骆驼躲过追击，逃回了开罗。虽然从战术上来讲，萨拉丁遭遇了完败，但从战略上来说，这场会战却并没有什么意义。埃及拥有取之不尽的资源，不久之后萨拉丁便组建了另一支军队，于1178年回到叙利亚再次开战。僵持不决之下，到了1180年春季，双方都已经对战争感到厌倦，于是便按照鲍德温的提议签订了一个为期两年的休战条约。大约与此同时，鲍德温违背了男爵们的意愿，不情愿地同意了姐姐希贝拉与一位刚刚从法国前来的年轻骑士、吕西尼昂的居伊（Guy

---

① 译注："罗姆"即突厥语中的"罗马"，"罗姆苏丹国"也正是"罗马苏丹国"的意思。只不过在突厥语的语境下，这里的"罗马"并不指代罗马帝国，而是指代"罗马尼亚"地区，即原先由拜占庭统治的土地。

of Lusignan）结婚。居伊软弱愚笨，既无人格魅力也无决断精神，结果遂导致两个派系的纷争再次加剧。

除这些笼罩着耶路撒冷王国的危机以外，更雪上加霜的是，法兰克人失去了自己最强大的盟友。9月24日，曼努埃尔皇帝去世，继承皇位的阿莱克修斯二世仅有11岁，所以只好由他的母亲摄政。由于太后是一个拉丁人，不受百姓欢迎，因此在1182年，安德罗尼卡斯·科穆宁（Andronicus Comnenus）煽动百姓起义反对太后。在暴乱之中，君士坦丁堡城内的所有拉丁人都被市民屠杀。很快，太后和她的儿子也被谋杀，安德罗尼卡斯则被拥立为皇帝。安德罗尼卡斯担心对拉丁人的屠杀会招致西西里人攻击，遂决定在这一攻击到来前，首先巩固自己的东部疆界。因此他与萨拉丁建立了一个盟约，由双方共同对付塞尔柱人，而这也使萨拉丁终于能够腾出手来全力对付法兰克人。

曼努埃尔的去世使萨拉丁解除了北方的直接威胁。到了此时，对法兰克人而言最重要之事，便是维护他们与萨拉丁的停战协定。萨拉丁是一位恪守信誉之人，不可能主动破坏条约。不幸的是，法兰克人中间却有一位对信誉不屑一顾之人。此人便是沙蒂永的雷纳德，他曾被努尔丁监禁长达16年时间，被释放之后获封奥尔特雷朱丹地区以及该地区之内的卡拉克城堡。这座城堡的防御力极强，距离从大马士革通往麦加的大道也不远。虽然停战条约规定穆斯林和基督徒商人都能自由使用这条道路，但在1181年夏季，雷纳德却突然攻击并洗劫了一支前往麦加的穆斯林商队。萨拉丁立刻宣布停战协议已被打破，除非得到赔偿，否则他就不会重订条约。鲍德温认可了这个公正的要求，命令雷纳德交出抢劫来的财物。可是雷纳德却在欧洲新来者和圣殿骑士（二者现在都以他为领袖）支持下拒绝从命。事到如今，双方再次开战已是无法避免之事了。

1182年5月，萨拉丁从埃及出发，一路作战打回到大马士革，之后又从那里向摩苏尔进军。他没能攻克摩苏尔，便转而去巩固自己在杰兹雷（Jezireh，即哈马）的地位，并于1183年5月回到了阿勒颇。同年8月，萨拉丁返回了大马士革。此时他已经达到了自己权势的顶峰，并成为从迦太基到巴格达之间最强大的君主。萨拉丁自己对此也感到满意，在一封写给教皇的信中，他甚至自称为"全东方之王"（Rex Omnium Regnum Orientalium）。

1182年，在萨拉丁于摩苏尔周围作战之时，已经失去了手指、脚趾，接近失明的鲍德温在母亲和姐姐的压力下，不情愿地任命吕西尼昂的居伊为摄政。与此同时，就好像耶路撒冷王国还不够不幸一样，沙蒂永的雷纳德也趁着萨拉丁不在的机会，发动了一个酝酿已久的计划——前往红海袭击来往于埃及、印度和阿拉伯之间的穆斯林商人。另外，完全是出于他本人的疯狂，雷纳德甚至还想要摧毁麦地那的先知陵寝以及麦加的天房（Kaaba）。为实现这一胆大妄为的冒险，雷纳德在死海的海岸上建造了一批帆桨船，之后又将它们拆开，穿过沙漠运到了阿卡巴湾，在那里重新将它们组装了起来。接下来，他又开始围攻穆斯林在1170年占领的艾拉（Aila），并派帆桨船前往红海进行劫掠。麦加对岸努比亚海岸上的艾达布（Aidab）首先遭到洗劫，此后麦地那和麦加的港口也遭到了劫掠。这次奇袭的突然性和大胆程度，让整个伊斯兰世界都为之一惊。不过这次进攻没能持续太久。萨拉丁的兄弟马利克·阿迪尔（Malik al-Adil）当时正担任埃及总督一职，他听到此事之后，立刻出海迎战，不久后便收复艾拉并摧毁了劫掠舰队。对法兰克人而言最不幸的是，雷纳德本人逃走了。

萨拉丁发誓绝不放过雷纳德，因而在9月率军侵入巴勒斯坦。9月29日，他越过约旦河，沿耶斯列河谷（Valley of Jezreel）进发，但却发现居伊已经带着军队前来迎战了。对居伊而言幸运的是，尽管他本人并不情愿，但他还是被旁人说服，决定不去进攻占据数量优势的敌军。萨拉丁可能是因为给养短缺，也在10月8日退回了约旦河的对岸。

鲍德温终于认清了居伊的无能。在的黎波里的雷蒙德和其他男爵支持下，鲍德温剥夺了居伊的摄政地位并宣布希贝拉与第一任丈夫的儿子、此时仅有六岁的鲍德温为王位继承人。与此同时，萨拉丁对雷纳德报仇心切，遂率军前去奇袭卡拉克，并于11月20日突然出现在了城下。

这一行动完全出乎了对手的意料。当天，城内还在为阿马尔里克一世的幼女伊莎贝拉与托隆的汉弗雷（Humphrey of Toron）举办婚礼。猝不及防之下，雷纳德只好带着手下的骑士们退过护城河返回城堡，仅留下一名骑士去保护兵卒切断吊桥。接下来发生的事情，足以证明当时战争的奇怪性质——雷纳德派人给萨拉丁送去了一块结婚蛋糕，算是让萨拉丁也参加了婚宴。从埃努尔（Ernoul）留下的古老法语记载中，我们也可以读到："他派人给萨拉丁送去了婚宴的蛋糕、葡萄酒和羊肉并向他问好。城堡中的奴隶也多次看到萨拉丁拿着这些食物,向新人表示祝贺。"作为一个总是信守承诺的骑士,萨拉丁"下达严令……弓箭手和攻城武器不得射击正在为新娘和新郎举办婚礼的塔楼"。⁸这次围攻没能获得成功,萨拉丁也在12月4日回到了大马士革。

在此之后,萨拉丁仍然非常急切地想要解决雷纳德,遂于1184年秋季再次出现在了卡拉克城下,但这一次他还是没能撼动卡拉克极为坚固的工事。耶路撒冷的援军赶到之后,萨拉丁也再次被迫撤退。

对法兰克人来说,1185年在一片消沉的气氛中拉开了帷幕。叙利亚和巴勒斯坦爆发了大规模的干旱和饥荒,鲍德温也知道自己大限将近,做好了离世的准备。年初,他召集起手下的男爵,在得到他们同意之后任命雷蒙德为摄政,如果鲍德温的外甥也早早离世,雷蒙德将继续摄政,直到教皇、皇帝、法国和英格兰国王选出一位继位者为止。为确保自己的外甥能够继位,鲍德温又请耶路撒冷牧首希拉克略(Heraclius)提前为他加冕。1185年3月,鲍德温四世去世,雷蒙德开始摄政。

雷蒙德已经认清,由于饥荒的原因,十字军已经无力将战争继续打下去了,因此他明智地与萨拉丁展开谈判,提出休战四年。休战对于萨拉丁也很有利,因为他可以趁机向法兰克人出售粮食⁹,重新打开与地中海各港口的贸易路线,并获得时间来巩固自己对手下封建王公的控制。萨拉丁当然知道,这次休战绝不是一个永久性的和平协议,双方迟早还是要一决雌雄。但他也同样认清了,拖延的时间越长,对手就越会因内斗而变弱。此时法兰克人的内斗已经愈演愈烈,就算爆发内战也不会让人感到太过意外。

到此时为止,在原来那位麻风国王的政治手腕调解之下,十字军内部的争端没有彻底爆发。但如今他已经去世,一切事务全仰赖于人们对于摄政的忠诚,而摄政的权威又只是源自一位少年国王,因此这种情况是注定无法长久下去的。1186年8月底,鲍德温五世也在阿克(Acre)去世,宫廷大总管(Seneschal)考特尼的约瑟林(Joscelin of Courtenay)在牧首希拉克略、沙蒂永的雷纳德、圣殿骑士团大团长李德福德的杰拉尔(Gerard of Ridfort)支持下发动了政变。为了让雷蒙德无法阻挠自己,约瑟林劝说雷蒙德前往太巴列去召开男爵会议,以便将鲍德温四世的遗嘱付诸实施,而约瑟林本人则带着国王的遗体前往耶路撒冷。接下来,居伊和希贝拉又被召唤到了耶路撒冷,表面上是要参加葬礼,但实际上却是趁着雷蒙德不在的时机,让牧首为希贝拉加冕。按照封建法律,她的丈夫居伊也将自动成为国王。

四个密谋者(其中杰拉尔似乎是主使)急忙召集了自己的支持者,他们在希贝拉和居伊抵达之后,将耶路撒冷的城门全部关闭并派兵驻守城墙。希拉克略在圣墓大教堂中为希贝拉加冕,紧接着,这位牧首就说:"女士,你是一个女子,理应由一名男子帮你一起统治。拿起你眼前的王冠(总共有两顶王冠被带到教堂),将它交给最能帮助你治理国家的男人吧。"希贝拉挥手将丈夫招来,说道:"爵士,请上前来接受这顶王冠,除你以外我不知还有谁能领受它。"[10]居伊随即跪在希贝拉面前,接受了加冕。

雷蒙德发现自己被骗之后,以合法摄政的身份将支持者召集到了那布拉斯(Nablus,即示剑城),在那里商议应采取何种行动。最终他们决定为伊莎贝拉加冕,并拥立托隆的汉弗雷为对立国王。可汉弗雷却不敢接受大任,反而逃到了耶路撒冷向居伊表示臣服。在此之后,雷蒙德解除了追随者们向自己效忠的誓言,任由他们像汉弗雷一样,一个接一个地前往耶路撒冷去为居伊效力,只有雷蒙德自己拒绝向居伊称臣。

如今耶路撒冷已被对立的两个派系撕裂。王国若想要存续下去,就必须确保王国与萨拉丁之间的休战协议不被破坏,而居伊毫无疑问也没有毁约的打算。可尽管如此,在这样一个关键时刻,休战却还是被背信弃义的雷纳德打破了。将近1186年年底之时,雷纳德攻击了一支从开罗前往大马士革的富有商队,杀死护卫,洗劫了钱财。

萨拉丁立刻向居伊申诉,后者也命令雷纳德释放商队。可雷纳德却回复说他是自己城堡的主人,可以任意行事,而且同意休战的原本就是的黎波里伯爵雷蒙德,而不是他。他对萨拉丁的使者说道:"让你们的穆罕默德去还东西吧!""苏丹听到汇报之后,发誓说如果真主将此人交到他的手中,他就要亲手杀死这个异教徒。"[11]萨拉丁宣布对基督徒发动"吉哈德"(Jihad),也就是圣战。接下来在"莫哈雷姆之月"(Month of Moharrem,即1187年3月)的月初,萨拉丁进军到卡拉克,蹂躏了雷纳德的土地,并保护着另一支从埃及前来的商队穿过此地。

休战条约就这样被打破了。安条克的博希蒙德立刻与萨拉丁重订了条约,雷蒙德也为自己的领地及其夫人的加利利公国(Principality of Galilee,其境内主要要塞即为太巴列）与萨拉丁单独订立了条约。另外，由于雷蒙德认定居伊会将王国带向毁灭，所以他也下定决心，准备驱逐居伊，自立为王。为完成这个十分危险的计划，他对萨拉丁采取了合作的态度，以谋求萨拉丁的支持。

虽然情况已经如此恶劣，但雷蒙德的死敌——李德福德的杰拉尔却居然还能让局势雪上加霜。他说服居伊对王国进行总动员，但其针对的目标却不是萨拉丁，而是正在太巴列避难的雷蒙德。在听说萨拉丁已经派出一支部队来支援雷蒙德之后，杰拉尔便将已经集中起来的部队派到了位于加利利海以北大约30英里处的帕尼亚斯（Paneas）。与此同时，居伊也将部队集中在了拿撒勒。在那里，伊贝林的巴里安强烈建议居伊应放弃进攻太巴列的计划。其理由是，倘若居伊真的对太巴列展开围攻，萨拉丁就一定会赶来支援雷蒙德。与之相对，他建议应派遣一位使者将雷蒙德争取过来。居伊对此也表示同意。

就在众人还在讨论这个提议之时，雷蒙德和萨拉丁之间却达成了一个惊人的协议。萨拉丁希望派遣一支部队去洗劫阿克，因而派人前来觐见雷蒙德，希望雷蒙德能够允许自己穿过加利利地区。这个要求让雷蒙德陷入了两难的境地，拒绝要求便等于失去萨拉丁的支持，而如果他表示同意，又会失去作为基督徒的资格。最终雷蒙德只好提议，如果萨拉丁只进行一次不超过12小时的武力示威，而且不对任何基督教领土加以伤害，他就会允许这次"劫掠"行动。萨拉丁接受了这个折中协议，于5月1日派遣7000名骑兵排成一列穿过太巴列向西前进，沿路对基督徒秋毫无犯，并于当天夜间折返回国。与此同时，居伊的使团也出发了。[12]这个使团由李德福德的杰拉尔和医院骑士团大团长率领，拥有90名骑士，途中又有40人加入。在塞弗里亚（Sephoria，即基特隆）附近，他们与正在返程的萨拉丁示威部队遭遇。杰拉尔给拿撒勒送去了一个消息，虚张声势地声称他已经击败了这些穆斯林，城镇中的居民都应该出城来收集战利品。紧接着，他便向敌人发动冲锋，但却被击败了。杰拉尔的小部队中有很多人都被杀死了，其中还包括医院骑士团的大团长。但对基督徒们最不幸的是，杰拉尔本人又逃脱了。不久之后，从拿撒勒赶来收集战利品的人也出现在了战场上，他们立刻便被萨拉丁的士兵们斩杀殆尽。

到了此时，雷蒙德已经完全惊慌失措了。毫无疑问，他自始至终都是带着基督徒的偏见来看待这一问题的。他抓住这个意外的机会与萨拉丁断绝了关系，并与居伊讲和。雷蒙德留下自己的妻子，也就是埃希娃女亲王（Princess Eschiva）来守卫城堡，他本人则重新加入了基督教军队。[13]

居伊的军队拥有1200名骑士、大约2000名本地轻骑兵和近10000名步兵，其中的很多人都是所谓的"突厥之子"（Turcopoles）。为集结如此庞大的军队，居伊几乎撤空了所有城堡的守军。此时，萨拉丁的军队正在太巴列附近宿营。我们虽然无法确定萨拉丁的军队的具体人数，但其数量可能要比居伊的更多，而且几乎所有人都是骑马的。从战术上讲，由于背靠着加利利海，萨拉丁所处的位置十分凶险，一旦战败便无路可退。而如果是他击败了基督徒，对方却还是可以退回到空荡的城堡和防御塔之中。

在萨拉丁对太巴列展开围攻之后，埃希娃立刻便向自己的丈夫求援。这一求援消息促使十字军在阿克召开了战争会议，居伊也和雷蒙德在会上握手言和。李德福德的杰拉尔和沙蒂永的雷纳德催促居伊，要他向萨拉丁进军。由于妻子身处险境，雷蒙德本应是利益相关的一方，但他反而主张说如果十字军采取攻势，便将正中萨拉丁的下怀，很可能落入陷阱。十字军人数少于敌军，而且此时正是一年里最炎热的时期，水源也非常缺乏。雷蒙德说："让萨拉丁在太巴列城下去浪费时间吧，而我们应保持守势，等待反击的机会。"

虽然雷蒙德的发言很符合常识，但雷纳德和杰拉尔却指责他是一个叛徒，他的建议也被抛在了一旁。居伊随即命令全军在塞弗里亚集中。骑士们对此兴高采烈，所有人都在狂热的骑士精神影响下，希望前去拯救的黎波里女伯爵，十字军也因此彻底失去了理智。他们高喊着"让我们快去把太巴列女伯爵拯救出来吧！"[14]，踏上了前往塞弗里亚的道路，并于7月2日抵达了那里。

十字军在塞弗里亚宿营之后，雷蒙德又去找到国王建议说："陛下，虽然我的妻子和孩子都被包围在太巴列，但我还是恳求您放弃那里……即使所有我所珍视的人都随着城池一同陷落，也好过我们丢掉整个王国……从此处到那里之间，只有一个小水泉，军队无从过活。当您出发之后，撒拉逊人也会立刻前来骚扰，迫使您停下脚步。如果您进攻他们，对方又会逃到您无法追击的山地中避而不战。如果您停下脚步被迫宿营，士兵和战马又要到哪里去寻找水源呢？没有水源的话，很多人都会渴死。等到第二天，撒拉逊人就会冲上来将您包围了！"[15]

居伊原本已经同意取消攻势，但到了午夜时分，杰拉尔偷偷溜进国王的营帐对居伊说:"陛下,不要相信那位伯爵对您说的一切,他是一个叛徒,只想让您的荣誉蒙羞。"接下来,因为居伊"不敢忤逆立他为王的人"[16],杰拉尔又成功说服居伊改变了主意。因为居伊李德福德的杰拉尔赢得了这场辩论,但他这一次的狡猾胜利,也将让他品尝到最可怕的恶果。

如果十字军能拥有哪怕一丝战略常识,他们便绝不可能向太巴列进军。将近一百年来,他们之所以能够维持住自己的王国,主要依靠的仍是莫里斯和"智者"利奥这两位拜占庭皇帝所订立的,由城堡和机动部队反击这两部分组成的积极防御战略。可如今城堡已经无人防守,进攻行动的目标也不再是击败敌军,而是变成了在夜幕降临前进抵水源,也就是加利利海。水源是这场会战中的决定性因素,而在十字军与下一个水源之间,却可能有两万敌军在挡着他们。

1187年7月3日清晨,十字军带着恐惧和怀疑的情绪从塞弗里亚出发东进。他们将甘甜的泉水抛在身后,进入了距离太巴列大约20英里,遍布岩石、荒芜而且十分干燥的杰贝尔—图兰山区(Jebel Turan),而这也是他们即将送命之处。

萨拉丁在听说十字军正在接近之后,兴奋地宣布说:"正如我之所愿!"[17]他立刻派出了一些轻装部队前去将敌军钉死在沙漠之中。这些部队攻击了由的黎波里伯爵雷蒙德指挥的十字军前卫[18],其余部队则越过雷蒙德直接向十字军主力涌去。此时天气极为炎热,纷飞的沙尘让人窒息。很快十字军便喝光了所有饮水,筋疲力尽的士兵也开始掉队。此时的局势危急万分,雷蒙德不得不骑马去找居伊,对他说如果他不能把军队推进到约旦河或者太巴列海,十字军就会全军覆没。尽管国王也担心雷蒙德可能是一个欲行不轨的叛徒,但他还是催促士兵们加速前进。可这时由圣殿骑士、医院骑士和突厥之子组成的后卫却派来一个信使,说他们已经在大批敌军弓箭手的压力下被迫停止了前进,居伊闻讯后也立刻在已被废弃的马雷斯卡西亚村(Marescalcia)附近停下脚步。雷蒙德痛心疾首地哭喊道:"主啊!这场战争已经结束了,我们已是死人,耶路撒冷王国也已经丢掉了!"[19]

尽管前卫部队还是继续推进了数英里路程,但主力此时却已经彻底力竭,只好在一个山坡上宿营。这座山的顶部有两个低矮的山峰,因此得名"哈丁双角"(Horns of Hattin)。[20]山脚下的哈丁村位于马雷斯卡西亚以北数英里处。由于口渴,再加上敌军不断骚扰的折磨,十字军当夜无人能够入睡。箭矢一刻不停地被倾泻到营地之中,黑暗之中也充斥着"真主至大"(Allah Akbar)和"真主唯一"(La ilala il

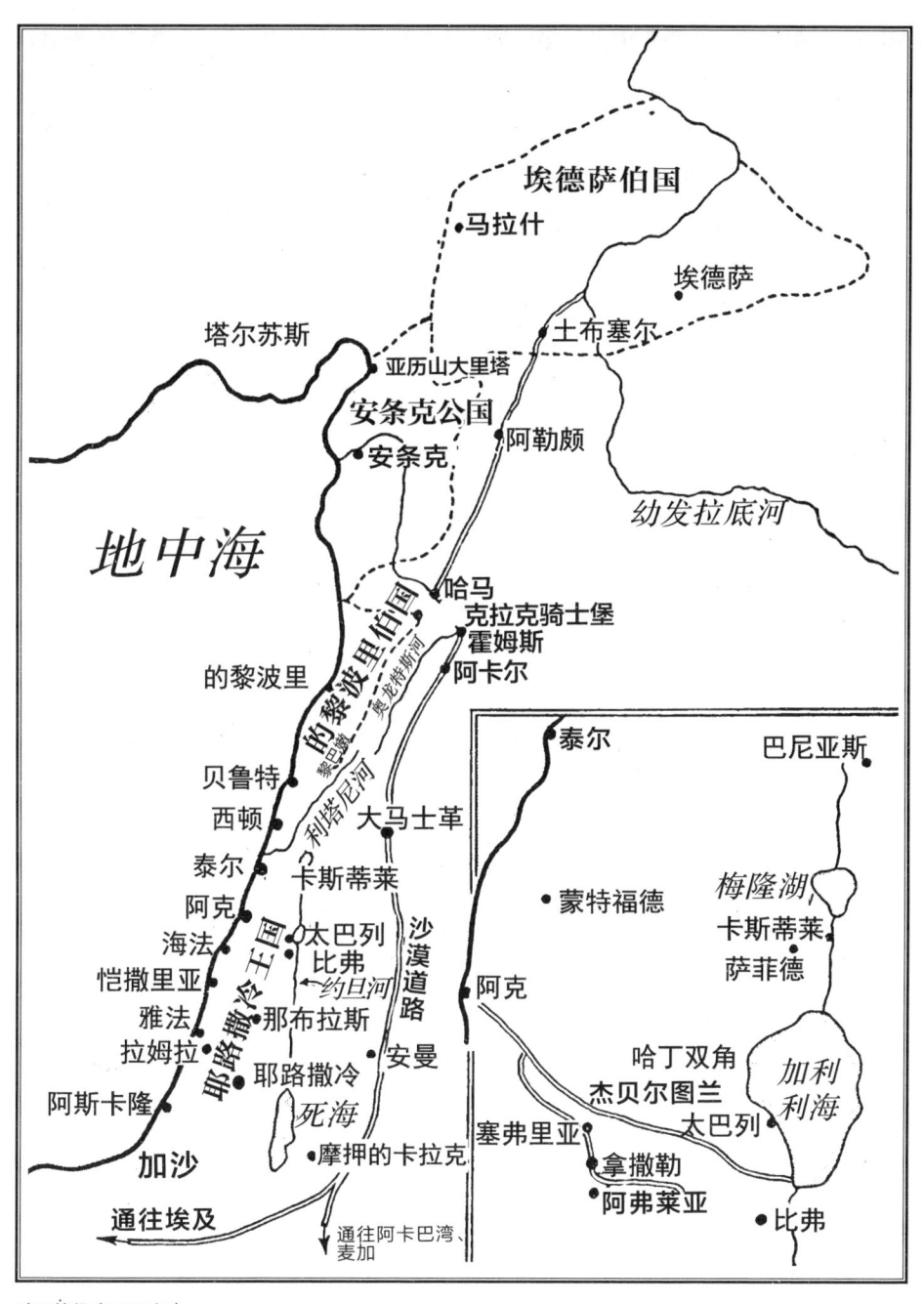

哈丁战役（1187年）

Allah)的呐喊声。更糟糕的是,撒拉逊人还放火点燃了灌木,让令人窒息的浓烟笼罩难逃厄运的十字军。

第二天上午,萨拉丁派兵为马弓手提供支援,但依然拒绝与对方短兵相接。他让70头骆驼背负箭矢为弓箭手提供弹药,以便让弓箭手能够持续不断地射击。贝哈丁写道:"当天发生了一场恶战,古往今来的历史上,从不曾听说如此高超的战术。"[21] 与此同时,雷蒙德率领着前卫继续推进,与国王率领的主力脱离开来。此时,主力部队为保护步兵,已经将步兵撤到了队伍中央,骑士们也向敌方弓箭手发动了冲锋,结果反而导致自身阵形大乱。在混乱之中,一位步兵爬上山顶大喊:"逃命吧!逃命吧!"这又引发了全军的恐慌,十字军丧失了一切秩序,士兵们在惊恐之中纷纷跟着这个步兵爬上了山坡。

居伊徒劳地催促士兵们下山,但这些人却只会喊着要水喝。最终,居伊带领着一队骑士在他们附近占据了阵地,并在战线中央竖起了真十字架。十字军立刻恢复了士气,成群结队地走下山坡。所有人员都混杂在一起,步兵、弓箭手、骑士全部互相拥挤着环绕在圣物周围。[22] 此时后卫也赶了上来,但他们却只是让局面变得更加混乱了。话虽如此,在忍受着比步兵更甚的痛苦同时,不少骑士却仍然斗志昂扬。萨拉丁的幼子阿夫达尔(Afdal)此时正站在其父身旁,后来他在描述骑士们的一次英勇冲锋时说道:"我看着父亲,发现他十分焦虑不安,他的脸色已经有些发白,而且用手紧紧地抓着自己的胡须。"一次又一次冲锋之后,骑士们终于力竭了,阿夫达尔喊道:"我们已经打败他们了!"萨拉丁却回道:"安静,在国王的营帐倒下之前,我们还算不上击败了他们。"[23] 就在此时,国王的营帐倒下了!

居伊输掉了会战,雷蒙德和前卫的残兵也被赶了回来。这样一来,十字军全军就都被包围了起来。数以千计的士兵们高举着双手向真十字架祈祷,疯狂地恳求奇迹降临。接下来,居伊转向雷蒙德,要求对方拯救自己。这位的黎波里伯爵集中了包括安条克的幼主、伊贝林的巴里安、西顿的雷纳德(Reynald of Sidon)在内所有还能骑马的骑士,对穆斯林的包围圈发动了一次冲锋,夺路而去。一位穆斯林史官记载道:

的黎波里伯爵和他的手下认为战局无望,便采取了绝望的办法,对包围他们的穆斯林发动了冲锋。这些穆斯林的指挥官是塔基丁·奥马尔(Taki-el-Din Omar),

也就是萨拉丁的侄子。他看到对方的绝望之举，感觉自己无法抵挡，便命令手下部队让出道路，放对方离去。[24]

接下来就是会战的终局了。贝哈丁写道：

伊斯兰教的守护者从四面八方包围了异教徒和不敬神者的守护者，用弓箭压制着对方，还用刀剑骚扰他们。一部分敌军想要逃跑，但却被穆斯林战士们追击，没有一人能够逃脱。另一队敌军登上了哈丁山……神圣先知舒艾卜（Shuaib，即杰思罗）的坟墓正位于此地附近。穆斯林狠狠地攻击敌人，在他们四周点起大火，用口渴来折磨对方，将敌人逼到了极限，迫使他们放弃战斗，只好以投降来逃避死亡。[25]

到了此时，十字军们已经彻底精疲力竭了。甚至有人看到，一个撒拉逊人仅用一根固定帐篷用的绳子，便能将大约30个基督徒绑在一起拉走。[26]

被俘者包括国王居伊、阿马尔里克国王的兄弟、沙蒂永的雷纳德、托隆的汉弗雷的义子、的黎波里的雷纳德之子、李德福德的杰拉尔、安布里亚科的于格（Hugh of Embriaco）、年事已高的蒙特弗雷侯爵（Marquis of Montferrat）、医院骑士团大团长以及众多地位较低的男爵。但无论有多少人被杀或者被俘，这些损失却都比不过真十字架的丧失。阿拉伯史学家埃马德丁（Emad ed-Din）写道：

那具大十字架被从国王面前带走，很多虔诚的信徒都为此事而试图寻死。当它被高举起来之时，异教徒们都向它跪地磕头。他们曾用黄金和珠宝来装饰它，在最庄严的节日中高举着它，认为在战斗中保卫它是自己的最高义务。对他们而言，失去这个十字架，要比国王被俘更加悲痛。[27]

会战结束后，萨拉丁将俘虏中最高贵的人物召集到了自己的营帐中。吕西尼昂的居伊已被口渴折磨多时，萨拉丁很有骑士风度地邀请他坐在自己的身边，安抚他的恐惧，并给了他一碗加冰的果汁。国王喝过之后，将碗递给了沙蒂永的雷纳德。萨拉丁立刻愤怒起来，宣称道："你没有从我这里得到许可就把杯子递给了他，因此我也没有必要再尊重他的性命了。"萨拉丁斥责雷纳德，说他是一个伪证者和土匪，

455

而这位卡拉克领主也是一个无畏之人，立刻傲慢地反唇相讥。萨拉丁随即用自己的弯刀（Scimitar）砍倒了雷纳德，卫兵们也跟上来砍下了他的头颅。居伊国王吓得浑身发抖，萨拉丁转过身来对他说："国王是不杀国王的，是那个人的背信弃义和粗暴无礼超出了底线。"[28]

对于这场决定性会战，朗西曼先生（Mr.Runciman）写道："东方的基督徒先前也曾遭遇惨败，国王和王公们也曾被俘，但抓获他们的人只不过是一些凭借微小优势获得成功的小领主。但在哈丁双角，耶路撒冷王国有史以来集中起来的最大规模军队被彻底消灭了，真十字架也落入敌手。而胜利者，则正是整个伊斯兰世界的共主。"[29]

太巴列在7月5日投降，英勇的的黎波里女伯爵被允许安全离开。事实上，萨拉丁面前已再无任何抵抗可言。高耸的城堡已经沦为无人防守的石块，而更糟糕的是，各地的人民也很欢迎征服者。7月10日，萨拉丁占领了阿克，泰尔也只是因为蒙特弗雷的康拉德（Conrad of Montferrat）[30]碰巧从法国带着三船骑士赶到才得以幸免。阿斯卡隆在9月4日开城投降，当天发生的一次日全食也让耶路撒冷居民因恐惧而陷入了瘫痪。

由于耶路撒冷城对于穆斯林和基督徒一样都是圣地，萨拉丁本打算放过该城，提出只要市民打开城门，就让他们拥有自治的权利。虽然耶路撒冷根本没有做好准备，市民却还是高贵地回复道："若上帝有意，此城便注定将要陷落，只愿上帝认可我们的牺牲和虔诚。"[31]

在此之前不久，与雷蒙德一同逃离哈丁战场的伊贝林的巴里安曾恳请萨拉丁放自己进入耶路撒冷，以便他将自己的妻小从耶路撒冷带到泰尔去。萨拉丁同意了这个请求，条件则是巴里安只能在圣城中停留一天，而且不得再与苏丹为敌。可是当巴里安进城之后，牧首便解除了他的誓言，巴里安也担起了防御这座已经挤满难民之城的责任。耶路撒冷关闭了城门，准备守城。萨拉丁在9月20日进抵耶路撒冷，尽管巴里安背弃了誓言，但当城市面临饥荒，牧首也开始求和之时，萨拉丁还是给出了极为温和的条件。每个男人只需付出10枚金币即可买得自由，"两个女人或十个儿童算作一个男人"。对于那些没有金币的穷人，则可以共同支付30000拜占特金币来换得7000人的自由。耶路撒冷接受了这些条件，双方在10月2日签订了投降协议，萨拉丁也在当天进入了耶路撒冷。

此时便是萨拉丁展示自己那伟大灵魂的时刻了。与十字军在1099年破城后进行的屠杀[32]相反,萨拉丁开放了耶路撒冷城内外的市场,以方便市民筹集资金来赎买自由。即便如此,仍然有数以千计的百姓付不起赎金。萨拉丁的兄弟赛义夫丁看到这种情况,要求苏丹允许他从这些人中挑选1000名奴隶。当这个要求被允许之后,他就把这些人全部释放了。"牧首和巴里安提出了同样的请求,萨拉丁赐给他们另外1000名奴隶,这些人也同样被释放了。接着,萨拉丁便对他的军官们说:'我的兄弟已经施舍过了,牧首和巴里安也施舍过了,现在我也很愿意来施舍了。'他命令自己的卫兵们到耶路撒冷的大街小巷去宣布,所有付不起赎金的老人都可以自由离开。从圣拉撒路(St.Lazarus)城门出城的人,从日出一直走到了日落。"[33]

哈丁会战是一场让十字军永远无法挽回的灾难。这场会战是在基督教世界最高的象征——真十字架的阴影下进行的,如果居伊获得了胜利,那便可以说是上帝为他们赢得了胜利。但由于基督徒战败,这一仗反而象征安拉获得了胜利。对很多基督徒而言,他们无疑也会感觉,这是世俗的力量打败了神圣的力量。也正因为如此,萨拉丁的这场胜利直接打击了十字军运动以及教皇权力的基础。自此以后,由于世俗政权不愿再接受教皇自称得自神意而转达给世人的教条,十字军运动变得越来越世俗化,世俗政权也越来越多地把十字军当成了扩张自身权力的工具。这一情况也反映在了教皇的威望之上,从此之后,教皇便不得不在各世俗君主中玩弄权术,利用一方去对付另一方。

如前所述,从第一次十字军东征开始,整个运动的目标就十分混乱。乌尔班二世和西欧百姓的目的主要是收复圣地,骑士们想为自己在东方赢得土地,拜占庭皇帝们则要稳定君士坦丁堡的防御。第二个目的压倒了第一个,第三个又彻底打乱了第二个。"当萨拉丁(在哈丁)获得胜利的消息传到君士坦丁堡时,伊萨克·安格鲁斯(Issac Angelus)皇帝派出了一位使者前去祝贺萨拉丁,并请求他将圣地的基督教设施重新改为东正教堂。"[34]

拜占庭人和法兰克人之间过大的分歧,最终破坏了整个十字军运动。结果十字军不仅没能解放圣地,反而在政治上暂时消灭了拜占庭帝国。1185年6月,也就是吕西尼昂的居伊在阿克召集部队准备前往哈丁的同一个月,西西里的威廉二世(Wiliam Ⅱ of Sicily)夺取了杜拉佐,之后又向塞萨洛尼卡进发,占领该城并屠杀了当地居民。接下来威廉便开始向君士坦丁堡前进,但却在穆斯诺波利斯(Musinopolis)

战败。这次入侵导致安德罗尼卡斯一世皇帝下台并被折磨致死，由伊萨克二世·安格鲁斯取而代之。1195年，这位新皇帝被弟弟阿莱克修斯推翻，后者在刺瞎伊萨克之后将其投入了监狱。阿莱克修斯本人则被加冕为皇帝阿莱克修斯三世（Alexius Ⅲ，1095年至1203年在位）。

在此期间，第三次十字军东征（1189年至1192年）也已经在自私自利的国王们的领导下演变成了一场灾难。英诺森三世（Innocent Ⅲ）于1198年当选教皇后，又开始号召第四次十字军东征。由于没有一个主要的西欧政权响应英诺森的号召，十字军的领导权遂落入了已经年过八十，要么半瞎、要么全瞎的威尼斯总督恩里克·丹多洛（Enrico Dandolo，Doge of Venice，1193年至1205年任职）手中。此人为实现目的，从不顾及手段。丹多洛受命为十字军准备船只，将他们运往当时伊斯兰世界的心脏埃及。但当十字军集结在威尼斯之后，却发现用于支付运输船费用的资金没有送到，于是威尼斯总督提出了一个要求，要他们在前往埃及之前先去替他夺回达尔马提亚海岸上的扎拉城（Zara）。不久前这座城市刚刚摆脱威尼斯的统治，转投了匈牙利。尽管英诺森威胁要把十字军和威尼斯人开除教籍，但十字军还是同意了这个要求。扎拉城被攻克，教皇也发布了绝罚诏书，但不久后又收回了成命。

在围攻扎拉期间，又有一个新的人物登上了舞台。此人便是拜占庭前皇子阿莱克修斯·安格鲁斯（Alexius Angelus），也就是被推翻的伊萨克二世之子。此人在自己的连襟，即斯瓦比亚的腓力（Philip of Swabia）那里寻求避难并请求他的援助。腓力对此无能为力，阿莱克修斯也只好派出一位使者前往扎拉，请求威尼斯总督和十字军帮助伊萨克复位。阿莱克修斯许诺说，一旦完成目标，他就会让东部教会臣服于西方教会，并支付20万马克（Mark）作为十字军远征埃及的军费。

丹多洛意识到，威尼斯能够通过此事获得极大的利益，遂劝说十字军接受请求，对他们说只要伊萨克复位，十字军便能够踏上前往埃及的道路了。这样一来，各方便达成了一个征服君士坦丁堡的协议，十字军也在1203年4月7日启程出发。他们在6月23日进入博斯普鲁斯海峡，占领位于金角湾北岸的加拉太，夺取了阻挡在海湾入口的铁链，使军队得以进入金角湾，并最终于7月17日攻入城内。阿莱克修斯三世抛下自己的首都逃之夭夭，已成盲人的伊萨克被从地牢中释放出来重新登上皇位，他的儿子也被加冕为共治皇帝阿莱克修斯四世。

丹多洛和十字军在城外宿营，等待阿莱克修斯支付先前许诺的20万马克。双方展开了冗长的谈判。在此期间，阿莱克修斯三世的女婿，阿莱克修斯·杜卡斯·莫尔佐弗洛斯（Alexius Ducas Mourtzouphlos）发动了一场政变，推翻并囚禁了伊萨克二世，绞死了阿莱克修斯四世，之后便登基为阿莱克修斯五世。

事已至此，十字军认定自己与帝国之间的协议已经失效。1204年3月，他们与丹多洛商定了瓜分协议，之后便开始准备从海陆两方面攻击君士坦丁堡。这座都城顽强地抵抗了四天时间，但到了1204年4月13日，该城还是被攻克了。阿莱克修斯五世出逃，城市在接下来三天时间里遭受了极为残暴的洗劫。维莱哈杜因（Villehardouin）写道："（十字军）夺取的战利品如此之多，任何人都无法给出一个准确数字……自创世以来，从未有人曾在哪座城市中抢劫到如此之多的战利品。"[35]在存续了一千年之后，拜占庭帝国变成了一个法兰克式的封建帝国（1204年至1261年）①，威尼斯人也建立起了自己的殖民帝国。

对于这次被神圣化的抢劫行为，英诺森三世（1198年至1216年在位）却很愿意表示默许。虽然他也曾激烈反对征服东罗马帝国的计划，但当此事已成既成事实之后，他又在此事中看到了收服东部分立教会属民，将东部教会重新与西部教会联合起来的机会。可尽管如此，无论从任何角度来看，第四次十字军东征对教廷和整个十字军运动来说都是一场灾难。更糟糕的是，第四次十字军非但没能让欧洲免于被东方攻击，反而摧毁了东罗马帝国这座几个世纪以来一直在抵挡东方攻击的伟大东部堡垒。东罗马帝国此后再未能从这个致命打击中恢复元气，从政治上来说，这个帝国已经被消灭了。

可话虽如此，在长达一个世纪的时间里，十字军运动还是让欧洲前所未见地团结一致，其情形至今也不曾被完全忘记。历次十字军东征将许多民族联合起来，激发了各民族之间的团结和敌意，继而加速了民族国家的形成。人们意识到了自己的民族属性。法国像诺曼征服后的英格兰一样成为巨强，西班牙和葡萄牙从对摩尔人取得的胜利中赢得了声望，而条顿骑士团（Teutonic Knights）这个十字军组织也成为后来普鲁士（Prussia）的立国基础。在十字军运动之前，神圣罗马帝国尚能为自

---

① 译注：因为由西欧的所谓"拉丁人"统治，宗教仪式也改用天主教通用的拉丁语进行，该帝国也被后世称为"拉丁帝国"。

己那些各怀目的的属国提供一种统一的幻影,而在十字军运动期间,这种幻影也在中世纪教廷的伟大光辉之下彻底消失了。

在英诺森三世治下,教廷的权力走上了巅峰,教皇也被提高到了西方世界万王之王的地位上。英诺森曾对法王腓力·奥古斯都(Philip Augustus)的使者说:"王公们的权力限于现世,神父们的权力却及于灵魂。由于灵魂远远高于身体,教权也就远远高于王权……一位统治者只能统治一个省区,一个国王只能统治一个王国。但彼得作为上帝的代言人,拥有统治一切土地以及土地之上的一切,也就是整个世界和世间一切人类的权力。"[36]

宗教专制制度的建立,又必然地带来了对经济控制的争夺,因此我们也可以看到,从第一次十字军东征之中,诞生出了两种财政工具,即赎罪券(Indulgences)和什一税(Tithes)。乌尔班二世曾经将前者"在整个基督教世界中发行,保证人们'能在平静中离世,不必担心自己的罪孽是否能被宽恕,死后能否得到奖赏'"。[37] 赎罪券从此便成为教廷的一种收入来源。从1184年起,人们也可以通过为教廷服徭役的方式来换得赎罪券。1215年,教廷又许诺向每一名给十字军提供资金之人广发赎罪券。至于什一税,则更加有利可图。1146年,法王路易七世对他手下的一切教士课以什一税。在哈丁会战之后,理查一世(Richard Ⅰ)和腓力·奥古斯都又创立了一种"萨拉丁什一税"。教皇博尼法斯八世(Boniface Ⅷ)则宣布,教廷对于所有教会资产都拥有绝对的专制权力,"可以任意抽取其百分之一、十分之一或任何比例的财产"。[38]

自罗马衰落以来的第二次大革命从此拉开了序幕,今日的经济和资产文明也正是从此诞生的。对金钱的需求,带来了犹太人的银行、意大利的商人以及军事性的骑士团。再加上金钱总是处于流动之中,而动乱分子又已经跑到了东方,市民阶级终于可以在家乡享受平静的生活了。经济逐渐繁荣,很多原先的奢侈品也逐渐变成了生活必需品。泰尔人将精炼食糖和编织丝绸的方法教给了西西里人。大马士革钢材的需求量暴涨,大马士革的陶匠也成为法国陶匠的老师。风车被投入了实际应用,小米、柠檬、杏、甜瓜、棉花、薄纱、锦缎、织锦、香水和地毯也纷纷走进了人们的生活。

繁荣给人们带来了闲暇,而闲暇又唤醒了智慧。编年史家层出不穷,亚里士多德的著作也从西班牙(后来还包括君士坦丁堡)传入了西欧。医学与数学得到了长足进步,观象仪、日晷、六分仪以及水手们的罗盘也都是在这个时期投入使用的。

知识的增长带来了怀疑的精神。十字军运动也因此见证了瓦勒度派（Waldensian）、保罗派（Paulician）以及阿尔比派（Albigensian）等异端教派的抬头。在哈丁会战中，奇迹已经破产，如果连真十字架都无法带来胜利，还有什么可以呢？

　　社会发生了迅速的变化，这些变化要么是由十字军直接创造出来的，要么就是受了十字军运动的间接影响而但发生的。对宗教的信念被逐渐遗忘，教会也陷入了与世俗权力的冲突之中，"原本旨在让教会成员摆脱世俗力量控制的举动，反而导致教会的心脏——教皇本身变得世俗化了"。[39] 在13世纪中，教会的权力逐渐衰落。后来，由于十字军不被用于攻击异教徒，反而被用于攻击基督教异端，导致这一衰落进程大幅加快。1255年，教皇亚历山大四世（Pope Alexander Ⅳ）试图组建一支十字军去讨伐神圣罗马帝国皇帝的儿子曼弗雷德（Manfred），马太·帕里斯（Matthew Paris）对此写道："真正的基督徒在听说这一宣言时都感到惊骇不已。因为教皇对于斩杀基督徒所许诺的奖励，居然与斩杀异教徒完全一样。这种布道所能得到的，不过是人们的嘲笑和奚落罢了。"

　　此外，我们还必须提及另一个影响，而它可能才是这一切影响中最重要的一个。由十字军所释放出的冒险精神，被转化成了旅行和发现的催化剂。由于刀剑在圣地只落得了失败的结果，所以人们便将更强大的信念倾注到了外交探索之中。1252年，圣路易（St.Louis）派遣方济各会（Franciscan）修士吕布吕基斯的威廉（William of Rubruquis）前往中亚去寻找蒙古大汗。人们希望，一旦蒙古帝国（Mongolian Empire）改信基督教，他们就能对突厥人的后方发动进攻，帮助巴勒斯坦的基督徒。虽然这个想法如今看来不过是异想天开[40]，但它却刺激了方济各会和多明我会（Dominican）的传教工作，并促使以威尼斯人马可·波罗（Marco Polos）为代表的商人们向东方长途跋涉，足迹远至中国长城脚下。这些人对东方的探索，也激起了人们对于远东财富的想象，并最终引出了发现新大陆的故事。

注解

1. 关于萨拉丁的这些行动，参见 Steven Runciman, *A History of the Crusades*, 1952 年版，第二卷，第四章，第四篇。
2. Dante, *Inferno*, 第四卷, 第 129 节。
3. Stanley Lane-Poole, *Saladin*, 1898 年版，第 103 页。
4. 贝哈丁是萨拉丁手下的一名书记员，1145 年生于摩苏尔，1234 年去世。他所写的萨拉丁传记也是研究这段历史的必读史料。这段内容可见 1897 年该书英文版中的《巴勒斯坦的朝圣者》一章。
5. *Beha ed-Din*, 第 56 至 57 页。
6. 同上，第 63 页。
7. B. 库格勒认为"密里奥塞法隆会战决定了整个东方的命运"（*Studien zur Geschichte des Zweiten Kruzzuges*, 1866 年版，第 222 页）。倘若真是如此的话，那场会战也无疑应算是西方世界的少数决定性会战之一。
8. *Libarire de la société de l'histoire de France*, *Chronique d'Ernoul*, 1871 年版，第 103 页。
9. 参见 Beha ed-Din, 第 104 至 105 页。
10. *Chronique d'Ernoul*, 第 134 页。
11. *Beha ed-Din*, 第 43 页。
12. 埃努尔是这次远征的亲历者，他也在自己的编年史中给出了关于这次远征的详细记载。（第 148 至 152 页）
13. 详情参见 Beha ed-Din, 第 110 至 111 页。
14. 引用自 René Grousset, *Histoire des Croisades et du Royaume France de Jerusalem*, 1935 年版，第二卷，第 790 页。
15. 笔者意译自《埃努尔编年史》的第 159 至 160 页。关于此事的详细记载，参见 René Grousset, *Histoire des Croisades*, 第二卷, 第 790 至 792 页。
16. *Chronique d'Ernoul*, 第 162 页。
17. René Grousset, *Histoire des Croisades*, 第二卷, 第 794 页。
18. 在随雷蒙德一同行动的人员中，有一位伊贝林的巴里安，巴里安身边又追随者编年史家埃努尔，后者后来也用生动的笔触记载了这次行军经过，参见第 166 至 168 页。
19. Stanley Lane-Poole, *Saladin*, 第 209 页；Steven Runciman, *A History of the Crusades*, 第二卷, 第 457 页。
20. 关于地形情况的记载，参见 Stanley Lane-Poole, *Saladin*, 第 205 至 207 页；Charles Oman, *Art of War in the Middle Ages*, 第一卷, 第 325 页。哈丁双角中北侧的山丘高 191 英尺，其东侧的山坡连接着加利利海，太巴列的海拔高度要比地中海的海平面低 653 英尺。据信这座山丘就是耶稣向人们传讲和平福祉的八福山（Mount of Beatitudes）。
21. *Beha ed-Din*, 第 112 页。
22. 参见 F.L.C.Marin, *Histoire de Saladin*, 1758 年版，第二卷，第 17 页。
23. 引用自 René Grousset, *Histoire des Croisades*, 第二卷, 第 796 页。
24. 同上，第二卷，第 796 页。雷蒙德撤退到的黎波里之后不久就因悲伤和羞耻去世。另有一部分人认为雷蒙德是被阿萨辛教团（Assassin）刺杀的。
25. *Beha ed-Din*, 第 113 页。
26. 同上，第 114 页。
27. 另可参见 *Chronique d'Ernoul*, 第十四章。
28. 引用自 René Grousset, *Histoire des Croisades*, 第二卷, 第 798 页。另可参见 *Chronique d'Ernoul*, 第十五章；Beha ed-Din, 第 115 页。
29. *A History of the Crusades*, 第二卷, 第 460 页。
30. 希贝拉前夫的兄弟。
31. *Chronique d'Ernoul*, 第 186 页。

32. 吉本曾给出过如下耸人听闻的记载:"基督教神祇的迷失信徒们用鲜血上演了一场献祭。居民如果抵抗,只会招致更激烈的愤怒。人们不分性别,不分老幼,均无法逃过十字军的怒火。在长达三天的时间里,十字军放任自己肆意屠杀,死者腐烂的遗体甚至引发了瘟疫。七万名穆斯林惨遭杀害,无辜的犹太教徒们也被烧死在了自己的礼拜堂中。即使如此,十字军仍然俘虏了很多自己中意或是懒得再杀的居民。"(*The Decline and Fall*,1898 年版,第六卷,第 311 页。)
33. 引用自 Stanley Lane-Poole,*Saladin*,第 232 页。
34. Geoffroy de Villehardouin,*La conquete de Constantinople*,德瓦利编辑版,1872 年版,第 147 页。原作者是君士坦丁堡陷落的目击者之一。
35. *Encyclopedia Britannica*,第 11 版,《英诺森三世》。
36. *The Cambridge Medieval History*,第五卷,第 323 页。
37. 同上,第 324 至 325 页。
38. 同上,第 321 页。
39. *Matthew Paris's English History*,J.A. 吉尔斯英文译本,1854 年版,第三卷,第 143 页。
40. 这个想法并非毫无根据。1256 年,旭烈兀率领蒙古人入侵高加索,并于 1258 年 2 月 15 日占领并洗劫了巴格达,攻灭了阿拔斯哈里发政权。1260 年,阿勒颇被蒙古人攻克,大马士革开城投降。在此之后,旭烈兀曾一度计划占领耶路撒冷,将其交给基督徒管辖。但在获悉大汗蒙哥去世的消息之后,他放弃了这一计划,返回了蒙古高原。

大事记
西部帝国的分裂与英、法的崛起

十字军运动释放出了任何教皇都无法控制的力量,而第一次东征时的宗教动机,也逐渐迷失在了第四次东征的佣兵行径之中。导致这种情况发生的原因并不只是机缘巧合,而在于十字军已经将战争从贵族间的私人事务变成了一种商业行为。其结果则是,由于内部争斗的减少,西欧百姓终于得以将更多精力投入和平,也就是世俗的事务之中。而这又带来了商业城市和乡镇、自由城市、市民民兵、商业和贸易、手工业、行会与市场的发展,以及货币和度量衡的统一。另外,数量庞大的大学、思辨哲学家(如1079年至1142年在世的彼得·阿伯拉尔、1227年至1274年在世的托马斯·阿奎那)、经验主义科学家(如1206年至1280年在世的大阿尔伯图斯、1214年至1294年在世的罗杰尔·培根)以及上文提及的异端教派也随之诞生。

伴随着这些变化,民族国家的观念也开始取代国家从属于教廷的概念。从格里高利七世着手加强教权到英诺森三世达到巅峰,教廷最终还是被自己一手创造的武器击败。西欧基督教帝国"这艘巨舰也在宗教改革(Reformation)这块岩石上触礁"。尽管如此,从英诺森三世于1216年去世到路德(Luther)于1517年将《九十五条论纲》(Ninety-five Theses)钉在维滕堡(Wittenberg)教堂的大门之间,还有整整三百年要走。这三百年充满了战争,在此期间,神权封建国家也将逐演变为民族主义的君权国家。

这些战争中的第一场，是因教皇国所在位置而起的。教皇国位于神圣罗马帝国在两西西里和北方的领土之间，其对帝国领土的威胁导致英诺森三世与皇帝奥托四世（Emperor Otto Ⅳ，1198年至1218年在位）产生了争端。英诺森得到了法国国王腓力二世·奥古斯都（Philip Ⅱ Augustus of France）的支持，奥托也拥有英格兰国王"无地王"约翰（John Lackland of England，1199年至1216年在位）的支持。1208年，教皇对英格兰处以禁罚之罪，一年后又对约翰本人处以绝罚，腓力二世也准备组织一支十字军去讨伐约翰。但到了1213年，由于约翰向教皇表示屈服，这次入侵也被取消了。第二年，约翰与奥托联手对抗腓力，但皇帝本人却于7月27日在布汶（Bouvines）被腓力二世决定性地击败了。约翰此时已经威信扫地，结果英格兰诸男爵联合起来强迫他发布了《大宪章》（Magna Carta），尽管英诺森宣布该宪章无效，并对男爵们处以绝罚，但对英格兰而言幸运的是，英诺森和约翰在1216年相继去世，事态也没有发展成一场毁灭性的内战。

奥托在1218年去世。两年后，英诺森的被监护人、霍亨施陶芬（Hohenstaufen）家族的亨利六世皇帝之子、于1194年出生的西西里国王腓特烈（Frederick, King of Siciliy）被加冕为神圣罗马帝国皇帝腓特烈二世（Frederick Ⅱ，1220年至1250年在位）。此人性格诡谲、能力出众，被后世称为"最后一位中世纪皇帝"和"第一位欧洲人"。与罗马诸帝一起，腓特烈二世也被但丁放在了自己诗篇中的地狱里（第十章）。尽管他曾向英诺森许诺自己永远不会让西西里与帝国统一，但在其监护人死后不久，他便走上了将南北意大利完全纳入自己掌控之中的道路。1227年，这些行动导致他与教皇格里高利九世（Gregory Ⅸ，1227年至1241年在位）发生冲突，教皇以腓特烈二世没有按照许诺发动十字军东征为由对他处以绝罚。1228年，格里高利九世又以腓特烈二世在未获得赦免的情况下组织十字军的罪名，给了他一个双重绝罚的惩处。在没有教皇和骑士团支持的情况下，腓特烈二世率领着一小队骑士前往圣地，利用狡猾的外交手段取得了耶路撒冷、伯利恒（Bethlehem）和拿撒勒的控制权，并于1229年3月18日被加冕为耶路撒冷国王，以此为这一系列精彩的成就画上了句号。到此时为止，腓特烈二世几乎未流一滴鲜血，便取得了足以超越第一次东征之后历次十字军成果的成就。

腓特烈二世于1229年返回欧洲之后，发现教皇的部队已经席卷了他的南方王国。腓特烈二世击退了这些部队，之后于1230年在圣日尔马诺（San Germano）与格里高利九世媾和。腓特烈二世将宫廷设在了巴勒莫（Palermo），此处很快就发展成了欧洲最耀眼的城市以及整个中世纪最伟大的世界性学术交流中心。

教廷与神圣罗马帝国之间的和平没能持续太久，后来当腓特烈二世前去征服伦巴第之时，他又再次被格里高利九世处以绝罚。腓特烈二世随即宣布自己与所有君主都站在同一条战线上，他宣布说："如果教皇能通过援助叛乱分子来破坏他的国家，那么只要假以时日，其他君主也会受到同样的对待。"接下来，格里高利九世又指责腓特烈二世是"敌基督"和"瘟疫国王"，曾公开声称"世界受到了三个骗子，也就是耶稣基督、摩西和穆罕默德的欺骗……只有蠢货才会相信处女能生出创造一切的神"。即使这些指控存在夸张成分，但它们也足以显示出时局的变化了。

格里高利九世在做出这些指控后不久便去世了，其继任者英诺森四世（Innocent Ⅳ，1254年至1254年在位）宣布废除腓特烈二世的皇位。腓特烈二世则以劝说其他君主们不要再为教廷征收资金作为反击，理由是他的战斗同样也是所有君主的战斗。这一次，腓特烈二世的呼吁对象也是"欧洲"而非"基督教世界"。

腓特烈二世在1250年去世，其子康拉德四世（Conrad Ⅳ）也在1254年去世。西西里王位遂由康拉德的儿子康拉丁（Conradin，1254年至1268年在位）继承，教皇亚历山大四世（Pope Alexander Ⅳ，1254年至1261年在位）决心不让教廷的死敌霍亨施陶芬家族再次称帝，用尽手段让日耳曼陷入了自加洛林王朝瓦解以来最为混乱的内战之中。当康拉丁在1265年着手夺回其在意大利的领土之时，教皇克雷芒四世（Clement Ⅳ，1265年至1268年在位）召唤法王的兄弟、安茹的查理（Charles of Anjou）前来支援，并许诺将西西里和那不勒斯赏赐给他。查理接受了教皇的求援，于1268年8月23日在塔利亚科佐（Tagliacozzo）决定性地击败了康拉丁。八周之后，康拉丁在那不勒斯被砍了头。

霍亨施陶芬王朝就此灭亡，战争则一直进行到了1273年。那一年，哈布斯堡的鲁道夫（Rudolph of Habsburg）以不再干涉意大利为条件，被教皇承认为日耳曼国王以及神圣罗马帝国的当选皇帝。①1278年，在马希费尔德（Marchfeld）战场上，

---

① 译注：神圣罗马皇帝拥有两个头衔，即"日耳曼国王"和"罗马人的皇帝"。从13世纪中期开始，神圣罗马帝国皇帝就开始以大贵族（选帝侯）选举的方式产生，并在当选后由日耳曼当地的主教加冕为日耳曼国王，成为所谓的"当选皇帝"，之后必须前往罗马接受教皇加冕，才能成为真正的皇帝。鲁道夫一世虽被选举为日耳曼国王及当选皇帝，但并未能得到教皇的加冕。值得一提的是，从1558年的斐迪南一世到1806年拿破仑解散神圣罗马帝国为止，所有神圣罗马皇帝都没有经过教皇的加冕，正式头衔也只是当选皇帝。

鲁道夫从波西米亚的奥托卡尔（Ottokar of Bohemia）手中夺得了奥地利，在多瑙河谷建立了哈布斯堡王朝的权威。该王朝直延续到了1918年才终于灭亡。

这场漫长的战争带来了灾难性的影响。教廷因使用宗教权力来实现纯政治目标而信誉扫地，而意大利在从神圣罗马帝国中分离出来之后，又有教皇党（Guelfs）和皇帝党（Ghibellines）互相争斗了好几代人之久。诺曼西西里的辉煌文明，也在安茹的查理的残暴统治下惨遭毁灭。日耳曼分裂成了大批独立的公国和城镇，再也无法统一。在此之后数百年时间里，"日耳曼"变成了一个单纯的地理名词，法国则是战乱中唯一获利的一方。

当安茹的亨利（Henry of Anjou）在1152年迎娶阿基坦的埃莉诺（Eleanor of Aquitaine）之时，法王路易七世（1137年至1180年在位）所能统治的区域，仅有塞纳河和卢瓦尔河中游地区。到两年之后亨利加冕成为英格兰国王及诺曼底公爵亨利二世（1154年至1189年在位）之时，路易一面要对抗疆域从切维奥特山脉（Cheviots）延伸至比利牛斯山的安茹帝国（Angevin Empire），另一面又要抵御巴巴罗萨（Barbarossa）领导下的神圣罗马帝国，法国能否存续下去完全取决于安茹和神圣罗马帝国的意愿。

路易的儿子兼继承人，被称为"奥古斯都"的腓力二世（1180年至1223年）将大批城市和乡村纳入王领，从而确保了本土安全。之后，他又开始着手改善法国那不尽人意的外部局势。他先是通过外交手段得到了维尔曼多瓦，之后又从英王约翰手中夺取了诺曼底，并于1204年攻克加亚尔城堡（Château Gaillard），彻底消灭了诺曼底公国。紧接着，腓力又征服了缅因、图雷纳（Touraine）、安茹和普瓦图。1206年，他占领了布列塔尼，将该地交给了德勒的彼得（Peter of Dreux），并让后者做了王后布列塔尼的康丝坦斯（Constance of Brittany）与其前夫所生的孩子们的看护人。1213年，腓力二世入侵弗兰德斯，并如前文所述，于次年在布汶击败了神圣罗马帝国皇帝奥托，这也是他所有征服行动的收官之战。1226年，腓力二世之子路易八世（Louis Ⅷ）利用阿尔比十字军（Albigensian Crusade）占领了朗格多克（Languedoc）。接着，香槟（Champagne）、拉马什（La Marche）和昂古莱姆（Angoulême）等地也被纳入王领，英格兰人在法国的领土仅剩下了加斯科涅（Gascony）一地。

这些征服都是逐步进行的，这也导致法国在中世纪从未能像英格兰那样团结。那些大规模的采邑，即使在并入王领之后，依然保留着原先的独立性。但不管怎样，"美男子"腓力四世（Philip Ⅳ the Fair）在登基之后一反封建君主常态，颇受臣属的欢迎。与教廷的新一轮竞争已经迫在眉睫，腓力四世与英王爱德华一世（Edward Ⅰ of England，1272年至1307年在位）都不愿接受国王无法对领内教会财产征税的规定，也不认同国王必须向教皇臣服才能获得死后救赎。结果当教皇博尼法斯八世（1294年至1303年在位）像格里高利七世一样准备强迫"俗世诸王国承认教廷权力"之时，腓力四世却将他抓了起来，而这位教皇也在不久之后便撒手人寰。另外，为确保教皇继承人不会步博尼法斯的后尘，腓力四世在1305年诱使红衣主教团（College of Cardinals）选举出了加斯科涅人戈特的贝特朗（Bertrand de Got），使其成为教皇克雷芒五世（Clement V，1305年至1314年在位）。这位教皇移居到了阿维尼翁，开启了长达70年的"巴比伦式教会囚房时代"（Babylonian Captivity of the Church）。

在上述的战争期间，很大程度上是由于十字军的缘故，西欧在军事方面也发生了广泛的变革。一方面，西欧骑士接触了东罗马帝国那些远比西欧优越的城堡和设防城镇，再加上建造摩押的卡拉克城堡、克拉克骑士堡等巴勒斯坦要塞的经验，导致西欧和中欧出现了大批城堡。到14世纪，封建城堡已经统治了每个地区的每个角落。在另一方面，各城镇也因曾向十字军大笔借款而变得越来越富有，导致了它们都有余力来建立民兵组织，而这些民兵也参与了布汶会战以及1302年的库特莱会战（Battle of Courtrai）。另外，专业的佣兵也在此时出现了，其中最主要者是用来防御城堡的弩手。更进一步来说，由于封建骑士不愿负担掘壕、破障、挖掘地道以及攻击城墙等工作，因此在进行围攻战时，对佣兵的需求量也要更多。另一个导致佣兵增多的原因在于，诞生于12世纪末的板甲，到14世纪时已经投入了全面使用，士兵装备的价格也因此而暴涨。由于只有拥有全副盔甲之人才算是真正的战士，所以只要一个人能够买得起铠甲，他便在国际上获得了一定的商业价值，可以为出价最高者服役。与这些领受军饷、装备优秀的专业佣兵相比，战争对大批封建征召兵而言，根本就是一件无利可图之事。

从佣兵们的身上，又诞生出了另一项变革。佣兵只要能领到薪水，便可无限期地留在战场之上，而封建男爵和有采邑的骑士却有40天的服役期限。在法王腓力三世（Philip Ⅲ of France，1279年至1285年在位）和英王爱德华一世的时代里，为进行长期的战役，向士兵支付军饷成为一种常态。士兵们不论来源，无论是封建征召兵还是职业佣兵，全都成为领饷的部队。常备军逐渐取代了封建军队，社会中也出现了一个军事阶级。这一阶级在法国被称为"战友"（Routiers），在意大利被称为"佣兵队长"（Condottieri）。这些专业士兵会招募追随者组成佣兵部队，为出价最高的客户服役。由于佣兵只为军饷而战，因此他们无须遵守封建法律，没有任何荣誉规则能保证他们忠于雇主。日耳曼人弗洛尔的罗杰（Roger de Flor）是这种士兵的先驱之一，他曾在1303年带领着一支被称为加泰罗尼亚大队（Catalan Grand Company）的亡命之徒受雇于拜占庭皇帝安德罗尼卡斯二世（Andronicus Ⅱ）及其继承人。

在百年战争拉开序幕之时，除热那亚弩手和随船士兵以外，法国和英格兰仍然只从各自的王领中为陆军和舰队招募士兵，但佣兵很快就流行了起来。普瓦捷会战（Battle of Poitiers）结束后，爱德华三世（Edward Ⅲ）率领国民征召兵返回英格兰，而法国却有不少失业"战友"拒绝解散部队，进而变成了靠抢劫谋生的强盗。这些失业的佣兵导致百年战争变得非常恐怖残暴，因为在和平与休战时期，正常的战争反而被抢劫和屠杀所取代了。战争变得越来越漫长，而这又引发了一个时代的悖论——在战争的民族属性迅速增强之时，士兵却变得越来越国际化。任何国家的人，在任何阶级的队长领导下，都能为任何出价最高的人作战。

除这些军事上的变革以外，一个极为重要的政治变革也在此时走上了舞台。在爱德华一世统治下的英格兰，议会（Parliament）成为常设机构。随着贸易的发展，商人的重要性日渐增长。爱德华一世必须依赖各大商会来提供国家预算，这反过来也导致商会提出了对政府机构进行去封建化改革的要求。在下议院（House of Commons）中，各郡的骑士与自治镇的代表也得以紧密合作。而在法国，贵族却对平民抱有鄙视的情绪，拒绝与他们合作。直到1343年出现地方议会（Local Assembly）之后，各阶级才终于愿意展开合作。直到1484年，"三级会议"（States-General）一词才终于出现。

综上所述，在14世纪初，神圣罗马帝国名存实亡，教廷权威衰落，英格兰已经成了一个颇具现代意味的国家，而法国则仍是一个中世纪国家。在整个西欧之中，知识分子已经觉醒了。得益于对亚里士多德著作的研究，人们逐渐开始相信，个人在知识和信仰方面理应获得自由。这对于教皇的政策而言是一个沉重打击。举例而言，但丁（1265年至1321年在世）在他的《论帝制》（*De Monarchia*）一书中，主张应建立一种权力直接授自于上帝本身，而非教皇的君权。我们无法断言，如果这些变革不曾被打乱的话，它们到底会带来什么样的结果。1337年至1453年期间的百年战争，在欧洲变革最快的那些国家之中，既造成了阻碍，也带来了动力。

斯鲁伊斯海战（1340年）与克雷西会战（1346年）

第十六章

1312年11月13日，爱德华三世在温莎（Windsor）出生。他的父亲是爱德华二世（Edward Ⅱ），而他的母亲——法国的伊莎贝拉（Isabella of France）则是法王腓力四世的女儿、查理四世（Charles Ⅳ）的姐姐。查理四世在1322年继承兄长腓力五世（Philip V），成为法国国王，因此爱德华三世本人也正是法王的外甥。1325年，根据伊莎贝拉的遗愿，爱德华二世不情愿地将阿基坦公国交给了自己的儿子来统治，法王查理四世由于得到了60000金法郎（Livres）的转让费，也对此表示同意。

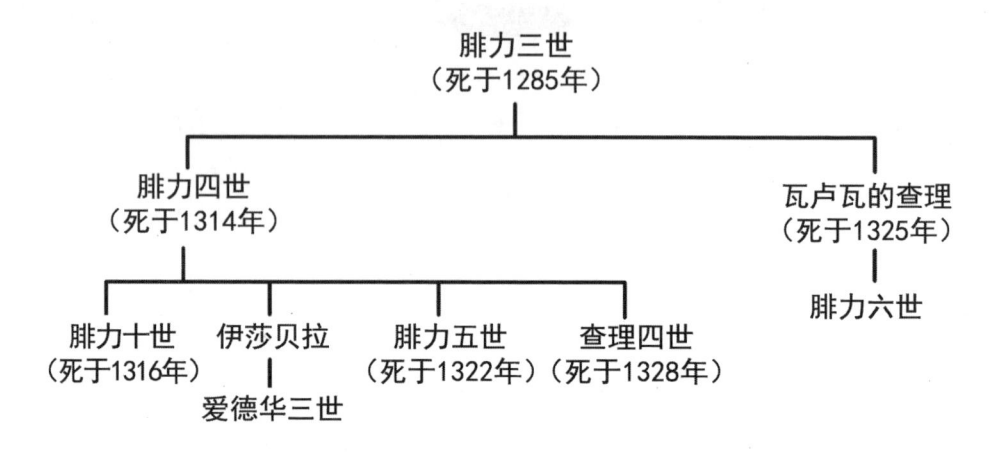

```
                    腓力三世
                  （死于1285年）
        ┌──────────────┴──────────────┐
    腓力四世                      瓦卢瓦的查理
  （死于1314年）                  （死于1325年）
  ┌─────┬──────┬──────┐               │
腓力十世 伊莎贝拉 腓力五世 查理四世       腓力六世
（死于1316年） │ （死于1322年）（死于1328年）
         爱德华三世
```

同年9月10日，年轻的英格兰王子像自己的父亲、祖父和曾祖父一样，向法王宣誓效忠。15个月后，爱德华二世被迫退位。1327年1月13日，他那已经15岁的儿子被拥立为英格兰国王爱德华三世，并于1月29日加冕。

将近一年之后，查理四世去世，留下了一个女儿以及怀有身孕的遗孀。然而在1328年4月1日，这位遗孀所生下的却还是一个女儿。由于法国王位只能传给男性亲属，因此法国诸男爵在一次大会上推举出了腓力四世的侄子、查理四世的堂兄——瓦卢瓦的腓力（Philip of Valois）来继承王位。后者于当年5月29日在里姆斯加冕，即腓力六世（Philip Ⅵ）。

腓力六世当选国王一事，让他的堂妹伊莎贝拉十分不满，她坚信自己的儿子爱德华作为卡佩（Capetian）家族中最年长的男性成员，比腓力六世更有资格继承王位。为增强这一说法的信用,腓力六世加冕之后,伦敦方面立刻派遣了一个使团前往巴黎,主张爱德华三世对王位的宣称权,抗议腓力六世的篡位之举。由于英格兰朝此时没有能力强迫法国从命,所以法国人也没有认真对待爱德华三世的宣称。不久之后,腓力六世利用英格兰国力虚弱的机会,也反过来派出使团前往伦敦,告诉爱德华三世说,如今他已经是自己所有封臣中唯一一个没有表示效忠之人,因此他也必须宣誓。由于英格兰人不断拖延时间,而给出的回复也总是在逃避问题,腓力六世又派了第二个使团去递交了一个不加掩饰的最后通牒,如果爱德华三世不向法王宣誓效忠,其阿基坦的领地就要被收归王室所有。这个威胁终于使爱德华三世屈服了,因为他此时还没有能力去保卫这个公国。1329年4月14日,爱德华三世写信给腓力六世说,他在解决英格兰国内的困难之后,便会前往法国宣誓效忠。6月6日,爱德华三世兑现了诺言,在亚眠的大教堂中对腓力六世行了臣子之礼。

在这些宣称权和臣属主张的来往之中,我们便可以发现百年战争爆发的主因。其实际缘由与法国王位的继承问题并无任何关系,而主要在于爱德华三世的阿基坦公爵身份。这是一种完全不正常的臣属关系。在对待普通的法国封臣时,法王虽然可能要冒内战危险,但还是可以强迫对方屈从于他们的合法君主,也就是法王本人。但对于同时身为英格兰国王的爱德华三世而言,法王若想要逼迫对方屈从,他所冒的风险就要上升到大规模国际战争的水平了。换句话说就是,虽然从法理上来讲,一位国王确实可以成为另一位国王的臣属,但事实上,既然二人同为国王,他们自然也就是平等的。更进一步来讲,只要爱德华三世仍然保持着阿基坦公爵的身份,那么这个公国就不只是法王赐予他的封地,同时也是英格兰在法国的桥头堡。如果不能用他与法王的臣属关系对其加以约束,那么便没有任何道义上的义务能阻止他不受限制地利用这个桥头堡来为英格兰谋利。显然,对腓力六世而言,既然他无法把英格兰人赶出阿基坦,最有利的办法便是尽可能让爱德华三世与自己建立起紧密的臣属关系。同样显而易见的是,爱德华三世在能够解除这层关系之前,最希望的正是让这种臣属关系变得更加松散。后来当腓力六世最终下令没收吉耶纳(Guienne)之时,诚如爱德瓦·佩罗伊教授(Professor Edouard Perroy)所说的那样,此举即相当于向爱德华三世宣战,而后者也旋即以"卡佩王朝的王位宣称者身份自居",以便将"这场他原本处于较低地位的封建战争,变成了一场他能与对手居于平等地位的王位争夺战"。[1]

除这些完全属于封建性质的问题以外,其他一些事件也对局势造成了影响,导致战争变得难以避免。其中重要的事件包括神圣罗马帝国在13世纪的解体以及教廷转移到阿维尼翁之后的衰落。二者相加,导致在英格兰与法国之间,无论是在世俗方面还是在宗教方面,都已经不再有任何力量能够居中裁定两国的宣称权纷争,平息它们的纠纷。另一个问题则来自于苏格兰。早在1295年,苏格兰就已经与法国订立了盟约,法国也不断利用这个联盟来牵制、削弱英格兰。弗兰德斯的情况也是一样,自1328年的卡塞尔会战(Battle of Cassel)以来,这个伯国已经彻底与法王绑在了一起。尽管爱德华三世无法打破弗兰德斯与法国的联盟,但他还是聪明地利用了弗兰德斯织布业对于英格兰羊毛的依赖来削弱这个联盟。

总而言之,百年战争的爆发原因,并不只是单纯的王朝或封建斗争,而是那个时代各种条件共同作用的结果。教廷已经毫无威信,帝国的影响力也已经丧失殆尽,诸王国逐渐崛起,王国之间越发频繁地因为贸易而爆发冲突。此外,海权的影响力也开始抬头,诞生自十字军运动的骑士精神,已经演变成了纯粹的勇气较量。而最重要的还要在于,西欧根本没有足够的空间来同时容纳两个具有统治性地位的国家。所有这些因素,都在爱德华三世对法国王位的封建性宣称权掩盖下,推进着百年战争这场中世纪最大规模的较量。尽管这场战争带来了诸多的愚行和灾难,但它也为英格兰和法国更加强盛的未来播下了种子。

严格来讲,在这场漫长的战争中,并没有出现能与前文中那些会战相提并论的决定性会战。但在这场战争中并不缺少战术性的决定性战斗,尤其是在战争刚刚爆发和即将结束的阶段。

随着爱德华三世被迫在亚眠向腓力六世称臣,法国赢得了第一轮较量的胜利,而且法国还因英格兰的软弱而受到鼓舞,准备去赢得第二轮胜利。这一次双方争论的要点在于爱德华三世誓词的法理性方面,虽然其内容与法国其他大封臣并不完全相同,但与爱德华二世、爱德华一世以及亨利三世曾经的誓词却并无任何重要区别。其主要问题在于,这个誓词仅有单纯的臣服,而无效忠之意。因此,在没有与对方进行过商议的情况下,腓力六世又在1330年7月28日召唤爱德华三世前来自己的宫廷,要求他宣布自己的誓词有效忠之意。

英格兰诸男爵此时正在发动叛乱,反对伊莎贝拉及其情夫罗杰·莫提梅(Roger Mortimer)。爱德华三世也已对太后干政感到厌倦,因而站在造反者一方,放逐了伊莎贝拉，并在泰伯恩（Tyburn）刑场处死了莫提梅。因此可以说，爱德华三世此时所处的地位让他很难拒绝腓力六世的召唤。1331年3月30日，爱德华三世写信给腓力六世说："我们认可在亚眠对法兰西国王所许的誓词有效忠之意，许诺以阿基坦公爵、法国庭臣、蓬蒂厄及蒙特勒伊伯爵（Count of Ponthieu and Montreuil）的身份忠实于国王。"[2] 四天之后，爱德华三世渡海前往法国，由于腓力六世认为先前的书面声明已经足够，因此两国也建立起了友善的关系。到了此时，争端似乎已经得到解决，腓力六世也开始为当时正在欧洲酝酿的一次十字军运动进行准备工作。可就在爱德华三世刚刚宣誓一年之后，燎原之火的第一朵火花便闪现了出来。而这个火花，并没有出现在海峡南岸的法国，反而出现在了北方的特维德（Tweed）。

1329年6月7日，曾赢得1314年班诺克本会战（Battle of Bannockburn）的罗伯特·布鲁斯（Robert Bruce）去世，苏格兰王位由他年仅五岁的儿子大卫继承。依照1328年5月的《北安普顿条约》（Treaty of Northampton），爱德华三世承认了大卫的王位。但是按照这个条约的规定，苏格兰从他人那里夺取的领地，除三处例外，都要被重新交还原主。

1331年11月，大卫在司康（Scone）加冕。与此同时，在上述三个未能收回领地的"领地被夺者"（Disinherited）中，有一位英王爱德华三世的宠臣爱德华·巴利奥尔（Edward Baliol）[3]，也已经开始着手准备夺回自己的领地了。1332年7月31日，巴利奥尔带领一小队甲士和弓箭手入侵苏格兰，之后于8月11日在杜普林—缪尔（Dupplin Muir）惊人地击败了苏格兰的摄政。与此同时，爱德华三世也获悉大卫从法王腓力六世那里得到了资助，因而决心撇开他原本便不喜欢的《北安普顿条约》，率军北进围攻贝里克（Berwick），并于1333年7月19日在哈利顿山（Halidon Hill）决定性地击败了苏格兰人。大卫逃往法国，受到了腓力六世的优待。法王也表示说，如果爱德华三世不从苏格兰撤军，他就不会停止对苏格兰的援助。

局势愈发紧张之际，教皇本笃十二世（Pope Benedict XII）终于开始出面调停。作为解决纷争的第一步，他在1335年11月说服爱德华三世，促使他与大卫达成了一个短期的停战。不久之后，本笃又告知腓力六世，在英国和苏格兰全面停战之前，他的十字军行动必须推迟。腓力六世急于率军出征，因此感到十分厌烦。为了给爱德华三世施加压力，他不容分说地命令准备运载十字军前往圣地的舰队，从集结地马赛（Marseilles）转移到诺曼底港口，作势将要介入纷争，以此来支持苏格兰。

这个行动立刻就对英格兰产生了影响。英格兰议会在看到入侵的威胁之后，于1336年9月投票决定让国家进入战争状态，同时还下令将舰队集中在英吉利海峡。为应对英格兰人的反抗，腓力六世也派出部队前往吉耶纳边境，并于1337年5月24日迈出了决定性的一步，宣布没收爱德华三世在吉耶纳的领地。

此时，另外一个次要事件的发生使双方之间的敌意彻底爆发出来。1332年，腓力六世的妹夫、阿图瓦的罗贝尔（Robert of Artois）被控毒杀妻子，因此被剥夺领地并遭到了放逐。罗贝尔最初逃到了海诺特（Hainault），但当腓力六世宣布他将视所有庇护罗贝尔之人为敌之后，罗贝尔只好在1336年年末渡海前往英格兰。爱德华三世以王室礼仪接待了罗贝尔，后者也劝说爱德华三世对腓力六世开战，重申他对法国王位的宣称权。作为阿基坦公爵，爱德华三世无法在不打破效忠誓约的情况下帮助罗贝尔去反抗其君主，但如果腓力六世继位一事本身被宣布为不合法的，爱德华三世就可不受惩罚地介入此事。1337年11月1日，爱德华三世派遣林肯主教（Bishop of Lincoln）前往巴黎，向腓力六世递交最后通牒，并在通牒中称对方只是法兰西的"伪王"（Soi-disant King）。虽然爱德华三世此时没有主张自己对法国王位的宣称权，但在这个文件之中，他也表示自己在亚眠不过是向一个篡位者宣誓，因此这个誓约也根本没有遵守的必要。这样一来，爱德华三世终于在1337年秋季赢得了第三回合的胜利。自1328年起便已开始酝酿的冲突，如今也终于爆发了。

若依照今日对"征服"二字的定义（也就是占领），英格兰是不可能打败法国的。这不仅是因为法国在14世纪时已经成为一个庞大而且富有的国家，而且其人口也达到了2000万左右。[4] 而在经历了1348年至1349年的黑死病之后，英格兰在1377年只有大约370万人口。[5] 不过对于这个人口优势，我们又必须记得，此时法国仍维持着封建式的军事体系，其兵源完全来自于精选的军事阶层，而非普通的百姓。尽管法国骑士在数量上要多于英格兰贵族，但他们却缺乏纪律，且仍然认为只要战场上出现步兵，就是对其阶级荣誉的侮辱。

与法国相比，英格兰更加团结，爱德华三世手中也拥有一套远比法国优秀的财政体系，可以用于招募、维持军队。在会战中，爱德华三世只要击败法国骑士便可获得胜利。在法国的封建式战术体系中，骑士的战斗目标只是将对手击下战马，生俘敌人赚取赎金，而爱德华三世手下的士兵则更倾向于直接杀死敌人。爱德华三世的战术在概念上要比封建战术更加"现代化"，其祖父从威尔士引入的长弓，也使他能够将火力与冲击力结合起来。因此，当我们将所有这些问题都考虑在内之后，法国在战术方面便可算是居于下风了。可尽管如此，法国广大的国土面积，还是会导致英军无法长期占领法国，更妄论永久性征服了。

爱德华三世决定遵照祖父爱德华一世在1297年施行的计划，从低地国家攻击法国，将敌军拉向北方，以使对方无法夺取阿基坦。虽然爱德华三世无法与弗兰德斯伯爵路易（Louis, Count of Flanders）结盟，但他却花费了30万弗洛林（Florin），将布列塔尼公爵约翰三世（John Ⅲ, Duke of Brittany）、莱茵的帕拉丁伯爵雷吉纳德（Reginald, Count Palatine of the Rhine）、神圣罗马帝国皇帝巴伐利亚的路德维希（Ludwig of Bavaria）以及其他一些君主拉到了自己一方。另外，他还与海诺特、格德司（Guelders）、林堡（Limburg）、于利希（Juliers）以及布拉邦（Brabant）等地的领主签订了条约。

与此同时，出生于法国的弗兰德斯伯爵路易，为证明自己对腓力六世的忠诚，在斯鲁伊斯（Sluys）下游的卡德桑岛（Cadsand）部署了一支强大的驻防军，公开骚扰英格兰与低地国家的海上交通线。爱德华三世将此视为合理的开战借口（Casus Belli），率领一支远征军准备去占领卡德桑岛。1137年11月11日，在雨点般的箭矢掩护之下[6]，德比伯爵（Earl of Derby）和沃尔特·曼尼（Walter Manny）将手下士兵送上该岛，消灭了当地守军。总计持续了116年的百年战争就此拉开帷幕。

接下来，为从内部扰乱弗兰德斯，爱德华三世下令禁止羊毛出口，导致弗兰德斯人纷纷投入了根特（Ghent）织布工行会的一位领导人——著名的雅克·范·阿尔特韦德（Jacques van Artevelde）麾下。阿尔特韦德带领手下脱离了路易伯爵的统治，与英格兰结成了贸易同盟。在此之后，路德维希皇帝也谴责腓力，指出在向腓力六世效忠的地区之中，有一部分本应属于帝国，同时还要求他将法兰西王国交还给它的合法所有者，也就是英格兰国王爱德华三世。最后，皇帝还任命爱德华三世为帝国在莱茵河以西所有省份的代理王，各地都要向爱德华三世效忠。

为扩大自己的同盟圈，爱德华三世债台高筑。而另一方面，腓力六世则非常急于将战争带到英格兰海岸上。由诺曼人、西班牙人、布列塔尼人和热那亚人驾驶的战舰遍布英吉利海峡。从1336年起，与加斯科涅进行贸易的英格兰船只就已经收到命令，要它们必须组成船队才能出海。[7] 1337年，海峡群岛（Channel Islands）和怀特岛遭到洗劫。第二年，朴次茅斯、波托西（Portsea）、南安普顿（Southampton）

479

等地也被烧毁。到了 1339 年 5 月，就连哈斯丁的大部分建筑也都被烧光了。同年 7 月，一支由法国和热那亚战舰组成的联合舰队不仅给多弗尔、桑威奇、温切尔西（Winchelsea）、赖伊（Rye）等地造成了巨大的破坏，而且牢牢控制住了海峡，"任何驶离英格兰的船只，货物都会遭到洗劫，船员也都会被俘甚至被杀"。[8] 在此之中，英格兰人最重要的损失是两艘运载羊毛前往弗兰德斯的大船"克里斯托弗"号和"爱德华"号。在吉耶纳，阿让奈（Agenais）地区的拉本尼（La Penne）自 1338 年 4 月开始便已遭到围攻，到 1339 年 1 月也落入了法国人手中。

为挽回这些损失，并为自己沉重的债务赢得一些信用，爱德华三世在 1339 年 7 月 16 日对教皇和红衣主教们宣布，他终于要主张自己对于法国王位的宣称权了。接着，他又与那些各怀鬼胎的盟友们（总计兵力为 15000 人）在维尔沃登（Vilvoordun）、布鲁塞尔（Brussels）两地会合。为增强盟友的信心，爱德华三世解除了自己对腓力六世的臣属关系，将这场封建冲突转换成了一场王位争夺战。接下来，凭借真正的骑士精神，爱德华三世率领 40 名枪骑兵，以最快的速度前去奇袭位于斯卡尔普河（Scarpe）与斯克尔特河交汇处的莫尔塔尼城堡。攻击失败后，爱德华三世又立刻掉头奇袭了康布雷（Cambrai）附近的图恩列维克（Thun-l'Eveque）。

腓力六世没有做好在秋季作战的准备，只好将手下的男爵们召集到了圣昆汀（St. Quentin）。与此同时，爱德华三世率军向坎布雷西（Cambrésis）前进，沿路劫掠不休。当爱德华三世在 9 月 25 日抵达马尔宽（Marcoing）时，腓力六世也将部队带到了佩罗内（Péronne）。10 月 18 日，腓力六世在佩罗内向爱德华三世提出挑战，让对方自行挑选一片"公平的战场"来与他决战。但爱德华三世却选择退回拉卡佩勒（La Capelle）附近的拉福拉门格列（La Flamengerie），腓力六世则推进到了比龙福斯（Buironfosse）。10 月 23 日，两支军队都已做好战斗准备。爱德华三世决心采取与哈利顿山会战相同的守势战术，无意发动进攻。腓力六世在征求幕僚的意见后，认为星象不利，也决定坐等对方首先推进。结果双方都按兵不动。到了晚祷时分，爱德华三世撤回阿韦讷（Avesnes），之后又在 11 月 1 日撤到布鲁塞尔。至此，爱德华三世为夺取法国王位发动的第一场战役，已演变成一场虽未流血但代价昂贵的灾难。他累计欠下了 30 万磅的债务，而且还将教皇的好意弃置不顾。而法国人却占领了加斯科涅的布尔格（Bourg）和布拉伊（Blaye），就连波尔多也受到了直接威胁。

爱德华三世并没有泄气。弗兰德斯人依照誓约，仍应为法王效力。为了让自己与弗兰德斯的关系合法化，1340年1月25日，爱德华三世公开采用了英格兰和法兰西双重国王的称号，并在原先的三狮徽章上加了百合花标志。[9] 弗兰德斯人也解除了对腓力六世的誓约，承认爱德华三世为法兰西国王。2月21日，爱德华三世回到英格兰。

回国之后，爱德华三世面临的首要问题就是如何筹集足够资金来将战争打下去。直到议会批准了新的拨款之后，他才重返弗兰德斯。此时腓力六世已经在这里对爱德华三世的盟友发动了进攻，两军在斯克尔特河隔岸相对。教皇也没有置身事外，在腓力六世的鼓动下，他将所有造反的弗兰德斯人全部处以绝罚。为安抚这些弗兰德斯人，爱德华三世写信通知他们说："无论教皇愿意与否，他都会在渡过海峡时从本国带牧师来为他们主持弥撒……"[10]

为阻止对手重返法国，腓力六世组建了一支强大的舰队，将其交给休·奎里特（Hue Quieret）和皮埃尔·贝胡切特（Pierre Béhuchet）两位舰队司令以及热那亚的海上冒险家巴巴尼罗（Barbanero）来指挥。他们的任务是监视英格兰海岸，阻止爱德华三世再次跨过海峡。若爱德华三世胆敢渡海，他们就应该把他抓起来。当此事被报告到英格兰之后，爱德华三世不得不在众人的劝说下，不情愿地将渡海时间推迟，等待英格兰在奥威尔（Orwell，即哈维奇）集结起一支同样强大的舰队。

一切准备停当，海上也吹起西风之后，1340年6月22日周四凌晨1时左右，爱德华三世登上了"托马斯"号寇格船（Cog）[11]，舰队也随之起航。英格兰舰队可能拥有147艘船只[12]，分为三个分队，分别由罗伯特·莫莱爵士（Sir Robert Morley）、亨廷顿伯爵（Earl of Huntingdon）和阿伦德尔伯爵（Earl of Arundel）指挥，爱德华三世本人则掌握着最高指挥权。另有一支搭载着"美丽贵妇和少女"的运输船队紧随其后，其任务是去充实菲利帕王后（Queen Philippa）仍停留在根特的宫廷。

周五将近正午时分，当舰队接近弗兰德斯海岸之后，英格兰人便看到了停泊在斯鲁伊斯港内的法国舰队。按照弗鲁瓦萨尔（Froissart）所言，港内就好像有一片"桅杆森林"[13]一样。爱德华三世在一封6月28日写给其儿子康沃尔公爵爱德华（Edward, Duke of Cornwall）的信[14]中说，法国人拥有190艘战舰和总计35000人的甲士和其他士兵。虽然当天时间尚早，但由于海潮的原因，爱德华三世没有驶向东方10英里处的斯鲁伊斯[15]，而是在布兰肯伯格（Blankenberg）下锚，并派出了一队骑兵去侦察敌情。他们向爱德华三世汇报说，敌军舰队中有19艘非常庞大的船只，其中就包括"克里斯托弗"号。

6月24日周六破晓时分，两支军队均做好了行动准备。作为一位专业的水手，巴巴罗尼主张采取攻势，但两位法国舰队司令却坚持要在港内被动防御。最后两方只能采取折中的办法，两位法国指挥官驶出港口后将留在卡德桑岛（Cadsand）[16]附近，而巴巴尼罗则带领麾下战舰继续向外海前进。到达海港出口之后，两位完全不懂海战的法国指挥官各自将手下战舰排成了三个分队或者三条战线，体积最大的战舰被列在了前卫线。法国舰队的侧面拥有地形掩护，为防止正面被突破，他们又用铁链和缆绳将前卫中的船只连在了一起。在战舰的塔楼上，法国人也布置了带着石块和其他远程武器的士兵。"克里斯托弗"号位于法军前卫之中，其上满载着热那亚弩手，在它附近的还有"爱德华"号、"凯瑟琳"号（Katherine）和"玫瑰"号（Rose），三舰都是刚刚从英格兰人那里俘获的。

爱德华三世同样将舰队分成三部分，最大的船只由罗伯特·莫莱率领配属于前卫。每三艘战舰中有一艘搭载着甲士，位于其两侧的两艘则搭载弓箭手，可能有部分船只还搭载了投石机和原始的火炮[17]，而舰队后方还有一支完全由弓箭手组成的预备支队。另外，爱德华三世还安排了300名甲士来专门负责保护搭载女眷的船只。

主动权在爱德华三世一方，他可以等待风向、海潮和阳光都对他有利时再与敌军接战。正午过后[18]，一切条件都已齐备，斯鲁伊斯海战也随之拉开了帷幕。

伴随着由号角、战鼓、维奥尔琴、塔波鼓（Tabor）和其他一些乐器奏响的乐曲声，罗伯特·莫莱爵士的战舰背着阳光直接向法军前卫驶去，两军一方高喊着"圣乔治万岁！吉耶纳万岁！"，另一方高喊着"法兰西万岁！"英格兰船只冲进停泊在海面上的法国战舰之间，弓箭手不断倾泻着箭矢，掩护那些搭载有甲士的船只，以便让友军战舰抓住敌舰，使士兵可以用跳帮的办法来进攻敌舰。位于桅杆顶端战斗平台上的人员，也不断射出矢石来攻击敌舰甲板上的士兵。庞大的寇格船"克里斯托弗"号及其两艘姐妹舰"爱德华"号、"玫瑰"号很快就被俘获了，舰旗被投入海中，桅杆上也升起了三狮百合旗帜。在英格兰弓箭手们的操纵下，"克里斯托弗"号立刻掉头，去对付热那亚人的帆桨战舰。法国人也表现出了一如既往的勇气，据说有一整船的英国水手都被石块砸死了。但弓箭还是起到了决定性作用，法国船只甲板上的人员很快就被英格兰弓箭手肃清了。

在战斗开始之前，爱德华三世似乎曾召唤过布鲁日（Bruges）和战场附近城镇的支持者前来援助。按照弗鲁瓦萨尔和其他一些编年史作者的记载，这些支持者也确实响应了爱德华三世的号召。他们乘着小船从斯鲁伊斯出海，攻击法国舰队的后方。巴巴尼罗认为海战已经失败，便带着自己的 24 艘帆桨船驶向公海，逃过了屠杀。

前卫战败之后，法国人放弃了一切希望，第二、第三分队的船只在水手慌乱的操作之下，有很多都因过于拥挤而倾覆。尽管如此，双方还是激战到了日落时分，而爱德华三世本人则说是一直打到了夜晚。法国舰队的 166 艘船只被全部歼灭，奎里特在白刃战中被杀，贝胡切特则被生擒。由于贝胡切特曾放火烧毁朴次茅斯，作为报复，英格兰人将他吊死在了战舰的前桅上。

爱德华三世一连几日都留在"托马斯"号，鼓乐齐鸣，痛饮美酒来庆祝胜利。当他终于登上海岸之时，为实现其对弗兰德斯人的诺言，他将 300 名牧师带到阿登堡（Ardenburg）的圣母礼拜堂举办了大礼弥撒。接下来，他又骑马前往根特去接见菲利帕王后和她新近生下的儿子。按照出生地点，这个孩子也被命名为冈特的约翰（John of Gaunt）。

奇怪的是，这场胜利虽然在战术上可算是英格兰舰队最具压倒性的胜利之一，但它却对斯克尔特河的陆上战役没有产生任何影响。爱德华三世本可以在战略上尽可能利用这场胜利，但他却决意去围攻图尔奈，其原因显然在于他曾经向弗兰德斯人许诺，要将该城作为后者承认自己法王地位的奖赏。7 月 23 日，他在库特莱与图尔奈之间设立了指挥所并开始围攻图尔奈。与此同时，腓力六世则将军队部署在了艾尔（Aire）和阿尔芒蒂耶尔（Armentières）之间的设防营地之中。由于事态发展对自己有利，腓力六世也不急于对其进行干涉——在加斯科涅，腓力六世一方取得了快速的进展，而苏格兰人也已经夺回了珀斯（Perth）。爱德华三世围攻图尔奈长达两个月之久，其间还曾用火炮轰击其城墙。由于缺乏能让手下这支杂牌军保持团结的资金，爱德华三世最终被迫解除围困，并于 9 月 25 日不情愿地签订了《埃斯普莱钦停战协议》（Truce of Esplechin），而这一停战也持续到了 1341 年 6 月 22 日。

斯鲁伊斯海战的重要性，并不取决于爱德华三世在弗兰德斯的第二次惨败，而在于其对整个战争的影响。这场压倒性的海战胜利，使英格兰人在接下来整整一代人的时间里始终控制着英吉利海峡。若不是如此，这场战争很可能根本无法进行如此之久，而在心理上造成了决定性影响的克雷西会战，可能也根本不会发生。

爱德华三世在 11 月 30 日回到英格兰。到了 1341 年，恰巧在苏格兰方面局势急转直下之时，欧洲大陆上却发生了一件事情，迫使他不得不将目光转向南方。当年4月,布列塔尼公爵兼里奇蒙伯爵约翰三世(John Ⅲ, Duke of Brittany and Earl of Richmond)在没有继承人的情况下去世,一场关于继承权的冲突也随即爆发。竞争者包括腓力六世的侄子,娶了约翰侄女的布卢瓦的查理(Charles of Blois)和约翰的异母兄弟蒙特福德伯爵约翰(John, Count of Montfort)。腓力六世支持查理,爱德华三世则选择支持约翰,并试图建立一个盎格鲁—布列塔尼联盟来反制法兰西—苏格兰联盟。战争随即爆发,而这场战争又给英法之间的冲突注入了新的动力。这场战事一直持续了20年之久,诚如詹姆斯·拉姆塞爵士所言,正是这个事件,"让战争持续了百年之久"。[19]

尽管腓力六世本人没有正式加入战争,但他的儿子诺曼底公爵以及兄弟阿朗松伯爵(Count of Alencon)都加入了查理一方。11月21日,他们强迫南特(Nantes)投降并幸运地俘虏了约翰。但他们没有料到,用弗鲁瓦萨尔的话来说,约翰的妻子(也就是蒙特福德伯爵夫人)是一位"有着男子勇气和雄狮灵魂"的女人。[20] 蒙特福德伯爵夫人可以算是圣女贞德(Joan of Arc)的先驱[21],她对埃内邦(Hennebont)的英勇防御,也可算是百年战争中最引人瞩目的事件之一。此事激发了爱德华三世的骑士精神,到1342年5月,当蒙特福德伯爵夫人已被逼到山穷水尽之时,爱德华三世派出沃尔特·曼尼率领着300名枪骑兵和2000名弓箭手前去解围。曼尼打破了围困,但实力又不足以继续向内陆深入,于是爱德华三世又派出了另一支由北安普顿伯爵(Earl of Northampton)和阿图瓦的罗贝尔率领的军队前去支援。虽然罗贝尔在瓦讷(Vannes)受了致命的重伤,但北安普顿伯爵还是于9月30日在莫尔莱(Morlaix)赢得了一场惨烈的会战。这场胜利大大鼓舞了爱德华三世,促使他在10月23日乘船来到了布列斯特(Brest),并下定决心要在布列塔尼进行他的第三次战役。与他的第一次和第二次战役一样,这一次他又落得一个尴尬的结局,不得不于1343年1月19日在马莱斯特鲁瓦(Malestroit)签订了一个为期三年的停战协议,苏格兰、海诺特和弗兰德斯都被包含在协议之中。

协议签订后,双方都开始利用停战期来谋取利益。教皇克雷芒六世(Clement Ⅵ)看到双方已经无法在短时间内达成最终协议,于是说服双方于1344年10月至12月间在阿维尼翁进行了一次会谈。爱德华三世在会谈时提起了对法国王位的宣称权,之后便开列出了自己的协商条件。他要求扩大吉耶纳的领地,并获得完整的主权,这也意味着他将彻底摆脱与法王的臣属关系。与之相对,腓力六世的幕僚们主张说,尽管阿基坦在事实上已经被法王没收，但只要爱德华三世愿意维持封臣关系，腓力六世却还是愿意重新将它赐给爱德华三世（其中包括爱德华三世如今还碰巧占领着的地方），甚至还可以扩大其边界范围。[22]

由于两方都不肯让步，于是战争也重新打响。爱德华三世决心同时从布列塔尼和吉耶纳两个方向对法国发动进攻。1345年6月，已逃出法国的蒙特福德伯爵与北安普顿伯爵一同被派往布列塔尼，不久之后德比伯爵也乘船前往波尔多。爱德华三世听说范·阿尔特韦德的统治已经摇摇欲坠，遂于7月5日起航前往斯鲁伊斯。抵达目的地之后，他在7月7日会见了范·阿尔特韦德，但后者却在返回根特途中遭到刺杀。7月26日，爱德华三世回到了英格兰。

同年9月，蒙特福德伯爵在布列塔尼去世，北安普顿伯爵未能取得太多进展，也只好宿营过冬。德比伯爵在南方的行动则较为成功，他进行了一场巧妙的战役，凭借谨慎的策略获得了成功。[23] 他占领了贝热拉克（Bergerac），并利用一次精彩的行动解除了法国人对奥伯罗什（Auberoche）的围困。由于这些胜利所带来的威望，昂古莱姆和许多其他城市都向他打开了城门。最终，德比伯爵回到波尔多宿营，度过了1345年至1346年的冬季。

接连的失利激怒了腓力六世，1345年年底，他动员了诺曼底、皮卡迪（Picardy）、勃艮第、洛林、普罗旺斯和朗格多克的征召兵，让诺曼底公爵率领他们在图卢兹进行集结。1346年初春，诺曼底公爵率军出发。他在4月开始围攻由斯塔福德勋爵拉尔夫（Ralph, Lord Stafford）、沃尔特·曼尼爵士以及其他几位指挥官镇守的艾吉永城堡（Castle of Aiguillon，位于加龙河与洛特河交汇处）。艾吉永城堡极为坚固，这场围攻战也很快演变成了整个战争中最著名的行动之一。围攻持续到了8月20日，诺曼底公爵在听说爱德华三世已经从北方入侵法国之后，就突然解围而去。如今已成为兰开斯特伯爵的德比伯爵听说英王已经登陆，因而在确认艾吉永已经安全之后，便开始向圣东日（Saintonge）和普瓦图进发，为方便爱德华三世行动前去牵制敌军。

从斯鲁伊斯回国之后，爱德华三世立刻开始组建一支陆军，以推进其在加斯科涅的战事。他从过往的经验中看到，封建征召兵并不适合大陆战争，因此他决心利用父亲和祖父曾使用过的"征兵令"（Commissions of Array）来征召一支精锐部队。[24] 为完成这一工作，各地的郡督（Sheriff）和征兵委员首先制定了一份全国所有地主的名册，接着又命令所有手中田产或租地价值超过 5 英镑的地主都要为国王提供一名弓箭手，田产价值超过 10 英镑的地主要提供一名骑马步兵（Hobeler）[25]，超过 25 英镑者提供一名重装甲士。以此类推，大封建领主们也要依照财产比例来征召训练精良的家臣。据此，塔尔博特勋爵理查（Richard, Lord Talbot）征召了 14 名骑士、60 名侍从和 82 名弓箭手，牛津伯爵维尔的约翰（John de Vere, Earl of Oxford）征召了 23 名骑士、44 名侍从和 63 名弓箭手。[26] 无法亲自服役的地主被允许寻找他人替代，但如果这些地主没有从命的话，就要依照每名弓箭手 1 英镑、每名骑马步兵 3 英镑 6 先令 8 便士、每名甲士 6 英镑 13 先令 4 便士的标准缴纳罚款。英格兰弓箭手都是从地位高于农奴的自由农（Yeoman）[27] 中招募而来的。而法国由于缺乏本族弓箭手，不得不去雇佣来自热那亚和其他地区的弩手。

在这里，我们有必要对长弓进行一些介绍。一直到阿金库尔会战（Battle of Agincourt）之时，这种武器始终统治着法国的战场，但在那之后却迅速衰落了。如上所述，这种武器是由爱德华一世从南威尔士人那里引进的。长弓由六英尺长的榆木制成，可发射三英尺长的箭矢。长弓在威力上要远远强于诺曼短弓，其箭矢可穿透两层锁子甲，而使用起来又比手弩更方便。[28]

1298 年，爱德华一世在福尔柯克（Falkirk）与华莱士（Wallace）领导的苏格兰人作战时首次将长弓投入实战，取得了非常骇人的战果。在班诺克本会战中，爱德华二世没有使用长弓，因而遭到了决定性的失败。直到 1332 年的杜普林—缪尔会战中，英格兰人才重新拾起了长弓。

如前文所述，杜普林—缪尔会战是在爱德华·巴利奥尔、博蒙特的亨利（Henry de Beaumont）等"领地被夺者"与苏格兰摄政马尔伯爵唐纳德（Donald, Earl of Mar）之间进行的。前者拥有 500 名骑士和甲士、1000 名至 2000 名弓箭手，后者据说拥有 2000 名甲士和 20000 名步兵。不过很显然，这些数字是过于夸张了。

"领地被夺者"们非常清楚自己取胜的机会渺茫，因而抢先在夜间对马尔伯爵发动了进攻。但当天空放亮之后，他们却发现敌军正在以战斗队形向自己前进。于是"领地被夺者"们只好在一个山坡上占据了阵地。他们让手下全部 40 名骑士下马，排成了方阵队形，弓箭手则位于侧翼突前的位置。这样一来，他们的部队便形成了一个新月阵形。马尔伯爵没有对弓箭手加以注意，直接冲向了巴利奥尔的中央并将其逐退。可两侧的弓箭手也立刻向内旋转过来，发射出了极具毁灭性的火力。苏格兰人因此而陷入了混乱之中，几乎被全歼，博蒙特的亨利带着一些随从上马将逃敌追出了战场。有趣的是，1333年，爱德华三世居然宣称是他在哈利顿山会战中首次发明了这种战术。① 在此之后的一百年里，这也成了英格兰军队的标准战术。

爱德华三世把军队集结在了朴次茅斯。按照詹姆斯·拉姆塞爵士的说法，爱德华三世从特伦特（Trent）各郡招募到了3580名弓箭手，从切斯特的帕拉丁郡（Palatine）也招募到了100名弓箭手。这支军队中拥有3500名威尔士人，其中半数是弓箭手，半数是长矛兵。另外，爱德华三世手下还拥有2743名骑马步兵和1141名甲士。再加上一些地道工和临时人员，全军人数在一万左右。[29]②

这支精锐部队组织有序、纪律严明，而且是由国王本人亲自发饷的。从战术上来讲，它要比法国军队更加优越——英格兰人已经将弓箭火力与冲击力结合了起来，而法国人却还在完全依赖骑士冲锋的力量。爱德华三世的战术是防御性的，而腓力六世的战术则是攻击性的。前者依靠箭矢来打乱敌军秩序，挫伤其士气，之后再依靠冲击来将对方消灭；后者则和哥特人一样，自始至终完全由冲击来主导，而每一次冲锋都要比上一次更加混乱。由于骑兵无法在打击敌军秩序和士气的过程中发挥决定性作用，所以爱德华三世总是让大部分甲士下马组成一个方阵，用其来抵挡敌军的骑兵冲锋，以保护自己的弓箭手。他通常会将重装部队分为三个"营"（Battle）或分队，其中两个分队的甲士下马排列在前方（二者中间留有空当），位于后方保持着骑马或随时可上马状态的第三个分队则作为预备队。弓箭手们"如钉耙一般"（en herse）[30] 被部署在前方两个分队各自的侧翼，即成角度地布置于分队两侧突前位置（见战术图示001）。位于两个分队内侧的弓箭手战线顶端呈角度交汇，外侧两支弓箭手部队也会在可能的情况下将侧翼依靠在如树林、溪流或村庄等自然障碍物上。为保护自己，弓箭手们几乎在每一场会战中都会挖掘战壕，并在阵地前方打上有铁脚的木桩。在这些障碍物的阻碍以及箭矢火力的威胁下，法国骑士通常都会避开弓箭手而直接冲向下马的甲士，此时弓箭手们就会对他们的侧翼倾泻箭矢，其情形与前文中的552年塔吉纳会战相同。骑士们攻击下马重

---

① 译注：事实上，这种战术第一次出现在文字记载中，还要追溯到552年的塔吉纳会战，即本书第十一章中的内容。
② 译注：此处应为作者笔误。仅富勒给出的具体兵种数量，就已经达到了11064人，再加上地道工和其他临时人员，全军人数应远不止"一万人左右"。

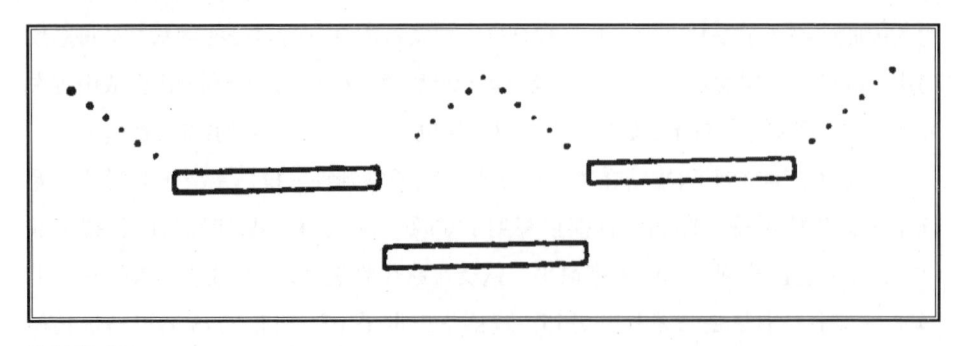

战术图示 001

甲士兵还有另一个原因——按照骑士的行为规范，骑士不屑于攻击赎金很低或根本没有赎金的步兵。在胜利后，他们通常都会将这些步兵不加区分地屠杀掉，以免溃散的步兵成为土匪。要知道在 14 世纪，还没有"战俘"这个概念。

在进行军事准备的同时，爱德华三世又发动了一场针对法国人的宣传战，他诋毁"腓力六世威胁要'彻底根绝英格兰语言'，其文件已经在各省修士、传教士的讲坛中流传开来。"[31] 另外，爱德华三世还拒绝了教皇克莱芒六世为维系和平而进行的一切斡旋，公开对腓力六世宣称他将对法国进行全面入侵。因此腓力六世也写信给苏格兰国王大卫，请他不要错过任何攻击英格兰的机会。

一切准备停当之后，远征军在 1346 年 7 月 11 日起航了。按照弗鲁瓦萨尔的说法，其目的地为加斯科涅。[32] 但在横渡英吉利海峡时，一个诺曼流亡者，哈考特的戈德弗雷（Godfrey of Harcourt）劝说爱德华三世"在诺曼底登陆更有利可图"，因为该省是"世界上最富饶的地区之一"，而且"当地百姓不善使用武器，全部骑士也已经跟着诺曼底公爵去了艾吉永"。[33] 爱德华三世遂改变了主意，命令舰队改向科唐坦半岛（Cotentin Peninsula）的圣瓦斯特—拉霍格（St.Vaast-la-Hogue）进发。我们已经无法考证他到底有何战略目的了，查尔斯·欧曼爵士也曾指出，从爱德华三世在整个克雷西战役中的表现来看，他根本就不曾制定过任何有理性的计划。因此我们也可以得出结论——这次远征不过是一次"骑士的冒险"或"深入法国境内的大规模突袭，其目的仅在于激怒法王"。[34]

第二天，也就是 7 月 12 日，爱德华三世驶入了拉霍格港，他在那里花费了六天时间来卸载军队。到7月18日,他开始出发前往瓦洛涅(Valognes)。在穿过卡朗唐(Carentan)、圣·洛(St.Lo)和福隆特奈—勒佩斯内尔(Frontenay-le-Pesnel)之后,爱德华三世于7月26日抵达卡昂(Caen)。他没有理睬当地的城堡,但却洗劫了没有城墙的城市。在那之后,爱德华三世下令将所有伤员和战利品一起送回舰队的船上。英格兰舰队原本停泊在奥恩河(Orne)的河口,但此时却因为爆发兵变而返回了英格兰。[35] 这个因缺乏纪律而引发的意外反而帮助爱德华三世做出了战略选择。失去交通线之后,他无法继续停留在现有位置上。如果向南推进寻求与兰开斯特伯爵会合,他又会与诺曼底公爵正在北进的优势军队迎头遭遇。爱德华三世唯一的选择就是向东前进,在弗兰德斯建立基地。

7月31日,爱德华三世从卡昂出发,经由利西厄(Lisieux)、布里奥纳(Brionne),于8月7日进抵埃尔博夫(Elboeuf)。他发现鲁昂的桥梁已经损坏,便沿着塞纳河左岸溯游而上寻找渡河点。到8月13日,爱德华三世已经抵达了巴黎附近。在整个行军过程中,爱德华三世一路野蛮地烧杀抢掠,法军也始终在塞纳河右岸监视着他。抵达普瓦西(Poissy)之后,爱德华三世修复了当地的桥梁,于8月16日强行渡河向格里西(Grisy)推进。腓力六世不仅没有干扰爱德华三世过河,反而还退却到了圣丹尼(Saint Denis),这也让巴黎市民惊愕万分。

从格里西出发,爱德华三世以强行军向北推进,于21日抵达索姆河(Somme)以南10英里处的艾赖讷(Airaines)。侦察兵们也在此处向他汇报说,阿布维尔(Abbeville)上游的所有桥梁和渡口要么已被摧毁,要么就有敌军镇守。腓力六世此时驻扎在亚眠,其兵力每天都在变得更加强大。

由于无法在阿布维尔渡河,爱德华三世只好继续向阿切乌克斯(Acheux)前进,并于8月24日抵达了那里。在此处,他以重金悬赏能引导他找到渡口的人。蒙斯—维缪村(Mons-en-Vimeu)的一位当地人格宾·阿伽切(Gobin Agache)前来应征,为英王指出了位于阿布维尔下游10英里处的布兰克—塔克渡口(Blanque Taque,直译为"白点")。此处在低潮时可直接涉渡。由于腓力六世已追近,爱德华三世不敢浪费任何时间,在当天夜间便率军出发并于8月24日清晨抵达布兰克—塔克渡口。他在那里暂停了一到两个小时,直到潮水退去,才在弓箭手掩护下强行渡河。当腓力六世赶到时,英格兰全军都已经渡河完毕,而腓力六世本人则被潮水阻隔在了对岸。当晚爱德华三世在罗耶利斯(Noyelles)过夜，此处也正是阿图瓦的罗伯特的妹妹、欧马勒伯爵夫人（Countess of Aumale）的居所。第二天，爱德华三世继续向克雷西和蓬蒂厄之间的森林和村庄撤退。与此同时，腓力六世则返回了阿布维尔，利用当地的桥梁渡过了索姆河。

到达克雷西之后，爱德华三世决定接受会战。弗鲁瓦萨尔所给出的理由是爱德华三世如今已经抵达了自己祖母的封地，因此他决心死守此地。在那个所谓的骑士年代，这个理由已经足够充分了。除此以外，爱德华三世还在此处发现了一块适合自己战术的阵地。另有一些史学家认为，爱德华三世是因为担心部队士气崩溃才被迫在此一战的。这种说法根本不可信，因为弗兰德斯距离此处已经只剩三天的路程，而腓力六世也已经被爱德华三世甩开了一天的路程。

爱德华三世认为，腓力六世会沿着阿布维尔至埃斯丹（Hesdin）的道路前进，腓力六世后来也确实是沿着这条道路来到战场的。另外，爱德华三世还知道，如果腓力六世不愿违反骑士精神去迂回自己的左翼，他就只能从正面发动强攻。爱德华三世依照这个预想，选择了一片适合自己战术和兵力的阵地。该阵地位于克雷西和瓦迪库尔（Wadicourt）两个村庄之间的一片缓坡上，其地形至今也没有发生太多变化。[36] 在两座村庄的东侧，也就是爱德华三世计划中的正面前方，有一个被称为"克莱尔谷地"（Vallée des Clercs）的低地。河谷远端坐落着一座名为埃斯特雷斯（Estrées）的村庄，其南方则是马耶河畔的方丹村（Fontaine-sur-Maye）。一条被称为马耶河的小溪发源于此处，并向西流经克雷西。在克雷西以南是庞大的克雷西森林。克雷西与瓦迪库尔之间的距离略大于 3000 码。

爱德华三世一如既往地将军队分成了三个分队，前方两个分队位于克雷西至瓦迪库尔大路东侧高地的前坡，二者中间留有空当，后方的一个分队可能位于道路之上。最接近克雷西的右翼分队在名义上由威尔士亲王（Prince of Wales）指挥，但由于他不过是一名 17 岁的少年，所以真正的指挥工作是由沃里克伯爵元帅（Warwick the Earl Marshal）、牛津伯爵（Earl of Oxford）以及哈考特伯爵（Earl of Harcourt）等人负责的。而位于瓦迪库尔以南的左翼分队，则由北安普顿伯爵和阿伦德尔伯爵来指挥。后方分队由爱德华三世本人指挥，其指挥所设立在高地靠近克雷西一侧的一座风车磨坊之中，这座磨坊所在的土丘至今依然能被分辨出来。为保护自己的右翼，爱德华三世挖掘了一系列浅沟。另外，威尔士亲王的部队也在阵地前方挖掘了壕沟。

弓箭手按照前文所述的楔形队形，被部署在前方两个分队各自的两翼，外侧弓箭手呈角度将支队侧翼与克雷西、瓦迪库尔村连接起来，内侧的弓箭手则组成了一个指向东方的倒 V 字阵形，掩护着两个分队之间的空当。

按照弗鲁瓦萨尔的记载，右翼分队拥有大约 800 名甲士、2000 名弓箭手和 1000 名威尔士人，左翼分队拥有 800 名甲士和 1200 名弓箭手，后方分队则拥有 700 名甲士和 2000 名弓箭手，全军总数为 8500 人。[37] 尽管其中各兵种的具体数量可能并不完全准确，但由于爱德华三世登陆拉霍格时的作战人员数量在 10000 人左右，因此 8500 人这一总数应是合理的。

在整个战线的后方，爱德华三世还在森林附近设立了一个"大型的封闭停车场"，将"所有运输车仗和马匹"全部安置在了此处。[38] 按照维拉尼（Villani）在《佛罗伦萨史》（*History of Florence*）和《法兰西大编年史》（*Grandes Chroniques de France*）中的记载，爱德华三世还拥有三门火炮[39]，并将其与弓箭手部署在了一起。

列好战线之后，爱德华三世在两位元帅伴随下骑马检阅全军，激励士兵。之后他就命令士兵们先吃午餐，吃过饭后再重新列好战线。根据爱德华三世的命令，士兵们"将头盔和弓箭放在面前，坐在地上。这样一来，等敌军到来之后，他们便能拥有体力充沛来迎战了"。[40]

与此同时，腓力六世将军队集中在了阿布维尔。全瞎或半瞎的波西米亚国王约翰（King John of Bohemia）、"罗马人的国王"查理（Charles, King of the Romans，约翰的孙子）、马略卡国王哈梅斯三世（James Ⅲ, King of Majorca）、阿朗松伯爵查理（Charles of Alencon，腓力六世的弟弟）、布卢瓦的路易（Louis of Blois，腓力六世的侄子）、弗兰德斯的路易、海诺特的约翰（John of Hainault）、洛林公爵鲁道夫（Rudolf, Duke of Lorraine）以及大部分法国骑士都在军中。在整个中世纪中，还从未有过如此之多的骑士聚集在同一片战场上的盛况。按照洛特的估计，法军拥有 8000 名甲士和 4000 名步兵[41]，其中包括一支由奥多内·多里亚（Odone Doria）和卡洛·格里马尔迪（Carlo Grimaldi）指挥的热那亚弩手部队。法国重骑兵同样也被分成了三个分队，第一个分队由波西米亚国王、阿朗松伯爵和弗兰德斯伯爵指挥，第二个分队由洛林公爵和布卢瓦伯爵指挥，最后一个分队则由腓力六世本人和"罗马人的国王"查理指挥。

由于无法确定英格兰人的位置，腓力六世于 8 月 28 日出发后便沿着阿布维尔

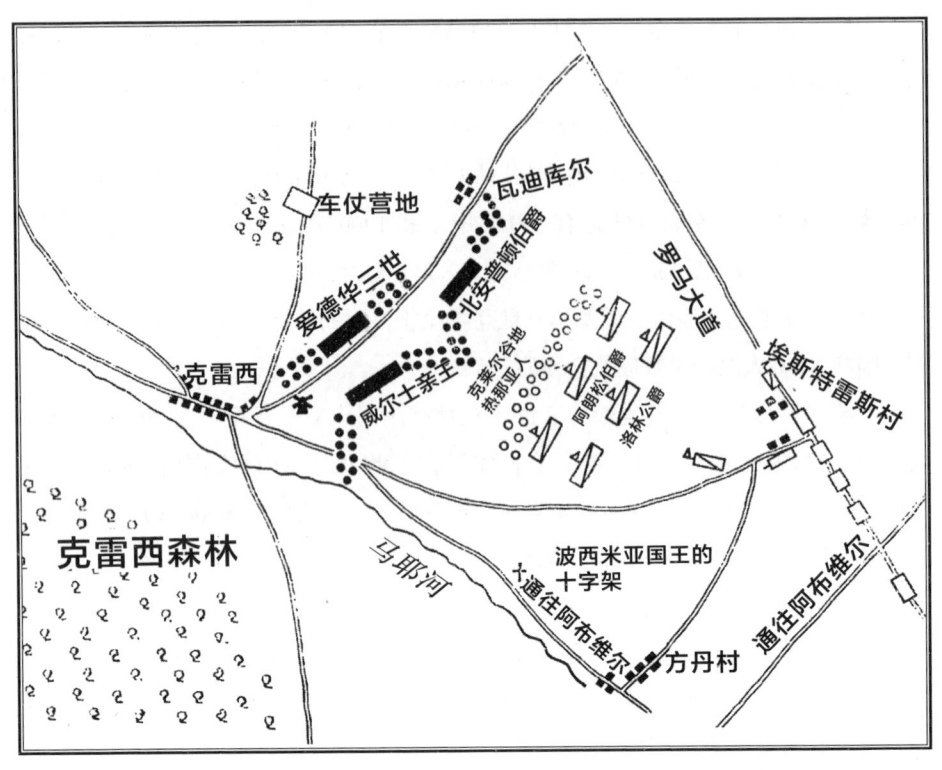

克雷西会战（1346年）

至埃斯丹的大路前进，同时还派出巴斯特伯格的莫因（Moyne of Bastleberg）带着三名骑士去寻找敌人。侦查归来之后，莫因报告说爱德华三世已经在克雷西占据了阵地，并建议国王暂时停止前进，露营过夜，等后方部队赶上前卫之后，再以全部兵力于第二天上午发动进攻。

腓力六世原本已经下令照此行事。但按照弗鲁瓦萨尔记载，在命令下达之后，"前方的士兵停下了脚步，但后方的部队却说他们要走到和前方部队相同的位置才会停下。后来当前军发现后军还在前进之后，便也开始继续前进，国王和各位元帅都无法阻止他们。军队就这样毫无秩序地前进，等到他们发现敌军之后，前排的士兵立刻便掉头逃跑，造成了巨大的混乱，而后排士兵看到这一情况之后也感到害怕，还以为前军已经在和敌人交战……从阿布维尔通往克雷西的道路上到处都是人马，他们在与敌军还有三里格①距离之时，便已经拔出了佩剑，大喊着'冲啊！杀啊！'……若没有在现场经历此事，任何人都无法想象或者正确描述当时的混乱景象……"[42] 晚祷时间（下午6时）过后，天空突然昏暗下来，"大雨倾盆，电闪雷鸣，而且还发生了一次非常可怕的日食。在下雨之前，一大群乌鸦飞临各部队的头上，发出了巨大的噪音"。暴雨来得快去得也快，不久后天色放亮，"太阳散发出耀眼的光芒，法国人面对着阳光，英格兰人则背对着阳光"。[43] 在此期间，热那亚人已经恢复了一定的秩序，他们被带到了队列前方，此时已经开始走入克莱尔谷地，阿朗松伯爵和弗兰德斯伯爵则位于他们的后方。当他们接近敌军之后，发出了一阵高亢的呐喊"以恐吓敌人"，但英格兰人却纹丝不动。之后他们又再次呐喊，"英格兰人还是一动不动"。当他们第三次呐喊之后，英格兰人就开始向他们发射箭矢。"英格兰弓箭手向前迈出一步，快速发射出如雪片般的箭雨。当热那亚人意识到箭雨射来之时，箭矢早已穿透了他们的手臂、头颅和盔甲，有些热那亚人剪断了自己的弩弦，有些热那亚人则将手弩扔在地上掉头乱跑"。法王见此情景，高声喊道："杀了那群无赖！他们挡了我们的路……"[44]

英格兰弓箭手不断拉弓放箭，不久后箭矢便落到了骑兵中间，引得战马到处乱撞，践踏在逃跑中的热那亚人身上。法国骑士们都想要先跑到前方，于是只好在逃兵中用刀剑杀出一条血路。

接下来，英格兰弓箭手又将箭矢射向法国甲士，按照记载："英格兰人即使随意向人群中放箭，也绝不会有一箭落空，每一支箭矢都射中了战马或者士兵，射穿了骑手的头颅、手臂和腿部，让他们的战马发疯。一些战马站在原地一动都不敢动，另一些战马则开始向两侧乱跑。绝大部分战马无论主人如何驾驭都只会向后奔逃，其中一部分在惊恐中用后腿直立起来，将自己的头颅送到了箭雨之下，还有一些战马因为疼痛而摔倒在了地上。法军第一个分队的骑士们纷纷从马上跌落，或被杀或被摔伤，几乎完全不曾看到杀死了他们的敌人。"[45]

法军第一个分队在被击退之后，没有为后方的第二分队腾出战场，结果导致第二个分队在能够发起冲锋之前便已经彻底陷入了混乱之中，而波西米亚的

---

① 译注：1里格相当于3英里，约合4.83千米。

瞎子国王也在挣扎前进时被杀。在法国甲士撤退的间隙，爱德华三世军中的威尔士人就会拿着长刀冲上前去，"攻击那些伯爵、男爵、骑士和乡绅，杀死了很多人，这也使英王在后来感到十分恼怒"。[46] 这毫不令人奇怪，因为死人是不能换来赎金的。

有趣的是，按照弗鲁瓦萨尔的记载，在阿朗松伯爵和弗兰德斯伯爵发动进攻的过程中，法国甲士曾"掠过弓箭手所在位置"[47]，也就是说，他们的马匹在箭矢面前选择了避退，无论骑手是否鄙视与弓箭手交战，他们还是无可奈何地被拖向了由英格兰下马骑士组成的分队面前。这种情况在英格兰右翼最为明显，威尔士亲王的分队受到重压，迫使沃里克派人到磨坊那里向国王求援。当爱德华三世听说王子并未受伤之后，就告诉信使："……回去告诉那些派你来这的人，告诉他们，让他们今天不要再派人来，只要我的儿子还活着，就不要指望我会去救援。我命令他们，让我的儿子自己去赢得他的马刺吧……"[48] 虽然嘴上说得如此坚决，但他还是派出了杜尔汉姆主教（Bishop of Durham）和30名骑士去增援威尔士亲王的分队。

爱德华三世之所以不愿派出更多援军，原因可能是他此时已经看到，北安普顿伯爵率领的左翼分队已经开始向右侧旋转，准备向正在冲锋的法军侧翼发动进攻。当第二个分队的法军也被击退之后，腓力六世又带着第三线部队来到了前方，但这也只是徒增混乱而已。

从战斗开始到结束，照英格兰人统计，法军连续发动了15次攻势，其中最后一次完全是在黑夜之中进行的。在整场会战中，法军根本没有任何计划可言，每个分队都只有一个意图，即接近敌军发动进攻。因此从第一次到最后一次冲锋，法军始终混乱不堪。

英格兰人没有进行追击，爱德华三世整晚都让士兵全副武装留在战场上。第二天破晓时分，当博韦和鲁昂那些尚不知道法王已经战败的法国征召兵抵达之后，立刻就被爱德华三世轻易击溃了。在此期间，颈部中箭受伤、战马也被射死的腓力六世，在海诺特伯爵约翰的劝说下撤出了战场。他骑马逃到了布鲁瓦城堡（Castle of Broye），在那里休息到了午夜，之后又骑马前往亚眠，并于第二天清晨抵达目的地。

8月27日上午，当最后一批法军也被击退之后，爱德华三世终于允许手下士兵解散行列去洗劫死者。也正是在此时，英格兰人才发现波西米亚国王、洛林公爵和弗兰德斯、阿朗松、欧塞尔（Auxerre）、哈考特、桑塞尔（Sancerre）、布卢瓦、格朗普雷（Grandpré）、扎尔姆（Salm）、布拉蒙（Blamont）、福雷（Forez）等地的伯爵都已战死，另外法军还有1542名骑士和骑马侍从阵亡。至于法国的普通士兵，各种史料记载的被杀者数量都在一万人以上。根据记载，英格兰人的伤亡很少，仅有两名骑士、一名侍从、大约50名甲士和弓箭手以及几十名威尔士人阵亡。[49]

8月28日周三，爱德华三世从克雷西出发前往蒙特勒伊（Montreuil），之后又悠闲地向加来（Calais）进军，并于9月4日进抵城下。

加来拥有双层城墙和护城河的保护，无法以强攻的办法来攻克，因此爱德华三世便开始围困其面向陆地的一面。再加上他此时又控制着英吉利海峡，舰队也可以封锁其面对海洋的一面。这样一来，除非有法军前来解围，否则加来城便必定会落入英格兰人手中。可腓力六世的精神却似乎因战败而陷入了瘫痪，袖手旁观长达六个月之久。1346年10月17日，在腓力六世支持下入侵英格兰的苏格兰国王大卫，也在前进到杜尔汉姆之后遭受了决定性的失败，其本人在内维尔十字路口（Neville's Cross）被英格兰人生俘。直到1347年6月，诺曼底公爵才重新踏上战场，并于7月27日接近加来。可当他发现爱德华三世的阵地过于坚固，无法攻击之后，又在六天之后撤走了。8月4日，维埃纳的让（Jean de Vienne）开城投降。9月28日，战争双方及各自的所有盟友一起签订了一个停战协议，停战期限至1348年7月9日。10月12日，爱德华三世返回了英格兰。

加来是爱德华三世在这次战役中唯一的战略收获，若从后来的经过来看，这也是英格兰在整个百年战争中的唯一收获。这无疑是一个非常重要的战果，就好像后来的直布罗陀一样重要。爱德华三世将加来改造成了一座坚不可摧的军事要塞和一个非常有利可图的贸易中心，甚至还专门命令所有英格兰商品都要通过加来才能出口到欧洲大陆。加来不仅为爱德华三世及其继承者提供了一座位于法国的桥头堡，而且诚如罗茨利将军（General Wrottesley）所指出的，只要英格兰牢牢握住加来，在蒸汽船发明之前，欧洲大陆便绝不可能入侵英格兰。[50]在未来两百年的时间里，英格兰始终掌握着加来。直到1558年1月8日吉斯公爵（Duke of Guise）占领加来之后，英格兰本土才终于再次面临遭到入侵的危险。之后又过了30年，西班牙无敌舰队才将这个威胁变成了现实。

不过克雷西会战最深远的影响，还在于它将英格兰变成了一个军事民族。从此之后，英格兰人便得到了善战的名声。可这一名声，也反过来迫使英格兰人不得不将其保持下去。诚如查尔斯·欧曼爵士所言，英格兰对威尔士和苏格兰所取得的胜利，在欧洲几乎无人注意，亨利三世和爱德华一世与法国人的战争也"几乎没有给他们带来什么荣誉"。[51]但克雷西会战改变了这一切，不仅法国，就连英格兰也深受影响。法国在惨败的打击之下陷入了瘫痪，而英格兰则因大胜而陷入了自我陶醉之中。克雷西会战在历史上的重要性在于它为百年战争奠定了精神性的基础。直到另一次精神上的转折点来临，这场战争才终于走向结束。

注解

1. *The Hundred Years War*，1951 年英文版，第 92 至 93 页。
2. *Froissart's Chronicles*，托马斯·琼斯英文译本，1854 年版，第一卷，第 45 页。
3. 此人是约翰·巴利奥尔的儿子，其父在 1292 年被爱德华一世强行立为苏格兰国王。
4. *The Cambridge Medieval History*，第七卷，第 342 页。帕罗伊教授估计死亡人数"至少有 1000 万至 1200 万"(*The Hundred Years War*，第 36 页)。
5. J.C.Russell，*British Medieval Population*，1948 年版，第 246 至 260 页。
6. 弗鲁瓦萨尔写道:"弓箭手们受命尽可能将弓拉得更满，一边射箭一边呐喊。在第一次齐射之后，就有很多人受了重伤。在箭雨打击之下，那些坚守着这个避风港的人们别无选择，只能撤退。"(第一卷，第 44 页)
7. Sir Nicholas Harris Nicolas，*A History of the Royal Navy*，1857 年版，第二卷，第 21 至 22 页。
8. 同上，第二卷，第 36 页。
9. 百合花徽记一直被沿用到了 1801 年。
10. *Froissart*，第一卷，第 63 页。
11. 寇格船是一种舰首和舰尾上翘的宽阔船只，今日的"公鸡船"(*Cockboat*)一词便源自寇格船。
12. Sir James Ramsay，*Genesis of Lancaster*，1913 年版，第一卷，第 277 页。
13. *Froissart*，第一卷，第 72 页。
14. 这封信的法语和英语双语对照版可见 *Nicolas*，第一卷，第 502 页和第 61 页。
15. 斯鲁伊斯港如今已被封死，斯鲁伊斯本身也已经变成了一个内陆城镇。
16. 卡德桑岛如今也已经变成了大陆的一部分。
17. 参见 *Kervyn de Lettenhove's Froissart*，1863 年至 1877 年版，第三卷，第 492 页。
18. 据说是"三点钟之后"，参见 *Chronicon Galfridi le Baker de Swynbroke*，爱德华·毛德·汤姆逊编辑版，1889 年版，第 68 页。
19. *Genesis of Lancaster*，第一卷，第 297 页。
20. *Froissart*，第一卷，第 96 页。
21. 关于她的功绩，参见 *Froissart*，第一卷，第 105 至 107 页。
22. 参见 Edouard Perroy，*The Hundred Years War*，第 116 页。
23. 根据弗鲁瓦萨尔的记载，德比曾对贝热拉克居民说:"那些恳求怜悯之人理应获得怜悯。让他们打开城门，让我军进城，我们以及我们的人民都会保证他们的安全。"(第一卷，第 130 页)
24. 参见 Stubbs，*Constitutional History of England*，1887 年，第二卷，第 284 至 285 页。
25. 骑马步兵就是骑马行军的步兵，包括枪兵和弓箭手。骑马步兵首先出现在苏格兰，负责伴随苏格兰骑兵进行突袭行动。
26. Sir Charles Oman，*A History of the Art of War in the Middle Ages*，第二卷，第 128 页。
27. 诺曼人征服英格兰后，射箭被当成一种国民运动受到了王室的鼓励。根据亨利三世编纂的《武备条例》(*Assize of Arms*)规定，所有财产价值超过 40 先令的自由农都要拥有弓箭。也就是说，所有自由农，都是英格兰的常备民兵弓箭手。
28. 1550 年，在爱德华六世面前，人们曾对长弓的威力进行了测试，箭矢射穿了用成年树木制成的 1 英寸厚木板(*Badminton Library, Archery*，1894 年版，第 431 页)。长弓的射程在 250 码左右。莎士比亚曾提及有人射出过 280 码至 290 码的距离(*King Henry IV*，第二部，第三幕，第二场)。在 1798 年、1856 年、1881 年、1897 年的历次测试中，长弓分别射出了 340 码、308 码、286 码、290 码和 310 码的距离。
29. *Genesis of Lancaster*，第一卷，第 319 页。欧曼在《中世纪战争艺术史》(第二卷，第 130 页)中说爱德华三世拥有 2400 名骑兵和 12000 名步兵。费迪南·洛特在《中世纪的战争艺术与军队》(1946 年版，第一卷，第 346 页）中认可了拉姆塞给出的数据。

30. 参见 Hereford B.George, Battles of English History, 1895 年版，第 62 页。尽管法语的"herse"一词是钉耙的意思，但乔治指出，这个词同样也可以指代"教堂中用来支撑七支蜡烛的支架，中央的一根蜡烛位于顶端，其余六根则依次向下排列在支架两侧"。
31. Sir James H.Ramsay, Genesis of Lancaster，第一卷，第 320 页。
32. 弗鲁瓦萨尔写道："英格兰国王听说他的子民在艾吉永城堡受到重压，决心率领一支大军进入加斯科涅。"（第一卷，第 150 页）
33. 同上，第一卷，第 151 至 152 页。
34. A History of the Art of War in the Middle Ages，第二卷，第 131 页。
35. John Morris, Welsh Wars, 1901 年版，第 108 页。他写道："毫无疑问，1346 年爱德华三世及其军队之所以被困在了诺曼底，完全是因为舰队在一片混乱之下离开了海岸……因此陆军只能保护自己，克雷西会战也只是一个意外的结果。"
36. 本人曾在 1917 年造访过这片战场，有一个当地人带着一份据说是在 15 世纪绘制的地图与我同行，我发现直到 1917 年时，这个村庄的布局依然与那张地图没有什么两样。
37. Froissar，第一卷，第 163 页；洛特认为应是 9000 人（Lot in L'Art Militaire, etc.，第一卷）。
38. 同上，第一卷，第 163 页。
39. 参见 Ramsay's Genesis of Lancaster，第一卷，第 331 页。欧曼在《中世纪战争艺术史》中认为爱德华三世的"火炮"应是风琴炮，即将多个小口径炮管固定在一起，只点一次火就可以让所有炮管同时开火的一种火炮（第二卷，第 142 页）。
40. Froissart，第一卷，第 163 页。
41. L'Art Militaire et les Armées au Moyen Age，第一卷，第 347 页。但该书同时也指出，法国军队在人数上可能少于英格兰人（第 348 页）。
42. Froissart，第一卷，第 164 页。
43. 同上，第一卷，第 164 至 165 页。
44. 同上，第一卷，第 165 至 166 页。
45. 引用自 Oman, A History of the Art of War of Middle Ages，第二卷，第 143 页。
46. Froissart，第一卷，第 166 页。
47. 同上，第一卷，第 166 页。
48. 同上，第一卷，第 167 页。
49. 这些数字不太可信。
50. George Wrottesley 少将，Collections for a History of Staffordshire, 1897 年版，第十八卷，第 57 页，《克雷西与加莱》。
51. Oman, A History of the Art of War of Middle Ages，第二卷，第 146 页。

大事记
中世纪的瓦解

随克雷西会战而爆发的百年战争，见证了中世纪的瓦解和文艺复兴（Renaissance）的抬头。在引发这两个事件的诸多原因之中，黑死病（Black Death）和火药的发明是最重要的两个。

黑死病可能是一种腺鼠疫，它于1347年自东方传入欧洲后，在14世纪下半叶反复爆发。按照海克尔（Hecker）的说法，这种瘟疫杀死了欧洲四分之一的人口。其对于社会的影响极具灾难性，百姓不仅成为一盘散沙，被死亡吓得精神涣散，还变得更加野蛮了。巫术和妖术愈发活跃，神秘主义和怀疑主义横行欧洲，中世纪的农耕体系也因劳动力的大批死亡而被打乱。这又使得人们对雇佣劳动力的需求增加，农奴制也因此迅速消亡。也就是说，金钱对人们的束缚，取代了土地对人们的束缚。

按照希姆上校（Colonel Hime）1915年在《炮兵起源》（*The Origin of Artillery*）一书中的说法，在罗杰·培根（Roger Bacon，1214年至1292年在世）于1249年之前撰写的《自然的秘密》（*Epistolae de Secretis Operibus et Naturae*）一章中，我们可以找到最早的火药配方。不过，从培根的文字中，我们却找不到他曾考虑将火药用于制造火器的意图。因此，到底是什么人首先想到可以用火药的爆炸来驱动球体从金属管中射出，我们至今仍不得而知。

就我们所知，关于火炮最早的文字记录来自一份写于1304年的阿拉伯语文献。在其他关于火炮的早期记载中，有两份文献来自于根特市，二者分别写于1313年和1314年。此外，从今日保存于牛津基督教堂的一份华丽手稿中，我们也可以看到一副描绘了早期火炮外观的图片。在当时，这门火炮被称为"投枪铁瓶"（Dart-Throwing Vase）或"铁罐"（Pot-de-fer）。这种原始火器似乎曾在1324年的梅斯围攻战以及1327年爱德华三世的苏格兰战役中被投入了应用。

依照查尔斯·欧曼爵士的说法，一份写于1339年的文献首次提及了另一种被称为"风琴炮"（Ribauldequin）的火器。这是一种原始的米特留雷斯枪（Mitrailleuse）[①]，拥有几根可以同时开火的小型铁管。这种武器曾被爱德华三世在他的法国战役中使用。1387年，人们造出了一门拥有144个炮管的风琴炮，每12根炮管为一组，可以连续进行12齐射，每次发射12枚弹丸。

当我们考虑到14世纪机械的粗糙程度和当时的宗教限制之时，就可以发现火器的进步可算是非常迅速了。就我们所知，到1340年，奥格斯堡已经出现了火药工坊。即使爱德华三世不曾在1346年的克雷西会战中使用火炮（人们对这一点尚且存疑），在同一年的加来围攻战中，火炮也一定被投入了使用。

1391年，人们制造出了铁炮弹。按照文献记载，博洛尼亚（Bologna）的军械库中曾一度储藏有928枚铁炮弹。在14世纪结束之前，制造火器的工艺水平长足进步，人们已经可以造出24英寸[②]口径的攻城炮了。时至今日，根特仍保存着一门名叫"疯狂麦格"（Mons Meg）的巨炮。大约与此同时，于1364年首次出现在文献中的手炮也变得更加常见了。这种武器实际上就是一门装在直杆上的小炮，可由一名士兵单独携带和发射。手炮的重量在10磅左右，射手可经由一个火门用火柴点燃火药，其使用的弹丸则以铅制成。无论任何种类的步兵都可以携带手炮，他们通常都会躲在掩体后方开火。

到15世纪末，手炮又被火绳枪取代，后者拥有一根铁制的枪管，枪管被安装在木制枪托上，在发射时可以用胸膛顶住枪托。此外，火绳枪上还装有一个用于固定火绳的弯钩和用于让弯钩与火绳落下触及击发火门的扳机。这种武器似乎是由日耳曼人发明的，其德语名字是"火绳钩枪"（Hakenbüsche），法语名为"火绳枪"（Arquebuse），英格兰人有时也称其为"管枪"（Caliver）。

[①] 译注：米特留雷斯枪是比利时人在1851年发明的一种50管排枪，其外形与今日的火箭发射果类似。
[②] 译注：1英寸约合2.54厘米。

随着火药的出现，战争进入了由科技主导的时代。勇气被科技压倒，不论社会地位高低，无论勇气优劣，谁拥有更先进的武器，谁就是更强大的战士。诚如卡莱尔（Carlyle）所言，火药的广泛使用，"将所有人都提升到了同等的高度"。简而言之，火药让战争变得民主化了。

火药改变了战争，进而使中世纪基督徒的生活方式也发生了变化。在研究如何完善火器和如何防御火器的过程中，诞生了求知的精神，这种精神很快又传播到了其他所有领域。火药对于文艺复兴的推进作用，要比十字军与伊斯兰世界接触所起到的作用更大，因为正是火药在物质和精神这两方面打破了中世纪的社会结构。战争曾经是考验人类精神价值的试炼场，教会则是代表上帝的裁判。自火药出现之后，战争逐渐变成了实现政治目的的手段，其中的决定性因素即为交战者的实力。随着战争的世俗化，和平也步其后尘，以现实主义取代了理想主义。到15世纪末，吉安·保罗·维泰利（Gian Paolo Vitelli）、普罗斯佩罗·科罗纳（Prospero Colonna）等佣兵队长甚至宣称说，"工业实力和狡猾的计谋要比实际战斗更能决定战争的胜负"。火药炸毁了封建领主的要塞以及要塞主人的理想。随着单兵火器的数量越来越多，中世纪军队对步兵的轻视也不复存在，步兵的战术重要性再次上升到了与披甲骑士同等的地位。

不过这些变化在百年战争结束前并没有显现出来。黑死病的反复爆发，也没能消除英法两国之间的敌意，教皇试图将加来围攻战后的停战转化成永久性和平的努力也落了空。1355年，战争再次爆发。在这一年，被后世称为"黑王子"（Black Prince）的威尔士亲王爱德华（Edward, Prince of Wales）率军蹂躏了朗格多克。在此期间，腓力六世已经于1350年8月22日去世，他的儿子兼继承人、诺曼底公爵约翰继位，加冕为法王约翰二世（John Ⅱ of France）。约翰率军前去迎战黑王子，两军于1356年9月17日在今日维埃纳省（Vienne）的莫佩尔蒂（Maupertuis）相遇。在随后的普瓦捷会战中，约翰二世被决定性地击败，其本人也被俘虏，只好同意签订了一个《波尔多停战协议》（Truce of Bordeaux）。失去国王之后，法国彻底陷入瘫痪。到1358年，法国又爆发了一场被称为"扎克雷革命"（Jacquerie）的农民起义。只不过对农民们的惩罚来得也十分迅速，在起义爆发的短短几周之内，法国贵族们便将其血腥地镇压了下去。

1359年3月，为重获自由，约翰同意将从吉耶纳至加来的整个法国西部全部割让给爱德华三世,但约翰还没来得及履约,战争就再次爆发了。1360年春季,爱德华三世直抵巴黎城下。但他却不知道接下来该如何行动,于是便决定听从教皇使节的建议——后者一直在劝说他与法国讲和。结果双方签订了《布雷蒂尼公约》(Convention of Brétigny)和《加来条约》(Treaty of Calais),其中后者签订于10月24日。按照这两个协议的规定,诺曼底被划归法国,英格兰则得到了一个面积大大增加的阿基坦以及加来和蓬蒂厄两地。约翰同意支付300万金币的赎金来换回自由,爱德华三世则同意放弃法兰西国王的头衔。

虽然法国获得了极大的喘息空间,但军队刚一解散,退伍士兵就成了土匪,法国全境也都成了这些自称"同志"(Companies)之人的猎场。1364年4月,查理五世(Charles V)继承约翰二世成为法国国王,他将扫除这些祸患的任务交给了贝特朗·杜·盖克兰(Bertrand du Guesclin)。此人是一位剽悍、顽强的战士,曾在布列塔尼赢得过巨大的声望。杜·盖克兰将土匪们聚集起来,率领他们越过比利牛斯山,去帮助卡斯蒂利亚的唐·恩里克(Don Enrique of Castile)与黑王子所支持的"残忍者"唐·佩德罗(Don Petro the Cruel)作战。在接下来的战事中,多数土匪都在战场上死掉了。

在清理掉国内的害虫后,查理五世就开始准备推翻《加来条约》。他首先在王国内部重建了法律和秩序,之后又着手重组法国军队,增加弓箭手的数量,组建炮兵,并重修了巴黎和其他城镇的部分城墙。此外,他还改组了由维埃纳的让所指挥的海军。在外交方面,查理五世也进行了一个影响巨大的行动。1369年,他安排自己的弟弟、勃艮第公爵"大胆"腓力(Philip the Bold)与弗兰德斯伯爵马利的路易(Louis de Male)的女儿兼继承人结婚,借此将弗兰德斯拉入了法国的影响范围之内。

1368年,英法两国的关系又变得紧张了起来。查理五世支持加斯科涅境内的反英格兰叛乱,而爱德华三世也重新采用了法兰西国王的头衔。为应对挑战,查理任命杜·盖克兰为法国警备司令(Constable),指挥军队作战。杜·盖克兰拒绝与英格兰人进行会战,转而依赖消耗战略来让敌军精疲力竭,并以此夺回了普瓦图和布列塔尼。杜·盖克兰的这些成功促使双方在1375年重新签订了停战协议。而在那之后不久,战争的主要推动者也接连去世。黑王子在1376年6月去世,爱德华三世死于1377年6月,杜·盖克兰死于1380年7月,查理五世也在同年9月离世。到了此时,英格兰在法国的领土,已经仅剩加来、瑟堡(Cherbourg)、布列斯特以及阿基坦南部等地，其大小几乎与1336年时相当。法国虽然已经饱受蹂躏，但中央的集权势力却变得愈发强大，而在战争之中，法国的民族意识也已经觉醒了。

尽管如此，多半是由于两国的新任国王都十分年幼——英格兰新王是黑王子之子、13岁的理查二世（Richard Ⅱ，1377年至1400年在位），法国新王则是查理五世之子、年仅12岁且心智不健全的查理六世（Charles Ⅵ，1380年至1422年在位）——结果导致两国均陷入了派系斗争和叛乱的纷扰之中。1381年6月，英格兰农民在瓦特·泰勒（Wat Tyler）领导下发动了叛乱，第二年巴黎和弗兰德斯也爆发了骚乱。在法国，马利的路易招来了勃艮第公爵"大胆"腓力，后者于1382年11月27日在罗斯贝克（Roosebeke）残忍地镇压了弗兰德斯人。

马利的路易于1384年去世，"大胆"腓力也通过妻子的继承权而获得了弗兰德斯伯爵的头衔。当此之时，由于腓力六世已经精神失常，勃艮第遂成了法兰西境内的领导势力。为阻止英格兰人干涉弗兰德斯，"大胆"腓力在1395年安排理查二世与查理六世年仅七岁的女儿伊莎贝拉订婚。1396年3月12日二者订婚之时，停战协议也被延长了28年。在法国方面的战事结束之后，法国骑士们组成的常备军也被送往东方去对付突厥人。其中一支由勃艮第公爵之子"无畏者"约翰（John the Fearless）率领的部队，于1395年9月28日在多瑙河流域的尼科波利斯（Nicopolis）遭遇了惨败。

与此同时，"大胆"腓力与奥尔良公爵路易（Louis, Duke of Orléans）之间的敌意，又因1378年至1417年之间将教会分化成两个敌对阵营的教会大分裂（Great Schism）事件而进一步激化。1367年，乌尔班五世（Urban V）为躲避一支在法国南部游荡的土匪而返回罗马城。他在1370年去世之后，格里高利十一世（Gregory XI）继承了教皇之位，这位教皇在1376年彻底抛弃了阿维尼翁，将教廷永久性地迁回了罗马。1378年乌尔班六世继承教皇之位时，在法国的影响下，红衣主教们拒绝接受这位教皇，转而选出了日内瓦的罗贝尔（Robert of Geneva）作为对立教皇，号称克莱芒七世（Clement Ⅶ）。[1] 法国、苏格兰、萨伏伊、卡斯蒂利亚和阿拉贡支持克莱芒，英格兰、波西米亚、匈牙利和葡萄牙支持乌尔班。两方各自支持一位教皇，更使战事重开变得无可避免。

乌尔班六世于1389年去世之后，博尼法斯九世（Boniface Ⅸ）继承了他的位置。而对立教皇克莱芒七世于1394年去世之后，则由一位西班牙人以本笃十三世（Benedict XIII）的名号继承。由于无法解决这场撼动了全欧的教会分裂，法国的巴黎大学（Universtiy of Paris）和勃艮第党人于1398年宣布不再对二者中的任何一方效忠。奥尔良公爵则在1403年宣布支持本笃，从实质上讲，这代表法王也站在了这一方。

在同一时期，英格兰也在发生剧烈的变化。由约翰·威克里夫（John Wycliffe，1324年至1384年在世）创立的罗拉德教派（Lollardy）为宗教改革铺平了道路。威克里夫的教义从英格兰传播到了以清教教派而闻名的波西米亚，对约翰·胡斯（John Huss，1369年至1415年在世）产生了影响，并引发了激烈的胡斯战争（Hussite Wars，1419年至1336年）。在齐斯卡（Ziska）的指挥下，装备了火炮的车城（Wagenburg）于1422年德意志布罗德（Deutschbrod）为他赢得了一场胜利。即使在齐斯卡死后，车城战术还是在1426年的奥西格会战（Battle of Aussig）和1431年的陶斯会战（Battle of Taus）中赢得了两次胜利。这些战争将战火燃烧到了神圣罗马帝国的心脏地带。自1307年瑞士与森林三州联盟（League of the three Forest Cantons）进行的瑞士解放战争以来，帝国早已受到削弱。另外在这场瑞士解放战争中，还诞生了一种主要由长矛兵组成的强大新式民主化步兵。他们在1315年的莫尔加滕会战（Battle of Morgarten）、1385年的森帕赫会战（Battle of Sempach）以及1388年的奈费斯会战（Battle of Nafels）中均击败了哈布斯堡王朝的封建征召兵。洛伊德上校（Colonel Lloyd）在《步兵史回顾》（A Review of the History of Infantry）一书中指出："在这个壮举之后……人们再也不能说穿着甲胄、使用武器是上帝保留给品格高尚之人的特权了。"

1404年4月，"无畏者"约翰继承了其父"大胆"腓力的爵位，此时的法国已经因腐败而陷入沉沦，完全落入了奥尔良公爵之手。约翰推翻由奥尔良党组成的政府，占领了巴黎。虽然两位公爵在此之后公开修好，但二者之间的敌意却根本没有减弱。1407年11月24日夜间，奥尔良公爵遇刺。这对法国而言是一个致命打击，整个国家也因此分成了两个敌对的派系，即勃艮第党和奥尔良党（又称阿马尼亚克党）。尽管双方很快便发生了激烈的冲突，但直到1411年才爆发了真正意义上的内战。为得到援助，双方都向英格兰人求援。阿马尼亚克党在1412年向冈特的约翰之子、英王亨利四世（Henry IV，此人在1399年推翻了理查二世）求援，条件是将阿基坦在古时曾拥有过的所有土地全部割让给亨利。此事始终悬而未决，到1413年

3月20日，亨利四世去世，生于1387年8月的亨利五世（Henry V）继承了王位。

亨利五世有着无限的雄心，但他没有认清，如果想要在英格兰国内建立一个持久的兰开斯特王朝（Lancaster Dynasty），英格兰就必须与国外保持和平。恰恰相反，他下定决心，准备利用法国的内部分裂去实现爱德华三世对法国王位的宣称权。为实现这一目标，亨利五世在1413年5月与勃艮第公爵结盟。按照条约规定，约翰将在亨利五世征服法国期间保持中立。若亨利五世取得了成功，约翰也将得到更多的领土作为奖赏，但他也必须承认亨利五世为法兰西国王。

亨利五世在南安普顿集结了大约6000人的军队，于1415年8月13日在塞纳河口附近登陆，随即便开始围攻哈弗勒尔（Harfleur），并于9月22日将其攻克。接下来，亨利五世又向加来进发，越过索姆河后在阿金库尔与一支几乎完全由阿马尼亚克党组成的法军遭遇。法军由警备司令查理·达尔布雷（Charles d'Albret）与奥尔良、波旁（Bourbon）、阿朗松、巴尔（Bar）等地的公爵以及布西考元帅（Marshal Boucicault）指挥。10月24日，阿金库尔会战爆发。与克雷西、普瓦捷两战一样，法军又一次遭遇惨败。大批法国贵族阵亡，其中包括警备司令本人、三位公爵和七位伯爵。此外还有包括奥尔良公爵在内的大批骑士被俘。会战结束后，亨利五世从阿金库尔进抵加来，之后便返回了英格兰。

尽管神圣罗马帝国皇帝西吉斯蒙德（Sigismund）此时正急于联合全欧洲的力量来对抗突厥人，而且也因此试图调解亨利五世与查理六世的冲突，但亨利五世却不愿意接受任何条件比《加来条约》更不利的停战协议。在法国拒绝了他的条件之后，亨利五世又于1417年8月在特鲁维尔（Trouville）率军登陆，意图系统性地征服整个诺曼底。到1419年年末，除圣米歇尔山（Mount St.Michael）的岛屿要塞以外，亨利五世已经完成了这个计划。

在此期间，巴黎已经被出卖给了勃艮第党，约翰也开始在亨利五世和查理六世之间玩起了两面三刀的把戏。在与法王进行了谈判之后，约翰于1419年9月10日在蒙特雷奥桥（Bridge of Montereau）上与法国王太子会面。双方争吵得十分激烈，王太子退到人群后方，其追随者冲向约翰并将他刺死了。

这场谋杀所激起的怒火，导致新的勃艮第公爵腓力转而与亨利展开了谈判。双方于1420年5月21日在特鲁瓦（Troyes）签订了一个条约，约定亨利五世将迎娶查理六世的女儿凯瑟琳（Catherine），而查理六世也将与王太子（可能是一个私生子）

断绝关系，宣布亨利五世为法国王位继承人。另外，在查理六世生前，亨利五世将继续保有诺曼底和其他地区的征服成果，并与勃艮第公爵分享法国政府的权力。

1420年6月2日，亨利五世迎娶了凯瑟琳，但后者那已被逐出家门的兄弟查理却仍是一个威胁。查理集结了朗格多克的部队，并于1421年5月在博热（Beaugé）赢得了一场胜利，使布列塔尼公爵倒向了他这一方。此事迫使亨利回到法国，可他在第二年春季就患了重病，最终在9月31日死于文赛纳森林（Bois Vincennes），留下了仅有九个月大的亨利六世（Henry Ⅵ）来继承王位。亨利五世将死之时曾恳求自己兄弟和叔父，要他们在与法国议和之前至少要确保诺曼底的所有权。查理六世此时也已经大限将至。同年9月，他在抵达巴黎之后便一病不起，最终于10月21日死在了那里。贝德福特公爵（Duke of Bedford），也就是亨利五世的兄弟和亨利六世的摄政，成了唯一一位伴随查理六世遗体前往圣丹尼教堂的显贵。在这座老旧礼拜堂的拱顶下，众人呼喊道："凭主恩典的法兰西与英格兰国王亨利①，我们的君主，愿主赐他长寿！"

---

① 译注：指亨利六世。

注解

1. 注意，不要将其与出身美第奇家族的朱利奥（Giulio de'Medici，即教皇克莱芒七世，1523年至1534年在位）弄混淆。虽然朱利奥也同样被称为克莱芒七世，但他属于正统教皇世系，而此处的罗贝尔则是一位对立教皇。

奥尔良的解围（1429年）

第十七章

不公正的《特鲁瓦条约》激起了法国人的爱国热情。查理六世去世 10 天之后，王太子即被拥立为法兰西国王查理七世（Charles Ⅶ, King of France），若是他能拥有哪怕一丝的勇气，其位于布尔日（Bourges）的宫廷便将立刻成为一场伟大解放运动的中心。在那些英格兰人勉强占领的省份以及缺乏足够驻军的诺曼底，法国人的抵抗活动超越了社会等级，很多贵族、僧侣、市民和农民聚集在一起组成了游击队。只要有一位领袖洒下火种，立刻便可以点燃民族起义的熊熊烈火。

不过，查理七世却是一个无能而且堕落的国王。除手下那些与土匪头子无异的阿马尼亚克党军头以外，他也无法指望任何人会支持自己。因此在面对长期战争之时，查理七世不得不仰赖于同样残暴的外籍佣兵，其中最著名的是由道格拉斯伯爵阿奇博尔德（Archibald, Earl of Douglas）和巴肯伯爵约翰·斯图亚特（John Stuart, Earl of Buchan）率领的苏格兰佣兵，其中约翰·斯图亚特还在 1421 年成为法国警备司令。查理七世无法为游击队提供支持，只好放任军队随意行动，而这也导致了灾难性的结果。1423 年 7 月 30 日，先前在欧塞尔（Auxerre）会合起来的英格兰与勃艮第联军，在克拉旺（Cravant）击败了苏格兰人和阿马尼亚克党的支持者。更坏的情况接踵而至，1424 年 8 月 17 日，贝德福特公爵又在维尔纳叶（Verneuil）将另一支由阿朗松公爵、拉法耶特元帅（Marshal de la Fayette）、警备司令巴肯、图雷纳公爵（Duke of Touraine，即道格拉斯伯爵）以及其他一些骑士指挥的法军打得惨败，其灾难性不亚于阿金库尔会战，阿朗松公爵和拉法耶特元帅也双双被俘。英格兰人的损失同样十分惨重，而且由于诺曼底方面的牵制，贝德福特很难弥补这些损失。

在维尔纳叶惨败后，查理七世的岳母安茹女公爵（Duchess of Anjou）转而寻求与布列塔尼公爵约翰五世（John V, Duke of Brittany）结盟。约翰的弟弟、里什蒙伯爵阿瑟（Arthur, Earl of Richemont）也因此前往布尔日，并在那里被任命为法国警备司令。里什蒙伯爵希望强迫查理七世与勃艮第公爵达成协议，而他自己则可借此占有布列塔尼。作为实现这一目的的一个步骤，里什蒙派人刺杀了查理七世的两位宠臣并强迫查理七世接受他任命的人选——此人是一位冒险家，名叫拉特雷穆尔的乔治（George de la Trémoille）。但不久之后，此人就开始着手去攫取自己恩人的权力。

在布列塔尼的态度发生变化之后，贝德福特于 1426 年 1 月对约翰五世宣战，里什蒙伯爵则急忙加入了自己兄弟一方。但在 3 月 6 日，里什蒙伯爵在阿夫朗什（Avranches）以南的圣詹姆斯（Saint James）被敌方击溃，迫使约翰不得不屈膝求和，并于 7 月 3 日发誓遵守《特鲁瓦条约》。与此同时，萨福克伯爵（Earl of Suffolk）与沃里克也开始围攻奥尔良以东的蒙塔日（Montargis）。在围攻陷入停滞之后，索尔兹伯里伯爵（Earl of Salisbury）被派往英格兰求援。里什蒙伯爵与拉特雷穆尔之间的争端使法国的民族派陷入了瘫痪，后来成为施鲁斯伯里伯爵（Earl of Shrewsbury）的塔尔博特勋爵也借此占领了缅因地区的拉瓦尔（Laval）。

1427 年年底，里什蒙伯爵被逐出宫廷，查理七世因此而陷入了绝境。索尔兹伯里伯爵则得到了 450 名重骑兵和 2200 名弓箭手，于 1428 年 1 月返回了法国。贝德福特决心征服整个安茹，将其当作自己的采邑。索尔兹伯里伯爵也在当地征召了更多部队，之后便受命围攻昂热（Angers）。索尔兹伯里从巴黎以西出发，当他到达沙特尔（Chartres）近郊之时，盎格鲁—勃艮第联合会议（Anglo-Burgundian Council）出于对贝德福特的厌烦，又转而命令他去夺取位于奥尔良的卢瓦尔河渡口，做好攻击法国心脏地带贝里（Berry）的准备。

此时索尔兹伯里伯爵手下的兵力在 4000 人至 5000 人之间。从沙特尔出发之后，他首先占领了默恩（Meung）、博让西（Beaugency）以及卢瓦尔河上的雅尔若（Jargeau）。10 月 12 日，他在毗邻奥尔良南侧的卢瓦尔河左岸占据了阵地。当此之时，萨福克伯爵两兄弟、罗斯勋爵（Lord de Ros）、斯凯尔斯勋爵（Lord Scales）、莱尔的兰斯洛特爵士（Sir Lancelot de Lisle）以及威廉·格拉斯代尔爵士（Sir William Glasdale）等人都在索尔兹伯里伯爵的军中。

奥尔良不仅人口众多，而且是全法国最坚固的堡垒之一。该城的城墙为四边形，西侧、北侧和东侧都有坚固的城墙和壕沟保护，南侧则倚靠着卢瓦尔河，由一座桥梁与波特雷奥（Portereau）郊区相连。桥梁远端坐落着一座因拥有两座箭塔而被称为"双塔城堡"（Bastille des Tourelles）的砖石碉堡，更远处还有一座被要塞化了的奥古斯丁修道院（Monastery of the Augustins）。另外在索尔兹伯里伯爵到达当地时，奥尔良人正在修道院与桥头堡之间修建一条"箭塔大道"（Boulevard des Tourslles）。[1] 此处通过一个吊桥与双塔城堡相连，二者之间相隔一条护城河。

奥尔良城墙上安装有大批投石机、71 门大口径火炮以及一些长炮（Culverin）。[2] 在围攻开始之前，守军收集了城内所有食物以便集中分配。周边地区所有愿为守城出力之人，都被许诺可以得到一份口粮，奥尔良也借此吸引了大批游击队人员进城效力。奥尔良总督是龚古尔的拉乌尔（Raoul de Goncourt），城防司令则是遇刺的奥尔良公爵的私生子，后者在当时被人称为奥尔良的私生子（Bastard of Orléans，此人后来成为杜努瓦伯爵）。当此之时，原奥尔良公爵的嫡子，也就是现任奥尔良公爵，则已经成了英格兰人的阶下囚。

索尔兹伯里伯爵计划首先攻克城外的堡垒，切断奥尔良与南方的联系，之后再将军队转移到卢瓦尔河右岸进而包围城市。索尔兹伯里伯爵接近之后，奥尔良市民放弃了奥古斯丁修道院，又放火点燃了波特雷奥，退入了尚未完工的箭塔大道。10月21日，索尔兹伯里伯爵发动强攻，但被击退。第二天，英军打破了桥梁的桥拱，并挖掘了一条延伸至箭塔大道下方的地道。10月23日，英格兰人点燃了地道，迫使守卫者退入双塔城堡。又过了一天，双塔城堡也被英格兰人攻克，他们随即在塔楼上架设了攻城武器。当天夜间，索尔兹伯里伯爵在从一座塔楼的窗户向外观察时，被火炮发射的石弹弹片命中，受了致命伤，最终于10月27日去世。

萨福克伯爵接任指挥官之后，围攻暂时停止，大部分士兵也被分散到了雅尔若、默恩、博让西以及巴黎过冬。圣诞节当日，双方达成了一个为期六小时的停战协议[3]，之后到12月30日，士兵们又重新回到了战场。第二天，为庆祝战事重开，双方还举办了一场马上长枪比武，法国和英格兰各自派出两名勇士参加比赛。"那些在一旁观战的士兵，无论是法国人还是英格兰人，都已经做好了战斗准备"。[4]

1429年新年过后，萨福克伯爵将大部分军队带过了卢瓦尔河。为封锁奥尔良，他在城市北侧的主要道路上建造了七座碉堡和城堡。除此以外，英格兰人此前在城市南侧也已经建好了四座碉堡。[5]但由于缺乏士兵，城市的东侧从未被彻底封锁，奥尔良也因此可以得到少量补给[6]，只不过其规模并不足以确保市民们不受饥荒威胁。

到2月初，守军已经非常缺乏食物了，城市能否得救完全取决于查理七世的军队能否拦下萨福克伯爵的补给纵队，迫使英格兰人放弃围攻。2月12日，法国人在奥尔良以北不远处的鲁弗雷（Rouvray）进行了尝试，攻击300辆在约翰·法斯托夫（John Fastolf）率领下搭载着"鲱鱼等斋戒食物"的车仗。法斯托夫将车仗列成了一个车城，按照典型的胡斯战术击溃了法军，而此战后来也被称为"鲱鱼会战"（Battle of the Herrings）。[7]

到了此时，奥尔良已经变成了法国抵抗英格兰入侵的标志，所有真正的法国人都将希望寄托于此。可就在此时，拉特雷穆尔和里什蒙伯爵却依然在忙于私斗。城市的情况已经令人绝望至极，人们被迫向勃艮第公爵求情，希望他能以奥尔良被俘公爵的名义占领该城，将城市指定为中立区。贝德福特不愿听从这个建议。听说谈判失败之后，查理七世的庭臣们纷纷劝说法王，要他抛下法兰西前往多菲内（Dauphiné）、卡斯蒂利亚或苏格兰避难。[8] 但由于法国到处都有反抗英格兰人的农民起义，实际情况远不像表面看上去那么无望。英格兰人的优势完全建立于法国人的惰性之上，而他们所需担心的，则是法国出现一位领袖人物。当此之时，这位领袖却出人意料地出现了——此人是一位17岁的少女，即圣女贞德（Jeanne d'Arc）。[9]

圣女贞德的故事可以说是有史以来最不同寻常，但又被记载得最清楚的故事之一。虽然贞德本人并不清楚自己的年龄[10]，但据推测她很可能在1412年生于洛林边境巴尔公国（Duchy of Bar）的东雷米（Domrémy）地区，此处是一个距离沃库勒尔（Vaucouleurs）不远的阿马尼亚克党前哨。在1429年，此处由博德里古的罗贝尔（Robert of Baudricourt）指挥。至于贞德的父母，则是当地的一对农民夫妇。

13岁时，贞德曾听到一个别人都无法听到且伴随着明亮闪光的声音[11]，要求她去找博德里古伯爵，由后者帮助她前往希侬（Chinon）去找法王的宫廷。她准备告诉法王，自己是上帝派来解奥尔良之围，并指引他前往里姆斯正式加冕为法兰西国王的人。她三次拜访沃库勒尔，到第三次时，博德里古伯爵终于同意为她提供马匹和六名卫兵。贞德剪短了头发，把农妇的长裙换成了男人的服装[12]，于1429年2月13日踏上了前往希侬的300英里路途，并最终于2月23日抵达了法王的宫廷。

贞德刚刚到达之时，拉特雷穆尔对她十分反感。尽管拉特雷穆尔的影响力很大，但贞德却还是在一次秘密会谈中说服查理七世，让他坚定了对自己合法地位的信心（在加冕仪式之前，贞德一直将查理七世视为王太子而非国王），并相信了贞德的神圣使命。[13] 后来贞德又在普瓦捷接受了神学家和西西里王后（Queen of Sicily）的检查，后者也为她的宗教正统性和贞洁做出了担保。在此之后，贞德便得到了"战争总司令"（Chef de Guerre）的头衔。4月27日，她身穿全副盔甲，手持一面华丽的"耶稣·玛利亚"（Jhesus Maria）战旗，率领着3000名至4000名士兵和一个补给纵列出发前往奥尔良。随她一起出发的，还有刚刚被释放出来、始终被贞德称为"我英俊的公爵"的阿朗松公爵、维尼奥莱的埃蒂安（Etienne de

Vignolles，即拉海尔）、圣塞夫雷元帅（Marshal de Sainte-Sévère）、拉瓦斯的吉勒斯元帅（Marshal Gilles de Rais）、法兰西海军指挥官库伦的路易（Louis de Culen, Admiral of France）以及洛雷的安布鲁瓦兹（Ambroise de Loré）。

在此期间，贞德已经声名远播，而她对于神圣使命的信念也点燃了法国人对胜利的信心。此外，对法国同样重要的是，贞德的名声已经开始让英格兰人感到害怕。在贞德出发前往布卢瓦之前，她就曾写信给英格兰人说：

致英格兰国王和您，贝德福特公爵……将你们在法兰西占有的那些城市的钥匙交给天堂之王派遣来的圣女……以上帝之名，返回你们的家乡吧，如果你们不愿如此的话，就请等待这位圣女的宣判，她很快就将给你们带来最不幸的厄运。英格兰国王，我已是战争总指挥，若我在法兰西境内与你的部属相遇，我就要赶走他们，无论他们愿意与否。若他们不愿听从，我就将消灭他们。我受天堂之王的命令前来，以眼还眼，将你们赶出法兰西。若他们愿意听从，我将怜悯他们。不要再做他想，不要妄图从天堂之王、圣母之子的手中占据法兰西不放……[14]

4月27日，补给纵列及其护卫从布卢瓦出发。贞德听到的"声音"告诉她，纵队应从奥尔良北侧的拉博塞区（la Beauce）入城，至于从此处入城必定要面对英格兰军防御最强的区域这一问题，她则根本不愿加以考虑。但她的同伴们却有不同看法，在奥尔良的私生子许可之下，他们悄悄地率军穿过索洛涅区（Sologne）来到了卢瓦尔河南岸。[15] 在此期间，贞德似乎因为情绪过于激动而没能注意到这个变化。

当天晚上，法军在野外露营，至第二天清晨又转移到了大牛岛（Grande ile aux Boeufs）对岸宿营。直到此时，贞德才发现军队已经来到了卢瓦尔河南岸。她勃然大怒，指责同伴欺骗她。与此同时，奥尔良的私生子听说她已经来到了城外，于是便过河前来迎接。他见到贞德之后，发现她根本不愿对众人客气，于是便有了下述的对话：

贞德问道："你就是奥尔良的私生子？"

我答复道："是的，而且我对您的到来表示欣喜。"

贞德又问："就是你建议我应该从这里，从河流的这一边，而不是从塔尔博特和其他英格兰人所在的地方进城？"

我告诉她:"我和我们中最明智的人都认为这是最好的办法,因此才做此建议。"

贞德回答道:"以上帝的之名,主的建议要比你们的更可靠、更明智。你们想要欺骗我,但你们实际上只骗了自己。我为你们带来的帮助都是受自天堂之王的,要比先前所有人给骑士或城市的帮助都更大……"[16]

接下来,贞德要求将领们对河流南岸距离最近的英格兰城堡,即圣·让·勒布兰科城堡(Saint Jean Le Blanc)发动进攻。但她的同伴表示抗议,反而将补给纵队带到了圣罗普桥(Pont de Saint Loup),奥尔良的私生子已经在那里备好了渡河用的船队。贞德带着两百名枪骑兵登船,其余部队则留在岸上观望。但由于此时正吹着东北风,船队也根本无法航行。夜幕将近,众人感到十分焦急。对此,贞德却只是说道:"稍等片刻,以主之名,所有人很快就会进城了。"[17]风向随即便逆转了过来,船帆都被吹满,船只也开始沿卢瓦尔河顺流而上。这个"奇迹"使贞德的追随者们对她产生了无限的信心。圣罗普的英格兰城堡此前已被法军进攻所牵制,守军无法阻止船队在卢瓦尔河北岸的卸载工作。之后贞德又骑马前往克雷西附近的勒伊(Reuilly),并在那里过了夜。

4月29日,贞德手下的主力部队启程返回布卢瓦。很显然,为了实现神对贞德的指示,众人计划让军队在布卢瓦渡过卢瓦尔河,从北方穿过拉博塞再重新向奥尔良进军,路线与贞德最初的计划相同。当夜8时,贞德全副武装,骑着一匹白马,在前方高举着"耶稣·玛利亚"旗帜的士兵们引导下进入了奥尔良。奥尔良的私生子和一大群聚集起来的贵族、士兵、市民举着火把,"兴奋地前来迎接这位上帝派来的使者"。[18]人们带领贞德穿过城市,来到奥尔良公爵手下财务官雅克·布彻(Jacquet Boucher)位于雷尼亚尔门(Porte Regnart)附近的宅邸,将贞德安顿在了此处。

尽管双方还没有交战,英格兰人也仍然掌握着他们的防御工事,但无论如何,法兰西的救星已经到来了。

4月30日,拉海尔在圣普瓦尔城堡(Bastille Saint Pouair)外打了一场小战。贞德不愿看到双方流血,因而给塔尔博特写信说:"救世主要求你返回自己的家乡,否则的话便只好由我来把你送走……"[19]但她却只得到了充满污蔑的回复。当天夜间,贞德再次做出努力,试图结束战事。她来到位于"美丽十字大道"(Boulevard des Belle Croix)的桥上呼喊守卫双塔城堡的威廉·格拉斯代尔,以上帝之名要求对

515

方投降。敌军的士兵则以呼喊"放牛女"或其他恶毒言语回复，还说他们只要抓到她，就会把她活活烧死。[20]

第二天，奥尔良的私生子离开奥尔良前往布卢瓦，贞德也带着一队卫兵伴随他走了一段路。由于此时英格兰人已经把自己关在了城堡之中，很难快速集中起来，法军所有的这些来往行动几乎都没有受到敌军干扰。英军被完全钉死在了工事之中，当第二天贞德出城侦察时，似乎也不曾受到任何干扰。5月3日，吉安（Gien）和蒙塔日的法国守军也进入了奥尔良。当贞德在4日带领500名士兵出城去迎接率军从布卢瓦穿过拉博塞返回的奥尔良的私生子时，情况也是一样。清晨时分（上午6时至7时），贞德与奥尔良的私生子一同从英军的鼻子底下"凯旋"奥尔良。

贞德当天起得很早，因此在回城之后便躺下休息了。可就在她睡觉之时，奥尔良市民却因军队返城而兴奋得难以自已。到中午时分，一队市民出城攻击了塔尔博特镇守的圣罗普城堡。贞德惊醒之后立刻从床上跳起来喊道："上帝作证，神意告诉我应该打退这些英格兰人！"她跑下城堡，让侍卫孔特的路易（Louis de Contes）为她备马穿甲。[21]贞德抓起战旗，跳上战马飞驰奔向勃艮第门（Porte de Bourgogne），马蹄甚至在石板路上擦出了火花。[22]接近圣罗普之后，贞德发现原本负责守卫圣普瓦尔城堡的英格兰人已经走出工事，开始攻击法军的背后。一场血战之后，圣罗普城堡被攻克，塔尔博特本人则逃之夭夭。

这是一次重要的胜利。占领圣罗普之后，奥尔良与雅尔若之间的道路也就被打通了。当天夜间，奥尔良城钟声齐鸣，庆祝自围攻开始以来他们对英格兰人取得的第一次胜利。听到这场"合奏"之后，"英格兰人的士气和勇气都受到了沉重打击"。[23]

5月5日是耶稣升天节（Ascension Day），贞德认为当日不应作战。不过这一天的时间也没有被白白浪费，法国将领们召开了军事会议[24]，决定以佯攻圣劳伦特城堡（Bastille de Saint Laurent）为掩护，对卢瓦尔河南岸的英军城堡发动进攻。一切都已安排妥当之后，贞德才被喊了进来。指挥官们显然不相信贞德能保守秘密，因此只将佯攻的部分告诉了她。贞德愤怒地喊道："我知道如何保守比这更大的秘密！"[25]奥尔良的私生子只好将所有计划和盘托出。在此之后，贞德依然希望能避免流血，因而再次写信给英格兰人说："天堂之王通过我这个圣女来命令你们——放弃城堡，返回家乡，如若不然，我将给你们带来一场永世难忘的大难！这是我第三次，也是最后一次写信劝说你们……"²⁶ 她把信件缠在一支箭上，骑马冲过桥梁，用一张手弩将箭射进城堡。英格兰人嘲笑地喊道："那个阿马尼亚克的婊子又来信了！"这话也使贞德痛哭不止。

第二天上午，法军在圣艾尼昂岛（Island of Saint Aignan）上用船只搭建了一座横跨卢瓦尔河的浮桥。当法军接近圣·让·勒布兰科城堡之后，英军便撤退到了奥古斯丁城堡（Bastille des Augustins）。法国人认为该城堡过于坚固，因而开始撤退。贞德和拉海尔冲上前来阻止人们撤退，并放平自己的骑枪冲向英格兰人，此时对方正从奥古斯丁城堡里冲出来追击正在撤退的法国人。这个勇敢的行动鼓舞了法国士兵，他们再次前进，经过激烈战斗之后将英格兰人从奥古斯丁城堡逐退到了双塔城堡。

攻克奥古斯丁之后，贞德返回了奥尔良城内。接下来在晚餐时分，一位"高贵英勇的指挥官"来到她的房间，告诉她军事会议已经决定，在得到进一步增援之前，

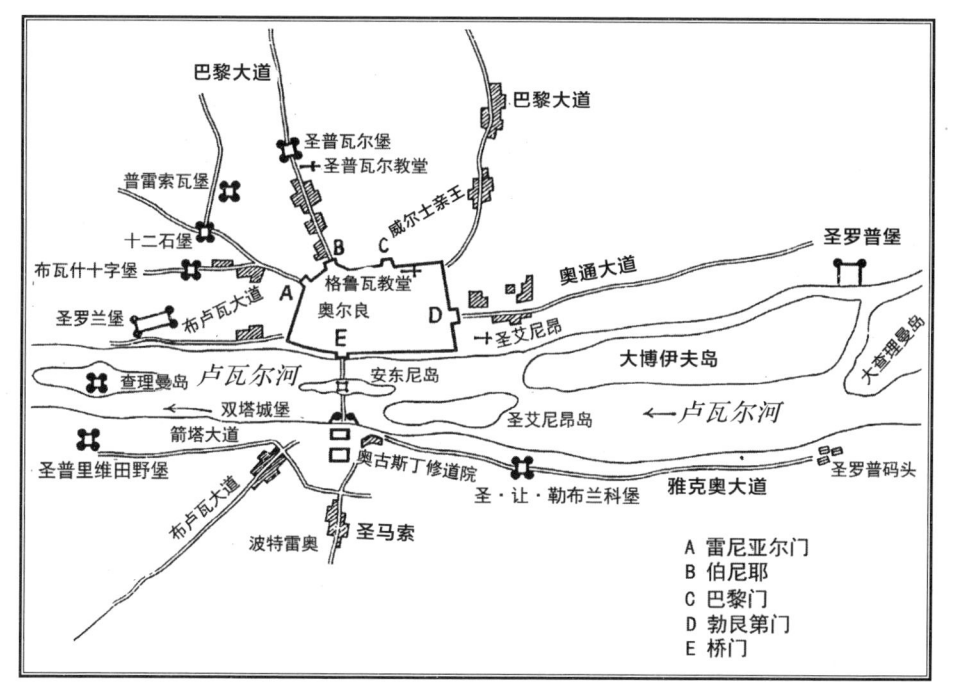

奥尔良围攻战（1428年至1429年）

军队将不会再发动进攻。贞德告诉他:"你们开你们的会,我也已经开了我的会。相信我,上帝的会议才是正确且能够实现的,你们的会议根本没有任何意义。"接下来,她对神父让·帕斯奎尔(Jean Pasquerel)说:"明天请尽早起床……一整天都要跟随在我的身边,明天我有比以往更多的事情要做,血液将从我胸部以上的位置流出。"[27] 对英格兰人而言,5月7日是战争中最致命的一天;对法国人而言,这一天则是至今仍会每年庆祝的"箭塔节"(Journée des Tourelles)。

卢瓦尔河上的桥头堡由双塔城堡和箭塔大道组成,威廉·格拉斯代尔爵士率领着500名士兵镇守在此。桥头堡北方的桥梁仍未修复,南方的奥古斯丁城堡则已经落入了法军手中。另外,圣·让·勒布兰科城堡和圣普里韦(Saint Priéev)城堡也已被法国人占领,其中后者是英格兰人在前一天夜间主动放弃的。桥头堡如今已被彻底孤立,但奥尔良的私生子、拉瓦斯元帅和其他指挥官却还是反对发动正面进攻,而更愿意用围攻的方式来攻克它。贞德没有理睬他们的意见,她正确地感觉到,从士兵的心理状态上来说,时机已经成熟了。士兵们的热情已经达到了顶点,人们也都狂热地支持她。她已经掌控了一切局势,没有任何人能反对她的意见。

5月7日清晨,贞德从勃艮第门离开奥尔良,在渡过卢瓦尔河之后与驻守奥古斯丁城堡的部队会合。在此期间,英格兰人的箭塔一直处于来自圣安托万岛(Island of Saint Antoine)的炮火打击之下,法军士兵也已经开始维修桥梁,准备从北方攻入桥头堡。

按照卡尼的佩西瓦尔(Percival de Cagny)记载,贞德在上午7时命令号手吹响军号,发出进攻的信号。火炮开始轰鸣之后,贞德手持军旗冲到了箭塔大道的护城河或壕沟边缘。[28] 所有记载一致认为,战斗最激烈的地方就发生在这条壕沟之中。这道壕沟深度很深,法军每次用云梯攀上对岸的尝试都被敌军击退。《奥尔良围攻日记》(Journal du Siége d'Orléans)对这场激战进行了极为详细的记载。[29] 在一次进攻中,一支箭矢射中了贞德脖子与肩膀之间的位置。照奥尔良的私生子的说法,这支箭射入贞德体内达六英寸之深。[30] 贞德将箭拔了出来,退到后方去包扎伤口。[31] 进攻立刻失去了势头,奥尔良的私生子和其他人也建议贞德放弃进攻,明日再战。但贞德却大喊道:"以主之名,你们很快就能攻入箭塔大道,不要怀疑这一点,英格兰人的力量要比你们弱小。你们为何不先休整片刻,进食喝水?"众人听从了贞德的建议。[32] 之后,按照奥尔良的私生子的说法,贞德骑上自己的战马,"独自一人退到了一片葡萄园中祈祷了大约一刻钟时间"。[33] 当她返回战场之后，发现士兵们已经在匆忙间吃过了便饭，于是便以上帝的名义命令他们再次进攻，同时又告诉他们说英格兰人已经没有力量再阻挡他们了。事实正是如此，英格兰人看到贞德重返战场，吓得"浑身发抖，陷入了恐慌之中"。[34] 法军冲向前去，将云梯架在壕沟之中攻克了箭塔大道。孔特的路易曾提及，当格拉斯代尔率领士兵逃往双塔城堡避难时，贞德对自己的同伴高声喊道："拿出勇气来吧，不要后退，当军旗被风吹向城堡之时，它也将被你们攻克……"[35] 不过，《奥尔良围攻日记》的作者却给出了一个略有不同的版本。他写道："贞德说：'准备好，当我的军旗末端碰到大道（城堡）时，你们就会攻克它！'不久之后，士兵们开始高喊：'贞德，军旗碰到它了！'贞德随即也呼喊道：'它是你们的了，打进去吧！'"[36]

与此同时，桥梁上的缺口也被修好了，一位勇敢的罗德岛骑士——吉雷斯梅的尼古拉（Nicolas de Giresmes）率领手下士兵从北方对双塔城堡发动了攻击。这次行动十分短暂。在两面攻击之下，英格兰守军陷入了一片惊慌，疯狂地冲向连接着双塔城堡和箭塔大道的吊桥。贞德看到格拉斯代尔也在逃兵中间，便喊道："格拉斯代尔！格拉斯代尔！凭天堂之王的名义，虽然你称我为婊子，但我却还是会怜悯你和你手下士兵的灵魂。"[37] 恰在此时，吊桥被压垮了，格拉斯代尔和跟随他的士兵们全都落入河中淹死了，"对于英勇的法国人来说，这是一大损失，因为这些人本可以换回一大笔赎金"。[38]

到夜幕降临之时，已经燃起大火的双塔城堡终于被法军攻克。火势变得愈发凶猛之后，贞德再次渡过卢瓦尔河去包扎伤口，并吃了几片蘸了葡萄酒和水的面包。奥尔良再次敲响钟声，市民也纷纷唱起了赞美诗。

第二天，也就是5月8日星期日的上午，英格兰人烧毁了自己在卢瓦尔河北岸的营房，丢下了大部分攻城武器，启程向默恩、博让西和雅尔若撤去。

奥尔良解围的消息震动了整个法国，其影响甚至蔓延到了国外。英格兰人陷入了瘫痪，贝德福特公爵在数年后写给亨利六世的一封信中描述了他在当时的感受。他写道："……此事看似出自神意，是对您聚集在奥尔良的子民的一次巨大打击，但这不过是披着信仰外衣的邪教。所谓的圣女不过是一个虚伪的巫婆，用巫术给我们带来了损失和不幸，不仅给您在奥尔良的子民，也给其他人的勇气造成了巨大打击。她让您的对手鼓起了勇气，让敌军大规模地集结了起来。"[39]

尽管如此，查理七世却还是没有采取任何行动来扩张贞德的胜利，甚至也不曾前往奥尔良去慰问。那些围在他身边的人，纷纷担心这股摧毁了英格兰城堡的热情是否也会夺走他们自己的地位，这些人中的为首者便是拉特雷穆尔。

5月13日，贞德在图尔见到了查理七世。她向查理七世许下的两个诺言中，第一个已经实现了，但第二个尚未实现。于是她催促查理七世立刻前往里姆斯。但军队统帅们也正确地意识到了，在将英格兰人赶出卢瓦尔河流域之前进入香槟地区将十分危险，因此便率领已经集中起来的军队去围攻雅尔若和博让西。6月12日，雅尔若被贞德和阿朗松公爵攻克，萨福克伯爵及其兄弟均被俘虏。随后，贞德便带领着同伴前往博让西，而该地也在6月18日开城投降。

在此期间，塔尔博特爵士和约翰·法斯托夫爵士已经从巴黎率领援军南下。当他们听说雅尔若已被攻克之后，法斯托夫建议应暂且撤退，但塔尔博特却不愿如此，于是军队继续向博让西进发。接近博让西后，他们又听说法军已在攻击该城，塔尔博特只好率军前往默恩，试图与博让西守军建立联系。但当他抵达默恩之后，却又被告知博让西已经投降了，于是他只好率军向保陶伊（Patay）撤退。

由于英格兰军队善于野战的名声犹在，因此当法国人在6月18日追上塔尔博特之后，居然对是否应发动进攻而犹豫不决。阿朗松伯爵甚至专门找到不在战场的贞德询问自己到底该如何行动。贞德高声回复说："用好你们的马刺！"周围的人都很不解，只好问道："你说什么？我们要从英格兰人面前逃跑吗？"贞德回答说："不！逃跑的将是英格兰人，他们已经无法保护自己了，你们需要上好的马刺才能追上他们。"[40]

事实正如贞德所言。英格兰人被彻底击溃，大批士兵被杀，阿尔伯特和斯凯尔斯勋爵（Lord Scales）也被俘虏。[41]

紧接在奥尔良解围之后的这场保陶伊大捷，对双方的士气产生了巨大影响。如今已经没有任何力量能够阻止贞德去实现其第二个目标了——她很快便会将查理七世送往里姆斯去举行涂油仪式。

6月29日，法王和法国军队从吉安启程。贞德先行出发，沿路城镇望风而降，只有特鲁瓦一城选择了抵抗。虽然拉特雷穆尔建议法王撤军，但贞德的声望太高，无人能够违抗她的意见。在攻城的威胁下，特鲁瓦于7月10日选择投降。接下来沙隆和里姆斯也相继投降，查理七世则在7月16日进入了里姆斯。两天之后，查理七世的涂油仪式隆重举行。贞德身穿全副盔甲,手持军旗伫立在祭坛一旁。现在她终于实现了自己的诺言,上帝的声音也已经变成了现实。贞德正是在这位无能国王的涂油仪式上,而非后来殉道的刑场上,变成了一个神话式的人物。

这次加冕带来了无可比拟的精神影响。这不仅是查理七世在位期间的决定性时刻,而且也是百年战争后半段的决定性时刻。佩罗伊教授对此写道:"迄今为止,贞德坚持只称为王太子的查理七世,终于正式加冕为法兰西的国王,成为一位由神加冕的新麦基洗德(Melchisedec)。从此之后,由于这位国王的加冕过程有如奇迹一般,任何基督徒都不敢再质疑其政权的合法性……这次加冕废除了《特鲁瓦条约》的非法安排,重新树立了瓦卢瓦王朝在过去九年里不断遭受质疑的合法性……更重要的是,勃艮第人又要如何维持他们对贝德福特公爵的效忠,而不被视为公开叛国呢?"[42]

对法国人民而言,贞德就是一位天使,法国全境都在歌唱赞美她。有些人将贞德视为圣人,还有一些人甚至认为贞德是一个能够呼风唤雨的魔术师,而英格兰人则认为她是一个巫婆。对所有人而言,贞德都只能属于超自然的范畴。博纳·维斯孔蒂(Bona Visconti)想请她帮助自己夺回米兰公国,阿马尼亚克伯爵(Count of Armagnac)询问她克莱芒八世(Clement Ⅷ,即艾吉迪乌斯·穆诺兹)和马丁五世(Martin Ⅴ)谁才是真正的教皇。[43] 苏瓦松人、瓦卢瓦人、森利西昂人(Senlisien)、博瓦西人(Beauvaisis)以及部分巴黎人(Parisis)都向查理七世称臣,将其视为自己的合法国王。巴黎已唾手可得,由于其重大的政治重要性,若查理七世能在圣母院(Notre Dame)敲响胜利的钟声,战争将很可能会就此告终。贞德肯定也通过她的神秘方式察觉到了这一点,因而主张立刻向首都前进。但查理七世却根本提不起精神,反而一心只想回到安静的卢瓦尔河畔。拉特雷穆尔此时正在与勃艮第公爵密谋缔结一个没有意义的停战协议,因此他也怂恿国王返程。

与此同时,贝德福特公爵得到了援兵。他担心巴黎变节,便在8月7日推进到了蒙特雷奥,并从那里派人向查理七世挑战。于是在8月15日,两军在蒙泰皮洛瓦(Montépilloy)进行了正面对峙。贝德福特担心士兵在看到贞德的军旗后,士气会受到影响,因而不敢发动进攻。[44] 受拉特雷穆尔控制的查理七世也一样没有发动进攻,毕竟,拉特雷穆尔的目的是与勃艮第议和而非战斗。

在拉特雷穆尔前往阿腊斯进行谈判期间,法国境内的民族情绪仍在高涨。用詹姆斯·拉姆塞这位公正的历史学家的话来说,"各方面都承认,只要法国人对索姆河地区发动一次勇敢、快速的进攻,即可鼓动整个皮卡迪地区发动起义,迅速终结英格兰的统治"。[45] 贞德不等阿腊斯的谈判得出结果便于8月23日离开孔比涅(Compiégne),并占领了圣丹尼。9月7日,查理七世不情愿地跟着她来到了这里。两天之后,虽然围攻所需的一切资材都还很缺乏,但贞德却还是对巴黎发动了一次鲁莽的攻击。她在圣奥诺雷门(Porte Saint Honore)外的壕沟附近战斗时被一支弩箭射倒,康考特爵士(Sire de Concourt)将她抬出了战场。

虽然已经受伤,但贞德却还是下令在第二天再次发动进攻。查理七世撤销了这个命令,反而与勃艮第公爵签订了为期四个月的停战协议。接下来,查理七世又命令贞德随自己一同前往贝里。于是贞德将自己的盔甲挂在了圣丹尼教堂中,于9月21日随军队出发返回吉安。卡尼的佩西瓦尔写道:"这样一来,圣女本人和无能国王手下士兵们的愿望便无疾而终了。"[46] 到达吉安之后,军队也被解散了。

尽管双方签订了停战协议,但战斗却还在继续进行。贝德福特得到的援军不敢与"上帝的圣女"(Pucelle de Dieu)交战,这也导致他的地位变得愈发危急。但突然之间,贝德福特收到了一个好消息——那位"虚伪的巫婆"已经落入了勃艮第人手中。

贞德认为和平只能通过长矛来赢得[47],无法忍受拉特雷穆尔故意让她无所作为的态度,于是溜出了位于萨利(Sully)的法王宫廷前往默伦(Melun)。1431年复活节那一周,来自圣凯瑟琳(Saint Catherine)和圣玛格丽特(Saint Margaret)的声音反复告诉贞德,说她即将被俘,但没有告诉她被俘的具体日期。[48] 贞德不顾这一警告,从默伦出发前往瓦卢瓦的克雷皮地区(Crépy-en-Valois)。她听说勃艮第公爵和阿伦德尔伯爵已经集结在了瓦兹河(Oise)北岸,即将对孔比涅展开围攻。因此在5月22日至23日的午夜,贞德骑马前往孔比涅并于破晓时分抵达当地。她休息了一阵之后,又在5月23日下午5时骑马出城去侦察敌军。在回城时进行的后卫战斗之中,贞德被卢森堡的约翰(John of Luxembourg)手下士兵打落马下,成为俘虏。[49]

贝德福特立刻意识到,他可以利用贞德被俘一事来抵消查理七世加冕所带来的政治影响。为争取政治主动权,恢复少年国王亨利六世占据法国王位的合法性,英格兰人不仅要为亨利加冕,同时还要证明查理七世的加冕无效。在查理七世的所有追随者中,只有贞德对查理七世在里姆斯的加冕起到了无可估量的积极作用。如果能利用审判将贞德贬为异端和巫婆,那么在公众的眼中,查理七世的加冕也会失去信用。这是一个很狡猾的计划,为将其付诸实现,贝德福特首先花费了一万法郎将贞德从勃艮第公爵那里买到了手,之后又将她送到鲁昂去接受审判,指控她是一个娼妓、女巫以及恶魔的使者。按照爱德瓦·佩罗伊教授的说法,在此之后,查理七世不仅受尽了嘲讽,就连"他那短暂的胜利,也被贬低为一个私生子罪人与一个无耻妖婆串通一气作恶的成果"。[50]

对贞德的初审于1431年1月9日开始,但直到2月21日,贞德才第一次被带到了两位法官——博韦主教皮埃尔·科雄(Pierre Cauchon, Bishop of Beauvais)和法兰西检察官让·莱梅斯特(Jean Lemaistre, Inquisitor of France)——面前。到此时,贞德过去所经历的一切都已被反复刁难审问了很多遍。审判记录员纪尧姆·曼雄(Guillaume Manchon)对此写道:"我已经看透了,在他们的所作所为中,憎恨压倒了其他一切感情。他们原本就想要将贞德处死,所以她肯定会被定罪。"[51]

对贞德最主要的指控来自于异端罪和巫术罪,主要罪行则是她认为自己得到的启示要比教会的判决更加重要。从史料中我们可以读到:"倘若教会的教长们对此视而不见,那么教会的权威就可能被推翻,各地都会出现一些男女人物,假装自己从上帝或者天使那里得到了启示,四处散播谎言和恶行……"[52]巴黎大学(University of Paris)也判决说,贞德散播的毒药已经污染了几乎整个西方基督教世界。[53]

5月24日,贞德在严刑拷打之下屈服,并被诱骗在一份认罪书上画押。四天后,她又听到了之前的声音,这也使她重新打起精神并且推翻了原有的供词。5月29日早上9时,贞德被带到了鲁昂的老市场上处以火刑。当大火和浓烟将贞德包围之后,英格兰国王的秘书约翰·特雷萨特(John Tressart)突然喊道:"我们失败了,因为我们居然烧死了一位圣人。"[54]贞德被烧死之后,她的遗骸全都被收集起来抛进了塞纳河。[55]

在整个审判期间,查理七世从不曾尝试解救贞德。即使是最偏向于他的史学家德·博库尔(de Beaucourt)也找不到任何证据来证明查理七世曾有此意。[56]塔尔博特此时仍在法国人手中,如果查理七世告诉贝德福特,贞德所受的任何伤害,他都会在塔尔博特身上进行报复,那么毫无疑问,贞德是不可能被送上火刑架的。在很短的一段时间之内,贞德之死使法国民族精神的崛起陷入了停顿,英格兰人也得以于12月13日在巴黎圣母院中将年幼的亨利加冕为法国国王。

1433 年，拉特雷穆尔被推翻了。1435 年 9 月 21 日，勃艮第党与阿马尼亚克党之间长达 25 年的宿怨终于伴随着《阿腊斯和约》(Peace of Arras) 的签订而走向终结。这个和约导致英格兰群情激奋。在没有大陆盟友的情况下，英格兰在法国境内的领地注定要被夺走。可尽管如此，这个和约却也没能给法国带来太多好处。在与勃艮第的战争结束之后，法国乡间立刻便为退伍士兵们所充斥。由于他们往往会剥光受害者们的衣服，因而也被称为"剥衣党"(Ecorcheurs)。无政府状态使法国陷入了非常窘迫的状况之中，谋杀、瘟疫和饥荒统治了整个国家。很多地区变得人烟全无，各省居民也因情况彻底绝望而开始了大规模的移民。[57] 最终，由于英格兰和法国都已经筋疲力尽，所以双方于 1444 年 4 月 16 日在图尔签订了一个停战协议。直到 1449 年，停战协议才被再次打破。

在里什蒙警备司令（Constable de Richemont）的指导下，法国人用这五年的喘息时机重整了军队。新军不仅要镇压"剥衣党"和"战友"之类的土匪，而且还要提供一支常备部队，随时准备在停战协议破裂的情况下与英格兰人作战。法国人通过一系列的法令，将重整工作分步实施。按照 1445 年颁布的第一道法令，所有落草为寇的士兵都得到了赦免。在那些宫廷不愿任用的土匪们被消灭之后[58]，剩余士兵则被编入了 15 个"王家法定连队"（Compagnies de l'Ordonnance du Roi），后来这种连队的数量又被增加到 20 个，每个连队都由一位能干而且可靠的贵族来率领，士兵们也都是组织有序、拥有军饷的封建征召兵。每个连队被分成 100 个小队（Lance），每个小队拥有一名重骑兵、一名兼任侍从的骑马步兵（Coutilier），通常还会拥有三名弓箭手，所有人都拥有战马。这些连队组成了法王的骑兵部队，他们平时驻扎在指定的城镇之中，由各省供给军饷，纪律也十分严格。

根据 1448 年颁布的法令，法国又组建了一支因士兵获得了免税资格而被称为"法郎弓箭手"（Francs-Archers）的民兵部队。各农民家庭按照每 50 份土地一个小组来进行划分，每组提供一位弓箭手或者弩手。法国总计征召了 8000 名这种步兵，人员都是以拥有优秀的体格和品格为标准选拔的。与此同时，炮兵部队也在加斯帕德·比罗（Gaspard Bureau）和让·比罗（Jean Bureau）两兄弟的指导下得到了重组。得益于二人的努力，法国很快便拥有了欧洲最高效的炮兵部队。[59]

这些重组工作不仅终结了迄今为止每次停战后必定会出现的可怕的无政府状态，同时也让法王手中拥有了一件强大的政治工具。凭借这支军队，国王既能够控制住手下的王公贵族，也能够与外敌作战。对君主制民族国家而言必不可少的常备军体系，也由此奠定了基础。

凭借这些改革，查理七世终于为漫长的战争画上了句号。虽然亨利六世想要和平，但查理七世的幕僚们却希望战争。一位英格兰军官侵犯休战条约的行为，也给了法国人将条约弃于一旁的借口，于是战争在1449年7月17日重新打响了。

英格兰此时仍然占领着诺曼底和吉耶纳。在诺曼底，由于人民的敌对态度，英格兰人只能如履薄冰般地坚守着拥有城墙的城镇。法国人很快便用火炮摧毁了这些城镇。1450年4月15日，双方展开了决定性的一战。在贝叶（Bayeux）附近的福尔米尼（Formigny）地区，一支由托马斯·凯瑞尔爵士（Sir Thomas Kyriel）和马修·高夫爵士（Sir Matthew Gough）率领的英格兰军队在两门法国长炮（即身管较长但口径较小的火炮）轰击下丧失了秩序，几乎被克莱芒特伯爵（Count of Clerment）和里什蒙警备司令全歼。[60]这场惨败之后，贝叶遭到围攻，阿夫朗什和卡昂被法军占领，查理七世也在7月6日亲自率军进入了卡昂。紧接着，瑟堡被法军围困，虽然英格兰人进行了顽强抵抗，但该城最终还是在8月12日被比罗兄弟的火炮所攻克。英格兰在诺曼底的统治就此告终，帕斯顿·莱特斯（Paston Letters）也写道，"如今我们在诺曼底连立足之地都已经找不到了"。[61]

对于法国人而言，征服吉耶纳的行动要更加困难。此处已被英格兰占领了长达三百年之久，英格兰人在这里采取了更加宽容的政策，而且吉耶纳与英格兰的经济联系也非常紧密。1451年春季，杜努瓦伯爵（即原先的奥尔良的私生子）率领着一支6000人的军队进入了这个公国。6月30日，他攻克了波尔多，之后又在8月20日占领了巴约纳（Bayonne）。1452年10月，已经年过七十但却仍充满活力的什鲁斯伯里伯爵（Earl of Shrewsbury）塔尔博特受命前去挽回颓势。他率领3000名士兵在加龙河口的一片沙湾上登陆，此处至今还被称为"英格兰人的安塞"（l'anse à l'Anglot）。当地人民欢迎他的到来，波尔多也向他打开了城门。1453年夏季，塔尔博特率领着8000名加斯科涅和英格兰士兵出发前去解救被围的卡斯蒂永（Castillon），但却在那里遭遇了法军的战壕和让·比罗指挥的炮兵。7月17日，塔尔博特对法军发动了整整一个小时的攻击，但却在对方火炮的射击下损失惨重。之后塔尔博特又在侧翼遭到攻击。在溃逃的过程中，塔尔博特负伤落马，被踩踏致死。英格兰在法国继续保有领地的希望随之破灭，波尔多也在10月19日被法军攻克。

波尔多陷落之后,自哈斯丁会战以来英法两国不曾间断的争斗终于落下了帷幕。法兰西变成了单纯的法国,英格兰也变成了单纯的英国。在法国,路易十一世(Louis XI,1461年至1483年在位)与勃艮第的"大胆"查理(Charles the Bold of Burgundy)展开作战,后者在1477年1月5日战死于南锡会战(Battle of Nancy),王室也终于借此控制住了勃艮第。在英格兰,许多封建贵族在1455年至1485年之间的玫瑰战争(Wars of the Roses)中丧命。当理查三世(Richard Ⅲ)于1485年8月22日在博斯沃斯荒原(Bosworth Field)丧命后,英格兰王位就落入了都铎王朝(Tudors)第一位国王亨利七世(Henry Ⅶ,1485年至1509年在位)手中。

路易和亨利都可以算是资产阶级国王。封建时代即将结束,经济时代拉开了帷幕。随着新时代的到来,西方历史走向了通往现代的分水岭。从此之后,英格兰和法兰西虽然仍是一对冤家,但二者互相征战不休的时代却已经落幕了。

在这场以斯鲁伊斯海战拉开帷幕,又以卡斯蒂永会战告终的漫长战争中,奥尔良解围正是其最伟大的转折点。尽管在战争的最后阶段,火药在法国夺回英格兰占领区的过程中扮演了越来越重要的角色,但其重要性还是无法与圣女贞德带来的精神热情相提并论。若非贞德,历史本可能会走向其他方向。贞德的真正成就并不在于她解了奥尔良之围,将战争从香槟带到了巴黎的城门之外,而在于她让法国人摆脱了认定自己将要失败的心理。贞德将查理七世塑造成了法国的理想化领袖,法兰西民族本身也从此被注入了灵魂。虽然查理七世不过是一个可悲的傀儡,但在贞德的鼓舞下,法国王室却成了胜利的象征,人民也纷纷聚拢到了国王身边。诚如查尔斯·欧曼爵士所言,若不是被查理七世那无法挽救的慵懒和他那些各怀鬼胎的幕僚拖累,"贞德本可能一口气直接将英格兰人赶出法国"。[62]虽然事情没有如此发展,而贞德也被俘殉难,但她却留下了无法被征服的精神力量。

约翰·佩恩(John Payne)写道:"这位来自洛林的农家女英雄……塑造了法兰西民族。在贞德之前,法国境内的居民自称为布列塔尼人、安茹人、布尔博奈人(Bourbonnais)、勃艮第人、普瓦捷人和阿马尼亚克人。直到经过战火的洗礼,再加上受到了这位奥尔良少女的英雄气概的影响,这些互相争吵的人们才终于融为一体。贞德的爱国精神拉开了法兰西民族生活的大幕,使法国变成了一个民族国家。"[63]

当时无人能够意识到,正是在这个时刻,早已进入暮年的中世纪,终于让位给了尚处于青春期的早期现代社会。世界上有太多的重大变革就好像被埋在土壤中的种子一样，要在黑暗中萌芽成长。通常要等到开花结果之后，人们才能通过后事追溯到缘起的那一刻。可话虽如此，当查理七世感到胜利唾手可得之后，立刻便想念起了贞德。他的目的并不是想要为贞德恢复名誉，而只是不想让自己被历史记载为女巫的同伙。1450年，查理七世在夺回鲁昂并获得了审判贞德的记录文件之后，立刻下令调查对贞德的审判是否合法。教皇尼古拉五世（Pope Nicolas V）不愿参与其中，他希望亨利六世能与查理七世握手言和，共同组织一次十字军去攻击正在接近君士坦丁堡的突厥人。1455年，尼古拉的继任者卡利克斯特斯三世（Calixtus Ⅲ）为劝说查理七世与突厥人作战，终于同意修改判决。1456年7月7日，教廷宣布1431年审判的规章和程序不合常例，恢复了贞德"上帝的圣女"之名。对于这场让贞德为法兰西献出了年轻生命的战争而言，这应算是一个比较合适的尾声了。

注解

1. *Journal du Siège d'Orléans, 1428—1429*. 保罗·沙彭蒂耶、查理·库萨尔德编辑版, 1896 年版, 第 5 页。
2. 在整个围攻期间, 火炮一直占据着主导地位, 不过其作用主要来自于心理威慑而非实际威力。这一点从《奥尔良围攻日记》中就可以读到, 尤其是其中的第 4 页、第 5 页、第 26 页和第 29 页。
3. *Journal du Siège d'Orléans*, 第 17 页。
4. 同上, 第 21 页。
5. Boucher de Molandon, *L'Armée Anlaise Vancue par Jeanne D'Arc sous Les Murs D'Orléans*, 第 149 页。该书提及奥尔良拥有 60 部投石机, 但其中大部分的体积都很小。
6. 参见 *Journal du Siège d'Orléans*, 第 22 页、25 页、27 页、53 页和 56 页。
7. 参见 Ferdinand Lot, *L'Art Militaire et les Armées au Moyen Age*, 1946 年版, 第二卷, 第 47 至 53 页。
8. *Lavisse's Histoire de France*, 1902 年版, 第四卷, 第二部, 第 47 页。
9. 贞德似乎使用了假姓, 在后来受审时, 她根本没有提及自己的姓氏 (Quicherat, Procès, 第一卷, 第 46 页)。"似乎在当时, 无论是对英格兰人还是对法国人而言, 贞德都是一个无名的神秘人物, 人们只称她是'上帝的圣女'"。(Sir James H.Ramsay, *Lancaster and York*, 1892 年版, 第一卷, 第 388 页)
10. Jules Quicherat, *Procès de Condamnation et de Réhabilitation de Jeanne D'Arc dite La Puclles*, 1849 年版, 第一卷, 第 51 页。(关于拉丁语史料的法语翻译, 参见 Joseph Fabre, *Procès de Condamnation de Jeanne D'Arc : Traduction avec Eclaicissements*)
11. "不久之后, 大天使米迦勒、圣玛格丽特和圣凯瑟琳便化为人形, 随着天堂照下的一道光亮向贞德显形, 称她为'圣女贞德, 上帝的女儿'"(Jehanne la Pucelle, fille de Dieu)。当时人们认为在发生奇迹的时候, 云彩、叫声以及闪光都是应有的现象, 同样的情况还可参见瑜伽练习中所谓的"入定"。
12. 穿男装后来也成了贞德的主要罪名之一。关于她穿男装的原因, 参见 Quicherat, Procès, 第四卷, 第 211 页, 《圣女贞德编年史》。
13. G.de Fresne de Beaucourt, *Histoire de Charles Ⅶ*, 1882 年版, 第二卷, 第 208 至 210 页。
14. Quicherat, Procès, 第五卷, 第 96 至 97 页。
15. *Journal du Siège d'Orléans*, 第 74 页。
16. Quicherat, Procès, 第三卷, 第 5 至 6 页。魁奇拉特在《圣女贞德编年史》一章中给出的说法与此略有不同 (Quicherat, Procès, 第四卷, 第 218 页)。
17. Quicherat, Procès, 第四卷, 第 218 页,《圣女贞德编年史》。贞德似乎确实具有一种灵感, 有很多十分可信的事情足以证明她有能力预见、预言事件的走向, 这些事情不可能全都是捏造的。
18. *Journal du Siège d'Orléans*, 第 77 页。
19. Quicherat, Procès, 第三卷, 第 126 页。
20. *Journal du Siège d'Orléans*, 第 79 页。
21. 同上, 第三卷, 第 68 页。
22. 同上, 第三卷, 第 124 页。
23. 同上, 第四卷, 第 224 页,《圣女贞德编年史》。
24. 贞德从不曾也不愿参加军事会议, 她只和自己听到的"声音", 也就是上帝开会。贞德收到的所有指示都来自上帝, 军队的战术指挥官们无论做出什么决定, 都与她无关。
25. Quicherat, Procès, 第四卷, 第 59 页。
26. 同上, 第三卷, 第 107 页。
27. 同上, 第四卷, 第 109 页。
28. 同上, 第四卷, 第 8 页。

29. *Journal du Siège d'Orléans*，第 85 页。
30. *Quicherat, Procès*，第三卷，第 8 页。
31. 同上，第四卷，第 228 页，《圣女贞德编年史》。
32. *Journal du Siège d'Orléans*，第 86 页。
33. *Quicherat, Procès*，第三卷，第 8 页。
34. 同上，第三卷，第 8 页。
35. 同上，第三卷，第 70 至 71 页。
36. *Journal du Siège d'Orléans*，第 86 页。
37. *Quicherat, Procès*，第三卷，第 110 页。
38. *Journal du Siège d'Orléans*，第 87 页。
39. 引用自 *Sir James H.Ramsay, Lancaster and York*，第一卷，第 398 页。另见 *Quicherat, Procès*，第五卷，第 136 至 137 页。
40. 同上，第三卷，第 10 至 11 页。
41. 关于保陶伊会战的同时代记载，参见 *Journal du Siège d'Orléans*，沙彭蒂耶编辑版，第 137 至 140 页，《默恩和博让西的陷落及保陶伊会战》。
42. *The Hundred Years War*，第 284 至 285 页。
43. *Quicherat, Procès*，第一卷，第 245 页。
44. *Sir Charles Oman, A History of the Art of War in the Middle Ages*，第二卷，第 395 页。
45. *Lancaster and York*，第一卷，第 404 页。
46. *Quicherat, Procès*，第四卷，第 29 页。
47. 同上，第一卷，第 108 页。
48. 同上，第一卷，第 115 页。
49. 同上，第一卷，第 116 至 117 页。
50. *The Hundred Years War*，第 287 至 288 页。
51. *Quicherat, Procès*，第三卷，第 138 页。关于这场审判，帕罗伊曾写道："这些人非常害怕受审者……整个过程十分残暴……每日不断地严刑逼供……事实上这根本就不是一场审判，从一开始，贞德就注定要被定罪。"（第 288 至 289 页）
52. 同上，第一卷，第 317 页。
53. 同上，第一卷，第 409 页。
54. 同上，第二卷，第 347 页。
55. 同上，第三卷，第 182 页。
56. *Histoire de Charles Ⅶ*，第二卷，第 240 至 255 页。
57. 参见 *Lavisse's Histoire de France*，第四卷，第二部分，第四章。
58. 很大一部分人此前已被多菲内·路易（Dauphin Louis）派往阿尔萨斯和瑞士作战，其中大多数人在当地战死，仅在比尔斯河（Birs）上的圣雅各布会战（Battle of St.Jacob）中，就有 2000 人阵亡。
59. 关于重组工作的详细记载，参见 *de Beaucourt's Histoire de Charles Ⅶ*，第四卷，第 387 至 400 页。
60. 在这场惨败之后，英格兰立刻爆发了杰克·凯德（Jack Cade）起义。在《中世纪史》（*Histoire du Moyan Age*）（第七卷，第一部分）一书中，德普雷（M.Déprez）称福尔米尼会战对英格兰人而言，是"名副其实的滑铁卢"（un veritable Waterloo）。
61. *Paston Letters*, J. 加德纳编辑版，1872 年版，第一卷，第 139 页，"8 月 17 日"。
62. *A History of the Art of War in the Middle Ages*，第二卷，第 397 页。
63. 引用自 *The Poems of Master Francois Villon of Paris*，1892 年版，前言第 8 页。

大事记
奥斯曼帝国的崛起

拉丁帝国在外部被西方的保加尔人、塞尔维亚人（Serbs）和东方位于尼西亚的希腊人、位于罗姆（Rum）的塞尔柱人包围，其内部又有威尼斯人和热那亚人的纷争以及拉丁教会和希腊教会的对立，根本不可能永久存续下去。1261年，它的末日来临了。在这一年，尼西亚帝国的希腊皇帝米海尔·巴列奥略（Michael Palaeologus）得到了热那亚人的支持，并利用他们牵制住了威尼斯人。在那之后，他在只遭遇了轻微抵抗的情况下，于7月25日夺回了君士坦丁堡。米海尔随即在圣索菲亚大教堂加冕为罗马皇帝米海尔八世（Michael Ⅷ，1261年至1282年在位），拉丁人在希腊大部分地区的统治也就此告终。为巩固其地位，米海尔八世在1274年同意统一东西教会，但此事没能长久坚持下去。

虽然拜占庭成功复国，但拉丁人给帝国造成的损伤却已经无法修补了。若不是成吉思汗（Genghis Khan）的孙子旭烈兀（Hulagu）在1256年至1260年率领蒙古人发动大规模入侵，摧毁了塞尔柱人在罗姆的势力，帝国在复活后能够存续的时间很可能连拉丁帝国都无法超过。也正是在旭烈兀入侵期间，一支不久前才定居在美索不达米亚的突厥部落，在一位名叫埃图里尔（Ertughril）的酋长带领下，经过长途跋涉进入了安纳托利亚。塞尔柱苏丹为奖励他们的效劳，将埃斯基希萨尔（Eski-Shehr，位于马尔马拉海以东不足100英里）附近的一大片牧场赏赐给了他们。当埃图里尔于1281年去世后，其子奥斯曼（Osman/Othman）开始扩张自己的领地，这支突厥部落也因他而得名为奥斯曼突厥人（Osmanli/Ottoman Turks）。拜占庭帝国的无政府状态，也使奥斯曼的扩张行动显得十分轻松。帝国皇帝安德罗尼卡斯三世（Andronicus Ⅲ，1320年至1341年在位）此时正忙于对付保加尔人、塞尔维亚人和鞑靼人（Tartar）的入侵，而他手下的加泰罗尼亚佣兵大队（Grand Catalan Company）也试图推翻他的统治。在这种无政府状态的掩护之下，奥斯曼于1326年攻克了布尔萨（Brusa），而这里也成为奥斯曼人入侵欧洲的行动中心。奥斯曼在攻克布尔萨的几个月后去世，其子奥尔罕（Orkhan，1326年至1359年在位）继位。

奥尔罕在继位之后不久便决定占领尼西亚和尼科米底亚，而他也并成功地在1329年和1337年占领了两地。在此之后，奥尔罕对军队进行了重组，并在苦行僧哈吉·贝克塔什（Hajji Bektash）的建议下组建了一个由基督徒组成的军团，即所谓的"新军"（Janissaries）。在此期间，色雷斯又一次被鞑靼人席卷。到1344年，拜占庭帝国的处境已陷入绝望。为确保奥尔罕能保持中立态度，皇帝约翰五世·康塔库泽纳（John V Cantacuzene，1341年至1383年在位）将自己的女儿狄奥多拉嫁给了他。三年之后，当斯特凡·杜尚（Stephen Dushan）带领塞尔维亚人入寇，帝国摇摇欲坠之时，奥尔罕派出了6000名奥斯曼士兵进入欧洲去援助自己的岳父。奥斯曼人在击败塞尔维亚人之后撤退了，但又在1349年以两万兵力重回欧洲，逐退了进抵萨洛尼卡城下的塞尔维亚人。1352年，奥尔罕的长子苏莱曼（Suleiman）又发动了一次深入欧洲腹地的远征，在德摩提卡（Demotika）近郊击败了塞尔维亚人。

似乎正是希腊人无力自保的状态，激起了奥尔罕的野心。迄今为止，突厥人已经以劫匪、盟友或佣兵的身份数次进入欧洲，或劫掠帝国，或保卫帝国，甚至还从帝国不断的内战中攫取了大量利益。1356年，奥尔罕决定派苏莱曼率领一支大军去征服并占领欧洲的土地。苏莱曼在塞斯托斯将三万人运过海峡，并于次年攻克了阿德里亚堡和德摩提卡。奥斯曼人永久性地占据了阿德里亚堡，而该城的陷落也标志着奥斯曼突厥人在欧洲征服行动的开始。

苏莱曼在1359年去世后，他的弟弟穆拉德（Murad）占据了阿德里亚堡。两个月之后，奥尔罕也去世了，穆拉德继承了苏丹之位，成为奥斯曼苏丹穆拉德一世（Murad Ⅰ，1359年至1389年在位）。他继续坚持其父的征服政策，并于1363年与热那亚人达成协议，由后者用船将六万名奥斯曼士兵运往色雷斯。三年后，他们击败了一支人数达五万之众，试图占领阿德里亚堡的南塞尔维亚人。这场胜利终于让欧洲认清了奥斯曼人带来的威胁，可虽然教皇想要发起一次十字军运动，但法国和英格兰此时正忙于百年战争，无法对基督徒共同的敌人采取行动。穆拉德一世的征战势头迅猛。1371年9月26日，他在马里萨河（Maritza）上的哈尔曼利（Harmanli）歼灭了由南塞尔维亚国王伏尔卡辛（King Vulkasin）亲自率领的七万大军。这次失败让希腊人彻底陷入了绝望。不久之后，皇帝约翰五世便被迫承认了奥斯曼苏丹的宗主地位。

此后奥斯曼人连战连捷，到1386年，穆拉德一世已从北塞尔维亚人手中夺取了尼什（Nish）。斯特凡·杜尚之子、塞尔维亚国王拉扎尔·赫雷别利亚诺维奇（King Lazar Hrebeljanovich）建立了一个泛塞尔维亚同盟，终于在1387年于托普利卡河（Toplica）岸边对突厥人赢得了一场大胜。这场胜利决定了那些摇摆不定之人的态度，克罗地亚人（Croats）、阿尔巴尼亚人（Albanians）、波兰人（Poles）和匈牙利人纷纷转投到其麾下。为镇压这场叛乱，穆拉德一世先将矛头指向保加利亚人。在将其彻底征服后，他又穿过丘斯滕迪尔（Kustendil）前往旧塞尔维亚（Old Serbia），与联军在位于乌斯库布（Uskub）以北50英里处的科索沃平原（Plain of Kossovo，即黑鸟平原）上展开决战。趁突厥人还在排布战线的时候，一位名叫米洛斯·克比利齐（Milos Kobilic）的塞尔维亚贵族假扮成逃兵接近穆拉德一世，对后者造成了致命伤。穆拉德一世的兄弟巴耶济德（Bayazid）①立刻接过指挥权。经过一场塞尔维亚历史上最著名的激烈战斗后，巴耶济德击溃了联军。拉扎尔成为俘虏，被带到垂死的穆拉德一世所在营帐中处死。奥斯曼人大获全胜，塞尔维亚帝国则遭遇了滑铁卢，后者要一直等到1912年的库马诺沃会战（Battle of Kumanovo）才终于报仇雪恨。

继承穆拉德一世的巴耶济德（1389年至1403年在位）号称"雷霆"（Yilderim）。巴耶济德是一位勇猛的战士，但他却没有其兄长②的治国手腕。1392年至1393年，巴耶济德在色雷斯展开了一场种族灭绝战争。1394年，在巴耶济德缺席期间，拜占庭皇帝曼努埃尔二世（Emperor Manuel Ⅱ，1391年至1425年在位）也开始向西方的君主们求援。他的请求成功促使教皇博尼法斯九世（Pope Boniface Ⅸ）组织了

---

① 译注：此处富勒的说法有误，巴耶济德应是穆拉德一世的儿子，而不是弟弟。
② 译注：同上，此处应为父亲。

一支庞大的十字军。据说，该军兵力多达5万甚至10万人，其中大部分是匈牙利人。在匈牙利国王西吉斯蒙德（Sigismund, King of Hungary）和勃艮第公爵、讷韦尔公爵（Duke of Nevers）带领下，十字军集结在了尼科波利斯（Nicopolis）。但在1396年9月28日，十字军被巴耶济德击溃。自此之后，西方便对组建新十字军一事彻底丧失了信心。

获得这场胜利后，巴耶济德心里唯一的念头就是要成为君士坦丁堡的主人。1400年，布西科元帅（Marshal Boucicault）率领1400名重骑兵乘船驶入金角湾前来支援曼努埃尔二世。其抵达的时间恰到好处，使加拉太区暂时避免了被突厥人占领的命运。在此之后，曼努埃尔二世亲自前往法国和英格兰求援，直到1402年才返回国内。

在曼努埃尔二世出国期间，君士坦丁堡也被巴耶济德彻底孤立了。到1402年，巴耶济德已经下定了攻城的决心。可围攻刚刚开始，他就收到了蒙古酋长"瘸子"帖木儿（Timur the Lame/Tamerlane）送来的信件。帖木儿是一位极具毁灭性的人物，他在信中命令巴耶济德，要他把所有从希腊人手中夺走的城市和土地全部交还给拜占庭帝国。

早在1386年，已经征服了波斯的帖木儿就已经带领着一支庞大的蒙古、突厥军队出现在了第比利斯（Tiflis）城下。1394年，巴耶济德因帖木儿的西进而感到了巨大威胁，于是便率军前往埃尔津詹（Erzinjan）去阻挡对方前进。在发现帖木儿无意继续向更远的方向进发后，巴耶济德返回了欧洲。1398年，帖木儿征服印度北部，占领了德里（Delhi）。第二年，帖木儿在回到首都撒马尔罕（Samarkand）后，又从那里出发向阿勒颇进军，沿路屠杀了所有男女老幼。在阿勒颇烧杀抢掠之后，帖木儿又掉头经由耶路撒冷前往埃及，但却因蝗灾摧毁了沿路所有可供马匹放牧的草场而被迫撤退。接下来，帖木儿征服了大马士革和巴格达，每一座被征服城市的居民头颅，都在城门外被堆成了金字塔形的京观。

停留于大马士革期间，帖木儿给巴耶济德送去了前文提及的那封信。巴耶济德随即解除了对君士坦丁堡的围困。在安卡拉（Ankara），巴耶济德被帖木儿切断了水源，被迫在1402年7月20日接受会战。奥斯曼军队被彻底击溃，巴耶济德本人也被俘虏并于次年死于撒马尔罕。在这场胜利之后，帖木儿继续西进，其间还对沿路的每一座城镇进行了烧杀抢掠。奥斯曼人的首都布尔萨被放火烧毁，尼西亚、盖姆利克（Gemlik）以及很多其他城镇都被洗劫。士麦那在经历了14天围攻之后被帖木儿攻克，其居民也一如既往地被屠杀殆尽。

蒙古大军的西进一度让基督教世界十分惊愕，当帖木儿获胜的消息传到西方之后，欧洲看似已经难逃被奴役的命运了。但当西方世界听说帖木儿已经向东退去之后，又重新燃起了希望。至少在某些人看来，如果各基督教王国能够尽弃前嫌共同对抗奥斯曼人，很容易就可以将对方逐出欧洲。

这确实是一个难得的机会，而且其时间窗口延续了长达10年之久。直到1413年，巴耶济德的三个儿子苏莱曼、穆萨（Musa）、穆罕默德之间的继承战争才告结束，并由穆罕默德重新建立了苏丹政权。到了此时，奥斯曼人在欧洲的领土几乎已经只剩下阿德里亚堡这一座城市了。如果基督徒们能像面对大流士一世、薛西斯一世入侵时的希腊人那样团结一致，他们本可能利用安卡拉会战的机会夺回阿德里亚堡。此处正是奥斯曼人在欧洲的重心所在，一旦失去该城，奥斯曼人在欧洲的势力也将被彻底消灭。

基督徒没有利用这个天赐的良机，反而仍在内斗不休。正是在穆罕默德结束继承战争的那一年，英格兰国王亨利五世对法国王位提出了宣称，并与勃艮第公爵缔结同盟。与此同时，胡斯战争也正在让中欧洒满鲜血。最糟糕的是，从1402年到1454年，米兰、威尼斯和佛罗伦萨在意大利鏖战不休，抹杀了一切团结对抗突厥人的可能。倘若1415年的阿金库尔会战发生在东方而非西方，是一场欧洲人联合起来对抗东方民族而非西方人互相内斗的会战，先前那场安卡拉会战在历史中的地位，也将随之变成一场拯救基督教世界的最重要战斗。即使安卡拉会战的交战双方都是伊斯兰教国家，这一点也还是不会改变。

在被切列比（Chelebi）称为"绅士"的穆罕默德一世（1413年至1421年在位）治下，奥斯曼帝国摆脱了混乱，重建了秩序。穆罕默德一世是一位重建者和复兴者，而他的继承人穆拉德二世（Murad Ⅱ，1421年至1451年在位）则是一位征服者。在帖木儿规模庞大的劫掠行动推动下，不断有大批突厥人向西迁徙，穆拉德二世也因此得到了非常充足的兵源。到其统治结束之时，奥斯曼人的旗帜已经插满了巴尔干半岛。

1422年，穆拉德二世对君士坦丁堡展开了围攻，但却因卡拉马尼亚（Karamania，即科尼亚周边地区）发生叛乱而被迫解围。不久之后，拜占庭皇帝约翰六世（John Ⅵ，

1425年至1448年在位)¹同意向穆拉德二世纳贡。1430年，穆拉德二世重夺萨洛尼卡。他占领了乌斯库布，并入侵了特兰西瓦尼亚。1435年，他又围攻了贝尔格莱德。四年后，为争取西方的援助，约翰在佛罗伦萨会议上同意合并东西教会，于是教皇也在第二年开始呼吁所有基督教君主团结起来对抗突厥人。匈牙利国王弗拉迪斯拉夫（Vladislav, King of Hungary）响应了号召，特兰西瓦尼亚总督匈雅提（Hunyadi, Voivode of Transylvania）也在1441年将突厥人赶出了塞尔维亚。此后的1443年，突厥人又在库斯特尼察（Kustenitza，位于索菲亚东南45英里处）遭遇了一场惨败，迫使穆拉德二世在次年与匈牙利国王媾和。但就在这个停战协议刚刚被双方通过之时，红衣主教尤利安·切萨里尼（Cardinal Julian Cesarini）便提出意见，认为基督徒与异教徒之间的誓言不能成立，基督教联军也因此打破了停战协议。被这种背信弃义行为激怒的穆拉德二世率军迎敌，在瓦尔纳（Varna）将联军击溃。1445年，他又摧毁了科林斯地峡的防御工事，踩躏了摩里亚（Morea）。两年之后，穆拉德二世又开始准备入侵阿尔巴尼亚。此地的主人正是著名的乔治·卡斯特里奥蒂（George Castriotes），而此人还有一个更为人所熟知的名字——斯坎德培（Scanderbeg）。

与此同时，在教皇尼古拉五世（Pope Nicholas V）的呼吁之下，匈雅提在科索沃平原集结了一支由匈牙利人、波兰人、瓦拉几亚人和日耳曼人组成的军队，总人数达到了2.4万。穆拉德二世放弃了入侵阿尔巴尼亚的计划，率领10万大军向匈雅提进发。1448年10月18日，双方展开会战。至10月20日，穆拉德二世获得了全胜，多达8000名匈牙利贵族精英战死沙场。对匈牙利人和西欧而言，这场惨败带来了灾难性的结果。在此后很多年里，突厥人都不必再担心多瑙河以北的敌军干涉。除海路以外，君士坦丁堡已被彻底孤立，随时都有可能陷落。1451年，穆拉德二世在阿德里亚堡去世，其子穆罕默德二世（Mahomet Ⅱ，1451年至1481年在位）继位，后世称其为"征服者"。

注解

1. 约翰六世是曼努埃尔二世的儿子,早在1420年,约翰便已经加冕为曼努埃尔二世的共治者。自那之后,曼努埃尔二世便只是一位名义上的皇帝了。

君士坦丁堡的围攻与陷落
（1453年）

第十八章

1449年7月6日约翰六世死后,他的弟弟君士坦丁十一世·帕里奥洛格斯（Constantine XI Palaiologos）继承了东罗马帝国的皇位。这个在君士坦丁一世治下曾统治着整个巴尔干半岛（除伊利里亚以外）、小亚细亚、叙利亚、巴勒斯坦、埃及以及昔兰尼加的帝国,如今几乎只剩下君士坦丁堡这一座都城了。除维持住了已经十分可悲的现状以外,约翰六世在位期间一事无成。为安抚敌人,约翰六世甚至还曾祝贺苏丹在维尔纳的胜利。教士和贵族为奴性所驱使,而对于帝国的人民,切多米尔·米亚托维奇（Chedomil Mijatovich）也曾写道:"整个民族已经变成了一种惰性的产物,既没有主动精神也没有意志力。在皇帝和教长面前,人们卑躬屈膝,将面孔埋在沙土之中,但当显贵们走过之后,人们又会站起身来唾弃他们,朝他们挥舞拳头。上层施行着暴政和剥削,下层则充斥着仇恨和懦弱。纵观全国上下,残暴之事时有发生,虚伪之人随处可见。外在的浮华和巧妙的掩饰取代了真正的文化,辞藻掩盖了无知。政治和社会都已经腐烂,民族精神也萎靡不振,帝国所有的弹性都被吞噬殆尽。私欲在压倒了公共利益之后,又试图用虚伪的爱国主义外表来掩盖其丑陋的真相。"[1]

这种可耻的情况,多半是由于数世纪以来罗马教廷一直在尝试统一拉丁和希腊教会所造成的,这一争端使拜占庭人除神学问题以外无心他顾。在信仰主导一切的年代里,神学就是政治,宗教无法统一,导致战略上的联合也无法实现。正因为如此,欧洲的东大门才会向突厥人敞开。

尽管东西教会自从10世纪起就已经开始互相疏远,但直到11世纪,局势才变得真正严重起来。1073年,教皇格里高利七世对埃布利·德罗西（Ebouly de Rossi）说道:"一个国家即使被伊斯兰教统治,也好过被那些拒绝承认天主教廷权力的基督徒统治。"[2] 双方对彼此恨之入骨,当红衣主教伊西多尔（Cardinal Isidore）在1452年12月12日来到君士坦丁堡面见皇帝,再次确认1439年佛罗伦萨会议决定的教廷合并一事之时,卢卡斯·诺塔拉斯大公（Grand Duke Lucas Notaras）甚至声称他"宁愿在君士坦丁堡看到苏丹的头巾,也不愿看到教皇的冠冕"。[3] 甚至在君士坦丁堡遭到围攻,一切都已绝望之时,按照历史学家杜卡斯（Ducas）的说法:"即使一位天使从天堂降临,宣布说只要人们愿意与罗马教会合并,他就会从突厥人手中将城市拯救出来,希腊人也还是会严词拒绝。"[4]

虽然教会合并一事得到了再次确认,但希腊人从西方国家得到的援助却还是几乎可以忽略不计。热那亚人在君士坦丁堡市郊、金角湾北岸的定居点加拉太（即佩拉）在整个围攻期间始终保持中立，而来自其他势力的援助也都是在希腊人付出了物质回报之后才换来的。神圣罗马帝国皇帝腓特烈三世（Frederick III）只说不做，阿拉贡、那不勒斯、西西里三国的国王阿方索（Alphonso, King of Aragon, Naples and Sicily）也是一样。匈雅提要求皇帝割让西利弗里亚（Silivria，即今日的西利弗里）或梅森伯里亚（Mesembria，即今日的米西弗里亚）来换取援助，加泰罗尼亚国王（King of Catalonia）也在为莱斯博斯岛讨价还价。只有威尼斯、热那亚和教皇提供了一些援助，前二者是因为自己的贸易利益受到了威胁，后者则是因为教会合并一事终于得到了确认——只不过此事的价值在教皇看来只配得上红衣主教伊西多尔和区区200名士兵！

我们在基督徒之间只能看到不和与软弱，而在突厥人那里，我们却能看到这个年轻的民族正在东方历史上最杰出人物之一的领导下团结一致，聚集起了强大的力量。此人便是穆拉德二世与一位美丽的阿尔巴尼亚女奴所生的儿子——苏丹穆罕默德二世（1451年至1481年在位）。1451年2月初，21岁的穆罕默德二世在马格尼西亚（安纳托利亚西部）收到父亲的死讯之后，立刻以最快速度越过达达尼尔海峡前往加里波利（Gallipoli），其后又从那里骑马前往阿德里亚堡。2月9日，穆罕默德抵达阿德里亚堡并被拥立为苏丹。依照自己一贯的行事风格，穆罕默德二世登基后的第一步行动便是溺死了自己尚在襁褓中的弟弟[5]，紧接着他又处死了自己雇佣的那位刺客，第三步行动则是将弟弟的母亲嫁给了一个奴隶。

穆罕默德二世相貌英俊，有着中等身材，他的鹰钩鼻很长，看上去就好像要盖住那被胡须遮住了一部分的厚嘴唇一样。他总是紧张不安，性情多疑到无法结交朋友。同时他又十分残酷，无法容忍长期的敌人。穆罕默德二世喜爱阴森、残酷之事，因而被追随者称为"饮血者"（Hunkar），而他也绝非浪得虚名。在占领君士坦丁堡后，他曾命人将被处死的敌军头颅摆在自己面前的桌子上。他很少露出笑容。有一次，穆罕默德二世听说瓦拉几亚亲王德拉库尔（Drakul, Prince of Wallachia）因苏丹的使臣拒绝脱掉头巾行礼而非常恼怒，将头巾钉在了使臣的头上，结果这一消息反而让他露出了并不多见的笑容。不仅如此，由于觉得此事过于有趣，他甚至还把它列入了刑罚的类目之中。另外还有一次，他又因德拉库尔将数千名突厥俘虏串在木桩上而发笑。当他听到此事之后，非常羡慕地惊呼道："一位王公能做出如此伟大的事情，就绝不可能被赶出自己的国家。"[6]尽管如此，穆罕默德二世仍是一位很有智慧的人物，他那文化素养极高的继母玛拉·布兰科维奇（Mara Brankovich）对此贡献颇多。作为一个突厥人，穆罕默德二世很不同寻常，能够读写包括希腊语、拉丁语、阿拉伯语、迦勒底语（Chaldean）和波斯语在内的五种语言，另外他可能还曾学会了斯拉夫语。终其一生，穆罕默德二世始终在寻求新的知识，并保持着求学的态度。他钻研哲学、神学和星相学，同时也是波斯诗歌和艺术的赞助人。芬莱说他"结合了年轻人的勇敢活力和老年人的稳重智慧"[7]，在知识层面上为他的将道和政治手腕打下了坚实基础。在这两方面，即使穆罕默德二世无法位列水平最高的伟人之中，也仍可算是杰出人物。他以历史上的伟人为榜样，贪婪地学习着居鲁士、亚历山大、尤利乌斯·恺撒、屋大维、君士坦丁、狄奥多西等人的事迹。特塔尔迪（Tetaldi）说道："他志在征服整个世界，超越亚历山大、恺撒以及所有历史上的英雄人物。"[8]

作为将军，穆罕默德二世主要依赖数量而非质量。尽管他曾多次被匈雅提和斯坎德培击败，也曾被罗德岛骑士和波斯人击退，但其将道却绝非只有平庸水准。与大部分奥斯曼苏丹不同，穆罕默德二世总是亲自领兵作战，战争既是他的生活，也是他的梦想。他事必躬亲，不允许任何事情妨碍自己，而且对纪律也有着最严格的要求。如吉本所言："一位君主若是从不宽恕他人，他的命令就无人敢于不从。"[9]穆罕默德二世精力充沛，能忍受各种艰苦情况而且城府极深。他经常乔装改扮混在士兵中间，偷听他们的谈话，若是任何人有认出他的迹象，哪怕此人对他百般欢迎，也还是难逃被立刻处死的命运。有一次，在谈及某项秘密计划的准备工作时，他曾说道："如果我的某一根头发知道了此事，我就会把它拔下来烧掉。"[10]他对于所有计划，都会做好充分而且严格的准备。在行动时，他也会雷厉风行，绝不因任何失败而气馁，更不会给敌军重整旗鼓的机会。穆罕默德二世对欧洲各地进行了二十次入侵，迫使很多地区臣服于他的意志。最重要的是，穆罕默德二世是一位杰出的炮兵专家，也是史上第一位真正伟大的炮兵指挥官。

作为政治家，穆罕默德二世会将自己完全与他人隔绝，并以"人神"的超自然形象凌驾于臣民。他既是一流的管理者、政治家，也是一位宽容的统治者，懂得在征服之后放手让百姓去自行处理次要事务，苏丹只要牢牢控制住最重要的事务即可。

从少年时代起，穆罕默德二世的主要梦想便是夺取君士坦丁堡。在成为苏丹之后，他立刻便着手将其付诸现实。他先是承认了穆拉德二世与君士坦丁堡之间的条约，装出一副想要维持和平的样子。接下来，为避免重蹈其父在1422年被迫从君士坦丁堡撤军的覆辙，他征服了卡拉马尼亚，消除了后方遭到当地埃米尔攻击的可能。在那之后，他又与威尼斯人议和，并与匈雅提签订了为期三年的停战协议，让奥斯曼帝国与匈牙利、瓦拉几亚和波斯尼亚全部停战。正如吉本所言："他嘴上说着和平，心中却想着战争。"[11] 最后，穆罕默德二世还记得，其父在维尔纳战役期间曾被迫为每一位渡海前往加里波利的士兵支付1杜卡特（Ducat，大约相当于9先令）的通行费，造成了一笔巨大的开销。穆罕默德二世决心摆脱这种不便。突厥人早已占领了博斯普鲁斯海峡，巴耶济德也已在海岸上建造了安纳托利亚城堡（Anatolia-Hisar），如今穆罕默德二世决心将海峡的欧洲海岸也握入自己手中。1452年3月，他派出一支军队和5000名工人在君士坦丁堡以北不远处登陆，开始建造坚固的鲁米利亚城堡（Roumelia-Hisar），也就是希腊人所称的"割喉堡"（Laemocopia）。尼科洛·巴巴罗（Nicolo Barbaro）在他的《围攻日记》（*Journal of the Siege*）中写道："这座要塞对海上进攻的防御能力极强，由于海滩和城墙上都拥有大量的火炮，海军根本无法将其攻克。它面对陆地一侧的工事也很坚固，只是比不过面对海峡的一侧而已。"[12] 六个月之后，城堡竣工了，君士坦丁堡与黑海各港口之间的一切海陆联系都被切断，这也意味着这座城与其主要粮食来源乌克兰失去了联系。随后，穆罕默德二世又带着一支据说有五万之众的军队进抵君士坦丁堡的陆墙外进行侦查。1452年9月6日，他返回了阿德里亚堡去完成围攻君士坦丁堡的最后准备工作。

突厥军队主要由三个部分组成：新军、巴希巴祖克非正规军（Bashi-Bazouks）以及地方征召兵。新军属于常备正规军，人数在1.2万人至1.5万人左右，他们也是15世纪最优秀的士兵。任何基督教国家，甚至经过查理七世重组的法国军队，都拿不出能与他们相提并论的精兵。自穆拉德一世的时代起，奥斯曼人便通过一种"血税"制度在基督教省份中征兵以补充新军，各省每年都要交出一定数量年龄在7岁至12岁之间、体格和智力都比较出众的男孩。这些孩子要改信伊斯兰教，在最严格的纪律管制下逐渐否定自我的个人价值。他们既不能结婚，也不能享受任何奢侈生活，既不能参与贸易，也不能积累财富——新军就是军事化的僧侣，等他们老迈到无法服役时，苏丹也会为他们提供养老金。[13] 与新军不同，巴希巴祖克士兵不过是一群装备恶劣的突厥乌合之众或基督徒叛徒，而地方征召兵则主要来自安纳托利亚，其情况只比非正规军稍好一些。

突厥军队的状况和他们在这一时期使用的战术，曾由拉布罗奎埃的贝特朗东（Bertrandon de la Brocquière）记载于在1432年至1433年成书的《游记》(Travels)之中。他在书中写到，奥斯曼士兵身穿长及腿部的铠甲，头戴缝着铁片的白色尖顶帽，武器则包括弓箭、刀剑和钉头锤。普通突厥士兵对上级绝对服从，"他们能够取得如此巨大的成就，征服如此广袤的土地，一个主因便是这种坚定的服从心理"。突厥人很擅长搜寻敌军，对其保持监视，之后再以强行军发动奇袭，就好像尼科波利斯会战时的情况一样。贝特朗东写道："他们的战斗方式会随环境而改变。找到合适的机会之后，他们会分散成几个分队，同时向敌军各部发动进攻……他们在后退时更为强大，基督徒几乎每次都是在这种时刻被击败的……当他们的首领或者军官发现追击自己的敌军已经丧失秩序之后，他就会敲击战鼓三次，其他人听到之后也会敲鼓三次，同时所有人立刻向首领身边靠拢，就好像是兽群环绕在最年老的头领身边一样。接下来，依据情况不同，他们要么停下来在原地抵挡敌军的冲锋，要么就掉头向敌军发动反击，同时对敌军不同部分展开进攻。在会战中，他们还会施展另一种诡计，即向敌军骑兵投掷燃烧物以惊吓对方战马。突厥人还经常会在军队前方布置一大批强壮凶猛的骆驼，并驱赶着它们冲向敌军的骑兵，以打乱对方的行列。"[14]

穆罕默德二世的炮兵要比新军更加重要，其多数人员也同样来自于基督徒。克里托布拉斯（Critobulus）曾说"这些火炮解决了一切问题"。[15] 穆罕默德二世总计拥有12至13个重炮连和14个轻炮连，每个炮兵连拥有四门火炮。他手中最大的一门火炮是由一个名叫乌尔班（Urban）的匈牙利人或瓦拉几亚人在阿德里亚堡铸造的，其身管由12个一掌宽（即8英寸）的构件拼接而成，周长总计达到了96英寸，该炮发射的石弹重量据估计也达到了1456磅。[16] 这个怪兽般的武器需要60头牛来拉动，并由200人随行以确保火炮不会偏离轨道，另外还需要200人去提前铲平火炮将要经过的地面。[17] 乌尔班大炮每装填一枚炮弹要花费几个小时的时间，这也导致该炮每天只能发射六到八次。但是按照弗兰齐斯（Phrantzes）的记载，这门大炮最终还是落得了一个炸膛的下场，乌尔班本人也在爆炸中丧命。[18]

作为围攻的亲历者，尼科洛·巴巴罗曾说，聚集在金门与马尔马拉海之间的围攻军队多达15万人，佛罗伦萨士兵特达尔迪（Tedaldi）则说围攻军的人数多达20万人，其中有14万名正规士兵，而其余则都是些"小偷、土匪、小贩以及其他为了赚钱和抢劫而跟随军队前来之人"。[19] 穆罕默德二世的舰队难称优秀，虽然各种战舰的数量据说达到了145艘至350艘，但其中绝大部分都是小型船只。

面对着这支大军，君士坦丁十一世在君士坦丁堡城外一无所有，即使在城墙以内和金角湾中，他手中也只有一小批佣兵和少量舰况很差的帆桨船。尽管城内此时还有大约10万名居民，但在君士坦丁十一世下令普查城内所有可作战人员时，却只有4973人应征。尽管人民如此懦弱不堪，君士坦丁十一世却还是英勇地开始为这场已经无可避免的必死之战进行准备。

君士坦丁十一世的第一项工作是修复此时已经处于损毁状态的城墙。这道城墙包围着除中立的加拉太区以外的整个城市，周长大约有13英里。从地理上来讲，这道城墙可以被分成三个部分：

一、狄奥多西二世在5世纪修建的陆墙，长4英里，从南方的马尔马拉海、金门一直延伸到北面金角湾沿海的木门（Xylo Porta）和布雷切耐宫（Blanchern Palace）。

二、从木门至卫城（即塞拉格里奥海角）的金角湾海墙，长约3.5英里。

三、与金角湾海墙相连，延伸到金门的马尔马拉海墙，长约5.5英里。

后两部分的海墙均为单层结构，而陆墙则可分为三道防线，最内层的内墙有40英尺高，拥有112座大约60英尺高的塔楼；其次是25英尺高，同样拥有塔楼的外墙；最后则是外墙前方，位于壕沟或护城河内壁的一道胸墙，护城河本身则有60英尺宽、15英尺深。每两层城墙之间都有一块空地，内墙与外墙之间的空地被称为"内城台"（Peribolos），外墙与胸墙之间的空地则被称为"外城台"（Parateichion）。①

为方便作战，陆墙又被分成了三个战术防区，从金门至圣罗曼努斯门（Gate of St.Romanus，后来被称为火炮门）为一个防区、从圣罗曼努斯门至阿德里亚堡门为

---

① 译注：这两块空地之所以被称为"城台"，是因为其高度要高于城墙外侧的地面。举例而言，内城台的高度仅比外墙低10英尺，而比城墙外侧的地面高15英尺左右。

一个防区、从阿德里亚堡门至木门为一个防区。在第二个防区之中，有一条名为吕库斯（Lycus）的溪流，而城墙以西的平原也因此被称为"河原"（Mesoteichion）。

时至今日，金角湾仍是君士坦丁堡的主要海港，其南侧由城市的北部海墙保护，北侧则由加拉太的城墙保护。其通向博斯普鲁斯海峡的入口如第十二章所述，被一条巨大的铁链封锁，另外还有无数木制障碍物掩护着这个入口，而铁链后方则是帝国的舰队。在围攻开始之时，君士坦丁堡拥有大约26艘战舰，包括10艘希腊战舰和16艘威尼斯、热那亚等国的战舰。其中15艘战舰被交给了威尼斯人加百列·特雷维萨诺（Gabriel Trevisano）指挥，此人"为了上帝和全部基督徒的荣誉"，加入到了君士坦丁麾下。

尽管君士坦丁十一世仅从全城25000名适龄男性人口中征召到了不足5000名士兵，但他还是从意大利的佣兵队长们那里得到了规模很小但却极具价值的援助，使守军的人数上升到了8000人。第一批援兵是由教皇的代理人红衣主教伊西多尔带来的200名士兵。此人曾任基辅大主教，同时也是佛罗伦萨会议的参与者之一。伊西多尔在1452年11月率军驶入金角湾，但他的到来却又使东西教会之间根深蒂固的仇恨变本加厉。12月12日，伊西多尔在圣索菲亚教堂按照佛罗伦萨会议的条款主持了一场布道仪式来纪念东西教会合并，结果反而激怒了百姓。君士坦丁堡市民在根纳迪乌斯（Gennadius，此人后来成为君士坦丁堡牧首）的鼓动下爆发了动乱，人们高喊："被绝罚者（Azymites）去死吧！"可以说，自围攻开始之时起，希腊人便已经下定决心，宁愿放弃独立也不让自己所憎恨的罗马教皇得逞。[20] 在那之后，热那亚战士约翰·朱斯蒂尼亚尼（Giustiniani，又称吉奥瓦尼）于1453年1月带领着700名士兵乘着两艘大型战舰来到了君士坦丁堡。与他一起到来的还有一位经验老到的日耳曼炮兵兼围攻战专家乔安·格兰特（Johann Grant）。

朱斯蒂尼亚尼的到来极为重要，他不仅带来了两艘强大的战舰和700名士兵（其中400人拥有全副铠甲），而且朱斯蒂尼亚尼本人也是当时最著名的军人之一。朱斯蒂尼亚尼是一个非常杰出的指挥官，拥有过人的精力、胆量和勇气。当他向皇帝表示效忠之后，君士坦丁十一世便立刻任命他为全城的城防总司令，给了他独断专行的权力。由于他的到来，君士坦丁堡城内也燃起了胜利的希望。

穆罕默德二世此时已经征服了博斯普鲁斯海峡沿岸的两个拜占庭前哨瑟拉皮亚（Therapia）和斯塔迪乌姆（Studium），将守军的尸体串在了木桩上。另外，他还用点燃的硫黄逼迫普林基普（Prinkipo）城堡的守军弃城而逃。1453年4月5日，穆罕默德二世再次出现在陆墙以外，并将军队分成了四个兵团：萨贡帕夏（Zagan Pasha）的兵团负责监视加拉太并在金角湾最西侧建造桥梁准备攻击木门；卡拉亚帕夏（Caraja Pasha）的兵团负责攻击木门与阿德里亚堡门之间的城墙；伊萨克帕夏（Issac Pasha）的兵团负责压制圣罗曼努斯门至马尔马拉海之间的城墙；最后一个兵团位于阿德里亚堡门和圣罗曼努斯门之间的吕库斯河谷，他们是穆罕默德二世麾下最忠诚的部队，其中还大维齐尔哈里尔帕夏（Halil Pasha）指挥的新军，而穆罕默德二世也计划在此处发动主攻。为监督主攻行动，穆罕默德二世将自己金红两色的大帐设立在了最后一个兵团的背后。

君士坦丁十一世看清了对方的主攻方向之后，也将指挥所转移到了吕库斯河谷的陆墙背后。他将防御城墙中央部分的任务交给了朱斯蒂尼亚尼，北侧城墙被交给了安东尼·博奇亚迪（Antony Bocchiardi）、保罗·博奇亚迪（Paul Bocchiardi）、特洛伊鲁斯·博奇亚迪（Troilus Bocchiardi）三兄弟以及克利斯多斯的西奥多（Theodore of Karystos）、乔安·格兰特等人负责，而南侧城墙则由卡塔林·孔塔里尼（Catarin Contarini）、安德罗尼卡斯·康塔库泽纳（Andronicus Cantacuzene）和其他指挥官负责。海墙及港口仅有少量士兵镇守，大部分塔楼上也仅布置有三至四名士兵。

4月12日，由保加利亚叛徒巴尔托格鲁（Baltoglu）率领的突厥舰队在普林基普外海下锚，乌尔班的巨炮也被推进到了吕库斯河谷方向的护城河边缘。在数千名士兵的兴奋呐喊声中，历史上第一次有组织的大规模炮击开始了。米亚托维奇说："自创世以来，博斯普鲁斯海岸从未曾听到过如此巨大的轰鸣。"尽管如此，炮击的进度却非常缓慢。由于巨炮需要两个小时才能装填完毕，因此一天只能射击七至八次。

尽管炮击每日都在持续进行，但其效果却很差。直到后来，匈雅提的一位大使才指点了穆罕默德二世的炮手们，告诉他们不要分散火力，而应该将火力集中在城墙位于河谷部分的一个三角形区域。弗兰齐斯记载说，由于一位塞尔维亚隐士曾预言说除非异端信仰的宝座被摧毁，否则基督教世界便永远无法赶走突厥人，因此匈牙利人也非常希望君士坦丁堡陷落。[21] 虽然这些基督徒的帮助对突厥人而言颇有裨益，但城墙被打垮之后，很快又被修补了起来。4月18日，穆罕默德二世失去了耐心，下令对城墙和海湾发动一次总攻。

在一片"破城！破城！"（Yagma! Yagma!）的呼喊和其他骇人的嚎叫之中，突厥人冲向了城壕。按照斯拉夫编年史记载:"枪声、钟声、武器碰撞声、士兵的呐喊声、妇女的尖叫、孩童的哭喊造成的噪音之大,好像大地都在震动。烟云笼罩在城市和军营之上,士兵互相根本看不到对方。"[22] 但朱斯蒂尼亚尼已经做好了准备,他指挥士兵们用手炮、城墙上的火炮[23] 以及弓弩和投石机射出了可怕的火力,将前排进攻者打退到了城壕之中。与此同时,诺塔拉斯大公也击败了针对海港的海上攻势。穆罕默德二世对失败愤怒至极,甚至想要用投石机将阵亡士兵的尸体投入城内,其手下将领竭尽全力才阻止了他。[24]

攻击失败两天之后,由于一个意外情况的出现,双方又打了一场让人目瞪口呆的海战。早在3月,三艘热那亚大型战舰便已经搭载着士兵和补给启程前往君士坦丁堡,但战舰在途中因风向不利而被迫在开俄斯岛停留了一段时间。直到4月15日风向转为南风之后,三舰才重新起航。它们在途中遇到了一艘拜占庭大型运粮船,便与它一同航行,最终于4月20日上午10时左右望见了圣索菲亚教堂的穹顶。[25]

在听说有敌舰接近之后,穆罕默德二世立刻命令舰队出海,去摧毁或者俘获敌舰,他本人也带着幕僚和大批士兵前往加拉太附近的博斯普鲁斯海岸观战。145艘突厥帆桨船在穆罕默德二世的注视下出海,在这位苏丹和聚集在君士坦丁堡海墙和屋顶上的数千名观战者看来,四艘基督教战舰毫无疑问会被击沉。

在一片助战声中,巴尔托格鲁笔直驶向对手,此时的风力很强,舰型更大的热那亚战舰和运输船直接撞入奥斯曼舰队之中,撞毁了大批战舰的船体和划桨。可是接下来,当它们驶过了塞拉格里奥海角之后,海风却突然停止,四艘船也因此而停在了水面上。双方立刻展开了激烈的战斗。突厥人试图钩住敌舰,从舷侧爬上甲板,但他们却不断被水手们用斧头砍倒。石块、装有希腊火的陶罐、飞镖和标枪纷纷被投向突厥人,手炮和火炮也不断向突厥战舰甲板上射出弹丸。战斗持续了长达两个小时的时间,穆罕默德二世在岸边不断高喊、威胁,甚至骑着战马冲到了海水中,以此来催促自己的舰队司令。然而突然之间,海风又重新刮起,拜占庭人将铁链降到了水面以下,四艘大舰也冲开了敌军舰队驶入了金角湾。[26]

穆罕默德二世在愤怒之下,下令将巴尔托格鲁用木桩串死。虽然他在众将的劝说下收回了成命,但还是让四个奴隶将巴尔托格鲁按在地上,亲自用一根大木棍打了巴尔托格鲁一顿。

虽然突厥人又一次被对方击退，但穆罕默德二世还远没有走到束手无策的地步。他始终非常清楚控制金角湾的重要性，只要攻入这个海湾，他便能威胁城北的海墙，迫使君士坦丁十一世进一步分散自己本就不多的兵力。有可能是在加拉太的热那亚人建议之下，穆罕默德二世决定将部分战舰从博斯普鲁斯海峡拖上陆地[27]，从陆地上穿过一个岬角抵达加拉太以西一处被称为"水泉"（The Spring）的溪流，并从那里进入金角湾。在惯常的急躁情绪驱动下，穆罕默德二世召集了数千名苦工去铲平地面，用木头建造了一条滑道，并为滑道涂抹了润滑用的油脂。利用这条滑道，70艘张满风帆、挂满旗帜的战舰在炮兵掩护下被苦工们拖进了金角湾。希腊人被这个意外的行动震撼得目瞪口呆，但当他们发现这些船只没有对海湾立刻发动进攻之后，又鼓起了勇气，尝试对这些战舰进行一次夜袭。加拉太的热那亚人将这个计划出卖给了突厥人，夜袭行动也因此以惨败收场。与此同时，为将海湾两侧的军队连接起来，穆罕默德二世还下令在金角湾建造一座2000英尺长、8英尺宽的浮桥，这一工作很快便告完工。

希腊人彻底丧失了勇气，有人建议君士坦丁十一世逃离城市以保全性命。皇帝静静地听完了建议之后回复说："我感谢你们给我的所有建议……但我如何能任由上帝的教堂、他的僧侣仆人、罗马的皇冠以及我的人民陷入苦难之中而不顾呢？我恳求你们，我的朋友，以后若是再想提出建议，只说'陛下，不要抛下我们！'就好。我绝不会抛下你们！我决心与你们一同在此战死！"接着，皇帝将脸转到了一侧，牧首及所有在场之人无不落泪。[28]

虽然君士坦丁十一世的决心为守城部队注入了新的动力，但君士坦丁堡的情况却还是绝望到了极点。除非能有援军抵达，否则城市的陷落便只是时间问题，即使城市无法被敌军攻克也迟早会因饥荒而投降。因此在5月3日，拜占庭人将一艘小型双桅帆船假扮成突厥战舰，由12位水手驾驶着溜出了海港，前去寻找教皇答应要派来增援的舰队——据说这支舰队已在北上的途中。在这些日子里，炮击从未停止。5月7日和12日，突厥人分别以三万和五万兵力在圣罗曼努斯门附近发动了两次强攻，但均在付出了重大伤亡后被朱斯蒂尼亚尼击退。

随着援军的不断到达，突厥人的数量仍在稳步增加，但这却反而让守军获得了一个优势——穆罕默德二世很难为军队提供充足的给养，若不能在月底前攻克城市，他很可能就要像先前的突厥人一样放弃围攻了。穆罕默德二世看到自己既无法

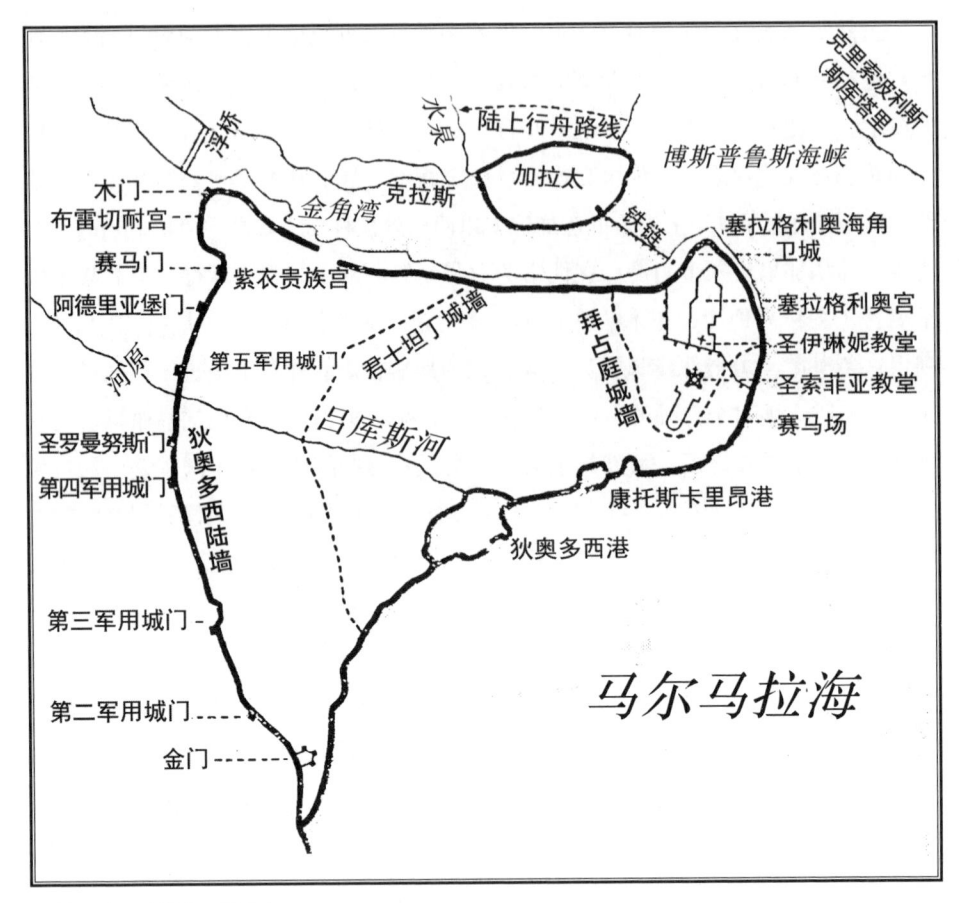

君士坦丁堡围攻战（1453年）

控制住被打破的城墙，也无法阻止守军进行修补，于是决定建造一个巨大的木制"破城者"（Helepolis）攻城塔①来掩护进攻。5月18日，突厥人将攻城塔拉到城壕附近，从上面向守军发射出了致命的密集火力。朱斯蒂尼亚尼针锋相对，将装满了

---

① 译注："破城者"一词原本特指继业者战争时期德米特里乌斯在围攻罗德岛时建造的一个巨型攻城塔。富勒此处只是用这个词来指代穆罕默德二世的攻城塔同样巨大，而非张冠李戴。

火药的木桶滚到城壕之中，用它们炸毁了攻城塔。苏丹惊叹道："若是能让此人归顺于我，又有什么代价是不能付的！"[29] 于是他试图用贿赂的办法来收买朱斯蒂尼亚尼，但没能成功。

在强攻和攻城塔这两种手段都已失败之后，穆罕默德二世只好改用挖掘地道的办法来继续攻城。地道的主要目标点集中在阿德里亚堡门和卡里加里亚门（Kaligaria Gate）周围，其中后者位于仅有一层城墙的布雷切耐宫附近。突厥人从5月15日开始挖掘地道，到5月25日为止，他们已经在很多位置进行了尝试，企图以此来破坏城墙。[30] 但所有这些地道都被乔安·格兰特的反制行动所破坏。他用火药炸毁了突厥人的地道[31]，用浓烟将他们的地道工熏走，用装有恶臭气体的陶罐让敌军窒息，还放水淹没地道，并让士兵带着匕首、斧头或是长枪进入地道将敌军击退。

这些不断的失败，再加上匈牙利援军、教皇增援舰队分别从北方和南方接近君士坦丁堡的流言，导致突厥人信心大减。就连他们那从不动摇的苏丹也对胜利产生了怀疑，在劝说君士坦丁有条件投降失败之后，穆罕默德二世在5月26日或27日召开了一次战争会议来征询将领们的意见。大维齐尔哈里尔帕夏始终反对这次围攻，因而强烈建议苏丹解围回国。他的政敌萨贡帕夏反唇相讥，提醒苏丹说亚历山大大帝曾凭借一支规模比如今这支围攻大军小得多的军队征服了整个世界，接下来他又说道：

我们的王（Padishah）啊，您知道意大利正处于分裂之中，甚至全体法兰克人也一样如此。这些内部分裂的异教徒（Giaours）无法联合起来对抗我们。基督徒的君主们永远不会联合起来。即使在长时间的内斗之后，他们能够签订一个所谓的和约，和平也绝不会持续太久。即使他们之间缔结了盟约，也还是无法阻止他们互相争夺领土。他们总是互相提防。也许他们想得很多，说得很多，解释得也很多，但到头来做得却总是很少。每当他们决定要做某事，他们总是会在行动之前浪费许多时间。就算是他们真的将某事付诸行动，他们也无法取得太多进展，因为他们肯定已经为该如何行动而吵得不可开交了……所以，我们的王啊，请不要丧失信心，下令让我们立刻攻城吧！[32]

苏丹对这些说辞感到极为满意，决定在5月29日从海陆两方面同时发动进攻。

在持续对城墙进行炮击的同时，穆罕默德二世也制定了用陆军和舰队发动联合攻击的计划。舰队的任务与先前一样，即利用自己的火力来牵制海墙守军，让他们无法去增援陆墙。在陆墙方向，苏丹选择了三个主要攻击目标：一、从特克福尔宫（Tekfour Serai）到阿德里亚堡门之间的城墙；二、吕库斯河谷中，位于圣罗曼努斯门附近的城墙；三、位于圣罗曼努斯门与金门之间的第三军用城门。在这三个攻击目标之中，第二处最终成为决定性的地点。

这次攻势将日夜不间断地进行，不给守军留任何喘息之机。这样一来，当守军精疲力竭之后，突厥人便能在不受太多抵抗的情况下进行最后一次总攻了。按照记载，穆罕默德二世曾说："我已经决定展开持续不断的攻击，不留间隔地派出生力军发动进攻，直到守军无力继续抵抗为止。"[33] 计划确定之后，他命令舰队必须对海墙进行持续射击，同时他还命令萨贡帕夏率军来到金角湾南岸，去攻击最北侧的目标。最后，穆罕默德二世还收集、建造了大批攻城器械，其中包括2000具云梯、大批用来填充壕沟的木柴捆和大量的铁钩，其中铁钩可以被士兵用来拉倒朱斯蒂尼亚尼填塞在城墙缺口中的障碍物。

在苏丹的活力鼓舞之下，奥斯曼军队立刻投入准备工作之中。在5月27日至28日和28日至29日的两个夜间，庞大的营地被灯火所点亮，就好像一轮环绕在城市外围的明亮新月，预示着未来将要发生之事。5月28日上午，苏丹视察了已经改由哈蒙德（Hamoud，即查莫萨）指挥的舰队，之后又骑马检阅了全部军队，确认各部队都已经准备停当。

在突厥军队充满热情地进行准备工作之时，即将陷落的君士坦丁堡却被压抑与不合的情绪所笼罩。5月23日，那艘英勇的小双桅帆船回到了君士坦丁堡，报告说他们没能找到救援舰队，这个消息也使居民心中最后一丝希望之火彻底熄灭了。人民之间流传着灾难的预兆。有人听到了低沉的噪声，有人看到圣索菲亚大教堂穹顶上闪烁着奇怪的光芒。如今守军仅剩4000余人，其余那些无法作战的居民除祈祷发生奇迹以外别无所能。但在所有这些阴霾之中，仍有一人始终保持着自己的尊严和勇气，此人便是与首位东罗马皇帝同名的末代皇帝君士坦丁十一世。5月28日至29日夜间，他对手下的希腊人、威尼斯人和热那亚人发表了演说："我的伙伴和同胞们，请为我们的自由、荣誉和永恒的记忆团结起来吧！我把自己的节仗交给你们，它就在这，拯救它吧！天堂中自有冠冕在等待你们，而在凡尘中，你们的英名也将被世人铭记，直至世界末日。"之后全体人员一起高喊："我们愿为信仰和祖国而死！愿为上帝的教堂以及您，我们的皇帝而死！"³⁴

紧接着，所有人聚集在了圣索菲亚教堂，在一片抽泣和"求主怜悯"（Kyrie Elesion）的哭喊声中，这座神圣智慧教堂（Church of the Holy Wisdom）①中举行了最后一次基督教圣礼。爱德温·皮尔斯（Edwin Pears）为我们描绘了这次仪式那令人惊叹的场面，他写道："皇帝和所有能从前线抽身的指挥官们都来到了教堂，这座建筑中又一次也是最后一次挤满了基督的信徒。我们无须花费太多心力，就能想像到这幅场景。这座教堂的内部装点着基督教世界最美丽的艺术品，教堂本身的壮丽，也因仍然装束华丽且十分勇敢的拜占庭贵族们出席而更显华贵。牧师和士兵聚在一起，君士坦丁堡居民、威尼斯人、热那亚人也全聚集在教堂之中，所有人都知道自己在劫难逃。他们感觉到，在此前许多年里，阻隔在他们中间的危险对立，如今已经是如此渺小而不值一提。皇帝带领手下一同参与了'圣洁的典礼'之后，向牧首告别。事实上，这场仪式就是一场葬礼。帝国行将就木，而这场在最美丽的教堂中，由最后一位英勇皇帝出席的圣礼，正是其灵魂离开躯壳的那一刻。布赖斯先生曾生动描绘过查理大帝的加冕礼，也就是神圣罗马帝国的诞生仪式。如果说那次加冕是历史上最优美的场景之一，那么在圣索菲亚教堂中进行的最后一次基督教圣礼，无疑也是历史上最悲壮的场景之一。"³⁵

在圣礼结束之后，君士坦丁十一世骑马朝着夕阳所在的西方离去。夕阳落山之时，他与朱斯蒂尼亚尼以及托莱多的唐·弗朗西斯科（Don Francisco of Toledo）一同站在了罗曼努斯门后方。

由于守军兵力薄弱，无法同时守住内外两层城墙，再加上外墙尚未完全被毁，因此皇帝决心坚守内城台。为确保无人能从内城台脱逃，他又下令将所有能够通向内城台的军用城门全部关闭锁紧。在守军到达各自阵地之后，城门立刻就被锁上了。也就是说，这将是一场至死方休的决战，要么是突厥人被击退，要么就是守军全军覆没。

午夜时分，皇帝来到吕库斯河谷中的城墙进行巡视。当夜天色昏暗，浓雾弥漫，

---

① 译注："索菲亚"本身便是希腊语中的"智慧"一词。

天空中还降下了大滴大滴的雨点。突然之间,突厥营地中的营火全部熄灭。5月29日凌晨1时30分之前,一切寂静无声。突然之间,城外响起了一阵刺耳的军号、战鼓和呐喊声,这便是突厥人发动总攻的信号。

在吕库斯河谷的主攻方向上,穆罕默德二世将部队组成了三个梯队,依次为巴希巴祖克非正规军、安纳托利亚士兵以及新军,素质最差者最先上阵,最优者最后上阵,非正规军的任务仅在于消耗守军的体力和弹药。在一片疯狂的混乱之中,数千人冲过已经被填满一半的城壕,将云梯架设在填补外墙的掩体上。在矢石、希腊火和热油的攻击之下,他们被打得混乱不堪,只得撤退。但在后方一排手持铁锤和铁鞭的士官(Chaoushes)阻拦下,不得不再次趋前发动进攻。

最终穆罕默德二世将他们撤了下来,并换上了安纳托利亚部队,战斗也因此变得比先前更加激烈。有些奥斯曼士兵冲进了内城台,但又被斯蒂尼亚尼手下那些穿着全副铠甲,几乎没有受伤的士兵击退。在这次攻击以失败告终之后,一万名新军登场了,巴巴罗记载道:"首领带着勇敢的士兵们冲向城墙,他们不像是突厥人,反而像是雄狮。"[36] 当他们开始拆毁工事之时,"朱斯蒂尼亚尼和他手下的小股部队手持着长枪、战斧、长矛和刀剑上前迎战,砍倒了最前方的攻击者。在很短的一段时间之内,战斗演变成了白刃搏斗,双方都无法占据上风"。[37]

与此同时,在朱斯蒂尼亚尼挺身迎战欧洲最强军团之处以北半英里的地方,却发生了一件最终导致城市陷落的不起眼之事。在狄奥多西城墙的三层城墙与环绕着紫衣贵族宫(Porphyrogenitus,即特克福尔宫)、布雷切耐宫的单层城墙的连接处,有一扇被称为"赛马门"(Kerkoporta)[38] 的小城门。这扇城门曾在1204年被安格洛斯王朝的伊萨克二世下令封死,直到最近才重新开放。如今此处也遭到了攻击,突厥人涌过城壕占领了外城台,之后有一小队数量在50人左右的新军发现赛马门无人防守,于是便冲了进去,其他人也紧随其后。他们进入内城台,从侧翼对守军发动进攻,使友军得以占领城墙并进入了城市内部。进攻者立刻扯下了城墙上的圣马可旗①,换上了突厥的军旗。之后他们又洗劫了两座宫殿,而博奇亚迪兄弟则夺回了内城台。到此时为止,此处的战斗似乎已经告一段落了。

---

① 译注:圣马可旗是威尼斯的旗帜,而非罗马或君士坦丁堡的旗帜,之所以悬挂圣马可旗,很明显是因为此处是由威尼斯人驻守的。

但命运却站在了守军的反面。尽管突厥人对吕库斯河谷的第三次攻击已被击退，皇帝也对士兵们高喊说："以上帝之名，勇敢战斗吧！敌人已经在混乱地撤退了！只要上帝允许，我们就要获得胜利了！"[39]可就在君士坦丁十一世呼喊之时，一枚子弹突然射中了朱斯蒂尼亚尼的四肢或者脖子、胸口，使他流血不止。[40]由于剧痛难忍，朱斯蒂尼亚尼被迫从前线后撤去接受急救。虽然皇帝恳求他留在前线，但朱斯蒂尼亚尼疼得厉害，拒绝了皇帝的请求。拜占庭人只好打开了内墙的一座军用城门，将朱斯蒂尼亚尼抬走。[41]

威尼斯史学家们记载说，君士坦丁堡正是因此而陷落的。按照他们的说法，守军因此而陷入了惊慌，导致城墙被敌军攻克，突厥人借此冲入了城市。由于威尼斯向来仇视热那亚，所以这种说法明显是要将责任栽赃到朱斯蒂尼亚尼一人身上。朱斯蒂尼亚尼的撤离可能确实造成了混乱，而穆罕默德二世也没有错过这次机会。他命令新军在一位名叫哈桑（Hassan）的巨人领导下再次发动进攻，但哈桑却被守军杀死，其追随者也被击败了，这足以显示出守军的抵抗并没有因朱斯蒂尼亚尼离开战场而减弱。毫无疑问，实际上的情况应如弗拉斯托（M.Vlasto）所述。[42]也就是说，当那些冲入赛马门的突厥人发现退路已被博奇亚迪兄弟切断之后，便绕道抵达了阿德里亚堡门以南，他们从那里冲向了圣罗曼努斯门，从侧翼攻击守军，使苏丹得以在第五次也是最后一次进攻中占领了内城台。

在突厥人发动这次攻击的同时，守军后方又响起了城市已经陷落的喊叫声，阿德里亚堡门上方飘扬的一面突厥旗帜似乎也印证了这一说法。虽然事实并非如此，但守军却因此而发生了动摇，导致数千名敌军冲入内城台。此时皇帝刚刚从城墙另一处返回，在发现局势危急之后，立刻快马加鞭冲向内城台，沿路召集士兵跟随自己。托莱多的唐·弗朗西斯科跟在皇帝右侧，狄奥菲鲁斯·巴列奥略（Theophilus Palaeologus）跟在皇帝左侧，皇帝本人则一边冲向突厥士兵一边高喊着："上帝不准我做一个没有帝国的皇帝！若城市陷落，我也将战死在此！"[43]不久之后，君士坦丁就被砍倒了。

皇帝死后，城市也终于陷落了，突厥人从四面八方攻入城内，恐慌也席卷了整个城市。随之而来的屠杀虽然非常可怕，但却远不如1204年那一次。到正午时分，穆罕默德二世重新控制住了手下士兵，终止了这场屠杀。大约有4000名男女老少遭到屠杀，房屋遭到了系统性的洗劫，教堂也被疯抢一空，沦为奴隶的男女和儿童人数在5万人左右。另外还有无法计数的书籍被损毁或者出售。[44]

在恢复表面的秩序之后，苏丹进入了圣索菲亚教堂，数千名躲在那里避难的百姓已经沦为俘虏。他命令伊玛目（Imaum）登上圣坛，将教堂献给安拉。之后，当穆罕默德二世环顾四周，看到一片凋零的景象时，他念出了费尔杜西（Firdusi）的著名诗句：

> 蜘蛛在恺撒的宫殿中结网，
> 鸮鸟在阿弗沙卜的塔楼上哀号。

在那之后，穆罕默德二世买下了士兵们俘虏的希腊贵族，命人当着他的面杀死这些人来寻乐，诺塔拉斯大公及其两个年幼的儿子也在受害者之中。

君士坦丁堡彻底化为了一片废墟，城中几乎没有居民了，穆罕默德二世不得不从其他地区移民来补充人口。他很明智地对东正教表现出了宽容的态度，并任命根纳迪乌斯（即乔治·斯科拉里乌斯）为新任牧首。虽然穆罕默德二世铲除了帝国内的封建制度，但对百姓的风俗习惯却没有加以干涉。穆罕默德二世的这个政策非常狡猾，他以支持东正教会独立的方式，在东欧与西欧之间造成了不可修复的裂痕。

这场灾难带来了剧烈的震荡。哈拉姆（Hallam）对此说道："一种惊愕之情，可能也包括自责的感觉，震撼了基督教世界的心脏。"[45]这种感觉并非毫无根据，因为君士坦丁堡的陷落已经使欧洲的东大门洞开。征服伊利里亚半岛和伯罗奔尼撒之后[46]，穆罕默德二世又将矛头指向了塞尔维亚。虽然匈雅提击败了穆罕默德二世，但这位英雄也在不久后死于军中，抵偿了穆罕默德二世的损失。接下来，穆罕穆德二世夺回了西门德拉（Simendra）并在波斯尼亚站稳脚跟。此后他虽然又被摩尔达维亚（Moldavia）的艾蒂安四世（Etienne Ⅳ）击败，但却还是占领了克罗地亚。斯坎德培死后，穆罕默德二世终于下定决心入侵意大利，向罗马城进军，只不过他没能如愿。1480年，穆罕默德二世夺取罗德岛的行动遭遇失败，第二年他本人也去世了。当此之时，奥斯曼帝国的疆域西至多瑙河、东至塔尔苏斯，从黑海延伸到了亚得里亚海。这还只是突厥人在物质层面上的收获，其在精神上的收获还要更大。从1453年开始一直到1683年约翰·索别斯基（John Sobieski）率军打破维也纳之围的两个半世纪里，欧洲政治的一个中心话题便是来自突厥人的威胁。我们将会在后文看到,当1571年奥地利的唐·胡安(Don Juan of Austira)在勒班陀(Lepanto)摧毁突厥舰队之后,威尼斯人便声称撒旦已经死了。

欧洲之所以如此惊恐的原因,并不只是突厥人屡战屡胜,同时也在于基督教世界在经过了一千年纷纷扰扰的统一之后,终于彻底走向了分裂。而物质上的分裂又带来了精神上的分歧。埃涅阿斯·西尔维乌斯·皮科洛米尼(Aeneas Silvius Piccolomini,即后来的教皇庇护二世)此时正在担任神圣罗马帝国皇帝腓特烈三世(Frederick Ⅲ)的秘书,他对基督教世界做出了如下的评论:

> 我对于自己的愿望已经不抱希望了。基督教已经失去了头领,无论是教皇还是皇帝都已经沦为空洞的头衔和装扮华丽的人偶,他们无法服众,也没有人愿意服从他们。每个城市都有自己的国王,各地君主的数量和宅院一样数不胜数。一个人怎么可能说服数量多到无法数清的基督教统治者共同御敌呢?看看基督教世界的情况吧!你们说意大利已经获得了和平,但我却弄不清到底要从哪个角度来看,意大利才能算得上和平。阿拉贡国王(King of Aragon)仍在和热那亚人作战,后者非但不与突厥人作战,反而还向他们纳贡!威尼斯人和突厥人缔结了条约。如果意大利人不愿参战,我们又如何指望在海上作战呢?如你们所知,西班牙也有很多不同的势力、不同的政权,各自都有不同的意图和想法。这些远远住在西方的王公,根本不可能关心东方的事务,而且他们如今也在和格兰纳达(Granada)的摩尔人作战。法国国王已经将敌人逐出了国土,但他仍有很多麻烦,不敢将骑士们派到王国的国界以外,以防英格兰人突然登陆,而英格兰人则一心只想向法国报仇。苏格兰人、丹麦人、瑞典人和挪威人居住在世界的尽头,根本无意参与国外的事务。日耳曼人已经分裂成了碎片,没有任何力量能将他们统一起来。[47]

首先,穆罕默德二世在欧洲建立起了近代意义上的"土耳其"(Turkey),并因此给欧洲留下了一个巨大的奥斯曼难题。其次,随着君士坦丁堡在1453年的陷落,东西两大教会也无可避免地彻底分裂了,自此之后,基督教中的分裂主义便压倒了统一主义。东罗马帝国原有领土上的文明出现了降级现象,艺术、文学和贸易都因突厥人的无知和残暴而受到了压迫。农田无人耕种,工业完全消失,家庭生活也被破坏,人民变成了家畜,道德水准衰落不堪。

不过，随着东部的沉沦，西部却迎来了上升的势头。在君士坦丁堡沦陷前后流亡逃走的希腊人，就好像公元70年耶路撒冷沦陷后流亡的希伯来人一样，走上了用智慧征服世界的道路。而商人的贪婪，对希腊文化和希伯来文化的传播都起到了促进作用。

希腊学者的足迹踏遍西方，科学重新点燃了思想的火花，古老的荷马史诗也再次让普通民众着迷。建筑重新回归古典风格，西塞罗和维吉尔被学者们看作老师，亚历山大和恺撒也被军人们视为教官。所有的这些改变，又因为印刷术这种"思想通货"的发明而得以快速传播。在这次被称为文艺复兴（Renaissance）[48]的人文主义复苏运动之中，多神教的思想逐渐取代了基督教的道德，产生了最为深远的影响。约翰·阿丁顿·西蒙兹（John Addington Symonds）曾说浮士德（Faust）就是这个时代的典型象征，他虽然"将灵魂出卖给了撒旦，但作为回报，他却见到了荷马和亚历山大，而且迎娶了海伦做自己的新娘"。[49]

希腊人的理智之光打破了教权和封建制度造成的僵局。在光芒的照耀下，二者终于被烧成了灰烬。随着君士坦丁堡城墙的倒塌，罗马的精神堡垒也随之崩溃，而封建制度却既没能拯救拜占庭帝国，也没能拯救教皇的权威。另外，二者的崩溃也在整个欧洲撒下了怀疑的种子。被掩盖在僧侣的长袍之下，披着宗教改革外衣的经济危机，最终使财神玛门（Mammon）跃居到了比上帝更高的位置上。

注解

1. *Chedomil Mijatovich*, *Constantine the Last Emperor of the Greeks*, 1892 年, 第 5 至 6 页。
2. *August Friederich Gfrörer*, *Byzantinische schichten*, 1872 年至 1874 年, 第二卷, 第 459 页。
3. *A.A.Vasiliev*, *History of the Byzantine Empire*, 1929 年版, 第二卷, 第 349 页; *Ducas's Historia Byzantina*, 第三十七章, 第 264 页。
4. *J.von Hammer*, *Histoire de l'Empire Ottoman*, 1835 年, 第二卷, 第 426 页。
5. 在此之后,苏丹杀死兄弟的行为被合法化了。
6. *Halil Ganem*, *Les Sultans Ottomans*, 第一卷, 第 147 页。
7. *George Finlay*, *A History of Greece, etc.*, 1877 年版, 第三卷, 第 498 页。
8. 引用自 *Edwin Pears*, *The Destruction of the Greek Empire and the Story of the Capture of Constantinople by the Turks*, 1903 年版, 第 292 至 293 页。
9. *Edward Gibbon*, *The Decline and Fall*, 第七卷, 第 172 页。
10. *J.von Hammer*, *Histoire de l'Empire Ottoman*, 第三卷, 第 68 页。
11. *The Decline and Fall*, 第七卷, 第 170 页。
12. *A.A.Vasiliev*, *History of the Byzantine Empire*, 第二卷, 第 348 页。引用自 *Barbaro's Giornale dell' assedio di Constantinopli*, 1856 年版, 第 2 页。
13. 关于穆拉德一世对新军做出的规定,参见 *Chedomil Mijatovich*, *Constantine the Last Emperor of the Greeks*; *Ahmed Djevad Bey*, *Etat Militaire Ottoman depuis la Fondation de l'Empire*, 1882 年版, 第 66 页。
14. *Early Travels in Palestine*, 托马斯·莱特编辑版, 1855 年版, 第 363 至 366 页。
15. *The Cambridge Medieval History*, 第四页, 第 698 页。
16. 在火炮得到广泛应用之前,就已经有大型武器能投掷或发射比穆罕默德二世所使用者更重的石弹了。在 1346 年的扎拉围攻战中,威尼斯人曾发射过 3000 磅重的石弹。1373 年,热那亚人在围攻塞浦路斯时也使用了重量相近的石弹。爱丁堡的"疯狂梅格"铸造于 1455 年,其使用的花岗岩炮弹直径达到了 21 英寸。
17. 参见 *Gustave Schlumberger*, *Le Siège, La Prise et la Sac de Constantinople par les Turcs en 1453*, 1922 年版, 第 58 至 60 页。
18. *Histoire de l'Empire Ottoman*, 第二卷, 第 398 页。
19. *The Cambridge Medieval History*, 第四卷, 第 695 至 696 页。另可参见 *Edward Gibbon*, *The Decline and Fall of the Roman Empire*, 伯里编辑版, 第七卷, 第 180 页。所有这些数字都不可信。
20. 对突厥人非常有利的一点是,在他们此前占领的各行省中,那些由君士坦丁堡牧首任命的主教,在突厥人统治下依然享有基督徒社区的民事及宗教管理权。
21. *George Phrantzes*, *Chronicle of Constantinople*, 1838 年版, 第 239 页。(参见 *Mijatovich*, 第 155 页)
22. *The Slavonic Chronicler*, 第 27 页。(参见 *Mijatovich*, 第 156 页)
23. 这些火炮使用 5 至 10 枚铅弹作为弹药。参见 *E.A.Vlasto*, *1453 Les Derniers Jours de Constantinople*, 1883 年版, 第 84 页。
24. 这并不是一个新的点子,早在 1422 年的卡洛尔斯坦围攻战(Siege of Carolstein)中,"科里布特(Coribut)"曾命令将那些被守军杀死的士兵尸体与两千车肥料一起投进城内"。参见 *Sir Ralph Payne-Gallway*, *The Projectile-Throwing Engines of the Ancient*, 1907 年版, 第 39 页。
25. 根据舒伦堡(*Schlumberger*, 第 126 页)的说法,热那亚战舰的船长分别为开俄斯的莱昂纳多(Leonardo of Chios)、莫里斯·卡塔尼奥(Maurice Cattaneo)、纳瓦拉的多米尼克(Domenico of Navarra)以及费利西亚诺的巴普蒂斯托(Baptisto of Felliciano),而拜占庭运输船的船长名叫弗兰士塔尼拉斯(Phlantanelas)。这些人的表现极为英勇,值得留名青史。

26. J.von Hammer 引用自 Ducas，参见 Histoire de l'Empire Ottoman，第二卷，第 405 页。
27. 这也不是穆罕默德二世首创的办法。冯·汉默给出了很多先例（J.von Hammer，第二卷，第 405 至 408 页）。
28. The Slavonic Chronicler，第 116 页。（参见 Mijatovich，第 174 页）
29. J.von Hammer, Histoire de l'Empire，第二卷，第 417 页。
30. 与马其顿国王腓力二世在公元前 340 年围攻拜占庭时挖掘的地道相比，此时挖掘地道的技术并没有太多进步。其主要目标是在对方城墙下方挖出一个空洞，用木梁支撑空洞的顶部之后，再放火将其烧毁，使城墙坍塌。
31. The Slavonic Chronicler，第 12 页（参见 Mijatovich，第 186 页）。"那个地方就好像是被闪电击中了一样，整片土地都震动起来，在一片绿色的旋风之中，突厥人也被炸上了天，尸体和木材的碎片纷纷落入城市和军营之中。守军逃离了城墙，进攻方也从壕沟中逃走了"。如果这个记载可信，那么这便是第一份关于在地道中引爆炸药的记录。
32. Phrantzes，第 269 页。（引用自 Mijatovich，第 201 至 202 页）
33. 参见 Schlumberger，第 259 页，引用自 Critobulus。
34. 演说内容由亲历者弗兰齐斯记载（第 271 至 278 页）。
35. The Destruction of the Greek Empire，第 330 至 331 页。
36. 同上，第 340 页。
37. 同上，第 341 页。
38. 根据亚历山大·范·米林根的说法，这道城门的全名是"木马门"（Porta Xylokerkou）（Byzantine Constantinople, the Walls of the City and the Adjoing Historical Site, 第 89 至 94 页）。皮尔斯先生（Mr.Pears）对此表示怀疑。
39. Phrantzes，第 283 页。（参见 Mijatovich，第 215 页）
40. 5 月 27 日他就已经被一枚弹片击伤过。
41. 他后来被抬到了自己的战舰上，几天后死于开俄斯岛或前往开俄斯岛的途中。在埋葬朱斯蒂尼亚尼的圣多米尼克教堂中，可见其墓志铭："热那亚贵族、开俄斯岛的豪商，著名的约翰·朱斯蒂尼亚尼长眠于此，他曾在君士坦丁堡之战中抗击突厥人，担任东方基督徒最后一位皇帝君士坦丁的大元帅（Generalissimo），死于致命伤。"
42. E.V.Vlasto，1453, Les Derniers Jours de Constantinople，第 126 页。
43. Chedomil Mijatovich, Constantine the Last Emperor of the Greeks，第 220 页。
44. 君士坦丁堡的公共图书馆据说藏书多达 60 万卷（Lebeau，第 294 页）。吉本引用红衣主教伊西多尔的说法，记载说有 12 万卷藏书被毁。
45. Henry Hallam，View of the State of Europe during the Middle Ages，1858 年版，第二卷，第 136 页。
46. 当时已经被改建为圣母教堂的雅典帕特农神庙也被穆罕默德二世改建成了清真寺。
47. 引用自 G.Voigt，Enea Silvio Piccolomini，1862 年版，第二卷，第 118 至 119 页。
48. 当然，诚如瓦西列夫所言，君士坦丁堡的陷落并非文艺复兴的直接诱因。早在君士坦丁堡陷落之前，文艺复兴的浪潮便已经在 15 世纪上半叶席卷了整个意大利。但"拜占庭人将大量古典著作带到了西方，使它们免于被突厥人毁灭的命运，并借此为人类的未来命运做出了巨大贡献"（History of the Byzantine Empire，第二卷，第 433 页、第 444 页）。
49. Edwin Pears, The Destruction of the Greek Empire，第 409 页。

大事记
西班牙的再征服与统一

西班牙不仅被比利牛斯山切断在欧洲的其他部分之外，而且被摩尔人所统治。直到1037年号称"大帝"（El Magno）的费尔南多一世（Fernando I，1028年至1065年在位）建立卡斯蒂利亚王国之后，西班牙才重新回到了欧洲历史的进程之中。费尔南多采用了"西班牙人的国王"（King of the Spains）这一头衔，着手将西班牙的所有基督徒联合起来，而且取得了一定的成功。通过迎娶莱昂的阿方索五世（Alphonso V of Leon）之女，他将莱昂与加利西亚（Galicia）纳入到自己的统治之下。接下来，他又发动了被西班牙人称为"再征服"（Reconquista）的运动，开始从摩尔人手中夺回失地。

费尔南多取得了可观的成果。他一路推进到了塞维利亚城下，倘若其他基督教王国也能支持他，费尔南多本可能立刻夺回整个西班牙。虽然这些王国互相长期不和，他的儿子阿方索六世（Alphonso VI，1065年至1109年在位）还是在1082年将战争推进到了远至塔里法（Tarifa）的范围。1085年，阿方索六世征服托莱多，获得了一个决定性的胜利。安达卢西亚的摩尔人认定自己即将大难临头，只好向摩洛哥阿尔摩拉维德人（Almoravides，一个柏柏尔人部落）的埃米尔优素福·伊本·塔什芬（Yusufu ibn Tashfin）求援。可是当优素福进入西班牙之后，却变成了主人而非盟友。他控制住了所有的摩尔人，并于1086年10月23日在巴达霍斯（Badajoz）附近的萨拉卡（Zallaca）击溃了阿方索六世的军队，只不过他没能占领托莱多。

在西班牙南部的奢华环境中,阿尔摩拉维德人很快便堕落了。阿拉贡国王"武士"阿方索一世(Alphonso I of Aragon, the Battler)在1118年占领了萨拉戈萨(Saragossa),之后又在1120年对阿尔摩拉维德人开战,并在库坦达(Cutanda)击溃了对手。1126年,他在阿林索尔(Arinsol)第二次击败了阿尔摩拉维德人。当他在1134年去世后,阿拉贡和加泰罗尼亚永久性地合并成了一个国家。到1135年,他的继子阿方索七世(Alphonso Ⅶ,1135年至1157年在位)在莱昂加冕为卡斯蒂利亚国王以及"全西班牙皇帝及两信仰子民之王"(Emperor in Spain and King of the Men of the Two Religions)。1444年,阿方索七世占领了科尔多巴,并于1447年向南推进到了阿尔梅里亚(Almeria),迫使诸摩尔王公向其称臣。当他在1157年去世之后,卡斯蒂利亚和莱昂又分裂成了两个国家。

1147年,法国和日耳曼的骑士在展开第二次十字军东征之前,首先攻克了里斯本(Lisbon)并将其交给了勃艮第公爵亨利之子阿方索·恩里克斯(Alfonso Henriques),后者也因此成为第一位葡萄牙国王。接下来在1148年,来自阿特拉斯山脉,曾在1125年征服阿尔摩拉维德人非洲帝国的阿尔摩哈德(Almohades)部落民涌入了西班牙。在12世纪下半叶中,他们首先征服了阿尔摩拉维德人,之后又击退了基督徒前进的步伐。1196年7月18日,阿尔摩哈德人在雷亚尔城(Ciudad Réal)以西的阿拉科斯(Alarcos)击溃了卡斯蒂利亚国王阿方索八世(Alphonso Ⅷ of Castile,1158年至1214年在位),给对方造成了重大损失。教皇英诺森三世不断呼吁西班牙所有基督教王国联合起来共同对抗外敌,并终于获得了成功,阿拉贡、纳瓦拉、葡萄牙和卡斯蒂利亚在很多外国骑士的支持下,以阿方索八世为领袖建立了一个邦联。1212年7月16日,他们在纳瓦斯—德托罗萨会战(Battle of Las Nevas de Tolosa)中击溃了阿尔摩哈德人。这是一场完胜,基督徒就此确立了自己在西班牙的优势地位。

1214年,阿方索八世去世,卡斯蒂利亚王位也在1217年被传给了其女贝兰加里亚(Berangaria)的儿子费尔南多三世(Fernando Ⅲ,1217年至1252年在位),后者永久性地将卡斯蒂利亚和莱昂合并了起来,之后又继续展开十字军行动。1236年,费尔南多征服了科尔多巴。1248年,他又在已经臣服于自己的格兰纳达摩尔人国王支援下攻克了塞维利亚。与此同时,阿拉贡国王"征服者"哈梅斯一世(James I of Aragon, the Conqueror)先是在1229年夺取了巴利亚利群岛,之后又相继在1238

年和1265年征服了巴伦西亚（Valencia）和穆尔西亚（Murcia）。这些最后的征服行动，也给整个再征服运动暂时画下了一个休止符。除格兰纳达的摩尔王国和加的斯（Cadiz）以西的一系列港口以外，整个西班牙都已经回到了天主教廷的统领之下。

再征服行动之所以进行得如此缓慢，其原因除西班牙各基督教国家不够团结以外，很大程度上也是由于战争性质所导致的。这些战争几乎完全由偶然的遭遇战和散兵战斗组成，不存在任何组织、纪律和补给体系。会战不仅数量很少，而且互相之间的间隔时间也很长，而突袭行动却十分常见。这些突袭的主要目标并非将对方引入会战，而只是想要获取战利品或单纯地进行抢劫。由于双方士兵都是骑马作战的，农田中的居民只好越来越多地前往有城墙的城镇和大批城堡中寻求保护，这些城堡的遗迹如今也仍遍布在整个西班牙境内。而这又导致城邦政治重新抬头，各城市都能实现某种程度上的自给自足，负责管理公共事务的，则是一种原始的民主政府。

在纳瓦斯—德托罗萨大捷之后，无人试图统一西班牙，各基督教国家甚至不曾尝试去组织一个松散的邦联。事实上，在"征服者"哈梅斯之子、阿拉贡国王佩德罗三世（Petro III of Aragon，1276年至1287年在位）的领导下，西班牙反而变得比先前更加分裂了。在与贝内文托的曼弗雷德（Manfred of Beneventum）之女康斯坦斯（Constance）结婚之后，佩德罗成为那不勒斯和西西里的霍亨施陶芬家族对抗安茹公爵查理的代表。如前文所述，查理曾在1268年的塔利亚科佐会战中击败了康拉丁。1282年，趁着西西里晚祷起义（Sicilian Vespers）导致查理在西西里失势的机会，教皇将西西里王位许诺给了佩德罗三世，后者也率军在西西里登陆，解了墨西拿之围，将查理军队的残部赶进了卡拉布里亚。阿拉贡与安茹在南意大利的争斗也就此拉开了序幕。

此时西班牙境内的情况有如下述：卡斯蒂利亚正在努力同化其征服的土地，而且陷入了内战之中；阿拉贡的注意力主要集中在西西里、撒丁尼亚和那不勒斯，而非西班牙本土；纳瓦拉的野心在于法国；葡萄牙已经将希望的目光投向了大西洋彼岸；卡斯蒂利亚与莱昂，阿拉贡与加泰罗尼亚已经分别合并。以上便是在西班牙走向统一的过程中，前二百年战争所达成的全部成果。

此后将近一个世纪的时间里，无人尝试将卡斯蒂利亚和阿拉贡联合起来。卡斯蒂利亚因接连出现短命国王，且继承者多为少不更事的孩童而陷入了瘫痪，阿拉贡也因为其对意大利的野心而无暇他顾。在卡斯蒂利亚，直到"残酷者"佩德罗（Peter the Cruel，1349年至1369年在位）的统治告终为止，其内部始终充斥着各种动荡和内战，直到特拉斯塔马拉的恩里克二世（Enrique Ⅱ of Trastamara，1369年至1379年在位）登基才终于恢复了国内的秩序。

下一件引人注目的大事发生在1406年。在这一年，胡安二世（Juan Ⅱ，1406年至1454年在位）继位，成为卡斯蒂利亚国王。此时他尚且年幼，因此他的叔父、卡斯蒂利亚国王胡安一世（Juan Ⅰ of Castile）与阿拉贡国王佩德罗四世（Petro Ⅳ of Aragon）之女埃莉诺（Eleanor）所生的儿子——安特克拉的费尔南多（Fernando of Antequera）被任命为摄政。这一任命又因为以下事件而变得极为重要。由于阿拉贡国王马丁一世（Martin Ⅰ of Aragon，1395年至1410年在位）在1410年去世时没有留下子嗣，因此爆发了一场关于继承人问题的长期争执。直到1412年，卡斯佩的科尔特斯（Cortes of Caspe）才提出应由费尔南多来继承阿拉贡王位。按照继承法，科尔特斯本应将王位献给卡斯蒂利亚国王胡安二世，也就是费尔南多兄长的儿子，但此时阿拉贡和卡斯蒂利亚还没有为统一做好准备。可尽管如此，选择费尔南多继承王位，让他成为阿拉贡国王费尔南多一世（Fernando Ⅰ of Aragon，1412年至1416年在位），毫无疑问是西班牙走向统一的重要一步。

卡斯蒂利亚国王胡安二世死后，王位被传给了他的儿子"无能者"恩里克四世（Enrique Ⅳ the Impotent，1454年至1474年在位），当后者也在1474年去世之后，其名义上的女儿胡安娜（Joanna）的继承权受到了恩里克的妹妹伊莎贝拉（Isabella）挑战，后者宣称应由自己继承王位。早在1469年，伊莎贝拉便已经与自己的表亲、特克拉的费尔南多之孙、阿拉贡国王胡安二世之子费尔南多结婚。阿拉贡的胡安二世在1479年去世时将王位传给了儿子费尔南多，伊莎贝拉则在1474年12月13日被拥立为卡斯蒂利亚和莱昂的女王。

这样一来，卡斯蒂利亚和阿拉贡这两个王国便在两位夫妻君主的统治下合二为一了。除纳瓦拉和格兰纳达之外，整个西班牙也因此完成了统一。但毫无疑问的是，若非伊莎贝拉重新拉开了再征服行动的大幕，这个统一很可能无法永久维持下去。严格来讲，再征服运动从未完全停止，但自从"征服者"哈梅斯的时代以来，其进展便已经陷入了停滞。1410年，时任卡斯蒂利亚摄政的费尔南多一世从摩尔人手中夺回了安特克拉。1431年，西班牙人又入侵了格兰纳达，并在伊格鲁埃拉会战（Battle of Higueruela）中获得了胜利。1462年,在经过无数次围攻之后,直布罗陀巨岩（Rock of Gibraltar）终于被割让给了卡斯蒂利亚。从此时起直到1476年,卡斯蒂利亚内部的混乱导致再征服运动再次陷入了停滞。但就在这一年里,当伊莎贝拉向阿里·阿布尔·哈桑（Ali Abul Hassan,1466年继承了格兰纳达王位）索要其父伊斯麦尔三世（Ismail Ⅲ）许诺的年贡之时,哈桑却回答说"如今格兰纳达的钱币已经不再用金银铸造,而改由钢铁打造了"。这个回答就意味着战争,而这场战争也注定将揭开西方历史上以大西洋为轴心的新篇章——整个欧洲的面貌即将发生剧变。

马拉加的围攻（1487年）
与格兰纳达的征服（1492年）

第十九章

费尔南多和伊莎贝拉在 1479 年共同接掌阿拉贡和卡斯蒂利亚时，这两个王国只是在名义上得到了统一。根据二人的婚姻约定，所有王室宪章均由二人共同签发，钱币上也同时铸有二人的头像，卡斯蒂利亚的政务由伊莎贝拉全权负责，阿拉贡则由费尔南多负责。因此从政治上来讲，卡斯蒂利亚和阿拉贡仍然保持着各自的独立，若想要让二者真正地合而为一，必须要进行一些巨大的冒险行动，而这个行动的目标又必须单纯到能够让卡斯蒂利亚和阿拉贡放弃各自的私利以及互相之间的猜忌，将注意力集中在一个对全体西班牙人都极为重要的事业之上。

尽管宗教在这次征服中起到了重要作用，但只靠宗教显然是不够的。其他必要条件还包括：一位领袖、一个能让人们团结一致的手段以及一个为人们共同恐惧的敌人，因为恐惧就像磁石一样，能将所有人吸引到一起。在领袖方面，伊莎贝拉女王本身便足以担当了。她是一位热情的天主教徒，同时也是一位务实的女性。团结人民的任务则可由教皇西斯都四世（Pope Sextus Ⅳ）在 1478 年建立的西班牙异端裁判所（Spanish Inquisition）[1] 来承担。至于最后一项，让众人所共同恐惧的敌人，自然也可以从人民对穆斯林再次发动大规模入侵的担心之中找到，因为非洲从不缺乏兵源。

伊莎贝拉本人的个性，不仅始终支配着西班牙，还成为号召全国上下进行战斗的旗帜。此时正是骑士精神大行其道的年代，有很多人的思维方式都与唐吉诃德相差不多，伊莎贝拉激发出了他们的热情，而这一点是任何男性领袖都无法做到的。[2] 在众多常常存在浮夸之言的赞歌之中，德·莫尔德·拉克拉维埃（de Maulde la Claviere）对于伊莎贝拉的描述揭示了事实所在，他写道：

她是各种不同英雄主义的奇妙结合体。她勇敢、坚定，但与悍妇绝不沾边。在花费整晚时间发布命令之后，她还能安静地在布料上绣出一幅宗教图案，或是像法兰西的安妮（Anne of France）一样教导自己的女儿们。对于自己的个人私事，她十分单纯简朴，而对于公共事务，她又会变得铺张卖弄。她是一流的辩手，常常涉足高深的哲学话题，时不时在讨论中使用一些日常词语来表示果断而又独到的意见。她深邃的蓝色眼睛能够用温暖但又足以匹配其名誉的王室风度来点燃同伴的热情。真是个奇妙的女人啊！她像法兰西的安妮一样热情、诚实、直率而又顽固。她是一位全心全意的朋友，也是一位充满爱意的母亲，曾在孩子夭折时痛不欲生。作为一个纯粹的女人，她甚至宣称自己只在世界上见过四种美丽的形象——战场上的士兵、圣坛上的牧师、卧榻上的美女以及绞刑架上的盗贼。[3]

作为团结人民的手段，虽然异端裁判所最后演变成了一个迫害工具，但诚如特雷弗·戴维斯先生（Mr.R.Trevor Davies）所言，"这个异端裁判所，事实上是西班牙人强烈追求种族纯洁的产物，这种追求在世界各地都不罕见"，而对西班牙来说，"种族纯洁和宗教正统互相依存"。戴维斯更进一步说道："作为加强王权、统一国家的工具，异端裁判所起到了无可置疑的作用。"[4] 只要我们了解下面的一些事实，就很容易理解这个问题了。大体上来讲，一个民族的伟大程度，总是与其统治者对异族、异端的不容忍态度成正比，只要这种不容忍的态度既有其神话根源，也有英雄般的目标即可。此二者都可以在当时的西班牙找到——神话根源可以在由圣伊格纳提乌斯·洛约拉（St.Ignatius Loyola）创立的耶稣会（Society of Jesus）中找到，而英雄般的目标，也能在被《唐吉珂德》（Don Quixote）所抨击的骑士精神中找到。

最后，一个令人恐惧的敌人，也正好于此时出现了。而且这个敌人威胁的不单单只是西班牙，更是整个西方基督教世界。奥斯曼帝国的扩张，唤醒了人们对711年以及之后历次穆斯林入侵的记忆。虽然此时奥斯曼人已经被阻挡在了多瑙河与亚得里亚海一线，但无人能肯定伊斯兰教徒的攻势不会再次沿着非洲海岸线西进，而马拉加（Málaga）距离摩洛哥也只有一天的航程。在长达数个世纪的时间里，西班牙基督徒始终为此感到害怕，再加上西班牙本身在西方也和拜占庭在东方一样都是基督教世界的桥头堡，因此这种情况也让整个欧洲感到恐慌。突然，在1481年12月26日，又发生了一件出乎人们预料之事，使所有能促使西班牙统一的因素都汇合在一起发挥出了效力。在那一天，误判了卡斯蒂利亚国内局势的格兰纳达国王阿布尔·哈桑，在夜幕和狂风的掩护下突袭了隆达（Ronda）西北的设防城镇扎哈拉（Zahara），杀死了城中的卡斯蒂利亚守军，将所有居民卖为奴隶。事实上在过去的700年中，双方曾进行过很多次这种突袭，但这一次却注定要成为摩尔人的最后一次突袭。它不仅带来了摩尔人的末日，而且也带来了西班牙的统一和一个全新的帝国。

尽管费尔南多和伊莎贝拉此时远没有做好迎战的准备，但是加的斯侯爵莱昂的唐·罗德里戈·庞斯（Don Rodrigo Ponce de Leon, Marquis of Cadiz）却发挥自己的主动精神进行了报复行动。1482年2月28日，他奇袭并占领了格兰纳达西南约25英里处的阿尔哈马镇（Alhama）。听说这场胜利之后，此时正停留在巴拉多利德（Valladolid）附近的梅迪纳—德尔坎波（Medina del Campo）地区的国王和女王立刻意识到，格兰纳达很可能会动用全部兵力来对付加的斯侯爵，因此便决定率军前去支援。

多亏他们选择了进行支援。到3月5日，阿布尔·哈桑就已经率领着一支强大的军队出现在了阿尔哈马城外。但由于行动仓促，他将自己的攻城纵列留在了格兰纳达。当他到达阿尔哈马之后，又发现此处的防御太强，只能用饥饿来迫使敌军投降。接下来，当他围困了阿尔哈马之后，却又听说援军已经在赶来的途中了，于是只好在3月29日解除围困返回格兰纳达去找攻城纵列。在他返回阿尔哈马并部署好攻城武器之后不久，费尔南多便带着军队赶到了。阿布尔·哈桑担心自己遭到加的斯侯爵和费尔南多的夹击，再次解围撤退。5月14日，费尔南多率军进入了阿尔哈马。

费尔南多将军队集结在阿尔哈马，并于7月1日率领着一支拥有4000名骑兵和12000名步兵的军队前去进攻位于安特克拉至格兰纳达大路上的罗哈（Loja）。但他在途中遭遇了伏击，被打得惨败。若不是格兰纳达发生了宫廷政变，这场战争本可能会就此结束。在政变中，阿布尔·哈桑被后来号称"小王"（el Chico）的儿子博阿布迪尔（Boabdil）推翻，不得不前往自己在马拉加的兄弟、号称"勇士"（El Zagal）的阿卜杜拉那里避难。[5]

在此期间，与先前的诸多战事一样，这场战争已经降级成了一系列断断续续的小战和散兵战。直到一场灾难突然降临在西班牙两位君主的身上，这一情况才发生了变化。1483年春季，加的斯侯爵在圣地亚哥骑士团大团长（Grand Master of Santiago）伴随下从安特克拉出发前去突袭马拉加郊区。军队在穿过阿萨尔基亚（Axarquia）山地时，突然在隘路中遭到了"勇士"阿卜杜拉攻击，全军覆没，其悲惨程度比费尔南多在罗哈的失败更甚。但这场胜利带来的最终结果却对摩尔人非常不利。若没有这一战，战争可能又会像原来一样被无限期地拖延下去。可是在听说阿卜杜拉的胜利之后，格兰纳达的博阿布迪尔对叔父的声望又妒又怕，因而决定与其一争高下。他集中了9000名步兵和700名骑兵去攻击位于罗哈西北方的卢塞纳（Lucena），但在准备展开围攻之时却遭到了卡布拉伯爵（Count of Cabra）的攻击，博阿布迪尔也战败被俘。

卡布拉伯爵发现俘虏的身份之后，立刻给位于比多利亚（Vitoria）的国王、女王送去了一份加急文书。费尔南多急忙南进，在科尔多巴召集了一次战争会议。在经过激烈的讨论之后，费尔南多决定释放博阿布迪尔，条件则是要他与西班牙站在同一阵线之上。这样一来，摩尔人本身也将陷入不断的内斗之中。另外，双方还达成了一些更重要的条款：西班牙将与博阿布迪尔停战两年，后者每年要向西班牙的两位君主缴纳12000枚达布隆金币（Doubloon）；博阿布迪尔必须允许西班牙军队自由穿过其领土去与他的父亲和叔父作战；在受到召唤之时，博阿布迪尔必须参加科尔特斯会议；另外，他还要交出儿子作人质。博阿布迪尔接受了这些耻辱的条件，而这也就意味着，格兰纳达王国已经被撕成了两个部分，二者将被相继摧毁。

从战略上讲，敌人内部的分裂使费尔南多和伊莎贝拉获得了一个天赐良机，可以扫除摩尔人在西班牙的统治，决不能轻易放过。如今，一切完全取决于他们手中的战术工具，但在这一点上，二人绝不可能感到满意。两位君主手中的军队只是一支临时纠集起来的封建部队，虽然英勇无畏，具有骑士精神，但同时却也缺乏纪律，不切实际。命令还要依靠摇铃来传达，就好像教堂召唤牧师们来做礼拜一样。在战斗开始之前，双方将领总会先做比武来一决胜负。即使真的爆发了会战，也不过是一场由运气或勇气来决定一切的混战而已。[6]倘若朱利安·德·拉·格拉维耶（Jurien de la Gravière）的名句"军队的历史就是民族的历史"[7]所言不虚，我们从摩尔战争中发生在西班牙军队身上的变化，就足以看到费尔南多和伊莎贝拉在这一时期给整个民族带来了多么巨大的进步。到这场战争结束时，西班牙陆军已经发展成了全世界最精锐的军队，这支由"伟大统帅"科尔多巴的贡萨尔沃（Gonsalvo of Cordova，1453年至1515年在世）创立起来的军队，直到1643年的罗克鲁瓦会战（Battle of Rocroi）才终于被大孔代（Great Condé，1621年至1686年在世）击败。

伊莎贝拉所面对的首要问题在于，必须找到一个理由，让她能将麾下部队凝聚成一个整体。由于此时西班牙在政治上还没有实现真正的统一，因此她很难将军队的凝聚力建立在民族精神之上。在各地的爱国精神能够统一为西班牙的民族精神之前，她必须先创造出另一种具有吸引力的观念。为此，伊莎贝拉和费尔南多为战争增加了一层宗教性质。也就是说，他们给这场争取政治解放的战争披上了十字军的外衣，而奥斯曼帝国近期在东欧取得的胜利也对他们起到了促进作用。在基督徒攻克阿尔哈马的前一年，穆罕默德二世攻克了奥特朗托，让整个基督教世界为之一震。

第二年，当教皇西斯都六世（Pope Sextus Ⅵ）听说西班牙人攻克了阿尔哈马之后，立刻便感到喜悦不已，给费尔南多和伊莎贝拉送去了一个巨大的银制十字架作为节徽，后来费尔南多每次出战都会佩戴着它。每攻克的一座城镇，他都会将这个十字架摆在城里最高的地方供人们顶领膜拜。另外在战争期间，费尔南多和伊莎贝拉也会经常出现在前进的军队之中，以增强士兵们的凝聚力。诚如梅里曼（Merriman）指出的：“这是防止营私结党的贵族们叛变，维持军队秩序和纪律的最可靠方法。君主们只有以身作则，才能说服士兵们责无旁贷地履行自己的义务。”[8]

正确地说，从1483年开始，伊莎贝拉就成为整个事业的灵魂。到她的孙子、神圣罗马帝国皇帝查理五世（Charles Ⅴ）的时代，这场十字军运动已经演变成了一个庞大的泛西班牙运动，并最终建立起了一个自查理曼时代以来便不曾出现的庞大帝国。在费尔南多于前线战斗之时，伊莎贝拉则在筹备后勤工作。在这场漫长的战争之中，她也证明了自己是历史上最出色的后勤司令之一。

尽管格兰纳达王国仅有东西长200英里、南北长60英里这样一块不大的疆域，但由于其地形多山，难以为军队供应给养，因此要将其征服也还是非常困难的。格兰纳达境内道路稀少，但却有大批要塞堡垒，其中大部分不是建在山头上，就是建在峭壁的边缘。若不是火炮的出现，这些要塞根本不可能陷落。而此时正处于火炮发展的早期阶段，火炮非常笨重，必须有良好的道路才能运到前线。也正是因为这些城堡的存在以及补给的困难，才导致一直以来的野战行动完全被局限于骑兵突袭（Cavalgada）的层面上。由于这种战斗很难取得永久性的战果，遂导致再征服行动进展十分缓慢。另外，由于骑兵在围攻战中起不到太大作用，所以伊莎贝拉也将注意力放到了炮兵、工程师和步兵的身上。

伊莎贝拉使用了三种征兵手段：首先是封建征召兵，但由于这些士兵的独立性太强，缺乏纪律，因此并不可靠；其次，她利用起了刚刚建立起来的警备部队（Hermandad），将他们改组成了国家军队的原型；最后，她又雇用了大批瑞士佣兵，这也是当时欧洲最负盛名的步兵部队。[9]除上述人员以外，日耳曼、英格兰、法国也有大批志愿者涌到西班牙加入十字军行动，其中最显赫者为英王爱德华四世（Edward Ⅳ）的妻舅爱德华·伍德维尔爵士（Sir Edward Woodvill），此人继承了其兄的斯凯尔斯勋爵头衔。

伊莎贝拉面对着三个主要问题：一、如何占领那些城堡？二、如何为围攻部队提供补给？三、如何摧毁目标城镇或城堡周围的土地？第一个问题需要炮兵纵列来解决，第二个问题需要补给纵列来解决，第三个问题则需要一支专门用于蹂躏土地的部队来负责。为解决第一个问题，伊莎贝拉从法国、日耳曼和意大利邀请了大批铸炮专家来到西班牙开设锻造坊和火药工厂，炮弹既有国产的，也有从西西里、弗兰德斯和葡萄牙等地进口而来的。弗朗西斯科·唐·拉米雷斯（Don Francisco Ramirez）被任命为炮兵指挥官，而他也组建了一支"此时欧洲任何一位君主都不曾拥有的"炮兵纵列。[10]

最大型的火炮身管长 12 英尺，口径为 14 英寸。这些火炮都是用两英寸宽的铁条制成的，由铁箍和螺栓将所有组件固定在一起，可以发射铁制或大理石制的弹丸。有时它们也会发射一种燃烧弹，据一位目击者回忆称，这种燃烧弹"飞过空中时会在背后洒下一片火花，让守军感到绝望。当炮弹落在高楼的屋顶上时，经常会引发大范围的火灾"。[11] 这种大型火炮既无法升降炮口，也无法左右旋转。它们被安装在没有轮子的木制炮架上[12]，必须由驮牛拉着才能穿过复杂地形，军队甚至还要为其准备专门的道路。为了让火炮能够通行，军队需要雇佣大量的开路工人，据说在坎比尔围攻战（Siege of Cambil）中，单为修建一条道路，西班牙军队就使用了6000 名开路工人。

补给纵列主要由骡子组成，其数量非常庞大，据说达到了八万头之多。破坏部队担负的工作则非常可怕。按照普雷斯科特（Presoctt）记载："自战争第二年开始，就有三万名后勤人员专门负责这项任务。他们破坏农庄、谷仓以及大批由小河推动的磨坊。他们将葡萄树连根拔起，将橄榄园化为废墟，橙子、杏仁、桑树和其他所有在这片富饶土地上繁茂生长的物种都不能幸免。"[13]

除上述的准备工作以外，伊莎贝拉还在军队中引入了两套著名的组织体系，即野战通信系统和医疗系统。很多帐篷都被专门用于照料伤员，梅里曼也说"这是史上第一个可以相当于现代野战医院的野战医疗系统"。[14]

这支集中在科尔多巴的军队，据说总人数达到了八万人之多，军中的驮兽数量也与此相当。士兵中包括 10000 名至 12000 名骑兵、20000 名到 40000 名步兵以及数量不详的炮手、地道工、开路工和征发队人员。如果我们考虑到格兰纳达的地形以及行动目标的复杂程度，那么即使八万这个数字存在一些夸张成分，完成目标所需的实际军队规模也必然还是很大的。

除陆军以外，卡斯蒂利亚舰队也在战争中起到了重要作用，其主要任务是切断非洲摩尔人与其格兰纳达亲族之间的联系。阿尔哈马被攻陷之后，阿布尔·哈桑的第一个反应便是向摩洛哥的美林尼提（Merinites）求援。作为回应，伊莎贝拉命令卡斯蒂利亚舰队南下。只不过在这个阶段，舰队还没有适于执行封锁任务的基地。

总体而言，西班牙人采用了一种逐步压迫的消耗性战略，其要点如下：一、在格兰纳达南部海岸建立海军基地；二、封锁海岸线，切断格兰纳达与摩洛哥的联系；三、蹂躏格兰纳达本土。[15] 此外，在这个消耗战略的掩护之下，西班牙还将系统性地逐步对各城堡进行围攻。作为陆军的总指挥官，费尔南多施行了一项政策——他宽大地对待每一个投降的城镇和城堡，对抵抗者则一律从严处置。对于先投降后来又造反的贝内马克斯（Benemaquez），费尔南多在第二次占领该城之后，将110名居民领袖吊死在了城墙上，其余居民也被卖为奴隶，城市本身则被夷为了平地。普雷斯科特在评论这次暴行时说："费尔南多通常采用的人道政策似乎更为有效。这次凶残的报复行为，只能让对方感到愤怒，而不是害怕。"[16]

1485年，一切准备停当之后，费尔南多发动了征服格兰纳达的第一次战役。按照他的消耗战略，其首要目标是占领马拉加和阿尔梅里亚，以便切断格兰纳达与非洲的联系。为占领马拉加，费尔南多又必须采取两个互相独立的行动，首先是占领马尔贝拉（Marbella），为舰队夺取一个基地，其次则是占领罗哈和贝莱斯—马拉加（Velez-Malaga）。由于罗哈控制着马拉加通往格兰纳达的道路，贝莱斯又控制着马拉加通往阿尔梅里亚的海岸道路。占领两地之后，即使费尔南多不得不对马拉加进行长期的围攻，他也能确保自己后方和左翼的安全。

为占领马尔贝拉，费尔南多首先在1485年开始围攻隆达，凭借火炮将其攻克。接下来，他又在1486年占领了阿罗拉（Alora），并从那里经由卡尔塔马（Cartarma）和科因（Coin）扼住了马尔贝拉的外围，迫使其投降。费尔南多将舰队部署在这座城镇之中，随后便开始围攻罗哈。攻克罗哈之后，费尔南多又在1487年4月7日从安特克拉出发，穿过地形最复杂的地区，于4月17日出现在了贝莱斯—马拉加城下。

位于瓜迪克斯（Guadix）的"勇士"阿卜杜拉非常清楚贝莱斯—马拉加的战略重要性，决心为解救该城而放手一搏。在被加的斯侯爵击退后，阿卜杜拉返回格兰纳达，但却发现博阿布迪尔已经关闭了城门，于是他只好继续退往瓜迪克斯，阿尔梅里亚和巴萨（Baza）两地此时也仍然效忠于他。4月27日，贝莱斯—马拉加向费尔南多投降。至此，马拉加已经从海陆两方面遭到了包围。

无论从规模还是从重要性的角度而言，马拉加都是仅次于格兰纳达的大城，而且它也是阿尔梅里亚以外唯一一座能让摩尔人勉强与非洲维持联系的港口。马拉加城中居住着11000名至15000名居民，此外还有数千名士兵在此驻防，其中绝大部分都是意志坚韧的非洲士兵。城市周围环绕着坚固的城墙，其核心则是一座被称为热那亚城堡（Castle of the Genoese）的卫城，后者又经由一条设防通道与格贝尔法洛城堡（Castle of Gebelfaro）相连。马拉加已经做好了抵抗围攻的准备，其指挥官则是"勇士"阿卜杜拉的忠实追随者哈米特·泽格里（Hamet Ez Zegri）。

费尔南多听说马拉加的居民急于投降自保，便命令加的斯侯爵去与泽格里进行谈判。在后者拒绝投降之后，费尔南多于5月7日命令陆军从贝莱斯拔营出发。在海岸道路上进行一次成功的前卫战斗之后，费尔南多进抵马拉加城下。

费尔南多建造了一道围攻墙，将马拉加及其郊区包围在内，同时又用舰队封锁海港，将城市完全围困了起来。在此之后，他攻克了市郊，并下令将仍留在安特克拉的重型攻城武器送到军中。在等待修筑道路以供重炮前进的同时，费尔南多又命人前往阿尔赫西拉斯（Algeciras）去将那里的大理石炮弹送来。自从阿方索十一世（Alphonso XI）在上一个世纪攻克阿尔赫西拉斯以来，这些炮弹便一直被留在了那里。更重要的是，费尔南多将女王伊莎贝拉也接到了军中，她的出现就好像圣女贞德一样，激发了士兵们的斗志。圣伊列尔（St.Hilaire）在此时写道："全国上下爆发出了难以置信的勇气，充满了献身精神。就好像欧洲在十字军时代的情况一样，整个西班牙都变得兴高采烈。人们在每一座礼拜堂中高喊着要进行圣战，援兵也从全国的每一个角落源源不断地涌向战场"。[17]

攻城武器抵达之后，费尔南多仍然希望能够和平占领马拉加，因而再次劝说其市民投降，承诺只要立刻投降，便给予他们自由。如若不然，他在破城后将会把所有居民卖为奴隶。虽然人们很愿意投降，但泽格里却以一系列突袭做出了回应，使西班牙军营不得不始终保持警惕。与此同时，阿卜杜拉也没有坐视不管。他非常清楚马拉加的重要性，因此从瓜迪克斯派出了两支援军。第一支军队在行军过程中被博阿布迪尔歼灭，后者为表示友好，甚至还在同时派了一个使团去给费尔南多和伊莎贝拉进贡阿拉伯良马和昂贵的丝绸。第二支军队虽然取得了部分成功，穿过西班牙围攻线进入了马拉加，但在此过程中却有大批士兵死亡。在战俘之中，有一人对加的斯侯爵声称自己有重要情报可以告知国王。加的斯侯爵相信了他的说辞，将其带到了国王的营帐之中。这个俘虏错将布拉甘萨公爵（Duke of Braganza）之子唐·阿尔瓦罗（Don Alvaro）认作国王，将博瓦迪利亚的唐·比阿特丽斯（Don Beatrice of Bobadilla）认作王后，突然从斗篷的褶皱里拔出一柄匕首刺伤了两人。众人抢在他再次动手之前将其砍倒，他的尸体也被投石机抛进了马拉加城中。[18]

由于大批难民涌入城内，马拉加的情况也开始迅速恶化，很快就出现了给养短缺的情况。在此期间，炮击始终不曾停止，等到炮弹供应愈发紧张之后（这也是当时围攻战中的关键问题），费尔南多便决心展开强攻。为了给攻击部队提供支援，他建造了很多大型的木制攻城塔。这些攻城塔下方装有轮子，上方则装有吊桥和梯子。此外，挖掘地道和破坏城墙的工作也在弗朗西斯科·拉米雷斯指导下逐步展开。摩尔人看到战事的发展情况，绝望地开始挖掘对抗壕、攻击西班牙舰队并继续出城进行突袭，但所有行动都无法撼动敌军。最终西班牙人用火药引爆了一座塔楼下方的地道[19]，在城墙上炸开了一个缺口。

马拉加城内此时已经有很多人被饿死了，另外还有不少人逃到了西班牙人那里，城墙被炸开缺口之后，受到惊吓的幸存市民一致催促泽格里投降，局势之紧张迫使泽格里不得不将守军撤进了格贝尔法洛城堡，并让马拉加百姓自行去与敌军商谈最佳的投降条件。百姓们立刻派出了一个由市民领袖组成的使团去见费尔南多，但后者却拒绝接见他们，并说既然马拉加已经两次拒绝招降，那么如今除无条件投降以外，他们已经别无选择。在另外两个使团也吃了闭门羹之后，马拉加终于在1487年8月18日开城投降，围攻者也在当日进入了城内。

费尔南多严令禁止抢劫。他在进城之后，首先命令士兵将所有尸体和秽物从城市中清理出去。接下来他又将城内最大的清真寺改建成了供奉圣母玛利亚（Santa Maria de la Encarnacion）的教堂，在其中举行弥撒、高唱圣歌《赞美颂》（Te Deum）。但在最后，费尔南多还是为这座城市带来了厄运——所有基督教叛徒都被处死，犹太教叛徒则被烧死，其余居民也被贬为奴隶。奴隶中的三分之一被运到了非洲，去交换同样数量的基督教俘虏，三分之一被贩卖出售以补充战争消耗的经费，而最后三分之一则被费尔南多当成了礼物：100名精选出来的摩尔士兵被送给了教皇，50名娇美的摩尔少女被送给了那不勒斯王后，另外还有30名女孩被送给了葡萄牙王后。

费尔南多占领马拉加之后的第二天，格贝尔法洛城堡也主动投降了。费尔南多欣喜于自己的成功，撤回到科尔多巴，并让士兵们解散过冬。

由于格兰纳达的大部分援军和给养都要从马拉加这座主要港口转运，在该城陷落之后，征服格兰纳达也只是时间问题了。为了彻底切断这个摩尔王国与其可能的非洲基地之间的联系，费尔南多在1488年6月率军向阿尔梅里亚进发。他没能用强攻的方式攻克此地，只好退回到了哈恩（Jaén），之后又于1489年5月底率领15000名骑兵和80000名步兵[20]去围攻巴萨。费尔南多动用了6000人，花了两个月时间，才建成了一道环绕全城的围攻墙。这场围攻十分漫长[21]，进入秋季之后，费尔南多没有撤退过冬，而是命令士兵们建造了一座拥有营房的营地，而伊莎贝拉也为军队供应了充足的给养。虽然当时整个安达卢西亚瘟疫横行，军队却没有受到任何影响。巴萨城在走投无路之下，只好于12月4日投降，费尔南多也表现出了最宽宏大量的态度。根据投降条款，所有佣兵都被允许保留军事荣誉行军离开，居民也被允许留在近郊居住或按照自己的意愿自由离开。

巴萨城陷落之后，"勇士"阿卜杜拉也选择了臣服，将包括阿尔梅里亚和瓜迪克斯在内的所有领土都献了出来。费尔南多立刻占领了这些城市，并提出将安达拉斯（Andaraz）的一块封地赏赐给这位可能在数年前刺杀了兄长阿布尔·哈桑的"勇士"，让他做一位效忠于卡斯蒂利亚王位的傀儡君主。阿卜杜拉拒绝了这一提议并返回了非洲，在贫困中度过了余生。

如今阿布尔·哈桑已死，"勇士"阿卜杜尔也已经臣服，费尔南多余下的工作就只剩下占领格兰纳达了。他从阿尔梅里亚派出一位使者去找博阿布迪尔，要求对方履行在罗哈所签订的条款并主动投降。按照约定，在西班牙人占领了巴萨、瓜迪克斯和阿尔梅里亚之后，博阿布迪尔就应自动投降。但他要么是自己不愿投降，要么就是被大批逃进格兰纳达的绝望"战友"阶级所胁迫，拒绝了投降。[22]战争是这些"战友"唯一的谋生手段，因此他们决心死守格兰纳达，并大幅加固了该城的工事。

格兰纳达城位于内华达山脉（Sierra Nevada）的两座山丘之上，山下流淌着两条分别被称为赫尼尔河（Genil）和达罗河（Darro）的小河。两座山丘的顶峰上各有一座要塞，分别名叫阿尔罕布拉城堡（Alhambra）和阿尔巴辛城堡（Albaycin）。

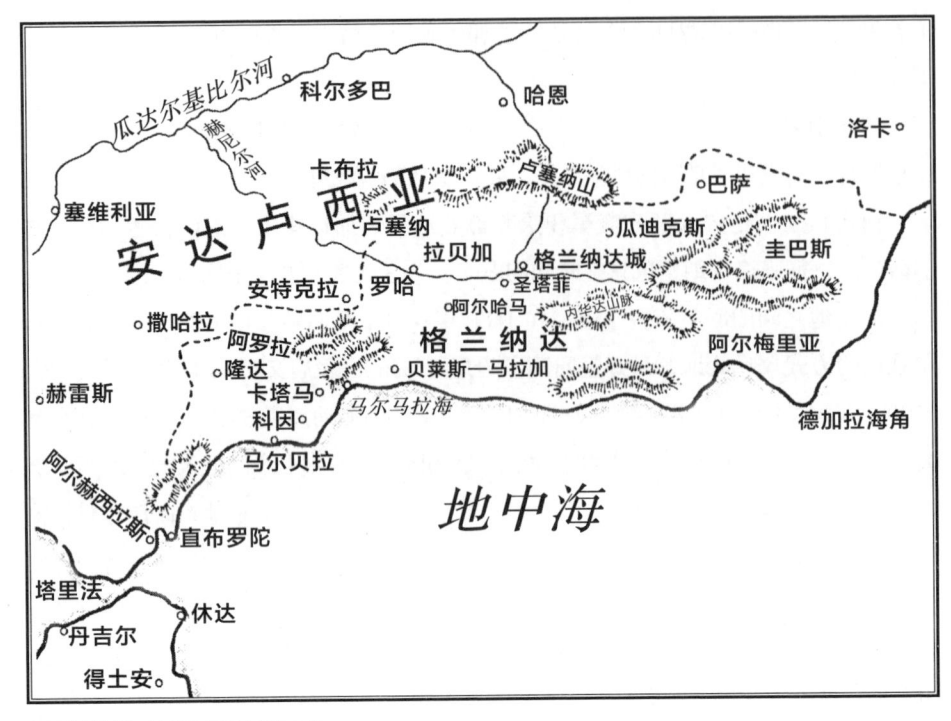

征服格兰纳达（1481 年至 1492 年）

格兰纳达周围环绕着一道砖石建造的城墙，其上还筑有大批塔楼。阿尔罕布拉城堡脚下及城墙外侧拥有大片平原，平原上覆盖着葡萄园、花园、果园和麦田，用于灌溉的水源则来自于赫尼尔河。格兰纳达当时的人口据说达到了 20 万人，只不过这个数字可能有所夸张。

费尔南多的招降被拒之后，伊莎贝拉便开始为围攻战进行准备。从 1490 年春季起，费尔南多便开始破坏城市西侧的富饶平原。进入秋季之后，他再次发动攻击，摧毁了 24 座城镇和城堡，烧毁大批村庄，而且扫清了城郊所有的存粮和牲畜。在格兰纳达失去了补给来源之后，费尔南多于 1491 年 4 月带领着八万军队兵临城下。他下定决心，无论围攻要花费多长时间，也一定要坚持到城市投降为止。费尔南多已经在巴萨围攻战中认清了为士兵提供营房的经济性，因而他这一次也在格兰纳达以西 6 英里处建造了一座名为圣塔菲（Santa Fé）的小镇。据说该镇采用了罗马军营的布局，按照一位卡斯蒂利亚作家的说法，它也是"西班牙境内唯一一座从未受异教污染的城市"。[23] 这座军营的兴建使格兰纳达的摩尔人非常泄气，因为它昭示着费尔南多国王在攻克城市之前绝不会罢手。

从这时起，尽管拥有强大的防御工事、无数的塔楼和阿尔巴辛、阿尔罕布拉这两座城堡，但格兰纳达还是已经无法摆脱陷落的命运了，问题仅在于城市是会因饥饿而投降，还是被敌军强行攻克。而伊莎贝拉在军队中的出现，也再次点燃了围攻者的热情，"在她的领导下，卡斯蒂利亚军营秩序井然、物资充足。她日夜骑马监督工作，事无巨细都要亲自过目。她亲自为士兵分配给养、规划营房，亲自安排补给纵列的行程，并依靠自己的智慧点燃了士兵们的意志和勇气"。[24]

当年9月，圣达菲镇竣工。此时博阿布迪尔似乎已经重掌了一定权威，他对圣塔菲的存在感到非常害怕，请求停战商议和平协定。费尔南多和伊莎贝拉对此求之不得，在10月5日同意了一次为期70天的停战。费尔南多任命王室秘书萨夫拉的赫尔南多（Hernando de Zafra）和科尔多巴的贡萨尔沃负责谈判事宜。11月25日，双方达成了一个非常宽大的最终协议。按照规定，格兰纳达城应在60天内投降，所有大型武器和防御工事都应被移交给西班牙人。摩尔人可以保留自己的财产、衣服、风俗、法律和信仰继续在当地居住，西班牙国王也将任命一位总督单独管理他们的事务。对于那些想要前往非洲的摩尔人，国王也会提供免费的运输工具供他们离开。1492年1月2日，格兰纳达正式投降，博阿布迪尔将阿尔巴辛和阿尔罕布拉这两座城堡的钥匙交给了费尔南多，他说道："既然安拉如此裁决，那么它们就是您的了，我的国王，请慈悲为怀，宽大地对待这场胜利吧。"[25] 紧接着，城门大开，在《赞美颂》的歌声伴随下，费尔南多在战争中一直佩戴着的银十字架也被抬入了城内。[26]

终于，在经过了700年的战争之后，西班牙的再征服运动终于以胜利告终。除纳瓦拉以外，西班牙全境都已被纳入了一个强大且地理位置优越的基督教王国，随时准备建立一种新的世界秩序。西班牙位于地中海与大西洋之间，不仅能同时从两个方向获利，而且其北方还拥有比利牛斯山这一屏障可阻挡入侵，南方又可以经由狭窄的直布罗陀海峡（Strait of Gibraltar）与非洲相连。因此，西班牙可以说是旧世界里西方两片大陆之间的前哨。不仅如此，西班牙还有着成为新世界战略枢纽的潜力，足以取代基督教世界在1453年丢失的旧世界枢纽君士坦丁堡。此时西班牙的

579

地理位置要比欧洲任何一个国家都更优越，完全能够发展成一个伟大的帝国。它的血液中流淌着扩张精神，而这种精神很快就将会爆发出来。

从较为理想化的角度来看，西班牙如今已经变成了一个民族国家，而费尔南多和伊莎贝拉在征服摩尔人过程中所表现出的宽大态度，反而令人民感到恼怒，刺激了民族主义的爆发。在格兰纳达被征服后，立刻便发生了一件事，足以证明这一点——当时西班牙所有的犹太人都被要求作出选择，要么接受基督教洗礼，要么流亡国外，结果有数千人离开了西班牙。[27]

从民族主义的胜利及其后续的发展之中，诞生了一种并不宽容的精神。这种精神不仅要求人民信奉同一位上帝，臣服于同一位君主，还要求全国人民都属于同一个种族。若没有笼罩整个欧洲的奥斯曼威胁，摩尔人在返回摩洛哥之后也没有演化成巴巴里海盗（Barbaresque Pirates），那么民族主义的迫害可能还会有所收敛。但历史并没有如此发展，阿尔及利亚人的掠奴和抢劫行为促使西班牙人始终坚持着迫害外族的政策。诚如路易·贝特朗（Louis Betrand）所言，西班牙境内的摩尔人，无论是否已被征服，始终都是一个内部威胁。他写道，如果他们长期留在西班牙，"由于存在这些无法被同化的摩尔人和犹太人，伊比利亚半岛可能会成为一个混种的过渡地区，既无政治统一，也无民族个性……西班牙会成为像私生子一样无人关心的国度，只能任由外国瓜分、剥削，既没有艺术、思想，也不会出现任何值得一提的文明。"[28] 西班牙驱逐摩尔人的政策无论看上去是多么残酷，却总归要算是一件无可避免之事。它来自于西班牙人民对血统、种族和灵魂统一的需求，是一种压倒一切的渴望。

生活在这个时代的马基雅维利（Machiavelli，1467年至1527年在世）称费尔南多是"一位新式的君主"，并说"他以对格兰纳达的进攻拉开了自己国王生涯的大幕，以这一功业为自己的统治打下了坚实基础"。[29] 事实上，这场战争的意义远不止让费尔南多得以巩固自己的统治那么简单。如梅里曼所言，格兰达纳的征服并不只是一个时代的结束，"同时更是另一个时代的开端"。[30] 无论是军事还是政治，都跟着这一战走进了新的时代。从军事上来讲，这场战争就好像军校一样，训练出了全欧洲最出色的军队。从政治上来说，"欧洲自征服圣城以来，便再也不曾体会过像攻克格兰纳达一样的喜悦了"。[31] 普雷斯科特写道："格兰纳达的陷落，让整个基督教世界欣喜若狂。从某种程度上来说，此事抵消了半个世纪前因君士坦丁堡陷落而造成的低落情绪。"³² 征服格兰纳达所引发的最重要事件发生在1492年。在这一年，西班牙完成了统一，跻身于欧洲各大民族国家之列。也正是在这一年，在伊莎贝拉的赞助和协助之下，克里斯托弗·哥伦布（Christopher Columbus，1451年至1506年在世）为西班牙发现了一个全新的世界。

这是自公元前334年亚历山大跨过赫勒斯滂海峡以来，西方历史上成果最丰硕的大事，而这一前一后两个大事都不是偶然发生的。纵观历史，每当一个富有活力的国家建立了自己的民族性之后，很快便会产生对外扩张的欲望。因此，想要理解发现新大陆这一出世界最伟大戏剧的关键要素，就必须要从征服格兰纳达背后的意识形态中去寻找。属于西班牙的时代就此来临，对新大陆的征服也正是对抗伊斯兰教的终极十字军行动。

引发这场地理学史上最伟大发现的时机已经成熟，而导致其发生的两个原因又都与十字军有关。一个原因是突厥人所在的中转地位大大限制了欧亚贸易，另一个原因则来源于自圣路易时代开始便已经出现的古老信念。人们相信，只要基督徒能面见印度大汗（Great Khan of the Indies），就能说服他从后方攻击伊斯兰势力。后来，这两个原因也结合了起来。基于第一个原因，葡萄牙航海家唐·恩里克（Dom Enrique，1433年至1460年在世）³³ 发起了葡萄牙人的一系列航海发现之旅。在此之后不久，教皇尼古拉五世（Pope Nicholas V，1447年至1455年在位）便向唐·恩里克建议说，如果他能跨越大洋海（Oceanic Sea，即大西洋）直达据说同样也信奉基督教的印度，并与当地居民建立联系，他就有可能说服对方帮助基督教世界一同对付突厥人。也就是说，继续推进十字军运动、重新开通东方商路这一战略问题的关键，已经从东地中海转移到了大西洋。

通过向西而非向东航行前往印度这一概念，长久以来始终让地理学家们十分着迷，而此时也没有任何人能够料想到，在欧洲的西海岸和亚洲的东海岸之间居然还隔着一片广袤的大陆。更进一步来说，罗杰·培根关于西班牙与亚洲之间距离绝不会太远的假说³⁴，也已经被红衣主教皮埃尔·德埃利（Cardinal Pierre d'Ailly）写进了他于1410年出版的《世界地理》（*Imago Mundi*）³⁵ 一书之中。当时佛罗伦萨有一位非常著名的天文兼宇宙学家保罗·托斯卡内利（Paul Toscanelli），也在1474年献给葡萄牙国王阿方索五世（Alfonso V of Portugal）的一幅地图之中，依照培根的说法绘制出了可能的西海航线。³⁶ 虽然托斯卡内利对于地球的周长估算与事实相差

581

无几,但他却在很大程度上夸大了亚洲和欧洲的面积,认为通过大西洋连接二者的航线长度只有6500英里左右。就是说,他误把中国东海岸放在了俄勒冈州(Oregon)所在的经线上。而被马可·波罗称为日邦格(Cipango)的日本,在他的估算中也位于加那利群岛(Canaries)的正西方仅仅3250英里。

以上便是地理大发现的历史背景,而这场变革,更源自于克里斯托弗·哥伦布本人的眼光、顽固和不顾一切的妄自尊大。他是历史上最让人难以理解的人物之一,而他的成就也让现代学者们至今依然争论不休。

直到亨利·哈里斯(Henry Harisse)在19世纪的最后25年遍览热那亚、萨沃纳(Savona)和塞维利亚等地的图书馆档案[37]之前,人们在传统上始终认为哥伦布是历史上伟大的英雄之一。但从19世纪末起,由于哥伦布本人曾编造了大量关于自己家庭和早年经历的离奇故事,在诸如贾斯丁·温莎(Justin Winsor)[38]、亨利·魏格纳德(Henry Vignaud)[39]和马略·安德烈(Marius André)[40]等传记作家的笔下,他又成了第一号的江湖骗子。由于哥伦布的家庭传说已经被证实确属伪造,魏格纳

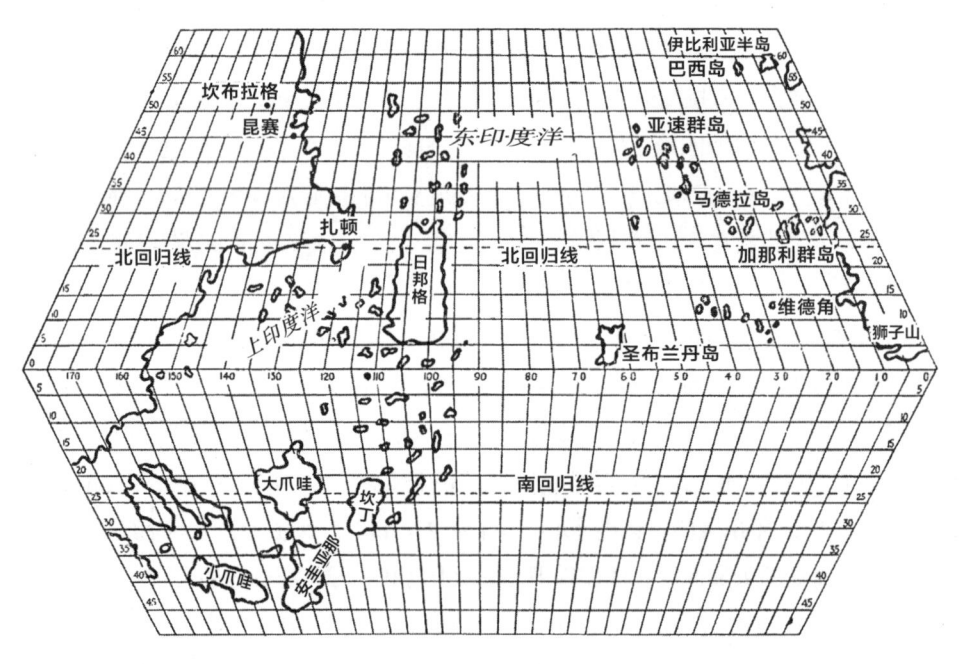

托斯卡内利的大西洋示意图(1474年)

德甚至对哥伦布所说、所写的每一句话都产生了怀疑。但事实上,哥伦布编造自己早年经历的原因非常简单——他希望能够吸引那些对其宏愿感兴趣的贵人。

哥伦布并非像他自称的那样出身于贵族世家,他实际上是热那亚附近一个纺织工昆托·阿尔马雷(Quinto al Mare)的儿子。[41] 哥伦布生于1451年,他长大后先是子承父业,之后又于1476年在热那亚随四艘商船出海前去英格兰。船队在途经圣文森特(St.Vincent)外海时遭到了一支法国分舰队的攻击,两艘商船被击沉。哥伦布虽然受了伤,但还是挣扎着逃上岸并来到了葡萄牙的里斯本。然后,他又从这里乘坐一艘幸存的商船继续前往英格兰。1477年,哥伦布返回了里斯本,并在那里住了七年时间。

可能正是在里斯本停留期间,探索大西洋彼岸的念头在哥伦布的脑海中逐渐成形,而里斯本也正是最适合将其付诸实施的地方——葡萄牙的航海家们都是从这里出发,最后又回到这里的。也就是说,里斯本在当时可以说是各种航海传说的发酵中心,水手们在这里讲述着各种关于奇妙岛屿和传说土地的奇闻轶事。这些故事点燃了哥伦布心中生动、浪漫但又不加分辨的想象力。马可·波罗的《游记》(*Travels*)、约翰·曼德维尔爵士(Sir John Mandeville)的《奇妙探险》(*Marvellous Adventures*)以及皮埃尔·德埃利的《世界地理》等书更激发并夸大了他的想象,对于书中所述的内容,哥伦布几乎是照单全收。

从这些书中,哥伦布读到了当时盛行的东亚与西欧距离相对较近的理论。他被"祭司王约翰"(Prester John)、蒙古大汗,以及富庶繁华的日邦格的故事[42]所吸引,横渡大西洋的念头也逐渐变成了一种令他痴迷的神圣使命。

在里斯本生活期间,可能是在1483年,哥伦布向葡萄牙国王若昂二世(João Ⅱ)提出了自己的计划。在遭到拒绝后,他于1484年离开葡萄牙前往西班牙,并于两年后来到了当时西班牙宫廷的所在地科尔多巴。他在那里将自己的计划呈交给了伊莎贝拉女王,但依然无果。1488年,他又回到里斯本去见自己的兄弟巴塞洛缪(Bartholomew),后者此前刚刚参与了航海家迪亚兹(Diaz)发现好望角(Cape of Good Hope)的探险。这场长达13000英里的旅程激起了哥伦布的雄心,他说服巴塞洛缪前往英格兰去游说国王亨利七世(Henry Ⅶ),倘若失败,就再去觐见法王查理八世(Charles Ⅷ)。

此事无疾而终,哥伦布也在1489年5月回到了西班牙。他先是来到了围攻巴萨的战场上，1491年又前往圣塔菲去说服梅迪纳—塞利公爵（Duke of Medina-Celi）相信他的计划绝对可行。伊莎贝拉女王许诺在格兰纳达投降后重新考虑此事，届时再给他答复。由于哥伦布提出的要求可以说是夸张到了极点，伊莎贝拉也一定是因为在某种程度上相信此事可行，才愿意考虑他的计划。按照哥伦布的要求，西班牙应任命他为"大洋总指挥"（Admiral of the Ocean）以及所有他发现的异教领地的总督，而从远征中获得的收入或者利润也要有八分之一交由他来支配。

似乎在这一时期里，十字军思想主宰着哥伦布的头脑。根据他的《日记》（Journal）记载，在格兰纳达陷落后不久，他曾给费尔南多和伊莎贝拉写了如下的信件：

在那之后不久的同一个月里（1492年1月），我曾为二位陛下介绍了印度和被称为"大汗"的王公，后者按照我们罗马人的说法，意为"万王之王"。他和他的先祖曾多次派遣使者前往罗马城，寻求我们神圣信仰的教诲，希望能在印度传教……二位陛下，作为信仰基督公教的君主，作为信仰的虔诚传播者，作为穆罕默德教派及所有偶像崇拜者和异端的敌人，请批准我、克里斯托弗·哥伦布的计划吧，让我前去印度，踏上那里的土地，会见那里的王公和人民，了解他们的民风习俗和其他一切情况，让我去将这些人民转变成我们神圣信仰的信徒吧！ [43]

哥伦布的努力终于取得了成功。费尔南多和伊莎贝拉在1492年4月17日同意了他的条件，并将一封以当时的通用语拉丁语写成的信件交给了他，让他转交给"大汗"，其内容如下：

致天下最安详的君王，我们最珍贵的朋友……根据我国子民的报告、贵国及贵国周边各国旅行者的言辞，我们非常欣慰地听说了贵国的情况和贵国对我国的好意。与此同时，我们也乐于向您告知我们最近所取得的成功（即征服格兰纳达）……因此我们决定派遣一位大使前去觐见您，此人便是我们的将军，尊贵的克里斯托弗·哥伦布。他携带着我们的礼物，并将向您介绍我国的状况之良好、国土之丰饶。至于其他事项，我们也已经向他下令，可以凭我们的名义向您汇报。 [44]

1492年8月3日星期五上午，哥伦布率领着三艘快帆船（Caravel），即100吨的"圣玛利亚"号（Santa Maria）、50吨的"平塔"号（Pinta）和40吨的"尼娜"号（Nina）从帕洛斯（Palos）起航。舰队拥有90名水手，另外还有30名其他人员随行。其中包括马丁·阿隆索（Matin Alonzo）和文森特·亚内兹·平松（Vicente Yanez Pinzon）这两位著名航海家以及会说希伯来语、希腊语、拉丁语、阿拉伯语、科普特语和亚美尼亚语的犹太人托雷斯的路易（Louis de Torres）——若舰队抵达日邦格或"大汗"的领土，路易便将负起翻译之责。8月9日，哥伦布抵达加纳利群岛，在那里停留到了9月9日。之后这支小小舰队再次出港，驶向了未知的世界。10月12日（依照今日的历法应为10月21日）星期五凌晨2时，舰队看到了陆地。日出时分，哥伦布上岸，并将该地命名为圣萨尔瓦多（San Salvador，可能就是今日的华特林岛）。而那些前来迎接他的原住民，则被他称为"印度人"。①

之后他重新起航，在10月28日抵达古巴，并将此处误认为中国本土的一部分，也就是"大汗"的领土。他派出了两名手下前去寻找"大汗"的宫廷，准备呈交伊莎贝拉女王和费尔南多国王的问候信件。接着哥伦布又向东南方驶到了被他误认为日邦格的海地（Haiti），并将那里命名为伊斯帕尼奥拉岛（Hispaniola）。②

1493年1月4日，哥伦布开始返航，并于3月15日回到了帕洛斯。当他返回到塞维利亚之后，立刻被国王传召到了位于巴萨罗那的宫廷之中，并在那里受到了凯旋式般的祝贺。毫无疑问，当时所有人都认为哥伦布的理论已经得到了应验，即古巴就是中国的最东部，海地则是日邦格的最北部，而他也开辟了一条远比葡萄牙人开辟的航线更短的航线，可以更方便地前往马可·波罗笔下那拥有无尽财富的土地。费斯克写道："两位君主喜极而泣，认为一定是上帝为了奖赏他们征服了格兰纳达的摩尔人，才赐予他们如此众多的财富……"[45]

至于哥伦布到底是英雄还是骗子，是未卜先知还是满口谎言，所有的这一切都并不重要，因为诚如费斯克所言，他对于新大陆的发现，是"人类历史上绝无仅有的重要事件，前无古人，后无来者"。[46] 古老的地中海世界崩溃了。路易·贝特朗写道："千年以来的屏障被打破了，世界不再受困于地中海两端的伊斯兰教徒。地平线被推向了更远的地方，为人类的活动和思想敞开了新的道路。世界终于逃离了那片

---

① 译注：Indian，也就是中文语境下常用的"印第安人"一词。
② 译注：伊斯帕尼奥拉岛即"西班牙岛"之意。

充斥着欧洲人互相残杀的狭窄内海。人类感到自己已经得到了解放，力量也大大增长。人类能力的增长也恰好与人类统治的海域、地域的增长结合在了一起。换言之，一种全新的人类从此诞生了。"[47]

从这时起，帝国主义走上了现代殖民主义的道路。贸易取代了掠夺和压榨，变成了主要的统治原则。为确保卡斯蒂利亚的繁荣，伊莎贝拉女王下令，所有新大陆的贸易必须经由塞维利亚进行，于是塞维利亚就变成了大西洋的亚历山大里亚。1493年5月4日，教皇亚历山大六世（Pope Alexnader Ⅵ）在一幅世界地图上划下了那条著名的分界线，也就是位于亚速尔群岛（Azores）以西100里格①的一条南北向的直线。这条线以东的地区为葡萄牙的势力范围，以西则是卡斯蒂利亚的势力范围。印度被分给了葡萄牙，美洲则被分给了卡斯蒂利亚，而这毫无疑问也是历史上最非凡的赠礼。

虽然自很久之前，航海家们就已经踏上了探索之旅，但直到如今，旧世界才终于被发现时代（Age of Discovery）的浪潮彻底吞噬。1496年3月5日，一位名叫约翰·卡波特（John Cabot）的威尼斯市民收到了英格兰国王亨利七世的来信，邀请他前去寻找维京人曾发现过的文兰（Vineland）。5月初，卡波特率领着18名追随者乘坐"马修"号（Mathew）从布里斯托（Bristol）出港，并于6月24日抵达了布雷顿角岛（Cape Breton Island）[48]，以此为大英帝国（British Empire）打下了第一块基石。18年后，法王弗朗索瓦一世（Francois Ⅰ）又邀请吉奥瓦尼·达·韦拉扎诺（Giovanni da Verrazano）前去探索佛罗里达（Florida）与纽芬兰（Newfoundland）之间的大西洋海岸。韦拉扎诺在完成这一任务之后，将这片地区命名为"新法兰西"（New France）。与此同时，人们还在不断探索东方航路。1498年，瓦斯科·达·伽马（Vasco da Gama）终于打通了这条航线。他在1497年7月9日从塔古斯（Tagus）出发，绕过好望角后经由月亮岛（Island of the Moon，即马达加斯加）继续航行了10个月零12天，最终抵达了印度的卡利卡特（Calicut）。在返回里斯本之后，他和他的船员获利高达60倍，他们"嘴上说着圣母玛利亚，手中却挥舞着金钱"。又过了12年，阿尔伯克基（Albuquerque）于1510年3月4日乘船驶入了果阿（Goa）的锚地，得

---

① 译注：里格这单位在海上和陆上指代的距离不同，1里格在海上等于3.18海里，约合5.56千米。

到了当地要塞的钥匙。他不仅拉开了欧洲人征服印度的帷幕,还在不经意间引领欧洲人征服了大半个伊斯兰教世界。基督徒的反击终于开始了。

不过,在所有的这些航海家之中,最大胆的还要算是葡萄牙人费尔南多·麦哲伦(Fernão de Magalhães)。1519年9月20日,他率领五艘帆船、280人从圣卢卡起航绕过南美。他在途中损失了四艘帆船,自己也在菲律宾群岛(Philippine Islands)的泽布(Zebu)被杀。但无论如何,麦哲伦的遗愿最终还是实现了。1522年9月6日,最后一艘幸存的帆船"维多利亚"号(Victoria)拖着"折断的桅杆和饱受恶劣海况摧残的纵帆"蹒跚地回到了葡萄牙。此时船队中只剩下18个人能向世人去诉说,他们已经环航了整个世界。

与此同时,一群被称为"征服者"(Conquistadores)的人也踏上了自己的征程,其中大多数人都来自安达卢西亚和埃斯特雷马杜拉(Estremadura)这两个曾与摩尔人争斗了数百年的地区。他们狂热地踏上了征服之旅。科尔特兹(Cortéz,1485年至1547年在世)带领着508名士兵、109名水手和16匹马征服了墨西哥(Mexico),皮萨罗(Pizarro,1475年至1541年在世)只带着一船人马和军犬就征服了秘鲁(Peru)。在宗教狂热的驱使下,这些人克服了重重困难。虽然他们手段残忍,但他们也同样给自己征服的土地带来了文明,马匹、火药、钢铁、小麦、葡萄和橄榄都是由他们带到当地的。他们不仅创造了一个新的世界,而且在此过程中也让旧世界翻天覆地。

路易·贝特朗写道:"一切是多么奇怪啊!这关于美洲的事业,这最后一次针对伊斯兰世界的十字军行动,本应是中世纪思想的最后一次开花结果,但同时却也成了对漫长过往的清算。世俗、理性的现代世界,正是从这个宗教运动的观念之中诞生而来的。"[49]所有这一切就好像一阵狂风一样从哥伦布的奇妙航海之中袭来,关于无限大海的静谧想象,激发了人类心中对于无限权力的强烈渴望。若不是西班牙人征服了格兰纳达,所有这一切可能都不会发生。

注解

1. 异端裁判所是两个王国共享的机构,整个西班牙也只有一位所谓的"总裁判官"(Inquisitor General)。与其他国家不同,西班牙的异端裁判所完全由王室掌控,其成员也都是王室发饷的公务员。在异端裁判所的影响下,国内所有的政治分歧都消失了。"裁判所使所有人,无论穷富、阶级,在法律面前完全平等,而且也让他们变成了王室的平等臣民。"(T.Trevor Davies, *The Golden Cuntury of Spain, 1501—1621*, 1937 年版, 第 13 页)
2. 华莱士称伊莎贝拉为"一位改变了文明发展轨迹和世界格局的女十字军战士"。(*Isabella of Spain*, 1931 年版, 第 15 页)
3. *The Woman of the Renaissance*, 英文编辑版, 1901 年版, 第 323 页。
4. *The Golden Century of Spain, 1501—1621*, 第 11 至 12 页。
5. 阿布尔·哈桑在 1462 年至 1482 年、1483 年至 1485 年两度在位,"勇士"阿卜杜拉(号称穆罕默德十二世)于 1485 年至 1487 年期间在位,博阿布迪尔(号称穆罕默德十一世)于 1482 年至 1483 年、1487 年至 1492 年两度在位。王位更替之混乱足以证明当时摩尔人的境况是如何的不佳。
6. 参见 *Rosseeuw St.Hilaire, Histoire d'Espagne*, 1844 年版, 第五卷, 第 438 页。
7. Jurien de la Graviere 海军中将, *La guerre de Chypre et la bataille de Lépante*, 第一卷, 第 42 页。
8. *The Rise of the Spanish Empire in the Old World and in the New*, 1918 年版, 第二卷, 第 66 页。
9. 按照普雷斯科特的看法:"瑞士人毫无疑问为西班牙组建后来那支无敌于天下的步兵部队起到了榜样作用,在'伟大统帅'科尔多巴的贡萨尔沃及其后继者带领下,西班牙步兵在超过半个世纪的时间里,始终控制着基督教世界的命运。"(*History of the Reign of Ferdinand and Isabella*, 1842 年版, 第一卷, 第 452 页)
10. *History of the Reign of Ferdinand and Isabella*, 1842 年版, 第一卷, 第 442 页。
11. 同上, 第一卷, 第 433 至 444 页。
12. 为轻型火炮设计的带轮炮架诞生于 1470 年左右。
13. *History of the Reign of Ferdinand and Isabella*, 1842 年版, 第一卷, 第 440 页。
14. *The Rise of the Spanish Empire*, 第二卷, 第 69 页。
15. 参见 *Baron de Nervo, Isabella the Catholic*, 英文版, 1897 年版, 第 155 页。
16. *Ferdinand and Isabella*, 第一卷, 第 446 页。
17. *Rosseeuw St.Hilaire, Histoire d'Espagne*, 第五卷, 第 483 页。
18. 1345 年的奥伯罗什围攻战(Siege of Auberoche)中曾发生过相似的事件,只不过当时被投石机射入城内的是一个活人而非死人。(*Chroniques de J.Froissart*, 西蒙·卢斯编辑版, 第三卷, 第 65 页)
19. 普雷斯科特认为这是第一次在地道中引爆火药的真实记录(第二卷, 第 29 页)。如前文所见,如记载可信的话,首次记录应出现于 1453 年的君士坦丁堡围攻战。
20. 1.5 万和 8 万这两个数字反复出现在关于这次战争的史料之中,几乎一成不变。这些数字可能是卡斯蒂利亚全军的总数,而非实际参战的人数。科尔库尔说费尔南多的兵力为"12000 名骑兵和 50000 名步兵"(*Circourt, Histoire des Mores, etc.*, 1846 年版, 第一卷, 第 321 页)。
21. 科尔库尔记载说"勇士"阿卜杜拉在巴萨囤积了 15 个月的给养。(同上, 第一卷, 第 323 页)
22. 参见 *Circourt's Histoire des Mores, etc.*, 第一卷, 第 328 至 329 页。
23. 引用自 *Prescott, Ferdinand and Isabella*, 第二卷, 第 83 页。
24. *Rosseeuw St.Hilaire, Histoire d'Espagne*, 第五卷, 第 502 页。
25. *H.Prescott, Ferdinand and Isabella*, 第二卷, 第 87 页。
26. 与自己的叔父"勇士"阿卜杜拉一样,博阿布迪尔一度被任命为傀儡国王,但不久之后他便放弃了王位前往非洲,并在为一位与他有亲属关系的非洲王公作战时阵亡。
27. 关于这个问题, 参见 *Wiiliam Thomas Walsh, Isabella of Spain*, 第二十五章。

28. Louis Bertrand、Sir Charles Petrie，*The History of Spain*，1934 年版，第 228 页。
29. Everyman's Library，*The Prince*，第 177 页。
30. *The Rise of the Spanish Empire*，第二卷，第 74 页。
31. *Rosseewu St.Hilaire，Histoire d'Espagne*，第五卷，第 507 页。
32. William H.Prescott，*Ferdinand and Isabella*，第二卷，第 91 页。
33. 恩里克在首次沿非洲海岸进行航海冒险时遵循的是一个模糊的计划，他希望能联合传说中领土位于阿比西尼亚（Abyssinia）的基督教君主祭司王约翰共同对抗突厥人。
34. Opus Majus of 1267，杰布编辑版，1733 年版，第 183 页。引用自 Fiske，*The Discovery of America*，第一卷，第 371 至 372 页、第 378 至 379 页。
35. 该书可能直到 1486 年或 1487 年才被印刷发行，参见 *Vignaud, Etudes Critiques sur la vie de Colomb*，1905 年版，第 298 页。
36. 维格纳德（Vignaud）怀疑这封信根本没有被送到任何人手中（第 23 页）。地图的复制品取自费斯克（Fiske，第一卷，第 357 页），哥伦布在第一次横越大西洋的航海中使用的就是这张地图。地图中每条纵轴之间的距离为 250 英里。马丁·贝海姆在绘制 1492 年的世界地图时，也将这张地图用作西半球部分的蓝本。
37. 参见 *Christophe Colomb*，1884 年版。
38. *Christopher Columbus*，1891 年版。
39. 同上，*Histoire critique de la grande entreprise de Christophe Colom*，1911 年版。
40. *La véridique adventure de Christophe Colomb*，1927 年版。
41. 维格纳德倾向于这一日期，参见 *A Critical Study of the Various Dates Assigned to the Birth of Christopher Colubus*，1903 年版。其余还有从 1430 年至 1456 年等各种说法。至于某些人称其父母是加利西亚犹太人的说法，则并不十分可信。
42. 参见 *The Travels of Marco Polo*，第三卷，第二章。
43. 引用自 Louis Bertrand & Sir Charles Petrie，*The History of Spain*，第 238 页。
44. 同上，第 247 页。
45. *The Discovery of America*，第一卷，第 445 页。
46. 同上，第一卷，第 446 页。
47. *The History of Spain*，第 306 页。
48. 值得一提的是，当时他们认为这是中国海岸，也就是"大汗的领土"。
49. Louis Bertrand，Sir Charles Petrie，*The History of Spain*，第 308 页。

大事记
西班牙帝国与奥斯曼帝国的霸权

1516年2月23日,西班牙国王费尔南多去世。他的孙子,也就是其女胡安娜与勃艮第公爵腓力(Phillip, Duke of Burgendy)所生的儿子查理继位。查理早在父亲去世时就已经继承了尼德兰(Netherlands)和弗朗什孔泰(Franche Comté)的领地。成为西班牙国王卡洛斯一世(Carlos I)①之后,他将这些土地并入了西班牙。此时西班牙又一次陷入了混乱之中,尤其以巴伦西亚和卡斯蒂利亚两地的情况最为恶劣。在日耳曼尼亚运动(Germania Movement)和科莫内罗运动(Comunero Movement)的影响下,这两个省份已经陷入了无政府状态。1520年,查理在奥格斯堡的大银行家富格尔家族(Fuggers)支持下被选举为神圣罗马帝国皇帝查理五世(Charles V)。在1521年至1522年的战争之后,巴伦西亚和卡斯蒂利亚终于恢复了秩序。查理五世也终于得以着手建立一个世界性的天主教君主政权,但这又导致他与西班牙的宿敌法国发生了冲突。双方争执的焦点在于米兰和热那亚这两个公国,换句话说,也就是意大利的控制权。[1]

正因为这个原因,导致路易十二世(Louis XII, 1499年至1515年在位)于1513年在诺瓦拉(Novarra)遭遇惨败,丧失了他在意大利的所有征服成果。路易

---

① 译注:卡洛斯即"查理"的西班牙语拼写。

十二世于1515年去世后,弗朗索瓦一世(1515年至1547年在位)继位。后者立刻率军翻越阿尔卑斯山,在马里尼亚诺(Marignano)击败瑞士佣兵部队,重新夺回了伦巴第。在查理五世的主导下,战争继续打了下去。1525年2月25日,弗朗索瓦一世在帕维亚会战(Battle of Pavia)中被拉努瓦(Lannoy)率领的神圣罗马帝国军队击败,他本人也被俘虏。不久之后,法王又改变了主意,决定在突厥人身上试试运气。他秘密遣使向巴巴里海盗领袖巴巴罗萨(Barbarossa)寻求帮助,并建议奥斯曼苏丹入侵匈牙利,而这也正是法国东方政策的起点。

查理五世在帕维亚的胜利使整个意大利警醒。意大利人既不想被法国统治,也不想被西班牙统治。于是在教皇克莱芒七世(1523年至1534年在位)的劝说下,法国与大批意大利王公结成了科尼亚克神圣同盟(Holy League of Cognac)以共同对抗查理五世。作为回应,查理五世挥师进军罗马。1527年5月6日,这座永恒之城被再次攻陷,沦为抢劫和屠杀的狂宴之所。在此之后,查理五世又收买了热那亚舰队指挥官安德烈·多里亚(Andrea Doria),从法国手中夺走了西地中海的制海权。1530年2月24日,查理五世从教皇手中接过了神圣罗马帝国的皇冠和意大利的王冠——如今他终于能够腾出手来对付突厥人了。

在基督教诸王内斗的同时,突厥人仍在继续进军,只不过这一次他们将矛头指向了东方。1502年,奥斯曼人入侵波斯。此时的波斯沙阿是萨法维王朝(Safavid Dynasty)的开国君主伊斯麦尔(Shah Ismail,1499年至1524年在位),此人也正是现代波斯的奠基人。1514年,奥斯曼苏丹塞利姆一世(Selim Ⅰ,1512年至1521年在位)在恰尔德兰(Chaldiran)决定性地击败了波斯军队,将美索不达米亚北部并入了奥斯曼帝国。之后塞利姆一世又挥师叙利亚,在阿勒颇击败了马穆鲁克军队。他将战争带入埃及境内,在那里接受了全阿拉伯的臣服,而哈里发头衔也被收入了奥斯曼苏丹的囊中。

如同过去的很多先例一样,在内斗中无心他顾的基督教世界又一次陷入了恐慌。虽然教皇利奥十世(Lex X,1513年至1521年在位)努力周旋,试图让法国和西班牙联合起来对抗突厥人,但最终还是一无所获。塞利姆一世在罗德岛围攻战失败后于1521年去世,其继承者是号称"大帝"的苏莱曼一世(Suleiman Ⅰ, the Magnificent,1520年至1566年在位)。在他的统治下,奥斯曼帝国走向了巅峰。1521年,苏莱曼攻克贝尔格莱德,之后又加紧了对罗德岛的围攻。1522年圣诞节,罗德岛沦陷,耶路撒冷圣约翰骑士团前往克里特岛避难，后来又转移到了马耳他岛。弗朗索瓦一世在帕维亚的战败，恰巧紧随在奥斯曼帝国的这些胜利之后，彻底打破了基督教世界团结对外的可能性。苏莱曼接受了法王的建议，带着10万人和300门火炮入侵匈牙利，并于1526年8月29日在莫哈赤（Mohacs）战场上击败了匈牙利国王拉约什二世（Lajos Ⅱ）。此战之后，匈牙利失去了独立王国的地位，直到1918年的维托里奥—维内托会战（Battle of Vittorio Veneto）后才重新建国。莫哈赤会战结束后，苏莱曼占领了布达（Buda），并于1529年进军维也纳。强攻失败之后，他率军退回了君士坦丁堡。

奥斯曼帝国的领土如今已经非常辽阔，其疆域东至巴格达、西至阿特拉斯山脉、南至亚丁（Aden）、北至布达。威廉·斯特林-麦克斯维尔爵士（Sir William Stirling-Maxwell）写道，"从伊斯特利亚（Istria）海角到肯特的海崖"，到处都有突厥海盗"从基督教世界的海岸以及世界贸易中收取'税金'"。

奥斯曼帝国此时已经控制了地中海沿海地区的三分之二，对于维持突厥帝国的统一，海权已经变得比陆权更加重要了。在意识到这一点之后，查理五世在1535年攻陷了阿尔及利亚海盗和突厥海军司令巴巴罗萨的指挥部所在地突尼斯。作为报复，巴巴罗萨在1538年突袭了卡拉布里亚，并在距离亚克兴战场不远处的普雷维萨（Previsa）外海与热那亚海军司令安德烈·多里亚遭遇。除小规模的散兵战斗以外，多里亚不愿与巴巴罗萨进行会战，于是海上战争便继续拖了下去。1541年，查理五世为保卫米兰，被迫掉头与法国作战，因而放弃了这场战争。1556年，查理五世退位，将西班牙王位让给了自己的儿子腓力，后者此时刚刚迎娶了英格兰国王亨利八世（Henry Ⅷ of England）的女儿玛丽·都铎（Mary Tudor）。神圣罗马帝国的皇位则被查理五世让给了弟弟费迪南（Ferdinand），从事实上来讲，这个帝国依然在西班牙的控制之中。

腓力二世（Philip Ⅱ，1556年至1598年在位）的统治范围包括西班牙、尼德兰、弗朗什孔泰、萨丁尼亚、西西里、巴利亚利群岛、大部分意大利以及大部分已被发现的新世界土地。到1581年的阿尔坎塔拉会战（Battle of Alcantara）之后，葡萄牙和葡萄牙殖民地也被并入了他的帝国。而且从事实上来说，腓力二世还控制着神圣罗马帝国，只是没有皇帝的名义而已。为了让如此庞杂的土地和各民族保持团结，腓力二世必须寻找到一个能够获得公认的共同意识，而他的选择就是天主教。

腓力二世以信仰保护者的身份将自己打造成了一位绝对君主（Absolute Sovereign）。后来他的这套新式统治体系也被欧洲各国君主纷纷效法，直到法国大革命（French Revolution）时期才被推翻。

由于腓力二世的霸权与宗教改革的精神相抵触，所以战争也就变得无可避免了。战争原本就是一件成本颇高之事，而像这样一场旨在强迫对方接受自己的宗教，而非获得物质利益的战争就更是如此了——金银、贷款都被作为军费投入其中。也正是在这一时期，新世界的财富对贫穷的旧世界造成了巨大冲击，并最终酝酿出了一场激烈的变革。据估计，在1493年时，全欧洲的金银储备量只有3340万磅左右。自16世纪初开始，大批贵金属自非洲和美洲流入。到1536年，贵金属的流入如水一般已从涓流逐渐演变成一条不间断的、流速越来越快的大河，最终形成了滔天的洪水。按照特雷弗·戴维斯先生的估计，到1636年，已经有超过2.5亿磅金银流入了欧洲。

由于宗教改革威胁到了腓力二世的信仰统一政策，继而威胁到了他的霸权，因此这些贵金属大多都被用作了军费。金银在从西班牙流过之后，非但没有带来繁荣，反而将土地化为荒野，其所过之处无不陷入比先前更严重的贫穷之中。大批贵金属不仅摧毁了西班牙的出口贸易，还让西班牙人民陷入了堕落之中。更进一步来说，一种新文明从这些金钱之中滋长了出来，即现代资本主义生活方式。其情况与亚历山大大帝将波斯国库的存金投入市场，为希腊化时代和罗马时代的资本主义发展铺平套路之时非常相似。由于战争的原因，金钱逐渐流入了热那亚、安特卫普（Antwerp）和奥格斯堡的放贷者手中。腓力二世在尼德兰花费的大笔金银，也资助了波罗的海诸国的成长，并在宗教改革中发挥了支柱性的作用——在银行家、投机分子和商人们的眼中，上帝已经沦落到了与财神玛门并列的地位，成为资本主义文明的工具。

从战略上讲，腓力二世霸权的轴心位于米兰与弗兰德斯之间。米兰让他掌握住了西欧的南部，而弗兰德斯则让他掌握了西欧的北部，即法国、英格兰和波罗的海，而且只有从北方对法国造成威胁，才能保证法国军队远离米兰。

西班牙属地尼德兰是此时欧洲最繁荣的地区。尽管查理五世清除异端的政策曾一度导致该地出现了宗教方面的不满情绪，但若不是破产的荷兰贵族发现只要投靠新教（Protestant），他们就能从修道院和其他教廷机构中抢劫财产，尼德兰很可能根本不会爆发公开的叛乱。1559年，查理五世的私生女，帕尔马的玛格丽特（Margaret of Parma）提议对教廷财产进行重组。早已陷入债务深渊的奥兰治亲王、拿骚的威廉（William of Nassau, Prince of Orange）以及其他一些贵族们在看到自己将在改革中失去特权，继而失去偿还债务的手段之后，便在一份被称为《共识书》（Compromise）的文件约束下组成联盟，发动了叛乱——西班牙人将他们戏称为"乞丐联盟"（Les Gueux）。

趁着乞丐联盟造成的混乱，大批加尔文派基督徒从法国、日耳曼、英格兰和日内瓦（Geneva）等地涌入尼德兰，洗劫了包括安特卫普大教堂在内的400余座修道院。腓力二世担心那些煽动闹事之人与法国的叛军联合起来，将祸患带入西班牙境内，于是在1567年派遣阿尔瓦公爵（Duke of Alva）率领一万名西班牙精兵前去支援奋起自保的西班牙天主教徒。从此时起，叛乱逐渐演化成了一场宗教战争。这次战争断断续续地打到了1609年，西班牙才终于与联合省（United Provinces）签订了一个为期20年的停战协议。

这场充斥着抢劫与报复的叛乱，立刻便在西班牙结出了恶果。其原因并非新教势力在西班牙境内的壮大，而是自格兰纳达陷落以来始终不曾彻底解决的摩尔人问题。1499年，西班牙对摩尔人强加的限制引发了一场严重叛乱，在遭到镇压之后，格兰纳达全境被迫改信基督教，摩尔人要么接受流亡，要么接受洗礼。很多人选择了后一条道路，并形成了一个被称为"摩里斯克人"（Moriscos）的族群。这些男女在表面上信仰基督教，但内心却还是倾向于穆罕默德教义。他们始终都是巴巴里海盗和奥斯曼帝国的内应，法国也利用其东方政策间接地支持着他们。

由于奥地利王室①是苏丹的宿敌，而奥斯曼帝国和巴巴里舰队又控制着地中海，所以突厥人始终支持着摩里斯克人。结果当腓力二世正在尼德兰作战之时，西班牙境内于1568年12月爆发了一场激烈的大规模叛乱，成千上万名基督徒被残忍地屠杀，另有大批基督徒被摩里斯克人抓捕起来卖给了柏柏尔人以换取武器。第二年，当摩里斯克人再次向苏丹求援之时，腓力二世派出了他同父异母的弟弟——查理五世与一位日耳曼女士芭芭拉·布洛姆贝格（Barbara Blomberg）所生的儿子，奥地

---

① 译注：指同时控制着神圣罗马帝国和西班牙的哈布斯堡家族。

利的唐·胡安（1545年至1578年在位）前去镇压叛乱。腓力二世在镇压叛乱的过程中表现出了相当宽大的态度。摩里斯克人被分散迁居到了西班牙北部各地，其福利也得到了腓力二世的保障，儿童甚至能够得到免费教育的机会。[2]可就在此时，胡安却突然收到诏令，要求他去执行一项非常艰难的任务——为基督教世界夺回地中海的制海权。

注解

1. 查理六世的兄弟奥尔良公爵与米兰公爵之女瓦伦蒂娜·维斯孔蒂（Valentina Visconti）在1389年的婚姻，后来也成了法国宣称米兰、那不勒斯主权的根源。1494年，查理八世据此入侵意大利，使法国与西班牙发生了冲突。自从两百年前阿拉贡国王佩德罗三世与贝内文托的曼弗雷德之女康斯坦斯结婚时起，双方便已经开始发生争端了。
2. 直到1609年至1613年之间，摩里斯克人才发动了叛乱。

勒班陀海战（1571年）

第二十章

突厥人之所以能够不断向西扩张，并不在于他们自身有多么强大，而主要在于基督教世界内斗不休。在1453年君士坦丁堡陷落之前，天主教与东正教之间的神学分歧，导致基督教世界的东西方无法团结一致。到了一百年之后，宗教改革又把基督教世界的西部撕裂成了两个激烈对抗的阵营。除这种力量的分裂以外，快速成长的民族主义和从新世界流入的财富，又导致了一种自私自利的国家诞生，它们将自己的商业繁荣看得比欧洲的整体安全更加重要。在这些国家之中，尤其以威尼斯和西班牙最值得我们注意。

在这二者之中，威尼斯为确保自己的贸易通畅，在君士坦丁堡陷落后不久便与突厥人订立了盟约。他们因自己的贸易霸权而变得十分盲目，根本没有预见到自己在黎凡特的领地，也就是其商业繁荣的主要来源，迟早会与突厥人的扩张发生冲突。而单凭威尼斯自己的力量，是根本无法抵挡对方的。由于西班牙于1560年在杰尔巴岛（Jerba）遭遇惨败，再加上突厥人在1563年试图攻占奥兰（Oran）、在1565年试图攻占马耳他的行动，让全西班牙上下都陷入了一种对突厥入侵的恐惧之中。这种情绪不止存在于西西里和那不勒斯，而且传播到了西班牙本土。虽然西班牙人成功镇压了摩里斯克人的叛乱，但这也只能稍微缓解这种恐惧情绪。简言之，地中海东部是威尼斯商业利益的关键所在，地中海西部则是西班牙国家安危的关键所在，而这也正是双方的分歧所在。

在摩里斯克人发动叛乱的三年之前，奥斯曼苏丹苏莱曼大帝去世，苏丹之位由塞利姆二世（Selim Ⅱ，1566年至1574年在位）继承，而此人也要算是奥斯曼帝国诸多狠毒苏丹中最卑劣的一位。1568年，为了能腾出手来夺取于1488年落入威尼斯人手中的塞浦路斯[1]，塞利姆二世与神圣罗马帝国皇帝马克西米利安二世（Emperor Maximillian Ⅱ，1564年至1576年在位）订立了和约。夺取塞浦路斯一事主要是由塞利姆二世的宠臣米克兹·纳西（Miquez Nasi）[2]所推动的，后者的封地位于纳克索斯岛，他也希望能进一步攫取塞浦路斯。塞利姆二世的舰队司令皮亚利帕夏（Piali Pasha，此人是一个匈牙利叛徒）和陆军将领穆斯塔法帕夏（Mustafa Pasha）也支持这个计划，希望以此来洗刷1565年奥斯曼军队在马耳他被拉瓦莱特（La Valette）击退的耻辱。但在另一方面，大维齐尔穆罕默德·索科利（Grand Vizier Mohammed Sokolli）作为一个远见卓识的政治家，却主张与神圣罗马帝国和威尼斯保持和平。他认为这两个国家并不足惧，奥斯曼真正的敌人应是西班牙。

而且在他看来，此时也正是攻击西班牙的最佳时机——腓力二世在国内要面对摩里斯克人叛乱，西班牙军队也深陷在尼德兰地区，而腓力二世在全欧洲连一个盟友都找不到。另外，法王此时仍与苏丹交好，神圣罗马帝国在得不到西班牙支援的情况下根本不堪一击，波兰正在与俄罗斯作战，意大利被内斗撕成了碎片，英格兰则乐于从突厥人与西班牙人的战争中坐收渔利。基于以上这些原因，索科利反对进攻塞浦路斯，并提议说，由于此时威尼斯与苏丹仍是盟友，对奥斯曼更有利的战略是趁摩里斯克人叛乱之机进攻西班牙。索科利的提议本可能被塞利姆二世所采纳，但威尼斯突然遭遇的一场意外之灾，却改变了这一情况。1569年9月14日，威尼斯兵工厂[3]的一个火药工厂发生爆炸，引发了大面积的火灾。虽然这场灾祸造成的损失确实相当可观，但当此事传到君士坦丁堡时，消息还是被大大夸张了。人们纷纷传说威尼斯舰队已经全军覆灭（事实上仅损失了4艘帆桨船），塞浦路斯也因此不可能再获得增援。由于这个误报，主战派的意见获得了胜利。

准备工作立刻展开。1570年4月，一个突厥使团被派往威尼斯，要求对方交出塞浦路斯，理由是塞浦路斯先前曾属于耶路撒冷王国，如今耶路撒冷已经被奥斯曼帝国占领，塞浦路斯也理应归由苏丹管辖。虽然威尼斯在塞浦路斯的守军很少，但总督和元老院却还是拒绝了突厥人的要求。他们自知拒绝就意味着战争，于是只好向其他基督教势力求援。由于威尼斯采用了共和制政体，因此所有王公都憎恨它，认为它是自己的对头。再加上威尼斯曾与突厥人订有盟约，除教皇庇护五世（Pope Pius V，1566年至1572年）外再无任何人愿意睬其请求。庇护五世认为有可能利用此事来实现自己的夙愿，组建一个由教皇领导的海军同盟对异教徒发动十字军，于是便拿出了12艘帆桨船作为舰队的核心，并说服了最初非常不愿参战的西班牙国王腓力二世。后者随即命令他在西西里和那不勒斯的总督为威尼斯舰队提供补给，而他自己的西西里舰队也加入了教皇和威尼斯舰队的行列之中。

与此同时，塞利姆二世也在罗德岛集结了一支拥有150艘帆桨船和50艘运输船的舰队，并将其交给了皮亚利帕夏和穆斯塔法帕夏指挥。舰队于1570年7月22日在塞浦路斯的利马索尔（Limasol）登陆，之后便开始围攻尼科西亚城（Nicosia），此处也是除法马古斯塔（Famagusta）以外该岛唯一的设防城镇。9月9日，尼科西亚被突厥人攻破，守军也被全数屠杀。在此之后，奥斯曼军队又开始围攻拥有 7000 名威尼斯守军的法马古斯塔。在当地总督安东尼奥·布拉加迪诺（Antonio Bragadino）和驻军指挥官阿斯特·巴格里奥尼（Astor Baglione）的领导下，守军进行了极为顽强的抵抗，奥斯曼人的每次进攻都被击退，阿里帕夏（Ali Pasha）也被迫率领自己的部队驶回本土过冬。在围攻期间，威尼斯的贵族吉罗洛莫·扎尼（Girolomo Zani）也率领舰队集结在了克里特岛的干地亚港（Candia）。虽然其船只数量超过了 200 艘，但由于各部队之间的不和，最终这支舰队根本没有发挥任何作用。

在整个基督教世界中，只有庇护五世一人决心迅速采取行动。他在1570年7月召集了一场会议，试图为基督教同盟订立一个宪章。庇护五世完全认清了基督教世界所面临的危险，而他本人也是一位既有领袖魅力又有战略眼光的人物。他看到，从战略上来讲，若基督教世界能夺回地中海的制海权，奥斯曼帝国就将被切断成两个部分，其非洲各省将与亚洲、欧洲各省失去联系。庇护五世希望这一结果能阻止突厥人继续向西进入欧洲腹地。

尼科西亚的陷落对庇护五世影响颇深，他已经认清，除非威尼斯能够得到强力的支援，否则法马古斯塔注定将会陷落，威尼斯也将被迫与突厥人媾和。可即使到了此时，会议却还是拖延不决，每一方都给结盟一事带来了各种难题。最终，已经在会议上获得了普遍支持的腓力下定决心掌握主动。他的代表在会议中坚持主张，必须任命腓力二世的同父异母弟弟唐·胡安为联军总司令，其副帅则应由教皇的舰队司令马可·安东尼奥·科罗纳（Marco Antonio Colonna）担任。由于威尼斯人担心西班牙将会掌控全局，最终为了达成协议，各方不得不采取了一个折中的办法。唐·胡安虽然仍然被任命为最高指挥官，但在获得各国部队指挥官的同意之前，他不能采取任何具有决定意义的行动。后文中我们将会看到，唐·胡安是如何摆脱（或至少部分摆脱）这个反常安排的。

唐·胡安在1571年时年仅26岁，与安贝拉会战时的亚历山大、担任西班牙总司令时的汉尼拔以及洛迪会战（Battle of Lodi）时的拿破仑·波拿巴（Napoleon Bonaparte）同岁。布朗托姆（Brantome）曾说他"长相非常英俊高贵……无论做任何事都显得非常温和，待人也彬彬有礼、和蔼可亲，而更重要的是，他还十分英勇大胆"。[4] 事实上唐·胡安的品质还远不止如此。虽然他非常年轻，但却是一位既精明，又会鼓舞人心的领袖。梅里曼写道："他就是教皇十字军热情的象征。他有着鼓舞人心的能力，能让人们暂时忘记各自的私利，为一个共同目标而狂热地努力。1095年的十字军精神，似乎在他身上复活了。"[5]

1571年3月7日，就在会议即将达成一致之际，西班牙的主要代表，红衣主教格朗韦勒（Cardinal Granvelle）又提出了新的诘难。威尼斯的总督和元老院感到非常失望，他们甚至派遣了雅各布·拉加佐尼（Jacopo Ragazzoni）率领一个使团前往君士坦丁堡，去尝试与突厥人讲和。使团在4月26日抵达君士坦丁堡并拜见了大维齐尔，后者不愿接受任何折中的条件，要求塞浦路斯必须无条件投降。他说："和平对你们来说比战争更有利。你们无法与苏丹相抗衡，他不仅能夺走你们的塞浦路斯，还能夺走你们的其他属国。至于你们的基督教联盟，我们都知道其他基督教君主对你们根本毫无好感。只要紧紧抓住苏丹的衣角，你们便能在欧洲为所欲为，永享和平。"[6]拉加佐尼带着这些很能蛊惑人心的回复踏上了归程。但不等他返回意大利，神圣同盟（Holy League）便已经正式宣布成立了。当同盟宣言在5月25日公布之后，各国也均无回头路可走了。

这个著名的盟约在后来被很多条约所效仿，其主要条款如下：神圣同盟是一个永久性的同盟，其作战对象不仅限于奥斯曼人，还包括阿尔及利亚、突尼斯和的黎波里。神圣同盟的军队拥有200艘帆桨战舰、100艘其他类型的船只、5万名步兵、4500名轻骑兵以及大批火炮。盟约规定这支军队应在每年3月准备妥当，做好前往黎凡特或任何目标地点的准备。在遭到突厥人攻击时，各同盟国间应互相支援。西班牙负担一半的军费，另外一半军费则由威尼斯承担三分之二，教皇承担三分之一。在战争的指挥方面，三方的指挥官都有提出计划的权利，但决定权还是在总司令手中。神圣罗马帝国皇帝、法国国王和波兰国王可以自行加入同盟；由于英格兰并非天主教国家，因此其女王伊丽莎白（Queen Elizabeth）并未被条约提及。所有新征服的土地都应按照盟约条款的规定来分配，只有阿尔及利亚、突尼斯和的黎波里将直接被划归西班牙。若同盟各国之间发生分歧，应由教皇进行仲裁。同盟的任何成员国，都不得在未经其他国家同意的情况下与突厥人休战、媾和或结盟。

虽然有上述这些条款，但各国的目标却还是无法统一。威尼斯希望利用神圣同盟来夺回塞浦路斯，削弱奥斯曼帝国在东地中海的势力，腓力二世则希望削弱奥斯曼帝国和巴巴里海盗在西地中海的力量。二者不仅各怀鬼胎，而且互相猜忌憎恨。只有教皇本人专心一意，全力投入了神圣同盟的事业之中。庇护五世拥有宏大的眼光，他看到不仅是西班牙和威尼斯两国，基督教世界作为一个整体也正处在危难之中。神圣同盟成立后所取得的成功均应归功于庇护五世，因为他正是这个同盟的核心灵魂。

奥地利的唐·胡安在6月6日从马德里（Madrid）出发，并于6月16日抵达巴塞罗那。他发现安德拉德的唐·吉尔（Don Gil de Andrade）已经率领着自己的分舰队在此集结完毕，于是便命令仍停留在卡塔尼亚的圣克鲁斯侯爵（Marquis of Santa Cruz）前来会合。唐·胡安于6月20日起航离开巴萨罗那，至26日抵达热那亚与乔瓦尼·安德烈·多里亚的分舰队会合。唐·胡安在8月2日驶入斯佩齐亚（Spezia）收集了一些部队，之后又于9日在那不勒斯下锚。红衣主教格朗韦勒在那不勒斯迎接了唐·胡安，并将同盟的军旗交给了他。早在唐·胡安还在热那亚之时，他就已经收到了教皇寄来的信件，敦促他不要在意风险，尽快与突厥人决一死战。

联军在那不勒斯花费了十天的时间来讨论计划并让士兵们登船。8月20日，舰队起航前往预定的会合地点墨西拿。唐·胡安在8月23日抵达那里，与教皇分舰队的马可·安东尼奥·科罗纳以及75岁高龄的威尼斯指挥官塞巴斯蒂安·维尼埃罗（Sebastian Veniero）会合，后二者此前已分别在7月21日和23日抵达了墨西拿。

在此期间，身在君士坦丁堡的塞利姆二世已经因占领尼科西亚而陶醉不已，认为奥斯曼家族始终坚信的古代寓言即将实现，突厥人很快将会占领地中海所有的岛屿，罗马的圣彼得教堂也会像圣索菲亚教堂一样成为清真寺。塞利姆二世如今更加坚决地希望加快围攻法马古斯塔的进程，因此，他在4月将阿里帕夏的舰队重新集结在了尼格罗蓬特（Negropont），以拦截神圣同盟可能派往塞浦路斯的海军力量。与此同时，塞利姆二世还给穆斯塔法帕夏的围攻军队派去了大批援兵。

到5月底，奥斯曼军队再次对法马古斯塔展开炮击，并在城壕上占领了一个入口。奥斯曼军队还挖掘了地道，并用"岛上一种树木点起气味恶心的烟雾"[7]，将守军熏出了要塞。到7月末，法马古斯塔已经有半数守军阵亡，火药也已经耗尽。为避免城市遭到可怕的洗劫，巴格里奥尼和布拉加迪诺提出有条件投降。穆斯塔法立刻接受了条件，并于8月1日举行了投降仪式。四天之后，穆斯塔法又要求法马古斯塔交人质给他。遭到拒绝后，穆斯塔法违背了投降约定，将巴格里奥尼和其他威尼斯高级军官全部处死。布拉加迪诺更是遭到了酷刑虐待，他首先被割掉了鼻耳，之后又被活剥了皮。奥斯曼人在剥下来的皮里填上稻草游街示众，最后将其挂在船的桅杆上送回君士坦丁堡当作奴隶市场的装饰品。投降守军沦落成了帆桨战舰上的船奴，圣尼古拉教堂被洗劫一空，就连坟墓中的基督徒遗体也被挖出来丢在野外。突厥人在围攻中同样损失惨重，据说穆斯塔法手下总计有5万人死亡。

由于神圣同盟根本没有尝试救援法马古斯塔，阿里帕夏也就率舰队离开了尼格罗蓬特。他蹂躏了威尼斯人在摩里亚的领地和桑特、塞法洛尼亚（Cephalonia）两座岛屿，随后又在科孚岛登陆。被科孚岛守军击退之后，阿里帕夏率舰队沿着达尔马提亚海岸北上，一路进抵威尼斯环礁以外，此时威尼斯港口中连一艘战舰都没有。可不久之后，阿里帕夏获悉联军舰队已经在墨西拿会合，他担心自己可能会被封锁在亚得里亚海以内，便掉头撤回了科孚岛。他认为自己已经给敌军造成了最大程度的伤害，因而心满意足。

当联军所有部队均抵达墨西拿之后，唐·胡安发现自己手中已经拥有了300艘战舰和8万人，后者之中有3万人是士兵，5万人是水手和船奴。在海军方面，各国的兵力如下：西班牙舰队拥有90艘帆桨战舰、24艘西班牙大帆船（Galleon）及其他大型战舰、50艘护卫舰（Frigate）和双桅帆船；威尼斯舰队拥有106艘帆桨战舰、6艘加莱赛大型帆桨战舰（Galleass）、2艘西班牙大帆船、20艘护卫舰；教皇舰队拥有12艘帆桨战舰和6艘护卫舰。全军总共拥有208艘帆桨战舰（后来又有17艘赶来支援）、6艘加莱赛大型帆桨战舰、26艘西班牙大帆船以及76艘双桅帆船和护卫舰，合计316艘战舰。唐·胡安发现威尼斯舰队缺乏人手，于是便将2500名意大利士兵和1500名西班牙士兵调拨到了威尼斯战舰上。维尼埃罗虽然接受了这些士兵，但却并不情愿，因为他担心这些人可能会在战舰上惹出事端。

由于联军中争端层出不穷，迟迟无法统一意见。唐·胡安只好快刀斩乱麻，对指挥系统进行了洗牌。他将各国的分队打散并重新编队，这不仅能够减少某一位指挥官擅自撤走本国舰队的可能性，而且还削弱了各分舰队指挥官的权威，增强了自己的权力。这样一来，他也就克服了同盟会议那种折中安排给他造成的束缚。

唐·胡安任命阿斯卡尼奥·德·拉科尼亚（Ascanio de la Corgnia）为陆军指挥官，之后又像编组陆军部队一样将舰队也分成了三个战术单位，即中央、右翼和左翼。此外，他还组建了单独的前卫和后卫。中央分舰队拥有64艘帆桨战舰，由唐·胡安亲自指挥，维尼埃罗和科罗纳担任其副手；右翼分舰队拥有54艘帆桨战舰，由安德烈·多里亚指挥；左翼分舰队拥有53艘帆桨战舰，由威尼斯海军将领奥古斯蒂诺·巴尔巴里戈（Augustino Barbarigo）指挥；前卫的8艘帆桨战舰被交给了西西里舰队指挥官卡多纳的唐·胡安（Don Juan de Cardona）；拥有30艘帆桨战舰的后卫则被交给了圣克鲁斯侯爵。6艘加莱赛大型帆桨战舰以两艘为一组，被分别划给了中央、左翼和右翼。西班牙大帆船和其他大型战舰负责运载给养，组成了一个单独的分舰队，由于它们只能依靠风帆提供动力，因此机动性要弱于帆桨战舰。护卫舰和双桅帆船也被分别划给了上述各分舰队，受命跟随在帆桨战舰后方航行。

9月10日，联军召开了军事会议。科罗纳和维尼埃罗主张立刻采取攻势，多里亚和拉科尼亚则认为应暂缓行动。唐·胡安早已下定了决心，并宣布自己赞成教皇及威尼斯舰队指挥官的建议。骰子已经掷出，决战在所难免。所有反对意见到此告终，教皇的特使也宣布大赦全军一切罪孽。在盛大的仪式上，特使以教皇之名为整个神圣同盟的所有武器祝圣，将过去曾被授予夺回圣墓教堂之人①的免罪特权再次授予全军。

9月15日，行动不便的加莱赛战舰和大帆船首先启程，三个分舰队的帆桨战舰也在第二天驶出了墨西拿港口。10天之后，舰队在抵达科孚岛后，获悉效力于苏丹麾下的阿尔及利亚海盗乌鲁赫·阿里（Uluch Ali）曾攻击过这座岛屿，但没能攻破岛上的要塞。唐·胡安从俘虏口中得知，乌鲁赫·阿里已经撤退到了科林斯湾中的勒班陀（即诺帕克特斯，科林斯湾也被称为勒班陀湾）。

由于这个情报关系重大，唐·胡安立刻召开了军事会议。虽然他遭到了相当程度的反对，但还是决定立刻出港与敌军进行会战。这是一个非常大胆的决定，此时苏丹的舰队仍然控制着地中海，而且其实力也要远远强于神圣同盟所能集中的任何舰队。一旦神圣同盟落败，奥斯曼帝国便毫无疑问会开始新一轮的大规模入侵。诚如威廉·斯特林-麦克斯维尔爵士所指出的："很显然，只要有一步

---

① 译注：指十字军东征时期的十字军战士们。

走错，军队遭遇惨败，全欧便将跪倒在凶猛的东方征服者膝下。但不那么明显的是，如果欧洲采取了怯懦的行动，只为避免失败而拖延战事，结果也还是会落得同样下场。神圣同盟各部将回到原先的分裂状态，任何一方都无法单独抵抗塞利姆的舰队。"[8]事实上，只有采取攻势行动才能维持神圣同盟团结一致，而这才是问题的关键所在。

9月29日，唐·胡安率领着自己的分舰队率先出海，驶到了阿尔巴尼亚海岸上的哥米尼扎（Gomenizza）。他在那里遇到了前卫分舰队的一艘护卫舰，获悉除乌鲁赫·阿里以外，阿里帕夏也正带着200艘战舰停泊在勒班陀。唐·胡安没有等待尚在后方远处的大帆船抵达，立刻派人返回科孚岛命令维尼埃罗和科罗纳全速赶来与他会合。

为理解这场即将爆发的海战，我们有必要简略介绍一些这个时代的主要战舰类型。此时的帆桨战舰（也就是加莱船）只有一层甲板，长120英尺至180英尺、宽20英尺左右，船体型深则为7英尺。虽然帆桨战舰既可以风帆也可以使用划桨来推进，但在战斗中却只用划桨，其短时间的爆发航速可达6.5节。联军的帆桨战舰装有五门舰艏火炮，奥斯曼的帆桨战舰则仅有三门。另外，联军的帆桨船还在两舷装有一些4.5磅火炮，划桨手们也有木制的挡板保护，而突厥战舰则二者皆无。此外，帆桨船还拥有一个10英尺到20英尺长的冲角。无论海况是否恶劣，帆桨船都能不受影响地作战。西班牙大帆船只能依靠风帆驱动，其水线以上的干舷高度相当于舰体长度的三分之一。这种战舰拥有两层火炮甲板，无异于浮动堡垒。加莱赛战舰介于帆桨船和西班牙大帆船之间，既是帆桨船又是大帆船。其艏楼和尾楼极高，全舰安装有50至70门火炮，船体中部还安装有四门20管风琴炮来对付登船的敌军。相对于帆桨船，加莱赛战舰的一个优势在于划桨手头上拥有一层甲板保护。加莱赛战舰采用三角形纵帆，舰艏也能抵挡火炮射击。双桅帆船和护卫舰则是一种只有半层甲板和两根桅杆的小型战舰，既可以由风帆驱动也可由划桨驱动。运输舰则能搭载1000名士兵及其装备。

依照此时的地中海海战战术，双方首先会通过机动来争取优势阵位，之后便以迎头攻击、迂回侧翼或接舷战等方式交战，其原则与萨拉米斯、亚克兴以及其他古典时代的海战完全相同。无论从哪方面来说，此时的海战都只是将陆战转移到了水面上而已。

阿隆索·德·查维斯（Alonzo de Chaves）在其著于1530年的《水手宝鉴》（*Mirror for Seamen*）一书中，曾有过如下有趣的记载：

如果你想要登上敌军战舰……就要先让那些使用轻武器的水手，尤其是桅杆顶上的水手们开火。投钩手（Afferrador）应将铁钩投到对方的帆索或其他能钩稳的位置上，绳索也必须被拉紧。之后使用轻武器之人必须加紧射击，弹无虚发。桅顶的水兵不仅要向对方甲板上倾倒火药和沥青并将其点燃，还要投掷肥皂和油脂以便让敌舰甲板变得湿滑……为阻止对方反过来登上我舰，水手们应使用在矛尖处涂有油脂，让对方无法抓住的长矛。所有人此时都应使用冷兵器或火器作战。带着镰刀的水兵应去切断敌舰帆索，使用长柄喷火器的水兵则应去点燃敌舰上的装备……

反过来说，若敌军试图登上我舰，抵御攻击的最佳武器便是长矛和刀剑。登船者使用的登船网梯本身就是一个障碍，在登船者沿网梯攀爬之时，我们就可以用长矛从网梯下面刺过去，迫使对方跳进大海……

伤员应被送到甲板下方的船舱里去，否则他们不仅会阻碍行动，还会让战友感到恐慌。战死者也要被迅速投入大海以免影响士气，甲板上只应留下战斗人员。[9]

在勒班陀海战中，唐·胡安引入了一些值得注意的变化。其中最著名的是他把加莱赛战舰作为前卫来使用，其次则是他下令拆除了帆桨船舰首的上层部分，以便舰艏火炮能够更自如地发扬火力。除此以外，唐·胡安对于火绳枪的运用也远比突厥人更为有效。另外，为鼓舞士气，他还下令解开了帆桨船上所有奴隶的枷锁，为他们提供了武器，并许诺说只要他们能英勇战斗，便可获得自由。

到10月3日，除大帆船以外，神圣同盟的舰队已经全部集中在了哥米尼扎，唐·胡安从当地再次出港，在驶过普雷瓦萨外海的亚克兴古战场之后，于次日在杜卡托海角（Cape Ducato）下锚。当天夜间，舰队重新起航，但由于天气恶劣，唐·胡安在5日的大部分时间里只能停泊在塞法洛尼亚岛的费斯卡多港（Phiskardo）躲避风暴。也正是在这里，舰队得知了法马古斯塔已被攻克，布拉加迪诺也已经被残忍杀害的消息。这个消息来得正是时候，它让每一位基督徒心中都充满了想要为这场灾难向突厥人复仇的强烈愿望。

同样也是在塞法洛尼亚，联军舰队中又发生了一件险些让整个远征失败的意外事件。维尼埃罗手下的一位西班牙军官对几个威尼斯人出口不逊，引起了斗殴事件，数人因此丧生。维尼埃罗勃然大怒，在没有征询唐·胡安意见的情况下逮捕了祸首及其同伴，并将他们吊死在了桅杆上。唐·胡安发了火，想要逮捕维尼埃罗，倘若真的如此，基督徒们可能立刻就要互相开战了。科罗纳看到这种情况，明智地出面干预，说服唐·胡安收回了成命。但即使如此，唐·胡安还是拒绝再与维尼埃罗有任何来往，并因此转而改与巴尔巴里戈联系威尼斯舰队方面的事宜。

由于天气再次发生了变化，联军舰队直到10月7日星期日的凌晨2时才重新出港，沿库特索拉里群岛（Kurtsolari Islands）外海进发。清晨7时过后，唐·胡安的旗舰"皇家"号（Réal）与位于前方的多里亚舰队会合，之后便开始穿越位于帕特拉斯湾（Gulf of Patras）以北、奥克西亚岛（Island of Oxia）与斯克罗法海角（Point Scropha）之间的海峡。

与此同时，奥斯曼舰队也已经于9月27日集中在了勒班陀。阿里帕夏在10月3日或4日召开了一次军事会议，出席者中地位最显赫的人物包括全体步兵（也就是接舷战部队）的指挥官帕图帕夏（Pertau Pasha）、前阿尔及利亚总督哈桑帕夏（Hassan Pasha，巴巴罗萨之子）、亚历山大里亚总督穆罕默德·西罗科帕夏（Mahomet Sirocco Pasha）、尼格罗蓬特（即优波亚岛）总督哈麦德贝伊（Hamet Bey）以及新任阿尔及利亚总督——出生于卡拉布里亚的乌鲁赫·阿里。得益于大量的间谍，阿里帕夏对敌军的兵力和行动了解得一清二楚，由于苏丹给阿里帕夏的命令要求他必须采取攻势，因此会议也得出了结论，决定迎战接近中的基督教舰队。10月6日，突厥舰队驶离勒班陀要塞的保护范围，穿过狭窄水域后在勒班陀以西大约15英里处的加拉塔（Galata）下锚。在这里，阿里帕夏从一艘侦察船那里获悉敌军已经到达了费斯卡多港。

第二天日出之前，突厥人早已再次出港。当唐·胡安与多里亚在斯克罗法海角外会合之时，突厥人已经逼近到了与联军相距不足10英里的海面上。半小时之后，"皇家"号和多里亚的旗舰"统帅"号（Capitana）桅顶的瞭望员发现东方出现了两面风帆，紧接着，海平面上又跃出了另外八面风帆。又过了几分钟，整个突厥舰队全部进入了视线范围以内。唐·胡安随即命令一门火炮开火，同时在"皇家"号上也升起了神圣同盟的战旗，示意自己已经发现了敌军。

在听到号炮声之后，各舰舰长开始清理战舰甲板，做好战斗准备，同时高级指挥官们也乘坐双桅帆船来到"皇家"号，听取唐·胡安的最后指示。即使到了此时，仍然有部分指挥官反对会战，他们认为舰队距离基地过于遥远，一旦战败便将面临彻底毁灭的命运。但唐·胡安早已下定了决心，他对军官们说："先生们，开会的时间已经过了，现在是作战的时间了。"说完这些话之后，他便将军官们解散了。[10]

指挥官们回到各自战舰之后，舰队立刻组成了将军们在墨西拿便已经决定好的战斗序列。但为了弥补大帆船的缺席（它们仍被远远落在后方），各分舰队的战舰数量也做了少量调整。

在左翼方面，唐·胡安部署了63艘帆桨船，并命令其指挥官巴尔巴里戈让左翼始终紧贴埃托利亚海岸，以免敌军迂回其侧翼。多里亚的右翼拥有64艘帆桨船，唐·胡安亲自指挥的中央则有63艘。唐·胡安还命令科罗纳亲自坐镇教皇舰队旗舰，居于"皇家"号的右侧，维尼埃罗也受命坐镇威尼斯旗舰居于左侧。另外，圣克鲁斯侯爵的预备舰队从30艘战舰增加到了35艘，其任务是紧随在中央的后方，随时准备支援前方战线上支撑不住的部分。[11]按照先前的约定，6艘加莱赛大型帆桨战舰每两艘为一组，被分别布置在了三个分舰队前方四分之三英里处，以便凭借其庞大的舰型在双方战线接战前打乱突厥战线。联军舰队列成战斗序列之后，战线长度在6500码至7500码之间，唐·胡安也乘坐一艘双桅帆船检阅了全军。在看到位于威尼斯旗舰后甲板上的维尼埃罗之后，他抛下前嫌，友好地向对方致意，一下子就消除了过去的分歧。在此之后，舰队官兵全体下跪祈祷，"身着甲胄之人匍匐在地，闪光照亮了战舰甲板"。

在联军舰队排列战线的同时，奥斯曼人同样也在准备战斗。阿里帕夏将战舰组成了一个巨大的新月队形，其长度从海湾北岸延伸到了南岸。与唐·胡安一样，阿里也将舰队分成三个部分，他自己亲率的中央拥有87艘帆桨船和8艘单桅快船，右翼的穆罕默德·西罗科拥有54艘帆桨船和2艘单桅快船，左翼的乌鲁赫·阿里则拥有61艘帆桨船和32艘单桅快船，此外还有8艘帆桨船和21艘单桅快船被留作预备队。[12]

上午9时30分左右，双方舰队缓慢地接近之后，阿里帕夏惊讶地发现了对方战线前方的加莱赛战舰，于是便命令各分舰队将新月形战线拉直。帕图帕夏对敌军布置这些强大战舰的方式感到不安，劝说阿里帕夏以诈败的方式来引诱对方追击，以求打乱敌军战线的秩序。这本是突厥人常用的计策之一，但阿里帕夏认为诈败有悖于苏丹见敌必战的命令，拒绝了这一建议。于是舰队继续前进，船上的突厥人也开始呐喊嘶嚎。突然之间，对方战线发出了一道闪光——唐·胡安的士兵已经结束了祷告，站起身来各就各位。

战斗大约在10时30分左右打响，此时双方舰队的位置如下：联军左翼稍稍突前，由于巴尔巴里戈不熟悉海岸水文，担心战舰搁浅，因此其最左端与埃托利亚海岸之间留出了一段距离；右翼与中央处于近乎平行的位置，但由于突厥左翼长度超过了联军右翼，多里亚担心遭到迂回，因而率领右翼向外侧斜进，导致自己的左端与唐·胡安的右端之间出现了一个超过一英里的空当；左翼和中央的四艘加莱赛战舰位于各自分舰队前方四分之三英里处，但右翼的两艘加莱赛战舰却仍停留在斯克罗法海角。圣克鲁斯麾下的预备舰队保持在应有阵位上，双桅帆船环绕在帆桨船周围，随时准备依战况将预备队士兵们运载到战线的任何位置。与此同时，西罗科率领的突厥右翼也稍微领先于阿里帕夏亲率的中央部分，乌鲁赫·阿里的左翼同样向外斜进以应对多里亚的行动。以上各种机动导致会战演变成了三场独立的战斗，首先是巴尔巴里戈与西罗科交战，大约半小时之后，唐·胡安与阿里帕夏也展开了战斗。又过了一个小时，多里亚和乌鲁赫·阿里才终于接战。

10时30分左右，突厥右翼进入了联军左翼两艘加莱赛战舰的火炮射程。两舰随即发射出了毁灭性的火力，不仅打乱了西罗科的队形，还迫使其右端向埃托利亚海岸方向躲避。但由于突厥水手们对海岸水文情况十分熟悉，西罗科就势命令这些战舰去迂回巴尔巴里戈的左翼。巴尔巴里戈认清了对方的意图，并意识到既然海岸附近的水深足够突厥战舰航行，那么他自己的战舰也一样能在那里行动。因此他调转航向，开始朝海岸方向斜进，截断了对方的迂回机动，导致对方仅有六至七艘战舰绕到了自己后方。到此时为止，由于西罗科左侧的战舰也已经跟着右侧各舰向海岸驶去，而巴尔巴里戈右侧由马可·奎里尼（Marco Quirini）指挥的战舰尚未与对方交战。奎里尼抓住这个机会，将手下各舰调转过来，"像关门一样"打击在了西罗科背后。与此同时，巴尔巴里戈的旗舰遭到了五艘突厥战舰围攻，炮弹、枪弹和雨点般的箭矢落在战舰上，巴尔巴里戈本人也被打中眼睛，伤重而亡。指挥官的阵亡使联军左翼发生了混乱，雪上加霜的是，巴尔巴里戈的侄子马可·孔塔里尼（Marco Contarini）在接过指挥权后也立刻被射杀了。所幸接替孔塔

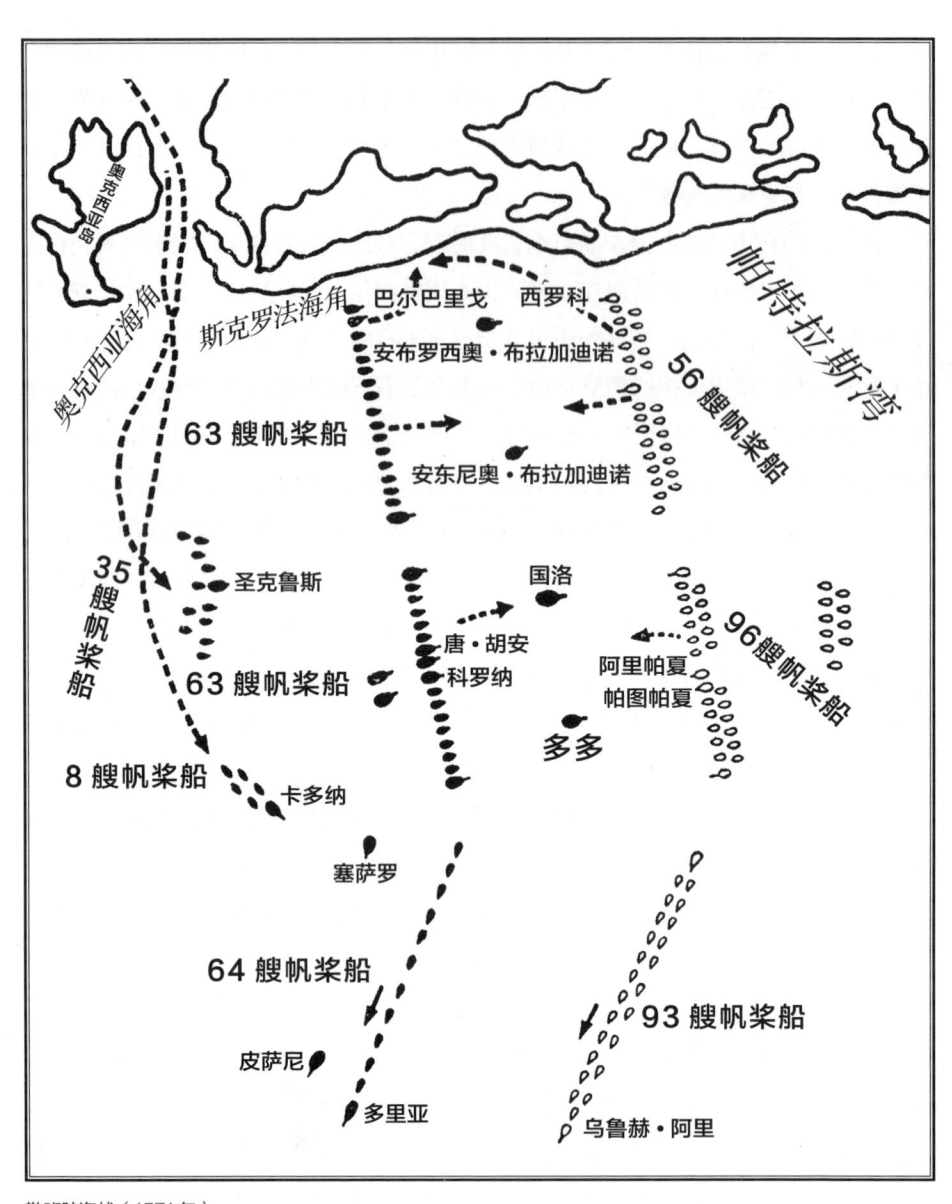

勒班陀海战（1571年）

里尼的弗雷德里戈·纳尼（Frederigo Nani）重新集结起了分舰队左端各舰，并在奎里尼支援下将整个突厥右翼都赶向了海岸。突厥人纷纷弃船上岸，但却被紧追在后的威尼斯人歼灭。联军左翼获得了全胜，突厥战舰无一逃脱，西罗科本人也身负致命重伤，被敌军俘虏。

在巴尔巴里戈与西罗科接战大约半小时之后，唐·胡安的两艘加莱赛战舰也发射出了极为有效的炮火，迫使阿里帕夏的战舰分散了很多小股部队，尽可能地快速划桨试图远离加莱赛战舰。在此期间，唐·胡安的帆桨船仍保持慢速航行，在笛声和号声的伴随下，所有战舰均能维持着完美的整齐队列。突厥人的炮火大部分都从联军战舰上方掠过。双方接近后，两军展开了迎头战斗。由于联军拆除了舰首的上部，炮手们可以更加自由地射击，因此突厥战舰在联军的优势火力下损失惨重。阿里帕夏命令旗舰的舵手转舵直接冲向唐·胡安的旗舰"皇家"号，在与"皇家"号相撞之后，突厥旗舰的舰首却与"皇家"号的帆索纠缠在了一起。阿里帕夏的旗舰上拥有400名新军，后方还跟着10艘帆桨船和两艘单桅快船，其中距离最近的几艘都由绳梯与阿里帕夏的旗舰相连，能够随时提供援兵。另一方面，唐·胡安背后也同样拥有数艘帆桨船可为他提供支援。

中央部分此时已全线接战，双方战舰都向两艘旗舰交战的位置靠拢了过去。阿里帕夏手下的士兵两次登上"皇家"号，均被舰上的300名火绳枪手击退。唐·胡安的士兵也同样两次登上了阿里帕夏的旗舰，甚至打到了主桅附近。其间维尼埃罗的士兵登上了"皇家"号助战，一直在为战线各处提供援兵的圣克鲁斯也派出了200名生力军前来支援。大约与此同时，也就是下午1时左右，已经击败并点燃了帕图座舰的科罗纳将自己的战舰横靠在阿里帕夏的旗舰旁，用火枪猛烈地射击对方甲板。"皇家"号趁机发动了第三次进攻，而阿里帕夏也在战斗中被一枚枪弹击中前额，倒在了左右两侧划桨手之间的通道中[13]，一名马拉加士兵立刻冲上前来将其斩首，"……他好像举起奖杯一般将头颅高高举起，突厥人看到之后惊恐万分，而基督徒则欢呼雀跃。"[14] 突厥人的旗舰随即被联军夺取，在经过进一步的激烈战斗之后，联军彻底击溃了突厥舰队的中央部分。

如前所述，在10时30分巴尔巴里戈与西罗科开始接战，唐·胡安也在缓缓接近突厥中央的同时，多里亚的右翼则在向南方斜进，联军右翼与中央之间的空当也因此被拉得越来越大。与此同时，乌鲁赫·阿里的分舰队也在向南移动，但由于他手中拥有93艘加莱船和单桅快船，多里亚却只有64艘战舰，因此乌鲁赫·阿里所冒的风险要小很多。

乌鲁赫·阿里最初想要迂回对方右翼，但联军战线上的空当却给了他两个新的选择。此时他既可以从正面对多里亚发动了进攻，同时迂回对方两翼，也可以改向西北方前进，像亚历山大在阿贝拉会战中攻击波斯战线的缺口一样，冲进联军战线上的空当，从后方攻击敌军。乌鲁赫·阿里是一位优秀的战术家，他看到己方的中央已经陷入危机，遂决定采取后一种机动。他突然改变航向，全速冲进缺口，向唐·胡安的右翼前进。此处的联军指挥官是墨西拿修道院的院长兼马耳他舰队指挥官朱斯蒂尼亚尼（Giustiniani, Prior of Messina），乌鲁赫·阿里对朱斯蒂尼亚尼发动进攻，击败并夺取了对方战舰，将船员全部屠杀。在此之后，他还把朱斯蒂尼亚尼的战舰拖走，并将该舰的舰旗挂在了自己的旗舰上。

卡多纳的唐·胡安急忙率领预备舰队的八艘西西里帆桨船前来支援。他遭到了16艘敌舰的攻击，整场会战最激烈的战斗也在此处打响。卡多纳的唐·胡安受了致命重伤，其座舰上的500名士兵仅有50人没有挂彩，其他战舰上损失还要更为惨重。"在教皇舰队的'佛罗伦萨'号（Florence）战舰上，不仅有大批圣斯蒂芬骑士团（Knights of St.Stephen）的骑士被杀，船上所有的普通士兵和奴隶也全部阵亡，只有身负重伤的舰长托马索·德·美第奇（Tommaso de Medici）和17名水手生还。另一艘教皇战舰'圣吉奥瓦尼'号（San Giovanni）上的水兵全体阵亡，桨座上满是尸体，舰长也因颈部中了两枚枪弹而战死沙场。萨伏伊的'皮亚蒙特萨'号（Piamontesa）也失去了舰长和所有的士兵、水手"。[15]

多里亚发现自己已经铸成大错，只好掉头全速向战斗所在地航行。而在他赶到之前，圣克鲁斯侯爵已经率领着手中剩下的所有预备战舰上前增援。正忙于抓捕突厥中央分舰队剩余船只的唐·胡安也下令砍断拖绳，集中起了12艘战舰前来援助圣克鲁斯。乌鲁赫·阿里担心自己被对方压倒，只好抛下了俘虏的敌舰，悬挂着从朱斯蒂尼亚尼的旗舰上夺来的圣约翰骑士团战旗，带领手下的13艘战舰从圣克鲁斯舰队前方驶过，逃往圣莫拉岛（Santa Maura）。夜幕降临前，乌鲁赫·阿里回到了普雷瓦萨，之后又率领着其他35艘向东脱离战斗的帆桨船返回了勒班陀。唐·胡安原本想要进行追击，但因为天气又有转坏的迹象，他也只好命令舰队前往佩塔拉（Petala）避风。到黄昏时分，联军舰队带着战利品抵达了佩塔拉。

战舰下锚或被拖上海岸之后，立刻就有人指控多里亚通敌叛国。这些人宣称，多里亚是因为憎恨威尼斯人，所以才不愿让会战取得决定性战果。但事实真相可能要比这简单得多——多里亚只是因为在战术指挥上比对方略逊一筹，所以才表现不佳。

尽管有多里亚的失误或者背叛，联军还是取得了压倒性的胜利。这场胜利的首功应归属于教皇庇护五世，若没有他的坚持，神圣同盟可能根本不会成立。其次则是唐·胡安。他非常出色地运用了手下的加莱赛战舰，这种战舰虽然十分笨重，在机动性上无法与帆桨船相提并论，但其致命的火力却还是足以证明，帆桨战舰长期以来的优势地位已经走向了终结。勒班陀海战是最后一场大规模的划桨海战，若从战术上来说，其形式与古典时代甚至古典时代以前的海战仍然没有什么两样。从此之后，风帆和舷侧火力取代了划桨和迎头攻击。因此从海军史的角度来说，勒班陀海战可以算是一个时代的尾声。另外，唐·胡安将各国战舰混合编组的决定也对胜利贡献很大。若不是如此，可能这场海战根本不会爆发。

与普通划桨海战相同，勒班陀海战中双方的伤亡数字非常巨大。一旦双方接战，逃跑就会变得非常困难，突厥人和基督徒挤在一起，根本没有空间进行太多机动。双方总计有172000人参战（联军84000人，突厥88000人）。在联军中，有15000名官兵伤亡或落水淹死，12艘战舰被击沉，1艘战舰被俘。[16]突厥人据估算有113艘战舰被摧毁或击沉，117艘战舰被俘，30000人被杀，8000人被俘，淹死者数目不详，另有15000名基督徒船奴被解放。[17]除此以外，唐·胡安还缴获了274门火炮，由于突厥指挥官们习惯带着自己的大部分财产一同上阵，联军还得到了无数的战利品。仅在阿里帕夏的旗舰上，联军便搜出了15万枚威尼斯金币（Sequin），在另一艘战舰上也找到了4万枚威尼斯金币。

10月17日，一艘名为"天使"号（The Angel）的战舰回到威尼斯宣布联军已经获得了胜利。这一消息随即引发了自第一次十字军东征以来从未出现过的宗教热情。突厥人已被击败的消息，传遍了基督教世界的每一座城市和乡村。教皇创立了一个永久性的节日来纪念这一天，直到今天罗马城依然会每年庆祝这个节日。画家、雕塑家、诗人竞相为胜利歌功颂德，勒班陀大捷在此后很多年的时间里始终是基督徒谈论的对象。1591年，年仅12岁或13岁的苏格兰国王詹姆斯六世（James Ⅵ of Scotland）为这场胜利创作了一首诗歌。而切斯特顿（G.K.Chesterton）在三百多年之后所做的诗句，可能是所有为勒班陀海战撰写的诗歌中，战歌味道最浓的一首：

> 在深邃无边的寂静中，
> 海风吹来了渺小而坚定的十字军呐喊，
> 雄壮战歌好像远方的炮声，
> 奥地利的唐·胡安走上战场。
> 在夜晚的寒风中，
> 在黑暗的迷雾中，
> 在闪亮的金光中，
> 僵硬的战旗飘扬着，
> 火炬将铜鼓染成猩红，
> 喇叭、军号和火炮的喧嚣过后，
> 唐·胡安走上了战场。

按照布朗托姆的说法，当突厥舰队惨败的消息传到君士坦丁堡之后，"宫廷中所有的幕僚、苏丹所有的将军都被惊得目瞪口呆，此时哪怕只有 50 艘基督教战舰出现在面前，他们都会弃城而走"。[18]

这也正是唐·胡安回到科孚岛时对次年所做的计划。他将威尼斯舰队交给了维尼埃罗，自己则率领着西班牙舰队和教皇舰队于 11 月 1 日回到了墨西拿，舰队也在此处解散过冬。1572 年 5 月 1 日，庇护五世去世，神圣联盟从此失去了活力源泉。可尽管如此，到当年 6 月，西班牙舰队和教皇舰队还是重新在墨西拿集结了起来，准备前往科孚岛与威尼斯人会合。

在此期间，塞利姆二世已经建造了一支拥有 150 艘帆桨船的新舰队，而且值得注意的是，他还为这支舰队配置了 8 艘加莱赛战舰。由于建造匆忙，这些战舰仅能使用生长年份较短的木材，火炮的铸造质量也很差，几乎无法开火。舰长和水手们完全没有任何经验，划桨手也没有受过训练。只要盟军舰队能够大胆行动，他们无疑会取得第二个如勒班陀一样的大捷。

但事情没能如此发展下去，而法国也又一次成为联盟的绊脚石。查理九世（Charles IX）不仅在西班牙属尼德兰煽动叛乱，还在 1572 年至 1573 年冬季派出了自己最优秀的外交官阿克斯主教（Bishop of Acqs）前往君士坦丁堡，命令他尽一切可能去协调突厥人与威尼斯人媾和。另外，由于查理九世意在夺取阿尔及利亚，腓力二世为应对这一威胁,不得不让唐·胡安率领一半战舰留在墨西拿,而另一半战舰则与教皇舰队一同在科罗纳指挥下前往科孚岛与威尼斯舰队会合。随后便是两场无疾而终的战役,联军首先在马拉角(Cape Malea)和马塔潘角(Cape Matapan)外海与突厥人遭遇,但新的突厥舰队总司令乌鲁赫·阿里拒绝会战并选择了撤退。后来到了10月份,双方又在纳瓦里诺外海相遇,这一次联军由唐·胡安亲自担任指挥官,乌鲁赫·阿里再一次选择避而不战。

接下来,当神圣同盟的三国部队正在为1573年的战役做准备时,同盟本身却忽然瓦解了。在阿克斯主教的唆使之下,威尼斯人没有告知盟军便于1573年3月7日单独与突厥人媾和。整整一个月后,当唐·胡安在那不勒斯听到这个消息之后,立刻便扯下了神圣同盟的军旗,挂起了西班牙军旗。

勒班陀海战既没有打垮奥斯曼帝国的海军力量,也没有收复塞浦路斯,更没能让西班牙获得地中海的主导权。尽管这是一场极为出色的战术胜利,但由于神圣联盟的瓦解,奥斯曼苏丹反而成为战略上的胜利者。可是话虽如此,在精神方面,勒班陀海战仍然起到了决定性作用。这场胜利扫清了自1453年以来一直笼罩着东欧和中欧的恐惧情绪,也让基督教世界看到突厥人并非战无不胜。从此时起,直到1679年萨伏伊的欧根亲王(Eugene, Prince of Savoy)在森塔会战(Battle of Zenta)中将苏丹穆斯塔法二世(Sultan Mustafa Ⅱ)击溃并赶入泰斯河,彻底终结突厥人对欧洲的威胁为止,尽管奥斯曼帝国又经历了诸多起起落落,但却再也没能恢复苏莱曼大帝时代的威望。苏莱曼大帝的统治时期是奥斯曼霸权的巅峰,而正是勒班陀海战,打破了支撑这一霸权的奥斯曼军事威望。

注解

1. 1488 年，吕西尼昂的居伊于 1192 年从英王理查一世手中买下塞浦路斯时所创立的吕西尼昂王朝灭亡。塞浦路斯国王詹姆斯二世（James Ⅱ, King of Cyprus）的遗孀，威尼斯女士塔丽娜·科纳罗不愿继续统领塞浦路斯抵抗突厥人，于是将该岛割让给了威尼斯。
2. 关于此人的记载可参见 *J.von Hammer, Histoire de l'Empire Ottoman*，1836 年版，第六卷，第 383 至 386 页。
3. 这座兵工厂既是当时欧洲最出众的一座兵工厂，也是威尼斯权力的核心所在。这座兵工厂拥有船坞、火炮铸造厂以及火药工厂，可以提供海陆两军所需要的一切装备。关于这座兵工厂的详细记载，参见 *Charles Yriarte, La vie d'un Patricien de Venise au seizième siècle*，1874 年版，第七章。
4. *Ceuvres Complètes de Brantome*，普罗斯珀·梅里梅编辑版，1858 年版，第二卷，第 122 页。
5. *The Rise of the Spanish Empire*，1934 年版，第四卷，第 134 至 135 页。
6. 引用自 *Sir William Stirling-Maxwell, Don John of Austria*，1883 年版，第一卷，第 339 页。
7. 同上，第一卷，第 367 页。
8. 同上，第一卷，第 391 页。
9. 引用自 *Vice-Admiral William Ledyard Rogers, Naval Warfare under Oars 4th to 16th Centuries*，1939 年版，第 144 至 146 页。
10. *Sir William Stirling-Maxwell, Don John of Austria*，第一卷，第 405 页。
11. 战舰舰名及指挥官的姓名，参见 *Admiral Jurien de la Gravière, La Guerre de Chypre et la Batarille de Lèpante*，1888 年版，第二卷，第 52 至 59 页。
12. 以上是朱利安·德·拉·格拉维耶上将给出的数据（第二卷,第 109 至 118 页）。单桅快船就是一种小型的帆桨战舰。
13. 关于其死亡经过，有很多种不同的说法。
14. *Ceuvres Complètes de Brantome*，第二卷，第 128 页。
15. *Sir William Stirling-Maxwell, Don John of Austria*，第一卷，第 420 页。
16. 受伤者中包括 24 岁的米格尔·塞万提斯（Miguel Cervantes）。在《唐吉珂德》中，他也提及了这场海战。
17. 关于各种损失数据的说法，参见 *Sir William Stirling-Maxwel, Don John of Austria*，第一卷，第 440 至 441 页。尽管这些数据并不完全准确，但可能也并没有太过夸张。
18. *Ceuvres Complètes de Brantome*，第二卷，第 133 页。

西方世界的决定性会战及其对历史的影响

[英]J.F.C.富勒 著
王子午、李晨曦、小小冰人 译

中国书籍出版社
China Book Press

图书在版编目（CIP）数据

西方世界的决定性会战及其对历史的影响 /（英）J.F.C. 富勒著；王子午，李晨曦，小小冰人译. —— 北京：中国书籍出版社, 2023.1
　　ISBN 978-7-5068-9051-9

Ⅰ.①西… Ⅱ.①J…②王…③李…④小… Ⅲ.①战争史 - 研究 - 西方国家 - 古代 Ⅳ.①E19

中国版本图书馆 CIP 数据核字 (2022) 第 108089 号

西方世界的决定性会战及其对历史的影响

[英] J. F. C. 富勒　著　　王子午　李晨曦　小小冰人　译

策划编辑	王　淼　纵观文化
责任编辑	王　淼
责任印制	孙马飞　马　芝
封面设计	王　星
出版发行	中国书籍出版社
地　　址	北京市丰台区三路居路 97 号（邮编：100073）
电　　话	（010）52257143（总编室）　（010）52257153（发行部）
电子邮箱	eo@chinabp.com.cn
经　　销	全国新华书店
印　　刷	重庆长虹印务有限公司
开　　本	787 毫米 ×1092 毫米　1/16
字　　数	2000 千字
印　　张	109
版　　次	2023 年 1 月第 1 版
印　　次	2023 年 1 月第 1 次印刷
书　　号	ISBN 978-7-5068-9051-9
定　　价	369.80 元（全三卷）

版权所有　翻印必究

第二卷

西班牙无敌舰队的失败（1588年）

第一章

在1558年加莱沦陷之前，欧洲大陆通常被视作英国的外围防线。从理论上来看，为捍卫自身安全，英国必须在欧洲大陆作战以保卫自己的海岸线。但在失去加莱之后，扼守英吉利海峡便成了拱卫英国的关键所在。在1589年危机爆发时，虽然伊丽莎白女王拥有一支由34艘战舰组成的私人舰队，并且在战时还能得到许多武装商船的补充，但是英国当时并不存在一支属于国家的海军：这种情况一直持续到英联邦时代。此外，由于封建时代的军队早已不复存在，所以英国此时也没有常备陆军。虽然女王陛下的军官们仍然能够像在撒克逊时代一样召集武装民兵，但除了伦敦地区之外，其他地方的民兵只不过是一群乌合之众罢了。即使在最好的状态下，这些士兵也无法在战场上和组织严密的西班牙士兵一较高下。

正如福蒂斯丘对伊丽莎白一世的评价那样，问题就在于"她痛恨单纯的直接交易，也痛恨确定无疑的信念。最为重要的是，她痛恨因战争所致的高昂费用"。[1] 这三种主观上的态度——特别是最后一个——让伊丽莎白女王更依赖外交手段，不过因为她缺乏让外交手段产生效果的必要实力，所以她始终被帕尔马公爵所愚弄：直到无敌舰队拔锚起航之时，帕尔马公爵还在不断地抛出和平的橄榄枝来掩盖他在尼德兰进行的战争准备，而伊丽莎白一世却对他深信不疑。

然而，由于"巴宾顿密谋"的失败，一场显而易见的危机已经迫在眉睫。1586年12月25日，伊丽莎白一世的臣下说服她对停泊在朴次茅斯的舰队进行了动员；为了挫败吉斯家族任何试图营救苏格兰玛丽女王的图谋，英国还在1586—1587年的冬季于英吉利海峡中保持了一个海军中队的兵力。在1587年的3月间，玛丽已经被明正典刑，而此时伊丽莎白一世的主力舰队已经在朴次茅斯完成了动员，弗朗西斯·德雷克爵士也于当月23日在普利茅斯做着出航前的准备。此次出航，德雷克要"在诸多港口外阻止西班牙国王的舰队集结；切断他们的给养；跟踪西班牙的船只，以防它们向英格兰或爱尔兰挺进，并尽可能多的摧毁它们；阻止西班牙人登陆……"[2] 跟往常一样，这些命令刚一下达，伊丽莎白一世就开始担心这会引发一场战争，于是又想要对这些命令进行大幅度的修改。[3] 然而德雷克早已料到了女王的想法，在收到她相反的旨意之前，于4月2日扬帆出海，并在4月19日进抵加的斯。德雷克写道："我们在那里一直待到了21日，期间我们击沉了一艘重达1200吨的比斯开帆船，烧毁了一艘重达1500吨的属于圣克鲁斯侯爵的船。此外还击沉了31艘船，它们的吨位在1000吨、800吨、600吨、400吨到200吨不等。我们还掳走了4艘满载着补给品的船只,之后我们便心满意足地离开了……"⁴ "在补充了必要的补给"之后,德雷克开始向里斯本进发。4月27日,德雷克在里斯本海域写道:"西班牙国王一刻不停地在为入侵做着准备,其部队规模之大史无前例……"⁵

里斯本是无敌舰队预设的集结地,尽管此时圣克鲁斯侯爵已经在那里建立了他的总指挥部,但他还没有来得及集结军队。里斯本的防御十分坚固:在沙洲外围及其北部是一个卡斯凯斯城堡所属的锚地,在城堡附近还有由圣朱利安防守的坚固要塞。5月10日,德雷克在卡斯凯斯海湾中下锚,让整个港口里的人都变得惊慌失措起来。港内的每一艘船都砍断了缆绳,加速逃往最近的避难所。随后,成千上万吨的船只以及为数众多的仓库被摧毁,西班牙方面后来统计的损失是24艘装载着货物的船只,总价值高达17.2万达克特。⁶ 德雷克没有携带陆战部队,无法守住这个港口,因此他起航前往里斯本和地中海之间的战略要地圣文森特角。托马斯·芬纳(德雷克舰队旗舰的舰长)写道:"蒙上帝恩典,我们占领了这个海角,这对我们大有裨益,对敌人却危害极大,因为敌人舰队的集结地点正是里斯本——据我们所知,那里有大约25艘船和7艘加莱桨帆船(Galley)。对余下的敌舰来说,我们正好卡在了它们和里斯本母港之间,这让里斯本就像是一具失去了四肢的躯干。由于无法会合,这些敌舰既无法补充给养,也无法协同作战。"⁷

葡萄牙位于圣文森特角附近的阿尔加维渔场也遭到了严重的破坏,数以千吨记的铁箍和桶板被摧毁,而这些材料本是用来制作木桶的。⁸ 如果德雷克继续留在那里,他也许可以阻止无敌舰队的集结。但由于他没有得到增援,因此是不可能做到这一点的。德雷克在5月17日给弗朗西斯·沃尔辛厄姆爵士的信中写道:"如果女王陛下能从她的舰队中增派6艘或者更多状态良好的二等战舰来我这里,我们就能够更好地阻止敌军集结。在接下来的一个月或之后的时间里,我们或许还能俘获或骚扰腓力的舰队,因为那时正是它们集中返回母港的时间。我断定我们伟大的王国必然不会错失如此良机。"⁹

然而事与愿违,德雷克只得起航前往亚速尔群岛。6月8日,也就是从圣文森特角出发后的第16天,德雷克在圣米格尔岛附近发现了一艘大船,并在次日成功将其俘获。这艘装载着价值11.4万英镑的货物的大船名为"圣菲利佩"号,它是一艘属于西班牙国王的东印度商船,德雷克从船上缴获了许多文件,它们能够揭示东印度商贸长久以来不为人知的秘密。¹⁰ 6月26日,德雷克回到了普利茅斯。由于他的行动，无敌舰队在当年起航的可能性已经荡然无存了。对英国来说，这是最为幸运的一件事，因为如果无敌舰队能够按照腓力二世的计划在 9 月底之前出海的话，此时帕尔马公爵可能已经越过英吉利海峡了。正如公爵在给腓力国王的信中所写的那样："在我第一次前去会师之时，如果圣克鲁斯侯爵能够准时到达的话，在英国登陆本来会是一件易如反掌之事。在当时，无论是英国人还是荷兰人都无力抵抗您的舰队。"[11]

与此同时，圣克鲁斯侯爵正急于弥补所遭受的损失，并预计 1588 年 2 月底便可准备就绪。但圣克鲁斯侯爵却突然于 1 月 30 日辞世，远征又再一次被耽搁了。圣克鲁斯侯爵是西班牙最有能力的海军将领，因此对于西班牙人来说，他的死亡和德雷克的袭击一样，都是一场巨大的灾难。腓力二世任命梅迪纳 - 西多尼亚公爵阿隆索·佩雷斯·古兹曼来接替圣克鲁斯侯爵的位置。公爵出生高贵，但是却没有在陆军或海军中服役的经验。因此，公爵曾上书国王请求辞职[12]，但是后者只是任命了一位称职的水手——迪亚哥·弗洛雷斯·德·瓦尔德斯——来担任他的海军顾问：当梅迪纳 - 西多尼亚公爵乘船驶出英吉利海峡并与帕尔马公爵会师之后，腓力二世就会任命后者担任整个远征行动的总指挥。

在梅迪纳 - 西多尼亚公爵进行战备工作的同时，帕尔马公爵也在做诸多准备工作：他开凿了一条从安特卫普和根特通往布鲁日的运河；在华顿河中建造了 70 艘登陆艇，每一艘都可以运载 30 匹战马，并配备了可以装卸马匹的跳板；在尼乌波特建造了 200 艘平底船；在敦刻尔克组装了 28 艘战舰；在汉堡、不来梅、埃姆登，以及其他港口中招募海员；在格拉沃利讷制作了 20000 个木桶；在尼乌波特和迪克斯梅德附近为 20600 名步兵和 4900 名骑兵准备了营地。[13]

只有通过对这一时期的海军发展进行考察，我们才能更好地理解接下来的军事行动。[14]

16 世纪的战舰与之前几个世纪的战舰最大的区别就是装备了重型加农炮，虽然这种致命武器在 14 世纪时就开始在船只上装备，但是直到 15 世纪才出现了足以击毁一艘舰船的重型火炮。这种武器有两种不同的类型，一种是后膛炮，另一种是前膛炮。后膛炮最初的形式被称为"筒紧炮"——如前文所述，这是一种用许多锻铁条箍合而成的火炮。它的药室和身管是分开的，需要在开火前通过一种连续的螺纹拧进身管里——根特的"都格瑞特"大炮和爱丁堡的"芒斯蒙哥"大炮均属于这一类型。至于前膛炮则是一种铸造的钟形金属物,其药室和炮管是一体的,且装备了"炮耳"①。

当时主要有两种类型的前膛炮——加农炮和长管重炮,它们都能装在炮车上。前者是一个真正的火力打击利器,它射程适中,且可以发射重型铁弹;后者的身管较长,发射的炮弹也较轻,但射程更远。这两种火炮的主要性能如下表所示:

型号	膛径	弹丸重量	倍径	直瞄射程[15]	最大射程
加农炮	7.25 英寸②	约 50 磅③	18	340 步④	2000 步
长管重炮	5.25 英寸	17 磅	32	400 步	2500 步

此外,还有一种"半加农炮",可以发射 32 磅重的弹丸;一种"半长管重炮",可以发射 9 到 10 磅重的弹丸。长管重炮中还有许多较小型的种类,其中最为重要的是以下三种:可以发射 5 磅重弹丸的"隼炮"、可以发射 4 磅重弹丸的"米尼恩"炮,以及发射 2.5 磅到 3 磅重弹丸的"鹰炮"。[16] 不过这些火炮的威力全都只足以击杀人类而已。在这一时期逐渐被淘汰的还有另一种火炮——"毕雷"炮,这是一种可以发射 24 磅重石质弹丸,射程相对较短的大炮。

在 16 世纪初期,海上航行的船只主要有两种类型——"霍克"船(圆底船)和加莱桨帆船(长底船),前者可用来运输货物,而后者则是当时最优秀的战舰。然而不久之后,远洋航行和加农炮的发展就开始改变船只的结构了:在大洋上,帆要比桨更重要,而且帆船可以更好地适应舷侧射击。

第一次转变发生在 15 世纪,此时可以置人于死地的小型海军火炮开始被采用了。它们一般会被装在两个炮台上[17],其中一个建在船头(艏楼),另一个则建在船尾(尾楼),其作用是拦腰射击登船的敌人。亨利七世的巨舰"摄政王"号就装备了 225 门这种武器——它们主要是旋转式的火炮。

亨利八世采用了能摧毁船舰的前膛炮,这给军舰的发展带来了另一次转变。因为这种武器实在是太重了,所以它既不适合安装在船楼上,也不适合用来当作

---

① 译注:炮耳一般分左右两个固定在火炮身管两侧,火炮身管通过其安装在炮架上,并以其为轴进行俯仰动作。
② 译注:1 英寸约合 2.54 厘米。
③ 译注:1 磅约 0.454 千克。
④ 译注:1 步约合 60 厘米。

对抗敌人登船的武器——它只能被安装在上层甲板上（若能安装在主甲板上则更好），并且要在船的两侧开一些炮孔。第一艘装备了此类重炮的船是建于1513年的"玛丽玫瑰"号。

最后一次转变使船上的船楼变得可有可无起来。此外，由于舷侧火力重量的增加需要更多的甲板空间，所以圆底船逐渐发展成了后来的风帆战列舰——这种船的长度是宽度三倍或三倍以上，而非像普通的圆底船那样长度只有宽度的两倍。在16世纪，此类船中最为著名的当属弗朗西斯·德雷克的"复仇"号，这是一艘纯英国式设计的船只。这是一种"速度型"的船只，也就是蒙森所称的"平甲板"船——虽然它的船尾和船首并不与船的腰线齐平，但是和西班牙军舰与加莱赛战船（Galleass）相比，高度却要低25%~45%，这就使许多参战的英国船看起来要比西班牙的船小——实际上，两国海军中最大的舰艇的吨位是大致相当的。盖伦帆船（Galleon）并非西班牙所独有，它是"一种有着当时普遍装备的船舶索具的帆船，通常有四根桅杆，但是其船体构造在某种程度上更像是加莱桨帆船（Galley）：这种船的长宽比较大，也更加平直；和加莱桨帆船一样，它也用低矮的撞角取代了外悬在船首的撞角"。[18]当时的英国军舰"每一吨位"大约需要两名船员，而西班牙船"每一吨位"则需要三名或三名以上的船员。

相较于海军的造船技术，火炮对海军的战术产生了更为彻底的影响。在加莱桨帆船时代，船只的主要武器就是船首突起的撞角，而海战的主要战术就是冲撞。虽然在接近敌人的时候，加莱桨帆船可能会呈纵队形式排列，但是在发起进攻时它们仍然会采用横向队形：就像在陆战中一样，战斗最终都是以突击或冲锋来收场的。在炮舰上，其主要武器——能摧毁船只的重型加农炮——大部分是布置在船体两侧而非船首的。当炮舰接近敌人时，为了发挥舷侧火力，它们必须保持一侧的船舷面对敌舰——这对于加莱桨帆船来说无异于自杀——因此，炮舰的攻击路径必须与其前进的路线成直角；为了能有条不紊地完成这种战术动作，并且能在敌舰身上集中最大的火力，它们在接敌的时候必须排成纵队前进。

人们当时还没有认识到这种根本性的变化，海军舰队的作战方式还是成群结队、蜂拥而上，作战的主要目的也是为了登上敌人的船只。不过，当英国军舰在英吉利海峡中与无敌舰队数度交手之后，纵队战术开始成形，其原因就是双方舰队武器装备上的差异。关于这一点，刘易斯教授给出了如下数据[19]：

舰队	船只数量	加农炮数量	毕雷炮数量	长管重炮数量	火炮总数
英国	172	55	43	1874	1972
西班牙	124	163	326	635	1124

当时，英国舰队装备的远程火炮数量是西班牙人的3倍，而西班牙舰队携带的中程重型火炮数量也是英国人的3倍。这种火炮射程与毁伤威力上的差异导致双方采用了不同的战术策略：英国人将主要精力集中在了远程战斗上，而西班牙舰队则把重心放在了中近程战斗上。西班牙舰队的战术目标是使敌舰失去作战能力，然后再登船夺舰；而英国人的目标则是击沉敌舰或是迫使敌舰降旗投降。虽然英国的长管重炮有着更远的射程，但是在远距离上，它并没有足够的威力对敌舰产生根本性的毁伤；同样重要的是，这种火炮的射击精度非常低，因此在远距离射击时很少有炮弹能够命中目标。和陆战一样，低精度的射击使海战也变成了一种缠斗；如同毛瑟步枪改变了陆战一样，海战的这种状况直到线膛炮的出现才得以改变。因此，从理论上来说，依赖近距离火力打击的西班牙人在炮术上要比他们的对手更先进一些。

腓力二世十分清楚英国人将会采用什么样的战术；在梅迪纳-西多尼亚公爵起航之前，他就曾告诫后者说："你应当特别注意，敌人的目的就是进行远距离交火，因为他们的大炮和其他进攻性火器给他们提供了有利条件。我们的目标应当是靠近敌舰并勾住他们，与敌人进行近距离交战。"[20]但腓力二世显然并没有充分地认识到，英国人真正的优势并不在于他们长射程的火炮，而是在于他们高超的航海技术，以及他们那些相较于西班牙军舰来说更为灵活轻便的船只。西班牙人只习惯在风平浪静的情况下航行，而英国人则善于和恶劣的天气搏斗；西班牙的军舰看上去更像是陆地上的堡垒而非船只，上面挤满了士兵，却缺乏水手，而且仅有的这些水手的待遇比划桨的奴隶也好不到哪去；在英国军舰上，水手们不仅齐装满员，还要参与战斗——其中虽然也有被迫服役之人，但他们每天都有四便士的酬劳。英国人和西班牙人之间最大的区别，同时也是英国人最大的优势就在于，西班牙人仍然在沿用加莱桨帆船时代的海战战术——军舰成横列迎敌——而德雷克或是霍华德却给英国海军引入了纵队接敌的一种粗略形式，从而引发了海上作战的革命。

对于英国的海军将领们来说，在无敌舰队起航前的几个月里，他们所面临的最大的困难却来自伊丽莎白女王。虽然她是一个有着突出个性和坚强性格的女性，但她也是英国有史以来最为吝啬的君主之一。她确实很害怕西班牙，而且还有充分的理由——西班牙有着当时世界上最强大的陆军和海军；她渴望和平确实没什么错，但她却始终没有意识到，只要自己继续鼓励私掠行为并且支持尼德兰的叛乱，那么英西两国之间便不可能实现和解。

当年秋天，亨利·帕尔默爵士率领一支小型英国海军支队加一支荷兰海军支队封锁了佛兰德斯的港口，这两个支队总计大约有90艘"适合在河流和浅海水域航行"[21]的小型战船。然而直到11月27日[22]，女王才召集了一个战争委员会来讨论诸如可能的登陆地点、陆军兵力的使用、所使用的武器，以及国内安全等问题。12月21日，女王任命埃芬厄姆的霍华德勋爵为"中将兼总司令，并指挥海上的全部舰队和军队"。[23]她之所以选择霍华德勋爵而非德雷克——后者是她最出色的海军将领——不仅是为了提升其舰队的威望，也因为像霍华德勋爵这样德高望重之人更能服众，而这一点至关重要。德雷克后来被任命为海军中将，负责为霍华德提供技术方面的支持。托马斯·富勒是这样评价霍华德的："诚然，此人对航海并非内行，但他知人善任，并能博采他人的意见；他不会任性而为，并因此耽误女王的大业，而是让在海洋事务方面有经验的人来负责指挥。女王的军舰是由坚硬的橡木建造的，而她的海军司令则如同柳条一般意志坚韧，不过他的身段却很柔软。"[24]

自从德雷克从加的斯和里斯本返航之后，他就一直要求再进行一次类似的大胆突袭，也就是要袭击西班牙舰队的出发港口。如果德雷克能获准再进行一次类似的突袭行动，无敌舰队很可能就永远都没有出航的机会了。在对霍华德的任命下达了两天之后，德雷克终于接到了出击的命令，于是他派出30艘战船前往西班牙海岸。不过，由于害怕触怒西班牙人，女王在刚下达这一命令之后就收回了成命，并下令将舰队的人数减少到原先的一半。[25]鉴于女王这种犹豫不决的态度，约翰·霍金斯在1588年2月15日给沃尔辛厄姆写了一封措辞强硬的信件：

> 我们必须做出选择。或是乞求一个屈辱且不可靠的和平，或是遵循我们贤良而勇敢的内心下定决心背水一战，以求得一个稳固的和平……在我看来，通过一场坚决果断的战争来谋求我们的和平才是我们的利益所在，也是和平的最佳保证。毋庸置疑，这样一场战争既能减少国家负担，又能更好地确保国家安全；它既是

我们分清国内外敌友的最佳方式，也能够顺应全国民众的普遍意愿。"[26]

和德雷克一样，霍金斯也认为进攻才是最可靠的防守。但就在他写完这封信后不久，女王得知了圣克鲁斯侯爵的死讯，并由此相信无敌舰队不会再出航了。此外，她也知道帕尔马公爵的处境很困难[27]，因此她掉进了后者所设下的圈套之中，还派遣了和平专员[28]去尼德兰。对此，霍华德在3月10日写信给沃尔辛厄姆："我向上帝祈祷女王陛下龙体康健，因为这些敌人已经化身恶魔，而不在乎以何种手段去谋杀他人了……我向上帝祈祷女王陛下不要为这场草率的交易而后悔。"[29]与此同时，不断有情报显示无敌舰队即将起航。[30]

如果伊丽莎白一世不是那么倾向于用外交手段解决问题，那么她应该能意识到帕尔马公爵的和平提议只是一个烟幕弹。两国之间的战争已经箭在弦上，这是因为腓力二世相信自己是在按全能上帝的旨意行事：他把整件事情视作一场"十字军东征"，其目的在于让英国重回天主教会的怀抱。日复一日，五万座教堂都在进行着弥撒。腓力二世的军舰上全都刻着圣徒和使徒的名字，他严禁船员们赌咒、争吵和赌博，或是与放荡的女人厮混；军舰上飘扬着西班牙王室的旗帜，上面绣着基督和圣母玛利亚的图案，以及"赞美上帝，请保佑正义的事业"的箴言。

腓力二世在写给梅迪纳-西多尼亚公爵的信中说道："在收到我的命令之后，你要带领整个无敌舰队出海并直趋英吉利海峡，一直航行到马尔盖特为止。然后，你要与帕尔马公爵取得联络，并确保他顺利渡过海峡。"[31]他还警告梅迪纳-西多尼亚公爵要避开英国舰队，并说如果德雷克在海峡中出现的话，除了进行后卫行动外，应当无视他的存在。腓力二世还让梅迪纳-西多尼亚公爵转交给帕尔马公爵一封密信，并在信中告诉了后者一旦远征失败应当如何处置。[32]

腓力二世派出了130艘船[33]，并将它们划归梅迪纳-西多尼亚公爵指挥，包括：20艘盖伦帆船、44艘武装商船、23艘"乌尔卡"船（圆底船）、22艘"帕塔科"船（轻型高速帆船）、13艘"扎布拉"船（轻帆船）、4艘加莱赛战船和4艘加莱桨帆船。这些船的总吨位达到了57868吨，共装备了2431门大炮，由8050名水手驾驶，并搭载了18973名士兵。再加上划桨的奴隶以及其他人，舰队的人员总数达到了30493人。[34]

整支舰队被分为了如下 10 支船队:

1. 葡萄牙船队,由梅迪纳-西多尼亚公爵指挥,兵力为 10 艘盖伦帆船和 2 艘轻帆船。

2. 卡斯蒂利亚船队,由迪亚哥·弗洛雷斯·德·瓦尔德斯指挥[35],兵力为 10 艘盖伦帆船、4 艘武装商船和 2 艘轻帆船。

3. 安达卢西亚船队,由皮德罗·德·瓦尔德斯指挥,兵力为 10 艘武装商船和 1 艘轻帆船。

4. 比斯开船队,由胡安·马丁内斯·德·里卡德指挥,兵力为 10 艘武装商船和 4 艘轻帆船。

5. 基普斯克瓦船队,由米格尔·德·奥肯多指挥,兵力为 10 艘武装商船和 2 艘轻帆船。

6. 意大利船队由马丁·德·贝尔滕多纳指挥,兵力为 10 艘武装商船和两艘轻帆船。

7. "乌尔卡"船队,由胡安戈梅斯·德·梅迪那指挥,兵力为 23 艘船。

8. "帕塔科"船队,由安东尼奥·乌尔塔多·德·门多萨指挥,兵力为 22 艘船。

9. 雨果·德·蒙卡达指挥的由 4 艘加莱赛战船组成的船队。

10. 迪亚哥·德·梅德纳多指挥的由 4 艘加莱桨帆船组成的船队。[36]

当西班牙人已经准备妥当之时,伊丽莎白一世仍在和帕尔马公爵周旋,而德雷克则焦躁不安地待在普利茅斯。3 月 30 日,德雷克再也按捺不住了,他给女王的议会写了一封措辞激烈的信件。科比特明确地指出,这封信"是新式英国海军思想的起源,这支海军之后在纳尔逊的带领下臻于完善。"[37] 德雷克这样写道:

如果女王陛下和各位大人认为西班牙国王有意入侵英国,那么毫无疑问的是,无论是现在还是将来,他在西班牙的力量都十分强大:凭借这一点,他将会打好基础,做足准备,这样帕尔马亲王的入侵就会变得更加容易,而这在我看来是最为可怕的事情。不过,如果我们不惜一切代价阻止这支舰队离开西班牙,让他们无法以征服者的姿态横跨大洋而来——我无比确信西班牙人认为自己是能够做到这一点的——那时便会极大的牵制帕尔马亲王的行动。

我最尊敬的大人们,除了上帝的庇佑之外,争取有利的时间和地点将是我们获取优势的主要的,甚至是唯一的手段。在此,我谦卑地恳求各位大人坚持最初的做法,因为只要我们能进行50次出海作战,那么我们就能在敌人的海岸上占得更多的便宜,这比我们在自己本土所能获得的好处要多得多。我们越早出发,就越有可能使他们蒙受损失。[38]

4月3日,德雷克给女王写了一封类似的信件,并且补充道:"在所有的军事行动中,占据天时地利就是取得了一半的胜利;而时机一旦丧失便无法挽回。"[39] 4月28日,他再次上书:

最高贵的陛下,我恳请您原谅我出于良知的大胆直言。我的职责要求我必须向陛下指出,以我之浅见,我们面临着迫在眉睫之危险;如果不能立刻实现一个对陛下有利的和平局面——这种和平是我和所有人都渴望的——那么陛下您务必即刻阻止西班牙人那规模空前的军事准备工作。请将您的军队派去远方,派去更靠近敌人海岸的地方对抗他们。对于陛下和您的臣民来说,这样所付出的代价将会更少,所获得的优势也会更多,而敌人付出的代价将会更大。[40]

最后,在分出一支船队交由亨利·西摩尔勋爵指挥前去监视英吉利海峡之后,霍华德奉命率领其舰队主力前往普利茅斯。[41] 他于5月21日从唐斯出发,并在两天之后和德雷克会师。随后,霍华德就任最高长官,并任命德雷克担任他的副手。如此一来,霍华德便成了战争委员会的主席。[42] 接着,他致信伯利道:"我打算在这里停留两天,为舰队补充淡水。然后,如果情况允许的话,便趁着第一阵吹往西班牙海岸的强风起航。我打算把舰队停留在英国和西班牙海岸之间,监视即将到来的西班牙军队……"[43]

此时,各类谣言和报告源源不断地从西班牙和公海上传来。4月间有谣言说无敌舰队将会入侵苏格兰[44],然后在5月16日,又有情报称里斯本已集结了300艘船,"他们严阵以待,防范着德雷克对他们发起偷袭"。[45]5月28日,有报告声称无敌舰队已经准备起航。[46] 于是,霍华德在5月30日率领舰队出海,德雷克的大胆计划似乎就要得以实行了。但是在6月6日，英国舰队遇到逆风，被迫返回了海峡之内。几天之后，霍华德从沃尔辛厄姆那里收到一份急件，这封信表明胆怯再次使得英国议会裹足不前：他命令霍华德不得让他的舰队驶向西班牙，而是"在西班牙海岸和英国之间的某个固定地点来回巡弋"。[47] 6月15日，霍华德这样回复道：

阁下，对于我们必须前往西班牙海岸的意义，我认为全世界公认的在这一领域最富经验之人已经对此进行了深入讨论。

如果女王陛下真的认为她可以和西班牙国王迁延时日，那她便是受到了极大的蒙骗，而这可能会给她带来巨大的危险。因为这种滥用和平条约的行为清楚地表明了西班牙国王是想等到一切都准备就绪之后才开始行动，这和他以往的阴谋诡计如出一辙……

海洋确实广阔，但是如果我们能封锁他们的海岸，他们就不敢向我们发起挑战，否则我们就能从背后攻击他们……[48]

相较于伊丽莎白一世和她的议会的错误策略，他们的行政管理系统则更是糟糕透顶。我们一次又一次地看到霍华德在抱怨缺少补给——这一部分是由于风向不利所造成的，一部分是由于那个时代低下的行政效率所造成的，但主要还是应归咎于女王和她的议员们的吝啬。早在5月28日，霍华德就曾写信给伯利说："尊敬的勋爵大人，我这里有一队全英国最英勇的船长、士兵和水手。他们是如此的渴望为女王陛下战死沙场，但却没有肉吃，这实在是太可怜了。"[49] 6月15日，他又一次上书沃尔辛厄姆，提出了类似的抱怨。从那时起，霍华德和德雷克的大部分通信就只有两个主题："让我们进攻吧"和"看在老天爷的份上，给我们送食物来"。因此，霍华德在6月15日给沃尔辛厄姆写了一封信：

弗朗西斯·德雷克爵士、霍金斯先生、弗罗比舍先生，以及其他最具经验与判断力的先生们的意见——我本人也非常赞同他们的意见——都认为对付西班牙舰队的最可靠的办法就是在他们的海岸或是在任何他们的港口中击败他们……

大人，我们的补给仍未送到。如果这种天气持续下去，我真不知道它们什么时候才能送达。[50]

6月7日，议会最终在第一点上表示让步，并授权霍华德可以去做他"认为最合适的"事情。[51]6月23日，补给品也已经送达，霍华德向女王报告说他已经准备出航了。他还说道："看在耶稣基督的份上，陛下，请您认清现实，看看您周围那些针对您和您的国家的邪恶的反叛行为吧。请您像一个伟大的君王那样，召集您的军队来保护自己。陛下如果真能如此，那您便无须害怕。如若不然，那陛下您必将遭遇危险。"[52]

在船只完成了补给之后——可能是在6月24日——霍华德、德雷克和霍金斯就立刻率舰队出航了。霍华德把舰队主力集中在英吉利海峡中部，同时德雷克则率领一支由20艘船组成的支队向韦桑岛进发，霍金斯也率领了同样数量的船只向锡利群岛挺进。不久之后，风向转为西南，舰队不得不返回普利茅斯。7月16日，霍华德在普利茅斯向沃尔辛厄姆报告称："目前，我们在西班牙海岸有4艘轻帆船。不过，大人您应该能看出派我带那么少的补给出海会导致什么样的后果，以及由此会引发什么样的灾难。"[53]由此可见，霍华德被迫撤退并不单单是因为风向的转变。最后，在7月17日，他又给同一位大臣上书："我从未在我们的军队中见过如此高昂的士气，但是我无法将其激发出来，因为我承受着巨大的经济上的压力。"[54]

这就是当时英国舰队的状况，而他们在4天之内就要面对无敌舰队。英国舰队的组成状况如下：皇家海军的34艘军舰，以800吨级的"皇家方舟"号为旗舰；拥有30艘船的伦敦支队；拥有34艘船的德雷克支队；拥有38艘船（全部是商船和近海船只）的托马斯·霍华德勋爵支队；15艘补给船和23艘志愿参战的船只，以及在唐斯附近的亨利·西摩勋爵支队（共23艘船）。[55]

5月20日，当英国舰队在普利茅斯集结之时，无敌舰队驶离塔霍河口进入了大海。[56]但是大西洋是如此的波高浪急，因此梅迪纳-西多尼亚公爵在6月9日率舰队驶入拉科鲁尼亚（Coruna）避风。在那里，他惊恐地发现大部分的补给品都已经腐烂了，而且大量的淡水也从新造的木桶里漏了出来。此外，他还发现有太多的船只需要修理，而且很多士兵也生病了。在召开了一次军事会议之后，公爵给国王上书，建议他将这次远征推迟到来年进行，但后者拒绝了这一提议。在补充了一些新的补给之后，无敌舰队于7月12日冒着风暴再次起航了。到了7月19日，人们已经能望见利泽德半岛（Lizard）了，于是公爵在那里休息了几个小时，等待其他船只前来会合。第二天，他开始向东航行。在午夜前不久，他从一艘被俘的英国渔船上得知，英国海军司令和德雷克在当天下午就已经出海了。[57] 然而,这个情报却并不准确。

在无敌舰队望见利泽德半岛的同时,托马斯·弗莱明船长——此人是霍华德留在英吉利海峡内的四艘轻帆船之一的指挥官——就向本土报告了无敌舰队的迫近。这完全出乎了英国人的意料,霍华德和德雷克发现自己正处于他们本打算让西班牙人身处的境地之中——也就是说"在他们的海岸或是在任何他们的港口中击败他们"。话虽如此,7月20日(周六)"勋爵带着他的舰队中的54艘船……从港口出航;在还没有到达埃迪斯通群礁(Eddystone)时就已经发现了西班牙军队,并且可以清楚地看到整支西班牙舰队,它们一直向西绵延至福伊"。[58] 此时,霍华德下令收起风帆,只留下光秃秃的桅杆。

因为在伊丽莎白一世统治时期从来没有颁布过有关战斗的训令[59],所以很难说霍华德发布了怎样的战斗命令。也许除了"听我指挥"之外,他可能压根就没有下达什么战斗命令——当时,霍华德的舰队甚至还没有编成作战支队。虽然西班牙舰队的阵形被描述为一个新月形,但是并没有记录能够佐证这一点,唯一可以肯定的是,西班牙舰队按照惯例分为了主力舰队、位于右翼的前卫和位于左翼的后卫。科比特认为,在满足假定的战略状态的情况下,这三组船只可能被分为了两个部分(或半独立舰队)[60]:主力舰队在梅迪纳-西多尼亚公爵的指挥下向前突出,正面迎击本应待在达特茅斯(Dartmouth)的霍华德舰队;而由前卫和后卫组成的后队则都留在后面,以困住德雷克——据说他正待在普利茅斯。下图展示了科比特设想的阵形,如果从后面看过去也确实像一个新月形。

由于并没有在英吉利海峡中遭遇德雷克,梅迪纳-西多尼亚公爵便断定前者仍待在普利茅斯,并且尚未察觉自己的动向。摧毁德雷克舰队的机会就摆在眼前,无敌舰队的海军司令阿隆索·德·莱瓦和其他将领敦促公爵在德雷克离港之前就对其发起攻击。从作战常识来看,英国人为了施行他们的舷侧战术,必然需要足够的海上空间来调动船只;而对于依赖登船战术的西班牙人来说,则需要在狭窄的水域作战。假使阿隆索·德·莱瓦的建议能被立刻采纳的话,英国舰队很有可能像当年勒班陀之战中的土耳其舰队一样,遭受一场惨重的失败。然而国王的命令此刻却成了束缚,公爵拒绝听从阿隆索·德·莱瓦的建议。[61]

奇怪的是,在7月20日这一整天的时间里,西班牙人都没有发现英国舰队。直到第二天凌晨1点钟,他们才从几个俘虏的口中得知德雷克和霍华德都已经离开了普

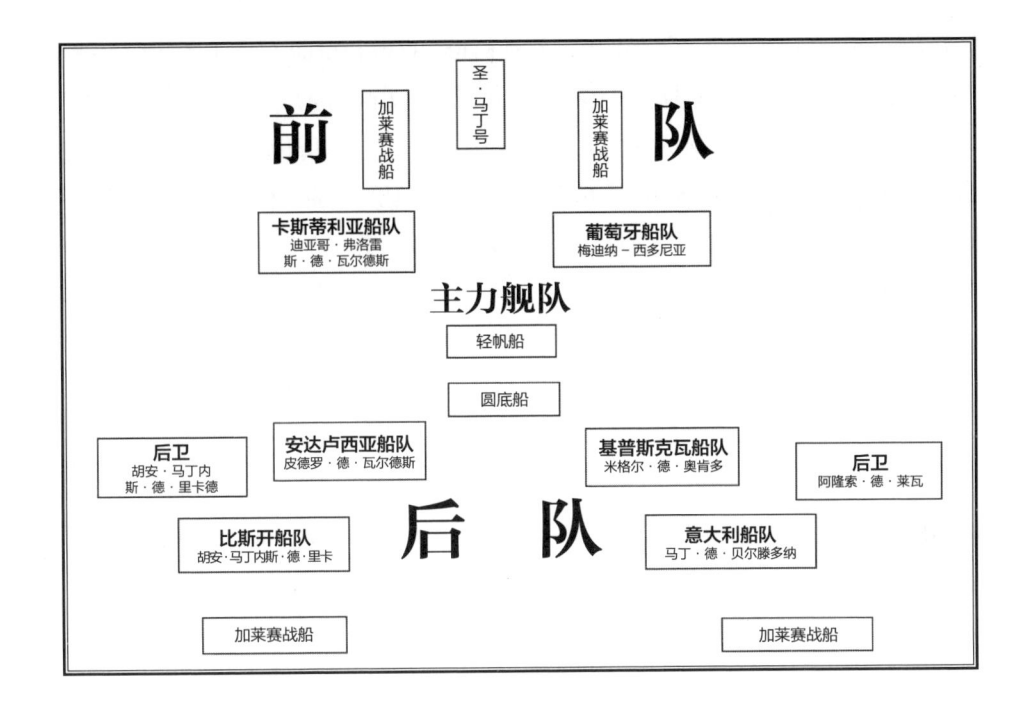

```
                        圣
        加              ·      加
        莱              马      莱
  前     赛              丁      赛     队
        战              号      战
        船                      船

        卡斯蒂利亚船队        葡萄牙船队
        迪亚哥·弗洛雷         梅迪纳－西多尼亚
        斯·德·瓦尔德斯
                    主力舰队
                    轻帆船

                    圆底船

  后卫    安达卢西亚船队    基普斯克瓦船队    后卫
  胡安·马丁内  皮德罗·德·瓦尔德斯  米格尔·德·奥肯多   阿隆索·德·莱瓦
  斯·德·里卡德

        比斯开船队            意大利船队
  后    胡安·马丁内斯·德·里卡    马丁·德·贝尔滕多纳   队


        加莱赛战船                加莱赛战船
```

利茅斯。梅迪纳-西多尼亚公爵立刻命令下锚,同时命令各支队的指挥官摆出战斗阵形。

　　就在西班牙人调整队形的时候,月亮升了起来,从而把他们的位置暴露给了英国人。随后,西班牙人的注意力集中在了一支由 8 艘英国船只组成的小船队上,后者误把无敌舰队当成了英国主力舰队的先头部队,故而顶着风从普利茅斯冲了出来,向海岸和无敌舰队的左舷方向驶去。霍华德和他那 50 艘临时拼凑的船只"在埃迪斯通群礁西边距离西班牙舰队两里格①的地方恢复了顺风行驶"。[62]在拂晓时分,梅迪纳-西多尼亚公爵目瞪口呆地发现一支庞大的敌方舰队抢占了他的上风位,并正在准备发起攻击。他意识到战斗已无法避免了,于是升起了皇室的旗帜——这是全面接战的信号。

　　英国舰队占据了上风位置[63]并排成了一条单纵线——西班牙人称之为纵队。[64]对

---

① 译注：1 里格约合 4.8 千米。

之后的事情，科比特写道："英国舰队越过了西班牙的前卫船队，也就是构成了后队的'右翼和下风方向'的船队。英国舰队一边行驶一边在远处开火射击，炮火落在了后队的舰船上——这是一种只有在采用密集纵队时才能完成的操作……其效果立竿见影……许多后队战舰的舰长陷入了可耻的恐慌之中，他们的船只和梅迪纳-西多尼亚公爵的主力舰队挤作一团。"[65] 为了阻止舰队的溃败，里卡德搭乘着"葛兰·格林"号赶了过来，却立刻遭到了德雷克、霍金斯和弗罗比舍的围攻，他们向里卡德的舰船倾泻了"从未在海上见过"的致命火力。随后，皮德罗·德·瓦尔德斯的"罗萨利奥圣母"号也加入了战斗。紧接着，梅迪纳-西多尼亚公爵的"圣马丁"号也开始行动，可是直到里卡德的船彻底瘫痪了之后，公爵才集中了足够的船只前来救援。此时，霍华德终止了战斗。不久以后，无敌舰队的军需部长和金库所在的"圣萨尔瓦多"号起火爆炸，在一片火海中脱离了舰队。霍华德发出信号，示意他的船队驶向这艘正在燃烧的船，结果又引发了一场新的战斗，之后霍华德便再次发出了撤退的信号。

这是两支舰队之间的第一次交锋，在精神层面上具有极为重要的意义。这场战斗表明英国的船只和炮手都要远远优于西班牙，而后者由于未能登上敌船以及抛弃了"圣萨尔瓦多"号而备受打击。正如梅迪纳-西多尼亚公爵所言："敌人的船只是如此的灵活轻便，我们实在是拿它们没有办法。"[66]

那天夜里，"霍华德阁下命令弗朗西斯·德雷克爵士布置警戒"[67]，然后在"皇家方舟"号召开了一次军事会议。[68] 与会者的普遍意见是西班牙人将会前往怀特岛——这显然是一个正确的做法——以便在英国的领土上建立一个基地，并让其舰队获得一个可供停泊的锚地。这也确实是西班牙的诸多船长力谏梅迪纳-西多尼亚公爵采纳的路线：英国人的战术让西班牙舰队的弹药消耗过于严重了，因此他们认为在英国南部海岸占领一个港口或者锚地——实际上就是怀特岛——对于公爵来说是至关重要的；以此为基地，无敌舰队不仅可以掩护从西班牙本土运送舰队所需弹药的补给线，还能够固守此地，直到与帕尔马公爵所部取得联系之后再作打算。为了防止发生这种意外情况，英国人在军事会议上做出了继续追击敌人的决定：德雷克点燃了"复仇"号的船尾灯，开始率领舰队在黑夜中航行。

夜色渐浓，"复仇"号上的船尾灯却突然消失了，一些跟在后面的船只开始踟蹰不前，而另一些船只则继续按既定航线前行，这让整支舰队乱成了一团。7月22日，当太阳升起的时候，"复仇"号已经不见了踪影。

为何会发生这样的事情呢？原来德雷克在听说皮德罗·德·瓦尔德斯的船孤立无援、动弹不得的消息之后，就熄灭了船灯向其驶去。因为德雷克听说那艘船上装载着许多财宝。次日清晨，德雷克在捕获了该船并将其送入托贝港[69]之后，才重新回到霍华德的船队之中。

很显然，德雷克的海盗习性占了上风，这让弗罗比舍愤怒异常，他声称："德雷克想要瞒着我们私吞属于我们的那1.5万达克特，但是我们必将会得到属于自己的那一份，否则我就让他用鲜血来偿还……"[70]

敌人舰队发生的混乱给了梅迪纳-西多尼亚公爵一个喘息之机，让他能够重新组织自己的后队——他现在将其划归到了莱瓦的麾下。因为始终没有发现西摩尔的船队，所以公爵并没有改变主力舰队的部署。无敌舰队在完成重组之后便重新起航了，而英国舰队直到7月22日晚上才重新集结起来。由于此时海面上一丝风都没有，两支舰队不得不在波特兰和圣奥尔本斯岬（St. Alban's Head）之间的海域驻泊了下来，双方当时都处在对方火炮的射击范围之内。

次日黎明，风从东北方向吹来，这使得西班牙人占据了上风位置，梅迪纳-西多尼亚公爵立刻发出总攻的信号，战斗又重新开始了。不多一会，弗罗比舍乘坐的重达1100吨的"凯旋"号——这是当时英国舰队中最大的船——和另外5艘战船就遇到了麻烦。当他发现这一情形时，"……梅迪纳-西多尼亚公爵……带着他最好的16艘盖伦帆船冲了出来，骚扰霍华德阁下并阻止他来救援'凯旋'号。这次袭击中，西班牙人在经历了激烈的战斗之后被迫放弃进攻，并且像羊群一样被赶到了一起。"霍华德继续写道①，"从清晨到黄昏，这场激烈的战斗一直持续不断，海军司令也总是身处战斗最为激烈的地方。在这段时间里火炮发挥的作用之大，以及战斗之激烈，都可谓前所未见。在轰隆隆的火炮射击声中，人们听不到也辨别不出火枪手和火绳枪兵射击的声音，尽管他们也在无休止地轮番射击。我们距离敌方舰队的距离甚至都不足步枪射程的一半，巨大而又密集的炮声会让人们会误以为那不过是轻武器在进行激烈射击罢了"。[71]②

---

① 译注：霍华德是采用第三人称来记载这场战斗的。
② 译注：舰炮的射击间隔时间应该是比较长的，但是当时英军舰炮的射击间隔时间很短，听上去就像是轻武器的快速射击一样。两军不止一次抵近到步枪的射程之内交战，后面还有几次交战也是在很近的距离上进行的。

我们从霍华德的记载中得知，第二天"几乎无事可做"，因为英军的绝大部分弹药都已经消耗殆尽，他只好派出"各类平底船和轻帆船前往沿岸地区运输弹药等新的补给品"。此外，霍华德把他的舰队分成四个船队，分别由他自己、德雷克、霍金斯和弗罗比舍指挥。从这段记载中，我们第一次明确地发现英国人试图在混乱中理出头绪来。到目前为止，除了第一次交手（这可能是个例外），其他时候英国人在战斗中都是蜂拥而上，他们当中最著名的几位船长都在战斗中发挥了重要的作用。现在，这些船长都将率领自己的分舰队了。虽然这并不意味着霍华德和德雷克已经决定自此以后都采用纵队的方式来进行战斗，但由于每支分舰队都将紧跟着自己的指挥官行动，所以可以说英国人已经开始明确地转而使用纵队战术了。除此之外，为了方便发起进攻，霍华德还让每个分舰队都安排6艘武装商船在夜里袭扰西班牙人，让他们时刻处于紧张戒备的状态。与此同时，梅迪纳-西多尼亚公爵也派出了40艘船作为后卫，以保护自己的后方；之后他继续前进，但很快就因为海上无风而滞留在了怀特岛以南数英里①远的地方。

第二天（7月25日星期四）的上午，霍华德注意到里卡德的旗舰"圣安娜"号"在没有护航的情况下向南航行"，于是便命令约翰·霍金斯爵士放下几艘小艇前去攻击该船。西班牙的三艘加莱赛战船随即驶向这些小艇，却与"司令阁下的'皇家方舟'号和托马斯·霍华德勋爵的'金狮'号缠斗了许久，并遭受重创"。此时海上又刮起了风，双方的舰队缠斗在一起，激烈的战斗持续了数小时之久。乔治·凯里爵士对这场战斗做了如下记述："……双方消耗的火药和子弹是如此之多，以至于在上述这段时间里，密集的射击持续不断，仿佛双方是在一场小规模的陆战中互相射击，而非在浩瀚的大洋上用大炮互射。感谢上帝，在这样一场激战中，我方受伤人员不超过两人。"[72]——在这样一场殊死搏斗中，这多少有点"平淡无奇"（Anti-climax）的意味。

梅迪纳-西多尼亚公爵对这一天寄予厚望——当天是他的守护神圣多明我的成道之日——但是当他发现自己的舰队再次处于劣势之时，他放弃了一切关于夺取怀特岛的想法，转而派出了一艘传信快船去告知帕尔马公爵他即将抵达，并且

---

① 译注：1英里约合1.6千米。

将前往加莱锚地坚守待援。这时,霍华德也开始前往多佛,准备与亨利·西摩尔勋爵和威廉·温特爵士会合。

这一天的战斗决定了整场海战的命运。西班牙人还没有被打败,到目前为止他们的损失也微不足道,但是英国人规避近战的战术——这样就能够避免遭受西班牙人的重型火炮的轰击——耗尽了双方的弹药。[73] 霍华德可以从附近的沿海港口获得补给,但是梅迪纳-西多尼亚公爵却只有在到达佛兰德斯之后才能补充弹药。

在7月26日(星期五)的破晓时分,霍华德记载道:"西班牙人在英国军队面前像绵羊一样四散奔逃。"其实这并非是出于恐惧,而是因为西班牙人已经没有炮弹了。星期六傍晚,当梅迪纳-西多尼亚公爵抵达加莱附近时,他下令在加莱城和格里斯-尼兹角(Cape Gris-Nez)之间下锚停泊,而英国舰队下锚的地方"可以用长重炮击中敌人"。[74] 此时霍华德已得到了西莫尔和温特舰队的增援,其麾下的船只总数已达136艘,并且其中有46艘是"艨艟巨舰",而无敌舰队的船只总数已经下降到了124艘。

战场形势已彻底改变了:对于霍华德来说,他至少可以获得某种程度上的弹药补充,而梅迪纳-西多尼亚公爵则完全得不到任何补给。只要霍华德愿意,他就可以随时抵近到西班牙人轻武器射程的边缘,真正地把他的长重炮作为攻击船只的利器。危机业已降临,无敌舰队已经走投无路了。不过登上西班牙船只显然是一个冒进且代价高昂的行为,因为西班牙士兵的训练和装备都是非常适合应对此类攻击的。

这种情况早已在英国人的预料之中,就在无敌舰队进入加莱锚地的前几天,沃尔辛厄姆曾下令在多佛地区征集渔船、沥青和柴火来制造火船。这个建议一定是霍华德和德雷克提出来的,这两人肯定意识到了,如果他们的敌人无法控制住英吉利海峡,就会被迫驶入某个锚地或港口。

7月28日(星期天)的早上,"皇家方舟"号的主船舱里召开了一次战时会议。[75] 会议决定,发动攻击的时机已经迫在眉睫,已经没有足够的时间将火船从多佛运送过来了。人们从舰队中挑选了8艘200吨及200吨以下的船只来代替那些火船。由于准备时间太过仓促,这些船上的火炮都没来得及拆卸下来。

梅迪纳-西多尼亚公爵刚一抵达加莱就赶紧派他的秘书去催促帕尔马公爵赶紧采取行动。但这位秘书刚出发,另外一个在早些时候乘船前往帕尔马公爵那里的信使就回来了,此人汇报称帕尔马公爵还在布鲁日逗留,并且到目前为止都没有一人登船。之后，那位秘书也回来了，他报告说在两个星期内帕尔马公爵的军队都不可能完成登船作业。

事实上，似乎并不是帕尔马公爵延误了登船的行动，而是因为拿骚的查士丁尼麾下的荷兰舰队的干扰，让他无法离开港口。在荷兰舰队被赶走之前，帕尔马公爵的部队即使登船也毫无用处。封锁港口的荷兰舰队在这场战役中发挥了至关重要的作用：如果没有他们，尽管有西莫尔勋爵所部舰队的拦截，但是当无敌舰队离开怀特岛的时候，帕尔马公爵可能也已经冒险横渡英吉利海峡前往马尔盖特了。伊曼纽尔·范·梅特仑确证了荷兰封锁舰队的作用，他写道："荷兰[①]的船只不断地出现在帕尔马公爵的舰队面前，用火炮射击威胁他们，给他们带来了诸多干扰。因为害怕荷兰舰队，那些水手和海员们都私下逃走了。他们担心帕尔马公爵的士兵登船之后，会强迫他们驾船冲破荷兰舰队的封锁。在他们看来，因为港湾过于平直，所以绝无可能冲破封锁。"[76]

由于加莱总督向梅迪纳-西多尼亚公爵发出警告，称此处锚地十分危险；同时帕尔马公爵那里也传来了坏消息，因此在无敌舰队里弥漫着令人沮丧的气息。路易斯·德·米兰达记述道："我们在那里下锚，停泊了整整一个晚上，而敌人下锚的地方离我们只有半里格。因为没有别的事情可做，我们决定静观其变。那些邪恶的敌人和他们的手段给我们带来了一种非常险恶的预感，因此我们在整个星期天都一直处于一种高度戒备的状态之中。"[77] 这种说法并不完全准确，因为很明显敌人会抓住一切机会用火船发起进攻，梅迪纳-西多尼亚公爵也早已下令派出了一支小型巡逻船队，以便在英国人放出火船的时候加以拦截。

午夜的钟声敲响，夜幕渐渐褪去。到了星期一早上，在一片寂静中，西班牙哨兵隐约看到有几艘船正在接近，然后就突然腾起了火焰。关于安特卫普"地狱燃烧者"的记忆在惊恐的西班牙人的脑海中闪过——三年前，它曾让千余名帕尔马公爵手下的士兵命丧疆场。梅迪纳-西多尼亚公爵下达了一个致命的命令：切断缆绳。他本打算等火船驶过之后再回头重新占领这片锚地，但是此举却引发了一阵恐慌，许多船只在黑暗和混乱中撞到了一起，然后向海上四散奔

---

① 译注：尼德兰的12个省之一，位于尼德兰本土西南部，主要由岛屿组成。

逃。一位西班牙军官这样写道:"命运是如此的垂青他们(指英国人),这些火船完全达到了预想的效果。因为他们只用了8艘船就击败了我们,这是他们那130艘战舰都不敢试图去获取的战绩。"[78]

等到火船漂走之后——它们其实并未造成任何直接损失——梅迪纳-西多尼亚公爵放了一声号炮,让舰队在加莱海域重新集结。"圣马科斯"号——这是一艘葡萄牙的盖伦帆船——和另外一两艘船遵从了重新集结的信号,但大多数船只都由于失去了两个船锚,仅靠备用的船锚已无法系留,只得沿着海岸向东北方向漂流而去。最后,公爵终于意识到由于西南风的缘故,这些船已经不可能靠向"圣马丁"号了。于是他立刻下令起锚,出海去追赶其他船只。

拂晓之时,霍华德的士兵们看到了一幅胜利在望的景象:沿海岸朝敦刻尔克的方向上,无敌舰队的船只散乱地漂浮着,已经不可能再重新夺回加莱锚地了。而在加莱,"女船长"号搁浅在沙滩上,暴露于加莱城的炮火之下。这是一艘加莱赛战船,上面载有雨果·德·蒙卡达和其麾下的800人。虽然此时霍华德本有机会攻击他的敌人,而且他也很想抓住这个机会,但这艘大型加莱赛战船实在是太过于诱人了。当霍华德发现它后,便放弃追击逃跑的敌人,径直向其驶去。经过一番苦战,霍华德俘获了该船,而蒙卡达也战死沙场。

与此同时,德雷克、霍金斯和弗罗比舍却扯起满帆出发追击无敌舰队。由于弹药不足,他们选择了尽量地接近敌人,以做到弹无虚发。他们这样做的风险很小,因为此时西班牙人已经耗尽了加农炮的炮弹。在这场追击战中,他们的目的是阻断处于上风位置的西班牙船只,并把其余的西班牙船只赶向位于下风位置的西兰海岸。梅特仑是这样描述此次行动的:

英国船只善于利用自己轻便灵巧的优势,能够根据风向灵活调整航向,因此可以经常性地抵近(有时甚至只有数米远的距离)西班牙舰队并发起猛烈攻击。它们不断地用两舷的武器交替开火,把轻重火力都倾泻到西班牙舰队身上……[79]

沿着前往敦刻尔克方向的海岸,双方持续不断地交火。大约9点左右,两支舰队又在格拉沃利讷附近开战了。战斗一直持续到傍晚6点。[80]在西班牙方面,埃斯特拉德的记述很有意思,因为他生动描述了英国人的猛烈炮火:

我们毫无防护地向北和东北方向航行,彼此相距甚远,毫无秩序可言;英国人顺风追来并向我们开炮,他们的射击出奇的精准。我们的船只之间靠得太近了,而他们的船只之间的间距适宜——他们的炮火彼此配合,很好地利用了这一点。海军司令率领着"圣马丁"号一马当先,船上的火炮不停地射击。菲利普·德·科尔多瓦在这一天殒命沙场:一发炮弹轰掉了他的脑袋、击中了在他身边的挚友的头颅,同时还打断了船的前帆,砸死了24个人。另一发炮弹击中了我和另外四个人所在的地方,打断了一个人的脚指头,不过没有造成其他的损害。英国人已经靠得足够近了,而他们的射击技术又确实精湛。[81]

在威廉·温特爵士于8月2日写给沃尔辛厄姆的信中,也证实了这种对英军炮术的赞扬:"我以一名卑微绅士之名向大人您报告此事:我的船上的半加农炮、长重炮和半长重炮总共发射了500发炮弹。在我向敌人射击之时,距离敌船最远也没有超出他们火绳枪的射程,而且大多数时候距离近到可以听到他们彼此间说话的声音。我们的人的表现都无可挑剔。正如我之前所说的那样,敌人毫无疑问地遭受了巨大的伤亡和损失——时间将会证明这一点。当我认为差不多所有人都筋疲力尽,而且我们的弹药也消耗殆尽之时,才停止射击并继续尾随着敌军。他们此时仍坚持沿着我之前所说的航线前进——也就是先向北偏东北方向行驶,然后转向北偏东方向。"[82]

傍晚6点钟,随着战斗的决定性时刻的到来,无敌舰队似乎注定要遭受灭顶之灾了。正当此时,一阵狂风横扫了正在交战的两支舰队,给了筋疲力尽的士兵们一个喘息之机。霍华德和德雷克退出了战斗[83],而里卡德的船队里重达665吨的"玛利亚·胡安"号却在风暴中沉入海底。

随着这一阵风暴的到来,战斗也宣告结束了。由于梅迪纳-西多尼亚公爵被赶出了英吉利海峡,并向敦刻尔克的下风方向驶去,他和帕尔马公爵会合的可能性变得越来越小了。

当夜幕降临之时,海上风力又增强了,"圣马特奥"号、"圣菲利佩"号和另外一艘船被吹向了西兰海岸。在7月30日(星期二)的拂晓时分,梅迪纳-西多尼亚公爵从他的旗舰上看到有109艘英国船正在半里格之外尾随着他那七零八落的舰队。他在《叙事》中记载道:

因为他们离西兰海岸已经非常近了，所以公爵放了两发号炮来集合他的无敌舰队，并且派出了一名领航员搭乘一艘轻帆船去命令船只抢风行驶。出于同样的原因，敌人知道无敌舰队必将全军覆没，因而只是远远地尾随着他们。旗舰上的领航员，以及那些十分熟悉这条海岸的人们都告诉公爵此时已经无法挽救无敌舰队。只要西北风一直刮下去，所有人都会被吹到西兰的海岸上，而只有上帝才能阻止这种情况发生。在此种危急关头，又身处 6.5 英寻①的深水之中，无敌舰队根本无路可逃。幸好上帝突发善心，风向转为西南偏西，舰队才得以毫发无损的随风向北航行。公爵下令每艘船务必紧跟旗舰行动，否则就有被吹往西兰海岸的风险。[84]

在整整一周的战斗中，尽管西班牙人消耗了"10 万发以上的大型炮弹"，但没有一艘英国船只受到严重的损坏，并且只有一名船长和 20 或 40 名海员阵亡。[85]而反观西班牙方面，仅仅在格拉沃利讷一役中，他们就阵亡了 600 人，另有 800 人受伤。

7 月 29 人晚上，梅迪纳-西多尼亚公爵召开了一次战时会议。尽管此时他的船只既缺乏补给，又用光了大型炮弹，但会上还是决定一旦风向发生改变，无敌舰队就要重新夺回英吉利海峡。如果无敌舰队不能重新夺取英吉利海峡，那它唯一的出路就是经由北海返回西班牙。不过，因为风向一直没有改变，所以无敌舰队便选择了后一种方案。

这是一次令人绝望的冒险行动，因为此时舰队中的许多船只已经不再适合航行了，而且在如此长距离的航行中也没有相应的补给。尽管无敌舰队一方面被一阵恶风向北方吹去，一方面又被德雷克（他在这场追逐战中获得了荣誉职位）追击，但梅迪纳-西多尼亚公爵仍有可能避免这场灾难的发生：如果他在福斯登陆，并在苏格兰挑起反对伊丽莎白女王的战争，那么他就可以做到这一点。但是他此时却一心想要返回西班牙。8 月 2 日，他驶过福斯河口，无敌舰队集结起来，开始向奥克尼群岛进发。第二天，霍华德放弃了追击。到了 8 月 7 日，霍华德的舰队已经收复了唐斯、哈维奇，以及雅茅斯。[86]

---

① 译注：1 英寻约合 1.83 米。

8月8日，霍华德从马尔盖特锚地写信给沃尔辛厄姆："我向上帝祈祷，希望我们能得到食物，因为我们大部分时间都在挨饿。"为了防止敌人杀回马枪，他还敦促沃尔辛厄姆关注国防建设。之后，他又补充道："我们有些人太轻视西班牙的海上力量了。但我可以向您保证，他们的海上力量是前所未见的强大。我们俘虏了一些参加过勒班陀之战的西班牙人，据他们所说，在我们与他们进行的四次交战中的最惨烈的那一次，其激烈程度要远超勒班陀海战。他们还说，在某些战斗中，我们发射的大型炮弹的数量是他们的20倍……大人，当你下次给我的兄弟斯塔福德（英国驻巴黎大使）写信时，我恳请您在信中让他转告门多萨（西班牙驻巴黎大使），女王陛下的那些'破船'是敢于正面迎战那些装备优良的船只的。在开战时，西班牙方面是3艘大船对付我们一艘大船，但我们却击毁了他们16或17艘战舰——其中有3艘已经沉入海底喂鱼去了。"霍华德在这封信的附言中写道："大人，如果我今晚在此地还得不到任何关于我的粮食和其他军需品的消息，我就得赶紧去多佛，看看能从那里能搞到些什么，否则我们就得挨饿了。"[87]

人们很快就得知了故事戏剧性的结局：在无敌舰队那悲惨的返航途中，一艘名为"希罗纳"号的加莱赛战船在"巨人堤道"处被撕成了碎片，该船的船员和阿隆索·德·莱瓦一起葬身鱼腹；"大狮鹫"号在费尔岛海域沉没；"拉塔·科罗纳达"号撞毁在了埃里斯海岸上；"圣安娜公爵夫人"号在格伦纳吉维尼湾沉没；"罗莎圣母"号在布拉斯基特被撞得粉身碎骨。然后，无敌舰队又在爱尔兰沿岸损失了"圣马科斯"号、"圣胡安"号、"特立尼达"号、"巴伦西亚"号，以及"梅蒂亚诺猎鹰"号。此外，"圣佩德罗·马约尔"号由于偏离了航线，最后沉没在了普利茅斯附近的比格伯里湾。

无敌舰队在5月从里斯本起航的130艘船中，确认损失的就有63艘。其中有2艘被丢弃给了敌军、在法国海岸损失了3艘、在荷兰海岸损失了2艘、2艘在格拉沃利讷沉没、在苏格兰或爱尔兰损失了19艘。此外，还有35艘船下落不明。英国方面却连一艘船都没有损失。

那些漂流到爱尔兰海岸的西班牙船员大多都惨遭屠戮，然而那些继续在海上航行的船员们的命运却比他们更悲惨：数以千计的人死于处理不当的伤口、发烧、饥饿和干渴——有些船断水长达14天之久。最后，到了9月中旬，才有一个信使从桑坦德匆匆赶回埃斯科里亚尔,他带来了梅迪纳-西多尼亚公爵已于9月12日返回桑坦德的消息。当信使把这个不幸的消息告诉国王时,腓力二世正坐在他的书案之前。他面不改色地说道:"万分感谢全能的上帝,他慷慨地赐予了我如此之强的力量;只要我愿意的话,我可以很轻易地在海上再部署一支舰队。留得青山在,不怕没柴烧。"[88]

因为觉得这是上帝的旨意,所以腓力二世接受了自己的失败。不过,他对那些在这场灾难般的远征中冒着巨大风险,经历了众多苦难的勇士们却并非毫不关心。他竭尽全力地去减轻他们的伤痛,也并未责怪梅迪纳-西多尼亚公爵,而是命令他返回加的斯继续做他的总督。

而伊丽莎白女王的所作所为就完全不同了,她首先考虑的就是削减开支。跟腓力二世不同,女王的天性中并没有骑士风度和慷慨大度。尽管劳顿教授竭力为她的吝啬开脱[89],但毫无疑问的是,如果她是一个有头脑、有情感的女性,那么她绝不会坐视她那些英勇无畏的水手们在胜利之后就立刻因伤病和贫困而死。

这一点可从霍华德的书信中得以证实。8月10日——也就是他结束对无敌舰队的追击开始返航的第三天——他写信给伯利说:"疾病和死亡在我们之中不可控制地蔓延开来。在马尔盖特,我看到那些无处可去的士兵横死街头,实在是令人痛心疾首。"[90] 8月29日,霍华德再次致信伯利:"在为国尽忠之后却让这些人忍饥挨饿,这实在是太过可怜了……因此我宁愿自己动用女王陛下的财物,多少做点什么来减轻他们的痛苦,也不愿看到他们在走投无路之时自己来抢。我们指望他们以后还会应征服役。如果这些人不能得到更好的照顾,而是就这样让他们忍饥挨饿,然后悲惨地死去,我们恐怕就很难找到人来服兵役了。"[91]

虽然当时很少有人意识到,但此役对海军的战略和战术均产生了深远的影响,并逐渐从其中衍生出了许多原则,指导着蒸气战船出现前的所有海上战争。

首先,此役证明了基地对于取得制海权来说是至关重要的。对于保卫英国免受入侵而言,相较于在英吉利海峡内直面并打败无敌舰队,德雷克在1587年对加的斯和里斯本的攻击是一种更为可靠的办法。如果英国方面能在1588年进行一次类似的攻击(这可以说是易如反掌),那么无敌舰队很可能根本就无法起航。作为反面的例证,西班牙在英国附近缺少一个海军基地,是无敌舰队无法达成其目的的根本原因。自此以后,由于很少有机会能迫使敌人进行海上决战,

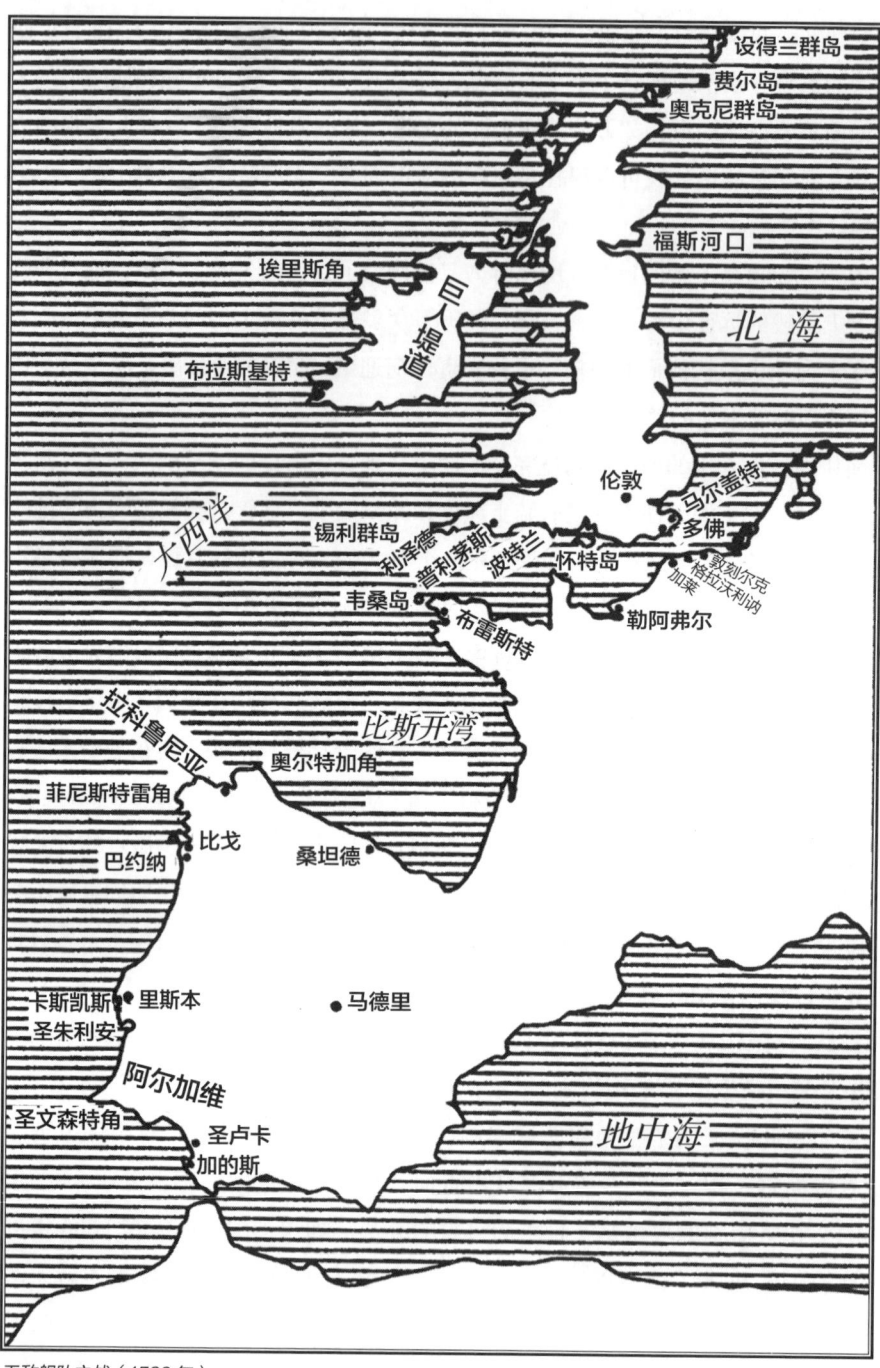

无敌舰队之战（1588 年）

因此将敌人的舰队封锁在其本国的港口内,并阻止敌人在英国海岸附近建立海军基地就成了英国海军战略的基础。

其次,此役也清楚地表明在战斗中依赖武装商船是徒劳的。它们几乎没有参加在海峡中的战斗,最多也就是给各自的舰队增加了气势,可能也增加了对方的恐惧而已。它们作为突袭船只来说是有用的,但将其作为战列线中的战舰使用却只会拖后腿。假如没有它们,英国人就可以省下很多开销而不会对战局产生任何影响。

最后,双方的炮手都没有达到他们各自的目的。除了近距离攻击外,英国人的长重炮既没有足够的威力也没有足够的精度来击中并摧毁敌船;尽管西班牙人的大炮足以摧毁敌舰,但是他们的船只却不够灵活,水手的技术也较差,因而无法抵近敌舰来让他们的"超级武器"发挥作用。自此以后,海战的这种无法一锤定音的特性便延续了下去,而加农炮成为海战主要兵器的趋势也在逐渐增强。

从历史的角度来看,按照梅里曼的说法,无敌舰队的失败是"腓力二世统治时期最大的灾难"。[92] 尽管如此,这场战争还是一直持续到了1604年,直到交战双方都精疲力竭之后方才和解。对英国而言,和平既没有带来荣耀,也没有带来利益;同样,和平对于西班牙来说也没有产生什么重大的影响。西班牙寸土未得,英国也寸土未失。此战既没有颠覆两国中的任何一个王朝,也没有改变斗争双方的国策,更没有影响两国各自的宗教信仰。既然如此,此役的决定性意义又从何体现呢?

答案便是此役确实让英国免遭入侵,但这一点也是有条件的,因为拿骚的查士丁尼为此役获胜所做的重要贡献并不亚于霍华德和德雷克。即便后两者的舰队从未出海作战,无敌舰队也未必能够赶走这些来自布里尔的"海上乞丐",因为他们那灵活且吃水较浅的船只可以在佛兰德斯和西兰之间的浅水海岸航行,而庞大且笨重的西班牙船却做不到这点。不过即使不考虑这种假设,对于英国人来说,击败无敌舰队也被认为是自黑斯廷斯战役以来最具决定性的一次战役——它既拯救了英国,也给西班牙人的威望带来了重创。此役向全世界表明西班牙不过是一个泥足的巨人,它的权力大厦的基础并不牢靠;西班牙帝国的权威就犹如海市蜃楼一样虚无。在将近一个世纪的时间里,这种幻象不断强化,蒙骗了整个世界。然而无论是从资源、财富,还是从西班牙的人口数量来看,这种强大都只是错觉。

自从于1492年征服了格拉纳达之后,西班牙人完成了许多伟业。突然之间,她的子民们将自己的势力范围延伸到了已知世界的边缘。他们征服了墨西哥和秘鲁,在美洲的南部、中部和北部建立了众多殖民地；他们的势力横跨印度洋，并由此创造了西班牙无敌于天下的神话。他们之所以完成了这些非凡的壮举，是因为他们相信自己是上帝的选民。无敌舰队的失败粉碎了他们的这种信念，并且摧毁了强化他们民族狂热的幻想。30年之后，西班牙变得衰颓起来。这并非是由于与英国的漫长战争耗尽了国力，而是因为西班牙人对自己的国运失去了信心——这对西班牙来说才是最具灾难性的事情。

这种精神上的崩溃还有另外一层原因：实际上，在无敌舰队起航之前，西班牙人并没有领会到海权（Sea power）的真正意义。如果他们真的理解海权，那么他们就会在试图完全掌控那些分散的领土之前，先寻求掌控海洋。对于西班牙人来说，如果他们要防止自己与"新世界"和印度的贸易被切断，并确保对尼德兰的控制，关键便在于掌握制海权（Command of the sea）。正是因为缺少制海权，才让霍金斯、德雷克等人能毫无顾忌地在西班牙本土海域航行。他们劫掠西班牙的宝船、洗劫西班牙殖民地的城镇，乃至于闯入加的斯和里斯本的港口，侮辱了西班牙的国旗。正是因为缺少制海权，西班牙才失去了联合省，而这又直接导致了无敌舰队的失败。西班牙从未拥有掌控海洋的力量，这在无敌舰队驶入英吉利海峡去争夺制海权的时候表现得尤为明显。我们今日能够比1588年的人们更加清楚地认识到，无敌舰队从一开始就注定要失败，这不仅是因为它在航海技术和海军战术上都处于劣势，还因为其指挥官对海洋缺乏足够的认知。[93]

虽然乍看起来很奇怪，但当时确实只有英国和荷兰没有被西班牙的无敌神话所迷惑，而它们当时都尚属于弱小的国家。不过，当我们认识到它们都是海权国家时，事情也就不那么难以理解了：这两个国家可以掌控自己本土的水域（即便这种掌控不是那么牢靠）。正是因为能够做到这一点，它们才能击败西班牙的舰队，并开始向着帝国主义的道路迈进，而这又使它们在不到一个世纪的时间里便成了彼此的竞争对手。

英荷两国从此役中学到的经验是：只要拥有制海权，即使是资源有限且国力贫弱的小国，也能赢得并维系住庞大的海外领地。而那些大国虽然可以占有广阔的海外领土，但除非它们能控制海洋，否则一旦受到严重的挑战便会失去这些领土。

无敌舰队的失败仿佛在英国人的耳边呢喃细语着帝国的秘密：在一个商业的时代里，赢得海洋比赢得陆地更加有利可图。尽管在1588年，人们可能尚未明确地认识到这一点，不过在此后的一个世纪里，这耳语般的声音变得越来越大，直至成为每个英国民众的呼声。

在1589年出版的第一版《远航》中，理查德·哈克鲁特在写给弗朗西斯·沃尔辛厄姆爵士的"献辞书"里用以下文字颂扬了这种精神：

> 因此，在至圣至明的女王陛下麾下的这个最著名、最无与伦比的政府治下，她的臣民在上帝的特别照看与祝福中探寻着世界上最遥远的角落和宜居之地……胜过了地上的万国与万民。在女王陛下之前，君临此地的国王们可曾见过他们的旗帜在里海中飘扬？他们中又有谁曾向女王陛下那样，去和波斯的皇帝交涉，为商人们谋得丰厚的恩宠？在女王陛下之前，谁又曾在君士坦丁堡奥斯曼苏丹那庄严的门廊前见过英国商人的踪迹？在此之前，谁曾在叙利亚的特里波利斯、阿勒颇、巴比伦或巴尔萨拉见过英国的执政官和代理人？谁又曾在果阿听说过英国人？在此之前，在浩瀚的拉普拉塔河中，人们又见过哪些英国的船只呢？我们两次穿越前人认为无法通行的麦哲伦海峡，然后沿着智利、秘鲁和新西班牙群岛背面的海岸航行，比任何基督徒去过的地方都要遥远；我们横渡了浩渺无边的南海，在击败了敌人之后又于吕宋登陆，和摩鹿加群岛及爪哇岛的王子们结盟亲善、互通有无；我们绕过著名的博纳斯佩兰萨海角之后，来到了圣赫勒拿岛；我们最终满载着来自东方的商品回到故土——现在，在这个繁荣的国家中，其他臣民也做着跟我们一样的事情。[94]

击败无敌舰队在历史上的重要性就在于：它将西班牙失去的威望赋予了英国，从而奠定了大英帝国的基石。正是这种威望、这种对其国运的信念，促使英国人走上了帝国主义的道路。直到最后，他们的旗帜飘扬在这个亘古未有的伟大帝国之上：这是一个从崛起到衰落持续了300余年的海洋帝国。

注解

1. *A History of the British Army,* the Hon.J.W.Fortescue (1910),vol.I, p.130. 考虑到战争的开销，如若没有国会的支持，伊丽莎白女王的年收入根本无力负担战争的开销。
2. *Camden Society Misc,* "Sir Francis Drake's Memorable Service, etc." (1843), vol.v, p.29.
3. 伊丽莎白一世那道相反的命令这样写道："……女王陛下表达了自己的意愿，并乐见其成：你应当避免强行进入任何属于西班牙国王的港口或锚地，也不允许攻击他的任何城镇和停泊在港口内的船只，或是对其领土采取任何敌对行为……"（*Papers Relating to the Navy during the Spanish War,* 1585—1587, edited by Julian S. Corbett, Navy Record Soc., 1898, p.101.）
4. 同上，pp.107—108。
5. 同上，p.111。
6. *La Armada Invencibel,* Captain Ceasero Fernandez Duro (1884), doc.15 bis, vol. I, p.335.
7. *Papers Relating to the Navy during the Spanish War,* 1585—1587, p.139.
8. 同上，pp.131、137。由于所有的腌制食物、酒类和水等都必须存储在木桶里，所以这次损失的严重性是不言而喻的。
9. 同上，p.133。
10. 同上，p.XLII。这些文件引起了伦敦商人极大的兴趣，后来他们成立了东印度公司，并为不列颠治下的印度帝国打下了基础。
11. 引自 *History of England from the Fall of Wolsey to the Defeat of the Spanish Armada,* James Anthony Froude (n.d.), vol.XII, p.324。
12. 参见 *Duro,* vol.I, doc.53, pp.414 和 pp.415。
13. *Emanuel Van Meteren's Account of the Armada,* Hakluyt Voyages (Everyman's Library), vol.II, pp.375—376。
14. 以下内容绝大部分是基于迈克尔·刘易斯教授的 "Armada Guns: A Comparative Study of English and Spanish Armaments"（*The Mariner's Mirror,* vols. 28 and 29〔1942—1943〕, and his *The Navy of Britain*〔1948〕）。
15. "直瞄"射程是指从炮口到炮弹开始明显下落处的距离，而"随机"射程则是指最大射程。
16. 这些火炮和同时期其他火炮的详情，参见 *Papers Relating to the Navy during the Spanish War,* appendix A。
17. 准确地说，这种炮台是从为弓箭手建造的平台发展演变而来的。
18. *The Sailing-Ship: Six Thousand Years of History,* Romola and R.C.Anderson (1926), p.126。
19. *The Mariner's Mirror,* vol.29, p.100。除了1124门重型火炮，西班牙军舰还装备了1307门较轻型的用以击杀水手的火炮，它们主要安装在船楼上。
20. *Duro,* doc. 94, vol.II, p.9.
21. *Voyages,* Richard Hakluyt, vol. II, p.379.
22. *The Naval Tracts of Sir William Monson,* edit.By M.Oppenheim (1902), vol.II, pp.267—286。
23. *State Papers, Relating to the Defeat of the Spanish Armada,* edit. John Knox Laughton (1894), vol.I, p.19。她称他为"我们英勇的嘉德骑士团骑士；英格兰、爱尔兰、威尔士，以及其所辖领土和岛屿的海军上将；加莱地区、诺曼底、加斯科尼，以及阿基坦的海军上将；我们称之为英格兰和爱尔兰王国的海军总司令……"
24. *Quoted in Drake and the Tudor Navy,* Julian S Corbett (1898), vol.II, p.186。
25. *State Papers,* vol.I, p.33。
26. 同上，vol.I, pp.59—60。
27. 在1588年3月20日——也就是大约一个月之后——帕尔马公爵告诉腓力二世，他手下的大约3万名士兵中只剩下1.7万人还有战斗力。他还写道："也许是上帝想用某种深重的灾难来惩罚我们的罪过。"（参见 Oppenheim's *Monson Tracts,* 1902, Vol.I, p.167）

650

28. 他们是德比伯爵亨利；科伯姆勋爵威廉；詹姆士·克罗夫茨爵士，以及瓦伦丁·戴尔博士和约翰·罗杰斯博士。
29. State Papers, vol.I, pp.106—107。
30. 同上，vol.I, pp.59, 90—92, 107, 122。
31. Duro, doc. 94, vol. II, pp.5—13。
32. 同上，doc. 96, vol.II, p17。
33. 实际可用的战舰数量可能在60艘到70艘之间。
34. 关于搭载的补给物资，参见 The Royal Navy, Wm.Laird Clowes (1897), vol.I, p.560, 以及 Duro, doc.110, vol.II, pp.82—84。
35. 瓦尔德斯和梅迪纳 - 西多尼亚公爵一起乘坐旗舰"圣马丁"号。
36. 这支船队并未起航。
37. Drake and the Tudor Navy, vol.II, p.139.
38. State Papers, vol.I, pp.124—125.
39. 同上，vol.I, p.148。
40. 同上，vol.I, p.166。
41. 此时，拿骚的查士丁尼（威廉一世亲王的亲生子）和日尔布兰佐姆率领的两个荷兰海军中队正在敦刻尔克和联合省海岸附近巡航。
42. 在德雷克之下，还有托马斯·霍华德勋爵、谢菲尔德勋爵、罗杰·威廉姆斯爵士、约翰·霍金斯、马丁·弗罗比舍，以及托马斯·芬纳。
43. 同上，vol.I, p.179。
44. 同上，vol.I, p.170。
45. 同上，vol.I, p.173。
46. 同上，vol.I, p.183。
47. 同上，vol.I, p.193。
48. 同上，vol.I, pp.202—204。
49. 同上，vol.I, pp.200—201。
50. 同上，vol.I, p.190。
51. 同上，vol.I, p.217。
52. 同上，vol.I, p.217。
53. 同上，vol.I, p.245。
54. 同上，vol.I, p.273。
55. 同上，vol.I, p.167; vol.II, pp.323—331。这些船只中的很多都没有参加战斗。在战场上，双方都只依赖总兵力中的一小部分进行战斗。英国人依靠的是女王的直属舰队和少数其他船只，而西班牙人则主要依仗他们的盖伦帆船、大型武装商船和加莱赛战船。
56. Duro, doc.115, vol.II, p.106 和 doc.118, vol.II p.113。所有日期都是用的旧历，新历日期要在此之上增加10天。
57. 同上，vol.II, p.222, 229。
58. State Papers (Howard's Relation of Proceedings), vol.1, p.7.
59. Fighting Instructions 1590—1816, edit. Julian S。 Corbett(1895, Nave Record Soc.), p.27.
60. Drake and the Tudor Navy, vol.II, pp.210—219.
61. Duro, doc.109, vol.I, p.67.
62. State Papers, vol.I, p.7.
63. 上风位置是指自己的船处于顺风位置而敌船处于逆风位置，占据上风位置可在战斗中具有主动性。处于上风位置可以迫使敌人行动，并让其舰队中的部分船只挤作一团。此外，炮口的硝烟也会顺风吹向敌人，从而遮蔽敌人的视线。

64. Duro, vol.II, p.154, 以及 *Drake and the Tudor Navy*, vol.II, pp.208, 221。这条单纵线阵形是偶然形成的，还是英国人有意为之的，目前尚无定论。
65. 同上，vol.II, pp.222—223。
66. 同上，doc.165, vol.II, p230。
67. *State Papers,* vol.I, p.8.
68. Duro, doc. 160. vol.II, p.221.
69. 德雷克非常体面地招待了皮德罗：他和后者一同吃饭，并让他单独住在一个船舱里。
70. *State Papers,* vol.II, p.102。德雷克对此的解释是，在 7 月 22 日清晨那"日益明亮的光线中"，他看到三或四艘可疑的船只鬼鬼祟祟地从他身边溜过。于是他便熄灭了船上的灯光去追赶他们。当他发现那些船是德国商船时，就继续前进，随后便遇到了皮德罗的船。(*Drake and the Tudor Navy*, vol.II, p.231.) 这一解释不是很有说服力，因为如果时值清晨，熄灭船灯之后便不会引发混乱。
71. 同上，vol.I, p.12。
72. 同上，vol.I, p.324。
73. 英国人耗尽了所有的火药和炮弹，而西班牙人则只是用光了炮弹。在起航之前，无敌舰队的火药补给据杜罗所说是 51.7 万磅，据梅特仑所说是 56 万磅。同时，无敌舰队还携带了 123790 发炮弹。尽管不清楚无敌舰队所携带的弹药的确切数字，但可以明确的是英国人的补给要少得多。据梅特仑所说，在这一天的战斗中，两支舰队的交战距离有时只有"100 或 120 码"，这表明双方的重型炮弹都已消耗殆尽了。再参考凯里的记录，两者都指出那些较小型的火炮的射击精度极低。
74. *Drake and the Tudor Navy*, vol.I, p.15。同时还可参见 Duro, doc.165, vol.II, p.238。
75. 同上，vol.I, p.15. 和 vol.II, p.1。
76. *Voyages,* Hakluyt, vol.II, p.389.
77. Duro, doc.169, vol.II, p.269.
78. 同上，doc.171, vol.II, p.283。同时还可参见 Pedro Estrade 在 *Monson* (vol.II, appendix A, p.306) 中的描述，以及温特写给沃尔辛厄姆的文件 (*State Papers*, vol.II, p.9)。
79. *Hakluyt,* vol.II, p.392.
80. 这是温特的记述，*State Papers*, vol.II, pp.10—11。
81. *Monson,* vol.II, appendix A, pp.307—308。
82. *State Papers,* vol.II, p.11.
83. 他们业已打光所有炮弹，无论如何也无力再战了。
84. *Duro,* doc.165, vol.II, pp.244—246.
85. *The Navy of Britain,* Michael Lewis (1948), p.443.
86. *State Papers,* vol.I, p.18.
87. 同上，vol.II, p.59—61。
88. 引自 *Motley History of the United Netherlands (1860),* vol.II, p.535。格拉沃利讷之战后不久，腓力二世就接到消息说无敌舰队取得了胜利。之后又有消息传来，说无敌舰队被击败了，但是这一消息并不确切。直到梅迪纳 - 西多尼亚公爵返航之后，他才得以知晓事情的来龙去脉。
89. 参见 *State Papers,* vol.I, XLIV, XLVI-XLIX。
90. 同上，vol.II, p.96。
91. 同上，vol.II, p.183。J.E. 尼尔教授对这种吝啬行为做了如下的解释："令人悲伤的是，在与无敌舰队的战斗中只有不到 100 人阵亡。但随后流行病却在舰队中肆虐了起来，并且导致了数千人死亡。不过事实再一次证明：疾病也同样摧残了西班牙人。"(*Queen Elizabeth,* 1934, p.299.)
92. *The Rise of the Spanish Empire (1934),* vol.IV, p.552。
93. 直到遭受了这场灾难性的惨败之后，腓力二世才开始着手筹备一支远洋海军，试图建立西班牙制海权。为了保护他从西印度群岛中获得的财宝,腓力二世放弃使用大型舰队来进行运输,而是开始使用一种名为"大扎布拉船"(Gallizabras)的重达 200 吨且无须护航的快速武装船只。虽然"大扎布拉船"并不是战舰,但它却能让英国私掠船无法像之前那样掠夺战利品,从而使英国无法赢得贸易战争——实际上,这才是真正的战争。

94. Vol.I, pp.3—4.

大事记
英国与西班牙的争霸

随着"新大陆"和绕过好望角前往东印度群岛的航线为人们所发现,欧洲的商业重心便开始向西迁移,并逐渐地从地中海地区转移到了大西洋沿岸地区。因此,西班牙、葡萄牙和英国,以及之后的联省共和国(United Provinces)和法国等国在世界贸易中成了竞争对手,并且相互争夺着新发现地区的所有权。从此以后一直到近代,帝国主义扩张的强烈欲望都转移到了海外殖民地上,并且使各大帝国在形式上也日益趋向于成为海洋帝国。

这种竞争的第一阶段发生在英国和西班牙之间,并且在最开始的时候是以足够和平的形式表现出来的。1558年11月17日,伊丽莎白一世(1558年至1603年在位)继承了腓力二世之妻、她的异母姐姐玛丽女王的王位,而当时英国和西班牙仍在联手对抗法国。在此后的一年中,英西两国之间的友谊看上去是如此的牢不可破:在《卡托—康布雷齐条约》(The Treaty of Cateau Cambresis)最终签订前的谈判中,腓力二世还曾试图替伊丽莎白一世收复于1558年1月6日被吉斯公爵从玛丽手中夺去的加莱城;他甚至还曾向伊丽莎白一世求婚,但却遭到了后者的拒绝。

腓力二世如此热心地支持英国完全是出于对自身利益的考虑,而他的政策也完全是围绕着苏格兰的玛丽女王(1542年至1587年在位)而制定的——此人是英格兰国王亨利七世的曾孙女,也就是苏格兰国王詹姆斯五世和吉斯的玛丽之女——在天主教徒的眼中,后者才是英国王位的合法继承人。1558年4月24日,玛丽嫁给了法国的弗朗西斯二世（1559年至1560年在位），而她的舅舅吉斯公爵的势力当时在法国正如日中天——后者打算通过玛丽把法国、英格兰、苏格兰，以及爱尔兰合并成为一个伟大的"吉斯帝国"。对于西班牙来说，这将会是一个致命的威胁，因此在自1558年以来的12年里，腓力二世一直不惜一切代价地帮助伊丽莎白一世保住王位，并以此来制衡玛丽的势力。对西班牙来说，由于英国位于西班牙与尼德兰之间的海上交通线的侧翼，因此与英国保持友好关系是至关重要的。此外，在英国失去加莱之后，只要尼德兰仍掌握在西班牙手中，前者就无法确保自身对本国水域的控制——在腓力二世和伊丽莎白一世统治时期，这两个战略问题始终主导着西班牙和英国的国策。

尽管有腓力二世的支持，但伊丽莎白一世的地位仍不牢靠。由于天主教与新教的分裂，英国在政治上并不稳定，因此伊丽莎白一世并不想卷入一场国际战争。然而，英国的加尔文派教徒却致力于支持欧洲大陆上的所有加尔文主义势力。此外，由于英国业已成为一个海上强国，同时也是一个正在崛起中的商业国家，其内部的反西班牙势力便将利用海军舰队挑战西班牙在"新大陆"的垄断地位视为一种手段。卡姆登写道："全英国的军人和海员都焦躁不安地渴望着与西班牙开战。然而，女王却对此充耳不闻。"不过，此时伊丽莎白一世的力量尚不足以完全控制住这些人。

1560年12月5日，就在伊丽莎白一世刚登基不久之后，情况就突然发生了变化：弗朗西斯二世驾崩，他的兄弟查理九世（1560年至1574年在位）继承了王位，并暂由其母后凯瑟琳·德·美第奇摄政。1561年8月，玛丽返回了苏格兰。到了1567年，她在苏格兰策划谋害了她的第二任丈夫达恩利勋爵，但之后她自己也被迫放弃了王位，并于1568年逃往英格兰寻求庇护。之后，她就在伊丽莎白一世的监牢中度过了自己的余生。这一系列事件，加上英国内部反西班牙势力的日益壮大，都促使腓力二世改变了他对玛丽的政策。由于玛丽此时已不再受吉斯家族的直接控制，所以腓力二世便不再支持伊丽莎白一世，而是开始把玛丽当成开展反伊丽莎白一世阴谋的支点。在这一点上，腓力二世也得到了罗马教皇庇护五世的支持——这位教皇曾在1570年将英国女王逐出教会。

除了这些政治上的变动，双方在经济上的摩擦也使西班牙对英国的敌意日渐滋生：普利茅斯的约翰·霍金斯不断滋扰着由西班牙王室垄断的非洲奴隶贸易。这种不法勾当的利润十分丰厚，因此伊丽莎白女王也在1567年与霍金斯展开了合作，并把她自己名下一艘名叫"耶稣"号的船租借给了后者。当年10月2日,霍金斯便乘坐该船从普利茅斯扬帆起航,一同出航的还有由弗朗西斯·德雷克指挥的"米尼恩"号和"朱迪思"号。霍金斯首先前往了几内亚海岸,在那里他通过抓捕或收购等手段得到了大约500名黑人奴隶。之后,他又前往西印度群岛,然后私下把这批奴隶卖给了当地的西班牙殖民者。航行途中,霍金斯驶入了圣胡安·德·乌卢阿岛(San Juan de Ulua)的港湾为船队寻找淡水和庇护,并在港湾的入口处修筑了防御工事以阻止西班牙人进港。随后,赴任途中的新西班牙总督马丁·恩里克斯(Martin Enriques)也率领着运输贵金属的舰队来到了这里。由于担心自己的舰队会因为风暴而沉没,他便和霍金斯达成了一项协议:如果后者能允许他进港避风,那么西班牙舰队将会在补充完淡水和粮食后自行离开,绝不会对英国人造成任何干扰。几天之后,恩里克斯却突然向霍金斯的船开火射击,霍金斯在随后的战斗中不得不放弃了"耶稣"号,带着"米尼恩"号和"朱迪思"号成功地逃离了锚地,并且在经历了一次危险重重的航行之后于1569年1月返回了普利茅斯。

就在霍金斯返航的途中,又发生了另外一件更为严重的事情。多年以来,胡格诺派(Huguenot)的私掠船——它们中有许多是归约翰·霍金斯的兄弟、普利茅斯的市长威廉所有的——经常在中途劫掠从西班牙前往佛兰德斯的西班牙船只。为了避免把女王卷入私掠行为之中,这些私掠船往往悬挂着孔代(Condi)或奥兰治的威廉(William of Orange)的旗帜。在1568年,有50艘私掠船悬挂着孔代的船旗,而其中有不下30艘实际上是属于英国人的。当年12月,一群私掠船把一支西班牙船队赶进了福伊、普利茅斯和南安普顿等港口,随后英国人发现这些西班牙船运载的是属于热那亚银行家的金银块,并准备在安特卫普交付给阿尔瓦公爵——此人正是腓力二世派驻在尼德兰的将领。伊丽莎白一世扣押了这批货物,并在征得了热那亚人的同意之后将其借来为己所用,而阿尔瓦公爵则没收了所有英国在尼德兰的船只和货物作为报复。随后,女王同样也没收了西班牙在英国的船只和货物。火上浇油的是,此时又传来了丢失"耶稣"号的消息,进一步加剧了两国之间的敌对情绪。从此,英国与西班牙分道扬镳:腓力二世扶持英国的天主教徒,而伊丽莎白一世也敞开了英国的大门,为荷兰的新教徒叛军提供避难所。

在此期间,奥兰治的威廉(1559年至1584年在位)也组建了一支舰队。到1569年,该舰队就已经有18艘船可以出海了——这是荷兰成为海权国家的起点,在此后的一个世纪里，荷兰人的舰队纵横大洋，并在许多地方建立了殖民地。这18艘船对时局的影响立竿见影。1570年，这群被称为"海上乞丐"的荷兰水手们共捕获了300艘船，却缺少能够为自己提供庇护的港口。为此，伊丽莎白一世暗地里默许他们使用英国的港口——直到1572年荷兰人才夺取了布里尔，并把该地变成了一座坚如磐石的基地。虽然伊丽莎白一世天生对叛乱者心生厌恶，但自此以后她的政策却越来越倾向于将荷兰人的这场叛乱维系下去：这不仅是为了消耗西班牙的国力，也是为了防止荷兰人在失望之余把国家的主权拱手让给法国国王。这场危机因此而变得一发不可收拾起来，尽管阿尔瓦公爵反对公开宣战，但腓力二世却异常愤怒，因此他在背后支持了里尔多菲于1571年策划的一场阴谋：在英国煽动一场由6000名阿尔瓦公爵所部士兵支持的天主教徒的叛乱；刺杀伊丽莎白一世并扶持玛丽登上王位，并且在英国恢复天主教信仰。不过这一密谋最终被人识破并胎死腹中，而其导致的唯一结果就是加剧了各方之间的敌意。

为了巩固自己的地位，伊丽莎白一世和凯瑟琳·德·美第奇在1572年4月达成了一项协议，双方同意组建一个对抗西班牙的防御同盟。然而，因为法国的胡格诺派教徒在不久之后赢得了查理九世的支持，所以这个同盟并没有实现它的目的。伊丽莎白一世担心法国会占领低地国家，因而又倒向了西班牙一方；凯瑟琳则在8月24日策划了圣巴托罗缪之夜大屠杀——据估计，法国境内大约有5万人在此次屠杀中丧生——因为她害怕胡格诺派教徒会把法国拖入对西班牙的战争之中。大屠杀让吉斯家族在法国重掌大权，而伊丽莎白一世也由此开启了与腓力二世之间的谈判，英西两国之间于1568年就停止了的贸易关系在1573年的春天得以恢复。

一年之后，查理九世驾崩，继位的是他的兄弟亨利三世（1574年至1589年在位）。1576年3月，勒班陀之战的胜利者、奥地利的唐·约翰被任命为尼德兰总督。他一到任就发现当地的西班牙军队正在哗变，而军队的暴行又重新激起了尼德兰当地的反抗运动。当唐·约翰得知是伊丽莎白一世在资助叛军之后，他便极力敦促腓力二世发动对英国的入侵。但由于财政状况混乱，腓力二世只能委派贝尔纳迪诺·门多萨前去安抚伊丽莎白女王，并重新开放了自1572年以来就一直处于关闭状态的西班牙驻伦敦大使馆。

就在门多萨抵达英国之后不久，唐·约翰就去世了，因此镇压尼德兰叛乱的任务便交到了帕尔马公爵亚历山大·法尔内塞的手中——此人既是当时的名将之一，也是一位曾参加过勒班陀之战的老兵。在一系列辉煌的战役中，帕尔马公爵收复了布鲁日、根特、安特卫普和尼德兰南部的大部分领土。叛军们在绝望中将国家的主权拱手献给了亨利三世的兄弟阿朗松公爵。

虽然腓力二世仍然不肯公开向英国宣战，但是教皇格里高利十三世（1572年至1585年在位）却先后策划了两次针对爱尔兰的远征，差点迫使前者不得不采取行动。教皇策划的第一次远征在1578年胎死腹中；1580年，有少数西班牙人参与了第二次远征，但远征军在爱尔兰登陆后不久后便惨遭屠戮。1577年，德雷克率领五艘船开始了他的环球航行。一路之上，德雷克袭击了瓦尔帕莱索、洗劫了塔拉巴卡并俘获了满载着珍宝的"卡卡弗戈"号。之后，德雷克还驶入了旧金山湾并以伊丽莎白女王的名义占领了那里——他将其命名为"新阿尔比恩"（New Albion）。1580年9月，德雷克满载而归。在他的旗舰"金色雌鹿"号的后甲板上，伊丽莎白女王授予了他爵士爵位。

就在德雷克进行环球航行的时候，发生了另外一起对英西两国争端影响深远的事件。1578年，在一阵过时的骑士狂热的驱使下，年轻的葡萄牙国王塞巴斯蒂安率军入侵了北非。同年8月4日，塞巴斯蒂安在凯比尔堡阵亡，其所率大军也全军覆没。因为塞巴斯蒂安膝下无子，所以他的叔祖父、红衣主教亨利便继承了葡萄牙的王位——后者当时已经77岁了，而且膝下也没有子女，因此他身后就有了众多觊觎王位之人。在这些人当中，最具合法性的人选是腓力二世，而葡萄牙国王伊曼纽尔之子、贝雅公爵路易的私生子安东尼奥则最得人心。葡萄牙王位的继承权问题促使腓力二世在1579年对英国采取了温和的策略，这样他就可以在亨利驾崩之后毫无后顾之忧地占领葡萄牙了。他并没有等待太久——亨利国王在1580年1月31日就驾崩了。随后，腓力二世派阿尔瓦公爵率军攻入了葡萄牙。8月25日，安东尼奥在阿尔坎塔拉被打得一败涂地，腓力二世顺势吞并了葡萄牙本土和它的海外帝国。这样一来，腓力二世不仅获得了广阔的领土（且当地居民与西班牙人的宗教信仰相同），还得到了一个海洋民族的所有船只与海员。

安东尼奥在战败后逃亡到了法国，随后又前往英国去寻求庇护。当他自封为葡萄牙国王之后，伊丽莎白女王便对此公开地表示承认，并允许她的臣民遵照安东尼奥的旨意行事。

国际均势的变化使伊丽莎白女王和法国王太后凯瑟琳·德·美第奇都大为惊恐，

于是后者为菲利波·斯特罗齐组建了一支舰队,并于1582年派遣该舰队和安东尼奥一起攻占了亚速尔群岛——此地是西班牙与"新大陆"之间的交通要道。在特塞拉岛附近,斯特罗齐的舰队被圣克鲁斯侯爵——他曾经在勒班陀之战中指挥过一支海军预备中队——所击败。第二年,法国海军上将艾马尔·沙斯特和安东尼奥又在同一地点再次于圣克鲁斯侯爵手下铩羽而归。这两次胜利产生了巨大的影响:它们让西班牙舰队在勒班陀之战中所树立起来的不可战胜的形象,变得更加根深蒂固了;同时,它们也确保了葡萄牙在大西洋上的基地的安全——这些基地在腓力二世想要对英国进行打击时,是至关重要的。

在第二次特塞拉岛海战结束后不久,圣克鲁斯侯爵便上书腓力二世,说只有入侵英国才能够重新夺回尼德兰。这并不是一个新奇的主意,阿尔瓦公爵早在1569年就曾提出过同样的看法,在勒班陀之战后,奥地利的唐·约翰更是将之视为一个可轻而易举完成的任务。虽然腓力二世对此仍抱有疑虑,但不久之后发生的两件事促使他接受了这一提议。

第一件事发生在1584年的1月——伊丽莎白一世将西班牙驻英国的大使贝尔纳迪诺·门多萨驱逐出境,因为后者卷入了思罗克莫顿的阴谋。①作为报复,腓力二世对在西班牙港口中的所有英国船只都实行了禁运,而伊丽莎白一世在以牙还牙的同时,还命令德雷克前去袭扰西印度群岛。1585年9月14日,德雷克和马丁·弗罗比舍一道出海,一路洗劫了佛得角群岛的普拉亚港,蹂躏了圣多明各,掠夺了哥伦比亚的卡塔赫纳,威胁了哈瓦那,并摧毁了佛罗里达的圣奥古斯丁。

在此期间,帕尔马公爵已经巩固了自己在尼德兰的战果——这得益于奥兰治的威廉之死(威廉在1584年7月10日被人暗杀)。威廉死后,尼德兰的局势就变得异常严峻了。尽管伊丽莎白一世将叛军视作"一群忘恩负义的群氓,一群真正的暴民",但她还是在1585年的8月不情愿地与叛军签订了一个条约,并派莱斯特伯爵和5000名士兵前往尼德兰,以便在威廉的儿子、拿骚的莫里斯(1584年至1625年在位)能够自立之前稳住当地的局势。而这,便是前文所提的第二件事:在经历了27年的和平之后,虽然尚未正式宣战,但伊丽莎白一世终于还是同西班牙开战了。

---

① 译注:这是英格兰和外国天主教势力合谋推翻伊丽莎白一世的一次阴谋。

腓力二世也终于明白了，若想要在低地国家重建自己的权威，除了入侵英国之外别无他途。一直以来，他都在避免做这种孤注一掷的事情，但是莱斯特伯爵的干预行动使他意识到这场战争已经无可避免了。1586年3月12日，圣克鲁斯侯爵又一次提出了他的计划，不过这次他需要510艘船和94222人，而远征的预计成本也高达380万达克特。[1] 腓力用一个规模较小的计划取代了圣克鲁斯侯爵的计划，他把后者的任务局限在了获得英吉利海峡的控制权上——这是为了帕尔马公爵在尼德兰的军队能够顺利地渡过海峡——而不是从葡萄牙向英国运送入侵部队。

对于英国来说，此时亦是开战的最佳时机：伊丽莎白一世在战争风暴来临之前，已经能够确保她的王国免受内部叛乱的威胁。被监禁的玛丽·斯图亚特在英国的追随者们认定只要伊丽莎白一世还活着，任何入侵都不可能会成功，所以这群人在1586年的春天密谋暗杀女王——这就是所谓的"巴宾顿密谋"。时任驻法国宫廷大使的门多萨和玛丽·斯图亚特都参与了此事，结果女王陛下的重臣们——王室财务大臣伯利勋爵和首席国务大臣弗朗西斯·沃尔辛厄姆爵士——毫不顾忌不顾她的想法，力主将玛丽送上法庭。1587年2月1日，玛丽被判处死刑，并于7天之后在福瑟林格身首异处。

注解

1. 1 达克特约合 9 先令 4.5 便士。

布莱登菲尔德战役（1631年）与吕岑战役（1632年）

第二章

古斯塔夫·阿道夫在日耳曼指挥了两场伟大的战役，这两场战役的重要性在于它们改进了战术和指挥的能力，并深刻地影响了兵法韬略。因此，在研究这两大战役所造成的影响之前，我们不妨先简单回顾一下在此之前的陆地战争的发展情况，然后再评估一下古斯塔夫的为将之道。之后，我们还要思考一下他所带来的战术上的变化。

尽管从百年战争（Hundred Years War）的后半期以来，各种军事发明层出不穷[1]，而且像列奥纳多·达·芬奇（Leonardo da Vinci，1452年至1519年）这样的人物甚至设想出了潜艇、坦克和飞机。但是在加农炮广泛得以应用之前，主要的战术问题并不是如何在野战中击败敌人，而是如何把敌人从他们的防御工事中赶出来。直到15世纪下半叶，在人们已经熟知如何攻破城堡之后，如何在战场上最大限度地发挥火器的作用这一问题才凸显出来。

上述问题的答案在1512年拉文那的血腥战斗中显现了出来：加斯东·德·富瓦在此役中战胜了神圣同盟（Holy League），而火炮从此开始在战场上起到了决定性的作用。但是直到1521年帕尔马围城战——此战中首次使用了改良后的西班牙火绳枪——火枪兵才证明了他们的价值。这种新武器长6英尺，重15磅，需要从一个叉形的支架上进行射击。它的战术用途在佩斯卡拉侯爵手中得到了迅速发展：在1522年的比可卡战役中，他证明了大规模的火枪兵在开阔地带独立作战的价值，并且第一次把长矛兵变成了火枪兵的辅助部队；在次年的帕维亚之战中，通过稳定的火力输出和不断地机动，他的火枪兵为帝国军队赢得了那个时代最具决定性的一场战役，从而奠定了现代步兵火力战术的基础。直到刺刀广泛应用之前，火枪兵搭配长矛兵始终是战场上的绝对主力。在这些方面处于领先地位的正是西班牙人，这很大程度上是由于在征服格拉纳达之后，他们从老兵中挑选一批人组建了一支职业军队——"长枪方阵"（Tercios）。这些西班牙"战阵"通常由2000到3000名步兵组成，其中三分之一是火枪兵，三分之二是长矛兵。由于有些"长枪方阵"会以皇室的王子，也就是亲王（Infantas）作为自己的荣誉指挥官，所以这些新式步兵在西班牙语中就被称作Infantaria——也就是步兵团（Infantry）的意思。在16世纪，这些大型"战阵"是由纵深为30列的长方形方阵组成的，而火枪兵就布置在方阵的四个角上。但是到了17世纪初期，由于火炮的进步，他们的纵深往往会减少到10列。

由于火枪兵越来越依仗于长矛兵的保护，所以骑兵的冲锋战术也受到了越来越多的限制。此消彼长之下，西班牙的骑兵放弃了剑或长枪，而把训练的重点放到了新引进的簧轮式手枪上。他们身披重甲以抵抗火绳枪的火力；他们编组成有纵深的骑兵中队（Squadron），一列接一列地冲向敌人的长枪兵，并有条不紊地用手枪进行射击。在每一列骑兵完成轮番射击之后，他们会撤到后方以便重新装填弹药。

步兵通常集中在阵地中央，他们前面布置有受到散兵保护的野战炮兵，其后侧或两翼则布置了骑兵。因为他们几乎总是以平行的阵列进行战斗，所以要寻找一个开阔的平地作为战场。如果可能的话，这片空地还应背向太阳和风向。他们很少会尝试进行追击战，因为西班牙人的后勤车辆通常都很笨重，还会有许多非战斗人员和妇女随行。总而言之，西班牙人的战术迟缓却有条不紊，虽然显得笨拙，但是对于训练不足的敌人来说，这种战法几乎是无敌的。

同时期的大多数其他军队主要还是依靠雇佣兵作战。在和平时期，他们的领袖是一些职业军人，在手中掌握着一小批负责征兵和训练的专业人员；一旦当他们收到战争契约之后，便会迅速扩军，且不会在意所征兵员的种族或是宗教信仰。在瑞士和意大利北部随时都有充足的兵源，这些雇佣兵向他们个人的领袖宣誓效忠。不过，他们一旦被俘虏，或是合同到期，就常常会改变立场。到了冬天，这些雇佣军会被解散，等到第二年春天的时候（为了之后夏季的作战行动）才会再次招募。和训练有素、装备精良的西班牙"战阵"相比，这些雇佣兵不过是一群武装起来的乌合之众罢了。

火器对政治也产生了同样重要的影响：不仅因其方便使用而使战争变得更加平民化了——正如塞万提斯（1547年至1616年）所说："一个卑贱的懦夫夺取了最勇敢的绅士的性命"——还使权力集中到了君王们的手中。购买火炮和装备大量火枪的费用是如此高昂，除了国家之外，没有任何个人能负担得起这笔费用。进一步说，这种权力集中使得世俗君主的势力凌驾于教会之上，战争变成了一种政治工具，而不再是道德上的试炼。17世纪，人们见证了常备军的兴起、军备竞赛的发展，以及"均势"作为一种国家政策的引入。兵役不再是某个阶级的特权，而是开始成为一种全国性的职业。这个时代的特点便是战争向着大规模战斗的方向发展——如果不是向着大规模军队的方向发展的话——而这在三十年战争中便得以体现了。

由于欧洲各国普遍都效仿了西班牙的军事体系，因此古斯塔夫所面对的正是上述这种西班牙式的军队。

古斯塔夫于1594年12月19日出生在斯德哥尔摩，他是瑞典国王查理九世（1604年至1611年在位）的长子，其祖父是伟大的古斯塔夫一世——此人是瓦萨王朝（Vasa dynasty）的建立者，是一个颇具商业头脑的人；他偏爱中产阶级而反对贵族，并把新教引入了瑞典。1611年，古斯塔夫继承了他父亲的王位。同年，在和丹麦人的战争中，他第一次品尝到了战争的滋味。和亚历山大大帝一样，古斯塔夫从孩童时期就开始了他的军事生涯。正如许多作家记述的那样，他在许多方面都与那位伟大的马其顿人有着相似之处。²在很大程度上，他开创了一个新的时代，并为法国日后的崛起开辟了道路——就像亚历山大为罗马开辟了新的道路一样。此外，他也有着与亚历山大大帝相似的性格：尽管在小事上很保守，但他在重大问题上却充满激情。他是一个优秀的骑手和运动员，有着非同寻常的想象力、精力旺盛且热爱冒险；他在战斗中总是身先士卒。虽然他脾气暴躁，但却为人宽容。他曾经这样说过："我可以用耐心忍受我子民们的错误，但他们也必须要忍受我犀利的言辞。"³他忠实于自己的朋友，对待敌人也很仁慈；他信念坚定，从不为了利益而牺牲原则。他知人善任，慧眼识英雄，而他最钟爱的人物就是拿骚的莫里斯（Maurice of Nassau）。他不仅向对手学习，也善于以史为鉴：他最喜欢的书籍是雨果·格劳秀斯（Hugo Grotius）的《战争与和平法》（De Jure Belli ac Pacis）以及色诺芬（Xenophon）的《远征记》（Arubasis）。他的研究，得益于其非凡的语言天赋：除了母语之外，他还懂得拉丁语、希腊语、德语、荷兰语、意大利语、波兰语和俄语。在宗教上，他是一个虔诚的新教徒；政治上他十分热爱祖国瑞典，并时刻不忘统治整个波罗的海地区的夙愿。

作为一名将军，古斯塔夫是为数不多的伟大的指挥官之一；拿破仑曾这样评价他："古斯塔夫·阿道夫是亚历山大、汉尼拔和恺撒的化身。"⁴他的伟大之处就在于他的想法新锐，而且有着实践它们的勇气。从17岁开始，他就不断地从实战中汲取经验，并不断地从中学习、发明和提升自己的战术修养。此外，他还是一个敢作敢为之人。对他来说，之所以能在战争中达成如此之多的成就，恰恰是因为人们普遍认为这些事情是不可能做到的。他对兵法的主要贡献在于，他是近代第一位认识到"机动性是建立在军纪之上，而军纪是建立在有效的管理和领导之上"的将军。他麾下的大多数军官都是年轻人——他不喜欢年纪超过60岁的将军——古斯塔夫要求他们必须照看好自己的士兵。金德利这样说道："他不仅让士兵们衣食无缺，还给他们提供毛皮大衣；他随时备有帐篷，让士兵们不用忍受恶劣的天气；他还确保士兵们的处境能够更为符合人道。在军营生活中严格禁止下流的话语、各类流言蜚语、酗酒，以及赌博；他也丝毫不能容忍那些放荡的女人：他坚持所有随军的女孩必须与某个士兵建立起婚姻关系。"[5] 此外，他的战术基础是武器的威力，而非惯例，他是古典时代以来第一位这样做的将军。作为一名将军，开姆尼茨（Chemnitz）对古斯塔夫做了如下总结：

在领兵对敌或是为防止损失而撤退，或是指挥部队安营扎寨，又或是利用野战作业加固营地灯方面，没有人能和古斯塔夫·阿道夫相提并论。没有人像他那样熟悉防御工事，以及进攻和防御作战。在揣测敌人意图，抓住各种战机方面，也没有人比他做得更好。他在总揽战局之后，马上就能调动他的军队抓住有利战机取得战场优势。在战术、组织和武器这三个方面，他比所有其他的将军们都要高明。[6]

另一位与他同时代的人是这样评价他的：

他通过亲自上阵来激励他的士兵，而非用空言来劝诫他们；除了荣誉和指挥权之外，他并不觉得自己比普通士兵的地位更高……他清楚地知道，如果给士兵身上强加束缚与劳役，便不可能得到他们的信任与忠诚，因此有时他会去亲近普通士兵，就像他亲近指挥官一样。他所有的军事策略都是在谋划之后就立刻施行的；在他所有的征服活动中，速度与勇猛同样重要。当他的敌人远远地躲在安全的军帐里讨论他时，他就会像一匹狼一样打断他们的无稽之谈，让他们百思不得其解。他的敌人"无法抵挡他的威名"，更别提他的军力了。我要补充一点，那就是他从来不会要求任何人去做一件他自己都不愿去做的事——如果没有这一点，我就没法充分地赞颂他的胜利，而他也不能够取得如此大的成就。他对士兵们言传身教。另外说一句，无论是过去还是未来，都不会有一位君王像他那样如此耐心地对待士兵们的所有需求（诸如肉食、饮料、保暖和睡眠等）。他所取得的一切伟大成就都是由他内心的奉献精神和外在的谨小慎微所决定的。每战他必先敬天命，而后尽人事；他时刻关注着敌人的下一步举动，也时刻注意着己方士兵当下的需求。他用血汗换来了最伟大的荣耀，但他对此面不改色、心如止水。他的精神的真正伟大之处在于，他的所有行

为都是把良知摆在前面,而把虚荣浮夸抛之脑后;他并不追求虚名,而是要从行为本身中去寻求善果……[7]

虽然在战术能力和战略远见方面也有其他人能达到古斯塔夫的水平,但若论军事组织能力,除了马其顿的腓力(Philip of macedon)之外,可能没有哪个军人能与他相提并论。古斯塔夫的改革包罗万象,开创了近代战争的新纪元。他不仅改组了所有的兵种,还整合了他们的战术。此外他还建立了一整套国内经济体系和行之有效的补给系统。古斯塔夫意识到自己所处的时代的军事体系已经过时了——这是因为每支军队都照搬了西班牙的军事体系,而到了三十年战争爆发的时候,这套体系已经变得臃肿不堪了。

古斯塔夫重新审视了自己所建立的军事组织,并且清楚地认识到了火枪要优于其他的武器。因此,他削减了长枪兵的数量,把长枪的长度从16英尺缩短到了11英尺,并且减轻了盔甲的重量。他把长枪兵和火枪兵混编成连队,除了军官外,每个连队有72名火枪兵和54名长枪兵;在战场上,长枪兵居于连队的中心,构成纵深为六列的线型队伍。四个连队组成一个营,八个连队组成一个团,两到四个团组成一个旅。在这些单位中,都是由火枪兵构成两翼,而长枪兵居于中心的。他减轻了火枪的重量,这样在发射时便无须使用支架了。他逐步地用簧轮取代了火绳,还引入了纸质弹壳,并让他的士兵用子弹带来携带弹药。

古斯塔夫组建了两种类型的骑兵:胸甲骑兵(Cuirassiers)和龙骑兵(Dragoons);前者在身上的某些部分佩戴了装甲,而后者就是一种骑马的步兵。胸甲骑兵中队用三列纵深取代了旧式的10列纵深,他们被训练成用"疾步"(Gallop)而非"快步"(Trot)进行冲锋,并且只会在混战中才会使用自己的手枪。他们以中队为单位成纵队鱼贯而行,或是成棋盘状的队列前进,而队伍的最后一列则是预备队。虽然古斯塔夫有时会按惯例把骑兵布置在步兵的两翼,但他也会把骑兵布置在步兵战线的后面,并经常把骑兵和步兵混编成"直属火枪队"。通常,古斯塔夫的骑兵会在火炮射击产生的烟雾的掩护下冲锋;一旦击退了敌人的散兵,骑兵便会后撤,以便让己方步兵向前推进。接着,在另一轮炮火轰击的掩护下,骑兵将再次发起冲锋,而这一次他们的目标是敌人的侧翼。由于维持一个有序而不间断的正面是取胜的关键,所以骑兵向侧翼的冲击会力求逼迫敌人向阵地中心集中,并引发敌军的混乱。

虽然古斯塔夫麾下的步兵和骑兵都很优秀，但他进行会战的基础却是炮兵威力的发挥。[8] 如果说是穆罕默德二世是第一位伟大的攻城炮兵专家的话，那古斯塔夫则可称得上是第一位野战炮兵专家。为了提升火炮的机动性，他缩短了火炮的长度、减轻了炮车的重量，还减少了火炮口径的种类。古斯塔夫采用了三种主要类型的火炮：攻城炮、野战炮和团属火炮。前两种火炮主要是由24磅炮、12磅炮和6磅炮构成的；攻城炮的自重为60、30和15英担①，而野战炮的自重为27、18和12英担。团属火炮是轻型的四磅炮，每个团配属两门，并附有用来固定弹药的木制箱子；在火枪兵射击六次的时间里，团属火炮可以进行八轮射击。这些火炮取代了他那著名的蒙皮炮（Leather gun），而后者曾被用于1628年至1629年期间在波兰的军事行动中。[9] 野战炮和团属火炮发射的大多是葡萄弹和霰弹，而攻城炮发射的是球形炮弹。

在军队补给上，古斯塔夫则依赖于设备完善且防御坚固的仓库，每一个仓库都配属有专门的管理人员。他削减了辎重车的数量：一个骑兵中队配备10辆辎重车，一个步兵连队配备八辆辎重车。军中凭借资历晋升，军纪惩罚都符合人道，并且严禁鞭笞士兵。他的参谋长是克尼法森将军，而他的炮兵司令则是托尔斯滕松——后者是一位杰出的军人，在1630年时年仅30岁。

华伦斯坦对波罗的海地区的进攻把古斯塔夫卷入了战争，后者对这场战争的本质看得很清，因为大约就在那个时候，他给他的总理大臣阿克塞尔·奥克森谢纳写信说道："欧洲的所有战争已经变成了一回事，它们现在是同一场战争。"

四年之前——也就是1624年——詹姆斯一世和路易十三都曾与古斯塔夫接触过，但古斯塔夫提出了诸多条件：由他统一指挥军队、预付给他军费，以及要求占领两个港口（分别位于波罗的海和北海）。英法两国的国王觉得他要价太高，于是转而去和丹麦人进行接洽。1625年3月27日，查理一世继承了英国王位，他同意支援这场战争，而此举在后来导致了他的统治的终结。不过，当华伦斯坦占领了石勒苏益格、日德兰半岛和梅克伦堡，并包围了斯特拉松德之后，古斯塔夫才认清了哈布斯堡王室的野心是要控制波罗的海及其海峡。因此他于1629年9月26日，

---

① 译注：1英担约合51千克。

在阿尔特马克与波兰签署了为期六年的休战协议。他在给奥克森谢纳的信中这样写道:"如果我们在瑞典本土坐等敌人进攻的话,就可能会一败涂地,进而失去一切。倘若我们能侥幸在日耳曼一战功成的话,那所有的好处便都唾手可得。我们必须远征海外,瑞典的土地上决不能出现敌人的战旗。"[10] 基于这个原因,他派遣了一支瑞典的卫戍部队前往斯特拉松德,这样一来就可以确保他顺利地在波美拉尼亚的海岸上登陆了。

法国对哈布斯堡王室的野心也深感忧虑。1628年10月,就在拉罗谢尔城宣布投降,胡格诺派的起义终于平息后不久,黎塞留就派遣大使前往瑞典寻求古斯塔夫的帮助。黎塞留的计划是让古斯塔夫充当法国人扩张的工具:他不希望战火蔓延到日耳曼腹地,而希望战火能燃烧到皇帝的世袭领地上——也就是溯奥得河而上,把祸水引到西里西亚、波西米亚、摩拉维亚和奥地利。为此,法国、英国和荷兰将给予古斯塔夫金钱上的援助。不过这位瑞典国王并不想充当法国人手中的工具,他刚从与波兰人的战争中解脱出来,并且注意到了华伦斯坦的名望由于其暴虐的统治而日益下降。此外,他还知道"归还敕令"吓坏了信奉新教的选帝侯们。古斯塔夫迅速做好了战争准备:1630年7月6日,他率领1.3万人在乌瑟多姆岛登陆,其军力稍后又增强到了四万人。从乌瑟多姆岛出发,古斯塔夫率军向什切青挺进,并迫使波美拉尼亚公爵博吉斯拉夫开城投降。接着他便进军梅克伦堡,拥立当地被废黜的公爵复位,并在8月初派遣一支由法尔肯贝格上校率领的瑞典分遣队前去协防马格德堡。

在波美拉尼亚站稳脚跟之后,古斯塔夫就面临着一个严峻的问题:与敌人相比,他的物资十分匮乏[11],而且缺乏强有力的盟友的支持。萨克森的约翰·乔治置身事外,并且自始至终秘密与古斯塔夫作对——因为他支持日耳曼的统一,并把古斯塔夫视作一名外来的征服者。此外,勃兰登堡选帝侯也并不支持古斯塔夫。假使此时斐迪南能收回"归还敕令",他就可以赢得这二人的支持,而古斯塔夫只能无功而返。除此之外,对古斯塔夫来说,丹麦恪守中立却充满敌意、法国首鼠两端、荷兰充满嫉妒、英国人不值得信赖,而波兰则"像胆汁一样苦涩"。我们应当牢记这种情势,因为此后两年的战略都是由此发展出来的,而这又受三种因素的支配。

首先,我们必须认识到,日耳曼之所以会分裂成如此众多的小诸侯国,其中一个原因便是在莱茵河以东地区缺少罗马时代的那种国道。其次,由于古斯塔夫的主要基地是在瑞典，因此在向内陆挺进之前，他必须控制住波罗的海沿岸，以确保他在波美拉尼亚的前进基地和他的海上交通线的安全。最后，主要的天主教势力都位于莱茵河西岸和多瑙河南岸——也就是古罗马在日耳曼①的领土——莱茵河的中段便是连接西班牙和奥地利的交通要道。不过欧洲几大河流，如奥得河、易北河和威悉河的主要河段（这些河流都是当时的交通要道）都流经新教势力的领土，并最终汇入那片被新教势力包围的海洋②，这在某种程度上抵消了上述天主教势力的优势。

古斯塔夫对这些情势都了如指掌，但在确保其基地的安全之前，他不可能挥师南下。现在凛冬已至，尽管选帝侯们仍然冥顽不灵，但是法国已经和瑞典达成了协议——两国于1631年1月23日在巴瓦尔德签署了一项条约。根据该条约，古斯塔夫将提供一支由30000名步兵和6000名骑兵组成的军队；作为回报，法国将一次性支付给他1.2万泰勒，并在此后五年里每年再支付四万泰勒。古斯塔夫承诺保障天主教徒的信仰自由，并承诺不去骚扰马克西米安的封地。

1631年春季的军事行动是由蒂利首先发起的；当他那位脾气暴躁的将领帕彭海姆伯爵围攻马格德堡时，蒂利也向新勃兰登堡发起了暴风般的攻击。为了牵制蒂利，古斯塔夫向奥德河畔的法兰克福挺进，并于4月13日攻占该城。但狡猾的瓦隆人③并没有上钩，而是继续向马格德堡进军，并和帕彭海姆合兵一处。

在占领法兰克福之后，古斯塔夫唯一的念头就是去救援马格德堡。但他无法在未获允许的情况下穿越勃兰登堡和萨克森的领地，以免其中任何一个甚至是两个选帝侯倒向敌人一方。在费了许多口舌之后，他才获得了乔治·威廉的许可，得以进占科斯琴。在之后的三周时间里，他又被迫与乔治·威廉讨价还价，方才被获准进入斯潘道。与此同时，萨克森的约翰·乔治却不为所动——此人麾下有四万人的精锐部队，古斯塔夫只能任由马格德堡听天由命了。

蒂利率军2.5万人进抵马格德堡，并与帕彭海姆一道加紧围攻该城。5月20日，马格德堡陷落。在一番劫掠和纵火之后，该城共有三万名民众葬身火海。¹² 就像加德纳教授所写的那样，很快"巨大的恐惧就降临到了所有新教徒的脑海之中"。古

---

① 译注：1871年普鲁士统一德国后，现代意义上的德意志国家方才出现，因此这之前出现的German一词泛指未统一的日耳曼地区。

② 译注：指波罗的海。

③ 译注：指蒂利。

斯塔夫则决意用恐怖来对抗恐怖，他率部向柏林进发，在大炮的威胁之下，勃兰登堡的乔治·威廉宣布放弃中立。在黑森—卡塞尔的威廉和萨克森—魏玛的伯恩哈德亲王的帮助下，古斯塔夫在韦尔本稳住了阵脚，并击退了蒂利的进攻。由于四面受困，军队的粮草也已耗尽，蒂利只得率所部四万人入侵萨克森。他威胁要向对待马格德堡一样对待莱比锡，后者只得被迫投降。约翰·乔治立刻就放弃了中立立场，并和古斯塔夫结成同盟。双方在 9 月 15 日于穆尔德河畔的杜本会师，总兵力达到了 4.7 万人。次日，他们便向莱比锡进发，准备向蒂利发起挑战。

由于杜本距离莱比锡城北只有 25 英里，因此蒂利根本不可能撤退。更何况在经历了数月的饥荒之后，他的军队现在突然控制了一片丰饶的土地，根本就不听指挥。蒂利最好的选择就是坚守莱比锡城，抵御围攻，坐守待援。但帕彭海姆觉得这是前者老迈无能的表现——他对战局有着不同的看法。9 月 16 日，帕彭海姆出发进行了一次侦察行动。为了迫使蒂利行动，他传回一条情报，声称自己发现敌人正在从杜本向南移动。而且，他还声称此时撤退的风险极大，他必须立刻得到增援。就这样，帕彭海姆精心设计了这场决定命运的布莱登菲尔德战役。

蒂利率军离开莱比锡城，在城北大约 5 英里处的一个地方驻扎下来。他的左边是一个小高地，高地上面便是布莱登菲尔德村；在蒂利的右边则是斯滕贝格。此地以"上帝的田产"（God's acre）而闻名，因为在之前的岁月里这里爆发了许多次战斗。根据一份古老的地理志记载，此地是一个"宜人而丰饶的平原，盛产各种必需品和其他令人愉悦之物，一年能有两次甚至三次收成。除了美丽的森林外，此地还有诸多出产各类水果的优质果园"。[13]

出生于 1559 年的蒂利久经战阵，是一名谨慎且传统的军人。詹姆斯·格兰特引用了德·格拉蒙特元帅的回忆录来描述他："（蒂利）身材矮小，面容憔悴得可怕；他那凹陷的脸颊上长着一只又长又尖的鼻子，一双黑眼睛目光锐利。在不穿镀金盔甲的时候，他通常会身穿一件开衩的绿绸子紧身上衣，并戴着一个夸张的宽边锥形的帽子——上面还装饰着红色的鸵鸟羽毛；他蓄着长长的胡须，配着一柄长匕首，还带着一名强健的托莱多卫兵……"[14] 蒂利深谙西班牙式的战术，他的战斗序列由一或两列的"方阵"组成；17 个由 1500 到 2000 名士兵组成的大型方阵的两翼，均布置有密集的骑兵纵队。他的军队大约有 40000 人，其中四分之一都是骑兵。他亲自指挥步兵，而将左翼的骑兵交由帕彭海姆指挥，将右翼的骑兵交由弗斯滕贝格和伊索拉尼指挥。他只有26门火炮：重炮被布置在阵地中央和右翼之间，轻型火炮则被放在了阵地中央的正前方。据门罗说，蒂利有着"地形、风向以及阳光照射方向"的优势。[15]

9月16日，古斯塔夫率军从北方向蒂利发起攻击，他在距离敌军还有1英里的地方安营扎寨。古斯塔夫彻夜都待在他的御用马车上，和约翰·赫本爵士、霍恩与巴内尔这两位陆军元帅，以及托伊费尔将军一起商讨即将到来的会战，在这期间他们全都顶盔贯甲。

第二天拂晓，"在月神的窥视下"[16]，瑞典人的军营里吹响了骑兵上马的号角，他们开始擂鼓进军。整个平原被薄雾所笼罩；透过雾气，瑞典士兵可以看到一线红色的火光——那里正是蒂利的营地。祷告完毕，古斯塔夫开始布置他的战斗队形——正好与蒂利的阵形平行。不过他没有采用密集阵形，而是将自己的步兵按旅或半个旅的兵力进行编组，这样一来火枪兵就能得到长枪兵的保护，并且还能在后者的队列中列队行进、齐射与后撤。因此，这种阵形不再是一座不能移动的方形城堡。正如一位年迈的作家所说的那样："每个旅都像是一个有着护墙和角楼的小型移动要塞，阵形中的各部分还可以互相协助。"[17]

古斯塔夫将瑞典军布置在阵形的中心和右翼，将萨克森军队放在了左翼。关于萨克森军队的阵容我们一无所知，而瑞典人的阵容是这样的：阵形中央的第一线布置了四个步兵旅，由一个骑兵团和分别由门罗与拉姆塞指挥的步兵旅支援；第二线布置了三个步兵旅（其中包括赫本麾下的苏格兰兵[18]），由一个骑兵团进行支援；上述兵力全都交由托伊费尔和哈尔指挥。中央阵地的后方布置了两个团的骑兵充当预备队。右翼由巴内尔指挥，在第一线布置了六个骑兵团，在它们中间还布置了火枪兵，并由一个团的骑兵负责支援；第二线则布置了四个骑兵团。左翼由哈尔指挥，第一线布置了三个骑兵团及一些火枪兵，第二线则布置了两个骑兵团。团属火炮被分别布置在了各旅、团的前面，而重型火炮在托尔斯滕松的指挥下集中配置在了阵地中央的前方。陆军元帅霍恩的左边就是萨克森的军队。古斯塔夫全军大约有4.7万人，帽子上都别着绿色的带子，而帝国军队则别着白色的缎带。瑞典人呐喊着"上帝与我们同在"（Godt mit us），他们的敌人则高呼着"圣母玛利亚"（Sancta Maria）。

门罗是这样记载此战的：

古斯塔夫向全军下令，并直接指挥战场上每一个高级军官，告诉他们每个人当天特定的进攻目标，并明确他们当天各自承担的职责。此外，他还让将军们分别熟悉即将与之交战的敌人；他安排了50队左右的火枪手（由足够多的军官进行指挥）为骑兵团提供支援；他还教导这些军官们如何尽忠职守。他同样向属于炮兵部队的军官下达了指示，告诉他们如何行事……[19]

号角震天，鼓声动地，各色战旗迎风飘扬，军队开始前进。战斗开始了。很快，伴着炮弹的呼啸声，敌军呐喊着冲入我军阵地。你可以想象得到战场上的伤亡有多么惨重，人世间很难听到此战中的那些声音……之后，我们的轻重火炮也开始轰鸣，用同样的火力对敌人还以颜色。双方的炮声如雷鸣一般持续了两个半小时之久，在这期间，我方骑兵和步兵不动如山。敌方的炮火有时会在我军的战线上撕开几处巨大的缺口，不过我方勤勉的战士很快就填补上了它们……[20]

瑞典人的大炮数量更多，而且发射速率也是帝国军的三倍。眼见敌人的炮火让己方如此难堪，作为一名英勇的军官，帕彭海姆再也无法忍受了，他不待命令便率领5000名骑兵冲向瑞典军的右翼。这是一次愚蠢的行动，而蒂利也看出了这一点，他不禁怒吼道："这帮人让我的声名与荣耀都付之东流了！"这次错误的行动遭受了惨败，因为骑兵的手枪根本无法抗衡"直属火枪兵"手中的火枪[21]，这些火枪兵夹在各瑞典骑兵团之间，对帝国骑兵那密集的队形进行一轮又一轮的齐射。帕彭海姆进行了七次冲锋，但每一次都被瑞典人击退。在最后一次冲锋时，巴内尔投入了预备队进行反击，并将帕彭海姆逐出了战场。

位于蒂利右侧的弗斯滕伯格和伊索拉尼显然是把帕彭海姆的冲锋误当作了全面接战的信号，于是他们也向萨克森军队发起了冲锋；后者在遭受了第一轮冲击之后就仓皇逃离了战场。约翰·乔治拼命地用马刺踢打他的战马，一路向着爱伦堡飞奔而去。萨克森军队的溃败使古斯塔夫的总兵力减少了三分之一以上，这足以弥补帕彭海姆的过失。作为一位能力出众的战术家，蒂利立刻就抓住了这一战机：他发现瑞典军的左翼失去了掩护，并且与他的右翼重叠在了一起，于是蒂利下令全军向右翼斜进，然后向左回旋，以便让他的右翼压向敌人的左翼。与此同时，他还命令弗斯滕伯格攻击瑞典军的后方。

如果与蒂利对阵的不是瑞典军而是其他军队的话，那么他的这一行动必将会

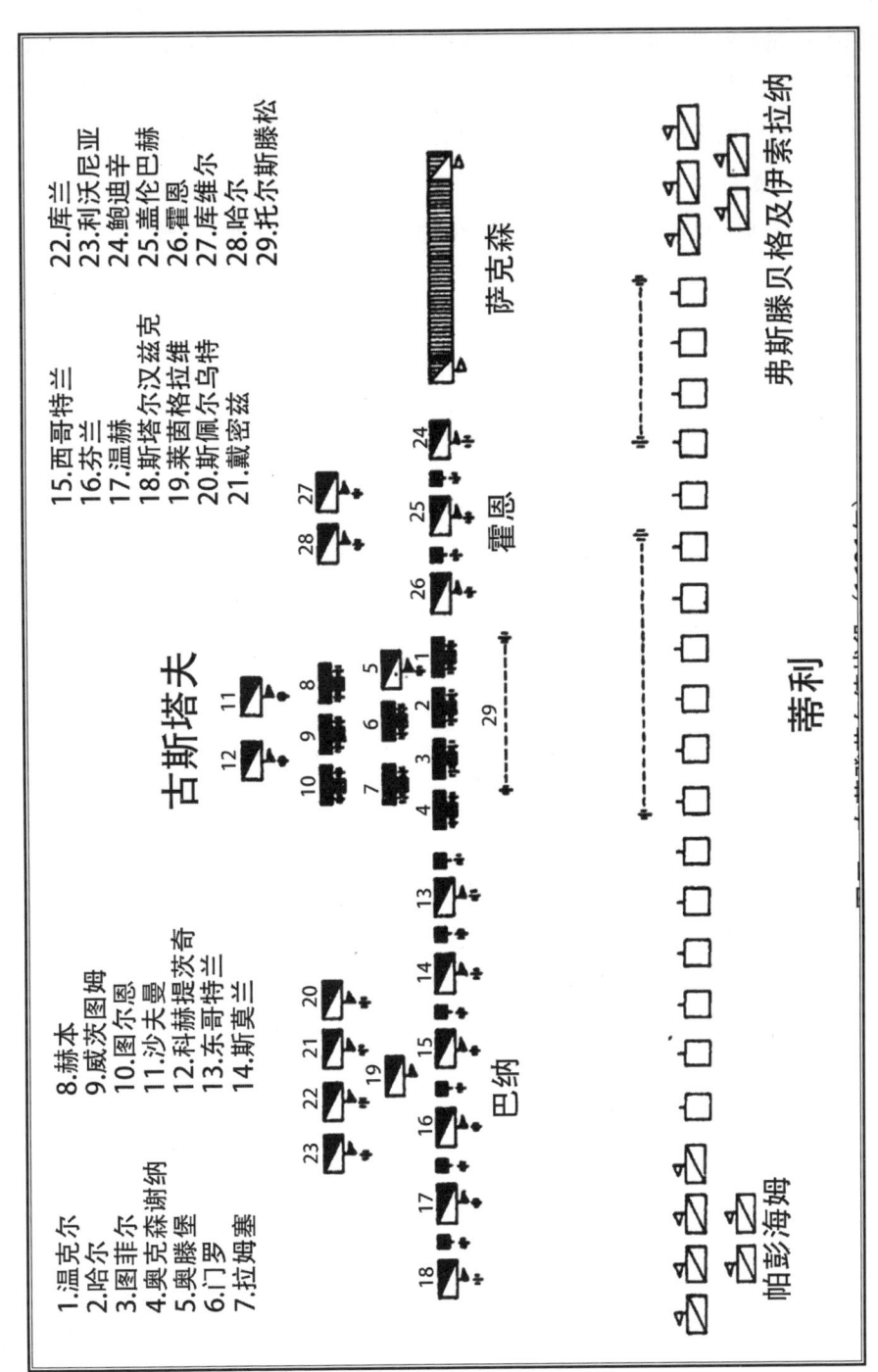

1.温克尔　　8.赫本
2.哈尔　　　9.威茨图姆
3.图菲尔　　10.图尔恩
4.奥克森谢纳　11.沙夫曼
5.奥滕堡　　12.科赫提茨兰
6.门罗　　　13.东哥特兰
7.拉姆塞　　14.斯莫兰

15.西哥特兰　　22.库兰
16.芬兰　　　　23.利沃尼亚
17.温赫　　　　24.鲍迪辛
18.斯塔尔汉兹克　25.盖伦巴赫
19.莱茵格拉维　　26.霍恩
20.斯佩尔乌特　　27.库维尔
21.戴密兹　　　　28.哈尔
　　　　　　　　29.托尔斯滕松

古斯塔夫

萨克森

蒂利

弗斯滕贝格及伊索拉纳

巴纳

霍恩

帕彭海姆

布莱登菲尔德战役（1631年）

产生决定性的效果。但是古斯塔夫军队的机动力是帝国军的两倍,战场优势其实并不在蒂利手中。古斯塔夫·阿道夫国王立刻命令霍恩所部向左回旋来应对蒂利的迂回。同时,他又从位于中路第二线的威茨图姆和赫本所部中抽调出四个旅来加强霍恩的左翼。

苏格兰人以密集纵队向前挺进。门罗对他们的行动做了如下记述:

> 敌人的"战阵"不动如山,就在不远处看着我们。当看到我们和其他旅正在他们面前进行回旋机动的时候,他们就已下定决心,要用大炮和火枪的齐射来对付我们。不过我们的小型火炮(团属火炮)还是对敌人进行了两次射击;在攻击之前,我们用火枪向敌军进行了两轮齐射,但遭到了敌军的还击。我们的旅立刻向敌人发起攻击,用长矛刺向他们,并击溃了他们其中一个"战阵"。由于害怕死亡,这些敌军开始四散奔逃。
>
> 我当时指挥着我方火枪兵的右翼,而我的指挥官则是雷伊勋爵和拉姆斯登勋爵。我们向另一股敌人发起进攻,这群敌人防守着他们的大炮,并用火炮向我们射击。不过我们俘获了他们的大炮,紧接着就控制住了战场局势。然而,此时的战场硝烟弥漫、尘土飞扬,我们就像被一团乌云笼罩住了一样,根本看不到我们另外一半人的行动,更别说去分辨哪些是敌军,哪些是我方其他旅的部队了。因此,我命令我部的鼓手敲起了苏格兰人的进军鼓点,一直等到战场上的烟雾消散。这一举动不仅让友军重新向我部靠拢,还驱散了正在败退的敌军。
>
> 就这样,我们旅的士兵聚集了起来,包括那些幸存者和受伤的战友。[22]

瑞典军的左翼激战正酣之时,古斯塔夫抓住战机向敌人发起了决定性的一击。他策马飞奔到右翼部队,命令巴纳派出西哥特兰的骑兵沿着瑞典军的前线向蒂利兵团的左翼发起冲击。接着,古斯塔夫又亲率四个骑兵团向敌军布置了火炮的山坡发起进攻。他扫除了这些炮兵阵地,攻击了蒂利战线的左翼,并用帝国军自己的大炮来轰击他们。与此同时,托尔斯滕松也调转炮兵预备队的炮口,向密集的西班牙式方阵进行了猛烈的射击。之后,帝国军还在做着困兽之斗,不过战斗最后的结果早已成了定局。不久之后,帝国军的战斗序列就被完全打散了,他们开始溃散。

此役，帝国军有7000人阵亡，6000人受伤或被俘，还损失了所有的大炮、90面战旗和所有的辎重车辆。算上萨克森人①，古斯塔夫的损失"没有超过3000人"，其中大多数都是"被敌人的火炮所击杀"。[23]

战斗结束后，大部分瑞典军开始扎营。门罗记载道："我们都是用敌人的弹药车和遗留的长矛来生营火的，因为我们没有那么多人来使用它们。我们那些'勇敢的'萨克森战友一整夜都在飞奔逃命，他们还以为一切都完了呢。这些萨克森人掠夺了我们的马车和物资（指瑞典军队的补给和辎重纵队），这太便宜这帮抛弃他们的公爵的卑劣小人了……"不过，此时仍有1500名士兵在古斯塔夫的率领下继续追击蒂利的残兵败将：他们于9月19日在默赛堡俘虏了3000人。9月21日，古斯塔夫在哈雷放弃了追击。

这场会战就这样结束了。这是一场划时代的会战，因为这是以新战术对抗旧战术的一次重大考验和试炼——它是近代以来第一次重大的陆上战役，是机动性和火力对人数与长枪刺杀的胜利。此外，无论这事是好是坏，此役都粉碎了正在复苏的天主教联盟的势力，并决定了日耳曼不会成为奥地利王室统治下的一个天主教势力。正如加德纳教授所说的那样，此役乃是"'归还敕令'的坟墓"和"日耳曼的纳斯比战役"[24]，或者又如同布莱斯勋爵所写的那样，此役"使得欧洲免受耶稣会的统治"。[25]

从1631年9月17日直到古斯塔夫驾崩，他成了新教世界的英雄，日耳曼北方的"百姓"都将他奉为"救世主一般的人，并把他个人也神化了"。[26]古斯塔夫赋予了这场战争精神与方向，否则新教徒的事业就会崩溃，而西方世界的历史也将被改写。加德纳教授颇有见地的写道：

总的来说，这些战术不过是用来捍卫宗教和政治制度的军事表现。那些刚被击败的坚固方阵代表的正是基督会组织中的人类本性：个体被集体所吞没。蒂利依仗着其麾下像曼斯菲尔德与布伦瑞克的克里斯汀这样的老兵和冒险家，帮助复兴的天主教会打垮了支持路德和梅兰希顿的那帮争吵不休的神学家们。如今却崛起了一支

---

① 译注：Saxon一词在表示民族的时候常被译作撒克逊，如盎格鲁—撒克逊人或撒克逊人。在表示地名的时候，Saxon（源自德语Sachsen）通常被译作萨克森。这里的"萨克森人"，指的是"生活在萨克森地区的人"，并不是翻译错误。下同。

新的军队,它证明了如果没有个人的智慧,秩序和服从也是不堪一击的。这支军队行动所依据的原则之所以能取得成功,是因为这一原则不仅仅局限于战斗——它在道德、政治、文学乃至科学方面都取得了成效。[27]

布莱登菲尔德战役之后,常常有人问到这样一个问题:"为何古斯塔夫当时没有向维也纳进军,并迫使斐迪南屈服呢?"部分历史学家认为古斯塔夫应当如此,福拉尔还将他和坎尼之战后的汉尼拔做了类比。但是这种类比并不恰当,因为二者当时面临的情形是完全不同的。首先,通往维也纳的道路路况很差——这条路要穿过厄尔士山脉的森林,以及波西米亚那荒芜的土地。而且,严冬也即将来临。其次,维也纳并非是一个统一国家的首都,只是有一个"影子"皇帝驻跸当地而已。因此,其政治意义甚至比不上半岛战争(1808年至1814年)中的马德里。再次,古斯塔夫离他的基地已有数百英里远的距离,他承担不了后方发生动乱的风险;勃兰登堡和萨克森选帝侯的忠诚也值得怀疑,而且巴伐利亚还威胁着他的侧翼。第四,古斯塔夫最终还是移师莱茵河地区。虽然把战火烧到天主教势力的领地会引起黎塞留的不满,但古斯塔夫能够以信奉新教的巴拉丁地区为基地来给军队提供补给。因为莱茵河地区被称为"牧师航道"(The Priests Lane),它包括了诸如维尔茨堡、班贝克、富尔达、科隆、美因茨、沃姆斯和斯派尔斯等日耳曼最富裕的地区——它们曾为天主教联盟的军队提供过大量的人力和财物。最后,通过占领巴拉丁地区,他将会切断西班牙和尼德兰,以及意大利之间的联系——这一点也同样重要。因此,古斯塔夫决定向莱茵河进军,而萨克森选帝侯则把战火烧到了波西米亚地区。

10月18日,古斯塔夫占领了维尔茨堡,并推进到了美因河畔的法兰克福。之后,他又进军美因茨。在被围攻了两天之后,美因茨宣布投降。在取得了布莱登菲尔德战役的伟大胜利后,古斯塔夫在三个月内就征服了整个莱茵河流域:他组建了联盟、任命了政府,并迫使莱茵河上所有的天主教诸侯都保持中立;他把西班牙军队驱逐回了尼德兰。古斯塔夫在莱茵河中游的两岸,如阿尔萨斯、下巴拉丁和科隆等地区站稳了脚跟;此举使黎塞留异常恼火,而他对古斯塔夫如此迅速而彻底的征服行动也颇感震惊。黎塞留曾说过:"必须要想办法阻止这个鲁莽的西哥特人,他的成功对法国和皇帝而言都是一个严重的威胁。"黎塞留的警告并非毫无根据,因为古斯塔夫很明显是要组建一个由他领导的新教诸侯同盟。而这就意味着将彻底摧毁帝国的现有体系——黎塞留并不做此想，而只是想让它变得虚弱无力而已。

为了实现他的设想，古斯塔夫在 1632 年春又向蒂利发起了进攻；后者在布莱登菲尔德战役之后又招募了一支军队，此外洛林公爵也亲率 1.2 万人前来支援，使蒂利麾下部队的总数达到了大约四万人。古斯塔夫在多瑙沃尔特渡过了多瑙河，并在莱希河畔追上了敌军。在火炮和烟雾的掩护下，古斯塔夫架桥渡河，并在 4 月 16 日击败了蒂利——后者受了重伤，在两周后去世。

自从罢黜了华伦斯坦之后，斐迪南就对此颇感后悔。一产生这种念头，他就立刻召回了华伦斯坦：尽管他实际上很害怕这个令人生畏之人。虽然华伦斯坦是他那个时代的典型人物，但他却有着超越那个时代的眼光。很明显，华伦斯坦的目的就是把帝国统一在一个徒有虚名的王室之下，并由他本人担任这个王室的宫相。为了实现这一目的，他认为必须要停止宗教争端并建立起一种宽容的氛围。此外，为了治理一个拥有宽容氛围的国家，只有把金钱作为控制人们的贪欲的唯一工具。他的一切行动都建立在算计的基础之上。他是一个毫无道德和仁慈可言的占星家和商人，并以此积累了大量的财富。此人沉默寡言、含蓄内敛、神秘莫测，没有人敢质疑他。他是那个初露头角的权力时代的典型人物，在即将到来的那个时代，像华伦斯坦这种人会成为工业巨头或是银行界的"王子"，并受到人们的崇敬与仰慕。[28]

斐迪南在绝望中再次求助于华伦斯坦，而后者也提出了最为苛刻的条件[29]：他要对军队有绝对的和无条件的控制权；皇帝要完全地听从他的意见，没有他的同意不能发布任何诏令；加快收回"归还敕令"的速度；如有可能，还要给他一个选帝侯的头衔。皇帝全盘接受了这些条件，于是这名捷克人便以"波罗的海及其沿岸将军"的头衔再度出山，并要把斐迪南二世从波罗的海之王①和新教势力所造成的困局中解救出来。

华伦斯坦先是尝试争取萨克森的约翰·乔治，然后又去动摇勃兰登堡的乔治·威廉对瑞典人的信心，不过他都没有取得成功。在 1632 年 4 月，他发兵当时还被萨克森人占领的波西米亚。华伦斯坦占领了布拉格并迫使萨克森人后撤。到了 6 月 27 日，

---

① 译注：指古斯塔夫。

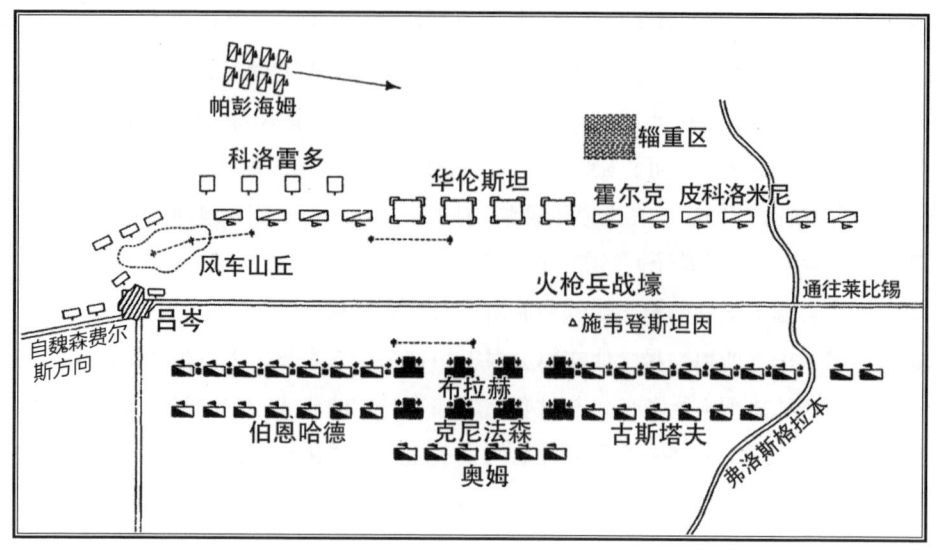

吕岑战役（1632年）

    他又在巴伐利亚与马克西米安合兵一处，其总兵力增加到了六万人。他接着发兵安贝格，并在诺伊马克与瑞典军队交战。之后，古斯塔夫便撤退到了纽伦堡。华伦斯坦紧追不舍，他在7月16日到达菲尔特附近，就地掘壕筑营。

    两军对峙了几个星期，金德利是这样描述当时的情况的："全日耳曼乃至全欧洲都在紧张地等待着，并盼望着最新的消息。"[30]9月4日，瑞典军的补给开始短缺。古斯塔夫向敌方阵地发动了攻击，但在损失了大约3000人后被击退。两周之后，由于军中已有数千人罹患疾病，所以古斯塔夫放弃了对敌军的围攻，并决定向维也纳进军，希望能把华伦斯坦从萨克森引开。可惜后者看穿了他的计划，华伦斯坦并没有去追击古斯塔夫，而是向着萨克森进发。同时，马克西米安则率领他剩下的部队回防巴伐利亚。接着，华伦斯坦又派人通知此时正在威悉河附近的霍尔克和帕彭海姆，要求他们前来和自己会合，以便集中力量攻击萨克森，并迫使约翰·乔治退出战争。

    华伦斯坦的这个行动的意图很明显，因此约翰·乔治拼命地向古斯塔夫求援，而此时瑞典国王已在路上：10月22日，古斯塔夫回到纽伦堡。11月2日，萨克森—魏玛的伯恩哈德率援兵赶到阿恩斯塔特；11月8日，古斯塔夫占领了瑙姆堡的柯森隘口,并催促约翰·乔治——他的军队驻扎在托尔高——率领一切可用之兵前来助战。

与此同时,霍尔克已经攻占了莱比锡;由于寒冬迫近,华伦斯坦觉得古斯塔夫也会暂时停止军事行动并进入冬季营地驻扎,所以他把军队驻扎在了吕岑附近。为了防止营地过于拥挤,华伦斯坦派出帕彭海姆和他的骑兵前去攻占哈雷。

虽然到目前为止,华伦斯坦的防御策略占了上风,但是面对古斯塔夫这样一名足智多谋的将领,他分散兵力的举动仍然是一个危险的决定。11月14日,当古斯塔夫得知这一情况后,尽管他的军队在人数上处于劣势,但他还是决定要迫使敌人与自己交战。

11月15日凌晨1点,古斯塔夫动身前往佩高去和萨克森人会合。他在那里等了四个小时,但却没有听到后者的任何消息。于是他继续向吕岑进发,希望能对分兵两处的敌军进行一次奇袭,但一路上的路况实在是太糟糕了,古斯塔夫因此耽搁了很长时间。在里帕赫,他遭遇了一股克罗地亚人,经过一番激战方才击退他们。当夜,古斯塔夫在"距离吕岑还有一英里的平坦荒原"[31]上宿营,并召开了一次军事会议:克尼法森主张迂回,而萨克森—魏玛的伯恩哈德则力主进攻。古斯塔夫此时已经下定了决心,他说道:"现在木已成舟。我不能放任华伦斯坦就在面前而不去攻击他。"古斯塔夫解释了其中的原委:"我早就想逮住他了,我倒要看看他如何从这战场上脱身。"[32]

而此时,营地里的华伦斯坦正饱受痛风的折磨,只能坐在轿子上让人抬着巡视军营,"一整夜都在挖掘战壕、加固营寨、安顿他的军队和大炮……",因为他"极力避免发生战斗"。[33]11月16日凌晨2点,当他得知古斯塔夫正在接近时,立刻就给帕彭海姆发去一封急件。华伦斯坦写道:"敌人正在逼近。别管其他事情了,立刻带着你所有的军队和大炮赶回来。你必须在明天早上到达我这里,他(古斯塔夫)已经越过里帕赫了。"[34]

两军在低矮平坦的吕岑平原上对峙,莱比锡大道沿西南—东北方向贯穿其中——这条路建在垫高的路基上,道路两侧都有沟渠。在吕岑以东大约两英里的地方,流淌着一条名为弗洛斯格拉本的平缓小溪,这条溪流的大多数地方都可以让人涉水通过。华伦斯坦计划像在纽伦堡一样进行一场纯粹防御性的战斗,因此他将部队在莱比锡大道靠北一点的位置上排成了一条直线;他的右翼紧靠着吕岑北边的一块略微隆起的平地（上面还有一些风车），而左翼则靠着弗洛斯格拉本溪。他把莱比锡大道沿途的沟渠改成了战壕，并把火枪兵布置在里面。华伦斯坦的确切兵力我们不得而知：不算上帕彭海姆的8000人，其兵力大概在2.5万人左右。他把兵力分为中央、右翼和左翼三个部分：中央阵线是由他亲自指挥的四个大步兵"长枪方阵"组成的，右翼和左翼则分别是科洛雷多和皮科洛米尼麾下的骑兵。他仍控制着被他焚烧过的吕岑，并把他军中的60~66门火炮分为两组，一组布置在右翼阵线的前方，另一组则布置在中央阵线右侧的前方。

古斯塔夫在"晨光初亮"时（大约是上午8点钟）便开始进军，但"一股浓厚且模糊的雾气"让他不得不停了下来。他利用这段时间向部下们发表了讲话。[35] 他的目标是切断华伦斯坦和莱比锡城之间的联系，这不仅是为了把华伦斯坦从他自己的基地中驱逐出去，也是为了给他日思夜想的约翰·乔治的军队肃清道路。古斯塔夫的兵力大约有1.8万人，他将其分成了两列，其兵力布置如下：中央阵线上每列布置了4.5个旅，分别由布拉赫伯爵和克尼法森指挥；在他们的侧翼，古斯塔夫按照和布莱登菲尔德之战一样的序列布置了骑兵部队。古斯塔夫亲自指挥右翼部队，而把左翼交由伯恩哈德指挥。此外，古斯塔夫还在中央阵线的后方布置了一个骑兵后备队，交由奥姆上校指挥。在步兵的前方，他布置了一列重炮，共计26门，而他的40门"团属火炮"则布置在"直属火枪兵"的前方。

浓雾逐渐散去之时，弗利特伍德写道："大炮轰击了一会儿，不过对方的大炮很快也开始还击。大约10点左右，'战阵'开始推进。"他接着写道："天气本已放晴，但就在'战阵'推进到那里时，突然又起了浓雾，我们彼此根本看不见对方……"[36] 就是在雾气消散的这段短暂的时间里，古斯塔夫率领右翼的骑兵发起了冲锋。根据弗利特伍德的记载："国王第一次冲击壕沟（即莱比锡大道沿途的沟渠）时，敌人的子弹击穿了他的手臂和战马的脖子。"但古斯塔夫拒绝撤退，"他越过壕沟，向敌人发起冲锋"。[37] 古斯塔夫赶跑了华伦斯坦的火枪兵，并一举击败了一股克罗地亚骑兵，之后又与皮科洛米尼的重骑兵交战并击退了他们。与此同时，伯恩哈德也率领左翼部队开始攻击，并击退了科洛雷多的骑兵部队。阵线中央的部队也开始进军，并占领了华伦斯坦的中央炮位，不过很快就失守了。

由于浓雾的原因，对战斗的这一阶段的记录并不一致。显然，当古斯塔夫听闻他战线中央的部队开始后撤的时候,就率领一个骑兵团赶去接应。他和三名护卫在大雾中跟其他人走散了,一头扎进了敌方的一群骑兵当中。古斯塔夫的头和身体都被子弹射穿,当场阵亡,他的两名护卫也被敌人砍倒,只有第三个人逃了出去。

古斯塔夫的阵亡非但没有动摇其部下的士气,反而让他们陷入了极端的狂怒之中。伯恩哈德接管了部队的指挥权,带领他们继续进攻。不过,帕彭海姆此时也赶到了战场,他向瑞典军的右翼发起攻击,并把他们逐回了出发位置。在这个紧要关口,帕彭海姆也战死沙场——整个战斗遂变为了一场混战。古斯塔夫的遗体被瑞典军抢了回来,而华伦斯坦的大炮也两次失而复得。在此之后,瑞典军让敌人前功尽弃:帝国军被击溃,在夜幕下的战场上四散奔逃。弗利特伍德写道:"就此给我们这场伟大的战斗做个总结的话,它的战绩要远超布莱登菲尔德之战。如若不是我军坚韧不拔地作战,我们可能会全军覆没——因为敌军的兵力是我们的两倍。"[38] 瑞典军并未追击,双方的战损也并不确定。弗利特伍德说帝国军的战死者大约有 3000 到 4000 人,而瑞典军阵亡了 1500 人左右。他还写道:"如果上帝垂怜,能让他(指古斯塔夫)活到今天,他必定能终结日耳曼所有的战事……"[39] 这的确很有可能,因为正如金德利所写的那样:"古斯塔夫是很有可能达成他的目标的……在日耳曼建立统治,从而使该国政治和商业上的演变提前一百年以上。"[40] 布莱斯也写道:"古斯塔夫用四场战役摧毁了皇帝的军队和威望:他踩躏了后者的领地并掏空了他的府库,这让皇帝变得脆弱不堪。即使皇帝日后能再次战胜他,也无法让自己再度振作起来。"[41] 跟亚历山大一样,古斯塔夫也是壮志未酬身先死。此外,古斯塔夫那未竟的事业对于他的追随者来说过于宏大了——这一点也和亚历山大相类似。

如果没有黎塞留的话,这场战争可能早就结束了。帝国正在崩溃,而华伦斯坦名誉扫地成了叛徒,并最终在 1634 年遇刺身亡。但由于法国没有获得莱茵河左岸的控制权,所以战争仍在继续。此外,黎塞留还认为,"旧德国的边疆地区无权反抗法国国王"。[42] 斯坦利·莱瑟斯先生写道:"从奥得河到埃布罗河,黎塞留的想法煽动起了战争的火焰。他在他那些受蒙骗的盟友们面前摇晃着全面和平的旗帜,并宣称所有人的利益都应得到保障。他不断地向所有人强调个别的解决方案既无利可图,也不可信赖。黎塞留逐渐地削弱了哈布斯堡家族的力量,并且收复了过去 20

年来法国因为犹豫不决或力所不能及而失去的土地。"[43]

尽管如此,黎塞留也并非是一名成功的战略家:虽然他是一流的政客,但他从来不认为战争是一门艺术。

战争的下一个转折点是1634年9月6日爆发的诺德林根战役:匈牙利的斐迪南(皇帝之子)、马提亚斯·德·加拉斯和红衣主教因凡特击败了萨克森—魏玛的伯恩哈德,取得了决定性的胜利。次年春天,整个日耳曼南部又重新回到了皇帝手中。1635年5月30日,皇帝与萨克森的约翰·乔治签署了《布拉格和约》,天主教联盟也宣告解散。

由于瑞典在法国的支持下拒绝接受这种和平,战争遂进入到了最后阶段——也就是入侵与征服阶段。在这个阶段中,法国和瑞典联合起来对抗奥地利与西班牙。前者的目的一如从前,还是要破坏哈布斯堡的包围圈。"暴行现在掌控了局面",无论斐迪南的理想、古斯塔夫的理想,还是华伦斯坦的理想都全部消失了。战争变成了波旁王朝和哈布斯堡王朝争夺权力的一场角斗。农民开始起义。只有当兵才能活命,饥饿的妇孺成群结队地跟在军队后面,就像一群豺狼一样。[44] 韦特差点就打到巴黎城下,这使城内的百姓大为惊恐。虽然战争互有胜负,但整个地区的人口却在锐减;直到双方逐渐变得厌战,对和平的渴望才使得新教徒和天主教徒在皇帝的旗下团结起来,民族团结的表象也开始显露出来。

1637年2月15日,斐迪南二世驾崩。根据他的遗嘱,作为其遗产的所有王国和公国都永远不能分割,并就此缔造了奥地利的君主政体。君主制法国的创立者黎塞留在1642年12月5日去世。1643年5月4日,法王路易十三驾崩,其子路易十四(生于1638年)继位;十四天后,罗克鲁瓦战役爆发,大孔代在此役终结了西班牙的军事体系。1645年3月6日,托尔斯滕松——这场战争里诸多名将中最著名的一个——取得了扬考战役的胜利,让萨克森和瑞典恢复了和平。1648年秋天,随着瑞典人对布拉格的围攻,三十年战争在其开始的地方宣告结束。

冲突就这样结束了,因为斐迪南三世(1637年至1657年在位)再也无力抵抗来自法国的压力了。而且,他的帝国现在已经成了一片荒原,根本无法养活他的军队。和谈在很早之前就已经开始了,到了1648年的10月24日,帝国分别在明斯特和奥斯纳布吕克与法国和瑞典签署了和约。这个和约以《威斯特伐利亚和约》(Peace of Westphalia)之名闻名于世。它创造了一个全新的欧洲,并在一个半世纪的时间里一直规范着欧洲诸国间的关系。这个条约之后有过一些微小的修改,并一直延续到了 1789 年。

根据《威斯特伐利亚和约》,加尔文教派取得了和路德教派同等的地位,并且把 1624 年的元旦作为解决所有宗教纠纷的最终日期。就这样,一个令人既紧张又兴奋的新时代到来了,宗教改革运动获得了法律的支持。[45] 罗马的宗主权被剥夺了,基督教世界的分裂已成定局。《威斯特伐利亚和约》让西欧成了一个十分世俗化的世界,因此,11 月 26 日英诺森十世在加盖了教皇玺印的诏书中公开抨击该和约,但却只换来了全欧洲的嘲笑。

欧洲的地图也根据《威斯特伐利亚和约》重新绘制了。上巴拉丁地区划给了巴伐利亚,而下巴拉丁则划给了腓特烈(那个不幸的"冬之王者")之子查理·路易。勃兰登堡获得了哈贝斯塔特、明登、坎明等地,以及马格德堡部分地区的主教席位;瑞典获得了上波美拉尼亚、不来梅、韦登、梅克伦堡、什切青,以及吕根岛;此外,萨克森得以保留了卢萨蒂亚地区,以及马格德堡部分地区的主教席位。瑞士共和国和联合省都变成了独立国家;法国现在变成了欧洲和平的公敌(它获得了上阿尔萨斯、下阿尔萨斯、梅茨、陶尔、凡尔登、布赖萨赫以及皮涅罗尔,还得到了菲利普斯堡的驻防权)。日耳曼被分裂成了大约 300 个小专制国家,这些国家重新引入了农奴制度,迷信活动也变得日渐猖獗起来。[46] 由于学校被毁,人们缺乏教育,文学和艺术也因此而受到影响。早在 1648 年以前,整个国家就已经变得既野蛮又充满兽性了,日耳曼市民们有序而又繁荣的生活消失了,这对于那些家庭主妇们也一样:她们跟在那些雇佣军队伍的后面,"一半像妓女,一半像吉普赛人"。

1880 年,德国驻伦敦大使哈茨菲尔德亲王向格兰维尔勋爵表示:"德国尚未从三十年战争和七年战争中恢复过来;德国政策的基调应当是决心防止此类灾难的再度发生。"[47] 他说出这番话也是不足为奇的。整个国家被完全毁灭了,其损毁程度史无前例,甚至超过了匈人和蒙古人入侵所带来的损失。据说有 800 万人丧生,此外还有 35 万人战死。在图林根的一个地区,1618 年时还有 19 个村庄共计 1717 幢房屋,到了 1649 年就只剩下了 627 幢房屋,而原先居住在里面的 1773 户家庭也只剩下了 316 户。就在同一地区,原先的 1402 头牛中只剩下了 244 头,而 4616 只羊则无一幸免。波西米亚原本有 3.5 万个村庄,但最后幸存下来的只有 6000 个村庄;当地人口也从 200 万人下降到了 70 万人。亨纳贝格损失了 75% 的人口和 80%

的牲畜，而且当地66%的房屋也被损毁了。[48]最糟糕的是，最为富裕的地区所遭受的损失最为严重。

《威斯特伐利亚和约》是一个重要的历史里程碑。哈布斯堡王室自此开始向东扩张。在一代人之后，奥斯曼帝国开始崩溃，哈布斯堡王室便开始寻求在多瑙河流域扩张，以补偿其在莱茵河流域的损失。直到1709年的波尔塔瓦战役之前，瑞典都是一个超级强国；日耳曼的领导权落入了霍亨索伦家族手中；德国的分裂增强了法国的安全，于是法国继续着它和西班牙之间的战争。与此同时，两个新兴势力在北方崛起：一个是新兴的商业帝国——联省共和国，另一个是克伦威尔统治下的英格兰。此时，未来的"太阳王"（Roi soleil）尚在幼年。《威斯特伐利亚和约》签字的墨迹未干，英王查理一世便在威斯敏斯特人头落地——这是正在崛起的财阀集团对神授王权的挑战。

注解

1. 人们可以从下面的武器清单中管中窥豹：1382年发明了手榴弹；1405年发明了烟幕弹和计时火柴；1401年发明了白磷弹；1429年发明了粒状火药；1400年至1450年期间发明了引火弹丸；1450年发明了火绳枪；1463年发明了青铜弹壳；1470年发明了炸弹，轮式炮车大约于同年被发明；1483年发明了手枪；1487年发明了燃烧弹；1520年发明了膛线；1521年发明了簧轮枪和西班牙式滑膛枪；1536年改进了手榴弹；1543年发明了簧轮式手枪；1560年发明了纸质弹壳；1573年发明了一种榴霰弹；1588年发明了通用型炮弹；1590年发明了固定式弹壳（火药和弹丸一体）；大约在1592年发明了带膛线的手枪；1596年发明了触发式引信。
2. 金德利（*History of the Thirty Years' War*, 1884, vol.II, p.41）这样说道："当我们环顾四周，寻找一个可以和他相提并论的历史人物时，我们只能找到一个人，那就是亚历山大大帝。"此外，道奇（*Gustavus Adoplhus*,1890,vol.I, pp.73, 401）也写道："很少有年轻的君主在掌权之时面临着如此严重的困难。古斯塔夫的处境不由得让人们回想起了亚历山大……除了亚历山大之外，没有哪位伟大的将领会像古斯塔夫·阿道夫一样，打心眼里热爱战斗。他如此不畏死亡，让他的军队不得不奋勇作战。"
3. 引自 *Gustavus Adoplhus*, Theodore Ayrault Dodge, vol.I, p.400。
4. *Correspondance*, vol.XXXI, p.354.
5. *History of the Thirty Years' War*, vol.II, p.435.
6. 引自 *A Precis of Modern Tactics, Colonel Robert Home (1892)*, p.226。
7. The Great and Famous Battle of Lutzen. 翻译自1633年印刷的法文本——*The Harleian Miscallany (1809)*, vol.IV, pp.197—209。
8. 古斯塔夫的骑兵和炮兵主要是瑞典人，他的步兵则是以瑞典人为核心，辅之以苏格兰人、日耳曼人以及其他为钱入伍的人。
9. 蒙皮炮是由乌姆布兰特上校发明的，主要由一根带有铁环的铜管和绳子，以及蒙在外面的皮革构成。除去炮车，其自重为90磅。
10. 引自 *Lives of the Warriors of The Thirty Years' War*, lieut.Gen. The Hon. Sir Edward Cust(1865), part I, pp.142—143。
11. 1630年瑞典和芬兰的人口大约是150万人，而帝国的人口大约是1700万人。
12. 蒂利并非故意要摧毁马格德堡，因为他亟须该城来为自己的军队提供补给。
13. 引自 *Memoirs and Adventures of Sir John Hepburn*, James Grant (1851), p.95。
14. 同上，p.71。
15. *Monro His Expedition*, etc., Colonel Robert Monro (1637), part II, p.64.
16. 同上，part II, p.63。
17. 引自 *Gustavus Adolphus*, C.R.L.Fletcher (1923), p.190。
18. 瑞典军队中有许多苏格兰人，其中就包括一名生气勃勃的年轻骑士——比默塞德的安东尼·海格（Anthony Haig of Bemerside）。
19. *Monro His Expedition*, part II, p.64。
20. 同上，part II, p.65。
21. 我们应当记住的是，根据西班牙式的战术，骑兵应当使用手枪以"快步"姿态冲锋，只有在敌人的阵形被手枪火力打乱之后才使用剑进行战斗。瑞典骑兵的冲锋方式恰恰相反，他们手持长剑，纵马疾驰，而手枪则被用于冲锋结束后的混战之中。
22. 同上，part II, p.66。
23. 同上，part II, p.67。
24. *The Thirty Years' War*, pp.139—140.
25. *The Holy Roman Empire*, James Viscount Bryce (1928), p.383.
26. *The Thirty Years' War*, Anton Gindely, vol.II, p.85.

27. 同上，p.140。
28. 1622 年 1 月，当时斐迪南二世使货币贬值了 75%；汉斯·德·维特和其他人设计了一个巨大的骗局，他们让货币进一步贬值了十分之一。华伦斯坦立刻就借此牟利。"他不择手段地伙同他人抢掠了一位无辜女表亲的财富，并且买下了她查没土地中的一大部分，当然主要都是用已经贬值的货币买下的。"（Gindely's *The Thirty Years' War*, vol. I, pp.289—290 and 380.）
29. 华伦斯坦所提的全部条件现已不可考证。参见 *The Thirty Years' War*, C.V.Wedgwood (1938), p.315。
30. *The Thirty Years' War*, vol.II, p.135。
31. 原文是"George Fleetwood's Letter to His Father", *The Camden Miscellany (1847)*, vol.I, p.6。
32. 引自 *Cust in Lives of the Warriors of the Thirty Years' War*, part I, p.211。
33. 原文是"The Great and Famous Battle of Lutzen……"引自 *The Harleian Miscellany*, vol.IV, p.201。
34. 引自 *Gustavus Adolphus*, C.R.L. Fletcher, p.277。人们可以在维也纳见到这封沾满了帕彭海姆血迹的信件。
35. 参见 *The Harleian Miscellany*, vol.IV, p.200。
36. *The Camden Miscellany*, "Fleetwood's Letter", vol.I, p.7。
37. 毫无疑问，古斯塔夫完全没有必要数次以身犯险，然而当时很多领袖都会这么做。在这场战争中，军队主将间的肉搏战十分常见，比如 1642 年 11 月 2 日布莱登菲尔德之战的第二场战斗中，利奥波德大公就和皮科洛米尼进行过决斗。德·兰特佐元帅（1650 年去世）在他的军旅生涯中就失去了一只眼睛、一条腿、一条胳膊和一只耳朵。
38. 同上，p.9。
39. 同上，p.9。
40. *History of the Thirty Years' War*, vol.III, p.147。
41. *The Holy Roman Empire*, pp.383—384。
42. *The Thirty Years' War*, Samuel Rawson Gardiner, p.167。
43. *The Cambridge Modern History*, vol.IV, p.141。
44. 金德利引用了一个例子，一支 3.8 万人的战斗部队后面跟着 12.7 万名妇女儿童和其他随军人员。
45. 这与路德和加尔文所主张的宗教改革运动截然不同——因为新教徒的虔诚之心受到了打击，并再也没有恢复过来。
46. 1625 年到 1628 年，据说维尔茨堡的大主教以涉嫌巫术的名义烧死了 9000 人。此外，1640 年到 1641 年，尼斯的西里西亚公国烧死了 1000 人。
47. 引自 *The Cambridge Modern History*, vol.IV, p.vi。
48. 这些数据都不太准确。关于这个问题可参考 *The Thirty Years' War*, C.V.Wedgwood, pp.510—516。

大事记
基督教世界的瓦解

封建制度下的欧洲进入了文艺复兴时期：经院哲学衰落，而人文主义开始勃兴；教皇变得过于世俗化，而帝国也在逐步衰落；理性主义和绝对君主制开始萌芽；印刷术被引进，火器也得到了发展；人们发现了"新大陆"和通往印度的航路；再加上城市生活的兴起，财富、奢侈品和贫困的增长，以及商业活动、贸易垄断和高利贷等现象的增加……如此种种，都在所谓的宗教改革运动（Reformation，这是对当时普遍性的动荡不安的宗教性表述）中达到了爆发点。

点燃宗教改革运动两个主要导火索的人是路德（1483年至1546年）和茨温利（1484年至1531年）；而在他们之后的加尔文（1509年至1564年）则于此基础上更进了一步。为了使基督教恢复他们脑海中所设想的那种原始的纯洁，这些人开始信奉预定论——也就是说，人的原罪是无可救药的；无论人们怎样生活和行事，在永恒的上帝那里早已注定了只有极少数的选民可以进入天堂，而绝大多数人只能堕入地狱。这种教义把重心从上帝转移到了魔鬼的身上，并把《圣经》视为一切教义和宗教礼拜的基础——这两点成了改革派信仰的两大支柱。

在上述三人中，最为可怕的当属加尔文—此人是一个狂热的组织者。加尔文自认为是上帝的代言人，认为他的命令就代表着神意。

加尔文在日内瓦建立了自己的警察国家，预设了自己反对天主教会的绝对正确性。此外，他还创造了一种"新人类"——清教徒（Puritan）——以及一个新政权，后者被恰如其分地称为"圣经政权"（Bibliocracy）。

奥斯瓦尔德·斯宾格勒写道："宗教改革运动摒弃了所有哥特式神话中光明和慰藉的一面——包括对圣母玛利亚的崇拜、对圣徒的崇拜、圣物、朝圣和弥撒——却保留了有关魔界和巫术的神话，因为它既是人们内心苦痛的根源，也是其具象化的表现。现在这种苦痛终于升级到了最恐怖的程度。"[1] 爱的律法被恨的律法所取代。不久之后便出现了诸多以魔鬼为主题的新教文献，而这些文献玷污了真正的宗教。

今天我们很难理解这样的教义是如何对人们产生吸引力的。然而，具有宗教信仰的人们却被路德那振聋发聩的神学理论和加尔文那冷酷的逻辑所吸引。他们质疑的范围是如此的广泛，而他们的宣传又是如此的尖刻，因而他们得以争取到了所有对现状不满之人的支持。诸多僧侣和散漫的牧师在这些新教义中看到了让自己摆脱那些令人厌烦的义务的机会；而诸侯们则将新教义视为一种手段——他们通过掠夺教会来增强自己对抗帝国的力量，并扩大自己的势力；新兴的商人势力支持新教义，是因为它有利于高利贷和新的经济状况的发展；至于那些被压迫的广大民众，新教义则为他们提供了自由，以及进入天堂的门票。

本书无法深入讨论宗教改革运动所导致的混乱与骚动，不过为了结束动荡的局面，两方曾于1555年9月25日在奥格斯堡达成妥协：一方是代表其兄长查理五世的斐迪南，而另一方则是路德派的萨克森选帝侯奥古斯都。该协定确保所有路德派诸侯都有不受主教管辖的自由，并允许他们保留1552年《帕绍条约》签订之前就已经被世俗化了的教会财产。根据"教随国定"的原则，每一位世俗诸侯都有权决定其臣民所应信奉的宗教，这就意味着德意志人民的信仰不再由教会所决定，而是改由统治他们的诸侯来决定。虽然还有一项被称作"教会保留权"的条款存在——按照该条款，天主教主教一旦背弃自己的信仰，他的土地和荣誉就将被强制没收——但路德派教会却宣称他们不认为自己应受此条款的约束。

《奥格斯堡和约》既没有涉及加尔文主义者，也没有对正在神圣罗马帝国境内迅速蔓延的新教做出任何限制。也就是说，《奥格斯堡和约》充其量不过是一个休战协定，它使德意志分裂成了两个"无所不在"的对立势力。正如布莱斯勋爵所说的那样："当两个相互矛盾的体系并存于世之时，它们必欲将对方置之死地而后快。"由于加尔文派的势力不断增强，加上此时又出现了一个想要毁灭新教势力的耶稣会（Society of Jesus），因此必然带来毁灭性的后果。

因为加尔文主义的势力在布拉格业已根深蒂固,所以那里现在变成了整个风暴的中心。波西米亚在1526年被移交给了哈布斯堡王室;到了1575年,马克西米安二世的长子鲁道夫被加冕为波西米亚国王——1576年,他又继承了父亲的皇位,并定都布拉格。到了1609年,鲁道夫被他信奉新教的臣民所迫,不得不颁布"大诏书"(Letter of Majesty)来保护他们的宗教自由,并允许由一群被称为"捍卫者"(Defenders)的人来确保这道"圣谕"的施行。到了1611年,鲁道夫被自己的兄弟马提亚斯所废黜,后者在当年5月被加冕为波西米亚国王,并在一年之后被选为帝国皇帝。

在《奥格斯堡和约》签署之后,又有两个主要人物走上前台,成了冲突双方的代表:一个是信奉天主教的巴伐利亚公爵马克西米安,一个是安哈尔特的克里斯汀亲王——此人是一位加尔文教徒。前者认为《奥格斯堡条约》是一个法律上的裁定,所有的问题都应以此为基础来解决,而后者则认为新教与奥地利王室不可并存。意外事件接连不断,直到1607年马克西米安占领了自由城市多瑙沃特——这直接导致了次年安哈尔特的克里斯汀主导建立了"福音同盟"(Evangelical Union)。面对这个示威性的挑战,马克西米安也建立了"神圣天主教联盟"(Holy Catholic League)。至此,几乎可以断言双方的冲突已成定局。马提亚斯膝下无子,而将来要继承帝国和波西米亚的很可能就是斯蒂利亚的斐迪南大公——此人是斐迪南一世的孙子,是一个狂热的天主教徒。马提亚斯担心会惹出麻烦,因此把选举继任者的事情一直拖到了1617年——此时必须要做出决定了。当时西班牙同意支持斐迪南为候选人,条件是后者登基之后要把哈布斯堡王室在阿尔萨斯的采邑移交给西班牙王室。到了6月17日,国王的议员们——他们全都是最狂热的天主教徒——将斐迪南推选为波西米亚王位的继承人。以图尔恩伯爵为首的波西米亚新教徒立刻就表示拒绝承认斐迪南的身份。12月,布拉格的大主教违反"大诏书"的规定,下令禁止在他的统辖范围内修建的教堂中举行新教的宗教仪式,于是"捍卫者"们立刻在布拉格召集了一次"国会"(Diet)。1618年5月21日,人们聚集了起来。第二天,在一场激烈的争吵之后,国王最信任的议员马蒂尼茨、斯拉瓦塔,以及他们的秘书法布里修斯被人们从赫拉德卡尼宫的窗户给扔了出去——此事被称为"布拉格掷出窗外事件"(Defenestration of Prague)。紧接着,波西米亚人就组建了一个临时政府,并由图尔恩伯爵出面组建了一支军队。当年7月,波西米亚与奥地利之间的冲突爆

691

发了。当时几乎没有人会想到这场冲突将发展成第一次全欧洲范围的大战,并且持续时间会长达30年之久。

1619年3月20日,马提亚斯的驾崩加速了事态的发展。南部诸邦国的联盟(The Confederate States)、波西米亚、卢萨蒂亚、西里西亚以及摩拉维亚宣布对斐迪南的选举无效,并且在8月26日选出了他们的国王——巴拉丁选帝侯腓特烈五世。此人是一个狂热的加尔文主义者,也是英国国王詹姆斯一世的女婿。

两天之后,法兰克福召集了选帝侯会议(Electoral College),以决定谁来继承马提亚斯的王位。这个会议控制着帝国,没有它的同意,皇帝便不能召集国会、征税、结盟或宣战。它是在1356年遵照"金玺诏书"(Golden Bull)建立的,由3个教会封建主和4个世俗封建主组成。前者分别是美因茨、科隆和特里尔的天主教选帝侯,后者则分别是波西米亚国王、巴拉丁选帝侯、勃兰登堡选帝侯——后面三人均是加尔文教徒,以及萨克森选帝侯(路德教教徒)。因此,一旦波西米亚国王变成一位天主教徒的话,天主教派的诸侯们就占据了主导地位;反之,如果一位非天主教徒成为波西米亚国王,那天主教派的诸侯们就会变成少数派。选帝侯会议内部的这种平衡关系为三十年战争埋下了祸根。

在法兰克福,只有三位教会封建主亲自出席了会议,其他四名成员都是由他们的大使来做代表。其中,腓特烈五世的大使奉命要先将票投给巴伐利亚公爵马克西米安(一位天主教徒),但如果其他选帝侯都选斐迪南的话,大使也应从众。如此一来斐迪南便被选为了皇帝,其尊号为斐迪南二世(1619年至1637年在位)。会议这边刚刚做出决定,便传来了斐迪南被废黜了波西米亚王位的消息。这不仅是对他个人的挑衅,更是对整个帝国体系的挑战——这场危机立刻变成了全欧洲的问题。

因为斐迪南没有军队来驱逐腓特烈五世,于是他转而向德意志诸侯中唯一拥有常备军的马克西米安求援。1619年10月8日,马克西米安同意支援斐迪南,因为他意识到自己已完全掌控了波西米亚的局势,并且击败腓特烈五世可以让他获得选帝侯的头衔。此外,斐迪南以卢萨蒂亚为代价获得了对加尔文主义者深恶痛绝的萨克森的约翰·乔治的支持。西班牙国王腓力三世(1598年至1621年在位)也立刻给了斐迪南一笔足够征募1万名士兵的津贴,并额外从尼德兰地区借给他8000多名士兵。另一方面,"福音同盟"的诸侯,以及联合省、丹麦和瑞典均承认腓特烈五世，而特兰西瓦尼亚亲王拜特伦·加波尔也和波西米亚人缔结了联盟。

1620年7月间，在马克西米安、蒂利和布奎的指挥下，天主教联盟的2.5万名精锐士兵越过了奥地利边境；斯皮诺拉也率2.4万名士兵从佛兰德斯向巴拉丁地区进发。11月8日，前者在布拉格附近的白山上与安哈尔特的克里斯汀亲王率领的波西米亚人交战，并击溃了他们；斯皮诺拉也攻占了巴拉丁地区。

这两次惨败瓦解了"福音同盟"，如果斐迪南能更加宽宏大量一些，也许战争就已经结束了。然而，斐迪南的统治理念是"宁可统治一片沙漠，也好过统治一个充满异端的国家"，这一理念促使他继续发起战争，而他的迫害也激怒了加尔文教徒。结果，大量绝望的人们加入了残存的波西米亚军队，他们聚集在欧内斯特·冯·曼斯费尔德伯爵的麾下。曼斯费尔德既是一位加尔文教徒，也是一个能力强悍的雇佣兵，他很快就以"基督教世界的阿提拉"之名而名满天下。在他的指挥下，战火蔓延到了上巴拉丁地区。到了1622年春天，布伦瑞克公爵克里斯汀和巴登·杜拉赫侯爵乔治·腓特烈也加入了曼斯费尔德的队伍。到了6月，在经过一系列的战斗之后，加尔文派的军队在霍赫斯特遭到了一次决定性的失败。于是，曼斯费尔德和克里斯汀撤到了阿尔萨斯，此后又将军队驻扎在了东弗里斯兰。最后，到了1623年的8月，布伦瑞克公爵克里斯汀在斯塔特罗恩被击溃，巴拉丁地区才彻底被征服。

1621年1月，斐迪南以帝国禁令来惩治腓特烈五世——这一举动违背了帝国宪法。为了履行承诺，斐迪南在1623年1月又决定将腓特烈五世的选帝侯权力转交给马克西米安。由于斐迪南无法凭借自己的权威召集国会，因此他在雷根斯堡召开了一次全体选举大会来罢免腓特烈五世。除了科隆选帝侯（此人是马克西米安的兄弟），几乎所有重要的德意志诸侯，以及西班牙国王都对此表示反对。尽管如此，腓特烈五世还是被罢免了，两天之后马克西米安就接任了他的头衔。抗议的风暴接踵而至，萨克森和勃兰登堡的选帝侯也拒绝接纳他们的新同僚。

新教诸侯们的震恐，是有充分理由的——不仅是因为这次违背宪法的罢免威胁到了他们的个人安全，还因为马克西米安的就职会导致选帝侯会议中的权力平衡发生改变：他们担心自己会被剥夺自1555年以来从教会手中没收的财产，其中包括两个大主教辖区和120个修道院。为了防止这种情况发生，他们向路德教君主、丹麦的克里斯汀四世（1588年至1648年在位）求助，后者在1624年的5月接受

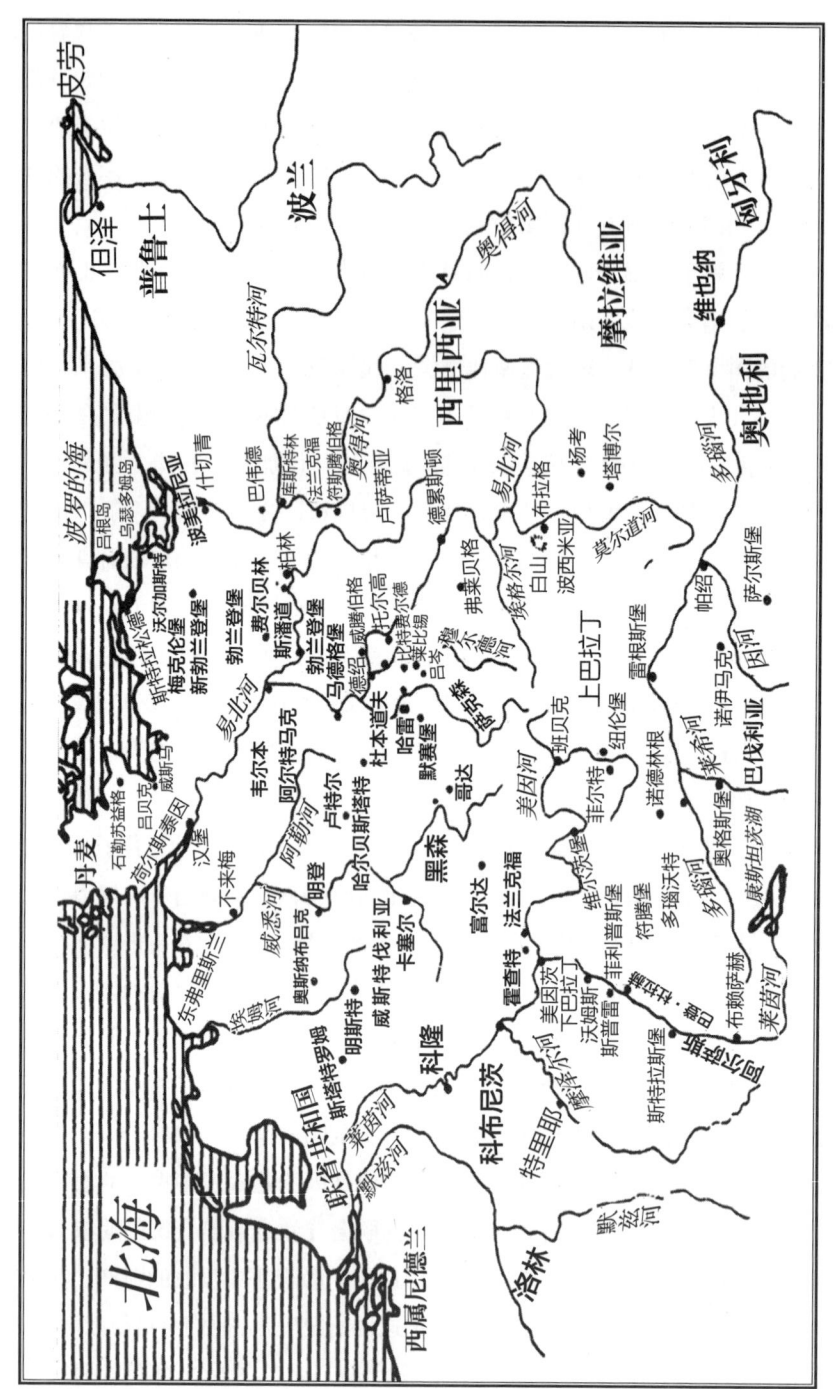

三十年战争（1619年至1648年）

了他们的请求。至此，战争进入了第二阶段：它从一个欧洲问题演变成了欧洲冲突。不过这次冲突却由于阿尔布雷希特·冯·华伦斯坦伯爵的出现，而突然烟消云散。此人是一位富有的捷克冒险家，他主动提出为皇帝免费招募一支四万人的军队，条件是由他来任免这支军队的军官。斐迪南立刻就接受了这个提议，并册封华伦斯坦为弗里斯兰公爵。就这样，帝国终于有了一支自己的军队。这支军队无须任何费用，而且只要有战争就可以无限期的维系下去，因为华伦斯坦的格言便是"以战养战"。

当斐迪南卷入战争之后，詹姆斯一世也最终选择支持他的女婿，并与西班牙发生了冲突。与此同时，法王路易十三（1610年至1643年在位）的首相、红衣主教黎塞留（1585年至1642年）组建了一个包含英国、联合省以及丹麦在内的同盟，因为他的政策就是要打破自查理五世以来哈布斯堡王朝针对法国的包围圈。因此，法国开始采取干预德意志事务的政策，从此使得中欧的局势变得动荡不安起来。由于胡格诺教徒的起义掣肘了黎塞留的行动，而詹姆斯又害怕召集国会，因此最后只有克里斯汀四世出兵进行了干预。克里斯汀正急于扩大自己对北海诸港口的影响力，于是他在1626年披挂上阵，开始干预德意志的局势。

4月间，华伦斯坦也领兵出征。他首先向曼斯费尔德发起进攻，并在德绍桥一战击败了对手。之后他攻克了梅克伦堡和波美拉尼亚，并在两地征兵，直到所部人数达到大约八万人为止。8月27日，克里斯汀四世在卢特尔被蒂利所击溃，巴伦堡和布伦瑞克也宣告失守。

在占领巴拉丁之后，莱茵河的中游地区得以解放，并重新成为意大利和西属尼德兰之间的主要交通线——这一点对西班牙来说至关重要。同时，华伦斯坦开始着手建立弗兰德斯对波罗的海沿岸诸侯国的统治。1628年3月，皇帝又把梅克伦堡的公爵之位封赏给了华伦斯坦，而此时他的大军正在席卷丹麦。比起把马克西米安提升为选帝侯，这种盛气凌人的行为进一步向新教诸侯们表明他们都将无法自保，而整个德意志地区马上就要变成奥地利的一个行省了。因此新教诸侯们决心联合起来击败华伦斯坦，但是却都对他那八万人的大军感到束手无策。

对波罗的海地区的征服正在稳步进行，当汉堡和吕贝克拒绝与斐迪南结盟之后，华伦斯坦开始着手进攻斯特拉松德，试图以此来迫使汉萨同盟（Hanseatic League）屈服。4月，华伦斯坦的副官阿尼姆率领一支2.5万人的部队出现在斯特拉松德城外,不过当地的市议员们对此早有准备。他们已和克里斯汀四世以及瑞典的古斯塔夫·阿道夫建立了联系。此外,由 900 名苏格兰人、400 名丹麦人和 600 名瑞典人组成的兵团——当时正在丹麦服役——也在芒罗的率领下通过海运来到了该城。在 6 月 23 日,古斯塔夫的代表和市政当局签署了一份期限 20 年的同盟条约。就在同一天,华伦斯坦开始围攻斯特拉松德,不过在两次徒劳的进攻之后,他得知克里斯汀和一支远征部队已经离开了吕根岛,于是在 7 月 24 日放弃了围城。

克里斯汀率军在斯特拉松德东南部登陆。作为他入侵梅克伦堡的第一步,他还占领了沃尔加斯特。8 月 12 日,他遭到了华伦斯坦的截杀,一败涂地。1629 年年初,双方开始和谈。到了 6 月 7 日,他们缔结了《吕贝克和约》。几乎所有的欧洲列强都牵涉在内。

华伦斯坦麾下现在有 12.4 万名士兵,在击败了克里斯汀之后,他目之所及已再无强敌,因此他便随意地将这些士兵驻扎在各处,无论敌友都饱受其扰。他有一支部队驻扎在萨克森,而这并没有得到当地选帝侯约翰·乔治的允许。在马克西米安的支持下,乔治向皇帝上书诉苦。乔治和马克西米安对华伦斯坦日益增长的实力都感到不安,而斐迪南自己也是如此,因为此时他已经快变成华伦斯坦的傀儡了。不过,斐迪南在解决这个棘手的问题之前,决心先借助自己现在至高无上的权力来实现他长久以来的愿望——归还自 1555 年以来被不当手段没收的教会地产。他知道没有哪个国会会批准这个想法,所以他决心用圣谕来实施它。1629 年 3 月 6 日,他向无力反抗的德意志颁布了他的"归还敕令"(Edict of Restitution)。

不过,如何摆脱华伦斯坦仍然是一个问题——尽管斐迪南尚未着手解决这个问题,但他的下一个行动却促成了该问题的解决。在西班牙的唆使之下,当斐迪南同意向意大利派遣军队时,便卷入了一场针对法国曼图亚公爵的战争:这一决定激怒了教皇,也让天主教会内部发生了分裂。此举亦促使黎塞留设法调停了瑞典和波兰之间的战争,以便古斯塔夫能腾出手来率领新教徒对抗帝国。由于瑞典已经占领了斯特拉松德和皮劳[2],这使得古斯塔夫可以把战火烧到波兰本土并造成巨大的破坏,于是波兰的西吉斯蒙德三世同意休战六年。1629 年 9 月 26 日,双方在阿尔特马克签署了休战协议。

华伦斯坦强烈地反对"归还敕令",因为他认为要对付欧洲的宿敌土耳其人,一个平稳无事的德意志是至关重要的。他开始进一步扩军,以应对古斯塔夫可能的干涉。不过,由于斐迪南和西班牙之间的协议,1630年5月华伦斯坦奉命派遣三万人的军队前往意大利。接着,西班牙又要求斐迪南协助他们镇压荷兰人。在马克西米安的带领下,选帝侯们表示只要华伦斯坦继续掌权,他们便拒绝讨论这个问题;约翰·乔治进而要求斐迪南收回"归还敕令"。

如果抛弃华伦斯坦,斐迪南或许能安抚天主教派的选帝侯们;而收回"归还敕令"的话,他也许能使萨克森和勃兰登堡归顺自己。斐迪南决定选择前者:8月17日,他和议员们在雷根斯堡商讨如何才能以最小的代价解除他那位令人敬畏的将军的职务。令人惊讶的是,当华伦斯坦知道了皇帝的心思之后,他丝毫没有抱怨,并在8月24日主动递交了辞呈。在摆脱了华伦斯坦之后,斐迪南遂把所有收回"归还敕令"的想法抛诸脑后,他把帝国军队交由马克西米安和蒂利指挥:这又回到了战争开始时的状态。就在此时,古斯塔夫正在巩固他在波美拉尼亚的基地——他在7月6日就率军在乌瑟多姆岛上的佩纳明德登陆了。

注解

1. *The Decline of the West,* English edit. (1928), vol.II, p.299.
2. 皮劳在 1627 年被勃兰登堡选帝侯割让给了古斯塔夫。

纳斯比战役(1645年)

第三章

玫瑰战争（The Wars of the Roses）是两个王室之间的冲突，而"大叛乱"（The Great Rebellion）则是两个社会阶级之间的冲突——这两个阶级中的一个代表了垂死的封建主义，而另一个则代表了新兴的资本主义。双方都没有为战争做好准备，因此这场战争便呈现出了一种混乱的特征。军队组建起来，相互战斗，然后又消失不见。可以说，当时每个郡的境内都有战争发生，并因而出现了很多围城战——这在很大程度上要归结于之前几年的和平态势。1647年，约书亚·斯普里格曾写道："由于上帝的仁慈和祂长久的耐心，英国在这80年以来一直安稳平和。"[1] 此外，道尔顿也这样评论道："我们深深地迷醉于天下太平的日子。人们对长时间和平的坏处一无所知，更谈不上去搞清楚这种坏处究竟是什么了。"[2] 就像通常会发生的那样，长期的繁荣和平造成了自私自利和不负责任的社会风气，而霍布斯认为这是造成"大叛乱"的第七个，也是最后一个原因：

> 最后，一般民众对他们的责任是如此的无知，大概一万个人里也没有一个人知道谁有权可以命令他，也没有人知道违背自己的意愿出钱来维系国王或国家的必要性；人们普遍认为自己对自己的所有物拥有绝对的支配权，在没有征得自己的同意的情况下，没人能以公共安全为借口来征收财务。在他们眼中，国王不过是一种代表最高荣誉的头衔，而绅士、骑士、男爵、伯爵、公爵等不过是在财富的帮助下登上王位的台阶；他们眼中没有公平的准则，只有先例和习俗。对一般民众来说，最不愿意给政府拨款或是进行其他公共支出的议会才是他们最明智和最合适的选择。[3]

造成战争混乱的原因还有一个，那就是常备军的缺失。所谓经过训练的部队，只是在当地略经训练的郡民兵和城市民兵；当必须要招募一支新军时，他们的训练情况则更加糟糕。举例来说，詹姆斯一世勉强同意协助曼斯菲尔德所征募的部队就是如此——关于这支军队，道尔顿是这样评价的："很明显，这是一群毫无经验的乌合之众，是一群穷困潦倒的流氓无赖……他们很不情愿地走着，宁愿被驱使也不愿接受领导。"[4]——这是因为他们全是被强征入伍的。巴纳比·里奇曾在1587年这样写道："在英国只要一开始征兵，我们就会把小偷从监狱里释放出来，我们会在客栈和酒馆里搜罗酒鬼和恶棍，我们在城市和乡村里到处寻找流氓和流浪汉。"[5]当"大叛乱"爆发时,征募兵员的办法也大致如此。

当查理一世在诺丁汉升起他的王室旗帜的时候,英格兰的北部和西部大多是支持他的,而英格兰南部和东部则大多支持议会。[6]人们分为三派,或是支持国王,或是支持议会,或是在政治上保持中立,只希望不要受到他人的干扰——而最后这一派的人数要远远超过其他两派。

制造业中心、海港和大城市——特别是伦敦——大多属于清教的势力范围,因此议会在物质和财力上具有压倒性的优势。可以说,金钱是战争中的决定性因素,因为无论谁手里有钱,他都可以从普通民众中征募军队——这些人只是为了吃军饷或抢掠财物才应征入伍的。此外,海军是反对查理一世的[7],因此议会得以控制了英国的海岸线,并能确保获得港口的关税——这笔钱每年大约都在25万英镑以上。

一开始,战争的主导权无疑是在查理一世这边的。虽然他在人数上处于劣势,但在战争的头几天里,由于双方都缺乏条理,人手不足并不是什么大不了的事情。但由于缺少船只和资金,查理一世无法自由地和法国以及荷兰进行联系,也无法自由地从海外购买物资。因此,在他的失败中,海权起到了决定性的作用。然而在战争初期,议会采用了一种委员会式的指挥系统,这导致了无休止的争论、妥协和错失良机,上述那些优势在很大程度上被浪费掉了。

国王的追随者聚集在诺丁汉,统领他们的是年届七旬、老迈疲惫的林赛伯爵。而此时圆颅党人(Roundhead)[8]的军队在埃塞克斯伯爵的率领下集结在北安普顿。双方都缺乏资金,军饷的发放也不及时,这导致了军纪的涣散,许多人都当了逃兵。双方的武器和弹药都很稀缺,士兵们对军队的效率也极度缺乏信心:首先,双方都要求继续征集人马;其次,双方都委派军官去组建新的团,且任凭现有的团因为缺少新兵的补充而自行解散;最后,双方都开始强征兵员和物资。双方的部队都算不上是有组织的战斗力量;在这种情况下,从荷兰赶来的鲁珀特亲王(1619年至1682年)和他的弟弟莫里斯对查理一世来说就如同是上天派来的救星一样。

鲁珀特是那位不幸的巴拉丁选帝侯的第三个儿子,也是查理一世的外甥;他从14岁开始就参加了发生在丹麦和德意志的战争,因此年仅23岁的他此时已经是一名经验丰富的老兵了。鲁珀特一到,查理一世就将麾下的骑兵交由他指挥,并颇为明智地让他不用接受林赛的指挥。鲁珀特是个鲁莽之人,他浮夸而又刚愎自用，但也多才多艺。[9]他穿着一件深红色的大衣，上面镶满了银边；他骑着一匹黑色的巴巴里马四处游荡，身边总是带着一只宠物猴子（清教徒的小册子里给这只猴子取的名字非常不雅）和一只名叫"男孩"的白色狮子狗——他还教会了这只狗一个小把戏：

听到查理一世的名字，它就会用后腿站立。
但听到皮姆的名字，它就会不怀好意地抬起它的后腿。[10]

鲁珀特正是那种可以振奋保皇派精神的人。跟多年之后的缪拉一样，鲁珀特也是一位出色的骑兵领袖，他惯于使用古斯塔夫式的冲击战术，喜欢手持长剑在战场上冲杀。虽然有人认为较之克伦威尔，鲁珀特要略逊一筹，但我们必须要记住，英国内战开始时的情况和克伦威尔名震天下时的情况大不相同。与克伦威尔不同，鲁珀特根本没有时间去训练他的军队，军队里的大多数人都是年轻而又任性的骑士，因此要调度他们是极为困难的。此外，想要牢牢地控制他们的行动几乎也是不可能的，这一幕在后世的滑铁卢之战中也再度上演了。因此，鲁珀特的战术是为了配合这些缺少训练却过分狂热的部下；他带领他们向立足未稳的敌人发起了狂风暴雨般的攻击，为保王党赢得了威名——圆颅党人对他的威名感到万分恐惧，就如同当年的西班牙人惧怕德雷克之名一样。菲利普·沃里克爵士是这样说的："他把这种精神带进了国王的军队中，让他们所有人看上去都坚定不移。如果他能做到有勇有谋，并且能够通晓与军人相关的知识，那他的事业很有可能会一帆风顺。他表现出了极大的自制力——这一点堪称典范——使他能够适应战争带来的疲劳。他确实具有一名军人应该有的品格特质。"[11]

虽然这场战争的战略纷繁复杂，但双方的战略目标却都很简单。对于议会一派来说，他们首先要坚守自己的政治和行政基地——伦敦；其次，他们要挟持国王来让自己的叛乱合法化，因为如果没有国王的权威，在人民的眼中他们的行为便不是正当的。因此埃塞克斯伯爵的任务是："救出国王陛下本人、威尔士亲王和约克公爵，使他们摆脱身边那群宵小之辈的掌控。"[12]保王党的目标则是占领伦敦这个叛乱的中心和支柱。由于国王没有舰队，所以不可能通过封锁港口来达成这一目的；通过围攻来完成目标也是不现实的，因为伦敦有坚固的围墙，而国王的军队又缺乏围城相关的训练。对查理一世来说，唯一可行的办法就是引诱圆颅党人的军队远离伦敦，在野战中击溃他们，之后趁他们失败之后士气不振之际，在敌军加固伦敦城防之前冲入城中。

国王需要更多的兵力来实施这一战略，但他现在在诺丁汉只有一万人，而与其对阵的埃塞克斯伯爵却在北安普顿拥兵两万人。因此他决定向西转移到什鲁斯伯里和威尔士的边境地带，因为那里的人们比较拥护他的事业。查理一世要在那里招募一支能够抗衡埃塞克斯伯爵的军队，在稍加训练和休整之后，他便会迅速率军向伦敦挺进。无论在途中哪个地方碰到埃塞克斯伯爵的军队，国王都将会击败他们，并希望他的胜利能够刺激伦敦城内的保王党人发动叛乱，同时他的胜利之师也将会把伦敦围个水泄不通。这是一次赌博，但此举绝谈不上鲁莽。

9月13日，查理一世离开诺丁汉的营地前往什鲁斯伯里，并于9月20日抵达该地。刚一到达，他就立刻占领了切斯特，因为从那里可以控制通往威尔士的道路，而威尔士则是他最理想的募兵之地；此外，他还能和爱尔兰取得联系。埃塞克斯伯爵被国王的这一招弄得不知所措，直到9月19日才开始采取行动：他率军前往位于什鲁斯伯里和伦敦之间的伍斯特，并驻扎了下来，以便保护伦敦的安全。全国各地此时都已爆发战斗，朴次茅斯也被国王所攻占。

10月12日，查理一世从什鲁斯伯里出发，沿途经过了布里奇诺斯、伯明翰和凯尼尔沃斯。他的意图是绕过埃塞克斯伯爵的北侧，接着从背后发动突袭，切断伯爵与伦敦之间的联系。国王的进军让议会震惊不已，他们不断命令伯爵去找国王决战。同时，完成训练的伦敦民兵也被分配到了沃里克伯爵的麾下（用来保卫伦敦）。埃塞克斯伯爵率军转而向东前进，费尽心思地要和查理一世接战。10月22日，伯爵抵达了金内顿，而此时国王正在东边的爱德科特，彼此相距大约有七英里。

10月23日，刀锋山之战爆发了。此战虽然激烈，但却并不具有决定性的意义。到了第二天，当埃塞克斯伯爵退守沃里克和考文垂之后，查理一世通往伦敦的道路便畅通无阻了。但是此时国王的军队已经成了一盘散沙，火药和子弹也已经消耗殆尽了，在建立一个后勤基地之前，他是不可能继续向前推进的。因此，国王决定前往牛津，并在10月20日抵达了那里。但是，他又开始犹豫到底是应该宿营过冬，还是应该继续进军了。最后，在鲁珀特的催促下，国王决定继续进军，但是由于浪费了太多的时间，所以埃塞克斯伯爵得以抢先一步经过圣奥尔本斯到达伦敦。11月22日，鲁珀特把圆颅党人的前哨部队赶出了布伦特福德；次日，他便在特南格连遭遇了埃塞克斯伯爵的部队。敌我双方的兵力对比是二比一，对于查理一世来说，攻击掘壕固守的敌人实在是过于冒险了。因此，在进行了短暂的炮击之后，他率军返回牛津，并在战争结束前一直把自己的总部设在了此地。

伦敦的重要性是不言而喻的。因此，查理一世决定再次尝试攻占该城。他的计划是组建两支辅助军队来配合自己在牛津的军队作战：其中一支位于约克城，由纽卡斯尔伯爵指挥；另一支则在康沃尔，由拉尔夫·霍普顿爵士指挥。当三支军队都准备周全之际，位于牛津的部队将经由泰晤士河谷向伦敦推进，同时纽卡斯尔伯爵和霍普顿爵士所部则分别从南北两方夹击伦敦。当后两支军队会师城下之后，要阻止所有船只进入泰晤士河，从而封锁住伦敦的水道；而国王所部军队则会同时切断伦敦城的陆上补给线。

从纸面上来看，这是一个绝妙的计划，但对于查理一世手下那些业余军队来说，这个计划就显得过于复杂了。就地招募的士兵都不愿意离开家乡，因为他们害怕自己出征的时候家乡会惨遭蹂躏。此外，圆颅党人在赫尔和普利茅斯的势力根深蒂固，而且纽卡斯尔和霍普顿也没有足够的军队一边牵制敌军一边向伦敦进攻。除非他们能先占领赫尔和普利茅斯，否则很容易产生后顾之忧。

在讨论上述计划的同时，王后也自荷兰返回了。整个1643年的上半年，全国各地都爆发了局部战斗。其中一次战斗发生在6月18日的查尔格罗夫，约翰·汉普登受了致命伤。到了7月26日，鲁珀特攻陷了全国第二大城市布里斯托尔，国王的声势此时达到了顶峰。

向伦敦发动第三次攻击的时机似乎已经成熟了。但就在正要实施该计划的时候，纽卡斯尔的部队却因为赫尔港仍控制在议会军的手中而拒绝南下；霍普顿的部队也坚持必须等到攻占普利茅斯之后才能向东进军。威尔士人对格洛斯特仍控制在议会军手中也深感不安，因为此地可以威胁到南威尔士地区保王党分子。既然要等到攻陷赫尔和普利茅斯之后才能进攻伦敦，国王便决定先行攻占格洛斯特。8月10日，查理一世开始围攻格洛斯特，埃塞克斯伯爵奉命前来救援。当地人在威廉·沃勒爵士的领导下组建了地方武装，而东部联盟也在曼彻斯特伯爵的领导下征募了一万名步兵。

9月5日，当埃塞克斯伯爵接近格洛斯特时，查理一世解除了围攻并在科茨沃尔德摆下阵势。埃塞克斯伯爵快速迂回了国王的阵地，让后者只得退守纽伯里。9月20日，双方在纽伯里展开激战。如果查理一世能在第二天咬牙坚持下去的话，他很可能会击败埃塞克斯伯爵，并切断他与伦敦之间的联系。然而恰恰相反，他在当天夜里撤回了牛津——伦敦自此以后便可高枕无忧了。

当查理一世忙于作战之时，皮姆做出了一个重大的决策。自1640年以来，反对党的领袖们和苏格兰人之间就暗中结成了同盟，而现在议会两院都同意用一种积极的方式来恢复这种联盟。7月份，议会决定派遣一个代表团前去苏格兰寻求军事援助，这个代表团于8月7日抵达了利斯（Leith）。

苏格兰的保王党领导人之一、蒙特罗斯侯爵詹姆斯·格拉汉姆（James graham）得知这个消息后，立刻赶往位于格洛斯特城下的国王营地之中。他力谏查理一世允许他集结苏格兰境内忠于王室的部队，对敌军发动先发制人的打击。不过，查理一世总是拘泥于各种法律细节，他拒绝听从蒙特罗斯侯爵的建议——即便是为了防止自己受到攻击，他也不同意对自己的臣民刀剑相向。

皮姆却没有这样的顾虑。当在利斯的代表团提议建立一个公民联盟时，苏格兰人拒绝了，他们主张就像1698年那样签订一份的宗教盟约（Covenant）。代表团接受了这一建议，这意味着废除主教制度和用苏格兰式的长老会来取代英格兰的教会。更进一步地说，这还意味着在爱尔兰彻底消灭天主教。

九月初，这个条约终于达成了。到了9月25日，神圣议会和英国下院都宣誓接受该条约。就这样，长老派成了三个王国①统一的国教，而这是违背大多数英格兰和爱尔兰民众意愿的。作为对这一巨大妥协的回报，苏格兰人同意派一支军队协助英格兰议会，但维持该部队的费用仍然要由议会承担。

这份被称作《庄严盟约》（*Solemn League and Covenant*）的条约是皮姆的最后一个杰作（他于11月8日去世），也是一份决定命运的协议。首先，它使议会赢得了第一次内战。其次，它导致了独立派（即公理派）的崛起[13]——这些人维护了各教会的自治权利。我们在以后将会看到，正是独立派最终导致了议会和军队之间的分裂，

---

① 译注：指英格兰、苏格兰和爱尔兰。

而这又引发了第二次内战:国王被处决,克伦威尔建立了"护国政体"(Protectorate)。

1644年1月19日,利文伯爵率领一支由1.8万名步兵和3000名骑兵组成的苏格兰军队渡过特威德河。为了封锁其进军道路,纽卡斯尔伯爵匆忙赶往北方增援在纽卡斯尔城的保王党,而他的麾下只有不超过5000名步兵和不超过3000名骑兵。4月11日,费尔法克斯勋爵和其子托马斯·费尔法克斯爵士指挥约克郡的议会军突袭了塞尔比。由于担心受到费尔法克斯父子和苏格兰人的夹击,纽卡斯尔伯爵只得撤退,并在4月18日进入约克城闭关自守。利文伯爵紧随其后,于4月20日在塔德卡斯特与费尔法克斯父子会师。不久之后,他们便开始围攻约克城。到了6月2日,曼彻斯特伯爵也率领东部联盟的军队前来助战。

身在牛津的查理一世清楚地认识到,一旦约克城失陷,他就会失去北方国土,而他的处境也就岌岌可危了。因此他必须要救援那里,而唯一的办法就是动用在南方的军队——他们先要去增援位于什鲁斯伯里的鲁珀特,然后在后者的率领下去救援约克城。这么做意味着要冒失去牛津的风险,因为埃塞克斯伯爵正在艾尔斯伯里,并且沃勒此时也正在法纳姆。查理一世愿意冒这个险:5月16日,鲁珀特率军从什鲁斯伯里出发了。与此同时,蒙特罗斯——他于2月13日被任命为国王在苏格兰的副将——也率领一支小型军队越过边境以分散敌人的兵力。

鲁珀特沿着兰开夏郡的道路进军,一边行军一边扩充兵力;他先是解放了莱瑟姆宫,之后又在6月11日占领了利物浦。从利物浦出发,他在穿过奔宁山脉的亚尔河—里布尔河河谷后到达了约克郡荒原,并在6月30日进抵纳尔斯伯格。第二天一大早,鲁珀特就得知了约克城下的敌军已经撤退,并在朗马斯顿附近安营扎寨的消息——此举切断了他从纳尔斯伯格前往约克城的道路。于是鲁珀特转而向北行军,在桑顿桥附近穿越了湖区,并在之后得到了纽卡斯尔伯爵的增援。

虽然纽卡斯尔伯爵认为此时和敌军开战并非明智之举,但鲁珀特却是战意高昂。7月2日,鲁珀特率军在马斯顿荒原摆开阵势,迎战议会军和苏格兰军——后者位于托科维特与朗马斯顿两个村庄之间。虽然双方的骑兵大约都是7000人,但保王党只有1.1万名步兵,在人数上处于一对二的劣势。

战斗在下午5点打响,并以保王党的惨败而告终——这在很大程度上是因为克伦威尔对圆颅党军队左翼骑兵的娴熟运用。此役是这场战争中最大的一次战役,对查理一世来说也是最大的一场灾难。纽卡斯尔伯爵彻底绝望了,他先是逃到斯卡伯勒，之后又从那里逃往欧洲大陆。鲁珀特集结了大约6000名骑兵撤退到了里士满，并从那里返回了兰卡夏郡。7月16日，约克城开城投降，而在两天之前，王后从法尔茅斯出发前往法国，从此与国王天各一方。

现在议会一方掌握了战争的主动权，剩下的事情就是派费尔法克斯和利文向南进军，前去与埃塞克斯和沃勒——他们正在牛津周边忙于进行一场毫无头绪的军事行动——合兵一处去围捕查理一世了。然而，在北方的三支军队却被分别派遣了任务：利文率军前去包围纽卡斯尔；曼彻斯特伯爵回到了林肯郡；费尔法克斯父子则开始着手收复庞蒂弗拉克特、斯卡伯勒和约克郡内其他保王党的据点。在南方，沃勒的军队——主要由经过训练的民兵组成——已经开始崩溃了。埃塞克斯伯爵向康沃尔进军，但在八月份被困在了福伊。到了9月，他麾下的步兵也被迫投降了。虽然如此，马斯顿荒原之战依然是议会势力在这场战争中的一个重要转折点，因为为这场战役胜利做出最大贡献的那个开始人声名鹊起，并赢得了人们的信任——他就是奥利弗·克伦威尔（Oliver cromwell）。

克伦威尔出生于1599年4月25日，是亨廷顿的一位绅士农场主；他这一支的祖先是亨利八世的大臣、埃塞克斯伯爵托马斯·克伦威尔。1640年4月13日，克伦威尔被选为剑桥的议员，并在战争爆发时被任命为第67骑兵连的指挥官。马斯顿荒原之战后，鲁珀特给克伦威尔起了个颇为贴切的外号——"铁骑将军"（Ironsides）。不过，直到战争结束之后这个外号才广为人知。克伦威尔是个地地道道的平民，从未受过军事训练，但他却拥有那种难能可贵的指挥能力和决断力——这些是通过任何训练都无法学到的东西。此外，当他决心投笔从戎之际，他受到了许多跟他合作的亲戚的青睐，这使他能够在自己身边聚拢起一个名副其实的"克伦威尔军事集团"。他的儿子奥利弗[①]是第8骑兵连的传令官；他未来的女婿亨利·艾尔顿是第58骑兵连的指挥官；他的表亲约翰·汉普顿是第20步兵团的上校；他的连襟瓦伦丁·沃尔顿是第73骑兵连的指挥官；他的另一位表亲爱德华·华里是第60骑兵连的传令官；他的邻居曼德维尔勋爵——后来被封为曼彻斯特伯爵——是第10步兵团的上校。正是在克伦威尔的启发下，议会军才产生了联合的念头。正是因为这样（这一点毋

[①] 译注：原文如此。

庸置疑），1642 年 12 月 12 日——也就是刀锋山之战的前一天——议会才批准了组建地方防御同盟的决议，并由此产生了东部联盟和林肯郡的联合，成员包括诺福克、萨福克、埃塞克斯、赫特福德郡、亨廷顿和以剑桥（克伦威尔正是那里的议员）为核心的林肯郡。这个联盟成了议会势力的中流砥柱。

作为这个联盟精神上——如果不是实质上的——的创立者，克伦威尔是否参加了次日的刀锋山之战目前尚无定论。不过大概就是在这个时候，他和汉普顿进行了一次令人难忘的交谈。15 年后，克伦威尔在他的第二次议会演说中提到了这次谈话。他说：

> 当我刚参加这场战争的时候，我看到我们的部队总是被击败……我对汉普顿说道："你的士兵大多是一些年迈的老兵、酒保，以及诸如此类的人；而对方的士兵是绅士的儿子、年轻人和品德优良之人。那些绅士们具有荣誉、勇气和决心，你认为你那些卑下之徒有胆量对抗他们吗……你要让有士气的人来当兵。不要误会我说的话——我知道你不会误会——这种士气能让他们做到那些绅士们能做到的事情，否则我可以断言你还将继续失败。"[14]

这便是克伦威尔的伟大思想：如果没有令行禁止的部下，领导才能就毫无用处；所谓纪律，就是不仅要让官兵们知道他们为何而战，还要让他们"热爱他们所知道的"，因为没有感情的纪律也是空谈。因此，他要找寻那些敬畏上帝之人，"并且为他们的所作所为赋予良知"。[15]

1643 年 1 月，克伦威尔返回剑桥，开始着手给他的部队注入这种精神力量。3 月间，他将这支部队扩编成了拥有五个骑兵连的团级部队，他自己也被提拔为了上校。到了年底，他麾下又增加了九支连队。巴克斯特说："他特别注重把信教的人吸纳进他的部队：这些人比普通士兵更具理解力……他们打仗不是为了钱，而是为了公众福祉……"此外，一位时事通讯的作者在 1643 年 5 月这样写道："至于克伦威尔上校，他麾下有 2000 名勇敢的士兵，纪律非常严明；发誓赌咒的要罚 12 便士、醉酒的要被关禁闭或是处以更严厉的刑罚、如果一个人管另一人叫圆颅党，那他就要被革职查办。他们所到之处，民众皆箪食壶浆，并踊跃报名参军。如果所有的军队都像这样纪律严明，那该是多么幸福的一件事啊！"[16]

克伦威尔在1649年9月写过两封著名的信件，清楚地阐明了他的想法。在给威廉·施普林格爵士的信中他这样写道："我恳请您谨慎地挑选骑兵和他们的指挥官，因为少数正直的人要比拥有数量上的优势更为有利。他们必须要有时间进行训练。如果您选择虔诚正直的人作为骑兵队长，那些正直的人就都会追随他，他们的行为会更加小心谨慎……我宁愿有一个穿着朴素的黄褐色衣服的队长——他知道自己为何而战，也热爱自己所知道的东西——也好过拥有一个您所谓的绅士，除此之外我别无所求。我尊敬一位真正的绅士。"[17]1643年9月11日，他在给朋友奥利弗·圣约翰先生的信中这样写道："我有一群很棒的伙计，如果你认识他们的话，必然会尊敬他们。他们不是再洗礼派（Anabaptists），他们是正直冷静的基督徒：他们渴望被当作真正的男人！"[18]在这最后一句话中，隐含着克伦威尔整个纪律体系的秘密。

马斯顿战役之后，交战双方在1644年11月到1645年2月间进行了一系列失败的和平谈判[19]，而1月10日处决劳德的举动更是让谈判雪上加霜。[20]克伦威尔认为除非采取激烈的手段，否则绝不会在军事方面有任何起色。曼彻斯特伯爵——长老会的领袖——要寻求和平[21]，克伦威尔也要寻求和平，"但是要通过胜利来达成和平"。随着危机的加深，人们本能地倒向领导权所在的地方——也就是克伦威尔和东部联盟。威廉·沃勒爵士已经告知了议会，一支由地方民兵组成的军队斯绝不可能赢得这场战争。

克伦威尔决定在议会中解决领导权的问题，并坚持彻底肃清像曼彻斯特伯爵和埃塞克斯伯爵这样的政客将领。这个提议最后以《自抑法》（*Self-denying Ordinance*）的形式得以实现；根据这个法案，所有上下两院的议员都被解除了军政职务。12月19日，该法案在下院获得通过；1645年4月3日，上院也勉强接受了该法案。在克伦威尔提出《自抑法》的同时，两个王国①的委员会也在1644年11月23日接受了下院提出的建议，也就是"仔细考虑出一个适用于所有国民军的框架或模式"。下院建议成立一支2.2万人的军队——包括1.44万名步兵，以及7600名骑兵和龙骑兵——这支军队要定期发放军饷，而军费则从"经过评估是受此次战争影响最小的地区"的税收中支出。1645年1月11日，下院正式通

---

① 译注：指英格兰和苏格兰。

过了《"新模范军"法案》。2月15日，上院也接受了该法案。此后不久，一支国家常备军队便诞生了——这是一支遵循克伦威尔的宏伟理念的职业化军队。克伦威尔的理念带来了一场军事革命，正如弗里德里克·哈里森所写的那样："这支新模范军是按照'铁骑军'的架构组建的，也就是把国家的军队交由独立派和激进改革者的手中。"因为"新模范军"不仅仅是一支军队，他们还是一群"圣经武士"（Bible Warriors），"它本身便是一个议会——比起继续在威斯敏斯特召开的正式议会，它的规模更大、更加果断、在精神和意志的结合上也更为紧密。从这一刻开始，革命的动力就从下院变为了军队"。[22]

法案刚一通过，在克伦威尔的提议下，议会便投票选出托马斯·费尔法克斯爵士担任总指挥。时年33岁的托马斯是一名正直的军人，对各方均持不偏不倚的态度。托马斯之下是一位中将军衔的骑兵司令、一位少将军衔的参谋长兼步兵司令、一位中将军衔的炮兵司令，以及一位侦察兵司令，此外还有骑兵和步兵的军需官及副将。[23] 上述这些人和下级军官都是精挑细选出来的。不过，正如斯普里格所说的那样，他们中的某些人"与其说是军人，不如说是基督徒"。他们的军饷可以维持自己的生活，这在当时是很优厚的待遇了。

不过，步兵的征募工作却不太令人满意。虽然总共只需要1.44万人，但沃勒的军队只能提供600人，埃塞克斯伯爵只能提供大约3000人，而曼彻斯特伯爵也只能提供3500人。为了补足缺额，议会方只得又采取强征入伍的办法。尽管这样，直到1645年5月，步兵的缺额仍然有3000—4000人。这些步兵被编为12个团，每个团有10个连，每个连平均下辖120人——分别是78名火枪兵和42名长枪兵——他们每六个人组成一列。骑兵的征募工作似乎没有那么困难，因为总共只需要6600名骑兵和1000名龙骑兵。骑兵被编为了11个团，每个团下辖六个骑兵连，每个连有100人。这些骑兵配有剑、两支手枪、一个"壶"（也就是头盔），以及一个能保护背部和胸部的轻型胸甲。龙骑兵被编为一个团，下辖10个连队，他们装备有步枪——实际上，他们就是骑马作战的步兵。龙骑兵通常会排成10列，在战斗时有一列士兵会为其他九列的战友看管马匹。

迄今为止一直被忽视的炮兵部队也被重新组织了起来。全军最终配备了56门威力强大的火炮，其中一些火炮的口径为6英寸和7英寸，此外还有一些用于攻城的臼炮（口径为12英寸）。每门火炮配备三名操作人员，也就是一名炮手和两名助手。

火药被装在弹药筒或炮筒中进行运输。他们征召了两个团的燧发枪兵作为火炮的护卫部队，不过火炮的运输队伍仍然跟以前一样，是由应征的马车夫和出租马车夫混杂而成的。此外，在炮兵的队伍中还有一批工兵。不过，就跟现在一样，英国的士兵们很讨厌挖掘工事，因此当围攻开始的时候——比如1650年对爱丁堡城堡的围攻——英格兰和苏格兰的矿工们就被迫担负起了这项工作。

此外，"新模范军"里还有一些趣事发生：虽然红色外套并非第一次被用作制服[24]，而且克伦威尔之前也已将它作为东部联盟步兵的军服[25]，但直到"新模范军"成立它才被普遍使用，并一直沿用到了1914年。虽然"新模范军"的士兵配有背包，但却没有配备水壶。士兵们在行军时，要背着分拆成零件的帐篷；他们的食品配给主要是面包和奶酪。虽然"新模范军"没有野战医院，但却设有军法官和宪兵司令——他们和麾下一小队骑马的宪兵会致力于军队的"道德福祉"。鞭刑是一种被允许实施的惩罚，但鞭挞数量不能超过60下。虽然这支军队里有许多"圣徒"，但也有一个脆弱的罪人——他的军旅生涯在1655年7月"被一个年轻军人的诞生"所打断了。[26]

这支注定要征服国王和议会的非凡军队，已在王室的温莎堡集结待命。在斯基庞少将的带领下，他们换上了深红色的制服，开始进行训练。

当"新模范军"——保王党将其称为"新延迟军"（New Nodel）[27]——逐步成型之时，身处牛津的国王正在暗中注视着两个方向：一是向西前往康沃尔、德文郡、萨默赛特和多赛特，他可以在那里的海岸站稳脚跟，然后组建一个保王党的西部联盟以对抗圆颅党人的东部联盟；一是向北前往苏格兰，蒙特罗斯侯爵在那里取得的成功对他的事业有利。为了实施前一个计划，国王派遣戈林勋爵去围攻陶顿——戈林勋爵在1645年3月11日抵达该地。根据沃克的说法，这是鲁珀特出的主意，因为他希望"为自己一年前所遭受的失败，向苏格兰人复仇"。[28]

为了准备北方的战役，鲁珀特前往格洛斯特和赫里福德等地强征兵员，而此时国王也在牛津做好了与他会合的准备。然而，突然之间所有情势都发生了改变。4月20日，克伦威尔奉命向牛津以西进军[29]，以阻止查理一世和鲁珀特会师。在接下来的7天里，他夺取了数个坚固的保王派据点，并派出骑兵扫清了周边的乡村地区，从而完成了前述目标。不久之后，得知陶顿被围的议会震恐不已，立刻命令费尔法克斯和他那支半成型的军队（只有1.1万人）从纽伯里出发前往救援。费尔法克斯

711

遂于4月30日出发，并在5月7日抵达了布兰福德。

克伦威尔的突然袭击困住了查理一世——由于缺乏运输用的马匹，后者的炮兵无法行动。国王将鲁珀特所部召回了牛津，但当他发现鲁珀特的骑兵部队并不足以掩护自己转移之时，他又将戈林调了回来——后者遂将围攻陶顿的任务交给了理查德·格伦维尔爵士。就在费尔法克斯从纽伯里率军出征的同一天，戈林也回到了牛津。5月7日，国王在牛津召开了一次战时会议，会上有人劝他推迟北上的计划，转而攻击费尔法克斯，然后进攻布兰福德。鲁珀特对此表示反对，这显然是因为他麾下的那些北方骑兵——他们由马默杜克·兰代尔爵士负责指挥——都希望能返回故土；另一个原因则是"他对指挥部里有个竞争对手颇为嫉恨，而且他也很害怕指挥才能过人的戈林"。[30] 于是乎，太过于中庸的查理一世决定采取一种折中的方案：虽然这一方案可能会让双方都感到满意，但却也是他最终垮台的根本原因。国王把仅有的1.1万人分为两部，让鲁珀特率一部北上，让戈林率另一部向西前进。

这个决定又引发了另一个变化：议会刚一知道国王的行动，便下令费尔法克斯调转行军方向前去围攻牛津。沃克说道："这打乱了我们的计划。"克拉伦登指出："牛津的防御固若金汤……设想牛津会失陷是不可理喻的。"因此，对查理一世来说，没有什么比凭借牛津的坚固城防彻底击垮费尔法克斯更为有利的了。[31] 尽管如此，国王和他的臣僚们还是没有下定决心：究竟是让军队北上，去和5月9日刚在奥尔德恩取得大胜的蒙特罗斯会合呢？还是应该南下去迎战费尔法克斯呢？他们又一次商议出了一个折中的方案，计划把费尔法克斯从牛津引开，同时又避免向南行军。正如克拉伦登所言："我们得出结论，把他从那里（牛津）引开的最好办法就是占领某个议会控制的地区。"[32]

在符合条件的重要城镇中，离得最近的便是莱斯特——该城由罗伯特·派伊爵士率领的一支精锐卫戍部队防守。查理一世决心已下。在遭受了惨重的损失之后，保王党军队终于在5月31日攻占了莱斯特。几天后，查理一世写信给王后说："我可以谨慎地断言，自从叛乱爆发以来，我的事业从未如此充满希望。"[33]

实际上，查理一世此时的处境十分危险：他的北面是利文的部队，而南面则是费尔法克斯所部。他本应在莱斯特集结军队，但现在却一头扎进了此生最后也是具灾难性的泥沼之中。国王本已将戈林从西边召了回来，而杰拉德也正带着他那

3000名骑兵赶往南威尔士救驾。但杰拉德却突然收到了一道相反的命令，让他按兵不动，并命令戈林前去攻占纽伯格，之后或是迫使费尔法克斯解除对牛津的围攻，或是——如果做不到前一点的话——在国王从莱斯特向牛津进军时干扰费尔法克斯的行动。在下定决心开始行动之后，国王首先前往了达文特里，并在那里停留了五天时间，收集了大批绵羊（准备来充当牛津的补给）。6月13日，查理一世惊讶地得知费尔法克斯已经放弃了围攻，并率军向位于他东面15英里处的北安普顿挺进，而费尔法克斯所部要比自己的军力强大得多。

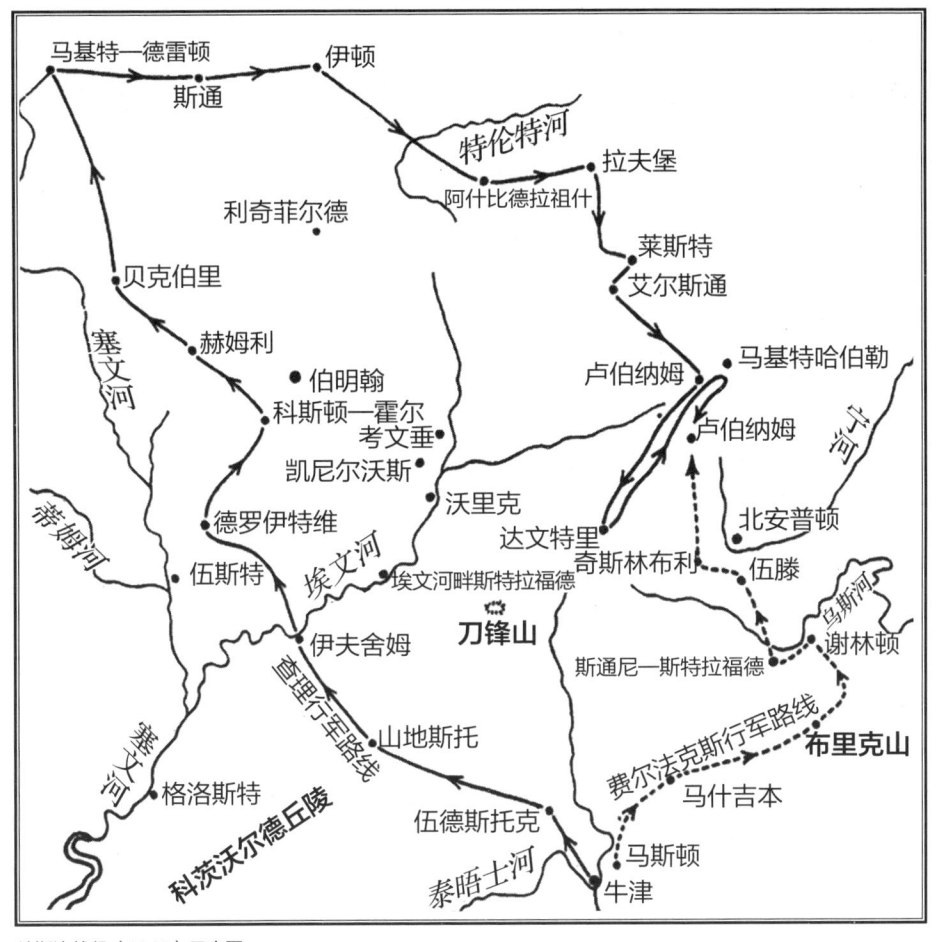

纳斯比战役（1645）示意图一

事情的经过是这样的。当议会得知莱斯特沦陷之后，便命令克伦威尔确保伊利岛的安全，希望以此来确保东部各郡无恙。同时，议会还命令费尔法克斯"撤除对牛津的围困，开始行动以确保联盟的安全"。[34] 6月5日，费尔法克斯开始向东北方向前进。6月7日，费尔默伊登上校率2500名骑兵在谢林顿加入了费尔法克斯的队伍。他们在这里召开了一次战时会议，决定上书国会，请求让克伦威尔担任空缺的中将一职，并接管骑兵部队的指挥权。6月9日，他们调转方向，开始向斯通尼—斯特拉福德进发。6月12日，他们到达了位于北安普顿大道上的奇斯林布利——此处距离达文特里只有大约八英里。

费尔法克斯的推进让查理一世大为震惊。斯普里格说："当时国王正在打猎，他的士兵们乱成一团，而战马都还在吃草——他们对我们的进攻毫不知情。"不过，由于费尔法克斯的步兵没有跟上，"再尝试进攻并非明智之举"。[35] 因此，费尔法克斯的军队开始安营扎寨。次日清晨大概6点钟左右，当他们正在召开战时会议的时候，克伦威尔带着600名龙骑兵赶到了——他"受到了将军们和全体士兵的热烈欢迎"。[36] 查理一世一刻也不敢耽误，他马上集合起分散的士兵，开始向着哈伯勒（即马基特哈伯勒）经发，打算返回莱斯特，并在那里集合从纽瓦克赶来的军队。当天傍晚，国王得知艾尔顿把鲁珀特的一支部队赶出了内斯比。于是他召开了一次军事会议，取消了撤往莱斯特的计划，取而代之的是"一个新的、仓促应战的计划；不管敌人身在何处，他们总是想要将其一举消灭"。[37] 就这样，6月14日一大早，在哈伯勒以南一英里处，查理一世在一片绵延起伏的山脊上摆下了阵势。

在哈伯勒以南大约七英里的地方，有一个坐落于小山顶上的村庄——纳斯比。那里当时被一片荒野所环绕，既没有城墙，也没有树木，整个村子被一些统称为"小山"的宽阔平缓的黏土质山脊分割开来。保王党的步兵司令将步兵布置在其中的一个山脊上，这个山脊就位于东法恩登和奥克森登—麦格纳之间。圆颅党人并未出现，到了上午8点左右，鲁珀特变得不耐烦起来，于是派出了斥候前去搜寻敌军。斥候并没有带回费尔法克斯军队的情报，鲁珀特便纵马向前，来到位于克里普斯顿南面的一处山丘上，他发现敌军正如自己所预想的那样全部撤走了。鲁珀特立刻命令阿斯特利所部前进到杜斯特山，后者遵令行事，放弃了其布置好的防御阵地。

实际的情况如下文所述（鲁珀特当时对此并不知情）：6月14日凌晨3点钟，费尔法克斯率军行进到位于纳斯比以南4.5英里处的某地。由于相信查理一世会撤退,所以他下令经由克里普顿直扑哈伯勒。完成布置后,费尔法克斯和他的将军们策马前进,但他们很快就发现保王党人并未撤退,而是在向哈伯勒以南进军。当费尔法克斯观察远处的敌军时,克伦威尔向他提出建议,指出相较于位于纳斯比东北和东法恩登—奥克森登—麦格纳正南方的那道山脊,磨坊山似乎更适合作为阵地。因此,正在朝磨坊山前进的部队收到了命令,开始调转行军路线。当斯基庞麾下的先头部队正在列阵之时,他也接到命令要求他们从山的北坡撤到南坡上来。斯普里格是这样解释这一行动的:"……但是考虑到把我军布置到敌人看不到的地方可能对我们有好处……我们从山脊往后撤了大约100步的距离,这样一来敌人就看不到我们的阵形,也就看不到我们的弱点了。不过,我们却能看到敌人的阵形。"正是这一后撤的举动使得鲁珀特误以为他的敌人正在撤退,于是他匆忙放弃了坚固的防御阵地,然后就像斯普里格所说的那样,"把许多大炮留在了原地"。[38]

紧接着查理一世也集结了他的部队——不超过4000名骑兵和3500名步兵。[39]他把这些兵力布置为三纵列。阿斯特利指挥步兵在第一纵列的中央,其右侧是鲁珀特麾下的骑兵,左侧是兰代尔的骑兵——他们都分别以中队为单位排成两列。第二纵列由霍华德指挥的步兵组成,各步兵团中间布置有骑兵中队。第三纵列为国王和鲁珀特指挥的步兵团,以及大约500人左右的国王近卫骑兵。

费尔法克斯所部的6500名骑兵和7000名步兵也被布置为平行的两列。第一列由斯基庞所率的步兵居中(前面还有一队敢死队),他的右侧是克伦威尔的骑兵,左侧是艾尔顿的骑兵;第二列由三个步兵团组成。为了保护整个阵形的左翼,奥克利的龙骑兵团沿着"兰特福德篱墙"展开;这道篱墙横穿了整个战场,从费尔法克斯军队的左翼一直延伸到查理一世军队的右翼。

上午10点钟,战斗正式打响。保王党军队冲入了布罗德荒原,开始攀登对面的山脊。此时,圆颅党人已经爬到了山顶。艾尔顿突然被子弹击中,身负重伤,而他所在的左翼军队立刻发生了混乱。鲁珀特见状便立刻发起冲锋,将敌军的两列部队挤到了一起,然后把他们全都逐出了战场。跟往常一样,鲁珀特的部下再度失控,他们在敌人后面紧追不舍,一直将敌军赶进了纳斯比。在那里,鲁珀特命令费尔法克斯的火炮部队投降,但却被担任护卫的燧发枪兵给赶了回来。

根据沃克的记述,此时保王党军的阵线中央的情况是这样的:"我们的军队刚刚向山上推进,叛军火炮只进行了五轮射击,并且都因为瞄得太高而没有打中——他

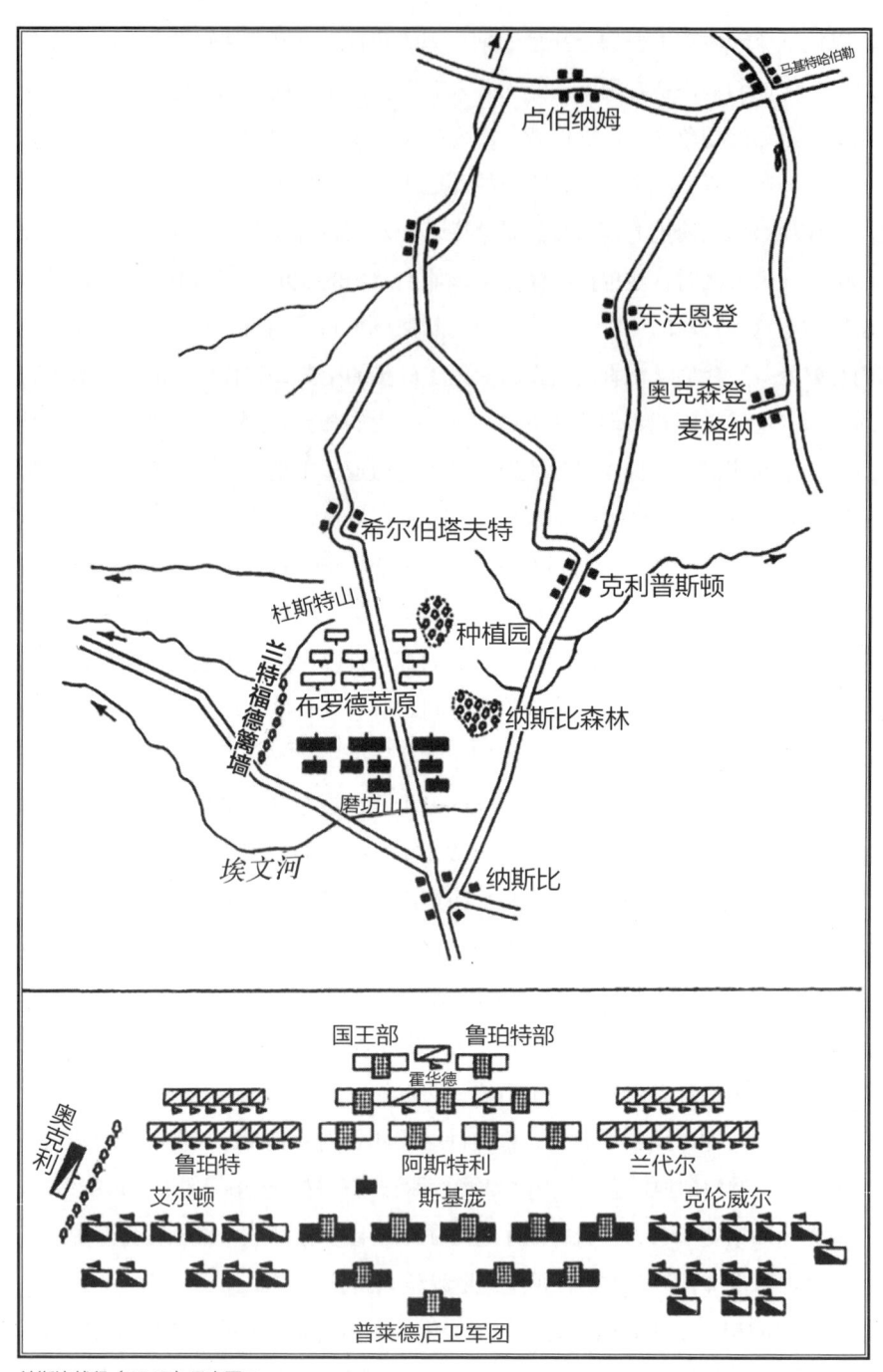

纳斯比战役（1645）示意图二

们的火枪兵亦是如此。双方步兵直到进入步枪的射击距离内才互相发现了对方，因此双方只进行了一次齐射；肉搏战中，我军的剑和枪托发挥了很大的作用；我看到他们的战旗纷纷倒下，他们的步兵也陷入了巨大的混乱之中。假如我方的左翼能发挥步兵或右翼军队一半的作用，我们在几分钟之内就能赢得一场光荣的胜利。"[40] 斯基庞在激战中受了重伤，而他的前锋部队也在混战中被赶了回来。就如加德纳教授所说的那样："无论哪个指挥官能利用骑兵那压倒性的力量解决中央阵线步兵的混战局面，他都能让整个英格兰臣服在他的脚下。"[41]

这位指挥官就是克伦威尔。他率领3600名骑兵冲下山坡去迎战兰代尔所部。当接近敌军之时，克伦威尔发起了冲锋[42]，整个圆颅党军的右翼都用"快步"向前推进。华里所部在左侧击溃了"兰代尔的两支部队，并把他们赶回了鲁珀特亲王的团……他们逃到那里避难并重新集结起来……与此同时，右翼的其余部队被他们右方的荆棘丛所困，行动起来困难重重；此外那里的地面也崎岖不平，只有一条羊肠小道……尽管如此，他们还是赶来与敌人左翼剩余的骑兵交战，但却被敌人所击溃并陷入了极大的混乱之中"。[43]

克伦威尔此刻展现了他作为一名骑兵将领的能力。他没有像鲁珀特那样乘胜追击，而是命令三个团去继续对付已被击败的敌人骑兵，然后便将其余部队向左回旋，去攻击阿斯特利那暴露的左翼。与此同时，查理一世率领他的骑兵预备队前来对付克伦威尔那三个团的追兵。就在此时，发生了一个非同寻常的意外事件。卡拉伦登对此事的记载是这样的："国王……即将对敌人发起冲锋的当口，他当时的卫队队长卡内沃斯伯爵——此人从未被怀疑过有什么背叛行为，但在这种情况下国王也不会去向他征询意见——突然冲上前来抓住了国王坐骑的缰绳，在骂了几句苏格兰脏话（伯爵是苏格兰人）之后对着国王说道：'你现在是去找死吗？'国王陛下还没反应过来他到底要干什么，伯爵就调转了马头，并向所部军队大喊：'向右前进。'这使得他们既没有向敌人发起进攻，也没有前去增援友军。伯爵所部听到命令后，全都调转马头疾驰而去，这让别人全都误以为他们的行进方向才是对的。"[44]

保王党军队的中路现在孤立无援：克伦威尔挡在他们的前面，还在攻击他们的侧翼；奥克利则率所部龙骑兵从驻守的篱墙后冲出，开始从后面攻击他们。保王党军队彻底丧失了秩序，随着圆颅党人的步步逼近，他们一个团接一个团的缴械投降。就在此时,鲁珀特赶了回来;他意识到尝试去营救那些步兵已绝无可能,于是他从这些逃兵身边飞驰而过,然后赶去和国王会合。鲁珀特的骑兵已经溃散了;在面对克伦威尔那如洪水般的进攻时,他的士兵拒绝迎战,纷纷倒戈,跟在圆颅党军的身后飞奔而去。查理一世的残兵败将穿过哈伯勒继续逃命,一直跑到莱斯特才停下来。

这是一次彻底的胜利,正如克拉伦登所说的那样:"国王和王国都在这一场战役中输光了。"[45] 费尔法克斯俘获了 5000 名战俘、12 门火炮和保王党军的全部辎重。此外,他还缴获了 8000 支武器、40 桶火药和 112 面战旗。保王党军的确切伤亡数字并不清楚,但据估计阵亡了大约 700 人,在逃跑过程中又伤亡 300 人;在这些人当中,有大约 100 名爱尔兰妓女被残忍地击打头部而死,而英格兰妓女则被划伤了面颊,以"让她们永远丑陋"。[46]

对国王来说最严重的损失就是自己的私人文件被缴获了,其中大多是他写给王后的信件的草稿或副本。[47] 从这些文件中,人们发现国王曾向爱尔兰人和外国军队寻求过援助,并曾经考虑过废除英格兰的反天主教法律。国会立刻印发了大量此类能够中伤国王的信件,并隐瞒了所有能够维护国王声誉的那部分。[48] 虽然这种手段极不光彩,但却很精明,它确实给国王带来了巨大的伤害。[49] 沃伯顿评论道:"如果阴暗狡诈的克伦威尔或工于心计的皮姆的私密通信被他们的敌人公之于众的话,相较于国王,他们俩还能在世上立足吗?克伦威尔声称对一个流氓要无赖是合法的,而皮姆则把这奉为至理名言。"[50]

纳斯比战役最重要的结果并非是国王的失败,亦非他名誉所受的诽谤,而是此役乃是由以独立派为主体的"新模范军"取得了胜利。正如玛格丽特·詹姆斯所指出的:"独立派在纳斯比的胜利进一步削弱了长老会制度仅剩的一点生气。"根据肖博士[51]的说法,"新模范军"的胜利摧毁了支持长老会严苛统治的民兵武装,使长老会的信条受到了致命的打击,而这正是长老会所担心的。[52]

6 月 14 日,克伦威尔从哈伯勒向议会下院议长递送了一份有关此次战役的报告,议会立刻就审阅了这份简报。报告的最后是这样说的:"诚实之人在此战中恪尽职守。先生们,他们是可靠的,我以上帝的名义恳求你们不要打击了他们的士气。我希望这一战能激起所有相关人员的感激与谦卑之心。为了国家的自由,他们不惜以身试险。对此,我既希望他们是因为笃信自由而信奉上帝,亦希望诸位能珍视他们用斗争换来的自由。"[53]下议院认为这是对长老会专制统治的直接挑战，因此在印刷和公布这份报告的时候特地删去了这一段。

纳斯比战役与马斯顿荒原战役的不同之处在于，获胜方如果能够在战役结束之后迅猛地扩大战果的话，后者会让议会战胜国王，而前者则会让独立派凌驾于议会之上。纳斯比战役将英格兰从苏格兰教会[54]那行将就木的专制统治中解救了出来，却将克伦威尔那激进的专制统治强加给了这个国度。人们将在之后的"摄政时代"（Interregnum）中看到纳斯比战役对历史的影响。

战争又延续了一年，查理一世的境况变得越来越差。1646年5月5日，由于害怕落入议会的手中，绝望至极的查理一世投降了苏格兰人。然而，苏格兰人却在1647年1月把他交给了议会，以此清偿自己欠下的总计40万英镑的债务，但他们并未交出纽卡斯尔伯爵。

就这样，议会重新把国王以及他所代表的所有宪法权威掌握到了自己手中；为了利用这一点，并在全英格兰建立起长老会制度，议会两院在1647年3月接受了一项旨在遣散军队中所有步兵的计划。不过，艾尔顿和克伦威尔知道军队是唯一能够遏制长老会狂热迫害的力量，因此他们设想了一个完全不同的方案。他们认为，由于国王是一切权威的源泉，而军队是一切权力的根源，如果能将二者结合在一起，那么独立派的地位便无可撼动。因此，在5月31日——也就是军队即将被遣散的前一天——克伦威尔命令传令官乔治·乔伊斯骑马赶到霍尔姆比，将关押在那里的国王带到了位于纽马基特的军队总部。为了避免遭到惩罚，克伦威尔于6月7日在费尔法克斯的陪同下赶到了那里。

独立派中最狂热的当属艾尔顿，此人的性格比克伦威尔更加果断坚决，因为后者总是把自己的烦恼诉诸上帝。7月17日，艾尔顿为军队草拟了一项被称为"建议要点"（Heads of Proposals）的政策。根据这一政策，主教们将被剥夺强制管辖权；《盟约》将被搁置；新教各教派都将享有完全的宗教自由；现存的议会将自行解散；未来的议会将是两年一届；议会将下设国务委员会（Council of State）来管理外交政策、民兵和舰队。此项政策颇有政治家的风范——当它被提交给国会之后，军队便奉命向伦敦进发，并于8月6日入城。

从此刻开始直到10月底，克伦威尔都在竭尽全力地试图按照"建议要点"的各项条款来恢复国王的统治，但是查理一世却拒绝在此基础上进行合作——他只愿接受无限制的治权。国王和苏格兰人签了一个秘密条约，承诺于三年之内在英格兰建立长老会统治并镇压所有其他教派，而后者则承诺帮助他完成复辟。这一举动导致了第二次内战的爆发，而这一次内战直到1648年8月17日的普雷斯顿战役之后，才被克伦威尔彻底终结。

艾尔顿对查理一世彻底失去了耐心，他在10月起草了"军队抗议书"（Remonstrance of the Army），坚持主权在民的观念，并要求迅速对国王进行审判。比起国王，议会更害怕艾尔顿，因此拒绝接受军队的支配。于是，为了彻底清除下议院中可能支持国王的人，艾尔顿在12月6日派普莱德上校带了一个团前往议会并在议会门口逮捕了40人，之后又逮捕了大约100人。剩下来的人被称为"残缺议会"（Rump）。

圣诞节前不久，查理一世被带往温莎。在那里，议会向他发出了最后通牒。然而国王拒绝会见上院的代表登比勋爵，因此下院通过一项法令来设立了法庭，并以叛国罪起诉了他。上院——此时只有不到12人——拒绝接受下院的这一决定，但下院对此不屑一顾，并在1月6日通过了一项法案，成立了一个由135名委员组成的法庭来审判国王，但这个法庭并没有获得宪法或法律上的授权。1月19日，审判开始，查理一世非常恰当地对法庭的权威性提出了质疑。法庭驳回了他的质疑，并在1月27日判处他死刑。1月30日，在一群沉默而惊恐的人们面前，国王以高贵而平静的态度在他的宫殿——也就是怀特霍尔宫——前迎来了生命的最后时刻。

为什么当查理一世拒绝会见登比勋爵之后，一直竭力保全他的克伦威尔会忽然转变态度，并最终在对国王的审判中扮演了主要的角色呢？[55] 我们只有先了解克伦威尔是个怎样的人，才能理解这一态度上的转变。作为一位公正但敌对的见证者，克拉伦登对克伦威尔做出了如下评价：

他是这样一种人：即使是他的死敌，在声讨他的时候也对他不吝赞誉——因为如果没有极大的勇气、勤勉和决断力，他都无法干出现在一半的恶行。他一定对人的本性和性情有着极好的理解，并且十分善于利用这些。他虽然出身于一个良好的家庭，但身份却并不显赫。他没有爱好、没有地位、没有盟友，也没有友谊，却能够让自己爬到现在这样高的位置。他的身上混杂着这些相互矛盾的脾气秉性……他敢去做那些善良之辈不敢做的事，并且完成了只有伟大勇敢之人才能做成的事情……然而，如果没有一种伟大的精神、一种令人钦佩的谨慎和睿智，以及一个最为宏伟的志向，他的那些罪大恶极的计划是不可能继续下去或得以完成的。[56]

尽管这似乎是一个公正的评价，但它并没有阐明克伦威尔那非常复杂的性格特征。对克伦威尔我们不能一言以蔽之，也就是说他不是一个能够被人们简单概括的人。实际上，克伦威尔的性格十分多样复杂。因为他在做每件事情的时候都很强势，所以他的每一种性格都能凭借其惊人的活力相互联系起来。首先，他是一个非常人性化、单纯而富有同情心的人，是一个浪漫主义者和梦想家。其次，他是一个暴力、狂躁且易怒的恶霸。再次，他是一位果敢，且有着铁一般意志的将军，很少甚至从不违背自己的常识与原则。第四，他是一个精于算计的政治家，一个善于投机之人，所作所为并没有一定之规。最后，在他的潜意识中，他乃是"上帝和基甸①之剑"，是上帝意旨的解释者，因此他敢于做出任何残暴之事。

我们知道克伦威尔是如何看待自己的。克伦威尔喜欢把自己比作一个"负责维持教区治安"的好治安官[57]，比起治理国家，他更愿意待在自己的林地里放羊。[58] 尽管我们无权去怀疑他的诚实，但这位令人尊敬的、田园诗般的乡村警察多半是他自己幻想出来的，因为他是一个有暴力倾向的人，常常发出雷霆般的怒气；他会头戴帽子，手持利剑冲入伊利的大教堂，并冲着讲道坛上的牧师大喊："别说傻话了先生，滚下来吧。"他还会用诸如"嫖客""酒鬼"和"腐败分子"这样的绰号来诋毁派系林立的议会。此外，在迎战李尔本的叛军时，他突然兜转马头，挥舞着利剑冲入敌阵，驱散惊慌失措的叛军并迫使他们射杀了自己的头目。

克伦威尔完全是一个投机主义的政客。正如他曾说过的那样，他之所以要爬到如此之高的位置，是因为他并不知晓自己宿命的结局。实际上，除了完全地臣服于

---

① 译注：《圣经·旧约》中的犹太英雄。

上帝之外，他从来没有别的政策。因此，他在处理每一件事的时候都遵照上帝的旨意；他只看事情是否要做，却不顾事情的后果。他鼓吹宽容，但却睚眦必报；他强调公开讨论事情，但实际上却压制言论。直到他处在跟查理一世同样的位置上时，他才真正明白国王所面临的问题。那么，他是如何着手解决这个问题的呢？克伦威尔步了国王的后尘，但他施行的暴政要远甚于后者。

作为"上帝和基甸之剑"，他认为上帝已经预先设定了剧本，世上之事皆是命定，自己无论做什么都是徒劳。因此在面对问题之时，他就会祈求上帝明示问题的解决之道；当他从上帝那里得到保证之后，他就会把事态的发展都看作是上帝的安排。像所有的清教徒一样，他也是一个"无意识的伪善者"，因为一个人无论做出多么残暴的行为，他都能在《圣经》中为自己找到辩护的理由。因此，克伦威尔是通过"自欺"的方式来"欺人"的。

1649年11月25日，克伦威尔在沃特福德给下院议长写了一封信，阐明了他关于"神意"的信条。他在信中这样写道：

因此，为了寻求上帝的指引，他们决定派雷诺兹上校率领一大队骑兵和龙骑兵前往卡里克……

面对这确凿无疑的事实（这其实只不过遵从是上帝的指引），敌人感到十分不安，他们满怀怒火地向着卡里克进军……

先生，对于这些事情能说什么呢？这是人力所能做到的事情吗？这是凡人的智慧、谋略或力量所能达成的吗？能做成此事的唯有上帝。上帝会诅咒那些胆敢怀有异心的人和他的家族。先生，你看，这件事便是由神意所达成的。[59]

这一信条既是他力量的源泉，也是他诸多暴行的根源。1649年1月，他从约尔发出了一封充满咆哮的长信。他的这份宣言是为了让"受到蒙骗和诱惑的爱尔兰人民不再受骗"，在其中我们可以读到以下内容：

我要让你们吃点苦头，让你们看到上帝不是站在你们那边的……

你们是敌基督的人，而《圣经》上说得很清楚，敌基督的国度是浸泡在鲜血之中的；是的，"浸泡在圣徒的血里。尔等已经让圣徒流了许多血了；用不了多久，尔等必成饮血之人；盛怒之杯的残渣和上帝的怒火都要倾倒在尔等身上！"

但是对那些坚持信念并继续战斗的人来说，他们必将看到上帝的旨意（它被错误地称为战争的可能）将会加诸尔等身上。⁶⁰

这确实是一段不祥的谶语，因为克伦威尔自认为是上帝的治安官，而罪犯恰好就是天主教徒。此时，他的脑海中一定满是撒母耳在吉甲当着上帝的面把亚甲剁成肉酱的场景①。

在德罗赫达、韦克斯福德以及其他地方，当地的驻军和平民似乎也不分青红皂白地遭到了屠杀，这些暴行有时会持续好几天。被活捉的牧师立即就会被吊死，投降的军官则会被"锤击头部"；士兵们要么被残忍地杀害，要么就被运往巴巴多斯。对于这种野蛮行径，克伦威尔在1649年9月17日写给下院议长的信中这样写道："我确信这是上帝对这些野蛮的可怜人进行的公正审判……荣耀尽归吾主，因此这些都是善行。"⁶¹

克伦威尔的暴行中有些是被夸大了的，有些则是被掩盖了起来的，但这并不能改变下述这样一个事实：在长达12年的爱尔兰战争中，大约有50万人死亡，当地人口下降到了不足100万人。⁶²

在查理一世受审之时，克伦威尔一直跪在地上为这场审判祈求正当的理由，而上帝的灵也再一次降临到他的身上。他在判决宣布之前就签署了执行死刑的命令，而当有些法官不愿签署执行令时，他把其中一人拖到了桌子边，握着这人的手强迫他签字；他还从另一个人手中夺过笔，狂暴地把墨水甩到了之前那人的脸上，然后发出一阵歇斯底里的笑声。⁶³

克伦威尔就是这样一个人物，他专横、暴力、多疑并沉迷于上帝。他在查理一世被处决之后接管了政府，并开始统治大不列颠长达10年之久。

如果说查理一世和议会之间的矛盾单纯是一个财政问题的话，那么在他死后这一问题可能会得以友善地解决；但归根结底，他们的矛盾乃是一场宗教争端：在宗教感情上，独立派对长老会的敌意并不亚于他们对圣公会教徒的仇视。

---

① 译注：根据《圣经》，撒母耳是以色列最后一位士师，也是以色列第一位先知；吉甲则是犹太人渡过约旦河进入迦南后的第一个营地；亚甲则是对敌视犹太人的亚玛力王的普遍称呼。

国王被处决的结果就是,现在是克伦威尔取代了前者来忍受这份煎熬了。克伦威尔如何处理宗教争端不是我们所关心的话题,不过他为了转移公众对其暴政的注意,采取了一种侵略性的外交政策。而为了执行这一外交政策,首要的任务便是建立一支强大的海军,这一点——而不是他对君主制的压制——才是纳斯比战役带来的真正的和永久性的红利。

虽然不免有些牵强,但查理一世用专门的造船经费打造的舰队中完全没有使用武装商船,因此可以算得上是英国职业海军的起源。这支舰队有着很强的实验性质,因此人们通常认为它只有在英联邦体制下才能永久地维系下去。11 年间,皇家海军增加了不少于 207 艘新舰艇。

1638 年,查理一世任命了一位海军元帅来指挥他的舰队;当叛乱爆发时,海军宣布支持议会,并由沃里克伯爵出任海军指挥官。同时,议会设立了一个海军委员会(Navy Commissioners)来取代旧的海军机构,并在 1649 年废除了海军元帅一职,取而代之的是一个海上事务委员会(Committee of Admiralty)——1652 年,该委员会的成员都成了海军部的专员。在国务会议的领导下,正是海军委员会和海上事务委员会这两个机构开始联手创建。海军委员会让"新模范海军"能按时获得优厚的报酬、注重船员福利,并为他们提供标准化的食物供应。海上事务委员会则关注司法问题,并且发布了初版的《战争条例》——这后来成了海军所有法律和纪律的基础;委员会任命了三位"海军将领"(Generals at Sea)——他们分别是爱德华·波帕姆、理查德·迪恩及罗伯特·布莱克——来负责船只的分配和调动。在上述三人中,布莱克对海军的指挥和战术产生了深远且持久的影响。

1649 年的时候布莱克已经 50 岁了,他是一个对海洋了如指掌的商人。他那个年代的所有商船上都配有武器以对抗海盗和私掠船,因此他可能有过一些海上作战的经验。在第一次内战中,他曾在"新模范军"中做过团长,再加上他的航海经验,克伦威尔便选了他作为"海上将军"(不久便改称海军上将)中的一员。[64] 克拉伦登是这样评价布莱克的:

他是第一个不再墨守成规之人,并且表明了人们可以比想象中更快地获取科学知识;他蔑视那些人们长久以来遵循的规则,而这些规则是为了让船只和船员远离危险;在过去,能够遵守这些规则的船长一直以来都被认为是非常有能力且谨慎之人,仿佛一名船长必备的首要技能就是确保船员能够安全回家一样。他是第一个用船去和岸上的堡垒较量的人,而那些堡垒曾被视为坚不可摧的存在;但布莱克却发现了这些堡垒只能虚张声势,而很少能够造成实质性的伤害。他是第一个把这种勇气灌输给水手们的人;他通过实践让水手们知道,只要下定决心,他们就能做出一番伟业。他不仅教会水手们如何在水上作战,还教导他们如何在火中战斗。虽然他有很多优秀的模仿者和追随者,但布莱克是这种海军勇敢精神,以及凭借勇敢果决取得成就的第一位榜样性人物。[65]

在其实力日益增长的舰队的支持下,克伦威尔按照古斯塔夫·阿道夫在《福音全集》(Corpus Evangelicorum)中所规划的路线,开始着手在欧洲建立一个由英国主导的新教帝国。后来,他甚至在1653年向荷兰人提出了一个惊人的提议:英国和联合省应该瓜分这个地球上,除欧洲以外的所有的宜居之地。但是荷兰人在英国内战期间抢走了后者很大一部分的海上运输贸易,而且他们此时也已经摆脱了法国的威胁,因此拒绝在这样一个方案中做"次级合伙人"(这一方案必然会导致他们在商业上从属于英国人)。1651年10月9日,当荷兰人拒绝了他的提议之后,克伦威尔便抛出了《航海法案》(Navigation Act)作为对荷兰人的报复。该法案规定,除了英国及其殖民地的货物,禁止进口任何来自亚洲、非洲或美洲的产品;对于其他欧洲国家,除了用英国船只或原产国船只运输的货物外,也一律禁止进口。该法案打击了荷兰的商业霸权,结果新教徒非但没有联合,反而是相互争吵起来。1652年5月19日,荷兰海军上将特罗姆拒绝接受英国人的搜查,第一次英荷战争就此爆发——战争一直持续到1654年4月5日,才以对英国有利的结果而宣告结束。

克伦威尔在欧洲构建一个新教帝国的企图破灭了,因此英荷战争结束后不久,他就决定支持法国对抗西班牙;他这一次的目标更为实际,那就是寻求建立英国的海外帝国。克伦威尔此次行动的动机依旧是复杂的:一方面,他认为将西班牙人逐出他们的殖民地是服务于上帝的意志;另一方面,根据科克的说法,他是要获取"金山"[66]来为英国服务。当克伦威尔提议对西印度群岛进行远征的时候,他对他的委员会说道:"上帝不仅将我们带到了这世间,还告诉了我们处理内外事宜皆需果断。所以,我们在经过深思熟虑之后决定放手一搏。"[67]因为西班牙是一个天主教国家，是注定要灭亡的，因此克伦威尔并不认为对西班牙发动偷袭有什么不光彩的地方。1654年12月，英国远征军出航并占领了牙买加，这一无理的强盗行径导致西班牙向英国宣战。之后，克伦威尔又和法国结成了进攻性的同盟：法国人将在英国舰队和6000名士兵的帮助下攻占敦刻尔克、格拉沃利讷和马尔戴克，以便他能够在欧洲大陆上建立一个桥头堡，从而支持北欧的新教事业。说来奇怪，法国人居然同意了。1657年5月，英军分遣队在布洛涅登陆了。9月25日，马尔戴克宣布投降；1658年6月14日，联军发起杜内斯战役并取得胜利，该城宣布投降并被移交给了克伦威尔。很快，格拉沃利讷、乌登纳德、梅嫩和伊普尔也相继被征服了。

1658年9月3日——也就是邓巴和伍斯特战役的周年纪念日——克伦威尔逝世了。此时的西班牙也已经筋疲力尽，开始寻求与英法两国议和，双方在1659年11月7日签署了《比利牛斯和约》。根据该条约，阿韦讷、鲁西荣、菲利普维尔和马林堡被割让给了法国，阿尔萨斯和洛林（附带有某种条件）也割让给了法国。此外，西班牙同意将腓力四世的女儿、玛利亚·特蕾西亚公主嫁给法王路易十四，不过附加条件是西班牙方面在付清公主的嫁妆钱之后，她就要放弃西班牙王位的继承权——不过这笔款项始终没有结清，因此路易十四后来索性就无视了这个附加条件。

虽然英荷战争让英国获得了一些经济上的好处，但西班牙战争却是一场灾难：它让法国得以独霸欧陆；战争破坏了英国的贸易，却让荷兰人渔翁得利；战争造成了英国经济的严重衰退，并使公共债务飙升到了超过250万英镑。[68]玛格丽特·詹姆斯这样写道："'摄政时代'同时出现了政治和经济上的动荡，因此伦敦作为反抗查理一世的大本营，却会张开双臂欢迎他的继任者也就不足为奇了。"[69]

尽管克伦威尔的外交政策失败了，他在国内也完全无法建立起一个议会制政府，但他还是给自己的国家留下了一笔非常丰厚的遗产。他曾在1647年这样说过："我身居如此高位，却不知何去何从。"这颇有先见之明。九年之后，他又说道："这些问题和事情并不是能预见到的，它们都是天意。"——他又一次说对了。这一时期的问题诚如玛格丽特·詹姆斯所评价的那样：

> 在国内，一种积极信仰的教义有助于人们认可日益增长的工业主义。在国外，

它则帮助人们认可了帝国主义初期的阴暗面。上帝的选民应该比其他人处于更高的地位,这样才能使上帝获得荣耀;基于同样的理由,被上帝选中的国家也应该通过支配其邻国来荣耀上帝。一位作家曾这样说过,一个国家应该时刻准备进攻和征服新的省份,同时也要保卫现有的领土,"因为对基督徒来说,拥有得越多(当然要善加利用),便会获得更多的恩赐。这些财富便是你坚固的堡垒"。[70]

就这样,工业文明和帝国主义从清教徒的宗教迷雾中显现出来,成了英国文明的基石。尽管这并非克伦威尔和他的将军们所梦想过的那种文明,但自纳斯比战役以来他们的强权政治唤醒了这一文明。祭祀已经结束,神谕也已应验,一个新的时代业已来临。英国很快就要扮演古罗马曾经扮演的角色,在以后的250年里,大英帝国的势力将遍布七海。

注解

1. 斯普里格是费尔法克斯的私人牧师。详见 *Anglia Rediviva:History of the Army under Sir T.Fairfax (1854 edit.)*, p.8。
2. 引自 *Life of Sir Edward Cecil,* Viscount Wimbledon (1885 edit.), vol.II, p.399。
3. 引自 *Bechmoth or the Long Parliament,* Thomas Hobbes (1889 edit.), p.4。
4. 引自 *Life of Sir Edward Cecil*,vol.II, pp.74,79。
5. 在另一本写于1574年的小册子（*Dialogue between Mercury and an English Soldier*）中，里奇写道："当虔诚的治安官觉察到战争要爆发时，他预见到了过境的士兵们将会带来的无穷无尽的危险以及各式各样的麻烦，他不愿意看到一个正直的人在采买商品的路上以身涉险。因此，治安官一旦发现某些闲晃的家伙、酒鬼、扰乱治安的人或是偷鹅贼，他就会把这些人移送到某个王子那里去当兵。"
6. 英格兰当时的总人口大约是500万人，其中有大约35万人居住在伦敦。
7. 得益于查理一世收取的船税，英国海军的状态良好。此时的英国海军有16艘战舰位于唐斯，还有2艘战舰在爱尔兰水域。
8. 之所以如此称呼议会军中的清教徒，是因为他们通常留着短发，而骑兵们则留着小卷发。
9. 他是最早的一批铜板雕刻家之一，并且醉心于科学和枪炮操作。他既是一名优秀的军人，也是一名优秀的海员。
10. 引自 *Charles and Cromwell,* Hugh Ross Williamson (1946), p.108。
11. 引自 *The Cambridge Modern History,* vol.IV, p.307。
12. 同上，vol.IV, p.306。
13. 主教制度代表了宗教统治中的君主制形式，长老会代表了官方贵族对宗教的集体控制，而独立派则代表了宗教中的民主原则。
14. 引自 *Speech XI, Carlyle's The Letters and Speeches of Oliver Cromwell* (edit.S.C.Lomas, 1904), vol.III, pp.64—65。
15. 同上，vol.III, p.66。
16. 同上，vol.III, p.62。
17. Letter XVI, 同上，vol.I, p.154。
18. Letter XVII, 同上，vol.I, p.156。
19. 查理一世准备做出的让步隐约地预示了最终的解决方案——这一方案在1689年宣告整件事情最终尘埃落定……他是这样对议会的委员们说的："有三件事我绝不妥协——教会、我的王位和我的朋友。"……从此刻开始，直到国王生命的尽头，正是对这三件事的坚持让每一次谈判都以失败而告终。（*Charles and Cromwell,* Ross Williamson, p.130.）
20. 对他的审判甚至比对斯特拉福德的审判还要无耻：下院僭取了权力，可以随心所欲地把任何犯罪都认定为叛国罪。（参见 *History of the Great Civil War,* Samuel R. Gardiner, 1889, vol.II, p.48）
21. 曼彻斯特伯爵曾说过，"即便我们打败国王99次，他仍然是国王，他的子孙后代也还是国王。但如果国王打败了我们，那我们都会被绞死，而我们的后代都将变成奴隶。"至少曼彻斯特伯爵看到了他的下场，但克伦威尔却没有。后者没有计划，也没有明确的目标，他人生道路上每一个转折点都是通过祈祷来决定的。加德纳这样评价过他："克伦威尔需要铁一般的事实的冲击来清醒他的头脑，但他一旦头脑清醒了，就会用无情的决心和目标来指引他的行动。"
22. 引自 *Oliver Cromwell,* pp.85, 86。
23. 有关这些高级军官的完整编制，请参见 *Fortescue's A History of the British Army* (1899). vol.I, pp.220—222。
24. 书中提到士兵制服的颜色应该是"红色、泥灰色、茶色和深红色，这在战场上颇为显眼"。
25. 在1644年3月纽瓦克解围战中提到了"诺福克红衣军"，后来"红衣军"就成了"英国兵"的代名词。参见 *The Red-Coat's Catechism,* 1659。
26. 引自 *Firth's Cromwell's Army,* p.301。

27. 引自 *Anglia Rediviva,* Joshua Sprigge, p.13。
28. 参见 *Historical Discourses upon several occasions relating to Charles I,* Sir Edward Walker (1705 edit.), p.125。沃克是国王的战争大臣。据克拉伦登所言，整个冬天鲁珀特都在"迫使国王下定决心'向北进军，赶在费尔法克斯将训练完毕的新模范军投入战场之前在约克郡击溃苏格兰军队'"。(*The History of the Rebellion and Civil War in England,* Edward Earl of Clarendon〔1807 edit.〕, vol.II, part II, book IX, p.973.）
29. 根据《自抑法》的规定，从接到该法令开始，那些受到影响的官员有40天的时间来交接职务。此时克伦威尔尚在这个限期之内。
30. 参见 *Historical Discourses,* Sir Edward Walker, p.126。据克拉伦登所言，"亲王看出戈林是一个机敏之人，也是一个优秀的演说家，在所有的辩论中都能得到国王的鼎力支持。亲王对此很是嫉妒，因为凭借着与迪格比勋爵的交情，戈林很快就会在陛下那里得宠，而亲王自己的名望就会黯然失色"。(*The History of the Rebellion,* etc., vol.II, part II, book IX, p.975）1644年，鲁珀特和迪格比勋爵，以及勋爵下属的戈林及威尔莫特发生了争吵。跟往常一样，国王在两派人之间摇摆不定。
31. 引自 *The History of the Rebellion,* etc., vol.II, part II, book IX, p.978。
32. 同上，vol.II,part II, book IX, p.978。
33. 引自 *Anglia Rediviva,* Joshua Sprigge, p.27。
34. 同上，p.30。
35. 同上，Sprigge, p.34。
36. 同上，p.35。
37. 参见 *Clarendon,* vol.II, part II, book IX, p.98。据沃伯顿所言（*Memoirs of Prince Rupert,* 1894, vol.III, p.102），鲁珀特在会上力主撤退。
38. 引至 *Anglia Rediviva,* pp.38, 39，亦可参见 *Walker's Historical Discourses,* p.130。保王军有12门轻型野战炮，但没有一门炮被带到了战场上。
39. W.G.Ross 在其 *The English Historical Review (1888),*vol.III, pp.669—679 中对两支军队的人员数量做了详尽的研究。
40. 克拉伦登对此也给出了同样的评价。
41. 参见 *History of the Great Civil War,* vol.II, p.213。
42. 克伦威尔的骑兵接受的训练是用"快步"进行冲锋。1643年克伦威尔在格兰瑟姆就曾说过："……我们会用一种非常标准的'快步'接近敌人……然后向他们发起猛烈的进攻。"（*Letter X, Carlyle's The Letters and Speeches of Oliver Cromwell,* vol.I, p.135）
43. 引自 *Anglia Rediviva,* Joshua Sprigge, p.40。
44. 参见 *The History of the Rebellion,*etc.,vol.II, part II, book IX, pp.986—987。沃克给出了一个类似的但更加混乱的描述。
45. 同上，p.988。
46. 克拉伦登认为其中也包括了"高级军官的妻子"。(同上，p.988。）
47. 参见 *Harleian Miscellany,* vol.V, p.514。
48. 此外，威廉姆森先生还写道："不管他们发表了什么，也不管他们压下了什么，至少他们现在知道皇家书信体的格式是怎样的了。在战争早期，他们出于宣传的目的而虚构了一批信件，据说是出自身处荷兰的亨丽埃塔之手，这些信的开头是这样的：'大不列颠最高贵、最杰出的君王，我那伟大、善良而又最值得尊敬的君王，我心所爱之至尊之人，我的挚爱，最为上进之人。'他们现在发现她的信其实总是以'我的心肝宝贝儿'为开头的了。"（*Charles and Cromwell,* p.137.）
49. 加德纳（Vol.II, p.224）说道："他们公布的那些东西确实带来了巨大的影响。"
50. 详见 *Memoirs of Prince Rupert,* vol.III, p.112，亦可参见 *King Charles the Martyr,* 1643—1649, Esme Wingfield-Stratford (1950), pp.116—120。

51. 引自 *History of the Church of England during the Civil Wars, and under the Commonwealth (1900)*, vol.II, p.136。
52. 引自 *Social Problems and Policy during the Puritan Revolution, 1640—1660 (1930)*, p.12。
53. 引自 *Letter XXIX, Carlyle's The Letters and Speeches of Oliver Cromwell*, vol.I, p.205。
54. 参见 *History of Civilisation in England, Henry Thomas Buckle (The World Classics, 1920)*, vol.III, chap.IV。
55. 温菲尔德·斯特拉福德暗示道:"像克伦威尔这样的人,他在作出这个决定之前必然会寻求并获得了上帝的认可。这将使他能够克服任何道德方面的顾虑……毫无疑问,克伦威尔把国王的拒绝当作了一种预兆、一种显而易见的象征,那就是上帝已经让他的对手变成了铁石心肠,并注定要自取灭亡。再犹豫下去就会犯下跟扫罗同样的罪过。跟祂的仆人一样,上帝的耐心事实上已经耗尽了。"(*King Charles the Martyr*, 1643—1649, p.309.)
56. 引自 *The History of the Rebellion*, vol.III, part II, book XV, pp.983—984。
57. 引自 *Speech XI, Carlyle's Letters and Speeches*, vol.III, p.63。
58. 参见 Speech XVIII,同上,vol.III, p.188。
59. 参见 Letter CXVI,同上,vol.I, pp.508—512。
60. 同上,vol.II, pp.5—23。
61. 参见 Letter CV,同上,vol.I, pp.469—470,亦可参见 Letter CIV。
62. 引自 *History of Ireland, Stephen Gwynn (1923)*, chaps.XXV—XXIX。
63. 参见 *King Charles the Martyr*, 1643—1649, pp.346—347。
64. 波帕姆和迪恩也是"新模范军"的上校。前者在年轻的时候曾是一名船长,而后者跟布莱克一样,可能在商船队中积累过航海经验。
65. 参见 *The History of the Rebellion*, vol.III, part II, book XV, p.913。
66. 参见 *Social Problems and Policy during the Puritan Revolution*, Margaret James, p.71。引自 *A Detection of the Court and State of England (1697)*, p.387。
67. 引自 *History of the Commonwealth and Protectorate, 1649—1656, S.R.Gardiner (1903)*, vol.IV, p.120。
68. 关于这一点以及其他更多信息请参见 *Social Problems and Policy during the Puritan Revolution*, pp.71—77。
69. 同上,p.77。
70. 参见 *In European Civilization its Origins and Development (1937)*, vol.V, p.91。

大事记
英国的宪法战争

当三十年战争在波西米亚境内如火如荼地进行之时，英格兰的土地上也正在酝酿着一场战争——这导致了整个王国的分裂，并最终建立了一个君主立宪制政体。这场战争的根源可以追溯到百年战争时期：当时人们可以交钱来免服兵役，而拿军饷的军队取代了封建制度下征募的士兵。在那之前，刀剑一直是权威的象征，不过自那以后，"钱袋子"开始越来越多地向"刀剑"发起挑战。那些掌握"钱袋子"的人并非封建领主，而是有钱人和从事贸易活动的阶级——早期的议会成员大多来自他们当中。

15世纪末出现了常备军，而16世纪早期则又出现了另外一个变化。在没有常备军的情况下，没有任何一个大陆国家能感到安心——因此在所有能养得起军队的国家里，常备军都成了国王政府的必备工具。此外，由于常备军在平时和战时都赋予了国王强推其意志的能力，所以大陆国家很快就开始废除它们的议会：在西班牙，议会实际上已经不复存在；而在法国，自1614年到1789年就没有再召开过三级会议（Estate General）。

正是由于其孤悬海外的地理位置，英国并没有受到上述变化的影响。1603年詹姆斯一世继位的时候，英国失去了其唯一的大陆领土，因此建立常备军的唯一一个可能的原因也随之消失了。由于没有常备军，议会制度在英国的根基变得更加牢固；因为没有军队，所以国王既不能镇压民众的反抗，也无法控制财政权。英国与大陆国家的另一个根本区别在于，当后者在废除自己的议会制度时，英王亨利八世却解散了境内的修道院,众多议会议员所出身的阶层借此获得了巨额的财富。结果,上院和下院变成了一种财阀统治集团,它迟早要向国王的权威发起挑战。不过到目前为止,人们还是认可以国王的权威来统治政府的。

话虽如此,但我们要注意的一点是,在1688年《权力法案》(Bill of Rights)通过之前,统治国家的不是议会而是国王和他任命的大臣,议会只不过是给国王支持的事情进行投票的工具罢了——设想一个没有国王的政府,就如同设想一个没有教皇的天主教会一样。此外,除非需要议会的帮助,没有任何一条宪法或法律可以强迫国王召集议会。而且,就英国而言,国王可以在没有议会的情况下维持他的政府——这反而对纳税人更为有利。因此,只要国王在没有议会的情况下可以用自己的合法收入维持统治,那这种统治就远非暴政——国王的个人统治就是良好政府的一种象征。

良好的政府意味着国王必须量入为出,因此他被鼓励厉行节约而不是与人民作对。当然,最重要的就是避免对外战争。前两项政策实行起来非常困难,因为自从发现了"新世界"以来,大量贵金属的流入造成了货币的贬值,这不仅引发了社会的动荡,也大大降低了国王税收的购买力,让他越来越难以维持自己的花销。正是由于财政上的困难,伊丽莎白一世的政策才会在竭力防止战争的同时鼓励私掠行为:前者使她能在合法收入的范围内统治国家,而后者则让她无须召开议会便可以大幅度地增加收入。财政困难也是自1604年与西班牙恢复和平之后,詹姆斯一世奉行和平外交政策的原因:他安排了长子亨利和玛利亚公主(Infanta Maria,西班牙国王腓力三世之女)的联姻;在亨利去世后,他又让查理和这位公主订了婚。在这之后,到了三十年战争爆发的1618年,为了援助巴拉丁选帝侯之妻、自己的女儿伊丽莎白,詹姆斯召集了他的第三届议会。作为效忠的象征,议会投票决议给国王贡献一个微不足道的金额——14万英镑之后不久,便自行解散了。1623年2月,查理在他的密友(也是詹姆斯的宠臣)白金汉公爵乔治•维利尔斯的陪同下,前往马德里向玛利亚公主求婚,希望公主的父王所赐的结婚礼物可以帮助他的姐夫恢复巴拉丁的领地。然而,此次谈判最后还是无果而终了。在返回英国之后,白金汉公爵就领导了一次反西班牙的群众运动。1624年,詹姆斯很不情愿地召开了另一届议会。此次议会提出了两个互相矛盾的建议——取消与西班牙的婚约和尝试收复巴拉丁地区。

白金汉公爵是当时英国的实际统治者,而他正在谋划一场针对西班牙的战争。为了给自己找一个盟友,他开始安排查理和亨丽埃塔•玛利亚(法王亨利四世的女儿,也就是路易十三的妹妹）的婚事。与此同时，他还派了曼斯菲尔德——此时正在英国寻求援助——率领1.2万名装备很差的乌合之众前往荷兰。由于缺少资金和补给，他们惨遭疾病和饥荒的折磨，大多数人都死在了荷兰。

1625年3月27日，詹姆斯一世驾崩，然而其子查理一世的行事风格实在是难以成功应对当下的局势：他缺少乃父的常识，很容易受他人影响，而且十分愚笨；此外，他还看不透他人的行事动机。不过，他跟其父一样，都是一个拘泥于特权之人，并且被一种"君权神授"的观念所支配。他逃避困难，沉溺于机会主义之中。虽然他的朋友能够对他施加影响，但他仍固执地坚持着自己所珍视的信仰。他有着极高的艺术修养：他喜欢阅读莎士比亚的作品，这让他那些清教徒臣民们大为震惊。鲁宾斯称他为"这世上最喜欢绘画的王子"。他的私生活无可挑剔，在克拉伦登（Clarendon）看来，他是"最高尚的绅士、最好的主人、最好的朋友、最好的丈夫、最好的父亲，以及当时世上最好的基督徒"。不过，在一个革命的年代里，查理一世是不合时宜的（即便在一个正常的时代里，更适合他的也是会客厅而非王座）。

对查理一世来说最为不幸的是，他的统治一开始就受到了两个有害因素的影响。其一是，5月1日，他通过委派代表的形式和亨丽埃塔·玛利亚（一个天主教徒）举行了婚礼，此举引起了他的清教徒议会和新教臣民的反感。其二是，他对白金汉公爵言听计从，而后者却是一个浮夸的政治赌徒——虚荣、易怒、霸道而又鲁莽，并且沉迷于宏伟的计划和不切实际的"圣战"。这些都蒙蔽了查理一世的双眼，使他看不到这样一个事实：为了治理国家，他必须要遵从詹姆斯一世那明智而平和的政策。

不过，白金汉公爵执意要发动战争。为了筹集军费，查理一世继位后的第一件事便是发布诏令，要求选出一个新的议会。6月18日，新的议会被召集起来。让查理一世难以容忍的是，这又是一个新教徒的议会。尽管他要求了100万英镑的拨款，但议会最终只同意给不超过14万英镑的资金。此外，这届议会一开始就打算要限制国王的权力，因此他们把国王按惯例应当终身享有的吨位税和磅税——这是这两个税种长久以来的既定用法——变成了只允许国王使用一年。就这样，查理一世继位仅三个月，他和议会之间的关系就变成了一个死结，而解开它的办法只有两种：要么妥协，要么刀剑相向。于是，这届议会在8月12日便被解散了。

白金汉公爵纠集了大约8000名流浪汉和暴徒，在10月8日派他们去劫掠加的斯——此举颇有点德雷克的遗风。但是跟德雷克的远征不同，他们的这次劫掠行动最后是以一场混乱的失败而告终的,并且还造成了一个非常危险的局面,以至于查理一世不得不召集了他的第二届议会。1626年2月6日,议会召开后,白金汉公爵立刻遭到了激烈的抨击。到了5月8日,白金汉公爵又遭到了上院的弹劾。尽管查理一世这次没有得到一分钱的拨款,但为了挽救他的宠臣,他还是在6月15日解散了议会。

陷入财政困境的查理一世开始使用强制贷款的手段,而白金汉公爵并不满足于业已发动的这场战争,把整个国家又卷入了另一场针对法国的战争之中。白金汉公爵对拉罗谢尔进行了一次远征,结果遭受了比在加的斯更为惨烈的失败;而为了进行这第二次远征,他劝说查理一世召集了第三届议会。1628年3月17日召开的这届议会对国王怀有强烈的敌对情绪。5月28日,议会起草了《权利请愿书》(Petition of Right),其中最关键的一句话是:"未经议会两院同意,任何人不得被迫缴纳贡物、贷款、捐献、税金或类似的费用。"一开始,查理一世对此是表示拒绝的,但白金汉公爵仍希望通过议会来获得他的军费,因此他劝说国王接受了这份请愿书。接着便是议会对白金汉公爵的攻击,以及针对吨位税和磅税是否是一种税金(在此之前它们并未被归为税金)的争论——查理一世对此失去了耐心。6月26日,他下令议会休会。

查理一世统治时期的第一个重大转折点出现在当年的8月23日——这一天,正在朴次茅斯准备进行下一次远征的白金汉公爵被约翰·芬顿刺杀身亡。失去了公爵的远征军还是继续出航了,但他们不过是把之前几次远征的失败又重演了一遍而已。

当1629年1月议会再度召开之际,以约翰·皮姆为首的极端分子对国王发起了猛烈抨击,同时也对教会发起了一次宗教意义上的攻击——教会是查理一世最后的堡垒,因为他只能通过教会来掌控民心。3月2日,查理一世解散了他的第三届议会。他这么做并不是因为想要在没有国会的情况下维持自己的统治——这是当时人们对政府的理解——而是因为他没法在有议会的情况下进行统治。4月24日,查理一世与法国讲和;1630年11月5日,他又与西班牙恢复了和平。至此,白金汉公爵那灾难性的政策总算是被彻底抛弃了。

尽管现在查理一世没有了议会的束缚,可以自由地施行自己的政策了,但关键的问题并没有得到解决。议会根本就不想推翻宪法,他们只是想控制国王,把他当成一个"橡皮图章"而已。没有国王的话,议会也就无法为政府找到宪法上的依据了。因此,议会的第一要务是必须维持国王的统治,而第二要紧的事才是以国王的名义进行统治。查理一世摆脱了国外问题的纠缠，他现在唯一的目标应该是避免国家内部出现麻烦，但他并没有做到这一点。

查理一世两个首席顾问分别是托马斯·温特沃斯爵士——此人后来成了第一代斯特拉福德伯爵——和坎特伯雷大主教威廉·劳德，前者是那个时代最有才干的政治家之一。在 1629 年年初，托马斯·温特沃斯爵士被任命为北方国会（Council of North）的主席；此人心系百姓，因此受到了普通民众的尊崇，但也得罪了约克郡那群权势熏天的纺织业资本家。1632 年，他被调到爱尔兰担任总督。在那里，他打击了代表伦敦富商的投机分子，建立了一支由爱尔兰议会资助的小而精的军队。此外，他还为阿尔斯特的亚麻工业奠定了基础。尽管这无疑会进一步激怒富人阶级，但如果当时的条件能允许温特沃斯继续其创造性的工作，那么查理一世就会深得民心——只要后者能够小心翼翼地不去得罪普通民众，那么他就没有必要再召集另一个议会了。

不过，温特沃斯的善政最终还是全都付诸东流，而这绝大部分的责任都要算到劳德的头上。劳德是一个不谙世事且斤斤计较之人，此外他还是一个古板且狂热的宗教改革者。他决心整顿一盘散沙教会，而他动用的两个主要手段便是星室法庭①和最高委员会。虽然这两个机构在都铎王朝时期被看作是法律机构，但现在却被人们视为肆无忌惮的专制机关。纵然面临着激烈的反对，劳德还是整肃了英格兰的教会，之后他又把注意力转到了苏格兰教会身上。[1] 这是一个极其愚蠢的行为，因为苏格兰人大多是狂热的加尔文教徒；而且一旦苏格兰发生叛乱，查理一世就必须要组建一支军队——如果不召集议会的话，他根本就掏不出钱来发军饷。

劳德还是不顾一切地开始了对苏格兰教会的整肃：苏格兰的主教辖区里现在充斥着英国国教的狂热信徒，新的教规被强加给了苏格兰教会。此外，这些狂热信徒们还试图把英国国教的祈祷书强加给苏格兰人。结果，当爱丁堡牧首于 1637 年 7 月 23 日在圣伊莱斯大教堂宣布上述内容时，立刻就引发了一场暴力骚乱。

苏格兰教会的全体大会立刻就公布了一份冗长的宣言——也就是众所周知的《盟约》（Covenant）。这是一份非常激进的宣言，其宗旨是要推翻国王的国教政府，建立长老会的神权统治。苏格兰人和查理一世都开始武装起来。不过前者能够召集

---

① 译注：15 至 17 世纪时英国的最高司法机构。在 1487 年由英王亨利七世创设，该法庭因设立在威斯敏斯特王宫中一座屋顶饰有星形图案的大厅中而得名。

起许多参加过三十年战争的老兵（这些人曾跟随利文伯爵亚历山大·莱斯利在古斯塔夫·阿道夫手下打过仗），而查理一世只能指挥一些地方武装——这是一群毫无价值、装备极差的乌合之众（尽管如此，查理一世还是要花钱养着他们）。1639年6月，当查理一世未能从伦敦城借到贷款后，他只得在贝里克郡与苏格兰人协商休战事宜。9月，查理一世在伦敦召见了温特沃斯——他将在次年1月被册封为斯特拉福德伯爵，后者建议国王发布一个新的议会召集令。查理一世听从了建议，因为他每个月都需要10万英镑来维持他的军队。然而，4月13日召开的议会不但没有批准国王的军费，反而由皮姆和汉普顿带头和此时聚集在伦敦的苏格兰议员勾结起来，策划了一场反叛国王的阴谋。三周之后，这届议会又遭解散，这便是著名的"短期议会"（Short Parliament）。

斯特拉福德伯爵建议从爱尔兰调集援军，不过苏格兰人却抢先采取了行动，他们越过边境，在纽博恩击溃了一支查理一世的军队，并顺势占领了纽卡斯尔。对查理一世来说，除了发布另一个议会召集令以外，已无路可走。

众所周知，"长期议会"（The Long Parliament）于1640年11月3日在威斯敏斯特召开。这届议会是一个赤裸裸的"革命团体"，它指控劳德犯了叛国罪，并用捏造的罪名向上院提出了反对斯特拉福德伯爵的《剥夺公权法案》（Bill of Attainder）。同时，这届议会还在下院提出了一项法案，禁止国王不经过议会同意就解散议会。1641年5月8日，上述两项法案均已三读通过。① 为了给查理一世施加压力，擅长心理战的皮姆在伦敦纠集了数千名暴徒去围攻国王和王室居住的怀特霍尔宫。查理一世曾向斯特拉福德伯爵承诺："朕金口玉言，当保你一生荣华富贵，名誉无虞。"不过，他此时担心王后和孩子们会被暴徒处以私刑——在经过一番痛苦的挣扎之后，国王并未动用法律赋予的否决权，而是在5月10日批准了上述两项法案。两天之后，斯特拉福德伯爵在伦敦塔被斩首。就这样，查理一世在面对他统治期间最大的一次危机时所表现出来的懦弱无能，不仅在道义上损毁了自己，还软弱地将王国中唯一能够战胜敌人的人置于死地。可笑的是，《宪法中止法案》（Act Suspending the Constitution）却敲响了他自己的丧钟。

---

① 译注：立法机关的一种立法程序。进行该程序时，法案或议案的草案之标题会被三度宣读。

随后，议会便进行了一系列的改革：《三年法案》（Triennial Bill）规定每三年至少要召开一次议会，会期不得少于50天，并且用法律的形式规定下来；国王被剥夺了司法权；最高委员会法庭和星室法庭被废除；收取船税被宣布为非法；未来国会只会授权国王收取几个星期的吨位税和磅税。随着国王陷入政治和财政的双重危机，皮姆及其追随者开始向教会发起攻击。他们的目的是将主教逐出议会，并没收教会财产来赔偿苏格兰人，从而减轻英格兰的纳税人的负担。此外，议会还和苏格兰人达成了一项条约。之后，到了8月10日，查理一世出发前往苏格兰——试图弥合他治下这个业已分裂的半壁江山。这是一个不幸的举动，因为这让皮姆得以乘机在民众中散布不安情绪，并激发起民众对军队阴谋镇压的恐慌。对查理一世来说，同样不幸的还有另一件事：自斯特拉福德伯爵被处决以来，爱尔兰又回到了过去那种腐败的状态之中，这引发了当地人的叛乱，并刺激他产生了对北境发生军事政变的忧虑。

为了解决日益严重的危机，皮姆决定在全国范围内发起一场针对国王的控诉活动，其形式便是一份被称为《大抗议书》（Grand Remonstrance）的冗长文件。皮姆故意让议会赶在查理一世从苏格兰回来之前通过《大抗议书》，这份文件对后者统治期间的一举一动都进行了回顾，并把所有的不满都归咎于天主教徒、主教们，以及国王的顾问们。这份文件还夸赞了当下议会的善行，最后它要求国王剥夺主教们的一切世俗权力。

11月25日，查理一世回到了伦敦。六天后，皮姆率领一个代表团向他递交了《大抗议书》。代表团宣读完文件后，国王含糊其辞地打发了他们；皮姆看出想要在宪法框架内解决问题已无可能，于是他在议会中指控王后"损害公共自由，并向爱尔兰叛军传递秘密情报"——也就是叛国，想要通过这种方式来迫使国王屈服。

查理一世如果无视这一威胁的话，他的处境会好得多，因为如果皮姆真的这么干了，全国大多数人无疑都会站在王后这一边。然而国王并没有这么做，因为他在苏格兰的时候得到了皮姆阴谋叛国的证据。1642年1月2日，查理一世指示首席检察官向上院提交了弹劾皮姆、汉普顿和另外三名议员的文件。为了拖延时间，上院任命了一个委员会来考虑是否按程序来进行这次弹劾。查理一世本应立刻采取行动，趁这五人在家睡觉之时对其加以拘捕，但他却举棋不定，直到第二天王后对他恶言相向："快行动吧，胆小鬼！"此后，他带着400名士兵前去实施拘捕。不过皮姆和他的同伙早已收到消息,他们爬进一条小船前往伦敦城内寻求庇护。当皮姆来到下院时,用他自己的话说就是国王发现"鸟儿已经飞走了"。

查理一世觉得伦敦已经不再安全了,于是他和家人都搬到了汉普顿宫。之后,王后又带着珠宝从那里前往多佛,并在2月23日渡过海峡前往荷兰。在她离开之前,查理一世曾和王后商量把约克城作为自己的总部——亨伯河以北的人民是绝对忠于王室的。3月19日,国王出发前往约克城,在那里他再一次变得举棋不定了起来:他本可以占领赫尔及那里的大型军火库,但他并没有这样做,而是以纽卡斯尔作为自己的基地港口。王后向纽卡斯尔运送了第一批军火,包括大炮、步枪、手枪和火药。

最后,当叛军已经动员了他们的部队时,国王于8月22日——那是一个狂风暴雨的日子——下令在诺丁汉的城堡山上升起皇家旗帜:这是国王对他的臣民的呼吁,也是他对皮姆"永久议会"的一种挑战。

注解

1. 劳德的狂热对不列颠帝国（British Empire）的发展产生了重要的影响。在他进行教会整肃工作之前，新建立的美洲殖民地所面临的最大问题是如何增加人口。劳德的迫害活动成功地解决了这一问题：在1628年到1640年间，大约有两万人——大部分是清教徒——离开不列颠来到缅因、新罕布什尔、马萨诸塞等地。后来，克伦威尔又将数以千计的人——主要是保皇派——放逐到了"新大陆"。

布伦海姆战役（1704年）

第四章

从表面上来看，威廉三世之死使法国成为霸主，并使后者渴求能够稳固其霸权地位；继任的英国统治者是一个没有突出能力的女性，联合省陷入了恐慌之中，而神圣罗马帝国则一如往常地处于衰败状态。然而让人意想不到的事情再次发生了——一位天命之子诞生了，此人就是第一代马尔堡公爵（1650年至1722年）[1]约翰·丘吉尔。此外，上天还给他安排了一个能干的助手，也就是他的妻子萨拉·詹宁斯（这是她的娘家名）——后者深得女王宠信，在国家事务的发展方向上起着主导性的作用。

约翰是温斯顿·丘吉尔之子，他于1650年6月6日在阿克明斯特附近的阿什出生。1667年间，他报名参加了皇家步兵团（即现在的近卫步兵第一团）；到了1701年8月8日，威廉三世任命他为驻联合省的特命全权大使兼联军总司令，这段时间里他亲自参与了多次陆战和海战[2]：1668年的丹吉尔之战；1672到1674年和约克公爵，以及图伦纳元帅一起征战沙场；1685年参与平定蒙默思郡的叛乱；1690年又参与了爱尔兰的平叛。这些经历对他大有裨益，因为它们让约翰接触到了真正的战争。作为一个颇有见地的人，约翰通过这些经历深入了解了法国人的性格特点，并对他未来的对手们进行了评估。

约翰很快就证明了自己是英国最伟大的军事天才之一，并自然而然的受到了当时一些宵小之辈的无情诋毁（不过他的品行也并非完美无瑕）：在他所处的那个时代，权谋往往是成功的要素之一。如果约翰真的在品行上无可挑剔，那他永远也不会被提拔到他所处的高位之上。因此，当我们评判一个人时，必须要以他所处的时代标准来进行判断。约翰曾被人指控贪渎、侵吞公款甚至叛国——他确实和身处圣日耳曼昂莱的詹姆斯二世党人有过联系，并因此在1692年被关进了伦敦塔。不过，到了1701年，他却被愤愤不平的威廉三世任命为自己的军事继承人。这一任命是颇为明智的，因为这个职位需要圆滑老练之人——这正是施展权谋和进行外交的必备条件。

无论约翰在人格上有着怎样的缺陷，但他作为一名将军和政治家来说都是同辈人中的佼佼者。他为人彬彬有礼且耐心十足，还乐于容忍蠢人的愚行——这在天才之中可是一种少见的能力。他勇气十足、富有想象力且知识渊博，但他最主要的性格特点还是体现在他的自制力上。无论是他盟友的蠢行或是政客的口是心非，抑或是敌人的能力都不会让他的心态失衡。作为一名将军，他拥有一种罕见的优点：他能够从总体层面上看待战争，并且能够把海权和陆权、战略和政治相互联系起来。没有什么事情能逃过他的眼睛，无论是战术上还是行政上的细枝末节都不会被他忽略。他是一位谋略大师，总是能够迷惑他的敌人；他还是一位专注细节的高手，这让他的部下从不会缺乏军需物资。他会殚精竭虑地谋划一场战役，而在执行计划时他又从不畏惧那无穷无尽的困难。在那个时代，人们普遍认为防御才是最有力的战争形式，而他总是试图引诱敌人进行会战，并最终证明了"强有力的进攻通常也是最有效的防御手段"。一位同时代的人这样评价他：

柯克性如烈火，拉尼尔深思熟虑、麦凯战技纯熟、柯彻斯特勇气可嘉，但马尔堡伯爵（原文如此）身上有着一些难以言表的东西，前面那些人的所有优点似乎都集中到了他的身上。如果陛下的臣民中还有谁能像伯爵这样在军事上取得如此光辉的战绩，而自身又汇聚了各种出类拔萃的优点，那么我惯用的识人之术就失效了。[3]

曾在约翰麾下的第18皇家爱尔兰团服役过的罗伯特·帕克上尉这样写道：

至于马尔堡公爵……包括法国人在内的所有人都认为他要胜过全部的法国将领。公爵所指挥的十次战役证明了此言非虚；在这十次战役中，当他有可能向敌军发动进攻的时候，公爵没有错失过一次战机。在任何情况下，他都能凭借自己强大的判断力和预见能力来处理事情；他战无不胜、攻无不克……他心态平和，从不惊慌失措，这使得他总是情绪乐观；即使是在激烈的战斗中，他的思维也惊人地敏锐。[4]

这就是那个被部下亲切地称为"约翰下士"（Corporal John）的人物。值得注意的是，百年之后那个更杰出的人物也被自己的部下称为"小下士"（Le Petit Corporal）①。"约翰下士"既是那位"小下士"的前辈，亦是古斯塔夫·阿道夫衣钵的继承者，因为他打破了17世纪末战争的常规形式，重新回到了那位伟大的瑞典人的道路上，并为腓特烈和拿破仑开辟了新的道路。为了理解这一点，我们有必要了解一下自1648年以来兵法战术所发生的变化。

这一时期的交通状况仍十分原始，军队的规模仍然维持在中等水平；骑兵仍

---

① 译注：这里指的是拿破仑。

然是决定性的兵种,因此大部分军事战略都要受到马匹饲料的限制。水运和草场都很重要,此外弹药库的建立也很重要,而这反过来又导致了与野战相比,围城战所占的优势地位,以及人们普遍认为防御要比进攻更重要的思想。这就使得人们会通过所谓的"规避策略"(Strategy of evasion)——这是一种重视机动而非战斗的策略——来避免会战。伟大的蒂雷纳(1611 年至 1676 年)是应用这种策略的老手,虽然他并不拘泥于此道[5],但他最著名的对手蒙特库科利曾经说过:"胜利的秘诀就是拥有一个坚不可摧的阵形,无论它在哪里,或是移动到哪里,它都能像一个移动堡垒一样阻止敌人并进行自卫。"[6]

不过,马尔堡公爵摆脱了这种战争形式,他重新拾起了古斯塔夫的进攻战略以及孔代和克伦威尔式的攻击战术。他之所以能够如此,是因为他具有丰富的想象力,能够洞察到那个时代军事领域的变化,并领悟其中的意义。自 1648 年以来发生了两个极其重要的变化:燧发枪的普遍使用,以及长枪被刺刀所取代。[7]除了燧发枪兵,1667 年又出现了掷弹兵——他们被编为连队,配属到各个营当中。因此在 1650 年至 1700 年之间,我们可以看到有四种类型的步兵:长枪兵、火绳枪兵、燧发枪兵和掷弹兵。而到了 1703 年,这四种步兵已经缩减为一种主流形式的步兵,他们都配备有燧发枪和插座式刺刀。

武器种类的减少使得编队和战术都大为简化:旧的方阵和六列横队被通常为三列(有时是四列)横队所构成的射击阵线所取代。营级部队的人数通常为 800 人,分为左右两翼,其下又分为连、排和班。英军一个排为 50 人,而法军则为 100 人。迄今为止,士兵在战场上都是采用各横队的交替射击来构成连续性的火力,通常是由连级或排级部队在近距离——30 步到 50 步——上完成射击动作。之后,他们会在射击烟雾的掩护下用刺刀发起冲锋,以期将敌军击退。

公爵发现这些变化都是有利于进攻一方的,因此他的战略和战术也都是进攻性的。他会让步兵轮番发动攻击以牵制敌人,然后派出骑兵进行突袭来击溃对手。跟克伦威尔的骑兵一样,他的骑兵连队也被分为三列,在进攻时手持长剑,采用轻盈的"快步"发起冲锋。帕克告诉我们,在布伦海姆之战中骑兵接到的命令是:"缓步前进,直到距离敌人很近的时候再用全速的'快步'冲向他们。"[8]此外,凯恩也告诉我们:"公爵'只允许每个骑兵在一次行动中进行三次射击,而且只能在马匹吃草时用来以防万一,在正式的战斗中是不允许使用的'。"[9]此外,他还特别重视对步兵进行实弹射击和步枪射击术训练。

我们必须要记住一点,那就是公爵所指挥的军队是由许多不同国家的人组成的——其中有荷兰人、德国人和英国人——这大大地增加了他指挥上的困难。当战争开始的时候,英国陆军的兵员并非是强制征募的(这一点与海军不同)。每一名上校——他们担任团长——都要自己招募士兵,士兵的军饷和服装等也是由团长本人负责分发;这就导致了普遍性的腐败,并使得军队中充斥着大量的罪犯,因此军中必须要有严苛的纪律。特里维廉就提到过在1712年有一名士兵被下令鞭打1.26万下,而这人在挨了1800下鞭子后就差点咽了气。[10]1703年到1704年,这种征兵方式逐渐让位于一系列的征兵法案,这些法案在一定限度内将强制征兵给合法化了。当时通常是在夏季进行军事行动,而冬季则用来招募士兵并精心组织训练。

到了1702年5月15日正式宣战的时候,公爵所面临的局势之复杂是之前任何将领都未曾面对过的。法国和西班牙并肩作战,而"大联盟"三国却在地理上被分为两个部分:一边是英国和联合省,另一边则是奥地利。奥地利以西是处于中立但态度可疑的巴伐利亚,后者和法国之间则隔着一个巴登——它的统治者路易侯爵则把身家性命都押在了利奥波德身上。奥地利东面则是正在爆发叛乱的匈牙利,南面则是意大利境内的西班牙人。因此,奥地利三面受敌。此外,萨伏依的维克托·阿马德乌斯二世也和法国缔结了盟约,因此法军在他的纵容下已经占领了波河上游的河谷,可以为在米兰的西班牙人提供支援。法国可以进行内线作战,自由选择攻击联合省或奥地利。而西班牙人则可以选择直接支援法国作战,或是从意大利向奥地利发动进攻。

公爵的战略任务有二:一是防止法国人占领联合省,二是防止法西联军击败奥地利。前一个目标要求他在北方击败法国,并将联合省作为自己的行动基地;后一个目标则要求他在南方击败西班牙军队。1701年6月葡萄牙秘密与法国和西班牙结盟,这极大地增强了西班牙的力量。英国和荷兰海军再也不能进入葡萄牙的港口了,然而要想进攻伊比利亚半岛或在意大利的西班牙军队,先决条件就是要在地中海或附近海域获得一个海军基地。

为了适应战略形势,公爵决定实施一个双重计划。首先由巴登的路易控扼住黑森林地区的各处隘口,同时公爵将向博福勒斯元帅麾下的九万大军发起进攻——这支敌军占领了马斯河上除马斯特里赫特之外的所有要塞,并且占领了科隆选侯国,阻断了联合省和奥地利之间的交通联系。其次,他派出海军上将鲁克率领一支英荷混编远征军前去占领加的斯,并在那里为舰队建立一个基地。之后这支舰队将着手争夺地中海的控制权,切断西班牙和意大利的海上交通并从南方威胁法国。

1702年的军事行动开始于意大利。面对旺多姆元帅统帅的法国与西班牙联军,当地的帝国军指挥官萨伏伊的欧根亲王(1663年至1736年在位)发现自己在兵力上处于劣势,很难维持自己在摩德纳的存在。之后,马尔堡公爵率40000人在7月份开始加入战局。他曾有四次机会击垮敌军,但全都未能实现——指挥部里的荷兰代表因过于胆怯而阻挠了他的行动。尽管如此,法国人还是被赶出了马斯河和莱茵河下游的河谷,从列日往下游去的马斯河河段也得以通航;若非如此,公爵便不可能在1704年向多瑙河发起远征。

8月,鲁克的舰队载着奥蒙德公爵麾下的1.4万名士兵出现在加的斯外海。由于计划不周、缺乏主动进取的精神以及士兵们的恶行,夺取港口的企图最后以失败而告终。为了掩盖这次不光彩的失败,他们在返航途中(10月)突袭了比戈,不仅摧毁了停泊在港内的运输船队,还焚毁或劫持了15艘法军战列舰,并掳走了大量战利品。尽管不能以比戈来作为基地,但这次惊人的突袭行动完全达到了跟占领加的斯一样的效果。然而,不久前发生的另一件事却抵消了此次行动所带来的优势:当年9月,巴伐利亚加入了法国的阵营。双方达成共识,马克西米安·伊曼纽尔将获得大片领土,而一旦皇帝利奥波德被击败,前者还将继承皇位,用维特尔斯巴赫王朝取代哈布斯堡王朝。与巴伐利亚结盟之后,路易十四便由守转攻,开始向维也纳进军。

马尔堡公爵此时已经控制了马斯河和莱茵河下游;他于1703年入侵了科隆选侯国,并于5月18日占领了波恩。在被召回尼德兰之后,他精心策划的攻占安特卫普的计划却搁浅了,原因是荷兰的柯霍恩将军拒绝配合他的行动。[11]此时,法国的诸位元帅中最有能力的维拉尔于1702年10月14日在弗里德林根击败了巴登的路易;1703年的春季,他又攻占了斯特拉斯堡对面的凯尔并穿过黑森林地区,在当年5月进抵乌尔姆附近,与巴伐利亚选帝侯会师。维拉尔主张立刻向维也纳进军,但是选帝侯拒绝了这一提议——他统率大军进入了提洛尔地区,企图在此扩充兵力并把这里并入巴伐利亚,从而建立起和意大利之间的交通线。同一时刻,维拉尔则留下来监视着巴登的路易,并为选帝侯的行动提供掩护;路易十四此时也正从斯陶霍芬匆匆赶来,跟他一起行动的还有由斯蒂罗姆陆军元帅统率的1.9万名奥地利士兵。与此同时,在波河附近的旺多姆也奉路易十四之命取道布伦纳,和布伦纳选帝侯联合起来"把战火烧到帝国的心脏地带，以此来结束这场战争"。但是旺多姆浪费了太多时间，以至于马克西米安·伊曼纽尔驻守在提洛尔的巴伐利亚军队在8月间被赶了出去；此时旺多姆才发现他前往布伦纳的道路已被提洛尔的山地部队所阻断，他已经无法和布伦纳选帝侯会和了。

如果巴登的路易和斯蒂罗姆能够趁巴伐利亚选帝侯不在的时候联手行动，他们也许就能击溃维拉尔的部队了。但是他们却选择了分兵，这实在是愚蠢之举。维拉尔先是挡住了巴登的路易对奥格斯堡的攻击，之后又向斯蒂罗姆发起了进攻，并于9月20日在霍赫斯塔特取得了决定性的胜利。于是，巴登的路易立刻放弃了奥格斯堡，并返回了冬季宿营地。虽然这个季节已经不再适合军事行动了，但维拉尔仍然力谏选帝侯再做一次进攻维也纳的尝试——后者当时正面临着匈牙利叛军的严重威胁。在经过一番激烈的争吵之后，选帝侯还是拒绝了维拉尔的建议，后者被召回了法国，取而代之的是能力远不如他的马尔森元帅。与此同时，塔拉尔元帅占领了旧布赖萨赫，之后又在11月占领了兰道，从而大大改善了法国本土与在巴伐利亚过冬的40000名法军之间的联系状况。到了1703年年底，奥地利的局势已近绝望，因此利奥波德召回了身处意大利的欧根亲王，并把帝国的命运全都托付到他的手上。

不过，"大联盟"方面发生了两件好事，这在一定程度上抵消了上述一系列灾难性事件所带来的影响：其一是葡萄牙脱离了与法国的同盟关系，其二是萨伏依抛弃了法国。葡萄牙不再与法国同盟，在很大程度上应归功于接连就任英国驻里斯本特使的梅休因父子，他们凭借精妙的外交策略——加上法军突袭比戈的事情——使葡萄牙的彼得二世倒向了"大联盟"方面，并在5月份的时候签署了《梅休因条约》。根据该条约的规定，葡萄牙同意英国用布匹来交换它的葡萄酒，并且英国进口该国葡萄酒的价格要比进口法国葡萄酒的价格低三分之一——波特酒就此取代了法国的红葡萄酒；作为回报，"大联盟"则同意向里斯本派遣一支英荷联军，并宣布查理大公为西班牙国王。

至于萨伏伊的倒戈，则是因为维克托·阿马德乌斯一直都不相信法国人的诚意，在他眼里，法国人越强大就越不可靠。当旺多姆要求他交出都灵的时候，维克托便把自己的命运和"大联盟"绑在了一起。10月25日，维克托与皇帝签订了条约，而维克托背叛法国的重要意义在于奥地利的南部至少是暂时地安全了。

尽管取得了这些重要的进展，1703年秋季的形势对"大联盟"来说依然严峻，这迫使马尔堡公爵发出了这样的威胁：除非他的属下能服从他的命令，否则公爵就要放弃指挥权。10月12日，公爵给随军代表基尔德马尔森先生写信说道："我认为这是我的职责所在，也是为了我们的共同利益……我要告诉你们，根据以往两次军事行动的经验，我越来越相信我军徒劳无功的根源就在于军队缺乏纪律性；除非这一点能得到改正，否则我看不到任何境况改善的可能。"[12] 之后，公爵便返回英国来考虑来年的行动计划。

到目前为止，公爵已经清楚地认识到了一点：在即将到来的战役中，法国将力图迫使利奥波德皇帝退出战争；这样一来，法国人便可以把兵力集中到尼德兰境内了。

为了防止这种情况的发生，公爵的任务就是要谋划一个既能救助利奥波德皇帝，又能为荷兰人所接受的方案——如果做不到这一点，那至少要能瞒过荷兰人。前两次作战行动的经验使他认清了一件事，那就是法国人的防线和要塞十分坚固，想要在荷兰迅速地取得决定性的战果是不可能的。因此，他认定唯一可行的办法就是移师多瑙河上游，力求阻止法国和巴伐利亚军队向维也纳发起进攻。公爵清楚地认识到了那里才是能决定战争胜败的地方，而他也清楚地知道荷兰人是绝不会同意他在那里所采取的行动的。而且即便荷兰人同意了公爵的意见，他的行动也是非常危险的：对于这样一支庞大的军队来说，他们不仅要迅速地行进相当长的一段距离，还要派出一支军队从侧翼穿过法国中部。这期间唯一能为他们提供掩护的部队就是巴登的路易麾下的那一支小股部队——他们此时正驻扎在斯陶霍芬——这支军队显然是不能胜任这一任务的。因此，这次行军的最终目的地不仅要瞒过在摩泽尔河畔和阿尔萨斯的法国人，还要瞒过荷兰人——因为后者一旦知道此事必然会惊慌失措。此外，为了遵从《梅休因条约》的规定，公爵还决定派鲁克海军上将护送查理大公和一支远征军前往里斯本。当远征军下船之后，鲁克就将前往里维埃拉，并在萨伏伊所提供的陆军和藏身于塞文山脉的卡米撒派（也就是胡格诺叛军）的帮助下联手对土伦发动攻击，以期摧毁港内的舰队，并把法军的注意力引向南方。[13]

我们已无从考证第一个提出把主攻方向放到多瑙河上的究竟是何许人也。按照考克斯的说法，这个决定是"通过欧根亲王的代表"做出的，马尔堡公爵和这个代表一起"秘密地布置了整个作战计划"。[14] 这种说法是不大可能的，因为当时公爵和欧根亲王并不很熟悉，双方的通信中也没有任何信件可以佐证这个观点。我们知道在1703年8月的时候，公爵对次年的作战计划是通过摩泽尔河入侵法国，然而在当年秋天，他收到了帝国特使弗拉提斯拉夫伯爵的许多来信。特使在信中指出，如果得不到援助的话，维也纳很快就要失守了。尽管如此，直到1704年3月，公爵似乎仍在坚持他的摩泽尔河方案。[15] 1704年1月，公爵还曾到位于海牙的荷兰议会讨论过这一计划，而议会方面担心此举会让联合省面临危险，因而强烈反对此事。公爵在2月回国之后又收到了弗拉提斯拉夫伯爵发来的急件，后者在4月给安妮女王呈上了"一份备忘录"，其中说道："自从巴伐利亚选帝侯获得来自法国的大量援兵以来，帝国就面临着非同寻常的灾难和迫在眉睫的危险。"并恳求女王，"能乐意让马尔堡公爵（她的军队统帅）……从女王陛下那里支出一笔钱来组建一支海外远征军，以保护日耳曼地区免遭全面性的破坏"[16]。此后不久，公爵便提出了重点进攻多瑙河的想法。5月1日，他告诉财政大臣戈尔多芬，"如果在我抵达菲利普斯堡的时候，法国人还敢给巴伐利亚选帝侯增兵的话，我将毫不费力地饮马多瑙河。"[17] 5月15日，公爵再次给戈尔多芬写信说道："如果他们（指法国人）所派的部队不超过1.5万人，并且在我抵达多瑙河之前，日耳曼地区没有什么坏事发生的话，我觉得我们还是能成功的……"[18] 就这样，公爵最终用进攻多瑙河的军事行动取代了进攻摩泽尔的计划，而这个新计划的一部分就是要用欧根亲王取代斯蒂罗姆——前者要奉皇帝之命与公爵和巴登的路易一道在日耳曼战场上并肩作战。

公爵在极为机密的情况下制定了自己的计划，并在1704年4月21日回到了联合省。他于5月10日抵达马斯特里赫特并发现了如下情况：和他对敌的是维勒鲁瓦，后者和柯伊格尼伯爵以及一万名监视着摩泽尔河的士兵都驻扎在梅涅河一线（即安特卫普—迪斯特—那慕尔一线）。维也纳周围共有三万名帝国军士兵，而驻扎在乌尔姆的巴伐利亚选帝侯和马尔森元帅正统率4.5万人监视着他们。4月间，又有一万余名援军取道霍伦塔尔的峡谷，穿过黑森林前来与他们会合。巴登的路易率领三万人驻扎在斯陶霍芬，但他却没有去阻止敌人的援军。而欧根亲王只有一万人，根本无法阻止敌军前进。为了掩护这支增援部队，并保护法国和巴伐利亚之间的交通线，塔拉尔率三万人驻扎在斯特拉斯堡和凯尔。

敌人的兵力部署已经令人头痛不已，但公爵面临的最主要的困难仍然是荷兰人；为了让自己摆脱后者的束缚，他在离开英国之前就做了一个安排——由他直接指挥所有拿英国军饷的部队。幸好公爵做出了这个决定，因为当他告诉荷兰代表即将进行的战役将会发生在摩泽尔河流域时，这些荷兰人立刻就开始阻挠他的计划。尽管

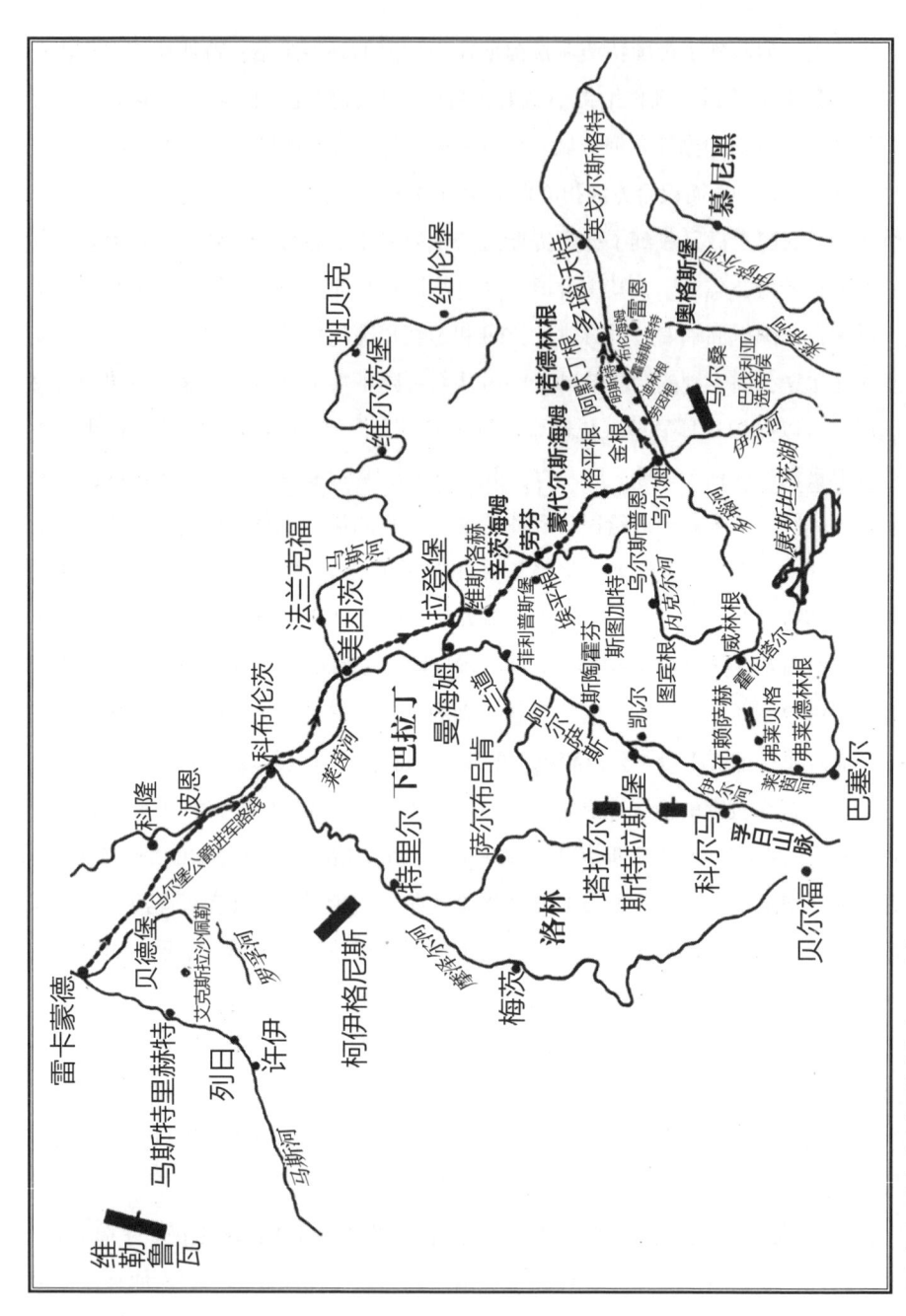

马尔堡公爵向多瑙河进军的路线（1704年）

如此，公爵还是把防御联合省的重任和七万大军交给了奥维柯尔奎将军。公爵把自己的军队的第一处集结地定在了科隆以西20英里处的贝德堡（Bedburg），集结的时间为5月16日。他麾下总共有90个骑兵连和51个步兵营，其中19个骑兵连、14个步兵营和38门火炮组成了英国的分遣队。公爵从贝德堡写信给在维也纳的英国代表斯特普尼先生，请后者向利奥波德皇帝转告他进军多瑙河的意图，并叮嘱后者决不可让荷兰人得知此事。[19]5月18日，公爵检阅了他的部队；两天之后，他开始向莱茵河进军，并于5月23日进入波恩。公爵在那里得知维勒鲁瓦已经渡过了默兹河，正在威胁许伊的安全。此外，马尔森也已经得到了增援，而奥维柯尔奎也正主动给他增派援军。帕克对事情的发展做了如下描述：

我们经常要连续行军三天，有时甚至要走四天才能休息一天。通常我们都是在凌晨3点左右开始行军，一天走大约4或4.5里格[①]，每天晚上9点左右才开始宿营。由于我们是在盟国的境内行军，所以有专人为我们的人马提供各种必需品；这些东西在我们到达之前就会被运抵营地，所以士兵们除了支起帐篷、烧点开水之外便无事可做，全都可以躺下休息。可以肯定的是，从来没有哪一次行军能像这次一样秩序井然，士兵和战马都不曾感到疲惫。[20]

5月25日，公爵和麾下的骑兵抵达科布伦茨，其余的步兵也在四天后与他们会和了。他们没有向摩泽尔河进军，而是通过两个浮桥开始向美因茨进发。根据帕克的记载[21]，所有人都对此惊愕不已，法国人尤其感到惊讶：他们猜测公爵正在向菲利普斯堡进军，因为那里刚修建了几座桥梁。6月3日，公爵的骑兵部队在数支日耳曼援军的增援下于拉登堡渡过了内卡河。之后，他们并未向菲利普斯堡进发，而是在6月7日从维斯洛赫出发转攻辛茨海姆。现在，公爵最终的攻击目标已经显露出来了，于是他把自己的真实意图告知了荷兰国会。塔拉尔此时正在兰道，准备在公爵从菲利普斯堡渡过莱茵河后加以迎击。当公爵改变进军方向后，塔拉尔惊慌失措，而巴黎的法国宫廷也立刻就收到了这个消息。公爵正率军向着

---

① 译注：1里格约合5.57千米。

劳芬进发，他的右翼现在可以得到黑森林的掩护了。

公爵于6月10日抵达蒙代尔斯海姆，欧根亲王和巴登的路易也在那里与他会师。公爵在6月27日来到金根并开始分派任务：巴登的路易将和他协同作战，而欧根亲王则要控制住莱茵河并阻止维勒鲁瓦和塔拉尔增援巴伐利亚军队。之后，公爵麾下大约70000人的军队（包括200个骑兵连、96个步兵营以及48门火炮）在行进了250英里后终于遭遇了敌军——他们是马尔森所部和选帝侯驻扎在迪林根（位于乌尔姆东北25英里）的共计60000人的部队。欧根亲王率30000人驻守斯陶霍芬一线，他所面对的是驻扎在斯特拉斯堡维勒鲁瓦所部的60000人。

6月30日，公爵兵锋直抵巴尔莫霍芬；7月1日，他到达了位于多瑙沃特要塞以西约15英里的阿默丁根。多瑙沃特是一个至关重要的据点，因此公爵必须要尽快攻占它，这样他才能打通前往诺德林根的道路，从而开辟出一条新的交通线。此外，公爵还可以趁机夺占多瑙河上的桥梁以打通前往奥格斯堡和慕尼黑的道路。包围多瑙沃特是不可能的，因为这会花费数周的时间；此外，就算包围了这座城市，塔拉尔还是能轻易地切断他的交通线，并从背后发动偷袭来配合马尔森和选帝侯所部发动的正面进攻。6月30日，选帝侯匆忙派出达尔科元帅（此人是一位伯爵）率1.4万人赶往多瑙沃特；他们到达之后就立刻固守舍伦贝格——此地是一座椭圆形的小山，正好控扼住多瑙沃特要塞。

既然无法围攻此地，公爵遂决定发动一次突袭（Coup de main）。尽管公爵的部将都对此表示反对——这是因为他们认为在15英里的急行军后，部队必然会疲惫不堪——但他还是命令在7月2日攻打舍伦贝格。公爵认为奇袭可以使达尔科损失24小时用于加固工事的时间，而且在这段时间里马尔森和选帝侯的部队可能就会在迪林根渡过多瑙河，并在北岸登陆后赶来增援舍伦贝格。从战略层面上看，整个问题的关键取决于这样一个事实：英军距多瑙沃斯的距离要比马尔森和选帝侯近10英里，这意味着他们能比敌军提前半天时间抵达战场。于是公爵下定决心，并未听从部将们把进攻日期推迟到7月3日的意见。

7月2日一早，英军的先头部队就离开了阿默丁根，前方的道路"路况很糟，距离又远，景色还很单调"。他们直到中午才抵达多瑙沃特以西的沃尼茨河[22]，并在那里停留了3个小时来架设桥梁。英军的军需官开始在此处扎营，这显然是为了误导达尔科，让他以为英军会等到7月3日才开始进攻。此时，马尔森和选帝侯的

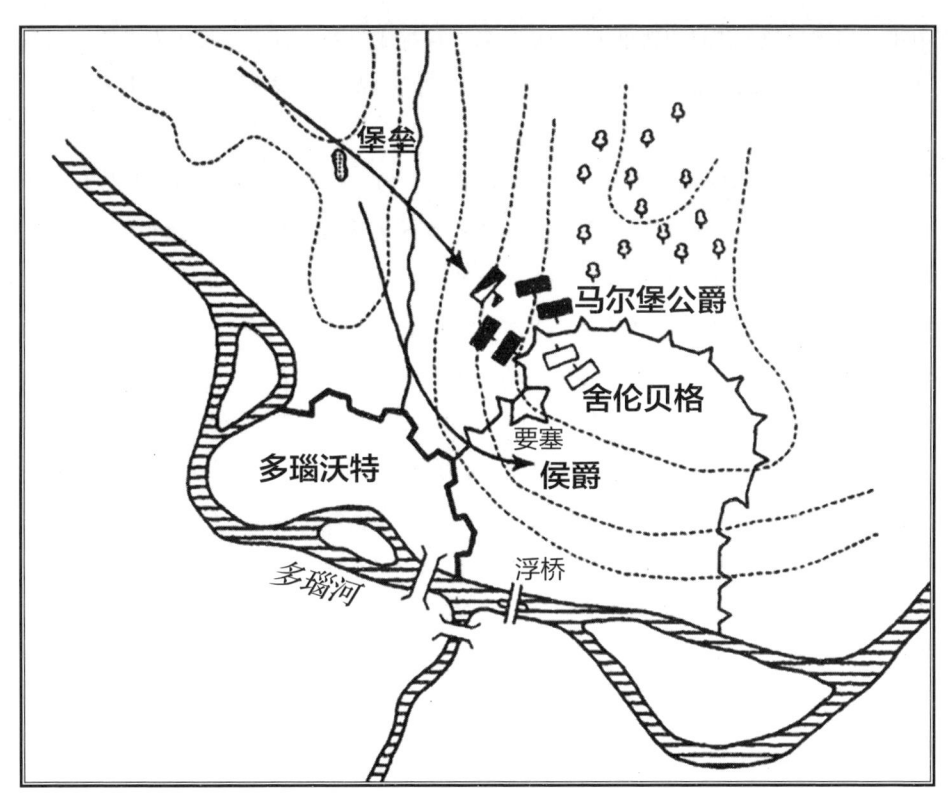

舍伦贝格（1704年）

部队已经赶来增援了，而达尔科正忙着构筑防御工事。

马尔堡公爵的进攻计划既简单又大胆，他决定从西边向舍伦贝格发动攻击，而那里也是该城防御最坚固的地方。这样做的理由有二：一是那里距离英军最近，二是该城西侧受多瑙沃特的掩护，敌军的戒心最弱。公爵集结了两个纵队的兵力用以发动进攻：左侧纵队主要由英国步兵组成，负责攻击城防工事的西北角——他们的任务是突破敌军防御；如若不能突破，就要用猛烈的进攻把达尔科的预备队吸引过来并击溃他们，以便为右翼的纵队打开进攻道路。右翼纵队由路易侯爵指挥，他们的任务是从多瑙沃特和舍伦贝格城的西南角穿插前进，从后方攻击敌军防御阵地。

下午5点钟，英军炮兵开始射击，但是直到1小时15分钟之后，古尔（Goor）

中将才率领左翼的纵队开始推进：6000名士兵排成三列，有八个营作为支援，另有八个营作为预备队。此外，还有35个骑兵连。一位目击者描述了之后发生的事情：

> 我们前方的斜坡非常陡峭，敌人（指英军）的纵队刚走了一段距离我们就看不见了；突然他们又在距离我们阵地只有200步的地方冒了出来……他们行动迅速、喊杀声震天，确实让我们震惊。我一听到他们的动静，就马上下令我方也敲起"冲锋"的鼓点，并盖过敌军的声音，以免对我方士兵产生不利影响……英军步兵视死如归，一直攻到了我方阵地的胸墙前面，但我军也用不遑多让的勇气挡住了他们的进攻……第一次进攻持续了一个多小时，很难用合适的辞藻来细致地描述这场激战中所产生的大量伤亡。双方短兵相接，我方趁着他们抓爬胸墙的时候把他们扔下去；士兵被枪管击打至死或受伤，他们用刺刀刺入敌人的内脏；士兵把受伤的战友踩在脚下，甚至用指甲把敌人的眼珠子给抠了出来——因为在双方近距离肉搏的时候，他们都没法使用自己的武器。我相信，再也找不到比这场惨烈野蛮的战斗更适合代表地狱的惨状的了。[23]

这次进攻被击退了，英军士兵都退回了山北的谷地之中。此后英军的两次攻击也遭受了同样的挫败，不过这几次攻击虽然付出了巨大的代价，但也完成了既定的目标：他们牢牢地牵制住了达尔科的预备队，为右翼纵队的攻势开辟了道路。

根据科隆尼的说法，多瑙沃特的指挥官并没有沿着"廊道"——它连接着要塞和位于舍伦贝格西南侧的古堡（由古斯塔夫修筑）——布置兵力，而是把部队撤回了主阵地。此举不仅方便了英军的进攻，还由于地形的原因，让舍伦贝格城内的守军无法注意到他们的行动。此外，达尔科认为他已经撑过了这一天——夜幕降临之前就会有一支强大的增援部队从奥格斯堡赶来。"现在差不多已经是晚上7点了"，只有内克坦考特率领一个团的兵力沿着山的南侧"排成一线"。科隆尼对后面发生的事情做了如下记述：

> 大约晚上7点半左右，他们进入了我军侧翼部队的射击范围，而我们完全没有预料到发生这种情况的可能性。这时，我突然注意到了我方步兵的一个异常举动：他们站了起来并停止了射击。我环顾四周，想看看到底是什么原因导致他们做出如

此举动,然后我发现在我方左翼有几排身穿灰白色制服的步兵。他们站立不动,从衣着和举止行动上来看,我确信是援军赶了过来,其他人也做出了同样的判断。[24]

就在此时,马尔堡公爵发起了他最后一次进攻,敌人在两面夹击之下溃不成军。英军的35个骑兵连也立刻进行追击,"之后便是一场持续了很久的可怕屠杀"。[25]这场非常冒险的战斗就这样结束了:虽然这是一次风险极大的军事行动,但也证明了拿破仑所说的"无风险,无收获"(Qui ne risque rien, n'attrape rien)。此战只持续了一个半小时多一点的时间。选帝侯的军队在战斗结束后方才赶来,只能目睹达尔科被歼灭——他损失了一万余人,而他的全部兵力只有1.4万人。英军的损失也很惨重,他们共有1400人阵亡,另有3800人受伤。

这场战斗的构思和实施都堪称大胆,不过其收益也与它所冒的风险成正比。马尔堡公爵攻陷了多瑙沃特,并夺占了通往诺德林根的道路和多瑙河上的桥梁。同时,他同时打通了一条撤退的路线和一条进入巴伐利亚的路线。当选帝侯得知战败的消息后,他立刻拆毁了莱希河上的桥梁,并在奥格斯堡构筑了防御工事。马尔森向刚于7月1日渡过了莱茵河塔拉尔求援,而后者到了7月16日才得知了关于那场灾难性失败的第一条完整消息,那时他正准备对威林根展开围攻。7月22日,塔拉尔放弃了围城,开始向乌尔姆进发,并于7月29日抵达该地;此举使欧根亲王陷入了极为困难的境地:他显然需要去追击塔拉尔的部队,但同时他又必须监视着维勒鲁瓦。亲王大张旗鼓地向北方的图宾根进发,并于7月27日抵达了那里;此举误导了维勒鲁瓦,使他相信前者并未尾随塔拉尔的军队。之后,亲王突然消失在斯瓦比亚的山区之中,并立刻率军前往多瑙沃特。

重要的桥梁到手之后,这个惊人行动的第二幕便展开了。随着塔拉尔的到来——马尔堡公爵的情报手段非常完善,他在法军渡过莱茵河两天之后就收到了消息——现在最重要的就是要诱使选帝侯出城决战。由于选帝侯拒绝迎战,而塔拉尔又加入了战局,公爵为了避免被围攻的风险,遂于7月8日渡过莱希河,开始蹂躏巴伐利亚的国土。[26]当地人民惊恐万分,纷纷向他们的君主要求"保护或和平"。7月13日,在选帝侯夫人(约翰·索别斯基之女)的劝谏下,巴伐利亚选帝侯已经准备议和了。但就在此时,他听到了塔拉尔已经赶来的消息,遂又决定继续战斗下去。不过,选帝侯为了保护自己的领地而分散了大部分的兵力——这属实是愚蠢之行。进攻巴伐利亚确实给联军带来了一定的收益,但随着秋天的到来,塔拉尔的军队也在步步逼近。此外,11月英国议会也要重新召开,所以公爵必须要获得一场胜利。然而为了取胜,公爵就必须要摆脱头脑迟缓且不受他信任的路易侯爵的掣肘,因此他假装采纳了侯爵围攻英戈尔斯塔特的请求。7月31日,公爵写信给欧根亲王,概述了自己的计划:亲王要派一支部队前去协助侯爵围攻英戈尔斯塔特,而亲王本人和剩下的部队则要和他合兵一处——这不仅是为了掩护这场围城战,还要引诱塔拉尔、马尔森和选帝侯所部一起出城决战。

8月10日(周六)塔拉尔和他的盟军开始向北进发,准备在迪林根渡过多瑙河。第二天,欧根亲王在他位于明斯特的营地——从这里行军至多瑙沃特需要两个小时——给公爵写信说道:"敌人已经开始进军了。几乎可以确定他们所有的部队正在从劳因根渡过多瑙河……迪林根的平原上满是敌军……因此我今晚将率步兵和部分骑兵前往我在多瑙沃特前方选定的营地。大人,所有的一切都取决于

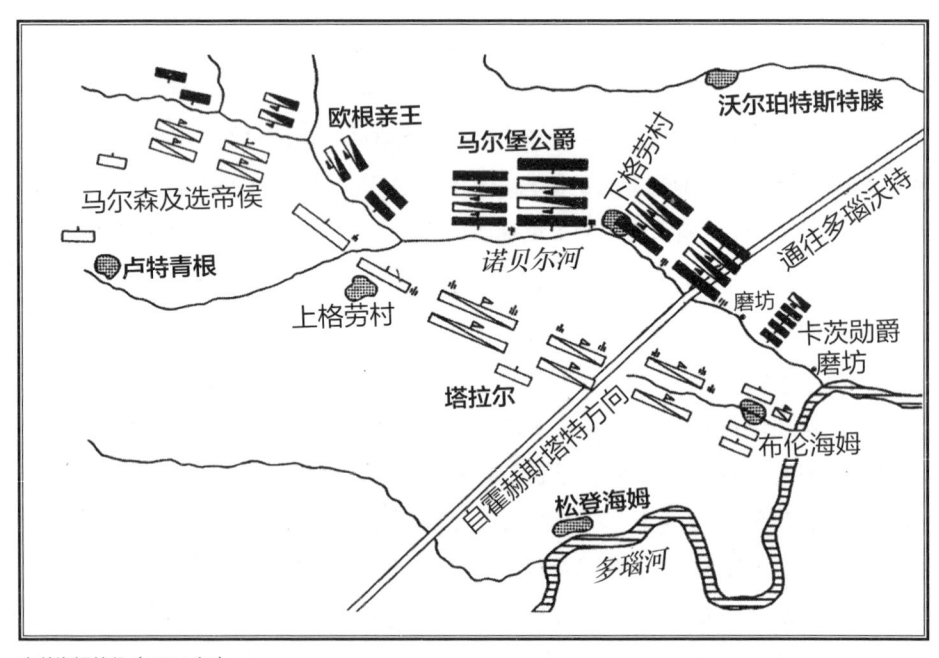

布伦海姆战役(1704年)

行动速度。您一定要尽快赶来，明天就要和我合兵一处，不然的话就太迟了。"[27]公爵立刻就出发前去支援他的战友。

与此同时，塔拉尔已经前往霍赫斯塔特——此地沿多瑙河往上游走五英里便是迪林根——并得到了马尔堡公爵和欧根亲王已经会师的消息。由于路易侯爵没有出现，巴伐利亚选帝侯——他是名义上的指挥官——便认为公爵可能会退回诺德林根，于是力主发动进攻。塔拉尔却对此举是否明智提出了质疑，于是两人商定了一个折中方案——向下游行进三英里到位于布伦海姆村偏西一点的地方。8月12日，他们开始行动了。在到达预定地点之后，他们自以为胜券在握，幻想着公爵将会被迫后撤。正如泰勒所指出的那样，他们无法相信欧根亲王和公爵会如此不顾战争的规则，对据守坚城的优势敌军发动正面强攻。[28]梅罗代·韦斯特洛伯爵[29]告诉后人："那天晚上法国—巴伐利亚军队的军营里士气达到了顶峰，因为所有人都相信马尔堡公爵和欧根亲王将会被迫撤退。"

法国—巴伐利亚军队的军营在一条名为内贝尔的浅沼溪流西侧约1英里的地方，那里是一个平缓高地的顶部。军营右边靠着布伦海姆村，塔拉尔在靠近多瑙河的地方建立了指挥部；一条名为毛尔韦耶的浑浊小溪从村子中间穿过。沿着内贝尔河向上游走大约1.5英里，在河的左岸是一个名为下格劳的村落；再往上游走1.5英里便是马尔森的指挥部所在的上格劳村。此地往西1.5英里的地方是一个位于残破乡镇中的名为卢特青根的村子，巴伐利亚选帝侯的指挥部就设在那里。军营受到这四个村落或堡垒的掩护，此外内贝尔河也在布伦海姆村和上格劳村前又构成了一道"护城河"。因此，上述这些地势就构成了一个固若金汤的防御阵地，其右侧是多瑙河，而左侧则是森林和丘陵。

8月12日拂晓，马尔堡公爵便开始用他的"望远镜"侦察敌人的位置。正如米尔纳军士记录道："在大约下午1点钟的时候，我们看见敌人的军需官正在组织安营扎寨。我们标记了从布伦海姆到卢特青根的敌军营寨。"[30]根据米尔纳的计算，[31]联军有5.2万人，而法国—巴伐利亚军队为六万人；丘吉尔先生[32]则估计联军有66个步兵营、160个骑兵连以及66门火炮，总计5.6万人，[33]而法国—巴伐利亚军队则有84个步兵营、147个骑兵连和90门火炮，共计六万人。

当法国—巴伐利亚军队陷入梦乡之时，马尔堡公爵和欧根亲王的士兵还在忙碌。8月13日凌晨2点，公爵和亲王所部分别组成了四个纵队，以40个骑兵连为前导，沿着标记好的小路向西推进。一个小时后，他们通过搭建好的桥梁渡过了克塞尔溪。当天早上天色昏暗，雾气弥漫，亲王的军队在右侧行军，而公爵所部在左侧行军，而炮兵和工兵则沿着通往霍赫斯塔特的大路前进。为了集结前哨部队，他们在塔夫海姆村西边不远处的赖兴溪停了下来。前哨部队由20个步兵营、15个骑兵连和三个英军步兵旅组成，他们分为九个纵队，在卡茨勋爵——此人便是众所周知的"火蜥蜴"——的率领下向左侧行进。大军继续前进，在到达施文宁根后又停了下来。公爵和亲王带着大约40个骑兵连前往沃尔珀特施特腾以北的高地侦察敌人阵地——此时已经是早上6点了。一个小时之后，浓雾散去，敌人这才惊醒过来，并发了两发号炮警告全军。

此次袭击可以说非常突然，即使已经"兵临城下"了，法国元帅和选帝侯两人还固执地认为他们的敌人除了撤退别无选择。因此，他们一开始判断这只是一次掩护主力撤退的佯攻。甚至到了7点钟的时候，塔拉尔在给路易十四写信时还说敌人已经撤退了。[34] 不过，在看到敌军仍在稳步推进之后，塔拉尔突然认清了真相，并立刻下令敲鼓吹号。顿时，法国—巴伐利亚军队的军营里一片混乱。科隆尼先生虽然没有出现在战场上，但他事后根据目击者的报告对此次奇袭做了如下描述：

我军首先放了号炮召回了补给人员及其护卫；"警报"和"集结"的鼓点被急促地敲响，士兵们来不及拆除帐篷就赶紧到营地前列阵。这通忙乱给后勤部队带来了混乱和恐惧；补给人员和他们的护卫队陆续回营，他们因这出乎意料的警报而惊慌失措，心中惊疑不定，毫无斗志可言。由于敌人是突然出现的，所以军官们被迫要同时思考诸多问题，这种困境让他们神经紧张；对于那些在冬季宿营期间把贵重物品塞满了马车的人来说，这种紧张感尤为明显。对于此等规模的战役，毫无准备的一方无疑会处于巨大的劣势之中，而他们本应早早地做好战斗准备。[35]

8点半左右，联军士兵遭到了法国—巴伐利亚军的炮火轰击，他们的炮兵也立刻予以还击。此时，塔拉尔匆忙制定了自己的行动计划。由于时间紧迫，塔拉尔无暇他顾，只能采取防守态势。除了时间紧迫这个因素之外，他采取守势的还有一个原因——其左右两翼能受到多瑙河和森林繁茂的丘陵的掩护，而他正面4英里处便是沼泽般的内贝尔河流域。至于他的部队没有和马尔森与选帝侯所部联合起来占据阵地，乃是一直以来的惯例。而且不管怎样，现在已经来不及做其他打算了。

塔拉尔做了如下部署：他自己防守右翼从多瑙河一直到上格劳村（不含）的防线，马尔森据守中央，而选帝侯则负责防守左翼。塔拉尔还决定左翼和中央都应当占据靠近内贝尔河右岸的阵地，并阻止敌军的所有渡河的企图。至于左翼阵地则应从河岸往后撤大约1000码①，这样敌军左翼一旦渡河就会面临布伦海姆和上格劳村两面火力的夹击。到那时法军骑兵再加以反击，便可迫使敌军逃入沼泽地带。虽然这个计划有诸多值得商榷之处，但考虑到时间之紧迫，制定出这样一个计划来对付一般的敌人倒也说得过去。

按照上述计划，塔拉尔将兵力做了如下部署：1. 用九个步兵营防守布伦海姆村，另有七个步兵营担任支援部队，此外村子后方还部署有11个步兵营的预备队。2. 布伦海姆村到上格劳村一线部署44个骑兵连，共计5500人。这些兵力将分为两线，另有九个步兵营和四个龙骑兵连提供支援。3. 上面这支部队的左侧是部署在上格劳村的32个骑兵连（隶属马尔森）和14个步兵营。4. 将马尔森所部32个骑兵连和17个步兵营部署在上格劳村的左边。5. 选帝侯亲自指挥部署在此地（卢特青根）的51个骑兵连和12个步兵营——其中部分兵力作为预备队被部署在了后方。[36]

通过侦查，马尔堡公爵和欧根亲王断定敌军右翼的兵力较为强大，因此他们决定效仿舍伦贝格之战，对敌人最意想不到的地方发动突袭。据此他们得出了一个大概的思路：亲王要奋力攻击敌军左翼，以分散法国—巴伐利亚军队指挥部的注意力，而公爵就趁机对敌军右翼发动一次决定性的攻击。

塔拉尔把防御枢纽放在了布伦海姆村和上格劳村，公爵发现他的这种兵力布置是非常有利于防御的：如果不能牵制住这两个村子里的守军，那么自己进军时就要冒着极大的风险。因此，公爵决定以重兵攻击这两个村子，这样一来敌人的守军就会忙于自卫，而无暇在他的部队从两个村子之间穿过时发起侧翼反击。[37]对公爵来说，如果能攻占其中一个村子当然是最好的结果；如若不行，那无论如何也要牵制住他们，避免发生被夹击的情况。此外，由于公爵不知道自己能否在不受干扰的情况下渡过内贝尔河，所以他采用了一种非常规的战斗阵形。他将兵力部署为四线：第一

---

① 译注：1码约合0.9米。

线为17个步兵营，目标是攻占河的右岸；第二线和第三线分别由36个和95个骑兵连组成，负责主力突击；第四线则由11个步兵营组成，用以防守内贝尔河外围，万一渡河失败，他们还要担负起掩护主力骑兵撤退的任务。接下来，公爵将卡茨的纵队布置在了左翼，负责攻击布伦海姆村。最后，公爵还命令工兵部队在河上搭建五座桥梁，并修复一座业已损毁的桥梁。

当欧根亲王的纵队还在沃尔珀特施特腾西边的丘陵和林地中艰难跋涉时，卡茨已经肃清了布伦海姆东边的内贝尔河左岸地带并把法军赶出了水磨坊，进而占领了河的右岸。接着，卡茨将纵队部署到了靠近村子的一个谷地之中，而敌军火炮就部署在谷地上方，这支纵队"以惊人的毅力……忍受着敌军六门火炮的轰击"。[38] 双方的炮战持续了四小时之久，在此期间，马尔堡公爵还命令随军牧师举行了一场仪式来维持士气。此外，他还在法国炮手的眼皮底下沿着防线缓慢地巡查，为他的士兵树立榜样。一颗炮弹飞到了他所骑乘的马匹附近，有那么一会儿公爵在飞扬的尘土中不见了踪影，让他的随从全都大惊失色。

此时已是上午11点了，而欧根亲王那边还没有消息传来，因此公爵很是焦急，接连派出传骑去探听右翼的情况。泰勒对此时的场景做了生动的描述："明媚的阳光照耀在金黄色的田野上，照在了红色或蓝色的军服上，照在了军刀和钢枪之上，反射出耀眼的光线。两军的军乐声此起彼伏，不绝于耳。双方的火炮隔着这条沼泽般的溪流不停射击，士兵和战马或是单独倒地，或是被成片击倒。运送伤员的队伍景象凄惨，正在慢慢地向后方行进。时值正午，天气变得很热。这一天刚过去一半，联军方面的伤亡已达2000人，而此时欧根亲王的一名副官终于从遥远的右翼赶了过来。现在，时机已经成熟了。"[39]

这时已是12点半了，公爵对他的部将说道："先生们，各就各位！"15分钟后，卡茨下令其主力的英军步兵旅在罗将军的指挥下向布伦海姆村发动进攻，他们右侧的部队则在其掩护下向内贝尔河进发。罗将军下令任何人都不得在抵近法军构筑的工事前开火；当他们前进到距敌军不到30步的时候，罗将军本人和他三分之一的士兵都已被法军凶猛的火力所击倒了，但这支部队仍在挺进。战场上浓烟弥漫，根本看不清局势；布伦海姆的法军守将克里姆伯特侯爵（中将军衔）集结了他用于支援的七个步兵营——他显然已经丧失了理智，因为不久之后他又把作为预备队的11个步兵营召集了过来。这样一来，有1.2万名额外的士兵挤进了布伦海姆村，这使得他们中的大多数人根本就动弹不得。帕克这样写道："……我们击垮了敌军……他们不可能向我们发动冲锋……而不撞到我们的刺刀之上。因此，这支庞大的军队对塔拉尔来说已经没有用了，他们不得不保持防御姿态，期盼着塔拉尔能来解救他们。"[40]

然而，联军的前两次进攻均宣告失败。之后，法国最优秀的骑兵——法国近卫军——开始从布伦海姆村两侧向前推进，但很快就被击退。在战场北翼，法国近卫军遭到了帕姆斯上校的迎击——上校以五个骑兵连击败了敌军的八个骑兵连，并同时在正面和两翼向敌军发动冲锋。就在联军准备发起第三次进攻时，马尔堡公爵突然叫停了攻势，因为他发现自己把法国人困在这个村子里的目标已经达成了。此外，他的步兵主力已经渡过了内贝尔河，而骑兵主力也正在渡河。

就在双方围绕布伦海姆村激战正酣的时候，上格劳村附近却出现了危机。荷尔斯泰因-贝克亲王率10个营的兵力对上格劳村发动攻击，却被布兰维尔侯爵麾下的九个营（其中包括一个被称为"野鹅"的爱尔兰步兵旅）所击退。由于荷尔斯泰因-贝克亲王所部向着内贝尔河败退，所以马尔堡公爵中军的右翼被暴露在了敌人的攻击之下。此时马尔森在上格劳村后方集结了一支庞大的骑兵部队，正准备从这个缺口冲进去打击公爵中军的右翼。现在的形势异常严峻，公爵在意识到这一点之后马上就奔赴现场，并立刻派了一名副官前去通知欧根亲王，要他派出富格尔的骑兵前来掩护这个缺口。虽然欧根亲王正在最恶劣的地形中进行着一场激烈的战斗（而且此时战斗正处于关键时刻），但他还是立刻遵从了公爵的要求。当马尔森的骑兵冲向内贝尔河的时候，富格尔的骑兵从左翼向他们发动了攻击并将其击退。这次冲锋也拯救了荷尔斯泰因-贝克亲王——他再度进军，这一次他将布兰维尔侯爵的步兵给赶回了上格劳村。在那里，荷尔斯泰因-贝克亲王"把敌军围在村内"，这样一来，联军现在就可以如坎贝尔所说的那样"从村子前经过，并可以自由地攻击敌人的骑兵"了。[41]

马尔堡公爵对此洞若观火，因为下午3点钟的时候，布伦海姆和上格劳村这两个堡垒就已经失去了进攻的力量——但在一般人的眼中，胜利似乎是属于法国人的。这一天就快要过去了，此刻欧根亲王正在和巴伐利亚选帝侯进行殊死搏斗，但进展甚微；如果联军再不能前进，他们就得被迫后撤，而此时法国骑兵的主力尚且保存完整。因此，撤退就意味着溃败。不过公爵知道，只要欧根亲王能坚持下去，那自己就一定能取得胜利——这是因为为数众多的法国步兵已经被困在了布伦海姆村和上格劳村之中，只能单纯地进行防御作战。敌军被困在那里，而两村中间门户洞开，这就注定了塔拉尔所部即将覆灭的命运。

欧根亲王知道他无法在正面战场取得决定性的胜利，但马尔堡公爵也很清楚只要自己能坚持下去，那他就必将获胜。这样一来，两位将领就进行了良好的配合。到了下午4点的时候，公爵中军的全部兵力都已穿过沼泽地带——他改变了作战阵形，将两线骑兵部署在前方，后面则是同样分为两线的步兵。在决战的时刻，公爵拥有压倒性的优势兵力，他集结了90个骑兵连和23个步兵营来对付塔拉尔的50到60个骑兵连与九个步兵营。公爵一直等到了4点半，在知悉了亲王的战况之后，他在卢特青根附近稍作停留就命令中军开始行动。直到这时，塔拉尔才明白到对手的意图，遂命令预备队的九个步兵营在上格劳村以南展开，试图阻止联军前进。公爵立刻命令三个汉诺威营和一些火炮前去对付他们，在经过一番苦战之后，汉诺威人被击退了，公爵的骑兵战线也退了回去。现在是塔拉尔最后的逃跑机会了，然而他麾下的骑兵却还在犹疑不定。

下午5点半左右，公爵命令他的炮兵向塔拉尔麾下奋勇作战的九个步兵营发射葡萄弹。在火力的掩护之下，公爵下令全军出击。泰勒这样写道："军号齐鸣、战鼓隆隆，战旗在士兵手中和钢枪上骄傲地迎风招展。我军骑兵分为两个长列，始终保持着恰到好处的'快步'。当他们接近法国人的时候便开始加速前进。"[42]

还没等受到攻击，恐慌就席卷了敌军大部分的骑兵部队；法军士兵胡乱地用步枪和手枪射击，包括近卫骑兵在内的法国骑兵都鞭打着他们的战马，迫不及待地逃离了战场。他们中有一些逃往霍赫斯塔特，而另一些则向着多瑙河逃去——有大约30个骑兵连从松登海姆附近那陡峭的河岸上冲了下去，一头扎进了下面的沼泽和河水之中。此时，前面那九个营的阻击兵力几乎已经全军覆没——帕克这样写道："第二天上午我骑马从那里经过时，还看到他们的尸体倒在地上，仍然保持着战斗序列。"[43]

法国与巴伐利亚军队现在已经分崩离析了。塔拉尔曾向马尔森求救，但徒劳无功，因为当时欧根亲王正在猛攻卢特青根。塔拉尔的求救只不过强化了马尔森和选帝侯对全军危局的印象，于是他们在右翼没有遭到迂回之前便下令撤退了。此时已是晚上7点，马尔堡公爵暂时停下了脚步，匆忙地用铅笔在一张酒馆的账单背面给他的妻子写了个字条："我没有时间多说了，但请你代我向女王复命，告诉陛下她的军队已经取得了辉煌的胜利。塔拉尔元帅和另外两位将军已经被我俘虏，而我正在追击敌军残部。送信人是我的副官帕克上校，他会把信交给女王并当面向她说明事情的经过。我将会在一两天之内再次取得一场更大的胜利。"⁴⁴10天之后，这张纸条被送到了温莎宫。

就在公爵草草地写下这张字条的时候，他的骑兵仍在追击溃散中的法军，而欧根亲王也在追击马尔森和选帝侯，于是公爵把他的注意力转移到了布伦海姆村——那里仍有卡茨麾下27个营的敌军，并获得了奥克尼勋爵的增援。克里姆伯特向着多瑙河方向飞奔，在慌不择路中掉进河里淹死了。到了晚上9点，他麾下那些群龙无首的士兵都投降了，战斗就此结束。

这一战双方的损失如何呢？联军方面阵亡了4500人，另7500人负伤（其中包括2000名英军），也就是损失了原有兵力的20%。据米尔纳估计，敌军包括战死、淹死、受伤、被俘，以及逃兵在内共计损失了38609人。⁴⁵联军没有继续追击马尔森和选帝侯，这并不是马尔堡公爵犯了错，而是因为他手上已经没有可用的兵力了——当夜幕降临时，他正看着1.5万名俘虏和无数的战利品发愁。⁴⁶

马尔堡公爵为这次酣畅淋漓的胜利而感到兴高采烈——这也在情理之中。8月14日，在写给他"最亲爱的灵魂"的信中，他将此役称为"前所未有的伟大胜利"。这毫不夸张，因为布伦海姆战役终结了路易十四野心勃勃的计划。此战决定了欧洲的命运，正如丘吉尔先生所写的那样："它改变了世界政治的轴线。"⁴⁷如果公爵输掉了这场战役，那么巴伐利亚选帝侯就会取代哈布斯堡家族而登上帝国皇位；慕尼黑也将会取代维也纳，而神圣罗马帝国本身则将成为法兰西的一个附庸国——不过现实是选帝侯被赶出了他的领地，而这些领土则被并入了奥地利。布伦海姆战役还一举打破了斯图亚特家族的计划，这一点同样重要。假使法国获得了整个西欧和中欧的霸权，那么毫无疑问的是，法国人必定会提出无理的要求，而那时英国也只得单枪匹马地与之为敌了。

对于英国而言，布伦海姆战役是自阿金库尔战役以来其在外国领土上所赢得的最伟大的胜利。此战打破了法国陆军的威名，使他们饱受耻辱与嘲笑。从1704年开始，路易十四便试图寻求一个体面的和平，然而战争又持续了八年之久。马尔堡公爵之后又取得了三次胜利——分别是1706年的拉米伊之战、1708年的乌登纳德之战，以及1709年的马尔普拉卡之战——这使得他的威名更盛，而此时路易十四的唯一目标就是结束这场战争。最后，为了恢复贸易往来，英国也在1711年开始呼吁和平。⁴⁸双方遂于1712年1月29日开始了谈判，并在1713年4月11日于乌特勒支签署了一系列和平条约。法国得以保留其对莱茵河上游左岸的控制权；在法国默认绝不与西班牙合并的情况下,双方均认可安茹公爵腓力(即腓力五世)为西班牙及西印度群岛的国王。路易十四得以打破了哈布斯堡家族的包围圈,完成了黎塞留和马萨林的夙愿,并使法国在1792年之前都处于高枕无忧的状态。此外,他还承认了英国的新教继承权。西属尼德兰被割让给奥地利,并于此后被改称为奥属尼德兰;奥地利还拿到了那不勒斯和米兰(直到1866年为止);联合省获得了一些边境要塞;萨伏伊升格为王国,并获得了尼斯和西西里,之后该国又在1720年用这两处地方交换了撒丁岛。在所有分配战利品的国家当中,当属英国获益最为丰厚:英国从法国手中获得了阿卡迪亚——也就是新斯科舍地区、纽芬兰和哈德孙河流域,这是它将法国势力逐出北美地区的开端;它还从西班牙手中获得了直布罗陀和米诺卡岛,从而巩固了其在西地中海的海上力量。此外,英国还和西班牙签订了一份极为有利的商业条约,其中最有利可图的条款就是授予英国向西属美洲出口黑奴的特许权,为期30年。[49]

正如海军上将马汉所说的那样,在《乌特勒支和约》签署之后,"(英国)不仅在事实上获得了"海洋和世界市场上的霸权地位,"而且它自己也意识到了"这种霸权地位。特里维廉教授写道:"这场无声但伟大的海权革命要归功于马尔堡公爵的军队在欧洲大陆上所取得的战果,以及英国在外交上的胜利……正是因为他把海上战争当作联军对抗路易十四的整体行动中的不可分割的一部分,所以英国的海上力量在1702年至1712年期间才能始终处于一个无可匹敌的状态之中。"[50]

不过,这场海权革命的影响比特里维廉教授所写的还要更加深远:正是有了英格兰银行这一机构和它所发行的国债,英国才有足够的财力物力来支撑战争。威廉三世卷入的战争持续了9年,耗资超过3000万英镑;西班牙王位继承战争持续了12年,耗资约为5000万英镑。在这总计约8000万英镑的巨额资金中,只有一半来自于税收,而其余部分则是发行的国债。国债制度的发明就是预支未来的繁荣来舒缓眼下的财政困难,从此以后这种无法偿还的债务就成了进行战争的基础。伦敦的银行家的政治地位不断提高,远远超过了地主阶级;这个民族和帝国的疆界已经拓展到了海洋之上,而这二者的命运也逐渐地被银行家所掌控。

注解

1. 这个公爵爵位是于 1702 年 12 月册封的。
2. 他第一次参战当是第二次英荷战争中的索莱贝战役（1672 年 5 月 28 日）。
3. 出自沃代蒙亲王写给威廉三世的信，引自 *C.T.Atkinson in Marlborough and the Rise of the British Army (1921)*, p.130。
4. *Memoirs of the most remarkable Military Transactions from the Year 1683 to 1718*, Captain Robert Parker (1747), pp.214—215.
5. 参见 *Jules Roy's Turenne sa vie et les institutions militaives de son temps (1884)*, pp.449—450。
6. *Memoires, ou principes de l'art militaire, R.de Montecuccoli (1712)*, p.223.
7. "刺刀"（Bayonet）一词被认为是由 15 世纪末在巴约讷（Bayonne）制造的一种短匕首"Bayonette"衍生而来。1647 年曾有人提及过一种塞入式刺刀，它能够被塞入步枪的枪口中来防止走火；1663 年在丹吉尔作战的英军士兵就携带了这种刺刀，之后它分别在 1671 年和 1685 年被法国燧发枪团和英国皇家燧发枪团所采用。1678 年出现了一种套管式刺刀，但它不能固定在枪口上，因此很容易掉下来；同年还出现了一种插座式的刺刀，它可以更牢固地固定在步枪上。1687 年沃邦向卢瓦提议使用后一种刺刀。两年之后，法国军队便全面采用了插座式刺刀。之后，英国和德国也装备了这种刺刀。到了 1703 年，法国和英国彻底抛弃了长枪兵。据霍姆上校所说："刺刀的引入标志着中世纪战争的结束和近代战争的开始……这柄长约 12 英寸的匕首彻底地改变了陆军的战术。"
8. *Parker*, p.108.
9. *Campaigns of King William and the Duke of Marlborough*, Genera R. Kane (1747), p.110.
10. *England under Queen Anne, Belnheim*, George Macaulay Trevelyan (1930), p.227.
11. 参见 *The Correspondence*, 1701—1711, of John Churchill, *First Duke of Marlborough and Anthonie Heinsius Grand Pensionary of Holland*, edit.B.Van' T Hoff (1951), 136, p.85。马尔堡公爵的烦恼在他于 9 月 3 日写给海因希乌斯的一份信中表达得淋漓尽致。公爵这样写道："我担心我方的意见分歧会鼓舞敌人的士气，因为很多人都知道我们这里到底发生了什么；就算有人给我数以百万计的金钱来让我再服役几年，但是只要将军们的意见不一我就什么都不能做的话，那我还不如立马就去死……"
12. *The Letters and Dispatches of John Churchill*, First Duke of Marlborough (1845), vol.I, p.198.
13. 鲁克和远征军于 1704 年 2 月底到达了里斯本。士兵们刚下船，查理大公就被宣布成为西班牙国王查理三世，从而引发了伊比利亚半岛长达八年的战争；之后鲁克就率舰队前往土伦。然而，鲁克发现萨伏伊公爵无法抽调出任何一支军队来进行联合作战，他只能返回英吉利海峡，并在那里得到了强力增援，使他的舰队总船数超过了 50 艘。之后，鲁克决定实施了一项他考虑已久的计划，也就是占领直布罗陀；由于当地的防守并不坚固，鲁克在 8 月 4 日没费什么力气就达成了目的。三周之后，鲁克在维莱斯马拉加外海击退了前来增援的海军上将图卢兹麾下的 50 艘战船。经此一役，英国人赢得了地中海的控制权；在之后的战争进程中，法国人就再也没有真正地去挑战英国在地中海的霸权地位了。
14. *Memoirs of the Duke of Marlborough*, W.C.Coxe (1820), vol.I, p.316.
15. 参见 *Heinsius Correspondence*, 165, p.101。
16. *A Compleat History of the Late War in the Netherlands*. Thomas Broderick (1713), pp.93—94。亦可参见 *Heinsius Correspondence*, 168, p.103。
17. 5 月 2 日，公爵在给妻子的信中这样写道："但我不会在这个地方（指摩泽尔流域）待太久，因为我将北上进入日耳曼地区。我不得不保守这个秘密，因为我害怕这些人（指荷兰人）会担心他们的军队过于深入。"（*Marlborough: his Life and Times*, Winston S. Churchill〔1934〕, vol.II, p.308）
18. 引自 *Marlborough: his Life and Times*, vol.II, p.319。
19. *Marlborough Dispatches*, Vol.I, pp.258—259.

20. *Memoirs of the most Remarkable Military Transactions from 1638—1718 etc.*, Captain Robert Parker, pp.94—95.
21. 同上, p.94。
22. *A Compendious Journal of all the Marches,* famous Battles and sieges of the Confederate Allies in the late War. John Millner (1733), p.95.
23. 参见 *The Chronicles of an Old Campaigner,* M.de la Colonie, 1692—1771 (1904), pp.183—185。
24. 同上, p.191。
25. *Memoirs,* etc., Robert Parker, p.97.
26. 丘吉尔先生为这种针对平民的袭击行为进行了辩解,他这样写道:"这不是毫无意义的恶意或暴行,而是对成功乃至安全至关重要的战争举措……其军事作用是无可争议的。"(*Marlborough:his Life and Times,* vol.II, pp.409—410)此外,马尔堡公爵在1704年7月31日写给海因希乌斯的信中也给出了他的理由。(*Heinsius Correspondence,* 200, p.121)
27. 引自 *Marlborough:his Life and Times,* Winston S. Churchill, vol.II, pp.426—427。
28. *The War of Marlborough,* 1702—1709, *Frank Taylor (1921),* vol.I, p.204.
29. *Memoires de Merode-Westerloo (1840),* p.298.
30. *A Compendious Journal,* etc., p.110.
31. 同上, pp.124—128。
32. *Marlborough: his Life and Times,* vol.II, p.442.
33. 在8月16日提供给海因希乌斯的数据中,马尔堡公爵自己估算的联军兵力为160个骑兵连、65个步兵营和66门火炮。(*Heinsius Correspondence,* 204, p.123)
34. *Campagen de monsieur le marechal de Tallard en Allemagne 1704 (1763),* vol.II, p.140.
35. *The Chronicles of an Old Campaigner,* pp.225—226.
36. 步兵和骑兵的总人数无法确定,因为关于此役的所有记录中的数据都不尽相同。
37. 参见 *Memoirs,* etc., Robert Parker, p.104。
38. *A Compendious Journal ,*etc., John Millner, p.115.
39. *The Wars of Marlborough,* 1702—1709, vol.I, p.213.
40. *Memoirs,* etc., p.105.
41. *The Military History of Eugene and Marlborough,* John Campbell (1736), vol.I, p.159.
42. *The Wars of Marlborough,* 1702—1709, vol.I, p.215.。
43. *Memoirs,* etc., p.110.
44. *Memoirs of the Duke of Marlborough ,*William Coxe, vol.I, p.413.
45. 8月28日,马尔堡公爵告诉海因希乌斯,敌人承认他们损失了4万人。(*Heinsius Correspondence,* 210, p.128)
46. "100门大小火炮、24门白炮、129面各式旗帜、171面军旗、17对军鼓、3600顶帐篷、34辆马车、300头拉货的骡子,两座船浮桥、15个浮筒、24个酒桶,以及八桶银子"。(*History of the Reign of Queen Anne digested into Annals,* Abel Boyer, 1703—1713, vol.III, p.87)至于战俘,马尔堡公爵这样写道:"我们在找到办法处理全部这些俘虏之前根本就没法离开……因为我们没有足够的兵力去押送他们]。"(*Heinsius Correspondence,* 206, p.125)
47. *Marlborough: His Life and Times,* vol.II, p.478.
48. "1701年离开英国港口的船只数量为3550艘,1711年为3759艘,1712年为5807艘,1714年则为6614艘。据说伦敦港的这项数据在近五年内从806艘增加到了1550艘。"(*The Cambridge Modern History,* vol.v,p.439)
49. 向西属美洲提供非洲奴隶的"和约"(Asiento)允许奴隶贩子同时贩运其他货物。"这份'供货合同'是英国在此次战争中为自己赢得的最令人梦寐以求的东西之一,也是《乌特勒支和约》所带来的财富"。(*Blenheim,* G.M.Trevelyan, p.139)
50. 同上, p.248。

大事记
法国的崛起

虽然《比利牛斯和约》扑灭了三十年战争的最后一丝余烬，但法国人所关心的问题并未因此而得到解决。里尔、贝桑松、两西西里王国，以及米兰仍然控制住西班牙人手中，因此后者在必要时仍然可以和神圣罗马帝国建立联系，并联手来包围法国。当马萨林于1661年去世之后，路易十四——一位25岁的年轻人——开始独掌大权。他急切地想要效仿查理曼大帝，并要让法国称雄天下，令万国景仰。对于路易十四来说，如何打破哈布斯堡王室的包围圈就成了前人遗留给他的一个政治难题。

在解决这一困难时，路易十四得到了卢瓦和科尔伯特这两位贤臣的大力协助。卢瓦将军权收归中央，并通过消灭贵族势力确立了国王至高无上的权威。除了在军中强化诚实的作风之外，他还改进了武器装备：他引进了刺刀、用燧发枪取代了火绳枪、提升了步兵和工兵的地位，还让炮兵能够跟其他兵种一起协同作战。此外，他还建立了组织良好的军火库，并通过建设"荣军院"（Hotel des Invalides）为伤残士兵提供服务。但卢瓦对路易十四最大的影响在于，他用统治、战争、荣耀和领土作为治国的目标来引导后者，而后者又天生偏好于这样的一些目标。科尔伯特则是重组了海军：1661年他创建海军的时候仅有20艘战舰，到了1671年可供使用的战舰就达到了196艘，而到了1677年这一数字更是增至了270艘。他翻新了陈旧的港口和兵工厂，对土伦、罗什福尔、布列斯特、勒阿弗尔，以及敦刻尔克（1662

年从查理二世手中购得）进行了现代化改造。此外，在沃邦的协助下，他还努力地加强了法国的各个要塞，使它们变得坚不可摧。

没过多久，路易十四便得到了实施他侵略政策的机会。1665年9月17日，西班牙国王腓力四世驾崩，继位的是他年仅四岁的笨蛋儿子查理二世——后者是腓力四世在第二次婚姻中所生的，而他的第一次婚姻中的子女中只有玛利亚·特蕾西亚还活着。根据布拉班特和艾诺的习俗——也就是所谓的"遗产继承权"（Jus Devolutionis）——第一次婚姻中的子女在继承权上要优先于第二次婚姻中的子女。于是，路易十四便以其妻子的名义要求继承整个西属尼德兰。

此时，英国与联合省正处于战争状态（即第二次英荷战争）。因为路易十四跟荷兰人签有援助条约，所以他于1666年1月向英国宣战了。英王查理二世并不想树敌过多，因此他于1667年3月跟法国达成了一项秘密协议：如果法王撤回他给荷兰人的援助，那么英王就不会反对他入侵尼德兰的计划。这份协议签署后不久，法军便越过尼德兰的边界并占领了里尔。为了防止西班牙人从意大利增援尼德兰，路易十四紧接着就在1668年2月4日攻入了弗朗什—孔泰——此时掌握在西班牙人手中——并在两周内将其完全占领。

为了确保利奥波德一世皇帝保持中立，路易十四在发动入侵之前（即1月份）说服前者同意了一项条约：如果西班牙的查理二世死后没有子嗣的话——这是很有可能的发生的事情——法国和神圣罗马帝国将瓜分西班牙帝国。根据这个条约，西班牙本土、美洲殖民地和米兰归利奥波德一世，而路易十四则会接收两西西里王国、西属尼德兰、弗朗什—孔泰、西属纳瓦拉①、菲律宾，以及西班牙在非洲的领土。

路易十四此次入侵行动的直接结果便是查理二世在1667年7月31日跟荷兰人达成协议并签署了《布雷达和约》。1688年2月13日，西班牙与葡萄牙达成和解，并承认后者独立。与此同时——1668年4月——英国、联合省和瑞典组成了一个三国同盟来对抗路易；路易十四也觉得目前自己有些冒进了，于是决定和解，并于5月2日在艾克斯拉沙佩勒（亚琛的法语名）签署了和平协议。根据这个协议，路易十四获得了沙勒罗瓦、班什、阿特、杜埃、图尔奈、乌登纳德、里尔、阿尔芒蒂耶尔、

---

① 译注：中世纪时位于西班牙东北部和法国西南部之间的王国。

库特赖、贝尔格，以及菲内斯等地，但要放弃弗朗什—孔泰、康布雷、圣俄梅珥，以及艾尔等地区。路易十四完全可以忍受这些妥协，因为根据他和利奥波德一世之间秘密协议的安排，当西班牙的查理二世死后这些地方还是会归法国所有的。

不过路易十四对于西属尼德兰仍不死心，于是他便开始着手瓦解三国同盟。作为实现这一目标的第一步，他在1670年6月跟英王查理二世签署了一项被称为《多佛条约》的秘密协议。根据该条约，后者同意支持法国发动一场针对荷兰的战争。当路易十四稳住了位于法国左翼的英国之后，他开始着手稳固自己的右翼：法国在占领了洛林之后，又与巴伐利亚选帝侯缔结了一个条约，从而开启了两国之间一直延续到1813年的友谊。最后，路易十四还用重金收买了瑞典，这样一来，三国同盟便在1672年4月土崩瓦解了。

与此同时，英王查理二世于3月17日向荷兰宣战。同年5月，路易十四也紧随英王向荷兰宣战了。在孔代和蒂雷纳的指挥下，一开始法国人的进攻势如破竹。但不久之后荷兰人开始决堤放水，阻止了法国人的推进。之后，奥兰治的威廉就任荷兰和西兰的执政；同时，整个西欧也对此次入侵大为恐慌，神圣罗马帝国皇帝、勃兰登堡的腓特烈·威廉（大选帝侯），以及西班牙都加入了这场对抗法国的战争。

此外，在海上也爆发了英国史中所称的第三次英荷战争。荷兰的勒伊特在两场战役中完胜英法联军，并在另外两场战役中也占据了上风。英国人既很害怕日渐崛起的法国，又痛恨法国海军在作战中公然逃跑的行径（这导致了上述战役的失败）。最终，英国议会在1674年迫使查理二世与荷兰媾和，双方在2月17日签署了《伦敦条约》。欧洲大陆上的战争一直持续到了1678年。虽然战况对法国有利，但所有的交战国都厌倦了战争。为了结束战争，各交战国在1678年8月至1679年2月间缔结了一系列单独的条约，这些条约在一起被统称为《奈梅根和约》。

战后，法国获得了远胜于《威斯特伐利亚条约》赋予它的国际地位，因为《奈梅根和约》让法国获得了西属尼德兰的一大片土地，以及阿尔萨斯、洛林、弗莱堡、布赖萨赫和弗朗什—孔泰等地区。然而英国才是真正的赢家，因为在战争期间，法国无意间把自己的鲜血和财富"泼洒"到了别的地方，而英国则在不知不觉间成了法国在海外殖民和海洋上最强大的对手。作为战利品的一部分，英国获得了新阿姆斯特丹[1]——也就是纽约——和新泽西，这使得英国在南北美洲的殖民地得以连为一体。此外英国还获得了圣赫勒拿岛[2]，并将此地作为其东印度商人的基地。但更为重要的是，英国在1647年与荷兰恢复了和平，而彼时欧洲大陆的战争仍在继续，因此英国船队取代了荷兰船队，获得了大部分的海上运输业务。到了签订《奈梅根和约》的时候，英国海军已经独步天下，英国的商业力量在世界上也已经居于领先地位了。这样一来，英国的本土便可高枕无忧了。再加上英国对海洋的控制，所有其他国家的殖民地都要任由英国人摆布了。

在这一系列战争当中，路易十四不仅得到了英王查理二世的帮助，也获得了土耳其人的援助。在这段时间里，土耳其一直在和神圣罗马帝国做着最后的决战，这大大牵制住了皇帝干涉西欧事务的力量。令欧洲各国感到庆幸的是，奥斯曼帝国在三十年战争期间恰好处于它那周期性的无政府状态之中。但是在穆罕默德四世（1648年至1687年在位）的统治下，1656年的奥斯曼帝国已经恢复了统治秩序。1663年，奥斯曼人向神圣罗马帝国宣战，但在次年8月1日的圣哥达战役中，他们被帝国将军蒙特库科利所击败。土耳其人的第二次行动则是以波兰为目标；在经过几次战役之后，到了1673年11月11日，艾哈迈德·科普卢鲁率领的土耳其大军在霍奇姆被约翰·索别斯基所击败。十年之后，为了削弱利奥波德一世的实力，路易十四再次说服了苏丹向神圣罗马帝国发动了进攻——他的想法是这样的：如果奥地利的统治被推翻，日耳曼诸国就将被迫臣服于自己，到那时，他作为上帝忠实的信徒就可以让法国恢复查理曼的帝业。穆罕默德四世接受了法王的建议，他组建了一支号称拥有25万人的军队。在卡拉·穆斯塔法的率领下，这支大军渡过了德拉瓦河并包围了维也纳。此时已是波兰国王约翰三世的索别斯基立刻和洛林的查理率军七万人——包括波兰人、巴伐利亚人、萨克森人和日耳曼人——前去救援；他们在1683年9月12日击败了土耳其人。虽然如此，战火仍未平息：1687年8月12日，土耳其人在莫哈奇附近的哈尔卡尼遭受了一次惨败；1697年9月11日，土耳其人在蒂萨河畔的森塔又惨败于欧根亲王。这些辉煌的胜利在两年之后的1699年1月26日带来了《卡洛维茨和约》的签订：整个匈牙利和特兰西瓦尼亚都被割让给了奥地利，而波多利亚和乌克兰则被割让给了波兰。自曼兹科特战役以来一直威胁着东欧的土耳其危机就这样结束了，而这是正是"十字军东征"的最后一丝余音。

不过，还是有两件事情让路易十四陷入了困境：其一是1683年土耳其在维也纳城下大败而归，其二是1685年2月16日詹姆斯二世（1685年至1688年在位）

继承了英国王位。前一件事意味着奥地利的实力的增强,而后一件事则意味着如果詹姆斯二世——他是一个顽固的天主教徒——无法保住王位的话,那么就只有奥兰治的威廉能继承英国王位,因为后者在1677年娶了詹姆斯二世的女儿玛丽为妻。路易十四的策略应当是稳固詹姆斯二世的王位,然而他却出错了牌,结果他最不愿见到的情况出现了。詹姆斯二世登基后不久,路易十四就废除了《南特敕令》,从而废除了对法国胡格诺派的容忍政策;更糟糕的是,詹姆斯二世也开始仿效他,试图用违宪的手段将天主教信仰强加给他的臣民。结果1688年英国爆发了"光荣革命"(Glorious Revolution),詹姆斯二世被迫逃离英格兰,这为他女儿与女婿的掌权铺平了道路,而威廉夫妇则接替前者开始共同统治英国。阿克顿勋爵这样写道:"就这样,'君权神授'被'私有产权神圣不可侵犯'所取代。"政府由两个贵族政党——辉格党和托利党——轮流执政,前者代表了小地主和乡村教会,而后者则代表了大地主、商人和贸易商。于是,国家权力最终从国王手中转移到了议会手中,而国王则成了立宪制下的虚君元首;新闻自由得以确立;1694年成立的英格兰银行则确立了英国的银行系统,在未来的岁月里,这个系统将使金钱变得无所不能。

1688年的革命引发了英法之间长达百年的殖民地争夺战。当时的法国有着全世界最强大的陆军和一支令人生畏的海军,因此当路易十四在1688年入侵巴拉丁时,日耳曼诸侯全都联合起来反抗他。为了增强日耳曼诸侯抵抗法国的力量,奥兰治的威廉——现在他已经是英王威廉三世(1688年至1702年在位)了——于1689年组建了英国、联合省和神圣罗马帝国的"大联盟"(Grand Alliance),从而能够以更加均衡的实力来对抗法国。1690年6月30日,就在詹姆斯二世在爱尔兰的博因河战役中战败的同一天,联军舰队在比奇角附近惨败于海军上将图维尔手下。不过在1692年5月19到24日的巴弗勒尔—拉霍格战役中,图维尔又惨败于海军上将爱德华·罗素(后被册封为奥福德伯爵)所率领的英荷舰队手中。怎样评价这场胜利的重要性都不为过,因为当时英国本土只有少量的部队,而此战一旦失败,贝尔方德元帅麾下的三万名法军就会渡过海峡入侵英国,并帮助詹姆斯二世重登王位。

虽然这次胜利让威廉三世能够把全部精力都集中到尼德兰的战事上,但他总是运气欠佳。1692年,他丢掉了那慕尔并在斯泰因基尔克被击败;次年他又在内尔温登被击败。1697年，路易十四表示愿意放弃所有战争期间征服的地区，而这大部分是因为英国海军在地中海上取得的胜利。当年的9月20日，双方签订了《里斯维克和约》。路易十四承认威廉三世为大不列颠及爱尔兰国王，而詹姆斯二世的次女安妮公主则成了英国王位的继承人。"大联盟"随即解散，而法国仍然是欧洲最强大的国家。

《里斯维克和约》得以缔结的一个原因似乎是路易十四预料到了西班牙国王查理二世的英年早逝，因此他希望保存实力以便乘机提出法国王室对西班牙王位的继承权。正如米涅所言，西班牙王位的继承权是"路易十四整个统治时期最关键的问题"。

也就是说，有三方势力把西班牙的王位继承问题视为自己的核心利益，这对于欧洲来说实属不幸。查理二世死后将会有三个人出来宣称自己对王位的继承权：除了路易十四的孙子、安茹公爵腓力，另两人分别是皇帝利奥波德一世之子、奥地利的查理大公，以及巴伐利亚选帝侯马克西米安·伊曼纽尔之子、巴伐利亚太子约瑟夫·斐迪南——此人娶了利奥波德一世的女儿玛利亚·安东尼娅为妻。路

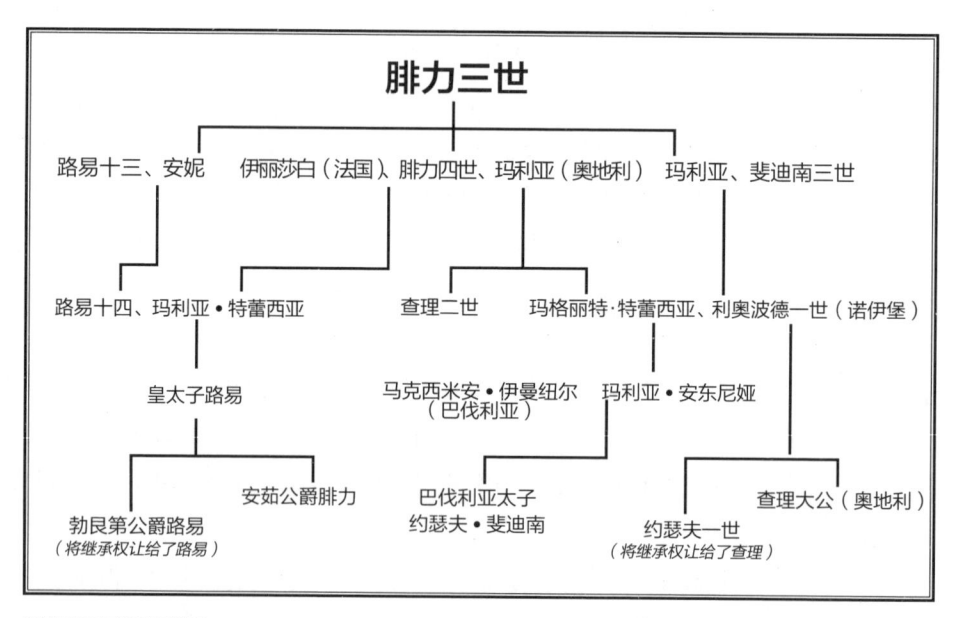

西班牙王位继承权简图

易十四和利奥波德一世都是腓力三世的孙子,而且他俩分别迎娶了腓力四世的两个女儿(也就是他们的两个表妹)。

路易十四是不会同意把整个西班牙都交给奥地利王室的,同样利奥波德一世也不会同意西班牙被并入法国。为了避免战争,唯一的解决方案就是在查理二世驾崩之后由约瑟夫·斐迪南来继承王位,因为这样一来西班牙帝国就能继续独立于法国和奥地利之外。正如特里维廉教授指出的那样,这个方案是非常符合英国人的心意的,因为自威廉和安妮时代一直到乔治五世时期,只有在商业上面临竞争或是为了维持欧洲大陆上的均势时,英国才会迫不得已地卷入欧洲大陆上的战争。就目前的情况而言,由于西班牙人没有能力自己经营工商业,所以他们近年来一直允许英国和荷兰商人用自己的名义来为他们打理工商业,并承担起西班牙本土和殖民地之间的贸易活动。因此,一旦西班牙帝国被并入法国,英国人不仅会失去目前这种非常有利可图的贸易,而且英国船只也将被封锁在地中海之外。此外,在尼德兰境内,英国和联合省也都会受到法国的威胁。

不过,在没有任何补偿的情况下,路易十四和利奥波德一世都不会同意让斐迪南来继承查理二世的王位。1698年10月,为了克服这些困难,法国、英国和联合省商讨出了一个名为《第一次分治条约》的折中方案。根据该条约的规定,西班牙帝国的大部分地区都将归属于约瑟·斐迪南,米兰将划归查理大公,而法国则将获得那不勒斯和西西里。虽然这个条约是偏向奥地利的,但利奥波德一世拒绝放弃他的儿子对整个西班牙的继承权,而西班牙出于人之常情也强烈反对任何形式的分治。

这种情形一直持续到1699年的2月:约瑟夫·斐迪南的意外死亡改变了整个局势。之后,路易和威廉起草了《第二次分治条约》:这一次,查理大公将成为西班牙和西印度群岛的国王和尼德兰的统治者;法国仍将获得那不勒斯和西西里;洛林公爵则把实际上已经属于法国的洛林地区划归了法国,然后他将获得米兰作为补偿。

不过,利奥波德一世做出了令人难以置信的愚蠢行为:他再一次拒绝接受协议。此外,英国的商人们也强烈反对把那不勒斯和西西里划归法国,因为他们认为这样会使英国船只无法涉足地中海的航运业务。至于西班牙人,他们仍然反对分治方案,并决定让安茹公爵腓力而非查理大公优先继承王位,因为相较于神圣罗马帝国的皇帝,法王更能保障西班牙帝国的安全。

危机终于爆发了:1700年11月1日,查理二世驾崩,根据他的遗嘱,整个帝国都将由安茹公爵腓力继承，但这里附加了一个条件，那就是法王必须让腓力以他自己的名义继承西班牙王位，否则王位就将转由查理大公继承。这就意味着，如果路易十四拒绝这个要求，法国就会向查理五世时代那样四面受敌，因此他顾不得条约规定的义务，除了接受这份遗嘱外别无选择，只能把腓力送往马德里。1701年2月，路易十四以提供保护为借口入侵了西属尼德兰并占领了米兰；之后他又采取了一个行动，使战争的爆发成为定局——他占领了受条约保护的荷兰边境要塞。[3]如果说此举还不够糟糕的话，那路易十四将英国商人排除在美洲贸易之外的举动，就意味着英国要么选择开战，要么就要将她那欣欣向荣的商业贸易拱手让给法国了。

作为对法国的侵略行径的回应，之前那个"大联盟"在1689年得以"复活"。1701年9月7日，英国、奥地利和联合省在海牙签订了条约。在条约中，"大联盟"接受了腓力对西班牙和西印度群岛的统治，条件则是法国和西班牙的王室永远不能统一成一家；并且他们还要联手为奥地利争得米兰、那不勒斯、西西里和尼德兰。此外，他们还要求腓力确保他们仍享有查理二世在位期间所拥有的商业特权。而且，他们还分别和普鲁士国王、汉诺威选帝侯和其他日耳曼诸侯签订了条约，由英国和联合省出资来为他们征募军队。

"大联盟"成立10天之后，詹姆斯二世就在圣日耳曼昂莱驾崩了，路易十四不顾《里斯维克条约》的限制，承认其子詹姆斯三世为英国国王。如果说此举还不足以从根本上激怒英国人的话，那么法王禁止英国商品出口到法国的行为便又从经济上伤害了英国，使得英国人的怒火一发不可收拾。英国很快就采取了报复行动：当年10月，两年前刚刚解散了大部分军队的英国下院进行了投票表决，决定招募四万名英国水手和四万名士兵（其中有1.8万人为英国人，其余的均是外国雇佣兵）。战争的准备工作随之展开，而就在此时，威廉三世坠马受伤，并于1702年3月8日驾崩。威廉三世的嫂子、詹姆斯二世的女儿安妮公主（1702年至1714年在位）继承了他的王位。

注解

1. 1664年9月,约克公爵从荷兰人手中获得了新阿姆斯特丹,并将其命名为纽约。1673年荷兰人重新占领了该地,不过在1674年又将它还给了英国。
2. 此地在1631年被英国东印度公司占领。1673年该岛被荷兰人夺走,不过很快东印度公司又重新把它抢了回来。
3. 这是在尼德兰境内的一条要塞防线。根据《里斯维克条约》的规定,这里应当由荷兰军队驻守。

波尔塔瓦战役（1709年）

第五章

彼得大帝的传记作者瓦利舍夫斯基曾这样写道:"彼得就是俄罗斯,他代表了俄国的血肉、气质和天赋,以及它的美德和恶习……"他接着补充道:"我认为,我从来没有见过一个民族的集体性格——无论好的方面还是坏的方面——以及这个民族道德的巅峰和低谷,还有他们外貌上的每一个特征汇聚在一个单独的个体身上:彼得注定是这个民族历史上的典型代表人物。"[1]

彼得出生于1672年5月30日,他体格魁梧、威风凛凛;他在道德上有优点也有弱点,他混杂着亚洲人的狡黠和斯拉夫人的精明。他冲动、粗鲁、野蛮且缺乏自制力,是一个愤世嫉俗、玩世不恭的人;他有时候怯懦,有时却很勇敢。尽管他脾气火爆、喜怒无常,但他却坚定不移地要把俄国变成一个类欧洲的(Pseudo-European)强国,而他这种坚定决心的力量源泉就是他不辞劳苦地工作和铁石般的心肠。对于所有能够引起他注意的东西,彼得都会立刻着手去研究,并马上就能学会如何使用。他学会了使用航海罗盘、刀剑、木工的刨子、斧子,以及锯子,甚至还学会了使用牙医的钳子——对于自己掌握的大多数知识,他总是马上将其付诸实践。彼得曾自己建造了一艘护卫舰,还亲自训练士兵;他有时会自己做饭、铺床,还会为他的臣下拔牙。他常常和下等阶层厮混在一起,几乎每天都喝得烂醉如泥。在他的狂放行为中,他最喜欢的就是把他的女伴们灌醉,以及在刑房里亲自用鞭子抽打他人。不过总体而言,他是俄罗斯沙皇中最伟大的一位,他完全是凭借自己的意志力和令人难以容忍的残暴行为才迫使其臣民不情不愿地完成了西化。如果他不是这样一个残暴的组织者,并时刻牢记自己的目的所在,那他必然会遭受失败。俄国人生性野蛮,因此他们需要一个更加野蛮的主人来驾驭他们。

彼得继承了两大重任:第一是要保卫俄罗斯的边疆——特别是南面和西面——免受敌人攻击;第二是要团结俄罗斯人民。在他之前的沙皇们部分地解决了这两个问题,但直到1667年《安德鲁索沃条约》结束了俄国和波兰长达数个世纪的宿怨之后,俄国才得以放手去完成这两项工作。后来,俄罗斯和波兰在1686年签订了《莫斯科条约》,并建立了同盟关系,这才使彼得能够于1696年从土耳其人手中夺得亚速海。这是俄国人第一次战胜了土耳其人,此战极大地提升了彼得的威望,于是他决定派出一个大使节团(Grand Embassy)出使西欧列强,请他们在一场针对土耳其的"十字军远征"(Crusade)中施以援手。

大使节团于1697年3月21日出发,彼得则化名为彼得·米哈伊洛夫混在其中。

他自愿在使团里做一名水手，以便能更好地研究造船技术并更自由地和普通人交往。此次旅行中他游历了日耳曼、奥地利、法国、荷兰和英国，他还曾在英国德特福德的一个船厂里当过造船工人。彼得在回国途中突然听说国内的"射击军"（即俄国当时装备有火枪的卫戍部队）发动了叛乱，正准备前往威尼斯的他立刻改变方向，一路向东边的克拉科夫前进；之后他又听说叛乱已经被平定，于是就在罗兹东边的拉瓦待了几天，期间和他在一起的是1697年被选为波兰国王的萨克森选帝侯腓特烈·奥古斯都。[2] 彼得在腓特烈的宫廷里与他缔结了同盟，此举引发了第二次大北方战争，并使俄罗斯变成了一个类欧洲的强国。

第二次大北方战争的起因如下：在瑞典国王查理十一世的统治时期，有一个名叫约翰·莱茵霍尔德·帕特库尔的利沃尼亚乡绅被剥夺了财产，于是此人便投奔了腓特烈·奥古斯都，并在1698年说服后者与丹麦和俄罗斯联合起来瓜分瑞典帝国。当腓特烈和彼得讨论这一问题时，后者认为向波罗的海扩张要比向黑海方向扩张更加有利，于是便同意加入进来。他们的计划是这样的：先由丹麦国王腓特烈四世将查理十二世的军力吸引到瑞典的西部省份去，然后萨克森选帝侯和俄罗斯将同时入侵瑞典在波罗的海沿岸的省份。他们的时机似乎把握得很好，因为查理十一世在一年前驾崩了，现在瑞典的政权是掌握在一个16岁的年轻人手中。

欧洲之旅让彼得确信这些外国人具有内在的优势，在他返回莫斯科的那个晚上，他凭借自己特有的冲动性格决定要立刻开启一个启蒙运动的新时代。他先从俄国人的外表着手：第二天彼得就把大臣们全都集合在了他的木屋周围——为了让他们看起来像西欧那边的人，他拿着一把大剪刀剪掉了大臣们的胡子和髭须。之后，为了教训"射击军"的士兵，让他们知道发动叛乱是要付出惨痛代价的，彼得在接下来的六周时间里亲自折磨和处决他们，而他最喜欢扮演的角色就是审判官和刽子手。

在之后不久的另一次改革中，彼得下旨禁止穿旧式的俄国服饰，而改穿萨克森人或马扎尔人穿的夹克衫，并规定要穿着法式和日耳曼式的紧身裤。之后不久，彼得又把他的妻子尤多西亚皇后关进了一个女修道院，并把万千宠爱都放在了亚历山大·丹尼洛维奇·缅西科菲身上——此人只不过是一个在莫斯科街头卖肉饼的小贩。同时，彼得开始着手和土耳其宫廷媾和：1700年7月，两国达成了一个为期30年的休战协议。8月8日，也就是彼得得知条约已经签订后的第二天，他就命令军队

大北方战争（1700年至1721年）

入侵了利沃尼亚。然而，对腓特烈·奥古斯都和彼得而言不幸的是，他们都低估了查理十二世的能力。虽然后者还只是一个大男孩，但他很快就会证明自己是历史上最杰出的军人之一。

查理十二世出生于1682年6月17日，他是一个游侠骑士和狂战士的结合体。

他为战争而生，因为他热爱战争的困难与危险胜过取胜本身；胜算越渺茫，他反而会越起劲。此人城府极深，对自己有着无穷的信心，也极善于自欺欺人——在他看来就没有什么事情是他办不到的。敌人的数量优势、己方阵地不够坚固、己方军队的疲劳程度、缺少军备或补给、崎岖的道路、泥泞、雨水、霜冻，以及烈日……所有这一切在他看来都不过是上帝用来检验其天才而设置的障碍罢了。没有任何事情能让他感到不安，任何的危险和困难都只会激励他奋勇向前。虽然他精力充沛，但他却总能控制住自己；他言而有信，是一个思虑周全的纪律执行人。从他踏上战场的那一刻起，他就成了士兵们心目中的传奇人物，他们对他的领导能力有着无与伦比的信心。他的英勇无畏异于常人，而且他的精力极度旺盛。此外，他还有着极为敏锐的战术眼光，总能一眼就看穿敌人战线或阵地上最薄弱的地方，并能够立刻向其发动雷霆般的攻击。这就是君临波罗的海诸省的少年国王——而此时，任性的奥古斯都和粗鲁的彼得却在举杯对饮，一心只想瓜分查理十二世的国土。

为了打开"一扇通往欧洲的窗户"，彼得御驾亲征，于1700年10月4日和陆军元帅戈洛温麾下的四万大军一起抵达了纳尔瓦。待攻城炮到达之后，彼得立刻就开始了围城。据说，围城的俄国军队绕着这座堡垒行进，"就好像一只猫围着一盆热汤转圈一样"。[3]

在占领纳尔瓦城之后，俄国军营突然收到了一个极为惊人的消息：原本应当被丹麦人纠缠着的查理十二世，此刻正率领着一支人数"数不胜数的军队"迅速接近纳尔瓦。彼得并不知道，西线的战事并未按照他们所计划的那样发展。腓特烈四世相信自己强大的舰队可以控制住海峡并阻止瑞典人渡海，因而他在4月入侵了荷尔斯泰因。然而在亲瑞典的英荷海军演习活动的掩护下，查理十二世已经悄无声息地渡过狭窄的海峡并侵入了西兰。这个大胆的举动直接威胁到了哥本哈根的安全，于是丹麦战线迅速瓦解。8月18日，《特拉温塔尔和约》的签订结束了瑞典与丹麦的战争。

在摆脱了丹麦的掣肘之后，查理十二世立刻向东发动了进攻。10月6日，他到达了爱沙尼亚的波尔瑙，打算去解救受到萨克森威胁的里加。但当他听说纳尔瓦受到围攻之后就立刻转向北方，之后又在韦尔恩堡停留了五周以集结部队。11月13日，他再次出发，并于11月19日到达了距离纳尔瓦仅九英里的拉格纳。

直到这时，彼得才意识到他的敌人已经赶来。查理十二世的进攻是如此的突然，这使得彼得大为惊恐；后者在任命了德·克罗伊亲王为总指挥后，就和戈洛温元帅一起逃离了战场。第二天，查理十二世率8000名士兵在暴风雪的掩护下向克罗伊亲王发动了进攻。虽然俄军有着五倍的人数优势，但查理十二世却没有丝毫惧怕。"现在是天赐良机，我们背对着暴风雪！"他大喊道，"他们根本看不清我们有多少人。"[4]半小时后，俄军外围的围城工事被瑞典军攻破，俄军只得仓皇撤退。

在赢得了这场胜利之后，查理十二世进入了多尔帕特（即塔尔图）的冬季宿营地，他的计划是等春季之后再攻击奥古斯都。虽然有人批评他没有乘胜追击彼得，但从战略层面上说他的做法是正确的。因为如果瑞典军继续向东追击，那么奥古斯都就可以肆无忌惮地切断他的交通线，而这才是真正愚蠢的行为。

查理十二世留下1.5万人防守波罗的海沿岸省份，之后在1701年6月才发动了对波兰的军事行动。7月8日，他在雾气的掩护下渡过杜纳河并在杜纳蒙德击溃了三万名萨克森与俄罗斯联军，然后占领了库尔兰。1702年1月，他开始向华沙进军，并在5月14日占领了该城；7月2日，他又在克里佐夫击败了萨克森人和波兰人。三周之后，他手持一根手杖站在了克拉科夫城下，"凭借一种近乎难以置信的勇气占领了它"。[5]1703年4月21日，他在普图斯克（Pultusk）再次击败萨克森人；6月6日，他废黜了奥古斯都，并指派波兹南的斯坦尼斯劳乌斯·莱什琴斯基·巴拉丁为波兰国王。在上述这些战斗中，敌军的数量都是瑞典军的2~3倍。

查理十二世在波兰作战时，彼得重新恢复了勇气并入侵了因格里亚。1702年1月7日，彼得在艾里斯特弗偷袭了施利彭巴赫将军麾下的瑞典军队；7月18日他又在胡梅尔斯多夫偷袭了另一支瑞典军队。在取得这些胜利之后，彼得又于12月11日占领了诺特堡并将其改名为施吕瑟尔堡（即"钥匙之城"）。彼得征服了历史上著名的涅瓦河口——9世纪时瓦兰吉亚人曾从这里向南迁移到了诺夫哥德罗——次年5月16日，他建立了圣彼得堡。这样一来，他终于打开了梦寐以求的通往欧洲的"窗口"。

1704年春天，在蹂躏了因格里亚之后，彼得又包围了多尔帕特和纳尔瓦。前者于7月24日开城投降，后者则于一个月后被在俄军中服役的苏格兰将领奥格尔维所攻陷，全城居民都惨遭屠戮。彼得现在希望媾和，但查理十二世完全没有理会他的建议。1705年，彼得决定前去援助奥古斯都。6月间，奥格尔维出现在普图斯克城下，迫使瑞典将领亚当·勒文豪普特撤回了里加。俄军在占领库尔兰之后，就进入了位于格罗德诺的冬季营地过冬。

1706年1月,查理十二世突然出现在波兰东部,但驻扎在格罗德诺的奥格尔维却拒绝出战。与此同时,奥古斯都从格罗德诺出发进入波兹南,试图击垮由雷恩斯科约尔德将军统率的一小股瑞典军队。如若此战能够取胜,奥古斯都就可以从查理十二世的背后偷袭他,而奥格尔维则可以从正面发动进攻。然而这个计划失败了,因为2月3日雷恩斯科约尔德在格洛高以北的弗劳斯塔特击败了萨克森军队。于是彼得命令奥格尔维放弃重型火炮和辎重,撤过已经封冻的尼曼河。查理十二世一直追击到平斯克方才罢休,之后他又率军撤回了瓦莱尼亚,彼得直到此时才松了一口气。查理十二世把军队安置在瓦莱尼亚,然后又赶回萨克森,和奥古斯都进行决战。

查理十二世和他的军队突然出现在帝国的心脏地带,这使得欧洲各国的宫廷都大为震惊。英国及其盟友刚刚赢得拉米伊战役的胜利,因而他们怀疑是路易十四收买了瑞典人前来搅局,于是派出了马尔堡公爵前往莱比锡去会晤查理十二世;公爵得出的结论是查理十二世并无帮助法国的意图,因此他劝告维也纳政府应当与查理十二世妥协。[6]1706年9月24日,选帝侯的大臣们在德累斯顿与查理十二世签订了《阿尔特兰斯泰特和约》;奥古斯都则在10月20日批准了该和约。按照和约规定,奥古斯都宣布废弃他和彼得的同盟关系,并承认斯坦尼斯劳乌斯为波兰国王。现在彼得被孤立了起来,因此他再次试图和查理十二世媾和;然而后者却拒绝与他沟通,因此彼得只好准备孤军奋战了。彼得的计划是要避敌锋芒,把敌军引诱到一个荒凉的地方,然后就让"冬将军"(General Winter)来完成剩下的任务。瓦利舍夫斯基这样写道:"就像他所表述的那样,沙皇要让全俄罗斯人都一起来对付瑞典人,而时间、空间、寒冷和饥饿就是沙皇所倚仗的后盾。"[7]

彼得从1707年春天就开始备战,成群的鞑靼人和卡尔穆克人涌入波兰,一直冲到了西里西亚边境;他们四处蹂躏,包括洛维茨和利萨在内的许多村庄和城镇都被焚为焦土。同时,彼得还在完善和加固莫斯科与克里姆林宫的防御工事;这些备战举措让莫斯科人心生恐惧,根据奥地利特工普莱耶的说法,"除了逃跑或死亡,人们不再谈论任何别的事情"。[8]这丝毫不足为奇,因为查理十二世的威望空前高涨,除了少数几个眼光锐利的观察家之外,全欧洲都在预测他将会击垮沙皇并迫使克里姆林宫屈膝投降。

9月初,查理十二世率2.4万名骑兵和两万名步兵离开西里西亚;这是他指挥过的军队中装备最精良、实力最强大的一支。当彼得得知他进军的消息之后,就将其主力（3.5万人）集结在了格罗德诺，骑兵部队则留在明斯克作为支援。查理十二世在维斯杜拉河畔的斯武普察驻扎了四个月之久——其真实原因虽已不能考证，但因为当时所有的桥梁都被俄国人破坏或焚毁了，所以他很可能是想等到冬天的霜冻使泥泞的道路结冻、河流封冻得以横渡之后再进军。1708年元旦当天，查理十二世命令克拉索夫将军率8000人驻守在波兰，以支持斯坦尼斯劳乌斯那并不稳固的王位，而他本人则率军渡过维斯杜拉河向立陶宛进发。不过他并未走那条途经普图斯克、奥斯特罗文卡和沃姆扎的常规路线，而是穿过马祖里亚的森林和沼泽向前挺进，因此有些人认为他仅仅是为了找到一条迄今为止没有军队走过的路线。

彼得在得知查理十二世出兵的消息后便匆匆赶往格罗德诺，而后者在1月26日得知这个消息后，便立即率领900名骑兵加速前进，一举冲散了俄军驻守在尼曼河上桥梁处的2000名骑兵。查理十二世攻入要塞之后才发现彼得已于两小时之前便率军逃走了，于是他又从格罗德诺出发向东北方向行进，在到达韦利亚河畔的斯莫尔贡后又向东南方的拉多斯科维奇（位于明斯克以北）进发，之后他在那里一直待到了6月份。现在摆在查理十二世面前的有两条进军路线：或是去收复瑞典的波罗的海诸省，或是继续追击彼得。而他最终决定选择后一条路线，这对瑞典人来说实为大不幸。另一边，彼得却以为查理十二世会选择第一条路线，于是开始把当地可能会支持瑞典的居民全都迁往俄罗斯内地。在多尔帕特、普斯科夫以及其他城镇的居民——不论是青年人还是老弱病残——在隆冬季节被塞到雪橇上，然后被运往内陆来补充俄罗斯的奴工队伍。

6月17日，查理十二世从拉多斯科维拔营启程；6月29日，他在鲍里索夫强渡了别列津纳河。之后，他于7月4日在霍罗青附近的瓦比斯河（又称比比齐河）畔击败了由缅什科夫和谢尔梅蒂夫统率的俄国军队。虽然战败，但俄军这一仗打得很顽强，自从纳尔瓦围城战以来，他们已经学到了不少作战经验。然而查理十二世对敌人还是一如既往地轻视，他并未从以往的经验中学到任何教训，这对瑞典军队来说实属不幸。从霍罗青出发后，他的兵锋直指第聂伯河河畔的莫吉廖夫——7月8日，该城开城投降。

当查理十二世还在莫吉廖夫的时候，乌克兰哥萨克人的首领伊万·斯蒂芬诺维奇·马泽帕[9]派了一位特使来到他的指挥部。这位特使向查理十二世提议，如果后者能将乌克兰纳入其羽翼之下，那么马泽帕愿意提供一支三万人的哥萨克部队前来支援。[10] 此时的乌克兰虽然名义上分属波兰和俄罗斯，但实际上它是完全独立的。此外，在俄国人、波兰人和鞑靼人过去的历次战争中，乌克兰都起到了举足轻重的作用。在彼得和土耳其的战争中，马泽帕曾担负了往来通信的任务，并一直和彼得保持着友好的关系，然而他现在被彼得的改革措施给吓到了，担心这场改革最后会使乌克兰丧失独立地位。因此，当查理十二世出现后，马泽帕便决心站到瑞典这一边来。查理十二世认为和乌克兰结盟乃是解决其军队补给问题的良策，因为乌克兰有丰富的牧草和谷物资源以及众多的牛羊，而他正需要这样一片土地来供养其军队，于是就接受了马泽帕的提议。由于莫吉廖夫的补给还算充足，尚能供养其军队一段时间，因此查理十二世决定在此等候：一方面勒文豪普特正率一支1.1万人的军队、一个后勤纵队和一个炮兵纵队从里加赶来，另一方面他也在等待乌克兰爆发叛乱的消息。不过查理十二世很快就失去了耐心，并于6月16日渡过第聂伯河，然后向索日河畔的柴里科夫进发。9月9日，彼得和俄军主力从高尔基转移到了姆斯季斯拉夫尔；查理十二世也转向北方进军，并在多伯利与俄国军队遭遇。在经过两个小时的战斗之后，瑞典军追击俄军到了位于鞑靼斯克的俄国边界上；瑞典军队从那里往前望去，除俄国村庄燃烧产生的火焰和烟雾外，他们什么也没有看到。

这是查理十二世有生以来第一次不知道该作何打算，于是他召开了一次作战会议。会上，雷恩斯科约尔德将军建议他谨慎一些，等待勒文豪普特——他的后勤纵队此刻已变得不可或缺了——然后退回利沃尼亚的冬季宿营地去，但查理十二世拒绝考虑撤退。查理十二世在会议开始的时候收到了马泽帕的急件，后者"恳请他立刻进军，以免自己手下的一些校级军官会改变主意，并把所有的事情都告知沙皇"[11]，这对查理十二世来说可谓是最为不幸的事情了。马泽帕的吁求让他作出了决断：不再等待勒文豪普特——后者此时正在第聂伯河畔的什克洛夫，距离查理十二世只有60英里——而是向南去和马泽帕会师。查理十二世认为只要自己出现在那里，就能防止有人背叛他和马泽帕拟定的计划。

这个计划的确切内容已不得而知，不过根据阿德勒菲尔德的说法，当瑞典军队在位于德斯纳河和索日河之间的赛弗利亚过冬时，马泽帕要集结其麾下的哥萨克人，并要和别尔哥罗德与顿河流域的哥萨克人结盟；此外他还要和卡尔穆克人——如果有可能的话还有克里米亚的鞑靼人——组建同盟。马泽帕还要从乌克兰的富饶省份，以及别尔哥罗德征集军需补给。阿德勒菲尔德认为："这些行动会迫使沙皇向北撤退到莫斯科和伏尔加河一带,而那里既不如南方地区那样富饶,也不足以维持那样一支庞大的军队。此外,虽然俄军对我军有着三比一的人数优势,但他们却不敢在开阔的战场上和我军正面决战,这样一来我军便可以所向披靡了。到那时,沙皇的军队缺乏补给,而大部分士兵又心怀怨恨,他必然会彻底失败。从所有表象上看,俄军或是会被迫自行解散,或是会向征服者投降。"[12]

为了配合这个过于乐观的行动,波兰国王斯坦尼斯劳乌斯和克拉索夫将军率领两支纵队进入了俄罗斯,分别向基辅和斯摩棱斯克进军。芬兰的里贝克将军则率1.2万人入侵因格里亚,并计划焚毁圣彼得堡。阿德勒菲尔德写道:"所有的这些计划都很缜密,计划的施行也都毫无破绽。任何一个理智的人只要审视过这些计划,他必然会断言瑞典人将会取得成功。"[13]

这种说法与真实情况相差甚远。查理十二世是一个性格冲动、从不肯完全按照计划行事的人,而且正如拿破仑所指出的那样,他在此战中违背了所有的战争法则:没有集中兵力、放弃了既定的作战路线、切断了自己与基地之间的联系,还在行军过程中把自己的侧翼暴露给了敌军。[14]除了要发起进攻的想法之外,他没有任何计划;虽然马泽帕的处境的确十分危急,但放弃等待勒文豪普特的行为,从战略层面上来看实在是愚蠢至极。从此时开始,查理十二世的行为越来越表明其心态已经失衡了,而这要么是因为他对自己过分自信,要么是因为他太过轻敌,抑或是二者兼而有之。

5月份的时候,待在里加的勒文豪普特就奉命准备一支11000人的部队、一个炮兵(包括弹药)纵队和一个后勤纵队——其物资足够他自己的部队使用12周,或瑞典全军使用6周的时间。接着,在6月初,勒文豪普特又收到了要他前往别列津纳河的命令,但这个命令来得太迟了,所以他在7月份之前根本无法出发。等到出发的时候,勒文豪普特也不知道查理十二世已决定向南进军去和马泽帕会师。[15]9月28日,勒文豪普特在到达什克洛夫之后才惊愕地发现查理十二世早已挥军南下,并命令自己渡过第聂伯河和索日河向乌克兰的斯塔罗杜布进发。勒文豪普特认为这个命令就是他的死刑执行令,因为前述两条河流之间驻扎这大量的俄军,但他除了服从命令之外别无选择。在散布了一些假消息之后,勒文豪普特偷偷渡过了第聂伯河,并在10月9日到达了莱斯纳——这里距离索日河畔的普罗普斯克只有几英里。他在那里遭到了攻击,随后双方爆发了一场激烈的战斗,而后勤车辆则在掩护之下前往普罗普斯克。夜幕降临之时，勒文豪普特的阵地已经岌岌可危了，于是他将火炮埋进土里并烧毁了运输弹药的车辆，又把许多精疲力竭的士兵安置在马上，然后往普罗普斯克方向撤退。当他发现后勤车辆无法渡过索日河之后，就下令将其烧毁，然后率军沿着河流向下游行进，直到发现了一个浅滩方才得以渡河。10月21日，勒文豪普特终于成功地和查理十二世会师了，但他从里加带出来的11000名士兵现在只剩下6000人。

与此同时，里贝克在北方也遭遇了灾难：他在9月份加入战局，并成功地渡过了涅瓦河；但是当他快接近圣彼得堡的时候却发现那里固若金汤，根本无法攻击，于是只得退回维堡——这次行动使他损失了3000名士兵和6000匹马，还损失了所有的辎重。这样一来，阿德勒菲尔德所认为的极有希望的作战计划成了泡影：三支辅助部队中的两支已经被各个击破，而查理十二世统率的主力部队则被困在了乌克兰的边境上。

查理十二世现在把希望都寄托在马泽帕身上，指望着后者能鼓动乌克兰的哥萨克人叛乱，并为自己提供战争所必需的物资。然而最近瑞典军队几次惨败的消息让马泽帕的许多部下都心灰意冷——他们把之前密谋的计划报告给了沙皇。

11月6日，查理十二世抵达了一个名为霍基的小镇，马泽帕也率领1500名哥萨克人前来与他会合。次日，彼得就从斯塔罗杜布守将斯科罗帕德斯基上校那里得知了查理十二世的动向，于是他命令缅什科夫全速进军，务必要赶在瑞典人之前占领马泽帕的首都巴图林。缅什科夫在11月13日完成了这个任务，阿德勒菲尔德写道："此次损失十分惨重，因为那里（巴图林）存放着大量的弹药、火药、火炮，以及铜、铁等物资。然而，损失最大的还是那些补给物资。"[16]五天之后，马泽帕被废黜，斯科罗帕德斯基被指派接替他担任哥萨克的首领。哥萨克的叛乱已成泡影，此时瑞典军队就好似茫茫沙漠中的一片湖水一样，所有能给它补充水量的河流都被阻断了。更糟糕的是，那年冬天是欧洲历史上最严酷的寒冬之一，而它即将要吞噬掉这群不幸的瑞典人。

11月5日，查理十二世抵达德斯纳河，却发现俄国人已经在远处的河岸严阵以待。不过他并未被吓倒，而是用木筏载着自己的部队渡河并击退了敌军。接着，他又继续前往苏拉河畔的罗姆涅，饥肠辘辘的瑞典士兵在那里发现了"各式丰盛的食物……以及饲料、干草和玉米等，可供战马和牲畜食用"。[17]与此同时，俄军正在沿着与敌军平行的路线进军；他们占领了普索尔河畔的舒米和列别金，并且每天都有数千名哥萨克人前来增援——后者还在不断地袭扰瑞典军队出来搜集粮草的士兵。

到了12月，在圣诞节前不久，寒冬席卷了整个欧洲大陆；阿德勒菲尔德这样写道："严酷而难熬的霜冻开始了，人们的记忆中从未有过如此的严寒。"[18] 波罗的海被冻上了，大贝尔特海峡和厄勒海峡亦是如此。法国的罗纳河被封冻了，意大利威尼斯的运河也被冰块所覆盖。此外，塔霍河的河口也被冻上了。在欧洲中部，果树尽数被冻死；乌克兰平原上是如此的寒冷，以致于鸟儿在空中飞行的时候都被冻僵，然后摔死了；酒桶里的酒也全都被冻成了坚硬的冰块。

虽然查理十二世此时正安逸地待在罗姆涅，但俄军的步步进逼使其自尊心受到侮辱。彼得摸透了查理十二世的心思，便设置了一个圈套：命令其大部分军队前去进攻驻扎着瑞典军（拥有四个营的兵力）的加迪亚茨；同时又派出一支强大的分遣队，要他们等查理十二世一离开罗姆涅就立刻攻占该城。查理十二世在听说加迪亚茨受到威胁后不顾严寒和将军们的劝阻，亲自领兵前去救援。俄国人立刻就攻陷了罗姆涅，同时在纵火烧毁加迪亚茨之后从那里撤了出来。当查理十二世赶到加迪亚茨后，他发现超过三分之一的房屋已被焚毁，已无足够的房子来驻扎他的军队了。

在从罗姆涅往加迪亚茨的行军途中，瑞典士兵所经历的痛苦是无法用语言来形容的；他们吃不饱穿不暖，沿途冻死者大约有3000人，另外还有许多人因冻伤致残。然而，查理十二世并未强迫他的手下做任何他们不愿做的事情；对于查理十二世来说，这种可怕的苦难只不过是他传奇故事的另一个篇章罢了。为了报复俄军攻占罗姆涅的行为，查理十二世在1月初攻占了一个名为韦普利克的小镇。到了2月底，他在哈尔科夫以西的克罗斯诺库兹克用400人击溃了7000名俄军；之后，他又在奥博萨那亚以300人击败了5000名俄军——这两次战斗都是凭借查理十二世的威名，而非瑞典军的实力来获胜的。

2月底的时候，冰雪消融，泥泞的道路使交战双方在春季都无法进行积极主动的作战行动，这种情况持续了数月之久。彼得前往沃罗涅什去检阅他的黑海舰队，而查理十二世则把军队驻扎在位于普索尔河与沃斯克拉河之间的鲁迪什采。当查理十二世与勒文豪普特会师之时，瑞典军共有41000人，但现在却只剩下了20000人，其中还有大约2000伤残士兵；瑞典军的火炮只剩下了94门，剩余的火药也大部分都已经损毁了。尽管如此,查理十二世对自己的成就仍然感到十分满意。4月11日,他写信给斯坦尼斯劳乌斯:"我和我的军队目前状态良好。"不过他的首相皮佩伯爵却讲述了一个完全不同的故事——大约在同一时间,他在写给妻子的信中说:"我军境况窘迫,其惨状难以形容。"[19]

到了1709年的春天,瑞典军队的情况已经岌岌可危了。军中的将领都力谏查理十二世撤回波兰,然而后者却拒绝听从他们的建议,因为他仍坚信自己一定能取得最后的胜利。不久之前,查理十二世已经命令斯坦尼斯劳乌斯和克拉索夫的军队一起经瓦莱尼亚前来与自己会合;他还跟扎波罗热的哥萨克人达成协议,让后者从南面攻击俄国人;此外,他仍寄希望于能得到鞑靼人的帮助。查理十二世总是这样:他一旦下定决心去做某事,那最后这事要么是已经完成了,要么就是一定会完成。拿破仑曾经写下这样一段话:"一个将军永远不应该去作画,这是他所能做的最糟糕不过的事情了。"他的意思是说,将军的谋划必须建立在事实而非幻想的基础上。然而,从来没有哪个将军会像查理十二世一样如此轻易地成为自己的幻想的牺牲品:他总是在"作画",而且总是把自己放在最显著的位置上,然而这些不过是他的幻想的具现罢了——要么缺乏真实的细节,要么这些细节在其中毫无意义——他所追寻的不过是一种自我表现的借口罢了。

尽管有着这些幻想,但查理十二世还是必须要争取到时间,因为斯坦尼斯劳乌斯还远在900英里之外。更重要的是,军队的补给消耗殆尽了。为补充补给,并巩固自己的地位,查理十二世不顾诸将的劝阻执意要围攻波尔塔瓦(Poltava)。波尔塔瓦是一座小型的设防城镇和物资仓库,位于连接基辅和哈尔科夫主干道上,靠近南北流向的沃斯克拉河的西岸。瑞典军的火炮数量不足,火药也大都损毁了,而且也没有足够的兵力来进行围攻。此外,缅什科夫的八万名俄军就在附近,只要瑞典军攻城的炮声一响,俄军就会闻声赶来。然而所有这些不利条件丝毫没有扰乱查理十二世的计划。5月2日,围攻正式开始,查理十二世却惊讶于波尔塔瓦居然没有在瑞典军的第一轮射击后投降。他大喊道:"什么!我确信俄国人已经疯了,他们居然会用这种常规的方式来进行防御!"[20]然而六周之后,俄国人仍然在坚守城池。

瑞典军对波尔塔瓦的围攻刚一开始,缅什科夫就率军来到沃斯克拉河东岸(即波尔塔瓦城对面)安营扎寨,而河对岸(西岸)也驻扎有一支担负掩护任务的瑞典部队。同一时间,彼得正忙于镇压马泽帕所煽动的扎波罗热哥萨克叛乱,他要等到把叛军位于第聂伯河群岛上的大型水上要塞攻克之后,才能无所顾虑地前去和缅什科夫会合——到了6月初,双方才得以会师。首先,缅什科夫派遣突击队去阻碍敌人搜集补给品的活动。然后,他假装要渡过沃斯克拉河并进军到波尔塔瓦南侧,以此为掩护把主力部队出其不意地送到了沃斯克拉河西岸、波尔塔瓦以北的位置上——这个计划在6月17日得以施行。

随着围城战的进行,瑞典军队的处境变得越来越恶劣了。查理十二世直到局势岌岌可危之时才向勒文豪普特寻求建议,后者再次劝谏他退过第聂伯河并重新恢复和波兰的联系,然而他仍旧不为所动。6月17日是查理十二世27岁生日,这天一大早他就被彼得发动佯攻的声音所惊醒。随后,他在勒文豪普特的陪同下骑马来到沃斯克拉河畔观察敌情。他们进入了俄军火枪的射程之内,先是勒文豪普特的战马被击毙,接着查理十二世的脚上也中了一枪,但他拒绝下马,仍坚持侦察敌情,直到回营之后他才发现自己整个脚掌都被击穿了,从脚跟一直到脚指头都受伤了。查理十二世的伤势很严重,在军队最需要他的时候他却不能亲临战场指挥,这对于瑞典军来说实在是最大的不幸。

在听闻查理十二世的不幸遭遇之后,一直避战的彼得立刻决定与瑞典军进行决战。为了把敌军吸引到开阔地带,彼得于夜幕的掩护下撤掉了自6月17日以来在波尔塔瓦以北所建立的防御营地。俄军开始向河下游移动,并在距离波尔塔瓦2英里之内的地方另外建立了一个新营地。这个营地和之前的营地一样呈四边形,其东边位于沃斯克拉河畔,其南边则被一片沟壑纵横的树林所覆盖。

查理十二世卧床养伤之时,他又从斯坦尼斯劳乌斯和克拉索夫那里得知他们都被牵制住了,无法离开波兰。此外,苏丹也不会直接或间接地越过鞑靼人的地盘来援助他。由此可见,当查理十二世拒绝解除围困并撤军的时候,为了避免因饥饿而失败,他唯一的出路就是发起进攻。6月27日,查理十二世召集了一次作战会议,在任命雷恩斯科约尔德陆军元帅接替自己指挥部队之后,他便命令元帅次日就向俄军营地发起攻击。勒文豪普特认为要集中最大兵力来发起进攻,因此建议要首先解除对波尔塔瓦的围困,但查理十二世并不同意他的看法。因此,2000名瑞典士兵军被派去监视波尔塔瓦,另有2400人负责守卫辎重,此外还有1200人留在了沃斯克拉河西岸以防止俄军攻击瑞典军的侧翼。这样分兵下来,雷恩斯科约尔德只剩下了不到1.25万人的兵力,其中步兵和骑兵各占一半;步兵由

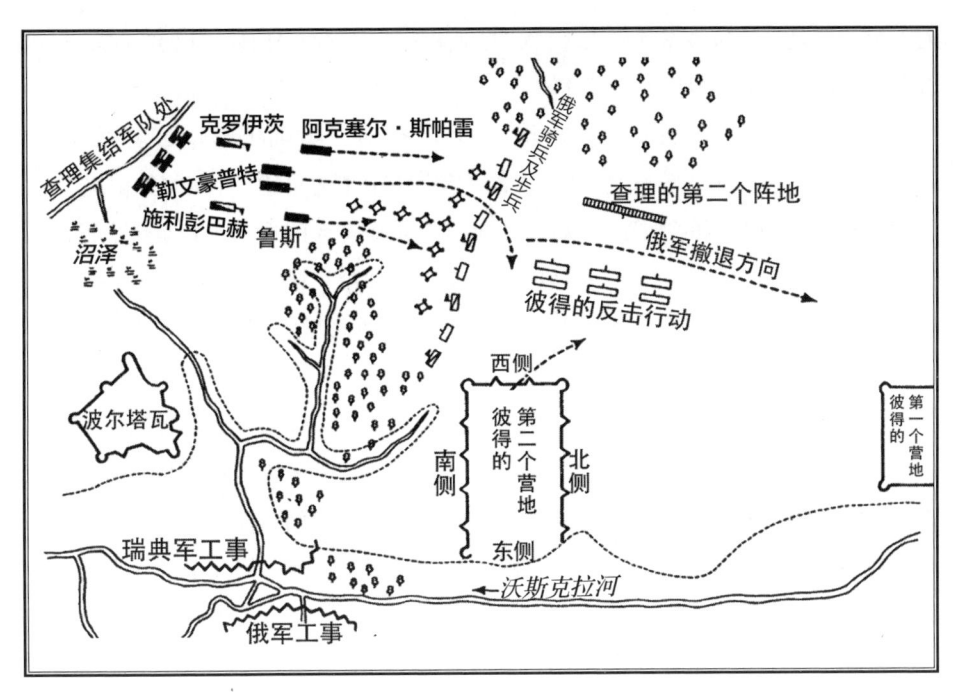

波尔塔瓦战役（1709年）

于弹药严重短缺，所以奉命在进攻中只能使用刺刀。此外，除了四门轻型火炮之外，查理十二世决定把其余的全部炮兵都留在后方。

查理十二世的计划看似孤注一掷，其实却不尽然，因为他的战术并非基于兵力或火力，而是基于速度和冲击力；他的目的是在战斗一开始就以决定性的一击击溃敌人的防线，并使其再也无法恢复。就像亚历山大大帝用骑兵突击来对付那些军纪涣散、领导无方的军队一样，查理十二世的攻击策略也曾多次取得成效。然而他此次却注定要遭受失败——这不是因为俄军占有数量上的优势，而是因为俄军的军纪和指挥能力都上了一个台阶；最为重要的是，由于他的伤势严重，瑞典军已经失去了统一的指挥。

据说，雷恩斯科约尔德并没有制定作战计划——这是情有可原的，因为查理十二世并不想放弃其作为统帅的权力：他在任命雷恩斯科约尔德代替自己指挥军队时，只不过是把这位陆军元帅当作自己的副手罢了。我们必须要牢记这一点，否则波尔塔瓦战役就会变得让人莫名其妙了。

虽然并未形成书面材料，但查理十二世有一个非常明确的计划，或者更确切地说是一个进攻的设想。不过在介绍它之前，我们有必要先描述一下战场的情况。

正如前文所提到的那样，彼得的防御营地是一个大四边形，其东边靠近沃斯克拉河，因而无法加以攻击。营地的南部有一片沟壑纵横的森林，也无法加以攻击——至少是不适合进行加洛林式突袭的。营地的西面则是一片面积很大的平原，其外围则覆盖着一片树林，在这片树林和营地南部之间有一个缺口，那里是一片开阔的空地。要想从波尔塔瓦方向向营地发起进攻，那就必须要经过这个缺口，所以彼得也早有防备——他在这里建了六个碉堡。此外，为了进一步防备敌军把这个缺口当作攻击入口，彼得在战斗开始的时候又在南面新建了四个碉堡，正好与原有的六个碉堡构成了直角——这样一来，彼得就从战术层面上把这个缺口分割成了两条甬道。

如果换了由查理十二世以外的任何一位将领来指挥作战，他们在打开这个突破口的时候都一定会有条不紊地进行战斗：先用火炮来削弱这些碉堡的战斗力，然后再突破通往战场——也就是那片平原——的大门。但查理十二世不会这样做，因为他不是一个"炮击"将军，而是一位"突击"将军。因此他准备直接冲过这个隘口，而不是先试图削弱那些碉堡。之后，他要用突击的方式分割碉堡后方的敌军。最后，查理十二世要让他的军队迅速地向右回旋，将那些被击溃的敌军赶进他们的营地。这时，瑞典军便可趁乱冲入俄军营垒。

如果查理十二世没有受伤的话，他也许能够达成这一目标。因为按照他的习惯，他一定会在进攻中从一处飞奔到另一处来指挥战斗。然而他现在被迫躺在一个用马驮着的担架上，其惯用的指挥方式受到了极大的限制。阿德勒菲尔德注意到了这一点，他对此次会战做了如下评论：

简而言之，在国王受伤之前，他总是纵马四处驰骋来激励将士们，然而今天我们看不到陛下指挥军队时所能产生的奇效。总之，陛下负伤乃是我军所有不幸之根源……[21] 如果国王陛下没有受伤的话，所有这些问题本都可以得到纠正；然而陛下却躺在担架上……不可能迅速地从一处赶往另一处并下达命令；实际上当天并没有人真正地在指挥军队,最后部队开始陷入混乱之中,每个人都在各行其是。[22]

或许人们会问:查理十二世的副手雷恩斯科约尔德难道不能代替他指挥战斗吗?答案是"不能"。因为查理十二世所惯用的那种战斗方式主要依靠的是主将的个人魅力和战术眼光;雷恩斯科约尔德无法代替查理十二世,就好像帕曼纽不可能取代亚历山大大帝一样。我们的脑海中有了这样的背景知识,就可以充分地理解接下来的这场混乱的战斗了。

在集结了1.25万人之后,雷恩斯科约尔德在6月27日午夜抵进到一个正对缺口的位置——这是为了能在次日清晨对敌军发动突袭。很不幸的是,虽然瑞典人已经竭尽全力地实行了保密工作,但彼得还是在事先就听到了风声,并在碉堡群后方布置了大量的骑兵和步兵。[23]

拂晓时分,瑞典步兵分为四个纵队向前推进,他们以两个纵队为一组从俄军尚未完工的四个碉堡两侧绕开,后面紧跟着六个骑兵纵队。但从当天战斗中的情况来看,瑞典军的进攻序列中似乎还有一个由勒文豪普特指挥的中央步兵纵队——该纵队分为两翼,左翼是阿克塞尔·斯帕雷将军的步兵师,克罗伊茨将军率瑞典军的半数骑兵紧随其后;右翼则是鲁斯将军的步兵师,施利彭巴赫率领剩下的一半骑兵跟在后面。左翼兵力向那四个尚未完工的碉堡的西侧前进,而右翼兵力则向东前进[24];查理十二世和雷恩斯科约尔德一起,跟随左翼部队行动。

俄军的四个碉堡就像分水岭一样,让战场立刻就被分割成了两个独立的部分。瑞典军的左翼部队没费什么力气就把碉堡后方的俄军击退了。阿德勒菲尔德这样说道:"俄军的轻武器和布置在碉堡之间的火炮一直在射击,而我军则趁着他们射击的间隙发起进攻。"[25]俄国步兵被击溃了,俄军骑兵则向着沃斯克拉河边蜂拥而逃。

在这次进攻中,我们发现查理十二世的出现,让瑞典军的左翼能够不畏碉堡的火力,以他们惯有的锐气(Elan)突破缺口。然而,瑞典军的右翼的情况就完全不同了。鲁斯试图"用白刃战的方式将它们(碉堡)逐个攻陷,而不是像国王及其纵队那样从它们中间的空隙穿过去"[26],结果却遭受了惨重的损失。更糟糕的是,鲁斯的命令无法传递到全军的其他部分去。彼得注意到了这一点,他立刻派伦塞尔将军率一万名俄军去将鲁斯的部队分割包围起来。就在同一时间,施利彭巴赫将军——作为一名骑兵军官,他可能比鲁斯更了解查理十二世的战术——看到了鲁斯所犯的错误,于是便在帕姆菲尔德上尉的陪同下去找国王,准备向查理十二世汇报这一情况。但不幸的是,他碰到了伦塞尔的巡逻队并做了俘虏。没过多久,鲁斯看到有一大股部队正在向他推进,于是他派出丰克上尉前去查看——后者看到施利彭巴赫将军也在队伍里,就误以为这是瑞典军队,结果他也被俄军俘虏了。紧接着,鲁斯所部便被俄军包围了。

在这场灾难发生的同时,瑞典军的左翼已经攻入了平原,查理十二世命令他们"在敌人的大型工事和碉堡之间"停了下来。查理十二世看到了远处的伦塞尔所部,误以为那是鲁斯的部队,于是派吉伦克罗克将军回去命令马泽帕所部和炮兵"前来支援对俄军工事的进攻"。[27] 阿德勒菲尔德写道:"这是国王在早上发动进攻前就决定了的事,因为他觉得如果自己等炮兵来了之后再进军就会浪费太多的时间,从而会影响其快速突破俄军碉堡群的计划。"当吉伦克罗克靠近伦塞尔的部队并认出那是俄军时,他便匆忙跑到国王那里去汇报情况。不久之后,查理十二世便得知了鲁斯被俘的消息,而后者所率的军队也非死即逃。

紧接着就发生了整场战斗中争议最大的一场灾难。当鲁斯被包围、查理十二世在平原上列阵之际,勒文豪普特统率的中路军也已经突破俄军的碉堡防线并进入了平原。当他正准备向彼得营地的西面进军并攻破敌军防线的时候,却突然从"国王的一位忠实仆人"[28]——这是勒文豪普特自己的说法——的手中接到了让其停止进攻的命令。勒文豪普特确信自己已经胜券在握,因此感到十分惊讶和愤慨,但他还是无条件地服从了命令。究竟是谁下达了这个命令?到现在也没人弄得清楚,雷恩斯科约尔德和查理十二世均对此事矢口否认。事情的真相也许是这样的:在整个战斗过程中,雷恩斯科约尔德和查理十二世经常交替发出命令;在瑞典军左翼取得初步胜利之后,战场上出现了混乱,各种相互矛盾的命令便在战场上纷至沓来。

勒文豪普特停止了进攻,瑞典军这个稍纵即逝的胜机就这样溜走了。当斯帕雷和克罗伊茨最初获胜的时候,彼得已经被吓得差点逃跑了。之后鲁斯被俘,他受此鼓舞恢复了战意;当他发现查理十二世还在进行作战准备时,就命令集结所有可用的火炮准备应对瑞典军最后的突击。查理十二世决定不再等待马泽帕所部和炮兵部队了,他要立刻发动进攻,因为他一向坚信"趁热打铁"。

不过这块"铁"现在已经不热了,这对查理十二世而言实属不幸。此时,彼得已经恢复了勇气——当查理十二世还在等待鲁斯的时候,他已经从防御营地中抽调四万名士兵组成了战斗阵形,并抽调了100门火炮用于支援。查理十二世毫不气馁,仍然下令进军,于是4000名瑞典步兵开始前进,而骑兵则在两翼掩护。笛福所著史书中的那位不知名的苏格兰绅士这样写道:"他们向敌人直冲过去,满怀怒火地发起攻击,并取得了成功。"此人还补充道:"但是俄军从防御营地中拉出了大炮向我方推进,他们从好几个地方向我们开火。俄军用70门火炮向我方发射小型炮弹,我军步兵经受不住这种火力,再也无法保持阵形……"[29] 大约半数的瑞典步兵倒在了猛烈的炮火中,而剩下的步兵则被从四面八方涌来的俄罗斯大军所吞没。大约正午时分,战斗结束了。

彼得在此战中表现得非常勇敢——他被三颗步枪子弹击中,其中一颗打穿了他的帽子,一颗击穿了他的马鞍,还有一颗从他挂在脖子上的金属十字架边上擦了过去。查理十二世也和往常一样亲临前线,给他抬担架和随扈的24人中死伤了21人,他的担架也被炮弹击碎了;之后他被抬到一匹马的背上,匆忙地撤出了战场。几个小时后,瑞典军残部在他们的出发营地中集合,发现参战的1.25万人中死伤了大概3000人,还有2800人被俘——其中包括雷恩斯科约尔德元帅、四位将军和五名上校。至于俄军,他们的总伤亡人数约为1300人。

彼得大喜过望,他并未去追赶撤退的敌军,而是摆下了庆功酒宴,并邀请了几位高级战俘参加。直到下午5点,他才派米哈伊尔·加利钦亲王前去追击瑞典军残部。

查理十二世在集结了残余兵力之后,便从沃斯克拉河向第聂伯河退却,并在6月29日抵达了两条河交汇处的佩列沃洛察。然而,那里所有的船只和造桥的材料均被破坏或转移了。不过,瑞典军还是造了足够多的木筏来让查理十二世、马泽帕和1000多名骑兵渡过了第聂伯河。查理十二世留下勒文豪普特来指挥军队,他本人和护卫则在其伤势所能承受的情况下以最快的速度赶往布格河,然后再前往德涅斯特河畔的本德尔,并在那里受到了土耳其人的热情款待。与此同时,勒文豪普特试图渡过沃斯克拉河向黑海进军,但他却发现这根本无法实现。6月30日,勒文豪普特带着1.2万余人有条件地投降了缅什科夫。

彼得听闻勒文豪普特投降的消息之后,他写信给海军上将阿普拉克辛说:"现在凭着上帝的保佑,圣彼得堡的最后一块基石已经安放好了。"[30] 随后,他又派出一部分兵力前往里加,一部分兵力前往波兰(与斯坦尼斯劳乌斯作战),而他自己则率军前往基辅,并在那里的圣索菲亚大教堂举行了一次庄严的感恩礼拜。布拉茨基修道院院长特奥凡·普罗科波维奇在胜利颂词中说道:"当我们的邻国听闻这一消息时,他们会说瑞典军队和瑞典的霸权不是冒险进入异国他乡,而是掉入了一片浩瀚的海洋之中!他们被这片海洋所吞没,消失得无影无踪,就像铅块沉入水中一样。"[31] 这是一段带有预言性质的话语,之后那些想要征服俄罗斯的人也都会品尝到其中的滋味。

波尔塔瓦战役后发生的另一场战役,几乎让彼得把自己赢得的东西又全部都输了回去。彼得并未从他那位伟大的对手所犯的错误中吸取任何教训,并且还犯下了和查理十二世同样的错误——正是这些错误导致了后者的惨败。彼得在缺乏交通线和补给的情况下深入到敌国境内,他非但没有见好就收,反而命令其在土耳其宫廷的大使要求引渡度查理十二世和马泽帕。一方面,土耳其人认为如果能延长俄国和瑞典的战争,是对己方有利的;另一方面,查理十二世此刻也表现出了他那不逊色于军事才能的外交水平。在查理十二世的鼓动下,土耳其宫廷在1710年10月把俄国大使投入了监牢,并命令大维齐尔(苏丹以下最高级的大臣)巴尔塔吉·梅赫梅特率20万大军直逼俄国边境。

俄国的处境变得异常严峻了。1711年3月,彼得向土耳其宣战了。到了当年6月,俄军指挥官谢尔梅蒂夫将军发现土耳其人使用了焦土政策,俄军已经无法就地获取给养了。之后,彼得也赶来和他会合,此时他犯了和查理十二世一样愚蠢的错误——他决定继续进军。7月16日,彼得到达了雅西,此时俄军的补给问题已经让他焦头烂额了。所以当他得知巴尔塔吉正在逼近之后,便退回到普鲁特河畔掘壕固守,而此时的俄军已因饥饿而减员到了3.8万人。8月11日,大维齐尔率领19万名土军直扑俄军营垒,但却被击退了;如果他继续对俄军加以围困的话,那彼得就真的会陷入绝境,不得不在数日之内就屈膝投降,这样一来俄国境内必然发生叛乱,那么整个历史的进程都将会被改写。然而,这位大维齐尔却开始和彼得进行谈判,其结果是土耳其允许后者那饥肠辘辘的军队撤退,条件是放弃亚速海、拆除塔甘罗格等要塞、保证不再干涉波兰事务,并要保证让查理十二世自由地通过俄国境内返回瑞典。大维齐尔的作战计划原本就是查理十二世帮他拟定的,但当后者听闻和谈条件之后却不禁勃然大怒,并指控前者是叛国贼,要求土耳其方面将其撤换。

之后，土耳其宫廷进行了一系列复杂的谈判和虚张声势的宣战，这种情况一直持续到了1713年。当时苏丹由于害怕自己的近卫军心生不满，要求查理十二世离开土耳其，但后者断然拒绝了这一要求。2月1日，查理十二世在本德尔被土耳其人包围起来。面对1.2万名土军和12门大炮，查理十二世和他手下的40人凭借一个没有防御设施的房屋抵抗了八个小时。在杀死200名土军士兵（其中10人丧生于查理十二世的宝剑之下）后，他才力竭而被俘。之后土耳其才得以恢复和俄国人之间的谈判，双方最后在7月16日签署了《亚德里亚堡和约》来解决两国之间的分歧。

1714年9月20日，查理十二世最终还是离开了土耳其，并几乎是单枪匹马地穿越了奥地利和日耳曼地区。11月，查理十二世突然出现在斯特拉松德。在整个1715年间，面对不列颠（汉诺威）、俄罗斯、普鲁士、萨克森和丹麦的联军，查理十二世用超人般的英雄精神守卫着这座城市。1715年12月23日，随着斯特拉松德变为一片废墟，查理十二世逃回了瑞典并又组建了一支军队。直到1718年12月12日，查理十二世才在围攻挪威城堡腓特烈斯塔时被子弹射死在了堑壕之中——这位战争史上无可争议的最杰出的战士就这样死去了。

瑞典现在几乎已经耗尽了国力。1719年9月，为了继续与俄国的战争，它与汉诺威、普鲁士和丹麦达成了协议，把不来梅和韦登割让给了汉诺威，把什切青（Stettin）割让给了普鲁士。在接下来的两年时间里，瑞典继续英勇地和俄国人作战，直到耗尽了国力之后才开始和俄国进行谈判。这一系列和平谈判的成果便是1721年8月30日签订的《纳斯塔德和约》——根据该和约，俄罗斯获得了利沃尼亚、爱沙尼亚、因格里亚、芬兰的凯克斯霍姆省和维堡要塞。瑞典就此丧失了大国地位。

波尔塔瓦战役不仅是两个邻国之间的争斗，还是欧亚两大文明之间的角力。正因如此，虽然当时很少有人注意到此事，但这一次俄国人在沃斯克拉河所取得的胜利注定是西方世界近代史上最不祥的事件之一。通过从瑞典手中夺取北欧的霸权、终结乌克兰的独立，以及剥夺波兰国王斯坦尼斯劳乌斯的王位，强大的俄罗斯——其本质上是一个亚洲国家——在东欧的外围获得了一个立足之地。

不过在当时，波尔塔瓦战役的重要性更多地体现在它的建设性而非破坏性上。它让彼得认清了自己的主要任务乃是建立一支正规军和一支波罗的海舰队，并以此来维持其在欧洲的地位。此外，此战还表明想要维持这些力量，彼得必须要进行金融改革。而要进行这些改革，就必须要用欧洲的制度来取代东方式的旧制度。正如克卢切夫斯基所写的那样:"……他(彼得)主要的立法性改革都是在波尔塔瓦战役之后进行的,因此战争必然是他将行政立法转变为国家制度的一个主要因素。他本人原本只是一个造船匠和军事组织者,现在却转变为一个全面改革的推行者。"克卢切夫斯基进一步指出:"……战争是彼得改革活动的驱动力,因此这种改革的最初起点便是军事改革,而其最终目标则是进行财政改革。彼得之所以从对国防资源方面开始进行改革,是因为只有在完成了这一改革之后,他才能继续推行国家内政制度的改革。"[32]因此,倘若彼得在波尔塔瓦战役中败北,那这些伟大的计划就永远都不会实现了。最让欧洲诸国忧虑的是,在彼得的统治结束之时,他组建了一支21万人的正规军,以及19万人的非正规辅助部队;此外,他还组建了一支由48艘战列舰和787艘各式战舰组成的舰队。这支规模庞大的军队的出现,使西欧东部的地平线上笼罩着一片阴云——他们就像薛西斯的大军一样,成了亚洲人又一次入侵的预兆。波尔塔瓦之战就如同马拉松之战的倒影一样。

除了上述重大改革之外,彼得那充满活力的头脑中还构思了很多次要的改革,例如:禁止强迫婚姻;把妇女从面纱中解放出来;铺设莫斯科城的道路;设立医院、医学院和卫生检查员;引进新的字母表;开发铁矿、铜矿和银矿;用长柄大镰刀取代旧式镰刀来收割谷物……他坚持不惜一切代价地效仿西方的生产效率。

俄国人民的野蛮现状和彼得推行改革的无情意志,迫使他采用了恐怖和强制性的手段。瓦利舍夫斯基写道:"彼得大帝治下的俄罗斯是一个工厂、一个军营,因为他把俄国变成了一个充斥着官吏、劳工和士兵的国度。"[33]1708年,彼得派了四万名奴工去营建圣彼得堡,当这些人都死在了涅瓦河的沼泽中后,他又强征了四万名劳工,并在之后又送去了四万人。这些暴虐的手段激起了诸多反抗,于是到了1713年时,"告密者被要求向沙皇报告所有挪用公款的案件,沙皇许诺给他们军阶和财物的奖励"。[34]"契卡"①和"格伯乌"②的雏形就这样诞生了。据瓦利舍夫斯基的记载,彼得统治期间"……人口减少了20%,这还没算上死于历次恐怖大屠杀的人数。这些屠杀发生在俄国'文明化'的过程中、发生在普雷布拉延斯科伊监狱及刑讯室中、发生在莫斯科红场上,也发生在圣彼得要塞和圣保罗要塞的地牢之中"。[35]

---

① 译注:苏联时期肃反委员会的简称。
② 译注:苏联国家政治保安总局的简称。

彼得统治期间的暴行在他审判和处决他的儿子、不幸的皇太子阿列克谢的时候到达了顶点，当时整个圣彼得堡都被笼罩在恐怖的氛围当中。1718年1月的《生活》杂志曾这样写道："城中人人自危，这里看起来就好像一个灾难之所；我们都被某种群众性的恐慌所感染，每个人不是指控者就是被指控者。"[36]人们遭受被车轮碾压之刑，或被用烧红的铁条烙在身上，抑或是被割掉舌头、耳朵和鼻子。阿列克谢遭受了种种酷刑，最后被屈打成招，并由127名遵照彼得的意旨的法官判决有罪，而皇太子看上去似乎是被殴打致死的。

彼得把此类暴行与欧洲化的高效率结合起来，而作为它们的结合产物的俄罗斯则不仅是一个帝国，也是一个类西方式的强国——这个国家于1721年10月22日正式诞生了。在那一天，为了庆祝《纳斯塔德和约》的签订，俄国在圣彼得堡的特洛伊茨大教堂中举行了庄严的感恩礼拜。在礼拜结束之后，彼得被宣布为"祖国之父、彼得大帝和全俄罗斯的皇帝"，此时俄国的版图已经从波罗的海延伸到了鄂霍次克海，并从北极圈延伸到里海沿岸的阿斯特拉巴德。

这些都是波尔塔瓦战役的成果。莱布尼茨曾这样写道："你可以相信一点，那就是发生在北方的革命已经震撼了许多人。大家都认为沙皇已经无敌于欧洲，他就像是一个君临北方的土耳其人。"[37]

注解

1. *Peter the Great,* K.Waliszewski (1898), pp.vi, 69.
2. 著名的莫里斯·德·萨克森元帅便是他和奥罗娃·冯·哥尼斯马克的私生子；萨克森的曾孙女就是法国著名小说家乔治·桑。
3. *A History of Russia,* V.O.Kluchevsky (1926), vol.IV, p.50.
4. 引自 *Charles XII of Sweden,* Eveline Godley (1928), p.56。
5. *The Cambridge Modern History,* vol.V, p.592.
6. *Marlborough's Dispatches (1845),* vol.III, p.390.
7. *Peter the Great,* p.316.
8. *Peter the Great,* Eugene Schuyler (1884), vol.II, p.94.
9. 他是一个波兰贵族的私生子，年轻的时候曾是波兰国王约翰·卡西莫的宫廷侍从。后来因为勾引王后，他被赤身裸体地绑在马上放逐到乌克兰的茫茫草原之中。之后他被哥萨克人所救，并在1687年被选为他们的"酋长"。
10. "哈萨克"一词源自鞑靼语，原意是"自由的流浪汉"。
11. *The Military History of Charles XII,* King of Sweden, vol.III, p.207. 此书是查理十二世的宫廷大臣奉国王谕旨所写的。
12. 同上，vol.III, pp.193—194。
13. 同上，vol.III, p.196。
14. *Correspondance de Napoleon Ier,* vol.XXXI, pp.362—364.
15. *Adlerfeld,* vol.III, p.207.
16. 同上，vol.III, p.213。
17. 同上，vol.III, p.214。
18. 同上，vol.III, pp.214—215。
19. 引自 *Peter the Great,* Eugene Schuyler, vol.II, p.142。
20. 同上，vol.II, p.146。
21. *Adlerfeld,* Vol.III, p.232.
22. 同上，Vol.III, p.231。
23. *The History of the Wars of his late Majesty Charles XII,* King of Sweden,,p.178（Daniel Defoe, second edit.,1720）。此书的作者是一名在瑞典军队中服役的苏格兰绅士。
24. 没人提及这支纵队的中央兵力是如何进军的，不过据推测其位置大概是在左翼部队的右边或后面。
25. *Adlerfeld,* vol.III, p.227.
26. 同上，vol.III, p.227。
27. 同上，vol.III, p.229。
28. 关于这个意外事件请参见 *Charles XII and the Collapse of the Swedish Empire,* R.Nisbet Bain (1902), pp.186—187。
29. *The History of the Wars,* etc., p.180.
30. *Peter the Great,* Eugene Schuyler, vol.II, p.152.
31. *Peter the Great,* K.Waliszewski, p.326.
32. *A History of Russia,* vol.IV, pp.59—60.
33. *Peter the Great,* p.561.
34. *Cambridge Modern History,* vol.v, p.534.
35. *Peter the Great,* p.560.

36. 同上，p.536。
37. 引自 *Peter the Great*, Eugene Schuyler, p.160。1869 年，法国经济学家德拉玛曾这样写道："当查理十二世在波尔塔瓦被击败时，整个欧洲都被击败了。取得这场胜利的第二天，俄国人第一次占领了'小俄罗斯'（即东乌克兰）并在欧洲获得了一片立足之地。"（*Le Problem de l'independance de L'Ukraine et la France, Emanuel Evain*〔1931〕，pp.80—81.）

大事记
莫斯科帝国的兴起

俄罗斯和普鲁士这两个新兴大国如今登上了西方历史的舞台。正如前文中所提到过的那样，俄罗斯的历史开始于公元10世纪中叶；当时北方民族占据了伊尔门湖地区，并且在诺夫哥罗德建立了留里克王朝。之后又发生了一个重大的历史事件，那就是基辅亲王（980年至1015年在位）弗拉基米尔强迫瓦兰吉人和依附于他们的其他民族皈依基督教。由于亲王娶了东罗马皇帝巴西尔二世的妹妹安娜，所以他选择皈依了东正教。虽然这次皈依是俄罗斯与西方第一次真正意义上的文化接触，但由于他们皈依的是希腊正教，因此使得俄国人和信仰天主教的欧洲处于一种相互疏远的状态之中。

1147年又发生了另外一件彻底改变了俄罗斯历史进程的大事，那就是苏兹达尔亲王尤里·多尔戈鲁基在莫斯科瓦建立了一个军事殖民地。当时的莫斯科不过是一个部落村庄，它在后来的岁月里逐渐扩张，成了大俄罗斯的中心。此举不仅使东斯拉夫人的历史与欧洲分道扬镳，而且由于莫斯科地区就好像"大海"中的一个孤岛一样在战略上无险可守，为了确保它的安全就需要建立起一个军事化的国家，这反过来又促使它向四周扩张领土。此外，这也使东、西两个斯拉夫部族之间出现了明显的分裂：前者被维尔纳（Vilna）所吸引，而后者则以莫斯科为中心。1204年十字军攻占了君士坦丁堡之后，拜占庭帝国日渐衰败，东斯拉夫人与欧洲之间的联系在13世纪愈发地受到了限制。

之后的另一个重大事件便是蒙古人（鞑靼人）的到来，而统率他们的是拔都和窝阔台；前者是成吉思汗的孙子，后者是成吉思汗的侄子。蒙古人在三次大战——是1224年的卡尔卡河战役、1238年的奥卡河战役，以及同年的西特战役——中摧毁了俄国的骑士制度。在这三次大战期间，俄罗斯除诺夫哥罗德之外的所有重要城镇都遭到了洗劫和毁灭。尽管不久之后成吉思汗所建立的这个庞大帝国便土崩瓦解了，但拔都所统治的金帐汗国却在伏尔加河下游的草原上站稳了脚跟。拔都以萨莱（在今天的斯大林格勒〔伏尔加格勒〕附近）为首都统治着俄罗斯，使该国在此后的100多年里与西方文明完全脱离了联系。

在被鞑靼人征服之后，俄罗斯的王公们就充当起了前者的税吏和警察；事实证明这个职业非常有利可图，弗拉基米尔大公伊凡·卡利塔（绰号"钱袋"）借此获得了足够的实力来吞并莫斯科，并凌驾于他所有的对手之上。伊凡统治时期最引人注目的举措就是将统治重心从弗拉基米尔转移到了莫斯科，而后者很快就成了一个重要的中心城市。虽然鞑靼人的统治日渐衰落，但他们对俄罗斯的控制仍然十分严密，直到帖木儿的出现才改变了局势：1390年至1394年期间，他击败了金帐汗国，削弱了鞑靼人对俄罗斯的控制。之后，莫斯科大公才得以恢复其与拜占庭帝国之间的联系，双方的往来一直持续到1453年拜占庭帝国灭亡为止。在拜占庭帝国灭亡后的一个世纪里，俄罗斯和西方的联系又一次彻底中断了，但由于莫斯科大公伊凡三世（即伊凡大帝，1462年至1505年在位）娶了东罗马帝国末代皇帝君士坦丁十一世的侄女佐伊（索菲亚）·帕列奥罗格，所以莫斯科成了东正教的中心，而莫斯科大公也成了拜占庭皇帝"恺撒"（Caesars）这一称号的继承人。伊凡宣布脱离鞑靼人的统治，并给自己定了"沙皇"（Tsar，即俄语"恺撒"之意）的尊号；他统治期间不仅致力于摆脱鞑靼人的束缚，还致力于扩张莫斯科的统治范围——莫斯科公国的领土在他的手中扩张了一倍。伊凡还邀请意大利人来他的宫廷中充当顾问，其中一位就是来自米兰的彼得罗·安东尼奥·苏拉里，此人为大公修建了克里姆林宫。

1505年伊凡三世驾崩，其子瓦西里三世（1505年至1533年在位）和孙子伊凡四世继续奉行扩张莫斯科领土的政策；伊凡四世的绰号是"恐怖的伊凡"——因为他的罪行和暴虐程度即使以一个沙皇的标准而言也是不正常的。伊凡四世是一个彻头彻尾的独裁者，他把其臣民全都变成了卑微的奴隶。他曾与克里米亚可汗交战，后者在1571年纵火焚毁了莫斯科，并在1557年至1560年期间出于种种原因占领了利沃尼亚。在征服了顿河流域的哥萨克人之后，俄罗斯的军队又越过乌拉尔山脉进入了亚洲，并把战火烧到了额尔齐斯河和鄂毕河之间的土地上。伊凡四世是一头聪明的"野兽"，是最伟大的沙皇之一，也是后代一切斯拉夫独裁者的典范。

实际上，正是在他的统治期间，西方才"重新发现"了俄罗斯。1553年，英国正值爱德华六世统治时期，休·威洛比爵士和理查德·钱塞勒率三艘船出航，前去寻找通往中国的"东北航道"。[1]当他们到达拉普兰海岸时，钱塞勒乘坐的"爱德华·博纳文图尔"号进入了白海。当他在德维纳河河口处登陆后，才意外地发现自己已经进入了莫斯科公国境内。之后他便前往了莫斯科，并受到伊凡四世的热情招待。钱塞勒回国之后，玛丽女王就派遣了一名特使前去觐见沙皇，就开展两国之间的贸易进行了谈判。由于白海在一年当中有许多月份都处于封冻期，为了获得一个更便利的航路，伊凡四世在1557年入侵了利沃尼亚，随后又和波兰进行了长达七年的战争（1563年至1570年）——瑞典和丹麦在此期间也曾为了各自的利益而卷入其中。

贸易让西方接近了俄罗斯，而战争则让俄罗斯逼近了西方。就这样，俄罗斯自13世纪以来的孤立状态被打破了，其影响立刻就显示了出来。16世纪末，那种害怕亚洲人入侵的恐惧心理在欧洲复苏了。西方海洋强国的政策是和俄罗斯开展贸易，而东欧各国的政策则是要让俄罗斯保持野蛮落后的状态——要防止西方的思想和制造业进一步增强俄罗斯的实力。因此，波兰国王对英国和俄罗斯之间的贸易协定大为警觉，他不惜向伊丽莎白女王提出抗议："为了基督教的利益。"此外，由于俄罗斯是"所有自由国家的公敌"，所以波兰国王反对向该国出售军火。

1580年，伊凡四世在一阵无法控制的狂怒中杀死了自己的长子。因此当他在1584年驾崩时，他的次子狄奥多尔继承了王位。这之后便是长达30年的无政府状态。1598年狄奥多尔驾崩之后，留里克王朝也走到了尽头。1605年，波兰人攻占了莫斯科。八年之后，波兰被赶走了，大主教菲拉雷特之子米哈伊尔·罗曼诺夫也在同年被推选为沙皇，而他通过婚姻关系也与前朝渊源颇深。罗曼诺夫王朝建立了，并且一直延续到了1918年7月16日——那一天，尼古拉斯二世及其家人在叶卡捷琳堡被犹太人尤尔科夫斯基杀害，而在此之前沙皇一家一直生活在"伊凡四世般恐怖"的环境之中。

与波兰之间的战争贯穿了米哈伊尔统治的大部分时期，到了他的继任者阿列克谢（1645年至1676年在位）统治期间，若不是遭到了瑞典国王查理十世的干预，俄罗斯很有可能已经把白俄罗斯收入囊中了。查理十世进行干预并非出自安全上的考虑，而完全是出于他自己的军事野心。

查理十世是古斯塔夫·阿道夫的侄子。1654年，克里斯蒂娜女王（查理的表姐）退位，查理十世登上了瑞典国王的宝座。他按照军人的思维行事，刚一当上国王就向波兰发起了进攻——这开启了一场涉及勃兰登堡、俄罗斯、丹麦和荷兰的冲突，并发展成了第一次大北方战争（First Great Northern War）。在勃兰登堡选帝侯那并不情愿的援助之下，查理十世征服了波兰的大部分地区，并与小俄罗斯（即乌克兰）的哥萨克人缔结了同盟。沙皇阿列克谢随后便与波兰人达成了和解，双方开始携手对付查理十世，并从后者手中夺回了自1621年便为瑞典所侵占的利沃尼亚地区。1661年，瑞典和俄罗斯最终达成和解，根据双方签订的《卡迪斯和约》，利沃尼亚又被前者给拿了回去。不过，由于波兰人拒绝执行该和约，俄罗斯和波兰之间再度开战，并一直持续到了1667年。之后，双方签订了《安德鲁索沃条约》，沙皇不仅收回了斯摩棱斯克，还获得了从小俄罗斯一直到第聂伯河的土地，这使得俄罗斯的领土范围又向西方迈进了一步。

《卡迪斯和约》让瑞典成了波罗的海的主人，并且在查理十世统治期间（1660年至1697年）一直维持着这种局面。在战胜了丹麦之后，查理十世成了瑞典的独裁者，并在他统治的后半期致力于国内的和平复兴。1697年查理十世驾崩之后，他给年仅15岁的儿子查理十二世（1697年至1718年在位）留下来了一个囊括整个几乎整个斯堪的纳维亚半岛（除了挪威）、芬兰、卡累利阿、因格里亚、爱沙尼亚、利沃尼亚、西波美拉尼亚、维斯马、不来梅、韦登，以及波罗的海中的大部分岛屿的庞大帝国。这样一来，瑞典人不仅控制了波罗的海，而且控制了除尼曼河和维斯杜拉河之外所有流入波罗的海的大河河口——包括涅瓦河、杜纳河、奥得河、易北河和威悉河。不过，虽然这个帝国国势强盛，但却注定要招致灭亡：在东方，它阻碍了俄罗斯向波罗的海的扩张；在南方，它受到神圣罗马帝国和勃兰登堡的威胁；在西方，它又受到丹麦和挪威的威胁。

阿列克谢在1676年驾崩，他的儿子狄奥多尔（1676年至1682年在位）继承了皇位；1682年狄奥多尔的异母兄弟彼得（1682年至1725年在位）成了沙皇，这就是著名的彼得大帝。彼得大帝对俄罗斯进行了彻底的改造，并迫使它与西方文明接轨——这也要归功于罗曼诺夫王朝的前三位沙皇,是他们把俄罗斯的疆域扩张到了能够接触到西方思想的地方。话虽如此,在彼得大帝登基之时,俄罗斯还只算得上是一个野蛮国家:土地和人民都是沙皇的私产;整个国家毫无自由可言;金钱可以买通司法;税率之高如同抢劫;整个国家中充斥着腐败、酗酒和暴力;各种无法言说的暴行成为常态;人民极端迷信,并把西方世界看成是被诅咒的土地。在阿列克谢统治时期,曾有一个名为柯托希金的人逃到瑞典寻求庇护,他告诉我们说:"俄罗斯人傲慢无能,因为他们除了傲慢、无耻和撒谎以外就没受过别的教育。他们不会把自己的孩子送到国外学习,因为他们害怕这些孩子在了解了别国的生活方式、宗教信仰和自由的福音之后会乐而忘返。沙皇统治国家的秘诀之一就是禁止其臣民四处旅行,唯恐他们在别国看到了自由的壮美景象……"我们在评价彼得大帝的改革、他推行改革的手段,以及其改革重要性的时候,必须要以上述这种落后的背景作为评判标准。同样,在评价他于波尔塔瓦战胜查理十二世这件事的时候,也要遵循前述的评判标准。

注解

1. 参见 *Hakluyt's Voyages (Everyman's edit., 1939)*，vol.I, pp.266—294。"……1553 年在东北方向上探寻新航线，并发现了莫斯科王国。这次航行由休·威洛比爵士主持，具体发现者是领航员理德·钱塞勒；克莱门特·亚当斯用拉丁语记载了此事"。

罗斯巴赫战役
与鲁腾战役（1757年）

第六章

虽然腓特烈大帝被卡莱尔称为"最后的国王",但他却是一位新式的君王;他更能代表那些古代的暴君和意大利文艺复兴时期的诸侯,而非和他同时代的、已经几近消亡的极权君王和正在兴起的立宪君主。

腓特烈大帝是一个有文化修养的军人,他把哲学和战争结合了起来,在他的大量著作中都充满了自我表现和自相矛盾。不仅是他同时代的人,就连他自己都很难——如果不是不可能的话——去弄清他到底是一个怎样的人物。举例来说,很少有伟大的军人会如此冷酷地挑起战争;然而,他似乎自始至终都很清楚,试图用战争的手段来达成永久性的目的注定是徒劳无功的。他在《军事教令》一书中写道:"如果不是征服本身对胜利者和失败者同样具有致命危险的话,凭借这样的军队(指他的士兵)足以征服全世界。"[1] 然而在他的许多诗作中,他又将战争比喻成"铜头的巨怪;战争的恶魔只想为血腥和破坏而杀戮"。他称呼女战神贝洛娜为"那个可怜又野蛮的女人,古老混沌的爱人"。[2] 不过,他又坚持认为"我们不应该讥讽战争,而应该像医生治疗发烧一样来根治战争"。他在给其多年的好友伏尔泰的信中这样写道:

如果有这样一位君主,他的军队身穿粗糙的蓝布衣服、帽子上镶着白色的穗带,并且只让自己的士兵接受简单的训练,那此人如何能领导他们获得荣耀呢?他只配得到强盗头子这个"光荣的"的称号,因为跟在他身后的只是一大群懒汉,他们被迫无奈才成为唯利是图的刽子手,这样才能在他手下继续名正言顺地从事强盗的勾当。

战争乃是万恶之源,它会招致所有的灾祸和罪行,你难道忘了这一点吗?你看,在读过这些睿智的格言之后,一个稍微在意自己名誉的人都应该避免使用那些只用来形容最卑鄙无耻之人的词汇。[3]

虽然腓特烈大帝是真心实意地厌恶战争,但他对和平却也是持极度地冷嘲热讽的态度。在和伏尔泰讨论圣皮埃尔修道院院长的"永久和平方案"(Project de Paix Perpetuelle)时,他宣称:"这个方案最为切实可行,因为其成功所缺少的不过是欧洲诸国的同意和一些类似的琐事罢了。"[4] 从这和他的一些其他说法中,我们可以得出这样的结论——那就是他唯一相信的观念便是"原罪",这在他与教育督查苏尔寿的一次谈话中得到了证实。当后者说从前人们都认为人类天性本恶，但现在却都认为人类天性本善时，他从腓特烈那里得到的回答是："啊，我亲爱的苏尔寿，你不了解人类这个该死的物种。"

作为一位国王，腓特烈心胸宽阔、思想自由。他说："我和我的人民已经达成了令人满意的谅解：他们想说什么就说什么，而我想做什么就做什么。"他包容所有的宗教派别，因为他认为每个人必须"用自己的方式进入天国"。他开放出版自由，废除了严刑逼供，发展了科学研究，为穷人免费提供食物，还为数以千计的老年妇女开设了救济院——不过这些老妪需要做纺织的工作，这也是他节俭的天性使然。然而，他也可以变得非常残忍：他曾在书中的某处解释过获取情报的一种方式，那就是抓住一个富人，然后给他换上寒酸的衣服并把他送到敌对国家去；同时还要对他加以威胁——如果此人没有在规定时间里回来，那么"他的房子就会被烧掉，他的妻儿也会被剁成肉酱"。[5]

腓特烈就好像是用雷神之锤在火神之砧上把普克和马基雅维利锤打在一起的混合体。

除了亚历山大大帝——也许还有瑞典国王查理十二世——之外，腓特烈是所有伟大的指挥官中最具进攻意识的。科林是这样评价他的："腓特烈二世只会下达进攻的命令——在任何情况下、在战场上的所有行动中，即使面对处于优势的敌军，他也总是采取攻势。他就是积极行动的化身……"[6]腓特烈有一次曾说过，他要撤换掉任何不主动进攻而是坐守待敌的军官；他总是主动发起攻击，而且几乎总能先发制人。他这样说道："我军的全部力量就在于进攻；如果我们没有合适的理由就放弃发起攻击，那才真是一种愚蠢的行径。"[7]

腓特烈讨厌长期的战争，这不仅仅是因为战争的花费不菲，也是因为士兵的健康状态会在长期的战争中退化。另外，我们还应谨记一点，那就是18世纪的进攻作战主要依靠的是士兵的机动技巧。除此之外，他还认识到，"战争足以决定国家的命运……[8]而组建军队的首要目标应当是让士兵吃饱肚子，这是一切行动的准则和基础。"[9]因此，战争持续的时间越久，军队的补给就越困难。虽然如此，但由于他总是像查理十二世一样不断地发起进攻，他也遭受了不止一次的惨痛失败。

拿破仑对腓特烈的评价很有意思：

越是在关键的时刻,越能体现出他的伟大,这是人们对他最高的赞美。[10]

腓特烈最突出的不是他进行军事机动的技巧,而是他的胆量。他做了我从来不敢做的事情:他会不顾自己的作战路线,常常表现得好像对兵法一无所知一样。[11]

七年来,保卫普鲁士抵抗欧洲三个最强大的国家的不是普鲁士军队,而是腓特烈大帝。[12]

当我们审视腓特烈的军事行动时会发现,他之所以能成为一位伟大的将军,不仅是因为其勇敢的精神,还因为他能够掌握当时战术条件,以及他从自己的错误中吸取教训的能力。他意识到自己身处的那个时代的战术是多么的迟缓和笨重,并且从他的军旅生涯的第一天起,就决心以机动性和迅猛的火力作为自己战争体系的基础。他指出:"一个普鲁士步兵营就相当于一个移动的炮兵连……他们的装填速度很快,因此其火力可以达到其他部队的三倍以上。这样一来,就相当于普鲁士军队占了三对一的人数优势。"[13] 尽管如此,在早期的军事行动中,他却更加倚重于刺刀而非子弹;不过他很快就发现了自己的错误,所以他在之后的战斗中都尽可能地去发挥其步枪和大炮的威力。他是一位伟大的炮兵专家,也是历史上第一批骑炮兵①的创造者:这一兵种十分稀少,从1759年起的30年间,普鲁士拥有整个欧洲唯一的骑炮兵部队。此外,由于奥地利军队通常都是采取防御策略,因而他们习惯于将射击线布置在山脊上,而把预备部队布置在这条山脊的后面;这使得腓特烈非常依仗于榴弹炮的使用②。不过有一点很奇怪,那就是他从未认清训练有素的轻步兵在战斗中的价值;而尤为令人不解的是,在科林战役中,击败腓特烈的功臣正是由克罗地亚人和潘杜尔人组成的奥地利轻步兵。[14]

从他的"小战术"(Minor Tactics)着手,腓特烈又发展出了他的"大战术"(Major/Grand Tactics)。在此之前,由于部队的调动部署异常迟缓,所以17世纪和18世纪的军队通常会选择正面决战。但腓特烈却抓住了一点,那就是当一方的机动性远远超过另外一方时,那么等对方部队部署完毕之后,机动性较好的

---

① 译注:该兵种使用可以用马拉着的一种小型加农炮,其炮手也骑乘马匹,使得他们可以跟随骑兵前进冲锋。
② 译注:榴弹炮可以进行抛物线射击,因此可以攻击到山脊背后的敌军目标。

一方就可以向对手的侧翼进军、重新部署并发起攻击,而敌军将来不及调转阵线的方向。这便是他的"大战术"的精髓,这种战术说起来简单,也很容易被模仿,但除非进攻一方有着优越的机动性,否则很难成功。因此,拿破仑才说:"他的斜线式方阵只有在对付无法进行机动的部队时才能发挥效力。"[15]

腓特烈对这种阵形曾做过如下的说明:"你将面对敌军的那一翼兵力收缩回来,然后加强准备发起进攻的另外一翼的兵力。你要尽可能地用后者的兵力去攻击敌人的一个侧翼。当一支10万人的大军的侧翼受到三万人的攻击的时候,它也很可能会在极短的时间内被击败……这种兵力部署的优点是:一、一支小型部队便可与实力强大得多的敌军作战。二、它能攻击敌人的关键部位。三、如果你被击败了,那你也只是损失了兵力的一部分,而总兵力的四分之三仍然完好无损,可以用来掩护你的撤退行动。"[16]

腓特烈主要依赖对军队的训练来获得最强的机动性和最快的射击速度,关于这一点曾经有过许多的无稽之谈。这种训练确实非常严格,甚至有些残忍,但他只是把严苛的训练当作一种达成目的的手段而已,除此之外的其他说法皆为虚妄。另外,他对那个时代的士兵也确实没有太高的评价。在其所著的《军事教令》一书中曾这样写道:"一支军队大多是由游手好闲之人组成的,除非将领不断地加以督促……否则这个人造机器……很快就会瓦解掉,而所谓的军纪严明的军队也不过就剩下一句空话罢了。"[17]他又写道:"如果我的士兵开始有了自己的思想,那就没有人愿意再当兵了。"[18]他还进一步说道,"对一个士兵所能做的事情莫过于让其拥有'团队精神'(Esprit de corps),也就是要让他对自己所属部队的评价超过对这个国家其他部队的评价。此外,由于军官们有时会不得不把士兵带入最危险的境地之中,而普通士兵又不会顾及荣誉,所以必须让他们害怕自己的军官胜过害怕眼前的危险。"[19]

虽然腓特烈在书中这样写,但他对自己部下的态度却并不恶劣,有时他还会表现得颇为友善和亲切。有一次,一个逃兵被押到腓特烈的面前,国王就问他:"你为什么要离开我?"这个掷弹兵回答道:"陛下,说实在的,我们的处境太糟了。"腓特烈接着说道:"好啦,好啦,让我们今天再战一场,如果我被打败了,明天我和你一起逃跑。"说完这些话,他就把这个逃兵送回其原来所在的部队去了。[20]

虽然这种普鲁士式的军事操练在后来被视为一种战争技艺,但腓特烈本人却从未如此认为。拿破仑曾经说过："腓特烈有一次在波茨坦宫前举行阅兵式；当他看到法国、英国和奥地利的青年军官如此痴迷于斜线式方阵的机动性时，他不禁哑然失笑，因为这种阵形除了可为少数几个主要副官赢得名声之外再无他用。"[21] 实际上，除非受到腓特烈式精神的鼓舞，否则这种腓特烈式的操练并无用处。

从腓特烈的《军事教令》的一些摘录中可以看出，他远不止一个军事训练专家那么简单：

敌人的军队应当是我们主要的关注对象。（原书第49页）

在战争中，有时候狐狸的狡诈和狮子的勇敢一样不可或缺；因为当靠实力无法取胜的时候，诡计可能会取得成功。（原书第52页）

保护自己的侧翼和后方，并设法迂回包抄敌人的侧翼和后方，这是战争中永恒不变的公理。（原书第101页）

得胜的骑兵部队，应当力阻敌军的骑兵再度集结，并且要有条不紊地追击他们。（原书第118页）

在没有必要的情况下让士兵流血，这无异于对他们进行不人道的屠杀。（原书第120页）

虽然我军的伤员是我们首要的关注对象，但也不能因此而忘记攻击敌军的责任。（原书第121页）

只要有任何一件事情尚未尘埃落定，你就不应幻想所有的事情都已经成为定局。（原书第122页）

我的军官们……希望可以从我的错误中吸取教训；他们大可放心，我将尽一切努力来纠正这些错误。（原书第126页）

有一个公认的准则，那就是迫使敌人去做他们不愿做的事，这对我方来说是最有利的战斗；由于双方的利益截然相反，所以你就不能指望你和敌人的想法相同。（原书第126页）

腓特烈是渴望和平的，在《艾克斯拉沙佩勒和约》签订后他曾宣称："从今以后，除非是出于自卫，否则我连一只猫也不会攻击。"看来他似乎并没有意识到自己大获成功的侵略行径所产生的后果——它让奥地利怀恨在心，又使法国人惴惴不安。实际上，奥法两国都对普鲁士心怀不满，只要两国愿意冰释前嫌，他们就可以联起手来对抗普鲁士；而且玛利亚·特蕾莎的国务大臣冯·库尼茨亲王显然意识到了这一点——这对腓特烈来说实属不幸。库尼茨认为，普鲁士的侵略行为已经使法国和奥地利之间由来已久的竞争关系变成了过去式，因此他建议女王与法国接洽并设法获得后者的援助，以便帮助她夺回西里西亚，而女王则以奥属尼德兰作为交换。出于对腓特烈的厌恶，以及他的言语刺痛了女王的自尊，玛利亚·特蕾莎遂同意了这个建议，并派遣库尼茨出使法国宫廷。首先，库尼茨指出，假如法国和奥地利继续交恶，那只有腓特烈一人能从中得利；其次，女沙皇伊丽莎白——此人曾被腓特烈侮辱性地称为"被使徒拥抱之人"——非常渴望吞并东普鲁士，并且还可以用马格德堡来收买萨克森，用波美拉尼亚来收买瑞典。基于上述原因，假使奥地利能用奥属尼德兰换来法国的支持，那么便可以组建一个人口超过7000万人的同盟，从而把普鲁士和它的450万子民从地图上抹杀掉。

尽管这个提议和法国的传统政策相违背，但当时法国宫廷中真正掌权的蓬帕杜尔夫人毫不犹豫地支持了这一建议——蓬帕杜尔夫人的母亲是个鱼贩子，腓特烈曾辱骂她为"鱼小姐"（Mlle Poisson）。不过在最终协议尚未达成之时，英国采取了一个行动，并因此而引发了一场危机。

当时英法两国正忙于它们之间"不宣而战"的殖民地争夺战，出于对汉诺威安全的担忧，英国政府给了女沙皇一大笔钱，让她把军队集结到西部边界以保障汉诺威的安全。

此举引发了腓特烈的怀疑，当他听闻库尼茨谈判的消息之后便立刻试图拉拢英国，表示愿意保证汉诺威的领土完整。英国接受了他的提议。由于和女沙皇的谈判尚未得到批准，所以英国政府便取消了之前的协议。之后，英国和普鲁士在1756年1月签订了《威斯敏斯特协定》并缔结了同盟。由于该同盟是一个纯粹的防御性同盟，它并没有违背腓特烈对于法国的条约义务。然而，腓特烈清楚地意识到，一旦爆发另一次战争，法国的计划中必然会包括对汉诺威的入侵。最后在5月份，为了对抗英普之间的协定，法国和奥地利也通过《凡尔赛条约》缔结了一个防御同盟。就这样，欧洲在1756年的夏天分成了两大敌对的阵营：

一方是英国和普鲁士,而另一方则是获得了俄罗斯、瑞典和萨克森支持的法国与奥地利两国。

库尼茨的计划对于奥地利来说是一大胜利,但对于法国而言却是一个未被察觉的灾祸。当时英法两国正在俄亥俄和印度进行着一场不公开的殖民地战争,而奥地利王位继承战争已经证明了法国的海外殖民地是何等的脆弱。现在欧洲很可能会爆发一场新的战争,而法国不得不在其中扮演一个重要的角色,那么这场战争将会导致法国大部分的海外帝国化为乌有——之后事情的发展也果然如此。

腓特烈从间谍那里得知女沙皇正在催促玛利亚·特蕾莎加紧备战;他意识到一旦奥地利做好战争准备,就将对普鲁士带来致命威胁,于是他决定先发制人。他写道:"毕竟,我的敌人是否称呼我为侵略者并不重要,因为现在整个欧洲已经联合起来反对我了。"22

尽管普鲁士的地理位置使腓特烈能够进行内线作战——这在当时的情况下是一个巨大的优势——但是普鲁士的边界无险可守,而且他们和联军的兵力对比处于一比三的劣势。在普鲁士南方,当奥地利和萨克森军队会合后,他们距离柏林只有40英里;在北面,当瑞典军队在斯特拉松德集结后,他们距离柏林也只有130英里;在东方,当俄国人渡过了奥得河后,他们距离柏林只有50英里;在西方,法军将攻入哈雷附近的普鲁士领土,而此处距离柏林约100英里。不过目前还有一线转圜之机,那就是上述这些军队的备战情况并不相同:奥地利军队尚未和萨克森人会师;俄国人还要穿过波兰那没有道路的荒原;瑞典人要渡过波罗的海;而法国人则需要渡过莱茵河。

7月,腓特烈要求维也纳保证在波西米亚集结的奥地利军队不是针对普鲁士的,但奥地利给出的回复却含糊其辞。腓特烈决定不再等下去了,他派出1.1万人去监视瑞典军队、派出2.6万人去监视俄军,又留下3.7万人防卫西里西亚。之后,他在1756年8月29日不宣而战,亲率七万人的大军攻入萨克森。到了9月10日,他占领了德累斯顿,之后又封锁了皮尔纳,并于10月份的时候在罗布西茨击败了奥地利军队。

腓特烈入侵萨克森的行为激起了人们的愤怒,并让帝国议会(Imperial Diet)大为震怒。他们认为腓特烈必将失败,于是便将其"置于帝国议会的禁令之下"——这无异于宣布他的统治是非法的。更重要的是，联军决心投入50万兵力来粉碎侵略者。

道路上的冰雪消融之后，腓特烈便开始向布拉格进军。1757年5月6日，他在布拉格再次击败奥地利军队，之后他便封锁了这座城市并开始向南方推进。6月18日，他在科林不顾一切地攻击了道恩元帅统率的奥地利军队，而这支军队的兵力几乎是腓特烈兵力的两倍。结果普鲁士军大败亏输，损失了3.3万人中的1.3万人，而腓特烈也不得不解除了对布拉格的围困并撤退到了萨克森。

道恩之战的胜利使联军大为振奋，遂决定四面围剿腓特烈。联军的计划如下：萨克森—希尔德堡豪森的约瑟夫亲王统率3.3万名帝国军和苏比斯元帅统率的三万人一起收复萨克森；埃斯特雷元帅和黎塞留公爵统率10万人进攻驻守汉诺威的坎伯兰公爵；已攻占了默默尔的1.7万名俄军准备入侵普鲁士；恩琴·斯腾伯格男爵统率1.7万名瑞典军准备登陆波美拉尼亚；洛林的查理亲王和道恩陆军元帅则统率10万名奥地利军准备攻击腓特烈在科林的残部。这样算来，联军集结了大约39万人来对抗腓特烈，但是后者却没有丝毫胆怯。腓特烈从道恩撤走了2.5万人，然后行军170英里来到了埃尔福特。不过，他此时却又要面临苏比斯的威胁。

1757年5月1日，法王路易十五与玛利亚·特蕾莎签订《第二次凡尔赛条约》，法国保证每年给特蕾莎3000万里弗尔用以支付她收买俄国人的费用。6月间，埃斯特雷开始了行动。7月26日，他意外地在哈梅林附近的哈斯滕贝克击败了坎伯兰公爵——当时双方的主将都已下令撤退，但一个法军支队没有奉命行事，从而让法军获得了一场意料之外的胜利。之后，黎塞留公爵取代了埃斯特雷的位置，前者与坎伯兰公爵签订了可耻的《克洛斯特泽文协定》。根据该协定，盎格鲁—汉诺威的军队得以整装回国。虽然数周之后英法两国政府都表示拒绝接受该协定，但此时的黎塞留公爵并未与苏比斯会合，而是按照法军的惯例开始四处劫掠。苏比斯所部也是一边行军一边劫掠，其目标是普鲁士重要的兵工厂马格德堡——之后他还打算向柏林挺进。

与此同时，俄军也攻入了普鲁士，其行为之野蛮可谓是前所未闻。[23]为了阻挡俄军，腓特烈命令列瓦尔德陆军元帅率领2.5万人向位于格罗斯—贾根多夫一线的8万名俄军发起进攻。8月30日，列瓦尔德的攻势遭遇失败，俄军通往柏林的道路已经是畅通无阻了。不过，俄军一如往常地发生了补给匮乏的情况——于是，他们自动撤军了。尽管如此，腓特烈的处境在10月份已近绝望，连他自己都认为此战必败无疑。

尽管腓特烈清楚自己机会渺茫，但他却不想坐以待毙，于是仍决定向法军发起进攻。他命令贝弗恩公爵率领4.1万人在卢萨蒂亚和查理亲王（洛林的查理亲王）麾下的11.2万人对峙，而他本人则在8月25日出发前往德累斯顿去召集军队。之后，腓特烈又从德累斯顿前往埃尔福特，并于9月13日到达了那里；随后苏比斯便率军退往爱森纳赫。之后，腓特烈贿赂了黎塞留公爵10万泰勒，让后者按兵不动，而他则继续追击苏比斯。在肃清了哥达之后，腓特烈留下塞德利茨将军在当地监视苏比斯的活动。9月19日，苏比斯和希尔德堡豪森亲王向哥达挺进，但却遭到了塞德利茨的迎头痛击，只得仓促撤退。[24]

就在腓特烈和敌军交战的时候，贝弗恩在布雷斯劳被击退，哈迪克伯爵率领着3500名奥地利士兵向着柏林挺进。10月16日，哈迪克进入了普鲁士首都，在收到了30万泰勒的赎城费之后才率军离开。当腓特烈听闻了哈迪克的突袭行动后，他留下基斯元帅率7000人防守萨勒河，而自己则出发前去救援他的首都。10月20日，腓特烈得知自己已经来迟了一步，遂决定调头返回。在腓特烈离开的这段时间里，得到德布罗意元帅增援（约1.5万人的援军）的苏比斯入侵了萨克森。10月27日，苏比斯到达了魏森费尔斯，并要求位于莱比锡的基斯开城投降，但却遭到了后者的断然拒绝。

回师之后，腓特烈又和基斯合兵一处，所部兵力增加到2.2万人。苏比斯得知这一消息后，便退回了萨勒河。腓特烈于10月30日离开莱比锡，并于次日进入了魏森费尔斯；他准备立刻对法军的前哨发起攻击，却发现河上的桥梁已经被破坏了，而且基斯也发现默赛堡和哈雷等地的桥梁也悉数遭到破坏。腓特烈此时的处境很危险，但苏比斯却愚蠢地放弃了萨勒河，并退回了米谢尔恩；前者在修好了三处桥梁后，于11月3日渡过了萨勒河——他的军队就驻扎在米谢尔恩附近的布劳恩斯多夫。腓特烈立刻命令塞德利茨率领1500名骑兵突袭了敌军营垒，并决定在次日大举进攻。然而，塞德利茨的突袭却促使苏比斯将营地连夜转移到一处更安全的地方。腓特烈发现敌军新营垒的防御过于坚固而无法强攻，于是他在11月4日把营地转移到了罗斯巴赫。

苏比斯的胆怯使他的部将们大为不满，这其中就包括皮埃尔·德·布尔斯特——他曾在1744年至1747年期间发生在科欣阿尔卑斯山脉和滨海阿尔卑斯山脉的几次战役中享有盛名。布尔斯特意识到腓特烈的处境岌岌可危，遂建议苏比斯绕过腓特烈的左翼去切断其退路。此外，正如劳埃德所指出的那样，苏比斯和希尔德堡豪森亲王的兵力几乎是腓特烈的两倍[25]，因此他们颇为轻敌："决定在第二天早上向他发起进攻并结束整个战役。因为联军部队已经筋疲力尽，似乎不愿也不能再拖延下去了。"[26]

虽然决心已下，但苏比斯对执行布尔斯特的建议并未做任何准备。直到11月5日早上——当时有部分联军部队已经出去搜刮补给了——苏比斯才收到了来自希尔德堡豪森亲王的消息："立刻向敌军发起攻击。从腓特烈昨天的行动上来看，他很明显并不准备对我军发起攻击，而似乎是想要切断我军和弗莱堡之间的交通线。所以我认为我军应该继续进军，占领斯海弗罗达的高地并从那里攻击他。"[27] 直到这时，苏比斯才开始着手准备作战。

双方即将交战的地方是一片开阔的平原，上面没有树木和篱笆；罗斯巴赫村则位于一个低矮的小山丘上，从那里可以清楚地看到联军的营地。罗斯巴赫和默赛堡之间有一条小溪，小溪的南侧有两座地势平缓的小山，分别叫雅努斯山和波尔岑山。卡莱尔是这样形容这两座山的："山上的道路是松软的砂质泥地，拉车的马可以感觉出来，而行人却觉察不到，因为他们很少会碰到这么平坦的山地。"[28] 平原的南边就是萨勒河，几英里之外就是位于罗斯巴赫东南方的小镇魏森费尔斯。

收到希尔德堡豪森亲王的消息后，苏比斯便派圣日耳曼伯爵率领一支法国骑兵前往罗斯巴赫以西三英里处的格罗斯特观察敌情，并在其余军队转移时保护他们的左翼。苏比斯下令在上午11点左右拆除营垒，然后分为三个纵队进军。先头部队由奥地利和帝国的骑兵组成，法国和帝国的步兵紧随其后，最后则是法国骑兵。先头部队在佩茨塔特停了下来，之后法国骑兵也赶了过来；在召集了一次将领会议之后，部队继续前进，开始向着位于左前方45度的赖歇特韦尔本（Reichartswerben）进发。他们行军的速度异常迟缓，"军队里的乐手和小号手都在演奏，军鼓和笛子奏出了欢快的乐曲，仿佛他们已经赢得了胜利"。[29]

腓特烈一直在严密监视着敌军的一举一动：他安排了一个名叫高迪的上尉军

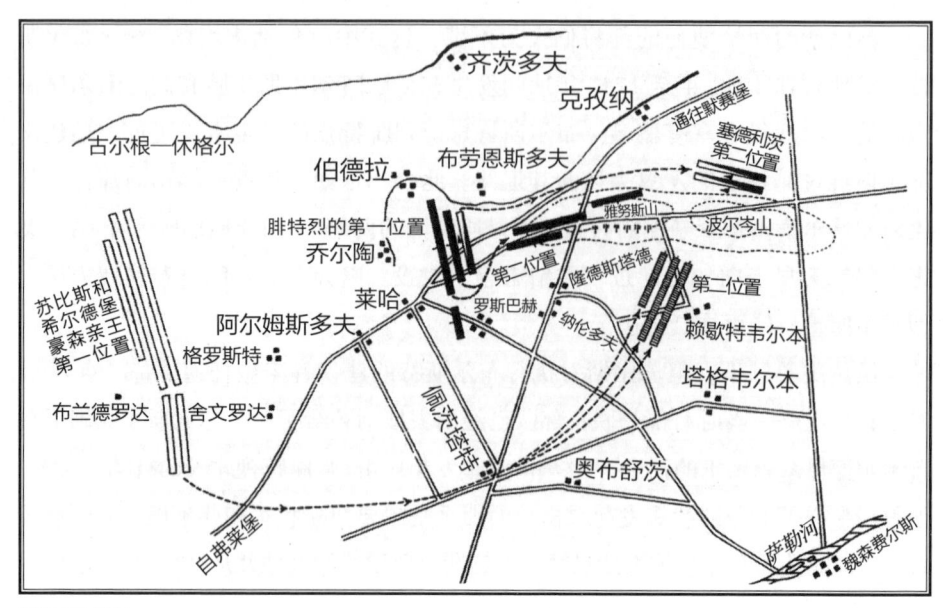

罗斯巴赫战役

官（Captain Gaudi）站在罗斯巴赫一幢大庄园的屋顶进行侦查，还派出了许多的巡逻队——他们有些还潜入了法军废弃的营地中，并从农民的口中得知苏比斯已经占领了魏森费尔斯大道。然而腓特烈并不确定敌人真正的目标：弗莱堡可能会是敌军的目标，因为他们补给匮乏；敌军也可能向魏森费尔斯进发，但可能性不大，因为那里的桥梁尚未修复；敌军还有可能会去默赛堡，以便切断自己和萨勒河之间的交通线。

下午2点的时候，腓特烈正在吃饭，高迪突然冲进房间报告说敌人已经到达了佩茨塔特，正在向普军的左翼迂回。于是腓特烈亲自爬上屋顶，在观察了一阵之后，他就断定敌军的意图是从侧翼和后方发起攻击，并将自己逐出交通线。下午2点半，腓特烈下达了命令；这个命令的执行速度非常之快，因此一个法国军官形容它"好像在歌剧中变换布景一样"。到了下午3点的时候，普军的营地已经拆除完毕，帐篷也已经装好了车，部队开始集结待命。就在这时，33岁的塞德利茨将军率领着38个骑兵连队快速离开了——他沿着罗斯巴赫溪向上游前进，除在右翼布置了少量的骑哨之外,他就没有再采取任何措施了(在他的前进路线上,有障碍物遮挡)。塞德利茨直扑雅努斯山和波尔岑山,步兵部队和18门重炮紧随其后。炮兵遵照腓特烈的命令把阵地部署在了雅努斯山上,正好处在步兵的左翼和塞德利茨的骑兵的右翼之间。此外,还有七个骑兵连队被留在了罗斯巴赫以监视圣日耳曼的动向。

普军的行动是如此的迅速,非但没有让苏比斯弄清正在发生的事情,反而让他误以为普军正在全面撤退。因此,他命令先头部队抓紧时间向雅努斯山前进——这道命令下达得是如此的匆忙,以至于他并没有指示该如何部署兵力,士兵们的背包和水壶也没来得及卸下。就这样,"步兵分为三个长纵队前进,最前方的是法军的皮德蒙特团和迈利团;在右翼纵队的两侧和前方,分别是奥地利军的一个胸甲骑兵团和帝国军的一个骑兵团;另有10个作为预备队的法国骑兵连,以及12个保护着部队左翼的骑兵连。联军既没有做地形侦察,也没有前哨部队——整支军队都在盲目地前进"。[30]

现在,战场上的战术情况发生了变化:苏比斯和希尔德堡豪森亲王想要绕过腓特烈的斜线式方阵向其发起攻击。他们的理由是:既然我军在人数上占优,而腓特烈也失去了斗志,那么我军只要绕过他的左翼发起攻击就必然能取得胜利。然而,实际情况又如何呢?下午3点半的时候,联军的一个侧翼——也就是正在进军的联军的先头纵队——暴露了出来,给了正处于合适位置的腓特烈对其加以攻击的机会,然而苏比斯和希尔德堡豪森亲王却并未意识到这一点。直到此时联军依然以为普鲁士人正在全面撤退——这让联军的处境变得更加糟糕了:苏比斯把德布罗意指挥的后备骑兵也调到了前线,反而增加了普军的攻击目标。

此时,塞德利茨正率领4000名普鲁士骑兵藏身于波尔岑山之后,看着联军纵队的先头部队缓缓逼近。当敌军靠近之后,塞德利茨不待接到命令便率领所部骑兵冲了上去。几分钟之后,塞德利茨慢跑着进入了联军的视线。只见他把自己的烟斗抛向了空中——这是发起进攻的信号。据法国骑兵军官卡斯特里描述道:"当时我们还没来得及排好阵形,普军骑兵就全都冲了上来;他们排成一堵墙,以惊人的速度向前推进。普军的右翼开始攻击奥地利军骑兵,而后者还处于行军纵队的状态,能够立刻应战的只有三到四个骑兵连。至于普军的左翼,则向着我们这边冲了过来。"[31]普军骑兵像一把锋利的钢刀一样在尚未展开阵形的敌军中冲杀了四次,将溃败的敌军驱赶向了弗莱堡方向。最后,塞德利茨让所部骑兵停止了追击,并在塔格韦尔本附近的山谷中重新集合了军队。

在上述战斗进行的过程中,部署在雅努斯山上的炮兵也持续地轰击着仍保持行军纵队的联军步兵;在炮火的掩护下,普鲁士的亨利亲王率领七个步兵营[32]向敌军的先头部队发起攻击以支援普军骑兵。事实证明,亨利亲王的这次进攻起到了决定性的作用。正如符腾堡的一名龙骑兵所言:"敌军的炮火把我们整支队伍都打垮了;之后,普军的步兵就开始大开杀戒。"[33]联军的步兵在混乱中被击退,他们发现自己根本无法展开作战阵形。塞德利茨抓住机会从塔格韦尔本的山谷中冲出,向联军步兵的后方发动了"迅速而猛烈"的突袭,使联军步兵溃不成军。关于普鲁士炮兵所起的作用,德克尔这样写道:"我们可以十分肯定地说,这一天的胜利是属于炮兵部队的。如果他们像在科林之战中那样消极无为,那敌人的步兵就可以展开阵形并向前推进——这样一来他们就不会败得如此彻底,而普军骑兵也就不可能取得如此辉煌的胜利。"[34]

下午4点半的时候,会战决出了胜负。腓特烈的右翼当时位于隆德斯塔德,而左翼则位于赖歇特韦尔本,此时正"趁着联军败退的混乱之机,带着炮车一起继续向前推进"。[35]联军的撤退演变成了溃败,圣日耳曼伯爵这样写道:"方圆40英里的地区中到处都是我军士兵,他们奸淫掳掠,无恶不作。"[36]实际上,整个战役中法军的军纪都非常散漫。虽然普军并未追击——这一方面是因为天色已晚,一方面是因为腓特烈急于要赶回西里西亚——但军纪涣散的法军和帝国军已经是草木皆兵、手足无措了。

普鲁士方面的损失是阵亡165人,负伤376人。联军方面的损失则是伤亡3000人,被俘5000人——其中包括八名将军和300名军官。另外还有67门火炮、七对军旗、15面战旗和许多辎重落入普军手中。

很少有其他战役所带来的政治影响能超越罗斯巴赫战役。自从红衣主教黎塞留把法国卷入三十年战争以来,在差不多超过一百年以上的时间里,向东对日耳曼地区进行扩张一直都是法国人的目标。巴拉丁地区累次遭到入侵、掠夺和焚毁,但就像一只浴火重生的凤凰一样,日耳曼人的民族精神觉醒了,而这种精神就集中体现在了身处罗斯巴赫战场的腓特烈的身上。

虽然当时的欧洲还无法预见罗斯巴赫战役所带来的后续影响,但欧洲各国都突然间就认清了一个事实，那就是法国军队已经腐朽透顶了——它只是虚有其表，法军的不可战胜只是一个神话。滕佩尔霍夫将军这样写道："在所有的战争中，没有任何一次战役能够像罗斯巴赫战役一样给人留下特别深刻的印象。不管是朋友还是敌人都在嘲笑联军的将领们；当刚吃了败仗的苏比斯被路易十五授予了法兰西元帅的头衔时，这些人就嘲笑得更加起劲了。"[37]

当腓特烈获胜的消息传到英国的时候，全英国都燃放了焰火以示庆祝。1757年，英国议会只勉强同意给腓特烈16.4万英镑，而1758年他们却心甘情愿地给了腓特烈120万英镑——这种金额的增加从某种程度上反映出了英国人的心思。话虽如此，但罗斯巴赫战役的直接影响却很有限：腓特烈击败苏比斯和希尔德堡豪森亲王只是完成了一半的任务，此时西里西亚的局势依旧岌岌可危。

在经过一周的休整之后，腓特烈于11月13日率领1.3万人向莱比锡进发，并于11月28日抵达了距离该城仅170英里的帕赫维茨。在这段时间里，希维德尼茨于11月14日投降了奥地利人；11月22日，贝弗恩公爵在布雷斯劳被击败后弃城逃走。腓特烈在帕赫维茨命令齐藤将军去指挥贝弗恩公爵的败军，并命令他们在12月3日赶到帕赫维茨集合。然后，腓特烈就开始向诺伊马克进发——普军的一支轻骑兵部队发动了突袭，并成功占领了该城。他在诺伊马克得到了一份确切的情报，知道查理亲王和道恩元帅已经离开他们位于洛厄的营地并进抵了利萨；他们的右翼驻扎在尼伯恩村，而左翼则驻扎在萨格舒茨村。腓特烈的快速挺进让敌人大为震惊，他们原以为罗斯巴赫之战后腓特烈一定会宿营过冬的。

12月4日，查理亲王和道恩元帅在把重炮留在布雷斯劳之后，便匆匆地渡过希维德尼茨河，并在该河西岸占领了一个阵地。他们全军共有84个步兵营、144个骑兵连和210门火炮，总兵力在六到八万人之间，一共被布置为两条战线。右翼由卢切西统率，受尼伯恩沼泽的掩护；中军部署在鲁腾；由纳达斯蒂指挥的左翼则位于萨格舒茨村后方，其战线向后弯折，并用鹿砦加以掩护。右翼的骑兵部署在古克维茨，左翼的骑兵则部署在鲁腾。虽然帝国军的阵地防线过长——两个侧翼之间相距5.5英里——但就防守本身而言，仍是固若金汤。面对敌军的强大阵容，腓特烈所能使用的兵力只有3.6万人，其中包括48个步兵营共计2.4万名步兵，以及128个骑兵连共计1.2万名骑兵。此外，腓特烈还有167门火炮，其中 61 门为重炮（包括 10 门超重型火炮）。战场是一个开阔的平原，因为腓特烈曾于和平年代在此地进行过演习，所以他对这里了如指掌。

12 月 5 日早上 5 点，腓特烈的御驾和普军一道从诺伊马克出发。在前往鲁腾的半道上，他命令全军暂停前进，然后把将军们召集到一颗桦树下传达命令。他说："如果我坐视奥地利人占领西里西亚，那我将会认为自己是一个庸才。现在我要告诉你们的是，虽然查理亲王的兵力几乎是我军的三倍，但只要我一发现他们，我仍将不顾所有的兵法准则向其发起攻击……我必须冒险这么做，否则就会彻底失败；我们必须击败敌军，否则我们都会死于他们的炮火之下。我是这么想的，我也将会这么去做……现在大家回去……把我的命令向各团传达一遍。"[38]

腓特烈的计划是沿着布雷斯劳大道一直向前，向奥地利军的右翼方向发起佯攻。然后利用敌军战线过长的弱点从其正面穿过，并向敌军的左翼发起攻击，把他们驱离交通线。用他自己的话说就是，他决心"把全部兵力布置在帝国军的左翼，让普军的右翼发起最猛烈的进攻，同时收缩自己的左翼部队，以免重犯布拉格战役中的错误，这样也就不会再出现像科林战役那样严重的损失了"。[39]

部队休整完毕之后，腓特烈便下令继续向博尔内村挺进。普军的先头部队是 10 个步兵营和 60 个骑兵中队，腓特烈自己也在其中。主力部队则分为四个纵队跟在后面，各团的军乐队不停地演奏着，士兵们也高唱着军歌：

我会恪尽职守，
我的地位拜您所赐；
我心甘情愿、勇敢作战，
只要这样，我等必定功成名就！

一位军官询问国王，是否要命令士兵别再唱歌了。腓特烈却回答说："大可不必。有这样的部下，今天上帝必会赐予我等胜利。"[40]

腓特烈在博尔内村和敌军发生了接触。破晓时分，大地上笼罩着一层薄雾，透过雾气可以看到长长的一队骑兵正在穿越主干道，其左翼已经消失在雾中了。一开始，普军以为这是奥地利军的右翼部队，但为了保险起见，他们同时从其正面和侧翼发起了冲锋，之后普军才发现这只是诺斯提茨将军所率领的奥地利军（规

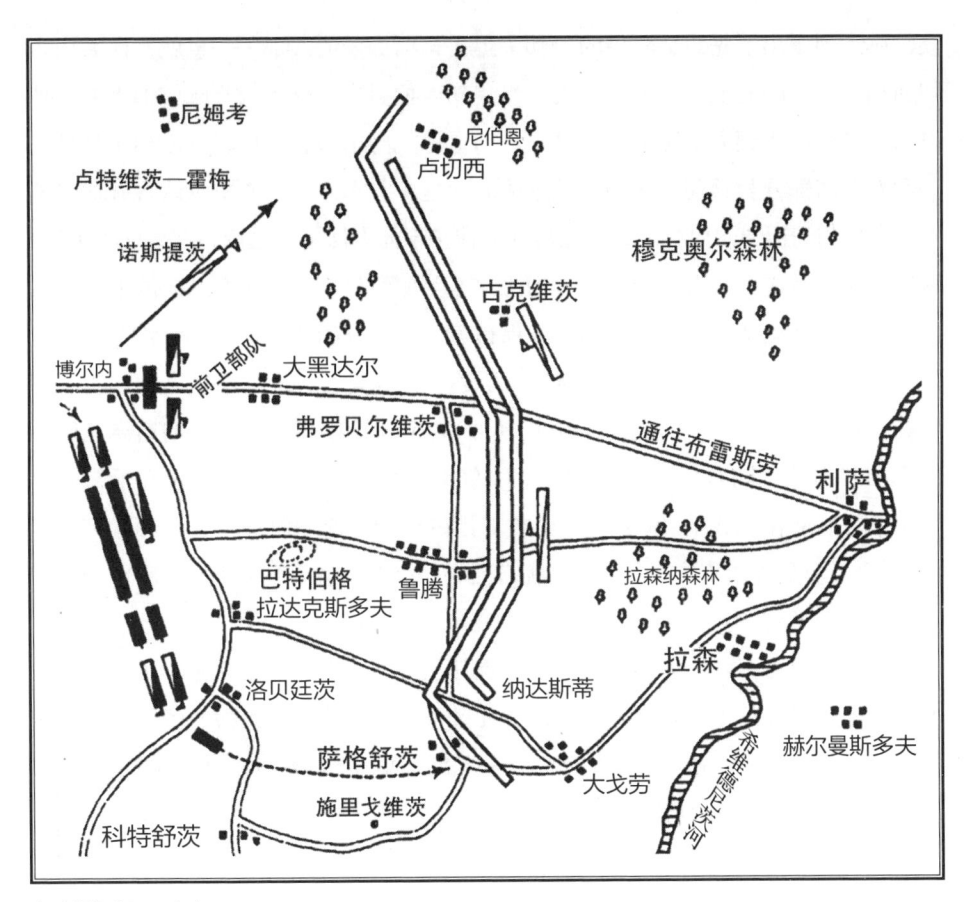

鲁腾战役（1757年）

模为五个团）。这支部队很快就被击溃，普军俘虏了800人[41]，其中就包括受了致命伤的诺斯提茨；然后普军便暂时停止了行动。不久之后，雾气散去，从尼伯恩村一直延伸到萨格舒茨村的奥地利军队在普军面前一览无余，普军甚至"可以一个个地数清他们的人数"。[42]

失去博尔内村是导致奥地利军战败的一个重要因素，因为腓特烈可以从那里观察到他们全部的部署情况。而且博尔内村隆起的地形还遮住了奥地利军的视线，使他们无法察觉普军主力的四个纵队正在向该村前进。当普军主力靠拢过来的时候，腓特烈派出了先头部队中的骑兵去追击诺斯提茨的残部——也就是向着由卢切西伯爵指挥的奥地利军右翼逼近。当卢切西伯爵看到这支骑兵队伍逼近时，他以为自己将会遭到大举进攻，于是立刻向道恩元帅求援，而后者则派出了后备骑兵和左翼的部分骑兵前去援助。在这段时间里，普军主力的四支纵队合并成了两支。当他们到达博尔内村后，就在高地的掩护下向右回旋，之后又开始向南推进。滕佩尔霍夫写道："再也不可能看到比这更美丽的景象了：所有纵队的前部都彼此平行，每个纵队之间就像阅兵一样保持着非常精确的距离，只要一声令下便可以变为横队。"[43] 普军的行进序列如下所述：右翼先行，最前面是韦德尔将军率领的担任前卫的三个步兵营，齐藤统率的43个骑兵连和德绍的莫里斯亲王麾下的六个步兵营紧随其后。雷措将军率领普军剩余的步兵组成的左翼在后，其侧翼由德里森将军指挥的40个骑兵连负责提供掩护。前述两部分骑兵部队都分别由10个轻骑兵连负责支援。普军的后卫部队由25个骑兵连组成，符腾堡的欧根亲王负责指挥。

当腓特烈的军队消失不见的时候，查理亲王和道恩元帅站在弗罗贝尔维茨的磨坊上幻想着普军正在全面撤退。道恩元帅说道："普军已经撤走了，不要去打扰他们！"但是，正午刚过，普军的先头部队就出现在了洛贝廷茨和萨格舒茨之间，威胁着已遭削弱的奥地利军左翼部队。

面对突然出现的占压倒性优势的敌军，纳达斯蒂不停派出信使前去向查理亲王求援。但是一切都太迟了，到了下午1点左右，韦德尔在六门火炮的支援下，和紧随其后的莫里斯亲王所部一起冲破了萨格舒茨村的防线。与此同时，纳达斯蒂也向齐藤所部凸前的骑兵部队发起了进攻，并把他们向南方驱赶；好在齐藤所部负责支援的六个步兵营及时用火力阻遏了奥地利骑兵，方才使普军骑兵脱离险境。齐藤的骑兵随即调转马头，再次向纳达斯蒂发起了冲锋，并把后者赶进了拉森纳森林。

到了下午1点半的时候，纳达斯蒂所部已经溃不成军。萨格舒茨和鲁腾之间的战场上到处都是溃逃的士兵，普军的轻骑兵在他们身后追击，而普军的步兵则分为两线在轻骑兵之后推进。普军步兵的右翼是韦德尔，中央是莫里斯，左翼是雷措。他们全都得到了重型火炮的支援，这些火炮正在用纵射火力打击逃跑的奥地利军队。

当普军向前推进的时候,查理亲王才意识到自己遭受了奇袭,于是他匆忙地召回前去增援卢切西的骑兵。在等待骑兵回来的同时,他将步兵零散地投入了前线。虽然鲁腾的防御力量很薄弱,但奥地利军还是决定坚守此地。当时在奥地利军的某步兵团里担任上尉的德·里格内亲王对当时的情形做了如下描述:

我们尽可能地逃走。我们的中校一开始就阵亡了,接着少校也阵亡了;实际上,除了三个人之外,我们所有的军官都阵亡了……我们接连穿过两条连在一起的沟渠——这些沟渠位于鲁腾第一排房屋左侧的一个果园里——然后在村子前重新整队,但那里也无法立足。我所在的营除了遭受了难以想象的炮击之外,还要忍受着敌军的枪林弹雨;由于校级军官都已阵亡,我只得暂时担任指挥官……两名掷弹兵军官带来了他们残存的兵力,一些匈牙利人也幸运地聚在了一起。最后,我带着这些援军和我们营残存的士兵——加起来最多也就200人——退往风车所在的那座高地上。[44]

此时鲁腾的拥挤状况跟前文中布伦海姆的情形一样糟糕:军队挤作一团,士兵们只能排成30列甚至100列的密集方阵。尽管如此,根据滕佩尔霍夫的记述:"一场血腥的战斗接踵而至;敌军(指奥地利军队)在绝望中尤做困兽之斗,他们把一个又一个的步兵营顶上前线,但都以失败而告终。最后国王不得不将左翼的兵力——他们按照国王的命令是不能在战斗中使用步枪进行射击的——也投入了战斗。最后,这支近卫军在经验老到的莫伦多夫上尉(此人后晋升为将军衔)的率领下以无与伦比的勇气向前推进。敌军又抵抗了大概半个小时,最终不得不放弃阵地。"[45]

普军现在的问题是如何从村子里出来,因为奥地利军已经在村子北面的山脊上布置了一个炮兵连——在炮兵连的火力掩护下,奥地利军的步兵进行了重新部署,其新的正面正好垂直于他们之前的阵线。腓特烈随即命令左翼剩余的兵力也向前推进,但却被奥地利军的炮火所击退,于是他在巴特伯格也部署了一个炮兵连——其中还包括他的超重型火炮——把敌人给压制了回去。贺拉斯·圣保罗在他所著的《回忆录》这样写道:"对于鲁腾战役的胜利,这些可怕的炮兵所做的贡献要超过普鲁士的步兵。"[46]

奥地利军在下午4点被逐退。到了傍晚时分，卢切西把奥地利军的右翼骑兵集中在了弗罗贝尔维茨，当他看到雷措的步兵团停止了进攻之后，就开始向后者的侧翼发起了冲锋。不幸的是，在卢切西的视线之外，德里森的40个骑兵连正隐藏在拉达克斯多夫村后。突然之间，这支骑兵在巴特伯格炮兵阵地的火力掩护下冲入了开阔地带，其中30个骑兵连向卢切西发起了正面进攻，拜罗伊特龙骑兵（Bayreuth Dragoons）向其侧翼发起了攻击，而普特卡默轻骑兵（Puttkammer Hussars）则从后面包抄了卢切西所部。这次攻击起到了决定性的效果：卢切西被击杀，他的部队四散奔逃。随后，德里森向右回旋，从后方向奥地利步兵发起了进攻；同时，韦德尔也从鲁腾附近向奥地利步兵的侧翼发起了攻击。随着夜幕的降临，奥地利军队已经全线崩溃了，他们的撤退很快就演变成了无组织的溃散。

腓特烈一路追击到利萨。在那里，他发现这个小镇上挤满了溃逃的奥地利士兵。当腓特烈骑马走进城堡的院子中时，他碰到了几个手持蜡烛的奥地利军官——腓特烈下了马，转身对他们说："晚上好啊，先生们。我敢说你们一定没想到能在这碰到我吧。我能和你们一起住一晚上吗？"47

12月6日，腓特烈下令休整一天，次日便开始向布雷斯劳进发。他派齐藤率领一半的骑兵，连同九个营的步兵和轻装部队继续追击查理亲王——他们一直追击到12月9日才停下来，期间又俘虏了2000多人。布雷斯劳在12月19日开城投降，腓特烈俘获了1.7万名守军和81门火炮。

和几乎所有的战役一样，关于鲁腾战役双方的损失有着各种不同的说法。普鲁士军队的全部伤亡人数可能为6000人，而奥地利方面则伤亡了10000人（另有21000人被俘，并损失了116门火炮、51面军旗和大约4000辆辎重车）。根据腓特烈在自己所著作品中的估计，此战奥地利军总共损失了41442人。按照滕佩尔霍夫的说法，奥地利共损失了56446人。不管是哪种情况，奥地利的损失都是毁灭性的。除了希维德尼茨要塞之外，普鲁士重新夺回了整个西里西亚，并一跃成为欧洲最强大的军事强国。关于鲁腾战役，滕佩尔霍夫这样写道：

无论是从战役执行还是从战役影响上来看，在古代历史中还勉强能找出一个可以与鲁腾战役相媲美的战例，而在近代史中则根本没有类似的例子。此战开创了军事科技的新纪元,它在理论和实践层面上都很好地展示了国王陛下所独创的军事体系。[48]

拿破仑也曾写道:

"鲁腾会战"是军事调动、机动性和决断力的杰作。单凭这一场战役就足以使腓特烈名垂青史,位列最伟大的将领的行列。他在此战中所做的一切机动都符合战争的原则。他没有在敌人的视线范围之内向他们的侧翼进军——从而让敌人摸不清楚普军纵队的行踪。博尔内的战斗打响之后,奥地利人本以为腓特烈会抢占奥地利军正面的高地作为阵地,于是他们就这样坐等着普军进攻。但腓特烈却在隆起的地形和雾气的掩护下以前卫部队发动佯攻,而他的主力部队则继续前进以攻击奥地利军最左侧的部队。[49]

对本章所讨论的两场战役进行对比是颇有意义的事,因为它们分别代表了斜线式阵形在进攻中最坏和最好的战例。罗斯巴赫一役中,法奥联军的将领表现得毫无指挥才能,他们根本没有计划可言。联军如果能坚守萨勒河一线进行防御,那腓特烈必败无疑;但联军反而放弃了这条防线,从而给了腓特烈交战的机会,而这正是后者所希望的。在使用斜线式阵形这一点上,联军将领完全就是外行,他们只不过是生搬硬套了一个自己并不了解的体系罢了:他们穿过敌人的侧翼,当着敌人的面进行军队调动,而且没有布置前卫部队;他们的三个兵种(步兵、骑兵和炮兵)之间完全没有配合;此外,圣日耳曼也从未尝试过探察敌情。在鲁腾战役中,腓特烈指挥普军机动、集中、突袭,然后发起攻击。普军的三大兵种的部署和配合堪称完美。不过最重要的是,腓特烈的部下对于他的指挥才能有着充分的信心——这最终为他带来了战役的胜利。

虽然腓特烈在鲁腾取得了辉煌的胜利,但战争还是又持续了五年之久。这期间腓特烈虽然也遭受了种种灾难,但他最终在这场长达七年的战争中脱颖而出,成了他那个时代最伟大的将领,并跻身于古往今来屈指可数的几位伟大将领的行列。1758年8月25日,腓特烈在佐恩多夫击败了俄军。10月14日,腓特烈在霍奇基兴被奥地利军用奇袭战术所击败,不过他最终还是把奥地利人赶出了萨克森和西里西亚。1759年8月12日，腓特烈在库勒斯多夫惨败于俄军手中，随后柏林也被俄国人所占领，不过腓特烈还是击退了法国人。1760年，腓特烈凭借那他永不言败的精神，分别于8月15日和11月3日在利格尼茨和托尔高击败了奥地利军队。[50]1761年，厄运再度降临到了腓特烈身上；1762年，英国人背弃了腓特烈，转而跟法国单独缔结了和约（这使得13年后，当美洲殖民地发生叛乱之时，英国人却在欧洲找不到一个盟国）。虽然这件事本身可以算是七年战争所带来的一个重大后果，但这笔账却不能记在腓特烈的头上。

无论如何，罗斯巴赫和鲁腾两次战役不仅使普鲁士免遭灭国之灾，还让"对它们的记忆一直支配着日耳曼的历史"，进而又通过历史支配了日耳曼人的思想。通过这两次战役，日耳曼人产生了民族凝聚力和优越感，这让他们能够挺过拿破仑战争，并由此一步步地形成了一个统一的德国——它最终取代法国，成了欧洲大陆上的第一强国，并因此而结束长达600年的英法争霸的局面，使世界历史进入了一个新的时代。

注解

1. 引自 *Military Instructions from the late King of Prussia, etc.,* fifth English Edit, (1818), p.6。
2. *L'ode de la guerre.*
3. *Letter of Voltaire and Frederick the Great,* trans. Richard Aldington (1927), Letter CXCII, October 9, 1773, p.343.
4. 出处同上，Letter LXVI, April 12,1742, p.161。
5. 引自 *Military Instruction ,etc.,* p.61。
6. 引自 *The Transformations of War,* Commandant J Colin (1912), p.195。
7. 引自 *A Review of the History of Infantry,* Colonel E.M.Lloyd (1908), pp.160—161。
8. 引自 *Military Instruction ,etc.,* p.125。
9. 出处同上，腓特烈为每个连队都提供了手动磨坊，p.7 和 p.11。
10. *Correspondance de Napoleon ier,* vol.XXXII, p.238.
11. *Sainte-Helene, Journal inedit (1815—1818),* General Gourgaud (edition 1899), vol.II, pp.33, 34.
12. *Recits de la captivite de l'Empereur Napoleon a Sainte-Helene,* Comte de Montholon (1847), vol.II, p.90.
13. *Histoire de mon temps,* Frederic le Grand (1897), p.201.
14. 有关这一点的详情以及轻步兵价值的凸显，请参见拙作 *British Light Infantry in the Eighteenth Century (1925),* pp.62—72；亦可参见腓特烈自己所著的 *Military Instruction, etc.,* pp.80—82。
15. 引自 *Preceptes et Jugements de Napoleon,* Lieut.-Colonel Ernest Picard (1913), p.125。
16. 引自 *A Review of the History of Infantry,* Colonel E.M.Lloyd, p.162。
17. *Military Instruction, etc.,* p.5.
18. 引自 *The Biology of War,* Dr. G.F.Nicolai (1919), p.65。
19. 引自 *A Review of the History of Infantry,* Colonel E.M.Lloyd, p.153。
20. *Frederick the Great: His Court and Times,* edited by Thomas Campbell (1843), vol.III, p.138.
21. *Correspondance de Napoleon ier,* vol.XXXII, p.243.
22. 引自 *Frederick the Great,* F.J.P Veale (1935), p.181。
23. "俄军把无辜的平民吊死在树上，剖开他们的身体，挖出他们的心脏和肠子，割掉他们的耳朵，打断他们的双腿；俄军烧毁了一座座村庄，他们在燃烧着的房子外面围成一个圈，把试图逃跑的人都赶回了火海。俄国人肆无忌惮的野蛮行径尤其体现在贵族和神职人员身上：俄军把这些人绑到马尾巴上，骑着马拖拽着他们；或是剥光他们的衣服，然后把他们丢进熊熊烈焰之中……俄国人甚至对死者也进行了毫无意义的报复，他们掘开坟墓，把残破的尸体扔得到处都是。"（*Frederick the Great: His Court and Times,* edited by Thomas Campbell, vol.III, p.102.）
24. 当时法军的军纪之差着实令人震惊，这一点从他们撤退时丢下的战利品中便可见一斑："……头油、香水、香粉、睡袍、丝带状的假发、雨山、鹦鹉；一大群牢骚满腹的仆人、厨子、理发师、演员和妓女被赶出城镇，一路追赶着他们养尊处优的主人来到了爱森纳赫。"（*Frederick the Great: His Court and Times,* edited by Thomas Campbell, vol.III, p.109.）亦可参见 *Historie Critique et Militaire des Guerres de Frederic ,II,* Lieutenant-General Jomini (1818), vol.I, p.198。
25. 滕佩尔霍夫认为腓特烈的总兵力为 24360 人，其中步兵 18800 人、骑兵 5160 人、炮兵 400 人。（*The History of the Seven Years' War in Germany by Generals Lloyd and Tempelhoff*〔1783〕, vol.I, p.265.）
26. *The History of the Late War in Germany, etc.,* Major-General Lloyd (1781), Part I, p.95.
27. 引自 *La Guerre de Sept Ans,* Richard Waddington (1899), vol.I, p.618。
28. *History of Frederick II of Prussia,* Thomas Carlyle (1888 edit), vol.VII, p.333.
29. *Oeuvres de Frederic le Grand (1847),* vol.IV, p.151.

30. *La Gurre de Sept Ans,* Richard Waddington, vol.I, p.622.
31. 引自 *Waddington,* vol.I, p.623。
32. 这是整场战斗中，普鲁士方面唯一投入作战的几个步兵营。参见 *Oeuvres de Frederic le Grand,* vol.I, p.154。
33. *Frederick the Great,* Colonel C.B.Brakenbury (1884), p.171.
34. 同上，引自 *Decker's Sever Years' War (French Edition, 1839),* p.115。
35. *La Gurre de Sept Ans,* Richard Waddington, vol.I, p.626.
36. 引自 *Frederick the Great: His Court and Times,* Thomas Campbell, vol.III, p.122。
37. *The History of the Seven Years' War in Germany,* Generals Lloyd and Tempelhoff, vol.I, p.271.
38. *Frederick the Great his Court and Times,* edited by Thomas Campbell, vol.III, pp.134—136.
39. *Oeuvres Posthumes de Frederic II (1788),* vol.III, p.238.
40. 见 *Frederick the Great his Court and Times,* edited by Thomas Campbell, vol.III, p.138。亦可参见 Thomas Carlyle, *History of Frederick the Great*。
41. *Oeuvres Posthumes de Frederic II (1788),* vol.III, pp.235—236..
42. 同上，p.236。
43. *The History of the Seven Years' War in Germany,* Generals Lloyd and Tempelhoff, vol.I, p.341.
44. 引自 *Carlyle's Frederick the Great,* Book XVIII, chap. X。
45. *The History of the Seven Years' War in Germany,* Generals Lloyd and Tempelhoff, vol.I, p.343.
46. *A Journal of the First Two Campaigns of the Seven Years' War,* Horace St. Paul (1914), p.394.
47. *Frederick the Great his Court and Times,* edited by Thomas Campbell, vol.III, p.149.
48. *The History of the Seven Years' War in Germany,* Generals Lloyd and Tempelhoff, vol.I, p.346.
49. *Correspondance de Napoleonier,* vol.XXXII, p.184.
50. 当评价腓特烈在这些战斗中的指挥才能时，我们应当牢记一点，那就是他的兵力远远少于其对手：他在佐恩多夫是用 3.6 万人对 5.2 万人；他在霍奇基兴是用 3.7 万人对九万人；他在库勒斯多夫是用 2.6 万人对七万人；他在利格尼茨是用三万人对九万人；他在托尔高则是用 4.4 万人对 6.5 万人。

大事记
普鲁士的崛起与扩张

普鲁士——或者可以更精确地称呼其为勃兰登堡—普鲁士公国——是17世纪出现的第二个新兴强国，不过其起源和俄罗斯一样，亦可以追溯到公元10世纪。和俄罗斯一样，普鲁士也是一个被敌对势力包围着的内陆国家，它的扩张亦是出军事上的需要。

公元919年，萨克森公爵"捕鸟者"亨利建立了勃兰登堡市（布伦尼伯尔）来作为对抗斯拉夫人的堡垒。之后，一场规模庞大的殖民运动开始了：这场运动在三个世纪的时间里将易北河和奥得河之间的土地全都并入了日耳曼的版图，同时也将它们变为了基督教世界的一部分。1226年，斯普雷地区也被并入日耳曼，柏林城也被修建起来。同年，波兰的马索尼亚公爵呼吁条顿骑士团的大团长（Grand Master）赫尔曼·冯·萨尔扎改变信奉异教的普鲁士人——后者原本是一个居住在维斯杜拉河和尼曼河之间的斯拉夫部落——的信仰。在1231年到1310年间，这片后来被称作东普鲁士的地区被征服了，埃尔宾、哥尼斯堡和但泽等城市纷纷建立起来；土生土长的普鲁士人大多被灭绝了，取而代之的则是日耳曼殖民者。1313年，条顿骑士团在马林堡建立了自己的永久总部。

随着传教使命的终结，再加上汉萨同盟（Hanseatic League）的衰落、斯堪的纳维亚诸国的统一，以及亚盖沃王朝统治下的波兰的崛起，条顿骑士团开始衰败。1410年，骑士团在坦嫩贝格之战中惨败于波兰人，从此便一蹶不振。七年之后，勃兰登堡侯爵的头衔被纽伦堡领主腓特烈·霍亨佐伦收入囊中。到了1466年，按照《索恩永久和约》之规定，普鲁士被分割成了两部分：西普鲁士——亦称为"皇家普鲁士"（Royal Prussia）——包括但泽地区均成了波兰的一部分；而东普鲁士——亦称为"公爵的普鲁士"（Ducal Prussia）——则被波兰作为封地还给了条顿骑士团。最后，在1618年"三十年战争"爆发时，"公爵的普鲁士"和勃兰登堡永久地统一了，17世纪的普鲁士就此诞生了。

三十年战争终结了日耳曼地区的中世纪文明，同时也造成了法国和日耳曼诸国的对抗局势，这使得整个欧洲受其影响长达300年之久。1648年战争结束时，法国成了一个强大的中央集权国家，而日耳曼地区则分崩离析、国力衰竭。不过，虽然勃兰登堡丧失了近一半的人口和它所有的工商业，但普鲁士却丝毫未受战争的影响。法国的扩张在北方受阻于英吉利海峡，在南方则被比利牛斯山脉所阻遏，因此它只得向东入侵日耳曼地区。从1648年签订《威斯特伐利亚和约》开始，一直到1704年法国在布伦海姆遭受决定性的失败为止，日耳曼西部地区曾一再遭到法国的入侵。德布罗意公爵[1]在其所著的《腓特烈二世与玛利亚·特蕾莎》一书中这样写道："路易十四曾多次毫无必要也毫无理由地派出军队渡过莱茵河，最终唤醒了日耳曼民族的爱国心。有些错误是上天所不允许忘却的，并以此来惩罚犯下错误的人。蒂雷纳的士兵们当然不知道，当他们在巴拉丁的群山上用血与火刻下印记的时候，日耳曼人已经在心里埋下了仇恨的种子，他们愿为自己的国家献出生命。"正如百年战争激发了法国的民族主义一样，日耳曼的民族主义就这样被激发了出来。当1640年12月腓特烈·威廉继承了勃兰登堡侯爵的头衔之时，日耳曼的民族主义也在那里初见雏形。

首先，威廉开始着手为自己那残破不堪的领地吸引新的人口：由于他对所有移居此地的人们的宗教信仰都一视同仁，所以成千上万的荷兰人、法国人，以及其他民族的人们都涌入了勃兰登堡，之后他们也就变成了"真正的普鲁士人"。其次，威廉意识到一个国家的实力是由其战力来衡量的，所以他扩充了其父在1637年所建立的那支小型常备军，使其人数达到了2.5万人。威廉把这支军队当作自己外交和战略上的武器，成功防止了"公爵的普鲁士"落入波兰和瑞典人的手中。1675年，他在费尔贝林击败了瑞典人，从此他在历史上便被称为"大选帝侯"了。他死于1688年，继承其位置的是他的儿子腓特烈；1701年1月18日，后者在哥尼斯堡自己加冕为普鲁士国王腓特烈一世。1702年5月，作为共同对抗法国的大同盟的一员，腓特烈一世出兵1.4万人参战，而最后这支军队的兵力达到了四万人。他的军队在布伦海姆、拉米伊、乌登纳德，以及马尔普拉凯等战役中都发挥了重要的作用。虽然普鲁士并未从《乌特勒支和约》中得到什么利益，但腓特烈一世的军队在西班牙王位继承战争中却扮演了重要的角色；因此当战争于1713年结束的时候，勃兰登堡——普鲁士蜕变成了一个普鲁士国家，从此成了法国人的一个长期的心头大患。

腓特烈一世在《乌特勒支和约》签署前的两个月就驾崩了，他时年24岁的儿子腓特烈·威廉①（1713年至1740年在位）继承了王位——这是一位具有重要历史意义的人物。他和同时代的彼得大帝一样，也是一个勤勉、暴戾且残忍的人，其行为举止颇像一个军士教官。他在国家各部门之中都厉行节约，并且整顿了王国的财政秩序，还在东普鲁士安置了四万名来自南方地区的日耳曼人。对于一个专制君主来说，他是一个十分吝啬之人，这使得他有财力能够把军队从五万人扩充到八万人。军队的士兵要么是被强征入伍的，要么就是通过狩猎奴隶的活动绑架而来的；他征召的军官则是来自适龄的贵族，他们被强制进入军事学校（Cadettenhaüser）训练，并在训练结束后进入部队服役。这支军队的力量根基与其说是它的规模，倒不如说是在于其纪律和训练——这种训练是如此严苛，以至于人们认为在腓特烈·威廉②儿子麾下的现役部队服役也比在军营中训练要轻松。"巨人"掷弹兵团③乃是他的心头之好，为此他在包括爱尔兰在内的欧洲各国到处绑架人来入伍。凡是身材非常高大的男人都不安全，甚至连巴斯蒂亚尼神父在意大利的一个教堂里做庆祝弥撒时，他都要用链子把自己绑在沙袋上以防被绑架；身材相仿的姑娘们也会被绑走，以便和他的这些掷弹兵们婚配。

腓特烈·威廉做任何事情都精力充沛，他的王后给他生了14个孩子。出生于1713年1月24日的第四子被命名为卡尔·腓特烈，也就是历史上著名的腓特烈二世（腓特烈大帝）。腓特烈·威廉对卡尔·腓特烈的态度几乎和彼得大帝对其子阿列克谢一样病态：威廉会往卡尔的食物里吐口水来防止他吃得太多；1730年，威廉

---

① 译注：原文如此。
② 译注：指腓特烈·威廉一世，注意与其祖父、勃兰登堡大选帝侯腓特烈·威廉区分。
③ 译注：兵团的士兵平均身高超过一般的士兵，主要担负礼仪任务，一般不参与作战行动。

还试图用窗帘上的绳子勒死卡尔；后来，威廉又判处卡尔死刑——当威廉的顾问拒绝参与他谋杀自己儿子的行为时，威廉还当着他儿子的面枪杀了自己的朋友卡特。1740 年 5 月 31 日，腓特烈·威廉一世驾崩，当他身边的人唱着圣歌"我一丝不挂地来到世上，亦要赤条条地离开人世"时，他还挣扎着咕哝道："不，不能完全赤裸，我要穿上我的军服。"

腓特烈二世发现自己所统治的国家不仅有着极高的效率，还有着充盈的府库和全欧洲最为训练有素的军队。但是从战略层面上看，普鲁士处于劣势地位，因为该国没有天然的陆地边界，而且被好斗的邻国所包围。这种情势就要求它必须向外扩张来维持自己的强国地位，但对外扩张必须师出有名（无论这借口多么站不住脚）——腓特烈二世找到了一个现成的借口，那就是奥地利王位的继承问题。

神圣罗马帝国皇帝约瑟夫在 1711 年驾崩的时候并没有男性继承人，于是他的兄弟查理继承了王位，史称查理六世。由于后者也没有儿子，所以皇族之间达成了一项名为"国是诏书"（Pragmatic Sanction）的协议。根据这份协议，查理六世的女儿玛利亚·特蕾莎在继承权上要优先于约瑟夫的女儿玛利亚·阿玛莉亚——后者在 1722 年嫁给了巴伐利亚的查理·阿尔伯特为妻。经过长时间的谈判，除了巴伐利亚之外的所有欧洲强国均接受了上述协议。这就是 1740 年 10 月 20 日查理六世驾崩时的局势。

腓特烈二世看出了这份协议的脆弱性，也看到了欧洲诸国正处于四分五裂的状态之中，并且他也知道奥地利对战争毫无准备。于是他一边动员军队，一边派出高特伯爵带着一封信前往维也纳。腓特烈在信中表示承认玛利亚·特蕾莎（1740 年至 1780 年在位）的继承权，并表示必要时可以为她提供军事援助。作为回报，他要求占领西里西亚——这一要求是他基于 1573 年勃兰登堡侯爵和利格尼茨公爵之间早已作废的"兄弟遗产划分协议"（Erbverbruderung）做出的。腓特烈的要求遭到了严正拒绝，于是他在 12 月 16 日命令军队越过西里西亚边境向布雷斯劳挺进，并由此引发了奥地利王位继承战争。

玛利亚·特蕾莎立刻向"国是诏书"的担保国求援，但他们的信誉并不比腓特烈高到哪里去。直到 1741 年 4 月 10 日奥地利军队在莫尔维茨惨败于陆军元帅什未林之后，这场战争才演变为全欧洲的冲突。巴伐利亚的查理·阿尔伯特为了争夺皇位而入侵了波西米亚；法国人想要称霸欧洲，因此和巴伐利亚结盟并越过了莱茵河；

萨克森人和萨伏伊人联手对玛利亚·特蕾莎发起了进攻；英国人和荷兰人则匆忙准备进攻法国以间接地支援特蕾莎。5月17日，腓特烈再次在查图希茨打败奥地利军队，之后他还和法国人缔结了同盟。在英国人的劝说下，玛利亚·特蕾莎向腓特烈求和，并把下西里西亚割让给他，这样特蕾莎便可以集中全力来对付法国和巴伐利亚。之后，腓特烈便退出了战争，而萨克森也紧随其后采取了同样的行动。

在摆脱了普鲁士和萨克森的掣肘之后，玛利亚·特蕾莎开始着手准备吞并巴伐利亚来抵偿割让西里西亚的损失。在深冬时节，她迫使法军退出了布拉格；1743年6月27日，法军又在德廷根败在了英国和汉诺威的联军手上。这些事件让腓特烈颇为惶恐，他也意识到了奥地利的胜利可能会导致普鲁士的败亡，于是他又在1744年重新加入战局并入侵了奥地利，但是却被特劳恩元帅击败。法国人又逐渐地扳回了优势：1745年5月11日，萨克斯元帅在丰特努瓦击败了英军；接着，他又于1746年7月2日在劳芬菲尔德再度击败英国人。此时，腓特烈已经被迫退出了奥地利。奥地利人和萨克森人在他身后紧追不舍，一直追入了西里西亚境内。1745年6月4日，普鲁士军队终于在霍亨弗里德堡击败了奥地利—萨克森联军。接着在当年的12月15日，由布伦海姆之战的宿将、安哈尔特—德绍的利奥波德（绰号"老德绍人"）指挥的奥地利—萨克森联军又在凯瑟尔斯多夫遭遇惨败。这是一场决定性的失败，它迫使玛利亚·特蕾莎再度向普鲁士求和。此举非常符合腓特烈的意愿：他并不想把奥地利赶尽杀绝，以免法国坐收渔翁之利。

1745年圣诞节当天，奥地利和普鲁士在德累斯顿签署了和平协议：西里西亚和格拉茨被割让给普鲁士，而后者则以担保"国是诏书"作为回报。这样一来，腓特烈获得了1.6万平方英里的国土和100万人口，当他回到柏林之后便获得了"大帝"的尊号。

虽然奥地利的王位继承战争又持续了三年之久，但腓特烈大帝却没有再参与其中。最后，除了奥地利之外所有的参战国都厌倦了这场战争，于是各方在1748年10月到11月间在艾克斯拉沙佩勒签署了一个全面和平协议。根据这个协议，虽然一些小的领土进行了调整，但普鲁士所吞并的土地获得了保障，基本恢复到了战争爆发前的状态。虽然腓特烈对自己的侵略成果洋洋自得，但《艾克斯拉沙佩勒和约》不过是一个暂时休战的协议罢了。

注解

1. 雅克·德布罗意公爵（1821年至1901年）是腓特烈大帝在罗斯巴赫的那位对手的曾孙。

普拉西战役（1757年）

第七章

当英国人和法国人在卡纳蒂克地区争夺霸权的时候，孟加拉也发生了一场类似的斗争。和德干一样，孟加拉也被莫卧儿帝国名义上的省长，1740年便继承了孟加拉王位的"纳瓦布"阿里瓦迪·汗（Alivardi Khan）所统治着。在其统治末期，由于英国人未经其允许便在加尔各答修筑了防御工事，所以双方之间便产生了摩擦；当阿里瓦迪于1756年4月9日去世时，他和英国人之间的关系始终没有得到改善。阿里瓦迪死后，他的女婿西拉杰-乌德-杜拉（Siraj-ud-daulah）继承了他的位置。这位20岁左右的年轻人性情古怪，喜欢寻欢作乐，他虽然颇具活力和能力，但缺乏决断力，也很容易被宫廷中那些放荡的宠臣引入歧途。

在阿里瓦迪统治期间，西拉杰曾就加尔各答防御工事的问题质问过瓦茨先生——此人是位于卡西姆巴扎尔（Cassimbazar）的英国工厂的厂长——也曾致信英国的加尔各答总督罗杰·德雷克先生，要求其拆毁新建的防御工事。但是，直到西拉杰继位后不久，他才收到了一份闪烁其词的回复。这位新任的"纳瓦布"知道加尔各答的英国守军数量不会超过264人，此外还有250名武装平民（其中只有174人是欧洲人），于是他6月4日从首都穆希达巴德（Murshidabad）出发，攻占了卡西姆巴扎尔。6月16日，西拉杰出现在了马拉塔（Maratha）的城墙前面——这堵城墙乃是该城面向陆地方向的屏障。

城中的大部分欧洲人立刻就开始撤离，但是当撤离的船只受到攻击时，德雷克总督惊慌失措，并可耻地抛下其他人逃走了。留下来的人们在发现总督已经逃走了之后，便推举理事会成员霍威尔先生担任首领。不过，霍威尔也被迫于6月20日开城投降。虽然西拉杰曾保证过绝不会骚扰霍威尔本人和他的部下，但他并不知道自己的军队在一个名叫欧米昌德（Omichand）的富商的怂恿下，已于6月20日到21日夜间把剩下的146名英国守军全都关进了威廉堡的"黑洞"（The Black Hole）。据说在这群不幸的人当中，有123人因为窒息或践踏而死亡。[1]

在拿下加尔各答之后，西拉杰回到了穆希达巴德。然后，西拉杰又开始进攻声称应由自己来继承孟加拉王位的肖卡特·江（Shaukat Jang）——西拉杰击败并杀死了后者。然而，西拉杰却并未意识到英国人的制海权所带来的巨大优势，也未曾想过英国人会试图重新夺回加尔各答。因此，西拉杰只留下了一支由马尼克昌德（Manikchand）指挥的孱弱的守备部队。此时，从加尔各答逃出来的英国人与德雷克都正在弗尔塔（Fulta）避难，他们在那里用阴谋诡计策反了马尼克昌德、欧米昌德、贾格特·赛斯（Jagat Seth）以及西拉杰宫廷中的一些其他要员。

7月15日，西拉杰向卡西姆巴扎尔挺进的消息刚刚传到马德拉斯，基尔帕特里克少校（Major Kilpatrick）便奉命率领230名士兵北上增援加尔各答。然而，加尔各答已沦陷的消息在8月5日便传到了马德拉斯，这使得城内的英国董事会成员大为恐慌——因为此时英法两国的战争一触即发，而一支强大的法国舰队也即将到来。不过董事会成员们并未失去理智，而且他们手中恰好有一支装备精良的陆海军可供使用——陆军由罗伯特·克莱夫指挥，而海军由海军上将查理·沃森指挥——这支军队已经做好了对付法国人的出征准备了。在董事会成员、历史学家罗伯特·奥姆的建议下，英国人决定把这支部队派往孟加拉——这遂成为英国历史上最重要的决定之一。10月16日，英国远征军出发了。这支军队拥有六艘战舰和一些运输船，载有900名正规军和1500名印度土兵。

远征军此行颇为坎坷：有两艘船被迫偏离了航线，其中一艘甚至飘向了锡兰。① 他们于11月16日抵达了胡格利河（Hugli River）河口，沃森在河口处决定冒险逆流而上，而这条河的情况在当时几乎无人知晓。因此，这一壮举被芒斯图尔特·埃尔芬斯通（Mountstuart Elphinstone）称为"整个远征行动中最英勇的举动"。[2] 在经历了一次险象环生的航行之后，远征军于12月15日到达了弗尔塔；他们登陆之后便和基尔帕特里克的部队会师，而此时远征军的兵力已因为疾病减少到了120人。

此时，身在弗尔塔的德雷克收到了来自英国本土的指示，任命他和前任委员会中的三名成员负责处理孟加拉的事务。由于这几人都不知道有一支远征军正在前往孟加拉的途中，所以他们与西拉杰展开了谈判。当克莱夫和沃森到达之后，德雷克和其同事就竭力劝说二人停止对西拉杰的战争行动，但沃森对德雷克等人的请求置若罔闻——他在12月17日写信给西拉杰，要求后者恢复英国东印度公司旧有的特权，并赔偿公司所遭受的损失。西拉杰回复了什么目前已经不得而知，但此事的结局是沃森的船队于12月27日继续向上游进发，并于1757年1月1

---

① 译注：指今日之斯里兰卡。

日抵达了加尔各答。次日,马尼克昌德就逃去了穆希达巴德;克莱夫并未经过任何激烈的战斗就收复了加尔各答。

克莱夫所面临的局势十分紧张:在加尔各答以北数英里的金德讷格尔有600名法国人(其中300人是军人),而且比希最近的兵站距离孟加拉只有200英里。如果法国人和西拉杰达成合作,那英国人就将处于绝对劣势的地位。此外,如果孟加拉的冲突持续下去,由于卡纳蒂克此时已经没有防御兵力了,所以马德拉斯也很可能会丢掉。西拉杰对是否同法国人合作犹豫不决——这不仅是因为他憎恶所有欧洲人,还因为他认为所有欧洲人加起来都不会超过10000人。但当地的大银行家贾格特·赛斯家族——他们是孟加拉的"罗斯柴尔德"家族——却力主和平,因为这些"放债人"希望能重建他们在加尔各答的贸易(欧米昌德也同意他们的看法)。西拉杰最初仍是犹疑不决,但后来他改变了主意,决定再次前往加尔各答。

事情发展到这一步,就颇有点像《天方夜谭》(Arabian Night)中的浪漫故事了:故事的主人公于1725年9月29日在什罗浦郡(Shropshire)的马基特德雷顿(Market Drayton)呱呱坠地。在18岁那年,罗伯特·克莱夫加入了英国东印度公司,并担任书记员一职——但他却并不喜欢这个职业,曾两度试图自杀。21岁时,他进入公司的军队,担任海军少尉,并且如前文所述的那样成了一位著名的军人。1753年,克莱夫回到英国,他的职位由比他年长28岁的劳伦斯少校所接替,而他也曾忠心耿耿地在劳伦斯手下工作过。克莱夫十分尊重劳伦斯少校:在他回国之后,英国东印度公司曾赠送给他一柄镶有钻石的宝剑以示酬劳,但他却表示自己不会接受这一馈赠,除非公司也赠给劳伦斯少校一柄同样的宝剑。1775年,他又以正规军中校的身份重返印度。

克莱夫无论做什么事都非常果断,却从不固执己见。他总是清楚地知道自己的目标,并且能及时地根据情况的变化来调整自己的手段,以达成目的。他的性格温和、勇敢而又谦逊,虽然被激怒时也会表现出专横的一面,但他在军事指挥上却从不会失去耐心。劳伦斯少校对他有着如下描述:"他这个人有着大无畏的决心、冷静的性格和沉稳的心态,即使在最危险的境地中也不会失去理智。他是一个天生的军人,虽然既没有接受过任何形式的军事训练,也对军人这一职业知之甚少,但他却能凭借自己的决断和理智去指挥军队,与经验丰富的军官相比也毫不逊色。他谨慎的态度让他总能获得成功。"³诚如麦考利所言，克莱夫也意识到"自己必须对付那些缺乏欧洲式荣誉感的人"。作为一名政治家，克莱夫是一个马基雅维利主义者（Machiavellian）。像葛罗斯特公爵①一样，克莱夫可能曾不止一次地说过：

我可以比变色龙变换出更多的色彩，
为了利益我可以像海神一样反复无常，
我也能给马基雅维利上一堂杀人弄权的课。⁴

作为一个军人，克莱夫有着钢铁般的意志，任何障碍都不能影响他夺取胜利的决心，任何困难对他来说都是可以克服的。如果他犯了错——这种情况很少——他也会立刻将其变为自己的优势，这主要是因为他对东方人的想法了解得非常透彻。正如马勒森上校所说："他的构想总是非常出色，他的计划总是十分精妙，而他的执行力也总是非常高效。"⁵不过，他在历次战役中所展现出的勇气都不及其在1766年所表现出来的那般耀眼。那一年，由于英国东印度公司废除了所谓的"双重津贴"制度（即在工资之外额外再拿一份津贴），克莱夫面临着一场公司军官所发动的叛变，而这场叛乱也得到了文职人员的支持。罗伯茨这样写道："面对如此可怕的困境，克莱夫也从未动摇过，而他那无人能及的掌控人心的能力也发挥得淋漓尽致……几天之内，他就凭借着异常迅速的行动和坚定的意志，迫使叛乱者屈服并饱受耻辱。正是在此类性质的危机中，他显现出了其伟大的人格。面对一个业已反叛的董事会、一支公开叛乱的军队，以及极端危险的外国环境，他竭尽所能地与之对抗，并取得了胜利。"⁶

克莱夫于1767年1月离开了印度，从此再也没有回去过。1772年时，克莱夫在议会中遭到了攻讦——用他的话来说就是"感觉自己像一个'偷羊贼'（Sheep-stealer）一样"——而攻击他的正是在他之后返回英国的"腐败的孟加拉帮"。对此，克莱夫在下议会上倾尽轻蔑之词，勇敢地为自己做出了

---

① 译注：指莎士比亚戏剧《亨利六世》中的角色。

辩护。1774年11月22日,他因不堪忍受污蔑和失眠所带来的痛苦而自杀身亡,终年50岁。

当西拉杰准备再度由穆希达巴德向南方进发时,英国的委员会就已经下定决心要占领胡格利城了。为此,基尔帕特里克少校于1月6日派出四艘船只,搭载150名正规军和200名印度土兵前往上游。这支部队于1月10日抵达了胡格利城;英国人并没费多大力气,这座城镇就被一位名叫艾尔·库特[7]的能干的军官所攻占了。在这次远征期间,"从阿勒颇传来了确切的消息:英法两国已于8月间正式宣战了"。[8]

此时克莱夫还待在加尔各答,他加固了威廉堡的防御工事,并组建了一支新的、由印度土兵组成的部队——孟加拉本土步兵第一团,也就是"拉尔·帕尔坦"(Lal Paltan)或"红色团"——这支部队也成了孟加拉本土军队的起源。[9]1月30日,西拉杰的军队抵达并渡过了位于胡格利城以北10英里处的河流。和西拉杰一同前来的还有急于挽回自己财产的欧米昌德——此人在加尔各答拥有许多优质的房产,因此他"急于通过推动和平进程来恢复自己在英国人中的影响力"。[10]由于克莱夫的处境也很危险,所以他也赞成实现和平:在西拉杰进军的时候,他就已经就和平问题和前者通过信了。但是当西拉杰继续进军,并且于2月3日占领了马拉地壕沟之后,克莱夫就决定发起进攻了——他集结了650名正规军、800名土兵、600名水手和六门火炮(配有100名炮手)。2月7日凌晨2点钟,克莱夫向拥有1.8万名骑兵、1.2万名步兵、40门火炮和50头战象的敌军发起了进攻,并试图取得决定性的胜利。虽然克莱夫在兵力上处于劣势,但如果不是突然出现的浓雾使人两三码之外就看不清目标的话,他也许真的可以实现自己的目的。之后发生的事情让人匪夷所思:由于向导迷失了方向,克莱夫的军队在敌人的营地中央横冲直撞;他们在伸手不见五指的夜晚漫无目标地进行射击,最终在当天下午7点左右回到了己方的阵地。[11]

双方的损失都很惨重:西拉杰方面死伤了1300人,还损失了500匹马和四头战象;克莱夫方面死亡57人,另有117人负伤。不过比起伤亡情况,更糟糕的是克莱夫的部下变得士气低落了,而西拉杰所部也产生了恐慌情绪。据奥姆所说,西拉杰的军队在之后的一整个晚上都在放哨,"不断地鸣放枪炮来给自己壮胆,并防止再次遭到英国人的攻击"。[12]

西拉杰被英军的奇袭吓得胆战心惊，于是他在2月9日和克莱夫签订了《阿利亚加尔条约》（Treaty of Alinagar），承诺恢复英国东印度公司原有的特权，并赔偿其损失。

克莱夫之所以决定停战，是因为他害怕法国人会与西拉杰联手，这样一来就会使他各个击破的策略破产。此外，他还意识到，除非他能把法国在孟加拉的势力全部清除掉，否则他和麾下的部队就无法安全地返回马德拉斯。所以《阿利亚加尔条约》的墨迹尚未干透，克莱夫就要求西拉杰允许他进攻金德讷格尔。

尽管西拉杰回复"决不允许自己的一部分臣民受另一部分臣民的欺侮"，但他还是决定采用拖延策略，假意散布比希将要入侵孟加拉的消息，并要求克莱夫给予支援。此外，他还认定瓦茨先生是一个温和派，要求他来担当英国东印度公司派驻其宫廷的代表。在做完这些事之后，西拉杰就返回了穆希达巴德。

尽管克莱夫明知比希入侵的传言是一场骗局，但他还是同意了西拉杰对瓦茨的任命，并派欧米昌德——此人在谈判期间提供了不少帮助——和后者一同前往穆希达巴德。两人于2月18日到达胡格利城时，欧米昌德发现西拉杰给金德讷格尔的总督送去了10万卢比，并派了一个名叫努恩科玛尔（Nuncomar）——此人又名南达-库玛尔（Nanda-Kumar），是一个机警的孟加拉婆罗门——的人去竭尽所能地帮助法国人。欧米昌德立刻用1.2万卢比的价钱收买了努恩科玛尔，之后他和瓦茨便继续前往西拉杰的都城。在到了那里之后，他们才知道西拉杰已经于2月22日致信克莱夫，并坚决反对后者对金德讷格尔发起进攻。西拉杰在信中声称，如果英国人执意进军，他就会前去支援法国人。与此同时，金德讷格尔总督向英法双方发出请求，希望法国人和在孟加拉的英国人能够缔结一个中立条约；2月25日，英法双方在加尔各答举行了会晤并拟定了草约。然而，沃森上将拒绝在这些协议得到本地治里的最高政府的同意前签署它们。恰好此时英国人又从海上获得了增援，于是克莱夫认为自己现在已经有足够的兵力攻下金德讷格尔了。他遂遣返了法方的代表，准备在得到西拉杰的允许之后就立刻发起进攻。

在此期间，西拉杰还收到了一条情报——这可能是瓦茨或欧米昌德捏造的——说可怕的艾哈迈德·沙阿·杜拉尼（Ahmad Shah Durrani）正率领阿富汗人从德里出发前来进犯孟加拉。他惶恐万分，立刻写信向克莱夫求援，并提出每月出10万卢比来雇佣后者的部队；后者抓住了这次机会，并趁机再次要求西拉杰允许他进攻金德讷格尔，不过并未得到答复。克莱夫知道西拉杰正在和比希谈判，遂决心继续进军。3月8日，克莱夫开始拔营北进。到了3月13日，沃森上将才收到了一封来自西拉杰的回信，而正是这封信决定了法国定居点的命运。这封信中写道："如果一个敌人满怀诚意地来向你投降，那你就应该保全他的性命；但如果你对他的诚意有所怀疑，那你就只好见机行事了。"[13]据艾维斯记载道："正是这段话鼓励了（沃森）上将和（克莱夫）上校继续进攻金德讷格尔。"[14]

收到这封信后，克莱夫立刻写信给金德讷格尔总督雷诺，并要求后者投降——法国定居点由距离胡格利河只有30码距离的奥尔良堡提供保护。由于没有收到回复，克莱夫遂决定发起攻击。他先布置好了火炮的位置，而舰队也于3月18日停泊到了"普鲁士八角炮台"（Prussian Octagon）附近。英军再次劝降，不过仍旧遭到了拒绝。艾维斯写道："终于，3月23日这个光荣的早晨到来了。我军船只刚一起航，上校的炮兵就从一堵暗墙的后面开始对东南方的炮台进行射击……双方的火力都很猛烈，双方的士气也都异常高昂。"三个小时之后（上午9点），"炮台南北两面的城墙几乎都坍塌了"，法国人"挂出了白旗"[15]，他们的定居点宣告投降。

乔治·福里斯特爵士这样写道：

金德讷格尔攻防战的重要性体现在，其对英国在印度的扩张所产生的巨大而深远的影响上。这一次打击动摇了印度西部所有君主对法国的实力的信心。攻占奥尔良堡巩固了我军海上基地加尔各答的安全，也使我们成了这条重要航道（指胡格利河）门户的主人；这条航道经孟加拉、比哈尔（Behar）和奥里萨邦（Orissa）等富裕省份，一直向北延伸到喜马拉雅山脚下巨大的中央平原。后来普拉西的大捷不过是我们征服了金德讷格尔要塞的必然结果。[16]

金德讷格尔一落入英国人的手中，本就对善变的西拉杰毫不信任的克莱夫就违背了前者的命令，决定留在孟加拉而不返回马德拉斯。更进一步地说，由于克莱夫的整个政策都是以彻底清除法国势力为中心的，所以只要比希还能为西拉杰提供支援，那他的目的就不可能实现。3月29日，克莱夫写信给西拉杰，坚持要求后者把已经投降的法国定居点全部都移交给英国人，特别是靠近穆希达巴德的卡西姆巴扎尔。不过西拉杰并不打算这么做，因为他相信只要雨季结束，克莱夫就会被迫返回马德拉斯，所以他决心一直拖延下去。西拉杰一方面收买法国人为他效力，一方面又写信给英国人说已经下令将法国人驱逐出了孟加拉。为了保护自己免遭突然袭击，他还命令自己的总司令米尔·贾法尔（Mir Jafar）统率1.5万军队移防位于穆希达巴德以南30英里的普拉西。

西拉杰的地位表面上看起来是很稳固的，因为马德拉斯需要克莱夫，而且后者的力量也太过薄弱了，无法投入行动。不过，当人们揭开这层面纱后就会发现，西拉杰的残暴、奸诈和贪婪已经使他的宫廷和军队中出现了背弃他的人。[17]占领加尔各答之后，西拉杰就把贾格特·赛斯变成了自己的敌人，因为他亲手扇了后者耳光，还不断威胁要对后者施以宫刑。[18]为了替自己复仇，贾格特通过他的朋友和兄弟——"勒索者"欧米昌德——和西拉杰的一位将军取得了联系，并通过这位将军又联系上了贾法尔（这位总司令也愿意支持克莱夫推翻西拉杰的统治）。

到了4月26日，这个阴谋已经策划得差不多了。一直跟欧米昌德保持密切联系的那位瓦茨先生写信给克莱夫说道："如果你同意这个计划……那么他（贾法尔）希望你就此提出一个方案，包括你想要多少钱、想要哪块地，以及你将会同意怎样的条约。"[19]五天后，克莱夫去了加尔各答，并把这件事提交给董事会讨论，大家同意支持贾法尔；次日，克莱夫就把他的计划告知了瓦茨。

为了欺哄西拉杰，并使他产生一种虚假的安全感，克莱夫给他写了一封"安抚信"，告诉他自己已把部队调往加尔各答，且欺骗他说部队已经登船了。接着，克莱夫又建议仍在普拉西的贾法尔撤军。最后，克莱夫写信给瓦茨："请你转告米尔·贾法尔，然他不要害怕，我马上就会带着5000名英勇无畏的士兵前来与他会合。如果贾法尔没有抓住他（指西拉杰），我们也有足够的实力把他赶出孟加拉。你可以向贾法尔保证，我正在日夜兼程地赶来援助他；只要我的部队还剩一个人，我都会和他继续合作下去……"[20]

尽管收到了克莱夫的信件，但西拉杰仍然心存疑虑；他对前者提出的要求闪烁其词，并仍旧把贾法尔的部队留在了普拉西。之后突然发生了一件充满了典型的东方式思维的事情。瓦茨把克莱夫的方案告诉了欧米昌德，但后者却表示除非他事后能从西拉杰的国库中得到5%的战利品，否则他绝不会同意这个方案——西拉杰的财富一开始被错误地估算为4500万英镑，在经过更精密的计算后，这个数目变成了 450 万英镑。此外，欧米昌德还要拿走西拉杰所拥有的各类珠宝的四分之一。于是瓦茨在拟定的条约中加入了一条，允诺欧米昌德可以得到 30 万英镑——他这么做完全是出于无奈，因为这个狡猾的印度教徒恐吓他说，如果自己得不到 5% 的份额，就会把这个密谋透露给西拉杰。此外，正如乔治·福里斯特爵士所写的那样：" 如果克莱夫坐视自己受到欧米昌德的勒索，并真的遵守了后者所提出的条件，那么根据瓦茨的信件，他便有充分的理由相信赛斯家族和贾法尔都不会同意该条约——这意味着大规模流血事件的发生，以及英国在孟加拉的殖民事业的完全崩溃。" [21]

不过克莱夫和狡猾的孟加拉人可谓是棋逢对手；为了对付东方人的狡黠，克莱夫只问结果而不择手段。他在 5 月 16 日收到瓦茨的来信，知晓欧米昌德的要求之后，便于次日去了加尔各答。公司的董事会在会议上决定不给欧米昌德任何好处。由于这个决定并不能解决问题，所以克莱夫又于 5 月 18 日向委员会提交了一真一假的两份草约：真的那份草约是准备给贾法尔看的，上面完全没有提及给欧米昌德好处的事情；而 " 假的那份草约则是准备给欧米昌德看的 "，其中加了一条说 " 准备给他 200 万卢比作为酬谢 "。[22] 在这两份草约中，真的那份是用白纸写的，而假的那份则是用红纸写的。除了沃森上将以外，所有董事会的成员都同意在两份草约上签名，但前者也没有拒绝勒欣顿先生在草约上替自己署上假名。之后，这两份草约都被送到了瓦茨那里。

与此同时，欧米昌德为了尽一切可能地捞钱，又秘密拜访了西拉杰。回来之后，他告诉瓦茨自己得到了一个消息，那就是比希和克莱夫已经同意联合起来，由英法两国共同瓜分孟加拉。凭借这个谎言，欧米昌德又从瓦茨那里骗来了 8 万英镑的报酬。尽管英国人全额兑现了给他的报酬，但欧米昌德的情报却只有一半是真的。瓦茨认为欧米昌德并没有在关于比希的事情上说谎，但他怀疑此人也把他们的密谋尽可能多地透露给了西拉杰——这是为了避免一旦密谋失败会危及他自己的生命。欧米昌德也确实是这样做的，因为 5 月 30 日西拉杰就对贾法尔表现出了明显的怀疑态度。几天之后，他就解除了后者的兵权。这位心怀怨恨的前总司令回到了自己的宅邸，并开始搭建防御工事自保。

此时，欧米昌德的背叛行为也即将暴露了，所以他现在必须离开穆希达巴德。最后，瓦茨说服他和一位名叫斯科拉弗顿（Scarfton）的公司代理人一同坐轿子离开当地前往加尔各答。他们于5月30日出发，但在卡西姆巴扎尔又耽搁了一会，因为欧米昌德这个贪婪的老家伙要在那里停下来以榨取更多的钱财。等到了普拉西的时候，欧米昌德又趁着斯科拉弗顿熟睡之机溜走了，这是因为他从一个朋友那里得知"在给贾法尔的那份条约上根本没有提及他的事情"[23]，所以他匆忙赶往加尔各答。欧米昌德在6月8日到达加尔各答之后，受到了克莱夫非常友善的接待，于是他又重新恢复了对英国人的信心。话虽如此，他还是向董事会中的波斯籍书记员行贿，希望得知自己是否被英国人欺骗了。不过，他并没有得到任何不利于自己的情报。

欧米昌德和斯科拉弗顿刚一离开穆希达巴德，贾法尔就派了一个使者去见瓦茨；后者把真假两份条约都交给了这个使者，并书面解释了他们对欧米昌德的欺骗行为。6月4日，贾法尔在两份条约上都签了字，之后他还需要宣誓遵守条约。此外，由于他的住所正受到西拉杰的密探的严密监视，所以瓦茨坐在一个密闭的轿子里，伪装成"高贵的夫人"被人一路抬进了内宅。在内宅中，贾法尔向瓦茨表示希望克莱夫能立刻出兵，当后者快抵达的时候，"他就会按照当时自己所处的位置来伺机而动：如果他身处先头部队，那么他就会在英国人到来的时候擂响军鼓并挥舞军旗，然后带领麾下的部队脱离本队加入英军的右翼。如果他当时身处孟加拉军的侧翼或后方，那么他就会竖起白旗，并在英国人进攻的时候从背后夹击西拉杰的主力部队"。[24]

任务完成之后，瓦茨派了一个名叫奥马尔·贝格的可靠信使把两份条约都送往加尔各答——当地在6月11日收到了这两份条约。[25]派出信使后的第二天，瓦茨和另外三个英国人一起从穆希达巴德逃了出来；在经历了一番惊心动魄的旅程之后，他们于6月13日抵达了克莱夫在卡尔纳（Kalna）的营地——此处位于胡格利城以北15英里的地方。克莱夫此时已经下定了进攻的决心，于是他给西拉杰写了一封相当于宣战书的信件。

西拉杰此时可没有心情去接收这样一份"宣战书"——瓦茨的逃跑使他大为惊恐，并且他也认清了贾法尔乃是一个叛徒。不过，当他准备围攻后者的住所时，克莱夫的"最后通牒"也送到了。于是西拉杰决定改变策略，他要通过和贾法尔的交涉来分化自己的敌人。随后双方达成了和解，并对着《古兰经》进行了宣誓。在这之后，西拉杰于6月15日给克莱夫回了一封充满火药味的信件，并命令自己的军队全部集中到普拉西。但是西拉杰的麻烦还远未结束：他的部队突然哗变，要求先发军饷再开拔。军饷分拨下去之后，部队终于出发了。6月21日，他们到达了位于普拉西以北数英里处的达乌德普尔（Daudpur）。

6月13日，克莱夫留下100名水手驻守金德讷格尔之后，就开始了充满危险的行军。"这群欧洲人带着野战炮、补给和弹药分乘200艘小船出发了，这些船由印度纤夫拉着逆流而上"[26]——这是因为潮汐所带来的水流只能到达胡格利河附近。克莱夫的军队拥有613名欧洲步兵[27]、48名孟加拉混血兵（Topass）[28]、43名孟买混血兵、171名炮手（包括57名水手）、2100名印度土兵、八门六磅炮和两门小型榴弹炮，总兵力大约在3000人左右。

6月14日下午，克莱夫全军抵达了卡尔纳；6月17日他们又来到了位于卡西姆巴扎尔河——又名巴吉拉蒂河（Bhagirathi）——西岸的帕特里（Pattlee）。6月18日，克莱夫命令艾尔·库特少校率领200正规军和500印度土兵攻占了卡特瓦（Katwa）要塞——不仅是因为此地储存了大量的粮食，还因为一旦军队有撤退的必要，这个坚固据点就可以为全军提供掩护。次日，克莱夫全军都集结到了卡特瓦，当他们安营扎寨的时候忽然刮起了季风，而且来势颇为迅猛。

这便是当时克莱夫所面临的状况：这里的地面很快就会变得无法通行了；他和敌人之间还隔着一条湍急的河流，而几天之内这条河也将变得无法横渡了。克莱夫如果不马上渡河，那他之后也就别想再渡过去了；但假使现在就渡河的话，他与基地之间的联络就将无可避免地被切断，从而失去了任何撤退的可能性。而且更重要的一点是，现在拥兵10000人的贾法尔的意图究竟为何？克莱夫在6月17日收到了后者一份措辞含糊的信件。次日克莱夫便回信道："如果我和西拉杰的军队遭遇，你将会采取怎样的行动？而我又该如何行事？……你的当务之急乃是自保，不要在我抵达之前就因背叛而毁了自己。"[29]6月19日，克莱夫再次写信给贾法尔："在我行军的途中，你没有给我提供任何情报，也不曾告诉我该如何行事。我对于穆希达巴德的情形一无所知……我将会暂留此地，直到有相关的消息能鼓励我继续进军为止。我认为你务必要尽快来与我会合……到普拉西或任何你认为合适的地方来和我会师……即使只有1000名骑兵也都够用了……我更喜欢堂堂正正地用实力去征服。"[30]然而克莱夫并未收到答复。由于没有骑兵，所以克莱夫在6月20日又写信给布德万的王公，希望后者能送给他二三百名"优秀的骑兵"。当天，克莱夫也终于收到了贾法尔的两封回信，但这却更增加了他对后者的怀疑。在夜幕降临之前，克莱夫得到情报称："所有的事情现在都清楚了，西拉杰和贾法尔已经勾结在一起了。"[31]这就是克莱夫在6月20—21日的那个夜晚所面临的情况。

因为在这种情况下继续进军要冒巨大的风险，所以克莱夫决定征询麾下军官的意见。在作战会议上，克莱夫提出了如下的问题："目前在没有援助的情况下，我们是应该仅凭自己的力量向西拉杰发起进攻，还是等某些邦国的援军到来之后再采取行动？"[32]克莱夫主张推迟进攻，基尔帕特里克和其他八名军官也赞成他的意见，但是艾尔·库特少校和另外六名军官则主张立刻发起攻击。[33]克莱夫并不是想要放弃此次行动，而是想留在卡特瓦要塞，直到确保得到来自贾法尔的援助为止。克莱夫是从政治的角度去看待这个问题的，而艾尔·库特则只着眼于军事角度：前者认为战役失败就意味着失去孟加拉，而后者则只注意到了水位不断上涨的河流。克莱夫此时依旧不知所措，因为在军事会议上做出的决定丝毫没有减轻他的焦虑。"刚一散会，他就独自来到附近的小树林里，独自在那里沉思了将近一个小时。最后他终于确信按兵不动是荒谬的，现在他完全是在遵从自己的想法而行动：当他回到司令部后，就立刻下令全军于第二天早上渡河"。[34]

一夜过去了，但克莱夫并未收到贾法尔的回复；直到第二天，后者才来信说道："西拉杰的意图是在蒙库拉（Moncurra）掘壕固守，所以你的进攻速度应该越快越好……当你靠近之后，我才能与你会合……当我到达贵军附近之后，我会私下里把所有的情报都告诉你。请事先把你准备发起进攻的时间告诉我。"克莱夫觉得这条消息的内容已经足够清楚了，于是他命令全军在下午5点渡河并向普拉西挺进。[35]英军在瓢泼大雨中走得筋疲力尽，终于在午夜时分抵达了普拉西。他们"立刻占领了附近的丛林；此时他们听到了连续不断的鼓声、号角声和铜铙声，这些声音总是伴随着印度营地的守夜哨兵一同出现，这让英军大为惊讶，因为他们确信西拉杰的军队此刻距离他们已不足一英里了"。[36]西拉杰的军队拥有3.5万名步兵、1.5万名骑兵、53门火炮（大部分是32磅炮和24磅炮），以及一些战象。[37]

6月23日拂晓，克莱夫爬上了巴吉拉蒂河东岸一座属于西拉杰的狩猎小屋的屋顶，以便观察即将爆发战斗的那片战场。一片广阔的绿色平原在克莱夫的脚下延伸开来,他的右前方是一片被泥巴墙围起来的芒果林;在他的左边,大河呈现出一个巨大的"S"形向西流去。河流下游处拐弯的地方形成了一片平原,西拉杰军(孟加拉军)的堑壕便横贯其上——他们的右翼靠着河边,由一座堡垒和一个小山丘提供掩护,其南侧是两个蓄水池。

日出时分,孟加拉军开始从堑壕的缺口处冲出,敌军"有许多身披红色绣花布的战象;骑兵利刃出鞘,他们的刀剑在阳光下闪闪发光;他们的重炮则由一大群公牛牵拉着。敌军队伍旌旗招展,士气昂扬,看上去非常可怕"。[38] 孟加拉军的骑兵和步兵都排成密集纵队行进着;纵队中间则是重炮,每一门重炮都由 40 或 50 头"喂养在普尔尼亚乡下的"白色公牛牵拉着:"每一门火炮的后面还跟着一头经过专门训练的大象,它会用自己的头去顶炮车的后部,以此来帮助公牛进行这种艰苦的牵拉作业。"孟加拉军的右翼由拉伊·杜拉布赫(Rai Durlabh)指挥,中军的指挥官是亚尔·鲁夫汗(Yar Lu'f Khan),而左翼则是由贾法尔指挥;他们全军呈一个巨大的新月形阵形向前推进,整个阵线从右侧的小山丘一直延伸到距离左侧芒果林不到半英里的地方。另有大约 50 名法国"浪客"(vagabond)在圣·弗赖斯(St Frais)的指挥下,携带着四门火炮占领了蓄水池以南(即芒果林以北)的阵地。这些法国人的右侧布置有两门重炮,另外还有由米尔·马登(Mir Maden)指挥的 5000 名骑兵和穆汉拉勒(Mohanlal)麾下的 7000 名步兵为他们提供支援。

克莱夫满怀信心地打量了一番孟加拉军,"他断定,如果英军留在树林里不出来,那么敌军就会把英军的谨慎当成胆怯,进而变得更加莽撞起来。因此他将手中的兵力沿着与狩猎小屋平行的方向展开,正好面朝着离得最近的那个蓄水池(也就是已经被法国人占领的那个)"。[39] 英军战线延伸了大约 1000 码,"欧洲人被他(克莱夫)分成了四个部分:第一部分由基尔帕特里克少校指挥,第二部分由格兰特少校指挥,第三部分的指挥官是库特少校,第四部分则由高普上尉指挥。至于印度土兵,则分部两翼"。[40] 正如福蒂斯丘所写的那样:"英军的核心力量是阵线中央的白人部队,而他们实力的发挥则寄托于一个人(即克莱夫)的意志之上。这是英军第一次面临如此困难的局面,但这绝非他们最后一次面临危局。"[41] 克莱夫在左翼战线靠前的位置上布置了一小队印度土兵,并配给他们两门六磅炮和两门榴弹炮。部署完工作后,他在早上 7 点匆忙地给贾法尔写了一个便条:"我已经做完力所能及之事,其他的事情我便再也无能为力了。如果你要来达乌德波尔(Daudipore)的话,我可以从普拉西出发前去与你会合;如果你连这都不愿答应的话,那么请原谅我,我将独自与西拉杰决战。"[42]

上午8点,法国人首先开炮,西拉杰所部全体炮兵在"接到这个信号"后也都随之开炮。尽管敌军大多数炮弹的弹道都过高,但也有英军士兵开始被炮弹击倒了。由于己方的六磅炮无法压制敌军的重炮,克莱夫便下令他的士兵撤退到芒果林周围的土墙后面。英军刚刚撤退,西拉杰军队中唯一真正忠诚于他的将军米尔·马登就受了致命伤,而他的位置则立刻被穆汉拉勒所取代。[43]

在撤退到土墙后面,并得到墙后八门火炮的掩护之后,克莱夫的小部队便"安全了不少",而他的两门榴弹炮也用持续性火力压制住了法国人。此时,克莱夫又走了好运:正午时分的平原上突然传来隆隆的雷声,之后便下起了倾盆大雨。和英军的炮兵不同,印度人没有用防雨布来保持火药的干燥,因此他们的大炮已经无法击发了。西拉杰的军队在失望之余开始撤回自己的堑壕之中,只在其左翼留下了一支强大的骑兵部队——从这支部队的移动方式上很难判断他们的目的究竟是不是要攻占普拉西村。

下午3点左右,浑身湿透的克莱夫回到狩猎小屋中去换衣服。他想在夜幕降临前一直保持防守的态势,然后在夜幕的掩护下发起攻击。不过在他从前线撤下来之前,他曾指示基尔帕特里克说,如果敌人趁他不在的时候开始进军,后者就要立刻通知他。不久之后,当他听说基尔帕特里克已经命令一个配有两门野战炮的分遣队重新向法军发起进攻时,不禁感到十分惊讶。

克莱夫赶紧去追赶这支分遣队,他在后者抵达第一个蓄水池的时候追上了他们,并且痛斥基尔帕特里克擅自出击。不过克莱夫也意识到,如果在这些东方人的眼皮子底下再度撤退的话可能会引发灾难性的后果。于是他决定将错就错,先是派基尔帕特里克回去召集援军,然后自己率领这支分遣队——一共拥有两个步兵连和两门野战炮——把圣·弗赖斯的法军从稍远处的那个蓄水池赶回了堑壕的防御工事之中。接着, 克莱夫又命令艾尔·库特率领麾下的部队继续前进,并把格兰特少校所部留下来监视仍盘桓在普拉西附近的印度骑兵。克莱夫向穆汉拉勒的左翼发起佯攻,并成功地把后者的兵力从堑壕中引诱了出来。英军随即用最猛烈的火力向孟加拉军射击,杀死了他们很多的士兵、马匹、拖拉火炮的公牛,以及四名"主要军

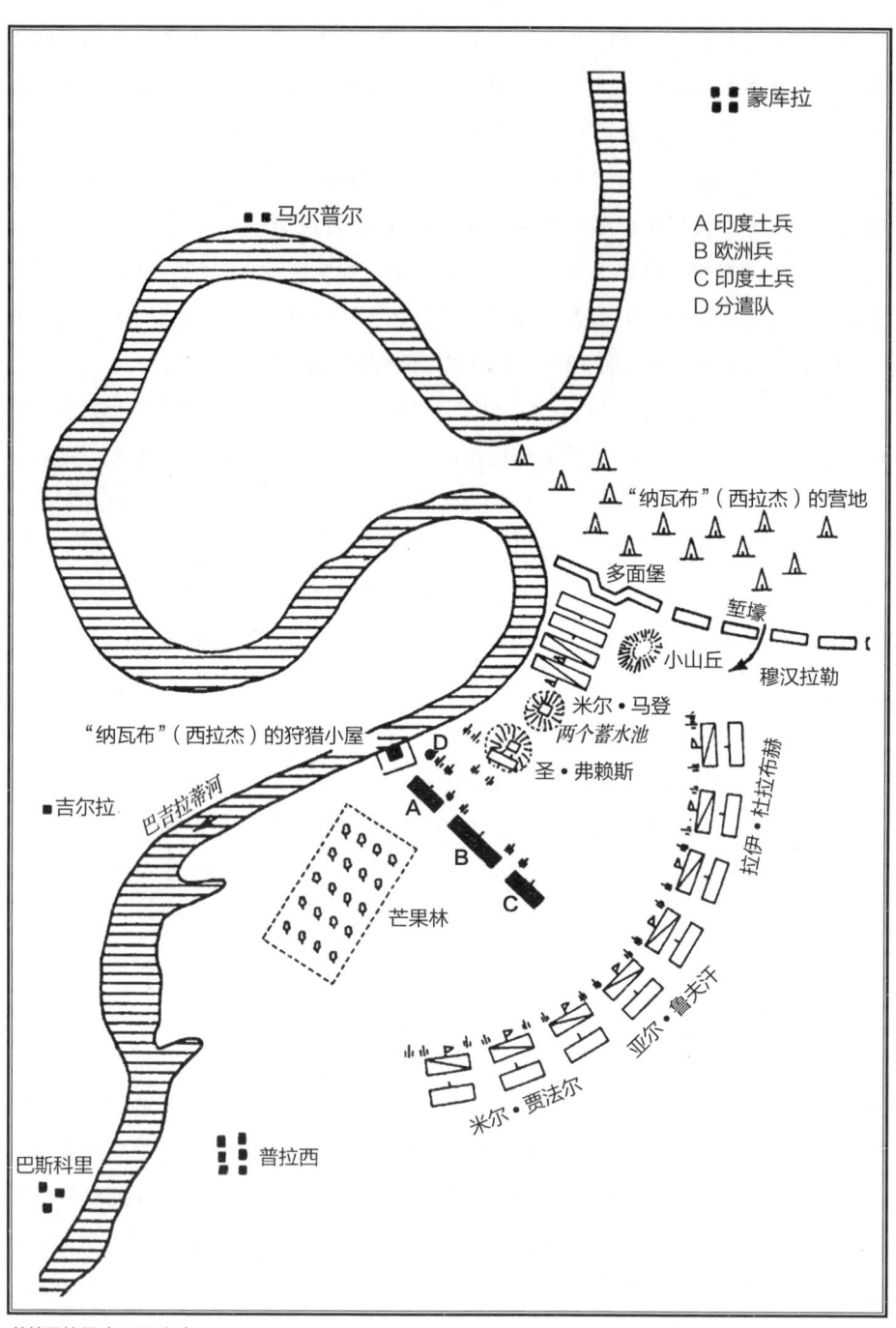

普拉西战役（1759年）

官"。最终，孟加拉军乱成一团，他们的战象也变得无法控制起来。激战正酣之际，克莱夫注意到故军最左翼的骑兵部队似乎正在脱离战场——也就是说，他们正在脱离其他的孟加拉军——这使他确信这支骑兵是由米尔·贾法尔指挥的，于是他决心发起决定性的攻势。克莱夫命令艾尔·库特攻击堑壕前的小山丘，又派出另一支部队去夺占防御工事。由于法国人已经奉命撤退，所以英军几乎是毫无损失的达到了目的。至下午5点，全部英军都冲入了敌人的营地，而克莱夫这时才发现西拉杰已经逃之夭夭了。

西拉杰为何会做出如此致命的抉择呢？答案是：当米尔·马登负伤之后，他的侍从便将其抬到了西拉杰的帐篷里；当后者看到这个垂死之人后，他的精神便开始崩溃了。西拉杰派人喊来了贾法尔，但后者前来会见时却对他极为防备。会晤结束后，出现了一个令人哀叹的场景：西拉杰摘下自己的头巾放到了贾法尔的脚下，希望能获得后者的支持[44]，但贾法尔的答复却很傲慢。后者骑马回到自己的部队之后，就立刻送了一封信给克莱夫——由于英军火力的阻碍，这封信直到战斗结束后才送达。之后，西拉杰又向另一个阴谋家拉伊·杜拉布赫征求意见，而后者力劝他撤回堑壕内的军队。正是这一撤退行动（特别是最右侧部队的后撤），让基尔帕特里克得以趁机进军——这次进军如前文所述，先是引发了克莱夫的愤怒，之后又导致了英军的全面进攻。当西拉杰得知英军攻来的消息后，就骑上骆驼，带着2000名骑兵一路向穆希达巴德逃去——就这样，他像大流士一样抛弃了自己的军队。

当克莱夫及其部下冲入被堑壕保护着的孟加拉军营地时，贾法尔写的便条也送到了。克莱夫匆匆给贾法尔回了一封信，要他在次日上午到达乌德波尔与自己会合，之后便全速向达乌德波尔挺进。在那里，他命令艾尔·库特前出部署，以便在自己集结部队的时候监视敌军。克莱夫颇为明智地在战斗打响前就允诺给部下一笔犒赏，因此士兵们才没有分散开来去抢掠敌军的营地。

普拉西战役就这样落下了帷幕。根据克莱夫的说法，此役敌军损失了大约500人（死伤都包含在内）。那么，克莱夫又付出了怎样的代价呢？四名欧洲士兵和14名印度土军战死，九名欧洲士兵和36名印度土军负伤，另有两名欧洲哨兵失踪：共计损失65人。

次日清晨，贾法尔来到达乌德波尔，克莱夫热情地接待了他，并尊奉他为孟加拉、比哈尔和奥里萨邦的共主。之后，克莱夫下令迅速向穆希达巴德进军，以免该城遭到劫掠。当他抵达穆希达巴德的那天傍晚，才得知西拉杰早已逃遁了：西拉杰把后宫的女眷都遣散了，自己则穿上贫民的衣服在夜里10点从窗口偷偷溜了出去。西拉杰随身带着一箱子最珍贵的珠宝，跟他一起逃走的只有其最宠爱的姬妾和宦官。[45]几天之后，这位倒霉的"纳瓦布"被一个苦行僧认了出来。因为西拉杰曾割掉了苦行僧的鼻子和耳朵，所以后者便向贾法尔的兄弟告了密。7月2日，西拉杰被贾法尔的儿子米朗处以了极刑，而他的遗体则被"驼在一头大象身上绕着全城游街示众"。[46]

与此同时，在穆希达巴德城中正上演着这场缔造帝国的好戏的最后一幕。当拉伊·杜拉布赫告知瓦茨，西拉杰的财富并没有想象中的2200万卢比（275万英镑）[47]那么多后，瓦茨便去拜访了赛斯家族。因为根据之前签署的条约的规定，这笔钱是要赔付给英国人的。在经过一系列的谈判之后，英国东印度公司的委员会最终在7月6日收到了价值7271666卢比的银币；这些钱被分装在700个箱子里，用100艘小船运往了加尔各答。奥姆这样写道："英国人从来没有一次性地获得过如此巨额的财富，其总价值为80万磅的标准银。"[48]8月30日，英国人一共获得了10765737卢比，其直接的后果是"整个定居点的商业活动都复苏了，财富开始流入每个家庭中"。[49]

当各方瓜分战利品时，自以为地位尊贵的欧米昌德还在等着自己的那份奖赏。克莱夫转头向斯科拉弗顿喊道："现在可以不必再欺骗他了。"接着，斯科拉弗顿便用印地语向欧米昌德说："欧米昌德啊，那张写在红纸上的条约就是一个骗局：你什么都拿不到。"这番话就像火药爆炸一样压垮了欧米昌德，要不是侍从将他搂在怀里，他就要晕倒在地上了。侍从们把欧米昌德送上轿子抬回了家，之后的好几个小时里他都沉浸在愚蠢的忧郁情绪中，并且开始"表现出一些精神错乱的迹象"。[50]

在分析普拉西战役的影响之前，还有两点值得一提：一是8月16日，克莱夫的战友、英勇的海军上将沃森由于"恶性热病"去世了——他很可能是得了伤寒；二是克莱夫选了时年25岁的沃伦·黑斯廷斯作为驻扎在米尔·贾法尔宫廷中的代理人。

此役乃是一场小型会战，其规模就跟一场前哨战差不多，但是它又取得了怎样的成就呢？自公元前331年10月31日亚历山大大帝在阿贝拉战场上击败大流士之后，世界还从未发生过如此巨大的变化。作为一位思路清晰的作家，马勒森上校这样写道："从来没有一场战斗的影响是如此巨大、直接和持久的。"[51]他在自己所著的《克莱夫勋爵生平》一书中这样写道："总的来说，克莱夫的工作其实和亚历山大一样伟大。"[52]事实确是如此，因为克莱夫已经意识到统治印度的道路业已畅通无阻了，他曾这样写道："毫不夸张地说，到了明天，整个莫卧儿帝国都将在我们的掌控之中。"[53]

然而这场在巴吉拉蒂河畔赢得的胜利还让历史产生了更深层次的变化。从18世纪开始，西方世界就充满了各类奇思妙想，而其中最能改变世界的莫过于蒸汽机的使用。萨弗里、帕潘和纽科门都曾竭力想要制造出这个猛兽的雏形，而它终有一天将会在全世界的范围内"喷吐出"自己的力量。当时，蒸汽机的发展所缺乏的仅仅是资金上的投入，而正是克莱夫为其提供了源源不断的资金来源。

麦考利这样写道："对克莱夫而言，除了他自己的节制之外，没有什么能够妨碍他获取财物的东西。孟加拉的宝库向他敞开了大门：被印度王公们使用过的硬币堆积如山，其中经常能发现'弗洛林'（Florins）①和拜占庭的钱币。在欧洲船只绕过好望角到达印度之前，威尼斯人就用它们来购买东方的物品和香料。克莱夫戴着镶满了红宝石和钻石的王冠在成堆的金银中走来走去，所有的财宝他都可以随意取用。"[54]

印度这个贮藏了大量贵金属的"宝库"，现在向英国人敞开了大门。从1757年开始，印度为英国创造了巨额的财富。这些财富被运回英国之后，为正在兴起的工业时代提供了资金和"生命的血液"，并由此创造出了一个工业巨人的世界。亚历山大曾夺走了波斯囤积的黄金，罗马的总督曾掠夺希腊和本都的战利品，西班牙征服者也曾掠夺了秘鲁的白银；跟他们一样，现在英国在印度的总督、经商的王公贵族和冒险者，还有赛斯家族和欧米昌德家族的追随者及效仿者们解封了印度斯坦（Hindustan）贮藏的财富——这些财富最后全都涌入了英国。所以布鲁克斯·亚当斯写道："毫不夸张地说，欧洲的命运就取决于这次对孟加拉的征服。"[55]

---

① 译注：中世纪佛罗伦萨的一种钱币。

这种影响迅速且不可思议。在1757年之前，英国的棉纺工业几乎和印度一样原始[56]，而且英国的钢铁工业也正在衰退。突然之间，一切都发生了变化：1760年出现了飞梭；1764年哈格里夫斯发明了珍妮纺纱机；1768年卡特赖特发明了动力织布机。"尽管这些机器体现了那个时代的飞速发展，但它们本身并不能提供社会发展的加速度。发明本身是被动的，许多重要的发明在数世纪之前就有了雏形，但要等到累积了足够的力量之后它们才会发挥作用。这种力量的积累必须以流动资金——而不是囤积起来的资金——的形式出现"。[57]

此外，在1760年之后，"一种建立在金本位基础上的复杂的信用体系开始扩张开来"。[58]伯克告诉我们[59]，在1750年时英国各地只有不到"12家银行"，而1796年"几乎每个集镇"都设立了银行。1756年的时候，英国的国债总额为7457.5万英镑，而1815年则达到了8.61亿英镑；1710年至1760年，只有33.5万英亩的公共土地被圈占，而在1760年至1843年期间，被圈占的公共土地就有700万英亩。随着时间的推移，累积的财富越来越多。布鲁克斯·亚当斯这样写道："可能自世界诞生以来都没有任何投资的利润能比得上掠夺印度所获得的利润，因为大不列颠在近50年的时间里在当地没有任何竞争对手。"[60]

如此看来，正是胜利者（即英国）在普拉西战场上阵亡的那18人奠定了19世纪时世界的权利格局。金钱现在有了至高无上的地位，成了西方世界无可争议的上帝。曾经的西方人去往日出之地寻找耶稣的圣墓堂（Holy Sepulchre）；而当年的太阳早已落下，现在西方人在那些精神贫瘠的地方找到了金钱这个全能的君王。当年十字架没有做到的事情，现在则由蒸汽机的活塞、刀剑和金钱的三位一体组合在短短数年的时间里用血腥的方式完成了：东方被征服了，在此后近200年的时间里，整个东方世界都变成了"西方人经济上的农奴"。

注解

1. 霍威尔自己在他的《关于1756年6月20日当夜在孟加拉王国加尔各答威廉堡"黑洞"中因窒息而惨死的英国绅士及其他人的情况的真实叙述》中对这一事故做了详细的记述：参见 *India Tracts,* by Mr.Holwell (1746), pp.253—276。所谓的"黑洞"其实是一间关押犯人的牢房，是"一种大约18英尺见方的房间"（Holwell, p.258）；这些牢房一直到1868年才被拆除。关于欧米昌德此人，霍威尔在他的书中的第268页中给出了自己怀疑此人的缘由。而乔治·福里斯特爵士在其所著的《克莱夫勋爵生平》的第一卷第331页中采纳了霍威尔的这一看法，并进一步证明了这一观点的正确性。R.C.Majumdar, H.C.Raychandhuri and Kalikinkar Datta 在 *An Advanced History of India (1946),* p.658 中给出了印度方面的一种观点；他们这样写道："我们有充分的理由来质疑这个故事所谓的'真相'。可能确实有一些囚犯被关进了'黑洞'，而这些人中有少数人由于在之前的战斗中受了伤，也确实死在了牢房里。但是其中那些悲惨的细节几乎可以肯定是霍威尔为了讨好大多数的囚犯而凭空捏造的，而整个故事的真实性都建立在他的一面之词上。无论如何，所有人都认为西拉杰-乌德-杜拉个人在此事上没有任何责任。
2. *The Rise of the British Power in the East,* Hon.Mountstuart Elphinstone (1887), p.281.
3. 同上，pp.159—160。
4. *Shakespear's King Henry VI,* pt.3, III, ii.
5. *Lord Clive,* Colonel G.B.Malleson (1882), p.479.
6. *The Cambridge Modern History,* vol.VI, p.565.
7. 此人后来以艾尔·库特爵士（1726—1783年，将军衔）的身份而闻名。他不仅于1760年的文迪瓦什战役中取得过胜利，还是波多诺伏战役、伯利鲁战役和肖林加尔战役——均发生在1781年——的胜利者。
8. *A History of the Military Transactions of the British in Indostan from the Year MDCCXLV,* Robert Orme (1778), vol.II, p.127.
9. *An History Account of the Rise and Progress of the Bengal Native Army,* Captain Williams (1817), pp.4,165—166.
10. *Robert Orme,* vol.II, p.128.
11. 关于这场奇怪战斗的全部记述请参见 *Orme ,* vol.II, pp.131—134。
12. 同上，vol.II, p.135。
13. 同上，vol,II, p.140。
14. *A Voyage from England to India,* etc. (1773), p.125.
15. 同上，pp.128—130。
16. *The Life of Lord Clive,* Sir George Forrest, vol.I, p.394.
17. 参见 *The Seir Mutaqherin or View of Modern Times,* Ghulam Husain Khan (1789),vol.I, pt.2, p.763。
18. 同上，p.759。
19. 引自 *The Life of Lord Clive,* Sir George Forrest ,vol.I, p.412。
20. 同上，p.414。建议书的摘要请参见 p.415。
21. 同上，p.418。
22. 详见 *Robert Orme,* vol.II, p.154。"那份有利于欧米昌德的假文件无疑是他（指克莱夫）人格上的一个污点，但是考虑到他当时所处的环境以及他所生活的时代的道德标准，我们应当从一个正确的角度上来看待这些事情。"（*An Advanced History of India,* p.665）
23. *Robert Orme,* vol.II, p.159.
24. 同上，vol.II, pp.160—161。
25. 条约被送达加尔各答的时候，我们知道欧米昌德跟往常一样密切关注着此事；他再次找到那位波斯籍书记员，但后者只被安排了抄写那份假条约的任务。就这样，欧米昌德放下心来，并"决心继续向穆希达巴德进军"。（同上，vol.II, p.163。）
26. 同上，vol.II, pp.163—164。
27. 他们由第39步兵团（多塞特团）的一支分遣队和孟加拉营、马德拉斯营，以及孟买营的分遣队组成。
28. 这些人是基督徒（通常是葡萄牙人）和当地人的混血儿。
29. 引自 The Life of Lord Clive, Sir George Forrest, vol.I, p.441。
30. 同上，p.441。
31. 同上，p.443（亦可参见 Orme, vol.II, pp.169—170）。
32. 同上，p.443。
33. 详尽细节请参见 Sir George Forrest, vol.I, pp.443—444 及 Orme, vol,II, pp.169—170。
34. Orme, vol.II, p.171。
35. 有一部分英军可能在早些时候就已经渡河了。艾维斯（p.150）说："在早上6点的时候，军队就渡过了河流并前进了大约两英里，在到达一大片树林之后停了下来，一直待到傍晚。"卢克·斯科拉弗顿则说："6月22日，克莱夫上校收到了一封来自米尔·贾法尔的信，这使他决心进行一场危险的战斗，之后他便在下午5点的时候渡过了河流。"（Reflections on the Government of Indostan, 1763, p.85）
36. Robert Orme, vol.II, p.172。
37. 奥姆（p.173）认为是5万名步兵、1.8万名骑兵和50门火炮。
38. Reflections on the Government of Indostan, Luke Scrafton, p.91. 亦可参见 Orme, vol.II, p.175。
39. Robert Orme, vol.II, p.174。
40. A Voyage from England to India, etc., Edward Ives, p.151.
41. A History of the British Army, the Hon J W Fortescue, vol.II, p.420.
42. 引自 The Life of Lord Clive, Sir George Forrest, vol.I, p.453。
43. 斯科拉弗顿说（p.93.）："我们很幸运地在战斗一开始就击杀了孟加拉军中最好也是最忠诚的将领——米尔·马登，这是我们获胜的一个重要原因。"
44. 参见 The Mutaqherin, or View of Modern Times, Ghulam Husain Khan, vol,I, pp.767—768。
45. Robert Orme, vol.II, p.179。
46. A Voyage from England to India, etc., Edward Ives, p.154.
47. Robert Orme, vol.II, p.180。
48. 同上，vol.II, p.188。
49. 同上，p.189。
50. 同上，p.182。
51. The Decisive Battles of India (1883), p.68.
52. 同上，p.495。
53. 引自 The Cambridge Modern History, vol.VI, p.564。
54. Essay on Clive (edit.1903), p.53.
55. The Law of Civilization and Decay, Brooks Adams (edit.1921), p.305.
56. History of the Cotton Manufacture, Sir Edward Baines (1835), p.115.
57. The Law of Civilization and Decay, Brooks Adams (edit.1921), p.314.
58. 同上，p.317。
59. Two Letters on the Proposals for Peace with the Regicide Directory of Frances, Edmund Burke (1796), Letter I, p.80.
60. The Law of Civilization and Decay, p.317.

大事记
大英帝国在印度的扩张

从1648年签订《威斯特伐利亚和约》起，一直到1713年签订《乌特勒支和约》为止，英国和法国都在逐步扩张着本国位于印度和北美的殖民地。在1660年王政复辟之前，英国东印度公司最大的成果也不过是1639年租借马德拉斯（Madras）和1651年在胡格利城（Hugli）修建了一座工厂罢了。到了1662年，布拉甘萨的凯瑟琳（Catharine of Braganza）把葡萄牙的殖民地孟买作为嫁妆送给了查理二世——直到此时英国东印度公司才开始繁荣起来。六年之后，该公司以每年10英镑的租金租下了孟买。同时，在科尔伯特（Colbert）的推动下，法国也于1664年组建了自己的东印度公司——该公司在1674年到1676年之间获得了本地治里（Pondicherry）和金德讷格尔（Chandernagore）两地的贸易权。到了1690年，英国东印度公司也在加尔各答（旧名卡利卡塔）获得了类似的贸易权利。

这段时间里，莫卧儿皇帝仍然是印度的主人，以及英国东印度公司的谈判对象。但是在1707年奥朗则布（Aurungzeb）驾崩之后，莫卧儿帝国开始迅速瓦解。而在这个正在崩溃的帝国周边，则兴起了许多半独立性质的王国，这种情势对欧洲人而言是非常有利的——因为他们可以和这些统治者单独谈判，并借此扩大自己的贸易机会。作为欧洲公司财富增长的一个例子，加尔各答的人口从1706年的一万人增长到了1735年的10万人，而英国东印度公司的年贸易额则增加到了100万英镑以上。

1704年奥地利王位继承战争爆发的时候，马德拉斯和本地治里分别是英国和法国在科罗曼德尔海岸①（Coromandel Coast）上的主要贸易据点。此外，英国人在本地治里南方不远处还有一座名为圣大卫（St David）的要塞。英法两国的贸易据点都建有防御工事，而且都位于海岸附近，因此他们可以从海外获得补给和增援——这就是英法两国优于印度那些没有战舰的土邦的地方。此外，这也就意味着只要英法这两个主要贸易强国中的任何一个国家控制了印度海域，它都可以饿死自己的竞争对手。因此，制海权才是解决殖民地问题的关键。

当英国卷入了奥地利王位继承战争后，从理论上说英法两国的东印度公司也就处于战争状态之中了。不过，因为这对法国人来说是不利的，所以在1742年的时候，刚于前一年被任命为法属印度总督的迪普莱克斯侯爵（Marquis of Dupleix）希望能够保持中立。侯爵和印度的英国殖民当局展开了谈判，但后者由于无权控制英国海军的行动而拒绝考虑他的建议，其结果便是导致了1744年第一次卡纳蒂克战争（The First Carnatic War）的爆发。这场战争是由英国的海军准将巴尼特（Commodore Barnet）挑起的：他率领自己麾下的海军分遣队开始威胁本地治里的安全；由于害怕本地治里遭到封锁（当时法国在印度水域并无舰队存在），迪普莱克斯侯爵一边向卡纳蒂克的"纳瓦布"（Nawab）安瓦尔-乌德-丁（Anwar-ud-din）求援，一边向毛里求斯总督拉布尔多内伯爵（Count of Labourdonnais）发去了求救的急件。后者于1746年3月率领八艘战列舰和1200名士兵出发前来增援，并于6月到达了印度，这迫使英国的分遣队撤往了胡格利城。之后，迪普莱克斯侯爵于9月2日对马德拉斯展开了围攻，而拉布尔多内伯爵则从海上封锁了该城。英国人向卡纳蒂克的总督要求援助，而后者则要求迪普莱克斯侯爵解除围困——在这一要求遭到了拒绝之后，总督就派了一支军队前来对付法国人。这支军队到达之后，却发现马德拉斯已经在9月10日投降了，于是英军又把法军围困在了城里。不过法国守军的数量虽少，却并不胆怯，他们果断出击并击溃了总督派来的乌合之众。

接着，拉布尔多内伯爵开始和英国人展开了谈判，要求后者为马德拉斯支付42万英镑的赎城费。迪普莱克斯侯爵对此表示反对，两人发生了激烈的争吵；在此期间突然刮起了一场飓风，吹散了伯爵的舰队，迫使他只好撤回毛里求斯。侯爵遂废

---

① 译注：又称"乌木海岸"。

弃了赎城的条约，并进而攻击了圣大卫要塞。不过随着制海权再次转移到了对手的手中，侯爵在进行了长达18个月的围攻之后被迫解围离开。1747年，在海军少将博斯科恩（Boscawen）的率领下，一支由13艘战列舰组成的强大舰队从英国起航，前来为马德拉斯的失陷复仇。1748年8月，该舰队围攻了本地治里，但却由于10月季风季节的到来而不得不暂时解围——在他们再度发动进攻之前，《艾克斯拉沙佩勒条约》的签订结束了欧洲的战争。根据条约规定，英国人用布雷顿角作为交换收回了马德拉斯。

尽管英法两国在第一次卡纳蒂克战争中均一无所获，但双方都意识到了一点，那就是谁控制了海洋，就等于同时控制了陆地。相较于法国人而言，英国人能够更轻易地控制住印度海域的制海权，这也使法国人在争夺印度贸易霸权的斗争中一直处于下风。顺带一提，法国在所有的殖民冒险中都存在这种劣势：因为法国乃是一个大陆强国，它无法一边在欧洲称霸，一边又在对抗英国的同时牢牢地控制住一个庞大的殖民帝国。由于有海洋的保护，英国可以随时加入或退出欧洲大陆的战争，但法国却不能如此：他们一旦卷入一场战争，就不得不将其主要精力放在赢得胜利上，否则法国就有被外敌入侵的危险。因此，法国殖民地的安全问题自然就只能排在次要的位置上了。如果法国试图同时兼顾这两点——也就是一面在欧洲称霸，一面扩张其殖民帝国——那么就必将面临失败。这样一个不可能完成的任务不仅会帮助英国成为海洋的主人，还会有利于普鲁士确保其在日耳曼地区的霸主地位。

虽然迪普莱克斯侯爵充分意识到了海上力量的重要性，但他却丝毫没有因制海权的丧失而感到沮丧。侯爵是一个富有远见的人，在马德拉斯城下重创安瓦尔-乌德-丁所部土军一事激发了他的想象力，因为他从中看清了一个事实：任何一支印度土军——无论其规模有多么庞大——都无法和一小支训练有素的欧洲军队相提并论。因此，侯爵认为自己手中的这一小支军队将会成为一种有效的武器：当印度诸王之间出现冲突的时候，这支部队将会发挥决定性的作用；这样一来，他就可以漫天要价，而印度诸王则都会迫不及待地满足他的条件以换取他的支持。在有了一个强大的统治者作为自己的盟友之后，侯爵就可以无视英国人的海上力量了。同时，法国人的陆上力量也将压倒英国人。

当迪普莱克斯侯爵制定了这一策略之后，命运很快就给他安排了一次实践的机会。1743年，卡纳蒂克的总督多斯特·阿里（Dost Ali）去世之后，德干的省长

（Subahdar）尼扎姆-乌尔-穆尔克·阿萨夫·贾赫（Nizam-ul-mulk Asaf Jah）任命安瓦尔-乌德-丁接替多斯特·阿里的职务。此事发生的时候，多斯特·阿里的女婿钱达·萨希卜（Chanda Sahib）——他自称是阿里的继承人——正被关在监牢之中。当钱达·萨希卜于1748年出狱之后，他就开始密谋夺回其岳父的地位。1748年，阿萨夫·贾赫去世，其儿子纳西尔·江（Nasir Jang）继位，但阿萨夫·贾赫的另一个儿子穆扎法尔·戎（Muzaffar Jung）凭借莫卧儿皇帝的任命也要求继承王位。这就是侯爵想要的机会了，而他也紧紧地抓住了这一契机。

为了推翻安瓦尔-乌德-丁和纳西尔·江，萨希卜、穆扎法尔和侯爵缔结了一个秘密条约。1749年8月3日，这个三方同盟在安布尔之战中击败并杀死了安瓦尔-乌德-丁，之后钱达·萨希卜便取代了前者的位置；这样一来，就引发了第二次卡纳蒂克战争。

英国人在意识到自己处境危险后，便要求纳西尔·江重新收复卡纳蒂克。在取得了一些初步的胜利后，纳西尔·江却在1750年12月被暗杀了。迪普莱克斯侯爵随即宣布穆扎法尔·戎为德干省长，而后者为了报答侯爵，便任命侯爵为统治从克利须那河（Krishna River）到科摩罗角（Cape Comorin）的所有莫卧儿帝国的土地的总督。

当英国人发现迪普莱克斯侯爵成了卡纳蒂克真正的统治者，而比希（Bussy）也在新任"尼扎姆"①的宫廷中执掌大权时，他们不得不承认自己正面临着一场生死攸关的斗争。对英国人来说幸运的是，精力充沛的托马斯·桑德斯（Thomas Saunders）在1750年被任命为了马德拉斯总督——他发现特里奇诺波利（Trichinopoly）的岩石城堡足以控扼卡纳蒂克的大平原，而此时占据城堡的正是已故的安瓦尔-乌德-丁的亲戚穆罕默德·阿里（Mohammad Ali）。于是，托马斯·桑德斯决定把该城堡作为对抗法国势力的据点。

1751年春，迪普莱克斯侯爵派雅克·弗朗索瓦·劳（Jacques Francois Law）率领一支军队前去争夺特里奇诺波利。罗伯特·克莱夫——此人不久前刚在马德拉斯加入英国军队——在穆罕默德·阿里的建议下准备对阿尔乔特（Arcot）进行远征，以此作为缓解特里奇诺波利所面临的压力的手段；对此，桑德斯也表示同

---

① 译注：18世纪至1950年间海德拉巴的君主称号。

意。克莱夫遂率领200名英军士兵和300名印度士兵（Sepoys）[①]攻占了阿尔乔特。钱达·萨希卜立刻从围攻特里奇诺波利的军队中抽调一支部队前去收复他的都城。克莱夫英勇地坚守了53天，最终围城部队在筋疲力尽之后，只得悻悻而去。这一战极大地提升了英国的威望，并极大地打击了法国的名声，再加上克莱夫于秋冬两季在阿尼（Arni）和科维帕克（Coveripak）接连获胜，法国在印度的殖民事业迅速地衰落了下去。1752年6月，雅克·弗朗索瓦·劳被迫在特里奇诺波利城下向劳伦斯和克莱夫投降，而他的盟友钱达·萨希卜则被处以死刑。之后，德干地区的战斗又持续了两年之久。虽然比希在当地取得了辉煌的胜利，但法国却由于在卡纳蒂克的失败，而无法扩大其在"尼扎姆"领地的控制权。因此，法国的势力日渐萎缩，法国宫廷也终于无法容忍迪普莱克斯侯爵的失败，将其召回了国内。

1753年夏天，法国东印度公司的董事戈德胡奉命前来接替迪普莱克斯侯爵——此人于1754年8月在印度上岸，10月迪普莱克斯侯爵便乘船返回法国了。1755年1月，戈德胡签署了一份为期三个月的停战协议。之后他又公布了一份临时协议，不过该协议必须得到法国东印度公司的批准方才能生效。不过由于七年战争的爆发，这份协议始终未获批准。

---

① 译注：殖民时代在英军中服役的印度人。

亚伯拉罕平原战役（1759年）

第八章

在1758年冬季到来之际，皮特认为次年在加拿大的行动应该于更宽广的战线上进行——这一次，战线要从圣劳伦斯河河口一直延伸到伊利湖（Lake Erie）。12月初，皮特便将自己的计划告知了南北各殖民地的总督。该计划的内容如下：当阿默斯特把法国人赶出提康德罗加之后，就应取道尚普兰湖继续向蒙特利尔进军，而他麾下最年轻的准将沃尔夫则要在一支强大舰队的支援下攻占魁北克。与此同时，普里多将军将会率领第三支军队向莫华克河挺进，肃清安大略湖并占领尼亚加拉，从而封锁伊利湖和西部之间的贸易路线。

选择沃尔夫作为一支军队的主帅颇值得关注，因为他过去从未获得过独立的指挥权。时年32岁的沃尔夫虽然还算是隶属于阿默斯特，但在上述三个作战行动中，他负责的无疑是最困难也是最重要的。

1727年1月2日，詹姆斯·沃尔夫（James Wolfe）出生于肯特的韦斯特勒姆；他出生于一个军人家庭，其父曾在马尔堡公爵麾下服役。沃尔夫1741年投身军旅，并在1743年的德廷根战役和1747年的劳芬菲尔德战役中都有着突出表现；他在1745年还曾驻扎在福尔柯克和卡洛登。为人热情，且受过高等教育沃尔夫曾尖刻地批判过他的许多军官同僚。虽然沃尔夫有着不屈不挠的精神，也从未屈服于危险或逆境，但却身体虚弱，终其一生都饱受风湿病和结石的折磨。他喜欢勇敢无畏之人，却非常蔑视殖民地民兵，并且认为应该要灭绝印第安人——这实在不是一件好事，因为他的这两种观点在1775年时曾将其同胞引入了歧途（这一点是确凿无疑的）。

在1759年5月16日到9月12日之间——也就是他率部远征魁北克时——沃尔夫曾颁发了一部《一般指令》（General Orders），从中可以看出其身为一名军人的大部分价值之所在。从这些指令中，我们可以清楚地看出，在时间和环境所允许的情况下，沃尔夫是如何谨小慎微、竭尽全力地把他麾下的这一支小部队变成一个完美的作战工具的。

首先，这些指令明确了此次战役的目标，即"完成对加拿大的征服，并结束美洲的战争"。由于此次行动大多必须在印第安人出没无常的茂密森林中进行，所以指令中还提到了"小心谨慎是仅次于英勇无畏的美德""一个战士最好的品质就是勇敢和谨慎"。沃尔夫对武器保养的要求十分严格，他还严令禁止部队的抢掠行为。沃尔夫表示："任何军官或士兵如果让自己受到敌人的偷袭……他都别指望能得到宽恕。"此外，沃尔夫对士兵的纪律和行为也有着严格的规定：禁止赌咒发誓；"除了对印第安人或打扮成印第安人的加拿大人外"，严禁剥去敌人的头皮；营地必须保持清洁，"任何的污秽和垃圾"都必须深埋地下；"没有命令，不得焚毁或破坏任何教堂、房屋或建筑物"；"仍然留在居住地的农民以及他们的妻儿应受到人道待遇；凡是侮辱妇女者，均应处以死刑"。[1]

沃尔夫反对鞭笞士兵，他会用非传统的方式来维持军纪，这在下面这个发生于8月22日的例子中得到了很好的体现：当天夜里，两个士兵（达比和埃弗森）在夜里错误地发出了警报，并表现出"明显的恐惧"，而他们所受的处罚则是"戴着一顶女人的帽子在公共厕所站一个小时……作为他们给军队和其战友带来耻辱的一种薄惩"。这种羞辱肯定比通常的抽50鞭子要有效得多。

沃尔夫的战术策略也是非传统的，从中可以看出他曾研究过布拉多克那灾难性的失败，并可能也研究过后者所设计的弹性方阵制度。在沃尔夫的《一般指令》中，我们可以读到如下的一段内容：

步兵团将从左侧以纵深两列的纵队形式前进；如果前面一列遭到攻击，先头连队则应立刻组成纵深两列的阵线向敌军推进；其后各连队也都要采取同样的行动。如果地形允许的话，部队要先向右侧展开，然后再向左展开，这样循环往复，直到形成一个宽广的正面并有可能包围敌军为止。如果发生了遭遇战，由于传达命令会浪费时间，所以各连队军官可以不待命令而自行遵照上述策略行动。如果纵队左侧遭到攻击，则整个纵队都要向左转以攻击敌人（如果是右侧遭到攻击，则右转以攻击敌人）；如果后卫遭到攻击，那他们也要按照前卫部队的方式作战，即整体向右转向；如果左右两侧同时遭到攻击，则左右两侧的士兵要面向外侧分别迎击敌人；如果是遭到前后夹击，最前面和最后面的士兵也一样要分别迎击敌人。（原书95—96页）

在确定了总体计划之后，皮特就开始着手工作，而他面临的首要问题就是如何取得制海权。为了解决这一问题，皮特在与海军上将安森协商之后，选定了桑德斯（Saunders）、福尔摩斯（Holmes）和杜雷尔（Durell）三位海军将领前来协助。前两位将军是非常有能力的海军军人，他们的任务是配合沃尔夫的陆军作战。而杜雷尔则要赶在远征军到达前封锁圣劳伦斯河，以阻止法国人的援军和补给进入魁北克。桑德斯曾随同安森一道进行过环球航行，当时同行的还有杰维斯、帕利泽和库克等在历史上都声名显赫的人物。沃波尔曾这样评价桑德斯："这位海军上将可谓是一位模范人物，他英勇无畏，却又为人谦恭——他的一切都恰到好处。他朴实的为人、慷慨大方的气度，以及温和的性情都是其对祖国真挚热爱的点缀。"[2] 桑德斯麾下的舰队由 22 艘战列舰、5 艘护卫舰、18 艘单桅帆船，以及许多运输船和其他船只组成；而杜雷尔的麾下则拥有 8 艘战列舰和 6 艘护卫舰。整支舰队共有 170 艘船和大约 1.8 万名水兵。

这支庞大的舰队是沃尔夫的陆军在加拿大"炫耀武力"的基础，而沃尔夫所部则由以下单位所组成：

第一旅：第 15 团，团长阿默斯特，共 594 人；第 43 团，团长肯尼迪，共 715 人；第 58 团，团长安斯特拉瑟，共 616 人；第 78 团，团长西蒙·弗雷泽，共 1269 人。

第二旅：第 28 团，团长布拉格，共 591 人；第 47 团，团长拉塞尔斯，共 679 人；第 60 团第 2 营，营长蒙克顿[3]，共 581 人。

第三旅：第 35 团，团长奥特韦，共 899 人；第 48 团，团长韦伯，共 852 人；第 60 团第 3 营，营长劳伦斯，共 607 人。

此外还有三个路易堡掷弹兵连（Louisbourg Grenadiers），以及下述几支游骑兵连队（Rangers）：由默里指挥的 326 人、由戈勒姆指挥的 95 人、由斯塔克指挥的 95 人、由布鲁尔指挥的 85 人、由哈赞指挥的 89 人、由罗杰斯指挥的 112 人。最后，还有由威尔金森指挥的皇家炮兵（共 330 人）。

沃尔夫全军共有 384 名军官、411 名士官和 7740 名普通士兵。[4]

皮特让沃尔夫自己任命直属军官，后者便挑选了蒙克顿、汤森德和默里三人出任旅长；除了汤森德外，另外两人都不满 30 岁。正如科比特所写的那样："这是一次'男孩子'的战役。"[5]

当沃尔夫准备就绪之时，蒙特卡姆侯爵正准备沿尚普兰湖和尼亚加拉堡一线抵挡阿默斯特，而他此时做梦也想不到敌人会把主攻方向放到什么地方。侯爵的任务要比他的对手困难得多：加拿大不仅在人力方面远不如英国在美洲的殖民地——前者有 8.2 万人口，而后者则有 130 万人口——而且凡尔赛的法国王室政府中负责管理殖民地事务的还是一个腐败且待遇低下的官僚机构。举例来说，加拿大总督沃德勒伊侯爵的年薪只有 272 英镑 1 先令 8 便士，"他要用这笔钱支付服装费用、维持生活并给一支由两名军士和25名士兵组成的卫队发饷，此外还要在冬天给卫队提供燃料和其他必需品"。⁶法国的这种吝啬行为导致了普遍的贪污和腐败，而其中首屈一指的当属加拿大的行政长官弗朗索瓦·比戈特——无论是政府、定居者还是印第安人都难逃他掠夺的魔爪。对于这些无赖，蒙特卡姆侯爵曾说过："他们每个人似乎都只想着在这个殖民地沦陷之前尽可能地捞钱，他们中的许多人甚至盼望着殖民地沦陷，这样就可以遮掩住他们的罪行了。"⁷沃伯顿这样写道："这种严重的不忠行为最终让法国殖民者自食其果；农业和贸易瘫痪了，人们的忠诚发生了动摇。与此同时各类物资的供给也减少了，民众开始不满，这进一步加速了英国人的胜利所带来的不可避免的灾难性后果。"⁸此外，蒙特卡姆侯爵和沃德勒伊侯爵的关系很差，这使法国人的处境更是雪上加霜。

如果不是发生了一个意外事件——杜雷尔没有完成分配给他的任务——蒙特卡姆侯爵可能就会被英国人抓个正着。由于水面被冰冻，所以杜雷尔不敢进入圣劳伦斯河，而是在路易堡附近逡巡不前；结果法国海军上将利维率领由18艘船组成的舰队抵达了魁北克。在其中一艘船上，路易·安东尼·德·布甘维尔（Louis Antoine de Bougainville）⁹带来了一份截获的，来自阿默斯特的信件的副本——其中详细披露了英国人的计划。在得知了英国人的计划后，侯爵立刻赶到了魁北克，并在极短的时间里就作出了一系列精妙的布置¹⁰，而这几乎毁掉了沃尔夫的作战行动。

侯爵随即就在魁北克集结了他的军队，包括5个营的正规军、民兵¹¹，以及1000名印第安人，总兵力在1万~1.4万人之间。人们认为魁北克是一座固若金汤的城市，因为它矗立在圣劳伦斯河和圣查理河交汇处的一个岩石岬上——这里位于圣劳伦斯河的左岸。此外，只要敌军舰队不绕到它的西面去，该城的陆上补给线就是安全的。侯爵并不相信有任何敌方的船只敢绕行该城的西面，因此他决定采取"费边式的策略"（Fabian policy，即缓进策略或拖延战术）——拖延时间。因为只要拖到10月份，秋季的大风和浓雾就足以迫使英国舰队撤退，而入侵的英国陆军也会随之撤退。因此，侯爵命令自己的船只驶向上游，以免遭受损害。同时，他决定把左翼军队推进到位于魁北克下游7英里处的蒙莫朗西的峡谷中，并将右翼军队布置在圣查理河畔。此外，他还把司令部设置在了博波尔，并留下舍瓦利耶·德·拉姆塞统率1000~2000人防守魁北克城。

魁北克城有106门火炮可用于防守，在其港口中还有几艘炮艇和火船；圣查理河上架有一座浮桥。此外，从博波尔的正面一直到蒙莫朗西瀑布则修建了由碉堡和土木工事组成的防线。从这一点就可以看出，侯爵的计划是纯粹防御性的：该计划的基础是敌军不敢强渡魁北克城正南面的河流，还有他这支组织混乱、军纪松懈的小部队能够守住这条七八英里长的堑壕防线。[12]

2月14日，在6艘战列舰和9艘护卫舰的保护下，福尔摩斯率领70艘船从斯皮特黑德出发，而桑德斯和沃尔夫则紧随其后。但他们直到4月底的时候才望见了布雷顿角，而杜雷尔此时仍停泊在那里。由于水面结冰，舰队无法进入路易堡，于是他们就转而前往哈利法克斯。5月5日，杜雷尔从那里出发了——他如前文所提及的那样并未完成自己的任务，而是在6月6日再度将舰队停泊在了库德雷斯岛。5月17日，运输船被护航到了路易堡，沃尔夫就在那里拟定了自己的进攻计划。他决定在博波尔登陆，而此地也正是1690年威廉·腓力爵士登陆的地方。登陆之后，沃尔夫要渡过圣查理河，并绕到要塞的后方去。沃尔夫所部的右翼倚靠着圣劳伦斯河，他们与舰队之间的联系由一排筑有工事的哨所来维系——这些哨所从其左翼的圣查理河畔一直延伸到博波尔。[13]

正当法国人忙于备战的时候，沃尔夫于6月4日拔锚起航。他的舰队被分为红、白、蓝三支分舰队[14]，于6月9日驶入了圣劳伦斯湾。

这是一个大胆的举动。按照科比特的说法，之前从未有任何一支战斗舰队曾在这条河（指圣劳伦斯河）上行驶过——法国人认为这是根本不可能的。水面的浓雾是一个真正的威胁，不过正如沃尔夫麾下的一位"无名军官"所写的那样："法国人关于在圣劳伦斯河上航行的描述，不过是吓唬人的鬼话罢了。"[15] 这些船只逆流而上，于6月23日停泊在了距离奥尔良岛不远的库德雷斯岛。

6月26日，所有英国舰队都赶到了，次日他们就成功地登陆了奥尔良岛。6月28日夜间，法国人向下游放了几艘火船[16]，但除了让英国入侵者看到了颇为壮观的景象之外，并没有对后者造成任何伤害。

此时，沃尔夫继续向奥尔良岛的最西端前进。当他第一眼看到魁北克和博波尔的堑壕之后，就马上发现自己所设想的计划是行不通的。桑德斯意识到了保卫那条狭窄水道——该水道位于魁北克正南方，宽度仅有0.75~1英里——南岸的重要性。于是，他提议攻占李维斯岬角。6月30日，沃尔夫命令蒙克顿所部前去完成这一任务，后者很轻易地就占领了李维斯岬角（Point Lévis），并立刻开始挖掘

战斗序列

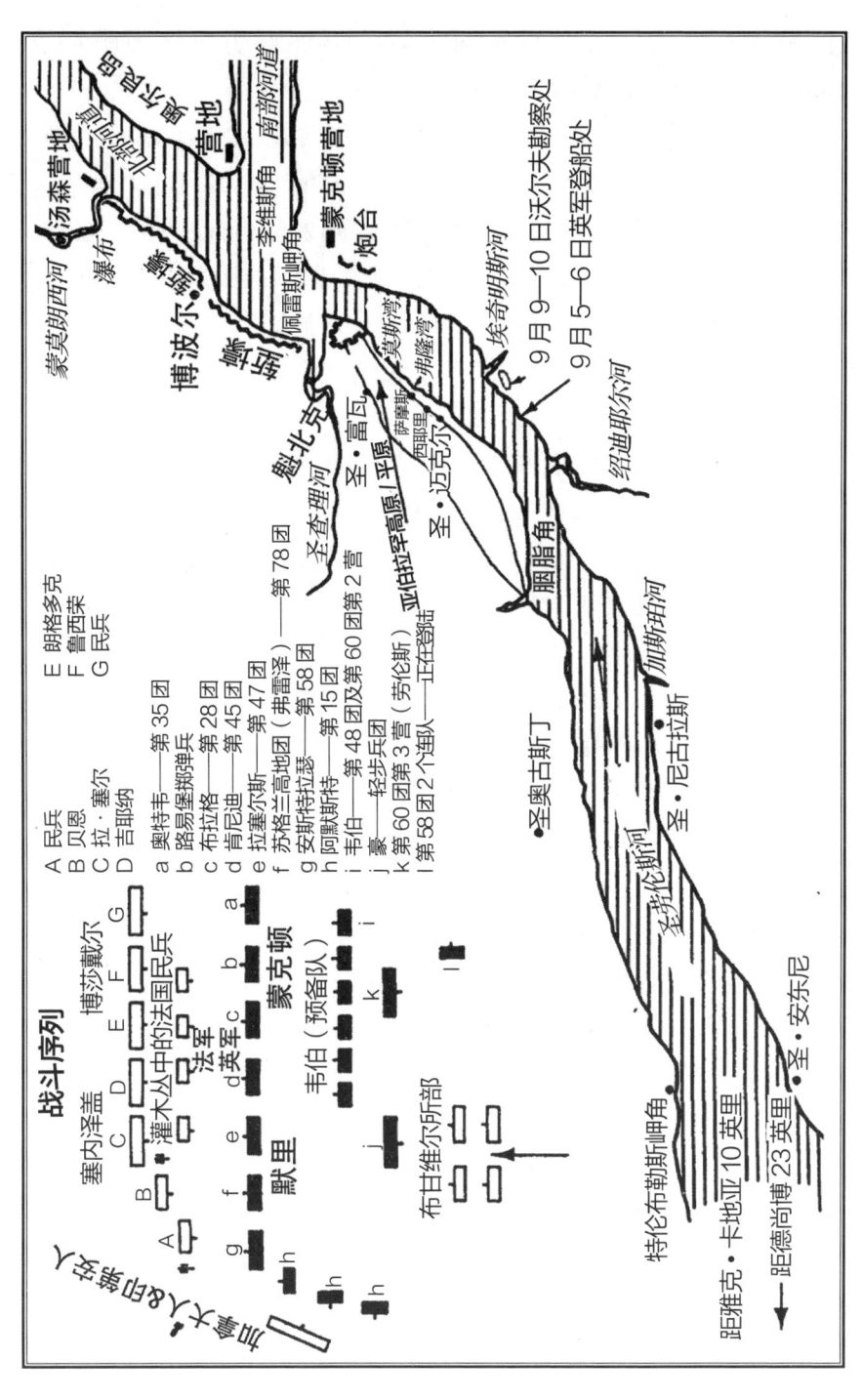

塞内泽盖
A B C D
A 民兵
B 贝恩
C 拉·塞尔
D 吉耶纳

博沙戴尔
E F G
E 朗格多克
F 鲁西荣
G 民兵

灌木丛中的法国民兵

蒙克顿
a 奥特韦——第35团
b 路易堡掷弹兵
c 布拉格——第28团
d 肯尼迪——第45团
e 拉塞尔斯——第47团
f 苏格兰高地团(弗雷泽)——第78团
g 阿默斯特——第58团
h 蒙特拉瑟——第15团
i 韦伯——第48团及第60团第2营
j 豪——轻步兵团
k 第60团第3营(劳伦斯)
l 第58团2个连(徒步)——正在警戒

韦伯(预备队)

布甘维尔所部

距雅克·卡地亚10英里
距德尚博23英里

蒙莫朗西河
汤森营地
瀑布
博波尔
堰洲
(佩雷斯昂加)
魁北克
圣查理河
圣富瓦
西勒里
亚伯拉罕高原(平原)
圣迈克尔
胭脂角
加斯珀河
圣奥古斯丁
圣恰尔斯河
圣·尼古拉斯
圣·安东尼
李维斯角
蒙克顿营地
炮台
明堂河道
南部河道
营地
埃奇明斯
9月9—10日沃尔夫勘察处
9月5—6日英军登船处
绍迪耶尔河
特伦布勒斯岬角

针对魁北克的军事行动(1759年)

堑壕和修筑炮台。[17]7月2日[18]，沃尔夫视察了蒙克顿所部，并从佩雷斯岬角（Point aux Pères）仔细地观察了魁北克及其周边的情况。

通过这次侦查，沃尔夫拟定了第二个计划，也就是迫使蒙特卡姆侯爵主动来攻击自己。为了诱使后者这么做，沃尔夫决定攻占蒙莫朗西瀑布以东的高地——他可以从这里威胁到敌军的左翼。此外，他和桑德斯同时发现，可以让船只逆流而上抵达要塞的西面。不过桑德斯认为只有等蒙克顿的炮兵部队能够压制住法军的火力之后，这一设想才有实际操作的可能性。7月9日，沃尔夫在留下一个小分队保护奥尔良岛上的基地之后，就命令由默里和汤森德指挥的两个旅渡到河的左岸去，并在毗邻蒙莫朗西峡谷的地方占领了一个阵地。

现在，英法双方的主将即将开始一场持续了三个月之久的智斗。蒙特卡姆侯爵看穿了敌军的意图，当蒙克顿于7月12日开始进行炮击的时候，他就命令仲马（他因莫农格希拉河之战而闻名于世）带领一支2000余人的部队（包括民兵和正规军）越过圣劳伦斯河——也远远地越过了蒙克顿的阵地——向东攻击蒙克顿的侧翼。这一威胁立刻迫使沃尔夫撤回了李维斯岬角；当仲马的军队靠近蒙克顿的工事后，后者的手下在惊慌失措中匆忙撤退了，因此并没有取得决定性的战果——这对蒙克顿来说实属不幸。沃尔夫立刻就返回了蒙莫朗西。7月14日，"在豪上校（之后他被册封为威廉爵士）指挥的一队轻步兵的护卫下"，沃尔夫和"战区总司令，以及一名工程师一起勘察了蒙莫朗西河，以便找到一个可以涉水通过或利用其他方式渡河的通道"。[19]7月16日，"在11点到12点之间，英军从佩雷斯岬角炮台所发射的炮弹点燃了魁北克城中的部分地区，大火一直烧到了夜里1点钟"。[20]紧接着，桑德斯命令"'萨瑟兰'号船长劳斯趁着第一阵顺风和夜间的潮水，向魁北克城的上游驶去。同行的还有'狄安娜'号和'松鼠'号，以及两艘武装单桅帆船和两艘装满补给品的武装斜桁四角帆帆船"。[21]劳斯在7月18日夜间完成了自己的任务；沃尔夫亲自参与了这次冒险行动，并取得了巨大的成功。该行动不仅证明了这个狭窄的水道可以通航，还迫使蒙特卡姆侯爵派出了600人前往魁北克上游八英里处的胭脂角——侯爵的战线被拉得更长了。

次日，沃尔夫和福尔摩斯一起继续他们的侦察工作。按照恩蒂克[22]的说法，沃尔夫考虑派一支部队在位于河北岸的圣迈克尔（此地位于魁北克城上游大约四英里处）登陆，于是他命令汤森德将九个连的掷弹兵和麾下所有的炮兵都送到李维斯岬角来。²³ 不过在一部分军队到达之后，沃尔夫突然又下达了一个完全相反的命令。这可能是因为沃尔夫在经过仔细思考之后意识到，如果他要在魁北克要塞和胭脂角之间登陆的话，那么一旦第一波登陆部队受到敌军优势兵力的攻击，他是无法提供支援的。沃尔夫遂把这个计划束之高阁，并在7月21日命令卡尔顿上校率领一个分遣队在位于魁北克以西大约27英里的特伦布勒斯岬角登陆。此次行动的目的正如沃尔夫在写给皮特的报告中所说："是为了分散敌人的兵力，并尽可能地将其注意力吸引到河流的上游地区。"这次登陆成功了，英军俘获了"两张头皮、100头牲畜和一位耶稣会的牧师"。²⁴

沃尔夫用佯攻取代了正面登陆，从而把蒙特卡姆侯爵的注意力吸引到了其右翼。之后，沃尔夫便重新拾起了自己的"蒙莫朗西计划"。7月23日，他在桑德斯的旗舰上召集了一次军事会议。由于没有会议记录留存下来，所以我们也只能推测此次会议的内容与蒙莫朗西的作战行动有关。如果是这样的话，当这个作战行动还在酝酿的时候，法军就在7月28日发起了第二次火船攻击（还是跟第一次火船攻击一样遭到了失败）。三天之后，这场被称为蒙莫朗西战役的攻势行动开始了。这一仗打得很混乱，而且开始得过于冲动。²⁵ 如果不是因一场突然下起的大雨而终止了战斗，英军很可能会像四年前在布拉多克一样遭到惨败。²⁶ 英军的损失很大，大约伤亡了30名军官和400名士兵——他们中的很多人都落入了印第安人手中，不仅惨遭屠戮，还被剥去了头皮。

法国人由于击退了敌军而欢欣鼓舞。一个名叫贝尼耶的委员说道："每个人都以为战斗已经结束了。"²⁷ 但实际上，战斗才刚刚开始。沃尔夫立刻改变了自己的战术。尽管他看不起殖民地民兵，但他发现正如舍瓦利耶·约翰斯通所说的那样："在树木茂盛的乡村地区作战，一个加拿大人抵得上三个纪律严明的士兵，这就如同在平原地区一个正规军可以抵得上三个加拿大人一样。"²⁸

沃尔夫唯一的获胜希望就在于蒙特卡姆侯爵军队的构成；由于后者拒绝离开其防御阵地进行决战，所以沃尔夫现在决定蹂躏要塞周边乡村的土地。²⁹ 他这么做有三重目的：迫使法国人向他发起攻击；迫使法国军队中的民兵逃回家以保护故土；切断法军补给，通过饥饿迫使魁北克投降。用近代的术语来说，沃尔夫发动了一场"恐怖战"：由于他知道敌人的主要问题就在于补给供应，所以这种手段在一定程度上也是合理的。

与此同时，对魁北克城的炮击仍在继续——炮击造成了可怕的后果：魁北克的"下城区"被完全摧毁，城中的大教堂也化为了灰烬。蒙特雷索在8月23日写道："在圣约阿希姆，一个牧师首领和他手下的20名牧师都惨遭杀害，并被剥下了头皮。"[30] 8月24日，蒙特雷索写道："我军继续焚烧了圣安吉·加尔迪恩村。"8月25日，他又写道："北部的我军部队下令烧毁和破坏所有法国定居点和营地……"9月1日，他继续写道："昂热·加尔迪恩的营地和定居点全部被焚毁……"[31] 此类破坏和炮击在战术上产生了有利的影响：当英军攻占魁北克时，发现那里只有仅够维持两天的补给——"其原因是守军每次都只会准备不超过两周的补给品，以免英军烧毁"。[32]

沃尔夫攻打蒙莫朗西失败后不久，便发生了一件非常重要的事情——阿默斯特抵达了乔治湖和尚普兰湖，这对前者非常有利。

7月26日，当阿默斯特迫使法军撤出提康德罗加时，蒙特卡姆侯爵不得不派出其最优秀的部将舍瓦利耶·德·李维斯前往蒙特利尔。沃尔夫得知了此事，并且也知道侯爵已经将法军船只悉数撤到了黎塞留急流（Richlieu Rapids，此地位于埃克赖尔岬角上游大约7英里处），于是他决定摧毁这些船只，以便打通与阿默斯特之间的交通线。为了完成这个任务，沃尔夫在8月5日命令福尔摩斯率领20艘平底船逆流而上，同时让默里率领1200人沿着河南岸向西挺进。得知这个警讯之后，侯爵立刻派布甘维尔率领1500人从博波尔前去增援埃克赖尔。8月8日，默里在特朗布勒岬角进行了一次失败的登陆行动。8天之后，他又突然出现在黎塞留急流附近的德尚博，并烧毁了法军许多军需物资。由于此次行动对法军的交通线和船只造成了不容忽视的打击，所以侯爵终于被迫采取了行动。他离开了魁北克，匆忙赶去和布甘维尔会合；当他抵达之后，却发现默里已经撤走了。

此时的沃尔夫正忙于拟定一个新的进攻计划[33]，虽然其具体内容已不可考证，但这个计划却和默里撤兵的行动有关。后者在8月30日回到了位于圣安东尼的营地，之后他们又一路烧杀抢掠的从那里撤回了李维斯岬角。

8月20日，也就是沃尔夫把自己的新计划告诉汤森德的五天之后，他突发急病。所以，不管这个新计划的内容是什么，此时也只得弃之不用了。沃尔夫在蒙莫朗西的一间农舍里躺了一周之久，在此期间他完全动弹不得。不过到了8月29日，他就完全康复，并召集了他的三位旅长前来共同研究一个最佳的行动方案。他向旅长们提出了三个可能的行动方案：1.向蒙莫朗西河上游进军，渡河之后从后方攻占博波尔。2.前后夹击敌军在蒙莫朗西的阵地。3.同时从侧翼和正面攻击蒙莫朗西阵地。[34]

不过，三位旅长却把上述方案放到了一边，另外向他提出了如下的建议：

……因此，我们认为最有可能进行有效攻击的方法就是把我军调往河的南岸，继而在该城上游方向展开作战行动。当我军在北岸站稳脚跟之后——这是毫无问题的——蒙特卡姆侯爵就不得不按照我们预设的方式进行作战了。因为我军的位置正好处于他和补给基地之间，也正好夹在他和对抗阿默斯特将军的那股法军中间。如果法军与我方决战，我们必将击败他们并夺占魁北克，那时整个加拿大也会随之被国王陛下收入囊中了。[35]

这个计划得到了桑德斯和福尔摩斯的赞同，但同时也意味着沃尔夫所珍视的梦想的终结——尽管如此，沃尔夫还是立刻就采纳了这个方案。这虽然是一个大胆的计划，但却绝非鲁莽行事——因为英军手中掌握着河流的控制权，所以他们的登陆行动应该能够获得成功。此外，虽然登陆后英军可能会被夹在两股法军中间，但沃尔夫并不畏惧在开阔地带上作战，因为其麾下部队的纪律性远超法军。除此之外，英军也必须要迅速采取行动，因为季节正在交替，而英军的海军将领们都表示应该在秋季的暴风雨来临前退出圣劳伦斯河。因此，沃尔夫于8月31日下令从蒙莫朗西撤退，并于9月3日前将部队集结到了李维斯岬角及其以西的地域。此外，他还在9月2日给皮特发去了最后一份报告。[36]

从魁北克往西，沿着圣劳伦斯河的北岸全是悬崖峭壁，因此沃尔夫此时面临的核心问题便是选择在何处登陆。在这个问题得以解决之前，任何其他事情都无法进行。

9月4日，登陆作战的消息就在军中传播开来，因为诺克斯在日记中写道："一次远征正在酝酿之中……将军将会亲自指挥。"接着，他又在9月5日写道："今天顺风顺水。昨晚船只经过小镇时并未被发现。"9月6日，他记载道："我们昨夜遭遇了一场罕见的暴风雨；今天仍然是阵雨天气，且风向不定。"最后，他写道："将军今天已经和陆军，以及位于上游的舰队会合了。"[37]这里的舰队指的是福尔摩斯海军上将的船队，因为此时桑德斯的船队还位于魁北克城的下游处。

877

9月7日，天气晴朗温暖，搭载有1500名英军的军舰和30艘平底运输船驶入了胭脂角——此地也是布甘维尔的司令部的所在地。当天下午，英军向法军营地开火了，接着他们又假装登船向上游驶去，装出寻找登陆地点的样子。从这时开始直到9月9日，福尔摩斯利用潮汐的优势在胭脂角和魁北克城之间来回移动，这迫使布甘维尔追着他一起行动，并最终使后者的军队疲惫不堪——他们在强行军中把自己的军靴都磨坏了。同时，沃尔夫抵达了特朗布勒岬角，并在它下游不远处找到了一处"用来登陆"的地方。[38] 9月9日，沃尔夫麾下的旅长们被他派去勘察那个地方，他自己则接着顺流而下，"找到了另一处登陆场，并把此地记在了脑海中"。[39] 因为天气开始变得非常恶劣起来，所以英军只得在圣劳伦斯河右岸的圣尼古拉斯登陆上岸。

9月10日，蒙克里夫这样记载道："将军带着福尔摩斯海军上将、蒙克顿准将、汤森德准将，以及其他一些军官（指卡尔顿上校和德洛纳上尉）前去勘察他选定的登陆点。"[40] 此外，诺克斯也告诉我们，沃尔夫召集了一名军官和第43团的30名士兵执行护卫任务，并要求该团准备六套掷弹兵的制服——显然，沃尔夫和其他五位军官都将乔装成普通士兵。[41] 蒙克里夫继续写道：

> 那里名为弗隆湾（现在叫沃尔夫湾）；沃尔夫他们在河南岸的一个高地上——位于埃奇明斯河河口的下游处——勘察弗隆湾的情况。从高地那里不仅可以看清楚河湾本身，还可以看清那里和魁北克城之间的大部分地区。由于此处是按照计划选定的登陆点，所以并没有什么值得描述的地方。不过必须要指出的是，该河滨海的那部分河岸十分陡峭，且树木茂密，因此法国人自认为那里是不可能作为登陆场的——他们只派出了一支前哨部队前去防守。这支前哨部队只有大约100人，他们在河岸边安营扎寨，而营地附近则是一个从海岸一直延伸过来的狭窄小径的终点。法国人已经破坏了这条小径，并且设置了一个鹿砦作为障碍，不过在小径右侧（东面）大约200码的地方似乎有一个斜坡，这里可能就是解决我军登陆难题的答案了。此处的环境以及此处与法军援兵之间的距离似乎都给我军的登陆提供了一个良好的成功机会。[42]

关于此事，福尔摩斯海军上将则做了如下记述：

一个月前，当第一批船只通过魁北克城时……就有人向他（沃尔夫）提过对作战计划做出改变……沃尔夫现在抓住了机会，虽然他有很大的可能性会失败……掩护部队登陆并从船上支援他们的重任就落到了我的肩上……这是我一生中做过的最危险、最困难的工作。登陆地点过远、湍急的潮水、夜晚的黑暗……精准地在预定地点实施登陆时有很大可能会被敌人发现——基于这些因素，整个登陆过程会变得极为困难。[43]

这些都是实情。虽然如此，但沃尔夫还是于9月11日下令部队在次日清晨5点时到滩头集合："部队各自登陆并攻击敌军。"他对30艘平底船做了如下分配：第1船队搭载豪麾下的轻步兵团；第2船队搭载第28团；第3船队搭载第43团；第4船队搭载第47团；第5船队搭载第58团；第6船队搭载由苏格兰高地部队和美洲掷弹兵部队组成的分遣队。预定的登陆时间为晚上9点，"或快要涨潮的时候"。[44]凡是没有登船的部队都由伯顿上校指挥，他们要在傍晚时分沿着河南岸行军，并等待渡船的到来。此外，桑德斯海军上将及其舰队则要向博波尔发动佯攻。

9月12日，沃尔夫在胭脂角附近发布了他的最后一道命令："在这个关键时刻，发起一次强有力的进攻即可决定加拿大的命运……第一批上岸的部队要立即向敌军发起进攻，并将后者从任何他们可能据守的阵地中逐出……所有官兵都应当铭记国家对你们的期望。此外，你们还要记住，一群惯于作战、意志坚定的士兵能够应对五倍于己的乌合之众——他们毫无纪律可言。士兵们必须专心一致并服从军官的指挥，在执行任务时要有坚定的决心。"[45]

当天还发生了一件幸运的事情：两个从布甘维尔的营中叛逃的法国逃兵给英军带来了法军的情报——蒙特卡姆侯爵没有预想过英军会在魁北克城附近发起进攻；法军有一个运输补给品的船队会在当天夜里顺流而下前往魁北克。[46]

此时，法军的营地中又发生了什么呢？事实上，当9月5日沃尔夫的船只经过魁北克的时候，它们并没有如诺克斯所想的那样未被发现。因为蒙特卡姆侯爵曾将此事通知了布甘维尔，并警告后者注意自己的交通线的安全。此外，为了确保交通线的安全，蒙特卡姆侯爵还命令布甘维尔将吉耶纳团移防到西耶里去——但很不幸的是布甘维尔并未照办。同一天，沃德勒伊侯爵也曾写信给布甘维尔，称整个殖民地的安全都掌握在他的手中，并在信中附了一个兵力分配表。根据该表，法军应做如下部署：在靠近魁北克城的莫斯湾到弗隆湾之间布置150名士兵；在萨摩斯部署一座炮台和30名士兵；在圣迈克尔和西耶里各部署50人；在胭脂角部署200人。沃德勒伊侯爵还提到，在往更西边去的各据点中部署总计2100人的兵力（这其中就包括了吉耶纳团的500人）。9月6日，他又写信告诉布甘维尔，韦尔果将率领100人取代圣马丁麾下的150人接管莫斯湾和弗隆湾之间的防务。次日，蒙特卡姆侯爵也写信给布甘维尔，提醒他无论沃尔夫的船队前往何处，他都应在河岸上保持与船队平行的方向行进。[47]

不过，事实将证明韦尔果是一个错误的人选。因为不相信弗隆湾会是一个可能的登陆地点，所以他允许自己的一些部下（大约有40人）前往洛雷特村帮忙收割农作物。[48]在布置好岗哨之后，韦尔果就上床睡觉去了，他做梦也想不到第二天将会大祸临头。

补给品运输船的故事也颇为有趣。9月9日，一位名叫卡代的法国军队承包商写信给布甘维尔，说自己将在9月10日派四名捻缝工（Calker）①前往胭脂角，去给这些运输补给品的驳船填塞船板缝隙，以便让这些船只能尽快前往魁北克。9月12日，这名商人又写信说："我恳请你今晚让这些船只驶往下游处……因为我急需它们。"[49]填塞船缝的作业所花的时间似乎比预期的时间长——虽然法国哨兵在事先已被告知当晚会有驳船顺流而下，但这些船只却并未出现。不过，这个通告一直都没有被撤销，而这对沃尔夫来说无疑是撞了大运。

随着夜幕的降临，桑德斯海军上将慢慢地将船队驶离锚地，然后将船只沿海岸一字排开，同时命令放下载有士兵的小艇，并开始向博波尔开炮。这次佯攻非常成功，蒙特卡姆侯爵立刻就集中兵力前来迎击。与此同时，福尔摩斯率领的船队则逆流而上——装载有英军先遣部队的平底驳船紧随其后。布甘维尔的部队也在河的左岸紧紧地追赶着英军船队。快到9月12日凌晨2点时，潮水开始退去，"萨瑟兰"号主桅楼的横桁上升起了两盏灯笼——这是开始向下游移动的信号。布甘维尔则以为这不过又是英军的一次佯攻——英军在过去几天

---

① 译注：填塞船板隙缝的工人。

里一直不断地重复这种令人恼火的行动——于是,他放弃了追击。

英军船队最前面的是运载着豪上校麾下轻步兵团的平底驳船,确保他们安全的唯一希望就寄托在德洛纳上尉所统率的24名精锐士兵身上。当这些船只靠近河湾时,水流把它们冲向了左侧那在黑夜中隐约可见的悬崖峭壁。突然间,一声叫喊打破了沉寂。有人喊道:"口令?"弗雷泽团中的唐纳德·麦克唐纳上尉[50]用法语回答道:"法兰西!"对方又问:"哪个团的?"上尉又回答道:"莱茵团(De la Reine,这是隶属于布甘维尔的一支部队)。"法国哨兵遂不再怀疑,英军的船只便继续向下游驶去。当他们快要离开萨摩斯高地的时候,又有一个法军跑到岸边问道:"你们是什么人?"麦克唐纳回答道:"运补给品的。别出声,英国人会听到的。"[51] 由于当时英国的单桅军舰"猎人"号就停泊在不远处的支流中,所以法国哨兵又一次让这些船通过了。几分钟之后,这些船就绕过了弗隆湾西侧的岬角。

此时的潮水非常湍急,英军领头的船只被带到了登陆点下游约0.25英里处——这属实是一件幸事。因为虽然登陆点以东的悬崖更陡峭,但英军轻步兵团最终上岸的地方离法军设有路障的据点也更远。第一艘船抢滩之后,沃尔夫"跳上了河岸,当他看到头顶上那难以攀登——也许根本就无法攀登——的陡峭岩壁时,他大喊道:'我并不确信我们可以爬上去,但我们应当竭尽所能。'"。[52] 不过,德洛纳及其手下的24名士兵还是在未被敌人察觉的情况下登上了崖顶。

德洛纳等人在熹微的晨光中看到了一片帐篷,于是就蹑手蹑脚地向那里移动。韦尔果突然从睡梦中惊醒,抓起自己的手枪向着夜色中射击。三声枪响之后,他听到了一阵呼喊。沃尔夫听到声音之后,立刻命令士兵登陆,并清除了法军设置的路障。做完这些之后,两门铜制六磅炮[53]就被拖拽上了河岸。沃尔夫马上又派出一队士兵前去夺占敌军位于萨摩斯的炮台。现在英军的主力部队开始登陆了,小艇在运兵船和圣劳伦斯河右岸之间往来如梭,运送了1200名士兵[54],而此时已是天光大亮了。

当沃尔夫的这支小部队顺流而下之时,蒙特卡姆侯爵正在博波尔;午夜时分,有人向他报告说在海岸附近发现了船只,他便与舍瓦利耶·约翰斯通一道离开了住所。在约翰斯通的著述中,侯爵说了下面这段话:"我在午夜时派了马塞尔(此人是侯爵的助理参谋)去了那里之后,就没有一个人从我们营地的右边赶来我这。到了早上六七点钟的时候,我就和约翰斯通一道出发了。天哪,我是真没想到,当我来到沃德勒伊侯爵的住所对面的时候，关于昨天夜里发生了什么的第一条消息就是'发现军队已经出现在亚伯拉罕高地上'……"[55] 诚然，此次奇袭和历史上任何一次奇袭一样，都完全出乎敌军的意料，因为桑德斯的佯攻完全误导了蒙特卡姆侯爵。

蒙特卡姆侯爵命令驻扎在博波尔及其东方的部队向魁北克进军，但他立刻就陷入了困境——因为法军的指挥权分别掌握在他自己、沃德勒伊侯爵（魁北克总督兼总司令）和舍瓦利耶·德·拉姆塞（魁北克城防司令）手中。沃德勒伊侯爵不肯派出博波尔以东的部队，因为他始终认为弗隆湾的登陆只是英军的一次佯攻。当蒙特卡姆侯爵向拉姆塞索要25门野战炮时，后者只给了他三门炮。各种命令互相矛盾，蒙特卡姆侯爵只好在一片混乱之中召开了军事会议。

会上出现了许多不同的意见：有人说敌人正在挖掘堑壕；有一些人说敌军要攻占圣查理河上的桥梁，并切断沃德勒伊侯爵与魁北克之间的联系；还有人则主张立即发起攻击；最后，大家都同意了立刻发起攻击的意见。虽然蒙特卡姆侯爵采纳这一建议饱受后人诟病，但实际上他已经没有选择的余地了。如果说他有犯什么错误的话，那就是他没有把会战的时间延迟几个小时，以便争取时间让沃德勒伊侯爵和布甘维尔能够及时赶来——后者直到上午9点左右才得知敌军登陆的消息。

魁北克城中的补给只够维持两天时间，这迫使蒙特卡姆侯爵必须采取攻势——更何况沃尔夫现在还对侯爵通往内地的交通线产生了威胁。每过一个小时，沃尔夫的阵地就会强化一分。如果等英军挖好了堑壕，那么他们第二天就可以在高地上采取行动，用布置好的重炮在几个小时内把魁北克那脆弱的城墙轰个粉碎。因此，摆在侯爵面前的只有三条路：要么战斗、要么饿死、要么投降。他像任何一个勇敢的军人那样选择了战斗：发起总攻的号角吹响了——也许侯爵在亚伯拉罕平原上还可以像在蒙莫朗西那样赢得胜利。

这个平原（或者说高原）是以曾经拥有这片土地的法国领航员亚伯拉罕·马丁（Abraham Martin）的名字来命名的，它是由一连串略有破碎的草原组成的，上面零星散布着一些丛林。平原南边以圣劳伦斯河岸的悬崖为界，而平原北边则以圣·富瓦大道（St. Foy Road）为界。在这片宽约一英里的平原上，蒙特卡姆按照下述序列布置了自己的军队：在圣·富瓦大道上布置了一个营的兵力（共350

名民兵），之后依次是贝恩团（200人）和萨尔团（340人）。在西耶里大道的两侧布置了吉耶纳团（200人）和朗格多克团（320人）；在他们左侧则是鲁西荣团（230人）和一个民兵营（300人）。此外，他还在阵地前方的灌木丛旁边部署了许多民兵和印第安部队，其人数和他部署在右翼的兵力相当。虽然有人认为侯爵麾下共有5000人，但他的总兵力其实只有4000人不到。

按照诺克斯的说法，大概6点左右，在时不时下起的阵雨中，法国人"第一次出现在高原上"。[56] 沃尔夫立刻开始展开自己的战斗序列，并布置了一个纵深为两列的战斗阵形。英军的右翼是第35团（519人），它被沃尔夫布置在靠近悬崖的地方；在其左侧依次是路易堡掷弹兵（241人）、第28团（421人）、第43团（327人）、第47团（360人）、第78团（662人）和第58团（335人）。西耶里大道从英军阵地中穿过，沃尔夫在路上布置了四门六磅炮。在阵形的最左边——也就是第58团的左侧——沃尔夫将第15步兵团（406人）布置成了一个战术钩形。沃尔夫保留了第60团第2营（322人）和第48团（683人）作为预备队。他还把第58团的两个连留在了河湾之中，并通过第60团第3营（540人）将58团和自己的预备队连成了一片。最后，沃尔夫在后方部署了豪的轻步兵团（400人）以对付布甘维尔。按照道蒂的说法，沃尔夫的总兵力是4829人，其中实际参加战斗的人数为3111人。

沃尔夫不仅在兵力上要略占优势，他的士兵的素质相较于法军也要高出一大截。更重要的是，此役中他得到了有史以来英国最优秀的军官的支持。

9点左右，蒙特卡姆侯爵的战线从距离英军大约600码处开始推进，战线的前方则由散兵进行掩护。当法军在灌木丛中向前推进时，沃尔夫在下令英军卧倒的同时，也展开了自己的散兵线。在英军的右翼，法国狙击兵并没有给人留下深刻的印象，但在英军左翼的法国狙击兵却表现得非常活跃——这迫使汤森德把位于第48团左侧的第60团第2营和轻步兵团都调去支援第15步兵团。

10点的时候，法国人开始发起突击，此时的英军也已构筑好了防线。法军在距英军200码时开火射击，但当加拿大民兵卧倒重新装填弹药时，法军的战线开始失去秩序。沃尔夫在这次行动中第一次负了伤（当时有一颗子弹击中了他的手腕），但他只是用手帕简单地包扎了一下，对自己的伤势毫不在意。法军重新组织好阵形，又大喊着发起了攻击，而英军则像一堵坚墙一样沉默以对。

英军无疑是采用了沃尔夫的训练方法，因为他于 1755 年在坎特伯雷担任第 20 步兵团指挥官时就曾制定过如下的规矩："无论面对何种情况，士兵们都不准呼喊怒号……除非他们已经上了刺刀准备冲锋。"关于射击，沃尔夫的指令是："没有必要进行非常快速地射击。士兵如能仔细装填弹药，并进行冷静且精准地射击，要远比在混乱中用最快射速进行射击更具破坏性，也更为可怕……"[57] 此外，他还规定："当（敌军）纵队逼近 20 码以内时，他们（英军士兵）必须要进行精确射击。"[58]

沃尔夫的这些指令都被付诸实践；我们现在知道，在战斗打响之前他曾"明确地命令除非他们（法国人）抵近到 20 码以内，否则不准开火"。[59] 诺克斯记录道："当将军（沃尔夫）部署英军战线的时候，还下令各团士兵额外装填一发子弹。"[60] 此外，诺克斯还写道：

法军继续前进，他们分为三个纵队，一边喊叫一边重新装填武器。其中两支纵队向我军左侧进攻，而第三支纵队则向我军右翼攻击，他们从 130 码外向我军战线的两端做斜向射击，一直抵近到 40 码的距离内。我军岿然不动，表现出了最大的勇气和决心——他们严格遵从军官的命令，直到此时仍然没有开火……[61]

当时的情况看起来似乎是这样的：

当两军距离 100 码时，沃尔夫的部队就开始向前移动，"直到双方相距 40 码时才开火射击"。[62] 这突然的一阵枪声在法军那边"听起来就像是一声炮响一样"。福蒂斯丘写道："英军射击的声音震耳欲聋，这是战场上未曾见过的最完美的一次'排枪'射击，就好像是从一个单一的巨型武器中发射出来的一样。"[63] 之后，一股射击产生的浓烟飘过了战场。弗雷泽写道："在烟雾的掩护下，英军重新装填了弹药，之后又向前移动并再次开火——他们就这样持续地射击了 6~8 分钟。后来，随着浓烟消散，战场开始变得清晰起来。我们看到敌军（指法军）的主力在混乱中向着魁北克城撤退，其余一部分敌军则向着圣查理河的方向逃去。"[64] 这场战斗持续了"不到一刻钟"，[65] 之后便是英军展开的追击战——路易堡掷弹兵、布拉格，以及拉塞尔斯麾下的部队都上好刺刀追了上去。默里旅长的部队在他的指挥下迅速突进，完全击溃了当面的敌军；苏格兰高地部队在安斯特拉瑟的支援下挥舞着大刀驱赶着敌人——后者一部分被逐入魁北克城中，一部分被赶入了圣查理河桥附近构筑的工事中。[66]

两军的主将都受了致命伤。沃尔夫在两军刚交火的时候便阵亡了：当时他正率领第28团发起进攻，一颗子弹击中了他的腹股沟。他蹒跚了一阵，又继续前进，结果胸膛又中了一枪。沃尔夫喘着气说："扶着我，扶着我，别让我那些英勇的部下看到我倒地。"

诺克斯对于此事的记载被普遍认为是最真实的，他写道："将军随即被抬到了后方，当被问到'是否需要一个外科医生'时，将军回答说：'没必要了，我已经不行了。'随从中有一个人喊道：'他们跑了，看他们怎么跑！'我们的英雄好像从睡梦中惊醒一样，他紧张地问道：'谁跑了？'那位军官答道：'是敌军跑了，先生，他们已经溃败了。'于是将军回答说：'小伙子，你们赶紧派一个人去通知伯顿上校，命令他派韦伯的团向圣查理河全速前进，切断敌军过桥的退路。'之后，他翻了一个身，说：'感谢上帝，我可以平静地死去了。'随即他便离开了人世。"[67]

蒙特卡姆侯爵也同样遭遇了不幸。法军溃败之后，当侯爵逃到魁北克城下时，一颗子弹射穿了他的身体。他被两个士兵扶在马鞍上，从圣路易门进入城中。人群中有一个人在认出了他之后，便不禁喊道："上帝啊！上帝啊！侯爵死了！"侯爵回答道："这没什么，这没什么。我的朋友们，不要为我悲伤。"当天晚上，侯爵就去世了。到了次日上午8点，他被埋葬在了乌尔苏拉（Ursulines）教堂墓地的一个弹坑之中。

那么，布甘维尔所率领的2000人的情况又如何呢？他们正疲惫不堪地停留在胭脂角附近。当天清晨，潮水开始退去之后，福尔摩斯和其船队又向着下游驶去；6点45分的时候，沃德勒伊侯爵派人通知布甘维尔"英军正在登陆"，而后者在上午9点才收到这个消息，之后他便立刻向东行进。在正午到下午1点之间的某个时间，布甘维尔抵达了圣·富瓦大道——此时他正处于沃尔夫战线左翼的后方。汤森德命令第48团调头抵挡敌军，该团在第60团第3营和轻步兵团的支援下击退了布甘维尔的部队。

因为军中资历仅次于沃尔夫的蒙克顿也受了伤，所以汤森德便接过了英军的指挥权，并展开了对魁北克的进攻。城内的沃德勒伊侯爵召开了一次军事会议，决定弃城撤退。晚上9点，法国人"毫无秩序和尊严"地逃往位于圣劳伦斯河上游、距离魁北克约30英里的雅克·卡地亚。

英法两国争夺北美洲霸权的长期斗争就这样结束了。英军阵亡军官10人，士兵48人，另有37名军官和535名士兵负伤，总计伤亡630人。至于法国方面的损失，则不得而知。

沃德勒伊侯爵弃城而逃的行为，再加上补给的匮乏，使拉姆塞于9月17日宣布投降。次日，汤森德在进入了魁北克城之后，立刻着手加强它的防御工事，并储备了过冬的粮食。大约一个月以后，桑德斯海军上将和福尔摩斯海军上将——如果没有他们的鼎力合作，这次战役不可能获胜——麾下的舰队启程返回英国。11月20日，海军上将爱德华·霍克爵士在基伯龙湾对阵海军上将孔夫朗时又取得了决定性的胜利——从此法国海军一蹶不振，而英国则完全掌控了大西洋的制海权。

此时，默里留在魁北克担任指挥官，他和他麾下的部队在已是一片废墟的城市中度过了一个可怕的冬天，城中的守军因为疾病而减员到3000人。1760年4月，当默里得知李维斯打算发起进攻时，他占领了胭脂角河口。4月26日，李维斯率领9000人（包括正规军和殖民地民兵）逼近此地，默里选择了撤退。4月28日，默里带着3000名士兵、23门野战炮及榴弹炮在圣富瓦攻击了李维斯，但在损失了三分之一的兵力后被迫撤兵。接着，法军就围困了魁北克城，直到5月16日英国舰队的再次出现为止。

春季到来之后，阿默斯特出任了英军最高统帅，他同时从东、西、南三个方向入侵加拿大。默里奉命溯圣劳伦斯河而上，哈维兰从尚普兰湖出发北进，而阿默斯特本人则从安大略湖出发进抵圣劳伦斯河。虽然此次行动一开始并不顺利，但最终也获得了成功——蒙特利尔于9月8日宣告投降。就这样，英国人征服了加拿大全境，沃尔夫的遗志至此终告完成。关于阿默斯特，福蒂斯丘这样写道："自马尔堡公爵去世之后，他是英国诞生出的最伟大的军事将领，直到后世的威灵顿崭露头角之后，他的光芒才被后者所掩盖。"[68]

1763年1月，英国枢密院大臣、格兰维尔伯爵约翰·卡特里特在临终前曾要求副大臣罗伯特·伍德为他朗读用以结束七年战争的《巴黎条约》的初稿。当听完条约的内容后，卡特里特喃喃说道："这是英国历史上最光荣的战争，也是英国获益最多的一次和平。"

《巴黎条约》于1763年2月10日被批准，法国把整个加拿大都割让给了英国，在印度也只留下了五个城市：马希、本地治里、金德讷格尔、加里加尔和亚隆。该条约不仅确保了英国的海上霸权，还让普鲁士威名大盛：一个更大的帝国（指英帝国）诞生了，一个更大的王国（指普鲁士）也建立起来了；前者控制了海洋，而后者则使欧陆的局势变得更加复杂。法国不仅失去了自己的殖民帝国和海军，还陷入了财政破产的窘境——这在后来催生了法国大革命。夏多布里昂认为："从此法国的势力就在北美洲销声匿迹了，就像他们曾经同情过的印第安人一样。"[69] 帕克曼也写道："法国失去了一切，而且更重要的是，英国胜利了。英国有史以来第一次毫无疑问地变成了世界上最伟大的海上强国和殖民帝国。"[70]

不过，沃尔夫取得的胜利所带来的最为重要且直接的影响，就是让新英格兰、弗吉尼亚、宾夕法尼亚以及其他殖民地的殖民者们，消除了心中对法国势力的畏惧。在当时有很多人都看到了这一点，其中就包括贝德福德公爵；1761年5月9日，他在写给纽卡斯尔的信中说："说实在的，大人，我不知道毗邻我们北美殖民地的法国势力，是不是促使前者依赖我们这个母国的最主要因素。依在下愚见，当来自法国人的威胁解除了之后，这些殖民地反而会减少对我们这个母国的依赖。"[71]

注解

1. "General Orders in Wolfe's Army during the Expedition up the River St Lawrence, 1759", *Historical Documents, Literary and Historical Society of Quebec*, 4th Series (1875), pp.14—30.
2. *Memoirs of the Reign of King of George II*, Horace Walpole (1874), vol.III, p.231.
3. 第60团（皇家美洲军）"装备有战斧"，参见 Journal of the Siege of Quebec, John Montresor, *Collections of the New York Historical Society for the Year 1881*, p.208。蒙特雷索是一名受过训练的工程师；他在第48团任中尉时曾在莫农格希拉河之战——也就是布拉多克惨败的那次——中负伤，此外他还参加过对路易堡的围攻。
4. 该数据主要来自 *The History of Canada*, William Kingsford (1888), vol.IV, p.235。
5. *England in the Seven Years' War*, Julian S Corbett (1907), vol.I, p.409.
6. *Travels in Canada*, Heriot, p.98.
7. 参见 *The American Colonies in the Eighteenth Century*, Herbert L Osgood (1904), vol.IV, pp.436—441。
8. *The Conquest of Canada*, G.D.Warburton (1849), vol.II, p.126.
9. 此人是一位著名的环球航海家，他在1756年时被任命为蒙特卡姆侯爵的副官。
10. 参见 *Journal de Foligne, Journal de Johannes, The Siege of Quebec and the Battle of the Plains of Abraham*, A.Doughty (1901), Vol.IV, pp.164, 220。亦可参见 *La Guerre de Sept Ans*, Richard Waddington (1899), vol.III, pp.260 et seq。
11. 所有10—60岁的男性都被编入了地方民兵，而这些人不过是一群武装起来的乌合之众罢了。
12. 舍瓦利耶·约翰斯通在他的《地狱对话》的第8页中指出了蒙特卡姆侯爵的战线过于漫长。约翰斯通是一个苏格兰詹姆斯二世党人（Scottish Jacobite），他在卡洛登战役后就逃亡法国；此人也曾是蒙特卡姆侯爵麾下的一名工作人员。（参见 Literary and Historical Society of Quebec，2nd Series。）
13. 参见 *Life of Major-General J Wolfe*, R.Wright (1864), p.498。
14. *Montresor's Journal*, p.196.
15. *Military Affairs in North America 1748—1765*, Stanley Pargellis (1936), p.433.
16. 法国人在这次攻击中使用了七艘火船，这些船上的装备的总价值超过了100万法郎。在1758年7月9日帕尔盖里斯的一份报告（pp.411—418）中我们可以读到如下内容："迪斯考男爵及其副官谈到过一种发明，法国人认为这种发明可以摧毁溯河而上的船只；在魁北克我们见到了这种发明，他们称其为火筏……"
17. 蒙特雷索（p.207）说："那些非正规部队在登陆时带走了两张头皮，杀死了三个人并抓了三个俘虏，这几个俘虏被带到沃尔夫少将那里进行审问。"
18. 参见 Malcolm Fraser's Journal, p.4. *Literary and Historical Society of Quebec*, 2nd Series。蒙特雷索说沃尔夫曾试图于6月30日前往李维斯岬角，但因为法国人的炮火而不得不折返。
19. *Montresor*, p.212.
20. 同上，p.213。
21. 1759年9月5日海军上将桑德斯的调度命令。参见 *The Gentleman's Magazine (October, 1759)*, vol.XXIX, p.470。
22. Vol.IV, p.103.
23. *Townshend Papers*, Doughty, vol.v, pp.194, 250, 273.
24. 见 *A Journal of Expedition up the River St. Lawrence*, p.8 (*Literary and Historical Society of Quebec*, 4th Series)。这部分内容可能是由卡尔顿将军的私人秘书、尊敬的乔治·奥尔索普所写。
25. 参见 *Journal of Major Moncrief*, Doughty, vol.v, p.42。此役中一位不知名的参与者写道："我们中午时都登上了平底船，然后在敌人眼皮底下拼命划船；我们暴露在敌人的炮火下长达六个小时，我一直在等敌人的炮台沉寂下来（这些船只根本发挥不了作用），也等待着水位下降到足够低的位置，这样我们就可以穿过瀑布……将军命令掷弹兵攻击前进，此举激励了我军的士气，我们根本无法阻止他们。"（Pargellis, p.434）蒙特雷索写道：

"我们的总司令对他的掷弹兵部队感到非常恼火,他说自己曾指责他们什么都好,就是没有纪律精神,因为他们没有等到自己发布命令就擅自出击了。"

26. 参见 *Memoirs of the Quarter Mas'r Sergeant*, Doughty, vol.v, p.94。
27. 引自 *Montcalm and Wolfe*, Francis Parkman (1901), vol.II, p.270。
28. *A Dialogue in Hades*, p.14.
29. 参见 *Doughty*, vol.II, p.123。
30. 这一暴行是第43步兵团的亚历山大·蒙哥马利上尉所为,参见 *An Historical Journal of the Campaign in North America for the Years 1759—60*, Captain J. Knox - of the 43rd Foot- (1769), vol.II, p.32。
31. *Montresor*, p.231.
32. *Journal of Major Moncrief*, Doughty, vol.v, p.56.
33. *Townshend's Diary*, August 15, Doughty, vol.iv, p.258.
34. 沃尔夫下达的指令。
35. 参见 *Ibid.*, vol.VI, p.92. 关于旅长们的计划对英军部队集结的影响,参见 p.93。
36. 有关于此事的完整记述参见 *The Gentleman's Magazins*, October, 1759, pp.466—470, 亦可参见 *Knox*, vol.II, pp.41—49。
37. *Knox*, vol.II, pp.51—54.
38. *Journla of Major Moncrief*, Doughty, vol.v, p.48.
39. 同上。
40. 同上。
41. *Knox*, vol.II, p.61. 法军在西勒里的指挥官识破了沃尔夫等人的伪装,因为当他们解开外套的时候,法国人看到了他们的金色穗带以及其他代表军官的饰物。(*Doughty*, vol.IV, p.121.)
42. 见 *Journal of Major Moncrief*, Doughty, vol.v, pp.48—49。温莎说是罗伯特·尚宝——此人在福特尼斯蒂陷落后被俘——让沃尔夫注意到了这个河湾(*Narrative and Critical History of America*, 1889, vol.v, p.546)。科伯特(vol.I, 462.)写道:"这是一次天才之举;这显然是一次慧眼独具的突袭行动,其过程跟旅长们制定的计划分毫不差。"科伯特还说当沃尔夫把希望寄托于攻击蒙特卡姆侯爵的左翼时,这些旅长们则把攻击重心放到了侯爵的右翼。这是实情,但科伯特却错误地认为这意味着英军是在特朗布勒岬角或胭脂角登陆的,实际上旅长们的报告中并没有提到具体的登陆位置。就此推测沃尔夫没有遵循旅长们的计划是错误的。
43. *Doughty*, vol.iv, p.296.
44. *Knox*, vol.II, pp.62—64.
45. *General Orders in Wolfe's Army*, pp.53—54.
46. 根据曼特的说法,虽然这两个逃兵向"猎人"号上的史密斯上尉报告了有关补给品运输船队的事,但史密斯并没有把此事上报给司令部。当沃尔夫的船队顺流而下时,史密斯还险些向他们开火。(*History of the Late Wars in America*,1772,p.262)
47. 参见 *Correspondance de Bougainville*, pp.93—109, Doughty, vol.iv。
48. 有记载表示,当时韦尔果全部兵力也就仅有60人。
49. *Correspondance de Bougainville*, pp.115—126, Doughty, vol.iv.
50. 有记载称,在这里用法语回应的是弗雷泽本人,他喊道:"法兰西和罗伊万岁!(La France et vive le Roy)"法国哨兵们便沿着河岸边跑边喊:"让他们过去,他们是给我们运补给的。"
51. *Montcalm and Wolfe*, Francis Parkman (1901), vol, II, p.298.
52. *Memoirs of a Quarter Mas'r Sergeant*, Doughty, vol.v, p.102.
53. *Pargellis*, p.438.
54. 参见 *Letters of Admiral Holmes*, September 18, 1759, Doughty, vol.v, p.297。
55. *A Dialogue in Hades*, p.39.

56. *Knox*, vol.II, p.69.
57. *Journal of Major Moncrief*, Doughty, vol.v, p.53.
58. *Entick*, vol.iv, pp.92—97.
59. *The Sergeant-Major's Journal*, Doughty, vol.v, p.10.
60. *Knox*, vol, II, p.71.
61. 同上，vol.II, p.70。
62. *Townshend's Journal*, Doughty, vol.IV, p.269.
63. *A History of the British Army*, J.W.Fortescue, vol.II, p.381.
64. *Frasr's Journal*, p.21.
65. 见 *Letters of Admiral Holmes*, Doughty, vol.IV, p.298。
66. *Townshend's Journal*, Doughty, vol.IV, p.270.
67. *Knox*, vol.II, p.79.
68. *A History of the British Army*, the Hon.J.W.Fortescue, vol.II, p.405.
69. *Travels in America*, Chateaubriand (1828), vol.II, p.207.
70. *Montcalm and Wolfe (1884)*, vol.II, p.426.
71. 这确实是一个精准的预言（引自 *Corbett*, vol.II, p.173）。爱德华·钱宁引用了两个引人瞩目的预言（*History of the United States*, 1920, vol.II, p.603），其中一个是舒瓦瑟尔在1761年做出的，另外一个则是韦尔热纳于1763年早些时候做出的。在第一个预言中，舒瓦瑟尔表达了他的困惑："我们伟大的皮特居然如此执着于让法国割让加拿大；他注意到，由于其人口的劣势，加拿大在法国人手中是绝不会对英国造成威胁的；而且只要加拿大仍在法国人的手中，那我们的殖民地就无法摆脱对母国的依赖，这对我们是有益的。然而在加拿大被割让出来的那一刻，他们对母国的依赖被动摇了。"在第二个预言中，韦尔热纳则说："……一旦从他们所畏惧的邻居的威胁中被解放出来，其他的殖民地将很快发现他们不再需要你们的保护了。你们会要求他们来分担自己身上的负担，而这种负担正是由于要支援他们才出现的……但他们只会以动摇对母国的依赖来作为回应。"在另一些记载中（*The Gentleman's Magazine*, 1759, p.620）还可以找到一则颇为讽刺的预言："加拿大应当恢复之前的秩序，这样英国就可以再打一场战争；法国人和印第安人可以继续剥去英国殖民者的头皮，这样一来便能限制后者的发展。否则这些孩子（指英属殖民地）就会长得和他们的母亲（指英国）一样高了……"

大事记
英国和法国在北美的冲突

　　1608年,法国人在加拿大建立了他们的第一个永久性殖民地,从此开始了与英国人在北美洲的竞争。虽然在经过多年的边境纠纷之后,两国最后是在战场上决出胜负的,但从根本上说,两国间的竞争结果是由各自不同的殖民方式所决定的。法国人的殖民活动大多属于传教性质,其目的在于让印第安人皈依基督教并接受西方式的文明;而英国的殖民活动则以商业为主:他们占领印第安人的狩猎场,然后将其转变为欣欣向荣的定居点。法国人寻求与印第安人进行的合作,而英国人则与印第安人为敌。结果,法国殖民者变成了散布在广阔地区中的商人和猎户,而英国殖民者则变成了定居的农民或城镇居民——他们集中起来不断地扩大自己的力量,其人口数量迅速超过了法国殖民者。此外,由于清教徒纷纷从英国逃往北美,这也进一步促进了英国各殖民地的发展——这是法国胡格诺教徒向法属殖民地的移民活动所无法比拟的。由于法王路易十四不容许在北美出现由异教徒建立的定居点,所以无法在加拿大、阿卡迪亚(也就是现加拿大的新斯科舍)和路易斯安纳(1682年由萨尔建立)建立避难所以躲避宗教迫害的胡格诺教徒们成群结队地涌入了卡罗莱纳。至1713年签订《乌得勒支条约》的时候,在加拿大的法国殖民者人数不超过两万人,但仅新英格兰就有15.8万名英国殖民者,而在其他英属美洲殖民地中还有21.8万名英国殖民者。35年之后,法国在加拿大的人口达到了8万人,但在英国殖民地中仅白人居民就有100万人之众。

　　《乌得勒支条约》签订后不久,为了弥补失去阿卡迪亚和纽芬兰的损失,法国人花费了3000万里弗在布雷顿角岛上修建了规模庞大的要塞——路易堡（Louisbourg）。从此，英法两国殖民者之间的关系变得愈发紧张起来。1745年，英法两国正在交战，马萨诸塞总督威廉·谢利（William Shirley）率领新英格兰的殖民者围攻路易堡；在沃伦海军上将（Admiral warren）和四艘战舰的帮助下，他们经过五周的围攻终于攻克了该要塞。不过，该要塞在1748年时又根据《艾克斯拉沙佩勒条约》还给了法国人。

《乌得勒支条约》的墨迹尚未干透，加拿大总督加里索尼耶（Gallisonicre）就延续了萨尔的侵略政策，派遣一支远征军进入俄亥俄（Ohio）地区，并以路易十五的名义宣布对该地区拥有主权。加里索尼耶的目的是在俄亥俄河谷地带建立一些法国定居点，并通过一连串的要塞把加拿大和路易斯安纳连成一片，从而把英国殖民者的活动范围限制在大西洋和阿利根尼山脉之间。为了挫败加里索尼耶困住英国殖民者的企图，弗吉尼亚总督罗伯特·丁威迪于1753年派了一个名叫乔治·华盛顿（George Washington，1732年至1799年）的年轻人率领一支部队在阿勒格尼河与莫农格希拉河的交汇处修建了一座要塞。第二年，华盛顿再次率领大约400名士兵和印第安人出征，在经过一系列小规模的冲突后，他终因寡不敌众而被迫在大草原（Great Meadows）向法国人投降。

由于发生了上述这一系列事件，英国议会决定采取强有力的措施。1775年春，两个团的英军被派往弗吉尼亚的亚历山大城（Alexandria）；他们在那里被纳入布拉多克将军（General Braddock）麾下，准备向迪凯纳堡（Fort Duquesne）发起进攻。这个堡垒是由法国人建造的，但它的建造地点却是华盛顿在两年前选定的，因此后者也一起随军出征了。这支远征军由于6月间出发，拥有1400名正规军和600名殖民地民兵。此次远征对布拉多克来说乃是一场灾难：他虽是一名英勇无畏的军人，但却在莫农格希拉河畔的森林中遭遇了伏击；远征军死伤了863人，而将军自己也因伤重不治而去世。1756年5月，英法两国正式宣战，法国方面派蒙特卡姆侯爵（Montcalm）前往魁北克——他从沃德勒伊侯爵手中接管了驻加拿大法军的指挥权。

在蒙特卡姆侯爵出发的一个月前，英国方面也派劳登勋爵（Lord Loudon）前往纽约担任总司令，陪同他前去的还有詹姆斯·阿伯克龙比将军。劳登勋爵缺乏勇气，贺拉斯·沃波尔爵士曾这样评价他："我觉得接下来的这个夏天不会太好：一支分遣队正在前往美洲的路上，但一个小孩都有可能用一把玩具枪骗过他们的指挥官，或是干脆吓破他的胆子。"事实证明此言非虚：劳登勋爵浪费了一整个夏天来准备进攻提康德罗加（又名卡里永），但当他发现法国舰队要比英国舰队强大时，却又立刻放弃了进攻计划。与此同时，蒙特卡姆侯爵却在提康德罗加集结了8000人的兵力（包括法属加拿大人和印第安人），并围攻了威廉·亨利堡（后改名为乔治堡）——该要塞后来被迫向法军投降。

六月份加入纽卡斯尔政府的威廉·皮特（William Pitt）在之后的几年里成了真正意义上的政府首脑，他明白不可能在欧洲解决英法两国间的争执，故决心一劳永逸地击溃法国人在美洲的势力。皮特抛弃了所有传统的方式，竭尽所能地去寻找最优秀的士兵和水手；他用阿伯克龙比取代了劳顿勋爵，并从日耳曼召回了阿默斯特将军来协助前者。皮特在1758年的计划是要从法国手中夺取其在北美洲的三个权力中枢——路易堡、提康德罗加（Ticonderoga）和迪凯纳堡。

路易堡是圣劳伦斯河的门户，其防御工事自1748年以来就不断得到修复和加固。路易堡现有的守军是舍瓦利耶·德·德鲁科麾下的3000名正规军。此外，这些守军还能获得一支由12艘战舰组成的舰队的支援。为了攻下这个固若金汤的要塞，皮特出动了一支由22艘战列舰、15艘护卫舰和120艘运输船组成的舰队——该舰队将在博斯科恩海军上将的指挥下，运载并护送由阿默斯特指挥的14个步兵营（含炮兵和工兵）前往哈利法克斯。

在惠特莫尔、劳伦斯和詹姆斯·沃尔夫这三位准将的陪同下，阿默斯特于2月19日从朴次茅斯起航，并于5月28日抵达了哈利法克斯。当他确定一切都已经准备就绪之后，就再度出海，并于6月2日将舰队停泊在了加伯鲁斯湾——这支部队登陆的地点正是1745年新英格兰殖民者所选定的登陆点。6月12日，德鲁科自己摧毁了大炮台；次日，沃尔夫便绕过港口攻占了灯塔岬角（Lighthouse Point）。从这时起，围城战便开始了，但直到7月26日德鲁科才宣布投降。通往圣劳伦斯河的道路被打开了，阿默斯特遂敦促博斯科恩前往魁北克，但后者却并不愿意这样做。不久之后，沃尔夫也请病假回英国去了。

为了攻占迪凯纳堡——此地乃是通往西部的门户——皮特任命约翰·福布斯准将（Brigadier-General John Forbes）为指挥官，并分配给他一支由1500名正规军（大多数为苏格兰高地兵）和4800名殖民地民兵组成的部队。福布斯的部下中就有著名的亨利·布凯上校和华盛顿。

福布斯于7月初出发，一路小心翼翼地向前推进着；他的前卫部队由布凯统率，这是因为福布斯在战役的大部分时间里都重病缠身，不得不让人用担架抬着他走。当抵达了贝德福德附近的雷镇（Raystown）之后，福布斯命令主力部队暂停前进，只派出布凯越过洛亚尔汉南一线；布凯从那里派遣格兰特少校（Major Grant）和800名苏格兰高地士兵前去侦察迪凯纳堡。格兰特少校立刻开始行动，并于9月14日抵达了距迪凯纳堡不到半英里远的一座小山丘——这里以后就被叫作格兰特山（Grant's Hill）了（现在是匹兹堡的一部分）。和布拉多克的遭遇一样，格兰特在那里也遭到伏击并损失了300人。虽然遭到了挫败，但福布斯还是坚持进军。11月25日，福布斯发现法军在焚毁迪凯纳堡之后撤退了，于是便占领了这座堡垒（后改名为皮特堡，即以后的匹兹堡）。

皮特的第三个目标提康德罗加是通往圣劳伦斯河的"侧门"，他希望在这里对蒙特利尔和魁北克发起一次远征。他让阿伯克龙比指挥这场战斗，但却不太信任后者的能力，所以又派了奥古斯都·豪勋爵（Lord Augustus Howe）担任副将。豪勋爵不仅是一个颇有能力的军官，还曾在美洲游击战士罗伯特·罗杰斯那里学习过印第安人的战术。这支部队是迄今为止在美洲出现过的规模最大的一支远征军，共有6350名正规军和9000名殖民地民兵。

六月底，阿伯克龙比拆除了位于奥尔巴尼的营地，开始向威廉·亨利堡进发。7月5日，他在那里用1035艘小船运载着远征部队驶入乔治湖。但不幸的是，豪勋爵在次日进行登陆侦察时遇害了——他的死让远征军失去了真正的领袖，也让阿伯克龙比丧失了仅有的一点决心。

7月8日，远征军开始登陆，却遭遇了一个坚固的堑壕工事（其外围还设有鹿砦保护）——该工事是由蒙特卡姆侯爵修建的，用以作为提康德罗加的外围屏障。阿伯克龙比不待炮兵抵达便下令开始发起正面进攻，远征军一共突击了七次，阵亡了2000人。等到撤退的军号声响起时，惊慌失措的士兵们开始乱哄哄地向登陆地点跑去。

好在布拉德斯特里特上校（Colonel Bradstreet）进行了一次卓有成效的突击行动，在一定程度上抵消了前述这场灾难性的失败所带来的恶劣影响。上校主动率领3000人前出到了莫华克河畔，并渡过安大略湖，焚毁了弗兰特纳克堡（即金斯顿）。

皮特在1758年发起的三次战役就这样落下了帷幕。美洲的形势开始逆转，路易堡和迪凯纳堡落入了英国人的手中，而弗兰特纳克堡也化为了灰烬：通往加拿大的道路业已畅通无阻了。

萨拉托加受降（1777年）

第九章

当豪在纽约和新泽西进行军事行动时，盖伊·卡尔顿爵士也率领加拿大境内的英军和柏戈因一道经尚普兰湖攻入了纽约州。卡尔顿是在1776年10月领兵出征的，他很快就进抵了提康德罗加。不过，卡尔顿认为当时已是深秋，遂又决定率军撤回加拿大。柏戈因对此感到无比失望，遂在11月启程返回英国，一心只想着如何赶快结束这场战争。

豪对伯戈因的想法心知肚明——前者在11月30日写信给杰曼，阐述了自己关于1777年的作战计划。之后，英国当局采纳了该计划，计划的内容可以概述如下：

驻扎加拿大的陆军应取道尚普兰湖前往奥尔巴尼（预计在9月份抵达）。之后，"如果可能的话，为了让战争在一年内结束"。豪建议自己麾下的部队应采取如下行动：（1）克林顿率领10000人进攻并占领波士顿。（2）另派10000人从纽约出发，沿着"北河"（哈德孙河）向奥尔巴尼进军。（3）一支8000人的防御部队负责掩护泽西岛，同时让费城保持戒备状态，以此来牵制南方军（华盛顿所部），之后再于秋季向费城发起攻击。不过，这一步要等到其他行动获得成功后方可实施。为了完成上述行动，豪要求给自己增兵15000人。[1] 12月30日，这份作战计划被送到了杰曼手中。

三周之后——12月20日——豪又对自己的作战计划进行了如下修改：

……宾夕法尼亚的民意已经发生了很大的变化：由于我军最近取得的进展，当地的主流民意都希望实现和平。我军如能攻占费城，便将会进一步加强他们的这种观点，因此我确信我军主力应当向费城发动攻势……

由于这一变化，我军对波士顿的进攻计划必须推迟，等到来自欧洲的增援到达后再行定夺。我军需另外派出一支部队前往哈德孙河下游布防，以便掩护泽西岛，并在一定程度上方便加拿大方面的攻势。

我们不能指望北方军（加拿大英军）能在9月中旬以前到达奥尔巴尼。当然，这支部队的后续行动只能根据当时的情况来做决定。[2]

杰曼在1777年2月23日才收到了豪的这封信。

在豪写信的同时，伯戈因已经在12月23日返回了英国。他多次与杰曼和国王讨论当前的局势，并在2月16日时提出了一个名为"从加拿大方向进行战争的设想"的计划，其内容可以概括如下：

1. 在克朗角集结最少8000名步兵、若干炮兵、"一队水兵，2000名加拿大人——包括士兵和其他工人——以及1000名（或更多）野蛮人"。这支纵队将前往提康德罗加。

2. 同时，豪要派出一支军队进入哈德孙河，而"加拿大军的唯一目标"就是"与这支部队会合"。说得再详细点就是，"这些想法得以实现是基于这样一种假设的，即加拿大军唯一的目标就是与豪将军建立联系。两军会合之后应联手攻占奥尔巴尼并打通到纽约的交通线，之后加拿大军将停留在哈德孙河，以便让豪可以倾尽全力向南进攻"。

3. 同时，另派一支部队从奥斯维戈向南进抵莫霍克河，以便与上述两支部队在奥尔巴尼会合。

如果认为将要投入战场的这三支部队还不足以"按照上述设想行动并确保成功的话，那么另一个选择就是让加拿大军在魁北克登船，走海路与豪将军会合"。[3]

尽管加拿大的英军要穿越大约200英里最难以行军的地带，但伯戈因的这个计划尚属合理，因为其目的是直接打击叛乱的核心地区，并通过占领提康德罗加到哈德孙河一线来封锁新英格兰地区，进而将其征服。最后，如果南方各殖民地仍然坚持武装叛乱，那么英军就将打垮他们。从战略层面上来看，这个计划最大的优势就在于，除了在乔治湖和哈德孙河之间有一处宽约12英里的陆地阻隔外，从魁北克到纽约之间都可以通过水路进行运输。

国王和杰曼都接受了伯戈因的计划，但他们同时也坚持执行了豪于12月20日提交的方案。3月26日，杰曼写信给盖伊·卡尔顿爵士："他（指卡尔顿）要统率3770人防守魁北克，而伯戈因则率7173人'尽一切可能地进行远征'并在奥尔巴尼与豪将军会合。之后，伯戈因所部将归属豪指挥。与此同时，圣·莱格尔中校会率领675人'转移莫霍克河上敌军的注意力'，并同时向奥尔巴尼进发。"杰曼接着写道："我马上就会单独给威廉·豪爵士再写一封信，但你也必须尽快把这个计划的消息告诉他，并指示伯戈因中将和圣·莱格尔中校抓住一切机会执行该计划。

他们要服从豪爵士的命令……他们要时刻牢记自己的主要目标是跟豪爵士会合。"⁴

这封信的副本被交给了伯戈因,后者遂认为一切都已安排妥当,于是就从普利茅斯登船返回加拿大。然而事实却并非如此:虽然杰曼曾命令他的书记员给豪爵士起草一份类似的信件,并在信中明确要求豪爵士沿哈德孙河向上游移动,但当杰曼去办公室签字时,却发现此信尚未写好。他没有等信写完就离开了,后来又忘记了在上面签字,所以这封信要么是未曾发出,要么就是遗失了。⁵

更糟的是,当伯戈因还在海上漂泊的时候,豪爵士又在4月2日再一次改变了自己的计划(这是由于其要求的15000名援兵中只有2900人可用)。豪爵士向杰曼汇报说,"除了向南进军,以及在哈德孙河上偶尔进行牵制作战"外,他已经放弃了所有关于远征的念头,而且他还准备放弃从陆上进攻费城的计划,改从海路向南方进发。杰曼在5月18日的回信中表示同意豪爵士的这个新计划,但他显然已经发现之前那封没签字的信件实际上根本就没有寄给后者,于是又补充说自己相信"无论其计划如何,都应当立刻执行,以便配合奉命从加拿大出发的英军的行动"。⁶当豪爵士收到这封信时身处何处,以及当时伯戈因正在做什么,我们留待下文解说。

5月6日,伯戈因抵达魁北克后就立刻写信给豪爵士:"按照目前接到的命令,我唯一的目标就是和你会师——我必须尽可能地寻找实现这一目标的最迅捷的方式,而且我不认为自己有任何理由去拖延此事。"⁷5月12日,伯戈因来到了蒙特利尔,卡尔顿——此人之前已受到杰曼的严厉斥责——迎接了他。伯戈因写道:"那个军官(指卡尔顿)哪怕是为他自己或他的兄弟工作,其热心程度也不过如此了;对于我的要求和愿望,他可谓是有求必应。"⁸之后,伯戈因又给豪写了一封信,再次提出两军会师奥尔巴尼的计划。

虽然有了卡尔顿的精诚合作,但伯戈因还是很快就碰到了无法克服的难题:军中没有任何一件事情能够保密。5月19日,伯戈因给还在伦敦的哈尼将军写信:"蒙特利尔城中流传着一份文件,上面把整个作战计划都公布了出来,其内容之准确几乎就像是国务大臣信件的一份副本一样,这实在令我感到讶异和羞愧。"⁹而伯戈因把这些泄密事件归咎于身在英国本土的相关人士。更糟糕的是,加拿大人此时也拖了后腿:人们发现那里的交通业已瘫痪,而且也没有足够的马匹来驮运火炮¹⁰——英军不得不马上用尚未处理的木料来制造了500辆二轮运输车。伯戈因此时就已经开始要面对严峻的补给问题了。我们应当谨记的是,在18世纪,很少有军队驻扎在加拿大。无论如何,在伯戈因的行军路线上的都是人烟稀少的地区,想要就地补给军需几乎是不可能的事情。

不幸的是,伯戈因和其他英国军官一样——都很轻敌。诚然,在美国①(特别是新英格兰各地)达到服役年龄的男子除了加入民兵外并不愿意参军入伍;除非是大祸临头,否则他们是不愿意离开故土或是长时间在军中服役的。[11]尽管如此,他们还是能够迅速地动员起来;在新英格兰这种地形支离破碎的地方,那些森林、山地和河谷能够给他们提供很好的掩护,这极大地弥补了他们缺乏军纪的缺陷。里德塞尔夫人将新英格兰人称作"天生的士兵",而伯戈因麾下负责指挥轻步兵的巴尔卡雷斯勋爵也说过"他们打起仗来总是英勇顽强"。[12]值得注意的是,新英格兰人的武器装备极差,但他们熟悉地形,并本能地根据自己家乡的情况调整战术的运用,这一事实大大地抵消了他们的劣势。[13]他们中有许多无与伦比神枪手,当这些人使用来复步枪时,英军远非他们的对手——虽然来复步枪的装填速度很慢,但其精确度却远非滑膛枪所能比。乔治·汉格上校曾说过这样一件事:有一次他亲眼看到一个美军来复枪手向他和塔尔顿上校开火,并打死了站在他们身边的一名勤务兵的马匹,而这个枪手距离他们至少有400码远。[14]伯戈因也曾说道:"敌军有大批装备来复步枪的神枪手,这些人在交战中会以小分队的形式骚扰我军侧翼;他们很擅长保护自己和转移阵地。在这场战斗中(指1777年9月19日的战斗),他们中的许多人躲在己方战线后方的大树上射击。在我军的整条战线上,几乎每分钟都有落单的军官伴随着步枪射击的烟雾而被击中。"[15]

正如巴尔卡雷斯所言,美军几乎没有炮兵,因此他们"总是在不知疲倦地挖掘堑壕来保护自己的安全。通常他们还会再增设一个鹿砦"。[16]而火炮在英军方面则发挥着相当重要的作用。邦克山一战令英军大开眼界,伯戈因也充分地认识到了此战的意义,因此他从来没有试图将欧洲的战术应用于发生在森林和灌木丛中的战斗上。我们在一些资料中看到:"少将(指伯戈因)希望军队在所有行动中——特别是在陌生地域的行动中——都保持最高的戒备并用最快的速度行动。在类似的军事行动中,军官们必须要发挥主观能动性,而不是一味地等待前线传来的情报和上级的新指令……"[17]

---

① 译注:此时美国已经正式建国。

在部下接受了这种合乎常识的战术训练后，时年56岁的伯戈因于6月初开始在黎塞留河——该河位于尚普兰湖以北——附近集结自己的军队。这支军队的构成如下：第9团、第20团、第21团、第24团、第47团、第53团和第62团，以及第29团、第21团和第34团的掷弹兵和轻步兵连队——以上部队均由英国人组成，共计3724人；五个团的日耳曼士兵——他们大多为布伦瑞克人——共计3016人；炮兵357人；新兵154人；加拿大兵148人；此外，还有500名印第安人。以上总计7899人，若加上军官则总兵力约为8200人。[18]这支野战军拥有38门野战炮、两门24磅炮和四门榴弹炮。[19]

当时的英国士兵在作战中会随身携带什么装备也是一件很有趣的事。据安布雷（Anburey）所说，这些装备是"……一个背包、一条毯子、一个装口粮的干粮袋、一个水壶、一柄手斧和部分宿营装备"，以及"武器装备和60发子弹"，总重量约为60磅。[20]这确实是很重的负担，但如果斯特德曼所言不虚的话，那么英军士兵比起他们的布伦瑞克战友来无疑要幸运得多，因为他曾说过："布伦瑞克士兵光是头盔和刀剑就几乎和一个英军士兵的全部装备一样重了。所以即使是最差的英国部队，其行军速度也要比他们快上一倍。"[21]

虽然印第安人总是会带来麻烦和烦恼，但杰曼却不顾卡尔顿的劝告，坚持要雇佣他们。[22]这些印第安人既奸诈又野蛮，无论敌友都会被他们不分青红皂白地剥去头皮。在这些印第安人抵达之后，伯戈因曾训诫过他们[23]，并竭尽全力地去抑制他们的残忍本性，但收效甚微。伯戈因估计他们在战斗时"一听到枪响就会逃走"。[24]

在伯戈因的麾下还有菲利普少将、里德塞尔少将[25]和弗雷泽准将——这三人都是能力出众的军官。菲利普是一名炮兵专家，里德塞尔是日耳曼部队的指挥官，而弗雷泽则负责指挥掷弹兵连和轻步兵连——这两个连队分别由阿克兰少校和巴尔卡雷斯勋爵负责具体指挥。

根据所有的记载，这支部队在各方面的水准都和其军官相匹配。作为远征军中的一员，兰姆军士（Sergeant Lamb）这样写道："我们的士兵纪律严明；他们在宿营过冬时就为这次远征做了精心准备。"[26]安布雷也写道："关于我们的军队，可以说他们有着良好军纪、健康的体魄和高昂的士气；再加上备受尊敬的伯戈因将军的领导，可以预见他们必能获得胜利。"[27]

简而言之，这不是一支普通的军队，正如以下这些从哈登的《指令手册》（Orderly Book）中摘录的内容所显示的那样：

士兵应当保持脚部和军靴的清洁，并给它们擦油。要采取一切办法重新焕发活力，为长途行军做好准备。（原书第185页）

凡是穿着不适宜服装的人，都要立刻改正自己的衣着。（原书第193页）

要组织炮兵训练。在大湖区的军事行动开始前要进行考核，所有的少尉军官都要为此做好准备。（原书第219—222页）

营地中的积水对人员的健康是极其有害的，因此要做好排水沟……将积水排出……木工等人员应收集所有可用的材料铺设在帐篷的底部，以保持地面干燥。（原书第240页）

每周都要在各营房和宿营地后面做出新的如厕场所，而旧的则要进行掩埋。每天早上还要挖掘至少6英寸深的土，并将这些土扔进茅坑中。（原书第256页）

每天早上要认真地向所有士兵宣读所有的指令，并由军官向他们做详细解释。（原书第309页）

从这些不同的引文中可以看出，伯戈因的军队在那个时代是非常出色的。

6月20日，伯戈因在位于布热费里的营地中向当地居民发布了一则颇为迂腐的通告。[28]6月30日，他又向其部队发布通令："你们的恪尽职守在这次远征中是至关重要且引人注目的。在我们进军的过程中，将不会顾及任何的困难、劳苦和牺牲。我军有进无退。"[29]

次日拂晓，英军出发前往提康德罗加，开始了他们这场注定要失败的冒险行动。

英军向尚普兰湖的推进在气势上并不亚于亚历山大向印度河的进军。队伍最前面的是搭乘着独木舟、全身涂满战妆的印第安人；他们之后是第1旅、第2旅和日耳曼旅；队伍的最后则是随军人员、军中小贩和妇女。当时的景象一定颇为壮观：英国步兵穿着红色的军服，炮兵和日耳曼士兵则穿着蓝色的军服；日耳曼狙击兵的军服是绿色的，而不列颠掷弹兵则穿着他们的熊皮大衣；最后，轻步兵们带着黑色的皮质小帽。

提康德罗加虽然被称为美洲的直布罗陀，但事实上这二者并无可比性；虽然提

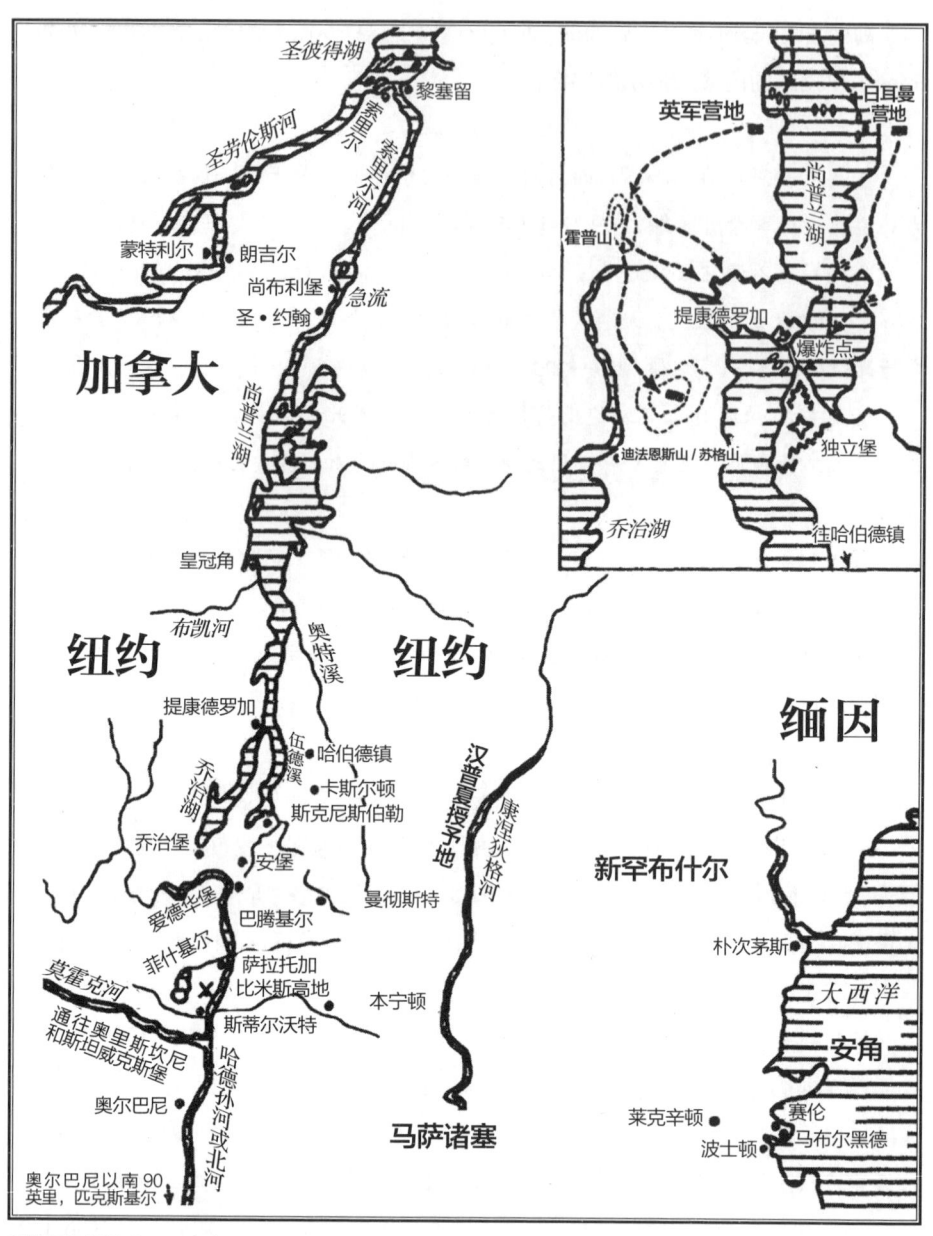

萨拉托加战役（1777年）

康德罗加的防御工事大到足以容纳10000人，但其地理位置却不尽如人意。3月份的时候，大陆会议①曾派盖茨将军去修复这些工事，现在那里由圣·克莱尔上校率领的2546名正规军和900名民兵负责防守。

圣·克莱尔归属菲利普·斯凯勒少将指挥，后者麾下的其他部队则分散在斯克尼斯伯勒（现在叫怀特霍尔）、安堡、爱德华堡，以及奥尔巴尼。从生活品位和个人风度上来看，斯凯勒都是一位绅士——这对大陆会议[30]和新英格兰的民众而言都显得太过于贵族范了，而美军的其他军官又显得太过于平民化了——这对美洲殖民地来说，属实是一件不幸的事情。在伯戈因投降之后，里德塞尔夫人曾说过："一些美军军官曾经是鞋匠，他们不仅为我们的军官制作靴子，有时甚至还为我们的士兵修理皮鞋。"[31]当年8月4日，斯凯勒在给华盛顿的信中写道："我们的军官太多了，对于这支有史以来最平民化的军队来说，这是一种耻辱。而且这些军官的荣誉观念很差，革职对他们来说似乎算不上一种惩罚。对那些针对贫穷困苦、因破产而逃亡的人们所犯下的最可耻的掠夺罪行，这些人袖手旁观，甚至默许纵容。"[32]这种直言不讳的态度使斯凯勒得罪了很多人。

当伯戈因的军队在提康德罗加以北四英里的地方登陆时，圣·克莱尔的部队也遭到了突袭。圣·克莱尔没有料到英国远征军有如此强大的实力，而他又缺乏补给，因此根本无法抵御敌军的围攻。7月3日，英国远征军占领了位于提康德罗加要塞以北的霍普山。

圣·克莱尔据守的阵地防御十分薄弱：该阵地由三个设防部分组成，中间被水道所阻隔。迪法恩斯山（Mount Defiance，又名糖山〔Sugar Hill〕）控扼着整个阵地，但由于此山难以攀爬，所以山上也并未设防。伯戈因立刻看出了迪法恩斯山的重要性，他在7月4日命令特威斯中尉前去侦察，中尉带回了有利于英军的消息。于是，菲利帕将军说道："山羊能上去的地方人就能上去；而只要人能上去，我们就能把火炮拖拽上去。"[33]7月6日的拂晓时分，英军已经攻占了迪法恩斯山，并在山上架起了火炮。圣·克莱尔意识到自己的阵地已无法坚守了，于是立刻下令麾下船只携带所有能够带走的火炮撤往斯克尼斯伯勒（以菲利普·斯

---

① 译注：美国此时虽已建国，但其第一届国会召开于1789年，在此之前其最高权力机关仍为大陆会议（1774年至1781年）。

克尼的名字命名）。同时，他亲自率领其余的守军经由哈伯德镇退往卡斯尔顿。

伯戈因发现圣·克莱尔正在撤退之后，就立刻展开了追击；他率队伍乘船沿伍德溪顺流而下，同时弗雷泽和里德塞尔也分别统率自己麾下的旅一前一后地沿着哈伯德镇大道进军。7月7日清晨，他们追上了圣·克莱尔的军队，双方进行了激烈的战斗。一开始，弗雷泽的兵力处于极大的劣势，直到里德塞尔所部赶到，圣·克莱尔方才退往斯克尼斯伯勒——在那里他又遭到了伯戈因的攻击，只得又退往安堡。之后，圣·克莱尔奉斯凯勒将军的命令撤往萨拉托加，并在途中疏散了爱德华堡的居民。

此时，伯戈因犯了一个错误——这个错误甚至比豪爵士的失职还要严重——从而毁掉了他的整个作战行动。他本应返回提康德罗加，再经由乔治湖走水路抵达乔治堡（因为那里有一条可以通马车的道路，能直达爱德华堡），但他却决定继续进军。斯特德曼写道："如果先返回提康德罗加，再渡过圣·乔治湖，那么伯戈因至少能提前10到12天抵达爱德华堡。他应当派弗雷泽将军从斯克尼斯伯勒前往乔治堡，这样一来就可以夺取美军运往提康德罗加的大批物资储备，以及他们用以运输的马车、货车和拉车的公牛。这一行动本可以使他在敌军强大到足以对抗自己之前，就进入奥尔巴尼城。"[34]

看来是战争初期的胜利冲昏了伯戈因的头脑，以至于让他做出错误的决定——率军进入人迹罕至的荒野之中。[35] 他本应继续追击，这样就可以不费吹灰之力便攻占奥尔巴尼。之后他就应该在那里掘壕固守，并等待豪爵士的到来。[36] 然而该计划彻底失败了，伯戈因直到7月30日才占领爱德华堡，而他的敌人已经利用这段时间恢复了元气。

由于长时间按兵不动，伯戈因不仅受到了杰曼的责备，还被后世的大多数历史学家所指责。不过，如果我们认同伯戈因的进军路线，再对他所面临的情况进行一番公正的评判，我们就会知道福蒂斯丘对此的看法是正确的：虽然伯戈因在7月10日就已经将军队集中在了斯克尼斯伯勒，但要他在7月30日抵达爱德华堡却绝非易事。[37] 当时的情况是如何的呢？兰姆军士给出了如下的答案：

英军现在被迫暂时停止一切军事行动，他们要在斯克尼斯伯勒等候补给品和宿营帐篷；不过他们利用这段时间清出了一条道路，以便部队继续进攻。这个工作的艰苦程度令人难以置信，因为美军在斯凯勒将军的指挥下砍倒了英军行进路线两旁的大树，以此来阻碍英军的行动。这片区域的地形支离破碎，到处都是溪流和沼泽地；为此英军建造了大约40座桥梁，其中还有一座桥梁是架设在一片宽两英里的沼泽地上的。[38]

除了上述这些困难外，伯戈因还缺乏运输工具。7月10日，他记载道："军队现在非常疲惫，很多部队等他们的补给车队已经等了两天，这些车队运输的几乎是他们全部的帐篷和行李……"[39]那500辆从加拿大带来的马车似乎很快就损毁了。后来当议会委员会问到"通常我军一次可以集中多少辆马车和牛车"时，莫尼上尉的回答是："我想只有180辆马车……牛车的数量我真的记不清了，不过我相信只有20到30辆。"[40]虽然伯戈因在提康德罗加留了910人的卫戍部队以保护交通线，但他认为还是要先搜集补给物资，然后才能率军进入森林之中。伯戈因说："首先要把专门用来运输补给品的80~100艘小船运到爱德华堡，这些船每一艘的运载量都相当于六匹以上的马辛苦地工作一天……在下一个运输点……必须安排相当数量的马匹，它们首先要拖拽一部分运输船只，然后还要运送补给物资……"接着他又补充道，"大量其他船只……要用于造桥、运送行李和弹药。在之后的运输点，这些船只还要运载之前拖拽它们的马车……"[41]不过，在这片地区几乎找不到马匹和公牛，而大雨又一直下个不停。

7月24日，英军已经完成了补给品的搜集工作，其主力部队进抵安堡并在当地安营扎寨，弗雷泽和前哨部队也抵达了距离爱德华堡不到两英里远的地方。7月29日，英军再次出发，并于次日进抵哈德孙河河畔。迪格比中尉写道："我们继续向一处位于爱德华堡以南约一英里的高地前进，并且在一个风景秀美的地方宿营，从那里你不仅可以看到哈德孙河上最浪漫的景色，还能看到点缀于河面上的诸多小岛。"[42]

与此同时，在这些小岛的南方发生了许多迪格比和伯戈因看不到的事情。不过，伯戈因深知对于一支主要由民兵构成的军队来说，遭受一次挫败就有可能会演变为一场巨大的灾难——这就是提康德罗加陷落后发生的事情：恐慌席卷了大陆会议，也席卷了这片土地。但是伯戈因并不知道此时的华盛顿——他位于伯戈因所部以南数十英里处——最关心的不是兵力的损失，而是关于豪爵士所部军队动向的那些相互矛盾的报告。

此时，斯凯勒已经退到了斯蒂尔沃特，并遭受了更多的损失：他麾下的两个马萨诸塞团逃跑了。更糟糕的是，约翰·亚当斯又在各种事情上掣肘着他。此外，盖茨将军正在努力说服大陆会议相信"只有他才能给美军带来胜利"。在这种充斥着恐慌和阴谋的混乱局势中，只有华盛顿一个人保持了镇定——他又一次从灾难性的局势中脱颖而出。

在提康德罗加失陷前的三天，华盛顿就已经猜到了英军的作战计划。7月2日，他在写给特兰伯尔州长的信中就讨论过伯戈因的进攻行动，他在信中是这样说的："很显然这不是一次佯攻，而是一次真正的进攻；毫无疑问，豪将军的下一步行动将是向皮克斯基尔挺进；如果可能的话，我们应当立刻攻占通往高原地区的道路，以阻止他与已经在那里的英军会师。"[43]7月18日，当华盛顿得知提康德罗加要塞失陷之后，便立刻派出以英勇著称的阿诺德前去协助斯凯勒。同时，他又写信给位于马萨诸塞和康涅狄格两地西部的民兵旅长们，向他们指出豪爵士和伯戈因会师的危险性，并敦促他们前去援助斯凯勒和阿诺德。[44]

华盛顿所面临的困难局面十有八九可以归咎于敌军对海洋的控制，这从他7月25日写给国会的信中就能看出："敌军的战舰控制了海洋，这给他们带来了无与伦比的优势，这使我军一直处于一种混乱的状态之中，总是在最为焦虑的状态下揣度敌军的行动……"[45]在写下这封信的当天，华盛顿就已下定决心向北前进了。之后他截获了一封豪爵士写给伯戈因的信件，不过他认为这是英国人耍的一个小把戏——华盛顿这样写道："费城才是他的目标，我比以往任何时候都更确信这一点。"[46]7月30日，华盛顿向盖茨将军汇报说，豪爵士可能会前往特拉华。此外，他还补充道："豪将军居然会弃伯戈因于不顾，这种行为实在是难以理喻。在确信了这一点之后，我忍不住翻了几个白眼。"次日，华盛顿又告知特兰伯尔，说大陆会议已经告诉自己"敌军舰队——共计228艘船——已经在昨天下午抵达特拉华岬角"。[47]话虽如此，但华盛顿此时仍心存疑虑。他在8月1日写给帕特南将军的信中说："对于我军来说，阻止豪将军用突袭的手段占领高原地区，是至关重要的……他向东进军的可能性很小，假如他能在高原地区发起一次成功的攻击，那对我军造成的损失要巨大得多。"同一天，他又命令乔治·克林顿州长："尽可能地召集所有民兵来加强高原地区的警戒。"[48]最后，华盛顿在8月11日再次写信给帕特南，说豪爵士的舰队已经于8月7日出现在"距离特拉华岬角以南16里格处"了。不过，那位亨利·克林顿爵士（将军衔）现在可能已经从纽约出发前去支援伯戈因了。[49]最终，华盛顿于8月22日得知敌军舰队已经进入了切萨皮克湾；8月25日，豪爵士的军队已经开始在"麋鹿角以南六英里处"登陆了。[50]

从这些通信中我们可以看到，华盛顿不仅清楚地看穿了敌人的计划，还意识到了其危险性——这既是对伯戈因的夸赞，也是对豪爵士的恭维（正是因为豪爵士缺乏战略性眼光，才使英军的计划全盘失败）。此外，华盛顿给予斯凯勒的建议也是十分中肯的。7月22日，他写信给后者说："从你对他（指伯戈因）的描述来看，似乎他现在所采取的行动路线是所有可能性中对我们最有利的一个。我的意见是可以将他们各个击破，这肯定会大大有利于我们的事业，而使英国人蒙受极大的损失。如果我们能消灭敌军的一支兵力——即使这支部队的人数不过400、500或600人——那都值得好好庆贺一番，因为这样可以鼓舞人心并消除人们心中的诸多忧虑。在这种情况下……他们都会踊跃地参军，并尽可能地为我们提供一切帮助。"[51]两天之后，华盛顿又给斯凯勒写信道："英军会在要塞中留下驻军以确保后方的安全，否则他们是不会考虑进军的。因此，他们用来向你发起攻击的兵力必然会大大减少……"[52]我们将会看到，事情会按照华盛顿所预料的那样发展。8月16日，华盛顿派丹尼尔·摩根上校率500名步枪兵北上支援斯凯勒。[53]

此时伯戈因的情况又如何呢？补给已经成了他的主要问题，而且和往常一样，这个问题又和运输问题密切相关。当他刚到达哈德孙河时，便决定尽可能地征集一切能找到的牲畜——这是为了让他麾下的日耳曼龙骑兵有充足的骑乘用马匹，并尽可能地补充己方损失的驮马。斯克尼斯少校（他是一名保王党人，虽然英勇无畏但却并不可靠）现在获得了伯戈因的信任，在他的劝说下，后者勉强同意突袭康涅狄格河附近的地区以抢夺牲畜和马匹。伯戈因完全被斯克尼斯所误导了——他以为只要稍微展现一下实力，那些保王党分子就会聚集到自己的麾下。结果，他在8月9日任命只会说德语的鲍姆中校率领一支部队远征康涅狄格河；更糟糕的是，他对鲍姆的行动事无巨细地进行了指示。[54]8月11日，当鲍姆从米勒堡出发时，伯戈因又飞奔过去，命令前者把目的地由曼彻斯特改为本宁顿（这是因为〔正如他亲口告诉鲍姆的那样〕本宁顿有一个大型畜棚，里面养了许多马和牲畜）。本宁顿位于爱德华堡西南大约30英里处，坐落于格林山脉的山脚之下。

对于风险如此之高的一次行动来说，鲍姆的部队不仅兵力严重不足，还因兵力构成而在组织内部存在着弱点。这支部队有170名徒步的布伦瑞克龙骑兵、约100名日耳曼步兵、一支炮兵分队（配有两门三磅炮及炮手），以及弗雷泽手下的50名步枪兵——这些正规军总计374人。此外，还有总计300人的保王党分子、加拿大人和印第安人。

鲍姆没有意识到快速行动的重要性，反而被斯克尼斯的乐观情绪所误导，进军的步伐十分缓慢。连续两天晚上，鲍姆"允许人们进出他的营地，欣然地相信他们所说的支持王室的言论，并且把自己的兵力和作战计划全都透露给了这些人"。[55] 由于鲍姆不会说英语，所以上述事情的真实性还有待商榷，但一点可以肯定的就是：他麾下的印第安人做出了最为人所不齿的暴行——他们不仅劫掠了所有的居民和财物，还让他未完成此行的主要任务（这些印第安人屠宰了大量健壮的牲畜）——他们除了牛铃铛之外，什么都没有带回来。

在8月14日之前，鲍姆所部就这样缓慢地向前推进着；14日当天，他听说美军在本宁顿驻扎有一支强大的部队，于是立马派人回去向伯戈因请求增援。8月15日，布雷曼上校率领550名日耳曼龙骑兵和两门六磅炮前来增援。不过由于大雨滂沱，加之他们携带的装备过于笨重，这支部队当天并没有走多远。此时，鲍姆也已经进抵了瓦洛姆萨克溪，并在北岸掘壕固守，等待着布雷曼的到来。

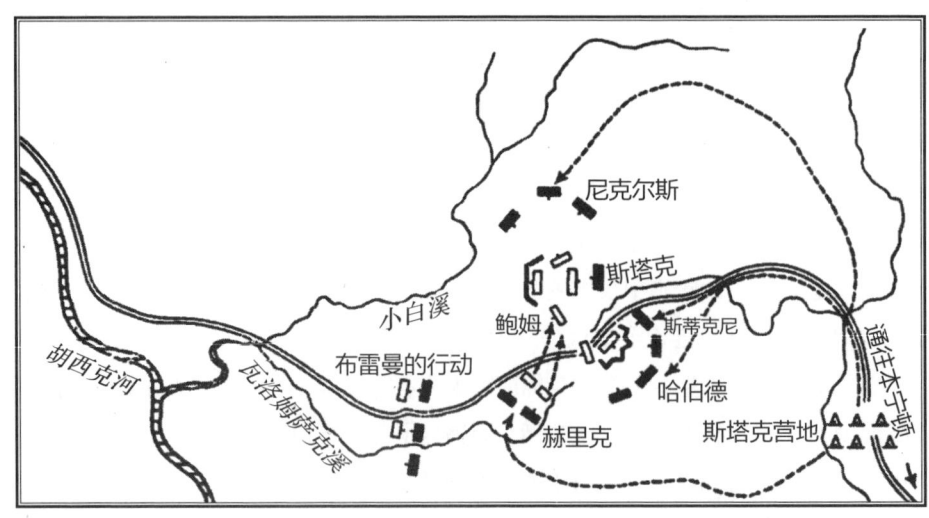

本宁顿之战（1777年）

在鲍姆出发前不久，约翰·斯塔克也在新罕布什尔集结了自己的军队。跟许多顽固的美国人一样，斯塔克也是只能指挥别人，而并不服从别人的指挥。他曾在邦克山之战中与盖茨对垒，并且在七年战争中与罗杰和阿伯克龙比并肩作战。8月8日，斯塔克率领大约1500名追随者抵达了本宁顿。[56] 8月16日清晨，他在本宁顿附近和鲍姆所部发生了接触。起初，鲍姆误以为这是一群前来为英王效力的保王党人，不仅没有向他们开火，还任由他们在自己的阵地周边盘桓。

由于敌军只是平静地监视着他们，所以斯塔克得以将所部兵力分为三个小型纵队：中央部分由他亲自指挥，沿着瓦洛姆萨克溪向下游进发并对鲍姆发起正面进攻，斯蒂克尼上校和哈伯德上校负责进行支援；同时，另外两个纵队——即尼克尔斯上校指挥的右翼和赫里克上校指挥的左翼——则分别绕开敌军的侧翼并在敌军后方完成包围。这一作战部署让鲍姆在不知不觉间就落入了包围圈中，其麾下的印第安人带头逃跑，他们身上的牛铃铛一路叮当作响。

斯塔克大喊了一声："我们要大获全胜！否则今晚莫莉·斯塔克就要做寡妇了！"[57] 随即，他就发起了进攻。此时正是清晨3点到4点之间，一个目击者对战斗做了如下记述：

这场激烈的战斗持续了一到两个小时；当正面进攻的部队凭借着超乎寻常的士气和耐力直扑敌军工事的胸墙时，侧翼的两支部队则轻松地完成了各自的任务。交战双方用火炮互相射击，火力都极为猛烈；伴随着敌军隆隆的炮声和火炮喷吐的火舌，我军士兵轻松地攻破了他们的胸墙。敌军顾不上他们还在射击的野战炮，立马就放弃自己的掩体逃跑了；大约五分钟之后，整个敌军的营地都发生了极大的混乱，他们所有的营级单位全都失去了组织，只能仓皇逃跑。我军遂乘胜追击了一英里的距离，全军奋勇向前，在敌军中大开杀戒，许多敌军都做了俘虏。[58]

如果布雷曼在场的话，事情无疑会有所不同——因为他是一名颇有能力的军人。不过，虽然8月16日早上他就距离本宁顿不到六英里了，但直到鲍姆全军溃败之后他才赶到战场。布雷曼到达之后，发现斯塔克所部士兵正忙于抢掠英军的营地，他立即指挥军队发起攻击将敌人赶了出去。当斯塔克的士兵纷纷败退之时，赛斯·沃纳上校率领着一营"格林山男孩"（Green Mountain Boys）——他们曾在哈伯德镇受到了粗暴的对待——突然出现在战场上,这对斯塔克来说是一件非常幸运的事:他麾下的民兵恢复了士气,而布雷曼则被迫在夜幕的掩护下撤退了。

在这两次战斗中,英军遭受了惨重的损失:共计596人死亡或失踪,而鲍姆则受了致命伤。斯塔克方面阵亡了30人,另有40人负伤。为了奖励斯塔克的英勇行为,新罕布什尔的战争委员会给他提供了"一套完整的新衣服……以及一块亚麻布"!

斯塔克理应得到更大的奖励,因为他战胜了可怕的日耳曼人,虽然这只是一场颇具戏剧性的小胜利,但却确实振奋了人心士气。全国各地的报纸都异口同声地赞扬斯塔克并讥讽他的敌人。以8月28日的《宾夕法尼亚晚报》为例,当天的报纸上说:"据说,可怜的伯戈因将军已经被斯塔克气疯了。"[59]

鲍姆的失败也打破了伯戈因的幻想,这不仅让后者领教了美国人的顽强,也使他意识到如果自己继续进军,就不得不放弃自己的交通线:在积累足够支用一个月的补给物资之前,伯戈因是断然不会做破釜沉舟之举的。仅凭伯戈因自己那点可怜的运输工具,要积累足够多的物资需要花很长时间,但敌方的兵力和士气都在日益强大。8月20日,伯戈因给杰曼写了一封充满沮丧情绪的信件。他在信中说,自己从豪那里听闻后者正准备进攻宾夕法尼亚。他写道:"我所奉的命令让我认为自己应当留在原地等候,这是我的责任……但我从未预料到自己要在这样一片荒野之上独自进军,却没有得到来自纽约方面的支援……"[60]

席卷美国各地的激烈舆论宣传使伯戈因的处境变得更加困难了:从战争伊始,英国人就雇用了印第安人参加战斗,而这极大地刺激了美国人的神经——尽管事实上美国人自己也雇佣印第安人参战。[61]对伯戈因来说最为不幸的事情发生了:7月27日,简·麦克雷小姐——一位牧师的女儿——被他部队的中一个名叫怀安多特·潘瑟[62]的印第安人残忍地杀害,并被剥去了头皮。尽管伯戈因对此完全没有责任[63],但当地民众对此事依然是群情激愤。1777年8月14日的《桑德斯新闻通讯》宣称,伯戈因麾下的印第安人"与英军轻步兵团联手"在某一地区"剥去了700名男女老幼的头皮"。此外,该报还顺带指出该地区只有"不超过10栋可以住人的房屋"。[64]

这里还有一个更有诗意的例子,作者的署名是"约翰·伯戈因"。该诗的内容如下:

我将放出地狱的恶犬,

那是一万个高声喊叫的印第安人。

他们的笑容与咆哮会伴着你们的血沫和泪水，

他们要把鹿皮鞋浸透在血泊之中。

从提康德罗加到佛罗里达，

我会让他们尽情肆虐……[65]

虽然这种宣传加快了美军的征兵工作，但此时大陆会议却在8月1日命令华盛顿免去斯凯勒将军的职务，并由盖茨将军取而代之。这位曾被伯戈因戏称为"老接生婆"的盖茨将军在8月19日抵达斯蒂尔沃特，正好赶上英军又一次遭受重大失败。

读者应该还记得英军入侵计划的第二步是沿着莫霍克河河谷进军，而这一步应当是由圣·莱格尔上校负责执行的：他要先攻下斯坦尼克斯堡（Fort Stanwix）——此地靠近现在的罗马市①——然后就应该向哈德孙河推进并与主力部队会合。斯坦尼克斯堡乃是伍德溪和莫霍克河之间的运输枢纽，由甘斯沃尔特上校和威利特中校负责防守；他们两人还曾把这里改名为斯凯勒堡（Fort Schuyler）。

圣·莱格尔于7月5日从奥斯维戈出发，并在8月3日进抵斯坦尼克斯堡。圣·莱格尔麾下有正规军、保王党及加拿大军共计850人，此外还有1000名印第安人；正规军由约翰·约翰逊爵士（此人乃是著名的威廉·约翰逊爵士之子）指挥，印第安部队则由著名的莫霍克酋长约瑟夫·布兰特（本名汤扬丹加）指挥。[66]此时，赫基默将军正在泰伦郡组织民兵前来救援，但他却于8月6日一头冲进了布兰特在奥里斯坎尼布置的伏击圈中。如果不是突然的暴雨让战斗被迫终止的话，这支美军很可能就要在此地遭遇和布拉多克所部英军同样的命运了。威利特此时也率军从要塞冲出，但当他向印第安人的营地发起攻击时，却发现那里早已空无一人：布兰特麾下的印第安人听到身后传来枪响，便立刻逃离了战场。之后，圣·莱格尔包围了要塞，但他的炮兵由于火力不足，在围攻中几乎没有发挥什么作用。[67]

斯凯勒听闻甘斯沃尔特正在承受巨大的压力，就派出了本尼迪克特·阿诺德率领1200人（其中大部分是美国本土的士兵）前去支援。阿诺德迅速向斯坦尼克斯

---

① 译注：指美国纽约州奥奈达县的一座城市，并非意大利首都罗马。

堡以东大约15英里的日耳曼平原前进——在那里，他们俘虏了一个莫霍克与荷兰混血儿，这是一个名叫霍恩·约斯特的半疯半傻之人。[68] 阿诺德虽然判了他死刑，但承若如果他能前往圣·莱格尔的营地中散布消息，告诉自己的族人"拥有压倒性兵力优势的美军正在赶来"的话，那么自己就会赦免他。约斯特不折不扣地执行了自己的使命，结果英军中的印第安人都慌了手脚，他们抛下圣·莱格尔仓皇逃走，而后者也只得在8月8日放弃了围攻，退往奥斯维戈。

正如前文所说的那样，在同一天（8月8日）豪爵士的舰队也于切萨皮克湾抛锚停泊；他在8月15日便通知了纽约的指挥官克林顿将军，让后者"应该注意寻找适合发起进攻的机会"，而克林顿也确实是这么做的。8月25日，豪爵士收到了杰曼在5月18日发出的信件，于是再次写信给克林顿说："伯戈因将军正在向奥尔巴尼前进，如果你能为他进行一次牵制敌军的行动……其所能达到的效果毋庸我赘述。"[69]

在本宁顿遭受惨败之后，伯戈因被迫滞留在哈德孙河河畔，以补充自己的补给物资；因为他知道，一旦继续向前进发，他就要被迫放弃自己的交通线了。此时，他仍然相信豪爵士会来支援自己。9月11日，伯戈因已经积攒了"足够全军支用五周的补给物资"，这些物资全都是"从魁北克经由陆路或水路运过来的，运输全程超过了400英里"。[70] 伯戈因在9月13日开始了自己最后的长距离行军，他在后方只保留了两个据点，分别是提康德罗加和乔治湖上的钻石岛。这支英军拥有2635名英国士兵、1711名日耳曼士兵以及300名增援部队，战斗人员共计4646名——这其中还不包括炮手、美洲的保王党分子和印第安人。[71] 他们利用一座由船搭建的浮桥渡过了哈德孙河——过河之后浮桥即被拆除，搭建浮桥的船只则被补充进了运输后勤物资的船队里。

此时，盖茨也获得了阿诺德麾下的1200人，以及摩根麾下的500名步枪兵的增援。9月12日，盖茨所部攻占了位于斯蒂尔沃特的贝米斯高地，军中波兰籍的工程师科修斯科立即着手构筑防御工事。工事构筑完成后，盖茨就立刻派詹姆斯·威尔金森率领几个侦察兵前去搜索敌军的位置，而后者很快就发现伯戈因正在向美军靠拢。之后便是一连串的前哨战，而且大多数时候都是美军占了便宜。

伯戈因此时已做好了破釜沉舟的准备，他除了向南进攻打开一条通路外，已别无选择。伯戈因选定了位于斯蒂尔沃特的敌军阵地为目标，所部军队开始沿着哈德孙河西岸的小路缓慢地向前推进。

经过一番侦察之后，伯戈因发现西边有一个高地正好可以控扼敌军阵地，而那里既没有防御工事，也没有被敌军占据。于是他决定对盖茨阵地的右翼及中央发起一次佯攻，以此为掩护趁机夺占前述的高地，接着再把敌军赶进哈德孙河里去。尽管这意味着要分散他本就不多的兵力，但伯戈因的冒险计划在战术上却是十分合理的。至于盖茨，他显然是制定了一个消极防守的计划：他只是集中了自己全部大约1.2万人的兵力，躲在工事后面等待敌人的进攻。

9月15日，伯戈因下达命令，其所部军队前进到了位于萨拉托加和斯蒂尔沃特之间的达夫加特（Dovegat，又名达夫科特）。两天之后，他们又抵达了索德豪斯。9月19日上午，伯戈因全军组成了三个集团（纵队）——右翼、中央和左翼——分别由弗雷泽将军、汉密尔顿将军和菲利普斯将军指挥，而里德塞尔则负责支援菲利普斯。[72]

当伯戈因的三个纵队向前推进时，躲在树林里的美军侦察兵已经看到了他们武器上的反光和身上的红色军服。然而，盖茨却仍旧安坐在堑壕后面，按照洛辛的说法就是："既没有下达任何命令，也没有表现出迎战的意图。"[73] 盖茨手下的军官已经失去了耐性，阿诺德更是"催促、请求乃至恳求"他允许自己前去迎战。最后，盖茨允许阿诺德派摩根的步枪兵和迪尔伯恩的步兵前去迎敌。过了一会儿，据他的副官威尔金森的记载："盖茨和阿诺德一起来到营地的前面。刘易斯少校恰好从前线赶了回来，他声称战斗并未取得决定性的进展。阿诺德立刻大声说道：'看在上帝的份上！我会立刻结束这一切的。'之后便用马刺踢打自己的战马，全速冲向了前线。"[74] 此举让盖茨大感意外，他立刻就命令威尔金森前去召回阿诺德。谈及阿诺德此人，曾在贝米斯高地与其并肩作战的塞缪尔·唐宁是这样描述他的："他皮肤黝黑，长着一头黑发，中等个头，身上没有丝毫多余的物件。他是我们军中的猛将，所到之处皆血流成河。他无所畏惧，总是一马当先地冲锋陷阵。他口中所喊的是'跟我冲啊，小伙子们'，而不是'给我上啊，小伙子们'。他是有史以来最勇敢的人。"[75]

阿诺德来到了距离弗里曼农场不远处的前线，发现摩根的步枪兵正经受着弗雷泽所部轻步兵带来的巨大压力。他率军扑向弗雷泽，驱散了后者的散兵；在重新掌控了战场局势后，他又率部转向右侧攻击汉密尔顿的纵队。作为目击者的兰姆军士对随后发生的事情做了如下的记述：

这场战斗十分可怕,双方持续交火了四个小时……双方都不断地出现死伤,特别是那些军官。有些美军士兵躲在大树上,他们可以清楚地辨别出英军军官的制服,然后特意地狙杀他们……菲利普斯少将在听到枪声之后,就和威廉姆斯少校一起穿过一片难以通行的树林,把四门火炮送到了战场上——这支援军使我军中央阵线士气大振,因为他们此时正被敌军的优势火力压得抬不起头来。菲利普斯少将又亲冒矢石,率领第20团在最危险的地方进行战斗。里德塞尔少将随后也带领部分左翼部队向前推进,在按时赶到了既定位置后,就勇敢地向敌军发起了成建制的冲锋。[76]

现在,双方的主将谁能够挤出最后的预备队,并将他们调上前线,谁就能取得战斗的胜利。伯戈因的手上已经没有多余的部队了,而盖茨此时还有大约9000人的预备队——但后者在面对唾手可得的胜利时却表现得无动于衷,这实在是令人错愕。对此,福蒂斯丘这样写道:"如果盖茨能把阿诺德要求的援兵送上前线,那么后者一定可以突破英军的中央阵线。"[77]此外,罗辛也说:"如果他(指阿诺德)得到了指挥官的支持,并获得了增援部队的加强……他无疑会大获全胜。"他接着补充道,"这一天如果不是有阿诺德在场,那么毫无疑问,伯戈因将会在秋分日以胜利者的姿态进入奥尔巴尼城。"[78]夜幕的降临结束了这场战斗,"一大群狼号叫着,把夜晚变得分外可怖。印第安人在周遭的森林中徘徊着,他们剥去了灌木丛中那些已死和将死之人的头皮。我们费了好大力气才阻止了印第安人进入那片满是英军尸体的开阔地带——那里有着印第安人垂涎已久的猎物,而且数量最为庞大"。[79]

在上述这场激烈而又势均力敌的战斗中,英军对他们的敌人的英勇表现大感惊讶。此役英军的损失颇为惨重:他们死伤了大约600余人,约占投入战场的总兵力的33%。美军方面的损失很小:阵亡65人、负伤218人,另有33人失踪——损失不超过全部作战兵力的10%。

尽管损失惨重,但伯戈因的首要目标仍然是在9月20日再度发起攻势;不过当他发现自己已不可能按时发起进攻之后,便又把进攻日期往后推迟了一天。此时,盖茨却出于对阿诺德的强烈嫉妒心理而和后者发生了激烈的争执,之后更是剥夺了阿诺德的指挥权。盖茨本应在9月20日发起攻势,但他却只是在哈德孙河左岸设置了几个哨所,并满足于阻止英军的前进。此时,斯塔克再度现身并攻占了爱德华堡。到了9月21日,两个意想不到的因素迫使伯戈因再度推迟了自己的进军计划:第一个因素是一封来自克林顿将军的信函。第二个因素则是林肯将军已于9月18日通过突袭占领了提康德罗加的苏格山,并在尚普兰湖上俘获了英军运输船队中的大部分船只的消息——这也就意味着伯戈因的交通线已经被彻底切断了。

克林顿于9月12日发出了一封加密信件[80],他在信中告知伯戈因自己准备在10天之内进攻蒙哥马利堡——该堡位于皮克斯基尔附近,建在哈德孙河下游的那些狭窄水道之上。伯戈因立刻回信,向克林顿描述了自己的情况,并要求后者加快进军速度。不幸的是,虽然这封回信被隐秘地藏在一颗银质弹丸中,但负责传递消息的信使却被美军抓住并枪决了。[81]

当豪爵士的船队驶向特拉华河时,克林顿的兵力已经变得十分空虚了,因而无法遵照前者那模糊的暗示向北方进发了。一直到9月24日,才有3000名援军从英国本土赶来,使克林顿的总兵力增加到了7000人左右,让他的情况得以改善。克林顿立刻就率领其中的3000人出发了。10月5日,他在皮克斯基尔附近收到了伯戈因的来信,后者告诉他自己的补给物资只能维持到10月29日。伯戈因要求得到明确的指示,以决定自己到底是进攻还是撤退。他询问克林顿何时能够到达奥尔巴尼,并希望后者能够给自己一个明确的答案。如果到了10月12日还没有得到答复,他就会自行撤退。[82]10月6日,克林顿攻占了克林顿堡和蒙哥马利堡,并在灌木丛中开辟了一条道路。他告诉伯戈因:"现在,再也没有什么能阻碍我们向盖茨发起进攻了……我衷心祝愿你能取得成功。"[83]

克林顿的攻势促使伯戈因下定决心发起攻击。10月3日的时候,伯戈因所部的粮食配给已经减少了;随着粮草的匮乏,他必须要采取行动。除此之外,敌军步枪兵的冷枪也使英军无法再忍耐下去了。10月4日,他召集了一次作战会议,并于次日又召开了一次作战会议,而里德塞尔和弗雷泽在后一次会议上都提议立刻撤军,而菲利普斯则没有发表任何意见。不过,伯戈因却坚决主张发起攻势,其理由如下:一旦解除了对盖茨的压力,那么他就可以统率1.4万人的大军前去支援华盛顿,如此一来豪爵士就会被轻松击败。伯戈因主张留下800人看守营地,而他则带领4000人尝试向敌军的左翼迂回。因为部将们都反对这一计划,所以他又提出了一个替代方案:派1500人进行火力侦察,以便找到最佳的进攻地点;如果找不到这样一个地方,那么就在10月11日撤退。这个计划非常不合理,因为敌军目前不仅据守着坚固的防御工事，而且其总兵力也已经增加至将近两万人了——制定这样一个计划，完全是一个赌徒在盲目地碰运气罢了。

就这样，伯戈因在弗雷泽、菲利普斯、里德塞尔和巴尔卡雷斯的陪同下，于10月7日上午10点到11点间离开了自己的设防营地。在到达一片玉米地后，他停了下来，开始部署自己这支规模不大的部队：巴尔卡雷斯率领轻步兵团在右翼，第24团和一些战斗力较弱的日耳曼营居中，而左翼则是阿克兰指挥的掷弹兵部队。

当盖茨得知伯戈因进军的消息后，就命令摩根率领1500人去阻击敌军的右翼、普尔率领1000人去攻击敌军的左翼、勒尼德统率2000人去攻击敌军的中央阵线。双方进行了激烈的战斗，摩根逐退了巴尔卡雷斯统率的英国轻步兵，而普尔也使阿克兰的掷弹兵部队遭受重创，伯戈因只得下令撤退。

阿诺德已经被解除了指挥权，完全被盖茨所无视的他此时正焦躁地待在位于贝米斯高地的工事里。随着战场上的声音变得越来越大，他再也无法控制住自己了，他向副官大喊道：“今天谁都无法把我关在营帐里。如果不让我指挥军队，那我就在队列中战斗；那些士兵们——愿上帝保佑他们——将会追随我的领导。”他大喊道：“来吧，要么胜利，要么死亡！”[84]之后他就飞身上马，向着战场疾驰而去。

阿诺德追赶上勒尼德指挥的旅，之后就和他们一起前进，并指挥他们和伯戈因麾下的日耳曼部队交战——不过后者抵挡住了他的疯狂进攻。他紧接着又飞奔到了美军的左翼，指挥摩根麾下的步枪兵对阵巴尔卡雷斯。在之后的战斗中，弗雷泽被一名狙击手击中并身负重伤，巴尔卡雷斯所部士兵便开始向己方位于弗里曼农场附近的工事撤退，而阿诺德则试图再向他们发起一次猛烈的攻击。

在这之后，阿诺德又冒着敌军的交叉火力向英军的右翼奔去；他在那里再次遇到了勒尼德的部队，于是又一次统率该旅向前推进。在迫使敌军的中央阵线后撤之后，他就直扑其右侧的一个多面堡（由布雷格曼上校负责防守），并将其一举拿下。在这次行动中，阿诺德的战马被打死，他自己的腿部也负了重伤。

随着阿诺德的负伤倒地，加之天色也暗了下来，这场战斗遂宣告结束。此役最令人惊讶的一点是，英军对阵三倍于己的美军居然可以坚持战斗五个多小时。对此，安布雷写道：“你们应当了解一点，那就是敌军从一开始就凭借着极其顽强的意志向我方阵线发起攻击……在他们被击退之前，我方进行了持续不断的炮击，炮口的火焰沿着战线形成了一条连续不断的火线。正是这次进攻，让我们彻

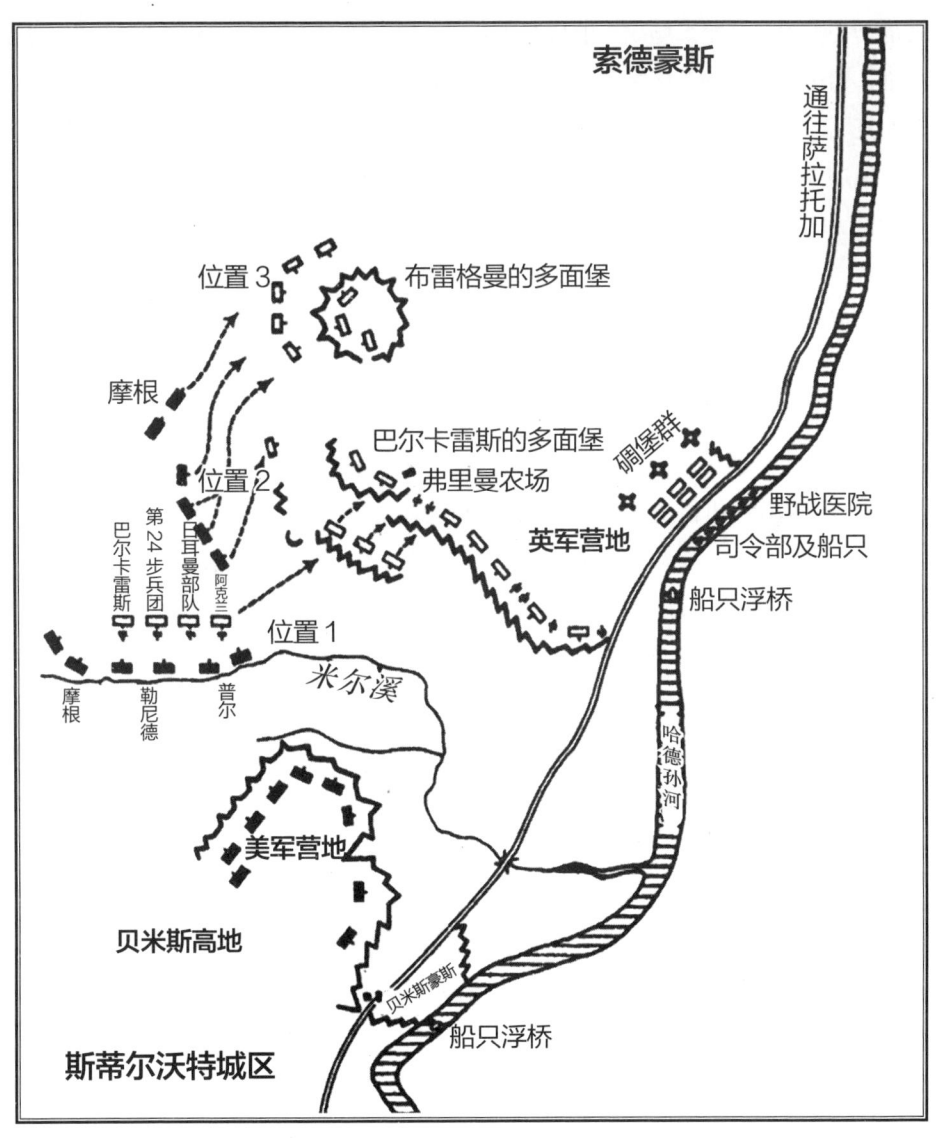

第二次弗里曼农场之战（1777年）

底相信我方炮兵部队的作用是多么的举足轻重。"[85]

将伯戈因从灾难中拯救出来的，无疑是英国的炮兵们。同样可确信无疑的是，正是阿诺德及其在战场上的狂飙猛进，使盖茨于发生在弗里曼农场的两次战斗中都转危为安。盖茨在第二场战斗中毫无作为——更具体的说法是，他居然只是坐在营地里，和一位受伤的英国军官（弗朗西斯·克拉克爵士）讨论"美国这场革命的是非曲直"。"盖茨在争论中大为光火，把自己的副官威尔金森叫出了营房并问他：'你有听说过像他这样厚颜无耻的混蛋吗？'以上似乎就是盖茨这位主帅对萨拉托加大捷所做出的全部贡献。"[86]一位美国历史学家写道，"这真是一件咄咄怪事，一个在军队中实际上已经没有了指挥权的军官，居然是这场战役的领导者，而且此役还是美国革命中最激烈、最为重要的战役之一。"[87]

双方的战损并没有确切的数据。按照温莎的说法，美军阵亡了50人，另有150人受伤。而英军则有176人阵亡、250人负伤，还有200人做了俘虏。英军的阿克兰少校在身负重伤后，也做了俘虏；而阵亡者中则有英勇的弗雷泽（他因伤势过重而不治身亡）和布雷格曼上校（他在保卫碉堡时被击毙）。

伯戈因很清楚，战斗已经结束了，现在只有发生奇迹才能挽救他。

10月8日拂晓，伯戈因发现敌军已经趁夜在哈德孙河东岸的高地上构筑起了工事——现在他别无选择，只得撤退。太阳落山后不久，这支败军开始后撤——他们走过潮湿的地面，缓慢地向着北方行进。英军的撤退行动被他们的运输驳船拖了后腿——这些船只只能像蛇一样在黑暗中缓缓逆流而上。不过，这支军队仍旧保持着高昂的士气。兰姆军士说道："士兵们都愿意并准备好了去面对任何危险。他们爱戴和尊敬领导自己的军官，因为这些军官和他们一起经历了每一次艰难困苦。"[88]

此时天上又下起了倾盆大雨，这让伯戈因所部的处境变得更加艰难。[89]撤退中的军队变得异常疲惫，伯戈因只得在10月9日凌晨五点钟下令全军停止前进，就地休整11个小时，这也给了"装载着补给物资的平底驳船时间……来为军队进行补给"。[90]晚上10点，伯戈因的军队抵达了斯凯勒农场，并于次日早上经过了菲什基尔。

此时，盖茨手中的兵力为军官1698人、士兵18624人——其中有14914人正在执行任务[91]——但他并没有尝试进行追击。正如以利亚·费舍尔所说，他"给了敌人三天的时间自行撤退"。[92]盖茨此时的确也缺乏补给，而且阿诺德的胜利也使得军纪本就不甚严明的美军出现了组织上的混乱。不过他最终还是出发去追击英军，并于10月10日下午追上了后者的后卫部队。伯戈因立刻把英军部署到了一片能够俯瞰菲什基尔的高地上，随时准备攻击追来的美军。到了10月12日，伯戈因发现自己已经三面被围，于是就召开了一次军事会议来商讨对策。会议决定抛下所有的运输工具和大炮，给每个士兵分发六天的口粮，然后于当天夜里撤退。然而，这个决定来得太晚了，就在英国人开会讨论的时候，美军已经合拢了包围圈——英军此时已经无路可退了。

英军又召开了一次军事会议，根据会上的决定，他们于10月13日向盖茨请求休战，但收到的答复却是"无条件投降"。伯戈因立马就表示拒绝，指出他的部队必须在符合军人荣誉的前提下才会离开营地投降。[93]盖茨对此表示同意，这可能也是因为克林顿此时正在向其后方逼近，所以他想要腾出手来去对付后者。

此外，双方还达成共识："伯戈因中将麾下的军队可以自由地回到英国，条件是他们不能再回到北美来参加这场战争……"[94]——这是10月16日签订的《萨拉托加条约》中的至关重要的一项条款。

条约签订之后，伯戈因要求面见盖茨。盖茨和斯凯勒将军彬彬有礼地接待了伯戈因，体现出了最好的骑士风度。[95]10月17日，当伯戈因所部3500人前往指定地点缴械时[96]，盖茨还以其特有的谨慎态度命令自己所部的士兵不得离开营房。[97]

然而，由于大陆会议的抵制，《萨拉托加条约》并没有被遵守——这实在是不甚体面，就连美国自己的作家都对这种可耻的违约行为大加批判。约翰·菲斯克写道："没有任何理由能够证明大陆会议此行的正当性，除非这些理由同样能够证明向休战旗开枪是正当的行为。"[98]伯戈因的部队再也没能回到自己的祖国。[99]

这是英国历史上最具决定性的战役之一。当人们回顾这场战役时可以很明显地看出，虽然伯戈因并不是第一流的将领，但在英国海外远征军的指挥官中却很少有比他更具军事才能的人。福蒂斯丘在总结他的军事冒险活动时说道："在历史记录中，英国的军官和士兵在面对不可能实现的目标时，伯戈因他们所做的尝试是最为可敬的……如果不是有阿诺德在场，他可能已经打通了通往奥尔巴尼的道路。"[100]

1776年的6月到10月是伯戈因所部最危险的几个月，但在此期间，伯戈因对他的部下一直坦诚相待，而部下们也报之以忠诚。条约签署之后，兰姆仍旧写出了这样的文字："他非常信任和热爱自己的军队，任何的伤痛、苦难、失败或不幸都不能动摇这一点……这支军队中从来没有出现过对他们的主将表示不满、抱怨或是指责的声音……"[101]不过，英国政客们的态度却与此截然不同，他们肆无忌惮地辱骂着伯戈因，而最应对这场灾难负责的杰曼却仍旧身居高位。[102]虽然伯戈因的名誉最终得以恢复，但当他的葬礼于1792年8月4日在威斯敏斯特修道院举行时，前去送葬的只有一辆马车——从那天开始，他的遗体就一直被埋葬在一个没有纪念碑的墓穴之中。

相比伯戈因个人所受的迫害，这场失败所带来的后果则更为严重——英军在萨拉托加的投降，就如同打开了潘多拉的魔盒。随着提康德罗加和高原地区的失守，英军经过一年的苦战却只攻占了没有任何军事或政治意义的费城。盖茨此时已经可以毫无顾虑地去支援华盛顿了。更重要的是，法国开始了对美国的援助，西班牙和荷兰也在不久之后卷入了这场战争。

11月1日，一艘快速帆船离开了波士顿，并于30天后抵达了法国南斯。12月4日，富兰克林收到了伯戈因投降的消息，而这一消息将会在第二天动摇巴黎的政治基础。12月6日，法王路易十六同意与美国结盟；12月17日，人们已经知道法国将会支持在美洲发生的这场叛乱了。1778年2月6日，法国和美国缔结了盟约；3月11日，大不列颠和法国正式开战了。在萨拉托加，达摩克利斯之剑已经落到了大不列颠的头上。此外，由于美国革命所激发的狂热，这柄"利剑"后来也落到了西方世界大部分国家的头上。

注解

1. *The Narrative of Lieut-General Sir William Howe (1780)*, pp.9—10.
2. 同上，p.12。
3. *A State of the Expedition from Canada as laid before the House of Commons,* Lieut.-General Burgoyne (1780), Appendix, pp.iii-vii.
4. 同上，Appendix, pp.vii-ix。
5. 参见 *Life of William, Earl of Shelburne (1876)*, vol.I, p.358.et seq。豪爵士这样写道："6月5日，我收到了国务大臣写给盖伊·卡尔顿爵士的信件的副本，上面的日期是1777年3月26日。国务大臣在信中向卡尔顿爵士通报了北方部队的远征计划，并且在信中补充说'他会单独给威廉·豪爵士再写一封信'。我当然注意到，这份写给盖伊·卡尔顿爵士的信的副本虽然转给了我，但并未附上任何指示；而那封原本打算单独写给我的信件上很可能会附有一些指示，但却从未寄出。"（参见 Narrative, p.15）
6. *A State of the Expedition,* etc, p.139.
7. 同上，p.6。
8. 同上，p.6。亦可参见 *History of Europe,Annual Register,* 1777, chapter viii。
9. 同上，Appendix, pp.xxi-xxii。1777年5月20日，安布雷在蒙特利尔写道："我们境内的敌人要比我们在外面碰到的任何敌人都危险得多，所有即将实施的计划在官方正式下达命令之前就早已被公之于众了。当我告诉你，在将军（伯戈因）到来的前几天人们就在讨论我军的军事行动计划时，毫无疑问你会和将军一样惊讶……"（*Travels through the Interior Parts of America,* Captain Thomas Anburey, 1791, vol.I, p.181）
10. 安布雷（p.188）写道："在这场战争中，我们所面临的另一个巨大劣势就是我军必须自行运输全部的军需物资，而美军方面则无须如此——他们每隔30~40英里就有存储着大量物资的仓库……此外，美军比我军更擅长在森林中战斗……"
11. 斯凯勒将军写道："新英格兰诸殖民地的民兵总是迫不及待地回到自己家中的火炉旁边。几天之前，他们来了将近300人，却根本无法完成任何任务；但当我一说出那个宏伟计划的细节，他们就立刻恢复了精神。他们毫不耽搁，只用了数天时间就渡过了乔治湖；从这里出发之后，他们用最快的速度行进了200英里。"（引自 *The American Revolution,* Sir George Otto Trevelyan〔1907〕, Part III, p.101。）
12. *A State of the Expedition,* etc., p.36.
13. 安布雷上尉写道："这场战争与我们之前在德意志打的那场仗大不相同：在这场战争中，敌方士兵热切地追求个人的生活，就像追求在千军万马中获得胜利一样。"（vol.I, p.293.）他又补充道，"在这次行动（指哈伯德镇之战）中，我发现所有的体能训练都派不上用场。"（p.295）
14. 见 *The Book of the Rifle,* the Hon.T.F.Freemantle (1901), p.30。滑膛枪的射击距离最多只有大约50码。
15. *A State of the Expedition,* etc., p.122.
16. 同上，p.30。
17. *Hadden's Journal and Orderly Book,* James M. Hadden (1884), p.308.
18. 这些数据摘自伯戈因所著的 *A State of the Expedition,* etc. Appendix, pp.xxvii-xxviii, 日期为7月1日。更多的信息参见 *Hadden's Orderly Book,* pp.44—46, 以及 *Fonblanque's Political and Military Episodes (1876),* Appendix D。此外，迪格比上尉认为伯戈因的总兵力为6904人。
19. "……为这次远征所准备的火炮是最好的，炮兵军官和士兵也是最优秀的，这是有史以来最好的一支炮兵队伍"。（*The Annual Register,* 1777, p.143）
20. *Anburey,* vol.I, p.335.
21. *The History of the Origin,* Progress, and Termination of the American War, C.Stedman (1794), vol.I, p.331.
22. 安布雷写道："……我们在战争中雇佣印第安人的行为在英国本土备受责难……"（vol.I, p.248）

23. *A State of the Expedition,* etc.Appendix, pp.xii-xiii.
24. 同上，p.122。
25. 1917 年担任德国驻美国大使的伯恩斯托夫伯爵，是他一个女儿的后裔。
26. *An Original and Authentic Journal of Occurrences during the late American War from its Commencement to the Year 1783,* R.Lamb (1809), p.135.
27. 详见 *Anburey,* vol.I, pp.180—181。在整个军事行动的过程中，英军一直保持着良好的军纪。英国士兵和日耳曼士兵间发生过一些摩擦（*Burgoyne's Orderly Book*〔1860〕, p.45）；一部分投诉涉及擅动他人行李（*Burgoyne's Orderly Book*〔1860〕, pp.56,64,105），其中有三次肇事者被判罚挨 1000 鞭子（*Burgoyne's Orderly Book*〔1860〕, pp.74 and 118）。
28. 参见 *Hadden's Orderly Book,* pp.59—62。
29. *Burgoyne's Orderly Book,* p.17.
30. "国会驱逐了斯凯勒，侮辱了格林和诺克斯，斥责了斯塔克，冷落了本尼迪克特·阿诺德，将苏利文、圣·克莱尔、韦恩和马修斯送上了军事法庭，此外还组织了一个针对华盛顿本人的阴谋集团。"（*The First American Civil War,* Henry Belcher〔1911〕,vol.II, p.322）
31. *Letters and Journals relating to the War of the American Revolution,* Baroness von Riedesel (1827), p.194.
32. *Washington Letters,* Sparks (1837), pp.392—395.
33. 引自 *The Turning-Point of the Revolution,* Hoffman Nickerson (1928), p.144。
34. 参见 *Stedman,* vol.I, p.354。亦可参见 *History of America, Justin Winsor (1889),* vol.VI, p.313。迪格比也持有相同的看法（*Journal*〔p.227〕）。
35. 参见 *The Annual Register,* 1777, p.152。
36. 在得知提康德罗加陷落的消息后，"华盛顿认为伯戈因不会再继续向南进军了，除非后者知道豪的军队已经到了河的上游"。（*George Washington, A Biography,* Douglas Southall Freeman, 1951, vol.IV, p.443）
37. *History of the British Army,* the Hon.J.W.Fortescue, vol.III, p.226.
38. *Lamb's Journal,* p.144.
39. *A State of the Expedition,* etc., Appendix, p.xix.
40. 同上，莫内是伯戈因的军需官。
41. 同上，伯戈因因随军携带一队十分强大的炮兵而备受指责。他对此的回答是："如果没有炮兵，我的部队得付出巨大的代价才能前进 10 英里。当敌军发现我有如此强大的火炮时，他们总是会撤出自己的阵地……"他的炮兵旅和储备物资都是经由乔治湖的水路运输的。
42. *Lieutenant Digby's Journal,* p.240.
43. *The Writings of George Washington,* Worthington Chauncey Ford (1889—93), vol.v, p.459.
44. 同上，vol.v, pp.490, 492。7 月 24 日，林肯将军也被派往了北方。
45. 同上，vol.v, p.515。
46. 同上，vol.v, pp.513—514。
47. 同上，vol.v, pp.518, 521。
48. *The Writings of George Washington,* Worthington Chauncey Ford (1889—93), vol.vi, p.2.
49. 同上，vol.vi, p.28。
50. 同上，vol.v, pp.49,52。
51. 同上，vol.vi, pp.504—505。
52. 同上，vol.vi, p.508。
53. 当然，这是当时最优秀的一支轻步兵。虽然他们经常被称为"摩根的弗吉尼亚士兵"，但其实他们主要是来自宾夕法尼亚西部边陲地区，身上都有着苏格兰-爱尔兰血统。这支部队轻装简行，并拒绝使用一切车辆，他们有一次曾在三周之内行进了 600 英里。这些士兵的武器是长筒燧发来复枪。

54. 参见 *Hadden's Orderly Book*, pp.111—117。亦可参见 *Diary of the American Revolution, Frank Moore (1860)*, vol.i, pp.488—489；Pennsylvania Evening Post of August 28, 1777。
55. *The Centennial History of the Battle of Bennington*, F.W.Coborn (1877), p.88.
56. 有的资料记载是 2000 人。
57. *Life of Stark,Edward Everett*, p.86.
58. 摘自 *The Pennsylvania Evening Post*, September 4, 1777。
59. 同上，vol.I,p.491。亦可参见 *The Annual Register*, 1777, p.163。
60. *A State of the Expedition*, etc., Appendix, pp.xxiv-xxvi.
61. 参见 *Burgoyne's Orderly Book*, p.123。在该书 1777 年 9 月 30 日的内容中，我们可以读到"七个逃兵被敌军（指美军）里的印第安人剥去了头皮"的记载。
62. 关于这起谋杀案的详细记录请参见 *The Annual Register*, 1777, p.117, 以及 *Lieut. Digby's Journal*, pp.235—237。
63. 华盛顿·欧文在他的书（*Life of George Washington*〔1855—1859〕, vol.III, p.191）中为伯戈因开脱罪责。此外，麦克雷小姐的兄弟也为伯戈因进行了辩护（*Life and Correspondence of Burgoyne*, E.B.Fonblanque, 1898, p.259.）。印第安人是很难控制的。希思将军引用了下述事件来对此加以佐证："一名英国军官派自己的侍从去泉水边取点凉水，几分钟后一个印第安人走了进来，手里拿着那位侍从冒着热气的头皮。"（*Memoirs of Major-General Heath*〔1904〕, p.135）
64. 参见 *Fonblanque*, p.224 及 *Lamb's Journal*, p.158。
65. 引自 *Burgoyne's Orderly Book* 的简介部分（p.xxii）。
66. 参见 *Life of Jeseph Brant*, Thayendanega, William L.Stone (1838)。亦可参见 *Stone's The Expedition of Lieut..-Col. Barry St.Leger* (Albany, 1877)。
67. 参见 *Stedman*, vol.I, p.335。
68. 在印第安人中，疯子总是备受尊敬。
69. *The Narrative of Lieut-General Sir William Howe*, p.22.
70. *Hadden's Orderly Book*, p.143.
71. 按照哈登的说法，伯戈因全军共计 6000 人。所有作战人员（包括军官）则是"接近 5000 人"。
72. *Burgoyne's Orderly Book*, p.114.
73. *Life of Philip Schuyler*, B.J.Lossing (1884), vol.II, p.344.
74. *Wilkinson's Memoirs*, vol.I, p.245, 引自 *J.N.Arnold in Life of Benedict Arnold* (1880), p.173.
75. 引自 *Arnold's Arnold*, p.29。
76. *Lamb's Journal*, pp.159—160.
77. *Fortescue*,vol.III, p.233.
78. *Lossing's Schuyler*, vol.II, p.348.
79. *Trevelyan*, Part III, pp.181—182。
80. 特里维廉认为这封信的具体内容如下："你清楚我的窘境，但如果能给我增兵 2000 人，那么我就能从这个重要的据点（指纽约）抽出身来，到那时便可以去做任何有利于你行动的事情。我将要去攻击蒙哥马利堡，希望你也能告知我你的意图为何。"（*A State of the Expedition*, Appendix,p.xlix）
81. *Lamb's Journal*, p.162。
82. *The Turning-Point of the Revolution*, Hoffman Nickerson, pp.344—345。
83. 同上，p.352。
84. 引自 *Arnold's Arnold*, p.198。
85. *Anburey*, vol.I, p.319。
86. 参见 *The American Revolution*, John Fiske (1891), vol.I, p.333。斯帕克斯写道："在贝米斯高地的两场战斗中，盖茨都没有出现在战场上，他甚至都没有离开营地。"（*Life of Arnold*, p.119.）

87. *Life and Treason of Benedict Arnold,* Jared Sparks (1835), p.118.
88. 参见 *Lamb's Journal,* p.166。安布雷（p.413）也对伯戈因大加赞扬。
89. 安布雷对此持保留态度，他写道："我军撤退期间碰到的连绵大雨其实是一个相当有利的环境因素，虽然大雨妨碍了部队的行进，并且让他们面临更多的困难，但它同时也起到了迟滞敌军的作用，且在很大程度上阻止了敌军的追击……这场大雨还带来了一个令人欣慰的事实……如果敌军在此时袭击我们，那么这一天两军就只能用刺刀来一决雌雄了。"
90. *A State of the Expedition,* etc., p.126.
91. 这个数据可能被夸大了。
92. *Fisher's Journal,* p.6.
93. 关于此事的细节请参见 *Burgoyne's Orderly Book,* pp.132—151。
94. 华盛顿对此的看法是，虽然可以保证让伯戈因所部自由通行，但应规定他们只能从波士顿登船，而不能在其他港口登船。他的理由是，由于波士顿港在冬天会被封冻，所以伯戈因所部英军的登船活动只能推迟到来年春天，这样一来，英国政府就不能立刻用这支部队来替换驻扎在英国本土的军队了。
95. 里德塞尔夫人是这样记载的："斯凯勒将军及其妻女给予我们的接待不像是在对敌人，而是像在接待最亲密的朋友一样。"
96. 迪格比将 10 月 17 日称为"美国历史上著名的一天"。据他所说，当时盖茨麾下的兵力为 22348 人，而伯戈因所部的兵力为 5581 人。
97. 斯特德曼写道："盖茨将军在这一令人感伤的事件中表现得特别大度和仁慈。据说，他不想让自己的士兵目睹英军缴械这一尴尬的场面。"
98. *The American Revolution,* Fiske (1891), vol.I, p.342.
99. 有趣的是，大陆会议"……不愿收回下述命令：所有自愿加入英军的保王党人都要被严格看押起来，然后按照 1777 年 12 月 30 日的决议被移交给合众国加以惩罚"。
100. *Fortescue,* vol.III, pp.241—242.
101. *Lamb's Journal,* p.183.
102. 沃波尔记载道："豪将军没有等着与伯戈因会师，而是去了马里兰。乔治·杰曼勋爵承认这一事实驳倒了他的全部论点。"但是他却极力否认伯戈因的行为的正当性。

大事记
美洲殖民地的反叛

在法国的势力被逐出北美之后，英国的北美殖民地增大了一倍，如何控制这个殖民帝国的问题也就凸显了出来。一直以来，大不列颠的殖民帝国都是按照商业企业的模式来运作的——换言之，殖民地只是用来增加不列颠的财富"工具"罢了。

不过现在，英国在七年战争中兼并了大量的土地，这使其开始从商业型帝国主义转变为了领土扩张型的帝国主义，而国王和议会却都没有察觉到这一变化。依照前一种帝国主义的思想，殖民地不过是宗主国在海外的投资，但后一种帝国主义的思想却认为"殖民者可能会有把殖民地独立出去的潜在危险"。结果，当国王和议会继续从贸易的角度思考问题时，美洲的殖民者们已经开始思考自由的问题了——他们一方在谈论义务，而另一方则在谈论权利。宗主国所要求的其实不是对这些"孩子般"的殖民地进行奴役，而只是要求后者服从自己；反之，这些"孩子"所渴望的也并非是完全的独立，而是今天所谓的"自治领地位"。因此，当1774年出现这种新思潮的时候，宾夕法尼亚的詹姆斯·威尔逊就曾这样说过："不列颠帝国中的所有成员都是彼此独立的不同国家，它们之所以成为一体，乃是由于它们都臣服于同一位君主。"

不幸的是，这种新的帝国观念对于宗主国政府来说，就像"大反叛"时期没有国王的政府一样不可理解。正如某位作家所说的那样，"殖民地不可能永远维持这种与帝国虚与委蛇的状态，也不可能总是一边宣称效忠一边又拒绝服从"。不过值得庆幸的是，尽管战争消除了法国人的威胁，但印第安人的威胁却依然存在，而且后者是一个非常真实的威胁——《巴黎条约》签订后不久发生的庞蒂亚克阴谋，就用一种悲剧性的方式证明了这一点。除了底特律和匹兹堡外，殖民地西部的每一处要塞都被红种印第安人①所攻占，数以百计的家庭遭到了野蛮屠戮；从尼亚加拉到弗吉尼亚，殖民地的边陲都惨遭蹂躏。这场动乱中最明显的事实是，镇压起义的是身着红色军装的英国军人，而不是美洲的殖民者本身；后者没有中央政府，也无法联合起来保护自己，因此必须依赖英国政府的保护，而这又带来了殖民地支付英军补给费用的问题。

这就是格伦维尔内阁于1763年4月8日接替比特勋爵内阁时所面临的状况。在经过长期的战争之后，任何一届内阁想要长期执政都必须要重视经济问题。

当时英国的国债已经高达1.3亿英镑，几乎是1756年的两倍。1748年花费在美洲军事设施上的费用仅为七万英镑，而此时已经达到了35万英镑。因此格伦维尔认为应当对美洲的殖民地增税，用以支付在北美驻扎10000名士兵的部分费用——这在他看来既是必要之举，也是公正之行。为此，他决定加紧关税的征缴，并开征印花税，这样每年可以带来六万英镑的收入。1765年3月25日，《印花税法案》获得国王批准。接着，《驻营法案》也被颁布——根据该法案，殖民地居民必须为英军部队提供营房。作为报复，殖民地居民组建了"反进口协会"，拒绝接受一切"现在或将来会被议会法案征税以增加美洲殖民地财政收入"的货物。这场抵制运动非常成功，殖民地与宗主国之间的贸易减少了60万英镑，伦敦的商人们遭受了沉重的打击——他们给政府施加压力，并迫使现有内阁倒台。之后接任的罗金厄姆内阁于1766年3月废除了《印花税法》。同时，英国议会也通过了一项《公告令》，宣称国王和议会有权"制定具有充分效力和正当性的法律法规，它们在任何情况下都对殖民地具有约束效力"。不过当时的美洲殖民地正忙于庆祝《印花税法案》的废除，而严厉的《公告令》几乎没有引起人们的注意。

1776年7月，格拉夫顿公爵接替罗金厄姆组阁，而真正在内阁中掌权的则是威廉·皮特——此人出任了掌玺大臣，并以查塔姆伯爵的身份在上议院获得了一个席

---

① 译注："红种印第安人"为误称。

位。不久之后，皮特便被病痛所击垮——他饱受"长期发作的狂躁性精神病"的折磨，而痛风又进一步加重了他的病情。此外，由于格拉夫顿公爵的懒政怠惰，内阁大权遂落入了财政大臣查理·汤森德的手中。

汤森德在提交1767年度财政预算案时力主降低土地税。至于由此造成的大约40万英镑的赤字，一方面通过减少殖民地军事设施的方式来弥补，一方面通过对殖民地进口的货物——如纸张、玻璃和茶叶等——征收新的关税（预计每年增收四万英镑）的方式来补足。为了征收关税，海关部门得到了增强，并且还在波士顿成立了一个关税委员会。不过最重要的是，汤森德建议将这笔税款作为殖民地的王室专款，而非将其用以供养驻军——这也就意味着王室指派的总督和法官都将不受各殖民地议会的控制。

波士顿马上就出现了激烈的反对浪潮。1768年7月1日，波士顿的关税委员要求盖奇将军派遣部队前来协助税务官员执法，当后者拒绝照办之后，英国政府直接派出了两个团的兵力，并试图执行《驻营法案》，结果导致了进一步的骚乱，殖民地居民也再一次地开始抵制英国货物。到1770年3月5日，一场不可避免的冲突终于发生了：军队和平民之间爆发了冲突，四名平民被枪杀，另有七人受伤——这场骚乱立刻便被冠以了"波士顿大屠杀"之名。

早在1月份，格拉夫顿公爵就提出了辞职，而接替他组阁的是诺斯勋爵（他之后被册封为第二代吉尔福德伯爵）。此人虽然只是国王的一个跟屁虫，但他却很明智地提出了一项和解政策，也就是取消了除茶税之外所有美洲殖民地的进口税。之所以保留茶税，一方面是为了讨好东印度公司，另一方面则是为了显示议会对殖民地仍保有征税的权力——诺斯勋爵曾这样说过："废除茶叶的关税，会让我们显得怯懦。"

虽然发生了这种荒唐事和"波士顿大屠杀"事件，但殖民地的事态还是逐渐平稳下来。直到1772年时，英国试图进一步加强《贸易法案》——这是北美殖民地所有麻烦的根源——才又引发了新一轮的暴动。6月9日，海关双桅纵帆船"加斯皮"号被人付之一炬。

接下来，又发生了一件更严重的事情：1773年12月16日，一群人伪装成莫霍克印第安人登上了东印度公司的船只，把船上运载茶叶的货箱全部抛入海中——这便是历史上著名的"波士顿倾茶事件"（亦称波士顿茶党事件）。此事的重要性体现在它激励美洲的爱国者们转为选择暴力政策，并煽动起了英国的公众舆论。

诺斯勋爵被激怒了，他于1774年3月7日要求国会提供平息骚乱的方案，并确保"殖民地对英王陛下及大不列颠议会的依赖"。一周之后，他又提出了一份议案，要求撤除波士顿的海关机构，直到该城向东印度公司支付1.5万英镑的赔偿（用以赔付被损毁的茶叶）为止。6月1日，这项被称为《波士顿港口法案》的议案开始执行——这相当于对波士顿港进行了封锁，于是波士顿的居民开始向其他几个殖民地寻求援助。

与此同时，盖奇将军则被国王指派去担任马萨诸塞的总督。尽管前者曾向国王和诺斯勋爵提出过警告——"压迫就意味着战争"，但他的意见并未得到重视。盖奇接任总督之后立刻就感到诸事皆受掣肘：波士顿的居民既拒绝修建营房，又拒绝为英军提供补给。于是他便开始在连接波士顿城和乡村的狭长地带上构筑防御工事，以此来确保自己的安全。

上述事件给殖民地居民造成的负面心理影响进一步坚定了他们发动叛乱的决心，于是他们迈出了决定性的一步：1773年秋，塞缪尔·亚当斯发起了一场支持建立"大陆会议"的运动。第一届"大陆会议"于1774年9月5日在费城召开，通过了"联盟条例"。根据该条例，各殖民地要联合起来，一起抵制英国货物并断绝与英国的贸易往来。"联盟条例"本应使英国议会警醒，并意识到这场叛乱并非一个局部性的事件，但是诺斯勋爵并没有认清这一点——11月18日，他告诉国王说："新英格兰政府已经处于叛变的状态之中，必须用武力来决定它们是属于英国，还是独立出去。"

随着冬天的到来，盖奇也派出了特工前去侦察储备有军需物资的地方。根据情报，他在1775年4月18日命令史密斯上校率一支特遣队去夺取并摧毁位于康科德的物资。当特遣队抵达莱克星顿（Lexington）时，他们与当地民兵发生了一次小规模冲突并击杀了18人。之后，特遣队进入康科德并摧毁了军需储备，而此时当地的全体居民也都武装起来抵抗英军。在珀西勋爵率领的1400人的支援下，特遣队一路且战且退，最终回到了波士顿（期间共伤亡了259人）。

莱克星顿之战是美国独立战争的第一场战斗，其直接后果是居住在波士顿乡下的人们立刻武装了起来，并将盖奇封锁在了波士顿城内。武装斗争的热潮从波士顿郊外一路席卷到萨凡纳。

5月10日在费城召开的第二届"大陆会议"才是一个真正的革命机构：它接管了正在对波士顿实施封锁的军队，并将其改组为"联合殖民地军"（Army of the United Colonies）。此外，这次会议还任命了华盛顿为军队的总司令。

与此同时，另外一位非同凡响的人物也登上了历史舞台，此人便是本尼迪克特·阿诺德上尉。他是这场战争中最伟大的将领之一，但他也因自己最后的背叛而受尽了唾骂。他在发现用以围攻波士顿的工事中缺少火炮之后，便于5月10日亲率83人计取了提康德罗加，缴获了120门轻重火炮。紧接着，他又攻占了皇冠角，击败了位于圣·约翰的守军。当他得知卡尔顿将军在蒙特利尔只有两个营的兵力时，便立刻决定向加拿大全境发起进攻。

当阿诺德开始进行远征的时候，驻守波士顿的英军也获得了增援；与援军一同前来的还有威廉·豪爵士将军、约翰·柏戈因将军和亨利·克林顿将军。为了确保现有阵地和港口的安全，盖奇决定攻占位于波士顿城正北的查尔斯顿半岛（Charlestown）；半岛上有两座山丘，分别叫邦克（Buirker）山和布里德（Breed）山。因为叛军在6月16日时抢先一步攻占了这两座山丘，所以盖奇命令豪爵士于次日攻击邦克山上的敌军堑壕（实际上这些堑壕位于布里德山上）。虽然奉命发起进攻的英军奋勇向前，但由于计划不周，他们的前两次进攻均被击退。后来，由于守军的弹药耗尽，英军的第三次进攻才取得成功。

这场胜利的代价是惨痛的：在参与进攻的2500名英军中，一共死伤了官兵1054人；而防守一方的损失也不少，共有441人被打死、打伤或俘虏。

这场血腥的战斗产生了非常巨大的影响：它使叛军方面相信没有必要建立一个正规的军事组织——这给华盛顿增加了诸多困难；而关于此役的记忆也给豪爵士留下了不可磨灭的印象，从此以后他再也未能取得过一场胜利。

与此同时，阿诺德在华盛顿的鼎力支持下开始着手实施他那胆大包天的计划。9月间，阿诺德率领1050人进入了缅因的荒野之中，而蒙哥马利此时也率领1200人渡过了尚普兰湖并迫使圣·约翰城投降。之后，阿诺德又挺进到蒙特利尔，并于11月12日攻占该城（当地的守将卡尔顿乘船逃往魁北克）。阿诺德继续发起进攻，但却碰到了一件倒霉事：他曾派一个印第安人给斯凯勒将军送一封信，但这封信却误送到了卡尔顿的手中。这使卡尔顿意识到魁北克马上就会受到叛军的威胁，便立刻召集了所有可用的兵力前来设防。

阿诺德到达圣劳伦斯河后选择在沃尔夫湾渡河，之后蒙哥马利也前来与他会合，二人于12月21日一起冒着暴风雪向魁北克进发。

不过，他们之后对魁北克的攻击却彻底失败了：蒙哥马利战死沙场，而阿诺德的腿部也受了重伤；此外他们还损失了500人，其中有426人做了俘虏。这次行动就这样草草收场了。如果阿诺德没有给斯凯勒写那封信的话，那么这次偷袭是很有可能获得成功的。弗朗西斯·文顿·格林将军写道："如果这次行动成功了，那么加拿大很可能就会和13块殖民地合并，那么整个战争的进程和结果也都会被改变。"

提康德罗加的陷落促使英国方面用威廉·豪爵士取代了盖奇将军，而邦克山之战也促使英国政府在整个欧洲范围内搜罗雇佣兵。现在英军必须要制定一个作战计划了——照盖奇看来，只要英军能占领哈德孙河一线，那么叛军就会自行瓦解。然而在英国本土，主要的军事权威、军队副总司令哈维将军（General Harvey）却有着不同意见——按他的观点，所有陆上的军事行动都将被证明是徒劳的；他主张封锁美洲殖民地的海岸，直到叛军屈服为止。

11月的时候，乔治·杰曼勋爵（Lord George Germaine）被任命为陆军大臣，这对英国来说实属不幸。杰曼勋爵曾在1759年的明登战役中使自己蒙受耻辱——全英国的军人都因此而十分鄙视他。此外，他本人对北美的叛军又十分轻蔑，这使豪爵士处于一种非常困难的境地之中——后者必须积极采取行动，否则是断然不能改善自己的处境的。次年的3月2日，华盛顿突然攻占了波士顿南边的多尔切斯特高地——豪爵士的处境变得岌岌可危起来。3月17日，豪爵士被迫放弃波士顿，率领麾下9000人退往哈利法克斯——他在4月2日抵达了该地。

5月间，费城又召开了第三届大陆会议，讨论了由托马斯·杰斐逊（Thomas Jefferson）起草的《独立宣言》。这封宣言于7月2日获得通过，并在两天之后昭告天下。

由于《独立宣言》将对英王乔治的效忠定性为叛国行为，所以这份美国历史上最著名的"文件"所产生的直接影响便是将殖民地的人民分成了两个派别：一派是决心用武力解决问题的爱国者，而另一派则是希望通过妥协来解决问题的保王党人（即托利党人）。每个殖民地都有保王党人，他们的势力在弗吉尼亚、马里兰和马萨诸塞等地最为薄弱，但在纽约、新泽西和佐治亚等地，保王党人却占了当地人口中的大多数。此外，保王党人在宾夕法尼亚和卡罗莱纳也极具代表性。保王党人构成了一股强大的反对独立的力量：在美国革命的过程中，有七万名多保王党人离开殖民地前往他处，而这些人不过是保王党中的一小部分而已。

在邦克山战役和阿诺德入侵加拿大之后，《独立宣言》所产生的第二个效应便是将这场"叛乱"变成了两国之间的合法战争，这迫使英国政府面临对殖民地的征服问题。

这场战争的舞台从圣劳伦斯河一直绵延到了佛罗里达，这是一个全长在1200英里以上的狭长的、丝带状的地带，其平均宽度仅为150英里。这片土地上缺少道路，而且大部分地区都尚未得到开发。从战略层面上来看，这里是一个易守难攻之地，因此很难被征服。为了方便阅读，我们可以将其分为北部、中部和南部三个区域，其中北部区域包括新罕布什尔、马萨诸塞、罗德岛、康涅狄格和纽约；中部区域包括宾夕法尼亚、特拉华、马里兰和弗吉尼亚；而南部区域则包括南北卡罗莱纳和佐治亚。想要同时征服这三块地区显然超出了大不列颠的承受范围，因此英军的战略只能是集中力量一次对付一个地区。北部地区不仅在政治上最为重要，而且因为有加拿大可以作为军事基地，因此在战略上也最容易实施入侵。如果新英格兰和纽约的叛乱能够平息——英国军队是有足够的力量做到这一点的——那么即使中部和南部地区的叛军能够坚持下去，那他们也很可能会被英军用各个击破的方式逐步消灭掉。因此，北部地区就是克劳塞维茨所说的"战争中的战略重心"（The strategical centre of gravity of the war）。

1776年6月，豪爵士率领3.2万人从哈利法克斯乘船出发，于7月3日在斯塔恩岛登陆。8月22日，他渡海进攻长岛，击败了华盛顿并迫使后者退往曼哈顿岛。当英军于9月15日抵达曼哈顿岛后，华盛顿所部在惊慌失措之下继续败退。

跟往常一样，豪爵士仍旧在纽约迁延至10月12日才再次向华盛顿发起进攻。在他进抵泽西岛的海岸之时，华盛顿已在康沃利斯勋爵的追赶下撤过了特拉华河。12月8日，康沃利斯勋爵抵达了特伦顿。英军奉命在当地宿营过冬，他们的营地被由一系列据点构成的防线掩护着，其中最重要的一个据点就是特伦顿——其驻防兵力为拉尔上校（Colonel Rall）统率的1300名黑森（Hessians）士兵。

华盛顿现在的处境异常危急，因为他麾下的10106名士兵中已经有5399人罹患疾病。虽然如此，他还是在圣诞节当天再度率军出征。次日一早，他就偷袭了拉尔上校所部,并俘获了909人。之后,华盛顿又于1777年1月1日向驻扎在普林斯顿的马尔伍德上校发起了攻击并将其击溃。

这两次小小的胜利奇迹般地改变了整个战局。当杰曼听闻英军第一次战败的消息时,他惊呼道:"发生在特伦顿的这场不幸事件粉碎了我们所有的希望。"更重要的是,这两次胜利极大地提升了华盛顿的威望,因为在两周之内,他已经"从死神的魔爪中重新夺回了胜利"。自此,华盛顿的威名远播美洲和欧洲,他也由此树立起了自己作为将军和群众领袖的声誉。

切萨皮克战役与约克敦围城战
（1781年）

第十章

法美两国确立了同盟关系之后，美洲的这场战争就不再局限于陆地上的军事行动，而是在很大程度上转变为了一个海权问题。当西班牙在1779年4月12日和法国缔结盟约并在两个月后向英国宣战时，这种变化就更加明显了。从那时起，英国被迫在北美洲之外的其他地方都采取守势。当荷兰在1780年12月投入法国—西班牙阵营时，英国不得不把战争的主动权拱手让给了法西两国。[1]

虽然1776年时英国海军尚足以完成确保大西洋航线的安全这一紧迫的任务，但它的力量已不足以应付可能发生的其他意外事件了。一旦英国完全陷入北美殖民地战争的泥潭，法国就极有可能会乘机夺回其在七年战争中所丢失的利益。

英国之所以会处于这种尴尬的境地，完全是因为其海军舰队自1771年以来的日趋衰落，而造成这一切的原因则是时任海军大臣桑威奇勋爵的腐败行径，以及效率低下的行政管理体系。1778年的时候，尽管英国纸面上的海军实力仍然超过了法国，但后者的实际作战效率却更高。此时的法国海军拥有63艘战列舰，每艘战列舰都拥有64门以上的火炮，而其水手也高达6.7万人。因此英国所面临的问题是，随着法国加入战争，自己的战略态势已经完全改变了。英国政府发现，现在不仅是自己的海上交通线面临着危险，就连英国本土也有被入侵的可能——当西班牙和荷兰加入法国阵营后，后一种威胁就变得更危险了。英国人猛然醒悟过来：1799年11月，议会投票通过了总数为2119.6万英镑的军费，并将海员和海军陆战队的人数扩编至8.5万人。[2]

在所有关注着上述变化的人当中，华盛顿是最为清醒的，他清楚地认识到只有取得制海权——哪怕只有很短的一段时间——美国的独立事业才能获得最终成功。早在1780年7月15日，他就通过拉斐特向罗尚博伯爵递交了一份名为"与法军协商作战计划的备忘录"的文件，其中的部分内容是这样写的："在任何行动中、任何情况下，拥有决定性的海军优势都应当被视为一项基本原则，这也是一切成功的希望最终都必须依赖的基础。"[3] 六个月之后，华盛顿又派约翰·劳伦斯中尉前往法国，并给罗尚博带去一封长信，概述了自己当时的情况。他这样写道：

除了贷款之外，我最关心的问题便是在沿岸海域保持海上优势——这将立刻让敌人陷入被动的防守状态。通过阻止他们扩大占领区域，我们将能打消他们进行战争的动机。实际上，如果我方能掌握制海权，并阻止他们定期从欧洲运来物资，我实在无法想象他们要如何才能在这片土地上维持一支规模庞大的军队……对我们来说，这是两个决定性的因素之一。此外这也符合我们盟友的利益。因为英国将会把海上战争的重点转移到美洲来，从而忽略自己更切身的利益。⁴

对于华盛顿来说，1781年的上半年是灾难性的：先是宾夕法尼亚战线①发生了叛乱⁵；紧接着，泽西战线也发生了叛乱⁶；在南方的格林将军也汇报说他的军队"简直是赤身裸体"。⁷尽管如此，华盛顿还有一线生机，那便是英军此时缺乏统一的指挥：尽管亨利·克林顿爵士是英军在美洲的总司令，但他却处处被远在3000英里之外的杰曼所掣肘；由于距离遥远，通信往来非常耗费时间，孤悬在南方的康沃利斯勋爵也很少和克林顿联系。除此之外，在美国海域指挥英国舰队的阿巴思诺特既不听从克林顿的命令，也不服从杰曼的命令，然而英军的联合作战却必须依赖于这支海上力量。4月30日，克林顿在写给杰曼的信中对此大吐苦水，他还补充道："我必须对阁下坦言，我对阿巴思诺特海军中将完全没有信心，这源自他的年纪、脾气和反复无常的行为。此人真的没有什么值得我信赖的地方……"⁸

此时的杰曼却认为英军已经征服了南卡罗来纳和北卡罗来纳，而格林的军队不过是一群乌合之众罢了。他在3月7日写给克林顿的信中说："我相信你会利用他（指华盛顿）的弱点和你自己的巨大优势；一旦季节适合在那片区域进行军事活动，你就应派遣一支规模庞大的军队前往切萨皮克……"⁹既然杰曼认为南卡罗来纳和北卡罗来纳的美军都已崩溃，那他现在的目标就是把战火烧到弗吉尼亚。这也是康沃利斯的想法，因为他曾在4月18日写给前者的信中表达了同样的看法："我不揣冒昧地提出个人的看法，那就是我们应当认真筹备对弗吉尼亚的进攻，这将是最为可靠的方案。如果进攻得手，我们不仅能在弗吉尼亚取得至关重要的战果，而且这也关系到南卡罗来纳的安全，并且最终会迫使北卡罗来纳屈服。"¹⁰

克林顿的看法却截然相反。4月13日，他写信给康沃利斯说："我只会以访客的身份前往切萨皮克；除非华盛顿亲率大军前往该地，否则我是不会率军队去那里的。"¹¹10天后，他又写信给杰曼道："康沃利斯勋爵在他之前的一封信中向我提出，应当把切萨皮克作为主战场；如果有需要的话，即使是要以放弃纽约为代价也在所

---

① 译注：大陆军的一个部分，指的是美国大陆会议分配给宾夕法尼亚的步兵团，不同时期的规模有所不同。

不惜。阁下,请恕我直言,根据我在这里(指纽约)的观察,我不能同意这个观点。我始终坚定地认为纽约的地位无与伦比,它对我们控制加拿大而言是至关重要的。此外,这里还和北部的印第安人有着极为密切的关联。"[12] 当克林顿的这封信还在路上时,杰曼于5月5日写给前者的一封信也正好寄了过来;后者在信中提及"占领弗吉尼亚非常重要"之后,又写了如下的内容:

你对于收复该地区(指弗吉尼亚)的重要性的认识似乎与我截然不同,因此我认为最好再征询一下其他大臣的意见。大臣们在这个问题上的看法和我一致,故而我们将计划呈交给了国王陛下御览。陛下命令我通知你,你麾下所有部队的主要目标应是收复南方各州,而你们的根本目标则是由南向北进行征服,并将战火蔓延到敌人控制的地区。在完成上述目标之前,你还应分出一部分部队用以保卫国王陛下的领土……尽管有法国人的倾力援助,但失去了南部诸省必然会给叛军造成致命的伤害。若能如此,不久之后我们便会迎来全面的和平,而北美地区也就能摆脱这场它所经历过的最难以承受、代价最为高昂的战争了。[13]

就在康沃利斯向着威尔明顿进发之时,克林顿和威廉·菲利普斯少将——此人第一次在本书中出现时还是伯戈因的部下——进行了一系列注定会对此次战役产生深远影响的谈话,其内容则与"设立一处基地用以保护国王陛下的舰船"有关。克林顿就此向康沃利斯提议,说"没有比约克敦更合适的地方了",并提出应当用"1000人"来驻守此地。此外,他还提到了位于詹姆斯河河口处的旧波因特康福特(Old Point Comfort)。[14] 最终,克林顿还是决定派菲利普斯前往南方支援阿诺德——后者奉命于3月10日率2600人出发,并在16天后抵达了切萨皮克。[15] 至于美军方面,华盛顿早在2月6日就考虑过了克林顿于弗吉尼亚设立据点的可能性,并决定派拉斐特和1200人"前往埃尔克河的源头处"对付阿诺德。他认为如果能俘虏阿诺德的话,那"将是一件让人特别高兴的事",而且其意义非常重大。[16]

克林顿在听说康沃利斯已经抵达威尔明顿后,便在4月26日写给菲利普斯的信中指出,这一出人意料的行动极大地改变了当前的局势——"所有向北方进军的行动可能都必须要给康沃利斯让路了"。此外,在克林顿得知康沃利斯的行动之前,他还曾寄希望于"伯爵阁下能从卡罗来纳的军队中抽调出相当一部分兵力来支援在切萨皮克的作战行动"。他告诉菲利普斯,自己打算再增派一个特遣队给他,以便后者能有足够的兵力配合康沃利斯在卡罗来纳的作战。之后克林顿却突然提出了另一个完全不同的行动方案,而这一计划"如果成功的话,其结果将会起到决定性的作用"。他的这个新方案是要把战场转移到弗吉尼亚、马里兰和宾夕法尼亚,并征服这些地区。他写道:"在我看来,居住在宾夕法尼亚萨斯奎汉纳河两岸、约克、兰开斯特和切斯特等地的居民,以及居住在切萨皮克和特拉华之间半岛上的人们,都抱持着友善的态度。大体情况就是如此,我认为现在值得一试。"[17]

同一时间,康沃利斯也在其位于威尔明顿附近的营地中提出了一个类似的建议。4月10日,他在写给克林顿的信中说道:"由于我对夏季作战行动的意图还是两眼一抹黑,所以我非常渴望能从阁下那里得到指示。我也必须要表达出自己的想法,那就是应当把切萨皮克作为主战场,如果有需要的话,即使是要以放弃纽约为代价也在所不惜。除非我们能以某种方式控制弗吉尼亚,否则我们对南、北卡罗来纳的控制即便不是岌岌可危,也一定会非常困难。"[18]正如我们在上文中所看到的那样,康沃利斯在4月18日已经与杰曼进行了沟通,并与后者进行了直接通信。接着,在4月23日写给克林顿的一封信中,康沃利斯暗示自己将"与菲利普斯将军会合"。次日,他又告知克林顿说,自己打算与他会师,并同时向后者转交了自己写给菲利普斯的信件的副本。康沃利斯在这封信中说道:"请用我信中所附的密码把所有情报告知与我,并尽你最大的努力来促成我们的会师;为了确保你部的安全,我们的会师地点必须得安排在彼得斯堡附近的某个地方。"[19]

由于等待克林顿的回复需要几周的时间,而且康沃利斯此时已经下定了决心,所以他便出发前去和菲利普斯及阿诺德会合——这段行军路线长达223英里。当他于5月20日抵达彼得斯堡时,才得知菲利普斯已经在5月13日死于热病。5月24日,他在彼得斯堡收到了三份文件:克林顿和菲利普斯之间"谈话"的副本、克林顿4月26日写给菲利普斯的信件,以及克林顿在3月10日给菲利普斯下达的指令。在指令中,克林顿命令菲利普斯在确保安全的情况下占领约克敦和旧波因特康福特。[20]此时,对康沃利斯向北进军尚一无所知的克林顿于5月20日写信给杰曼说:"如果康沃利斯勋爵坚持要去和菲利普斯少将会合的话……我对除查尔斯顿之外的南卡罗来纳全境,甚至是佐治亚的安全都感到忧虑……"[21]5月22日,克林顿再次写信表达了自己的看法,他坚信康沃利斯向北进军的行为将"对我方在南部的占领区造成最为严重的后果"。²² 当克林顿收到康沃利斯于 4 月 24 日发来的信件后,他在 5 月 29 日回复道:"我不能向阁下您隐瞒我的担忧……你可能会尝试去和菲利普斯少将会合……除非南卡罗来纳很快地得到增援,否则我对阁下此举可能造成的后果表示担忧……"他还补充道,"我已经迫切地要求海军上将(指阿巴思诺特)关注切萨皮克的情况,并一再告诉他,如果敌军占领该城——即使只占领 48 个小时——那么阁下您的行动都有可能面临最迫切的威胁。"²³

在审阅上述这些信件时,我们应当谨记一点,即寄信和收信之间相隔往往不是几天时间,而是几周的时间。因此,这种信件往来常常会干扰作战行动——虽然其本意是为了对这些行动有所助益。实际上,在这场战争中根本就没有一个真正的总司令:康沃利斯实际上是自己的最高领导,因此他必须自己做出决断。然而——正如我们将要看到的那样——他并没有意识到这一点。

康沃利斯进入彼得斯堡时的总兵力为 7000 人,拉斐特(格林将军任命其负责指挥弗吉尼亚所有的美军部队 ²⁴)则统率 1200 人在里士满监视他的动向。不过,由于兵力不多,所以后者能做的(正如拉斐特自己所言)就是"小规模的袭扰"和"不要过分冒进"。²⁵ 因此,拉斐特于 5 月 27 日撤离里士满前往弗雷德里克斯堡,这样他就有可能引诱康沃利斯北进,并同时增强自己的兵力。康沃利斯也意识到自己的兵力并不足以征服弗吉尼亚。他在拉斐特撤离的前一天曾写信给克林顿,信中提到在赶跑敌军并摧毁了里士满周围的物资仓库后,他就要转移到威廉斯堡。此外,他还写道:"在获得你的确切消息前,我会避免与敌军纠缠,以免干扰到你的作战计划……目前,我还是倾向于选择约克敦。我反对选定朴次茅斯的理由如下:如果没有军队驻防,我们便无法加强那里的防御;此外,那里的地理位置十分危险,根本不能给海军的战列舰提供任何保护。"²⁶ 随后,康沃利斯渡过了詹姆斯河并在白橡木沼泽附近安营扎寨。之后,他又从此地出发,缓缓地尾随着拉斐特所部,于 6 月 1 日抵达了汉诺威枢纽附近。6 月 4 日,他命令西姆科和塔尔顿率领所部骑兵前去摧毁位于夏洛特维尔的物资仓库²⁷;他们在这次行动中还差点抓住了杰斐逊。两周之后,当康沃利斯听说韦恩率领 1000 名援军前来增援拉斐特之后,他便从"麋鹿角"经由里士满撤到了威廉斯堡,而已经获得了斯托伊本增援的美军则在其身后紧追不舍。

康沃利斯于 6 月 26 日抵达了威廉斯堡,而克林顿在 6 月 11 日写给他的一封信已经在那里等着他拆阅了；后者在信中告诉他"华盛顿正在准备围攻纽约城，而他则应当立刻派出3000人前去增援"。[28] 如果康沃利斯抽调出一支规模如此庞大的部队，那他就没有足够的兵力来守住约克敦和格洛斯特（Gloucester）了。于是他决定撤退到朴次茅斯，以便从那里继续安稳地退往南方。6月30日，康沃利斯告知克林顿，由于罗登勋爵染病，自己"愿意率军队前往查尔斯顿"。[29] 这也就意味着他已经放弃了在弗吉尼亚的军事行动。

康沃利斯并未等待克林顿的回复便从威廉斯堡出发了，他取道詹姆斯敦前往朴次茅斯。7月6日，在其后紧追不舍的拉斐特经过格林斯普林斯时被英军后卫部队重创；按照塔尔顿的说法，如果当时康沃利斯能率领全军回身迎战，那么拉斐特所部可能就会被全歼。[30] 然而除了塔尔顿曾对贝德福德进行过一次长途奔袭之外[31]，康沃利斯在接下来的一个月时间里都忙于书写各种信件。

7月8日，克林顿再次写信给康沃利斯，信中说之前提到的3000名援军可以不必派出了，但后者应当占领旧波因特康福特以确保汉普顿大道的安全。[32] 就在同一天，康沃利斯也给克林顿写了一封信，力劝后者放弃此次作战行动。[33] 7月11日，克林顿再次写信给康沃利斯，指出务必要为海军的战舰控制住切萨皮克这一据点。在信的末尾，他说道："我恳请你不要浪费时间，立刻去检查旧波因特康福特的情况并加强该地的防御。"[34] 次日，业已取代阿巴思诺特的职务的海军上将格拉夫也提出了类似的要求。[35] 这之后，克林顿收到了杰曼于5月2日寄出的信件（信中命令克林顿坚守弗吉尼亚），以及康沃利斯于6月30日寄出的信件。因此，他在7月15日写信给康沃利斯，说自己在听闻他已经渡过詹姆斯河并退往朴次茅斯时，感到非常恼怒。克林顿写道："此外我还要补充一点，那就是无论过去、现在还是将来，我都坚定不移地主张占领并坚守切萨皮克，因为这对国王陛下在这片大陆上的事业来说尤为重要。"[36] 与此同时，康沃利斯也派了一位名叫萨瑟兰的中尉工程师前去检查旧波因特康福特的情况——由于此人报告说该地不适合进行驻防，康沃利斯便写信给海军上将格拉夫说："我将会立刻攻占约克敦和格劳斯特的据点并强化其防御。"[37] 次日清晨，他又把这个决定告知了克林顿。[38]

1781年时，位于约克河南岸的约克敦和北岸的格洛斯特都只是小村庄而已。前者有"大约60栋房屋"，而后者仅有20栋房屋。[39] 在写完上面提到的那封给克林顿的信后，康沃利斯在几天之内便开始向前述两个地方进军了。

福蒂斯丘对这些往来信件做了如下评论：

克林顿、康沃利斯和杰曼实际上都是支持在中部几个殖民地开展一次军事行动的。克林顿……想等待增援部队和一支掩护舰队到来，并同时确保有一处安全的海军基地。康沃利斯主张从纽约撤退，把英军的主要基地转移到切萨皮克，然后立刻在那里展开军事行动。杰曼则希望用自己那些难以理喻的方式将这两人的方案给结合起来……[40]

结果，英军又一次重蹈了1777年混乱局面的覆辙——杰曼同时支持两个截然不同的方案，而这最终导致了英军在萨拉托加的惨败。

华盛顿仍然想要把英国人赶出纽约。他的主力部队驻扎在怀特普莱恩斯，此外还有四个强大的步兵团、一个炮兵营和罗尚博麾下的"洛赞公爵军团"负责支援。罗尚博是1780年5月2日率部从法国出发的，而次年7月11日法军就在罗德岛登陆了。

美军对法国援军的到来表示了极大的欢迎，但这并不能解决华盛顿面临的主要困难，他依然缺少海军的支援。因此，当海军上将巴拉斯伯爵在1781年5月初率领一支小型法国分舰队来到纽波特时，华盛顿方才感到如释重负。虽然这支舰队很快就被封锁在了纽波特，但巴拉斯还是带来了一个喜讯：海军上将格拉斯伯爵已经率领一支强大的舰队从法国起航了。

海战的主战场是小安的列斯群岛周围海域，因为法国的战略目标更侧重于夺取大不列颠那收益颇丰的蔗糖贸易，而非帮助美国人。

1799年11月，海军上将乔治·罗德尼爵士被任命为小安的列斯群岛基地的司令官。1781年1月，海军少将塞缪尔·胡德爵士率领8艘战列舰前往圣·卢西亚和罗德尼会合，这使后者舰队的实力增至21艘战舰。2月3日，罗德尼迫使圣尤斯塔修斯岛投降；他一边在岛上搜刮了总价值300万英镑的巨额战利品，一边于3月17日命令胡德率17艘船将法军的4艘战舰封锁在位于马提尼克岛的皇家堡海湾内。4月28日凌晨，胡德看到己方位于岛屿最南端的一艘护卫舰发出了"发现敌舰"的信号；到了正午时分，他又得到消息说这是一支由20艘战列舰（其中有1艘装有110门火炮，3艘装有80门火炮）和150艘其他船只组成的法国护航舰队——这是3月22日从布列斯特起航的格拉斯舰队。

4月29日，双方舰队进行了一次远距离交火，而皇家堡海湾里的4艘法国军舰也乘机逃了出来并加入了格拉斯的舰队；这样一来，后者就比英军多出了7艘战舰。不过，格拉斯并不打算与英军进行近距离战斗。最后，胡德在4月3日开始向北方撤退；到了5月11日，他在圣基茨岛和安提瓜岛之间的海域与罗德尼会合了。另一边，格拉斯舰队也在5月16日时停泊在了皇家堡海湾。对于罗德尼和胡德来说，上述事态实在是令人遗憾。这主要归咎于英国海军部门，因为他们若是能对布列斯特进行严密的监视，那么在格拉斯到达之前罗德尼就应该得知消息了。如此一来，他就能和胡德合兵一处，并很可能击败这支法国舰队。

5月9日，格拉斯对圣卢西亚发动了进攻，但未获成功。不过在5月23日，他逼降了多巴哥岛（Tobago）。漫无目的在海上航行了一段时间后，他于6月18日回到了皇家堡海湾。

7月5日，一艘护卫舰向罗德尼报告说看到格拉斯率领27艘战列舰和近200艘准备回国的商船从皇家堡海湾驶出。于是罗德尼立刻派出数艘单桅快船分别前往纽约和牙买加，并将法国人的行踪向当地政府做了报告。同时，罗德尼因为身体欠佳而决定回国，临行之前他命令胡德随时准备率领舰队中的大部分船只前往纽约。显然，他认为格拉斯会率领一支强大的分舰队为从圣多明哥的弗朗索瓦角出发回国的商船队护航，而他留在北美海域执行任务的只有12到14艘战舰。因此，只要胡德和格拉夫能在纽约会合，那么自己交给胡德指挥的14艘战舰加上格拉夫的舰队就足以击败格拉斯——罗德尼也确实是按这个设想做了安排——之后，他便在8月1日率领其余的舰队护送150艘商船返回了英国，这属实是一个非常不幸的决定。

格拉斯于7月16日驶入了弗朗索瓦角，然后他就收到了来自华盛顿和罗尚博的紧急请求，让他把舰队驶往桑迪胡克或切萨皮克。于是他立刻下令护航船队暂缓出发，一边安排3000名士兵和一些火炮登船，一边又派"协和"号带信给罗尚博、华盛顿和巴拉斯等人，告诉他们自己准备前来支援。之后，他通过人迹罕至的旧巴哈马水道前往了北方。

8月3日，胡德在安提瓜岛附近收到了克林顿和格雷夫斯发来的急件，上面标注的日期是6月28日。克林顿和格雷夫斯告诉胡德，他们二人从截获的敌方信件中得知格拉斯"会在飓风季节到来前——如若不能，则会在飓风季节中——在美国海岸集结其所有的海陆力量"。[41] 这支军队无疑将会对纽约发起一次海陆联合进攻，因此他们敦促胡德舰队立刻北上。胡德读完急件之后，遂于8月10日起航前往美国海岸。

当华盛顿从巴拉斯处得知格拉斯正自法国赶来后，便离开了自己位于新温莎（New windsor，即纽堡）的总部。5月22日，他在位于哈特福德（地处康涅狄格）附近的韦瑟斯菲尔德会见了罗尚博。两人共同给格拉斯起草了一封急件，并先行将其送至弗朗索瓦角等待后者的到来；他们在信中建议格拉斯要么前往桑迪胡克以支持美军对纽约的攻势，要么就前往切萨皮克。华盛顿倾向前一种建议，而罗尚博虽然有所疑虑，但还是较为支持后一种建议。[42] 次日，卢塞恩爵士奉命将上述信件送到格拉斯手上。不过，人们心中似乎仍然疑虑重重——6月1日，卢塞恩曾写信给罗尚博道：

自从康沃利斯勋爵与位于切萨皮克的英军会师之后，拉斐特侯爵和格林将军的处境就变得异常窘迫了。如果我们不能及时地援救弗吉尼亚，那么英国人就会达成他们的预定目标……他们很快就能真正地征服南方各州了。[43]

就在同一天，华盛顿也在给格林的信中写道：

我最近在韦瑟斯菲尔德跟罗尚博进行了会晤，我们俩从各个角度审视了我军的处境，最终决定趁敌军未及增援前攻打纽约，之后再考虑南部的作战行动——因为我们还没有获得决定性的制海权。[44]

5月27日，华盛顿又写信给大陆会议的主席，把自己即将对纽约展开的军事行动都报告给了后者[45]，然而信使却落入了英国人手中。克林顿得知"这个正在酝酿的计划后……便要求康沃利斯勋爵从驻扎在弗吉尼亚的军队中抽调一部分前去增援纽约"。[46] 这便是为何克林顿会在6月11日写下前文中所提到的那封信件的原因了。

之后，华盛顿在6月13日时收到了罗尚博于6月9日发出的一封信件，后者在信中说自己已经收到了关于格拉斯的消息，还说格拉斯预计会在仲夏前后到达美国海域。此外，华盛顿还从拉斐特那里得到消息，说康沃利斯确实已经放弃了北卡罗来纳。这些事态的发展使得美法联军①的指挥官必须要重新思考一个问题，即如

---

① 译注：以下简称联军。

何最大限度地利用即将到来的格拉斯舰队和随船的法国陆军来收复南方失地。

在收到罗尚博的信件后，华盛顿做出了如下回复：

> 阁下，您应该还记得这一点：在目前的情况下，我们认为进攻纽约是唯一符合实际的目标；但如果我们能够确保海上力量的优势，那我们也许会找到其他更为实际且具有同等价值的目标。如果您的护卫舰尚未起航的话，我希望您能就此事向格拉斯伯爵加以解释……我在韦瑟斯菲尔德时给公使写了一封信，让他催促伯爵率领整支舰队到这里来。我还提到桑迪胡克应当是舰队的首要目的地……如果英国舰队不在那里，伯爵可以一路追击它们到切萨皮克……[47]

华盛顿的这个回复有些模棱两可，因此罗尚博在 7 月 20 日要求华盛顿提出一个"明确的行动计划"。[48] 在之前的基础上，华盛顿提出了三点建议：第一，如果克林顿增援了康沃利斯，那美军便向纽约发起攻击。第二，如果是康沃利斯前来增援克林顿，那美军便攻击弗吉尼亚。第三，如果条件有利，美军应当围攻查尔斯顿。

华盛顿直到 8 月 1 日都坚定地支持第一个方案，他认为那时"针对纽约的军事行动应该都已经准备就绪了"，然而各州却没有给他提供支援。华盛顿这样写道："……各州的征兵数量不到要求数量的一半。到上个月 15 日为止，我们不断要求康涅狄格增派 6200 人，但是只来了 176 人……因此，我只好相较于之前更加认真地考虑在南部进行一次军事行动了。我派人向东部的主要商人进行了旁敲侧击的询问，以了解一旦我们发现有必要改变计划且需要向南方运送部队时，他们能够提供多少船只，而这些船只何时才能准备就绪。"[49]

8 月 11 日时，华盛顿得知又有 2880 名日耳曼士兵已经加入了克林顿麾下。三天之后，他又收到了巴拉斯的一封急件："格拉斯已于 3 日率领 25 到 29 艘战列舰和 3200 名陆军士兵从弗朗索瓦角出发前往切萨皮克湾……情势已经十分危急……我不得不……放弃所有进攻纽约的想法，并且把法军和一部分美军派到麋鹿角。他们将从那里被运送到弗吉尼亚，与来自西印度群岛的军队进行合作……"[50] 次日，华盛顿又写信给拉斐特说道："如果可能的话，你要阻止康沃利斯向卡罗来纳撤退。"[51] 又过了一天，拉斐特汇报说康沃利斯已经于 8 月 6 日在"约克敦和格洛斯特"登陆了。[52] 8 月 17 日，华盛顿和罗尚博联名给格拉斯写了一封信，告诉他联军将会向切萨皮克挺进，并要求后者在抵达后尽可能多地抽调运输船前往埃尔克河,以便把这支军队运送到位于南方的海湾中去。[53]

现在最关键的因素便是速度:美军迅速做好了准备,而此次行军也注定要成为这场战争中最为著名的一次。

希思将军指挥大约3000人留在西点(West Point),以干扰克林顿及其麾下的1.6万名英军;8月20日(周一),联军(其中美军2000人,法军4000人)开始在位于西点以南大约12英里处的国王渡口渡过哈德孙河。[54]该部之后的行进路线使克林顿相信他们的目标是斯塔腾岛,其目的则是从南部威胁纽约。[55]

次日,华盛顿便发布了一个"告各州通告书"来对自己的计划加以说明。此外,他还声称此役将"有很大的可能歼灭在南方的所有英国军队,并彻底摧毁他们扬言要在南部诸州达成的目的"。[56]随后,联军便开始了他们长达400英里的行军——美军选择了沿河道的路线,而法国人则取道北堡、派因桥和克罗姆庞德。

8月29日,美军和法军分别在布伦瑞克和比利翁酒馆安营扎寨,他们此时再也无法隐瞒自己的目的地了。于是,这次行军开始变成一场公开的军事行动。[57]次日,

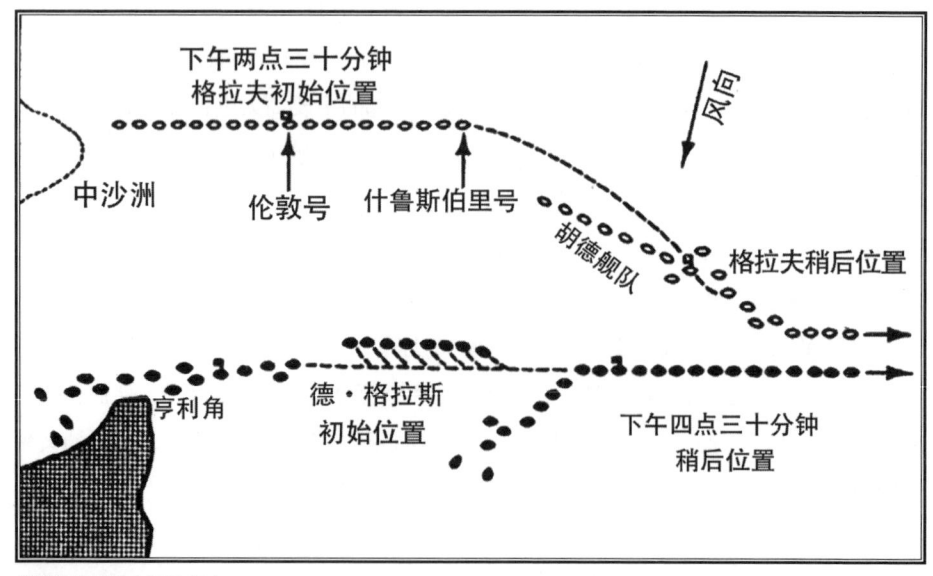

切萨皮克战役(1781年)

华盛顿和罗尚博率领联军前往费城，并在当地居民的欢呼声中进入了这个城市。因为没有听到关于格拉斯的消息，所以华盛顿在9月2日给拉斐特写了一封信：

> 不过，我亲爱的侯爵，我很想知道格拉斯伯爵的动向，这种焦虑的心情真是难以言述。此外，我还担心英国舰队会占领切萨皮克（我在上次的报告中就说了他们正在向那里进发），破坏我们在那里的所有美好设想……再见了，我亲爱的侯爵，不管你从哪里得到任何的消息，都请你快点把它传递给我——我已经焦虑不堪，就快失去耐心了。[58]

9月5日，当华盛顿在麋鹿角暂停休整的时候，他终于得知了"格拉斯伯爵已率领28艘战列舰、4艘护卫舰和3000名陆军士兵安全抵达切萨皮克湾……"的消息。[59] 于是，联军离开费城前往埃尔克河河口。9月18日，他们走海路前往切萨皮克，并在最靠近威廉姆斯堡的地方登陆了。9月26日，华盛顿、罗尚博和拉斐特的部队全都在该地集结起来。

8月27日——此时距格拉斯抵达尚有三天时间——海军上将胡德在北上途中驶入了切萨皮克湾，但他并未得到有关格拉斯的消息，因此又继续向纽约进发了。[60] 胡德在纽约与格拉夫会合，然而后者麾下只有5艘战列舰可供支配；此外，格拉夫也没有听闻任何有关格拉斯的消息，不过他告诉胡德，巴拉斯已于一天前率领由8艘战列舰和18艘运输船组成的护航编队从罗德岛出发了。他们并不知道自己的海上交通线已受到敌军优势兵力的威胁，遂于9月31日时由资历更老的海军上将格拉夫率领两支舰队出海，驶向切萨皮克——其目的是为了拦截巴拉斯的舰队。但不幸的是，格拉斯在前一天就已经进入了切萨皮克湾。

格拉斯抵达切萨皮克湾后，便立刻安排圣西蒙侯爵麾下的3000名步兵登陆，接着又命令运输船向北驶过切萨皮克湾前往麋鹿角。之后，他将舰队锚泊在林黑文湾——此处位于亨利角的正西方，而亨利角以北约10英里处便是查尔斯角，二者之间隔着一个名为中沙洲（Middle Ground）的浅滩。9月5日上午8点钟，一艘负责警戒的护卫舰发出信号，说有一支舰队正在接近。格拉斯最初以为那是巴拉斯的舰队，但没过一会儿又有报告说该舰队有19艘战列舰[61]，格拉斯遂意识到来者必然是海军上将格拉夫。

正午时分,法军战舰趁着退潮解开了缆绳出海迎战。不过法军的许多战舰不得不进行戗风航行(Tack)以便通过亨利角,因此它们没能很快组成战斗阵形——正如斯特德曼所写的那样,它们不得不"尽可能地组织阵形,但依旧杂乱无序"。[62]这时,指挥英军前卫舰队的海军上将胡德认为格拉夫应趁机发起攻击。胡德写道:"不久以后,他们(指法军)以战斗阵形出现在我军前方,但他们的阵形松散且凌乱,这给我军提供了一个绝佳的机会来进行有利于己的近距离战斗,但我军却没有抓住这一机会。"[63]科比特也认为胡德的这段评论是正确的,因为前者曾这样说过:"格拉夫并没有发出'全军出击'或类似的信号来赶在法国人排好阵形前发起攻击,他只是干等着,眼看着双方舰队并肩航行起来。"[64]然而,格拉夫本人的说法却是:"我的目标就是抵近敌舰,与之并排航行,然后扰乱它们的阵形并攻击所有的敌舰。为了达到这一目的,我一直没有改变航线,直到前卫舰队靠近一个被称为'中沙洲'的浅滩并陷入危险之中方才做出调整。"[65]因此,格拉夫发出了信号,要求整个舰队集合起来;当胡德的船队变为后卫之后,格拉夫的舰队就与敌舰呈齐头并进之势了。上述事件发生在下午1点,一个小时之后,法军前卫航行到距离格拉夫的旗舰"伦敦"号以南三英里远的地方,并保持着和英军中央舰队平行的姿态继续航行。为了让法国前卫舰队与己方的前卫舰队呈平行姿态,格拉夫在下午2点30分时发出信号,要求英军的前哨船"什鲁斯伯里"号引导舰队进一步向右转舵以接近敌舰。

在阿巴思诺特于在7月2日返回英国后,虽然格拉夫还在继续使用前者的信号和指令,但同时又附加了一套他自己的信号和指令,然而胡德和麾下的军官们似乎还没有足够的时间来熟悉它们。现在,格拉夫同时发出了两个信号:"抵近战斗"和"保持半缆距离跟进"。结果,当英军前卫冲向法军时,英军舰队的中央和后卫非但没有抵近法军,反而是跟在了前卫舰队的后面,这也就进一步拉开了它们和敌军舰队中央及后卫船只的距离——这发生在下午3点45分,当时双方的前卫舰队已经交火,但双方舰队的其他船只仍然在观望。到了下午4点27分,"跟进"的信号旗才被扯了下来,但胡德直到下午5点20分时才终于逼近了一直避免进行近距离交战的法国舰队。这场海战在日落时分落下帷幕:英军阵亡90人,另有246人负伤,而法军只有221人负伤。

当天夜里,格拉夫竭尽全力地保持着阵形,以便次日清晨继续作战。不过9月6

日一整天都没有风，到了7日和8日敌军又向风航行，拒绝进行战斗。胡德在9月9日写道："……法国人扬起了风帆，这无疑向我证明了格拉斯除了战斗之外还别有他图。"[66] 次日，格拉夫便得知巴拉斯及其舰队已经抵达，他们带来了八艘战列舰和围攻约克敦所需的火炮及物资。由于这支援军的到来，格拉夫在9月13日召开了一次作战会议，会上决定让英军舰队返回纽约，并预计可在9月19日到达。

虽然这场战斗未分胜负，但其带来的影响却至关重要——它直接导致了康沃利斯的覆亡，因而注定要在世界历史里那些具有决定性意义的战役中占有一席之地。

不管格拉夫失败的原因为何，都不能否认导致这种结果的主要原因有两点：一是罗德尼在一开始就误判了格拉斯从弗朗索瓦角出发参与战斗的可能性；二是胡德在战斗中的愚钝行为。[67] 正如科比特所写的那样，在格拉夫看来，"这场惨败完全要归咎于他麾下的各位舰长，特别是胡德及其舰队——他过于死板，因而无法理智地解读他发出的作战信号，或是无法主动进行合理的行动"。科比特进一步评论道：

> 我们很难理解为什么在所有人当中偏偏是胡德没有表现出更多的主动性。但他的确是选择了保持既定的航线，并没有直接向敌舰发起攻击。这也许是因为他仍希望能和中央与前卫聚在一处；抑或是他当时非常心不在焉，又对之前错失良机而懊恼不已，所以他选择什么都不做，只是按照字面上的意思来执行命令……
>
> ……如果胡德能有"纳尔逊在圣文森特时所表现出的一半的精神"，那么格拉斯还能回到切萨皮克吗？如果后者无法返回，那事态又会如何发展呢？[68]

在海军上将格拉夫从桑迪胡克出发的四天前，克林顿写信告诉康沃利斯："我无法确定华盛顿先生所部这次行动的真正意图。"[69] 三天后，他又写道："……除非华盛顿先生抽调相当数量的军队到南方去，否则我认为尚无必要向南方增派援兵。"[70] 克林顿直到9月2日才知道发生了什么，他当时就写信给康沃利斯说：

> 根据我今天收到的情报，华盛顿很显然正在匆忙地调动一支军队前往南方，而且他期望能得到一支数量相当的法军的援助。不过阁下您尽可放心，如果情况确实如此，我要么会尽可能地去增援你的部队，要么会想尽一切办法来牵制敌军以方便你行动。[71]

就在同一天，康沃利斯也发现自己身陷窘境，于是他给克林顿送去一条加密信息："格拉斯伯爵的舰队已经停泊在切萨皮克湾的几个岬角附近了。"[72]

克林顿的确如自己承诺的那样进行了一次牵制性的作战行动。他派阿诺德前往新伦敦，后者在9月6日突袭了当地的两座堡垒。同一天，克林顿写信给康沃利斯道："……我认为尽快去和你会师才是援救你的最佳方案。我这里最多能够抽调大约4000人的兵力，他们现在已经登船了。一旦我从海军上将那里接到通知，我们就会立刻展开行动……"[73]然而这个希望落空了，因为切萨皮克湾海战已经使之成为泡影——六周之后，克林顿的远征军方才得以出发。

当克林顿提出上述建议的时候，康沃利斯及其麾下的7000名士兵正驻守在约克敦，而拉斐特则率领5000名士兵在城外监视着他们。显然，康沃利斯本可以向拉斐特发起进攻，并赶在华盛顿和罗尚博到来前击败后者；但他既没有这么做，也没有撤往北卡罗来纳[74]，因此塔尔顿和斯特德曼都对其进行了严厉批判。即使到了9月16和17日——当时他暗示自己将要撤退，并告知克林顿自己已经深陷绝境——康沃利斯还是有可能偷偷溜走的。[75]人们很难解释他为何没有溜走，因为康沃利斯此时一定已经意识到海上形势的严重性了。9月29日，康沃利斯收到了克林顿在9月24日写给他的信件，信中说后者希望能在10月5日率领一支由23艘战舰组成的舰队出海。[76]之后，克林顿又在9月25日告诉康沃利斯，说自己由于"舰队船只修理"而耽搁了。9月30日，克林顿又说他希望"能在10月12日出发"。[77]

在克林顿耽误的这段时间里，所有的重大活动都是美军方面发起的。9月17日，华盛顿前来拜访格拉斯[78]；9月25日，华盛顿已经成功地说服后者不再继续北上——格拉斯在9月23日时曾暗示过要这样做——而是在约克敦投降之前留在切萨皮克湾。[79]9月27日，华盛顿在威廉斯堡集结了自己的部队：全军共三个师（16645人）[80]，分别由林肯、拉斐特和斯托伊本指挥。次日，美军抵达了距离目的地不到两英里远的地方；9月29日，正如那位姓名不详的美国牧师告诉我们的那样："我军预计敌人会发起进攻，因此昨夜全军枕戈待旦，但敌军并未来骚扰我们。"[81]就这样，这场著名的围城战开始了。

在缺少制海权的情况下，约克敦和格洛斯特的地理位置并不适合进行防御作战。无疑，如果康沃利斯已经意识到法国人已取得了海上优势，他就应该放弃上述地区。对于两地的防御情况（包括自然地形和人工工事），塔尔顿做了如下的描述：

约克敦：此城右侧受到一片沼泽地的掩护；在沼泽的对岸有一个大型堡垒，那里正好临近以威廉斯堡为起点的河岸道路，这条道路上设有许多的栅栏和鹿砦。"卡龙"号、"瓜达卢普"号和其他武装船只都停泊在沼泽的另一边；城镇中的炮兵阵地控扼着所有通往沼泽的道路和堤道。再往右，在沼泽的尽头处也设置了两个堡垒，分别位于通往威廉斯堡道路的两侧。阵线中央有一片不甚茂密的树林，位于城镇正前方的树木都被砍倒了，树干均向外侧倒去。这里往左则是一处布置有火炮的野战工事，可以控扼通往汉普顿的道路。城镇的左侧由一条深谷和一条汇入约克河的小溪掩护着。在所有被认为是防御弱点的地方，树木都已被砍倒，并建造起了哨塔和炮台。沼泽地和那条环绕着城镇的小溪之间的距离不超过半英里。这一段防线的正前方是一片田野，在靠近其中央的地方有一片沼泽割裂了地形。除此之外，整个地区的地势都很平坦，大约有2000码长的开阔地带。

格洛斯特：这个村子坐落在约克河北岸的一块土地上，当时村里只有大约12座房屋。一条有着泥泞河床的溪流从村子右侧流过，溪流正前方是一片宽一英里的开阔平原，再往前一英里则是一片树林，其左侧的河流和右侧的小溪挤压了这片树林所占据的空间。越过峡谷，则是一片开阔的耕地。[82]

本来在约克敦的防御工事外围还有一道防线，但康沃利斯在收到克林顿写于9月24日的信件之后——克林顿在信中告诉康沃利斯自己将在10月5日乘船南下——他便在9月29日夜间放弃了外围防线（这实在是最为愚蠢的行径）[83]：这道防线在次日便被敌军占领了。[84]华盛顿认为康沃利斯企图逃跑，于是便敦促格拉斯溯约克河而上，以防前者躲入帕芒基河与马塔波尼河之间的地区，然而格拉斯拒绝了这一要求。

为了进一步防止敌军逃窜，洛赞公爵和他的军团（骑兵300人、步兵300人），以及700名海军陆战队员奉命前往格洛斯特增援苏瓦西侯爵，而后者此时正奉命封锁该地。10月3日，洛赞和塔尔顿上校所部骑兵在格洛斯特爆发了一场激烈的会战，后者摔下马来，险些被俘。约克敦那边一直无战事发生，直到10月6日夜间，联军在斯托伊本将军的指挥下开始构筑一条与英军防线平行的战线（其距离英军的左翼尚有大约600码的距离）——他们的炮台和堡垒在三天之后竣工了，"位于战线右侧的美军的24磅炮、18磅炮和10英寸迫击炮全都开始发射，炮击连续了一整夜，

949

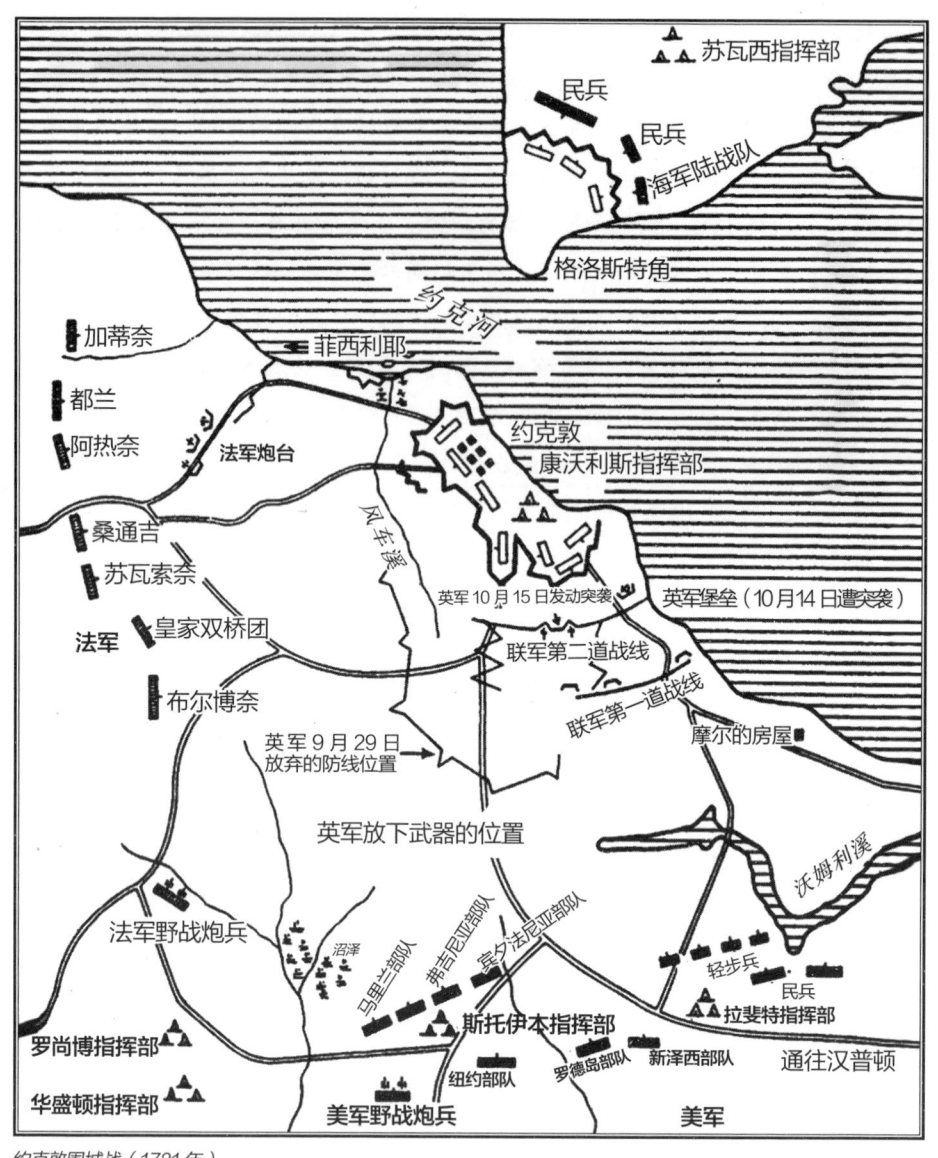

约克敦围城战（1781年）

中间没有丝毫停歇。次日清晨，法国人开始从战线左侧开火，大炮和迫击炮的轰鸣声持续了六到八个小时，中间也未曾停歇过"。[85]

华盛顿在10月10日写下了这样一段话：

我军的炮火如今已变得异常猛烈，因此敌军把他们的火炮从碉堡的射击孔中撤了出来，并把它们安置在护墙（即两个射击孔之间的胸墙）后面。在之后的一整天里，它们都再也没有发射过。傍晚时分，位于左翼的法国炮兵发射的一颗燃烧弹击中了"卡龙"号护卫舰，这艘有着44门火炮的战船被焚烧殆尽，不过该船上的火炮和物资全部都被转移走了。根据敌方一名逃兵的报告，我军这一天的炮击极为精准，给敌人造成了极大的破坏。[86]

第二天夜里，联军又构筑了一条长750码、深3.5英尺①、宽7英尺的战线。这条战线仍旧与英军的防线平行，但又向前推进了300码，其中一共布置了52门火炮（用以向英军的防线进行射击）。康沃利斯在当天才收到克林顿写于9月25日的信件，信中说后者的出发日期被再度推迟了。克林顿在信中建议康沃利斯率领约克敦的守军前往格洛斯特，并尝试突出重围，而这也正是华盛顿所担心的。按照塔尔顿的说法，克林顿的提议是一个可行的方案。

塔尔顿写道："除了海军的舰船外，陆军自己也有许多船只和小艇，如果使用得当，那么一次也可以运送1200名步兵，再加上海军的协助，一次便可运送2000余名步兵。因此趁着夜晚撤走大部分兵力——登船、渡河，以及过河后摧毁船只——并不是什么难事。当时格洛斯特并没有被包围：苏瓦西准将只是安排洛赞军团的350人和1200名民兵对该地加以封锁而已……"[87]

这是康沃利斯最后的脱身机会，但由于某种未知的原因，他并没有抓住这个机会。10月11日那天他写信给克林顿说："我们已经损失了大约70人，而且我军的许多防御工事也遭到了非常严重的破坏。我军所处的地形本就不利，再加上这样的工事，我军不可能抵抗太长时间。"[88]

10月12和13日，联军的炮击仍在继续。由于被位于英军阵线的最左端的9号和10号堡垒切断了正面的道路，于是联军指挥部决心用突袭的方式拔掉这两处堡垒。10月14日夜间，突袭行动开始了：法军负责攻击9号堡垒，而美军负责进攻10号堡垒——两处堡垒的陷落注定了康沃利斯失败的命运。具有讽刺意味的是，就在当

---

① 译注：1英尺约合0.3米。

天克林顿还写信给康沃利斯并向后者提出了诸多建议,他在最后还写道:"我预计将在一到两天内就能起航。"[89]

次日,康沃利斯便完全意识到己方阵地已经岌岌可危了。但他不想不战而降,于是就派出一支400人的部队向美军的两个炮台发起猛攻。这支部队勇敢地发起了进攻,但并没捞到什么好处。最后,康沃利斯在10月16日决心放弃约克敦,并把所有能带走的部队都带往格洛斯特——他晚了一个星期才做出这个决定。当天夜里11点,英军开始登船。在运走了一部分兵力之后,英军的船只被一场突如其来的暴风雨所吹散,撤退行动不得不停了下来。塔尔顿写道:"就这样,英军最后的希望也破灭了。"[90]

10月17日——恰好是伯戈因在萨拉托加投降一周年——上午10点,一名身穿红色军服的鼓手在白旗的掩护下爬上了约克敦防御工事左侧的护墙,随后敲起了代表"谈判"(Parley)的鼓点。正如约翰斯顿所写的那样,这名鼓手的确成了一个重要的人物——"他似乎公开承认了英国在美洲的统治的结束,并宣布这场被称为'叛乱'的革命业已取得成功"。[91]联军随即停止了炮击。不久之后,康沃利斯便给华盛顿送来了下面这封信件:

我建议双方停火24小时,各方均指派两名军官到摩尔先生的房子里会谈,共同商定出约克敦及格洛斯特据点投降的条件。[92]

稍后英军又送来一封内容较长的信件,信中提出只要英军保证不再与联军交战,那么联军就应当把英国人遣送回英国,把日耳曼人遣送回日耳曼。[93]华盛顿回忆起《萨拉托加条约》所造成的麻烦,遂表示不能同意这一点,而是要求英军所有的军官和士兵均要以战俘的身份来投降。[94]英军方面接受了这些条件[95],一位不知名的牧师在他的日记中写下了:"哈利路亚!"[96]

投降的英军共计8077人,其中士兵7157人、水手84人、随军人员80人。[97]围城战期间英军阵亡156人、负伤326人。联军方面阵亡75人、负伤199人——这其中有三分之二都是法国人,因此对于美军来说,他们为这场胜利所付出的代价微不足道。

10月19日,康沃利斯麾下的英军列队出城向美军缴械。与此同时,现场奏起《天翻地覆,世界倒转过来了》(The World Turned Upside Down)的乐曲。亨利·李(绰号"轻骑哈利")当时就在现场,他在谈及从他身边经过的英军队伍时说:"在宽阔的广场上，人们都保持着沉默。大家表现得都极为庄重，举止间流露出一种对人世沧桑的可怕感受，其中还夹杂着对遭遇不幸之人的怜悯之情。"[98]

10月20日，康沃利斯给克林顿送去了他的最后一封信件。[99]华盛顿要求格拉斯前往查尔斯顿，但却遭到了后者的拒绝，因为他必须要返回西印度群岛了。[100]四天之后，华盛顿的助手蒂尔曼上校飞奔到费城报告胜利的消息；与此同时，克林顿也终于抵达了查尔斯角和亨利角——他10月19日才出发，到达时已经晚了整整五天，现在他除了返回纽约之外已别无选择。

这场战争的高潮部分就这样落下了帷幕，在经过长时间的谈判之后，交战双方最终在1783年11月3日签署了《凡尔赛条约》。根据该条约，美利坚合众国确立了自己的独立地位，13个殖民地也得以不受束缚地向西扩张。西方世界从此多了一个新的国家，它的潜力可以与欧洲各国联合起来的力量相媲美。一个奉行新式帝国主义的伟大帝国诞生了：一个多世纪之后，它就将跻身世界强国之林；再过半个世纪，它的财富和实力将超过所有列强。

美国独立战争更重要，也更为直接的影响便是它终结了宗教改革的时代。路德和加尔文所创立的，经由三十年战争及英国清教徒起义所发展出的精神理念，最终都在托马斯·杰斐逊——此人乃是约翰·洛克的门徒——所起草的《独立宣言》中得以体现。在这份划时代的宣言中，我们可以读到下述内容：

> 我们认为这些真理是不言而喻的：人人生而平等，造物主赋予他们若干不可让与的权利，其中包括生存权、自由权和追求幸福的权利。为了保障这些权利，人们才在他们中间建立政府，而政府的正当权利则是经被统治者同意授予的。任何形式的政府一旦对这些目标的实现起破坏作用时，人民便有权予以更换或废除，并建立一个新的政府。新政府所依据的原则和组织其权利的方式，务使人民认为唯有这样才最有可能使他们获得安全和幸福。

这不仅是对英王政府的挑战，也是对整个西方世界的专制主义的挑战。因此，当路易十六在1777年12月6日"批准"韦尔热纳的提议与美国结盟之时，实际上就是签署了自己的死刑执行令；而当西班牙卷入这场战争时，它也就等同于毁掉了自己的殖民帝国。

法国大革命的根源并不是在法国，而是在美国：法军士兵们从美国带回了自由、平等、博爱的种子。年轻的圣西门在总结了他对这场战争的印象后大声疾呼：

我认为，美国革命标志着一个全新的政治时代的开始，这场革命必将推动全世界的文明迈出重要的一步，并且在不久之后，它就将给欧洲现有的社会秩序带来一场巨变。[101]

大仲马也写道：

我们津津有味地听着"库珀博士"的讲话，他一面称赞我们对自由的热爱，一面对我们说道："年轻人啊，要小心，要小心！自由的事业在这片处女地上所取得的胜利并不会像你们所希望的那样产生多大的影响。你们将带走这些伟大信念的种子，但如果你们想试着在祖国的土地上培育它们时，你们将不得不克服更多的障碍，因为那片土地已经腐败了许多个世纪了。为了争取自由，我们抛洒了诸多热血，但自由在你们的旧欧洲落地生根之前，你们要不惜血流成河。"[102]

注解

1. 1780 年，俄国（叶卡捷琳娜二世）和波罗的海沿岸诸王国组建了一个对抗大不列颠的联盟，史称"武装中立同盟"（The Armed Neutrality），这进一步扩大了反英同盟的威胁。虽然"武装中立同盟"的目的是用武力强制交战国人民只能用中立国的船只来运输自己的货物，但对英国来说，该同盟最大的危险在于它威胁到了英国海军的储备，其中尤为突出便是已经无法再从美洲殖民地获取的舰船桅杆。如若能再切断英国来自波罗的海国家的供应，那将会彻底摧毁英国的海上力量。因此，意识到这一点的法国毫无疑问地全力支持叶卡捷琳娜的这项政策。
2. *The British Navy in Adversity: A Study of the War of American Independence,* Rear-Admiral W.M.James (1933), p.187.
3. *The Writings of George Washington,* Ford (1889—1893), vol.VIII, p.345.
4. 同上，vol.IX。在华盛顿 6 月 8 日写给杰斐逊的信件、6 月 13 日写给罗尚博的信件，以及 11 月 15 日写给拉斐特的信中都有类似的评述。
5. 同上，vol.IX, p.91。
6. 同上，vol.IX, p.117。
7. 同上，vol.IX, p.93。
8. 克林顿在同一天写信给菲利普斯将军说，如果证实了召回阿巴思诺特的报告是假的，那么"我可能会退休，然后把他（指阿巴思诺特）交给康沃利斯勋爵管理"。（vol.I, p.452）
9. 同上，vol.I, p.334。
10. 同上，vol.I, pp.417—418。
11. 同上，vol.I, p.406。
12. 同上，vol.I, p.459。
13. *The Campaign in Virginia 1781,* Clinton-Cornwallis Controversy, Benjamin Franklin Stevens(1888), vol.I, p.465—4693.
14. 同上，vol.I, pp.431—432。
15. *The History of the Origin,Progress and Termination of the American War,* C.Stedman (1794), vol.II, p.383.
16. *Ford,*vol.IX, pp.136,141—143。
17. *Clinton-Cornwallis,* vol.I, pp.437—439.
18. 同上，vol.I, pp.398—399。
19. 同上，vol.I, pp.425,426, 429。
20. *An Answer to that Part of the Narrative of Lieutenant-General Sir Henry Clinton,* K.B.,etc.Earl Cornwallis (1783), pp.63, 175, 176.
21. *Clinton-Cornwallis,* vol.I, p.475.
22. 同上，vol.I, p.480。
23. 同上，vol.I, pp.493, 494, 947。
24. *Life of General Greene,* F.V.Greene (1893), vol.III, p.556.
25. *The Yorktown Campaign and the Surrender of Cornwallis 1781,* Henry P. Johnston (1881), p.37.
26. *Clinton-Cornwallis,* vol.I, p.488.
27. 参见 *Stedman,* vol.II, pp.387—389。
28. 参见 *Clinton-Cornwallis,* vol.II, pp.20—21（亦可参见克林顿写于 6 月 15 日和 19 日的信件）。
29. 同上，vol.II, p.37。
30. 关于这一行动，请参见 *A History of the Campaign of 1780 and 1781 in the Southern Provinces of North America. Lieutenant-Colonel Tarleton (1787),* pp.354—357。亦可参见 *Original and Authentic Journal,* etc., R.Lamb, p.373; Stedman, vol,II, p.394, and *Johnston's Yorktown Campaign,* pp.61—68。

31. 参见 *Tarleton*, pp.358—359。
32. *Clinton-Cornwallis*, vol.II, pp.51—53.
33. 同上，pp.57—58。
34. 同上，pp.63—64。
35. 同上，p.68。
36. 同上，pp.74—75。
37. 同上，p.100。
38. 同上，p.108。
39. "Journal of the Siege of York in Virginia, by a Chaplain of the American Army", *Collection of the Massachusetts Historical Society (1804)*, vol.IX, pp.103—104.
40. *A History of the British Army,* the Hon.J.W.Fortescue, vol.III, pp.396—397.
41. *The British Navy in Adversity*, p.265.
42. Ford, vol.IX, pp.251—254.
43. *With Americans of Past and Present Days,* J.J.Jusserand (1916), pp.62—63.
44. *Ford*, vol.IX, pp.265—266.
45. 同上，vol.IX, pp.259—262。
46. *Stedman*, vol.II, pp.392—393.
47. 罗尚博声称，在韦瑟斯菲尔德会议后，他曾私下里告诉格拉斯"在切萨皮克湾与康沃利斯勋爵交战是最为可行的方案"。
48. *The Diaries of George Washington,* John C.Fitzpartrick (1925), vol.II, p.240.
49. 同上，pp.248—249。亦可参见 *Ford*, vol.IX, pp.332—333。
50. 同上，pp.253—264。
51. 同上，p.254。亦可参见 *Ford*, vol.IX, pp.334—336。
52. 同上，p.255。
53. *Ford*, vol.IX, pp.336—340.
54. 直到8月26日法军才全部渡河。
55. 乔纳森·特兰伯尔中校在8月21日的日记中写道："和敌军一样，我们自己的军队也完全被这支军队的行进路线给欺骗了。也许从未有过任何的军事行动比这更引人注目或令人好奇的了。有些人的说法确实很可笑，但我相信没有任何人看穿了他们的真实意图。"
56. *Ford*, vol.IX, p.352.
57. 参见 *Fitzpatrick*, p.257。
58. *Ford, v*ol.IX, pp.358—359.
59. 参见 *Fitzpatrick*, p.258，"没有人比我更关注格拉斯先生抵达这片海域的消息。"
60. 参见 *Letters and Papers of Charles,* Lord Barham (1907, Navy Record Society), vol.I, pp.121—124。
61. 英军战舰的名单请参见 *The Royal Navy*, Wm.Laird Clowes (1898—1899), vol.III, p.497。
62. *Stedman,* vol.II, p.400。亦可参见 *Gordon's History (1788)*, vol.IV, p.182.
63. *Letters written by Sir Samuel Hood,1781—1783* (1895, Navy Record Society), p.28. See also *The Private Papers of John, Earl of Sandwich, 1771—1782* (1938, Navy Record Society), vol.IV, p.186.
64. *Signals and Instructions,*1776—1794, Julian S.Corbett (1908, Navy Record Society), vol.IV, p.186.
65. *The Private Papers of John,Earl of Sandwich,1771—1782,* (1938, Navy Record Society), vol.IV, pp.181—182.
66. *Letters written by Sir Samuel Hood, 1781—1783*, pp.29—30.
67. 罗德尼和胡德都不喜欢格拉夫。
68. *Signals and Instructions*, pp.54—56.

69. 同上，vol.II, p.145。
70. 同上，vol.II, p.148。
71. 同上，vol.II, p.149。
72. 同上，vol.II, p.148。
73. 同上，vol.II, pp.152—153。
74. 参见 *Tarleton*, pp.368—370 和 *Stedman*, vol.II, pp.407—408。
75. *Clinton-Cornwallis*, vol.II, pp.157—158.
76. 同上，vol.II, p.160。
77. 同上，vol.II, pp.163, 172。
78. *Fitzpatrick*, p.260.
79. *Ford*, vol.IX, pp.367—368.
80. 美国本土兵力5645人，民兵3200人，法军7800人。对英军的详细记述参见 *Johnston's The Yorktown Campaign*, pp.109—119。
81. *Massachusetts Historical Society,* vol.IX (1st Series), p.104.
82. *Tarleton*, pp.371—372, 361—362.
83. 参见 *Tarleton*, p.374。
84. *Ford*, vol.IX, p.272.
85. *The History of the Rise, Progress and Establishment of the Independence of the United States of America,* William Gordon (1788), vol.IV, p.191.
86. *Ford*. vol.IX, p.381.
87. *Tarleton*, p.380.
88. *Clinton-Cornwallis*, vol.II, p.177.
89. 同上，vol.II, p.186。
90. *Tarleton*, p.388.
91. 华盛顿在他的日记中也提到了这件事。
92. *Clinton-Cornwallis*, vol.II, p.189.
93. 同上，vol.II, p.192。
94. 同上，vol.II, p.193。
95. 同上，vol.II, pp.199—203。
96. *Massachusetts Historical Society,* vol.IX (1st Series), p.107.
97. 福特斯丘认为总人数为6630人，其中包括2000名病患和2500名日耳曼人；塔尔顿则认为总人数为7427人。
98. *Memoirs of the War in the Southern Department of the United States,* Henry Lee (1812), vol.II, p.343.
99. *Clinton-Cornwallis*, vol.II, p.205.
100. *Ford*, vol.IX, pp.389,391.
101. *C Euvres de Saint-Simon (1865—1878)*, vol.I, p.12.
102. 拉斐特的副官蓬特吉博爵士在自己的《回忆录》中写道："这些年轻人在美国获得了有关政府以及博爱的错误理念，此外他们还以极大的热情在法国进行宣传并颇为成功——每思及此，实在是令人扼腕。这种狂热的模仿是促使法国大革命爆发的主要原因——尽管这不是唯一的原因；我们不得不承认，如果这些穿着红色高跟鞋的哲学家们能待在自己家里，那么对他们自身和我们而言都会更好……"

大事记
美洲殖民地反叛的发展
（1778—1781年）

1777年，在结束了对抗威廉·豪爵士的军事行动之后，华盛顿将自己的军队撤回福吉谷并在那里度过了一个可怕的冬季。此时，曾在七年战争中担任腓特烈大帝亲随的斯托伊本男爵也来到那里与华盛顿会合；此人有着极强的组织能力，因此华盛顿将其任命为自己的监察总长（Inspector-General），马上接管了美军各部的组织、纪律及训练工作。

此时，英国本土的局势也发生了急剧变化。首先，为了反制美法同盟，英国内阁同意与反叛的殖民地达成妥协，愿意答应他们除独立之外的任何要求。接着，英国又派出了一个以卡莱尔伯爵为首的议和使团前往费城，但是他们除了被嘲弄了一番外一无所获。1778年6月初，亨利·克林顿爵士在接替了威廉·豪的职位后，便立刻将英军撤出了费城。华盛顿听闻此事后，马上就离开福吉谷的营地，率军向敌军逼近。6月27日，两军在蒙茅斯郡府处遭遇。次日，双方进行了一场不分胜负的战斗——由于当天天气异常炎热，双方有许多士兵因中暑而死亡。在英军最后一次进攻宣告失败之后，克林顿撤退到了桑迪胡克，接着又从那里率部经海路撤回了纽约。

在上述这些事情发生的同时，海军上将德埃斯坦伯爵（Admiial Count d'Estaing）率领着12艘战列舰和5艘护卫舰从土伦港出发，同行的还有4000名法军士兵。7月8日，这支舰队抵达了特拉华。四天之后，法国海军和英国海军上将豪（Admiral

Lord Howe）交手了；虽然后者的舰队在实力上要逊色于法国人，但他还是立刻率军出海作战。然而一场风暴吹散了交战双方的舰队，豪被迫撤回纽约休整，而德埃斯坦也被迫率舰队驶入纽波特（Newport）。直到11月4日，法国舰队才从纽波特出发前往马提尼克①。此时，华盛顿也已将自己的军队部署在了以纽约城为中心的，半径40英里的半圆形地带上。

杰曼此时又再度活跃起来；伯戈因的投降使他在北部区域面临困境，因此他决定在不放弃哈德孙河的前提下把注意力转向南部区域。首先，他提议征服佛罗里达和佐治亚，之后攻占南卡罗来纳和北卡罗来纳，最后再征服弗吉尼亚。他认为这样一来，北部各州便会陷入孤立无援的境地，并在耗尽力量之后自行崩溃。杰曼相信，北卡罗来纳的许多居民将会聚集在国王的旗帜之下；如果英军能同时在弗吉尼亚和马里兰进行牵制性作战，按他自己的说法就是："让萨斯奎汉纳河以南的美洲殖民地重新效忠英国也并非奢望。"他的这一建议于3月8日被送交给了克林顿，而我们将会看到，它注定要引发这场战争中最惨重的一次灾难。

克林顿立刻采纳了杰曼的意见：他在6月份奉后者之命，派了5000人去往圣·卢西亚，并且向佐治亚和佛罗里达也派去了3000人。11月27日，克林顿又向南方派出了3500人的军队，这支部队在阿奇博尔德·坎贝尔中校（Lieutenant-Colonel Archibald Campbell）的率领下于12月23日安全抵达了位于萨凡纳河河口的泰碧岛。

英军这场新的军事行动一开始取得了惊人的胜利：12月19日，萨凡纳城被攻占；6周之内，英军就征服了佐治亚。与此同时，林肯将军也在12月19日抵达了弗吉尼亚首府查尔斯顿；他不愿放弃南卡罗来纳，便在1779年2月发起了进攻，然而他却于3月3日在布赖尔溪（Briar Creek）被普雷沃斯特将军击败——英军的这场胜利彻底断送了美军收复佐治亚的念想。

之后，普雷沃斯特继续向查尔斯顿进发，并于5月5日抵达该城。虽然此时林肯也正率军赶来救援，但酷热的天气使双方的行动都被迫推迟到了9月。9月4日，德埃斯坦带着6000名法国士兵从西印度群岛赶了回来，并在9月13日要求

---

① 译注：法国在加勒比海地区的属地。

萨凡纳城投降；在遭到守军的拒绝之后，他便率军包围了萨凡纳，并于10月9日试图攻占该城，不过却以失败而告终。此役法军共有837名官兵伤亡，这个数字是英军的六倍。11天后，德埃斯坦放弃了围城，起航返回法国。

此时克林顿已经发现自己无法将华盛顿诱至高原以南交战，在听闻了德埃斯坦失败的消息后，他决定留下克尼普豪森将军驻守纽约，而自己则在康沃利斯勋爵（他被克林顿任命为自己的副手）的陪同下前往南方。12月26日，克林顿率领8500人分乘90艘运输船起航，担任护卫的是海军上将阿巴思诺特所指挥的5艘战列舰和9艘护卫舰。此次航行中他们遇到了极为恶劣的天气，一艘载着黑森士兵的船只被迫横渡了大西洋，并最终在康沃尔海岸搁浅；而其余的船只则在1780年1月30日抵达了泰碧岛。

2月11日，克林顿在位于查尔斯顿以南大约30英里处的约翰岛登陆，但一直等到3月29日才开始围攻林肯驻守的查尔斯顿。5月12日，该城宣布投降，美军共有七名将军、290名各级军官和5159名普通士兵做了俘虏，这是美军在整场战争中遭受的最惨重的失败。

克林顿相信自己已经完全征服了南卡罗来纳，便留下康沃利斯和8500名士兵驻守此地，而自己则于6月初回到了纽约。此时大陆会议已经知道了美军在查尔斯顿惨败的消息，便在没有征求华盛顿意见的情况下就任命盖茨接管了南方军（Southern Army）；后者在7月15日就任之后，立刻就进行了一次120英里的长途行军，目的是攻占英军在卡姆登的据点——当地的英军指挥官是罗登勋爵，他立刻就向康沃利斯请求了支援。

康沃利斯立马就带着大约3000人从查尔斯顿赶来增援，一路上有800人因为不堪忍受酷热的天气而倒下了。8月13日，这支部队抵达卡姆登，开始迎战盖茨麾下的3000美军。8月16日，康沃利斯向盖茨发起猛攻并击溃了后者的军队，美军所有的火炮、行李、补给物资、几乎全部的步枪和子弹都落入了英军手中。在取得这场胜利的两天之后，英国皇家军团（British Legion）的指挥官塔尔顿上校突袭了萨姆特位于"渔溪"的营地；英军以六人死亡、九人负伤的代价击毙击伤150名美军，俘虏了300名美军，而剩下的美军也都溃散了。

虽然美军接连遭受了惨败，但这股"失败的浪潮"即将出现逆转——两个事件的出现预示了这一趋势：其中一个是美军中出现了一位最善于进行小规模作战的军事领袖，而另一个则是居住在偏远的阿利根尼山脉的人们所取得的一场规模不大但却堪称完美的胜利。

华盛顿任命纳撒尼尔·格林接替盖茨指挥南方的美军，并同时任命斯托伊本男爵为他的副手。12月4日，格林来到夏洛特镇，他发现所部兵力只有2307人，其中可堪一用的不过1482人，而这其中又仅800人有足够精良的装备可用于作战。

从盖茨战败到格林获得任命的这段时间里，康沃利斯已经出发前往夏洛特，而克林顿也派莱斯利将军率3000名士兵前往切萨皮克执行自己的命令。在距离夏洛特以西大约30英里的地方发生了之前所说的那第二个事件：智勇双全的弗格森少校率领1100名士兵——他们大多是托利党民兵——在国王山被数目相当的一群边地居民包围并歼灭，弗格森本人也被击毙。

虽然这场胜利的规模不大，但却具有决定性的意义——北卡罗来纳和弗吉尼亚的民兵马上就开始响应，这相当于在英国人的后院点了一把大火。康沃利斯此时发现自己周围都是满怀敌意的人，只得退往位于夏洛特南边90英里处的温斯伯勒，此举断送了他和莱斯利会师的可能——后者及其所部士兵只能乘船走海路绕道来与他会合。

在上述事件发生的同时，格林开始转守为攻。由于无力发起大规模的会战，格林非常明智地将自己的活动限制在了游击战的范畴内——1780年就这样结束了。

新年伊始，克林顿就派本尼迪克特·阿诺德——此人于1780年9月叛变，眼下正在英军中服役——率1600人前往切萨皮克支援康沃利斯。作为应对手段，华盛顿派拉斐特和一支规模较小的军队前去抵挡。

格林将自己规模不大的部队分成了若干个游击队，而总兵力超过1.1万人的康沃利斯也学着他的做法把自己的部队分散开来。1781年1月2日，康沃利斯派塔尔顿率领麾下的1000名士兵前去围捕摩根，而后者此时正在弗格森战败的国王山附近活动。1月17日，双方在考彭斯遭遇了。摩根运用了一个非常巧妙的战术，几乎全歼了敌军，而己方的损失仅为12人阵亡、六人负伤；塔尔顿方面阵亡了100人，另有229人负伤，还有600未受伤的士兵做了俘虏。接着，摩根开始撤退，并渡过了卡托巴河。康沃利斯也于2月1日渡过该河。这之后，摩根就决心放弃北卡罗来纳并转移到东北方的希尔斯伯勒，以便让自己那精疲力竭的部队得到休整。

格林和斯托伊本此时已经组织了一支规模在4500~5000人的精悍部队，并开始追踪康沃利斯所部。3月2日，两军在霍河附近遭遇。在经过了一连串的迂回机动之后，双方于3月15日在吉尔福德爆发了战斗。当时格林能够投入战斗的有4441人，而康沃利斯的兵力只有前者的一半。虽然美军在人数上占有优势，但战斗打响后不久，格林麾下的民兵就惊慌失措地逃离了战场。在这之后，格林发现自己对面的敌军在人数上已经和自己持平了，而他们纪律性要远远好于美军。由于不愿冒失败的风险，格林就撤退到霍河对岸去了。

虽然格林输掉了这场战斗，但他却赢得了整场战役的胜利：由于遭受了严重的损失，康沃利斯只得下定决心放弃内陆地区，转而向位于吉尔福德东南方向约200英里处的威尔明顿进发（只留下了驻守卡姆登的罗登来应付格林）。在输掉了吉尔福德之战后不久，格林就动身前往南卡罗来纳，以期能收复这一地区。双方即将迎来激烈的约克敦战役。

炮击瓦尔米（1792年）

第十一章

炮击瓦尔米（The cannonade of valmy）不仅是一次单纯的军事行动，还在1648年以来的战争形态和1792年之后战争形态之间划出了一条清晰的分界线。正如前文相关内容所记述的那样，在前一个时代中，战争在政治和军事层面上都受到了越来越多的限制。除了少数明显的例外情形，所有的军事行动都是按部就班且从容不迫的进行的，参战各方都遵循着一种公认的战争规则。奥雷里伯爵在1677年时曾注意到："我们打仗时更像是狐狸而非狮子，在进行一场战役之前你要进行20次围攻战。"[1] 我们发现丹尼尔·笛福在20多年后曾这样写道："现在常见的情形是，双方各出动50000人的军队彼此对峙，并在整个战役期间都避免交战——或者用一种文雅的说法叫'互相观察'——然后各自前往冬季营地过冬。"[2] 一百年之后，拉扎尔·卡诺记录了同样的情况："军事院校中所教授的不再是如何防守据点，而是如何在完成一些既定事项后体面的投降。"[3]

1793年的皮齐盖托内围城战便是这种田园诗式战争的一个完美例证。当休战协议达成之后，我们看到：

人们在堑壕上架起了一座桥梁，围攻者和被围攻者可以互通有无；到处都摆下了宴席，双方的军官轮流招待对方；不管有没有帐篷和凉棚，人们都在举办舞会、娱乐活动和音乐会。周围的居民或步行，或骑马，或是坐着马车，成群结队地赶来这里；各地的食物都被送来了，没用多长时间城下便堆积了丰盛的食品；这里到处都是舞剧演员和杂技演员——这是一个令人流连忘返的集市，是一场欢乐的聚会。[4]

在卡诺做出其观察的一百年之后，新的战争形态已经发展到了巅峰。福熙元帅曾严厉地抨击："这些过时的战法……它们只能达成有限的目标，而没法一锤定音地解决问题……"莫里斯·德·萨克斯（1696年至1750年）曾这样说过："我不赞成进行主力决战，特别是在战争刚开始的时候。我甚至相信一位明智的将领可以终其一生不必被迫卷入主力决战之中。"福熙对此大加嘲讽。[5]

然而，福熙忽略了"这些过时的战法"存在的原因：一是人们憎恶三十年战争中那些毫无节制的野蛮行径，并且意识到绅士之间的战争要比暴民间的战争好得多；二是维持常备正规军的费用也在日益增加，同时他们的军需供应也出现了短缺，而且征买物资的效率也很低下——这些限制导致了军队不愿进行主力决战。此外，由于这一时期的火枪射程很近，所以战斗中的伤亡会极其惨重。围城战频繁出现的另一个原因则是各国军队为了方便在行军线路上间隔设置补给站。早在1770年，吉伯特便在某种程度上意识到了这种"踱步"战法的成本——也就是金钱——十分高昂；他认为这种拘泥于形式的礼节性战争、不流血的战役机动及体面的投降只是看上去便宜——因为这种战争并不能解决规模宏大的政治问题，因此他建议用一种完全不同的战争方式来取而代之。他这样写道：

不过，如果我们设想欧洲崛起了这样一个充满活力的民族：他们拥有天才的智慧、拥有资源和对政治的领悟能力；他们能把这些萌芽中的美德和一支全国性的民兵武装结合起来，并且矢志不渝地坚持着自己的扩张计划；他们还懂得如何廉价地进行战争，并懂得如何维系自己的胜利果实。这样的一个民族不会使己方的作战迫于财政压力而受到限制，那人们将会看到这个民族如同北风压弯脆弱的芦苇一样去征服自己的邻国并摧毁我们脆弱的国家基石。[6]

瓦尔米之战便是吉伯特所设想的战争形态的先驱：在瓦尔米那雷鸣般的炮声炸响的一年之后——也就是吉伯特逝世两年之后——国民公会在1793年8月23日通过了一项法案，确保了"所有法国人均要无限期服兵役以保卫国家"，这使无限战争（Unlimited warfare）成为当时新的战争形态。

我们可以从该法案中读到以下的内容：

年轻人要到前线作战；已婚男子要锻造武器并运输物资；妇女要制作帐篷和衣服，还应在医院中服务；孩子们要把旧亚麻布做成纱布；老年男性要到广场上去鼓舞士兵们的士气，宣扬对腓特烈国王的仇恨，以及对共和国的拥护……

公共建筑必须改做营房，公共广场也必须改做兵工厂……所有口径合适的武器均应上交军队，国内警察要用短枪和冷兵器来维持治安。所有配有马鞍的马匹都要给骑兵使用，所有不用于耕种的驮马都要用来牵引炮车和补给车。

这便是"全面战争"（Total war）诞生的第一声啼哭。

有限（limited）战争和无限战争这两种战争形态在法国大革命中交织在了一起，并且都在战争初期的将领身上得到了很好的体现——前者的代表是布伦瑞克公爵查理·威廉·斐迪南，而后者的代表则是查理·弗朗索瓦·迪穆里埃。

布伦瑞克公爵出生于1735年，而迪穆里埃出生于1739年，相近的年龄是两人之间唯一的联系。前者乃是腓特烈二世的侄子，是一位势力庞大的诸侯；而后者则是法国国民公会委员的儿子，是一位精明的政治家和"军事上的冒险家"。在1792年的时候，布伦瑞克公爵被公认为欧洲最伟大的军人，而迪穆里埃也自认不遑多让。迪穆里埃无比自信，他认为革命是一种与自己的才能非常相符的事业，并且本能地认为自己要充分地发挥革命的狂热精神；他认为大胆便是最高的审慎，而除了机会主义之外，他并不信奉任何原则。迪穆里埃有一次曾提出用一个简单而大胆的方案来挽救君主制度。他认为，要打败雅各宾派，就必须把自己变成一个雅各宾派的人："像他们那样思考，接纳他们的精神和语言，然后反过来打败他们。"[7]在战场上，迪穆里埃表现得英勇无畏，对所有的困难都毫不在意，并且总是在不知疲倦地工作着。此外，他还拥有鼓舞士气的能力，这在军队中可谓是最宝贵的天赋了。迪穆里埃是一个才华横溢的军事赌徒，他富有想象力且才思敏捷，既有先见之明，又像小说人物"憨第德"①一样充满乐观主义精神。

布伦瑞克公爵是一位学富五车、富有教养的学究型人物；他性格谨慎勤勉，对每一个问题都喜欢探究其细枝末节，但往往会因此而忽视了问题本身。1787年在荷兰的军事行动使他声名鹊起——那是一场几乎没有流血的战役，因此在同时代的人看来，这似乎就是为将之道的完美典范。事实上也的确如此，因为讲究章法的旧式战争的发挥空间有限，而他就像一位国际象棋专家一样，只要其对手的行动都遵照既定的规则，那他就能预料到对方的每一步行动。他总是夸大自己的困难，却很少想到对手面临的窘境；他通常不愿意表达自己的意见，总是表现得像是在压力下屈从于他人的意见一样。布伦瑞克公爵的悲剧之处在于：他的国王腓特烈·威廉二世性格冲动而又缺乏深思熟虑，总是试图扮演腓特烈大帝的角色，而公爵又坚信自己作为普鲁士陆军元帅的首要职责便是服从自己的国王——于是，公爵宁可否定自己

---

① 译注：伏尔泰于1759年所著的一部讽刺小说。该书以一位名为憨第德的青年揭开序幕，他在伊甸园乐土过着受庇护的生活，并被他的老师潘格罗士灌输于莱布尼茨式乐观主义。

更为正确的判断也要顺从国王的意愿。此外，布伦瑞克公爵十分厌恶奥地利人，却把法国视作普鲁士的真正盟友，且十分厌恶那些所谓的"流亡者"。由于上述原因，法国的吉伦特派和雅各宾派对公爵都给予了高度评价：早在1792年的时候，法国的革命政府便邀请他担任法国陆军的最高指挥官。[8]假使当时公爵接受了这一邀请的话，那么迪穆里埃就会成为他的战友而非对手了。

这两人所指挥的军队也大相径庭：普鲁士军队和奥地利军队绝对服从于他们各自的君主，而法军虽然主要是由过去皇室军队的士兵组成，但他们现在已经是一支受民族精神鼓舞的民族军队了。如果法军的将领懂得如何激发出军队的民族精神，那么这支军队便会展现出惊人的士气；反之，如果其将领不懂得这一点，那么法军就可能会发生恐慌和叛乱。法军的军官短缺严重——这一点在步兵和骑兵中表现得尤为明显，因为数以千计的军官已成了"流亡者"——但选拔军官也并非难事，这要归功于法军那规模庞大且长期服役的士官队伍。在瓦尔米之战中，不管是指挥部还是前线作战部队都涌现出了一批未来帝国时期著名的军事将领：茹尔当、勒古布、乌迪诺、维克托、麦克唐纳、达武、古维翁-圣西尔、莫尔捷、苏尔特、勒克莱尔、拉纳、马塞纳、贝尔蒂埃、贝西埃、絮歇、拉阿尔普、弗里昂、勒菲弗，以及克勒曼（这里指的是较年长的那位）。

法国拥有全欧洲最好的炮兵部队，虽然现代炮兵之父是英国人本杰明·罗宾斯——他于1742年在《重炮射击新原则》一书中提倡使用装有膛线的后膛炮，并为火炮射击奠定了科学的基础——但法国的炮兵却在格里博瓦尔的领导下发展得最为迅猛。格里博瓦尔在1776年时被任命为炮兵总监察，之后他便从上至下地改组了法军的炮兵部队。他规定野战炮只能使用四磅炮（团级火炮），后备炮兵（即师属炮兵）能使用的火炮范围也被限制为八磅炮、12磅炮和六英寸榴弹炮；在驻防和围城战中则使用16磅炮、12磅炮、八英寸榴弹炮和10英寸迫击炮。他引进了便携式弹药箱，并按统一的规格制造炮架，让它们的零部件都尽可能地做到可以互相替换。

正如一个世纪之前刺刀的引入对步兵的影响一样，格里博瓦尔所做的这些改进也对炮兵产生了根本性的影响，并让火炮的逐渐取代步枪成了战争的主宰。此外，[9]上述改进措施还产生了两个值得关注的影响：第一，随着炮兵使用的日益频繁，所需四轮马车与马匹的数量也变得越来越多——这种情况导致了行军时纵队长度的增加。而且，这些纵队还必须由轻装部队（轻步兵和轻骑兵）加以保护。第二，军费的增加，以及标准化的武器装备对工业提出的更高要求。

虽然普鲁士军队拥有一流的步兵和骑兵，但他们的炮兵部队却并不出色，而且他们的军需供应体系也早已过时。普鲁士军队里的许多将军年事已高，而不少年轻的军官又对法国大革命表示了赞许。不过，普鲁士军队中最薄弱的一环当属其指挥系统，因为腓特烈·威廉二世和布伦瑞克公爵的想法并不一致：后者憎恶那些"流亡者"，而前者却对他们有求必应。这些"流亡者"夸大了法国人民对王室的好感，并吹嘘自己对法军军官了如指掌。布耶就曾说过："我可以负责攻取那些要塞，它们就是我的囊中之物。"[10] 类似的说法让腓特烈·威廉二世相信，他所要做的就是径直向巴黎进发，而忠诚的巴黎市民必会箪食壶浆迎接他的军队。

不过，布伦瑞克公爵却不这么认为——这不仅是因为他对这些"流亡者"持怀疑态度，还因为他反对发起战争。他主张把第一次战役的范围限制为夺取隆维、蒙梅迪和色当等要塞。然后，在这些地方建立补给基地并击败任何前来救援的法国军队。最后，普军将进入冬季营地过冬并为来年的战役做好准备。在法国发起一场秋季战役的想法使公爵感到恐惧，因为在他的后方仍有要塞尚未被占领，而这个国家对自己也可能充满了敌意。此外，他知道普军的军需部门一定会拖累自己，事实也证明公爵所言非虚——他的一位名叫马森巴赫的参谋后来就曾说过："补给问题拖了我们的后腿。"[11]

最终的计划确定将以三支军队入侵洛林：1. 布伦瑞克公爵率领4.2万名普军、5500名黑森军和4500名"流亡者"取道科布伦茨——此地位于驻守梅斯的克勒曼所部和驻扎在色当的迪穆里埃所部之间——进入洛林；2. 克勒法伊特（Clerfayt）统率15000名奥地利士兵部署在普军右翼，他们将以比利时为基地向南推进；3. 霍恩洛厄-基希贝格亲王（Prince Hohenlohe-Kirchberg）率15000人部署在普军左翼，以巴拉丁作为他们的后方基地。当上述三支部队在洛林会合后，他们将渡过默兹河并打通前往巴黎的道路。

从科布伦茨出发，普军用了20天的时间抵达了法国边境。8月23日，他们方才进抵位于隆维的边境要塞——在进行了短暂的炮击之后，普军便逼降了这座要塞。

迪穆里埃当时正在敦促法国的战争部部长（Minister of War）塞尔万入侵尼德兰；他的计划是让狄龙在色当、克勒曼在梅斯阻挡普军的进攻，而他自己则从瓦朗谢讷出发去对付由克勒法伊特指挥的奥地利军队。这便是迪穆里埃的"固有观念"(Idee fixe),而且他还常常把自己比作阿加托克利斯和西庇阿。在迪穆里埃给议会的一封信中,他是这样写的:"当汉尼拔兵临罗马城下时,罗马人却把战火烧到了非洲。"[12]

迪穆里埃的策略从战略层面上来说并无不妥,因为他已经对布伦瑞克公爵做了非常精确的估计;然而从政治层面上来看,他的想法就不那么正确了,因为他一旦向北方进军,巴黎的市民们就会认为从东部通往首都的道路洞开了,他们马上就会大喊"叛国"两字。塞尔万对此洞若观火,于是他在8月22日敦促迪穆里埃与克勒曼通力合作,而后者此时正在霍恩洛厄亲王的压迫下逐步后撤。8月24日,当隆维被包围的消息传来时,巴黎陷入了恐慌之中,于是塞尔万命令迪穆里埃立刻前往色当。

当迪穆里埃于8月28日抵达色当的时候,他发现——正如他自己所写的那样:"这是一支没有将军或高级军官的队伍,而且其内部派系林立。超过一半的士兵怀念着他们敬爱的首领(指拉斐特),并把他的继任者视为其死敌和叛逃的始作俑者。"[13]

次日,当迪穆里埃检阅麾下部队的时候,士兵们并没有按照惯例欢呼致意,而是面带怒容、沉默以对。最后,一个掷弹兵高声喊道:"是哪个混蛋发动了战争?!"迪穆里埃回应道:"难道你认为不用战斗也能赢得自由吗?"当另一个士兵高喊"打倒将军"时,迪穆里埃拔出佩剑要求和他决斗——当此人偷偷溜回队伍里之后,迪穆里埃突然意识到自己的这种非传统的行为已经赢得了士兵们的拥护。[14]

接着,当迪穆里埃听闻凡尔登受到威胁时,便命令加尔博中校率两个营的兵力前去增援当地的卫戍部队,但这支部队并没有能够进入凡尔登要塞,只得退守圣默努尔德。当天夜里,迪穆里埃给塞尔万写信说道:"我军目前正处于最艰苦的境地。如果撤退,我担心军队会自行瓦解,但如若继续进军——就像军队所希望的那样——我们注定会被敌人击败……我军缺少军装、鞋子和帽子……枪械方面也十分短缺。"[15]

不过迪穆里埃此时仍醉心于自己入侵尼德兰的计划。8月30日,他召集了一次军事会议,虽然与会人员都赞同他的计划——这和他在自己的回忆录中的记述相一致——但远在巴黎的塞尔万却以为他早已放弃了那个计划。因此,塞尔万在9月1日时写信敦促迪穆里埃撤往阿尔贡,并告诉后者克勒曼已经奉命前来支援他了。次日,巴黎城内钟声大作,"九月大屠杀"开始了。丹东发出了震耳欲聋的怒吼:"我们必须勇敢、勇敢、再勇敢，法国一定会得救！"塞尔万再次写信给迪穆里埃说："以祖国的名义……率领你的军队向默兹河和马恩河之间进发。你要进抵圣默努尔德或其附近地区，甚至要向着沙隆进军。"[16]

8月31日——也就是塞尔万的两封信尚未写就之前——身处巴泽耶的迪穆里埃听到了凡尔登方向传来的枪炮声[17]，他同时也知道克勒法伊特麾下的1.5万到1.8万军队正准备从斯特奈渡过默兹河。此时，他终于意识到自己入侵尼德兰的计划已成泡影了，因为他的右翼已经受到了威胁，而色当也无法再坚守了。他在写给塞尔万的信中说道："从来没有任何一场战争给法国造成了如此巨大的威胁……为了避免事态进一步恶化，我可能被迫撤离蒙梅迪和凡尔登——我只留下它们自己的卫戍部队来防守——并放弃默兹河一线，经由最近的路线退往艾尔河一线并守住欧特里的缺口。"[18]

而这就意味着迪穆里埃准备要退往位于埃纳河上游右岸的阿尔贡森林，那里到处是低矮的丘陵和茂密的森林，其地表则被溪流和沼泽切割的支离破碎。对于军队来说，1792年时在这片区域里行动要比今日更加困难，因为当时并没有人去保养那些道路——一到雨天，道路上松软的泥土就会很快变为泥沼。对于一支身后还跟着炮兵和补给车队的军队来说，在这片森林中只有五条道路可以通行，而它们则分别被五处隘口所控扼：1. 伊斯莱特，控扼着从凡尔登经克莱蒙、圣默努尔德到巴黎的道路；2. 沙拉德，控扼着凡尔登通往兰斯的道路；3. 格朗普雷，控扼着瓦雷纳通往武济耶的道路；4. 克鲁瓦—博伊，控扼着斯特内通往武济耶的道路；5. 谢讷—波普勒，控扼着色当通往勒泰勒的道路。

较之位于斯特奈的克勒法伊特和位于凡尔登的布伦瑞克公爵，此时身处色当的迪穆里埃离格朗普雷和伊斯莱特这两处隘口的距离都更为遥远，因此他必须要抓紧时间。迪穆里埃知道自己没有足够的兵力守住五处隘口，遂命令位于桑布尔河桥村营地的杜瓦尔率领6000人[19]、位于莫尔德营地的伯农维尔率领10000人火速赶往勒泰勒；前者于9月7日抵达那里，而后者则于9月13日到达目的地。

迪穆里埃暂时放弃了防守谢讷—波普勒和克鲁瓦—博伊；9月1日，他派狄龙率领前卫部队6000人占领了伊斯莱特和沙拉德，而自己则亲率主力部队（13000人）沿着最短的行进路线前进。在穿过了克勒法伊特的正面之后，迪穆里埃于9月4日抵达了格朗普雷，狄龙也于次日到达了伊斯莱特。

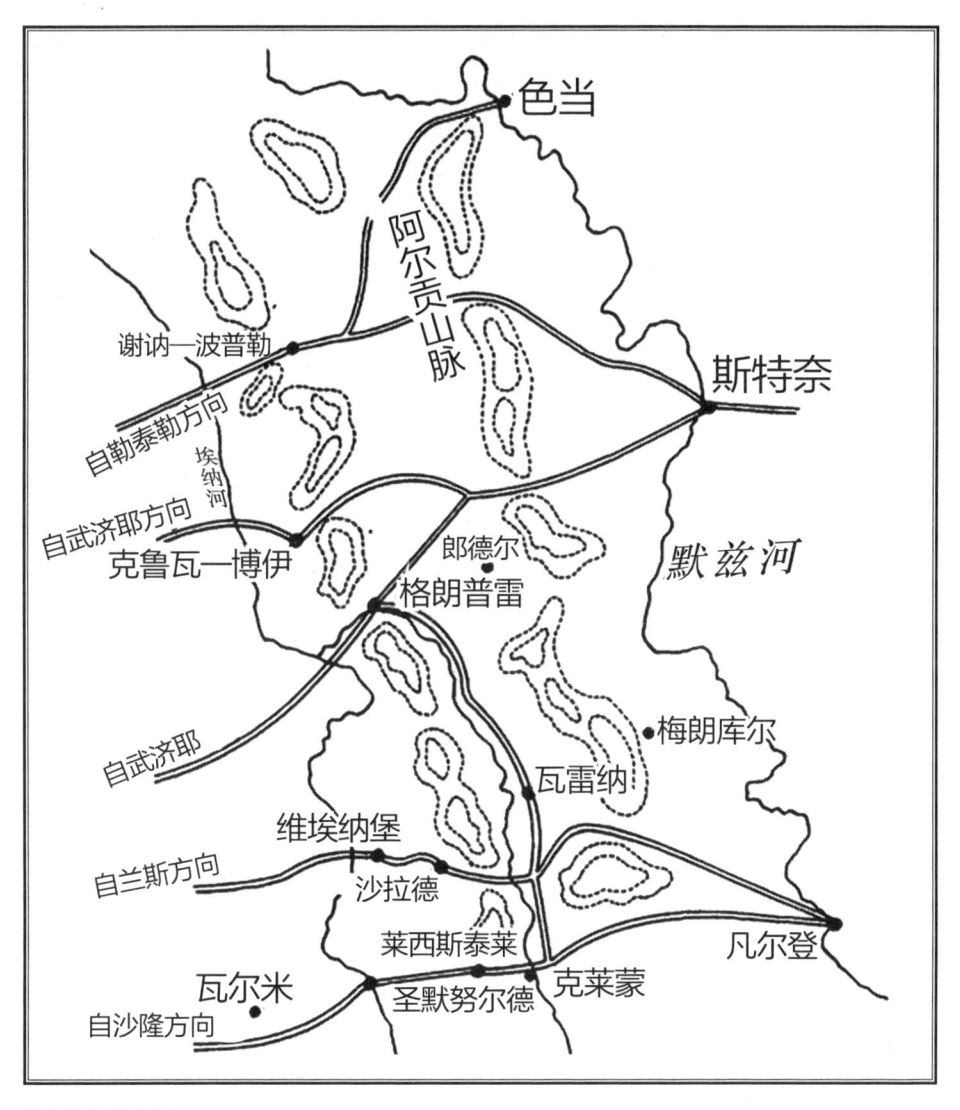

阿尔贡（1792年）

9月5日，迪穆里埃在格朗普雷向塞尔万发去了一份颇具英雄主义色彩的急件："凡尔登已经沦陷，我正在静候普鲁士人。格朗普雷营地和伊斯莱特都是温泉关，但我要比列奥尼达幸运得多。"[20]

此时，布伦瑞克公爵的情况又如何呢？凡尔登于9月2日宣告投降，但公爵没有乘胜追击，而是一直在营地里待到了9月11日。那段时间的天气确实非常恶劣，自联军越过法国边境之后大雨就一直下个不停。歌德在8月28日的日记中草草地写下了："可怕的天气。"9月6日，他又写道："所有东西都陷进了深不见底的泥潭之中。"9月12日，他在日记中写道："雨下个不停。"[21]此外，普鲁士军营中还有数百人死于痢疾。[22]正如歌德在9月4日指出的那样："人们经常提及伊斯莱特——这里是凡尔登和圣默努尔德之间的重要隘口，但没人能弄清楚我军为何一直没有占领那里。"[23]原因就在于，公爵和腓特烈·威廉二世无法就下一步行动达成一致。

攻下凡尔登之后，布伦瑞克公爵本计划占领色当，然后前往蒙梅迪、梅齐埃雷斯和吉维特周边的冬季营地，并为来年的战役建立一个坚固的后方基地。然而，腓特烈·威廉二世并未采纳这个计划，不仅是那些"流亡者"支持国王的意见，就连布伦瑞克公爵麾下的一些军官也赞成国王的看法。腓特烈·威廉二世及其支持者所看到的是，这场战争从根本上来说乃是一场政治行为而非一次战略行动，他们的对手不是一支普通的军队，而是一支革命军队。因此，在凡尔登和隆维之间建立后勤基地后便进入冬季营地的想法显然是不合适的；相反，腓特烈·威廉二世一派极力主张联军应如汹涌的洪流一样冲进香槟地区，然后在一场伟大的会战中彻底击垮法国军队——普鲁士军队优良的军纪便是会战胜利的保证。只有这样，反法联军才能取得政治上的决定性胜利，从而及时地将路易十六和玛丽·安托瓦内特解救出来。

布伦瑞克公爵对国王制定的这种不合常规的策略感到震惊，因为他知道，由于己方军队的状态、道路和后勤供应等情况，想要迅速取得进展是不可能的事情。尽管如此，公爵还是顺从地接受了国王的计划，并抛弃了自己制定的策略；不过他并没有立即下令进军，而是浪费很多时间做了事无巨细的准备工作。直到9月7日，公爵才和国王一道骑马前往克莱蒙，并对伊斯莱特进行了侦察；他发现森林中藏有许多敌军，又从一个农民那里得知法军已经构筑了防御工事，于是便担心发起正面攻击会付出高昂的代价，遂建议普鲁士军队绕开法军阵地。最终，公爵和国王都同意只进攻五处隘口中的一个，并对兵力做出了如下部署：当普军向格朗普雷发起进攻时，霍恩洛厄亲王麾下的奥地利军和黑森军要负责监视伊斯莱特；骑兵部队和"流亡者"组成的部队将向谢讷—波普勒进发，而克勒法伊特则应在卡尔克鲁斯的支援下确保克鲁瓦—博伊隘口的安全。

布伦瑞克公爵直到9月10日才下达了进军的命令；次日清晨，普军冒着倾盆大雨离开湿透了的营帐，开始向着梅朗库尔进发；他们在那里停留了一晚，并于9月12日继续向朗德尔前进。普军发现沿途的乡村早已空无一人，这让他们感到惴惴不安，因为这意味着他们想要维持补给会变得更加困难；和法军交战是一回事，但要在一片渺无人烟的地区与之作战则又是另一回事了。这种情况使得反法联军大为沮丧，而同样令人沮丧的还有朗德尔营地那难以启齿的状况——这里后来被称为"垃圾堆"（Drecklager，即"肮脏的营地"）。在布伦瑞克公爵的左翼，由霍恩洛厄亲王统率的奥地利军和黑森军正监视着伊斯莱特的东面；在公爵的右翼，从斯特奈出发的克勒法伊特所部此时已经抵达了克鲁瓦—博伊隘口。

负责防守克鲁瓦—博伊的是由参加过美国独立战争的科隆上校负责指挥的两个步兵营和一个骑兵中队，他们还携带了四门火炮。上校在9月11日向迪穆里埃报告说自己的阵地固若金汤，而后者也认为格朗普雷才是敌军的主攻方向。于是迪穆里埃便命令留下一名上尉率领100人防守隘口，而上校则率领剩余兵力撤往格朗普雷。[24]

然而，克勒法伊特却从一个农民口中得知了法军撤退的消息。于是，他便在9月12日派出了一支由猎骑兵和骠骑兵组成的小分队，突袭并攻占了克鲁瓦—博伊隘口——这对于迪穆里埃来说实属不幸。隘口的失陷让谢讷—波普勒的南翼受到了威胁，负责当地防务的迪布凯上校只好撤回了驻守隘口的部队。下午5点，溃败下来的部队抵达了格朗普雷，此时迪穆里埃才得知了这次惨败的相关消息；当他意识到丢掉了克鲁瓦—博伊的严重性后，遂命令沙佐将军统率八个步兵营、五个骑兵中队，携四门火炮从格朗普雷出发，经由武济耶前往克鲁瓦—博伊，准备于9月13日重新夺回该隘口。由于道路的状况非常糟糕，沙佐直到夜幕降临时才抵达武济耶。次日一早他继续进军并夺回了隘口，然而没过多久，奥地利军队便发起了反击并将其赶出阵地，于是沙佐只好又退回了武济耶。这场战斗中最令人讶异的一点便是沙佐并未受到追击——正如若米尼所说的那样："如果克勒法伊特乘胜追击，而布伦瑞克公爵也同时向格朗普雷发起进攻的话，那么迪穆里埃很可能就全军覆没了。"[25]

此时法军的处境已经糟糕到了极点，但迪穆里埃的境况却从未如此有利过。他预料到了普军迟缓的行动，并认为恶劣的天气能进一步拖住他们[26]，于是他立刻做出决定，在坚守伊斯莱特和沙拉德的同时将格朗普雷的守军撤往圣默努尔德。

975

这样一来，一旦敌军穿过法军弃守的隘口继续前进，就会把自己的后方暴露在法军面前——这确实是天才般的策略。为了使行动迟缓的敌军掉入他所布置的陷阱之中，迪穆里埃派出了诸多侍从和信使四下传递消息：他先是派出一支部队监视克鲁瓦—博伊，之后又命令沙佐在午夜时分从武济耶撤出，前往蒙特丘丁平原与主力部队会合；位于勒泰勒的伯农维尔所部一万人则奉命前往圣默努尔德；让一名侍从前去催促身处巴勒迪克附近的克勒曼加速北上；向位于伊斯莱特的狄龙下达了拼死抵抗奥地利军的命令，同时又向身处沙隆的斯帕雷将军发出了增派援军的紧急请求。此外，迪穆里埃还向哈维尔将军发去了急件，要求后者在兰斯、埃佩尔内及苏瓦松等地征集所有尚未调动的部队。[27]

布伦瑞克公爵十分惊讶地发现法军仍然坚守着阿尔贡地区，于是他决定和迪穆里埃进行谈判，为此他派马森巴赫上校前去安排一次会谈。上校被带到了杜瓦尔将军的指挥部，但迪穆里埃拒绝和他见面。在和杜瓦尔待在一起的时候，马森巴赫发现前者的营地里活动频繁，于是他便在返回后告诉布伦瑞克公爵，说自己认为法国人正在做撤退的准备。公爵对此大喜过望，因为这意味着他的策略取得了成功，而根据他的战争准则，一次成功的军事机动就等同于打了一场胜利。随后，马森巴赫又去觐见了国王陛下，当后者听闻法国人即将撤退的消息后不禁勃然大怒，因为他想要的是一场胜利而不是一次军事机动。于是，国王一边咒骂着一边策马向格朗普雷飞驰而去。

马森巴赫的判断是正确的，迪穆里埃当时确实正打算撤退，只不过后者的目的地是圣默努尔德而非马森巴赫所猜测的马恩河。9月15日凌晨3点，迪穆里埃开始撤退，上午8点他便已抵达了埃纳河畔的欧特里。接着，法军主力又继续向比翁内河畔的多马坦—苏昂进发。

按照迪穆里埃的命令，沙佐应当在9月14日午夜从武济耶出发，以便在主力部队到达之前抵达蒙特丘丁平原，这样沙佐所部也能得到主力兵团后卫部队的掩护。然而，士兵们在经过一天的忙碌之后已经筋疲力尽了，因此沙佐直到9月15日黎明时分方才出发。数小时之后，他的部队来到了蒙特丘丁平原，却突然遭到了一支人数为1500人的普鲁士骠骑兵的袭击。起初沙佐所部士兵击退了敌军，但他们中的一些人却突然变得惊慌失措并四散奔逃起来，边跑还边喊着："各自逃命吧！我们被背叛了！我们被包围了！"接着，沙佐麾下这支10000人的部队便自行瓦解了。

正如迪穆里埃告诉我们的那样,这其中有大约2000人一直逃到了勒泰勒、兰斯、沙隆及维特里等地,他们在这些地方到处散布法军已被全歼、迪穆里埃及其麾下的所有将领都已投降敌军的谣言。[28] 这群人在匆忙奔逃的路上恰好碰到了从沙隆赶来的法国援军,于是后者也立刻掉头逃回了沙隆。

当上述乱象发生的时候,迪穆里埃正在多马尔坦苏昂寻找适合安营扎寨的地方。跟克鲁瓦—博伊失陷时一样,他最早也是从一群大喊着"全都完了!军队溃败了!敌人马上就要追过来了"[29]的逃兵口中得知了这个灾难性的消息的。迪穆里埃立刻纵马往前方赶去,恰好碰到了正在集合步兵的米兰达将军。[30] 几个小时后,迪穆里埃返回了多马尔坦苏昂;当他正准备坐下来吃晚餐时,那种毫无理由的恐慌现象突然间再度爆发了——而且就发生在迪穆里埃自己的营地里。虽然迪穆里埃立即采取行动并平息了恐慌[31],但还是引发了极大的混乱。次日(即9月16日)的大部分时间都花在解决这种混乱局面上了。

在圣默努尔德以西、沙隆大道以北有一处高原,它从沙隆大道一直延伸到埃纳河畔的讷维尔奥邦村。迪穆里埃在这片高原上安营扎寨,其右翼靠近马夫列库尔、中央兵团位于绍德方丹、左翼则布置在了沙隆大道上(可被一个名叫莱塞唐勒鲁瓦的沼泽掩护)。迪穆里埃将由施滕格将军指挥的前卫部队布置在了位于营地西面的布劳—圣科希耶,同时又在比翁内河以北的图尔布溪(其流向与比翁内河平行)设置了哨所。迪穆里埃将炮兵部署在了营地正前方,以方便它们对低洼地带进行"扫射"。他还沿着埃纳河的右岸布置了一连串的坚固据点,并借此将自己的右翼和位于沙拉德的狄龙所部法军的左翼连接了起来。最后,迪穆里埃选择将圣默努尔德作为自己的指挥部所在地,因为此地正好位于其营地和狄龙所部营地的正中间。[32]

迪穆里埃之所以能稳住阵脚,完全要归功于对手迟缓的行动速度;如果普军能在9月16日到18日之间——也就是法军发生恐慌到迪穆里埃得到增援之前——向其发起进攻,那么法军必将被击溃。话虽如此,迪穆里埃此时的处境仍然岌岌可危,因为伯农维尔——他在9月13日就已经到达了勒泰勒,并在9月16日抵达欧沃村时听闻了前文所述的恐慌现象——害怕自己被敌军包围,已撤回了沙隆。当后者在沙隆收到来自迪穆里埃的紧急要求之后,方才于9月18日再度出击,并于次日抵达了圣默努尔德。

克勒曼也被一件类似的事情耽误了行程:9月12日,他的军队就已经抵达了巴

977

勒迪克，但次日他就收到了迪穆里埃发来的关于克鲁瓦—博伊业已失陷的急件。克勒曼并不想掺和其中，所以他并没有前去支援迪穆里埃，而是改变了自己的行军路线，转而向西前往维特里—弗朗索瓦。直到9月15日克勒曼才再度出发——因为卢克纳元帅给他下了一道死命令[33]，要求他以强行军的状态赶往圣默努尔德。克勒曼于9月18日抵达了奥弗河畔当皮埃尔。次日，当他渡过奥弗河后，便将营寨安扎在了多马坦—拉普朗谢特的沙隆大道上——他此行一共带了17个步兵营和30个骑兵中队，总兵力共计1.6万人。

之前，布伦瑞克公爵已经错失了两次歼灭敌军的机会：第一次是在克鲁瓦—博伊；第二次机会则是在9月15日（当时公爵只派出了1500名骠骑兵，而不是让其整个前卫兵团都向前推进）。现在，公爵又错失了第三次歼敌的机会：尽管他已于9月16日占领了格朗普雷，但其主力部队却在朗德尔的营地一直待到了9月18日。公爵这样做的理由是：他必须要等补给车队把面包从凡尔登运到营地后，方能安排主力部队行动。拿骚·西根记载道："为了维持军队的口粮，我们做出了这样不合理的安排。这使我军被迫在格朗普雷停了下来，就像在凡尔登一样耽误了时间。"[34]

到了9月18日，面包终于运到了营中，布伦瑞克公爵遂开始谋划一个行动方案：他计划再一次用包围战术迫使敌军弃守阵地并撤退。18日的晚些时候，公爵和马森巴赫一道骑马前去侦察敌情，之后公爵便决定让普鲁士军经格朗普雷进军，然后向法军位于沙拉德和伊斯莱特的阵地的西侧发起攻击，而奥地利军队则攻击前述阵地的东侧。公爵认为该计划将迫使迪穆里埃放弃阵地；他对马森巴赫说道："我军左翼要向前突破，我们必须把敌军赶出阿尔贡。我军不会付出太大的伤亡就可以拿下伊斯莱特；如你所知，我军人数不多，因此必须节省人力。"[35]

次日清晨，普军出发了。到了正午时分，当腓特烈·威廉二世正准备用膳之时，一名信使带来了法军正在撤离圣默努尔德的消息。后者认为迪穆里埃即将撤退，不禁勃然大怒。虽然布伦瑞克公爵就在他的身边，但国王并没有征求公爵的意见，而是直接向马森巴赫下达命令，要求普军径直向沙隆大道前进以切断法军的退路，从而迫使法军应战。虽然此举彻底打乱了公爵的宏伟计划，但他并未提出反对的意见。没过多久，另一条消息传来——它证明了第一条消息是不准确的，但国王并未收回成命。就此看来，对于最后的惨败，腓特烈·威廉二世要承担全部的责任。

许凯这样写道："普军就这样闷头向法军冲了过去，他们没有进行哪怕一次侦察，也没有派出哪怕一名军官去勘察地形，且没有制定任何作战计划。"[36]

那天夜里，普鲁士人沿着从叙普通往瓦尔米的道路扎下了营寨，他们的主力部队位于图尔布河（在该河的南方是奔流的比翁内河）河畔的索姆—图尔布附近。

比翁内河以南便是作为战场的瓦尔米，那里东临埃纳河，南临奥弗河。连接圣默努尔德和沙隆的大道就位于欧沃河的北侧，这条大道还经过了莱塞唐勒鲁瓦，而迪穆里埃所部的左翼正位于该地；这条道路也途径了多马坦—拉普朗谢特，而此地正是克勒曼的营地所在。欧贝瓦驿站位于多马坦以西大约 1.5 英里的地方，圣默努尔德—沙隆大道从那里又往西一直延伸到了一个名叫拉卢纳的驿站，一条岔路把这里与索姆—比翁内连接了起来。在这条岔路的东边是一道山脊，其北侧的部分被称为约仑山（亦称海隆山），而其南侧的部分则被叫作瓦尔米土丘或瓦尔米小山。在这座土丘上有一座风车（现在那里矗立着一座纪念碑），从那里再往北一点就是瓦尔米村；从拉卢纳、欧贝瓦、多马坦及瓦尔米土丘都可以清楚地看到位于东方，距离遥远的阿尔贡高地。

克勒曼在多马坦—拉普朗谢特安营扎寨后不久，他就骑着马前往了圣默努尔德。在那里，他告诉迪穆里埃自己所处的位置并不安全，因为沼泽般的奥弗河就流经其营地的后方。因此，他希望能在次日上午撤过奥弗河并占领当皮埃尔村和弗瓦勒蒙特村。迪穆里埃建议克勒曼最好能占领拉卢纳和瓦尔米附近的高地，但后者并未采纳这一建议并决意撤退。为了在夜间给自己的营地提供掩护，克勒曼命令德普雷—克拉西耶将军率领前卫兵团向比翁内河的方向前进，并在途中与斯滕格统率的迪穆里埃所部的前卫部队取得联系——这支部队的前哨兵力已迫于普鲁士军骑兵的压力，从图尔布河撤到了约仑山和瓦尔米地区。

9月2日上午六点到七点之间，当克勒曼正准备撤过奥弗河的同时，霍恩洛厄亲王率领的普鲁士前卫兵团也已经从索姆—比翁内出发，前去切断沙隆大道了。当时，天上正下着冰冷的蒙蒙细雨，浓雾遮蔽了这片乡村土地。普军的先头部队还没有走多远，便从约仑山的方向传来了隆隆炮声——这是德普雷—克拉西耶麾下的大炮在射击；但普军并未将其放在心上，其先头部队继续缓慢地向南行进，炮弹很快就如同冰雹一般击中了他们的左翼。这些炮弹是从一个位于拉卢纳的法军炮兵阵地发射的，因为在那天早上，为了支援德普雷—克拉西耶，克勒曼派瓦朗斯将军率预备队抵达了这个驿站。

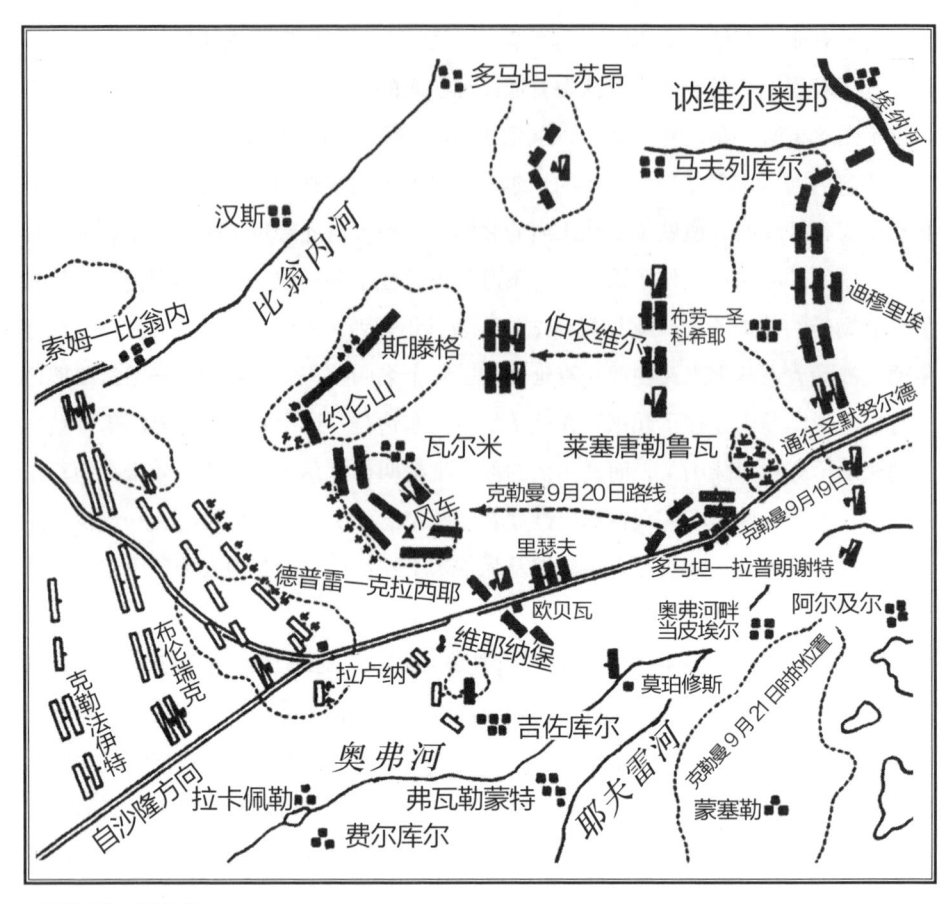

瓦尔米之战，1792 年

    克勒曼之所以这样做，是因为他在早上七点的时候就得到了普军开始进军的消息。当时他就意识到自己没有足够的时间赶在普军向自己发起攻击前撤过奥弗河之后，便收回了撤退的命令，转而采用了前一天晚上迪穆里埃所建议的策略。克勒曼立刻开始调兵遣将：他命令穆拉特率领第二线兵力及 18 门火炮前去攻占瓦尔米土丘，并从斯滕格手中接管防御工事——弥漫的浓雾，以及德普雷—克拉西耶和瓦朗斯所部的两支炮兵为这支部队提供了掩护。由于雾实在是太浓了，让克勒曼无法判断出那片高地的范围，所以他又下令第一线兵力及另外 18 门火炮跟在之前那支部队的

980

后面行进。此时，克勒曼没有让所部骑兵待在欧贝瓦附近的低洼地带，而是命令他们也跟着前面两支部队行进——结果这些步兵、骑兵和炮兵在浓雾中挤作一团，乱哄哄地聚集在那座风车周围。克勒曼十分走运，由于大雾弥漫，普鲁士人并没有发现前面所描述的这种混乱情形。同样侥幸的是，瓦朗斯部署在拉卢纳的炮兵于浓雾中击溃了三个普鲁士军骑兵中队。这次进攻失利之后，霍恩洛厄亲王命令其先头部队暂时停止了前进，一直等到可以派出一些炮兵部队向拉卢纳射击后方才继续行动，而这就给了克勒曼重整军队的喘息之机。

当霍恩洛厄亲王所部的炮兵开始射击之后，德普雷—克拉西耶和瓦朗斯都撤退到了位于欧贝瓦附近的阵地上——在保护瓦尔米阵地左翼的同时，填充了瓦尔米阵地与克勒曼麾下另外两支分遣队之间的缺口（这两支兵力强大的部队被部署在了莫珀修斯堡和奥弗河畔的吉佐库尔村）。

如此一来，法军战线在整体上便呈现出一个半圆形，一直从约仑山延伸到了莫珀修斯堡：其右翼是斯滕格的前卫兵团——他们此时位于约仑山；战线中部是克勒曼的主力部队——他们集中在瓦尔米土丘上；克勒曼的左边是德普雷—克拉西耶和瓦朗斯的部队——他们的战线从上面所说的风车附近一直延伸到欧贝瓦；再往左，在沙隆大道以南便是部署在莫珀修斯堡和吉佐库尔村的两支分遣队了。

因此，克勒曼所部既没有与迪穆里埃的左翼连接起来，也没能掩护后者与维特里—弗朗索瓦之间的交通线，反而是孤零零地处在了迪穆里埃中央兵团左侧的正前方——这就意味着一旦遭受进攻，克勒曼所部将会承受敌军全部的攻击。为了缓和这种局势，迪穆里埃命令斯滕格向约仑山的西侧推进，同时又派伯农维尔率领16个步兵营跟在后面作为支援。迪穆里埃派出了9个步兵营和数个骑兵中队前去增援瓦朗斯，以此来增强克勒曼左翼的兵力；在欧贝瓦以东的沙隆大道上，他还集结了12个步兵营和6个骑兵中队的兵力作为预备队。

尽管法军被打了个措手不及，只得被迫采取守势，但迪穆里埃并不准备完全放弃发起进攻。迪穆里埃准备进行两个冒险的军事机动：首先，他命令勒维纳将军率领12个步兵营和8个骑兵中队在讷维尔奥邦村渡过埃纳河，然后直扑伯济厄和维尔吉尼，攻击普军和奥地利军的后方。其次，迪穆里埃命令身处维耶纳堡的杜瓦尔也率军渡过埃纳河并攻击普军的后勤车队——它们此时在香槟河畔迈松组成了一个"车阵"。[37]

瓦伦斯退却之时，浓雾也逐渐开始消散，而马森巴赫和福斯腾堡伯爵（布伦瑞克公爵的私生子）也从普军先头部队的所在地出发，一同骑马前往了拉卢纳。他们俩马上就意识到了拉卢纳在战术上的重要性：在这里部署火炮便可以轰击到通往欧贝瓦的大道，而且还可以从这里对瓦尔米土丘的侧翼发起进攻。于是两人立刻飞奔回来向布伦瑞克公爵汇报情况，后者遂命令将一队炮兵向前部署到拉卢纳去。迪穆里埃差不多在同一时刻也意识到了拉卢纳的重要性，遂派沙佐将军前去攻占该地；但当后者靠近该地时，却发现那里的防御固若金汤，于是便撤了回来。

当霍恩洛厄（Hohenlohe）亲王攻占了拉卢纳之后，普军的主力便分为两列纵队缓缓向着约仑山和瓦尔米进发。他们的右翼位于拉卢纳，而左翼则倚托着比翁内河。普军在正午时分完成了部署，雾气也逐渐消散了。此时身处拉卢纳的腓特烈·威廉二世、布伦瑞克公爵及歌德发现他们面前的敌人并没有打算撤退，而是排成战斗序列准备迎战，这让他们大为惊讶。在看到普军后，身处风车处的克勒曼用佩剑举起了他那顶装饰着三色帽缨①的帽子，大声喊道："祖国万岁！"然后所有法军都高声回应道："祖国万岁！法兰西万岁！将军万岁！"[38] 这不禁让普军感到胆寒。

与此同时，拥有58门火炮的普鲁士炮兵在滕佩尔霍夫将军的指挥下已经部署在了拉卢纳以北的炮兵阵地上；阿博维尔将军则指挥克勒曼麾下的炮兵在瓦尔米山脊上部署了40门火炮——双方炮兵之间的距离大约为1300码。

此时突然刮起了强风，战场上的雾气彻底消散了，强烈的阳光洒在了战场上。歌德这样写道："关于这场炮击，现在人们已经有了很多的描述。但在当时，炮击的激烈程度是难以用语言来描述的。"[39] 莫尼则说自己"从未听闻如此猛烈的炮火"。[40] 炮击在下午1点左右达到了高潮，按照歌德的说法就是"整个战场都在颤抖"。[41] 虽然炮火如此猛烈——按照迪穆里埃的说法，双方各自消耗了超过两万发炮弹[42]——但造成的伤亡却微不足道。造成这种情况的原因有二：一是对于当时的火炮来说，1300码已经超过其杀伤距离；二是大部分炮弹都陷进了潮湿的泥土之中，并没有产生跳弹的现象。

---

① 译注：指法国国旗上的红、白、蓝三色。

尽管炮击没有带来布伦瑞克公爵麾下参谋人员所期望的效果，但他们一致认为目前只有攻击瓦尔米阵地这一种选择。

当幕僚们讨论进攻问题的时候，布伦瑞克公爵正通过望远镜仔细地观察着敌军。为了避免进攻伊斯莱特，他已经绕了30多英里的路。但讽刺的是，他现在却要向瓦尔米发起攻击。虽然这有悖于他的一贯策略，但公爵还是下达了进攻的命令。

在己方火炮产生的烟雾的掩护下，普鲁士步兵很快就组成了两列进攻队列。但当他们刚开始向前推进时，克勒曼就集中了全部炮兵火力向其射击，有几个营的士兵产生了动摇，并失去了秩序。布伦瑞克公爵虽然下达了进攻命令，但他的内心却是不想发起攻击的，前述这种情况便给了他叫停攻势的充分理由，而此时普军才向前推进了200步。当公爵下达停止进攻的命令时，迪穆里埃正好骑马赶到风车处与克勒曼见面，敌军突然停止前进使他确信布伦瑞克公爵并不想发起进攻。

下午2点左右，一枚普军发射的炮弹炸毁了克勒曼防线后方的三辆弹药运输车，爆炸的巨响回荡在战场上空。这场爆炸产生的浓烟笼罩了法国炮兵，他们被迫停止了射击；普鲁士炮兵也同时停止了射击，因为他们的目标也被这股浓烟遮蔽住了。法军此时正处于危急关头：有两个团的部队突然向后方溃逃，不过克勒曼马上又将其重新集结了起来。炮兵配属的车夫都是些无组织无纪律的平民，他们此时正如同潮水一般向着后方涌去。

当时身处拉卢纳的马森巴赫看到了法军在风车周围发生的骚动，他断定普军已经取得了这场战斗的胜利，于是策马前去觐见腓特烈·威廉二世和布伦瑞克公爵，恳请他们立刻加强右翼的兵力——此时普军的右翼已经停止了进攻——并用迅猛的攻势拿下瓦尔米土丘。

马森巴赫话音未落，双方的炮击又开始了，人们看到法军已经重新恢复了秩序。法国步兵的坚韧给布伦瑞克公爵留下了深刻的印象，而且他也注意到位于欧贝瓦和奥弗河之间平原上的法国骑兵已经整装待发了。于是，公爵转过身来对周围的人说道："先生们，你们已经看到我们所面对的是一支怎样的军队了。那些法国骑兵就是在等我们发起进攻，然后趁机向我们发起冲锋。"[43]说到这里，公爵稍作停顿，似乎是在思考继续进攻还是等克勒法伊特赶到之后再做打算，因为后者此时已奉命用最快的速度向前线赶来了。公爵又看了一眼法军，随即召开了一次军事会议，腓特烈·威廉二世和一些高级军官都参加了——在这次战役中，这似乎还是公爵第一次行使自己作为总司令的全部权力。在雷鸣般的炮声中,公爵宣布了自己的决定:"我们不在这里打了。"霍恩洛厄亲王、国王的副官曼施泰因及格拉韦特将军对此均表示同意。当布伦瑞克公爵宣称进攻必将失败,而且即使成功了也没有什么好处时,国王作出了让步。[44]

同一时间,位于左翼的卡尔克罗伊特也对约仑山进行了炮击。正如许凯所指出的那样,斯滕格的抵抗让克勒曼的右翼部队免受包抄,而这也是法军取得胜利的重要的因素之一。[45]

普军就这样停止了进攻,并于当天下午4点越过沙隆大道,切断了沙隆和巴黎之间的联系。炮击停了下来。随着夜幕的降临,一场瓢泼大雨席卷了整个战场。数小时后,克勒曼在夜色的掩护下撤往当皮埃尔和弗瓦勒蒙特——其目的是为了保护维特里—弗朗索瓦大道。

瓦尔米战役就这样结束了。在此次战役中,普军出动了3.4万人,而法军的总兵力则为5.2万人——其中实际参战的法军为3.6万人。双方的损失均微不足道:法军损失了大约300名官兵,而普鲁士军则伤亡了184人。遗憾的是,双方的许多伤员最终都死在了战场上。

虽然腓特烈·威廉二世的干涉削弱了布伦瑞克公爵作为主将的权威,而他的指挥方略也为人所轻视,但他此时终止战斗的决定无疑是明智的:由于军中爆发了痢疾,普军的兵力正在不断减少;随着冬天的临近,道路的状况也变得越来越糟糕。此外,普军的交通线也并不安全,而且军需供应也十分低效,因此想要迅速地向巴黎进军无异于痴人说梦——即使能够抵达巴黎,普军也必定变得疲惫不堪,甚至有被法军全歼的风险。这场战役的目标已然无法实现了,而战役本身也变成了一场闹剧,这是公爵在战役之初就已经预料到的情况。不过导致公爵做出停战决定的根本原因在于,他认为法军虽然会发生恐慌和兵变等状况,但法军的将领和士兵要远胜于行动迟缓且盲信无脑的普鲁士军队——虽然公爵永远也不会公开地承认这一点。

腓特烈国王的私人秘书隆巴德这样写道:"敌军让我们的希望破灭了。迪穆里埃和克勒曼证明了无人可以轻视他们的指挥才能:他们选定的阵地占尽了地利;留下来的法国旧军队中的士兵也服从他们的命令;志愿兵扩充了法军的人数,而且他们在配合老兵作战时也能真正地发挥作用;法军的轻骑兵非常年轻,也非常优秀。

他们的军队应有尽有,而我们的军队则什么都缺;他们在前线和后方都构筑了坚固的防御工事,而且和我军相比,他们的炮兵也不遑多让。上述这些原因解释了为何我军无法对法军发起一次决定性的攻击。"[46]

这段富有启发性的摘要的作者,为这场战役的结束作出了重要贡献。9月30日时,勒维纳将军对普军的后方进行了一次大胆的突袭,而隆巴德在这次行动中做了法军的俘虏。在腓特烈·威廉二世特地向迪穆里埃发出请求后,后者释放了隆巴德,并借此机会让他向腓特烈·威廉二世转呈了一份阐述双方应当立即结束战争的备忘录。[47]此外,当迪穆里埃听说普鲁士国王那里的咖啡和糖已经告罄时,还送去了一些(12磅)作为礼物。[48]

布伦瑞克公爵迫不及待地想要借此机会结束战争,而腓特烈·威廉二世由于刚刚收到波兰方面传来的令人沮丧的消息,也对停战表示了支持。随后,双方便进行了为期一周的谈判。9月27日,迪穆里埃发出了第二份备忘录,其唯一的宗旨便是要普鲁士脱离奥地利。由于腓特烈·威廉二世愤怒地表示拒绝考虑这一问题,双方的休战遂告终止。不过,迪穆里埃在9月29日时仍敦促身处巴黎的外交部部长勒布伦在谈判中注意分寸。正如迪穆里埃所写的那样:"我们可以在极为有利的条件下达成全面的和平,对我们来说,这要远胜于陷入长期战争的危险……"[49]然而革命政府并未理会迪穆里埃的建议,他们公开宣称:"在普鲁士军队撤出法国领土之前,共和国绝不与其谈任何条件。"

9月30日到10月1日的夜间,布伦瑞克公爵拆除了位于拉卢纳的营地,并巧妙地将普军撤到了默兹河的右岸。迪穆里埃于9月27日被任命为法军总司令,于是他又拾起了自己那个入侵尼德兰的计划:他跑到瓦朗谢讷接管了北方军团的指挥权,然后便向比利时进军。11月6日,他在热马普击败了萨克森—泰申公爵阿尔贝特和克勒法伊特,让整个欧洲都惊愕不已。

瓦尔米之战便是法国大革命和拿破仑战争时期的马拉松战役;面对当时最著名的将领所统率的欧洲最强大的两支军队,法军在迪穆里埃和克勒曼的指挥下击退了其中一支,并使另外一支军队名誉扫地。许凯这样写道:"瓦尔米之战后,每一个手中握有刀剑或步枪的法国人都把自己视为一个注定会胜利的事业的拥护者。"[50]

瓦尔米既是旧政权的死亡之地,也是新共和国精神上的摇篮;在卡米耶·德穆兰及其他人的美好幻想中,这个新共和国会把自由、平等、博爱带给那些被奴役的国家,它会摧毁所有的王国并建立一个人间天堂。

然而不久之后,这个颇为诱人的美梦就变成了一场噩梦;即使在当时,也有人从瓦尔米的炮声中看到了不祥的征兆。马森巴赫就曾写道:"你可以看到那些'小鸡仔'是怎样的趾高气扬。他们经历了战火的洗礼……我们输掉的不仅仅是一场会战:9月20日这一天改变了历史的进程,这是本世纪最重要的一天。"[51]在瓦尔米之战结束的当天晚上,歌德那些心灰意冷的同伴们聚集在他的身边,询问着他的看法。歌德回答道:"从此时此地开始,世界进入了一个新的时代,你们可以自夸说自己见证了这个新时代的诞生。"[52]

注解

1. *A Treatise of the Art of War,* etc. (1677), p.15.
2. "An Enquiry upon Projects" in *The Earlier Life and Chief Earlier Works of Daniel Defoe,* Henry Morley (1889), p.135.
3. *De la defense des places fortes (1812),* p.xiii.
4. *Memoirs of Goldoni,* trans.John Black (1814), vol.I, p.207.
5. 也许有人会提出这样的疑问：有限的目标难道不比无限的目标要好吗？人们在皮齐盖托内的所作所为难道不比 1916 年的索姆河战役或 1945 年用原子弹轰炸广岛要更为明智和理性吗？
6. 这里有一点需要注意，那就是人们在战争中引入了"非道德"这一观念，从而使武力成了战争的主导因素。
7. *Valmy,* Arthur Chuquet (n.d.), p.12.
8. 参见 *Charles William Ferdinand, Duke of Brunswick,* Lord Edmond Fitzmaurice (1901), pp.45—49。
9. 这一时期的两项著名的发明均出自英国人之手：其一是默西埃发明的"实用炮弹"（Operative gun shell），这是一种可以用 24 磅炮发射的 5.5 英寸口径迫击炮弹；在直布罗陀围城战（1779 年至 1783 年）中被首次用于实战。其二是亨利·施雷普内尔于 1784 年发明的"球形炮弹"（即榴霰弹），但该技术直到 1803 年才被英国军队采用。前者注定了木制战列舰被淘汰的命运，而后者则彻底地改变了炮兵的战术。
10. 引自 *History of the French Revolution,* Heinrich von Sybel (1867), vol.II, p.112。路易十六曾希望布耶侯爵这位法国将军参加他在瓦雷纳的战斗。
11. 引自 *Fitzmaurice in his Duke of Burnswick,* p.67。
12. 引自 *Valmy,* p.25。
13. *La vie et les Memoires du Generral Dumouriez (1822),* vol.II, p.385.
14. 同上，vol.II, p.383 与 *Valmy,* pp.36—37。
15. 引自 *L'Europe et la Revolution Francaise,* Albert Sorel (1891), vol.III, p.29。
16. 引自 *Valmy,* p.36。
17. 歌德在 8 月 31 日写作的内容中曾提到对凡尔登使用了火箭。他这样写道："我们只需静静地观察这些拖着尾巴的火流星在空中划过，不一会儿，城市的一部分就被火焰吞噬了。"（*Campaign in France in the Year 1792,* trans.Robert Farie〔1859〕, p.31. ）
18. 在 8 月 30 日的战争会议上，莫尼将军首次提出了撤往阿尔贡的设想。莫尼是一名参加过七年战争的英国军人，他跟随伯戈因将军在美洲打过仗。
19. 另有资料给出的数据是 3050 人（*Dumouriez's Memoires,* vol.II, p.394. Chuquet〔*Valmy,* p.98〕）。
20. 同上，vol.III, p.2。
21. *Campaign in France,* pp.17, 49, 53.
22. 有一个目击者声称普鲁士军整个营地前面都被粪便所覆盖。
23. *Campaign in France,* p.47.
24. *Dumouriez's Memoires,* vol.III, pp.19—20.
25. 参见 *History Critique et Militaire des Guerres de la Revolution,* Jomini (1820), vol.II, pp.119—120。亦可参见 *Dumouriez's Memoires,* vol.III, p.25。
26. 同上，vol.III, p.27。
27. 同上，vol.III, pp.24—25。
28. 同上，vol.III, pp.31—32。
29. *Valmy,* p.139.
30. 此人乃是一名来自西属美洲的冒险家，此时正在法军中服役。参见 *Dumouriez's Memoires,* vol.III, p.10—11 脚注内容。

31. 同上，vol.III, p.30。
32. 同上，vol.III, pp.35—36。
33. 克勒曼的指挥权是独立的，他并不是迪穆里埃的属下。
34. 引自 *Valmy*, pp.169—170。
35. 同上，p.173. 亦可参见 Sybel, vol.II, p.134。
36. *Valmy*, p.180.
37. 同上，p.177。
38. 同上，p.207。
39. *Campaign in France,* pp.72—73.
40. *The History of the Campaign of 1792*, p.88.
41. *Campaign in France,* p.77.
42. *Dumouriez's Memoires,* vol.III, p.44.
43. Valmy, p.215.
44. 霍兰·罗斯及 A.M. 布罗德利认为，杜瓦尔突袭普鲁士军后勤车队的行动可能促使布伦瑞克下定决心放弃了会战。
45. *Valmy*, p.217.
46. 同上，pp.242—243。
47. 参见 *Dumouriez's Memoires,* vol.III, Appendix A。
48. 同上，vol.III, p.66。
49. 引自 *Sybel,* vol.II, p.173。
50. *Valmy*, p.232.
51. 引自 *Sorel,* vol.III, p.50。
52. *Campaign in France,* p.81.

大事记
法国大革命的降临

十八世纪末的美国和法国是截然不同的两个国家：一个有着广袤而未开发的土地，能够为人们提供无限的机会；而另一个则是古老的君主制国家，处处受到传统和特权的束缚。在美国，征税——这乃是引发1775年起义的原因——是由国会代表所决定的；而在法国，征税却是由国王决定并由第三等级（Third Estate）支付的——也就是说，除了贵族和神职人员以外，所有人都要负担国家的税款。这种由不平等引发的不满并没有因为法国的日渐繁荣而得到缓解，反而变得愈发严重起来，这是因为人们每一次的财富增加都会立刻被增长的债务和额外的税负所抵消。在这种情况下，最受打击的并不是一无所有的无产阶级，而是富裕的中产阶级——国民财富的创造者。中产阶级渴求着社会正义，并且希望能在国家事务的决策中占有一席之地，正是这两点最终引发了这场革命。

由于法国卷入了美国的独立战争，为了筹措军费，路易十六（1774年至1792年在位）咨询了自己的顾问、日内瓦银行家雅克·内克尔。后者为了避免增税，选择了通过发行国债来资助战争的方式——这本是一个权宜之计，最后也不得不通过增税来支付国债的利息。正是这些债务演变成了路易十六的祖父[①]路易十五所预

[①] 译注：路易十六是路易十五的王太孙。

言的"滔天洪水"——据说后者曾说过:"我死后哪管它洪水滔天。"

内克尔在1781年时被解除了职务,查理·亚历山大·德·卡洛纳很快就取代了他的职位;为了应对危机,后者说服路易十六召集了显贵会议①(Notables)——其成员包括贵族和教士的代表。会议在1787年召开,但显贵们发现卡洛纳的财政改革削弱了他们的特权,于是便拒绝批准改革方案。接着,1788年8月8日,路易十六在巴黎最高法院[1]的劝说下,心怀惊惧地决定在次年召开三级会议(States General)——这是自1614年以来第一次召集三级会议。

法国人民想要建立一种君主立宪制度,他们的代表将能在这一制度下定期召集会议并拥有一定的权力。正是基于这一理念,人们于1789年5月5日在凡尔赛召开了三级会议的第一次会议。

第三等级的代表拒绝单独开会,而是邀请了贵族和教士的代表来与自己共商国是;由于后者中很少有人愿意屈尊前来,所以第三等级的代表们便于6月10日自称"国民大会"(National Assembly)。

10天之后,"国民大会"的代表们在那个著名的网球场宣誓,声称他们在制定出一部新宪法前绝不解散。国王为了安抚他们,便下令要所有特权阶级的代表与平民代表一同开会;为了防止发生不测,他同时又命令德布罗意公爵率领瑞士和日耳曼士兵驻扎在了凡尔赛。此外,路易十六又一次解除了内克尔的职务,而后者在不久之前才刚被他重新起用。

巴黎的资本家们一向把内克尔视作重振经济的唯一人选,而路易十六这几乎不加掩饰的威胁(指罢免内克尔)使巴黎民众陷入了疯狂之中。7月14日,他们攻陷了巴士底狱并杀死了守卫的士兵。当这个消息传到国王那里时,他惊呼道:"这是一场大叛乱!"而利昂古公爵却回应说:"不,陛下,这是一场大革命!"

这场暴乱的直接影响是路易又一次召回了内克尔,并在拉斐特侯爵的领导下组建了一支国民自卫军(National Guard)。

为了安抚民众,国民大会在8月26日公布了一份宣言——也就是著名的《人权宣言》,其内容与美国的《独立宣言》十分接近。10月5日,当路易十六犹豫着

---

① 译注:法国国王召集的特殊咨询会议,始于14世纪查理五世时期。

是否要批准该宣言时，拉斐特率领一支国民自卫军将皇族从凡尔赛带回了首都，而他身后则跟着不断怒吼的人群。在这之后，法王最小的弟弟阿图瓦伯爵便跟着第一批"流亡者"（Emigres）逃离了法国——他们立刻就开始密谋终结这场革命，而他们阴谋勾结外国势力则是最终导致战争爆发的主要原因之一。

由于法国业已破产，因此国民大会开始对教会进行改革，并没收其巨额财产，而提出这一建议的正是欧坦主教塔列朗——此人乃是斯泰尔夫人（她是内克尔的女儿）的情人。国民大会宣布，从今往后主教和教士应当由人民代表选举产生。之后，米拉博（Mirabeau）敦促国民大会以没收来的教会土地为担保发行纸币。

然而，内克尔却欺骗了米拉博：内克尔宣称将来会用金银作为纸币的本位金，进而骗得了大量教会的财产，但是他实际上并没有金银来做担保，所以人们拒绝使用其发行的纸币，随之而来的便是对交易所的挤兑。内克尔随后便逃离了法国，不过在米拉博的影响下，土地货币最终还是发行了。

这项反宗教的立法彻底激怒了路易十六，他宣称："我宁可去做梅斯的国王，也不愿为了继续统治法国而接受这样的条件。"结果，路易十六在法案生效后不久便决心逃走，但是他没有遵从米拉博的建议逃往对他忠心耿耿的诺曼底或布列塔尼，而是选择逃去待在梅斯的"流亡者"那里——他的王后玛丽·安托瓦内特（玛利亚·特蕾莎之女）和奥地利皇帝利奥波德二世（1790年至1792年在位）也都十分支持他的这一决定。

6月20—21日夜间，路易十六及其家人甩掉了看守他们的守卫，踏上了前往蒙梅迪①的旅途，但行至瓦雷纳时，他们被认了出来并遭到逮捕，之后便被押送回巴黎。当这个消息传到利奥波德二世耳中时，他当即宣称逮捕国王的行为"直接伤害了所有君主的荣誉和每个政府的安全"。8月27日，他与普鲁士国王腓特烈·威廉二世（1786年至1799年在位）共同发布了《皮尔尼茨宣言》，两位君主在宣言中声称自己准备联合欧洲的其他统治者来共同支持路易十六。

利奥波德二世此举绝非毫无私欲，因为就在这个宣言发表前不久，他还和腓特烈·威廉二世一起商定了一个瓜分法国的计划：奥地利将占领阿尔萨斯和洛林，

---

① 译注：位于法国和卢森堡交界处。

普鲁士则将获得尤利希和贝格，并可以在瓜分波兰的计划中分得一杯羹。

由于新宪法已制定，国民大会遂于9月14日自行解散，取而代之的则是新宪法中所规定的立法议会（Legislative Assembly），后者于1791年10月1日举行了第一次会议。

一群年轻而狂热的中产阶级分子掌握了立法议会的领导权。由于他们中的很多人都出身于吉伦特省，因此这些人被称作吉伦特派。这些人对"流亡者"、利奥波德二世和玛丽·安托瓦内特均感深恶痛绝，他们对集结在法国东部边界的一小股"流亡者"军队感到恐惧，而内心中又将其视为一种侮辱。此外，他们还认为进行一场与奥地利的战争可以凝聚国内的人心，并可以迫使路易十六摊牌。

这种战争狂热让法国人在12月时将沿东部边境驻扎的部队分为了三个兵团，即罗尚博指挥的北方军团、拉斐特麾下的中央军团——这两人都曾在美洲服过役——以及归属尼古拉斯·卢克纳元帅（他是一名年迈的日耳曼轻骑兵）指挥的莱茵军团：这便是法国大革命中出现的第一支革命军队。

巴黎的新闻媒体在不断地激起人们的好战情绪；在雅各宾修道院²和立法议会中，布里索激起了人民对宫廷的敌意，并使人们相信发动战争的必要性。法国之所以需要战争，不仅是为了团结民众并使他们服从立法议会的意志，也是因为"在战争期间可以采取那些在和平时期显得过于严厉的措施"（埃罗·德·塞赫勒语）——这是对即将到来的恐怖政治的预言。

巴士底狱陷落时，欧洲各国并没有联合起来讨伐法国的念头。

当时引起各国王室关注的乃是波兰问题，而不是法国的这场革命。随着利奥波德二世于1792年3月1日驾崩，这一情况迅速发生了变化：他的儿子，同时也是神圣罗马帝国的最后一位皇帝——弗朗西斯二世①（1792年至1835年在位）接受了吉伦特派的挑战，并急于维护自己姑母的荣誉。同时，腓特烈·威廉二世也将法国视为唾手可得的猎物，并将法国大革命视为自己扩张领土的借口。至于俄国女王叶卡捷琳娜二世（1762年至1796年在位），则试图将维也纳和柏林都卷入法国的事务之中，这样她便可以在波兰问题上获得更大的自由空间——此时的波兰正处于第二次被瓜分的边缘。最后，法国的保王党也将奥地利的干预和法国

---

① 译注：此人在1792—1806年为神圣罗马帝国末代皇帝，之后为奥地利帝国第一位皇帝。

的分裂视为拯救路易十六的唯一手段。这便是当时的情况。1792年4月20日，作为俘虏的路易十六向抓捕并控制着自己的吉伦特派内阁提出对奥地利宣战的建议，其真实目的则是希望奥地利可击垮他们（吉伦特派），这样自己便能重获自由。

对于战争，法国实际上毫无准备：国库空空如也、军队混乱不堪、民众也陷入了歇斯底里之中。7月11日，法国发布了总动员令，许多平民自愿加入了军队。两周之后，普鲁士向法国宣战，布伦瑞克公爵则奉命担任普鲁士军指挥官；后者发表了一份由"流亡者"炮制的宣言，巴黎人民由于其不合时宜的内容而大为震怒。8月10日，杜伊勒里宫遭到攻击，一项新的法令废除了1791年宪法，剥夺了路易十六的所有权力并确立了普选权；立法议会则被国民公会（Convention）所取代。

在这种混乱局势中，最大的危险却来自于军队——此时法军共有8.2万人，这还不包括边境要塞中的卫戍部队。在左翼，现在归属拉斐特指挥的北方军团控制着从敦刻尔克到马尔梅迪的边境；该军团分为两部分，一支2.4万人的军队驻扎在位于弗兰德斯边境的营地中，另一支被称为阿登军团的1.9万人的部队驻扎在色当。在北方军团的右侧是部署在蒙梅迪到孚日山脉的中央军团（又被称为梅斯军团），该部共计1.7万人，由卢克纳元帅负责指挥。中央军团右侧是比龙将军（即之前的洛赞公爵）麾下的莱茵军团（共计2.2万人），其防区从孚日山脉一直到巴塞尔。在上述军团的后方，还有一群由无组织、无纪律的志愿者组成的后备军团集结在苏瓦松周围。

8月11日，正身处色当的拉斐特在得知前一天颁行的法令后，便立刻命令位于桑布尔河桥村的亚瑟·狄龙将军和身处莫尔德营地的迪穆里埃将军率军向巴黎进发。狄龙作为一个保王党人选择了服从命令，但和吉伦特派关系亲密的迪穆里埃却抗命不从。国民公会听闻这场叛变的消息后立刻派出代表前往色当，但代表却遭到了拉斐特的逮捕和监禁。国民公会接着又派了其他代表去色当，并且在8月16日任命迪穆里埃为北方军团的指挥官；次日，当拉斐特发现麾下军队已经对自己失去了信任之后，便和许多军官一道越过卢森堡边界投降了奥地利人。与此同时，身处梅斯的卢克纳——此人乃是拉斐特的朋友——也拒绝接受这项新法令，于是他被派往沙隆去指挥二线部队，其职务则交给了弗朗索瓦·克里斯托夫·克勒曼，而他麾下的主要军官也几乎都被撤职了。在莱茵军团中，只有比龙一人诚心实意地接受了国民公会的法令。当迪穆里埃接替拉斐特的职位时，法国军队的状况大致就是这样的。

注解

1. 路易十五时期曾废除了最高法院（市政委员会），路易十六继位后又将其重新组建了起来。
2. 当立法议会迁往巴黎之后，第三等级的一些代表在雅各宾修道院中租用了一个大房间，这个最为著名的革命俱乐部便因此得名。

特拉法尔加海战（1805年）

第十二章

战火重燃之后,英国便面对着自 1781 年以来最为不利的处境:它现在不仅要对抗法国和荷兰的舰队,还要面对来自西班牙的威胁——西班牙通过条约确证了与法国的同盟关系,这也就意味着拿破仑可以随时在从泰瑟尔岛到热那亚的所有港口中建造战船,而这些港口也都可以为法国海军提供保护。除此之外,拿破仑一心想要入侵英国的企图可谓是路人皆知,因为在法国的各个港口中都能看到造船工人挥舞着锤子敲打船钉。[1] 拿破仑逐步为法国海军建造 130 艘战列舰的计划——西班牙、荷兰和热那亚也将分别提供 60 艘、20 艘和 15 艘战列舰——也并非空谈。虽然从 1805 年开始,法国就兵戈不断,但到了 1815 年的时候,法国舰队仍然拥有了 103 艘战列舰和 55 艘护卫舰。[2]

因此,英国海军所面临的问题不仅仅是如何在英吉利海峡中迎战联军舰队,还有如何阻止联军的船只——包括当时已经建成和正在建造的——离开港口驶入大洋。这就意味着,在英军的这种封锁之下,任何一个被封锁的联军海军支队冲破封锁都不会引发连锁反应——也就是导致另一支联军海军支队逃离港口。当西班牙在 1804 年 12 月 12 日向英国宣战后,这后一个问题就变得更加棘手了。

联军的战列舰部署在以下七个港口之中:土伦有 11 艘战列舰、卡塔赫纳(Cartagena)有 5 艘战列舰、加的斯有 10 艘战列舰、费罗尔(Ferrol)有 9 艘战列舰、罗什福尔(Rochefort)有 5 艘战列舰、布列斯特有 21 艘战列舰、泰瑟尔岛有 6 艘战列舰。纳尔逊指挥 12 艘战列舰封锁了前两个港口;约翰·奥德爵士用 5 艘战列舰封锁了第三个港口;第四、第五和第六个港口的封锁任务则由康沃利斯及其部下负责——他们将 37 艘战列舰部署在了韦桑岛附近和比斯开湾之内;基斯勋爵率领 9 艘战列舰在唐斯附近及北海巡弋,他们负责封锁第七个港口。除此之外,英国在本土的港口内还有 5 艘战列舰,另有 12 艘战列舰部署在印度和西印度群岛。因此,英国海军在欧洲海域的数量优势并不明显。

由于英国海军部坚持了传统的海军政策——即牢牢地掌控住英吉利海峡西部的入口——从而在很大程度上弥补了自身实力的欠缺。只要英国能在韦桑岛保持一支强大的舰队,那么在基斯舰队(该舰队部署在唐斯)面前,任何想要从海上入侵英国的图谋都不可能得逞。因此,英国海军部便制定了一条不可动摇的原则,那就是一旦被封锁在港内的敌军舰队逃脱出港,而封锁港口的英军舰队又无法与其交战并牵制住他们的话,那么该舰队就应当立刻向韦桑岛附近集结,从而增强英军部署在那里的海上兵力。[3] 如此一来，韦桑岛就成了英国海军的防御重心，而康沃利斯的舰队也就成了英国海军中最重要的一支舰队。一旦康沃利斯战败，那么基斯的舰队便失去了掩护；而一旦后者被击败，那么除了寄希望于天气因素，几乎没有什么能阻止法国的登陆舰队从布洛涅出发入侵英国了。拿破仑对此也心知肚明：虽然他对海军的战术不甚了解，对海上的风浪也不以为意，但就海军战略而言，他没有什么可学习的——因为战略的原则是普遍适用的。

虽然这场战役是以 1805 年 3 月 2 日拿破仑给驻扎在布列斯特的冈托姆海军中将（Ganteaume）及驻扎在土伦的维尔纳夫海军中将（Villeneuve）下达命令为肇始[4]——这场战役的高潮就是特拉法尔加海战——但为了弄清整个事件的来龙去脉，我们不妨从 1804 年 12 月 12 日，即西班牙对英国宣战的那一天开始说起。

当天，拿破仑命令维尔纳夫冲出土伦前往西印度群岛，然后在马提尼克（Martinique）与从罗什福尔突围出来的海军上将米西塞（Missiessy）会合。在这之后，维尔纳夫在马提尼克待了 60 天，在此期间他尽自己最大的努力对当地属于英国的财物进行了破坏。之后，维尔纳夫抵达了费罗尔并解救了海军上校古尔东（Gourdon or Gordon）麾下的舰队——这支被困住的舰队由 5 艘战列舰和 2 艘护卫舰组成——然后又前往了罗什福尔。[5]

1805 年 1 月 11 日，米西塞率领 5 艘战列舰和 4 艘护卫舰逃出了罗什福尔，然后向着马提尼克驶去。一周之后，当纳尔逊率自己的舰队前往位于博尼法乔海峡（Strait of Bonifacio）的马达莱纳群岛（Maddalena Islands）时，维尔纳夫带着 11 艘战列舰和 9 艘护卫舰离开了土伦。纳尔逊在得知维尔纳夫逃走的消息后，他"不管可能与否"[6]便认定后者是要前往马耳他或埃及，遂立即向东追击并于 2 月 7 日抵达了亚历山大港——其结果自然是一无所获。接着，纳尔逊又转而前往马耳他，他在那里得知维尔纳夫由于遭遇风暴已被迫返回了土伦。此时纳尔逊仍然坚信维尔纳夫的目的地是埃及，为了能在后者下一次出海时及时加以拦截，纳尔逊在 3 月 26 日将自己的舰队驻泊在了撒丁岛以南。四天之后，他收到了维尔纳夫再度出航的消息，但他并不知道后者是为了执行拿破仑在 3 月 2 日所下达的命令。

拿破仑下达这一命令的目的是要在马提尼克集结一支超过 40 艘战列舰的舰队，其主力是冈托姆麾下的布列斯特分舰队（21 艘战列舰和 6 艘护卫舰）和维尔纳夫麾下的土伦分舰队（11 艘战列舰和 6 艘护卫舰）。航行途中，布列斯特分队在费罗尔解救了古尔东的分舰队（4艘战列舰和2艘护卫舰），而土伦分舰队则救出了西班牙海军上将格拉维纳（Gravina）指挥的加的斯分舰队（有大约7艘战列舰）。当他们抵达马提尼克后，米西塞也率领着5艘战列舰和4艘护卫舰前来会合。几支舰队集结完毕之后，冈托姆便接管了这支联合舰队的最高指挥权，然后指挥舰队向韦桑岛方向进发以攻击驻泊在那里的英国舰队。之后，法西联合舰队将继续前往布洛涅。拿破仑指示维尔纳夫，如果他比冈托姆先到达马提尼克，那就要在原地等待后者40天；如果届时冈托姆还没有到达，那就径直前往加的斯接受下一步的命令。

为便于读者理解，在记述这场引发了特拉法尔加海战的冲突之前，我们有必要先对双方的两个主要人物——维尔纳夫和纳尔逊——的性格做一个简要分析。

维尔纳夫出生于1763年，比纳尔逊（出生于1758年）小5岁，他既是一名法国贵族，也是法国大革命中为数不多幸存下来的出身名门的海军军官中的一员，并因此而官运亨通。维尔纳夫受过良好的教育，是一名勤恳好学的水手。他可以在法国的海军部中出色地履行本职工作，但却并不是一个当前线指挥官的好料子。虽然维尔纳夫本人绝不怯懦，但从本质上来看他却是一个失败主义者。他不相信拿破仑入侵英国的计划，而且他对自己的下属和盟友都缺乏信心——更糟糕的是，他对自己都没有信心。在尼罗河河口之战中，他是"纪尧姆·泰尔"号（Guillaume Tell）的指挥官，而这艘船和另外一艘法国战列舰都临阵脱逃了。从那时开始，阿布基尔（指尼罗河河口的阿布基尔海角。拿破仑远征埃及期间，英法海军曾于1798年8月1—2日在此地爆发激战。最终英军取得了胜利，而英军此役的指挥官纳尔逊也因功受封为男爵）的记忆就束缚了他的手脚，而纳尔逊造成的阴影也始终笼罩在他的头上。

纳尔逊的性格却完全不同，他是一位勇敢且富有想象力的战术专家，对事情有着独到的看法且野心勃勃；他对自己的名声非常在意，因此有时显得很自负，而且此人对自己不喜欢的人和事往往会采取暴力手段。纳尔逊有着非凡的勇气，例如他在圣文森特之战中就曾脱离战线，单枪匹马地向西班牙的前卫舰队发起了攻击。海军上校格伦费尔对此的评价是："这是个人的主动行为……是一次有着无上勇气的行动……这在海军历史上也是绝无仅有的。"[7] 虽然纳尔逊在尼罗河河口、哥本哈根和特拉法尔加所表现出的好斗状态都是无人能及的，但他在战略上的表现却较为平庸——因为他并没有意识到战略是一门科学：虽然谈不上精确，但至少战略是要以事实而不是以直觉为基础。1804年至1805年，战略层面上最重要的事实便是拿破仑对英国所施加的威胁，但在纳尔逊这段时间的往来文件和信件中，他只提到过一次"入侵"，而且这还是在拿破仑放弃了其入侵计划之后。[8] 因为纳尔逊的目光总是局限在地中海区域，所以维尔纳夫能于不经意间在智谋上压过他一头。1804年至1805年，双方的战略重心是英吉利海峡而不是撒丁岛或尼罗河河口，但纳尔逊并没有意识到这一点。虽然有着这样的不足，但纳尔逊仍然是英国有史以来最伟大的海军将领。

纳尔逊在3月10日率舰队抵达了撒丁岛西南方的帕尔马斯湾（Gulf of Palmas）；在得知维尔纳夫正在安排陆军登船时，纳尔逊便启程前往土伦。在发现土伦到处都是维尔纳夫准备出海的迹象后，纳尔逊便立刻得出了维尔纳夫将要前往埃及的结论。于是，他又折回了帕尔马斯湾，因为他可以从那里为那不勒斯和西西里岛提供保护，并且可以封锁住通往埃及的主要航路。此外，如果维尔纳夫的目标是进入大西洋，他也可以很方便地向西发起攻击。3月30日，维尔纳夫按照拿破仑的命令从土伦出发前往加的斯，在和格拉维纳的分舰队会合之后再一起前往西印度群岛。

纳尔逊第一次得知维尔纳夫离开土伦的消息是在4月4日，当时他麾下的一艘护卫舰报告说曾在3月31日于土伦西南大约60英里处——也就是帕尔马斯湾以西约300英里处——发现了维尔纳夫的舰队。纳尔逊立刻把这一消息告知了英国海军部，并表示："我将前往埃及。"[9] 由于始终挂念着埃及，纳尔逊遂判断维尔纳夫将会前往比塞大（Bizerta）附近的加利塔岛（Island of Galita），然后再试图沿着非洲的海岸线前往亚历山大港。因此，纳尔逊把舰队部署在了撒丁岛和加利塔之间的海域。但做出这个部署之后不久，他又担心维尔纳夫会从北方绕开撒丁岛，于是又将舰队转移到了位于巴勒莫（Palermo）以北50英里处的乌斯蒂卡岛（Island of Ustica）——纳尔逊抵达该地的时间为4月7日。

4月7日，维尔纳夫也离开了卡塔赫纳（Cartagena）。当时正在加的斯封锁格拉维纳舰队的约翰·奥德爵士也收到了理查德·斯特拉汉爵士——此人奉纳尔逊之命护送一支运输船队经由阿尔赫西拉斯（Algeciras）返回英国——发来的警告，后者说自己在4月8日看到维尔纳夫的舰队驶出了英吉利海峡。因为奥德麾下只有 4 艘战列舰，所以这个消息使他陷入了进退两难的境地：他是应该待在原地等纳尔逊到来，还是应该把舰队带往韦桑岛呢？当斯特拉汉告知他"纳尔逊已经前往埃及时"，奥德做出了决断：在向海军部发去了一份急件之后，他便率自己的舰队向北方进发了。

奥德这么做颇有见地，虽然纳尔逊曾对他恶言相加[10]，但他的这份文件表明自己对战略形势的掌握要远胜于后者。他在文件中这样写道："我认为敌军是不会在加的斯做长时间逗留的，而且我认为他们的目的地很有可能在西边；只要他们在那里突然集结几支舰队，那么波拿巴就有希望暂时在英吉利海峡取得优势，并且会利用这种优势对他的敌人（即英国）发起致命一击。"[11] 这和拿破仑的设想丝毫不差；当奥德意识到敌人的计划时，他便开始加强战略重心韦桑岛的防御力量了。

4 月 9 日，维尔纳夫的舰队锚泊在了加的斯港外，并发出信号通知格拉维纳突围。但因为非常担心纳尔逊会追上来，所以维尔纳夫在下午 1 点便放弃了等待，拔锚起航，只留下西班牙舰队在身后苦苦挣扎。

不久之后，纳尔逊又将舰队从乌斯蒂卡转移到了帕尔马斯湾附近一个名叫托罗（Toro）的小岛附近——因为他并没有在第勒尼安海（Tyrrhenian）发现维尔纳夫的踪迹。到了 4 月 18 日，当纳尔逊得知维尔纳夫的舰队曾于 4 月 8 日出现在直布罗陀附近时，便立刻向海军部报告称，正是由于自己的"警觉"，让敌人觉得"不可能在地中海内进行任何的冒险行动"。[12] 次日，他又发出一份急件说自己确信维尔纳夫的目的地不是西印度群岛而是爱尔兰和布列斯特，因此他准备前往锡利群岛（Scilly Islands）。[13] 虽然为时已晚，但这也确实符合海军部业已确定的原则。

由于恶劣天气的影响，纳尔逊直到 5 月 6 日才到达直布罗陀。在那里，他遇到了当时正在葡萄牙军中服役的海军少将唐纳德·坎贝尔（Donald Campbell），后者告诉他维尔纳夫正在前往西印度群岛的途中。一向好勇斗狠的纳尔逊立刻就做出决断：5 月 10 日，他率领 10 艘战列舰和 3 艘护卫舰开始横渡大西洋的航行。

对此，海军上校罗素·格伦费尔（Russell Grenfell）的评价是：

关于纳尔逊决定前往西印度群岛是否正确的问题，一直以来都颇具争议。法军的"英国军团"正在布洛涅热火朝天地做着入侵英国的准备工作，因此维尔纳夫的行动必然与运送这支法军渡过英吉利海峡有关。无论维尔纳夫之前去了哪里，他的行动都比纳尔逊要早了一个月；有一种推测认为法西联合舰队的行动是在调虎离山，其目的就是要引诱英国舰队离开英吉利海峡。如果我们认为这是一种谨慎且合乎常理的推测的话，那么这支诱饵舰队——它业已在西或西南方向消失了许久——此时一定是在折返回其最终的，具有决定性意义的目的地的途中。因此，在维尔纳夫的舰队失踪这么久之后，纳尔逊此时出发前往西印度群岛是相当冒险的——这正中敌人下怀。在对当时的战略态势进行了全局性的研判之后，我们似乎有理由认为纳尔逊当时应当前往布列斯特。在这样一个充满了不确定性和危险性的局势中，这才是最稳妥安全的选择。[14]

正如格伦费尔所指出的那样，基于另外一个原因，纳尔逊也应当前去和康沃利斯会合：他在4月19日向海军部发文说自己打算前往锡利群岛，后者也将在5月10日收到这份文件；而海军部一旦知道了维尔纳夫的实际动向，很可能会自行安排另一支舰队前去追踪。在这种情况下，如果纳尔逊前往西印度群岛，那么前去追击维尔纳夫的英国舰队就是两支而非一支了——这也确实非常接近实际发生的情况：当海军部从奥德（这里是指后者于4月30日发送的文件）和情报人员那里得知维尔纳夫将要前往西印度群岛时，海军大臣巴勒姆勋爵便命令海军中将科林伍德统率11艘战列舰前去追击。在航行途中，后者才于偶然间得知纳尔逊也在追击维尔纳夫。[15] 如果不是这样的话，那这21艘英军的战列舰就会继续进行这场徒劳无功的追击行动了。

纳尔逊一路全速航行，终于在6月4日抵达了巴巴多斯（Barbados），海军少将科克兰率领两艘战列舰在当地加入了纳尔逊的舰队。纳尔逊在当地得到了一个情报，说有人在圣卢西亚（St Lucia）的向风方向发现了法国舰队——正是这个错误的情报使纳尔逊跟丢了敌人。维尔纳夫在5月14日抵达马提尼克，却发现米西塞已经返回了罗什福尔，而冈托姆——他此时仍然被困在布列斯特——还没有到来。拿破仑不想再迁延时日了，于是在4月29日派海军少将马尼翁（Magnon）率两艘战列舰前去给维尔纳夫传达自己的命令。拿破仑指示维尔纳夫在收到命令后继续于西印度群岛等待35天，如果届时冈托姆仍旧没有前来与之会合的话，他就应前往费罗尔帮助被困在那里的15艘战舰突围，然后再前往布列斯特解救被围困在那里的另外21艘战舰。"在有了这两支海上力量后"，维尔纳夫最终的目标就是突入英吉利海峡并前往布洛涅。[16]

6月4日，马尼翁找到了维尔纳夫；6月7日，后者又得到消息说纳尔逊就在西印度群岛。这使得维尔纳夫大为紧张，他居然没有执行拿破仑的新指令，而是于6月10日[17]匆忙逃回了欧洲。两天之后，纳尔逊抵达了安提瓜岛（Antigua），他正确地判断出了维尔纳夫正在返回欧洲的途中，其目的地要么是加的斯，要么就是土伦——后者的可能性要更大些，其原因正如纳尔逊当时所写下的那样："他们可能妄图一路顺风地抵达埃及。"[18] 于是，纳尔逊决定返回直布罗陀。

出发之前，纳尔逊派贝特斯沃斯（Bettesworth）上校指挥"好奇"号双桅船（Brig）返回英国并告知海军部自己将要返航的消息。"好奇"号在返航途中，曾于6月19日在地中海北部的航线上发现了法国舰队的踪迹，这说明维尔纳夫的目的地是比斯开湾而不是纳尔逊所预测的直布罗陀海峡。7月7日，"好奇"号抵达了普利茅斯；7月19日，纳尔逊的舰队也抵达了直布罗陀。

7月18日，纳尔逊在斯帕特尔角（Cape Spartel）附近与正在封锁加的斯的科林伍德进行了通信；后者给纳尔逊的回复应该使他看清了当前的战略态势。科林伍德相信拿破仑的目标是爱尔兰，他表示："维尔纳夫的舰队现在是要去解救被困在费罗尔的法军舰队……然后绕过比斯开湾，前去解救被困在罗什福尔的另一支舰队；这样一来，当维尔纳夫出现在韦桑岛附近时，其麾下就有34艘战列舰了，而且在那附近他可能还会得到另外20多艘战列舰的支援。"他接着补充道，"当宏大的目标出现在眼前时，法国政府绝不会再关注那些细枝末节……他们的舰队之所以前往西印度群岛，就是为了摆脱我方的海上力量——而这恰好证明了英国海军给法国人的野心设置了巨大的障碍。这个夏天会是个多事之秋。"[19]

纳尔逊于7月20日在直布罗陀下船登陆，"这是自1803年6月16日以来他第一次登陆上岸"。[20]当天，纳尔逊便写信给巴勒姆勋爵说，除非俄罗斯的护卫舰能替代正在撤出"地中海北部"的科林伍德麾下的护卫舰，否则"法国人就可以随心所欲地向撒丁岛、西西里岛、摩里亚（Morea）①或埃及等地运送部队……

---

① 译注：指伯罗奔尼撒半岛。

我已经多次要求增派数量众多的护卫舰和单桅战舰（Sloops of War）来应对"。[21] 既然纳尔逊提到了上述这些地方，那就说明科林伍德在7月18日写就的那封拨云见雾般的信件并没有改变前者的想法。到了8月3日，纳尔逊奉命前往韦桑岛与康沃利斯会合。[22]

在这段时间里发生了一些足以对拿破仑的计划产生深远影响的重大政治事件。1804年5月12日，皮特在英国再度组阁，他的主导思想便是重新组建一个反法同盟；在某种程度上，这一计划还是基于迪穆里埃在1804年写就的《泛论英国的防御》一文所制定的。[23] 皮特预想的同盟成员国是英国、俄罗斯、奥地利、瑞典和那不勒斯：在经过了一年时间的谈判后，英国与俄罗斯在1805年4月11日签署了一份条约；接着，俄罗斯和奥地利在8月9日也另外签署了一份条约；他们也和普鲁士进行过接触，但后者拒绝加入同盟。根据这一系列条约的规定，俄罗斯将出兵18万人，奥地利将出兵31.5万人，瑞典将出兵1.2万人，而英国则答应为每10万人的军队支付每年125万英镑的军费，但支付上限为40万人①——这相当于英国雇佣其盟友的这些军队来抗衡法国和西班牙。

在"好奇"号抵达普利茅斯之后，贝特斯沃斯上校立刻前往伦敦，并在7月9日向巴勒姆勋爵做了汇报。勋爵立刻意识到贝特斯沃斯上校所提供的情报的重要性，他立即给康沃利斯发去急件，让康沃利斯命令斯特林少将（Rear-Admiral Stirling）解除对罗什福尔的封锁并前往费罗尔附近增援罗伯特·卡尔德爵士。此外，康沃利斯还指示卡尔德，一旦他获得增援就"立刻前往菲尼斯特雷角（Cape Finisterre），然后向西巡航并搜寻敌人；他应在6~7天的时间里航行30~40里格"。[24] 如此一来，拿破仑的战略目标在1805年7月中旬的时候已经实现了一大半。现在除了布列斯特和加的斯，法国和西班牙的所有港口都摆脱了敌军的封锁。

维尔纳夫在7月2日途经了亚速尔群岛，然后于7月22日冒着浓雾靠近了菲尼斯特雷角。如果浓雾再持续一段时间，维尔纳夫可能就不会被卡尔德麾下的15艘战列舰所发现，而他也就可以前往布列斯特和冈托姆会师了。然而大雾在正午时分消散了，卡尔德舰队中一艘负责警戒的护卫舰报告说发现了法国舰队；到了

---

① 译注：指最多每年500万英镑。

下午5点的时候,双方进行了试探性的交火,结果维尔纳夫舰队中就有两艘战舰降旗投降了。虽然两支舰队在7月23日的时候都还处于对方的可视范围之中,但它们并没有再度交战。次日,卡尔德向北航行去和康沃利斯汇合,而维尔纳夫也全速向比戈湾(Vigo Bay)驶去——当他于7月28日抵达该地后,又从那里出发前往费罗尔,并在8月1日抵达当地。

这一战在精神层面上极大地影响了维尔纳夫,因为他本就对自己的舰队缺乏信心,现在他的这种念头已经抑制不住了。他曾在8月6日写下这样一段话:"我方的舰长们完全没有海战或舰队战术的经验,因此他们在浓雾中只好紧跟在其他舰船后面——这让我们成了全欧洲的笑柄。"[25] 这一次的战斗让维尔纳夫胆寒。

抵达费罗尔之后,维尔纳夫看到了拿破仑于7月16日发出的命令;后者要求他瓦解敌人对费罗尔的封锁,然后"通过下面三种手段之一来使法国得以控制多佛海峡:1. 与位于罗什福尔及布列斯特的两支分舰队会合;2. 只与位于布列斯特的分舰队会合;3. 单独与位于罗什福尔的分舰队会合,之后一起绕过爱尔兰和苏格兰前往泰瑟尔岛与荷兰舰队会师"。此外,如果维尔纳夫因为与敌人交战或其他原因导致无法完成上述任务的话,那他决不能进入费罗尔港,而是应该前往加的斯。[26]

基于维尔纳夫的个人性格,拿破仑命令中的最后一句话可谓是一个极其严重的错误。因为维尔纳夫心中的主要想法就是尽可能地远离布列斯特,因此加的斯便成了他心中最理想的目的地。因为拿破仑不允许维尔纳夫进入费罗尔港,所以他便在留下了3艘受损的船只之后,就前往了拉科鲁尼亚,并在当地得到了14艘战列舰的增援。

当斯特林为了增援卡尔德而从罗什福尔撤走之后,接替了米西塞的职位的海军少将阿勒芒于7月17日趁机从罗什福尔港中溜了出来,并遵照指令于8月13日与维尔纳夫会师。不过,德克雷并没有把这件事通知维尔纳夫[27],遂导致接下来发生了一连串不幸的事件,并最终导致了8月13日的惨败。

维尔纳夫于8月13日率舰队出海,当他看到几艘护卫舰时便误以为那是英国舰队——为了避开它们,他立即改变航向向南方驶去。其实那几艘护卫舰是隶属于阿勒芒舰队的,它们正在海上搜寻维尔纳夫的舰队。如果维尔纳夫能和阿勒芒合兵一处的话,那他麾下的战列舰总数就会增加到34艘。此外,如果维尔纳夫当时选择向北而不是向南航行的话，他就能获得幸运女神的眷顾——因为康沃利斯已在8月16日将自己的35艘战列舰分成了两个舰队，并让卡尔德率领其中一支分舰队（有18艘战列舰）前往费罗尔。因此，如果维尔纳夫能遵照指令向北航行，只要他能侥幸避开卡尔德的舰队，那他就能够解除英军对布列斯特的封锁了。

对此，拿破仑曾这样写道："维尔纳夫错失了一次多么好的战机啊！如果他能从开阔的公海直扑布列斯特，那他就可以避开卡尔德的舰队并向康沃利斯所部发起进攻；或是凭借自己麾下的30艘战列舰击败英军的20艘战列舰，从而取得决定性的海上优势。"[28] 这一说法从理论上来说可能是正确的[29]，但现实中这很值得怀疑，因为康沃利斯留下的是10艘三层甲板的战列舰，而根据当时人们的比较，1艘三层甲板的战列舰的作战效能相当于2艘二层甲板的战列舰。

维尔纳夫继续向南航行，并于8月20日进入了加的斯港。随后，科林伍德率3艘战列舰对该港进行了封锁。8月22日，理查德·比克顿爵士率舰队战列舰赶来支援；8月30日，卡尔德及其麾下的18艘战列舰也赶来了。

8月3日，拿破仑抵达了布洛涅。此时入侵英国的时间已经很紧迫了，因为已经有诸多迹象表明"法国人的身后正在形成一个反法同盟"：奥地利在威尼斯和蒂罗尔（Tyrol）集结了大量的军队；圣西尔也报告说那不勒斯征召了大量的民兵部队。8月13日，拿破仑听说了维尔纳夫和卡尔德交战的事情，并向其表示祝贺。接着拿破仑又指示维尔纳夫前去和阿勒曼会合，消灭所有阻碍他们的敌人。之后，维尔纳夫要带领法国和西班牙的联合舰队进入英吉利海峡。[30] 拿破仑还写信给德克雷，抱怨维尔纳夫行动迟缓。[31]8月22日，拿破仑写信给冈托姆，说维尔纳夫正在前去和他会合。会合后，他们两人就应立刻前往英吉利海峡，以求报复英国人施加给法国人的长达六百年的侮辱。[32] 拿破仑在同一天又给维尔纳夫写了一封信，并把信件寄往了布列斯特，他在信中写道："我相信你现在已经身处布列斯特了。赶快起航吧，一刻也不要耽误。当我军舰队集结在英吉利海峡的时候，英国就是我的囊中之物了。我军已经登船，他们枕戈待旦，只要48个小时我们就将终结一切。"[33]

拿破仑在8月23日的时候仍然不知道维尔纳夫正身处加的斯，他写信给塔列朗说："我越是对欧洲当下的局势进行反思，就越觉得我们必须尽快进行一次一举定乾坤的行动……如果维尔纳夫麾下的34艘战舰能按照我的命令行事，在和位于布列斯特的舰队会合后一起攻入英吉利海峡，那么入侵英国为时尚且不晚，我仍将成为英国的主人。否则的话，我就要拆除我军在布洛涅的营地，转而向维也纳进军了。"[34]最终，拿破仑在8月26日作出了决断，他命令贝尔捷（Berthier）准备调动布洛涅的兵力前去对抗奥地利。[35]8月31日，拿破仑又写信给迪罗克说："所有的部队都在行军……我将在9月27日做好准备。我已经把'意大利军团'交给了马塞纳指挥。奥地利十分傲慢无礼，而且它也在加紧备战。我的舰队已经进入了加的斯。我只把这个秘密告知你一个人，请对此严加保密。尽可能多地搜集多瑙河、美因河和波西米亚地区的地图，并请告诉我奥地利和俄罗斯军队的兵力构成。"[36]9月2日，拿破仑离开了布洛涅，"英国军团"也因此改名为了"大军团"（Grand Army）——这支大军没有能跨越英吉利海峡，而是开始准备横渡莱茵河了。

前文中已经说过，8月3日的时候，纳尔逊在向北前往韦桑岛。8月15日，纳尔逊抵达了韦桑岛（当他向康沃利斯的旗帜敬礼之时，后者向他发出信号，让他乘坐"胜利"号前往朴次茅斯）。8月18日，纳尔逊进入了朴次茅斯港。在英国期间，纳尔逊待在伦敦和默顿（Merton）打发着时间。到了9月2日，护卫舰"欧律阿罗斯"号（Euryalus）的舰长布莱克伍德带回来"维尔纳夫业已进入加的斯港"的消息，于是纳尔逊便提前结束了这一短暂的假期。9月5日，纳尔逊提前把自己那些笨重的行李运到了朴次茅斯。9月14日，纳尔逊抵达了朴次茅斯。次日，"胜利"号和"欧律阿罗斯"号一同起航了。9月28日，纳尔逊和科林伍德会师之后便马上接管了整支舰队的指挥权。

9月29日是纳尔逊47岁的生日，他在写给一位姓名不详的朋友的信中这样说道："我重返舰队之时所受到的欢迎给我带来了这一生中最甜蜜的感觉。军官们走上甲板欢迎我回来：他们是如此的热情，甚至忘记了我总司令的身份。"[37]纳尔逊把舰长们召集起来，向他们阐述了自己在默顿时制定的作战计划[38]——这份计划通常被人们称为"秘密备忘录"。

在阐述这份计划之前，我们最好先概览一下纳尔逊在前往西印度群岛的途中所构思出来的一个早期版本的计划。通过对比前后两个版本的计划，我们便可以发现早期版本的计划更加清晰地揭示了纳尔逊身为一名海军虎将异于同时代其他海军将领的地方。

这个早期版本的计划的精髓就在于，"在一场近距离的、决定性的会战中"——这是纳尔逊一贯追求的战况——他的属下不用等待他发出信号，而是要主动采取行动；为了防止部将们各自为战打乱战斗的秩序，他们必须要对总司令的"进攻模式"了然于胸。[39]纳尔逊不会为了执行计划而战斗，反之，他是为了作战才制定计划，这两者之间存在着巨大的差异。

这份备忘录的新颖之处并不在于其中所提及的两种"进攻模式"（选择哪种模式当然要视情况而定），而是在于纳尔逊授权其部将自由发起进攻。在纳尔逊自己还是别人的部下的时候，他就在圣文森特之战中表现出了极高的主动性。因此，他也希望自己麾下的舰长们都能以自己为榜样。在这一点上，纳尔逊与拿破仑截然不同：后者很少能容忍自己的元帅们发挥主观能动性，而前者则希望自己的部将们都拥有所谓"纳尔逊式的思想"。虽然让部下自由行动违背了当时严苛的海军纪律，但正是纳尔逊及其部下的主动精神，再加上他本人好勇斗狠的性格，才使他成了英国最伟大的海军将领。

纳尔逊还在默顿的时候[40]，首先和海军上将理查德·济慈爵士（Sir Richard Keats）讨论了他的"秘密备忘录"。这份备忘录是基于这样一种假设的：纳尔逊麾下有40艘战列舰，而维尔纳夫的舰队中有46艘战列舰；想要在短时间内把40艘战舰排成战列线是几乎不可能的；为了节省时间，纳尔逊把舰队分成了两条战列线，每条战列线上有16艘战列舰，此外还有一个由8艘战列舰组成的"先遣舰队"或"预备战列线"。而且，舰队航行的序列就应该是进行战斗的序列——这也是为了节省时间。为了能够充分地抓住战机，上述两条战列线应当各自独立行动——其中一条战列线由纳尔逊亲自指挥，而另一条战列线则由科林伍德"全权指挥"。

英国舰队将采取的进攻"模式"如下：科林伍德负责攻击敌方战列线后部的12艘战舰，而纳尔逊则要向敌方舰队的正中央发起攻击，以防其攻击科林伍德。纳尔逊在进攻时要把敌方舰队的中央兵力和其前卫舰队分割开来，以防后者调转船头前去支援己方的后卫舰队。同时，英国的"先遣舰队"也要切入敌方的战列线，其切入点可以是敌方中央舰队前方第二、第三乃至第四艘战舰的位置，"这样一来便可确保用尽一切方法抓住敌人的总司令"——这大概是因为他既是敌方舰队的指挥官，也是其精神上的核心。纳尔逊这样写道："有些事情只能尽人事,听天命。因为在一场前所未有的海战中,没有什么事是万无一失的。炮火可以击毁敌我双方的樯杆和甲板,但只要敌人的前卫舰队无法增援其后卫舰队,那么我就可满怀信心地期待着胜利。在那之后,英国舰队中的大部分船只便可以做好接受敌军20艘战列舰投降的准备了;如果敌舰逃走的话,那我军就要去追击它们。"[41]

纳尔逊的设想让人想起了留克特拉(Leuctra)战役中的伊巴米浓达(Epaminodas)。在那场战役中,底比斯军的右翼兵团迫使斯巴达军的左翼和中央兵团坚守不出,而底比斯军的左翼兵团则趁机击溃了斯巴达军的右翼兵团。在特拉法尔加战役中,纳尔逊不是通过胁迫的手段,而是用直接进攻的手段牵制了法西联合舰队的中央和前卫舰队,而科林伍德则趁机击败了敌军的左翼舰队——也就是敌军的后卫部队。虽然这种战术思想古已有之,但无论是吕岑之战中的腓特烈大帝,抑或是特拉法尔加之战中的纳尔逊,他们的功劳都没有因此而折损分毫。在战争中,一些基本的、世代流传的作战理念总是会重获新生。

纳尔逊曾在写给汉密尔顿夫人的信中描述过自己和舰长们开会的情况,他说:"……当我向他们解释什么是'纳尔逊式的接舷战'(Nelson Touch)时,他们都像触电了一样。所有人都表示赞同,有些人还流下了泪水,他们都说'这很新奇、很特别、也很简单'。自海军上将以下,军官们都重复着一句话:'只要我们能抵近敌人,我们就一定会胜利!'勋爵大人啊,您身边朋友们的信心都被您鼓舞起来了。"[42]10月9日或10日的时候,这份"秘密备忘录"又以书面形式进行了传达。

身处加的斯的维尔纳夫发现自己的处境是前所未有的窘迫:他的经费已经耗尽,海产储备和军需甚至是绞盘棒(Hand-spikes)都难以为继;他麾下有2000人缺少装备,此外还有1731名士兵罹患疾病。此外,还有一件同样闹心的事情,那就是军中的法国军官和西班牙军官经常吵架。维尔纳夫在9月2日向德克雷倾诉了自己的难处,不过到了9月24日,他却报告说自己已经筹措了足够维持六个月的补给,并准备扬帆起航了。

拿破仑此时已经完全放弃了入侵英国的念头,他为维尔纳夫——拿破仑将其称为"一个可怜的人"[43]——制定了一个新计划,而这却把后者送上了绝路。9月14日,拿破仑从圣克卢(St Cloud)给维尔纳夫发去了如下的命令:

我决定让集结在加的斯港的海军舰队进入地中海，这支强大的力量足以牵制敌军……我们认为你应当清楚我方的意图……你要以最快的速度率领联合舰队进入地中海。

你应先前往卡塔赫纳，然后和驻泊于该处的西班牙分舰队会合。

然后你要前往那不勒斯并在其海岸线的某处安排陆军登陆，以便他们前去和圣西尔将军麾下的部队会合……

如果你觉得有必要的话，你的舰队可以停留在那不勒斯海岸附近，以求最大限度地干扰敌人并拦截他们试图前往马耳他的护航船队。

这次远征结束之后，你的舰队将前往土伦进行补给和维护。

我方的意图是，只要你遭遇了兵力处于劣势的敌人，无论你在哪里，都要毫不犹豫地向其发起进攻，以求取得一场决定性的胜利。

上述行动能否成功主要取决于你能否及时离开加的斯港。[44]

两天之后，皇帝陛下（即拿破仑）给德克雷发去命令，让他用海军上将罗西利取代维尔纳夫。[45] 但德克雷考虑到维尔纳夫的情绪，并没有把这件事告诉他。10月10日，罗西利抵达了马德里。

10月1日，维尔纳夫开始着手进行最后的准备工作。他本打算在10月7日出海，但由于风向突变，只得又在港内等待了10天之久。10月8日，维尔纳夫召开了一次作战会议，准备向其麾下的舰长们阐述他打算怎么应对这场即将打响的战役。维尔纳夫说他打算把舰队中的33艘战列舰分为两个部分，其中一个为"战斗舰队"（Corps de bataille），共有21艘战列舰，由他本人亲自指挥；另一个则是由12艘战列舰组成的"预备舰队"（Corps de reserve），由海军上将格拉维纳指挥，该舰队将会被部署在"战斗舰队"的上风位置。[46] 接着，维尔纳夫非常准确地概述了敌军可能会采取的战术。他是这样说的："英国舰队是不会和我们的联合舰队呈平行状态的……纳尔逊……将会设法突破我军的战列线并包围我军的后卫舰队，然后集中力量来尽可能多地孤立我方船只并切断它们之间的联系。"[47] 至于如何才能最好地应对英军的进攻，他却什么也没说，这显然是因为他知道自己的舰长们只会用排成纵队。维尔纳夫还补充说，如果法西联合舰队能占据上风位置，那就要冲向敌人，进行一对一的战斗；如果法西联合舰队处于下风位置，

1009

那就要排成一条紧密的战线等待敌军发起攻击,届时每个舰长也要各自为战。

法国和西班牙的战舰依照拿破仑的命令进行了混编,其中包括一艘名为"圣三一"号的四层甲板战舰——这艘装备有131门火炮的战舰是当时最大的船只之一。此外,还有3艘三层甲板战舰(其中2艘装备了112门火炮,1艘装备了100门火炮)、6艘装备有80门火炮的战舰、22艘装备有74门火炮的战舰、1艘装备有64门火炮的战舰,以及7艘护卫舰和轻型护卫舰。这些战列舰中有18艘隶属于法国海军,15艘属于西班牙海军。所有战舰总共装备了2626门舷侧炮(这还不包括各舰上的大口径臼炮),并且搭乘了21580名陆军官兵——他们都是从加的斯港的驻军中抽调出来的,其中就包括曾参加过西班牙无敌舰队作战行动的"非洲团"(原"西西里兵团")和"索里亚"团(原"索里亚兵团")。

英国舰队原本有33艘战列舰,但在纳尔逊接任总司令后不久,海军少将托马斯·路易斯就奉命率六艘战列舰去给一支前往马耳他的运输船队护航了。因此,纳尔逊麾下现在只有27艘战列舰了。在这些战列舰当中,有7艘是三层甲板战舰——其中3艘装备有100门火炮,而另外4艘则装备了98门火炮;20艘是二层甲板战舰——其中1艘装备有80门火炮、16艘装备有74门火炮、3艘装备有64门火炮。此外,纳尔逊还有4艘护卫舰、1艘纵帆船和1艘小型快船。英军舰队共有官兵16820人。除各舰上的大口径臼炮外,英国舰队一共装备了2148门舷侧炮。

由于缺少了路易斯分舰队的6艘战舰,纳尔逊便放弃了原先把舰队分成三队的计划,而是将其编为两支舰队——一支是由12艘战列舰组成的前卫舰队(也叫上风舰队),由纳尔逊坐镇"胜利"号亲自指挥;一支是由15艘战列舰组成的后卫舰队(也叫下风舰队),由科林伍德指挥,旗舰是"君权"号。这是纳尔逊首次偏离自己在"秘密备忘录"中所制定的计划,之后他还会对该计划做出诸多修正。既然这些变化已经让后世做了许多学究式的解释,那我们最好还是把"我们所认为的纳尔逊在特拉法尔加之战中的想法"记录下来吧。

纳尔逊所追求的乃是一次决定性的胜利,也就是要俘虏或击沉敌方20艘战舰——他在临终前曾说过:"我的目标是(俘获或击沉)20艘(战舰)。"[48]正如纳尔逊在"秘密备忘录"中提及的那样,他已经意识到了"平行线式的老旧战法的机动性太差,无法集中力量打击敌人的弱点,因此通常都无法取得一锤定音的战果"。据我们推测，纳尔逊把这种旧式战术视作两个独臂拳击手之间的较量，而他要做的则是"用两只胳膊来进行搏斗"。纳尔逊麾下的舰队可以像两个"拳头"一样左右开弓，"上风舰队"负责保护己方的右翼，而"下风舰队"则负责击溃敌人的后卫舰队。纳尔逊之所以选择敌人的后卫舰队而非前卫舰队为目标，其原因如下：为了支援后卫舰队，敌人的前卫舰队必须花费很长时间来调转船头；如果他选择前卫舰队为目标，那么敌人的后卫舰队只要保持既定航向就可以提供支援了。

为了让自己的两个"拳头"都能发挥出最大的力量，纳尔逊并没有选择传统的纵线或横线战术，而是将麾下的战舰组成了两个依次航行的部分。也就是说，他把麾下的军舰分成了两个队而非一个单独的纵队。这是确凿无疑的，因为纳尔逊在默顿向海军上将济慈解释自己的战术时曾说过："这将会带来一场混战，而这正是我想要的效果。"[49]特拉法尔加之战结束两个月后，科林伍德写的一封信也佐证了这一点，他在信中说："纳尔逊勋爵决心用两支独立的舰队而非一个组织严密的作战序列来向敌军发动猛烈的进攻……他的战术得到了很好的贯彻，并且取得了极大的战果。这个新颖的战术对我方非常有利，因为敌军一直在等我们组成一个纵队。"[50]事态的发展正如纳尔逊在默顿时所预见的那样，当时他突然对济慈说："……但我要告诉你我对这一战术的看法：我认为它将会使敌人感到惊讶与困惑，他们会弄不清我究竟要干什么。"[51]英军出其不意的战术、舰员们高度集中的精神和优秀的舰炮射击技术，确保他们取得了最后的胜利。

纳尔逊的"秘密备忘录"和实际情况之间的区别，体现了主观设想和实际行动中的想法之间的不同。虽然两者所要实现的战术目的是一致的，但在实际行动的过程中所采用的手段却是千变万化的——这不是那种迂腐之人所能解释的。

10月15日，维尔纳夫从巴约讷（Bayonne）处得到了"罗西利上将正在前往加的斯的途中"的消息。由于维尔纳夫知道罗西利已经有12年没有在海上工作过了，所以他断定后者是来执行一项行政性事务的。之后，又从马德里传来的消息称罗西利是来取代他的，维尔纳夫顿时感到自己受到了侮辱，于是决定在罗西利到来之前先行离开加的斯。10月17日，维尔纳夫得知了路易斯分舰队已经脱离纳尔逊舰队的消息——这进一步坚定了他离开加的斯的决心。当时的风向对维尔纳夫很有利，他在和格拉维纳商量了一番之后，便命令旗舰的舰长发出了"准备起航"的信号。然而此时风力却逐渐减弱，很快便一丝风也没有了。

次日，纳尔逊在日记中写道："天气晴朗，风向为东风。法西联合舰队想要出海的话，今天的天气最为适宜。"[52]然而维尔纳夫此时却迟疑了，他一直等到10月19日早上6点才向舰队发出"扬帆起航"的信号。

两个半小时后，纳尔逊的舰队来到了加的斯西南偏西大约50英里的地方。此时，纳尔逊麾下一艘靠近海岸的护卫舰发出了信号，说敌舰正在从加的斯港中驶出。纳尔逊立刻发出了"全体追击"的信号，因为他此行的目的就是要阻止法西联合舰队进入地中海。接着，纳尔逊又发出了"敌舰队已经出海"的信号，但实际上这一信号并不准确。因为10月19日只有马尼翁上将指挥的舰队驶离了加的斯港，而维尔纳夫的舰队直到10月20日下午才开始行动。

当纳尔逊在10月20日拂晓时分接近直布罗陀海峡时，并没有发现敌人的踪迹。于是，他就率舰队驶向了西北方。到了早上7点的时候，纳尔逊发现了维尔纳夫的舰队。正午时分，纳尔逊接到报告说敌舰正在向西航行。一小时后，"胜利"号顶风停船，科林伍德登船来接受最后的指令。纳尔逊后来又得知维尔纳夫改变了航向，正在向着东南方向航行，于是他赶在日落之前下令舰队中的护卫舰在夜间盯紧敌人。

10月21日（周一）清晨，英国舰队仍然维持着松散的阵形，而敌方舰队则组成了紧密的战斗队形，在10~12英里外的洋面上向东偏南的方向航行。由于天色仍然很暗，旗语根本无法辨认，所以直到上午6点10分纳尔逊才向舰队发出了"排成两个纵队航行"的信号。于是，科林伍德的纵队便机动到了前卫舰队的右侧。接着，纳尔逊又发出了"顺风驶帆向下风处航行，航向东北偏东"的信号。6点22分，纳尔逊发出了"准备战斗"的信号。[53]

维尔纳夫此时正向着直布罗陀海峡航行，他意识到微弱的风力无法使自己避免与英国舰队交战，遂在早上8点的时候发出信号命令舰队起航——这样他就可以把舰队部署到加的斯港的上风位置，从而给战斗中受损的船只提供一个避难之所。维尔纳夫实在不该在最后一刻改变行动计划，因为在士兵们看来这似乎是一次撤退行动，这使得他们的士气备受打击。此外，这一行动浪费了两个小时的时间，而最终却使舰队的阵形混乱不堪：有的地方过于拥挤，而有的地方却形成了缺口；舰队的中央部分向着下风方向弯曲，从而使整个阵形变成了一个长约三英里的不规则的新月形。这一变动使格拉维纳的中队处于战列线的后方而非上风方向，而杜马罗尔的中队却变成了前卫舰队；航向调整完毕之后，法西联合舰队就以1节[①]左右的速度缓慢地向北方驶去。

在法西联合舰队做出上述调整的同时，英国舰队的两个纵队，或者更确切地说是两支舰队——即纳尔逊指挥的"上风舰队"和科林伍德指挥的"下风舰队"——正挂着满帆，慢慢地追了上来。当时海上的西北风很弱，剧烈的涌浪在洋面上向西涌去。英国舰队的航速最初大约为3节，但很快就降到了1.5节。由于纳尔逊没有收帆减速，所以英军两个纵队之间无法形成一个规则的阵线。此外，纳尔逊和科林伍德之间就像两个男中学生（School-boy）一样展开了竞速：纳尔逊没有按照原定计划攻击位于敌舰队中央靠前的部分，而是向敌军前卫舰队的中心发起了攻击；至于科林伍德，则向敌军后卫舰队靠前的部分发起了进攻。

纳尔逊之所以改变了进攻方向，其原因似乎是当他看到敌军调转方向时，以为维尔纳夫正试图逃回加的斯。下面这个事实可以佐证这一观点：纳尔逊在上午11点40分——也就是他得知敌军已经调转方向的时候——向科林伍德传达了如下的信息："我打算越过敌军的阵线，或是从其尾端绕过去，以阻止他们进入加的斯。"[54]也就是说，纳尔逊打算去截住敌军的前卫舰队。之后，在上午11点48分的时候，纳尔逊发出了他那道著名的通令："英格兰希望每个人都恪尽职守！"[55]

纳尔逊发出上述信号的时候，科林伍德正在向敌军的后卫舰队逼近，而维尔纳夫也早在11点30分的时候就发出了"开火"的信号。在12点15分的时候，他又发出了"各舰长各自为战"的信号。[56]上午11点45分，位于"圣安娜"号身后的"热情"号（Fougueux）打响了海战的第一炮，其目标是位于四分之一英里外的英军"君权"号。之后，双方舰队同时升起了作战旗帜，法国和西班牙的军舰上"奏响了战鼓和风笛，士兵们纷纷拿起武器"。[57]

战斗随即打响。这场海战可以分为三个不同的阶段：科林伍德发起进攻、纳尔逊发起进攻，以及杜马罗尔失败的反击。本书将依次描述。

在"热情"号向"君权"号开火的时候，科林伍德的舰队正在左侧航行[58]，

[①] 译注：1节即1海里/每小时。

特拉法尔加海战，1805年

每艘船之间的间隔约为两链（约0.25英里）。

在"热情"号向"君权"号开炮后的5~10分钟的时间里，后者依旧保持着原来的航向——此时"圣安娜"号又向其开了一炮。之后，"君权"号逼近了敌舰，并从"圣安娜"号和"热情"号之间——科林伍德在文件中说是"敌方舰队从末尾算起的第12艘战列舰"的位置[59]——穿过了敌军的战列线。当"君权"号从"圣安娜"号的船尾处经过时,用舷侧的火炮对后者进行了两轮射击,使后者受到了极大的损害。之后,"君权"号又用右舷的火炮对"热情"号进行了射击。接下来,"君权"号又靠近了"圣安娜"号的右后侧并再次向其射击。

科林伍德很快就发现自己被敌方的战舰包围了。在开战后不到40分钟的时间里,"君权"号就已经变成了一个无法操控的废船了——不久之后它就被"欧律阿罗斯"号拖离了战场。下午2点20分的时候,"圣安娜"号的桅杆折断了,只得降旗投降——其船员已阵亡了104人,另有236人负伤。之后,布莱克伍德舰长登上了"圣安娜"号,将身负重伤的海军上将阿拉瓦带回了"欧律阿罗斯"号。

在"君权"号与敌舰开始交战的八分钟后,"贝里岛"号(Belleisle)也加入了战斗。"贝里岛"号从"热情"号的后方突入了敌军的战列线,但马上就像"君权"号一样被敌方的几艘战舰所包围,并且一度因主桅杆损坏而无法开炮射击。虽然如此,"贝里岛"号的战旗却一直迎风飘扬着——因为船员们把旗帜钉在了残存的后桅杆上。之后,"波吕斐摩斯"号(Polyphemus)、"迪法恩斯"号(Defiance)和"敏捷"号将"贝里岛"号从包围圈中解救了出来。

"贝里岛"号加入战斗一刻钟后,"战神"号也开始了行动,之后英国战舰——"雷鸣"号、"柏勒罗丰"号(Bellerophon)、"巨像"号和"阿喀琉斯"号——也纷纷投入了战斗。英军的这些战舰一艘接一艘地从四面八方切入敌军的战列线中,每一艘战舰都抵近自己遭遇到的第一艘敌舰并向其开火。之后,英军战舰继续前进,把遭受重创的敌舰留给随后跟上的其他战舰解决——这使得敌舰不断遭到英军的集中攻击。

跟在科林伍德身后的英军舰船中,"无畏"号直到"君权"号发起攻击后的一个小时才与敌舰交火。又过了一刻钟后,"迪法恩斯"号也加入了战斗。又过了一个小时,"防卫"号(Defence)才出现在战场上。科林伍德率领的战舰中最后一个投入战斗的是"亲王"号,它直到下午3点才开始与敌船交战。

当"下风舰队"结束战斗之后,科林伍德大获全胜:在与该舰队交战的15艘法国和西班牙的战舰中,有10艘被俘,一艘("阿喀琉斯"号)发生了爆炸,只有"阿斯图里亚斯亲王"号(Principe de Asturias,受了致命伤的格拉维纳上将就

1015

在这艘船上）、"阿尔赫西拉斯"号（Algesiras）、"蒙塔内"号（Montanes）和"艾格勒"号逃出生天。

在科林伍德的舰队与敌军交战的25分钟后，纳尔逊麾下的舰队也投入了战斗。跟科林伍德不同的是，纳尔逊的舰队仍然保持着那种不规则的队形。据"胜利"号舰长托马斯·阿特金森的《私人航海日志》记载，纳尔逊舰队"仍旧是以敌军的前卫舰队为目标"。[60]此外，阿特金森也记载道："在11点50分（实际是12点10分）的时候，敌舰开始向我们开火。到了12点4分（实际是12点24分），我方舰船开始用左舷的火炮向敌军的前卫舰队射击。"[61]

按从北往南的顺序，杜马罗尔的前卫舰队中靠前的五艘船可能是"海神"号、"西庇阿"号、"无畏"号（Intrepide）、"可怖"号（Formidable）和"迪盖·特鲁安"号。据杜马罗尔所说，纳尔逊率领着三艘三层甲板战舰向自己的前卫舰队的中央驶来，并在12点15分的时候与之交火。在经过了40分钟的炮战之后，纳尔逊率英舰向右舷方向驶去。[62]

单就纳尔逊麾下三艘位置靠前的战舰而言，它们与敌军进行炮战的时间远比杜马罗尔所说的40分钟短。因为在"可怖"号开火之后，英军的"胜利"号和"大胆"号（Temeraire）就立即向右调转了方向。"英雄"号上的康纳中尉也提到了这一点，他还进一步补充道："该纵队的其他船只继续沿左舷方向抢风航行，对我方前卫舰队造成了持续性的威胁。"[63]纳尔逊在搜寻着维尔纳夫的旗舰，因为他最大的愿望就是和后者进行接舷战。詹姆斯这样说道："虽然'胜利'号上所有的望远镜都在搜寻法军总司令所乘坐的旗舰，但纳尔逊每一次询问的结果都以失望而告终。"[64]接下来，"胜利"号开始攻击"圣三一"号，因为纳尔逊判断维尔纳夫应该在这艘法西联合舰队中最大的战舰上。[65]根据"斯巴达卫队"号（Spartiate）舰长的说法，当"胜利"号于12点57分逼近"圣三一"号的时候，突然发现"圣三一"号后面跟着一艘法国海军的双层甲板战舰（即"布森陶尔"号），而法国海军上将的旗帜就悬挂在这艘船的"前桅杆"上。[66]于是"胜利"号顶着敌军猛烈的炮火迅速从"布森陶尔"号的船尾处横穿过去，用位于前甲板的68磅炮对后者进行了一轮射击，并向其发射了500发步枪子弹。此外，"胜利"号还用舷侧的火炮进行了射击，炮弹从"布森陶尔"号的舷窗中打了进去，给后者造成了巨大的伤害。接着，英舰"海神"号和"征服者"号也逼近了"布森陶尔"号。然后"胜利"号猛地向右转舵,靠上了卢卡斯舰长指挥的法舰"可畏"号(Redoubtable)。

双方立刻就展开了接舷战,两艘军舰被紧紧地锁在了一起;双方船员都随时准备登上对方的舰船,但法军的登船企图被"胜利"号右舷的火炮和"大胆"号某一舷侧的火炮所阻止。大约一个小时以后,两艘战舰仍然纠缠在一起。当纳尔逊和哈迪舰长从后甲板上走过时,"可畏"号后桅杆的顶部突然有人用步枪对他们进行了狙击。子弹击中了纳尔逊左肩上的肩章,在穿透了他的胸膛后被卡在了脊柱里。纳尔逊脸部朝下扑倒在甲板上,当人们把他抬起来时,他喘着气道:"哈代,敌人终于还是杀死了我……我的脊柱被打穿了。"[67]之后,纳尔逊被抬进了驾驶舱中。下午4点半,纳尔逊在得知已经获胜之后才安然离世。

当"胜利"号和"可畏"号正在缠斗之时,"大胆"号避开"胜利"号向"圣三一"号开了火,之后又向法方的"海神"号①和"可畏"号进行了射击。不久之后,刚刚还在和"贝里岛"号交火的"热情"号从法西联合舰队的后卫和中央之间的空隙穿了过去,前来支援"可畏"号,却被"大胆"号给抓了个正着。"大胆"号在近距离平射的射程内向"可畏"号倾泻了全部的舷侧火力,它的船员们还抓住了"热情"号船头的索具并将其绑在了自己的备用锚具上——两舰刚纠缠在一起,"热情"号的"主桅下帆横桁(Main Yard)和整个船身就撞上了'大胆'号的船尾部分"。接着,"大胆"号在"两侧船身都绑着'战利品'且大部分火炮都无法射击"的情况下,用前甲板上的火炮对"圣三一"号进行了长达半小时的持续射击。[68]

在"胜利"号突破敌方战列线10分钟后,英方的"海神"号向"布森陶尔"号进行了第一轮舷侧火力射击,之后又去攻击了"圣三一"号——一个半小时小时之后,这艘巨大的四层甲板战舰降下了战旗宣告投降(该船的船员阵亡了254人,另有173人受伤)。英方"海神"号上的军官候补生巴德科克为我们描述了"圣三一"号上当时的景象,这让我们对19世纪初期的海战景象有了一些了解。他写道:"我当时就在我们的战利品——即'圣三一'号的甲板上收容俘虏。该船死伤了300~400名船员,他们的鲜血、脑浆和碎肉洒满了这艘船的横梁,后甲板上也满是缺胳膊断腿的伤员。"[69]

---

① 译注:交战双方舰队中有不少同名的船只。

1017

接着,"布列塔尼亚"号也冲入了战场,"利维坦"号和"征服者"号紧随其后——后两艘船对"布森陶尔"号展开了夹击,并迫使维尔纳夫在下午两点零五分的时候降旗投降。"征服者"号上的海军陆战队上尉阿彻利描述了"布森陶尔"号当时的状况:"尸体被随意地抛到船后,在甲板中间堆积起来。炮弹击穿了这些尸体,把它们打得血肉模糊……船员死伤超过400人,而且其中有相当一部分成了无头冤魂。"[70]

"阿贾克斯"号是在"胜利"号参战40分钟后才展开行动的,而"阿伽门农"号稍后也加入了战局。装备有64门火炮的英舰"非洲"号是参战双方舰队中吨位最小的一艘战列舰,该船经历了一次非同寻常的冒险之旅:10月20日到10月21日的夜间,"非洲"号和己方舰队走散;21日拂晓,该船已经位于英国舰队以北数英里远的地方了。"非洲"号刚确定了"胜利"号的所在,就立刻向后者驶去——在"君权"号开火之后的几分钟内,"非洲"号就已经进入了敌方前卫舰队的射程之内。根据"非洲"号的航海日志记载[71],该船在11点40分的时候便与敌军最前面的一艘战舰交火了。然后,它和敌方整个前卫舰队相向而行,并向每一艘经过自己身边的敌舰开火。之后,"非洲"号向己方的"海神"号靠拢,并支援了后者对"圣三一"号的攻击,随后又与敌舰"无畏"号交火。

"俄里翁"号在海战中也是独自行动的,当该舰舰长科德林顿(Codrington)发现敌方中央舰队的兵力要超过纳尔逊麾下的兵力时,就立刻调转船头向南前去支援"君权"号。之后,该船又从"战神"号、"巨像"号和"雷鸣"号身边经过,北上前去支援"胜利"号。当维尔纳夫降旗投降之时,位于纳尔逊舰队末尾的两艘战舰——"米诺陶诺斯"号和"斯巴达卫队"号——还没来得及投入战斗。

我们接下来要说一说杜马罗尔的反击行动——如果那也称得上是反击的话。

中午12点30分——也就是纳尔逊攻入法西联合舰队的中央舰队之时,维尔纳夫向全军发出了一个通令,要求所有尚未接敌的战舰立刻参战。杜马罗尔对此并未作出回应,而维尔纳夫也没有再关注他。半小时之后,他仍然在向北航行,从而使得法西舰队的前卫和中央之间出现了一个缺口。此时杜马罗尔并没有主动采取行动,反而又要求维尔纳夫给自己下达指令。维尔纳夫直到下午1点50分才回应了杜马罗尔,他命令后者前去支援己方饱受压力的中央舰队。

当时海上的风力很弱,杜马罗尔在航行过程中遇到了很大的困难。此外,他不仅没有把自己麾下的兵力集中起来，反而将其分成了两个部分。[72] 该舰队的航速非常缓慢，直到下午3点15分到3点30分之间，"胜利"号的哈迪舰长才看到杜马罗尔麾下离自己比较近的那5艘战舰正在向南驶来，于是他立刻向纳尔逊纵队中的其他船只发出了示警信号，通知它们准备迎战敌方舰队。

哈迪舰长看到的5艘船分别是"英雄"号、"无畏"号、"圣奥古斯丁"号、"圣弗朗西斯·德·阿西斯"号（San Francisco de Asis）和"拉约"号（Rayo）。在他发出示警信号后不久，这5艘船就与"征服者"号、"阿贾克斯"号、"阿伽门农"号和"利维坦"号缠斗到了一起。不久之后，"圣奥古斯丁"号宣告投降；"英雄"号逃往加的斯；"圣弗朗西斯·德·阿西斯"号和"拉约"号也逃离了战场（它们一艘遭遇风暴沉没，另一艘则在10月23日向英舰"利维坦"号投降）。安费尔内舰长指挥的"无畏"号先是遭到了"非洲"号奋不顾身地攻击，之后又遭到了"阿贾克斯"号、"阿伽门农"和"俄里翁"号的围攻。在经过了一场激烈的战斗之后，"无畏"号最终还是向科德林顿舰长投降了。

此时，杜马罗尔剩下的5艘战舰也开始调转航向，其中"可怖"号和另外两艘船是靠着小船的拖拽才完成了转向的。它们调转船头，呈纵队鱼贯前行：领头的是"可怖"号、"西庇阿"号、"勃朗峰"号、"迪盖·特鲁安"号和"海神"号（法军战舰）依次跟在它后面。它们首先向"征服者"号开火，然后继续前进，将舷侧火力倾泻到"胜利"号、"大胆"号和"君权"号上。很快，至今尚未参战的"米诺陶诺斯"号和"斯巴达卫队"号逼近了这5艘战舰并包围了"海神"号（法军战舰）——该船后来被迫降旗投降。与此同时，杜马罗尔带着剩下的4艘战舰向南方逃遁，之后于11月4日被理查德·斯特拉汉爵士率领的舰队所俘虏。

海战在下午4点30分的时候接近了尾声：维尔纳夫麾下的33艘战舰中有9艘逃往加的斯、4艘逃往直布罗陀海峡；剩下的20艘战舰中有17艘完全丧失了作战能力——其中有13艘成了敌方的战利品，另外还有一艘在海上熊熊燃烧。①当夜幕降临之时，从清晨就开始酝酿的暴风雨终于落了下来，并持续了四天之久。在此期间，许多受损的船只都沉入了海底——除了4艘幸免于难外，英军俘获的

---

① 译注：原文如此。

所有船只也都沉没了。但在整场海战和随后的风暴中，英国方面没有损失一艘战舰。

关于双方的伤亡人数的说法各不相同。按1805年11月27日和12月3日出版的《伦敦公报》的说法，英国方面阵亡了449人，另有1214人负伤。弗雷泽给出的法国和西班牙联军的伤亡数据如下[73]：法国战死和淹死了3373人，另有1155人受伤；西班牙阵亡1022人，另有1383人负伤、3000~4000人做了俘虏。法国的被俘人数应该和西班牙不相上下，因此法西联军损失的总人数可能在14000人左右（包括军官和士兵）。虽然这个损失数字很大，但跟勒班陀之战相比还是不算什么。

参战双方在战斗中都表现得非常英勇，虽然法西联军的英勇程度在最开始的时候要打很大的折扣，但他们的顽强程度却和英国人不相上下。此外，与当时和以后的战争相比，双方在战斗中和战后都表现出了非同寻常的骑士精神。举例来说，"可畏"号的船长卢卡斯身为一名战俘却被伦敦社会奉为上宾；"无畏"号的船长安费尔内（Infernet）对俘虏了自己的科德林顿的太太不吝赞美之词；维尔纳夫上将和马让迪船长（Captain Magendie）则被获准参加了纳尔逊的葬礼。虽然爆发了革命，但战争领域仍然是绅士们的天下，而下面这个意外事件就很好地说明了这一点。

海战结束之后，"俄里翁"号的船长科德林顿在给家里写的一封信中对直布罗陀的生活做了如下描述："当阿尔赫西拉斯（Algeziras，即老直布罗陀）的总督和磐石山（Rock，即新直布罗陀）的总督共进晚餐时，抑或是当磐石山的总督和半数军官及许多普通士兵一起参加西班牙的赛马会时，阿尔赫西拉斯的炮艇却正在袭击一支为直布罗陀驻军运输补给的船队。当我最后一次来到这里时，我实际上是和福克斯将军的一个副官站在西班牙人的防线上，看着他们向一艘名为'小猎犬'号的单桅帆船——这艘船刚好进入了他们的射程之内——开火射击。我对此表现得漠不关心，就好像我看到他们正在攻击一个敌视英国的国家一样。"[74]

10月27号，科林伍德派拉佩诺泰尔中尉（Lieutenant Lapenotiere）指挥的纵帆船（Schooner）"皮克尔"号带着自己关于此次战役的报告回国报捷。拉佩诺泰尔于11月4日抵达了法尔茅斯（Falmouth），在停留了半小时后又赶往了伦敦。中尉一路上换了19匹马，终于在11月6日凌晨1点钟赶到了海军部的大门口。[75]几分钟之后，海军部的第一秘书出来接见了拉佩诺泰尔。拉佩诺泰尔对第一秘书说的第一句话就是:"先生,我们赢得了一场伟大的胜利,但我们失去了纳尔逊勋爵!"

纳尔逊之所以被认为是一名伟大的海军将领,这很大程度上是因为他摆脱了平行战列线理论的束缚。虽然他肯定不是第一个这样做的,但他比之前的那些人更加清楚地认识到,平行战列线理论是一种纯粹的防御性理念。根据这一理论,由战列舰组成的战列线可以发挥出巨大的火力优势,任何以纵队队列来犯的敌舰都无异于是自取灭亡。然而,纳尔逊洞察到了这个理论的漏洞,那就是当时火炮的射程和精度都很有限,只有抵近到最后几百码的距离的时候才会有被敌方战列舰倾泻的炮弹炸飞的危险。此外,他还认识到一旦双方舰队打成了接触战,优良的射击技术就将成为决定性的因素。英军炮手的火炮射击技术要远远优于自己的对手,他们的射击精度更高,射速也更快(比敌军快了一倍)。在某种程度上来看,这是因为法国人和西班牙人被封锁在港内无法进行射击练习,而英国人则不受此影响。

我们从文献中可以看到,科林伍德在担任"无畏"号舰长期间,该舰的水手们都在反复地操练"大型火炮的使用……几乎没有舰队能够在射击的速度和精准度上与他们相提并论"。科林伍德经常告诫麾下的船员,"如果他们能在五分钟内用舷侧火炮发射三发精度极高的炮弹,那便能所向披靡。经过反复的练习,这些船员已能够在三分半钟之内用舷侧火炮进行三次射击"。[76]这就意味着一旦进入近距离缠斗,那么这样一艘射击速度超过敌舰一倍的战舰,其火力就相当于两艘战舰。因此在纳尔逊看来,海战的战术就是要迅速地逼近敌人——如果放在今天,新闻媒体一定会将其形容为"海上闪电战"(Blitzkrieg at sea)。

无论从哪个方面来看,特拉法尔加海战都是一场值得铭记的战役,同时它也对历史产生了深远的影响。此役彻底粉碎了拿破仑入侵英国的妄想,也终结了英法之间一个世纪以来的海上争霸。此外,此役还奠定了英国作为海洋帝国的地位——这个帝国持续了100余年,并使"英国治下的和平"(Pax Britannica)成为可能。这场战役更直接也更重要的影响是它让1805年的世界认识到拿破仑并非是不可战胜的,并且此役也迫使拿破仑建立了"大陆封锁体系"(Continental System)——拿破仑试图建立一个统一的帝国并在经济上扼杀英国,但最终却自食其果,使自己从政治上遭受到了绞杀。如果没有特拉法尔加海战,就不会爆发半岛战争；如果没有半岛战争，滑铁卢战役可能根本就不会出现。因此，威尔逊先生（Mr H.W.Wilson）对这场最伟大的海上战役的胜利做出的评价是毫不夸张的。他写道："特拉法尔加海战是拿破仑战争中真正具有决定性意义的战役。"[77]

注解

1. 截至 1805 年 8 月，法国总共建造了 2343 艘登陆舰艇。(*Napoleon and the Invasion of England,* H.F.B.Wheeler and A.M.Broadley, 1908, vol.II, p.233）
2. 1814 年，英国海军的总兵力为战列舰 240 艘、护卫舰 317 艘，各类小型船只 611 艘。(*Memoires pour servir a l'historia de Napoleon Ier.* Claude Francois Meneval〔1894〕, vol.I, p.366.）
3. 参见 *La Campagns Maritime de 1805,* Trafalgar, Edouard Desbriere (1907), pp.3, 79。
4. *Correspondance de Napoleon Ier,* Nos.8379 and 8381, vol.X, pp.182,185.
5. 同上，*Nos.8206 and 8231,* vol.X, pp.63, 78。
6. 参见 *Nelson the Sailor,* Captain Russell Grenfell (1949), p.172。
7. 同上，p.66。
8. *The Dispatches and Letters of Vice-Admiral Lord Viscount Nelson,* Sir Nicholas Harris Nicholas (1856), vol.VII, p.87.
9. 同上，vol.VI, p.397。
10. 这是由于双方在 1798 年发生的一场龌龊。到了 1804 年，当奥德爵士奉命去封锁加的斯时，双方的矛盾进一步加深了：丰厚的赏金把封锁加的斯变成了一个有利可图的行动，而纳尔逊对此觊觎已久。
11. 引自科比特的 Trafalgar, p.64。
12. *Nelson's Dispatches and Letters,* vol.VI, p.407.
13. 同上，vol.VI, p.411。
14. *Nelson the Sailor,* p.180。
15. 在直布罗陀时，纳尔逊派理查德·比克顿爵士率"君权"号协助掩护克雷格将军前往马耳他。接着，海军部又命令比克顿前往费罗尔增援卡尔德。5 月 17 日，比克顿开始向北航行。10 天之后，他在菲尼斯特雷附近碰到了南下的科林伍德，于是便告诉后者纳尔逊正带领 10 艘战列舰追击维尔纳夫。
16. *Correspondance,* No.8583, vol.X, p.321.
17. 参见 The *Campaign of Trafalgar,* Julian S. Corbett (1910), p.167。德斯布里埃认为这个日期是 6 月 11 日，而格伦费尔上校则认为是 6 月 8 日。
18. 拿破仑似乎看出了纳尔逊的执念，他在 4 月 20 日给德克雷的信中这样写道："纳尔逊很可能再度前往埃及。"随后，他在 4 月 23 日给德克雷的另一封信中又写道："在荷兰的报刊上发布消息，就说法国的海军将领通过巧妙的迂回航行骗过了纳尔逊，现在已经有一万名法军在埃及登陆了。"
19. 参见 *Dispatches and Letters,* vol.VI, p.472 和 *Public and Private Correspondence of Vice-Admiral Lord Collingwood,* G.I.Newnham Collingwood (1829), pp.107—108。在前一部文献中提到这封信的日期是 7 月 18 日，而后一部文献中给出的日期是 7 月 21 日。两部文献的说法有所不同。
20. *Dispatches and Letters,* vol.VI, p.475.
21. 同上，vol.VI, p.476。
22. *Corbett's Trafalgar,* p.230.
23. 参见 *Dumouriez and the Defence of England against Napoleon,* J.Holland Rose, A.M.Broadley (1909), pp.240—261，特别是 pp.260—261。
24. 引自 *Corbett's Trafalgar,* p.184。
25. *Projets et Tentatives de Debarquement aux Iles Britanniques.* E.D.Desbriere (1900—1902), vol.V, p.776.
26. *Correspondance,* No.8985, vol.XI, p.18.
27. *Desbriere's Projets et Tentatives,* vol.V, pp.727—728.
28. *Correspondance,* No.9160, vol.XI, p.161.
29. 虽然马汉认为拿破仑的这种说法是错误的，但科比特却将其视为一个绝妙的招数。

30. *Correspondance,* No.9073，vol.XI, p.87.
31. 同上，No.9071,vol.XI, p.85。
32. 同上，Nos.9113 and 9114,vol.XI, p.115。
33. 同上，No.9115,vol.XI, p.115。
34. *Correspondance,*No.9117, vol.XI, p.117.
35. 同上，No.9137, vol.XI, p.141。
36. 同上，No.9155, vol.XI, p.157。
37. *Dispatches and Letters,* vol.VII, pp.66—67.
38. 同上，vol.VII, p.241。
39. 同上，vol.VI, pp.443—445。
40. 同上，vol.VII, p.241。
41. 备忘录的原文及后续的修订请参见 *Admiralty Committee Report*（Cd.7120 of 1913），pp.64—65。
42. *Dispatches and Letters,* vol.VII, p.60。
43. *Correspondance,* No.9174, vol.XI, pp.176—177.
44. 同上，No.9210, vol.XI, p.195。
45. 同上，No.9220, vol.XI, p.204。
46. 法军在10月16日确定了最终的战斗序列。"战斗舰队"分为三个分舰队，每个分舰队由七艘战列舰组成：第1分舰队（中央舰队）由维尔纳夫亲自指挥，旗舰是"布森陶尔"号；第2分舰队（前卫舰队）由海军中将阿拉瓦指挥，旗舰是"圣安娜"号；第3分舰队（后卫舰队）由海军少将杜马罗尔，旗舰是"迪盖陶因"号。"预备舰队"则由海军上将格拉维纳指挥，旗舰是"阿斯图里亚斯亲王"号。
47. 引自 *The Enemy at Trafalgar,* Edward Fraser (1906), p.54。
48. *Dispatches and Letters,* vol.VII, p.251。
49. 同上，vol.VII, p.241。
50. 同上，vol.II, p.242。
51. 同上，vol.VII, p.241。"霹雳"号上的克莱门特中尉说："上面没有给我们传达命令，但我们每个人都知道自己要干什么。"
52. *Dispatches and Letters,* vol.VII, p.126.
53. 参见 *Admiralty Committee* (*Cd.7120*) Appx.V。
54. 同上，参见 Signals, p.102。
55. *Admiralty Committee (Cd.7120) Appx.*V, p.102.
56. *The Enemy at Trafalgar,* Edward Fraser, p.114.
57. 同上，p.114。原书第396页的计划是基于德斯布里埃的著作写就的。前后两个计划并不一致，它们也都有许多不完善的地方。
58. "他（科林伍德）变更了其舰队的编队，把它从一个不规则的纵队（line ahead）变为不规则的侧舷迎风的斜向阵列（line of bearing）。他在《航海日志》中写道：'向背风舰队发出信号，让它们组成一个左舷的斜向阵列，然后加速前进。'"（*Admiralty Committee,* Cd.7120, p.XII）
59. 实际上应该是第15艘战列舰的位置，因为有3艘法西联合舰队的战舰处于战列线的下风处，科林伍德没有看到它们，或者是看到了它们却将其误认为是护卫舰。
60. 虽然日志上的这一条记录没有具体时间，但根据 *Admiralty Committee,* Cd.7120, pp.xiii and 63 的记载，这里指的是科林伍德即将发起进攻的那个时间点。
61. 同上，p.63。
62. 参见 *Desbrieres's Trafalgar,* p.150。"西皮奥内"号的舰长贝朗热在自己的日志中指出，"可怖"号开火的时间是12点35分；他还提到纳尔逊的纵队是向着法西联合舰队的前卫舰队的中心驶来的。（pp.155—156）

63. 同上，p.168。
64. *Naval History of Great Britain,* 1793—1820 (1886), vol.III, p.32.
65. 实际上，纳尔逊以为是德克雷在指挥法西舰队。
66. *Admiralty Committee,* Cd.7120, "Log of Spariate", p.53.
67. *Dispatches and Letters,* vol.VII, p.244.
68. 引自 *Newbolt in The Year of Trafalgar,* p.140。
69. 引自 *Fraser in The Enemy at Trafalgar,* p.272。
70. 同上，p.142。
71. *Admiralty Committee,* Cd.7120, p.6.
72. 现在看来更有可能是前面五艘船的航速较快，甩开了后面的五艘船；抑或是其中有五艘船没有服从他的命令。
73. *The Enemy at Trafalgar,* p.374.
74. 引自 *Fraser in The Enemy at Trafalgar,* pp.381—382。
75. 拿破仑是在兹纳伊姆得知维尔纳夫战败的消息的，而他此时正在向奥斯特里茨进军。几个月后，拿破仑为了表达他对纳尔逊那异乎寻常的敬意，他下令在每一艘法国战舰的显著位置上都漆上这样一句话："法兰西期盼每个战士都恪尽其责。"(*Correspondance,* No.9507, vol.XI, p.424.)
76. *Collingwood's Correspondence,* pp.124—125.
77. *Cambridge Modern History,* vol.IX, p.243.

大事记
法国与英国的海上争霸

瓦尔米战役之后，有两种理念主导了法国革命政府的外交政策，其中一种是空想主义，而另一种则是现实主义：前者是一种亚历山大式的理念，它向全世界提供了一种基于人类间兄弟情谊的新体制；后者则是一种恺撒式的理念，它想要征服临近的国家，这不仅是为了巩固法国的地位，也是为了改善法国的财政状况。这两种理念都鼓励对外输出革命，只不过前者是要与其他民族分享法国业已赢得的自由，而后者则是想要掠夺其他民族并让他们对法国称臣纳贡。

不管迪穆里埃（Dumouriez）是否意识到了这一点，这两种对外扩张的理念都成了奠定其"固有观念"（Idee fixe）的基石。奥属尼德兰是一个富裕的地区，但该地区又迫不及待地想要摆脱奥地利人的统治。此外，如果法国能够控制斯凯尔特河（Scheldt）的河口，那么安特卫普即便不能超越伦敦，也会成为足以与后者媲美的世界贸易中心——这一看法至少在某种程度上被一个事实所佐证，那就是迪穆里埃在热马普（Jemappes）取得胜利后，国民公会马上就宣布开放斯凯尔特河的商业贸易，并要为所有为自由而奋斗的人们提供军事上的援助。面对这种对低地国家的威胁，英国在过去的一个世纪中都是不惜一战的。此外，法国政府在1793年1月21日处决了路易十六，这便等于是对所有君主国家公开宣战。处决路易十六明确了这场大革命的含义，使英国政府大为震惊。两天之后，法国驻伦敦大使肖夫兰侯爵便被要求在八天之内离开"英格兰王国"。英国强行驱逐大使的行为激怒了国民公会，在肖夫兰侯爵离开英国的第二天，法国便同时向英国和荷兰宣战了。一个月后，法国又向西班牙发出了最后通牒。就这样，除中间出现了一次短暂的和平外，一场前后持续了22年之久的大战就此拉开了帷幕。

尽管这场战争的规模很大，还将大部分欧洲国家卷入其中，但对于法国来说，其核心问题仍旧是如何迫使英国屈服。要做到这一点，法国或是采用控制英吉利海峡的直接手段，或是采用扼杀英国与欧洲大陆及英国与英国殖民地之间贸易的间接方法。但直到1795年第一次反法同盟解体，督政府（Directory）又在次年取代了国民公会之后，前述这些事实才得以显露出来。

五名执政官认为继续战争可以巩固他们的权力，遂继续推动战争；在他们的领导下，法国人于1796年取得了一系列的胜利。1797年，波拿巴征服了意大利北部地区，奥地利也接受了《坎波·福尔米奥条约》（Treaty of Campo Formio），并根据条约规定把伦巴第（Lombardy）和奥属尼德兰割让给了法国。督政府在1796年6月的时候就已经将注意力转移到了海外，他们想要对大不列颠和爱尔兰发起一次进攻——结果，法国在当年12月对爱尔兰发起了一次失败的进攻；之后，塔特上校又于1797年2月在威尔士进行了一次闹剧般的登陆行动。

之后便是英国历史上最危急的时刻之一了：4月15日，英国海军位于斯皮特黑德（Spithead）的海峡舰队（Channel Fleet）发生了叛乱；5月2日，海军上将邓肯麾下驻泊在诺尔（Nore）的北海舰队也发生了兵变。此时，在法国人控制下的荷兰舰队预测英国的舰队主力将会前往爱尔兰海域，便准备对英国发起入侵——随行的还有42艘运输船。当时邓肯正位于雅茅斯附近，他奉命阻拦这支荷兰舰队，或诱使他们进行海上会战。由于英国舰队发生了兵变，邓肯此时只说服了两艘战舰随他出海。虽然如此，在6月21日之前，他还是凭借这两艘战舰对泰瑟尔岛（Texel）进行了封锁。21日，荷兰人在法国督政府的催促下将两万人运往爱尔兰，而另一支从布列斯特起航的船队则运送了6000余人。

从这之后直到10月9日，局势一度平静了下来。当时，邓肯已经知道荷兰人计划在克莱德（Clyde）登陆，以吸引英国军队离开爱尔兰回援。10月11日，邓肯在坎珀当（Camperdown）附近海域与16艘荷兰军舰交火，俘获了其中9艘军舰。经此一败，法国督政府立即派波拿巴将军前来指挥准备入侵英国的军队。

波拿巴在1798年2月11日抵达敦刻尔克后，就立即去视察了沿岸的军事设施，并下令建造一支小型的平底船舰队。他于2月23日向执政官们报告说："即便我们全力以赴，也不可能于短时间内在海上取得优势地位；在没有制海权的情况下就想入侵英国，这是我们能想象的最鲁莽也最困难的任务。"不过波拿巴总是有备而来，他提议应在海军准备就绪之前，先夺取马耳他，然后攻占埃及并入侵印度——督政府采纳了他的这个建议。

在亚历山大大帝那些丰功伟绩的激励下，波拿巴于5月19日从土伦出发了。他的舰队由13艘战列舰和300艘运输船组成，船上载有3.5万正规军和总计1.5万人的海员及平民。舰队的总指挥官是海军上将布吕埃斯，此外还有冈托姆、维尔纳夫和德克雷（Decres）等海军将领一同随行。6月12日，法军攻占了马耳他；7月2日，法军在亚历山大港登陆，并于7月21日取得了金字塔战役（Battle of the Pyramids）的胜利。就在波拿巴组织安排其征服埃及的行动时，他突然得知纳尔逊在8月1—2日摧毁了自己停泊在阿布基尔湾（Aboukir Bay）的舰队并赢得了尼罗河河口之战的消息。

纳尔逊的这场决定性的胜利促成了由英国、那不勒斯、奥地利、俄罗斯和土耳其组成的第二次反法同盟。当波拿巴还在叙利亚作战之时，反法同盟的成员国们就已经对法国发起了进攻：苏沃洛夫占领了法国扶持的意大利共和国，荷兰受到了一支英俄联军的攻击，而俄奥联军则入侵了瑞士。面对如此严峻的形势，法国督政府将波拿巴召回了国内；后者在将麾下的军队交给克勒贝尔后，于8月22至23日夜间从亚历山大港起航回国，在躲开了英国军舰之后，波拿巴于10月9日在弗雷瑞斯（Frejus）踏上了法国的土地。

波拿巴刚一回到巴黎，督政府便任命他担任巴黎卫戍部队的司令；这时他觉察到了军队和人民都支持他，遂在自己的兄弟、时任500人议会主席的吕西安和执政官西哀士神父（Abbe Sieyes）的支持下发动了雾月十八日（公历11月9日）政变。这场政变废除了督政府的统治，并投票通过了一部新的宪法——该宪法任命了三位任期为10年的执政官来统治法国，而波拿巴则担任了第一执政官。新宪法于12月15日正式颁布，并很快以3011007票对1562票的结果通过了全民公决。民主革命就此结束了，自此以后法国便进入了军人统治的时代。

波拿巴此时已经成了法国的独裁者，并且做好了迎战第二次反法联盟大军的准备。为了使自己的意图在民众看来是公正合理的，波拿巴很巧妙地向乔治三世和弗朗西斯皇帝提出了议和的请求。由于自己的建议并没有得到回应，所以波拿巴于 1800 年 5 月 6 日率军从巴黎前往日内瓦；在经由圣伯纳德大山口（Great St Bernard）翻过阿尔卑斯山后，他于 6 月 14 日在皮德蒙特（Piedmont）向梅拉斯（Melas）麾下的奥地利军的后方发起了进攻，并在马伦戈（Marengo）附近击溃了奥地利人。12 月 2 日，莫罗在霍亨林登（Hohenlinden）再次击溃了奥地利军，第二次反法联盟随即瓦解。1801 年 2 月 9 日，奥地利接受了《吕内维尔和约》（Peace of Luneville）。

在没有了奥地利的掣肘之后，波拿巴立马回过头开始拟定进攻英国的计划。早在 1800 年 12 月 12 日，他就说服了俄罗斯、普鲁士、丹麦和瑞典组织一个武装中立同盟来对抗英国——这正是叶卡捷琳娜二世于 1780 年时曾采用过的手段。但没过多久，俄国沙皇保罗一世就遇刺身亡了，加之 1801 年 4 月 2 日纳尔逊在哥本哈根大败丹麦舰队，所以他的这个计划宣告失败。

正是在组建这个海上联盟的时候，波拿巴才开始认真地考虑征服英国的问题。1801 年 2 月，他给塔列朗写了一封信，概述了在俄罗斯及丹麦的支持下，法国、西班牙和荷兰的舰队将要进行的一项规模庞大的海上远征计划。该计划的核心设想就是将英国的主力舰队诱骗到埃及去——这是因为法国海军的实力过于弱小，尚不足以与英国争夺制海权，但只要英国舰队因受到欺骗而离开，法国海军便可以趁机将一支部队运过英吉利海峡。海军上将德克雷被任命为海军部部长，由他来执行这个计划——按照该计划，入侵英国的军队官兵总数将达到 114554 人，他们将会搭乘 2000 余艘小型运输船只渡过海峡。

不过，受武装中立同盟的瓦解以及英国阿丁顿内阁上台执政的影响，双方在 10 月份又开始做和平谈判的准备，并最终于 1802 年 3 月 27 日签署了《亚眠和约》——法国、西班牙和巴达维亚共和国（Batavian Republic，即荷兰）为一方，大不列颠及爱尔兰为另一方，双方均宣告达成了和平。该条约的主要内容如下：英国归还从法国及其盟友手中夺取的殖民地，但可以保留锡兰和特立尼达；英国要从马耳他撤军，而法国则将撤出自己在塔兰托和教皇国的军队。

《亚眠和约》使法国成为欧洲的仲裁者，而法国人民对波拿巴的态度也在一次投票中展露无遗。5 月 10 日，国务委员会向全法国提出了这样一个问题："拿破仑·波拿巴能否担任终身执政官？"而投票的结果是 3568885 票赞成，8374 票反对。于是，波拿巴便成了法国和世界历史上都赫赫有名的"拿破仑"了。

不过，眼下的和平不过是暂时的休战罢了。而且，双方都没有严格地遵守和约的规定。很快，双方之间又出现了许多摩擦，其中最主要的是以下三个：拿破仑的贸易保护主义伤害了英国的贸易；英国拒绝撤出马耳他；拿破仑拒绝从荷兰撤军。在经过一年的唇枪舌剑之后，英国驻巴黎大使惠特沃斯勋爵在1803年5月2日取回了自己的护照。5月17日，大使渡过多佛海峡回国。次日，英国便向法国宣战了。

法国海军实际上从未从大革命的冲击中恢复过来，此时它可用的兵力为23艘战列舰、25艘护卫舰及107艘轻型护卫舰，另外还有167艘小型船只——它们是属于1800年准备入侵英国的那支舰队的。法国海军还有45艘正在建造中的战列舰。此外，法国还从巴达维亚征召了15艘战列舰，不过其中只有5艘可以投入使用。

法荷两支舰队的对手便是纵横四海、战无不胜的英国海军。1803年1月，英国海军现役兵力为34艘战列舰，另有86艘装有50门火炮的炮舰及护卫舰负责提供支援，其后备兵力则为77艘战列舰和49艘装有50门火炮的炮舰及护卫舰。刚一宣战，英国海军大臣圣·文森特伯爵便立刻下令封锁法国的主要海军港口。纳尔逊被任命为地中海海域的指挥官，基思勋爵（Lord Keith）负责监视北海及多佛海峡，而康沃利斯（Cornwallis）则负责封锁布列斯特。

由于英法两国海上力量相差悬殊，而且大部分的法国舰队还被封锁在港口之中，所以拿破仑只能寄希望于前文所述的那个"小型舰队计划"。拿破仑清楚地知道，凡是有英国卷入的"欧陆战争"，其战略重心就一定是在英吉利海峡。他也很快就弄清了一点，那就是仅凭平底船、小型护卫舰和小炮艇——它们已经为自己赢得了"堂吉诃德·拉·曼查"（Don Quixote de la Manche）的绰号了——根本无法控制英吉利海峡。虽然有些人认为拿破仑的这个计划从一开始就是为掩盖其进攻奥地利和俄罗斯而施放的烟幕弹，但支持这一观点的人并不多。[1]虽然这支准备入侵英国的军队最后确实是被用来对付了奥地利，但这并不能证明前面那个"烟幕弹"的说法是正确的——这是因为拿破仑从来都不会拘泥于一个一成不变的计划，他总是在脑海中构思一个或多个备选方案以便随时调整战略。

注解

1. 据米奥特·德·梅利托所说,拿破仑曾在 1805 年 1 月的时候告诉其议会自己准备入侵英国只是一个借口,是为了掩盖自己集结大军入侵奥地利的计划。但更有可能的是,他对议会泄露这个信息本身就是为了误导自己的敌人。

耶拿—奥尔斯塔特战役（1806年）

第十三章

在伟大的独裁者和征服者中，能够与拿破仑相提并论的只有亚历山大大帝和奥古斯都这两位；拿破仑充分继承了前者的勇武精神，其行政管理能力也同后者一样高明。虽然他没能建立起一个统一的大帝国，但他彻底根除了中世纪邦国观念的最后残余。自拿破仑以后，欧洲各国都在探索如何完成他一统欧洲的夙愿。

拿破仑很幸运地出生在了1769年[1]，因为在这一年，持续了千年的欧洲中世纪文明行将就木，而工业革命则刚刚起步。在这一年，英国的詹姆斯·瓦特刚刚申请了蒸汽机的专利，法国的屈尼奥（Cugnot）也造出来了第一辆蒸气驱动的马车；美国革命正在酝酿之中，随之而来的则是规模更大的法国大革命。一个新的时代即将到来，它在等待一个天才把握住机遇，并按照自己的意愿来塑造这个新的时代。

也许当吉伯特在1779年写下下面这段话时，他就已经觉察到了这一点——他写道："一个人将会崭露头角，也许之前他一直都埋没于茫茫人海之中，未能通过言谈或文章出名。此人在静默中沉思，他实际上一直都忽略了自己的才能，直到实际运用之时才会意识到自己的能力。他并未学过太多东西，但却能够掌控观念、环境和机会。就像实干的建筑师会对雄辩的演说家所说的那样，此人将会对伟大的理论家说'我的对手告诉你的所有东西，我都会将其变为现实'（All that my rival tells you, I will carry out）。"[2]

拿破仑正是这样的人物：他是一个至高的利己主义者和"建筑大师"，是一个彻底孤立和以自我为中心的人；他只信任自己，并且要把一切事物都掌控在自己手中。马内瓦尔是这样评价拿破仑的："他不仅积极主动地去思考问题，而且对每一件事都事必躬亲……他的天才和超人般的行动能力让他陶醉其中——他觉得自己有足够的时间和手段来管理所有的事务……实际上，他对所有事情也确实是亲力亲为的。"[3]

作为文笔最为生动的回忆录作者，科兰古对拿破仑也有着极其相似的评价，只不过他说得更为深刻："他为达目的可以不顾任何艰难险阻，这个原则适用于所有的大小事情。有人可能会说，他将注意力完全集中在个人目标上了，他总是将所有的手段、才能和注意力都用在眼下的行动或争论当中。他会把自己的激情投入到每一件事情当中，因此他就比自己的对手拥有更大的优势，因为很少有人能立马就让自己完全专注于一个想法或行动。"[4]

这便是拿破仑作为一名政治家和将领的秘诀，为了了解这场战役的重要性（它也是一直到滑铁卢战役为止的一系列战役的起点）——此役的最高潮为同时在耶拿和奥尔斯泰特进行的两场会战——我们就必须要弄清楚他的政治目的。

拿破仑的首要政治目标是让法国变得繁荣有序，而且更重要的是，变得伟大而光荣。其次，拿破仑是要在法国的庇护下以王国同盟的形式建立一个全球性的帝国，这一目标是从和英国的敌对关系中衍生出来的。自拿破仑出任法国第一执政，就已经奠定了其第一个目标的基础。此外，在《亚眠和约》签署后的和平时期里，拿破仑为了巩固自己的成果而兴建了大量的公共工程，进行了伟大的法律和社会改革，并且大力提倡发展科技、艺术和工业——简而言之，为了弥补大革命造成的巨大创伤，他真诚地渴望和平。然而，正如我们所看到的那样，他的贸易保护主义政策和英国对自由贸易的需求之间产生了不可消弭的冲突，这让和平变得遥不可及。

从这时开始，双方之间的冲突就已经不再是是非之争，而是工业革命早期所诞生出的两种生存价值之间的斗争了。为了保持自身的繁荣和强大，英国必须对外出口自己的工业制成品；而法国想要变得繁荣和强大，就不得不保护自己刚刚兴起的工业。正如梅特涅（Metternich）所说的那样："所有人都知道英国绝不可能在这个问题（指海洋问题）上让步，因为这对英国来说生死攸关。"[5] 正是因为拿破仑也认识到了这一点，所以他才想依靠"大陆封锁体系"来扼杀英国的贸易，进而削弱英国的信誉——一旦信誉扫地，英国也就不能继续与自己为敌了。[6]

拿破仑曾这样说过："英国人的权势……是建立在他们对其他国家的垄断地位之上的，并且只能依靠这种垄断来维持这种权势。凭什么只有他们才能获得其他数百万人本应获得的利益呢？"[7] 他还曾说过："在伦敦的商人看来，欧洲大陆所展现出的善意似乎毫无价值，他们是不惜牺牲掉欧洲每一个国家乃至全世界也要来推动自己的投机行为的。如果这些伦敦商人不是欠下了如此巨额的债务，也许他们会更理智一点。他们必须偿还债务才能维持自己的信誉，这迫使他们不断铤而走险……"[8]

在和英国的斗争中，拿破仑发现了"所有问题的根本解决方案"，也就是要"煽动全世界，甚至是煽动每一个人"来对抗英国。[9] 因此，他告诉科兰古英国是他唯一的敌人，"他只会和英国人作对"，只是"因为英国人的贸易影响遍布各地，所以他才不得不到处追逐他们"。[10] 正是在这个追逐的过程中，拿破仑产生了建立一个统一大帝国的想法。"大陆封锁体系"本来是一个用以摧毁英国的武器，现在则变成了一个实现新世界设想的工具——这是一个名副其实的亚历山大式的愿景，也就是建立一个和谐而统一的欧洲。

拿破仑以法国为自己欧陆帝国体系的权力中心，并制定了如下的宏伟目标：重建波兰王国作为抵御"北方野蛮人"的屏障；把西班牙从神权统治中解放出来并为其制定一部宪法；在英格兰和爱尔兰分别建立两个独立的共和国；宣布匈牙利独立并解放希腊；肢解奥地利和普鲁士，控制埃及，开凿一条贯通苏伊士地峡的运河，瓜分土耳其并把土耳其人赶出欧洲，然后遏制住欧洲最大的威胁——"莫斯科的野蛮人"。[11] 简而言之，拿破仑的凤愿正如费舍尔教授所说的那样，是要"构建一个类似于利奥一世、查理·马特、查理曼大帝和奥托一世曾建立过的世界——这些人曾挽救了希腊和拉丁文明的框架，使其免遭野蛮人的毁灭"。[12]

即使后来被囚禁在圣赫勒拿岛上，拿破仑还曾通过拉斯·卡萨斯（Las Casas）之口向世人宣传过自己的宏图伟愿，也就是把迄今为止"受革命和政策影响而四分五裂"的伟大的欧洲诸国团结起来，进而组建一个遵循"共同的道德准则、理念、观点、情感和利益"的伟大联邦。拿破仑曾梦想在其帝国的庇护下建立一个以"美国国会或希腊近邻同盟①"为模板的中央议会，并以此来确保"欧洲大家庭"的共同利益。虽然这个梦想随着他的失败而破灭，但拿破仑始终坚信："这个梦想迟早会通过一系列事件的力量而得以实现，这种推动力业已产生了。而且我认为，在我倒台之后，我所创建的制度也随之被摧毁，欧洲就不可能建立起任何一种全面的均衡了。除非欧洲的主要国家能够取得共识并联合起来。倘若一位君王能够在这最伟大的斗争中真诚地拥抱人民的事业，那他将会发现自己变成了全欧洲的领袖，他可以随心所欲地做任何他喜欢的事情。"[13]

不管我们怎么看待拿破仑的这个宏伟计划，对于英国来说，这都无异于一种诅咒。因为欧洲一旦联合起来，英国就必然会丧失自己作为海洋强国的地位。因此，英国和法国之间乃是一场你死我活的斗争，而拿破仑则凭借着自己的军事才能对抗着一个又一个反法同盟。在这场斗争中，拿破仑的第一个优势（也是最大的优势）就是他作为法国的独裁者和法军的总司令能够保证统一的指挥调度，而这确保了他

---

① 译注：近邻同盟是古希腊以神庙为中心，每年举行会议讨论盟内各邦之间及盟邦与外邦之间的关系的一种机制。

能够取得胜利。拿破仑的第二个优势在于他始终坚持用荣誉而非恐惧来鼓舞人民的士气，这既符合大革命的精神，也为新兴的法兰西民族主义赋予了一种英雄主义的天命观。拿破仑的第三个优势则是他的军事天才，富瓦将军（General Foy）对他作为军事将领的一面进行了最为生动的描述：

虽然他犯下了许多错误，但充满激情的拿破仑仍然是当代最伟大的军人。他在战场上表现得勇敢、坚韧且深谋远虑；他那才思敏捷的头脑中总是会闪现出诸多灵感，总能用出乎意料的手段打乱敌人的计划……他在很大程度上拥有着作为职业军人所必需的才能：他性格温和且精力充沛，能够随时入睡也能立马集中精神；他总是出其不意攻其不备，而且总是能够见微知著……他在作战时从不慌张，总是表现出一股不可撼动的英武之气；他思维敏捷，运筹帷幄，决策果断，无人能出其右。[14]

作为一位能亲冒矢石的将领，拿破仑的行动也异于常人：在行军的时候，他一般都留在后方，但只要一接近敌人，他就会亲临前线。对于所有战场上的事情，他必须要亲眼得见方才放心，其原因正如他自己所言："一个将军如果只通过他人的眼睛来观察事物，那他永远也不配去指挥一支军队。"[15]在拿破仑的眼中，时间就是一切——他白天要外出视察，晚上还要回营地工作。科兰古这样写道："皇帝陛下总是在夜里11点——最晚也不过午夜——就要起床批阅第一批从各军团那里送来的文件。"在工作两三个小时之后，拿破仑还要发布次日的各项命令。[16]他之所以采用这种工作方法，主要是为了根据最新的情报制定命令，让法军各部将在起床号吹响的同时收到这些命令。拿破仑曾说过这样一句话："时间的损失在战争中是无法弥补的，行动的延误是导致失败的唯一原因，其他所有的说辞都是不妥当的。"[17]

作为一名军人，拿破仑出生的年份可谓倍加幸运，因为从七年战争结束到18世纪末，法国的军事组织以及相应的战术都发生了巨大的变化。虽然燧发枪并无太大的改进[18]，但格里博瓦尔（Gribeauval）却极大地改进了火炮的射击技术。拿破仑本人就是一位杰出的火炮射手，他在年轻的时候就曾钻研过本杰明·罗宾斯所著的《射击学新原理》。[19]在那个年代的战场上，由于步枪的有效射程很短，所以野战炮兵可以迅速抵近到距敌军350码的地方进行射击,从而击溃敌方部队。然而奇怪的是,直到拿破仑战争的后期人们才充分意识到这其中蕴含的军事意义。

1759年的时候,德布罗意元帅为法军引入了"师"这一军队组织形式,而这则要感谢萨克斯元帅的一系列尝试。到了1804年,这种"师"的形式又成了拿破仑军队中"军"的基础——后者是一支能够完全自给自足的部队。不过,最大的革新则是由茹尔当将军和"五百人会议"于1798年最终确立起来的征兵制度。虽然强拉壮丁的想法并不是什么新鲜事物,但督政府却将其范围扩展到了全国。督政府规定,所有身体健全的男性公民从20岁到25岁都要依法为国家服兵役。这种征兵制度不仅使拿破仑的征服政策成为可能,还提高了应征士兵的平均智力水平(Intelligence),进而从根本上改变了步兵的战术。

虽然征召入伍的法国士兵缺乏军事训练,但他们的战术却颇具个性和灵活性。相较于机械性的步兵齐射战术,法军的战术更多的是以装备步枪的单个士兵为基础的。罗伯特·威尔逊爵士就曾说过,这些法国散兵"就像雪貂一样目光敏锐,并且像松鼠一样灵活机动"。[20] 约克公爵的副官也曾这样写道:"我们就像一只被围攻的狐狸一样差点被法军包围,恐怕从来没有哪支军队像我们一样更加迫不及待地想要逃跑。"[21] 一名普鲁士军官在谈及这些征召入伍的法国士兵时曾说:"在森林当中,士兵们无法组成阵列,平时训练的战术动作也全然无用,他们只能在树木的掩护下开火。此时法军士兵的表现可以说和我军并驾齐驱,甚至要更胜一筹。"[22] 还有一点同样值得我们的注意,那就是法军士兵是在敌国境内就地解决军需供应的,因此法军的后勤部队所需的牲畜数量仅为普鲁士军的几分之一,这极大地提高了法军的机动性。

这便是拿破仑从督政府手中继承下来的军队,他们积极、灵活、聪明、狂热,但却在纪律性上差强人意。科兰古在谈论这一点时曾说过:"皇帝陛下已经准备接受其军队制度无法兼容严格的纪律这一事实,这就好像没有适当的补给军队就无法生存一样。"[23] 然而这在实际作战中却颇为危险,例如在埃劳战役后,有6万名法军参与了抢劫。[24] 又比如在瓦格拉姆之战打响之前,数以千计的法军士兵喝得酩酊大醉。[25] 不过在精神层面上,法军仍然保有着坚定的意志——这是一支依靠激发士气而非军事训练取胜的军队,这一点与奥地利、普鲁士、俄罗斯和英国等国的军队都完全不同。古尔戈(Gourgaud)曾这样评价英国的军队:"陛下认为英军的军纪过于严苛,这便不能激发一个人的荣誉感。"[26]

作为一名战略家,拿破仑的战略水平无人能出其右。而且,拿破仑所生活的那个时代也给他带来了诸多的便利——这是因为法国的萨盖和英国的麦克亚当等人改善了当时的道路情况。日益繁荣的经济需要更好地道路,而这些道路建成之后又反过来使其所经过的地区变得更加繁荣了。这样一来,军队就能更方便地从他们途经的地区解决补给问题,因此也就省去了马尔堡公爵和蒂雷纳的时代那种旧式的仓储系统。

拿破仑本人就很热衷于修筑道路,他充分地认识到了道路发展所带来的这种变化,并且在此基础上制定了自己的战略部署。在乌尔姆战役中,他的部下就曾说过:"皇帝陛下找到了一种进行战争的新方法,比起士兵们在战场上用刺刀拼杀,他更注重部队快速行军机动的能力。"[27] 又或者如同拿破仑自己所说的那样:"时间在兵法中,和它在力学体系中一样,是一种介于重量和力量之间的重要因素(In the art of war, as in mechanics, time is the grand element between weight and force.)。"[28]

如果说速度是拿破仑战略的灵魂,那么计划便是承载这个灵魂的躯壳。在拿破仑的心中总是有个战略计划(但不一定有战术性的计划)可用来谋划自己下一步的行动,但他却很少甚至根本不去考虑敌人可能的意图。他在1807年的时候曾对苏尔特说过:"一个人永远不应去猜测他的敌人可能要做什么,因为我的战略意图始终坚定不移。"[29] 这就意味着拿破仑偏好于利用自己的主动精神在战场上见机行事,他制定的永远都是进攻计划。早在1793年的时候,拿破仑就在《布搠耳的晚宴》(Ie Souper de Beaucaire)中写道:"躲在防御工事后面只会被敌军击败,无论理论还是实战都证明了这一点。"他在圣赫勒拿岛上的时候也曾说过:"简而言之,我的军事思想和腓特烈大帝是一致的,也就是必须先发起进攻。"[30]

跟他的战略一样,拿破仑的战术也都是进攻性质的。在他的所有战役中,只有1813年10月18日的莱比锡战役是一场防御性的战役。这其中的原因之一当然是他偏好进攻的性格,而另一个原因则正如拿破仑自己所说的那样,是因为"从防御态势转为进攻态势实在是最容易出问题的行动之一"。

作为一名战术专家,拿破仑有着独到的简介。他曾这样说过:"一场战役的命运往往就取决于一个特定时刻或一个特定的想法……当决定性的时机到来之时,当士兵们的士气迸发出来之后,便可用数量最少的预备队来解决问题。"[31] 他还曾说过:

"在战斗中的某一时刻,只需要一个小小的行动就可以起到决定性的作用并带来胜利——一滴水也可以使巨舰倾覆。"[32]

科兰古是这样描述作为战术专家的拿破仑的:"即使是在追击仓皇逃窜的敌人时,抑或是在他的某一次伟大胜利的高潮时刻,无论皇帝陛下在战斗中已经多么疲惫了,他也总是会留意着战场的地形,准备一旦遭遇逆袭便据险固守。皇帝陛下能够清晰地记得战场上各处的情况,这一点令人印象深刻——他的脑海中仿佛能浮现出一个地区的地形一样。从来没有谁能把这样惊人的记忆力和创造性的天才结合起来。而且,皇帝陛下似乎还有着撒豆成兵的神奇力量。"[33]

随着战争时间的延长,拿破仑麾下步兵的素质也在变得越来越低下。尽管他曾说过"一个士兵仅会射击是不够的,他还要打得准才行"[34],但实际上拿破仑对于步枪射击术并无太大的兴趣。举例来说,在1800年法军穿越圣伯纳德山口的前一天,贝尔蒂埃还曾命令所有的义务兵进行几轮射击,以便让"他们知道用哪只眼睛瞄准,以及怎样给他们的步枪上膛"。[35] 直到1811年,拿破仑才批准新兵进行射击练习,而且只能使用较为劣质的火药。[36] 实际上,拿破仑在战争中主要依赖的始终都是火炮而非步枪,他曾说过:"火炮在围城战和野战中都发挥着主要的作用。火炮已经引发了一场彻底的革命……没有火炮便谈不上战争。"[37] 下面这些数据也佐证了拿破仑的这一说法:法军在马尔普拉凯战役中发射了1.1万枚炮弹,在瓦格拉姆战役中发射了7.1万枚炮弹,在莱比锡战役中发射了17.5万枚炮弹。在亨利四世统治时期,法军的火炮数量为400门。到了路易十四时,法军的火炮数量增至7192门。路易十五时期法军的火炮为8683门,而路易十六时期法军的火炮为10007门。到了1815年,拿破仑麾下的法军共有火炮27976门。[38]

奇怪的是,虽然拿破仑自己就是一位受过正规训练的炮兵,但他却并没有迅速革新麾下炮兵的战术。在1807年的埃劳战役和弗里德兰战役,以及1809年的阿斯佩恩战役中,法军步兵仍然是冒着敌军的炮火冲锋陷阵,其中很多人都被撕成了碎片。阿斯佩恩战役之后,拿破仑便开始集中大量的炮兵火力来轰击法军的突击点。在1809年的瓦格拉姆战役和1812年的博罗季诺战役中,法军炮兵都在敌人的战线和纵队中撕开了巨大的缺口。"每当炮兵部队因缺乏武器装备而未能达成既定目标时,拿破仑就会被迫发动一系列的进攻以求取得胜利,而这大量地消耗了他的兵力和时间"。[39] 滑铁卢之战中,正是由于缺少榴弹炮,抑或是对榴弹炮的使用不当才让拿破仑无法将威灵顿所部从筑有掩体的阵地中驱赶出来，并最终在这场战斗中大败亏输。如果当时是腓特烈大帝在滑铁卢的战场上，那么他很可能在几个小时之内就击溃威灵顿了。[40]不过，无论如何拿破仑始终都是一名非常伟大的炮兵。

如果腓特烈·威廉三世在1805年时加入了反法同盟，那么他将会是挑战拿破仑这位杰出军人的最佳人选。然而到了1806年再向拿破仑发起挑战实在是愚蠢至极，因为当时奥地利业已崩溃，俄国人也已经撤过了维斯杜拉河；英国被普鲁士占领汉诺威的行为所激怒，已经联合瑞典向其宣战，而那不勒斯此时也已经算不上是一个欧陆强国了。此外，在1805年时，拿破仑还不得不从布洛涅长途奔袭多瑙河，而1806年他的得胜之师正驻扎在法兰克福和因河之间的地方，从此地进军普鲁士边境只需不到两周的时间——在这种条件下挑战拿破仑实在是与自杀无异。

那么，为什么腓特烈·威廉三世还要这么做呢？这是因为普鲁士的一切都可以追溯到那史诗般的腓特烈大帝时代，腓特烈·威廉三世生活在腓特烈大帝的余荫之下，又总是怀念着罗斯巴赫战役的荣光。他和他的将军们，以及普鲁士的人民都对一个事实视而不见，那就是自公元1792年以来，战争的性质已发生了改变——它不再是野心勃勃的国王们之间的荣誉性的决斗，而是充满激情的各民族国家之间的冲突。在这样一种冲突中，无条件服从、集体行动和严谨的军事行动都要让位于民族狂热、个人的主观能动性和军队的机动性。

普鲁士军队在战术层面上简直就是博物馆里的古董，其组织架构和军事条令都是为了在地形平坦的战场上和敌军进行方阵对方阵的正面战斗——在这样的战斗中，一队穿着考究的士兵抵近到距敌军40到50步距离的时候进行一轮齐射将起到决定性的作用。这种近距离战斗所造成的伤亡是非常可怕的：据说在1758年的克雷菲尔德战役中，普军的第一轮齐射就击倒了75%的敌军；1745年的丰特努瓦战役中，英国近卫军的第一轮齐射就击倒了690名法军。由于缺乏普鲁士式的军事训练，所以法军在这种类型的战斗中是远不如普军的。不过法军在进行散兵作战时要远远优于普军——在一大群散兵的掩护下，法军的营级机动纵队要远胜过普军的密集方阵。此外，普军只会在战争爆发时才增设轻装部队，因此这些部队军纪涣散，通常来说是起不到任何作用的。还有一点就是，自腓特烈大帝驾崩之后，他所组建的那支伟大的骑兵部队和大部分的炮兵预备役部队都被打散了建制。普军仍然使用旧的仓库补给体系，因此其后勤运输车队依旧是数量庞大且行动迟缓的。

除了上述这些弱点以外，普军的最高统帅部也是一个"九头蛇"①（Hydra）——布伦瑞克公爵（已有71岁高龄）、霍恩洛厄亲王、鲁谢尔将军、第一参谋沙恩霍斯特将军，以及第二参谋马森巴赫上校分别掌握了一部分权力。为了减少这五人之间的掣肘，腓特烈·威廉三世担任了名义上的最高统帅，但国王本人却是一个战争的门外汉，所以他又任命82岁高龄的陆军元帅莫伦多夫担任自己的机要顾问，同时又把由监察长和各部部长组成的军事内阁带上了战场。如此一来，每个指挥官和顾问都可以直接向国王呈递自己的计划，其结果就是普军的作战方案就如同永远无法完工的巴别塔一样争执不休。

拿破仑于9月28日收到一份秘密报告，按照其中的说法，布伦瑞克公爵表现得怯懦、迟钝且优柔寡断，而且他本人是反对战争的，因为他害怕一旦战败就会损害自己的名誉；莫伦多夫元帅也不敢拿自己的一世英名来冒险，但霍恩洛厄亲王和吕谢尔将军却渴望一战；卡尔克鲁斯卧病在床，对此战无能为力；腓特烈大帝的侄子，被称为普鲁士的阿尔西比亚德斯的路易·斐迪南亲王虽然精力充沛，但他每晚都喝得酩酊大醉，非得别人把他抱上床才行。[41]这份报告中唯一没有提到的是64岁的布吕歇尔将军，此人精力充沛、意志坚定，乃是一位勇敢的骑兵指挥官。

普军在8月9日动员令下达的时候共有20余万人，除去预备役和卫戍部队，其余部队则被编成了3支野战军：第一支野战军共有7万人，由布伦瑞克公爵指挥；霍恩洛厄亲王指挥的第二支野战军有5万人；鲁谢尔和布吕歇尔共同指挥第三支野战军的兵力为3万人。为了进一步增强兵力，普鲁士还和萨克森及黑森—卡塞尔就结盟问题进行了接触，萨克森也勉强同意为前者提供援助。到了9月13日，霍恩洛厄亲王率军抵达德累斯顿，有两个师——每个师都有1万人——的萨克森军队在当地加入了亲王的部队，于是亲王所部兵力和布伦瑞克公爵持平了，而亲王也因此而变得更加好战。

9月25日，布伦瑞克公爵所部已经抵达莱比锡和瑙姆堡之间；霍恩洛厄亲王

---

① 译注：指相互掣肘。

位于德累斯顿；鲁谢尔所部位于米尔豪森，而布吕歇尔已经进抵哥廷根——直到此时，普鲁士军才召开了第一次军事会议来商讨行动计划。布伦瑞克公爵认为拿破仑很有可能会采取防守态势，因此他建议经由维尔茨堡前往埃尔福特，这样便可以在切断法军交通线的同时，对位于维尔茨堡和班贝克之间——这个位置是公爵猜测的——的法军营地发起突袭。霍恩洛厄亲王强烈反对公爵的计划，他提议穿过位于班贝克的弗兰肯森林进军。为此，亲王已经命令陶恩奇恩麾下的萨克森师作为先头部队前出到了霍夫一线。之后普军指挥层进行了长时间的争论，他们召开了一次又一次的军事会议，直到最后腓特烈·威廉三世亲自介入并决定同时采纳上述两个方案为止。由于将军们对此都不满意，所以有人又提出了一个新的计划，但还是没有摆脱前面几个计划争论不休的命运。此时，将军们都同意派穆图芬上尉在10月5日前去侦察一下法军交通线的具体位置。当上尉回来报告说他找到了法军的交通线后，布伦瑞克公爵便下令所部骑兵对希尔德堡豪森和诺伊施塔特进行一次侦察，并且在魏玛公爵所部的支援下占领迈宁根。同时，布伦瑞克公爵又通知鲁谢尔说自己决定在图林根森林的北坡一线停止进攻（公爵所部此时正位于埃尔福特附近，鲁谢尔所部驻扎在爱森纳赫，而霍恩洛厄亲王则位于布兰肯海恩）。亲王对此颇为满意，因为这样就意味着不会再向维尔茨堡发动攻势。于是他立刻命令所部的两个萨克森师前往奥马附近的米特尔—波列尼茨，并命令路易·斐迪南亲王从耶拿出发前往萨尔费尔德以掩护在萨勒河上展开的大规模行动——顺带一提，这个行动当时还未确定下来。

我们很难彻底理解上述行动的意义所在，因此只能采纳沙恩霍斯特的看法；后者在10月7日——腓特烈·威廉三世于9月26日发出的最后通牒即将到期的前一天——绝望地写道："我很清楚我们应该做什么，但我们将要做什么就只有上帝知道了。"[42]腓特烈·威廉三世当时就应该退过易北河（该河是普鲁士的莱茵河）并等待俄军的到来，而这正是此时在英国避难的迪穆里埃一再建议的。迪穆里埃强调对抗拿破仑的最可靠的方法就是利用距离、气候和补给困难——这些也是拿破仑业已预料到的，所以当他知道普鲁士军正在易北河以西集结的时候感到非常的讶异。[43]虽然普军的前出无异于自投罗网，但拿破仑还是做好了长期作战的准备。因为他预料到一个新的反法同盟正在形成，届时奥地利可能会加入这个同盟并重新投入战争，而英国则会攻击自己的后方。因此，拿破仑首先要做的就是确保法国大本营的安全，而其次才是在俄国援军到来之前击败普鲁士人。

当腓特烈·威廉三世在8月份发布动员令的时候，身处慕尼黑的贝尔蒂埃麾下的"大军团"的兵力配置如下：由贝纳多特指挥的第一军（2万人），部署在安斯巴赫和纽伦堡；由达武指挥的第三军（2.7万人），部署在诺德林根附近；由苏尔特指挥的第四军（3.2万人），部署在因河一线；由勒菲弗指挥的第五军（2.2万人，后改由拉纳指挥），部署在美因河下游；由内伊指挥的第六军（2万人），部署在伊勒河和多瑙河上游；由奥热罗指挥的第七军（1.7万人），部署在法兰克福周围。此外，巴黎的防务由乌迪诺指挥（之后又交由勒菲弗指挥）的帝国近卫军（The Imperial Guard）和精锐军团（Corps d'Elite）负责——共计1.64万人。骑兵军团共2.8万人，由缪拉负责指挥。不过，拿破仑直到9月5日才发布了他的第一个作战命令。

9月5日，拿破仑写信给贝尔蒂埃，命令后者对所有从班贝克到柏林的道路进行侦查，并准备让第四、第六和第八军在接到命令的八天之内赶往班贝克集结。[44]四天之后，拿破仑再次致信贝尔蒂埃，告诉后者一旦开战，自己就将沿斯特拉斯堡—曼海姆—美因茨—维尔茨堡[45]进军。次日，拿破仑又在给贝尔蒂埃的信中写道："普军的行动仍旧让人摸不着头脑，看来他们是想被教训一顿了。我的骑兵将于明天出发，近卫军也将在几天之内开始行动……如果情报继续表明普军业已失去理智的话，我将会率军直扑维尔茨堡或班贝克。"[46]正如博纳尔将军所言[47]，这表明拿破仑此时还没有确定最终的进军方向。如果普军进入美因河下游的谷地，那么他就会以维尔茨堡为中心集结军队；如果普军仍旧表现得犹豫不定，那么他就会以班贝克为中心集结军队，然后经由德累斯顿或莱比锡直扑柏林，这样便可以迫使敌军后撤并与自己决战。到了9月13日，拿破仑再度写信给贝尔蒂埃说，如果普军进入萨克森，那么自己就会以维尔茨堡为中心集结部队。[48]9月15日，拿破仑再度改变了主意，最终决定以班贝克为部队集结的中心点。[49]9月18日，拿破仑得知普鲁士军已于9月13日进入了萨克森——他将这一行为视作选择，于是在18日夜里11点的时候下令帝国近卫军乘坐驿站马车从巴黎前往美因茨。[50]同时，他还给自己的继子，此时正在意大利指挥军队的尤金亲王写了一封长信，提醒他关注奥地利的动向。[51]

拿破仑似乎已经得到了有关奥地利的确切消息，所以他才在9月18日和19

连续两天向其陆军大臣克拉克将军口授了许多信件、文件和命令，而其中最重要的便是《"大军团"集结作战的总体部署》——这份文件便是耶拿战役的基础。根据该文件，"大军团"将要占领下述地区：

达武的第三军将于10月3日占领班贝克。
奥热罗的第七军将于10月2日占领法兰克福。
勒菲弗的第五军将于10月3日攻占柯尼斯霍芬。
苏尔特的第四军将于10月4日攻占安贝堡。
贝纳多特的第一军将于10月2日攻占纽伦堡。
内伊的第六军将于10月2日攻占安斯巴赫。
后勤辎重部队将于10月3日抵达维尔茨堡。
野战司令部将于10月3日设在班贝克。

这一命令的篇幅很长，涉及的细节也很详尽。[52]该命令是9月20日发出的，而位于慕尼黑的贝尔蒂埃直到9月24日才收到。

9月19日，拿破仑给他的兄弟，荷兰国王路易口授了一封信，他在信中说道："按我的意思，你不用发起进攻，只要用给敌人造成威胁的方式开始战役即可。"[53]为此，拿破仑要求路易将敌军吸引到北方去。次日，他又写信给路易，要后者在荷兰的报纸上夸大其在韦瑟尔的军队数量。拿破仑这样写道："我希望这些部队能在10月初上路，因为你的行动是为了吸引敌军注意力的佯动，而我则可以乘机对他们加以迂回包抄。"[54]

拿破仑于同一天还在法兰克福组建了一个新的军（即第八军），由莫尔捷出任指挥官，其任务则是与路易合作共同控制住莱茵河。

在确保后方基地万无一失之后，拿破仑在皇后和塔列朗的陪同下，于9月24日到25日的夜间离开巴黎前往美因茨，并于9月28日抵达了那里。9月29日，他从贝尔蒂埃那里得知普军在9月27日时还停留在爱森纳赫、迈宁根和希尔德堡豪森附近，因此法军有充足的时间在不受什么干扰的情况下进入萨克森——这正是他想听到的消息。9月29日，他命令贝尔蒂埃占领萨克森的各隘口，并命令勒菲弗前去监视富尔达大道——因为如果敌军企图切断法军的交通线，那他们一定要经由富尔达前往维尔茨堡或美因茨。

拿破仑之后又给荷兰国王发去了一份冗长的文件，并在其中透露了自己的作战计划。该文件共分为四个要点，拿破仑在"要点一"中这样写道：

我计划把全部兵力都集中到战线的最右侧，让莱茵河和班贝克之间的区域处于完全不设防的状态，这样一来我就能在一处战场上集中大约20万兵力。我并不担心敌军经由美因茨和班贝克之间推进，因为我的交通线有两个基点，其一是一个名叫福希海姆的小要塞，其二是维尔茨堡……我无法估计可能会发生的事情，因为在敌军看来，我的左翼将会位于莱茵河畔，而右翼则位于波西米亚。此外，他们还会认为我的行军路线和我的战线将是呈平行状态的，因此他们或许会觉得包抄我的左翼能够占到大便宜。如果是这样的话，我就会把他们赶进莱茵河里去……在10月10日或12日，兵力约为1.8万人到2万人的第七军就将抵达美因茨。我给该军下达的命令是防止自己与莱茵河之间的联系被切断，发起进攻的距离最远不要超过法兰克福，必要时可以撤过莱茵河并与你部右翼取得联系。

拿破仑在"要点二"的开头这样写道：

我在第一个要点中所做的观察都是预防性质的。第一次进军就要直扑普鲁士王朝的心脏，我将以迅雷不及掩耳之势部署麾下的部队，因此位于威斯特伐利亚的敌军很可能会全部撤往马德格堡，然后集结所有可用的兵力以强行军的速度赶去保卫他们的首都柏林。直到这时你才有必要派出一支前卫部队前去攻占马克、蒙斯特、奥斯纳布吕克和东弗里西亚……在战争的第一阶段——也就是敌人被赶进易北河之前——你只需作壁上观即可。我只需要你部作为分散敌军注意力的一种手段，并在10月12日之前——到了当天我的计划就可以公之于众了——一直诱使敌军做出错误判断……最后，万一发生了什么不测，比如我军在一场重大战役中被击败，届时我就会退往多瑙河，而你则可以用麾下的兵力及第八军共同保卫韦瑟尔和美因茨。第八军在任何情况下都不得撤离美因茨一步，同时他们还要阻止敌军渡过莱茵河并进一步劫掠我方资财。

"要点三"和"要点四"进一步拓展了前面两个要点,而在"要点四"中则包含了这样一段引人注目的内容:

哪怕你遭遇了最微小的挫败也会让我感到焦虑,因为我的计划可能会因此而产生纰漏,而帝国的北方也将会群龙无首。反之,无论我这边的情况如何,只要我知道你还驻守在莱茵河后面,我就可以更加自由地展开行动。即使我遭遇了一些重大的挫败,只要我手中还握有五万兵力,我就能击败敌军,这是因为我可以不顾及任何战线的限制而自由地行动。此外,只要帝国境内最重要的几个地方能够保持稳定,那我就总是能获得取胜的资源和手段。[55]

这封冗长信件的全部内容都是基于拿破仑最重要的格言之一,也就是"兵法的奥秘就在于进行合理且非常谨慎的防御,然后继之以迅猛而大胆的进攻"。[56]

拿破仑于10月1日离开了美因茨,并在次日晚上抵达维尔茨堡后接管了贝尔蒂埃的指挥权。10月3日,他发布了如下命令:第一军和第三军前往克罗纳赫;第四军和第六军前往福希海姆;第七军前往维尔茨堡;第五军前往施韦因富特。10月5日,拉纳元帅接替勒菲弗成为第五军的指挥官。当天,拿破仑给苏尔特送去了下述这封信件——他在信中概述了他的宏伟战术,因此这封信也成了整个战役中最有意义的一份文件:

我已经在维尔茨堡、福希海姆和克罗纳赫准备好了武器和军需补给,然后我准备兵分三路进军萨克森:你的位置将在右路军的最前面,内伊元帅将位于你身后(相距大约半日的行军路程),而他后面则是一万人的巴伐利亚军队,他们与元帅相隔一天的行军路程——整个右翼纵队的总兵力将超过五万人。贝纳多特元帅将统率中路纵队,达武所部和绝大部分的骑兵预备队将紧随其后,总兵力约为七万人;贝纳多特元帅将沿克罗纳赫、洛本斯泰因和施莱茨的路线前进。第五军是左路军的先头部队,第八军紧随其后,它们将经由科堡、格里芬塔尔和萨尔费尔德进军——左路军的总兵力达到了四万人。当你抵达霍夫的当天,其他各部也都将抵达各自的预定地点。我将随中路军一同行动……

1047

……你应当明白，我之所以在如此狭小的地域中集结如此强大的优势兵力，就是为了确保万无一失；无论敌军从哪个方向前来，他们都将承受两倍于自己的兵力的攻击。

……如果你当面的敌军不超过三万人，那你就应当配合内伊元帅对他们发起进攻……在抵达霍夫之后，你要做的第一件事就是打通连接洛本斯泰因、埃伯斯多夫和施莱茨之间的交通线。10月10日当天我本人将会在埃伯斯多夫。

……从今天得到的消息来看，敌人一旦有所行动就必然是向左路军发起进攻，因为敌军的主力似乎都在埃尔福特附近。

……我要求你要经常和我通信，把你了解到的德累斯顿方面的所有情况都告诉我。

……你可以想象一下，一个由20万人组成的"营级方阵"（Bataillon carre）围绕着此地（即德累斯顿）运动是一件多么壮观的事情。当然，所有这些都需要一点兵法技巧和特定的行动。[57]

拿破仑在这里所说的"营级方阵"究竟是什么意思呢？这是一种防御性的时间和空间上的部署，无论敌人身处何处，也不管他们从哪个方向发起攻击，拿破仑都可以用麾下的部分兵力以攻为守来拖住敌人，而另一部分兵力则可以随心所欲地去包抄敌军的侧翼或后方。此外，拿破仑还能留出部分兵力来作为预备队。

因此，在目前的情况下，如果普军迫近法军的左翼或其交通线，那么第五军就可以在第七军的支援下担任全军的前卫部队并牢牢地拖住敌军。在此期间，第一军和第三军可以实施一次大范围的迂回行动以打击普军的侧翼，而法军仍可以保留第四军和第六军作为预备队。反之，如果普军向法军发起正面进攻，那么第一军就会在第三军的支援下担负起前卫部队的任务，而由第五军、第七军或第四军、第六军来实施大范围迂回行动。

10月7日傍晚时，法国"大军团"各部所在位置如下：右路军方面，苏尔特的第四军位于拜罗伊特、内伊的第六军正在前者的后方行军；中路军方面，贝纳多特的第一军和缪拉麾下的骑兵预备队主力抵达了克罗纳赫附近，达武的第三军和近卫军紧随其后；左路军方面，拉纳的第五军正在逼近科堡，奥热罗麾下的第七军则紧随其后。

法军于10月8日越过了萨克森边境，缪拉的轻骑兵立刻冲向了洛本斯泰因和萨尔堡，并逐退了出现在他们面前的普军哨骑。贝纳多特的先头部队也于次日在施莱茨追上了陶恩奇恩麾下的萨克森部队，并使后者在混乱中撤往了霍恩洛厄亲王主力部队驻守的米特尔—波列尼茨。为了援救陶恩奇恩，霍恩洛厄亲王先是下令全军渡过萨勒河；接着他又取消了这个命令，不过为时已晚，路易·斐迪南亲王已经无法从萨尔费尔德撤出了——10月10日，拉纳的先头部队击溃了斐迪南亲王的军队，亲王自己也战死沙场。当路易·斐迪南亲王兵败身亡的消息传到耶拿后，恐慌席卷了从那里一直到魏玛的所有普鲁士军部队。

10日傍晚，身处施莱茨的拿破仑从苏尔特那里得到消息：敌军已经在前一天的傍晚离开了普劳恩，此时正在往格拉方向撤退。拿破仑立刻在他刚刚口述完成的信件后附上了一段话："从你给我的情报来看……格拉是敌军的集结地无疑了。不过我很怀疑他们能否赶在我到达之前完成集结。"[58] 在加上这句附言之后，他又给苏尔特写了第二封信："问题将会在格拉得到解决。我相信我仍然能够赶在他们（指普军）之前抵达德累斯顿。不过，一旦我觉得我军左翼的安全得以确保，一切都将会发生急剧的变化。"[59]

与此同时，鉴于法军正在不断推进，霍恩洛厄亲王已经撤到了卡哈拉。此外，腓特烈·威廉和布伦瑞克公爵也在担心自己和易北河之间交通线的安全。当他们得知萨尔费尔德惨败的消息之后，就立刻决定将全部兵力都集结到魏玛。我们就此可以看出，拿破仑虽然并不是很清楚敌军的确切位置，但他对战场形势的看法总体上是正确的。也就是说，法军将会迫使普鲁士军向着己方的交通线撤退，因此向着格拉方向进军是正确的。

霍恩洛厄亲王离开卡哈拉后又继续向耶拿撤退。10月12日，当他的军队又从耶拿撤出的时候，军中再一次发生了恐慌——因为当时拉纳的先头部队正在从南面逼近。同时，埃尔福特城中盛传法军已经攻占了瑙姆堡。到了晚上11点，这个消息被证实了，腓特烈·威廉便立马召开了一次军事会议。这次会议是在10月13日早上进行的，会上决定经由奥尔斯塔特、弗莱堡和默赛堡撤往易北河，这样可以在途中与位于哈雷的符腾堡公爵麾下的1.5万名预备队士兵会合。为了保证此次撤退的安全，亲王奉命前往一个名叫卡佩伦多夫的小村庄——此地正好位于从魏玛通往耶拿的道路的中间点上——在那里，亲王将担负起保卫主力部队侧翼的重任，而奉命前往魏玛的鲁谢尔所部则负责支援他。在普军主力全部离开奥尔斯塔特之后，亲王将和鲁谢尔共同组成普军主力的后卫部队。大约10点钟左右，普军主力出发前往奥尔斯塔特。亲王刚一抵达卡佩伦多夫就对所部军队做出了如下部署：陶恩奇恩的萨克森师（共八千人）将三个营部署在克罗斯维茨、卢特泽罗达和伊赛尔斯泰特森林，将另外九个营的兵力部署在克罗斯维茨的后方、多恩堡及其西侧坡地的树林中；10个骑兵中队被部署在上述兵力的后方，另有两个炮兵连也被部署在了卢特泽罗达；霍尔岑多夫所部的五千人被部署在了位于克罗斯维茨东北方的几个村子里；森弗特指挥的前哨部队则一直前出到了多恩堡和坎堡一线。

上午10点左右，霍恩洛厄亲王透过浓雾听到南边有枪炮声传来，便立刻命令步兵预备队向敌军靠近，而此时马森巴赫则骑马赶来传达了国王的口谕，命令亲王不要与法军发生任何激烈的战斗，要牢记自己担负的是纯粹防御性质的任务。这道命令无疑帮了拿破仑的大忙，因为如果亲王按原计划向前推进并以相当一部分兵力抢占能够俯瞰耶拿的兰德格拉芬堡的话，10月14日的战斗就会向着完全不同的方向发展了。

10月12日凌晨一点到两点之间，拿破仑从缪拉那里得知普军并没有在格拉集结，并从普军战俘那里得知腓特烈·威廉仍统率20万大军驻留在埃尔福特。由此拿破仑推断出了两个可能性：一是普军打算在埃尔福特与法军会战，二是普军将在埃尔福特集结并退往哈雷（拿破仑知道普军的预备队驻扎在那里），然后再退往马格德堡。为了应对这两种可能的情况，拿破仑决定派第一军、第三军和大部分的骑兵部队沿萨勒河右岸进行一次迂回行动，而其余的部队则在卡哈拉和耶拿之间强渡萨勒河，然后向魏玛—埃尔福特一线推进。这样一来，如果普军决定正面决战，那么法军的主力部队就可以拖住他们，而第一军、第三军及骑兵部队就可以从敌军的左翼攻来；如果普军选择继续后撤，那么法军主力部队就将追击他们，而之前分派出去的那支部队就可以阻止普军靠近易北河，并最终迫使普军与法军正面决战。最后，拿破仑下达了一系列命令来部署下述行动：缪拉从瑙姆堡出发前往莱比锡进行侦查；第一军从格拉前往蔡茨（Zeitz）；第三军从米特尔—波列尼茨前往瑙姆堡；第四军从位于格拉南面的魏达（Weyda）前往格拉；第六军从施莱茨前往米特尔—波列尼茨；第五军从诺伊施塔特前往耶拿；第七军则从萨尔费尔德前往卡哈拉。拿破仑要求各部务必

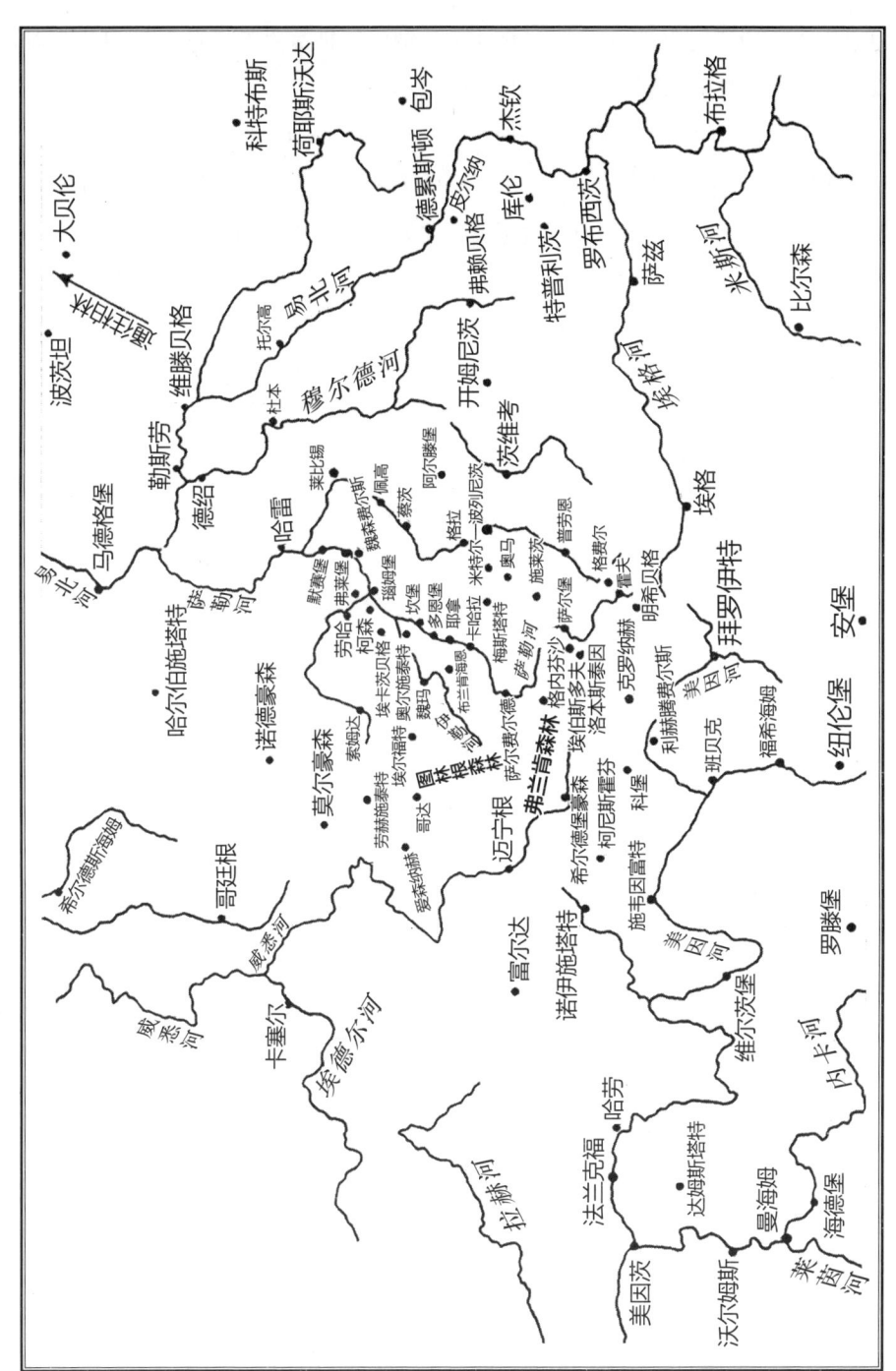

耶拿战役

在10月12日到达各自的目的地。此外，拉纳已经把敌军的前哨部队赶出了耶拿城，而达武的先头部队业已进入了瑙姆堡。

拿破仑于10月12日抵达格拉。他在晚上8点入睡，休息了几个小时后于午夜时分再次起床。一直等到10月13日上午7点至9点之间，拿破仑才收到了后续的相关报告。当时接连有三份报告被送到拿破仑手上：第一份报告来自身处卡哈拉的奥热罗，他在报告中说普军已经离开耶拿前往埃尔福特，而后者正是腓特烈·威廉和普军主力驻扎的地方；第二份报告来自达武（他此时正在瑙姆堡），他说自己从普军逃兵和战俘那里得知普军主力正在埃尔福特，而腓特烈·威廉则驻跸在魏玛；第三份则是身处蔡茨的缪拉送来的一份秘密报告，法军密探在报告中说自己于富尔达到魏玛的沿途都看到了普军部队，而普鲁士国王及王后都驻跸在埃尔福特。[60] 大概是因为拿破仑自己都不相信普鲁士人会蠢到在埃尔福特——也就是说普军要面向柏林、背靠图林根森林——来跟自己决战，所以他断定普军很有可能会采取前面所说的第二种可能的行动。不过拿破仑在回复缪拉的时候，虽然表现得信心满满，但仍然在字里行间表露出了自己的疑虑："谜题最终将会被解开，敌军开始向马格德堡撤退了。尽快跟着贝纳多特的军一起向着多恩堡进发。"接着，他又补充道："我认为敌军要么会拼命向位于耶拿的拉纳元帅发起进攻，要么就选择撤退。如果敌人向拉纳元帅发起进攻的话，你在多恩堡就可以支援他了。"[61]

拿破仑口述完这封信件之后就动身前往了耶拿。在快要到达耶拿的时候（下午3点），他从拉纳那里得到情报说有1.2万~1.5万名敌军出现在可俯瞰耶拿城的高地上。拿破仑立刻命令勒菲弗率近卫军进入耶拿，并命令苏尔特和内伊也尽快赶来。此外，他还命令达武从瑙姆堡出击进攻敌军的左翼。之后，拿破仑继续前往耶拿。下午4点钟刚过，他在兰德格拉芬堡——后改名为拿破仑堡——碰到了拉纳。

刚一到耶拿，拿破仑就根据自己看到的情况做出了一个错误的判断：普军打算在城外的那片高地上作战。为了拖住敌军，他决定把拉纳所部的全部兵力和近卫军都部署到兰德格拉芬堡；当达武和贝纳多特所部向敌军后方发起攻势的时候，拿破仑还准备在敌军两侧部署两个军的兵力。

虽然经由穆尔塔尔——连接耶拿和魏玛之间道路正好通过此地——也可以绕到兰德格拉芬堡，但从耶拿出来之后就只有一条仅能供步兵通行的小路了——火炮和马车是无法在这条狭窄的道路上通行的。于是拿破仑立刻命令法军工兵前去拓宽道路，他亲自提着灯笼在现场监督工程的进度。当他看到第一批火炮通过之后，便立刻赶回了兰德格拉芬堡，然后下令把自己的帐篷搭在近卫军方阵的中心——这里后来还安放了一块"拿破仑石"以作纪念。从御帐那里，拿破仑可以看到高地的大部分地方都闪烁着霍恩洛厄亲王所部军队的营火；他还可以看到远处布伦瑞克公爵麾下部队的营火——公爵的部队就驻扎在埃卡茨堡古堡的下面。这些景象使拿破仑更加坚信普军必然不会再后撤了，而且他们已经在进行决战的准备了。

接着，拿破仑借着营地的篝火口授了次日上午将要执行的命令，其目标是要在城外的高地上夺占足够的空间以部署兵力，并且在10月15日之前要避免进行激烈的战斗。按照部署，奥热罗将从卡哈拉出发，经由穆尔塔尔来包抄陶恩奇恩的右翼；苏尔特则从格拉出发向洛布斯泰特推进，然后直扑陶恩奇恩位于克罗斯维茨的左翼部队；内伊和缪拉则奉命奔赴前线支援拉纳作战。[62]

由于拿破仑坚信普鲁士全军正在向自己逼近，所以他在晚上10点钟的时候指示贝尔蒂埃命令位于瑙姆堡的达武在10月14日一早就向阿波尔达推进，然后从敌方侧翼或后方发起进攻。拿破仑的命令中有这样一段话："如果蓬特-科尔沃公爵（即贝纳多特）和你在一起的话，你们可以一道前进。不过拿破仑还是希望他已经抵达了当初分配给他的目的地——多恩堡。"达武收到这个命令的时候已经是次日凌晨的3点钟了。[63]

霍恩洛厄亲王对眼下的局势也产生了误判，他完全没有想到出现在自己面前的是法军的主力部队。亲王始终认为法军只是在兰德格拉芬堡和瑙姆堡部署了一支军队进行侧翼防卫，而其主力则正迅速向莱比锡和德累斯顿方向推进，因此自己眼下并无危险。

10月14日的清晨非常寒冷，当拿破仑赶在破晓之前出发去视察拉纳的部队时，整个高地上笼罩着一片浓雾。在手持火把的卫兵的护送下，皇帝陛下骑马从一支部队赶到另一支部队，他和军官及士兵们交谈，并且鼓励他们说普鲁士人眼下的情形就跟一年前奥地利人在乌尔姆面临的情况一样。他每到一处，士兵们都高呼着"皇帝万岁"。虽然浓雾弥漫，但敌人的前沿哨所却离得很近，他们是可以看到法军火把发出的亮光的；当他们听到法军的呼喊声后，萨克森人立刻恐慌了起来。

1053

早上6点钟的时候,拿破仑下达了进攻命令。位于右翼的絮歇所部和位于左翼的加赞所部在浓雾的掩护下,分别向着克罗斯维茨和科斯佩达挺进。到了上午8点半的时候,上面两个村子和卢特泽罗达都已落入法军手中。又过了半个小时,在絮歇的身后,苏尔特所部左翼的先头部队也从洛布斯泰特冲了出来,并向兹瓦特纳森林方向挺进——他们在那里将要面对的是霍尔岑多夫麾下的部队。与此同时,在加赞的左侧,奥热罗所部的先头部队正经由穆尔塔尔向弗罗堡方向挺进,以便在加赞所部的左侧展开。这样一来,到了上午大约9点钟的时候——此时浓雾已经开始消散——拿破仑就已经实现了其计划的第一阶段目标,即获得足够的空间来部署自己的部队。因此,拿破仑此时决定暂时停止攻击,以便让他的部队有足够的时间抵达指定地域并构筑阵地。然而,已经抵达耶拿的第六军却急于参战——内伊不等拿破仑下达命令便先行率领大约三千名精锐士兵向着战场进发了。

霍恩洛厄亲王在碰到陶恩奇恩所部的败兵之后,才最终意识到自己面对的可不是一支担负侧翼警卫任务的法军部队。于是他留下三个萨克森旅驻守在魏玛大道这个战略要地上,并命令他们不惜一切代价坚守此地。普军步兵的绝大部分被交给了格拉韦特将军指挥,他的任务就是重新夺回陶恩奇恩丢掉的阵地;为了支援格拉韦特,亲王又派迪赫尔将军的萨克森旅跟在他后面。陶恩奇恩被打散的师则奉命在后方重新集结并补充弹药。亲王在向鲁谢尔紧急求援之后,便率领着麾下的骑兵和骑炮兵(Horse artillery)前去掩护格拉韦特所部的兵力部署行动。

浓雾在上午10点钟的时候彻底消散了,而此时霍恩洛厄亲王的骑兵部队(共有45个中队)已经逼近了一个名叫维森海里根的村子。亲王将骑兵部队分为两翼,当他们正准备冲向絮歇和加赞所部聚集在一起的散兵部队时,却突然遭到了法军的猛烈攻击,不得不中止了行动。此次攻击并不是由两位法国师长(即絮歇和加赞)所发起的,而是来自内伊统率的三千名精锐部队:这支军队在浓雾的掩护下抵达了拉纳的左翼和奥热罗的右翼之间的地带,连拿破仑都不知道他们的这一动作。没过多久,内伊就和普鲁士骑兵展开了激烈的战斗。因为退路已被普鲁士骑兵彻底切断,所以内伊不得不把步兵组成方阵来对抗普军骑兵的冲击。

拿破仑此时正在兰德格拉芬堡,当他听到维森海里根附近传来激烈的枪炮声后感到非常惊讶;当他得知重启战端的人是内伊之时更是倍感诧异,因为后者应该身处战线后方才对。由于缪拉还没有赶来,所以拿破仑只好立即派贝特朗率领

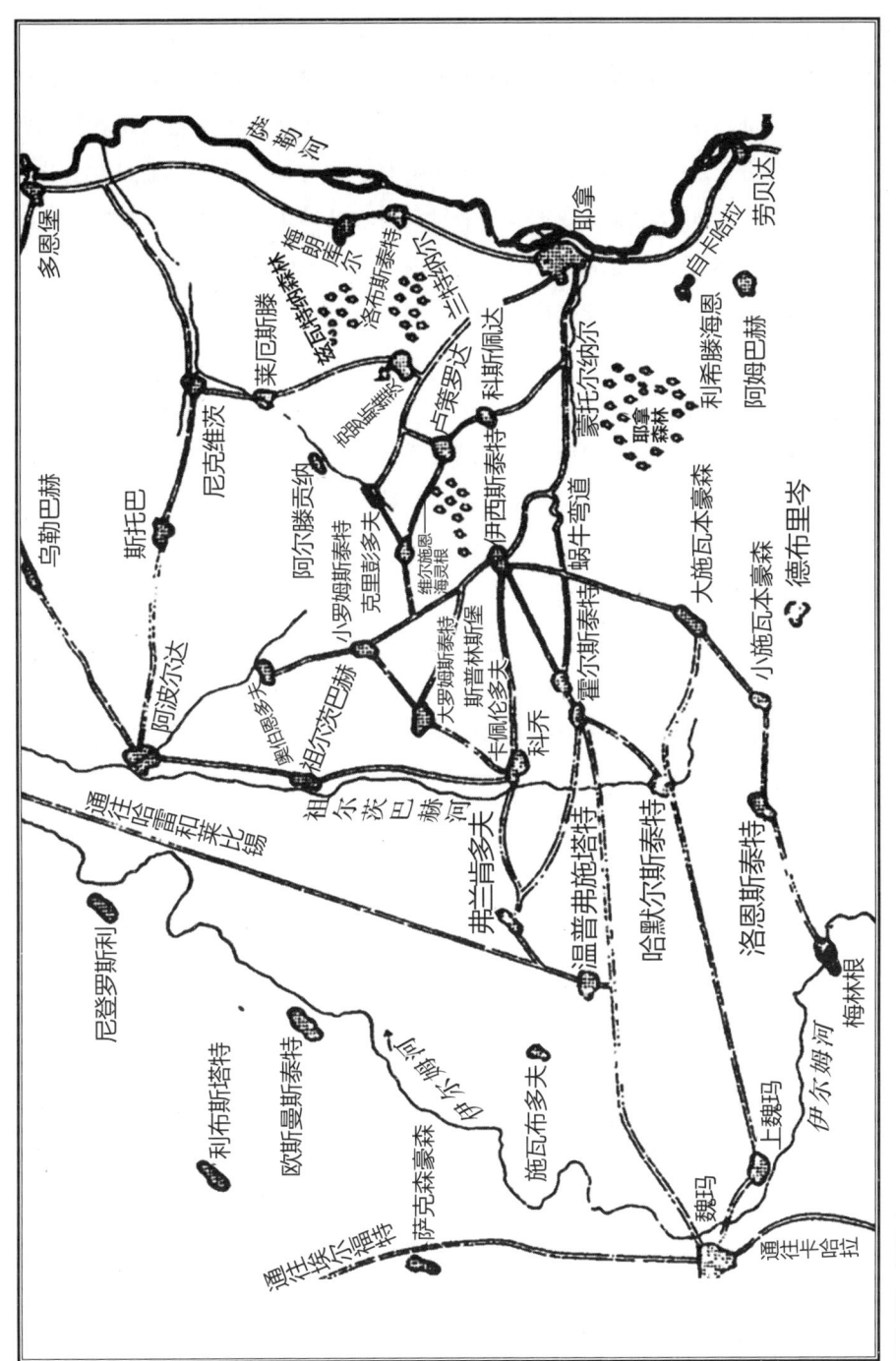

耶拿战役，1806年

自己手头仅有的两个骑兵团向前进军，同时也命令拉纳所部向前推进。拉纳立刻奉命行事攻下了维森海里根，和格拉韦特的战线呈面对面对峙的状态，之后他又把自己的部下部署在了这个村庄的北侧。拉纳所部士兵被普军猛烈的齐射火力所击退，他们躲进了房屋和果园之中，并利用这些掩体向普军进行了猛烈的还击。霍恩洛厄亲王的参谋力劝他命令格拉韦特发起进攻并彻底夺取维森海里根，但亲王没有采纳这一建议，而是决定等鲁谢尔到来——亲王已经派马森巴赫上校前去催促他尽快赶来了。莫德上校这样写道："此时发生了一件在军事史上最奇特也最不幸的意外事件：大约两万名普军士兵组成了一个极其壮观的步兵阵列，在整整两个小时的时间里就这样站在开阔地上，把自己暴露在法军无情的炮火之下，而法军士兵都藏身于花园的墙壁之后，这使得普军士兵根本找不到可以还击的目标。这支部队最后只剩下零星的一些士兵还在装弹开火，而他们的战友或是已经血染沙场，或是在他们的身边奄奄一息。"[64]

格拉韦特的士兵就这样白白牺牲了，而此时拉纳和内伊的步兵已经深入了伊西斯泰特森林，并切断了魏玛大道上那三个萨克森旅和普军主力之间的联系。为了堵上这个缺口，霍恩洛厄亲王下令迪赫尔的旅及仍留在手中的部分萨克森预备队发起攻势。到了下午1点钟，除了陶恩奇恩那个已经残破的师之外，亲王麾下的所有兵力都已经组成了阵线并等待着鲁谢尔的到来。

奥热罗的左翼正在一个名为"蜗牛弯道"（Schnecke）的地方——这是一处连续的弯道——和驻守魏玛大道的萨克森军队交战。右翼方面，苏尔特所部的先头师（指挥官是圣·伊莱尔）派出了几支分遣队前去监视霍尔岑多夫，其余兵力则向中心做回旋机动以攻击普军最左侧的部队。与此同时，缪拉的骑兵部队也出现在了近卫军的后方，内伊和苏尔特所部的主力也在近卫军的侧翼完成了集结。因此，到了12点半的时候，除了已经与敌军交火的5.4万人之外，拿破仑还有一支兵力达到4.2万人的总预备队握在自己手中。

皇帝陛下一直关注着己方两翼兵力的进展情况，当他断定战机已经出现的时候便下令全军突击。法军士兵都坚信己方胜券在握，因此攻势异常迅猛，很快就把敌军赶下高地，逼入了一个名叫苏尔巴赫的山谷之中。最后，霍恩洛厄亲王已无力扭转战局，遂命令普军往大罗姆斯泰特和小罗姆斯泰特等处撤退。然而此时普军筋疲力尽、军心涣散，因此除了一个萨克森人的"营级方阵"之外——亲王本人也躲藏在这个方阵之中——普军其余各部都四散奔逃了。法军每向前推进一步都能俘虏大量普军士兵，而普军的火炮阵地也被法军完好无损地接收了。

现在只有一种情况可以把霍恩洛厄亲王的军队从全军覆没的厄运中拯救出来，那就是鲁谢尔麾下的军队能够在卡佩伦多夫和哈默尔斯泰特之间的祖尔茨巴赫构筑一个防御阵地，这样亲王的残部就可以撤到那里去并重整旗鼓，然后等到夜幕降临之后再行撤退。不过，天不遂人愿——马森巴赫在弗兰肯多夫附近找到鲁谢尔时就命令后者全速向卡佩伦多夫挺近，然后向位于霍恩洛厄亲王右侧的敌军发起进攻。

在接到亲王发来的求援消息时，鲁谢尔已经离开了魏玛。虽然他遇到马森巴赫的地方距离卡佩伦多夫不到六英里，但他麾下部队的行动实在是太过迟缓了，一直到下午2点左右才抵达那里。鲁谢尔从村子中穿行而过，然后把自己的主力部队部署在了大罗姆斯泰特和斯普林斯堡（这是距伊西斯泰特西北一英里左右的一处山脊）脚下的科乔之间。他刚完成兵力部署，一部分法军轻炮兵部队就出现在了斯普林斯堡并开始向普军射击，不过普军还是冒着炮火继续稳步向前推进。突然之间，一大群法国步兵在炮火的支援下越过崎岖不平的地面冲了过来，向普军发起了猛烈攻击。不到15分钟，鲁谢尔的许多步兵营就减员过半。又过了15分钟，法国骑兵也发起了进攻。普军再也抵挡不住了，纷纷向魏玛方向溃逃，鲁谢尔本人也在这场战斗中受了致命伤。

由于鲁谢尔所部很快就被法军击溃，所以霍恩洛厄亲王重整残部再去支援前者的想法也成了泡影。于是，他只好撤过伊尔姆河前往萨克森豪森和利布施塔特。在这段时间里，驻守魏玛大道的萨克森部队却进行了一场最为英勇的战斗——他们死战不退，最后全都战死沙场或含恨被俘。

战斗在下午4点钟就结束了，法军开始转入追击。缪拉的骑兵马不停蹄地向魏玛冲去，在那里他们又俘虏了好几千名普军士兵。拉纳在当天夜里抵达了温普弗施泰特，奥热罗和内伊也抵达了魏玛，而苏尔特则赶到了施瓦布多夫。皇帝陛下此时相信自己已经击败了普军的主力部队，于是在近卫军的陪同下启程返回了耶拿。

在返回耶拿的途中，拿破仑先处理了负伤士兵撤下前线的问题。等他在夜幕中回到指挥部时，托布里昂上尉——此人是达武元帅的一名参谋——已经在那里恭候多时了。拿破仑从托布里昂口中得知，第三军凭一己之力在奥尔斯塔特附近击败了

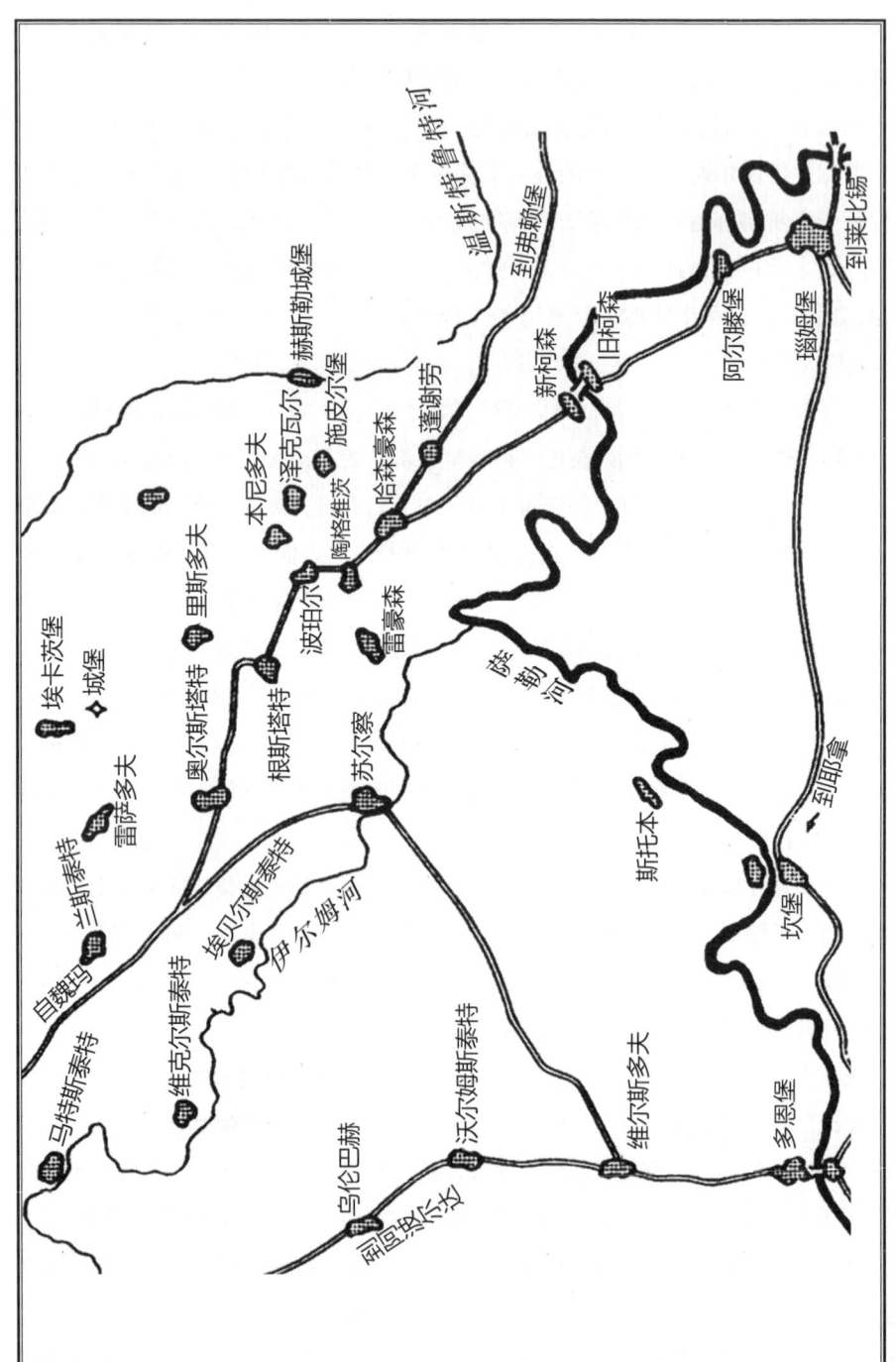

奥尔斯塔特战役，1806年

腓特烈·威廉和布伦瑞克公爵亲自指挥的七万名普军。这个消息让拿破仑都不禁大为讶异,他对托布里昂说道:"你们的元帅一定是把敌军的数量多说了一倍。"不过很快拿破仑就确证了这个事实,他不禁对达武及其部下大加赞赏。后文将详述这场战斗的经过。

拿破仑在耶拿战役中占有兵力上的优势,因此他可以说是胜券在握。[65] 不过当达武在其北面 13 英里处的奥尔斯塔特与普军作战时,不论基于哪条战争规律来看,他都不可能取得胜利。前文已经提到过,普军在 10 月 13 日的时候就开始沿从魏玛到瑙姆堡的大道进军了。普军的这支部队共有五个师,包括 52 个步兵营、80 个骑兵中队和 16 个炮兵连,共计有步兵四万人、骑兵一万人以及含团属炮兵在内的 230 门火炮。这支部队的先头师由施米陶将军负责指挥,当他抵达阿波尔达之后便听到南边传来了加农炮开火的声音,于是便下令暂停前进。不过之后他并未发现什么异常情况,遂又命令军队继续开拔。当天夜里,普军在奥尔斯塔特安营扎寨,从那里往东再走上八九英里便是柯森大桥。普军在 10 月 14 日接到的命令是以一个骑兵中队为先导,派一个师的部队向柯森挺进并掩护当地的隘口,而其余部队则在抵达哈森豪森之后经由弗赖堡大道转向北行进,在渡过温斯特鲁特河后于弗赖堡和劳哈安营扎寨。既然普军此时已知道法军位于瑙姆堡,那么布伦瑞克公爵为何不在 10 月 13 日早上先派一支强大的骑兵部队(并另派一个师的步兵加以支援)攻占并据守柯森隘口,直到己方的后卫部队全部离开哈森豪森呢?这一点实在是令人费解。布伦瑞克公爵此刻做出了最坏的选择,他在 10 月 13 日傍晚的时候派出少量骑兵进行了侦察,这无异于事先向敌人发出了警告。这些骑兵与达武的前哨部队进行了一番手枪互射,之后他们便回来报告说柯森隘口已经有法军驻守了。

当双方发生上述接触战的时候,达武本人正在瑙姆堡。他听到消息之后,便立刻纵马赶往前线。当他从普军俘虏口中得知腓特烈·威廉亲率大军向自己杀来之后,便立刻派出一个步兵营前去加强柯森大桥的防御。

达武在瑙姆堡一共驻有 2.45 万名步兵、1500 名骑兵和 44 门火炮,而他接到的命令则是走最短的路线——也就是经由柯森前往阿波尔达。从柯森开始,道路在萨勒河的左岸呈"之"字形蜿蜒延伸到一处高原之上。在那片高原的中央坐落着一个规模庞大的村落——哈森豪森,那里距奥尔斯塔特大约有五英里远。

贝纳多特的司令部就设在瑙姆堡,他麾下的部队则沿着瑙姆堡到多恩堡的道路安下了营寨；他接到的命令也是向阿波尔达挺近，但拿破仑要他要取道多恩堡，因为皇帝陛下在下达命令的时候还以为他将要面对整个普鲁士的军队。然而，达武获得的情报业已证明敌军现在正在奥尔斯塔特。到了10月14日凌晨3点，达武才收到贝尔蒂埃于昨天晚上10点发出的命令。于是，他开始不断敦促贝纳多特和他一起经柯森进军。贝纳多特可能是出于嫉妒而拒绝了达武的要求，并坚持执行两道命令中的第一个。他开始动身前往多恩堡，并在上午11点的时候抵达了那里。虽然阿波尔达距离多恩堡只有8~9英里的行程，但他直到下午4点才到达那里，而那时耶拿战役已经结束了。[66]

虽然贝纳多特拒绝配合自己，但达武这位拿破仑手下最有能力的将领还是毫不犹豫地向普军发起了攻击，而他判断普军总兵力应该在七万人左右。早上6点，达武和麾下的三个师一同出发前往柯森——这三个师的师长分别是居丹、弗里昂和莫尔姆德。大约8点钟的时候，法军的这三个师已经挺进到哈森豪森周边的平原上了。他们在浓雾中遭遇了布吕歇尔率领的600名骑兵，在这队骑兵后面则是施米陶的师，随行的还有腓特烈·威廉、布伦瑞克公爵及莫伦多夫陆军元帅。多亏了大雾弥漫，达武才能有时间让位置最靠前的居丹的师展开部署——这个师是由第12团、第21团、第25团和位于哈森豪森的第85团组成的。居丹把第21团和第25团部署在了村子的右侧（即北边），其后则是作为预备队的第12团。

在居丹部署兵力的同时，腓特烈·威廉、布伦瑞克公爵和莫伦多夫也在审慎地考虑如何应对眼下的局面。一向老成持重的布伦瑞克公爵建议暂时停止前进，等瓦滕斯莱本的师——该师就在施米陶的师的后面——赶上来再说。但是莫伦多夫却主张立即发起进攻，这获得了腓特烈·威廉的支持，于是施米陶也开始部署他麾下的兵力。就在此时，浓雾消散，普军发现了居丹所部。于是，普军方面又决定派布吕歇尔麾下的2500名骑兵去攻击居丹的右翼。不过，居丹看穿了普军的计划，立即命令第21团和第25团的侧翼各营组成方阵，而第12团则在后方组成了一个单独的团级方阵。布吕歇尔发起了四次冲锋，每次都无功而返。到了上午9点，弗里昂的师也出现在战场上。达武发现敌人的攻势针对的都是自己的右翼（这说明他们想要维持弗赖堡大道的畅通），因此他把居丹的师调动到了哈森豪森的周围，又把弗里昂所部部署到了居丹的右翼——也就是位于哈森豪森和施皮尔堡之间的地方。

这时瓦滕斯莱本的师也赶了过来，紧随其后的是奥兰治亲王统率的师——这两支部队都因为运输行李的后勤车辆堵塞了道路而耽误了行程——前者此时继续向正遭施米陶攻击的哈森豪森的南边赶去。由于莫朗尚未抵达战场，居丹只好提前动用了作为预备队的第12团来增援哈森豪森。施米陶在进攻中受了致命伤，而布伦瑞克公爵在看到法军的抵抗如此顽强之后，便亲率一个团的掷弹兵冲进了村子。结果，公爵的双目都被子弹击穿了——他立刻被抬下了战场，并于11月10日死在了汉堡附近的奥腾森。这样一来，普军实际上就已经没有指挥官了——因为腓特烈·威廉既没有亲自指挥军队，也没人任命任何人来接替布伦瑞克公爵的位置。

不久之后，奥兰治亲王师的两个旅也出现在了战场上，其中一个旅在吕佐夫的指挥下被派去支援瓦滕斯莱本的左翼，而另一个旅（其指挥官是亨利亲王）则赶往施米陶师的左翼，因为弗里昂已在泽克瓦尔的方向上取得了进展。此时，莫朗也率部抵达了哈森豪森的左侧（即南边）并就地展开了部署，顶着敌方重炮的火力一点点地把瓦滕斯莱本和吕佐夫击退了。瓦滕斯莱本和吕佐夫的撤退把施米陶所部的右翼给暴露了出来，为了避免被包围，施米陶也只得下令撤退。

为了阻挡莫朗的攻势，腓特烈·威廉把全部的骑兵部队集中起来交给了威廉亲王指挥——后者是在瓦滕斯莱本之后抵达战场的。接着，莫朗把麾下各营编成了方阵并亲自加入了其中的一个，而达武本人也加入了另一个方阵。普军骑兵呼啸而来，但就像所有对步兵方阵发起的骑兵冲锋一样，他们也被击退了。普军骑兵一再尝试，却都无功而返，这让他们筋疲力尽、组织涣散且心灰意冷——直到此刻他们才开始向苏尔察和奥尔斯塔特的方向撤退。因此，莫朗也继续向雷豪森方向挺进。

当莫朗在达武的左翼与普军交战的同时，位于达武右翼的弗里昂也攻下了施皮尔堡和波珀尔（此处法军曾失而复得），接着又挺进到了里斯多夫。到了正午时分，居丹仍然牢牢控制着哈森豪森，而位于南边的莫朗和位于北边的弗里昂也都开始用自己的炮兵对普军进行了纵向射击，试图迫使施米陶、奥兰治亲王及瓦滕斯莱本所部后撤。当前述三个普军师开始后撤的时候，居丹也趁机攻下了陶格维茨并继续向根斯塔特逼近，而普军将领卡尔克罗伊特也已经将两个后备师的主力集结在那里了。布吕歇尔和卡尔克罗伊特力劝腓特烈·威廉凭借这两个师的兵力和全部的骑兵部队再拼死一战，然而后者却坚信霍恩洛厄亲王和鲁谢尔的部队仍完好无损，并决意向他们靠拢，准备等双方合兵一处之后再和法军决战。

12点半的时候，普军开始撤退，而法军则一路追到埃卡茨堡方才停下脚步。这时达武所部已经筋疲力尽了,而且他们的骑兵数量也不足以赶走普鲁士人了。在卡尔克罗伊特的两个师的掩护下,普军保持着良好的秩序一直退到了马特斯泰特,他们在那里可以看到阿波尔达周围的营火。起初,这支普军还以为那些营火是霍恩洛厄亲王的部队点燃的,但他们很快就碰到了落荒而逃的普军士兵,并从这些士兵那里得知亲王的军队已经被击败了,而他们看到的那些营火也是法国人的。这意味着魏玛大道已经被法军切断了,因此腓特烈·威廉便下令全军沿泽默达大道转向北方前进。等到了布特尔斯泰特的时候,这支士气低落的军队又碰到了从耶拿战场上逃出来的大批溃败的普军,于是他们的内心变得更加迷茫不安了。由于相信法军就紧跟在这些逃兵的后面,所以一支接一支的普军开始无法维持建制——士兵们四散逃去。就这样,在一天之内,普鲁士投入战场的三支军队都已溃不成军;法军一共俘虏了2.5万名士兵,缴获了200门火炮和各式军旗60面。

在这两场相互关联的战役中,法军除第三军之外的伤亡人数都已经无法考证了,而第三军则损失了258名军官和6794名士兵,这大约占其全部兵力的四分之一——双方战斗的激烈程度由此可见一斑。居丹的师损失了41%的兵力,这是有史以来获得胜利的一方中损失最为惨重的一支部队。

拿破仑在10月15日的《第五号公报》中这样写道:"耶拿战役一举荡平了罗斯巴赫战役所带来的耻辱……在我军的右翼,达武元帅率领的军团的壮举堪称奇迹。他不仅牵制住了敌人,还击败了由三支以上的敌军部队组成的敌军主力,而这些敌人本打算从柯森渡河。达武元帅所表现出来的过人的勇敢和坚韧的性格,都是一名战士最杰出的品质。"[67]

10月15日上午,法军展开了一场世界战争史上最为出名的追击作战:缪拉、苏尔特、内伊及贝纳多特分头追击普军残部并消灭所有仍敢于顽抗的敌方力量,而拿破仑则和达武、奥热罗与拉纳一道率近卫军直扑柏林。此外,路易和莫尔捷也奉命攻入了黑森境内。

拿破仑于10月27日以胜利者的姿态进入了柏林。虽然此时法国和普鲁士已经商讨并敲定了签署和约的条件,但腓特烈·威廉却又从圣彼得堡那里收到了一个消息——如果普鲁士仍能和俄罗斯维持同盟,那么沙皇陛下将会亲率14万大军前来援助普鲁士。因此,腓特烈·威廉又拒绝批准和约。在此期间,普鲁士境内的埃尔福特、普伦茨劳、斯潘道、什切青、库斯特林、马格德堡,以及哈默尔恩等要塞相继投降了法军。此外,布吕歇尔也于11月7日在吕贝克停止了抵抗。至此,普鲁士和萨克森的全部军力在24天的时间内被全部摧毁了:共有2.5万人战死或负伤、10万人被俘,其余的军队也自行解散或四散逃逸了。法军光是在柏林就缴获了4000门火炮、两万匹战马和10万支步枪。

无论是从战略层面上来看,还是从战术层面上来看,都很少有哪场胜利能够取得像耶拿—奥尔斯塔特战役这样的决定性战果。不过,拿破仑在政治层面上并没有达成自己的目的。普鲁士的失败并没有使英国退出战争,也正因为如此,这两场战役对历史的影响才如此深远。耶拿—奥尔斯塔特战役并没有给欧洲带来和平,欧洲在随后的岁月里依旧战事不断,并最终变得疲惫不堪。当拿破仑最终被推翻之时,英国也成了当之无愧的世界工厂和世界银行,而这正是拿破仑费尽心思想要阻止的事情。

与之相比,推翻一个施行绝对君主制的国家、强制征收1.6亿法郎的战争赔款[68],以及强迫萨克森和魏玛加入"莱茵邦联"都只能算是次要的了。拿破仑对此也心知肚明,因为他在胜利之后立刻开始着手解决那个悬而未决的问题,也就是如何才能耗尽伦敦的黄金储备并最终摧毁英国人的信誉。

首先,拿破仑没收了在普鲁士和萨克森境内发现的所有英国货物。[69]接着,他又命令莫尔捷攻占汉堡及其他汉萨同盟的城镇。最后,他于11月21日颁布了自己的"柏林敕令"(Berlin Decree)——这是他准备用来摧毁英国的贸易的伟大手段。该敕令一共包括11条内容,这里仅摘录其中最重要的前八条内容:

第一条:兹宣布不列颠诸岛已经处于被封锁的状态中。

第二条:禁止一切前往不列颠诸岛的旅行,以及与不列颠诸岛的所有通信……

第三条:任何英国臣民……一旦在我军或我方盟国控制地区被发现,均视为战俘加以拘禁。

第四条:凡属于英国臣民的仓库、商品及任何其他性质的财产,一律依法加以没收。

第五条:严禁与英国进行商品贸易;凡属于英国的商品或是产自英国工厂及英国殖民地的商品均应加以没收。

第六条:上述规定中需加以没收的商品及财产,其中一半的金额应用于补偿我国商人因商船遭英国巡洋舰扣押而造成的损失。

第七条：任何港口不得接纳任何直接自英国本土或其殖民地驶来的船只，也不得接纳自本敕令颁布以后仍前往过上述地区的船只。

第八条：任何船只企图以伪造之文件违反上述规定者，一律加以没收，该船只本身及其所装载之货物均视作英国货物处理。

之后《柏林敕令》便成了拿破仑大陆封锁政策的基石，凡是愿意遵守该敕令的国家都被法国视为朋友，反之则被视为法兰西的敌人。

英国也立刻进行了反击。1807年1月7日，英国议会颁布了一项法令，禁止所有中立国船只在属于法国或其盟国控制下的任意两个港口之间往来贸易，否则就将没收船只及其装载的货物。作为回应，拿破仑在1月27日下令在汉萨同盟诸城市内没收来自英国及其殖民地的货物——真正的战争就这样打响了。

不过俄军此时仍在坚持作战，而且沙皇亚历山大——他是英国信用体系在欧洲大陆上最大的支持者——拒绝接受《柏林敕令》的条件。因此，拿破仑决心要击垮他。

贝尼希森率领六万名俄军驻扎在华沙，布克斯豪登麾下也还有四万多人可以在一个月内准备就绪。拿破仑于11月25日离开柏林前往波森，而缪拉则在11月28日进入了华沙。12月18日，拿破仑的銮驾也抵达了华沙。此时，两支俄国军队已经会合并由卡缅斯基统一指挥。1807年2月8日，拿破仑冒着暴风雪在普鲁斯—埃劳向俄军发起了进攻，双方爆发了一场血腥的战斗，法军没有取得决定性的胜利，俄军也得以全身而退——这是拿破仑第一次在一场激战中失败。4月26日，俄罗斯和普鲁士签订了《巴滕施泰因协定》（Convention of Bartenstein），俄国沙皇和腓特烈·威廉约定要联合起来将法国人赶出日耳曼地区。英国人也对此表示支持，并承诺支援普鲁士100万英镑用作军费，此外还会派出一支两万人的部队前往斯特拉松德，以支援古斯塔夫四世统帅的瑞典军队（共计1.6万人）。

之后拿破仑包围了但泽，贝尼希森在该城投降之后愚蠢地选择了向法军发起进攻，结果在6月14日的弗里德兰之战中被法军击败。法国人取得了一次决定性的胜利，沙皇不仅向拿破仑乞求和平，还提议和这位征服者结成同盟。

6月25日，法俄两国的皇帝在停泊于尼曼河中的一艘木船上举行了会晤。双方用了三个小时来讨论相关的和平条款，而腓特烈·威廉则冒着雨水在岸上等待两位皇帝陛下做出决定。拿破仑最核心的一个要求就是俄罗斯应恢复保罗一世时期的武装中立状态，也就是禁止英国船只进入波罗的海。俄国人同意了这个条件，两国在7月7日签署了《法俄和约》。两天之后，法国和普鲁士也在提尔西特签署了和平协议——根据该协议，普鲁士失去了易北河以西的所有领土（其中就包括1793年吞并的波兰各省及1772年吞并的西普鲁士的南部地区），并将科特布斯割让给了萨克森。但泽成了一个自由市，而普鲁士不仅失去了一半的领土，还要承诺与法俄两国采取共同行动以对抗英国。至此，拿破仑似乎已经取得了完全的胜利。

注解

1. 拿破仑于1769年8月15日出生于阿雅克肖。
2. *Oeuvres de Guibert (1803),* vol.IV, p.74.
3. *Memoires pour servir a l'histoire de Napoleonier (1894),* vol.III, p.50.
4. *Memoirs of General de Caulaincourt Duke of Vicenza,* trans, Hamish Miles (1935), vol.I, p.93.
5. 同上，vol.II, p.10。
6. 同上，vol.I, p.521。
7. *Memoirs of General de Caulaincourt Duke of Vicenza,* trans, Hamish Miles (1935), vol.I, p.438.
8. 同上，vol.I, p.424。
9. 同上，vol.I, p.529。
10. 同上，vol.I, p.429。
11. 拿破仑曾说过："我认为那些北方野蛮人已经太过强大了，他们可能会在一段时间内压倒全欧洲，就像我现在认为他们将要做的那样。"（引自 *The Cambridge Modern History,* vol.IX, p.765）
12. 同上，vol.IX, p.765。
13. *Journal of the Private Life and Conversations of the Emperor Napoleon at Saint Helena,* Count de Las Casas (1824), vol.IV, Pt.vii, pp.134—139.
14. *History of the War in the Peninsula under Napoleon (1827),* vol.I, pp.110—112.
15. *Napoleon in Exile,* B.E.O'Meara (1822), vol.II, p.377.
16. *Caulaincourt's Memoirs,* vol.I, p.599.
17. *Correspondance,* No.9997, vol.XII, p.203.
18. "法军的燧发步枪每射击九次就会有一发哑火，每射击18次就会有一发子弹无法射出。枪上的燧石每射击30次就必须更换。"（*Oeuvres du Marquis de Chambray,* 1840, vol.V, p.292）
19. 参见 *The Growth of Napoleon,* Norwood Young (1910), p.166。
20. *Life of Sir Robert Wilson,* H.Randolph (1862), vol.I, p.86.
21. *Journals and Correspondence of Sir Henry Calvert (1853),* p.220.
22. 引自 *Les Guerres de la Revolution,* A.Chuquet, vol.II, p.96。
23. *Memoirs,* vol.I, pp.592—593.
24. *Squvenirs militaires de 1804 a 1814,* Duc de Fezensac (1863), p.163.
25. *Etude sur l'armee revolutionaire,* Pierre Cantal, p.118.
26. *The St.Helena Journal of General Baron Gourgaud,* edit. Norman Edwards (1932), p.51.
27. 在耶拿战役中，普鲁士军队一天的行进距离很少能超过12.5到15英里，而法军一些部队的行军速度可谓非同凡响：拉纳所部有一次曾用50个小时行军65英里；还有一次，贝纳多特麾下部队耗时69小时行进了75英里。拿破仑的军事胜利很大程度上要归功于法军快速机动的能力。（*Correspondance,* No.9392, vol.XI, p.336）
28. 同上，No.14707, vol.XVIII, p.218。
29. 同上，No.11939, vol.XIV, p.380。
30. *Journal de Sainte Helene,* Genl.G.Gourgaud (1899), vol.II, p.336。
31. *Journal,* Las Casas, vol.I, pt.ii, p.6.
32. *Correspondance,* "Precis des guerres de J.Cesar", vol.XXXII, p.104.
33. *Memoirs,* vol.I, p.600.
34. *Correspondance,* No.11390, vol.XIV, p.35.
35. *Le Marechal Berthier,* V.B.Derrecagaix (1904), vol.I, p.399.

36. *Correspondance,* No.18219, vol.XXII, p.540.
37. 同上,"Diplomatic-Guerre", vol.XXX, p.447。
38. *Des Changemens survenus dans l'art de la guerre 1700-1815,* Marquis de Chambray (1830), p.23.
39. *The Influence of Firearms upon Tactics,* Anonymous (English edit., 1876), p.83.
40. 在榴弹炮的使用方面有一点颇值得关注:1813年8月10日,腓特烈·威廉三世曾发布了如下指令:"如果敌军受到高地的反斜面或其他地形的掩护,那就应当把榴弹炮集中起来使用。因为大量的炮弹落到同一个弹着点上可以产生非常可怕的效果,而大多数情况下那些掩体是无法承受这种程度的炮击的。"
41. *La Manœuvre d'Iena,* General H.Bonal (1904), p.127.
42. *Der Krieg von 1806-1807,* Lettow-Vorbeck (1892), p.163.
43. *Correspondance,* No.10881, vol.XIII, p.263.
44. 同上,No.10744, vol.XII, p.150。
45. 同上,No.10756, vol.XIII, p.160。
46. 同上,No.10757, vol.XIII, p.162。
47. *La Manœuvre d'Iena,* p.41.
48. 同上,No.10773, vol.XIII, p.177。
49. 同上,No.10787, vol.XIII, p.188。
50. 同上,No.10801, vol.XIII, p.210。关于这次伟大行军的具体细节,请参见 *Bonal,* p.63 及 *Thiers's History of the Consulate,* etc., vol.vii, p.20。
51. 同上,No.10809, vol.XIII, p.204。尤金亲王的部队由马塞纳麾下的7万人(位于北意大利)和马尔蒙所指挥的1.2万人(驻扎在达尔马提亚)组成。
52. 参见 *Bonal,* chap.V, and *Correspondance,* 10818, vol.XIII, p.217。口授这样一份命令着实辛苦。
53. *Correspondance,* No.10815, vol.XIII, p.213.
54. 同上,No.10845, vol.XIII, p.239。
55. 同上,No.10920, vol.XIII, pp.292—296。
56. 同上,No.10558, vol.XIII, p.10。
57. 同上,No.10941, vol.XIII, pp.309—310。
58. 同上,No.10977, vol.XIII, p.334。
59. 同上,No.10980, vol.XIII, p.335。
60. *Bonal,* pp.412—413.
61. *Correspondance,* No.11000, vol.XIII, p.348.
62. 同上,No.11004, vol.XIII, p.350。拿破仑在这道命令中没有提及任何一处村庄的名字,这大概是因为营火的光亮不足以让他看清地图造成的。
63. *Bonal,* p.421.
64. *The Jena Campaign 1806,* Col.F.N.Maude (1909), p.156.
65. 如果腓特烈·威廉率军从阿波尔达赶往耶拿,战线或许会在10月14日下午的早些时候稳定在维森海里根。但到下午4点钟的时候,拿破仑手中还握有9.6万雄兵,而且——正如富卡尔所指出的那样——法军第一军、第三军共4.6万人也将会抵达阿波尔达附近,并向普军的侧翼发起攻击。(*Campaign de Prusse,* 1806, P.Foucart, 1890, vol.I, p.671.)
66. 拿破仑在这份文件中毫不遮掩地展现了他对贝纳多特这个决定的看法。而且他在圣赫勒拿岛时还说自己已经签署了对后者进行审批的命令,但出于私人的原因——可能是考虑到他的妻子——又收回了成命。(*Memoires pour servir a l'histoire de France sous Napoleon,* etc, 1823, vol.VIII, p.215.)
67. 参见 *Correspondance,* No.11009, vol.XIII, p.357,亦可参见 Nos.11007 和 Nos. 11014。
68. 同上,No.11010, vol.XIII, p.359。

69. 拿破仑在莱比锡没收了大量的英国布匹,所以"皇帝陛下给每一位法国军官送了一套全新的军装,给每一名法国士兵送了一件披风和一件外套。"(*Great Captains: Napoleon*,Theodore Ayrault Dodge, 1904, vol.II, p.418)

大事记
法国与英国的欧陆争霸（第一阶段）

虽然拿破仑直接入侵英国的计划被迫搁浅了，但他仍可使用间接的手段达成目的。这是因为对英国的直接进攻要依赖于对英吉利海峡的掌控，而控制英吉利海峡的前提则是对欧洲大陆沿岸各港口的控制。倘若拿破仑能够控制住这些港口，那么他就能掐断作为英国财政来源的海外贸易；英国一旦失去了这项巨额的财政收入，那它也就无力去资助其在欧洲大陆上的盟友了；而一旦失去了这些盟友，它也就不可能再奢望击败拿破仑了。因此，正如保罗·H.埃姆登先生在《19世纪和20世纪欧洲经济霸权》一书中所指出的那样："在所有联合起来对抗拿破仑的力量当中，最强大的当属英国的经济霸权。"

对于查理·詹姆斯·福克斯和法国驻伦敦大使安德烈奥西伯爵来说，上述这一点是不言而喻的事情。福克斯在敦促英国撤出马耳他时曾说过："为了满足我国商人的野心，我们就必须让英国人血流成河吗？我宁愿为了亚历山大式的浪漫远征而流血，也不愿为了少数贪婪的商人对金钱的贪欲而牺牲。"安德烈奥西在1803年战争爆发前的几个星期给第一执政（即拿破仑）写信说："英国的主要国家利益在于商业，而它的商人阶级又异常强大；英国政府不得不向商人借贷额外的金钱，因此后者就有权要求政府在其所采取的政策中考虑商人们的利益。"法国对英国货物的禁运导致了英国不断恶化的贸易萧条，因此英国的商人和银行家们唯一想要的就是比较自由的贸易活动。

然而拿破仑却不会去考虑这一点，因为他认为自由贸易将会把法国变成英国的债务人。拿破仑的经济思想来源于卢梭，而后者认为"一个完美的国家应当是自给自足、无须对外贸易的"。为了实践这种自给自足的理想，法国国民公会在1793年秋天就禁止进口所有的英国商品（由法国船只运输的除外）。三年之后，为了刺激法国的工业，法国又禁止一切敌国加工制造的物品进入国内。

拿破仑不仅拒绝修改国民公会的上述政策，还将其进一步扩展为自己的"大陆封锁体系"，也就是他针对英国发动的贸易战争。在《亚眠和约》被撕毁的两个月前，拿破仑在与惠特沃斯勋爵的一次谈话中这样说道："你以为我想在一场孤注一掷的斗争中拿自己的权力和名誉来冒险吗？如果我和奥地利开战，那我就会设法直捣维也纳。如果我和贵国（指英国）开战，那我就会让你们失去欧洲大陆上的所有盟国；从波罗的海到塔兰托湾，我将会切断你们之间相互连通的所有海上通道。当然，贵国会对我实施封锁，但反过来我也一样会对你们实施封锁。"

这并不是拿破仑在空口无凭说大话，因为当战争在5月再度爆发的时候，他最先开展的行动中有一个就是攻占了汉诺威，以便能够控制易北河的河口。此外，他还派遣圣西尔率军攻占了塔兰托和那不勒斯王国的其他港口，以让法国能够在地中海中取得一个立足之地。不过，正如我们所看到的，直到1805年8月第三次反法联盟的威胁日益凸显之时，拿破仑才不得不放弃入侵英国的想法。

虽然当时联合起来反对拿破仑的力量庞大，但却很分散：在意大利有8.4万人，由查理大公指挥；提洛尔有3.4万人；多瑙河附近有5.8万人（指挥官是斐迪南大公和马克将军）；此外还有库图佐夫统率的俄军5.5万人，他们预计可在10月中旬抵达因河，这要比拿破仑预计能够抵达多瑙河的时间早了三个星期。库图佐夫身后还跟着两支军队，分别由贝尼希森和布克斯豪登负责指挥。另外俄罗斯、瑞典、丹麦、汉诺威和英国还组织了5万人的联军前去收复汉诺威并入侵荷兰；俄罗斯、英国和那不勒斯三国还另外组建了5万人的联军，力图将法军赶出意大利南部地区。

虽然反法同盟方面对上述计划守口如瓶，但拿破仑早已洞察了他们的意图；为了防止普鲁士倒向反法同盟，他许诺将汉诺威割让给腓特烈·威廉，并在8月24日派迪罗克将军赶赴柏林签署了一项条约。同时，拿破仑告诉腓特烈·威廉，自己已经警告过奥地利，如果后者不将军队撤回和平时期驻扎的营地当中，那自己就将"率10万大军攻入巴伐利亚"。

拿破仑的这个最后通牒在9月3日的时候遭到了奥地利的拒绝。9月8日，奥地利军渡过了因河，随即巴伐利亚选帝侯将自己的军队撤往了维尔茨堡和班贝克以等待法军的到来。9月26日，法国的"大军团"开始横渡莱茵河并以最快的速度扑向斐迪南和马克指挥的奥地利军，力图在库图佐夫赶来支援之前将他们击溃。

10月6日，拿破仑抵达多瑙河。10月17日，他再次上演了马伦戈式的战略机动①，迫使马克及其麾下的1.5万名奥地利军在乌尔姆缴械投降，同时又包围了韦尔内克将军指挥的1.3万余人。

正当腓特烈·威廉还在考虑要不要接受拿破仑关于割让汉诺威的提议时，贝纳多特却率军经过了安斯巴赫，这显然冒犯了普鲁士作为中立国的地位。当时俄国沙皇正在力劝普鲁士加入反法同盟，而贝纳多特的公然冒犯使得后者恼怒异常。腓特烈·威廉便于11月3日在波茨坦会见了沙皇亚历山大，为了回报俄国的支持，他表示如果拿破仑在见到自己的特使豪格维茨伯爵——此人因为反对普鲁士卷入战争，一直拖延到11月14日方才动身——之后四个星期还不从奥地利撤军的话，届时普鲁士就将向法国宣战。

11月13日拿破仑攻入了维也纳，由于弗朗西斯皇帝拒绝媾和，所以拿破仑决定继续进军。11月19日，库图佐夫和布克斯豪登在奥尔米茨会师。次日拿破仑便率4万人——不久就增加到了6.5万人——进抵了布伦。拿破仑此时的处境很危急，这不仅是因为大部分法军尚未集结，还因为他要对付位于东北方40英里处的奥尔米茨的8.25万名俄奥联军（这支部队由亚历山大和弗朗西斯亲自指挥）。而且，贝尼希森和查理大公所部军队也将在12月中旬抵达战场，届时反法同盟的兵力还将增加一倍。此外，18万名普鲁士士兵也可能参战。

拿破仑的运气很好。因为奥尔米茨缺乏军需补给，所以亚历山大决心不等贝尼希森前来会合就先向拿破仑发起攻击——库图佐夫对此提出了反对意见——以阻止后者集结更多的兵力。这一决定所带来的后果就是在12月2日爆发了奥斯特里茨会战：反法同盟的军队中了拿破仑的诱敌之计，被法军一分为二之后，左翼遭到全歼。此役联军伤亡了1.2万人，另有1.5万人被俘，还被缴获了180门火炮，而法军则

---

① 译注：马伦戈战役是拿破仑执政后指挥的第一个重要战役；拿破仑在此役中成功地进行了一系列战略欺骗和伪装，率领法军避实就虚取得了战役胜利。

伤亡了 6800 人。奥斯特里茨会战是拿破仑军事上的杰作，也是他在所有战役中最引以为豪的一次会战——自腓特烈大帝之后还没有任何一次会战可以与之相提并论。

联军的士气也遭到了毁灭性的打击，因此弗朗西斯马上就请求停战；拿破仑提出了停战条件，要求俄军立刻撤出奥地利，而且严禁普鲁士军队进入奥地利。一开始拿破仑提出只要俄国同意禁止进口英国货物，那自己就愿意保证奥地利的领土完整，但亚历山大拒绝了这一提议，谈判只得继续下去。12 月 26 日，参战各方在普雷斯堡签署了一项和约。根据该和约的条款，奥地利付出了惨痛的代价：威尼斯地区、伊斯特拉半岛和达尔马提亚地区被割让给了身兼意大利国王一职的拿破仑；弗朗西斯皇帝放弃了自己在巴伐利亚、符腾堡和巴登的领主权（前两地进而变成了独立的王国）；奥格斯堡、纽伦堡、布里克森、特伦特、蒂罗尔，以及福拉尔贝格被割让给了巴伐利亚。除了拿到了萨尔茨堡和贝希特斯加登外，奥地利一无所获，却还要另外支付 4000 万法郎的赔款。

从始至终，塔列朗对这些严苛的条款都表示了反对。他认为要让奥地利保有大国的地位，因为它是抵御"野蛮人——也就是俄罗斯人——的一座不可或缺的堡垒"。但拿破仑是不会听从这些意见的，因为奥地利作为一个内陆国家在他的"大陆封锁体系"中并不重要。为了把英国商品排除在波罗的海之外，拿破仑的目光聚焦到了普鲁士和俄罗斯身上。

拿破仑现在要解决的问题是如何拆散俄罗斯和普鲁士的联盟并将英国孤立起来。虽然他并不清楚俄普两国在波茨坦签订的协议的具体内容，但他对此还是起了疑心；为了争取时间，他一直等到奥斯特里茨会战结束之后才接见了豪格维茨伯爵。12 月 15 日，拿破仑在维也纳接见了豪格维茨，后者非但没敢将腓特烈·威廉的最后通牒告知拿破仑，反而被迫同意签署了一个条约，从而让法国和普鲁士结成了攻守同盟。根据该条约，普鲁士将割让克利夫斯、纳沙泰尔和安森巴赫以换取汉诺威。两个月之后，这个条约被《巴黎条约》所取代，双方的同盟关系变成了纯防御性质的，而普鲁士也立即吞并了汉诺威并禁止英国船只进入埃姆斯河、威悉河和易北河。1806 年 2 月 24 日，柏林批准了《巴黎条约》，不久之后英国便扣押了 300 艘普鲁士船只并封锁了普鲁士位于北海的各港口。

拿破仑对自己和普鲁士之间达成的这些条件相当满意，之后便开始着手建立自己的王朝并巩固已有的成果。当年 3 月，拿破仑册封自己的兄弟约瑟夫为两西西里国王，又册封了自己另一个兄弟路易为荷兰国王。此外，他还造就了一个新的贵族阶层：贝尔蒂埃、塔列朗和贝纳多特分别被册封为纳沙泰尔亲王、贝内文托亲王和蓬泰科尔沃亲王，而其他的重要将领也获得了各式封赏。同时，拿破仑解散了神圣罗马帝国，取而代之的是一个名为"莱茵邦联"的邦国联盟，其中较为重要的几个邦国为巴伐利亚、符腾堡、巴登、贝格和拿骚。后来"莱茵邦联"的范围扩大到易北河以西所有的地区、除拜罗伊特和汉诺威之外的整个波西米亚，以及易北河以东的梅克伦堡。

7月19日，组建"莱茵邦联"的条约在圣克卢获得批准，拿破仑成了邦联的保护者。8月1日，弗朗西斯二世皇帝免除了所有选侯和亲王对自己的臣属关系，并改尊号为奥地利皇帝弗朗西斯一世——延续了一千年的神圣罗马帝国就此走下了历史舞台。

拿破仑在组建"莱茵邦联"的同时，也在和俄罗斯及英国秘密接触：他希望沙皇亚历山大能承认约瑟夫作为两西西里的国王——这样可以巩固后者在地中海地区的地位，并从英国人手中夺取西西里岛；至于英国方面，拿破仑则提议归还汉诺威，自己再用其他好处来弥补普鲁士的损失。

结果这些提议被人泄露了出去。8月9日，腓特烈·威廉在普鲁士主战派——其领袖为路易王后和路易·斐迪南亲王——的压力下下令普军部分动员，而之后发生的一场意外事件则彻底引爆了战争。

当年7月，纽伦堡一位名叫帕尔姆（Palm）的书商发行了一本作者不详的小册子，其标题是《深陷耻辱之中的日耳曼》。拿破仑对此大为震怒，立刻下令逮捕帕尔姆。8月25日，这名书商被军事法庭审判、定罪并枪决。这种高压手段令普鲁士大为不满，腓特烈·威廉遂于9月6日下令重新向英国船只开放位于北海的各港口。9月21日，腓特烈·威廉离开柏林前往位于瑙姆堡的普军总部，并于5天之后向巴黎发出了最后通牒，要求驻扎在日耳曼南部的法国军队于10月8日之前撤到莱茵河对岸。

莱比锡战役(1813年)

第十四章

随着拿破仑撤出莫斯科，整个战争的性质也发生了变化：在此之前，除了在西班牙，反对拿破仑的一直都是各国的王室，但远征俄国之后站出来反对他的就都是各国的普通民众了——激励他们的是独立自主的精神信念，而这种精神曾在拿破仑年轻时所经历过的法国大革命中唤醒了法兰西的民族精神。也正是凭借着这种精神，法军才能在1792年把布伦瑞克公爵赶出香槟地区。到了1813年，一种同样的精神就要被用来打倒拿破仑了：就像当年法国旧政权对其人民所做的那样，他也让法国在欧洲诸国之间居于特权地位，而这使得各路叛军在拿破仑所征服的土地上蜂拥而起。莫斯科的大火点燃了整个欧洲大陆的反抗精神，因此那场发生在莱比锡平原上的战斗也就理所当然地被称作"民族会战"——一个全新的欧洲即将在这场战役之后诞生。

拿破仑并没有认识到这种深刻的变化。当他回到巴黎的时候，虽然其所面临的局势非常复杂，但这一切在他眼中都还远没有到绝望的地步。尽管他的威望遭到了打击，但其军事力量只不过是暂时被削弱了：因战争而疲敝的法国依然忠诚于自己的皇帝；意大利、伊利里亚、尼德兰及除普鲁士之外的整个日耳曼地区都仍然掌握在他的手中；普鲁士和奥地利是他的盟友。现在与法国为敌的只有英国和俄罗斯了，前者的军队深陷西班牙战场，而后者的财政已经破产了。此外，俄罗斯此时分裂成了以库图佐夫为首的主和派和以沙皇为首的主战派，前者主张在普鲁士的边境结束对法战争，而后者的目标则是要彻底消灭拿破仑。不过沙皇也知道，单凭他一个人的力量是不足以让整个俄罗斯都追随他继续战争的。

对于拿破仑来说，普鲁士和奥地利两国并不可靠。普鲁士的军力非常孱弱，如果它选择背叛法国——这似乎是很有可能发生的事——拿破仑相信自己可以击溃普鲁士和俄罗斯联军。至于奥地利的问题则比较棘手，因为一旦它和普鲁士以及俄罗斯联合起来的话，拿破仑可能就要面临两线作战的局面，不得不面对具有压倒性优势的联军了。因此，为了确保奥地利保持中立，拿破仑刚一回到巴黎就立刻和自己的岳父展开了谈判。

拿破仑从法国驻维也纳的大臣奥托伯爵[1]口中得知，当时英国也在和奥地利进行谈判。此时，奥地利玩起了两面派的把戏：它既不想让野蛮的俄罗斯"部落"进入并蹂躏自己的国土，但也确实想要摆脱法国人的控制。由于奥地利尚未做好进行战争的准备，所以此时的政策就是要继续拖延时间。

此时，在尼曼河上却发生了一件之后被证实具有决定性意义的事件：统率着三万名普军——这是麦克唐纳元帅的后卫部队的一半兵力——的约克·冯·瓦滕堡将军（General Yorck von Wartenberg）擅自与俄国人签订了《陶罗根协定》（Convention of Tauroggen），并根据该协定宣布自己麾下的军队将会保持中立状态。

这场出人意料的背叛行为产生了两个后果。首先，仍指挥着"大军团"残余部队的缪拉现在被迫撤退了。1月16日——也就是俄军主力渡过尼曼河三天之后，他把指挥权交给了意大利总督尤金亲王（Prince Eugene），而后者只不过是一个无能的宫廷将军罢了。[2] 其次，瓦滕堡将军的背叛成了普鲁士民众全面觉醒的征兆，而且该事件最终促使腓特烈·威廉于2月26日在卡利什（Kalisch）与俄罗斯缔结了攻守同盟。根据盟约的规定，俄罗斯答应出兵15万人，而普鲁士则要提供8万人的部队。3月13日，双方正式公布了盟约，普鲁士也随之向法国宣战——这样一来，俄罗斯主战派的目的就达到了。

对法国宣战之后，一股狂热的爱国热情席卷了整个普鲁士，政府也随即宣布采取"全民皆兵"（Levee en masse）的政策：规定凡是没有加入正规军或后备军（Landwehr）的男性都要攻击敌人的交通线和后方营地，以此来支援军队作战。普鲁士人民必须尽一切手段死战到底，他们将会去袭扰敌人的军队、切断敌人的补给并杀死掉队的敌方士兵。这些不穿军服的游击队在敌军所到之处实施了焦土政策，他们烧毁了粮食和磨坊，破坏了桥梁和船只，人们纷纷抛弃自己的村落躲进了森林和山区。对此，费恩曾这样写道："这些就是拿破仑的敌人打算用来对付他的新手段。"[3]——普鲁士将重演1792年的法国曾经出现过的情形。

在此期间，俄军也在1月18日渡过了维斯杜拉河，并于2月7日进入华沙。尤金亲王之前在但泽、格劳登茨（Graudenz）、托恩（Thorn）、莫德林（Modlin）及其他要塞中驻扎了5.4万名守军（其中有3.3万名法国）。但到了3月初的时候，由于惧怕民众起义和不断逼近的俄军，尤金亲王放弃了奥得河防线并退守易北河。等到了易北河的时候，他又奉拿破仑的命令放弃了德累斯顿，然后把兵力集中到了马格德堡。考虑到距离的因素，尤金亲王又于3月12日被迫放弃了汉堡，之后特腾伯恩（Tettenborn）便率领着麾下的哥萨克骑兵在市民们的夹道欢迎中进入了该城。

拿破仑正忙于在四个月内组建一支新的军队，这是他最伟大的壮举之一。科兰古（Caulaincourt）这样写道："法国变成了一个巨大的工厂……整个法兰西民族

1077

都忽视了拿破仑所遭受的失败,他们争先恐后地展示着自己的热情和奉献精神。这是法兰西民族性格的光辉典范,同时也是皇帝个人的一次胜利,因为他发挥自己的天才找寻着一切可以利用的资源,又以惊人的精力组织和指挥着这一伟大的民族事业——一切所需之物就仿佛是用魔法给变出来的一样。"[4]

拿破仑的目标是组建一支65万人的大军。去年11月的时候他就已经下令征召1813年入伍的新兵,预计可以征募13.7万人。更早一些的时候,当他还在前往莫斯科的路上时,就已经为增强国内的治安而下令征募8万人的国民警卫队"部队"了,这支部队现在也被用来应对国外的战争了。此外,他还征召了全部的1814年兵员共20万人,以及1808年、1809年和1810年这三年中没有被征召的兵员共10万人。然后,他又在驻西班牙的27万人中抽调了许多老兵和四个团的近卫军[5],并从海军中征调了四万名经验丰富的炮手。[6]此外,他还从宪兵中抽调了3000名骑兵军官和士官,又命令意大利提供一个军(共3万人)交由贝特朗将军指挥。由于出现了许多逃兵,所以上述这些兵员的数目并未完全达到预期。

虽然科兰古认为他们"不过是一群有组织的暴徒"[7],但新征召的步兵总体上素质还是不错的。人们虽然尊重科兰古的说法,但也不得不同意奥德莱本(D'Odeleben)的观点,那就是在进行战斗时"几乎不可能在其他地方找到像他们这样的士兵了。这些人英勇无畏,视死如归,在面对任何困难和危险时都会不改其对自己长官和所属部队的赤诚之心"。[8]法军的炮兵还是一如既往的优秀,但他们的骑兵不仅数量不足,还素质低下——到4月份的时候只征召了不到1.5万人,而且其中只有一半人适合作战。造成这种情况的原因可能有以下几点:一是骑兵中的老兵几乎在俄罗斯全军覆没了,而在法国本土又找不到足够多的合适的人员进行补充;二是年轻的骑兵军官缺乏训练;三是新的马鞍、马具,以及糟糕的马夫让许多战马失去了作战能力。因为缺乏高效的骑兵部队,所以拿破仑在之后的整场战役中都受到了掣肘。

根据拿破仑在3月12日于特里亚农(Trianon)颁布的一项敕令[9],新组建的军队编制如下:第1军的指挥官为达武元帅(埃克缪尔亲王);第2军的指挥官为维克托元帅(贝卢诺公爵〔Duke of Belluno〕);第3军的指挥官是内伊元帅(莫斯科瓦亲王);第4军的指挥官是贝特朗将军;第5军的指挥官是洛里斯东将军(General Lauriston);第6军的指挥官是马尔蒙元帅(拉古萨公爵〔Duke of

Ragusa〕）；第7军的指挥官是雷尼耶将军；第8军的指挥官是波尼亚托夫斯基亲王（Prince Poniatowski）；第9军的指挥官是奥热罗元帅（卡斯蒂廖内公爵〔Duke of Castiglione〕）；第10军的指挥官是身处但泽的拉普将军；第11军的指挥官是麦克唐纳元帅（塔兰托公爵）；第12军指挥官是乌迪诺元帅（雷焦公爵〔Duke of Reggio〕）。此外，法军中还有一些由日耳曼人组成的部队。

拿破仑在4月中旬的时候完成了备战，他亲率两个军团共计22.6万名官兵，携457门火炮前往战场。"美因河"军团由他亲自指挥，包括第3军、第4军、第6军和第12军，以及近卫军和近卫骑兵；而"易北河"军团则由尤金亲王指挥，包括第5军和第11军这两个完整的军，第1军、第2军和第7军的一部分，以及第一骑兵军。[10]

能在这么短的时间里征召并装备将近25万人的军队，同时还在后方集结了同等数量的后备部队，这无疑是一个非凡的成就。如果拿破仑的前景能够完全地取决于物质力量的话，那么在接下来的四个月里，他很可能就能弥补回自己在俄罗斯所损失的一切了。但拿破仑之所以失败，不是因为他缺乏物质力量，而是迄今为止帮助他不断取得胜利的指挥体系已经不复存在了。自瓦格拉姆战役（Wagram）以来，情况就发生了变化：军队的规模愈发庞大，战场范围也日益扩大，现在即便是进行内线作战也不可能单独由一个指挥官来全盘指挥军队的行动了。这一事实不仅体现在战略层面上，也同时体现在了战术层面上。在莱比锡战役中，军队的人数太多，战场形势又过于复杂，所以拿破仑那种依靠其个人进行指挥的体系已经无法适用了。

迄今为止，拿破仑总是采取攻势的一方，他麾下的法军也如同雷霆般迅猛。然而，拿破仑在1813年时却不得不采取守势——这同样值得注意。另外我们还应注意到一点，那就是在一个民众对己方抱有强烈敌意的战场中，法军不仅被迫增加兵力来保护己方的交通线、仓库及桥头堡，就连想要搜集情报也变得十分困难——法军轻骑兵的匮乏更是使这一情况雪上加霜。奥德莱本在谈及这一问题是曾这样说的："……拿破仑帐下诸位将军的所有努力都是徒劳的，这一方面是由于当地居民因自己曾受到（法军）的虐待而产生的敌对态度……一方面则是由于哥萨克骑兵的袭扰。法军那一点可怜的情报几乎全都来自于俘虏的交代，这些情报不仅数量稀少，而且语焉不详。简而言之，我们只知道敌人已经撤走的地区里发生了什么。此类情报在进攻作战时可能还够用，但在一场防御性的战役中就毫无价值可言了。"[11]

另一个重要的事实就是拿破仑因为过去的功绩而变得愈发独断专行了：他认为自己是不可战胜的，是这个世界上唯一一个有资格指挥一支伟大军队的将军。这让他轻视自己的对手，而且像查理十二世一样认为自己可以克服这世上所有的困难。让我们听听费赞萨克（Fezensac）是怎么说的吧："拿破仑要求属下不惜一切代价地去执行他的命令，他习惯于在条件未成熟的时候就去做事，并固执地拒绝承认这世上有不可能做到的事情。一开始，他的这种对成功的无限自信是我们赢得胜利的原因，但到了后来这就成了置我们于死地的因素了。"[12]

部分历史学家在评论拿破仑军事指挥生涯的最后几年时，得出了这样的结论：他的失败要归咎于其放纵的生活和飙升的体重所导致的身体不适或体力衰退。这种看法几乎没有什么依据，而且有很多证据可以用以驳斥它。[13] 在1812年远征俄罗斯的战役中，科兰古记录了拿破仑马不停蹄地忙于各类事物的例子："皇帝陛下在维尔纳的时候忙得不可开交，一天24小时对他来说根本不够用……""他在马背上渡过了一整天；他去勘察了各处的地形，有时要走上很远的距离，直到很晚才能回到御帐之中，他还要亲自确认并检查所有的东西……""他一整个白天都在工作，晚上也要花费一部分时间工作。他治理着法国、日耳曼和波兰，就像他仍身处杜伊勒里宫一样。"[14]1813年的时候，奥德莱本也记录了类似的情况。[15]

实际上，就如同当初拿破仑的勤勉成就了其事业一样，现在也正是这份勤勉而非懒散才造成了他的失败。他坚信自己可以同时担任军队的总司令和参谋长，然而眼下规模如此庞大的军队需要的却是经验丰富的参谋人员——在法军当中找不到这样的人才。让我们再看看科兰古是怎么说的吧，他曾在1812年的时候写道："我军的参谋人员什么都预测不到。但从另一个角度来看，正是因为皇帝陛下事必躬亲、亲自去下达每一道命令，方才使得包括参谋长在内的所有人都不敢越过他下达一道哪怕是最无足轻重的命令。"[16]拿破仑曾在1812年一封写给贝尔捷的信中说道："像这样组织起来的总参谋部简直毫无用处。"[17]我们还发现奥德莱本在1813年的时候也写道："在这场战役中，贝尔捷指挥部中的参谋人员似乎没有之前那些人经验丰富且老道……总的来说，这场战役（指莱比锡战役）中的法军成了一个过于复杂且不太完善的机器，各部分之间根本无法建立起相互协调的关系。晋升、改革、后勤补给，以及随后发生的诸多困难，连拿破仑的权威都无法克服它们。"[18]

拿破仑所提拔的元帅们都是只知服从而不会独立指挥的人，他们不过是拿破仑的一群追随者而非军队的领袖。这些元帅中有许多人是通过宫廷门路、政治手段或个人关系才被提拔上来的，他们中的许多人都出身卑微：马塞纳和缪拉都是酒馆老板的儿子、内伊是铜匠的儿子、勒菲弗（Lefebvre）是磨坊主的儿子、拉纳是马夫的儿子，而奥热罗则是泥瓦匠之子——而他们现在都变得目空一切。拿破仑赐给这些人大量的财富和崇高的地位：他们的年俸都高达百万法郎，还被封为公爵和亲王。拿破仑失败之后，在他即将离开法国前往厄尔巴岛之时曾告诉科兰古，"他很后悔自己在最后的日子里继续重用这些元帅们，因为他们变得太过富有、太过养尊处优了，所以对于战争已经感到厌倦。按拿破仑自己的说法，如果他能提拔一些师一级的将领来指挥的话，情况可能会好很多，因为他们刚刚当上元帅，还没有建功立业"。[19]

对抗法国新组建的这支大军的是俄普两国的联军，其中俄军大约有11万人，包括3万名骑兵和哥萨克部队。哥萨克部队是一群军纪散漫的骑手，他们不仅劫掠法军的后方，对于日耳曼农民来说也是恐怖的存在。哥萨克部队中还混杂着许多巴什基尔人（Baskirs）和鞑靼人，这些人还在使用弓箭作为武器。[20]

普军自耶拿战役之后就发生了蜕变，普鲁士本身也从一个封建国家转变成了一个半自由主义的国家。1807年9月颁布的《解放农奴敕令》（*Edict of Emancipation*）废除了农奴制，半封建性质的军队组织也被废除了，国家开始向普通民众宣传爱国主义，并以此作为兵役制度的道德基础。虽然拿破仑于1808年9月8日签订的《巴黎条约》中，将普鲁士军队的总兵力在10年之内限制为4.2万人，但沙恩霍斯特（Scharnhorst）通过建立"短期预备役制度"（Krumpersystem）把许多新兵迅速且隐秘地转入了预备役。从始至终，沙恩霍斯特的目标都是建立一支真正意义上的民族军队，可这一目标实际上直到1814年才得以实现。

当瓦滕堡将军宣布中立之时，整个普鲁士军队只剩下了3.8万人。不过在此之前，为了弥补远征俄罗斯所造成的损失，拿破仑曾要求腓特烈·威廉再招募3万人。此外，普鲁士曾在1813年2月9日颁布了一项法令，成立了被称为"后备军"的征召式民兵。而且，普鲁士还组建了志愿参军的"阻击兵"部队（Jager）

以及一些"自由连队"——这些连队大多由征募的外国人组成。到了4月中旬拿破仑准备就绪之时，普军的总数也已经达到了八万人。

拿破仑在3月11日时曾向尤金亲王阐述了自己第一版的作战计划。[21] 虽然该计划最终并未实施，但它却引起了人们极大的兴趣，因为拿破仑在整个战役的进程中都一直对它念念不忘。按照这个计划，拿破仑将先在哈弗尔堡（Havelberg）率30万名法军渡过易北河前往什切青，然后再去解救被围困的但泽，这样就可以为法军增加三万人的有生力量。不过该计划还远不止如此，因为一场在北方打响的战役可以把战火延烧到普鲁士的心脏地带，届时柏林将任由拿破仑摆布，而且这也会彻底打乱普鲁士的动员计划。此外，通过从北方威胁俄军在波兰境内的交通线，也可以将普军和俄军都吸引到北边——换言之，就是将他们吸引到远离奥地利的地方，这样后者便被孤立起来。更进一步说，如果拿破仑的行军速度能超过敌军——这是很有可能的——那么他就可以包抄敌人的后路，从而创造战机再打一场耶拿式的战役，而这一次法军将会面向法国本土方向（即由东向西）作战。正如约克·冯·瓦滕堡伯爵所言："这个计划无论是从胆识抑或是从智谋上来看，都可以与拿破仑曾制定过的最好的军事计划相媲美。"[22]

然而，这一计划最终却成为泡影。因为当拿破仑在5月份开始酝酿上述行动时，他只集结了所需的30万兵力的三分之二。这样一来，当他向哈弗尔堡和什切青进发的时候，就没有足够的兵力把敌人拖在德累斯顿地区了。此外，还有一个原因就是"莱茵邦联"各国日益动荡的局势也不允许他推进得太远——整个日耳曼地区日益高涨的民族主义情绪已经开始让他的军事战略受到了掣肘。

拿破仑制定的第二个计划是先直趋莱比锡，接着再向德累斯顿推进，从而迫使敌人与自己决战，或是退过易北河。[23] 由于法军的骑兵力量太过薄弱，让拿破仑既无法掩护自己行动，也无法为自己的后勤基地及交通线提供充分的保护，因此他只好退而求其次地依赖于设有防卫措施的河流交通线。拿破仑根本无法确定俄普联军的确切位置，但他决定：如果敌军主动向法军发起攻击，那么尤金亲王就应当进攻敌军的右翼；如果敌军先进攻尤金亲王所部，那他自己就会去进攻敌军的左翼。在我们看来，他的第二个计划与其说是第一个计划的替代方案，倒不如说是达成第一个计划的初步行动。攻占柏林和在北方进行作战行动仍然是核心作战思想，但为了实现这个目标，拿破仑首先要在南边取得一场决定性的胜利——因为这可以在整个日耳曼地区重塑他的威望。

4月15日,拿破仑离开圣克卢前往美因茨,并于两天之后抵达该地。4月25日的时候他又赶到了埃尔福特(Erfurt),这里是除贝特朗所部之外所有法军的集结地。据奥德莱本所说,拿破仑"显得非常不安"[24],这显然是因为缺少骑兵部队使得他无法侦察到敌人的动向。[25] 之后,拿破仑又前往了埃卡茨堡(Eckartsberg)。由于"敌军轻骑兵成群结队地出没在道路附近"[26],法军负责运送马匹的马夫们在4月28日的时候耽搁了很长时间——这可谓是本次战役的一个不祥之兆。

4月30日晚,"易北河"军团共6.2万人已经抵达了默赛堡(Merseburg)周围的预定地点,"美因河"军团的主力也抵达了瑙姆堡(Naumburg)近郊及该城西侧。同时,由俄国陆军元帅维特根斯坦亲王(Prince Wittgenstein)指挥的俄普联军(库图佐夫已于4月28日去世了)——共有步兵6.4万人、骑兵2.4万人、火炮552门——也已经在瑙姆堡通往莱比锡道路南侧的茨文考(Zwenkau)和阿尔滕堡(Altenburg)地区完成了集结。此时,拿破仑手上能立刻用于作战的部队只有14.5万人(另有火炮327门),其中骑兵部队仅有7500人。拿破仑现在迫切需要取得一场快速且具有决定性意义的胜利,这不仅是为了让他麾下的新兵们接受血与火的洗礼,也是为了重振他的威名。

"易北河"军团在5月1日的时候奉命从默赛堡向希拉德巴赫(Schladebach)挺进,"美因河"军团各部当天的行动则如下所述:内伊指挥的第3军连同近卫骑兵从魏森费尔斯(Weissenfels)向吕岑(Lutzen)方向进发,马尔蒙指挥的第4军负责支援;近卫军向魏森费尔斯前进;贝特朗指挥的第4军和乌迪诺指挥的第12军一同向瑙姆堡挺进。当天,贝谢雷斯元帅(Marshal Bessieres)被敌方炮火击中,不幸殒命沙场。拿破仑在这一天快要结束的时候进入了吕岑。

内伊在5月2日奉命坚守吕岑,以及位于该城南部的克莱因(Klein)、大格尔申(Gross Gorschen)、拉赫纳(Rahnna)和卡加(Kaja)等村落,以此掩护向莱比锡推进的"易北河"军团和向吕岑挺进的"美因河"军团的后方。如果敌军从茨文考方向发起攻势,那么内伊用来防守侧翼的部队就将变为前卫部队;当该部拖住敌人之后,其余的部队就有时间对敌人进行迂回包抄了。

在此期间,俄军骑兵也向俄普联军的司令部报告,说"法军分成了数路行军纵队,正在从魏森费尔斯向莱比锡进发,而他们只在卡加部署了一支兵力薄弱的

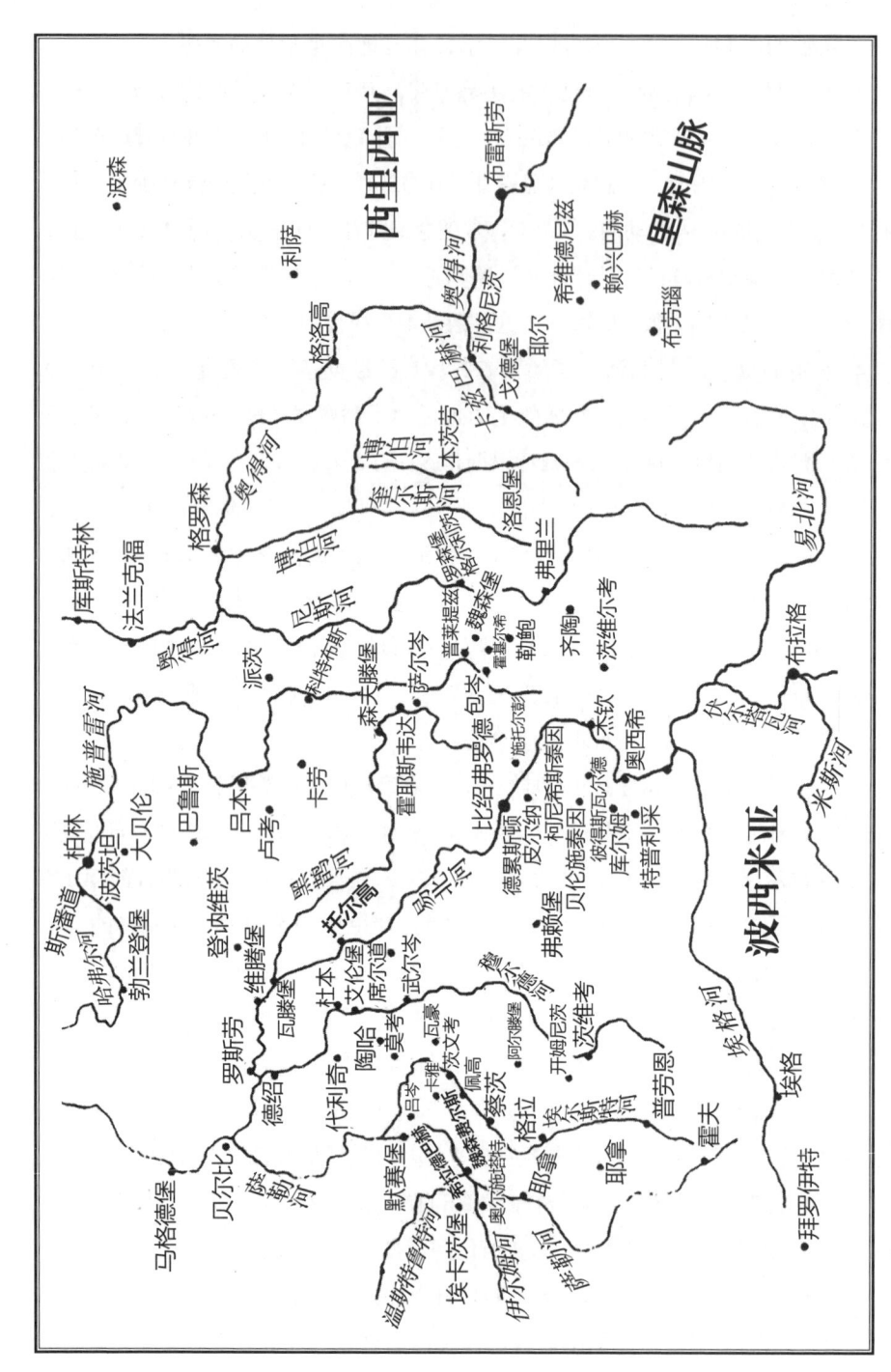

莱比锡战役（1813年）示意图一

部队担任侧翼防卫任务"。这个情报十分准确：内伊忽视了他在凌晨4点钟的时候所收到的命令[27]，并没有对佩高和茨文考的方向进行侦察；他也没有把主力部队集结在卡加地区，而是把麾下五个师中的三个留在了吕岑。此外，他麾下的前哨部队也没有发挥作用，他们甚至没有发现距离自己仅仅两英里远的敌方部队。在接到骑兵的报告之后，维特根斯坦决定先消灭法军那支担任侧翼防卫任务的部队，从而将法军分隔成两个部分。然后，再把位于吕岑以东的所有敌军都赶入埃尔斯特的沼泽地里。

拿破仑未曾料到自己在5月2日就会遭到敌军的攻击[28]，因此他在上午大约9点的时候就离开了吕岑，骑马前去和洛里斯东所部会合，而洛里斯东之前接到的命令则是将克莱斯特（Kleist）赶出林德诺（Lindenau）并占领莱比锡。上午11点，当拿破仑在尤金亲王和内伊的陪同下接近莱比锡时，他突然听到从卡加方向传来了猛烈的炮击声。[29]内伊立刻纵马向自己的部队飞奔而去，而拿破仑则命令莱比锡大道上的所有部队调头向卡加前进，位于吕岑以西的马尔蒙和贝特朗所部也奉命调头返回吕岑。

此时，在拉赫纳和大小格尔申等地也爆发了激烈的战斗。到了下午2点半的时候，拿破仑才赶了回来。此时，第3军的态势已经岌岌可危了。不过，拿破仑的出现总是能对他的士兵产生神奇的影响。此时，从周围传来了士兵们高喊"皇帝万岁"的声音。奥德莱本这样写道："几乎所有的伤员在从拿破仑面前经过时都按惯例向他致敬并高呼万岁，就连那些失去了某处肢体，抑或是在几个小时后就将成为死神的猎物的士兵们也莫不如是。"[30]拿破仑给内伊的士兵们鼓劲，并亲自率领他们前进。马尔蒙这样写道："这可能是他一生当中在战场上所冒个人风险最大的一天……他始终亲冒矢石，率领第3军的残兵败将进行反击。"[31]普军大将沙恩霍斯特在这场激烈的战斗中受了致命的重伤。

下午5点半左右，麦克唐纳从右方、贝特朗[32]和马尔蒙从左方逼近了俄普联军。此时，拿破仑命令德鲁奥（Drouot）在卡加西南方不远处集中了80门火炮。[33]接着，拿破仑又把青年近卫军编成了四个纵队（他们将得到老近卫军和近卫骑兵的支援）。下午6点半的时候，进攻的号角被吹响了："近卫军，开火！"接着法军便席卷了拉赫纳和大小格尔申等村庄。随着夜幕的降临，战斗才终于宣告结束。俄普联军在得知克莱斯特被赶出了莱比锡后，由于担心自己的退路被切断，便决定撤退。这场撤退井然有序，在骑兵的掩护下，他们还带走了自己的伤员。

法军虽然取得了胜利，但这场胜利却丝毫不具有决定性的意义——如果白昼的时间能延长两个小时，那么此役就将起到决定性的作用了。因为除非发生奇迹，否则俄普联军根本无法逃脱被赶入埃尔斯特沼泽并在那里遭到全歼的噩运。法军没有进行追击，因为他们的骑兵不是俄国人的对手。法军为这场胜利付出了高昂的代价，包括战死、负伤和被俘之人在内，他们一共损失了1.8万人——其中可能有1.2万人都属于内伊所统领的军队。至于俄普联军方面，则损失了1.15万人。

5月3日凌晨3点，拿破仑下令让内伊的部队在吕岑休整24个小时，之后他们将经由维腾堡（Wittenberg）向柏林进军。同时，"易北河"军团则将前去追击向德累斯顿方向全面撤退的联军部队。比洛被留下来指挥三万多名普军防守柏林，而俄普两军在经过许多激烈的争吵和辩论之后才最终决定经由德累斯顿向包岑（Bautzen）撤退——他们在那里可以得到巴克利麾下1.3万名俄军的增援。

5月8日，拿破仑抵达了德累斯顿，他决定把自己的主要前进基地设在这里。此时法军的交通线是从美因茨到魏玛，然后其中一路经耶拿和阿尔滕堡直达德累斯顿，另一路则取道瑙姆堡直抵莱比锡。之后，法军的后援部队源源不断地赶来，拿破仑也开始着手重组自己的部队，以便能够同时对付来自柏林和包岑这两个方向的敌军。他先是把难堪大任的尤金亲王打发回了意大利，接着便把"易北河"和"美因河"这两个军团合并了起来，然后又把合并后的全部兵力分成了两个独立的军团，其中一个交由内伊指挥，而另一个则由他亲自指挥。内伊的军团下辖内伊亲自统率的第3军、洛里斯东的第5军、雷尼耶的第7军和维克托的第2军，以及一个师的轻骑兵和第2骑兵军，共计有步兵7.95万人、骑兵4800人；拿破仑麾下的军团下辖贝特朗的第4军、马尔蒙的第6军、麦克唐纳的第11军和乌迪诺的第12军，以及近卫军、近卫骑兵和第1骑兵军，共计有步兵10.7万人、骑兵1.2万人。

拿破仑在进行军队重组工作的时候，了解到奥地利之前一直在和俄罗斯及普鲁士进行谈判，但由于俄普联军在吕岑的失败，奥地利现在不过是在和他们虚与委蛇罢了。[34] 拿破仑从中看到了达成其主要目的——即构建一个全面的和平局面——的契机。于是，拿破仑在5月17日的时候派科兰古前往敌军的前沿哨所并要求觐见沙皇。科兰古将会向沙皇提议停战，并以此作为在布拉格召开和平会议的前期铺垫。[35] 与此同时，为了迫使俄普联军接受停战的提议——此外他也认定敌军会在包岑与自己展开决战——拿破仑遂命令第 11、第 6 和第 4 军向包岑推进，第 12 军则负责提供支援。同时，他还命令内伊率领第 3 军和第 5 军取道霍耶斯韦达（Hoyerswerda）向包岑进发，并派出第 7 军和第 2 军向柏林方向推进。但不久之后他却取消了最后一道命令，并要求内伊把所有兵力都集中到包岑方向。不幸的是，内伊已经叫停了雷尼耶的行动，而且维克托所部也已经启程向柏林方向进发了——虽然拿破仑此时下达了一道内容相反的命令，但第 2 军和第 7 军都来不及赶上即将爆发的这场战斗了。柏林充其量不过是一个次要目标，因为如果法军能在包岑取得一场决定性的胜利，那么攻陷柏林就是水到渠成之事，但奇怪的是，拿破仑在向内伊下达第一道命令的时候居然没有想到这一点。如果当时他能认清这一局势，那么包岑战役就不会只是吕岑战役的重演，而是可以为他赢得一直以来都热切渴望的和平了。

5 月 19 日，在勘察了俄普联军在包岑构筑的阵地后——该阵地位于施普雷河东岸，驻扎有 6.4 万名俄军和 3.2 万名普军，其名义上的统帅是维特根斯坦——拿破仑决定在 5 月 20 日向敌军发起正面攻势并拖住他们，而内伊则将在 5 月 21 日从北边向敌人的后方发动猛攻，在切断敌军的交通线后，把他们赶进波西米亚的群山中去。如果他的这一计划得以实现，那么尚未做好参战准备的奥地利必然不敢轻举妄动，而一旦失去了后者的支援，业已被击溃的俄普联军就不得不接受他提出的议和条件了。

5 月 20 日当天的战况对拿破仑非常有利——因为沙皇一直无视他麾下将领的劝谏，始终坚信法军是想要包抄俄普联军的左翼，然后再把他们赶向远离奥地利的北方。沙皇坚持向左翼增兵，甚至不惜削弱中央和右翼的兵力，而这正中了拿破仑的下怀。与此同时，内伊所部正在以强行军的速度向前推进，5 月 20 日晚，该军团各部分别抵达了以下地点：第 3 军位于斯蒂尔（Sdier）、第 5 军位于萨尔岑（Sarchen）、第 7 军位于霍耶斯韦达、第 2 军位于森夫滕堡（Senftenberg）。其中，第 3 军和第 5 军已经很接近施普雷河（Spree）了，第 7 军距该河 35 英里，而第 2 军距该河也仅 50 英里开外。

5 月 21 日凌晨 4 点，内伊接到命令：要他向魏森堡进军，并于上午 11 点在普莱提兹（Preititz）暂时停止前进，准备在拿破仑向敌军发起总攻时突袭敌人后方。

第3军和第5军在凌晨4点到5点之间离开了各自的营地,他们在克利克斯(Klix)渡过了施普雷河,并于上午10点抵达了普莱提兹。内伊下令暂停前进,并等待拿破仑发起全面进攻。然而这场总攻一直拖延到了下午3点才发动,那时内伊已经被敌军的右翼部队给纠缠住了,并没有能继续向魏森堡推进——倘若内伊之前能够把所有的兵力都集结起来,那么他就不会碰到这种麻烦了,因为他还可以腾出第2军和第7军继续向魏森堡进发。

俄普联军此时也意识到了自己所处的危险境地,遂在下午四点主动脱离了战斗,并在强大的骑兵部队的掩护下秩序井然地撤往了格尔利茨。话虽如此,俄普联军此时的处境仍岌岌可危,因为他们彼此之间已经失去了信任,而且还爆发了激烈的争执。如果拿破仑此时能够用骑兵展开一次强有力的追击作战的话,那么敌军很可能就会迅速地土崩瓦解了。

法军又一次错失了取得一场决定性胜利的机会,而这个责任必须由拿破仑和内伊两人共同承担。拿破仑最初所下达的那个命令犯下了致命的错误,这让内伊失去了维克托所部这支有生力量,而雷尼耶所部直到战斗结束之时方才匆匆赶来。而正是内伊的迟钝——他在整个军旅生涯中从未真正领会过拿破仑所制定的战略的意义——才导致了普莱提兹的混乱局面。然而我们不禁要问,既然拿破仑要让内伊来发起决定性的一击,那么他难道不应该在5月21日早上亲自骑马赶到距离包岑不过八九英里远的克利克斯去亲自监督内伊发起攻势吗?

关于双方的损失有着各种不同的说法,不过估计都在两万人左右。法军以如此高昂的代价只换回了微乎其微的收益:和吕岑战役一样,包岑战役也是一场得不偿失的胜利。拿破仑也清楚地意识到了这一点,因为当他发现敌军正在撤退的时候,他马上下令:"全体注意!这样战斗下去是没有结果的!去俘虏敌人!别让我失望!"[36] 在他下达上述命令的时候,迪罗克元帅就在他的身边,然而几分钟之后,后者便被一发炮弹所击毙。迪罗克元帅的死让拿破仑大为震惊,以至于让他下令吹响了停火的军号。

当法军于5月22日再度展开追击时,乌迪诺奉命留下来集结他的部队,然后再率军向柏林挺进。5月27日,乌迪诺抵达了霍耶斯韦达,法军主力也在同一天渡过了卡茨巴赫河(Katzbach)。俄普联军为了保持和奥地利之间的联系,向西里西亚的方向撤退了。两天之后,达武和旺达姆重新占领了汉堡。到了6月1日,随着俄普联军向希维德尼茨（Schweidnitz）撤退，拿破仑也进入了布雷斯劳（Breslau）。

虽然沙皇曾在5月19日拒绝接见科兰古，但交战各方在6月1日时全都同意休战。到了6月6日，各方在普拉斯维茨（Plaswitz）又达成了协议，同意把休战时间延长到7月20日（后来又进一步延长到了8月16日）。这样各方就有充分的时间来准备将在布拉格和谈中进行讨论的各项和平条款。

虽然伯格什勋爵——此人是英国派驻俄普联军司令部的代表——认为休战协议对拿破仑十分有利[37]，但约米尼[38]却认为这是拿破仑在自己的军事生涯中所犯的最大的一个错误。自此以后，除莫德上校外，几乎所有研究这场战役的历史学家都认同约米尼的观点。

如果仅仅从当时的战略形势来考虑，那么这些历史学家的观点无疑是正确的。因为倘若俄普联军在希维德尼茨与法军正面决战的话——当然拿破仑不知道他们已经决心这么做了——那么法军只需要在正面战场上拖住俄普联军，再包抄他们的右翼，便可乘乱将俄普联军赶入里森山脉（Riesen Gebirge）。那么在当时，拿破仑是基于什么原因才出人意料地同意休战呢？我们从他在6月2日给身处巴黎的克拉克将军写的一封信中找到了答案："我决定接受休战是基于两个理由。其一，因为我缺少骑兵力量，无法对敌人进行强有力的打击。其二，因为奥地利所表现出来的敌意。"[39]瓦滕堡在引用拿破仑这段话的时候还进行了补充，他说道："我们怀疑他的这两个理由能否充分地解释这一令人惊讶的行为。"[40]——它们的确无法解释。在这场战役的众多研究者中，莫德上校是极少数的几个愿意不厌其烦地审视它的人之一。他指出，当时法军的病号名单上就有九万人之多。[41]而且当时法军的人员损失已经比自己的对手多出了2.5万人，因此拿破仑已经没有足够的兵力再进行一次会战了。而且，一旦拿破仑战败，奥地利就必将加入战争。此外，一支强大而高效的骑兵部队对于拿破仑式的战法而言是不可或缺的。莫德这样写道："拿破仑的炮兵固然可以用炮火在敌人的防线上撕开一些口子，但在面对敌方占有优势的骑兵部队时，法国步兵只能组成密集队形向前挺进，因为这样一来他们就可以随时组成方阵以对抗骑兵，但这大大地增加了他们的伤亡。拿破仑心里也很清楚，这意味着敌人可以利用骑兵来拖住法军，从而退出战斗。"也就是说，没有骑兵，法军便无法取得决定性的战果。还有一点也同样重要，那就是"拿破仑军队在离开德累斯顿的时候，所携带的弹药只够'进行一天的战斗'，而且他们行军速度太快了，以至于法军的后勤补给根本跟不上"。⁴² 更有甚者，法军的交通线还经常受到哥萨克骑兵和地方游击队的袭扰：哈雷（Halle）在5月25日遭到了袭击；5月30日的时候，法军一支由1600名士兵护送的炮兵车队在哈尔伯斯塔特（Halberstadt）附近被敌军拦截并俘获，而拿破仑直到6月1日都还不知道这件事。因此，当时的真实情况很可能是这样的：虽然从战略上来看，俄普联军的处境岌岌可危，但拿破仑也已经是强弩之末了。就像皮洛士（Pyrrhus）①一样，他也只得主动放弃了此次战役。

拿破仑于6月10日返回了德累斯顿。由于易北河从汉堡到德累斯顿之间这一段的所有渡口都在法军的控制之下，因此他决定把该河作为自己的补给通道。⁴³ 之后，拿破仑在写给圣西尔的信中这样说："重点是不能让德累斯顿和易北河之间的交通被切断，我反而并不在意通往法国的交通线是否通畅。"⁴⁴

拿破仑的敌人在此期间也并非无所事事。英国在6月15日的时候按照条约规定给了俄普两国200万英镑的援助，并且表示如果奥地利加入反法联军一方，英国也将给予它50万英镑。7月7日，身为瑞典王储的贝纳多特也倒向了反法同盟一方。到了7月19日，奥地利在赖兴巴赫（Reichenbach）也加入了反法同盟。各方在赖兴巴赫签署了同盟条约，一致同意无论在何种情况下，各国都不应冒险单独与拿破仑交战；无论哪国的军队在战场上独自遭遇了拿破仑，都应立即撤退，直到各国军队集结起来之后再共同对付他。不久之后，奥地利向法国提出了如下条件：废除华沙大公国和"莱茵邦联"；将伊利里亚地区（Illyrian）归还奥地利；恢复普鲁士1805年时的领土和地位。因为拿破仑无法接受上述条件，所以俄罗斯和普鲁士在8月10日宣布撕毁休战协定。两天之后，奥地利也向法国宣战了。⁴⁵

根据奥德莱本的描述，拿破仑在8月15日——也就是休战的最后一天——表现得"极为严肃和忧郁"。⁴⁶ 他当然有着充分的理由表现出这种情绪，因为双方都集结了规模空前的兵力。法军此时已经集结了44.2万人（其中包括四万多名骑兵），这些部队被分为了559个步兵营和395个骑兵中队，有1284门火炮为他们提供支

---

① 译注：皮洛士是古希腊伊庇鲁斯国王，曾付出惨重代价击败了罗马军队，西方多以"皮洛士式的胜利"来形容得不偿失的惨胜。

援。另外，拿破仑麾下还有2.6万人驻守在易北河沿线的要塞中，5.5万人驻守在波兰和普鲁士境内的要塞中，以及4.3万人的二线兵力。在反法联军方面，俄国出动了18.4万人的野战部队；普鲁士出兵16.2万人；瑞典出兵3.9万人；此外还有一支9000人的盎格鲁—日耳曼（Anglo-German）部队，其中还包括了由博格上尉指挥的一支英军火箭炮（Rocket Battery）部队——这四支野战部队被分成了556个步兵营、572个骑兵中队、68个哥萨克团，有1380门火炮为他们提供支援。在他们后方还有多达14.3万人的后备部队和围城部队，此外还有驻扎在普鲁士和波西米亚各要塞中的部队共11.2万人。反法联军的野战部队被分为了下述三个军团："波西米亚"军团，指挥官是施瓦岑贝格亲王（Prince Schwarzenberg）；"西里西亚"军团，指挥官是布吕歇尔亲王；"北方"军团，指挥官是贝纳多特。

拿破仑并不清楚敌人已经集结了如此多的兵力，他8月12日在德累斯顿的时候还认为敌军主力不过20万人，由沙皇和普鲁士国王亲自指挥，此时应该还在西里西亚。由于奥地利必须要监视着位于因河（Inn）及伊松佐河（Izonzo）流域的法军，因此在波西米亚集结的奥地利军应该不会超过10万人。

为了应对敌军的这一兵力布置，拿破仑决定展开两个行动：一是在南方以德累斯顿为基地采取防御态势，二是在北方以汉堡为基地采取进攻态势。配属在德累斯顿方面的兵力如下：预计在8月17日抵达德累斯顿的第1军，指挥官是旺达姆；位于罗滕堡的第2军，指挥官是维克托；位于利格尼茨的第3军，指挥官是内伊；位于戈德堡的第5军，指挥官是洛里斯东；位于本茨劳的第6军，指挥官是马尔蒙；位于洛恩堡的第11军，指挥官是麦克唐纳；位于皮尔纳的第14军，指挥官是古维翁·圣西尔；位于德累斯顿的近卫军，以及第1、第2、第4、第5骑兵军。该军团的首要任务就是从侧翼包抄敌方"西里西亚"军团的进军路线——该路线向北可以通往柏林，向南则可以通往波西米亚。

法军的进攻行动由乌迪诺负责，其目标直指柏林，同时达武也将从汉堡出发予以支援。乌迪诺的兵力如下：位于派茨（Peitz）的第4军，指挥官为贝特朗；位于卡劳（Kalau）的第7军，指挥官为雷尼耶；位于巴鲁特（Baruth）的第12军，指挥官为乌迪诺本人；第3骑兵军。达武麾下的兵力为第13军和吉拉尔（Girard）的一个师。[47]

圣西尔和马尔蒙两位元帅都反对进攻柏林，前者曾向拿破仑指出他大大低估了贝纳多特的兵力和战斗力[48]，而后者则颇有预见性地对拿破仑说："我非常担心陛下您获胜的那一天。您也许会相信自己已经赢得了一场决定性的胜利，但之后您可能会发现自己实际上输掉了两场战役。"[49] 马尔蒙在其《回忆录》[50]中说拿破仑之所以要迅速对普鲁士采取行动，完全是一时冲动。不过一个更合理的解释是，在拿破仑于3月11日所制定的计划中，向柏林发起进攻可能会把俄普两军都引向北方，这样一来他们就会远离奥地利。

在近卫军的护卫下，拿破仑于8月15日离开德累斯顿前往包岑。8月17日，他在包岑听说布吕歇尔麾下有相当一部分的俄军被派往了波西米亚，便决定先向布吕歇尔发起进攻，一旦取胜他就将转而进攻"波西米亚"军团和"北方"军团，并将二者各个击破。[51] 为了完成这一目标，拿破仑命令旺达姆前往包岑，并打算之后再让他转移到齐陶（Zittau）。不过倘若敌军在此期间威胁到了德累斯顿，那么旺达姆就将前去支援圣西尔。拿破仑给圣西尔的命令是："争取时间，寸土必争，一定要守住德累斯顿，并确保与旺达姆和总司令部都进行积极的联络。"[52]

拿破仑于8月18日在格利茨（Gorlitz）得到一份情报，证实了有四万名俄军正从西里西亚前往波西米亚。于是他决定前往齐陶，然后在俄军的行进线路上向其侧翼发起进攻。不过到了8月20日的时候，拿破仑又得知布吕歇尔正在向第3、第6和第7军逼近，于是他又放弃了之前的那个计划，转而准备去对付布吕歇尔。8月21日，拿破仑已经渡过了博伯河（Bober）。不过布吕歇尔在知道拿破仑已亲自赶来后，便按照之前所商定的计划撤退了。显然，拿破仑并没有意识到这次撤退是一次有计划的战略行动。

8月22日，拿破仑从洛恩堡（Lowenberg）给巴黎的马雷写了一封信，其中有一句话颇为发人深省："总的来说，我军所面临的最糟糕的情况就是我的将军们对他们自己缺乏信心。只要我不在场，他们就总是夸大敌人的兵力。"[53] 他这里可能是指圣西尔从德累斯顿向他汇报的情况，圣西尔告诉他说敌人的"波西米亚"军团正在逼近，德累斯顿危如累卵。因此，拿破仑立刻把西里西亚地区的最高指挥权交给了麦克唐纳，并命令后者在把布吕歇尔驱赶到耶尔（Jauer）后，在博伯河畔占据一个防御阵地，以便当布吕歇尔试图向柏林或德累斯顿转移的时候从侧翼向其发起攻击。不过拿破仑接下来就犯了一个错误，从而将整场战役的胜利拱手相让：他突然间仿佛在幻象中看到了进行一次大规模迂回行动的可能性，而无视了圣西尔岌岌可危的处境；他不仅没有派旺达姆前去支援圣西尔，反而命令旺达姆率部向施托尔彭（Stolpen）进发。

拿破仑的这个所谓的大规模迂回行动是怎样的呢？首先，拿破仑要于8月25日在施托尔彭集结近卫军、第1骑兵军及第1军、第2军、第5军。然后，他将在次日晚上派10万大军从柯尼施泰因（Konigstein）渡过易北河并攻占皮尔纳（Pirna）。接下来，这支大军将从背后突袭敌"波西米亚"军团——在将其一举歼灭之后再向布拉格进军，以此来逼迫奥地利退出战争。

8月25日凌晨1点，拿破仑出发前往施托尔彭；他在抵达那里后便派古尔戈将军前往德累斯顿去查明圣西尔的真实情况。当天下午，拿破仑听到了一则谣言，说乌迪诺于8月23日在大贝伦（位于柏林以南数英里处）被贝纳多特和比洛所击败，现在正在向维腾堡撤退。古尔戈在夜里11点钟的时候赶了回来，他向拿破仑报告说德累斯顿的情况非常危险。拿破仑不敢冒失去主要后勤基地（德累斯顿）的风险[54]，遂立即决定去援救这个萨克森的首都城市。8月26日凌晨1点，拿破仑下达了如下命令：近卫军和第1骑兵军于凌晨4点钟出发，而旺达姆则继续向皮尔纳的方向进发。[55]等他们抵达施托尔彭之后，马尔蒙和维克托所部将立刻跟随近卫军一同前进。届时——正如奥德莱本所记述的那样："大军如同洪流一样向前进发。"[56]上午9点钟的时候，拿破仑骑马进入了德累斯顿，周边传来了疯狂的"皇帝万岁"的呼喊声。上午10点钟，近卫军也陆续抵达了该城——他们在过去四天的时间里已经行进了120英里。维克托和马尔蒙所部在当天夜里也抵达了德累斯顿。

在回顾这一系列快速变化时，我们可以确定一点，那就是如果拿破仑能够坚持自己最初的判断，派旺达姆军前去增援圣西尔的话，那么他们两人就很有可能在8月28日之前一直坚守德累斯顿，如此一来便没有必要削弱用于在皮尔纳方向进行迂回行动的兵力了——在拿破仑的亲自指挥下，这个行动必然能够击溃反法联军的"波西米亚"军团。但实际情况是，拿破仑选择亲自驰援德累斯顿。虽然拿破仑保住了这个主要后勤基地，但让旺达姆单独前往皮尔纳的决定最终使他输掉了这场战役。假如他当时派维克托或马尔蒙所部中的任何一个前去增援旺达姆，那么很可能就会再取得一次"耶拿"式的胜利，并且再度成为欧洲的主人。这种可能性也向后人表明，之前的那次休战并不像许多历史学家所认为的那样是拿破仑犯下的大错。

当拿破仑转头去对付布吕歇尔的时候，施瓦岑贝格也开始向莱比锡发起了攻击，其目的是切断法军的交通线——因为施瓦岑贝格错误地认为这条交通线对拿破仑来说至关重要。不过施瓦岑贝格在8月20日听说拿破仑正在齐陶，由于害怕后者会直扑布拉格，他便率领所部兵力转向德累斯顿进发，并于8月25日进抵该城城下。

施瓦岑贝格决定以三声炮响为信号，于次日下午4点钟的时候开始攻城。8月26日上午，三位君主——奥地利皇帝弗朗西斯、普鲁士国王腓特烈·威廉及俄罗斯沙皇亚历山大——也都赶来视察他的准备工作。上午9点，他们惊恐地听到薄雾中传来了高呼"皇帝万岁"的声音——拿破仑已经赶来了！三国的君主立刻召集了一个战争会议，在经过长时间的讨论之后，他们决定撤退。然而此时有人发射了号炮，施瓦岑贝格所部士兵在没有得到进一步指令的情况下就自行发起了攻击。

虽然拿破仑是以7万人的劣势兵力对抗敌人的15万大军，但他还是轻而易举地赢得了胜利。[57] 战斗在晚上9点结束了，之后不久，马尔蒙和维克托也相继抵达了战场。与此同时，旺达姆已经从柯尼施泰因渡过了易北河，并把符腾堡的尤金亲王（Prince Eugene of Wurtemberg）所指挥的一支反法同盟的军队赶回了彼得斯森林（Peterswalde）。

拿破仑在8月27日所拟定的计划是拖住敌人的中央阵线、攻击敌人的两翼，然后将敌军赶到大山里去。同时，旺达姆所部则向特普利采（Teplitz）方向进军，以切断敌军的退路。

27日上午6点，战斗在倾盆大雨之中再度打响。[58] 反法联军的左翼部队实际上被彻底歼灭了，有超过1.3万名士兵做了法国人的战俘。到了下午4点，反法联军开始撤退。随后，浑身被大雨浇透了的拿破仑返回了德累斯顿[59]，此时他还坚信战斗在第二天还将继续下去。[60] 当天夜里，拿破仑匆忙地写了一封只有三行字的信件寄给身处巴黎的康巴塞雷（Cambaceres）。他在信中这样写道："我太忙了，而且很累，因此没办法把信写得很长。巴萨诺公爵马雷会替我另写一封详细的信件给你。我这里的事情进展得都很顺利。"[61] 这就很好地解释了那些历史学家口中所谓的"拿破仑精神萎靡"的情况。

8月28日一早，拿破仑便亲率法军展开了追击。随处丢弃的武器及其他慌忙撤退的迹象，让拿破仑确信敌军受到了严重的打击。由于感到身体不适，他只好让各军军长继续进行追击，而自己则先行乘马车返回了德累斯顿。[62]许多人都批评拿破仑在8月28日当天表现得萎靡不振，而他的身体状况则很好地解释了其中的原因。到了下午4点，拿破仑命令位于海伦多夫（Hellendort）的旺达姆向杰钦（Tetschen）、奥西希（Aussig）和特普利采方向进发，以便从敌人后方发起攻击。到了晚上八点半的时候，拿破仑得到消息说，麦克唐纳在卡茨巴赫惨败于布吕歇尔手上，所部士兵有1.5万人被俘，还损失了100多门火炮。此外，关于乌迪诺被击败的传言也得到了证实，他麾下的士兵损失了3000人。

8月29日，拿破仑仍旧待在德累斯顿，旺达姆则在当天抵达了库尔姆（Kulm）。次日上午8点，当旺达姆试图在当地击退一支俄国军队时，他的后方突然遭到了敌军的攻击——旺达姆所部被击溃，包括他本人在内的1.3万人做了敌方的俘虏。拿破仑在8月31日凌晨2点得知了旺达姆战败的消息，费恩对当时的情况做了如下描述："拿破仑面沉似水，又一次端详起作战地图来。他漫无目的地拿起一个两脚规，不断地念叨着脑海中冒出来的几句话：朕从军征战四十年，纵横天下，天命所归；然朕心中所思甚明，国运兴亡皆有定数，天下万国莫不如是。"[63]

沙皇的副官布图林上校（Colonel Butturlin）这样写道："库尔姆战役让波西米亚山谷中弥漫着的绝望气氛变成了欢乐的呐喊。"[64]此言不虚，因为紧接着大贝伦和卡茨巴赫战役之后爆发的这场战役不仅震撼了整个日耳曼地区，还确保了奥地利对三国同盟的忠诚。

奇怪的是，这一连串的失败并没有让拿破仑放弃占领柏林的计划，而这也成了分散其战略注意力的一个重要因素。拿破仑急于阻止"北方"军团前往易北河畔，因此让内伊取代了乌迪诺，并在9月2日的时候命令内伊于9月6日抵达巴鲁特，而他本人也将于同一天抵达卢考（Luckau）为内伊提供支援。之后，内伊还要从巴鲁特出发直取柏林，并于9月9日或10日攻占柏林城。[65]但拿破仑次日又不得不放弃了上述这个联合行动中自己所要承担的任务，因为他收到了麦克唐纳发来的紧急求援信息——后者此时正在博伯河畔承受着敌军的巨大压力。

拿破仑于9月3日从德累斯顿出发前往包岑，并亲率麦克唐纳的残余兵力向霍奇基兴（Hochkirch）进发。布吕歇尔从法军猛烈的攻势中判断出拿破仑又一次亲临前线了，于是他马上就选择了撤退。按照奥德莱本的说法，这不禁让拿破仑大为光火。[66]

1095

9月6日，圣西尔的一份告急文书又迫使拿破仑回到了德累斯顿；9月8日，拿破仑在德累斯顿又收到了内伊于9月6日在登讷维茨（Dennewitz）大败亏输的消息——此役内伊损失了2.2万人（其中有1.3万人做了俘虏）。虽然如此，据圣西尔所说，拿破仑在谈论此事的时候依然"非常冷静，仿佛是在谈论一件发生在中国的事情一样"。[67]

在反法联军取得一系列的胜利之后，登讷维茨的胜利让蒂罗尔公开倒向了奥地利一方，而巴伐利亚也决定背叛法国。与此同时，哥萨克部队则活跃在汉诺威、哈茨（Hartz）和威斯特伐利亚等地：特登伯恩（Tettenborn）占领了不来梅、多恩堡出其不意地向驻扎在汉堡附近的一个法国师发起了攻击、采尼切夫（Czernichev）则不断蚕食着布伦瑞克地区。哥萨克人所到之处，当地民众全都揭竿而起[68]——整个日耳曼地区都在反抗拿破仑的统治。

当拿破仑在9月5日向布吕歇尔发起反击的同时，"波西米亚"军团已经完全恢复了实力——于是施瓦岑贝格再次向德累斯顿进发了。不过施瓦岑贝格刚一上路，就听说拿破仑已经返回了德累斯顿，于是又立刻撤回了特普利采。9月10日，拿破仑向施瓦岑贝格发起了进攻，但后者的防御阵地固若金汤。于是拿破仑把圣西尔留下来牵制敌军，而他自己则又一次返回了德累斯顿。

四天之后，施瓦岑贝格再度出击，而拿破仑则于9月17日和18日两天都前往皮尔纳去勘察反法联军的阵地。在此期间，拿破仑还从内伊那里收到了一份草率的报告——后者在报告中说贝纳多特已经率领八万大军从罗斯劳（Rosslau）渡过了易北河。9月21日，拿破仑返回了德累斯顿。次日，他率领近卫军及麦克唐纳所部击退了布吕歇尔——布吕歇尔退回了其在包岑附近构筑的坚固防御阵地中。接着，当拿破仑与布吕歇尔对峙的时候，内伊又给他送来了第二份草率的报告，说贝纳多特已经在易北河上架起了一座桥梁，地点就在瓦滕堡（Wartenberg）①。如此一来，拿破仑便决定放弃易北河以东的所有地区，只保留一些桥头堡，并命令麦克唐纳也撤往易北河左岸。这是迫于当时法军的情况才做出的决定，因为自8月16日以来，拿破仑已经损失了15万名士兵和300门火炮，此外还有五万名法军染上了疾病，

---

① 译注：此处为地名。

而其余的士兵也有许多处于半饥饿的状态。9月23日，拿破仑曾就后勤补给问题给担任行政部长的达吕伯爵（Count Daru）写了一封面面俱到的长信，他在信中这样写道："军队没有足够的食物，如果谁否认这一点，那就真是睁眼说瞎话。"[69]尽管如此，拿破仑在9月底的时候仍然能够在战场上投入25.6万人的兵力和784门火炮——不过这些士兵中有许多都是没有经过训练的应征兵。

业已抵达易北河畔的贝纳多特在罗斯劳和下游的维腾堡架起了桥梁。9月24日，贝纳多特率军出现在瓦滕堡城下。布吕歇尔此时也决定向北进行一次长距离的机动，以便和贝纳多特合兵一处。而施瓦岑贝格则决定放弃进攻德累斯顿的行动，转而向莱比锡挺进。10月3日，布吕歇尔率领六万多人在瓦滕堡击败了贝特朗麾下的1.5万名士兵，并于次日渡过了易北河。贝纳多特也在同一天率领7.6万人在罗斯劳和贝尔比两处渡过了易北河，并直扑穆尔德河（Mulde）——这迫使内伊率军撤到了代利奇。

拿破仑此时仍可以集中25万大军北上对付布吕歇尔和贝纳多特的部队（共计14万人），抑或是南下对付施瓦岑贝格的部队（18万人）。此外，由于占有内线作战的优势，拿破仑完全可以将南北两路敌军逐个击破。人们通常把此时的拿破仑形容成一头被围猎的猛兽，但实际情况绝非如此。因为从战略层面上来看，战局此时仍在拿破仑的掌握之中。10月2日，拿破仑把维克托麾下的第2军（1.6万人）、洛里斯东麾下的第5军（1.4万人）、波尼亚托夫斯基亲王麾下的第8军（7000人），以及第5骑兵军尽数交给了缪拉指挥。拿破仑还告诉缪拉，在圣西尔指挥的第14军（2.8万人）和洛博指挥的第1军（1.25万人）坚守德累斯顿期间，他应当阻止敌"波西米亚"军团向莱比锡挺进；而拿破仑自己将亲率主力部队进攻布吕歇尔和贝纳多特的联军，并要赶在施瓦岑贝格尚未抵达莱比锡之前击溃北路的敌军。

接下来发生了整场战役中最奇怪的一件事情。10月6日下午，拿破仑与圣西尔进行了一次长时间的会谈，他向后者特别强调了守卫德累斯顿的重要性。但到了当天午夜，拿破仑又派人找到圣西尔，告诉后者自己已经决心放弃这座城市，让他和洛博一同随自己北上。按照圣西尔的说法，拿破仑的原话是："我确信即将爆发一场会战。如果我赢了，那我就会后悔自己没有把全部的军队都集中起来；如果情况相反，我遭受了挫败，那把你留在这里不仅对会战毫无帮助，还会让你在绝望中被敌人击败。再说了，眼下的德累斯顿还有什么价值呢？"[70]因此，拿破仑在10月7

日命令圣西尔于 10 月 8—9 日撤出德累斯顿。[71] 然而，12 个小时后拿破仑又改变了主意，命令圣西尔继续留守德累斯顿[72]——这违背了"拿破仑式"的集中兵力原则。拿破仑为何要这样做呢？我们可以大胆地猜测一下，他可能是担心一旦放弃了德累斯顿，萨克森就将倒向反法同盟的阵营。

10 月 8 日，拿破仑在莱比锡以东的武尔岑（Wurzen）集结了 15 万兵力：位于席尔道（Schildau）的贝特朗构成了其右翼，位于陶哈（Taucha）的马尔蒙及拉图尔·蒙伯格（Latour-Maubourg）构成了其左翼。拿破仑虽然正确地判断出布吕歇尔位于杜本（Duben）、贝纳多特位于德绍（Dessau），但他还是低估了二者的兵力。10 月 9 日，拿破仑开始向布吕歇尔发起进攻，但当他的先头部队进入杜本的时候，却发现布吕歇尔又一次溜走了。实际上，布吕歇尔在 10 月 10 日就已经于哈雷附近和贝纳多特所部连成了一片，而拿破仑却对此一无所知。

拿破仑对于敌人的这种老把戏感到非常愤怒，但他又能怎么办呢？他不能一直向北挺进，因为他知道施瓦岑贝格正在逼近莱比锡，而缪拉是无法阻挡后者太长时间的。如果他此时调转头来对付施瓦岑贝格，那施瓦岑贝格无疑也会立即后撤。显然，此时正确的做法就是让施瓦岑贝格继续前进，一旦他和缪拉所部缠斗在一起，拿破仑就可以以迅雷不及掩耳之势向他发起进攻。在本书的作者看来，所有的历史学家都误解了拿破仑在杜本犹疑不决的行为。拿破仑把自己的总部设在了杜本以南不远处的艾伦堡，并一直在那里待到了 10 月 14 日。奥德莱本声称他看到皇帝陛下茫然地坐在自己房间的沙发上，沙发上有一张写满大号文字的纸[73]，费恩则说拿破仑几乎一直在和自己的将领闭门密谈。[74] 两人说的可能都真实地发生过，但事实是拿破仑在 10 月 10 日到 13 日之间口授了 62 封信件，这在其《通信集》中占了 42 页的篇幅。在此期间，拿破仑还听说了巴伐利亚已经向反法同盟投降的消息。10 月 12 日，拿破仑放弃了追击布吕歇尔和贝纳多特的想法，他告诉马尔蒙自己已经决定于 10 月 14 日向莱比锡进军，并且要在那里集结 20 万大军。[75] 此外，拿破仑还给马雷写了一封内容相同的信件。10 月 14 日凌晨 3 点，拿破仑下令大军开拔。[76] 晚上 7 点，拿破仑给麦克唐纳写信道："明天，也就是 15 号，我军将遭到敌'波西米亚'军团和'西里西亚'军团的进攻，这一点毫无疑问。"[77]

拿破仑抵达莱比锡的时间是 10 月 14 日的正午时分，在这里他可以听到从南边传来的缪拉所部炮击敌军的声音。当天在利伯特沃尔克维茨（Liebertwolkwitz）爆发了这场战役中规模最大的一次骑兵会战,但双方都没有取得决定性的战果。10月15日清晨,拿破仑在缪拉的陪同下视察了整个战场。法军各部在当天傍晚时分所处的位置如下:

贝特朗的第4军位于尤提兹希(Entritzsch),马尔蒙的第6军位于林登塔尔(Lindenthal)、波尼亚托尔夫斯基亲王的第8军位于马克勒堡(Markkleeberg)和杜森(Dosen),维克托的第2军位于瓦豪(Wachau),洛里斯东的第5军位于利伯特沃尔克维茨,奥热罗的第9军位于祖克尔豪森(Zuckelhausen),苏哈姆的第3军位于莫考和杜本,麦克唐纳的第11军位于陶哈,雷尼耶的第7军也在杜本。作为总预备队的近卫军被部署在了劳德尼兹(Reudnitz)和克罗腾多夫(Crottendorf)。赫里蒂埃(L'Heritier)的第5骑兵军位于南部战线的右侧,第1和第4骑兵军——分别由拉图尔蒙伯格和克勒曼指挥——则位于战线中央的后方,塞巴斯蒂亚尼(Sebastiani)的第2骑兵军位于前两者的左侧。

此时,反法联军的营地中也发生了一些怪事。当时布吕歇尔正在哈雷,贝纳多特位于其北边大约15英里的地方。布吕歇尔想从北边直扑拿破仑,他希望"波西米亚"军团同时从南边向拿破仑逼近。然而贝纳多特却十分惧怕拿破仑,因而主张保护自己与柏林之间交通线的安全。布吕歇尔最终决定独自进军,后来贝纳多特也很不情愿地跟了上去——结果他还是来晚了一步,并没有赶上10月16日那场至关重要的会战。

施瓦岑贝格于9月26日率领16万大军出发,但他们的行进速度非常缓慢,用了整整17天才走了70英里,直到10月14日方才抵达阿尔滕堡。施瓦岑贝格也不想与拿破仑发生正面冲突,因此宁愿迂回绕道也不愿进行会战。10月13日,施瓦岑贝格收到了布吕歇尔发来的信件,后者这样写道:"三支大军眼下相距如此之近,只要我们同时向敌人重兵集结之处发起攻击,那我们很可能一举将敌军击溃。"此时沙皇也亲自介入了,他命令维特根斯坦率领一支强大的骑兵部队前去进行侦查——此举还引发了后者与缪拉之间的大规模骑兵会战。10月15日,反法联军用了一整天的时间来准备次日的战斗,而布吕歇尔则奉命加快行军速度,以便在马克兰斯塔特(此地位于莱比锡西南九英里处)与"波西米亚"军团会师。

1813年的莱比锡城有三万多名居民，其周围都是废弃的防御工事，在这些防御工事的外围就是该城的郊区。莱比锡城的西边是普莱塞河（Pleisse）和埃尔斯特河（Elster），它们形成了纵横的河道网络，上面架设有为数众多的桥梁。其中最主要的一条桥梁位于林德诺，那里有道路通往默赛堡和魏森费尔斯。莱比锡城的北边是帕塔哈河（Partha），该河在一个名叫帕芬多夫（Paffendorf）的村子附近汇入了普莱塞河。莱比锡城的南边是绵延的低矮山脊，其中的最高点是位于利伯特沃尔克维茨偏西的加尔艮堡（Galgenberg）。

反法联军的进攻计划是由施瓦岑贝格制定的，沙皇又亲自对其加以了修订。根据该计划，当布吕歇尔率领5.4万人向莱比锡的西北方向挺进时，另外三支部队将分别从西面和南面向该城发起进攻。于来（Gyulai）将率领1.9万人向林德诺发起进攻，并且要切断法军的交通线；默维尔特（Meerveldt）将指挥2.8万人从茨文考向北进发，直扑普莱塞河与埃尔斯特河之间的地区；维特根斯坦则率领9.6万人——该部的左翼位于普莱塞河河畔——负责进攻缪拉于10月14日时构筑的阵地（该阵地的中心位于瓦豪）。反法联军把兵力布置得如此分散，直接让整个行动变成了四场独立的会战，也就是在北边的莫克恩（Mockern）和林德诺爆发的两场战斗，在南边的多利茨（Dolitz）和瓦豪爆发了另外两场战斗。

虽然拿破仑在写给麦克唐纳的信中曾经预测到了反法联军的第一个行动（即布吕歇尔的行动），但他却并不相信布吕歇尔会参加10月16日的战斗——在这场战役中，拿破仑并没有表现出活力与积极求战的勇气，而这种情况还将在1815年的滑铁卢战役中重演。拿破仑在10月15日晚上10点给身处林登塔尔的马尔蒙写信，他告诉后者有情报说贝纳多特已经抵达了默赛堡，并且在马克兰斯塔特（Markranstadt）南面也能看到许多营火。拿破仑还接着写道："这些迹象使我相信敌人不会沿哈雷大道前进，而是会取道魏森费尔斯，这样他们就能在茨文考或皮高与'波西米亚'军团会合了。"[78] 既然做出了这样的判断，拿破仑便在10月16日早上7点命令马尔蒙把麾下的部队转移到莱比锡和利伯特沃尔克维茨正中间的位置上。如此一来，倘若林德诺遭受攻击——虽然拿破仑说"这似乎是不可能发生的"——马尔蒙便可以前去支援，或者在接到命令的时候由此地向南进军。[79] 拿破仑之所以计划让马尔蒙向南挺进，是因为他已经决心让麦克唐纳麾下的部队包抄正面位于瓦豪的反法联军的右翼了。为了确保这场侧翼攻势取得成效，拿破仑希望马尔蒙能够为麦克唐纳提供支援。

不幸的是，拿破仑所做出的假设是错误的。虽然马尔蒙在10月15日夜里已经可以从林登塔尔教堂的塔楼上清楚地看到远处布吕歇尔营地里的火光了，但他在接到拿破仑的上述命令后还是勉为其难地遵照执行了。马尔蒙刚刚开始行动后不久，布吕歇尔的先头部队就已经把法军的前哨部队从拉德费尔德（Radefeld）、斯塔赫梅恩（Stahmeln）及瓦伦（Wahren）等地赶了出去。马尔蒙这才意识到自己已经不可能继续执行拿破仑的命令了，于是他掉转方向，在莫克恩和埃尔斯特河之间摆出了防守的架势。接着，他就向身为北部战线最高指挥官的内伊发出了求救信号。上午10点左右，内伊命令贝特朗率领第4军接替马尔蒙所部前往拿破仑的计划中的集合地点。贝特朗遵令行事，但途中他接到了位于林德诺的阿里吉（Arrighi）发来的亟待增援的信息，而后者此时正受到敌军优势兵力（由于来指挥）的攻击。贝特朗很清楚林德诺大桥对法军而言有多么重要，于是立刻前去提供支援并成功地击退了于来。稍后，当苏哈姆的第3军从杜本赶来之后，内伊便让他派一个师的兵力前去支援马尔蒙，而剩下的两个师则被派去执行原本交给伯特朗的任务——当这两个师快要抵达麦克唐纳所在的位置时，马尔蒙的处境开始变得岌岌可危起来，于是内伊又接连不断地派出信使要求他们调头回援。结果正如费恩所说的那样，这两个师在整整一天的时间里不断地往返于两处战场之间，却连一场战斗都没有参加过。费恩还补充道："在皇帝陛下看来，这算是当天的灾难性事件了。"[80]

马尔蒙在莫克恩遭到了约克所部的猛烈进攻，这个村子也数度易手。到了下午5点，约克在损失了三分之一的兵力之后终于在村子中稳住了阵脚。于是，马尔蒙便向着戈利斯（Gohlis）和尤提兹希（Eutritzsch）的方向撤退了。

天亮后不久，拿破仑便再次和缪拉一道骑马赶往加尔茛堡。当天早上不仅气温很低，天空还下着雨，大地上笼罩着一层浓雾。9点的时候，天空开始放晴，"反法联军在三声炮响之后开始了进攻……接着双方炮兵开始了持续五个小时的猛烈互射"。[81]

在炮火的掩护下，反法联军在宽正面上呈四列纵队向前推进。因为他们彼此之间根本看不到对方，所以无法进行协调一致的攻击——反法联军的这种兵力部署造成了致命的后果。符腾堡的尤金攻到了瓦豪，之后交战双方爆发了激烈的肉搏战，战斗一直持续到上午11点钟。最后，尤金所部的士兵还是被赶出了村子。在尤金

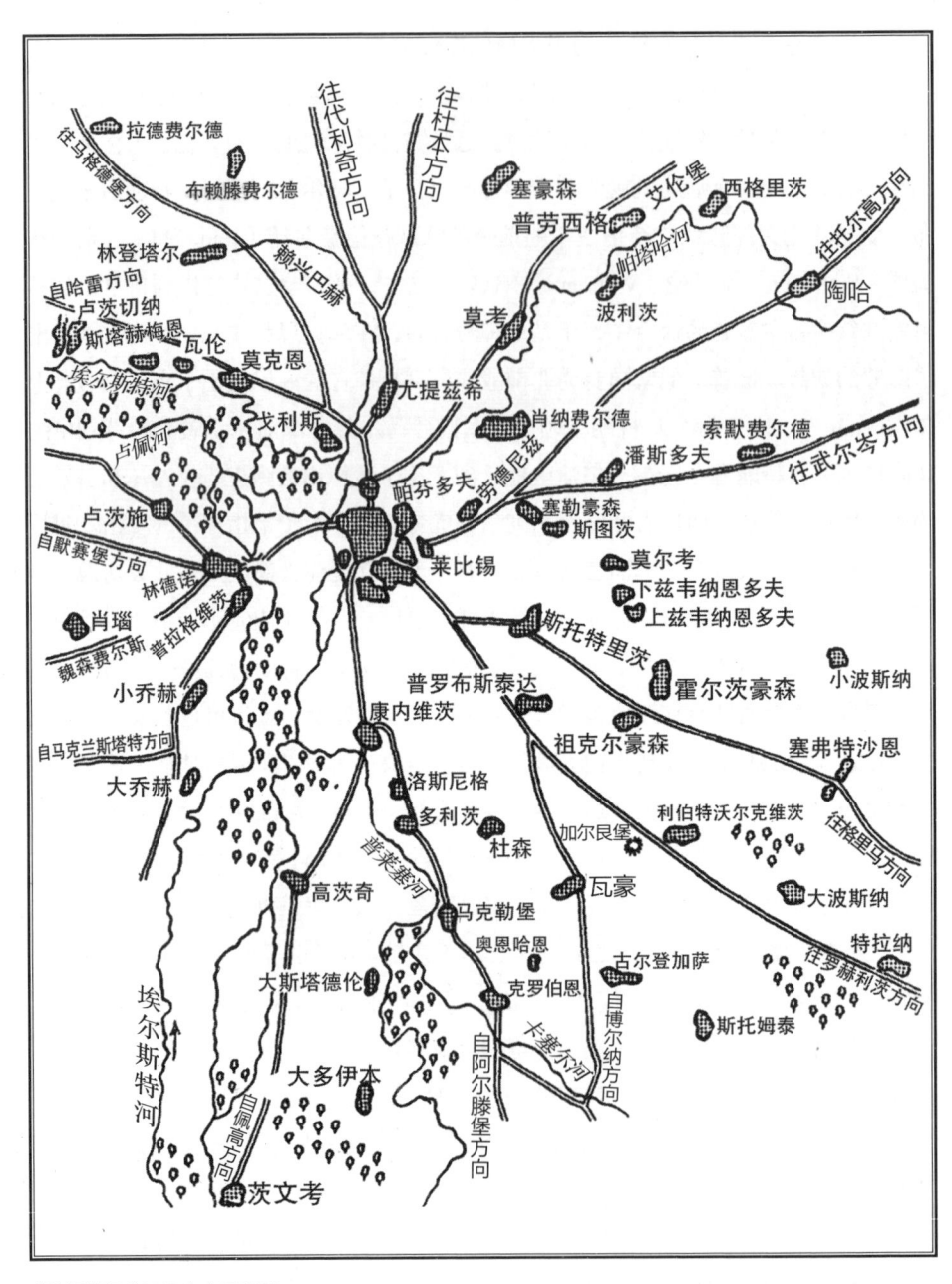

莱比锡战役（1813年）示意图二

的左边，克莱斯特向马克勒堡发起了猛攻，但却被法军的炮兵给压制住了。戈尔恰科夫（Gortchakov）从尤金的右侧向利伯特沃尔克维茨发起了进攻，但也被法军的炮火所击退，结果他和克勒瑙（Klenau）的纵队（上午10点的时候就已经向大波斯纳〔Gross Possna〕的方向挺进了）之间出现了一个缺口。最后，默维尔特也在普莱塞河与埃尔斯特河之间的地域被击退，之后该部只得摆出了防御的架势。

以下是法军在上午11点时所处的位置：

波尼亚托夫斯基亲王驻守在马克勒堡、康内维茨（Connewitz）和多利茨，位于杜森的奥热罗则负责为其提供支援；维克托占据了瓦豪、洛里斯东以及利伯特沃尔克维茨，莫尔捷和乌迪诺分别指挥两个师的青年近卫军充当预备队。老近卫军位于加尔艮堡的后方，麦克唐纳则在霍尔茨豪森等待马尔蒙所部的到来。与此同时，德鲁奥奉命在瓦豪和利伯特沃尔克维茨之间集结了150门火炮，这是为了之后发起一次决定性的攻势而准备的。

拿破仑想要集中除塞巴斯蒂亚尼的军之外的全部骑兵力量，从古尔登加萨地区（Guldengossa）突破敌军的中央阵线。在敌人陷入混乱之后，他再趁机让步兵纵队发起攻击。届时，麦克唐纳和紧随其后的苏哈姆将向反法联军的右翼发起猛攻，并把他们逼向敌军业已被击溃的中央阵线。

快到下午2点的时候，拿破仑不愿再花时间等苏哈姆赶来了，遂下令发起攻击。在德鲁奥的炮兵的掩护下，缪拉率领着1万~1.2万名骑兵发起了冲锋，法军步兵则集结在骑兵身后。与此同时，麦克唐纳也开始向塞弗特沙恩（Seiffertshayn）挺进。

进攻刚开始的时候，缪拉的骑兵所向披靡，他们一连击溃了敌军两个步兵营，还缴获了26门火炮。如果法军步兵此时能紧随其后发起进攻的话，那么他们很可能就能赢得这场战斗的胜利了。但就在这关键时刻，从战场的北方传来了轰隆隆的声音，贝尔捷认为那不过是雷鸣声罢了，而拿破仑却立刻就辨认出了这是火炮射击的声音，马上调转马头向莫克恩的方向飞奔而去。就这样，他离开了最需要自己督战的瓦豪战场。就在缪拉突进到古尔登加萨南部的时候，维克托已经攻占了奥恩哈恩（Auenhayn）的牧羊场，乌迪诺和莫尔捷正分别向克罗伯恩和"大学林"（University Wood）进发，而洛里斯东和麦克唐纳则分别在前往古尔登加萨和塞弗特沙恩的路上。

1103

不过此时反法联军也已经召集了他们的预备队，缪拉麾下的骑兵此时正在遭受反法联军的炮击，同时还有13个中队的俄军胸甲骑兵向其侧翼发起了猛烈攻击。此外，洛里斯东的军也在一片混乱中向着德鲁奥的炮兵阵地退去。这种混乱局面逐渐扩散到了法军各部：维克托被迫放弃了牧羊场，乌迪诺也被赶出了塞弗特沙恩。不过法军在右翼击退了业已渡过普莱塞河并突入多利茨的默维尔特，并将其俘虏。

上述战斗结束之后，拿破仑下令把自己的指挥部帐篷搭在斯托特里茨（Stotteritz）的一个干涸的池塘里。[82]跟往常一样，营帐周围的防卫交给了老近卫军来负责。之后拿破仑便派人请来了默维尔特将军——他们两人乃是旧相识——并从后者那里得知巴伐利亚的弗雷德将军已经在因河流域和奥地利人会师，此时正准备向法军位于美因茨和法兰克福的交通线发起进攻。这个消息让拿破仑确信必须要撤兵了。为了争取时间，他决定把默维尔特送回反法联军的司令部，并请后者代为转达自己关于开始谈判的建议。[83]当然，这个建议是不会有任何结果的。

在我们看来，拿破仑此时无疑已经下定决心要撤军了，因为他在晚上7点命令贝特朗率领第4军做好出发的准备，他们将要去防守萨勒河（Saale）和温斯特鲁特河（Unstrut）上的通道，这些通道散布在默赛堡、弗赖堡、魏森费尔斯及柯森等地；而莫尔捷则奉命率领两个师的青年近卫军来接替贝特朗在林德诺的防务。不过拿破仑似乎并不甘心，因为他直到10月18日才真正开始撤退，这是他所犯下的一个致命错误。由于此时拿破仑手中仍握有16万人的大军，如果他能在10月17日就启程前往莱茵河上游的话，虽然这意味着要主动放弃日耳曼地区，但他一定可以确保法国东部边境的安全——这比他之后在1814年时所面临的情况要好得多。

10月17日双方几乎没有发生战斗，他们都在利用这一天为明天的行动做准备。10月18日凌晨2点，天空仍然下着雨，法军此时已经撤离了他们的营地，开始向康内维茨—多利茨—普罗布斯泰达（Probstheida）—祖克尔豪森—霍尔茨豪森—兹韦纳恩多夫（Zweinaundorf）—潘斯多夫—肖纳费尔德（Schonefeld）一线撤退。之后，他们又沿帕塔哈河退往帕芬多夫和戈利斯。雷尼耶所部于当日便抵达了目的地。

跟法军一样，反法联军在10月17日也按兵不动，他们是在等待科洛雷多（Colloredo）、贝纳多特和贝尼希森（Bennigsen）的到来——之后反法联军的兵力便增至了29.5万人（他们还拥有1466门火炮）。施瓦岑贝格计划在10月18日以六个纵队发起进攻：黑森—洪堡亲王负责进攻洛斯尼格（Losnig）；巴克利负责进攻普罗布斯泰达；贝尼希森负责进攻祖克尔豪森和霍尔茨豪森；布吕歇尔负责进攻莱比锡东北；于来负责进攻林德诺；贝纳多特则被部署在于来和布吕歇尔之间。

10月17日晚上11点，拿破仑下令把自己的指挥部转移到斯托特里茨的烟草厂里去。三个小时之后，他又乘马车赶往普罗布斯泰达，之后又从那里前往劳德尼兹去会见内伊元帅。拿破仑在那里一直待到第二天早上5点钟，之后他又赶往林德诺。据费恩男爵所说，拿破仑曾下令在林德诺多架设几座桥梁。[84]到上午8点，拿破仑已经返回了斯托特里茨。当他还在吃早餐的时候，敌人的炮击就已经开始了。于是拿破仑下达了最后一道命令，要求贝特朗向萨勒河挺进。

到下午2点为止，反法联军的进攻都很谨慎，因此法军的前沿阵地还只是逐渐被逼退而已。唯独黑森—洪堡亲王指挥的反法联军左翼在经过了激烈的战斗之后拿下多利茨和杜森。紧接着，该部就开始向康内维茨推进，但却被波尼亚托夫斯基亲王麾下的波兰部队所击退。位于黑森—洪堡亲王右侧的巴克利向普罗布斯泰达发起了进攻，但法军的炮兵使其遭受了严重的损失，巴克利只得停下来等待贝尼希森赶上来——后者此时还远远地落在后面，正在缓慢地向兹韦纳恩多夫进发。到目前为止，仍然没有迹象表明贝纳多特会采取行动，而此时贝特朗已经在林德诺击溃了于来，并向着魏森费尔斯的方向挺进了。

到了下午2点，洛斯尼格周围爆发了激烈的战斗，不过奥热罗和波尼亚托夫斯基亲王仍然坚守着康内维茨。位于普罗布斯泰达的维克托在洛里斯东的支援下，也多次击退了巴克利纵队的进攻——后者在接到施瓦岑贝格的命令转入防守之前，曾一再向法军发起突击。与此同时，兵力远超麦克唐纳的贝尼希森不顾一切地发起了进攻，最终占领了霍尔茨豪森和祖克尔豪森。然后，贝尼希森又继续向前推进并占领了兹韦纳恩多夫，但在斯托特里茨被法军击退。此时贝纳多特终于出现在了贝尼希森的右翼，下午3点，他们两人合力攻占了莫尔考。接着，他们在猛烈的炮火支援下——这其中还包括博格上尉所指挥的英军火箭炮部队——继续向潘斯多夫挺进，并在一番猛攻之后夺占了该地。但没过多久，拿破仑又亲率青年近卫军和老近卫军把潘斯多夫重新夺了回来，但他发现自己已经无法守住这个地方了。此时，内伊也把自己的右翼撤到了肖纳费尔德、塞勒豪森和斯图茨一线。在内伊组织撤退的同时，原本部署在塞勒豪森前线的两个萨克森旅和一个野战炮兵连——他们均归属雷尼耶指挥——向反法联军投降了。[85]当这几支叛军经过法军骑兵身边时，后者以为他们是要去攻击敌军，还向他们欢呼致意。

虽然法军仍然坚守着康内维茨、普罗布斯泰达和斯托特里茨等地，但驻守其他地方的法军在傍晚时分都被迫退回了莱比锡郊区。马尔蒙被逐出了肖纳费尔德，被迫撤到了劳德尼兹；内伊和苏尔姆在下午4点的时候都负了伤。此时拿破仑已经意识到自己再也无力坚守阵地了。夜幕降临之后，他在营地的篝火旁"用他一贯精确的口吻"[86]口授了撤军的命令。这些命令的原文已经遗失了，不过其拟定的撤退顺序我们还是知道的：队伍最前面的是老近卫军，乌迪诺指挥两个师的青年近卫军紧随其后，接着是第4骑兵军、第9军和第2军，殿后的是第2骑兵军——上述部队应当在其余部队的掩护下途径林德诺进行撤退。拿破仑直到晚上8点仍然留在宿营地之中，之后方才骑马返回莱比锡城内的罗斯普拉茨区，并在"普鲁士旅馆"中住了下来。在那里，他和巴萨诺公爵马雷一起工作到深夜。[87]

当天傍晚，布吕歇尔得知贝特朗正在赶往萨勒河，于是他立刻下令要约克率领麾下的部队前去攻占默赛堡和哈雷。

10月18日，当战斗结束的时候，反法联军依然没有取得决定性的战果。此时，法军仍然坚守着从康内维茨经普罗布斯泰达、斯托特里茨、克罗滕多夫、劳德尼兹直到莱比锡以北的防线，而且拿破仑在西边的撤退路线也依然畅通无阻。达尼列夫斯基曾生动地描述了当天晚上的场景：

夜幕降临了，天空被斯托特里茨、肖纳费尔德、多利茨和莱比锡某处郊区燃烧着的大火映得通红。我军全都沉浸在欢乐的气氛中，传递捷报的使者从四面八方疾驰而来，而敌军则陷入了难以形容的混乱之中。法军的辎重、大炮、被击溃的团级部队，以及几天没吃饭的士兵全都挤在一处，他们因为莱比锡周围的河流上没有足够多的桥梁而被迫滞留在那里。当我军的炮火击中那些狭窄的街道时，到处都能听到法军伤兵的哀号声。战场上空刚刚还响彻着2000门火炮的轰鸣声，此时却像墓地一样寂静无声。这种大战之后的沉寂总是带着某种可怕的意味，它会使人的灵魂产生一种难以言喻的感觉……[88]

10月18日傍晚，施瓦岑贝格发布了第二天的作战命令。跟他之前所有的进攻命令一样，这道命令还是沿用了全线齐头并进的进攻方式，并没有试图集中兵力攻击某一点。此外，除了之前提到的布吕歇尔所采取的行动外，反法联军也并没有采取任何其他行动来切断法军的交通线或做好追击法军的准备。

到了10月19日的凌晨2点，法军开始从前哨阵地及康内维茨、普罗布斯泰达和斯托特里茨等地的营地中撤退。麦克唐纳麾下的第7军、第8军和第11军共三万人奉命坚守莱比锡以掩护法军主力撤退。圣西尔也接到命令要在可能的情况下自行撤退。

10月19日上午7点，反法联军再度发起进攻，但没过多久就暂停了攻势——因为沙皇不希望莱比锡城被战火摧残。于是，双方就该城的投降事宜进行了谈判。同一时刻，拿破仑则听说了贝特朗已经在魏森费尔斯站稳脚跟的消息。于是他在上午9点向自己的盟友、萨克森国王道别，之后就骑马穿过一片狼藉的战场前往林德诺大桥。奥德莱本对当时的情形做了如下的描述："弹药运输车、随军的女性小商贩（Vivandiers）、宪兵、大炮、妇女、掷弹兵、奶牛、绵羊、驿递马车，还有士兵们——他们有的毫发无伤，有的受了伤，还有的奄奄一息——全都挤在一起，场面混乱不堪，根本不可能继续行军，更别谈组织防御了。"[89]

在这种混乱的局势中，夏多将军（General Chateau）在大桥附近碰到了一个"衣着奇特的人，他只带了一小队随从，口中哼着'马尔布鲁克上战场'（Malbrook s' en va-t-en guerre'）的曲子，不过他本人却陷入了沉思之中。夏多以为他是个普通市民，正准备上前盘问……却发现那正是皇帝陛下本人。拿破仑仍然保持着其一贯慵懒的姿态，看上去仿佛对周遭的惨状毫不在意"。[90]

上午11点，拿破仑通过林德诺大桥后，口授了几道命令就睡着了。与此同时，莱比锡城与沙皇之间的谈判也破裂了，战斗再度打响，法军和波兰军在绝望中进行了顽强抵抗。

快到下午1点的时候，拿破仑仍然在熟睡，战场上的炮声并没有吵到他，但他却被一场突如其来的可怕的大爆炸给惊醒了。原来一个工兵部队的下士提前把林德诺大桥给炸毁了——当时这支工兵部队的上校长官并不在现场，他骑马赶往前线以确定最后通过大桥的是哪一支部队去了。这对于留下来殿后的法军后卫部队来说无异于晴天霹雳，因为唯一搭建起来的一个辅助桥梁也早已坍塌了。麦克唐纳、波尼亚托夫斯基亲王、军官们和许多士兵只好跳入河中；麦克唐纳成功地游到了河的西岸，但那位前一天刚刚在战场上获得了法国元帅殊荣的波尼亚托夫斯基亲王却被淹死了。没过多久,埃尔斯特河东岸的法军就全部投降了,战斗随之宣告结束。

打了败仗的法军主力于 10 月 20 日在魏森费尔斯渡过了萨勒河,并于 10 月 23 日进入了埃尔福特城,然后一直在那里待到了 10 月 26 日。期间,法军补充了给养。在这段时间里,拿破仑发现弗雷德亲王率领四万名巴伐利亚军在哈瑙切断了自己的退路,遂向后者发起了进攻。10 月 28 日到 31 日之间,弗雷德被法军打得大败亏输,损失了超过 9000 人。拿破仑趁机率军通过了法兰克福,并于 11 月 2 日抵达了美因茨。他在那里一直待到 11 月 7 日,然后才启程返回巴黎,并在 11 月 9 日抵达了圣克卢。两天之后,圣西尔在德累斯顿投降了反法联军,这场战役就此宣告结束。

10 月 18 日当天的伤亡人数我们尚不清楚,不过双方的伤亡都在 2.5 万人左右。据估计,反法联军在 10 月 16 日到 19 日之间共有 5.4 万人伤亡,而同一时间法军的损失则在 3.8 万人左右。不过若是把被俘人员、医院中的病号及逃兵都算上,那么法军的损失数字可能就要翻倍了。反法联军缴获了为数众多的战利品,其中包括 28 面军旗和鹰旗、325 门火炮、900 辆弹药运输车,以及四万支步枪。法军的主要将领中有六人阵亡、12 人负伤,还有包括洛里斯东和雷尼耶在内的 36 名将军被俘。此外,费恩还告诉我们,法军仅在 10 月 18 日一天就打出去了 9.5 万发炮弹,在 10 月 16 日到 19 日期间总计发射了超过 20 万发炮弹——到了 10 月 19 日,法军的炮兵只剩下 1.6 万发炮弹可用了。[91]

正如奥德莱本所写的那样:"有生以来第一次,拿破仑这位法国领袖于众目睽睽之下在欧洲文明的中心区域被击败了……总之,他输掉了一场至关重要的战役。"[92] 这一次拿破仑再也找不到任何借口了,这片战场上既没有波兰的烂泥地,也没有俄罗斯的寒冬。拿破仑输掉了第二场"特拉法尔加海战",只不过这一次他是在陆战中败北了,这意味着他已经失去了掌控局势的主动权。

虽然拿破仑勇敢的面对了这次失败,但这对他来说仍是一次致命的打击。反法同盟的胜利在欧洲历史上点燃了一盏新的烛火,在他们取得了这场胜利之后,所有的事情都发生了天翻地覆的变化。欢乐的情绪席卷欧洲大陆,人们就如同勒班陀之战后一样欣喜若狂;对拿破仑的谩骂如同决堤的洪水一样,各种尖酸刻薄的宣传传遍了欧洲各国,这预示着接下来的战争在道德层面上的堕落。"伦敦城灯火通明以示庆祝,英国的每个城镇和村庄都点燃了社火,人们像烧毁盖伊·福克斯①的雕像一样把拿破仑的雕像也投入了烈火之中，英国的媒体则发出了闻所未闻的尖刻声音……拿破仑被他们称为'独夫民贼、受了天谴、雅各宾派的皇帝、无赖联盟的保护者、地狱联盟的调停人、恐怖军团的大十字架'"。杜邦将军还对拿破仑做出了诸如此类的描述："他从16岁时就开始了自己的谋杀罪行：他在布列讷毒杀了一名年轻女子，而后者当时还怀着他的孩子。"[93]

不过这场"民族会战"——今天的人们为这场战役树立了一座巨大而粗犷的纪念碑——所带来的影响要比上述这些胡言乱语深远得多，它意味着英国制度的胜利、近代普鲁士的崛起，以及法国衰落的开始。此外，它还预示了各大国之间的单打独斗正逐渐成为历史，而这些政治上的原始冲突即将让位于世界范围内的大战了。

拿破仑的战略失败了，这不仅仅是因为他执行战略的手段不足，抑或是他太过傲慢自信，更重要的原因是他的政策已经与当时的时代精神格格不入了。拿破仑的目标是追随过去那些伟大征服者的脚步来建立一个统一的大帝国，但是时代业已发生了改变。欧洲不再是诸多部落和民族的松散集合，而是众多具体化了的民族国家的集合；这些国家都在寻求各自的道路，以抵达一种新的共同观念的顶峰，也就是要将各自的民族加以神话。

拿破仑在耶拿不仅摧毁了一支封建军队，还抹去了封建思想的最后一丝痕迹。一支民族军队破土重生，并最终在莱比锡摧毁了拿破仑的事业。埃尔斯特河畔的战场上死伤枕藉，但今日之欧洲却由此从中世纪的蛹壳里破茧而出。

---

① 译注：此人曾企图在英国国会炸死英国国王詹姆斯一世。

注解

1. 费恩是拿破仑内阁的秘书（*Manuscrit de Mil Huit Cent Treize,* Baron Fain〔1824〕, vol.I, p.39）。
2. 此时法军"大军团"尚有 10 万人。在入侵俄罗斯的 60 万人大军中，只有大约 20 万人是法国部队，因此法国的损失并不像人们通常以为的那么巨大。
3. *Fain,* vol.I, p.108.
4. 可参见 *Memoirs of General Caulaincourt*（1938）,vol.II, pp.611—12。亦可参见 *Relation Circonstanciee de La Campagne de 1813 en Saxe,Baron D'Odeleben（French edit.,1817）*, vol.I, p.62。
5. *Fain,* vol.I, p.33.
6. 同上，vol.I, p.35。
7. *Memoirs,* vol.II, p.620.
8. 巴龙·奥德莱本是一位萨克森军官，他在拿破仑的指挥部中担任翻译工作，是一位极其公正的战争亲历者。
9. 最终的兵力编制稍有不同。
10. 朗勒扎克认为法军的总兵力为 20.2 万人（*La Mancuvre de Lutzen,* p.116）。
11. *D'Odeleben,* vol.I, p.167.
12. *Souvenirs Militaires de 1804 a 1814 (1863),* pp.118—119.
13. 根据奥德莱本的记载，拿破仑在莱比锡战役开始之前曾说过："我将以波拿巴将军而不是法国皇帝的身份来指挥这场战役。"拿破仑在很大程度上也确实做到了这一点。
14. 1809 年的时候，当时骑术还不甚精湛的拿破仑曾骑马从巴利亚多利德赶往 77 英里外的布尔戈斯，全程只用了五个小时。
15. 请特别参阅 vol.I, p.224。
16. *Memoirs,* vol.I, p.155.
17. *Correspondance,* No.18884, vol.XXIV, p.7.
18. *D'Odeleben,*vol.II, pp.363—364.
19. *Memoirs,* vol.II, pp.363—364.
20. *Fain,* vol.II, p.361.
21. *Correspondance,* No.19697, vol.XXV, pp.61—63.
22. *Napoleon as a General* (1902), vol.II, p.242.
23. 参见 *Correspondance,No.19902,*vol.XXV, pp.225—226。
24. *D'Odeleben,*vol.I, p.34.
25. 参见 *Correspondance,*No.19873, vol.XXV, pp.204—205。
26. *D'Odeleben,*vol.I, p.35.
27. *Correspondance,* No.19942,vol.XXV, p.254.
28. *D'Odeleben,* vol.I, p.49; *Memoires du Marechal Marmont Duc de Raguse (1865),* vol.V, p.15.
29. *Fain,*vol.I, p.348.
30. Vol.I, p.51.
31. *Memoires,* vol.V, p.26.
32. 下午一点的时候，贝特朗的先头部队距离卡加只有不到四英里的路程，但他并没有在炮火的掩护下继续前进，而是停下来等候下一步的命令，这一等就等到了下午三点钟——这可谓是拿破仑的将军们缺乏主动性的典型案例了。
33. 法军在吕岑发射了 3.9 万发炮弹。（*Fain,* vol.I, p.367.）
34. 同上，vol.I, pp.388—390。

35. 参见 *Correspondance,* Nos.20017 and 20031, vol.XXV, pp.299, 390。
36. *Fain,* vol.I, pp.421—422.
37. *Memoir of the Operations of the Allied Armies,* 1813—1814 (1822), p.2.
38. 若米尼在吕岑时曾担任过内伊的参谋长，但他不久之后就投靠了俄普联军。
39. *Correspondance, No.20070,* vol.I, p.346.
40. *Napoleon as a General,* vol.II, p.268.
41. 有记载（*The Cambridge Modern History,* vol.IX, p.521）显示是 3 万人。
42. *The Leipzig Campaign 1813,* Col.F.N.Maude (1908), pp.142—143.
43. 参见 *Correspondance,* No.20142, vol.XXV, pp.393—397。
44. 同上，No.20398, vol.XXVI, p.78。
45. 同上，No.20300, vol.XXVI, p.34。
46. Vol.I, p.231.
47. 参见 *Correspondance,* Nos.20357, 20360 and 20365, vol.XXVI, pp.32, 34, 37。
48. *Memoires pour servir d l'Hisoire,* etc. (1831), vol.IV, p.59.
49. *Memoires du Marechal Marmont (1851),* vol.V, pp.140, 207.
50. 同上，vol.V, p.139。
51. *Correspondance,* No.20398, vol.XXVI, pp.77—78.
52. 同上，No.20398, vol.XXVI, pp.77—78。
53. 同上，No.20437, vol.XXVI, pp.112—113。
54. *See Fain,* vol.II, pp.258—259.
55. *Correspondance,* No.20472, vol.XXVI, p.139, Fain, vol.II, p.258.
56. Vol.I, p.250.
57. 约克·冯·瓦滕贝格在评论这场战斗时曾这样说过："据我所知，这场战斗是战争史上最好的一个例证，它证明了一个人的天才是可以胜过诸如军队数量和士气等重要因素的。"（*Napoleon as a General,* vol.II, p.246.）
58. *Fain,* vol.II, pp.277.
59. *D'Odeleben,* vol.I, p.261.
60. *Correspondance,* No.20480, vol.XXVI, p.144.
61. 同上，No.20482, vol.XXVI. p.147。
62. *Fain,* vol.II, p.297.
63. 同上，vol.II, p.320。
64. 同上，vol.II, p.321。
65. *Correspondance,* No.20502, vol.XXVI, p.162.
66. *D'Odeleben,* vol.I, p.270.
67. *Memoires,* vol.IV, p.148.
68. *Fain,* vol.II, pp.353—356.
69. *Correspondance,* No.20619, vol.XXVI, pp.236—238.
70. *Memoires,* vol.IV, p.185.
71. *Correspondance,* No.20711, vol.XXVI, pp.299—300.
72. 同上，No.20719, vol.XXVI, p.304。
73. Vol.II, p.9.
74. Vol.II, pp.272—273.
75. *Correspondance,* No.20775, vol.XXVI, p.339.
76. 同上，No.20799, vol.XXVI, pp.356—357。

1111

77. 同上，No.20801, vol.XXVI, p.358。
78. 同上，No.20812, vol.XXVI, p.362。
79. 同上，No.20814, vol.XXVI, pp.364—365。
80. *Fain,* vol.II, p.404.
81. *D'Odeleben,* vol.II, pp.19—20.
82. 同上，vol.II,p.23。
83. 参见 *Fain,* vol.II, pp.409—411。关于默维尔特的报告请参见 *Burghersh,* Appendix III, pp.349—353。
84. *Fain,* vol.II, pp.415, 440. 亦可参见 *D'Odeleben,* vol.II, p.40。
85. 参见 *Correspondance,* No.20830, vol.XXVI, pp.274—279。
86. *D'Odeleben,* vol.II, p.34.
87. 同上，vol.II, p.37。
88. 引自 *Petre in Napoleon's Last Campaign in Germany 1813 (1912),* p.369。该书中这段内容则是引自 *Danilewski Denkwurdigkeiten aus dem Kriege 1813 (1837), pp.259—260。*
89. Vol.II, p.39.
90. *Precis politique et militaire des campagnes de 1812 a 1814,* Jomini (1886), vol.II, p.207.
91. Vol.II, pp.428—429.
92. Vol.II, pp.36—37.
93. *Napoleon in Caricature 1795—1821,* A.M.Broadley (1909), vol.II, pp.246—248.

大事记
法国与英国的欧陆争霸（第二阶段）

拿破仑此时固然已经达到了其权势的巅峰，但他的目标却远远没有完成——因为英国仍然拒绝求和，而只有英法两国达成了和解，和平才会在欧洲降临。拿破仑一回到巴黎，就着手扩大其大陆封锁体系的覆盖范围：1807年7月19日，他向葡萄牙发出警告，要求后者在9月1日之前对所有英国船只关闭本国港口；7月31日，他又向丹麦发出了类似的警告。8月16日，拿破仑还要求丹麦舰队与法国合作，不过英国人早已盯上了这支丹麦舰队，他们早在7月26日就派海军上将甘比尔（Admiral Gambier）率领一支强大的远征军前往丹麦海峡逼迫该舰队投降。由于丹麦人拒绝服从英国人的要求，所以后者在9月2日对丹麦不宣而战并炮轰了哥本哈根。9月7日哥本哈根宣布投降的时候，英国人还扣押了丹麦18艘战列舰和52艘其他船只。在经历了英国人的此次暴行之后，丹麦便加入了法国阵营并向英国宣战了。

在看到了哥本哈根的惨状之后，葡萄牙人决定继续对英国人开放他们的港口。为了迫使葡萄牙人屈服，拿破仑和西班牙签订了一项旨在联合入侵葡萄牙的协议，并派朱诺将军（General Junot）率领2.8万名法军穿过西班牙国土向里斯本进发——"西班牙半岛战争"就这样爆发了。这场战争不断累积起来的不利因素，加上拿破仑入侵俄国的灾难性失败，在最终促使拿破仑倒台的过程中起到了决定性的作用。葡萄牙的舰队逃过了法国人的追捕，其摄政王也在英国人的劝说下不情不愿地登上了位于塔古斯（Tagus）的西德尼·史密斯爵士的旗舰以寻求政治避难。之后，摄政王又和葡萄牙舰队一道前往了巴西。葡萄牙人决绝的态度让拿破仑大伤脑筋，他决心要确保西班牙诸港口特别是加的斯港的安全。

1808年3月，西班牙国王查理四世主动把王位传给了自己的爱子斐迪南七世（1808年至1833年在位），但拿破仑拒绝承认后者的地位并强迫其退位。然后，拿破仑又把他的兄弟——那不勒斯国王约瑟夫·波拿巴推上了西班牙王位的宝座。拿破仑此举既不明智也不吉利，因为此时的西班牙已经处于动荡之中。虽然除了朱诺在葡萄牙的军队之外，法国在西班牙还有9万人的部队，但约瑟夫并不是一个能够平息这场叛乱的人物。因为拿破仑认为西班牙的起义军不过一群匪徒，所以他让自己的兄弟派出快速反应纵队前去镇压，而后者也确实照办了：约瑟夫命令杜邦将军统率2.2万精兵（这是他规模最大的一支队伍）前往镇压塞维利亚（Seville）和加的斯的起义。1809年6月19日，杜邦在拜伦（Baylen）遇到了麻烦。四天之后，他就无耻地向卡斯塔尼奥斯将军（General Castanos）投降了。

自1801年贝利亚尔（Belliard）和梅努（Menou）在埃及向敌方投降以来，杜邦的投降可以算得上是法军所遭受的最大的一次灾难了。两相比较下来，杜邦的投降更像是一个不祥之兆，因为它引发了一场反抗——不是欧洲的国王们，而是普通的民众开始起来反抗拿破仑的专制统治。一旦失去了民众的支持，不管其他方面的情形如何，拿破仑的事业都是注定要失败的。"拜伦事件"所导致的直接后果便是法军在8月1日撤出了马德里，而亚瑟·韦尔斯利爵士率领的英国远征军也在两天之后登陆葡萄牙，并于8月21日在维米耶罗（Vimiero）击败了朱诺。在此期间，拿破仑命令维克托、莫尔捷和内伊分别统率三个由老兵组成的军开进了西班牙战场。10月30日，拿破仑离开巴黎，亲率20万人的大军御驾亲征西班牙。到了12月2日，也就是奥斯特里茨战役获胜三周年的纪念日当天，拿破仑来到了马德里城下。

约翰·摩尔爵士在10月6日掌握了驻葡萄牙英军的指挥权。为了把拿破仑从西班牙南部的港口引开，他开始着手切断法军在布尔戈斯（Burgos）的交通线。当摩尔在12月23日抵达萨阿贡（Sahagun）时，他才知道拿破仑已经离开马德里向自己逼近过来。于是，摩尔又率军向比戈和科鲁尼亚的方向撤退。拿破仑一直追击到阿斯托加（Astorga），然后便把军队的指挥权交给了苏尔特，而自己则匆忙返回巴黎。他之所以如此急着离开西班牙，是因为他听闻塔列朗、富歇和缪拉正在与奥地利驻巴黎的大使梅特涅伯爵密谋反对自己，而皇后约瑟芬居然也牵连其中。拿破仑在这一事件中看到了他所谓的"看不见的手",也就是伦敦和阿姆斯特丹的银行家和商人们——这些人是他的死对头。自然,拿破仑又开始筹划另一场规模庞大的战争了,而这一次他准备征召80万人的军队。当奥地利(该国的野战军总人数为26.5万人)在三月份向法国宣战的时候,拿破仑手中可用的兵力如下:西班牙境内有30万人,法国本土有10万人,可以从"莱茵邦联"抽调20万人,在意大利还有6万人。

1809年4月10日,查理大公率领奥地利军队越过了巴伐利亚边境。4月22日,大公在埃克缪尔(Eckmuhl)遭遇惨败,损失了将近4万人。5月13日,拿破仑进入了维也纳,九天之后便爆发了血腥的阿斯本—埃斯林战役(Aspern-Essling),拉纳元帅也在此役中阵亡。对于拿破仑来说,这场战役几乎算得上是一场失败,而整个欧洲也从中看到了一丝希望。7月5—6日,双方又进行了惨烈的瓦格拉姆战役(Wagram),而这一次法军击败了查理大公。经过此役,奥地利最终在10月15日与法国签署了《美泉宫条约》(Treaty of Schonbrunn)。根据该和约规定,奥地利向巴伐利亚、法国、俄罗斯和萨克森割让了大片国土,其军队的人数被限制为15万人,此外还要赔款7500万法郎。1810年1月,法国和瑞典也签署了一项条约。也是在1月,拿破仑和自己的皇后约瑟芬离婚了。3月11日,拿破仑迎娶了奥地利皇帝弗朗西斯一世的女儿玛丽·露易丝,他希望后者能给自己生下一个继承人,并同时巩固自己与奥地利的关系以制衡俄罗斯。为了进一步加强对英国的封锁,荷兰根据帝国敕令(Imperial Edict)于7月9日被并入了法国。一个月之后,瑞典国会宣布承认蓬特-科沃亲王贝纳多特(Bernadotte, Prince of Ponte Corvo)为瑞典王位的继承人,并于10月份向英国宣战。

到此时为止,英法之间的"体系战争"对拿破仑来说还是进展得颇为顺利的,特别是法国吞并荷兰导致了英国贸易的严重下滑和金融危机,而1809年和1810年连续两年的歉收更是加剧了这一危机。英国一方面允许进口外国谷物(虽然要缴纳高额的税款),一方面又要维持威灵顿在西班牙的驻军,因此伦敦的黄金储备迅速地枯竭了——现在只有法国一国还宣称自己的银行里仍有黄金储备。必须做些什么来打破拿破仑对伦敦金融城的打压了。被称为欧洲首席商人的弗朗西斯·巴林爵士和他的朋友们都认为,除非能说服沙皇亚历山大脱离"大陆封锁体系",否则英国就会因经济崩溃而屈服了。

拿破仑也不想打仗,他也渴望和平,只不过是要按他自己的方式来实现和平——换言之，就是要毁灭英国人的商贸体系。最重要的是，拿破仑并不想与俄罗斯开战，因为沙皇不仅是他的盟友，更是他"大陆封锁体系"中最关键的一个人物。

亚历山大在1810年的时候就开始放松了"大陆封锁"政策，并且开始接纳英国货物。此外，他还允许600名被从波罗的海各港口驱逐出来的英国商人把他们的货物运进俄罗斯。为了报复亚历山大的这一行为，也是为了进一步加强对英国的封锁，拿破仑吞并了奥登堡公国（Duchy of Oldenburg）——这极大地触怒了沙皇，因为该公国的大公正是他的妹夫。法俄关系随之迅速恶化，拿破仑对此说道："无论是为了我个人还是为了沙皇，抑或是从法俄两国的利益出发，都不应发生战争。但战争还是无法避免了。我常常能凭借自己过去的经验来预测未来事态的发展……所发生的一切不过是幕后的英国人操纵的一场闹剧。"拿破仑被囚禁在圣赫勒拿岛上时，还曾对拉斯卡萨斯说过这样一段话："俄罗斯是英国最后的资源，全世界的和平都寄托在俄罗斯身上。哎！事实证明，英国人的黄金要比我的计划更有力量。"

最终，一场危机来临了。1812年1月12日，沙皇在和英国签订了一份秘密条约之后，就向拿破仑发出了最后通牒，要求所有法国军队都撤往奥得河以西。显然，拿破仑无法接受这一要求。

拿破仑已经做好了充分的准备：他征召了一支68万人的庞大军队，其中包括大约50万名步兵、10万名骑兵，以及将近1400门的野战炮和攻城炮。在5月初的时候，拿破仑就已经在维斯杜拉河河畔集结了45万兵力，而与之相抗衡的则是两支俄国军队。其中一支12.7万人的俄军由巴克利·德·托利（Barclay de Tolly）指挥，他们被部署在从夏夫利（Schavli）到维尔纳（Vilna）再到普鲁夏尼（Prushany）的宽广正面上；而另一支6.6万人的俄军则由巴格拉季翁（Bagration）指挥，他们被部署在了卢茨克（Lutzk）——此地位于上普里皮亚季（Upper Pripet）的南边——与前一支俄军完全分隔开来。

拿破仑的想法——而非计划——是向维尔纳方向推进以攻击巴克利所部的右翼，然后再向其中军和左翼之间的交通线发起攻击，最后把他和巴格拉季翁所部彻底分隔开来。1812年6月24日凌晨，法军的"大军团"在科夫诺（Kovno）、皮罗纳（Pilona）和格罗德诺（Grodno）等处渡过了尼曼河，巴克利所部俄军只得向后撤退。法军于6月28日进入了维尔纳，并在那里一直待到了7月16日。法军之所以耽搁了这么久是因为其后勤补给纵队没有跟上，这个致命的失误让两支俄军得以在8月1日于斯摩棱斯克会师。当法军抵达维捷布斯克（Vitebsk）后，拿破仑决定再次停留两周的时间——这一次他是为了等掉队的士兵归队，并建立几个补给基地。接着，拿破仑在8月16—18日连续三天向敌军发起进攻，但他并没有能够切断俄军通往莫斯科的道路。因此，俄军再一次撤走了。

人们普遍认为拿破仑应当在斯摩棱斯克宿营过冬，等到第二年开春之后再继续作战。这种说法是不切实际的，因为拿破仑根本无法在当地维持那样一支庞大的军队。此外，贝纳多特也已经倒向了俄国人一方，正准备在英国人的协助下从背后攻击法国。对于拿破仑来说，他当时只有两条路可走：要么放弃此次军事行动，要么就咬着牙打下去；选择前者就意味着英国取得了胜利，而选择后者就是在赌攻占莫斯科可以迫使沙皇屈服。这是拿破仑第一次让政治因素影响到了自己的军事战略，因为这一次他的目标是攻占一个特定的地方，而不是消灭敌人的有生力量。

拿破仑知道俄军已经因为不断的撤退而变得士气低落，而脾气火爆的库图佐夫也已经取代巴克利成了俄军司令，这意味着俄军将会与法军正面交锋了。于是，拿破仑决定接受这场决定命运的赌博。9月7日，法俄两军在博罗季诺（Borodino）——也就是莫斯克瓦（Moskowa）——进行了一场惨烈的战斗，法军死伤了2.8万人，而俄军则死伤了4.5万人。不过，法军仍没有取得决定性的胜利。库图佐夫率军穿过莫斯科城撤退，而拿破仑则于9月14日进入了这座不设防的空城。

接下来，故事的其余部分可以用一个词来概括，那就是"崩溃"（Ruin）。9月15日到19日之间——可能是由于一场意外所致——莫斯科城四分之三的面积被大火烧毁了。由于沙皇始终不肯妥协，而俄国人对法军的交通线也展开了大规模的游击战争，让法军再也无法在莫斯科待下去了。10月19日，拿破仑放弃了莫斯科城，开始率领10.8万名士兵带着569门火炮向斯摩棱斯克撤退。次日，俄罗斯迎来了当年的第一场霜冻；11月4日，天上就开始下起雪来。11月28日和29日贝尔齐纳河（Beresina）之战爆发了，法军死伤了2.5万人。尚布雷侯爵（Marquis de Chambray）在他所著的《俄罗斯远征史》中这样写道："贝尔齐纳河之战终结了那支曾令欧洲胆寒的'大军团'的生命。从军事角度上来看，这支大军已经不复存在了，因为它的士兵们现在全都慌不择路地逃跑了。"拿破仑于12月5日在斯摩格尼把法军的最高指挥权交给了缪拉，然后就在科兰古等少数几人的陪同下先行返回了巴黎。作为一个一向都不可战胜的乐观主义者，拿破仑曾在途中对科兰古说道："每个人都应当把俄国人视作灾祸之源。对俄罗斯的战争是完全符合古老欧洲及其文明的利益的，前提是人们能够正确地判断出这些利益……法国刚刚遭受的挫败将会终结人们对它的所有嫉妒之心，同时平息一切可能是出于对法国力量或影响而产生的焦虑。欧洲现在应该只考虑如何对付俄罗斯这一个敌人。"

12月18日夜间，拿破仑的车驾从凯旋门下疾驰而过。当还差15分钟就要敲响午夜的钟声之时，他安然无恙地从中央的正门进入了杜伊勒里宫。

滑铁卢战役(1815年)

第十五章

后世之人已经对滑铁卢战役做了彻底的研究和评述，因该战役中的各种错误往往都显得非常特殊和引人注目。实际上这些错误并无特别之处，它们也只是在绝大多数的战役中都很常见的那种错误罢了。不过这场战役确实有其特殊之处，那就是同时代的两位最著名、最杰出的将领在这场持续了 22 年之久的战争中第一次正面交锋。在此之前，除了查理大公之外，与拿破仑交手的都是些能力水平一般的将军，威灵顿公爵①的情况也与之类似。现在，这两位伟大的主角将要正面交锋了。由于这两人的个人声望及其杰出的能力，他们自己及其部下所犯的错误才受到了特别的关注。

由于两人之中拿破仑的名气更胜一筹，因此当他被名望逊色于自己的威灵顿公爵击败之后，坊间便传出了许多诸如拿破仑已经江郎才尽，抑或是他疾病缠身、萎靡不振等无稽之谈。所有那些支持这种观点的所谓证据不是被捏造出来的，就是被刻意歪曲了。在滑铁卢战役中，拿破仑跟指挥马伦戈、奥斯特里茨、耶拿以及莱比锡等诸多战役时的自己相比，虽然并没有做得更好，但其个人能力也并未下降。当一个人对自己的天赋非常自负之时，他有时就会活在自己幻想的世界之中。[1] 拿破仑就非常迷信自己的能力和好运，因此科兰古（Caulaincourt）就曾这样说过：" 他（指拿破仑）对所有自己不喜欢的想法或观点都视而不见。"[2] 6 月 21 日，当拿破仑在滑铁卢被击败之后，他曾对科兰古这样说道：" 好吧，科兰古，这结果其实还算不错。我们输了一场战役！这个国家将如何承受此次挫败呢？我们输光了所有的本钱，这真是一场灾难啊！这一天终于还是到来了。我们的军队表现得非常出色，每一处的敌军都被击败了，只有英军的中央阵线撑住了。当一切都过去之后，军队却突然恐慌起来，这真是难以理喻……"[3] 实际情况根本不是这么一回事，这只是他幻想中合乎逻辑的结局，因为他认为自己可以掌控一切、无所不能。此外，只要有一个完美的计划，无论自己的客观条件如何，他都能找到一个完美的解决方案。

拿破仑在威灵顿公爵身上看到了一个和自己风格完全不同的军人。作为一名将军，公爵麾下的军队规模小巧而兵员精悍，这样便于其集中指挥。他不要求下属具有主动精神，只要求他们服从命令。虽然公爵和拿破仑一样独断专行，但他却具有把远见和常识结合起来的能力，因此他在发挥其天马行空般的想象力的同时也很少会

---

① 译注：本名阿瑟·韦尔斯利，威灵顿公爵是其封号。

失去理智。公爵经常用劣势兵力对抗敌人，因此他不得不加倍小心谨慎。不过如果因此就认为他不过是一个谨小慎微的将军——包括拿破仑在内的许多人都是这么认为的——那就大错特错了。虽然公爵擅长防御作战，但只要战况有利，他也会非常大胆地发动攻势，典型的例子就有1803年的阿萨依战役（Assaye）和阿尔加姆之战（Argaum）、维米耶罗战役（Vimiero）和塔拉韦拉战役（Talavera），以及强攻罗德里戈城（Ciudad Rodrigo）和巴达霍斯之战（Badajoz）。他的"费边式"战术完全符合战争规律：当战况需要他慎重时，他就会非常谨慎，当战况需要其冒险时，他也可以发动如雷霆般的攻势。

在和威灵顿公爵同时代的将军们当中，很少有人能像他那样做到对战术要素了如指掌。他抓住了那个时代的步枪的弱点：虽然它在近距离平射的时候是一种致命的武器，但在远距离交战中几乎毫无用处①。他也意识到英国士兵的特点是沉稳和顽强，而法军士兵并不具备这些特点。因此他喜欢用两列横队来迎战敌军的纵队，因为这种阵形能够使他的火力至少增加四倍②。公爵绝大多数情况下都会充分地利用地形所提供的掩护，一方面是为了保护己方士兵，另一方面也是为了迷惑敌人。正因如此，他才能在维米耶罗彻底地欺骗了朱诺，而马塞纳（Massena）才会在布萨科（Busaco）把英军的中央阵线误当作了他们的右翼。在萨拉曼卡（Salamanca）之战中是这种情况，在滑铁卢亦复如是。

一般而言，威灵顿公爵在进行大兵团作战时都会采用"防守反击"的战术。换言之，他会诱使敌人先发动进攻，当敌军阵形开始混乱的时候，他再发起借着步枪射击产生的烟雾所掩护的反击。公爵一般不会集中使用火炮，这不仅是因为其火炮的数量不足，还因为他的线性战术要求炮兵分散而非集中部署。他也很少追击被击败的敌军，因为他的骑兵部队通常都很弱小，作战能力也不强。还有一件事我们必须要提一下，那就是他把自己的战术和战场的实际地形紧密地结合起来，这使得他成了那个时代最优秀的军事战术专家之一。他总是要亲眼确认所有的事情，除非存在不可抗的因素，他才会依赖间接的情报。正如他曾经说过的那样："我取胜的真

---

① 译注：由于滑膛枪没有膛线，因此其射击的圆形弹丸在远距离上几乎打不中目标。根据同时代普鲁士军队进行的实验显示，滑膛枪的最佳射击距离在75~80码。
② 译注：这是因为英军横队中的每一名士兵都可以进行射击，而法军纵队中只有位于最外层的士兵可以射击。

正原因……是因为我总是亲临战场——我要亲眼确认每一件事,并且要事必躬亲。"跟拿破仑一样,公爵也是身兼总司令和参谋长的工作。因此,他的指挥方式实际上也是"拿破仑式"的。如果公爵也奉命指挥一支规模庞大的军队,而这支军队被分成了几个独立或半独立的作战单位,那么毫无疑问,他那种集中式的指挥体系也会像拿破仑在奥斯特里茨战役之后一样,越来越多地暴露出自己的缺陷。

拿破仑刚一回到巴黎就开始着手进行一项艰巨的任务,那就是征召他的最后一支大军。法国的兵源很多,因为当时国内到处都是解甲归田的退伍老兵和被遣返的战俘,但是步枪、装备、马匹和弹药都严重短缺。此外,规模大约为10万人的王室军队也都老迈不堪用了。但他所面临的主要问题还是对于主要军官的选用,因为他的许多元帅和将军——包括苏尔特、贝尔蒂埃、麦克唐纳、圣西尔、絮歇(Suchet)、奥热罗和内伊等人——都已经宣誓效忠路易十八了,即使是那些重新投靠他的人当中,也有许多人对他前景并不抱太大的希望。同样糟糕的是,那些投靠了路易十八的人和没有投靠他的人之间互相并不信任对方。[4]

为了有效地执行自己的宏伟战术,拿破仑需要至少有四个人能够完全了解他的"营级方阵"体系[①];这四个人分别是:一名参谋长,他可以把拿破仑的想法用书面命令清楚地表达出来;一名骑兵将领,此人要能够指挥大规模的骑兵作战;两个负责指挥侧翼部队的军官,即使拿破仑不去亲自督战,他们两人也能够完成既定目标。在此之前,拿破仑一直依赖贝尔蒂埃担任其参谋长,虽然这位能干的"大总管"愿意回来继续为他效力,但他却不幸在6月1日的时候遭遇了一场致命的事故。拿破仑之后选中了苏尔特取代贝尔蒂埃担任参谋长,这是一个非常糟糕的人事任命,因为后者作为一名指挥官固然表现得很出色,但他从没有担任过任何一支大军团的参谋长,甚至一个军的参谋长都不曾做过。而滑铁卢战役之所以失败,参谋工作不力实际上就是一个主要原因。

拿破仑拒绝让缪拉回来担任他的骑兵指挥官,取代后者的是格鲁希(Grouchy)。不过在滑铁卢战役打响后不久,拿破仑又改派他前去担任右翼部队的指挥官。拿破仑再次做出了一个糟糕的选择,因为格鲁希虽然是一位优秀的骑兵将领,但他从来

---

① 译注:营是法军步兵的基本作战单位,通常为500人到800人。

没有指挥过一个军的部队,更别说指挥大军的一支侧翼兵团了。同样糟糕的是,拿破仑把左翼部队的指挥权交给了内伊,而他自己就曾在1808年时亲口说过,内伊就像"慢人一拍的小鼓手"一样对自己的军事韬略一无所知。[5]

在拿破仑"百日王朝"(The Hundred Days)犯下的所有错误中,这四个人事任命是其中最致命的错误。可以毫不夸张地说,这几次错误是导致其失败的主要原因。拿破仑被流放到圣赫勒拿岛之后显然意识到了这一点,因为他曾对拉斯·卡萨斯(Las Casas)说过,如果当时缪拉在他身边,那么滑铁卢之战的胜利将是属于他的。[6] 他也曾对古尔戈说过,苏尔特并没有尽职尽责[7],而"任用内伊是一个天大的错误"[8],还有就是他当初应该让絮歇而不是格鲁希去指挥法军的右翼。[9]

还有一个人拿破仑没有提及,那便是达武,此人可能是当时拿破仑麾下最精通作战的军官了。拿破仑当时把达武留在巴黎担任总督,其原因正如他告诉后者的那样,他不放心把首都的安全交给别人。不过达武当时的回答无疑是正确的,他说:"可是陛下,如果您取得了胜利,巴黎自然归属于您。可万一您战况不利,无论是我还是其他人都无法为您提供帮助了。"[10]

纵然法国军团级以下的官兵们士气高涨近乎狂热,但这根本无法弥补法军元帅们所缺失的激情。一个间谍曾在写给威灵顿公爵的信中把这些官兵和1792年的法军相提并论。此外,乌赛(Houssaye)在总结1815年法军的部署时也曾这样写道:"(这些士兵)很容易受他人影响,他们爱唱反调且缺乏军纪。士兵们对自己的军官缺乏信心,又时刻被遭人背叛的恐惧所困扰,因此他们可能会突然陷入恐慌之中……这支军队在冲冠一怒之下也能做出英雄壮举……拿破仑之前从来没有使用过这样一支军队:它一方面无比强大,但同时又无比脆弱。"[11]

尽管困难重重,但拿破仑在5月底的时候还是将现役部队的规模扩充到了28.4万人,此外还有一支22.2万人的辅助军队可以提供支援[12]——不过这两支军队的兵力中有许多只不过是登记在账册上的数字而已。拿破仑将现役部队中的12.45万人编成了"北方军团"并由他亲自指挥,其余兵力则分别编为了"莱茵军团""卢瓦尔军团""阿尔卑斯军团""比利牛斯军团",以及其他一些防守仓库和要塞的卫戍部队。

北方军团由骑兵预备队、帝国近卫军以及五个步兵军组成,共有步兵89415人,骑兵23595人,此外还有11578名炮兵和344门火炮。其中五个步兵军分别为:戴尔隆指挥的第1军,总兵力为19939人;雷耶指挥的第2军,总兵力为24361人;

1123

旺达姆指挥的第 3 军，总兵力为 19160 人；热拉尔（Gerard）指挥的第 4 军，总兵力为 15995 人；洛博伯爵（Lobau）指挥的第 6 军，总兵力为 10465 人。帝国近卫军由弗里昂（Friant）指挥的老近卫军（掷弹兵）、莫朗（Morand）指挥的中年近卫军（猎兵）、迪埃姆（Duhesme）指挥的青年近卫军（腾跃兵），以及分别由居约（Guyot）和勒菲弗 - 德斯努埃特①（Lefebvre-Desnouettes）指挥的近卫骑兵师组成，其总兵力为 20884 人。骑兵预备队由格鲁希指挥，共分为四个骑兵军②，它们分别是：帕若尔（Pajol）指挥的第 1 军，总兵力为 3046 人；埃克塞尔曼斯（Exelmans）指挥的第 2 军，总兵力为 3515 人；克勒曼（Kellermann）指挥的第 3 军，总兵力为 3679 人；米约（Milhaud）指挥的第 4 军，总兵力为 3544 人。[13]

维也纳七国反法同盟也集结了五支大军，它们分别是：威灵顿公爵指挥的英荷联军（总兵力为 9.3 万人）和布吕歇尔指挥的普鲁士军（总兵力为 11.7 万人），它们驻扎在比利时境内；施瓦岑贝格指挥的奥地利军（总兵力为 21 万人）驻扎在莱茵河上游地区；巴克利·德·托利指挥的俄罗斯军（总兵力为 15 万人），驻扎在莱茵河中段；弗里蒙特（Frimont）指挥的奥地利—意大利联军（总兵力为 7.5 万人），驻扎在意大利北部地区。

简而言之，根据格奈泽瑙（Gneisenau）所拟定的计划，反法联军准备用兵力上的优势来压倒拿破仑。威灵顿公爵、布吕歇尔和施瓦岑贝格将率军直扑巴黎。如果他们中任何一支部队被击败或被迫撤退，则由巴克利负责援助，而其余两人将继续前进。[14] 弗里蒙特所部的将以里昂而非巴黎作为自己的目标。威灵顿公爵负责指挥比利时境内的所有部队。反法联军各部将在 6 月 27 日到 7 月 1 日之间同时越过法国边界。

威灵顿公爵于 4 月初离开维也纳前往布鲁塞尔。5 月 3 日，他在蒂勒蒙（Tirlemont）会见了布吕歇尔。虽然两人都不认为拿破仑会主动发起进攻，但他们似乎都同意一旦拿破仑采取攻势，他们就将把兵力集中在四臂村（Quatre-Bras）—松布雷夫（Sombreffe）一线。不管真实情况是否如此，布吕歇尔的确在次日把自己的司令部从列日（Liege）迁到了那慕尔（Namur），并下令其麾下的四个军向前推进：齐藤

---

① 译注：以下简称勒菲弗。
② 译注：当时法军骑兵以中队为基本单位（约 150 人），三个中队为一个骑兵团，两个团为一个骑兵旅，两个旅为一个骑兵师，两个师为一个骑兵军。

指挥的第1军（总兵力为32692人）向弗勒吕斯（Fleurus）进发；皮尔希（Pirch）指挥的第2军（总兵力为32704人）前往那慕尔；蒂内曼（Thielemann）指挥的第3军（总兵力24456人）前往许伊（Huy）；比洛（Bulow）指挥的第4军（总兵力为31102人）则向列日进发。布吕歇尔的总兵力为步兵99715人、骑兵11879人，另有9360名炮兵和312门火炮。[15]

威灵顿公爵麾下的军队是由诸多部队混编而成的：英军31253人；英王日耳曼

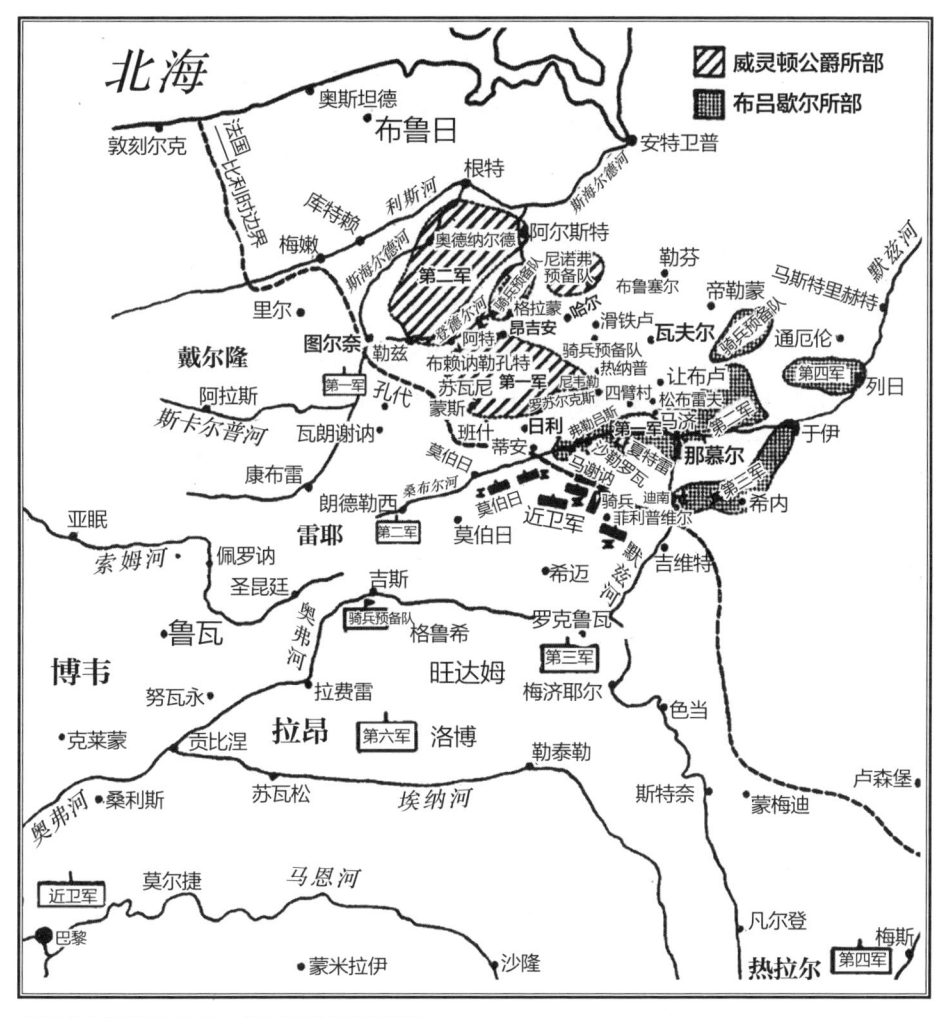

1815年6月15至19日，拿破仑军队的集结地域

军团（King's German Legion）6387人；汉诺威军团15935人；荷兰—比利时军团29214人；布伦瑞克军团6808人；拿骚军团2880人；工兵部队1240人，等等。威灵顿公爵的总兵力为步兵69829人、骑兵14482人、炮兵8166人、火炮196门，以及工兵1240人。他的步兵部队编成了两个军和一个预备队，分别是：奥兰治亲王指挥的第1军，共计25233人；希尔勋爵（Lord Hill）指挥的第2军，共计24033人；预备队由威灵顿公爵亲自指挥，总兵力为20563人。[16] 到了5月末，第1军已经占领了蒙斯（Mons）、勒尔勒（Roeulx）、弗拉讷（Frasnes）、瑟内夫（Seneffe）、尼韦勒（Nivelles）、热纳普（Genappe）、苏瓦尼（Soignies）、昂吉安（Enghien）以及布赖讷勒孔特（Braine-le-Comte）等地，第2军也已经占领了勒兹（Leuze）、阿特（Ath）、格拉蒙（Grammont）、根特（Ghent）、阿尔斯特（Alost）以及乌登纳德（Oudenarde）等地。骑兵部队则由阿克斯布里奇勋爵（Lord Uxbridge）指挥，此时已经沿着登德尔河（Dender）安营扎寨。预备队则被部署在布鲁塞尔周围，并且公爵把自己的司令部也设在了那里。

拿破仑十分清楚地看出反法联军在比利时的兵力部署过于分散，并且正确地判断出他们在7月1日之前是无法做好进攻准备的，于是他决定先发制人地攻入比利时境内，在英军和普军会合之前将二者逐个击破。此外，他相信比利时人民在内心深处是偏向法国这边的，他们很可能会组织起来帮助法军作战。而英国一旦战败，它现在的内阁就会倒台，到时会有一个对法国更友好的内阁取而代之。如果英普两国在惨败之后仍坚持对法作战，那么他就会去和拉普麾下位于阿尔萨斯的"莱茵军团"（总兵力为2.3万人）合兵一处，之后再向奥地利军和俄军发动进攻。[17] 跟1814年一样，拿破仑还是打算充分地利用其在战略上所处的中心位置，而他最希望看到的就是在开战之初便能取得一场意想不到且光荣的胜利，如此一来便能加强法国内部的团结，并且能够分化瓦解他的敌人。

6月初，"北方军团"奉命在莫伯日（Maubeuge）—阿韦讷（Avesnes）—罗克鲁瓦（Rocroi）—希迈（Chimay）等地区集结。6月12日凌晨3点半，当法军各部向着既定位置挺近的时候，拿破仑也出发前往了阿韦讷，他将在那里和内伊元帅会合，而后者在三个月前还曾夸下海口，要把拿破仑关进铁笼子里献给路易十八。拿破仑在阿韦讷发布了一则激动人心的《每日通令》，他在"通令"的一开头就这样写道："士兵们，今天是马伦戈和弗里德兰战役的纪念日"，在最后他又写道："战机已至，我们要么征服敌人，要么就杀身成仁！"[18]6月14日，拿破仑又把自己的司令部转移到了博蒙（Beaumont），到了当天晚上，除了第4军，所有的法军部队都已经完成了集结。

英国人和普鲁士人对法军的集结行动一无所知，直到齐藤部署在桑布尔河附近的游哨报告说在博蒙附近看到了许多营地里燃烧的篝火，他们才开始怀疑究竟发生了什么。[19]齐藤马上就把这个情报向布吕歇尔做了汇报，后者则在6月14日傍晚命令麾下的第2、第3和第4军向松布雷夫集中，因为他认为威灵顿公爵将会按照他们在蒂勒蒙会晤时达成的协议来援助自己。布吕歇尔还命令齐藤对法军进行顽强地抵抗，以此来掩护前述三支军队的集结行动；一旦抵挡不住，后者就要向弗勒吕斯撤退。从战略层面上看，布吕歇尔这种在敌军攻击范围之内集结军队的做法是极其鲁莽的，因为这给拿破仑提供了一个绝佳的机会，即可能在战役打响之后48小时之内就结束战斗。在6月14日之前，布吕歇尔对法军的情况一无所知，直到当天方才拨云见日：当天早上，身为热拉尔军前卫师师长的布尔蒙（Bourmont）将军叛逃到了齐藤那里，并且向后者泄露了拿破仑的各项命令以及法军的兵力。不过布吕歇尔仍然坚信自己是不可战胜的，因此对于这些情报依旧不屑一顾；他从那慕尔飞奔到松布雷夫——于下午4点钟抵达——并决定与法军进行会战。

拿破仑于6月15日凌晨3点骑马出发，到了当天中午就在人们近乎疯狂的欢迎中策马进入了沙勒罗瓦（Charleroi）。下午3点刚过，他在该城再度见到了内伊，后者由于没有马匹可用，因而在阿韦讷耽搁了一会。拿破仑很友好地接待了内伊，立刻就把第1、第2军及勒菲弗的骑兵师的指挥权交给了后者，并命令他"去追击敌军"。[20]当然，拿破仑当时所说的肯定不止这些。按照古尔戈的说法，他还指示内伊把敌军从沙勒罗瓦到布鲁塞尔的大道上驱逐出去，并要求内伊攻占四臂村。[21]6月15日《公报》上的记载也佐证了后一道命令的真实性："皇帝陛下已经把左翼的指挥权交给了莫斯科瓦亲王（即内伊），后者将于今天晚上在布鲁塞尔大道上的四臂村建立自己的司令部。"[22]虽然内伊并没有照办，但这段文字却足可证明拿破仑当时的意图。

当内伊纵马去接掌麾下部队的指挥权时，格鲁希也出现了，并且很快就被赐予了第3军、第4军，以及帕若尔和埃克塞尔曼斯麾下若干个师的指挥权。拿破仑命令格鲁希逼迫普军退往松布雷夫，但格鲁希的行动却非常迟缓。到了下午5点半的时候，拿破仑再也按捺不住内心的焦躁，于是就亲自前去督促格鲁希向前推进。经

1127

过一番猛烈的进攻，齐藤军的主力部队被赶到了弗勒吕斯。在此期间，内伊也将普军的一个分遣队赶出了戈斯利（Gosselies），然而他已经不再是耶拿战役时的那个内伊了：此时的他变得谨小慎微，在命令雷耶所部停止追击后，只派出了勒菲弗在毫无支援的情况下继续前进。到了下午6点半的时候，勒菲弗的骑兵师在弗拉讷遭到了敌军的火力阻击，挡住他们去路的是一支荷兰—比利时联军的分遣队，这是一支隶属于"拿骚旅"——该旅由萨克森—魏玛的贝尔纳德亲王指挥——的部队。随后分遣队便向四臂村方向撤退了。勒菲弗紧随其后，但发现敌人的阵地非常坚固，仅凭手中的骑兵无法将其攻克，于是他又退回了弗拉讷。

当天晚上。法军分为三个纵队驻扎在一片10英里见方的区域内。按拿破仑的说法，"这样部署是为了在对付普军或英荷联军时让法军进行机动部署的便利程度相同，因为法军的位置目前位于二者中间。"[23] 法军三个纵队在宿营区域内的位置如下：内伊麾下勒菲弗的骑兵师位于弗拉讷；雷耶的第2军位于戈斯利和弗拉讷之间，吉拉尔（Girard）的师则前出到弗勒吕斯大道上。戴尔隆的第1军则位于马谢讷（Marchienne）和戈斯利之间。格鲁希所部由帕若尔和埃克塞尔曼斯指挥的两个骑兵军则位于朗贝萨尔（Lambusart，此地位于弗勒吕斯南边）；旺达姆的第3军及骑兵预备队位于沙勒罗瓦和弗勒吕斯之间。热拉尔的第4军位于夏特雷（Chatelet），该军的驻地横跨桑布尔河两岸。总预备队方面，近卫军位于沙勒罗瓦和日利（Gilly）之间，而洛博伯爵的第6军则位于沙勒罗瓦以南。

晚上9点，筋疲力尽的拿破仑回到了自己设在沙勒罗瓦的司令部。从当天凌晨3点开始，他就一直在马背上颠簸，因此一回来就马上躺下休息了。[24] 到了午夜时分，内伊的到来搅扰了拿破仑的美梦，两人一直待到6月16日凌晨2点钟方才分开。关于这次谈话，埃姆上校（Colonel Heymes）这样写道："皇帝陛下让他（指内伊）留下来吃晚饭，并向他传达了自己的命令"，此外还"向他说明了自己16日当天的计划以及所期许达到的战果……"[25] 不用说，内伊当时一定向拿破仑解释了自己为什么没有占领四臂村，而拿破仑也一定命令他务必在6月16日早上攻占该地。这一点显而易见，因为倘若威灵顿公爵前来支援布吕歇尔，那么届时拿破仑就要设法集中兵力对付一个敌人，因此封锁住尼韦勒通往那慕尔的道路就成了重中之重——如果有人假定拿破仑没有做如此打算，那他简直就是把拿破仑当作一个战略上的蠢材了。

威灵顿公爵在此期间又在做什么呢？虽然后世所有高明的历史学家对公爵在

此次战役中所有的行动都做了详细的分析，但我们唯一可以肯定的就是他完全没有准备好面对眼前的这种情况。公爵并不相信拿破仑会主动发起攻势[26]，而且他此时似乎沉迷于布鲁塞尔灯红酒绿的生活之中，因此6月13日那个关于拿破仑已经抵达莫伯日的传闻并没有让他感到不安，当天"他带着简·伦诺克斯女士（Lady Jane Lennox）前往昂吉安（Enghien）观看板球比赛，晚上又陪同她一道返回，而这显然只是在逗这位女士开心罢了"。[27]

6月14日，各种传言接踵而至，但公爵直到次日下午3点才收到一份确切的报告，报告说位于蒂安附近的普军前哨遭到了攻击。公爵判断拿破仑是打算取道蒙斯向英荷联军的交通线发起进攻[28]，因此他在下午5点到7点[29]之间下令麾下所有的师到既定位置集结待命，并做好随时开拔的准备。[30]根据这一命令，奥兰治亲王需要把佩尔蓬谢（Perponcher）指挥的第二师和沙塞（Chasse）指挥的第三师集结到尼韦勒。

当天傍晚的时候，布吕歇尔派人送来一份文件说他的军队现在已经集结在松布雷夫了。[31]因此，威灵顿公爵在晚上10点钟的时候又发出了第二组命令：阿尔滕（Alten）麾下的第三师从布赖讷勒孔特转移到尼韦勒；库克麾下的第一师从昂吉安转移到布赖讷勒孔特；克林顿麾下的第二师和科尔维尔（Colville）麾下的第四师分别从阿特和乌登纳德转移到昂吉安；阿克斯布里奇勋爵麾下的骑兵则从尼诺弗（Ninhove）转移到昂吉安。[32]这一系列命令意味着英军的集结地域和布吕歇尔所部相距甚远。公爵这么做显然不是要去和布吕歇尔会师，而是要掩护从蒙斯通往布鲁塞尔的道路。

下达完上述命令之后，威灵顿公爵立刻就去参加里士满公爵夫人的舞会去了，并且一直在那里待到了次日凌晨2点。临近午夜的时候，公爵收到位于蒙斯的多恩堡将军（General Dornberg）发来的一份报告，后者告诉他拿破仑已经把全部兵力都派往了沙勒罗瓦，现在蒙斯的正面已经没有敌军的身影了。如此一来，公爵对于自己右翼的担心终于消失。在他的官方报告中，他这样写道："全军向四臂村前进。"[33]

鲍尔斯上尉——此人后来被晋升为将军，并被册封为乔治爵士——证实了威灵顿公爵所做出的这一决策。据他所说，在晚餐的时候，威灵顿公爵和里士满公爵离开了餐桌并走进书房查看地图，前者关上门之后说道："上帝啊，我被拿破仑给耍了！他的部队比我军快了24小时。"当里士满公爵问他现在有何打算时，威灵顿公爵回答道："我已经（应该是将要）命令我军在四臂村集结，但我们不是要在那里挡住拿破仑。如果可能的话，我必须要在这里与他决战。"[34]在说这段话的同时，

1129

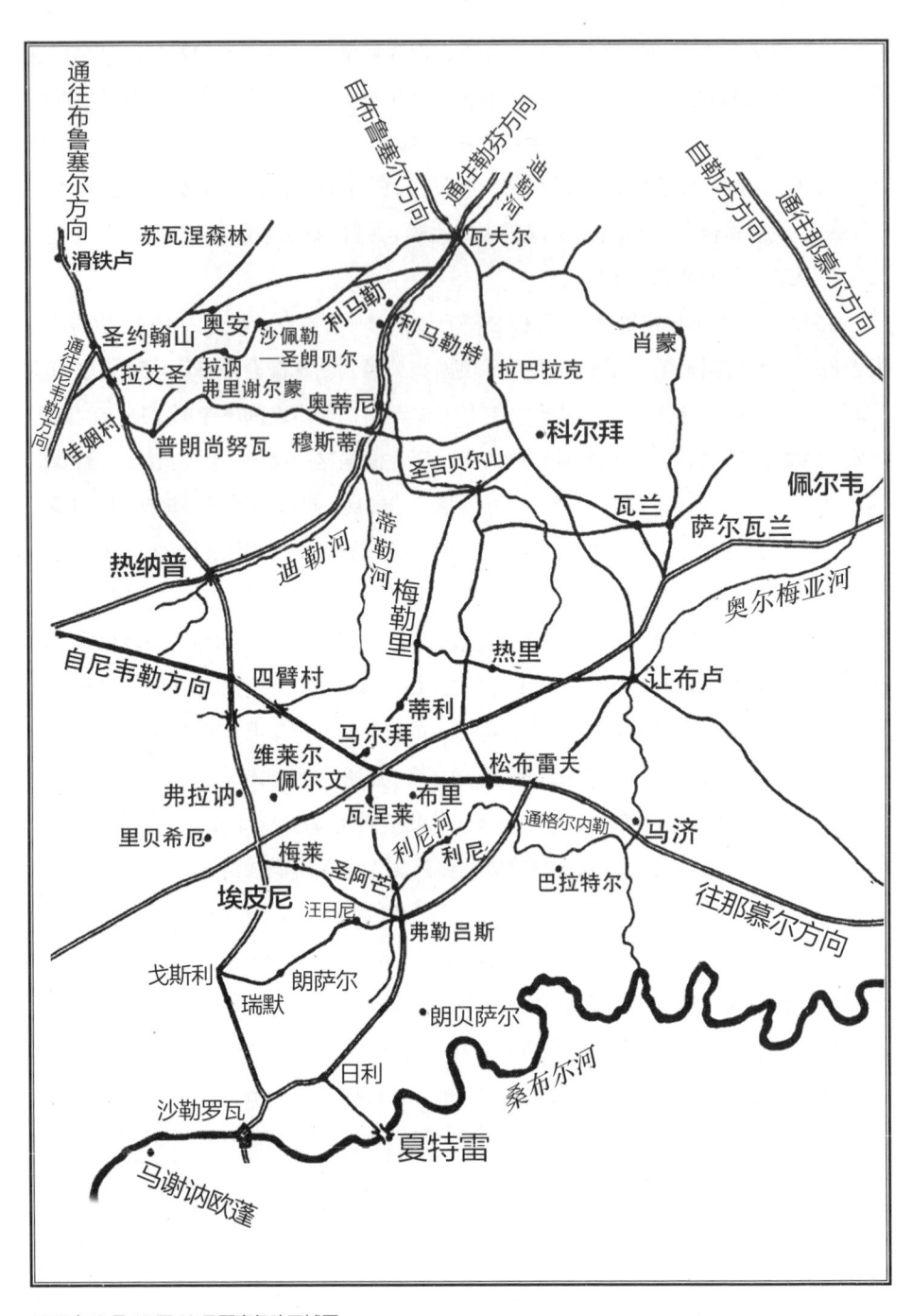

1815年6月15至19日军事行动区域图

他用指甲尖在滑铁卢的位置上划过。然后威灵顿公爵立马就离开了，他在当天上午7点半的时候就出发前往了四臂村。

如果我们把默瑟上尉（Captain Mercer）所经历的事情视为一个典型的例子，那么英荷联军这次向前沿集结的行动就是在极度混乱中进行的，而造成这种情况的原因就是各种命令之间是相互矛盾的。有的部队压根就没有接到任何命令，而有的部队接到的命令则是不完整的；有些军官身上甚至还穿着参见舞会的衣服，而许多人对发生的事情更是一无所知。默瑟写道："（在尼韦勒）道路上挤满了士兵，他们中有许多人受了伤，但也有很多人显然并没有负伤，离开战场的人员数量因此变得出奇的多。许多伤员是由6个、8个、10个甚至更多的护理人员陪护着离开战场的。当被问及眼下的会战以及他们为何要离开战场时，他们的回答总是：'先生，全都完蛋了！英国人已经战败了！他们全都溃败了！'"[35]——四臂村之战此时已经打响了。

就在威灵顿公爵赶往位于布鲁塞尔以南25英里处的四臂村时，齐藤所部已经在利尼河沿岸占领了一个突出部，其右翼位于汪日尼（Wagnelee），中央位于圣阿芒（St Amand），左翼则位于利尼。直到中午皮尔希麾下的第2军和蒂内曼麾下的第3军才逐渐赶来，而在此之前齐藤一直都处于孤立无援的状态。皮尔希马上把部队部署在了齐藤的后面，而蒂内曼则在齐藤所部的左翼——位于松布雷夫和马济（Mazy）之间——展开部署，同时还沿着利尼河部署了一支强大的部队来提供掩护。比洛的第4军此时还远远地落在后面，因此布吕歇尔在利尼战场上只能集结8.4万人的部队。

此时的拿破仑仍然相信反法联军会按照战争准则行事——换言之，他相信敌军会后撤以确保完成兵力的集结——于是他马上得出一个结论，那就是威灵顿公爵将会撤回布鲁塞尔。因此，拿破仑决心向布鲁塞尔挺进，如果公爵坚守该城，那他就同后者进行决战，或者将后者赶到安特卫普去——也就是说，他要把公爵赶到远离布吕歇尔（其基地位于列日）的地方去。但在此之前，拿破仑认为有必要把齐藤所部赶出让布卢（Gembloux），这样便可以阻止布吕歇尔使用那慕尔经瓦夫尔（Wavre）再到布鲁塞尔的道路。出于这种考虑，拿破仑在大约早上6点钟的时候分别给内伊和格鲁希写了一封信，他在信中向两人解释了自己的意图。

拿破仑在给格鲁希的信中说，如果普军位于松布雷夫或让布卢的话，那么他就要攻击他们。一旦攻占了让布卢，他就会把预备队调给内伊用来对付威灵顿公爵。拿破仑在给内伊的信中也重申了上述内容，并命令后者做好准备，一旦预备队加入其序列后就要直扑布鲁塞尔。同时,内伊要把一个师的兵力推进到四臂村以北5英里的地方,并且在四臂村驻扎六个师,还要再派出一个师前往马尔拜(Marbais)与格鲁希部的左翼会合。此外他还让内伊用克勒曼的军来取代勒菲弗所部。拿破仑这时似乎想起了内伊有多么的死脑筋,于是又向后者解释了他的作战方法。他写道:"我在此次战役中将采取这样的总原则,也就是把我军分为两翼和一个预备队……预备队将由近卫军组成,而我将根据战场情况率领他们随时支援两翼部队的作战行动……同样,我也还依据情况的变化从某一翼的部队中抽调兵力来增强预备队。"

这些信件发出后不久——也就是上午8点钟左右——拿破仑就收到了格鲁希发来的信息,后者告诉他自己发现了一支兵力强大的纵队正在从那慕尔方向逼近松布雷夫。这就说明了全部或大部分的普军已经在松布雷夫集结了,而且英荷联军也有前来增援布吕歇尔的可能性。这个情报打乱了拿破仑的计划,所以他拒绝予以采信,法军的作战计划也丝毫没有改变。接着拿破仑便从沙勒罗瓦出发,并在快到上午11点的时候抵达了弗勒吕斯。在那里,拿破仑发现旺达姆所部已经面对着圣阿芒——也就是齐藤所占领的突出部的西侧——布置好了战线,而热拉尔所部此时仍然在战场后面很远的地方(这种情况似乎是由于参谋人员的失误造成的)。拿破仑立刻前去侦察了敌人的阵地,虽然他只看到了齐藤麾下的部队,但他从其兵力部署上判断这不是敌军的后卫部队,而是一支用来为全面进攻提供掩护的兵力。该部同时还担负着防守松布雷夫到四臂村道路的任务——这是威灵顿前来增援时唯一可用的道路。[36]战场形势一瞬间就明朗起来,虽然实际情况打破了拿破仑的设想和一般的战争规则,但此刻反法联军显然正在向前线集结并试图合兵一处。然而拿破仑在热拉尔所部尚未赶来之前——他们直到下午1点钟才出现在战场上——始终觉得自己的力量不足以发起进攻。在此期间,皮尔希和蒂内曼所部也开始展开部署,而拿破仑在看到敌方的兵力不止一个军之后不禁欣喜若狂,因为他已经下定决心要在当天下午和布吕歇尔算总账了。

拿破仑的确制定了一个天才般的计划:他首先派帕若尔和埃克塞尔曼斯麾下的骑兵部队去牵制住布吕歇尔的左翼(即蒂内曼所部),接着再以其余的兵力去歼灭其右翼(即齐藤所部和皮尔希所部)。在后面一个行动中,拿破仑打算和普军的中央部分及右翼进行正面交锋,这样可以迫使布吕歇尔消耗掉自己的预备队。在此期间,拿破仑还将命令内伊从四臂村赶来,并从后方向布吕歇尔的右翼发动进攻,而近卫军则会同时击垮普军的中央部分。拿破仑希望通过上述这些行动能够摧毁布吕歇尔三分之二的兵力,并迫使剩下的三分之一普军撤回列日——换言之,要让他们远离威灵顿公爵的军队。

到了下午2点钟的时候,拿破仑让苏尔特通知内伊,格鲁希将会在下午2点半的时候在松布雷夫和布里(Brye)之间向敌军发动进攻。后面有一段话是这样说的:"陛下的意图是让你对当面的敌军——不管他们是哪支部队——发动进攻并奋力将其击退,然后你要向我们这边靠拢,以便包围我前面向你提到的那些敌军部队。如果在此之前陛下就击溃了这些敌军,那么他就会向你那边靠拢,并用类似的方式来协助你进行作战行动。"[37]

之后拿破仑就把注意力转向了热拉尔所部,后者此时正在利尼正面——也就是齐藤占据的突出部的南面——展开部署。拿破仑说道:"三个小时以后,这场战争的胜负可能就确定了。如果内伊能不折不扣地执行我给他的命令,那么普军就会猝不及防并最终全军覆没。"[38]

到了下午2点半,格鲁希的骑兵部队正在和蒂勒曼所部缠斗,此时旺达姆和吉拉尔[39]所部向圣阿芒发动了猛烈的进攻,同时热拉尔也对利尼发动了攻击。然而普军进行了顽强的抵抗,因此到了下午3点15分的时候,拿破仑又命令苏尔特向内伊传达了下述信息:

陛下让我告诉您,请立刻对敌军右翼进行迂回包抄并从背后突袭他们。如果您全力以赴,必能击溃我军当面之敌。法国的命运现在掌握在您的手中。

因此,请您坚决果断地对敌军进行迂回包抄,切不可再耽误哪怕一秒钟的时间……请率领您的部队向着布里和圣阿芒的高地挺进,这样我们就能一起取得这场可能具有决定性意义的胜利……[40]

这封信件发出之后,拿破仑又从位于沙勒罗瓦的洛博伯爵处得知内伊遭遇了一支两万人规模的敌军部队。拿破仑担心自己在3点15分发出的命令还不够明确,同时他认为内伊单凭雷耶所部就能击退敌军,因此又让贝杜瓦耶伯爵(Count de la Bedoyere)带着自己那道著名的"铅笔手令"(pencil note)[41]去找内伊。由于战场情况不容许内伊率全军向布里挺进,所以拿破仑指示前者单派出戴尔隆的军向普军后方进军。同时，他也向洛博伯爵发出命令，要求其向弗勒吕斯进发。

后一道命令显示拿破仑在 6 月 16 日犯下了一个严重的错误，当他在上午大约 10 点钟离开沙勒罗瓦前往弗勒吕斯时，就应该同时命令洛博伯爵所部向前推进。倘若拿破仑当时下达了这样一道命令，那么洛博伯爵所部就可以于正午时分开始出发。由于弗勒吕斯距离沙勒罗瓦只有 8 英里，那么洛博伯爵的先头部队应该在下午 3 点半的时候就抵达弗勒吕斯，如此一来拿破仑也就没有必要把那个"铅笔手令"发给内伊了。即使拿破仑在上午 10 点钟的时候还无法确定把洛博伯爵所部派往何处，那他也应该命令后者先推进到位于罗马大道和沙勒罗瓦—布鲁塞尔大道交汇处附近的梅莱去。不管洛博伯爵稍后是要去支援内伊或是来支援拿破仑，把他部署在梅莱都比放在沙勒罗瓦要好得多。实际上，洛博伯爵直到晚上 7 点半才抵达弗勒吕斯，而那里距离瓦格尼里（Wagnelee）尚有 4 英里的距离，因此他根本来不及向布吕歇尔所部的右后方发动进攻。戴尔隆所部一直徘徊不前固然是一个严重的失误，但类似的情况并不少见，耶拿和莱比锡战役中也发生过类似的情况，但是拿破仑在 6 月 16 日上午把洛博伯爵所部留在沙勒罗瓦却着实是一个不可原谅的重大错误。

在此期间，双方仍然进行着激烈的战斗：吉拉尔在进攻圣阿芒时阵亡了，而热拉尔则攻入了利尼。普军的右翼承受了巨大的压力，因此布吕歇尔不得不多次动用预备队进行增援，到了下午 5 点钟，他的预备队几乎已经耗尽了。到目前为止，在拿破仑带上战场的 6.8 万人当中，他只动用了不到 5.8 万人，却已经死死钉住了布吕歇尔所部的 8.4 万人，因此他觉得是时候发动决定性的攻势了。按拿破仑的估计，在下午 6 点钟他就应该听到从普军右后方传来戴尔隆所部炮击的声音，届时他就要动用近卫军向利尼的敌阵中央发起进攻，在击溃他们之后再切断布吕歇尔右翼和松布雷夫之间的联系，之后还要全歼齐藤和皮尔希所部。

就在近卫军准备发动总攻击的当口，旺达姆却突然带着一个惊人的消息向飞奔而来。据他所说，在法军后方大约 2.5 英里的地方，有一支兵力在两万到三万人之间的纵队正在逼近弗勒吕斯。那会是内伊或戴尔隆吗？不过旺达姆坚持认为那是敌人的纵队。[42] 拿破仑此时也感到大惑不解，因为他认为戴尔隆会沿着罗马大道向布里挺进，而不是向着位于普军中央以南的弗勒吕斯前进。于是他立刻中止了近卫军的行动，然后开始部署兵力准备迎击正在逼近的那支来历不明的纵队，此外他还派出青年近卫军中的迪埃姆师前去增援近乎惊慌失措的旺达姆所部。同时，拿破仑派出一个副官前去查明这支纵队到底是属于哪一方的。到了下午 6 点半，这名副官回来报告说那是戴尔隆的部队[43]，于是他立马就又派了一名副官去命令戴尔隆向瓦格尼里挺进。当第二位副官到了戴尔隆那里之后，他才知道除了迪吕特（Durutte）率领的前卫师之外，该部其余各师都已经遵照内伊的命令撤退了。此时再派人让这些部队调头回来已经没用了，因为他们需要将近三个小时才能抵达瓦格尼里，而到那时天就已经黑下来了。

人们很少能意识到戴尔隆在拿破仑最意想不到地方向上所采取的行动几乎使后者输掉了这场会战：此举使得旺达姆所部军心大乱，以至于勒福尔将军（General Lefol）——他是旺达姆麾下的一个师长——甚至要用大炮对准逃兵来阻止他们逃离战场。[44] 普军则趁着法军自乱阵脚的机会向圣阿芒发起了猛攻，如若不是青年近卫军及时赶到并以极其高昂的士气发起了反击，那么旺达姆全军很可能就自行溃散了。戴尔隆所引发的这场混乱所造成的最终结果就是，等到法军情况稳定下来之后，拿破仑已经没有足够的时间展开行动了。[45] 即使近卫军对利尼发起的最后总攻能够取胜，那也不太可能起到决定性的作用了。实际情况也的确如此，因为直到晚上 7 点半的时候拿破仑才再次准备发动最后一次突击。

虽然此时太阳还高悬于地平线之上，但巨大的风暴卷积云却已经把战场笼罩在黑暗之中了。随着暴风雨袭来，雷声盖过了火炮的轰鸣声。在倾盆大雨之中，近卫军高喊着"皇帝万岁"向敌军发起了冲锋，这是因为大雨使得他们的步枪无法进行射击。最后，近卫军有如钢铁洪流一般把普军逐出了利尼。

雨过天晴之后，落日的最后一缕光芒在四散的云层之间闪烁着，而布吕歇尔此时也骑着马飞奔到这片战场之上。他想用罗德尔（Roder）麾下 32 个中队的骑兵来击退法军，于是便亲自率领他们冲击法军近卫军的方阵，而后者此时正缓慢地向着位于布里以南的比西（Bussy）磨坊推进。在混战之中，布吕歇尔的坐骑中弹身亡，并且把它的主人压在了身下，他的副官诺斯蒂兹（Nostiz）赶忙从马上跳下来施以援手。虽然他们此时已经被法军第九骑兵团的胸甲骑兵所包围，但诺斯蒂兹还是趁着渐浓的夜色和无数逃兵造成的混乱把这位 73 岁的陆军元帅拖到了一个安全的地方，而后者此时满身是伤，已经神志不清了。倘若诺斯蒂兹没能救出布吕歇尔的话，那么后面也就不会有滑铁卢之战了。

布吕歇尔的中路军已经被彻底击溃了，而且他的左右两翼之间的联系也被法军切断了，第1军和第2军的残部此时正在夜幕的掩护下毫无秩序地向着松布雷夫和罗马大道之间的地区撤退。如果此时戴尔隆所部能在普军身后加以追击的话，那么后者早就被全歼了，或者白昼的时间能够延长两个小时的话，单靠近卫军的兵力也能取得同样的战果。贝克上尉在其著作中毫不夸张地写道："这样一场大捷的消息……足以动摇欧洲的根基，同时也会唤起法国人的狂热，而这必将使得拿破仑获得最后的胜利。"[46] 无论如何，利尼战役都是一场伟大的胜利，它使得拿破仑在次日得以向威灵顿公爵发起进攻时不必担心普军前来干涉。

拿破仑在夜里快11点的时候才回到弗勒吕斯，而全体法军则在前哨部队的掩护下驻扎在了利尼河的左岸。跟往常一样，对于此役双方的人数有着各种不同的说法，不过普军的伤亡和被俘人数总共应该在1.6万人左右，而法军则在1.1万到1.2万人之间。然而当天夜里还有八千到一万人的普军抛下了自己部队的军旗逃回了列日，因此在统计普军损失人数时还应把他们计算在内。[47] 这些逃兵对6月17日的战况产生了重大的影响，因为他们使得布吕歇尔损失了至少一个军的兵力。

四臂村在此期间又发生了什么呢？威灵顿公爵在上午10点钟抵达那里时，他发现萨克森—魏玛亲王和比兰特（Bylandt）麾下的两个旅正据守着十字路口和这个小村落。虽然佩尔蓬谢所部这样的兵力部署违背了公爵在6月15日下午5点钟时所下达的命令，但对后者来说这可谓是撞了大运了，因为倘若佩尔蓬谢服从了那道命令，那么公爵很可能就永远不能抵达四臂村了。事情的经过是这样的：

当奥兰治亲王离开尼韦勒前去参加里士满公爵夫人（Duchess of Richmond）的舞会时，他的参谋长雷贝克将军（General Rebecque）听闻萨克森—魏玛亲王的旅遭到了袭击，并且已经退到了四臂村，于是雷贝克就命令佩尔蓬谢把手头的比兰特旅派去增援。到了晚上11点，雷贝克才收到威灵顿公爵于下午5点时所发出的命令，于是他没有添加任何解释就把命令转达给了佩尔蓬谢，而后者又依据自己的判断选择把这道命令搁置了起来，并没有把麾下的师集结在尼韦勒，反而是把兵力都集中到了四臂村。佩尔蓬谢当时并没有意识到他这一明智的举动——虽然是抗命不遵——拯救了布吕歇尔，因为他如果奉命行事的话，在内伊面前的四臂村就会是一个不设防的地方了，那么后者就可以很好地执行拿破仑在当天上午6点以及苏尔特在下午2点所下达的命令了。

此时威灵顿公爵发现自己当面几乎没有敌军存在，于是便在上午10点半的时候给布吕歇尔写了一封信[48]，向后者通报了自己所部军队的行动情况。公爵信中的内容似乎是根据其参谋长德兰希上校（Colonel De Lancey）在他离开布鲁塞尔时交给自己的一份备忘录所写的。[49]他的这封信写得很不准确，因为其中所提到的几支部队根本就没有抵达指定位置，所以也无法确定他们何时能够抵达热纳普和四臂村。这封信送出后不久，公爵见无事发生，便骑马赶到了布里，并在下午一点钟的时候在比西磨坊那里会见了布吕歇尔。

两人这次会晤的详细情况已不可考证，不过按照米夫林的说法[50]，威灵顿公爵同意在自己未受到攻击的前提下支援布吕歇尔。此外，公爵在回答亨利·哈丁爵士（此人是公爵派驻在布吕歇尔司令部的军事联络官）提出的问题时，曾清楚地表达了他对布吕歇尔军事部署的看法。当后者问他对布吕歇尔的兵力部署有何看法时，公爵回答道："如果他们在此地作战，那他们必将遭到惨败。"[51]

威灵顿公爵于下午2点开始返程，并在下午3点钟的时候回到了四臂村。由于德兰希那不靠谱的备忘录，公爵发现他自己的兵力部署比布吕歇尔的还要糟糕。实际上，他能够回到四臂村都算是走运了——倘若不是内伊辜负了自己的名望，那公爵可能根本就回不来了。

内伊在午夜时分和拿破仑会面之后就回到了戈斯利，但他并没有立刻命令雷耶（内伊实际上还亲自去拜访了他）尽快把兵力集中到弗拉讷——当时巴舍吕（Bachelu）的师和皮雷的骑兵师占领了此地——以及同时命令戴尔隆所部向戈斯利靠拢，而是一直拖到上午11点才开始调兵遣将。内伊毫无必要地耽误了五六个小时之久，而这正是导致其之后战败的根本原因——他的这种拖延与佩尔蓬谢的主动果敢形成了鲜明的对比。

到了上午11点45分，雷耶所部方才出发。下午2点钟的时候，他接到内伊的命令，要他把敌军从四臂村以南的森林中驱逐出去。雷耶担心出现他所谓的"西班牙式的战斗"——也就是英军会躲藏起来，直到关键时刻才会突然杀出——因此在向前推进的时候非常小心谨慎。雷耶麾下共有1.9万人，并且能够随时得到三千名骑兵和60门火炮的支援。此外戴尔隆全军共两万余人虽然距离战场还有一定的距离，但他们也正在赶来。虽然雷耶并不知道这一情况，但实际上奥兰治亲王手上只有7800名步兵，另有50名骑兵和14门火炮可以提供支援。因此，哪怕他或内伊能够表现出一般程度的果决勇敢，那么任何手段都无法阻止四臂村沦陷了。实际上，当威灵顿公爵于下午3点返回四臂村时,他发现那里的情况已经岌岌可危了。如果不是从布鲁塞尔大道方向赶来的皮克顿师以及从尼韦勒赶来的默琳(Merlen)骑兵旅及时出现,那这个小村庄必然失守。不久之后,布伦瑞克的军也赶到了,此时雷耶所部在人数已经略微处于劣势了。

内伊在快到下午4点钟的时候才收到苏尔特下午2点钟时所发出的命令,后者要求他先击退敌军,然后再向布吕歇尔的右后方机动。内伊此时终于意识到攻占四臂村的重要性,于是下令全军发动猛攻。在此期间,布伦瑞克受了致命的重伤,这跟他的父亲在奥尔施塔特(Auerstadt)时所遭遇的情况一模一样。

内伊本指望戴尔隆能为雷耶提供支援,因此他对迟迟未能赶来的戴尔隆感到颇为不耐烦。如果后者能早一点动身的话,那他早就能赶来参战了。实际上,戴尔隆的先头部队离战场并不遥远:在4点到4点15分之间,他麾下半数的部队已经位于罗马大道以北了,而且他自己也曾骑马前去对四臂村进行过侦察。戴尔隆离开之后,贝杜瓦耶将军(General de la Bedoyere)带着拿破仑写给内伊的"铅笔手令"飞奔而来。贝杜瓦耶本应把这道命令的意图告知戴尔隆先头部队的指挥官,然后再把命令传达给内伊,但他却自作主张地"命令纵队向利尼方向前进"。[52]拿破仑的这个手令似乎写得非常潦草且难以辩读,因此贝杜瓦耶看错了上面的内容,他本应让这个纵队向瓦格尼里挺进,结果却命令他们向圣阿芒进军。

戴尔隆回来之后才知道军队的前进方向发生了变化,于是立刻派自己的参谋长德拉孔布尔将军(General Delacombre)去通知内伊发生的变故。此时的内伊越来越寡不敌众,他本想依靠戴尔隆所部来赢得这场战斗,当他得知了所发生的事情之后,不禁暴跳如雷。几分钟之后,那名带着苏尔特命令——就是在下午3点15分时发出的、里面写着"法国的命运现在掌握在您的手中"的那道命令——的军官也赶来了,这更是让内伊暴跳如雷。更糟糕的是,阿尔滕师的先头部队此时恰好冲出了四臂村——这一系列事件激怒了内伊,于是火冒三丈的他把拿破仑的命令抛到一边去了。然而内伊却不曾想过,从战术层面上来看,此刻已经不值得再召回戴尔隆的部队了。他命令德拉孔布尔回去,强硬地要求戴尔隆调头回来,后者遵从了他的命令,并且在夜幕降临之后赶了回来与内伊会合。

对于内伊来说,这次惨败的讽刺之处就在于,如果戴尔隆所部没有转变行军方向,那么很可能威灵顿公爵就会遭受一次惨重的失败。对于拿破仑来说,如果那张"铅

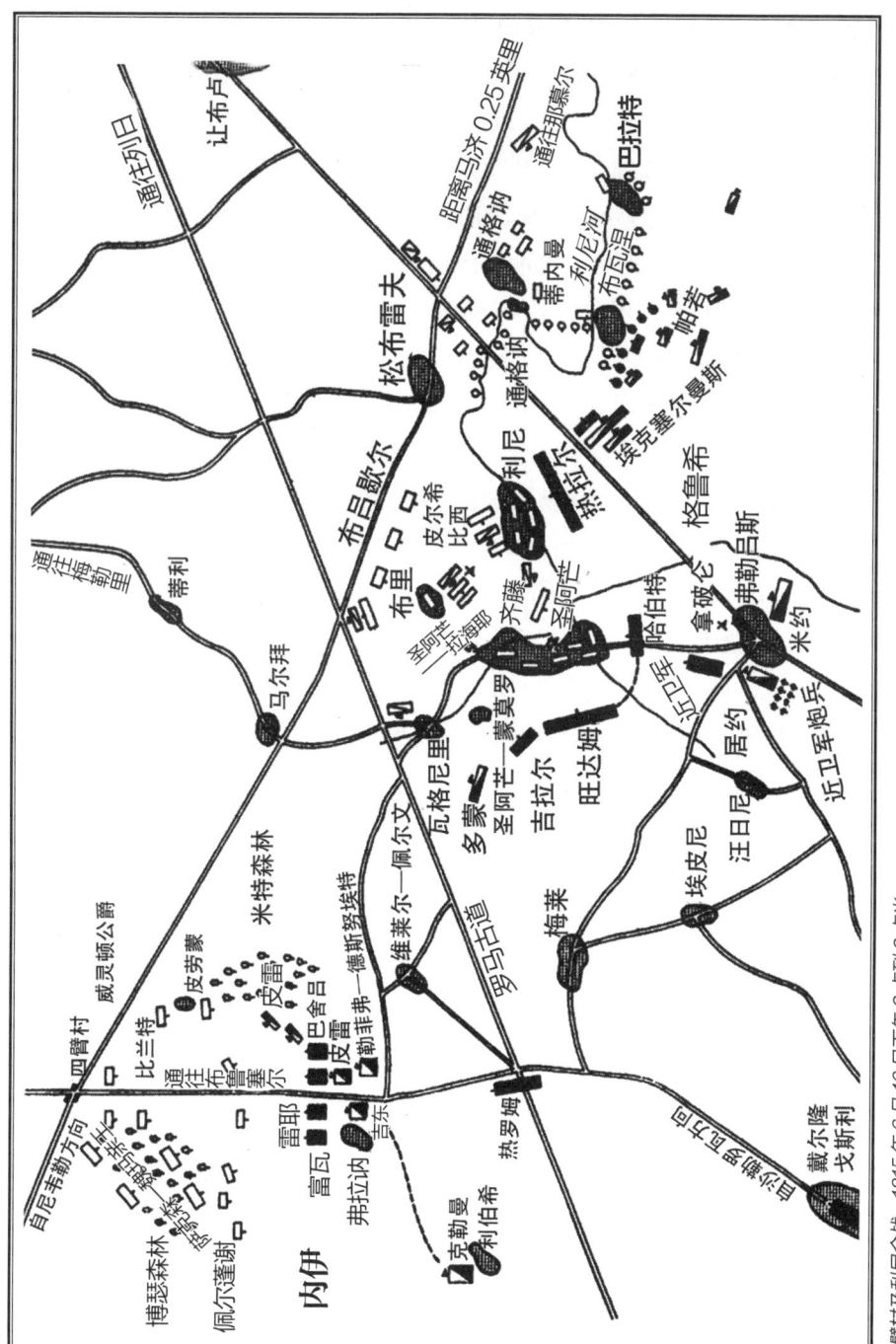

四臂村及利尼会战，1815年6月16日下午2点到2点半

笔手令"清晰可辨，就不会引发后续的混乱，那么也就不会给布吕歇尔以喘息之机，使之能够做好准备来应对他的最后一次突击了——拿破仑可以把进攻时间提前两个小时，这样法军之后就可以对普军展开追击了。

法军接连失去两次战机，皆是因为没能及时地集中兵力：热拉尔的第4军至少迟到了三个小时才抵达弗勒吕斯，而雷耶的第2军则晚了五个小时以上才在弗拉讷进行集结。在所有参与这两场会战的各军军长中，实际上最不应受到责备的反而是戴尔隆。不过当德拉孔布尔在维莱尔·佩尔文（Villers Perwin）附近追上他时，他就应该违抗内伊那道疯狂的命令，因为时间上已经不允许他有效地执行这道命令了。

缺少了戴尔隆所部兵力之后，内伊不仅大发雷霆，而且也丧失了自己的判断力。他命令克勒曼率领一个旅的胸甲骑兵向威灵顿公爵的步兵方阵发动冲锋，准备用马蹄把他们全都踩在脚下。克勒曼非常英勇地率队出发了，他先是击溃了霍尔基特（Halkett）麾下的第69步兵团，接着又把第33步兵团赶入了森林；虽然之后他被敌军的第30和第73步兵团[53]击退了，但还是成功地挺进到了十字路口。[54]

在克勒曼开始他英勇[55]却毫无结果的冲锋时，被拿破仑派来给内伊传达口信的巴杜斯少校（Major Badus）赶来了。拿破仑口信的内容是，无论内伊现在的处境如何，他下达给戴尔隆的命令必须不折不扣地得到执行。[56]内伊当即暴跳如雷，他突然转身冲入已经溃不成军的法军步兵当中，并且成功地把他们聚集起来。

战斗在晚上9点结束了，双方打成了平手，各自重新占领了他们在早上所占据的位置。由于6月15日发生的延误以及德兰希的那份备忘录，威灵顿公爵在这一天只集结了一半的步兵、三分之一的炮兵和七分之一的骑兵共计3.1万人。不过内伊也没有强到哪里去，在交由他指挥的4.3万人中，他只集结了2.2万人。双方的伤亡情况都差不多，都在4000人到5000人之间。

拿破仑的计划到目前为止执行得还很顺利：他已经击败了布吕歇尔，剩下的任务就是再打败威灵顿公爵了——现在的问题是如何击败后者的军队。由于拿破仑整整一天都没有听到内伊方面的消息[57]，因此当他在晚上11点返回弗勒吕斯的时候，就应该派一名军官前往弗拉讷去为自己搜集一份关于内伊情况的报告，同时他还应当命令内伊每隔一个小时就向自己通报一下威灵顿公爵的动向。拿破仑没有这样做的原因很可能是因为当时他已经精疲力竭了[58]，而在这种情况下，苏尔特应该主动地替拿破仑做上述那些工作才是。还有一种可能就是，拿破仑认为布吕歇尔将会撤回其位于列日的基地，而威灵顿公爵也会在夜间撤出四臂村——后者确实打算这么做来着，但显然他推迟了行动，这是因为他手头没有足够的骑兵和炮兵来掩护己方撤退。

拿破仑在6月17日早上7点的时候更加坚信了自己的第一个推测（即布吕歇尔将撤往列日）：凌晨2点半的时候格鲁希派出帕若尔的骑兵进行侦查，到了四点钟时他们报告说敌军正在向列日方向全面撤退，但实际上他们碰到的是好几千从利尼战场败退下来的逃兵。拿破仑在进早膳的时候听说了这个消息。此时，弗拉奥将军（General Flahaut）——也就是那个前一天带着文件去找内伊的副官——也从弗拉讷赶来回来，同时带回了关于四臂村之战的消息以及威灵顿公爵仍驻守在那里的情报。苏尔特当即写信告诉内伊布吕歇尔被击败并正在撤退的消息，之后他又在信中写道：

皇帝陛下将要动身前往比西的磨坊处，因为那里有一条从那慕尔直通四臂村的大道。如此一来，你当面的英军就不可能有所作为了。倘若他们轻举妄动，皇帝陛下将沿着通往四臂村的大道直扑他们，而你也要从正面发动进攻，那么这支英军就将在瞬间被消灭……

陛下的意图是让你攻占四臂村，但如果情况不允许……请立即把详细情况告知陛下，届时陛下将会按我之前告诉你的那样采取行动。假若情况相反，驻守那里的只是英军的后卫部队的话，你就应向他们发起进攻并夺占其阵地。

今天务必结束这次行动，之后我军还要完成弹药补给、集结溃兵以及召回分派出去的各支部队等工作。[59]

这是一份非同寻常的文件，因为它表明，拿破仑不能肯定威灵顿公爵全军是否还在四臂村。不过拿破仑既然知道布吕歇尔正在撤退，那无论威灵顿公爵撤退与否，他都应该立即命令内伊向正面之敌发动攻击，同时亲率第6军和近卫军前来支援。然而他却下令洛博伯爵前去支援位于那慕尔大道上的帕若尔，然后又派出骑兵对四臂村进行侦查，以确定英军是否还在那里。之后，拿破仑就乘御辇前往格鲁希的司令部，在那里他探望了伤员并检阅了部队。就在拿破仑忙于上述活动的时候，负责执行侦查任务的军官在上午10点到11点间回来报告说，英军此时仍驻扎在四臂村。[60]同时帕若尔也报告说普军正在让布卢集结。拿破仑此时终于从恍惚中清醒过来，于是下定决心派出洛博伯爵和德鲁奥（Drouot）率领第6

军和近卫军前往马尔拜去支援内伊对四臂村的攻势。接着,他又口授了两封信,其中一封是给格鲁希的——虽然之前他已经向后者下达过口头命令了——另一封则是给内伊的。在第一封信中,他这样说道:"率领骑兵和第3、第4军的步兵向让布卢进发……你要沿着那慕尔和马斯特里赫特方向——也就是松布雷夫的东南方和东北方——进行侦查并追击敌军。探明敌军的动向并随时向我报告,这样我就能知道他们打算干什么……重要的是弄清楚敌人的意图:他们究竟是要和英军分开呢,还是仍然打算与英军会合以掩护布鲁塞尔或列日,并试图发起另一场会战来碰碰运气?"[61]

拿破仑给内伊的信是在正午时分写下的,信中这样说道:

皇帝陛下刚刚已经命令一个骑兵军和帝国近卫军前往马尔拜了。陛下命令我通知你,他希望你向四臂村的敌军发动进攻并将其逐出阵地,而位于马尔拜的部队将会为你的行动提供支援。陛下正准备动身前往那里,他急切地等待着你的报告。[62]

在布吕歇尔因负伤而无法指挥军队的时候,格奈泽瑙已经下令让普军撤往蒂利和瓦夫尔。这不仅是为了保持和威灵顿公爵所部的联系,也是因为当时普军大部分兵力都被赶到了尼韦勒——那慕尔大道以北,因此撤到勒芬(Louvain)后再重新建立起与列日的交通线要比试图直接撤往列日安全一些。后来,当布吕歇尔被抬到位于蒂利以北一二英里的梅勒里(Mellery)时已经恢复得差不多了,于是便和自己的参谋长格奈泽瑙以及军需总监格罗尔曼(Grolmann)一起商讨了普军下一步的行动。一向不信任威灵顿公爵的格奈泽瑙——他甚至认为后者就是一个无赖——力主把军队撤往列日,但此刻仍斗志昂扬的布吕歇尔在格罗尔曼的支持下否决了这一提议,他们决心继续和英军保持联系。[63]

当他们进行这场左右普军前途的争论时,威灵顿公爵正身处热纳普。由于他从16日下午2点开始就没有收到关于布吕歇尔的任何消息,于是在6月17日凌晨2点钟的时候派戈登上校率领一队骑兵前去查明事情的真相。到了早上7点半,戈登回来报告说自己已经与齐藤取得了联系,普军已经战败并向着瓦尔夫方向撤退了。公爵随即决定英军也必须后撤,不过当英军在上午9点做好撤退准备时,布吕歇尔派来的一名军官赶了过来。这位军官证实了戈登的报告,同时他还告诉公爵,布吕歇尔此刻正急于知道他的意图。对此公爵的回答是他准备向蒙圣让①行军，不过如果布吕歇尔愿意派出一个军来支援自己的话，他就准备在那里与拿破仑交战。⁶⁴到了上午10点，在阿克斯布里奇麾下骑兵的掩护下，英军开始向蒙圣让方向撤退了。

威灵顿公爵之所以能够安然无恙地撤退，这完全要归咎于内伊的消极态度：虽然拿破仑下令要他发动进攻，但后者却按兵不动。当天中午，当敌军正在全面撤退的时候，内伊麾下的士兵居然在那里准备午饭。

在四臂村前线平静无事之时，拿破仑从布里出发了，之后在下午1点钟左右抵达了马尔拜。拿破仑没有听到一声炮响，因此他深感不安。当他率领骑兵推进到布鲁塞尔大道上时，却惊讶地发现内伊的军队居然还在宿营。⁶⁵拿破仑立刻命令全军集合，但直到下午2点，戴尔隆的部队才姗姗来迟。拿破仑很清楚贻误的战机有多么重要，于是对戴尔隆说道："法国已经毁了！去吧，我亲爱的将军，去带着这些骑兵奋力地压制住英军的后卫部队吧。"⁶⁶接着，当拿破仑看到米约的骑兵停留在路边时，就亲自率领他们如风驰电掣般向着热纳普飞奔。

默瑟这样写道：

当法军开始追击的时候，从早上就阴云密布的天空中……出现了一个巨大而孤立的雷雨云团，其颜色很黑，几乎像是墨水一样……它悬在我们头上，把我军阵地和其中的一切都笼罩在深沉而阴郁的黑暗之中，然而远处那座刚刚被法军占领的山头此刻却仍沐浴在灿烂的阳光之下。

他接着写道：

阿克斯布里奇勋爵还在发表着战前讲话，此时一个骑着马的人（拿破仑）突然飞奔到我之前离开的那片高地，他的身后还紧紧地跟随着几名骑手。这些人的身影被远处的阳光一照，显得格外地突出，这使得他们看上去离我们比实际距离要近得多。有那么一瞬间，这些人勒住了马停下来看着我们，突然又有几支骑兵中队飞速

---

① 译注：此处在13世纪圣约翰骑士团，原名为Maison Saint-Jean（圣约翰的居所之意，Jean即是法语中约翰之意），之后逐渐变为了Mont Saint-Jean，该地并非是一座山岭，因此采用音译为蒙圣让。

1143

地冲上了那片高地。阿克斯布里奇勋爵随即大喊道:"开火!开火!"……第一枪打出去之后,射击的声音似乎戳破了我们头顶的雷云,随即便传来几乎亮瞎我们双眼的闪电和一声可怕的雷鸣。天空同时下起了倾盆大雨,就像天上有个喷水口向我们头上倾倒着雨水一般。[67]

这场可怕的暴雨至少在某种程度上拯救了威灵顿公爵,因为大雨把地面全都给浸透了,这让法军无法穿过旷野向前推进,而只能沿着布鲁塞尔大道进军。[68]虽然已经耽误了一段时间,但如果法军能像拿破仑通常所采用的长横线阵形向前推进的话,那他们可能在下午5点或6点钟的时候就追上敌军了。倘若如此,拿破仑就可以立刻向公爵发动进攻,趁后者还没有完全展开部署之时就把他钉死在其阵地上。如此一来,拿破仑很可能在次日上午就能将公爵所部击溃,或者迫使其在当天夜间撤退——后一种情况更有可能发生。

这场从四臂村开始的追击战看上去就和"狩猎狐狸"一样。默瑟这样写道:"阿克斯布里奇勋爵催促着我们快走,他高喊着:'快啊!快啊!看在上帝的份上快跑啊!不然你们就要被抓住啦……'我们向前跑去,一路都是杂乱无序的大炮、炮兵分遣队和骑兵全都挤作一团,所有人都像发了疯一样。"[69]大雨在英军抵达热内普那唯一一座狭窄的桥梁时停了下来。快到下午6点半的时候,拿破仑已经率领着骑兵的先头部队冲上了佳姻村(La Belle Alliance)的高地。[70]在它前方还有一个与之平行的高地,它们中间则隔着一条并不很深的山谷,威灵顿公爵的军队就部署在第二个高地的后面,因此拿破仑并没有发现他们。拿破仑立刻下令调来四个骑炮兵连,在他们炮火的掩护下,米约的胸甲骑兵冲上了山坡,随即发现英荷联军已经严阵以待了。拿破仑指着太阳说道:"如果今天我能获得约书亚一般的神力,能够把敌军的行军速度延缓两个小时,我愿意付出任何代价。"[71]虽然拿破仑自己也并非毫无过错,不过倘若内伊能在当天早上就向敌军发动进攻的话,法军本可以争取到的时间又岂止这两个小时呢?

拿破仑调转马头回到自己设在勒卡尤(Le Caillou)农场——此地位于佳姻村以南大约1.5英里处——的司令部。到了晚上大约9点钟的时候,他接到米约发来的报告,后者告诉他自己的一支巡逻队发现了一支正在从热里往瓦夫尔方向撤退的普军纵队。拿破仑并没有因为这个消息而感到不安,因为他无法说服自己,在面对格鲁希3.3万人的部队时，布吕歇尔还有胆量从侧翼穿插法军的正面并赶来与威灵顿公爵会合。

6月18日凌晨1点钟，拿破仑在休息了一两个小时后便冒着倾盆大雨前去视察法军的前哨阵地。当天拂晓时分，当他返回司令部时看到了一份凌晨2点钟时送来的文件——这是格鲁希在6月17日晚上10点钟时送过来的。文件中说，普军似乎在撤退途中分成了两路纵队，其中一路在瓦夫尔，而另一路则在佩尔韦（Perwez）。文件中还补充道："我们似乎可以推断，其中一部分普军准备去和威灵顿公爵会合，而普军的主力会跟着布吕歇尔一起退回列日。另外一支普军纵队及火炮以及撤到了那慕尔。埃克塞尔曼斯将军会在今晚派出六个骑兵中队前往萨尔瓦兰（Sart-a-Walhain），并让另外三个骑兵中队前往佩尔韦。等他们探明敌情回来报告后，如果届时我发现普军主力是在向瓦尔夫撤退，那么我就会去追击并阻止他们前往布鲁塞尔，同时也要阻止他们前去和威灵顿公爵会合。"[72]

加上之前米约的报告，按说拿破仑应该立即回复格鲁希才是[73]，可是他直到上午10点钟才派出一名军官去向后者传达回复："陛下此时正准备向已经占据滑铁卢的英军发动进攻，他希望你能向瓦尔夫挺进，以便向我部靠拢并配合我部行动。你要随时和我部保持联系，同时驱逐你当面正在行进以及停留在瓦尔夫的普军——你要尽快前往那里。"[74]

对于格鲁希这样一个脑子不太灵光的人来说，这道命令的措辞相当有问题。其实整个命令只需要写一句话，那就是"向我部靠拢，同时阻止普军增援威灵顿公爵"。如果苏尔特能够负责任地在凌晨3点把这道命令发出去，那么格鲁希最晚也会于早上8点钟的时候在让布卢收到它。即便拿破仑是在凌晨4点到5点之间才发出这道命令，那格鲁希也会在瓦兰收到它——在这种情况下，普军最多能有一个军的兵力前来支援威灵顿公爵。

就在格鲁希的文件送达拿破仑司令部的同时，威灵顿公爵也收到了布吕歇尔对其在上午10点钟发出的信息的回复。后者告诉他比洛所部将会在6月18日拂晓时赶来增援他，之后会是皮尔希所部，第1军和第3军也将随时待命。这么多的援军的确出乎公爵的预料之外，于是他立即决定与法军展开会战，并同时等待比洛的到来。

现在让我们再回过头来看看格鲁希这边的情况：他在下午1点钟的时候接到了追击布吕歇尔的命令，又过了一个小时方才出发，但其进军的速度却慢得难以置信，直到黄昏时分方才抵达了让布卢。在那里，他收集了相关情报，并且在晚上10点钟的时候把这些信息写进了呈递给拿破仑的文件当中。一个小时之后，他从骑兵部队那里获悉普军正在向瓦尔夫前进[75]，于是便草率地断定普军不过是要在那里集结一下部队，之后就会撤往布鲁塞尔。接着，他又决定跟在敌军后卫部队身后向萨尔瓦兰挺进[76]，而没有选择取道热里（Gery）和穆斯蒂（Moustier）对普军进行侧翼包抄。更糟糕的是，他没有在6月18日拂晓就出发，而是命令旺达姆于早上6点、热拉尔于上午8点动身，而二者实际的出发时间更是拖延到了上午8点和9点。

格鲁希于上午8点到9点之间动身离开了让布卢，并于上午10点在瓦兰追上了第3军的先头部队。他走进当地一位名叫M.霍勒特（M.Hollert）的公证人家中，打算写一封信给拿破仑并告诉后者普军似乎打算把兵力集结在位于勒芬以南10英里处的奇塞（Chyse），"他们要么会和我军的追兵交战，要么最后还是会去和威灵顿公爵会合"。因此，格鲁希打算把麾下的部队集中到瓦尔夫，以便在"普军和威灵顿公爵之间"切断后两者之间的联系。[77]

格鲁希把信送出去之后就坐下来吃了早饭。到了上午11点半，当他正和热拉尔在花园中散步时，听到了从蒙圣让方向传来的隆隆炮声。热拉尔立刻说："我想我们应该向着炮声的方向前进。"但格鲁希却拒绝考虑这一提议，因为他认为这不过是与敌军后卫的一场战斗罢了。接着两人就发生了激烈的争执，最后热拉尔主张自己率麾下的部队独自前往，然而格鲁希仍不同意，反而说自己必须要遵守皇帝陛下的命令，然而他从头到尾就完全没有理解拿破仑的命令。[78]

此时的普军又在什么地方呢？比洛的先头部队已经抵达了沙佩勒—圣朗贝尔（Chapelle-St Lambert），但其后卫部队还远远地落在后面，直到下午3点方才赶了上来。皮尔希和齐藤——后者的目的地是奥安（Ohain）——都将在半个小时后出发，而蒂勒曼的部队则负责留守瓦尔夫。因此，在上午11点半的时候，仍有四分之三的普军仍留在瓦夫尔或其附近，倘若格鲁希能够按照热拉尔的建议在中午时出发前往穆斯蒂（Moustier）和迪勒河畔的奥蒂尼（Ottignies on the Dyle）——这两地和他之间的距离都是8英里——的话，纵使道路的情况很糟糕，他也能在下午4点到5点之间抵达那里，之后就可以把军队部署在布吕歇尔的左翼和身后了。然而格鲁希继续以单纵队阵形向前挺进，准备经由科尔拜（Corbaix）前往瓦尔夫。下午2点，他抵达了拉巴拉克（La Baraque），此地位于穆斯蒂和奥蒂尼以东3.5英里处，并且有一座无人防守且完好的桥梁矗立在那里。从拉巴拉克及其周边就可以看到普军正在向滑铁卢战场前进。正如罗佩斯（Ropes）所指出的那样，甚至到了这个时候，格鲁希如果派出麾下的骑兵去牵制住位于瓦尔夫的蒂勒曼所部，那他仍可以让麾下的两个军攻占迪勒河上的几座桥梁——倘若如此，虽然阻止不了齐藤的部队[79]，但"他（指格鲁希）一定可以阻止比洛和皮尔希所部继续挺进"。有格鲁希和内伊这样的部下，即使是天使长米迦勒（Michael）带着他麾下所有的天使们下凡参战，他们也是会输掉这场战役的。

苏尔特在凌晨4点到5点之间发布命令，要求法军各部在上午9点时准时进入攻击位置[80]，但由于下雨的缘故，准备工作已经耽搁了太久，因此这道命令实际上是不可能执行的。早上7点到8点之间，雨渐渐停了，拿破仑也坐下来开始吃早餐。苏尔特从昨天晚上开始就对格鲁希的情况感到忧心忡忡，于是便向拿破仑建议，至少要马上把格鲁希麾下的部分兵力给召回来，然而拿破仑却鲁莽地无视了这一忠告。热罗姆也提到一件事，他说前天晚上服侍自己吃饭的侍者在当天早上恰好也服侍威灵顿公爵吃了早餐，那位侍者告诉他说公爵的一名副官曾提到过英军和普军会师的情况。然而拿破仑对此唯一的回答就是："胡说八道！"[81]拿破仑一旦认定了某种想法，就没有什么能加以改变，而此时的他就认定了利尼之战后普军已无力再战，而他只需一击便可打垮公爵麾下的这支多国部队。

早餐过后，拿破仑下令召集麾下的骑兵，之后就和德鲁奥一道前去侦察地形和敌人情况了。作为一名经验丰富的炮兵军官，德鲁奥借机向拿破仑建议把进攻时间往后推迟两到三个小时，因为此时的地面太过潮湿，炮兵部队无法进行快速机动。[82]同样身为炮兵专家的拿破仑对此表示同意，于是就把进攻时间推迟到了下午1点钟，而这在乌赛看来正是拿破仑在此役中所犯下的最致命的错误：因为假使他没有同意推迟进攻，那么"英军在普军赶来之前就已经溃败了"。[83]

上午10点钟的时候，身处罗索姆农场（Rossomme Farm）的拿破仑突然想起了格鲁希，于是便指示苏尔特对后者昨晚送来的文件进行回复。几分钟之后，拿破仑似乎是下意识地感到了来自东边的危险，于是他下令让马尔博上校率领第七轻骑兵团前去占领弗里谢尔蒙（Frichermont）。同时他还派出巡逻队前去巡视穆斯蒂和奥蒂尼的那几座桥梁[84]，这显然是为了与格鲁希取得联系，一旦后者靠拢过来，巡逻队就要及时向他汇报。接着，拿破仑检阅了已经进入战斗位置的部队，士兵们狂热地高喊着："皇帝万岁！"

拿破仑在上午11点钟的时候口授了一份非常简短的进攻命令[85]，由于他的目的跟利尼战役时一样，都是要在突破敌人阵线的中央部分之后再继续扩大战果，因此他命令内伊在下午1点钟或稍晚的时候——这之前炮兵将会进行猛烈的预备炮击——派戴尔隆所部向蒙圣让推进，而雷耶所部则会在其左翼与之齐头并进。几分钟之后，拿破仑又下令让雷耶立刻派一个师对霍高蒙特（Hougoumont）进行一次强力的试探性进攻。与此同时，一支由80门火炮组成的炮兵部队被调到了佳姻村的前方和右侧，它们将在正午时分开始射击。[86]

即使是和同时代的会战相比，滑铁卢的战场范围也是很有限的，因为从蒙圣让到罗索姆，纵深不超过2.25英里，而战场最宽处——也就是从布莱讷拉勒（Braine l'Alleud）到"巴黎树林"（Paris Wood）——不过也就4英里。这片战场大体上是被沙勒罗瓦—布鲁塞尔大道分割成了两部分：道路南边是佳姻村，其两侧被一道低矮且不规则的山脊所包围着；道路北边是另一道低矮的山脊，它一直延伸到布莱讷拉勒通往瓦尔夫的道路上。这两道山脊之间则是一个并不很深的山谷，谷底海拔要比两道山脊低45英尺的样子。

威灵顿公爵的主战线就是沿着上述第二道山脊布置的，它从蒙圣让以南四分之三英里的地方一直延伸到布鲁塞尔大道以东四分之一英里处和该大道以西三分之一英里处。在他的左前方400~800码的范围内散落着斯莫安（Smohain）、拉艾（La Haye）和帕佩洛特（Papelotte）等村落。阵线中央的正南方则是拉艾圣（La Haye Sainte）农场和一个很宽的采砂坑。右翼的前方则是高耸的霍高蒙特堡，其周边都是果园和花园。在威灵顿公爵的对面，拿破仑的战线从蒙圣让以南1.75英里的某个地方——其位置在蒙圣让通往尼韦勒的道路上——一直延伸到正对着帕佩洛特、斯莫安和拉艾等村庄的弗里谢尔蒙堡，中间有一段还正好从霍高蒙特堡的南面穿过。

对阵双方在下午1点钟时的大体位置如图所示。根据西伯恩（Siborne）的说法[87]，威灵顿公爵麾下全军共计67661人（步兵49608人、骑兵12408人、炮兵5645人）和火炮156门，拿破仑麾下全军共计71947人（步兵48950人、骑兵15765人、炮兵7232人）和火炮246门。公爵仍然担心法军取道蒙斯—布鲁塞尔大道对自己进行迂回包抄，于是把尼德兰的腓特烈亲王麾下的1.7万士兵和30门火炮留在了哈尔（Hal）和蒂比兹（Tubize），而这在一定程度上抵消了由于格鲁希没有赶来而给法军所造成的劣势。考虑到公爵在前一天早晨只要求普军派出一

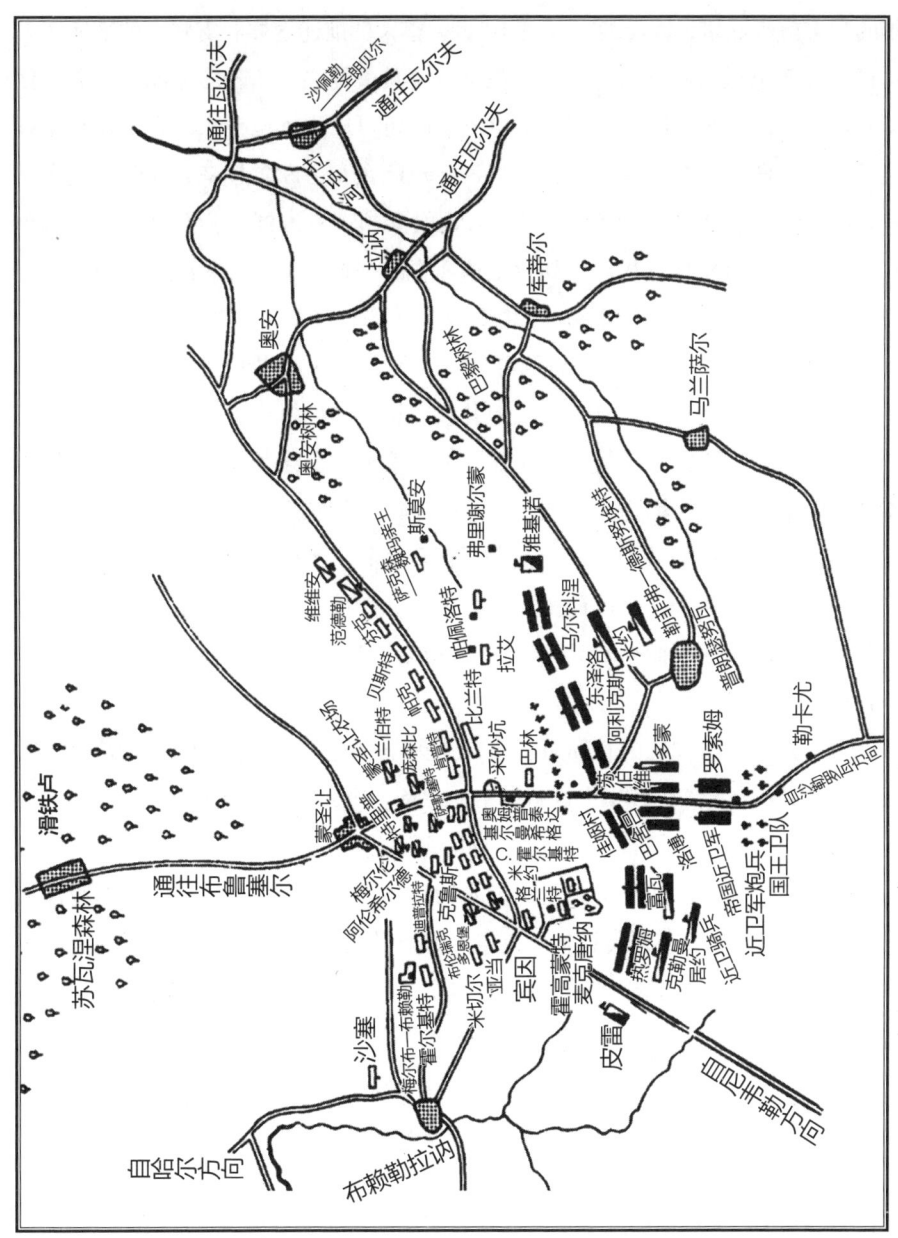

滑铁卢战役（1815年）

个军的兵力前来支援，因此他在 6 月 18 日一整天把前述这样一支强大的部队留在离自己八九英里远的地方的行为，实在是一个重大的失误。若非如此，后面即使没有布吕歇尔的支援，腓特烈亲王的这支军队也可以通过包抄拿破仑的左翼来拯救英荷联军。即使没有天降大雨，公爵肯定也能在布吕歇尔赶来之前坚守住自己的阵地。实际上，腓特烈亲王的这 1.7 万人的兵力——占到了公爵总兵力的五分之一——完全没有发挥作用。正如肯尼迪所说的那样，"很难想象英军不会提前发现法军在向蒂比兹和哈尔进军。"[88]

法军炮兵在上午 11 点半的时候开始射击了，之后热罗姆的师——隶属于雷耶的军——开始向霍高蒙特挺进。然而他并没有把行动局限于一次试探性进攻，而是立即就卷入了一场真正的战斗并试图占领这座城堡。这是法军此役所犯的几个战术错误中的第一个，因为它导致的后果与拿破仑的意图完全相反——这次行动不仅没有牵制住英军的兵力，反而把法军自己的兵力给牵制住了。没过多久，法军又从富瓦师中抽调了一个旅前去支援热罗姆，而后者居然没有用榴弹炮来摧毁那些坚固的建筑，而是命令步兵一次又一次地冲锋，结果"城堡前的树木都被步枪子弹削成了碎片"。[89]

在法军这场本末倒置的行动进行得如火如荼之时，拿破仑正忙着让戴尔隆所部做好向威灵顿公爵的阵线中央进行突击的准备。快到下午 1 点的时候，所有的准备工作都已就绪，此时拿破仑环顾了一下战场，注意到在东北方大约四到五英里的地方有一片"黑云"从沙佩勒—圣朗贝尔的树林中冒了出来。所有的望远镜都立刻转向那里进行观察。苏尔特说他可以很清楚地看到那是一支军队，于是大家马上就把他们当成了格鲁希所部。没过多久，这个谜底就揭开了：马尔博麾下的轻骑兵带着一个被俘虏的普军通信兵回来了，法军从后者身上携带的文件中得知那片"黑云"其实是比洛的先头部队。[90]虽然这与拿破仑所设想的事态发展不尽相同，但他丝毫没有感到不安，对他来说，这不过是让情况变得复杂了一些罢了。拿破仑坚信自己能赶在比洛抵达战场之前就击垮威灵顿公爵的军队，不过眼前这个新的危险还是要应付一下的，于是他吩咐苏尔特在自己刚刚给格鲁希口授的那封信的后面加上了如下的附言：

我们从刚才截获的一封敌军信件中得知，比洛将军将要对我部右翼展开进攻。

我们相信自己业已在沙佩勒—圣朗贝尔的高地上发现了他们,因此请务必立刻向我部靠拢,然后和我部一起击溃比洛,并且你要在此战中抓住他。[91]

根据古尔戈的说法,前去传令的军官应该可以在两个小时之内把信送到的。但这实际上是不可能的,格鲁希也确实是在下午5点左右才收到这封信件,当时他正在瓦尔夫和蒂勒曼所部缠斗不休。如果拿破仑一大早就召回格鲁希所部的话,那么他所设想的情况就完全合理了。

拿破仑接下来又命令多蒙(Domont)和苏伯维(Subervie)麾下的轻骑兵向沙佩勒—圣朗贝尔挺进,并下令让洛博伯爵在他们的掩护下率部挺进以牵制住比洛。[92] 到了下午1点半左右,拿破仑看到上述措施已经确保了自己右翼的安全,于是就下令让内伊发动进攻。

自1792年以来,法军在发起进攻时通常会采用纵队行军,这是为了能够迅速而有序地通过战场。在逼近敌军之后,为了能够最大限度地发挥火力,法军的纵队此时就会变成横队。为了便于部署,法军的纵队通常是以营为单位,中间会间隔一个或半个横队的距离。这样的纵队既便于指挥,又能够快速地展开阵形,并且在遭遇敌方骑兵时也能迅速地组成方阵应对。法军的攻击通常是基于以下四个原则的:(1)当法军纵队向前推进时,法军炮兵应迫使敌军保持横队阵形——也就是保持一个最不容易受到炮火攻击的阵形;(2)当法军纵队准备展开为横队之时,法军骑兵要迫使敌军把之前的横队变为方阵——这种阵形在对付骑兵时非常可靠,但面对步兵和炮兵时则很脆弱;(3)接下来,在己方骑兵的掩护下,已经展开阵形的法军将凭借火力优势对敌军发起攻击——方阵的火力远逊于横队的火力,此时法军的团属炮兵也将提供火力支援;(4)最后,一旦敌军方阵陷入混乱之中,法军将会上刺刀进行冲锋,法军骑兵也会追杀敌方溃散的士兵。

然而眼下由于某种无从解释的原因,戴尔隆用于进攻的四个师中居然有三个没有编成以营为单位的纵队,而是以一个营的兵力为先导,把整个师的兵力编为了一个纵队向前推进——也就是说,他们把每个营都依次排成了三列。[93] 由于采用这种笨拙阵形的三个师各自都有八九个营,因此法军每个纵队的正面都有大约200人,而队列的纵深共有24到27排。这些笨拙的纵队不仅无法快速地展开,而且其庞大的规模使得士兵特别容易遭到敌方火力的攻击。

不幸的是，内伊和戴尔隆他们所面对的是一位了解法军战术的将军——至少在某种程度上，他知道如何去应对这种战术。威灵顿公爵并没有把兵力沿着布赖勒拉讷通往瓦尔夫的公路旁的山脊进行部署，而是把大部队集结在这座山脊的后面。由于法军的炮兵装备的是加农炮而非榴弹炮，因此法军的炮弹无法击中山脊后面的斜坡，故而英军可以在那里躲避敌军的炮火①——结果英军在法军的准备炮击中几乎没有遭到什么损失。英军现在只要保持着横线阵形匍匐在山脊后面，当法军纵队快要接近山顶的时候，他们就会一跃而出并向前推进几步，然后趁着法军阵形尚未展开之际对其进行一轮猛烈的齐射。不过英军的这一战术仍然解决不了如何对付骑兵的问题，他们还是要组成方阵来对抗后者。正如我们将要看到的那样，在整个战斗过程中，相较于法军那错误的纵队编组，他们骑兵和步兵相互之间的不配合对己方的突击行动所造成的不利影响更大。

上述这些关于法军战术的简短叙述应该可以对戴尔隆进攻失败的原因做出解释。戴尔隆所部被分成了四个纵队，各纵队的位置构成了一个梯形：左翼是东泽洛（Donzelot）麾下的师，他们在特拉弗（Traver）的胸甲骑兵旅（位于该师的左侧）的支援下向拉艾圣挺进；右翼则是迪吕特麾下的师，该师负责进攻帕佩洛特；在他们中间则是阿利克斯（Allix）和马尔科涅（Marcognet）所部。[94] 法军没费多大力气就攻陷了帕佩洛特，但东泽洛对拉艾圣的进攻却失败了——负责驻守该地的英王日耳曼军团的一个营在巴林少校（Major Baring）的指挥下进行了英勇顽强的抵抗。在此期间，法军位于"梯形"中央的两个师在仰攻山脊时遭到了敌军炮火的猛烈攻击。在爬上山顶之后，法军这两个师遭遇了比兰特麾下的荷兰—比利时旅——该部是唯一一支被威灵顿公爵部署在山脊正面斜坡上的部队，因此他们在法军炮兵进行预备射击时就已经遭受了严重的损失并溃退了。大约在同一时间，驻守采砂坑的三个步兵连——均隶属第95步枪团——在发现无法坚守阵地后便开始撤退，至此双方间的战斗就全面打响了。在布赖勒拉讷—瓦尔夫和沙勒罗瓦—布鲁塞尔两条大道交会的十字路口处有一颗老榆树，而此时威灵顿公爵就站在这棵树下观察着法军的进攻行动。身处罗索姆的拿破仑同样也在

---

① 译注：加农炮只能进行直射，而榴弹炮可以通过抛物线式的弹道打击掩体后的敌人。

关注着法军的攻势,不过在他和部下看来,戴尔隆此次进攻必将取得胜利。

再没有比拿破仑的这个幻想更虚幻的海市蜃楼了,因为戴尔隆的四支纵队已经由于部署失当而放慢了前进的速度,眼下更是引发了一场灾难。当法军快要接近山顶的时候,这几支纵队全都挤作一团,根本无法进行有序的部署。正当法军乱作一团之时,皮克顿开始率领麾下一支4000人的师向前者发起了进攻。英军抵达山顶之后,肯普特的旅向着前进中的法军进行了一轮猛烈的齐射,当时他们距离法军只有40步的距离。帕克(Pack)的旅则从瓦尔夫大道边上的树篱后面冲了出来,他们端着刺刀冲入了乱作一团的法军之中。战斗进行了没多久,皮克顿本人就不幸中弹牺牲了。

阿克斯布里奇抓住了这个决定性的战机,他立刻派出萨默塞特(Somerset)和庞森比(Ponsonby)的两个骑兵旅投入了战斗。[95]英军骑兵先是击溃了伴随戴尔隆一起行动的特拉弗的胸甲骑兵旅,接着又冲向了戴尔隆麾下已经乱作一团的步兵。法军步兵阵脚大乱,被英军骑兵给赶下了山坡,后者在战斗中俘虏了3000名法军士兵以及两面鹰旗。英军两个骑兵旅人不离鞍,马上就全速冲过两道山脊之间的谷地,并在越过法军的前哨之后攻上了对面的山坡。阿克斯布里奇此时吹向了撤退的号角,但已经起不到任何作用了,英军骑兵正在不顾一切地向前冲去。当他们接近法军的炮兵阵地之后,其侧翼突然遭到马蒂格(Martigue)麾下枪骑兵的攻击,庞森比也在战斗中阵亡了。接着,法里纳(Farine)的胸甲骑兵旅也投入了战斗。英军两个骑兵旅在阵亡了三分之一以上的兵力之后彻底崩溃了,他们在一片混乱之中被法军给赶了回去。在此期间,法军仍在持续猛攻霍高蒙特,这让雷耶感到筋疲力尽。

战斗在下午3点时逐渐平息下来,虽然戴尔隆的进攻失败了,但威灵顿公爵的阵地也危如累卵:比兰特的旅(大约有4000人)已经丧失了战斗力。此外,由于萨默塞特和庞森比那场不顾后果的冲锋,公爵又损失了2500名最优秀的骑兵。眼下,公爵把所有希望都寄托于布吕歇尔援兵的身上,但他们的行进速度慢得让人抓狂。

拿破仑的处境也同样令人担忧,因为他刚刚收到格鲁希于上午11点半的时候从瓦兰发来的急件。这份文件必然让他认清了一个情况,那就是后者是不可能给他提供任何帮助了。虽然拿破仑可以选择撤退来挽救他的军队[96],但这不仅意味着他输掉了这场战役,更意味着一场政治上的风波。因此,他要抓住因比洛行动迟缓而制造的战机,决心要在普军加入战局之前击垮威灵顿公爵。到了下午3点半的时候,在戴尔隆把麾下的几个营重新集结了起来之后,拿破仑便下令让内伊前去攻占拉艾圣——他想以此地作为基地,让戴尔隆和雷耶的部队一起再发动一次大规模的攻势,法军骑兵的主力和近卫军的步兵也将紧随其后提供支援。

战场上的炮火越来越猛烈,但由于戴尔隆所部仍然处于混乱状态,而雷耶的部队一时又难以从霍高蒙特的战斗中脱身,因此内伊只能以两个旅的兵力发起了进攻。虽然这两个旅的法军被敌军击退了,但内伊却在弥漫的硝烟中看到有很多敌军的弹药车正在向他们的后方驶去——其实这些车辆是在后送负伤的士兵——于是他就想当然地认为敌人正在撤退。拿破仑此时并未下令让骑兵发起进攻,但内伊却擅自命令米约率领麾下的两个师向前推进。当这两个师开始行动之后,位于米约后方的勒菲弗也率领麾下的骑兵师主动地配合了米约的行动。因此在尚未攻下拉艾圣之前,法军就有大约5000名骑兵投入了战斗,而拿破仑之所以没有制止这种错误的行为,是因为当时他的精力全都集中在了法军的右翼。当时法军右翼究竟发生了什么呢?

虽然比洛在下午1点钟时就抵达了沙佩勒—圣朗贝尔,但其纵队的先头部队直到下午4点钟时才离开"巴黎树林",随即又遭到了多蒙麾下骑兵中队的阻击,不过后者很快就被击退,从而把洛博伯爵的步兵部队暴露在了普军面前。尽管伯爵在兵力上处于一比三的劣势地位,但他仍毫不犹豫地向比洛的两个先头师发起了进攻,然后才撤回了普朗瑟努瓦(Plancenoit):伯爵在那里遭到了普军的三面夹击,最后被逐出了这个村子,之后普军炮兵便开始从那里炮轰布鲁塞尔大道。普朗瑟努瓦落入普军手中直接威胁到了法军的撤退路线,因此拿破仑命令迪埃斯梅(Duhesme)率领青年近卫军将其夺回。后者成功完成了这项任务,洛博伯爵的第6军便得以在该地的左侧展开,并与第1军的右翼连成了一片。

正当拿破仑忙于处理上述情况的时候,"被过度的狂热冲昏了头脑"[97]的内伊在下午4点到4点15分之间亲自率领米约麾下的胸甲骑兵向威灵顿公爵发起了进攻。公爵从未考虑过后撤,因为他一心只想坚守阵地并等待普军的增援。虽然反法联军预料到法军会在这一天的某一时刻发动一次大规模的骑兵攻势,但他们却未曾料到内伊居然会率骑兵向阵形完好的步兵发动冲锋。[98]反法联军的步兵立刻就组好了方阵,炮手们则奉命带着他们的武器留在方阵前面,直到法军骑兵逼近的最后一刻才能带着他们的马匹躲进步兵方阵之中寻求庇护。

法军骑兵"排成纵队"(肯尼迪语)向前推进,几乎塞满了拉艾圣和霍高蒙特之间的每个角落。[99]他们缓慢地爬上斜坡,此时法国炮兵停止了支援火力的射击,但反法联军的火炮却开火了——后者的火炮都使用了"榴霰弹"。[100] 法军吹响了冲锋号，5000名法军骑兵高喊着"皇帝万岁"的口号席卷了反法联军的炮兵阵地。虽然他们缴获了敌军所有的火炮，但骑兵们事先并没有准备好能让这些火炮失效的东西：他们既没有马匹可以把它们拖走，也没有铆钉来弄坏这些火炮。法军骑兵什么也没做，甚至没有一个军官想到要把那些海绵质地的推弹杆给破坏掉。假如他们当时摧毁了这些火炮——只要用上无头钉和铁锤就可以完成这项工作——那么他们之后的大规模攻势就肯定能取得成功，因为比起步枪的火力，骑兵们在进攻时更惧怕的是榴霰弹和葡萄弹。

法军的胸甲骑兵、猎骑兵和枪骑兵围着敌军的步兵方阵反复冲击，直到整个高地都被他们踏遍了为止。关于此次战斗弗雷泽是这样描述的："……法军骑兵进行了我所曾见过的最为英勇的冲锋，我军整个战线都受到了冲击……法军骑兵在战斗中表现出了前所未有的崇高勇气，而我军步兵也以前所未有的坚韧精神进行了顽强的抵抗。"[101]

阿克斯布里奇正紧盯着这场混战，此时的他手中仍握有麾下三分之二的骑兵生力军。突然，他派出了5000名骑兵——其中包括多恩堡、阿伦希尔德（Arenschild）、布伦瑞克、梅尔伦（Merlen）和希尼（Ghigny）等人率领的五个旅——向法军发起攻击，当他们把法军击退之后，反法联军的炮手们立刻从步兵方阵中冲了出来，然后使用手中的火炮向着撤退中的法军倾泻着葡萄弹和榴霰弹。在退到谷底之后，米约和勒菲弗重整了队伍。毫无怯色的法军骑兵再次冲上斜坡，却被敌军炮兵居临下的炮击再度击退。

虽然那些和拿破仑一起待在罗索姆的人都为眼前的战况而感到兴高采烈，但拿破仑却根本高兴不起来。他不耐烦地转身对苏尔特说道："这个行动太草率了，很可能会导致致命的后果。"苏尔特回应道："他（指内伊）又会像在耶拿那样拖累我们。"[102] 虽然拿破仑对这个草率的行动感到恼火，但他害怕一旦骑兵被击退将会使法军失去勇气并导致恐慌，因此又派弗拉奥将军去给克勒曼传令，让后者前去为内伊提供支援。克勒曼也认为内伊的行动过于草率，正在试图劝说拿破仑收回成命，但此时其麾下第一师的师长赫里提耶将军（General L'Heritier）不待命令就开始率领麾下骑兵以快步（Trot）状态开始进发，于是克勒曼也跟着鲁塞尔（Roussel）的第二师一同跟进了。居约和勒菲弗两人也都没有等上级的命令——抑或是他们收到了错误的命令——就跟着克勒曼一道发起了进攻。这个行动是一个致命的错误，因为它不仅让拿破仑失去了手上最后一支骑兵预备队,而且这也让战场上骑兵的数量过多,以至于他们都没有了回旋的余地。正如肯尼迪所说,当时大约有 1.2 万名法军骑兵[103]挤在霍高蒙特和拉艾圣之间准备发动进攻,当反法联军看到这一场景之后不禁骇然:法军的正面只有 1000 码宽,而且"骑兵在进攻时必须要和霍高蒙特以及拉艾圣的围墙保持一定的距离,因此实际能让他们发动进攻的宽度只有 500 码"。[104]

克勒曼和居约于下午 5 点半开始进军后,米约麾下那些筋疲力尽的骑兵也跟着出发了。他们没有得到步兵的支援,炮兵提供的火力支援也很不得力,因为他们后方只部署了一个炮兵阵地用以在敌军步兵方阵上打开缺口。拥挤而颠簸的路面无疑让法军炮兵的移动变得困难重重。话虽如此,倘若当时法军有两或三门骑炮能把威灵顿公爵的军队纳入他们榴霰弹的射程之中,那么后者就在劫难逃了。

虽然法军第二次大规模进攻遭到了跟第一次进攻一样的命运,但它给反法联军的战线造成了严重的压力。此外,威灵顿公爵此时已经把大部分的步兵和骑兵预备队投入战场了。如果当时他没有把那 1.7 万人的部队留在哈尔和蒂比兹的话,现在的战局将截然不同。

内伊没有能够利用敌人的危急处境,这是因为他的整个战术都是错误的:他非但没有把兵力集中起来使用,反而是把他们给分散了。如果他能遵照拿破仑的命令先攻占拉艾圣,然后再把炮兵阵地布置在拉艾圣前面,那必然可以把敌军的步兵方阵打得千疮百孔。进一步说,如果他能派步兵前去为骑兵提供支援,那法军的进攻也必将取得胜利。正如默瑟所描述的那样,有一个法军的炮兵阵地"被部署在一个海拔略高于我军阵地的小山丘之上,那里距离我军的左翼只有 400 到 500 码的距离。这些炮兵的射击速度和射击精度都相当惊人,几乎是弹无虚发。我当时以为我们肯定要完蛋了……在整整一天的战斗中我们都未曾付出过如此之大的代价"。[105]

内伊不仅把自己的目标拉艾圣抛在了脑后,而且也忘记了麾下的步兵,直到克勒曼发起第四次冲锋之后,他才想起来自己还有 6000 名步兵。到了下午 6 点,内伊命令雷耶麾下的富瓦和巴舍吕两个师向前推进,但并没有派出骑兵为他们提供支援。这两个师之后遭遇了富瓦所说的"死亡冰雹"(Hail of Death)——几分钟之内他们就损失了 1500 人,因此被迫撤退。

在内伊发动上述攻势的同时,拿破仑正骑马沿着法军的整个战线巡视来稳定部下的军心士气,同时他也给内伊送去一份命令,要求后者不惜一切代价拿下拉艾圣。

内伊只动用了东泽洛师的一部分兵力便完成了任务，其原因很大程度上是因为巴林的部队已经耗尽了弹药。此外，反法联军也没有守住那个采砂坑。

这次内伊立即就乘胜追击：他把一个炮兵阵地部署在了拉艾圣附近，那里距离反法联军的阵地只有不到300码。此外，他还命令阿利克斯、东泽洛和马尔科涅等人的残部向前推进，并且在瓦尔夫大道上占领了一处阵地。然而此时内伊麾下的士兵已经筋疲力尽，再也无法继续推进了。为了给他们提供支援，内伊又派埃姆上校赶去拿破仑那里请求增援。

拿破仑大喊道："部队！你指望我从哪里给你调部队？你指望我把他们变出来吗？"[106] 但内伊这次是对的，虽然由于法军错误的战术已经拖延了许久，但现在正是一决胜负的时刻。拿破仑此时虽然处境艰难，但他手上也并非完全没有后备力量了，然而他显然没有意识到威灵顿公爵此时的处境是多么的危急。

关于这一点，肯尼迪这样写道：

> 拉艾圣已经落入敌人手中……奥姆普泰达（Ompteda）的旅几乎遭到全歼，而基尔曼希格（Kielmansegge）的旅也几乎消耗殆尽，因此他们都已经无法坚守自己的阵地了。如此一来，霍尔基特的左翼和肯普特的右翼之间的战场就失去了保护，而这里恰好又是公爵战线的中心地带，因此也是敌军最想要攻下的地方。危险已经迫在眉睫，在整个作战行动中都没有比此刻更加危险的时候了。万幸的是，拿破仑并没有投入预备队来扩大法军在此处取得的优势……
>
> 在自己阵线的中心地带出现了一个如此巨大的缺口，威灵顿公爵自然意识到了问题的严重性，因此他不仅命令布伦瑞克的部队前去堵住缺口，而且还亲自赶在他们前面去视察情况。即便如此，我军还是克服了极大的困难才守住了这一地区……
>
> 在整场战役中，威灵顿公爵都没有像在这次行动中一样冒着如此巨大的生命危险……在这一天当中，公爵作为一名指挥官的伟大品质在这一时刻最为强烈地表现了出来，因为此刻是他个人和整场战役的生死关头……[107]

此时拿破仑手中还握有八个营的老近卫军和六个营的中近卫军，如果他能把其中半数的兵力调拨给内伊，那么威灵顿公爵阵线的中心地带必然会被击溃，因为此时只需要一小支生力军出现在战场上就足以使反法联军陷入恐慌之中。然而当时拿破仑的处境和威灵顿公爵一样危急:青年近卫军被赶出了普朗瑟努瓦,此时不仅他的右翼被敌军威胁着,他的后方也随时可能爆发危险。因此拿破仑没有支援内伊,而是把十一个营的近卫军尽可能多地组成了方阵,然后面向普朗瑟努瓦将他们部署在了佳姻村和罗索姆之间。此外他还在勒卡尤留守了一个营的兵力,并派出莫朗和佩莱特率领剩下两个营的近卫军前去夺回普朗瑟努瓦。

随着战鼓的敲响,法军第二近卫掷弹兵团第一营和第二近卫猎骑兵团第一营开始向普朗瑟努瓦村挺进——这些近卫军甚至不屑于开枪,只凭刺刀就在20分钟内把普军赶出了村子,之后青年近卫军便重新占领了那里。

此时已是晚上7点多了,由于法军再次夺回了普朗瑟努瓦,于是拿破仑决定前去支援内伊,并在日落之前发起最后的总攻。他命令德鲁奥把弗里昂麾下八个营的近卫军全都调了过来。[108]在他们抵达之后,拿破仑便亲自率领他们前往佳姻村,然后把他们的指挥权移交给了内伊元帅。在此期间,拿破仑还命令法军炮兵增强火力,同时又命令雷耶和戴尔隆以及骑兵部队都前去增援内伊的攻势。为了重振士气,拿破仑又派出贝杜瓦耶将军到前线宣布格鲁希——此时在远处已经可以听到其所部军队的炮声了——即将赶来的消息。就在近卫军借着浓烟的掩护排布阵形的时候,一名骑兵军官投降了反法联军,威灵顿公爵从他的口中得知了法军的虚实。[109]

实际上,那个决定胜负的时机此时已经过去了,因为在埃姆前来向拿破仑请求增援未果之后,东泽洛、阿利克斯和马尔科涅的部队全都被赶下了高地。威灵顿公爵重新夺占了之前丢掉的阵地,并且他已经得知齐藤的先头部队业已于下午6点时抵达了奥安,于是他就把范德勒(Vandeleur)和维维安(Vivian)的骑兵旅从左翼调到了中央,又把沙塞的第三荷兰—比利时师从布赖勒拉讷重新部署到了梅特兰(Maitland)的近卫旅及亚当的轻步兵旅的后方——亚当的旅位于公爵右翼阵线的中央,采砂坑以西的瓦尔夫大道的路基为该部提供了掩护。

关于法军近卫军当时的阵形有很多种说法,不过总的看来他们似乎是集结成一个纵队,各营紧靠在一起组成大的师级纵队——换言之,该纵队正面为两个连,它们都按照惯例分为三列。由于每个营总兵力大约为500人——共分为四个连——因此该纵队的正面人数为75到80人。近卫军每个营还配有两个骑炮兵连(每连有六门火炮)负责在步兵推进时提供火力掩护。

如果内伊选择沿着布鲁塞尔大道前进的话,这条大道的路基在某种程度上是可以为他麾下的士兵提供掩护以免遭敌军火力射击的，但他却选择斜穿过霍高蒙特和拉艾圣之间的斜坡，然后直扑敌军右翼的中央。然而，当内伊发起进攻的时候，法军的阵形却从一个纵队变成了两个纵队。[110]人们并不清楚导致这种这种情况出现的原因，但似乎是由于内伊发动攻击时过于匆忙[111]，结果在纵队前面的四个营（老近卫军的掷弹兵）先发起了进攻，而后面的四个营（中近卫军的猎骑兵）却没能跟上。抑或是由于位于纵队前面的部队行进速度比后面的快，后面部队的行进方向又偏到了前面部队的左后方去了，于是单个纵队就被分成了两个纵队——这在当时也是常有的事情。[112]梅特兰将军证实了后一种情况，他说："随着进攻部队向前推进，法军纵队自己分成了两队，猎骑兵们（即中近卫军）的行进方向偏到左边去了，而掷弹兵们（即老近卫军）则继续沿着直线向我军位于坡顶的阵地逼近。后者从左侧越过了拉艾圣，继续向着第一近卫旅所占领的高地前进。"[113]

通常来说，所有目击者的描述都会由于他们进行观察的位置不同而有所出入。当人们把这些碎片拼凑起来之后，就会像乌赛所做的那样，其中的琐碎部分就会掩盖住真正决定性的时刻。当时出现了两次左右战局的时刻，一次是在梅特兰的近卫旅击溃了法军先头纵队之时，另一次则是在亚当的轻步兵旅击溃了法军殿后纵队之时。关于前者，按照英军第一近卫步兵团的鲍威尔上尉的说法，在法军发起进攻之前，英军的近卫军都躲在战壕和瓦尔夫大道的路基后以躲避法军炮火，"如果没有路基的话，我们可能就全军覆没了"。[114]他接着说道：

> 法军的炮击突然间停止了，当硝烟散去之后，我们眼前出现了一个非常可怖的景象：一个由掷弹兵组成的密集纵队（其正面大约有70人）……一边高喊着"皇帝万岁！"一边冲上了山坡。等到他们距离我军正面大约50到60步距离时，我们旅才奉命站起身来。或许是因为我们旅就像从地里冒出来一样突然出现在法军面前吓到了他们，抑或是我军的火力太过猛烈，总之这支攻无不克的法国近卫军突然停下了脚步。[115]

梅尔兰也做出了如下的记述：

> 我们旅遭到了敌军炮火的攻击，但一直坚持到法军纵队靠近后方才开火。后者

在一口气冲上山坡之后,在距离我方前线大约 20 步时停止了前进。

敌人炮兵的抵近射击使我方队列遭到了严重的损失,他们发射了大量的葡萄弹,法军步兵也随着炮火一同射击,这给我军造成了很大的伤亡。

幸好炮击造成的烟雾没有遮盖住敌方的纵队,也没有阻碍我军射击的视线。

敌军为何会在如此孤立无援的情况下停在这样一个危险的地方呢?法军已经没有时间来展现他们的意图了。

此时我们旅开始还击了,我军的火力给敌人造成了重大损失。

敌军纵队被击溃了,他们开始用最快的速度往后撤退,只留下了一堆尸体和垂死之人来显示他们曾经攻占过这片地区。[116]

如果近卫军的掷弹兵能够得到骑兵支援的话,那么梅特兰所部极有可能会被击溃,因为后者为了对付骑兵必须要组成方阵,而那时他们将会遭到法军骑炮和步枪的猛烈攻击。

在此期间,落在后面的猎骑兵可能是被烟雾遮住了视线,居然向着梅特兰旅的右边行进了。在掷弹兵被击退后大约 10 到 15 分钟的那个时间点上,这些猎骑兵发现自己的左前方正是亚当的轻步兵旅的阵地。当法军接近山顶时,约翰·科尔伯恩上校(他后来被册封为锡顿勋爵〔Lord Seaton〕)下令让麾下的第 52 团在第 95 团的支援下向左回旋,这使得该部的正面与"大体上与行进中的法军帝国近卫军纵队呈平行状态"。接着,他又命令一个连的士兵以分散队形向前逼近法军纵队并向其开火,后者只得暂停前进——"他们面向第 52 团组成了战线"——并开始还击,这给该连队造成了严重的伤亡。就在此时,威灵顿公爵纵马赶来,他命令科尔伯恩率部向前推进到一个低缓的高地上以压制法军的猎骑兵。后者这样写道:"第 71 团正在我部的右翼列阵,此时我下令司号手吹响进军的号角,整支部队全都向着山头冲去。当我军抵达道路边缘时,第 52 团——至少是该团的大部分连队——就向道路对面的帝国近卫军开火了……"[117]

根据第 52 团高勒中尉(Lieutenant Gawler)的记述,接下来战场上的情形大致如下:

敌军呐喊着继续向前推进,他们的喊声甚至盖过了枪炮声。敌军的火力也异常猛烈,虽然他们正面的宽度只有正常情况下的一半而已,但还是在四分钟之内给第52团造成了至少150人的损失……当第52团的正面几乎和敌军的侧翼呈平行状态时,科尔伯恩爵士立刻下令:"冲锋!冲锋!",接着全团士兵呐喊着向前冲去。在接下来的10秒钟里,法国近卫军陷入了极其混乱的状态,全都向着拉艾圣后面那条海拔较低的道路逃去,甚至没有放一枪来掩护自己撤退。据拉科斯特(La Coste)所说,当时拿破仑就站在那条道路附近。[118]

猎骑兵的情况也和掷弹兵一样,如果他们能够得到骑兵部队支援的话,亚当就不得不把自己的旅组成方阵,如此一来上述这个著名的反击战就不可能发生了。骑兵部队、特别是居约的近卫重骑兵的缺席让拿破仑失去了最后一次取得胜利的机会。

就在法军发动最后一次进攻的当口,齐藤也终于率军赶到了威灵顿公爵的左翼,并在弗里谢尔蒙附近和比洛所部连成了一片。当法军近卫军的两个纵队被击退之后,齐藤所部也把迪吕特和马尔科涅的师逐出了拉艾圣和帕佩洛特,于是洛博伯爵所部开始向普朗瑟努瓦撤退。此时,眼看着敌军的混乱程度不断增加的威灵顿公爵决定发起当天的最后一次攻击:他策马奔向高地的边缘,摘下自己的帽子在空中挥舞,他的部下马上理解了这个信号,之后就开始了全线推进。他们以维维安的轻骑兵和范德勒的龙骑兵为先锋,4万反法联军如同洪流一样从山坡上冲了下来。

弗雷泽这样写道:"我还从来没有见过这样的景象:那时太阳刚刚落山,整个天空被黑色的烟雾所笼罩,往后数小时内天空都是阴沉沉的。成千上万的士兵已经无法分清敌友了,他们都在呐喊着,这种声音实在难以用语言形容。似乎每个人都举着武器在对抗敌人。突然之间,混战在一起的士兵们都向着一个方向涌去了,这意味着敌军开始后撤了。英军的欢呼声和喝彩声宣告了我军取得了这一天的胜利。"[119]

在此期间,拿破仑正在拉艾圣附近尽可能地集结兵力来为近卫军提供支援,但他却突然发现法军居然全线崩溃了,于是他立刻把败下阵来的老近卫军纵队重新组成了三个方阵,其中最右侧的一个方阵就位于布鲁塞尔大道上,但它在面对亚当的轻步兵旅时再度后撤了。根据肯尼迪的记载,当科尔伯恩率领第52团赶来时,"威灵顿公爵也骑马赶到了前线,并命令科尔伯恩攻击他们(指老近卫军方阵),并且告诉后者这些方阵是压根站不住脚的。之后科尔伯恩就向前推进……击溃并逐散了敌军"。[120]老近卫军中的幸存者也并入了逃兵的队伍,他们如同洪流一般沿着沙勒罗瓦大道溃逃而去。

在南边靠近科斯特宅邸(de Coster's house)的地方,近卫军第一掷弹兵团的两个营——他们乃是法军精锐中的精锐——在珀蒂将军(General Petit)的指挥下已经组成了方阵,于是拿破仑则就躲进了第一营的方阵中避难了。这两个营慢慢地退到道路的两边,并时不时地停下来对身后的追兵加以反击。在某一次反击中,拿破仑率军推进到了勒卡尤,接着又从那里率领第一猎骑兵团的第一营前往沙勒罗瓦。

晚上9点刚过——当时第一掷弹兵团还停留在科斯特宅邸附近——布吕歇尔和威灵顿公爵在佳姻村附近碰面了,他们互致问候之后,便一致决定由普军接手追击法军的任务。

普军在漆黑的夜色中奋力追击法军,而后者在热纳普又碰到了和1813年时在林德诺一样的情况:迪勒河上一座狭窄的桥梁挡住了法军的退路,人员、马匹、火炮和车辆全都挤在一起,场面混乱不堪。

拿破仑带着苏尔特、德鲁奥和贝特朗一道从热纳普出发向着四臂村退去,直到6月19日凌晨1点才抵达该地。拿破仑稍事休息之后就指示苏尔特通知格鲁希退往桑布尔河,而后者在这次撤退行动中表现出了极高的指挥技巧,他一路把所部军队带到吉维特。倘若格鲁希在进攻时能稍微表现的像他撤退时一样,那么这场战役的结果将会完全不同。

拿破仑从四臂村一路后撤,到了早上5点时已经退到了沙勒罗瓦,之后又于上午9点钟撤到了菲利普维尔(Philippeville)。他在那里写下了最后一份《公报》——这是一份非常能够说明问题的文件,因为其中记述了6月16、17和18日三天中所发生的事情。之后,他骑马前往拉昂(Laon)过夜。6月20日,拿破仑离开拉昂并于次日抵达巴黎。他的弟弟吕西安(Lucien)劝他把为数不多的部队集结起来继续抵抗,并让他解散内阁,但被他拒绝了。拿破仑知道自己的帝星已经陨落,而且他也厌恶这种会引发法国内战的行为,因为他从来都不愿做一群暴徒的领袖。6月22日,拿破仑把皇位让给了自己的儿子罗马王,之后在6月25日前往马尔迈松(Malmaison)。

在此期间,布吕歇尔所部一路烧杀抢掠向着巴黎进发。7月3日,普军抵达了凡尔赛,威灵顿公爵则率部悠闲地跟在他们后面。到了7月7日,反法联军以胜利者的姿态进入了巴黎，而路易十八也于7月8日当天跟着反法联军的后勤车队一道进入了巴黎。

双方在这场著名的战役中都付出了惨重的代价。汤姆金森（Tomkinson）在6月19日的上午这样写道："从拉艾圣附近的小山一直到霍高蒙特这片区域死伤枕藉，看上去更像是进攻的突破口而不是战场的边缘区域。"[121] 金凯德（Kincaid）也曾说过："第27团（即恩尼斯基林团〔Inniskillings〕）的士兵全部战死在方阵中了。"[122] 由于法军的伤亡人数只有个大概数，因此目前能估算出的双方伤亡总数如下：威灵顿公爵所部为1.51万人，布吕歇尔所部大约为7000人，法军则为2.5万人，此外法军被俘人数为8000人，还被缴获了220门火炮。[123]

上述这些数字本身就说明了一切。虽然内伊的战术十分拙劣，但威灵顿公爵也未曾想过自己险些就被击败。在会战结束的当天晚上，公爵对菲茨罗伊勋爵说："我从来没有率军打过这样的战斗，而且我相信我永远也不会再打一场类似的会战了。"[124] 他还在给自己兄弟的信中写道："我这一生中从来没有如此焦虑过，因为我必须承认，我从来没有如此接近失败的边缘。"[125]

虽然拿破仑和他的元帅们犯下了诸多的错误，但当时只要有几磅长钉和两打铁锤就足以抵消这些失误，这在让人们感到愕然的同时又充满了讽刺意味。倘若拿破仑取得了战役的胜利，那么第七次反法同盟必将瓦解，但之后可能还会出现第八次甚至是第九次反法同盟，因此法国最终还是会被同盟所压垮。

从战略层面上看，盟军在莱比锡所取得的胜利是这场长期战争的高潮部分，因为这场胜利使得法国耗尽了国力，再也无法取得最后的胜利了。作为这场战争的尾声，滑铁卢之战则在经济和政治层面上产生了深远的影响。在莱比锡战役中，是欧洲各国的民族主义战胜了法国的军国主义和霸权主义。而滑铁卢战役则代表着"英国体系"——这是拿破仑对它的称呼——对法国、欧洲乃至世界大部分地区的胜利。特拉法尔加海战奠定了大英帝国霸业的基石，而滑铁卢之战的胜利则为这座大厦封上了最后一块墙顶石（Copestone）：前者确保了英国的海上霸权，而后者则为英国打开了世界市场的大门。在此后数十年的时间里，英国一直都是全世界的工厂和银行。

于1815年11月20日签署的《第二次巴黎条约》重新绘制了欧洲的版图：法国疆域实际上恢复到1792年时的状态，并且其力量也足以在维持欧洲力量平衡方面发挥作用，而这种平衡对于英国的国家安全而言至关重要。作为抗衡法国的力量,该条约把普鲁士的国土向西方拓展。不过该条约把芬兰,尤其是波兰的大部分地区划给了俄罗斯,从而使后者得以把自己的势力像一个楔子一样打进了普鲁士和奥地利之间,普奥两国从此就变成了在东欧地区对抗这些"北方蛮族"的堡垒。此外,为了填补神圣罗马帝国解体所造成的权力真空,该条约还建立了一个由38个主权国家组成的日耳曼邦联,而这则为未来的萨多瓦(Sadowa)和色当(Sedan)之战①埋下了伏笔。

马耳他、好望角、毛里求斯和锡兰被作为战利品分给了英国。更重要的是,这场战争使得英国成为海洋的绝对主宰。费舍尔这样写道:"拿破仑战争之后英国的海外扩张令人印象深刻,因此有一些学者认为这场战争最重要的战果便是大英帝国的崛起。"[126]

从海权、蒸汽能源、经济霸权以及滑铁卢之战为英国赢得的威望中诞生了"不列颠治下的和平",而只要不列颠的海权和它的金融信用能够保持其统治地位,那么这种和平就会一直持续下去。实际上这一局势持续了差不多100年之久。在此期间英国得以掌控欧洲以外的世界局势,并且把欧洲的战争控制在一个局部范围之内。在这一个世纪的时间里,虽然革命还是时有发生——而且有时还很激进——但欧洲确实享受了自安东尼时代以来最为稳定和繁荣的一段时期。

本书在第一卷曾经引用了希腊学者埃利乌斯·阿里斯提德(Aelius Aristides)对罗马皇帝马可·奥勒留(Marcus Aurelius)的赞颂之词,其中就有他对"罗马治下的和平"的颂扬。在滑铁卢之战的四十五年之后,"不列颠治下的和平"也达到了顶峰。当时,一位来自斯特劳德(Stroud)的英国下议院议员——霍斯曼先生(Mr. Horsman)也用下面一段话,表达了他对"不列颠治下的和平"的看法:

> 我们似乎忘记了,我们的安全问题不仅涉及物质上的问题,也涉及重大的道德问题……在每一个有思想的欧洲人看来,英国的安全就意味着保护了一切对人类的和平和进步有价值的东西……英国是全欧洲唯一一个温和而稳定的大国,它的安全就意味着欧洲的安全。他们(即那些外国人)都很清楚,如果英国不复存在,那么

---

① 译注:指普法战争。

整个欧洲大陆都会受到专制暴政的统治。如果英国灭亡了,那么比利时民族的独立还能存在多久?日耳曼的独立还能维持多久?意大利的统一还能维持多久?这些都维持不了多久。英国只有在内部坚不可摧时,方能在国外施加不可抗拒的精神影响力。我们的伟大不仅是因为我们的财富、商业、制度以及军事上的威望,还在于这些因素构成了一个伟大的精神力量——自由是赋予其生命的基本原则,而和平则是其追求的神圣使命。凡是有着自由思想的友人都会把英国作为其后盾……这些友善之人把英国视作政治真理的伟大宝库,他们会为英国的安全感到骄傲,也会为英国的失败感到绝望。基于上述这些考量,我既珍视英国自身的安全,也重视我们在和全人类的关系中所承担的责任和义务。[127]

然而,就在霍斯曼先生发表这篇令人难忘的讲话时,世界各地区正在酝酿着巨大的变革,而这些变革将在半个多世纪之后终结"不列颠治下的和平",并且把全世界都拖入战争之中。

注解

1. "一旦某种想法根植于他的脑海中之后,皇帝陛下就会沉浸于自己的幻想之中。他重视并珍爱着自己的幻想,逐渐变得沉迷其中……"(The Memoirs of Caulaincourt, 1935, vol.I, p.93)
2. 同上,vol.I, p.602。
3. 同上,vol.II, p.423。
4. 参见 Chevalier d'Artez 在 1815 年 5 月 6 日的一份报告,该报告的主题是关于法国当时的情况(Wellington's Supplementary Despatches, 1863, vol.X, pp.247—256)。不过这种说法言过其实,结果不仅没有帮到威灵顿公爵,反而差点误导了他。
5. Letter Inedites de Napoleon Ier, Leon Lecestre (1897), vol.I, No.217, p.142.
6. Memorial de Sainte Helene (1923), vol.II, p.276.
7. Sainte-Helena, Journal inedit (1899), vol.I, p.505.
8. 同上,vol.II, p.276。
9. 同上,vol.I, p.502 及 vol.II, p.424。
10. Histoire de la Vie Militaire, etc., du Marechal Davout, L.J.Gabriel de Chenier (1866), p.540.
11. 请参见 1815 Waterloo, Henry Houssaye (English edit, 1900), p.48。亦可参见 Wellington's Supplementary Despatches, vol.X, p.364—366。
12. 参见 Houssaye's 1815 Waterloo, pp.21 及 310—311。
13. 这些数据源自 Histoire de la Campagne de 1815, Lt.-Colonel Charras (5me edit), vol.I, pp.65—68。
14. 参见 Wellington's Supplementary Despatches, vol.X, pp.196—197。
15. 兵力数据参见 Charras, vol.I, pp.81—82。
16. 兵力数据参见 Siborne's History of the War in France and Belgium in 1815 (1844), vol.I, pp.28—29。
17. Commentaires de Napoleon Ier (1867), vol.V, pp.116—117.
18. Correspondance de Napoleon Ier, No.22052, vol.XXVII, p.281.
19. 当然,早就有传言传到了齐藤的耳中,参见 Supplementary Despatches, vol.X, pp.470—471。
20. Colonel Heymes' "Relation", Documents Inedits sur la Campagne de 1815, duc d'Elchingen (1840), p.4。埃姆曾担任过内伊的首席副官。
21. Campagne de Dix-Huit Cent Quinze (1818), pp.46—47.
22. Commentaires, vol.V, p.136.
23. 同上,vol.V, p.136。
24. Correspondance, No.22055, vol.XXVIII, p.286.
25. Heymes' "Relation", p.6.
26. 参见威灵顿公爵于 6 月 13 日写给莱恩多赫勋爵的信件。(The Dispatches of the Duke of Wellington, Gurwood, 1838, vol.XII, p.462.)
27. 引自斯宾塞·马丹牧师于 6 月 13 日在布鲁塞尔写给伦诺克斯家孩子们的家庭教师的一封信。(The Life of Wellington, Sir Herbert Maxwell〔1900〕, vol.II, p.10)
28. 这是对拿破仑战略的一次巨大的误判,因为威灵顿公爵所设想的这种行动不仅不能把他和布吕歇尔分割开来,反而会使他们合兵一处。
29. Supplementary Despatches, vol.X, p.509.
30. Dispatches, vol.xii, pp.472—473.
31. 参见 Passages from my Life, etc. Baron von Muffling (1853), p.229. 作者曾担任布吕歇尔的联络官,负责和威灵顿公爵指挥部之间的联系。

32. *Dispatches,* vol.XII, p.474.
33. 同上, vol.XII, p.479。参见 *Muffling's Passages,* p.230 及 *Supplementary Despatches,* vol.X, p.510。报告发出的时间是 6 月 16 日下午 2 点刚过。
34. 参见 *Letters of the First Earl of Malmesbury (1870),* vol.II, p.445。鲍尔斯说里士满公爵在他和威灵顿公爵结束文中谈话的两分钟后就向自己复述了谈话的内容。考虑到这一点，再加上威灵顿公爵的一贯做派，后者在 6 月 18 日凌晨 3 点钟——也就是滑铁卢战役打响前的几个小时——写给弗朗西丝·韦伯斯特女士的一封信就颇有启发意义了。公爵在给这位"非常美丽的女性"的信中告诉她应当做好准备"一旦有需要就从布鲁塞尔转移到安特卫普。"(*Supplementary Despatches,* vol.X, p.501.) 6 月 19 日早上 8 点半，公爵再度给韦伯斯特女士去信，他却让后者"在确保非常安全的情况下继续留在布鲁塞尔。"(同上, vol.x, p.531.)。人们或许会问，是不是拿破仑导演了这场闹剧？
35. *Journal of the Waterloo Campaign,* General Cavalie Mercer (1870), vol.I, chapter xi, p.250.
36. *Gourgaud,* Campagne de 1815, pp.55—56.
37. *Documents Inedits, duc d'Elchingen,* No.XIII, p.40.
38. *Commentaires,* vol.v, pp.140—141.
39. 如前所述，吉拉尔的师所在的雷耶军在 6 月 15 日夜间驻扎在弗勒吕斯大道上，到了 6 月 16 日该师便转隶到旺达姆麾下了。
40. *Documents Inedits,* duc d'Elchingen, No.XIV, p.42.
41. 这个命令之后便遗失了。
42. 旺达姆只派出了一名军官前去侦察这支纵队，然而后者才刚刚靠近就跑了回来，并且大喊道："他们是敌人！"不过戴尔隆也没有先派一个传骑向拿破仑报告自己的动向，这一点也让人匪夷所思。
43. *Gourgaud,* Campagne de 1815, p.59.
44. 参见 *Houssaye's 1815 Waterloo,* pp.99—100, 引自 *Lefol's Souvenirs*。
45. 当天的日落时间是晚上 8 点 20 分，而战斗在黑夜里持续到 9 点 30 分方才结束。
46. *Napoleon at Waterloo (1914),* vol.I, p.270.
47. 按照罗佩斯的说法（*The Campaign of Waterloo,* 1910, p.159.）——其内容引用自格奈泽瑙——"这些逃兵来自那些之前属于法兰西帝国的省份，因此他们认同情拿破仑的"。
48. 参见 *The Campaign of Waterloo,* Ropes, p.106。
49. *Supplementary Despatches,* vol.X, p.496.
50. *Passages,* p.237.
51. *Notes of Coversations with the Duke of Wellington,* 1831—1851. Philip Henry, 5th Earl of Stanhope (1886), p.109.
52. *Le Marechal Drout,* Comte d'Erlon (1844), pp.95—96. 亦可参见 *Documents Inedits,* duc d'Elchingen, pp.95—96.
53. 参见 *Waterloo Letters,* Major-General H.T.Siborne (1891), pp.318—337。
54. 默瑟这样写道："就在四臂村农场的正前方发生了一场可怕的屠杀——那里四处散落着苏格兰高地兵和法军胸甲骑兵的尸体……"（*Journal of the Waterloo Campaign,* vol.I, p.263.）
55. 弗雷泽这样写道："敌人（指法军）的枪骑兵和胸甲骑兵是我所见过的最优秀的战士；他们进行了数次英勇的冲锋，不断地向我方步兵发动进攻。"
56. 参见 *Houssaye's 1815 Waterloo,* p.122。
57. 苏尔特在下午两点发出的信中指示内伊把他的处境和前线发生的事情报告给拿破仑，但后者直到晚上十点才送来了一份内容贫乏且毫无价值的关于四臂村情况的报告。（参见 *Napoleon and Waterloo,* Captain A.F.Becke, vol.Ii, Appx.II, p.287.）
58. 6 月 15 日当天，拿破仑在凌晨 3 点钟就起床了，从上午 9 点一直到午夜他都待在沙勒罗瓦，之后一直到 6 月 16 日的凌晨 2 点他都在和内伊谈话，大约在凌晨 2 点到 4 点之间才上床休息。（*Houssaye,* p.346, 脚注 7）16 日上午 10 点，他离开沙勒罗瓦前往弗勒吕斯，再返弗勒吕斯时已经是夜里 11 点了，之后一直到 6 月 17

日早上6点半他都在休息。因此，从6月15日凌晨3点到6月17日早上6点半的整整51.5个小时中，拿破仑只休息了12.5个小时。这对于拿破仑这样一个"不怎么需要睡眠"（*Caulaincourt, Memoirs*,vol.I, p.599）的人来说并不算过分。费恩也曾说过："拿破仑的习惯是24小时中只睡七个小时，不过他总是要多次小憩。"（Memoires, 1908, p.290）

59. *Documents Inedits, duc d'Elchingen* ,No.XVII, pp.45—47.
60. Gourgaud, Campagne de 1815, p.74.
61. 参见 *Ropes, The Campaign of Waterloo*, pp.209—210, 358。
62. *Documents Inedits*, duc d'Elchingen, No.XVI, pp.44—45.
63. 参见 *Stanhope's Conversations*, pp.108—110。
64. *Muffling,* Passages, p.241.
65. Gourgaud, Campagne de 1815, p.77.
66. *Le Marechal Drouet,* Comte d'Erlon, p.96.
67. 这场大雨立刻把这个旅的所有火绳都给浇灭了。
68. 皇家骑兵团的英格尔比上尉写道："大雨很快就淹没了地面和道路……法军骑兵再也无力压制住我军的纵队了。实际上，除了我军骑兵所走过的道路之外，其他所有的地面都变成了一片泽国。"（*Waterloo Letters*, No.81, p.196）
69. *Mercer's Journal*,vol.I, pp.270—274.
70. 法军步兵的主力仍在后面几英里的地方。
71. *Commentaires,* vol.V, p.200.
72. 参见 *Becke's Napoleon and Waterloo,* vol.II, Appx.II, No.28, p.292。
73. 据古尔戈所说，一名军官在晚上10点并派去通知格鲁希次日苏瓦涅森林南部将会爆发一场大战；如果普军仍然停留在瓦夫尔，那么格鲁希就应向圣朗贝尔进军并与法军的右翼会合。此外，当拿破仑在凌晨2点钟收到格鲁希的文件之后，前者在凌晨3点就做出了回复，上午10点送出的是文件的副本。不过，这些文件现在都已遗失了。
74. 参见 *Becke's Napoleon and Waterloo*,vol.II,Appx.II, No.29, p.293。
75. 参见 *Houssaye's 1815 Waterloo,* p.164。
76. 究竟是萨尔瓦兰还是瓦兰尚无定论。（参见 *Houssaye's 1815 Waterloo,* pp.396—398）
77. 参见 *Becke's Napoleon and Waterloo,* vol.II, Appx.II, No.32, p.295。
78. 关于此次争论请参见 *Houssaye's 1815 Waterloo,* pp.167—170。
79. *The Campaign of Waterloo,* p.261.
80. 参见 *Becke's Napoleon and Waterloo,* vol.II, Appx.II, No.33, pp.296—297。
81. *Houssaye's 1815 Waterloo,* p.180.
82. 此外读者还需记住一点，那就是炮弹在击中松软的地面时会埋进土里而不会反弹起来。（参见 *The Diary of a Cavalry Officer,* Lieut.-Col. Tomkinson〔1895〕, pp.297—298）
83. *1815 Waterloo,* p.288.
84. *Memoires (1799—1854),* le General Baron de Marbot (1891), vol.III, p.403.
85. *Correspondance,* No.22060, vol.XXVIII, p.392.
86. *Gourgaud,* Campagne de 1815, p.92.据肯尼迪所说（p.107），法军有74门火炮"距离英军及其联军的阵地只有大约600码"。
87. *History of the War in France and Belgium in 1815,* vol.I, pp.460—461.
88. *Notes on the Battle of Waterloo,* p.69.
89. *The Diary of a Cavalry Officer in the Peninsular and Waterloo Campaigns,* Lieut.-Col.W.Tomkinson (1895), p.318.
90. *Campagne de 1815,* Gourgaud, p.89.

91. *See Houssaye's 1815 Waterloo*, p.192.
92. *Campagne de 1815*, Gourgaud, p.90.
93. 法军保留了旧式的三列横队阵形，而威灵顿公爵麾下的英军横队通常只有两列，因此后者的火力要比前者多出三分之一。
94. 在一些文献中，位于最左侧的是阿利克斯所部，而东泽洛的师则与之相邻。（参见 *Houssaye*, pp.194—195）
95. 参见 *Kennedy's Notes on the Battle of Waterloo*, pp.110—111。
96. 法军当时的士气很可能让拿破仑无法成功地进行撤退。此外，撤退也并不是拿破仑的强项（参见 *Caulaincourt's Memoirs*, vol.I, p.601）
97. Gourgaud, *Campagne de 1815*, pp.96—97.
98. 参见 *Kennedy, Notes on the Battle of Waterloo*, p.114。
99. 同上，p.116。
100. 这是一种外面覆盖有弹壳的圆形炮弹。
101. *Frazer's Letters*, p.547.
102. Gourgaud, *Campagne de 1815*, p.97.
103. 实际数字为九千到一万人。
104. Kennedy, *Notes on the Battle of Waterloo*, p.118.
105. *Mercer's Journal*, vol.I, pp.325—326.
106. *Documents Inedits*, duc d'Elchingen, p.18.
107. *Notes on the Battle of Waterloo*, pp.127—129.
108. 关于法军实际投入的营级单位的数量有着很大的争议。罗佩斯（pp.316—317）认为法军投入了八个或六个营，而乌赛（pp.223, pp.428）认为是五个营。拿破仑（*Correspondance*, vol,XXXI, p.198）自己说弗里昂麾下有四个营，而古尔戈（pp.101—102）也说中近卫军有四个营的兵力。内伊是不太可能夸大实际数字的，而他在6月26日给奥特朗托公爵（即富歇）的信中这样写道："有四个团的中近卫军。"也就是说，中近卫军兵力共有八个营。（参见 *Becke*, vol.II, pp.301—306）
109. *Frazer's Letters*, p.552.
110. 也有可能是三个。参见 *Waterloo Letter*, No.128, p.302。
111. 因为当时太阳就快要落山了。
112. 读者们务必谨记一点，那就是在使用黑火药的时代，枪炮产生的硝烟往往浓厚到士兵们连几码以外的东西都看不清；在这种情况下，后面部队的行进方向是很容易偏离前面部队的。
113. *Waterloo Letters*, No.105, p.244.
114. 虽然法军用以进攻的只有近卫军八个营的兵力而非通常的24个营，但威灵顿公爵的阵地仍然岌岌可危。弗雷泽谈及此时这样说道："法军最后一次进攻时我们差点没守住。"（*Letters*, p.552）
115. *Waterloo Letters*, No.109, pp.254—255.
116. 同上，No.105, pp.244—245。
117. 同上，No.123, pp.284—286。
118. 同上，No.124, p.293。
119. *Letters*, p.553.
120. *Notes*, p.145.
121. *The Diary of a Cavalry Officer*, p.317.
122. *Adventures in the Rifle Brigade (1909 edit)*, p.170.
123. *Becke's Napoleon and Waterloo*, vol.II, p.134—135.
124. *Frazer's Letters*, p.560.
125. 引自 *Becke*, vol.II, p.136。

126. *The Cambridge Modern History,* vol.IX, p.770.
127. *Paliamentary Debates (Hansard),* vol.160, 3rd series, col.566, for August 2, 1860.

大事记
1814年的军事行动

虽然英国在1813年的军事行动中表现得无足轻重，但如若不是其在西班牙开辟了第二战场的话，拿破仑也不会自1808年之后就处于腹背受敌的状态，那么伟大的莱比锡战役也不可能取得胜利。此外，如果没有英国的财政援助，莱比锡之战也不可能获胜。自特拉法尔加海战以来，英国在推翻拿破仑统治的过程中所处的地位就一直凌驾于其盟友之上，并且始终发挥着决定性的作用。自始至终，英国都抱有商业和政治上的双重目的。当和平的曙光出现之时，英国的政治家们就想要通过重建力量均势来达成和平的目的，因为他们绝不会忘记，对于英国来说，所有的大陆强国都是其潜在的敌人。英国并不乐见一个分裂或衰落的法国，它只是要求法国退回莱茵河、阿尔卑斯山和比利牛斯山所构成的地理边界之内。

英国的这个主张受到了奥地利的青睐，因为后者害怕日益扩张的俄罗斯和普鲁士势力。然而沙皇却反对英国的政策，他想要在攻入巴黎之后再签订和平协议，因为他急于借此来洗刷拿破仑攻入莫斯科的耻辱。不过到了1813年11月16日，反法同盟各国还是初步接受了英国人的提议，前述那些条件也在当天就传达给了拿破仑。由于后者的回应模糊不清，反法同盟决定立刻撤回了和平条件，并宣称他们将会攻入法国来推翻拿破仑的统治，不过他们仍希望"在进入法国领土之前就能达成和平"。反法同盟的这份宣言并没有赢得早已厌倦战争的法国人民的支持。不仅如此，该宣言的唯一效果就是重新唤起了法国人在1792年时所迸发出的爱国精神——祖国神圣的领土危在旦夕，全法国都开始武装起来奋起抵抗。

法国当时的处境极为：北边的麦克唐纳和南边的马尔蒙加起来只有5.3万可用之兵，而他们却要守住长达300英里的莱茵河防线。反法同盟出动了五个军团入侵法国，它们分别是北面的贝纳多特和布吕歇尔所部，其兵力分别为10.2万人和8.2万人；中央的施瓦岑贝格麾下的20万大军；南面的5.5万奥地利—意大利联军；另外威灵顿在加斯科尼（Gascony）还有八万人。

拿破仑预计反法同盟要等到1814年春天才会进军，事实证明他在这个问题上又犯了错误。新年伊始，灾难就接踵而至。1月11日，那不勒斯国王缪拉就投降了反法联盟。三天之后，丹麦的腓特烈六世也步了缪拉的后尘。雪上加霜的是，北边和东边的反法联军开始以出乎意料的速度向前推进：比洛（Bulow）和格拉汉姆（Graham，即莱诺多赫勋爵〔Lord Lynedoch〕）攻占了荷兰；施瓦岑贝格率领盟军主力在朗格勒地区（Langres）经由巴塞尔（Basle）和贝尔福（Belfort）向法国挺进；布吕歇尔则率领着"西里西亚"军团攻入了洛林地区，并把维克托赶出了南希。1月25日，施瓦岑贝格亲王麾下的15万人已经抵达了朗格勒和奥布河畔巴尔（Bar-sur-Aube）之间，布吕歇尔则在圣迪济耶（St Dizier）渡过了马恩河，正在逼近由维克托和麦克唐纳共同防守的布列讷。

就在同一天，拿破仑离开巴黎赶往马恩河畔沙隆（Chalons-sur-Marne）。他即将在那里进行一场新的战役，其精彩程度将不逊于他过去所指挥的任何一场战役。拿破仑手上的兵力只有位于圣迪济耶附近的4.2万人，麦克唐纳正率领1万人赶来助战，此外位于特鲁瓦（Troyes）的莫尔捷麾下还有两万人。拿破仑很快在圣迪济耶附近击溃了敌军一个师的兵力，然后于1月29日向布吕歇尔发起了进攻，希望能够阻止后者与施瓦岑贝格会师，不过这一行动最终失败了。布吕歇尔撤回了奥布河畔巴尔，之后又于2月1日在拉罗蒂埃（La Rothiere）重创了拿破仑，后者被迫退回了特鲁瓦。反法同盟认为拿破仑的权力已经瓦解了，这场战争已经取得了胜利，然而当他们于一周之后在皇家宫殿摆下庆功宴的时候，他们之间那并不牢固的联盟关系也到了崩溃的边缘。

在拿破仑退守特鲁瓦的同时，反法联军召开了一次战争会议，会上决定让布吕歇尔率领五万人从西北向巴黎进军，同时施瓦岑贝格也率领五万人从西南取道桑斯（Sens）进攻法国首都。像这样分散兵力是不符合军事战略的，之所以如此完全是出于政治考虑：奥地利对俄罗斯的野心大为不安，它和英国一样也不希望看到法国被人宰割。然而沙皇则希望制造一个软弱无力的法国，这样欧洲的力量天平就会向有利于他的方向倾斜，因为他的目的是吞并整个波兰，并把萨克森让给普鲁士来补偿后者在波兰损失的领地。

当时在反法联军总部的英国外交大臣卡斯尔雷勋爵强烈反对俄罗斯的主张，因为他认为扶持一个作为中等强国的法国——最好还是由其旧王室来进行统治——是维持长久和平唯一可靠的保证。梅特涅支持卡斯尔雷勋爵的看法，但沙皇并不信任梅特涅，他决定继续向巴黎进军，不过他也同意给予法国人自行选择他们未来统治者的自由。

反法联军这种分散兵力的部署正中拿破仑下怀，因为这使得他在内线进行作战的劣势兵力可以将敌军逐个击破。此外，由于布吕歇尔所部的主力——他们分成了三个独立的纵队在向前推进——构成是俄国士兵，这对于拿破仑来说更为有利了。为了击溃敌军，拿破仑于2月7日命令马尔蒙占领赛萨纳（Sezanne），他自己则将于2月9日出发亲自去支援后者。次日，马尔蒙和内伊突袭了阿尔苏西耶夫（Alsusiev）位于尚波贝尔（Champaubert）的部队，后者几乎遭到全歼。2月9日，拿破仑亲率两万人在蒙米拉伊（Montmirail）击败了沙肯（Sacken）所部，并将后者从蒂耶里堡（Chateau-Thierry）向北赶过了马恩河。拿破仑留下莫尔捷继续追击沙肯，自己则在2月13日夜里前去增援位于沃尚（Vauchamps）的马尔蒙，后者此时正承受着布吕歇尔麾下第三纵队的巨大压力。拿破仑向敌军发动了突袭，经过一番苦战之后将其赶回了贝尔热雷（Bergeres）。就这样，拿破仑用不到三万的兵力在四天之内就击溃了布吕歇尔的五万人，后者的伤亡则达到了1.5万人以上。这一连串的胜利重振了法国人的士气：巴黎城重新鼓起了抵抗的勇气，农民们也都奋起抵抗侵略者——他们杀死出来搜刮粮食的敌人，还会伏击反法联军的巡逻队。

在击败布吕歇尔之后不久，拿破仑就得知施瓦岑贝格兵分两路向前推进，其中一路位于塞纳河畔布雷（Bray-sur-Seine），另一路则位于枫丹白露。由于不得不放弃追击布吕歇尔，拿破仑感到怒不可遏。2月8日，他转向南方进军，并在蒙尔特罗（Montereau）突袭了符腾堡的尤金，在将其逐退之后又重新夺回了塞纳河上那座至关重要的桥梁。

拿破仑的傲慢毁掉了他杰出的策略；他意识到沙皇的野心引发了其盟国的警惕，因此他试图让奥地利退出反法同盟，但由于他拒绝在比利时和莱茵河边界问题上让步，法国和奥地利的谈判最终还是失败了。3月1日，反法同盟的各国代表在肖蒙（Chaumont）召开会议，各国均同意不与拿破仑单独媾和，它们将继续对法国作战，直到后者接受其旧有的疆界为止。在这一系列谈判中，英国的主要贡献是又为其盟国提供了额外的500万英镑援助。

在此期间，布吕歇尔又开始进军了。当拿破仑于2月25日在特鲁瓦得知这一消息后，便再次出发去攻击前者。当拿破仑还在行军途中的时候，布吕歇尔很巧妙地向北方撤退了。由于在拉费泰苏茹瓦尔（La Ferte-sous-Jouarre）被一座断桥耽误了36个小时，拿破仑没有追上布吕歇尔——直到3月7日，拿破仑才在克拉奥讷（Craonne）咬住了后者并将其逐回了拉昂（Laon）。3月9日夜间，布吕歇尔出其不意地在拉昂击溃了马尔蒙所部，这迫使拿破仑退回了苏瓦松。到了3月17日，拿破仑听闻南边的施瓦岑贝格再度向巴黎进发，于是又马不停蹄地赶去迎击。双方于3月20日在奥布河畔阿尔西（Arcis-sur-Aube）爆发了一场绝望而血腥的战斗，参战的法军共有2.3万人，而奥地利军则有六万人之众——此战结束之后，拿破仑被迫撤到了赛萨纳（Sezanne）。

拿破仑没有足够的兵力阻止施瓦岑贝格攻入巴黎，于是他决定进入洛林地区召集当地的要塞卫戍部队，然后突袭施瓦岑贝格的后方和交通线以迫使他回转进攻方向——这是一场孤注一掷的赌博。拿破仑在圣迪济耶颁布了"全民皆兵"（levee en masse）的公告，并命令洛林地区的卫戍部队设法突围后赶来与自己会合。3月23日，他的一个信使前去巴黎给皇后送信时被一支哥萨克巡逻队抓住，因此沙皇得以从信中了解到拿破仑的作战构想。沙皇遂力劝已经后撤的施瓦岑贝格调转方向继续进攻，并让他暂时放弃自己的交通线前去和布吕歇尔会合，之后再一起向巴黎发动进攻。这样一来，拿破仑之前所做的一切不仅没有迫使奥地利军后撤，反而让巴黎城门户洞开了。

施瓦岑贝格于3月25日开始进军，布吕歇尔也从沙隆出发与前者并排前进。当天，马尔蒙和莫尔捷在香槟省拉费雷（La Fere-Champenoise）被击溃。在他们附近，派克托德将军（General Pacthod）麾下一个师的国民自卫军（National Guards）——仅4500人——在一场史诗般的战斗后全军覆没，这一战堪称这场伟大战役中最具英雄主义色彩的一幕。现在法军只剩下马尔蒙和莫尔捷两支军队的残兵败将守卫着巴黎了，而他们在皇帝陛下的哥哥、软弱无能的约瑟夫的指挥下早已陷入了恐慌之中。

马尔蒙和莫尔捷两位元帅把残余的兵力全都集结到了蒙马特尔山（Montmartre）脚下。3月30日，这场战役的最后一战在那里打响了。约瑟夫及其兄弟热罗姆在高处观战，当他们看到法军大势已去之后，便命令马尔蒙和莫尔捷与敌军谈判。之后双方达成了休战协议，巴黎得以体面地宣布投降。

拿破仑当时正在维特里（Vitry），当他得知巴黎危在旦夕之时，便催促部队赶往枫丹白露。等到了那里之后，拿破仑才知道马尔蒙已经投降了反法联盟，而他麾下的元帅们也都拒绝再追随他了，于是他在4月11日被迫宣布退位。4月20日，拿破仑向近卫军告别。4月28日晚上，他在贝特朗和德鲁奥的陪同下在弗雷瑞斯登上了英国"无畏"号（Undaunted）护卫舰前往厄尔巴岛。

5月30日，各方签订了一系列后来被统称为《第一次巴黎和约》的条约，规定法国恢复1792年11月1日时的边界。根据该和约，参战各国将在维也纳召集一次会议，以便商定一个全面的和平方案。维也纳和会在当年9月份召开了，不过很快与会的反法同盟各国就走到了开战的边缘：沙皇要求得到整个波兰，但卡斯尔雷勋爵在梅特涅和塔列朗的支持下表示反对；英国、奥地利和法国都对俄罗斯日益增长的实力感到不安，它们认为如果俄罗斯把边界向西推进到日耳曼地区，那么欧洲的均势将被彻底打破。因此，三国在1815年1月3日达成了一项秘密协定，准备集结45万大军向俄罗斯宣战。到了3月4日，维也纳和会仍在继续，不过此时有传言称拿破仑已经从厄尔巴岛逃走了。

维也纳和会召开期间，拿破仑一直关注着各国之间的争吵。到了2月13日，当他得知富歇正在密谋推翻路易十八的统治时，拿破仑决定冒险返回法国。2月26日星期天的夜里，拿破仑在1050名官兵的护卫下于费拉约港搭乘"无常"号（l'Inconstant）双桅帆船和六艘小艇出海。他们在躲过了法国海军的警卫船只之后于3月1日在圣儒昂湾（Bay of St Juan）登上了法国海岸。

3月7日，拿破仑在格勒诺布尔（Grenoble）附近碰到了扼守拉弗雷（Laffrey）隘口的第五步兵团。当他靠近隘口时，一个王党军官大喊道："他在那儿！向他开火！"拿破仑随即转身对他的卫队指挥官马莱上校（Colonel Mallet）说道："命令士兵们左手持枪,把枪口朝下。"然后他走上前去说道:"第五团的士兵们,你们认识我吗?如果你们有谁想要杀死他的皇帝陛下,那就尽管动手吧!"士兵们随即爆发出"皇帝万岁"的呼声——拿破仑赢得了滑铁卢战役第一回合的胜利。3月20日,也就是他儿子生日当天,拿破仑回到了巴黎。

西方世界的决定性会战
及其对历史的影响

[英] J.F.C.富勒 著
王子午、李晨曦、小小冰人 译

中国书籍出版社
China Book Press

图书在版编目（CIP）数据

西方世界的决定性会战及其对历史的影响 /（英）
J.F.C. 富勒著；王子午，李晨曦，小小冰人译 . —— 北京：
中国书籍出版社，2023.1
　　ISBN 978-7-5068-9051-9

Ⅰ . ①西… Ⅱ . ①J… ②王… ③李… ④小… Ⅲ . ①
战争史 – 研究 – 西方国家 – 古代 Ⅳ . ①E19

中国版本图书馆 CIP 数据核字 (2022) 第 108089 号

西方世界的决定性会战及其对历史的影响

[英] J. F. C. 富勒　著　　王子午 李晨曦 小小冰人　译

策划编辑	王　淼　纵观文化
责任编辑	王　淼
责任印制	孙马飞　马　芝
封面设计	王　星
出版发行	中国书籍出版社
地　　址	北京市丰台区三路居路 97 号（邮编：100073）
电　　话	（010）52257143（总编室）　（010）52257153（发行部）
电子邮箱	eo@chinabp.com.cn
经　　销	全国新华书店
印　　刷	重庆长虹印务有限公司
开　　本	787 毫米 ×1092 毫米　1/16
字　　数	2000 千字
印　　张	109
版　　次	2023 年 1 月第 1 版
印　　次	2023 年 1 月第 1 次印刷
书　　号	ISBN 978-7-5068-9051-9
定　　价	369.80 元（全三卷）

版权所有　翻印必究

第三卷

七日战役，1862年

第一章

冲突双方面临的战略考虑是什么？这个问题说起来很简单：为重建联邦，北方必须征服南方；为维持邦联和它所代表的一切，南方必须抵抗进攻。一方的姿态是进攻，而另一方则是防御。征服北方是不可能的，所以南方采取的对策是设法让欧洲介入干预，并同时消耗北方的力量，从而迫使联邦放弃征战。由于南方无法确定欧洲各国会采取何种立场，所以后一个考虑更加重要。而这，就引出了一个同样重要的问题：南方的资源能支撑多久？因为，南方依靠的是北方和欧洲的工业。

1861年4月19日，林肯宣布封锁南方各港口，同时呼吁征召7.5万名志愿者入伍。尽管联邦军总司令温菲尔德·斯科特认为："由一名能干将领指挥30万大军，也许能在两三年内完成这项任务。"[1] 可林肯并未像斯科特那样认清经济压力与地面进攻之间的重要关系，或者说如何让前者成为后者的行动基础。因此，他没能衡量出斯科特计划的价值，该计划提出：第一，以一场陆海军联合远征夺取新奥尔良，并封锁南方的所有港口。第二，组建两支庞大的军队，一支军队沿密西西比河南下，将邦联西部州与东部州隔开，另一支军队威胁里士满，从而将邦联军主力遏制在弗吉尼亚州。[2]

查尔斯角与密西西比河口之间的港口和港湾，只有九个可通过铁路与内陆相连，它们分别是纽伯恩、波弗特、威尔明顿、查尔斯顿、萨凡纳、不伦瑞克、彭萨科拉、莫比尔和新奥尔良。

到1862年4月月底，除莫比尔、查尔斯顿和威尔明顿外，其他港口都已被封锁，这主要是归功于斯科特坚守门罗堡的远见。因为北军每次远征南方海岸，兵力的集结都获得该要塞火炮的掩护。虽然斯科特遭到了嘲笑和讥讽，但事实却是，南军剩下的三座港口也于1862年被占领，这毫无疑问地缩短了战争的持续时间。举例来说，在战争爆发时，南方邦联武器库里的滑膛枪不到20万支，兵工厂里也没有"比脚踏机床更高级的"机械设备。但是，南方邦联每年为军队补充枪械就需要10万支滑膛枪，1862年至1863年，他们从国外进口了40多万支步枪。威廉·兰姆上校自1862年7月起便担任费希尔堡指挥官，直至该要塞陷落，他说这里至少有100艘船出入威尔明顿港："……一艘船只前往拿骚的频率，几乎就像邮船那般规律。"[3]

由于政策和环境所迫，南方邦联不得不采取守势，杰斐逊·戴维斯本该意识到邦联的战略边界和政治边界并不重合——后者从波多马克河延伸到俄亥俄河，而后递延至密西西比河畔的哥伦布，再沿密苏里河向西伸展；前者则从波多马克河沿阿利盖尼山脉递延到查塔努加，再沿田纳西河几乎一路伸展到萨凡纳，并在富尔顿跨

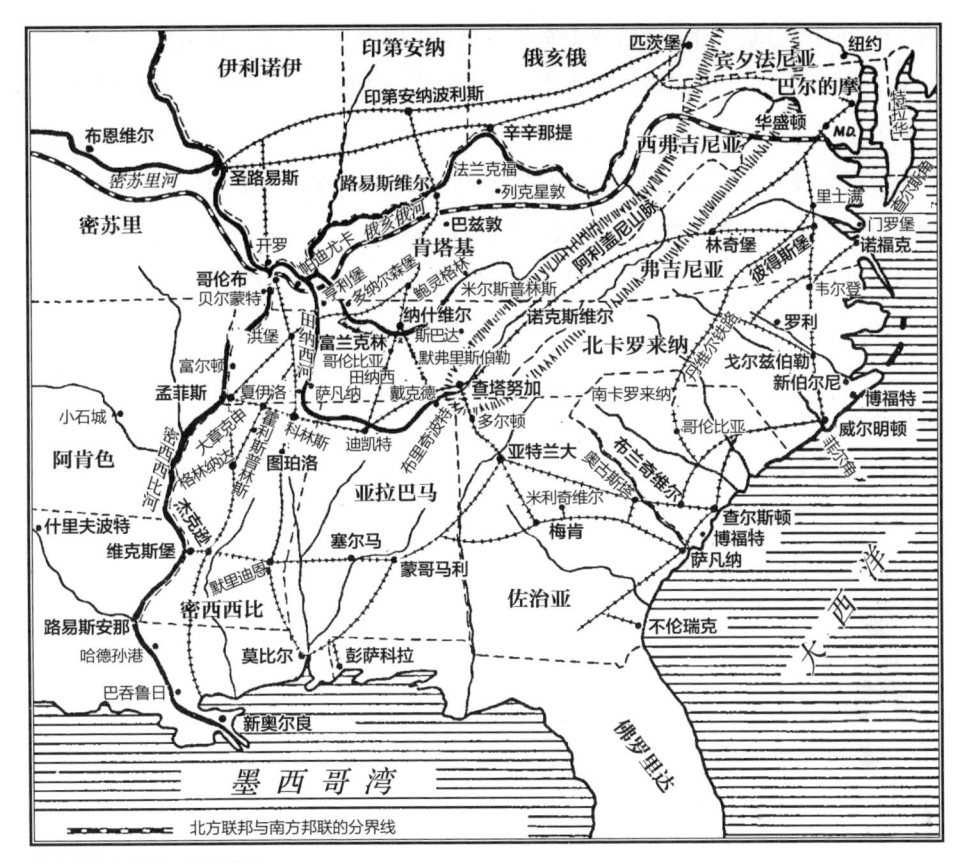

南方邦联（1861—1865年）

过密西西比河，而后递延至阿肯色河畔的小石城。要是他认清了这一点，并意识到肯塔基、田纳西和密苏里州不过是前进阵地，是主战略防线上的战术前哨，那么他的战略就应当采取更具体的形式。他本该看出主战略防线的关键是查塔努加—亚特兰大地区，因为南方邦联的两条主要横向铁路线穿过了这些城镇，并把整个战略地区同孟菲斯、维克斯堡、新奥尔良、莫比尔、彭萨科拉、萨凡纳、查尔斯顿、威尔明顿和里士满这些补给港口相连。倘若查塔努加—亚特兰大地区丢失，那么从补给的角度看，南方邦联实际上就只剩下卡罗莱纳和弗吉尼亚州了。[4]

如果戴维斯明白这个战略，他也应该知道阿利盖尼山脉切断了位于密西西比河与大西洋之间的主战区，并将其分为了政治性和战略性两个子战区。在政治性战区

1181

内，两个州首府城市及其政府的安全是最重要的因素；而战略性战区在很大程度上取决于接近地的几条大河线，也就是密西西比河、田纳西河、坎伯兰河和俄亥俄河。然后他也应该看出，赢得战争最可靠的手段是消耗北军实力，也就是无限期地延长战争，正确的大战术是将主力部署在查塔努加，并在田纳西实施一场防御攻势战役，同时以一支掩护力量在弗吉尼亚州展开行动。这样一场战役，如果积极加以推动，不仅可以保护密西西比、亚拉巴马、佐治亚这些重要的补给州，还可确保进入阿肯色和路易斯安那州的重要渡口畅通无阻，同时向肯塔基州施以援手。

也许有人会说，若采取这种大战术的话，北方联邦军队会占领弗吉尼亚州，再从那里向南进军并穿过卡罗莱纳州。可是，即便北军攻占弗吉尼亚州，这种情况也不太可能发生，这不仅是因为南方邦联军队在田纳西州的行动会把北军主力吸引到西面，还因为1775年至1783年的独立战争已证明，东部的地形条件是难以克服的。纳撒尼尔·格林将军[5]1781年在北卡罗来纳是怎么做的？他没有投入激战，而是依靠快速机动打击英军的虚弱处及其交通线。倘若北军侵入北卡罗来纳州，他们就不得不依靠丹维尔铁路，每前进一英里都会使这条铁路线越来越容易遭到必然的打击。因此，掩护这条交通线最终会削弱他们的野战军队。另外，为保护这条中央补给线，北军就不得不沿一道极其宽大的正面向前推进，由于所穿越的地区充满了敌意，其进展肯定非常缓慢。

就北方联邦而言，他们直到战争后期才采用了斯科特的计划，另外，林肯也没能找到一位充分理会将战争引入东田纳西的战略优势的将领，这就导致了他们的战略含糊不清。直到罗斯克兰斯1863年9月在奇克莫加河失利后，林肯基本正确的理念才被接受。其中的主要原因是，自战争开始以来和接下来两年多时间里，北军始终将注意力放在包括敌首都在内的政治性战区上。

分裂双方的民众，命运掌握在林肯和戴维斯手中。林肯是个土生土长的农民，戴维斯则是个学者。前者呼吸到的是"大自然中的自由空气"，擅长以比喻的方式充分表达他的内心感受；后者呼吸的则是"修道院的陈腐空气"，学问越深，灵魂越是僵化。林肯很有人情味，而戴维斯却矫揉造作、独断专横、刚愎自用、缺乏幽默感，既不善于辩论或聆听，也无法容忍别人的帮助或反对。由于他把结束战争的希望寄托于欧洲的干涉，因而除了把棉花作为王牌外，没有其他外交政策。战争初期，派驻欧洲的南方邦联专员詹姆斯·梅森便断言，欧洲的所有棉花将在1862年2月前耗尽:"所以……干涉是无可避免的。"⁶可1861年年底前,欧洲已学会了不依靠棉花的技术。戴维斯不相信自己判断失误,他把政府和民众的命运压在棉花这种商品上,结果输掉了。另一方面,林肯却把他的信念寄托于他认为的人类共同权利。尽管发生分裂,他看到的却是一个民族;尽管气候和位置不同,他看到的却是一个国家。他认为联邦比任何一个州都更古老,正因为联邦的存在,才使各州得以建立。在他看来,无论发生什么,国家都不能永久分裂下去。他面临的最大困难是保持北方的团结,这样才能强行统一南方。而杰斐逊·戴维斯的国家之船却毁于他所持政策的基本原则,即每个州都有权掌握自己的命运,这是一项无法建立团结的政策。林肯从本质上说是个帝国主义者,而戴维斯的骨子里仍是个殖民主义者。

由于南方邦联面积庞大,道路欠缺,很大程度上以农业为主,他们的军人自然会采用游击战法,就像其祖先在独立战争期间所做的那样。想要对付这种个人行动必须有条不紊,因为纪律和团结是打垮个人勇气和主动性的最佳手段。对北军来说不幸的是,他们试图将这些条件建立在传统欧洲模式上。他们照本宣科,而不是创新,在战争爆发时,他们拥有集团军司令部和大批小股正规编制,因而以他们创建的形式在精神和实质上对其加以扩充。简而言之就是,南方军队的实力较弱,但他们更像军人,而且不墨守成规。因此,邦联士兵能更好地适应不断变化的条件,而联邦士兵则试图通过教科书上的规则来克服困难。

除了缺乏纪律之外,南方士兵可能是那个时代最优秀的单兵战士。南军将领D.H.希尔说:

他们总是独立行事,只服从他们愿意服从的命令,对训练和纪律极不耐烦,作为侦察兵是无与伦比的,在小规模冲突中也表现优异。他们不懂也不在乎团队作战、训练有素、纪律严明。所以,他们在战场上更像自由骑士,而不是一部机器。有谁见过邦联军前进时排成整齐的队列?总是歪七扭八。每个衣衫褴褛的抵抗者都在狂呼乱喊,自行其是。⁷

这种个人主义很大程度上也受到了过去20年火器发展的激励。拿破仑战争中的燧发枪,有效射程不到100码,远不及发射葡萄弹或霰弹的火炮,因此,火炮这种武器深具优势。但滑膛枪1861年让位于了依靠火帽击发的前装线膛枪⁸,这种武器的有效射程达到了500码，超过任何一款发射霰弹、榴霰弹的滑膛炮或线膛炮。整个火力战术经历了一场深刻的变化。火炮不得不退至步兵身后，并成为一种支援武器，步兵在400码距离开火射击，而不是50~100码。这种远程交火的结果是刺刀突击消失了。个别精准射击比排枪齐射更有效，为充分发挥效力，就要求个人主动性和松散的队列。因此，火帽式线膛枪特别适合南军的战术和南方士兵的性格。

我们发现，战争期间南军士兵行军时的负荷较轻，携带的物品仅重30~40磅[9]：一支步枪、一个子弹盒、一条旧毛毯和一把"像玫瑰花那样插在钮孔里的牙刷"，而北方士兵的负重约60磅。[10] 南军的泰勒上校出色地描述了南方士兵的战术，他写道：

> 南方士兵和他在战斗中的独立行动，与机器般的士兵的机械行动对比后……给我留下非常深刻的印象。先是一名士兵向前而去，接着又是一个，然后再有两三人跟上；遭遇激烈交火时，会发生动摇和退却；然后这种过程再次重复；每次都有一两名士兵鼓励其他人，小股队伍随后向前而去；军官们挥舞着佩剑，招呼部下们"前进"，伴随着呐喊声，整条战线的士兵们迅速向前冲去，既不整齐，也毫无秩序可言，可他们势不可挡地扫除了前进道路上的一切。[11]

反之，南军列兵沃森在谈到北军士兵时是这样描述的：

> 最让他们吃亏的是，他们严格遵守军事教条和纪律形式，紧紧凑在一起，并在开阔地保持整齐的队列，这使他们成为我方火力显而易见的靶子，而我方士兵疏开队形并跪倒在地，形成的目标不太突出……他们知道他们的武器比我们更精良，因而不断退却，试图以远射火力压制我们，而我们则竭力跟上，力图在近距离内打击对方。这对我们是个很大的优势。我们紧追对方时笼罩在浓烟中，而他们退却时暴露在清澈的空气下，这使他们很容易被看见。我方士兵装弹时蹲下身子，然后再次前进，再度蹲下，在烟雾下方朝前望去，可以实施准确瞄准，而敌人却朝烟雾中胡乱射击，许多子弹从我们上方掠过。[12]

简而言之，联邦士兵具有半正规性，而邦联士兵则带有半游击性。一方在纪律约束下展开战斗，另一方则发挥主动性。战斗中的南方士兵犹如狂暴战士，但战斗结束后就不再是军人。[13] 例如，南方人罗伯特·斯泰尔斯告诉我们，在前往葛底斯堡的途中，他策马来到了一座农舍，坐下来喝水聊天，还写了封信，消磨了一两个小时后，他才重新赶上自己的部队。[14] 在南方邦联军队里，掉队是一种不可剥夺的权利，这个毛病多次给他们造成挫败。

以上情况就是南北战争的背景，这场战争于1861年4月12日清晨4点30分爆发，查尔斯顿的南方军队炮击萨姆特堡，这座要塞在4月14日中午向南军投降。

南军开炮射击时，罗伯特·E. 李上校仍在美国陆军服役。4月20日，他辞去职务，三天后被委以守卫弗吉尼亚州的重任，该州已脱离联邦，但还没有加入南方邦联。对南方而言，这是一起最为重要的事件，因为李作为一名军人或一位公民都不同凡响。他1807年1月19日出生于弗吉尼亚的斯特拉德福德，是亨利·李将军（绰号"轻骑兵亨利"）的儿子。1831年，他迎娶玛丽·伦道夫·柯蒂斯，她是乔治·华盛顿的妻子玛莎·柯蒂斯的曾孙女，就此成为象征建立美国自由的家族的代表。

李的第一个举措是派托马斯·J. 杰克逊上校（他很快就获得了"石墙"杰克逊的美名）赶去夺取哈珀斯渡口。5月10日，李出任南方邦联军队总司令，直至杰斐逊·戴维斯6月8日亲任统帅。李随后成为戴维斯名义上的参谋长，首要任务是确保弗吉尼亚州北部。为完成这项任务，他派约瑟夫·E. 约翰斯顿将军率领1.1万人赶往哈珀斯渡口，又派彼得·G.T. 博勒加德将军带2.2万人据守马纳萨斯会合点。此举在华盛顿的民众和媒体看来实属过分，他们力主进攻，并喊出"进军里士满"的口号，迫使林肯和斯科特将军不得不采取行动。欧文·麦克道尔将军集结起3.6万名在森特维尔接受了部分训练的士兵后，于7月18日开赴马纳萨斯会合点附近的布尔溪。7月21日，欧文·麦克道尔将军被击败，他那些部下惊慌失措地逃回了华盛顿。

虽然这场战斗并未造成战略性结果，可对战争大战略的影响却相当深远。它给南方政客们灌输了一种他们的士兵英勇善战的夸张想法，也使他们低估了敌人的战斗力。林肯和他的政府深感震惊，以至于从这一刻起到1864年，联邦军队在阿利盖尼山脉以东的每一场行动都带有保卫华盛顿的色彩。

这场战斗结束后的次日，林肯把当时在俄亥俄军区指挥西部集团军的乔治·B. 麦克莱伦少将召至华盛顿。7月27日，麦克莱伦接掌了首都及周边的5万名士兵，很快又接替斯科特出任总司令。

麦克莱伦出生于1826年12月3日，参加过美墨战争，后被选为观摩克里米亚战争的军事代表团成员，1857年退役后又担任伊利诺斯中央铁路总工程师。他精力充沛，才华横溢，组织能力卓越，是个很有风度的人。他很快控制住了溃军，并把他们编入波托马克集团军，到10月27日，该集团军的兵力已增加到了15万人。8月4日，麦克莱伦向政府提出自己对这场战争精心思索的一项建议[15]，要求组建一支超过27.3万人的军队。可没过多久，他就觉得政府不可能建立规模如此庞大的军队，于是改变了自己的想法，并开始考虑进军马纳萨斯或南方军队所在地。但当年12月他病倒了，他考虑的作战行动不得不推延到来年春季。

虽然麦克莱伦赢得了士兵们的拥戴，可他完全无法获得政客们的支持，其主要原因是麦克莱伦不愿为取得他们的信任而卑躬屈膝。这并不都是他的错，正如约翰·C.罗普斯所写的那样："事实证明，很难找到像林肯和斯坦顿先生（林肯的陆军部长）这种在一场大战中完全不适合统御军人的政府首脑。"[16]

站立在政客们身后的是公众，他们已忘记了布尔溪的惨败，再次叫嚷着进军南方。要是麦克莱伦更聪明些，他本该夺取诺福克[17]，或攻占南军设在波多马克河畔的一两座炮台，以此抚慰民众。但相反，他过度依赖于他们的信任，而没有想到最重要的是以行动争取民众的支持。

麦克莱伦生病期间，显然很高兴摆脱了他的林肯以不合常规的方式咨询他的下属指挥官富兰克林和麦克道尔。林肯对后者说："倘若不迅速采取措施，整件事会弄得不可收拾；要是麦克莱伦将军不愿动用军队，那么他最好将其交出，这样他就能看到军队是如何行事的了。"[18] 麦克莱伦1862年1月27日重返岗位后，林肯没有同他协商，为结束他认为毫无必要的拖延而下达了一道命令："美国陆海军力量应投入一场打击叛军的全面行动。"这显然是战争中最离奇的命令之一。[19]

当然，什么都没发生。由于道路通行条件恶劣[20]，麦克莱伦2月3日建议放弃从陆路进攻里士满的计划，替代方案是经水路开赴拉帕汉诺克河下游的乌尔班纳，若发现该地点不合适，就改道莫布杰克湾或门罗堡。[21]

总统和陆军部长对此深感不安，因为这样一场行动将把军队调离华盛顿门前，而南军仍控制着马纳萨斯会合点。最后，他们暂时同意这项计划，但林肯在3月8日下达的一道个人指令中称："必须在华盛顿城内及周边保留一股军力，总司令和军长们应确保这股力量足以保卫首都，否则不得改变波托马克集团军的作战基地。"[22]

没人反对这一点，但这显然是为说服麦克莱伦放弃他的计划，他被禁止把军队运送到乌尔班纳。[23]

随后发生的两起事件使麦克莱伦认为,乌尔班纳计划已无效。第一起事件是发生在汉普顿锚地的那场令人难忘的战斗,3月9日,北军"莫尼特"号与南军"弗吉尼亚"号(通常使用她先前的舰名"梅里马克"号)发生了历史上铁甲舰之间的首次交战。虽然两艘军舰都未严重受损,但"莫尼特"号证明自己完全可以抗击对手,从而掩护载运波托马克集团军的运输船开赴门罗堡。第二起事件也发生在同一天,约翰斯顿率部撤离马纳萨斯会合点和波托马克河畔的炮台,退往拉皮丹河。四天后,麦克莱伦召集麾下四位军长(第1军军长麦克道尔、第2军军长萨姆纳、第3军军长海因策尔曼、第4军军长凯斯)召开军事会议,他们在会上决定,集团军登陆点最好选在老波因特康弗特或门罗堡,至于保卫华盛顿,四万人的一股军力就够了。[24]林肯总统接受了这些决定,部队立即开始登船,第一支船队3月17日起航。尽管如此,林肯和斯坦顿都无法决定让哪支部队留守华盛顿,麦克莱伦建议派他最能干的军官富兰克林指挥华盛顿守军,林肯却任命了毫无经验的志愿兵军官沃兹沃思将军。麦克莱伦提出反对意见,但斯坦顿却回答道:"选择沃兹沃思自有其政治必要性,此举是为了安抚纽约的农业利益集团,这个问题多谈无益,因为不可能再改变。"[25]

此后似乎一直没有更多行动,直至4月1日,麦克莱伦即将乘船赶赴门罗堡时才写信告诉斯坦顿:"留下守卫华盛顿及其防线的兵力约1.8万人,由沃兹沃思将军指挥,包括正在建造中的炮台。"[26]换句话说,这股力量不到3月13日会议决定,并经总统批准的兵力数量的一半。可正如斯温顿指出的那样,除这股守军外,首都附近还有以下部队:沃伦顿的7780人、马纳萨斯的10859人、谢南多厄河谷的35467人、波多马克河下游的1350人,所以,共计73456名官兵。[27]

麦克莱伦显然知道自己违抗了总统3月8日的命令,但华盛顿并没有危险,因为麦克莱伦刚刚出发,约翰斯顿就奉命率部从拉皮丹河开赴里士满,在那里接掌驻防半岛和诺福克的南军的指挥权,这两股力量分别由马格鲁德和休格将军统辖。[28]北军登陆时,3月13日已奉命在杰斐逊·戴维斯全面指挥下负责作战事宜的李将军建议,南调约翰斯顿的军队,为马格鲁德提供加强。戴维斯同意了,马格鲁德和1.3万名部下[29]沿沃里克河占据了堑壕阵地。

这就是南方军队的部署,麦克莱伦的第2军、第3军和第4军登陆后,他命令第4军向前推进,立即同马格鲁德的部队发生接触。他的下一个意图是,待麦克道尔第 1 军从亚历山德里亚开抵，就命令该军前出到格洛斯特，从而绕开南军设在约克城的强大防御工事。可斯坦顿却于 4 月 6 日通知他，由于华盛顿缺乏防御，总统决定把该军留在首都附近。麦克莱伦指责此举是"有史以来最臭名昭著的事情……其目的是在枪林弹雨下夺走一名将领的 3.5 万人马"。[30]

占领格洛斯特本来可以为北军舰队打开约克河航道，随后便可以迂回约克城的防御。由于这种行动现在已不复可能，麦克莱伦只得围攻约克城。5 月 3 日，约翰斯顿率军退至威廉斯堡，两天后，双方在这里进行了一场血腥激战。5 月 10 日，南军炸毁"梅里马克"号战舰并撤离诺福克。这起重要事件为北军战舰打开了詹姆斯河，他们现在可以航行到距离里士满不到七英里处。5 月 16 日，麦克莱伦将司令部设在帕芒基河畔的怀特豪斯，就在南方邦联首都以东 20 英里处。

虽然相关事件表明，北方军队在怀特豪斯建立基地很不幸，但麦克道尔第 1 军就在该基地以北 60 英里处，该军现已开抵弗里德里克斯堡，在那里等待希尔德师赶至，随后就将进军里士满。因此，怀特豪斯基地不必担心敌人的侧翼攻击，麦克莱伦可以在这里指挥他的四个军向敌首都展开一场联合进军。

在此期间，南方邦联的处境变得愈加恶劣。约翰斯顿 5 月 9 日写信给李："到处都是掉队的士兵，里士满无疑挤满了擅离职守者……这些人接近敌军时充满斗志，可在其他时候不愿受约束，于是成群结队地离开他们的团。要让我们集结整个集团军投入战斗，就需要提前几天通知我们。"[31] 南方邦联首都的局势已非常危急，他们甚至准备将所有军事文件运走[32]，就连杰斐逊·戴维斯也在写给约翰斯顿的一封信中谈及"我国低迷的事业"。[33]

这封信写于 5 月 10 日，也就是诺福克陷落的当天，而约翰斯顿 10 天前就写信给李：

> 我们正在进行一场我们永远无法获胜的战争。很明显，麦克莱伦将军会沿用他去年夏季的打法，以炮兵和工兵赢取胜利。我们在这两个方面都无法同他抗衡。因此，我们必须改变策略，采取攻势，集中东部一切力量并渡过波多马克河；而博勒加德则率领西部的所有军力攻入俄亥俄州。我方军队始终希望遂行进攻，全国人民也是如此……倘若我们实施防御，听任麦克莱伦选择他从事战争的方式，那么我们就不可能取得成功。[34]

在麦克莱伦动身赶赴门罗堡后，林肯并未把华盛顿及周边军队交给一个指挥部门统辖，而是把这个子战区划分为了三个部门，分别由麦克道尔、弗里蒙特、班克斯三位将领指挥。第一个部门负责华盛顿的防务，第二和第三个部门部署在谢南多厄河谷。南方邦联一方，最令杰斐逊·戴维斯焦虑的也是首都（里士满）的防御问题，他和李将军都意识到，里士满遭受的主要威胁是麦克道尔军几乎可以肯定的南下。因此，他们显而易见的举措是利用林肯的担心，这个机会终于在4月28日出现了，在河谷中同班克斯对峙的杰克逊建议，对敌军发起冲击。[35] 李同意了，因为他认为这样一场打击会导致麦克道尔奉命北调，也就是远离麦克莱伦和里士满。杰克逊沿河谷动身出发后不久，果然令林肯和斯坦顿大为恐慌，5月24日，麦克道尔奉命"放弃目前向里士满的进军"，并"立即派2万人沿直线开赴谢南多厄河谷，或前出到马纳萨斯山口铁路一线"。[36] 同时，麦克莱伦也获悉了这一变化。[37]

接到这道命令时，麦克道尔位于雷德里克斯堡以南8英里处，正等待径直攻往里士满的机会。菲茨-约翰·波特将军率领一支1.2万人的精锐力量，将南军驱离汉诺威会合点，从而肃清了正面。5月27日在这里发生了一场激烈的遭遇战，波多马克集团军右翼与麦克道尔军前卫部队相隔已不到15英里。

麦克道尔军第二次被扣留（情况比第一次更不合理），导致麦克莱伦的联合行动化为泡影。林肯没看清的一点是，保卫华盛顿最稳妥的办法是立即进军里士满，并避开狡猾的杰克逊在河谷中设置的陷阱。正如罗普斯所写的那样："……将15万兵力集结在里士满附近，本来可以迫使南军迅速撤离，这种情况当然很有可能发生。不管怎样，北方当局显然打算这样做。他们之所以没有采取这种行动，完全是因为林肯总统的举动，他没有理会负责进军里士满的将领们的紧急呼吁，故意破坏这场击败南军并攻占其首都的最具前途的联合行动，对北方联邦来说，这本是个天赐良机。"[38]

麦克道尔军被召回，这导致波多马克集团军被一分为二[39]，5月20日至24日，第4军在前，第3军紧随其后，先后渡过奇卡霍米尼河，而第2军、第5军和第6军[40]在该河北侧占据阵地。后三个军分别由萨姆纳、波特和富兰克林指挥。

采用这种部署的目的是同麦克道尔军建立联系，但麦克道尔撤离后，麦克莱伦并未更改方案。因此，他的集团军仍被一条危险的河流隔开，虽说这条河流并不大，但它同沼泽地相接，因而形成了一道令人生畏的军事障碍。[41] 麦克莱伦停止前进，着手在奇卡霍米尼河上架设桥梁，而位于里士满的约翰斯顿则意识到了麦克莱伦所处的不利境地，遂派朗斯特里特将军遂行击败凯斯和海因策尔曼的任务。此举引发了混乱而又血腥的费尔奥克斯之战（或称为"七棵松之战"），这场激战从5月31日持续到6月1日。当晚7点左右，约翰斯顿身负重伤。古斯塔夫斯·W.史密斯将军接替了他，次日，史密斯又奉总统的命令把军队指挥权交给了李将军。[42]

虽说这场战斗并不具有决定性，可毫无疑问的是，麦克莱伦本应于6月2日发起一场猛烈反攻。如果他这样做了，很可能会击溃面前杂乱无章的敌军。可麦克莱伦没有采取这种行动，而是重新忙于架桥工作，由于受到了阴雨天气的影响，他的集团军在接下来的三周里忙得不可开交。麦克莱伦当然也对自己的部署做出了变更，除菲茨-约翰·波特第5军外，他已把所有部队从奇卡霍米尼河北岸撤至了南岸，并开始精心构建野战工事，这片阵地从戈尔丁农场延伸到白橡沼泽，紧靠比弗水坝溪东面，南面接近地获得了"堑壕的强大掩护"。[43] 在此期间，针对他派遣援兵的紧急要求，9500多人的麦考尔师赶来并被编入了波特军，另外还从巴尔的摩和门罗堡调来了11000名士兵。截至6月20日，麦克莱伦集团军的总兵力为105445人。[44]

一旦桥梁构建完毕，麦克莱伦无疑应当立即恢复进攻，哪怕仅仅因为杰克逊仍盘踞在谢南多厄河谷，随时可能突袭他与怀特豪斯之间的交通线，麦克道尔军调离后，这条交通线基本上已暴露在外。麦克莱伦当然意识到了这种可能性[45]（敌军骑兵6月11日对这条交通线的袭击已证明了这种可能性），因为正如我们所知的那样，他采取了预防措施，将大批物资经水路从怀特豪斯运至詹姆斯河畔的哈里森登陆场[46]，并对铁路线与白橡沼泽之间地区，以及通往詹姆斯河的道路实施了侦察。[47]

李将军此时的处境相当困难，这不仅是因为费尔奥克斯之战的失利导致军队士气极为低落，还因为他本人的声望并不高。1861年8月和9月，李在西弗吉尼亚遭遇挫败，自那时起直至1862年3月13日被召至里士满，佐治亚州、南卡罗来纳州和佛罗里达州的海岸防御根本没他的份儿。因此，他的军队对他几乎一无所知，就像他的军事秘书隆将军所说的那样："（士兵们对他）缺乏信心。"[48]

李将军认为必须不惜一切代价守卫里士满，他采取的第一个措施非常明智，也就是构建一道从南面掩护首都的防线，这道防线从"詹姆斯河畔的查芬断崖……延伸到新桥稍上方奇卡霍米尼河畔的某处"。[49] 与此同时，他开始重整麾下军队，该集团军编有六个师，分别是朗斯特里特师、休格师、D.H.希尔师、马格鲁德师、怀廷师和A.P.希尔师。

这项工作进行之际，李将军于6月5日勘察了北军阵地，当晚写信给总统并提出以下建议：倘若杰克逊获得加强，他也许可以"越过马里兰进入宾夕法尼亚"。他随后指出："我正在准备一道防线，它可以使我仅以部分兵力据守正面，同时尽力以余部实施一场牵制行动，将麦克莱伦引出。"[50] 似乎此时我们才接触到七日战役的起源，因为三天后，再度实施了侦察的李将军写信给杰克逊：

河谷里应该没什么需要你关注，并使你无法在几天内离开的事情，你可以做出安排，欺骗敌人，并让对方认为你仍在此地，请告知我，你能同里士满周边军队取得会合的决定性时刻。你可以做出相应部署，可如果出现成功打击敌人的机会，不要让它失之交臂。[51]

6月11日，李将军又写信告诉杰克逊，他已把劳顿准将率领的六个团和怀廷准将统辖的八个团调拨给他（杰克逊），以协助粉碎"你部当面之敌"。李在信中补充道，"守住各条通道，并利用铁路或其他方式迅速前出到阿什兰……在奇卡霍米尼河与帕芒基河之间席卷，切断敌军交通线等，而我集团军则对麦克莱伦将军实施正面突击"。[52]

泰勒将军对这场增援做出了以下叙述：

为欺骗敌人，李将军……把怀廷、胡德、劳顿将军率领的一股相当强大的军力派至河谷。这场调动是公开进行的，欺骗措施取得了预期效果，华盛顿方面迅速获悉此事，认为杰克逊将从河谷进攻马里兰州。搭乘火车的这些部队于17日到达斯汤顿，他们没有下车，而是折返戈登斯维尔，在那里同杰克逊会合。[53]

与此同时，为掌握麦克莱伦右翼的确切情况，李派J.E.B.斯图亚特将军和他的1200名骑兵朝约克河铁路方向实施侦察。[54] 到6月13日，斯图亚特已发现麦克莱伦的堑壕并未超过比弗水坝溪，而且没有迹象表明麦克莱伦打算变更他的基地。"但斯图亚特将军获得的最宝贵、最重要的信息是这样一个事实：敌人忽略了强化比弗水坝溪上游……与帕芒基河一条支流之间的山脊"[55]，因为李将军希望沿这道山脊打击麦克莱伦的交通线。

可这份情报的价值在很大程度上被抵消了，因为李将军派出的侦察力量过于强大，而指挥官斯图亚特的个性也太过冲动。完成任务后，斯图亚特没有率部返回，而是围绕麦克莱伦的整个集团军兜了一圈，并对他的辎重和后勤勤务实施攻击，这就导致麦克莱伦注意到了自身面临的危险。[56]

沿麦克莱伦集团军绕行一圈后，斯图亚特6月15日返回里士满，李将军在接到他的报告后[57]，立即写信给杰克逊，提出会晤的建议，之后，他在隆上校陪同下，策马对北军设在奇卡霍米尼河北岸的阵地实施了侦察。[58]李将军决心以杰克逊的军力打击麦克莱伦之右翼，并在返回后对朗斯特里特提及了自己的决定。与此同时，收悉李6月15日信件的杰克逊，率领1.85万名部下沿弗吉尼亚中央铁路而下，6月22日（周日）率先到达了弗里德里克厅。他留在这里参加宗教聚会，直到安息日结束。[59]星期一凌晨1点，他策马赶往李将军设在52英里外的司令部，下午3点才到达。亚历山大将军写道："要是搭乘货运列车一路赶往里士满，那么他本来可以在周日清晨赶到的。他麾下行进中的各个旅也在营地里度过周日。这位将军还有个习惯，倘若战斗或行军占用了周日，那么他一有机会就会再用一天让士兵们休息并布道，以此作为弥补。"[60]

正如我们将见到的那样，宝贵时间的损失，是李将军作战行动遭遇挫败的初始原因。

杰克逊到达后，李将军立即召集会议并概述了他的计划，与会者包括杰克逊、朗斯特里特和两位希尔。该计划的总体设想是，休格和马格鲁德据守里士满东面和奇卡霍米尼河南面的堑壕线，杰克逊迂回麦克莱伦设在河北岸的阵地，从而绕过对方右翼，进入敌军后方并切断其交通线，迫使敌军退却。朗斯特里特和两位希尔将军随后朝比弗水坝溪推进，趁敌军退却时攻击其正面。[61]

显然，这项计划成功与否取决于朗斯特里特、两位希尔将军向前推进与杰克逊实施攻击之间精准的时机把握。同样显而易见的是，倘若麦克莱伦在南军行动之前或之后撤至奇卡霍米尼河南岸，炸毁河上的桥梁，尔后进军里士满，那么，李集团军的主力就将被彻底击败。但李深知麦克莱伦是多么谨慎，确信对方不会抓住这种机会（不管怎样，这都需要他把基地迁至詹姆斯河），只会沿半岛退往门罗堡。[62]

据弗里曼说，李的作战兵力约为6.7万人，杰克逊为1.85万人，各兵种共计8.55万人。其战斗序列如下：

防御力量：马格鲁德师，1.2万人；休格师，9000人。

进攻力量：杰克逊师，1.85万人，由斯图亚特骑兵师的1800名骑兵提供掩护。

追击力量：朗斯特里特师居右，9000人；A.P.希尔师居中，1.4万人；D.H.希尔师居左，9000人。

詹姆斯河防御力量：霍姆斯师，6500人；怀斯指挥部，1500人。

预备炮兵：彭德尔顿将军指挥的23个炮兵连，3000人。

奇卡霍米尼河以南的骑兵：1200人。[63]

我们再看看麦克莱伦的实力。不算仍留在门罗堡的一万人，他麾下的官兵总数为11.7万人，其中有效兵力为10.55万人。因此，他的兵力比对手多两万人。

6月23日，麦克莱伦的特工队收悉一则传言，称敌人正计划对他发起一场强大的联合进攻。次日，他从一名逃兵处获知，杰克逊正从戈登斯维尔开赴弗里德里克厅，以便在6月28日迂回到他身后。[64]尽管如此，麦克莱伦6月25日还是命令前移警戒线，随之而来的是一场激烈的交战，被称为果园（或"橡树林"）前哨战。这场推进是为6月26日全面进军里士满所做的准备。但在当晚回到自己的司令部后，他又收到了更多关于杰克逊进军的传言，一份报告称博勒加德已同李会合，他对此深信不疑，因而发电报给斯坦顿，称当面之敌多达20万人。[65]

虽然李和麦克莱伦都认为自己处于一比二的兵力劣势，但表明两人为将之道的差异的是，前者决定进攻，而后者却决定后撤。诚然，麦克莱伦的交通线只获得了波特3万人马的虚弱掩护，这是奇卡霍米尼河北岸唯一的北方军队。尽管如此，李不能仅靠杰克逊一个师就对其发起果断攻击，麦克莱伦肯定也清楚这一点。因此，为打垮北军右翼，李不得不从自身右翼抽调兵力，并冒着右翼被奇卡霍米尼河南岸的北方军队打垮的风险。

如我们所知，李确实削弱了他的左右两翼，仅给马格鲁德和休格留下2.1万兵力，他们面对的是实力三倍于己的敌军。李之所以接受这种风险，主要是因为他已准确判断出麦克莱伦的性格，并把成功的希望寄托于杰克逊。倘若杰克逊能在波特获得加强前对其施以打击，那么，就像亚历山大将军所写的那样："这将是李最成功的一场赌博，也是任何一位南方将领从未有过的天赐良机。"[66]对李和整个南方邦联来说，最大的不幸是杰克逊没能完成任务。

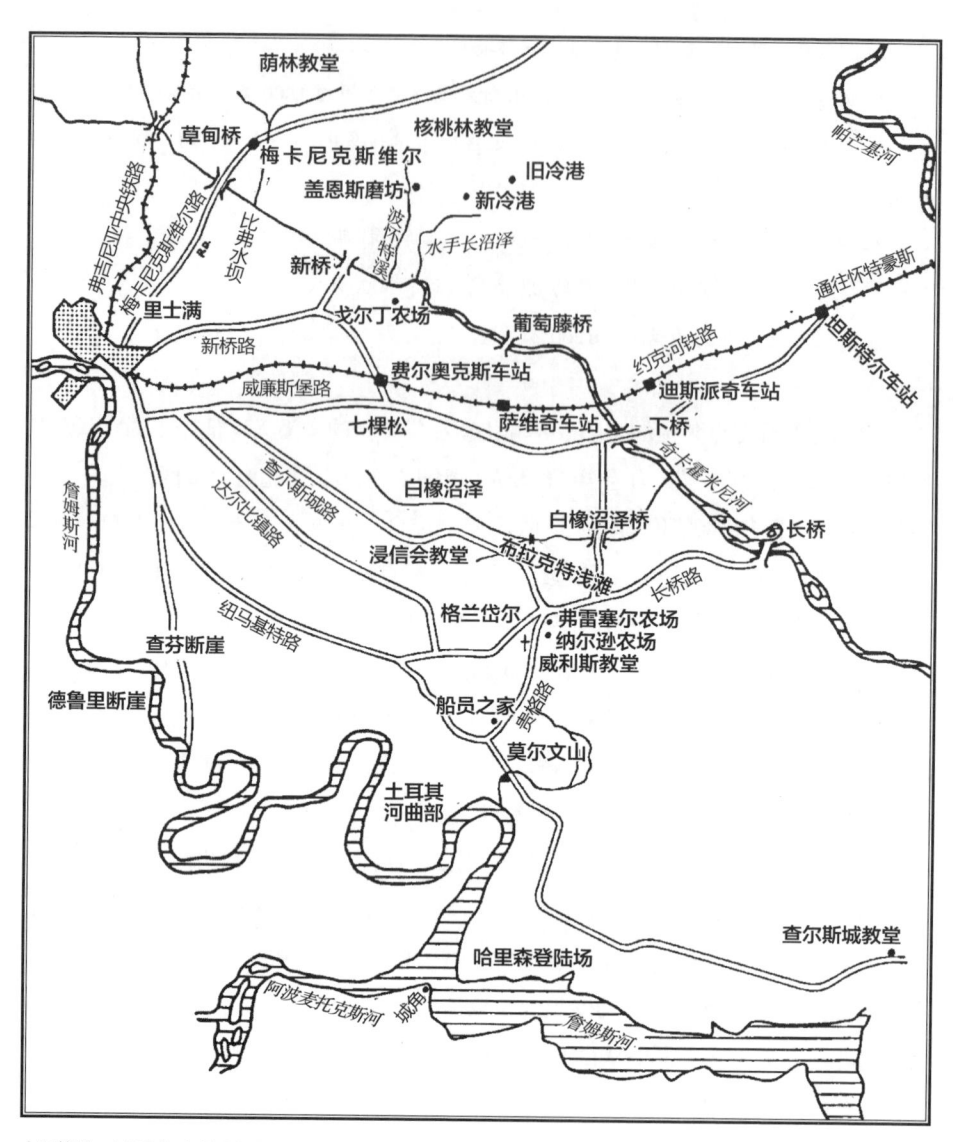

七日战役，1862年6月25日—7月1日

　　如上文所述，杰克逊的部下周日没有行军，而是忙于祈祷，周一的进展也很糟糕，只到达了比弗水坝车站，离杰克逊预定当晚宿营的阿什兰尚有18英里，距离斯塔克教堂附近的弗吉尼亚中央铁路线约25英里，而第75号令要求杰克逊于6月26日（周四）

凌晨3点到达那里。⁶⁷ 实际上，杰克逊上午9点才越过这条铁路线，之后又向前行进了八英里，于下午5点左右进入亨得利角宿营地，尽管此时他已位于波特后方两英里，并听见了远处传来的激烈射击声。⁶⁸

李将军一直等到中午。下午2点左右，他收到一份报告，称北方军队正在撤离某些火炮发射阵地。李、朗斯特里特和D.H.希尔赶往前方去验证这份报告。突然，他们听到北面传来激烈的射击声，并因此认为是杰克逊终于赶到了。实际上，那不是杰克逊的部队，而是A.P.希尔师；希尔决定不再等待，所以在未接到命令的情况下便向前而去。北军随即后撤，穿过梅卡尼克斯维尔，退至他们在比弗水坝溪后方预有准备的一道坚固阵地。希尔对北军发起猛烈冲击，但被击退，并遭受到严重伤亡。

因为这场为时过早的进攻导致了朗斯特里特和D.H.希尔对面的北军后撤，所以现在这两个师也奉命向前推进。希尔投入里普利旅，"对可能是整个北军阵地防御最严密的一段直接发起冲击"。亚历山大将军是这样描述的，他随即又补充道："这种毫无希望的冲锋前所未见……他们前仆后继，直到尸体堆叠起来，北军方面的一份记述称，'（尸堆）厚得像沾在一只糖碗上的苍蝇。'"⁶⁹ 就这样，李在"七日战役"中的第一场战斗以"一场惨败"而告终。⁷⁰ 当晚他给休格发去一份急电："今晚坚守你的战壕，必要时以刺刀展开白刃战。"⁷¹ 由于计划已暴露，李担心麦克莱伦会把波特军撤至奇卡霍米尼河南岸，从那里以他合兵一处的集团军突破马格鲁德和休格的防御，径直攻往里士满，切断南军与首都之间的联系。⁷²

麦克莱伦显然应该这样做，可正如斯温顿所写的那样："这种大胆的行动被谨慎小心的北军指挥官所忽略。"⁷³ 相反，麦克莱伦收到特工队呈交的一份报告称，李现在统辖的大军多达18万人⁷⁴，于是决定撤至詹姆斯河，在那里建立一座新基地，然后再从该基地重新发起进攻。⁷⁵ 为掩护这场后撤，麦克莱伦本应将波特的部队撤至奇卡霍米尼河南面，或为该军提供加强，可他却什么也没做，相反，在6月27日拂晓获悉杰克逊已同李会合的消息后，他还命令波特撤至盖恩斯磨坊附近沿水手长沼泽构建的一道预有准备的阵地。这场后撤得到顺利执行。

波特加强新阵地之际，李策马前往梅卡尼克斯维尔东面的核桃林教堂，在那里会晤A.P.希尔和杰克逊。杰克逊没有为自己在亨得利角的停顿表示歉意。李预计战役将在波怀特溪（这条溪流从水手长沼泽正西面流过）进行，他的计划是，右翼获得朗斯特里特支援的A.P.希尔进攻波怀特溪，杰克逊和D.H.希尔朝波特的后方进军。

1195

简而言之就是，A.P. 希尔和朗斯特里特负责把北军推入 D.H. 希尔和杰克逊的杀伤圈。一如既往，李下达的都是口头指示。

下午 2 点，A.P. 希尔的猛烈突击拉开了这场战役的帷幕，他预计杰克逊全军也将同时采取行动。当他被敌方击退时，李命令朗斯特里特在他右侧发起冲击。进攻一波接一波，可每次都被敌人击退。虽然李不断派出传令兵督促杰克逊迅速向前，但正如隆所说的那样，杰克逊又一次走错了路，"被迫反向行军，以回到正

盖恩斯磨坊之战，1862 年 6 月 26 日

确的道路上,结果在这场行动中延误了几个小时,给李将军的进攻计划造成了严重影响"。[76] 实际上,杰克逊所造成的后果不止如此——他毁了整个计划。下午4点,英勇据守己方阵地的波特获得了富兰克林军辖内斯洛克姆师9000多人加强。最后,临近黄昏时,杰克逊赶至前线,李命令沿整个正面展开一场全面突击。波特防线中央地段遭突破,南军不仅缴获了22门火炮,还俘获包括1200名伤员在内的2800名俘虏。因此,李以伤亡8000多人的代价赢得盖恩斯磨坊之战,而他的对手现在获得了萨姆纳军两个旅的加强,秩序井然地向后退却。亚历山大写道:"简而言之,这场战斗似乎掌握在各位师长手中,他们差一点大败亏输。直到最后一刻,总指挥的作用才显现出来。可如果杰克逊当日上午的行军能像他在这种情况下一贯的迅速,并在A.P.希尔进攻期间以他的全部兵力猛攻麦克莱伦之右翼,本来是可以相对轻松地赢得一场胜利的。"[77]

当晚,波特军有序撤往奇卡霍米尼河南岸时,北方联盟各军长已获知麦克莱伦的意图是退往詹姆斯河畔的哈里森登陆场。[78] 奇卡霍米尼河上的几座桥梁随即被焚毁。[79]

不过,给南军追击造成延误的并非这些焚毁的桥梁,而是李错误地使用了他的骑兵。他没有派斯图亚特迂回麦克莱伦的右翼,而是命令他同尤厄尔师相配合,朝约克河铁路线展开一场全然无效的远征,因为杰克逊已从那里切断了北方军队。就像弗里德里克·莫里斯爵士所写的那样:"他弄瞎了自己的双眼。"[80] 直到6月30日,李才命令斯图亚特重新渡过奇卡霍米尼河,这就导致后者来得太晚,已无法参加七日战役的最后一战。其结果是,李手上没有骑兵,无法确定麦克莱伦是退往门罗堡还是撤向詹姆斯河。[81]

此时,麦克莱伦的军队位于奇卡霍米尼河与白橡沼泽之间,忙着在白橡沼泽溪上搭设两座桥梁。第一座桥梁完工后,凯斯率领第4军渡过溪流,在南面四英里处占据阵地,以封锁查尔斯城、纽马基特和贵格路。接着渡河的是预备炮兵,6月29日清晨,2500头供屠牛和集团军辎重队(3600辆大车、700辆救护车)尾随其后。截止到当日下午,整个集团军平安跨过白橡沼泽。

同一天,麦克莱伦以史上最非同寻常的一封急电向斯坦顿汇报了相关事件。他在电报结尾处写道:"若说我现在拯救了这个集团军,那我坦率地告诉你,我不会感谢你或身处华盛顿的任何人,你们为牺牲这个集团军已尽了全力。"[82]

直到6月29日拂晓后不久,李才获知麦克莱伦正退往詹姆斯河。他精神大振:"对任何一个军人来说,还有比进攻正在后撤并变更基地之敌更好的机会吗?"[83]李立即下达命令,他有充分的理由确信这次可以歼灭敌军,一如既往,他下达的仍是口头指示。

尤尼尔留在下桥,并接受杰克逊指挥,斯图亚特负责监视奇卡霍米尼河下游各渡口,而杰克逊奉命重建葡萄藤桥,并全速扰乱敌军后方。与此同时,马格鲁德应取道威廉斯堡路,休格沿查尔斯城路行进,在右翼发起进攻,朗斯特里特和A.P.希尔将在新桥渡过奇卡霍米尼河,从马格鲁德和休格身后穿过,沿达尔比镇路堵住北军退往詹姆斯河的先头部队。[84]这些行动很大程度上需要再次依靠杰克逊,由于D.H.希尔和尤尼尔统归他指挥,杰克逊掌握的兵力多达2.5万人,是这些部队中实力最强的一支。

在下达了这些口头命令后,李策马赶至马格鲁德师,随后又前往休格师,并同该师待在一起。从这一刻起,他就失去了对追击行动的掌握,因为他的那些下属指挥官,相互间完全缺乏协同,也不与他联系,结果是导致了一场彻头彻尾的混乱。

马格鲁德从一开始就错误地认为休格已接到沿威廉斯堡路行进,并为他提供支援的命令,同时,马格鲁德遭遇到了实力强大之敌的抗击,因而向李呼请援兵。李的应对是派出休格师的两个后方旅,并授权休格,若发现马格鲁德不需要这两个旅,可以将其召回。在这种情况下,休格就应率领全师向前推进。[85]但由于休格确定马格鲁德并不需要他的这两个旅,所以召回了他们,这番调动给他造成了延误,当日他的进展不到6英里。

马格鲁德此时正等待着右侧的休格和左侧的杰克逊到来。虽然休格没有出现,但马格鲁德通过麾下的旅长D.R.琼斯将军同杰克逊取得了联系,并获知杰克逊无法为他提供协助的消息,因为后者"另有其他重要任务"。[86]马格鲁德随后对当面的北军后卫发起进攻,迫使对方退往萨维奇车站——这座车站位于杰克逊的前进路线上。

当日黄昏时,李获知了这一切,他写信给马格鲁德:"我从泰勒少校那里获悉,你认为杰克逊将军已接到命令不为你提供支援,可事实并非如此,他已接到为你提供支援并展开大力追击的指示。"[87]

杰克逊为何没有遵从这道命令,他执行的是什么"其他重要任务"?对这些问题有几种解释,但最可靠的理由是,6月29日是个周日,诚如亚历山大所写的那样:"杰克逊严格遵守这一点,他的大部分士兵一整日留在营地里,直到周日午夜过后。然后他们才在凌晨2点30分左右动身出发。"[88]

将领们对命令的误解和杰克逊虔诚的宗教信仰所造成的结果是，麦克莱伦得以在6月28日和29日将他退却中的集团军主力撤过沼泽地，而朗斯特里特和希尔已沿达尔比镇路前进13英里，到达浸信会教堂南面的阿特利农场，他们在那里犹豫不决，而T.H.N.霍姆斯将军率领的6000名士兵则在他们右侧沿纽马基特路南下。

李将军当晚为次日的作战行动下达了命令：

1. 霍姆斯沿纽马基特路推进，并在行军路线与长桥路交叉点附近的纽马基特高地占据一处强有力的防御阵地。

2. 马格鲁德从萨维奇车站返回，利用路程最短的小道进入达尔比镇路，沿这条道路前进，并担任总预备队。

3. 朗斯特里特和A.P.希尔继续沿达尔比镇路开赴长桥路，并做好发现北军后立即实施攻击的准备。

4. 休格沿查尔斯城路进击，同敌人发生接触后立即让炮兵开火射击。

5. 杰克逊、怀廷、D.H.希尔开赴白橡沼泽桥，在那里渡河，从后方对敌人发起攻击。

6. 斯图亚特先前受领的命令撤销，改为向主力靠拢，并在情况允许时配合行动。[89]

休格的炮火就是全面进军的信号。

次日一大早，李策马赶赴萨维奇车站，在那里会晤杰克逊，后者已于清晨3点30分同马格鲁德会合。据罗伯特·斯泰尔斯称："两位将军热情寒暄……他们面对面站着……杰克逊开始以一种急促、冲动的语气讲话，并用右靴尖在地上画了幅示意图。他迅速而又果断地画出一个三角形的两边，然后从第二条线的尾部起，朝第一条线画出第三条线。他缓慢而又犹豫地画着这条线，不时看看李的表情，同时认真地诉说着。在第三条线终于同第一条线相交时，这个三角形完成了，他抬起脚踩在上面，口中强调着：'我们会逮住他的。'随后向他的战马发出示意。"[90]

李又找到马格鲁德，向他解释了下达给他的命令，随后策马赶上朗斯特里特——他这股队列的前部正接近与长桥路的交叉点。中午前后，据报敌军位于威利斯教堂路。朗斯特里特师排成战斗队形，很快便同海因策尔曼军前哨发生了小规模战斗。下午2点30分，休格师方向传来隆隆炮声，所有人都认为这就是投入战斗的信号。虽然炮声在3点平息下来，但朗斯特里特的先遣旅此时已同北军步兵展开交战。

在此期间，李收到正沿纽马基特路而行的霍姆斯发来的报告，称他们看见敌军纵队正在翻越莫尔文山向南后撤。倘若这份报告准确无误，就意味着麦克莱伦几乎已逃离为他布下的陷阱。为证实这个消息，李沿长桥路策马疾驰，赶往长桥路与纽马基特路的交叉点，等他到达那里后发现，相关情报是正确的。

李将军离开期间，朗斯特里特指示马格鲁德赶去支援霍姆斯，但李返回后取消了这道指令，反而命令他去支援朗斯特里特，因为休格和杰克逊仍未发起进攻。李现在非常清楚，倘若朗斯特里特和A.P.希尔等待的时间太长，敌人就将逃脱，下午5点，他命令两人攻击前进，穿过格兰岱尔和弗雷塞尔农场附近的树林和空地。后来这场战斗就以弗雷塞尔农场的名字来命名了，但由于附近还有一个名叫纳尔逊农场的居民点，所以也称作纳尔逊农场之战。

进攻行动现在有些杂乱无章。朗斯特里特的先遣旅过于仓促地冲过树林和林间空地，导致支援力量被甩在身后。其结果是，虽然据守北军防线中央地段的麦考尔师被击退，但海因策尔曼军辖下的胡克师和卡尼师在侧翼坚守不退。这些师在塞奇威克师和另一些因休格、杰克逊师无所作为而腾出手来的部队协助下，阻挡住了朗斯特里特和希尔前出到贵格路，北军辎重队正沿这条道路前往莫尔文山。南军这场进攻缴获了14门火炮，俘获了几百名敌人。

在此期间，休格已遵照自己接到的命令，动身沿查尔斯城路行进。这场推进极为谨慎，因为他担心自己的左翼有可能遭到迂回，这种可能性要到杰克逊的进攻取得进展后才会消除。他发现砍倒的树木[91]堵住了道路，便着手加以清理，但他很快发现当面之敌是斯洛克姆和塞奇威克的几个支队。他的火炮随即开火射击，这不是发出进攻信号，而是为了肃清道路。他没有穿越树林，设法迂回这条道路，而是继续沿道路行进，敌人砍倒树木的速度与他的部下移除树木的速度同样快。总之，在夜幕降临前他只取得不足两英里进展，可出于某种不明原因，他没有发电报告知李，也没有接到后者的相关指示。

与此同时，杰克逊在尤厄尔师的支援下，耗费了太多时间拾取北军丢弃的步枪和装备，这样一来，到当日中午他只取得了七英里进展并到达白橡沼泽，他在这里发现桥梁已被毁，北军一个炮兵连（隶属富兰克林军）正在南岸行动。

接下来发生的就是这场战役期间最奇怪的一起事件。杰克逊6月22日和29日的无所作为也许能以他对安息日的狂热来加以解释,但这个理由无法用于6月30日(这是个星期一),除非他是为弥补先前被占用的安息日。杰克逊再度止步不前。

虽说桥梁已毁,可这条溪流的平均宽度不超过10~15英尺。桥梁上游有四道浅滩(查普曼、乔丹、费希尔和布拉克特浅滩),下游还有一道浅滩(卡特浅滩)。芒福德上校率领第2弗吉尼亚骑兵团毫不费力地渡过溪流,汉普顿将军也渡了过去。他返回杰克逊身边,请求批准他为步兵搭设一座桥梁。这项要求获得了批准,桥梁在"几分钟内"架设完毕。汉普顿写道:

返回沼泽我方这一侧后,我发现杰克逊将军坐在路旁一颗被砍倒的松树上,这条道路通往溪流边的浅滩。我在他身边坐下,报告桥梁搭设完毕,以及敌军的阵地暴露在外。他拉下帽子遮住闭上的双眼,听我说了几分钟后,他一言不发地站起身。次日晨我们发现富兰克林和北军余部集中在莫尔文山上……我相信,倘若击败白橡沼泽我方对面的富兰克林军,本来是可以歼灭北方整个集团军的。[92]

当时同杰克逊在一起的达布尼将此归咎于"缺乏睡眠"导致的昏昏沉沉和"严重的焦虑"造成的疲惫。他写道:"过度疲惫使他倒头就睡,嘴里还含着晚餐的食物,他(杰克逊)说:'各位,我们赶紧睡上一会吧,拂晓后我们再看看明天能否做些什么!'可在这一天的疲乏中,他却抽出时间写信给他的妻子,心中充满虔诚和对家庭幸福的渴望。"[93]

当日傍晚和夜间,一直坚守弗雷塞尔农场的北军秩序井然地退往莫尔文山。这种熟练的后撤绝非因为麦克莱伦的个人领导力——他6月29日给各位军长下达完命令后,就把战斗交给他们负责,自己撤往莫尔文山,赶去部署那里的防御。罗普斯的说法也许是对的:"要是他的集团军当日被击败,麦克莱伦会被革职,这很公正。北军各位军长,虽然相互间展开了诚挚、有效的合作,可当天的行动缺乏领导,可以证明这一点的是,夜间,富兰克林(据他自己说)负责将他麾下部队撤至詹姆斯河。"[94]

因此,在弗里曼看来,弗雷塞尔农场之战的结束"是南方邦联军事史上丧失的最大良机之一"。[95]亚历山大写道:

我常常想，若是李回顾整整四年的战争，肯定会觉得没有哪天比1862年6月30日更加不幸了。毫无疑问，这是他一生中最好的机会，因为当时的南方邦联处于鼎盛时期，之前或之后都没有更多兵力可用了。在这段时期赢得一场胜利，对精神和物质方面的影响会比其他任何时期大得多。[96]

7月1日清晨，马格鲁德师开抵弗雷塞尔农场，立即接替了朗斯特里特和希尔疲惫的部队。马格鲁德很快同杰克逊建立联系，后者终于渡过了白橡沼泽溪。李随后下达了继续追击的命令。

杰克逊奉命沿威利斯教堂路行进[97]，马格鲁德沿贵格路推进，而休格师辖内的马洪旅和兰塞姆旅则跟随在杰克逊身后。阿米斯特德旅和赖特旅沿一条伸向南面的小径前进，这条小径从查尔斯城路起，穿过长桥路通往莫尔文山。朗斯特里特和A.P. 希尔师留作预备队，霍姆斯暂时停在纽马基特路上。一如既往，李把命令的具体执行交给了他的那些师长。[98]

在此期间，麦克莱伦已把他的整个集团军集结在了莫尔文山上，这里的地形条件非常有利，菲茨-约翰·波特曾对这里进行过仔细的勘查。这是一座高原，南北长1.5英里，宽度约为3/4英里，南侧可获得土耳其岛溪和詹姆斯河内的北军炮舰火力掩护，东北面和东面是一条被称为"西流"的溪流。李将军指出，这片高地"被崎岖的地形和茂密的树林所环绕，几乎被一片沼泽地贯穿，可供通行处寥寥无几，而且都很难通过"。[99]

据麦克莱伦称，他的总体部署如下：

波特军据守防线左侧（赛克斯师居左，莫雷尔师居右）……库奇师部署在波特右侧。然后是卡尼和胡克，接下来是塞奇威克和理查森，接着是史密斯和斯洛克姆，最后是凯斯军余部，形成了一个后弯的曲线，几乎延伸到河边。宾夕法尼亚预备军留作预备队，部署在波特和库奇阵地的后方。波特麾下一个旅被派至左侧的低地，以掩护这一侧，防范从里士满道路而来的一切敌军。[100]

下达命令后，李将军骑马出去察看敌军阵地。他发现北军炮兵已集结起来，"从西面到东北面形成的一道新月形"，并获得了步兵支援。多少有些草草地检查了一

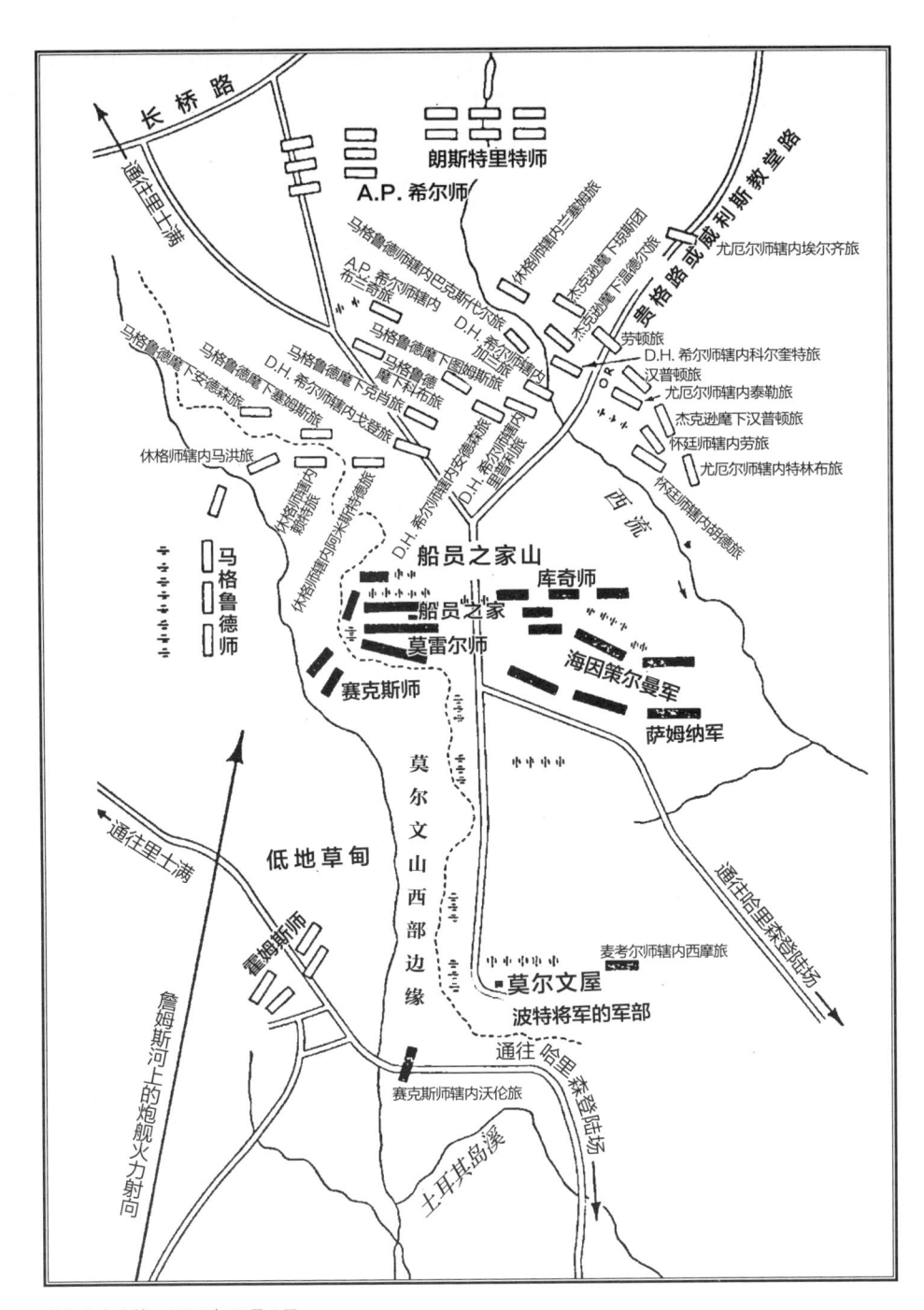

莫尔文山之战，1862年7月1日

番后，他返回营地，采纳了朗斯特里特的建议：在炮火掩护下遂行冲击，进攻信号由阿米斯特德旅的呐喊声发出。在发现南军的炮火攻击起效后，该旅就立即发出呐喊声。[101] 这道命令于下午1点30分下达。

在发生了一些延误后，南军火炮开始发起虚弱的攻击，但立即遭到了敌军密集炮火的压制。亚历山大写道："……这种低效的炮兵勤务导致一场突击的效果大打折扣，3点前，李放弃了他的进攻意图。他只通知了朗斯特里特，没有告知其他将领，因为这似乎没什么必要。"[102]

李现在决心实施一场迂回。他和朗斯特里特策马向东，想找到个适当的位置，匆匆观察一番后，他决定夺取这片地区的一座高地。刚刚定下决心，他又收到一份报告，称北军正在后撤，马格鲁德已到达右侧，阿米斯特德已击退敌人。因此，李放弃了包抄麦克莱伦的想法，派马格鲁德的副官迪金森上尉将如下命令传达给马格鲁德：

李将军希望你迅速前进。他说，据报敌人正在后撤。以你麾下全部力量向前推进，发展阿米斯特德的胜利。[103]

马格鲁德下午4点左右到达右侧，他接到这道命令时正在匆匆察看地形。没等他完成侦察，下午1点30分的那道命令送抵。由于这道命令没有标注时间，他误以为这就是当前的命令[104]，因而立即决定对船员之家山发起冲击。4点45分，他指挥部队前进，结果遭到了毁灭性的炮火打击。

D.H. 希尔写道："我从未见过比这更英勇的进攻，日落后，九个旅遵照马格鲁德的命令向前而去。不幸的是，由于他们没有一同冲锋，所以被敌人各个击破。每个旅从树林中出现时，就会立即遭到敌人50~100门火炮的轰击，在他们的队列中撕开一个个巨大的缺口。但这些勇士继续向前，结果又被敌人的预备火炮射杀，只有几个班到达了那里。他们中的大多数人必须穿过半英里宽的一片开阔地，前方面对的是敌人的野炮火力，背后又遭到炮舰重炮火力轰击。这不是战争，而是一场屠杀。"[105] D.H. 希尔接着听到右侧传来一声呐喊，随之而来的是一阵步枪射击声，他认为这就是发起进攻的信号（他不知道进攻已取消），于是命令他的师前进。他们遭到了榴霰弹轰击。马格鲁德请求朗斯特里特提供支援，D.H. 希尔也向杰克逊吁请援助。

因此，越来越多的士兵被投入了这座炼狱，直到深夜，这场屠杀才算告一段落。[106]

李失败了。他策马穿过残兵败将的营地找到马格鲁德。

他问道："马格鲁德将军，你为什么要进攻？"

马格鲁德毫不迟疑地回答道："执行你重复了两次的命令。"

李无言以对，因为实在没什么可说的。[107]

当晚，斯图亚特率部从奇卡霍米尼河返回。

尽管波特、亨特和萨姆纳一再敦促，但麦克莱伦7月2日没有对李展开反攻，而是决定继续撤往哈里森登陆场。他冒着倾盆大雨，终于把基地从帕芒基河迁至詹姆斯河。在此期间，李派斯图亚特和他的骑兵遂行追击，并命令杰克逊（缺D.H.希尔）、朗斯特里特和A.P.希尔向南开进，集团军余部则留在莫尔文山——霍姆斯除外，他奉命返回德鲁里断崖。

南军7月2日只进展了两英里。次日，李收到斯图亚特发回的消息，称他已到达哈里森登陆场，发现那里有个被称为"埃弗林顿高地"的巨大高原可俯瞰登陆场，而且尚未被敌人占领。在发出这份急件后，素以有勇无谋而著称的斯图亚特做出了这场战役期间诸多愚蠢行为中最令人"匪夷所思"的一件事。他本该避开埃弗林顿高地，以免麦克莱伦注意到自身防御的这个薄弱点，可斯图亚特却命令一些骑兵把他仅有的一门榴弹炮（炮弹即将耗尽）推上高地，并朝下方的敌军营地开炮射击。结果，麦克莱伦立即派出强大的兵力占领了这座高地。

7月3日，朗斯特里特走错了路，而杰克逊只取得了三英里的进展。第二天，李骑马去查看他的军队是否已做好战斗准备，打算夺回埃弗林顿高地，可在实施一场快速侦察后，他清楚地知道敌人已牢牢据守住了这片高地，根本无法确保进攻能取得胜利。7月7日，他下达一道训令感谢麾下士兵，两天后率部返回里士满。

自6月25日以来的这七天，交战双方付出的代价都很高昂。李的军队伤亡19739人，麦克莱伦也损失了9796人，而这个数字还要加上6053名失踪者。[108]

南北战争期间可能最有趣、最具启发性的一场战役就此结束。

即便麦克道尔军调离，麦克莱伦本来还是可以攻占里士满的，这一点几乎毫无疑问。大胆假设的话，倘若七日战役中的杰克逊不辜负他近期所获得的声誉，李将军本可以击败波多马克集团军，这一点也是同样能肯定的。为何两人均没能实现他们的预期目标？这个问题取决于他们的为将之道，因为北军和南军的士兵在战斗中的勇气是不分伯仲的。麦克莱伦是个能干的参谋军官，可作为指挥官却有些怯懦，李是个大胆果断的指挥官，但作为参谋军官却很平庸。两位南军将领的如下看法也许强调了李的局限性。D.H. 希尔写道：

整个战役期间，我们完全是在敌人希望我们发起进攻的时间和地点遂行攻击。这一点归咎于我们不了解地理地形，对一连串战场缺乏侦察。[109]

理查德·泰勒将军则指出：

实际上可以肯定地说，从冷港到莫尔文山，除了一系列错误别无他物，这些错误接二连三，而且都很严重。南军将领对这片地区的了解，并不比他们对中非的认识更多些。[110]

虽说李在他的报告中提及了"不了解该地区的地形"[111]，整个战役期间使用的一幅地图可能是个10岁的孩子随手画的[112]，可他似乎从未意识到，他有责任设立一个组织良好的情报部门和绘图勤务来克服这种无知。

不过，尽管两位统帅都有欠缺之处，他们堪称业余的军队表现得也很拙劣，但这场战役中最大的失误却不是他们犯下的，应对此负责的是亨利·瓦格纳·哈勒克将军，他在华盛顿接替斯坦顿负责指导作战行动。身处哈里森登陆场的麦克莱伦请求他批准恢复向里士满的进军时（顺便说一句，格兰特将军1865年以同样的行动结束了战争），哈勒克却拒不应允。就这样，由于一个心胸狭隘的军事腐儒的短视，并未被击败、仍充满斗志的波多马克集团军，违背其统帅的意志，被迫放弃了这场战役。

七日战役的重要性在于它未能完成的方面。若非南方军队屡屡犯下错误，麦克莱伦集团军很可能已灰飞烟灭，那么，北方联邦就会随之暂时崩溃；另一方面，若不是北方军队多次失误，李将军的集团军也早已覆灭，而里士满政府也会随之灭亡。正如两位美国历史学家所指出的那样："……战后重建的恐怖也许就不会发生，奴隶制的废除本来可以不使用暴力，南方社会也不会遭到破坏，而南方本可以对后来采用的各种逐渐解放的手段拥有更多话语权。"[113] 因此，美国内战中的第一场重大战役，其政治重要性并非缩短了战争，而是使它延长了近三年，并产生了一系列后果。

注解

1. *Leading American Soldiers*, R. M. Johnston (1907), p. 130.
2. 参阅 *Papers of the Military Historical Society of Massachusetts*, vol. XIII, p. 396 (cited as M.H.S.M.), and *Campaigns of the Army of the Potomac, William Swinton* (1866), pp. 41—42.
3. *M.H.S.M.*, vol. XIII, pp. 405—406. 我们发现直到 1862 年 4 月 23 日，李将军才建议威尔明顿港的弗伦奇准将："你可以武装派驻威尔明顿的团，给重型炮兵连的人员配发长矛，把他们的滑膛枪尽可能多地交给缺乏武装的团，位于中央的连队配发长矛，两翼的连队配发步枪，以此弥补不足。"（*The War of the Rebellion : A Compilation of the Official Records of the Union and Confederate Armies*, vol. IX, p. 463 - cited as W.R. 另可参阅同上，vol. IX, p. 719.）
4. 据 1850 年的统计，德克萨斯州的牛马数量是南方各州总数的四倍。
5. 纳撒尼尔·格林是独立战争期间的美国将领，因 1781 年发生在卡罗莱纳的战役而著称。他负责军需事务，1780 年 9 月华盛顿缺席期间，他担任大陆军最高指挥官。
6. *An Aide-de-Camp of Lee, Papers of Colonel Charles Marshall*, edited by Major-General Sir Frederick Maurice (1927), pp. 10 and 19.
7. *Papers of the Southern Historical Society*, vol. XIII, p. 261.
8. 米尼线膛枪大量使用。这种步枪重 10.5 磅，枪管长 3 英尺 3 英寸，内有四根膛线，口径 0.702 英寸，标尺为 100~1000 码（1 码约等于 0.91 米）。
9. *Life in the Confederate Army*, William Watson (1887), p. 184.
10. *The Campaign of Chancellorsville*, Major John Biglow (1910), p. 175.
11. *General Lee: His Campaigns in Virginia*, 1861—1863, Walter H. Taylor (1906), pp. 176—177.
12. *William Watson*, pp. 230, 294.
13. 理查德·泰勒中将写道："在一场战斗即将到来时，总是可以依赖他们；但没有战斗时，他们会待在家里照料家人并处理自己的事务。"（*Destruction and Reconstruction*, 1879, p. 28.）
14. *Four Years under Marse Robert*, Robert Stiles (1903), p. 20.
15. 参阅 *W.R.*, vol. V, pp. 6—8。
16. *M.H.S.M.*, vol. I, p. 77. 对斯坦顿的批评可参阅 *The Story of the Civil War*, John Codman Ropes (1894), vol. I, p. 225, and *Personal Memoirs, U.S. Grant* (1885—1886), vol. II, pp. 104—105.
17. 韦伯将军说："夺取诺福克本来会改变一切。"（*The Peninsula: McClellan's Campaign of 1862*, 1882, p. 31.）我们会看到事实的确如此。吉迪恩·威尔斯 1862 年 4 月 24 日写信告诉斯坦顿先生："……但在我看来，占领新奥尔良后夺取诺福克，将是对镇压叛军而言最具决定性的打击。"（同上，pp. 170—171.）
18. *Swinton*, p. 80.
19. 参阅 *W.R.*, vol. V, p. 41。
20. 同上，vol. V, p. 45。
21. 同上，vol. V, p. 42。
22. 同上，vol. V, p. 50。
23. 参阅 *McClellan's Own Story,* by George B. McClellan (1887), pp. 227—228。
24. *W.R.*, vol. V, pp. 55—56.
25. *McClellan's Own Story*, p. 226. 另外，麦克莱伦不在华盛顿期间，林肯趁机下达了一道命令，解除了他的总司令职务，指挥权仅限于波多马克集团军（*W.R.*, vol. V, p. 54.）。麦克莱伦通过报纸才获悉这个消息（*McClellan's Own Story*, pp. 220, 224—225）。
26. *W.R.*, vol. V, p. 61.

27. *Swinton*, p. 92.
28. *W.R.*, vol. XVIII, p. 846.
29. *Narrative of Military Operations during the Late War between the States,* by Joseph E. Johnston (1872), p. 111.
30. *McClellan's Own Story*, p. 308; see also p. 310.
31. *W.R.*, vol. XIV, p. 503.
32. 同上，vol. XIV，p. 504。
33. 同上，vol. XIV, p. 508。
34. 同上，vol. XIV, p. 477。
35. 同上，vol. XVIII, p. 870。
36. 同上，vol. XVIII, p. 219。
37. 同上，vol. XII, p. 30。
38. *The Story of the Civil War*, vol. II, pp. 132—133.
39. 为了同麦克道尔军协同行动，怀特豪斯已被选作基地。
40. 第5军和第6军作为"临时"军组建于5月15日（参见 Webb, p. 84）。
41. 参阅 *Swinton*, p. 130。
42. *W.R.*, vol. XIV, p. 568。
43. 同上，vol. XIII, p. 490。
44. 同上，vol. XIV, p. 238。
45. 同上，vol. XII, p. 53。
46. 同上，vol. XIII, p. 191。
47. *Battles and Leaders of the Civil War* (1884—1888), vol. II, p. 431.
48. *Memoirs of Robert E. Lee,* by A. L. Long (1886), p. 163.
49. 同上，p. 164. 他的副官查尔斯·马歇尔上校告诉我们，李将军此举被媒体批评为磨磨蹭蹭（*Papers of Colonel Charles Marshall*, p. 79）。
50. *Lee's Dispatches, edited by Douglas Southall Freeman* (1915), pp. 6—7.
51. *W.R.*, vol. XVIII, p. 908. 杰克逊6月6日写信暗示约翰斯顿，里士满可能会取消后者的指挥权。因此，他本人显然也抱有同样的想法。
52. 同上，vol. XIV, p. 589, and vol. XVIII, p. 910。
53. *Destruction and Reconstruction*, p. 102.
54. "希望你朝敌后方实施一场隐蔽运动"（*W.R.*, vol. XIV, p. 590）。
55. *Papers of Colonel Charles Marshall*, p. 82.
56. *Military Memoirs of a Confederate, E. P. Alexander* (1907), p. 114. 近期的一位作者，约翰·W. 托马森上尉，在他的《杰布·斯图尔特》（1930年）一书第154—155页也持类似看法，尽管不那么直言不讳。
57. *W.R.*, vol. XIV, p. 602, and vol. XVIII, p. 911。
58. *Long*, p. 168.
59. 参阅 D. H. Hill, in *Battles and Leaders*, vol. II, p. 349。
60. *Alexander*, p. 115. "周日的杰克逊不仅不写信，也不读信，他甚至把握自己寄出信件的时间，以免这些信件因周日受到妨碍"（*Memoirs of Stonewall Jackson, Mary Anna Jackson,* n.d., p. 75）。"如果我在周日而不是周一从事战斗，我担心我们的事业会受到影响"（同上，p. 249）。但他信奉的是旧约，而不是新约：他说，"绝不宽容侵犯我们家园的人"（同上，p. 310）。在有人对消灭这么多勇士的必要性深感痛惜时，他说道："不，把他们全部干掉，我不希望他们勇敢。"（*Life and Campaigns of Lieut.-Gen. Thomas J. Jackson,* by Prof. R. L. Dabney, 1866, p. 397.）
61. *W.R.*, vol. XIII, p. 490, 498.

62. 同上，vol. XⅡ, pp. 493—494, Lee's report. 另可参阅 General Lee of the Confederate Army, by Fitzhugh Lee (1895), p.162。
63. R. E. Lee: A Biography, Douglas Southall Freeman (1934), vol. Ⅱ, pp. 116—117.
64. W.R., vol. XⅡ, p. 49.
65. 同上，vol. XⅡ p. 51。
66. Alexander, p. 112.
67. 同上，p. 115. 另可参阅 Lee's Dispatches, pp. 15—16。
68. 朗斯特里特写道:"杰克逊赶到了，没有理会进行中的战斗，而是直接进入亨得利角营地。"(p. 124)佩奇告诉我们，由于北军新开辟的道路，杰克逊的向导迷了路。这位向导的名字是林肯·西德诺（General Lee, Man and Soldier, by Thomas Nelson Page, 1911, p. 304）。
69. Alexander, pp. 119, 121.
70. Freeman, vol. Ⅱ, p. 135.
71. W.R., vol. XⅣ, p. 617.
72. 马格鲁德在1862年8月12日发给李的报告中写道:"倘若麦克莱伦将他的全部力量集结成纵队，从我方战线的任何一处发起冲击……虽然纵队前部会遭受严重损失，但这种突击势头本来可以确保他取得成功，并占领我们在里士满周围构建的工事，这座城市随后可能会成为他的酬劳。"（W.R., vol. XⅢ, p. 686.）
73. Swinton, p. 147.
74. W.R., vol. XⅡ, p. 269.
75. 参见 McClellan's Own Story, p. 412, and pp. 422—423。
76. Long, p. 172.
77. Alexander, p. 132.
78. W. R., vol. XⅡ. p. 60.
79. 这些桥梁是:富特桥、杜安桥、伍德伯里步兵桥、伍德伯里桥、亚历山大桥、萨姆纳上桥（"葡萄藤"桥）。铁路桥和下桥于6月28日晨被焚毁（参阅 W.R., vol. XⅡ, p. 118, and vol. XⅢ, pp. 192 and 200）。
80. Robert E. Lee the Soldier, by Major General Sir Frederick Maurice (1925), p. 115.
81. W.R., vol. XⅢ, p. 494.
82. McClellan's Own Story, pp. 424—425.
83. Freeman, vol. Ⅱ, p. 166.
84. 关于这些不同的调动，可参阅 W.R., vol. XⅢ, pp. 607, 517, 687, 494, 661, 679. 以及 Alexander, pp. 134—135。
85. W.R., vol. XⅢ, p. 789.
86. 同上，vol. XⅢ, p. 675. 书中所写的6月28日这个日期并不正确。
87. 同上，vol. XⅢ, p. 687。
88. Alexander, p. 136. 亨德森对杰克逊行动延误所做的记述（Stonewall Jackson and the American Civil War〔1927 edit.〕, vol. Ⅱ, pp. 56—58）太具误导性，几乎可以说是虚构。另一些叙述可参阅 The Life and Campaigns of Major-General J. E. B. Stuart, 1885, by H. B. McClellan, pp. 80—81; Longstreet, p. 150; Destruction and Reconstruction, p. 113; Battles and Leaders, vol. Ⅱ pp. 402—403, 389 and 381, by Longstreet, D. H. Hill, and Franklin respectively; Papers of the Southern Historical Society, vol. XXV, p. 211; The Army of Northern Virginia in 1862, William Allan (1892), p. 121, and Alexander, pp. 146—153。
89. Freeman, vol. Ⅱ, pp. 177—178.
90. Robert Stiles, pp. 89—99.
91. W.R., vol. XⅢ, p. 789.
92. Alexander, pp. 150—151. （另可参阅 Battles and Leaders, vol. Ⅱ, p. 381 和 Papers of Colonel Charles Marshall, pp. 110—112。）

93. *Dabney*, p. 467.
94. *Ropes*, vol. Ⅱ, p. 199.
95. *Freeman*, vol. Ⅱ, p. 199.
96. *Alexander*, p. 155.
97. 同上, vol. ⅩⅢ, p. 667. 贵格路与威利斯教堂路是同一条道路, 但李显然认为这是两条不同的道路。
98. *Webb*, p. 161.
99. *W.R.*, vol. ⅩⅢ, p. 496.
100. *McClellan's Own Story*, p. 434.
101. *W.R.*, vol. ⅩⅢ, p. 677.
102. *Alexander*, pp. 160—161. 另可参阅 *Freeman*, vol. Ⅱ, p. 209. 计划中南军部队的混杂清楚地表明了这种混乱。
103. *W.R.*, vol. ⅩⅢ, pp. 677—678.
104. 同上, vol. ⅩⅢ, p. 669。
105. *Battles and Leaders*, vol. Ⅱ, p. 394.
106. 关于这场混乱的战斗, 可参阅 *M.H.S.M.*, vol. Ⅰ, pp. 266—267。
107. *Freeman*, vol. Ⅱ, p. 218.
108. *Numbers and Losses in the Civil War in America*, 1861—65（1901）, *Thomas L. Livermore*, p. 86.
109. *Battles and Leaders,* vol. Ⅱ, p. 395.
110. *Destruction and Reconstruction*, pp. 107—108. 杰斐逊·戴维斯写道:"……我们没有作战地区的地图; 我们的将军们对道路一无所知, 他们的向导只知道从自己家到里士满该怎么走。"（*The Rise and Fall of the Confederate Government*, 1881, vol. Ⅱ, p. 142）
111. *W.R.*, vol. ⅩⅢ, pp. 496—497.
112. 参见 *Freeman*, vol. Ⅱ, facing p. 138。
113. *The Growth of the American Republic*, Samuel Eliot Morison and Henry Steele Commager (1942), vol. Ⅰ, p. 686.

大事记
工业革命和美利坚帝国的崛起

当法国大革命和拿破仑战争将欧洲封建主义的残余势力铲除殆尽之时,这个世界前所未见的最伟大的革命已播撒下一种新制度的种子——这是一种基于煤、蒸汽和机械的生活方式。美国和法国的革命唤醒了民族主义,滑铁卢会战后的一个世纪,巨大的力量被释放了出来,它将改变世界的面貌,并使战争从格斗大军的狭小斗场上升到洲际战争的庞大战区。早在1825年,也就是在拿破仑最终失败后仅过了10年,我们就发现司汤达在《拉辛与莎士比亚》一书中写道:"1785年到1824年的变化是多么巨大啊!在过去2000年有记录的世界史中,风俗习惯、思想观念和信仰方面可能从未发生过如此激烈的革命。"

司汤达所说的1785年之前,迄今为止一直由蒸汽动力推动的工业革命已孕育了近一个世纪。这场革命可以说是起源于托马斯·萨弗里1698年发明的蒸汽抽水机和托马斯·纽科门1705年发明的空气蒸汽机。可直到1769年,也就是拿破仑和威灵顿诞生的那一年,格拉斯哥的工匠詹姆斯·瓦特才完善了蒸汽抽水机,并于1782年发明了双动引擎。同样在1769年,法国人居纽制造并开动了第一辆蒸汽推动的三轮汽车,1785年出现了埃德蒙顿·卡特赖特的动力织机——随着这项发明的出现,我们才到达了司汤达所说的1785年。

从1785年起,由于蒸汽动力的发展和条铁制造过程中新工艺的引入,英国大踏步向前,并在拿破仑战争期间建立起工业生产方面近乎垄断的地位。1818年6月

2日，海军上将科克伦勋爵（后来成为第10代邓唐纳德伯爵）在下议院指出："若非及时使用了机器，英格兰本来会遭遇灭顶之灾。"

火药作为一种推动剂的出现，引发了一轮创造发明的爆发，这些发明改变了战争技术，使用蒸汽动力作为军队能源革命的一种来源同样如此，它使军队得以利用轮船和铁路实施运动和补给。另外，蒸汽动力还给兵器制造带来巨大进步，并使其大量生产成为可能。

19世纪上半叶，两项杰出的军事发明是火帽和圆柱锥形子弹。1800年发现的雷酸汞为火帽的发明奠定基础，七年后，牧师A.福赛斯申请了雷汞击发药的专利权，1816年，费城的托马斯·肖发明了黄铜火帽。下一项改进出现在1823年，英国第34团的诺顿上尉设计了一种圆柱锥形子弹，这种子弹有个中空弹底，所以在发射时会自动膨胀，并封住枪膛。虽然英国政府拒绝采用这项发明，但法国对此却欣然接受，1849年，M.米尼设计了米尼弹，英国陆军这次予以了采用，并于1851年配发了米尼式步枪。这两项发明彻底改变了步兵战术。前者使滑膛枪全天候可用，并大大降低了不发火的情况，而后者则使来复枪成为本世纪最致命的武器。

火帽使易膨胀的弹壳成为可能，而这种弹壳又使后膛装填系统变得切实可行。这种弹壳通过防止火药气体在后膛泄漏而彻底改变了射击学。首先是1847年出现的针式底火弹壳，然后是边缘发火弹壳，最后是1861年出现的中心发火弹壳。就在其他国家对燧石式和火帽式前膛枪的优缺点争论不休之时，普鲁士王国却在1841年采取了一项大胆的举措，给某些团配发了"德雷泽"后膛装填式来复枪，这种步枪更著名的称谓是"击针枪"，是一款发射纸壳弹的栓动武器。由于火药气体从后膛泄漏，击针枪的有效射程远远小于米尼式步枪，但它可在一分钟内发射七发子弹，而米尼式步枪最快只能射出两发子弹。不过，后膛式步枪的主要优势并不仅仅是装填迅速，还能以匍匐姿势轻松装填，也就是说，步兵在卧倒时仍可装弹。

火炮的发展速度较慢，虽然后膛装填和膛线炮技术早已为人所知，可直到1845年，这两个特征才合而为一，出现在一款有效的后膛装填式膛线炮中。但这种火炮造价太高，没有哪个国家愿意采用，直到克里米亚战争爆发，一些前装式68磅（1磅等于0.454千克）和8英寸（1英寸等于0.54厘米）铸铁滑膛炮才被改成膛线炮。这些膛线炮具有更大的射程和更好的精度，使其对塞瓦斯托波尔的轰击成为"一件非常可怕的事情"，这场战争结束后，所有大国纷纷开始试验后膛装填式膛线武器。

19世纪初获得发展的另一款武器是作战用火箭,实际上它是所有爆炸式推动抛射物中最古老的一种。几个世纪以来,它在亚洲作为一种反骑兵武器得到了广泛应用,1799年,蒂普苏丹围攻塞林伽巴丹期间就曾使用过火箭,这使著名发明家威廉·康格里夫爵士上校产生了改进这种武器的想法。他告诉我们,他制造的火箭重量从2盎司("一种自行式滑膛弹",1盎司约等于28.35克)到3英担(336磅)不等。1806年,威廉·康格里夫的火箭在进攻布格涅期间成功进行了测试,他预计:"事实上,火箭这种兵器注定会改变整个军事战术体系。"这个预言将在第二次世界大战期间应验。

就在这些变化正在进行之际,蒸汽动力以船用引擎和火车头的方式为一种全新的战舰奠定了基础,并为军队开启了大举扩张规模的可能性。虽然桨轮可追溯到罗马时代,是用于水面推进最明显的机械装置,但最早的蒸汽船之一却由弗吉尼亚人詹姆斯·拉姆齐建造于1775年,它以喷水推进的方式驱动:一部蒸汽抽水机在船头吸水,从船尾将水喷出。但詹姆斯·拉姆齐和其他早期蒸汽船设计者与罗伯特·富尔顿相比,未免会显得黯然失色,富尔顿这位年轻的美国人是个非凡的发明天才。1797年,他向法国督政府提交了建造被称为"鹦鹉螺"号"深潜船"的计划,这艘早期潜艇于[1]1801年在布雷斯特港进行测试,她在水下待了约一小时左右。1803年,富尔顿在塞纳河试验了一艘蒸汽船[2],其价值受到了拿破仑的赞赏。1804年7月21日,拿破仑谈及蒸汽驱动船只的计划时写道:"它可能会改变世界的面貌……一个伟大的真理,一个千真万确的事实,就摆在我眼前。"

富尔顿1807年返回美国,建造了改进后的蒸汽船"克莱蒙特"号,她在不到32小时内就从纽约行驶到奥尔巴尼,航程150英里(1英里约等于1.6千米)。而此前,富尔顿还发明过一款鱼雷,1804年9月,基思勋爵对这款鱼雷加以测试,在布格涅港外攻击法国舰队。1813年,富尔顿制造了第一艘蒸汽驱动的战舰"人类精神"号(后来更名为"富尔顿"号)。这艘军舰呈双船体结构,两个船体之间装有一部中置桨轮,以58英寸厚的一条木带加以保护。这艘怪异的船只清楚地表明了有两个问题必须加以改良:比桨轮更可靠的推进系统,以及更简易的保护措施。

螺旋桨的引入解决了第一个问题,瑞典军队的约翰·埃里克森上尉于1836年申请了这项专利,第二个问题的解决方法是用铁甲取代木板——这个方案是贡格列夫于1805年提出的。可直到克里米亚战争期间,法皇路易·拿破仑才下令建造一队可抵御实心弹和开花弹的浮动铁甲炮台。他们共建造了五座以4英寸厚的铁甲提供保护，装有56磅火炮，并配备辅助的蒸汽机械的浮动铁甲炮台。这些浮动铁甲炮台大获成功，不仅证明了建造铁甲船的绝对必要，还因铁甲的使用让引入更大威力的武器成为必然。这种情况逐渐导致海军开始全面配备膛线舰炮。

克里米亚战争结束后不久，法国和英国开始建造他们的第一艘铁甲蒸汽战舰，分别是"光荣"号和"勇士"号。后者长380英尺①，排水量8830吨，引擎输出6000马力②，最高航速14节③，舰上配备的武器包括28门7英寸火炮，装甲板厚度为4.5英寸。

当我们把话题从海洋转至陆地时，就会发现理查德·特里维西克1801年已在英国设计出了第一部切实可行的火车头，而乔治·史蒂文森1825年在斯托克顿与达灵顿之间修建了第一条真正的铁路。虽然发明火车头的是英国人，但率先意识到铁路在战争中的重要性的，却是"产生"克劳塞维茨的那个国家，这绝非巧合。因此，F.W.哈尔科特于1833年指出，若在科隆与明登之间修建一条铁路，在美因茨与韦塞尔之间修建另一条铁路，将极大加强莱茵兰的防御，而C.E.珀尼茨则敦促全面修筑铁路，以抗击法国、奥地利和俄国，从而保护普鲁士。与此同时，极具天赋的经济学家弗里德里希·李斯特指出，普鲁士是个二流军事强国，其弱点在于它位于几个强大的潜在敌国中间，通过修筑铁路，它就能成为强大的国家："它可以在欧洲核心地区形成一个防御堡垒。动员速度、部队从国内腹地迅速开赴边境周边，以及铁路运输其他显而易见的'内线'优势，将使德国比其他任何一个欧洲国家占据更大的相对优势。"

1833年，此时尚未铺设一条铁路，这个了不起的人就为德国设计了一个铁路网，它与德国今日的铁路网并无太大出入，13年后，也就是李斯特自杀的那一年，普鲁士有一个超过1.2万人的军首次通过铁路实施了大规模调动，携带马匹和火炮开赴克拉科夫。这场试验结束后，普鲁士总参谋部对铁路的军事价值展开了一场全面调查。1848至年1850年革命动乱期间，虽说普鲁士在铁路运输方面掌握

---

① 译注：1英尺等于30.48厘米。
② 译注：1英制马力约等于0.75千瓦。
③ 译注：1节约等于时速1.85千米。

了更多经验（奥地利和俄国同样如此），可直到1859年法意战争爆发，部队经铁路运输的方式才真正得以确立。因此可以说，乔治·史蒂文森的天才使克劳塞维茨的"全民皆兵"理论获得了生命，倘若没有铁路，19世纪下半叶的庞大军队根本就无法得到补给。

约米尼[3]评价这些到1836年已取得进步的变化时称，战争将变为"大量兵力之间一场血腥、毫无理性的斗争，双方配备的武器具有难以想象的威力。我们可能会再次经历公元4世纪那些人的战争，我们也许会被迫再次过着匈奴人、汪达尔人、鞑靼人统治时期的生活"。他进一步指出，除非各国政府联合起来，禁止那些毁灭性发明，否则步兵们就将被迫"恢复中世纪使用的护甲，若没有这种护甲，一个营没同敌人交战便已覆灭。士兵们浑身甲胄，就连马匹也需要同样的保护"。

不过，工业革命带来的变化之大，远远超出了约米尼的预计。手工劳动的古老基础很快被连根铲除；被赶出家园和乡村的劳动者被编入各个工厂，而这些工厂则成为国家财富的源泉和社会革命的温床。

普遍的贫困造成了庞大的移民运动，一场名副其实的民族大迁徙（Völkerwanderung）发生在1831年至1852年期间，300多万人离开英国和爱尔兰前往美国，许多无法出行者转而投入了社会主义的怀抱，这是工业革命所孕育的一种新信仰。

这个权力时代的精神缔造者是三位"卡尔"[①]——克劳塞维茨、马克思和达尔文。克劳塞维茨在他的《战争论》（1832年出版）中主张回归斯巴达主义，该主义要求把国家变为一部战争机器；马克思在《共产党宣言》（1848年出版）一书中，将他的社会理论建立在阶级斗争的基础上；达尔文在《物种起源》（1859年出版）一书中认为冲突永无休止，适者生存，从而以这种假说将整个末日愿景带至顶峰。这三人都是大规模斗争的先知：一个在战争方面，一个在社会生活方面，另一个则在生物学方面。

当机器时代到来时，普遍共识是它预示着一个和平时代，但各国之间的尖锐分歧造成了矛盾，并导致民族主义的加剧，随着欧洲大陆外的国家开始实现工业化，

---

① 译注：或查尔斯，因德文Karl等同于英文Charles。

这个问题便开始在全球范围内蔓延。从有限战争走向总体战和极权主义的道路,成为隐藏的时代哲学。

第一场毫无限制的工业化战争是美国的内战。这是蒸汽时代的首次大规模战争,北方各州(或称之为"联邦")的目标是对方无条件投降,也就是说赢得全面胜利。因此,其性质犹如一场十字军东征,正因为如此,再加上它把工业革命的军事发展投入测试,因而揭开了战争史上的全新篇章。

当法国革命和拿破仑战争进行之际,一个新的帝国开始在北美大陆形成。与法国革命一样,美国革命也把扩张视为"昭昭天命",是革命的产物。印第安人的领土被吞并,各个新州迅速成立。1803 年,美国以 1125 万美元的价格从法国手中购买了路易斯安那的大片土地,这使美国的国土面积翻了一倍。1819 年,美国又从西班牙人那里购买了佛罗里达,国土面积进一步增加。

购买到路易斯安那后,美国便同西班牙在美洲的属地接壤,因而与西班牙人摩擦不断。1821 年,墨西哥宣布脱离西班牙独立,1822 年,哥伦比亚、智利、秘鲁和阿根廷也纷纷独立。由于门罗总统担心某些欧洲列强有可能占领这些新生共和国中的一个或多个,遂于 1823 年 12 月 2 日在提交国会的年度咨文中宣布了三项原则,也就是后来所说的"门罗主义"。简而言之,这些原则将美洲留给美洲人,从而把日后的欧洲殖民统治彻底排除出了整个西半球。因此,这是一项总体性政策。

就这样,一种新的扩张方式应运而生——以保留的方式确保扩张。欧洲人对土地倍感饥渴,可他们却被排除在整个新世界之外,那里的大批土地被束之高阁,并最终留给美国实施经济开发。

1836 年,美国人与墨西哥人之间因德克萨斯产生的摩擦引发了德克萨斯战争,1846 年又爆发了美墨战争,通过这场战争,美国不仅吞并了德克萨斯,还获得新墨西哥、亚利桑那、加利福尼亚、内华达、犹他和科罗拉多的一部分,这些地区后来都成为美国的新州,其面积与美国人购买的路易斯安那地区相近。同时,美国还通过与英国签订的条约获得了俄勒冈地区(即后来的华盛顿、俄勒冈和爱达荷州)。1853 年,美国与墨西哥进行了加兹登购地,这样一来,美国当时的领土,除阿拉斯加外[4],已与今天的面积相当。

因此,仅用一代人的时间(1783 年至 1853 年),一个庞大但相当空洞的帝国诞生了，随着它的扩张，随之而来的问题不是如何保护它，而是如何阻止内部的压力和冲突破坏它。多年来，美国南方和北方各州的政治立场一直都存在较大差异，前者看重种植和蓄奴利益，而后者则重视商业、运输和经济利益；前者多为农民和债务人，后者则多是资本家和债权人。独立战争结束后，代表前者的是托马斯·杰斐逊领导的共和党人（即后来的民主党人），代表后者的是亚历山大·汉密尔顿领导的联邦党人（即后来的共和党人），随着边境线向外推移，两个党派之间的裂痕越来越大。

这些不同的利益所引发的纷争，主要原因是治理各州的宪法在政治上缺乏控制力。当初制定这部宪法是为控制一大批松散行政区，因而完全不足以维系一个快速发展的帝国的内部凝聚力。

这部宪法源于邦联的破裂，宪法中的条款已于1777年达成一致。原先的邦联不过是个"坚定的友好联盟"而已，每个州都遵循自己路线，国会无权征税，也无法管制各州与外国或各州之间的贸易，更无法强迫各州遵守其法令。1787年，乔治·华盛顿在费城主持召开了一场会议，考虑制定一部联邦宪法。主导会议的亚历山大·汉密尔顿提出了一个两院制立法机构：一个参议院，一个众议院。参议院掌握宣战的唯一权力，众议院负责铸币、监管贸易、征收税金、关税、捐税和消费税、偿付国债，以及为国家的共同防务提供经费。这些提案于1788年7月获得通过。

当这一重大改变发生之时，适逢法国大革命爆发，欧洲各国为此忙碌了整整20年，这就使美国人得以专心考虑他们的国内事务。在这段动荡和战争的间隔期，他们越来越多地受到经济革命的影响，这种革命同时发生在南方和北方各州。南方，伊莱·惠特尼发明的轧棉机彻底改变了棉花贸易。其结果是南方的棉花种植者占据了政治优势，在经济和政治方面与北方的分歧越来越大。南方各州的贸易非常简单，而北方的贸易却变得越来越多样化——这是源于他们在欧洲持续20年的战争期间所享受到的不断增长的贸易利润，这场战争给新英格兰和其他商业州带来了繁荣，另一方面也是因为1807—1812年、1812—1815年与英国发生战争期间遭受的长期禁运迫使他们实施工业化。

对于北方各州来说，保护他们幼小的工业，以免被欧洲竞争对手吞没，关税至关重要；而南方各州则必须销售他们越来越多的棉花作物，此时关税就成了个大麻烦。因此，这种差异迅速导致了分离的要求，1828年1月颁布"可增关税"后，危机到达了顶点,查尔斯顿港的船只降下半旗以示愤慨。

1828年,佐治亚州给各反关税州发出了一份长长的备忘录,1829年,密西西比州主张抵制关税,弗吉尼亚州决定废除关税。1832年,国会取消了一大批进口货物的关税,但此举却导致风暴愈演愈烈。南卡罗来纳州立即召开州党代会,并在会议上宣布1828年的关税法和1832年的修正案无效。次年3月,双方终于达成妥协,这场争取州权的斗争,其第一阶段落下了帷幕。

当这番争执从经济问题发展到政治问题后,没过多久便转至了道德方面,争执双方开始密切关注奴隶制的是非曲直。1781年至1804年,北方各州已废除奴隶制。到了1819年,在当时的22个州中有11个是自由州,而另外11州个是蓄奴州。同一年,众议院投票决定让密苏里成为一个新州时,麻烦出现了。密苏里是自由州还是蓄奴州?不论哪种情况,北方与南方之间的平衡都将被打破。双方最终达成妥协:密苏里作为一个蓄奴州获得承认,但同时也承认缅因是个自由州,以此保持平衡。此举纯属临时性举措,并没有解决问题。约翰·昆西·亚当斯也持这种看法,他在日记中写道:"我认为现在的问题仅仅是一部庞大的悲剧著作的扉页。"

作为一个道德问题,这番争执具有一种宗教意义,当州权被包裹上一层难以定义的政治神秘主义外衣之后,这个问题可以永久争论下去,但却永无解决的希望。

1829年,黑人戴维·沃克出版了一部名为《沃克呼吁书》的小册子,他在小册子里称赞黑人比白人更勇敢,并鼓励前者奋起反抗。于是,弗吉尼亚州爆发了一场奴隶起义,据悉这场起义应归因于沃克的小册子和波士顿的《解放者》报,该报的主编是威廉·劳埃德·加里森,他的追随者被称为"废奴主义者"。南方各州要求对他们加以打压,可是,虽然反蓄奴集会被取缔,黑人学校遭关闭,但反蓄奴宣传品仍然继续涌入南方各州。就这样,争执不断加剧,但其间因德克萨斯起义、德克萨斯问题和墨西哥战争而中断了一段时间,正如我们所知的那样,美墨战争使美国又获得了数十万平方英里①的土地。国土的增加,加之1848年在加利福尼亚发现黄金,进一步加深了北方与南方之间的裂痕。

黄金的发现在美国新近获得的整片领土中引发了激烈的社会动荡。劳动者离开

---

① 译注:1平方英里约等于2.59平方千米。

他们的土地，零售商放弃了店铺，海员们弃船登陆，士兵们走出兵营，纷纷赶去圆他们的淘金梦。威胁和惩罚都无法让人们履行他们的法定义务。由于国会尚未在加利福尼亚建立政府，当地人便自行成立了一个政府。1849年9月，他们在蒙特利召开会议，起草了一份自由州宪法，并正式申请加入联邦。此举遭到南方各州的激烈反对，因为这会破坏自由州与蓄奴州在参议院的势力均衡。尽管如此，在经过一连串辩论后，双方还是于1850年达成妥协。但这种妥协没能解决任何问题——新领土上的奴隶问题并未得到解决，而这些地区迟早会升级为州。所以，在经济和人口方面，南方停滞不前，而北方却在继续扩张，西部的开发犹如打开了一道闸门，使后者得以涌入未开发的地区。

在此期间，法律论据以外的变化也使争论双方渐行渐远。每年都有成千上万的移民涌入美国，他们很少关注政治，而更关心如何获得财富。一英里接一英里，铁路线每天都在延伸。1840年至1850年，铁路铺设了6000多英里长。而且，1844年莫尔斯电报也开始被使用。但南方各州不仅没有发展，反而有所萎缩——他们的许多公民都迁移到北方和西部。

北方反对的并非奴隶制的实际存在，而是奴隶制有可能扩展到新地区。因此，只要后一个问题悬而未决，双方的争执就会继续下去。由于贸易萧条，这种争执在詹姆斯·布坎南的总统任期内（1857年至1961年）到达顶点。1858年，一个籍籍无名的人物，亚伯拉罕·林肯，出现在"舞台"上。他在与斯蒂芬·A.道格拉斯竞争伊利诺伊州参议员席位时，对这个亟待解决的问题发表了深入浅出的讲话，全州民众为之首肯，他大声疾呼："裂开的房子是站不住的。我相信这个政府无法忍受半奴隶半自由的状态。我不期望房子倒塌，我希望它不再分裂，它要么变成一种东西，要么变成另一种东西。"

在接下来的1858年5月，明尼苏达自由州加入联邦。1859年，俄勒冈自由州紧随其后加入联邦，自由州与蓄奴州之间的平衡被彻底打破。现在，妥协终于走到了终点，不可避免的冲突则加速进行。10月16日晚，狂热的废奴主义者约翰·布朗率领20来名追随者，占领了弗吉尼亚州哈珀斯渡口的军火库，就此发动了一场奴隶起义。虽然他很快就被处以绞刑，而他的目的也没能达到，但这一事件还是导致南北双方的争执白热化。因此，无论是否加入联盟，反奴隶制运动都不得不死战到底。

1860年11月6日总统大选时的情况就是这样的，当时的四位候选人是贝尔、布雷肯里奇、道格拉斯和林肯。林肯当选实际上完全靠联邦18个自由州的选票，他没能获得南方的选票。这个结果无异于向南方宣布，他们延续奴隶制的梦想已告破灭，北方在政治权力平衡中占据了上风。

随之而来的事情发生在12月20日，南卡罗来纳州通过了"脱离联邦法令"。佐治亚州、亚拉巴马州、密西西比州、佛罗里达州、路易斯安那州和德克萨斯州纷纷效仿。他们召集民兵，占领设在南方各州的联邦军事基地、军火库和海关，夺得了1000门火炮和11.5万件兵器。1861年1月5日，一群代表棉花州（也就是亚拉巴马州）的参议员在华盛顿起草了一份革命纲领，并号召在亚拉巴马州蒙哥马利召开会议，组织一个脱离联邦各州的邦联。

2月4日，脱离派代表在蒙哥马利国会大厦召开会议，并成立了一个临时政府，即所谓的美利坚联盟国，杰斐逊·戴维斯出任总统。一个月后，时年51岁的林肯向南方各州发出最诚挚的呼吁，他在结尾时说道："我这些心怀不满的同胞啊，内战的重大问题掌握在你们手中，而不在我手中。你们不当侵略者就不会发生战争。"

注解

1. 1776年，戴维·布什内尔发明了一艘龟形潜艇，美国独立战争期间，他驾驶这艘潜艇潜至英国战舰"鹰"号下方，试图将一枚鱼雷装到英国战舰底部，但由于判断失误，他的行动失败了。
2. 第一艘实用的蒸汽船是"夏洛特·邓达斯"号，它于1802年在福思湾试航成功。第一艘横渡大西洋的蒸汽船是美国人1819年制造的"萨凡纳"号。
3. 亨利·约米尼男爵，瑞士军事作家。他作为一名上校在拿破仑麾下服役，并担任内伊元帅的副官。1813年后，约米尼以中将军衔在俄国军队服役，并担任沙皇的副官。
4. 1867年，美国从俄国购买了阿拉斯加州。

围攻维克斯堡和查塔努加战役，1863年

第二章

维克斯堡坐落在密西西比河左岸,为攻克该要塞,格兰特必须在其北岸或南岸建立一座作战基地。虽然他充分意识到了南部接近地的优势,但在冬雨结束、洪水消退前却无法作此尝试。可由于北方联邦的政治局势极不稳定,格兰特也不能按兵不动,他必须做点什么。[1]就像格兰特自己说的那样,他被迫"展开一连串尝试,借此消耗时间,并转移敌军、我军和公众的注意力"。他又指出:"至于这些尝试能否取得成功,我本人并不抱太大信心。尽管如此,我总是做好准备,倘若这些尝试能取得成功,便对其加以利用。"[2]

在这些尝试中,较为重要的是打开亚祖河隘口;取道斯蒂尔支流和迪尔溪接敌;挖掘一条从密西西比河通往普罗维登斯湖的运河,并打通米利肯河曲部南面的朗德维支流。

我们不打算详细阐述这些行动。格兰特的所有尝试都很艰难,耗费了大量人力,而且均以失败而告终,没能实现攻克维克斯堡的目的,但无疑使格兰特的军队得到出色的训练。

格兰特在杨格点接掌指挥权的次日,詹姆斯·H.威尔逊将军向格兰特的参谋长罗林斯将军提出建议:"取消所有挖掘运河的计划。在夜幕掩护下,让炮舰和运输船驶过敌军炮台。部队经陆路行进到下游河岸,再用舰队把他们运至河流东侧,他们在那里应该能找到一个安全的登陆场,并有一条干燥的道路通往河流后方高地。完成登陆后,他们就朝内陆推进,驱散敌军,从后方夺取维克斯堡。"[3]

罗林斯向格兰特汇报了这个计划,虽然谢尔曼认为这项计划不切实际,但格兰特对此却不置可否。事实是,他现在绝对不能冒险,甚至不能承认这是唯一合理的计划,也是他打算在洪水消退后直接采用的行动方案。他不能这样做的原因是,这不仅是威尔逊的计划,也是他本人的方案[4],倘若仍在负责维克斯堡防务的彭伯顿获悉他意图使用的这条进军路线,肯定会做好相应准备。目前从事的所有支流作战中,虽然有一些战斗相当激烈,但也不过是虚张声势而已,这样一来,待他真正展开行动时,可能会令彭伯顿猝不及防。

西面对格兰特行动迟缓的不满越来越强烈。有传言说,他的部队因患疟疾死了好几千人,巴多写道:"人们说他毫无天赋,精力也不够充沛。还说他一再受挫的计划出自一个完全不适合这种考验的大脑。他的坚韧是顽固的固执,他的耐心则是愚蠢的迟钝。"[5]可是,一个未曾谋面的朋友却始终对他支持有加,这个朋友就是林肯。在旁人催促召回格兰特时，总统会转过身来认真答道："我不能召回这个人，他会打仗。"[6]

到3月底，政治上的需要使进军维克斯堡成为重中之重，随着密西西比河水在路易斯安那州河岸的下降，格兰特决定将他的集团军调至要塞南面。他在4月4日写信给哈勒克：

> 米利肯河曲部和这一点（杨格点）附近的河道上有许多支流，可供驳船和小型

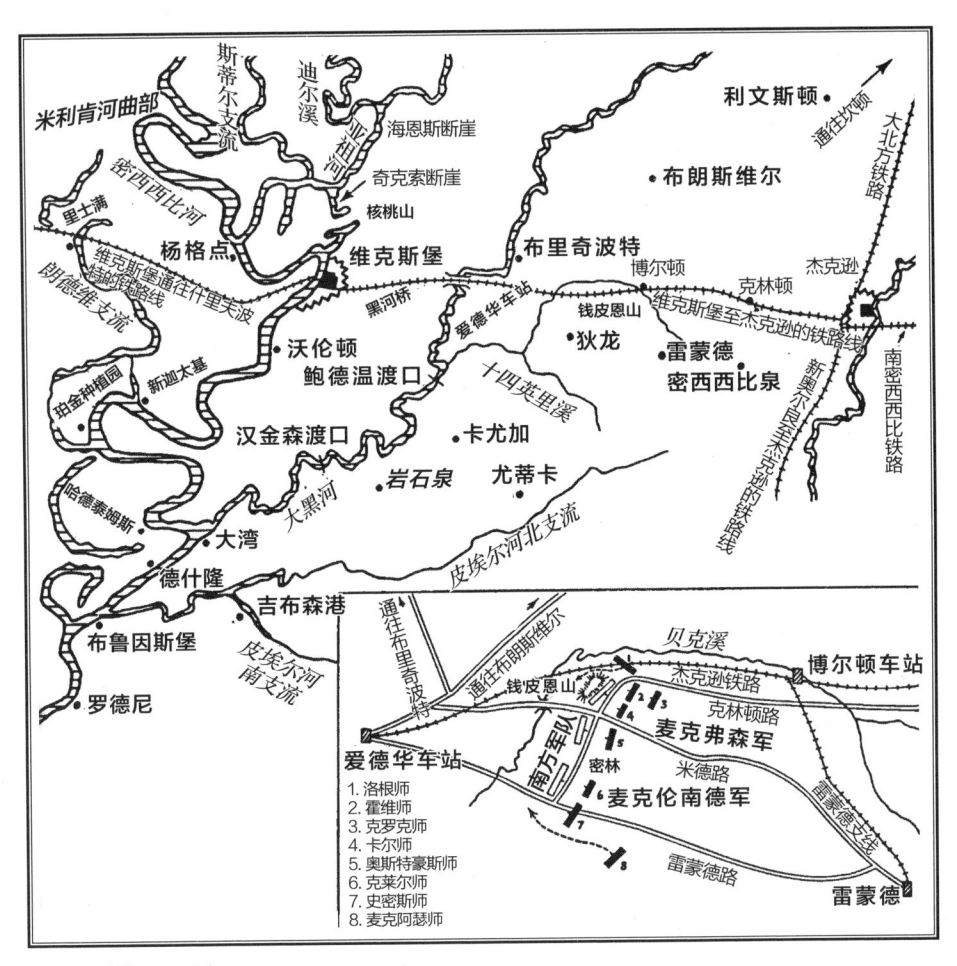

维克斯堡会战，1863年

蒸汽船通行，绕过里士满直抵新迦太基。我们正在展开疏浚工作，以便挖一条运河通入这些支流。我正准备以手头所有空煤船和其他驳船运送部队和炮兵，并写信给艾伦上校，要求他提供更多船只，外加拖曳这些船只的6艘拖船。有了这些船只，就能很容易的把补给物资运至新迦太基及其南面的任何一处。

我期望的是海军舰队的部分力量驶过维克斯堡炮台，而陆军则使用这条新路线通过。一旦到达那里，我将赶往沃伦顿或大湾，后者的可能性更大。从这两处都有良好的道路通往维克斯堡，另外，还有一条出色的道路从大湾通向杰克逊和黑河桥，而不必渡过黑河……我会集中部队，确保自己的补给线不被切断，也不会在公平战斗以外的情况下被击败。[7]

格兰特的下属指挥官谢尔曼、麦克弗森、洛根获知这项计划后，都大加反对；谢尔曼断言夺取维克斯堡的唯一办法是从北面展开行动，这就意味着要返回孟菲斯。但格兰特知道政治形势不允许他往回走。虽然他麾下约有9.7万名官兵[8]，可只有5.1万人部署在维克斯堡附近。这些官兵被编为三个军，每个军1.7万人左右：麦克伦南德指挥第13军，谢尔曼率领第15军，詹姆斯·B.麦克弗森统辖第17军。同格兰特对峙的彭伯顿将军所掌握的兵力与之相近[9]，具体部署如下：1.3万人据守维克斯堡，4000人位于海恩斯断崖，9000人驻扎在维克斯堡与吉布森港之间，5000人在杰克逊，1万人部署在密西西比州，还有1.1万人在哈德孙港。

4月6日，麦克伦南德军占领新迦太基，随之开抵的是麦克弗森军，最后是谢尔曼军。但为了迷惑敌人，谢尔曼军辖内的斯蒂尔师被派往上游150英里处，穿过迪尔溪地区大肆活动，而格里尔森上校则率领1800名骑兵穿过密西西比州实施一场600英里的远程奔袭。[10]

这两场伴动彻底迷惑住了彭伯顿，他向里士满报告，敌人在不停地运动，格兰特的主要努力是针对迪尔溪，敌军已沿密西西比河西岸向南开进的传言并不可信。

4月16日晚，舰队司令戴维·D.波特以7艘铁甲舰掩护一支内河蒸汽机船拖曳的驳船队穿过维克斯堡炮台。4月20日，向南开进的最终命令下达，麦克伦南德军形成右翼，麦克弗森军居中，谢尔曼军构成左翼。两天后，满载口粮的第二支船队顺利驶过要塞炮台。

4月24日，格兰特侦察大湾，四天后，麦克伦南德军集结在珀金种植园，4月

29日，该军从这里运往哈德泰姆斯。他们在那里登陆，然后重新登船，准备赶往大湾。波特随后开炮轰击要塞炮台，由于这场炮击效果不佳，格兰特决定让他的部队再次登陆，并在夜色掩护下派运输船驶过要塞炮台。4月30日清晨，麦克伦南德军和麦克弗森军辖内一个师在德什隆重新上船，并在布鲁因斯堡的河东岸登陆。与此同时，谢尔曼以布莱尔师和8艘炮舰对海恩斯断崖展开激烈的佯攻，以此分散彭伯顿的注意力。

在这场登陆实现后，格兰特写道：

> 我感到一种此后再也没有体会过的放松。维克斯堡确实还没有被攻克，守军也没有因为我们先前的行动而士气低迷。我身处敌占区，我和我的补给基地间隔着一条宽阔的河流和戒备森严的维克斯堡。但我置身于干燥的土地上，和敌人在河流的同一侧。从去年12月至今，我们经历的所有战斗、辛劳、艰难困苦、日晒雨淋，都是为了实现这个目的。[11]

四个月来的诡计和佯动，同沼泽、支流、森林展开的斗争，所耗费的精力在这场战争中前所未见，而这一切都是为掩护这场登陆。彭伯顿彻底受骗。他的兵力分散在大湾与海恩斯断崖之间；他的左翼防御薄弱，第一批进攻军队已将其迂回。到5月1日凌晨2点，麦克伦南德的先遣师已向布鲁因斯堡以东推进了8英里。他们在那里同敌人发生接触，对方企图将格兰特的推进阻挡在皮埃尔支流，直到援兵从维克斯堡开抵。可这种希望纯属徒劳，因为吉布森港的战斗已在拂晓时打响，南军右翼遭到迂回，他们随后向北退却，麦克弗森展开了追击。5月3日，麦克弗森将敌军逐过大黑河，其结果是，后方遭到威胁的大湾不得不进行疏散。北军因而夺得了一个登陆场，格兰特遂将他的作战基地从布鲁因斯堡前移到大湾。

格兰特现在面临着战争史上一个困难的例外。他在敌军战区作战，敌主力位于他设在孟菲斯的补给基地与大湾的作战基地之间。虽说北军舰队控制着密西西比河，可他的补给线并不稳固，因为每支运输船队都不得不驶过维克斯堡炮台。维克斯堡不仅防御强大，而且还通过铁路线与杰克逊相连，杰克逊位于东面45英里处，是个重要的交通枢纽，很可能迅速获得加强。所以，存在这样一种危险——倘若南军把一支军队集结在杰克逊，那格兰特就很容易遭到两面夹击。

虽然彭伯顿的兵力处于严重劣势，但从所有战争规则看，他的处境都绝非毫无希望；他的敌人在敌对区域作战，可能不得不派遣大股力量掩护他们脆弱的补给线。另外，这片地区崎岖复杂、林木茂密，非常适合防御作战。将格兰特阻挡在维克斯堡，同时在杰克逊集结一股力量，对彭伯顿而言似乎不是一项艰巨的任务。

格兰特的困难则恰恰相反，实际上很难想象出比这更危险的处境了。他整个战略的胜负都取决于补给问题。起初他建议派出 1.5 万人[12]，配合班克斯将军夺取哈德孙港，然后把他的补给基地从孟菲斯迁至新奥尔良。可获悉班克斯要到 5 月 10 日才能展开行动后[13]，因为时间因素的重要性，他说道："所以我决定不再等待班克斯，独自展开行动，不依靠我的基地，从维克斯堡后方消灭叛军，包围或夺取这座要塞。"[14]也就是说，他将从后方攻击敌人，同时不留下后方给敌人攻击。这个决定令彭伯顿深感困惑，他完全没看清格兰特这项大胆的策略，因为他无法相信格兰特敢在交通线未得到确保的情况下向前推进。因此，他以自己的行动为准绳，认为格兰特会像普通将领那般行事。

除了格兰特相关决定的战略稳健性之外，只要他的军队还能吃饱饭，政治局势也会要求他分秒必争。钱瑟勒斯维尔战役刚刚结束，倘若格兰特不抓住一切机会立即采取行动，他就会被召回，他的这个集团军也将被解散，因为华盛顿已对李将军的大胆机动惊恐不安。事实上，哈勒克获知格兰特的举动后[15]，立即命令他折返并同班克斯相配合。对格兰特来说幸运的是，开罗以南没有电报线，当这道命令送达时，他已展开行动了，所以无法奉命行事。"倘若哈勒克这位总司令能与他的下属取得联系，那么，维克斯堡战役可能就永远不会发生了"。[16]

格兰特此时的处境如下：他认为当面之敌两倍于己。他知道联邦政府因胡克在钱瑟勒斯维尔的失败而惊慌失措，肯定会对他不仅深入密西西比的荒野，还在面对两股敌军（一股敌军据守强大的要塞，另一股敌军则依托着重要的铁路枢纽）时不依靠自身交通线的消息震惊不已。另外，他的军队也缺乏适当的运输工具，"……弹药补给队由精致的马车和农用大车组成，一辆辆大车上附有搭载棉包的货架——事实上，在种植园内找到的每一部车辆，无论过去是用于工作还是消遣，现在都为军队所用。这些车辆作为装备可谓不伦不类，由牛和骡子拖曳，它们套着耕犁、挽具、草轭或绳索"。[17]

4 月 29 日，格兰特已命令谢尔曼停止对海恩斯断崖的佯攻，全速赶往哈德泰姆斯。5月3日，他指示谢尔曼以120辆车组织一支补给队[18]，通过摆渡将其运至大湾，从那里的运输船上接运10万份口粮。这将为谢尔曼军提供五日份口粮，为麦克伦南德和麦克弗森军提供两日份口粮[19]——后两个军已携带了三日份口粮。这就是格兰特打算携带的所有口粮。

谢尔曼提出忠告。在他看来，仅凭一条道路根本无法为整个集团军提供补给。他敦促格兰特"命令所有部队停止前进，待获得大车提供的部分补给后再尽快发起行动，因为这条道路肯定会被堵塞"。[20] 格兰特回复道："我并不指望集团军从大湾获得全部口粮。我知道这一点无法实现，除非修筑更多的道路。可我期待的只是获得硬面包、咖啡、盐这些口粮，其他的就地筹措。"[21]

一旦在吉布森港踏上陆地，格兰特又将作何计划呢？最明显的路线是径直攻往维克斯堡，任何一位才能平庸的将领无疑都会这样做。但格兰特却不是这样人。他知道格雷格率领的一支南军集结在维克斯堡东面和东北面（但他不知道这支军队的确切实力）。如果他攻往维克斯堡，这支南军肯定会赶去增援，那么他可能就会陷入寡不敌众的境地。因此，他决定在两股敌军会合前暂时不推进到他们之间，而是攻往杰克逊，从而把维克斯堡东面的南军引至这个重要的交通枢纽，抢在彭伯顿从维克斯堡要塞赶来增援前击败这股敌军，尔后破坏杰克逊的铁路线。此举将确保他在进攻维克斯堡时后方无忧，同时还可以切断维克斯堡与其补给基地间的联系。简而言之，他的想法（还称不上计划）是对维克斯堡交通线实施机动，从而孤立这座要塞，并消灭那些有可能对自己后方采取行动的敌军。

成功与其说是取决于胆魄，倒不如说是取决于执行速度，所以我们能看出格兰特的急电中充满了紧迫性。他在5月3日发给谢尔曼的命令中写道："我认为没必要提醒你快速行动的至关重要性。"[22] 5月5日他写信给赫尔伯特："把劳曼师派往米利肯河曲部……让他们按旅行进，全速运送。"[23] 他告诉大湾的军需人员："决不能因为缺乏干劲或手续而耽搁。"装载工作"不必理会申请单或回执"。他还命令身边一名参谋："监督大湾的军需人员装载这些大车……为确保这方面的最快速度，以我的名义下达命令也许很有必要……每耽搁一天等于给敌人增加2000名兵力。"5月6日他又催促道："以最快的速度前运口粮……有多少支队伍用于装载口粮和前运工作？我想尽可能准确地知道，我们为补给工作采取了哪些具体措施。你们已把多少辆大车渡过河来？尚未渡河的大车还有多少？哪些队伍已回去运载口粮？"[24]

格兰特旺盛的精力激励了他的部下，直到相关活动产生感染力。麦克弗森前出到汉金森渡口掩护左翼，每天都外出侦察，察看道路和相关地区，征粮队在农作物区四处活动，竭力搜罗粮食。

格兰特的计划是以左侧的大黑河来充当战略性侧翼，并以此作为一面盾牌；谢尔曼军和麦克伦南德军借此为掩护，前出到爱德华车站与博尔顿之间的维克斯堡—杰克逊铁路线，而麦克弗森军取道尤蒂卡赶往雷蒙德，尔后攻向杰克逊。

他们5月7日开始进军，5月12日，谢尔曼和麦克伦南德到达"十四英里溪"。麦克弗森在雷蒙德以西两英里处遭遇了格雷格一个旅，在击退了这股敌军后，他在镇郊宿营。格兰特现在到达了他所希望的位置，他的左翼倚靠着大黑河，右翼因格雷格的失败而获得确保。

虽然格兰特的南进并未出乎彭伯顿的意料，但他似乎认为这不过是另一场佯动而已。待他获悉格兰特已登陆后，便于5月1日致电约翰斯顿求援。[25] 约翰斯顿命令他调集所有兵力对付格兰特，而杰斐逊·戴维斯却认为这不过是一场袭击[26]，因而指示他坚守维克斯堡和哈德孙港。这些命令相互矛盾，但因为彭伯顿认为格兰特必然会在几天内退兵，以便补充他的物资补给，所以更倾向于执行第二道命令。彭伯顿决心坚守大黑河一线，这样一来，待机会出现时，他就可以打击格兰特的补给线（实际上并不存在这种补给线），并确保维克斯堡—杰克逊铁路线的畅通——这是他自己的交通线。

5月3日，彭伯顿把他的主力集结在维克斯堡与大黑河之间。5月11日他命令格雷格，若遭到攻击就退往杰克逊；可如果格兰特攻往爱德华车站，则应打击其侧翼和后方。正如我们所知的那样，5月12日，格雷格在麦克弗森的逼迫下选择了一条路线。次日，彭伯顿命令麾下三个师（博文师、劳瑞师、史蒂文森师）5月14日攻往爱德华车站。5月13日晚，约翰斯顿从图拉荷马赶至杰克逊，待他发现铁路线已被谢尔曼占领时，不得不致电里士满："我到得太晚了。"[27] 他命令彭伯顿从后方攻击格兰特。他写道："我已到达，并获知谢尔曼少将位于我们之间……重新建立联系至关重要，这样便可为你提供增援。可能的话，立即对敌身后施以打击。这里的部队可给予配合……时间非常重要。"[28] 彭伯顿仍认为，只要自己打击格兰特的补给线，对方必然后撤，因而没有理会约翰斯顿的命令，并告诉后者，5月17日清晨，1.7万名士兵将开赴狄龙，"目的是切断敌人的交通线，迫使他们对我发起进攻"。[29]

在此期间，5月12日，麦克弗森军奉命赶往克林顿，炸毁那里的铁路线，而谢尔曼和麦克伦南德集结在雷蒙德。这些机动是为攻占杰克逊所做的准备，正如格兰特所说的那样："因为我最终是想围攻维克斯堡，所以我必须先切断外界对该要塞的一切援助。因此，我决定迅速奔赴杰克逊。"[30] 虽然5月13日夜间和次日上午大雨倾盆，但格兰特仍全速前进。

5月14日，麦克弗森从克林顿开赴杰克逊，谢尔曼也从密西西比泉赶往杰克逊，而麦克伦南德则派出一个旅前往克林顿并占领雷蒙德，借此掩护前两个军之后方。进攻杰克逊的行动起初因降雨而延误，因为他们不敢打开弹药箱，生怕雨水对弹药造成破坏。上午11点，战斗终于打响，到下午4点，这座小镇已落入北军手中。

约翰斯顿被逐出杰克逊后撤往坎顿路，他于5月15日写信给彭伯顿："现在唯一能让我们合兵一处的办法是你直接攻往克林顿，请通知我，我这里也许可以率领6000名士兵到达那里。"[31]

南军目前的状况有些滑稽可笑：约翰斯顿向北而去，企图同彭伯顿会合，而彭伯顿则从爱德华车站向东面和东南面进击，意图切断想象中的敌军交通线。5月14日晚，彭伯顿有9000名士兵据守维克斯堡，这座要塞并未受到威胁，另外1.4万人则赶往爱德华车站；约翰斯顿率领1.2万名士兵位于卡尔霍恩附近，另外1万名援兵正在赶来与他会合的途中。因此，虽然南军的总兵力有4.5万人，但却分成了三股，而北军与之相当的力量却集中在一起，并做好了以压倒性兵力打击任何一股敌军的准备。彭伯顿5月15日晚赶至雷蒙德附近，在那里收到了约翰斯顿要求合兵一处的第二道命令，因此，他放弃了进攻格兰特并不存在的交通线的打算，决定转身向北。

对约翰斯顿和彭伯顿来说不幸的是，约翰斯顿5月13日的急电是由三名传令兵分别传递的，而其中一人恰巧是参加南军的北军降卒，他带着命令副本投奔麦克弗森，后者于5月14日傍晚将这道命令转发给了格兰特。格兰特认为彭伯顿会执行这道命令，从爱德华车站赶去同约翰斯顿会合，因而立即为5月15日的行动下达了命令：麦克弗森返回博尔顿，并"尽一切努力赶到那里"；谢尔曼军（欠布莱尔师）留在杰克逊并炸毁铁路线。[32] 傍晚前，格兰特已将3.2万名士兵集结在博尔顿与雷蒙德之间，当晚，他把司令部设在了克林顿。

5月16日清晨，彭伯顿通知约翰斯顿，由于他认为自己无法继续赶往克林顿了，所以决定返回爱德华车站，并取道布朗斯维尔路。与此同时，格兰特从维克斯堡—杰克逊铁路线上的两名工人那里获知，彭伯顿昨晚已率领2.5万人的军队向东而去，因而命令调动谢尔曼军辖下的斯蒂尔师，该师的行程用不了一个小时。麦克弗森军位于右侧，他决定取道克林顿路赶往钱皮恩山；麦克伦南德军位于左侧，沿米德路和雷蒙德路奔向爱德华车站。清晨7点30分，前哨战爆发时，格兰特策马向前，赶去加入麦克弗森军，随后命令麦克伦南德军向前推进并发起攻击。

彭伯顿据守的阵地的防御力相当强大，不仅其正面控制着三条道路（格兰特3个先遣师就沿这些道路前进），左翼还获得了钱皮恩山、贝克溪、一些陡峭的峡谷、林地和大量灌木丛掩护，就像格兰特所说的那样："即便无人据守，部队也很难通过。"这种困难很快就变得更加突出。对其加以研究很有启发性，因为它解释了一年后在弗吉尼亚荒野丧失了许多机会的原因。

虽说雷蒙德路上的史密斯师率先同敌人遭遇，但该师的进展慢得可怜，而米德路上的奥斯特豪斯师也好不到哪里去。这些师面对的敌军实力较弱，但据有地理优势，倘若麦克伦南德下令发起冲锋，也许能在几分钟内肃清他的正面。但由于地面上林木茂密，无法确定敌军实力，他只能极为谨慎地摸索前进，一整天都没能发挥自己的实力优势。与此同时，右侧的霍维师已被卷入近战之中，为掩护其右翼，洛根师越过该师，从北面攻击钱皮恩山。由于正面遭受的压力较重，霍维得到了克罗克的增援。

此刻的态势如下：尽管获得了克罗克的协助，但霍维对钱皮恩山的进攻并未取得太大进展，霍维师左侧，由于麦克伦南德未遂行突击，敌人的行动自由不受限制。虽然洛根和格兰特都没有意识到，但洛根师已到达据守钱皮恩山之敌的后方，实际上同敌军后方相平行，并控制住了可供彭伯顿后撤的唯一道路。与此同时，麦克阿瑟师（该师几天前已渡过大湾）的一个旅赶至麦克伦南德左翼。因此，虽说格兰特没有意识到这一点，但在霍维再度求援时，彭伯顿的军队实际上已陷入包围。由于格兰特担心霍维的防线遭突破，所以命令麦克弗森从洛根师抽调部分力量增援霍维师。北军随后展开的突击取得成功，主要是因为敌人的后撤路线已敞开。格兰特立即派奥斯特豪斯师和卡尔师发起追击，并命令他们一路前出到大黑河，可能的话就渡过河去。当晚，麦克弗森麾下部队在战场以西六英里处宿营，而卡尔和奥斯特豪斯驻扎在爱德华车站。这场交战的损失为：格兰特集团军，2438人；彭伯顿集团军，4082人。[33]

在钱皮恩山失利后，彭伯顿放弃了向北推进并同约翰斯顿会合的意图。诚然，他无法沿布朗斯维尔路继续前进，但他确实可以在夜色的掩护下后撤，渡过大黑河，焚毁河上的桥梁，弃守维克斯堡并率部北上，再向东赶往坎顿，以挽救他的军队。可他没有这样做，而是退往大黑河，并报告约翰斯顿，他在维克斯堡还存有约60日份的口粮，不过，格兰特向前推进时，他将被迫放弃海恩斯断崖。约翰斯顿回复道："如果还不太晚的话，撤离维克斯堡及其附属地区，并开赴东北方。"[34] 彭伯顿5月18日中午收到这道指令，他立即召开军事会议，并在会上做出决定，由于维克斯堡是"南方邦联最重要的据点"，所以不能放弃它。[35]

5月17日清晨，格兰特继续追击，并于中午前后突破南军防线。正如彭伯顿所言，对南军来说："溃逃很快成了个问题。"[36] 他的军队士气极为低落，一路撤至了维克斯堡。[37] 许多散兵游勇已逃到那里；大黑河上的桥梁遭焚毁，海恩斯断崖被放弃。

5月18日晨，谢尔曼利用格兰特集团军唯一的浮桥队，在布里奇波特渡过大黑河，当晚他和格兰特一同到达核桃山。他们已实现这场战役真正的目标，也就是干燥、不受敌人干扰的高地，他们将在此建立补给基地。谢尔曼转向格兰特，大声说道："在此之前我从未想过你的这场远征会取得成功。直到现在我才真正看清结局。但这是一场战役，即便我们永远无法夺取要塞，也是成功的。"[38] 这的确是一场惊人的胜利，是格兰特一生中最辉煌的时刻，从战略角度看也很少能找出可与之媲美的战例。

格兰特把海恩斯断崖交给海军，并重建他的补给线。5月19日下午2点，他下达了发起突击夺取要塞的命令，如他所说："成功取决于敌人在维克斯堡外一再遭受挫败导致的士气低落。"[39] 但这场突击失败了，这是因为虽说南军士兵过去两天"像绵羊那样四散奔逃……可他们现在据守着早已准备妥当的战壕，觉得回到了家里，低落的士气得以恢复……"[40] 初次突击受挫不足为奇，但第二次进攻再度失败就不可原谅了。格兰特谈及这场进攻时指出："22日上午10点，各段战线奉命同时发起冲击，部署就位的各炮兵连射出猛烈炮火。每位军长都和我的表对了时间，以便在同一时刻展开进攻。"[41] 一切可能的准备工作都已就绪，倘若格兰特集中力量于一处，而不是下令沿全线实施冲击的话，这场进攻本来是可以取得成功的。

突然……像变魔术似的，所有火炮和步枪停止射击……这么多野炮（约180门）的轰击声和数千名神枪手噼啪作响的射击声突然间停止，随之而来的沉寂几乎有些令人震惊。但这阵沉寂保持的时间很短。突然,密集的北军士兵像是从地底冒出来的那样出现了,他们排成无数进攻队列,端着上了刺刀的步枪,高声呐喊着向前冲来,他们不发一枪,奔向南军防线各个突出的前进阵地……他们进入南军有效射程时,3.5英里长的突击线上的9938名南军士兵冷静地从战壕中站起身,以一轮轮齐射打击前进之敌;与此同时,预备队开抵战壕后方,从战壕内士兵们的头部上方开枪射击。所有野炮和榴弹炮不停地射出葡萄弹和榴霰弹。[42]

S.D.李将军对这场突击所做的描述说明了一切。北军的进攻之所以失败,是因为他们的突击正面过宽,无法集中掩护火力提供支援。不幸的是,麦克伦南德确信他的部队已在敌军堑壕夺得了一处立足地,因而向格兰特紧急吁请援兵。于是,格兰特下令再度发起冲击,结果这场进攻又以失败而告终。

由于无法攻克这座要塞,格兰特不得不采用围攻的手段。维克斯堡的堑壕阵营长约四英里,宽两英里,外围工事的延伸超过七英里。格兰特的战线两倍于此,另外他还要防范身后遭受攻击,因为约翰斯顿正在坎顿附近集结一支强大的军队。格兰特在5月29日报告哈勒克,除非班克斯赶来提供协助,否则他就需要大批援兵。总司令满足了他提出的这些要求,一个月后,格兰特集团军的兵力达到了71141人,还拥有248门火炮。[43]

围攻行动执行得有条不紊。一条围攻线从海恩斯断崖挖掘到沃伦顿,另一条阻援线从亚祖河延伸到大黑河。后一道防线由谢尔曼率领3万名士兵据守。

7月3日上午10点,南军阵地打出白旗,携带彭伯顿亲笔信的一名副官跨过北军战线要求停战。格兰特在回信中提出"无条件投降"的要求。彭伯顿表示拒绝后,格兰特修改了他的决定,允许对方有条件投降。此举出于几个原因。首先,倘若他坚持要求对方无条件投降,就不能假释战俘,必须把他们运送到开罗,这会给北军造成诸多不便。其次,南军7月4日投降的精神影响肯定具有相当大的政治意义。[44]

7月4日(星期六)上午10点,维克斯堡约3.1万名守军把武器堆放在他们的征服者面前,交出军旗后返回城内,开始同北军士兵友好相处。

7月1日,约翰斯顿率领2.7万名士兵在布朗斯维尔与大黑河之间安营扎寨。7月4日,彭伯顿投降后,谢尔曼以四万兵力对约翰斯顿发起进攻。两天后,谢尔曼渡过大黑河,约翰斯顿退往杰克逊,希望缺水会迫使他的对手发起进攻,但谢尔曼没有这样做，于是，约翰斯顿在7月16日撤离该城。谢尔曼不愿穿越90英里的无水地区，所以决定不再追击退却之敌，并于7月25日回到维克斯堡。

这场战役的损失颇具启发性，由于很不公正，所以格兰特也被称为"屠夫"。自4月30日以来，他赢得了五场交战，攻克维克斯堡并占领了杰克逊，为此付出了1243人阵亡、7095人负伤、535人失踪，总共伤亡8873人的代价。[45]他毙伤约1万名南军士兵，还俘虏3.7万人[46]，其中包括15名将军在内的2153名军官。此外，他还缴获了172门火炮。

交战双方的损失存在这种差异，主要归功于格兰特采用的策略。他的计划建立在出敌不意的基础上，为实现突然性，他甘冒风险。渡过密西西比河后，他在头18天内击败了吉布森港之敌，将临时基地设在大湾，行进200英里，赢得了雷蒙德、杰克逊、钱皮恩山和大黑河之战——这四场胜利是在六天内完成的。这段时期，他的部下只携带了可维持五天的口粮，其他食物全凭就地筹措。正如格林所说："我们只有回到拿破仑战争时期，才能找到在如此短暂的时间内以这么轻微的损失赢得这般辉煌胜利的战例。"[47]

7月9日清晨7点，哈德孙港向班克斯将军无条件投降，一周后，"从圣路易斯驶出的'帝国'号轮船，载满着商品静静地停靠在新奥尔良码头，沿这条伟大的商业通道航行期间，并未遭到敌对射击或任何一方的干扰"。[48]南方已一分为二，给南方邦联造成危机的不是葛底斯堡，而是维克斯堡。

两天后的7月11日，格兰特建议哈勒克，应从庞恰特雷恩湖发起一场远征，目标是夺取莫比尔[49]，并从那里对布拉格军队后方展开行动，此举也许能迫使布拉格从查塔努加抽调兵力，这样就能为北军进攻该城创造有利条件。格兰特还提出了一个替代方案，他建议进军佐治亚州，对该地区加以破坏，因为它是身处弗吉尼亚的李将军的主要补给来源地。虽然格兰特在8月和9月一再提出这项建议，但哈勒克并没有采纳，他的过度谨慎阻止了格兰特，就像是在去年夏伊洛和科林斯的胜利后所做的那样。

莫比尔行动遭禁止后，格兰特的精锐集团军也被解散。第9军调往肯塔基州。4000人调拨给路易斯安那州的班克斯，5000人拨给密苏里州的斯科菲尔德，一个旅转隶纳齐兹，其余部队用于吃力不讨好的反游击任务。[50]8月7日，奉命进一步裁撤麾下军队的格兰特把第13军转隶给班克斯将军。为安排这场调动，他动身赶往新奥尔良，结果在那里遭遇了一场严重的事故——他的马被火车所惊，格兰特坠马受伤。9月13日，他收到哈勒克的一份急电，命令他"把所有可用力量调至孟菲斯，然后开赴科林斯和塔斯坎比亚，以便与罗斯克兰斯协同行动"。[51]

格兰特进攻维克斯堡期间就希望仍在默夫里斯伯勒的罗斯克兰斯对布拉格施以打击，从而阻止后者增援约翰斯顿。但6月3日，率领俄亥俄集团军，本应从肯塔基州列克星敦进军并同罗斯克兰斯相配合的伯恩赛德，却奉命将大股援兵调拨给格兰特，直到6月23日，罗斯克兰斯才对布拉格发起长时间中断的进攻。7月1日，布拉格撤离图拉荷马并渡过田纳西河。8月16日，伯恩赛德攻往诺克斯维尔，并为罗斯克兰斯的左翼提供掩护后，后者才决定佯攻布拉格右翼，并在查塔努加下方渡过田纳西河。这场机动彻底欺骗了布拉格，9月9日，罗斯克兰斯攻占了查塔努加。

到目前为止，罗斯克兰斯的策略并无不当之处，但他认为布拉格正在全面后撤，并因此而展开猛烈追击时，却突然发现自己正面对一股集结起来的敌军，而己方部队并未做好战斗准备。为摆脱困境，罗斯克兰斯于9月19日至20日实施了奇克莫加战役[52]，在这场战役中大败亏输，全凭G.H.托马斯将军（后来获得了"奇克莫加岩石"的美誉）的英勇防御，才免遭全军覆灭的厄运。他退至查塔努加，并放弃了俯瞰该镇的卢考特山。这场战役是内战期间最血腥的交战之一：北军5.5万~6万名士兵对阵6万~7万名南军士兵；前者损失了16336人，后者阵亡、负伤与失踪的人数达20950人。[53] 罗斯克兰斯在查塔努加遭到围攻。

这场灾难突显出了查塔努加巨大的战略重要性，罗斯克兰斯被困在了那里。到目前为止，田纳西、坎伯兰和俄亥俄地区分别由格兰特、罗斯克兰斯和伯恩赛德指挥，身处华盛顿的哈勒克无法在他们之间建立协同配合。现在，他们将被编入密西西比军区。

9月29日，哈勒克致电格兰特，命令他把一切可用援兵调拨给罗斯克兰斯，10月3日他又写道："陆军部长希望格兰特将军康复后立即赶至开罗，并通过电报汇报行程。"[54] 腿伤仍未痊愈的格兰特从哥伦布复电："你3号指示我前往开罗报到的电报，已于9日上午11点30分收悉。我和参谋人员及指挥部当日动身赶往开罗，现在刚刚到达这里。"[55] 到达开罗后，格兰特又奉命前往路易斯维尔，途中在印第安纳波利斯遇到了斯坦顿，这位陆军部长"穿着睡袍在地板上不停地踱步"。斯坦顿立即委派他指挥阿利盖尼山脉与密西西比河之间的所有部队——这恰恰是格兰特近一年前提出过的建议。

格兰特随即接掌指挥权,将坎伯兰地区交给托马斯将军,并于10月19日乘火车动身赶赴查塔努加。这番行程的最后40英里要靠骑马完成,霍华德将军告诉我们,途中"不时需要把将军扶下马背,士兵们背着他穿过最崎岖的地段。但他不顾艰难险阻和身上的伤痛,一路赶至查塔努加,于10月23日晚同托马斯将军会合"。[56]

在托马斯将军接手指挥前,坎伯兰集团军的状况只能说是糟糕至极。罗斯克兰斯同哈勒克发生了争执,他目前据守的阵地已岌岌可危。他背靠田纳西河,左翼依托西蒂科溪,正面面对传教士岭[57],这道山脊耸立在平原上,海拔约300~400英尺。罗斯维尔山口将这道山脊与右侧的卢考特山隔开,查塔努加河穿过这个山口奔流。卢考特山海拔2400英尺,俯瞰着查塔努加城,以及从那里穿过卢考特山谷通往迪凯特和特伦顿的铁路线。南军战壕始于传教士岭北端,沿山脊延伸,横跨查塔努加河谷,直至卢考特山,这条山脉俯瞰着铁路线。罗斯克兰斯弃守卢考特山,是因为他觉得自己遭到削弱的集团军没有足够的力量守住它。威廉·F.史密斯将军认为放弃这条山脉的决定正确无误,若不这样做,"他用于据守正面的兵力就不得不减少8000人"。[58]但实际情况并非如此,正确的做法似乎是:要么坚守卢考特山,要么撤离查塔努加,因为坚守该镇,却又让卢考特山落入敌人手中,所冒的风险是该镇和全军俱失。利弗莫尔上校同意这种观点,他认为罗斯克兰斯弃守卢考特山是因为后者夸大了布拉格的实力。10月1日,布拉格在一条七英里长的战线上部署了41972名士兵,而罗斯克兰斯的兵力则为38928人[59],"其防线从西蒂科溪起,穿过卢考特山某处,直至卢考特溪,长约六英里,相当于每英里战线上部署6500人"。利弗莫尔指出:"五个月前,南军以2.2万有效兵力在维克斯堡据守七英里长的堑壕线达六周之久,当面之敌的实力同布拉格相当,甚至更强……以此为例,罗斯克兰斯设法坚守从西蒂科溪至卢考特溪的防线是完全合理的。"[60]

惠勒9月30日率领骑兵对铁路线发起袭击,一举摧毁了400辆满载物资的货车及其运送队[61],这给罗斯克兰斯集团军的运输造成了致命打击,虽然丧失了铁路交通,但后者并未致力于水路运输。查塔努加有两艘轮船,每天仍可将200吨物资从布里奇波特运至威廉岛附近某处,再从那里用马车转运,只需行驶4~5英里便可到达查塔努加城。[62]相反,罗斯克兰斯采用的是河流北面一条蜿蜒多山的路线,路程长达 60~70 英里。结果，士兵们无法获得足够的口粮，就连马匹也得不到饲料。博因顿告诉我们："数以千计的骡马……因饲料匮乏而死去。旅级指挥部的军官们主要靠烤玉米维生，团级指挥部每天的食物是糊糊或稀粥，高级军官们则以酸猪肉和发霉生虫的面包过活。"[63] 这一说法得到了 W.F. 史密斯将军和格兰特证实[64]，后者告诉我们："有近一万匹骡马死去……剩下的牲口连一门火炮都拉不动，甚至无力拖曳运送伤员的救护车……牛肉所剩无几，士兵们经常说……他们是靠'半量供应的硬面包和牛蹄上的干牛肉'过活的。"[65]

很难找到更恰当的例子来说明一位指挥官是如何因失败所导致的震惊而崩溃的了，而他的无能又让整个集团军陷入了瘫痪状态。陆军部副部长 C.A. 达纳在 10 月 16 日写给陆军部的信中指出："没有什么能阻止该集团军在两周内撤离此地……罗斯克兰斯将军似乎对即将到来的危险不知所措，并以一种几乎无法想象的方式把时间浪费在琐事上……宝贵的时间正在流逝，因为我们这位茫然、困惑的指挥官既没有认识到正在降临的灾难，也没有专注于使用一些手段去阻止灾难。我从未见过如此可悲、如此绝望的情形。"[66] 这就是格兰特 10 月 23 日晚到达查塔努加时所面对的状况。

格兰特当前的任务是建立一条可用补给线。他立即发现问题的关键是控制卢考特山谷。倘若布拉格夺得了该山谷，他就会投入重兵据守并翻越拉孔山，而格兰特就将彻底丧失解决当前所面对的问题的可能性。

身处布里奇波特的胡克在 10 月 1 日接到了罗斯克兰斯在河上架桥的命令。可他的部队根本无法前进，除非在布朗渡口附近的田纳西河左岸夺得一片立足地，并把敌人驱离控制此处的高地。威廉·F. 史密斯将军 10 月 19 日已对布朗渡口加以侦察并得出结论，这里是最适合的渡河点。格兰特在 10 月 23 日到达后，立即批准了史密斯的计划，并于次日晨察看渡口后，命令史密斯在 10 月 27 日实施强渡。

当日凌晨 3 点，史密斯率领 1500 名士兵，乘坐 52 艘船只离开查塔努加，沿田纳西河右岸而行，在看见信号灯光后，他们划动船桨，渡过该河实施登陆，在驱散南军实力虚弱的哨兵后，一举占领北岸高地并掘壕据守。这道工事构筑得非常彻底，史密斯当日下午 3 点 30 分致电托马斯将军的参谋长："这片阵地现在已不可能被攻克。"[67] 查塔努加就此获救，为此付出的代价是四人阵亡、17 人负伤。

胡克的前卫力量于当晚进入卢考特山谷，10 月 28 日下午 3 点，他率领主力到达华海特齐。托马斯将军当晚 11 点致电哈勒克："通往布里奇波特的大车道已打通。我们还有两艘轮船，一艘在布里奇波特，另一艘在这里，明天就可以投入使用……通过这场行动，我们获得了两条大车道和一条河流运以送补给物资，我相信几天内就能获得良好的补给供应。"[68]格兰特赶至查塔努加后没过五天，通往布里奇波特的道路就被打开了，一周内，北军士兵获得了充足的口粮、服装和弹药，"几周来愁眉不展的士兵们露出了久违的笑容，士兵们的绝望之情与疲劳之态一扫而空"。[69]

10月28日/29日晚，朗斯特里特对胡克位于华海特齐的部队实施攻击，但被后者轻而易举地击退。北军士兵得到了骡马的帮助——这些受惊的骡马朝敌人冲去，南军以为这是一场骑兵突击，不由得惊慌失措、四散奔逃。10月29日清晨4点，战斗结束，这条"饼干线"再也没有受到袭扰。[70]

在确保了一条可用补给线之后，格兰特的第二项任务是把谢尔曼军从科林斯调来。10月27日，"一个蓬头垢面、衣衫褴褛、举止奇特的黑发男子"来到谢尔曼位于艾尤卡的住处。这是派克下士，他冒着敌人的火力划船渡过田纳西河，并带来一道命令，要求谢尔曼以最快的速度赶至布里奇波特。谢尔曼于11月13日到达那里。在此期间，伯恩赛德在诺克斯维尔的处境引起了华盛顿的极大恐慌，一封封电报雪片般飞向格兰特，敦促他采取行动缓解伯恩赛德的压力。

朗斯特里特同布拉格发生了争执。要么是为平息他们俩相互间的恶感，要么是相信朗斯特里特可以前出到100英里外的诺克斯维尔，消灭伯恩赛德的军队，然后抢在格兰特准备进攻前撤回查塔努加，总之，戴维斯总统指示布拉格把朗斯特里特派往诺克斯维尔。朗斯特里特于11月4日动身出发，格兰特在7日获悉了这个消息后，命令托马斯对布拉格发起进攻[71]，从而迫使朗斯特里特返回。托马斯回复说他无力执行这道命令，因为他连一门火炮也无法移动。格兰特指示他使用"骡子、军官的坐骑和他能弄到的一切牲畜"。[72]

托马斯对这道命令深感烦恼，11月7日，他和史密斯将军一同骑马去察看接近地，这片地域从南奇克莫加河河口伸向传教士岭。侦察期间，史密斯告诉托马斯，这片地带有利于对布拉格的右翼实施一场迂回。此举若能成功，就将威胁到布拉格的后方，并把他同田纳西东部的朗斯特里特隔开。返回后，两人把他们得出的结论告知格兰特，格兰特立即取消了先前下达的命令。[73]

格兰特在研究这份新方案时，命令史密斯侦察相关地域，并准备材料，以便在查塔努加河或布朗渡口架设第二座桥梁，并做好在南奇克莫加河上构建桥梁的准备。格兰特11月14日通知伯恩赛德[74]，谢尔曼将在几天内渡过南奇克莫加河，然后对布拉格发起总攻。两天后，格兰特带着托马斯、史密斯和谢尔曼来到一个能俯瞰河口的位置，谢尔曼仔细察看地形后，"啪"的一声合上了他的长筒望远镜并说道："我能做到。"[75]

格兰特的想法是以托马斯的军队为枢轴，投入谢尔曼和胡克的军队实施一场合围。谢尔曼负责进攻布拉格的右翼，包围它，并威胁或夺取布拉格后方的铁路线。此举将迫使布拉格要么削弱他部署在中央的力量，要么丢失设在奇克莫加车站的基地。[76] 胡克将从卢考特山谷前出到查塔努加河谷，攻往罗斯维尔，从南面威胁传教士岭。托马斯负责据守中央地带，与谢尔曼协同前进，并向左斜方推进，从而形成一道绵亘的战斗正面。[77]

格兰特的主要困难在于，布拉格从卢考特山和传教士岭可将查塔努加河谷或其周围的一切行动尽收眼底。为误导布拉格，并让他相信格兰特的意图是进攻其左翼，谢尔曼奉命在布里奇波特渡河，并以他的先遣师取道特伦顿路，然后派一些部队进驻卢考特山（此举奏效了，一个旅11月18日驻扎在山上）。[78] 谢尔曼余部将沿布朗渡口路赶往南奇克莫加河，摆出意图攻往诺克斯维尔的姿态，然后隐蔽在河口对面的山上，确保从卢考特山上无法窥探到他们的情形。一个旅将开赴北奇克莫加河，116节浮桥准备顺流而下，以便部队渡至左岸。谢尔曼指出："所有准备工作都颇具远见，这令我深感钦佩。"[79]

这些调动给布拉格造成了一些误导，若非下雨和令人震惊的路况延误了谢尔曼的运动，这些欺骗行动也许能彻底取得成功。11月20日晚9点45分，指挥布拉格左翼力量的哈迪命令部队封锁卢考特山上的隘口，他告诉一名下属指挥官："指示你的先遣旅实施顽强防御，以此为援兵开抵争取时间。时刻保持警惕。布拉格将军认为敌人正对我们的左翼展开一场认真的行动。"[80] 对格兰特来说不幸的是，谢尔曼麾下部队并未做好在11月22日夜间渡河的准备[81]，另外，他的师21日下午从特伦顿前出到华海特齐的行动已被敌人发现。结果，布拉格次日下午着手将部队调至右翼。[82]

11月22日夜间，一名南军逃兵来到北军防线，称布拉格正在退却。他还交待两个师被派去迎击谢尔曼，南军预计谢尔曼将进攻卢考特山上的史蒂文山口，布拉格的主力集结在他的司令部与这条山脉之间。倘若这份情报正确无误，那么，布拉格此举恰巧符合格兰特把对方的兵力调离谢尔曼所选择的进攻地段的计划。格兰特此时是否意识到这一点我们不得而知，但他已收悉诺克斯维尔遭到攻击的消息[83]，而华盛顿当局每天都在敦促他救援伯恩赛德。格兰特显然认为布拉格的行动是个诡计，布拉格此举是在掩饰他向诺克斯维尔派遣更多兵力的企图。另外，

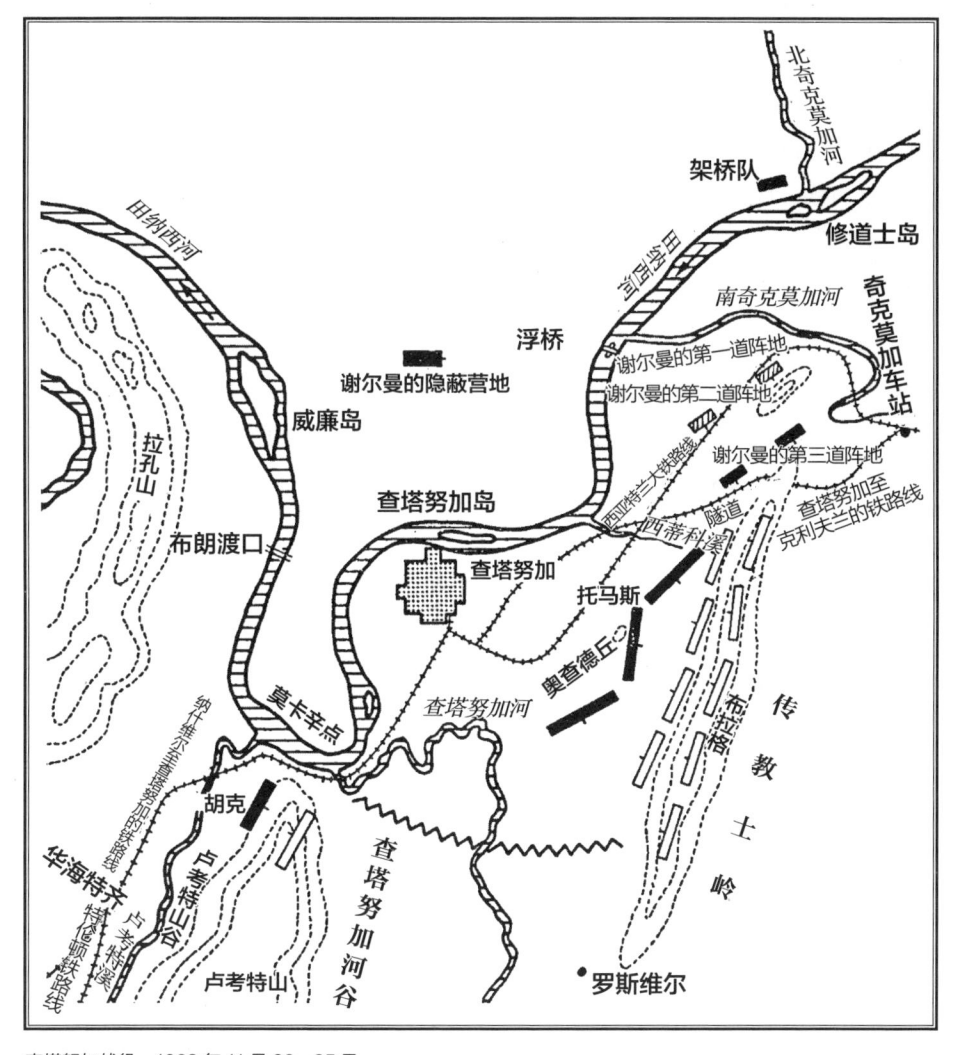

查塔努加战役，1863年11月23—25日

格兰特11月20日还收到了布拉格发来的一封含义模糊的信件："鉴于查塔努加城内可能仍有些非战斗人员,我认为有必要通知你,请谨慎考虑将他们早日撤离。"[84] 格兰特知道这封信是在欺骗他,但这封信和逃兵交代的情况,加之他对诺克斯维尔的焦虑[85],以及谢尔曼要到11月23日/24日晚才能渡过田纳西河,泛滥的河水会威胁到河上桥梁的事实,都促使他命令托马斯于23日晨实施一场战斗侦察[86],以确定布拉格的位置。这场侦察顺利完成,托马斯率领部队向前推进,建立起同布拉格相平行的战线,距离传教士岭西翼不到一英里。这次运动导致格兰特11月18日的命令中分配给托马斯的任务发生了实质性改变[87],也使布拉格意识到了右翼遭受威胁的危险。11月23日夜间,布拉格命令沃克师从卢考特山附近开至传教士岭[88],并让一个旅在南奇克莫加河河口附近占据阵地。[89]

23日晚,谢尔曼麾下部队,除奥斯特豪斯师仍在布朗渡口以西外,都已做好了出发准备。奥斯特豪斯接到的命令是,倘若他到24日晨8点仍未渡河,就向胡克报到。午夜时,谢尔曼的登陆部队在史密斯将军的率领下,从北奇克莫加河朝下游而去。次日凌晨2点,一场登陆行动在南奇克莫加河河口附近顺利完成,谢尔曼的步兵立即开始摆渡。拂晓到来时,已有两个师渡过了河。随后,田纳西河上架起了一座1350英尺长的桥梁,而另一座桥梁则设在南奇克莫加河上,一个骑兵旅渡过河去,奉命前出到查尔斯顿附近并破坏那里的铁路。

下午1点,谢尔曼麾下部队以三个师级纵队向前推进,左翼率先出发,并获得了南奇克莫加河掩护,右翼呈梯次向后递延,以便掩护这一侧。下午3点30分,这些纵队的先遣力量到达了传教士岭北面的一座独立山丘,谢尔曼没有朝隧道推进,而是命令他的师停止前进,并挖掘阵地准备过夜。史密斯将军指出:"此举大错特错。"[90]

谢尔曼面临的困难是什么?虽然几位历史学家对此争论不休,但并未做出详细的分析。

当天是11月24日,下午4点半就天色已暗。整个昼间下着蒙蒙细雨,云层很低。[91]而卢考特山上,甚至没到4点就已漆黑一片,胡克不得不停止前进。[92]虽然我们知道谢尔曼的骑兵力量在下午3点30分前全部跨过两座桥梁[93],但我们并不清楚他的炮兵是何时开始渡河的。不过,他们渡河的时间似乎不可能早于下午2点,也许还会更晚些,因为11月23日/24日晚,托马斯没有用于拖曳火炮的马匹，不得不借用谢尔曼的骡马，以便将坎伯兰集团军的40门火炮拖运到田纳西河北侧，"协助掩护桥梁南端所在处的接近地"。[94]

简言之，谢尔曼面临的处境似乎是这样：隧道尚在1.5英里外；夜幕降临，能见度很差；只有部分炮兵力量到达。如果他决定继续朝隧道前进（据他所知，敌人在那里的防御很严密），可能要到天黑后才能到达。赶至那里后，他的右翼就与托马斯的左翼相距1.5~2英里，而且还在后者前方。倘若侧翼遭到攻击，他的部队很可能被卷击，并被逐入南奇克莫加河。不管怎样，他在黑暗中很难找到具有战术合理性的位置来掘壕据守。这不是说他不应冒险前进，而是说在批评谢尔曼前应当仔细权衡这些情况。谢尔曼的错误似乎不是他停滞不前，而是他没有明确告诉格兰特，他没能到达传教士岭北端。格兰特当晚写信告诉托马斯："谢尔曼将军在经过轻微战斗后便穿过传教士岭到达了隧道处……"[95]

谢尔曼率部进军时，托马斯仍在顽强据守。没等奥斯特豪斯师过河，布朗渡口的桥梁便被洪水冲毁，11月24日中午12点30分，遵照格兰特的指示，托马斯命令胡克"夺取卢考特山顶峰"。[96]

胡克24日清晨已开始向前推进，穿过雾气一路前行，一直攀登到"上部峭壁"的底部，也就是山顶陡峭石壁的下方。夜间，他派出几个由神枪手组成的小队，将敌人驱离峰顶，"日出前，一群士兵登上了形成山脉突出点的岩石。他们带着一面卷起来的旗帜，等待着日出。当阳光播洒下来时，他们展开旗帜，等在下面的数千名士兵看见了飘扬的星条旗"。[97]

格兰特当晚向华盛顿汇报了自己的位置，次日就收到了林肯和哈勒克的回电。前者叮嘱他"牢记伯恩赛德"，后者则回复说："我担心伯恩赛德备受重压，进一步延误很可能造成致命后果。"这些回电并不能让人感到兴奋，也表明上级为敦促格兰特进军施加了怎样的压力。

午夜过后不久，格兰特命令谢尔曼一到天亮就立即进军[98]，给托马斯下达的命令是："你部应同时发起协同一致的进攻，要么夺取正前方的敌阵地和山脊，要么依据敌人所处的位置向左移动。"他进一步指出："倘若胡克只用小股兵力就能守住山上的现有阵地，并发现从那里无法攻上山顶，那么，以他所能腾出的力量进入山谷，并利用第一条切实可行的道路登顶（即卢考特山顶）不失为明智之举。"[99]命令中的"卢考特山顶"显然是"传教士岭顶部"的笔误[100]，托马斯意识到了这一点，并于

11月25日上午10点命令胡克"沿罗斯维尔路赶往传教士岭"[101]——也就是攻向其最南端。不久后，格兰特（此时他正同托马斯一起待在奥查德丘上）决定，托马斯所部不与谢尔曼一同前进，而应等待胡克到达传教士岭后再投入行动[102]——此举显然是为了利用胡克24日取得的战果，如果当日同样能获得成功的话。

托马斯11月23日实施战斗侦察的一个结果是，布拉格将一个师从卢考特山调至了传教士岭。虽然此举有利于胡克推进，但肯定会给谢尔曼的行动造成延误。23日晨，克利本师和巴克纳师一个旅都在奇克莫加车站，正赶去同朗斯特里特会合。托马斯展开进攻后，布拉格命令克利本师紧靠传教士岭后方部署。11月24日清晨，谢尔曼仍在渡过田纳西河之际，布拉格命令克利本派一个旅前往东田纳西和南奇克莫加河上的佐治亚铁路桥，以保护他的后撤路线。下午2点，布拉格又命令克利本将剩下的三个旅调至铁路隧道附近的传教士岭北端："不惜一切代价保护他后方的桥梁。"[103] 实际上，当谢尔曼到达11月24日/25日夜间所占领的阵地时，在他与隧道之间掘壕据守的只有克利本的一个旅。[104] 25日晨，奇塔姆师和史蒂文森师一个旅从卢考特山开抵，史蒂文森师余部直到当日晚些时候才到达。[105]

11月25日上午天色晴朗，格兰特站在奥查德丘上，战场左侧的情形尽收眼底。谢尔曼奉命于昼间向前推进，在经过两个小时的争夺后，格兰特从他的观察所看见"布拉格的一支支队列赶去抗击谢尔曼"。他立即命令托马斯派贝尔德师增援谢尔曼，但此举并无必要。"布拉格随即着手将他的兵力集结在同一方向。"[106] 格兰特说，"这正是我所乐于见到的。但此时已近黄昏，胡克部仍未翻越罗斯维尔附近的山岭，从而迫使布拉格也将兵力集中在了他的这个方向。"[107]

在此期间，谢尔曼不明白托马斯的推进为何发生延误。他于中午12点45分问道："托马斯在何处？"托马斯回答道："我在这里，我的右翼正从卢考特山向传教士岭靠拢。"[108] 格兰特仍将托马斯所部控制在手中，因为战斗情况迫使他对原先的计划做出修改。由于谢尔曼已被敌人阻挡住，迂回布拉格右翼的希望微乎其微。但如果胡克直接迂回布拉格之左翼，后者就不得不从中央地段抽调兵力以加强自己的左翼。这正是格兰特所等待的时机，他随后会以托马斯所部冲击敌军遭到削弱的中央地段。

胡克11月25日清晨便向前推进，但后撤中的南军焚毁了查塔努加溪上的桥梁，导致他的渡河行动耽搁了几个小时，直到下午3点过后才赶至罗斯维尔山口。率部到达后，他立即攻占山口，并朝传教士岭卷击，但他没有向托马斯汇报自己的进展。

格兰特认为谢尔曼的处境岌岌可危,因而在下午3点30分命令托马斯向前推进,并夺取山脚下的敌防御阵地。[109] 从格兰特24日午夜过后给托马斯下达的指令来看,此举显然只是夺取整道山脊的第一步。尽管一些历史学家对这道命令提出了异议(特别是史密斯将军),但这场战争的官方记录却毫未怀疑其意义。贝尔德将军在报告中指出,托马斯司令部的一名军官给他带来了一道口头命令,指示他夺取敌防御阵地,并告诉他:"这是为全面冲击山脉所做的准备,毫无疑问,少将司令官的意思是我应当参加这场行动,所以我必须遵照他的意愿一路攻上山顶。"[110]

达纳说:"我方部队对山脊的冲击是军事史上最大的奇迹之一。"[111] 但这绝非奇迹,而是一场合乎常规的行动。两道堑壕线掩护着传教士岭,据守防线的每个士兵相隔一步,炮火由于要从山顶向下轰击,所以无法发挥全部效力。第一道防线(也就是格兰特提及的防御阵地)丢失后,守军向后退却,许多人穿过第二道防线逃窜。指挥欣德曼师辖内一个旅的麦尼考尔特将军说:

一片混乱,每个人都只想逃命,纷纷沿最短的路线逃向山顶……当从下方逃来的士兵终于到达防御工事时,一个个都筋疲力尽、气喘吁吁,大多数人士气低落,他们径直朝后方逃去,将这道山脊丢弃在他们与敌人之间。[112]

格兰特之前虽然打算夺取山脊,但他没料到南军前进防线上的守军士气如此低落,因而只命令攻克敌人的第一道防线。北军进攻部队看见敌人仓皇退却,本能地发起追击,从而一举攻克山脊,而没有分为两个阶段来进行。参加过这种战斗的每个军人都很清楚,在敌人逃窜时,要求进攻部队停止追击是非常困难的。继续前进并非奇迹,而是战斗本能所致。这绝非贬低托马斯进攻的勇气,而只是解释个中原因罢了。

由于这场冲锋取得成功,遂使胡克的推进成为此次战役中的决定性行动。布拉格的防御正面已经破裂,根本不可能抗击这场侧翼冲击。格兰特没能按预定计划以左翼力量赢得这场战役,而是以他的右翼力量取得了胜利。他本该在11月23日错误地命令托马斯实施战斗侦察后就采取这种行动,但这一点丝毫无损他的为将之道,反而还表明格兰特的计划和部署相当灵活——也就是说,它们能适应形势的变化。

北军立即展开追击，但却于 11 月 28 日放弃了行动，因为格兰特当前的任务是救援伯恩赛德。29 日，格兰特在探明布拉格已全面退却后，就命令谢尔曼赶往诺克斯维尔。[113] 谢尔曼 12 月 6 日到达那里，发现朗斯特里特 4 日便已撤围，并退往霍尔斯顿河谷。11 月 30 日，格兰特把司令部迁至纳什维尔，将现已牢牢掌握在北军手中的查塔努加留给托马斯据守。

格兰特在这场战役中投入了约 6 万人，损失 5815 人。[114] 朗斯特里特率部离开后，布拉格投入前线的士兵总数不超过 3.3 万人，损失 6175 支枪械和 40 门火炮，还有 5471 人被俘[115]，而伤亡总数则约为 3000 人。

格兰特在维克斯堡和查塔努加赢得的胜利，决定了南方邦联的最终厄运。前一场胜利切断了密西西比河东面各州与西面各州之间的联系，而后一场胜利则封锁了向北进入田纳西州的主要接近地，并打开了通往亚特兰大的道路，这是李将军部署在弗吉尼亚州的集团军的后门。

林肯终于找到了他一直苦苦寻觅的将领，1864 年 3 月 3 日，他命令格兰特返回华盛顿，任命他为总司令。格兰特 3 月 9 日到达那里后，立即着手制定结束这场战争的计划。这份计划设想的是，以持续不停地进攻将李牵制在弗吉尼亚州，而谢尔曼则从查塔努加展开行动，夺取亚特兰大，尔后对李的后方遂行攻击。简而言之，他将开辟两条战线打击南方邦联的残余力量，并将其彻底粉碎。

东面，这场双重战役开始于 1864 年 5 月 4 日。在弗吉尼亚荒原（拉皮丹以南林地）进行了历时六周的激烈战斗后，格兰特把李将军逐回里士满的筑垒防御，但他发现这里的工事太过强大，无法以正面突击加以攻克，遂于 6 月中旬绕过这些阵地，在威尔科克斯登陆场渡过詹姆斯河。格兰特从这里冲击彼得斯堡——李的主要补给线由此穿过——令人遗憾的是，由于属下表现拙劣，格兰特没能攻克这个"里士满之钥"。从那时起直到 1865 年 3 月底，波多马克集团军都主要从事围攻战。

四天后，格兰特命令谢尔曼从查塔努加向南进军，打击约瑟夫·E. 约翰斯顿将军所部。从历史观点上来说，谢尔曼从事的战役特别令人感兴趣，因为他是个新型将领。他打破了 19 世纪战争的惯例，使公众对他充满了信心，他以"钢铁从事战争"的无情程度堪比以"话语挑起战争"的加尔文。经过一番激战，谢尔曼于 9 月 1 日攻克"南方门户"亚特兰大，为了不让自己身后留有敌人，他将所有居民悉数疏散。他向哈勒克（格兰特出任总司令后，哈勒克改任参谋长）解释道："要是民众对我的野蛮和残酷大加抱怨的话，我只能说这是战争，不是为获取民众的欢迎。要想得到和平，他们和他们的亲属就必须停止战争。"[116]

对19世纪而言，这是一种新的概念，因为它既意味着战争中的决定性因素（求和的权力）从政府转至人民，也意味着调停是革命的产物。这将把民主的原则推向其最终阶段，并随之引入心理战理论，以今天的流行术语或可称之为"冷战"。谢尔曼的一名副官乔治·W. 尼克尔斯少校说："（谢尔曼）是个真正意义上的民主党人。欧洲人对他全无影响。他是我们这个制度中引人注目的一个类型。"[117]

后来，谢尔曼发起著名的远征，穿越佐治亚州期间，以这个新战争概念为指导原则，对南方人民发动的战争与打击叛军一样彻底。

自蒂利和华伦斯坦在三十年战争中实施劫掠以来，西方世界就没遭遇过这种远征——虽然拿破仑战争期间偶尔有类似的例子。诚如谢尔曼所言，虽然南方游击队不断实施残酷行径，但他们犯下的暴行是个人行为，而非政策问题。杰斐逊·戴维斯将谢尔曼称为"美洲大陆的阿提拉"似乎不无理由。[118]

就像谢尔曼公然宣传的那样，恐怖是他的政策中的基本要素，以下两段话可资证明：

除非我们能让佐治亚州重新住满人，否则，占领它毫无用处；但彻底摧毁其道路、房屋和民众将削弱他们的军事资源……我可以实施这场远征，使佐治亚州为之惊叫。[119]

我们打击的不仅仅是敌方军队，还包括敌方民众，必须让男女老少、穷人富者都感受到战争的无情……事实是整个军队都怀着对南卡罗莱纳州加以报复的强烈欲望，我不禁对她的命运感到战栗。[120]

和尼克尔斯一样，谢尔曼认为他的军队是"替天行道"的工具。[121] 谢尔曼的另一名副官希契科克也说过许多类似的话："现在是战争，但也许不会永远是战争。上帝赐予我们和平——可除了完全服从政府外，没有和平可言；除诉诸战争的恐怖外别无他途。"[122] 此外，他还宣称，"谢尔曼的做法完全正确……结束这场不幸而又可怕的战争，唯一可行的办法是让它的恐怖变得让人无法忍受"。[123]

12月21日，萨凡纳落入了谢尔曼的劫掠"部落"手中，成千上万名趁火打劫的黑人紧随其后。次日,他把这座城市作为圣诞礼物献给林肯总统。[124] 南北卡罗莱纳州随后遭到了蹂躏。[125] 在佐治亚州,谢尔曼估计相关破坏所造成的损失总价值高达1亿美元,其中只有2000万"有利于我们取得优势",其他的"纯属浪费和破坏"。[126]

当这些事件在南方发生时,格兰特正在北方不断打击彼得斯堡铁路线。1865年1月15日,随着费希尔堡(它掩护着威尔明顿港的入口)的沦陷,李将军的补给问题变得极为严峻起来,他警告南方邦联政府,可能会不得不放弃里士满。[127] 不久后,格兰特获悉谢尔曼要到4月10日才能攻往罗阿诺克,因而决定不再等待后者,立即发起进攻。

3月30日,为迂回彼得斯堡堑壕的右翼,格兰特指示菲利普·H.谢里登将军和他的骑兵军夺取五岔口的交叉路口,他们完成了这项任务,于4月1日击退皮克特将军。这场交战使彼得斯堡通往林奇堡的南赛德铁路线落入格兰特手中,并决定了彼得斯堡的命运。次日,格兰特冲击彼得斯堡南面的防御阵地,并把李的军队切为两段。谢里登随后将李的中央战线以西的所有部队都逐过了阿波马托克斯河,而格兰特则迫使东面之敌退入彼得斯堡。北军4月3日攻入该城后,李将军弃守里士满,沿丹维尔铁路线退却。

正在北弗吉尼亚集团军即将覆灭之际,格兰特命令第2军和第6军开赴阿波马托克斯河北面,扰乱敌军后方。谢里登、第5军和奥德军攻往阿波马托克斯车站,因为有相关情报称,李将军意图在那里为他的军队提供再补给。4月8日傍晚,谢里登到达阿波马托克斯车站,迫使李将军的先遣部队退往法院。9日上午,李将军对他发起进攻,谢里登的骑兵朝两侧退开,展露出部署在他们身后的第5军和奥德军。南军随即打出白旗[128],不久后,在麦克莱恩家中"摆有一张桌子和两三把椅子,毫无装饰的小客厅内",罗伯特·E.李将军(他还有7872名全副武装的步兵、2100名骑兵和63门火炮,但已没有任何口粮)向尤利西斯·S.格兰特投降。农业社会对机器和蒸汽时代的这场反叛就此结束——这也是汉密尔顿极端派同富兰克林中庸派的斗争。[129]

经过四年手足相残的战争,联邦获得了承认,一个强大的帝国就此诞生,这个帝国的两侧有大西洋和太平洋的屏护,不可能遭受攻击。欧洲在她东面,而她西面则是亚洲。

虽然战争给南方造成了毁灭和混乱,虽然南方局势因战后重建期的报复而恶化,但这场战争却给北方带来了胜利和空前的繁荣。莫里森和康马杰写道："此前美国人民从未表现出更大的活力，而此后他们的活力也再没有伴以更鲁莽的不负责任了。在拯救了联邦的一代人看来，世上无难事：除了精神世界，没有哪个世界不可征服。投身这片大陆者义无反顾地放弃了一切，仿佛这里的财富唾手可得。"[130]

新帝国的资源几乎取之不尽用之不竭：铁、煤、石油、劳动力和个体能量到处都是。新发明从绘图板上不断涌现，一座座工厂生产出货物，一片片农田结出小麦，成千上万的移民涌入城市和乡村。1865年，美国只有3.5万英里长的铁路线，而到1900年，美国铁路线长度就达到了20万英里，超过整个欧洲的铁路总里程数。

据估计，这场战争使交战双方损失了200亿美元，正如马克思指出的那样："战后留下的巨额国债和随之而来的沉重赋税，产生了最卑劣的金融贵族，使极大一部分公有土地被滥送给经营铁路[131]和矿山等项目的投机公司，造成了最迅速的资本集中。"[132]

内战结束后不过两代人的时间，美国便成为世界上最大的资本主义国家和最大的工业强国。斯蒂芬·文森特·贝尼特称之为"庞大的金属野兽"，并以诗文描绘了它的出现：

> 摩天大楼在约翰·布朗强壮的肌肉中生长，
> 单调的建筑在约翰·布朗的心脏中升起，
> 铆钉和大梁，马达和发电机，
> 白天的烟柱和夜晚的炉火，
> 铁面的城市直抵天空，
> 那整个庞大、转动的笼子
> 悬挂刺目的珍珠般的电灯，
> 烟雾缭绕的悲哀，光彩夺目的黑，染得
> 比为晶莹的新娘用金属光线制成的
> 锦缎更白，这手控引擎的时代，
> 我们使其复活的鬼怪统治地球……[133]

和平时期产生的这种强烈欲望和动力，其反面就是战争期间摧毁一切的强烈欲望和动力，正因为如此，让我们回到上文谈及的一点：战争的目的已不仅仅是消灭敌人的武装力量，还要摧毁对方的基础，也就是他们的整个政治、社会和经济秩序，这在近代史中尚属首次。诚如罗德斯所言[134]，李将军在所有本质特征方面都和华盛顿相似，精神上同样如此，他属于18世纪，也就是历史上的农业时代。谢尔曼，较小程度上也包括格兰特、谢里登和其他北军将领，在精神和道德方面属于工业革命时代。他们的指导原则就是制造机器时秉承的原则，即效率。由于效率只受单一法则支配（为达目的不择手段），因而完全不受道德、精神概念或传统行为的约束。谢尔曼肯定在近代极权主义将领中名列第一。他使战争全面化，不仅仅将之付诸敌方武装人员，还以敌方民众为对象，以恐怖作为他所采用的策略之关键。内战中滋生的仇恨，更多地归咎于他而不是其他人。

战术方面，由于来复枪使防御成为更强大的战争形式，所以进攻变得越来越困难，代价也越来越高昂。西奥多·莱曼上校注意到了这一点，他说："将一名士兵置于散兵坑内，在他身后的山丘上部署一个优秀的炮兵连，他就能击败三倍于己的敌人，哪怕他不是个特别出色的军人。"[135] 弗兰克·威克逊写道："离开北安娜前，我发现我方步兵厌倦了冲击敌军工事。这些普通士兵称，隐蔽在工事后的一名士兵相当于工事外的三个人。"[136] 这也导致了军队的兵力逐渐增加。

另一些变化在战争结束多年后仍未引起注意，其中包括：骑兵冲锋已变得越来越无效；线膛炮发挥的作用与日俱增；刺刀的霸主地位已彻底丧失。一名亲历者写道："我不认为他们当中有谁是被刺刀格毙的。"[137] 约翰·B.戈登将军说："寒光闪闪、层层林立的刺刀排列在冲锋线前方时，看上去确实令人心惊胆寒；可刺刀见红的情况并不多见。使用刺刀的时代已然过去。"[138] 军医少校G.哈特指出，除偶尔几例外，他很少见到刺刀伤，"我想我只包扎过六起这种伤势。"[139]

对格兰特、李和这场战争中的其他将领的战术能力加以批评是容易的，但我们应记住，可供他们作为指导的先例寥寥无几。实际上，来复枪是一种新式武器。我们做出批评时应记住，美国内战结束50年后的1914年，7/8的职业军人仍迷信刺刀的作用。

格兰特和李，谢尔曼和约翰斯顿，以及其他将领所从事的战争，同第一次世界大战非常相似。其他战争，甚至包括1904—1905年的日俄战争，都无法提供如此确切的对比。这是一场步枪子弹和堑壕，拒木和鹿砦的战争，甚至出现了铁丝网——南军士兵称这种障碍物"是个邪恶的发明,只有北方佬能想得出来",因为在德鲁里断崖,他们被困在铁丝网内,"像鹧鸪般遭到屠杀"。[140] 这也是一场具有惊人现代性的战争,木制铁箍臼炮、手榴弹和带翼榴弹、火箭、各种形式的诡雷纷纷出现。弹匣式步枪和李奎式机关枪也被引入,交战双方还使用了气球,尽管南军对此不太看重。[141] 开花弹被提及[142],另外还有一具火焰喷射器[143] 也被提及,1864年6月,彭德尔顿将军询问里士满的军械主任,能否为他提供释放"恶臭气体"并产生"窒息作用"的"臭气弹"。他得到的回答是:"手头没有臭气弹,无法保存。倘若接到命令,可以生产。"[144] 现代化武器还不止这些,战争中使用了铁甲舰、装甲列车、地雷和鱼雷,另外还有灯号、旗语和野战电报。贺拉斯·L.亨特利在莫比尔制造了一艘潜艇,它有20英尺长、5英尺深、3.5英尺宽,"由7~8人在舱内操纵的一具螺旋桨驱动"。[145]1864年2月17日,她将北军"豪萨托尼克"号战舰击沉在查尔斯顿之后,自己也随之沉没。

倘若欧洲各国仔细研究美国内战期间的教训,并把这些经验教训牢记于心,也许就不会在1914年至1918年犯下巨大的战术错误。

注解

1. 林肯和哈勒克催促他尽快采取行动。参阅 W.R., vol. XXXVI, p. 10。
2. Personal Memoirs of U, S. Grant (1885—1886), vol. I, p. 446.
3. Letter of General Wilson, October 31, 1911, quoted by Colonel W. B. Livermore in The Story of the Civil War (1913), Pt. III, bk. 1, p. 234.
4. "整个冬季我都在思索，除非那些不抱太大希望的权宜之策能侥幸取得成功，否则我们该如何经陆路前出到维克斯堡下方某处，并以那里为基地展开行动。这个计划只能等洪水退去后才能实施。因此，直到必须为发起行动加以准备前，我甚至没有对身边的参谋人员透露这项计划"。(Grant's Memoirs, vol. I, pp. 460—461)
5. Military History of Ulysses, S. Grant, A. Badeau (1868), vol. I, p. 180.
6. Lincoln and Men of War Times, A. K. McClure, p. 179.
7. W.R., vol. XXXI, p. 26.
8. 同上, vol. XXXVIII, p. 249. 这场战争中各次战役的确切兵力很难得出准确数字。F.V. 格林在 The Mississippi (1909), p. 136 中估计彭伯顿的兵力超过了 5 万人，并称格兰特在战役开始时的兵力约为 4.1 万人，围攻前的兵力从未超过 4.5 万人。格兰特在他的回忆录中指出（vol. I, p. 481），5 月 7 日他有 3.3 万人，而敌军兵力近 6 万人。Battles and Leaders (vol. III, p. 549)中称格兰特的有效兵力从开战时的 4.3 万人到战役结束时的 7.5 万人不等。
9. W.R., vol. XXXVIII, p. 702.
10. 参阅 Badeau, vol. I, p. 189。
11. Grant's Memoirs, vol. I, pp. 480—481.
12. W.R., vol. XXXVIII, p. 192.
13. 同上, vol. XXXVI, p. 30。
14. Grant's Memoirs, vol. I, pp. 491—492.
15. 据格兰特说，哈勒克"是个太过博学的军人，因而他不会批准一场违背所有战争艺术原则的战役"(Ulysses S. Grant, W. G. Church, 1906, p. 163)。另可参阅 Badeau, vol. I, p. 221, and W.R., vol. CIX, p. 406。
16. Badeau, vol. I, p. 221.
17. Church, p. 164.
18. W.R., vol. XXXVIII, p. 268.
19. 倘若这种说法准确无误，那么，就像格兰特所说的那样，他的总兵力为 3.3 万人：5.5 万份口粮提供给谢尔曼军，另外两个军各获得 2.2 万份，也就是说，每个军的平均兵力为 1.1 万人。
20. W.R., vol. XXXVIII, p. 285.
21. 同上，vol. XXXVIII, p. 285。
22. 同上，vol. XXXVIII, p. 268。
23. 同上，vol. XXXVIII, p. 274。
24. Badeau, vol. I, pp. 223—224.
25. W.R., XXXVIII, pp. 807, 810 and 817; 以及 W.R., XXXVI, pp. 214, 259。
26. 同上，XXXVI, p. 327。
27. The Rise and Fall of the Confederate Government, Jefferson Davis (1881), vol. II, p. 404.
28. W.R., vol. XXXVIII, p. 870.
29. 同上，XXXVI, p. 262。
30. Grant's Memoirs, vol. I, p. 499.

31. *W.R.*, vol. XXXVIII, p. 882.
32. 同上，vol. XXXVIII, p. 310—312。
33. *Livermore*, pt. III, bk. II, p. 310.
34. *W.R.*, vol. XXXVI p. 241, and vol. XXXVIII, p. 888.
35. *Ibid.*, vol. XXXVIII, p. 890.
36. 同上，vol. XXXVI, p. 367。
37. 劳瑞将军所率的师无法渡过大黑河，因而撤往杰克逊，同约翰斯顿会合。
38. *Badeau*, vol. I, p. 281.
39. *W.R.*, vol. XXXVI, p. 54.
40. *Greene*, p. 170.
41. *Grant's Memoirs*, vol. I, p. 531.
42. *Publications of the Mississippi Historical Society*, vol. III, p. 60.
43. *Greene*, p. 188.
44. 彭伯顿也意识到了这一点，他说："我相信那天我能获得较好的投降条件，我深知对手的虚荣……"（*W.R.*, vol. XXXVI, p. 285）
45. *Badeau*, vol. I, p. 399. *W.R.*, vol. XXXVII, p. 167, 给出的数字是 9362 人。
46. *W.R.*, vol. XXXVI, p. 58.
47. *Greene*, pp. 170—171. 头 18 天，格兰特的损失约为 3500 人，彭伯顿折损了 8000 人和 88 门火炮。
48. *Abraham Lincoln: A History*, J. G. Nicolay and J. Hay (1890), vol. VII, p. 327.
49. *W.R.*, vol. XXXVIII, pp. 529—530.
50. 整个战争期间，格兰特和其他北军指挥官所面临的反游击的困难不容小觑。东部的这种战斗形式在某种程度上是有组织的，而在西部，游击战就是屠杀、劫掠和恐怖主义。游击队员一旦被抓获，通常都会被枪毙。克鲁克将军和一些骑兵曾遭遇了 20 名游击队员，他击毙了 12 人，并俘虏了剩下的游击队员。"他遗憾地报告，返回营地途中，这 8 名俘虏不幸从一根圆木上滚落，摔断了脖子"。此事发生在田纳西州。（*Papers of the Military Historical Society of Massachusetts* -cited as *M.H.S.M.* - vol. XIV, p. 81）
51. *W.R.*, vol. LII, p. 592.
52. 印第安语的意思是"血河"。
53. *Battles and Leaders*, vol. III, pp. 673—676, and *The Army of the Cumberland*, H. M. Cist (1909), p. 228.
54. *W.R.*, vol. LIII, p. 55.
55. 同上，vol. LIII, p. 375。
56. *Church*, p. 199.
57. 这是印第安人对这道山脊的称谓，过去不允许传教士们从这里继续向西。罗斯维尔是以彻罗基族酋长约翰·罗斯的名字命名的。而查塔努加的印第安含义是"鹰巢"。
58. *W.R.*, vol. LIII, p. 721.
59. 同上，vol. LII, pp. 914—915。
60. *M.H.S.M.*, vol. VIII, pp. 285—286.
61. *W.R.*, vol. LIII, pp. 114, 231.
62. 同上，vol. LII, p. 890; vol. LIII, p. 102 和 vol. LIV, pp. 67, 74。
63. *Sherman's Historical Raid*, by H. V. Boynton (1875), p. 69. 这部著作写于 1875 年，奇怪的是，同一位作者在 1892 年又写道："他们并未遭罪，坎伯兰集团军的士兵们从未灰心丧气或士气低落。"（*M.H.S.M.*, vol. VII, p. 381）
64. *M.H.S.M.*, vol. VIII, p. 167.
65. *Grant's Memoirs*, vol. II, p. 25, 以及 *W.R.*, LVI, p. 216。

66. *W.R.*, vol. L, pp. 218219. 另可参阅 pp. 202, 215。
67. 同上，vol. L Ⅳ, p. 54。
68. 同上，vol. L Ⅳ, p. 41。
69. *Grant's Memoirs*, vol. Ⅱ, p. 38。
70. 10 月 29 日，格兰特赶去检查警戒线。在遭遇敌人的火力袭击时，他只带着一名号兵。当他经过一个哨所时，听见一名士兵喊道："警卫人员集合，确保司令的安全！"他立即回答道："不必担心警卫问题。"他说完这句话后没走多远，一名联邦士兵就喊了起来："警卫人员集合，保护司令——格兰特将军！"格兰特敬礼后策马离去。
71. *W.R.*, vol. L Ⅵ, p. 634。
72. 同上，vol. L Ⅵ, p. 73。
73. 同上，vol. L Ⅴ, p. 29, and *Battles and Leaders*, vol. Ⅲ, p. 716。
74. 同上，vol. L Ⅴ, p. 30。
75. *M.H.S.M.*, vol. Ⅷ, p. 195, and *Grant's Memoirs*, vol. Ⅱ, p. 58.
76. *Grant's Memoirs*, vol. Ⅱ, p. 55。
77. *W.R.*, vol. L Ⅴ, pp. 130, 131, 154, 184, and *Battles and Leaders*, vol. Ⅲ, p. 716.
78. *W.R.*, vol. L Ⅴ, p. 583。
79. 同上，vol. L Ⅴ, p. 571。
80. 同上，vol. L Ⅴ, p. 668。
81. 为 21 日的行动所下达的命令，参阅同上，vol. L Ⅴ, p. 31。
82. 同上，vol. L Ⅴ, p. 671。
83. 同上，vol. L Ⅵ, p. 206。
84. 同上，vol. L Ⅴ, p. 32。
85. 格兰特说："(由于电报线遭切断)得不到伯恩赛德的消息，华盛顿对他那里的情况忧心忡忡，所以我再也无法推迟救援他的行动了。因此，我决定将 24 日的作战行动提前到 23 日，以坎伯兰集团军遂行。"(*Grant's Memoirs*, vol. Ⅱ, p. 62.)
86. *W.R.*, vol. L Ⅴ, p. 32。
87. 同上，vol. L Ⅴ, p. 31。
88. 同上，vol. L Ⅴ, p. 718。
89. 同上，vol. L Ⅴ, pp. 745—746。
90. *M.H.S.M.*, vol. Ⅷ, pp. 202, 228.
91. *Grant's Memoirs*, vol. Ⅱ, p. 68.
92. 同上，vol. Ⅱ, p. 72。
93. 同上，vol. Ⅱ, p. 69。
94. 同上，vol. Ⅱ, p. 66。
95. *W.R.*, vol. L Ⅴ, p. 44。
96. 同上，vol. L Ⅴ, p. 106。
97. *M.H.S.M.*, vol. Ⅷ, p. 391. 另可参阅 *W.R.*, vol. L Ⅴ, p. 122。
98. *W.R.*, vol. L Ⅴ, p. 40。
99. 同上，vol. L Ⅴ, p. 44。
100. 参阅 footnote, *M.H.S.M.*, vol. Ⅷ, p. 232, 以及 *Grant's Memoirs*, vol. Ⅱ, p. 75。
101. *W.R.*, vol. L Ⅴ, p. 115.
102. *Grant's Memoirs*, vol. Ⅱ, p. 75, and *W.R.*. vol. L Ⅴ, pp. 34, 96, 112, 113.
103. *W.R.*, vol. L Ⅴ, p. 745.

104. *M.H.S.M.,* vol. Ⅷ, p. 205.
105. *W.R.,* vol. LⅤ, pp. 701, 726.
106. 同上，vol. LⅤ, p. 34。
107. *Grant's Memoirs,* vol. Ⅲ, p. 78.
108. *W.R.,* vol. LⅤ, p. 44.
109. 同上，vol. LⅤ, p. 34. 托马斯的行动总是拖延迟缓，格兰特亲自下达命令后过了一个小时，他才展开行动（*Grant's Memoirs,* vol. Ⅱ, p. 79）。
110. *W.R.,* vol. LⅤ, p. 508. 约瑟夫·E. 富勒顿准将的说法可参阅 *Battles and Leaders,* vol. Ⅲ, pp. 724—726。
111. *W.R.,* vol. LⅤ, p. 69.
112. *Military Memoirs of a Confederate, E. P. Alexander* (1907), p. 478.
113. 格兰特27日指示托马斯派格兰杰军前往诺克斯维尔。29日，他发现该军仍未动身，遂改派谢尔曼去执行这项任务（*Grant's Memoirs,* vol. Ⅱ, pp. 90—92）。
114. *Battles and Leaders,* vol. Ⅲ, p. 711.
115. *H. M. Cist,* p. 258.
116. *Personal Memoirs of General W. T. Sherman* (1875), vol. Ⅱ, p. 132.
117. *The Story of the Great March* (1865), p. 80.
118. *Jefferson Davis,* vol. Ⅱ, p. 279.
119. *W.R.,* vol. LXXIX, p. 162.
120. 同上，vol. XCⅡ, p. 799。
121. *Nichols,* p. 101.
122. *Marching with Sherman, Letters and Diaries of Henry Hitchcock* (1927), p. 53.
123. 同上，p. 35。
124. *Sherman's Memoirs,* vol. Ⅱ, p. 231.
125. *Nichols,* pp. 189—190. 另可参阅 pp. 86, 93, 102, 116。
126. *W.R.,* vol. XCⅡ, p. 13. "谢尔曼到达海边后发出的几乎所有急电中，都对财物遭受的破坏幸灾乐祸。"（*Rhode's History of the United States,* 1895, vol. V, p. 22）
127. *W.R.,* vol. XCⅧ, p. 1044.
128. *W.R.,* vol. XCⅤ, pp. 1109—1110.
129. *John Brown's Body, Stephen Vincent Benet* (English edit., 1929), p. 375.
130. *The Growth of the American Republic* (1942), vol. Ⅱ, p. 9.
131. "为修建铁路线，联邦政府总共拨付了158293377英亩土地，这几乎相当于整个德克萨斯州的面积。"（同上，vol. Ⅱ, p. 112）
132. *Capital (Everyman's Lib.),* vol. Ⅱ, pp. 857—858.
133. *John Brown's Body,* p. 376.
134. *History of the United States,* vol. Ⅲ, p. 413.
135. *Meade's Headquarters,* 1863—1865 (1922), p. 224.
136. *The Soldier in Battle, or Life in the Ranks of the Army of the Potomac* (1896), p. 99.
137. *Life in the Confederate Army,* William Watson, p. 217.
138. *Reminiscences of the Civil War* (1904), pp. 5 and 6. 另可参阅 *Memoirs of the Confederate War of Independence, Heros von Borcke* (1886), vol. Ⅰ, p. 63, and vol. Ⅱ, p. 50.
139. *M.H.S.M.,* vol. XⅢ, p. 265.
140. *Battles and Leaders,* vol. Ⅳ, p. 212.
141. *The Times Special Correspondent,* January 1, 1863.

142. *Campaigns and Battles of the Army of Northern Virginia*, George Wise (1916), p. 160.
143. *Meade's Headquarters*, Colonel Theodore Lyman, p. 284.
144. *W.R.,* vol. LXIX, pp. 888—889.
145. *M.H.S.M.,* vol. XIV, pp. 450, 453.

大事记
美国内战的发展，1862—1863年

麦克莱伦没能攻占里士满之后的12个月里，双方在东部战区共进行了五次重要战役，但都不具有决定性。首先进行的是第二次马纳萨斯战役，或称之为布尔溪战役（1862年8月29—30日），约翰·波普将军率领的北军在这场战役中被李将军击败。没过一个月，麦克莱伦在夏普斯堡战役，或称为安蒂特姆河战役（1862年9月17日）中挫败了李将军。接下来是弗里德里克斯堡战役（1862年12月13日），李将军在这场战役中击退了安布罗斯·E.伯恩赛德将军的突击。随之而来的是钱瑟勒斯维尔战役（1863年5月1—4日），李将军对约瑟夫·胡克将军实施反迂回，破坏了他的作战行动。最后是葛底斯堡战役（1863年7月1—3日），乔治·G.米德将军在此役中击败了李。

这些战役都是建立在一个错误的战略上的。交战双方过度痴迷于这样一种想法，即认为赢得战争最迅速的办法就是攻占对方的首都，都没有意识到这场战争的战略重心并不在波托马克河或詹姆斯河，而是位于查塔努加—亚特兰大地区。正如我们在前文所指出的那样，倘若北军占领该地区，南军的后勤将被切为两段，暴露在外的东北地区会遭到一场两线同时发起的进攻。但只要南方邦联控制住该地区，即便里士满失陷，战争仍可以无限期地拖延下去。这五场战役实现的不过是相互消耗而已，可由于北方联邦能更好地承受损失，因而所占的优势也更大。

战争在东部战区进行之际，西面，由于形势所迫而非深思熟虑的结果，战略重心的重要性逐渐给一名尚未崭露头角的军人留下了深刻印象，他就是尤利西

斯·S.格兰特（1822年至1885年）。生于1822年4月27日的格兰特在美墨战争中表现出色，但因受到酗酒的指控，于1854年从军队退役。内战爆发后，他被任命为伊利诺伊第21步兵团团长，1861年9月4日，已擢升为准将的格兰特在开罗设立指挥部。这是个非常重要的战略要地，因为河道交通线由此通往维克斯堡、新奥尔良、路易斯维尔、匹茨堡、纳什维尔和查塔努加。为封锁这些交通线，南军在密西西比河上修筑了强大的工事，在田纳西河畔建造了亨利堡，在坎伯兰河畔建造了多纳尔森堡，而在这些要塞东面，他们又让艾伯特·西德尼·约翰斯顿将军率领军队进入了肯塔基州南部。

格兰特意识到俄亥俄河畔帕迪尤卡的重要性，遂于9月5日将其占领。两个月后，亨利·瓦格纳·哈勒克和唐·卡洛斯·比尔将军分别出任密苏里和俄亥俄地区指挥官。

为切断密苏里境内与肯塔基境内南军之间的联系，格兰特获准进攻亨利堡和多纳尔森堡。他于1862年2月6日攻占前者，此举迫使约翰斯顿弃守鲍林格林，格兰特又于2月16日攻克后者。这些胜利具有重大的战略意义，因为它们迫使南军退往安全处，并打开了向南通往维克斯堡的道路，另外，夺得肯塔基并使田纳西暴露在遭受进攻的威胁下，导致南方邦联丧失了17.5万名潜在兵员。

与此同时，约翰斯顿退往科林斯，比尔将军遂于2月24日占领纳什维尔，并建议对孟菲斯—查尔斯顿铁路线施以打击。哈勒克赞同这项建议，可由于他嫉妒格兰特，因而派C.G.史密斯将军来指挥这场远征。不久后，哈勒克奉命指挥西部所有北军，这项任命也把比尔置于了他的麾下，哈勒克因而决定以这股联军进攻科林斯。

此时，史密斯待在萨凡纳，哈勒克命令再度获得青睐的格兰特赶去接替史密斯的指挥权，但在比尔到达前只能保持防御，后者此时位于哥伦比亚。格兰特到职后，立即将史密斯的所有军力集结在夏伊洛附近的匹茨堡、科伦普登陆场，并等待比尔率部到来，后者告诉他，自己会在4月5日前抵达萨凡纳。

在此期间，位于科林斯的约翰斯顿获得两个师加强，这两个师分别由博勒加德和布拉克斯顿·布拉格指挥，这样一来，约翰斯顿便掌握了一股多达4.5万人的军力，因而决定抢在比尔同格兰特会合前对后者实施打击。于是血腥的夏伊洛战役于4月6—7日爆发了，在这场战役中，约翰斯顿起初取得了一些战果，但最终还是被击败了。4月11日，哈勒克从格兰特和比尔手中接过战地指挥权，于5月30日占领了科林斯。6月10日，比尔动身赶往查塔努加，次日，哈勒克被召回华盛顿并出任联邦军总司令。

7月30日，现在负责指挥田纳西西部地区的格兰特请求哈勒克批准他打击北军将领范多恩的部队，后者此时部署在霍利斯普林斯和大章克申，可哈勒克直到9月18日才同意这一请求。这场行动随后发起，格兰特在艾尤卡和科林斯赢得两场辉煌的战斗，迫使南军向南退却。

在此期间，海军上将戴维·G.法拉格特已于5月1日打开了密西西比河河口，本杰明·F.巴特勒将军占领了新奥尔良，舰队司令戴维斯率领海军在孟菲斯赢得胜利后，又于6月6日为北军夺得了密西西比河上游控制权。这些行动使维克斯堡成为密西西比河东面和西面南方各州之间的主要连接，格兰特意识到它的重要性，因而请求对其发起进攻，并于11月6日获得批准。

格兰特当时面临的情况如下：布拉格6月27日接替了博勒加德，在田纳西东部同比尔对峙。比尔的危险在于他暴露的右翼，即便他夺得查塔努加，敌人从西面（也就是亚拉巴马州北部）而来的一场迂回也许很容易将他驱离该城。格兰特认为自己策划的这场战役的胜负取决于比尔的推进，而比尔推进期间的安全性又取决于格兰特军队向南攻往维克斯堡，因为这样一场进攻将把南军援兵从比尔那里调离。格兰特意识到自己必须与比尔协同行动，于是向哈勒克询问具体情况，可他收到的回复是："你想在哪里打击敌人都行。"

南军一方，布拉格在接替博勒加德后发现，他的主力位于图珀洛。比尔的前卫部队此时已到达戴克德。内森·B.弗里斯特将军7月13日在默夫里斯伯勒袭击了比尔的交通线，并迫使后者停止前进。布拉格遂决心侵入田纳西中部和肯塔基南部，借此收复田纳西东部。他的计划是加强位于坎伯兰山口的卡比·史密斯将军，以史密斯的部队攻往路易斯维尔（那是比尔的作战基地），而他自己则从查塔努加展开进军。

南军的又一场突袭（这次发生在纳什维尔与鲍林格林之间的铁路线上的加勒廷）迫使比尔停止前进。卡比·史密斯立即从坎伯兰山口推进，逼退实力虚弱的当面之敌，并于9月2日在列克星敦建立指挥部，从这里构成对路易斯维尔和辛辛那提的威胁。与此同时，布拉格开抵斯巴达，而比尔则把他的军队集中在默夫里斯伯勒。一场向北展开的竞赛随之而来。比尔退往鲍林格林，布拉格攻向格拉斯哥。但布拉格没有追击比尔，并派卡比·史密斯从后方夹击，而是把所有策略抛诸脑后，决定同卡比·史密斯会合，其目的不是从事一场战役，而是要在法兰克福设立一个分离州首府。不久后，布拉格的左翼力量，在哈迪的率领下攻往佩里维尔，并于10月8

日对比尔实施打击。虽说这是一场势均力敌的战斗，但布拉格却在次日夜间撤离。比尔追击失败后，将自己的部队调往鲍林格林和格拉斯哥。10月30日，威廉·S.罗斯克兰斯将军接掌了他的指挥权，俄亥俄集团军遂更名为坎伯兰集团军。

12月26日，罗斯克兰斯率部离开纳什维尔，于1862年的最后一天在默夫里斯伯勒同布拉格展开激战。虽然这场战斗并不具有决定性，但布拉格的损失相当惨重，不得不撤往查塔努加，并在那里宿营过冬。

在此之前，格兰特的下属约翰·A.麦克伦南德将军（他是个政治军人）一直给华盛顿施加压力，要求派他指挥一支军队并集结在孟菲斯——他打算从那里沿密西西比河而下，对约翰·C.彭伯顿将军守卫的维克斯堡发起进攻。格兰特原本就不敢确定麦克伦南德是否适合独立指挥工作，听闻这项建议后，决定加速推进自己准备中的作战行动。他已于11月13日告知哈勒克，他的骑兵已进入霍利斯普林斯，但在交通线正常运作前，他不打算继续向南推进。可现在，他决定尽快采取行动，并派威廉·T.谢尔曼将军从孟菲斯经水路攻往维克斯堡，而他自己则从大章克申出击。他的计划是把彭明顿（然后是杰克逊）吸引到格林纳达，从而削弱维克斯堡的南军防御力量，为谢尔曼的进攻创造条件。

12月12日，当格兰特位于大章克申以南60英里时，谢尔曼率领3.2万名士兵动身出发，并于圣诞节当天在米利肯河曲部登陆。12月29日，他遂行了奇克索断崖之战，但被击退。1863年1月2日，军衔更高的麦克伦南德来到米利肯河曲部，接掌了这场远征的指挥权。

格兰特向南进军后，补给越来越困难。他是个深知后勤重要性的将领，遂在霍利斯普林斯建立了一座物资仓库。在此期间，对局势深感震惊的杰斐逊·戴维斯任命约瑟夫·E.约翰斯顿将军全权指挥蓝岭山脉与密西西比河之间的所有南方军队。约翰斯顿赶至查塔努加后，命令布拉格派一股骑兵打击格兰特的交通线。12月20日，这道命令得到执行。范多恩率部冲向霍利斯普林斯，将格兰特的仓库守军打得措手不及，并摧毁了物资仓库。

这场突袭不仅彻底打乱了格兰特的计划，还导致谢尔曼的远征流产。出于对麦克伦南德缺乏指挥能力的担心，格兰特请求哈勒克准许他撤回孟菲斯，并接管河流远征行动的指挥权。这个要求获得批准，格兰特于1月10日回到了孟菲斯，并在1月30日到达亚祖河河口的杨格点，从麦克伦南德手中接过了指挥权。

色当战役，1870年

第三章

普法战争的起因，一方面是普鲁士将整个德意志统一在自己领导下的决心，另一方面则是法国阻止这种合并的决心。除此之外，还有高卢人与条顿人之间的世仇。很少有哪个国家像德意志这样，有个像法国这么坏的恶邻。1675年至1813年期间，法国对德意志的进攻不下14次，平均每隔十年就会发生一次。另外，法国在几个世纪以来一直是个大国，是欧洲的主导力量，但却暗暗担心她的荣耀会在她敏感而又易怒的脾气中渐归黯淡。自1789年以来，欧洲的政治基础一直在变化；权力从国王和王室手中转移到了煽动政治家和议会手中，就连新闻媒体和公众、金融和工业巨头的利益也能左右时局了。

普法战争的直接原因（火花引爆了日积月累的仇恨）不过是一起无关紧要的意外事件。尽管如此，还是值得对其加以详述，因为它是民主时代如何会引发战争的典型例子。

1868年9月，西班牙舰队的叛变导致女王伊莎贝尔二世流亡，普里姆元帅就任摄政王。由于西班牙民众不欢迎共和政体，普里姆便把西班牙王冠一次次献给外国王子，可却无一成功。最后在1870年2月，他同俾斯麦进行秘密谈判，后者提出了一个可能的人选——霍亨索伦-锡格马林根的利奥波德亲王，他是普鲁士王室的远房亲属。普里姆同这位亲王取得了联系，后者乐于接受这项建议，但要求先获得路易·拿破仑和普鲁士国王的同意。普里姆遂写信给威廉，这封信令威廉大吃一惊，因为他对普里姆和俾斯麦的秘密谈判一无所知。他强烈反对这项提议，并把自己的意见告知了普里姆。普里姆和俾斯麦继续展开进一步谈判，1870年7月3日，西班牙《时代报》突然曝光了这个秘密。路易·拿破仑的震惊比威廉更甚，他立即致电西班牙和普鲁士，提出强烈抗议。巴黎的报纸发表了措辞激烈的文章，并谈及了查理五世帝国的复苏。整个巴黎的情绪开始变得歇斯底里起来，以至于法国政客爱德华·瓦扬7月5日在日记中写道："在我看来，这就是战争，或非常接近于战争。"次日，法皇召开了国务会议讨论动员问题，并根据外交大臣格拉蒙特公爵的建议，指示法国驻柏林大使贝内代蒂伯爵前往埃姆斯，谒见在那里避暑的普鲁士国王，请他说服利奥波德放弃候选人资格。

威廉于7月9日接见了贝内代蒂并告诉后者，自己无意鼓励利奥波德继承西班牙王位，这个问题完全取决于马德里。由于这种回答没能让路易·拿破仑满意，格拉蒙特遂致电贝内代蒂："我们要求国王禁止亲王坚持他的候选人资格。"威廉获知法国的这一要求后非常恼火，尽管如此，他还是允许贝内代蒂直接发电报给利奥波德。利奥波德此时在瑞士，收到这份电报的是他父亲，后者立即回电，以他儿子的名义宣布退出候选。作为霍亨索伦王室的首领，他完全有权这样做。听到这个消息后，威廉非常高兴，认为此事已结束。但法皇却不这样认为，他告诉格拉蒙特，指示贝内代蒂再去谒见普鲁士国王，要求后者亲自保证，禁止日后恢复利奥波德的候选人资格。

7月13日上午9点，贝内代蒂在埃姆斯公园见到了威廉，并获得热情迎接。国王说，他很高兴看见利奥波德放弃西班牙王位候选人的声明刊登在了德意志的报纸上。贝内代蒂随后提出了路易·拿破仑的新要求，威廉对此回答道："我那些表兄弟都是正直的人，他们退出候选可不是为了日后重新恢复这一资格。"说罢，他结束了这场会谈。

俾斯麦获知此事后，通过他派驻埃姆斯的代表请求国王停止这种不正常的私人会晤，而应当通过大使和大臣恢复正常的会谈程序。国王同意了，但贝内代蒂在格拉蒙特敦促下，再次要求同国王谈谈。威廉拒绝见他，并给俾斯麦发去一份关于相关事情的报告，由后者决定是否将此事告知大使馆和新闻媒体。

俾斯麦在7月13日晚收到国王的电报，经国王允许后予以公开发布，并将电文内容精简如下："由于法国大使在埃姆斯要求国王授权致电巴黎，亲自保证决不允许候选人资格的恢复，国王陛下已拒绝再度接见该大使，并通过一名侍从武官告知该大使，不会再同他接触。"

俾斯麦篡改"埃姆斯电报"之说纯属捏造。他所做的只是将国王的报告缩短为电报形式而已。但不管怎样，他发表的电文并非原件，这倒是事实。他知道法国人想付诸战争，就像他后来所说的那样："我们应当后发制人，这一点至关重要……要是我把这份草稿交给新闻媒体，再用电报把它发给各使馆，巴黎很快就会获悉……它对高卢公牛的影响就像是一块红布一样。"[1]

这封电报在巴黎刚一公开，法皇就立即召开国务会议，他们在商议此事时，贝内代蒂的电报也送到了。这封电报的语气比俾斯麦那封温和得多。为避免战争，格拉蒙特建议召开一场欧洲会议，禁止在位的王族允许其成员接受外国王位。虽然法皇批准了这项建议，但皇后没有同意。因此，该方案被搁置在一旁，大臣们也没有提出其他替代办法。巴黎的暴民随后鼓噪起来，一直被禁止的《马赛曲》

再度唱响,"战争万岁,打到柏林!"的口号不绝于耳。尽管梯也尔和甘贝塔发出警告,但法国国会已丧失了一切理智,在民众强烈抗议的推动下迅速滑向战争的深渊。7月19日,法国正式向普鲁士宣战。

法国曾希望奥地利和意大利都能成为她的盟友,1869年时曾为此对两国采取过各种办法,但却只收到了含糊的回复。直到暴风雨即将袭来之际,路易·拿破仑才委派一名私人代表前往维也纳商谈结盟事宜,7月20日他(也就是法国宣战后的次日)收到了回复:"中立!"此外,丹麦也宣布保持中立。而英国一向反对战争,这次也不打算支持法国,特别是因为俾斯麦7月25日在《泰晤士报》上发表的一封信件,披露了法皇1866年吞并比利时的计划。

因此,法国孤立无援。更糟糕的是,自1815年以来,她在精神层面上一直活在拿破仑一世时期法国天下无敌的神话中。这种虚幻的梦想使公众无法看清眼前的实际情形:分裂、唯利是图的民众,精神错乱的政府,"一群承包商像秃鹫那样聚在一具死尸上,大肆瓜分预算"。[2] "虽然军人们牢牢秉承了他们古老的勇气,这是法国人与生俱来的,但在政府、行政、指挥、指导、准备、科学、火炮和武器库装备方面却都已落后,而且无人理会……这就是物质主义,它嘲笑地球,亵渎天空"。[3] 特罗胥将军的说法与之类似:"自1815年以来的每场革命都激发了野心,挑起了竞争,混淆了民众对是非黑白的看法,以自私自利替代了爱国主义和公众利益。"[4]

法皇和他的议员们居然活在这样一个虚幻的乐园中,实在是咄咄怪事,因为法国派驻柏林的武官斯托费尔男爵中校是个特别善于观察的人,他已将普鲁士的情况详细告知国内,甚至不惜用法国的情形加以对比。他的报告深具启发性,因而值得加以详尽引述:

1868年5月26日。"做礼拜时,牧师们首先祈求上帝赐福给国王和陆军,国家主要机构仅仅在事后提一下……这同法国陆军的地位形成鲜明对比,我们的军队里充满大批了失意者,纪律和军魂日益退化"。

1869年8月12日。"我认为以下几个要点必须说清楚:

"1. 战争无可避免,一起偶然事件即有可能引发战争。

"2. 普鲁士无意进攻法国;她不仅不会主动寻求战争,还会尽可能避免战争。

"3. 不过,普鲁士的远见足以看清非她所愿的战争肯定会爆发,因此,她正尽其所能,以免在致命事件发生时措手不及。

"4. 而法国,由于粗心和轻率,最重要的是对相关情况一无所知,并不具备像普鲁士那样的远见"。

……

反观法国的情形又是怎样的?一个议会自称代表人民,可它反映出的却只是轻浮多变和前后矛盾……他们的爱国主义包含恶意的指责或有预谋的恶行;他们以美丽的辞藻掩饰自己的无能和懦弱,他们自诩只有他们才关心这个国家的福祉,为获得派系声望,就一名兵员、一块法郎同政府争论不休……他们谋求削弱法国,把法国出卖给她最强大的敌人……新闻媒体总是夸夸其谈,详述最重要问题的主要期刊对这些问题缺乏最起码的了解,他们的效忠对象是党派,而非国家……法国嘲笑一切;最可敬的事情不再受到尊重;道德、家庭纽带、爱国之情、荣誉和宗教,都成为轻浮、多疑的一代的嘲笑对象……这些难道不是真正的衰败的明显迹象吗?[5]

这就是法国当时的状况,做出这番描述的不是外国人,而恰恰是法国人自己,法国军队也反映了出这种状况,他们派往阿尔及利亚、克里米亚、中国、意大利和墨西哥的士兵学会了鄙视他们的指挥官,还自欺欺人地认为法国军人的斗志天下无敌。1859年"普通士兵赢得索尔费里诺战役"的说法暗示,军队的将领们已无关紧要,而这种情绪又受到了民主化媒体推波助澜。[6]

普鲁士的情形则完全不同。军队贵族化,而非民主化,威廉继位后,普鲁士军队已成为他决心使之成为的东西——普鲁士的武装民族。自签订备受屈辱的《奥尔米茨条约》以来,普鲁士总参谋部已将克劳塞维茨的《战争论》奉为他们的军事福音,由于自1866年以来,这部著作深刻地影响了战争的理论和实践,我们将书中的主要学说总结如下:

1. 战争和政治的关系

战争无非是国家政策通过另一种手段的继续。

战争不仅是一种政治行为,还是一种真正的政治工具,是政治交往的继续。

战争只是政治交往的组成部分,因此其本身绝不是什么独立的东西。

难道战争不正是政治思想的另一种文字和语言吗？

如果战争隶属于政策，那么，战争自然会带有政策所具有的特性。倘若政策宏伟而有力，那么战争也将如此。

2.关于战争的本质

战争不过是一场大规模的搏斗。

我们不想听闻那些不经流血而获得胜利的将领的一切。

战争是一种最大限度的暴力行为。

我们的目标的是消灭敌人的力量。

消灭敌人的军事力量实际上是一切战斗的目的。

战争越是激烈，敌意和仇恨的发泄就越大。

3.关于进攻

只有一种战争形式，即进攻敌人。

战斗是战争中唯一的活动。

4.对数量优势的要求

最好的战略总是要保持强大的力量。

一场战争应倾全国之力进行。

在文明化的欧洲，人民战争是19世纪的现象。

5.战争要求精神和智力方面的优势

勇气是最高美德。

主要素质是指挥官的才能、军队的武德和民族感情。

战争中没有什么比服从更重要。

6.关于战术

当前战争中的火力毁灭原则显然已达到了最大效力。

战争中的防御形式，就其自身而言比进攻更强大，但它的目的是消极的。

进攻是积极的意图，而防御则是消极的意图。

只有庞大、全面的会战才能取得重大战果。

7.组织方面

战争分为准备和行动两个部分。

战争中的一切都很简单，但最简单的事情也是困难的。

战争不属于艺术和科学领域，而是属于社会生活领域。[7]

虽说毛奇对克劳塞维茨的思想深感折服，但他并未盲目遵循，而是以克劳塞维茨的理论来适应他这个时代的条件，这些条件与拿破仑时期的情况截然不同，而《战争论》却是以那个时代的战役为基础写就的。铁路现在使后勤方面发生了变革，随之而来的是军队的规模越来越大，这就越来越需要一个训练有素的总参谋部。另外，柯尼希格雷茨战役的混乱令毛奇深感恐惧，其震撼程度并不亚于大规模侧翼突击的胜利带给他的惊喜。早在1861年他就认为步兵的正面冲击无法取得突破，并把开阔地比为一道难以逾越的沟渠。1866年后，他意识到士兵静止射击比一边开枪一边前进更有优势，因此，拿破仑时期在会战前集中力量的原则，可通过会战期间集中兵力来加以补充。另外，拿破仑时期的大规模突破战术必须让位于决定性的侧翼突击。

1869年，他下达了一系列《给部队高级指挥官的指示》，其中写道：

部队的大规模集中本身就是一场灾难。集结在一处的军队，很难获得补给，也难以安排宿营。它无法行军，无法行动，甚至无法长时间存在，只能从事战斗。

展开行动时，各部队应尽可能长时间的保持分离，只有在从事决定性会战时，才应迅速集中力量，这就是大股部队指挥官的任务……正面冲击取得成功的希望很渺茫，付出惨重代价的可能性倒很大。因此，我们必须转向敌阵地的侧翼。[8]

毛奇一直没能解决的一个严重问题是为普鲁士步兵配备一款比德雷泽击针枪更具效力的步枪，德雷泽击针枪虽然获得了改进，但自1841年以来已沿用至今。1866年战争期间，这款步枪的射程远不及奥地利人使用的洛伦兹前装枪，但由于这款步枪可在俯卧位更快地装填弹药，而证明了自己仍是一款优秀的武器。不过，倘若奥地利人更好地使用他们1863年便已配备的线膛野炮，德雷泽击针枪的大部分优势可能会被抵消，因为这种野炮的有效射程达到了500码，与击针枪射程相当。毛奇意识到这一点，待他获悉法国步兵配备的夏塞波后膛枪的表尺射程高达1200米，是击针枪的两倍后，便希望以普鲁士钢质后膛野炮对法国青铜前膛炮的优势来弥补击针枪的不足。法国人一直保留着这款青铜前膛炮，是因为他们藏有一种秘密武器——这就是勒弗耶机枪,这款机枪装有25根枪管,围绕轴心排列,表尺射程达1200米,每分钟可发射125发子弹。法国人计划以它替代霰弹,但这款武器高度保密,直到战争爆发前几天才配发给军队,据勒费耶说,"以一种愚蠢透顶的方式"加以使用。

两支军队孰强孰弱的主要问题不在于他们的武器,而是各自的总参谋部。如我们所知,法国缺少高效的总参谋部是拿破仑一世最终失败的主要原因之一。1815年后,法国还是没有认识到这一点,1870年战争爆发时,我们发现法兰西第二帝国的总参军官多是些夸夸其谈者和办事文员,不是从未接触过军队的年少轻狂者,就是被琐碎的常规事务淹没的老家伙。巴赞元帅根本不信任他的总参谋部,因而禁止这些军官踏上战场,并以私人幕僚替代他们,就像拿破仑在60年前所做的那样。尽管斯托费尔1868年2月25日便已提交如下报告,可情况并未改变:

一旦战争爆发,普鲁士掌握的各种优势因素中,最重要、最无可否认的是他们的参谋军官团……我们的总参谋部无法与之相提并论……下一场战争中,普鲁士的参谋机构将成为普鲁士陆军取得优势的最强大因素。[9]

自沙恩霍斯特和马森巴赫首次组建情报机构并把参谋工作系统化以来,普鲁士总参谋部的发展非常迅速,到1866年,其权威性已变得至关重要。因此,我们发现1870年战争期间,就职责轻重而言,总参谋长毛奇甚至比国王这位总司令更加重要。在他们之下,由于最高统帅部变得不那么个人化,越来越多的主动权从总司令手中被移交给了下属集团军司令和军长,其结果是,为协调这些下属指挥官的行动,军事学说的统一至关重要。简而言之,战争艺术开始变得机械化、教条化起来。

冯·费尔迪·杜·费尔诺伊斯将军解释了总参谋部的常规惯例。[10]每天上午在总参谋长的主持下召开一场参谋会议,商讨相关情况并做出决定。这些决定随后呈交给国王,若获得他的批准,就下达给相关的下属指挥官。

这种精密准确的指挥体系存在一个严重缺陷:它很少或根本没有考虑到意外;它把局部决策权交给战场上的指挥官,此举有时候会给整体计划造成影响。

普鲁士总参谋部早在1867年便着手拟制战争计划,自那以后不断对计划加以修改。这份计划的特点是进攻性极强，但其理念却很简单：总方向是巴黎，目标是无论在何处遭遇的一切敌军。普鲁士会为此投入三个集团军：

第1集团军，由冯·斯坦梅茨将军指挥，辖第7军、第8军和1个骑兵师，共六万人。

第2集团军：由弗里德里希·卡尔亲王率领，辖第3军、第4军、第10军、禁卫师和2个骑兵师，共13.1万人。

第3集团军：由普鲁士王储统辖，辖普鲁士第5军、第11军，巴伐利亚第1军、第2军，符腾堡师和巴登师，外加1个骑兵师，共计13万人。

预备队，由普鲁士国王亲自掌握，编有萨克森第9军和第12军，共计六万人，驻扎在美因茨。

除这些军力外，第1军、第2军、第4军、一个常规师和四个本土防卫师留在国内，守卫丹麦海岸和普奥边境。

毛奇正确地估计到，法国所能投入战场的军力不会超过25万人，而他的兵力为38.1万人。另外，由于铁路交通的限制，法国人不得不把他们的军队集结在梅斯和斯特拉斯堡附近，这就意味着孚日山脉将把他们隔开。因此，毛奇决定将他的三个集团军集中在莱茵河中游的要塞后方：第1集团军部署在维特利希周围，第3集团军位于兰道和拉施塔特附近，第2集团军在洪堡与诺因基兴之间展开，充当第1集团军和第3集团军之间的连接纽带。倘若法国人企图在普鲁士军队彻底完成动员前发动一场突然袭击（毛奇认为这种可能性很大），那么他估计，由于对方两个军队集群被孚日山脉隔开，他完全可以加强自己的中央或两翼，速度肯定比对方将两股力量集中到洛林或阿尔萨斯更快。毛奇在谈及自己的意图时指出：

但最重要的是，战争计划的基础是决心对无论在何处发现的敌军立即展开进攻，并把我方军队集中在一起，从而总是能以优势兵力投入战场。至于采用何种特殊手段来完成这些计划，相关决定届时再做出；只有前出到边境线的行动预先做了详细安排。[11]

与这个计划相对的法皇的作战计划，可称之为拿破仑一世的拙劣翻版，因为这份计划在纸面上看似不错，但投机性太大，实际上不啻为自杀。陆军大臣勒伯夫元帅计算（或者说是猜测），实施动员后第九天，法军可将15万人集中在洛林，10万人集中在阿尔萨斯，总兵力可以迅速加强到30万人。由于法皇知道普鲁士军队的兵力可能比他多10万人左右，因而决定在动员完成前发动一场突然袭击。他的想法是，向东展开一场突袭可迫使德意志南方诸邦背弃普鲁士，且有可能促使奥地利和意大利支持法国。因此，他决定在梅斯集中15万人，在斯特拉斯堡集结10万人，另外五万人部署在沙隆，前两股力量向前推进，尔后合兵一处并渡过莱茵河，迫使德意志南方诸邦中立，然后在同奥地利人会合后取道耶拿攻向柏林，而他的舰队则负责威胁易北河和波罗的海。

这个宏大的计划显然需要最精心的准备和时间上的配合，可法国的直接宣战导致该国一片混乱，而普鲁士的动员工作却进行得犹如一只精准的钟表。法国人什么都没安排好。营地无法设立，因为没人知道帐篷在哪里；铁路运行时刻表没有制定出来；有些兵团没有火炮，或者是没有运输工具，还有些部队没有救护车；弹药库空空如也，要塞内也没有补给物资。8月10日，八里桥伯爵被召至巴黎出任陆军大臣[12]，他接到一位前线将领的来信，信中写道：

补给仓库里没有宿营使用的水壶、餐具或炉灶，没有救护车用的水壶，也没有驮鞍；各师各军都没有救护车。截至8月7日，几乎找不到一副骡马担架来运送伤员。上千名伤员于当日落入了敌人手中，事先根本没做好疏散伤员的准备……若说这四天来我们的士兵靠居民们的施舍过活，各条道路上满是快被饿死的散兵游勇，那么，行政部门难辞其咎……8月6日，上级下令炸毁一座桥梁，可整个军都找不到任何炸药，工兵没有，炮兵也没有！[13]

随着混乱状况的加剧，法国人放弃了攻打德意志南部的计划，法国舰队驶向易北河，但没有搭载部队。各军的分散状态[14]最终迫使法皇将他们编为两个集团军——第1军和第7军一个师，共3.5万人，由麦克马洪元帅指挥，部署在斯特拉斯堡周围；第2军、第3军、第4军、第5军和禁卫军，共12.8万人，由法皇亲自指挥，部署在梅斯周围，被称为莱茵集团军。3.5万兵力的第6军由康罗贝尔元帅指挥，在沙隆担任预备队，第7军余部则留在贝尔福监视黑森林出口。不过，

普法战争，1870—1871年

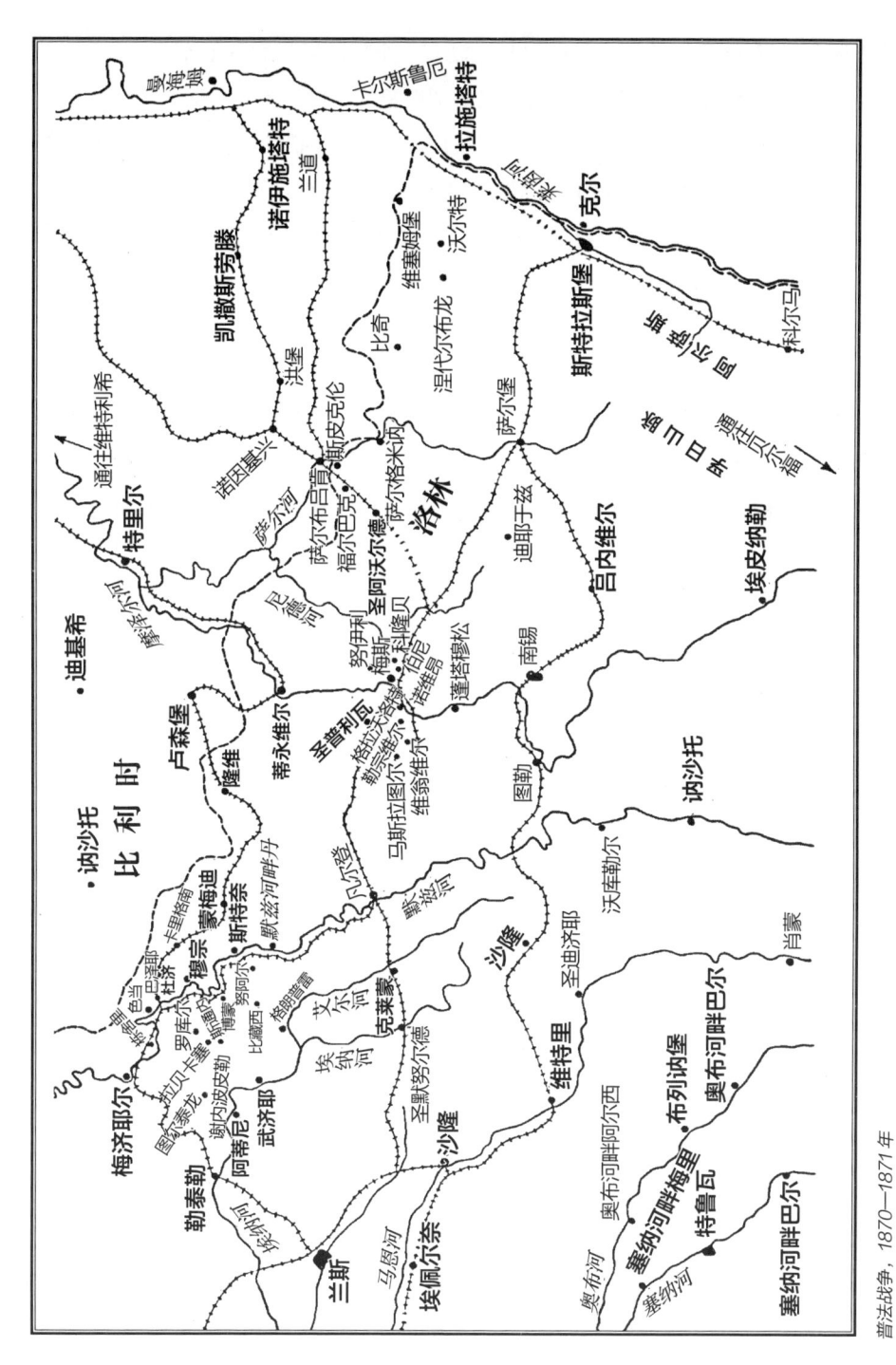

当法皇在7月28日接掌最高指挥权时，没有一个军做好了战备工作。

这种犹豫不决立即将战略决策移交给了巴黎的暴民。各条林荫大道上人满为患，高声呐喊的人群提出立即攻打德意志的要求。这种叫嚣迫使法皇采取行动，于8月1日命令巴赞元帅进军萨尔，除巴赞麾下的第3军外，第2军和第5军也交由他指挥。巴赞派德法伊第5军向前推进，8月2日，该军在萨尔布吕肯遭遇了普鲁士第1集团军第8军辖内的一个支队，后者随即退却。于是，毛奇指示斯坦梅茨率领他的集团军向第2集团军靠拢，同时命令第3集团军跨过边界，阻止法国人从阿尔萨斯向洛林抽调部队。

8月3日，麦克马洪元帅以阿贝尔·杜埃指挥的一个师占领维塞姆堡，杜埃没有发觉普鲁士第3集团军的逼近，在次日宿营时被打得措手不及。杜埃阵亡，他的师后撤，赶去同麦克马洪驻扎在沃尔特附近的军队会合，麦克马洪集结在那里的军力约为3.2万名步兵和4500名骑兵。8月5日，普鲁士第3集团军的7.2万名步兵和4500名骑兵朝他而去。麦克马洪对敌人的实力只有一个模糊的了解，因而计划于8月7日向前推进，而普鲁士王储觉得自己的集团军过于分散，故决定待麾下各军集中后再发起进攻——这一点未能做到，因为双方的前哨在8月6日清晨展开了战斗，巴伐利亚第2军和普鲁士第5军卷入其中，沃尔特战役就此爆发。这是普法战争中第一场大规模交战，虽说德意志军队的进攻出现了脱节，法军也展现出其传统的英勇，但后者无法抵挡前者的优势兵力，不得不向后退却，穿过孚日山脉，匆匆撤往讷沙托，并于8月14日到达那里。麦克马洪的军队从那里搭乘火车开赴沙隆，于8月19日到达。双方在这场意外交战中的伤亡都多达1万~1.1万人，由于普鲁士第3集团军并未做好战斗准备，所以没有展开追击。

沃尔特战役爆发前，毛奇的意图是，第1集团军和第2集团军应于8月6日集结在萨尔后方，在那里待命，待第3集团军夺取孚日山脉的通道后再展开行动。可急躁的斯坦梅茨在获知萨尔布吕肯的战斗后，立即率部朝那里赶去，弗里德里希·卡尔亲王率领的第2集团军的先遣力量也随之向前。此时占据萨尔布吕肯的是弗罗萨德所率的第2军，可在听说杜埃师在维塞姆堡惨败的消息后，他觉得自己的位置过于暴露，因而在8月5日退往西南面几英里的斯皮克伦高地。8月6日清晨，普鲁士第2集团军的先遣骑兵遭遇了弗罗萨德前哨力量的火力打击，冯·卡梅克将军不久后率领第14师赶到。卡梅克确信自己得到了支援，认为当面之敌不过是后卫力量而已，所以没有等待命令，而是直接派一个旅冲击弗罗萨德防御阵地中央的罗瑟堡。该旅奉命行事，这样一来，沃尔特的情形再度重演，也就是说，普鲁士人尚未做好准备便投入交战之中。尽管如此，由于普鲁士军队不断开抵战场，卡梅克得以牢牢守住了罗瑟堡，而弗罗萨德认为自己寡不敌众（实际上并非如此），下令后撤。普鲁士军队依然没有追击，因为他们的骑兵远远落在后方。斯皮克伦之战的代价是：法军伤亡近4000人，普军伤亡约5000人。

斯皮克伦和沃尔特的这两场灾难使设在梅斯的法军司令部陷入了恐慌，并随后下令撤往沙隆。消息传到巴黎后，皇后摄政的法国政府宣布，倘若军队后撤，首都就会发生叛乱。因此，法国军队8月9日更改了计划，梅斯以东所有部队奉命停止退却，不惜一切代价坚守梅斯。这就导致法军部队发生了脱节，因为巴赞停下了脚步，而麦克马洪仍在继续后撤。

同一天，奥利维耶内阁垮台，以皇后为首的帝国党将政府交给了八里桥伯爵，自战争爆发以来，这位将军一直在里昂指挥第4军。次日（8月10日），他接手指导战争，从这时起，战略开始沦为政治产物。他在1871年出版的《忏悔录》颇具启发性，因为书中表明，一个软弱领导的民主议会对指导战争完全无能为力。例如，书中告诉我们，每天早晨8点召开的内阁会议都会展开无休止的讨论。8月9日，内阁同意在八天内征募50万名士兵，而10日又担心这些兵员获得武装后，可能比普鲁士人更危险。8月11日，他们通过了牺牲到最后一人一弹的决议，18日和23日，M.朱尔斯·法夫雷仍在大声疾呼："我们需要的是武器！"于是，左翼人士也高呼："武器！武器！"因为他们唯一的目的就是推翻政府。[15]这就是指导作战行动的政治手段。

8月12日，仍同军队待在一起的法皇，将最高指挥权交给巴赞元帅。这种变动发生在关键时刻，因为8月13日，普鲁士军队右翼的斯坦梅茨第1集团军到达了梅斯东面的尼德河；弗里德里希·卡尔亲王的第2集团军在蓬塔穆松控制着摩泽尔河对岸一座登陆场，而普鲁士王储率领的第3集团军的前卫部队则逼近了南锡和吕内维尔。普鲁士的这三个集团军正从东面和南面朝巴赞汇聚，虽然巴赞并不清楚这种情况，但在获悉梅斯缺乏补给物资后，他决定弃守摩泽尔河防线，退至凡尔登附近的默兹河。

为便于这次后撤，巴赞下令在摩泽尔河上架设桥梁，不幸的是，大雨导致河水

维翁维尔和格拉沃洛特战役，1870 年

泛滥，冲垮了几座桥梁，结果到了 8 月 14 日，他的军队仍有很大一部分位于梅斯以东。这部分军队在科隆贝和伯尼遭到了斯坦梅茨麾下第 7 军的攻击，但在夜色掩护下，这些法军顺利渡过了摩泽尔河，横跨梅斯—凡尔登公路占据了面朝西南方的阵地。这就表明，除非击败普鲁士军队，否则必须放弃撤往凡尔登的计划，唯一畅通的后撤路线是取道梅斯—布里耶—蒙梅迪公路，这条公路通向勒泰勒或色当。实际上，巴赞已陷入半包围状况之中，虽然他尚未意识到这一点。他无法在不经过一场战斗的情况下继续后撤，而取道梅斯—蒙梅迪公路后撤，就意味着面对获胜之敌实施侧敌行军，这可以说是一种最危险的行动。

就在巴赞集结他的集团军之际，弗里德里希·卡尔亲王的第2集团军辖内第5骑兵师在蓬塔穆松渡过摩泽尔河，并于8月15日在维翁维尔和勒宗维尔附近同法国骑兵发生接触。夜幕降临前，普鲁士第10军在蓬塔穆松、第3军在诺维昂也渡过了摩泽尔河。次日上午9点，冯·阿尔韦斯莱本第3军的猛烈突击拉开了维翁维尔战役（亦称马斯拉图尔会战）的序幕。这是一场殊死交战，普鲁士军队不时遭受沉重压力。虽说这场战役以平局告终，但对毛奇而言，这一战具有战略决定性意义，因为它迫使巴赞放弃了进一步撤往默兹河的一切想法。相反，他命令部队退往了圣普利瓦与格拉沃洛特（分别位于梅斯西北面和西面）之间的一道强大的防御阵地。在这场战役中，双方都蒙受了伤亡约1.6万人的损失。

8月17日，巴赞的后撤行动没有受到干扰。毛奇忙于调动第1集团军和第2集团军——其中不含第4军，该军正赶往图勒，以便同第3集团军会合。次日，格拉沃洛特战役（亦称圣普里瓦会战）爆发了，普鲁士投入了20万人的兵力，而法军也多达14万人。就像1792年的瓦尔米战役，两支军队都面对自己的基地，这就意味着失败将会造成一场灾难。战斗异常激烈，但下午晚些时候，普鲁士人攻向圣普里瓦，成功迂回法军右翼，巴赞被迫撤入梅斯的防御工事。这样一来，巴赞的集团军就与巴黎和麦克马洪相隔绝了，后者8月16日已同法皇会合。格拉沃洛特战役是普法战争期间最血腥的一场交战，普鲁士伤亡两万多人，法国则损失1.3万人，另有5000人被俘。

普鲁士人原先的战役计划中并未想到法军主力会撤入梅斯，因而只打算以几个本土防卫师来对付该要塞。法军这场出人意料的后撤要求普鲁士人投入一股强大的军力来对付梅斯，为此，整个第1集团军和第2集团军主力，共计15万人，统归弗里德里希·卡尔亲王指挥——他接到的指示是把巴赞牵制在这座要塞中。

拥有8.5万人兵力的第3集团军仍由普鲁士王储指挥；禁卫军、萨克森第4军和第12军共计13.8万人，被编为默兹河集团军，由萨克森王储统辖。8月20日，萨克森王储在布里埃与科梅尔西之间沿一道宽大的战线攻往凡尔登，而普鲁士王储的先遣部队在沃伊德渡过默兹河，朝利尼昂巴鲁瓦和巴勒迪克进击。这两个兵团都攻向巴黎，以迫使法国人在其首都东面应战。8月23日，默兹河集团军到了达凡尔登附近的默兹河右岸，但没能通过一场突袭夺取这座要塞，随后，担任集团军先遣力量的骑兵攻往克莱蒙和圣默努尔德。

在此期间，麦克马洪元帅奉命在沙隆组建一个新兵团，番号为沙隆集团军，他于8月18—20日完成了这项任务。这是一股杂乱无章的军力，编有杜克罗特的第1军（3.2万人）、德法伊的第5军（2.2万人）、菲力克斯·杜埃的第7军（2.2万人）、勒布伦的第12军（4.1万人）和两个骑兵师。除此之外，还有些新组建的步兵师、一群海军陆战队员、逃离沃尔特的难民和一些巴黎人组成的别动队，这些人正处于叛乱状态之中。这个集团军下辖166个步兵营和100个骑兵中队，共计13万人和380门火炮。其中许多部队根本没接受过训练，勒布伦将军指出，他给每个士兵发了五发子弹，让军官和士官们教他们如何装弹并瞄准射击。[16]

身处沙隆的麦克马洪将军决定退回巴黎，这个决定得到了特罗胥将军支持，他8月16日刚刚赶到这里，担任新组建的第13军军长一职。早在8月10日，特罗胥就写信给法皇的一名亲信，提出应将巴赞集团军撤回巴黎，法皇同意了，但八里桥伯爵取消了这场调动。[17]8月17日，也就是法皇从梅斯赶到沙隆的次日，他们召开了会议，并于会上做出决定，既然法皇已将指挥权交给巴赞，他就应该返回巴黎主持政务。法皇同意这样做，并任命特罗胥为巴黎总督。他随后命令特罗胥先返回巴黎并宣布他即将还都。于是，特罗胥动身出发。[18]

特罗胥于8月18日晚到达巴黎，皇后立即接见了他，在获悉了他此行的目的后，她惊呼道："将军，只有皇帝的敌人才会劝说他返回巴黎；他不能活着返回杜伊勒里宫……不，将军，皇帝决不能回巴黎，他必须留在沙隆……你负责保卫巴黎，你应当在皇帝不在此地的情况下履行你的使命。"[19]

犹豫一番后，特罗胥同意了。他又去见八里桥伯爵，却受到了很不礼貌的对待。八里桥伯爵告诉特罗胥，他的战略设想很荒谬，自己绝不同意麦克马洪率部撤回巴黎。[20]自那以后，特罗胥的仕途便充满了各种障碍。

当特罗胥赶去执行自己的使命后，麦克马洪便为开始为撤军做准备，并于8月21日退至兰斯，他的部下骚扰地方，同当地居民发生了敌对行为。8月22日，该集团军停在兰斯时，参议院议长M.鲁埃和八里桥伯爵的特使赶至法皇的大本营，劝说皇帝不要返回巴黎，并敦促他指示麦克马洪开赴梅斯。麦克马洪获悉此事后立即致电巴黎:"我对巴赞的情况一无所知,也不清楚他的意图,怎么能朝他靠拢呢?"[21]不幸的是,麦克马洪的这封电报发出后,他不久便收到了两份电报。一封电报是巴赞发来的,称他打算向北后撤,而另一封电报则是摄政委员会发给皇帝的,电报中写道:"全体通过决议,情况空前紧急……若不支援巴赞,则会在巴黎造成最可悲的后果。面对这场灾难,首都能否守住值得怀疑。"法皇回电称:"明天我们前往蒙梅迪。"[22]于是,全军8月23日开赴贝蒂尼维尔,士兵们在乡村搜刮粮食,于24日赶往勒泰勒,并在那里待到25日。8月26日,麦克马洪赶赴图尔泰龙,次日又前往谢内波皮勒,他在那里获悉萨克森王储已越过孚日山脉,正攻往南锡并转向西北方。麦克马洪下令28日采取以下行动:第12军开赴拉贝卡塞,第5军前往努阿尔或比藏西,第7军前出到斯通内,第1军赶往罗库尔。

麦克马洪向东兜了一个大圈,试图绕过敌军右翼并同巴赞会合时,而普鲁士默兹河集团军和第3集团军则向西进击,他们接到的命令是于8月26日前出到维特里—圣默努尔德一线。普鲁士骑兵在他们的前方搜索乡村,并在8月24日进入沙隆,却发现这里已被疏散。拾到的信件表明麦克马洪打算救援梅斯,他在兰斯仍有15万军队。这个消息令毛奇深感惊讶,因为他简直不敢相信对方会犯下如此严重的错误,法军置巴黎于不顾,以左翼紧贴比利时边境,企图绕过普军正面。但次日,伦敦发来的电报和法国报纸(特别是毫无保密意识的《时报》)都证实了这个消息,[23]于是,毛奇在8月26日命令两个集团军转身向北。同一天,普军总司令部从巴勒迪克迁至克莱蒙,8月27日,位置最靠前的一个军(即默兹河集团军辖下的萨克森第12军)赶往斯特奈,但并未发起进攻,而是等待第3集团军开抵。两天后,普鲁士人俘虏了一名法军参谋,他身上携带着麦克马洪给麾下两个军下达的命令。这些命令使普军总司令部"彻底确认了他们对法国军队相关动向的猜测"。[24]普鲁士第3集团军的四个军现已靠拢,第5骑兵师跨过敌人的交通线攻往阿蒂尼,而第6骑兵师则紧追法军。普鲁士国王的大本营现已迁至格朗普雷,并决定次日抢在法军渡过默兹河前发起进攻。[25]默兹河集团军攻向博蒙,而第3集团军则朝博蒙与谢斯内之间进击。

麦克马洪获悉巴赞并未离开梅斯,而敌人两个集团军正攻向自己的交通线后,放弃了继续前进的想法,命令他的军队撤至梅济耶尔。8月28日,巴黎发来另一份急电,力劝他继续进军蒙梅迪。此时,这些相互矛盾的命令已使他的部下彻底丧失了士气。8月30日，在他们同敌人发生接触时，德法伊第5军驻扎在博蒙，人员正在进食，马匹也在饮水，结果被普鲁士第4军打了个措手不及。[26] 这场突袭导致麦克马洪折损了5000余人和42门火炮。他觉得自己再也无法前进了，当晚8点至9点间，他命令勒布伦率领第12军转移到色当。他告诉后者："这是不幸的一天……但情况并未绝望。我们当面之敌的兵力最多六七万人。要是他们发起进攻就再好不过了，我希望把他们逐入默兹河。"[27] 对敌军实力的错误估计将导致他遭受惨败。

毛奇当晚下达了如下命令：

明日应尽早继续向前推进……无论敌人位于默兹河西岸何处，都应对他们施以猛烈攻击，将他们挤入该河与比利时边境之间最狭窄的空间。

萨克森王储的集团军级支队负有阻止敌军左翼向东逃窜的特殊任务。为实现这一目的，建议你部在可能的情况下，以两个军前出到默兹河右岸，对部署在穆宗对面之敌的侧翼和后方施以打击。

第3集团军应以同样的方式对付敌军正面和侧翼。应尽可能加强河岸这一侧的炮兵阵地，以扰乱从穆宗向下行进的敌军队列在右岸河谷平原上的行军和宿营。

若敌军逃入比利时领土而没有被立即解除武装，则必须毫不停留地对其展开追击。[28]

此时在阿尔及利亚，命运注定了某人要为法国的崩溃送终。

8月22日晚8点35分，在奥兰指挥军队的德温普芬将军接到了八里桥伯爵发来的一封电报，命令他立即前往巴黎。他于8月24日乘船出发，27日在马赛弃船登岸，次日晚8点到达首都巴黎。他发现八里桥伯爵一直忙碌到午夜，直到次日凌晨1点才获得接见，并获悉巴赞正在对弗里德里希·卡尔亲王实施正面突击，而麦克马洪则对敌军后方施以打击！[29] 八里桥伯爵提出，由于特罗胥将军"看上去难服众望"[30]，所以他希望德温普芬能接替特罗胥。德温普芬没有接受这一提议，于是八里桥伯爵便委派他接替德法伊，出任第5军军长一职。随后，德温普芬获得了一卷地图，但上面的地点根本不正确。8月29日晨，就在德温普芬即将登上火车包厢赶赴前线时，一名信使赶来，交给了他一封八里桥伯爵签名的信件：

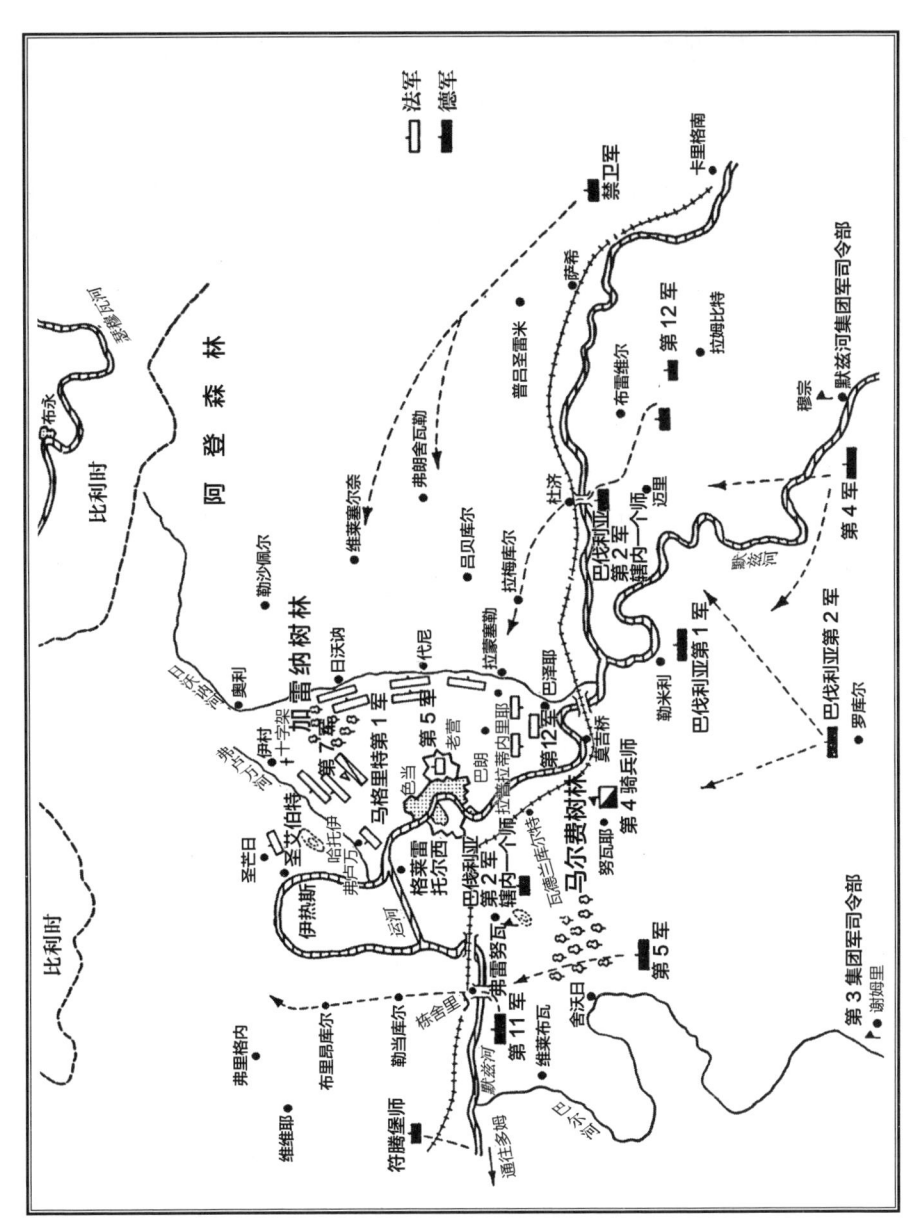

色当战役，1870年9月1日

倘若麦克马洪元帅无力指挥战斗,你应当接管他麾下部队的指挥权。我把关于这道命令的公文交给你,你可视情况需要加以使用。[31]

8月29日中午,德温普芬将军到达了兰斯。在勒泰勒,由于铁路线不安全,他于当晚7点乘马车赶往梅济耶尔,并在8月30日早晨8点到达了那里。他从梅济耶尔乘火车前往巴泽耶,那里已一片混乱。当晚9点,他听说麦克马洪正退往色当。8月31日凌晨1点,他进入了色当,发现这里的交通已然堵塞,上午9点,他向麦克马洪报到,后者冷淡地接待了他。德温普芬随后同德法伊发生了争吵,因为德法伊对自己被解职一事一无所知。德温普芬接掌了第5军的指挥权,但没有提及八里桥伯爵签名的那封至关重要的信件。

当两个普鲁士集团军根据毛奇的指令向前推进时,沙隆集团军零零落落地开入色当。法皇昨晚已到达这里,他没有同麦克马洪协商,幸运地取消了新组建的第13军从梅济耶尔开赴色当的命令。麦克马洪麾下各军进入色当后,勒布伦的第12军奉命据守巴泽耶,以及面对拉蒙塞勒和代尼的高地,杜克罗特的第1军在其左侧,面对日沃讷;菲力克斯·杜埃的第7军占据伊村,德法伊的第5军担任预备队。

色当城内严重缺乏补给物资,储存的口粮不到20万份,一列运送80日份口粮的火车遭遇炮火袭击,没来得及卸载补给便奉命退回梅济耶尔。[32] 事实上,似乎只有麦克马洪一人认为法军可留在色当坚守,就像勒布伦所说的那样,这里就是个"炸弹窝"。费尔迪·杜·费尔诺伊斯描述了色当的情形:

前方这个城镇就像摆放在托盘里那样呈现在我们眼前,所以我们甚至能看清城内的街道。几座很大的建筑和教堂使这座城市很上去很庄重,清晰明确的防御工事线环绕四周,将整个城镇包围起来。城镇后方的平原上逐渐升起一片山丘,法军在山坡上设立的庞大营地清晰可见,那里有许多人在活动;山丘顶部(它一路降至平原左侧)是一片树林。越过邻国部分领土,便是远山的线条。[33]

8月31日晨,第3集团军满怀斗志的巴伐利亚士兵,借助浮桥和巴泽耶南面的铁路桥渡过了默兹河,但被勒布伦第12军击退。这些桥梁中的第二座并未被炸毁,显然是因为麦克马洪打算使用这座桥梁攻往梅斯。当日下午5点,他终于命令勒布伦破坏桥梁,但炸药受潮,没等他们从色当运来新的炸药,这座桥梁就又被敌人复夺。³⁴类似的事情也发生在杜济和栋舍里的桥梁处。炸毁前一座桥梁的命令已下达,但却无人执行;从色当派出的一队工兵赶去炸毁后一座桥梁,就在他们检查桥梁时,送他们过来的火车隆隆驶向梅济耶尔,带走了他们的工具和炸药。³⁵到处都是一片混乱。杜埃将军准备在阵地上挖掘战壕时,麦克马洪阻止了他并说道:"什么,挖掘阵地?我可不想把自己困在这里,就像在梅斯那样,我的意思是实施机动。"杜埃反问道:"他们会给您时间这样做吗?"³⁶麦克马洪策马离去,继续把宝贵的时间耗费在视察和例行公事方面。

这样看来,第1军军长杜克罗特当晚感到绝望也就不足为奇了。他对萨拉赞医生大声说道:"我们在一个尿壶中,会被搞得满身屎尿。"³⁷当晚8点,杜埃将军问杜特雷莱纳将军:"好吧,您觉得情况如何?"杜特雷莱纳回答道:"将军,我觉得我们输掉了这场战争。"沉默了片刻,杜埃答道:"我也是这么认为的……亲爱的杜特雷莱纳,现在大势已去,在我们还没有被打垮前尽力而为吧。"³⁸

当晚,第3祖阿夫团的士兵保罗·戴鲁莱德用铅笔给他母亲写了封短信:"色当,1870年8月31日。明天将展开一场战斗。这是耶拿的前夕还是滑铁卢的前夕?只有上帝知道。吻你爱你,保罗。"³⁹

毛奇无法相信麦克马洪打算在如此不利的位置上迎战,他认为对方要么会趁夜间退往梅济耶尔,要么会前出到卡里格南,或者撤过比利时边境。但他并未下达新命令,而是让两位集团军司令遵照他在30日发布的指令中所规定的路线继续前进。普鲁士王储对第3集团军做出如下部署:

第11和第5军拂晓时取道栋舍里攻往弗里格内。
符腾堡师在多姆渡过默兹河并担任预备队。
巴伐利亚第2军以一个师前出到杜济以南,余部前出到弗雷努瓦与瓦德兰库尔之间。
巴伐利亚第1军留在勒米利,并同默兹河集团军左翼相配合。

萨克森王储给默兹河集团军下达的命令是:

禁卫军辖内一个师赶往维莱塞尔奈，余部前出到弗朗舍瓦勒。

第12军取道拉梅库尔攻往拉蒙塞勒。

第4军以一个师前往勒米利，同巴伐利亚第1军相配合，余部留在迈里担任预备队。[40]

沙隆集团军目前完全占据了默兹河、弗卢万河和日沃讷河之间的三角地域。右翼第12军据守巴朗、巴泽耶、拉蒙塞勒和拉普拉蒂内里耶；左翼第7军的防线从弗卢万河延伸到伊村；居中的第1军同这两翼相连，第5军则在老营担任预备队。对法国人来说不幸的是，8月31日夜间，第12军前哨违反命令撤离了默兹河和巴泽耶。这就使巴伐利亚第1军军长冯·德尔·坦恩将军在浓雾的掩护下，于9月1日凌晨4点率部经铁路桥跨过默兹河，一路突破到了巴泽耶。[41]据守在那里的法军展开英勇的反冲击，击退了巴伐利亚人。在此期间，萨克森军前出到拉蒙塞勒，只遭到了法军前哨阻挡，清晨8点，获得加强的萨克森炮兵打垮了对方的几个炮兵连。

清晨7点左右[42]，就在这场战斗进行之际，视察第12军的麦克马洪元帅被弹片击中后身负重伤，他放弃了指挥权，任命杜克罗特将军接替他的职务。杜克罗特上午8点左右获悉了这个消息，可他对麦克马洪的计划一无所知，也没有接到后者的任何指示，于是立即采取了行动。杜克罗特从一开始就反对在如此不利的位置迎战敌军，当任命令送抵时，他正看着强大的敌军纵队朝西北方行进，意图迂回他这个军的左翼。他转身对参谋人员大声说道："诸位，我已被任命为最高指挥官。我们现在不能浪费时间，必须立即撤往伊村高原。到达那里后，我们就能确保自己的退路，届时再决定做些什么。"[43]他的参谋长建议，应当把这一变更先向皇帝汇报，杜克罗特转身朝他吼道："让皇帝见鬼去吧！就是他把我们搞得一团糟的。"[44]

杜克罗特立即给自己的第1军和勒布伦的第12军下达命令，要求他们脱离战斗退向伊村，并做好撤往梅济耶尔的准备。勒布伦起初提出异议，但还是于上午9点开始撤出巴泽耶。到了上午10点，巴伐利亚人的推进开始变得轻松起来，11点前，该村已落入他们手中。

历史上罕见的一起事件随即发生了。沙隆集团军在战役打响后不到三个小时就出现了两位总司令，现在即将拥有第三位总司令，他就是在老营指挥第5军的德温普芬将军。清晨 7 点 15 分,他听说麦克马洪元帅身负重伤[45],一个小时后又获悉杜克罗特接掌了指挥权[46],但他没有使用八里桥伯爵的信件。上午 8 点 30 分左右,德温普芬去拜访勒布伦将军,由于他认为巴伐利亚人的败退意味着法军赢得了一场胜利,所以在听说杜克罗特下令后撤时不禁大怒。他掏出委任书,宣布自己才是真正的总司令,他对勒布伦大声吼道:"立即停止杜克罗特将军命令你执行的行动……我绝不会撤往梅济耶尔。就算本集团军不得不后撤,也将退往卡里格南,而不是梅济耶尔。"[47]德温普芬随后匆匆给杜克罗特写了张便条,称自己已取而代之。[48]

接到这张便条后,杜克罗特策马赶至第 5 军同德温普芬会晤,却发现后者对整个战场全无了解,甚至不知道伊村在哪里。[49]取消后撤令后,德温普芬在上午 10 点 30 分遇到了法皇,这位皇帝获悉后撤行动被取消,变得极为不安。德温普芬对他说:"陛下无须担心,用不了两个小时,我们就能把敌人逐入默兹河。"[50]

萨克森王储正在日沃讷河畔战斗。清晨 7 点 30 分,威廉国王和他的参谋人员策马赶至弗雷努瓦西南面的一座小山丘,察看第 3 集团军的进展,该集团军凌晨 3 点便从宿营地动身出发了。第 11 军已在栋舍里渡过默兹河,正伴随隆隆炮声向前推进。路况良好,该军前卫力量也没有遭遇抵抗,顺利穿过圣艾伯特隘路并占领了圣芒日。上午 10 点,该军的七个营开始面朝伊村构成一道正面,这些营很快就获得了哈托伊高地上 62 门火炮的支援。他们的炮火深具破坏性,马格里特将军不得不命令加利费将军对逼近伊村的敌步兵发起冲锋。后者英勇地执行了这道命令,但却在遭受重大损失后被击退。

德温普芬将军获知这一情况后,开始意识到自己所面临的危险,但更糟糕的情况还在后面。普鲁士王储麾下第 5 军紧跟在第 11 军身后推进,该军将 60 门火炮调到哈托伊林地,支援第 11 军投入战斗的 84 门火炮。两个军的猛烈炮火一举压倒了默兹河集团军的火力,并粉碎了数个法军炮兵连。半小时后,第 3 集团军左翼与默兹河集团军右翼在伊村附近发生接触,法军陷入包围之中。

普鲁士国王、俾斯麦、毛奇、罗恩、亲王、公爵、炮兵和副官们聚在弗雷努瓦的山上。在场的还有英国军事代表沃克上校和在五岔口战役中一举成名的谢里登将军。

莫里茨·布施写道:"11 点左右,要塞腾起一股黑灰色烟柱,边缘为黄色,顺便说一句,要塞并未开火射击。在其后方,法国人猛烈开火,峡谷的树林内不断升起炮弹造成的小股白烟,我们不清楚是德意志军队还是法国军队发射的炮弹;机枪的吼叫声也不时传来。"[51]

在第 3 集团军包围法军左翼之际,上午 8 点进入维莱塞尔奈的普鲁士禁卫军迂回法国第 1 军左翼,并投入 120 门火炮打击日沃讷河西面的敌炮兵连。这种密集的炮火被再次证明具有压倒性优势;法军步兵被逐入挤满难民的加雷纳树林。上午 10 点,萨克森军攻占代尼,并调动 29 个炮兵连驰援战斗。关于战役的这一阶段,霍恩洛厄亲王写道:"这么短的射程内,他们的联合火力效果实在惊人……屠杀的场面触目惊心;我方炮弹的受害者发出的惨呼声一直传到我们的站立处……我们具有压倒性的对敌优势,因而没遭受任何损失。这些炮兵连的射击就像在演习。"[52]

布施继续写道:"现在是下午 1 点,我们的火力线此时已席卷了敌人设在镇子另一侧高地上的大半个阵地……以我的表为参照,下午 2 点到 3 点间,国王走过我所站立的地方,透过望远镜朝镇郊瞭望了一会后,对身边人员说道:'他们正在那里集结大批兵力向左推进,照我看,他们企图突围。'"[53]

他的判断正确无误:马格里特将军的骑兵师正准备攻向弗卢万。下午 2 点左右,意识到处境已趋绝望的杜克罗特策马赶至马格里特身边,恳请他在敌阵中杀开一条血路,以便他的步兵可以一同突围。马格里特将军当即同意了这一要求,可他在实施侦察时负了致命伤。加利费将军接手指挥,一连发起了三次冲锋。尽管他们展现出了英雄气概,可这些冲锋却均告失败,只有加利费在几名军官和轻骑兵的陪同下突破到敌军预备队的所在地。在他们重新折返,进入一个普鲁士营的手枪射程内时,该营营长对他们充满了钦佩之情,因而命令部下停止射击。普鲁士军官们向他们敬礼,这群法国军人高呼着"皇帝万岁"策马通过。

虽说沙隆集团军覆灭的厄运已定,可德温普芬将军似乎对真实状况全无认识。在敌军猛攻"伊村十字架"高地时,他给杜埃将军发去了这样一道指示:

我已决定冲破敌人的包围并赶至卡里格南,从而夺取蒙梅迪。你部应掩护这场后撤,将加雷纳树林中的所有部队集中在你身边。[54]

比贝斯科亲王描述了杜埃第 7 军面临的状况:

溃败的大潮袭向色当护城河,它将吞噬我们这支不幸的军队的残部,包括各个军的残余力量和所有武器装备。从地平线各处射来的炮弹轰击着正面、侧翼和后方已趋疯狂的人群。惊恐的叫喊声混杂着呻吟声,在我们右侧,一辆救护车突然起火燃烧,它被炮弹炸成了碎片。我们周围炮架的爆炸增加了受害者的人数。到处都能看见我们英勇的骑兵那已无人乘骑的马匹,或单独一匹,或三五成群……筋疲力尽,血流不止。[55]

当日中午到下午1点间,由于勒布伦第12军的顽强防御,巴伐利亚人没能越过巴泽耶继续前进。为杀开血路突向卡里格南,德温普芬决定投入第5军,把敌人赶入默兹河。为掩盖这种绝望的尝试,他已给杜埃下达了命令,同时指示杜克罗特集结他的军,取道拉蒙塞勒赶往巴泽耶。下午1点30分,他给法皇发去了以下签呈:

陛下,我已决定突破勒布伦、杜克罗特将军当面之敌的封锁线,不能在色当束手就擒。我请求陛下加入到您的这些士兵当中,这样他们就会为护送您突围而奋勇杀开一条血路。[56]

收到这份报告时,路易·拿破仑正在色当城内,读完后,他把这份报告放在一旁。他现在考虑的是收回统帅权和投降。

就在他思忖自己在位期间的最后一个举动时,杜克罗特军土崩瓦解,残兵败将逃至色当城内及周边。杜克罗特跨过护城河进城时,一名军官喊道:"城内打出了白旗!"就在这时,杜克罗特接到了德温普芬的命令。他后来写道:

色当城内的情形难以言述:街道、开阔处、入口挤满了马车、大车、火炮和一支溃军的所有辎重及残部。一群群没有步枪或装备的士兵东逃西窜,在各所房屋和教堂里避难,而城门口,拥挤的人潮导致许多人被践踏而死。犹如乌合之众的骑兵策马疾行,炮兵们则乘坐着火炮牵引车,在疯狂的人潮中挤开一条通道。有些没彻底发疯的人已开始趁火打劫,还有些人喊叫着:"我们被出卖了,叛徒和懦夫把我们出卖了!"[57]

杜克罗特跑去谒见皇帝，法皇惊呼道："为何还在开火？我已打出白旗了。"他要求杜克罗特拟写一道全面停火的指令。杜克罗特照办了，可他拒绝签名，因为总司令是德温普芬，而参谋长福尔将军也拒绝署名。[58]于是法皇又写了一封信，让勒布伦转交德温普芬[59]，可这位总司令拒不拆阅这封信。勒布伦指出，白旗已然挂出。德温普芬喊道："不！不！我决不投降。把白旗扯下来，我要继续战斗。"[60]

德温普芬匆匆赶往色当，他不是去见法皇，而是想召集一批像他这样的人来发起反击。为激励这些惊慌失措的散兵游勇，他喊叫着："巴赞来了！巴赞来了！"[61]虽然有少数人聚集到了他的身旁，可大多数人都躲开了。最后，他召集起了约1200名士兵和两门火炮，并率领他们冲向巴朗。此举不啻为发疯。这群英勇或疯狂的战士遭到了敌我双方密集弹雨的袭击，随即逃回了要塞。于是，德温普芬对勒布伦喊道："我辞去总司令一职，由你来接任！"[62]

勒布伦自然不肯接受这份"殊荣"，下午6点，法皇告诉杜克罗特将军，希望由他接任总司令一职。杜克罗特拒绝接受这一职位，而杜埃将军也做出了同样的选择。因此，德温普芬疯狂地打着手势并喊道："陛下，要是说我已输掉这场战役，我已被击败，那么，这是因为我的命令没有得到执行，是因为您的这些将领拒不服从我的指挥。"[63]杜克罗特跳起身反驳他的言论，一场冗长的舌枪唇战随之而来。最后，德温普芬接受了不可避免的现实，同意前往敌军指挥部并投降。

在这一幕发生前不久，一名巴伐利亚军官策马驰上弗雷努瓦山，普鲁士国王仍驻跸在此，他告诉国王，法国人已决定投降。"6点半左右，一支胸甲骑兵仪仗队出现在远处，法国将军雷耶打着拿破仑的休战白旗，缓缓骑马上山。他在距离普鲁士国王十步开外翻身下马，走上前来，摘下军帽，将一封盖有硕大红色封印的信件呈交国王"。[64]普鲁士国王拆开信封，取出信件读道：

陛下，我的兄弟，

由于我没能在我的军队中死去，所以我不得不把我的佩剑交到陛下手中。

希望能继续做陛下的好兄弟！

拿破仑

1870年9月1日，色当

威廉同他的首相商量了一番之后，写了封回函。雷耶将军在一名军官和一个打着白旗的枪骑兵号手的陪同下，冒着暮色骑马返回色当。"城中三个地点仍在燃烧，巴泽耶腾起烟柱，并闪烁着红光，表明那里的大火还在肆虐。但色当悲剧的这些迹象即将告终时，夜幕降临在了这片现场"。[65]

次日清晨 6 点左右，一个声音在让若特医生位于栋舍里的房屋的过道里响起："阁下！阁下！门口来了位法国将军（雷耶），我不知道他想做什么。"俾斯麦翻身下床，匆匆穿好衣服后，策马赶往色当。他在布施医生的陪同下来到了一座独立屋前，这里距离栋舍里默兹河河段上的桥梁大约 800 步："这座两层的房屋被漆成了黄色，前面有四扇窗户，一楼是白色的百叶窗，二楼则配有白色的软百叶帘。"布施写道："不久后，一个身材矮胖的人从屋子后面向前走来，他戴着一顶镶金边的红帽子，上穿一件红色里衬的黑色带帽外套，下配一条红色长裤。他先同法国人说话，其中一些人坐在旁边土豆地的田埂上。他抽着烟，戴着一副白色的山羊皮手套。"[66]

这就是法国皇帝。他向普鲁士投降，但法国军队的投降事宜却被交给了德温普芬将军负责。双方经过长时间地争论之后，最终达成的结果是无条件投降。[67]

两个德意志集团军的损失是伤亡约 460 名军官和 8500 名士兵[68]；法军有 3000 人阵亡、1.4 万人负伤、2.1 万人被俘[69]，再加上他们投降时的 8.3 万名俘虏和在比利时被解除武装的 3000 人，总损失高达 12.4 万人。此外，法国人在投降时还交出了一枚鹰饰和两面军旗、419 门野炮/机枪、139 门要塞炮、1072 辆马车和 6000 匹军马。

德国官方历史学家写道："色当的胜利使德意志领导人及其士兵的共同努力到达了顶峰，这几乎是史无前例的一次成功。"这些话语并不夸张。他继续写道：

全军覆没后，法国的拿破仑王朝第三次土崩瓦解。犹如闪电一般，这个惊人的消息传遍了德意志和整个欧洲，有的国家满怀热情地欣然接受，有的国家震惊而又怀疑。可是，德意志军队起初忽略了这场胜利的政治后果，敌人束手就擒之后，他们便把焦急的目光投向了法国首都。[70]

在这决定性的一天，巴黎发生了什么？

当日上午10点35分，驻扎在梅济耶尔的第13军第1师师长发电报给八里桥伯爵："我刚刚获悉，昨晚睡在阿戈讷地区克莱蒙的威廉国王和他的儿子，现在正在全面后撤。"当晚7点25分从布鲁塞尔发来的一封电报称："麦克马洪已于今日上午击败了普鲁士人，而巴赞也在上午向色当追击敌军。"9月2日中午12点30分从伦敦传来的消息证实了这些报告的准确性。[71]

显然，交易所正忙着操纵股票市场。

德温普芬写给八里桥伯爵的信件接踵而至，开头处写道："我的将军，我可以说——我来了，我看见了，我战败了……"[72] 巴黎随即发生了革命。9月4日，暴民们高呼着的口号冲击国会。八里桥伯爵内阁垮台，一直郁郁不得志的特罗胥替代他成为政府首脑：战争现在进入了最后，也是最长的一个阶段。

到9月底，巴黎已被包围，而梅斯、贝尔福、斯特拉斯堡、图勒、凡尔登和梅济耶尔仍在坚守，国防政府组建了新集团军。除了贝尔福，其他要塞接二连三地陷落，12月17日，巴黎开始遭到炮击。1871年1月29日，巴黎投降。200多年来，她一直是欧洲的政治中心，现在却被柏林所取代，这种情况一直持续到了1918年。

而巴黎投降前11天发生的一起事件同样重要。1871年1月18日，凡尔赛宫镜厅内，在绘有"国王独自统治"的天花板中央面板下，普鲁士的威廉一世即位德意志皇帝。华伦斯坦240年前的梦想就此实现。同样具有历史意义的是，罗马的法国驻军在战争期间撤离后，教皇的雇佣军在维克托·伊曼纽尔面前放下了武器。意大利的国家统一终告完成，而早在三个半世纪前，马基雅弗利便敦促意大利诸侯完成这项使命。

巴黎投降后，骚乱随之而来，巴黎公社于3月18日成立，包括男女老幼在内的3万名公社成员在一场手足相残中丧生。最后，5月10日，《法兰克福条约》签订，法国国民议会于5月18日予以批准。这份条约的条款较为温和，并不含报复意味[73]：

1. 法国赔款两亿英镑。

2. 法国给予德国最惠国待遇。

3. 德国兼并阿尔萨斯和洛林东部。

虽然利奥波德·冯·兰克和当时的大部分德国人都认为吞并阿尔萨斯（基本上是德国的一个省）和洛林东部（主要是法国的领土）是合理的，但如果普鲁士放弃战略利益并认真考虑这种吞并的政治影响，可能是更为明智之举。德国的兼并不仅羞辱了一个骄傲的国家，还以自己的未来作为了代价，因为在《法兰克福条约》签订后，德意志帝国的所有敌人都把法国视为了盟友（即便不是真正的盟友，也可说是潜在的盟友）。因此，阿尔萨斯—洛林的兼并成了欧洲和平的溃烂之疮。

这场战争对历史的影响是什么？

首先，通过令法国蒙羞（她再也没能从这种屈辱中恢复过来），德国一举成为"欧洲大陆的女王"。[74] 其次，德国实力的激增打破了欧洲的势力均衡，并直接挑战了不列颠治下的和平，而这种和平本来能使战争不会发展成波及整个欧洲大陆的全面混战。再次，英国被迫结束了几个世纪以来同法国不断发生的争执，以便重新建立对德国的力量均衡。最后，普法战争结束后，德国开始成为一个领先的工业国家，同大英帝国争夺世界市场也开始变得不可避免起来。自那以后，欧洲只存在两个真正的军事和商业大国，英国统治着海洋，德国控制着大陆。和拿破仑时代一样，虽然欧洲有足够的空间可以容纳六个和睦相处的大国，但若是只有两个强国，即便他们都不想同对方发生战争，可容纳他们的空间依然是不够的。这个不可避免的事实，自罗马帝国衰亡以来一直困扰着欧洲历史的进程，并造成了一种普遍的恐惧心理，而这种恐惧又通过工业化导致了欧洲军事化，直到19世纪末，所有欧洲国家都以不同程度的效率成为全民皆兵的国度。由于自此之后"军事"和"政治"这两个词变得可以互换，所以有必要简短介绍一下普法战争对战争艺术的影响。

这方面的影响，首先是炮兵对步兵的优势与日俱增，整个战争期间都能看出这种趋势，在色当被俘的一名法国军官很好地表述了这一点，他把德意志人取得的胜利归功于"排列起来长达五千米的炮兵"。[75] 火炮的优势和随之而来的所有技术要求，极大地刺激了科学和工业的发展，它们开始成为战争的物质基础。战争在从骑兵时代过渡到步兵时代之后，又开始向炮兵时代迈进。战争变得越来越工业化，而工业文明也需要军事方面的对手。

其次，是铁路对军事组织的影响越来越大，正是因为有了这些铁路线，才使大规模陆军的快速发展成为可能。虽说举国皆兵的思想源于吉伯特，并由克劳塞维茨发扬光大，但却直到铁路建成才得以实现。火车使国民编入军队，使他们的军队民主化，并使和平时期成为战争的准备阶段。

再次，是参谋制度（相当于商业管理）的重要性日益提高。现代军队是一件非常复杂的工具，参谋制度的优越性显而易见。可一旦战争结束，就没人注意到这种制度的危险和缺陷，或充其量是报以一种非常肤浅的关注。

古列尔莫·费列罗在他的文章《和平问题》中指出，从事战争的权力和缔造和平的权力，原本一直掌握在同一批人手中，可这两项权力却在1870年至1914年期间脱离，前者成为总参谋部的禁脔，而后者则归于文人和外交官。他写道："可从事战争的新方法导致缔造和平这门艺术的旧有规则全然无效后，文人和外交官又能做些什么呢？军人们完善了从事战争的技术，外交官们却丧失了缔造和平的艺术……由于无法促成和平，外交官们反过来采用合纵连横的手段，为战争加以准备。两个强国在1871年签署了停战协定，可到了1914年该协定废止时，他们已发展成为两个武装到牙齿的强大集团，彼此虎视眈眈。"[76] 换句话说就是，战争在技术方面发展得越完善，在政治方面对其加以限制的可能性就越小，直到整个世界变得极具爆炸性，以至于一支手枪在某个昏暗角落射出的一颗子弹就足以引爆一场全球性的战争。反之，则预示着民族战争将让位于各联盟之间的战争，日后，除非一个国家是某联盟的成员，否则其资源将完全不足以从事一场单枪匹马的战争。

另外，普鲁士参谋制度的某些缺陷还引出了将道和指挥问题。

毛奇的著名格言是"谋定而动"，普法战争中的风险并不大，可如果他面对的是一位很优秀的将领，对方还得到了一个通常都很高效的参谋部门的协助，那么这种风险可能就会变得相当惊人了。事实上，普鲁士参谋制度暴露出了许多缺陷，只是被法国军队的彻底腐败所掩盖了起来而已。比如斯坦梅茨将军（"纳肖德之狮"）因违抗命令，被俾斯麦称为"肆意挥霍生命的家伙"；再比如在斯皮克伦、沃尔特和科隆贝这些战役中仓促投入战斗的方式。对前两场战役，费尔迪·杜·费尔诺伊斯指出："这两场战役很奇特，因为它们都是在违反总司令意愿的情况下进行的。"[77] 这是个非常坦率的表白。

我们也许可以把毛奇描述为一名铁轨上的将军，因为他的战争体系直接而又僵化。他是个杰出、伟大的战争组织者，他依靠的是逻辑，而非机会。为获得成功，他的艺术取决于坚持某种静态学说，靠指示而非命令加以推动。在他看来，大规模战争实际上是一场意外之战，在这场战争中，天才从属于进攻精神。拿破仑一世领导并控制了整个战争，毛奇则是把他的军队带至出发线，然后放弃指挥权，任由他们自行发挥。8月31日和9月1日，除了给第3集团军参谋长布卢门塔尔将军提出些建议外，他没有下达任何命令。他也从未预见到法军会陷入包围之中——这是对方的愚蠢、普鲁士集团军司令们的主动性和普鲁士炮兵的出色行动所共同造成的结果。我们不应模仿毛奇这位将领，而应对他加以研究。他的估算非常出色，可当他面对一位能力出众的对手时，所冒的风险很可能具有致命性，因为他倾向于让部下们自行其是。

最后，正如梯也尔所说的那样，这场战争表明，"在一场关乎民族的大战中，除非发生意外或物质手段不相称，否则胜利一定属于在科学和道义力量方面占有优势的国家"。[78]虽然求胜的意志和从事战斗的手段是军事力量的两大支柱，但它们直到第一次世界大战和第二次世界大战期间才从教条主义军事手腕的迷雾中显现出来。

注解

1. 以上关于"埃姆斯事件"的叙述,摘自 *Histoire de France Contemporaine* (edit. Ernest Lavisse, 1921), vol. Ⅶ, pp. 209—219。
2. *Un ministère de la guerre de vingt-quatre jours,* le Général Cousin de Montauban, Cte de Palikao (1871), p. 78.
3. Les Deux Abimes, *le Comte Alfred de la Guéronnière* (1871), pp. 19, 25.
4. *Une Page d'Histoire Contemporaine Devant l'Assemblée Nationale,* Général Trochu (1871), p. 18.
5. Military Reports, *Lieut.-Colonel Baron Stoffel,* French Military Attaché in Prussia, 1866—1870 (English edit., 1872), pp. 93, 142.
6. *Tactical Deductions from the War of 1870-71,* A. von Boguslawski (English edit., 1872), p. 8.
7. *On War, Carl von Clausewitz* (English edit., 1908). 所引用内容可参阅:Vol. Ⅰ, p. 33; vol. Ⅰ, p. 23; vol. Ⅲ, p. 121; vol. Ⅲ, p. 122; vol. Ⅲ, p. 123; vol. Ⅰ, p. 1; vol. Ⅱ, p. 288; vol. Ⅰ, p. 4; vol. Ⅰ, p. 42; vol. Ⅰ, p. 253; vol. Ⅰ, p. 16; vol. Ⅰ, p. 40; vol. Ⅰ, p. 207; vol. Ⅰ, p. 231; vol. Ⅱ, p. 341; vol. Ⅰ, pp. 20—21; vol. Ⅰ, p. 179; vol. Ⅰ, p. 187; vol. Ⅱ, p. 9; vol. Ⅱ, p. 135; vol. Ⅲ, p. 254; vol. Ⅰ, p. 285; vol. Ⅰ, p. 93; vol. Ⅰ, p. 77, and vol. Ⅰ, p. 121。
8. 引自 *The Development of Strategical Science during the 19th Century,* Lieut-General von Cammerer (English edit., 1905), p. 214。
9. *Military Reports,* pp. 48, 56.
10. 参阅 *With the Royal Headquarters in 1870—1871,* J. von Verdy du Vernois (English edit., 1897), vol. Ⅰ, pp. 30—31. 对普鲁士总参谋部的详细叙述可参阅 *The German General Staff, Walter Görlitz* (English edit., 1953)。
11. *The Franco-German War of 1870-71,* Field-Marshal Count Helmuth von Moltke (English edit., 1891), pp. 10—11.
12. 勒伯夫元帅已同法皇赶往前线。
13. *Un ministère de la guerre de 24 jours,* Palikao, pp. 57—59.
14. 虽然法国人名义上有7个军和1个禁卫军,但第6军和第7军一直没能会合。麦克马洪率领的第1军部署在斯特拉斯堡,弗罗萨德指挥的第2军位于福尔巴赫,巴赞率领的第3军驻扎在圣阿沃尔德,八里桥伯爵指挥的第4军部署在里昂,德法伊率领的第5军位于比奇,康罗贝尔率领的第6军驻扎在沙隆,菲力克斯·杜埃率领的第7军位于贝尔福和科尔马,布尔巴基指挥的近卫军驻扎在梅斯。
15. 同上, pp. 68, 138, 141, 142, 144。
16. *Bazeilles-Sedan,* le général Lebrun (1884), p. 9.
17. *Une page d'histoire contemporaine,* Trochu (1871), pp. 28—29.
18. 同上, pp. 31—33。另可参阅 *Bazeilles-Sedan,* Lebrun, pp. 3—4。
19. *Une page d'histoire contemporaine,* Trochu, pp. 34-35.
20. 同上, pp. 36—37, 42—45。
21. *Bazeilles-Sedan,* Lebrun, p. 39.
22. *Lavisse,* vol. Ⅶ, p. 238.
23. 参见 *The Franco-German War,* Moltke, vol. 1, p. 95。
24. 参见 *With the Royal Headquarters,* Verdy du Vernois, vol. Ⅰ, p. 116。
25. *The Franco-German War,* Moltke, vol. Ⅰ, p. 102.
26. 参见 *Bazeilles-Sedan,* Lebrun, p. 62。
27. 同上, p. 74。
28. *Moltke's Military Correspondence,* Precis by Spenser Wilkinson (1923), p. 122.
29. *Sedan, le général de Wimpffen* (1871), p. 121.

30. 同上，p. 122。
31. 同上，p. 124。
32. *Histoire de la Guerre de 1870—1871*, Pierre Lehautcourt (Palat) (1907), vol. Ⅵ, p. 492.
33. *With the Royal Headquarters*, Verdy du Vernois, vol. Ⅰ, p. 127.
34. *Bazeilles-Sedan*, Lebrun, pp. 88—89. 另可参阅 *Belfort, Reims, Sedan, le Prince Bibesco*, p. 128。
35. *Histoire de la Guerre de 1870—1871, Palat*, vol. Ⅵ, p. 484.
36. 同上，p. 496。
37. *Récits Sur La Dernière Guerre Franco-allemande*, Docteur Sarazin (1887), p. 115.
38. *Belfort, Reims, Sedan, Bibesco*, p. 132.
39. *1870-Feuilles de Route*, Paul Déroulède, pp. 175—176.
40. 参见 *The Franco-German War,* 1870—1871 (German Official Account, English trans.1881—1884), vol. Ⅱ, Part Ⅰ, PP. 307—309。
41. 同上，p. 312。
42. *Bazeilles-Sedan*, Lebrun, p. 100.
43. *Sedan, Ernest Picard* (1912), p. 33 (*déposition Ducrot*). 另可参阅 *La Journie de Sedan*, Ducrot (1871), 书中的说法稍有些不同。
44. *La Guerre de 1870—71* (French Official History, 1901), vol. Ⅲ, p. 55.
45. *Sedan*, Wimpffen, p. 158.
46. *La Guerre de 1870—71* (French Official History), vol. Ⅲ, p. 66, and *Bazeilles-Sedan*, p. 110.
47. *Bazeilles-Sedan, Lebrun*, pp. 111—112.
48. 参见 *La Journée de Sedan*, Ducrot, pp. 28—29 及 *Sedan, Wimpffen*, p. 162。后一部著作并不可靠，因为原始文件中的几个词遭到了修改。
49. *La Journée de Sedan*, Ducrot, pp. 30—31.
50. 同上，p. 32. 另可参阅 *Histoire de la Guerre de 1870-71*, Palat, vol. Ⅵ, p. 546，说法稍有些不同。
51. *Bismarck in the Franco-German War*, Busch (1879), vol. Ⅰ, p. 97.
52. *Letters on Artillery*, Prince Kraft zu Hohenlohe-Ingelfingen (English edit., 1890), pp. 93, 94.
53. *Bismarck in the Franco-German War*, vol. Ⅰ, pp. 98—99.
54. *Belfort-Reims-Sedan, Bibesco*, p. 154.
55. 同上，p. 155。
56. *Sedan, Wimpffen*, p. 170.
57. *La Journée de Sedan*, Ducrot, pp. 46.
58. *La Journée de Sedan*, Ducrot, pp. 48—51.
59. *Bazeilles-Sedan, Lebrun*, p. 133.
60. 同上，p. 135。
61. 参见 *Sedan, Picard*, p. 147。
62. *Bazeilles-Sedan,* Lebrun, p. 141.
63. *La Journée de Sedan, Ducrot*, pp. 52.
64. *Bismarck in the Franco-German War*, Busch, vol. Ⅰ, p. 101.
65. 同上，vol. Ⅰ, p. 102。
66. 同上，vol. Ⅰ, pp. 103—104。
67. 关于这次投降，可参阅 *The German Official History* (1881—1884), vol. Ⅱ, part Ⅰ, pp. 402—409 和 *The French Official History*, vol. Ⅲ, pp. 242—273。
68. 详情参阅 *The German Official History, Appendix I*。

69. 同上，vol. III, part I, p. 408. 法国方面的官方数字是伤亡 799 名军官、23689 名士兵阵亡、负伤、失踪。
70. *German Official History*, vol. II, part I, p. 416.
71. *Un Ministère de la Guerre*, etc., Palikao, pp. 74—75.
72. 同上，p. 121。
73. 1870 年 9 月，德意志国民对被俘的法国皇帝享受体贴的待遇颇多抱怨，俾斯麦不赞同这种观点。他说："民心、民意总是这样。民众们坚持认为，在国与国的战争中，征服者应以手中掌握的道德准则审判被征服者，为他对胜利方和第三方所做的一切施以惩罚。这种要求全无道理。惩罚和报复同政策毫无关系。政策不能胡乱召唤复仇女神，或渴望执行法官的职责……这种情况下，就像前面提到的那样，问题在于，'受到善待的拿破仑和遭受虐待的拿破仑，谁对我们更有用？'他有朝一日也许会东山再起，这种情况绝非不可能。"(*Our Chancellor, Moritz Busch, English edit., 1884,* vol. I, pp. 98—99)
74. 托马斯·卡莱尔 1870 年 11 月 11 日写给《泰晤士报》的一封信。
75. 引自 *Decisive Battles Since Waterloo*, Thomas W. Knox (1889), p. 358。
76. *Peace and War* (1933), p. 132. 在费列罗看来，1870 年至 1914 年是一段停战期，而非和平时期。
77. *With the Royal Headquarters in 1870-71*, vol. I, pp. 56—57.
78. 引自 *Les Deux Abimes, Alfred de la Guéronnière*, p. 16。

大事记
普鲁士的扩张

当半独立的美国各州因摩擦而融入一个联邦帝国之际，中欧正在酝酿另一个新局面。它源自神圣罗马帝国解体后所产生的真空，1815年的维也纳会议曾希望以38个独立邦组成德意志邦联，以此填补这一真空——目的是确保德意志的内部和外部和平，其机构是一个议会，永久性会址设立在美因河畔法兰克福，各邦都派驻代表。实际上，这个议会并没有什么权力，因为它只有参议院，没有众议院，也就是说，这只是个会议，而非议会。

比德意志邦联更重要的是，普鲁士关税同盟的建立。这个想法源于弗里德里希·李斯特，他认为必须取消各邦之间的关税壁垒，否则，英国的货物必然会在德意志继续泛滥，这种作茧自缚会阻止她实现工业化。为结束这种荒唐的局面，普鲁士境内所有关税，包括67项影响近3000种不同物品的税则，于1818年被取消，次年10月，普鲁士同小独立邦施瓦茨堡—松德斯豪森签订了第一个关税条约。这很快催生了两个关税同盟，南北各一，他们于1829年同意对所有互通有无的货物免征税款，有效期到1841年。而到了那一年之后，关税同盟得到重申，三年后，它包括了除奥地利各自治领以外的整个德意志。商业联合不可避免地导致了政治方面的团结，也引发了共同军事安全。

虽然"欧洲和平"之说颇为盛行，但滑铁卢战役之后的40年是一段堪称噩梦和狂热的时期，反动和革命相互角逐。路易十八在巴黎复辟后，反动势力卷土重来。

法国废除了三色旗，离婚制度同样如此；在西班牙，教会要求并获准恢复宗教法庭；奥地利皇帝既未前进也未后退，而他的首相梅特涅王子却把德意志的统一视作"臭名昭著的对象"。英格兰的辉格党和托利党无视工业革命大潮，要求保护农业利益并在帝国内部从事密切贸易。同一时期，俄国的亚历山大是个宗教狂热分子，他说服奥地利皇帝和普鲁士国王，以"不可分割的三位一体"的名义同他签署了一份被称为"神圣同盟"的条约，这份条约实际上为俄国的进一步扩张提供了机会。后来，除英国摄政王外，欧洲所有主要君主都签署了这份条约，未获得邀请的统治者只有苏丹和教皇。

梅涅特将这段时期称为"听上去响亮，实则空洞无物"，之后的20年间，欧洲没有发生重大战争，但民族主义反抗反动势力的浪潮却成为西方历史中最血腥的篇章。西班牙美洲殖民地反抗西班牙，巴西反抗葡萄牙。革命席卷西班牙和葡萄牙，法国借着"神圣同盟"的名义攻打西班牙。希腊人反抗土耳其人，而在俄国，亚历山大死后发生了十二月党人叛乱。1827年，英国、法国和俄国代表希腊人介入战事，10月20日在纳瓦里诺歼灭了土耳其舰队。俄国进攻波斯，1828年对土耳其宣战并进攻保加利亚。这一切终于在1830年得到最终清算。革命震颤着巴黎，查理十世被推翻，路易·菲利普接掌政权；比利时爆发了针对荷兰统治者的革命；波兰反抗俄国；汉诺威和黑森-卡塞尔也在动荡中沸腾，骚乱蔓延到了奥地利、匈牙利、瑞士和意大利。1831年，波兰人在奥斯特罗文卡被击败，他们的宪法也被废除，而反抗奥地利的教皇国亦遭到压制。1832年，法国人围攻安特卫普；1833年，查尔斯·纳皮尔爵士以非凡的果敢在圣文森特角附近歼灭了唐·米格尔的舰队；1834年，卡洛斯战争在西班牙爆发，这场历时七年的战争使伊比利亚半岛浸满鲜血。最后，随着维多利亚女王继承英国王位，一段相对平静的时期持续了10年。

下一场革命爆发于1848年。其目的不再是改变政府的形式，而是要改变国家结构，这是因为随着工业化的持续深入，底层阶级的生活条件不断恶化。1847年，在马克思和恩格斯领导下，共产主义者联盟在伦敦成立，自联盟诞生伊始，马赛曲就传递给了资产阶级，而工人阶级口中唱出的是另一首更强大的战歌——《国际歌》：

起来！饥寒交迫的奴隶！
起来！全世界受苦的人！

> 满腔的热血已经沸腾，
>
> 要为真理而斗争！
>
> 旧世界打个落花流水，
>
> 奴隶们起来，起来！
>
> 不要说我们一无所有，
>
> 我们要做天下的主人！

1848年2月22日，路易·菲利普和他的王后溜出杜伊勒里宫后门，化名史密斯夫妇逃往英国。

很少有一场革命发动时造成的流血是如此之少。工作的权利被确定为这场变革的主要原则，为保证这一点，国民自卫军遭取缔，工人们武装起来。当年6月，卡芬雅克将军出任军事独裁官，他率领巴黎西区抗击皮若尔领导的工业东区，以他的火炮粉碎了叛乱。C.A.法伊夫先生写道："这些战斗人员不是为某个政治原则或政府形式而战，而是为了保护或推翻建立在私有财产制度上的社会。"尽管如此，法国还是发生了严重动荡，以至于威灵顿公爵写道："法国需要一个拿破仑！我还没有看见他……他在哪里？"

英国也发生了许多激动人心的事件，但宪章主义者的示威活动最终失败了。《谷物法》于1849年废除，大不列颠就此走上了自由贸易的道路。在此期间，维也纳爆发了革命，随之而来的一场全面动荡席卷整个帝国。皮德蒙特的卡洛·阿尔贝托获得除教皇外的整个意大利的支持，在加富尔的敦促下，决心不惜一切代价对奥地利发动战争。他在圣卢西亚和库斯托扎失利后，终于在1849年3月23日于诺瓦拉被打得大败亏输，被迫让位给他的儿子维克托·伊曼纽尔。匈牙利此时也燃起革命的火焰；捷克人在波西米亚揭竿而起，塞尔维亚人和克罗地亚人也拿起了武器。这些叛乱导致维也纳再度爆发革命，迫使斐迪南一世逊位，由他的侄子、18岁的弗朗茨·约瑟夫继位。可是，匈牙利拒不承认他，由于奥地利政府无力镇压起义，遂以即将到期的神圣同盟的名义请来俄国人，1849年8月9日，匈牙利人在特梅斯瓦被击溃，起义遭到了无情镇压。

虽说德意志的工人们也以法国人为榜样，要求从他们的老板处分享到更多利润，但他们的反抗采用的是一种民族形式，而非社会的形式。1847年2月，弗里德里希·威廉四世被迫召集了一个统一的普鲁士议会,它立即取代了 1815 年的旧议会,并授权在法兰克福成立一个德意志国民议会,以便把各邦组成一个新的德意志国家。辩论期间,石勒苏益格和荷尔施泰因突然背叛了丹麦王室,一支普鲁士军队被派去支援荷尔施泰因人。俄国支持丹麦人,弗里德里希·威廉对此感到惊慌,遂无视国民议会而批准了一项停战协定。尽管遭受了挫败,但国民议会还是拥护他出任德意志皇帝,奥地利当时正处于动荡之中,倘若威廉接受这项殊荣,可能不会受到反对。可由于他厌恶国民议会的民主政策,因而提出,除非先获得各邦君主和自由城市的拥护,否则他不打算出任德意志皇帝。这给德意志爱国者的希望造成了致命打击。

为弥补这个错误,弗里德里希·威廉四世同汉诺威和萨克森国王签订了一份条约,同意制定一部新宪法。他们提出的方案是,除了一位皇帝,还应设立一个君主会议为他提供协助。这个建议获得采纳,并被命名为"联邦"。但对弗里德里希·威廉来说不幸的是,有利时机已然过去,奥地利现在恢复了元气,并把萨克森和汉诺威从联邦脱离出去,德意志分裂成两个集团:一个支持普鲁士,另一个支持奥地利。黑森-卡塞尔的一场骚乱导致两个集团濒临战争边缘。但由于弗里德里希·威廉没有为做好战争准备,1850 年 11 月 29 日,他在奥尔米茨几乎就所有方面都对奥地利做出让步。联邦解散,普鲁士被迫承认昔日的法兰克福议会。自耶拿惨败以来,普鲁士还从来没有蒙受过这种耻辱。

在此期间,法国发生"六月起义"后,卡芬雅克将军成为独裁者,但由于他没能建立一个稳定的政府,因而在 1848 年 12 月 10 日的总统选举中输给了路易·拿破仑。威灵顿公爵徒劳地观望了不到一年,法国终于出现了他所期待的人。

他是路易·波拿巴的第三个儿子,他的母亲霍顿斯·博阿尔内是约瑟夫的女儿,所以他是拿破仑一世的侄子和继孙。路易是个精明的投机政客,会抓住每个机会充分利用他伟大的叔叔的荣耀。1850 年 5 月,国会盲目地把选民人数从 900 万人减少到 600 万人,此举很不得人心,路易·拿破仑认为他的机会来了。虽说一两年前他伪装成普选权的维护者,但现在却站在了国会一边,以促成其崩溃。一个朋友对他说:"你会和它同归于尽。"他回答道:"恰恰相反,国会挂在悬崖边时,我会割断绳子。"

在破坏了国会的名声后,路易又大肆吹捧神职人员,向资产阶级承诺繁荣,对工人阶级许以财富,给士兵们分发雪茄和香肠,在民众看来,他已从一个普通公民变为了"我们的君主"。待他精心准备了一切后，便于1851年12月2日推翻了政府，一年后，他通过普选成为法国皇帝，建尊号为拿破仑三世。

就在他费尽心机之际，伦敦却在主办万国博览会。法伊夫先生写道："这似乎是人类历史新纪元的象征和预兆，这个新时代应该不再有战争……可欧洲目前即将进入的时代，却在很大程度上被证明是个战争时代。接下来的四分之一个世纪，没有哪个大国未卷入与其对手的武装斗争中。"

这些冲突中的第一场是克里米亚战争，虽说其爆发的借口是路易·拿破仑要求恢复法国对巴勒斯坦圣地的监护权，但其背后原因却是俄国的扩张主义政策和尼古拉斯一世渴望获得达达尼尔海峡控制权。土耳其在确信自己已获得西方列强支持后，于1853年10月对俄国宣战，1854年年初，法国和英国加入其中，撒丁王国后来也参与了进来。

这场战争结束了滑铁卢战役后持续40年的和平，其结果对欧洲的和平具有致命性的影响。1856年至1878年，欧洲经历了五场大战，其根源都归咎于克里米亚战争。

克里米亚战争结束后，当俄国处于孤立无援的境地，而英国则忙于解决印度的叛乱时，革命党人菲利斯·奥尔西尼正在伦敦策划一场刺杀路易·拿破仑的阴谋。此举不仅造成了法国与英国的严重摩擦，还使法国皇帝惊恐万状，认为除非自己以武力支持意大利的解放，否则威胁他生命的其他阴谋会接踵而至。这所导致的结果就是1859年的法奥战争，法国军队在索尔费里诺获胜后，于11月10日签订了《维拉弗兰卡条约》，就此结束了这场战争。根据相关条款，法国获得了萨伏伊和尼斯，除了威尼西亚和罗马，整个意大利都统一在维克托·伊曼纽尔领导下。

在这两场战争中，以下军事发展值得一提。克里米亚战争中首次使用了氯仿；新闻界开始发挥举足轻重的影响，并首次出现随军报社记者；慈善家詹姆斯·考恩建议使用装有大镰刀的装甲牵引车，穿过敌军步兵铲出通道；德国人鲍尔为俄国制造了一艘潜艇（"海洋魔鬼"号）；邓唐纳德勋爵重新提出他1812年的方案，即通过燃烧硫黄的方式熏死海军要塞里的守军——虽然该方案未加以尝试，但他预言，毒气作为武器"最终会成为一种获得承认的战争手段"。1859年，铁路在战争中首次得到大规模使用；线膛炮被大量使用，由于索尔费里诺战役中伤员所遭受的苦难，第一份《日内瓦公约》于1864年诞生。

在奥尔米茨屈辱地做出让步后，普鲁士一直在休养生息，威廉一世1861年1月2日即位后，其国力迅速恢复。

威廉生于1797年，于1814年参加了奥布河畔阿尔西之战。从他的本能和所受的教育方面来看，威廉都是个军人。他在即位后发布的首次训言中宣称："普鲁士陆军日后也将成为普鲁士的武装民族。"这句话将改变欧洲乃至世界的命运。威廉立即着手整顿普鲁士军队，目标是建立一支37.1万人的强大常备军，并以12.6万人的后备军和16.3万人的本土防卫队为后盾。他任命冯·罗恩伯爵为陆军大臣，让冯·毛奇伯爵担任总参谋长，1862年又任命奥托·冯·俾斯麦出任首相。

俾斯麦的政策简单而又直接，就是将奥地利逐出德意志，因为俄国尚未从克里米亚战争中恢复过来，而法国虽然强大，目前却在墨西哥从事徒劳无获的战争，所以俾斯麦选定的路线并没有什么阻碍，他决心一有机会就按计划行事。这个机会出现在1863年，查理九世继承了丹麦王位，萨克森和汉诺威的军队开入荷尔施泰因。俾斯麦以恢复和平为借口，说服奥地利同普鲁士合作。1864年爆发了石勒苏益格—荷尔施泰因战争，当年10月缔结的《维也纳条约》结束了这场战争，该条约将两个公国置于奥地利和普鲁士的共同控制下。

俾斯麦准确判断出，石勒苏益格—荷尔施泰因会成为争执焦点，并导致同奥地利的战争。因此，为孤立奥地利，他向路易·拿破仑承诺，倘若后者说服奥地利把威尼西亚卖给意大利，法国就可以获得放手处理比利时或莱茵省区部分地域的权利。他知道奥地利肯定会拒绝。同时，为激怒奥地利，他重启了德意志联邦的问题。由于奥地利不愿放弃威尼西亚，意大利和普鲁士遂于1866年4月8日签订了攻守同盟条约；路易·拿破仑注视着这场风云动荡，他认为现在是取消1815年条约的好机会，因而提出以30万大军同普鲁士合作，回报是莱茵省区。但俾斯麦无意放弃该地区，由于意大利已同普鲁士结盟，所以他命令部队开入荷尔施泰因，以此挑发战争。6月12日，奥地利与普鲁士断绝外交关系。

现在进行的这场战争既不是传统意义上的侵略战争，也不是一场征服战争，而是一场纠正过往关系的外交战。普鲁士的目的不是为了羞辱或削弱奥地利，而是要让后者认清，德意志的民族主义是一股生机勃勃、不断加强的力量，它要求统一。俾斯麦绝不想让奥地利成为普鲁士的死敌，因为他知道迟早有一天，德意志不得不同法国争夺欧洲霸权，他希望届时奥地利会保持中立。

俾斯麦获悉奥地利人正为进军波西米亚而集结在摩拉维亚时，决定以两个集团军进攻波西米亚，第1集团军由弗里德里希·卡尔亲王统辖，第2集团军则由王储率领。前者攻往明兴格拉茨，而后者朝特劳特瑙—纳肖德进击，他们将从那里向前推进，并在吉钦会合。弗里德里希·卡尔亲王逼近明兴格拉茨时，克朗-加拉斯率领奥地利军队退往吉钦，普鲁士王储在纳肖德和斯卡利茨击败拉明后，奥军总司令贝内德克元帅下令全军撤往萨多瓦。6月30日，两个普鲁士集团军已非常靠近，只要接到命令就能合兵一处。7月3日，柯尼希格雷茨战役（又称作萨多瓦战役）打响。普鲁士第1集团军当日上午同奥地利军队交战，下午，普鲁士第2集团军出现在敌军右翼，随即将其击溃。虽说这场胜利具有决定性（奥地利人阵亡、负伤与被俘近4.5万人），但贝内德克却率领了约15万名奥军士兵逃离，两个普鲁士集团军的状况极为混乱，根本无法展开追击。7月18日，毛奇下令攻往维也纳东北面10英里的瓦格拉姆，奥地利人21日请求停战，普军允其所请。

奥地利军队在柯尼希格雷茨战败后，奥皇弗朗茨·约瑟夫致电路易·拿破仑，请他出面干预。但后者正在墨西哥冒险，不愿介入战争，另外，普鲁士迅速赢得胜利也完全出乎他的意料。奥地利同普鲁士议和，虽说奥地利君主国的完整性得到尊重，但根据《布拉格条约》《柏林条约》《维也纳条约》，意大利获得了威尼西亚，而普鲁士也得到了汉诺威、石勒苏益格—荷尔施泰因、黑森、拿骚和美因河畔法兰克福自由市。萨克森维持现状，美因河以北各邦组成了由普鲁士领导的北德意志邦联，美因河以南各邦则组成了南德意志联邦。

为安抚自由派的情绪，凯旋回到柏林的威廉建立了联邦议会，并成立了一个名叫民族自由党的新党派，其主要目标是让南北德意志合而为一。尽管两个联邦集团同意成立关税议会，可若非法国皇帝对整个德意志施加的压力使他们觉得非采取此举不可的话，这项工作本来会耗费很长时间。法皇的所作所为都在俾斯麦预料之中。甚至在《布拉格条约》签订前，路易·拿破仑就要求将莱茵河左岸作为普鲁士获得权力的补偿，现在他又再度重申了这一点。出于对法国的恐惧，南德意志联邦投入了北德意志邦联的怀抱，他们缔结了一个秘密攻防同盟，公推普鲁士国王为盟主。现在需要的只是一场对付一个共同敌人的共同战争，从而将分裂的德意志合而为一，俾斯麦为此不断加以准备。

马恩河会战和坦能堡会战，
1914年

第四章

这场源自塞尔维亚与奥地利争执的战争迅速演变为了一场世界大战，究其原因，是很多大国都卷入了其中，包括日本和土耳其——他们于8月23日和10月29日分别加入了协约国和同盟国，而意大利则于1915年5月4日加入了协约国一方[1]，这些帝国的边界线，大多数情况下都彼此存在冲突。最后，1917年4月6日，美国对德国宣战，南美洲和世界各地的另一些国家尾随其后，这场战争终于沦为了全球大战，没有一个大国能置身事外充当仲裁者。

这是一场规模庞大的战争，由于篇幅所限，本书显然不可能对周边战役加以详述，虽然这些战役中的大多数都造成了巨大的历史影响。另外，本书作者认为，在叙述第一场决定性会战前，将本应用于描绘那些作战行动的篇幅，用来介绍主要参战国在战前所持的军事学说要更加重要一些，特别是法国人和德国人的军事理论，因为他们可谓是个中翘楚。除非对这些理论有所了解，否则就无法理解为何德国人在战争爆发后的六周内已遭遇惨败，但这场战争还能拖延到1918年11月。这是战争旷日持久造成的复杂性，它从根本上改变了历史进程。

第一次世界大战前的40年是军事学说的高产期，因为这段时期的工业发展日新月异，对当今科学时代而言，即便这段时期不能说是摇篮，至少也可称之为托儿所。在这40年间涌现的诸多军事理论家中，其中较为杰出的就是I.S. 布洛赫，因为他深入到了战争问题的根源。他是一位波兰银行家兼经济学家，在1897年出版了一部详尽分析近代战争的著作，书名是《未来技术、经济和政治关系中的战争》，1899年，W.T. 斯特德编辑推出了一个英文节译版，书名改为了《现在不可能发生战争吗？》。

布洛赫的论点是，塑造战争的是文明，19世纪末，由于人类文明几乎已从农业阶段进入工业化阶段，战争的特性也随之发生了改变。他写道："您要应对一整套全新考虑因素时，谈论过去有什么用呢？想想100年前的国家是什么样的，再看看今天的情形。铁路、电报和轮船等发明出现前的那些岁月，每个国家都多多少少是个相同性质、闭关自守、独立自主的单位。这一切都变了……为获取生活必需品，各国的相互依赖性与日俱增……因此，战争的第一要务就是从经济上封锁对方，使其丧失从敌对国的产品中获益的一切机会……军人的地位在下降，而经济学家的重要性正在上升。"因此，战争不再是一个有利可图的上诉法院，把战争当作生意看待的旧观点也变得荒诞不经起来，以今天的观点来看，这是一种疯狂的入室盗窃——劫掠自己的房屋。

布洛赫还指出:"战争终结的外部可见迹象是弹夹式步枪的引入……通过自然进化,军人们完善了杀戮机制,事实上,他甚至能确保自己的毁灭。"

布洛赫对近代战斗的描述是准确的,因为这与17年后发生的战斗完全一致。而他对战争的预测同样准确:

起初,越来越激烈的杀戮以如此可怕的规模进行,以至于部队已无法使会战取得决定性结果。他们会竭力尝试,认为自己仍在旧有条件下作战,随后便会受到让他们永远放弃这种尝试的教训……战争不再是交战人员衡量他们的体力和精神优势的一场肉搏,现在的战争会陷入某种僵局,在这种战争中,谁也无法够及对方,两支军队会保持对峙,彼此威胁,但永远无法发起一场最终且具决定性的进攻……这就是未来的战争——不是战斗,而是饥饿,不是人员的屠戮,而是国家的破产和整个社会组织的崩溃……下一场战争中,每个人都会躲入堑壕。那将是一场庞大的堑壕战。对一名士兵来说,步兵铲就像步枪一样不可或缺……所有战争都会具有围城战的性质……军人们也许可以按照他们的想法从事战斗,但最终的决定权却掌握在"饥饿"手中。²

他描绘了一场三国联盟与两国联盟之间的战争,双方陈兵上千万。战线如此庞大,以至于无法实施有效指挥。骑兵毫无用处。刺刀的时代已过去,炮兵将成为主导兵种。

虽然这幅画面准确描绘了下一场战争,但布洛赫没能按照他的论点得出合乎逻辑的结论。若说他的分析正确无误,那么唯一不可能的就是战争不会一直停滞不前。他这番预言的准确性取决于他这个时代的条件保持不变,但世纪之交各种新发明的爆发式出现,注定要对战争做出比公元前3000年人类引入马匹更彻底的改变。

在这段时期的诸多发明中,有两项对战争最具决定性影响,这就是内燃机和无线电报。³

出于商业目的,N.A.奥托博士在1876年发明了内燃机。⁴九年后,戈特利布·戴姆勒对N.A.奥托博士的发明加以改进,把一部小型汽油内燃机安装在一辆自行车上,制造出了第一部由汽油驱动的车辆。⁵接下来,内燃机又从自行车上被改造在了四轮车,并于1895年举办了第一场汽车比赛,从巴黎到波尔多再折返,获胜者以平均每小时15英里的速度完成了744英里的赛程。最终出现的是最具革命性的发明。1903年12月17日，奥维尔·莱特在北卡罗来纳州基蒂霍克的杀魔山驾驶一架有动力驱动的飞机飞行了12秒钟。六年后，布雷里奥驾驶一架单翼机，在31分钟内飞越了英吉利海峡。代达罗斯的传说终于在3000年后成真。一种新的力量诞生了，它注定要在半个世纪内改变战争的面貌。

第二项发明是无线电报，其理论形式最初是由鲁道夫·赫兹在1887年提出的。他证明了在一定条件下，电火花会产生一种效应，这种效应会以电磁波的形式传播到空中。这一发现引起了古列尔莫·马可尼的注意，他发明了一部可检测到这些电磁波的实用设备。古列尔莫·马可尼付出的努力获得了回报，1897年，他在超过9英里的距离上发送了一条无线电信息，而到了1901年，无线电的传输距离已超过了3000英里。

这两项发明极大地拓展了战争的发展潜力，远远超过了火药或蒸汽动力迄今为止所取得的成就。前者不仅引发了一场道路运输革命和随之而来的地面战争的变革，还解决了飞行的问题，从而将战争引入到了第三维度。而后者则将战争带入第四维度，实际上，能量的无线传输湮没了时间和空间，从而创造出了两个新的战场：天空和太空。

这些变化，以及许多不那么突出的发明造成的另一些变化，再加上冶金、化学、电气、生物和其他科学取得的进步，产生的动力是远非煤和蒸汽所能企及的。在努力获得力量的过程中，精神重于物质，思想胜于一切，而最重要的则是想象力。新物质出现了，新能源获得了开发，新的人生观也逐渐形成。这个世界的心智、精神和物质方面正在发生蜕变，而这个过程注定要将工业革命转变为科技文明。

由于与民用技术的进步相脱节，军人们看不到这一点。他们不知道，随着文明越来越技术化，军事力量不可避免地走上了同一条道路：下一场战争与其说是军队与将领们之间的角逐，不如说是工厂与技术人员之间的一场竞争。随着科学的稳步发展，战争不可能停滞不前，就连颇具远见的布洛赫先生也没能看到这一点。

像布洛赫那样具有远见卓识的陆海军军人寥寥无几，而那些和他一样看清问题所在的人，却没有意识到工业和科学已将强大的武器置于了他们手中，只要正确组合并使用这些武器，他们就能阻止一场纯粹的消耗战。大多数军人对新生事物都怀有敌意，可他们对运动战却充满了信心，在这方面，大多数军人的看法与布洛赫的观点相反。例如，一位优秀的法国军人在1912年写道："倘若法国同德国之间发生一场战争，我们预计不会出现这种性质的会战（即堑壕战）……发生在普列文或奉天的堑壕战绝不会出现在法国军队所从事的战争中。"[6]

这种异端邪说的领军人物是福煦、格朗迈松和朗格卢瓦将军，他们形成了一个只有苏丹的苦行僧们能与之匹敌的思想学派。[7]他们的主要原则是，对付步枪子弹的绝对可靠的办法是精神——这纯属巫术！福煦赞许地引用了约瑟夫·德迈斯特的话："自己认输的会战才是输掉的会战，因为会战不会在物质上输掉。"福煦补充道："因此，会战只会在精神上输掉。反之，一场会战也可在精神上赢得胜利，我们也许可以将这句格言引申为：'只要自己不承认已被击败，这就是一场获胜的会战。'"[8]与这种诡辩相配合的是，他还认为"火器的一切改进，最终必然会加强进攻力量"。因此，会战中只有一个原则可供遵循，即进攻！[9]他似乎忽视了一点，就是进攻行动要想获得回报，必须以拿破仑一世时期的进攻原则为指导，即"战争是以火炮进行的"。[10]

在1891年至1905年期间担任德国陆军总参谋长的冯·施里芬伯爵部分意识到了这一点[11]，为使进攻优于防御，他增加了德国军队中重型火炮的数量。但是，他并未认清仅凭重型火炮是不够的，还必须围绕火炮建立一种新的战斗组织，才能获得真正的优势。这是日俄战争后所有军队都面临的主要战术问题，而绝非含糊不清的概念。[12]

以上就是1914—1918年战争看不见的战术背景，而它显而易见的背景是这样：

普法战争后，法国和德国总参谋部都定期修改他们的训练手册，1905年之后，这些手册所表述的战术学说几乎完全都是基于进攻的，刺刀突击依然是公认的进攻方式。训练手册中存在的差异主要是民族传统特点所导致的。从思想方面来看，德国人稳重、有条不紊，法国人灵敏而又谨慎。法国人遵循的是拿破仑的那一套理论，他们认为发动进攻是为了解情况，而一旦掌握了相关信息，就应对会战中所选择的地点实施迂回，从而施以决定性打击。德国人则不然，他们认为一旦确定了敌军的位置，就应直接向其开进，尔后对敌人发起正面冲击，并同时包围对方的侧翼。德国人的体系是斯巴达式的，是一堵向前推进的人墙，但却没有一支总预备队；法国人的体系则是罗马式的，正面较为轻巧，有厚重的后方力量为其提供支援。德国人知道正面冲击难以达成突破，但却总是实施这种进攻，目的是固定这一正面。法国人总是认为应当遂行侧翼突击，而不是进行正面突击。简而言之，由于德国人办事有条不紊，他们相信获得蛮力支援的计划；而法国人更看重个性，因而他们更相信因地制宜的技能。德国人认为法国人的做法会造成混乱，他们把自己的信念寄托于将军和他所制定的计划之上；而法国人则认为德国人的方式会导致过多的杀戮，并削弱进攻势头，他们将自己的信念寄托于士兵们的个人主动性。

至于步兵战术，德国人认为应当沿一条密集的射击线发起进攻，一路推进到敌军火力所及处，尔后以子弹覆盖敌阵地，接下来爬行到距离敌人 800~400 码处，以获得火力优势，然后继续前进，在 100 码内展开刺刀突击。倘若最后的推进无法做到，就应在夜间完成这场最终推进，并在拂晓时展开突击。法国人的理论基于阿尔当·杜皮克的学说，即部队在受控制的火力掩护下前出到距离敌人 400 码处（他们认为敌人无法对这里实施瞄准射击，因而可以减少损失），然后继续前进，并以刺刀突击夺取敌人的阵地。

两国总参谋部都对日俄战争中的炮兵战术加以了研究。法国人觉得关于日军炮兵优势的报告夸大其词，而德国人则获悉，炮兵对决和步兵进攻是一场而不是两场单独的战斗行为。虽然双方都承认所有不直接支援步兵进攻的火炮实施间接射击的好处，但总的说来，德国人不喜欢掩蔽射击，并认为他们的炮兵在数量上优于法军，让所有火炮从无遮蔽阵地开火射击，可以更快地粉碎对手。双方的主要区别在于他们对榴弹炮的不同看法。普列文战役后，德国人配备了轻型榴弹炮，奉天战役后，他们又引入了重型榴弹炮。而法国人不喜欢榴弹炮，他们认为自己配备的 75 毫米口径野炮已足够应付战争需要了。法国人说，重型榴弹炮是一种笨重的武器，不适合机动作战，虽然德国人称赞这种火炮射出的重型炮弹可对敌军的士气造成严重影响，但法国人对此的回答是：德国兵需要噪音的激励，而法国兵不需要，因为他们太聪明了。

这就是 1905 年至 1914 年期间出现的军事学说，这两支军队中，显然德国军队从日俄战争里学到了更多的东西。但双方都疏漏了这场战争中的主要教训：防御战中，子弹和炮弹这些抛射物在防御中所占据的优势，及其所产生的合理影响——野战堑壕。双方都没有看到的一点是，除非下一场战争能在第一场冲击中赢得胜利，否则由于子弹的缘故，陈兵百万（而不是几万人或几十万人）的战争必然会沦为一场堑壕战，而一场堑壕战又必然会导致子弹和炮弹的大量增加。

第一次世界大战爆发时，各参战国的军队实力如下：

	法国	英国	俄国	比利时	塞尔维亚	德国	奥地利
步兵师	62	6	114	6	11	87	49
骑兵师	10	2	36	1	1	11	11

虽然这些军队配备的武器各种各样，但总的来说等级相当。他们使用的运输工具几乎都是马拉车辆。卡车刚刚投入使用，宣战时，英国陆军部拥有的卡车不超过80辆。不过，高级指挥官和他们的参谋人员可以自由使用机动车辆。飞行物的数量相当有限：德国陆军只有384架飞机和30艘飞艇，法国有123架飞机和10艘飞艇，英国只有63架飞机，这些飞行物主要用于侦察。与以往的军队相比，最重要的区别可能是，1914年的军队编有组织良好的师属有线通信连，而且他们还配备了无线电收发设备。

法国和德国的战局计划，除了都基于进攻这一点之外，其他方面毫无相同之处。这里有必要对法军的计划加以详述，因为这是个典型的例子——该计划制订得极不妥当。

1911年6月29日，梅西米将军出任卡约内阁的陆军部长，他是四个月内担任这项职务的第四位人选。三天后，他首次会晤了米歇尔将军和德格兰梅森上校，前者既是最高军事委员会副主席，也是在发生战争的情况下指定的总司令，而后者则是总参作战处负责人。这两人的意见相左，而米歇尔背后还有一场正在酝酿中的政治—金融阴谋，而这恰恰是法国民主政治的祸根。

米歇尔将军的观点是，一旦同德国发生战争，德国人可能会做两件事：第一，同时动员他们的现役部队和预备力量。第二，主要进军路线穿过比利时。因此，米歇尔将军认为至关重要的是，法国也应动员自己的预备力量，另外，法国的战争计划应着重于挫败德国军队这场进军。他提出的兵力部署建议为：里尔与阿韦纳之间49万人，伊尔松与勒泰勒之间28万人，蒙梅迪与贝尔福之间30万人。另外，将22万人的预备队驻扎在巴黎周围，在确定了德国人的计划后，这股预备力量便可以增援上述军队集群中的任何一支。[13]

出于各种原因，法国总参谋部很不喜欢这份计划，其中较重要的一个原因是：预备力量与现役部队混杂在一起会延误进攻行动。但不容忽视的是，自1813年以来，作为预备军制度创始者的德国人从来都是混编他们的预备力量。梅西米知道这一点，他也清楚最高军事委员会的三位成员（加列尼将军、迪巴伊将军、迪朗将军）对米歇尔抱有敌意。为摆脱米歇尔，梅西米在7月19日召开了最高军事委员会会议，大多数成员都投票否决这项关于预备力量的提案。梅西米便对米歇尔说，由于同僚们已对他（米歇尔）失去信心，自己不得不要求米歇尔辞职。就这样，最高军事委员会里唯一一位看清了眼前情势，并清楚地知道该如何应对的成员被革除了。梅西米四处寻找继任者。

梅西米首先想到的是加列尼将军，可由于后者投了米歇尔的反对票，所以只能弃置一旁，他又去询问保罗将军，保罗没有接受他的任命。梅西米随后找到了霞飞将军，后者从未指挥过集团军级的军队，甚至就连在纸面上的指挥工作也没有参与过，而且他对总参的工作也一无所知。霞飞接受了这项任命，并要求派福熙将军担任他的参谋长[14]，但由于福熙是个天主教徒，这个要求未获批准。梅西米说他之所以选择霞飞，是因为后者具有"一种坚强、有力、崇高的人格……一种迟缓但却清晰的智慧……决策力，尽管不够快……泰然自若的沉着冷静"。[15]实际情况如何无所谓，因为梅西米不过是总参谋部这个密谋集团的一件工具，而后者才是军队的实际控制者。事实似乎是这个不负责任的团体把霞飞推到了前台，诚如佩尔桑将军所言，正因为霞飞对自己该做些什么茫然无知，所以派他从事总参谋部所要求的一切事情会更容易些。[16]换句话说，在总参谋部看来，霞飞是个理想的傀儡。

霞飞生于1852年，他是里韦萨尔特一个箍桶匠的儿子。霞飞是个典型的法国农民——身材瘦削、顽固、诡谲、务实。他知道自己的缺点，并将其隐藏了起来。他很少写和看备忘录。他是个头脑简单的人，喜欢直截了当的解决方案，所以身边的工作人员会为需要他处理的问题呈交一份简单的大纲。作为一名将军，他对战略一无所知，一切都交给了他的总参谋部负责。尽管如此，作为一个参与战斗的农民，他却挽救了法国，这不仅是因为他没有推卸责任，还因为他是个既有勇气，也相当残酷的家伙。虽然霞飞在战前选择了自己的下属，但战争爆发后，他大批撤换了这些令他失望的部下。8月2日至9月6日这一个月内，有2位集团军司令、10位军长和38名师长退役，也就是说，霞飞麾下近半数的高级将领被解除了职务。[17]

法国总参谋部当时所持的"质量加速度"理论，非常适合霞飞匹夫之勇的理解力。

进攻成为霞飞唯一的目标，因为这也是他的政治主子法利埃总统的目标，后者曾在1912年宣称："我们决心毫不犹豫地朝敌人径直开进……只有进攻才符合我方军人的气质。"[18] 就这样，霞飞成为一个军事神秘主义学派的工具，就像德皮耶尔雷弗对总参谋部的称谓那样，这是个柏格森主义者团体，"他们的学说建立在不相信智慧，而更倾向于直觉崇拜的基础上"。[19] 这些军事"隐士"获得了法国锻造委员会的支持，并作为霞飞的大脑策划了战争计划。这份计划简单得可怜，诚如让·德皮耶尔雷弗所言，"完全依靠进攻的神秘主义思想。"[20] 而这也是基于博纳尔将军的想法的，先前的两份计划（第15和第16号）都是他负责拟制的。

博纳尔可以说是拿破仑知识渊博但却又有些盲目的学生，这个效仿者盲从的博学使他获得了当代首席战略家的声誉。他的脑中满是拿破仑一世时期的知识，却无法以这些知识去适应变化的条件。他想的是"菱形队形"和"营方阵"，而不是铁路、弹夹式步枪和速射炮。他的主导思想就是简单性。因为据他估计，德国人会把10个军排列在图勒与埃皮纳勒之间60~80千米的正面上，对付这股德军唯一要做的就是组成一个80万人的"营方阵"，各集团军排列成三条战线：第一线部署1个集团军，第二线部署3个集团军，第三线部署1个集团军。随后，第一线集团军同敌人展开正面交锋，在其掩护下，第二线集团军和第三线集团军实施迂回。这是"象皮症"似的耶拿式机动，但"博纳尔坚信自己已找到胜利的秘诀"。[21]

霞飞手下的少壮派以第16号计划为基础，以此拟制他们的第17号计划。该计划基于两个假设。第一个假设是，德国人起初不会把预备兵团和现役力量悉数投入前线，因此，他们的兵力不足以在穿过比利时向前推进的同时，进攻洛林。第二个假设是，遂行进攻的法国军人英勇无敌，唯一要做的是将诸集团军集中在梅济耶尔与埃皮纳勒之间并向前推进。这份计划的背后体现出了锻造委员会的意图，他们坚持要求洛林铁矿必须得到保护。

霞飞盲目接受了这些想法，虽然他在回忆录中称，他确信德国人既不会使用预备力量，也不会穿越比利时，可他又说："我们很清楚他们在1913年10月9日制定的动员计划；我们知道对方在这份计划中规定，'预备队将以与现役部队一样的方式展开'。"[22] 他进一步指出，他手中"有一幅德国大总参谋部1905年实施演习所用的地图，图中表明德国人研究了右翼力量跨越比利时的行动"，另外，"德军1906年进行一场大型沙盘推演"的计划也表明了相同的举动。[23] 为证明总参谋部的正确性，事情居然发展到了这样一种程度——1913年，比亚中校伪造了一份关于德军集结的文件，并伪装成是在火车包厢里发现的。这份假文件称德军预备队不会被用于第一线，而将沿梅济耶尔的默兹河右岸推进。

尽管霞飞意图扮演拿破仑的角色，但在他看来，似乎根本没有什么计划。他说："从来就没有任何写在书面上的计划……我也没有什么先入为主的想法，只是决心集中手头所有力量发起一场进攻……因此，我决定把我们的研究工作限制在兵力集结方面，使其为一切可能的行动计划所用。"[24]

可是，正如我们将见到的那样，霞飞所接受的集结计划恰恰是他没有做到的，具体如下：

1. 第1集团军（迪巴伊）：集结于沙尔姆—阿尔谢—达尔内地区，司令部设在埃皮纳勒，编有5个现役军、4个步兵师和2个骑兵师，总兵力25.6万人。

2. 第2集团军（德卡斯泰尔诺）：集结于圣文森特桥—米雷库尔地区，司令部设在讷沙托，编有5个现役军、3个步兵师和2个骑兵师，总兵力20万人。

3. 第3集团军（吕夫雷）：集结于圣米耶—当维莱尔地区，司令部设在凡尔登，编有3个现役军、3个步兵师和1个骑兵师，总兵力16.8万人。

4. 第4集团军（德朗格勒·德卡里）：集结于瓦万库尔—巴勒迪克—瓦德地区，司令部设在圣迪济耶，编有3个现役军和1个骑兵师，总兵力19.3万人。

5. 第5集团军（朗勒扎克）：集结于格朗普雷—叙普—肖蒙—波尔西安地区，司令部设在勒泰勒，编有5个现役军、5个步兵师和1个骑兵师，总兵力25.4万人。

6. 骑兵军（索尔代特）：集结于梅济耶尔，编有3个师。

7. 右翼掩护力量：集结于沃苏勒，编有3个师。

8. 左翼掩护力量：集结于锡索讷，编有3个师。

这就是由法国总参谋部决定，并获得霞飞接受的部署。霞飞的想法是，一旦战争爆发，第1集团军便朝巴卡拉—萨雷堡推进，而第2集团军则攻往萨兰堡—萨雷堡，一举打垮敌人。

虽然德国人的计划也侧重于进攻，但却与法国人完全不同。1891年接替冯·毛奇出任总参谋长的冯·施里芬伯爵，在1905年彻底修改了现有计划。毛奇当初的想

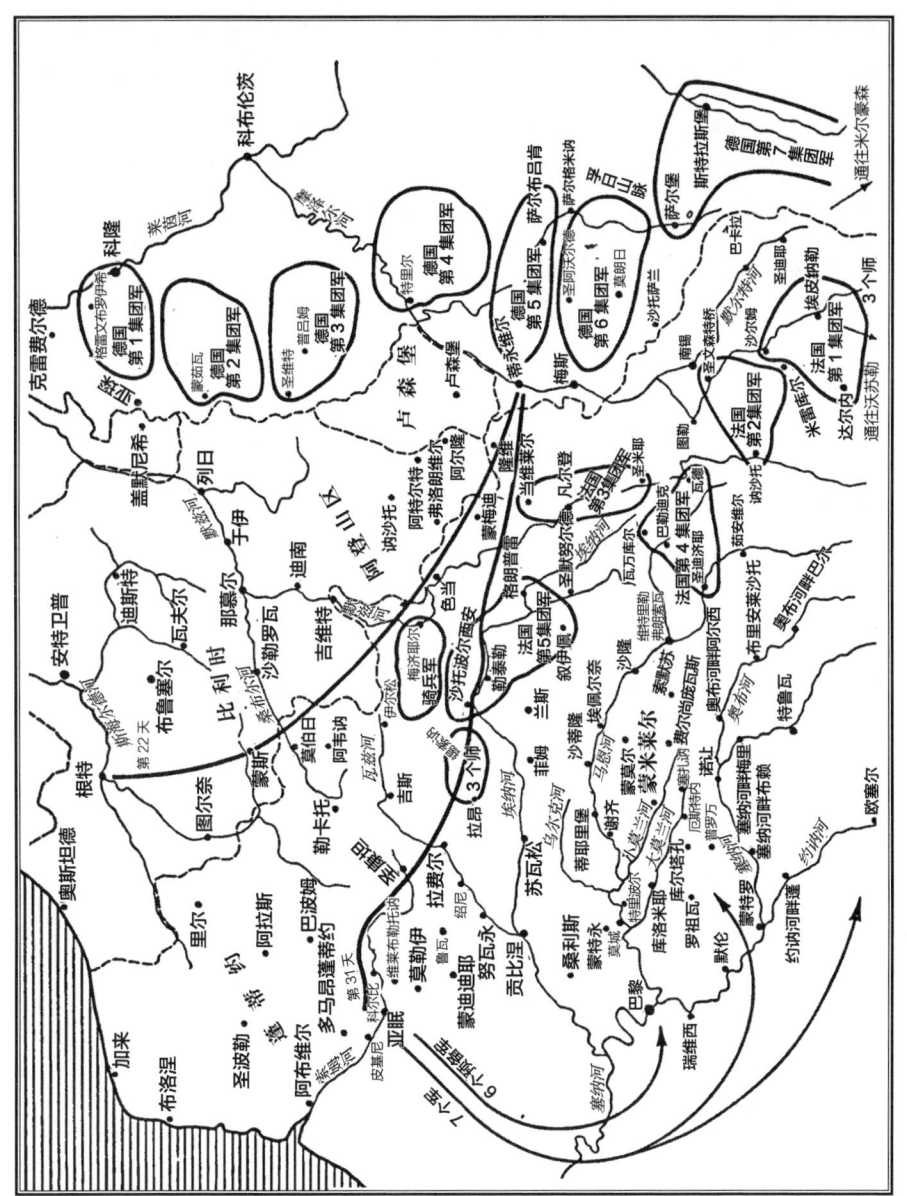

法国和德国军队的部署情况，1914年8月

法是对俄国遂行进攻，而对法国实施防御。但随着俄国人在日俄战争中的失败，力量均衡发生了变化，施利芬遂决定仅以 10 个师和一些地方部队对付俄国人，然后集结剩下的全部力量打击法国。他决心采用的大战术，并非许多作家所说的"坎尼式"，而是"洛伊滕式"。他对法国军队集结所做的预测，和实际情况几乎一模一样。此外，他还决定将 7 个集团军部署在克雷费尔德—米尔豪森一线，以蒂永维尔—梅斯为中心；梅斯北面部署 5 个集团军，南面展开 2 个集团军。前者编有 35.5 个军，并获得 7 个骑兵师、16 个本土防卫旅和 6 个补充师的支援，后者编有 5 个军，并获得 3 个骑兵师的加强。

接下来，施利芬计划以梅斯为枢纽发起一场斜向进军。左翼部队率先同法军主力发生接触，并牵制对方，倘若无法实现这一点，则实施后撤，将对方引至莱茵河。与此同时，右翼力量穿越比利时，向西南方开进，绕过巴黎，尔后向东进击，从后方打击法国军队，迫使对方混乱不堪地进入德国和瑞士。为确保这一侧的军力足够强大，施利芬决定，待这个巨大的轮子转动之际，从左翼撤下 2 个军为其提供加强。

我们在研究最终被施利芬的继任者所采用的这项计划时，重要的是要记住决定施利芬这些战术的相关因素：

1. 右翼力量将在适合进攻的地域展开行动，并有足够的实力围攻安特卫普与那慕尔等城镇，以及作为法国铁路中心和法国军队补给基地的巴黎。

2. 左翼力量将在适合防御的地域展开行动，兵力足以误导法国人，并让对方认为值得加以攻击即可，其任务属于防御性。

1906 年，施利芬把这项计划移交给他的继任者冯·毛奇伯爵（小毛奇），德皇选中后者接替施利芬，是因为他认为毛奇这个威名会让邻国心惊胆寒。在这里，我们发现了德国最高统帅部整个体系的问题所在——法国是政治上的腐败，德国则是皇室的腐化。1870 年后的情形与 1763 年后的情形如出一辙，德国军队安于现状，而威廉二世在继承皇位后，开始着手组建一支用于阅兵的军队，这是他最喜欢的玩具。威廉二世无法容忍真正有价值的军人，并把他们弃置一旁，转而任命皇亲贵族担任军队高级职务，这些华而不实的将领对战争知之甚少，或干脆一窍不通。小毛奇将军就是这些宠臣中的一员，他没能从参谋学院毕业，军旅生涯的大多数时光都是作为他叔叔老毛奇和德皇的副官度过的。1914年时，小毛奇已68岁，但还在盲目效仿他叔叔对参谋制度的想法，殊不知这些思想业已过时。在他看来，军队是由司令部指挥的，身为总司令（他实际上就是，只是缺个名义而已），他把自己视为赛跑中的发令员：他所要做的仅仅是挥一下旗帜，然后就把作战行动交给他那些将领来负责。他不相信执行控制，甚至不与之接触，正如我们将见到的那样，他与下属间的通信联络可谓是糟糕至极。

虽然小毛奇接受了施利芬计划，但他却彻底改变了该计划的特点——尽管德国军队在1906年至1914年之间增加了几个新军。在对俄战线上，小毛奇基本保持不变，配备了4个现役军和预备军、1个预备师、1个骑兵师和一些本土防卫兵团，总计20万人左右。但在对法战线上，他不仅彻底改变了两翼的兵力比例，还试图通过加强左翼来赢得一场"坎尼式"的胜利，而非"洛伊滕式"的胜利。[25] 作战处长塔彭说，是铁路等技术原因迫使他做出这些变更。[26] 不过，这种说法值得怀疑，因为真正的原因似乎是皇室贵族们对他施加压力，要求加强他们的军队。

1910年，小毛奇取消了从左翼撤下2个军的计划，并把6个补充师集中在了梅斯周边地域。最后，9个新师组建完毕后，他把其中一个师和从俄国前线撤下来的另一个师派至右翼，剩下的8个师调拨给左翼。7个德国集团军的最初部署如下：

1. 第1集团军（冯·克卢克将军）：司令部设在格雷文布罗伊希，编有7个军、3个骑兵师和3个本土防卫旅，总兵力32万人。该集团军将朝亚琛开进，然后赶往布鲁塞尔。

2. 第2集团军（冯·比洛将军）：司令部设在蒙茹瓦，编有6个军、2个骑兵师和2个本土防卫旅，总兵力26万人。该集团军将夺取列日，然后以其右翼攻往瓦夫尔，左翼攻往那慕尔。

3. 第3集团军（冯·豪森将军）：司令部设在普吕姆，编有4个军和1个本土防卫旅，总兵力18万人。该集团军将以其右翼向西攻往那慕尔，左翼朝济韦进击。

4. 第4集团军（符腾堡公爵）：司令部设在特里尔，编有5个军和1个本土防卫旅，总兵力18万人。该集团军将以其右翼向西攻往弗拉梅，左翼攻往阿尔隆北面的阿特尔特。

5. 第5集团军（德国皇储）：司令部设在萨尔布吕肯，编有5个军、1个步兵师、

2个骑兵师和5个本土防卫旅，总兵力20万人。该集团军将左翼留在蒂永维尔，而其右翼则攻往福朗维尔。

6. 第6集团军（巴伐利亚鲁普雷希特亲王）：司令部设在圣阿沃尔德，编有5个军、3个骑兵师和4个补充师，总兵力22万人。该集团军将朝摩泽尔河开进，进攻法军并牵制对方。

7. 第7集团军（冯·黑林根将军）：司令部设在斯特拉斯堡，编有3个军、1个步兵师、2个补充师和4个本土防卫旅，总兵力12.5万人。该集团军将攻往默尔特河，或在洛林发起反攻。

虽然施里芬计划的影子尚存，但其实质却因为以蒂永维尔—梅斯为中心的两翼力量对比发生了变化而被彻底改变。原先的计划是在北翼部署59个现役师、预备师和补充师，在南翼配置9个现役师和预备师，而现在的计划是在北翼和南翼分别部署55个师与23个。以百分比计，施里芬计划中的两翼比重为100∶15，而小毛奇的计划中的两翼比重则是100∶42。另外，由于施利芬原先的打算是，待阿尔萨斯和洛林的法国军队遭牵制后，便从南翼抽调2个军前往北翼，让两翼的比重由100∶15的降至100∶9，从而使南翼向后退却。

而我们现在看到的是两个进攻翼，德军南翼不再诱使敌人向东进击，从而使北翼力量能更轻松地迂回到敌人后方，新计划是要把敌人推向西面，也就是说，使其远离了对后方的机动。这既不是"坎尼"，也不是"洛伊滕"，称它为其中任何一种都会让汉尼拔或腓特烈大帝（弗里德里希）在九泉之下不得安宁。

就在形式强大但结构脆弱的德国方阵正在组建之中，远在东普鲁士的冯·普里特维茨将军和他相对弱小的军力也在为拦截俄国大军的猛攻而加以准备之际，巴黎充满了混乱和意见分歧。当年5月，梅西米将军再度出任陆军部长，据说他只是"不断在电话另一端询问情况或下达毫无意义的命令，毫未意识到自己肩负的重大任务"。[27] 7月31日，"除了财政措施……什么都没讨论"。[28] 8月2日，法国实施动员，8月3日，霞飞召集麾下的集团军司令们。霞飞诡谲如常，含糊地向他们勾勒了自己"准备采用"的"大致进军路线"。这将是"两场进攻的结合，一场在洛林发起，而另一场则在凡尔登—图勒一线北面展开"。[29] 8月4日，霞飞在维特里—勒弗朗索瓦设立了总司令部；此时小毛奇仍在柏林，后来才迁至科布伦茨。

就在霞飞召集他的那些集团军司令的当天，冯·德·马维茨将军麾下骑兵军的先遣力量在盖默尼希跨过了比利时边境。8月5日，德国人要求列日守军投降，但被勒曼将军拒绝。德军次日的进攻遭遇了挫败。随后，德国第2集团军军需总监鲁登道夫将军接手指挥进攻行动。8月7日，他的部下在堡垒间达成突破并攻入城内。8月12日，德军动用了420毫米口径的榴弹炮，一举粉碎了几座堡垒，8月16日，列日落入德军手中。

在此期间，迪巴伊将军率领的法国第1集团军的一个支队进入了米尔豪森，8月7日，法国人已在比利时前线识别出了5个德国军[30]，朗勒扎克告诉霞飞，德国人的意图可能是沿默兹河左岸展开行动，他收到的回复是："那就更好了。"[31] 霞飞仍坚信德军主力仍在蒂永维尔—梅斯地域，因而在8日命令第1集团军和第2集团军准备进攻。[32] 这就意味着他的总兵力的三分之一将穿过洛林地区。这场进攻是在8月14日发起的，鲁普雷希特亲王所指挥的德国第6集团军按计划向后退却。

与此同时，朗勒扎克不断提醒霞飞，称德军主力位于比利时，可这番警告直到8月15日才奏效，霞飞在他的回忆录中告诉我们："这种假设首次成为事实。"[33] 到了18日，这种情况令霞飞深感困扰，因而新组建了一个洛林集团军，由莫努里将军指挥，负责掩护第2集团军左翼，抗击"有可能从梅斯筑垒营地而来的敌军"。[34] 法国第1集团军右翼获得了阿尔萨斯集团军掩护，保罗将军指挥的这个新集团军组建于8月9日。

虽然霞飞还没有意识到，但法国第1集团军和第2集团军所处的位置已非常危急，倘若鲁普雷希特亲王继续后撤，那么这两个集团军的危急状况还会加剧。但在德国第6集团军雄心勃勃的参谋长冯·德尔门辛根上校（他是该集团军真正的指挥官）的催促下，鲁普雷希特亲王获准抽调6个补充师，外加已交由他指挥的第7集团军，于8月20日对法军展开一场反攻。这场进攻把法国第1集团军、第2集团军逐出了他们已在不知不觉中落入的陷阱，迫使被击败的法军退往南锡的大库罗讷和默尔特河。第一根棺材钉已钉入了施利芬—毛奇计划，心神不宁的小毛奇放弃了让左翼充当右翼"兵力蓄水池"的理念，以一场两翼合围的概念取而代之。结果，从8月25日至9月7日，德国第6集团军和第7集团军在法军防御地域撞为了碎片，而施利芬生前警告过他们，不要对该地域发起冲击。

在鲁普雷希特亲王和德尔门辛根阉割德国的战争正在计划时，霞飞则在"暗杀"

1317

他的将领。由于法军的进攻遭遇挫败，所以必须找些替罪羊来平息梅西米将军的怒火。梅西米喊道："给我断头台，我就能让你赢得胜利！"[35]8月24日他又写信给霞飞："和1793年一样，我认为只有两种惩处方式，解除职务和判处死刑。你想赢得胜利就必须采取最迅速、最残酷、最积极果断的办法。"[36]对法国而言幸运的是，梅西米在8月27日被解除了职务。

在鲁普雷希特亲王发起进攻的两天前，德国第1集团军、第2集团军、第3集团军开始穿过比利时向前推进，比利时军队主力退往安特卫普。随后，第二根棺材钉被钉入了施利芬—毛奇计划，因为冯·克卢克将军奉命留下第3预备军监视安特卫普，这就意味着他的兵力减少了3.5万人。德军到达那慕尔后，又钉下了第三根棺材钉，因为围攻该城迫使第2集团军留下了禁卫预备军，而第3集团军也投入了第11军和第7预备军一个师。8月21日，德国第2集团军同法国第5集团军发生了接触，克卢克将军目前接受比洛将军指挥，奉命赶往西南面，而不是西面。而这，就钉下了第四根棺材钉，因为假使他不改变原定路线，就不会在蒙斯同英国远征军迎头相遇，这样他就可以迂回对方，并很可能能歼灭英军。8月22日，德军到达了桑布尔河。

在发生这起事件的两天前，霞飞突然看到了胜利的曙光，他说："我已看清了德国人的伎俩。"[37]真是这样吗？从霞飞采取的行动来看，他似乎对碾过比利时的庞大德国车轮的强大性质只有个模糊不清的想法。他没有试图粉碎前进中的德军右翼，而是命令法国第3集团军和第4集团军进入地形复杂的阿登山区，将德军与其基地隔开，并命令他们左侧的第5集团军与英国远征军（最后一批部队即将登陆）协同行动，阻挡向前涌来的德军大潮。

法国第3集团军和第4集团军最初的目标是阿尔隆和讷沙托，他们朝这两个目标进击时同德国第4集团军与第5集团军迎头相撞。阿登会战随之爆发（德国人称之为隆维—讷沙托战役），法国第4集团军在这场战役中遭遇了严重挫败，8月24日，法国第3集团军被迫退至默兹河后方。与法军在洛林地区发起的攻势一样，这场进攻也以彻底失败而告终。

在此期间，朗勒扎克指挥的法国第5集团军前出到桑布尔河。8月22日，该集团军与比洛将军的德国第2集团军正面相遇，豪森将军率领的德国第3集团军则对其右翼遂行攻击。结果爆发了沙勒罗瓦会战（德方称之为那慕尔战役），朗勒扎克被迫退却，约翰·弗伦奇爵士则撤往蒙斯。英国远征军被孤立在那里，随即遭到了克卢克第1集团军的攻击，被迫继续后撤。当日的总体情况是，整个法军左翼都在后撤，而整个德军的左翼则在从图勒到南锡再到圣迪耶的摩泽尔河下游被撞得粉碎。

欲了解目前沿西线发生的事情，首先要看看东线的事态发展。

在俄国人最初的计划中，是以第1集团军阻挡住德军，第3集团军、第4集团军、第5集团军和第8集团军对奥地利人发起一场猛烈进攻，而第2集团军则在华沙担任预备队，第9集团军留在彼得格勒，准备击退德军有可能发动的进攻。俄国实施动员后，为协助法国人，他们立即修改了这份计划：第2集团军开赴东普鲁士，与第1集团军协同行动，第9集团军接替它担任预备队。因此，俄军组成了两个方面军，日林斯基将军指挥的西北方面军编有连年坎普夫将军的第1集团军和萨姆索诺夫将军的第2集团军；伊万诺夫将军指挥的西南方面军编有第3集团军、第4集团军、第5集团军和第8集团军。担任俄军总司令的是尼古拉·尼古拉耶维奇大公。

俄国第1集团军和第2集团军分别部署在维尔纳地区与纳雷夫河畔。第1集团军辖第3军、第4军和第20军，并获得5个骑兵师加强；第2集团军辖第2军、第6军、第13军、第15军、第23军和3个骑兵师。

虽然俄国两个集团军的兵力（第1集团军20万人，第2集团军25万人）远远超过了当时据守东普鲁士的德国第8集团军，但在素质和指挥方面却无法同德国人相提并论。另外，德国的铁路系统在各个方面都优于俄国的铁路设施。

尽管俄国军队自日俄战争以来已获得了一些改善，可他们始终是个"大块头的孩子"，对一切都缺乏思考，任何事情都会令他们感到惊异。俄军将领缺乏能力，更糟糕的是，他们还很渴望战斗。他们的参谋工作效率低下得令人震惊，俄国第2集团军的价值也许可以通过这样一个事实加以判断——他们"有一个指南针，但却没有地图"。派驻该集团军的英国武官诺克斯将军说："有一次，一个古怪的年轻人和我一同旅行，他是华沙一位巧克力制造商的儿子，之所以能在第2集团军参谋部工作，仅仅是因为他会画漫画。"[38]

最初的施里芬计划是在1905年制定的，当时俄国的实力相当虚弱。该计划是基于维斯瓦河的形状而制定的，维斯瓦河的河道形成了一个巨大的S形——华沙位

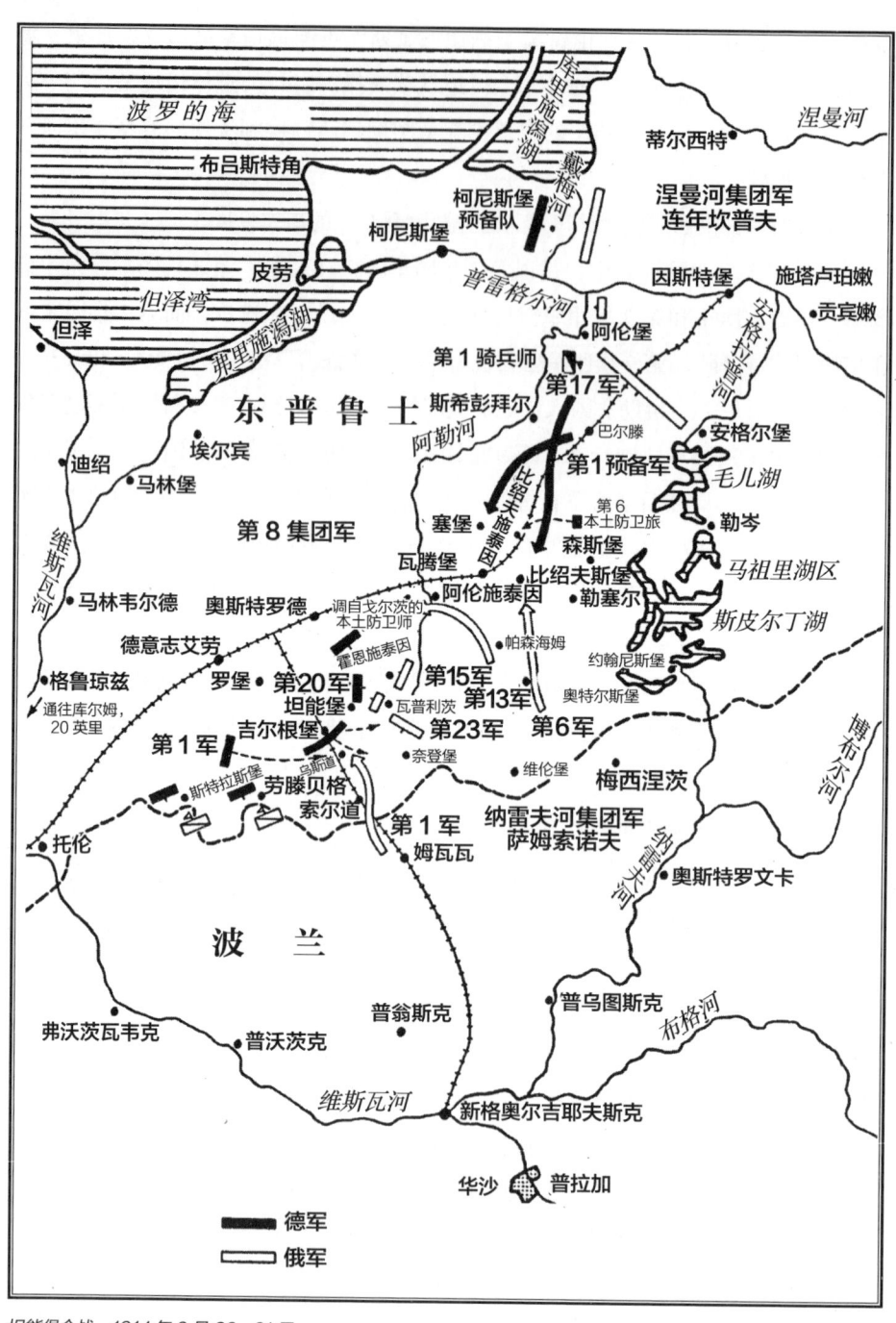

坦能堡会战，1914年8月26—31日

于中央,最北端是但泽,南端是克拉科夫,S形弯曲部的北面是托伦要塞,而南面则是桑多梅日要塞。

施利芬以这些为框架来拟制他的计划。他估计俄国人会把主力集中在华沙与桑多梅日之间,因而决定在他们对面部署一道较为薄弱的防线,这道防线位于两个强大的军队集群之间:南面是奥匈帝国的一个集团军,他们将攻往卢布林,而北面则是一个德国集团军,将朝普乌图斯克推进。施利芬估计俄国人的部署需要6—7周的时间,他认为这样就可以省下北部集团军,直到他粉碎法国军队之后,迅速从西部战区抽调军队,并在完成集结后实施一场真正的坎尼式围歼战。

不过1913年这种情况已发生了变化,因为俄国人在很大程度上从1904—1905年的失败中恢复了过来。另外,他们还加强了俄国西部的铁路。因此,小毛奇正确地认为俄国人的动员时间会更短一些,故而决定在东线部署一个编成合理的集团军,即第8集团军。他给该集团军配属的兵团如下:冯·弗朗索瓦将军的第1军、冯·马肯森将军的第17军、冯·朔尔茨将军的第20军、贝洛将军的第1预备军、冯·莫根将军的第3预备师、布雷希特将军的第1骑兵师,3个本土防卫旅和东普鲁士的所有要塞部队。指挥该集团军的是冯·普里特维茨将军,他接到的指示是,倘若实力占据优势的俄国军队向前推进,他可以率部撤至维斯瓦河左岸。[39]

战争爆发后,奥匈帝国总参谋长康拉德将军对卢布林发起了一场进攻,结果被逐回了伦贝格。此时,冯·普里特维茨将军的16万士兵(不含本土防卫队)的部署如下:

1.从安格尔堡到波罗的海,在安格拉普河畔和普雷格尔河南面,他以第1预备军、第17军和第1军据守防线,至于普雷格尔河以北地域,他沿戴梅河部署了柯尼斯堡驻军。

2.从约翰尼斯堡到托伦,并以德意志艾劳为基地,他部署了第20军。该军的任务是保护为集团军提供补给的铁路线。托伦和格鲁琼兹的守军为该军提供支援。

在冯·普里特维茨将军据守这道防线时,连年坎普夫将军以真正的俄国风格展开了行动,没等他的后勤部队完成动员,便于8月17日跨过了边界线。他在施塔卢珀嫩击退了德军先头部队,并在贡宾嫩击败了德国第8集团军左翼力量。[40]四天后,萨姆索诺夫跨过边境线,进入东普鲁士,并于8月22日占领维伦堡，又于23日攻陷奥特尔斯堡和奈登堡。他的这场推进相当混乱，德方对此的描述是：

> 当整个集团军从别洛斯托克出发时，既没有面包也没有燕麦，不得不依靠他们的储备口粮。没等到达纳雷夫河，行军纪律就变得很糟糕了，从该河到普鲁士边界，俄军队列不得不穿越沙地。他们的精神严重紧张，以至于部队会朝每一架飞机开火射击，有时候甚至向己方汽车开枪。上级指挥部门对敌人的动向一无所知。军长们只获悉了友邻军的当前目标；他们什么也不知道，例如连年坎普夫集团军的任务是什么……[41]

俄国第2集团军辖内各部队，以及第2集团军与第1集团军之间毫无协同可言。第2军接到的命令是在两个集团军之间推进，结果却和两个集团军都失去了联系，这就暗示了俄国军队缺乏团结的原因是因为萨姆索诺夫对连年坎普夫抱有一种私人的恶感。一个更合理的解释是俄国骑兵原本就效率低下，特别是哥萨克人，他们同土匪没什么两样。

德国第8集团军在贡宾嫩被击退，虽说这不过是一起战术事件，却导致了最意想不到的战略结果。首先，差一点就被击败的连年坎普夫坐下来享受他的反败为胜，并展现出了俄国人奇特的心态，作为目击者的诺克斯将军写道：

> B问连年坎普夫将军，自己可否上床睡觉，将军告诉他可以，但最好不要脱衣服。他睡了一个小时便被连年坎普夫叫醒，将军站在床铺旁，微笑着告诉他："您现在可以脱掉衣服了，德国人正在后撤。"[42]

正如诺克斯所说，现在当然不是脱衣服睡觉的时候，而是应尽一切努力与后撤中的德军保持接触的时候。

其次，由于萨姆索诺夫认为德国第8集团军已溃败，所以没有采取任何预防措施；他同连年坎普夫失去了联系，一路攻往德意志艾劳，意图将普里特维茨与其基地隔开。再次，普里特维茨在获悉俄军的这场推进后惊慌失措，下令撤往维斯瓦河。不过，在格吕纳特和霍夫曼将军的建议下，他取消了这道命令，这对德国人来说实属幸运，因为俄国第2集团军比他们更靠近该河。普里特维茨随后决定进攻萨姆索诺夫的左翼，并于8月20日晚下达了如下命令：第20军集中于霍恩施泰因；第1军和第3预备师乘火车赶往第20军右翼；柯尼斯堡驻军坚守普雷格尔河—戴梅河一线，第1预备军和第17军朝正西面退却。

奇怪的是，贡宾嫩的挫败，再加上普里特维茨的紧张情绪，导致了注定要改变整个战局进程的时间，而受到影响的不仅仅是东线，还包括西线。

设在科布伦茨的德军总司令部获悉贡宾嫩失利的消息后，又收到了普里特维茨下令撤往维斯瓦河的命令副本，虽说这场后撤是按原定计划行事，但诚如鲁登道夫所言，"足以招致毁灭"。[43]德军总司令部遂决定做出两点改变。首先，是给第8集团军找个新司令。其次，是为该集团军提供加强，这个问题会在晚些时候加以解决。他们给保罗·冯·兴登堡将军发去一封电报，请他接任普里特维茨的职务——生于1847年的兴登堡是个参加过1866年和1870—1871年战争的老兵，现在已退役，住在汉诺威。兴登堡复电称："我已准备就绪。"[44]同一天（8月22日），总司令部还写信给鲁登道夫，任命他为兴登堡将军的参谋长。鲁登道夫此时待在瓦尔夫与那慕尔之间，接到这封信后，他乘汽车全速赶往科布伦茨。他向小毛奇报到后，后者对他详细介绍了东线态势，之后，还应鲁登道夫的要求，将以下指示发给了普里特维茨：

第1预备军、第17军和柯尼斯堡驻军预备队主力立即停止退却。第1军不应在戈斯勒斯豪森卸载，而应在冯·朔尔茨将军所处位置附近，也就是德意志艾劳以东某处下车。托伦、库尔姆、格鲁琼兹和马林堡驻军应把所有可用部队派往斯特拉斯堡和劳滕贝格……从而在东普鲁士西南部组成一个足以发起进攻的强大集群，而北部集群要么继续向西南方后撤，要么直接向南调动，以抗击敌纳雷夫河集团军（俄国第2集团军）。[45]

鲁登道夫不知道的是，根据格吕纳特和霍夫曼将军的建议，第8集团军正在采取与他的指示几乎完全相同的措施。

这些命令下达后，鲁登道夫立即赶往汉诺威，与兴登堡会晤，并和他一同前往马林堡，两人于8月23日下午到达那里。他们随即获悉，"态势有所改变，撤往维斯瓦河后方的决定已然放弃"。[46]此外，他们还获知连年坎普夫集团军仍不甚活跃；

第 20 军左翼的第 37 师一直在遭到猛烈冲击，目前正在后撤；德军截获了萨姆索诺夫以明码发出的追击令；更重要的是，德国人在一名被俘的俄国军官身上找到了日林斯基的作战计划。兴登堡写道："这份计划告诉我们，连年坎普夫集团军正企图在北面穿过马祖里湖区，朝因斯特堡—安格尔堡一线进击。他们打算攻击他们认为位于安格拉普河后方的德国军队，而纳雷夫河集团军将跨过勒岑—普尔特尔斯堡一线，从而攻击德军之侧翼。"[47]

在此期间，萨姆索诺夫正沿一道约 60 英里宽的正面缓缓向西推进。从左至右，他的部署如下：第 1 军、第 23 军、第 15 军、第 13 军、第 6 军。第 2 军已被第 1 军接替，并转隶第 1 集团军。此举加大了两个俄国集团军之间的缺口，而更雪上加霜的是，为了缓解补给问题，萨姆索诺夫指示他的左翼赶往新格奥尔吉耶夫斯克—姆瓦瓦—索尔道铁路线，这就使他的右翼远离了连年坎普夫集团军。

鲁登道夫迅速注意到了这个缺口，决心对敌人的这一弱点加以利用。他决定留下一股薄薄的兵力牵制连年坎普夫，然后集结其余一切力量对付萨姆索诺夫。他写道：

在 8 月 24—26 日这段时间里，作战计划的一切细节渐渐形成。最大的问题是，是否真有可能将第 1 预备军和第 17 军从连年坎普夫对面的阵地上撤出，从而让他们与第 8 集团军辖内其他部队合兵一处，对敌纳雷夫河集团军发起一场打击。这种可能性完全取决于连年坎普夫本人，要是他知道如何充分发展贡宾嫩的胜利并迅速向前推进，我的计划就将化为泡影……

我们渐渐发现，连年坎普夫只是在缓慢前进。因此，我们的两个军得以逐步调离，向南急转，赶往比绍夫斯堡—奈登堡。

接下来，第 17 军在第 1 骑兵师和第 1 预备军的掩护下南进，经斯希彭拜尔赶往比绍夫施泰因。该军在第 1 预备军身后通过后，便于 8 月 26 日从比绍夫施泰因开赴比绍夫斯堡。第 1 军则在斯希彭拜尔南面朝塞堡方向开进。仅把第 1 骑兵师留在斯希彭拜尔附近及其南面，继续与连年坎普夫对峙。该师辖内第 1 骑兵旅也在 26 日接到命令，在被抽出后经勒塞尔赶往森斯堡。因此，从 8 月 27 日起，只有两个骑兵旅部署在毛儿湖与普雷格尔河之间，面对连年坎普夫 24 个实力强大的步兵师和数个骑兵师……

这一线上，有两个军在俄国纳雷夫河集团军身后从奈登堡开赴阿伦施泰因。这样一来，他们就把缺乏足够掩护的后方暴露给了连年坎普夫集团军，该集团军就在2—3天的行军路程之外。这场会战在8月27日真正打响时，连年坎普夫的强大兵团犹如一层深具威胁的雷雨云悬挂在东北面。[48]

这是一个相当大胆且判断明智的计划，该计划引发了第一次世界大战中一场著名的大会战。

鲁登道夫写道："一名将领必须承担诸多责任，这需要强大的神经。平民百姓们总是认为战争就像以给定的数字解决一个算术问题，但事实并非如此。交战双方都在同强大的、交织在一起的生理和心理力量做斗争，数量处于劣势的一方在这场斗争的方方面面都更加困难。这意味着与性格各异，且有自己看法的人一同工作。唯一已知且不变的特性，是领导者的意志。"[49]

这些话都可谓是至理名言，它们内含的绝对真理是，为将之道的最高形式是意志和想法的结合，而不仅仅是一个计算问题。

于8月26日打响的这场会战也许可以分为两个行动。第20军的半数军力在冯·德·戈尔茨将军的本土防卫力量的支援下，在战线中央阻挡住了萨姆索诺夫的主力，第1军和第20军的另一半军力在乌斯道进攻俄军左翼，并击退俄国第1军。而第1预备军与其左侧的第17军则从北面打击俄国第6军，并在比绍夫斯堡击退了该军一个师。为包围萨姆索诺夫的中央力量（第13军、第15军、第23军），德军现已肃清两翼。

当德国人遂行这些向心运动之际，与第15军一同行动的萨姆索诺夫正监督着该军的进展，尽管"他对麾下其他兵团的情况几乎一无所知"。[50] 诺克斯将军在书中告诉我们，令萨姆索诺夫感到不安的原因是"他还没有收到妻子的来信"[51]，待他获悉麾下第1军遭受攻击的消息后，便系好佩剑，赶去查看发生了什么事情。

次日，在连年坎普夫缓缓赶往柯尼斯堡时，德军的进攻仍在继续。萨姆索诺夫的左翼发生了最大的混乱：位于奈登堡的俄军惊慌失措，而在他的中央战线上，第13军的许多士兵在到达阿伦施泰因时还以为他们已进入了柏林。[52]

当晚，第1预备军在德军左侧占据了阿伦施泰因东北方约8英里处的瓦腾堡。位于该军左侧的第17军则逼近了比绍夫斯堡，由于疲惫不堪，所以位于中央的第

20 军在原地坚守己方阵地,而该军右侧的第 1 军仍在乌斯道附近,准备攻往奈登堡。萨姆索诺夫的中央力量则在阿伦施泰因与吉尔根堡之间缓缓向前推进。

鲁登道夫为 8 月 28 日的作战行动下达的命令是:第 1 军占领奈登堡;第 1 预备军和第 17 军放弃追击俄国第 6 军,并赶赴西南方的帕森海姆,打击俄国第 13 军右翼,第 20 军同时发起冲击,戈尔茨的本土防卫力量进攻霍恩施泰因。他的想法是,德军在中央发动进攻时,两翼在维伦堡会合,从而包围俄军中央力量。

虽然 8 月 28 日上午对德国人来说是个糟糕的开始,但当日下午,他们占领了霍恩施泰因,不久后,第 1 预备军到达了阿伦施泰因南面一处阵地,而第 1 军在奈登堡北面控制住了俄军中央力量的左翼。次日,俄国第 1 军再度出现在战场上,并对德国第 1 军发起后方攻击,给德军右翼造成了一场严重危机。但当德军的两翼合围,逼近萨姆索诺夫厄运已定的中央力量时,该军亦被击退。

这场会战即将落下帷幕。8 月 30 日,俄军中央力量陷入包围,31 日被兴登堡称为"收割的日子",他给德皇发去这样一份电报:

我诚惶诚恐地向陛下报告,困住俄国军队的包围圈,大部分已在昨日封闭。俄国第 13 军、第 15 军、第 18 军(第 23 军)遭歼灭。我们俘获了包括第 13 军和第 15 军军长在内的 6 万多名俘虏。他们的火炮仍丢在森林内,我们正在收缴。战利品相当多,但现在无法详细统计。位于包围圈外的俄国第 1 军和第 6 军亦遭受严重损失,他们正穿过姆瓦瓦和梅西涅茨火速后撤。[53]

当散布在森林中的德军宿营地里响起"洛伊滕会战"的赞歌时,萨姆索诺夫在五名参谋人员的陪同下,趁着夜色匆匆逃向俄国边界。最后,筋疲力尽的萨姆索诺夫开始掉队,并最终消失不见了。没人知道他的下落,但人们相信他吞枪自尽了。[54]

这场伟大的会战就此结束,鲁登道夫根据乌斯道北面的一个小村庄的名字,将之称为坦能堡会战,以此作为对波兰人和立陶宛人于 1410 年在这里击败条顿骑士团的回应。虽然这场会战对整个战争并无决定性影响,但如果德国人输掉了它,就会彻底改变战争的进程。实际上,这场会战对西部战区的间接影响相当深远。

在那个战区,在整个战争期间的所有日子里,对法国和德国人来说最为致命的可能莫过于8月25日。当天，法军总司令做出了一项决定，而身处科布伦茨的德军总司令也在一名下属（作战处长塔彭上校）的逼迫下做出了另一个决定。

塔彭相信德国军队已在西线赢得了一场深具决定性的重大胜利[55]，并对东普鲁士发生的事情深感不安，因而认为应立即向那里派遣援兵。这项建议符合小毛奇最初的意图——只要情况允许，便从西线抽调6个军，将他们派往东普鲁士。2个军从左翼抽调，另外2个军从战线中央抽调，而最后2个军则调自右翼。塔彭一再催促，称现在是时候抽调力量来增援东线了，小毛奇征询了鲁普雷希特亲王和皇储的意见，可二者都强烈反对抽调军力。于是，小毛奇决定只从第2集团军和第3集团军各抽调一个军。塔彭随后致电鲁登道夫，告诉他3个军（原文如此）和1个骑兵师已奉命增援第8集团军。鲁登道夫称东线现在并不需要这些军队，塔彭却说"这些部队可以腾出"。次日，他又打电话给鲁登道夫解释说："目前只能提供第11军和禁卫预备军（这两个军正在围攻那慕尔），外加第8骑兵师……西线仍需要第5军。"鲁登道夫将军再次向他保证："这些军已赶不上正在进行的战斗了。"因此没必要把他们派来。[56]

塔彭似乎没有把这些谈话内容汇报给小毛奇，结果，第2集团军奉命抽调了禁卫预备军，而第3集团军则交出了第11军和第8骑兵师。毫无疑问，选择从这些集团军抽调兵力的原因是，其指挥官不是皇亲贵族，事实上，他们已交出了不少麾下的部队：第3军和第9预备军被调往安特卫普，第7军调被往莫伯日，还有些规模较小的支队奉命监视吉维特和布鲁塞尔。总之，具有决定性的德军右翼，实力从34个师下降到了25个师，若再加上伤亡人数，其总兵力已减少了三分之一。

法国人对施利芬—毛奇计划遭受破坏的情况一无所知，此时，第17号计划的覆灭和法国军队接二连三的失败使巴黎陷入了恐慌之中。尽管如此，在8月25日召开部长会议时，会议主席维维亚尼还是就金融问题发表了长篇大论，而杜梅洛则谈起意大利与阿尔巴尼亚的外交关系来。在这场荒唐的辩论中，梅西米恰如其分地跳了起来并喊道："还谈什么阿尔巴尼亚！现在唯一重要的是，要不了十天，德国人就有可能出现在巴黎门前。"[57]于是，会议决定组建一个集团军保卫首都，并以加列尼将军出任巴黎总督，替换梅西米极为厌恶的米歇尔将军。两天后，梅西米亦被解除了职务，米勒兰接任陆军部长。

究竟是谁想到建立一支防御力量来保卫首都的？这个问题难以回答。加列尼说是他在8月25日下午3点提出的建议[58]，而霞飞则称命令是当日清晨7点下达的。[59]由此可见，这道命令很可能是在部长会议召开前下达的，因为会议通常不会在这么早的时候召开。命令中写道：

倘若我方军队无法赢得胜利，或被迫后撤，应以至少编有三个现役军的一个集团军开入巴黎筑垒营地，以确保首都的安全。[60]

这道命令似乎是在当日上午11点30分收悉的。[61]

霞飞在他的《回忆录》中称，他此时也想到了类似的做法，8月25日晚，他决定"在英军外侧组建一个新集团军，以便迂回德军右翼"。这个集团军编有"第7军、来自阿尔萨斯的1个师、调自巴黎筑垒营地的2个师和洛林集团军撤下的2个师"。霞飞在书中还写道，他于当晚9点收到陆军部长在今日晨7点下达的命令后，"我的想法是组建一个在亚眠地区实施机动的集团军，而部长会议的决定是派3个现役军保卫巴黎筑垒营地，这两个观点没什么实际联系"。[62]

不管怎样，他于当晚下达了第2号总训令（未注明签发时间），训令中写道：

由于无法遂行计划中的进攻性机动，日后的作战行动将以在我方左侧集结大股军力，恢复进攻为目的。这股力量将包括第4集团军、第5集团军和英国集团军，以及调自东线的新锐力量，其他集团军应在必要情况下尽可能长久地牵制敌军。

……

一个新集群，编有经铁路运来的兵团（第7军和4个师，可能还有另外一个现役军），将在8月27日至9月2日间组建于亚眠前方的多马昂蓬蒂约与科尔比之间，或索姆河后方的皮基尼与维莱布勒托讷之间。该集群应做好朝圣波尔—阿拉斯或阿拉斯—巴波姆这个总方向发起进攻的准备。[63]

次日组建的这个兵团被称为第6集团军，由莫努里将军指挥。[64]

该集团军组建当日，克卢克将军在勒卡托进攻英国集团军，并将其逐出阵地，但没有发起追击。霞飞随后意识到，倘若约翰·弗伦奇爵士的两个军遭歼灭，那第6集团军的迂回机动计划就将化为泡影，因而命令朗勒扎克位于瓦兹河正南面的第5集团军在8月27日发起一场反突击，以缓解英军的压力。此时，小毛奇仍盲目地留在距离战场200英里的科布伦茨，他给28日的作战行动下达了以下命令：

> 法国军队正在竭力争取时间，以便为俄国军队发起进攻提供便利。因此，德国陆军的目标是，必须尽快前出到巴黎，不能给法国军队以喘息之机，以防止对方组建新的部队，同时应尽可能多地破坏法国人遂行防御的手段。
> 第1集团军开赴塞纳河下游，向瓦兹河以西进击。
> 第2集团军进军巴黎。
> 第3集团军赶往蒂耶里堡。
> 第4集团军前出到埃佩尔奈。
> 第5集团军开赴凡尔登，并包围该要塞。
> 第6集团军、第7集团军负责阻止敌人进入洛林和阿尔萨斯。
> 倘若敌人先在埃纳河，尔后在马恩河遂行顽强抵抗，我军可能有必要放弃朝西南方向的进军，改为转身向南。[65]

因此，虽然德军保持着施利芬—毛奇计划，但其中却充满了可疑之处。

与此同时，克卢克发现法军左翼"正朝西南偏南方向"后撤，他马上得出结论，认为至关重要的是"找到这股力量的侧翼"并将其驱离巴黎。他建议比洛，第2集团军和第1集团军应当"向内转动"，就在这时，小毛奇8月27日的指令送抵，指令中并未排除这种行动。[66] 可是，德国人没有做出任何变更，8月29日，第1集团军在其右翼同德阿马德将军的地方自卫部队发生了接触，同时获悉敌人正在亚眠和莫勒伊卸载，比洛与朗勒扎克展开了吉斯—圣康坦之战。这场交战并不具有决定性意义，法军退却，德国人没有追击。与此同时，英国集团军继续后撤。霞飞会晤了约翰·弗伦奇爵士，但没什么用处[67]，因为霞飞的参谋长贝特洛将军"直到此时……仍未充分意识到德军威胁法军左翼的严重性"。[68]

克卢克也没有认识到法军从亚眠对他的右翼构成威胁的严重性。他对胜利深具信心，似乎根本没有向上级汇报这个情况，回到了自己"向内转动"的想法上去。

8月30日上午9点30分，他准备执行这个计划，下午5点55分，他接到了比洛发来的电报，称他已击败法军，对方正在后撤，第2集团军将在8月31日休整。

傍晚6点30分，比洛又发来一封电报，要求第1集团军提供配合。电报中写道："为彻底赢得胜利，第1集团军以绍尼为中心向内转动，前出到拉费尔—拉昂一线殊为必要。"这完全符合克卢克的想法，他马上加以执行，并告知最高统帅部："第1集团军正向瓦兹河转动，将于31日攻往贡比涅和努瓦永，借此发展第2集团军的胜利。"[69]

已将司令部迁至卢森堡的小毛奇对此表示赞同。他在回电中写道："第3集团军已向南汇聚，攻往埃纳河……他们将向南展开追击。第1集团军和第2集团军所采取的行动完全符合最高统帅部的意图。"[70] 正如比洛所指出的那样："这道命令至关重要。它显然没有注意到敌军自29日起便在亚眠、莫勒伊、蒙迪迪耶和鲁瓦卸载，这股重要的力量已在亚眠东面的维莱布勒托讷对第1集团军的右翼展开了攻击。"[71] 因此，这种过失应归咎于克卢克，他没有上报敌人的这场进攻，而小毛奇也有责任，他待在东北方150英里外，还不如在柏林指挥作战行动。

这种重要变更意味着施利芬—毛奇计划的终结，无论从外在抑或实质上来看都是如此。此时在伦敦，于8月6日出任陆军大臣的基奇纳勋爵震惊地从约翰·弗伦奇爵士那里获悉，他打算撤至巴黎西南方——这就等于放弃了这场会战。双方展开了一场"电报战"，最后，基奇纳匆匆赶往法国。8月31日，一架英国飞机发现德国第1集团军正在转向，缴获的一道命令也证实了对方采取的这种行动，这个重大消息立即被汇报给了霞飞。

次日（9月1日），一连串的交战迅速逼近，并最终构成了历史上所称的马恩河会战。究其根源，倘若法国没有组建第6集团军，这场会战就不会发生，但同样正确的是，要是克卢克没有向东转进，则第6集团军的4个师（第7军的2个师和第55师、第56师）很可能会被德军轻而易举地打垮。

霞飞当日要求陆军部长将首都置于他的直接指挥下。他随后命令莫努里撤往巴黎，把司令部迁至奥布河畔巴尔，并签发了第4号总训令，其中写道：

> 待第5集团军摆脱左翼遭受的包围威胁后，第3集团军、第4集团军和第5集团军就将恢复进攻……

若情况允许,将在适当的时候召回第1集团军和第2集团军的部分力量参加这场进攻。最后,巴黎筑垒营地的机动部队可能也将参加这场总体行动。[72]

虽说这道指令有些含糊,但却明确指出了将从巴黎发起反攻,指令出现含糊性的部分原因可能是霞飞无法确定英军的行动,因为约翰·弗伦奇爵士仍在全面后撤。此时,德方虽然已经知道了法国人正匆匆向巴黎调集部队[73],但小毛奇还是指示比洛东调其左翼,以支援第3集团军[74],这就使他远离了第1集团军。

次日(9月2日),英军继续后撤,克卢克放弃了追击,将第3军和第9军调往蒂耶里堡,为比洛提供帮助。[75]他刚刚采取行动便接到了小毛奇发来的命令:"我军的意图是将法军从巴黎逐向西南方。第1集团军应梯次跟随在第2集团军身后,并负责为我军提供侧翼掩护。"[76]克卢克在他的书中写道:"但最高统帅部似乎坚信,法国首都堡垒线以外的一切行动都不必将巴黎守军考虑在内。"[77]克卢克没有停止前进并承担起侧翼掩护的新任务(他已领先第2集团军一天行程),而是置小毛奇的命令于不顾,朝蒂耶里堡冲去,也就是说,他率部离巴黎而去。

在此期间,当莫努里将军退往巴黎时,霞飞给他的集团军司令们下达了一道密令,要求他们在约讷河畔蓬—塞纳河畔梅里—奥布河畔阿尔西—布里安莱沙托—茹安维尔这条总防线上占据阵地,然后:

从南锡和埃皮纳勒集团军抽调两个军加强右翼集团军。
届时,我们将沿整条防线恢复进攻。
以蒙特罗与默伦之间的一切可用的骑兵力量掩护我方左翼。
要求英国集团军参加此次行动,他们应:
1.坚守从默伦至瑞维西的塞纳河河段。
2.在第5集团军发起进攻时,从这道防线出击。
与此同时,巴黎守军将朝莫城方向展开行动。[78]

这道命令的特别之处在于,撤往茹安维尔就意味着放弃凡尔登,这可是整个法军左翼转动的枢纽。若弃守该要塞,霞飞的防线将被切为两段,从巴黎发起的出击也不可能挽救这种态势。对霞飞来说幸运的是,于8月30日替换吕夫雷的萨拉伊将军并未理会这道命令，没有后撤他的右翼力量，而是坚守凡尔登，并把左翼后撤15英里，直到他们正面朝西。这就在他的集团军与第4集团军之间造成了一个缺口，德国皇储率部进入了这个缺口，结果遭到了侧翼攻击。

从霞飞9月2日的命令中明显能看出，他有点昏了头。尽管如此，小毛奇安坐在卢森堡修道院的世外桃源时，霞飞却在采取行动。他至少做了些事情，多亏萨拉伊采取了正确的做法，渐渐消除了围绕在他眼前的迷雾。只要他的右翼仍在坚守凡尔登，他的中央防线不被击退，那么他的左翼不是也有可能向前转动吗？

就这样，霞飞的注意力开始投向这一侧。接下来发生了两件事：首先，霞飞以弗朗谢·德斯佩雷（他可能是最具才干的法军将领）替换了朗勒扎克将军。其次，霞飞开始对加列尼有所关注。说起来很奇怪，霞飞到目前为止一直没有把自己的意图告诉加列尼，出于某些无法解释的原因，加列尼当日只接到了霞飞的第4号总训令。[79] 他（加列尼）立即开始考虑莫努里集团军前出到莫城的问题。[80] 临近中午时，他首次获悉克卢克率部向东转进[81]，于是要求获知对莫努里集团军的指示，并建议将该集团军调至马恩河北面，并朝乌尔克河开进。霞飞回答称，他的部分现役力量"从现在起随时可以向东北方推进，从而威胁德军右翼"并鼓励英国军队。[82] 随后，疑虑的阴云突然重聚，霞飞写信给米勒兰道：

作为联军的组成部分，我们的职责是坚持下去，争取时间并尽可能牵制住德军最强大的力量……因此，我的决定是过几天再发起会战……休整我方部队，并准备与英国集团军和巴黎的机动守备力量一同发起总攻。[83]

这就是说，先是一场消耗战，然后在日后某个不确定的日期再展开一场最终进攻。与此同时，冯·克卢克将军发起了猛冲，他在为9月4日的作战行动下达的命令中写道："第1集团军明日应继续前进，跨过马恩河，从而迫使法军向东退却。若英军实施抵抗，应将其击退。"[84] 而比洛将军此时认为，法国第5集团军已然溃败。[85]

尽管这番前景让人颇为乐观，但设在卢森堡的德军统帅部第二天又显露出了紧张情绪。他们决定把第7集团军司令部和2个军从左翼调至右翼。[86] 在此期间，克卢克继续前进，位于他右翼的第4军同莫努里的巡逻队发生了小规模前哨战，这使他认为对方身后没有大股部队。

对联军一方而言，会战并不像霞飞所设想的那样还有几天时间，它已迫在眉睫，并混乱地出现在了一场混乱的会议中。仍在考虑防御问题的霞飞组建了一个新集团军（第9集团军），并把它部署在法国第4集团军与第5集团军之间，由福煦将军指挥，随后他才考虑进攻问题，并于中午12点45分发电报给约翰·弗伦奇爵士，询问他的集团军是否已做好了"明日投入会战"的准备。[87]然后，他又把内容相同的电报发给了弗朗谢·德斯佩雷将军。[88]

当霞飞告知加列尼和莫努里应设法联系约翰·弗伦奇爵士之后，二人便于下午3点赶至了英军设在默伦的司令部，但弗伦奇爵士并不在这里，他们便同弗伦奇的参谋长阿奇博尔德·默里爵士达成了临时性约定：在9月5日法国第6集团军开赴莫城时，英国集团军应向后退却，为前者腾出空间，6日或7日，"英军以其右翼为轴心转动……直至正面朝东，其左翼同法国第6集团军相连"。尔后，两个集团军对被法国第5集团军所牵制的德国第1集团军之右翼实施攻击。[89]

约翰·弗伦奇爵士返回后就批准了这项计划，可是没过多久，他的副参谋长亨利·威尔逊爵士又提出了一个完全不同的计划。这是怎么回事？

弗朗谢·德斯佩雷将军希望与约翰·弗伦奇爵士会晤，于是便动身赶往塞纳河畔布赖。下午3点，威尔逊在那里会见了他（弗伦奇爵士不在这里）。他对威尔逊解释说，德国第1集团军"缺乏防御"，其交通线暴露在外，而且同德国第2集团军没有接触。他建议：

1. 第5集团军应在9月5日占据塞扎讷—普罗万一线，并准备对塞扎讷—库尔塔孔这段战线展开进攻。

2. 第6集团军应前出到乌尔克河，并对德国第1集团军之侧翼和后方实施打击。

3. 提供配合的英国集团军应填补法国第5集团军和第6集团军之间的缺口，轴线指向蒙米莱尔，其右翼由孔诺将军的骑兵加以掩护。

他立即把这些建议通过电报发给霞飞，而威尔逊也将之呈报给了约翰·弗伦奇爵士。约翰·弗伦奇爵士犹豫了起来，没有做出任何决定。当霞飞收到电报时也接到了加列尼打来的电话,后者告诉霞飞,他准备投入行动,但英军的配合至关重要。半小时后(当晚10点),霞飞下达了第6号总训令,这道指令要求在9月6日对克卢克集团军暴露的侧翼发起攻击,主要内容如下:

1. 第6集团军渡过乌尔克河,并攻往蒂耶里堡。
2. 英国集团军位于尚吉—库洛米耶一线,正面朝东,准备朝蒙米莱尔发起进攻。
3. 第5集团军位于库尔塔孔—厄斯特内—塞扎讷一线,准备由南向北发起进攻。
4. 第9集团军掩护第5集团军右翼,并守住圣贡德沼泽的边界。
5. 第4集团军就地坚守,并与第3集团军保持联系。
6. 在第3集团军后撤其右翼的同时,中央和左翼力量应对敌人正在阿尔贡以西地域行进的左翼发起进攻。[90]

奇怪的是,从某种意义上来说,这是个"坎尼"式的计划。法军的中央力量(第5集团军、第4集团军、第9集团军)将德国第2集团军、第3集团军、第4集团军牵制在了一个大口袋里,而法军的两翼力量(左翼的法国第6集团军和英国集团军,右翼的法国第3集团军)则向兰斯展开行动,一股向东打击德国第1集团军,另一股向西打击德国第5集团军。当晚,加列尼命令莫努里,待约翰·弗伦奇爵士决定进行配合后,便准备发起进攻。[91]

法军总司令部忙得不可开交,而一直严格遵循他叔叔的"不干涉"原则的小毛奇,接二连三地接到关于法国铁路运输驶向巴黎的报告,也开始怀疑这种原则的智慧。最后,他终于对己方军队右翼的安全产生了焦虑之情,9月4日晚7点,他命令塔彭发出以下电报:

第1集团军和第2集团军应继续面对巴黎的东部防线:第1集团军位于瓦兹河和马恩河之间,应占领蒂耶里堡西面的马恩河各渡口;第2集团军位于马恩河和塞纳河之间,应占领诺让与梅里之间的塞纳河各渡口,含上述两个地点。[92]

德国第1集团军在9月5日晨7点15分收到了这道命令。上午11点,为第1

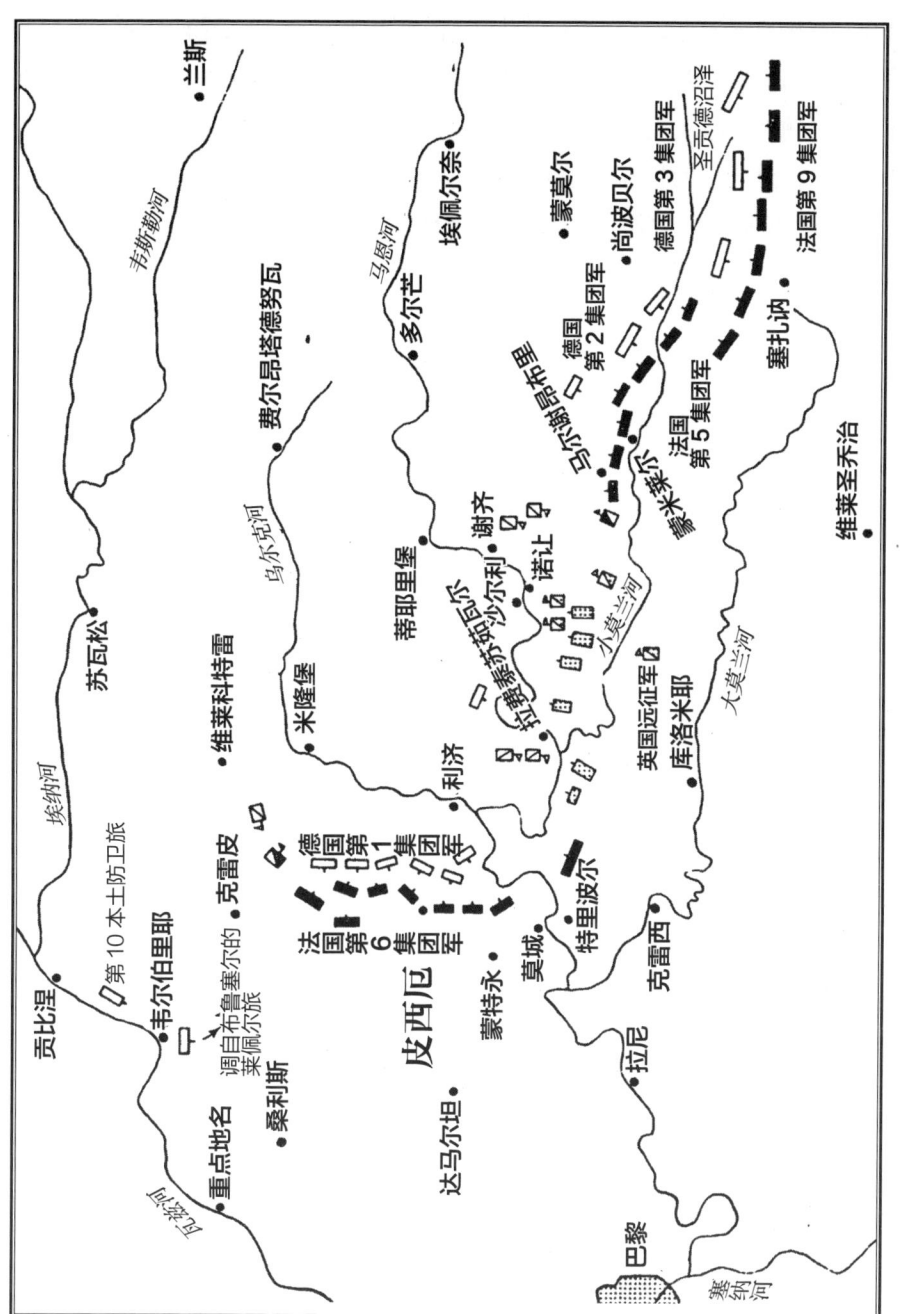

马恩河会战，1914年9月8日

集团军担任侧翼掩护的第4预备军军长冯·格罗瑙将军怀疑敌人集结在他西面,遂对蒙特永高地发起了进攻,此举令当日上午向前推进的法国第6集团军前卫部队措手不及,被德军击退。马恩河会战就这样拉开了帷幕,在法国人看来,这场会战发生得过早了,因为联军此时尚未做好准备。

一场顽强的战斗随之而来,格罗瑙发现自己寡不敌众,故后撤了约6英里,但法军并未追击。克卢克获悉这场战斗后,立即命令冯·林辛根将军指挥的第2军转身,为格罗瑙提供支援。

在克卢克做出这项决定前不久,小毛奇的参谋军官亨奇中校赶至了克卢克的司令部。克卢克原以为位于他左侧的各德国集团军正在乘胜前进,在获知法国人正用火车从东面向巴黎调运部队,德国第5集团军、第6集团军和第7集团军已停止前进,可能有必要全线后撤的消息后,不免大吃一惊。[93]

与此同时,霞飞对约翰·弗伦奇爵士作何想法也越来越感到焦急不安,下午2点,他赶至默伦会晤了弗伦奇爵士,并向他解释了英军提供配合的重要性。最后,霞飞大声说道:"元帅先生。这是法国在恳求您!"约翰·弗伦奇爵士试图用法语作答,可惜词不达意,不得不求助一名英国军官并喊道:"真要命,我说不出来。告诉他,但凡其他人能做的事,我的部下也能做到。"[94] 就这样,双方终于建立起了合作关系,霞飞随即给他的部队下达了如下公告:

我们即将进行一场决定国家命运的会战,因而有必要提醒全体士兵,后撤退却的阶段已过去,我们现在必须付诸所有的努力去进攻并击退敌人。无法继续前进的部队必须不惜一切代价坚守已夺取的地面,宁死毋退。我们所面对的情况,决不容忍懦弱的行为。[95]

格罗瑙于9月5日对莫努里集团军先遣部队的突然袭击拉开了马恩河会战的序幕,这场会战肆虐了7天,从凡尔登到桑利斯,交战双方在整个西线战场上来回角逐,发生了许多次重大交战。由于篇幅所限,这里只介绍发生在德国方阵重要的右翼上的战斗,包括乌尔克河交战、大小莫兰河交战和缺口交战。

先来看看乌尔克河交战,9月5日的战斗在次日由林辛根将军继续加以进行,他在当日清晨5点到达了特里波尔。虽然他的军刚刚经历了长途跋涉,但在休息6小时后,他就又把军队投入了战斗之中,这场交战很快沿法国第6集团军的整条战线向北蔓延。[96]

尽管战况激烈,但冯·克卢克将军尚未意识到情况的严重性。不过,在接到冯·林辛根的紧急电话后,他还是调动了冯·阿尼姆将军的第4军,该军于9月7日清晨赶至战场。但是,当日白天的情况已变得岌岌可危,以至于克卢克不得不命令麾下的另外两个军(第3军和第9军)回过身来投入战斗。[97]正如我们将见到的那样,这项决定导致了最致命的结果,因为,为掩护德国第2集团军右翼,这两个军被召回时正在同法国第5集团军交战,他们的调离不仅导致了德国第2集团军的侧翼洞开,还加宽了德国第2集团军与第1集团军之间已经很宽的缺口。另外,就像比洛所指出的那样,他们的撤离使弗朗谢·德斯佩雷的部下士气大振。[98]

克卢克做出调回第3军和第9军的决定时并未同比洛或小毛奇商量,这不仅仅是因为他不再受比洛节制,还因为小毛奇已丧失了一切指挥控制力。9月5日至8日,德国最高统帅部没有给第1集团军或第2集团军下达过哪怕是一道命令。[99]

当日,莫努里的阵地同样岌岌可危,加列尼召集了巴黎约1200辆出租车,将援兵匆匆运来。[100]9月8日,莫努里试图迂回德军右翼,但未获成功,而随着德国第3军和第9军的即将开抵,克卢克计划于次日包抄法军左翼。他觉得有把握赢得一场速胜,可命运女神却做出了不同的裁决,而且是在300英里长的战线的另一处。

在乌尔克河交战打响时,冯·克卢克将军麾下第3军(由冯·洛赫将军率领)和第9军(由冯·夸斯特将军率领)正遵照小毛奇的命令为第2集团军右翼提供掩护,却突然遭到一场出乎意料的猛烈炮击。他们都不知道战场态势已发生了变化。他们认为是已被击溃的法国第5集团军在骤然发起攻击。洛赫和夸斯特匆匆率领全军向前,这两个德国军与弗朗谢·德斯佩雷集团军的3个左翼军(第18军、第3军和第1军)很快沿整条战线展开了激烈的战斗,而德斯佩雷的第10军则在他们右侧投入了战斗。法国人当日取得了约1英里的进展,但黄昏时已被德军挡住,随即奉命掘壕据守。次日,他们继续朝蒙米莱尔方向遂行冲击。

虽然比洛挡住了对方的攻击,但极为严重的态势要求他退到小莫兰河后方。他在9月7日/8日夜间执行了这场后撤,而这就意味着他放弃了小毛奇9月4日的命令。因此，法军直到9月8日才同德国人重新发生接触，此时，德国第3军和第9军正遵照克卢克的急电赶往乌尔克河。当日白天，法军发起的几次正面冲击均被击退，8月8日/9日夜间，法国第18军军长德莫迪将军率部夺得了蒙米莱尔西面的马尔谢昂布里。正如廷格先生所指出的那样，这场成功是一起极为重要的事件，因为该镇的丢失导致蒙米莱尔无法防御——后一个镇子现在完全处于西面的控制下，"比洛命令麾下第7预备军、第10预备军退至马尔格尼—勒图尔特一线，这是一道由北向南延伸的阵地。这场后撤向东退却了10千米，使德国第2集团军之右翼正面朝西，而不是面向南方，封闭比洛与克卢克之间的缺口的一切可能性就此告终"。[101] 对德国人来说，赢得胜利尚存的最大机会是突破福煦第9集团军的防线（这道防线沿圣贡德沼泽从维伦纽夫延伸到索默苏），从而迂回法国第5集团军右翼，并迫使该集团军退却。9月6日，冯·豪森将军已率领他的第3集团军对福煦发起了攻击，9月8日凌晨3点，他突袭了对方右翼，将其击退并夺得了费尔尚庞瓦斯，但没能达成突破。虽然福煦向霞飞报告称"右翼遭受到沉重压力，防线中央已弯曲，无法实施机动，情况很好，我正率部进攻"，可这并非实情，他确实接连不断地下达了进攻和反攻令，但却都无济于事，因为他的部下拼尽全力才勉强守住了阵地。

就在莫努里迫使克卢克将整个集团军调往乌尔克河，而弗朗谢·德斯佩雷迫使比洛退往东北方之际，约翰·弗伦奇爵士和他的三个军[102]小心翼翼地进入了克卢克与比洛集团军之间的缺口，在不知不觉中创造了"马恩河奇迹"。或正如皮耶尔雷弗所说的那样："约翰·弗伦奇爵士挽救了局势，而自己却对此一无所知。"[103]

9月6日上午，法军开始向一片儿乎已成为真空的地区开进，因为克卢克昨晚已撤出了他的第2军，6日清晨，第4军随之撤离。留在英国集团军前方的是冯·德·马维茨将军的骑兵军辖内2个师，还有些猎兵和自行车营。弗伦奇爵士的军队缓缓向前，第3军（由普尔特尼率领）居左，第2军（由史密斯-杜利恩率领）居中，第1军（由海格率领）居右，次日，比洛后撤，德国第1集团军辖内第3军和第9军奉命北调时，英国第2军和第3军渡过了大莫兰河，而第1军在罗祖瓦附近发生了耽搁。战争史上很少有哪次会战比这次会战更需要速度了，虽然约翰·弗伦奇爵士是一名骑兵军官，但却没有敦促麾下各军加快速度。9月8日，英军在击退了敌人的一些抵抗后渡过了小莫兰河，继续朝马恩河进击。英国集团军在3天内就取得了25英里的进展,由于他们伫立在德国第1集团军和第2集团军之间的缺口处,他们所要做的就是继续向前,砍掉德军方阵的头颅。

霞飞看到了这一点,当晚8点07分,他命令第6集团军将德军牢牢牵制在乌尔克河,而英国集团军则在诺让拉托与拉费泰苏茹瓦尔之间渡过马恩河,朝克卢克左翼和后方推进。另外,他还指示第5集团军掩护英军右翼。

此时,小毛奇又在卢森堡做些什么呢?在收到相关信息后,他焦虑万分,于是派亨奇中校赶去探访五个右翼集团军,以便弄清确切情况。此时,小毛奇和司令部里的任何人都没有想到德国军队必须实施一场全面后撤。[104] 尽管事态极为严峻,但小毛奇还是应当给亨奇下达一道书面指示,可后者却只接到了口头命令。亨奇称:"总参谋长授权给我,若有必要,就命令五个集团军撤至韦勒河后方,沿阿尔贡以北高地布防。赋予我的使命是,必要时命令诸集团军撤至圣默努尔德—兰斯—菲姆—苏瓦松一线。我被授予全权,可以最高统帅部的名义下达命令。"[105]

并非乐观主义者的亨奇在9月8日上午11点离开了卢森堡。他首先探访了第5集团军、第4集团军和第3集团军,并于当晚7点45分赶至第2集团军司令部所在地蒙莫尔。比洛将军告诉亨奇,他认为第1集团军的后撤不可避免,他已决定后撤自己的集团军。[106]

9月9日晨7点,亨奇动身赶往第1集团军司令部的所在地谢齐,虽说这段路程不超过25英里,但由于道路上挤满行进中的部队,他直到到中午才赶至目的地。他在途中见到的都是混乱和无序,[107] 对于一支后撤中的军队来说,出现这种情况实属正常,但这却加剧了亨奇的悲观情绪,使他觉得局势已趋绝望。亨奇发现克卢克不在司令部,便同他的参谋长冯·库尔将军商讨态势,就在这时,第2集团军发来电报称他们正在后撤。亨奇知道第1集团军和第2集团军之间的缺口已扩大到了30多英里宽,也知道英国军队已进入了这个缺口,于是就使用了小毛奇赋予他的权力,命令第1集团军后撤。亨奇做出这项决定时并未同克卢克商量,尽管他离得并不远。[108]

亨奇已获得了授权,完全可以下达这种命令,这一点是毫无疑问的,但这道命令太过重要了,以至于他只能对克卢克本人下达,而无权命令其他人奉命行事,可亨奇却并没有这样做,由此可见德军总参谋部是多么的肆意妄为,甚至已取代了前线指挥官的权力。克卢克好像一直没见到亨奇,在获悉这道命令后,虽然他对态势有更好的判断[109]，但却无条件地接受了命令——可能是因为他对大总参谋部怀有敬畏之情。虽然克卢克不知道位于他右侧的法军正在考虑后撤事宜，但他肯定注意到了英军在他与比洛之间的缺口部过于缓慢、谨慎的推进。要是克卢克不理会亨奇的口头命令，并按照"不确定时就发起进攻"的原则行事，不仅有可能击退莫努里，还会瘫痪英军的推进，并激励比洛和他一同展开行动。格利茨指出，这就是赛德利茨在佐恩多夫所做的，他又补充道："但这种事不属于威廉二世时代的行事模式。"[110] 就这样，由总参谋部制定并指导的施利芬—毛奇计划，最终断送在了总参谋部的手中，原因是将道的破灭。9月11日上午，小毛奇在会战期间首次赶往前线，去视察各集团军司令部，回去后便身患重疾[111]，很快被冯·法尔肯海因将军所替换。

坦能堡会战和马恩河会战都是决定性会战，前一场会战属于战术性，后一场会战则具有战略性。前一场会战使兴登堡声名鹊起，德军总参谋部据此认为迅速击败俄国是一项相对容易的任务，除此之外并无其他战略性结果。可是，若俄国人赢得了坦能堡会战，对德国和欧洲造成的影响可能会相当惊人。相反，虽然后一场会战只取得了部分战术胜利，但却导致了深具压倒性的战略性结果，以至于詹姆斯·埃德蒙兹爵士将霞飞的胜利正确地列为"世界史上的决定性会战之一"。[112] 这场会战意味着德国丧失了在同俄国实际交战前先行击败法国的唯一机会。

造成这种结果的原因之一，就是像布洛赫所预见到的那样，机动作战迅速沦为围攻战。在无数堑壕的掩护下，主动权从总参谋部手中转至各参战国的工业潜力上。工业潜力较弱的地区，例如俄国战场，虽然机动作战有所减弱，但仍有可能实施；而在工业潜力强大的地方，例如法国和英国，机动作战就彻底停止了下来。从今以后，西方国家的相关决策会越来越多地在工厂而不是军队里做出，另外还有海上力量，因为它可以保护或扼杀工业供应。正如布洛赫所预言的那样，最终的仲裁者会是"饥饿"。

更深层的原因是，施里芬计划有一个根本性误判，德国人若意识到了这一点，可能根本不会参战，除非他们获得了英国的支持或确保对方中立。这种误判源自德国两线作战的构成。倘若德国在这场战争中仅限于对法国和俄国开战，并遵循施里芬计划的话，那么法国很可能会在战争爆发后的六周内灰飞烟灭，尔后德国再同俄国达成一项妥协的和平。可正如在1914年8月发生的事情表明的那样，西线不仅有法国军队，还有英国军队。虽然在上述情况下，英国远征军本来会和法国军队一同覆灭，但英国领土的完整性不会受到任何破坏。这就引出了一个问题，不管施里芬计划取得怎样的成功，它能结束战争吗？历史的回答是"不能"！就和拿破仑时期一样，英国会继续进行战争，直到她建立起另一个联盟并赢得胜利，或者就是英国和德国都面临经济崩溃，于是一场遵循英国传统路线的和平谈判可能会结束战争。

历史证明，英国卷入欧洲战争的历史教训是，只要她控制着海洋，其边界就不会遭到侵犯，海上交通线也能获得确保。在这种情况下，没有哪个大陆国家（无论其地面力量多么强大）能从她手中夺走主动权。在德国1918年的崩溃，以及1945年更彻底的覆灭中，这都是个决定性因素，但德国在这两次世界大战中都没有意识到这一点。

注解

1. 后来，罗马尼亚和葡萄牙加入了同盟国，保加利亚加入协约国。希腊试图保持中立，但同盟国占领萨洛尼卡后，希腊被迫加入了他们的阵营。
2. 引自 the Preface ("Conversations with the author, by W. T. Stead") of Is War Impossible? (1899)。
3. 其他发明是：贝尔 1876 年发明的电话；帕森 1884 年发明的汽轮机；邓禄普 1888 年发明的充气轮胎；巴特尔 1888 年发明的履带式拖拉机。另外，20 世纪初，卢瑟福和索迪正致力于研究原子核理论，这最终导致原子弹的发明。
4. 这是个古老的构思，可追溯到 1680 年的克里斯蒂安·惠更斯。
5. 同一年（1885 年），英国的巴特勒以电力点火引燃汽油发电机的方式驱动了一辆自行车。
6. 引自 A Critical Study of German Tactics, Major de Pardieu (1912), p. 117. 赫尔将军在 1923 年出版的《炮兵》一书中总结了法国军人对即将到来的战争的看法。除了其他方面，他还写道："战争会是短暂，且充满快速运动的；机动将发挥主要作用，这将是一场运动战。会战主要是两股步兵力量间的斗争……主导军队的是人员而非物质，炮兵只能作为一个辅助兵种……重型炮兵的必要性很难让人觉察到……给军队配备数量过多的炮兵毫无意义……"
7. 他们从阿尔当·杜皮克上校的《战斗研究》一书中汲取了灵感，该书夸大了精神因素在战争中的价值。他的理论用于罗马时代的白刃战时是完全合理的，也可勉强适用于滑膛枪和刺刀的战争，但绝对会误导使用来复枪的战争。不过，他这部著作却在 1871 年后成为法国陆军的圣经。
8. The Principles of War (English edit., 1918), p. 286.
9. 同上，p. 32。
10. Correspondance, vol. XXX, p. 447。
11. 海军上将约翰·费舍尔爵士同样如此，因此，第一艘无畏级战列舰于 1905 年铺设龙骨。
12. 参见 Memoirs of an Unconventional Soldier, J. F. C. Fuller (1936), pp. 23—26。
13. 米歇尔将军的完整计划可参见 1914 Les erreurs du haut commandemerd, Général Percin (1922), pp. 42—49。
14. The Memoirs of Marshal Joffre (English edit., 1932), vol. I, p. 12. 这本回忆录并非霞飞所写，而是出自他身边一位参谋军官的手笔。
15. 引自 Les lois éternelles de la guerre, Général Arthur Boucher (1925), vol. II, pp. 144—145。
16. Les erreurs du haut commandement, p. 121.
17. Mes Souvenirs, général Adolphe Marie Messimy (1937), pp. 349—350。
18. The Memoirs of Marshal Joffre, vol. I, p. 30.
19. Plutarque a menti, Jean de Pierrefeu (1922), p. 38.
20. 同上，p. 55。
21. Les lois éternelles de la guerre, Boucher, vol. II, pp. 126。
22. 同上，vol. I, p. 145。
23. 同上，vol. I, pp. 63 and 46. 值得指出的是，饶勒斯在 Varmie nouvelle (1899) 一书的第 537 页中预言德国人将使用他们的预备力量，并穿过比利时发起进攻。
24. 同上，vol. I, p. 69. 1919 年，布里耶委员会传唤霞飞，问他："是谁制定了战争计划？"他回答道："是总参谋部。"委员会要求他指出相关人员，他又答道："我不记得了……行动计划只是某人脑中的一个想法，并没有写在纸上……你们问了一堆我无法回答的问题。我什么也不知道。"（委员会完整的会议记录可参阅 Les erreurs du haut commandement, Appendix, pp. 179—278。）
25. 詹姆斯·爱德蒙兹爵士说（A Short History of World War I, 1951, p. 16）："1912 年，由于条件发生了变化，加之掩护莱茵兰工业区的必要性，施利芬本人（他在这段战争间隔期写了一本关于坎尼会战的著作，他认为这场会战堪称歼灭战的典范）也建议将他1905年的计划修改为已付诸实施的一项计划。这是1934年希特勒执政期间，一名军官在检查冯·毛奇将军的文件时发现的。"如果这种说法准确无误，那么，施利芬的战略意识肯定在他79岁高龄时发生了可悲的退化，因为孚日山脉地区是西欧的最佳防御地带，穿过该地区实施包围的企图纯属痴人说梦。关于这个问题，格利茨写道（The German General Staff, 1657—1945, 1953, p. 142）："直至1912年，他（施利芬）仍忙于理论研究，那一年，他开始意识到法国进攻意志的增强，因而提出沿比利时至瑞士的整条战线发起进攻的想法。但在生命的最后时刻，他的脑海中仍在琢磨那项伟大的计划。他最后的遗言是：'你们要注意加强右翼。'"

26. Jusqu'à la Marne en 1914, général Tappen (French edit.), p. 97.
27. Britain and the War: A French Indictment, General Huguet (English edit., 1928), p. 31.
28. The Memoirs of Marshal Joffre, vol. Ⅰ, pp. 124—125.
29. 同上, vol. Ⅰ, p. 135。很难知道究竟发生了什么情况。在接受布里耶委员会传讯时，霞飞说他从未召集麾下这些将领，因为他们都很清楚自己该做些什么。整个战争期间，这些矛盾之处不断出现。
30. 参见 La préparation de la guerre et la conduite des opérations, Maréchal Joffre (1920), p. 32 和 The Memoirs of Marshal Joffre, vol. Ⅰ, p. 141。
31. Historie illustrie de la guerre de 1914, Gabriel Hanotaux (1920—1927), vol. Ⅷ, p. 246.
32. 参见 La préparation de la guerre, etc., p. 68, and La conduite de la guerre jusqu'à la bataille de la Marne, Lieut.-Colonel Grouard, p. 5。
33. The Memoirs of Marshal Joffre, vol. Ⅰ, p. 159. 这种假设似为事实似乎发生在17日，而非15日，因为16日的一份官方公报称："比利时人的突袭不幸遭遇挫败。"（Percin, p. 117）
34. 同上, vol. Ⅰ, p. 166。
35. Mes Souvenirs, Messimy, p. 350.
36. The Memoirs of Marshal Joffre, vol. Ⅰ, p. 184.
37. 同上, vol. Ⅰ, p. 170。
38. With the Russian Army, 1914—1917, Major-General Sir Alfred Knox (1921), vol. Ⅰ, pp. 78, 86.
39. 参见 The War of Lost Opportunities, General von Hoffmann (English edit., 1924), p. 12。
40. 参见 Memoirs and Impressions of the War and Revolution in Russia, 1914—1917, General Basil Gourko (1918), pp. 31, 62。
41. 引自 With the Russian Army, Knox, vol. Ⅰ, p. 84。
42. 同上, vol. Ⅰ, p. 88。
43. My War Memories, General Ludendorff (English edit., 1920), vol. Ⅰ, p. 45.
44. Out of my Life, Marshal von Hindenburg (English edit., 1920), p. 81.
45. My War Memories, Ludendorff, vol. Ⅰ, p. 46. See also Hindenburg's Out of my Life, pp. 87—88.
46. My War Memories, Ludendorff, vol. Ⅰ, p. 47.
47. Out of my Life, p. 87.
48. My War Memories, vol. Ⅰ, pp. 47—49.
49. 同上, p. 53。
50. Memories and Impressions, etc., Gourko, p. 64.
51. With the Russian Army, 1914—1917, vol. Ⅰ, p. 68.
52. 同上, vol. Ⅰ, p. 84。
53. Out of my Life, p. 99.
54. 古尔科将军对萨姆索诺夫最后的几个小时做出了充满戏剧性的描述，详情参阅 Memories and Impressions, etc., pp. 65—67。
55. Jusqu'à la Marne en 1914, général Tappen, p. 112. (See also Documents Allemands sur la bataille de la Marne, 1930.)

56. *The War of Lost Opportunities, Hoffmann*, pp. 34—35. 霍夫曼将军说，这些电话中的第一通发生在"坦能堡会战最后一天"，鲁登道夫则说："宣布提供援兵的电报送抵时，适逢坦能堡会战发起。"（vol. Ⅰ, p. 58）他的说法可能是正确的。鲁登道夫还说："削弱西线军力的决定为时过早……但最具决定性的是，提供给东线的援兵从西线右翼抽调，那里正在进行一场决定性交战。"（vol. Ⅰ, pp. 58—59）他还称："要是小毛奇没有派出禁卫预备军和第 11 军——一切都会很顺利。若他实在想派些援兵，应该从左翼抽调。"（参见 *Army Quarterly*, vol. Ⅲ, p. 50）克卢克将军也发表了同样的意见（*The March on Paris*, English edit., 1920, p. 77）。
57. *Mes Souvenirs*, 368—370.
58. *Mémoires du général Galliéni* (1926), p. 21.
59. *The Memoirs of Marshal Joffre*, vol. Ⅰ, p. 193.
60. *Les Armies Frangaises dans la Grand Guerre* (French Official History), Tome I, vol. Ⅱ, Annexes vol. Ⅰ, Annexe No. 372, p. 263.
61. *1914 Les erreurs du haut commandement*, Percin, p. 276.
62. *The Memoirs of Marshal Joffre*, vol. Ⅰ, pp. 190—193. 霞飞回忆录的作者在许多地方都不太靠谱。例如他在第 146 页让霞飞说，8 月 23 日，他意识到德国人正在动用预备兵团。8 月 25 日他又写道："我仍相信德国人在他们的进攻行动中只使用了现役军。"另一些地方同样出现了这种矛盾之处。
63. *Les Armies Frarqaises, etc., Tome I*, vol. u, Annex vol. Ⅰ, Annex 395, pp. 278—280. See also text Tome I, vol. Ⅱ, pp. 116, 580—581.
64. 同上，*Annexe 619*, p. 421。
65. 引自 *Liaison, 1914, Brigadier-General E. L. Spears* (1932), pp. 533—534。另可参阅 *The Campaign of the Marne, 1914*, Sewell Tyng (1935), pp. 371—374。
66. *The March on Paris, von Kluck*, pp. 75—76.
67. 参见 *Memoirs of Marshal Joffre*, vol. Ⅰ, pp. 213—214。
68. *Britain and the War*, Huguet (1928), p. 75.
69. *The March on Paris, von Kluck*, pp. 82—83.
70. *Mon rapport sur la Bataille de la Marne, von Bülow* (French edit., 1920), p. 51.
71. 同上，p. 51。
72. *La préparation de la guerre, etc., Joffre*, pp. 95—96.
73. *Jusqu'd la Marne en 1914, Tappen*, p. 115.
74. *Mon rapport star la Bataille de la Marne, von Bülow*, p. 54.
75. *The March on Paris, von Kluck*, p. 91.
76. 同上，p. 94。
77. 同上，p. 95。
78. 引自 *Liaison, 1914, Spears*, pp. 365—366。
79. *Mémoire du Général Galliéni*, p. 77.
80. 同上，p. 81。
81. 同上，pp. 93—94。另可参阅 *Les Carnetos de Galliéni* (1932), pp. 58—59。
82. *Memoirs of Marshal Joffre*, vol. Ⅰ, p. 241.
83. *Plutarque a menti, Pierrefeu*, pp. 98—99。另可参阅 *Liaison, Spears*, pp. 372—373。
84. *The March on Paris*, p. 100.
85. *Mon rapport sur la Bataille de la Marne*, p. 56.
86. *Jusqu'd la Marne en 1914, Tappen*, p. 106, 116.
87. *Liaison, 1914, Spears*, p. 399.
88. *Memoirs of Marshal Joffre*, p. 246.

89. 参阅 *Liaison, 1914, Spears*, pp. 406—407, 以及 *Galliéni's Mémoires*, pp. 119—128。
90. *La preparation de la guerre, etc., Joffre*, pp. 108—110.
91. *Mémoires du Général Galliéni*, p. 112.
92. *The March on Paris, Kluck*, p. 105.
93. 同上，p. 107.
94. *Liaison, 1914, Spears*, p. 417. 另可参阅 *Memoirs of Marshal Joffre*, vol. Ⅰ, pp. 253—254。
95. *The Memoirs of Marshal Joffre*, vol. Ⅰ, p. 255.
96. 莫努里将军手中掌握的兵力似乎多达 15 万人。*Mémoires du Général Galliéni*, p. 110—111.
97. 9 月 6 日晚，德国人在一名俘虏身上发现了霞飞将军下达的一道命令之后，才明白这场进攻的严重性（参见 *Jusqu'd la Marne en 1914, Tappen*, p. 116）。
98. *Mon rapport sur la bataille de la Marne, Bülow*, p. 68.
99. 在 *La direction supreme de L'armée pendant la bataille de la Marne* (Documents Allemands) 第 133 页，穆勒-勒布尼茨写道："甚至在会战期间，最高统帅部也不会施加任何干预。"他告诉我们，塔彭将军对他说："最高统帅部认为最好给予集团军司令们放手大干的权力。"
100. 参见 *La véritable histoire des taxis de la Marne, Commandant Henri Carré* (1921)。
101. *The Campaign of the Marne, 1914, Sewell Tyng* (1935), p. 251.
102. 陆军中将 W. 普尔特尼爵士指挥的第 3 军于 8 月 30 日开抵。
103. *Plutarque a menti*, p. 121.
104. *La direction supreme de l'armee, etc., Muller-Löbnitz*, p. 137.
105. 同上，pp. 138—139。
106. *Mon rapport sur la bataille de la Marne*, p. 66.
107. *La direction supreme de l'armee, etc., Muller-Löbnitz*, p. 161.
108. 参见 *The March on Paris, Kluck*, p. 137。
109. *The German General Staff, Walter Görlitz* (English edit., 1953), p. 162.
110. 同上，p. 162。
111. 参阅 *Jusqu'à la Marne en 1914, général Tappen* (French edit.), p. 121。
112. *History of the Great War, France and Belgium, 1914*, vol. Ⅰ, p. 295.

大事记
第一次世界大战的基础

随着美国"昭昭天命"的实现，中欧第二帝国的出现，日本帝国主义在远东的崛起，英、法、德帝国的不断扩张[1]，南非黄金的大量涌现[2]，世界进入了一个堪比"继业者战争"的时代，德国、法国、英国、俄国之间的敌对和联盟造成了一个世界性冲突的时代。

与历史上的惯例一样，这种冲突的直接起源可在1870—1871年战争的结果中找到。从普法战争结束到1890年被解除职务，俾斯麦的政策一直是稳定并确保德国赢得的和平。为此，他孤立法国并同俄国保持友好关系。为实现前一个目标，他于1879年10月2日同奥地利缔结了一份被称为"两国同盟"的防御条约。两年后，法国占领突尼斯，此举正中俾斯麦下怀。这场吞并令意大利大为恼火，遂加入两国同盟，使其变为了三国同盟。就这样，这种情形一直保持到1888年6月15日，由于父亲弗里德里希三世去世，维多利亚女王的外孙，霍亨索伦王室的威廉二世成为德国皇帝。

虽然威廉二世易怒、性情冲动、顽固刚愎，但他也勤勉、尽责、爱国。虚荣而又夸张的他自认为是个独断专行者，继位后不久便宣布："这个国家只有一个主子，那就是我。"他很想成为指挥千军万马的最高统帅，尽管他使他的国家脱离战争达26年之久，但他过激的言论、咄咄逼人的讲话和毫无节制的野心使他成为国际政治上的危险人物。1890年，他罢免了俾斯麦，次年，对这位德国新主子深感惊慌的法国同俄国展开谈判——两国于1893年建立了一个防御性同盟。两年后，沙皇尼古拉斯二世到访巴黎，受到了热烈欢迎。

两个对立的同盟就这样诞生了。尽管如此，只要英国不加入任何一方，欧洲的和平就不会受到威胁。即便两个同盟的对立引发了战争，只要英国不参与其中，战火就很难传播到欧洲以外的地区。不幸的是，这种情况不会持续下去，因为德国在1895年开始了一段对外扩张期。德皇在德意志帝国建国25周年纪念日发表的讲话中宣布，德意志帝国不再仅仅是一个大陆国家，而会成为一个世界性国家。虽然这种话不说为妙，但德皇的新国际政策却是普法战争以来德国快速实现工业化的结果。1870年至1895年期间，德国的人口从4100万人增加到了5500万人，她的生存越来越依赖对外贸易。为支持该国遍及世界的商人，德国的当务之急是获得世界强国的地位。不幸的是，这就意味着与大英帝国的商业竞争。

接下来在1898年，为确保皇帝的扩张政策，德国国会通过了一项议案，决定扩充德国海军，该决议附带的备忘录自负的声明，并明确指出，海军的目的是"让最大的海上强国也不敢轻启战端，否则就将面临自身霸权受到破坏的风险"。这针对的显然是英国，由于法绍达事件，大英帝国正同法国处在战争的边缘。1899年，又爆发了盎格鲁—布尔战争，这场战争引发了全世界对英国的普遍敌意，大英帝国发现自己已经孤立无援。这场战争爆发后，德国国会又通过了一份海军法案，规定德国海军舰队的永久性编制为38艘战列舰和20艘铁甲巡洋舰，每艘军舰服役25年后更换。1901年1月22日，维多利亚女王去世，她的儿子爱德华七世继位，这就是当时的情况。

南非战争期间德国对英国表现出的敌意，再加上德国扩充海军和德皇大肆吹嘘的政策，在英国引发了激烈的反德宣传，德国国内也还以颜色。这种宣传掩盖了两国发生争执的真正原因：德国无意同英国开战，更不必说进攻该国了（这是英国民众的幻想），但德国海外贸易的急速扩张和其商船队的发展逐渐取代了英国的贸易。1894年至1904年，德国的贸易总额从3.65亿英镑增长到了6.1亿英镑，同一时期，她的商船运输吨位也增加了234%。贸易竞争变得如此激烈，以至于1907年，美国驻意大利大使亨利·怀特先生被国务院派去伦敦，任务是弄清英国政府对第二次海牙会议的主张。亨利·怀特与英国前首相亚瑟·贝尔福的以下这番谈话记录在艾伦·内文斯的《亨利·怀特：美国外交三十年》一书中：

贝尔福（说话声较低）："我们可能有点傻，没在德国建造太多商船并抢走我们的贸易前找个借口对她宣战。"

怀特："您在私人生活中是个非常高尚的人。您怎么能考虑这种在政治上不道德的事情，对一个完全无害的国家发动战争呢？德国不是和英国一样有权发展她的海军吗？你若想同德国人在贸易方面进行竞争，就应该加倍努力。"

贝尔福："那将意味着会降低我们的生活水准。对我们来说，战争也许更简单些。"

怀特："您竟然抱有这种想法，实在令我深感震惊。"

贝尔福（再次轻声说道）："这是对或错的问题吗？也许这只是我们继续保持优势的问题。"

对于这番交谈，我们应当注意的并非贝尔福先生是不是一个毫无原则的愤世嫉俗者，而是工业革命已导致一种为求生存的经济斗争被建立了起来。在这种斗争中，自我保护决定了人类是否会回归到"丛林中的生活方式"。人与野兽之间的原始斗争已被国与国之间的工业斗争取代，所有竞争对手在工业斗争中都是野兽。1919年9月11日，美国总统伍德罗·威尔逊在圣路易斯发表讲话时，谈到了问题的核心："同胞们，为什么这里没有哪个男人，没有哪个女人，依我看，也没有哪个孩子，能明白现代世界的战争之源是工业和商业方面的对抗呢？这场战争从一开始就是工业和商业之战，而并不是一场政治战争。"大约在同一时间，约翰·梅纳德·凯恩斯在《和平的经济后果》一书中写道："权力政治不可避免，关于这场战争或其目的，没什么新东西需要加以了解；和过去每个世纪一样，英国打垮了一个贸易对手……"

英国在南非战争期间发现自己遭受的孤立，在1903年被爱德华七世打破。当年春季爱德华七世去巴黎访问，法国民众对他的到来发出嘘声，可当他离去时却获得了他们的欢呼：他的魅力，他对他那位身为德国皇帝的外甥的同情打破了僵局。结束访问后，英国和法国政府达成了一系列协议，最终促成了1904年4月《英法协约》的签订，这份友好条约让英法后来发展成了一个秘密军事同盟，并改变了英国历史的整个进程。劳合·乔治在他的《战争回忆录》中写道，这份条约签署后不久，罗斯伯里勋爵对他说："好吧，我想你大概和其他人一样，对我们同法国达成协议感到高兴吧？"劳合点头称是，并称自己对英国与法国的恶劣关系终于告一段落而感到高兴。罗斯伯里勋爵回答道:"你们都错了,这意味着最终同德国的战争。"四年后,英国第一海务大臣,海军上将约翰·费舍尔爵士更具先见之明,他写道:"我大胆预测(当然,我只是在做显而易见的事),倘若我们遵守对法国心照不宣的保证,派一支英国军队在法国登陆并同德国进行战争的话,会使英国遭受到从未经历过的沉重打击,我不是说战败,因为我们永远不会屈服,而是指我们经济资源会遭受致命打击,并导致英国海军沦为一个次要军种。"

英法两国政府根据《英法协约》解决了他们突出的殖民地争议,英国彻底掌握埃及,而法国则获准在尊重摩洛哥主权完整的前提下自由处理该国事务。尽管如此,法国和西班牙却在当年10月起草了一份瓜分摩洛哥的公约,这份秘密公约的副本被寄给英国外交大臣兰斯顿勋爵。虽然该公约严重违背了第一份条约,但兰斯顿还是接受了。事实证明,这项可耻的交易是个名副其实的潘多拉魔盒。

果然,麻烦很快就出现了。1905年3月,对这两份条约一无所知的德皇,怀疑摩洛哥有可能成为第二个突尼斯,所以赶去访问丹吉尔。于是,法国对他发起了激烈攻讦。为避免爆发战争,美国总统西奥多·罗斯福涉足国际舞台,建议召开一场国际会议。1906年1月,会议在阿尔赫西拉斯举行,做出了列强维护摩洛哥独立的保证。虽然这场会议消除了风暴,但也导致欧洲分成了两个相互敌对的阵营,即德国阵营和反德国阵营——为增强后者的实力,接替兰斯顿勋爵出任外交大臣的爱德华·格雷爵士,就英法陆海军总参谋部举行秘密会谈的事宜时,同法国政府达成了一致。早在1904年,海军上将约翰·费舍尔爵士就已说服英国政府将英国舰队的重心从直布罗陀转移到北海。次年,当约翰·费舍尔铺设第一艘无畏级战列舰的龙骨时,就彻底破坏了德国发展海军的计划——因为无畏舰使一切现役战列舰都变得落伍过时了。

阿尔赫西拉斯会议后不久,英国政府同俄国人达成了谅解,除其他事务外,他们还同意将波斯(这又是个独立国家)分割成三个地区:俄国和英国各占一片势力范围,它们之间由一片中立区隔开。这个解决方案为俄国在远东的扩张解除了后顾之忧,正如古奇先生在《近代欧洲史》中所言,这也使俄国"全心投入更危险的欧洲政治游戏中"。就这样,三国协约应运而生,并与三国同盟相对峙,而这就意味着一旦发生战争,德国就不得不从事两线作战。

当摩洛哥危机使国际关系发生震颤之际,考文垂军械厂的马利纳先生在英国引发的一场海军恐慌，又震惊了政府、反对派和民众，由于事态变得极不合理，所以约翰·费舍尔爵士决定将真实情况告知国王。他在1907年年底写信给国王：

今年（1907年）3月，一个不争的事实是，德国尚未铺设一艘无畏舰的龙骨，18个月来，他们也没有着手建造哪怕是一艘战列舰或大型巡洋舰……德国战列舰队中的半数舰只仅仅相当于英国的铁甲巡洋舰……目前的另一个事实是：英国已有7艘无畏舰和3艘无畏级战列巡洋舰（在我看来，后3艘军舰比无畏舰好得多），总共有10艘已建成和正在建造中的无畏舰；而德国，到今年3月还没有开始建造一艘无畏舰……我们有123艘驱逐舰和40艘潜艇，而德国人只有48艘驱逐舰和一艘潜艇……德国海军大臣提尔皮茨在一份秘密官方文件中指出，英国海军目前的实力四倍于德国海军。的确如此，我们打算保持英国海军的这种实力……但我们不想把这一切弄得世人皆知。

1909年3月21日，费舍尔在给伊舍勋爵的一封信中写道："四年来的坚定意图，目前已在本土水域的两支完整舰队中实现，每支舰队都比德国为战争而动员的所有舰队更加强大……这种形势在几年内是无法改变的……因此，您可以高枕无忧！德国人尚未以这种疯狂的速度建造军舰来同您作战！不会的！他们每天都活在遭受'第二次炮击哥本哈根'的恐惧之中，他们知道，只要出现一个皮特或一个俾斯麦，就会对他们采取这种行动！"

虽说反对派领导人贝尔福先生肯定知道这一情况，可在1910年1月的大选中，他故意大肆攻讦德国，并以此恐吓民众，诱使他们投票给保守党。他宣称英国处在危险之中，而且海军力量也并不强大。他说："我可以向你们保证，多数国家一致认为，英德之间迟早发生一场冲突，这一点是不可避免的。"温斯顿·丘吉尔先生回答道："保守党对海军的态度是个极大的耻辱……这种政策企图制造一种不合理的恐慌，企图挑起两个大国间毫无理由的敌意。"

海军问题的症结在于：英国历届政府的政策一直都仅仅将民众的注意力集中于英国和德国的海军扩充上，他们没有考虑到的事实是，除了和英国的战争，德国在海军方面还有其他的考虑。在一场针对法国和俄国的战争中，德国海军会做出何种举措？英国人没有想过这一点，而这种情况自1900年以来一直是德国海军政策的主导因素，提尔皮茨海军上将当年指出："我们应当把俄国舰队封锁在波罗的海的港口内，同时阻止法国舰队进入该海域。"以下数字是 1909 年至 1914 年各国建造军舰的费用（以英镑为单位），很能说明问题：

	英国	法国	俄国	德国
1909 年	11076551	4517766	1758487	10177062
1910 年	14755289	4977682	1424013	11392856
1911 年	15148171	5876659	3215396	11701859
1912 年	16132558	7114876	6897580	11491187
1913 年	16883875	8093064	12082516	11010883
1914 年	16876080	11772862	13098613	10316264

奥地利和意大利 1914 年建造新军舰分别耗费了 4051976 英镑和 3237000 英镑，若把这个数字与德国 1914 年建造新军舰的费用相加时就会发现，在战争爆发时，三国协约建造新军舰的费用是三国同盟的两倍半，而法国和俄国所支出的费用总和也是德国的两倍半。因此，德国扩充海军对英国构成威胁的说法纯属无稽之谈。可从 1909 年起，这种说法不绝于耳，这又是为什么？真正的原因并非德国海军威胁到了英国，而就像贝尔福先生对怀特先生所说的那样，是德国商船队逐渐夺走了英国的贸易利润，德国的工业生产正在取代英国。倘若这些变化继续下去，英国的经济很可能会发生崩溃。

1910 年 5 月 6 日，爱德华七世驾崩，他的儿子乔治五世继位。还没等乔治五世加冕，1911 年 6 月 22 日，摩洛哥就又爆发了一起暴力事件。法国政府决心彻底控制摩洛哥，遂在摩洛哥委员会敦促下，以保护法国侨民为借口占领了菲斯。虽然德国政府仍不知晓 1904 年的密约，但还是抓住此事，称法国违反了《阿尔赫西拉斯决议》，并派"豹"号炮舰前往阿加迪尔，保护德国在摩洛哥的商业利益和投资项目。

随即，时任英国财政大臣的劳合·乔治先生在伦敦市长官邸发表了一通措辞激烈的讲话，差点引发了一场全面战争。当年 11 月，法国和德国终于达成和解，前者得以全权处理摩洛哥事务，而后者则在法属刚果分得了一杯羹。意大利对这个结果并不感到满意，并担心法国接下来会夺取的黎波里，因而以保护贸易和侨民这种常见的借口对土耳其宣战，占领了罗兹岛和多德卡尼斯群岛的另一些岛屿。

现在，让我们把话题从西欧转向东欧，因为那里的帝国主义也走上了一条同样危险的道路。

在远东被日本击败后，俄国转身向西，再次承担起了普列文战役后被迫放弃的任务。因为她现在同法国结盟，而且是三国协约的成员，所以在这个方向上的扩张前景比1877年更好。俄国的为了达成在欧洲获得势力均衡的目的，首先要清算土耳其，其次要在精神上削弱奥地利，最后是通过以上措施在物质方面削弱德国。俄国打算使用的工具就是巴尔干诸国，特别是塞尔维亚和保加利亚。前者在1878年获得独立，而后者仍是土耳其苏丹的一个属国，保加利亚人长期以来都对这种异常地位感到愤怒不已。1908年10月5日，费迪南德亲王公开宣传他的国家是个独立王国。随后，奥地利吞并了波斯尼亚和黑塞哥维那。

对俄国来说，这是个不容错过的机会。俄国政府竭力说服巴尔干诸国，除非他们放弃内斗并团结起来共御外侮，否则就会被奥匈帝国逐一吞并。这就导致了巴尔干同盟的建立，该同盟在意土战争期间看到了以牺牲土耳其人为代价实施扩张的机会。

1912年10月8日，在意土战争即将结束之际，蒙特内格罗王国（黑山）向土耳其宣战，保加利亚、塞尔维亚和希腊随后也加入了战斗。塞尔维亚人占领了马其顿，希腊人占领了萨洛尼卡，而保加利亚人在基尔克基利塞和卢累布尔加兹击败土耳其人后，被阻挡在了君士坦丁堡西面几英里的恰塔尔贾防线之外。12月3日，交战双方同意停战，可直到1913年5月30日才在伦敦签订合约。交战双方在合约上签字后不久，巴尔干诸国便为如何分享胜利果实而发生了争执。保加利亚人未经宣战便对塞尔维亚人和希腊人发动了进攻。罗马尼亚人随后加入了战争，自当年1月起便由恩韦·帕夏领导的土耳其人趁机收复了阿德里安堡。保加利亚人被打垮。在8月10日签署《布加勒斯特条约》，结束第二次巴尔干战争时，土耳其在欧洲的领土仅剩下阿德里安堡和君士坦丁堡，及其周边地域（包括加里波利半岛）。

虽说两次巴尔干战争几乎将土耳其彻底逐出欧洲，但对俄国来说，第二次巴尔干战争却可谓是一场挫败，因为它瓦解了巴尔干同盟。尽管如此，这场战争还是使欧洲处于了极为紧张的形势之下，以至于另一场危机一触即发，这使俄国政府得以继续执行对奥政策。伍德罗·威尔逊总统的无任所大使E.M.豪斯上校意识到了这一点。他1914年春季到访柏林，在发给总统的一份急件中报告道："整个德国就像充满了电，每个人都绷紧了神经，只需要一颗火花就能引爆一切。"他继续写道，"只要英国同意，法国和俄国马上会扑向德国和奥地利。"

俄国担心英国可能不会愿意看到这种状况。俄国驻伦敦大使本肯多夫写信给俄国外交大臣萨扎诺夫:"若英国与德国消除隔阂,则无法继续保持英俄协约。"这里指的是德国试图消除他们同英国之间的隔阂。俄国担心的是时间的延误,奥匈帝国皇帝弗朗茨·约瑟夫已有84岁高龄,而皇储弗朗茨·斐迪南大公则反对大塞尔维亚运动。俄国决心不惜一切代价把南斯拉夫人拉入己方阵营,不能任由他们投入奥地利的怀抱。这就是1914年6月28日,斐迪南大公和他的妻子在萨拉热窝遇刺,"继业者战争"时代变成现实时的情况。

据塞尔维亚派驻德国的临时代办博吉特舍维奇先生称:"塞尔维亚已得到了俄国的保证,他们这次绝不会背弃塞尔维亚。"他还写道:"更重要的是,俄国还告诉了塞尔维亚,这场针对德国和奥地利的战争是早已下定了决心的,奥国皇储遇刺只是为这场战争提供了一个有利的借口,因为英国和法国都自愿加入俄国所挑起的这场战争。而实际上这场战争原本不过是奥地利与塞尔维亚之间的局部冲突……倘若爱德华·格雷爵士直接对俄国和法国宣布(根本不需要告诉德国),英国对这场战争不感兴趣,并对随后有可能发生的事情保留行动自由,那么在这种情况下,欧洲战争肯定不会爆发。但这一切当然必须基于一种假设条件,即英国还没有作茧自缚到无法退出的程度。"

对英国乃至整个世界来说不幸的是,这就是实际发生的事情。始终保密的1904年协约已达成了一个不可改变的秘密军事联盟。

7月23日,奥国将一份最后通牒呈送贝尔格莱德,时限为48个小时,为防止俄国采取行动,爱德华·格雷爵士敦促塞尔维亚全盘接受这份最后通牒。但萨扎诺夫的则想法不同。他宣布最后通牒是一种前所未有的侵略行径,避免同德国发生战争的唯一办法就是让柏林知道,德国将面对协约国的联合军力。随后,俄国下令实施部分动员。德国发表声明,称相关问题应由奥地利和塞尔维亚自行解决,任何一个大国的干涉都将造成无法估量的后果。德国夹在法国、英国和俄国之间,所处的形势极不利于进行一场全面战争,可正如德国白皮书所指出的那样:"如果塞尔维亚人继续在俄国和法国的帮助下威胁奥地利的生存,后者会逐渐崩溃,其结果是所有斯拉夫人都臣服于俄国的权杖之下,从而导致条顿民族在中欧的地位朝不保夕。在精神上已遭到削弱的奥地利正处于俄国泛斯拉夫主义的压力下,鉴于我们东西邻国的敌意越来越重,他们就很难继续充当可供我们依赖的盟友。"因此,德国决定支持其盟国。

7月25日,塞尔维亚回复了奥地利的最后通牒,虽然措辞充满了想要和解的意味,但由于不够完整而被奥地利否决了。奥地利下令实施全面动员,并于28日对塞尔维亚宣战。俄国立即下达了总动员令。29日,德国首相召见英国驻柏林大使爱德华·戈申爵士,告诉他,倘若大英帝国保持中立,对法战争胜利后,德国会尊重法国的领土完整。英国拒绝了这项提议。

7月31日,德国驻圣彼得堡大使奉命将一份最后通牒呈交俄国政府,要求对方在12个小时内停止动员,否则德国也将实施动员。由于这个要求未得到回复,德国与俄国遂于8月1日进入战争状态,法国随即也实施了总动员。

8月2日,意大利宣布中立[3],爱德华·格雷爵士告诉法国,倘若德国舰队在英吉利海峡攻击法国,英国将以其舰队做出干预。与此同时,8月2日晨,德国骑兵巡逻队已跨过了卢森堡边境,当晚7点20分,德国驻布鲁塞尔公使将一份照会呈交比利时政府,要求比利时在12个小时内做出回复,准许德国军队在比利时境内自由通行,若比利时政府同意这一要求,德国保证在战争结束后,比利时的独立性和领土完整性都不会受到任何破坏。不过,德国的这一要求遭到了比利时的拒绝。

8月3日,比利时国王亲自吁请英国国王为他的国家提供保护。当日傍晚6点45分,德国对法国宣战。当晚9点,德国又对比利时宣战。8月4日下午3点,爱德华·戈申爵士接到了外交部的指示,要求德国尊重比利时的中立,这一点是有相关条约规定的。德国首相冯·贝特曼-霍尔维格回复道:"仅仅为一张废纸,英国就打算与一个同宗同族的国家兵戎相见?"8月4日午夜,英国对德国宣战。

德国首相这番话受到了诸多批评,但就1839年的条约而言,他的看法可以说是正确无误的——这份条约即便不是"一张废纸",也同"一道灵符"无异。[4]这份条约的相关条款既未明确英国的义务,也没有规定英国必须派部队去比利时,对侵犯该国领土的国家发动战争。《泰晤士报》后来(1915年3月8日)指出:即便德国没有破坏比利时的中立,英国的"荣誉和利益"也必然迫使大英帝国加入法国和俄国的行列,对德宣战。要是报纸编辑把"荣誉和利益"这句话换成"议会全然不知的秘密外交和秘密义务",他的说法就更加准确了。

注解

1. 1870年到19世纪末，大英帝国获得了475.4万平方英里土地，法国获得了3583580平方英里土地，德国获得了1026220平方英里土地，比利时获得了84.7万平方英里土地，而美国则得到昔日西班牙帝国的剩余部分。
2. 1850年至1853年，全球黄金年产量从1819600盎司增加到6350108盎司，这个产量一直稳定保持到1892年。1908年，全球黄金产量迅速攀升到了21529300盎司。
3. 奥地利直到8月6日才对俄国宣战。
4. 维多利亚女王对此类条约义务的看法值得提出来加以比较。在石勒苏益格—荷尔施泰因的麻烦发生后，对于保证丹麦领土完整性的1852年条约，她在给格兰维尔勋爵的信件中是这样认为的："维护欧洲和平的唯一可能性是不能援助丹麦……丹麦毕竟不如欧洲的和平那般重要，为维护丹麦的完整性这种想象中的利益，而不惜引燃整个欧洲大陆的战火，是疯狂的行为。"

萨里巴伊尔和苏弗拉湾战役，1915年

第五章

英国人与德国人之间的角逐在尼厄波尔结束后，双方打算从事的机动作战突然被步兵铲构筑的堑壕所阻，以至于基奇纳勋爵惊呼："我不知道该怎么做，这不是战争！"不幸的是，就连普通士兵都知道，这就是战争。[1]但阁僚们不是普通士兵，战场上的僵持令他们震惊不已，于是将其归咎于将领们。第一海军大臣丘吉尔先生吼道："面对这种僵局，军事艺术对此一筹莫展；指挥官和他们的参谋部除了正面进攻之外就提不出其他计划，而他们的所有经验和所受的训练又使他们拒绝正面进攻，除了消耗战，他们就没有其他策略。"[2]劳合·乔治先生在12月31日说道："我看不到任何迹象表明我们的军队领导者正在考虑什么计划，以使我们摆脱目前不尽如人意的处境。"[3]

因此，在军人们变得更加沉默时，政客们的言论就愈发激烈起来。但由于当时政府内部或背后没有战略指导机构，所以没有哪位阁员知道他的同僚们在做些什么。海军上将威姆斯写道："身居高位者对所有技术问题一无所知，他们以为只要自己说一句'这样做'，一切就都能解决了——大错特错！"[4]结果如何？英国将领威廉·罗伯森爵士提供了答案："陆军大臣意图在西线取得决定性战果；第一海军大臣建议对达达尼尔海峡发起一场远征；印度事务大臣将注意力放在了美索不达米亚的一场战役上……殖民地事务大臣忙于关注非洲的几场小规模战争；而财政大臣劳合·乔治先生则试图将英国陆军主力从法国调至东地中海战区。"[5]此时，英国陆军在佛兰德斯的兵力已折损过半，而国内也没有受过训练的补充兵可为其提供加强。

说来奇怪，在诸多政治解决方案中，达达尼尔海峡这项建议是在马恩河会战前提出的。8月20日，希腊首相韦尼泽洛斯先生获得了国王康斯坦丁的批准，将希腊所有陆海军力量都交给了协约国指挥，但爱德华·格雷爵士担心这会激怒土耳其，因而拒绝了这项建议。[6]尽管如此，丘吉尔先生还是在8月31日同基奇纳勋爵讨论了这个问题，次日，"丘吉尔先生要求帝国总参谋长派两名军官，和海军部的两名军官一同研究并拟制一份计划，借助实力雄厚的希腊军队夺取加里波利半岛，从而使英国舰队进入马摩拉海。"[7]达达尼尔海峡冒险行动就此诞生了。费舍尔勋爵反对这项计划，他建议在波罗的海登陆。但他倡导的这项行动需要兵力，而基奇纳勋爵手头却无兵可调，于是，达达尼尔海峡计划重新获得了青睐，但希腊人现在提出，除非保加利亚同意对土耳其宣战，否则他们拒绝加入。这就导致了该提案被搁置，但当两个澳大利亚师于11月下旬到达埃及时，丘吉尔先生又让这份计划重燃生机，他命令运送澳大利亚军队的船只留在埃及,"以防一场远征需要它们。"[8] 同时,他批准发起一场毫无意义的战争行动。11月3日,也就是英国大使离开君士坦丁堡的两天后,海军部下令炮击达达尼尔海峡沿岸堡垒。负责指挥这些要塞的热瓦德·帕沙将军说:"这场炮击警示了我,让我意识到,必须在剩下的时间里采用一切手段发展并加强防御。"[9]

此后,丘吉尔先生越来越沉迷于攻占君士坦丁堡的想法——土耳其唯一的兵工厂就建在那里。作为一个纯粹的战略问题,这个想法很棒。可如果没有一支强大的希腊军队为后盾,这个想法就只能沦为纸上谈兵,因为英国没有能力从事一场两线战争,在诸如加里波利半岛这种地区作战,英国陆军既没有装备,也未受过相应训练。不过,这个闪耀夺目的大奖令丘吉尔心醉神迷,他称之为"胜利取得和平的最短路径",手段的不足从未影响他这个愿景。我们不得不赞同约翰·诺斯的看法,他写道:"发动达达尼尔战役的责任应归咎于温斯顿·丘吉尔先生。"[10] 我们也同意海军上将凯斯的说法,他写道:"若非他向政府提出这项行动,他们永远不会对此加以关注。"[11] 丘吉尔不顾当年12月出任帝国总参谋长的威廉·罗伯森爵士的意见[12],强行在政府面前打出他的达达尼尔牌,但英国政府却不清楚具体玩法。结果,大英帝国不是在不知不觉中陷入,而是被推入了这场最终证明与萨拉托加战役同样损失惨重的战役。

1915年1月1日,两份报告被呈交给了近期成立的战争委员会:第一份报告是由担任委员会秘书的莫里斯·汉基中校(后来成为汉基勋爵)呈送的,而第二份则是由劳合·乔治先生提交的。前一份报告提出的建议是,穿过土耳其打击德国会更容易一些,若重新打通黑海航道,不仅小麦的价格会下降,还可以腾出35万吨运输能力。后一份报告认为东部作战行动应直接针对奥地利,并以萨洛尼卡为基地。[13] 因为这项建议需要大量兵力,所以被委员会否决了。

次日,英国内阁收到了驻彼得格勒大使转呈的尼古拉大公的重要请求,并获悉俄军在高加索山区的处境已岌岌可危——实际上,那里的危机即将结束。基奇纳没有多做考虑,在回电中称:"请向大公保证,我们将采取措施威慑土耳其人。"[14] 与此同时,费舍尔也将一份宏伟的计划置于了丘吉尔面前。他强烈支持进攻土耳其,认为应当立即采取行动。调自法国的7.5万人可在贝西卡湾登陆,而另一场登陆则在亚历山大勒塔实施,并同时对海法采取威慑行动。费舍尔写道:"与此同时,希腊

1359

人应在加里波利半岛登陆，应当诱使保加利亚人进军阿德里安堡，而罗马尼亚人也应与俄国人和塞尔维亚人一同进攻奥地利。最后，海军上将斯特迪应同时率领'威严'和'老人星'级战舰强行通过达达尼尔海峡。"[15]

虽然丘吉尔没有理会这个庞大战略构思的夸夸其谈，但却接受了使用老式战列舰强行通过达达尼尔海峡的想法，并发电报给身处达达尼尔海峡的海军中将卡登："你认为仅使用军舰强行穿越达达尼尔海峡的行动可行吗？"[16] 卡登1月5日复电称："我不认为这能冲过达达尼尔海峡。可若使用大量舰艇发起大规模行动，则有可能强行通过。"[17]

这个回答对丘吉尔先生来说已经足够。虽然费舍尔勋爵[18]、海军上将亨利·杰克逊爵士[19]和劳合·乔治先生[20]都强烈反对这项提议，但因为它不需要使用地面部队[21]，所以丘吉尔认为一定能争取到基奇纳的支持。劳合·乔治写道："于是，基奇纳勋爵转而支持达达尼尔计划，此事遂成定案。"[22]

1月13日，丘吉尔在战争委员会面前提出了他的计划并指出，倘若行动没能取得进展，"炮击可以停止，舰队可以驶离。"这句话赢得了政府的支持。[23] 两天后，丘吉尔发电报给卡登："我们越快动手越好……请继续完善你的计划。"[24] 1月19日，他给尼古拉大公发去一封电报，通知后者，英国政府已决定强行穿越达达尼尔海峡。最后，战争委员会于1月28日再次召开会议时，虽然费舍尔反对这个方案，并坚称他的波罗的海计划具有更大的价值，但基奇纳却认为一场海军的进攻是至关重要的；贝尔福先生也想不出更有帮助的做法；爱德华·格雷爵士认为这场行动能够解决整个巴尔干地区的态势。不使用陆军，仅凭海军强行穿越达达尼尔海峡并夺取君士坦丁堡。[25]

就这样，在这份提案进入行动阶段，并显然已成为公众的谈资时，时任英国驻巴黎大使的伯蒂勋爵写道："达达尼尔远征只有圈内人知晓：路易斯·马利特是在晚宴上从利奥波德·德·罗斯柴尔德那里听说的，利奥波特又是从阿尔佛雷德·德·罗斯柴尔德那里听来的，而后者可能是在每日拜访陆军部的基奇纳或唐宁街10号的过程中获知的消息。现今已没有秘密这种事了。"[26]

海军发起进攻的方案刚刚获得通过，萨洛尼卡计划又再度复苏，虽然它又一次遭到了否决，但老问题也随之出现：是否应以一股陆军力量为海军舰艇提供支援？于是，战争委员会于2月16日再次召开会议商讨这个问题，并最终决定派出第29师。

这就奠定了陆军进攻的基础。三天后，由于基奇纳说他无法腾出第29师，所以改用埃及的澳大利亚和新西兰师来代替。但丘吉尔现在认为至少需要5万人的兵力，并首次坚称"舰队无法为商船队确保达达尼尔海峡的畅通"。[27] 2月24日，劳合·乔治先生问他，倘若海军进攻失利，陆军是否应实施一场陆地攻击，他的回答是"不"。[28]

鉴于行动的危险性，以及行动的成功完全取决于突然性，英国人所采取的下一步措施几乎可以说是自杀。舰队在接到炮击达达尼尔海峡两岸堡垒的命令后，便于2月19日和25日实施了两次炮击。在给对方造成了严重破坏后，由50~100名水兵和海军陆战队组成的一个个小队在2月26日登陆，轻而易举地炸毁了塞德埃尔巴赫和亚洲一侧两座堡垒内的所有火炮[29]，而为此付出的代价则是1人阵亡、6人负伤。[30] 在此期间，英国海军陆战队于2月23日占领了利姆诺斯岛，希腊人对此提出抗议，英国政府却称这是军事上的需要——顺便说一句，德国人进攻比利时也使用了同样的借口。在英国海军实施炮击时，加里波利半岛上只有土耳其第9师，而亚洲一侧也只有第3师。但即将到来的危险令土耳其人深感震惊，于是，这两个师到4月4日就已分别获得了第5师、第7师和第19师、第11师的加强。

英国政府原本不打算使用地面部队，但很快又决心使用地面部队，而在做出了这个决定后，又突然改变了主意，不准备使用地面部队，仅实施一场海军攻击。基奇纳勋爵没有等陆军为跟随炮击向前推进做好准备，而是在海军实施炮击后的次日便提醒派驻埃及的总司令麦克斯韦将军，准备3万名澳大利亚和新西兰士兵，在陆军中将W.R.伯德伍德爵士率领下，"于3月9日前后乘坐从英国而来的运输船只出发，为海军提供协助……占领所有被夺取的堡垒"。[31] 随后，战争委员会在2月24日突然意识到，由于丘吉尔先生的急躁，他们已使这场行动陷入了一个深不见底的泥沼，正如官方史所写的那样："若说达达尼尔海峡的成功能为协约国赢得巴尔干地区，那么，一场失败也将导致相反的作用。这场炮击引起了全世界的关注，为大英帝国的声望计，这场行动无论代价如何都必须贯彻下去……丘吉尔先生辩称，英国绝对有必要将达达尼尔海峡的进攻行动继续下去。"[32]

3月4日，英军试图继续登陆，但此刻他们所面对的抵抗非常激烈，扫雷工作遭遇到了由探照灯光束所引导的猛烈火力攻击。3月5日，"伊丽莎白女王"号和其他战舰以间接火力轰击海峡狭窄段的堡垒，炮击一直持续到3月12日，每发炮弹都让土耳其意识到了迫在眉睫的危险。

正当炮击进行之际，第二个错误又出现了，但这次是俄国犯的错，因为这场行动对他们的利益而言是非常重要的。韦尼泽洛斯在3月1日通知英国政府，他准备以3个师登陆加里波利半岛，在当前的情况下，这个提议犹如亚伯拉罕的公羊般堪称奇迹。英国方面随即把这个消息告知了沙皇，后者在3月3日回复道："俄国政府不能同意希腊参与达达尼尔海峡的行动，因为这肯定会导致情况复杂化……"[33] 问题的关键在于谁将获得君士坦丁堡，英国政府已向俄国做出了承诺，战争胜利后，这座城市将成为俄国人的战利品。3月7日，韦尼泽洛斯政府倒台，3月12日炮击停止后，这个政治协定被向外界公布。

就在俄国做出这种不啻为自杀的拒绝的当天，英国战争委员会再次召开了会议，基奇纳又一次拒绝腾出第29师。3月5日，他收到了伯德伍德将军发来的一份电报，电报中称："我非常怀疑海军能否在没有陆军协助的情况下强行穿越海峡。"[34] 基奇纳这才改变了主意，承担起陆军进攻的全部责任，并接管了位于塞得港的皇家海军师。3月16日，第29师乘船出发。

这个决定晚了三周，随之而来的则是另一个错误。基奇纳在决定派出第29师后，便开始寻找一位总司令。基奇纳选择了伊恩·汉密尔顿将军——这是一位深具战争经验的军人，他不仅忠诚、骑士风度十足且富有想象力，还当过新闻记者，但是他的魄力稍显不足，也许可以称他是穿军装的R.B. 坎宁安·格雷厄姆。基奇纳在同汉密尔顿讨论相关情况时说："倘若舰队能顺利通过，君士坦丁堡就会不攻自破，那么你赢得的将是一场战争，而不是一场会战。"[35] 可是，基奇纳没有给汉密尔顿下达任何指示，而是给了他一张过时的地图，并命令他赶紧在3月13日动身出发。

汉密尔顿将军在3月17日到达穆德罗斯（利姆诺斯港）时，发现海军上将J.M. 德·罗贝克于当日替换了卡登将军，并获悉第29师在离开英国时，装运部门并未考虑该师以战斗序列下船的问题。所以运输船上的部队必须先卸载，然后再次登船。由于在穆德罗斯无法完成这项工作，所以他们不得不转道亚历山大港，而这就意味着还要再拖延三周的时间。

在基奇纳勋爵选择由汉密尔顿指挥这场远征的当天，丘吉尔先生没有等联合行动做好准备，就发电报给卡登将军："我们建议你考虑……现在时机已然成熟，有必要……集中最大数量的火炮，在有效射程内对狭窄段的堡垒实施压倒性轰击……"[36] 这就重复了2月19—25日的错误。这场进攻是在3月18日发起的，三艘战列舰因驶入了一片未肃清水雷的海域而被炸沉。德·罗贝克随后报告海军部，他打算把下一场进攻推迟到4月中旬前后，届时陆军也做好了准备。正如海军上将凯斯所做的评论，事实似乎是"在3月18日蒙受了损失后，他再也不愿让他的舰艇冒险发起另一场海军进攻了，他欢迎同陆军展开一场联合行动，从而在舰队不受危害的情况下赢得胜利"。[37]

在土耳其人为自己的生存而挖掘战壕时，英国第29师在亚历山大港弃船登岸了。他们随即发现自己的装备只适合在一个路况良好的国家遂行机动作战，他们的火炮、子弹、炮弹、医院设备和挖掘堑壕的工具都不足。而且，这里也毫无保密可言：伊恩·汉密尔顿爵士身边的一名工作人员收到了"寄自伦敦的官方信函，这是通过民用邮局寄送的，收信人地址写的是'君士坦丁堡野战军队'"。[38]

3月22日，英军高级将领们在"伊丽莎白女王"号上召开了会议，汉密尔顿将军写道："我们入座后，德·罗贝克告诉我们，他非常清楚，若没有我麾下部队的协助，他无法穿越海峡……完全是火中的一块油脂（也就是我们）。"[39]他们搁置了在布莱尔登陆的方案，因为他们已获悉那里构筑了战壕。会议决定在半岛脚趾部登陆，这就意味着英军不得不沿一条隘路前进，位于隘路两侧的不是山脉，而是大海。

协约国在这场最艰巨的行动中所投入的军力如下[40]：

	船只	人员	牲畜	车辆
第29师（亚历山大港）	15	17694	3962	692
Anzac（亚历山大港）	30	25784	6920	1271
Anzac（穆德罗斯）	5	4854	698	147
法国第1殖民地师（亚历山大港）	22	16762	3511	647
皇家海军师（塞得港）	12	10007	1390	347
（合计）	84	75056	16481	3104

与此同时，3月18日至4月25日期间（也就是英军实施第一次登陆时），土耳其人已获得足够的时间在最有可能受到攻击的海滩上挖掘战壕并加以准备。但直到3月26日，利曼·冯·桑德斯元帅才被任命为半岛上的土耳其军队总司令，他于当天在加里波利登陆，并接掌了指挥权。在他发现麾下的部队呈单线排列后，就把他们编为了三个集群，"第5师、第7师驻守在萨罗斯湾上方；第9师和新组建的第19

师奉命开赴半岛南部；第 11 师和即将乘船开抵的第 3 师驻扎在亚洲一侧"。[41] 虽然他的部下装备欠佳[42]，但他对他们的战斗力却赞赏有加，这是英军所不具备的，他们已经忘记了普列文之战和这一战中的教训。坎嫩吉塞尔将军写道：

> 土耳其士兵被称为"阿斯卡尔"，他们都是安纳托利亚人和色雷斯人，受教育程度不高，但英勇、值得信赖……物质方面很容易满足，绝对服从长官。他们毫不怀疑地追随领导者……土耳其人乐意效命于一位深具魄力的领导者，并服从他的意志，当他们在这样一位领导者的指挥下对付一个具体目标时，会获得一种依靠感。[43]

虽说这场会战的最终目标是占领君士坦丁堡，但英国人的当务之急却是强行穿越达达尼尔海峡欧洲一侧的基利德巴尔与亚洲一侧的恰纳克之间的狭窄部。海峡的宽度在这里缩小到了 1600 码，在这个腰部稍北面的纳加拉（古称阿比杜斯），湾流不太猛烈，公元前 480 年，薛西斯曾在这里架设桥梁，公元前 334 年，亚历山大曾在这里渡海，另外还有 1190 年的巴巴罗萨和 1356 年的奥尔汗。希罗曾在此游过赫勒斯蓬特海峡，而几个世纪后，拜伦勋爵也游了过去。

这条狭窄水道的西侧就是加里波利半岛。在北面的布莱尔，半岛的宽度不超过 4600 码，但在苏弗拉角至阿克巴希稍北面，半岛的宽度加大到了 12 英里左右，而在加巴山丘与迈多斯之间，半岛又再度缩窄到 4.5 英里，然后再次变宽，最后向赫勒斯角逐渐收窄。这片狭长的地域遍布丘陵，地形崎岖，到处都被山谷、峭壁和峡谷所分割，最终在高耸的阿奇巴巴高地结束，这片高地比海平面高出 700 英尺。

战争爆发时，土耳其人仅在布莱尔、达达尼尔海峡入口处和海峡最窄处设有要塞。后两座要塞部署了 100 多门火炮，但其中只有 14 门较为新式的火炮，而且这些火炮都缺乏炮弹。基利德巴尔和恰纳克堡垒是穆罕默德二世于 1462 年所建，这些堡垒非常坚固，在 3 月 18 日炮击期间，"伊丽莎白女王"号战舰射出的 15 英寸炮弹也只对其造成了很小的破坏。这里只有一条道路，从加里波利通往迈多斯。因此，这里与君士坦丁堡的主要交通都是依靠海路，这段海上航程需要 12 个小时。总之，这就是战场的情况。

伊恩·汉密尔顿爵士的计划是对布莱尔和库姆卡莱实施佯攻，以此为掩护：

1.在赫勒斯角分五处登陆,这些登陆地点由东至西分别为莫尔托湾的S滩、赫勒斯角两侧的V滩和W滩,以及其西海岸的X和Y滩。2.与此同时,另一股力量在加巴山丘北面登陆,其目的是攻往迈多斯,从后方打击有可能抗击赫勒斯角登陆行动的土耳其军队。

这是个不错的计划,但一如既往,其成功与否取决于执行,而这就需要高度的领导力并具有大无畏精神。若能做到这些,这场行动很有可能会取得成功,因为后来发现土耳其的海岸防卫力量相当虚弱。4月25日英军实施登陆时,阿奇巴巴高地南面只有土耳其2个步兵营和1个工兵连,Y滩空无一人,W和V滩部署了2个连,

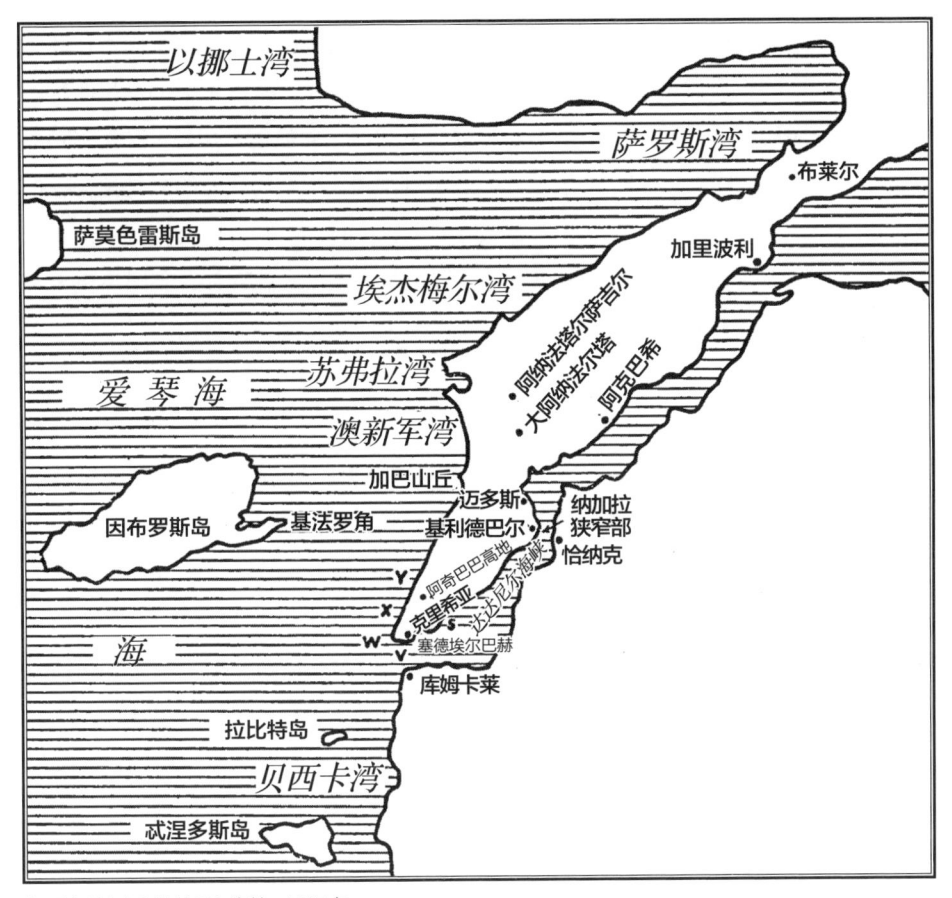

加里波利半岛和达达尼尔海峡,1915年

S滩只有1个排，X滩仅有12名土耳其士兵。另外，土耳其人只在W和V滩布设了铁丝网和机枪。[44]

不幸的是，虽然英军的勇气不凡，但却欠缺领导力。他们在W和V滩发生了严重耽搁，而X滩的登陆力量又太弱。"克莱德河"号运兵船在V滩搁浅，英军士兵下船后遭遇了激烈地抵抗，被阻挡到了4月26日。而在Y滩，2000名英国士兵未发一枪便登上了滩头，可现场一片混乱，他们在那里未受任何干扰却滞留了11个小时。虽然没遭遇抵抗，但这些士兵却并未攻往克里希亚，而是重新上船后撤走了。

与此同时，澳大利亚和新西兰士兵在加巴山丘北面登陆，也就是他们所选择的海滩以北1英里处，此处后来被称作澳新军湾。这场登陆彻底达成了突然性，他们向前推进了3.5英里，所到之处已能看见熠熠生辉的海峡最窄部，这是他们在此次战役中所到达的最靠近目标处。他们在这里遭到穆斯塔法·凯末尔率部发起的攻击后，混乱不堪地向后退却，以至于伯德伍德将军建议全面撤退，伊恩·汉密尔顿爵士断然拒绝了这一建议，他回答道："你们已渡过难关，现在所要做的只是挖掘，挖掘，再挖掘，直到你们安全为止。"[45]这句话带有些不祥的意味，因为挖掘阵地意味着出敌不意的就此告终。因此，整个行动可以说是失败了。就这样，英国历史上最大的悲剧之一就被植根于了加里波利半岛多石的土壤中，就在亚历山大当年发起东征的出发地附近。

登陆已取得成功，但其目的尚未实现，于是，作战行动进入了第二阶段。随之而来的是一连串挥霍兵力的正面进攻，和西线常见的攻势一样，这些进攻都徒劳无获且损失惨重。英军在澳新军湾占据的登陆场，面积仅400英亩（1英亩约合4046.86平方米）大小，而他们直到8月6日才发起进攻。但在赫勒斯角却爆发了三场代价高昂的战斗，这主要是因为第29师师长兼赫勒斯地区总司令亨特-韦斯顿将军毫无根据的乐观[46]，而这些战斗就是第一次克里希亚之战、第二次克里希亚之战和第三次克里希亚之战。

第一次克里希亚之战发生于4月27日至30日，这场战争在混乱中结束，损失了3000名官兵。在英军遭遇失败之后，下定决心的土耳其人于5月1日投入进攻，但却被击退，5月6—7日，第二次克里希亚之战随之而来，到了8日，这场进攻和上一次一样，也以失败而告终，英军伤亡了6500人，约占所投入兵力的30%。5月

19日，土耳其人再度展开进攻，这次他们针对的是澳新军湾，土耳其军损失约1万人，而澳大利亚和新西兰人仅伤亡600人。接下来发生的是第三次克里希亚之战，除使用了78门火炮提供掩护火力外，和以往诸次进攻一样，还有舰炮为英军实施支援。第8军向前而去，但再次惨遭屠戮，投入战斗的1.6万名士兵折损了4500人，而法军也伤亡2000人。第2海军旅的70名军官伤亡了60人，1900名士兵折损了1000多人。这些进攻的目标都是阿奇巴巴高地，因为英国人认为该高地控制着海峡最窄处——但实则不然，德·罗贝克手下的舰长凯斯准将在战后发现了这一点。[47] 英军疲惫不堪，陆地上的行动陷入停滞。

在此期间，即英军首次登陆后的第三天，意大利背弃了三国同盟，并根据《伦敦条约》加入了协约国，于5月23日对奥地利宣战。

6月2日，伊恩·汉密尔顿发电报给基奇纳勋爵称："土耳其人似乎即将投入25万人马来对付我们。"[48] 这个夸大的数字令英国政府惊恐不安，6月7日，新成立的达达尼尔委员会召开会议，审议了三项替代方案：一切照旧进行；放弃整个行动，撤离半岛；派遣大批援兵。由于基奇纳勋爵和丘吉尔先生所施加的压力，委员会采纳了第三个方案，最终决定派遣5个新师。丘吉尔建议，应当用这些师来占领布莱尔地峡。[49] 这项提案被否决了，因为德·罗贝克将军认为德国潜艇在萨罗斯湾构成的威胁使这种行动过于冒险。

伯德伍德将军也反对在太过遥远的北面登陆，而赞成从澳新军湾展开一场大规模进攻，那里的条件非常适合作战。官方史引用了一位亲历者的描述：

正午的阳光炙热难耐，几乎找不到任何遮阴处，战壕里的饮水补给很少，无法满足士兵们干渴的喉咙。中间地带未埋葬的尸体散发出令人作呕的气味，弥漫在整个前线地域。浓密的尘云持续不断。尽管医护人员提供了预防性服务，可令人恶心的大苍蝇（士兵们称之为"尸蝇"）铺天盖地，以至于吃饭时每一口都会吞下这些害虫。一罐牛肉或一瓶果酱，刚刚打开就覆满了厚厚的一层苍蝇，置身于战壕中的士兵们若有一小块面纱，可以在用餐或睡觉时盖在脸上，那就堪称无价之宝了。[50]

在众人一致同意将5个新师中的3个编为一个新军（第9军）后，伊恩·汉密尔顿爵士便要求派拜恩或罗林森将军出任军长,这两位能干的将领此时都在法国服役。但由于有人提出反对意见,认为这两人的资历不及第9军第10师师长马洪将军,所以改派了陆军中将弗雷德里克·斯托普福德爵士担任军长。这是个糟糕至极的决定。斯托普福德已年满61岁,他曾在南非战争期间担任雷德弗斯·布勒爵士的军事秘书,虽然他和蔼友善,但却缺乏能力。他从未指挥过部队,身体也不太好。

在做出这些安排时,汉密尔顿将军也并没有让他的军队闲着,而是于6月21日、6月28日和7月12—13日在赫勒斯地域发起了三次徒费兵力的进攻。他损失了7700名英军和4600名法军士兵,大致相当于一个整师的有效力量。

在上述增援获得确认后,汉密尔顿开始考虑他的下一个计划。首先,他看出了澳新军湾的宽度和纵深有限,无法在这里展开5个新师。为获得更大的空间,他决心以一股军力在澳大利亚和新西兰人北面5英里的苏弗拉湾登陆,从而扩大自己的作战基地,尔后发起两场联系紧密的进攻,目标是占领从基雷特奇山丘到科亚切门山丘再到加巴山丘的高地。

这个计划从纸面上来看是可行的,因为英国人知道苏弗拉湾的防御较为薄弱。另外,倘若对土耳其人发起突袭,只需跨过4英里宽的开阔地便可夺取周边高地——东北面的泰克山丘海拔900英尺,东面的阿纳法尔塔山脊海拔350英尺,北面的基雷特奇山丘海拔650英尺。若在24小时内占领这些高地,就迂回了澳新军对面的土耳其军队之右翼,几乎可以肯定,这将使伯德伍德将军攻占科亚切门山丘(971高地),这座山丘是控制海峡最窄部的关键。

遂行这场双重进攻,伊恩·汉密尔顿爵士手中掌握着两个军,也就是澳新军和第9军——前者编有澳大利亚第1师、澳大利亚第2师、新西兰和澳大利亚混成师;后者辖第10师、第11师、第13师、第53师和第54师,后两个师是配属给该军的力量。另外,伊恩·汉密尔顿爵士在赫勒斯地域还掌握着第8军,该军编有第29师、第42师、第52师和皇家海军师,以及辖2个师的法国东方远征军——总共13个师[①]。他以穆德罗斯、因布罗斯和米提林尼岛为前进基地,并把司令部设在了因布罗斯岛上。

---

① 译注:此处应为14个师。

他把进攻日期定于8月6日，因为那是个没有月光的夜晚，并决定遂行以下行动：

在第8军发起进攻牵制当面的土耳其军队时，伯德伍德先对孤松实施佯攻，从而将敌军调离萨里巴伊尔高地，然后对这些高地展开突击，夺取971高地、Q高地和丘努克巴伊尔——这三处都要在8月7日拂晓前攻克。为遂行这些突击，第13师被编入了澳新军。

接下来，第11师和第10师将于6日/7日夜间在尼布鲁内希角登陆。第11师负责夺取拉拉巴巴、苏弗拉角和基雷特奇山丘，以及巧克力高地、W高地和泰克山丘，这些目标必须在7日拂晓前占领；第10师2个旅于7日拂晓向前推进，直奔阿纳法尔塔山口，威胁土耳其军队位于971高地及其周围的右后方。

不过，这个计划完全是错误的。首先，澳新军的实力已遭到了严重消耗，而在他们不得不杀开一条通道的地区，地形却极为复杂。其次，第10师和第11师接受的训练很不充分，需要他们穿越的地区布满了灌木丛，只有训练有素的轻步兵在经验丰富的军官率领下，才有可能以一场成功的夜间推进越过这片地区。伊恩·汉密尔顿爵士手中没有这样的士兵和军官，他的这个计划，无论在纸面上看是多么出色，实际上都是一场赌博。

斯托普福德将军直到7月22日才获知这份计划，给他留下深刻印象的是，"应在拂晓前以一场突袭夺取"[51]巧克力高地和W高地——这需要果断有力的领导。起初他接受了这份计划，随后又对它产生了怀疑，可这能是因为马洪将军正确地指出了该计划过于复杂。斯托普福德称自己的炮兵力量不足，待他发现自己的部队将在尼布鲁内希角南面的A、B、C滩登陆后，便不顾海军的劝告[52]，建议汉密尔顿将军将A滩移至湾内缺口正北面。后来发生的事情表明，这也是一个错误。

下一个错误必须归咎于伊恩·汉密尔顿爵士——这个错误就是保密工作过度。没有一支部队知道需要他们做些什么：地图直到8月6日晚才下发，除陆海军将领外，没人知道目的地是哪里。[53]从身体和精神这两个方面来说，整个行动都有一种盲人瞎马的感觉。

登陆安排经过了精心设计，包括400吨淡水的运输。但这些事似乎完全占用了斯托普福德及其参谋人员的注意力，他们满脑子想的都是登陆行动，而不是从滩头向前推进。结果,夺取巧克力高地和 W 高地的重要性被他们置之脑后。伊恩·汉密尔顿爵士同样如此,他在 7 月 29 日下达给第 9 军的最终指示中写道:

> 你们的主要目标是夺取苏弗拉湾……可是,如果你们发现仅以部分兵力便能实现这个目标,那么,你们的下一步行动就是攻往大阿纳法尔塔,以你部力量直接支援澳新军军长对 305 高地(971 高地)的突击……但他肯定会让你们特别留意这样一个事实,敌人在巧克力高地和绿色高地上部署了火炮,他们会集中火力轰击进攻 305 高地之敌的侧翼和后方……因此,在不影响你们实现主要目标的前提下,若有可能便应在你们进攻初期夺取这些高地,这将使我军攻克并据守 305 高地大获裨益。[54]

这种将登陆强调为主要目标的做法是个极大的错误,也是导致最终灾难发生的根本原因,因为登陆仅仅是手段,而非目的。

最后一个错误,是斯托普福德对为将之道的全无认识。他没有跟随部队一同登陆,并在岸上建立司令部,而是决定在"黄水仙"号军舰上实施指挥,顺便说一句,8 月 7 日一整天,他都一直待在舰上。

若说伊恩·汉密尔顿爵士的任务很困难,那么,利曼·冯·桑德斯将军的任务则可以说是更为艰巨。虽然他一直担心英军登陆布莱尔,但也怀疑英国人的目标是攻占科亚切门山丘,因此,对方有可能在苏弗拉湾登陆。另外,英国人同样有可能在加巴山丘南面实施一场登陆行动,所以他把坎嫩吉塞尔上校指挥的第 9 师派往了那里。

利曼·冯·桑德斯将军在 8 月份的战役布阵如下:3 个师部署在库姆卡莱,3 个师位于布莱尔,3 个师在澳新军防线对面,在埃萨德帕夏指挥的 2 个师部署在加巴山丘南面,5 个师驻守赫勒斯地域。他向苏弗拉湾派出了一支小股力量,即阿纳法尔塔支队。该支队由巴伐利亚军官威尔默少校指挥,编有 3 个步兵营、1 个工兵连、1 个骑兵中队、1 个劳工营和 19 门火炮。威尔默是个非常能干的军官,他立即意识到自己的这个支队实力太弱,无法击退敌人的登陆,他所能做的只是将敌人夺取阿纳法尔塔山口的企图迟滞 36—48 小时,届时他便有望获得增援。威尔默设立起了一道前哨掩护线,并据守以下地点:

基雷特奇山丘——由2个加里波利宪兵连据守。

10号高地——由3个布鲁萨宪兵连据守。

巧克力高地和绿色高地——由第31团第1营的3个连据守。

拉拉巴巴——由第31团第1营1个连据守,并在尼布鲁内希角设有一个警戒哨。

他把预备队部署在了巴卡巴巴—W高地一线,横跨从海湾通往阿纳法塔尔萨吉尔的小径。

威尔默的兵力约为1500人,而他面对的敌军则多达2.5万人。

8月6日下午2点30分,一场联合战斗在赫勒斯前线打响,它对整个会战和诸多周边战事具有决定性意义。可英国第8军军长没有遵照命令实施一场牵制性进攻,而是愚蠢地企图夺取克里希亚和阿奇巴巴高地。这场进攻遭遇到了挫败,投入的4000名官兵折损近2000人。

两小时后,澳新军也对土耳其人设在孤松的阵地展开了冲击,虽然这次冲击取得了成功,但却造成了不幸的结果。澳新军的进攻吓坏了埃萨德帕夏,他要求从坎嫩吉塞尔的第9师抽调两个团为他提供支援,这两个团到达后被用于加强丘努克巴伊尔,次日上午,这里便遭到了攻击。

在土耳其人的注意力集中于孤松时,约翰斯顿将军和考克斯将军率领的两个纵队于当晚7点30分动身出发,赶去夺取971高地与军舰山之间的萨里巴伊尔山脊。虽说这场行动并非不可能获得成功,但却相当复杂。阿什米德·巴特利特就此写道:

这场行动针对的目标,此前从未在近代战争条件下遭受过攻击。士兵们不得不在夜间穿过原始的地面并攀登山丘,这片地带曲折崎岖,布满灌木丛,即便是在和平时期进行演习时,要让部队在规定时间内到达萨里巴伊尔山脊顶部也是一项极为艰巨的任务。[55]

约翰斯顿的右路纵队,在舰艇探照灯形成的阴影遮蔽下赶往"平台",意图在拂晓前夺得丘努克巴伊尔。该纵队中的部分人员迷了路,而剩下的也陷入了混乱。与此同时,考克斯率领的左路纵队沿海岸而上,随后转身向右,赶去夺取971高地和 Q 高地。不过他们走错了路，途中遭到狙击手射击并发生了延误，士兵们也疲惫不堪。就这样，整个行动以彻底失败而告终，投入其中的 1250 人，伤亡多达 650 人。

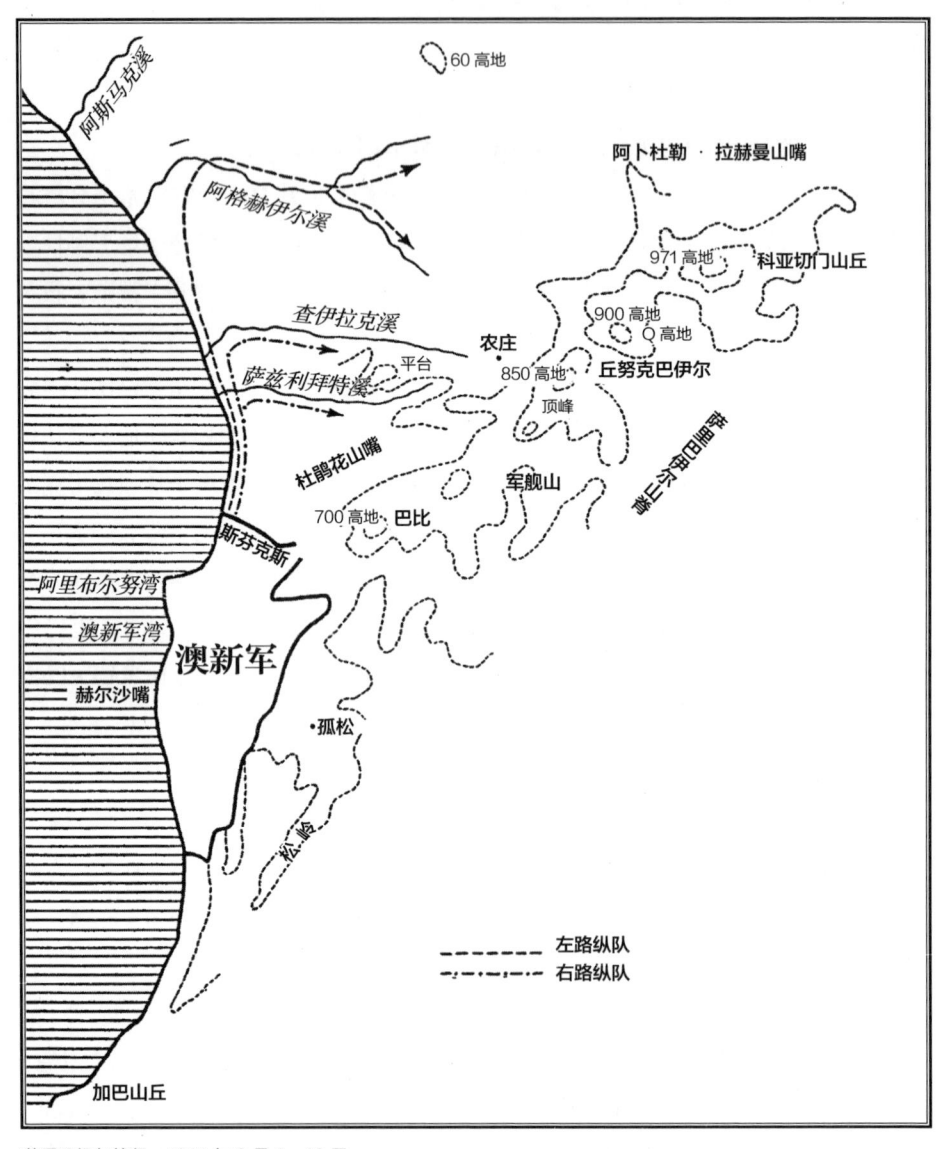

萨里巴伊尔战役，1915 年 8 月 6—10 日

8月7日清晨5点30分，穆斯塔法·凯末尔获悉英军已在丘努克巴伊尔正西面的杜鹃花山嘴站稳了脚跟，便召集了他担任预备队的第19师，命令该师占领主山脊。与此同时，坎嫩吉塞尔的两个团也被埃萨德帕夏派来据守从丘努克巴伊尔到971高地的同一道山脊。坎嫩吉塞尔率领一支巡逻队匆匆向前，在7点左右到达了丘努克巴伊尔。此时，利曼·冯·桑德斯意识到关键时刻已然到来，但还是担心英军的主要突击会指向布莱尔，便发电报给在那里负责指挥的费齐贝，让他保持警惕。接下来，利曼·冯·桑德斯又决定必须为萨里巴伊尔提供加强，凌晨1点30分，他命令费齐贝以最快的速度南调三个营。

在此期间，约翰斯顿的右路纵队总算是恢复了一些秩序，他于7日上午10点30分派出5个先遣连，在陆海军炮火掩护下进攻丘努克巴伊尔。可当坎嫩吉塞尔的部下朝他们开火后，这场进攻立即崩溃了。面对这种情况，加之考克斯左路纵队因太过疲惫而无法完成任何任务，促使指挥这场行动的戈德利将军取消了进攻，直至8月8日才恢复行动。届时，约翰斯顿将夺取丘努克巴伊尔，而考克斯则负责攻克Q高地和971高地。

考克斯拥有13个营的兵力，他把这些营分成了四个纵队，他们的目标是：

第1纵队，丘努克巴伊尔北坡。

第2纵队，Q高地南峰。

第3纵队，Q高地北峰。

第4纵队，阿卜杜勒·拉赫曼山嘴和971高地。

当第4纵队于凌晨3点向前推进时，立即遭到了拦截，第3纵队和第1纵队太过分散，根本无法向前推进，第2纵队赶去同第6廓尔喀团第1营会合——该营已在战线前方很远处占据一片阵地，但第2纵队的士兵疲惫不堪，无法赶至该营身旁。

第6廓尔喀团第1营营长C.J.L.阿兰森少校徒劳地等待着他们，最后决定独自对Q高地遂行冲击。经过一场激战之后，他在高地顶峰下方100英尺处夺得了一片立足地。当日下午2点，对这番出色进展一无所知的戈德利将军下令停止行动直到次日为止。

在此期间，约翰斯顿于凌晨 3 点 30 分命令部队前进，这场进军开始得很晚，可令他惊讶的是，他们没有遭遇抵抗便夺得了山脊顶部。W.G. 马龙中校率领威灵顿营的两个连随即开始挖掘战壕。英国官方史告诉我们："这群士兵斗志昂扬。在他们右侧，天色渐渐放亮，敌人设在澳新军对面防线后方的道路和小径清晰可辨，现在终于达成了迂回敌人的目标。在他们前方是海峡狭窄部闪亮的水域——那就是这场远征的目标。胜利似乎已近在咫尺。"56

土耳其人为何弃守丘努克巴伊尔？原因我们不得而知。但由于他们仍牢牢据守着军舰山和 Q 高地，所以在拂晓时，马龙的这支小股力量的两翼遭到了猛烈的火力打击。两个威灵顿连顽强战斗，在山脊顶部坚守他们暴露在外的阵地，直到几乎所有人员阵亡，其中包括他们英勇的指挥官。就这样，由于没能夺取 Q 高地，丘努克巴伊尔失守了。

尽管如此，戈德利将军还是决心在 9 日重新发起进攻。他放弃了攻克 971 高地的一切想法，将目标限制为从丘努克巴伊尔到 Q 高地的主山脊。约翰斯顿进攻前者，考克斯冲击后者，而这两个要点之间则由 A.H. 鲍德温将军率领第 13 师第 38 旅加以攻击。这三股力量将展开紧密配合。

随着夜幕的降临，鲍德温率部沿一条未经过侦察的小径而行，随之而来的是长时间的停顿和延误，混乱随即发生。这条小径的终点是一道峭壁，部队不得不转身折返。就在这场混乱还在继续之际，约翰斯顿的先遣部队已卷入了激战之中，由于鲍德温的部队不见踪影，约翰斯顿和考克斯不得不放弃进攻。此时，阿兰森的援兵已迷失了方向，他不得不再次独自投入进攻，炮击刚一停止，他便率部夺得山脊顶部，可随即发起的第二轮炮击，恰巧落在他这一小股军队的头上，把他们逐回了原先的位置。阿兰森描述了这起不幸的事件：

炮火准备的轰鸣震耳欲聋。这座高地几乎是垂直的，看上去犹如凭空而起。我认为，倘若我们在炮火准备刚刚停止的那一瞬间冲上山去，我们应该能到达顶部。我把三个英军连部署在战壕中，同我的部下待在一起，并告诉他们，看见我举着红旗向前时，所有人就跟我一起往上冲。我看了看表，现在是 5 点 15 分。我从未见过这样的炮火准备，战壕被撕裂，炮火的准确性相当惊人，因为我们就在炮弹落点的稍下方。5 点 18 分，炮火准备仍未停止，我甚至怀疑自己的手表是不是出了问题。

5点20分，炮火平息下来。由于太过危险，所以为防万一我又等了三分钟。随后，我们爬起身携手向前冲去，这是一场最完美的冲锋，也是一幅美妙的景象……我们在山脊顶部遭遇土耳其人，勒马尔尚被一柄刺刀捅穿心脏后倒下，我的腿上也挨了一刺刀，在接下来的十分钟里，我们卷入了一场拳打撕咬的肉搏战，步枪和手枪成了搏斗所用的棍棒，土耳其人转身逃离，我觉得非常骄傲，整个半岛的关键所在落入了我们手中，相比这样一个结果，我们的损失并不大。我看见了下方的海峡，还看见了通往阿奇巴巴的道路上的各种运输车辆。环顾四周，我发现我们并未获得支援，但我认为最好的支援莫过于追击这些在我们面前逃窜的土耳其人。我们冲下山，朝迈多斯追去。可我们刚往下追了100码左右，我们的海军就突然朝我们射来六发12英寸口径的重炮舰炮弹，顿时造成了可怕的混乱。这是一起可悲的灾难，我们显然被误认为是土耳其人，我们不得不向后退却。现场呈现出令人震惊的场面，第一发炮弹击中了一名廓尔喀人的面部。这里到处是鲜血、残肢断臂和惨叫声，我们赶紧逃回山顶，随后又撤到山顶下方的旧阵地之中。[57]

　　萨里巴伊尔山脊之战就此结束，这场英勇的战斗被白白浪费了，其混乱程度仅次于英军在苏弗拉湾的登陆。正如利曼·冯·桑德斯所言，苏弗拉湾登陆是"此次会战的政治—军事顶点"[58]，但与萨里巴伊尔之战不同的是，这是一场可行的行动，因为它并未面临无法克服的障碍。尽管如此，这场行动还是毁于拙劣的领导和参战部队经验的缺乏。

　　8月6日晚9点30分，F.哈默斯利将军第11师辖内第32旅和第33旅，在漆黑的夜间逼近B滩后，发现这里没有防御。当晚10点，已有4个营登上了滩头。虽然他们没有遭受任何伤亡，但却非常疲惫，因为这些士兵已站立了17个小时。此外，他们还占领了拉拉巴巴，这就打开了夺取10号高地的通道，但没人知道该高地的确切位置，所以他们什么也没做。与此同时，第34旅在W.H.西特韦尔将军的率领下进入了苏弗拉湾，可当他们的驳船驶向A滩时，却在距离海岸50英尺处触礁，这就给登陆造成了严重延误，大多数人直到拂晓后才踏上海滩。更糟糕的是，B.T.马洪将军的第10师本应在A滩登陆并攻占基雷特奇山丘，但该师的部分人员在C滩和A滩北面发现的一片新海滩上岸。因此，该师的建制被打乱，并随即发生了混乱。

随之而来的是一连串相互矛盾的命令,而土耳其狙击手就像1777年的美国步枪兵那样,给敌军造成大量伤亡。这种情况持续了数小时,英军直到天色渐黑才对巧克力高地发起进攻,夜幕彻底降临后,他们夺得了该高地和绿色高地的西半部。在此期间,除了在基雷特奇山丘获得一片立足地之外,英军左翼什么也没做。周边高地仍控制在土耳其人手中,第9军半数以上的力量(总共22个营)仍未参战,而那些已投入战斗的部队损失了100名军官和1600名士兵,这个损失数"甚至超过土耳其人用于对付他们的总兵力"。[59]

不仅陆军的整个计划已彻底瓦解,就连海军卸载火炮、弹药、淡水、补给物资、大车和驮畜的计划也因为全面混乱而发生了延误。虽然运来的淡水很多,但没人知道它们在哪里,那些喝空了水壶的人渴得要命。一群群士兵聚在滩头,

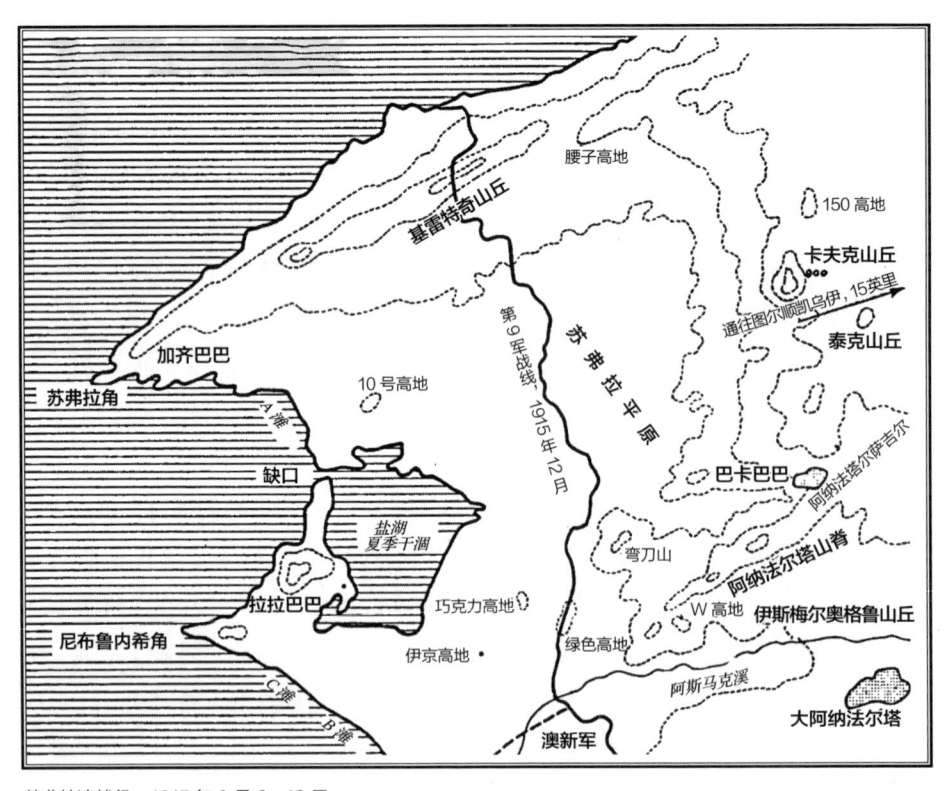

苏弗拉湾战役,1915年8月6—10日

"他们用刺刀捅穿水管,透过孔洞吸水"。[60]

坎嫩吉塞尔写下了土耳其人所见到的登陆场景:

> 苏弗拉湾满是船只,我们数了数,有10艘运输船、6艘军舰和7艘医院船。陆地上,我们看见了一大群混乱的士兵,就像个受到惊扰的蚁丘……任何一处都没有发生战斗。[61]

英国官方史写道,整个8月7日,"总司令部对苏弗拉湾行动的过程没有施加任何影响,鉴于后来发生的事情,他们当日的不作为也许可以说是这场世界大战期间的危机之一,而这只能解释为过度自信的结果"。伊恩·汉密尔顿爵士在获悉英军没有夺取10号高地后,为何不立即赶往苏弗拉湾?官方史补充道:"要是他这样做了,并严令部队立即向前推进,可能会大幅度缩短这场世界大战的持续时间。"[62]

当英军总司令坐在岛上焦急地等待消息时,待在军舰上的斯托普福德将军却在为他的部下已登上滩头而深感高兴,几乎使跑来拜访他的海军准将凯斯"公然哗变"。[63] 两位将军都在等待胜利或失败,仿佛整个行动就是一场赛马。这种为将之道实在是令人难以理解,但这也是毛奇参谋理论的重要组成部分,即会战开始后,在最需要指挥的时刻,总司令却不再进行干预。

当伊恩·汉密尔顿爵士和弗雷德里克·斯托普福德爵士仍在等待电话铃声响起之际,土耳其一方却紧锣密鼓地忙碌起来。清晨6点,威尔默打电话给利曼·冯·桑德斯,称敌人已在大批军舰的掩护下,于尼布鲁内希角登陆。土军总司令听到这个消息后,立即就确定布莱尔是安全的了,敌人的目标是971高地和丘努克巴伊尔,他指示费齐贝率领麾下三个师中的两个(第7师和第12师)南进。同时,他命令达达尼尔海峡亚洲一侧的所有兵力开赴恰纳克,从那里渡过海峡进入欧洲。此外,他还命令第8师从克里希亚向北开进。此时的他焦急万分,因为这些援兵中没有一支部队能在36—48小时内为他所用。在此期间,威尔默的小股力量能否阻挡住进攻,就是问题的症结所在。答案显然是"不能"! 随后收到的消息让他稍稍松了口气,威尔默少校于当晚7点报告:"敌军的登陆彻日进行。估计他们的实力目前至少达到了1.5个师。但敌人并未发起积极进攻,相反,他们正胆怯地向前推进。"[64]而这就意味着他有可能赢得24个小时的时间。

8月8日凌晨1点,威尔默麾下兵力部署如下:三个加里波利宪兵连据守基雷特奇山丘;1100名士兵和五门山炮位于巴卡巴巴与W高地之间;两个炮兵连部署在泰克山丘东侧。离他最近的援兵是来自布莱尔的3个营,但这股援兵已疲惫不堪,正在图尔顺凯乌伊以东两英里处宿营。

8月8日可谓是整个战役期间最关键的一天,这是个星期天,对于第9军而言,他们的确把它当作了休息日。总司令对前方的一切全无了解,他于当日上午10点50分给斯托普福德发去了如下电报:"你和你的部队的确表现出色。请转告哈默斯利,我们对他迅速有力的前进寄予了多么大的期望。"[65]

"表现出色""迅速有力"!总司令为什么会给出这种评价,要知道除了混乱的登陆以外,什么也没完成。更糟糕的是,斯托普福德实际上是一无所能。正如官方历史学家所写的那样,和7日一样,"8日无所作为的根本原因是部队缺乏坚定的领导,不仅仅在岸上、在军部,甚至在总司令部都是如此"。他继续写道:

> 在度过了平静的一晚后,8日上午一片寂静。万里无云的空中烈日炎炎。敌人的火炮保持沉默。除了基雷特奇山丘上偶尔传出的步枪射击声以外,这里没有战争的声音。海滩附近的沙丘处挤满了休息的士兵。海岸上还有人光着身子在洗澡。斯托普福德将军和他的参谋长仍待在"黄水仙"号军舰上,尚未登岸。[66]

由于一直没有收到消息,所以总司令部决定派阿斯皮诺尔上校(后来成为官方历史学家)上岸,去弄清究竟发生了什么事情。阿斯皮诺尔上校在上午9点30分出发,发现整个海湾太平无事。在登上"黄水仙"号时,他遇到了"精神振奋的"斯托普福德将军……斯托普福德说道:"阿斯皮诺尔,士兵们干得很出色,他们一向很棒!"阿斯皮诺尔回答道:"可他们没有到达高地。"斯托普福德答道:"还没有,但他们已经在岸上了。"[67]他随后补充道,他打算下令于次日发起新的推进。于是,阿斯皮诺尔给总司令部发去了一份电报:"我刚刚登岸,发现这里的一切都很平静。没有枪声,没有炮声,显然也没有土耳其人。第9军正在休息。我确信大好良机正在丧失,并认为情况非常严重。"

阿斯皮诺尔登岸时,英军总司令部收到消息称土耳其军队正朝泰克山丘东面推进,因而敦促斯托普福德赶紧前进。斯托普福德把这道命令传达给了各位师长,并添了一句:"鉴于缺乏足够的炮兵支援,我不希望你们进攻敌人以强大兵力据守的堑壕阵地。"[68] 结果,他们什么也没做。

最后,伊恩·汉密尔顿爵士决定亲自登岸,可由于他乘坐的驱逐舰发生火灾,直到下午4点30分才成行。他首先赶往"黄水仙"号,发现斯托普福德"非常愉快",因为这位将军认为"一切都进行得正确无误,而且很顺利"。斯托普福德还告诉他,"他决定把占领(基雷特奇山丘)山脊的行动推迟到次日晨进行,因为这可能会导致一场常规战。"伊恩·汉密尔顿爵士随后写道:"我想说'我们在这里所希望的正是一场常规战',但我忍住了没说。"接下来,伊恩·汉密尔顿爵士决定去视察哈默斯利的指挥部,但斯托普福德却不愿陪同他前往……"他的身体不太舒服,因为他刚刚视察完滩头(就在400码外),所以想让双腿休息一下"。

汉密尔顿在哈默斯利的指挥部里发现一种混乱的平静。他写道:"一个获胜的师在这里休息、喝水,据说他们无法振奋精神,甚至还有些虚弱,至少需要提前12小时下达命令!这就是我的感觉,虽然我对自己的所见什么也没说。"[69] 他命令该师立即进攻泰克山丘,这就导致军官们开始四处寻找他们的部队,在找到这些部队后,又展开了行军和反向行军。就在这场混乱之中,第一批土耳其援兵从布莱尔开抵了,这些疲惫不堪的土耳其人占领了山脊顶部。突然性就此消失,两股势均力敌的力量开始在战场上相对峙。

坎嫩吉塞尔写道:"整个8月8日,胜利女神都为斯托普福德敞开着成功之门,可他却没有进去……没有一个人向前推进。总之,这幅平静的景象就犹如一支童子军的野外活动日。与此同时,在战场的另一侧,土耳其第7师和第12师气喘吁吁的士兵们正从布莱尔全力赶往各高地:一个个土耳其步兵营和炮兵连沿着无遮无掩的、昔日苏丹走过的道路从亚洲一侧而来,他们越过埃伦考,全速赶往恰纳卡莱的登船点。他们能及时赶到吗?这个想法令等在阿纳法尔塔的利曼·冯·桑德斯元帅焦虑万分……"[70]

当看上去很威猛的英军总司令,还在为自己该说些什么和不该说些什么而犹豫不决时,沉默寡言的利曼·冯·桑德斯元帅却忙得不可开交。拂晓前,利曼·冯·桑德斯骑着马四处寻找援兵时,遇到了第7师的一名参谋军官,他告诉这位元帅,该师和第12师仍在后面很远处。元帅焦虑的目光掠过战场,投向敌军。敌军与他所站的位置之间，W高地上有400名土耳其守军，基雷特奇山丘上有300人，但两座高地之间没有一兵一卒。当晚，他从威尔默那里获知，费齐贝仍未赶到。他马上把费齐贝找来，费齐贝告诉他，自己的部队太过疲惫，无法在8月9日晨之前发动进攻。那么，冯·桑德斯是怎么做的呢？他当场解除了费齐贝的职务，派穆斯塔法·凯末尔指挥阿纳法尔塔地区所有的部队，因为他认为凯末尔"是一个勇于承担责任的领导者"。[71]

8月7日和8日是危机日，而9日和10日却是决定日。在接到一连串相互矛盾的命令后，哈默斯利终于奉命在9日清晨5点赶去夺取阿纳法尔塔山脊，而马洪将军则负责攻克泰克山丘。英军第11师的进攻在混乱中开始，又在混乱中结束。当第32旅先遣营向前推进时，土耳其援兵涌上了山脊的另一侧，双方随即展开了交锋，英军先遣营在陷入混乱之中后被击退。"尽管延误了48个小时，但英军不到半小时便输掉了这场争夺泰克山丘的角逐"。[72]

第33旅的进攻行动同样混乱不堪，只是混乱程度稍好一些而已。该旅推进期间遇到了一群群士气低落的散兵游勇，随后在阿斯马克溪谷遭遇了抵抗，于是就地掘壕据守。此时在基雷特奇山丘，经过短暂前进后，第10师的进攻力量也停下来开始挖掘阵地。已将指挥部设在岸上的斯托普福德此时同样在忙着挖掘避弹壕。伊恩·汉密尔顿爵士写道："我们在踏上基雷特奇山丘下部的山坡时看到了斯托普福德，他在加齐巴巴东面约400~500码处，正忙着同战地工兵连的部分人员一起监督为他和军部修建一些避弹屋的工作。他对此全神贯注，据他说，我们可能要在这里待很久，修建避弹屋的工作还是认真点好。"[73]

次日，已登陆的第53师投入了战斗，意图夺回在9日丢失的弯刀山，并进攻阿纳法尔塔山脊。他们遂行了两场冲击，但均以失败告终。

阿什米德·巴特利特对这两天的战斗发表了评论："似乎没人知道各旅各师的指挥部在哪里。士兵们在到处找水，指挥部人员在寻找着他们的部队，而土耳其狙击手则觅寻着他们的猎物……昨天我看见只有一名土耳其士兵的地方，今天增加到十人……他们在战壕中只留下了相对较少的兵力，大批人员散入未被烧毁的灌木丛中，在那里几乎不会受到炮火伤害，他们等待着我们发起进攻……他们的狙击手在一片片灌木丛、一棵棵树木、一座座土丘间逡巡，在发现有利目标后便把我们的人干掉，而他们自己几乎毫发无损。"[74]

穆斯塔法·凯末尔当日也发动了进攻。他在8月9日已阻挡住了英国第9军，并于10日攻向丘努克巴伊尔。现在，他在加以侦察之后，决心重新夺回杜鹃花山嘴。清晨4点45分，土耳其人的一个个密集波次涌过地平线，席卷了敌人的前进战壕，并夺得了顶峰和农庄。随后，这场进攻丧失了攻击势头。就这样，萨里巴伊尔和苏弗拉湾之战于8月10日告终。进攻方为此付出的代价是什么？在5万名英军士兵中，阵亡、负伤、失踪了1.8万人。阿什米德·巴特利特在12日草草写道："我们再次登陆，挖掘了另一个墓地。"[75]

这场战役的剩余部分必须加以简短叙述。斯托普福德被撤职，朱利安·拜恩将军接替了他的职务，第9军军长一职的最初人选就是拜恩。基奇纳勋爵现在写道："这是一场年轻人的战争。"可惜，这句话晚了六个月。尽管伊恩·汉密尔顿爵士对这场灾难负有和斯托普福德同样的责任，但他却得以继续留任，并于8月21—22日在苏弗拉湾发起了一场纯属浪费兵力的正面进攻，在投入的1.43万名士兵中，阵亡、负伤和失踪者多达5300人。

英国人的这场失败的直接结果是，保加利亚陆军于9月25日实施动员。10月14日，保加利亚对塞尔维亚宣战，基奇纳勋爵决定从达达尼尔海峡撤出2个师用于萨洛尼卡。一场暴风雨随后降临，马肯森率领9个德国和奥地利师跨过了多瑙河。乌斯库布（斯科普里）于10月22日陷落，尼什于11月2日陷落，莫纳斯提尔也于12月2日落入了德奥军队手中。塞尔维亚沦为废墟，德国的火炮和弹药源源不断地涌入君士坦丁堡。

10月14日，伊恩·汉密尔顿爵士被召回英国，查尔斯·门罗爵士替代了他，后者在10月28日登陆。两天后，他建议将英军悉数撤离。这使首相阿斯奎斯先生陷入了恐慌之中，11月2日，他决定把指导战争的权力委托给一个成员不少于三位、不超过五位的战时委员会——一年前或更早之前他就应该做出这种改革。11月4日，基奇纳勋爵被派往达达尼尔海峡，目的既是为了验证第二个替代方案，也是为摆脱他，就像阿斯奎斯对劳合·乔治所说的那样。[76]基奇纳勋爵得出的结论是，这场疏散不可避免。但此时早已被贝尔福先生取代了海军大臣职务的丘吉尔先生却力主对海峡狭窄部重新发起一场海军进攻，尽管此举已丧失了战略目的。这个徒劳的尝试获得了海军准将凯斯的大力支持，他到处兜售这一理念，犹如一头战术公牛闯入了一家战略瓷器店。在他看来，强行穿越海峡狭窄部意味着"整项事业"将就此完成。

他没有看见德国与土耳其已没有了分界线,一旦舰队炮击君士坦丁堡,就什么也做不了了。他当时不知道的是,德国和土耳其一方"正准备在使用毒气的情况下发起一场大规模攻势"。[77] 不过,他可能已猜到了这一点。

11月27日,一场猛烈的暴风雪席卷了半岛,持续时间长达72个小时,暴露在外的人员被冻死了数百人。"仅在苏弗拉湾,历时三天的暴风雪便让5000多人被冻伤,200多人被淹死或被冻死"。[78] 这场暴风雪加剧了危机。虽说门罗将军预计到疏散行动可能会给半岛上的人员和装备造成30%~40%的损失,但经过多次争执,战争委员会起初还是决定只疏散澳新军湾和苏弗拉湾,不过后来又决定一同疏散赫勒斯地区。前两处的撤离行动在12月20日展开,后一处的撤离则在1916年1月9日实施,没有一名士兵在行动中丧生。战役期间唯一成功的行动就此结束。登陆的41万名英国士兵和7万名法国士兵中,阵亡、负伤、失踪、被俘、病死或因病疏散者高达25.2万人。[79] 土耳其人的伤亡也达到了21.8万人,其中有6.6万人阵亡。[80] 遗弃在战场上的物资与装备数量惊人:"清理战场的工作耗费了近两年的时间。"[81]

英国历史上最大的灾难之一就这样结束了,这场灾难堪比公元前415年希腊人对锡拉库扎的围攻,其根本原因是一个民主国家完全无法从事一场战争。正如丘吉尔先生所指出的那样:"没有谁有权下达明确、残酷的命令,从而赢得别人绝对的尊重。权力广泛分布在许多重要人物的手中,这些人在此期间构成了统治机器。"[82] 因此,诚如劳合·乔治先生所言:"这里没有协调一致的努力,没有相关行动计划,也没有重视时间的意识。"[83] 而最糟糕的是,他们既没有判断力,没有对初期问题明确的战略分析,没有对战术要求的正确计算,也没有真正设法平衡现有手段与最终目标。若非如此,他们就应该清楚地看出,唯一可行的解决方案不是展开意图明显的正面进攻,而是依靠突袭。如果派一名大胆的指挥官率领一支训练有素的小股力量,在布莱尔或其附近(后门)实施出敌不意的登陆,海军随即强行穿越达达尼尔海峡(前门)并炮击君士坦丁堡,行动是有可能获得成功的。虽说这样一场行动不啻为赌博,可突袭往往都是如此。在这种情况下,这样的冒险值得一试。即便在一开始就遭遇到了挫败,也可以立即停止行动,而声誉方面的损失也不过只相当于实际失败时的一小部分而已。

让我们将话题再回到这次作战行动上,一位英勇善战的将领能否减轻灾难,甚至转败为胜呢？这是个重要的问题，因为答案揭示出了当时盛行的指挥体系中的根本性错误。

与1777年的伯戈因一样，伊恩·汉密尔顿爵士也被要求执行一项最为艰巨的任务。和前者相同的是，领导他的是一个辩论不休的委员会，其成员对战争一无所知。和伯戈因这位前辈一样，汉密尔顿也是个倒霉的将领。但我们应该记住，所谓的幸运和不幸，很大程度上都是性格的副产物。

最初的登陆行动缺乏突然性，并非伊恩·汉密尔顿爵士的过错，海军的支援不力也不应归咎于他。倘若海军上将们敢于让他们的军舰冒上一名海军少校以其潜艇所冒的风险的话，毫无疑问，他们是可以在4月25日至8月7日间的任何时候，以一定的代价强行穿越海峡最窄部的。费舍尔勋爵当然可以大声疾呼："在海军输掉战争前，陆军能赢得这场战争吗？"[84] 可一旦决定发起海军进攻，无论他多么反对这项决定，作为一名出色的参谋人员，他都应该支持他的长官。只要读读费舍尔的回忆录就会发现，与其说他是个海军上将，不如说他是个民主人士。他缺乏的是丘吉尔的那种权威，所以无法斩钉截铁地下达"干吧"或"再干一次"的命令。可是，若没有海军部的支持，只有具备像拿破仑那样的决心的人方能说出这些话。这就是在随后的行动中，为将之道大打折扣的原因所在。

作为一名军人，伊恩·汉密尔顿爵士是南非战争前那些岁月的典型产物，那个时代的英国人将战争视为绅士的事务。在团队合作精神扼杀主动性之后，军人风范也就等同于运动员精神了。最重要的是，英国在南非战争后建立的总参谋部，很大程度上是以德国总参谋部为蓝本的。他们接受了毛奇的观点，认为行动一旦发起后，就应把主动权交给下属指挥官。在土耳其军队总司令利曼·冯·桑德斯总是身处前线并积极承担责任时，伊恩·汉密尔顿爵士却稳坐司令部，评论这场战争并写道："如今的总司令受到了过度保护，以至于自战争开始以来，我还是首次进入步枪火力的射程之内。"[85] 此时，战争已进行了近四个月！我们也许可以问，他为何不甩开这种"过度保护"呢？他为什么不能像利曼·冯·桑德斯那样亲自指挥，并把自己的意志强加于下属呢？想想汉密尔顿所写的话："去看望斯托普福德，同他争论了一个多小时；布雷思韦特（他的参谋长）也同里德发生了争执。"[86] 他还写道："我的手是不是被马洪的资历束缚住了？"桑德斯以穆斯塔法·凯末尔替换费齐贝时，他的双手有没有受到后者的束缚？伊恩·汉密尔顿爵士在Y滩看见事情出了岔子，却没有采取行动。"……罗杰·凯斯认为应该把这些部队调至 Y 滩,他们可以在那里不受抵抗地实施登陆……布雷思韦特从总参谋部的传统观点着眼,对总司令部介入亨特—韦斯顿的计划是否合理持怀疑态度……可在我看来,这个主意只是个简单的常识"。他说,"我不能强迫他们行事,这种做法不在考虑之列……"[87] 在成败千钧一发之际,为什么不能考虑这种做法?

这种情况在苏弗拉湾再度上演,就像约翰·诺斯所写的那样:伊恩·汉密尔顿爵士待在他的岛上[88],而利曼·冯·桑德斯和穆斯塔法·凯末尔却忙得不可开交。英国官方史对凯末尔的评价是:"历史上很少有一位师长在三个不同场合,对战斗进程、战役成败乃至一个国家的命运造成了如此深远的影响。"[89] 相反,伊恩·汉密尔顿爵士的作茧自缚也同样如此。

正如许多人所指出的那样,倘若这场战役以突袭为基础并获得成功,就能取得惊人的成就:俄国获救;巴尔干诸国保持中立或积极合作;塞尔维亚不会被占领;土耳其战败;德国在西线陷入僵持时,在东面陷入包围。很有可能的是,俄国不仅能坚持下去,还诚如坎嫩吉塞尔所言那样,"若非加里波利半岛的失败,俄国也许不会发生革命"。[90] 另外,马其顿、美索不达米亚、埃及和后来的巴勒斯坦也许就不会发生旷日持久的战事,以这些次要战区牵制的大批军力,再加上巴尔干诸国军队的支持,联军本来可以在必要时集中 200 万人的兵力来对付奥匈帝国。奥匈帝国已陷入了两线作战之中,本来很可能会在 1916 年秋季前崩溃的。

虽然这些只是假设,但并非不可能发生,因为君士坦丁堡之于德国,就像美国内战期间的查塔努加之于南方邦联。1915 年 8 月 8 日,也就是斯托普福德将军在苏弗拉湾登陆后的第二天,海军上将冯·提尔皮茨写道:"自昨日起,激烈的战斗便在达达尼尔海峡持续……情况显然非常危急。倘若达达尼尔海峡落入敌手,这场世界大战肯定会不利于我们。"[91] 正因为上述这些事情都有可能发生,因而没人反对爱德华·卡尔森爵士在下院对撤离加利波利半岛一事所作出的批评:"这是战争过程中所发生的最大灾难。"[92]

注解

1. "敌人爬起身,开始向前推进。他们立即被阻挡住:我们的步枪架在胸墙上,不可能错失目标。进攻甚至还没开始便告结束……10 名据守战壕的士兵便能轻而易举地阻挡住企图夺取战壕的 50 名敌军士兵"。(*Old Soldiers never Die, Private Frank Richards,* 1933, p. 36.)
2. *The World Crisis, 1915, The Rt. Hon. Winston S. Churchill* (1923), p. 20.
3. *War Memoirs of David Lloyd George* (1933), vol. I, p. 356.
4. *The Life and Letters of Lord Wester Wemyss,* Lady Wester Wemyss (1935), p. 194.
5. 引自 *Gallipoli, The Fading Vision,* John North (1936), p. 83。
6. *War Memoirs, Lloyd George,* vol. I, p. 390.
7. *Military Operations Gallipoli* (British Official History), *Brig.-General G. F. Aspinall-Oglander* (1929), vol. I, p. 41.
8. *The World Crisis,* 1915, p. 47.
9. *Official History,* vol. I, p. 35.
10. *Gallipoli, the Fading Vision,* p. 54.
11. *The Naval Memoirs of Admiral of the Fleet Sir Roger Keyes* (1934), vol. I, p. 344.
12. "这项计划在战前经常被提起,也经常遭到总参谋部的反对。从军事角度来看,这不是个切实可行的主张。"(*Soldiers and Statesmen,* Field-Marshal Sir W. Robertson, 1926, vol. I, p. 83)
13. 参见 *War Memoirs, Lloyd George,* vol. I, pp. 374—380。
14. *Official History,* vol. I, p. 52.
15. 同上,vol. I, p. 54. 另可参阅 *The World Crisis, 1915,* pp. 95—96。
16. *The World Crisis, 1915,* p. 97.
17. 同上,p. 98。
18. 费舍尔勋爵说他 "本能地反对" 卡登的计划,因为他知道这个行动肯定会失败。(*Dardanelles Commission, First Report, 1917,* para. 68)
19. 他说:"在我方部队没有控制加里波利半岛,或海峡两岸的每一门火炮尚未被摧毁的情况下,试图进入马摩拉海将是一件非常疯狂的事情。"(*The Dardanelles Campaign,* Nevinson, p. 31)
20. *War Memoirs,* vol. I, p. 226.
21. "他(丘吉尔)一直说他不需要陆军。" 亚瑟·威尔逊爵士的证词, *Dardanelles Commission,* First Report, para. 88。
22. *War Memoirs,* vol. I, p. 395.
23. *Official History,* vol. I, p. 59.
24. *The World Crisis, 1915,* p. 111.
25. 参阅 *Official History,* vol. I, p. 61 及 *Dardanelles Commission, Memorandum by Mr. Roch,* para. 25。
26. *The Diary of Lord Bertie of Thame,* 1914—1918 (1924), vol. I, p. 134, under March 27, 1915.
27. *Official History,* vol. I, p. 71.
28. *War Memoirs,* vol. I, p. 418.
29. *The World Crisis,* 1915, p. 193.
30. *Naval Memoirs, Keyes,* vol. I, 198.
31. *Official History,* vol. I, p. 73.
32. 同上,vol. I, p. 75。
33. *The World Crisis,* 1915, p. 201.
34. 同上,p. 188。

35. *Gallipoli Diary, General Sir Ian Hamilton* (1920), vol. Ⅰ, p. 16.
36. *The World Crisis,* 1915, Churchill, p. 218.
37. *Naval Memoirs, Keyes,* vol. Ⅰ, p. 274.
38. *Official History,* vol. Ⅰ, p. 110.
39. *Gallipoli Diary, Hamilton,* vol. Ⅰ, p. 41.
40. Anzac 指的是 Australian and New Zealand Army Corps，也就是澳大利亚和新西兰军。
41. *Five Years in Turkey, Liman von Sanders* (English edit., 1927), pp. 60—61.
42. 给这些部队发放沙袋时存在这样一种危险,"部队指挥官把这些沙袋用于缝补部下们褴褛破损的军装。"(*Liman von Sanders,* pp.74)
43. *The Campaign in Gallipoli, Hans Kannengiesser Pasha* (English edit., 1927), pp. 146—147.
44. *Official History,* vol. Ⅰ, p. 221.
45. 同上，vol. Ⅰ, p. 270。
46. 5 月 24 日，这些部队编为第 8 军。
47. *Naval Memoirs, 1910—1915,* vol. Ⅰ, p. 325.
48. *Official History,* vol. Ⅱ, p. 42.
49. *The World Crisis, 1915,* pp. 396—397.
50. *Official History,* vol. Ⅱ, pp. 72—73. 另可参阅 *The Dardanelles Campaign, Nevinson,* p. 207。
51. *Official History,* vol. Ⅱ, p. 148.
52. 参见 *Naval Memoirs, Keyes,* vol. Ⅰ, p. 378。
53. *The Dardanelles Campaign, Nevinson,* p. 298.
54. *Official History,* vol. Ⅱ, Appendix 3. 粗体是作者添加的。
55. *The Uncensored Dardanelles* (1928), p. 222.
56. *Official History,* vol. Ⅱ, p. 213.
57. *The World Crisis, 1915,* Churchill, p. 442. 这份报告写在事件发生后的 48 个小时内。海军方面否认第二次炮击是他们所为。据说有 150 人在这场炮击中身亡。
58. *Five Tears in Turkey,* p. 90.
59. *Official History,* vol. Ⅰ, p. 261.
60. *Naval Memoirs, Keyes,* vol. Ⅰ, p. 396.
61. *The Campaign in Gallipoli,* p. 205.
62. *Official History,* vol. Ⅱ, pp. 263, 264.
63. *Naval Memoirs,* vol. Ⅰ. p. 397.
64. *Official History,* vol. Ⅱ, p. 266.
65. *Dardanelles Commission, Final Report,* p. 41, and *Gallipoli Diary, Hamilton,* vol. Ⅱ, P.59.
66. *Official History,* vol. Ⅱ, p. 268.
67. *Ibid.;* vol. Ⅱ, p. 277. 陪同阿斯皮诺尔上校的莫里斯·汉基中校看见岸上正在挖掘避弹壕时，便对一名参谋军官说："你们似乎正在设法让自己过得舒服点。"对方答道："我们预计会在这里待上很长一段时间。"
68. *Gallipoli Diary, Hamilton,* vol. Ⅱ, pp. 61—64.
69. 同上，vol. Ⅱ, p. 67。
70. *The Campaign in Gallipoli,* p. 220.
71. *Five Tears in Turkey,* p. 85.
72. *Official History,* vol. Ⅱ, p. 288.
73. *Gallipoli Diary,* vol. Ⅱ, p. 72.
74. *The Uncensored Dardanelles,* pp. 190—192.

75. 同上，p. 197。
76. *War Memoirs*, vol. Ⅰ, p. 520.
77. *The Campaign in Gallipoli, Kanncngicsser*, p. 238.
78. *Official History*, vol. Ⅱ, p. 434.
79. 详情参阅 *Official History*, vol. Ⅱ, p. 484。
80. *Five Tears in Turkey, Liman von Sanders*, p. 104.
81. 同上，p. 103。另可参阅 *The Gallipoli Campaign, Kannengeisser*, p. 253。
82. *The World Crisis, 1915, Churchill*, pp. 498—499.
83. *War Memoirs, Lloyd George*, vol. Ⅰ, pp. 422—423.
84. *The World Crisis, 1915*, p. 514.
85. *Gallipoli Diary*, vol. Ⅱ, p. 74.
86. 同上，vol. Ⅱ, p. 92。
87. 同上，vol. Ⅰ, pp. 132—133。
88. *Gallipoli, the Fading Vision*, p. 256.
89. *Official History*, vol. Ⅱ, p. 486. 海军上将凯斯写道："在现代战争中，参谋人员似乎认为总司令不应冒险……但总有些时候，个人风格和领导力在战斗中发挥了极大的功效。"（*Naval Memoirs*, vol. Ⅰ, p. 319）
90. *The Campaign in Gallipoli*, p. 269.
91. *Erinnerungen, Alfred von Tirpitz* (1918), p. 491.
92. *Official History*, vol. Ⅱ, p. 385.

大事记
战术上的僵持和目标的改变

　　紧随马恩河会战后的作战行动，导致战争方向发生了根本性改变。双方都先从自己的南翼抽调力量去加强北翼，试图迂回对方的北翼。但这场势均力敌的角逐，最后在海峡边缘的尼厄波尔以不分胜负而告终。事实证明，弹夹式步枪使防御比进攻强大得多，进攻方逼近敌人时，不要说战斗了，仅仅为了生存就必须构筑堑壕。因此，就像布洛赫所预言的那样，随之而来的结果就是围攻战。

　　不过交战双方对这种战斗都没有准备，至少英军是这样的，他们的装备完全不适合从事此类任务，因此不得不用果酱罐来制造手榴弹，把野炮药筒改装后用于迫击炮。投石机再度被投入了使用，用圆木制成的木制火炮发射填满了炸药的油桶。很快，堑壕线开始彼此相连，进攻方以高昂的代价发起突击，还是有可能夺取对方一段精心构建的正面堑壕的。可随着堑壕体系的纵深日益加大，再加上铁丝网的铺设，彻底达成渗透很快就变得不复可能了。因此，在坦克出现前，步兵铲和铁丝网打败了步枪和火炮，西线的机动性就此丧失，交战双方都陷入了僵持。

　　此时的东线，由于奥地利军队惨败后退往杜纳耶茨河，9月15日，兴登堡奉命以少量兵力守卫东普鲁士，并将他的主力调至奥军左翼。他照办了，并于11月1日出任东线总司令。但他的实力还是很虚弱，无法做出相应决策，俄国人再度向前推进，逼近西里西亚并重新占领了东普鲁士的部分地区。这令德皇深感震惊，他给法尔肯海因将军施加压力，要求他停止西线的作战行动，并抽调兵力增援兴登堡。法尔肯海因在11月间奉命行事时,伊普尔地区的战斗已陷入了佛兰德斯的泥泞中。

要想拯救奥地利,就必须把俄国人驱离喀尔巴阡山,根据奥地利总参谋长康拉德·冯·赫岑多夫元帅的建议,奥军决定在戈尔利采与塔尔诺夫之间突破俄军正面,然后转身向东,进入俄军左翼后方,并切断其交通线。在东线,这是个可行的计划,因为俄军防线上构筑的堑壕寥寥无几,且几乎没有铺设铁丝网,仅以前哨加以据守。

1915年5月2日清晨6点,经过4小时的炮击,德国和奥地利步兵向前而去,一举突破俄军防线,并俘获了14万名俘虏。但由于道路泥泞一片,追击行动异常缓慢,直到8月5日,俄国人才被迫放弃华沙。接下来陷落的是科夫诺和格罗德诺,到了9月底,在被俘32.5万人并损失了3000多门火炮后,俄国人被迫退至里加—德文斯克—平斯克—塔尔诺波尔—切尔诺维茨一线。虽说没有被逐出战争,可俄国人的实力已虚弱不堪[1],同盟国军队在1916年甚至能随心所欲地选择打击目标。

与此同时,俄国的处境也变得更为恶劣起来——这是因为土耳其加入了德国一方,要想了解这种情况是如何发生的,就有必要追溯战前的历史。

1883年,德国为强化两国同盟,把冯·德·戈尔茨将军借调给土耳其,负责重组该国军队,两年后,达达尼尔海峡的防御实现了近代化。20年后,英法协约成立,时任第一海务大臣的海军上将约翰·费舍尔爵士在研究了达达尼尔海峡的问题后得出结论——即便获得了陆军支援,强行通过该海峡还是"太过危险"。1906年和1911年,新成立的英国总参谋部重新审查了这个问题,得出的结论是:"由于无法实现突然性,一支军队在加里波利半岛登陆的尝试过于冒险,不建议实施此举。"在此期间,英国同俄国缔结了协约,这使土耳其投向了德国,为安抚土耳其人,英国派出海军代表团前往君士坦丁堡。德国针锋相对,于1913年派利曼·冯·桑德斯将军率领70名军官组成军事代表团前往土耳其,1914年8月2日,德国与土耳其缔结了秘密攻防同盟。土耳其陆军随即实施动员,并在达达尼尔海峡布雷。德国与土耳其的条约刚刚达成便发生了一起意外事件,遂使该条约发挥了作用。当时的英国船厂为土耳其海军建造了两艘战舰,但这两艘船却被英国政府征用,而位于地中海的两艘德国战舰("戈本"号和"布雷斯劳"号),在经过一连串冒险后躲开了英法舰队，于8月10日进入了达达尼尔海峡，朝君士坦丁堡驶去。两艘战舰并未被扣押，而是在名义上被土耳其人买走，以替代被英国人所征用的两艘战舰。这起事件比其他因素更多地决定了地中海战争的命运。因此，英国人于当年9月派出一支分舰队去监视达达尼尔海峡，此举导致英国海军代表团无法在土耳其立足，并随后离开。这就使德国军事代表团独霸一方，而协约国显然也认为很有可能会与土耳其发生战争。果不其然，10月29日，一支土耳其分舰队在德国人的指挥下驶入黑海，炮击了敖德萨、塞瓦斯托波尔和费奥多西亚。次日，驻君士坦丁堡的俄国大使要求发还他的护照，英国政府则要求土耳其政府在12小时内驱逐德国军事代表团。土耳其没有理会这最后通牒，俄国便于11月2日对土耳其宣战，而英国和法国也于11月5日对土耳其宣战。而这，就意味着英国和法国获得一条进入俄国的南部路线的一切希望均告破灭。

土耳其陆军编有36个师，由利曼·冯·桑德斯将军指挥，布龙萨特·冯·舍伦多夫将军任参谋长，其部署如下：

第1集团军编有13个师，驻扎在君士坦丁堡，其中1个师位于加里波利半岛。
第2集团军编有6个师，驻扎在小亚细亚海岸，其中1个师位于达达尼尔海峡的亚洲一侧。
第3集团军编有11个师，驻扎在小亚细亚，专用于高加索山区。
2个师派驻也门，2个师驻在美索不达米亚，2个师位于汗志。
土耳其最终组建了60个新师。

虽然土耳其军队缺乏武器弹药（自巴尔干战争以来，他们的武器弹药就没有获得过充分补充），但恩韦帕夏还是决定发起两场战役：一场在高加索山区打击俄国人的战役，以及一场对付埃及的战役。第一场战役的目的是确保夺得巴库油田，当年12月，恩韦帕夏亲率第3集团军攻往卡尔斯。虽说该集团军名义上拥有19万人的兵力，但战斗人员仅为6.6万人。此外，他们既缺乏补给，也没有精心组织的运输，所以不得不沿途就地征粮。动身前，恩韦帕夏告诉冯·桑德斯，在占领巴库后，他打算穿过阿富汗进军印度。可事与愿违，他被俄军和大雪挡在了山区，并于1915年1月5日被迫后撤。到了1月23日，由于霜冻和饥饿，他的军队减少到 1.24 万人。① 尽管如此,恩韦帕夏的这场进军还是令尼古拉大公深感不安,1月 2 日,后者要求派驻俄军司令部的英国军事代表团向基奇纳勋爵提出建议,若能安排一场海军或陆军的行动以威慑土耳其,可能会迫使土耳其政府将其军队撤出高加索前线,从而缓解俄国军队当前的态势。虽然这是个相当温和的要求,但却引发了一场混战,并成为大英帝国有史以来付出代价最大的一场会战。

---

① 译注:原文如此,疑为 12.4 万人的笔误。

注解

1. 劳合·乔治先生写道:"甚至在1914年战局结束前,俄国陆军的抵抗力便因为缺乏装备而行将崩溃。"(*War Memoirs, 1933,* vol. I, p. 441.)

亚眠战役,1918年

第六章

被法国人称为蒙迪迪耶会战的亚眠战役,是第一次世界大战中最具决定性的一场战役。它不仅导致了西线德军的崩溃,还打破了战争的僵局,并在此过程中创造了一场战术革命。不过,若德国军队在1914年是围绕速射炮和机枪(这是20世纪初占据主导地位的武器)组建的,而不是以弹夹式步枪(这是19世纪末的主导性武器)为核心,那战场上可能就不会出现僵局,法国也会像1940年那样被迅速打垮,虽然德军在1940年使用的是两种截然不同的主导性武器——坦克和飞机。不过,德国人并未这样组建军队,其对手也没有,正如我们所见到的那样,结果是步枪子弹得以为步兵铲挖掘躲避子弹并抵消火炮威力的堑壕争取到了时间。直到这时,交战双方的军队才着手增添火炮和机枪,而目的则是为了守住或突破堑壕防线。由于堑壕和铁丝网妨碍了进攻并帮助了防御,就像布洛赫所预见到的那样,后者成为更强大的战争形式。

为克服进攻与防御间的差异,第一种解决方案是以猛烈的炮火准备粉碎堑壕和铁丝网。[1] 通常说来,虽然这种炮火准备能确保冲击取得初步成功,但也会把战场变为一片满是弹坑的地域,给轮式车辆的前进造成巨大障碍——若没有这些车辆,进攻方在摧毁堑壕和铁丝网时就无法获得补给。[2] 另外,即便炮火准备取得了成功,也总是会导致进攻方位于突出位置,也就是说,在战术上处于不利态势。因此,虽然火炮彰显出了威力,但其破坏性却使它呈现出静态,而无法在一场机动作战中发挥决定性作用。另外,布满弹坑的地域很适合机枪实施防御。结果,战场上的僵局并未被炮火打破,反而还变得越来越严重了。

由于火炮无法解决问题,德国人遂于1915年4月22日在伊普尔地区施放了氯气。[3] 虽然最初取得了一些成功,但由于防毒面具可以很容易地抵御毒气,所以问题还是没有得到解决。

战争后期,为通过打击对方士气而取得决定性胜利,交战双方都使用飞机攻击平民。但空中行动仅仅起到了一些辅助作用,在整个战争期间,各国空中力量都没能获得充分发展,以确保取得决定性战果。[4]

所有解决方案都似是而非,因为它们没弄明白问题的症结所在。真正的问题不是消除堑壕和铁丝网,而是抵御子弹,也就是如何使大量敌步枪兵和机枪手丧失作用——不是逐渐,而是立即丧失作用。答案显然是防弹装甲,而不是增加射弹数量(无论是子弹、炮弹、炸弹抑或毒气)。英国的E.D.斯温顿上校[5]和另一些人,以及法国的艾蒂安将军在战争初期便预见到了这一点。另外,他们认为士兵们虽然无法携带装甲板,但却可以乘坐装甲车,就像水兵那样。由于这些车辆不得不在战斗中实施越野行动,所以必须采用履带,而不是轮式驱动。就这样,坦克这种自行式防弹履带战车被设想了出来。1916 年 9 月 15 日,坦克在索姆河炮火连天的战场上首次被投入战斗。

实际上,这个解决方案不是什么新生事物[6],C.B. 布拉肯伯里上校近期就以非凡的理解力研究了这个问题,他在 1878 年 7 月的《十九世纪评论》杂志上发表了一篇题为《铁甲野战炮兵》的文章。之所以值得耗费些篇幅来提及这篇文章,主要是因为它明显预见到了"坦克理念"。

简言之,布拉肯伯里的观点是:普列文战役的主要教训是"只要敌人位于前方,任何一支获得了充分掩蔽的部队都几乎是不可战胜的";炮火的效力"随射程的缩短而加强";"炮兵在近距离内的破坏力实际上具有毁灭性",但由于步兵的威力"大为增加",火炮不可能前出到毁灭性射程内。所以,问题就在于如何保护火炮不受子弹侵害,布拉肯伯里给出的建议是"每个炮兵连以 1 辆或 2 辆马车携带薄铁甲板向前推进,以此掩护炮手不受敌步兵火力打击"。"随后炮兵就可以从容等待一切进攻,并确保在敌人到达火炮前将其消灭。必须消除炮兵担心自己被俘的一切焦虑,我们也许应当以这样一种假设为基础,着手建立一种战术体系——面对前方的一切,炮兵都不会转身逃离……倘若双方炮兵展开对决,不怕敌人霰弹和步兵火力的一方肯定能打垮另一方……如果我们能防止大多数伤亡,并避免几乎所有被俘的风险,那么我们就可以无视其他意外……军舰可通过安装的铁甲板防御重型火炮,铁甲板同样可以为野战炮兵提供足够的保护,以抗击敌人的步兵火力和榴霰弹……步兵火力近年来变得非常强大,以至于野战炮兵迟早必须采用这种防御手段……炮兵可携带铁甲板,骑兵和步兵却做不到这一点,如果我们增加这种防御铁甲板的使用范围,就将创造出一种力量,肯定会导致战场上的战术发生重大改变。这种发展就像昼夜循环一样必然。我们希望英国率先实现这一点,而不是跟随在他国之后"。[7]

在布拉肯伯里的倡议中值得注意的是,他意识到"会战中的目标是施加精神方面的影响,因为死伤不会给敌人的最终退却造成影响"——这恰恰是"坦克理念"的灵魂所在。他看到了弗里德里希见到的东西,即"前进就是征服",因为一场持续不停的前进会给对方造成可怕的精神影响。这是"刺刀学派"的基本思想,这种理念在很大程度上是合理的,但在 1914 年的条件下却不可能实现。1914—1917 年的"炮弹学派"始终没有掌握这个理念,他们未能看清问题的症结不是把敌人的阵地炸成废墟,而是要让己方火炮冒着敌人的步枪和机枪火力向前推进。事实证明,若这样一场推进能持续下去,虽然它并不具备势不可挡的破坏性,但绝对会给敌人的士气造成严重打击。这正是坦克(自行式装甲火炮)所要完成的任务。它解决了军队自使用火器以来一直面临的两个突出难题,即如何协调运动与火力,如何协调运动与保护。坦克以机械动力替代了肌肉,从而增加了机动性;它以装甲板抵御子弹,从而增强了安全性;它使士兵们既不必携带武器,也无须马匹拖曳,从而加强了进攻力。坦克动态地保护了士兵,使他得以静态地从事战斗;它把海军的战术运用到了陆战之中。

坦克的首次正确使用,是在1917年11月20日的康布雷进攻行动中。这场战役没有实施炮火准备,相反,分成三群的坦克犹如一连串机动装甲炮兵连,在步兵前方展开了行动。这种战术在经过某些修改后,被一直使用到战争结束,并大幅度减少了伤亡。虽然这场战役表明,已发现一个真正能打破战场上的僵局的解决方案,但缺乏预备力量却最终导致了战术性失败。直到亚眠战役时,同样的大规模解决方案才取得了圆满成功。

"装甲战"引入战场的同时,空战也获得发展,作为最具机动性的战争形式,空战的发展在很大程度上也源于战场上的僵局。一开始,飞机几乎完全被用于指引炮兵火力。接下来飞机又被用于航空摄影,以便绘制专用的炮兵堑壕图。虽然这些任务也引发了空战,但直到1915年夏季,德军投入福克单翼机(它可以使用安装在螺旋桨叶片间的一挺机枪开火射击),才引发了系统性空战。飞机在洛斯战役中初步尝试了轰炸炮兵阵地和其他目标;索姆河战役中首次使用了接触性巡逻;梅西讷和康布雷战役期间,飞机又开始被用于对敌堑壕和炮兵阵地实施低空攻击;1918年4月1日,英国皇家空军作为一个独立军种组建,取代了原先的皇家飞行团。空军的发展非常迅速,1914年的皇家飞行团只有165名军官和1264名士兵,携带63架飞机前往法国参战,而到1918年夏季,英国皇家空军编有291175名官兵和2.2万架飞机,其中3300架部署在前线,可谓是世界上规模最大的空军力量。

在我们研究8月8日至11日发生在亚眠以东的伟大的决定性战役时,应当记住这些初期战术发展。

6月底,英军设在亚眠防线上的阵地得到了很大改善,指挥第5集团军(该集团军战败后被改为第4集团军）的亨利·罗林森将军决定，澳大利亚第4师应占领阿梅尔村和科尔比东面一座相邻的树林。7月4日，该师同第5坦克旅配合行动，不仅完全按计划夺取了这些目标，付出的代价也很轻微。[8]因此，罗林森于次日建议黑格，发起一场与之类似、但规模却更大的行动。黑格考虑着这项行动，于7月12日向两天前刚刚擢升为法国元帅的福煦提出建议，发起一场攻势，将联军位于亚眠东面和东南面的防线向前推动，从而使亚眠和至关重要的亚眠—巴黎铁路线脱离德军炮火射程。在福煦表示同意之后，罗林森于次日奉命起草计划。他于7月17日呈交了这份计划，在23日获得了福煦和黑格的批准。

该计划是阿梅尔之战的扩大版，目的是进行一场前出到亚眠旧有的外围防线的有限推进，这条去年4月丢失的防线，在第4集团军防线上从亚眠—鲁瓦公路上的奎斯内尔起，穿过凯村，直至索姆河畔梅里库尔稍东面。

在等待黑格批准期间，罗林森在他设于弗莱克西库尔的司令部召开了一场会议。这场会议的与会者包括他的三位军长——加拿大军军长亚瑟·柯里中将、澳大利亚军军长约翰·莫纳什中将、第3军军长理查德·巴特勒中将——还有指挥骑兵的查尔斯·卡瓦纳中将，以及皇家空军和坦克军的代表。罗林森最初的想法在这场会议上扩大编制，将所需要的坦克营数量从8个增加到12个。福煦在7月26日下达了这场行动的正式命令，开头处写道：

1. 行动的目的是让亚眠和巴黎—亚眠铁路脱离战斗，同时击败并逼退盘踞在索姆河与阿夫尔河之间的敌军。

2. 为实现这一目的，在北面获得索姆河掩护的这场进攻行动，应尽可能远地朝鲁瓦方向推进。[9]

虽说目的保持不变，但目标已远远超出了亚眠外围防御——因为鲁瓦位于奎斯内尔东南方8英里处。与此同时，进攻发起日定在了8月8日。福煦于7月28日扩大了这个计划，他把德伯内将军指挥的法国第1集团军交给黑格，并指示将该集团军用于罗林森右翼的进攻行动。最后，在8月5日由黑格主持召开的一场会议上，这场行动的目标发生了根本性变化。不仅位于法国第1集团军右侧的法国第3集团军加入这场进攻，就连罗林森也奉命安排一场向亚眠外围防线以东的推进，为便于法国第3集团军在蒙迪迪耶与努瓦永之间推进，黑格还命令罗林森夺取鲁瓦—绍讷一线，并把敌人逐至绍讷东南方15英里处的阿姆。为协助罗林森的行动，骑兵军也交由他指挥。

进攻发起前三天把突破纵深加倍，意味着各军军长没有足够的时间来更改复杂的行政细节——而这却是这场战争中所有进攻计划都需要的。随之而来的是，现有的这些计划必须适应他们从未料想到的情况。另外，福煦和黑格似乎都没有考虑过，随着计划的扩大，战场的性质亦会发生变化。

虽然索姆河以北的地面遍布沟渠和山脊，会给坦克造成严重阻碍，但联军的突击距离较短——亚眠外围防线位于出发线以东不到5000码。索姆河以南，直至亚眠外围防线，这片地域非常适合坦克展开行动，德军的防御工事也很薄弱。但再往前就是1916年索姆河战场的法军阵地，那里损毁的堑壕纵横交错，遍布铁丝网和弹坑，不仅让坦克和步兵很难在这里从事战斗，还为敌军机枪手提供了理想的防御地域。因此，这场进攻的纵深已扩大到鲁瓦—绍讷—索姆河一线，进攻方面对的是两场行动：计划中的是如何前出到亚眠防线；计划外的是如何从那里继续前进，跨过昔日的索姆河战场并前出到鲁瓦—绍讷一线。由于后一场行动无法仓促实现，因而需要依靠强大的步兵和坦克预备队才能赢得胜利——但因为这股力量不在预算之中，所以正如我们所见到的那样，与康布雷战役一样，亚眠战役实际上是一场"一天的行动"。

罗林森将军8月8日所掌握的力量如下：位于左翼的第3军将第12师、第18师、第58师部署在前线，最左侧的第47师负责掩护军左翼，美国第33师担任预备队；澳大利亚军位于战线中央，该军将第2师、第3师、第4师部署在前线，第1师、第5师担任预备队；加拿大军位于右翼，第2师、第3师部署在前线，第1师、第4师担任预备队。此外，他手中还掌握着骑兵军（编有第1师、第2师、第3骑兵师）、皇家空军第5旅（编有六个战斗机中队、八个侦察机中队、三个轰炸机中队）和坦克军第3旅、第4旅、第5旅及第10营。作为总预备队的第17师、第32师、第63师也由他指挥。

这场进攻的正面，南起莫勒伊，北至安克尔河。从莫勒伊到亚眠—鲁瓦公路由法国第31军据守；从亚眠—鲁瓦公路到维莱布勒托讷—绍讷铁路线（两个地点都包含在内）由加拿大军负责；从维莱布勒托讷—绍讷铁路线到索姆河由澳大利亚军据守；从索姆河到安克尔河则由第3军负责。

对于首日交战，进攻方的总体设想是以加拿大军和澳大利亚军遂行主要突击，

1918年8月8日英军使用的装甲战车的技术性能

性能	四号坦克		五号坦克		五号"星"式坦克		中型A式	炮车
	雄性	雌性	雄性	雌性	雄性	雌性		
长度	26.5英尺	26.5英尺	26.5英尺	26.5英尺	32.5英尺	32.5英尺	20英尺	30英尺
重量	28吨	27吨	29吨	28吨	33吨	32吨	14吨	34吨
组员	一名军官，七名组员	一名军官，七名组员	一名军官，七名组员	一名军官，七名组员	一名军官，七名组员	一名军官，七名组员	一名军官，七名组员	一名军官，七名组员
武器	两门6磅炮，四挺刘易斯机枪	六挺刘易斯机枪	两门6磅炮，四挺哈奇开斯机枪	六挺哈奇开斯机枪	两门6磅炮，四挺哈奇开斯机枪	六挺哈奇开斯机枪	四挺哈奇开斯机枪	一挺刘易斯机枪
引擎	105匹马力	105匹马力	150匹马力	150匹马力	150匹马力	150匹马力	2台45匹马力	105匹马力
最大时速	3.7英里	3.7英里	4.6英里	4.6英里	4英里	4英里	8.3英里	3英里
平均时速	2英里	2英里	3英里	3英里	2.5英里	2.5英里	5英里	1.75英里
作战半径	15英里	15英里	25英里	25英里	18英里	18英里	40英里	15英里
跨越能力	10英尺	10英尺	10英尺	10英尺	14英尺	14英尺	7英尺	11.6英尺

注：1. 五号"星"式坦克除车组人员外，还可搭载20名士兵。
2. 炮车最初设计为可携带一门6英寸榴弹炮或一门60磅炮。
3. 改装后的炮车和四号坦克可运送10吨物资。
4. 作战半径为大致值，实际作战半径要取决于地形。

法国第31军和英国第3军则在他们右侧和左侧构成防御翼。整个战场分为三个目标：绿线和红线是所有军的第一目标和第二目标，而蓝线和蓝虚线分别是澳大利亚军和加拿大军的第三目标。实现第一目标后停顿2个小时，以便为第二突击波次赶上并越过第一波次发起突击提供时间。

坦克力量的分配如下：第4坦克旅（第1营、第4营、第5营、第14营）配属给加拿大军；第5坦克旅（第2营、第8营、第13营、第15营）配属给澳大利亚军；第10坦克营配属给第3军；第3坦克旅（第3营、第6营）配属给骑兵军。

这些营所配备的坦克的技术特性参见上表。第3营和第6营各配48辆"赛犬"A式中型坦克，除第1营和第15营各配备36辆五号"星"式坦克外，其他营都配备36辆五号坦克，另有六辆备用坦克随时准备替代发生故障的战车。他们共投入

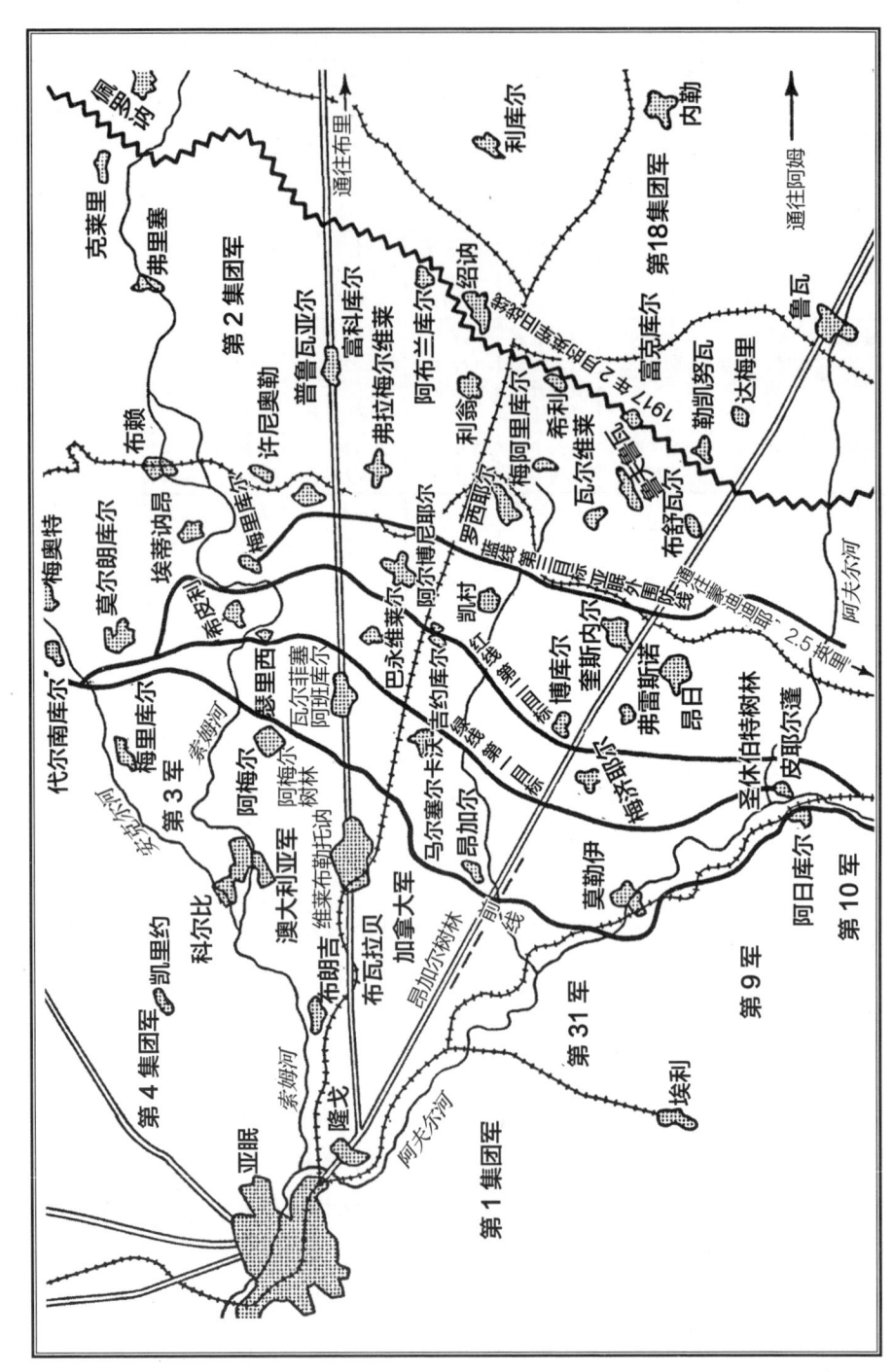

亚眠战役，1918年8月8日

了324辆重型坦克和96辆"赛犬"坦克，另外还有42辆战车担任预备力量。此外，他们还拥有96辆补给坦克（由四号坦克改装而成）和22辆由炮车改装而来的补给车。所以，他们总共拥有580辆战车。另外还有配备了12辆装甲车的第17坦克营，该营隶属第5坦克旅，与澳大利亚人一同行动。

这种力量配备足以确保英军前出到亚眠外围防御，但他们若是想要在8月9日越过这道防御并推进到鲁瓦—绍讷一线，仅依靠这股力量是不够的——所有师和坦克将于8日投入交战，因此，他们需要实施重组后才能在9日展开一场协同一致的推进。8日的进攻力量过强，也过于集中。每个师的进攻正面在开始时平均为2250码，在结束时则为3000码。倘若时间允许，这些正面本来可以再扩大一些，这样一来，也许可以抽出两个师和两个坦克营加入担任预备队的三个师中。另外，如果骑兵军及其坦克营能保留到8月9日，那么，五个新锐步兵师、三个新锐骑兵师和四个新锐坦克营便可用于当日继续遂行的交战。这种向前推进的持续性至关重要，因为要想保持突击势头，不仅需要击溃敌人部署在前线的各个师，还要迫使对方在其预备队开到前不断溃败——使溃退之敌与未溃败的敌军混杂在一起是让后者组织混乱、士气瓦解的最可靠的办法。

卷入这场战役的德国军队是第2集团军和第18集团军，指挥前者的是冯·德·马维茨将军，指挥后者的是胡蒂尔将军。第2集团军的防线从英国第3军左翼的梅奥特起，一路延伸到莫勒伊以南3.5英里处的圣休伯特树林；第18集团军的防线则从圣休伯特树林延伸到努瓦永，与法国第3集团军右翼相对。德国第2集团军将10个师部署在前线，由四个师担任预备队，第18集团军在前线部署了11个师，将四个师留作预备队。

英国第4集团军的战线上采用的仍是在康布雷战役中所使用的战术。坦克集结在步兵出发线后方1000码处，进攻开始前（时间定于清晨4点20分），他们将在飞机噪音的遮蔽下驶向出发线，进攻时间到来后，他们便在由集团军三分之一的火炮所实施的徐进弹幕射击[10]掩护下，率领步兵向前推进，而集团军另外三分之二的火炮则轰击敌炮兵连阵地。由于法国第1集团军的坦克很少，进攻时间到来后，他们将在第31军即将向前推进时，对敌军堑壕和炮兵连实施持续45分钟的固定弹幕射击。英国第4集团军掌握着800架飞机，而法国第1集团军的飞机数量则达到了1104架。由于战役开始前，两个德国集团军只有365架飞机，所以联军占有制空权。

除了在战役期间设法保持制空权外，皇家空军的另一些任务是同地面突击部队相配合，轰炸并扫射敌地面目标；为先遣突击力量提供弹药，并轰炸绍讷、鲁瓦、内勒、佩罗讷的铁路中心，以及索姆河上的渡口。

赋予骑兵军和第3坦克旅的任务是尽快穿过加拿大和澳大利亚军的先遣步兵力量，夺取并坚守亚眠外围防御，直到获得接替。他们随后将向东南方攻往鲁瓦—绍讷，切断敌军交通线，并缓解法军推进的压力。

这是一项不切实际的任务，受到了坦克军军长和参谋长的强烈批评，他们认为坦克和马匹无法成功合作，因为坦克不畏枪弹，而马匹则不然。他们提出，协助法军推进的更好的办法是，留下两个"赛犬"坦克营，待步兵和五号坦克达成突破后，以这两个坦克营从维莱布勒托讷攻往罗西耶尔，然后转身向右并向南卷击，沿一条宽大战线攻往德国第2集团军和第18集团军后方，最终到达蒙迪迪耶东南方。罗林森将军认为这场机动过于冒险，因而决定保持原定计划。[11]

保密和出敌不意是进攻的灵魂。各部队直到进攻发起前24—36小时才获悉进攻目标并接到进攻令；所有的运动只能在夜间进行；禁止实施前进侦察和炮兵试射；日常工作继续进行；铺面道路上覆以沙土和稻草；对物资堆栈加以伪装；布置强大的对空拦阻火力，以防敌空军窥探战线后方的情形。尽管采取了这些预防措施，但7月29日晨，据守索姆河以北地段的澳大利亚第5师还是发起了一场愚蠢的突袭，并俘获了138名敌军士兵。8月6日，不可避免的报复行径接踵而至。德国第27符腾堡师沿一条4000码宽的战线展开猛烈进攻，冲击英国第3军第18和第58师的内翼，取得了800码深的突破，并俘获236人。这场进攻彻底打乱了第3军的准备工作，正如我们将见到那样，这给8月8日的行动造成了严重后果。

7月29日至8月8日晨之间，14个步兵师、三个骑兵师、三个坦克旅和2000多门火炮顺利集中到了亚眠以东一条约10英里宽的战线上，与毫无察觉的敌人近在咫尺。这是组织和参谋工作的一场胜利。

8月7日/8日夜间天色很好，没有月光，但凌晨3点，地面上腾起雾气，4点稍过，英军坦克从集结地域缓缓驶向步兵出发线，此时大雾弥漫，能见度几乎降为零米。清晨4点20分，2000门火炮爆发出惊天动地的剧烈轰鸣声，飓风般的炮弹袭向亚眠外围防御和敌炮兵连，徐进弹幕落在推进中的坦克和步兵前方200码处，以每三分钟100码的速度向前移动。

虽然大雾迫使进攻部队分成了若干群体，并导致空中力量直到上午9点才投入行动，但英军在索姆河南面彻底达成了突然性。由于雾气弥漫，第一波次前卫力量走在最前面，引领坦克向前行进，小股步兵排成单列纵队尾随其后，再往后便是提供支援的各个连队。他们迅速跨过约500码宽的中间地带，敌人则慌乱地逃离第一道防线。

虽然位于右翼的法军发动得较晚，但当他们投入行动后，还是令德国人猝不及防，因为后者没料到联军的战线会拓展到这么宽。上午9点30分，法军占领了莫勒伊。随后便是一场持续3小时20分钟的猛烈炮击，位于第31军右侧的法国第9军开始前进，可没过多久便被阻挡在了阿夫尔河。后来，第31军攻占了梅济耶尔，停下来等待另一场炮击，并于下午5点30分再度向前推进。当晚9点左右，该军占领了弗雷斯诺，但没能夺取奎斯内尔。我们应该记得，法军配备的坦克寥寥无几，所以他们取得的进展是相当不错的——不仅以伤亡3500人的代价俘虏了5000名敌人，还缴获了161门火炮。

与此同时，英国第3军在左翼的推进立即遭到对方的毒气弹轰击，这迫使进攻方戴着防毒面具向前行进，这是一项最为艰巨的任务。尽管伤亡惨重，但清晨7点40分，他们已在某些地段到达了第一条目标线。不过，从这里继续前进的尝试遭遇挫败。结果，位于索姆河南面的左翼的澳大利亚人，在敌人部署于希皮利周围的若干炮兵连的纵射火力打击下伤亡惨重。第3军未能完成任务的主要原因是澳大利亚人7月29日的贸然突袭。[12]

在加拿大军的战线上，加拿大第3师、第1师、第2师几个先遣旅于清晨7点45分占领第一道目标线，并在上午11点左右到达第二道目标线，加拿大第4师随即上前，从他们当中穿过。实施还击的德军火炮寥寥无几，敌步兵更是混乱不堪地溃逃，以至于战场上的许多加拿大军官"认为装甲战车可以畅通无阻了"。[13]事实的确如此，正如下文所示，一旦坦克可幸运地摆脱骑兵的牵制，他们的确能所向披靡。五号"星"式坦克[14]搭载着若干机枪组，从第二道目标线向前推进，和加拿大第4师一同赶去占领第三道目标线。与此同时，第3骑兵师和第3坦克旅奉命赶去夺取罗西耶尔。加拿大人的最后一场推进开始于中午12点40分，结束于下午3点30分，除奎斯内尔外，他们已沿整条战线到达第三道目标线。毫无疑问，要是法军没有被挡在弗雷斯诺，这个村子早已被攻克。

在此期间，澳大利亚人的战线上[15]，澳大利亚第2师居右，澳大利亚第3师居左，并肩向前推进，清晨6点20分前他们便已完整夺得第一道目标线。然后他们停顿了下来，以便让第4师和第5师赶上，尔后攻往第二道和第三道目标线。这些师在上午8点20分开始向前进击时，伴随他们的是第15坦克营，第1骑兵旅和16辆"赛犬"坦克被派往前方，而第17坦克营的装甲车已由坦克拖过崎岖路段。到上午9点15分，澳大利亚第5师已到达第二道目标线，但他们左侧的第4师被德国人部署在希皮利山脊上的炮兵连所阻，直到上午10点30分才占领他们这部分的第二道目标线。澳大利亚第5师的几个先遣旅继续前进，于上午10点30分至11点间到达第三道目标线。不过，第4师再次因为德军的纵射火力而发生延误，在付出严重伤亡并损失许多坦克后才得以到达目标线——最左侧除外。

在加拿大军和澳大利亚军的整个推进过程中，事实证明了坦克在克服敌人的机枪抵抗方面最具价值。不过，和康布雷战役一样，它们的主要作用是粉碎敌人的士气。面对一款无法阻挡的武器，德国步兵感觉自己手无寸铁，本能地拔腿开溜。他们之所以逃离，并不是因为坦克上的6磅主炮和机枪火力所实施的打击（这种火力极不准确，难以做到这一点），而是因为不断向前的坦克所制造出的一种不可抗拒的冲击力和震撼感。不过坦克在面对炮兵时，问题又完全不同了——当日昼间有109辆坦克被炮火击毁。[16] 这个数字约占英军投入交战的坦克总数的25%，在整场战争所剩下的日子里，坦克参加行动的每一天，这个损失比例都始终保持恒定。但就坦克未来的任务而言，8月8日最具启发性的教训是它们与骑兵协同行动的尝试屡屡受挫。

正如坦克军参谋部所预见到的那样，事实证明这种协同根本不可能做到。他们不仅无法相互帮助，还相互妨碍。由于骑兵比"赛犬"坦克的速度更快，所以后者在接敌行进期间被甩在了后面。但是骑兵无法抵御步枪和机枪火力，因此"赛犬"坦克又在进攻中稳步向前超过了骑兵。结果就导致了一场持续不断的穿梭运动，坦克向前推进时，骑兵落在后面，坦克随即折返，带领骑兵再度向前。另外，由于"赛犬"坦克并未受领某个固定目标，所以它们变身为了装甲游击队，从敌人的一个机枪阵地轰鸣着扑向另一个机枪阵地。虽然8日不乏溢美之词的报告谈及骑兵的冲锋[17]和罗西耶尔及绍讷周围的战斗，但骑兵主力始终没能越过蓝线，尽管他们以猛烈的进攻围捕了大批留在后方的敌军人员。没等黄昏到来，骑兵便退出了战斗，忙着给战马饮水，而"赛犬"坦克也随之离开了战场。

很明显，倘若有搭乘卡车的步兵跟随在第3和第6坦克营身后，这些卡车就可以和装甲车一样，由"赛犬"坦克牵引到蓝线附近。随后，步兵跟在坦克身后步行前进，很可能在8日下午就占领利翁和绍讷附近的高地。要是他们占领了这片高地，由于为德国第2集团军和第18集团军提供补给的唯一一条铁路线是从绍讷穿过鲁瓦向南延伸的，所以法国第1集团军对面的全部德国军队几乎都会被迫后撤。

战斗中发生的两起事件证明了这种可能性。第一起事件是E.J.卡特中校指挥的第17坦克(装甲车)营采取的行动，第二起事件则是一辆"赛犬"坦克在与骑兵脱离后，凭一己之力展开的突袭。

第一起事件发生在装甲车被牵引到绿线稍西面的瓦尔菲塞—阿班库尔后，在没有其他部队伴随的情况下，这些装甲车驶向第三道，也就是最后一道目标线"蓝线"以东约四英里的富科库尔。这场行动导致设在那里的一个德军指挥部在猝不及防之下陷入了恐慌。在混乱局面的掩护下，这些装甲车转向亚眠—布里公路南北两面。转身向南的英军装甲车遇到了德军大股运输队列，以及骑马的军官和马队——他们大概隶属于设在弗拉梅尔维莱的德国军级指挥部。这些装甲车在近距离内开火射击，一个连射就击毙了四名德国军官。不久后他们便到达了德军指挥部，并在房屋上升起澳大利亚军的旗帜——就在几分钟前，这里还被德国军长所占据。大约在同一时间，另一辆装甲车在亚眠—绍讷铁路线上看见了一列德国火车，遂对其加以破坏，这列火车后来被骑兵们缴获。

那些转身向北的装甲车进入了普鲁瓦亚尔和许尼奥勒，其中还有两辆装甲车前出到索姆河。在普鲁瓦亚尔，他们发现德军士兵正在吃晚饭。这些装甲车立即开火射击，德国人四散奔逃。接下来，这些英军装甲车向东行进，看见远处一群群敌人被澳大利亚士兵逐出堑壕。为了打敌人一个措手不及，这些装甲车隐蔽在普鲁瓦亚尔郊外，待敌溃兵靠近后突然冲出，击毙了大批敌军士兵。敌人在这些装甲车面前溃不成军，他们穿过田野逃向许尼奥勒，但却又在那里遇到了另一些英军装甲车，再度遭受了猛烈打击并四散逃窜。在许尼奥勒附近，一辆进行"行驶训练"的装甲车用机枪扫射一辆满载士兵的卡车，直到后者翻入沟内。而另一辆装甲车则尾随着德军运输队，一直没有被对方怀疑，直到他们在近距离内开火。

虽然到8日晚，已有半数以上的装甲车发生故障，但车组人员没有一个受伤严重到必须疏散的程度。

第二起事件同样富有戏剧性。事件的主角是一辆隶属第6坦克营B连，由G.B.阿诺德中尉指挥的绰号为"音乐盒"的"赛犬"坦克。8日晨，"音乐盒"穿过澳大利亚第2师，沿着同亚眠—布里铁路线相平行的方向行驶，与伴随左右的骑兵失去了联系。它的第一场冒险发生在瓦尔菲塞—阿班库尔与巴永维莱尔之间，在那里，它从后方攻击了一个德军炮兵阵地，并使其丧失了作用。随后，"音乐盒"驶向吉约库尔，沿铁路线向东行驶，并于途中协助了两支骑兵巡逻队。在逼近阿尔博尼耶尔时，它朝一群敌军开火射击，毙伤约60名敌军士兵。接下来，它又在200~600码的距离上朝一队队后撤中的德军开火射击，在消灭了几支敌军运输队后，"音乐盒"起火燃烧，丧失了战斗力。[18]

这12辆装甲车和1辆"赛犬"坦克造成的混乱相当惊人，倘若以这种混乱程度与8日投入战场的"赛犬"坦克数量相乘，大概可以毫不夸张地说，要是它们都集中于绍讷周围，是可以在阿尔贝至蒙迪迪耶、蒙迪迪耶至努瓦永这条约50英里长的战线上彻底打垮德军整个指挥和行政体系的。

尽管这种情况并未发生，但8月8日的战斗依然是联军自马恩河战役以来所取得的最大胜利。遂行突击的两个集团军以伤亡1.2万人的代价，毙伤1.3万名敌军，俘获1.5万名俘虏，缴获400门火炮，并一举突破德军防线。联军现在所要做的只是全力发展他们在初期所赢得的胜利。

不过，联军事前对此并无准备。另外，昔日的索姆河战场也注定了机动作战将不得不让位于堑壕战。虽然坦克是被当成一款堑壕战武器来设计的，但它的真正用途却是机动作战。目前仍可投入行动的坦克还有300辆，但车组人员已疲惫不堪，而且所有参加了战斗的坦克都需要维修，并补充弹药和燃料。因此，只有145辆坦克为9日的行动做好了准备。与此同时，由于鲁登道夫反对撤往兴登堡防线（这可能是最明智的做法），六个德国预备队师匆匆赶去加强第2集团军和第18集团军，另外还有七个预备队师也在途中。

针对9日的作战行动，罗林森将军给第4集团军下达的命令是前出到鲁瓦—绍讷—索姆河畔布赖—代尔南库尔一线，而法军则攻往鲁瓦。但正如他的参谋长所写的那样："可是，由于通信困难和另一些原因，直到上午11点才展开全面行动，某些旅甚至拖延到了下午1点。结果，当日的战斗完全脱节，各师各旅在不同时间发起进攻。有些进攻获得了火炮掩护或坦克支援，有些进攻则由步兵承担，没有得到其他兵种支援。"[19]另外，法军在右翼的进攻也显得有气无力。[20]尽管如此，当日黄昏到来前，联军战线已大致推进到布舒瓦尔—鲁夫鲁瓦—梅阿里库尔—弗拉梅尔维莱—梅里库尔—代尔南库尔一线。

9日/10日夜间，澳大利亚军奉命将其左翼延伸到索姆河北面，第32师前出，为加拿大第3师提供支援。三个英国军10日的目标与前一天相同。

8月10日，法国第3集团军在第1集团军右侧扩大了战线，加入了这场攻势。和9日的作战行动一样，英国第4集团军的战线上缺乏协同，各个旅零零碎碎地向前推进。德军的抵抗已大为加强，他们把更多预备队师投入战斗。在法国第1集团军与第3集团军的战线上，由于德国第18集团军正在退却，所以法军的推进速度较快。但在英国第4集团军的战线上，加拿大军取得的进展不超过2英里，澳大利亚人的进展更少，而英国第3军则实现了第一日的全部目标。

黑格和罗林森明显意识到，沿第4集团军整条战线的突击势头正在衰退。为结束这场行动并在北面重新发起进攻，黑格派一名参谋军官找到英国第1集团军司令亨利·霍姆将军，要他赶紧执行已制定的行动计划，夺取拉巴塞和奥贝尔山脊。而与之相配合的第2集团军攻往科姆梅尔，第3集团军攻向巴波姆。

在下达这些指示后不久，福煦元帅赶至黑格设在维里的前进指挥部，并指示向东攻往阿姆方向。由于此举意味着对实力不断加强的敌军实施一场全面的正面消耗战，所以黑格建议暂缓亚眠以东的进攻行动，在他麾下第1与第2集团军实施准备之际，将攻势转至朱利安·拜恩将军的第3集团军（该集团军部署在第4集团军左侧），以英国第4集团军和法国第1集团军当面之敌的右翼为目标。但福煦确信德国人的士气极为低落，不会实施太过顽强的抵抗。他之所以得出这个结论，是因为法国第1与第3集团军没有遭遇到激烈抵抗。他显然不知道，德国第18集团军和第2集团军一部正在后撤。黑格对此也不甚明了，福煦的劝说使他半信半疑，所以他还是下令执行福煦的指示，这令罗林森深感烦恼。

8月10日晚，第4集团军给第3军下达的命令是在11日实施防御，而加拿大军和澳大利亚军则攻往阿姆与佩罗讷之间的索姆河河段，并在该河右岸建立登陆场。同时，法国第1集团军的左翼力量奉命占领阿姆。

11日发生的事情明确表明，黑格和罗林森的观点是正确的，而福煦误判了形势。蒙哥马利将军写道："由于敌军炮火加强，加之缺乏坦克和足够的炮兵支援，亚瑟·柯里爵士于11日晨取消了加拿大军的进攻。"[21]在经过激烈战斗之后,澳大利亚人夺得利翁。中午前后,德军在实施一场猛烈炮击后,对希利和1917年2月英军旧战线上的达梅里与富克库尔之间发起一连串坚决的反突击。虽说这些进攻都被击退,但却是一个表明这场战役该结束了的明确迹象。

当日下午3点,罗林森召集几位军长在维莱布勒托讷开会,会上决定将进攻行动推延到8月15日,并于8月12日将骑兵军撤回预备队。

就这样,亚眠战役正式结束了。可黑格在8月14日赶去萨尔屈拜望福煦时,后者再次敦促他对绍讷—鲁瓦战线上的敌人发起进攻。黑格在日记中写道:"我拒绝这样做,因为完成这项任务势必让人员和坦克付出惨重代价……我直言不讳地告诉福煦,让他知道我指挥英国军队只对我的政府和人民负责,福煦立即改变了态度,说他只是希望尽早知道我的意图……尽管他说得漂亮,可福煦和他的工作人员五天来一直坚决主张我应当沿索姆河南岸推进,并在佩罗讷上方夺取索姆河上的桥梁,全然不顾德军的抵抗和英军的损失。"[22]

这场庞大战役造成的伤亡是:法军24232人、英军22202人,而德军则估计为7.5万人。法军俘获了11373名俘虏,缴获259门火炮,英军俘获了18500名俘虏,缴获240门火炮。若以阵亡和负伤人数看,联军的损失与德军大致相当。[23]

虽然福煦和黑格都没有意识到这场战役的决定性意义,但仅以8日所发生的事情而言,就足以让德军相信这是一场灾难。在联军着手为一场春季攻势加以准备,并打算投入数千辆坦克之际,鲁登道夫将军却宣称8日"是德国陆军在这场战争中倒霉的一天"。[24]持这种看法的并非只有他一人。关于这场战役的德国官方专著作者描述了这个决定性日子的态势:"随着8月8日的太阳在战场上落下,德国陆军自战争开始以来遭受的最大的一场失败已成定局。"[25]这种表述并非作者在和平时期反思的事后想法,而是他当时所爆发出来的内心感想。派驻奥匈帝国最高统帅部的德国军事全权代表冯·克拉蒙将军写道:"西线事态的转变给奥地利造成了毁灭性影响。德国人能够创造奇迹的信念在奥地利人民心中根深蒂固,这种信念的幻灭犹如一柄铁锤击中了他们。奥皇本人也深受影响,他召见了我并对我说,即便奥军在皮亚韦河被击退,对民众所造成的影响也不及这次西线态势发生变化这般严重。"[26]关于德军遭遇挫败的原因,普遍的说法是联军大规模使用了坦克。不过,固然坦克为联军击败德军发挥了重要作用,可如果没有更深层的原因,那么这场战役的后果可能不会比康布雷战役严重到哪里去。

在导致德国崩溃的诸多原因中,最重要的莫过于他们所遭受的封锁。到1918年夏季,如果不是能从罗马尼亚和乌克兰获得小麦,则中欧诸国早就已因饥饿而举手投降了。事实上,即便获得了这些外来的物资补给,他们的民众也已陷入饥饿边缘——饥肠辘辘时,士气自然也就低迷不振了。另一方面,虽然德国军人的伙食优于国内民众,但当他们意识到自3月21日以来的一连串进攻都纯属徒劳,最终结果是转入防御,看不到任何发起进攻的希望时,士气严重受挫也就在所难免了。一边是饥饿的家人,另一边是无望的前景,德国军人夹在当中,这就难怪鲁登道夫在回忆录中写道,战役期间,后撤的士兵朝前进中的援兵们喊道:"蠢货,你们正在延长战争!"[27]

这就是在坦克力量大显神威时,德国的凄惨背景,詹姆斯·爱德蒙兹爵士正确地指出坦克的实质影响很小,但它造成的精神影响很大,他写道:"德国人很高兴将他们在战场上的失败归咎于坦克,但这个借口是经不起推敲的。"[28]值得注意的是,布拉肯伯里上校早在40年前便已明确指出:"战役应以精神影响为目标。"促使德方专著作者将书名写为《1918年8月8日的灾难》的原因并非坦克的杀伤力,而是它所造成的恐慌。坦克促成的不是最终的撤退,而是最初的溃败。没有坦克,联军就不会有与8日晨所取得的成就相应的突然性,而正是这种进攻的突然性引发了恐慌。除此之外,步兵在面对步枪和机枪子弹都无法阻止的对手时,会产生一种无能为力感,这就使他本能地夸大危险,为自己投降或逃跑的耻辱行为开脱。

德国媒体上充斥着夸大之词。例如,冯·阿登纳男爵在《柏林日报》上写道:"坦克发起的进攻令人产生一种可怕和邪恶感。这可能会吓倒迷信的人……肆虐的战斗中,敌人使用了500头装甲怪兽。除此之外,还有大批'赛犬'坦克,它们突破我方防线的速度甚至快过特快列车。"德国第2集团军在8月25日下达的一道命令中写道:"士兵们焦虑地看到到处都是坦克中队、大批骑兵和密集的步兵队列。"一名德军俘虏交代:"多数情况下,官兵们认为坦克的逼近是停止战斗的充分借口。他们的责任感足以让他们去迎战敌步兵,可如果坦克出现,许多人就觉得他们有理由投降了。"[29]如下文所述,二战期间相同的心理事件比比皆是。

鲁登道夫正确地认识到坦克所引发的这些状况,他写道:"我一直担心,并多次提出过警告的事情,终于在这里成为现实。我们的战争机器不再有效,我们的战斗力受到'破坏'——尽管大多数师仍在英勇奋战。毫无疑问，8月8日之战导致我们的战斗力严重下降，预备队的情况同样如此，我无法找到战略上的权宜之策，从而扭转态势，使之对我方有利。相反，我开始相信，我们现在已没有执行最高统帅部相关计划的安全基础，迄今为止，至少在战争中可能的情况下，我一直在努力构建这种基础。正如我当初所指出的那样，领导层现在扮演的是一场不负责任、全凭运气的赌博中的角色，我一直认为这种情况深具致命性。德国人民的命运对我来说是个过高的赌注。这场战争必须结束了！"[30]

8月11日，德皇召集军队高级将领们举行会议。这场会议是在兴登堡设于阿维讷的司令部中召开的，德皇在会上做出了具有历史意义的讲话："我认为我们必须达成一场平局。我们的抵抗力几乎已到达极限。必须结束这场战争。"[31] 两天后在斯帕召开的另一场会议上，鲁登道夫汇报了军事态势并解释说："由于现在已无可能通过一场进攻迫使敌人求和——仅靠防御也很难实现这一目标……不得不通过外交措施来结束战争。"德皇指示外交大臣冯·欣策："可能的话，通过荷兰女王的调停开启和平谈判。"[32]

与此同时，8月8日至11日的战役，就像鲁登道夫所说的那样，引发了"这场世界大战的最后之战"。它包括针对西线庞大突出部两侧的一连串交战，正因为如此，战役又回到霞飞元帅的策略上。

8月20日，英法军队同时发起行动，法国第10集团军和第3集团军在苏瓦松与鲁瓦之间实施行动，而英国第3集团军则在阿尔贝北面展开。英国第4集团军随即将这道战线拓展到索姆河南面。持续不断的战役接二连三，9月12日，美国第1集团军加入战斗，并着手消灭圣米耶突出部。西线战事遂进入最后阶段，用福煦的话来说就是，11月11日前"每个人都在战斗"。

9月26日，美国第1集团军和法国第4集团军在默兹河与兰斯之间发起进攻。27日，英国第3集团军和第1集团军在埃佩伊与朗斯之间遂行突击。28日，英国第2集团军、比利时集团军和法国第6集团军从阿尔芒蒂耶尔至海峡一线发动进攻。29日，法国第1集团军和英国第4集团军在拉费尔与埃佩伊之间实施进攻。在此期间，弗朗谢·德斯佩雷将军指挥的联军在马其顿突破了巴尔干防线，保加利亚要求停战。9月19日，艾德蒙·艾伦比将军发起美吉多战役，于10月1日攻入大马士革，30日，土耳其退出战争。

一连串失败令鲁登道夫震惊不已,9月28日傍晚6点,他走进兴登堡元帅的房间,称停战刻不容缓。他在回忆录中写道:"我们并未考虑放弃东方的领土,认为协约国充分能意识到布尔什维克主义对他们和我们所构成的威胁。"[33]虽然他对这个问题的估计有误,但不管怎样,德国于10月5日接受了威尔逊总统的14点和平原则,并以此作为停战谈判的基础。

注解

1. 英军的炮火准备发展得非常迅速：1915年的荷格战役中耗费了1.8万发炮弹，1916年的索姆河战役消耗了200万发炮弹，1917年的阿拉斯战役消耗了260万发炮弹，1917年的梅西讷战役消耗了350万发炮弹，1917年的第三次伊普尔战役消耗的炮弹则高达430万发。
2. 第三次伊普尔战役期间，前进中的部队和火炮像从事山地战那样，依靠驮畜来运送补给物资。
3. 1915年年底，德国人使用了光气弹。1917年夏季，他们使用了喷嚏性毒气弹（二苯氯胛，或被称为"蓝十字毒气"）和芥子气（二氯乙基，又被称为"黄十字毒气"）。最后一种毒剂既是挥发性很强的起疱液体，也是一款强大的武器。美军在战争中因毒气伤亡的人数高达74779人（主要是由芥子气造成），占总伤亡人数的27.3%，但其中只有1.87%的人死亡。
4. 德国总共对英国实施了111次空袭，投下约300吨炸弹（8500颗），炸死1413人，炸伤3407人，并炸毁了价值300万英镑的财物。而在德国，有720人被炸死，1754人被炸伤，财产损失达117.5万英镑。
5. 参阅他的著作 *Eyewitness* (1932)。
6. 参见 *Tanks in the Great War, J. F. C. Fuller* (1920), chap. 1。
7. 事与愿违，他的想法被舒曼上校采纳，并在1890年和1899年的德军秋季演习中加以检验。罗马尼亚陆军也采纳了他的这个想法（*Journal of the Royal United Service Institution*, vol. ⅩⅩⅣ, pp. 867—889, 1029—1035）。
8. 阿梅尔之战比康布雷战役更多地塑造了英国坦克军的声誉（参阅 *Tanks in the Great War*, Chap. ⅩⅩⅦ, and *Memoirs of an Unconventional Soldiery, J. F. C. Fuller*〔1936〕, pp. 287—290）。
9. *Military Operations France and Belgium, 1918* (British Official History, edit. Sir James E. Edmonds, 1947), vol. Ⅳ, p. 2。
10. 徐进弹幕射击在1916年的索姆河战役中首次使用。
11. 参阅 *Memoirs of an Unconventional Soldier*, p. 299。
12. *British Official History, 1918,* vol. Ⅳ, p. 154。
13. 同上，p. 52。
14. 这款坦克马力不足、行速缓慢、笨重且引人注目，车上携带的小组饱受废气之苦，下车后往往极不适合从事战斗。
15. 澳大利亚第1师直到8月7日才从北面开抵，因而被留作军预备队。
16. 几乎所有被击中的坦克都可修复。
17. 这里指的是阿尔博尼耶尔附近的一场战斗，但事实证明他们所打击的敌人不过是德军的一支运输队，第1骑兵旅击毙并俘虏了对方46人。
18. 阿诺德的完整报告可参阅 *Tanks in the Great War*, pp. 230—235。
19. *The Story of the Fourth Army*, Major-General Sir Archibald Montgomery (n.d.), p. 52。
20. *La Bataille de Montdidier, Commandant M. Daille* (1922), p. 197.
21. *The Story of the Fourth Army*, p. 61。
22. *The Private Papers of Douglas Haig, 1914—1919* (edit. Robert Blake, 1952), pp. 313—324。
23. *British Official History,* 1918, vol. Ⅳ, pp. 154—155。
24. *My War Memories,* vol. Ⅱ, p. 679。
25. 引自 *British Official History, 1918,* vol. Ⅳ, p. 88。
26. *Quatre ans au G.Q.G. Austro-Hongrois,* p. 285。
27. *My War Memories,* vol. Ⅱ, p. 683。
28. *British Official History, 1918,* vol. Ⅳ, p. iv。
29. *Weekly Tank Notes, 10th August-2nd November,* 1918, pp. 9, 14, 25, 26。

30. *My War Memories,* vol. Ⅱ, p. 684.
31. 引自 *British Official History,* vol. Ⅳ, p. 140。
32. *My War Memories,* vol. Ⅱ, pp. 684—687.
33. 同上，vol. Ⅱ, p. 721。

大事记
战争的进展，1915—1918年

英国可以说是协约国的战略重心。对同盟国来说，要想赢得战争，必须设法将英国驱离。这就要求他们击败法国和俄国，并争取到中立国的支持，这样一来，待盟友战败后，英国政府就无法建立另一个联盟。英国面临的问题是如何维持这个联盟。他们昔日为达成这个目的而采用的手段是封锁敌人、资助盟友，以及派小股英国军队从事牵制和分散性行动。现在，英国虽然成为协约盟国的银行和兵工厂，但从一开始就没有诉诸全面封锁的手段，也没有将他们的军队作为牵制性力量使用，而是直接投入了西部战区。尽管如此，在战争陷入僵局后，英国政府并没有坚持这种新的大陆政策，而是回到了传统的牵制和分散策略上。

在达达尼尔海峡这场转移注意力的冒险行动前，英国人已决定发起两场次要战役，一场是在埃及护卫苏伊士运河，而另一场则在波斯湾展开，目的是保护阿巴丹的盎格鲁—波斯石油公司的设施。后来，正如我们所见的那样，英国人又向萨洛尼卡派出了一支远征军。这些转移注意力的行动迅速演变成了大规模战役，1917年时，俄国摇摇欲坠，协约国的兵力问题到达了危机的顶点，第一场交战发展为了巴勒斯坦战役，英国为此投入的兵力高达34万人；第二场交战演变为了美索不达米亚战役，英国投入的总兵力约为40万人；第三场交战发展为了马其顿战役，协约国的总兵力高达60万人，英军兵力为20.2万人。这三场战役使大英帝国阵亡、负伤与病死17.45万人，而且这个数字还要加上他们在加里波利半岛伤亡的21.4万人。

这种对人力的肆意挥霍是战争旷日持久的主要原因之一，而另一个更重要的原因则是英国迟迟未能建立起对同盟国的全面封锁。这是因为英国政府受到了1909年的《伦敦宣言》的束缚，而这份宣言又是建立在1856年的《巴黎宣言》基础上的。该宣言将禁运品分为两类：一类是包括军需品在内的绝对禁运物资，另一类是包括运往敌国武装部队的食物和饲料在内的有条件禁运物资。由于无法证明后一类物资不是经中立国运往德国，所以英国的封锁从一开始就没起到作用。1914年8月20日，英国颁布了修改《伦敦宣言》的第一道枢密令，10月29日又颁布了第二道枢密令。这些修改令严重限制了运入德国和奥地利的物资，德国政府对此做出了回应，在1915年2月4日宣布从18日起以潜艇封锁大不列颠及爱尔兰周边海域。这在政治上是个愚蠢的决定，因为英国的枢密令已激怒了中立国（特别是美国），而德国以潜艇实施封锁则会不可避免地导致中立国转移对英国的敌视，让所有同英国从事贸易的中立国都对德国深感不满。相关事件很快证明了这一点。5月1日，德国潜艇击沉了一艘美国商船，一周后，"卢西塔尼亚"号远洋客轮被鱼雷击沉，中立世界为之哗然。

趁着这艘大型客轮沉没所引发的愤怒情绪，英国政府于5月15日颁布了另一道枢密令，宣布进出德国的一切货物都是禁运品，从而建立起了全面封锁。与此同时，德皇对美国的反应深感震惊，因而下令停止一切对客轮和中立国船只的攻击。倘若此后美国禁运军火，可能会迫使协约国就范，因为他们自己的工厂完全无法满足其军队的巨大需求。

当德军右翼停在尼厄波尔时，西线形成了一个巨大的突出部，从海峡与孚日山脉之间向西伸出，而顶端则位于贡比涅附近。就1915年而言，霞飞的计划是以一场两路攻势切断这个突出部：英军从阿图瓦向东攻击，法军则从香槟地区向北进攻，这两场突击将在圣康坦会合。在整个战争期间，这份计划都一直是法国的战略准则，1915年据此发生了以下战役：第一次香槟战役（12月20至3月17日）、苏瓦松战役（1月8日至14日）、新沙佩勒战役（3月10日至13日）、费斯蒂贝尔战役（5月15日至25日）、第二次阿图瓦战役（5月9日至6月18日）、洛斯战役（9月25日至10月15日）、第二次香槟战役（9月25日11月6日）。但这些战役的成果，不过是导致巨大的突出部凹陷了一部分而已。

由于俄国战线已经面临严冬，再加之意识到了联军在西线达成突破的企图屡屡受挫已在法国造成了一种失败主义情绪，法尔肯海因遂于1915年年底决定再次将德军的主要努力调整到西线。他的计划是重启潜艇战，并同时对凡尔登实施打击，他之所以选择凡尔登为目标，是因为法国认为这座要塞是坚不可摧的。倘若他能攻克凡尔登，那么该要塞的陷落也许会严重降低法国人的士气，并导致他们崩溃，从而使英国陷入孤立的境地。

1916年2月21日，凡尔登战役拉开了帷幕。虽然和以往对堑壕防线的诸次进攻一样，德军的这场攻势没能取得突破，但它一直持续到7月11日——德军伤亡了28.1万人，法军损失了31.5万人。这场战役开始一周后，德国展开了潜艇战，并在最初取得惊人的成功，似乎德国人终于找到了一种能迫使敌人就范的武器。但3月24日，他们未经警告便以鱼雷击沉了往来于福克斯顿—迪耶普的定期邮轮"苏塞克斯"号，美国政府立即发出威胁，除非德国修改潜艇战规则，否则将与其断绝外交关系。这个警告令德皇慌了神，遂同意将潜艇的攻击对象限制在纯粹的军事目标上。7月7日，英国政府废除了《伦敦宣言》。

虽然凡尔登战役打乱了协约国的春季攻势，但俄国、法国和英国一致同意实施一场联合行动，6月5日，布鲁西洛夫将军率先在俄国战线展开了行动。这对英国来说是个好消息，因为他们在5月31日的日德兰海战中遭遇了挫败，而五天后基奇纳勋爵又在海上罹难。虽说截至6月20日已有20万奥地利士兵向俄国人投降，但6月16—23日间，德国人对布鲁西洛夫发起了猛烈反击并将他击退。尽管如此，这场进攻还是持续到8月17日，俄军损失了超过100万人，为这场攻势耗尽了鲜血。

当布鲁西洛夫的攻势到达顶点时，在经过大规模准备和历时七天的前期炮击之后，法军和英军（现在由道格拉斯·黑格爵士统辖）于7月1日在索姆河发起了拖延已久的进攻，随之而来的又是一场消耗战。这场战役持续到了11月18日，双方阵亡、负伤与被俘的人数都超过了60万。在此期间，罗马尼亚于8月27日对同盟国宣战，两天后，兴登堡替代法尔肯海因出任总参谋长。12月6日，布加勒斯特向德国投降。

随着索姆河战役的进行，所有战线都彻底陷入了僵局之中，似乎没有哪一方能在战场上强行取得决定性结果，伦敦、柏林和维也纳都在考虑和平谈判的问题。11月14日，在阿斯奎斯联合政府担任不管部大臣的兰斯多恩勋爵向内阁呈交了一份备忘录，建议对和平的可能性加以研究。摇摇欲坠的阿斯奎斯政府于 12 月 7 日倒台，被曾是激烈主战派的劳合·乔治取而代之。五天后，德国及其盟友发出了四份内容相同的照会，称他们愿意考虑和平建议。但从随后发生的事情来看，德国对这个问题所持的态度是否真诚似乎很值得怀疑。12 月 18 日，伍德罗·威尔逊总统向所有交战国发出了一份照会，要求他们阐明"在这场战争中实现哪些确切目标才能让他们和他们的人民感到满意"，1917 年 1 月 22 日，他在参议院发表讲话，宣布了"没有胜利者的和平"的主张。德国既没有响应美国总统的呼吁，也不愿把阿尔萨斯—洛林让给法国（据法国司法部长 M. 维维安尼称，此举将使法国退出战争），相反，德皇还于 1 月 31 日下令自 2 月 1 日起恢复无限制潜艇战。除了这个愚蠢的行为外，美国还获悉，德国一直在敦促墨西哥与她和日本缔结一个攻守同盟，倘若美国人参战，他们就一同对付美国。这些事情令美国大为震怒，遂于 2 月 3 日断绝了与德国的外交关系，虽然和谈仍在继续，但已没有了任何意义。

德国犯下这种愚蠢错误的原因是，柏林方面认为俄国的士气已到了崩溃的边缘，倘若加强潜艇战业已造成的破坏，可能会迫使英国在美国发挥其军事影响前屈服。显然，德国应该做的是等待俄国发生崩溃，然后集中一切力量在西线发动进攻，并同时全力遂行潜艇战。

德国对俄国前景的预测是正确的。1916 年年底，彼得格勒发生了一起充满不祥之兆的事件。12 月 29 日，俄国宫廷斯文加利式的人物，沙皇皇后的密友，僧人拉斯普京遭暗杀，从这一刻起，俄国的形势就急转直下。1917 年 3 月 8 日，彼得格勒发生动乱，面包店遭到抢劫。11 日，部队奉命恢复秩序，可他们没有向群众开枪，而是打死了他们的长官，并加入民众的行列。俄国首都驻有 19 万人的部队，但皇家卫队发动的兵变犹如野火般蔓延开来。12 日，这场革命席卷了一切，民众攻入冬宫，焚烧公共建筑，还打开了包括圣彼得和圣保罗要塞在内的监狱（这可谓俄国的巴士底狱）并释放了囚犯。3 月 15 日，尼古拉斯二世退位，由利沃夫亲王领导的一个临时政府于三天后成立。布鲁西洛夫被任命为总司令，克伦斯基出任司法部长。当年 5 月，后者出任陆海军部部长，7 月担任总理。3 月 22 日，临时政府获得了各同盟国政府的正式承认。

紧随俄国三月革命而来的是一场扩大的战争。4 月 6 日，这个复活节前的周五，美国对德意志帝国宣战，几乎在这同时，德国政府用一列封闭的火车将列宁（弗拉基米尔·伊里奇·乌里扬诺夫）送回了彼得格勒。这是整个战争期间最重要的两件事，注定要改变这个世界的政治走向。

自瓦鲁斯军团大败亏输以来，1917年4月6日可以说是欧洲历史上最具决定性的一天了，美国总统以一种神秘的方式预感到了这一点。4月1日晚，也就是他在国会发表战争咨文前夕，他接受了《纽约世界报》记者弗兰克·科布的采访，后者报道了他的讲话：

……战争将颠覆我们所知的世界；只要我们置身事外，中立立场仍会占据优势，可如果我们加入协约国，这个世界就将丧失和平的基础，而改以战争为基础。

"这不仅意味着我们会和其他人一样丧失头脑，不再权衡对错，还意味着这个半球上的大多数人会沦为战争狂，放弃思考并全力以赴地从事毁灭"。总统说宣战意味着德国将被击败，而且会败得很惨，以至于出现一场受到支配的和平，一场有胜利者的和平。

他说："这意味着以战争标准重建和平时期文明的一种尝试，战争结束后，不再有具备足够和平标准的旁观者从事这项工作。这里只有战争标准……"

他还说："一旦率领这个民族投入战争，他们就会忘记曾有过的诸如'宽容'这类事。要想从事战斗，你就必须做到残酷无情，残酷无情的精神会渗入到我们国民生活的每一个毛孔中去，感染国会、法院、巡逻的警察和街上的人。"总统指出，一致性将成为唯一的美德，拒不接受者会受到惩处。

若非民意已被宣传煽动到白热化的程度，威尔逊总统不会被迫采取这个决定性步骤。此时，俄国基本上已退出了战争，德国因而得以集中力量对付法国，几乎可以肯定，若是没有美国的支援，法国和英国本来是会被迫转入防御的。不过，德国无法决定性地突破他们的防线的，再加上英国海军部于当年5月决定在海上实施护航[1]，开始遏制住德国潜艇，本来可以借助美国的调停，在列宁上台前达成谈判商定的和平。

英国工党领袖拉姆齐·麦克唐纳先生对美国参战的智慧提出了质疑。8月17日，他在发给豪斯上校和总统的一份声明中写道："大多数英国人民欢迎美国参战，有少数人（比报纸或激烈的观点所暗示的为多）虽然对此并不抱有敌意，但却感到遗憾。

他们持这种观点是因为：第一，他们并不认为需要美国提供军事帮助以迫使任何一个强国达成一个合理的和平。第二，他们认为美国置身于战争之外，既能对和平和善意做出更多的贡献，也能对和平解决带来更好的影响。"他接着写道："……尽管你们也许能取得没有胜利者的和平，但历史表明，一般国家都是赢得没有和平的胜利……这也迫使他们欢迎政治活动与军事行动齐头并进。"

多年后的 1936 年 8 月，丘吉尔在发给《纽约问询报》编辑威廉·格里芬的一份声明中称："美国应该管好自己的事，置身于世界大战外。假使你们当年不参战，协约国本来可以在 1917 年春季与德国缔结和约的。如果我们当时实现了和平，俄国就不会崩溃，共产主义也不会随之出现，意大利也不会崩溃，法西斯主义也就不会出现，而德国不签署凡尔赛和约的话，也就不会有纳粹主义的出现。如果美国不参战，这些'主义'今天就不会席卷欧洲大陆并打破议会政体，如果英国在 1917 年年初实现和平的话，本可以挽救 100 多万名英国、法国、美国和其他国家人民的性命。"

随着俄国几乎已退出战争，而美国目前只是在名义上参战，法国人和英国人最明智的做法是转入防御，守住自己的防线，节约兵力并等待美国发展其实力。但恰恰相反，他们却决定从阿拉斯向东、从兰斯向北发起一场联合春季攻势。德国人通过他们的准备工作猜到了即将发生些什么，为更好地守住西线直到援兵从俄国战线开抵，他们从西线巨大突出部的顶端撤至他们所说的齐格菲防线——协约国称之为兴登堡防线。这是一道庞大的堑壕体系，从阿拉斯附近延伸到了苏瓦松以东几英里处。这场后撤导致协约国的联合攻势失效，并引发了两场单独的战役——阿拉斯战役（4 月 9 日—5 月 15 日）和第二次埃纳河战役（4 月 16 日—20 日）。英军在前一场战役中伤亡了 15.8 万人；后一场战役由尼维尔将军指挥，他于 1916 年 12 月接替了霞飞，结果这场战役以法国的惨败而告终，法军伤亡了 18.7 万人。更糟糕的是，大规模兵变随之发生，这就意味着法国人不得不暂时放弃一切继续进攻的想法。5 月 15 日，贝当将军替换了尼维尔。接下来，俄国于 6 月 29 日在东线发起的克伦斯基攻势，到 7 月 18 日就已被德军彻底粉碎，这使俄国再也无力遂行后续进攻。

早在索姆河战役前，道格拉斯·黑格爵士就曾敦促在佛兰德斯展开决战。现在，为把德军从士气低落的法军身上引开，并夺取德军设在奥斯坦德和泽布吕赫的潜艇基地，他决定先攻克梅西讷山脊，尔后突破伊普尔防线并攻往布鲁日和根特。

5月21日，在2266门火炮和19颗地雷（装有100万磅炸药）的掩护下，梅西讷战役打响了，到6月14日，英军已成功占领了山脊。接下来的7月31日，在经过一场持续13天的炮击之后，被称为"第三次伊普尔战役"的一连串交战爆发开来。这片战场是开垦过的沼泽地，持续的炮击使它重新沦为一片庞大的泥沼，直到遂行进攻的士兵们在这里摸爬滚打到11月20日为止，这场战役才以损失244897人而告终。[2]8月份过后，英军继续遂行这场在战术上已然无望的战役，这主要源于黑格不可原谅的顽固性——因为当月20日，法国人已恢复了部分元气，足以在凡尔登发起一场进攻——这场战役持续到了12月15日，并和以往一样遭受到了严重损失。

与此同时，从10月24日至11月4日，意大利人在卡波雷托战役中遭遇了惨败，折损了30.5万人，其中27.5万人被俘。为防止意大利人被逐出战争，英法联军开赴意大利。11月20日，黑格在康布雷进攻德军，这场战役没有实施炮火准备，而且还首次大量使用了坦克。虽然黑格在战役的开局阶段取得了惊人的成功，但由于缺乏预备力量，战役还是在12月5日以失败而告终了，此役英国损失了4.5万人。到1917年年底，英国人已流尽了鲜血，法国人也在精神上疲惫不堪了，意大利人几乎已退出了战争，而美国人由于尚未充分卷入战争，所以并未承受巨大的损失。

11月7日，列宁和托洛茨基（列夫·达维多维奇·勃朗施坦）在彼得格勒夺取政权，并推翻了克伦斯基政府（旧历10月25日，故称之为"十月革命"）。一个月后，俄国与德国解除了敌对状态，沙皇帝国开始瓦解。1918年1月22日，乌克兰宣布独立，2月9日，德国根据第一份《布列斯特—立托夫斯克条约》予以承认。接下来，从2月16日至5月30日，立陶宛、拉脱维亚、爱沙尼亚、白俄罗斯、格鲁吉亚、阿塞拜疆、亚美尼亚、北高加索与哥萨克亚（顿河和库班哥萨克人）纷纷宣告独立。随后，为迫使布尔什维克政府就范并阻止托洛茨基滔滔不绝的宣传辩论，德国人于2月18日重新恢复战争，布尔什维克立即宣布他们准备接受和平。这就使双方在3月3日签署了第二份《布列斯特—立托夫斯克条约》，根据相关条款，布尔什维克政府承认芬兰和乌克兰独立，割让库尔兰、立陶宛、波兰、巴统和卡尔斯（后两处被割让给了土耳其），遣散其陆军和舰队，并停止在德国境内的一切宣传。5月7日，德国又同罗马尼亚签订了《布加勒斯特条约》。

在俄国处于无政府状态时，威尔逊总统则在考虑和平问题，并于1月8日向国会概述了解决战争的十四点和平原则，后来又增加了四点。这些原则极具理想主义，吸引了这个厌战的世界，并为德国提供了以一场谈判的和平结束战争的机会。德皇和他的顾问们之所以拒绝考虑这些原则，至少有部分原因是因为威尔逊一方面挥动橄榄枝，另一方面又在美国国内建议对德国人施以最严厉的措施，柏林只能获得受到支配的和平。因此，由于这场战争现在已减少了一条战线，德国最高统帅部遂决定在美国人大举介入战争前先行击败英国和法国。除接受十四点和平原则外，这是唯一可行的路线。正如鲁登道夫所指出的那样，俄国的崩溃使德国国内如释重负，所有人都渴望发起进攻，都对面对物质优势越来越强大的敌人实施防御战心生恐惧。另外，封锁的束缚几乎使德国喘不过气来，唯有进攻方能将其迅速打破。

德国最高统帅部所犯的错误不是决定进攻，而是选择顽强的英国人为目标，而非厌战的法国人。

德国人的计划是，待西线获得调自俄国的70个师加强后，便突破佩罗讷北面和南面的英国第3集团军与第4集团军，在达成这场突破后便把遂行进攻的右翼转向北面，将英军与法军隔开。

3月21日，德军在雾色和毒气弹掩护下发起了皇帝战役，事实证明这场战役非常成功，以至于联军为应对态势，在26日任命福煦将军为协调员。尽管如此，这场进攻还是在4月5日耗尽了势头，德国人停在一个巨大的突出部内，其顶端位于亚眠以东9英里处。他们在索姆河地域受挫后，又于4月9日对横跨利斯河的英国第1集团军发起了一场强有力的突击。这场进攻直到4月30日才逐渐消退，德军停在了另一个突出部内。

直到这两场失败的战役结束后，德国最高统帅部才决定转而对付埃纳河畔的法军。5月27日凌晨1点，他们发起了第三场庞大的攻势，对"贵妇小径"所在的山脊遂行冲击，至28日夜间，一个硕大的突出部在兰斯与苏瓦松之间向南伸出了。6月3日，他们前出到蒂耶里堡的马恩河河段，在那里停顿到9日才重新展开进攻，但14日攻势就再度停顿了下来。7月6日，德军展开了最后一次突击，这次是在兰斯东面和西面，但由于联军进行了顽强的防御，德国人只取得了些许进展。

为阻止对方继续攻向巴黎，福煦决定对突出部西翼发动反攻。7月18日，他从维莱科特雷向东实施突击，至8月2日已迫使德军退回兰斯—苏瓦松一线。自3月21日起到现在，双方遭受的损失都高达百万之众。对德国人来说，这些损失是绝对的，因为他们无法获得补充；而此时已有100多万美军士兵在法国登陆，他们正以每个月25万人的速度开抵。诚如鲁登道夫所言，美国人因而"成为这场战争中的决定性因素"。然后，最终决定胜负的却并非美国人。

注解

1. 协约国当年 4 月损失了 169 艘船只，引入护航制度后，在美国海军的协助下，从那时起到年底，协约国每个月平均损失 75.5 艘船只，但没有一艘运兵船被击沉。
2. 这个数字出自詹姆斯·埃德蒙兹爵士写的书（*A Short History of World War I, 1951*, p. 252）。据英国《官方战略摘要》（1920 年版）称，7 月 31 日至 12 月 31 日，第三次伊普尔战役的损失人数为 380335 人，而梅西讷山脊战役的损失人数为 108882 人。

维托廖韦内托战役，1918年

第七章

迪亚兹将军出任意大利军队总参谋长后,意图发起一场进攻,但他在1918年5月中旬获悉奥地利人也准备遂行进攻,于是决定暂停行动,等待对方先动手。

奥地利人的计划是个折中方案,和大多数折中方案一样,是个糟糕的计划。原奥地利总参谋长康拉德·冯·赫岑多夫元帅目前在特伦蒂诺战线上指挥第10和第11集团军,他强烈主张这场进攻应针对阿夏戈高原,而指挥第6和伊松佐集团军的波罗耶维奇将军应在皮亚韦河下游实施一场佯攻。但波罗耶维奇不想给康拉德当配角,因而提出截然相反的主张。为解决争端,奥地利总参谋长奥尔兹将军(他更像是奥皇的副官,而不是一位总参谋长)同时采纳两个计划,但不分主攻和佯攻。[1] 因此,这场攻势就是"在两个正面遂行的一场突击"。[2] 康拉德的进攻将跨过布伦塔河,迅速穿越山地战线并包围盘踞在皮亚韦河后方的意军部分力量,而波罗耶维奇的进攻直奔特雷维索-梅斯特雷,其当前目标是巴基廖内河一线。

这场进攻刚刚获得批准,便有逃兵不断从奥军一方投至意军防线。英国第14军军长卡文勋爵的参谋长盖索恩-哈迪将军告诉我们:"1918年6月攻势发起前不久,三名奥地利军官进入英军防线,由几名勤务兵携带着他们的行李箱。英军通过监听设施总是能获得更多、更详细的情报——相关经历丝毫没有限制这些人使用他们的战地电话。仅通过这样的方式,关于即将到来的炮击和进攻最详尽的细节便在进攻开始前被获取,并交到了意军司令部手中……"[3] 尽管如此,奥尔兹还是对成功充满信心,他写信给兴登堡元帅:"我确信,这场进攻肯定能让我们前出到阿迪杰河,我们会造成意大利在军事上的瓦解。"[4]

6月15日凌晨3点,被称为皮亚韦河战役的这场会战以短暂而又猛烈的炮火准备拉开了帷幕。对这场战役的简要总结如下:康拉德对阿夏戈高原的进攻几乎立即遭到遏制,而波罗耶维奇在蒙泰洛地段的推进也没取得什么进展。次日的暴雨严重妨碍了奥地利人渡过皮亚韦河的企图,虽然他们于17日发起猛烈突击,但这些进攻于18日便以失败告终。意军于第二日展开反攻,一直持续到7月6日,此时,皮亚韦河西岸已没有一个奥军士兵。简言之,奥军这场进攻遭遇惨败,阵亡、负伤、被俘者多达15万人。[5]

特里维廉认为这场失败"也许可以添加到'世界上的决定性战役'这份长长的名单中"。[6] 从某种意义上说,他这种看法是对的,因为这不仅仅是协约国于1918

年首次赢得的重大胜利，它还为维托廖韦内托战役奠定了基础。劳合·乔治也指出："这场胜利到来时，适逢当年最重要的时刻。"[7] 这种说法也没错，因为它使德国丧失了奥军驰援西线的希望。虽然兴登堡要求奥地利提供6个师，但奥尔兹起初拒绝派遣任何援兵，随后又表示同意，最后却把决定权交给奥皇，而奥皇却告诉鲁登道夫，"同妻子商讨这个问题"前，他无法做出任何决定。[8]

克拉蒙认为："6月份这场战役给奥国国内情况和总体局势都造成最严重的后果，不仅仅因为失败本身，还因为奥地利军队遭受的损失……匈牙利议会对最高统帅部发出最严厉的谴责。'四八式'老兵们要求把匈牙利军队从不知廉耻的奥地利将领手中调回，这种呼吁在各党派造成了最广泛的影响……奥皇和皇后被公开指控通敌叛国。"[9] 这便是奥匈帝国崩溃的开端。

在当年夏季剩下的几个月中，威尼斯战线保持着相对的平静，直到秋季，意大利人才在皮亚韦河发动反攻。如前所述，协约国随后在法国、马其顿和巴勒斯坦展开一连串出色的进攻行动，这些攻势最终击败了同盟国。这其中有一场战役，虽然它没有加快击败同盟国的过程，但给欧洲的未来造成深远影响，它就是维托廖韦内托战役。

皮亚韦河战役结束后不久，卡文勋爵和格拉齐亚尼将军[10]都主张积极恢复进攻，因为他们认为奥地利军队士气低迷，这将导致二元帝国的崩溃。但迪亚兹将军不会冒险，他是个非常谨慎的军人，虽然自7月1日起奉命协调所有协约国军队行动的福煦元帅催促他继续前进，但迪亚兹顽固地按兵不动，直到9月26日联军在法国发起最后一场庞大攻势后，他和意大利首相奥兰多才听从福煦的意见。实际上，若非德国和奥地利于10月5日向威尔逊总统提出停战要求，他们是否会遵照福煦的建议行事，这一点似乎很值得怀疑。德国和奥地利提出停战要求使意大利人不再犹豫，不是因为他们想进攻，而是因为他们担心，没等自己取得一场辉煌的胜利，这场战争便告结束，这样一来，意大利在和平会议上的地位就会受到危害。

据维拉里称[11]，这场进攻建立在第3集团军作战处处长尼科洛西上校所提设想的基础上，巴多格里奥将军根据前者的想法制订了详细的进攻计划。这份计划的总体意图是在皮亚韦河下游达成突破，将据守前线地段的奥军与盘踞在特伦蒂诺之敌隔开，尔后转身向西，直奔山地战线。意军选定的突破目标是维托廖韦内托，占领

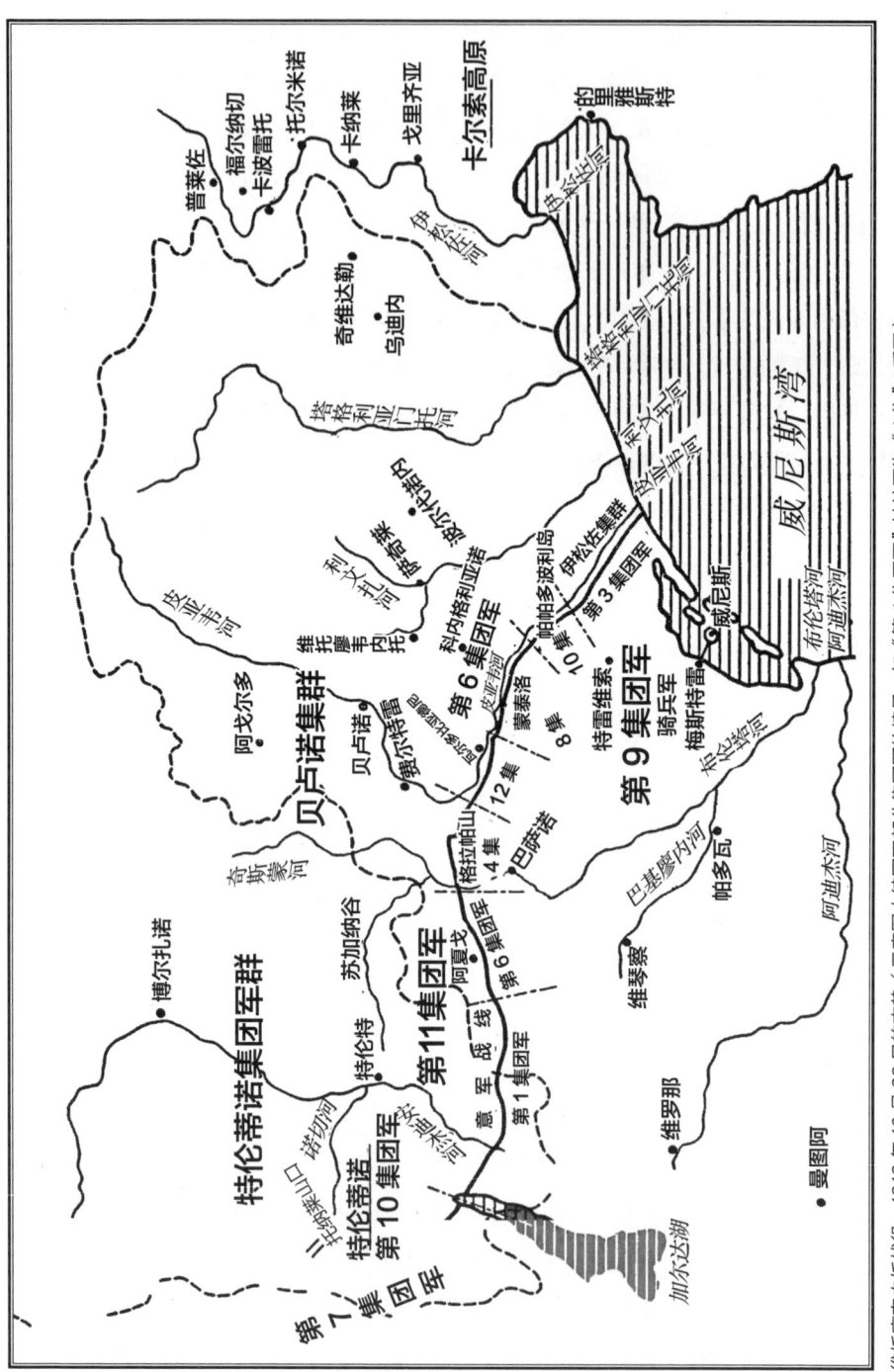

维托廖韦内托战役，1918年10月23日的态势（示意图中缩写了部分集团军的编号，如"第4集团军"被缩写为"4集"，后同）

该镇就可切断奥地利人通往皮亚韦河的铁路交通线,这样一来,待到向西迁回奥军右翼时,敌左翼的大部分力量都将处于瘫痪状态。[12]

为协助执行这些行动,意大利于10月6日组建了两个新集团军(第10和第12集团军)。从右至左,意大利军队的战斗序列如下:

第3集团军(奥斯塔公爵):四个师。

第10集团军(卡文勋爵):辖英国第14军(第7、第23师)和意大利第11军(第23、第27师)。

第8集团军(卡维格利亚将军):14个师。

第12集团军(格拉齐亚尼将军):包括一个法国师在内的四个师。

第4集团军(贾尔迪诺将军):九个师。

第6集团军(蒙托里将军):包括一个法国师和一个英国师在内的六个师。

第1集团军(佩科里-吉拉尔迪将军):五个师。

第7集团军(塔索尼将军):四个师。

总预备队,第9集团军(莫罗内将军):六个师,一个捷克斯洛伐克师,一个美国步兵团,外加都灵伯爵指挥的骑兵军,编有四个骑兵师。

与他们对峙的是奥地利的两个集团军群——皮亚韦河集团军群和特伦蒂诺集团军群,分别由波罗耶维奇元帅和约瑟夫大公指挥,以奇斯蒙河为分界线。第一个集团军群编有伊松佐集团军(14.5个师)、第6集团军(7.5个师)和贝卢诺集群(12个师),对阵意大利第3、第10、第8、第12、第4集团军。第二个集团军群编有第11集团军(九个师)和第10集团军(九个师),对阵意大利第6、第1、第7集团军。

总之,协约国以57个步兵师、四个骑兵师和7700门火炮对付奥地利52个步兵师、六个骑兵师和6030门火炮。[13]

面对奥地利皮亚韦河集团军群,意大利诸集团军的任务是:第10和第8集团军在帕帕多波利岛—蒙泰洛地段达成突破。前者掩护第8集团军之右翼,直到后者前出到萨奇莱—维托廖一线并切断奥地利第6集团军的交通线。第12集团军在第8集团军左侧为其提供支援。第4集团军位于第12集团军左侧,攻往格拉帕山地段,以此协助第12集团军推进。第3集团军在第10集团军右侧,等待后者渡过皮亚韦

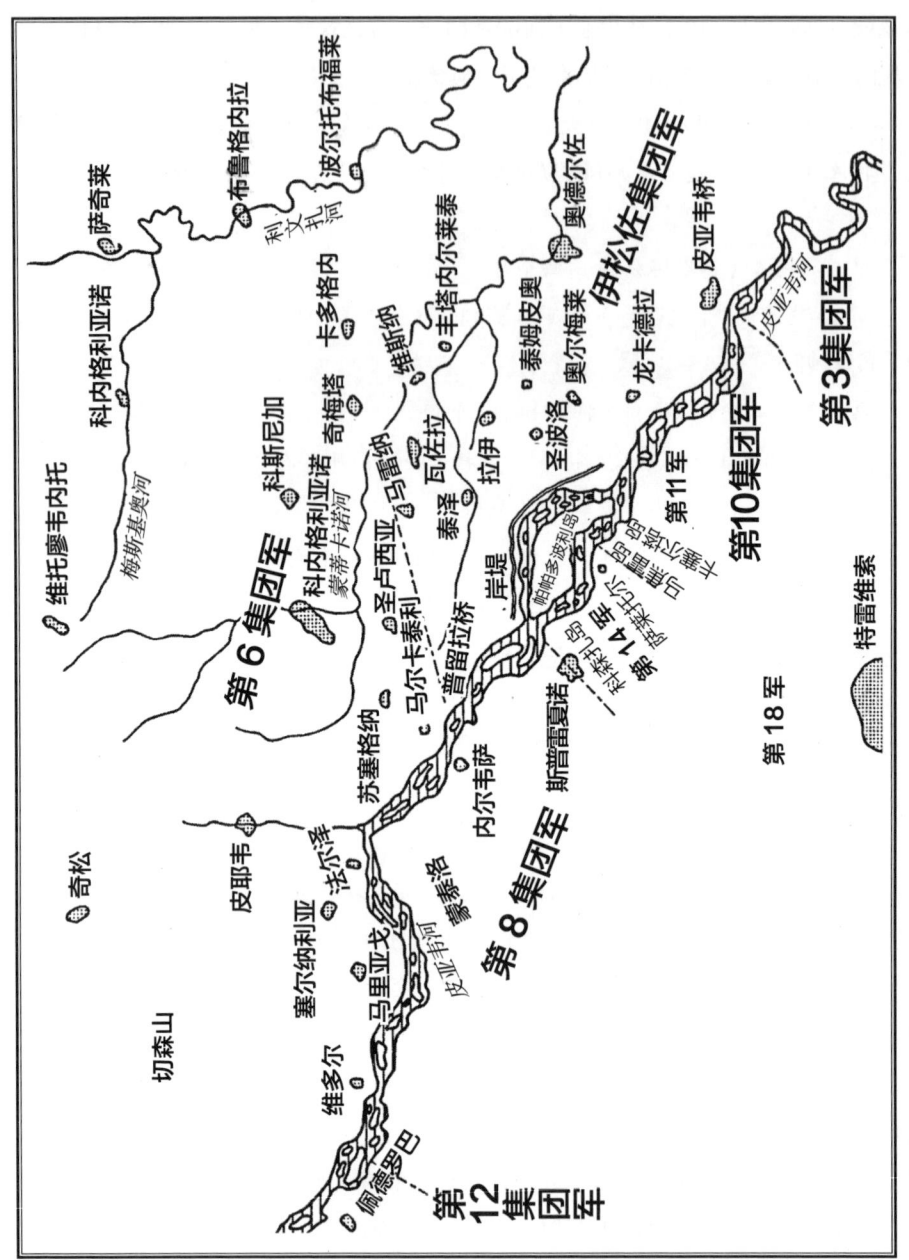

维托廖韦内托战役，皮亚韦河上的突破，1918年10月23—29日。

河后再向东进击。第 6、第 1、第 7 集团军的任务是牵制特伦蒂诺战线上的奥地利军队，直到意军夺取维托廖韦内托，尔后在战役第二阶段向北推进，打击奥地利第 11 和第 10 集团军。而第 8 集团军则在第 4 集团军支援下转身向西，对付奥地利贝卢诺集群之左翼。

在这两场密切相关的行动中的第一场开始前，还有一个初步行动，由第 10 集团军和第 8 集团军部分力量遂行，其目的是占领帕帕多波利岛，并在皮亚韦河左岸夺得一座登陆场。总攻在这两个目标实现后才会发起。进攻发起日定于 10 月 16 日，但由于大雨和随之而来的河水上涨，因而推迟到 24 日，初步行动定于前一晚实施。这个决定具有特殊意义，不仅因为它意味着一次渡过河水泛滥的宽阔河流的作战，还因为正如我们即将看到的那样，由于第 8 集团军没能完成其主要任务，这才使第 10 集团军的进攻发展为这场战役的决定性行动。

帕帕多波利岛是一个菱形小岛群中最大的一座岛屿，它和其他岛屿一样，都铺有鹅卵石岸堤，且都有一条河道将之与另一座岛屿隔开。总之，这片群岛的长度为 4.5 英里，中央部分的宽度约为 2 英里。河流右岸与帕帕多波利岛之间有一条主河道，宽度从 280 码到 780 码不等，这座岛屿仅高于水平面几英尺，其长度约为 4 英里，平均宽度 1 英里。河水泛滥时（就像当时发生的情况），湍急的水流让人站不住脚，导致主河道无法徒涉。

在这片地段，奥地利人的防御由两条堑壕带构成，第一道被称为"皇帝区"，纵深约 2000 码，面对一道堤岸，它完全围绕着菱形岛群东侧。这道堤岸高约 10 英尺，拥有堑壕并设有铁丝网，其前哨线则前伸到帕帕多波利岛和其他岛屿。第二道堑壕带名为"国王区"，位于皮亚韦河以东 6 英里处，沿蒙蒂卡诺河左岸延伸，这条河流源自维托廖韦内托南面，在奥德尔佐东面汇入利文扎河。

卡文第 10 集团军的初步行动分两个阶段执行：先是占领帕帕多波利岛，尔后在皮亚韦河左岸夺取立足地，以便建立一座登陆场，也就是说应向敌军堤岸进攻。这两个行动将在 10 月 23 日/24 日夜间遂行，渡过河道登上帕帕多波利岛的行动将在夜幕掩护下使用船只和步行桥实现。

首批渡河的部队被指定为英国第 7 师第 22 旅。由于该旅部只有 12 艘意大利尖头平底驳船可用，每艘驳船除两名意大利工兵外，只能搭载七人，所以每次只有 84 人渡河。10 月 23 日晚 8 点 15 分，第一支小船队出发了。虽然河水湍急，但意大利工兵以惊人的技艺操纵着船只。第7师的高级牧师E.C.克罗斯先生说："无论怎样高度评价意大利船员提供的协助都不为过……他们的技术完美得不可思议。起初我们不无怀疑，然后又有些不敢相信，最后才彻底知道了——行驶在河中的船只，在他们手中就像虎斑猫那般驯服，除了展现出的技能外，他们不懈的努力和勇气同样引人注目。"[14]

在帕帕多波利岛获得一处立足地后，第22旅各先遣排便朝岛上几座匈牙利士兵的小型哨所冲去，他们随后转向右侧，向南攻往岛内。就在他们采取行动之际，奥地利士兵射出报警火箭。[15]英军士兵通过摆渡登岛时，同时利用平底船搭设起了两座步行桥，但由于昼间步行桥会暴露在敌人的机枪火力下，于是在两个营渡河过后，步行桥被拆除了。到24日清晨5点，第7师的目标已告完成，但没有意大利第37师的任何消息，该师的任务是在更下游处渡过皮亚韦河，他们已有六个营登上卡塞尔塔岛，但在那里被机枪火力所阻。

右翼部队取得成功后不久，中央部队又发起另一场初步行动。炮兵在浓雾中对皮亚韦河与布伦塔河之间地域实施炮击，清晨7点15分，浓雾让位于倾盆大雨，意大利第4集团军辖内部队，右侧获得第12集团军所部支援，冲下格拉帕山山坡。阿索莱内山得而复失，猛烈的机枪火力随处可见，意大利人之后的每一次推进都被击退。交战双方都展现出最大的勇气。克拉蒙对奥地利人赞誉有加，也对他们的对手卡文勋爵称赞不已。几天后，第4集团军攻克这处强大的阵地，后者写道："他们的最终胜利是他们最英勇的成就之一，特别应当记住，他们的攻击开始于一切渡河企图之前。因此，他们的任务是把敌军主力吸引到格拉帕山并远离受威胁地点，为此付出的奉献精神理应在其军事史中占有重要地位。"[16]10月25日，他们继续进攻，虽说没能取得进展，但于26日和27日牵制住奥军预备队，从而为整个行动做出了贡献。

在此期间，由于降雨和河水暴涨，迪亚兹将军推延了第14军的后续进军，直到次日雨停后，渡河行动才得以恢复。我们在英国官方史中读到："为了让敌人看不清我方的行动，配属给第23师的意大利第3探照灯连，在河流上游约500码的河岸处架起探照灯，以光束覆盖对岸奥地利人的探照灯光束。意军射出的光束与渡河行动的路线相平行，且位于前方，起到了很好的遮蔽效果。"[17]

肃清岛屿的任务已定于当晚9点30分开始，届时，月亮会提供足够的照明。

到 16 日上午 9 点，整座岛屿已落入英国人和意大利人手中。在此之前，意大利第 37 师从马焦雷岛渡河而来。

10 月 26 日，一座浮桥在萨莱托尔上方 300 码处架起，傍晚 6 点，迪亚兹命令第 10、第 8、第 12 集团军继续进行已推迟的渡河行动。27 日，第 12 集团军在佩德罗巴对面的河左岸建立起一座登陆场，第 8 集团军则在塞尔纳利亚南面获得一处立足地。第 10 集团军发起进攻，英国第 14 军辖内第 23 和第 7 师居其左，第 37 师和紧随其后的意大利第 11 军辖内第 23 师居其右。在清晨 6 点 25 分开始的一场稀疏的炮击掩护下，前两个师的突击部队爬过灌木丛，随后因为河水深及腰部，流速达到 10 节，这些士兵互相挽着胳膊，进入该河东部水道。待炮火停息后，他们随即冲向岸堤，那里一直处于从左侧而来的纵射炮火下。清晨 7 点，整个岸堤右半部落入英军手中，但在他们右侧，又一次见不到意大利第 37 师的踪影。该师在当时没能渡过河来，但不久后还是完成了这项任务。迪亚兹随后把担任第 8 集团军预备队的意大利第 18 军（第 33 和第 56 师）交给卡文指挥，这样他就有足够的兵力掩护自己的左翼。

夺得岸堤后，英军第 23 师和第 7 师旋即向前继续推进，于 8 点 10 分达成第二个目标。意大利第 37 师又一次没能跟上，但卡文指挥部队一路向前，中午时，整个"皇帝区"已落入他手中。

27 日/28 日夜间，仍在皮亚韦河西面的部队向前推进，但架桥工作太过困难，以至于第 18 军只渡过两个旅，并在第 14 军左侧占据阵地。尽管兵力虚弱，可他们还是奉命发起了进攻。28 日上午 9 点，在英国第 23 师火炮提供的弹幕掩护下，一个旅攻往圣卢西亚，以便同英国第 23 师左翼相连，另一个旅攻往内尔韦萨北面的马尔卡泰利，以打击奥军步兵和炮兵之侧翼，这股敌军导致第 8 集团军辖内第 8 军一直无法在普留拉桥建立一座登陆场。虽然意军没能攻占圣卢西亚，但他们对马尔卡泰利构成的威胁迫使奥地利人后撤，这就使第 8 集团军在次日晚间得以在河上架起桥梁。

在这些进攻行动进行之际，10 月 28 日中午 12 点 30 分，英国第 14 军向前开进，第 23 师赶往瓦佐拉—圣卢西亚一线，第 7 师攻向瓦佐拉—拉伊一线。两个目标都获得实现，在夜幕掩护下，两个师的几个连队奉命前进，以夺取蒙蒂卡诺河上的桥梁，但他们逼近时，敌人却将这些桥梁炸毁。因此，到 29 日凌晨，第23师和第7师都超出了前一天设定的目标。28日，意大利第11军以其左翼前出到泰姆皮奥，一直延伸到皮亚韦桥稍西面的河段，从而构成一条侧翼防御线。第10集团军右侧，第3集团军28日并未向前开进，在其左侧，第8集团军彻夜忙于架桥。

尽管两翼暴露在外，但卡文勋爵还是在28日下午命令第10集团军于次日继续前进。行动目标为：第17军①攻往马尔卡泰利—科内格利亚诺—科斯尼加一线；第14军攻往科斯尼加—卡多格内—丰塔内尔莱泰一线；第11军攻往丰塔内尔莱泰—泰姆皮奥一线。前两个目标没能实现，原因是波罗耶维奇集团军群不断发生兵变，他于28日晚决定撤往奥地利边境，并调动新锐部队组成强有力的后卫，以此掩护后撤。因此，第18军和第14军在蒙蒂卡诺河一线遭遇顽强抵抗，虽说奥地利人遭遇英国皇家空军猛烈轰炸，但他们在整个昼间守住己方阵地，直到夜幕降临，进攻方才得以跨过蒙蒂卡诺河（右翼除外）。在此期间，英国皇家空军观察员报告称，河流后方的各条道路上挤满了后撤中的部队。

第10集团军与波罗耶维奇的后卫力量交战之际，意大利第8集团军辖内第8军在普留拉桥渡过皮亚韦河，两个先遣师如入无人之境般一路向前，在苏塞格纳—科内格利亚诺公路上的苏塞格纳前方追上第17军②左翼。随着夜幕降临，一队枪骑兵和骑自行车的神枪手从这里赶往前方，他们是被派去夺取维托廖韦内托的。10月30日清晨，他们完成了这项任务，阻挡住奥地利第6集团军的退路，并使其陷入混乱。此时，第12集团军发现他们很难维系在佩德罗巴附近跨过皮亚韦河的交通线，而由于第4集团军29日在格拉帕山前方的进攻行动受挫，所以第12集团军左翼也受到了影响。

据奥地利官方历史学家们称，10月29日是这场战役具有决定性的一天。他们写道："鉴于国家内部的混乱和陆海军的加速解体，帝国和皇家最高统帅部于10月29日得出的结论是，这场战争已无法继续下去。因此，相关指令当晚从巴登发给波罗耶维奇元帅，命令他撤离威尼西亚，仅对遂行追击之敌实施必要的抵抗。这道命令送抵乌迪内时，奥地利第6集团军和伊松佐集团军北翼力量已全面后撤。经过三

---

① 译注：原文如此。
② 译注：原文如此。

天激战，面对敌人施加的压力，许多部队的抵抗力已发生严重动摇，为保全力量，这些部队于10月29日/30日夜间撤往维托廖北面的山脉边缘，撤往萨奇莱和利文扎河后方，以便从南面退过布鲁格内拉。"[18]

由于在29日收悉的所有空中报告都称奥地利人正在皮亚韦河战线实施一场全面后撤，迪亚兹将军遂命令目前仍滞留在第10集团军右侧的第3集团军，于30日向前推进。另外，他还调动麾下四个骑兵师，其中一个师在第8集团军与第10集团军之间前进，赋予该师的目标是萨奇莱北面的利文扎河。

30日上午9点，第10集团军展开追击，尽管到达利文扎河之前几乎没有遭遇抵抗，但他们的进展却很缓慢。黄昏时，他们到达梅斯基奥河和利文扎河，可由于河上所有桥梁都被炸毁，而且这两条河流无法徒涉，他们不得不停止前进，等待架桥材料运抵。当日白天，只有第3集团军一个师渡过皮亚韦河，第8集团军的推进没遭遇太大抵抗，第12集团军前进了一小段距离后进入山区，第4集团军仍受到敌军阻截。30日这一整天，进攻行动从地面转至空中。在科内格利亚诺的道路上，后撤中的奥军队列成为英国皇家空军的理想目标，他们遭到了无情轰炸和机枪扫射，所造成的可怕影响也许可以通过以下两位亲历者的报告加以评估。盖索恩-哈迪将军写道：

这场世界大战期间，皇家空军在其他战区是否有过10月29日和30日在意大利获得的这种目标，这一点值得怀疑。可以肯定，他们充分利用了出现在面前的机会。这两天，科内格利亚诺—波尔代诺内公路上挤满奥军各兵种匆匆向东而行的纵队。皇家空军几个中队从低空朝他们倾泻下三万发子弹和3.5吨炸弹。随后对道路的查看几乎迫使观察员得出结论：日后应当禁止这种战争形式。[19]

E.C.克罗斯牧师写道：

可是，我师11月2日上午沿萨奇莱—波尔代诺内—乌迪内公路行进时，最令人感到触目惊心的是几天前战机在这条道路上实施的可怕屠杀所留下的残骸。奥地利军队在这里全面后撤时，我方战机显然席卷了这条道路，即便在法国，我们也从未见过如此惨烈的场景，它时刻提醒我们战争的恐怖。从伤亡情况看，这条道路当时肯定很拥挤，道路两侧是深深的沟渠，就连马匹也无法逃脱。这里满是死马、遗弃的火炮和丧生的奥地利人，就这样曝尸于路面。快被饿死的平民割取马肉果腹，这种频繁出现的场景使这里的恐怖感更甚。[20]

迪亚兹将军为10月31日的行动下达了如下命令：第3集团军和第10集团军应前出到利文扎河，并在河上架设桥梁；为切断格拉帕山战线上的奥地利军队，第8集团军应攻往费尔特雷和贝卢诺；第12集团军和第4集团军继续前进，而第6集团军则在阿夏戈地域发起进攻。由于奥地利贝卢诺集群后撤，第8、第12、第4集团军都取得可观的进展，但未能如期俘获大批敌军。南部战线上，第10集团军当日昼间忙着在利文扎河上架桥，而第3集团军则赶至其右侧。

11月1日的任务如下：骑兵军攻往伊松佐；第3集团军和第10集团军攻往塔格利亚门托河；第8集团军越过贝卢诺；从第8集团军与第4集团军之间抽出的第12集团军将在费尔特雷转入预备队；第4集团军攻往博尔扎诺。第6、第1、第7集团军应朝特伦特—博尔扎诺方向追击敌人，其中第6集团军直接向北，第1集团军沿安迪杰河谷而上，第7集团军朝东北方沿诺切河谷而下。[21]这些推进没有遭遇抵抗，到处都能见到敌人混乱后撤的迹象——丢弃的辎重行李堵塞了道路和山间小径。

这场追击持续到11月4日，维拉里指出，仅以被俘人员计，奥军便损失38.7万人。[22]这个数字似乎有些夸大，因为奥地利人声称"派驻意大利前线的作战人员不超过26万人"。[23]在战斗中首当其冲的奥地利第10集团军，损失数不过是这个数字的十分之一。维拉里称意军损失3.8万人，其中2.4万人的伤亡发生在格拉帕山战线。英国第14军折损1622人。

朱斯蒂别墅的停战协定是奥地利退出战争的一连串尝试的顶点。奥皇卡尔自1916年11月21日继位以来一直想结束战争，不仅因为他的军队遭遇挫败，更重要的是封锁的钳制已给他这个二元帝国的国内形势造成严重危机。粮食短缺是决定性因素，早在1917年春季，"谷物最低需求量就只能获得五分之四，其中近半数来自罗马尼亚，接下来12个月，这个来源也出现供应问题"。[24]英国官方历史学家称，自1914年8月以来，奥地利和匈牙利的牛已从17324000头降至3518197头，而猪则从7678000口降至214000口。

10月9日，奥国政府收到威尔逊总统对德国、奥地利、土耳其、保加利亚要求停战的联合照会做出的回复，发现美国提出的条件是，除非同盟国撤出所有被占领国家，以此作为诚意的表示，否则不会考虑谈判事宜。卡尔一世获知这一点后，立即指示波罗耶维奇元帅和约瑟夫大公做好撤离意大利北部的准备。随后，为取悦美国总统，卡尔一世基于威尔逊总统"十四点和平原则"之第10点，于10月16日向臣民发表一份宣言："奥匈帝国的人民，我们愿见其和平在各国间得到维护和保障，应当获得自主发展的自由机会。"这份宣言最重要的声明是：

奥地利将依照其人民的意愿变为一个联邦国家，其中的每个民族都将在其定居的领土上建立自己的州政府。

这种改组……旨在确保每个单一民族州的独立性，同时保护共同的利益。

我呼吁全体国民，在民族自决的基础上建立新帝国，通过组建全国委员会共同完成这项伟大的工作，该委员会由各国现有的帝国议会成员组成，将有助于促进各国间相互关系的利益，并同我的政府保持沟通。[25]

这是一颗政治炸弹，因为这份宣言不仅没能团结奥匈帝国的人民，反而使他们分裂，并导致二元帝国彻底瓦解。10月29日，根据奥皇的命令，一名奥地利军使走入意军防线，双方展开谈判。随后，威尔逊总统又给他的破坏政策添加了更多"炸药"，坚持要求把奥地利和匈牙利的斯拉夫人获得完全满意作为停战的一个条件——他早已承认捷克斯洛伐克民族委员会是个站在协约国一方参战的政府。匈牙利士兵开了小差；奥地利舰队自动移交给克罗地亚人；布达佩斯、布拉格、莱巴赫、萨拉热窝、克拉科夫和伦贝格成立了地方自治政府，维也纳成立了一个中立政府，就此脱离中央政权。11月2日，奥国接受了意大利的停战条件，3日停止敌对行为；卡尔一世12日放弃参与任何政务，维也纳随后宣布成立共和国，古老的奥匈帝国就此不复存在。

在此期间，德国也出现了类似情况。

在10月9日收到威尔逊总统的回复后，德国准备同意将其军队撤出被占领国家。一周后，威尔逊又提出放弃潜艇战的要求，这一点也被德国接受。接下来的10月23日，他在第三份照会中称，如果他被迫同德国的军事统治者和君主政体独裁者交涉的话，那么他要求的不是和平谈判，而是一场全面投降。接受这项要求意味着现有德国政府解体，取而代之的是社会党议会，因此，鲁登道夫主张停止谈判，但政治领袖拒绝这样做，鲁登道夫遂于27日辞职。

11月3日，德国水兵在基尔发动兵变，革命席卷了柏林。次日，布尔什维克模式的军人和工人委员会开始涌现，要求德皇逊位的呼声日趋高涨，以至于时任德国首相的巴登亲王马克斯，没有征求德皇的意见便宣布德皇退位、皇太子放弃继承权；一个德意志共和国随后成立。11月10日，威廉二世逃至荷兰。次日，在贡比涅森林中的雷通代火车站，协约和参与国同德国签订了停战协定。

对于德国这场灾难，鲁登道夫写道："我们为之生存，以及我们四年来浴血奋战力图维持的一切就此丧失。我们不再拥有一个我们可能会为之自豪的祖国。国家和社会的秩序荡然无存。所有权力机构消失了。混乱、布尔什维克主义、恐怖、名义和实质上非德国的东西，堂而皇之地进入我们的德意志祖国……我们经历的局面，是自1806年以来的普鲁士人无法想象的。"[26]

在这场彻底的悲剧中，维托廖韦内托战役并未发挥作用，因为早在这场战役进行前，德国的丧钟便已在亚眠响起。维托廖韦内托战役也没有加速奥地利的瓦解，因为她同德国捆绑在一起，德国失败也就意味着她的垮台。那么，维托廖韦内托战役的重要性又是什么呢？

首先是这场战役给意大利人民在精神上造成的影响。利用卡波雷托战役后唤醒的民族精神，意军在皮亚韦河击败奥地利军队，若是没有这场战役引发的神话，几乎可以肯定，意大利会屈从于布尔什维克主义。反过来说，墨索里尼利用这个神话兴风作浪，唤醒了复兴时代的精神。签订停战协定的次日，他在《意大利人民报》上写道：

这是神圣的喜悦的重要时刻，情绪的激动使我们心跳暂停，使我们喉咙肿痛。漫长的激情最终以胜利到达顶点，就连见过太多、哭过太多次的人也泪满双襟。

我们在乌迪内，我们在的里雅斯特，我们在特兰托。又有哪个名副其实的意大利人不知道我们英勇的军队这些天来所取得成就的重大历史意义呢？

让沸腾的欢呼声响彻从阿尔卑斯山到西西里岛的每座广场和每条街道吧！

万岁，万岁！意大利万岁！[27]

这不仅仅是一首胜利的赞歌，这也是战斗的呐喊，是对瓦解意大利民族精神的所有颠覆和腐败力量的挑战。

若没有维托廖韦内托战役，墨索里尼可能一直会是个默默无闻的三流文人，也无从赢得对布尔什维克主义的首次重大胜利。相反，他成为受到新信仰激励的先知，维托廖韦内托战役的次要重要性不在于他的法西斯主义哲学是好是坏，而是这种哲学预示着意识形态战争时代的到来，这种战争将使整个世界陷入困惑和混乱，随着列宁战胜沙皇，一个新的十字军时代应运而生，墨索里尼就是西方国家的第一个十字军战士。

意大利在这场战争中阵亡50万人，伤残者是这个数字的两倍。国家因这场战争而破产，数百万民众处于饥饿边缘，革命的时机已然成熟。

维拉里写道："俄国的榜样发挥了巨大影响，并被充分利用；极端的社会党领导人……同莫斯科保持紧密联系，他们把俄国的情形描述为人间天堂，以此让大批工人相信，要是把类似制度引入意大利，那么每个人都可以快乐地生活，而不需要从事工作。"[28] 革命性罢工和动乱的风潮随之而来，1919年6月，弗朗西斯科·尼蒂出任首相，由于害怕抵抗布尔什维克而招致恶果，他允许社会党人和共产主义者自由活动，他企图赢得他们的支持。

蒂尼不喜欢军队，因而掀起一场野蛮的运动，打击现在和过去在军队服役的所有人。军人在大街上公然遭受侮辱，他们胸前佩戴的勋章被抢走，不少人甚至被政治流氓杀害。逃兵和军队里的犯罪人员都获得赦免，纪律受到嘲笑……"大大小小的地主、牧民和农夫，倘若拒不服从他们下达的禁令，就会受到迫害、挨饿并遭到劫掠，被杀害的情况也不少见。抵制禁令者的孩子们得不到牛奶，病人得不到医疗救治，就连死者也无法下葬。窗户挂出意大利三色旗的房屋必定会被捣毁，住户还会遭到残酷的殴打"。[29]

极力反对回归这种"卡波雷托精神"的人是墨索里尼。1919年3月23日，墨索里尼在他那个小小的编辑部里招募起首个"战斗法西斯"团队，这群年轻人都将致力于意大利复兴事业。很快，一个个团队相继组建，成员主要是退伍军人，他们都记得战争中的自我牺牲，都知道若无纪律和战友情谊就将一事无成。这些法西斯看重的是维托廖韦内托精神，正是因为他们，暴政政权土崩瓦解，先是在波河河谷，尔后又蔓延到全国各地。

11月8日，墨索里尼把他的追随者组建为法西斯党。用他自己的话来说，其目的是促进"意大利以维托廖韦内托精神开创历史新篇章的整体愿景"。他对此的解释是："国家是由无数代人组成的一个有机体，个人在其中仅仅是个短暂的元素——这是种族所有物质和非物质价值的最高综合……民族价值若能在政治制度中得到表述和保护，这种制度就是有效的。"[30]

这将成为意大利新生活方式的种子；它挑战的不仅仅是将被碾为齑粉的布尔什维克主义，还包括引发战争的唯物主义，唯物主义通过战争已从经济、社会和道德方面摧毁各国。

1922年的维托廖韦内托战役纪念日，墨索里尼命令他的追随者组成四个纵队进军罗马。弗朗西斯·尼尔森写道："对欧洲而言，这起事件的影响远比不伦瑞克公爵撤离瓦尔米更深远。"[31]意大利国王接受了萨兰德拉的建议，任命墨索里尼为首相。

掌握政权后，墨索里尼着手清除意大利的积弊。"贫穷、不满和疾病在欧洲随处可见。失业者越来越多，英国不得不发放救济品，以免激发骚乱。墨索里尼统治两年后，意大利的状况与欧洲其他国家之间的对比令人震惊，难怪他被誉为欧洲最伟大的人物之一。"[32]温斯顿·丘吉尔1927年访问罗马时，据报道他对墨索里尼说："如果我是个意大利人，肯定也会全心全意、自始至终地和你一同进行这场胜利斗争，反对列宁主义兽性的欲望和激情。"[33]

第一次世界大战对战败者、胜利者和历史的影响都具有灾难性。千年欧洲的大部分地区都被粉碎，各国之间的平衡荡然无存，三个帝国灰飞烟灭。德国在经济上沦为废墟，其边境地区遭到肢解，阿尔萨斯—洛林归还法国，西里西亚和波森的部分地区割让给复苏的波兰。俄国不再是个基督教国家，马克思的专制取代了沙皇的独裁。奥匈帝国分裂为丧失经济基础的若干个争吵不休的国家，丧失领土的土耳其几乎沦为原先的罗姆苏丹国。战胜国的状况也好不到哪里去。法国元气大伤，成了士气低落的二流国家。战前曾是世界银行的大英帝国，战后成了债务国，"不列颠治下的和平"也被国际联盟取代——这是以一种假象来代替现实。美国不得不为自己的盲目参战付出代价，以摆脱他们当初未能预见到的后果。在这场战争中仅发挥次要作用的日本，独自成为真正的胜利者。日本帝国得以扩张，这场战争使她在远东和西太平洋获得统治地位。这些都是政治才能破灭所造成的令人遗憾的产物。

从历史观点上说，诸多灾难中最重大的"俄国革命"和"不列颠治下的和平"被国际联盟替代——这是个"威尔逊主义"式的苏维埃化世界。由于前者的目标是世界革命，后者的目标是世界和平，又因为现在已没有仲裁者在他们之间做出裁决，这个世界便在意识形态方面被政治上的摩尼教一分为二——这不是一场光明与黑暗力量间的斗争，而是一个确保美国民主的世界与一个致力于俄国专制制度的世界之间的角逐。这就意味着克劳塞维茨"战争是和平政策的延续"这句格言的反转。换句话说，由于两种政策都具有全球性，这就导致一种全球"战国"状态的出现。

虽然"不列颠治下的和平"没能阻止欧洲大陆爆发战争，但它阻止了战争扩散到全球维度，从而发挥了国际仲裁员的作用。尽管"不列颠治下的和平"毁于战争，可由于大不列颠和美国的政治能力欠缺，这才导致战火波及整个世界。这种能力的欠缺值得研究，因为"不列颠治下的和平"的消逝与"罗马帝国治下和平"的消逝一样，都是灾难性历史事件。

莎士比亚在《查理二世》这出戏剧中将英格兰比作"造化女神为抵御传染和战争侵袭而为她自己建造的堡垒"，并把英格兰称为"镶嵌在银海中的宝石，以大海作为其屏藩"，这番话概括了"不列颠治下的和平"的基础。拿破仑当年曾感叹道："英国永远不会成为一个陆地强国，这种企图注定会破灭。"但他不过是强调了莎士比亚的警句而已。简言之，大海决定了英国的外交政策，英国的政治家中，对这个问题看得最清的当属查塔姆。他认为英国只有作为一个殖民帝国而不是陆地强国，方能不断壮大。

坎宁后来也看清了这一点。他宣称："我不是说维护所谓的势力均衡并帮助弱国对抗强国不是大不列颠的责任，相反，我是说这是她义不容辞的责任，但我也要声明，我们必须注意履行对我们自己的责任。从事任何一场战争的首要条件是……这场战争必须是正义的。其次，即便这场战争是正义的，我们也应以正当的方式参与其中。最后……我们介入其中应以不给我们自己造成伤害和偏见为前提。"[34]

迪斯雷利同样明白这个道理。他说："英国放弃对欧洲事务的不必要干预，其结果不是她实力的衰落，而是实力的增强。英国不再是个纯粹的欧洲强国，她成为一个伟大的海上帝国之首府,其疆界一直延伸到海洋的最远处。英国现在几乎是按部就班地拒绝干预欧洲大陆的事务,这并不是因为英国以一种冷漠的态度加以逃避,相反,和过去一样,当涉及英国地位的问题出现时,她还是准备并愿意介入其中。"[35] 温斯顿·丘吉尔怀着同样的想法开始了他的政治生涯。1901年5月13日,他在下议院辩论国防问题时指出:"任何一个欧洲大国都不得不首先维持一支庞大的陆军,而我们幸运而又愉快地待在这个岛上,这种岛国的属性使我们免除了双重负担,从而可以把不懈的努力和重点转向舰队。我们为何要舍弃一场有必胜把握的比赛,而去参加一场我们必然会输掉的角逐呢?"[36]

英国自己抛弃了"不列颠治下的和平",尽管犯下这种巨大的初期错误,可如果美国没有站在协约国一方参战,这场战争很可能在1917年便以一场谈判而告终,且在美国参战后所发生的大多数灾难也不会降临到欧洲头上。因此,1917年4月6日无疑是欧洲近代史上最黑暗的一天。正如前文所述的那样,虽然威尔逊总统预见到了美国参战后带来的灾难,但被宣传煽动得神魂颠倒的美国民众却看不到美国的潜在力量如此巨大,只要她置身于战争外,就可以充当世界仲裁者。他们没有看到的另一点是,虽说美国参战很有可能决定这场战争的走向,但战争结束后,这个世界就不再有和平仲裁者。

如果不是被宣传这只"章鱼"的触须死死缠住,威尔逊总统无疑会秉承华盛顿1794年对古弗尼尔·莫里斯阐述的外交政策,自那时起,这种政策使美国日趋强大。

华盛顿说:"自欧洲纷乱开始之日起,和平始终是我的日训令。我的政策一直是,只要我有幸留在政府管理职位上,都将同世界各国保持友好关系,但保持绝对的独立地位,此外,还会分担一无所有者的烦恼、履行我们的承诺、提供所需并成为他们所有人的承运者,并让他们彻底相信这样做是我们的政策和利益所在。只有自尊和对民族性至关重要的正义才能让我们参与到战争中。"[37]

威尔逊没有留心这些话,属实是这场战争最大的悲剧——它比包括俄国革命在内的其他问题更加严重,因为他的战争政策使欧洲受到布尔什维克的传染。他没有或无法看到的是,一旦卷入战争,遏制传染唯一明智的办法是挽救欧洲尚存的稳定性,也就是支持动荡不安的各政府,牢牢控制住1913年的旧疆界,反对一切领土吞并,以及通过振兴现存的欧洲各政府的方式抵抗革命。

查理曼大帝建立起东马克(奥地利),以此作为一道外围工事,确保基督教世界免遭斯拉夫民族攻击。从那时起，日耳曼人便开始构筑两座伟大的堡垒，北部的一座是普鲁士，最后以勃兰登堡为中心，南部的一座则是奥地利，它们为欧洲提供了保护，使其免遭亚洲侵袭。威尔逊拒绝同威廉二世和他的政府打交道，除非对方彻底投降，这就削弱了北部堡垒，而南部堡垒，更是被他不顾一切地彻底摧毁了。

1805年10月17日，也就是奥斯特里茨战役的几周前，塔列朗写信给拿破仑："奥地利君主国由若干个实力参差不齐的国家拼凑而成。这样的国度必然很虚弱，但对抗击野蛮人（俄国人）而言却是个适当而又必要的堡垒。哈布斯堡帝国日后将背靠欧洲、面朝东方而立，从而保护西方文明免遭俄国侵略"。1848年，捷克历史学家弗兰蒂泽克·帕兰基写道："如果奥地利不复存在，那么就应该建立这样一个国家。如果奥地利瓦解成若干小共和国的话，无异于使德、俄帝国主义获得进攻良机。"[38] 威尔逊没有意识到的是，就像克雷姆西尔决议指出的那样，旧奥地利是个英勇的尝试，"将君主制的所有土地和种族合并成一个伟大的国家"，在弗朗西斯·约瑟夫领导下，九个民族学会了生活和共处，虽然他们之间并无热爱之意，可至少他们能相互尊重，并组成一支联合军队参与战争。可相反，威尔逊听信了流亡者的意见，尤以捷克日后的总统T.G.马萨里克为甚，认为哈布斯堡王朝是中世纪的反动余孽，是监押被奴役人民的看守。

据马萨里克的密友R.W.西顿-沃森说，威尔逊在维托廖韦内托战役期间发出的照会，"摧毁了维也纳和布达佩斯的外交防御，将奥皇的奥地利联邦计划扼杀在襁褓中，并强迫他和他的政府承认捷克斯洛伐克和南斯拉夫独立，以此作为新解决方案基础的组成部分。在威尔逊主义的外交打击下，二元帝国土崩瓦解……没有哪个因素比总统的霹雳手段对这个结果造成的影响更大"。[39]

除了政治才能方面的错误，给这场战争带来诸多灾难的另一个因素则是军事。正如布洛赫预见到的那样，在最初的猛烈进攻后，随之而来的是战术上的僵局，不出他所料，饥饿、破产和整个社会秩序的瓦解成了最终决定因素。

倘若战场上未出现僵局，封锁就不会奏效，协约国以海上力量实施的封锁最终粉碎了敌人的意志。这种封锁打击的是敌国包括妇女和儿童在内的每一个人、每一座工厂和每一个农场。除非同盟国从一开始就突破敌人的防线，也就是缩小对方的封锁范围，从而扩大自己获取粮食的范围，才有可能打破这种封锁。与之相对的是，协约国以护航制度打破了德国潜艇的反封锁，也就是说，突破了对方的封锁线。根据相关计算，封锁行动的最后两年，"德国有80万非战斗人员死于饥饿或患上了归因于营养不良的疾病，这个数字大约是德国潜艇袭击英国航运而造成的溺毙人数的50倍"。[40]

这场战争的性质和它的结果一样，都具有革命性，主要因为宣传的力度日益增强。道德和基本礼节随风消散，就这方面而言，这场战争与拿破仑时代的战争和普法战争存在很大不同，在后两场战争中，通常说来交战双方都在严防革命的乘机酝酿。[41]

捏造对方以暴行为武器的宣传成了普遍现象，随着战争的继续，人们变得越来越轻信，越来越野蛮，直到所有理性最终丧失在原始的兽性中。双方都诉诸一种疯狂的歇斯底里，采用各种卑劣、残暴的手段打击敌人。

詹姆斯·杜安·斯夸尔斯谈及1914年至1917年期间英国的宣传对美国民众的影响时说：

"德国士兵砍断比利时儿童的手"这种说法和另一些关于敌人行径同样荒诞不经的宣传激怒了美国人[42]，他们投身战争时也怀有一种歇斯底里的情绪，这只能理解为参战国的宣传力量创造的共同行动。不接受战争意识形态的人寥寥无几，通常对此无能为力。

美国人有时会陷入这种近乎原始的亢奋情绪，近期发生的一件事便以令人难忘的方式体现出这一点。

"我们以一种振奋人心的同仇敌忾发泄仇恨。"写下这句评论的作者想起他在新英格兰参加基督教会主办的一场大型集会（上帝保佑！）。一位发言人提出，抓住德皇后应该把他下油锅，会场上的听众们跳到椅子上，以歇斯底里的欢呼表示赞同。这就是我们当时的心情，就是这种疯狂攫住了我们。[43]

战斗方式同样具有革命性，这是因为战争史上初次出现这种情况：工厂之间的角力毫不亚于军队间的厮杀。各场战役中，武器生产是比征召人员更具决定性的因素。上帝青睐的是工业生产能力更强的一方，而不是兵力更多的一方，他经常同坦克和火炮站在一起，而不会选择步枪和刺刀。就像J.T.肖特韦尔所说的那样:"1914年至1918年期间……战争无疑进入到经济史的工业化阶段……战争工业结合了两种技术,其一是和平的技术,以其资源供给战争,其二是毁灭的技术。"[44] 战争的经济利益从将领及其部下们的劫掠转移到金融家、战争承包商和制造商的收益。

注解

1. 参见 *Quatre cms au G.Q.G. Austro-Hongrois, General A. von Cramon* (French edit.), pp. 270—272。克拉蒙是派驻奥匈帝国最高统帅部的德国军事全权代表。
2. *The Battle of the Piave*, issued by the Supreme Command of the Royal Italian Army (English edit., 1924), p. 17.
3. *The Army Quarterly*, vol. III, p. 26.
4. 参见 *The War on the Italian Front*, Luigi Villari (English edit., 1932), pp. 197—198。
5. *Quatre Ans au G.Q.G. Austro-Hongrois*, Cramon, p. 282. 皮亚韦河战役中,奥军被俘人数为 524 名军官和 23951 名士兵(p. 81)。
6. *Scenes from Italy's War*, G. Macaulay Trevelyan (1919), p. 215.
7. See *Italy's part in Winning the World War*, Colonel Girard Lindsley McEntree, p. 99.
8. *Quatre Ans au G.Q.G. Austro-Hongrois*, Cramon, p. 276.
9. 同上, p. 282。
10. See *Military Operations, Italy, 1915—1919* (British Official History), compiled by Sir James E. Edmonds and Maj.-Genl. H. R. Davies (1949), p. 247, and *The Army Quarterly*, vol. I, p. 16.
11. *The War on the Italian Front*, p. 248.
12. Vittorio-Veneto, "Report of the Comando Supremo on the Battle of Vittorio-Veneto" (English Trans., n.d.), p. 11.
13. *British Official History*, pp. 264—265, and Villari, p. 252.
14. *The Defeat of Austria as seen by the 7th Division* (1919), p. 48.
15. 这种信号的意思是敌人已发起进攻。
16. *The Army Quarterly*, vol. I, p. 17.
17. *British Official History*, p. 277. 去年 8 月英军也使用过探照灯:"在第 7 师作战地段,使用了两部探照灯照亮目标区域;实验表明,如果光束指向足够高处,向下的光芒能让进攻方看清情况而不会被看见,光束直接射向突袭点正上方可获得最佳效果。"(同上, p. 257。)
18. 引自 *British Official History*, pp. 315—316。
19. *The Army Quarterly*, Vol. III, p. 34.
20. *The Defeat of Austria as seen by the 7th Division*, pp. 91—92.
21. Vittorio-Veneto, pp. 28—29.
22. *The War on the Italian Front*, p. 274.
23. *British Official History*, p. 355.
24. 同上, p. 379。
25. 同上, pp. 361—362。
26. *My War Memories*, vol. II, p. 766.
27. 引自 Villari's *The War on the Italian Front*, p. 274。
28. *The Awakening of Italy*, pp. 50—51.
29. 同上, pp. 158—159。
30. 同上, p. 166。
31. *The Makers of War* (1950), p. 138.
32. 同上, p. 138。
33. 同上, quoted from p. 139。
34. 引自 *The Foreign Policy of Canning, 1822—1827*, Harold Temperley (1925), p. 463。
35. 引自 *The Cambridge History of British Foreign Policy*, vol. III, pp. 9—10。

36. *Parliamentary Debates* ("*Hansard*"), vol. XCⅢ, Fourth Series, May 13, 1901, cols. 1574—1575.
37. 引自 *The Growth of the American Republic*, S. E. Morison and H. S. Commager (1942), vol. I, p. 358。
38. 都引自 *Danubian Federation*, Lieut.-Gol. F. O. Miksche (n.d.), p. 30。
39. *Masaryk in England* (1943), pp. n3—114.
40. *Unfinished Victory*, Arthur Bryant (1940), p. 3. See also pp. 9, 10.
41. 拿破仑本来可以在1812年释放俄国农奴和乌克兰人"遭压抑的兽性",从而增加自己的优势,他也可以在百日复辟期间激起法国的革命,但他没有这样做(*Napoleon*, Eugene Tarle〔1936〕, pp. 289, 381)。威灵顿公爵生怕在任何一个国家激起革命,而在1871年,俾斯麦也对巴黎公社持敌视态度。
42. 关于大量所谓的暴行,可参阅 *Falsehood in War-Time*, Arthur Ponsonby (1936)。
43. *British Propaganda at Home and in the United States from 1914 to 1917*, James Duane Squires (1935), pp. 67—68. 该书附录中列出英国宣传部门在上述日期之间输入美国的277部书籍和出版物。另可参阅 *Spreading Germs of Hate*, George Sylvester Viereck (1931)。
44. *War as an Instrument of National Policy* (1929), pp. 34—35.

大事记
意大利与奥地利之间的斗争

当萨拉热窝的枪声引发世界大战之时，意大利并没有为加入战争做好准备，她既非三国同盟成员，也未加入协约国一方。她在军事上因近期同土耳其人在的黎波里塔尼亚进行的战争而陷入混乱，在政治上又受到了社会党人、共和党人和其他反君主主义者滋扰，这种情况迫使意大利采取中立立场。但也有些人认为，如果意大利不参战，就将丧失一流强国的威望。在这些人当中有两个强有力的人物，一个是诗人加布里埃尔·邓南遮，另一个是当时声名鹊起的新闻记者贝尼托·墨索里尼。前者号召知识分子，而后者则对民众加以宣传鼓动，这两人形成了一个强大的组合。

墨索里尼是铁匠的儿子，于1883年7月29日出生在弗利省。战争爆发时，他在社会党机关报《前进报》担任主编。1914年11月15日，他辞去主编职务，创办了自己《意大利人民报》，10天后，他被社会党开除党籍。墨索里尼随后以他的追随者组成了法西斯党，就此种下一种新政治理论的种子，用不了10年，该理论就将挑战自由民主主义和共产主义——不仅在意大利，还在整个欧洲。

这两人的能量和推动比其他因素更具效力，终于唤醒了意大利人民的战争精神，再加上英国施加的压力（他们即将对达达尼尔海峡发起进攻），以及在伦敦谈判期间英国愿意提供五千万英镑贷款，意大利终于在1915年4月26日同意加入协约国，并向奥地利宣战。

虽说意大利人1915年春季的准备工作比1914年秋季做得好一些，但对从事一场重要的战争而言,这种准备还是远远不够的。另外,意大利与奥地利接壤的边境很难充当发起进攻的跳板,这不仅因为特伦蒂诺突出部的顶点就在维罗那北面15英里处,还因为在350英里长的边界线上,有300英里是多山地区。剩下的50英里边界线穿过威尼斯湾正北面的卡尔索高原,那里也被丘陵地带所环绕。结果,这种战略环境迫使意大利陆军总司令路易吉·卡多尔纳将军在这条狭窄而又开阔的战线发起进攻。卡多尔纳出生于1850年,是个很有能力的军人。他认为奥地利人此时在北面受到俄国人的牵制、在南面受到塞尔维亚人的牵制,这使意大利有机可乘。可宣战后,这种可能性消失了,不仅俄国人被马肯森的猛攻打得节节败退,就连塞尔维亚人也很快陷入了孤立无援的境地。

6月23日,卡多尔纳发起了进攻(也就是第一次伊松佐河战役),从这时起到1917年夏季,交战双方共进行了11次伊松佐河战役,此外在特伦蒂诺也多次展开交战。这些作战行动导致意大利军队在1915年伤亡了28万人,在1916年损失了48.3万人,在1917年又折损了32.3万人。可除了让奥地利人付出同样的损失(阵亡、负伤、被俘)外,意大利人一无所获。这种血腥的杀戮必然引发灾难,特别是在意大利民众并未于精神上做好承受战争苦难和压力的准备时。短短两年的战争便导致上百万人伤亡,这令意大利民众深感震惊,社会党人和其他不干涉主义者当然不会对此视而不见。每个阵亡者和负伤者都使他们的"股票行情"不断上涨,并导致"消耗论"鼓吹者们趋于破产——后者未能了解的是,他们以血肉换取胜利的理论,其有效性取决于哪一方能在精神上更好地承受这一切。消耗理论的决定性因素是精神影响,而非物质影响。意大利在这方面是承受不起的。

由于这个全民士气问题既构成了近代史中意大利最大的军事灾难的背景,也是意大利最大的军事胜利(维托廖韦内托战役)之背景,因而值得加以研究。

首先,这是政府的问题。自意大利参战后,政府没有采取任何振奋或巩固民众士气的措施,而是保持一种自由放任的政策——政府抱有乐观的期望。他们没有压制颠覆性宣传。这方面的一个例子是,虽然建立了新闻审查制度,但社会党《前进报》每天刊登的文章都在暗示这是一场大人物和财阀们的战争,这份报纸不仅在部队中散发,还被敌人把它丢入或空投到意军战壕中。而据维拉里说,为焦利蒂(意大利前首相)充当喉舌的"《都灵新闻报》……系统性地奉行一种含沙射影、细心谨慎的失败主义政策,每天都把反爱国主义毒药灌输给诸多读者"。

社会党人越是肆无忌惮，政府就越是希望以德服人，仿佛宽容能消灭坏分子似的。结果如何？肆意妄为的颠覆性宣传开始让民众渐渐相信他们听到的东西。社会党议员特里夫斯宣称"到明年冬季，战壕里会空无一人"，他的话犹如雷鸣般传遍了城市、乡村和家庭，再加上生活成本的不断增加与食物的日趋短缺，自然导致了民众士气低落。更雪上加霜的是，在政府有所动作时，他们的行动却几乎总是有气无力，并造成灾难性后果。例如1917年，都灵军工厂的工人爆发了有组织的暴动，作为惩罚，他们中的数千人被送至卡波雷托附近的前线服役。乔治•M.特里维廉说："身处卡波雷托前线的人告诉我……那些士兵毫不掩饰自己的意图，许多军官活在对自己部下的恐惧中，他们晚上会谨慎地把自己锁在屋内。"

另外两股国际性力量的帮助更加剧了这种精神方面的腐败，一是天主教会，一是刚刚兴起的布尔什维克主义。神父们在教皇的领导下宣扬失败主义，因为天主教会最不愿见到的就是一个真正团结的意大利国。而布尔什维克则下定决心要瓦解一切有组织的民众，他们的目的有些类似。维拉里先生写道：

社会党人和共产主义组织者立即着手鼓励人们相信，俄国革命早在《布列斯特—立托夫斯克条约》前便已结束了东线战争，若在意大利加以效仿，那么意大利战线也将获得和平。他们希望以兵变的方式来促成这种结果，期望不受限制的劫掠并掌握权力。毫无疑问，他们中的一些人受雇于德国和奥地利特务机构，正如意大利情报部门在奥地利驻苏黎世领事馆中发现的某些文件所证明的那样，但他们中的大多数人只是受到了个人野心的激励，有些人的信念可能还很真诚……1917年夏季，社会党委员会在佛罗伦萨召开会议，一个代表少数人的群体决定了一项全心全意支持俄国布尔什维克主义者的政策，并保证设法瓦解意大利军队的斗志……

这种工作是比较容易做的，因为在山地战中，兵团和部队通常会分成小股群体，他们很容易受到特务的影响。另外，随着战争的持续，军队里原有的大批指挥官阵亡，而接替他们的许多军官不知道同部下们保持手足情谊的必要性。另外，卡多尔纳将军是个平庸的心理学家，他似乎从来就不明白静态战争对士气的破坏性影响。

1917年对所有协约国成员而言都是士气严重低落的一年：俄国处于无政府状态；德国的潜艇战到达顶点；在法国作战的英国军队陷入了佛兰德斯的沼泽中；法国军队的纪律严重废弛，以至于当年夏季几乎一事无成。

在这种崩溃的总体情况下，意大利和奥地利可谓是首当其冲。持续不停的进攻已使两支军队伤亡惨重，但到目前为止，他们激烈的战术行动不过是在一片尸横遍野的战场上消磨时间而已，就像两辆庞大的战车不停打滑的车轮，他们无法抓住胜利的坚实土壤，而是越来越深地陷入绝望与无助的泥潭之中。最后，在8月25日，当血腥的战斗仍在巴因西扎高原肆虐之际，奥地利呼吁德国施以援手。四天后，冯·瓦尔德斯塔滕将军向奥地利总参谋长冯·奥尔兹将军提交了一份战役计划，打算以德奥军队在普莱佐—托尔米诺—戈里齐亚防线发起一场联合进攻。

目前据守这道防线的是23个奥地利师和1800门火炮，冯·瓦尔德斯塔滕建议再增加14个师（七个奥地利师、七个德国师）和1000门火炮。主要突击应在普莱佐与托尔米诺之间对意大利第2集团军遂行，从而在将该集团军及其左侧的意大利第3集团军逐过塔格利亚门托河后，攻往帕多瓦。

冯·兴登堡元帅采纳了这份计划，并派冯·贝洛将军负责这项行动。进攻将于10月24日发起，首先会施以一场短暂而又猛烈的炮火准备——这种方式在里加对付俄国人时曾大获成功。虽然10月16日至20日间，卡多尔纳将军从奥地利逃兵处掌握了关于这场进攻的充分情报，但与他的命令却截然相反，意军的防线不仅没有疏开，反而获得了大力加强。另外，预备防线挖掘得太过靠前，他们离前线太近，这就导致德奥军的炮火准备可以同时打击到意军的两道防线。

10月24日凌晨2点，德奥军队发起炮火准备，大量毒气弹落在意军防线和预备防线上。上午9点30分，意大利第2集团军第4军的防线在福尔纳切遭突破，下午4点，卡波雷托村（这场战役就以是该村的名字来命名的）被德军占领。

这里没有必要详细阐述接下来发生的事情，我们只简要概述一下这场突破所造成的结果。卡多尔纳将军在10月26日命令整个第2集团军退往塔格利亚门托河，次日又指示第3集团军如法炮制，虽然第2集团军溃不成军，但奥斯塔公爵指挥的第3集团军秩序井然地执行了这道命令。

10月31日，德奥联军前出到塔格利亚门托河；11月4日，他们的右翼转身面对波雷德诺内；6日，他们到达利文扎河；7日，他们再次转动右翼，这次面对的是科内格利亚诺；9日和10日，他们到达皮亚韦河左岸。这场攻势在距离威尼斯不到20英里处逐渐消退。

虽然许多意大利部队在这场悲惨的后撤期间实施了坚决抵抗，但社会党人的宣传在第2集团军内实现了其目的——其结果深具灾难性。尽管意军在这场战役中阵亡和负伤的人数分别不超过一万人和三万人，可投降被俘的人数却高达26.5万人，还损失3152门火炮、3000挺机枪、1732门迫击炮和大量军用物资。

愤怒的卡多尔纳将军随即发表一份公告，说明了背叛行径的真相，获知这场灾难的意大利民众们震惊不已。随后，便发生了战争中的奇迹——意大利从失败的灰烬中站起身来。

特里维廉写道："突然间，仿佛被一道闪电击中那样，都灵、佛罗伦萨以及南方和北方最偏远乡村的男男女女都看清了他们的抱怨、他们在没有和平可言时吵着要和平所造成的恶果……"在这个令人震惊的时刻，整个民族摆脱了一代人的道德沦丧，意大利为"复兴运动"的最后之战全力加以准备。凭借着自己的威望，第一个宣告全民联合的是国王维托里奥·埃马努埃莱，他于11月19日宣布："虽然我们在面对危险时曾有过动摇，但无论是我的议会还是我的人民，现在都必须团结一心，要毫不畏惧地面对逆境……全体军民团结如一人。一切怯懦行径都是叛国，一切挑拨离间都是叛国，一切反战言论也都是叛国！"

邓南遮和墨索里尼也发表了讲话，直到每座城市和每个村庄都出现了"隐修士彼得"。就这样，整个国家被动员起来，而法国和英国也终于意识到威尼西亚是战区的重要组成部分，调拨11个师南进，并在拉帕洛奠定了统一指挥的基础——奇怪的是，它的建立又导致了1918年3月联军的另一场灾难。卡多尔纳将军被阿尔马多·迪亚兹将军接替，后者的能力稍差一些，但对人性有更好的理解，他在副总参谋长皮耶特罗·巴多格里奥将军的协助下，着手组建一支"更具品德"的生力军。

华沙战役，1920年

第八章

俄国内战造就了一位杰出的将领,这就是米哈伊尔·图哈切夫斯基。他是个才华出众的军人,他的文明观密切地反映出布尔什维克主义的亚洲性一面,要想了解俄国革命的未来趋势,就有必要对图哈切夫斯基稍加研究。

图哈切夫斯基于1892年出生于一个贵族家庭,他的家族先辈可追溯至弗兰德斯伯爵,虽然他的母亲是意大利人,但他的性格却像鞑靼人。母亲的遗传使他获得拉丁人的外貌、一头黑发和机敏的才智,这使他得以探究内心的俄国人性格以及这种俄国人性格内在的鞑靼人属性。1914年,他被任命为帝国禁卫军少尉,次年被德军俘虏。

从本性上说,他是个浪漫的野蛮人,憎恶西方文明。他具有成吉思汗、窝阔台、拔都的个性。他专制、迷信、浪漫而又无情,热爱一望无垠的平原和万马奔腾的轰鸣,他厌恶而又害怕文明毫无浪漫色彩的秩序。他痛恨基督教和基督教文化,因为他们抵制异教信仰和野蛮行径,使他的同胞们丧失了对战争之神的狂喜和对"死亡狂欢"的迷恋。他也憎恶犹太人,因为他们协助给俄国人灌输了"文明的毒素"和"资本主义精神"。他说:"犹太人就是条狗,是狗崽子,在各处散播跳蚤。"[1]

他被囚禁在英戈尔施塔特期间对同为战俘的费尔瓦克说:"一个恶魔或一位天神会给我们这个种族注入活力。我们自己会沉醉其中,因为我们目前还无法让整个世界为之迷醉,但这一天会到来的。"[2]有一次,费尔瓦克看见他在一块硬纸板上以不协调的颜色画出个凶恶偶像的头部,他问这是什么,图哈切夫斯基回答道:"不要笑,我告诉过您,斯拉夫人需要一种新宗教。他们现在正被赋予马克思主义,但从这种神学的某些方面看,还是太现代、太文明了。回归我们自己的斯拉夫诸神有可能减轻这种令人不快的状况,这些神的权力和力量遭到剥夺,但很快会获得恢复。太阳神达日博格、风暴之神斯特里博格、人类艺术和诗歌之神沃洛斯、战争和闪电之神皮耶鲁恩。我犹豫了很久,不知该如何选择我所信奉的神。但反复思考后我选中了战神,因为一旦马克思主义传入俄国,必然会引发最具破坏性的战争……我们应当投身这场混乱,直到文明化为齑粉才可以离开。"[3]

这不是囚禁岁月里的无聊引发的突如其来、异想天开的怪念头。图哈切夫斯基小时候就同他的兄弟在可怕的嘶叫声中"以圣父、圣子和圣灵的名义"给三只猫"洗礼",以此吓唬他们的法国女家庭教师。[4]西方的每一种美德都令他心怀恐惧。他曾叫喊道:"荣誉,那是什么?日后把这个过时的词汇留给西方人吧!"[5]

在他看来,一切破坏都是好的,因为它开启了重返塞尔柱人、鞑靼人和匈奴人之路的大门。他曾说过:"说真的,若能把所有书籍悉数焚毁,对整个人类是件好事,这样我们就能沐浴在无知的新春中。我甚至认为这是防止人类变得不育的唯一手段。"他向往的是重返"恐怖伊凡"时代,"莫斯科届时将成为野蛮人世界的中心"。他又说:"假使尼古拉二世步彼得大帝和叶卡捷琳娜二世的后尘,俄国百姓会无比顺从,因为他们喜欢专制。"他还说:"如果列宁能让俄国摆脱偏见的桎梏,并使她非西方化,我就会追随他。但他必须把一切夷为平地,并刻意把我们带回到野蛮状态。"[6]斯大林于1937年处决了图哈切夫斯基和他的一帮同僚。他和乌博列维奇、普利马科夫、普特纳及另一些人一同回到他所信奉的毁灭之神身边。

这个脾气火爆的怪人具有一种反文明的灵魂,注定要同毕苏斯基交锋,后者的反俄情绪与前者的反欧洲心结同样强烈。曾有过绝佳机会仔细观察毕苏斯基的德阿伯农勋爵写道:"(他是个)热情的爱国者,也是个具有非凡勇气和人格魅力的人。他对传统方式是否适用于军事或政治事务持有强烈的怀疑;他喜欢危险,只有面临迫在眉睫的个人危险时,他的脉搏才会正常跳动……除了喜欢以身涉险,据说他还喜欢阴谋诡计,从性格和环境上说,他是个革命者,他有一种根深蒂固的倾向,即秘密和间接。"[7]

正是英勇、非传统、秘密这些特点,再加上成功,使毕苏斯基成了传奇人物。他去世于1935年5月12日,在去世的前一天还对雷兹-希米格维将军说:"身处败境却不投降就是胜利,即将获胜却不思进取就是失败。"[8]这句话的前半句概括了他的为将之道。

我们描述这场在华沙和约签署后所发生的战役前,首先应当介绍交战双方的军力。这两支军队都是临时拼凑而成,武器装备杂乱无章,都存在因快速扩张而导致的问题。1918年11月毕苏斯基就任时,波兰军队只有24个营、三个骑兵中队和五个炮兵连,但到1919年1月,这股力量增长到100个步兵营、70个骑兵中队和80个炮兵连,共计11万人。一年后,这个数字上升到60万人,编有21个师和七个骑兵旅,但大部分力量仍在编组中。虽然兵力足够,可波兰没有军工厂,而且缺乏弹药。一个更大的困难是马匹供应不足,因为这个国家的马匹在历时六年的战争中已被搜罗一空,其恶果很快显现出来,骑兵力量不足成了毕苏斯基最大的弱点。

他的对手情况如何？图哈切夫斯基曾对费尔瓦克说："俄国军队与你们法国军队不同。这是一群乌合之众，但其优势正在于他们是一群乌合之众。"[9]虽然他这番话是在第一次世界大战期间说的，但同样适用于1920年的战役，因为毕苏斯基面临的敌军不过是一群农民，他们唯一的想法就是回家[10]，队伍里狂热的革命者数量相对较少。虽然他们的装备比波兰军队精良（消灭邓尼金和高尔察克的军队使他们获得了价值数百万英镑的法国和英国武器），但可悲的是，他们缺乏军用运输工具和训练有素的军官。所谓的运输工具就是数千辆农用手推车，而后者的不足则以旧帝国陆军的数百名军官来弥补，由于他们的忠诚度值得怀疑，托洛茨基遂给每个兵团派去政治委员。据德阿伯农勋爵说，这些政治委员中的大多数是犹太人，"他们在各个师里什么都做——征用粮食、下达命令、解释目标"。[11]

波兰人和俄国人都迫切希望和平，但他们对和平的定义不同：前者要求的是1772年的旧边界，而后者寻求的是世界革命的继续。由此带来的结果是，苏联政府于1920年12月22日邀请波兰政府进行和平谈判，这个提议虽被接受，但双方没能谈出任何结果。

最后，毕苏斯基于4月25日在日托米尔以西突然发起一场进攻，外交努力就此结束。他的目的是夺取基辅，尔后转身向北，对付面对自己左翼的图哈切夫斯基。毕苏斯基率领的波兰军队，右侧获得彼得留拉将军指挥的两个乌克兰师支援，另外还有些罗马尼亚人，他们一路攻往第聂伯河，并于5月7日攻占基辅。

双方此时的作战兵力如下：

苏军：普里皮亚季河以北，是图哈切夫斯基将军指挥的西方面军，编有第4、第15、第3和第16集团军，外加骑兵第3军（盖汗）；普里皮亚季河以南，是叶戈罗夫将军指挥的西南方面军，编有第12集团军和第14集团军，以及布琼尼将军指挥的五个骑兵师。总兵力约20万人。

波军：普里皮亚季河以北，是第1集团军和第4集团军，一个预备队集团军位于后方，正在维尔纳附近编组；普里皮亚季河南面，是第3、第2、第6集团军。总兵力约12万人。[12]

虽然苏军的兵力优势很大，特别是其主力面对的是波军实力弱得多的左翼，但更重要的是布格河与第聂伯河之间的地区被波利西亚沼泽一分为二，大股部队几乎不可能穿越这片单调的区域。这就意味着两支军队在整条战线上的整体行动立即分成两个独立作战行动，而且无法协同配合。红军总司令谢尔盖·加米涅夫意识到这一点后，便命令图哈切夫斯基进攻波军左翼。图哈切夫斯基也很渴望这样做，因为他满怀革命热情，梦想饮马莱茵河[13]，踏过波兰人的尸体，将战争之火引入西欧。此时，托洛茨基也把毕苏斯基评价为"一个三流的波拿巴"，5月2日他又做出以下预测：

> 毫无疑问，波兰资产阶级对乌克兰和俄国工农发动的这场战争，将以波兰的一场工人革命而告终。若是被毕苏斯基的初期成功吓破了胆，因而丧失斗志，那就太令人遗憾了。这种情况不可避免。我们预料到这一点。这是我们过去同波兰发展关系的结果。波军右翼越是深入乌克兰，转而对付乌克兰人的各种起义，红军集中力量给予他们的打击就越是致命。[14]

从战略上看，他这番话说得没错。5月15日，图哈切夫斯基将莫洛杰奇诺铁路枢纽选为目标，以麾下第15集团军遂行打击。目的是以该集团军前出到平斯克沼泽。虽然这场进攻失败了，但令毕苏斯基深感震惊。没等他加强自己的左翼，红军又在南部对他发起了一场强大的攻势。参加过日俄战争的布琼尼在那里率领1.67万名哥萨克人，以48门火炮、五列装甲列车、八辆装甲车和12架飞机为支援，于5月18日在伊丽莎白格勒①附近对毕苏斯基的右翼展开攻击。他随后率部转身向北，打击基辅南面和西南面的波兰军队，此外，他还在盖辛附近取得了突破，对基辅以西遂行了突袭，又攻入别尔季切夫和日托米尔。6月5日，波兰第3集团军几乎陷入重围，但该集团军于6月13日突围，并向西退却，布琼尼的骑兵展开追击，于7月3日渡过戈伦河，两天后占领罗夫诺。他们从那里一路向前，攻往卢茨克、杜布诺和利沃夫郊外。

正如毕苏斯基告诉我们的那样，恐慌随之而来，"国家自身的结构开始破裂"。

---

① 译注：后改称基洛夫格勒。

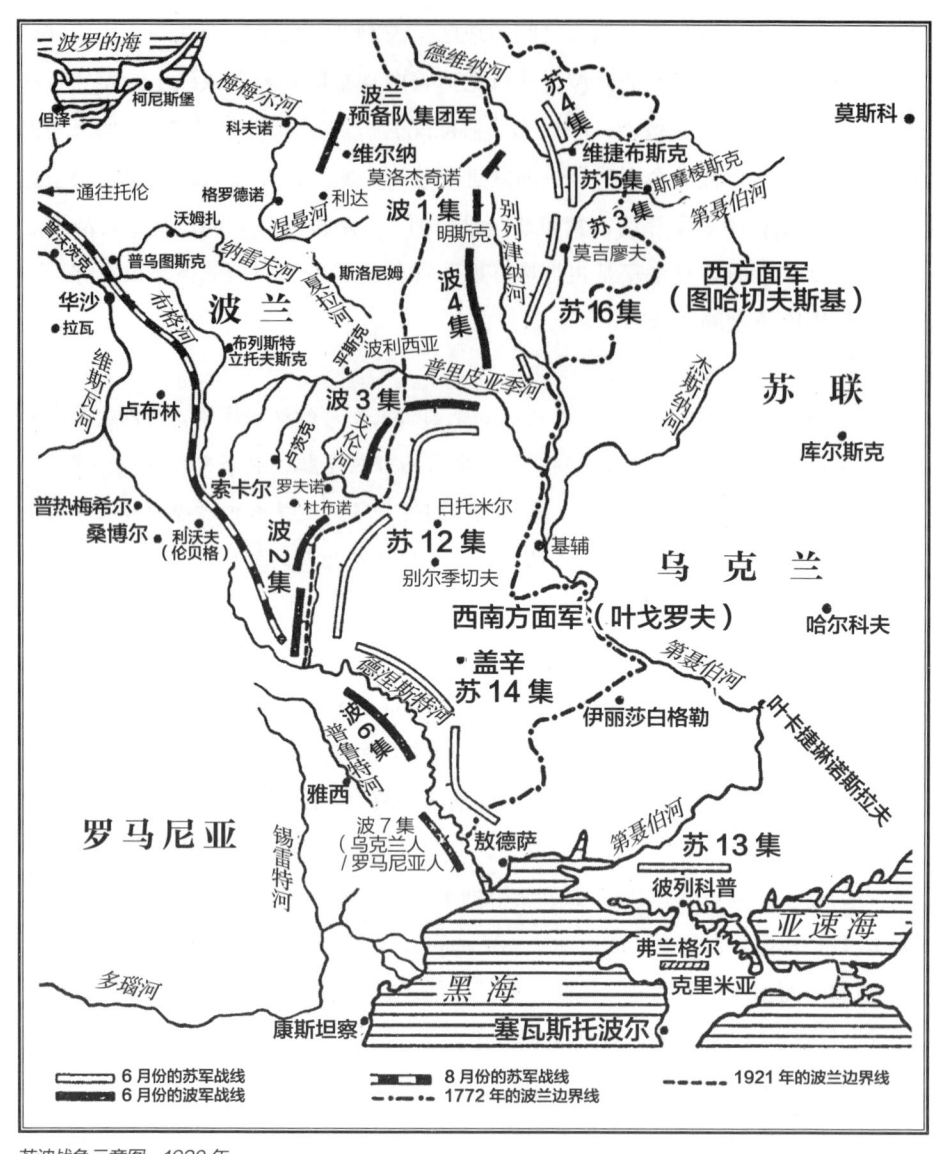

苏波战争示意图，1920 年

他写道："由于我们的军队并未准备好应对这种新的进攻手段，布琼尼的骑兵成了一股不可战胜的传奇力量。而且应当记住，越往后方去，这种神话就变得愈发不可思议，对方成了无所不能、无法抵抗的力量。因此对我来说，所有战线中最危险的一条出现了,这就是内部战线。"[15] 此时面对这种危险的局面,他所能做的只能是挽救自己的左翼,而他的右翼已因波军的失利而遭到迂回。因此,他下令后撤。

毕苏斯基的左翼退却时,图哈切夫斯基也着手重组他混乱的军队。他在6月期间收容整顿了近10万名逃兵[16],虽然他痛苦地抱怨缺乏武器装备,但他对即将发起的进攻的想法侧重于政治,而非军事。他认为"波兰的局势有利于革命",城市无产阶级和农民待他到达"波兰的民族志学边界",就将发动一场声势浩大的起义。另外,他认为欧洲实施革命的时机已然成熟,"一场迅速而又大获全胜的攻势将推动那里的民众,把他们吸引到东面"。他之所以得出这些结论,是源于对时下情况普遍的夸大描述:英国的状况类似于1904年的俄国;意大利的工人们占领了工厂和工业机构。他派出一支从事宣传的先遣力量,为他这群乌合之众开辟一条捷径。[17] 对于这种策略,德阿伯农勋爵写道:

莫斯科派出许多间谍、宣传人员、密使和背地里为俄国效力者,他们潜入波兰境内,破坏了部分波兰人的抵抗力……非武装人员从事的这种工作,其效力并不亚于军事压力造成的结果。他们采用的方法是尽量避免正面进攻,而是实施侧翼迂回、渗透和宣传。[18]

虽然图哈切夫斯基是个精明的将领,但和大多数俄国人一样,作为一名行政管理人员的效率极其低下。就本质而言,他是个鞑靼人,因而打算就地筹集补给,他那套补给体系与阿提拉或成吉思汗的非常相似。费尔瓦克对此的说法可能有些夸张,他说图哈切夫斯基的20万名战士身后跟随着80万名政工人员、警察和劫掠者,他们的任务是打倒富人,枪毙资产阶级和贵族,以此在被征服领土上实现布尔什维克化。[19] 但他的夸张程度似乎并没有看上去的那么高,因为图哈切夫斯基告诉我们,他的第4、第15、第3、第16集团军身后跟随着3.3万辆农用大车,他还不无讽刺意味地补充道:"这对当地居民而言是个沉重的负担。"[20] 这个推车数量,若以每辆大车六人计,则为20万人左右,这些人蹂躏苏俄后方时,宣传人员正在前方为他们肃清道路。

交战双方在6月底时的兵力究竟有多少,这个问题存有疑问。波军大约有12万人,红军大约达到了20万人。图哈切夫斯基给出的数字是150188人,包括 80942 名步兵，10521 名骑兵和 68715 名其他人员①。²¹ 毕苏斯基称，图哈切夫斯基的总兵力为 794645 人和 150572 匹马，这个数字中，作战人员的数量为 20 万人。²² 无论哪个数字是正确的，其组成人员实际上都是一群配备弹夹式步枪的乌合之众。

宣传人员肃清道路后，图哈切夫斯基于 7 月 4 日拂晓以四个集团军的兵力在德维纳河与普里皮亚季河之间投入进攻。他们的进军方向是斯摩棱斯克—布列斯特 - 立托夫斯克铁路线。这场进攻遭到波兰第 1 集团军和第 4 集团军的顽强抵抗，但由于 1 比 4 的兵力劣势，波兰人被迫退却。他们没有设法构筑战壕²³，这是因为毕苏斯基意识到，在防线较长、兵力较弱的情况下，修筑野战工事没有太大用处，另外，敌人的骑兵也总是能绕过这些堑壕。

7 月 7 日，整个波军防线全面后撤。11 日，争夺维尔纳的战斗打响。这座城市于 14 日落入红军第 4 集团军手中，立陶宛军队加入布尔什维克后，波兰的局势进一步恶化。毕苏斯基写道，图哈切夫斯基此时的不断前进造成"某种势不可挡感，犹如一片可怕而又厚重的云层，没有任何障碍物能加以阻挡……面对滚滚而来的阴云和冰雹般的弹雨构成的威胁，我们的国家似乎即将被淹没，人们瑟瑟发抖，我们的士兵丧失了斗志"。²⁴ 他觉察到周围的绝望和无能为力感不断增加，意识到波兰似乎即将土崩瓦解。

毕苏斯基竭力将他后撤中的军队拼凑到一起时，图哈切夫斯基正在继续前进。7 月 18 日，后者命令第 4 集团军于 21 日在格罗德诺南面强渡涅曼河，第 15 集团军于 22 日渡河，而第 3 集团军和第 16 集团军则在斯洛尼姆北面和南面强渡夏拉河。但红军的推进比他的命令更快，盖汗和他的骑兵于 19 日攻占格罗德诺，图哈切夫斯基于 21 日给莫斯科发去以下电报：

我军于 19 日攻克格罗德诺，于昨日占领斯洛尼姆。这两个战果表明这样一个事实，我们已突破涅曼河和夏拉河防线，后撤之敌已没有可用于阻挡我们的后续阵地。我们现在有望在三周内完成我们受领的任务。²⁵

---

① 译注：原文数据有误。

这份报告令加米涅夫激动不已,以至于料想波兰人已被打得毫无还击之力,并建议从图哈切夫斯基麾下四个集团军中抽出一个集团军来组建预备队。

在普里皮亚季河北面的波军退却时,该河南面由雷兹-希米格维将军指挥的波兰第3集团军,遭到了布琼尼的哥萨克骑兵严重扰乱,迅速丧失了实力和斗志。毕苏斯基指出:"在南方,布琼尼的骑兵就是这场战争的引擎。"[26]

占领格罗德诺后,图哈切夫斯基下令应于8月12日攻克华沙。至于他为何不停止前进,重组后勤力量并等待六万名援兵赶来,图哈切夫斯基给出的理由是,敌人正在溃败,现在所要做的就是全力追击。[27]他确实这样做了,而毕苏斯基计划坚守布格河防线,并对图哈切夫斯基的左翼展开反突击。但在7月22日和23日,这道防线和涅曼河防线均告陷落,8月1日,波兰人被逐出布列斯特-立托夫斯克。毕苏斯基此时的处境相当艰难,由于波列西亚沼泽已被绕过,他估计图哈切夫斯基和叶戈罗夫的两个方面军将合兵一处,携手粉碎他士气低落的军队。幸运的是,情况并不像看上去的那么糟糕,因为弗兰格尔从克里米亚的巢穴出兵,威胁到叶戈罗夫的后方,图哈切夫斯基遂同意从第12集团军[28]抽调部分力量为叶戈罗夫提供支援。虽说此举无法缓解波兰当前的局势,但到8月中旬,它的确给相关作战行动造成了严重影响。

8月2日,毕苏斯基进入华沙,并获知纳雷夫河已落入敌人手中。在沃姆于扎次日沦陷后,整个波兰第1集团军退回首都。毁灭似乎即将到来,但局势又一次并非毫无希望,由于布尔什维克快速推进,在30天内就取得大约300英里的进展,这导致图哈切夫斯基的后勤体系极为混乱,已达几近崩溃的程度。面对这种情况,图哈切夫斯基既不能停滞不前,也不能后撤——停下来重组军队是不可能的,因为这意味着挨饿,他所能做的就是继续前进。

另外,政治局势也有利于继续进攻。在奥地利、捷克斯洛伐克和德国,工人们都拒绝让军火经他们的国家转运至波兰。"英国工党于8月6日出版的一本手册中称,英国工人绝不会作为波兰的盟友参加战争"。巴黎的法国社会党人在他们的机关报《人道报》上称,"波兰政府奉了英法帝国主义者的命令对苏维埃共和国发动战争",并高呼:"不要为反动的资本主义波兰提供一个人、一分钱和一发炮弹。俄国革命万岁!工人国际万岁!"[29]而在但泽,码头工人拒绝卸载军火。整个欧洲,只有匈牙利人对波兰人比较友好,因为他们在库恩·贝拉的残暴政权统治下尝到了布尔什维克革命的滋味。[30]

在这种无望的政治背景下，波兰军队一路后撤375英里，就连英国和法国都认为苏俄即将赢得胜利——"没有什么比红军很快会占领华沙更确定的事情了"。[31]早在7月12日，这种失败主义情绪便已在英国政府内蔓延。当日，相信异端邪说的英国外交大臣寇松勋爵认为，有可能同布尔什维克人达成和平，他向苏俄政府发出一份照会，除提议停战外，还称波兰与苏俄应以布格河为界。五天后，苏俄外交人民委员契切林提出召开一次会议，8月10日，劳合·乔治在下议院建议波兰接受布尔什维克的和平条件，其中一条是波兰军队应限制在六万人，并由"俄国、波兰和挪威的劳工组织控制下的"城市产业工人组成的武装民兵提供支援。[32]

这种条件无异于将波兰彻底布尔什维克化，自然遭到了毕苏斯基拒绝，劳合·乔治提出他可怕的建议的四天前，毕苏斯基独自待在美景宫时，脑海中突然掠过一个想法，正如我们将见到的那样，这个灵光闪现将改变整个战争进程。

在此期间，布尔什维克台风继续向西席卷，英国和法国觉得他们不得不做点什么，因而决定派遣代表团前往华沙。英国驻柏林大使德阿伯农勋爵奉命赶到巴黎，魏刚将军和另一些人在那里同他会合，然后一同赶赴华沙。代表团于7月25日到达那里时，发现毕苏斯基想要的是炮弹，而不是建议。

我们再把话题转到战场上。毕苏斯基回到华沙后，面临着以下情况。波军在登陆场精心构筑了堑壕，并设有铁丝网，由43个重型炮兵连加以防御。另外，这片阵地的侧翼也获得了强有力的掩护，南面是登布林（伊万戈罗德），北面是莫德林（新格奥尔吉耶夫斯克），另外还有更西面维斯瓦河畔的普沃茨克。毕苏斯基对防御阵地的强大深感满意，没有对此布置加以变更，他也没同那些忙着考虑苏俄和平条件的外交官进行接触，和马恩河战役前的霞飞将军一样，毕苏斯基把许多不称职的部下降级，派哈勒尔将军负责华沙防务，并组建了一个新集团军（第5集团军），由西科尔斯基将军指挥。

200英里战线上的状况是：波兰军队分为两个集团，一个围绕华沙，另一个围绕利沃夫，以一段虚弱的中央防线加以连接。北部集团编有第5集团军（3.4万人）、第1集团军（3.8万人）、第2集团军（1.2万人）和正从布格河继续退却的第4集团军（2.35万人）。南部集团编有位于利沃夫附近的第6集团军（2.2万人），以及他们南面的第7集团军、乌克兰和罗马尼亚军队（共2.4万人）。连接南北两个集团的是第3集团军（2.5万人）。由北至南，面对这条漫长防线的是图哈切夫斯基麾下的西方面军和叶戈罗夫指挥的西南方面军。前者编有第4集团军（2.8万人，并获得盖汗第3骑兵军4700名骑兵支援）、第15集团军（2.6万人）、第3集团军（2万人）、第16集团军（2.07万人）和莫济里集群（8000人）；后者辖第12集团军（2.25万人）、第14集团军（1.8万人）和布琼尼的骑兵第1集团军（3万人）。总之，17.85万名波兰人和乌克兰人面对着17.79万名布尔什维克。

由于两支军队的主力都在华沙附近，魏刚给毕苏斯基的建议是据守维斯瓦河防线，同时在该河后方为反突击加以准备。这项建议得到许多波兰将领支持，他们倾向于将右翼倚靠维斯瓦河，以莫德林为基地展开一场反突击。他们的想法是粉碎红军右翼，将其逐至布格河以南，并把他们与华沙—比亚韦斯托克铁路线隔开。

魏刚同波军将领们商谈之际，毕苏斯基静静地听着，对这项计划未置可否，仿佛他们的讨论使他脑中一片空白。8月5日/6日晚，他回到美景宫的书房内，他的记述将他的内心挣扎表露无遗，所以我们将其完整摘录如下：

有记录可查的是，拿破仑曾对人类灵魂在战时的反应做出过令人钦佩的描述，他可以说是这方面的权威。他的内心独白是，需要做出一个重要决定时，他就像个即将分娩的女人。自那晚起，我经常想到这种想法的深刻与微妙之处。他看不起女性的软弱，但这个深具意志和天才的伟人却把自己比作脆弱的年轻产妇，分娩痛苦的牺牲品。他曾说自己在这些时刻会优柔寡断。我也是这样，无法克服这场会战中的荒谬之处，它危险地把军队主力集中在华沙实施被动抵抗。在我看来，反突击不能从华沙或莫德林发起，这意味着将对敌军主力实施一场正面进攻，我相信对方正集结在华沙门前，届时，我方军队和指挥部都无法遏制获胜的敌军。另外，失败的噩梦和怯懦的借口也会席卷全城。

毕苏斯基在沉思后意识到，仅仅守住华沙是不够的，哪怕只是为恢复军队的士气，也有必要发起一场反攻。可从哪里能弄到遂行一场反突击所需要的部队呢？这个问题令他深感困扰。若从两翼的任何一处抽调兵力，势必会引发华沙或利沃夫民众的恐慌，这种恐慌可能会波及他的军队。他把注意力转向作战报告和战场态势图，目光落在缓慢后撤的第4集团军身上。他写道："敌人将该集团军推向华沙与登布林之间的维斯瓦河河段。目前在那个方向上,既没有桥梁,也没有任何其他渡河工具。万一敌人在中央地段全力推进,该集团军可能会被逐至维斯瓦河的一个角落,并陷入极其危险的境地。因此,必须将该集团军斜向调往华沙或登布林,或将其分为两部,分别向南北两面转移。"[33]

他最终定下决心,决定命令第4集团军主力退往登布林,另外,由于布琼尼的骑兵已被击退,他还可以从南翼抽调两个师赶往登布林(即联军第1、第3师)。这个决定有一定的风险,因为布琼尼一旦获悉波军这种调动,可能会重新发起进攻。最后,由于反突击取得成功的前景并不美好,他决定亲自指挥这场行动。

我们看看毕苏斯基所面临的情况,就会发现他的基本思路是利用敌军的相互隔绝:图哈切夫斯基方面军集中在华沙周围,而叶戈罗夫方面军和布琼尼的骑兵则在利沃夫附近。敌人的整条战线沿对角线方向从西北方延伸到东南方,连接两个方面军的是一道虚弱的中央战线,位于维普日河附近的卢布林周围。毕苏斯基确信,若能阻挡住华沙和利沃夫周围的敌军,他就可以把用于反突击的力量部署到登布林与卢布林之间的维普日河以南地域,也就是说,与敌人虚弱的中央战线呈直角,这样一来,他也许就可以从后方对图哈切夫斯基的第16集团军发起打击,同时阻止该集团军在华沙与登布林之间突破他虚弱的中央防线。另外,他知道敌莫济里集群位于红军第16与第12集团军之间,该集群的实力太过虚弱且过度拉伸,无法实施强有力的抵抗。因此,如他所述:"8月6日的命令正是基于这种情况,为华沙战役调整了部队的战略部署。"[34] 尽管当日和次日的现实情况是,第4集团军的三个师(第14、第16、第21师)仍在战斗。另外,他不仅意识到第4集团军的后撤将面对敌军执行一场侧敌行军,还知道联军第1师和第3师的调动等于为布琼尼敞开了大门。[35]

他能以极快的速度遂行这场反突击吗?要知道,他几乎没有什么骑兵力量。可若能做到这一点,一旦驱散敌莫济里集群,他的打击就将落在红军第16集团军后方,他知道对方状况不佳,因为图哈切夫斯基的补给体系正变得越来越混乱。[36] 为加剧这种混乱,毕苏斯基打算从他的战略之弓射出一支精神之箭,也就是维普日河。这一箭若能命中目标,红军第16集团军的后方就将退往华沙周围的苏俄第3、第15、第4集团军之后方,随着对方补给体系的瘫痪,他部署在华沙的第1集团军和第5集团军便可以向前推进,从而加入这场反突击。简言之,他的宏大想法是以自己的主力展开反突击,而这场物理反突击将由第4集团军的心理反突击引发。卡蒙将军称,总的说来,这是个"拿破仑式"的策略,因为它侧重于后方进攻。但说它是个"亚历山大式"的策略更加合适,因为它更类似于在阿贝拉战役中被采用的野战手法。在那场战役中,亚历山大牵制住敌人右翼,冲破波斯人虚弱的左中翼,从后方打击对方右翼,这正是毕苏斯基想要做的事。

毕苏斯基制定了他的计划,但这个计划受到他那些将领和参谋人员的激烈批评。他的大胆令他们心惊肉跳,因为他们胆小如鼠,已被图哈切夫斯基这只猫吓得动弹不得,他们不是敦促自己的长官加强用于反突击的力量,而是劝告他强化华沙守军的实力。[37] 毕苏斯基坚持自己的观点,并于8月6日下达了集结令。[38] 他把8月17日定为反突击发起日,并于12日离开华沙前往登布林。

图哈切夫斯基的计划是什么?

他很清楚列宁[39]高度重视华沙的陷落,他现在就伫立在华沙门前,该采取何种行动呢?他说,缺乏兵力使他无法发起一场中路突击或同时进攻敌军两翼,不得不在打击敌军之左翼或右翼间做出抉择。他又解释道,进攻波军之右翼需要他的军队实施一场复杂的重组,并更改原有的穿过克莱什切莱和布列斯特-立托夫斯克的交通线。他决定攻向波军左翼,并切断对方与但泽之间的交通线。他很清楚的一个事实是,遂行迂回的军队将背对东普鲁士,倘若行动失败,他们会陷入不利境地。他希望叶戈罗夫的军队能为自己的左翼提供掩护。

8月8日,图哈切夫斯基为14日的一场进攻下达了指示。这场进攻将按如下方式进行:第4集团军开赴华沙北面,从托伦方向掩护自身,并在普沃茨克强渡维斯瓦河;第15集团军开赴普翁斯克;第3集团军前出到维绍格鲁德—莫德林一线;第16集团军开往新明斯克—加尔沃林一线,并在华沙南面强渡维斯瓦河;莫济里集群则在登布林附近强渡该河。他在这道指令的结尾处写道:"由于我军部队士气高昂,我们绝对有理由期望赢得胜利。"[40] 毕苏斯基于8月6日所下达命令的一份副本落入图哈切夫斯基手中,但对波兰军队来说幸运的是,后者认为对方纯属虚张声势。

我们如果对这些指令稍加研究就会发现,它们表明苏俄红军主力的总体进军方向是华沙北面。这场进攻的弱点并非红军兵力不足,而是他们缺乏指挥的统一性。加米涅夫身处莫斯科,图哈切夫斯基待在明斯克,叶戈罗夫则在利沃夫附近,与图哈切夫斯基相距200多英里。更糟糕的是,图哈切夫斯基和叶戈罗夫私怨颇深。

8月10日，加米涅夫给叶戈罗夫下达了一道命令，要求后者将布琼尼及其骑兵力量转隶图哈切夫斯基，但由于这份电报无法解码，于是三天后才被重新传送。13日，叶戈罗夫弄明白这份电报的意思后开始争辩。他对华沙的作战行动不感兴趣，而是打算夺取利沃夫、普热梅希尔和桑博尔，一旦他强渡德涅斯特河，就将把战火引入罗马尼亚。结果，加米涅夫的命令被置于一旁，布琼尼继续攻往利沃夫，就像昔日赫梅利尼茨基的鞑靼部落所做的那样。

毕苏斯基此时在做什么？8月6日至12日，他怀着极其焦虑的心情看着敌人绕过他的左翼。11日，图哈切夫斯基对普乌图斯克发起一场进攻，就像西科尔斯基告诉我们的那样，据守该城的波兰士兵疲惫不堪，身着破衣烂衫，光着脚，看上去就像"行尸走肉"。[41] 这座古老的要塞封锁了纳雷夫河上的渡口，布尔什维克将其攻克后，波军在该城与维斯瓦河之间仅剩的唯一一道防线就是弗克拉河，它在莫德林附近汇入布格河。雷兹-希米格维将军娴熟地将联军第1师和第3师撤离布格河，这就使普乌图斯克的沦陷的损失得到部分弥补。8月13日，图哈切夫斯基下达了次日展开一场总攻的最终命令，这道命令通过无线电以明码方式传送，结果被波兰人截获，外国外交官们从华沙匆匆撤往罗兹。

如我们所知，图哈切夫斯基的计划是从北面迂回华沙，切断其交通线后，就从后方对该城施以打击。13日，他的第16集团军攻往华沙南侧，第3集团军奔向该城北侧，而第15集团军则赶往弗克拉河，其中心位于纳谢尔斯克，第4集团军绕过第15集团军右翼，直奔普沃茨克。第3集团军当日对华沙外围防御发起一场进攻，这道防线穿过拉济明。据守该防线的是波兰第1集团军，而西科尔斯基将军指挥的第5集团军守卫着弗克拉河防线。

毕苏斯基在五名参谋人员陪同下，将他的总司令部设在登布林稍南面的普瓦维，8月13日当天，他视察了第4集团军辖内部队，所见到的情形无法令他感到鼓舞。如他所说，部队的装备极其拙劣，以至于"我在整场战争期间从未见过这般衣衫褴褛的士兵"。[42] 他视察了一支支部队，对士兵们发表讲话，竭力振奋他们的精神和士气。

8月14日，波军丢失了拉济明，这就使布尔什维克们距离华沙已不到15英里。与此同时，红军对弗克拉河畔的西科尔斯基发动一场猛烈冲击，形势变得极其危急，哈勒尔将军敦促毕苏斯基提前一天发动反击。尽管多24小时的准备时间对毕苏斯基而言非常宝贵，但他还是同意了。

8月15日，弗克拉河之战继续进行，波军8辆装甲车在拉齐翁日—德罗宾—别尔斯克地域展开的行动起到信号效应。西科尔斯基称："他们插入敌军部队之间，攻击敌前哨，消灭对方的补给纵队和交通设施，取得了很大战果，以娴熟的技能展示了自己的能力。机动性使他们的力量增倍，在几个俄国师后方散播混乱，给人的印象是，他们正为一场强大的进攻加以准备。"43 次日，布尔什维克的猛烈突击在纳谢尔斯克被击退，但在这些进攻行动掩护下，图哈切夫斯基的第4集团军转身向南攻往普沃茨克、弗沃茨瓦韦克、博布罗夫尼基和涅沙瓦，这些城镇都位于维斯瓦河畔，最后一个镇子在托伦东南方约18英里处。波兰军队的态势越来越糟糕，虽然第1集团军仍在坚守华沙，但西科尔斯基的左翼已遭到迂回，而在普翁斯克附近，敌人正在他的后方遂行一场猛烈进攻。就在此时，救星从维普日河而来。毕苏斯基于当日晨间发起他的反突击，接下来几天，这场进攻取得了150英里进展。

1920年8月16日，也就是圣母节这天，波兰军队渡过维普日河（这可以说是波兰的卢比孔河），第4集团军受领的目标是华沙—布列斯特-立托夫斯克公路。与进攻期间一直待在明斯克的图哈切夫斯基不同，毕苏斯基这一整天都在乘坐汽车来回奔波，从一侧赶至另一侧，鼓励他的部下，并对情况迅速做出判断。最令他惊诧的是，完全见不到敌军踪影。左翼波军占领加尔沃林，未遭遇抵抗便由此通过。因此，毕苏斯基于17日决定以这场反突击的右翼力量向前推进，"搜寻幻影般的敌军之踪迹，以及对方布设陷阱的一切迹象"。同一天，他再度巡视了迅速向前发展的战线。

武库夫这个重要的火车站位于布列斯特-立托夫斯克路线上，毕苏斯基在这里与第21师师部人员共进午餐。所有人都断言"这里没有敌军，并兴奋地告诉他，大批百姓也加入到战斗中，结果，一些敌人遭到以干草叉武装起来的农民袭击，而这些农民的妻子则带着连枷陪伴在一旁"。44 毕苏斯基当日写道：

我是在做梦吗？就在几天前，一场真正的噩梦还令我困扰不堪：势不可挡的敌军不断向前推进，这种行动使我觉得自己的喉咙犹如被巨大的爪子扣住，令我窒息。我的五个师顺利展开行动，没有遭遇任何抵抗，他们大胆向前推进，越过近期他们怀着痛苦的心情丢弃给敌人的同一片地区，这一切都是真的吗？尽管这种梦境令人喜悦，但似乎不可能是真的。整整一个月来表明敌军占有优势的迹象绝不会就此消失。这个快乐的梦不会是真的。这就是我当晚到达加尔沃林时的感觉。45

几小时后，就在他坐在床边喝茶时，忽然听到北面的远处传来隆隆炮声。他大声喊道："敌人在那里！这不是幻觉！我为自己的震惊和先前的恐惧感到羞愧，那种可怕的噩梦以其野蛮的幻想画面几乎将我吞噬。敌人确实存在，证据就是从北面朝我隆隆袭来的战斗声。"[46]

次日晨，炮声已停息，尽管乡村里到处都是红军的哥萨克骑兵，但毕苏斯基还是乘车赶往科乌别尔，以追上第14师后卫力量，该师已在夜间夺得这个镇子，此时正进军新明斯克。毕苏斯基赶到该镇时，发现红军整个第16集团军正在溃败，于是他命令司机开往华沙，以便让第1集团军和第5集团军的推进与这场反突击协同行动。正如他承认的那样，这是个欠考虑的举动，因为战场上的波兰军队一旦感觉不到他的强大存在，追击敌军的力度便大幅度减弱，结果，8月18日的大部分时间被白白浪费。他后悔自己没有承担起直接指挥第1集团军和第5集团军的职责，如果他当时这样做了，就能让两个集团军的指挥官更好地执行自己的意志，他们仍被长时间困扰他们的恐惧所笼罩。毕苏斯基写道："每个人都在强调部分敌军展开行动的最轻微迹象，他们仍觉得有可能发生灾难，而不相信胜利的可能性。"[47]

8月18日，他下达了以下命令：

第3集团军：坚守卢布林—海乌姆地区，击退苏俄第12集团军与你部相遇的一切力量。

第2集团军：占领布列斯特-立托夫斯克，并朝比亚韦斯托克方向追击敌军。

第4集团军：以强行军向北赶往马乌基尼亚—比亚韦斯托克铁路线，占领布罗克和维什库夫，将敌人逐向德国边境。

第1集团军：朝东北方的华沙—维什库夫—奥斯特鲁夫—沃姆扎方向推进，以辖内骑兵力量位于左前方，朝德国边界展开行动。

第5集团军：歼灭盖汗骑兵军；前出到姆瓦瓦—普扎斯内什一线，切断苏俄第15集团军位于这些城镇以西的所有部队。

不幸的是，波兰第1集团军辖内部队过于分散，无法执行分配给他们的任务。这就导致波军未能彻底歼灭图哈切夫斯基的军队。

当毕苏斯基展开反击时，图哈切夫斯基仍在离华沙300英里外的明斯克，这个

华沙战役，1920年8月16—25日

距离两倍于当年马恩河战役期间小毛奇与巴黎的距离。他在明斯克似乎失去了一切联系，不仅与他的敌人，同他自己的军队也是如此。他告诉我们，直到18日他才接到第16集团军司令员打来的电话，告诉他波兰军队已发起一场进攻。他随后又被告知，"对波兰人的进攻不必太在意"。[48] 图哈切夫斯基是个非常优秀的将领，他没有这样看待情况，而是立即下达了如下命令：

第4集团军立即后撤，集中于切哈努夫—普扎斯内什—马库夫地域，于途中协助第15集团军的后撤。第15集团军应遏制敌人，并协助第4集团军集结。第16集团军撤至利维茨河后方。莫济里集群在其左翼提供掩护。第12集团军的任务是遏制渡过维普日河之敌，应对他们发起侧翼攻击。最后，第3集团军和第16集团军各抽调一个师前往德罗希琴和亚努夫，为整条战线组建一股预备力量。[49]

图哈切夫斯基告诉我们，他已预见到朝格罗德诺—布列斯特-立托夫斯克一线实施全面后撤的必要性。但这也许是一种"事后诸葛亮"的看法，因为事实是，他显然不知道他的半数军队已被击溃，而另一半（第4集团军和第15集团军大部分）也已陷入重围，以至于他给他们下达的命令全然无效。巧的是，发给第4集团军的命令在传送时延误了很长时间，收到这些命令时，由于该集团军司令员并不了解整体情况，仍以为形势对自己有利，遂把接到的指令搁置一旁，命令他的部队继续渡过维斯瓦河，意图从后方进攻华沙。

到8月21日，图哈切夫斯基的右翼已彻底溃败。首先是第16集团军，尔后是第3集团军，最后是第15集团军，突如其来的侧翼打击远比战斗本身造成的恐慌更加严重。他们惊慌失措地向东溃逃时，整个乡村变为一片混乱的现场——支离破碎的部队和数不清的散兵游勇，与数千辆补给大车混杂在一起，乱哄哄地退往涅曼河。而毕苏斯基那些衣衫褴褛、赤足行进的部下乘胜追击，甚至没有射出一枪一弹。

华沙北面和西北面，苏俄第15集团军右翼力量在切哈努夫进行了一场殊死战斗，但于8月19日被波军逐出该镇，又于20日被驱离姆瓦瓦，他们在溃逃期间带上了第4集团军的辎重队，后者此时正位于弗沃茨瓦韦克和普沃茨克的维斯瓦河渡口处。

在这场灾难中唯一一支表现出色的红军部队是盖汗的骑兵军。他于20日退往姆瓦瓦，对科诺普基展开一场夜袭，切断一个波兰营，但随后遭到波军追击，不得不向东退往霍热莱，在那里设法突破了两个波兰团设在梅希涅茨的防线。接下来，他又率部赶往科尔诺，在那里遭遇到了几小时前便已占领该城的波兰第4集团军。

虽然寡不敌众且弹药不足，可盖汗还是率领部队投入进攻，8月25日，该骑兵军和第4集团军一样，混乱不堪地退过德国边界。

最后，苏俄西方面军残部于8月25日退至格罗德诺—布列斯特-立托夫斯克以东—弗沃达瓦一线，波军这才停止追击。他们缴获了大量战利品：除3万~4万名红军士兵在德国被缴械外，波军共俘获6.6万名俘虏。此外，他们还缴获231门火炮、1023挺机枪、10000辆弹药和补给车。7月和8月间，波军伤亡约50000人，而红军的伤亡高达150000人。

尽管波军赢得了重大胜利，但这场战役并未结束，另外两场独立作战行动随之而来，一场发生在南面，另一场则在北面。第一场行动由西科尔斯基遂行，他于9月12日发起进攻，于18日占领科韦利、卢茨克、罗夫诺和捷尔诺波尔，于20日攻克平斯克。第二场行动则由毕苏斯基率领，在实施一场巧妙的机动后，于9月20日对图哈切夫斯基发起攻击，在涅曼河交战中歼灭苏俄第3集团军，于26日占领格罗德诺。紧随这场胜利而来的是夏拉河之战[50]，红军残部在这场交战中被迫退至明斯克。通过这两场交战，毕苏斯基又俘获5万名俘虏，缴获160门火炮。10月10日，双方达成停战协定，1921年3月18日的《里加和约》使波兰东部边界得以确定，一直保持到1939年。

这标志着一场非凡战役的结束，这场战役中，双方在一片庞大的战区以规模有限、临时拼凑的军队展开厮杀。这是一场充满机动性和突然性的战役，与第一次世界大战期间的大部分战役截然不同。参与这番角逐的军队，大多由年轻将领指挥，骑兵在战斗中发挥了重要作用，而野战堑壕却没有派上任何用场。最重要的是，在这场战争中，人的因素比物质更重要，将领们发挥的影响也比其参谋人员更大。

输掉这场战役的图哈切夫斯基和密切关注战事进程的德阿伯农勋爵都充分意识到这场决定性战役在历史上的影响。奇怪的是，西欧对这场战役的重要性却没有太多认识，自那以后也很少加以关注。遭遇挫败后不久，图哈切夫斯基写道：

> 所有欧洲资本主义国家都惊恐不安，工人们翘首以盼，准备揭竿而起。毫无疑问，要是我们在维斯瓦河畔赢得胜利，革命就将照亮整个欧洲大陆……输出革命是有可能的……倘若不是我们的战略失误和我们在战场上的失败，波兰战争也许会成

为连接十月革命与西欧革命的纽带……毫无疑问,要是我们成功粉碎波兰资产阶级和贵族阶层的军队,波兰工人阶级的革命本来会成为既成事实,革命之火绝不会在波兰边界停息,它会像势不可挡的洪潮那样席卷西欧。红军永远不会忘记输出革命的这场实验,要是欧洲的资产阶级再度把我们引入一场新的斗争,红军会成功地消灭他们,并在欧洲掀起革命。[51]

德阿伯农勋爵在1930年8月17日的《波兰报》上发表了一篇文章作出以下判断:

现代文明史上,没有哪起事件比1920年的华沙战役更加重要,也没有哪起事件的重要性像华沙战役这般遭到忽视。当时危及欧洲的危险被扑灭,整个事件便被遗忘了。倘若布尔什维克赢得那场战役,它将成为欧洲历史的转折点,因为毫无疑问,整个中欧当时都有可能受到影响,苏俄的进攻本来是难以抵御的……1920年的事件还因为另一个原因而值得加以关注:那场胜利主要归功于某人的战略天赋,也归功于他实施的一场机动,这是一场危险的行动,不仅需要天分,还需要英雄气概……向欧洲人说明波兰1920年挽救了欧洲,这应该是政治作家的任务,保持波兰的强大以及她与西欧文明的和谐关系至关重要,因为波兰是一道屏障,她将抵御入侵的危险。[52]

注解

1. *Le chef de l'armie rouge, Mikail Tukachevski*, Pierre Fervacque (1928), p. 24.
2. 同上, p. 67。
3. 同上, pp. 73—75。
4. 同上, p. 20。
5. 同上, p. 111。
6. 同上, p. 62。
7. *The Eighteenth Decisive Battle of the World*, Viscount D'Abernon (1920), pp. 38—39.
8. 引自 *Pilsudski Marshal of Poland*, Eric J. Patterson (1935), p. 127。
9. *Le chef de Varmte rouge*, p. 36.
10. 同上, p. 62。
11. 同上, pp. 68, 76。
12. 这里无法给出交战双方的确切兵力,整个战役期间,他们的兵力数不断发生变化。
13. *Le chef de Varmie rouge*, Fervacque, p. 123.
14. *History of the Russian Revolution*, Trotsky (1932—35), vol. III, book 2, p. 102.
15. *L'Annie 1920*, Joseph Pilsudski (1929), p. 51.
16. 同上, Annexe I, "La marche au dela de la Vistula", M. Tukhachevski, p. 215。
17. 同上, pp. 231—232。
18. *The Eighteenth Decisive Battle of the World*, p. 28. 这种宣传是一柄双刃剑。钱伯林指出了它对红军士兵的消极影响,到达华沙郊外时,他们获悉"一些工人加入到志愿者中,共同增加了波兰守军的数量"。(*The Russian Revolution*〔1935〕, vol. II, p. 317)
19. *Le chef de l'armée rouge*, p. 124.
20. *L'Annie 1920*, Annexe I, p. 218.
21. 同上, p. 217。
22. 同上, p. 16, 引自 *Froloff's Approvisionnement de l'armée rouge sur le front occidental* (in Russian)。
23. 同上, p. 78, 84。
24. 同上, p. 113—114。
25. 同上, Notes, pp. 286。
26. 同上, p. 120。
27. 同上, Annexe I, p. 234。
28. 同上, Notes, pp. 298—299。
29. *The Poland of Pilsudski*, Robert Machray, pp. 112—113.
30. 1919年5月27日,列宁写信给匈牙利共产党人:"要坚决。如果昨天投向你们的社会党人或小资产阶级中有人发生动摇,就应展开无产阶级专政,无情地镇压这种动摇。战争中,一个懦夫的适当下场就是被枪毙。"(*Collected Works, Lenin*, vol. XVI, p. 229)
31. *The Eighteenth Decisive Battle of the World*, D'Abernon, p. 15.
32. *The Russian Revolution, 1917—1921*, William Henry Chamberlin (1935), vol. II, p. 208. 另可参阅 *The Soviets in World Affairs*, Louis Fischer (1930), p. 267 和 *The Eighteenth Decisive Battle of the World*, pp. 70—71。
33. *L'Annie 1920*, pp. 136—141.
34. 同上, p. 142。
35. 同上, p. 146。
36. 图哈切夫斯基方面军此时的状况,可参阅 *Camon's La Manoeuvre Liberatrice* (1929), p. 109。

37. 参阅 *Sikorski's La campgane Polono-Russe de 1920*, pp. 70—77。卡蒙将军对此的评论是："波兰总司令部的情况与1914年的德军总司令部，以及同一时期的其他总司令部如出一辙，作战处认为自己比总司令更加高明，因为后者毕竟不是专业人员，总司令部一次次回到从防线左翼发起一场反突击，以此遏制布尔什维克前进的想法上。"（*La Manoeuvre Liberatrice*, p. 31）这也是魏刚将军的想法。
38. 参阅 *La Campagne Polono-Russe de 1920,* Sikorski (1929), pp. 53—56，以及 *La Manoeuvre Liberatrice, Camon*, pp. 34—41。
39. 在他的 *Collected Works*, vol. XVII, p. 308，我们读到："我们的军队逼近华沙时，整个德国沸腾开来。"
40. *L'Annie 1920, Annexe I,* pp. 244—245.
41. *La Campagne Polono-Russe de 1920, Sikorski,* p. 79.
42. *L'Annie 1920,* p. 147.
43. *La Campagne Polono-Russe de 1920,* p. 181.
44. *L'Annie 1920,* p. 152.
45. 同上，p. 152。
46. 同上，pp. 152—153。
47. 同上，pp. 165—166。
48. 同上，Annexe I, pp. 250—251。
49. 同上，Annexe I, pp. 251—252。
50. 关于这两场交战，可参阅法国的福里将军在1922年2月、3月刊以及1929年3月刊的 *Revue militaire francaise* 上发表的文章。福里1920年同西科尔斯基在一起，后者当时指挥波兰第4集团军。
51. *L'Annie 1920,* p. 255.
52. 引自 *The Poland of Pilsudski, Machary,* p. 118。

第二次色当战役和法国的沦陷，1940年

第九章

希特勒的战争目标是苏格拉底式的和生物性的[1]。希特勒认为："一个国家的外交政策的首要责任，应该是确保组成这个国家的种族之生存。要实现这一点，就应考虑到的一方面是人口的数量和增长，另一方面是他们居住的这片领土的范围和资源，必须在二者间建立一种健康而又自然的比例……我所说的健康的比例，指的是领土地面上和地面下的资源足以保障人民的生存。"[2]他还指出，1914年至1918年的德国不是世界强国，因为她无法养活其人民，若不能实现这一点，她永远无法成为一个强国。德国不应在欧洲南部或西部，而应在东部寻找其生存空间，也就是"在俄国及其附属国"。[3]他的目标是在东欧而不是西欧建立个加洛林式的帝国，这个帝国将彻底实现自给自足，即便日后欧洲列强联合起来也无法对其构成威胁。

这就是说，如果希特勒获得成功，他将在整个欧洲建立霸权，这自然是英国政府不能容忍的，因为英国的传统政策是让欧洲保持分裂。但由于英国和法国都没有为战争做好准备，他们的政策本应让希特勒德国向东欧扩张，他在那里必然会与苏联有一场大战，英国和法国趁机可以全速加强军备。如果他们这样做了，两个独裁者无论谁获胜，英国和法国都将坐收渔翁之利，并将扭转力量对比，使之对他们有利。可相反，出于对他们同波兰结盟的妥协，英法两国宣布将对希特勒主义发动一场意识形态的十字军东征[4]，1939年9月4日，张伯伦先生在对德国人民发表的广播讲话中宣称："在这场战争中，我们不是要同德国人民为敌，因为我们对你们绝无敌意，我们所要打倒的是一个暴虐而又不守誓言的政权。"[5]

要想实现这一点，本应将德国人分为两个政治群体，即亲希特勒派和反希特勒派，给予前者最坏的条款，而把最好的条款提供给后者。他们应该同反对希特勒的所有德国人结盟，以各种手段全力为他们提供协助，以便从内部打击希特勒主义，并引发革命将其推翻。英国派驻荷兰的情报人员S.佩恩·贝斯特上尉曾指出过这种可能性。他写道："战争爆发时，我们的情报机构获得可靠情报，德国武装部队和民事机构许多身居高位者都反对希特勒……根据我们掌握的情报可以作出判断，这种反抗运动的情绪已酝酿得相当高涨，甚至有可能引发叛乱并导致纳粹垮台。"[6]瓦尔特·格利茨证实了这一点，他告诉我们，希特勒入侵丹麦和挪威前，德国军事情报局局长威廉·卡纳里斯海军上将曾就即将发生的事情提醒过丹麦和挪威派驻柏林的武官。陆军总参谋长弗里茨·哈尔德将军也做出安排,设法提醒利奥波德国王,比利时即将遭到入侵。1940年5月9日,卡纳里斯"通过他的参谋长奥斯特向荷兰派驻柏林的武官发出最后一次警告",告诉他希特勒打算入侵荷兰。[7]在整个战争期间,希特勒一直被叛徒们所包围。[8]

尽管张伯伦先生于9月4日发表了声明,可一场心理战的目标确定后,两个盟国却完全致力于以军事手段实现该目标。这是他们在战争期间犯下的最大的政治错误。几乎同样严重的是他们在军事方面犯下的错误,他们的军事力量是以第一次世界大战前半段(僵持阶段),而非后半段(机动阶段)的经验组建的,而希特勒不顾大多数将领的反对,采取了截然相反的做法。为了让读者们明白这意味着什么,我们在这里有必要简述第一次世界大战后产生的新战术理论。

战争中的惯例是,失败方学到的东西最多。胜利方往往将战争视为一起已将敌人肃清的事件,而被征服者则看到了错误的行动造成的后果。在德国和俄国看来,第一次世界大战最大的教训是:战争中越来越需要的,一是政治权威、二是国民纪律、三是经济上的自给自足、四是科学技术。这些因素对和平时期为战争加以准备同样有影响。

对于最后一项要求,三种全新武器(飞机、坦克和毒气)已进行过实验,每一种情况下,相关实验都表明其能扩展火炮的威力——火炮可以说是战场上的主导武器。坦克一直作为自行式装甲火炮使用,飞机是远程火炮或机枪,毒气则是分子式榴霰弹。倘若战争再持续一年,坦克和飞机就会明显表现出它们并非武器,而是可以其最大负载携带一切的运输工具。另外,它们的主要特征是一种新的运动方式,其动力来源即石油。围绕它们,可以组建起全新的战斗组织,也就是自行式装甲部队和空降部队,而不仅仅是自行式装甲火炮或空中火炮。

在这段实验期间,两个主要理论出现了——其中一个以坦克为主,另一个则以飞机为主。前一个理论是本书作者于1918年5月在一项题为"瘫痪式攻击"的研究中详细制订的,这份报告很快呈送给了福煦元帅,后者在接受后将其作为1919年春季战役计划的基础,并更名为"1919计划"。该方案的执行部分如下:

> 目前,既然一群士兵的潜在战斗力寄托于其组织之内,因此,如果我们摧毁其

组织，就可以打垮他们的战斗力，从而实现我们的目标。

摧毁一个组织有两种方式。

一、使其消耗殆尽（也就是驱散对方）。

二、使其不起作用（也就是使对方脱节）。

战争中，前一种方式包括击毙、击伤、俘虏敌军士兵或解除其武装，这是一种身体的战争。而第二种方式则是使对方的指挥能力丧失作用，也就是一种头脑的战争。若以个人为例：前一种方式可比作一系列轻伤最终导致某人失血过多而死去，而第二种方式则是对着他的大脑开上一枪。

一支军队的大脑是其指挥部——集团军司令部、军部和师部。如果我们在德军战线的广阔地段突然消灭这些指挥机构，他们控制的人员用不了几小时就会崩溃，甚至无法实施最轻微的抵抗……

我们目前的理论是消灭对方的"人员"，因此，我们的新理论应当是消灭对方的"指挥"，不是在敌方人员已陷入混乱后，而是在他们遭受攻击前，这样一来，我方对其展开进攻时，就会发现对方已处于彻底混乱的状态……

这里所建议采用的手段是使用快速行动的坦克，飞机为其提供支援，传统兵种尾随其后。获得空中力量掩护的坦克应在德军战线突破预先选定的地段，直扑敌人的师部、军部、集团军司令部和补给中心，并制造混乱。随后，再展开一场常规进攻。[9] 飞机理论的主要倡导者是意大利的朱里奥·杜黑将军，他在1921年的《制空权》一书中阐述了他关于未来空战的学说。他写道："未来的战争将再次涉及所有国家和他们的所有资源……陆上战争……会具有一种与第一次世界大战非常类似的静态特点，双方会构建绵亘防线……机动作战的所有理论和概念都无法对付这种绵亘防线……"那么答案是什么呢？答案就是将战争转入空中，并对平民实施攻击，因为一旦以恐怖打破对方的意志，他们的整个政府机制及其军事指导就将崩溃。杜黑断言："上一场大战中，一些国家的解体是军队在战场上的行动间接造成的，日后它将由空中力量的行动直接实现，甚至没等陆海军彻底动员起来，这项任务就会已告完成。"[10]

这两个截然不同的理论有两个共同点。它们的最终目标都是精神而非物质：前一个是打破敌人军队指挥的意志，后一个则是粉碎敌国民众的意志。两种理论的目的都是为了打破上一场大战中常见的僵持,或使绵亘防线无法据守,或彻底绕开它们。

源于这两种理论(或对其缺乏认识)的战术策略决定了陆战的特点。法国的策略是纯防御性的,隐蔽在马其诺防线的掩护下,旨在使战场上的僵局牢不可破。而英国采用的几乎完全是经济策略,即封锁德国,轰炸其工业城市和平民,也就是所谓的"战略轰炸",同时将一支象征性的军队派至法国。[11]这两种策略都基于这样一种假设:德国可能会像上一场大战一样,被迫进入僵持期,她在经济上仍像20年前那样依赖于别国。除了在空中,两个国家都没有考虑过机动作战。[12]

德国的战术策略基于进攻,旨在以瘫痪式进攻的手段克服对手的线式防御,以此作为"闪电战"的基础。其军队被打造成一柄装甲"破城槌",在充当飞行野战火炮的战斗机和俯冲轰炸机掩护下,可以在选定地段突破敌人的绵亘防线。其策略的灵魂是机动性——只在一条战线上进行一场激烈、快速而又短暂的战争。这就是第二次世界大战与上一场战争的显著差异。尽管如此,这种战术策略却是建立在一个错误战略的基础上的——它没有考虑到这样一种可能性:倘若英国支持法国,那么下一场大陆战争将是一场两线战争,即陆地战线和海上战线。如何打破海上战线是德国面临的关键性问题,因为一旦英国同法国站在一起,海上战线就将成为联军的战略重心。但希特勒对打破海上战线完全没有准备,战争爆发时,他只有一支实力微不足道的舰队,潜艇也只有57艘(其中26艘适用于大西洋的作战行动)。此外,他连一艘登陆艇都没有,而空中力量的设计和其所接受的训练都不足以应付一场头等重要的跨海作战行动。最重要的是,希特勒没有相关计划。

1939年9月1日这个色当战役周年纪念日,希特勒入侵波兰。23个德国师(没有装甲师)和少量战机留在西线实施警戒,而包括六个装甲师和六个摩托化师在内的44个师则被编为两个集团军群,于当日清晨跨过波兰边界,事实证明这种瘫痪式进攻极为有效——七天内,除华沙外,波兰其他地区的抵抗都已崩溃。17日,苏军越过波兰东部边界,波兰政府于次日逃入罗马尼亚。虽然瓦利蒙特将军说"德国陆军从来没有像这样缺乏准备便投入战争",[13]可正如古德里安将军指出的那样,"这场战局迅速赢得胜利"归功于德国新组建的装甲师和摩托化师,而不是整个德国陆军。[14]在德国空军的支援下,他们取得的成就看似奇迹,实际上是个注定的结果。

在西线，英法联军守在他们的堑壕中，眼睁睁地看着他们的盟友被击败。

希特勒将陆地战争缩减为一条战线后，他便打算先解决法国和英国，尔后再对付苏联。但随后发生了延误，部分原因是他的将领们从中作梗、军队内部的叛乱迹象和苏联于11月11日攻击了芬兰。最后，他把进攻日期定于1940年1月20日，可没过多久，海军总司令埃里希·雷德尔元帅便力劝希特勒先占领挪威，以此作为对英国开展潜艇战的基地，同时确保挪威和瑞典的铁矿石资源，这对德国至关重要。当他们仍在商讨这一行动时，2月17日，英国人在挪威海域俘获了德国运送战俘的船只"阿尔特马克"号，这一行为激怒了希特勒，也结束了他的犹豫不决。4月9日，德国突然占领丹麦，面对英国舰队，德国人从海上和空中攻打了挪威。4月15日，一支小股英军在纳尔维克登陆，16日和18日，另外两支英军部队在纳姆索斯和翁达尔斯内斯登陆。5月2—3日，这两支英国部队撤出，六天

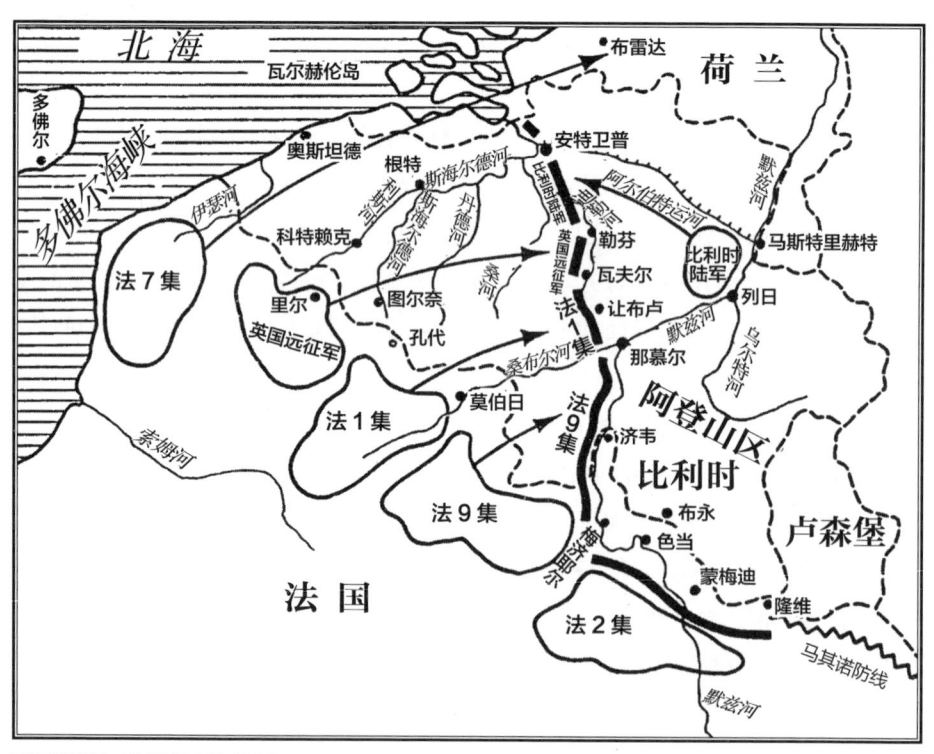

联军的部署，1940年5月10日

后，这场惨败导致英国下议院提出不信任投票。5月10日，张伯伦先生辞职，丘吉尔出任首相。

法国的计划基于以下考虑：

一、从瑞士边界延伸到隆维的马其诺防线牢不可破。[15]

二、北面的阿登山区位于隆维与那慕尔之间，阻止了大股部队，特别是装甲力量的行动。

三、由于比利时于1936年宣布中立，法国军队无法在德国人侵略比利时前跨越该国边界。

四、德国人将再度采用1914年的施利芬计划。他们对这最后一点相当确定，因为比利时中部平原非常适合装甲力量展开行动。有鉴于此，法军计划的重点是如何确保比利时中部平原不落入敌人手中。

那里有三条河流可资利用：从安特卫普延伸到列日的阿尔伯特运河—默兹河；从安特卫普延伸到那慕尔的迪勒河；从安特卫普延伸到图尔奈的斯海尔德河（在法国境内称为埃斯考河）。但由于比利时人在1939年决定将第二条河流作为他们的主防线，可用的防线遂减少到两条，法军占据这两道防线的计划分别称为D计划（迪勒河）和E计划（埃斯考河）。1939年11月17日，法国国防委员会采用了前一个计划，并获得法国陆军总司令M.甘末林将军的批准——比利时陆军（18个师）从阿尔伯特运河—默兹河一线退往安特卫普与勒芬之间的迪勒河河段时，在英吉利海峡与梅济耶尔之间占据阵地；由戈特勋爵率领的英国远征军（先是六个师，最终增加到九个师）和分别由布朗夏尔将军、科拉普将军指挥的法国第1集团军（六个师）及第9集团军（九个师），应沿法国第2集团军左翼转动，并赶往迪勒河；亨茨盖将军率领的法国第2集团军编有七个师，负责据守梅济耶尔与隆维之间的防线。英国远征军应在勒芬与瓦夫尔之间推进；法国第1集团军在瓦夫尔与那慕尔之间推进；第9集团军则部署在那慕尔与梅济耶尔之间的默兹河畔。此外，吉罗将军率领的法国第7集团军（七个师）将调到英国远征军左翼后方，此举不是为加强前线或充当预备队，而是准备在当荷兰的中立遭到破坏时进入该国。

乔治将军被任命为东北战区总司令，这片战区从瑞士边界延伸到英吉利海峡。两个集团军群据守在此：比约特将军指挥的第1集团军群辖法国第2、第9、第1集团军；第二集团军群位于其右侧，负责据守马其诺防线。英国远征军和法国第7集团军直属乔治将军指挥，他还掌握着一支总预备队，编有13个师，但这股力量相当分散，其重心不在第1集团军群，而在第2集团军群。[16]

虽说据守迪勒河的48个师从数字上说是一股强大的力量，但由于其编成相当混乱，这股力量实际上很脆弱。另外，四个法国集团军的人员素质差异较大，最好的师分配给第1集团军和第7集团军，因为他们必须在开阔地展开行动，其他师分配给第9集团军和第2集团军，因为他们拥有阿登山区的掩护。这些集团军的编成如下：第1集团军辖两个轻型机械化师（骑兵军）、三个现役师和一个Ａ级预备师[17]；第7集团军辖一个轻型机械化师、两个摩托化师、一个现役师、一个Ａ级预备师和两个Ｂ级预备师；第9集团军辖一个摩托化师、一个现役师、两个Ａ级预备师、两个Ｂ级预备师、一个要塞师和两个骑兵师；第2集团军辖两个现役师、一个Ａ级预备师、两个Ｂ级预备师和两个骑兵师。

从这种部署可以看出，连接马其诺防线与那慕尔之间的部队，兵员素质较差。而法国人认为阿登山区是一片不利于进攻的地区，事实的确如此，这一点没什么可批评的，法军计划的致命错误在其他地方。由于法国总参谋部认为德军装甲主力将越过比利时中部，因此三个法国装甲师显然应该集结在迪勒河防线后方，从而对越过阿尔伯特运河—默兹河一线的德军装甲部队遂行反突击。倘若德军没有这样做，而是准备突破阿登山区，那么，法军装甲部队可以取道蒙斯，打击德军之右翼。至于法国人为何没有采用这种部署方式，我们将在后文阐述其理由。

我们在将话题转向德军的计划前，必须先谈谈法国军队的士气，因为法国于1940年6月的崩溃并不仅仅是战术问题。

在大多数外国人，特别是在英国人看来，法国陆军无疑是欧洲实力最强的军队。可事实上并非如此，法国陆军装备劣质、战术陈旧过时，其士气不仅没能从第一次世界大战的冲击中恢复过来，还受到腐败和Ｍ.莱昂·布鲁姆于1936年组建的人民阵线政府的共产主义思想侵蚀。民众麻木不仁，充满失败主义情绪，许多人甚至公然宣传，宁可被希特勒占领也不要战争。[18]虽然这一切很容易发现，但英国人从未设法将其公之于世，因为他们不愿让公众产生"法国如此虚弱、德国无比强大"的想法。这就是爱德华·斯皮尔斯爵士深感震惊的原因所在。1940年5月25日，法国殖民地部长乔治·曼德尔告诉他："法国没有战斗意志，总体情况虚弱不堪，整个国家即将崩溃。"[19] 这些说法得到甘末林将军证实，他在一周前曾写过一份报告："……今天动员的人员，在两次大战之间的这段时期没有受过爱国主义和道德教育，因而对决定国家命运的戏剧性事件毫无准备……我们的防线遭到突破，往往是我方部队溃逃的结果，先是在局部，随后便是在各重要地点全面溃败，而他们面对的是一个大胆的对手，决心承担一切风险并坚信自己的优势。"[20] 这番话让人想起在1870年战争前斯托费尔中校说过的那些话。

德军的计划被称为"黄色计划"，据埃利斯少校称，"目前没有证据表明这项计划与希特勒有关"，[21] 它基于A、B、C集团军群，分别由卡尔·冯·伦德施泰特将军、费多尔·冯·博克将军和威廉·冯·莱布将军指挥。这份计划于10月19日由德国陆军总司令部签发，要求配备装甲主力的B集团军群在布鲁塞尔以北地区遂行主要突击，并以一个支队穿过荷兰南部，A集团军群负责掩护B集团军群左翼，C集团军群面对马其诺防线。希特勒并不喜欢这计划，据约德尔将军称，他曾说他"原本想把所有力量用于列日以南"，意图是朝兰斯和亚眠方向突破。[22] 布劳希奇和哈尔德随后对该方案加以修改，除了博克在布鲁塞尔以北的主要突击外，他们在列日以南增添了一个辅助突击，并取消了荷兰支队的行动——这正是法国人意料中的计划。希特勒还是不太满意，不仅因为该计划需要对列日的一个侧翼遂行一场正面突击，还因为他认为主要打击应针对列日以南，并以1个装甲师和1个摩托化师经阿尔隆直奔色当。[23]

次日（10月31日），伦德施泰特和他的参谋长埃里希·冯·曼施泰因将军独自提出了一个新构想——切断索姆河以北之敌，不是从正面将他们逼退，而是以A集团军群突破对方。布劳希奇拒不接受这项方案。古德里安告诉我们，当年11月，曼施泰因致电他的指挥部，问他是否认为以装甲力量在比利时南部和卢森堡取得突破是个可行的计划。古德里安认为此举完全可行，唯一的条件是需要充足的装甲力量。[24] 曼施泰因随后就这个设想写了份备忘录，随后伦德施泰特于12月4日批准，签署后呈交布劳希奇，但后者拒绝将此转呈希特勒。

12月28日，德军最高统帅部下达了一道指令，称作战行动将于1940年1月中旬发起，然后视情况再决定进攻重点的地点。随后发生了一起意外事件：1

月10日,一架载有一名空军信使的德国飞机在比利时迫降,比利时人在他身上发现的文件暴露了德军的大部分计划。[25] 这起意外,再加上恶劣的天气,导致德国人不得不推迟原定于1月17日发动的攻势。

鉴于以上原因,希特勒开始着手采取下一个步骤。2月13日,他重新提出应在何处实施主要突击的问题,并建议装甲师"应当集中于色当方向,敌人不会料到我们在那里遂行主要突击",特别是因为于1月10日被对方缴获的文件会使他们认为"我们关注的是占领荷兰和比利时的英吉利海峡海岸线"。[26] 曼施泰因不遗余力地推销他的设想,不胜其烦的布劳希奇想摆脱掉他,于是提升他为步兵军军长,按照惯例,曼施泰因在履新前应向希特勒表示敬意。在同元首共进晚餐后,曼施泰因趁机提出自己的计划,而在此之前,布劳希奇都一直拒绝将这份计划透露给希特勒。由于该计划符合元首的设想,经过两次兵棋推演后,曼施泰因的计划于2月22日获得采用,整个进攻重点转至A集团军群。对于这种更改,古德里安写道,伦德施泰特"对坦克的潜力没有清楚的认识",除了希特勒、曼施泰因和他本人,没人对黄色计划的最终版本抱有信心。[27]

这份最终计划的具体内容是:

B集团军群辖第18集团军和第6集团军,编有28个师,包括三个装甲师和一个摩托化师,攻往温特斯韦克—亚琛一线,占领荷兰南部和比利时北部,夺取机场并掩护A集团军群右翼。

A集团军群辖第2、第4、第12、第16集团军,编有44个师,包括七个装甲师和三个摩托化师,攻往亚琛(本身除外)—卢森堡一线,在那慕尔与色当之间突入法国境内,前出到亚眠—阿布维尔一线,切断索姆河以北之敌。

C集团军群辖第1集团军和第7集团军,编有17个师,负责监视马其诺防线,并实施佯动。

OKH(陆军总司令部)预备队编有45个师,包括一个摩托化师。

以上就是交战双方的作战计划,一方基于法军总参谋部顽固不化的思想,除了认为德国人会重复施里芬计划外就没有其他想法,而另一方由于一连串意外,同样对施里芬计划痴迷不已的德军总参谋部,其固有的想法遭到破坏,不得不以希特勒和曼施泰因力主的大胆性和新颖性为策略基础。两个总参谋部的顽固不化并非他们唯一的相似之处。相关记录指出，德军总参谋部内存在一些叛徒，希特勒本能地意识到这一点，所以一直不太信任这个机构[28]，而于1940年3月30日出任法国总理和战争委员会主席的保罗·雷诺，也对甘末林将军领导的法国陆军总参谋部抱有一种深深的不信任感。雷诺就任后决心撤除甘末林的职务，但后者获得国防部长达拉第的支持，达拉第的拥护者称他是"沃克吕兹的公牛"，批评者则称他是"长着橡胶角的母牛"。据内阁秘书长保罗·博杜安说，雷诺宣称甘末林"当个地方长官或主教也许挺合适"，可作为军队统帅却完全不称职。[29]5月9日，雷诺抓住挪威惨败的机会，决心摆脱什末林，在当日召开的战时内阁会议上，他

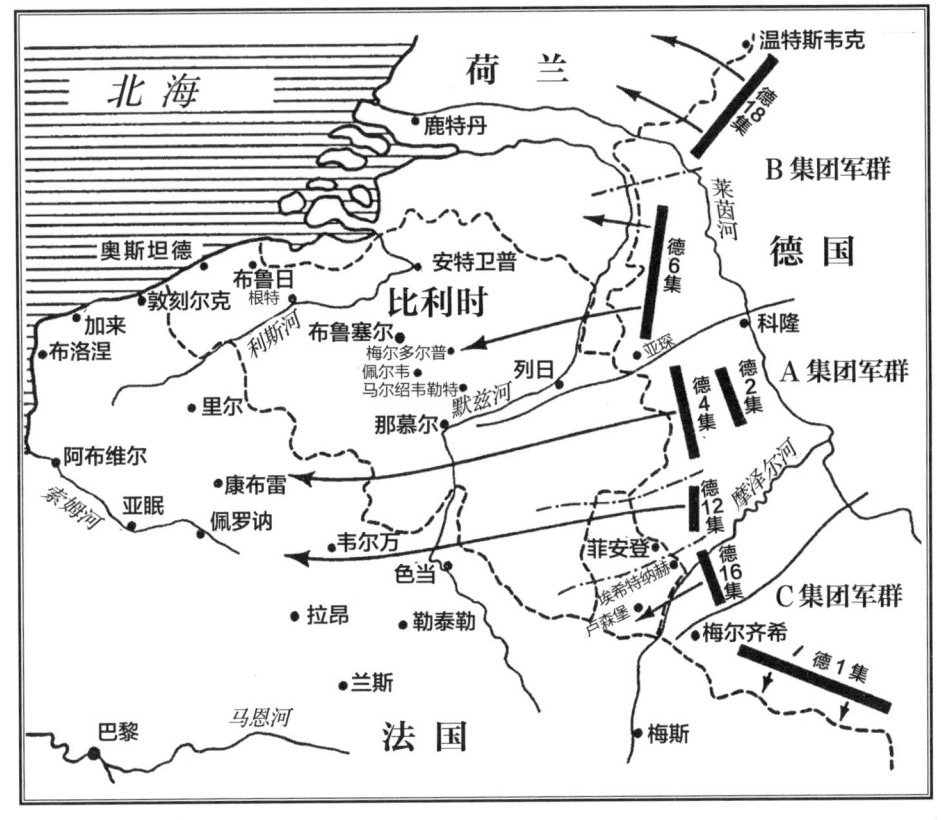

德军的部署，1940年5月10日

把什未林骂得体无完肤,最后喊道:"鉴于如此激烈的反对意见,我认为内阁应当引咎辞职,我将向共和国总统提出辞呈。"[30] 这一幕让人想起1870年的场景,但时机不太合适,因为这一次没等会议结束便传来德国人越过比利时和卢森堡边界的消息,这使什未林逃过一劫,他随即赶往了里摩日。

因此,西线的一场大战即将到来之际,希特勒正同他麾下一位更愿意进军柏林的陆军总司令交锋,而雷诺正在对付一位已被他在道德上暗杀的军队统帅。

此战相关军力如下:

德国:134个步兵师,10个装甲师[31]、4个摩托化师。荷兰:8个步兵师。[32] 比利时:18个步兵师。英国:10个步兵师、1个坦克旅(重型坦克)、5个机械化骑兵团(轻型坦克)。[33] 法国:90个步兵师、3个装甲师、3个轻型装甲营[34]、5个轻型机械化营、27个独立坦克营。[35] 坦克方面,德军拥有2439辆可用战车[36];法军拥有2460辆现代化坦克和600辆旧型号战车[37];英军有229辆坦克,其中171辆是轻型坦克。法军的许多坦克在装甲厚度和火炮口径方面优于德军坦克,但德国人的坦克理论是基于整个装甲师充当破城槌的战术,而法国人使用的是"零钱包"战术,也就是分散使用坦克,为步兵提供支援。这就是德军获得优势的秘密所在。德国人在空中无疑据有优势。他们以3700架可用战机投入这个战局[38],另外还有约600架运输机,而法国人只有1500架可用战机。[39] 荷兰人和比利时人的空中力量微不足道,英国向法国派驻了474架飞机,其他战机则留在英国本土。

5月8日(星期三),希特勒下令于5月10日清晨5点35分发动进攻。自去年10月以来,他在比利时、荷兰和卢森堡边境集结军队的次数已达10次之多,但他的计划从未像这次这般有望取得成功。为执行自己受领的任务,冯·伦德施泰特将他的3个集团军在亚琛与梅尔齐希之间展开。第4集团军(冯·克鲁格将军)居右,第12集团军(冯·李斯特将军)居中,第16集团军(布施将军)居左。作为决定性力量的装甲集群由冯·克莱斯特将军指挥,也部署在中央,该集群编有2个装甲军:由古德里安将军指挥的第19装甲军,编有第1、第2、第10装甲师;由莱因哈特将军指挥的第41装甲军,编有第6装甲师和第8装甲师。前者在菲安登与埃希特纳赫之间展开,面对卢森堡边界,后者则部署在其北面。古德里安的目标是色当,而莱因哈特的目标则是蒙特尔梅。两个装甲军将在这两处为步兵建立默兹河对岸登陆场,各装甲师与德国空军的紧密协同也已做出安排。但彻底达成突然性后该如何行事，上级并未就此下达相关指令。[40]除上述装甲力量外，霍特将军率领的第5装甲师和第7装甲师分配给第4集团军，隆美尔将军指挥的第7装甲师受领的目标是默兹河畔的乌克斯。

5月7日，海牙流传出了关于德军即将发动入侵的传言，可由于此前有过太多次假警报，这个消息在很大程度上被忽视了。5月9日晚9点30分，比利时外交大臣接到一个电话，获悉边防哨所听到持续不断的车辆行驶声。5月10日凌晨3点，又有报告称有飞机正在荷兰上空飞行，一个小时后，荷兰和比利时的若干机场遭到轰炸。没过多久，阿拉斯机场也遭遇空袭。清晨5点，荷兰和比利时外交大臣向伦敦和巴黎求援，6点30分，什未林打电话给乔治将军，命令他执行D计划。当日晨7点30分，法军骑兵前卫力量进入比利时，联军左翼以梅济耶尔为中心转动，开始变更阵地并开赴迪勒河。

德军在荷兰和比利时境内的行动以闪电般的速度发展。到了11日，荷兰人位于威尔哈文、鹿特丹、瓦森纳尔、福尔肯比尔赫、多德雷赫特和另一些地方的机场都被德国伞兵占领，穆尔代克的马斯河桥梁也落入他们手中，从亨讷普出击的一支德军摩托化纵队突破拉姆—佩尔防线，并攻往穆尔代克。而在比利时，布鲁塞尔、安特卫普和那慕尔都遭到轰炸，马斯特里赫特（荷兰）的马斯河桥梁也被德军占领，德国伞兵在布里德亨、费尔德韦泽尔特、弗罗恩霍芬夺得阿尔伯特运河上的桥梁，他们还在埃本-埃马尔要塞实施空投，以垂直攻击的方式将其攻克。

当日（5月11日），位于阿登山区的法国骑兵被一波波斯图卡俯冲轰炸机逐向西面，这些战机可以说是德国第19装甲军和第41装甲军的前卫力量。到下午5点30分，法国骑兵炸毁桥梁后被赶过瑟穆瓦河，当晚7点15分，古德里安的先遣坦克力量到达布伊隆郊外。科拉普将军的整道防线暴露在外，德军坦克径直发起冲击，使他不得不要求增援。法军统帅部正确地判断出德军的主要突击是从那慕尔南面而来，而不是他们此前预想的那慕尔北面，因而于12日命令一个装甲师和三个步兵师驰援科拉普，13日又派另一个装甲师和五个步兵师执行同样的任务。前者要到17日才能开抵第9集团军防线，而后者则要到21日，正如我们将见到的那样，这两股援兵到得太晚，已无法发挥作用。

5月12日上午，面对法军强有力的抵抗，古德里安对布伊隆展开一场全面进攻，一举将其攻克。虽然他们发现瑟穆瓦河上的桥梁已被炸毁，但在附近找到个徒涉场，

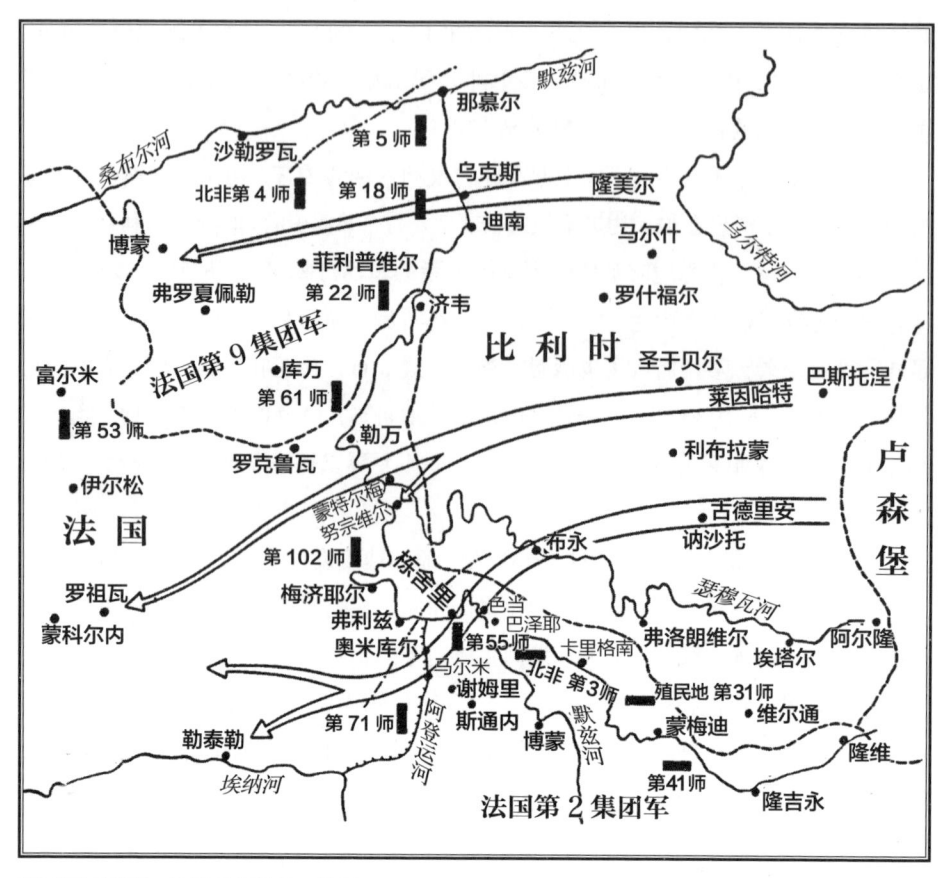

第二次色当战役，1940年5月13—15日

步兵由此渡河，摩托化步兵则使用了橡皮艇。至此时，阿登地区的所有抵抗土崩瓦解、隆美尔逼近乌克斯、莱因哈特也逼近了蒙特尔梅。夜幕降临前，古德里安麾下的第1装甲师和第10装甲师在色当占领默兹河东岸，而色当这座古老的要塞亦落入他们手中。比利时已被他们抛在身后，阿登山区的神话就此破灭。

5月13日上午8点15分，古德里安命令辖内三个装甲师于当日下午4点发起进攻：第2装甲师将在栋舍里一侧开进，强渡默兹河，夺取栋舍里以南地区，之后再转身向西渡过阿登运河，沿默兹河席卷敌军防线；第1装甲师应在格莱雷与托尔西之间强渡默兹河，扫荡盘踞在默兹河的敌人，尔后攻往马尔费树林；第10装甲师应在色当—巴泽耶地区采取同样的行动，并夺取莫吉桥。[41]

从中午到下午4点，德军俯冲轰炸机全力打击默兹河西岸的法军防御阵地。[42]它们对法军炮兵阵地、暗堡和机枪巢实施了猛烈的轰炸，并瘫痪了防线上的守军。下午4点，德国人的火炮、反坦克炮和高射炮加入其中，就连坦克也开至东岸实施炮击。之后，德国人动用数百艘橡皮艇，渡河行动随即展开。虽然伤亡惨重，但到下午5点30分，德军已在西岸获得一片立足地，他们的工兵立即在格莱雷着手架设桥梁，这项工作一直持续到午夜。当晚8点前，德国人占领了色当南面的马尔费树林。10点，德国人攻占了栋舍里。午夜前，色当以南8英里的谢姆里也落入德军手中。经过八个小时的激战，古德里安的战线取得突破。

古德里安强渡默兹河之际，莱因哈特也着手在努宗维尔和蒙特尔梅渡过这条河流。在前一个村庄他被击退，而在后一个村庄，经过两次尝试和一番苦战，他才以橡皮艇成功完成任务，但这一次没有获得俯冲轰炸机支援。在北面的乌克斯（迪南下方2.5英里处），隆美尔发现那里的铁路桥完好无损，可就在他的部下准备过河时，这座桥梁却被炸毁了。在河东岸坦克炮火掩护下，德军士兵最终渡过河去，架起一座浮桥并建立了一座登陆场。要知道，抗击隆美尔的是法军B级预备力量，大多装备欠佳，但只要有可用于坚守的堑壕，他们就能进行英勇的战斗。不过，一旦被逐至开阔地，他们便迅速丧失了信心。德军的渡河行动并不像当时许多人认为的那样轻松，一连失败了三次，在第四次才取得成功，倘若这些法军有更好的装备和训练，并获得坦克和战机的支援，可能会呈现出一幅截然不同的战斗场面。

按照D计划的设想，比利时人应当守住阿尔伯特运河—默兹河一线，直至联军完成向迪勒河变更阵地的行动。可正如我们所见，尽管比利时军队的防御工事相当强大，但他们还是在5月10日和11日崩溃了。12日，比利时人全面后撤，布朗夏尔将军动用他的机械化骑兵军，掩护比利时军队撤退。此举引发了这场战局中的第一场坦克战，双方围绕梅尔多尔普这个小村子展开厮杀，在这场战斗中，法军20吨的索米亚坦克和31吨的B型坦克优于德军10吨的二号坦克和22吨的四号坦克，但这种优势被他们的错误战术所浪费。结果，法国骑兵军蒙受重大损失后，被迫撤至佩尔韦与马尔绍韦勒特之间一道强大的防坦克壕后方。14日，德军火炮在这道防线上打开了一个狭窄的缺口，但此举毫无意义，

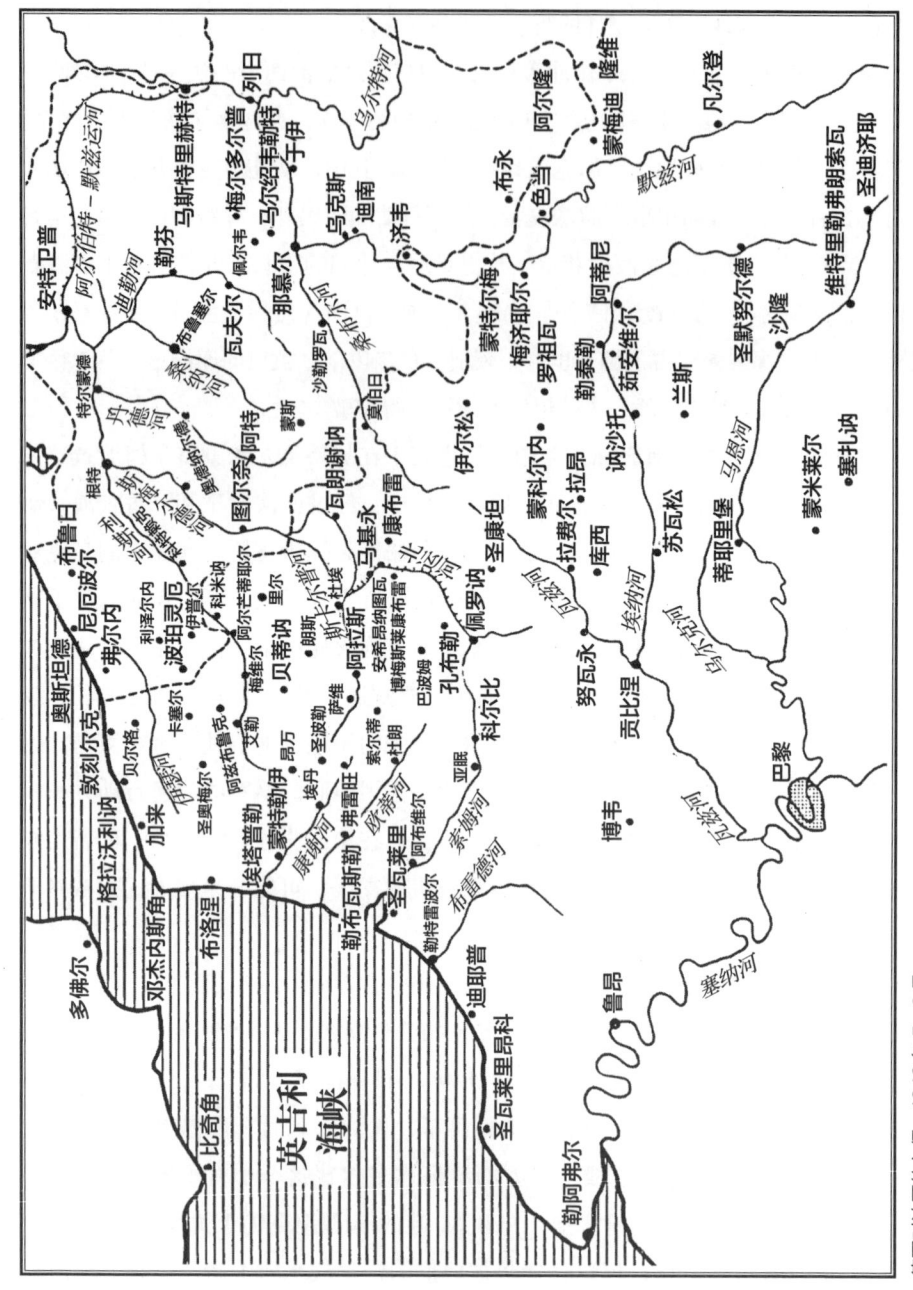

德国对法国的入侵，1940年5—6月

因为德军坦克试图由此穿过时，被法军火炮所击退。

就在这场战斗肆虐之际，荷兰人的抵抗宣告崩溃，5月15日上午11点，荷兰同德国签署了停战协定，就此退出战争。与此同时，正开赴布雷达的法国第7集团军被赶回比利时，15日，吉罗将军奉命接替科拉普指挥第9集团军。这种指挥变更毫无用处，因为到14日傍晚，虽然第9集团军左右两翼仍在坚守阵地，但整个中央地段已凹陷。莱耶写道，联军左翼的枢纽被粉碎，他们手头再也没有预备力量可用于重建"一道强有力的抵抗线阻挡敌人的装甲力量"。[43]这番话是他在相关事件发生七年后所写，但仍有意义，因为它表明直到1947年，人们对坦克战的了解还是知之甚少。整个战局期间，联军的关键性战术错误是他们坚持维系一道绵亘防线，结果，他们始终没能集结起足够的力量展开一场强大的反突击。

据古德里安说，德国第19装甲军5月14日/15日夜间相当混乱，因为他们同冯·克莱斯特发生争执，后者禁止该军继续前进。古德里安对此表示强烈反对，经过长时间争论，克莱斯特取消了自己的命令。16日，第19装甲军主力前出到蒙科尔内稍西面，古德里安命令第2装甲师和第1装甲师次日赶往圣康坦—佩罗讷一线，而第10装甲师尾随在他们左翼后方。但德军于17日出发后不久，再次奉命停止前进。这次是陆军总司令部发来的命令。[44]

这场停顿并未持续太久，因为相关报告表明，调往缺口南翼的法国军队意图构建一道防御侧翼，并不打算遂行反突击。伦德施泰特由此认为克莱斯特恢复进攻是安全的，因而命令后者攻往康布雷—圣康坦。那里已没有任何力量阻挡他的推进。莱耶写道："5月18日，德军各装甲师将发现他们前方空无一人。"[45]古德里安的推进相当迅速。第2装甲师于上午9点便已到达圣康坦，位于其左侧的第1装甲师逼近佩罗讷。当日，亲自实施侦察的吉罗将军误入一个德军哨所，结果被俘。这就是法国第9集团军的结局。

5月19日，德国人在以下地点前出到北运河：第7装甲师在马基永；位于其左侧的第6装甲师和第8装甲师在安希昂纳图瓦和博梅斯莱康布雷东面；第2装甲师在孔布勒东面；第1装甲师在佩罗讷。第5装甲师掩护第7装甲师外翼，第10装甲师掩护第1装甲师外翼。

5月20日（星期一），隆美尔第7装甲师进攻阿拉斯之际，战线上的另外几个装甲师展开了一场奔向海峡的赛跑——第8装甲师到达埃丹，并以一个先遣支队赶往蒙特勒伊；第6装甲师夺得杜朗，并攻往勒布瓦斯勒；第2装甲师占领阿布维尔；第1装甲师到达亚眠，立即在索姆河南岸建起一座登陆场。斯卡尔普河与索姆河之间的整片法国国土已落入德国人手中；英军交通线遭切断，德军通往海港的道路畅通无阻。德国人在11天内取得了220英里的行军进展，5月20日，第2装甲师向前推进了50多英里。[46]

为守住埃纳河和索姆河，5月16日至18日期间，法国临时组建了三个新集团军：由图雄将军指挥，部署在阿蒂尼与埃纳河畔苏瓦松之间的第6集团军；由弗雷勒将军指挥，合并了吉罗将军的一些残部，位于苏瓦松与佩罗讷之间横跨瓦兹河的第7集团军；由阿尔特梅耶将军指挥，从佩罗讷至海边，沿索姆河部署的第10集团军。

法军构成这道防线时，另一道新防线正在北面形成。5月15日，位于比利时的联军奉命分三个阶段从迪勒河撤至斯海尔德河（E计划）：首先撤至桑纳河，接着撤往丹德河，最后退至斯海尔德河，于18日占据该河防线。比利时人据守左翼，英军居中，法国第1集团军据守右翼，这道75英里长的防线向南延伸到阿拉斯，越过25英里宽的缺口，再过去就是佩罗讷。

因德军于5月20日的推进极为迅速，英国远征军和法国第1集团军面临的问题是如何确保他们的右翼及后方的安全，也就是说，如何最好地掩护缺口之北翼。为改善己方阵地，戈特勋爵于5月21日从阿拉斯向南发起一场坦克进攻。虽说这是一场规模很小的突击，可还是给德国人造成了不愉快的意外，这表明他们已神经过敏到怎样的程度。古德里安写道："它给冯·克莱斯特装甲集群司令部造成深刻印象，他们突然间变得紧张起来。"[47]

出于这个原因，德国第8装甲师和第6装甲师撤至昂万、圣波勒、萨维、索尔蒂，以便面对缺口北翼构成侧翼警戒。这场规模甚小且未获成功的行动清楚地表明，倘若法军装甲师接受过反突击训练并集结在联军左翼后方，这在战术上是个正确的部署，那么，希特勒和伦德施泰特自5月15日以来的神经紧张就是有道理的。据伦德施泰特的参谋长布卢门特里特将军称，伦德施泰特对什未林将军和法军总参谋部评价颇高，他总是说："我的小什未林当然知道他在做些什么。"[48]

倘若希特勒和伦德施泰特能窥见山脉另一边的情形，他们肯定找不到为之紧张的理由。要是他们还记得上一次大战期间坦克在康布雷和亚眠达成突破造成的瘫痪效应，本来是可以做出正确揣测的。要是再加上对法国人多变性情的了解，然后把它乘以十，他们就能掌握敌军阵营内混乱不堪的真实场景。

5月15日，第9集团军崩溃的消息犹如一道霹雳般击中巴黎。雷诺抓起电话打给达拉第，问什未林提出了什么对策，而达拉第的回答是："他什么都没提出。"[49] 次日，内阁会议在一种难以形容的混乱场景中召开：文件档案被抛出窗外，在下面的院落里焚烧；议员们东奔西走，散播着最为荒诞不经的传言。丘吉尔于下午4点赶到这里[50]，据博杜安称，"（丘吉尔）不停地说德国人向前推进得越远，越容易遭到反击"。可拿什么反击呢？雷诺要求英国派遣战斗机中队支援，丘吉尔同意调拨10个战斗机中队，并把英国战略轰炸力量的打击目标从鲁尔区[51]转至战场。博杜安写道："丘吉尔的雪茄喷出浓烟，犹如一座火山，他告诉雷诺，即便法国遭到入侵并被征服，英国也会继续战斗下去……直到凌晨他才想起战争的世界末日景象。他见到自己在加拿大腹地指挥新世界反对德国统治的旧世界的空战，这场空战在已被夷为平地的英国上空进行，也在废墟早已冷却的法国上空进行……"[52]

英国国内的情况稍好些。虽然获得海上长城掩护的民众不太担心德军势如破竹的推进，可英国政府却慌了神。值此关键时刻，为确保国内稳定，目前面临的危险决不能被夸大，但英国整个国家却因为政府一连串欠考虑的慌乱措施而陷入混乱——道路上被疯狂地设起障碍物；所有路标一夜间被拔除；火车站、客栈、村庄和城镇的名称突然被抹去；数百名忠诚的公民遭到逮捕并投入监狱，他们唯一的过错是他们认为这场战争是错误的，有些人在没有受到任何起诉和审判的情况下，却被关了好几年，这绝不能说是英国历史上最光荣的时刻。

法国的恐慌并不仅限于政府，最严重的可能是他们的军队。在北部，这种恐慌情绪犹如野火般传遍了各个指挥部。戈特勋爵于5月19日开始考虑撤往海岸的事宜，这不是没有理由的。当日，一位不知名的日记作者写道："这场非正统运动战已导致法军总参谋部陷入瘫痪。教科书没有讲过如何处理目前这种流动状况，负责制定联军作战计划的法国将领，他脖子上那颗1914年的大脑完全无法在这场惊人的新型战争中发挥作用。"[53] 5月17日刚刚从叙利亚被召回的魏刚将军20日视察了北部战线，博杜安写道："首先，他对德国人以装甲师和战机给我方军队造成的恐慌深感震惊。将军称：'他们制造恐慌的企图已取得圆满成功。'"该怎样应对呢？博杜安写道："由于我们缺乏反坦克装备，几乎可以说根本就没有，因而有必要'将75毫米野炮与步兵结合在一起，像左轮手枪那样使用它们'。"[54] 速度，新奇的战术，无法重新

1497

调整初期的错误部署，几乎完全缺乏可靠的情报，最重要的是没有采取行动的时间，这一切共同导致联军指挥体系陷入瘫痪。[55]

5月16日的会议结束后，法国人再次使用他们传统的灵丹妙药应对眼前这场危机——改组政府。17日，雷诺将魏刚将军和贝当元帅分别从叙利亚和西班牙被召回。18日，达拉第出任外交部部长，雷诺接掌国防部，派魏刚替代甘末林出任总司令，贝当担任副总理。

魏刚将军于5月20日视察北部战线时，邀约了利奥波德国王、比约特将军和戈特勋爵在伊普尔进行会晤，以便考虑一个行动计划，不幸的是，戈特勋爵无法出席。至于这场会晤欲达成的计划，甘末林、乔治和比约特将军实际上已考虑过，就是对阿拉斯与索姆河之间缺口的腰部发起一场从两面而来的反突击——第1集团军群部分力量向南突击，第7集团军攻向北面。解决这个问题后，魏刚取道瑟堡返回巴黎。造化弄人的是，魏刚离开后没多久，比约特将军就因车祸丧生，接替他的布朗夏尔将军却对整体情况不太了解。

5月22日，联军最高军事委员会在巴黎召开会议并做出决定，在比利时军队撤往伊瑟河时，英国远征军和法国第1集团军的8个师将于24日朝西南方攻往巴波姆和康布雷，而位于索姆河南面的法国第7集团军则向北攻击前进。[56]这个计划看似合理，实际上很不现实，因为它没有考虑到北部战线此时紧张而又混乱的局势。23日，第7集团军开始按计划调动，但立即遭到阻截，只在一处到达索姆河。戈特勋爵报告称，他现在所能做的仅仅是一场突围，而法国第1集团军还没有做好出动的准备。次日，英国人意识到这一点，于是，这场反突击化为泡影，戈特获准撤往海峡处。一场口水仗随之而来，法国人和英国人相互指责不休。

德军装甲部队于5月20日的快速推进使伦德施泰特对自己暴露在外的漫长南翼越来越担心，他很自然地认为陷入困境的敌军会企图向索姆河突围，他也知道法国军队正从南面开赴索姆河。另外，他和德军最高统帅部已开始考虑红色计划，也就是说，一旦困住联军左翼，德军便向南渡过索姆河。埃利斯少校写道："（德国人）对红色计划日益关注……这一点对许多事情非常关键，否则就无法解释他们此后在北部遂行的作战行动。"[57]

为应对联军很成问题的反攻，5月23日晚6点左右，伦德施泰特通过第4集团军命令霍特和克莱斯特装甲集群停止前进，直到局势变得更加明朗。24日上午11点,希特勒赶来视察伦德施泰特的司令部,并同意快速力量可以停在朗斯—贝蒂讷—艾勒—圣奥梅尔—格拉沃利讷一线,同时以B集团军群对敌人实施打击,即以伦德施泰特的军队为铁砧,博克的军队担任铁锤。另外,希特勒坚持认为这是将装甲部队留作后续行动的必要之举。希特勒离开后,伦德施泰特下达了这样一道指令:

根据元首的命令,不得越过朗斯—贝蒂讷—艾勒—圣奥梅尔—格拉沃利讷一线。[58]

当前情况下,这是个明智的决定。德军各装甲师需要休整,战车也需要加以检修——克莱斯特近半数、霍特30%的坦克已发生故障[59]——加之埃纳河和索姆河以南的法军主力仍未被击败,因此,德军必须停止前进。另外,正如埃利斯少校指出的那样,同英国海军部、陆军部一样,德方领导人并不认为英军能从英吉利海峡滩头实施一场大规模疏散。

5月25日清晨[60],德国陆军总司令部(OKH)批准伦德施泰特跨过运河线,但后者直到26日希特勒亲自介入并下令恢复朝图尔奈—卡塞尔—敦刻尔克方向的进攻才采取行动。读罢埃利斯少校对23—27日间的相关命令和作战日志条目的细致分析,我们只能赞同他得出的最终结论:"对于这场叫停,希特勒应负的责任一直受到彻头彻尾的误解。他并未在24日下令停止前进,因为伦德施泰特已于23日下达了这种命令,希特勒不过是支持这道命令罢了。他也没有在25日和26日坚持该命令,因为他已授权伦德施泰特自行决定下一步行动。但希特勒的确对结束这场停顿并下令于27日恢复进攻负有个人责任。"[61] 即便我们不接受这种结论,宁愿相信布卢门特里特的证词[62],认为伦德施泰特是接到希特勒的电话指示后才下达的停止令,那么,就像我们即将看到的那样,这场充满争议的停止前进并非导致英国远征军从敦刻尔克逃离的主要原因。

当伦德施泰特集团军群止步不前时,博克集团军群却在继续推进,5月25日,他们在利斯河突破了比利时人的防线。戈特立即意识到,一旦博克把这个战果加以扩大,就将切断英国远征军从海上撤离的通道,于是他放弃了在南部遂行反突击的一切想法,命令一直掌握在他手中的第5师和第50师填补缺口。戈特此举完全出于他的主动性,若非如此,英国远征军必然会全军覆没。德军当日攻占布洛涅,次日又占领了加来。

对联军左翼来说幸运的是,英国海军部于5月19日获悉戈特正考虑撤往海岸后,立即着手拟制一份名为"发电机行动"的疏散计划,26日,这份计划刚刚完成便接到立即将之实施的指示。该计划可谓非常及时,因为次日午夜,利奥波德国王命令他的军队停止抵抗[63],此举令巴黎深感震惊,以至于雷诺指责国王的背叛,贝当则惊呼:"大势已去,我们必须投降!"与此同时,魏刚仍在不断敦促戈特发起反突击!

5月29日,联军左翼据守着一片四边形地区,从尼厄波尔到科米讷,从科米讷到梅维尔,然后经阿兹布鲁克和卡塞尔延伸到敦刻尔克以西,深约30英里,宽度不到20英里。29日,其南翼向北撤至波珀灵厄—利泽尔内一线,30日又退至海岸以南6英里的贝尔格—弗尔内运河。这就使联军被困在他们最后的登陆场内,幸运的是,这片地带的防御异乎强大—海边沙丘的南面,滨海区边缘布满排水堤坝,除了两侧是沟渠的道路外,整片地区几乎无法通行坦克。

到5月27日,德国人已完全清楚英军正从敦刻尔克海滩撤离,问题是如何阻止这种疏散?古德里安称,戈林和希特勒"认为德国空军掌握的制空权强大到足以遏制这种撤离"。[64]这种观点不足为奇,若说英国人从5月15日起就认为轰炸鲁尔区能拖缓德军的推进,那么,戈林和希特勒所犯的错误肯定算不上严重。

哈尔德说,希特勒"撤回了已到达英军后方的德国坦克,这才使对方没有全军覆灭"[65]。战后,伦德施泰特在接受米尔顿·舒尔曼的采访时说,他当时想投入5个装甲师,可希特勒禁止他这样做。伦德施泰特将此称为"一个令人难以置信的错误"。[66]但5月28日,伦德施泰特麾下最重要的装甲兵将领古德里安,巡视完前线阵地后告诉克莱斯特集群的参谋长,"在这片已被雨水彻底浸透(过去24小时内这里大雨如注)的沼泽地带实施一场坦克突击毫无意义",B集团军群第18集团军的步兵当时正从东面向第19装甲军靠拢,他们"比坦克更适合用于从事这种地区的战斗"。[67]冯·克莱斯特对此表示赞同,古德里安的三个装甲师悉数后撤,这大概也是在执行伦德施泰特的指示,因为克莱斯特不太可能擅自下达这种命令。

事实是,整片地域就是个巨大的坦克障碍,而希特勒对坦克能力的了解显然强于他的大多数将领,认为在敦刻尔克地区使用坦克会是个"令人难以置信的错误"。

早在1939年10月9日他就规定:"装甲力量必须用于最适合坦克的作战行动,任何情况下都不能让坦克陷入比利时城镇一排排房屋造成的无尽混乱中。"[68]比利时沼泽地更是如此。

英军这场疏散行动是个巨大的成功,就像他们过去多次实施过的撤退行动一样,尽管遭到猛烈空袭,但疏散行动执行得井然有序,没有发生恐慌。5月26日至6月3日,765艘各种类型的大小英国船只将366162人运回英国,其中包括224320名英国人。[69]一些德军将领称,希特勒想放英国人一马,这纯属不经之谈,另外,英军死里逃生是伦德施泰特于5月23日停止前进所致,也是因为希特勒阻止了德军装甲师的行动,这些说法同样是不实之词。

这场疏散行动取得成功的原因不是德国人所能控制的:英国海军部采取的准备措施;法国第1集团军后卫力量的激烈战斗;戈特部下们的顽强抵抗;皇家海军付诸的英勇努力;皇家空军面对占据优势的德国空军时表现出的超凡勇气;数百位小船主的主动性。同样重要的是,敦刻尔克登陆场是个天然堡垒。

面对世界上最强大的陆军和空军力量,30多万人在九天内安然撤回英国,这令大英帝国的民众为之激动不已。于6月3日完成的"发电机"行动是个非凡的成就,这个日子标志着英国人民在精神上全心全意地投入到这场战争中,但对法国来说却是一场灾难。

敦刻尔克的疏散进行之际,德国人于5月20日在索姆河夺得的各个渡口正发展成一个个强大的登陆场。法国人临时建立起所谓的魏刚防线,从阿布维尔延伸到隆居永。扼守这道防线的是第3集团军群和第4集团军群,分别由贝松和亨茨盖将军指挥。前者编有第10集团军(从大海到科尔比耶)、第7集团军(从科尔比耶到库西)、第6集团军(从库西到讷沙泰勒),后者辖第4集团军(从讷沙泰勒到阿蒂尼)和第2集团军(从阿蒂尼到隆居永,在那里与马其诺防线相连)。

可以看出,法国人的基本构想仍是保持一道绵亘防线,尽管他们已没有足够的兵力加以据守。自敦刻尔克疏散后,他们只剩43个步兵师、三个装甲师和三个骑兵师,以及扼守马其诺防线的13个要塞师,但这些要塞师无法移动。除此之外,虽然仍有14万名英国士兵位于法国,但只有一个有组织的师,也就是第51步兵师,另外还有5月15日开抵勒阿弗尔的英国第1装甲师。

5月26日,魏刚发布了一份新防御计划,要求部队不得后撤,应充分利用树林、农场和村庄守住防线。这些支撑点将组织成一个"刺猬"网，即便陷入包围也应坚守到最后一兵一卒，可以任凭德军坦克从支撑点旁边驶过。从战术上说，这个构想是可行的，前提是法军拥有实力强大、训练有素的装甲力量，能在各支撑点之间遂行反突击，可他们并不具备这一条件，这种支撑点体系无异于自杀。

法国人目前面对的是137个德国师，A、B集团军群以惊人的速度实施了重组，以便遂行魏刚所说的"法国战役"——其中B集团军群编有六个装甲师，由冯·克莱斯特和霍特指挥，在阿布维尔与拉费雷之间的战线展开；A集团军群辖四个装甲师，由古德里安指挥，负责拉费雷与蒙特梅迪之间的战线。

德国陆军总司令部于5月31日下达"红色行动"指令。其总体构想是，冯·博克的B集团军群在阿布维尔与佩罗讷之间突破法军索姆河防线，待他完成这项任务后，冯·伦德施泰特的A集团军群也应在埃纳河达成同样的突破。两个行动都以装甲师为基础，博克麾下的装甲师两两编组，第5装甲师和第7装甲师部署在亚眠以西，第9装甲师和第10装甲师位于亚眠，第3装甲师和第4装甲师则在佩罗讷。第5装甲师和第7装甲师配备给德国第4集团军，该集团军占据的索姆河战线从海边延伸到亚眠以西，任务是突破法国第10集团军中部，将对方之左翼（法国第9军和英国第51师）逼向海岸，并前出到鲁昂的塞纳河河段。而第9和第10、第3和第4，这两对装甲师被配属给了位于德国第4集团军左侧的第6集团军，他们受领的任务是突破法国第10集团军右翼和第7集团军左翼。

5月28—29日和6月4日，法军遂行了两场进攻，意图从德国人手中夺回索姆河登陆场，但都以失败告终。6月5日，在雷诺再次改组他的内阁之际，德国第4集团军于清晨4点发起突击。和当初在色当的情形一样，德国第5装甲师和第7装甲师立即达成突破，在法国第10集团军退往布雷勒河时，两个德军装甲师楔入法国第9军右翼，迫使其退往迪耶普。6月8日，这两个装甲师到达鲁昂郊外，在之后三天内取得约70英里进展。9日占领鲁昂后，第5装甲师和第7装甲师转身向北，于10日插入法国第9军后方，而该军之正面正同德军三个步兵师及一个摩托化师交战。其结果是，法国第9军和英国第51师于6月12日投降。这是一场出色的机动，堪称一个微型敦刻尔克战役，但对方无从疏散。在此期间，德国第9装甲师和第10装甲师也突破了法国第10集团军右翼，而第3装甲师和第4装甲师则掩护德国第6

集团军步兵力量完成其推进的初期阶段，实现这一点后，四个装甲师悉数撤至努瓦永与圣康坦之间担任预备力量。

鲁昂陷落后不久，6月9日清晨4点30分，德军对法国第6集团军和第4集团军防线实施了一场猛烈的炮火攻击，就此拉开埃纳河战役的帷幕，清晨5点，德国第12集团军的步兵力量在讷沙泰勒与阿蒂尼之间投入进攻。古德里安麾下第1装甲师和第2装甲师紧随其后，10日，他们在瑞安维尔同法军装甲部队展开激战并取得胜利，之后，德国第6、第8装甲师与他们会合，四个装甲师共同突破法国第6集团军右翼和第4集团军正面，一路攻往沙隆和圣迪齐耶。11日，担任预备队的四个装甲师投入，第3装甲师和第4装甲师攻往蒂耶里堡，第9装甲师和第10装甲师的进军路线与之平行。12日和13日，8个德军装甲师楔入法国第6集团军与第2集团军之间的一个宽大缺口，这个缺口是由法国第4集团军土崩瓦解造成的。12日，法国第4集团军司令雷坎将军打电话给第6集团军司令图雄将军求援，后者回答道："我应该为您提供援助，可无能为力。我部署在右翼的各个军已被粉碎，敌坦克正在蒙特米赖与塞扎内之间迂回，我手头没有任何力量可阻止对方。"[70]

德军的前进速度相当快，其先遣部队于6月14日到达圣迪齐耶，于17日进抵瑞士边界的蓬塔利耶（与勒泰勒的直线距离为200英里），这场快速推进的部分原因是魏刚的防御体系。古德里安告诉我们，由于法国人扼守"刺猬"支撑点，他的坦克得以在各支撑点之间的开阔空间自由行进，装甲力量所要做的只是全速向前，敌支撑点则留给后方步兵加以消灭。[71]另一个原因是意大利于6月10日对法国宣战，这也导致法军士气更为低落。

从埃纳河战役发起到6月25日，我们进入了一个政治幻想的梦境，在这个梦境中，小说里挑战风车的故事居然成为历史事实。6月10日，法国政府弃守巴黎，数百万难民随之撤离[72]，他们先是逃至图尔，尔后又在波尔多避难。14日，德军占领巴黎，法国的心脏就此停止跳动。尽管如此，一些纯属空想的"灵丹妙药"却涌现出来，大多出自丘吉尔极具想象力的大脑：布列塔尼应作为要塞加以坚守；法国政府和50万名法军官兵应当退至阿尔及利亚[73]；应宣布全民皆兵；更富想象力的是，他建议法国人采取游击战，以此消耗德寇，直到敌人的兵力严重短缺。对丘吉尔先生来说幸运的是，这些"奇思妙想"中唯一可行的方案，也就是法国政府与民众迁至阿尔及利亚，未被法国人采纳，因为正如魏刚指出的那样，此举几乎肯定会招致德国人入侵北非，而这恰恰是丘吉尔最为担心的一件事。

6月16日，英国首相的想象力触及一千年来纷争不断的英法历史之底线，他建议法国同英国结为"牢不可破的同盟"，雷诺对此深感震惊，以至于后者于当晚8点宣布辞去总理职务，勒布伦总统遂授权贝当元帅组建一个新内阁。现年84岁的贝当在第一次世界大战中被誉为"法国的救星"，现在却被叫来担任她的送葬者。虽说贝当是个小心谨慎的军人，但他采取行动的迅速性掩盖了他的年事已高的事实。6月17日零点30分，他请西班牙大使向希特勒传递停战请求。6月22日，双方在雷通代火车站签署停战协定，而且是在1918年11月11日签署协定的同一节车厢内。[74] 三天后，法国境内的战斗停息下来，英国被孤立。

法国在六周内便被击败，德国人为此付出的代价如何？据希特勒称，德军共伤亡146492人，而英国官方历史学家们的说法是156556人——无论哪个数字更加准确，都不到1916年索姆河战役中英军伤亡人数的三分之一。[75]

整个战局强有力地证明了瘫痪式进攻的效力。埃利斯少校写道："击败法军最高统帅部的不仅仅是敌人的兵力和装备优势，还包括对方的行动速度，以及法国人缺乏预见事态发展的能力……"[76] 戈特勋爵对这场战局的认识可以说比任何人都更深刻，他在"报道"中写道："敌人突破法军防线后发展胜利的速度，为促成目标的实现而承担风险的意愿，将每一个战果发展到极限，这一切都比以往各场战役更为充分地强调说明：那些知道如何有效利用时间，并使时间为己所用而不是成为自己主人的指挥官将获得巨大优势。"[77]

法国沦陷后，英国孤掌难鸣，很显然，除非她设法建立起另一个联盟，否则根本无法赢得这场战争。但英国离被击败尚远，因为她仍在海上掌握着主动权，既然其海上力量能救出一支军队，当然也能在机会出现时将另一支军队送上欧洲大陆。只要英国拒不投降，德国人不仅要在法国维持治安，还必须派遣驻军。结果是，英国将成为希特勒的战略包袱，并逐渐迫使后者加强德国所征服的海岸防线。因此，一条消极的第二战线就此建立，这导致德国人不得不抽调战斗力量防范这条战线，因而无法将所有兵力集中于积极战线，按照希特勒的战争目标，这条积极战线现在轮到了苏联头上。对希特勒而言，挥师向东前消灭这条消极战线至关重要。

我们从德方角度考虑这个问题的重要性时,几乎无法解释希特勒于1939年秋季决心向西发起进攻时,居然从未设想过入侵英国,唯一可能的原因是希特勒抱有这样一种幻想:一旦德国击败法国,英国就会接受在一场谈判后所达成的和平。[78] 看来,尽管克劳塞维茨的逻辑无可辩驳[79],但希特勒和他的将领们都没有意识到,由于英国对德国宣战,加之英国处于无法直接加以攻击的位置,她便自动成为一切可能的反德联盟的重心所在,同拿破仑时期的战争一样,只要存在其他潜在盟友,失去一个陆上盟国对英国来说不是什么特别严重的问题。倘若希特勒在征服英国前便进攻俄国,必然会制造出另一个反德联盟,无疑会导致最令他担心的局面出现——在两条积极战线从事战争。

6月18日,也就是贝当元帅请求停战的次日,墨索里尼的女婿齐亚诺伯爵在日记中写道:"希特勒现在就是个赢了一大笔的赌徒,所希望的是赶紧离开赌桌,不愿冒险再赌下去。"[80] 但只要英国仍在同德国作战,希特勒就无法抽身离席,另外,在丘吉尔好斗的领导下,英国展现出绝不放弃战争的意愿,希特勒只得以虚张声势来迫使对方就范,这就是代号为"海狮行动"的入侵威胁,也许称之为"海狐"行动更加确切。

7月2日,希特勒含糊地考虑了这个方案,两周后下达了一道指令,其中写道:

> 鉴于英国不顾其军事上的绝望处境,仍然毫无做出妥协的表示,我已决定准备对英国实施登陆作战,如有必要,即付诸实施。
>
> 这一作战行动的目的是,消除英国本土作为继续对德作战的基地,如有必要,就全部占领之。[81]

这场登陆作战将以突袭的方式进行,其战线相当宽大,从拉姆斯盖特一直延伸到怀特岛,所有准备工作将在8月中旬前完成。这显然很荒谬,因为德方计划投入39个师(第一波次13个师,另外26个师提供支援),还需要准备并在海峡各港口集结1722艘驳船、471艘拖船、1161艘机动船和155艘运输船。[82]

7月19日,希特勒在德国国会大厦发表演说,正式向英国发出和平呼吁,但英国政府对此未加理会。"海狮"行动的准备工作继续进行,几天后,行动发起日期推迟到9月15日。7月31日,希特勒在给海军元帅雷德尔的回函中写道:"(登陆)

行动是在9月份发起,还是推延到1941年5月,这个决定将在空军对英国南部实施为期一周的集中攻击后做出。"[83] 这又是个荒谬的决定,正如凯塞林指出的那样:"对包括希特勒在内的每一个目光敏锐者来说,很明显,仅凭德国空军不可能迫使英国屈服,"哪怕是仅仅因为"德国空军凭一己之力无法对付英国舰队"。[84]

实际上,除了德国空军总司令戈林,没人相信"海狮"行动能取得成功。[85] 当然,海军和陆军将领也不相信,就连希特勒本人对此也深感怀疑,据布卢门特里特将军说,希特勒于7月份私下里告诉伦德施泰特,"他无意实施'海狮'行动"。[86]

8月初,德国空军拥有2669架作战飞机,包括1015架轰炸机、346架俯冲轰炸机、933架单引擎战斗机、375架双引擎战斗机。而与之对阵的英国皇家空军则有1350架战机,其中704架隶属空军上将休·道丁爵士指挥的战斗机司令部。不列颠群岛的防御取决于战斗机,德国人在这方面的优势相当可观。但不利的一面是,德国空军不得不在海上和敌国上空从事战斗,每架飞机被击落都意味着整个机组或飞行员的永久性损失。他们也无法获得防空火力支援。德制梅塞施密特战斗机也不及英国的"喷火"式战机。最重要的是,皇家空军能够获得雷达协助(无线电定位),而德国空军则不然。

不列颠之战可谓希特勒在这场赌局中的虚张声势之典型,该战于8月12日拉开帷幕,并经历了两个阶段。德国空军在第一阶段对英国雷达站实施打击,但由于只有一座雷达站遭遇空袭后失去作用,戈林便愚蠢地将他的攻势集中于英国东南部的机场,以及海峡中的商船队。这一阶段的空中攻势在8月24日至9月6日间到达顶点,德国空军在此期间平均每日升空近1000架飞机。

9月7日,德国空军开始了第二阶段的行动,也就是轰炸伦敦。原因是希特勒认为"大规模空袭伦敦可能具有决定性,因为对伦敦实施一场系统性、长期持续的轰炸也许会改变敌人的态度,从而使'海狮'行动完全没有必要发起"。[87] 杜黑的理论就这样付诸实践,事实证明这是一场彻头彻尾的失败。

希特勒是否真的认为轰炸伦敦能给英国人造成恐慌情绪,这一点似乎值得怀疑。他的意图可能是为掩饰初期的失利,并报复皇家空军在8月25—26日对柏林的轰炸,从而振奋德国民众的士气,也以此给俄国人留下深刻印象。他的后一个想法得到以下事实证明:8月27日,他决定将10个师从西部调至东部,大概是因为不列颠之战第一阶段的失利鼓舞了俄国人。9月3日,希特勒决定将入侵英国的日期推延到

9月29日，整整两周后，他才做出最终决定。由于前番的攻击不仅没有击败英国皇家空军，反而使他们的行动愈发活跃，加之天气情况不太理想，元首决定"无限期推延'海狮'行动"。[88]

英国本土和整个大英帝国将不列颠之战宣传为一场伟大的胜利，但不列颠群岛从未处于任何真正的危险下，皇家空军战斗机司令部也从未消耗到最后一颗子弹，这一切不过是为夸大德国所构成的威胁罢了。由于这场胜利紧随着法国的沦陷而来，它不仅表明德国人并非不可战胜，还使希特勒看上去荒唐可笑，另外，这场胜利也大大增加了英国的声望。结果，不列颠空战成为激发美国大力支援英国的重要因素，它也促使了希特勒在战胜英国前转向俄国，正如我们将见到的那样，这是一条令他走向灭亡的道路。

注解

1. 参见 vol. I, p. 3。
2. *Mein Kampf*, trans. James Murphy (English edit., 1939), p. 523.
3. 同上，p. 533。
4. 这项声明是一致的。丘吉尔先生说："为但泽而战还是为波兰而战，这不是个问题。我们正为将整个世界从纳粹暴政的瘟疫中解救出来，并捍卫人类最神圣的一切而战。"
5. *Documents concerning German-Polish Relations,* Cmd. 6106 (1939), No. 144, p. 195.
6. *The Venlo Incident* (1950), p. 7.
7. *The German General Staff, Walter Görlitz* (1953), pp. 364, 372, 373. 另可参阅 *The Critical Tears, Genl. Baron Geyr von Schweppenburg* (1952), p. 195。法比安·冯·施拉布伦多夫（*Revolt against Hitler,* p. 39）称奥斯特是"抵抗运动的总负责人"。
8. 以下著作对此有明确的说明：*The von Hassell Diaries, Ulrich von Hassell* (English edit., 1948); *Revolt against Hitler, Fabian von Schlabrendorff* (English edit., 1948), *The German Opposition to Hitler, Hans Rothfels* (U.S. edit., 1948), and *Germany's Underground, Allen Welsh Dulles* (U.S. edit., 1947)。
9. 参阅 *Memoirs of an Unconventional Soldier, J. F. C. Fuller* (1936), chap. XIII，以及 *On Future Warfare, J. F. C. Fuller (1928),* chap. IV。
10. *The Command of the Air* (English edit., 1943), pp. 142, 116, 51, 52.
11. 1939年春季，英国引入征兵制度后对此加以修改，但由于缺乏装甲力量，派往法国的英军依然是一支象征性军队。
12. 1939年9月，英国空军共有1982架可用战机，包括480架轰炸机；法国则有1112架战机，包括186架轰炸机，大多是陈旧过时的型号；而德国拥有4162架可用战机，包括308架运输机。法国人反对"战略轰炸"的构想。
13. *The German General Staff, Walter Görlitz,* p. 348. 瓦利蒙特时任国防军统帅部指挥参谋部国防处处长。
14. *Panzer Leader. General Heinz Guderian* (1952), p. 84. Cited as Guderian.
15. 称为马其诺防线的边境筑垒地域，从隆维到海峡并不是一道绵亘防线，因为在不穿越比利时边境的情况下，这道防线无法穿过比利时南部的法国工业区之北部；要想构筑绵亘防线，要么穿过这片工业区，要么设在其南部。前一种方案会导致工业区在战争中大半被毁，后一种方案则是放弃整个工业区。因此，法国人决定不延长这道防线，而是进入比利时境内。
16. 参阅 *La bataille de France Mai-Juin, 1940, Commandant Pierre Lyet* (1947)，p. 42，cited as Lyet。
17. 现役师是和平时期的常备师；A级预备师是一线预备队；B级预备师是二线预备队；要塞师执行纯防御任务；骑兵师编有1个骑兵旅和1个轻型摩托化旅；轻型机械化师配备坦克、火炮和摩托化机枪；摩托化师以卡车载运步兵；装甲师留作预备队，每个装甲师以150辆坦克为核心组建。
18. "许多法国官员似乎宁愿接受纳粹主义……"（*I Was There, Fleet Admiral William D. Leahy, 1950,* p. 40. 莱希时任美国驻法国大使。）
19. *Assignment to Catastrophe, Major-General Sir Edward Spears* (1954), vol. I, pp. 205—206.
20. 引自同上，p. 159。
21. *The War in France and Flanders, 1939—1940* (British Official History), *Major L. F. Ellis* (1953), p. 335. Cited as Ellis.
22. Ellis, p. 336, 引自 *Jodl's Diary of October 25, 1939*。
23. 同上，p. 337，引自 *Jodl's Diary of October 30, 1939*。
24. Guderian, p. 89.
25. *Belgium: The Official Account of What Happened, 1939—1940* (1941), p. 14.
26. Ellis, p. 340, 引自 *Jodl's Diary of February 13, 1940*。

27. Guderian, p. 91.
28. 对于贝克、布劳希奇、哈尔德、格德勒博士和另一些人策划的十一月阴谋,也就是进军柏林而不是巴黎,格利茨写道,11 月 5 日,希特勒同勃劳希契交谈时大声喊道,他很清楚将领们正在策划他命令于 11 月 12 日发起的进攻以外的某些事情。格利茨补充道,像希特勒这种绝顶聪明的人对此类阴谋一无所知是很令人怀疑的(*The German General Staff*, p. 365)。
29. *The Private Diaries of Paul Baudouin* (English edit., 1948), p. 10.
30. 同上, p. 26. 另可参阅 *Ci-devant, Anatole de Monzie* (1941), pp. 218—219。
31. 头三个装甲师组建于 1935 年。
32. 没等这些师弄明白怎么回事,荷兰便被迅速打垮。
33. 5 月 10 日,派往法国的英军总兵力为 394165 人,其中战斗人员为 237319 人(Ellis, p. 19)。
34. 组建于波兰沦陷后。
35. *Lyet*, p. 33.
36. Guderian, p. 473.
37. *Lyet*, p. 33.
38. *Ellis*, p. 44.
39. *Lyet*, p. 35.
40. Guderian, p. 97.
41. Guderian, p. 479.
42. 莱耶(p. 48)指出了这些轰炸造成的心理影响,法国将军米特勒豪瑟说:"这种航空领域的技术突然性深具决定性。"(引自 *The Six Weeks War, Theodore Draper*〔English edit., 1946〕, p. 71)*The Diary of a Staff Officer* (1941) 的匿名作者也写道(p. 11):"俯冲轰炸机扑向他们,虽然几乎没遭受任何伤亡,但他们忍受着刺耳的噪音,仅坚持了 2 个小时就捂着耳朵逃走了……"
43. *Lyet*, p. 49.
44. 哈尔德日记 5 月 17 日的条目下写道:"元首非常紧张。他对自己取得的成功担心不已……所提出的借口都是由于他的南翼。"(另可参阅 Guderian, pp. 109—110。)
45. *Lyet*, p. 66.
46. 德军迅速推进的一个原因是,各装甲师经常获得空投燃料的补充。
47. Guderian, p. 114.
48. *Von Rundstedt the Soldier and the Man, Guenther Blumentritt* (English edit., 1952), pp. 64, 69.
49. *The Private Diaries of Paul Baudouin*, p. 30.
50. 丘吉尔先生说下午 5 点 30 分到达。他本人对这场会晤的记述,可参阅 *The Second World War (1949)*, vol. II, pp. 42—46。
51. 鲁尔区 5 月 15 日首次遭到轰炸,这种轰炸的目的何在难以说清,因为轰炸造成的破坏犹如向一座大型金字塔丢下些豌豆(参阅 *Berlin Diary, William L. Shirer*〔English edit., n.d〕, pp. 293—295, 318)。
52. *The Private Diaries of Paul Baudouin*, p. 33.
53. *The Diary of a Staff Officer*, p. 27.
54. *The Diaries of Paul Baudouin*, p. 36. 魏刚说:"陆军高级指挥层的情况相当混乱,而在下级人员中,那种能让他们在 1914 年抵御战争头几周灾难的顽强精神似乎已不复存在。"(*The Role of General Weygand, Commandant J. Weygand, English edit., 1948*, pp. 40—41)
55. *Lyet*, pp. 71—74.
56. 完整的计划可参阅 *Ellis*, p. 111, and *Churchill*, vol. II, p. 50。
57. *Ellis*, p. 120.
58. 同上, pp. 138, 139。

59. 同上，p. 151。
60. 同上，p. 150。
61. 同上，pp. 350—351。相反的观点可参阅利德尔·哈特上尉的 *The Other Side of the Hill*（1951），chap. XⅡ。
62. *Von Rundstedt*, p. 75. 这是一本相当粗略的著作，似乎全凭个人记忆写就。
63. 利奥波德国王此举事先没有征询或警告英国和法国，就像丘吉尔（*The Second World War, 1949,* vol. II, p. 84）和雷诺（*La france a sauvé l'europe, 1941,* vol. II, pp. 234—237）指出的那样，完全是错误的行为。参阅 *The Surrender of King Leopold, Joseph P. Kennedy and James M. Landis* (New York, 1950)。
64. *Guderian*, p. 120.
65. *Hitler as War Lord*, p. 30.
66. *Defeat in the West* (1947), p. 43.
67. Ellis, p. 208，引自 *the XlXth Corps diary*。
68. 同上，p. 351。
69. 各种舰船的类型可参阅埃利斯的著作，pp. 219—321。
70. *Lyet*, p. 133.
71. *Guderian*, p. 124.
72. 魏刚说"约有 600 万难民"。
73. 同上，p. 108，法属北非只有"一个很小的军工厂"。
74. 停战协定的条款较为宽容：法兰西第三共和国的宪法依然有效；40 个省份不被占领；允许法国在国内保留一支 10 万人的军队，在非洲保留 18 万人的军力；舰队和法兰西帝国都完整无损。
75. 值得注意的是，敦刻尔克的疏散结束后，仍有 191870 名英国和其他国家的军人设法撤至英国。
76. *Ellis*, p. 321.
77. *Supplement to the London Gazette of October 10, 1941*, p. 5931.
78. 参阅 *The Memoirs of Field-Marshal Kesselring* (English edit., 1953), p. 65。希特勒 1935 年对凯塞林说，第一次世界大战期间最令他印象深刻的是英国人的坚韧。可他在 1939 年似乎忘记了这一点。
79. "我们可以提出这样一个原则：如果我们能够通过击败几个敌人中的一个而战胜其他敌人，那么，打垮这个敌人就必然是战争的目标，因为我们击中这个敌人也就击中了整个战争的共同重心"。（*On War,* English edit., 1908, vol. Ⅲ, p. 108）
80. *Ciano's Diary, 1939—1943* (English edit., 1947), p. 267.
81. *Hitler and his Admirals,* Anthony Martienssen (1948), p. 69.
82. 读者们应该记得，盟军为 1942 年进攻北非准备了 9 个多月，而希特勒仅提供一个月的准备时间，由此可见其荒谬。
83. 引自 *Hitler's Strategy,* F. H. Hinsley (1951), p. 71。当天，希特勒首次提及入侵俄国的问题（参见 *Haider Diaries, July 31, 1940*）。
84. *Memoirs*, pp. 68 and 66.
85. *Guderian*, p. 138.
86. *Von Rundstedt*, p. 87.
87. 同上，p. 81。
88. 同上，p. 89。

大事记
第三帝国的崛起
和第二次世界大战的起源

为对抗一个共同的敌人而结成的战时联盟总是短命的，因为一旦敌人被击败，这种联盟的重心也就不复存在了。任何人几乎都找不到理由去认定美国、法国、英国为赢得第一次世界大战而缔结的协约，会比勒班陀战役后的神圣同盟或滑铁卢战役后的战胜国会议更加牢靠。但这种协约与后者相比又有很大不同：拿破仑战败后，"不列颠治下的和平"于百余年间在欧洲争执不休的各国间维持着一种势力均衡，第一次世界大战期间，"不列颠治下的和平"被摧毁，之后，由于美国参战，国际联盟取代了"不列颠治下的和平"，但这个"工具"的设计存在问题，既不能消除引发战争的原因，又无法重建在战争中遭到破坏的势力均衡。相反，它以罚金的方式将和平强加于世界，与历史、地理和经济的各方面都不太相符。国际联盟没有被设计为各主权国讨论解决国联成员国之间纷争的常设会议，而是被塑造成一件专制工具，倘若某大国威胁到国联成员国的领土完整和政治独立，这件工具便可以使针对该国的战争合法化，同时宣布其他一切战争形式均不合法。这是个没有刀剑的话语之约，引发了越来越多的不满和摩擦，面对国联徒劳而又虚伪的努力，最终导致暴君出面挑战其权威，并利用了它的无能。

1889年4月20日，希特勒出生于因河畔布劳瑙，父母都是奥地利人，1914年世界大战爆发时，他加入了巴伐利亚第16步兵团。在新兵当中，可能没有谁比他更符合"彻底的无产阶级"这一标准了。他全凭自己的功劳获得了佩剑战功十字勋章、团里的英勇奖状和一级铁十字勋章，奇怪的是，他的军衔一直停留在二等兵这个级别上。

战争胜利者将他们的赫赫武功铭刻在贡比涅森林中雷通代火车站竖起的纪念碑上，碑文上书："以罪恶为荣的德意志帝国被它企图奴役的自由人民击败，于1918年11月11日在此屈膝投降。"而此时，二等兵希特勒躺在波美拉尼亚小镇帕泽瓦尔克的医院里，毒气差点使他双目失明。谁也没想到，这个籍籍无名的士兵有朝一日会在那座纪念碑伫立处接受法国人的投降，并将人类陷入深重的苦难中。

刺激他的恶魔是《凡尔赛和约》，该和约与威尔逊的"十四点和平原则"毫无相似之处，克莱蒙梭喊道："'十四诫'有点僵硬！就连上帝也只有'十诫'！"庞加莱于1923年进攻鲁尔区，破坏了德国的币制，消灭了德国的中产阶级。1924年至1930年，德国的外债增加了7.5亿英镑，导致德国民不聊生，最后是美国股票市场崩盘，引发了1929年至1931年的全球性金融危机。

1930年，依靠国家救济的德国人多达1750万人，1931年，德国支持共产党的选民超过500万人。那一年，美国记者H.R.尼克博克在他的著作《德国——法西斯还是苏维埃？》中估计，至少有1500万德国人吃不饱肚子，有三分之二的选民对资本主义抱有敌意，有半数以上的选民对目前这个所谓的"民主"政治体制心怀不满。次年，这些灾难造就了希特勒的胜利。1919年，穷困潦倒的希特勒加入了一个毫不起眼、自称"德国工人党"的政治团体，成为这个只有六名成员的党派的第七位党员。1932年，这个改称"国家社会主义德国工人党"的政党在7月份的德国国会选举中，获得了3600万张选票中的13779017张，1933年1月30日，兴登堡总统要求希特勒这个德国最大政党的领袖出任德国总理并组建一个政府。一年后的6月30日，希特勒以一连串可怕的暗杀手段清党，包括恩斯特·罗姆、冯·施莱歇将军、冯·布雷多将军、格雷戈尔·施特拉塞尔在内的数百人被杀害。最后，兴登堡元帅于8月2日去世后，总统办公室取消，希特勒成为德国人民的元首。

德国民众对希特勒掌握政权表现出的欢欣鼓舞，除非是亲眼看见，否则一定会觉得难以置信。1934年，鲁道夫·赫斯在一场盛大的聚会上代表全党向希特勒宣誓效忠，他的话语通过麦克风传递给数百万听众，在每个德国人的心中激起共鸣。赫斯说："通过这次宣誓，我们再次把我们的生命寄托于一个人身上，通过他，不可抗拒的力量将为实现我们的命运而行动起来，这是我们的信念。不要用你们的头脑去觅寻阿道夫·希特勒，所有人都会以内心力量找到他。阿道夫·希特勒就是德意志，德意志就是阿道夫·希特勒。德意志就是我们在俗世的神。"

无论这个超凡的人究竟是魔鬼还是疯子（就像他的敌人们宣称的那样），无法轻视的事实是，他铲除了德国的布尔什维克主义，并做到了许多令人惊讶的事情。事实上，他似乎是个"化身博士"[1]，一方面是个正常人，另一方面又是个能力卓越的妄想狂。倘若不是这样，就很难解释为何像劳合·乔治这种聪明绝顶的人，于1936年会晤希特勒后返回英国时会说："我从未见过比德国人更快乐的人，希特勒是我见过的许多伟人中最伟大的一个。"温斯顿·丘吉尔在《风云紧急》一书中也写道："如果我们的国家战败了，我希望我们也能找到一个不屈不挠的领袖，从而恢复我们的勇气，并领导我们回到与各国平等的地位上。"

希特勒的目标是拿破仑式的：建立一个德国主导下的德意志大陆体系。而他的手段也同那位伟大的皇帝采用的手法相去不远——将德国从国际贷款资本主义的桎梏中解放出来，将所有日耳曼人团结在第三帝国的大旗下，并在东欧建立他所说的德国生存空间，他认为这对德国的经济安全至关重要，而拿破仑也曾认为莱茵联邦对法国的战略安全非常必要。

希特勒认为，只要国际货币制度以黄金为基础，一个垄断黄金的国家就可以将其意志强加于那些缺乏黄金的国家。实现这一点可以通过扼杀对方的外汇来源，从而迫使他们接受必须支付利息的贷款，通过借债来维持生产。希特勒称："国家这个共同体不能靠货币的虚拟价值存活，而应依靠实际生产，而生产反过来也使货币得到价值。真正让货币安全的是生产，而不是银行或塞满黄金的保险箱。"[2] 他决定：（1）拒绝外国的生息贷款，以生产作为德国货币的基础，而不是金本位。（2）以货物直接交换的方式获得进口商品（以货易货），必要时补贴出口。（3）停止所谓的"自由换汇"，也就是禁止货币投机或根据政局将私有财产从一国转移至另一国。（4）具备人力和物力条件从事生产时，财富自然会产生，而不是靠借款负债。

由于国际金融的生命取决于向陷入经济困境的国家提供生息贷款，希特勒的经济政策可以说断了他们的生路。如果放任他取得成功，其他国家肯定会纷纷效仿，届时，所有缺乏黄金的政府都以货易货，不仅没有人借款，黄金丧失权力，就连放债者也将关门歇业。

这支金融手枪特别对准的是美国，因为他们持有世界黄金供应的大头，还因为他们的大规模生产体系要求他们必须出口约 10% 的产品以避免失业,再加上希特勒对待德国犹太人的残酷行径,这一切自然激怒了美国的犹太金融家。希特勒出任德国总理后六个月,一位富有的纽约律师塞缪尔·翁特迈尔发出挑战,宣布对国家社会主义展开一场"圣战",并呼吁对德国的商品、运输和服务实施经济抵制。美国国务卿科德尔·赫尔根据 1934 年《贸易协定法》的条款,坚持认为美国的对外贸易不应受到外汇管制、政府垄断和以货易货制度的损害。

1933 年至 1936 年,希特勒已将德国的失业人口从 600 万人降至 100 万人,使失业情况大为好转,据说温斯顿·丘吉尔和 1907 年的亚瑟·贝尔福一样,曾在 1936 年告诉美国的罗伯特·E. 伍德将军:"德国正变得太过强大,我们必须粉碎她。" 1937 年 9 月,美国又爆发了新的大萧条,并以惊人的速度传播开来,10 月 19 日股市崩盘,据 11 月进行的失业调查表明,美国彻底失业者多达 1100 万人,还有 550 万人部分失业。必须采取某些措施将公众注意力从这种令人绝望的国内局势转移开,特别是因为总统大选在即,因此,罗斯福总统于 10 月 5 日在芝加哥发表了恶名昭著的"隔离演说"。他谈及"对灾难挥之不去的恐惧……当前的腥风血雨……文明的基础受到严重威胁……谁都别以为美国能独善其身,幻想西半球不会遭到攻击",强化道德标准最简单易行的措施莫过于对侵略者实施一种国际隔离。不久后,这个主要侵略者也被点了名。伯纳德·巴鲁克先生告诉乔治·C. 马歇尔将军:"我们应该打败希特勒那个家伙,他和他那一套是逃不掉的。"哪一套?可能是他的以货易货制度,因为 1939 年 9 月,巴鲁克发布了一份他与总统会晤的报告,他在报告中指出:"如果我们降低价格,没有理由不能把顾客从交战国那里拉回来,因为战争,这些交战国不得不放弃他们的顾客,在这种情况下,德国的以货易货制度将被摧毁。"

在英国,对以货易货制度的类似挑战正全力进行。1939 年 3 月 9 日,波兰驻伦敦大使向他的政府报告,英国海外贸易政务次官 R.S. 哈德森先生对他说:"英国政府……决心不放弃欧洲的任何市场,也不放弃自己的经济优势,使之对德意志帝国有利……今天我们正就经济领域进行谈判,正在打破德国的以物易物制度。"这场经济战进行得如火如荼,以至于罗伯特·E. 舍伍德在《哈里·L. 霍普金斯白宫文件》一书中记录到,1939 年 4 月,美国驻柏林大使馆的代理武官报告:"从德国正积极发动一场战争的角度看,目前的情况非常清楚,这是一场经济战,德国正为自己的生死存亡而战。德国必须为其商品找到市场,否则就会死去,她当然不愿坐以待毙。"

我们考虑第二次世界大战的这些经济原因时必须牢记,和第一次世界大战一样,两种经济制度之间的斗争不是对与错的问题,而是关乎生存价值。借贷资本主义为其霸权而战,而希特勒则是为他的以货易货制度而战,双方没有对错之分,这场斗争对任何一方都至关重要,都是贸易竞争的产物,也是工业革命的结果。

除了这个战争原因,1933年至1939年间,另一些原因也为动荡的国际局势推波助澜,其中最重要的是希特勒着手实施德国复兴计划时采用的暴力手段。首先,为肃清政治障碍,他于1933年10月19日退出国际联盟,为确保德国的东翼,他于1934年1月26日同波兰签订了一份有效期十年的和平协定,但当年9月,这番努力被部分抵消,因为苏联加入了国际联盟。接下来,待萨尔区的全民公投变得对德国有利后,希特勒在1935年3月16日废止了《凡尔赛和约》限制德国军备的条款,重新恢复征兵制,他给出的借口是苏联拥有强大的军事力量。5月2日,法国和苏联针锋相对地签署了《法苏互助条约》,这就使国际联盟的存在变得毫无意义,6月8日的《英德海军协定》同样如此,该协定规定德国海军舰艇总吨位不超过英国舰队总吨位的35%。

接下来的一场危机将进一步加强希特勒的力量并导致国际联盟破产。按照第一次世界大战期间的密约,意大利本应获得阿比西尼亚的经济控制权,另外也是为了在突尼斯获得和平,1935年1月,法国同墨索里尼就阿比西尼亚(她也是国际联盟的成员国)达成协议。墨索里尼没能在日内瓦获得满足,遂于10月3日进攻阿比西尼亚,11月18日,以英国为首的国际联盟对意大利实施经济制裁。虽然他们未能阻止意大利的侵略,但此举却将墨索里尼推入希特勒的怀抱。最后,国际联盟的50多个成员国不可避免地名誉扫地。1936年3月7日,希特勒宣布法苏互助条约(当时即将获得批准)违反了洛迦诺公约,并重新占领非军事化的莱茵兰。

下一场危机接踵而至。自1936年2月以来,西班牙人民阵线政府的执政不善已造成严重混乱,为平息无政府状态,弗朗西斯科·佛朗哥将军于7月18日举起反叛的旗帜,他获得了意大利军队的支持,而共和党人也得到苏联人支援。这又是个希特勒绝不会错过的机会。11月25日,他同日本签订了一份反共产国际协定,待佛朗哥的胜利已成定局后,希特勒便于1938年3月13日吞并了奥地利。

两周后,居住在捷克斯洛伐克苏台德区的日耳曼人要求实施自治,希特勒立即表示支持,不仅是因为他的种族学说,还因为捷克斯洛伐克在法苏互助条约里就是瞄准德国的一把手枪。他没有忘记，1919年间，协约国一致同意，倘若德国拒绝签署和约，他们就从波西米亚的机场开始对德国实施轰炸。这场危机一直酝酿到9月1日，苏台德区的日耳曼人领袖亨莱因赶至贝希特斯加登谒见希特勒。欧洲的气氛越来越具有爆炸性，英国首相内维尔·张伯伦先生于9月15日和22日两次拜访希特勒。英国驻巴黎大使埃里克·菲普斯爵士于24日告诉英国外交大臣哈利法克斯勋爵，"大多数法国人反对战争，几乎到了不惜一切代价的程度"。最后，张伯伦又于9月29日和达拉第、墨索里尼一同飞赴德国，在慕尼黑会晤希特勒，为避免战争，他同意将苏台德区割让给德国。此时法国军队里已发生兵变，而据英国驻柏林大使内维尔·亨德森爵士说，英国"没有一架喷火式战机……只有一两架试验性飓风式战机，而伦敦的防空力量也只有7门现代化高射炮"。

接二连三的危机引发了一场反对希特勒的猛烈宣传。外交事务丧失了一切客观性，被包裹在一种爆炸性的敌意中，这令德国宣传部长戈培尔博士深感不安，他向美国驻柏林大使发出呼吁，而后者回复道："同美国新闻界改善关系的最大障碍是犹太人问题。"

这种关系根本无法改善，1938年11月7日，一名年轻的波兰犹太人在巴黎暗杀了德国大使馆的三等秘书，这起事件立即在柏林引发了一场有计划的反犹运动，这不啻为给美国的反德情绪火上浇油。波兰驻华盛顿大使耶尔齐·波托茨基伯爵在1939年1月12日发给波兰外交部的一份报告中，生动地描述了去年年底的情况，我们将它摘录在此：

现今美国的舆论对一切与国家社会主义……相关的东西越来越憎恶。最重要的是，这里的宣传机构完全掌握在犹太人手中。公众是无知的，所以他们的宣传非常有效，以至于民众对于欧洲事务的真实状况根本没有真正的了解……有趣的是，这场精心设计的运动主要针对国家社会主义，完全没有提及苏俄。就算谈到这个国家也是以一种友好的态度，这使其民众产生的印象是，苏俄是民主国家集团中的一员。由于这种巧妙的宣传，美国的公众完全站在红色西班牙一方。与这种宣传齐头并进的是一种人为制造的战争恐慌……他们不遗余力地给美国人灌输的印象是，一旦发生世界大战，美国必然会积极参与到一场为自由和民主而进行的斗争中。罗斯福总统第一个表达了他对法西斯主义的痛恨。他有两个目的：首先，他想把公众注意力从困难而又复杂的国内问题转移开……其次,他想通过制造战争恐慌促使美国人赞同他庞大的军备计划……

另外,犹太人在德国受到的残酷对待和难民问题,是加剧美国目前对一切与德国国家社会主义相关的东西痛恨不已的两个因素。在这场仇恨运动中,一些犹太知识分子,例如伯纳德·巴鲁克、纽约州州长雷曼、新任命的最高法院法官费利克斯·弗兰克福特、财政部长摩根索和另外一些与罗斯福总统私交颇深的著名人士,也都发挥了重要作用。他们希望总统成为人类自由、宗教自由和言论自由的倡导者……这些人在美国政坛身居高位,都渴望成为"真正的美国精神"和"民主拥护者"的代表,实际上,他们同国际犹太人之间存在牢不可断的纽带。对国际犹太人(他们极为关注自己种族的利益)来说,罗斯福总统作为一个人权捍卫者的"理想"角色确实是个天赐之物。这样一来,犹太人不仅能在新世界建立一个危险的中心,用于散布仇恨和敌意,还成功地将这个世界分成两个好战的阵营。整个问题正以一种最神秘的方式获得解决。罗斯福已被赋予权力,这使他得以让美国的外交政策更加积极,同时建立起庞大的武器储备,为日后犹太人蓄意挑起的战争做好准备。[3]

波托茨基伯爵写完这份报告两天后,美国驻法国大使威廉·G. 布利特向他保证,一旦发生战争,美国肯定会"站在英国和法国一边做出积极干预"。这番保证的话音还没落地,下一场危机接踵而至——希特勒决定完成对捷克斯洛伐克的征服。他挑起一场宣布斯洛伐克独立的政变,随后于1939年3月15日占领布拉格,并宣布成立波西米亚和摩拉维亚保护国。但他并不满足于这些侵略,终于迈向了他的最后一个目标。1938年10月24日,德国外交部部长约阿希姆·冯·里宾特洛甫向波兰驻柏林大使提出建议,称波兰政府应当同意"但泽地区重归德意志帝国",还应同意德国修建"跨境公路和铁路线越过波美拉尼亚",也就是穿过波兰走廊,而劳合·乔治先生早在二十年前就宣称:"'波兰走廊'迟早会在欧洲东部引发一场新的战争。"争论随之而来,张伯伦在此期间主张由英国、法国、波兰和苏联共同签署一份宣言,称他们"将在德国暴露出更多侵略野心的迹象时共同采取行动"。奇怪的是,波兰外交部长约瑟夫·贝克拒绝了这项提议,同样莫名其妙的是,由贝克提出的一份波兰与英国的双边协定,张伯伦却同意了。外交部3月27日告知贝克,如果波兰人承诺在遭受德国入侵时奋起自卫,英国就保证"以所有军力和资源为波兰提供支援"。这份协议在3月31日公之于众。

张伯伦对波兰的保证立即对希特勒造成影响。虽然希特勒知道对波兰发动进攻很可能会使自己陷入一场两线战争,可他还是在4月3日下达了准备于9月1日后入侵波兰的指令,为避免一场两线战争,他于4月17日开始同克里姆林宫展开谈判。

现在,战争与否将由除希特勒之外的其他人来决定,这一点已相当明确。因为派驻欧洲的美国记者中的代表人物卡尔·冯·魏甘德告诉我们,4月25日他被召至美国驻巴黎大使馆,布利特大使告诉他:"欧洲的战争已成定局,英国和法国已做出保证,将为波兰提供支援,因此,波兰不会屈从于德国的要求。"布利特还预言:"美国将在英国和法国参战后加入这场战争。"[4]这份声明得到《哈里·霍普金斯白宫文件》的证实,该书的编辑在书中称,差不多在同一时间,温斯顿·丘吉尔告诉伯纳德·巴鲁克:"战争即将到来,我们将加入其中,你们(美国)也会参战。你将在那里主导局势,可我只能在这里观望。"

整个夏季,接二连三的危机此起彼伏,张伯伦和希特勒都竭力争取苏联的支持。一方希望苏联兑现对波兰的保证,另一方则是为避免一场两线战争。8月23日,后者终于赢得胜利,德国和苏联当日在莫斯科签署了一份互不侵犯条约,根据一份秘密协定,两国将瓜分波兰。24日,苏德互不侵犯条约公布,25日,从3月27日拖延至此时的《英波协议》才被正式签署。

9月1日(色当战役周年纪念日),德国不宣而战,其军队进入波兰境内,罗斯福总统向英国、法国、德国和波兰发出呼吁,要求他们不要轰炸未设防的城市和平民百姓。希特勒立即拥护罗斯福总统的呼吁,英国和法国政府也于9月2日发表声明,称他们赞同罗斯福总统表现出的人道主义情感。

9月3日上午9点,英国驻柏林大使向德国外交部递交了一份最后通牒,要求德国于11点前作出停止敌对行动的保证,否则英国将对德国宣战。当日中午,法国大使也递交了一份类似的最后通牒,期限为当日下午5点前。这两份最后通牒都没有得到回复。

希特勒获悉英国的挑战后,默默地坐在那里一动不动,他的翻译保罗·施密特离开房间时,戈林转过身来对他(施密特)说:"要是我们输掉这场战争,那就要靠上帝发慈悲了。"

注解

1. 本书作者曾多次见过希特勒,认为他具有双重性格。有时候他是阿道夫,和普通人并无二致,有时候他又变为"真神",这时候同他争辩当然是荒谬的。
2. 身为财政大臣的丘吉尔先生于 1925 年在英国重新引入金本位制,但他在 1931 年所持的观点与希特勒相似。他说:"在这个近乎可怕的扩张时代,人类的进步是否会因为偶尔发现的金矿而受到武断的阻止和管控?若非黄金恰巧是地球的组成元素之一,本来是不会有人类文明和社会的?这都是胡说八道,可它们正成为危险而又致命的胡说八道……因此,我指出这种邪恶,并将之视为会控制并破坏我们思想的所有问题中的第一、第二和第三个,以寻找挽救方法。"
3. *German White Paper of Polish Documents*, New York (1940), pp.29—31. 希特勒于 1939 年 1 月 30 日在帝国国会发表讲话时说:"我想在今天再次预言:如果欧洲境内外的国际犹太金融家们再次唆使人们投入一场世界大战,那么,其结果不会是全世界布尔什维克化和犹太人的一场胜利,而是欧洲犹太种族的灭绝。"这是句大实话,据戈培尔说:"约 60% 的犹太人将被毁灭,只有 40% 的犹太人可作为苦力使用。"(*Diaries*, p.103)
4. 本书作者 1939 年 4 月 19 日在柏林遇到冯·魏甘德,他告诉本书作者,他从德国高层获悉,德国有望在最少三周、最多六周时间内打垮波兰;在这期间不会对西线发起进攻,而意大利可能会保持中立。关于英国对波兰的保证,他说道:"好吧,我认为你们的首相先生犯下了自你们通过印花税法案以来,英国历史上最大的错误。"

莫斯科战役

第十章

随着克里特岛的沦陷，希特勒的一连串征服使其声望达到如日中天的程度，历史上从未有哪位统帅曾在如此短暂的时间里完成过如此辉煌的成就。他在27天内击败波兰，1天内占领丹麦，23天内征服挪威，占领荷兰仅用了5天，占领比利时用了18天，战败法国耗时39天，12天内占领南斯拉夫，征服希腊用了21天，攻占克里特岛用了11天。相比之下，苏联虽是个超级强大的国家，却耗费100多天才迫使芬兰人屈服。德军战无不胜的记录，加之苏联红军的拙劣表现，使希特勒做出错误的判断，他认为自己可以在冬季到来之前推翻苏俄政权。利令智昏的希特勒抱有这种想法不足为奇，因为就连整个世界也普遍认为这种情况很可能发生。他预计德国军队将在三四个月内歼灭苏联的作战力量，并到达伏尔加河—阿尔汉格尔斯克一线。之后，他再留下大约五六十个师来守卫占领地区，并以其他军力对付英国。这就是对苏作战开始前，军队的冬装预算不到总数五分之一的原因所在。¹

遂行一场如此快速的战局，一个必要条件是战局发起时出色的地面状况。由于1941年春季一直潮湿多雨，布格河及其支流直到5月份仍处于洪水水位²，因此，南斯拉夫和希腊战局导致"巴巴罗萨"行动拖延了六周的说法并不可靠，若说确有影响的话，那也只是导致德国人最终失败的主要因素之一。更应得到批评的，是希特勒对目标的选择。要想歼灭红军有生力量，就应当选择一个对方无法放弃的目标，从而迫使他们在德军打击范围内迎战。满足这个要求的唯一目标是莫斯科。它是苏联铁路交通的枢纽，因而在战略上不可或缺，它也是世界共产主义的圣地，是一个高度集权的政府总部所在地，还是个拥有100多万名工人的大型工业中心。冯·布劳希奇元帅和哈尔德将军希望打击的目标就是莫斯科，希特勒却不这样认为。"他恼怒地指出：'只有彻底僵化的头脑，沉溺于过去几个世纪的思维，才会将夺取敌国首都视为有价值的目标。'他感兴趣的是列宁格勒和斯大林格勒，认为这是布尔什维克主义的温床，摧毁这两座城市……布尔什维克主义就将灭亡。"³①

这个观点乍看上去似乎很荒谬，实际上并非如此，因为希特勒认为自己面临

---

① 译注：希特勒从来没有把斯大林格勒视为战略目标；斯大林格勒于1942年成为"蓝色"行动的焦点，完全是德国军队顺势而为，而非预先确定的计划。另外，列宁格勒是俄罗斯城市圣彼得堡的旧称，斯大林格勒是俄罗斯城市伏尔加格勒的旧称。

的问题与当年拿破仑面临的截然不同。它不完全是个战略问题,即击败苏联军队,在很大程度上说是个政治问题,即推翻布尔什维克政权,实现这个目标不是通过占领其城市,而是在苏俄内部掀起一场革命。[4]如果希特勒从战局伊始就扮演解放者的角色,那么他斥责那些将领头脑僵化的说法就是正确的。可如果仅仅出于名称的缘故,便认为占领列宁格勒和斯大林格勒就能动摇苏维埃体制,这就纯属荒诞不经的幻想了。待他把这个目标与两个主要经济目标(即征服乌克兰和高加索地区)混杂在一起时,这种幻想就更加离奇了。前一个目标是夺取苏联的主要粮食来源和60%的工业设施,后一个目标则是让苏联丧失其主要石油来源。结果是目标多样性造成的混乱,导致德国军队过度拉伸,这就意味着希特勒不可避免地需要采取折中措施。

尽管德军将领们"头脑僵化",但第21号指令是希特勒与他那些将领所持的不同观点的折中。莫斯科这个目标并未被放弃,而是排在列宁格勒和乌克兰之后的次位,所冒的风险是,除非这个秋季异常干燥,否则在冬季到来前不会有攻占苏联首都的可能。

第21号指令的总体意图是:

装甲部队应果敢作战,楔入敌深远纵深,歼灭部署在俄国西部地区的苏俄陆军主力,阻止其有作战能力的部队撤至俄国纵深地区。

务必快速追击以形成这样一条战线:苏俄空军从该线出发将不再能攻击德意志帝国的领土……大致在伏尔加河—阿尔汉格尔斯克一线。

接下来一段内容阐述了芬兰人和罗马尼亚人的任务,随后便是"作战的实施",其中的重要内容包括:

在被普里皮亚季沼泽分隔成的南、北两个战区中,应将主力用于北部。在这里计划投入两个集团军群。

在这两个集团军群中,南部集团军群(位于整个战线的中央)的任务是,以特别强大的装甲和摩托化兵团,从华沙周围及其北部地区实施突击,粉碎白俄罗斯境内的敌军。从而创造条件,使快速部队的强大兵力转而向北,协同从东普鲁士向列宁格勒总方向突击的北方集团军群,歼灭波罗的海沿岸地区之敌。只有完成这项紧急任务继而占领列宁格勒和喀琅施塔得之后,才可实施旨在攻占重要交通枢纽和军备工业中心莫斯科的进攻行动。

....

普里皮亚季沼泽以南的集团军群,应从卢布林地区朝基辅这个总方向实施主要突击,目标是以强大的装甲兵团楔入俄军纵深侧翼和后方,尔后沿第聂伯河卷击敌军。

....

一旦普里皮亚季沼泽南部或北部的会战取胜,就应展开追击,目标是:在南方,迅速占领具有经济重要性的顿涅茨盆地;在北方,迅速夺取莫斯科。

攻占该城,意味着政治和经济上的一个决定性胜利。此外,它还意味着苏俄丧失了最重要的铁路枢纽。[5]

这道指令还规定了三个集团军群的编成:

北方集团军群由冯·莱布元帅统辖,编有冯·屈希勒尔将军指挥的第18集团军、布施将军指挥的第16集团军、赫普纳将军指挥的第4装甲集群——共计20个步兵师、三个装甲师和三个摩托化师,由科勒尔将军的第1航空队为他们提供支援。

位于其北翼的是曼纳海姆元帅统辖的芬兰集团军,编有16个芬兰师(15万人)和四个德国师(两个步兵师、两个摩托化师)。

中央集团军群由冯·博克元帅统辖,编有施特劳斯将军指挥的第9集团军、霍特将军指挥的第3装甲集群、冯·克鲁格元帅指挥的第4集团军、古德里安将军指挥的第2装甲集群——共计31个步兵师、九个装甲师、七个摩托化师和一个骑兵师,由凯塞林元帅的第2航空队为他们提供支援。[6]

南方集团军群由冯·伦德施泰特元帅统辖,编有冯·赖歇瑙元帅指挥的第6集团军、冯·施蒂尔普纳格尔将军指挥的第17集团军、冯·克莱斯特将军指挥的第1装甲集群——共计30个步兵师、五个装甲师和四个摩托化师。该集团军群还编有梅塞将军指挥的意大利第3军(辖四个师)、一个匈牙利军、一个斯洛伐克师和一个克罗地亚团,由勒尔将军的第4航空队为他们提供支援。

位于南方集团军群南面并隶属该集团军群的是德国和罗马尼亚混编第11集团

军，以及罗马尼亚第3集团军和第4集团军，名义上统归安东内斯库元帅指挥，其任务是掩护南方集团军群之右翼。

总预备队：24个步兵师、两个装甲师和两个摩托化师。[7]

关于这股力量，有两点需要指出，一是坦克，二是运输工具。

西方战局结束后，为增加装甲师的数量，德国人将每个装甲师配备的坦克数量减少了一半。当时德国的坦克年产量不超过1000辆，侵苏战役发起时，德军坦克总数仅为3200辆。此后，他们的坦克月产量似乎从80辆增加到210辆，但这个数字远不足以弥补战斗损失，更不必说增加装甲师的数量了。

更重要的是第二点，它受到德国有限的燃料供应制约。也就是说，只有一部分运输工具能够实现摩托化，这种短缺限制了摩托化师的数量。大部分师属运输工具仍依靠马匹拖曳，另外，由于德国自身的卡车产量不足，他们只能给新组建的师配备法国制造的卡车，但发现这些卡车的强度无法适应俄国的道路。毫无疑问，德国人缺乏履带式补给车辆可以说是造成他们最终失败的重要因素之一，就像1812年的拿破仑缺乏马匹和牛的蹄铁。

我们在转而研究苏俄的计划时发现，实际上对研究任何一场苏军的作战行动来说，最常见的困难是缺乏相关文件。这些文件并不存在，这是因为苏联的历史从属于政治，由于后者总是在变化，没有哪位将领敢写回忆录，苏联政府也没有推出官方史，因为他们担心这种著作出版后，可能会同日后变化的政治形势相违背。[8]我们只能使用外国的资料，特别是德方档案文件，但这些资料往往带有偏见。①

我们所知道的是，苏联红军没有利用他们庞大的纵深消耗德军最初的推进，待其势头耗尽后再发起强有力的反攻，相反，苏军统帅部将其兵力部署在靠近1941年时的德国边界处。据曾在苏联红军和红空军担任过少将的阿列克谢·马尔科夫说，德国人发动入侵时，"（苏联红军）没有预备梯队支援一线部队，因为纵深防御被作为异端邪说弃置一旁。别说没有制定防御作战计划，甚至连这个问题都没想过。堆满武器、弹药和燃料的大型补给仓库不是设在安全的后方地域，而是靠近边界线，甚至处在纳粹重型火炮射程内"。[9]

---

① 译注：苏联当然有相应的文件，也有参战将领的回忆录，更有官方史，只是富勒没能获取这些资料而已。

·········· 1941年12月，德军最远战线

莫斯科战役，1941—1942 年

另外我们还知道，1941年6月的红军尚未从1937—1938年的"大清洗"中恢复过来，正处于改组状态，在那场运动中，3位元帅、13名集团军司令员、57名军级指挥员、11名师级指挥员和220名旅级指挥员遭到清洗，这个数字几乎是红军高级指挥员人数的一半。以西方标准看，这是一支原始的战斗力量，虽然德国人估计苏方拥有15000辆坦克和10000架飞机，可其中大多是陈旧过时的型号。他们的运输和补给体系业已落伍[10]，进攻战术笨拙不堪。但是，就像以往历次战役一样，俄国士兵都是些顽强善战的农民，虽然缺乏主动性，却具有惊人的耐力。

据不太可靠的德方资料称，对苏战局开始时，苏联武装力量部署如下[11]：

芬兰集团，由梅列茨科夫和戈沃罗夫将军指挥，编有20个步兵师、2个骑兵师和5个坦克旅，部署在拉多加湖东西两面，任务是防御芬兰军队。

波罗的海集团，由伏罗希洛夫元帅指挥，编有19个步兵师、7个骑兵师和5个坦克旅，部署在立陶宛和拉脱维亚，任务是掩护列宁格勒。

白俄罗斯集团，由铁木辛哥元帅指挥，编有50个步兵师和两个坦克旅，部署在波兰东部和明斯克以西的白俄罗斯境内，任务是掩护莫斯科。

乌克兰集团，由布琼尼元帅指挥，编有69个步兵师、11个骑兵师和28个坦克旅，部署在波兰东南面和比萨拉比亚，任务是掩护乌克兰。

据哈尔德将军称，1941年6月21日，部署在苏联西部的军事力量估计为154个步兵师、25.5个骑兵师和37个坦克旅，所面对的是德军102个步兵师、19个装甲师、14个摩托化师、5个特种师和1个骑兵师。[12]

同查理十二世和拿破仑时代一样，俄国的力量并不完全依靠其武装部队，而在于她广袤的空间、原始的道路、庞大的森林、宽阔的河流和沼泽，以及她短暂的夏季、漫长的冬季和春季解冻期。除此之外，苏联的铁路寥寥无几，而且是宽轨距，这是个坦克和机动车辆行进困难的国度。下雨时，这里的各条道路沦为泥潭，不下雨时，这些道路要么遍布积雪，要么就是扬起的尘埃堵塞了坦克引擎。此外，冬季的霜冻通常都很严重，以至于坦克和机动车辆底部必须始终点上火保暖，否则就会无法启动。对德国人而言，当务之急是在最短时间内前出到伏尔加河，必须抢在对方动员大批人力投入战斗前解决问题，否则这场战局将在战术上变为一场旷日持久的角逐。

希特勒相信德军的战术优势能够赢得一场速胜。他的想法是以一连串由庞大的装甲力量实施的合围机动逐一歼灭苏联红军。所采取的方式是以两个装甲集群迅速攻向意欲歼灭之敌的侧翼，达成突破后向内转动至敌军后方，切断其交通线，瘫痪对方的指挥机构。与此同时，德军步兵攻向苏军正面，将对方推向其侧翼，从而形成一个内环包围圈，尔后将敌人消灭。

这些战术在1941年6月22日（周日）开始被实施，凌晨3点15分，中央集团军群战线（这是本章的重点）发起炮火准备，25分钟后，第一波次俯冲轰炸机被投入进攻。清晨4点15分，霍特第3装甲集群和古德里安第2装甲集群分别从苏瓦乌基和布列斯特-立托夫斯克动身出发，着手合围铁木辛哥位于明斯克以西的军队集群。在这场初期推进中，古德里安的一些坦克已做了防水处理，并配有通气管设施（德国潜艇后来也采用了这项技术），这使它们得以渡过布格河。[13]

尽管克里姆林宫已收悉许多警告[14]，可这场突袭还是令他们猝不及防。哈尔德称："很显然，我们沿整条战线实现了战术突然性。布格河上的所有桥梁，以及整个河流边界都没有设防……表明敌人猝不及防的事实是——敌军士兵在他们的营房中被俘，机场上的战机蒙着帆布，面对前线出乎意料的事态发展，敌军部队向后方指挥部请示该如何行事……中央集团军群报告，敌人正沿布列斯特-立托夫斯克—明斯克公路仓皇逃窜，俄国人的指挥机构彻底陷入混乱。"[15]

到6月24日，德国人已在地面上或空中击毁2000多架苏军战机。凯塞林写道："从第二天起，我便目睹了与俄国重型轰炸机的战斗，这些轰炸机从俄国腹地飞来。我觉得派如此低劣的飞机以这种战术上不可能取得成功的编队展开进攻不啻为犯罪。因此，一个中队接一个中队被击落。他们以相同的时间间隔飞抵，轻而易举地沦为我方战斗机飞行员的标靶，我当时的想法是，这纯属'屠杀婴儿'。"[16]

6月26日，霍特麾下的装甲师到达了他们的目标明斯克，古德里安的部队于次日同他们会合。虽然德军步兵仍落在后方，但合围铁木辛哥集团的铁钳已合拢。7月3日，对苏战局中的第一场大规模战役，即比亚韦斯托克—明斯克战役，在滂沱大雨中结束，这场大雨将各条道路变为泥沼。[17]据海军中将阿斯曼称，红军在这场战役中被俘29万人，还折损2585辆坦克和1449门火炮。[18]与此同时，北方集团军群夺得德文斯克并强渡德维纳河，而南方集团军群则在海乌姆附近渡过布格河，并攻往卢茨克和罗夫诺。

哈尔德因初期胜利兴奋不已，他在7月3日的日记中写道："因此，对苏战局将在两周内赢得胜利，这可能不是夸大其词的说法。"[19]他这番话的意思并不是说这场进攻即将结束，但德军已赢得战局第一阶段，他的话说得没错。那么第二阶段又将如何呢？

战局第二阶段以一场战术争论为开始，这场争论表明了德军统帅部的意见分歧。最初下达给中央集团军群两个装甲集群的指示，也是陆军总司令部坚持的意见，是径直攻往斯摩棱斯克—罗斯拉夫利一线。但由于步兵力量目前落后约14天的行程，一心想多抓俘虏的希特勒不愿继续推进并瓦解敌人的指挥体系，相反，他希望将装甲集群主力调回，协助步兵完成歼灭被围之敌的任务。克鲁格在这个问题上支持元首，霍特和古德里安都想继续前进，而博克打算把两个装甲集群交由克鲁格统一指挥，从而使自己摆脱如何使用装甲集群的麻烦。希特勒于7月3日批准了这项建议。

一连串相互矛盾的命令随之而来，古德里安可以说是极少数不对希特勒言听计从的德军将领之一，因而果断采取了措施。他打算继续前进，待克鲁格介入时，相关准备工作已然就绪，后者已无法加以阻止。结果，两个装甲集群于7月7日继续前进，霍特取道维捷布斯克，古德里安则经莫吉廖夫和奥尔沙挥师向前。俄国人大肆吹嘘的斯大林防线，从纳尔瓦一路延伸到波洛茨克、维捷布斯克、奥尔沙、莫吉廖夫，然后经文尼察递延到黑海，随即被德军突破，尽管克鲁格插手干预，但古德里安的先遣装甲力量还是在7月10日渡过第聂伯河，红军猛烈的反突击未能阻挡住他们，德军于7月16日到达斯摩棱斯克。四天后，他们又夺得位于斯摩棱斯克东南方50英里，第聂伯河畔的叶利尼亚，但古德里安的部队在这里遭到红军猛烈的反突击。在此期间，霍特集群也到达斯摩棱斯克北面。

因此，以直线距离计算，德军到7月16日已完成前往莫斯科三分之二的路程，他们以平均每天20英里的速度前进了440英里。斯摩棱斯克交战一直持续到8月8日，以另一场合围而告终，中央集团军群声称，7月3日至25日期间，他们俘获了185487名俘虏，还缴获了2030辆坦克和1918门火炮。[20]

这场大胆而又巧妙的推进可以说是战争期间最出色的坦克作战行动之一。据布卢门特里特将军说，苏联的地面条件对坦克机动而言异常困难——"广袤的原始森林，密布的沼泽，恶劣的路况，无法承载坦克重量的桥梁"。他告诉我们，以西方人的标准看,只有从边境地区通往莫斯科的一条尚未竣工的汽车路可称之为"公路",其他的仅仅是些沙面小径。他说:"这种乡间土路对坦克来说糟糕透顶,而伴随坦克的运输部队更加苦不堪言……几乎所有运输部队都由轮式车辆组成,他们无法离开道路,而倘若沙路变为泥沼,他们就没办法继续前行。一两个小时的降雨足以让装甲部队停滞不前。一群群坦克和运输车辆一线排开,长达上百英里,在太阳出来并晒干地面前没法动弹,这是个非同寻常的场面。"[21] 另一个障碍是,每当后方遭遇困难,克鲁格便命令装甲部队停止前进,待问题解决后再恢复进军。应当指出的是,一名大胆的装甲兵将领应当像骑手那样,目光紧盯着终点线,而不能像个谨慎的运输队长,总是望向车队的尾部。

就在这场非凡的行动进行之际,北方集团军群于7月5日在佩普西湖地区突破斯大林防线。他们夺得了奥斯特罗夫、普斯科夫和波尔霍夫,尔后攻往诺夫哥罗德,意图从东面切断列宁格勒。与此同时,南方集团军群在日托米尔与别尔季切夫之间突破了斯大林防线并攻向基辅。

希特勒通常不会轻易改变他的固有想法,就像圣女贞德不会放弃她的神谕那样。一旦下定决心,他就会坚持自己的计划,就好像这是圣经似的。这就是他不肯放弃或修改第21号指令的原因所在,德军越是深入俄国腹地,他越是执着地坚持原定计划。

7月19日,斯摩棱斯克交战到达顶点时,希特勒没有等待这场战役结束便下达了第33号指令。这道指令包含两项行动,分别由中央集团军群的两个装甲集群执行。古德里安第2装甲集团奉命同南方集团军群相配合,挥师向南,从而协助合围基辅周围的苏军集团。而霍特第3装甲集群则向北进军,切断列宁格勒—莫斯科交通线,协助北方集团军群进攻列宁格勒。阿斯曼写道:"战争的转折点就此出现,苏联人对此无法理解,一名红军将领称之为'马恩河奇迹',它挽救了莫斯科,就像1914年巴黎获救那样。"[22] 实际上,这里不存在什么转折点,因为"马恩河奇迹"隐含在第21号指令中。

铁木辛哥在斯摩棱斯克交战期间成功救出近50万名红军士兵,并把他们撤至更靠近莫斯科的防线上。他们实施了一些非常顽强的战斗,令哈尔德惊愕的是,他发现红军的兵力远不止德国陆军总司令部最初估计的不超过200个师,他们已识别出360个苏军师的番号,尽管如此,德国陆军总司令部还是想继续攻往莫斯科,但希特勒不会听从布劳希奇和哈尔德的建议，为发起南方的作战而有所行动——他于7月26日指示古德里安装甲集群同德国第2集团军相配合，歼灭盘踞在戈梅利的一股强大敌军。哈尔德对此的评论颇具预见性，他写道："这样一个计划意味着我们的战略从战役层面降至战术层面。如果将打击局部集结的小股敌军作为我们唯一的目标，整个战局将沦为一连串的次要胜利，导致我方战线的进展只能以英寸计。采用这种策略固然能消除一切战术风险，并使我们逐渐合拢各集团军群战线之间的缺口，但结果会导致我们不得不以牺牲纵深为代价，将所有力量投入一条宽度不断拉伸的战线，最终陷入一场阵地战！"[23] 事实的确如此。

戈梅利战役仍在讨论之际，中央集团军群司令部于8月4日召开了一场会议。博克元帅在霍特和古德里安支持下，要求继续攻往莫斯科。但希特勒没有接受这项主张，而是称列宁格勒周围的工业区是他的主要目标，之后是乌克兰，因为那里的资源对德国继续从事战争至关重要。另外，为掩护罗马尼亚的油田免遭空袭，他认为占领克里米亚①非常关键。六天后，北方集团军群对列宁格勒的进攻被击退。

8月4日至21日期间，宝贵的时间浪费在关于目标选择的争论上。但希特勒固执己见，于21日下达了第34号指令②。这道指令的开头处写道："冬季到来前所要实现的最重要目标不是夺取莫斯科，而是占领克里米亚和顿涅茨的工业及煤炭区，并切断俄国的高加索石油供应线。北路的任务是围困列宁格勒并同芬兰人会合。"[24]

按照第33号指令③所述，主要作战行动是放缓南方集团军群向罗斯托夫—哈尔科夫的推进，代以中央集团军群和南方集团军群之内翼实施一场合围，歼灭基辅以东的苏联第5集团军。指令中写道："待我们紧紧包围列宁格勒，同芬兰人会合并歼灭俄国第5集团军后，就将做好准备并腾出兵力，从而顺利进攻并击败敌铁木辛哥集团军群。"指令中称，莫斯科"是次要的"。[25]

布劳希奇派古德里安去说服希特勒放弃这种疯狂的念头，因为这必然会导致

---

① 译注：指克里木，为同前文保持一致，这里还是翻译为克里米亚。军总司令部呈交的备忘录所下达的指示。
② 译注：这道命令并非第34号指令，而是希特勒针对国防军陆军总司令部呈交的备忘录所下达的指示。
③ 译注：原文如此。

一场冬季战局,但古德里安于 8 月 23 日谒见希特勒时,后者对他说,德国的将军们对战争的经济方面一窍不通。[26] 古德里安奉命于 8 月 25 日动身攻往基辅以东。

凯塞林对此的看法值得在此加以阐述,因为它说明了希特勒所犯错误的严重程

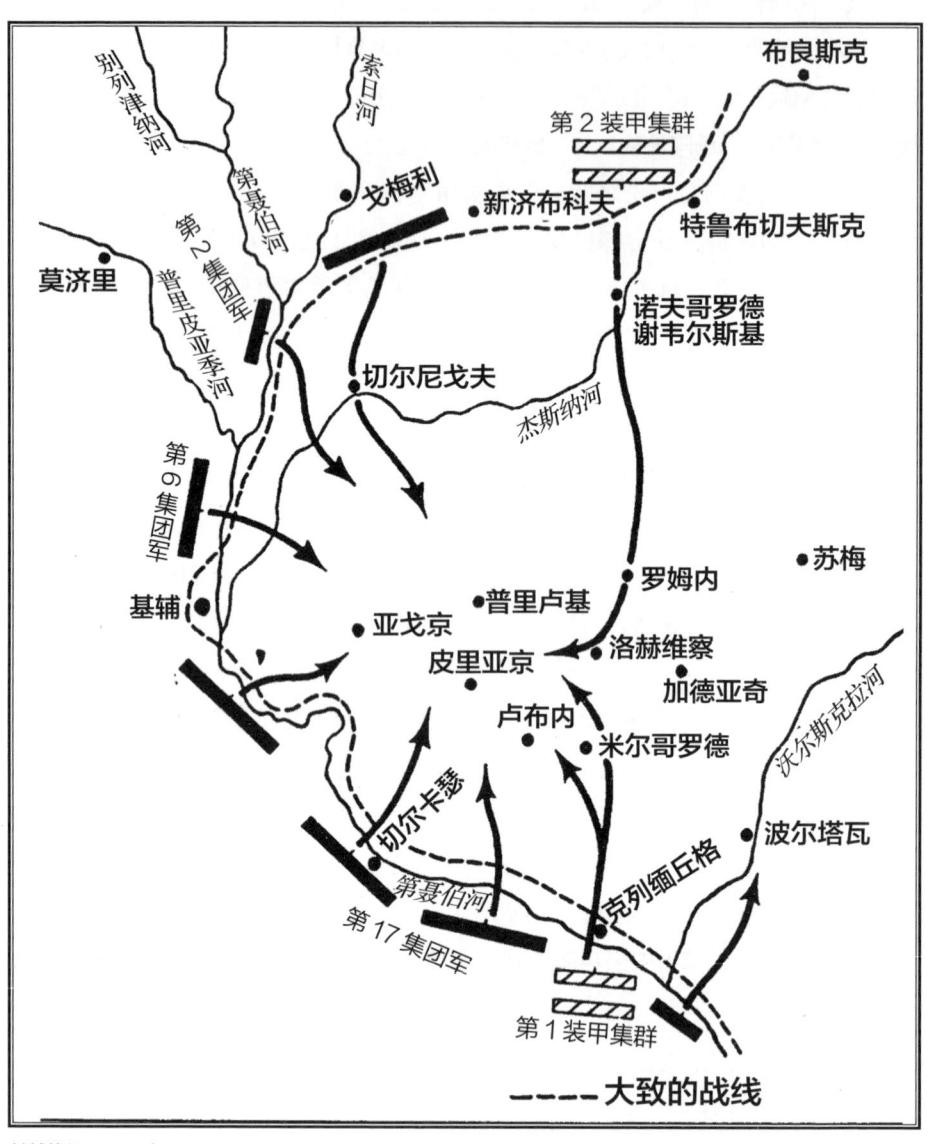

基辅战役,1941 年 8—9 月

度。凯塞林写道："若在斯摩棱斯克合围战结束后……经过一段合理的休整期便继续攻向莫斯科，依我看，苏联首都本来会在冬季到来和西伯利亚师赶到前落入我们手中。夺取莫斯科具有决定性，这将导致苏联的整个欧洲部分与其亚洲的潜力相隔绝，尔后在1942年夺取重要的列宁格勒经济中心、顿涅茨盆地和迈科普油田，都不是什么无法完成的任务。"[27]

8月17日，虽说北方集团军群攻占了纳尔瓦，但对列宁格勒的第二次突击仍以失败告终。9月初，不再遭受德军装甲力量打击的铁木辛哥，对德国第4集团军发起了一场强有力的反突击，战后声称歼灭了八个德国师。

8月25日开始，9月26日结束的基辅战役是苏德战争期间规模最大的一场合围战。德国人的目的是将布琼尼元帅的集团军群之主力歼灭在一个巨大的突出部内，这个突出部北起特鲁布切夫斯克，南至克列缅丘格，基辅位于其顶端。德军的计划是以一道合围对内正面和一道合围对外正面切断这个突出部。执行前一项任务的是由冯·魏克斯将军率领的第2集团军和由冯·施蒂尔普纳格尔将军率领的第17集团军，前者从戈梅利—新济布科夫向南推进，后者则从克列缅丘格—切尔卡瑟向北进击，而冯·赖歇瑙元帅的第6集团军负责将红军主力牵制在基辅战线上。后一项任务则交给古德里安和冯·克莱斯特将军指挥的第2装甲集群和第1装甲集群，前者从特鲁布切夫斯克向南攻往洛赫维察，后者从克列缅丘格向北攻往卢布内，他们的目的地都在基辅以东约125英里处。

9月9日，古德里安攻克罗姆内，于16日时将司令部设在那里，并同冯·克莱斯特集群取得联系。第2集团军已在切尔尼戈夫及其两侧渡过杰斯纳河，而第17集团军则在克列缅丘格与切尔卡瑟之间沿一道宽大战线向北推进，一个支队攻往波尔塔瓦，以此掩护该集团军之右翼。17日，合围对内正面开始在基辅以东50~90英里的亚戈京和皮里亚京合拢，19日，陷入"一片混乱"的基辅被德国第6集团军攻克。[28] 9月26日，也就是基辅战役结束的那天，冯·曼施泰因指挥第11集团军突破彼列科普地峡，并进入克里米亚半岛。

德军在基辅战役中的斩获相当惊人：除66.5万名俘虏外，还包括884辆坦克、3718门火炮和3500辆汽车。希特勒为这样的战绩兴奋不已，这一点可以理解。他将基辅战役称作"世界历史上最伟大的会战"，而哈尔德则认为这是"东方战局最大的战略失误"。[29] 从战略角度看，后者是对的。但如果希特勒认识到乌克兰的政治意义，他本来可以将基辅战役变成对苏战争中最具决定性的行动，甚至可能彻底铲除布尔什维克主义。

自对苏战局开始以来，德国人已俘获近 150 万名红军官兵，还缴获了 7000 多辆坦克和约 9000 门火炮。第一个数字相当重要，因为在这场持续近四年的战争的第一阶段俘获这么多俘虏可谓史无前例。安德斯将军道出了个中原因："甚至 1941 年的初期战役就表明苏军士兵普遍不愿为保卫'无产阶级的祖国'而战，他们和大多数苏联民众都对这个政权充满仇恨。许多军人将这场战争视为改变俄国秩序的机会，他们希望德国人获胜，因而大批投降……投降者并不限于普通士兵和下级军官，许多红军高级指挥员也投靠敌人，表示愿同苏维埃政权展开斗争。"[30] 铁木辛哥元帅的参谋长就是其中之一。

令人惊讶的是，希特勒曾指望德国在进攻之后就会导致苏维埃政权解体，可他不仅没有争取苏联西部被征服民族的支持，反而刻意打压他们。这个巨大的政治失误使他输掉了 1941 年的战局，并给后续战局造成无法克服的困难。希特勒信奉的是"胜者为王败者为寇"，他好像并未从大批被俘的红军士兵中看出苏联民众对苏维埃统治的恐惧，反而认为这种投降完全是德国军队的赫赫战功所致。

要是希特勒具有告诉埃里希·克恩"伟大真理"的那位俄国老妇的智慧，那么即便他在战略上犯了错，还是能轻松粉碎苏维埃帝国，并戴着花环胜利进入莫斯科。许多人预见到这一点[31]，特别是阿尔弗雷德·罗森贝格，他出生于波罗的海地区，对苏联内部普遍存在的情况有所了解。德国发动入侵后不久，他被任命为东方占领区事务部部长，1941 年 7 月 7 日，他发表讲话并提出他所建议的政策。

他说："俄国从来就不是一个民族的国家，而是个多民族组成的国家。"就像蒙森认识到的那样，他写道："俄罗斯帝国就是个垃圾箱，全凭专制独裁国家生锈的铁箍加以维系。"德国的任务不是重建它，而是将其瓦解，也不是将一种新的政治制度强加给该国受压迫的各民族，而是承认各个民族并促进其独立。为此，他建议将俄国西部依照不同民族分成三大块，使其成为俄国其他地区与欧洲之间的缓冲国。除了已告独立的芬兰外，白俄罗斯和波罗的海诸国应形成一块，乌克兰是第二块，高加索地区则是第三块。他说，压制乌克兰人的一切企图"无异于在每个乌克兰农民身后派一名士兵加以监视"。至于俄罗斯本土，也就是列宁格勒、莫斯科与乌拉尔之间的区域,他建议:"我们应当宣布,我们不是同俄国人民交战,而是打击布尔什维克体制,我们为改组而从事的一切斗争都将以各民族自决的名义进行。"他最后指出德国人在俄国的两项主要任务:"确保德国的粮食和战时经济,使德国永远摆脱来自东方的政治压力,这是我们这场斗争的政治目的……"[32]

希特勒的想法完全不同,1941年8月16日,他在召集部下后召开的会议中提出了自己的政策:

> 从根本上说,我们的政策是巧妙地分割这块大蛋糕,所以首先是控制它,其次是管理它,第三是剥削它……俄国人现在奉命在我军战线后方从事游击战,这对我们不无益处:它为我们提供了消灭一切抵抗的机会,除德国人外,任何人在任何情况下都不得携带武器。这一点特别重要,因为促使任何受压迫民族为我们提供军事协助的想法是错误的,即便此举乍看上去似乎对我们有利……整个波罗的海地区必须成为帝国领土。克里米亚也必须纳入帝国版图,也许还要加上北部的大批地区……伏尔加河畔的德国殖民地必须成为帝国领土,巴库周边地区同样如此……芬兰作为一个联邦国家的从属地位也应做好准备,列宁格勒将被夷为平地后交给芬兰人……自然,这片庞大的领土必须尽快加以绥靖,最佳办法是把那些心怀不忿者悉数枪毙。[33]

这项政策被付诸实施,虽然罗森贝格仍是东方占领区事务部部长,但这些地区的绥靖工作移交给希姆莱和他的党卫队,党卫队是盖世太保的姊妹机构①,同陆军总司令部毫无瓜葛,而后者是强烈反对这种政策的。正是臭名昭著的党卫队,而不是德国陆军犯下了大屠杀的罪行。1942年年初,波兰总督辖区的负责官员贝特霍尔德博士告诉冯·哈塞尔,俄国人和乌克兰人遭受到"前所未有的"残酷对待。[34]例如,德国人发现一台发报机被破坏,便在基辅枪杀了400人。

埃里希·克恩指出,就在布尔什维克主义即将在政治上崩溃时,希姆莱和他

---

① 译注:许多人分不清盖世太保、保安处和党卫队的关系,实际上很简单,前者是国家机构,后二者则是党的机构。

的凶手们拯救了它。他写道："我们激起了俄国民众拿破仑战争时期的狂热，使布尔什维克分子得到梦想不到的好机会，不仅巩固了他们的政权，甚至让他们的事业戴上了'爱国战争'的光环。"[35] 格利茨写道："事实上，消灭布尔什维克主义的行动开始后不久就变成消灭和奴役斯拉夫民众，这是整个战局期间最为致命的错误。"[36]

这种疯狂的行径刺激了游击战，德国发动进攻没过两周，斯大林便号召苏联人民展开游击战，而德国人则在1941年7月25日才首次提及游击战。但直到当年12月，游击队的威胁才变得越来越严重。这方面的原因首先归咎于党卫队实施的暴行，其次是因为苏联秘密警察（NKVD）系统性的残暴行径，他们已控制了游击运动。

苏联秘密警察的第一项任务是遏制当地民众同德国人合作，只有做到这一点，他们才能给各支游击队分配军事任务。实现前一个目标最简单的办法是威慑当地居民，因此，苏联秘密警察起初并不招惹德国人，而是对德军战线后方的民众发起一场恐怖战争。为此，他们对男女游击队员加以训练，这些人偷偷溜过德军战线，或采用空投的方式降落到德军战线后方，随后把走散的红军士兵和希望加入游击队的人组织起来，编为一个个恐怖袭击小组。游击运动初期阶段，德国人很少受到骚扰，也没有采取任何措施保护当地居民，可随着当地民众对游击队的恐惧日益加剧，德国人的声望也就随之下降。待吓坏的当地居民再也不敢同德国人合作后，游击队便奉命绑架德国士兵，将他们折磨致死，再把肢解的尸体丢在某些地方嫁祸当地居民。德国人随后展开报复，烧毁村庄，枪杀人质，抢走牲畜，有时候甚至将游击队出没的整片地区夷为平地。这些报复手段收效甚微，因为游击队所要做的仅仅是转移到另一个地区，然后重演他们的暴行。但对德国人来说，这种报复措施却带来灾难性后果。当地农民丧失了谋生手段，对他们曾欢迎过的"解放者"充满刻骨仇恨，以至于加入游击队的人成千上万。1942年3月6日，戈培尔在日记中写道："在被占领的俄国，游击队控制着大片区域，并在那里实施了一种恐怖统治。"战争后期，游击队员的人数增加到数十万，他们构成了巨大的威胁，迫使希特勒取消了"枪毙心怀不忿者"的政策，但已为时过晚。[37]

基辅战役刚刚开始，希特勒突然改变了他的策略。在列宁格勒门前受挫后，他决定围困该城，而不再以突击的方式将其攻克，待基辅战役获胜后（他认为大概需要 10 天时间），就着手消灭铁木辛哥盘踞在奥廖尔—勒热夫以西的军队，尔后胜利进军莫斯科。这个决定在 9 月 6 日签发的第 35 号令中得到体现。北方和南方集团军群都应以自己的装甲力量加强中央集团军群，之后，中央集团军群将遂行以下进攻行动：冯·克鲁格元帅的第 4 集团军和赫普纳将军的第 4 装甲集群位于中央，在

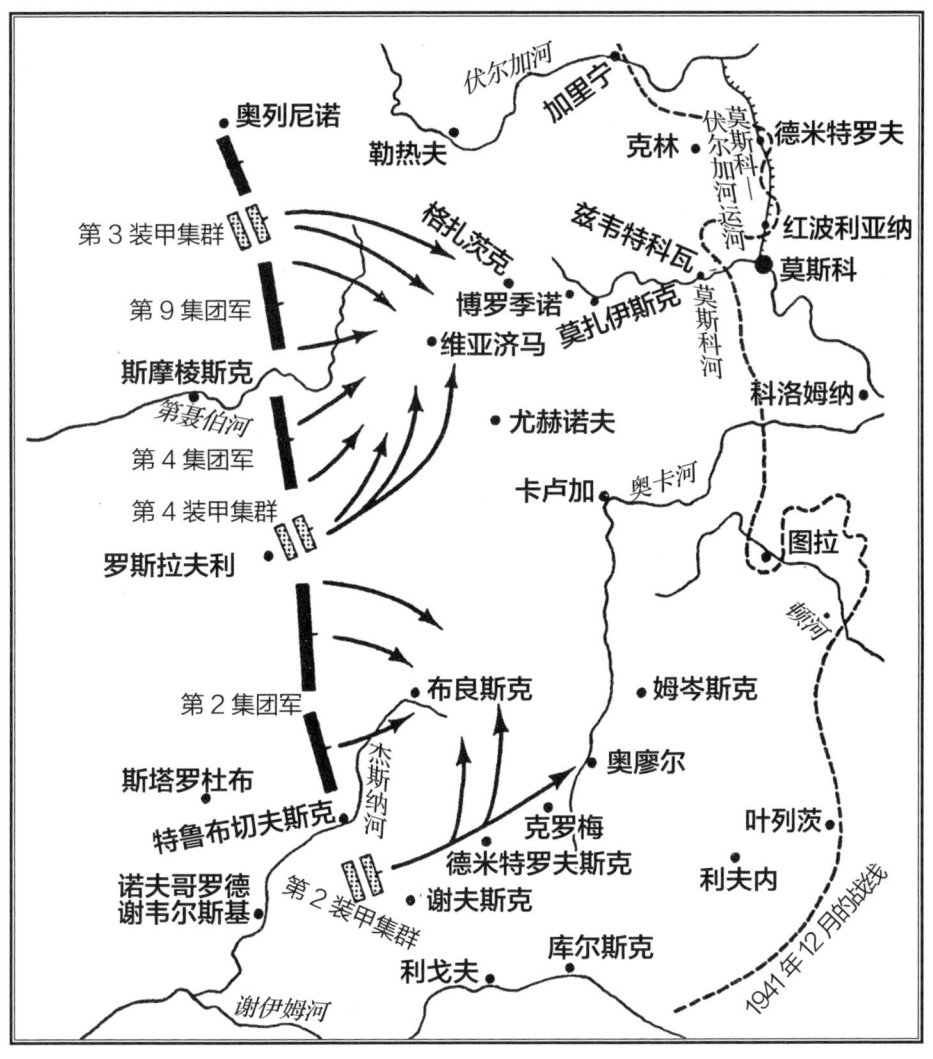

维亚济马—布良斯克战役，1941 年 10 月

斯摩棱斯克与罗斯拉夫利之间展开，负责从南面包围维亚济马；施特劳斯将军的第9集团军和霍特将军的第3装甲集群位于其左侧，在斯摩棱斯克与奥列尼诺之间展开，负责从北面包围维亚济马；冯·魏克斯将军指挥的第2集团军在罗斯拉夫利与诺夫哥罗德-谢韦尔斯基之间展开，其任务是包围布良斯克。与以往诸次战役不同，建立两个侧翼后，德军将卷击对方的中央防线，沿一道300多英里的正面（这段距离大致相当于从伦敦到特威德河畔贝里克区），在敌军防线上撕开两个大缺口。另外，除围困列宁格勒外，北方集团军群还负责掩护中央集团军群左翼，而南方集团军群同时攻往波尔塔瓦—哈尔科夫—伊久姆一线，以此协助中央集团军群的进攻行动。

9月30日，古德里安发起维亚济马—布良斯克战役，他从诺夫哥罗德-谢韦尔斯基地域出击，这令俄国人猝不及防。到10月1日，他已经取得85英里的进展。[38]10月2日，德军从斯摩棱斯克南北两面发起主要突击。德军这场进攻气势如虹，到3日晚，步兵力量已达成25英里深的突破，而装甲力量的进展超过30英里。古德里安于当日攻克奥廖尔。10月4日，霍特装甲集群开始转向维亚济马北面，赫普纳装甲集群攻往罗斯拉夫利东北面，并从南面转身向北，而古德里安以部分力量向北攻往布良斯克，同时以另一部分攻向姆岑斯克并将其占领。10月7日，霍特和赫普纳包围维亚济马，次日，布良斯克亦被古德里安和第2集团军包围，此举引发了一些惊人的进展。德军的扫荡行动持续到10月20日，在此期间，他们于9日占领格扎茨克，于16日攻克卡卢加，于18日夺得距离莫斯科仅65英里的莫扎伊斯克。惊人的俘虏人数再度出现：这次高达66.3万人，外加1242辆坦克和5412门火炮。

莫斯科遭受到严重威胁，因此，除了斯大林本人，苏联政府撤离首都并迁至伏尔加河畔的古比雪夫。铁木辛哥替换了布琼尼，朱可夫则接掌了铁木辛哥的指挥权，为保卫莫斯科加以准备，这里的准备不是单纯指实施抵抗，此外还要发起一场反攻。在俄国人乃至整个世界看来，莫斯科的命运大体已定。希特勒对此兴高采烈，这一点可以理解，他宣布苏联武装部队已遭歼灭，就连一向悲观的哈尔德也在日记中写道："只要这场战役得到良好的指挥，再加上不错的天气，我们肯定能成功包围莫斯科。"[39]

事实的确如此，倘若维亚济马—布良斯克战役提早一个月进行，那么一切都将成为定局。但10月份发起任何大规模攻势，都只能说是同天气的一场豪赌，德军到达莫扎伊斯克时已开始下起雨来。各条道路变为泥沼，从奥廖尔通往图拉的道路难以通行，导致古德里安的第2装甲集团军（10月6日由装甲集群升级为装甲集团军）停滞不前达数日之久，不得不依靠空投获得补给。10月29日，该集团军前出到距离图拉不到2英里处，但未能将其夺取，他们被迫停止前进，直到霜冻将道路冻结。

在此期间，北方集团军群逼近季赫温和拉多加湖，并在瓦尔代丘陵南面的奥斯塔什科夫同中央集团军群取得联系。南方集团军群逼近别尔格罗德和哈尔科夫，并在亚速海战役中俘获10万名俘虏，还缴获672门火炮和212辆坦克，冯·克莱斯特率领的第1装甲集团军在南面攻占斯大林诺，而第11集团军则在克里米亚前出到塞瓦斯托波尔和刻赤。

11月3日/4日夜间，第一场霜冻降临，虽说通路通行问题得到解决，但德军士兵遭了大罪，因为他们没有冬装。7日，德军部队中出现了许多冻伤病例，12日，温度降至华氏5度。进攻行动应当暂停还是继续的问题被提上台面。伦德施泰特希望停止进攻，可由于莫斯科就在40英里外，希特勒不愿考虑停止前进的问题，这次他获得了布劳希奇、哈尔德和博克支持。11月13日他们召开一场参谋长会议，之后下达了称作"秋季攻势"的命令：夺取莫斯科，炸毁克里姆林宫，"以此表明布尔什维克主义的覆灭"。[40]

这场进攻由冯·克鲁格元帅的第4集团军（共36个师）遂行，他们将朝莫斯科展开一场正面推进，而其左侧的霍特和霍普纳装甲集群负责从北面和西面包围苏联首都，位于右侧的古德里安装甲集团军则从南面实施包围。这场三路突击的北翼由第9集团军掩护，南翼的安全则由第2集团军负责。

莫斯科战役于11月16日打响。霍特缓缓攻向东南方，他于23日夺得克林，于28日在红波利亚纳到达莫斯科—伏尔加河运河，距离苏联首都仅14英里，此时已能瞥见克里姆林宫的塔楼。位于霍特南面的赫普纳攻往莫斯科西面的兹韦特科瓦，与此同时，古德里安绕过图拉攻往科洛姆纳。他们在这场战局期间首次俘获西伯利亚士兵。

位于两翼的德军装甲力量，能否获得成功取决于中央地带第4集团军的进展，如果该集团军受阻，两翼的装甲力量将被孤立在莫斯科北面和南面。实际情况正是如此，战役刚刚开始，第4集团军右翼便遭到红军猛烈冲击，迫使克鲁格投入预备队提供支援，正因为如此，他命令左翼和中央力量暂停前进，直到11月19日右翼再度向前后才恢复行动。虽然取得些进展，但冯·博克元帅"受到战斗激

1539

烈度的严重影响",于 22 日亲自接管作战指挥事宜,正如哈尔德所写,博克付诸了"巨大的精力",驱使所能投入的一切力量向前推进,因为就像他本人所说的那样,此时的情况与 1914 年的马恩河战役非常相似,"投入最后一个营也许就能起到决定性作用"。可是,尽管他付诸全力,但第 4 集团军疲惫不堪的右翼力量再也无法更进一步。

俄国人投入的部队越来越多,虽然冯·博克担心"这场战役会沦为第二个凡尔登,也就是一场激烈的消耗战"[41],但第 4 集团军左翼继续向前,11 月 30 日,集团军中央力量奉命于 12 月 1 日重新投入进攻。他们起初取得了不错的进展,但次日,这场进攻在莫斯科周围的森林中被苏军强大的防御所阻。据冯·克鲁格的参谋长布卢门特里特将军称,此后:

> 第 258 步兵师的一些部队实际上已进入莫斯科郊区,但俄国工人冲出工厂,带着他们的锤子和其他工具投入战斗,全力保卫他们的城市。
>
> 夜间,俄国人发起强有力的反冲击,孤立了已突破他们防御的我方部队。次日,我们的几位军长报告,他们认为已没有达成突破的可能性。冯·克鲁格和我当晚进行了长时间讨论,最终决定撤回这些靠前的部队。幸运的是,俄国人没有发现他们的后撤,因此,我们成功救出这些部队,并把他们秩序井然地撤至原先的阵地上。但这两天的战斗造成的伤亡非常惨重。[42]

两天后,温度降至零下 32 度,"由于部队的实力已不足以夺取莫斯科",古德里安怀着沉重的心情决定后撤。[43]

德军对莫斯科的最终进攻逐渐减弱,不是因为红军的抵抗,而是天寒地冻所致。降雪一连持续数日,暴风雪席卷各个村庄,雪堆堵塞了铁路和公路。卡车无法行驶,火车头也没办法开动,德军部队得不到补给,坦克只有在预热几个小时后才能发动,飞机因为润滑油冻结而无法投入行动,被冻住的瞄准镜无法使用,机枪也无法击发。更糟糕的是,由于缺乏冬装,数千人冻伤后被截肢,还有数百人被冻死。对冬季战争毫无准备的德军,他们所做到的堪称战争史上最坚忍顽强的抵抗。

莫斯科战役进行之际,11 月 21 日,冯·克莱斯特的第 1 装甲集团军夺得罗斯托夫，但于28日遭到了铁木辛哥的猛烈进攻，被逐出该城并被迫向西退却。这是红军在这场战局中首次取得反突击的胜利，冯·伦德施泰特元帅要求批准克莱斯特率部撤至米乌斯河畔的防御阵地，但希特勒命令他不得后撤。伦德施泰特觉得自己无法遵从这道命令，遂要求解除自己的职务。希特勒接受了他的辞呈，委任第6集团军司令冯·赖歇瑙元帅接掌南方集团军群。在此期间，冯·克莱斯特被迫后撤，希特勒很快批准他占据米乌斯河防线。

德国第4集团军于12月3日夜间的后撤及时避免了一场重大灾难，因为他们退却后不久，朱可夫便发起准备已久的反攻，许多新锐西伯利亚师参与其中。12月6日，他一举突破了加里宁东面的德军阵地，次日又迫使敌人退出克林。苏军的打击如此猛烈，德国人对此毫无准备，哈尔德敦促将第4集团军撤往莫扎伊斯克—勒热夫—奥斯塔什科夫一线，希特勒却拒不支持一场后撤。9日，德国第2集团军的防线在利夫内遭突破，次日，古德里安的装甲集团军也在图拉以西遭到突破。很快，从芬兰湾到黑海，红军沿德国人的整条战线发动反攻。12月18日，冯·博克元帅病倒，其职务由冯·克鲁格元帅接替。次日，冯·布劳希奇元帅被解除职务，希特勒亲自兼任陆军总司令一职。第二天，他下达了第一道命令："所有士兵必须就地实施抵抗，不得后撤，因为后方没有预设阵地。"[44]

柏林获知了苏军发动反攻的消息，与之同来的是美国已成为参战国的重大新闻，首都民众的信念为之动摇。阿维德·弗雷德堡写道："民众开始产生不安情绪，悲观主义者想起拿破仑的侵俄战争，关于拿破仑大军的书籍突然间重新畅销起来。算命者忙着研究拿破仑的命运，占星术一时间也风靡盛行……就连最忠于纳粹的人也不愿同美国交战，所有德国人都很敬重美国的实力。没人忘记美国的参战是如何决定第一次世界大战的。1917年的往事令人心生畏惧。"[45]

虽然德军将领们一再要求后撤，但古德里安和赫普纳却因为擅自后撤而被解除职务；颇具远见的希特勒认为，实施后撤只会重蹈拿破仑的覆辙。虽说是他的顽固导致这场战局陷入灾难边缘，但也正是他的顽固才使德国军队没有跌入深渊。他拒绝撤出苏联，也不肯退至斯摩棱斯克以西地域，这一点无疑使他的军队摆脱了一场比1812年更大的灾难。

希特勒面临的问题是在他的士兵被冻死前，为他们找到个避寒过冬处，同时守住交通线，以便为军队提供再装备和补给。

莫斯科地区的重要交通线是铁路：莫斯科—勒热夫—大卢基铁路线，莫斯科—维亚济马—斯摩棱斯克铁路线，莫斯科—卡卢加—布良斯克铁路线，莫斯科—图拉—奥廖尔铁路线，这些铁路线又由大卢基—维捷布斯克—斯摩棱斯克—布良斯克—奥廖尔这条铁路侧线相连接。另外，从奥廖尔起，一条铁路线向南通往亚速海边的塔甘罗格。这些铁路线上都有一个或多个前进仓库，前线部队通过这些仓库获得补给。最重要的仓库设在旧鲁萨、勒热夫、维亚济马、卡卢加、布良斯克、奥廖尔、库尔斯克和哈尔科夫。这些仓库之间还有些小型仓库，都储存有大量物资，并能提供容身处。因此，当务之急是守住这些仓库，并把部队撤至那里。

希特勒决定将这些仓库变为筑垒营地，并把部队撤到这些地方。这将为他们提供御寒过冬的容身地，部队可以依靠贮存物资维生，同时整顿补给线。[46] 他的计划不是像拿破仑那样实施一场后撤，而是朝后方运动。

每个主要筑垒地域都占地若干平方英里，某些情况下可以容纳一整个集团军。德国人称之为"刺猬"，这个名称源自中世纪瑞士长枪兵为抵御骑兵而结成的方阵，由于其防御像刺猬的刺那样针对各个方向，故而得名。有时候，德军部队也通过飞机获得补给。

一般而言，红军的推进与其说是一场反攻，倒不如说是一场稳步向前的渗透，他们绕过德军支撑点，在各支撑点之间向前奔涌。由于这些运动必须在野外展开，而不是依托道路进行，红军因而大量使用哥萨克骑兵师，并以雪橇搭载的炮兵、步兵和滑雪部队为其提供加强。战斗机的起落轮也换成滑雪板。由于游击队在德军防线后方活动，战斗变得极为残酷。

德军这场后撤波及整条战线，退却幅度最大处是加里宁与图拉之间的莫斯科地区。一旦这些城镇被夺取，红军就能对勒热夫、格扎茨克和维亚济马实施庞大的钳形攻势。12月底，红军收复卡卢加，这是他们在整个冬季战局中取得的最重要的胜利，因为卡卢加是德军一个主要"刺猬"支撑点。

红军从卡卢加攻往西北方的尤赫诺夫，那是位于维亚济马东南方的一个"刺猬"支撑点，并在德军防线上造成个深深的突出部。与此同时，他们在北面绕过勒热夫以西地域攻往维捷布斯克，并在维捷布斯克北面到达大卢基。这两场绕开维亚济马的推进，使红军到达距离斯摩棱斯克不到50英里处。在此期间，红军于1月20—22日收复了莫扎伊斯克。

列宁格勒战线上，德军于12月9日弃守季赫温，红军向前推进并渡过沃尔霍夫河时，德国人设法将施吕瑟尔堡同诺夫哥罗德连接起来，一场阵地战就此展开。而在最南端，苏军也在克里米亚发起反攻，他们还绕过亚速海北面的塔甘罗格、斯大林诺、阿尔乔莫夫斯克这些"刺猬"支撑点，以便集中力量打击哈尔科夫这个"超级刺猬"支撑点。尽管苏军夺得哈尔科夫南面的洛佐瓦亚，并前出到距离波尔塔瓦不到30英里处，但德国人还是牢牢守住了哈尔科夫。

随着隆冬的到来，积雪越来越厚，德国人期待获得喘息之机。但红军继续渗透，不过他们并未赢得决定性战果，除列宁格勒战线外，他们在拉多加湖冻结的冰面上建成一条汽车路，从而恢复了同列宁格勒的联系，2月22日，他们还将德国第16集团军相当一部分力量切断在旧鲁萨地区。

中央战线上，红军在2月和3月里巩固了他们的战果，并夺得苏希尼奇和尤赫诺夫这两个小型"刺猬"支撑点。4月份的解冻期使双方的作战行动停顿下来，但克里米亚除外，德国人在那里对刻赤（初冬时被红军收复）和费奥多西亚取得些进展。

哈尔德道出了德军在这场战局中蒙受的伤亡。1941年6月22日至12月31日，德军伤亡830403人，包括173722名阵亡者[47]；1941年6月22日至1942年2月28日，德军伤亡1005636人，其中包括210572名阵亡者。[48]他在日记中并未提及这些数字是否包括严寒造成的伤亡，但据戈培尔称，截至1942年2月20日，德军冻伤人数高达112627人，其中14357人需要截肢。[49]红军的伤亡无从确定，可能也没有确切的统计。但据雷蒙德·卡蒂亚说，截至1942年1月1日，红军总兵力下降到230万人，他指出，这是迄今为止（到1946年）红军实力最弱的时刻。[50]由于1941年6月红军的总兵力超过500万人，因此，德国人声称他们已俘虏200多万人似乎并未夸大其词。

虽然苏联在人力方面遭受的这些巨大损失有可能及时获得补充，但战争资源的损耗却需要美国和英国提供援助，当时只能获得部分弥补。据普罗科波维奇教授称，截至1941年12月，德国人已占领苏联欧洲部分的26.6%，这片区域包括苏联总人口的40%，农产品的39.3%，另外还包括49%的马匹、45%的牛、66.6%的钢铁和60%的煤。[51]苏联固然蒙受了这些惊人的损失，但反过来看，德国人也无法弥补他们在精神方面遭受的损失。他们在冬季几个月蜷缩于"刺猬"阵地内，导致1941

1543

年侵苏大军这口利刃严重钝化，意大利、罗马尼亚和其他仆从国补充的军力也无法让他们恢复当初的势头。另外，德国从苏联获得的经济利益远远无法抵消英美封锁造成的、越来越严重的束缚。

最后一个问题是，希特勒在莫斯科门前遭遇败绩的意义何在？阿斯曼将军的回答是，这是"战争的转折点"。可即便如此，倘若希特勒攻占莫斯科，就能避免战争的转折点吗？别忘了，苏联在莫斯科后方还有 4500 英里未被征服的领土，另外，美国自 12 月 11 日起便加入到这场针对德国的战争中。值此关键时刻，斯大林会接受同德国谈判从而达成和平吗？即便他这样做了，希特勒是否相信对方会遵守条款呢？

战争转折点实际上不是希特勒没能攻陷莫斯科，而是罗斯福处心积虑地将美国领入这场战争。这种情况本来是可以避免的，或至少减轻其影响，前提是希特勒必须认清：罗斯福面临的问题是如何在一场对德战争中团结美国人，而他的问题是如何让苏联被压迫民族摆脱克里姆林宫的统治。虽说纯属假设，可如果他以解放者的身份进入苏联，本来是可以在罗斯福完成他自告奋勇的任务的几个月前瓦解大部分苏联军队并推翻布尔什维克政权，要是他成功做到这一点，就可以避免他最担心的一件事，即在两线从事战争。他所犯的错误，更多的是在政治方面，而不是战略方面——面对苏联这个可怕的对手，他打击的是对方的钢铁头颅，而不是它的泥足。如果他把打击目标针对后者，也就是引发苏联国内的革命而不是依靠自己的征服，那么很可能根本不会出现战争转折点。不管怎样，战争的整个结局会有所不同，要么西方国家在没有苏联协助的情况下战败德国，要么这场战争以谈判达成和平而告终，而在这种谈判中，克里姆林宫扮演不了任何角色。

注解

1. *The German General Staff, Walter Görlitz* (1953), p. 389.
2. *Panzer Leader, General Heinz Guderian* (1952), p. 145.
3. *Hitler as War Lord, Franz Haider* (1950), p. 41.
4. 可参阅克莱斯特的观点，*The Other Side of the Hill, B. H. Liddell Hart* (1951), p. 259。
5. 引自 *Guderian's Panzer Leader*, Appendix ⅩⅩⅡ，这份附录中完整地收录了第 21 号指令。
6. 1941 年 7 月 3 日，两个装甲集群暂时编入第 4 集团军，而第 4 集团军辖内各步兵军转隶冯·魏克斯将军指挥的第 2 集团军。
7. 这些数字大多出自弗瓦德斯瓦夫·安德斯将军的 *Hitler's Defeat in Russia* (1953), pp. 32—34。另一些著作的说法略有些不同。
8. G.A. 托卡耶夫上校是苏联红军中的一名高加索军官，1948 年逃至西方寻求庇护，他写道："……必须记住，在苏联，重塑哪怕是近期的真实历史的一切尝试都被视为一种死罪。"(*Betrayal of an Ideal*, 1954, p. 6.）
9. 他的文章可参阅 *The Saturday Evening Post of 1950*, vol. 222, No. 46 ; quoted by Raymond L. Gartoff in his *How Russia Makes War* (English edit., 1954), p. 437.
10. *An Outspoken Soldier, Lieut.-General Sir Giffard Martel* (1949), p. 226.
11. 大多引自 *La Défaite Allemande à L'est, Colonel Léderrey* (1951), p. 31。
12. *The Haider Diaries (copyright 1950, Infantry Journal, Inc.)*, June 21, 1941, vol. Ⅵ, p. 160.
13. 参阅 *The Other Side of the Hill, B. H. Liddell Hart*, p. 268, and *Guderian*, p. 153。早在 1918 年，英国坦克军就已提出安装通气管的建议，以便在 1919 年渡过莱茵河。
14. *How Russia Makes War*, pp. 434—435.
15. *Haider Diaries*, June 22, 1941, vol. Ⅵ, pp. 161—162.
16. *The Memoirs of Field-Marshal Kesselring* (English edit., 1953), p. 90.
17. *Haider Diaries*, July 3, 1941, vol. Ⅵ, p. 194.
18. "The Battle for Moscow, Turning Point of the War", *Vice-Admiral Kurt Assmann, Foreign Affairs*, vol. 28, No. 2, p. 314. 整个战役中这么多坦克被缴获，肯定是因为它们耗尽了燃料。
19. *Haider Diaries*, July 3, 1941, vol. Ⅵ, p. 196.
20. *Haider Diaries*, July 25, 1941, vol. Ⅵ, p. 270.
21. *The Other Side of the Hill*, p. 271.
22. *The Battle for Moscow*, p. 315.
23. *Haider Diaries*, July 26, 1941, vol. Ⅵ, p. 271. 另可参阅 *Guderian*, pp. 182—183。
24. *Haider Diaries*, August 22, 1941, vol. Ⅶ, p. 59.
25. 同上，vol. Ⅶ, pp. 60, 61。
26. *Guderian*, pp. 199—200.
27. *Memoirs*, p. 98.
28. *Haider Diaries*, September 19, 1941, vol. Ⅶ, p. 111.
29. *The Battle for Moscow*, p. 119.
30. *Hitler's Defeat in Russia, General Wladyslaw Anders*, p. 168.
31. 其中包括哈尔德、德国驻莫斯科大使冯·德·舒伦堡伯爵、戈培尔和大多数将领。
32. 摘自 *Russian World Ambitions and World Peace, R. Ilnytzky* (1953), pp. 4—12。
33. 同上，pp. 12—15，引自 1945—1946 年纽伦堡国际军事法庭作为证据的文件；另可参阅 *Hitler, a Study in Tyranny, Alan Bullock* (1952), pp. 633—644。

34. *The von Hassell Diaries, 1938—1944 (1948)*, p. 219. 就连戈培尔也在1942年4月25日的日记中写道："从长远看，要是我们把他们当作帝国的牲畜对待，就无法从东方招募到更多劳工。"（p. 136）
35. *Dance of Death*, p. 108.
36. *The German General Staff*, p. 397.
37. 主要摘自安德森将军的 *Hitler's Defeat in Russia*, chap. Ⅶ。游击战变得如此强大的原因是它可通过电台加以控制，并通过空投获得补给。NKVD 甚至对他们自己的游击队员也很残酷，1943年5月11日的一道命令证明了这一点："……这些妇女对游击队而言是个累赘。"（*Anders*, p. 211）
38. *Guderian*, p. 230.
39. *Haider Diaries, October 8, 1941*, vol. Ⅶ, p. 147.
40. *The Other Side of the Hill*, p. 285.
41. 上述内容均基于 *Haider Diaries of November 16—29, 1941*, vol. Ⅶ, pp. 164—192。
42. *On the Other Side of the Hill*, p. 207.
43. *Guderian*, p. 260.
44. *Haider Diaries, December 20, 1941*, vol. Ⅶ, p. 235.
45. *Behind the Steel Wall* (1944), pp. 60—61. 弗雷德堡是派驻柏林的一名瑞典记者。有趣的是，书中称科兰古的回忆录需求量很大；冯·克鲁格认真研究过该书（*The Other Side of the Hill*, p. 284），最后，这部回忆录被查禁（*How Russia Makes War*, p. 433）。
46. 德国人的数千辆卡车和数百个火车头被冻结，相关维修工作需要数周时间。
47. *Haider Diaries, January 5, 1942*, vol. Ⅶ, p. 248.
48. 同上，*March 5, 1942*, vol. Ⅶ, p. 279。
49. *The Goebbels Diaries*, p. 72.
50. 安德斯将军（P. 80.）引自 *Les Secrets De La Guerre Dévoilés Par Nuremberg* (1946), p. 297。
51. Quoted by Léderrey in *La Défaite Allemande à L'est*, p. 58.

大事记
"巴巴罗萨"行动和租借法案

希特勒刚一放弃对英国的直接进攻，便立即转向间接路线。早在6月30日，约德尔将军就在一份题为"继续对英国的战争"的备忘录中建议：作为"海狮"行动的替代方案，德国军队应占领直布罗陀和埃及，从而封锁地中海。占领直布罗陀可以同西班牙合作完成，而占领埃及则可与意大利相配合。两个月后的8月21日，齐亚诺在日记中提及墨索里尼"全神贯注"于9月6日进攻埃及的计划，凯特尔将军曾告诉过领袖，夺取开罗远比占领伦敦更加重要。值得注意的是，海军元帅雷德尔在9月6日呈交希特勒的一份报告中重申了约德尔的建议。他写道："必须立即着手准备这场行动，这样便可以在美国介入前完成相关工作。我们不应将其视为次要行动，而应把它看作是对英国的主要打击之一。"这个观点从战略上说是合理的，因为埃及是大英帝国的交通中心，也是她将欧洲纳入打击范围内唯一仅存的海外基地。若从英国人手中夺取埃及和直布罗陀，地中海将成为意大利人的内湖，土耳其将被夹碎，取道亚美尼亚和格鲁吉亚前往俄国的通道就此敞开。最后，英国将陷入绝望境地，以至于使美国人彻底丧失为其提供支援的热情。如果能创造这样一种局面，英国就不得不接受通过一场谈判所达成的和平，因为没有美国的经济支援，他们无法继续战斗下去。

希特勒并未将雷德尔的报告束之高阁，而是根据其建议同西班牙展开谈判。首先，他决定应当加强潜艇作战并继续轰炸伦敦，随后，他于10月23日在昂代伊会晤佛朗哥，意图让后者同意德国军队穿过西班牙。他要求双方立即达成协议，可令他恼怒的是，佛朗哥没有答应。五天后，总体局势突然发生变化，墨索里尼在未征询希特勒意见的情况下入侵希腊。这在战略上是个疯狂的举动，因为它使意大利陷入一场两线战争，而此时，意大利正为补给格拉齐亚尼将军的北非战线忙得焦头烂额。

这种愚蠢行为的直接后果是，英国人于11月3日占领了克里特岛和利姆诺斯岛，这就使他们将埃及至罗马尼亚油田的轰炸距离减少了一半。因此希特勒决定，在继续为夺取直布罗陀加以准备的同时，将自己的意志强加给保加利亚和罗马尼亚，并入侵南斯拉夫和希腊。11月17日，保加利亚的鲍里斯国王被召至德国，他的善意赢得了胜利。10天后，安东内斯库将军在罗马尼亚发动政变，随后加入轴心国。

在德方做出这些安排之际，另一起意外事件又打乱了希特勒的如意算盘。12月9日，英军中东总司令阿奇博尔德·韦维尔爵士在西迪巴拉尼之战中击溃格拉齐亚尼，意军的损失相当惨重，在希特勒看来，救援意大利人实属当务之急。他丝毫没有拖延，于12月10日命令德国空军若干编队进驻意大利南部，打击英国的海上交通线，同时命令隆美尔将军率领至少一个装甲师开赴北非。更重要的是，意大利的惨败令佛朗哥深感震惊，不得不放弃夺取直布罗陀的计划。这一点，再加上英国人前出到爱琴海，导致希特勒做出致命的决定：不等解决英国问题便入侵苏联。

12月16日，希特勒下达了定为"巴巴罗萨方案"的第21号指令，其中写道：

> 德国武装部队必须准备在对英战争结束前即以一场快速战局粉碎苏俄。为此，陆军必须投入一切可用部队，但条件是必须确保被占领地区免遭突然袭击……准备工作务必在1941年5月15日前完成……行动的最终目标是，大致沿伏尔加河—阿尔汉格尔斯克一线建立一道针对俄国亚洲部分的防线。

另外，希特勒还指示，为"巴巴罗萨"实施的兵力集结应伪装成执行"海狮"行动和计划中进攻希腊的佯动。它将作为"历史上最大的欺骗行动"加以贯彻。

这并不完全是遭遇挫败后摆出的姿态，希特勒这项决定背后的逻辑是：他认为既然英国不愿求和，那么她必然将唯一的希望寄托于苏联和美国的干预。苏联是英国潜在的盟友，若将其消灭，则英国仅剩的靠山只有美国，由于这两个国家都无法找到一个大陆盟国，美国还会继续支持英国吗？如果得不到这种支持，英国就将被迫进行谈判，即便美国继续提供支持，这两个盟国也将面对德国在一条战线上投入的全部军力，更何况日本也可能投入行动。

在马丁森[1]看来，希特勒于12月18日的指令"也许是有史以来最大的军事错误"。事实证明这的确是他犯下的最大错误，但希特勒最初掌握的一个有利条件确实很有可能让他在几个月内打垮苏联这个"巨人"，这个条件就是苏维埃帝国的成分。

俄国是若干个被征服民族组成的混合体，同布尔什维克们当初反抗沙皇专制一样，这些民族在1940年间也对布尔什维克的统治抱有强烈的敌意。要是希特勒明白这意味着什么，他本来可以把乌克兰人、白俄罗斯人、土库曼人和其他受压迫民族从苏维埃统治下解救出来，并为他们提供不受约束的自治。他本应作为一个解放者而非征服者进入俄国，如果他这样做的话，各个民族会群起响应并导致整个苏联土崩瓦解。诚然，单凭此举也许无法使他获得他所寻求的生存空间，可一旦摧毁苏联帝国，他就可以在这个支离破碎的国家的各个地区贯彻他的意志。正如我们将见到的那样，撇开道德问题不谈，他对被征服民族和俄罗斯人不分青红皂白残酷对待，与其说是目标不对，不如说是时机不对。因为待苏维埃政权垮台后再消灭这些民族只会对他有利。有鉴于此，他应当在苏维埃政权崩溃前将这些受压迫民族严格排除在外。希特勒残酷且不够精明，因粗劣的思想而沦为残暴的受害者，最终被它所扼杀。

希特勒的最大劲敌罗斯福总统此时并未袖手旁观，尽管他发表各种声明和讲话，似乎想让美国置身于战争之外，实际上他已决心挑起某些事件，从而将美国拖入这场战争。与丘吉尔先生一样，他的目标是彻底铲除希特勒主义。他说："当今世界没有什么比击败希特勒更重要的事。"倘若英国接受谈判后的和平，那么罗斯福的这个目标就无法实现。因此，尽管存在国际法、美国的法律和美国的中立地位，但罗斯福还是竭尽全力为英国提供援助。他面临的一个最大难题是克服国内的孤立主义，孤立主义意味着大多数美国人只想着"自扫门前雪"。为克服这种困难，他采用了"两面派"的策略，同穆罕默德二世一样，"嘴上谈和平，心里想战争"。罗斯福说："我们不会参加对外战争，我们也不会派我们的陆军、海军和空中力量去国外作战……这句话我早已说过，但不妨再说一遍、两遍、三遍——你们的孩子不会被送去参加任何对外战争……你们的总统说,这个国家不会投身战争。"但他千方百计地激怒希特勒,诱使后者对罗斯福总统曾热切地对他们承诺过和平的民众宣战。他把驱逐舰提供给英国,他派美军在冰岛登陆,他还命令美国海军沿大西洋海上航道巡逻,以此保护英国护航运输队,这些都可以说是战争行为。

英国面临的最大危险既不是德国的直接进攻,也不是敌人的间接路线。英国赢得了不列颠之战,地中海战役进行得也很顺利,但有一场战役英国打得很艰苦,仍在实施绝望的后卫行动,这就是"美元之战"。若没有支付食物、弹药和运输费用的美元,她将面临战略性破产。迄今为止,英国一直以"付现自运"的方式支付费用,也就是出售其海外资产,但到1940年年底,英国的美元储备已捉襟见肘,若无法解决这个问题,她就只得同德国谈判达成和平。英国的艰难处境,促使丘吉尔于12月8日给罗斯福写了封长信,告诉他英国很快就无力继续付款了。[2] 诚如丘吉尔所言,这是他这辈子写过的最重要的信件之一。它改变了整个战争的走向。

收到这封信时,罗斯福总统正航行在加勒比海,他沉思了好几天。12月17日,他在一场记者招待会上谈及如何"摆脱荒唐、愚蠢的旧美元符号",29日,他通过无线电发表了一场颇具教育意义的炉边谈话。开始这番谈话时,他一如既往地指出,他的目的是确保美国人民及其子子孙孙"避免一场孤注一掷的战争"。为吓唬他们,他又补充道:"自詹姆斯敦和普利茅斯岩以来,我们美国的文明从来没有像今天这般危险……如果英国倒下,轴心国就将控制欧洲、亚洲、非洲、澳洲大陆和公海。"这样一来,"我们所有人都将活在枪口下,而这支枪的枪膛内装满了爆炸弹。"他随后说出了这番谈话的口号:"我们必须成为民主国家的大兵工厂。我们已为英国提供了大量物资援助,日后我们还将提供得更多。"和以往一样,这番谈话结束时伴以另一根橄榄枝:"我们完全有理由抱有希望——对和平的希望。"

"民主国家的大兵工厂"指的是租借法案,"是一份进一步促进美国国防的法案",于1941年1月10日被提交国会。3月8日,该法案在参议院以60票对31票获得通过,罗斯福总统于11日签署并宣布——英国和希腊的防务"对美国国防至关重要",四天后,中国也被列入其中。

这份法案赋予总统的权力可谓前所未有。这使他可以指定世界上任何一个国家为受益方,制造和采购他想要的一切军需品,出售、转让、交换、租赁和出借他所希望的一切防御物品,为指定国政府修理、翻新防御物品,与这些政府交流他认为必要的国防情报，确定收付款的条款和条件。总而言之，他可以随心所欲地处理这一切而"不受其他任何法律限制"。

与1917年4月6日美国宣战一样，《租借法案》于1941年3月11日的签署可谓世界史上的一起重大事件。美国与抗击轴心国的所有国家结盟，使其得以在全球任何一处参战，且无论宣战与否。这就意味着美国投身战争时，世界上不再有中立的仲裁者。1917年，伍德罗·威尔逊预见到自己将走向何方，可在1941年，富兰克林·D.罗斯福盲目地踏上了全球战争之路。为了把《租借法案》同《美国独立宣言》相提并论，罗斯福将其编为1776号法案。但在他的领导下，《租借法案》不仅没能解放欧洲，反而成为一件导致半个世界沦入莫斯科奴役下的工具。希特勒的野蛮行径使斯大林大为获益，而美国总统的盲目性导致了莫斯科独裁者的胜利。

希特勒计划入侵苏联的第一步是巩固他在巴尔干地区的地位，这样他便可以确保自己的右翼和后方，并掩护至关重要的罗马尼亚油田。到2月28日，一切都已准备就绪，当天，获得鲍里斯国王默许的德军占领保加利亚，该国随即加入德国、意大利、日本于1940年9月27日签署的《三国同盟条约》。南斯拉夫和希腊随后遭受到压力，后者向英国求援。南斯拉夫政府于3月24日屈服了，可三天后，就在德国军队即将跨过南斯拉夫边界时，西莫维奇将军发动政变并推翻了南斯拉夫政府先前的决定。希特勒以他一贯的敏捷做出应对，于4月6日命令德国军队跨过南斯拉夫边界，11天后，南斯拉夫军队投降。在此期间，英军于3月7日开始在比雷埃夫斯登陆，可他们刚刚同希腊人会合，便在4月8日遭到打击，21日，希腊退出战争。一个月后，德国伞兵在克里特岛实施空降作战，该岛于5月27日落入德国人手中。

征服希腊后，希特勒在4月30日和他那些将领召开的会议上，选定6月22日为发起"巴巴罗萨"行动的日期。实际上，这个日子几天前就已确定，因为在4月24日，派驻莫斯科的德国海军武官发电报给海军总司令部："目前这里有传言称，德国同苏联有爆发战争的可能……据意大利大使馆参赞说，英国大使预计6月22日是战争爆发日。"

就在这些战局进行之际，隆美尔在利比亚发起他的首次进攻。到4月中旬，他几乎已将格拉齐亚尼丢失的一切悉数夺回。他取得的成功令人震惊，以至于雷德尔元帅和海军司令部于5月30日在一份他们称之为"所有战争记录中最重要的文件之一"的备忘录中，提出"1941年秋季发动一场决定性的埃及—苏伊士运河攻势"的建议，他们认为这项行动"对大英帝国而言比伦敦沦陷更加致命"。他们的观点从战略上看是正确的，因为如果隆美尔麾下能获得一两个装甲师的加强，那么他可能早在1941年年底前就已占领埃及。但希特勒没有接受这项建议，打算待"巴巴罗萨"行动完成后再考虑此事。他没有认清的是，征服南斯拉夫和希腊大大增加了他的消极战线，只要英国人仍占据埃及和中东，他的消极战线还将继续扩大。法国沦陷后，希特勒没有占领西北非，现在，希腊沦陷后，他又放弃了夺取埃及的机会。这两点都可以说是严重的战略失误，希特勒之所以犯下这些错误，似乎是他无法理解海上力量的潜力，而随着他的消极战线不断延伸，这种海上力量会变得越来越强大。

注解

1. 他是 *Fuehrer Conferences on Naval Affairs* 一书的编辑，也是 *Hitler and his Admirals* 一书的作者。
2. "我们支付了45亿美元以上的现金。我们只剩10亿美元，其中大部分是投资，有许多是不能即刻售出的。显然，我们再不能像这样继续下去了。即使我们卖掉我们的全部黄金和国外资产，也不能付清订货的一半货款。况且，战争的拖延还会使我们需要的订货量增加十倍"。(*Churchill, in The Second World War, 1949,* vol. II, p. 493.)

中途岛战役，1942 年

第十一章

就占领英国和美国的远东属地而言,日本处于有利位置,但她无力攻击英美本土,充其量只能赢得一场有限的胜利。这也不是什么新情况,因为在过去的两场主要战争(1894年的甲午战争和1904年的日俄战争)中,日本也曾面临过类似问题。在那两场战争中,日本赢得的胜利都归功于她运用海上力量的能力,通过这种方式避免了一场无休无止的战争。两场战争中,日本都是利用其海军优势夺取有限的领土目标,然后诱使敌人将其夺回,日本人知道对方无力做到这一点,因为他们的海军力量不如己方。日本认为,就算德国被击败(1941年发生这种情况似乎不太可能),英国也会因筋疲力尽而无法集中力量加入另一场庞大的战局。届时,虽说击败美国仍属痴心妄想,但日本应该已建立起相当强大的防御圈,以至于美国人宁愿接受谈判后达成的和平,也不愿继续从事一场有可能持续数年的战争。

为确保自己能够进行一场旷日持久的战争,日本不仅要夺取荷属东印度群岛,使自己的经济强大到足以维持战争,还必须将自己的征服向太平洋地区深入推进,从而消灭美国人的海空军基地。要是日本这样做的话,那么,其对手的处境将会如何呢?几个数字可以回答这个问题。

从旧金山到檀香山的海上航程是2400英里,从伦敦到科伦坡为5600英里。檀香山距离马尼拉5600英里,科伦坡距离新加坡1580英里。从新加坡到横滨为3020英里,而从马尼拉途经上海到达横滨则为2160英里。从美国和英国前往日本的海上航线都在10000英里左右,也就是说,英国和美国的海上交通线全长约20000英里。

出于这个原因,日本人决定采用消耗战略:抓住时机,一切顺利的话先行消灭位于夏威夷的美国太平洋舰队,这是唯一一支对他们构成威胁的强大海军力量,尔后从英国人和美国人手中夺取新加坡和马尼拉,这是对方设在南中国海的主要海军基地。日本随后会深入太平洋并建立一个防御区,其纵深足以让他们以空间换取时间,从而使战争旷日持久地持续下去,最终迫使敌人接受一场谈判达成的和平。

这片防御区也许可以比作一道堑壕体系,其防线从千岛群岛最北端的幌筵岛向南延伸到威克岛,然后穿过马绍尔群岛和吉尔伯特群岛递延到埃利斯群岛,从那里转向西面,沿所罗门群岛穿过新几内亚,然后经帝汶岛、爪哇岛、苏门答腊岛到达缅甸北部。这道防线后方还有一条预备防线,从小笠原诸岛延伸到包括关岛在内的马利亚纳群岛,然后穿过雅浦岛、帕劳群岛、莫罗泰岛、哈马黑拉岛和安汶岛到达帝汶岛,在那里并入第一道防线。加罗林群岛犹如一条交通壕,从帕劳群岛东延至马绍尔群岛和吉尔伯特群岛,与这两条防线相连,这道"战壕"还位于美军中太平洋接敌路线的侧面,这条路线从夏威夷群岛起,途经中途岛、威克岛和关岛后到达吕宋岛的马尼拉。

虽然日本人采取的战略具有防御特点,但他们的大战术是以其空中力量为基础,是一种攻势防御。他们已控制马里亚纳、加罗林和马绍尔群岛,因而在这些群岛上建起一个空军基地网,每个基地都在可相互支援的距离内,他们打算在有可能夺取的敌军岛屿上作出同样的部署。倘若任何一座岛屿遭到攻击,从邻近岛屿赶来的空中支援力量将对进攻方实施打击,援兵也可从日本本土调来。在这个空军基地网内,日本舰队将作为一支机动打击力量展开活动,在各岛屿提供的空中掩护下,对敌海军力量遂行强有力的反击——这套体系就是从陆地转至海上的"刺猬"支撑点和装甲纵队。

当时的海军航空学说和过去一样,认为海上的会战将在战列舰之间进行,因此,航母的主要任务是为战列舰队提供掩护,在其上方撑开一把"空中保护伞"。这种学说受到日本联合舰队司令山本五十六海军大将的质疑,他是最早意识到这个问题的人员之一,他认为飞机的航程超过火炮射程,应赋予航母率领进攻的任务。[1]因此,航母的主要任务是打击敌舰队,特别是对方的航母,而保护己方舰队则是次要的。在他的出色指导下,到1941年12月,日本海军拥有10艘航母,其中最新型的达到三万吨,航速30节。而此时美国人只有7艘航母,其中3艘隶属太平洋舰队。[2]

在美国太平洋舰队被消灭的三天后,英国的"威尔士亲王"号战列舰和"反击"号战列巡洋舰在马来亚关丹附近被日军击沉,日本人执行上述战略和战术的道路就此肃清。到1942年4月中旬,事实证明这套策略相当成功——日本人不仅从敌人手中夺过新加坡和马尼拉(科雷吉多尔岛屿要塞除外)这两个大型海军基地,还占领了马来亚、缅甸南部、婆罗洲、荷属东印度群岛和菲律宾,除了在新几内亚东部的珊瑚海北海岸的莫尔兹比港留有个澳大利亚人的小型哨所外,日本人已建立起直达澳大利亚的一连串机场。他们沿自己的防御周边占领了吉尔伯特群岛,

日本的战略防御，1941 年

并在拉包尔、新不列颠岛和所罗门群岛北部建起一连串空军基地，意图向南面和东南面继续推进，攻往新赫布里底群岛、新喀里多尼亚、斐济和萨摩亚，这样一来，他们就有可能切断美国与澳大利亚之间的海上交通线。珍珠港事件爆发后的四个月内，日本已赢得一个帝国，如果他们能够守住，这片庞大的区域将为他们提供长期维持战争所需要的一切资源和人力。

尽管取得了这些初期战果，但日本人的计划却是基于两个误判。她挑战的不仅是两个最具实力的海上强国，也是世界上最强大的两个工业强国，即便德国在欧洲赢得胜利，也不可能击败美国。日本人忽略了美国的工业潜力，这种潜力如此巨大，以至于美国可以及时克服空间和距离方面的一切战略障碍，日本人应该知道，美国作为一个强国必然会选择不惜一切代价克服这些障碍，而不是通过谈判达成一场有限的和平。日本人犯下的最为严重的错误是：他们认为美国会以"颜面尽失"的方式换取一场短暂的战争，而他们自己却愿意冒上延长战争的风险，不愿从中国撤军，以免"丢面子"。

一旦日本人建起他们的防御圈，并在新不列颠岛的拉包尔、新几内亚东北部的莱城和萨拉毛亚站稳脚跟后，山本五十六所面临的问题就变成时间、空间和资源所组成的一个方程式。他知道如果美国人获得足够的时间，就能轻而易举地建造出比日本更加强大的海军力量，一旦对方完成这项工作，整个太平洋的控制权就将转入他们手中。于是他决定，趁自己还掌握主动权的时候尽力扩大空间，以这种方式迫使弱势之敌迎战，从而逐渐削弱对方。

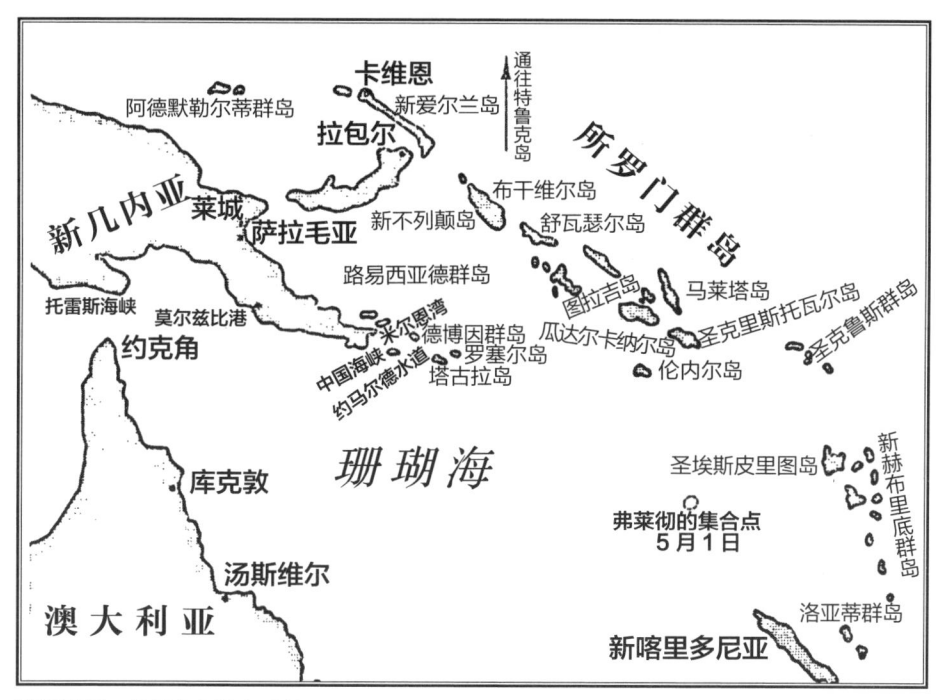

珊瑚海战役，1942年5月4—8日

当务之急是对敌人无法放弃的目标施以打击。这种目标共有三处：北太平洋的阿留申群岛，中太平洋的中途岛和夏威夷，以及南太平洋的美拉尼西亚东南部——新赫布里底群岛、新喀里多尼亚、斐济和萨摩亚。第一批岛屿控制着跨越太平洋的北部航线，第二批岛屿控制着中部航线，第三批岛屿控制着南部航线。第二批岛屿最为重要，因为夏威夷是美国海军设在太平洋上的基地，但它距离日本太远，无法将其作为一个现实目标。而中途岛则不然，它位于夏威夷以西1135英里处，倘若日本人占领该岛，就可以把它改造成飞机和潜艇基地，这将给美国人使用夏威夷基地造成限制，他们必然会为争夺该岛而战。

第三批岛屿的重要性紧随其后，这是因为如果美国放弃美拉尼西亚东南部，就将丧失同澳大利亚的联系，该国之于美国就像埃及之于英国，这座海外基地会从南面对敌本土构成侧翼威胁。

虽然第一批岛屿是三个目标中最不重要的一个，但北太平洋的阿留申群岛是美国、苏联东北部和日本之间的连接，就像北大西洋的冰岛在美国、英国和苏联西北部之间形成的连接。

目前的局势有利于日本人的战略，为对此加以利用，山本五十六决定先把敌海军力量吸引到南面，然后再吸引北面之敌，同时迅速将自己的军力集中于中路，占领中途岛，迫使对方接受一场大规模会战。就南路作战行动而言，日方决定占领莫尔兹比港和南所罗门群岛的图拉吉岛。他们派出五股力量执行这些任务：两个攻击群以拉包尔为基地，那是井上将军的司令部驻地，其中一股攻往莫尔兹比港，另一股则攻往图拉吉岛。另外三个攻击群驻扎在加罗林群岛的特鲁克岛，编有一个配备一艘水上飞机母舰的支援群，他们将在新几内亚岛外围的路易西亚德群岛建立一个水上飞机基地，配以"祥凤"号轻型航母的掩护群。另外，为确保作战行动不受敌军干扰，海军中将高木率领着一支以"翔鹤"号和"瑞鹤"号大型航母为核心的机动打击力量。日军计划于5月3日占领图拉吉，之后，支援、掩护群和机动打击力量将同进攻莫尔兹比港的攻击群相配合，后者将于5月4日离开拉包尔。

通过潜艇侦察和破译日本人的密码电报，身处珍珠港的美国太平洋舰队新任司令切斯特·W.尼米兹将军很快便会知晓珊瑚海即将发生某些事情，他确信日军肯定会进攻莫尔兹比港，因而于4月29日指示位于萨摩亚海域的海军中将弗兰克·弗莱彻，

率领一支以"列克星敦"号和"约克城"号航母为核心的特遣舰队赶赴珊瑚海，视情况发展采取行动。³

5月6日晚①，弗莱彻动身开赴赫布里底群岛北部圣埃斯皮里图岛以西偏南的路易西亚德群岛，并开始为他的舰艇补充燃料。忙碌之际，他收到麦克阿瑟将军发来的一份报告，称以澳大利亚为基地的飞机发现敌部队正在图拉吉卸载。弗莱彻没有等待"列克星敦"号完成加油工作，而是率领"约克城"号航母立即开赴瓜达尔卡纳尔岛。5月4日清晨7点，从该岛西南方100英里的海面上，"约克城"号的舰载机起飞后攻击了图拉吉的敌运输船队，但给对方造成的破坏微乎其微。收回舰载机后，"约克城"号航母向南而去，同"列克星敦"号会合，当日剩下的时间用于加注燃料。

5月6日晚，弗莱彻动身赶往路易西亚德群岛，于次日晨到达罗塞尔岛以南115英里处，从那里派出侦察机进行搜索工作，上午8点15分，侦察机报告在路易西亚德群岛北侧发现敌人的两艘航母和四艘巡洋舰。97架美军舰载机立即升空，可他们刚刚起飞就发现电报有误，应该是"两艘巡洋舰和两艘驱逐舰"。几乎在同一时刻，日军飞机也发现了弗莱彻的舰队，井上中将于上午9点在拉包尔收悉这份报告后，命令正开赴约马尔德水道的莫尔兹比港攻击集团返回。

上午11点，从"列克星敦"号航母起飞的战机飞行在"约克城"号航母舰载机前方。它们在飞越塔古拉岛时，发现了敌掩护群的"祥凤"号轻型航母，随即对其发起攻击。几分钟后，"约克城"号的舰载机加入其中，到11点30分，"祥凤"号航母已被击沉。

高木的机动部队从北面而来，5月8日清晨6点，他们从罗塞尔岛东南东约100英里处的海面上派出巡逻机，幸运地发现了一些正返回两艘航母的美军战机。它们尾随美军飞机，并报告了敌航母的位置。大约在同一时刻，"列克星敦"号派出18架巡逻机。上午8点15分，这些巡逻机发现了位于东北方约175英里处的日军机动部队，弗莱彻立即命令两艘航母实施攻击，差不多在这同时，高木也下令发起进攻。一场混战随之而来，"瑞鹤"号航母消失在一场暴风雨中，"翔鹤"号航母

---

① 译注：这个日期显然有误。

遭到重创并起火燃烧;"列克星敦"号和"约克城"号也中弹受损。这场海战于上午11点40分结束,若不是"列克星敦"号航母突然发生爆炸,弗莱彻不得不下令弃舰并将她击沉的话,他完全可以声称自己大获全胜。

当日下午,密切关注这场海战的尼米兹将军命令弗莱彻撤离珊瑚海,而高木将军以为自己已将两艘美国航母悉数击沉,也率部返回特鲁克。

海军上将金写道:"海军历史上,水面舰艇没有相互射击的首次重大交战就此结束。"[4] 这是此类战役的首例。

日本大本营已于5月5日下达了实施中途岛和阿留申群岛作战行动的命令,他们为此投入五股力量:

先遣远征力量:由海军中将小松率领,编有16艘潜艇。

航母打击力量:由海军中将南云指挥,编有4艘航母("赤城"号、"加贺"号、

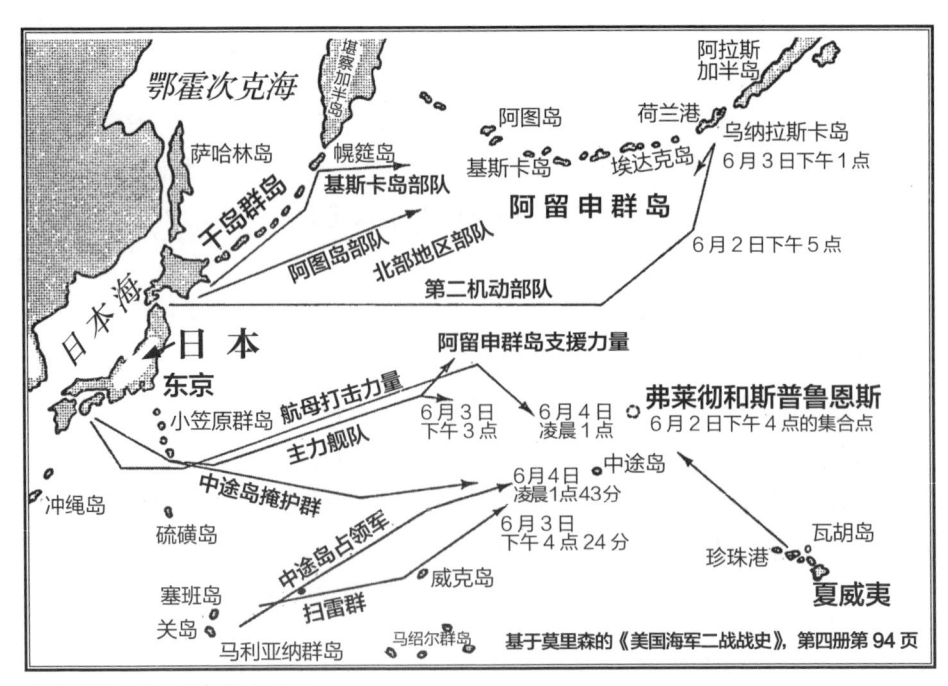

中途岛战役,1942年6月4—6日

"飞龙"号、"苍龙"号）、2艘战列舰、2艘巡洋舰和12艘驱逐舰。

中途岛占领军：由海军中将近藤指挥，编有由2艘战列舰、2艘巡洋舰和7艘驱逐舰组成的掩护群；由4艘巡洋舰和4艘驱逐舰组成的密接支援群；由搭载5000名士兵的12艘运输船和11艘驱逐舰组成的运输群；由2艘水上飞机母舰和1艘驱逐舰组成的水上飞机群；由4艘扫雷舰组成的扫雷群。

主力舰队：由联合舰队司令长官山本五十六率领，编有3艘战列舰、1艘轻型航母、2艘水上飞机母舰和13艘驱逐舰。另附属一支阿留申群岛支援力量，由高须海军中将指挥，编有4艘战列舰和2艘巡洋舰。

北部地区部队：由海军中将细萱指挥，编有第二机动部队，辖2艘轻型航母、1艘水上飞机母舰和12艘驱逐舰，另有两支占领军，辖搭载2000名士兵的6艘运输船。[5]

日本人计划于6月3日展开行动，为混淆敌人的指挥并掩护日军在阿留申群岛西部的阿图岛和基斯卡岛登陆，第二机动部队将对荷兰港实施一场瘫痪性空袭，那是美国设在阿拉斯加半岛上的海军基地。实施这场攻击后，航母打击力量首先会削弱中途岛的防御，倘若美国太平洋舰队迎战，则对其施以打击，而主力舰队也将前移并提供支援。与此同时，日军将占领中途岛，并将其发展为空军基地。阿留申群岛支援力量将驻留中途岛与阿留申群岛之间，准备拦截从北面而来或向北而去的一切敌军。

这个计划很不靠谱，兵力配备也不合理。这两方面的安排都太复杂，目标含糊不清，而且违反了集中力量的原则。山本五十六没有将击毁敌航母作为自己的主要任务，而是让他的航母参与到占领中途岛的行动中，实际上，只要消灭美军航母，中途岛这个目标唾手可得。他的最佳行动方案是完全不理会中途岛，集中全力消灭敌航母力量。如果做不到这一点，他应该把3艘航母控制在手中，直到发现美军航母的行踪，同时把削弱中途岛防御的任务交给他那些战列舰和巡洋舰（它们比飞机更适合从事这项任务），同时以1艘航母提供掩护。相反，正如我们将见到的那样，美军航母发现山本五十六这些航母的行踪后，后者的飞机都已派出去执行任务，既无力攻击敌航母，也无法实施自卫。看来，美国太平洋舰队近期的活动，特别是在4月18日对东京实施的空袭，使山本五十六深受刺激，因而决定攻击中途岛，另一个可能性是，他认为这场行动完全能达成出敌不意的效果。

如果后一种假设正确无误，那么对他来说不幸的是，这种判断大错特错，因为在珊瑚海战役打响前不久，尼米兹将军就已获悉日本人计划在中太平洋发动进攻，5月14日又通过破译的电报[6]得知日本人打算在6月1日后不久进攻中途岛和阿留申群岛。他立即下令将麾下部队集中于珍珠港。弗莱彻奉命从南太平洋返回，而率领"企业"号和"大黄蜂"号航母的海军中将哈尔西，于4月18日执行了对东京的空袭，正向南赶去同弗莱彻会合，现在也奉命全速返回珍珠港。弗莱彻到达珍珠港后，"约克城"号航母立即抢修，由于哈尔西将军病倒，海军少将雷蒙德•A.斯普鲁恩斯接替指挥他的特遣舰队。

整个战役期间待在珍珠港担任总指挥的尼米兹将军，于5月27日发布了他最后的敌情判断。他指出日军的巨大优势，敌人的企图很可能是占领中途岛，而他们主要目标是美军航母。[7]他随后指示弗莱彻和斯普鲁恩斯在中途岛东北方占据初始位置，留在敌舰载机打击范围外，因为他估计中途岛上的远程飞机将在日本人发现美国航母前先行探明对方航母的位置。弗莱彻指挥的军力共计3艘航母、7艘重巡洋舰、1艘轻型航母、14艘驱逐舰和19艘潜艇。除潜艇外，这股力量分成两个特遣舰队：第十七特遣舰队，由弗莱彻指挥，编有"约克城"号航母、2艘巡洋舰和5艘驱逐舰；第十六特遣舰队，由斯普鲁恩斯指挥，编有"企业"号和"大黄蜂"号航母、6艘巡洋舰和9艘驱逐舰。守卫中途岛的力量是由哈罗德•D.香农上校指挥的海军陆战队第6防御营，两个巡逻机联队辖内的分遣队（32架"卡塔琳娜"水上巡逻机），一个海军陆战队飞行大队（54架战斗机和轰炸机）和一个陆军航空兵分遣队（23架"空中堡垒"重型轰炸机）。[8]

5月30日，中途岛派出巡逻机执行海面侦察任务，直至侦查范围为该岛方圆700英里，但由于天色阴霾，一片低云区恰好掩蔽着接近中的敌军，因此直到6月3日这些敌人才被发现。当日上午9点，一名"卡塔琳娜"飞行员发现敌舰在他前方30英里处，他认为这就是敌人的主力舰队。上午11点，美军飞行员又看见11艘敌舰正向东航行，这个消息传至中途岛，九架"空中堡垒"立即起飞迎敌。下午6点，他们在距离中途岛570英里处发现日本运输船队，遂对其实施轰炸，但未能命中。中途岛战役就此打响。

这场攻击进行之际，3艘美国航母在中途岛东北东300英里处，位于计划中的进攻发起点以东400英里，日军航母打击力量正驶向那里。虽然弗莱彻收到的报告表明遭受攻击的敌舰只是对方的主力，但他准确地判断出日军航母将从西北方逼近中途岛，报告中提及的这股力量很可能是对方的运输船队。为防止敌航母发现自己的行踪，弗莱彻向南改变航向，并朝中途岛靠拢。

6月4日清晨4点30分，弗莱彻位于中途岛北面约200英里处时，"约克城"号派出10架巡逻机。此时，南云的航母在该岛以西240英里处，正发起他们的首次攻击。虽然能见度不太高，但中途岛派出的巡逻机还是提前发现了这股进攻力量，清晨5点45分，他们报告："大批敌机从距离中途岛180英里处向该岛飞去。"接下来的一份报告称发现敌人2艘航母和2艘战列舰。弗莱彻没有等待进一步报告，即在清晨6点07分命令斯普鲁恩斯"向西南方进击，确定敌航母位置后立即展开攻击"。他还告诉斯普鲁恩斯，待收回巡逻机后，他将率"约克城"号跟上。[9]

这道命令下达前15分钟，中途岛上的雷达发现日军第一波空袭从该岛西北方43英里而来——共36架鱼雷机、36架俯冲轰炸机和36架战斗机，由友永大尉率领。警报响起，岛上所有能起飞的飞机悉数升空，清晨6点16分，30英里外的空中，海军陆战队26架飞机组成的一个中队遭遇日军前锋，由于寡不敌众，几乎被悉数击落。[10] 一名美国军官写道："所有飞机嗡嗡作响地起飞后，整个岛上死一般地沉寂。这是个阳光明媚的美丽清晨。所有人都紧张地凝望着，我不得不厉声提醒监视哨留意其他地方，以免猝不及防。随后，我们看到了日本人，紧张感反而消失了，我们稍后便投入了行动。"[11] 虽然岛上的设施在空袭中严重受损，但几乎没人阵亡，也没有一条跑道变得无法使用。清晨6点50分，日军这场空袭宣告结束。

日本人的第一批炸弹投向中途岛之前几分钟，海军上将尼米兹命令中途岛陆基飞机指挥官西马德上尉全力打击敌航母，将该岛的防御交给炮兵。因此，没等日本人发起攻击，岛上的10架鱼雷机便已升空，7点10分发现日军航母，他们展开攻击，但发射的鱼雷无一命中，反而被击落七架。

发起第一波攻击后，南云又派出了巡逻机，在7点时，他接到刚刚完成轰炸中途岛任务的友永大尉发来的电报，称有必要实施第二波空袭。中途岛上的美国陆军航空兵随后展开的反击证明他的说法没错。南云随后做出一个致命决定，"他本来在甲板上留有93架飞机，随时准备起飞，攻击敌水面力量，但他中止了这些战机的待命状态，下令把这些飞机送入机库，腾出飞行甲板接收空袭中途岛的飞机，同时命令鱼雷机换装炸弹，准备对那片环礁实施第二波攻击——这项辛苦的工作需要一个小时才能完成。"[12] 接下来，清晨 7 点 28 分至 8 点 20 分之间，他又接到三份电报。第一份电报称，在距离中途岛 240 英里处发现敌舰艇。第二份电报称敌舰为 5 艘巡洋舰和 5 艘驱逐舰。第三份电报又称这些敌舰似乎由 1 艘航母伴随。因此，南云知道自己很可能不得不应对至少 1 艘敌航母。但目前他暂时无事可做，因为他不得不腾空飞行甲板，以便接收友永所率的机群，他们已于 8 点 35 分飞返。在此期间，他的航母击退了从中途岛而来的更多美军战机，使这些攻击均未能奏效。

南云做出对中途岛实施第二波攻击的致命决定前不久，斯普鲁恩斯将军已决定对日军航母展开一场全面攻击，清晨 7 点 02 分，"大黄蜂"和"企业"号航母上的舰载机开始升空。这股打击力量编有 20 架战斗机、67 架俯冲轰炸机和 29 架鱼雷机，由于其中半数不得不从机库取出，于是起飞工作就耗费了一个多小时。弗莱彻的航向与斯普鲁恩斯相同，但他不确定除了已报告的日军航母外，是否还会有其他敌航母出现，因而决定保留"约克城"号上的舰载机。但到上午 8 点 38 分，仍没有发现其他日军航母后，于是他命令半数俯冲轰炸机和所有鱼雷机在战斗机掩护下起飞。9 点 06 分，17 架俯冲轰炸机、12 架鱼雷机和六架战斗机升空作战。

美国人为这些打击加以准备时，南云率领 4 艘航母及其护航力量继续驶向中途岛，虽然他的巡逻机一再报告敌舰载机正在逼近，但他直到 9 点 05 分，友永的最后一架飞机收回后才着手迎战。他随后转舵向左，把航向调整了 90 度。

由于没有美国飞机尾随南云舰队，斯普鲁恩斯的攻击中队认为日本航母正驶向中途岛。结果，"大黄蜂"号上的首批 35 架俯冲轰炸机到达他们认为的敌航母所在地时一无所获。这些战机继续飞往中途岛，同日军航母错身而过，他们降落在岛上，或因燃料耗尽而坠入海中。

与此同时，沃尔德伦少校率领的"大黄蜂"号上的鱼雷机，在云层中失去了与护航战斗机的联系，他们没有发现敌人，随后转身向北。上午 9 点 25 分左右，沃尔德伦在地平线上看见 3 艘日军航母。虽然没有战斗机掩护，但他还是下令发起进攻。他率领的 15 架飞机投入攻击，结果被悉数击落，30 名飞行员和机组人员中，只有一名飞行员生还。

林德赛少校率领的"企业"号上的鱼雷机中队情况稍好些。他们与"大黄蜂"号上的鱼雷机同时起飞，并获得六架战斗机的掩护。但后者错误地同"大黄蜂"号上的鱼雷机的护航战斗机，也就是与沃尔德伦失去联系的那批战斗机混在了一起。

结果，上午9点30分过后不久，林德赛发现日军航母，他也在没有掩护的情况下率领麾下展开攻击，最终，14架鱼雷机被击落10架。

这场战斗刚刚结束，上午10点，"约克城"号航母上的鱼雷机中队，在梅西少校的率领下赶来。提供掩护的六架美军战斗机很快被敌人打垮，梅西的12架鱼雷机，除两架侥幸逃脱外，其他的都被日军击落。

因此，遂行攻击的41架美军鱼雷机，只有六架生还，而且没能取得任何战果。海军少将莫里森写道："但是，正因为这些驾驶着过时鱼雷机的年轻飞行员付诸的非凡勇气和不懈努力，才使后来的胜利成为可能。他们迫使日军航母实施大幅度机动，这就导致对方无法起飞更多战机。这些鱼雷轰炸机犹如磁铁般吸引了敌人的战斗空中巡逻，还迫使日军战斗机在接近海面的高度上飞行，这就使几分钟后赶来的俯冲轰炸机中队，在几乎未遭到日军战斗机拦截的情况下发动攻击，向甲板上停满飞机、正在补充燃料的日军航母投下炸弹。"13

应当记住的是，日军舰只没有雷达设备为战斗机指引方向，另外，日本人认为鱼雷攻击最具危险，也最适合在短时间内发起攻击，因而在战争这一阶段，他们的战斗机主要用于对付敌人的鱼雷机。14

美军鱼雷机的攻击刚刚结束，"企业"号和"约克城"号上的俯冲轰炸机接踵而至。前者投入37架飞机，分为两个中队，由麦克拉斯基少校率领。他于清晨7点52分，在没有战斗机护航的情况下率队起飞，于半小时后到达预计与敌航母发生接触的海域，但他没有看见敌人。他用了一个多小时时间继续搜索，随后转向北面。20多分钟后的9点55分，他看见一艘日军驱逐舰正朝东北方高速行进，由于怀疑这艘军舰正赶去同日军攻击力量会合，于是他悄然尾随其后，大约10分钟后，他看见远处两艘日本航母正为规避美军鱼雷机的攻击而实施机动。麦克拉斯基立即命令一个中队攻击"加贺"号，另一个中队打击"赤城"号。他们逼近敌舰实施俯冲时，几乎没有遭遇对方的防空火力，也未受到日本战斗机太多干扰，因为这些战斗机正处于低飞状态，以对付美国人的鱼雷轰炸机，根本来不及爬高。

"赤城"号的飞行甲板上有40架飞机正在加注燃料，上午10点26分，也就是这艘航母避开最后一架美军鱼雷机两分钟后，被两颗炸弹直接命中，其中第二颗炸弹穿透她的机库甲板，随之而来的爆炸导致舰上贮存的鱼雷殉爆。"赤城"号顿时燃起大火，由于无法扑灭火势，日本人于10点50分弃舰，南云将军在"长良"号轻巡洋舰上升起指挥旗。6月5日早些时候,一艘日本驱逐舰将"赤城"号击沉。

麦克拉斯基的第二个中队投下的四颗炸弹命中"加贺"号,这艘航母上的飞机刚刚完成加油工作;她的飞行甲板和机库甲板都遭到破坏,和"赤城"号一样,这艘航母也燃起大火,弃舰后不久,"加贺"号发生爆炸,随后沉没。

在"赤城"号和"加贺"号航母遭遇灭顶之灾几分钟前,"约克城"号航母的17架俯冲轰炸机,在莱斯利少校率领下,采选了一条比其他中队更直接的航线,对"苍龙"号航母发起攻击,后者的飞行甲板上也挤满等待补充燃料的飞机。三颗1000磅的炸弹命中这艘航母,与"赤城"号和"加贺"号一样,"苍龙"号航母也燃起大火,日本人不得不将其放弃。下午2点左右,美国海军的"鹦鹉螺"号潜艇对她发起攻击,但没能奏效[1],五小时后,"苍龙"号发生爆炸并沉入海中。参与这些进攻的美国俯冲轰炸机,"企业"号损失14架,"约克城"号损失两架。

日本人在当时尚存的一艘航母是"飞龙"号(未遭到攻击)。她的位置远比另外三艘航母更加靠前,上午10点50分过后不久,此时南云已放弃"赤城"号航母,并把机动部队的指挥权暂时移交给率领水面舰艇部队的阿部少将,阿部通过巡逻机获知,一艘美国航母及其护航力量在中途岛以北240英里处。那是"约克城"号,阿部立即命令"飞龙"号对其发起攻击。上午11点,18架俯冲轰炸机[2]和6架战斗机起飞,下午1点31分,10架鱼雷机[3]和6架战斗机组成的第二波打击力量随后跟上。大约在同一时刻,为6月5日舰队行动加以准备的山本五十六,命令指挥掩护力量的近藤中将动用战列舰和巡洋舰,同时召回阿留申群岛支援力量和北部地区部队的两艘轻型航母。

"飞龙"号的第一波打击力量已在途中时,"约克城"号在12架战斗机掩护下,正为收回的舰载机加油,尽管忙碌不已,但中午前不久,舰上的雷达还是发现敌机正从西南偏西方40英里外逼近。几分钟后,从"飞龙"号飞来的俯冲轰炸机发起攻击,其中12架被击落或没能投下炸弹便被驱离,但六架日机突破了"约克城"号的战斗机掩护网,并命中该舰三颗炸弹。其中一颗炸弹击中"约克城"

---

[1] 译注:鱼雷未爆炸。
[2] 译注:日本人称之为"舰上爆击机"。
[3] 译注:日本人称之为"舰上攻击机"。

号的飞行甲板，另一颗在她的烟囱里爆炸，导致大部分锅炉无法使用，而第三颗炸弹穿透到第四层甲板，并引发一场大火。虽然火势被扑灭，但这艘航母已失去控制，弗莱彻将军在"阿斯托利亚"号巡洋舰上升起指挥旗。到下午1点40分，"约克城"号上的锅炉已获得充分修理，使她得以保持19节的航速。在船员正准备为舰载机加注燃料时，收到担任护航的一艘巡洋舰发来的电报，称舰载雷达发现敌人的第二波打击力量。"约克城"号上的战斗机已有四架在空中，她有足够的时间让八架补充了部分燃料的战斗机升空。但这些战斗机无法对付敌人，"飞龙"号的五架鱼雷机以桅顶或更低高度飞来，突破了拦截它们的密集弹幕，在距离"约克城"号不到500码处投下鱼雷。两枚鱼雷命中"约克城"号，击破她的左舷油库，卡住舰舵。这艘航母发生严重横倾，美国人担心她会倾覆，遂于下午3点弃舰。

"约克城"号航母在遭受攻击前已派出巡逻机，下午2点45分，就在该舰即将被放弃时，他们发现"飞龙"号航母和另外几艘战列舰及巡洋舰位于"约克城"号西偏北100多英里处。斯普鲁恩斯将军获知这个消息后，立即命令"企业"号派出24架俯冲轰炸机组成的一个攻击群，由麦克拉斯基率领。下午5点，麦克拉斯基少校率队追上"飞龙"号，对其发起攻击，命中四颗炸弹，己方只损失三架飞机。"飞龙"号的命运和她的姊妹舰一样，立即燃起熊熊大火，由于无法扑灭火势，6月5日清晨3点15分，这艘航母被放弃，两小时后，日军驱逐舰将其击沉。

山本五十六获悉他这四艘航母的下场时，美国人仍有两艘可使用的航母，他放弃了以整个舰队发起进攻的一切想法，6月5日凌晨2点55分下令全面后撤。

与此同时，为避免同优势之敌展开一场夜战，斯普鲁恩斯将"企业"号和"大黄蜂"号航母东撤。山本五十六撤退期间，他的两艘巡洋舰，"三隈"号和"最上"号发生碰撞，两舰严重受损，不得不落在后面。6月5日上午，从中途岛飞来的陆航队战机对这两艘军舰展开攻击，但未能奏效，上午9点30分，斯普鲁恩斯将航向改为正西，开始追击敌人，但为时已晚，他已无法追上山本。6月6日清晨，"企业"号派出一架巡逻机，很快发现了日本人受损的两艘巡洋舰。清晨8点至下午1点30分，从"企业"号和"大黄蜂"号起飞的112架飞机轮番对这两艘巡洋舰发动攻击，"三隈"号被击沉，"最上"号虽被四颗炸弹炸得残破不堪，可还是跟跟跄跄地退回到了特鲁克。

最后，6月6日黄昏，在距离中途岛400英里处，斯普鲁恩斯决定停止追击。

他的飞行员疲惫不堪，他那些舰艇也已缺乏燃料，追上敌人的可能性不大。于是，他改变航向后朝东而去，返回油轮等候的会合点。

中途岛战役就此结束，但美国人又遭受到一个不幸的损失，6月6日傍晚，已被损管人员控制并有可能获救的"约克城"号航母，被一艘日本潜艇发射的鱼雷击中，另一艘担任护航的驱逐舰亦被击中，随后都沉入海中。

海军上将金写道："中途岛战役是日本海军在这350年来首次遭受的决定性失败。"[15] 这是一场罕见的战役，一支战舰数量处于劣势的舰队突然战胜了优势之敌，从而改变了整个战争的进程。日本人的航母损失了三分之二[16]，他们以"刺猬"据点同机动力量相配合的手段守住太平洋的宏大战术计划就此破产，随后陷入被动防御状态。这场战役使美国得以在战争剩下的岁月里牢牢控制住中太平洋，导致占领阿留申群岛之阿图岛和基斯卡岛的日本人进退维谷，还限制了日本人征服斐济、萨摩亚和新喀里多尼亚，从而切断澳大利亚与北美交通线这个野心勃勃的计划。最后，这场战役还给日本的声望造成致命打击。

和珊瑚海海战一样，除了高射炮火力和潜艇的行动外，中途岛战役完全是在航母与舰载机之间展开的，水面舰艇之间几乎未发一炮。航空母舰就此成为主力舰，其他所有战舰不过是她的护航或辅助舰艇。

注解

1. 早在1937年考虑这个问题时，本书作者就认为航母将取代战列舰成为主力舰，"因为携带炸弹的飞机，其航程远远超过舰炮射程。因此，"未来的海战将与1914—1918年间的海战截然不同"。(*Towards Armageddon, 1937*, p. 196.)
2. 日本海军的航母包括（1）大型航母："瑞鹤"号、"翔鹤"号、"苍龙"号、"飞龙"号、"加贺"号和"赤城"号；（2）轻型航母："龙骧"号、"凤翔"号、"瑞凤"号和"祥凤"号，最后两艘改为潜艇母舰。美国海军的航空母舰都是大型航母："列克星敦"号和"萨拉托加"号（这2艘航母改自战列巡洋舰）、"突击者"号、"企业"号、"约克城"号、"黄蜂"号和"大黄蜂"号。日本人正在建造5艘大型航母，并把2艘大型客轮改为航母，而美国最终的造舰计划包括17艘大型航母、9艘轻型航母和78艘护航航母。
3. 美国和日本海军的兵力编成可参阅 *History of United States Naval Operations in World War II, Samuel Eliot Morison (1949)*, vol. Ⅲ, pp. 17—20.
4. *Report to the Secretary of the United States Navy, by Admiral Ernest J. King, U.S.N., Commander-in-Chief U.S. Fleet and Chief of Naval Operations (1944)*, p. 37.
5. 详情参阅 *Morison*, vol. Ⅳ, pp. 77, 87—89 和 pp. 172—173。
6. 参阅 *War for the World, Fletcher Pratt* (1951), p. 45。
7. *Morison*, vol. Ⅳ, p. 84.
8. 详情参阅上文 vol. Ⅳ, pp. 90—93。
9. 同上，vol. Ⅳ, p. 130。
10. *Marines at Midway, Lieut.-Gol. Robert D. Heinl* (1948), p. 27.
11. 同上，p. 30。
12. *Morison*, vol. Ⅳ, p. 107.
13. *Morison*, vol. Ⅳ, p. 121.
14. *Sea Warfare, 1939—1945, Captain John Creswell, R.N.* (1950), p. 180.
15. *United States Navy, etc.*, p. 39. 1592年，日本舰队在朝鲜海岸附近被朝鲜王朝水军将领李舜臣击败。在这场海战中，朝鲜人用实木为他们的舰船覆顶，以保护舰员免遭炮火，并在船顶嵌满防贼钉，使敌人无法攀爬，日本人对此束手无策。
16. 日本海军只剩2艘大型航母，"瑞鹤"号和"翔鹤"号，都在修理中。

大事记
苏联问题和战争向太平洋的发展

在6月22日，也就是希特勒于入侵苏联的当晚9点，丘吉尔先生向英国民众发表广播讲话："我必须宣布英王陛下政府的决定……我们只有一个宗旨，一个唯一的、不可改变的目标。我们决心消灭希特勒和纳粹政权一切残渣余孽……我们绝不与之媾和，我们绝不同希特勒或他的任何党羽进行谈判……任何对纳粹帝国作战的个人或国家都将得到我们的援助，任何跟从希特勒的个人或国家都是我们的敌人……这就是我们的政策，这就是我们的宣言。为此，我们将为俄国和俄国人民提供我们能够给予的一切援助。"

以上这番宣言和其他类似讲话清楚地表明，丘吉尔先生对自己作为首相兼国防大臣的职责一无所知。首先，这份职责要求他赢得一场对自己国家有利的和平，而以斯大林代替希特勒，在道义和政治上都毫无利益可言。其次，由于他已将消灭希特勒和希特勒主义定为目标，那么他就应当把纳粹政权同大批德国民众区分开来。如果他这样做的话，就会发现最有利可图的盟友是德国国内存在的各种反希特勒组织，根据他的上述宣言，他将为这些抵抗组织提供支援。

最后，由于英国签署过《英波条约》，因而对波兰负有责任，面对后者被瓜分，丘吉尔先生实在不应该率领他的国家冲动地投入苏联人的怀抱，而应当停下来，等待斯大林寻求他的帮助，届时便可提出废止与1939年8月23日签署的《里宾特洛甫—莫洛托夫条约》，并要求对方释放苏联境内的所有波兰战俘和被流放的波兰人。

希特勒入侵苏联时，罗斯福并未考虑过为美国提供的援助确定价格，例如针对苏联吞并外国领土提出一个具体保证，相反，他和丘吉尔一样，盲目地支持苏联的事业，并立即着手将大批租借物资源源不断地运往苏联。

但美国总统的问题并未解决：他如何带领美国投入战争？答案是，既然希特勒克制自己被激怒后向美国宣战，那就必须由日本来挑起战争。

自1931年以来，日本与美国之间的摩擦不断加剧。那一年，主要是为不断增长的人口寻找出路，并为国内工厂获取原料，日本吞并了中国东三省，将其更名为"满洲国"，并扶植了一个傀儡政府来保护其经济利益。这种高压手段激怒了胡佛总统的国务卿亨利·L.史汀生，他宣称美利坚合众国绝不会承认傀儡政府。另外，他还指责日本违反了1928年的《巴黎非战公约》，尽管该公约已在1929年被苏联进攻中国的行径所破坏。史汀生夸大了美国在中国的经济利益，并获得一批商人支持，他们宣称"如果不能占领新市场"，美国的资本主义就将崩溃，"而中国拥有超过4亿的潜在消费者，对美国经济体系的持续发展至关重要"。另外，史汀生还敦促对日本实施制裁和禁运，但胡佛总统没有听从他的意见。

作为胡佛继任者的罗斯福总统，所持的态度完全不同，正如他所说，他对中国怀有最深的同情，因为他妻子的祖先曾同中国做过生意。他不仅支持史汀生不承认伪满洲国的政策，而且刚刚坐上总统宝座便着手加强美国舰队的实力，使其达到1921年《华盛顿条约》规定的限度（日本舰队早已达到该条约所规定的上限），1934年年底，日本在该条约规定的警告过去两年后，宣布不再接受这份条约的限制。

1937年7月，日本重新挑起侵华战争后，罗斯福开始制定计划，意图以英美联合封锁切断日本贸易的手段迫使对方屈服，1938年1月，他派遣一个秘密代表团前往伦敦安排这项事宜。1939年3月，英国外交大臣哈利法克斯勋爵提出，为给日本造成最大的心理压力，美国舰队应当集中在太平洋地区。一年后的1940年4月，罗斯福不顾海军方面的劝告，下令将当时驻扎在加利福尼亚海岸的太平洋舰队移驻夏威夷。

在此期间，财政部长摩根索在史汀生和一批商人大力支持下，要求抵制日本商品，并禁止美国向日本出口石油。这项运动大获成功，以至于在1941年6月中旬，从美国东海岸到西海岸港口的所有石油运输都被禁止，此举大幅度减少了日本的石油运输量。与此同时，摩根索和史汀生还力主冻结日本在美国的资产，从而终止对日贸易。

这些建议提出时，日本7月23日强迫维希政府同意他们临时占领印度支那，由于此举直接威胁到缅甸和马来亚，并对菲律宾构成间接威胁，罗斯福遂向他的海军作战部长哈罗德·D.斯塔克海军上将寻求关于对日本禁运的意见。后者呈交了一份备忘录，其中指出"禁运很可能导致日本提早对马来亚和荷属东印度群岛发动进攻"，对日本出口的禁运"无疑会坚定日本当局奉行当前路线的决心。另外，似乎可以肯定，如果日本随后对英国和荷兰采取军事措施，他们必然也会对菲律宾实施军事行动，这会使我们立即卷入一场太平洋战争"。再次获得"禁运将把日本引入战争"的保证后，罗斯福于7月25日宣布将冻结日本人在美国的资金（英国和荷兰也采取了同样的措施），又于31日禁止向日本出口航空燃料和机床。美国对日本发动了经济战。

此举意味着太平洋战争已迫在眉睫，丘吉尔先生采取了下一步措施，它将使美国毫不拖延地投入到战争中。他安排在纽芬兰的普拉森舍湾会晤罗斯福总统。8月8日至13日，大西洋会议在这里举行，这场会议召开前不久，罗斯福的儿子埃利奥特告诉他，丘吉尔"深知若没有美国，英国无法在这场战争中坚持下去"。罗斯福的难处不在于如何让美国投入战争，而是在于只有国会有权宣战。关于这个问题，他的回答是："我也许永远不会宣战，但我可以从事战争。如果我要求国会宣战，他们可能会争论上三个月。"他已对德国开战，现在他将对日本开战。因此，他向丘吉尔保证："即便美国没有遭受攻击，我们也将投入远东战争。"他还承诺，待返回华盛顿后，他将向日本驻美国大使野村海军大将发出一份具有挑衅性的照会。8月17日，他果然这样做了，野村大使还被告知："……美国政府现在认为有必要通告日本政府，如果贵政府采取进一步措施，继续奉行武力统治或武力威胁邻国的军事政策或方案，则美国政府将被迫立即采取一切必要措施，以保护美国和美国人民的合法权益，并确保美国的安全和保障。"

由于这些保证无法公开，罗斯福因此炮制了一份《大西洋宣言》（或称之为《大西洋宪章》）加以掩饰。这不过是一份宣传资料，罗斯福从未打算让其成为一份正式的国家文件，所以也没有题署、签字并加盖国玺，仅仅以油印件的方式将之分发出去。这是一份高度理想化的文件，其中规定，除非依照有关人民自由表达的愿望，否则不得做出领土变更。各国人民都有权按照他们的意愿选择其政府形式,包括战胜国和战败国在内的所有国家都将平等获得贸易权力和原料。最终消灭纳粹暴政后,和平将出现,使所有国家在其境内安然自存,从而使所有地方的所有人在免于恐惧和匮乏的自由中安度一生。

如果遵循该宪章的规定,它根本不可能落实下去。巧的是,这份宣言不过是在瞒哄整个世界而已。尽管如此,直到德黑兰会议将其废弃前,它一直是第一流的宣传品,当然,也可能会成为历史上最大的骗局。

美国对日本的禁运意味着日本人或迟或早,要么不得不撤出中国,要么设法打破封锁,因此,大西洋会议结束后不久,他们便同华盛顿展开谈判,意图让对方取消禁运。另外,他们于当年9月着手为战争加以准备,密码电报从东京发往派驻檀香山的日本总领事,让他收集关于瓦胡岛的珍珠港以及驻扎在那里的美国太平洋舰队的详细情报。让日本人没想到的是,美国人已破译了他们的密码(代号"魔术"),对他们的所有电报内容了如指掌。

由于谈判没能取得结果,11月22日,日本政府致电野村大使(他当时已经获得大使助理来栖三郎的协助),并在电报中坚称除非谈判在11月29日前完成并签署协议,否则"某件事情将自动发生"。由于这封电报指的是某种突然袭击,加之美国派驻太平洋地区的舰队和陆军尚未做好迎战准备,11月22日至25日间,美国国务卿科德尔·赫尔提出一份临时提议,建议暂停争论90天,在此期间美国同日本恢复经济关系,前提是后者不再实施一步征服。但这份提案没能交到野村手上,因为11月25日,蒋介石的美国顾问欧文·拉铁摩尔给罗斯福总统的东方事务助理劳克林·柯里发去一封电报,称"放松经济压力和解冻将危险地增加日本在中国的军事优势,会给中国人对美国的信心造成灾难性破坏"。另外,罗斯福总统于11月25日表达了他对日本人有可能在下周一(12月1日)发动进攻的担心后,又说了句重要的话:"问题是我们如何能诱使他们(日本人)先开第一枪,而又不让我们自己承受太大风险。"

赫尔的权宜之策无法做到这一点,于是代之以一份十点建议。据威廉·L.兰格和S.埃弗雷特·格利森在他们的准官方史《不宣而战》一书中称,这份建议是以哈里·德克斯特·怀特呈送财政部长亨利·摩根索的一份备忘录为基础。表面上这是美方为解决两国间的问题而提出的建议,实际上就是一份最后通牒。要想换取一份新的贸易协定并解冻各自的资产，日本必须同华盛顿、莫斯科、荷兰、重庆、曼谷缔结一份互不侵犯条约；从中国和法属印度支那撤出其军队；承诺在中国不支持除蒋介石外的其他政权；在最惠国待遇的基础上同美国缔结互惠贸易协定；以美元稳定日元币值。

毫无疑问，这些建议意味着最后通牒。日本政府决定接受挑战，并以他们准备已久的军事行动作为回应。他们没有宣战，打算对英国和美国在远东的属地以及驻扎在珍珠港的美国太平洋舰队实施打击。由于该舰队继续留在港内至关重要，野村和来栖奉命继续同美国人谈判，以免对方心生警惕。据海军少将罗伯特•A.西奥博尔德说[1]，罗斯福总统完全清楚正在发生的事情，他意识到要想让美国投入战争，没有比美国领土遭受突然袭击更好的机会了，故而决定不采取任何措施，以免让日本人推断出美国已料到这样一场进攻。因此，除了11月27日发出一个根本未提及夏威夷的战争警告外，他没有把正在发生的事情告知太平洋舰队司令H.E.金梅尔海军上将和夏威夷驻军司令W.C.肖特将军。

12月2日至5日间，东京发出一连串电报，命令其海外领事馆销毁密码本和机密文件，这是个明确无误的迹象，表明战争即将到来。但美国政府并未把如此重要的信息告知金梅尔和肖特。最后，日本驻华盛顿大使馆于12月6日接到一份连续发送的14段电报，这是日本政府对美国在11月26日提出的10点建议的回复。按照之前的一道指示，这份电报应在完整收悉后"整齐誊抄"并严格保密，其被转呈美国政府的时间将以另一份电报另行通知。

到当日下午5点30分，美国人已破译了这份长电报的前13段并交到罗斯福总统手中。他读完这份电报后说道："这意味着战争。"但西奥博尔德将军写道："……最后一个关键日子过去了，他没有给夏威夷的指挥官们发去任何消息。"

12月7日清晨，电报第14段发至。这就是一份几乎不加掩饰的宣战书，随之而来的另一份电报指示两位日本使节，于当日下午1点（美国当地时间）将完整的14段电文呈交美国政府。

12月7日，美国海军作战部长斯塔克海军上将于上午9点25分来到他的办公室，虽然有人告诉他华盛顿时间下午1点就是夏威夷时间的早晨7点30分，但他觉得没必要给金梅尔海军上将发出一道戒备令，尽管他的幕僚都敦促他这样做。两小时后，美国陆军总参谋长乔治•C.马歇尔将军来到陆军部。他也接到了这份14段最后通牒，由于这份电报的交付时间表明日本人于下午1点左右将在太平洋某处对美军发动进攻，于是他起草了一份电报，发给驻远东地区美军、加勒比防御司令部、夏威夷指挥部和第4集团军的各位司令官，电报中称："日本人在今日东部时间下午1点呈交了一份相当于最后通牒的文件……应保持相应的警戒，并将这份电报告知海军部门。"可这个最为紧急的消息却没有通过跨太平洋电话线路传达，否则肖特将军就可以在30—40分钟内收悉，相反，它以商业电台传送，待肖特的司令部接到这份电报时，已是日本人袭击珍珠港的六个小时后了——他们击沉击伤包括8艘战列舰在内的18艘美军战舰，毙伤4575名美国人，还击毁177架美军飞机。于是，美国投入战争，珍珠港事件的重要后果之一是使美国成为莫斯科的盟友。

罗斯福总统就这样把日本人诱入战争中，西奥博尔德将军总结了这个惊人的故事："将实力虚弱的太平洋舰队[2]留在夏威夷，以此诱惑日本人发动突袭，同时不让该舰队司令掌握有可能导致这场突袭流产的情报，罗斯福总统于1941年12月7日将战争加之于美国。他使整个国家群情激愤地投入战斗，因为没人想到日本人这场突袭正中他们总统的下怀。从海军的角度看这是一场惨败，但就轴心国的彻底战败而言，事实证明珍珠港袭击是个圆滑的序幕。"

然而，也存在另一种可能性，即罗斯福总统和他的高级顾问们深信日本人会对西太平洋发动打击，但他们从未考虑过日军偷袭珍珠港的可能性，尽管1932年的大规模军演将检验珍珠港陆海军联合防御的内容包含在内。关于这场检验，理查德·N. 柯伦特在1954年出版的《史汀生部长：治国之道》一书中写道："周日拂晓，'敌航母'从东北面逼近瓦胡岛，完全出乎守军意料。遂行攻击的战机炸沉了港内所有战列舰，没等防御方的飞机升空便将它们击毁在地面上。于是，裁判人员作出裁定。"如此重要的一个裁定本不应该被遗忘，但遗忘也并非没有先例。如我们所知，第一次世界大战的加里波利战役尚未发生前，英国总参谋部于1906年和1911年所作的研究就曾指出登陆加里波利半岛的危险，但这些研究成果到1915年却被忽视或遗忘。另外，英国陆军参谋学院在1924年至1925年所进行的演习也表明，新加坡遭受的主要威胁来自陆地方向。

无论接受哪种说法，美国参战都是实施《租借法案》和"禁运"后合乎逻辑的结果，前者使大英帝国得以继续从事战争，后者则迫使日本挑起战火。二者都是经济手段，一个是积极的，另一个是消极的，由于美国是世界上最大的工业强国，从投入战争的那一刻起，她就成为潜在的主导交战国。对整个世界来说不幸的是，由于美国的领导者缺乏历史性认识，将战争视为一场致命游戏，而非一种政策手段，美国参战后，一场场战役开始丧失其政治价值。这种情况愈演愈烈，到战争后半期，各场战役的结果经常被政治事件所抵消。因此，在卡萨布兰卡、德黑兰和雅尔塔召开的那些会议，不仅远比任何一场战役更具决定性，甚至还抵消了后者取得战果的决定性。另外，在军事领域，由于科学技术取得巨大进步，统帅们逐渐沦为大批技术人员和工业家的橡皮图章，而在政治方面，权力渐渐从内阁和国会转移到单个政治家（国家首脑）手中，他们有时候会受到对军事或政治一知半解的亲信们误导，或被自己的宣传所蛊惑，从而在战略和政治方面犯下最严重的失误。

这些决定性会议中的第一场，于1941年12月下旬在华盛顿召开，代号为"阿卡迪亚"。丘吉尔先生于12月12日离开英国，于22日抵达华盛顿。在他出发前，英国外交大臣安东尼·艾登已前往苏联，丘吉尔在海上航行期间收到艾登同斯大林首次会晤后呈交的报告，作为政治家的斯大林从未犯过将战争视为除政策工具外的其他东西的错误。他立即向艾登详细阐述了他认为战后欧洲应当构成的形态，主张将德国拆分成若干小国，恢复波罗的海诸国、芬兰、比萨拉比亚在德国发动进攻前的地位，声称以"寇松线"作为将来的苏波边界线，并迫切地要求英国立即予以承认。丘吉尔的皮箱里揣着这颗"炸弹"，就这样走入白宫。

在此次会议中，为指导战争战略，他们成立了被称为"联合参谋长委员会"的指挥机构，并将其总部设在华盛顿。该委员会包括英国三军参谋长或其代表在内，与美国参谋长进行了联席会议，但显然没有苏联总参谋部人员参加。另外，尽管日本人发动了进攻，但该会议重申[3]，对德国的攻势应优先于太平洋战争，并达成以下协议：

1942年，削弱德国抵抗力的办法是……英国和美国逐渐加强对德国的轰炸力度……以一切可用手段协助苏联的进攻行动……（作战行动）的主要目标是控制整个北非海岸……1942年，除苏联战线外，似乎不太可能对德国展开大规模地面攻势……但1943年也许可以为跨过地中海重返欧洲大陆肃清一条路线，从土耳其进入巴尔干，或在西欧登陆。这种行动将成为最终进攻德国本土的序幕。

注解

1. 参阅他的著作 *The Final Secret of Pearl Harbor* (1954)。珍珠港遇袭时，西奥博尔德将军在那里指挥驱逐舰队，为他这部著作撰写前言的是美国海军最杰出的将领之一，五星上将威廉·F. 哈尔西。另可参阅 *Admiral Kimmel's Story, Rear-Admiral Husband E. Kimmel* (1955)。
2. 之所以说"实力虚弱"，是因为美国舰队的舰艇数量不及日本人，对方发动偷袭时，太平洋舰队的 3 艘航母也不在珍珠港内。
3. 这个问题在 1941 年 3 月 27 日的英美参谋人员会议上首次得到确认。

阿拉曼战役（1942年）和突尼斯战役（1943年）

第十二章

1942年7月头三周,交战双方围绕阿拉曼战线展开冲击和反冲击。隆美尔的一个目的是绝不能让这道战线沦为静态战,而奥金莱克的目的则是全力促成这一点。后者赢得上风,这场战役的结果遂落到了援兵和补给的问题上。

面对这种状况,隆美尔认为到9月中旬自己将取得优势,但在这个问题上他严重失算了,因为从7月底起,奥金莱克已将实施空中突击的重点从前进阵地转移到马特鲁港、拜尔迪耶港和托布鲁克港,这就导致隆美尔不得不以680英里外的班加西港作为他最靠近的安全补给基地。其结果是,到8月中旬,他仍缺编1.6万名士兵、210辆坦克、175辆运兵车和装甲车、1500部车辆。他的军队消耗的补给,是轴心国经地中海所运抵物资的两倍,诚如他所言,若不是在马尔马里卡和埃及西部缴获了敌人庞大的库存,"情况早就难以为继。"[1]

攻占托布鲁克后,隆美尔没有在埃及边界停下脚步,这一点使他受到激烈的批评。的确,如果他这样做的话,就能大大缩短他的交通线,但此举无法解决他的补给问题,因为从长远看,只要马耳他岛仍控制在英国人手中,他在物资储备方面就无法同对方匹敌。另外,一旦进攻阿拉曼阵地的尝试遭遇挫败,他也无法撤至一道后方阵地,因为他手头没有足够的运输工具,无法在补给前进阵地的同时建立一道后方阵地。由于留在原地无法解决将敌人逐出埃及,隆美尔意识到自己必须进攻,不能等到己方部队充分做好准备(他永远无法指望实现这一点),而应抢在敌人彻底弥补其缺陷前动手。

我们应当记住,由于隆美尔名义上是巴斯蒂科元帅的下属,因此,他这支军队的补给由意大利总参谋长卡瓦莱罗元帅(齐亚诺称他是"流氓"和"骗子")[2]负责。为阐明补给状况,隆美尔要求卡瓦莱罗和凯塞林元帅到埃及来同他会晤。三人于8月27日碰面,他们向隆美尔保证,将为他提供6000吨汽油,凯塞林许诺其中六分之一通过空运的方式交付,因此,隆美尔决定进攻。但为保险起见,他又告诉卡瓦莱罗,这场战役的结果完全取决于如期收到燃料补给,后者对此回答道:"您可以继续从事作战,燃料运输已在途中。"[3]对隆美尔来说不幸的是,凯塞林没有提及喷火式战机已于近期到达马耳他岛,而这将彻底改变局势。

隆美尔因此而忙碌起来时,亚历山大将军于8月8日抵达开罗,四天后,蒙哥马利将军向他报到,旋即接掌第8集团军。

蒙哥马利是个精力充沛、自信心超强的人,也是个表演和宣传高手,其言论很大胆,行事却很谨慎。部下们称他为"蒙蒂"。虽说蒙哥马利那种新拿破仑式的豪言壮语有时候会让他手下的军官们哑然失笑,但"我为自己能同你们在一起战斗深感自豪""你们成就了本集团军,你们让这个集团军变得家喻户晓""你们将和我共同见证此事的发展"以及"战场上全能的耶和华""狠狠打击敌人"这些话语的确振奋了他那些部下。他是个在正确的时候、正确的地点出现的正确人选,因为第8集团军遭遇重挫后需要一台新发电机,蒙哥马利就是这样一台发电机。

他刚刚到达司令部便召集工作人员开会,声称自己的任务就是消灭盘踞在北非的轴心国军队,若有人对此表示怀疑的话,最好赶紧滚开。他又补充道,他已命令烧掉所有后撤计划,尼罗河三角洲的防御也对他毫无意义,两周内,他将欢迎敌人发起进攻,但在做好准备前,他不打算恢复攻势。要想实现这一目标,必须有一个精锐军,就像隆美尔的非洲军。因此,他立即抽调2个装甲师和1个摩托化师组建这样一个军。另外,他认为陆军司令部和皇家空军司令部应比邻而居,这样双方就可以从一开始便共同策划他脑中盘算的大规模攻势。[4]

除了加贝斯北面的阿卡里特干河阵地,阿拉曼防线是北非唯一一道无法从南面迂回其侧翼的防线。隆美尔的战术问题是如何突破这道阵地,由于英军布设的雷区,再加上雷区后方的战术特点,这个问题并不容易解决。前者从靠近地中海的艾沙山延伸到盖塔拉洼地边缘的猎人高原,其北部边缘是悬崖峭壁;后者包括两道山脊,一道是鲁瓦伊萨特岭,海拔200英尺,它从战线中央向东延伸,另一道是东南面的阿拉姆哈勒法岭,其最高峰的海拔是前一道山脊的两倍,它朝东北方伸向亚历山大港—马特鲁港铁路线上的哈马姆。

奥金莱克的计划(亚历山大和蒙哥马利以此作为自己计划的基础)是尽量加强并守住海岸与鲁瓦伊萨特岭之间地域。这道山脊以南至猎人高原仅以少量兵力扼守,但应大量埋设地雷。而阿拉姆哈勒法岭则以重兵据守,这样一来,倘若敌快速部队从鲁瓦伊萨特岭北面或南面突破防线,英军都可以从侧翼对其发起反突击,如果敌人沿山脊实施突破,英军则从正面迎击对方。

蒙哥马利接掌第8集团军时,发现防线由第30和第13军据守,前者部署在鲁瓦伊萨特岭北面,后者位于该山脊南面。第30军编有澳大利亚第9师、南非第1师、印度第5师和第23装甲旅;第13军辖新西兰第2师和第7装甲师。亚历山大把第8、第10装甲师和44、第51步兵师留作预备队,而第1装甲师和第50装甲师正在整补。蒙哥马利立即要求获得第44步兵师和第10装甲师,以前者据守阿拉姆哈勒法岭，后者作为快速打击力量占领该山脊最西端。

隆美尔军队的部署如下：位于北面的是德国第164步兵师，然后是意大利第21军，该军编有"特伦托"师、"博洛尼亚"师和拉姆克率领的德国伞兵旅，最后是意大利第10军辖下的"布雷西亚"师，这些兵团沿前线展开。隆美尔的打击力量是他的非洲军，该军编有第15装甲师、第21装甲师、第90轻装师（摩托化步兵）和意大利第20快速军，该军辖"阿列特""利托里奥"装甲师和"的里雅斯特"师。在后方的马特鲁港和拜尔迪耶港，意大利"帕维亚""闪电""皮斯托拉"师担任预备队。

隆美尔的计划是在北面展开一场佯攻，在中央实施一场牵制性进攻，主要突击则在南面发起。8月30日/31日夜间，德国和意大利步兵将在敌雷区最南部地段肃清几条通道，他认为那里的防御较为薄弱，但实际上相当强大。接下来，非洲军将于31日拂晓跟随步兵穿过这些通道，夺取阿拉姆哈勒法山脊并攻往哈马姆。与此同时，第90轻装师、意大利"阿列特"和"利托里奥"装甲师负责在非洲军北面达成突破，并在该军推进期间掩护其左翼。隆美尔的意图是将敌军与他们的补给站的联系切断，而第90轻装师和意大利第20快速军的任务是抓住敌人，尔后将其歼灭。他寻求的是一场决定性战役，为取得成功，那么于31日清晨攻克阿拉姆哈勒法山脊便至关重要。

据亚历山大将军称，交战双方在战线南半部可谓势均力敌。双方都有约300门野炮、中型火炮和400门反坦克炮。隆美尔有500辆中型和轻型坦克，英国第13军有300辆中型坦克、80辆轻型坦克和230辆装甲车，除此之外，英军还有第23装甲旅（100辆坦克）充当预备队。[5]虽说数量大致相当，但隆美尔处于严重劣势，因为他的半数坦克是意大利制造的，性能相当低劣。

对隆美尔来说，阿拉姆哈勒法战役是一场孤注一掷的赌博，因为就他掌握的手段而言，该战役建立在唯一可行的计划上，正因为如此，蒙哥马利才希望对方采用这个计划。蒙哥马利的意图是在充分做好进攻准备前保持坚定防御，对方的进攻对他来说是个天赐良机，他不仅可借此恢复第8集团军的士气，同时还能削弱对手，从而双重确保他的最终进攻取得胜利。为阻滞敌人对英军防线南部地段的进攻，蒙哥马利大力强化了那里的雷区，这样一来，德国人和意大利人在8月30日/31日夜间肃清那里的通道时便受到极大影响。雪上加霜的是，德国第21装甲师师长冯·俾斯麦将军触雷阵亡，非洲军军长内林将军也身负重伤。另外，隆美尔病得很重，无法离开他的拖车。德斯蒙德·扬认为，"这可能是所有不利条件中最严重的一点"，因为隆美尔和查理十二世一样,"在一场战役进行期间更多地依靠他的个人观察和判断,而不是预先制订的计划"。[6]

这些不幸事件的结果是,轴心国军队的进攻毫无突然性可言;非洲军的推进受到延误;第90轻装师的进军更是如此;意大利"阿列特"和"利托里奥"装甲师无法突破雷区。隆美尔丧失了半数打击力量,被迫放弃向东北方卷击的计划,并把非洲军的进攻行动限制在阿拉姆哈勒法山脊西端。但柔软的沙土和英军的空袭给该军

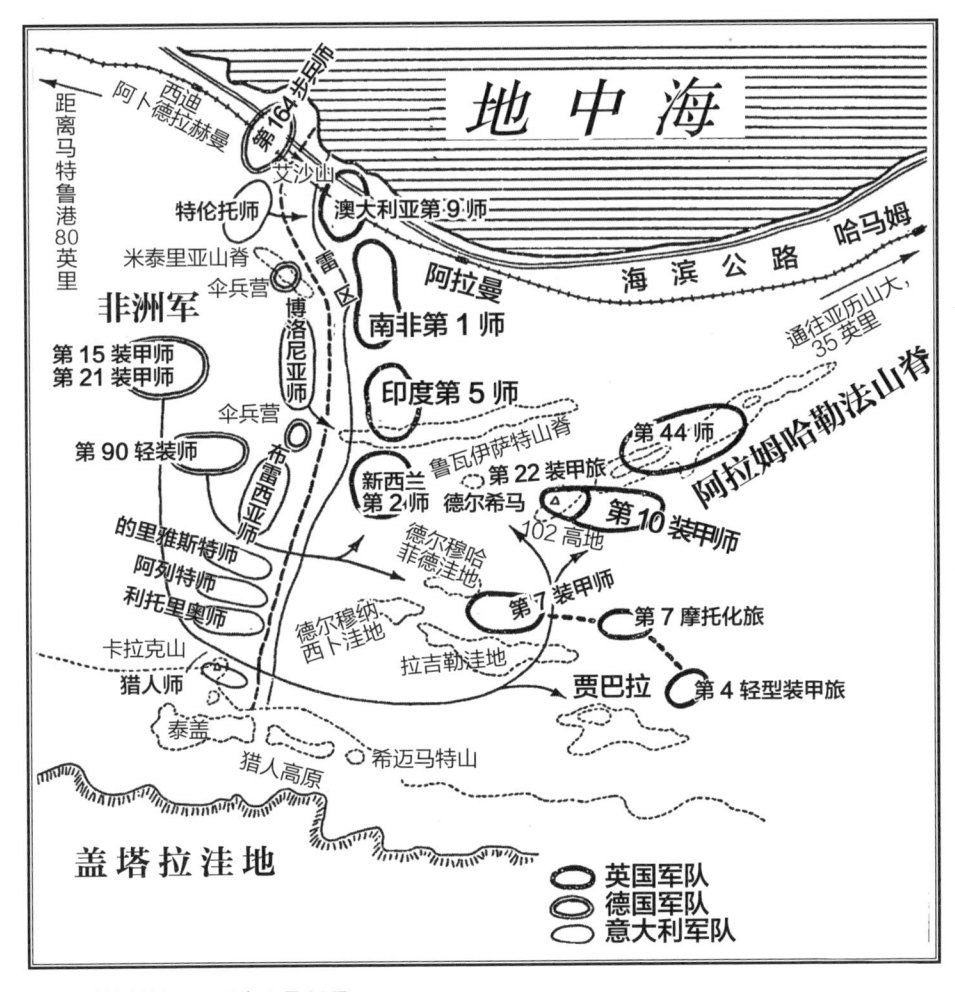

阿拉姆哈勒法战役,1942年8月31日

的行动造成严重妨碍,到下午4点,这场进攻不得不取消。

8月31日/9月1日夜间,德意联军遭到英国皇家空军的猛烈打击,迫使隆美尔于9月1日放弃了实施大规模行动的一切企图,随后仅在阿拉姆哈勒法山脊从事了断断续续的战斗。在此期间,蒙哥马利发现战役主动权已落入自己手中,遂将第10装甲师从南面调至山脊西面,待敌人的进攻耗尽势头后,便和新西兰第2师一同向南遂行反攻。

尽管不断遭到空袭,燃料也严重短缺,但隆美尔还是在9月2日重新发起进攻,由于收效甚微,他不得不下令于3日晨实施后撤。蒙哥马利随后展开反攻,同时命令第7装甲师扰乱敌军南翼。经过激战,他把敌人赶回雷区,于9月7日清晨7点才宣布停止战斗。

隆美尔的损失是,阵亡、负伤、失踪近3000人,还折损50辆坦克、15门火炮、35门反坦克炮和400辆卡车[7];蒙哥马利的损失是1640人阵亡、负伤、失踪,折损68辆坦克和18门反坦克炮。[8]

凯塞林认为,若非隆美尔身患重病,他绝不会退出战斗,因为他已"彻底包围敌人"。[9]这是个荒唐的说法,特别是出自一位经验丰富的军人之口就显得更加荒谬。那里没什么包围可言,这场战役开始后,隆美尔就对其前景不抱任何幻想,因为他深知敌人掌握的制空权已注定了他的失败。他对这个问题发表过许多见解,其中一段是这样说的:"掌握制空权的一方能给对方的补给纵队造成严重破坏,而补给物资的严重短缺很快就会产生影响。(享有制空权的一方)持续监视通往前线的各条道路,从而彻底阻止对方的昼间补给运输,迫使敌人只能在夜间从事运输工作,从而使他们丧失了宝贵的时间。但确保补给运输的畅通至关重要,做不到这一点,一支军队就将陷入停顿,并丧失战斗力。"[10]等我们在下文谈及隆美尔在1944年诺曼底战役期间发挥的作用时,就会了解记住这番话的必要性。

隆美尔写道:"随着这场进攻的失败,我们丧失了夺取苏伊士运河的最后机会。"[11]他知道自己已无可挽回地输掉了这场补给战,即便仅仅因为"超过10万吨的大型运输船队给第8集团军运去最新式的武器装备和战争物资",他认为该集团军"将于9月初到达苏伊士运河"[12],第8集团军带着罗斯福总统赠送的300辆谢尔曼坦克,9月3日到达那里。隆美尔知道敌人将发动进攻,很可能在一个月盈之夜展开行动。[13]凯塞林评论道:"在这种情况下,坐等英国人发动进攻,这种决定正确吗？"他又补充道，德意两国的最高统帅部都不会反对实施一场后撤。[14]虽然他这种假设很不靠谱，但隆美尔留在原地的原因可能是他不愿主动后撤，或者是他没有汽油和车辆执行这种后撤。后一个原因得到齐亚诺支持，他在9月2日的日记中写道："两天内，我们的油轮被击沉三艘。"9月3日他又写道："隆美尔仍停留在原处，更糟糕的是，我们的船只继续被击沉。"[15]可如果隆美尔在下一个月盈之夜到来前撤离，就有可能破坏敌人的计划。

无论出于何种原因，隆美尔都决定实施抵抗并迎战敌军。他的计划是仅以前哨阵地扼守他的前进布雷地带，这片地带埋设了约50万枚地雷和德军缴获的大批英国炮弹及炸弹，并在后方一两千码的雷区实施防御作战。他在北翼纵深部署德国第164步兵师和第90轻装师，派意大利军队据守他们南面的防线，并把麾下装甲师分为两个集群，第15装甲师和"利托里奥"装甲师部署在北面，第21装甲师和"阿列特"装甲师部署在南面。从战术上说，这是个错误的配置，与隆美尔以往的做法截然不同，这可能是他缺乏燃料的无奈之举。他总共有300辆战斗力欠佳、勉强能用的意大利坦克，另外还有210辆德制坦克，其中30辆是配备75毫米主炮的四号坦克，其他的都是配备50毫米主炮的三号坦克。

由于隆美尔病得很重，他决定返回德国，并于9月22日将指挥权移交给经验丰富的装甲部队指挥官施图梅将军，他告诉后者，倘若敌人发动进攻，他将立即返回。这不是个令人满意的安排。回到德国后，他在10月10日获得元帅权杖，攻克托布鲁克后，隆美尔已擢升为陆军元帅，此次不过是补行仪式罢了。

隆美尔忙于从事他毫不值得羡慕的任务时，他的对手亚历山大将军正为一场全面进攻加以准备。早在8月10日，丘吉尔先生就给他下达过一道指令，要求他"尽早"消灭德意军队，但这个日期受到某些因素制约。首先，"火炬"行动计划于11月8日发起，这场行动具有重要的政治意义，其目的是在摩洛哥和阿尔及利亚争取法国人的合作。这场进攻发起前，英军必须决定性地击败埃及境内的轴心国军队。其次，由于300辆谢尔曼坦克9月初才能运抵，还需要数周训练时间加以适应，同时要在一个月盈之夜投入进攻，因此，这个日期定于10月23日/24日夜间①。

---

① 译注：之所以一定要选择月盈之夜是因为部队必须穿越雷区，明亮的月光对排雷和部队通行至关重要。

接下来是个关于大战术的问题：40英里长的战线上，决定性打击应落在何处？虽然战线南部地段的雷区不像北部那么庞大，但在南部成功取得突破会把敌人向北逐往他们的交通线（海滨公路），因此主要突击被决定在北部遂行，以期获得一个通往海滨公路的出口，同时将这条公路南面的敌军主力切断。这个问题解决后，接下来的是个次要战术问题。

由于坦克无法轻松穿越雷区，就像步兵难以越过铁丝网那样，而北部雷区深达5000~9000码，因而初步推进被决定以一种传统方式实施，扫雷组伴随步兵一同进攻，炮兵和轰炸机为他们提供掩护，坦克跟随在后方。

10月6日，蒙哥马利公布了他的计划。主要突击交给奥利弗·利斯中将的第30军，在一条6~7英里宽的战线上以四个师遂行。该军的任务是在雷区打通两条走廊，北面的一条位于艾沙山南面，南面的一条则跨过米泰里亚山脊北端。一旦打通两条走廊，赫伯特·拉姆斯登中将指挥的第10军（辖第1、第10装甲师）就将由此穿过，并与敌装甲力量交锋。与此同时，为欺骗敌人，并把德军第21装甲师牵制在最南面，B.C.霍罗克斯中将指挥的第13军和第7装甲师将对敌右翼发起两场辅助突击。蒙哥马利共掌握七个步兵师、一个"自由法国"兵团、一个希腊旅、三个装甲师和七个装甲旅，共计15万人和1114辆坦克，包括128辆格兰特型和267辆谢尔曼型，这两款坦克都配备75毫米主炮，另外还有2182门火炮，其中包括1274门各种类型的反坦克炮。战役将以一场短暂而又激烈的反炮兵连火力拉开帷幕，待步兵向前推进时，炮火准备改为轰击敌防御。从10月6日至23日晚，皇家空军（500架战斗机和200架轰炸机）将加强对敌交通线和运输部队的打击，然后为炮火准备提供支援，最后将打击重心集中于敌装甲力量所在地。

另外，他们还有个缜密的掩护计划，意图欺骗敌人，从而弥补计划中战略突然性的缺乏。第一项任务是尽量隐蔽各种集结行动，第二项任务是以布设假营房、假仓库、假坦克、假车辆、假炮位、假供水设施和假油管这种手段，在进攻日期和方向方面误导敌人。这可以说是攻击诺曼底之前最煞费苦心的欺骗行动，其原则是"隐藏你有的东西，暴露你没有的东西"。[16]

10月23日晚9点40分，在皎洁的月光下，第8集团军全部炮兵力量（近1000门火炮）同时对敌炮兵阵地开火射击。20分钟后，步兵向前推进[17]，在第30军战线上，24日凌晨1点，他们在未遭受重大损失的情况下攻克敌前沿防御。

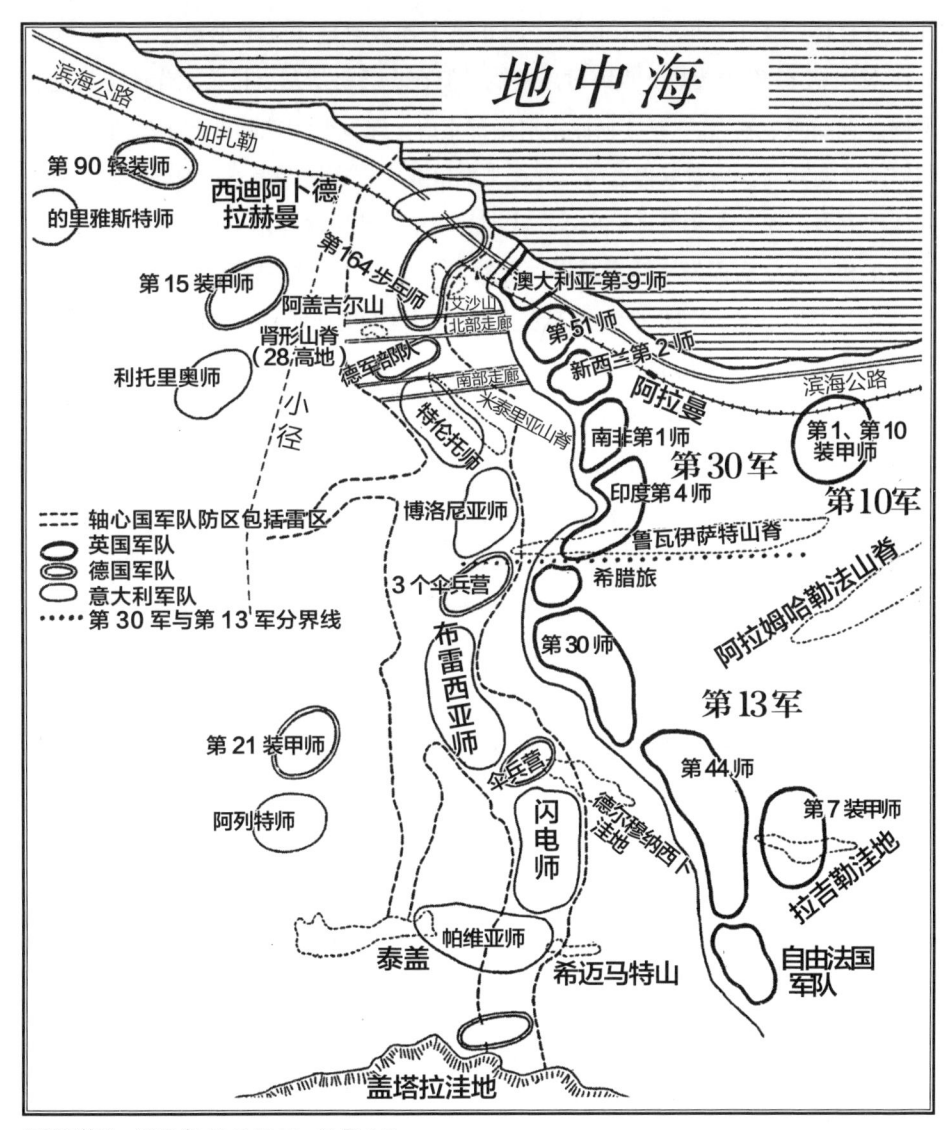

阿拉曼战役，1942年10月23日—11月4日

他们随后停顿了半个小时，以便实施重组，之后恢复进攻，但这次遭遇到激烈抵抗。不过，到清晨5点30分，澳大利亚人的最终目标达成大半，新西兰人顺利完成任务；但在中央地段，第51师被北部走廊中间的一些支撑点所阻，距离其最终目标约 1500 码,而在南面,南非第 1 师被阻挡了几个小时。

英国第 10 军于凌晨 2 点跨过出发线,但在步兵身后从事排雷工作的工兵进展缓慢,直到清晨 6 点 30 分才彻底肃清南部走廊,第 9 装甲旅随即向前推进,第 10 装甲师紧随其后。后者取得进展,并在米泰里亚山脊东坡夺得立足地,但面对敌人的猛烈火力,他们无法更进一步。在此期间,第 2 装甲旅和第 1 装甲师在北部走廊因地雷和敌军炮火而发生严重延误,直到下午 3 点,经过一场猛烈炮击和第 51 师及第 1 装甲师的联合突击,才终于打通这条走廊。这些延误使原定计划时间顺延推迟,导致英军在 24 日没能达成突破。

南面,英国第 13 军取得的进展极为有限,蒙哥马利因而指示霍罗克斯不要再向前推进,而是以局部进攻消耗敌军兵力,同时不得让第 7 装甲师卷入其中。

轴心国防线上的态势迅速恶化,尽管他们的前哨阵地实施了顽强抵抗,但敌人的猛烈炮击粉碎了他们的通信网,导致德意军指挥体系瘫痪。为弄清准确情况,施图梅将军于 24 日拂晓亲自赶赴前线,没过多久便因心脏病突发而死去。隔了几小时获悉这个消息后,非洲军军长冯·托马将军接替了指挥权。

战役打响时,隆美尔正在塞梅林的医院里,24 日下午接到凯特尔元帅打来的电话,询问他的病情是否有所恢复,能不能返回非洲。隆美尔回答说病情无碍,并于 25 日清晨 7 点飞赴罗马。上午 11 点到达那里后,迎接隆美尔的德国驻意大利武官冯·林特伦将军告诉他:"非洲战区仅剩三个油料基数。"也就是说,"的黎波里与前线之间的每部车辆只有可行驶 300 千米的燃料"。[18] 相关经验表明,每天的战斗都需要一个油料基数,在隆美尔看来,这场战役显然大势已去,因为没有汽油,他的军队无法对敌人的行动做出应对。

当晚,隆美尔从冯·托马处获悉,由于弹药严重短缺,施图梅禁止在 10 月 23 日 /24 日夜间炮击敌军集结地域,24 日和 25 日,油料缺乏状况进一步恶化,采取任何大规模运动已不复可能,只有第 15 装甲师几个战斗群尚能投入进攻。[19] 但他们伤亡严重,目前仅剩 31 辆坦克可用。

尽管油料和弹药严重短缺,但轴心国军队实施的抵抗极为顽强,这使蒙哥马利意识到,他的"消耗式"进攻成本太高。他决定把进攻方向调整到更北面,并指示第 30 军、命令澳大利亚第 9 师攻往海岸,切断艾沙山脊北面所形成的突出部内的敌军。与此同时,第 1 装甲师奉命向西攻往英国人所称的肾形山脊,也就是德国人所说的28高地。[20] 这些进攻引发了战役期间最为激烈的厮杀。澳大利亚人的推进取得成功，但第1装甲师到夜幕降临前一直没能取得显著进展，这是因为隆美尔已调动第90轻装师、第15装甲师、"利托里奥"装甲师部分力量和一个神枪手营。他写道："这片贫瘠的土地上血流成河"……天黑后，"我们看到此前在非洲从未见过的密集高射炮火力。英军的数百发曳光弹在空中纵横交错，整个天空成为一片火海。"[21] 最后，南非第1师和新西兰第2师于夜间在米泰里亚山脊取得了1000码纵深的进展，第1装甲师的第7摩托化旅也在肾形山脊上站稳脚跟。

10月26日，局势对蒙哥马利来说很明朗——他这场进攻的势头正在减弱，而他所突入的地域仍受到强大反坦克防御的掩护。蒙哥马利决定实施一场临时性防御，以便重组麾下部队，并集结新锐预备力量在北部重新发起攻击。他命令南非第1师接替新西兰第2师，并把后者调入预备队，其战线由第13军辖内印度第4师接防。另外，他还指示第13军北调第7装甲师和三个步兵旅。

在英军采取这些措施时，也即10月26日/27日晚，隆美尔把第21装甲师调往北面，于27日对肾形山脊展开猛烈冲击，但这场进攻被击退，德军损失惨重，这就使蒙哥马利得以将第1装甲师和第24装甲旅撤入预备队。与此同时，他还命令澳大利亚第9师于28日/29日夜间进攻盘踞在沿海地区之敌。隆美尔显然预料到了这场进攻，为加强自己的左翼，他被迫从南部战线抽调几乎所有重武器和德国部队，并以一直在北部作战的意大利"阿列特"师部分力量接替他们。

29日晚10点，在一场猛烈炮击的掩护下，澳大利亚人发起了冲击，朝西迪阿卜德拉赫曼与艾沙山之间的滨海公路方向攻击前进。激烈的战斗进行了6个小时，隆美尔写道："英国轰炸机编队一波波飞来，将致命的炸弹投向我方部队，或以降落伞式照明弹发出的耀眼光芒将整片大地照得雪亮。"[22] 战斗如此激烈，以至于隆美尔于30日上午开始考虑将部队撤至富凯防线，这道防线从阿拉曼以西50英里的海岸一路延伸到盖塔拉洼地。这是他决意实施一场深思熟虑的后撤的第一个暗示——这种后撤固然是战斗异常激烈所致，更是油料短缺所迫。10月27日，德国空军只交付了70吨油料，29日，齐亚诺在日记中写道："今晚又被击沉一艘油轮……俾斯麦从林特伦处获悉，隆美尔对其部队的军事素质保持乐观，但他对补给情况深感担忧。他现在不仅缺乏油料，就连弹药和食物也不足。"[23]

10月29日上午，蒙哥马利获悉德国第90轻装师已进入西迪阿卜德拉赫曼地区，

1591

这表明隆美尔已对他沿滨海公路达成突破的意图做出应对,因此,他决定将突破进攻的方向调整到南面,对意大利军队展开主要打击。为掩护这场行动并牵制第90轻装师,蒙哥马利命令澳大利亚第9师于30日/31日夜间恢复进攻,并且在此期间,新西兰第2师应做好准备,在现有北部走廊稍北面的敌军防线上强行打开个缺口,实现这一点后,第10军将以第1、第7、第10装甲师穿过这个缺口进入开阔的沙漠地带,行动代号为"增压"。蒙哥马利写道:"这场行动将使我们进入开阔地带,并导致隆美尔盘踞在埃及的军队土崩瓦解。我们必须迫使敌装甲力量迎战,并切断对方的交通线。新西兰第2师的任务是在一条4000码宽的战线上突破约6000码。我明确指出,倘若第30军无法达成其最终目标,第10军辖内各装甲师应自行攻向第一目标。"[24]

10月30日,隆美尔亲自勘探了富凯阵地,虽然他知道,由于意大利步兵几乎没有任何运输工具,在开阔的沙漠地带无异于累赘,但他还是计划以自己的运输纵队尽可能多地装载意大利士兵,在夜幕掩护下将他们撤离,尔后以他剩下的摩托化力量,沿一条宽大战线向西实施战斗后撤。他写道:"但首先,我们必须等待英国人采取行动,确定他们会卷入战斗中,而不会突然以军力投入我方防线的缺口并强行达成突破。"[25]

当晚,澳大利亚人恢复向海岸的进攻,到达那里后,他们转身向东,一举切断北部突出部内的德国第164步兵师。但在第21装甲师和第90轻装师部分力量发起反冲击的协助下,被困的大部分德军士兵顺利逃脱。

蒙哥马利的初衷是在这场进攻后的当晚发起"增压"行动,但相关情况迫使他将这场行动推迟了24小时,直到11月2日凌晨1点,经过一场猛烈的炮火准备,这场行动才在轰炸机接力加强下展开。新西兰第2师的两个旅获得徐进弹幕掩护,在第23装甲旅的支援下,沿一条4000码宽的战线向前推进。他们的任务是冲开一条4000码深的走廊,穿过敌军阵地,肃清地雷区,并为第9装甲旅打开通道,该旅将在拂晓前再向前推进2000码,前出到从西迪阿卜德拉赫曼向南延伸的一条小径,并建立一座登陆场,以便第1、第7、第10装甲师借此冲入开阔的沙漠地带,并遂行一场具有决定性的坦克战。

他们成功肃清了通道,但第9装甲旅于拂晓前不久到达这条小径时,遭遇了一道强大的反坦克防御,此战中英军损失87辆坦克,超过该旅实力的75%。与此同时,第 1 装甲师向前冲去，同非洲军迎头相遇，双方随即在阿盖吉尔山周围展开一场激烈的坦克战。虽说隆美尔的坦克在性能上不及对方，50 毫米和 49 毫米（意大利制）主炮无法对付英军的格兰特和谢尔曼战车，但他还是阻挡住了对方的进攻，并封闭了突破口。不过，隆美尔并不抱有幻想，他意识到自己已输掉这场战役。不仅辖内部队出现瓦解迹象（"利托里奥"师和"的里雅斯特"师部分部队朝后方逃窜），补给状况也"令人绝望至极"。他的军队当日消耗了 450 吨弹药，而三艘驱逐舰运至托布鲁克的弹药总共只有 190 吨。他还指出："非洲军仅剩 35 辆可用坦克。"[26]

隆美尔写道："现在是撤回富凯防线的时候了。"特别是因为"英国人到目前为止一直犹犹豫豫地跟随在后，他们的行动总是以一种通常令人难以理解的极度谨慎为特征"。[27] 他随后犯下个他后来也承认的大错。11 月 3 日清晨，他派副官贝恩特中尉直接向希特勒汇报情况，并要求元首赋予他充分的行动自由。他毫不怀疑元首会批准这项请求，因而命令部分意大利兵团后撤。下午 1 点 30 分，他收到希特勒的回复：原地坚守，寸土不让。电报中写道："至于您的军队，您应当告诉他们，除了胜利或牺牲别无他途。"[28] 隆美尔随即停止后撤，傍晚时又派贝恩特去见希特勒，并给元首带去口信：坚守意味着全军覆没。

11 月 4 日晨，凯塞林赶至隆美尔的司令部，据隆美尔称，凯塞林对他说："元首从东线学到的经验教训是，在这种情况下必须不惜一切代价据守防线。"[29] 而凯塞林在回忆录中的说法与之截然相反，他说他告诉隆美尔："这毫无疑问是个愚蠢的行为，决不能执行希特勒的命令。"他愿意为此承担全部责任。[30]

11 月 3 日上午，蒙哥马利获悉敌人向西退却后，要求沙漠空军集中全力打击后撤中的轴心国纵队。可直到夜幕降临时，他才命令第 51 师和印度第 4 师一个旅，沿一条 4 英里宽的战线向前推进，突破敌反坦克防御的南部地段并打开一个缺口，以便他投入三个装甲师。这项任务于 4 日上午顺利完成。

这是这场战役的最后一个行动，隆美尔对此做出生动的描述：

司令部南面和东南面的尘云遮天蔽日，第 20 军性能低劣的轻型意大利坦克正在那里同 100 多辆英军重型坦克展开殊死战斗，对方绕过了他们敞开的右翼。我派冯·卢克少校率领他的营赶去封闭意大利人与非洲军之间的缺口，他后来告诉我，这个意大利军当时可以说是我们实力最强的摩托化兵团，他们以堪称典范的勇气进行了战斗。冯·卢克以他的火炮全力提供协助,但无法改变意大利装甲军的厄运。一辆辆坦克被炸成碎片或起火燃烧,而英军猛烈的弹幕始终覆盖意大利步兵和炮兵的阵地。最后一封电报15点30分左右发自"阿列特"师:"敌坦克已突破我师南部,我师陷入包围……"[31]

夜幕降临前,意大利第20军已被歼灭。位于其左侧的非洲军遭到突破,军长冯·托马将军被俘。[32]轴心国军队的防线被冲开了一个12英里宽的缺口,隆美尔没有预备力量,也没有油料。尽管希特勒下达了就地坚守的疯狂命令,但后撤不可避免,隆美尔竭尽全力挽救自己的军队。次日晨,元首大本营发来电报,终于批准隆美尔实施后撤。

隆美尔之所以能顺利撤离,甚至于包括他的摩托化部队也能逃离厄运,首先是因为蒙哥马利具有一种过度谨慎的本能,其次是因为英国皇家空军不愿执行低空攻击,当年在维托廖韦内托战役后,他们曾成功实施过这种低空打击。据亚历山大将军说,第8集团军仍可调集"近600辆坦克对付80辆德军坦克"[33],只要蒙哥马利稍稍大胆些,就能让敌军的后撤沦为溃败。关于第二点,德·甘冈写道:"凭借我们实际掌握的空中优势,再加上敌人的混乱状况,在我们这些陆军人员看来,这里满是皇家空军'梦寐以求'的目标。可结果令人非常失望。沿阿拉曼战场至代巴的公路行进时,我原以为会见到毁灭的痕迹,但被击毁的敌军车辆很少,隔很远才能见到一辆。经过代巴后情况有所好转,可即便在这里,我们见到的许多车辆也是因为耗尽燃料而被丢弃的。"[34]他正确地将之归咎于皇家空军过于信赖高空轰炸,而不是低空机炮扫射,这是他们长期忽视低空攻击训练的结果。在他看来,若非如此,隆美尔根本无法撤离。

隆美尔这场后撤的关键是在11月4日/5日晚撤出其军队,虽说发生了一些混乱,但幸运的是,他的对手相当谨慎,担心夜间展开追击会出问题,遂命令部队停止前进。蒙哥马利告诉我们:"11月5日,为遂行追击,我命令部队重组。"[35]因此,他损失了宝贵的18个小时。实施重组后,他决定以第10军(第1装甲师、第7装甲师、新西兰第2师)率领这场追击,第30军在阿拉曼与马特鲁港之间转入预备队,第13军负责肃清战场。尽管发生这种延误,但穿越沙漠的迂回机动还是使他差点切断马特鲁港之敌。11月6日,第1装甲师先遣力量因缺乏油料而陷入停顿[36]，诚如隆美尔所言，他"成功建起一道相当牢固的防线，并击退了敌人的一切进攻"。他又补充道，敌人"小心翼翼地继续其行动"。[37]

隆美尔还指出："道路上的状况难以言述。各纵队彻底陷入混乱，部分是德军车辆，另一部分是意大利军队的车辆，堵在（马特鲁港南面）雷区之间的道路上。道路偶尔出现通行的势头，可很快又堵塞了。许多车辆不得不靠拖曳行进，这是油料严重匮乏所致，因为后撤使油料消耗大为增加。"[38]

加剧双方困难的是（特别是对追击方而言），6日的暴雨导致沙漠中的小径无法通行。英军的追击停顿了24小时。据蒙哥马利称，这场大雨"使隆美尔得免全军覆没"。[39]

在塞卢姆，尽管遭遇空袭，但隆美尔还是为他的部队补充了燃料，使他们得以再后撤60~100英里。这是昔兰尼加最后的油料贮存，此后他不得不依靠运输机提供的燃料进行补给。隆美尔于11月12日放弃托布鲁克，于19日弃守班加西，一路退至阿盖拉东面的老巢卜雷加港。11月25日，蒙哥马利的先遣力量追上了他。

英军这场追击漫长而又快速，他们在20天内前进了约800英里，蒙哥马利的主要目的不是消灭敌军，而是夺取托布鲁克和班加西这些港口作为最终补给基地。亚历山大写道："这是追击部队的任务，他们一路向前时，实力必然受到削弱，这是因为补给方面的困难与日俱增。"[40]

这不是什么新鲜事，因为北非先前的所有战役已表明，诚如艾伦·穆尔黑德的评论："沙漠战的十分之九是补给战。"[41] 令人难以理解的是，为何在阿拉曼战役打响前那么长的时间里，英军没有在埃及建立起有效的空运勤务？可答案很简单，位于伦敦的皇家空军司令部痴迷于战略轰炸，几乎彻底忽略了空运补给的重要性。倘若他们真有一颗热爱飞行的心灵，就应该知道飞机带来的革命不仅能以垂直轰炸补充或替代水平炮击，还能把天空变为一条道路，从而在后勤方面开辟一个全新的领域。

要是蒙哥马利手中掌握足够的空运勤务，他面临的主要补给难题本来是可以解决的。这是此次战役最为重要的经验教训。

一如既往，这场战役的伤亡情况因记录方的不同而有所差异。据隆美尔称，10月23日至11月19日，德军阵亡1100人，负伤3900人，被俘7900人，意大利人阵亡1200人，负伤1600人，被俘20000人，总损失为35700人。[42] 而据亚历山大称，

10月23日至11月7日，轴心国军队的伤亡数估计为10000人阵亡、15000人负伤、30000多人被俘，共计55000万余人。他还指出英军阵亡、负伤和失踪人数为13500人，另折损500多辆坦克。[43]

11月8日，于隆美尔全面后撤之际，盟军发起"火炬"行动，德怀特·D.艾森豪威尔将军指挥的英美联军在北非的卡萨布兰卡、奥兰和阿尔及尔登陆。这些登陆行动分别由乔治·S.巴顿少将、劳埃德·P.弗雷登道尔少将和K.A.N.安德森中将执行。前两股力量是美国军队，第三股力量则是英军，后两股力量编为第1集团军，由安德森将军指挥。

虽然实施"火炬"行动的最终决定已于7月25日做出，但执行这项行动的计划直到六周后才获得批准。这次延误导致盟军没能在冬雨到来前及时定下决心，即在10月初发动进攻，其原因是丘吉尔先生同美国陆海军首脑就第二战线应在何处开辟的问题产生分歧，而斯大林对盟军开辟第二战线的要求非常紧迫。前者倾向于巴尔干地区，目的是阻止俄国人向东地中海扩张，也是为击败德国。后者主张在法国北部开辟第二战场，这是因为他们通过自己的宣传接受了斯大林，同时对战后欧洲政治形态全无认识。这种延误只能通过突袭占领比塞大和突尼斯城（这是整个突尼斯的关键所在）加以弥补，正因为如此，"火炬"行动的海军总司令安德鲁·坎宁安爵士从一开始就力主直接打击比塞大，或至少打击波尼港①，完全不必顾忌敌人从西西里岛和撒丁岛实施空袭的危险。奇怪的是，虽然美国陆海军首脑主张于9月份在法国开辟第二战线，这当然是个更加危险的行动，可由于8月份一支强大护航队驶往马耳他期间遭受到严重伤亡，令他们惊慌失措，以至于不愿批准一场在奥兰以东实施的登陆行动。另外，由于他们担心佛朗哥将军可能会占领直布罗陀并封锁地中海，因而坚持要求部分进攻力量在卡萨布兰卡登陆。

正如切斯特·威尔莫特引用的那样，坎宁安在随后呈交联合参谋长委员会的报告中宣称："在波尼地区甚至更东面实施初步突击的大胆构想没能付诸实施，这令我终生抱憾。如果我们做好准备，将哪怕是一支小股力量投入东面的港口，这种象征性的占领也会严重打击轴心国的士气，我们本来是可以取得成功的。"威尔莫特评

---

① 译注：也就是安纳巴港。

论道："非洲战役拖延到1943年春末，这就导致当年发起任何跨海峡作战已不复可能。盟军在战略方面一直没能弥补大西洋两岸为'火炬'行动发生争执而损失的几个月时间。"[44]

尽管如此，这场作战似乎还是彻底出乎希特勒的意料[45]，但很难理解其原因何在，因为齐亚诺早于10月9日就在他的日记中写道："所有情报和对话使人得出这样一个结论，盎格鲁—撒克逊人正准备在北非武装登陆，之后，他们就打算对轴心国发起打击。从地理和逻辑上说，意大利是第一个目标。"[46]

法国人只对这些登陆行动实施了轻微抵抗，11月11日，正在非洲视察的海军上将达尔朗宣布脱离维希政府，他下令停火，并加入盟国一方。[47]希特勒虽然对盟军的进攻毫无准备，但他以惊人的速度做出了应对。他下令占领维希法国，这导致驻扎在土伦的法国舰队自沉了大部分舰艇，他还派运输机将部队运往比塞大和突尼斯。11月10日，两个团到达那里，后续部队源源开抵，包括第10装甲团、第334步兵师、配备新型虎式坦克的第501装甲团、"赫尔曼·戈林"装甲师和各种意大利兵团，统归于尔根·冯·阿尼姆将军指挥。要是隆美尔在三个月前获得这些力量的半数，阿拉曼战役的结果很可能完全不同。

确保了自己的基地后，艾森豪威尔的任务是以第1集团军挥师向东，夺取突尼斯和比塞大港，他们登陆后立即向前推进。11月12日，一支从海上登陆的突击队夺得波尼港，三天后，美国和英国伞兵在泰贝萨和苏格艾尔巴附近空降。接下来，两个旅使用一切运输工具向前疾进，同德军激战后，于11月25日占领了突尼斯西南方25英里，迈杰尔达河畔的迈杰兹巴卜。

盟军的补给问题变得严峻起来，暴雨和船运遭受的空袭使其更趋恶化。到11月29日，空运补给已击败道路补给。从阿尔及尔到迈杰兹巴卜的路程超过300英里，最好的机场都掌握在轴心国军队手中。各条道路沦为一片泥沼之际，德国运输机却把部队不断运至突尼斯。到圣诞节时，战场上已然形成僵局。虽说迈杰兹巴卜控制在第1集团军手中，但其北面的高地，特别是阿赫迈拉山，都已丢失。以一连串前哨构成的战线向南延伸到丰杜克。这种状况一直持续到1943年2月中旬。

这场僵局到达顶点时，1943年1月14日，丘吉尔首相和罗斯福总统在卡萨布兰卡会晤，商讨日后的战争方向。他们俩都没有参加随后召开的英美参谋人员会议，这场会议讨论的问题涉及全世界，就北非战役而言，最重要的决定是待这场战局胜

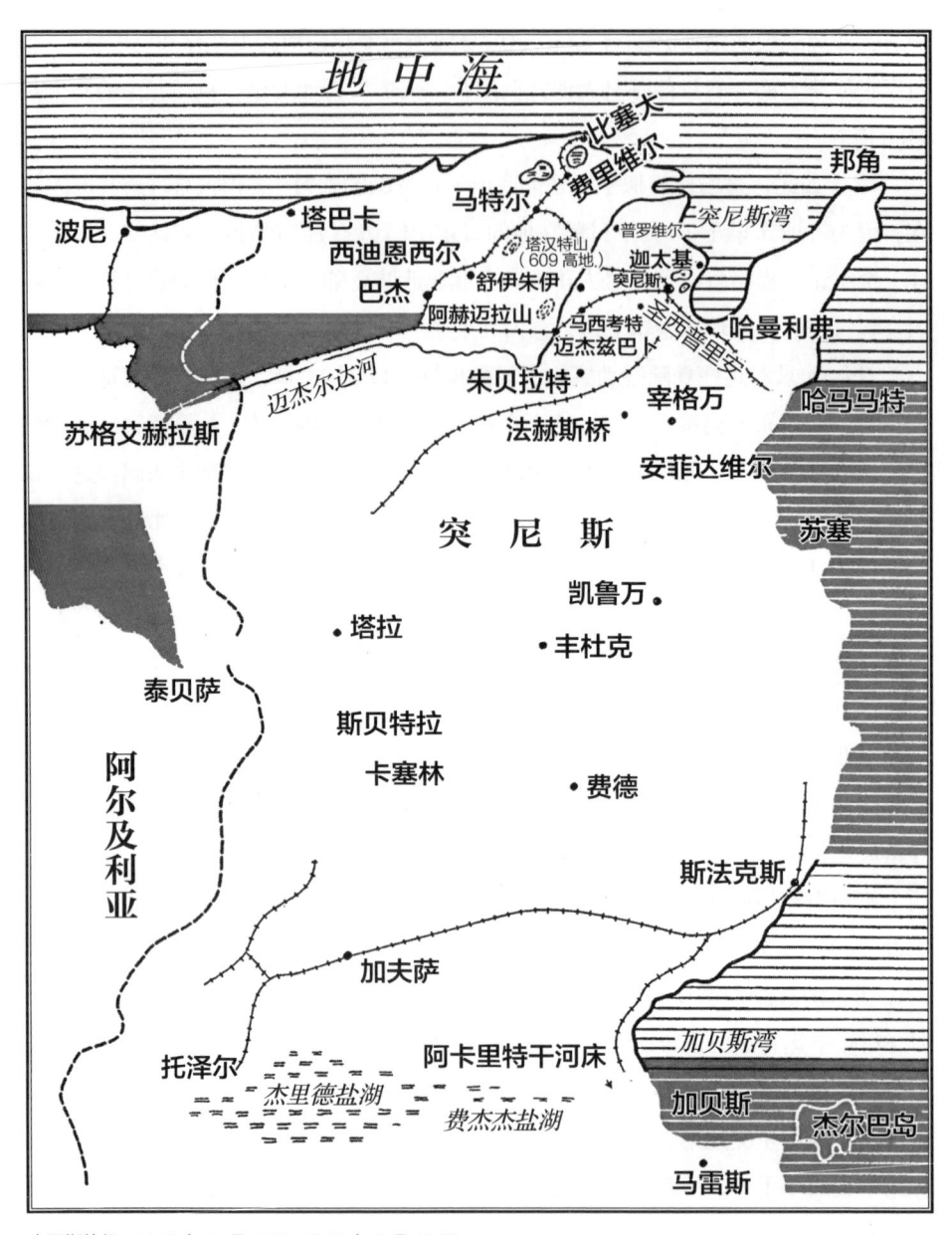

突尼斯战役，1942年11月8日—1943年5月12日

利结束后，盟军将进攻西西里，待第8集团军进入突尼斯，亚历山大将军就将出任艾森豪威尔的副总司令，兼任第18集团军群司令，该集团军群统辖位于突尼斯的所有地面部队。但美国总统和英国首相要求德国、意大利和日本无条件投降的决议却令这些和其他一切决定黯然失色。

这项重大决议是如何做出的，这个问题迄今为止仍是个谜。据总统的儿子埃利奥特·罗斯福说，他父亲首次使用"无条件投降"这个词是在1月23日的午餐会上，列席者除罗斯福总统外，只有丘吉尔、霍普金斯和他本人，丘吉尔说："太好了！我能想象到戈培尔和他们其他人是如何尖叫的。"埃利奥特还写下他父亲对此的评论："当然，这正是俄国人想要的。他们不可能期望比这更好的。无条件投降！乔大叔自己想到的可能也就是这样了。"[48]

戈培尔这个宣传老手肯定对此深感高兴。1942年3月27日，他在日记中写道："要是我在敌人那一方，我会从一开始就打出反对纳粹主义，但不反对德国人民的口号。张伯伦自战争伊始就是这样做的，感谢上帝，英国人没有沿这条路线继续走下去。"[49]1943年4月12日，他又写道："但说到底，英国人①正犯下同样的错误，无疑是受到了丘吉尔的唆使。他们竭力避免明确阐明关于其战争目的的一切内容。我只能补充一句，感谢上帝。如果他们依据威尔逊十四点建议的方针制定一项和平计划，肯定会给我们造成极大的困难。"[50]至于乔大叔，虽然他一心想让德国无条件投降，但他没有愚蠢到把这种想法告知敌人的程度。列宁于1943年2月23日公开表示："把希特勒集团和德国及德国人民混为一谈实属荒谬。"外国媒体指出，其目的是"消灭德国人民并摧毁整个德国"，斯大林斥其为"毫无意义的诽谤"。[51]

罗斯福总统的说法却有很大不同。他说这句话并无预先准备，在1月23日的记者招待会上，"这个念头突然出现在我脑海中……接下来我就知道自己该说些什么了"。[52]虽然丘吉尔在《第二次世界大战回忆录》第四卷中对整件事的表述含糊其辞，并承认后来就"无条件投降"多次发表过不确实的谈话[53]，但当时他是很清楚这件事的，因为他在1943年2月11日告诉下议院："完全是经过充分、冷静、清醒、成熟地考虑了我们的生命和自由所依赖的这些因素，罗斯福总统才在

---

① 译注：通过上下文判断，这里似乎应该是"美国人"。

我代表战时内阁完全赞同的情况下做出决定,卡萨布兰卡会议的基调应当是我们的所有敌人必须无条件投降。"[54] 罗斯福的亲信舍伍德证实了丘吉尔的说法,他告诉我们,总统的"无条件投降公告是经过深思熟虑的",是罗斯福所持政策的真实表述,"罗斯福认为决不能有一场谈判后达成的和平,绝不能让另一份'十四点建议'提出产生另一个希特勒的'豁免条款'。"[55] 后来,丘吉尔于 1944 年 5 月 24 日也在下议院说了类似的话:"但对纳粹德国和日本……将采取无条件投降的原则,这项原则消除了与威尔逊先生'十四点建议'相类似的一切东西的危险,德国人当年战败后声称,他们是考虑了这些建议后才投降的。"[56] 钱伯林先生评论道:"丘吉尔显然没有想到,引起批评的真正原因不是'十四点建议',而是这些建议没能忠实地体现在和平协定中。"[57]

这句不加考虑的口号的含义,对西方世界的未来所造成的影响甚至比伍德罗·威尔逊的"民族自决"更严重。这里应当指出,一位政治家绝不应公开宣布一项不可更改的决定来作茧自缚,通过不断的练习,丘吉尔先生本该知道,政治活动取得成功的本质是"翻手为云覆手为雨而又不丢面子"的能力。

首先,无条件投降意味着战争不再是一种创造政策、建立有利而又稳定的和平之手段,它将成为一件纯属破坏的工具。卡萨布兰卡放出的这头秃鹫将啄食欧洲的内脏。

同当年的波旁皇族一样,罗斯福和丘吉尔什么都没学会,什么都没忘记。他们面前摆放着 1919 年缔结和平失败的例子,希特勒正因为如此而崛起,虽然美国和英国的心理战专家要求阐明"无条件投降"的含义,但他们付诸的努力都因为罗斯福的反对而失败。1944 年 3 月 16 日,美国参谋长联席会议成立的一个委员会对该口号的含义加以研究,建议盟国宣布,虽然战争罪犯会受到惩治,但不会对德国人民不分青红皂白施以惩罚,因为未来的和平需要德国合作。对此,罗斯福于 4 月 1 日的回复是"绝无妥协余地"。[58]

对这个荒诞而又重要的口号所作的所有评判中,最有力的莫过于一位最具资格这样做的政治家的说法。汉基勋爵在《政治、考验、错误》一书中写道:"它加剧了战争的痛苦,不可避免地导致敌人战斗到底,关闭了双方提出条款或进行谈判的大门,使德国人和日本人获得一种源于绝望的勇气,并帮助戈培尔的宣传……还导致诺曼底登陆以及随后穿越法国、比利时、卢森堡、荷兰和德国的浴血苦战变得无可避免。战争的延长使斯大林得以占领整个东欧。这项政策处置了德国和日本更为胜任的行政人员，导致战后无法缔结条约，使恢复和重建严重受阻，不仅在德国和日本，在其他任何地方都是如此。事实还证明，这项政策毒害了我们同昔日敌国的未来关系。它不仅重创了敌国，也使几乎所有国家元气大伤，导致我们（只有美国除外）穷困潦倒、处境艰难。同样不幸的是，这些政策也违背了'登山宝训'，对加强盟国的道德地位毫无益处。"[59] 英美做出这项重大决议当天，已于12月12日开始撤离卜雷加港阵地的隆美尔，将的黎波里丢给蒙哥马利，一路退往马雷斯，那是加贝斯湾的一处天然强化阵地。在那里，趁蒙哥马利忙着重新开启的黎波里港口之际，隆美尔决定打击费德山口以西的美国第2军，从而肃清自己的后方。2月14日，他突破美军防线，于20日占领了卡塞林山口并攻往塔拉和泰贝萨，意图切断敌第1集团军的交通线。23日，他的推进被英美援军所阻并被迫后撤。隆美尔当日被任命为派驻突尼斯所有轴心国军队的最高指挥官，这些军队分为两个集团，冯·阿尼姆将军指挥的第5装甲集团军位于北面，意大利第1集团军部署在南面，编有非洲军、意大利第20军和第21军，由意大利将领梅塞指挥。

隆美尔回到马雷斯阵地后，决定抢在蒙哥马利第8集团军集结起全部军力前，对位于梅德宁的该集团军发起进攻，他于3月6日展开行动，但被对方击退并蒙受严重损失。三天后，他把指挥权暂时移交给冯·阿尼姆，取道罗马飞赴设在苏联境内的元首大本营，向希特勒当面汇报他打算把军队撤回欧洲的计划。这趟旅程纯属徒劳，由于隆美尔病得很重，希特勒命令他在返回非洲"对卡萨布兰卡展开行动"前先休病假。[60]

3月30日，蒙哥马利对盘踞在马雷斯的梅塞将军发起进攻，以一场出色的机动（令人想起钱瑟勒斯维尔战役中的李将军）迂回对方之右翼，迫使梅塞撤往阿卡里特干河床阵地。4月6日，蒙哥马利再度展开进攻，梅塞被迫退往安菲达维尔防线。次日在加夫萨附近，一支美军巡逻队同印度第4师巡逻队会合。10日，第8集团军进入斯法克斯，期间苏塞于12日陷落，13日，第8集团军又在安菲达维尔同梅塞发生接触。至此，第8集团军1800英里的长途追击在这里宣告结束。

2月19日，亚历山大大将军出任第18集团军群司令时，最重要的任务有两项：一是夺取足够的沿海平原，从而修建机场，并利用这些机场切断敌人与西西里岛之间的空中交通线;二是尽快歼灭轴心国军队,并夺取突尼斯和比塞大,以此作为进攻西西里岛的基地。

到四月中旬,他已完成这些任务中的第一项,其充分明证是在4月18日,德军运载部队的飞机组成的一个大型编队被击落50多架。[61] 第二项任务尚未完成,这是个棘手的问题,不仅因为非洲的所有敌军部队都集结在突尼斯,还因为这个国家多山的特点使盟军难以迅速击败对方。这些轴心国军队的兵力超过20万人,相当于14个师,其中包括三个装甲师。他们在四月中旬据守的阵地,从安菲达维尔向西延伸到法赫斯桥隘路南面,从那里北延至迈杰兹巴卜以东,再从那里朝西北方延伸,穿过克鲁米里山脉崎岖的山地,直至塔巴卡以东约12英里的海岸。为歼灭这些敌军,亚历山大手头准备了六个军:第8集团军的第10和第30军、第1集团军的第5和第9军、美国第2军和法国第19军,共计30万人。[62]

亚历山大的计划是在南面以第8集团军进攻敌军左翼,以此牵制敌人;在北面以美国第2军打击敌人的右翼,目标是夺取比塞大;以第1集团军突破敌人位于迈杰兹巴卜的中部防线,打通迈杰尔达河谷,并夺得通往突尼斯的道路。与这场行动相配合的是法国第19军向北攻往法赫斯桥的辅助突击。待敌人被中路突击切为两段后,亚历山大的计划是以第1集团军主力转身向南,"将突破口右侧的敌军大部推向第8集团军坚守的防线",从而阻止冯·阿尼姆和梅塞将强有力的作战部队撤入邦角半岛,他们在那里可能会坚守很长时间。[63]

4月11日,亚历山大命令蒙哥马利以第1装甲师加强第1集团军,于次日定下决心在4月22日发起这场总攻。计划的具体执行安排如下:作为准备行动,第8集团军将于4月19日/20日夜间发起进攻并夺取安菲达维尔阵地。4月22日,第1集团军负责打通进入迈杰尔达河谷的道路。法国第19军朝法赫斯桥攻击前进的具体日期尚未确定。最后是美国第2军,他们将于23日进攻西迪恩西尔公路,其最终目标是舒伊朱伊山口。

第8集团军于4月19日晚9点30分发起冲击,顺利夺得安菲达维尔,但在其北面遭遇激烈抵抗,蒙哥马利于21日决定放弃他的主要突击,集中力量突破海岸隘路。冯·阿尼姆将军获悉所发生的情况后,次日晚在迈杰兹巴卜与朱贝拉特之间发起一场猛烈进攻,意图阻止第1集团军推进,但这场进攻没能达成目的,4月22日晨,第1集团军展开攻势。激烈的战斗再度爆发,冯·阿尼姆将军集中装甲主力对付敌军,直到4月26日,第5军第78师才进攻并占领阿赫迈拉山,这是迈杰尔达河谷的关键所在。在此期间,德军于25日从法赫斯桥以南地域后撤,这使法国第19军前出到该隘路的打击距离内。在中路的战斗进行之际,美国第2军沿迈杰尔达河到海岸的整条战线取得重要进展,4月30日,美军第34师经过艰苦战斗,攻占西迪恩西尔东北面强大的塔汉特山(609高地),打开了通往马特尔的道路。[64]

由于第8集团军的牵制行动已告失败,亚历山大遂决定加强第1集团军的打击力量,他于4月30日命令蒙哥马利将第7装甲师、印度第4师和第201禁卫旅转隶第1集团军,也就是赢得西迪巴拉尼之战的西部沙漠军队辖内部队。这些兵团都分配给第9军,亚历山大打算以该军对通往突尼斯的迈杰兹—马西考特公路发起一场果断的突击。在其右翼提供支援的第1装甲师将在朱贝拉特地域展开行动,第9军推进前,位于其左侧的第5军负责夺取奥卡兹山,以此掩护其左翼。尔后,位于迈杰尔达河北侧的第46师,以及该河南侧的第1和第78师(这三个师都隶属第5军)负责确保第9军在敌军阵地打开的走廊畅通无阻。更东面,为牵制敌军,法国第19军将进攻宰格万山,而第8集团军则在安菲达维尔北面实施局部进攻。在这些行动进行之际,美国第2军继续攻往比塞大。

第9军的进攻行动定于5月6日发起,将沿3000码宽的正面展开,英国第4师居右,印度第4师居左,身后分别跟随第6装甲师和第7装甲师。前两个师将在猛烈的炮火准备和轰炸机掩护下向前推进6000码,建立一条肃清地雷区的走廊。两个装甲师随后便向前猛冲,前出到距离突尼斯不到12英里处。他们接到的命令是既不扫荡敌人,也不卷击左右两侧的敌军,亚历山大希望抢在敌人组织起防御前夺取突尼斯。他写道:"若这些指示得到严格执行,那么我就很有把握将德国人发明的'闪电战'还施彼身,并阻止一场非洲版'敦刻尔克'。"[65]

5月5日下午,经过一场激烈战斗,第5军第1师攻占了奥卡兹山,凌晨3点30分,英国第4师和印度第4师向前推进,400门火炮和战术空军为他们提供支援。[66]这种进攻力量是守军完全无法匹敌的,当日中午11点30分,两个师都达成目标。第6装甲师和第7装甲师随即向前推进,冲开德国第15装甲师残余的少量坦克,突破敌反坦克防御,于傍晚前一举攻占马西考特。在此期间,面对美国第2军不断施加的压力,敌人的北部防线已发生凹陷,5月2日,美国第1装甲师夺取马特尔。5月7日，美国第2军第34师突破舒伊朱伊山口，并同第1集团军左翼会合。

5月7日拂晓，第6装甲师和第7装甲师从马西考特向前推进，于上午8点30分夺取了圣西普里安村。下午2点45分，第11轻骑兵团和第1德比郡义勇骑兵团进入突尼斯。比塞大随后被美国第2军的坦克占领。

态势得到控制后，第7装甲师随即按计划向北攻往普罗维尔，美国第1装甲师则从马特尔向东攻往该镇，此举困住了三个德国师残部，并迫使其于5月9日投降。与此同时，为切断第1集团军和第8集团军之间的轴心国军队，防止他们逃入邦角半岛，第6装甲师（第4装甲师尾随其后）沿从突尼斯通往半岛的公路而下，第1装甲师则从朱贝拉特向其右翼而来。

英军遇到的第一道障碍是突尼斯湾底部的哈曼利弗隘路，这座极为强大的阵地由"赫尔曼·戈林"师据守，并配有一些88毫米高射炮。第6装甲师在这里被阻挡到5月10日上午，以一批坦克穿过海岸边缘后才迂回了敌军阵地。艾伦·穆尔黑德生动描述了随后发生的事情："接下来的10个小时内，他们一举突破到哈马马特。他们轰鸣着驶过德国人的机场、车间、油料和弹药仓库及炮兵阵地。他们没有停下来抓俘虏，因为已毫无必要。就算一颗彗星从道路上掠过也很难给人留下更深的印象了。德国人完全不知所措，无论他们朝哪里望去，似乎都能看见英军坦克正呼啸着通过……德军将领无法下达命令，因为他们已同自己的部下彻底失去联系，所掌握的部队不断减少……惊恐不安的德军部队纷纷逃窜，奔向邦角公路寻找船只。可海滩上既没有船只也没有飞机，这支军队乱成一团。"[67]

亚历山大·克利福德写道："军队的大脑和神经中枢已告瘫痪，再也无法连贯地行使职责。"[68] 这是当年法国崩溃的重演。

5月12日，冯·阿尼姆将军和梅塞元帅投降，25万名德国和意大利官兵放下武器，只有663人经海路逃脱。13日下午2点15分，亚历山大给丘吉尔发去电报：

首相阁下，卑职正式报告突尼斯战役已告结束。敌人的一切抵抗均已停止。北非海岸现已掌握在我们手中。[69]

在北非来回拉锯两年半后，阿拉曼和突尼斯的决定性战役结束了盟军在战争中的第一场胜利战局。他们建起一座基地，从这里可以直接进攻意大利，通往中欧的道路就此打开。美国和英国现在所要做的是以最快速度发展胜利，把意大利逐出战争。

实现这项目标的第一步是于7月10日对西西里岛的进攻，此举导致法西斯大议会于7月24日在罗马发动政变，墨索里尼垮台，国王维托里奥·埃马努埃莱任命佩特罗·巴多格里奥元帅为首相。由于这意味着和平提议，西方盟国本应尽力加以扶持，可无条件投降政策像钳子那般紧紧夹住他们。罗斯福总统在7月26日的讲话中宣布："我们对意大利的条款仍同我们对德日两国的条款一样——无条件投降。我们绝不以任何渠道、形式和方式同法西斯主义打交道。我们决不允许法西斯主义余孽残存。"[70] 由于美国认为巴多格里奥政府是法西斯主义者，因而强烈反对承认其合法地位。

尽管罗斯福总统发表了不可撤销的声明，但他当日发电报给丘吉尔称："我认为我们应当尽量争取无条件投降这一原则，然后善待意大利人民。"[71] 他在原则问题上的态度有所软化，似乎是因为艾森豪威尔将军和联合参谋长委员会认为"若是存在一个意大利政府，无论其政治色彩如何，都有权立即投降，这对我们极为有利"。[72] 可三天后，丘吉尔打电话给罗斯福，称盟国"不应对敌人广播停战条款"，应当由他们的政府"以我们的无条件投降原则为基础，正式向我们请求停战"。[73] 后一句话没什么意义，因为根据1907年海牙和平公约第36款规定，停战是依据双方的协定暂时停止军事行动，这种停战也可根据其条款结束——这不是投降。

对于"无条件投降"究竟是什么意思随后发生一场争执。8月3日，巴多格里奥的特使阿耶塔侯爵抵达里斯本，告知派驻那里的英国大使，整个意大利都渴望和平，愿意同盟国合作。三天后，另一位有权就投降条款进行谈判的意大利特使贝里奥先生与派驻丹吉尔的英国代表取得联系。英国外交大臣艾登先生发电报给正经海路前往魁北克的丘吉尔，问道："我们是否应该回复……巴多格里奥政府必须首先通知我们，意大利将向我们无条件投降？"实现这一点后，"我们再把相关条款告知他们，我们将依据这些条款准备停止对意大利的敌对行为"。丘吉尔在这份电报的空白处用红笔写道："不要错过时机！"他在回电中称："仅靠反复强调'无条件投降'，而不让他们看到哪怕是作为一种恩典而给予的宽大待遇，那么很可能会导致他们坚决不投降。"[74] 可惜，他当初在卡萨布兰卡却没有想到这一点。

于是争执不断,特使们在罗马、里斯本、马德里之间来回奔波,最后到9月2日,在锡拉库萨附近一片橄榄树林中,卡斯泰拉诺将军代表意大利,艾森豪威尔的参谋长比德尔·史密斯将军代表盟国,签署了所谓的"短期停战条件",实际上就是"投降的军事条件"。9月5日,丘吉尔向斯大林通报了这场政治胜利,盟军已于9月3日进攻意大利趾形地区,主要目的是"最大程度地歼灭德国人,并促使意大利人消灭德国人"。[75] 对西方盟国而言不幸的是,这番争执使希特勒获得四周时间将援兵调至意大利。无条件投降的第一颗苦果就是,这个冠冕堂皇的口号导致阿拉曼和突尼斯战役赢得的有利时机化为乌有,紧随这些决定性战役而来的是对盟军最无利可图的意大利战役。

但这两场战役的直接结果还是让两个西方盟国大获其利,因为对北非的征服重新打通了地中海的交通运输,从而使盟军腾出数百万吨船运。它还使盟军可威胁的欧洲被占领地区的面积增加了一倍,从而大大加剧了希特勒消极战线上的负担。此外,它也磨合了英国与美国之间的合作,并使他们各自的作战力量紧密团结在一起。

注解

1. *The Rommel Papers*, edit. B. H. Liddell Hart (1953), p. 269.
2. *Ciano's Diary* (1947), pp. 518—519.
3. *Rommel*, Desmond Young (1950), p. 168. 另可参阅 *Kesselring's Memoirs* (1953), p. 130.
4. *Operation Victory*, Major-General Sir Francis de Guingand, Chief of Staff, Eighth Army (1947), pp. 136—138.
5. *Despatches, Supplement to The London Gazette, February 3, 1948*, p. 845.
6. *Rommel*, p. 169.
7. *The Rommel Papers*, p. 283.
8. *Alexander's Despatches*, p. 846.
9. *Memoirs*, p. 131.
10. *The Rommel Papers*, p. 285.
11. 同上，p. 283。
12. 同上，p. 269。
13. 隆美尔在阿拉姆哈勒法战役前写道："月盈之夜对我们的行动必不可缺，但这样的夜晚越来越少。进一步延误意味着放弃再度恢复进攻的一切想法。"（同上，p. 274。）
14. *Memoirs*, pp. 132—133.
15. *Ciano's Diary*, p. 500.
16. *The Camouflage Story*, Geoffrey Barkas (1952), chap. 6.
17. 有趣的是，为协助部队进入其阵地，并弄清楚他们何时到达目标，英军以探照灯光束照向天空（*Operation Victory*, p. 164）。
18. *The Rommel Papers*, p. 304.
19. 亚历山大将军证实了这一点，他写道："敌人并未以大股力量展开努力，而是投入一些战斗群，每个战斗群约有20~40辆坦克。"（*Despatches*, p. 854）
20. *Operation Victory*, p. 202.
21. *The Rommel Papers*, pp. 306—307.
22. 同上，p. 312。
23. *Ciano's Diary*, p. 515.
24. *El Alamein to the River Sangro* (n.d.), p. 22.
25. *The Rommel Papers*, p. 314.
26. 同上，p. 319。
27. 同上，p. 319。
28. 希特勒的完整电文可参阅同上，p. 321。
29. 同上，p. 323。
30. *Memoirs*, pp. 135, 136. 一段时间以来，隆美尔和凯塞林的关系似乎一直很糟糕。齐亚诺证实了这一点，他在1942年9月9日的日记中写道："现在，他们在利比亚发生争吵，凯塞林跑到柏林，对隆美尔大加抱怨。他们正在讨论召回隆美尔的可能性。"（*Diary*, p. 502）
31. *The Rommel Papers*, pp. 324—325.
32. 冯·托马被带到蒙哥马利面前，后者邀请他在司令部食堂用餐（*Operation Victory*, pp. 208—209）。
33. *Despatches*, p. 858. 德国人实际上只有20辆可用坦克。
34. *Operation Victory*, pp. 209—210. 凯塞林写道："对我们来说幸运的是，尽管存在许多机会，例如在哈勒法亚山口，但敌空军尚未接受过消灭一支战后撤之敌的训练。"（*Memoirs*, p. 136）

35. *El Alamein to the River Sangro*, p. 25.
36. 利德尔·哈特上尉对此的评论可参阅 *The Rommel Papers*, p. 342。
37. 同上，p. 341。
38. 同上，p. 340。
39. *El Alamein to the River Sangro*, p. 25.
40. *Despatches*, p. 859.
41. *The End of Africa* (1943), p. 104. 关于1942年8月的问题，穆尔黑德写道："敌人获得补充和增援的速度三倍于我们。他们经常使用飞机将大批补给物资和援兵送至前线，到达速度比陆路和海路快十倍。我们却根本没使用运兵机。"(*A Tear of Battle, 1943*, p. 237)
42. *The Rommel Papers*, p. 358.
43. *Despatches*, p. 858.
44. *The Struggle for Europe* (1952), p. 114.
45. *Behind the Steel Wall, Arvid Fredborg* (1944), p. 149.
46. *Ciano's Diary*, p. 508. See also p. 520 for November 7.
47. 这里应当指出，这场入侵是对一个中立国公然的侵略行为，就像希特勒所做的那样，至少贝当元帅是这样认为的。
48. *As He Saw It, Elliott Roosevelt* (1946), p. 117.
49. *The Goebbels Diaries*, p. 102.
50. 同上，p. 251。
51. *America's 2nd Crusade, William Henry Chamberlin* (1950), p. 289.
52. *The White House Papers, etc.*, vol. II, p. 693.
53. 同上，p. 616。
54. *Parliamentary Debates, Fifth Series,* vol. 386, col. 1473.
55. *The White House Papers, etc.*, vol. II, pp. 693—694.
56. *Parliamentary Debates, Fifth Series,* vol. 400, cols. 783—784.
57. *America's 2nd Crusade*, p. 290.
58. *Persuade or Perish, Carroll Wallace* (1948), p. 320.
59. 1950年版，第125—126页。自1906年起，汉基勋爵先后担任过枢密院书记、内阁大臣、帝国防务委员会成员和战时内阁成员。
60. *The Rommel Papers*, p. 419.
61. *Alexander's Despatches*, p. 878.
62. 马特尔将军称 (*Our Armoured Forces, 1945,* p. 237.)，亚历山大将军有1400辆坦克，而敌人只有120辆。
63. *Alexander's Despatches*, p. 878.
64. 在 *A Soldier's Story* (1951) 一书第87页，奥马尔·N. 布拉德利将军饶有趣味地阐述了坦克在山地战中发挥的作用。
65. *Despatches*, p. 881.
66. 共投入2146个架次。参阅 *Report of the Commanding General of the [U.S.] Army Air Forces, 4th January, 1944,* pp. 43—44。
67. *The End of Africa* (1943), p. 201.
68. *Three Against Rommel* (1943), p. 411.
69. *Despatches*, p. 884.
70. *The White House Papers, etc.*, vol. II, p. 738.
71. *The Second World War, Churchill* (1952), vol. V, p. 51.

72. *The White House Papers, etc.,* vol. II, p. 739.
73. *The Second World War,* vol. V, p. 56.
74. 同上，vol. V, p. 91。
75. 同上，vol. V, p. 99。

大事记
北非战事

美国参战使这场战争不仅在范围上扩大到全球，在性质上也变得无所限制。原先的主要战区是大西洋、苏联和北非，现在则要加上太平洋和印度洋。由于没有一个大国能置身局外充当仲裁者，战后问题（也就是未来和平的形态）变得至关重要。

两个西方盟国（美国和英国）的目标是消灭希特勒主义，而希特勒未能攻占莫斯科则表明，他在美国参战前将苏联逐出战争的期望已告破灭，西方盟国的目标显然已发生变化，不仅要铲除希特勒，还要防范斯大林。若他们无法做到这一点，那么，德国被粉碎得越是严重，西方国家在这场战争的政治方面就会输得越惨。

要想实现这个双重目标，必须在苏联充分发展其实力前将德国逐出战争，由于西方盟国并不希望在这种情况成为可能前击败德国军队并占领德国，他们唯一合理的做法是帮助苏联，以免她被德国击败，同时与德国国内广泛存在的反纳粹团体紧密合作，在德意志帝国内部煽动革命，另外还要把意大利逐出战争。若能实现后一个目标，并在德国国内挑起反抗运动，那么，除非发生不太可能发生的事件，例如苏联同德国恢复1939—1941年的条约，否则，无论苏联出现什么情况，西方盟国都将在战略上处于有利地位，不仅可以突破德国南方战线的中央地段（这道战线从比斯开湾延伸到黑海），还能在苏联人进入东欧和中欧时，从南面对其构成侧翼威胁，从而迫使其就范。盟国的军事战略目标应当是维也纳，而不是巴黎。如果他们能用这两把钥匙打开不同的锁，并在德国国内引发一场革命，同时占领（或仅仅威胁）

维也纳，他们就有可能在希特勒仍同苏联作战时消灭希特勒主义，从而成为战后和平的仲裁者。正是出于这个原因，在战争显然即将结束时，斯大林才会一再要求西方盟国在法国北部开启第二战线，以此让他的盟友尽量远离维也纳。

在德国国内煽动革命，这个政治目标的重要性被忽略了。不止如此，1942年1月13日，盟国政府在伦敦召开一场会议，不仅没有考虑同反纳粹团体合作事宜，反而保证其成员国会在战争结束后惩治轴心国战犯——这是个愚蠢至极的做法，因为很明显，惩治他们最有利可图的办法是扶持并帮助反纳粹团体，使其国家在战争期间摆脱希特勒主义。另外，5月26日，英国政府犯了个毫无必要的错误，她同苏联签署了为期20年的同盟条约，而没有附加任何领土条款：这就意味着一旦德国被击败，苏联就可以腾出手来在东欧实施扩张。难怪丘吉尔先生写道："斯大林几乎要欢呼起来。"

将意大利逐出战争，从各方面看都是个可行的行动，阿卡迪亚会议考虑进攻西北非的计划时，各国参谋长曾讨论过这个方案。之所以考虑这个计划是因为：英军已在利比亚同意大利人和德国人交战；法国人在摩洛哥和阿尔及利亚无法实施有效抵抗；意大利人在为他们的利比亚驻军提供补给方面所面临的困难极大，无法在那里维系一支更大规模的军队；两个西方盟国很快就将掌握足够的兵力和手段，从而确保进攻北非的行动取得成功。

1941年4月，轴心国驻利比亚军队实际上的指挥官隆美尔将军（名义上的指挥官是埃托雷·巴斯蒂科将军）发起他的首次战役，将敌人逐回了埃及边界。阿奇博尔德·韦维尔爵士明智地坚守托布鲁克，从而使敌人无法获得班加西（托布鲁克以西340英里）以东唯一的良港。坚守托布鲁克导致韦维尔在埃及的打击力量减少了两个师，但此举阻止了他的对手继续向东推进，也拉伸了敌人的陆地交通线，迫使隆美尔不得不围攻托布鲁克——后者必须将其攻克，然后才有足够的兵力继续攻往亚历山大港。

本书无意详细探讨随之而来的一连串交战，但有必要说明利比亚长期成为交战双方的赛马场的原因：双方的军队轮流向前全力冲杀，直到耗尽势头，然后他们被迫迅速折返，以免被歼灭。其原因几乎完全在于补给问题，就像一根橡皮筋，两支军队的补给线都可以在相对安全的范围内，从基地（一方在的黎波里，另一方在亚历山大港）向前延伸300~400英里。但由于这两个基地之间的距离超过1400英里，任何一支军队若想继续向前就必须建立中间基地，否者，这根橡皮筋就有断裂的危险。双方的补给问题，实际上就是如何增加各自补给体系的弹性。这一点只能通过他们在各自的主要基地建立库存，并逐渐向前推进其基地来实现。由于交战双方与其本土都被大海所隔，这场角逐也受到海上交通的限制。

意大利参战后，英国与亚历山大港和苏伊士运河之间的主要交通线不得不取道好望角，这条航线的长度约为1.2万~1.3万英里，比意大利人位于墨西拿与的黎波里之间的交通线长37倍左右。但只要马耳他岛仍是英国人的潜艇和空军基地，则穿越地中海就比越过大西洋和印度洋更加危险。跨越1400英里陆地交通线的难度对英国人极为有利，倘若希特勒在法国沦陷后接受海军元帅雷德尔的建议并占领直布罗陀，就会使马耳他岛难以为继，那么眼下的情况就将截然相反。

1941年5月1日，隆美尔试图进攻托布鲁克，结果以失败告终。当年8月，德国为他提供的补给和增援，有35%被击沉在地中海，直到10月份，这种被击沉比率上升到75%时，德国最高统帅部才把25艘潜艇从大西洋调至地中海，力图减少损失。这种措施立即改善了情况，隆美尔开始考虑重新发起进攻，但在他动身出发前，已接替韦维尔的克劳德·奥金莱克将军于10月18日在西迪雷泽格附近对他展开进攻，经过一场激烈的拉锯战，奥金莱克将他击退到阿盖拉，这是一处地势险要的阵地，位于锡德拉湾最南端。

由于英军这根橡皮筋此时已临近断裂点，奥金莱克本应该下令后撤，特别是因为德国最高统帅部已意识到马耳他的重要性，当年12月，该岛遭到猛烈空袭。在此期间，英国地中海舰队也遭受到潜艇、飞机和水雷攻击。"皇家方舟"号航母、"巴勒姆"号战列舰、2艘巡洋舰、2艘潜艇和1艘驱逐舰被击沉，12月18日夜间，"伊丽莎白女王"号和"勇士"号战列舰在亚历山大港被蛙人操纵的鱼雷炸伤后坐沉。英国人的处境岌岌可危，到1941年年底，其海军力量在地中海东部仅剩3艘巡洋舰和几艘驱逐舰。另外，1942年1月间，轴心国在地中海运输的物资可以说毫发无损，其结果是，1月21日（也就是奥金莱克结束战役五天后），隆美尔再度发起进攻，到2月7日已将敌人击退到贾扎拉—比尔哈凯姆一线，位于托布鲁克西面和南面约20英里处。

由于这场攻势恰好在德军对苏战局失利后进行，希特勒终于被说服，接受了雷德尔元帅的建议，后者于1942年2月13日指出："德意两国尽早对苏伊士运河上的要点发动进攻,具有最大的战略重要性。"3月12日,雷德尔又提出关于马耳他岛的建议,称占领该岛对进攻苏伊士运河的行动极为有利。希特勒同意了,4月间,德军加大对马耳他岛的空袭,当月共出动5715个飞行架次,为德意联军5月份从海上进攻该岛("赫拉克勒斯"行动)加以准备。希特勒随后又改变主意,决定将这场突击推迟到7月中旬,在此之前,隆美尔应攻克托布鲁克,完成对利比亚的征服,只有等他做好攻往亚历山大港的准备,马耳他行动才会发起。

在此期间,奥金莱克在5月初就开始对计划于6月7日展开的另一场进攻加以准备,但已获得加强的隆美尔先发制人。5月26日晚,隆美尔在比尔哈凯姆打击敌军左翼,攻克这个支撑点后转身向北,经过近四周的激战,于6月21日攻占托布鲁克,俘获3.3万名俘虏,还缴获大量战利品。两天后,他跨过埃及边界,迫使敌人撤向马特鲁港,再从那里退往从海岸边的艾沙山(阿拉曼以西10英里,亚历山大港以西60英里)至南面35~40英里的盖塔拉洼地一线。英军于6月30日占据这道防线。

在此期间的6月15日(也就是隆美尔仍在托布鲁克城下时),希特勒再度更改主张,他对意大利人能否夺取马耳他岛深感怀疑,因而决定暂时不进攻该岛,转而以持续的空袭杀伤守军,并以封锁迫其就范。最后,隆美尔停在阿拉曼一线,紧急要求调派援兵时,拨给他的增援力量就是原本打算用于攻占马耳他岛的部队。凯塞林元帅时任南方战区总司令,在名义上是隆美尔的上司,以他看来,此举不仅中止了进攻马耳他岛的行动,"对整个北非的事业也是个致命打击"。

托布鲁克陷落时,丘吉尔先生正在华盛顿同罗斯福总统探讨以下问题:发明一颗原子弹的可能性;潜艇战;1943年在法国开辟第二战线,1942年在北非建立一条次要战线。他在回忆录中告诉我们,托布鲁克失陷是他这一生中遭受的最沉重的打击之一,罗斯福总统慷慨地提供了援助。尽管美国陆军也急需武器装备,但罗斯福还是为他提供了300辆谢尔曼坦克和100门自行火炮,这些技术装备被立即运往了苏伊士运河。

送出这份慷慨的礼物后,双方立即召开会议商讨日后的战略,并讨论了三个问题。第一个问题是把美国军队运至英国,为1943年进攻法国的行动(代号"波莱罗")加以准备。另外,为帮助苏联,盟国认为1942年也有必要采取些行动,因此第二个问题是进攻法属北非(代号"体育家"),而第三个问题是对法国发起规模有限的进攻,目标是占领瑟堡或布雷斯特半岛(代号"大锤")。

英国战时内阁已于6月11日接受第三点，因为这是马歇尔将军最青睐的计划。但由于英国三军参谋长认为这个项目完全不切实际，因此，丘吉尔先生回国后，于7月8日写信给罗斯福总统，建议取消这个计划，并称"体育家"是帮助苏联的最佳手段。他写道："那里才是1942年真正的第二战线。"因为这项行动若能取得成功，就将对意大利构成威胁，并把德国空军力量调离苏联。但马歇尔对此表示强烈反对，罗斯福总统不得不在回函中称，除非丘吉尔能说服马歇尔，让他相信该计划不够合理，否则美国只好调整其战略，将主要努力付诸太平洋地区。为打破僵局，马歇尔将军和金海军上将7月18日来到伦敦，随后同英国三军参谋长们进行了两次会晤，由于后者坚决不肯让步，这个问题只好交还给罗斯福，总统回复称，既然无法说服英国人取消对"大锤"行动的反对，那么他的代表团应该接受"体育家"行动。这项行动的代号改为"火炬"，显然是为安抚马歇尔，次日（7月25日），罗斯福总统发来电报称，登陆北非的行动"不能迟于10月30日"。这个日期最终改为11月8日。

奥金莱克回到阿拉曼防线后，一连三天所面临的情况都极为危急，他甚至已做好撤往尼罗河三角洲的准备。但对他来说幸运的是，隆美尔的军队已成强弩之末。自德军进攻比尔哈凯姆以来已取得400英里进展，突击势头逐渐减弱。面对英军占有优势的坦克力量，他们只有50辆德制坦克和54辆意制坦克可用。虽然双方都试图击退对方，但到7月底，战斗稳定下来，并演变为阵地战。

丘吉尔8月2日飞赴开罗，任命哈罗德·亚历山大将军为中东战区总司令，就此替换了奥金莱克，并把伯纳德·蒙哥马利中将派给亚历山大，由前者指挥埃及境内的英国第8集团军。

斯大林格勒战役，1942—1943年

第十三章

1942年6月28日，德国B集团军群辖内第2集团军和第4装甲集团军突然从库尔斯克周围攻往沃罗涅日，斯大林格勒战役就此拉开帷幕。苏联红军对此猝不及防，因为库尔斯克—伊久姆一线缺乏通往东面的道路，他们没料到德国人会在这片地区发动大规模攻势。因此，奥斯科尔河的防御不过是一些前哨阵地而已。6月30日，德国第6集团军从别尔格罗德与沃尔昌斯克之间向东攻击前进，三个德国集团军的推进异常迅速，以至于希特勒认为苏军的抵抗行将崩溃。7月3日，第2集团军和第4装甲集团军的先遣部队逼近沃罗涅日，而第6集团军的先遣力量已渡过奥斯科尔河，并攻往顿河畔的科罗托亚克。德国人于7月5日到达沃罗涅日，双方在此发生激战。但希特勒并不打算攻占该城，因而命令第4装甲集团军，在得到第2集团军接替后便转身向南沿顿河而下，而第6集团军则转向东南方的罗索什。

　　这些行动开始后没多久，7月9日，第1装甲集团军从伊久姆与库皮扬斯克之间沿顿涅茨河北岸出发，一举夺得利西昌斯克，10日，该集团军逼近米列罗沃时，第4装甲集团军占领了坎捷米罗夫卡。这些机动的目的是到达罗斯托夫地区苏军交通线的后方[1]，同时从北面和东面掩护第1装甲集团军推进。由于德军攻入沃罗涅日的尝试造成一场延误，这令希特勒大为恼火，7月13日，他解除了冯·博克元帅的职务，以冯·魏克斯将军取而代之，第2集团军司令一职则交给冯·扎尔穆特将军。

　　哈尔德将军于7月16日描述了相关态势："卡缅斯克北面直至米列罗沃，是一片混乱的交战地域，盘踞在这里的敌军被夹在从西面而来的第1装甲集团军与从北面而下的第4装甲集团军之间，企图分成几个集团朝各个方向突围。与此同时，这片混乱战场的东面，'大德意志'师和第24装甲师正在未遭受敌军激烈抵抗的情况下冲往顿河。"[2]

　　苏军于7月17日弃守伏罗希洛夫格勒，在第17集团军猛烈追击下退往东南方，后者是从塔甘罗格北面发起推进的。同一天，第1装甲集团军在卡缅斯克渡过顿涅茨河。而在顿涅茨河西面，第4装甲集团军从北面沿顿河而下，第6集团军位于其西翼，他们都没有遭遇抵抗。同样在7月17日，希特勒下达一道命令，最终导致这场战局以惨败告终。他担心克莱斯特第1装甲集团军的实力不足以强渡顿河下游，因而命令霍特以第4装甲集团军主力提供支援，这就导致第6集团军孤军深入斯大林格勒地区。哈尔德强烈反对这种变更[3]，但希特勒没有听取他的意见，虽然他应该能清楚地看出，若能保持目前的进军速度，则斯大林格勒很可能在做好防御准备前便告陷落——第6集团军的突击势头依赖于第4装甲集团军的配合。因此，希特勒又一次分散力量，从而毁了这场战局。正如我们所知，德军于1941年没能夺取莫斯科，是因为他把古德里安装甲集群调往基辅，而他没能攻克斯大林格勒的主要原因是霍特装甲集团军从顿河中游调往下游。

争夺顿河渡场的战斗相当激烈，7月19日，霍特第4装甲集团军的前卫力量在齐姆良斯卡亚夺得了河对岸一处登陆场。两天后，克莱斯特第1装甲集团军从北面扑向罗斯托夫，据哈尔德称，突破了"彻底丧失士气的敌军"。[4]7月22日，苏军设在罗斯托夫的内环防御圈崩溃，德国第17集团军在四个地段渡过顿河。第6集团军继续攻往斯大林格勒，7月24日到达该城西面的顿河河岸。

到7月23日，两个装甲集团军集结在罗斯托夫及其东部地域造成巨大的混乱，迫使希特勒不得不召开一场会议，会场上发生激烈争执，希特勒把目前的混乱局面完全归咎于陆军总参谋部。哈尔德在日记中写道："这种情况越来越让人无法忍受。现在根本谈不上严肃的工作态度。这种所谓的领导，其特点就是凭一时印象做出的病态反应，对指挥机构及其能力完全缺乏理解（也就是说，希特勒不知道的是，恰恰是他的不断干涉搞乱了一切）。"[5]尽管希特勒插手干预，但苏联红军似乎无力阻挡德军推进，这场战局已取得无与伦比的成功。情况如此危急，以至于克里姆林宫不得不通过他们派驻美国和英国的间谍发起一场声势浩大的宣传战，提出立即在西部开辟第二战线的要求。[6]当年8月，这番宣传促使英军在迪耶普登陆，虽然这场行动以失败告终，但深感震惊的希特勒还是下令把最精锐的两个师调往西线。[7]

被驱离顿河下游的苏军退往马内奇河，但又被克莱斯特第1装甲集团军击退，该集团军于7月27日沿一道宽大战线散开，兵分三路攻往黑海：一路攻往伏罗希洛夫斯克①，一路攻往迈科普，一路位于他们中间，攻向阿尔马维尔。

7月底的态势如下：北面的第6集团军，由于缺乏油料和弹药[8]，再加上第4装甲集团军调离后缺少装甲力量，经过激烈战斗后停在卡拉奇正西面的顿河河段；第4装甲集团军已到达新罗西斯克—斯大林格勒铁路线上的普罗列塔尔斯卡亚；位于南面的第1装甲集团军攻往迈科普—伏罗希洛夫斯克一线；而第17集团军和调自

---

① 译注：也就是斯塔夫罗波尔。

斯大林格勒战役，1942—1943年

克里米亚的罗马尼亚第4集团军,迫使敌人"落荒而逃"后[9],正向新罗西斯克和图阿普谢开进。

7月30日,希特勒再次做出了一个重大决定,他通过约德尔在一场会议上向将领们宣布:"……高加索山区的命运将在斯大林格勒决定,鉴于这场战役的重要性,有必要从A集团军群为B集团军群抽调兵力……第17集团军正将敌人从顿河步步逼退,第1装甲集团军必须立即转向南面和西南面,抢在对方到达高加索山区前将其切断。"哈尔德对此写道:"简直是一派胡言。这股敌军正在逃命,他们会赶在我方装甲部队前到达高加索北麓,我方部队将在敌军防线前方发生另一场危险的堵塞。"[10]

为执行这些指示中的第一项,霍特装甲集团军于8月1日返回B集团军群建制[11],奉命沿新罗西斯克—斯大林格勒铁路线开赴东北方。该集团军起初遭遇的抵抗微乎其微,进展相当迅速。8月3日,他们占领了科捷利尼科沃,但从这时起便遇到激烈抗击,8月9日,该集团军被迫转入防御,其结果是不得不放弃凭一己之力夺取斯大林格勒的一切想法。

在霍特卷入激战之际,德国第6集团军恢复进攻,尽管遭遇激烈抵抗,但还是在顿河畔夺得一片渡场,他们将苏军驱离卡拉奇,并朝斯大林格勒发起最后的冲刺。8月23日,第6集团军到达斯大林格勒北面的伏尔加河,并占领该城北郊。他们随后封闭了顿河与伏尔加河之间的缺口,这个缺口从卡恰林斯卡亚延伸到杜博夫卡,9月2日又同霍特在科捷利尼科沃建立联系。9月12日,集团军司令冯·保卢斯将军①接到希特勒发来的命令,要求他于9月15日攻克斯大林格勒。

南面,A集团军群在遭遇苏军轻微抵抗的情况下迅速前进,第17集团军攻往克拉斯诺达尔和新罗西斯克,第1装甲集团军攻向伏罗希洛夫斯克和迈科普。8月3日,阿尔马维尔和伏罗希洛夫斯克陷落,8月9日,在第17集团军攻占克拉斯诺达尔时,第1装甲集团军到达迈科普油田,次日,其东部纵队夺得皮亚季戈尔斯克。据莱德雷上校称(引自克雷洛夫的日记),克莱斯特之所以迅速取得进展,主要原因是利沃夫将军的库班哥萨克师叛变。后来,该师1.5万名官兵被调至阿斯特拉罕,

---

① 译注:保卢斯不是贵族,"冯"这种称呼纯属以讹传讹。

每三人中就有一人被枪毙。[12] 8月22日，克莱斯特的部下在厄尔布鲁士峰（海拔18526英尺）升起万字旗，8月25日，他们又攻占捷列克河畔的莫兹多克。9月6日，苏军在黑海最后的海军基地新罗西斯克落入德国第17集团军手中。

尽管取得这些成就，但自8月中旬以来，A集团军群的进攻势头迅速衰落，9月9日，凯特尔告诉哈尔德，希特勒已经决定解除李斯特元帅的指挥权。[13] 冯·克莱斯特将军接替他的职务，而第1装甲集团军司令一职则由埃伯哈德·冯·马肯森将军担任。

指挥层面的这种变更无法解决问题，因为丧失进攻势头的主要原因是缺乏油料。冯·克莱斯特说："我们的大部分补给不得不通过铁路线从罗斯托夫瓶颈运来，因为黑海这条路线被视为不够安全。部分油料经空运交付，但其总量并不足以维持进军势头，就在我们的前景看好之际，部队不得不停止前进。"他又补充道："但这不是造成失败的最终原因。要是我的部队没有被一点点调去协助进攻斯大林格勒，我们还是能实现目标的。除了部分摩托化部队外，我还不得不交出整个高射炮军，以及除侦察机中队外的全部空军力量。"[14] 利德尔·哈特上尉写道，其他将领"证实了克莱斯特关于失败原因的说法，特别是油料短缺——为等待补给物资运抵，装甲师有时候不得不停滞数周。由于这种短缺，就连运送油料的卡车也陷入停顿，油料只能用骆驼运送……"[15]

到9月12日，在德军即将冲击斯大林格勒时，他们在高加索山区的推进却停在图阿普谢—厄尔布鲁士山—奥尔忠尼启则—莫兹多克—埃利斯塔[16]一线；德军的南方战线从库尔斯克和沃罗涅日起，穿过斯大林格勒、埃利斯塔和厄尔布鲁士山，直至图阿普谢——此时的长度已超过1250英里。这个数字再加上库尔斯克与列宁格勒之间的800英里，就是说德国军队在苏联的正面战线总长度超过2000英里。这一点，以及希特勒手中掌握的兵力和资源，维持这条战线所需要的大量交通线，以及德军战线后方游击战的激烈程度，均能表明希特勒确实不是个合格的战略家。

1942年的斯大林格勒是个狭长的工业城市，人口约50万人。她位于伏尔加河河曲部正北面，沿该河右岸延伸18英里，伏尔加河从这里流向东南方，在阿斯特拉罕汇入里海。斯大林格勒也是个庞大的内陆港口，每年有半数时间不封冻，其北部地区有三个大型工厂区，全苏联超过四分之一的拖拉机和机械车辆产自这里，另外其产出品还有坦克、火炮和其他军工产品。南部两个工厂区的西面伫立着马马耶夫岗，也被称为"钢铁高地"，站在高地上，伏尔加河的情形尽收眼底。很大程度上由于希特勒的干涉，第6集团军的行进速度放缓，到9月份，苏军已获得充裕的时间加强该城防务，受领防御任务的是崔可夫将军。

伏尔加河位于斯大林格勒北部和南部地区的东面，和皮亚韦河一样，伏尔加河流经一些岛屿形成的数条水道，主河道宽度从2英里到2.5英里不等。这条河流给德国人造成难以克服的架桥问题，若不设法解决，就无法从东面包围这座城市。而倘若德国人在伏尔加河左岸站稳脚跟，即可以一股相对较小、掘壕据守的力量阻止河上一切交通，完成包围，并以饥饿的方式迫使该城就范。

研究这个问题很有意思，因为决定渡河行动的因素并非河流宽度（虽然这一点也很重要），而是进攻方所控制的河流正面长度。如果这个正面相当宽大，那么进攻方就可以在这里或那里佯装渡河，从而分散防御方的力量，进攻方迟早可以在对方未设防或防御薄弱处架设起桥梁，并在对岸建立登陆场。由于在伏尔加河这种宽大的河流上架桥需要更多时间，所以实施佯渡的河段也应拉长。德军最初的问题是建立一条这样的战线，但相反，他们诉诸强攻，也就是说，他们试图以猛冲猛打的方式攻占斯大林格勒。

冯·保卢斯将军在封闭了伏尔加河与顿河之间的缺口后，便在两河之间地域建起了机场和补给仓库。这项任务并不容易，因为他依靠两条不同的铁路线：新罗西斯克—斯大林格勒、罗斯托夫—斯大林格勒。后者取道特奇尔斯卡亚①，并以一条短短的支线连接卡拉奇。这条铁路线的状况令人震惊——急需修理，而且经常被游击队截断。

希特勒并非不知道据守斯大林格勒西北面顿河河段的部队并不足以应对他们受领的任务，但他认为迅速夺取斯大林格勒就可以腾出足够的力量去增援他们。哈尔德并不认同这一点，发现斯大林格勒无法被迅速攻克后，他便敦促放弃作战行动并向西后撤。但希特勒却从侧翼防线调来越来越多的部队增援保卢斯。[17]

这种愚蠢的行为，再加上苏军在勒热夫地域发起了一场强大的反攻，造成希特勒与哈尔德之间的最终冲突，结果是后者被解除职务，当时在法国的库尔特·蔡茨

---

① 译注：疑为塔钦斯卡亚。

勒将军奉命接替他担任德国陆军总参谋长。[18]

斯大林格勒城区争夺战开始于9月15日，经过一周殊死战斗，德国人突入市中心。在26日和27日，他们攻入工厂区并夺得"钢铁高地"，但于29日又被苏军驱离。德军随即调来援兵，并于10月4日在大批坦克和轰炸机支援下重新发起冲击。最为激烈的进攻行动一连持续了10天，逐街逐巷，逐屋逐房，不分昼夜。直到进攻方身心俱疲，斯大林格勒已沦为第二个凡尔登。

希特勒下令变更战术，德军停止冲击，改以炮火和轰炸系统性地摧毁这座城市。此举毫无意义，因为这是以一个个瓦砾堆替代一座座房屋，而前者更易于防御。战斗成了关乎双方声誉的问题——斯大林决心守住这座以他的名字命名的城市，而希特勒也因为这座城市的名字而决心将其从对方手中夺过。一码接一码，地面和地下，进攻方在这场被称为"鼠战"的厮杀中竭力穿过一片片废墟。11月9日，希特勒宣布"决不放弃哪怕是一平方码地面"。[19]激战持续到11月12日，德军的最后一次总攻终于从城市南部攻至伏尔加河畔。

11月中旬，德军的态势如下：

第4装甲集团军的实力遭到严重削弱，已于11月10日后撤并接受整补，目前驻扎在科捷利尼科沃地域。

第6集团军位于斯大林格勒城内及周边，同时据守着伏尔加河与顿河之间的缺口，以及卡恰林斯卡亚与科列茨卡亚之间的顿河河段，唯一的例外是苏军在克列缅斯卡亚坚守着一个小型登陆场。

科列茨卡亚西面至韦申斯卡亚之间伫立着罗马尼亚第3集团军，自11月2日起，罗马尼亚第4集团军（曾是曼施泰因第11集团军的组成部分）已调来据守伏尔加河河曲部南面的埃尔格尼丘陵，以掩护右翼和新罗西斯克—斯大林格勒铁路线。曼施泰因集团军余部奉命调往列宁格勒前线。

高加索山区，A集团军群先遣部队仍位于莫兹多克附近，一支实力虚弱的罗马尼亚部队守卫着埃利斯塔。

位于罗马尼亚第3集团军北面的是意大利第8集团军，部署在韦申斯卡亚至巴甫洛夫斯克以西的顿河河段上，更北面的是匈牙利第2集团军，其防线直至科罗托亚克，在那里同位于沃罗涅日地域的德国第2集团军右翼相连。

11月初，希特勒的注意力突然被北非发生的事件所吸引。阿拉曼战役已然打响，蒙哥马利于11月5日赢得胜利，艾森豪威尔于11月8日进攻摩洛哥和阿尔及利亚。为应对南线战事的这种扩大，德军援兵不再被调往东线，而是被派至法国和突尼斯。这对苏联红军来说，是一个发动反攻的有利时机。

对苏联红军而言，这并非突如其来的灵感，因为自7月初以来，他们一直为实施反攻加以准备，到11月，冬季气候对他们有利时，他们便在顿河以北的森林中集结起强大的军力。另外，为准备这场反攻，德军深入高加索山区并向斯大林格勒逼近时，红军在沃罗涅日地域遂行了一连串进攻行动，以此牵制德国第2集团军，同时还沿顿河多次实施局部进攻。他们沿顿河夺得若干渡场，并建起几座登陆场，其中一座位于谢拉菲莫维奇。10月25日，德军最高统帅部接到的一份报告称，俄国人已开始架桥工作，11月2日的空中侦察证实了这一点。两天后，德国间谍报告，克里姆林宫已决定于不久后发动一场强大的攻势，这场打击要么落在顿河，要么针对中央集团军群。而苏联人的意图实际上是双管齐下。

这些反攻由朱可夫元帅和他的参谋长华西列夫斯基将军策划和组织。对顿河的进攻将分成三个阶段，以3个集团军①遂行，并同斯大林格勒南面的一场进攻相配合。北面的3个集团军由罗科索夫斯基将军、瓦图京将军和戈利科夫将军指挥，分别部署在伏尔加河—谢拉菲莫维奇、谢拉菲莫维奇—韦申斯卡亚和韦申斯卡亚—沃罗涅日以南的战线上。他们大致面对的是德国第6集团军左翼、罗马尼亚第3集团军、意大利第8集团军和匈牙利第2集团军。南面的进攻由叶廖缅科将军的集团军针对盘踞在埃尔格尼丘陵的罗马尼亚第4集团军遂行。苏军的第二场反攻将对大卢基与勒热夫之间的德军中央防线施以打击，以此阻止他们增援顿河战线——这场进攻于11月25日发起，这里不再详述。

苏军顿河反攻的目的是以罗科索夫斯基和叶廖缅科集团军对卡拉奇发起一场向心突击，从而切断德国第6集团军，在此过程中，瓦图京麾下的左翼负责掩护罗科索夫斯基麾下的右翼。发动反攻后，瓦图京将率军突破意大利第8集团军的防御，并攻往斯大林诺—斯大林格勒铁路线上的利哈亚，尔后进军罗斯托夫，那是德军交通线上的瓶颈。戈利科夫将跟随瓦图京投入行动，并突破匈牙利第2集团军的防御，

---

① 译注：方面军；这一章的错误之处非常多，请读者自行分析。

迫使德国第2集团军退往沃罗涅日西面，尔后向西南方攻往别尔格罗德和哈尔科夫。

11月19日，罗科索夫斯基发起冲击。他把三个坦克军和四个骑兵军部署在第一梯队，命21个步兵师构成第二梯队，并从谢拉菲莫维奇与科列茨卡亚之间的若干登陆场出击。他们一举突破了罗马尼亚第3集团军之右翼，他麾下的右翼与瓦图京麾下左翼相配合，迫使敌人朝奇尔河溃逃，而他的中央力量则攻向卡拉奇。完成这场进攻后，他又以左翼力量攻往顿河与伏尔加河之间的缺口，但被德国第6集团军击退。

次日，叶廖缅科以两个坦克军和九个步兵师在埃尔格尼丘陵突破罗马尼亚第4集团军的防御；随后，他的左翼攻向科捷利尼科沃，右翼则转身向北攻往卡拉奇，11月22日在那里同罗科索夫斯基会合。这就意味着德国第6集团军约20万名战斗人员和七万名非战斗人员陷入合围，但苏军没有充分组织起来防止冯·保卢斯突围，他很可能在下一周的任何时候实施这种突围。

在希特勒大本营收悉苏军发动攻势的消息后，蔡茨勒将军敦促希特勒命令保卢斯杀开血路突围，他几乎已说服元首，可大言不惭的戈林却保证他每天可为第6集团军空运500吨油料、弹药和口粮。希特勒听信了这种夸口，11月24日命令保卢斯设置刺猬防御，并要求第6集团军坚守"斯大林格勒要塞"。下一个问题是如何解救他们。

希特勒这次总算做了件正确的事情。他要求自己最得力的部下冯·曼施泰因元帅（此时在维捷布斯克）提供帮助，将他的第11集团军（力量相当分散）升级为顿河集团军群，并把第6集团军、第4装甲集团军、罗马尼亚第3、第4集团军转隶该集团军群。由于希特勒无意撤出第6集团军，因此，曼施泰因的任务不是为该集团军打开一条后撤通道，而是击败包围该集团军的苏联红军，并重建斯大林格勒战线。

由于希特勒对铁路交通漠不关心，保卢斯的补给情况一直不太稳定，现在已发展到岌岌可危的程度。他这个集团军每天需要700吨补给物资，据安德斯将军说[20]，德军最高统帅部知道，一旦保卢斯的储备物资耗尽，他对补给的需求就将是这个数字的两倍多。戈林保证每日交付500吨物资，而他的运输机实际上只能运送300吨，而且这个数字还没考虑损失和天气问题。格赖纳没有明确指出空运行动开始的11月26日至1月3日间交付的吨位数，但他的记录表明，1月4日交付了250吨物资，

1月5日150吨，6日仅45吨，此后一直到1月21日空运行动停止，平均每天的交付量远低于100吨。[21] 仅在12月期间，这种徒劳的行动就导致德国空军损失了246架运输机。

曼施泰因11月27日出任顿河集团军群司令时，面临的情况如下：罗马尼亚第3集团军残部获得卡尔·霍利特将军临时拼凑的一个德国兵团支援，勉强守住从顿河畔韦申斯卡亚沿奇尔河向南延伸的北部防线。在科捷利尼科沃周围守卫南部防线的是霍特第4装甲集团军和罗马尼亚第4集团军残部，为其提供援助的援兵正从北面和高加索山区赶来。夹在这两道防线之间的第6集团军仍在斯大林格勒及其周边地域。一些令人不安的报告称，顿河以北的苏军正在意大利第8集团军、匈牙利第2集团军对面集结起庞大的力量。

曼施泰因的计划在很大程度上受到希特勒影响，他打算以霍特第4装甲集团军前出到科捷利尼科沃—斯大林格勒铁路线，先对付叶廖缅科，在将其击退后便转而打击罗科索夫斯基之右翼。与此同时，保卢斯亦从斯大林格勒对其发起攻击。尔后他打算以霍利特集群向东渡过奇尔河，对罗科索夫斯基之右翼实施打击——简言之，他是想先行击败叶廖缅科，尔后包围罗科索夫斯基。后一个行动是一项不可能完成的任务，希特勒似乎对瓦图京集团军的实力一无所知。

12月12日，曼施泰因展开反攻，在一连两天取得良好进展后，行动放缓下来。尽管如此，他们还是在12月21日前进到距离斯大林格勒"刺猬"不到30英里处。曼施泰因的情况随后变得危急起来，他决定违抗希特勒的指示，命令保卢斯做好突围准备，于24小时内与自己会合。① 保卢斯回复说他无法这样做，因为他那些坦克的燃料只够行驶20英里，虽然他的部下敦促他放弃辎重，以步兵力量杀出重围，可他拒绝这样做。事实似乎是他不打算在未接到希特勒直接命令的情况下撤离斯大林格勒。

曼施泰因之所以迫切要求保卢斯实施突围，是因为霍利特于12月14日遭到了瓦图京的猛烈攻击。17日，他设在奇尔河的防线崩溃。次日，瓦图京的右翼和中央力量跨过冰冻的顿河，对意大利第8集团军施以打击。19日，被击溃的意大利军队

---

① 译注：斯大林格勒解围的关键问题就是曼施泰因不愿给保卢斯下达明确的突围令，因为这意味着他将为此负责，而保卢斯也不愿在未接到命令的情况下自行决定突围。

逃向顿涅茨河。曼施泰因面临陷入包围的威胁，遂于12月24日命令霍特派遣援兵增援霍利特，随后迅速向西后撤。圣诞节当天，霍特全面退却。

12月29日，保卢斯派第14军①军长胡贝将军飞离包围圈，向希特勒当面汇报第6集团军的状况。这是一趟徒劳的旅程，因为希特勒随后下达的命令是坚守斯大林格勒至来年春季。不过，在陆军总参谋长蔡茨勒将军一再要求下，他于当日批准A集团军群撤离高加索山区。

接下来几周，曼施泰因率军殊死战斗，竭力确保A集团军群后撤路线畅通。他成功了，克莱斯特于1月18日率部到达顿河，到22日已渡过该河。在这场后撤进行之际，戈利科夫对匈牙利第2集团军施以打击，一举将其击溃。到1943年1月底，德军整个顿河防线已告崩溃，一个200多英里宽的缺口将曼施泰因位于伏罗希洛夫格勒的左翼同北面的沃罗涅日隔开。

在曼施泰因卷入激战，克莱斯特率部后撤时，斯大林格勒要塞内的情况迅速恶化——德国人的口粮供应很快降至勉强糊口的水平线之下；炮弹开始短缺；医疗用品和油料耗尽，甚至无法生火做饭；数千人患上斑疹伤寒和痢疾，冻伤的人就更多了，因为此时的温度已降至零下28摄氏度。

1月8日，罗科索夫斯基要求保卢斯投降，后者予以拒绝，罗科索夫斯基遂于10日下令对这支命运已定的敌军发起一场总攻。14日，位于市中心以西14英里的皮托姆尼克机场被苏军夺取，保卢斯此时的处境苦不堪言，他向希特勒报告称，他的部下再也无法承受这种痛苦，他收到的回复是："不得投降！为重新建立东部战线，第6集团军应在斯大林格勒履行其历史使命至最后一人。"[22]

1月25日，苏军攻占了德军最后一座机场，保卢斯与外部世界的物理接触就此中断。1月31日，希特勒擢升保卢斯为陆军元帅，同一天，第6集团军司令部的电台发出最后一封电报："俄国人已到达我们掩体门前，我们正在破坏电台。"[23]之后，除施特雷克尔将军指挥的第11军外，德国第6集团军被缴械投降，2月2日，第11军也停止了抵抗。

希特勒获知第6集团军投降的消息后，先是把该集团军比作温泉关的三百勇

---

① 译注：装甲军。

士,宣称他们向全世界展示了"国家社会主义德国真正的精神和他们对元首的忠诚",随后又大骂保卢斯,说他应当像瓦鲁斯那样拔剑自刎,而不该束手就擒。[24]

和保卢斯一同投降的还有23名将军、2000名中下级军官、九万名士兵、四万名非战斗人员和平民。被围期间,约3.4万名伤病员经空运疏散,而阵亡和死于疾病、饥饿、冻伤者,以及留在斯大林格勒城内的伤病员,总数超过10万人。要是埃里希·克恩的说法真实可信的话,留下的这些伤病员都死于俄国人之手,对方将炸药包投入战地医院隐蔽所,2月3日,庞大的铁木辛哥隐蔽所的入口被苏军炸毁,又有数千人被活埋在里面。克恩还告诉我们,"在九万名俘虏中,有四万至五万人在被俘后的头六周于斯大林格勒以南约40英里处,伏尔加河畔的别克托夫卡战俘营里被饿死"。[25] 至于物质损失,切斯特·威尔莫特指出,"德国陆军总司令部的报告表明,德国国防军在斯大林格勒的损失相当于六个月的坦克和车辆产量,四个月的火炮产量,两个月的轻武器和迫击炮产量。"[26] 据负责为第6集团军空运补给的皮克特将军说,除这些损失外,还必须加上500多架运输机。[27]

斯大林格勒可以说是第二次波尔塔瓦战役,和1709年的查理十二世一样,他成了自我毁灭的建筑师。一亿苏联人的心中闪现出苏联天下无敌的神话,这场战役把他们锻造成北方的土耳其人。既然他们能战胜希特勒大军,对那些已被纳粹德国碾为齑粉的国家又有何惧呢?德国的胜利已使欧洲陷入混乱,这就为建立第三罗马帝国铺平了道路。这场决定性胜利紧随阿拉曼战役而来,法西斯主义事业此时在突尼斯陷入最低点,鼓舞性宣传使西方民众深感陶醉。斯大林格勒的胜利使斯大林上升为所有人热烈渴望的保护者。可悲的是,他们的殷切期望很快就会破灭。

尽管德军遭遇惨败,但斯大林格勒仅仅是希特勒走向灭亡的信号,而不是原因。诚如本书第十一章所述,真正的原因是他盲目自大,没能在苏联被压迫民族中区分潜在的盟友和真正的敌人。英国和美国也犯下了同样的错误,他们没有区分德国国内的纳粹和反纳粹派系,在德国境外开辟第二战线,却没有寻求在第三帝国内部建立第二战线。如果他们这样做的话,那么,德国军队在斯大林格勒的惨败本来会为他们创造机会,几乎可以肯定,这场战争将在1943年春季或夏季结束。

由于第6集团军毫无意义的牺牲,战争期间反抗希特勒的运动从未像1943年1月这般接近于成功。贝克、蔡茨勒将军和大部分元帅卷入其中,但没有英国和美国提供支持的保证,他们无法让大批动摇不定的中级军官站到自己一方。一位密谋者战后对弗朗西斯·拉塞尔先生说:"我们这番密谋是一出巨大的悲剧。倘若贵国政府给予我们一些鼓励,我们或许能让战争提早一年半结束……我们在瑞典有中间人,我们想知道英美的条件是什么,如果我们成功推翻希特勒政权,他们会对我们的新政府提出哪些条款。他们收下了我们呈交艾登的备忘录,可一直没有做出回复。"[28]

这些密谋者分为两个主要派别,一派主张强行推翻希特勒,这就意味着暗杀,另一派则希望让希特勒屈从于陆军总参谋部,1月22日,这两派人士在彼得·冯·瓦腾堡伯爵位于柏林利希特费尔德的家中会晤,以期消除分歧。次日,没等他们达成决议,罗斯福和丘吉尔关于无条件投降的公告便从卡萨布兰卡传来。格利茨指出:"这份公告对'影子政府'或总参谋部反对势力所抱的一切希望来说不啻为致命打击,因为他们的敌人只会同一个'值得尊敬'的政府打交道。"[29]

尽管受到这种挫折,但3月13日,克鲁格司令部的一群军官付诸实施了刺杀希特勒的第一个明确计划。对他们来说不幸的是,偷偷置于希特勒座机上的炸弹没有爆炸[30];不过,1943年还发生了另外六起刺杀希特勒的尝试。格利茨指出:"死神已悄然伴随在希特勒左右,这表明他的权威的真实基础是多么脆弱。"[31]

这场战争到达顶点之际,令人震惊的是英美政治家们在政治方面的盲目性。他们完全没有意识到自己所面临的政治战略态势,德军在斯大林格勒战败后,英国驻西班牙大使塞缪尔·霍尔爵士(后来的坦普尔伍德子爵)与西班牙外交大臣霍尔达纳伯爵的往来信件充分证明了这一点,这些信件值得在此加以详述。

佛朗哥将军认为"两场独立的战争正在进行中,东方的战争有西班牙直接参与其中,而西方的战争则是盎格鲁—撒克逊大国与德国的冲突,西班牙没有介入"。[32]为说服他只有一场战争,塞缪尔·霍尔爵士同霍尔达纳伯爵展开通信往来,1943年2月19日,他在发给后者的一份备忘录中指出:"这场战争结束时,胜利属于盟国,而不是一场俄国的胜利,也就是说,大英帝国和美利坚合众国将在这场胜利中发挥最大的影响力。另外,斯大林先生于1942年11月6日曾宣称,干涉其他国家的国际事务不是苏联未来的政策。"

2月21日,霍尔达纳回函,除其他事情外,他还写道:

> 如果未来局势的发展还是和现在一样,俄国人肯定会深入德国境内。我们要提

出第一个问题：倘若发生这种情况，不仅会对欧洲大陆构成更大的危险，对英国同样如此。是应该保留一个未被彻底击败，并有足够的力量的德国呢，还是应该留下一个受到所有邻国痛恨，领土固然完整但权威已受到严重削弱的德国，抑或让德国苏维埃化，她的工程师，她的专业工人和技术人员必然会为俄国的战争准备提供更大力量，从而使俄国史无前例地扩张成一个从大西洋到太平洋的帝国呢？

我们提出的第二个问题是：在欧洲的中央，许多国家缺乏统一和团结，战争和外国的统治已使他们元气大伤，谁能遏制斯大林的野心呢？肯定没有哪个国家能做到这一点……我们认为局势极为严峻，并认为英国人民应当冷静思考此事，如果俄国成功征服德国，那么就没有哪个国家能遏制她……要是德国不复存在，那么欧洲人不得不再创建一个德国，认为立陶宛人、波兰人、捷克人和罗马尼亚人组成的联盟能够替代德国的想法荒谬至极，这些国家很快会沦为苏联的加盟共和国……

2月25日，塞缪尔·霍尔爵士回复道：

对于阁下的观点……英国的观点完全不同……这场战争结束后，还有哪个国家能统治欧洲呢？至少俄国需要很长一段时间进行重建和恢复，在此过程中严重依赖大英帝国和美利坚合众国提供经济援助……同时，虽然我们对俄国军队深表赞赏和钦佩，但我们坚信最终胜利不是属于哪一个盟国，而是全体盟国的胜利……毫无疑问，英国和美国军队日后会留在欧洲大陆……他们将由一线新锐力量组成，绝非那种已在俄国战线被多年战争折磨得筋疲力尽的部队可比。

至于我们自己，我满怀信心地预言，英国到那时会成为欧洲最强大的军事强国……在我看来，英国届时在欧洲的影响力会比拿破仑垮台后的任何时期更加强大……但我们不会推卸对欧洲文明负有的责任，以过早或单方面的裁军自毁我们的强大力量……没有理由认为在战争压力下结成的同盟，在和平环境下却无法继续下去，并在欧洲的政治环境下提供一股维持和平和稳定的力量。[33]

这些函件表明，在西班牙人现实主义阴暗背景的映衬下，英国和美国政府所持的战争政策是多么理想主义，丘吉尔先生曾在1941年6月22日宣称"消灭希特勒和纳粹政权的一切残渣余孽"，这个战争目标实现后仅四天，他就充分意识到

这项政策是多么错误。1945年5月12日,他在发给杜鲁门总统的一封电报(他称之为"铁幕"电报)中写道:

> 我对欧洲局势深感担忧……谁都能看出,我们在欧洲大陆上的武装力量,除留下少量部队管制德国外,会在很短时间内撤离……一两年后,英国和美国的军队已离开,法国尚未建立起任何大股力量,届时我们可能只有寥寥几个师,大多是法国师,而俄国人却保留两三百个现役师,试问那时候的局面会怎样?一道铁幕降临在他们的战线上。我们不知道这道铁幕后发生的情况。似乎毫无疑问,吕贝克—的里雅斯特—科孚岛一线以东的整个地区很快会落入他们手中……这样一来,数百英里俄占区形成的一片宽阔地带将把我们同波兰隔开……就在我们的人民将注意力集中于严惩已被摧毁并屈服的德国时,给了俄国人可乘之机,如果他们愿意的话,在很短时间内就能进入北海和大西洋水域。[34]

丘吉尔发给美国新任总统的这份预示性呼吁,揭示出斯大林格勒战役的政治重要性。由于盟国的无条件投降政策(这是罗斯福总统和丘吉尔首相所持思想的明确体现),因此,除堪称其盖顶石的诺曼底战役外,斯大林格勒战役可以说是这场战争中最具决定性的一场会战,诚如F.O.米克施中校宣称的那样,这场战役"是整个欧洲的失败"。[35]

注解

1. *The Haider Diaries*, July 11, 1942, vol. Ⅶ, p. 347.
2. 同上, July 16, 1942, vol. Ⅶ, p. 352.
3. 同上, July 23, 1942, vol. Ⅶ, p. 358。
4. 同上, July 21, 1942, vol. Ⅶ, p. 356。
5. 同上, July 23, 1942, vol. Ⅶ, p. 358。
6. *Hitler's Defeat in Russia, General W. Anders* (1953), p. 105.
7. *The Other Side of the Hill*, edit, by B. H. Liddell Hart (1951), p. 313.
8. 哈尔德在7月25日的日记中（vol. Ⅶ, p. 360）写道："缺乏油料和弹药。"7月29日，他又写道（vol. Ⅶ, p. 62）："……第6集团军的油料补给并不正常。又是关于别人所犯错误的令人难以忍受的长篇大论，这些错误无非是执行了他本人（希特勒）的命令，结果在罗斯托夫地域投入过多装甲力量而导致拥堵。"
9. 同上, July 30, 1942, vol. Ⅶ, p. 363。
10. 同上, July 30, 1942, vol. Ⅶ, p. 363。
11. 同上, August 1, 1942, vol. Ⅶ, p. 365。
12. *La Défaite Allemande à l'Est* (1951), p. 94.
13. 同上, September 9, 1942, vol. Ⅶ, p. 391。
14. *The Other Side of the Hill*, p. 303.
15. 同上, p. 305。
16. 埃利斯塔位于莫兹多克与斯大林格勒中途，8月16日被德军占领。
17. 参阅瓦利蒙特在 *The Other Side of the Hill* 一书第315页的陈述。
18. *The Haider Diaries, September 24, 1942*, vol. Ⅶ, p. 397. 哈尔德的日记到此结束，这使我们失去了一个极具价值的资料来源。
19. *Hitler's Defeat in Russia*, p. 119.
20. *Hitler's Defeat in Russia*, pp. 126—127, 引自 *Die Oberste Wehrmachtfurung, Helmuth Greiner* (1951), p. 425。
21. 同上, pp. 127—128 and pp. 425—435。
22. *Hitler, a Study in Tyranny, Alan Bullock* (1952), p. 631, 引自保卢斯在纽伦堡审判期间提交的证据。
23. *Hitler's Defeat in Russia*, p. 142.
24. *Hitler, a Study in Tyranny*, pp. 631—632.
25. *Dance of Death* (1948), p. 246.
26. *The Struggle for Europe*, p. 149.
27. *Defeat in the West, Milton Shulman* (1947), p. 72.
28. "Pictures from Germany", *The New English Review*, June, 1948, p. 551.
29. *The German General Staff* (1953), p. 430. 切斯特·威尔莫特写道："……盟国宣布'无条件投降'的要求后，就连冯·克鲁格和冯·曼施泰因这些预见到希特勒的政策将把德国领向何方的将领也拒绝对他采取行动，因为盟国似乎已决心摧毁德国的军人阶层……"（*The Struggle for Europe*, p. 166.）
30. *Revolt Against Hitler, Fabian von Schlabrendorff* (1948), chap. Ⅵ.
31. *The German General Staff*, p. 434.
32. *Ambassador on Special Mission, Rt. Hon. Sir Samuel Hoare* (1946), pp. 184—185.
33. 同上, pp. 190—195。
34. *The Second World War*, vol. Ⅵ, pp. 498—499.
35. *Unconditional Surrender* (1952), p. 254.

大事记
斯大林格勒战役的基础

希特勒于1942年春季面临的局势与之前九个月的情况完全不同。那时候，他的威望到达顶点，他的军队在苏联势如破竹，英国孤立无援，而美国虽说气势汹汹，但仍在名义上保持中立。可现在他面临一场两线战争，这是他最害怕的一件事，由于他的错误政策激怒了莫斯科统治下的被征服民族，引发一场内部革命推翻苏俄政权的一切希望已不复存在，要想摆脱目前对他来说显而易见的灾难性局面，他只有两个选择：要么歼灭苏联的军事力量，要么抢在英国和美国充分发展其战斗力之前将苏联红军削弱到无法有所作为的程度。他已尝试过第一种方案并遭遇失败，因为苏联的广阔空间可以使其不断退却，而德国军队在这个敌对国家的交通线不断延长，导致其实力逐渐遭到削弱，没有理由认为他们在1942年能比1941年取得更大的成功。这样一来，希特勒只剩下第二个选择。它要求的是什么？

首先是占领莫斯科，从而切断苏联的交通线。其次是占领沃洛格达，从而阻止租借物资从阿尔汉格尔斯克运入。最后是占领基洛夫、喀山、乌里扬诺夫斯克、古比雪夫和萨拉托夫，从而将乌拉尔山脉以西的苏联军队与苏联亚洲地区的资源及人力隔开。简言之，希特勒必须大致遵循1940年12月18日第21号指令的规定，沿伏尔加河上游和中游建立一道防线。若能在1942年实现这一点，他就可以在东线营造这样一种局面：苏联红军的战斗力逐渐被削弱，待英美军队加强自己的实力时，德国人就可以在苏联留下少量军力，而把主力集结于西线。但希特勒并未采取这项政策。他所持计划的主要思想是夺取苏联的石油，从而加强自己的军事潜力，第二个考虑因素是敌人会因为石油资源的丧失而遭到削弱。

这个计划完全是希特勒自己的决定，因为自莫斯科战役失败后，他已很少同总参谋部商讨情况。他高估了德国军队的能力，但又低估了他的敌人，据哈尔德称，某人向他宣读一份报告时指出，除高加索山区的50万兵力外，斯大林仍能在斯大林格勒以北地区调集150万人，"希特勒嘴角冒着泡沫，紧握着拳头冲向宣读报告者，禁止他再把这份充满胡言乱语的报告读下去"。哈尔德评论道："……他的决定与战略原则已没有任何共通之处……可这些原则已获得过去几代人认同。他这些决定完全是随一时冲动而来的一种暴力本性的产物，这种本性认为可能性是无限的，并以愿望作为行动之父。"

希特勒在这方面深受身边一些主要工业家和经济顾问影响，他们不断给他灌输的概念是，除非夺取高加索山区的油田，否则帝国就将崩溃。希特勒毫不犹豫地接受了这种似是而非的观点，并做出决定，1942年战局的目标是夺取这些油田。

他很容易被说服，这是因为自战争爆发伊始，石油一直是他挥之不去的噩梦。1941年，他的油料供应总量才达到892.9万吨，以至于不得不从战略储备中抽调114万吨才能将战争进行下去。而这些战略油料的储备量，除去海军的需要，到1941年年底已降至79.7万吨，勉强够一个月的供应量。1941年，罗马尼亚油田的产量为他提供了约550万吨石油，其中半数指定用于罗马尼亚及其军队，而合成石油的产量也差不多是这个数字。这些产量加在一起也无法满足德国在两条战线上从事一场大规模战局——充足的油料补给的确是个至关重要的问题。尽管如此，实际情况依然是战争以战略为基础，虽说战略的基础部分关乎经济（粮食、煤炭、石油和钢铁），但经济安全无法弥补军事理智的缺失。希特勒在发动战争前就应该想到这一点，一旦他跨越雷池后再让战略从属于经济，赢得战争的机会就少之又少了。

据戈培尔说，他于1942年3月20日与希特勒商讨局势，后者对即将到来的春夏季有一个非常明确的计划。戈培尔写道："他并不想过度扩大这场战争，他的目标是高加索、列宁格勒和莫斯科。他下定决心，一旦实现这些目标，无论情况怎样，都将在10月初结束这场战局，并让部队提前进入过冬营地。他可能打算建立一道庞大的防线，在那里稳定东线战局。"戈培尔对此评论道："这可能意味着东部的一场百年战争，但我们不必为此而担心。"

除对列宁格勒保持局部压力外，希特勒决定沿整条战线实施防御，但南方除外，无论他对戈培尔博士说了些什么，他都不打算夺取莫斯科。他的目标是占领高加索，直至巴统—巴库一线，为掩护这场行动，他还打算建立一道防线，从沃罗涅日沿顿河延伸到斯大林格勒。为此，他决定在塔甘罗格与库尔斯克之间突破红军防线。

这是个极不合理的计划，不仅因为他掌握的兵力（特别是德国军队）不足以同时遂行两场行动，还因为这股掩护力量被拉伸得长达360英里，这就给苏军的进攻提供了一个巨大且脆弱的侧翼。倘若红军突破这个侧翼并占领罗斯托夫，位于高加索的德国军队就将同他们的基地相隔绝。

看来，希特勒做出这些决定时，完全没有注意到通往沃罗涅日—斯大林格勒前线的苏联铁路交通线。萨拉托夫是其战略中心，通过铁路与莫斯科相连；通过铁路和河流连接乌拉尔工业区；利用伏尔加河以东的铁路线通往阿斯特拉罕；通过铁路连接乌拉尔河畔的契卡洛夫，附近还有一条输油管通向里海北部的油田。因此，部队、弹药、油料和补给物资可以从莫斯科、阿尔汉格尔斯克、西伯利亚、哈萨克、高加索和波斯运至萨拉托夫地区。另外，图拉—奔萨—塞兹兰、米丘林斯克—坦波夫—萨拉托夫、坦波夫—巴拉绍夫—卡梅申、沃罗涅日—罗杰斯特文斯科耶①—斯大林格勒这些横向铁路线，再加上莫斯科—沃罗涅日、高尔基—奔萨—巴拉绍夫这些纵向铁路线，使顿河以北地区非常适合部队和物资的集中。

在斯大林格勒南面，阿斯特拉罕发挥了类似作用，但重要性稍逊一筹。它取道萨拉托夫，通过铁路线连接苏联未被占领的地区，取道里海通往波斯，进而连接外部世界。南方的里海所发挥的战略作用等同于北方的白海。斯大林格勒的战略重要性并不高，在此掩护高加索山区的作战部队，距离未免太过遥远，它也无法比萨拉托夫更有效地封锁伏尔加河。而且不管怎么说，伏尔加河每年都有5—6个月的冰封期，因而利用价值不大。

1942年春季，希特勒在东线部署的军力共计232个师，包括171个德国师和61个卫星国师。前者包括134个步兵师、24个装甲师和13个摩托化师，后者为

---

① 译注：疑有误。

22个罗马尼亚师、10个意大利师、10个匈牙利师、17个芬兰师、1个西班牙师和1个斯洛伐克师，其中包括4个装甲师。从数量上说，这股军力超过1941年时的，但实力较弱。卫星国师的武器装备相当拙劣，据安东内斯库元帅说，罗马尼亚人的装备聊胜于无。而德国步兵师的实力已从9个营削减为6个营，至于原先的20个装甲师，只有10个恢复到满编，主要是因为军工生产优先考虑了潜艇的建造。

由于在1941年遭受到了重大损失，1942年的苏联军队主要由亚洲人组成，他们是中亚地区顽强的匈奴族人，几个世纪前曾追随过阿提拉和成吉思汗。虽然他们智力低下，几乎都是文盲，可他们具有强大的韧性和耐力。他们不仅从所经过的地区就地获取补给，还从这些地方募集兵员，沿途发现的身强力壮者都被直接征入作战部队。迪特马尔将军认为俄国人的特点是"一支具有铁石心肠的军队，不仅仅是听天由命，简直就是麻木不仁"。

据冯·伦德施泰特元帅说，1941年的红军几乎没有才能出众的将领，但到1942年春季，战争淘汰了大批无能之辈，不少崭露头角的红军高级指挥员同德军将领一样高效，特别是朱可夫将军，他于1921年至1923年留学德国，师从冯·泽克特将军学习战略①。尽管如此，为适应大部分军人低下的智力，苏军的战术计划和作战行动不得不保持简单和死板，因而很容易遭到破坏。据曼施泰因说，苏联陆军的前进比后撤更有效率。他们总是将大批兵力投入战场，从而在许多地段同时发起冲击，一波波步兵前仆后继，直到发现敌军防御的薄弱点，这时他们会投入坦克部队达成突破，步兵尾随其后②。

1942年，红军坦克兵团由精心挑选出来的人员组成，他们配备的T-34坦克设计简单，甚至有些粗制滥造，但在德国人于1943年投入豹式和虎式坦克前，T-34的性能优于任何一款德制坦克。骑兵仍在红军中被大量使用——这个兵种在春季化冻期特别有用。红军的运输和补给勤务依然糟糕透顶，在盖尔·冯·施韦彭堡将军看来，1942年若非美国按照租借法案提供了成千上万辆卡车，那么红军绝对无法在当年的战局中幸免于难。但许多德军将领在战后对利德尔·哈特上尉所说的话却与之相反。他们认为"俄国人最大的长处是他们可以在没有正常补给的情况下完成任

---

① 译注：这种说法很值得怀疑。
② 译注：按照红军的战役学说，负责突破的是步兵力量，坦克部队负责发展突破。

1638

务"，冯·曼陀菲尔将军告诉利德尔·哈特："红军以西方人无法想象的方式向前推进。坦克先遣部队身后是成群结队的士兵，大多骑乘马匹。士兵们背着一个袋子，里面装着干面包皮和在行军途中从村庄及田地里弄到的生蔬菜。马匹吃的是屋顶上的稻草，而且少得可怜。前进期间，俄国人已习惯以这种原始的方式一连行进三周之久。你没法像对付普通军队那样，通过切断其交通线击败他们，因为你几乎找不到他们的补给纵队施以打击。"[1]

虽然哈尔德仍是陆军总参谋长，但1942年的战局计划却是希特勒亲手操办的，当年4月，他对东线指挥机构作出调整。南方集团军群被拆分为A集团军群和B集团军群，A集团军群由李斯特元帅统辖，编有冯·克莱斯特将军的第1装甲集团军和鲁夫将军的第17集团军，第4航空队为其提供支援，集团军群的任务是征服高加索山区。B集团军群由冯·博克元帅指挥，辖冯·魏克斯将军的第2集团军、霍特将军的第4装甲集团军和冯·保卢斯将军的第6集团军，德国空军顿河司令部为其提供支援，集团军群的任务是占领斯大林格勒地区，以此掩护A集团军群之北翼。两个集团军群身后是由匈牙利第2集团军、意大利第8集团军和罗马尼亚第3集团军组成的第二梯队，除此之外还有冯·曼施泰因将军驻扎在克里米亚的第11集团军，其中又包括罗马尼亚第4集团军。总之，共计60个德国师（包括10个装甲师、六个摩托化师）和43个卫星国师部署在东线南部。

两个集团军群的联合行动代号为"蓝色"，战役方案如下：

B集团军群辖内第4装甲集团军应从库尔斯克以南攻往沃罗涅日，但不得占领该城。第6集团军尾随其后，尔后转向东南方，沿顿河右岸而下，攻往斯大林格勒。这两个集团军采取行动时，德国第2集团军、匈牙利第2集团军、意大利第8集团军和罗马尼亚第3集团军负责接管顿河至斯大林格勒以西顿河弯曲部的防务。罗马尼亚第4集团军于晚些时候应据守斯大林格勒以南的防线。在这场机动的掩护下，A集团军群将在塔甘罗格与伊久姆之间攻往罗斯托夫附近的顿河下游。第1装甲集团军负责为第17集团军铺平道路，待前者渡过顿河后，后者就应投入进攻，第11集团军征服克里米亚后也将加入这场进攻。

这里有必要简述希特勒下达命令的程序，因为它造成了无尽的混乱。每日傍晚，各前进部队通过无线电把自己的大致位置报告给集团军司令部，后者上报最高统帅部，于次日上午呈送希特勒，他再根据这些报告下达当日的命令。因此，这些命令通常要到下午晚些时候才能送抵前线部队，而此时，他们的位置经常已彻底改变，所以这些命令往往并不适用，而不执行命令又会引发激烈的争执。与拿破仑下达命令的体系相比，希特勒这一套可以说相当业余。

1942年5月8日，曼施泰因第11集团军在克里米亚重启战端，该集团军编有七个德国师和六个罗马尼亚师，他们突破刻赤周围的防御，于5月15日占领刻赤镇。尽管苏军此次占有兵力优势，但他们的损失依然惨重——被曼施泰因俘虏了15万名红军，还缴获了1133门火炮和255辆坦克。6月2日，他率军围攻塞瓦斯托波尔，经过一个月的激战，使该要塞和10万名守军向其投降。

在此期间，铁木辛哥元帅于5月12日在哈尔科夫东北面和东南面发起一场猛烈进攻。他突破了德军的防御，并攻往克拉斯诺格勒，但突击势头逐渐减弱。5月17日，克莱斯特第1装甲集团军在第17和第6集团军支援下展开反突击，铁木辛哥被迫后撤。但他无法撤离伊久姆周围的部队，这些部队于5月26日陷入重围，于次日被迫投降。这场失败的破坏性进攻没给德军的准备工作造成太大影响，反而导致铁木辛哥被俘24万人，折损2026门火炮和1249辆坦克。在6月份围绕沃尔昌斯克、伊久姆和库皮扬斯克展开的后续行动中，德军又俘获了3.8万名红军。[2]

这些俘虏和缴获的数量令希特勒心花怒放，这一点可以理解，但对他来说不幸的是，它们似乎使他相信自己是对的，而他那些将领则大错特错——对俄国人再无畏惧之情，到10月份，"蓝色"行动将为东线战事带来胜利的结局。

注解

1. 这一点并不适用于红军坦克和摩托化力量。
2. 这些数字都引自德方资料,因而不无夸大之嫌。

诺曼底战役，1944年

第十四章

登陆诺曼底是西方盟国在欧洲付诸的最大努力,虽说这场行动具有战术决定性,但它根本无法赢得罗斯福总统所梦想的和平。正如美国官方历史学家指出的那样,个中原因是联合参谋长委员会"从纯粹的军事角度看待问题,却尽力避免考虑其政治含义"。[1]这一点得到罗斯福总统的充分证实,他在德黑兰对他儿子说道:

> 埃利奥特,我们的参谋长们坚信一件事。要想尽量减少美国军人的损失,同时最大程度地消灭德国人,唯一的办法是发动一场大规模进攻,然后以我们掌握的一切狠狠打击敌人。我觉得这种想法很有道理,乔大叔会赞同。我们的所有将领也认同这一点,甚至自参战起,他们就持有这种想法……苏联红军同样如此。没错,这是赢得战争最快的办法,就是这样。
>
> 麻烦的是,英国首相对战后问题和英国的地位考虑得太多……他很担心俄国人会变得过于强大。
>
> 也许俄国人会在欧洲变得强大起来。但这是不是件坏事,取决于许多因素。
>
> 我所能确定的一件事是:要想节省美国人的生命并尽量缩短战争,唯一的办法是从西面发起进攻,决不能把登陆艇、人员和物资浪费在巴尔干山区,我们的参谋长们也坚信这一点,就是这样。[2]

在阅读这一章的后续内容前,读者们必须牢记上述这番话,因为这些话语解释了进攻诺曼底的原委,也说明了随后导致大半个欧洲落入与俄国人协助摧毁的那个国家同样卑劣的苏联独裁统治下的事情。

艾森豪威尔将军被提名为"霸王"行动最高统帅后不久,另一些任命随之而来:亨利·梅特兰·威尔逊将军出任地中海战区英军总司令①;空军上将亚瑟·特德爵士担任艾森豪威尔的副司令;伯纳德·蒙哥马利将军指挥被称为第21集团军群的跨海进攻力量,直到艾森豪威尔将司令部迁至法国。另外,海军上将伯特伦·拉姆齐被任命为盟国远征军海军司令,空军上将特拉福德·利-马洛里爵士出任盟国远征军空军司令。

---

① 译注:实际上是地中海战区盟军总司令。

1944年1月1日,蒙哥马利离开意大利返回英国,途中在马拉喀什停留,正在那里疗养的丘吉尔先生给他看了摩根将军拟制的盟军最高统帅部参谋长计划。该计划建议以辖三个师的1个军在朗格康迈西与卡昂之间的塞纳湾实施进攻,并在五天内将进攻兵力增加到九个师。1月2日到达英国后,蒙哥马利仔细考虑了这个计划,他得出的结论是,进攻正面太窄,突击力量过于虚弱。他同拉姆齐和利-马洛里召开会议,一致决定这场突击应在两个集团军的正面展开,美国第1集团军居右,于第一波次投入两个师,英国第2集团军居左,于第一波次投入三个师。由于兵力增加,突击战线也向西拓展到科唐坦半岛东海岸的瓦雷维尔沙丘,向东递延到奥恩河东面的卡堡。两个集团军之间的分界线为贝桑港—巴约,这两个地点都归属英国第2集团军作战地域。由于军力的增加需要更多登陆艇,有人建议将攻击日期(D日)从5月1日推延到5月31日,以便多获得一个月的登陆艇产量,同时接收指定用于进攻法国南部的"铁砧"行动的登陆艇。

登陆艇短缺并非生产的问题,而在于分配,因为到5月1日,美国海军舰队总司令金上将手中掌握着大部分登陆艇,可他的心思在太平洋,而不在欧洲,因而只把一小部分登陆艇分配给了"霸王"行动。正如美国陆军部长亨利•L.史汀生指出的那样,困难的症结在于参谋长联席会议"无权违背任何一位成员的意愿而强行做出决定……只有总统才能解决他们之间的分歧",而总统又不愿这样做。[3] 金吝啬小气的结果是,原本打算与"霸王"行动同时发起的"铁砧"行动不得不延期,亚历山大将军失去了在意大利"腿部"实施一场两栖行动的手段,这就彻底毁了他这场战局。

1月21日,艾森豪威尔接受了修改后的计划,这份计划的总体构想是:一、在卡朗唐入海口北部与奥恩河之间的诺曼底海滩夺得一处立足地;二、占领瑟堡和布列塔尼港;三、站稳脚跟后,便以英国第2集团军摆出在卡昂地区达成突破的威胁态势,从而将敌预备力量吸引至该地域;四、实现这一点后,以美国第1集团军和第3集团军[4]在西翼遂行突破,并向南前出到卢瓦尔河;五、整条战线以卡昂为枢纽转动,右翼向东摆动到塞纳河。[5]

艾森豪威尔位于海峡对面的劲敌是冯•伦德施泰特元帅,后者于1942年3月出任西线总司令,其辖区包括法国、比利时和荷兰。1944年春季,他手中掌握着两个集团军群和西线装甲集群,具体编成如下:

隆美尔元帅指挥的B集团军群编有驻扎在荷兰的第88军（克里斯蒂安森将军）①，辖三个师；部署在安特卫普与奥恩河之间的第15集团军（冯·扎尔穆特将军），辖四个军17个师；部署在奥恩河与卢瓦尔河之间的第7集团军（多尔曼将军），辖三个军15个师（其中一个师部署在海峡群岛）。

布拉斯科维茨指挥的G集团军群编有第1集团军和第19集团军，分别辖五个和八个师。前者据守卢瓦尔河与比利牛斯山脉中部之间地区，后者位于佩皮尼昂与芒通之间的地中海沿岸。

总之，德军共计48个师，其中38个师沿海岸部署，另外10个师位于后方。这10个后方师中的五个位于斯海尔德河与索姆河之间，两个位于索姆河与塞纳河之间，另外三个则部署在诺曼底地区。

盖尔·冯·施韦彭堡将军指挥的西线装甲集群负责10个装甲师和装甲掷弹兵师的管理和训练工作，这些师的位置如下：在卢瓦尔河北面，党卫队第1"阿道夫·希特勒警卫旗队"装甲师部署在比利时的贝韦洛；第2装甲师位于亚眠地区；第116装甲师部署在鲁昂以东地区；党卫队第12"希特勒青年团"装甲师位于利雪地区；第21装甲师位于卡昂地区；装甲教导师部署在卢瓦尔河以南的奥尔良地区；党卫队第17装甲掷弹兵师位于普瓦捷地区；第11装甲师部署在波尔多地区；党卫队第2"帝国"装甲师位于图卢兹地区；第9装甲师则在阿维尼翁地区。

这些师中，第2、第116、第21和党卫队第12装甲师接受隆美尔指挥，其他师则担任最高统帅部预备队。⁶

施佩勒元帅的第3航空队集中在法国，接受戈林的直接指挥，但只有90架轰炸机和70架战斗机。

从整体上看，这支军队的素质较差，并以老弱病残和外国人提供支援，大多数师的运输依靠马匹拖曳。

所谓的"大西洋壁垒"是由托德组织围绕荷兰、比利时和法国海岸而建，1943年，除了港口防务和加来海峡那一段，其他地段不过是沿海岸构筑了一些工事而已。

---

① 译注：克里斯蒂安森将军是荷兰驻军总司令，但不是第88军军长。

1943年11月，隆美尔出任B集团军群司令时，奉命检查海岸防御，这项任务不受伦德施泰特节制，他在12月31日发给希特勒的报告中指出："敌军登陆行动的重点很可能针对第15集团军防区……在布洛涅与索姆河河口之间……"[7]尽管如此，他还是把注意力转至诺曼底地区，可能是受到希特勒影响，而希特勒是少数认为盟军将在该地区登陆者之一。[8]

最后的结果是塞纳湾的沿岸防御得到大力加强：他们修筑了混凝土工事，扩大了雷区和铁丝网，在滩头架设起防坦克障碍，还增添了水下障碍物。在与卡朗唐入海口接壤的沼泽地，大片地区因此被淹没。

伦德施泰特和隆美尔就战略预备队的部署位置问题发生了一些理论方面的争执，因为自1941年以来，希特勒就决定在滩头击退敌人的登陆企图。隆美尔持相同观点，他认为敌人掌握空中优势，这会导致德国军队无法在昼间运动，除以重兵据守海滩外，他还希望把预备队（特别是装甲师）部署在海岸附近。[9]但伦德施泰特提出不无道理的相反观点，他认为除非知道敌人企图登陆的确切地点，否则这种部署方式可能会导致敌军登陆时，德军预备队却在错误的地方，施韦彭堡和时任装甲部队总监的古德里安支持他的看法。[10]结果是个折中方案：隆美尔掌握第21装甲师，但第116装甲师、党卫队第12装甲师和装甲教导师未经希特勒批准不得动用。

整个防御计划最大的缺陷是希特勒绕过伦德施泰特，直接给隆美尔、施佩勒等人下达命令，他们本该是伦德施泰特的下属，现在却成了他的合作者。整个战局期间，德军一直缺乏统一指挥。

驻扎在英国，准备用于作战行动的兵力为：包括3个加拿大师在内的17个英联邦师；20个美国师、1个法国师和1个波兰师；5049架战斗机、3467架重型轰炸机、2343架其他类型作战飞机、2316架运输机和2591架滑翔机。登陆艇、商船和战舰总数超过6000艘。[11]他们还配有各种坦克装甲车辆[12]；另外还有CDL坦克，它装有探照灯，可用于夜间行动。[13]每个师属地段都为设置防波堤（代号"醋栗"）准备了70艘旧商船和4艘旧军舰；由混凝土沉箱构成的两个人工港口（代号"桑葚"）已做好准备，随时可以拖过海峡，一条跨海峡输油管（代号"冥王星"）也已铺设完毕，海上油轮可通过这条油管将油料直接输送到诺曼底滩头。

盟军第一批突击力量的战斗序列如下：

1647

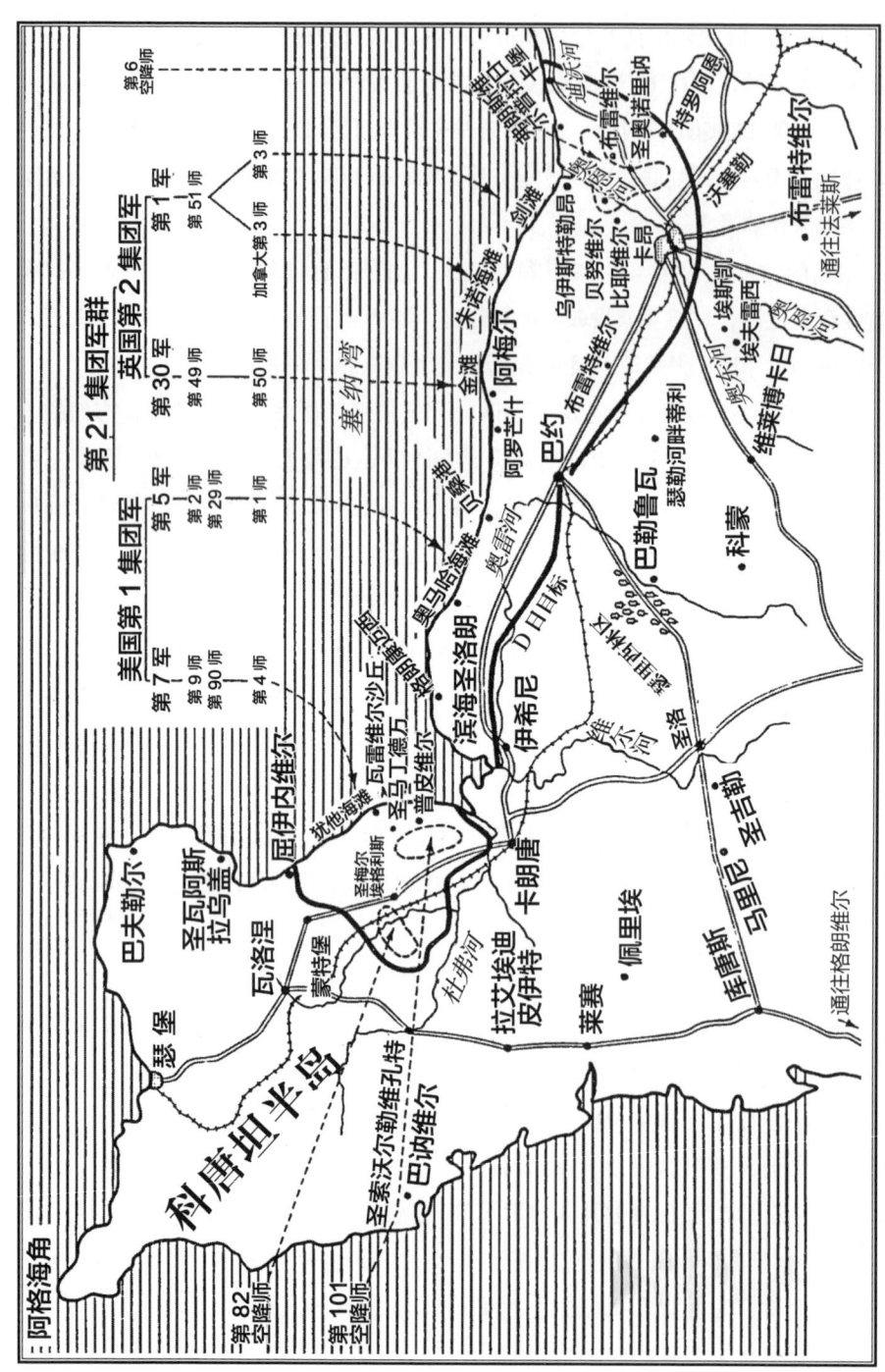

进攻诺曼底，1944年6月6日

空降兵：英国第 6 空降师、美国第 82 和第 101 空降师。

美国第 1 集团军（奥马尔·N. 布拉德利中将）：辖 4 个师的第 7 军（J.L. 柯林斯少将）——由第 4 师打头，第 90、第 9、第 79 师尾随其后；辖 3 个师的第 5 军（L.T. 杰罗少将）——由第 1 和第 29 师为先锋，第 2 师担任第二波次力量。

英国第 2 集团军（M.C. 登普西中将）：辖 3 个师的第 30 军（G.C. 巴克纳尔中将）——由第 50 师和第 8 装甲旅打头，第 7 装甲师和第 49 师尾随其后；辖 3 个师的第 1 军（J.T. 克罗克中将）——由加拿大第 3 师和加拿大第 2 装甲旅打头，突击队和第 4 特勤旅尾随其后，由英国第 3 师和第 27 装甲旅担任先锋，由第 1 特勤旅、第 51 高地师和第 4 装甲旅担任第二波次力量。

盟军在陆地、海上和空中共投入了 2876439 名士兵。

各部队的目标体现在突击计划中。可以看出，两个空降集团构成了侧翼掩护力量，美国第 82 和第 101 空降师位于突击地域右侧的圣梅尔埃格利斯周围，英国第 6 空降师位于其左侧的卡堡与奥恩河之间。五个登陆区分配给四个突击军：美国第 7 军在犹他海滩；美国第 5 军在奥马哈海滩；英国第 30 和第 1 军在金滩、朱诺海滩和剑滩。这份计划还指明了 D 日的最终目标。

作战准备工作中，最重要的一个步骤也许是采取一项合理的战略轰炸政策。自丘吉尔先生于 1940 年 5 月 11 日对德国城市展开的轰炸起[14]，消灭敌工业区和居民区的政策就被证明是失败的，对方的产量不仅未遭到削减，反而突飞猛进，另外，这种轰炸强化而不是降低了德国民众的士气。[15] 由于这些轰炸过于分散而无法起到决定性作用，盟军遂决定集中力量打击两个重要目标——运输和合成油厂。美国陆军战略航空兵司令卡尔·G. 斯帕茨将军赞成打击后一个目标，而英国空军上将亚瑟·特德爵士主张打击前一个目标。这两种意见，特德的选择更好些，故而获得优先级，这是因为轰炸对方的运输提供了在短时间内瓦解敌军的前景，而轰炸炼油厂的效果可能在几个月内都无法体现出来。1944 年 3 月 30 日，特德的建议被付诸实施，至少就目前而言，"战略"轰炸终于具备了真正的战略性。

盟军采用的计划是破坏法国和比利时的铁路线，从而限制敌军运动。其基本思想不仅仅是隔离盟军登陆区，还要炸毁塞纳河和卢瓦尔河上的铁路、公路桥，从而孤立两河之间的前进作战区域。这项计划若能奏效，敌人就很难将第 15 集团军调至塞纳河西部地区，而位于法国南部的敌军也无法开赴卢瓦尔河以北地域。除了奥尔良与枫丹白露之间的缺口，这番轰炸还将把整个前进地区变为一座战略岛屿。在这两条河流之外，盟军沿默兹河和阿尔伯特运河选择了第二道封锁线，这两条河上的渡口对德国第15集团军的补给至关重要。因此，盟军决定炸毁这些渡口，从而瘫痪德国第15集团军补给线，并限制其西进路线。这就意味着德国第7集团军无法从东面迅速获得增援。

盟军对铁路的攻击，主要目标是通过轰炸机务段破坏铁路上的牵引动力。他们选定80个这种"神经中枢"，到D日时，已有50多个遭到严重破坏。5月初，伦德施泰特手下负责铁路运输的赫夫纳上校向最高统帅部报告，要维持法国境内的德国军队，则每天需要100列火车，4月份的平均数量为60列，现在已降至32列，这是因为法国的铁路已无法获得比利时的煤炭供应。[16] 截至D日，法国北部地区的2000个火车头，或因盟军的空中打击，或因缺乏保养和燃料，已有1500个无法开动，交通运输量降至一月份水平的13%。到6月5日，"位于巴黎与大海之间的塞纳河上的24座公路和铁路桥，已有18座被炸毁，另外3座关闭维修，剩下3座也处于空袭威胁下，昼间无法用于任何大规模运输"。[17]

D日前的三个月内，盟军投下6.6万吨炸弹，丘吉尔写道："这样就围绕诺曼底地区的德国军队创造了一片'铁路沙漠'。"[18] 除了这些行动，盟国空军力量还对敌人的海岸防御、雷达站和机场实施了预先攻击，D日前，这些设施一连数周遭到系统性轰炸，而在D日前夕，诺曼底海滩上的10座超重型雷达指引炮台被炸毁。总之，盟军对这些目标投下的炸弹超过1.4万吨。同一晚，剩下的敌雷达站也受到干扰，因而盟军实施空降突袭时没有遭到拦截，作战力量在逼近目标时才被对方发现。

更为重要的海军任务是护送登陆部队，肃清敌人的水雷障碍，打开航道，并以炮击掩护登陆行动。海军上将拉姆齐手中掌握着两支特遣舰队：由皇家海军少将维安指挥，奉命协助英军登陆行动的东部特遣舰队，和由美国海军少将柯克率领，受领支援美军登陆任务的西部特遣舰队。共计29支扫雷艇舰队被分配给两个特遣舰队。

为掩护战术行动，盟军还实施了一项精心策划的欺骗计划，其目的是误导敌人，使对方相信盟军跨海峡作战的企图要到登陆实际日期六周后才会付诸实施，并暗示这场作战将在加来海峡地区展开。因此在诺曼底上空每执行一次空中任务，必然伴以加来地区上方的两次行动，在勒阿弗尔以西地区每投下1吨炸弹，就要在其北部投下2吨炸弹。另外，在英国东南部港口集结了许多假登陆艇，在多佛也建起了一座精心设置的假指挥部，在苏塞克斯和肯特郡还铺设了许多假公路、铁路及支线。

许多难题需要艾森豪威尔解决，最为复杂的一个问题是D日的选择。蒙哥马利指出："我们得出结论，如果进攻发起时间定在航海曙暮光之后40分钟，就能获得最佳条件，此时距潮水到达最高位尚有三个小时。"[19] 但由于海峡内的潮水无法让所有海滩同时获得这种有利条件，必须为每片海滩单独设置进攻发起时间，这些时间从清晨6点30分到7点45分不等。另外，由于盟军希望在月盈之夜发动攻击，所以D日只能是每个朔望月三天中的一天，5月31日后的头三天是6月5日、6日和7日。于是盟军选择了第一天，但满月是在6日。

6月份的到来伴随着狂风和巨浪，6月3日和4日的气象预报极为不利，艾森豪威尔决定将攻击行动推延24小时。虽然5日的情况只得到些许改善，但当日清晨4点，他做出了大胆的决定，即于6日发动跨海峡进攻。

按照时间表规定，2395架运输机和867架滑翔机运送的空降部队将于凌晨2点着陆；2219架战机清晨于3点14分实施轰炸，海军清晨于5点50分发起的炮击为其提供支援；4266艘登陆舰和登陆艇运送的第一波次攻击力量将在清晨6点30分至7点45分之间登上海滩。

在规定时间，盟军对敌人的海岸防御和滩头障碍物展开一场猛烈轰炸，朝目标投下了7616吨炸弹。随后，获得英国第2战术航空队和美国第9航空队掩护的登陆部队，以重型舰炮轰击敌人的固定炮台和混凝土防御工事。[20] 在更靠近的距离内，盟军还以轻型武器打击敌人较为轻型的防御工事。最后，第一波次突击力量逼近海滩时，盟军对滩头施以一场持续弹幕射击，部队登陆后，这场炮击立即前移。海军中校爱德华兹对此指出，驱逐舰和登陆炮艇（相当于旧式浮动炮台的现代版）简直是以高爆炸药掀翻了每一码海滩。进一步加强火力密度的是火箭登陆艇射出的火箭弹。爱德华兹中校写道："为实施近距离火力覆盖，每艘火箭登陆艇的火力相当于80多艘轻型巡洋舰和近200艘驱逐舰。"[21] 10个战斗机中队在空中持续巡逻，为这些行动提供掩护，只要海上的风浪情况允许，部队便在两栖坦克率领下冲上滩头。艾森豪威尔写道："大量使用两栖坦克提供火力支援……一直是我方计划的一个特点,虽说这些坦克由于汹涌的海浪而遭受到损失,可如果没有这种武器的协助,突击部队能否在滩头站稳脚跟,这一点便值得怀疑了。"[22]

尽管遭遇到暴风雨天气,但空降行动进行得非常成功。英国第6空降师在布雷维尔周围降落,第101师落在圣梅尔埃格利斯镇南面,而第82师降落在该镇西面。第一个师夺得了奥恩河上的几座桥梁,并炸毁了迪沃河上的那些桥梁;第二个师占领了犹他海滩西面的普皮维尔和圣马丁德万;第三个师降落时太过分散,但还是夺得了圣梅尔埃格利斯,从而封锁了卡昂—卡朗唐—瑟堡公路。

这些行动令敌人大吃一惊,由于天气恶劣,他们的防务较为松弛。但德国人对此并不感到意外,因为6月5日晚9点15分至9点30分,他们截获了一份无线电报,破译后发现是盟军号召所有法国抵抗运动成员于6月5日/6日午夜投入战斗。当晚10点30分,德国B、G集团军群和第3航空队都已进入警戒状态,但对德国人来说不幸的是,隆美尔回到德国乌尔姆附近的赫尔林根看望妻子,党卫队第1装甲军军长泽普·迪特里希在布鲁塞尔,第7集团军司令多尔曼正在雷恩指挥一场兵棋推演。[23]6月6日凌晨1点左右,德国国防军最高统帅部获悉了这份截获的电报,于凌晨2点至3点间又获知盟军空降兵登陆的消息。伦德施泰特接到盟军实施海上登陆的报告后,立即要求最高统帅部批准他使用担任预备队的装甲师,但这个要求直到下午3点至4点间才获得批准,但为时已晚,德军装甲部队无法投入当日的战斗。据布卢门特里特说,这种延误由希特勒的习惯造成的——工作到凌晨,然后一直睡到中午前,而最高统帅部里没人敢叫醒他,"当他接到详细报告时,盟军的攻击已全面展开了数个小时"。[24]

盟军从海上发起的登陆行动没有被敌人击退,都取得了不同程度的成功。在犹他海滩,两栖坦克从距离海岸5000码处向滩头泅渡,尾随其后的美国第4师取得了超过6英里的突破,并同第101空降师会合。在奥马哈海滩,由于海浪汹涌,美国第29和第1师的两个团级战斗队在失去了所有两栖坦克支援的情况下,遭遇德军第352师的激烈抵抗,被压制在海岸线,于当日晚些时候才奋勇冲向海岸公路。英国第2集团军也使用了两栖坦克,但他们较为幸运,虽然位于金滩的第50师右翼力量在阿罗芒什以东2英里的阿梅尔遭遇激烈抵抗,但其左翼力量迅速向内陆推进,几乎到达巴约—卡昂公路。在朱诺海滩登陆的加拿大第3师在滩头遭遇了德军顽强抗击,但该师稳步向前推进,取得了纵深约7英里的进展。位于第2集团军左翼的英国第3师,对剑滩的突击按计划进行,到下午晚些时候已夺得比耶维尔和大半个乌伊斯特勒昂,德国步兵在第21装甲师约20辆坦克的支援下发起一场反冲击,但被英国第3师和加拿大第3师击退。

德军这场反冲击混乱不堪。在隆美尔缺席的情况下,施派德尔将军命令第21装甲师前进。但在此期间,该师师长埃德加·福伊希廷格尔将军已派出部分力量打击奥恩河以东的敌空降部队,还没等完成这项任务,他又接到命令将这股力量撤回,去解决奥恩河以西的紧急情况。直到下午3点他才率部投入战斗,这场反冲击一路突破到海滩,但由于缺乏足够的步兵力量支援,随后被盟军的自行反坦克炮击退。

整个昼间,盟军可以说彻底控制了天空。他们共出动了14600个飞行架次,德国空军却未能击落哪怕是一架敌机。到夜幕降临时,盟军在维尔河与奥恩河之间已沿一条约30英里长的战线突破大西洋壁垒,但各登陆场之间的缺口仍有待填补,而且他们的最终目标一个都没有完成。

希特勒、伦德施泰特和隆美尔(已于6日下午返回)一致认为盟军对塞纳河以西的突击是一场佯攻,旨在掩饰他们将在加来海峡发起的主要突击。因此,他们决定不调集第15集团军,仅以现有力量应对眼前态势。隆美尔的计划是以步兵力量封闭美军的突破,并以党卫队第1装甲军在卡昂地区对英军展开反突击。由于这项行动刻不容缓,迪特里希接到的指示是不必等待装甲教导师,集中第21和党卫队第12装甲师,尽快于6月7日投入进攻。

6月6日/7日午夜过后不久,党卫队第12装甲师师长库尔特·迈尔将军赶至福伊希廷格尔设在卡昂的师部。两个师共有约160辆坦克,这是一股强大的力量,可由于补充燃料耽误了不少时间,再加上盟军战斗轰炸机于拂晓时展开了攻击,以及第21装甲师卷入英军对卡昂以北的一场进攻,迈尔只能率领他这个师的部分力量向前推进。他对从西面威胁卡昂的加拿大人施以打击,6月8日清晨,隆美尔命令迪特里希在卡昂与巴约之间再度发起冲击,这次行动以该军辖内三个师全力实施。但此举已不复可能,因为装甲教导师仍未赶至,而第21装甲师也无法脱离战斗,迪特里希所能做的仅仅是加强迈尔的力量。迈尔再次攻向加拿大军队,后者正在布雷特维尔攻往卡昂—巴约公路,但迈尔的步兵力量与坦克脱离。9日拂晓前,加拿大人展开了一场反突击,一举夺回迈尔先前夺取的地域。这场行动失败后,隆美尔决定推迟后续反突击，待他把手中的装甲力量集结起来再说。

施派德尔写道："从6月9日起，主动权落入盟军手中，他们以得心应手的打法从事战斗。"[25]隆美尔证实了他的说法，6月10日，他在发给希特勒的一份长长的报告中写道："昼间，我们几乎所有的交通，无论是在公路上，在铁路上还是在田野里，都被强大的战斗轰炸机和轰炸机编队所压制，结果，我方部队在战场上的运动几乎彻底瘫痪，而敌人却可以自由机动。后方地域的每一支运输纵队不断遭到攻击，为部队运送必要的补给、油料和弹药非常困难。"[26]

到6月12日，蒙哥马利已牢牢建立起了他的登陆场，32.6万人、5.4万部车辆和10.4万吨物资被送上滩头。[27]此时，美国第7军已攻向圣梅尔埃格利斯东北面的蒙特堡，还将卡朗唐拿下，并在该镇东面同美国第5军会合。后者已将其战线推进到圣洛以北8英里的维尔，并占领瑟里西林区，其左翼远远越过巴勒鲁瓦。英军战线上，第30军占领了巴约，并向前攻往巴勒鲁瓦—卡昂公路。在其左侧，第1军建立的战线从布雷特维尔起，绕过卡昂延伸至圣奥诺里讷，其左翼从那里转向北面，直至卡堡西面，位于海峡边缘的弗朗斯维尔普拉日。

尽管隆美尔没能将敌人逐入大海，但6月12日/13日夜间，德国国内又燃起新的希望——一架无人驾驶的喷气式飞机，将一颗重达1000公斤的飞弹投放在了伦敦。虽说这颗飞弹确实造成了严重破坏，但德国人很快发现，对这种武器寄予的期望被严重夸大了。[28]

击退德军的反击后，蒙哥马利着手夺取瑟堡和卡昂：前一个目标是为获得港口，以此补充他岌岌可危的人工预制港口和滩头补给，后一个目标则是为他的战略杠杆建立一个支点，这个战略就是在他的西翼取得突破。隆美尔在卡昂遭遇挫败后，便着手击败盟军向瑟堡的推进，并于6月13日至15日展开一场猛烈冲击，意图以党卫队第17装甲掷弹兵师在卡朗唐地域突破美国第7军与第5军的结合部，但这场进攻也被击退。与此同时，美国人占领了蒙特堡，14日，美军第9师和第82空降师向西攻往圣索沃尔勒维孔特。他们于16日夺得该镇，两天后在巴讷维尔到达科唐坦半岛西海岸。美国第8军军部随后投入运作，接掌了两个空降师和第90师并面朝南面，掩护第7军向瑟堡推进。

6月19日，一场出乎意料的狂风打乱了盟军的计划。风力持续三天，摧毁了美国人设在滨海圣洛朗的人造港，英军设在阿罗芒什的人造港也遭到破坏。风暴停息后，盟军发现有800艘船只陷在海滩上，这种损失是D日敌军所造成损失的五倍。

6月21日，美国第7军辖内第4、第79和第9师逼近瑟堡，次日，他们在舰炮火力支援下，对卡尔·冯·施利本将军据守的这座要塞发起冲击。他们于25日突破对方的防御，于26日俘虏冯·施利本。27日，瑟堡的3.9万名守军投降。但这座港口已被彻底破坏，直到8月下旬才恢复运作。

在瑟堡遭到猛烈冲击时，英国第2集团军辖内第30、第8和第1军6月25日大举进攻了卡昂。这里的地形非常复杂，而且遍布地雷，虽然位于中路的第8军前出到了卡昂西面的奥东河，但另外两个军的进展甚微。29日，他们遭遇党卫队第1装甲师和第2装甲师。随后党卫队第9装甲师和党卫队第10装甲师一部很快也投入战斗，这两个师都调自东线。面对敌军强大的装甲力量，蒙哥马利决定坚守已夺得的地面，并重组麾下部队。

斯大林一直要求的第二战线在诺曼底开辟时，苏联红军正为他们的夏季攻势加以准备。6月23日，他们在维捷布斯克与戈梅利之间发起进攻，至7月底已前出到涅曼河。7月13日，红军在普里皮亚季沼泽南面展开第二场庞大攻势，于17天后在桑多梅日南面渡过维斯瓦河。到8月中旬，苏军已到达喀尔巴阡山和东普鲁士边境，德国人面临着灾难性局面。8月22日，布加勒斯特发生政变，罗马尼亚政府随后向苏联投降，三天后，芬兰人也提出停战请求。从7月1日起，第三帝国的覆灭已成定局，盟军在诺曼底地区取得突破的时刻即将到来，这场战争的结束也已指日可待。

瑟堡陷落次日，希特勒将伦德施泰特和隆美尔召至贝希特斯加登。在29日召开的会议上，伦德施泰特要求获得自主行事权，隆美尔则敦促将第7集团军撤至塞纳河。希特勒没有接受这些要求，于是，伦德施泰特于7月3日提出辞呈，后由冯·克鲁格元帅接任。

在此期间，蒙哥马利决定攻克卡昂，同时以美国第1集团军前出到库唐斯—圣洛一线，准备在西翼达成突破。这场两路突击与7月3日由布拉德利拉开帷幕，但由于遍布灌木丛的复杂地形，加之敌人的顽强抵抗，美军进展缓慢。7月7日至8日，英军对卡昂发起冲击，这是一场典型的蒙哥马利式"物资战"。蒙哥马利要求皇家空军轰炸机司令部为登普西的推进提供支援，虽然他声称"（轰炸机）为行动取得成功发挥了重要作用"[29]，但目击者的报告并未证实这一点。[30]2500吨炸弹投向卡昂，碎石瓦砾堵塞了城内各条街道，在推土机将其清理前，坦克根本无法沿这些街道行进。[31] 轰炸造成的延误使德军得以从奥恩河北岸的卡昂撤至该河南岸的沃塞勒郊区，从而挫败了英军取得彻底突破的企图。

到7月10日，一场危机不期而至：美军的攻势陷入停顿；盘踞在沃塞勒的德国人仍阻挡着通往法莱斯平原的道路；四个德国师已被从法国南部调来增援第7集团军右翼。这些援兵的到来使隆美尔得以换下他那些装甲师，转而攻往美军战线。而为阻止德军此举，蒙哥马利决定再度发起进攻。

他的计划是在布拉德利补充弹药储备、准备夺取圣洛并把敌人逐至佩里埃—圣洛公路之际，为7月20日的一场突破（"眼镜蛇"行动）加以准备。7月15日/16日夜间，登普西也应在卡昂以西展开一场佯攻，18日，他的第8军和3个装甲师会发起一场决定性进攻（"古德伍德"行动），从奥恩河登陆场向南攻往卡昂东面。蒙哥马利在写给第8军军长理查德·奥康纳中将的信中解释了他的计划："东翼的一场胜利将帮助我们在西翼获得我们想要的东西。但东翼是块基石，西北欧战局的整个前景都将立足于此。"[32] 简而言之，他的计划是把大批德军牵制在卡昂，使对方只能以少量军力对圣洛地域的布拉德利第1集团军展开行动。

这场佯攻起初成功地欺骗了德国人，值得一提的是，这场行动使用了"人造月光"，他们以探照灯光束射向云层，光线反射后洒向地面。[33] 但次日夜间，一架德军侦察机利用照明弹发现大批车辆正驶过奥恩河上的桥梁。由于这一点表明英军实施突破的企图，隆美尔遂于7月17日清晨赶赴前线视察防御部署。当日下午返回时，他的座车沿利瓦罗通往维穆捷的道路行驶到圣福伊蒙哥马利村附近，突然遭到一架英军战斗机的攻击，隆美尔身负重伤，众人起初都以为他已丧生。冯·克鲁格获知这个消息后，并未任命隆美尔的接替者，而是亲自接掌了B集团军群。

7月18日的进攻（"古德伍德"行动）是一场超级蒙哥马利式的行动。其计划是在奥恩运河上架设桥梁，将三个装甲师（第7装甲师和第11装甲师、禁卫装甲师）的坦克及支援步兵送过河去，然后在一场超级猛烈的火力掩护下转身向南攻往法莱斯，切断并歼灭三个德国师。为协助坦克肃清一条道路，重型轰炸机将对一片4000码宽地域的两侧实施轰炸，并消灭位于英军装甲师两侧，正在进攻中的敌反坦克炮。以免破坏路面，给装甲部队的前进造成妨碍，在这两道轰炸构成的墙壁之间，轻型飞机将投下不会形成弹坑的人员杀伤弹。坦克随后将在徐进弹幕射击的掩护下，沿已被炸弹扫荡过的通道向前推进。艾森豪威尔告诉我们，这场进攻"以迄今为止用于支援地面行动最猛烈、最集中的空中突击为先导"。盟军共投下1.2万吨炸弹，"其中5000吨是在不到45分钟内投下的……与此同时，海军也以猛烈的舰炮射击为这场空中努力提供支援"。[34]

对蒙哥马利来说不幸的是，德国人将他们的部队后撤，并在英军计划中的通道后方数英里处设置了一片反坦克地域。德军炮兵隐蔽起来，待盟军空袭结束后再度现身，朝英军穿越平原的数百部车辆开炮射击。他们击毁了150~200辆敌坦克，仅给第11装甲师造成的损失就超过100辆，随后，50架德国战机于当晚猛烈轰炸英军阵地。次日天气突变，卡昂平原沦为一片泥沼，战斗就此结束。[35]

恶劣的天气迫使艾森豪威尔将布拉德利的进攻（"眼镜蛇"行动）推迟到7月25日，该计划是将圣洛以西三个师的战线向前推进，主要目标是马里尼—圣吉勒一线。然后再以三个新锐师越过担任先遣力量的三个师，最后转身向西，攻往库唐斯和格朗维尔。

空军的战术是以战斗轰炸机对圣洛以南维尔河上敌人控制的所有桥梁实施攻击，从而孤立前进地域。美国陆军航空兵司令H.H.阿诺德将军写道："尔后在1点40分，携带炸弹和燃烧弹的P-47雷电战机分为七个波次由东向西飞行，每个波次间隔2~3分钟。然后在一小时内，1500多架'空中堡垒'和'解放者'投下了3431吨炸弹。八个波次的P-38闪电战机紧随其后，投下更多燃烧弹，历时20分钟。然后是400架中型轰炸机以500磅的炸弹打击这片地域南端，主要集中于十字路口和德国人在圣吉勒村的坦克及部队集结地。燃烧弹引发的火势不受限制地席卷了德国人的宿营地和战壕。"[36]

就同盟军对卡昂的进攻一样，这场强大的空中打击"并没有导致敌军大量伤亡，仅造成了严重混乱"，而且，"还是同卡昂的情况一样，这种惊人的效果只是暂时的……随后的推进遭遇到了敌人从没被轰炸压制的阵地射出的猛烈炮火"。[37]

美军步兵沿一条4英里宽的战线向前推进，坦克为他们提供支援，最有趣的莫过于地空协同。阿诺德将军写道："我方部队向前推进时，战斗机和战斗轰炸机与他们保持紧密联系，并在统一指挥下飞在他们前方消灭敌军事目标……战斗机通过电台与坦克直接通信联系，并在我方装甲纵队上空持续保持警戒。地面指挥官会呼叫战斗机轰炸或扫射在前进途中遇到的敌军炮兵或装甲兵。飞行员发现敌人在十字路口或树林中布设的陷阱时,也会及时提醒坦克指挥官。由于缺乏空中之眼,德军装甲部队在战斗中处于不利态势。"[38] 这是一场大规模闪电战。

7月27日,美军攻克佩里埃和莱赛镇,于28日又封闭了穿过库唐斯的逃生路线,并俘获了4500名德国人。与此同时,在东面,德军以反坦克炮、半埋的坦克和迫击炮设置的一道强大防御地带阻挡住加拿大第2军向法莱斯的推进。

五天后,由巴顿将军指挥的美国第3集团军正式投入战场,该集团军编有第8、第12、第15和第20军。C.H.霍奇斯中将出任美国第1集团军(第5、第7、第19军)司令。这两个集团军编为第12集团军群,由布拉德利将军统辖。这就使蒙哥马利只专门指挥第21集团军群,辖英国第2集团军和加拿大第1集团军,后者于7月23日投入运作,由H.D.G.克里勒中将指挥。尽管如此,至9月前,蒙哥马利都继续控制着艾森豪威尔的全部地面力量。

攻占库唐斯后,美国第3集团军的计划是一路向南,穿过阿夫朗什进入布列塔尼,并夺取雷恩—富热尔地区。尔后他们将转身向西,夺取圣马洛港和布雷斯特港,而美国第1集团军则向南攻击前进,并夺取莫尔坦—维尔地区。与此同时,英国第2集团军将朝科蒙地域推进。这一次,艾森豪威尔决定,无论天气情况怎样,"都将致力于一场全面进攻,必要时不再谨慎行事"。[39] 现在的确是该这样做的时候了,因为他已彻底掌握制空权,与敌人的兵力对比至少为二比一,坦克和火炮优势也达到三比一。

7月29日,巴顿的先遣坦克力量在库唐斯南面渡过谢讷河,于两天后攻占了阿夫朗什。艾森豪威尔写道:"我们与布列塔尼之间已不存在有效障碍,我对创造一个开放性侧翼的期望已告实现。敌人处于彻底混乱的状态。"[40] 与此同时,蒙哥马利向南攻往科蒙,行动前先由1200架战机实施了一场粉碎性轰炸。他们于8月4日攻克了卡昂西南面的埃夫雷西和埃斯凯,于5日又占领了维莱博卡日。

攻克格朗维尔和阿夫朗什后,巴顿遭遇的抵抗微不足道。8月2日,他的部队进入雷恩并绕过圣马洛。到8月6日,他已到达从雷恩到大海的维莱讷河一线,就此切断布列塔尼半岛。8月7日,美军第6装甲师到达布雷斯特门前,10日,南特落入美军手中。

占领雷恩的次日,布拉德利命令巴顿在布列塔尼留下少量军力,率集团军主力全速赶往巴黎。巴顿于8月4日奉命行事。

冯·克鲁格很清楚，巴顿从阿夫朗什达成的突破对他构成了威胁，唯一明智的做法便是撤至塞纳河。但希特勒没有采纳这项建议，巴顿动身赶往巴黎的当天，希特勒命令克鲁格集结九个装甲师中的八个，于8月6日/7日夜间从莫尔坦攻向巴顿交通线的瓶颈——阿夫朗什。要是克鲁格掌握制空权，此举不失为合理的计划，可制空权在盟军手中，这个行动就无异于自寻死路了。[41]克鲁格完全明白这一点，但由于卷入了7月20日暗杀希特勒的阴谋[42]，他担心自己提出反对意见会被希特勒怀疑为叛国。尽管抱有这种恐惧听命从事，但他发现无法从战斗中抽调大量军力，所能集结起的只是四个装甲师（共250辆坦克）和两个步兵师。

对克鲁格来说不幸的是，他的准备工作无法瞒过盟军的空中侦察，布拉德利获知这个消息后，在维尔与莫尔坦之间部署了五个师来应对这场颇具威胁的突击。他还命令巴顿将三个师留在德军前进通道南翼的圣希莱勒。8月6日，布拉德利对维尔发起攻击，此举迫使德国第7集团军司令保罗·豪塞尔将军投入部分反击力量确保自己的右翼。最后，8月6日/7日夜间，豪塞尔向西展开攻击，朝阿夫朗什推进7英里后，被美军装甲部队所阻。

8月7日，挤满莫尔坦周边道路的德军队列遭到美军"雷电"式战机和英军"台风"式战机的无情轰炸，蒙哥马利继而命令加拿大第1集团军沿卡昂—法莱斯公路南下，打击豪塞尔右翼之后方。蒙哥马利写道："相关计划是以重型轰炸机展开预先行动，然后在夜色掩护下发起进攻，使步兵搭乘重型装甲运兵车穿越敌防御火力区和前沿防御点。这些运送步兵的车辆被称为'袋鼠'，是以自行火炮的车身改装而成。"[43]8月8日，蒙哥马利要求布拉德利命令巴顿将第15军（于前一天已占领勒芒）转向北面的阿朗松，以便同攻往法莱斯的加拿大军队会合，从南北两面切断敌人的交通线。10日上午，克鲁格已清楚盟军这场攻击的内容，由于他无力抗击，因而撤离莫尔坦地区变得势在必行。尽管如此，他还是犹豫不决，直到11日中午才向最高统帅部提出这项建议，而且说得含糊其辞。他收到的回复是，待击退美国第15军后，就应继续遂行反攻。没等他奉命行事，美国第15军已于8月12日夺得阿朗松，次日傍晚前又前出到阿让唐。这就导致德国第7集团军辖内大部分部队陷入一种难以为继的境地。他们据守着一个长度为40英里的香肠形突出部，其15英里宽的底部位于法莱斯—阿让唐，无论希特勒下达怎样的指示，后撤已是刻不容缓。

这样一来，巴顿就可以恢复向巴黎的进军，8月12日，布拉德利以美国第1集团军辖内第5军接替位于阿让唐的第15军，14日，加拿大军队恢复向法莱斯的推进，但直到16日才攻克该镇。同一天，巴顿第12军占领奥尔良，第20军进入沙特尔，24小时后，他麾下的第15军到达德勒，并奉命从那里赶往巴黎西北面，芒特的塞纳河河段。19日，他们在那里的河对岸建起一座登陆场。在此期间，希特勒怀疑克鲁格背叛了他，遂以瓦尔特·莫德尔元帅接替了克鲁格的职务。[44]

8月17日，美国第5军从阿让唐，加拿大第4装甲师和波兰第1装甲师从法莱斯，着手封闭日趋萎缩的包围圈的出口，15个德国师的残部和另外一些部队被困在这个长20英里、东端宽10英里的包围圈内。他们仅剩的逃生路线是穿过尚布瓦和圣兰伯特，但这两处都遭到侧射火力打击，并处于持续不断的轰炸下。阿诺德将军写道："P-47'雷电'战机逮住了德军并排行进的三路坦克和卡车纵队，他们堵在阿让唐的三条公路上，随后有条不紊地对其实施轰炸和扫射……尽管天气恶劣，敌人的高射炮火也很猛烈，但陆航队的战斗机彻日保持攻击。一些道路上腾起的烟雾相当浓密，以至于飞行员无法准确统计战果，但他们估计击毁了1000台车辆。次日在英国皇家空军作战地域，'喷火'式、'野马'式和'台风'式战机又击毁另外1000部车辆。"[45]尽管遭到如此猛烈的打击，但8月20日，德军第2装甲师还是在圣兰伯特突破加拿大军队封锁线，并确保这条逃生道路畅通了六小时，以便第7集团军残部逃离。逃出包围圈的德军人数超过三分之一，究其原因，似乎是因为盟军从法莱斯进击的兵力不足，另外就是美国第5军接替第15军的换防导致了从阿让唐向北的推进发生延误。当时的战略目标应当是歼灭德国第7集团军，而不是占领巴黎。但后来在1945年4月，正如我们将见到的那样，柏林已在艾森豪威尔掌握中时，他却采取了相反的做法。

8月15日，当法莱斯战役到达顶点时，"龙骑兵"行动（先前的代号为"铁砧"）二笔付诸实施。要是这场战役在"霸王"行动前不久或同时发起，在战略上也许还有些利益可言，但"铁砧"行动在D日后已失去存在的理由。从意大利分散兵力的做法破坏了亚历山大的战局，罗马于6月4日陷落后，他已迅速向北取得进展，现在实施"龙骑兵"行动不仅使他无法进军中欧，还导致诺曼底的胜利丧失了政治意义。在盟军于6月6日成功登陆后，不管怎么说，德国在不久的将来彻底败亡已成定局，所以应当以战略配合政策。虽说在当时的情况下，诺曼底和波兰从战略上说是战争的决定性战场,但政治的决定性战场,其核心依然是维也纳—布拉格—柏林一线。倘若西方盟国率先到达这一线,那么尽管他们在德黑兰做出愚蠢的承诺,但在很大程度上仍能缔造最终的和平。可如果俄国人抢先到达这一线,那么,面对苏联的军事力量,西方盟国就只好被迫遵守相关约定了。

这是丘吉尔先生、英国三军参谋长、威尔逊、亚历山大和蒙哥马利将军所预见到的。威尔逊于 6 月 19 日就向艾森豪威尔指出,如果战略目标是在 1944 年击败德国,那么,"协助法国北部这场突击最合适的战略是发起一场打击,迫使敌人从法国抽调若干师,同时使对方面临 1944 年败亡的前景"。因此他建议不要发起"铁砧"行动,"应当让亚历山大将军的战局继续深入波河河谷,并进入卢布尔雅那缺口,从而威胁对敌人至关重要的一片地域",[46]而这片地域对俄国人同样重要。

艾森豪威尔并不这样认为,他获得了美国几位参谋长大力支持,特别是马歇尔将军。丘吉尔先生指出,他们"坚决主张将主要力量集中于决定性地点,在他们看来,这个决定性地点就是西北欧"。[47]他们没弄明白的是,最重要的决定性地点必须在政治上有利可图,而在战略上又是可实现的,以一支军队在法国南部登陆,最终攻入黑森林的冬季作战地域,可能是他们所做的最不具有决定性的事情。而相反,威尔逊的建议能让盟军攻往维也纳,并使盟军在法国赢得的胜利获得最大政治利益,因为这将让美国人和英国人进入中欧,只有在中欧才能从政治上赢得这场战争。艾森豪威尔所持的观点是:"这一阶段的任何发展……没有什么比这场从罗讷河谷而来的辅助突击对最终彻底击败德国军队更具决定性的。"[48]这表明,直到 1948 年,他还是没有意识到战争是一种政治手段①艾森豪威尔得到总统的支持,罗斯福这样做是有其政治目的的。在 6 月 29 日发给丘吉尔的一份长电报中,罗斯福写道:"由于已在德黑兰达成发起'铁砧'行动的协议,我无法接受未同斯大林协商便放弃这场行动的任何主张……最后,出于此间纯粹的政治性考虑,我也不得不如此,倘若民众获悉大批军力被调至巴尔干地区,则'霸王'行

---

① 译注:这是个有失公允的说法,正如艾克在《远征欧陆》一书中指出的那样:"……我感到,他(丘吉尔)真正关心的可能是政治上,而不是军事上的问题……如果这是他主张向巴尔干地区进军的理由,他应该马上去找总统……我清楚地知道,战略会受到政治考虑的影响。如果总统和首相为达到他们认为必要的政治目的而决定延长战争……那么我立刻会忠诚地相应调整我的计划。"

动稍有闪失，我将坠入万劫不复之地。"⁴⁹在罗斯福总统看来，决定点既非法国西北部，也非中欧，而是11月的总统选举，"铁砧"行动至少能为他的第四个任期争取到部分选票。

正因为如此，亚历山大于7月初奉命以美国第6军（三个师）、法国远征军（三个师在意大利，四个师在北非）和相当一部分空中力量组建美国第7集团军，该集团军由亚历山大•M.帕奇中将指挥，将用于8月15日对法国南部的进攻。丘吉尔先生指出，有鉴于此，仅马克•C.克拉克将军驻扎在意大利的美国第5集团军，兵力就从约25万人降至15.3万人⁵⁰，亚历山大将军这场战局不得不取消。

美国第7集团军在卡瓦莱尔与阿尼之间的法属里维埃拉实施的登陆几乎未遭遇抵抗⁵¹，10天后，P.E.勒克莱尔将军率领法国第2装甲师解放巴黎。至此诺曼底战役宣告结束。德国第7集团军溃败。指挥后撤行动的迪特里希将军说："从所遗弃装备的角度看，这场撤过塞纳河的灾难几乎同法莱斯包围圈同样惨烈。"⁵²德国人为这场战役付出的代价是折损近50万人，其中21万人被俘，他们还损失了3000门火炮、1500辆坦克、2000架飞机、20000部车辆和大批装备及物资。

9月1日，艾森豪威尔亲自接手指挥他的地面部队，蒙哥马利虽已擢升为元帅，但现在仅指挥第21集团军群。盟军赢得第二次耶拿会战，从西面通往柏林的道路已畅通无阻，剩下的只是发展胜利而已，就像拿破仑在1806年所做的那样。可对盟军而言不幸的是，由于情况所迫，甚至更多是因为性格差异，艾森豪威尔既不是蒙哥马利，也不是拿破仑。

战争爆发时，艾森豪威尔不过是个中校，在菲律宾担任道格拉斯•麦克阿瑟将军的参谋。自那之后他便平步青云，于1942年7月一举越过366名高级军官，被选为"火炬"行动的指挥官，而他从未指挥过比步兵营更大的建制。他对战争的看法可以说是大多数美国人所持的典型观点。他说这场战争是一场十字军东征，其目的是"彻底摧毁轴心国"，从而创建一个"合理的世界"。⁵³他在1952年竞选总统期间说道："我这一生中，但凡重大事件莫不具有使其成为一场十字军东征的额外精神因素……否则你们想，登陆北非以及随后在西西里和意大利战役取得的成功，若非以一场十字军东征而论，又能作何解释呢？若非参与其中的每个人都具有一种十字军精神，我们又如何能突破希特勒的欧洲壁垒，如何能击败并最终消灭纳粹军队呢？"⁵⁴1944年，亨利•摩根索把"所有德国人"描述为"丧心病狂"时引用了他的

1662

话。⁵⁵艾森豪威尔认为"盖世太保和党卫队成员应被视为犯罪的初步证据",应当消除德国从事战争的力量。⁵⁶这项任务该由西方盟国还是由苏联来完成,他似乎对此并不介意,因为在他看来,"普通的俄国人和我们所说的普通美国人具有一种明显相似之处",⁵⁷他还指出:"从美苏两国过去的关系看,没有理由对未来持悲观态度……两国都没有以武力建立殖民帝国的污名。"⁵⁸

诚然,他的为将之道是很可以批评的,但他的成长经历的确使他出任盟军统帅时陷入了极为困难的境地。他似乎不是个受过高等教育或读过许多书的军人,对战略与政策之间的关系知之甚少。他写道:"政治考量是政府的职责,与军人无关。"⁵⁹这句话从理论上说是正确的,可实际上往往具有致命性,特别是在这个军人担任总司令的情况下。由于他在军队里的资历较浅,而且性格温和,并不强势,因而受到马歇尔将军控制,且容易对他的下属做出让步。在他看来,如果不向后者让步的话,情况会变得更加复杂,因为他指挥的是一支联军,在这样一个组织中必然存在羡慕和嫉妒,就算这种情况并不活跃,可至少会潜伏在表面之下。他面临的当务之急是在他统辖的将领们之间建立一种和谐的关系,令人钦佩的是,他确实做到了这一点。不过,为了在最短时间内以最小的代价赢得战争,同样重要的是战略不应屈从于和谐的关系。由于他没能理解这一点,作为一名统帅,艾森豪威尔更像个协调者,而非指挥者。为了调和他那些桀骜不驯的部下之间的矛盾,他把整个战略蛋糕切开,给每个部下都分上一块,这样一来,他就违反了集中力量的原则,并延长了战争。

8月31日,据盟军最高统帅部统计,此时已有2052297名士兵和436471部车辆登陆法国,艾森豪威尔在法国北部掌握着23个步兵师和相当于15个装甲师的力量。科尔先生指出:"盟军在兵力方面的优势约为2比1……火炮方面的优势至少为2.5比1,坦克力量约为20比1。"另外,盟军空中力量拥有13891架作战飞机,以及数百架侦察机、联络机和运输机,而与之对阵的德国第3航空队只有573架各种类型的可用飞机。⁶⁰

虽然艾森豪威尔不知道这些力量对比,但他了解的情况至少应该和布拉德利一样多,后者称:"到9月1日,敌人于6月份部署在西线的军队已溃不成军。位于阿登以北的德军残部只有11个师,其中包括两个装甲师。"⁶¹艾森豪威尔必须解决的问题显然是一场追击,他的四个集团军在法国北部排列成一线:加拿大第1

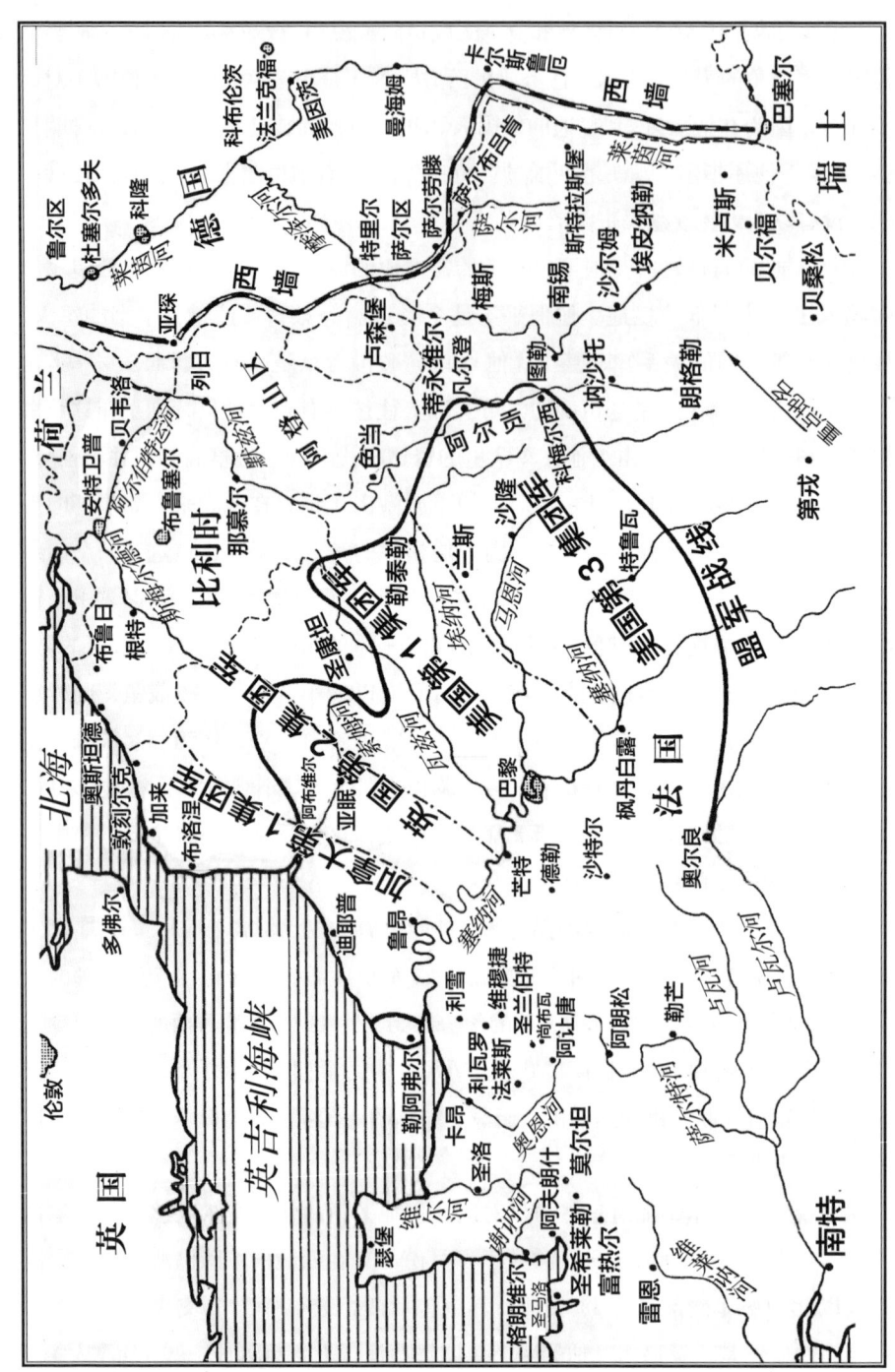

1944年9月1日的盟军战线

集团军居左，英国第2集团军和美国第1集团军居中，美国第3集团军居右；他们共同构成了一个北起阿布维尔、南至奥尔良的巨大突出部，其顶点位于凡尔登。以四个集团军展开一场追击，暂时不在考虑范围内，因为艾森豪威尔指出，卡车运送的油料补给已变得"完全不足"，为维持第3集团军的进攻势头，他已被迫以空运的方式为该集团军提供补给。[62] 他现在的问题是要决定让哪个集团军停下脚步，以便积累起足够的油料提供给奉命追击的集团军。

蒙哥马利已考虑过这个问题。他在8月17日就向布拉德利提出建议，渡过塞纳河后应当发起一场强有力的推进，不是沿整条战线，而是在阿登北部。8月23日，他又建议艾森豪威尔，取道比利时，"以一场强大的全力推进跨过莱茵河并进入德国腹地"，从而到达德国北部平原，那里有利于装甲部队发挥作用。他写道："要是我们渡过塞纳河后保持足够的行动力量和势头，敌人就会一路退至莱茵河，我们可以在对方重新建起一道防线前渡过该河，然后我们就将赢得一场空前的胜利。"[63] 但为这场推进提供补给，就不得不要求巴顿第3集团军暂时停止前进。艾森豪威尔不会同意这种建议，他认为此举在政治方面是不可取的，因为"美国人民绝不会支持这种做法"。[64] 而从军事角度看，他认为这个方案"完全不切实际"，并称之为"铅笔形推进"。[65]

艾森豪威尔的计划是"沿一个宽大正面向前推进，左翼优先"，与此同时，第3集团军向东攻往萨尔盆地，同第6集团军群会合，尔后前出到罗讷河谷。他写道："整条战线的这种会合非常重要，这将使我们得以利用所有力量面对敌人并与之战斗，还使我们不必以大量兵力建立漫长的防御侧翼，而沿这些侧翼，我方部队执行的不过是消极的静态任务……我们希望以所有力量对付敌人，所有部队都具有机动性，都直接有助于歼灭敌野战力量。"[66]

看来是布拉德利和巴顿提出抗议，艾森豪威尔才没有让蒙哥马利担任主角，另外，他对态势的掌握也是完全错误的。他没有发展自己的胜利，而是着手准备另一场大规模战役，因而错失了使他的胜利具有战略决定性的良机。

蒙哥马利"单刀直入"的计划能否取得成功，这一点难以确定，但我们知道这恰恰是德国人所预料的。威尔莫特写道："战争结束后，伦德施泰特和其他德军将领宣称……倘若盟军在9月份从比利时集中力量发起一场推进，肯定能取得成功……布卢门特里特说：'这是一场大规模突破，再加上制空权，会把德军脆

1665

弱的防线撕成碎片,并在1944年冬季结束战争。'"67①

利德尔·哈特证实了这些说法,他写道:"与我交谈过的所有德军将领都认为,盟军最高统帅部错失了在1944年秋季就结束战争的绝佳良机。他们同意蒙哥马利的观点,若把所有可用力量集中于北面,径直攻往柏林,就有可能实现这项计划是。"68 最后,施派德尔将军说:"8月最后几周发生的事情犹如一股奔腾的洪流,根本无法阻挡……随后发生了某些意外情况,可以说是1914年'马恩河奇迹'的德国版:盟军的猛烈推进突然间戛然而止……盟军最高统帅部的策略是主要原因……要是盟军紧紧追击后撤中的德国军队,会把德军人马追得喘不过气来,并提早半年结束战争。德国此时已没有任何值得一提的地面部队可供投入,空中力量也已微乎其微。"69②

在于9月10日召开的第二次魁北克会议期间,美国财政部长亨利·摩根索先生提出了一份处置德国的方案,进一步削弱了盟国的战略,摩根索于1944年开始对塑造美国的外交政策发挥决定性作用。70 这份方案主要出自他的副部长哈里·德克斯特·怀特的手笔,1951年8月14日,参议院安全小组委员会传讯了怀特③,并认定他是个苏联间谍。71 该计划72的要点是将东普鲁士、西里西亚大部、萨尔区和莱茵河左岸一大片地区从德国版图割离。德国的其他地区将被分为北部、南部和一片国际区域,后者从法兰克福延伸到波罗的海和不来梅,鲁尔区包括在内。这片地区内"所有未被军事行动摧毁的工厂和设备都将拆除、迁离该地区或彻底销毁,所有矿区设备也应拆除,矿井应彻底炸毁"。赔偿形式除了交出工厂和设备外,还包括"强迫德国人到国外参加劳动"。最后一个条件尤为重要,如果它付诸实施的话,势必会导致德国被苏联所控制,其具体内容是:"德国境内的治安和民政,主要由德国陆地邻国的武装部队负责。具体而言,这些武装部队应包括苏联、法国、捷克、波兰、希腊、荷兰和比利时的军人。根据这项方案,美国军队可以在相对较短的时间内撤出。"

---

① 译注:这种证词无疑是出自德军将领被俘后的说法。布拉德利的回忆录对这个问题也有很明确的看法,读者们不妨看看与英国人针锋相对的观点。

② 译注:值得注意的是,德军将领对利德尔·哈特讲述相关情况时,都是在被俘状况下。而据利德尔·哈特称,几乎每个被俘的重要德军将领都承认深受他战前"间接路线"和坦克战理论影响,这本身就说明了许多问题。实际上,近二十年来西方的学术性二战历史著作几乎没人参考利德尔·哈特的书籍。

③ 译注:日期有误,因为怀特在听证会结束三天后心脏病突发,死于1948年8月16日。

罗斯福和丘吉尔接受了摩根索的计划，并于9月15日签署一份协议，规定鲁尔和萨尔区的工厂将"停止运作并关闭"。这两个地区由某个国际组织管理，"该组织负责监督这些工厂的拆除，并确保它们不得以某种托词重新启用。销毁鲁尔和萨尔区战争工业的方案，最终目的是把德国变成以农业和畜牧业为主的国家。罗斯福总统和丘吉尔首相都同意这份方案"。[73]

该计划于9月24日被公之于众[74]，由于它似乎详细说明了"无条件投降"的含义，从而使千百万原本反对纳粹政权的德国人，也觉得与其接受这种迦太基式的和平，还不如在希特勒领导下奋战到底。它唤醒了1813年时的德国人精神，用麦克白的话来说，每个德国人都发出呐喊：

敲响警钟！狂风呼啸！毁灭，你来吧！
至少我们死的时候要披着盔甲。

经过这种疯狂的"精神输血"，加之艾森豪威尔的宽大正面战略，整个秋季沿奈梅亨至科尔马的350英里战线爆发了一连串猛烈攻势和殊死抵抗，直到12月中旬希特勒在阿登山区发起反攻，才清楚地表明艾森豪威尔线式战略的愚蠢之处。虽说德军的反攻以失败告终，但盟军为此付出了伤亡7.7万人的代价，给美国声望造成的打击，几乎和日本偷袭珍珠港同样沉重。斯大林对此心知肚明，他立即抓住机会，趁他的西方盟友倍感尴尬之际，同意于1月底召开另一次三巨头会议，这场会议是罗斯福总统连任后一直要求的。另外，由于希特勒把全部战略预备力量投入阿登攻势中，斯大林决定于1月中旬发起红军的冬季战局，在他希望三巨头会议召开时，他的军队已占领整个波兰，这样便处在有利地位，从而给他的盟友造成了一个既成事实的局面。

由朱可夫和科涅夫指挥的这场攻势于1月12日发起，犹如雪崩般冲破了德军防线，并以惊人的速度向前席卷。到2月4日，两位元帅已率领他们的军队在屈斯特林和布雷斯劳到达奥得河。同一天，三巨头在克里米亚的雅尔塔举行会晤。根据丘吉尔先生的建议，这场会议起了个颇具预见性的代号——"阿尔戈号的船员"，因为斯大林扮演的是伊阿宋的角色，他把波兰和另外几个国家的"金羊毛"胜利地带回克里姆林宫。

罗斯福离开美国前往克里米亚时满怀希望,却缺少准备[75]:欧洲的战争已临近尾声,和平指日可待。现在是确保自己获得斯大林全心全意合作的时候了。这似乎是一项轻松的任务,因为他看不出苏联同美国有什么根本利益冲突。另外,虽然丘吉尔是个彻头彻尾的帝国主义者,但罗斯福天真地认为斯大林不是这种人,为取消英国、法国和荷兰在亚洲的殖民地,他需要获得斯大林的支持。他也需要斯大林帮助他消灭日本人,因为美国参谋长们提醒过他,苏联若不出兵,美国为征服日本可能会付出"伤亡上百万人"的代价。[76] 会议召开前,罗斯福已下定决心,给予斯大林在欧洲的自由处置权,以此作为交换条件。

由于斯大林的现实主义和罗斯福的理想主义(给他出主意的是哈里·霍普金斯,以及国务院的阿尔加·希斯一干人),雅尔塔会议的结果是一场超级慕尼黑会议。

他们一致同意将德国分割成若干区域,每个区域都由一支盟国军队占领;无条件投降将强制执行;强制劳动的政策将加以实施;应考虑要求德国赔偿200亿美元,其中半数归苏联所有。

斯大林同意参加将于4月份召开的联合国会议后,波兰便被扔给俄国这头饿狼,而英国当初参战恰恰是为保证该国领土的完整。波兰的东部边界大致固定在寇松线,西部边界暂时推至奥得河和尼斯河西部地区。苏联扶持的卢布林委员会,在克里姆林宫唆使下,已于1944年12月31日宣称自己是"波兰民族解放委员会临时政府",待波兰流亡政府的少数成员加入其中后,英美盟国将承认其合法地位,条件是举行自由选举,但这些选举不接受中立观察员监督,因为这是对波兰人的侮辱!

把波兰出卖给苏联人后,在一场将丘吉尔排除在外的秘密会晤中,罗斯福获得斯大林出兵对付日本的承诺。作为交换,他同意承认外蒙保持现状,同意苏联恢复1904年至1905年丧失的所有领土,例如萨哈林岛南部和千岛群岛。他还同意苏联同中国共同经营中国东北部和南部的铁路,而这些领土大多属于中国人,看来,罗斯福总统要么忘记了帝国主义和《大西洋宪章》,要么就是神经错乱了。

雅尔塔会议于2月10日结束,在随后举行的晚宴上,丘吉尔提议为斯大林的健康干杯时,以一种真正的先见之明说道:"……斯大林元帅深知和平时期同战争时期一样,他将继续率领苏联人民从一个胜利走向另一个胜利。"[77] 次日,三巨头签署并发布了一份公报,其中包括摩根索计划中的许多经济建议,并在结尾处声明,"依照《大西洋宪章》的条款",这份协议提供的保证将使世界各地人民"活在免于恐惧和匮乏的自由下"。[78]

这份充满希望的公报发布的三天前,艾森豪威尔冒着恶劣的天气朝莱茵河发

1945年盟军占领区和苏联西部边界与814年查理曼大帝东部边界的对比

起这场"方阵"式推进的最后阶段。位于左侧的加拿大第1集团军2月14日到达埃默里希对面的莱茵河河段，但位于加拿大人右侧的美国第9集团军，直到3月3日才同他们在格尔德恩会合，除天气恶劣这个原因外，敌人的激烈抵抗也是一个重要因素。3月5日，美国第1集团军辖内第3军的先遣部队在雷马根夺得莱茵河上的一座桥梁。最后，巴顿于3月22日在美因茨以南的奥本海姆附近渡过莱茵河，次日，蒙哥马利指挥的第21集团军群和美国第9集团军在韦塞尔渡过该河。

德国人从莱茵河退往鲁尔区。他们在那里实施殊死抵抗，但还是陷入重围，4月13日，莫德尔元帅和32.5万名德军官兵投降①。盟军通往柏林的道路已畅通无阻，而朱可夫和科涅夫率领的红军仍被阻挡在奥得河和尼斯河。同一天，马利诺夫斯基元帅在南方占领了维也纳，这是中欧三大政治和战略中心最南面的一个。

现在还剩下柏林和布拉格。艾森豪威尔与柏林之间已没有任何障碍，德国人既未部署防御，也没有投入野战军队。虽然柏林位于盟国一致同意的苏联占领区中央，但从未规定过应由哪国军队占领德国首都。当务之急是，艾森豪威尔应该继续前进，因为俄国人已破坏或无视《雅尔塔协定》的一切重要条款，这份协定目前经受着考验，英美军队占领柏林，将使英国和美国处于一种强有力的地位，从而坚持要求俄国人遵守他们签订的协议。丘吉尔先生写道："如果我们不把这些事情加以纠正，全世界很快就会认为罗斯福先生和我在克里米亚协定书上签字时，签署的是一份欺骗性计划书。"[79]

虽说这本该是个显而易见的事实，但在艾森豪威尔看来，政治价值的重要性始终居于次位，另外，他认为希特勒打算放弃柏林，退守奥地利西部和巴伐利亚南部所谓的"国家堡垒"。[80]艾森豪威尔写道："在我看来，敌人处于最终败亡的边缘时，军事因素应远比盟军占领德国首都这种政治考量重要得多。我方军队的任务是，必须粉碎德国军队，而不是把军力分散在占领那些已成废墟的空城上。"[81]正因为如此，他的计划是把柏林留给俄国人，布拉德利的进军方向改为穿过德国中部，前出到莱比锡—德累斯顿地区同科涅夫元帅会师，从而切断希特勒逃入国家堡垒的路线，巴顿率领的右翼力量负责占领那个传说中的巢穴，蒙哥马利指挥

---

① 译注：莫德尔自杀身亡。

的左翼力量攻往汉堡和波罗的海。艾森豪威尔已于3月28日将这份计划的要旨发电报告知华盛顿、伦敦和莫斯科，斯大林对此欣喜不已，丘吉尔则是勃然大怒，但他对此无能为力，因为美国参谋长们支持艾森豪威尔。3月31日，马歇尔致电英国三军参谋长："德国之战现在已到这样一种阶段，应采取何种措施全由战地指挥官决定。故意不对敌人的弱点加以利用似乎是不合理的。唯一的目标是迅速赢得全面胜利。"[82]4月6日他又指出："抢在俄国人之前占领柏林所能带来的心理和政治优势不应超过迫切的军事考虑，我们认为，当务之急是消灭并肢解德国武装部队。"[83]

美国第9集团军先遣力量于4月11日进入马格德堡，于次日渡过易北河。布拉德利写道："此时，要是我们愿意为夺取柏林而承受相应伤亡的话，我们是可以攻往柏林的。朱可夫尚未渡过奥得河，柏林就在我方部队之间的中途。"[84]4月14日，也就是罗斯福总统去世，哈里·S.杜鲁门继任美国总统两天后，艾森豪威尔命令麾下军队停在易北河，21日，他告知苏联最高统帅部，除攻往吕贝克外，他不打算前出到易北河以东地区，也不会越过捷克斯洛伐克西部边界，相反，他的第3集团军和第7集团军将占领"国家堡垒"！就这样，布拉格也被他拱手让给俄国人。

自盟军在诺曼底登陆以来，厄运就像某个怪物张开的血盆大口般威胁着希特勒，这张大嘴现在砰然合拢。4月29日，海因里希·冯·菲廷霍夫将军率领驻扎在意大利的近100万德国军队向亚历山大元帅无条件投降。次日下午3点30分，希特勒自杀身亡。5月2日，苏军占领柏林。两天后，海军上将弗里德堡和德国最高统帅部的另一些代表，在蒙哥马利设于吕内堡荒野（希特勒于1935年曾在这里举行过他的第一场演习）的战术指挥部签署了一份停战协定，从而使德国西北部、丹麦和荷兰的所有德国军队悉数投降。三天后，约德尔和弗里德堡在兰斯的艾森豪威尔总部代表德国军队签署无条件投降书。5月8日/9日午夜，双方停止敌对行动。5月9日，苏联红军开入布拉格。

对美国和英国来说，诺曼底战役的成果犹如索多玛的苹果，刚一摘下便化为灰烬。希特勒及其军队被消灭，取而代之的是斯大林和他的亚洲部落。这是因为"胜利——不惜一切代价争取胜利"[85]一直是西方盟国的目标，也因为他们坚持主张"击败并消灭希特勒，排除其他一切目的、忠诚和目标"[86]，而斯大林是个超级现

1671

实主义者，他的战略始终与政策保持一致，这就使他得以将他救世主式的崇拜强加给爱沙尼亚、立陶宛、拉脱维亚、芬兰一部分、波兰、德国东部和中部、奥地利的三分之一、捷克斯洛伐克、南斯拉夫、匈牙利、罗马尼亚和保加利亚。欧洲的重要城市维也纳、布拉格和柏林落入他手中，除雅典外，东欧各国首都亦是如此。苏联的西部边界已从普里皮亚季沼泽推进到图林根森林，这段距离约750英里，就和查理曼时代一样，斯拉夫人伫立在易北河和波西米亚森林。欧洲的千年历史发生倒退。这一切都拜诺曼底战役所赐，是愚蠢的战略和一种纯属破坏的政策之结果。

注解

1. *United States Army in World War II* (American Official History), "Cross-Channel Attack", *Gordon A. Harrison* (1951), p. 92.
2. *As He Saw It, Elliott Roosevelt* (1946), p. 185.
3. *On Active Service in Peace and War* (English edit., n.d.), p. 287.
4. 美国第3集团军将在D日后的某个日期跟随第1集团军登陆。
5. *Normandy to the Baltic, Field-Marshal Montgomery* (n.d.), pp. 15—16.
6. *Panzer Leader, General Heinz Guderian* (1952), pp. 331—332.
7. *The Rommel Papers, edit. B. H. Liddell Hart* (1953), p. 453.
8. *Von Rundstedt, Guenther Blumentritt* (1952), p. 218, and *The Struggle for Europe, Chester Wilmot* (1952), p. 205.
9. *The Rommel Papers*, pp. 468—469.
10. *Von Rundstedt*, p. 213.
11. *Crusade in Europe, Dwight D. Eisenhower* (U.S. edit., 1948), p. 53.
12. *Normandy to the Baltic*, p. 24.
13. *The Second World War, J. F. C. Fuller* (1948), Appendix, pp. 413—415.
14. *Bombing Vindicated, J. M. Spaight* (1944), pp. 68 and 74.
15. *United States Strategic Bombing Survey, Over-all Report* (European War), 1945.
16. *Wilmot, The Struggle for Europe*, p. 211.
17. 同上，p. 212。
18. *The Second World War*, vol. V, p. 465.
19. *Normandy to the Baltic*, p. 26.
20. 这些轰炸和炮击给德军混凝土炮台造成的破坏都不大（参阅 *Supreme Commander's Report*, p. 27）。
21. *Operation Neptune* (1946), p. 89.
22. *Supreme Commander's Report*, p. 30. 早在1920年2月11日，本书作者在给皇家联合勤务机构所做的一场题为"海战在陆地的发展及其对未来海军作战行动的影响"的演讲中，首次提出使用两栖坦克。
23. *Von Rundstedt*, p. 221.
24. 同上，p. 225. 据法比安·冯·施拉布伦多夫说，隆美尔的参谋长汉斯·施派德尔打电话给最高统帅部的约德尔将军，执勤军官没敢叫醒约德尔，一直拖到上午9点，约德尔又等了一个小时才告知凯特尔。"两人严格遵守了'不得打扰元首休息'的命令，因此，直到当日中午举行例行会议时，希特勒才获知盟军进攻的消息"。（*Revolt against Hitler*, pp. 129—130.）
25. *We Defended Normandy*, p. 99.
26. *The Rommel Papers*, pp. 476—477.
27. *Normandy to the Baltic*, p. 57.
28. 德国人共对伦敦发射约8000枚飞弹，其中2400枚到达目的地；2.3万座房屋被炸毁，受损的房屋高达70多万座，并造成6000人丧生，1.8万人负伤。9月8日，第一枚远程火箭（V2）落在伦敦，这是一款具有革命性的新式武器，最大射程为200英里，速度非常快，但精度很差，充其量不过是一种制造恐怖的武器。
29. *Normandy to the Baltic*, p. 74.
30. *Eclipse, Alan Moorehead* (1945), p. 112, and *European Victory, John D'Arcy-Dawson* (n.d.), pp. 87—88.
31. 蒙哥马利的参谋长德·甘冈将军写道："当时的麻烦是造成了太多破坏，轰炸效果影响到我们的推进。"（*Operation Victory, 1947*, p. 396.）
32. *Wilmot, The Struggle for Europe*, p. 354.
33. 蒙哥马利认为这种手段"首次运用于战斗中"（*Normandy to the Baltic*, p. 78），但这一说法并不正确。正如我们在本书第八章所见，英国第 7 师 1918 年 8 月在意大利首次采用了这种手段。
34. *Supreme Commander's Report*, pp. 45—46.
35. 据党卫队第 1 装甲师师长维施将军说，7 月 18 日晚，他那些豹式坦克对大约 100 辆宿营中的英军坦克发起突袭，当晚一举击毁 40 辆敌坦克，次日晨又击毁 40 辆。（*Defeat in the West, Milton Schulman, 1947*, p. 141）
36. *Second Report, 27th February, 1945*, pp. 11 and 14.
37. *Supreme Commander's Report*, pp. 47—48.
38. *Second Report, 27th February, 1945*, p. 14.
39. *Supreme Commander's Report*, p. 50.
40. 同上，p. 50。
41. 据拜尔莱因将军说："要是没有美国陆军航空兵和英国皇家空军，几乎可以肯定……这场进攻会大获全胜。因此，就和整个作战一样（这是隆美尔和大多指挥官的看法），这场战斗之所以失败，完全是因为盟军享有制空权。"（*The Rommel Papers*, pp. 490—491.）
42. 关于这场阴谋，可参阅 *Revolt Against Hitler, Fabian von Schlabrendorff*, chap. X。盟国几乎没有意识到这场反纳粹行动的价值，7 月 20 日后他们宣称："把希特勒赶下台并不意味着'无条件投降'的要求会有所改变。"（*The Struggle for Europe*, p. 318.）实际上，密谋集团的力量比遭到削弱的希特勒的地位强大得多。
43. *Normandy to the Baltic*, p. 97. 奇怪的是，此前并未使用过这种车辆，因为装甲运兵车早在 1918 年就已出现。
44. 克鲁格 8 月 16 日将指挥权移交给莫德尔，几天后自杀身亡。隆美尔也于 10 月 14 日被迫自杀。
45. *General Arnold's Second Report*, pp. 14 and 28.
46. *Report by the Supreme Allied Commander Mediterranean, etc.* (1948), part II, p. 35.
47. *The Second World War*, vol. Ⅵ, p. 52.
48. *Crusade in Europe*, p. 294.
49. *The Second World War, Winston S. Churchill*, vol. Ⅵ, p. 664.
50. 同上，vol. Ⅵ, p. 76。
51. 9 月 15 日，诸法国师编为法国第 1 集团军（由德·拉特尔·德·塔西尼将军指挥），该集团军与美国第 7 集团军一同编入第 6 集团军群，由 J.L. 德弗斯将军统辖。
52. *The Struggle for Europe*, p. 434.
53. *Crusade in Europe*, p. 157.
54. *The Times, London*, October 22, 1952.
55. *America's 2nd Crusade, William Henry Chamberlin* (1950), p. 303.
56. *Crusade in Europe*, p. 287.
57. 同上，p. 474。
58. 同上，p. 457. 这种说法甚至对一个学童来说也有些离奇幼稚。
59. 同上，p. 80。
60. *The United States Army in World War II*, "The Lorraine Campaign", H. M. Cole (1950), pp. 2—4.
61. *A Soldier's Story*, p. 411.
62. *Supreme Commander's Report*, p. 60. 另可参阅 *General Arnold's Second Report*, p. 30，以及 Sir Trafford Leigh-Mallory's "Despatch", London Gazette, December 31, 1946。
63. *Normandy to the Baltic*, p. 119.
64. *Wilmot, The Struggle for Europe*, p. 468.
65. *Crusade in Europe*, pp. 252 and 306.
66. 同上，p. 226。
67. *The Struggle for Europe*, p. 539.
68. *The Other Side of the Hill*, p. 429.

69. *We Defended Normandy*, pp. 151—153.
70. *Memoirs of Cordell Hull* (English edit., 1948), vol. I, p. 207.
71. *The Twenty-Year Revolution from Roosevelt to Eisenhower*, Chesly Manly (1954), pp. 102, 103.
72. *Germany Is Our Problem*, Henry Morgenthau, Jr. (1945), pp. 1—4.
73. 详见 *On Active Service in Peace and War* (English edit., n.d.), *Henry L. Stimson and McGeorge Bundy*, p. 33。
74. 该计划受到严厉批评，美国陆军部长史汀生写道，他向总统读到关于把德国变为一个畜牧业国家的段落时，"坦率地说，他对此感到震惊，并说他不知道自己已签署了这份计划。他显然是在未做太多思考的情况下签的字"。（同上，p. 336.）
75. *Speaking Frankly*, James F. Byrnes (English edit., n.d.), p. 23.
76. *On Active Service in Peace and War*, Henry L. Stimson, p. 365.
77. *The White House Papers, etc.*, vol. II, p. 857. "Stalin replied in the best of tempers" (*Churchill*, vol. Ⅵ, p. 343).
78. 详情参阅 *Roosevelt and the Russians, etc.*, Edward R. Stettinius, pp. 295—302。
79. *The Second World War*, vol. Ⅵ, p. 370.
80. 布拉德利写道："几个月前，情报参谋向我们报告了敌人一个荒诞的阴谋，他们打算把部队撤入奥地利的阿尔卑斯山区……在那里实施殊死抵抗……令我惊讶的是，我们居然天真地相信了这种说法。"（*A Soldier's Story*, P. 536.）
81. *Supreme Commander's Report*, p. 131.
82. *Crusade in Europe*, p. 402.
83. Wilmot, *The Struggle for Europe*, p. 693.
84. *Soldier's Story*, p. 537.
85. *The Second World War*, Winston S. Churchill, vol. II, p. 24.
86. 同上，vol. Ⅲ, p. 21。

大事记
政治战场和第二战线

1943年是发生决定性政治变化的一年,这种变化决定了战争的结局,并从根本上影响了历史进程。这一年以英美盟国在卡萨布兰卡的"无条件投降"公告为开始,这份公告强调的是一场毁灭性战争,因而导致西方盟国的事业丧失了理智的目标,斯大林毫不迟疑地对这项决定加以利用。

斯大林试图利用西方国家对苏联红军在斯大林格勒赢得胜利而激发的热情,并诉诸列宁的格言:"后退一步是为前进两步。"5月22日,他宣布共产国际解散,以此诱使英国、美国政府及两国民众相信克里姆林宫永远放弃了干涉其他国家内部事务的政策,可以将苏联作为一个友好、近乎民主的伙伴予以接纳。由于这种变色龙般的变化,再加上西方盟国的"无条件投降"政策,结果使他们在意大利行将崩溃,即将打开通往南欧的道路并建立一条有利可图的第二战线之际,把政治主动权拱手让与苏联。

与此同时,希特勒推翻了迄今为止他一直认为至关重要的一切。他放弃了将自己的意志强加于欧洲,并在苏联西部建立德国生存空间的计划,着手捍卫欧洲的自由,以防苏联在东欧和中欧建立他们的生存空间。他知道所有欧洲国家都对苏联赢得胜利的前景心怀恐惧,他也知道英国的传统政策是反对任何一个强国主导欧洲。他以"欧洲堡垒"替代"生存空间",利用盟国的"无条件投降"政策为宣传资本,以此振作德国人民的斗志,并宣布欧洲抗击亚洲"是一场十字军东征"。这就是1943年主要的政治变化。

虽然英国和美国的政策令人沮丧，但他们的战略前景一片光明——到1943年夏季，盟军遏制了德国潜艇带来的威胁，并赢得所谓的大西洋会战[1]；他们还掌握了制空权；美国的工业产量达到顶峰；一支庞大的美国军队正在加紧训练；英国已从敦刻尔克的灾难中恢复过来，正在本土组建一支强大的军队。盟国的问题是如何最好地使用这些庞大且不断增加的资产；换句话说就是如何建立期待已久的第二战线，这一点早在阿卡迪亚会议上就已成为他们的战略目标，那场会议还预示出三个可能的方向：跨过地中海、从土耳其进入巴尔干、在西欧登陆。

斯大林一直在大声疾呼，要求盟国尽快开辟第二战线。由于1942年无法做到这一点，但为满足他的要求又必须做点什么，盟国不得不以进攻北非作为权宜之策，前提是不得影响登陆法国（代号"波莱罗"）的准备工作。卡萨布兰卡会议决定设立一个由F.E.摩根中将领导的联合军种司令部，他还担任尚未指定的盟军最高统帅的参谋长，奉命为1944年春季解放法国拟制一份明确的计划。该计划取代了"波莱罗"，代号为"霸王"。最后，"火炬"行动的胜利，特别是进攻西西里的成功，造成一种战略复杂性，导致丘吉尔先生同联合参谋长委员会（特别是马歇尔将军）发生争执，甚至到第二战线已在诺曼底建立后，这种争执仍在给盟国的战略造成困扰。

问题的症结似乎是丘吉尔先生对于第二战线应在何处开辟的想法始终含糊不清。虽然他赞同"霸王"行动，可在意大利建起一道战线后，他又不愿让"霸王"行动削弱这条战线。他也不想在巴尔干地区开辟第二战线（他特别强调了这一点）。不过，他在战争初期就想过建立一道东南战线的可能性，1941年9月，他认为帮助苏联的唯一办法是在土耳其协助下，"在巴尔干地区某处开辟第二战线"。盟军进攻西西里时，他又发表意见称，"巴尔干对德国构成的危险甚至大于意大利的丢失"，他希望盟国军队"到达巴尔干地区"（可能是威尼斯朱利亚）时将土耳其拉入己方阵营。尽管如此，他在10月20日发给艾登先生（他当时在莫斯科）的信中写道："我不会从意大利的狭窄腿部进入波河河谷……要是我们渡过爱琴海，将土耳其拉入战争，打通达达尼尔海峡……以便沿多瑙河对俄国人施以援手,他们](俄国人）会对这个想法感兴趣吗？"

由于丘吉尔一再提及巴尔干地区，联合参谋长委员会认为他更重视的是东南战线，而非西北战线的"霸王"行动。虽然我们并不想把丘吉尔先生从未有过的一个观点强加给他，但与联合参谋长委员会的意见相比，丘吉尔的看法似乎更接近于南斯拉夫驻华盛顿公使康斯坦丁·福蒂奇的观点。10月16日，福蒂奇向罗斯福总统提出取道巴尔干进攻欧洲的问题，并称"丘吉尔先生已建议采用这种战略，它将阻止巴尔干地区和中欧出现苏联傀儡政权"。罗斯福总统回答道："决定这个问题完全取决于军事方面。"福蒂奇对此评论道："……纯粹出于军事原因而没有道义和政治目标，为此从事战争实属一个代价高昂的错误。"争执的症结似乎是罗斯福总统和他的参谋长们旨在赢得一场纯粹的军事胜利，而丘吉尔则着眼于战争的政治结果，这种结果关乎德国，对苏联同样关系密切。如果这种推断正确无误，那么丘吉尔的观点无疑是对的，因为一场战争若没有政治目标，在军事上也就毫无意义。那么这种推断正确吗？这一点难以确定，因为墨索里尼垮台的7月25日，丘吉尔决定派下院议员菲茨罗伊·麦克莱恩去会晤铁托元帅，麦克莱恩向他指出，如果南斯拉夫游击队赢得胜利，铁托极有可能在南斯拉夫建立一个同莫斯科关系密切的共产主义政权，并询问国王陛下的政府对这种可能性抱有怎样的看法。丘吉尔回答道："只要整个西方文明仍在遭受纳粹的威胁，我们就不能把注意力从眼前的问题转移到长期政策方面……"麦克莱恩写道："我的任务仅仅是去那里弄清哪一派杀的德国人最多，并借此提出为其提供援助的建议，从而帮助他们消灭更多德国人。政治则是个次要考虑因素。"[2]甚至在战争结束前10周的1945年2月27日，丘吉尔还告诉英国议会，指导他解决欧洲大陆问题的两项原则是："战争仍在进行时，谁能杀死德国佬，我们就为他提供援助；战争结束后，我们再寻求一种自由、无拘无束的民主选举解决方案。"他显然没有想到，由于苏联人消灭的德寇最多，他们将寻求自己的解决方案。

8月17日，德军刚刚在奥廖尔—库尔斯克战役中遭受到了堪比在斯大林格勒时的惨败，丘吉尔、罗斯福和他们的参谋长们在魁北克召开会议商讨"霸王"行动。他们达成的主要决议是：作为"霸王"行动的先决条件，应把对德国的战略轰炸列为最高优先级；用于"霸王"行动的资源应优于地中海的行动；在法国南部登陆，代号为"铁砧"（后改为"龙骑兵"）的行动，是"霸王"行动的补充；"霸王"行动的预定日期是1944年5月1日。

出席会议的哈里·霍普金斯带来一份文件，其中的预测使上述这些重要决

定黯然失色。这份文件题为"苏联的地位",是"美国高层所做的军事战略研判",文件中指出:

苏联在欧洲的战后地位将具有主导性。德国被打垮后,没有哪个欧洲国家能抗击苏联庞大的军事力量。诚然,英国正在地中海地区营建一种能抗衡苏联的地位,此举也许有助于欧洲的势力均衡。可即便在那里,若没有其他国家援助,她可能还是无法对抗苏联。

综上所述,结论非常明显。由于苏联是战争中的决定性因素,必须给予她一切援助,并尽力争取她的友谊。同理,由于轴心国失败后,苏联无疑会主导欧洲,因此,维持并发展同苏联的最友好关系至关重要。

最后,美国在对苏关系中必须考虑的最重要的因素是太平洋战争。如果苏联成为我们对日战争的盟友,则这场战争能以更少的生命和资源代价在更短时间内结束,反之,若苏联持不友好或消极态度,则从事太平洋战争的难度将大为增加,相关行动甚至有可能失败。

魁北克会议结束几天后,丘吉尔先生发给史末资元帅的一封电报反映出这种估量。丘吉尔写道:"我认为这场战争结束后,俄国将成为世界上最大的陆地强国,这场战争将使她摆脱两个军事强国,即德国和日本。"

这些预测意味着一旦德国被粉碎,斯大林将取代希特勒,对欧洲实施极权统治。就西方盟国而言,这场战争将丧失其政治目标,继续进行下去可谓荒谬至极。

盟国似乎从未对这种至关重要的推论加以稍许探讨。如果他们进行讨论的话,就能得出显而易见的结论,即西方盟国为实现自己的政治目标,不仅要消灭希特勒主义,同时还要防止斯大林主义取而代之。不算心理战的话,这一点只能通过他们将军事行动调整为适应这种政治目的才能实现。

此时他们手中只有一条路线可供使用,这就是艾森豪威尔和亚历山大将军即将在意大利建立的战线,他们应当以此为第二战线,并把"霸王"行动束之高阁。如果他们这样做的话,待亚历山大获得指定用于"霸王"行动的资源的加强(特别是登陆艇),他就可以通过一系列两栖行动在意大利"腿部"登陆,迫使凯塞林元帅撤过波河,他还可以在的里雅斯特地区登陆,从而迫使凯塞林要么放弃意大利,要么冒上交通线被切断的风险。这种可能性绝非异想天开，它将为西方盟国打开通往维也纳、布达佩斯和布拉格的道路。不管怎样，联合参谋长委员会应该能看出，从战略上说，如果有足够的手段，与其打击列宁格勒—布列斯特—雅典这个德国突出部的顶部，倒不如对其腰部（吕贝克—的里雅斯特）实施攻击更为有效。因为打击前一个目标远比对付后一个目标更加困难，要想消灭两个相互竞争的极权制度，当时唯一可采取的行动就是在的里雅斯特开辟第二战线。

根据魁北克会议达成的决议，盟国外交部长们于 10 月 18 日齐聚莫斯科召开会议。艾登先生在会上提出两个议题。第一个议题是盟国政府三位首脑的会晤，这是罗斯福很早就一直要求的。斯大林同意了，但坚持主张在德黑兰举行会晤。第二个议题关乎第二战线，艾登向丘吉尔汇报道："俄国人一心一意地、盲目地要求我们进攻法国北部。"丘吉尔回电称，艾登应当告诉斯大林："我不允许为 5 月份横渡英吉利海峡的进攻……而把至关重要且极具成效的意大利战役弃置一旁，最终招致一场可怕的灾难。对于这场战役，我们必须给予支持，并把它坚持下去，直到获得胜利。我们会为'霸王'行动付诸最大努力，但为了在政治上暂时获得满足，而准备在战场上遭遇挫败，那是徒劳无益的……艾森豪威尔和亚历山大必须获得为打赢这场战役所需要的一切，且无论这会对后续行动造成怎样的影响。"这可以说是战略上的一线曙光。

但这线曙光转瞬即逝，主要因为罗斯福沉溺于童话中，觉得自己就是故事中的美女，斯大林则是那头野兽，而这头野兽会变成风度翩翩的王子，从此欧洲便过上了幸福快乐的生活。前美国驻莫斯科大使威廉•C. 布利特断言，罗斯福总统的对苏政策会失败，是因为斯大林是个不可信赖的人，罗斯福回答道："比尔……我不反对你这番推论的逻辑性。我只是预感到斯大林不是那种人。哈里也说他不是，他想要的不过是自己国家的安全而已。我想，如果我给予他我所能给的一切，而且不求他的回报，表现出一种高贵的责任感，他不会企图吞并其他地区，并会和我携手共创一个和平和民主的世界。"抱着这种心态，罗斯福总统于 11 月 13 日动身赶赴开罗，在那里同丘吉尔和蒋介石会晤，11 月 27 日，他和丘吉尔飞往德黑兰会见斯大林。

离开开罗前，罗斯福和丘吉尔一致同意对 1944 年的英美战略暂时不做最终决定，待会议结束后再说。不过，美国的几位参谋长早已下定决心，据舍伍德说，他们准备同苏联人结成统一战线从事"德黑兰战役"。美国总统和英国首相的住处安排也有利于他们的决定。丘吉尔下榻于英国公使馆，为控制罗斯福总统，斯大林以安全原因为借口，邀请他和自己一同住在苏联大使馆，而不是美国公使馆。

第一次全体会议于 11 月 29 日召开，由于没有会议议程，他们讨论的都是些临时性议题，场面相当混乱。一如既往，丘吉尔说得最多，这些话主要针对斯大林，因为三巨头中只有他清楚斯大林想要些什么。斯大林最希望的是 5 月份在法国开辟第二战线，于是他直言不讳地问丘吉尔是否真对"霸王"行动抱有信心，还是"仅仅考虑这个问题，以此取悦苏联"？丘吉尔回答说，绝无搁置"霸王"行动的可能性，它将于 5 月、6 月或 7 月发起，但眼前的问题是接下来这五个月在地中海该做些什么。他强调了巴尔干的重要性，并建议为南斯拉夫的铁托游击队提供支持，并取消对米哈伊洛维奇的支援。他说，夺取罗马后，"在意大利境内的推进不应越过比萨—里米尼一线"。不过，进攻法国南部（这是斯大林赞成的）的话题突然出现时，丘吉尔说，虽然他不反对这项行动，但更倾向于"从意大利北部向右运动，利用伊斯特拉半岛和卢布尔雅那缺口攻往维也纳"。斯大林对此坚决反对，也反对在巴尔干或土耳其的一切冒险。

关于波兰的话题是丘吉尔提出的。他说："苏联西部边境的安全是最重要的问题。"波兰应把寇松线（大致相当于里宾特洛甫—莫洛托夫线）以东所有领土割让给苏联，并向西拓展，以德国领土加以补偿。他评论道："要是波兰踩到了德国的脚趾，那也是无可奈何的事，但必须有一个强大的波兰。"他又补充道，他"始终支持波兰的边界向西发展。"

斯大林提出，应当允许波兰人向西发展，直至奥得河。他说他不想要任何属于别人的东西，但很想得到柯尼斯堡（这座城市最终划给苏联）。丘吉尔回答道，要是波兰人不接受寇松线和奥得河边界，那就太愚蠢了，届时他会提醒他们，"若非苏联红军，他们已被彻底消灭了"。不管怎样，他都不会为德国领土遭到分割而伤心，虽然这意味着 900 万人的迁徙。这是《大西洋宪章》和 1939 年《英波协定》的终结。丘吉尔先生显然忘记了他在 1941 年 12 月 27 日对波兰驻美国大使扬·切哈努夫斯基所说的话："我们永远不会忘记光荣的波兰所做过的和正在做的事情……英国的目标是彻底恢复贵国被希特勒攫夺的自由和独立。这是，而且继续是我们最为关注的问题。我可以向你保证，在实现这一目标前，英国绝不停止战斗。"

波兰问题解决后,他们又谈及芬兰,丘吉尔主张"苏联对于列宁格勒及其通道必须得到保障,而且苏联在波罗的海作为一个永久性海军和空军强国的地位必须得到保证"。和波兰一样,似乎没人提及这一切是苏联于1939年无故进攻芬兰造成的,但由于芬兰人在1941年还以颜色,斯大林遂要求恢复1940年的条约,即割让汉科或佩萨莫,并以实物方式赔偿苏联所受损失的50%。

他们对德国问题进行了详尽的研究。斯大林说他希望看到德国处于分裂状态,罗斯福总统热烈赞同,并建议把德国分成五个部分:一、普鲁士;二、汉诺威和德国西北部;三、萨克森;四、黑森—达姆施塔特和黑森—卡塞尔;五、巴伐利亚、巴登和符腾堡。每个地区都应实施自治,但基尔、基尔运河、鲁尔和萨尔应由联合国家管制。

丘吉尔提出另一个方案。他认为邪恶的根源在于普鲁士、普鲁士军队和德国总参谋部[3],并建议孤立普鲁士,把巴伐利亚、符腾堡、普拉蒂纳特、萨克森和巴登分离出来,以巴伐利亚和奥地利、匈牙利组成一个非侵略性邦联。他评论道:"我们都对一个统一的德国的力量深感担心……我认为我们有可能同她签订一份严肃而又体面的和约,同时以现代形式重建一个大致以奥匈帝国为轮廓的国家……"斯大林却不这么想。他认为德国北部和南部没什么本质不同,他说"所有德国人都像野兽那样战斗",奥地利和匈牙利应该独立存在,粉碎德国后建立个新的多瑙河邦联是很不明智的。罗斯福总统对此表示完全赞同。

斯大林向罗斯福保证,美国不必担心太平洋问题,因为击败希特勒后,苏联将对日本宣战。他说:"我们的共同努力将使我们赢得胜利。"这种似是而非的话语令罗斯福总统和他的参谋长们非常高兴。出于感激之情,罗斯福背着丘吉尔与斯大林进行了几次私下会谈,其中一次谈及了美国和苏联结成联合战线反对英国的主张。埃利奥特·罗斯福对此的解释是:"最重要的是向斯大林表明,美国和英国并没有联合起来反对苏联。"

会议最终达成的正式协议很少:支持南斯拉夫游击队;鼓励土耳其参战;"霸王"行动将于1944年5月发起;三国统帅部将保持相互间的紧密联系。实际上,斯大林满盘皆赢;丘吉尔除获得铁托这个狡猾的合作方外,其他一无所获;罗斯福则得到斯大林的诚挚感谢。威尔莫特写道:"俄国人和美国人一唱一和,导致西方大国的总体战略从苏联意欲染指的地区转移开。甚至在德黑兰会议前,对德国执行'无条件投降'政策已导致苏联成为东欧的主导势力,但苏联的影响力深入中欧和巴尔干地区并非不可避免。德黑兰会议后，这种情况的发生已成定局。因此，德黑兰会议不仅确定了1944年的军事战略，还调整了欧洲战后的政治平衡，使之有利于苏联。"

  德黑兰会议于12月1日结束，罗斯福和丘吉尔于次日返回开罗。艾森豪威尔在12月6日被选定为执行"霸王"行动的盟军最高统帅，联合参谋长委员会决定，"霸王"行动和"铁砧"行动是"1944年最具优先级的作战行动……必须在5月份期间发起。在世界各地执行的军事行为均不得危害这两场行动的成功"。

注解

1. 在本书作者看来,争夺大西洋主导权的斗争被错误地称为"会战"。它由一系列协同一致和临时性作战行动构成,具有决定性的是其总和,而非单独一场交战。争夺制空权和工业优势的斗争同样如此。这是一场持续的行动,直到战争结束才告终结。
2. *Eastern Approaches* (1949), p. 281.
3. 这是个惊人的说法,表明丘吉尔先生根本不知道德国总参谋部是反对纳粹政权的。

莱特湾海战，1944 年

第十五章

到 1944 年夏末，麦克阿瑟和尼米兹麾下军队的推进使日本陷入绝境。虽然海军大将丰田副武的日本联合舰队依然完整，但商船队的损失足以使日本的经济逐渐瘫痪，倘若美军继续西进，菲律宾群岛—台湾岛—琉球群岛这道屏障后方依然勉强运作的商业交通线将被彻底切断。缺乏油料已成为日本海军至关紧要的问题，他们已无法为领海内的整个舰队补充油料，不得不把部分舰队驻扎在新加坡附近的林加群岛。战争结束后，丰田副武被问及 1944 年 9 月所面临的状况时解释说，如果菲律宾群岛丢失，通往南方的航线将被彻底切断，就算联合舰队尚存，即便返回日本领海也无法获得油料补充。倘若舰队留在南部海域，那么就连弹药和武器补给也无法获取。他补充道："以丢失菲律宾群岛为代价保全舰队可以说毫无意义。"[1] 那么，怎样才能守住菲律宾群岛呢？

尽管缺乏油料，尽管日军舰载机力量已在菲律宾海海战中损失殆尽，但日本人的处境并非全然无望。他们的敌人在距离本土数千英里外从事作战行动，最靠近的机场也在 500 英里外，但他们已建起数十座机场，可在这些机场的航程内作战。由于必须从事战斗，丰田副武决定，无论敌人进攻何处，他都将依靠水面舰队的行动，并以陆基飞机为掩护。基于这些决定的方案被称为"捷"号计划（捷的意思是征服），这是日本为战争付诸的最大努力，也是有史以来最大胆的海军作战行动。但讨论这场行动前，有必要简述麦克阿瑟和尼米兹向前推进后所发生的事情，因为这些事件给日本人的"捷"号计划造成严重干扰。

麦克阿瑟和尼米兹都知道日军舰队将在陆基飞机掩护下实施作战，因而没等在莫罗泰岛和贝里琉岛站稳脚跟便决定扩大征服范围，尔后再于 11 月中旬跃进棉兰老岛，与此同时，指挥美国第三舰队的哈尔西将军对棉兰老岛的日军机场展开一连串打击。哈尔西遭遇的抵抗相当轻微，因而于 9 月 13 日建议取消在中途岛屿的所有登陆行动，待时机成熟时立即进攻莱特岛。麦克阿瑟、尼米兹和联合参谋长委员会一致同意他的观点，把登陆日期定于 10 月 20 日，并将太平洋舰队的主要基地从马绍尔群岛的埃尼威托克环礁向西迁移到 1000 英里外、已于 9 月 23 日被美军占领的乌利西环礁。在此期间，撤离特鲁克岛的日军将其基地设在婆罗洲西部的文莱湾。10 月 10 日至 16 日，哈尔西对中国的台湾岛、吕宋岛和冲绳岛发起攻击，丰田副武不得不从海军中将小泽治三郎指挥的航母舰队抽调出大部分战机和机组人员，并把他们派至台湾。随后发生的是舰载机与陆基飞机之间迄今为止规模最大的一场交锋，

650架日军战机被击落。由于这一战意味着小泽接受过部分训练的机组人员折损大半，因而比其他任何事件对"捷"号计划造成的破坏更为严重。

"捷"号计划旨在应对美军四个进攻方案中的任何一个：一、菲律宾群岛；二、台湾岛和琉球群岛；三、九州、四国和本州；四、北海道。每个应对方案都基于充分利用舰队的舰炮力量，并以陆基飞机替代舰载机。

为执行这项计划，日本联合舰队被分为两部分。一部分由战列舰和巡洋舰主力构成，归海军中将栗田健男指挥，基地设在林加群岛。另一部分则由剩下的航空母舰组成，但大部分舰载机和机组人员已被调离，这股力量由小泽中将指挥，以濑户内海为基地。如果"捷"号计划付诸实施，小泽的任务是前往美军的进攻地点，然后充当诱饵，诱使敌母舰力量对他发起追击。接下来，应该已摆脱敌航母威胁的栗田舰队将在陆基飞机掩护下，对敌滩头实施攻击，并歼灭美军舰队。我们读到："整个计划围绕着水面舰艇的舰炮力量，旨在侵入敌阵，并给对方造成最大破坏，基本没考虑退出的问题。"[2]而小泽的航母舰队也没打算独自存活。简言之，这是一场孤注一掷的行动，值得指出的是，即便这场行动取得成功，日军舰艇蒙受的巨大损失也会导致他们无法抵御卷土重来的美军舰队——此举纯属拼命。战争结束后，小泽证实了这一点，他在回答这个问题时解释道："我们的首要任务就是充当诱饵。我的舰队无法为栗田舰队充分提供直接掩护，因为我们的实力太过虚弱，所以我试图尽可能多地攻击美军航母，并成为诱饵或美军攻击的目标……主要任务就是全军玉碎。"[3]明白这场赌博是多么孤注一掷后，我们再来对比交战双方的力量。

参战的美国舰队是海军上将威廉·F.哈尔西指挥的第三舰队和海军中将托马斯·C.金凯德指挥的第七舰队，两个舰队分别隶属于海军上将尼米兹和麦克阿瑟将军，并未设立总指挥。第三舰队编有8艘航空母舰、8艘轻型航母、6艘新型快速战列舰、6艘重巡洋舰、9艘轻巡洋舰和58艘驱逐舰。该舰队编有第38特遣舰队，由海军少将马克·A.米切尔指挥①，辖四个战斗群：第1战斗群由海军中将约翰·S.麦凯恩指挥；第2战斗群由海军少将杰拉尔德·F.博根指挥；第3战斗群由海军少将弗雷德里克·C.谢尔曼指挥；第4战斗群由海军少将拉尔夫·E.戴维森指挥。第七舰队

---

① 译注：这支特遣舰队隶属第五舰队时的番号为第58特遣舰队，而第五舰队实际上就是第三舰队，不过是由斯普鲁恩斯指挥而已，也就是两套班子轮流指挥同一支舰队。

共有738艘舰艇，编为三个战斗群：一个掩护和支援战斗群，两个两栖战斗群。第一个战斗群拥有6艘旧型战列舰、5艘重巡洋舰、6艘轻巡洋舰、18艘护航航母、86艘驱逐舰、25艘护航驱逐舰、11艘护卫舰和44艘鱼雷快艇，这些舰艇中有一些隶属澳大利亚皇家海军。

与这股庞大舰艇力量相对峙的是小泽和栗田将军的舰队。小泽舰队编有1艘大型航母（"瑞鹤"号）、3艘轻型航母、2艘航空战列舰（"伊势"号、"日向"号）[4]、2艘重巡洋舰、4艘轻巡洋舰和17艘驱逐舰；栗田舰队编有包括"大和"号、"武藏"号[5]在内的7艘战列舰、11艘重巡洋舰、3艘轻巡洋舰和19艘驱逐舰。小泽的航空力量仅剩52架战斗机、28架战斗轰炸机和29架鱼雷机，机组人员严重缺乏训练，因而被告知，一旦驾机起飞后就不要再返回母舰，应在陆地机场降落。战役开始前，日本海军已将第1航空舰队和第2航空舰队调往菲律宾群岛（约有400架战机），而陆军在各座岛屿上还有约200架可用战机。

10月16日，麦克阿瑟的攻击和支援力量冒着暴风雨开至莱特湾，虽然舰载机无法提供支援，但美军还是夺得苏卢安岛、迪纳加特岛和霍蒙汉岛，到19日，他们已排除水雷，肃清了通往莱特岛滩头的航线。20日，在海军舰炮火力和舰载航空兵掩护下，沃尔特·克鲁格中将指挥的美国第6集团军登陆莱特岛。

刚一获悉美军登陆的消息，日本人便对"捷一号"计划匆匆加以修改，使之符合地形状况。莱特湾位于莱特岛东部海岸与萨马岛南部海岸之间，从西面接近莱特湾的航线有两条：要么取道其南侧的苏里高海峡，要么从其北侧的圣贝纳迪诺海峡而来。为利用这两条接近航线，丰田副武决定，由小泽舰队遂行其任务，将敌航母力量诱至吕宋岛恩加诺角以东时，同时栗田应把他的舰队分为两部，并率领舰艇数量较多的一部取道圣贝纳迪诺海峡对莱特湾实施攻击，舰艇数量较少的一部由海军少将西村祥治指挥，编有2艘战列舰（"扶桑"号、"山城"号）、1艘重巡洋舰（"最上"号）和4艘驱逐舰，任务是取道苏里高海峡攻击莱特湾。为加强西村的实力，小泽奉命把海军少将志摩清英麾下的2艘重巡洋舰、1艘轻巡洋舰和7艘驱逐舰（第五舰队）调至吕宋岛以西，配合西村的行动。

重新修改后的"捷"号计划虽然很复杂，但在纸面上看来相当清晰，不过，行动能否取得成功取决于最细致的协同，而这是日本人所不具备的。他们也没有任命总指挥，志摩对栗田的计划一无所知，西村舰队也不隶属于他。小泽和栗田由丰田

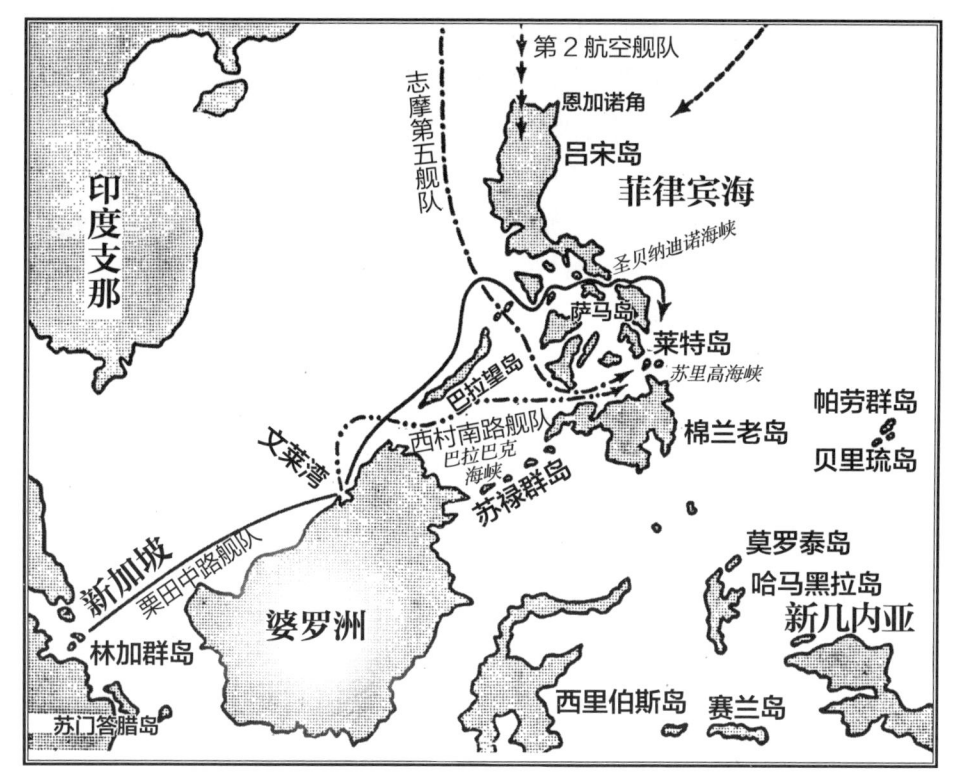

修改后的捷一号作战，1944年10月

副武大将直接指挥，而志摩清英却隶属西南地区司令部，所有海军陆基飞机同样如此。其结果是一场混乱。

10月17日早晨8点，根据修改后的计划，整个日本海军进入戒备状态，栗田舰队从林加群岛起锚开赴文莱湾，将在那里补充油料。他于20日到达文莱湾，于22日在巴拉望岛以西朝北驶向锡布延海。紧随其后的西村舰队驶向巴拉巴克海峡和苏禄海，志摩舰队从澎湖列岛出发，于23日下午到达科隆湾，小泽舰队于20日离开濑户内海，于23日到达吕宋岛北端。

这些运动导致了四场相互独立、紧密相关且完全不同的作战行动，合称莱特湾海战，是海战史上最非凡的战役之一。

这些行动中的第一场就是锡布延海战，在栗田的舰艇与哈尔西的舰载机之间展开，给栗田带来了意想不到的厄运。为便于区分，我们在下文将栗田舰队称为中路舰队，称小泽舰队为北路舰队，称西村舰队为南路舰队。栗田的中路舰队从文莱湾出发后没过几个小时，便被两艘美国潜艇（"海鲫"号和"鲦鱼"号）发现，后者立即将情况报告哈尔西将军——称与敌人发生接触，估计对方有11艘舰艇，正驶向巴拉望水道。栗田却不知道敌潜艇的存在，10月24日清晨，栗田的旗舰"爱宕"号重巡洋舰突然被"海鲫"号潜艇发射的鱼雷击中，他才如在睡梦中被惊醒。这艘战舰后来沉没。接下来，他的另一艘重巡洋舰"摩耶"号被"鲦鱼"号射出的鱼雷命中，没过四分钟便沉入海中，第三艘重巡洋舰"高雄"号被鱼雷击中后受损严重，只能留在海面上。出发后没过24小时，中路舰队的重巡洋舰已损失近三分之一。

哈尔西接到"海鲫"号和"鲦鱼"号潜艇的报告时，正在吕宋岛以东约300英里处航行。几小时前，他已命令麦凯恩战斗群前往乌利西环礁获取再补给。他没有召回该战斗群，由于他的任务是歼灭日本舰队，于是，金凯德掩护登陆行动时，哈尔西便转身向西，航行到距离波利略群岛不到60英里处，他的搜索机从这里可以覆盖锡布延海，但哈尔西认为没必要对吕宋岛北面和东北面加以搜索。

10月24日上午8点20分，哈尔西接到由一架搜索机发回的报告，称半个多小时前在民都洛岛南面发现两大群敌军舰艇，正向东航行，但报告中未提及敌军航母。这是栗田的中路舰队，很明显，他们取道圣贝纳迪诺海峡，便可在25日拂晓前到达莱特湾。哈尔西集结起当时远离海峡的中路力量，准备向西发起打击。与此同时，他命令位于东面约600英里处的麦凯恩战斗群改变航向。

不久后，苏禄海上空的一个搜索组发来另一份接触报告，称一支舰队正向内格罗斯岛西南方航行。那是西村的南路舰队，不久后，该舰队遭到26架战机攻击，一如既往，这些战机声称战果辉煌。实际上，只有"扶桑"号战列舰和"时雨"号驱逐舰轻微受损。

虽然日军中路和南路舰队都可以在25日拂晓前到达莱特湾，但哈尔西决定投入全部舰载机力量打击前者，因为它是两支舰队中实力较强的一股。随后，一架搜索机发来报告称，在西村舰队东北方发现敌人的第三支舰队。那是志摩清英少将的第五舰队，美国人认为它是南路舰队的组成部分，事实的确如此。由于南路舰队驶向棉兰老海，金凯德准备迎战。

上午9点10分，哈尔西发起第一次打击，由博根战斗群遂行，谢尔曼战斗群正准备实施第二次打击时,突然发现40架遂行突袭的敌机正朝他这个战斗群而来,紧随其后的是第二波、第三波打击力量,估计每个波次有60架飞机。谢尔曼不得不推迟行动,一场激烈的混战随之而来,谢尔曼声称在战斗中击落120架敌机,己方损失10架战机。战斗中,美军轻型航母"普林斯顿"号被一颗500磅炸弹击中,后来发生爆炸并沉没。日军这场进攻的特殊之处在于,他们出动的似乎是舰载机,可关于日军中路和南路舰队的报告都没有提及对方有航空母舰。原因是这些战机来自小泽的北路舰队,由于哈尔西没有对吕宋岛东北面实施搜索,因而对该舰队的存在毫不知情。

上午10点20分,博根的打击力量发现日军中路舰队正穿过民都洛岛东面的塔布拉斯海峡。该舰队遭到高射炮火的猛烈打击,虽然美国人声称多发炮弹命中敌舰,但栗田舰队继续行进。不过,目前的状况也令栗田焦虑万分,虽然他从西村处获悉后者的舰队已投入交战,但他没有收到小泽的消息,也不知道陆基飞机打击敌特遣舰队的进展如何。更糟糕的是,他完全没有空中掩护,因为本该和他协同作战的飞机已被派至莱特湾。下午1点15分,他向小泽报告了自己的位置,15分钟后,美军又一波打击力量不期而至,随后便是接二连三的攻击。栗田的四艘战列舰,包括"大和"号和"武藏"号这两艘巨舰在内,都被命中,后者更是被当场击沉。另外还有一艘重巡洋舰和两艘驱逐舰遭到重创,不得不退出战斗序列。遭受这些损失后,栗田觉得自己已无法执行受领的任务,他担心在这片狭窄的海域还会遭到后续攻击,因而于下午3点30分率领舰队转身向西,重新回到宽阔海域。下午4点,他把自己这个决定告知丰田副武,并把同一份电报转发给小泽和第1航空舰队和第2航空舰队的司令官。尔后,由于没有遭到进一步攻击,下午5点14分,他转身驶向圣贝纳迪诺海峡。之后的某个时刻,栗田接到丰田副武的复电,电报中写道:"仰赖神助继续前进。"战后,丰田副武对这份含义模糊的电报做出解释:"返航也无法限制或减少损失,所以必须前进,哪怕舰队全军覆没也在所不惜。"[6]

当晚8点,小泽收到栗田发给丰田副武的电报副本,获悉栗田舰队后撤,他觉得现在只剩自己这一股力量面对整个美军舰队,于是他也召回前卫并向北退却。但在后续电文中他说明了情况——于午夜时再度转向东南方,决心率领舰队投入以身赴死的进攻行动。

日本人对谢尔曼战斗群发起第三次空中打击时,没有收到敌人拥有航空母舰

莱特湾海战，1944年10月23—26日

报告的哈尔西困惑不解，因而派出一个搜索组前往吕宋岛东北方，可直到下午4点40分才接到报告，称他们在吕宋岛北海岸以东130英里处发现敌人四艘战列舰、五至六艘巡洋舰和六艘驱逐舰，但报告中还是没有提及敌航母。几分钟后，另一份报告送抵，称他们透过云层的间隙发现两艘大型航母、一艘轻型航母和四艘巡洋舰，并由若干驱逐舰陪同，就位于前一股敌军以北约15英里处。日军航母之谜就此揭开——两股力量共同构成小泽的北路舰队。

接到这份重要报告两小时前，哈尔西已命令米切尔中将，做好组建第34特遣舰队的准备，倘若敌中路舰队企图强行穿越圣贝纳迪诺海峡，便与之交战。第34特遣舰队将由四艘战列舰、两艘重巡洋舰、两艘轻巡洋舰和调自博根及戴维森战斗群的两个驱逐舰中队编成。美军搜索组发现敌北路舰队时，哈尔西也已接到空中攻击给敌中路舰队造成巨大损失的报告，作为一名经验丰富的航母舰队指挥官，他本该对这种战果报告存有疑虑，可他却不假思索地接受了报告中所称的战果，并根据这种错误估计做出这场战役中最重要的决定。

哈尔西知道自己面对的是敌人独立的三股力量，由于金凯德告诉他，他（金凯德）正准备击退敌南路舰队，于是哈尔西把这路敌军排除在自己的考量外。但对于另外两股敌军，他认为敌中路舰队几乎已丧失战斗力，而根据所接到的报告，他又大大高估了敌北路舰队的实力。正如他所言，基于这些错误的前提，他决定"集中我方所有打击力量攻击敌北路舰队，对圣贝纳迪诺海峡完全不设防"。[7]另外，哈尔西的如意算盘是，他能够歼灭敌北路舰队，倘若敌中路舰队残余的舰只企图穿越圣贝纳迪诺海峡，他完全可以及时返回海峡迎战对方。看来，他完全沉浸在歼灭敌北路舰队的想法中，因而彻底忽略了金凯德北翼的安全。也许有人会问，如果美军有一位总指挥通盘考虑这场战役，会发生这种重大失误吗？的确，缺乏这样一位总指挥似乎是美国人犯下的一个关键性错误。

当晚8点20分，哈尔西的新计划付诸实施。博根和戴维森战斗群奉命加入位于他们北面的谢尔曼战斗群，待他们会合后，就准备组成第34特遣舰队，届时，米切尔将率领90余艘战舰向北而行，于拂晓时攻击敌北路舰队。伍德沃德写道："一切力量都调离圣贝纳迪诺海峡，甚至没有留下一艘担任警戒的驱逐舰。"[8]除此之外，哈尔西还命令麦凯恩战斗群不要前往莱特湾，而应转身向北，于次日上午加入对敌北路舰队的攻击。最后，他把自己的计划告知金凯德，并补充道，他正向北而行,"将于拂晓时以三个战斗群打击敌航母力量。"[9]

16分钟后,哈尔西收到轻型航母"独立"号发来的电报,称舰上一架夜间巡逻机发现敌中路舰队位于布里亚斯岛与马斯巴特岛之间。如果这个消息正确无误,就意味着日军中路舰队从遭受攻击处起,一直保持着24节的航速,对一支遭受重创的舰队来说,这是不可能做到的。哈尔西据此作出判断,如果这份报告是正确的,那么巡逻机发现的可能只是敌人几艘幸免于难的舰只,于是又将这份电报转发给金凯德,告诉他在指定位置发现敌中路舰队部分力量。尽管收悉这份报告,哈尔西还是以博根和戴维森战斗群火速向北而去。

"独立"号不断发来报告,最后,哈尔西于10月25日零点11分收到的报告称,另一架巡逻机在圣贝纳迪诺海峡以西40英里处发现一队战列舰,尽管如此,哈尔西还是以25节的航速向北行进,出于疏忽,他没有把这个情况告知金凯德。

接到丰田副武的"仰赖神助"电文后,已损失"武藏"号战列舰和"妙高"号重巡洋舰的栗田舰队驶向圣贝纳迪诺海峡,当晚10点24分,栗田健男从"大和"号战列舰发出以下命令:"第一战队(战列舰)沿萨马岛东海岸向南行进,并突入塔克洛班(莱特湾内美军登陆滩头最北端)。强烈希望全部力量倾尽全力实施攻击,借此达成目标。"[10]午夜时,日军中路舰队在未被发现也未遭遇抵抗的情况下穿过圣贝纳迪诺海峡,他们与金凯德舰队之间已没有任何阻隔,后者正同日军南路舰队进行苏里高海峡之战。

金凯德将军获悉日军南路舰队位于苏禄海的消息后,由于他认为哈尔西将军守卫着圣贝纳迪诺海峡,因而信心十足地着手迎战对方。后来他又获知哈尔西准备组建第34特遣舰队,收到哈尔西声称他正"率领三个战斗群"向北而去的电报时,金凯德自然认为第34特遣舰队将留守圣贝纳迪诺海峡。

金凯德的计划是以三股力量封锁苏里高海峡:以战列舰和巡洋舰在海峡北端上方构成一条拦截线;在其南面,三个驱逐舰中队部署在莱特岛与迪纳加特岛之间;最后,他把所有鱼雷艇投入这些军力前方的棉兰老海。总之,遂行这场行动的力量为6艘战列舰、4艘重巡洋舰、4艘轻巡洋舰、26艘驱逐舰和39艘鱼雷艇,统归海军少将杰西·R.奥尔登多夫指挥。

当美军鱼雷艇在距离战线100英里处占据位置时,夜色漆黑,海面平静。晚10点,他们在雷达屏幕上发现敌先遣舰只出现在保和岛附近。不久后,他们开火射击,照明弹照亮了海面，探照灯光束纵横交错。但由于电台发生故障，奥尔登多夫直到午夜过后才收到第一批交战报告。战斗持续到凌晨2点，没过多久，奥尔登多夫的旗舰"路易斯维尔"号重巡洋舰利用雷达，发现了在25英里外的日军先遣舰只。第54驱逐舰中队的先遣舰艇奉命组成两个战斗群，对逼近中的敌舰纵队之两翼发起攻击，凌晨3点左右，左侧战斗群在11500码的距离上开炮射击。接下来，右侧战斗群也在9000码距离上开火，凌晨3点19分，这些驱逐舰的攻击引发了一连串爆炸。第24驱逐舰中队随即投入战斗，并在7000码距离上开炮射击，凌晨3点45分左右，西村祥治的旗舰"山城"号战列舰被美军鱼雷齐射命中，其弹药库发生爆炸，舰体被炸为两截，但在军舰沉没前，西村命令"扶桑"号舰长率领所有舰只继续攻击①。

消息传来时，美军战列舰仍未开火，而是等待敌人逼近。奥尔登多夫随后把第56驱逐舰中队分为两个战斗群，一个驶向敌舰纵队左舷，另一个则占据对方之右舷。伍德沃德写道："重要且不可思议的是，日本人继续驶向海峡，进入为他们布设的陷阱中。他们越是接近，'巨舰大炮'派海军将领们的梦想就越趋于实现——以T字横头战术对付敌纵队，所有舰艇以舷侧对敌舰实施纵射。旗舰舰长喊道：'我们处在理想位置，这是在军事学院的演习中研究并策划过的梦寐以求的位置，从未想过居然能梦想成真。'这是个古老的教科书战术，从理论上说相当完美，但几乎不可能实现。"11

凌晨3点50分，美军战线上的所有舰艇在15000至21000码距离上开炮射击，并以第56驱逐舰中队驶向海峡中央。一名驱逐舰舰长写道："这是我所见过的最美丽的景象，黑暗中的曳光弹弧线，看上去就像一长列亮着灯的火车车厢正在翻越一座山丘。起初无法观察到目标，但很快就看见火光和爆炸——又一艘敌舰报销了。"12 他们共数出十次剧烈的爆炸，其中六次发生在战列舰开火后。已转身向南的"扶桑"号和"最上"号腾起熊熊大火。但很快，驱逐舰的混战变得极为混乱，为避免误击己方驱逐舰，奥尔登多夫于清晨4点10分命令所有舰艇停火。13 几分钟后，日本人的一艘大型军舰从美国人的雷达屏幕上消失了，那是他们的"扶桑"号战列舰。

就在这场战斗到达顶点时，美军驱逐舰和鱼雷艇报告，同5艘或5艘以上敌舰

---

① 译注：富勒似乎弄混了"山城"号和"扶桑"号，率先被轰沉（不是击沉）的是"扶桑"号。

组成的另一支舰队发生接触——那是海军少将志摩清英的第五舰队。志摩一直保持着无线电静默，以免暴露自己的位置，他也没有告知西村，自己的舰队正在靠近。午夜时，他收到一份无线电语音信息，称西村舰队遭遇美军鱼雷艇攻击，三小时后，他又收到另一份电报，称调转航向以避开鱼雷。志摩随后率队进入海峡，凌晨3点21分，担任驱逐舰警戒力量旗舰的"阿武隈"号被一枚鱼雷击中后掉队。20分钟后，就在志摩以28节的速度前进时，他从旗舰"那智"号上看见两股浓密烟幕之间一艘起火燃烧的军舰。那是"最上"号重巡洋舰，虽然看似静止不动，实际上正以约8节的速度移动。"最上"号消失在烟雾中，结果同"那智"号相撞，"最上"号左舷被撞了个大洞。菲尔德写道，这场碰撞"有效地结束了苏里高海峡这场悲剧性努力。第二游击部队（志摩的第五舰队）徘徊了几分钟，在设下一道掩护屏障后撤离"。[14]

奥尔登多夫于清晨中4点31分下令追击，但一个小时后，他又放弃了这种企图，按照金凯德的预先安排，萨马岛附近的护航航母对敌军残部发起空打击，一举击沉遭受重创的"最上"号和"阿武隈"号。西村舰队在这场战斗中只有一艘战舰幸存，即受损的"时雨"号驱逐舰。美军除一艘鱼雷艇外，没有损失其他舰只。

10月25日清晨7点28分，奥尔登多夫收到金凯德发来的电报，祝贺他赢得的胜利。10分钟后，他又接到第二份完全不同的电文，称日军战列舰正逼近莱特湾东部入口，并开炮轰击第七舰队的护航航母。日本人的诱敌策略取得成功——被轰击的是栗田的中路舰队。在燃料和鱼雷几乎消耗殆尽，弹药也所剩无几的情况下，奥尔登多夫将军动身赶往莱特湾。

苏里高海峡之战进行之际，哈尔西向东北方航行，打算于拂晓时在恩加诺角附近打击日军北路舰队。25日凌晨2点，他的一架搜索机报告，在舰队前方约80英里处同6艘敌舰发生接触，半小时后，另一份报告称，在敌舰后方又发现一支大股舰艇编队。哈尔西立即指示米切尔，以三个战斗群抽调的6艘战列舰、2艘重巡洋舰、3艘轻巡洋舰和18艘驱逐舰组成第34特遣舰队，交由海军少将威利斯·A.李指挥，并命令他在航母战斗群前方航行。凌晨3点，哈尔西将日军北路舰队的位置告知尼米兹和金凯德，并称他的"三个战斗群"已完成力量集结。这份电报似乎令金凯德深感困惑，因此他在清晨4点10分发出紧急询问：哈尔西的战列舰是否仍在守卫圣贝纳迪诺海峡？不幸的是，哈尔西直到清晨6点04分才收到这份电报，遂复电称，那些战列舰和他的航母战斗群在一起。

在此期间，大约在清晨5点左右，米切尔的第一波打击力量起飞，可直到7点35分才发现已集中起来的日军北路舰队位于东北方140英里处，正沿一条偏南航线行进。他们几乎没发现敌机，更加值得注意的是，日军航母的飞行甲板上没有舰载机。于是米切尔的打击力量发起攻击，虽然遭遇猛烈的高射炮火，但还是重了创"瑞鹤"号航母，击沉一艘轻型航母，另一艘轻型航母受伤后漂浮在海面上。

这场行动开始前不久，哈尔西已命令李率舰队迎战敌军，上午8点，他又指示位于东南方约260英里的麦凯恩战斗群尽快参战。下达这道命令不久后，哈尔西接到金凯德发来的一份急电，称日军战列舰和巡洋舰正在炮击他位于莱特湾东北面的护航母舰。几分钟后，第二封电报接踵而至，称萨马岛附近急需第三舰队的战列舰支援。

哈尔西目前位于莱特湾以北350英里处，在他看来，此时调转航向毫无意义，因而命令李以25节的航速接敌，同时指示离莱特湾更远的麦凯恩战斗群去支援金凯德。

金凯德迅速发来第三份和第四份求援电报，他在这些电报中告诉哈尔西，自己目前面对的是日军4艘战列舰和8艘巡洋舰，而他那些战舰的弹药几乎已耗尽。在哈尔西看来，这简直令人难以置信，如果这些电报所说的情况属实，就意味着栗田的中路舰队几乎完整无损，可根据他昨日收到的空中打击报告，这支舰队应该已不复存在。他给金凯德发去复电，称麦凯恩战斗群正赶去提供支援（此举没什么作用），而他则继续向北全速行进。

上午10点，哈尔西接到尼米兹发来的电报，问他的战列舰目前在何处，随后又收到金凯德的紧急求援电报。哈尔西未加理会，第34特遣舰队继续向北疾进，米切尔投入了第二波打击力量。上午11点15分，就在美军战列舰距离敌人已不到45英里时，李接到哈尔西发来的命令，要求他放弃追击并转身向南。

下达这道命令后，又有4艘巡洋舰和10艘驱逐舰奉命调离第34特遣队，返回原战斗群归建，而编有1艘大型航母和两艘轻型航母的博根战斗群，奉命跟随战列舰一同向南折返。米切尔仅以谢尔曼和戴维森战斗群继续攻击敌北路舰队，据悉，敌舰队编有2艘战列舰。由于哈尔西手上有6艘战列舰，而且就算他付诸最大努力也要到26日上午8点才能赶至莱特湾，为何没给米切尔留下2艘战列舰实属怪事。更奇怪的是，哈尔西于当日中午解散了第34特遣队，于下午4点补充完油料后，他又以2艘航速最快的战列舰、3艘轻巡洋舰和8艘驱逐舰组成了一个新的特遣舰队，在半小时后全速向南而去。这样一来，跟随其后的博根战斗群还剩4艘战列舰，若是把其中2艘战列舰留给米切尔，日军北路舰队很可能会被歼灭，哈尔西也将实现自己的目标。

在此期间，米切尔继续攻击小泽已转身向北的北路舰队，击沉了大型航母"瑞鹤"号和轻型航母"瑞凤"号，并重创了"千代田"号轻型航母。米切尔随后派出巡洋舰和驱逐舰组成的一股力量，由海军少将杜博斯率领，负责击沉"千代田"号和所能找到的其他残存日舰。

小泽向北退却时仍有"伊势"号和"日向"号2艘战列舰、3艘轻巡洋舰和约8艘驱逐舰。这股力量遭到米切尔第五次，也是最后一次空中攻击，虽然美军飞行员声称一艘战列舰中弹22枚，另一艘中弹15枚，但这两艘军舰不过是轻微受损而已。当晚7点30分，小泽收到由一艘驱逐舰发来的消息，称杜博斯的追击力量编有2艘战列舰（错误的说法），并由巡洋舰和驱逐舰陪伴，小泽觉得自己的实力足以对付这股敌军，遂命令所有剩余的舰只调转航向，朝杜博斯逼近。伍德沃德指出，这场战役"在结束阶段发生了具有讽刺性的逆转，追击者成了被追击者，诱饵成了进攻方，虽然日本人并未作此设想，但他们在火炮方面的确比美军更具优势"。[15]

小泽向南航行了2个小时，但杜博斯避开了他，小泽随后调转航向，恩加诺角交战就此结束。这场交战很像夸特布拉斯战役，埃尔隆那个军在两个战场之间来回奔波。这两场战役中，造成徒劳无获的原因是错误的情报和过于冲动的为将之道。

10月24日午夜过后，栗田穿过圣贝纳迪诺海峡，他向东航行到凌晨3点，随后转向东南方并扫荡萨马岛海岸。两个半小时后，他收到志摩发来的电报，称西村的战列舰已告覆灭，"最上"号也遭到重创。这就将栗田置于一种岌岌可危的境地，因为这意味着他现在不得不以一己之力对付敌人。清晨6点14分，太阳冉冉升起，10分钟后，他的旗舰"大和"号利用雷达捕捉到飞机的踪迹。

金凯德的16艘护航航母和驱逐舰掩护力量都由海军少将托马斯·L.斯普拉格指挥，这股力量分为三个战斗群，南路战斗群由斯普拉格少将亲自指挥，中路战斗群由海军少将费利克斯·B.斯顿普负责，北路战斗群则由海军少将C.A.F.斯普拉格率领，分别位于苏卢安岛东南方90英里、东北方50英里、北东北方60英里处。第三个战斗群在敌人即将发起的进攻中首当其冲，该战斗群编有护航航母"方肖湾"号、"圣洛"号、"白平原"号、"加里宁湾"号、"基特昆湾"号、"甘比尔湾"号，外加驱逐舰和护航驱逐舰组成的掩护力量。清晨5点30分，例行的空中巡逻被派出，

6点47分,"圣洛"号派出的一架飞机报告,在北路战斗群以北20英里处发现一支战列舰、巡洋舰和驱逐舰组成的敌舰队。几分钟后,"基特昆湾"号上的一名信号兵,透过望远镜震惊地看见栗田舰队战列舰和巡洋舰宝塔状的舰桅隐约出现在海平面上。随即,一排大口径炮弹落在这些护航航母间的海面上,这些炮弹射自"大和"号战列舰的主炮塔,射程约为35000码——萨马岛海战就此打响。

C.A.F. 斯普拉格立即向金凯德求援,这封求援电促使后者给哈尔西发去第一份急电。从斯普拉格报告的位置判断,日本人距离莱特湾不到3小时航程,整个第七舰队、运输力量和滩头都处于可怕的危险境地。在金凯德看来,情况深具灾难性,因为他对此毫无准备。他的战列舰和巡洋舰仍在苏里高海峡深处,而且他知道,这些舰只的油料和弹药肯定已所剩无几。他的第一个举措是命令奥尔登多夫以3艘战列舰、5艘巡洋舰和两个驱逐舰中队组成一股力量,前往莱特湾东部入口并补充油料。他采取的第二个举措是命令中路和南路护航航母战斗群以所有可用舰载机对付逼近中的敌舰。对斯普拉格的航母来说幸运的是,这些命令下达后,一场暴风雨不期而至,能见度降低到半英里。若非这场暴风骤雨,他们可能已被日本人歼灭。

在此期间,栗田舰队排成三路纵队向前行进,他的4艘战列舰位于中央,巡洋舰和驱逐舰分布于两侧。虽然他高估了美军的实力,但还是决心利用这个"天赐良机",他说:"我们的计划是先击毁美军的航母,使敌机无法起降,尔后再消灭对方整个特遣舰队。"[16] 他当前的目标是缩短距离并占据护航航母的上风处,阻止对方的舰载机迎着东北风起飞。实现这一目的后,他打算进入莱特湾从事战斗,消灭美军的运输力量,然后穿过苏里高海峡撤离。

暴风雨结束后,日本人已逼近到25000码的距离内,由于斯普拉格的航母处于陷入包围这种迫在眉睫的危险下,他于清晨7点40分命令驱逐舰实施鱼雷攻击。在烟幕掩护下,他的那些航母开始向南疾驶,而驱逐舰则展开攻击,在随之而来的一场混战中,这些驱逐舰在敌舰纵队中来回穿梭,展开大胆无畏的行动,数次命中敌舰,但也被对方击沉3艘。金凯德称这场进攻"是战争中最英勇、最壮烈的行动之一"。[17] 伍德沃德写道:"对GVE(护航航母)上的舰员们来说,炮弹激起的高高的水柱已成为熟悉的海景。18、16、14英寸的大口径炮弹突然激起的水柱高达150英尺或更高,很容易同8英寸或5英寸炮弹掀起的水柱区分开来。航母在这些水柱间曲折迂行,犹如穿越一片由喷水柱构成的密林"。[18] "方肖湾"号航母被六发8英寸口径炮弹命中,"加里宁湾"号中弹15发,"甘比尔湾"号虽只中弹一发,却导致该舰停在海面上,后来又被一次次命中,最终沉入海中。

尽管遭到这种猛烈打击,但开战后30分钟内,北路战斗群的航母还是设法起飞了65架战斗机和44架鱼雷轰炸机,可大多数飞机携带的是100磅炸弹,几乎发挥不了太大效力。不过,"基特昆湾"号航母上起飞的四架战机携带的是500磅炸弹,他们重创了一艘日本巡洋舰,这艘战舰后来发生爆炸并沉没。从上午8点50分起,中路战斗群的打击接踵而至,其力度猛烈得多,据伍德沃德说,"可能为扭转战局发挥了很大作用"。[19]

上午9点25分左右,就在北路战斗群似乎命运已定之际,栗田突然脱离战斗向北而去。此举完全出人意料,其原因可能是栗田除了眼前的战况,完全不了解其他方面的情况。他先前派出两架观测机,但都没有飞返;他对海平面外的情况一无所知,根本不知道他的巡洋舰离敌人的护航航母已不到5英里,还以为对方已逃脱。菲尔德写道:"(栗田)仍打算侵入海峡,并留心节约燃料,特别是他那些驱逐舰……他预料自己很快会遭到越来越猛烈的空中攻击,因而决定脱离战斗和重组严重分散的舰只。"[20] 于是,上午9点11分,他发出信号,命令所有舰只停火,并沿向北的航线集合。上午9点30分,日军停止追击,这场交战的海面阶段就此告终。

美军护航航母刚刚摆脱这场混战,随即遭到神风自杀机[21]的攻击,当日早些时候,南路战斗群也遭遇类似攻击。这是日本人首度实施有组织的自杀式攻击,10月25日剩下的时间和26日,他们撞沉了1艘护航航母,并重创了另外4艘。日本人之所以采用这种攻击方式,是因为他们的飞行员大多缺乏训练,因此,这种自杀式攻击方式于当年6月被首次推荐给小泽,并成为日军战机的主要攻击战术。

脱离战斗后,栗田舰队漫无目的地游荡了两个小时,据栗田的参谋长小柳少将说,他们在此期间集合并评估相关情报。另外,4艘遭到重创的巡洋舰,必须在持续不断的空袭下得到照料。

栗田的战斗力量减少到4艘战列舰、2艘重巡洋舰和2艘轻巡洋舰,外加7至10艘驱逐舰。中午前,他同参谋人员讨论的问题似乎是自己是否有足够的力量对付完全处于戒备状态的美军。据栗田在报告中称,到目前为止,他还是决心全力遂行自己的任务。但栗田后来又改了主意,战争结束后,他对自己的决定做出解释。他说:"不是燃料的问题,也没有考虑过如何返航。我们的弹药很充裕……更不是担心全军覆灭,因为不是在这里就是在那里,最后都一样。真正的问题是我在莱特湾内究竟能做些什么。"[22]因此,他于中午12点36分决定放弃所受领的任务,向北航行,从而穿越圣贝纳迪诺海峡,并趁夜间尽量向西退却。

从10月25日下午4点30分起,哈尔西一直以28节的速度向南航行,于午夜后不久到达圣贝纳迪诺海峡东部入口,但栗田的中路舰队此时已从这里穿过。哈尔西在途中命令博根和麦凯恩战斗群,于26日清晨6点在海峡东北面会合,尔后向西执行搜索任务。两个战斗群奉命行事,在搜索了两个小时后,发现敌中路舰队位于班乃岛西北方的塔布拉斯海峡。麦凯恩的4艘航母和博根的2艘航母随即派出舰载机打击力量。美军飞行员们声称多次命中"大和"号和栗田剩下的2艘巡洋舰,但他们再次高估了自身给敌舰队造成的破坏,栗田舰队继续向西高速撤离。美军的后续打击接踵而至,最终击沉对方1艘轻巡洋舰和1艘驱逐舰。除了神风特攻队继续对金凯德的护航航母实施自杀式攻击外,莱特湾海战至此已结束。10月28日晚,栗田回到他的出发地——文莱湾。

莱特湾海战对美国来说是一场代价低廉的胜利,对日本人而言则是一场惨败。在历时四天的战斗中,前者仅损失1艘轻型航母、2艘护航航母、2艘驱逐舰、1艘护航驱逐舰和1艘鱼雷艇,而后者折损3艘战列舰、1艘大型航母、3艘轻型航母、6艘重巡洋舰、4艘轻巡洋舰和9艘驱逐舰。日本海军已不复存在,除陆基飞机外,其对手已赢得无可争议的制海权。战争结束后,小泽将军被问及这场海战时回答道:"经过这一战,水面舰队就成了不折不扣的辅助性力量,所以我们依靠陆上部队、特别攻击(神风自杀机)和空中力量……除了部分特种舰船,水面舰艇也派不上用场。在小矶内阁担任海军大臣的米内光政海军大将说,他知道莱特湾海战失利的严重性并不亚于菲律宾丢失。至于这场海战的更大意义,他表示,'我觉得这就是结局'"。[23]

莱特湾海战结束后,这种战略可能性得到充分确立:日本已无法赢得战争。在该国的失败已成定局时,美国面临的问题主要在政治方面——如何从日本的败亡中获取最大利益?

对美国总统而言,这比他在欧洲面临的问题简单得多。他在欧洲不得不考虑他那些盟友,但对日战争几乎可以说是一场美国人的战争,赢得战争并获取最大利益殊为重要,为避免复杂化,美国应当独自赢得这场战争。若能明白这一点,那么就该意识到，苏联是唯一能导致问题复杂化的大国，对美国来说，较理想的做法是在德国崩溃前或刚刚崩溃后结束对日战争，也就是说，趁苏联人仍忙于德国事务时。这一点能做到吗？回答无疑是肯定的，前提是必须牢牢记住战略和政治重心问题。

由于工业化的缘故，日本的经济"十分脆弱"。日本人于1941年偷袭珍珠港时，他们的经济潜力约为美国的10%，耕地面积不及美国的3%，而他们所要喂养的人口却是美国的半数以上。由于日本的大部分原料和大量粮食依赖中国东北和朝鲜，这些物资不得不经日本海和黄海运抵日本本土，因此，日本商船队就是该国整个战略的重心所在。攻击日本人的航运成为美国潜艇的主要任务。据斯普鲁恩斯将军称，这些潜艇为最终击败日本而发挥的作用，怎样评估都不为过。以下数据可以证实他这番说辞的正确性：战争爆发时，日本拥有的商船（500吨以上者）总量为600万吨，战争期间又建造或缴获了410万吨。这个总数中，有890万吨的船只被击沉，这一损失的54.7%归功于潜艇。[24]

美国参谋长联席会议所采用的策略，没有侧重于打击日本的航运，并通过经济崩溃来迫使对方投降，而是基于进攻日本本岛，为准备进攻，他们在莱特湾海战结束后便以马利亚纳群岛为基地，发动一场远程轰炸攻势，对日本66个城市地区投下10.4万吨炸弹，对工业地区投下2.94万吨炸弹。[25] 虽说这种轰炸降低了日本的工业产量，但航运损失依然是日本经济衰退的主要因素，因为给日本经济造成最致命打击的是他们无法获得煤、石油、其他原材料和粮食，而不是工厂和市区遭摧毁。航运损失限制了铁矿石的进口，缺乏钢铁又给建造舰船造成限制。粮食短缺导致生产效率下降，而粮食短缺又是缺少航运所致。我们在一份调查报告中读到：

> 虽然攻击市区和特定工厂对日本经济的整体下降贡献颇大，但在该国经济的许多方面，他们发挥的效力是重复的。大多数炼油厂已没有石油，氧化铝厂没有矾土，轧钢厂缺乏矿石和焦炭，弹药厂没有钢和铝。从很大程度上说，日本的经济被摧毁了两次，第一次是原料输入遭切断，第二次是遭到轰炸。若进一步收紧日本的航运状况，从而消除他们从朝鲜、日本沿岸和各岛屿间通过航运获得的剩余进口量，并辅以攻击日本极其脆弱的铁路交通网，则可扩大并累积打击其航运所取得的效果。

日本沿海和各岛屿间的交通，大多已被迫改为他们并不充裕的铁路运输。日本的主要煤矿位于九州和北海道。这种煤炭运输，过去使用水运，现在改为铁路，利用关门隧道和函馆—青森铁路轮渡。本州的铁路只有几条干线，而且需要穿过几座相当危险的桥梁……对函馆铁路渡轮、关门隧道、19座桥梁和预先选定的易受攻击路段实施一场成功的打击，即可形成五个被彻底封锁的区域，这将进一步断绝他们的煤运……从而彻底扼杀日本的经济。

本调查认为，这样一场打击，若提前加以精心策划，本可以在1944年8月付诸实施……据本调查估计，要想彻底封锁日本的铁路系统，则需要650个B-29架次，以5200吨高爆弹实施且力攻击即可。[26]

实际上，美国人共出动了1.5万个架次，对66座日本城市投下了10.4万吨炸弹，若减去上文所说的数字，剩余值就是对美国参谋长联席会议犯下的战略错误的公正衡量。

对战后而言不幸的是，美国总统及其顾问也没能认清日本的政治重心。这个重心在于天皇本人[27]，由于他是武装部队的精神领袖，也是他那些子民眼中的神，实际上是日本人生活和思想的最高象征。但有一件事是他无法做的，那就是命令他的子民无条件投降，从而默认自己沦为战犯，受到审判或被立即处决。[28]

1944年年初，日本海军军令部的高木少将对战争局势加以分析后，得出日本无法赢得战争的结论，所以，应当寻求一场妥协的和平。可直到当年7月塞班岛丢失后，他的观点才被接受，并成为迫使首相东条英机辞职的工具。替代东条的是小矶国昭，他成立了由六名成员组成的最高战争指导会议来研究战争问题。由于局势日趋恶化，1945年4月5日，也就是美军登陆冲绳四天后，小矶内阁总辞职，海军大将铃木贯一郎取而代之。同一天，苏联政府宣布不再同日本续签中立条约，这份条约将在12个月内到期。虽然铃木贯一郎的任务是结束战争[29]，但因为除无条件投降外别无他途，他不愿这样做。为维持天皇的地位，铃木决心将战争继续下去。

日本天皇自1月起就越来越相信必须结束这场战争，当年6月，他批准前首相广田同苏联驻东京大使雅各布·马利克取得联系。双方于6月24日展开会谈，但毫无结果，日本政府遂决定派近卫公爵为特使，前往莫斯科寻求苏联的调停。

1705

与此同时，日本驻莫斯科大使佐藤奉命告知苏联政府，日本在任何情况下都不会接受无条件投降，他还设法说服克里姆林宫代为提出其他方式的和平。

在此期间，华盛顿也在考虑结束战争的方法和手段，另一些人认为，若提出无条件投降的"一个合理化版本"，日本人可能会屈服，"阻止他们做出决定的唯一疑问是天皇未来的地位"。[30] 根据对高级战俘的审问，还有一种观点认为，"日本人已位于投降边缘，但出于对帝国机构被废除、天皇本人也作为战犯受到审判的担心而发生退缩"。[31]

在美国人对这些建议加以讨论时，原子弹的发展进程已到达几乎肯定能成功的程度。[32] 1944年4月，史汀生先生组织了一个委员会，专门负责就原子弹的使用问题向他提出建议。该委员会6月1日建议道，如果原子弹的最终试验取得成功，应当在事先不加警告的情况下对日本使用。

史汀生一直担任罗斯福和杜鲁门总统的核政策顾问，研究了委员会的报告后，他在7月2日呈送总统的备忘录中阐述了自己的观点。他给出的建议是，正准备进行的原子弹最终试验若取得成功，则以投掷原子弹的方式替代进攻日本本土。他还主张使用原子弹前先发出警告，应指出"我们即将加之于日本群岛的力量的不同性和压倒性"，以及"充分使用这种力量将造成的毁灭之必然性和完整性"。另外，他个人认为，"我们应该补充一点，即我们并不排斥当前皇朝下的君主立宪制，这将大大增加日本人投降的机会"。[33]

7月17日，波茨坦会议在原德国皇储居住的塞西琳霍夫宫召开，和总统一同出席会议的史汀生在当日收到了一个重要的消息——7月16日在新墨西哥州的阿拉莫戈多，原子弹的最终试验大获成功。

杜鲁门总统和丘吉尔首相获知这个消息后得出结论，由于相关计算认为进攻日本本土会导致100万名美国军人和50万名英国军人丧生，使用原子弹就可以免除这些损失。丘吉尔写道："现在，（登陆日本的）可怕噩梦已彻底消失，取而代之的是一两次剧烈冲击后整个战争宣告结束的前景，光明而又美丽……此外，我们不再需要俄国人。"[34]

可他的伟大盟友却不作此想，因为斯退丁纽斯告诉我们："直到波茨坦会议，甚至到第一颗原子弹爆炸后……军方仍坚持认为，苏联必须参加远东战争。在雅尔塔和波茨坦这两场会议上，军方人员特别关心驻扎在中国东北的日本军队。他们被称作日本陆军的精华,是一股自给自足的力量……美国军方人员相信,即便日本群岛投降,他们仍能延续这场战争,除非苏联参战并对这股敌军实施打击……实际上,美国军事当局在雅尔塔会议后已同意苏军进入北朝鲜,以此作为接受日本军队投降的组成部分。"[35]

会议召开前,东京方面与驻莫斯科大使佐藤之间的往来电报都被华盛顿破译,所用的手段就是美国人在日本偷袭珍珠港前使用的"魔术",7月13日,日本外相发给佐藤的电报遭破译:"在莫洛托夫去波茨坦前见他……向他转达天皇陛下希望结束战争的强烈愿望……无条件投降是和平的唯一障碍……"[36]虽然这使日本的绝望处境暴露无遗,也为立即结束战争铺平了道路,可美国却于7月26日向日本发出最后通牒:"我们通告日本政府立即宣布所有日本武装部队无条件投降,并对此种行动诚意实行予以适当之各项保证。除此一途,日本即将迅速完全毁灭。"[37]公告中未有一字提及天皇,因为这是饱受宣传之毒的美国民众无法接受的。

两天后,铃木拒绝了这份最后通牒,他宣布对此"不予置评"。[38]由于苏联已定于8月8日对日本宣战,美国遂决定向日本投掷两颗原子弹:8月6日向广岛投掷一颗,8月9日再向长崎投掷一颗。[39]

8月6日晨,一架B-29轰炸机携带着当时仅有的两颗原子弹中的一颗飞向广岛。8点15分,带有降落伞装置的原子弹被投下,B-29迅速飞离,以避开爆炸冲击波。一两分钟后,一个火球出现在城市西北中心上空,其爆炸力相当于20000吨TNT炸药,核心温度约为1.5亿摄氏度,"比太阳中心的温度高出七倍多",[40]产生的压力估计为每平方英寸数十万吨。原子弹爆炸造成的"风暴性大火"同时引发数百起火势,最远的位于爆炸中心4600码外。这座城市的4.5平方英里面积被彻底焚毁,七八万人丧生,另有约五万人受伤。

8月9日凌晨1点(东京时间),苏联红军向日本关东军发起进攻。当日,长崎又遭到原子弹轰炸,最高战争指导会议同意将无条件投降的问题呈交天皇圣裁。天皇决定投降,8月10日,东京发表的广播宣布日本政府准备接受盟国7月26日波茨坦公告中的条款,"条件是该公告并不包含损害天皇陛下最高统治者大权的要求"。[41]

这份官方通告经瑞士传送到华盛顿,杜鲁门征询史汀生的意见,后者告诉总统,他认为"即便日本人不提出这个问题,我们也必须保持天皇的地位,使其接受我们的统治和监督，借此招降分散在各处的大批日本军队，他不会有其他权力。利用天皇的号召力，可使我们在中国和东南亚避免硫磺岛和冲绳那种血战。按照日本的政治理论，天皇在日本是唯一的权威"。[42]

这是常识，盟国于8月11日的回复包含以下内容："自投降之时起，天皇和日本政府统治国家的权力将置于盟军最高统帅管制下。"[43]

最后，天皇于8月14日接受了波茨坦公告中的条款，随即宣布"终战"。9月2日，自英国和法国对德宣战整整六年后，日本使节在东京湾的美国战列舰"密苏里"号上签署降书，第二次世界大战终于结束了。

史汀生对此的评述很有启发性，我们读到：

史汀生认为，这个问题建立在一种双重误解的基础上——首先是战争的意义，其次是美国政府在此期间的基本目的。

在他看来，真正的问题不在于不使用原子弹能否迫使日本人投降，而是采用一种不同的外交和军事途径能否使对方更早地投降。在这里，情报问题就变得重要起来。战后的面谈清楚地表明，大部分日本内阁阁员在当年春季就已准备接受与他们最终同意的投降条款基本相同的条件。美国政府也已掌握关于他们这种普遍态度的情报……鉴于日本的最终投降，倘若美国政府尽早并明确阐述保留天皇的意愿，则战争可能早已结束；格鲁和他的下属们在1945年5月间强烈赞同这项主张。[44]

注解

1. *The Battle far Leyte Gulf*, C. Vann Woodward (1947), p. 21. 伍德沃德是海军作战部长办公室的情报官。
2. *The Campaigns of the Pacific War, United States Strategic Bomb Survey* (Pacific), 1946, p. 281.
3. Woodward, *The Battle for Leyte Gulf*, p. 129.
4. 战列舰改装的航母。
5. 这两艘战列舰的排水量高达6.4万吨，而不是《华盛顿条约》规定的3.5万吨，可以说是世界上最强大的战列舰。其航速超过26节，每艘战舰上都装有9门18.1英寸口径的火炮。
6. *Japanese at Leyte Gulf: The Sho Operation*, James A. Field, Jr. (1947), p. 72.
7. Woodward, *The Battle for Leyte Gulf*, p. 80.
8. 同上，p. 81。
9. 同上，p. 87。
10. 同上，p. 87。
11. 同上，pp. 110—111。
12. 同上，pp. 113—114。
13. 第56驱逐舰中队的"格兰特"号中弹20发，其中11发是美军巡洋舰射出的炮弹。
14. *The Japanese at Leyte Gulf*, p. 92.
15. Woodward, p. 161.
16. *The Japanese at Leyte Gulf*, James A. Field, p. 100.
17. *The Battle for Leyte Gulf*, C. Vann Woodward, p. 182.
18. 同上，p. 183。
19. 同上，p. 190。
20. *The Japanese at Leyte Gulf*, p. 109.
21. 神风特攻队的名称取自伊势神风，据传说，这股神风于1281年8月摧毁了忽必烈的舰队。
22. Field, p. 125. 另一个原因可能是，整个交战期间，栗田一直以为他攻击的是敌人的大型航母，而非护航母舰，由于敌人已获得喘息之机，他认为一旦对方逼近，他的舰只将被悉数击沉。
23. 同上，pp. 230—231。
24. *United States Strategic Bombing Survey, Summary Report* (Pacific War), 1946, p. 11.
25. 同上，p. 17。
26. 同上，p. 19。
27. 据神道教的"圣经"《古事记》称，日本第一位君主是天照大神的孙子，他的神社设在伊势。从他开始，日本所有天皇一脉相承，因而每位天皇都被视为天子。
28. 依照摩根索计划，所有列为战犯者，被俘后都将被处决，"总统表示，他本人支持不经审判就加以处决的做法"。(*On Active Service in Peace and War*, Henry L. Stimson and McGeorge Bundy [English edit., 1949], pp. 338—339)
29. 旧金山会议1945年4月25日召开时，日本希望结束战争的传言不绝于耳。约翰·奥唐纳先生在4月29日发给《华盛顿每日新闻报》的一篇报道中写道："另一个热门消息是，日本人已就无条件投降的问题向华盛顿提出他们的具体条件。日本人希望抢在目前同他们和平相处的苏联加入太平洋战争，并提出割让大量领土要求前同我们先行达成协议，背后的理由是他们宁愿接受美国的控制，也不愿被苏联所统治。由于克里姆林宫自雅尔塔会议后对英国和美国的态度越来越强硬，日本新内阁认为彻底失败只是个时间问题，因而希望立即达成和平协议，同时把苏联排除在相关协议外。"(*Reprinted in the Daily News*, April 25, 1955)
30. *United States Army in World War II, the War Department, Washington Command Post: The Operations Division*, Ray S. Cline (1951), pp. 333—347.

31. *Secretary Stimson: A Study in Statecraft, Richard N. Current* (1954), p. 224.
32. 丘吉尔先生首次提及这种武器是在 1941 年 8 月 30 日（*The Second World War,* vol. III, p. 730），戈培尔博士也在 1942 年 3 月 21 日提到这种武器（*The Goebbels Diaries*, p. 96）。
33. *On Active Service in Peace and War*, p. 368.
34. *The Second World War*, vol. VI, pp. 552—553.
35. *Roosevelt and the Russians: The Yalta Conference*, p. 96. 此时,驻扎在中国东北的日本陆军"精华"已沦为"糟粕",训练有素的人员早已调离,取而代之的是老弱病残,另外,他们1也没有油料。
36. *Japan's Decision to Surrender, Robert J. C. Butow* (1954), p. 130.
37. 同上，*Appendix G*, pp. 243—244。
38. *On Active Service in Peace and War*, p. 369.
39. P.M.S. 布莱克特教授在他的《原子能的军事和政治后果》一书第十章暗示, 投掷原子弹的目的是迫使日本向美国, 而不是向苏联投降。这是个离奇的说法, 因为若非屈辱性条件, 则美国本可以在五月份之后的任何时候通过谈判与日本达成和平。
40. *The Nature of the Universe, Fred Hoyle* (1950), p. 42.
41. 全文详见 *Butow, Appendix D*, p. 244。
42. *On Active Service in Peace and War*, p. 371.
43. 全文详见 *Butow, Appendix E*, p. 245。盟军最高统帅实际上成了幕府将军。
44. *On Active Service in Peace and War*, pp. 371—372. 约瑟夫·G. 格鲁是美国副国务卿。

大事记
太平洋战争的进展，1942—1944年

中途岛战役后，美国面对的问题是如何突破日本人海上要塞的内外两道防御，最终冲击其堡垒——日本本岛。就像经常取得成功的围攻战一样，解决这个问题必须利用堡垒的围廓。如前文所述，这个围廓是个巨大的突出部，其底部从缅甸延伸到千岛群岛的幌筵岛，顶部位于埃利斯群岛，指向斐济和萨摩亚。

从战略上说，这个突出部控制着西太平洋，同时也控制着印度洋，只是两者在程度上略有不同而已。但对美国和英国而言幸运的是，日本没有足够的力量在印度洋占领战略中心，同时又在太平洋展开生死角逐。如果日本能够做到这一点，本来可以扼杀敌人通往中东和印度的海上交通线，这样一来，很可能会让隆美尔占领埃及，而位于高加索山区的铁木辛哥也会因为无法获得从波斯运抵的物资而告崩溃。印度洋和苏联一样，将日本同她的西方盟国隔开。

正因为日本没有足够的力量同时守住突出部的两个侧翼，它才输掉了这场战争。自战争爆发伊始，日本人肯定很清楚，他们面临的危险就在于两翼同时遭到攻击的可能性。

盟军同样清楚地看到这一点，所以其大战术问题就是在海上从事一场巨大的坎尼会战。盟军也知道，一旦积累起足够的力量，所处的位置对实施这样一场会战极为有利，因为盟军可以从四个不同基地逼近该突出部：从印度和阿拉斯加打击其腰部，从夏威夷和澳大利亚打击其两翼。

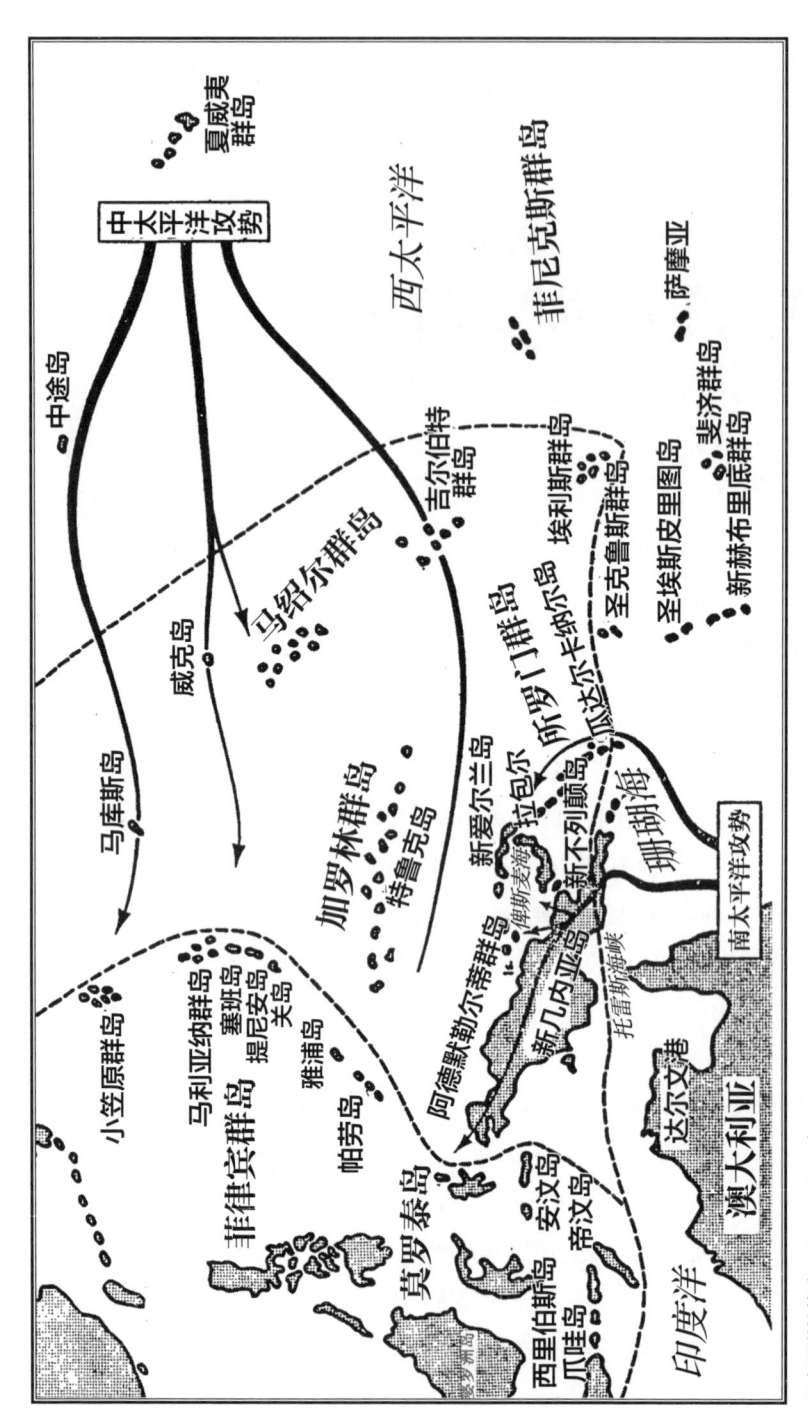

西太平洋的战略，1942—1944年

虽说这个突出部使日本占有内线作战优势，只要盟军实力不够，这就是个决定性优势。可一旦盟军的实力加强到足以从几个方向同时对其构成威胁，日本的海空军力就不足以每次都能确保集中力量对付不止一处的威胁，同时守住这条巨大防线的其余部分。实际上，自中途岛战役后，日本战略的有限性对盟军有利，因为它使对方获得时间集结力量，并迫使日本过度拉伸自己的军力，从而丧失了主动权。

美国人和英国人都知道，从缅甸和阿拉斯加出发打击敌突出部腰部这条进军路线，其重要性不及从夏威夷和澳大利亚对其侧翼实施攻击。另外，中途岛战役的胜利已确保夏威夷基地的安全，他们的当务之急是保障澳大利亚的安全。这就要求他们阻止日本人扩大对新几内亚的占领，并把突出部的顶点推向萨摩亚。因为日本人若能实现这一点，就将在打击从美国到澳大利亚的南太平洋交通线的行动中处于有利位置。

这片子战区的战略中心是新不列颠岛上的拉包尔。它位于俾斯麦海与珊瑚海之间的中点，前者与新几内亚北海岸相连，后者与澳大利亚东北海岸和托雷斯海峡相接，一旦美国人压制或占领拉包尔，就不必担心日本人扩伸突出部的顶点。另外，拉包尔位于从夏威夷群岛穿过突出部北翼这条接近路线的左侧。这是一条三重路线——中路取道威克岛和马绍尔群岛通往关岛和塞班岛，右路经中途岛和马尔库斯岛通往小笠原群岛，左路经吉尔伯特群岛和特鲁克岛通往帕劳群岛和雅浦岛。由于拉包尔在特鲁克岛（这是日本人设在加罗林群岛的主要基地）以南 800 英里处，也就是说位于特鲁克岛上飞机的航程内，一旦拉包尔和特鲁克遭到压制，从澳大利亚取道新几内亚至莫罗泰岛、从夏威夷至帕劳群岛就可以建立起不受空中威胁的前进航线。这些终点岛屿和马利亚纳群岛是至关重要的战略要点，因为它们位于日本内环防御的圆周上。

简言之，盟军的解决方案是：压制拉包尔，从而突破突出部南翼，以及在威克岛与吉尔伯特群岛之间突破突出部之北翼。这两项行动成功完成后，便对莫罗泰岛与塞班岛之间的内环防线发起突击，并进攻菲律宾群岛，将日本与她近期征服的南方帝国隔开，最后再从菲律宾群岛攻往日本本岛。

这个庞大的战略计划将由两股力量遂行，一股力量由麦克阿瑟将军指挥，以澳大利亚为基地，另一股力量则由海军上将尼米兹统辖，基地位于夏威夷群岛。先前发生的事件为该计划的执行提供了强有力的支援。珊瑚海海战挫败了日本占领巴布亚岛莫尔兹比港的企图，从而为澳大利亚人和美国人暂时确保了托雷斯海峡（这条海峡可谓澳大利亚的北部护城河）的安全，而中途岛战役则给日本人的

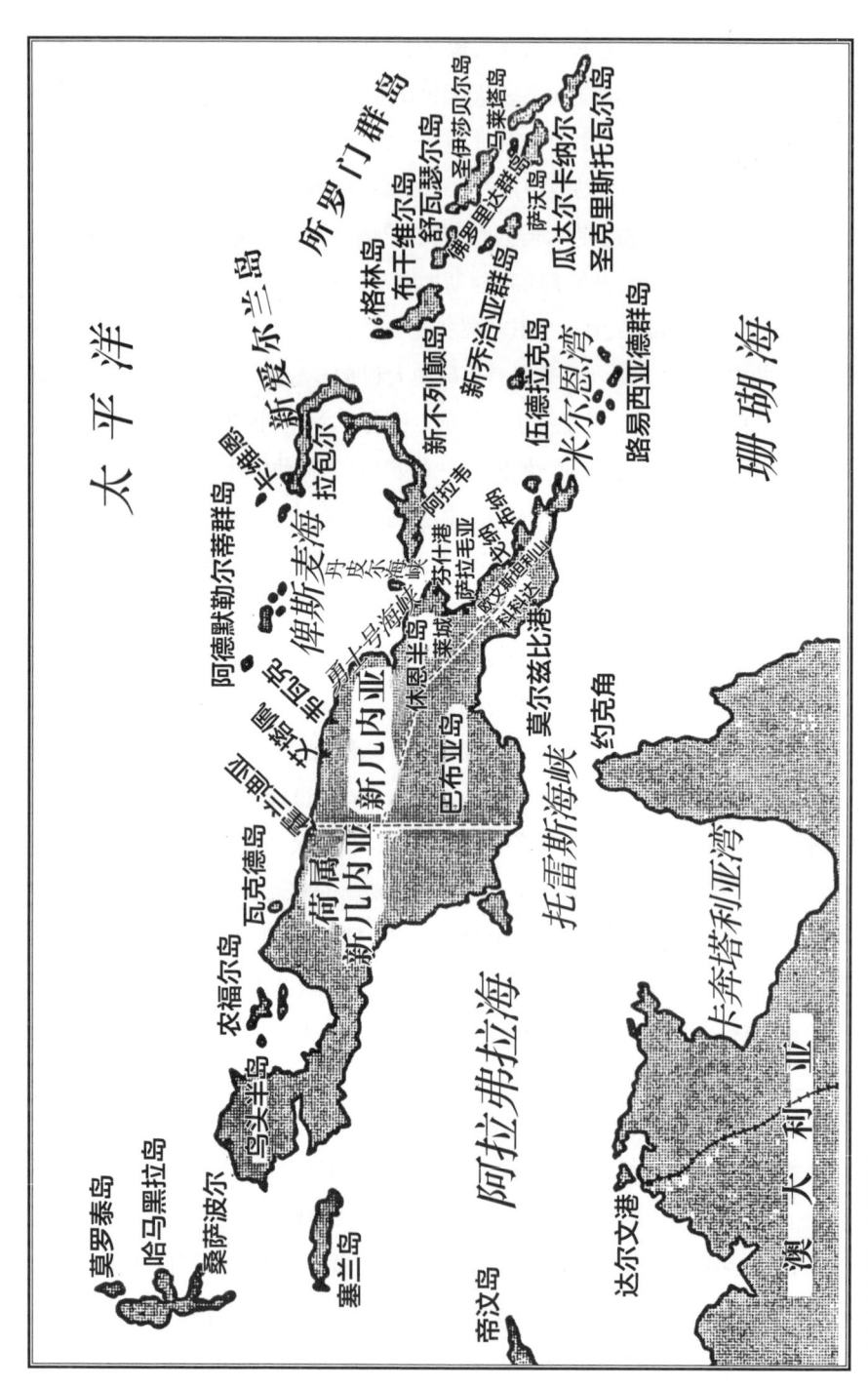

麦克阿瑟将军的太平洋战役，1942—1944年

太平洋

所罗门群岛

珊瑚海

新爱尔兰岛

阿德默尔蒂群岛

俾斯麦海

阿拉弗拉海

卡奔塔利亚湾

澳大利亚

- 莫罗泰岛
- 哈马黑拉岛
- 桑萨波尔
- 塞兰岛
- 鸟头半岛
- 农福尔岛
- 瓦克德岛
- 荷属新几内亚
- 巴布亚岛
- 新几内亚
- 莫罗泰海峡
- 韦瓦克
- 艾塔佩
- 莱城
- 萨拉毛亚
- 芬什港
- 丹皮尔海峡
- 阿拉曼
- 阿拉韦
- 拉包尔
- 新不列颠岛
- 新乔治亚群岛
- 舒瓦瑟尔岛
- 圣伊莎贝尔岛
- 马莱塔岛
- 萨沃岛
- 瓜达尔卡纳尔岛
- 圣克里斯托瓦尔岛
- 格林岛
- 布干维尔岛
- 新汉诺威岛
- 伍德拉克岛
- 米尔恩湾
- 路易西亚德群岛
- 托雷斯海峡
- 约克角
- 达尔文港
- 帝汶岛

1714

航母造成严重损失,迫使对方放弃了攻往新喀里多尼亚和斐济的计划,转而致力于确保拉包尔基地的安全。为解决这个问题,日本人决定同时发起两场紧密相关的行动。第一个行动是在所罗门群岛建立一连串强大的前哨基地,第二个行动是夺取莫尔兹比港:若能实现这一点,他们便可以空中力量封锁拉包尔的北部接近地。后一个行动是从巴布亚岛北部海岸的戈纳和布纳发起推进,翻越欧文·斯坦利岭,从而把莫尔兹比港的澳大利亚军队吸引至北面的丛林中。接下来,日军将占领巴布亚岛东端的米尔恩湾,并夺取附近的机场。从该机场起飞的飞机,同瓜达尔卡纳尔岛升空的战机相配合,可以控制住珊瑚海的北部入口。最后,一旦夺得这种控制权,日本人便可趁澳大利亚军队与戈纳—布纳支队交战之际,从拉包尔派出一股海运力量夺取莫尔兹比港。因此,日本人希望切断莫尔兹比港与达尔文(位于阿德莱德—艾丽斯斯普林斯这条纵贯澳大利亚的铁路线之北端)之间的澳军交通线。这是个大胆的计划,但过于复杂,而且日本人没有足够的力量加以贯彻。

为挫败这一威胁的前半部分,1942年8月7日,驻扎在新西兰的一支美国远征军登陆佛罗里达群岛和瓜达尔卡纳尔岛。他们起初遭遇的抵抗很轻微,旋即夺得后一座岛屿上半完工的日军机场。此举引发了一连串海上战事,以8月9日的萨沃岛海战为开始,以11月30日的塔萨法隆加海战为结束,此时,日军在瓜达尔卡纳尔岛上已无法立足。与此同时,他们在巴布亚岛上的处境也日趋恶化,到1943年1月,日本人面临的状况岌岌可危,当年2月,他们集结在拉包尔,用于瓜岛的援兵被调往巴布亚岛,而瓜岛上的日军残部也开始撤离。

日军计划的第二部分于7月21日至22日付诸实施,他们一举占领戈纳和布纳,随后进军内陆,攻往科科达的澳军哨所,科科达大致位于通往莫尔兹比港的中途。8月26日,一支由约2000名士兵组成的日军部队在米尔恩湾登陆,但遭遇顽强抵抗,日军被迫撤离,由于瓜岛急需援兵,他们没有再进行登陆尝试。消除这一威胁后,澳大利亚军队依靠空投补给,于11月3日将日军戈纳—布纳支队驱离科科达,并迫使对方退到巴布亚岛北部海岸,后者在那里几乎全军覆没。这场惨败迫使日本人放弃瓜岛,并把所有援兵投入新几内亚岛东北部的莱城和萨拉毛亚,以封锁通往新不列颠岛和拉包尔的路线。最后,1943年3月3日至4日发生了俾斯麦海海战,一支日本运输船队携带援兵和补给物资从拉包尔驶向莱城,结果被盟军的空袭消灭大半。日军计划的第二部分和第一部分一样,都以惨败告终,这清楚地表明，战略主动权已从他们手中悄然溜走。

巴布亚岛战役结束后，麦克阿瑟把他的军力调往萨拉毛亚，而日本人则加强了他们从拉包尔至荷属新几内亚霍兰迪亚的防线，以强化他们的右翼。但麦克阿瑟直到 8 月才做好进军准备，意图控制将新几内亚岛与新不列颠岛隔开的勇士号海峡和丹皮尔海峡。他投入一股两栖力量，从米尔恩湾和布纳出发后在休恩半岛登陆，并于 9 月 16 日夺得莱城。10 月 2 日，麦克阿瑟占领了休恩半岛顶部的芬什港，并在这里建起一座庞大的补给基地，以此作为对新不列颠岛和新几内亚岛北部海岸实施两栖行动的集结待命区。

这些行动中的第一场于 12 月 15 日发起，盟军在新不列颠岛的阿拉韦登陆。在此期间，美国海军陆战队于 11 月 1 日在所罗门群岛的布干维尔岛登陆，并在岛上建起若干机场，将拉包尔纳入战斗机航程内。这样一来，他们很快就可以从新不列颠岛、布干维尔岛和布干维尔岛北面的格林岛对拉包尔发起昼夜不停的空袭，虽然麦克阿瑟没有占领拉包尔，但他的战机已将它彻底压制住。

麦克阿瑟很清楚，由于日本人在海上遭受了损失，他们已没有足够的力量为新几内亚岛北部海岸的若干日军支队提供补给，于是他决定不再一步步向前推进，而是在舰载机支援下展开一连串"两栖蛙跳"。这些行动的第一个目标是阿德默勒尔蒂群岛，美军于 2 月和 3 月间将其攻占，由于此举对拉包尔构成了新的威胁，日本人遂决定将他们的主基地迁至霍兰迪亚。但麦克阿瑟料到他们的意图，并把下一个目标定为霍兰迪亚，从而绕过途中一切敌军支队。这场 600 英里的"蛙跳"于 4 月 22 日实施，完全出乎日本人意料，五万多名日军被切断在东面。此后，盟军以接二连三的蛙跳一路向西，直到于 7 月 30 日占领鸟头半岛的桑萨波尔。就这样，麦克阿瑟以稍稍超过 12 个月的时间跃进约 1300 英里，没有经过太多激战便切断了至少 13.5 万名日军，使他们丧失了获救的希望。

新几内亚战役在桑萨波尔结束，下一场蛙跳后将发起菲律宾群岛战役。9 月 15 日，盟军跃进日军内环防线上的莫罗泰岛，就此绕过哈马黑拉岛上的三万名日本守军。这使麦克阿瑟前出到距离菲律宾群岛不到 300 英里处。同样重要的是，莫罗泰岛也位于太平洋战局中第二股力量（海军上将尼米兹）的重点作战地域，因此，两股打击力量将在这场攻势中会合。

尼米兹的问题不同于麦克阿瑟。后者以陆地为基地，而尼米兹不得不带着他的基地一同行动,也就是说,这支舰队既是他的行动基地,又是他的打击力量。所以,该舰队实际上是个四重机构:由一个浮动基地、一支舰队、一支空军和一支陆军组成。它在中途岛战役后的18个月内设计、建造、组装完毕,是海军史上最伟大的组织壮举。

这种强大的破坏工具使尼米兹和他那些海军将领得以沿一条宽大的战线展开行动,而日本人则被迫把他们的劣势兵力部署在广阔的空间内,这就导致他们很少能集中力量于任何关键地点。结果,由于大多数太平洋岛屿面积太小,无法打造成真正强大的阵地,也无法部署足够的守卫力量实施长期抵抗,因而没等援兵开抵,这些岛屿已被盟军攻克。另外,一旦盟军夺得一组岛屿上的一座或数座机场并将其投入使用,剩下的岛屿就将彻底失去援助,盟军能放心地绕开它们,任由岛内守军被饿死。尼米兹手中这件工具不仅威力强大,还能自给自足并执行一切作战行动,他们拥有自己的补给、维护和修理体系,具有无限大的行动范围,他们迅速粉碎了日本人的防御策略,并把太平洋的广阔空间从日本人的盟友变为一个致命之敌。

1943年夏季,一系列初步行动预示着盟军即将对突出部北翼发起进攻。这些先期行动包括美军航母于7月24日和27日对威克岛的空袭,于8月30日对马尔库斯岛(这是日军一个重要的空军基地,充当日本托管岛屿补给线上的中继点)的空袭,以及对马绍尔群岛主要岛屿的攻击。菲尼克斯群岛的贝克岛、埃利斯群岛的努库费陶环礁和纳诺梅阿环礁均于9月被占领。

这场战役的初步阶段包括进攻吉尔伯特群岛的马金岛、阿贝马马环礁和塔拉瓦环礁。美军于11月1日在第一座岛屿的登陆取得成功,于次日顺利登上第二座岛屿,于11月21日登上第三座岛屿。他们于23日夺取马金岛,于24日攻占塔拉瓦,而登陆阿贝马马环礁的行动未遭遇抵抗。这些行动的目的是在中路主力推进前减缓进攻埃利斯群岛的风险,此外它还能误导日本人,使对方误以为美军的意图是向所罗门群岛发起主要突击,以支援拉包尔战役。直到尼米兹展开下一场打击,日本人才如梦初醒。

这场打击落在吉尔伯特群岛西北方500英里的马绍尔群岛。美国人的目的又一次不在于占领整个群岛,而只是夺取那些拥有出色机场的岛屿。1944年1月1日,美军未经战斗便占领了马朱罗岛及其良港,2月2日,他们进攻夸贾林环礁,岛上的日军抵抗了四天。2月2日,美国海军陆战队进攻那慕尔岛和罗伊岛,于19日至22日间夺得埃尼威托克环礁。

由于尼米兹的意图是绕过加罗林群岛,并对马利亚纳群岛发起战役第三阶段,再加上加罗林群岛的特鲁克岛是日军位于中太平洋的主要海军基地，于是他命令斯普鲁恩斯将军摧毁该岛，使其丧失作用。后者于 2 月 17 日至 18 日间以航母发起攻击，日本人遂从该岛撤离。

马利亚纳群岛的作战行动针对的是塞班岛、提尼安岛和关岛。6 月 10 日至 12 日间，这些岛屿遭到猛烈轰炸。15 日，美军在第一座岛屿登陆。这是美军在中太平洋地区迄今为止发起的最重要的行动，夺取马利亚纳群岛不仅突破了敌人的内环防线，还将使美军切断敌人与加罗林群岛的交通线，另外还为他们发起对小笠原群岛的行动提供了一个基地，从小笠原群岛则可对日本本岛展开轰炸。

美军在塞班岛登陆时，包括 9 艘航母在内的一支强大的日本舰队，进入该岛以西的太平洋海域。该舰队由小泽中将率领，他的意图是歼灭斯普鲁恩斯将军掩护登陆行动的美国航母特遣舰队。按照小泽的计划，日军战机从他的航母飞至关岛的空军基地，再从那里飞返他的航母，可在来回途中两次攻击美军舰队，而他的航母则待在敌舰载机打击距离外。6 月 19 日，该舰队发起空中攻击，这是迄今为止对水面舰队最猛烈的打击，投入其中的战机数量前所未见。但日本人的协同太过糟糕，被击落的飞机超过 350 架，小泽的两艘航母亦被美军潜艇击沉。20 日，斯普鲁恩斯特遣舰队向西而行，发现日本舰队的位置后，在从下午 6 点 20 分到日落这段时间里，216 架美军战机对日本舰队发起攻击，击沉日军一艘航母和两艘油轮，重创对方四艘航母、一艘战列舰、一艘重巡洋舰和一艘油轮。这场战役被称作"菲律宾海海战"，是自中途岛战役以来最重要的一次交锋，虽然美军未能如愿歼灭日本水面舰队，但日本人损失了三艘航母，训练有素的航母舰载机力量几乎彻底损失殆尽，这就意味着日军航母舰载机群作为有效作战力量已不复存在。

塞班岛的激战持续了 25 天，直到 7 月 9 日，岛上有组织的抵抗才告结束。美军攻克该岛的直接结果是东条内阁倒台，取而代之的是小矶将军组织的新内阁。

美军下一个攻击目标是关岛。他们于 7 月 21 日实施登陆，到 8 月 10 日，岛上的守军悉数被歼灭。7 月 24 日，美军进攻提尼安岛，经过九天的战斗后夺取该岛。

征服提尼安岛后，战场上出现了一段间歇，直至 9 月 8 日。当天，海军中将威尔金森指挥的美国第三两栖部队出现在帕劳群岛，15 日，美国海军陆战队和步兵登陆贝里琉岛。麦克阿瑟进攻莫罗泰岛的同一天，中太平洋舰队赶至他右侧。至此，收复菲律宾群岛的舞台已搭设完毕。